中国社会科学院老学者文库

中国民族语言文字大辞典

欧阳觉亚 孙宏开 黄行 主编

中国社会科学出版社

图书在版编目（CIP）数据

中国民族语言文字大辞典 / 欧阳觉亚，孙宏开，黄行主编．—北京：中国社会科学出版社，2017.1

ISBN 978-7-5161-9755-4

Ⅰ. ①中⋯　Ⅱ. ①欧⋯②孙⋯③黄⋯　Ⅲ. ①少数民族—民族语—中国—词典　Ⅳ. ①H2-61

中国版本图书馆 CIP 数据核字（2017）第 013497 号

出版人	赵剑英
责任编辑	姜阿平　王　茵　黄燕生
	张　潜　马　明　孙　萍　王　琪
责任校对	周　昊
责任印制	戴　宽
出　　版	中国社会科学出版社
社　　址	北京鼓楼西大街甲 158 号
邮　　编	100720
网　　址	http://www.csspw.cn
发 行 部	010-84083685
门 市 部	010-84029450
经　　销	新华书店及其他书店
印刷装订	北京君升印刷有限公司
版　　次	2017 年 1 月第 1 版
印　　次	2017 年 1 月第 1 次印刷
开　　本	880×1230　1/16
印　　张	124.25
插　　页	2
字　　数	3200 千字
定　　价	458.00 元

凡购买中国社会科学出版社图书，如有质量问题请与本社营销中心联系调换

电话：010-84083683

版权所有　侵权必究

编 委 会

主　　　编： 欧阳觉亚　孙宏开　黄　行

编委会成员：（按姓名音序排列）

陈宗振　刀　洁　黄　行　黄燕生　江　荻　刘光坤　罗美珍
毛宗武　聂鸿音　牛汝极　欧阳觉亚　覃国生　孙伯君　孙宏开
王阿舒　熊玉有　宣德五　赵阿平　赵剑英　郑贻青

撰　稿　人：（按姓名音序排列）

阿布都鲁甫	阿地力·哈斯木	阿西木·图尔迪	艾尔肯·哈的尔	安炳浩
安德源	巴依斯哈力	白碧波	白音朝克图	班弨
包力高	包满亮	宝玉柱	鲍怀翘	薄文泽
才让太	才旺拉姆	蔡荣男	曹翠云	曹道巴特尔
查娜	朝克	车谦	陈保亚	陈朝迪
陈嘉英	陈康	陈其光	陈世明	陈伟
陈宗祥	陈宗振	成燕燕	崔建新	戴庆厦
刀洁	道布	邓方贵	邓章应	丁石庆
东主才让	段伶	樊敏	范俊军	方锦淑
方晓华	符爱琼	符昌忠	付东明	盖兴之
高慧宜	高丽琴	高翊	耿世民	龚群虎
郭须·扎巴军乃	哈斯巴根	哈斯巴特尔	哈斯额尔敦	海峰
何俊芳	何彦诚	和即仁	贺文宣	贺喜格都仁
呼和	胡恒	胡晓东	胡毅	胡增益
胡振华	华锦木	华侃	黄布凡	黄良荣

黄佩兴	黄树先	黄思贤	黄同元	黄行
姬安龙	吉木拉立	纪嘉发	季永海	贾晞儒
江荻	江桥	姜竹仪	金学良	靳尚怡
康健	孔祥卿	李大勤	李道勇	李得春
李范文	李国文	李洁	李锦芳	李锦平
李经纬	李敬忠	李静生	李绍尼	李树兰
李霞	李旭练	李英	李永燧	李泽然
李振邦	李中功	李作应	梁敢	梁敏
梁庭望	廖泽余	林莲云	林向荣	刘保元
刘凤翥	刘光坤	刘辉强	刘剑三	刘剑文
刘劲荣	刘璐	刘叔新	刘岩	刘援朝
刘悦	刘照雄	龙乘云	龙耀宏	卢治常
陆绍尊	陆瑛	罗安源	罗美珍	罗显仁
罗自群	洛边木果	洛古木撒	马黑木呷	马锦卫
马进武	马伟	芒·牧林	毛勇	毛宗武
蒙朝吉	蒙飞	蒙元耀	孟和宝音	米海力
苗东霞	莫克利	木玉璋	穆合塔尔	纳才仁巴力
倪大白	聂鸿音	欧阳觉亚	潘世华	潘悟云
潘源洞	普学旺	普忠良	祁德川	覃国生
覃祥周	覃晓航	青格乐图	清格尔泰	瞿霭堂
热孜婉·阿瓦穆斯林	色·贺其业勒图	沙马拉毅	舍那木吉拉	沈成明
施向东	石德富	石锋	石林	史金波
史震天	舒化龙	斯迪克江·伊布拉音	斯钦朝克图	斯琴巴特尔
宋金兰	宋伶俐	苏连科	孙伯君	孙宏开
谭克让	田德生	田中山	图门吉日·嘎拉	汪大年
王阿舒	王昌富	王德光	王德怀	王德温
王尔松	王锋	王建民	王连清	王庆丰
王诗文	王双成	王伟	王洋	王尧
王元鹿	王远新	王志敬	韦达	韦茂繁
韦星朗	魏萃一	文明英	乌买尔·达吾提	乌·满达夫
乌·那仁巴图	乌仁其木格	吴超强	吴俊峰	武·呼格吉勒图
希日娜依·买苏提	郗卫宁	肖淑琴	萧家成	谢后芳
谢志礼	邢凯	熊玉有	徐世璇	徐悉艰
许浩福	许士仁	许鲜明	宣德五	薛才德

岩温龙	颜其香	杨承兴	杨光远	杨汉基
杨焕典	杨权	杨通银	叶德书	意西微萨·阿错
尹蔚彬	余惠邦	玉康	玉荣	喻翠容
喻遂生	袁焱	乐赛月	泽登孝	曾思奇
曾晓渝	张定京	张公瑾	张均如	张梅
张蓉兰	张铁山	张廷献	张伟	张霞
张洋	张永祥	张余蓉	张雨江	张玉萍
张元生	赵阿平	赵江民	赵杰	赵敏兰
赵庆莲	赵习	赵霞	赵岩社	照日格图
郑贻青	郑玉玲	郑张尚芳	郑宗泽	郑作广
周发成	周国炎	周季文	周毛草	周美兰
周庆生	周兴渤	周学文	周耀文	周植志
朱建军	朱建新	朱文旭	自文清	潘正云

目 录

前 言 1

绪 论　中国少数民族语言文字研究史的回顾 3

第一部分：中国少数民族语言和文字 47
　　（一）中国少数民族语言简介 49
　　（二）中国少数民族文字简介 432

第二部分：有关中国少数民族语言文字的术语、历史文献 471
　　（一）中国少数民族语言文字常用的术语 473
　　（二）有关中国少数民族语言文字的重要历史文献和
　　　　　民间流传的语文作品 512

第三部分：有关中国少数民族语言文字的著作 553
　　（一）专著简介 555
　　（二）论文简介 770

第四部分：从事中国少数民族语言文字研究、翻译、
　　　　　教育工作的专家、学者简介 1673

附 录　中国少数民族语言条目索引 1975

后 记 1979

前　言

　　自从20世纪80年代以来，有关中国少数民族语言文字研究工作如雨后春笋般飞速发展，新的著作不断问世，新的人才不断涌现，各项工作呈现欣欣向荣的态势。为了充分反映这一盛况，向世人展示有关中国少数民族语文方面的丰硕成果和有关信息，编写一部综合性的中国少数民族语言文字大辞典正合时宜。本书定名为《中国民族语言文字大辞典》是因为它囊括了有关中国少数民族语言文字各方面的内容。为了让读者对中国少数民族语言的调查研究有一个总的印象，在前面的"绪论"里对中国少数民族语言文字研究的历史作一个简略的回顾。内容包括20世纪前50年的中国少数民族语言文字研究、20世纪50—60年代的中国民族语言调查研究和改革开放以来的中国民族语言调查研究三大部分。本书对第三部分的介绍尤其着重，分九个部分详细介绍了近30余年在中国少数民族语言文字研究方面的成果。

　　本书正文首要介绍的是中国少数民族语言和文字的情况。目前，由中国政府确认的56个民族绝大多数都有自己的语言，有的民族还使用两种或更多的语言。如藏、门巴、景颇、瑶、怒、裕固、高山等民族使用的语言都有两种或两种以上。而汉族除了绝大多数使用汉语各种方言以外，还有几个地方汉族成分的人使用的是"非汉语"，如广东西北部地区有8万余人使用"标话"，海南岛北部临高县以及澄迈、琼山一些地方有50万余人使用"临高语"，海南岛西部东方市和昌江县约有10万人使用"村语"，他们的民族成分都是汉族，但都分别使用一种"非汉语"作为母语。中华人民共和国建立初期，主要是在20世纪50年代，中央政府对中国境内少数民族的语言进行了全面的普查，于20世纪80年代陆续出版了包括59种语言的《中国少数民族语言简志丛书》。近30年来，经过学者们的不断努力，又陆续发现并调查了数十种过去鲜为人知的语言。有的语言使用人数虽然不少，但由于使用者是汉族或其他民族，其语言地位尚不能最终确定，无法以某一民族语言来命名，而大部分的新发现语言使用人口都很少，多处于"濒危"状态，甚至有的行将消失。这些语言既不是汉语方言，也与居住在其他地区的同一民族人所说的语言有所不同。这些"身份不明"的语言，过去多被人忽视，或者被误认为是某一语言的方言。对这些濒危语言加以调查整理，寻找它们的归属，把它们公之于世，丰富中国的语言学宝库，这是我们研究者的责任。改革开放以来，在中国的国土内已经发现并认真调查、识别的"非汉语"近70种。加上原来已介绍过的语言，在中国境内有131种。这些语言大部分已由研究者们做了初步的研究，并陆续出版了有关的研究专著。本辞典对这131种语言都一一进行介绍。另外，中国的少数民族，过去大多数没有自己的文字，有的虽有文字，但使用得也不很普遍，有的已经消亡。还有，在历史上中国各个时期曾经使用过的十几种古文字，虽然早已废弃不用，但它们都是前人智慧的结晶，在当时也曾发挥过作用。这些都是中国宝贵的文化遗产。此外，中华人民共和国成立以来，政府投入了巨大的财力、物力为一些没有本民族文字的民族创制了拼音文字，或者改进了文字，这些文字有的已经起到应有的作用，有的还处在新创或试验阶段，要发展成为成熟的文字尚需时日。不管这些文字将来的发展前途如何，以后还需时日的磨炼，让它在使用中日臻成熟、不断完善。少数民族语言文字简介这一部分是本书的重要内容之一。语言简介每篇只限在2000字左右，每一篇之后还附有最核心的基本词100多个。

文字部分的简介仿照语言简介，字数多少视需要而定。

在术语和历史文献部分，凡是在调查研究少数民族语言文字方面所用到的术语，历史上有关某一民族在语文方面的资料、重要的历史文献都在本辞典的收集范围。收录的原则是，术语类条目只收录与中国少数民族语言有关的那些，而所列举的例子也尽量使用少数民族语言中较为常见的，并尽量详尽，以增大其信息量。文献类条目只选取其中比较重要的、影响比较大的。

本辞典还介绍了从中华人民共和国成立以来各地学者对少数民族语言研究的成果，包括专著和大量的学术论文。粗略统计，已经选收并介绍了约700部专著。这些都是学者们多年来在某一领域潜心研究的成果。它们或者填补了某一领域的空白，或者对某问题有了新的发现、提出了新的看法和搜集到新的资料。这些都是宝贵的精神财产。我们从全国各类刊物中挑选出的3000多篇论文，它们涉及少数民族语言、文字、文学、文化方面宏观或微观的问题，其范围甚为广泛，多是作者们的力作，具有一定的学术价值。本辞典对这些论文萃取其精华写成简介，以便读者能根据所提供的信息做进一步的探究。这部分也是本辞典的亮点之一。

本辞典还郑重地介绍在少数民族语言调查研究、教学、翻译编辑方面作出过一定贡献的专家、学者。他们在数十年的工作生涯中锲而不舍、努力耕耘，付出了很大的辛劳。本书所征集的对象首先是已退休多年且具有高级职称的科学研究人员、教学人员、翻译编辑人员，在过去的年代里，由于条件所限，各种"政治运动"蹉跎了他们的岁月，而展现他们的平台又不多，尽管这样，他们还是做出了一定的成绩。我们希望利用这部辞典尽量展示出来，以表达人们对他们的尊重。另外，在这个研究领域里的一大批后起之秀，在最近30多年的辛勤工作中，新的成绩不断涌现，标志着这项事业日益繁荣发达，后继有人。本辞典共介绍了约500位学者。可以肯定，因为有了新老人物介绍的篇章而使本辞典更为精彩。

参加本辞典撰稿的有300多位学者，由于得到了他们的大力支持，编写工作才能顺利进行，在此向各位专家、学者致以诚挚的谢意！同时又由于种种原因，还有不少学者没有联系上，他们的个人简介有的由他人代笔，由于各人的资料详略有异，其简介也不能很全面详尽，而少数缺乏资料的只好暂付阙如，不过对他们的优秀著作本书已尽量收集，并加以介绍。

本辞典条目的排列方法是首先按内容分类，每一部分内的条目按照拼音次序排列先后，查找非常方便。书后附有一个中国少数民族语言条目索引，以帮助读者查阅有关内容。

由于内容庞大复杂，遗漏现象不可避免，谨请读者不吝赐教。

编著者
2013年7月

绪　论

中国少数民族语言文字研究史的回顾

中国自古以来就是一个多民族多语言的国家。早在两千多年前汉代扬雄（公元前53—公元18年）所著的《輶轩使者绝代语释别国方言》中，据后人研究，除记录汉语方言外，也有少数民族语言。书中以"楚语"命名的羌氏、东胡、东瓯等族语有190多处。其后刘向著《说苑·善说》中的《越人歌》和范晔所著《后汉书·西南夷传》中的《白狼歌》分别用汉字记录了侗台语族的语言和藏缅语族的语言。东汉班固所著《汉书·匈奴传》中的《匈奴歌》则是记录的北方少数民族语言。7世纪前后创制的藏文记录了大量藏语和相邻近的少数民族语言，留下了丰富的碑刻及历史文献。以后北方的突厥、回鹘、西夏、女真、契丹等都在不同的历史时期创制了文字，留下了许多有重要史料价值的文献。南方少数民族傣文、彝文、纳西东巴文、水书、尔苏沙巴文等相继问世，也保存了数量可观的文献。还有许多少数民族用汉字或变形汉字记录他们自己的母语，被称为方块壮字、方块白文等。明清以来，用少数民族文字和汉文调查记录少数民族语言的文献很多，最值得一提的应属《夷译语》，记录了数十种少数民族语言资料，有来文和杂字。再就是《五体清文鉴》，编于1673—1708年，用满、藏、蒙古、维吾尔、汉等文字记录了18671条对照词语。这一历史时期的少数民族语言调查研究基本上属传统的语文学范畴。

一　二十世纪前五十年的少数民族语言文字研究

中国现代语言学研究应是从《马氏文通》（1898）开始，陆续引进了西方现代语言学的理论和方法，研究汉语和少数民族语言，开创了现代语言学的历史新纪元。而少数民族语言研究引进现代语言学理论和方法又较汉语研究要晚数十年，而且在理论和方法上受汉语影响较深。

从现代语言学的观点看，20世纪的少数民族语言文字研究从规模、深度和水平分析，大体可以分为前50年和后50年，基本上可以从中华人民共和国成立作为分界。之前的少数民族语言研究，仅有很少的学者，从个人兴趣出发，对少数民族语言开展实地调查研究，或对少数民族文字的某些文献进行研究，发表了屈指可数的几种专著，如王静如的《西夏研究》、赵元任的《广西瑶歌记音》、李方桂的《龙州土语》、于道泉的《仓洋嘉措情歌》、丁文江编的《爨文丛刻》、傅懋勣的《丽江麽些象形文〈古事记〉研究》等。发表的文章总数不到200篇。王均在总结这一历史阶段的情况时有这样一段话："在旧社会（指1949年10月以前），少数民族语文总的来说是受歧视的，除少数几种外，一般被禁止使用。民族语文研究方面，一是对于少数民族语言有研究的专家少；二是大多数民族语言从来没有人研究过；三是大多数民族从来没有文字，少数有文字的民族，尽管文献资料有多有少，但从文献的时代来看，连续的特别是早期的、能用作语言历史研究的资料，是不够多的，而且也很少有人进行研究。这就是中华人民共和国成立前我国少数民族语言研究的情况。"① 这段文字实事求是地评估了 1949 年 10 月前中国少数民族语言文字的研究状况。

尽管如此，从 20 世纪 20 年代末开始，老一辈的民族语言学家，冒着极大的风险，深入少数民族地区，用现代语言学的理论和方法对多种少数民族语言进行实地调查研究，如赵元任对广西壮语的调查，李方桂对贵州布依族语言以及广西壮语的调查，罗常培对云南独龙语、傣语、怒语、白语的调查，袁家骅、马学良、高华年等对云南彝语的调查，傅懋勣对云南纳西语的调查，邢公畹对云南傣语的调查，闻宥、傅懋勣、张琨等对四川羌语的调查，金鹏对四川藏语、嘉绒语的调查，等等，都取得了一定的成果。他们开拓了少数民族语言研究这块少有人开垦过的"处女地"，起到了拓荒和奠基的作用。

二
20 世纪 50—60 年代的
民族语言调查研究

中华人民共和国的成立，标志着压迫制度和歧视少数民族制度的结束，开始了民族团结和睦、民族平等和语言平等的新时代。中国共产党和各级政府制订了一系列方针政策保障少数民族的平等权利，其中包括制定民族语文政策，保障少数民族语言文字的使用和发展少数民族文化教育的权利。

（一）50 年代语言文字大调查的背景

中华人民共和国成立后，为了做好民族工作，中央政府就多次派出多个访问团，深入全国各少数民族地区，慰问少数民族，并进行调查研究，征求各少数民族的意见。在众多意见中，其中非常强烈的一条意见就是为没有文字的少数民族创造文字，以提高本民族的文化教育水平。有的民族访问团，还收到了少数民族送给访问团的无字锦旗，以表达少数民族迫切需要文字的愿望。

为了贯彻民族语文政策，中央人民政府政务院于 1951 年 2 月，在《关于民族事务的几项决定》的第五条中指出，"在政务院文化教育委员会内设民族语言文字指导委员会，指导和组织关于少数民族语言文字的研究工作，帮助尚无文字的民族创立文字，帮助文字不完备的民族逐渐充实其文字"。与此同时，民族语文工作者随同"中央少数民族访问团"，深入全国少数民族地区进行语言调查，为民族识别工作，为摸清各少数民族语言的分布、使用情况和一般特点，做了大量的工作。例如，《科学通报》第 3 卷第 7 期罗常培先生的文章中报道了配合民族识别工作开展语言调查的有关情况。"中国科学院语言研究所于 1950 年成立后，即先后派遣工作人员陈士林、喻世长、王均、王辅世和燕京大学讲师陈舒永等参加中央访问团西南、西北、中南各分团，调查研究该地语言，所得结果已经先后刊载《科学通报》（第 2 卷第 3 期，王均：《参加中央西北访问团调查新疆兄弟民族语言的工作报告》；4 期，陈士林：《西康彝语文工作报告》；8 期，喻世长：《参加中央西南访问团调查贵州兄弟民族语言的工作报告》，稿成待印；王辅世：《广西龙胜县少数民族语言调查报告》）。"② 该文还提到，"1951 年，中南访问团出发时，除（中国科学院）语言研究所派王辅世参加外，中南区教育部另请中山大学语言学系主任岑麒祥，教授严学窘、高华年、张为纲、陈必恒等参加。他们 7 月间在广东北江调查了八排瑶语和过山瑶语，8、9 月间又在海南岛（当时属于广东省管辖——引者）调查了本地黎语、侾黎语、苗语。11 月中油印了《广东少数民族语言初步调查报告》1 种分送有关机构参

---

① 王均：《中国少数民族语言研究情况》，载《民族语文研究文集》，青海民族出版社 1982 年版。
② 引自罗常培《关于少数民族语文工作的报告》，载《科学通报》第 3 卷第 7 期，1992 年。

考。"此外，蔡美彪、刘璐还参加中央访问团赴东北和内蒙古进行语言调查，写成调查报告发表。上述人员在中央访问团访问结束后，有不少人留在当地，继续从事少数民族语言文字的调查研究，如袁家骅、罗季光等在广西，傅懋勣等在云南，陈士林等在四川，对当地少数民族语言文字作更加深入细致的调查研究。

经过一段时间的调查研究之后，中央政府对全国各地的民族语言文字使用情况有了初步的了解，1954年5月，中央人民政府政务院文化教育委员会民族语言文字研究指导委员会及中央人民政府民族事务委员会提出了《关于帮助尚无文字的民族创立文字问题的报告》。该报告指出："几年来由于少数民族在政治、经济、文化方面获得很大的发展，没有文字的或没有通用文字的民族现在迫切要求解决文字问题，而为了创立文字，就必须首先确定有关制订少数民族语言文字问题的基本原则。"该报告在分析了中国少数民族使用语言文字的七种基本情况之后，指出："根据以上分析，大致可以确定：对于没有文字或没有通用文字的民族，根据他们的自愿自择，应在经过一定时期的调查研究之后，帮助他们逐步制订一种拼音文字，或帮助他们选择一种现有的适用的文字。"报告认为："各少数民族均有发展其语言文字的自由，也均有学习和使用其语言文字的自由，同时不论已有文字或还没有文字的各民族人民，凡是自愿学习汉语汉文或其他民族文字者，各级人民政府均应予以保障和帮助，凡机关、学校团体等亦均应尽可能予以帮助，并不得加以歧视，这是非常重要的。"

当月，政务院对上述报告作了批复，批准了该报告，并指出："报告中所提关于帮助尚无文字的民族创立文字的办法，特责成中国科学院语言研究所和中央人民政府民族事务委员会审慎研究，然后拟订计划和订出在一两个民族中逐步试行。并应继续了解情况，及时总结经验，以便在事实证明这些办法确实可行，而且其他条件也比较成熟时，逐渐地在别的民族中进行。"

从中华人民共和国成立到1955年，这一时期的语言使用调查工作，基本上处在摸情况、搞试点、取得经验的阶段，但是它对于当时的民族识别工作，以及了解中国少数民族语言文字的全面情况，制定中央政府民族政策和民族语文政策起到了十分重要的作用，也为以后的大调查打下了坚实的基础。

1955年12月6—15日，在首都北京举行了首届中国民族语文科学讨论会，吴玉章、胡乔木、刘格平、刘春、张稼夫、潘梓年等到会讲话，各地的民族语文工作者和专家学者近一百人出席了此次会议。会议学习并讨论了中央关于少数民族语言文字工作的指示，交流了民族语文工作的情况和经验，交换了如何帮助少数民族创立、改进和改革文字的意见，初步制定了少数民族语文工作的"十二年远景规划"（1956—1967年）和第一个五年计划。从此，中国少数民族语言文字的调查研究，进入了一个黄金时期。

（二）大调查的准备

1955年，南方和北方都组织了较大规模的语言试点调查，了解到不少新的情况，取得了一定的经验。中央民族学院（今中央民族大学）语文系民族语文教师及高年级学生和应届毕业生都参加了调查。首先是帮助少数民族中人口最多的壮族设计出了文字方案，并在其他几个少数民族地区进行了语言的重点调查。"十二年远景规划"规定，在从1956年开始的两三年时间内，要普遍调查少数民族语言，并帮助那些需要创制和改进文字的民族完成文字方案的设计工作。由600多个少数民族语文工作人员组成七个语文工作队，到全国各少数民族地区进行工作。当时的中国科学院和中央民族事务委员会进行了大量的准备工作。主要有以下几个方面。

1. 筹备成立少数民族语言研究所，具体负责大调查的组织领导工作

在中国科学院语言研究所少数民族语文研究组和中央民族学院语文系的基础上筹建该研究所。研究所的主要任务是在1956—1957年两年内普遍调查少数民族语言，帮助那些需要创立和改革文字的民族进行文字方案的设计工作。少数民族语言研究所所长是包尔汉（维吾尔族），副所长是尹育然和傅懋勣。

2. 举办少数民族语言调查训练班，培训大调查的业务骨干

1956年2月，中央民族学院在北京举办了400多人的语言调查训练班。训练班分甲班和乙班，甲班成员是中央民族学院语文系的应届毕业生，乙班成员是从全国各地抽调来的有较高文化水平的少数民族干部。乙班的学员除了听训练班的讲座外，还专门由有经验的老师分别开设语言学、语音学、语言调查实习等课程，系统讲授与语言调查有直接关系的课程，使这些少数民族出身的"工农干部"在以后的语言调查中发挥了重要的作用。政务院总理周恩来在百忙中亲临训练班看望大家，给所有参加者以巨大鼓舞。

一年后，在西南民族学院（地点为成都）也举行了语言调查训练班，有40多人参加了培训。

3. 根据专业方向，组成7个调查队

中国少数民族主要分布在靠近国境的地方，民族众多而语言差别很大，没有大规模的人力投入，在短时间内是不可能完成艰巨的语言调查任务的。因此同时动员了各地语言工作者及中央民族学院的一部分力量，组成7个工作队到各地进行调查研究，他们的任务及分工大体如下。

第一队：调查研究壮、布依、侬、沙（侬、沙后来合并于壮，下同）、侗、水家（现称水，下同）、黎及其他亲属关系相近的语言，1956年确定壮文方案。对布依、侬、沙能否使用壮文提出科学论证，以便在这个问题上中央政府能够作出决定。调查研究侗、水家、黎的方言，为1957年提出文字方案做准备工作。队长：袁家骅，副队长：喻世长、王均等。队部设在广西南宁。

第二队：调查研究苗、瑶及其他亲属关系相近的语言。1956年提出苗族文字方案并调查研究瑶语方言，为1958年提出瑶族文字方案做准备工作。队长：马学良，副队长：王辅世等。队部设在贵州贵阳。

第三队：调查研究傣、傈僳、景颇、拉祜、哈尼、卡佤（现称佤，下同）、民家（现称白，下同）、纳西、独龙、阿昌、布朗、绷龙（现称德昂，下同）族语言，1956年帮助进行傣仂文改进方案的试行工作，确定傣纳文改进方案；确定傈僳文字方案，景颇、拉祜文字改进方案；提出哈尼文字方案、卡佤文字改进方案；调查研究民家、纳西方言，为1957年提出文字方案做准备工作。队长：罗季光，副队长：常竑恩等。队部设在云南昆明。

第四队：1956年补充调查研究分布在各省的彝语方言，确定新彝文方案，并对土家文字问题提出初步意见。队长：陈士林，副队长：孔宪庭等。队部设在成都。

第五队：调查研究蒙古、达斡尔、东乡、土族、保安等语言。1956年按照内蒙古自治区人民委员会的决定，协助进行蒙文的改革工作；提出达斡尔、土族文字方案；调查研究东乡、保安语言，为1957—1958年提出文字方案做准备工作。队长：清格尔泰，副队长：那顺巴雅尔等。队部设在呼和浩特。

第六队：调查研究维吾尔、哈萨克、柯尔克孜、乌孜别克、塔塔尔、塔吉克等语言。1956年向新疆地方政府提出有关发展新疆少数民族语言文字的意见；调查研究裕固、撒拉语言并提出解决他们的文字问题的初步意见。队长：铁依普江，副队长：李森等。队部设在乌鲁木齐。

第七队：调查研究藏、羌、嘉绒、西番（现定为普米，下同）等语言。1956年提出藏语方言比较

研究的结果，并对羌、嘉戎语言文字的解决提出初步意见。队长：于道泉，副队长：金鹏等。队部设在北京。

报告还提到要对满-通古斯语族的满、锡伯、索伦（现称鄂温克，下同）、鄂伦春、通古斯（现称赫哲，下同）等语言和系属未定的朝鲜语、高山语也逐渐组织人力进行研究。由于当时人力的限制，仅进行了少数语言的调查研究，因此，未能单独组成工作队。

此外，各工作队还根据工作需要，成立了许多分队，例如，第一工作队成立了海南分队和贵州分队；第四工作队成立了云南分队；第七工作队成立了拉萨分队和甘青分队；等等。各分队设分队长，它们的调查研究工作相对有一定的独立性。

各工作队成立以后，拟订了具体的工作计划，在已有工作经验的基础上，编制了一些主要语言的词汇调查大纲和语法调查大纲，配备了调查设备。民族语言调查队分别于 1956 年 5—6 月分赴各调查点开始工作。

4. 聘请了苏联顾问，传授调查少数民族语言和创制文字的工作经验

经中国科学院和苏联科学院联系并同意，苏方派遣教育科学院通讯院士东方学研究所的格·谢尔久琴柯教授来华，传授苏联为少数民族创制文字的工作经验。谢尔久琴柯于 1954 年 10 月抵京，任中国科学院语言研究所和中央民族学院顾问，并于 1954 年冬至 1955 年春在中央民族学院为中国科学院语言研究所的研究人员、中央民族学院和北京大学的教师和研究生讲授了"苏联各民族文字创制史简明教程"[①]。根据谢尔久琴柯在讲课时称，这个讲课稿是他 1951—1953 年在苏联科学院东方学研究所工作的基础上写成的。由于参加听课的都是后来大调查各工作队的骨干，谢尔久琴柯的学术观点和方法，对 50 年代大调查和尔后为少数民族创制文字产生了一定的影响。

（三）大调查的经过

1956 年，中国少数民族语文研究史可以大书特书的一年。在这一年里，中国科学院等机构制订了发展少数民族语言研究的"十二年远景规划"和五年计划；确立了帮助少数民族创制和改进文字的基本政策；组织了七个工作队共 700 多人分赴全国各少数民族地区调查语言；等等。6、7 月间，少数民族语言调查训练班一结束，各工作队人员就相继出发，奔赴全国各少数民族地区进行实地调查。

从面上来看，已知的一些少数民族语言都制订了调查计划，都有工作队或工作组赴实地进行调查，调查面几乎遍及所有的 17 个省、自治区的少数民族地区。有的语言内部差别比较大，为了了解该语言的方言土语的差别情况，根据各语言的实际情况，往往一种语言设十多个、数十个乃至上百个调查点，例如彝语有数百个调查点，藏语有近百个调查点，羌语有 30 多个调查点，普米语有十多个调查点，等等。这些语言调查点的分布以及所收集的资料，要求基本上能够反映该语言所有的方言、土语的差异情况。同时还要了解这种语言和方言的自称，有无文字，语言和文字的使用情况，语言和文字的关系，群众对文字问题的各种意见、要求，该语言和周围语言的关系，等等。

从点上看，当调查队员（每个点 3—4 人）进入调查点以后，首先必须物色一个或几个理想的发音合作人，条件是本民族语言熟练，有较丰富的社会经验，反应快，理解能力强，最好会讲故事，还要能理解调查者的语言和意图。有条件时，可以对发音合作人进行简短的培训。根据在当地所了解的情况，调查队在调查点上的工作程序是先记录一套词汇，少的 2000 多个词，多的 4000 个词左右，有

[①] 该教程经翻译并收入格谢尔久琴柯著《关于创立民族文字和建立标准语的问题》，刘涌泉等译，民族出版社 1956 年版。

的语言一个点收词有超过5000个的,这就为以后编撰对照简明词典打下了基础。在记录了一定数量的常用词以后,就开始整理出一个初步的语音系统,根据这个系统继续收集词汇,待调查大纲中要求记录的词汇记录完毕以后,再核对并初步确定音位系统,确定记录的词汇表。其次是根据已拟好的语法大纲的要求,记录一套语法例句,这一方面不同的语言有较大的差别,少的200—300个例句,多的上千个例句,一般每一个点记录500个左右句子,通过这些语法例句,大体可以了解到这种语言的基本语法面貌。完成了语法大纲的记录以后,即开始记录长篇故事,每篇长篇故事都要做到直译和意译。记录长篇故事一是为了补充语法现象和验证语法体系,看是否有重大遗漏;其次是补充词汇,因为在长篇故事中会经常出现词汇大纲中不出现的该民族固有词。当然,有条件的调查点应该尽可能多记录一些长篇故事,这对于扩充词汇和完善语法体系是非常有帮助的。最后,当语法体系的资料基本上收集完成以后,应该再检查一遍音位系统,是否有遗漏的构词音位或形态音位。

一般来说,大调查时的调查点分三种类型:一种是需要创制文字的标准音点,是大调查中的重中之重,对这样的调查点,投入的力量比较多,收集的资料越丰富越好,音位系统均经过反复核对,记录的词一般在5000个以上,整理出的语法系统也比较深入。其次是方言土语的代表点,调查得也比较深入,一般必须完整地完成调查大纲要求的内容,有时还要作些补充,尽可能在所划分的方言土语间做点与点之间的比较,以反映这个点的全面特点。再其次是一般的点,基本上完成调查大纲所要求的内容即可。对于第一种类型,在人力和时间上都有较大的投入,至少不少于3个月,一般要调查多次。对于第二种类型,往往一个月到一个半月就可以了。对于第三种类型,调查时间一般2周到3周即可完成。

大调查起始于1956年,基本结束于1958年,部分工作队如第一、第三、第四等工作队,直到1960年才全部撤回北京。其中大调查的高潮,实际是在1956年的下半年到1957年的全年。1958年3月,中国科学院和国家民委在北京以"整风"的形式召开第二次民族语文科学讨论会,"左"的思想路线统治了民族语文工作,即使在工作队的同志,主要任务也已经不是搞大调查,而是转移到扫除文盲与"知识分子的思想改造"方面。

(四) 大调查的主要收获

20世纪50年代开展的中国少数民族语言大调查是史无前例的,取得的收获也是空前的。傅懋勣在总结这一阶段调查取得的成就时指出:"到1959年(各语言调查队)共调查了42个民族的语言。调查成绩可总结为三条:(1)对一个民族说几种语言的情况有了进一步的了解……。(2)对有方言的语言提出划分方言的意见……。(3)不但调查了语言情况,而且调查了语言使用情况和有文字的情况……。"[①]

这一阶段的语言调查成果细说起来确实是巨大的,归纳起来主要有以下几个方面。

1. 基本摸清了中国少数民族主要语言的分布、使用人口和使用状况、与周围民族语言的关系,等等。调查队到达当地,首先了解语言使用的一般情况,召开各种类型的座谈会,征求本民族各界各类代表人物的意见。同时查阅文献资料和当地的各类档案资料,进行面上的调查研究,因此,大调查首先取得的是调查对象的人文、历史、社会、宗教、传说、人口、分布、语言使用等方面的基本资料。这些背景资料对之后开展的语言结构调查研究和文字方案的设计非常有帮助。

2. 调查了42个民族共50多种语言,特别对一个民族使用两种或两种以上的语言情况有了比较具

---

① 详情见傅懋勣《建国三十五年来民族语言科研工作的发展》,载《民族语文》1984年第5期。

体的了解。例如，瑶族、景颇族、裕固族、藏族等均使用两种或多种语言。此外还对一些已知语言但当时尚未确定民族成分的已知民族语言如西番语（后来定为普米语）、洛瑜语（后来定为珞巴语）、僜语、嘉戎语等进行了调查。每个语言在调查结束后，调查者都对资料进行了初步整理，提出了划分方言土语的意见，并且进行了初步论证，写出调查报告（报告均未公开出版）。

3. 据初步统计，语言大调查期间共收集了累计达1500个以上调查点的资料。每个点包括数千个常用词，一套语法例句，整理出一份音位系统，有的点还记录了相当丰富的长篇故事。这批资料是研究中国少数民族语言的宝贵财富。后来列入国家民委民族问题五种丛书之一的"中国少数民族语言语言简志丛书"各册大多数就是在这次调查资料的基础上写成的。现在正在进行的"中国少数民族方言研究丛书"编撰出版也是在大调查资料的基础上研究完成的。

4. 了解了中国各少数民族使用文字的情况。主要了解到这个语言是否原有文字，语言和文字的关系，文字与口语是否脱节；对无文字的民族，了解本民族对文字问题的意见，一些需要创制文字的民族，在对方言土语进行初步比较的基础上，提出划分方言土语的初步意见，对基础方言和标准音进行了初步论证，然后又深入地调查研究基础方言和标准音点。在此基础上对需要创制文字的语言进行了文字方案的初步设计，对需要改革或改进文字的语言提出文字方案的改革或改进的意见。对不需要创制文字的民族，帮助他们选择一种适用的文字。

5. 为壮、布依、黎、侗、苗、佤、哈尼、傈僳、纳西、彝等10个民族设计了14种拉丁字母形式的拼音文字方案，与此同时，分别在广西、海南、贵州、云南、四川等地召开了一种或多种民族语言文字科学讨论会，征求本民族和社会各界对文字方案的意见，例如，1956年10月31日至11月7日，在贵州贵阳举行了苗族和布依族语言文字科学讨论会，通过苗族文字方案（草案）和布依族文字方案（草案）；1956年12月18日至24日，彝族语言文字科学讨论会在四川成都举行，通过了凉山彝族拼音文字方案（草案）；1957年2月11日至17日，在广东海南通什举行了语言文字科学讨论会，通过了黎文方案（草案）；1957年3月16日至27日，在云南昆明举行了云南少数民族语言文字科学讨论会，通过了哈尼、傈僳、景颇、纳西、拉祜、佤等民族的拼音文字方案（草案）和文字改进方案；1958年8月18日至23日，在贵阳举行侗族语言文字科学讨论会，通过了侗族文字方案（草案）。至1958年底，上述14种新创的文字方案均获得通过，其中苗族语言和哈尼族语言由于方言差别很大，分别设计了3种和2种文字方案。这些文字方案根据《国务院关于个少数民族创立和改革文字方案的批准程序和实验推行分工的通知》逐级上报国家有关机构审批，其中壮文于1957年12月10日经国务院批准为正式文字推行，其余13种文字均经国家民委批准试行。

6. 为新创和改进的民族文字编写了不同层次需要的"扫盲"和各级各类教材和简明对照词典。新设计的文字方案在方案拟订以后，为了证明该方案的切实可行，民族语文工作者分别深入民族地区，带着初编出来的教材进行试点教学，以验证文字方案是否科学，群众是否欢迎，方案本身是否需要改进，等等。待方案得到有关部门批准通过以后，正式编出文字的试行教材和对照简明词典以供推广文字的教学使用。

中国少数民族语言大调查是中共中央、国务院（前身为政务院）为了提高少数民族文化教育水平的一个重要决策，是贯彻各项民族政策和民族语文政策的一个重要组成部分，是民族语文工作方面的一个重要举措，它在中国少数民族语言研究史上是一个重大创举。民族语文工作者为了完成这项巨大工程，冒着极大的风险，经历了千辛万苦，有的甚至献出了年轻的生命。①

不幸的是，在民族语言大调查的后期，"左"的思想路线严重地干扰了大调查的进行，以至于大调查资料未能及时进行整理就草草收兵，形成虎头蛇尾之势。而新创的少数民族文字还没有来得及发挥它应有的作用，就停止推行，"十二年民族语文发展规划"的实施刚开了一个头，也未能坚持下去。与此同时，民族语文工作者受到不公正待遇，甚至有的身心受到严重摧残。这对于我国的民族语文工作不能不说是一个巨大的损失。

大调查基本上于1958年结束，个别工作队到1960年才撤回北京。1959年，正逢中华人民共和国建国10周年，在"大跃进"和向10周年献礼的口号下，民族语言文字学科提出了3项任务，这3项任务一直进行到1966年"文化大革命"开始。这3项任务是：

第一，总结大调查的基本经验，分为民族文字的创、改、选总结、新词术语总结等。

第二，完成各少数民族语言概况、语言简志和方言调查报告的编写。

第三，研究汉语在少数民族语言丰富发展中的作用。

三

改革开放以来的民族语言调查研究

如果说中华人民共和国成立以来，20世纪50年代是少数民族语言研究第一个"黄金时代"，那么1978年改革开放以来的30多年，就是第二个"黄金时代"。而且，无论从哪个角度来分析，第二个时期都比第一个"黄金时代"所取得的成就要大得多，丰富得多，深入得多。下面以各分支学科为单位，简要介绍和剖析所取得的成就。

（一）田野调查更加深入细致

20世纪50年代第一次大调查取得了很大的成绩。70年代末，国家民委提出民族识别任务，民族语言研究人员配合这一任务，陆续调查识别了不少新的语言，如孙宏开应四川省民委的邀请，参加四川的民族识别工作，在川西民族走廊地区新发现羌语支语言7种和白马语②；梁敏、张均如在广西、云南中越边境地区调查，新发现仡央语支的语言5种③；欧阳觉亚、郑贻青在海南岛调查，新发现语言2种，照那斯图、赵相如、宋振纯等在新疆、青海调查，新发现了3种语言；此外，台湾学者和大陆学者发现高山族至少使用15种以上的语言④；等等。截至2007年底，中国少数民族语言的总数已经达到130多种。

新发现语言的调查研究有许多困难，主要体现在以下方面。

1. 发现难

一些新发现语言实际上包含在某些大语种的里面，过去往往在调查研究该大语种的时候，调查研究人员发现它与大语种不一致，差别大，不像是某个大语种的方言，在人文特点方面也与周围民族不大相同。因此多数新发现语言是在进行大语种调查时偶然发现的，而有目的地去发现、调查新发现语言，要在广阔地区普遍调查存在于"汪洋大海"中的小语种，好似大海捞针。

2. 调查难

多数新发现语言分布地点偏僻，使用人口少，调

---

① 关于大调查的许多事迹，请查阅郝时远主编《田野调查实录——民族调查回忆》，社会科学文献出版社1999年版。

② 详情请参阅孙宏开《六江流域的民族语言及其系属分类——兼论嘉陵江上游及雅鲁藏布江流域的民族语言》，载《民族学报》，第98—273页，第3期。

③ 请参阅梁敏《仡央语群的系属问题》，载《民族语文》1990年第6期。

④ 请参阅陈康《台湾高山族语言》，中央民族学院出版社1992年版。

查者要到当地进行实地记录，无论交通、生活和工作条件都会遇到意想不到的困难。新发现语言基本上分布在边境、海岛、高寒山区、人烟稀少或交通不便的偏僻地区，有些空白语言还由跨境居住的民族使用，往往是境外某种语言在一定的历史阶段，迁到中国境内来的。由于种种原因，调查研究空白语言要比调查大语种所付出的艰辛多得多。

3. 记录难

新发现语言调查，虽然过去已经有了一定的线索，但是对它们的结构特点、分布状况、来龙去脉基本上没有可以借鉴的文献资料加以利用和参考，完全靠个人已往的调查研究经验去摸索。虽然调查研究人员用统一编写的调查大纲，但是，由于对被调查语言的情况不熟悉，尤其遇到语音、语法系统比较复杂的语言，记录、分析起来就非常困难。有的时候，为了搞清楚一项动词的语法范畴，往往要用成百上千个句子，才有可能将不同声韵母的动词词形变化搞清楚。还有的时候，为了掌握该语音系统中的细微特点，不得不将调查记录的词表从头到尾反复排比和核对，以确定声韵调系统中有音位价值的例词。也有的时候，对一种语言的调查研究不得不经过反复多次的调查、核对和补充，才能够把这个语言的特点基本上搞清楚。新发现语言多数正在趋向濒危或已经濒危，调查者往往要用极大的耐心启发发音合作人回忆自己母语中的固有的词语和语法现象。有的时候一不小心，就有可能用汉语或其他民族语言的语言现象来替代本来母语中应该有的语言现象。

4. 鉴定难

要调查一种语言，记录 3000 多个常用词和一套语法资料，完成整理语音系统以后，调查人员会遇到的一个难题是：它是否是一种独立的语言，还是某种语言的方言？为了解决这个问题，提出了一些识别语言的方法以及区别语言和方言的标准。但是，在实际操作过程中仍然有许多理论问题不易解决。另一个问题是新发现语言的定位问题。要论证其在同语系、同语族、同语支中的历史地位，而且这个要求在本项研究中占重要的比重。这就要求研究者具有较广博的知识，收集大量亲属语言的相关资料，进行历史比较研究，找到同源关系的确凿证据，并在此基础上，解决该语言的谱系分类问题。

在长期的中国少数民族语言调查实践中，调查研究人员最近还陆续发现了一些具有不同语系特征的混合型语言，有人称为"混合语"。例如青海同仁县部分地区的土族，使用的语言兼有汉语、藏语及部分阿尔泰语系语言的特点，被学术界称为"五屯话"；甘肃省东乡族自治县有 2 万自称回族或东乡族的居民，使用一种既非（是）东乡语、又非（是）汉语的混合型语言，被学术界称为"唐汪话"。与此相类似的语言还有分布在广西的"五色话"、分布在新疆的"艾努话"等，它们的语言结构系统根据语言学家的比较分析，均是两种或两种以上语言接触后，使其语言结构变得既非（有）甲语言集团的特点，又非（有）乙语言集团的特点的混合型语言，有的甚至还有丙语言集团的残存。

语言作为一种社会现象，它的特点不仅反映在语言结构中，也反映在社会的使用中。20 世纪 50 年代有关这方面的调查是为了解决文字问题，时隔 30 多年，语言文字的使用已经发生一定的变化。为了了解这方面的特点，国家社会科学基金民族学科第 7 个"五年计划"，专门把少数民族语言（主要是口语，也包括书面语）使用情况的调查作为重点课题列入计划并于 80 年代后期组织实施。共调查了 700 多个点，获得十多万人次的抽样和数十万个数据的资料。还获得了大量语言分布、语言文字使用、语言关系等方面的第一手资料。最终成果形成《中国少数民族语言使用情况》（1994 年）、《中国少数民族文字》（1992 年）、《中国少数民族语言文字使用和发展问题》（1993 年）等专著由中国藏学出版社出版。

在长期、广泛、深入地对少数民族语言进行田野调查的过程中，人们积累了丰富的田野工作经验。目前已有不少学者正从不同的侧面总结这方面的经验，其中包括田野调查的理论和方法，包括：如何编制调查大纲，如何记录语言和分析音位系统，如何搜集语法材料和记录长篇故事，如何建立一个不熟悉的语言的语法体系，如何搜集词汇材料、分析构词法和词汇系统以及编纂不同需要和不同类型的词典，如何在最短的时间准确、全面地认识自己不熟悉的语言及其结构系统，以及如何为一种无文字的语言创造文字、设计文字方案、进行拼音教学，等等。这些经验都是从长期田野调查研究中积累起来的，应该说是非常宝贵的，它从长期田野调查的实践中来，对于指导少数民族语言田野调查的实践，是有非常重要的理论意义和实际意义的。目前，中国少数民族语言田野调查已经积累了近2000个调查点的资料，这是一笔弥足珍贵的财富，是少数民族语言深入研究十分坚实的基础。

（二）描写研究硕果累累

对中国少数民族语言的结构进行全面描写，大体有以下几种成果形式。

1. "概况"描写

对中国少数民族语言结构的系统描写研究最初是用"少数民族语言概况"的形式出现的。《民族语文》杂志于1978年创刊。语言概况作为这个杂志的一个专栏，几乎每期一篇，持续刊登至今。每篇概况包括：（1）所介绍语言的分布、使用人口、使用状况、方言划分、谱系分类等一般情况；（2）所介绍语言的结构特点，包括音位系统及其简要描述，词汇特点和构词特点，主要语法特点；（3）所介绍语言如果有方言差异和文字文章还包括对方言差异情况的介绍和文字结构特点的描述等。每篇15000—20000字。由商务印书馆出版的《中国的语言》实际上是将所有已经公布的语言概况，经过修订和补充，加上部分新发现但还没有来得及在学术界介绍的语言，收集起来，共129种，以语言发生学为理论框架，集合为一本国情性质的专著。

2. "简志"描写

1978年，国家民族事务委员会民族问题五种丛书编辑委员会正式把《中国少数民族语言简志丛书》列为五种丛书之一，陆续由民族出版社出版发行。截至1987年，这套丛书共出版了57本，基本上每种语言一本。其中回、满、俄罗斯3个民族未写语言简志，裕固族出版了两本语言简志，分别描写了蒙古语族的东部裕固语和突厥语族的西部裕固语；门巴族语言、景颇族语言也各出版了两本。高山族语言出版了3本，分别是布嫩语、阿眉斯语和排湾语。《瑶族语言简志》只出版了一本，但实际上介绍了瑶族使用的勉、布努、拉珈3种语言；因此这套丛书总共介绍了59种少数民族语言。

"中国少数民族语言简志"丛书较全面、深入、详细地介绍了中国各语言的特点。根据统一要求，每种语言简志都包括：（1）前言：对该语言使用者的简要说明，也包括对该语言分布、使用、语言地位和总特点的说明；（2）语音：该语言代表点音位系统的描述，有的语言方言差别大的，还有不同方言代表点音位系统的描述；（3）词汇：对该语言词汇系统的描述，包括词汇的组成、构词特点、外来词等；（4）语法：描述该语言的语法系统，一般分词类和句法两大部分；（5）方言：如果该语言有方言差别的话，则用一定的篇幅介绍不同方言的特点，并作方言异同的比较；（6）文字：如果该语言有文字，则除了介绍文字的特点外，还简要介绍该文字的历史、使用状况、与口语的关系等，（7）附录：一般附1000个左右常用词，方言差别大的语言往往附不同方言对照的常用词。每本简志文字数多的约18万字，少的不到10万字。2005年，国家民委决定对这套丛书进行修订再版。此次修订原则是不做大的改动，仅仅对其中原篇幅较小的部分简志增补了较多新的内容，如瑶族语言简志分为勉、布努、拉珈3种，增写了满语简志。修订后的《中国少数民族语言简志丛书》共包括60种语言。现在编委会拟依照语言远近关系，合订为6册，其中藏缅语族的彝语支为1册，其他语言为另1册，侗台语族1册，苗瑶语族和南岛语、南亚语为1册，突厥语族加塔吉克语为1册，满－通古斯语族和蒙古语族、朝鲜语为1册。

3. 新发现语言描写

1978年以来，中国民族语言研究工作者深入少数民族地区进行语言调查，发现了一批原来忽略的少数民族语言。新发现语言的描写实际上无论从篇幅或者内容来看，都要比原来已成书的"语言简志"深入一些，与之相比主要有以下几点不同：

（1）绪论部分比较详细地对使用该语言居民的自然状况，包括历史来源、分布、社会结构、风俗习惯、与周围民族的关系等进行描述。也对语言使用状况、确切分布、内部差异、本民族对语言的态度、该语言与周围语言的关系、语言发展趋势等做出评估。

（2）在语音、语法、词汇的描写方面，比已出版的"语言简志"有所深入，力求摆脱简志那种格式化、千篇一律的描写模式，既突出描写对象的本质特点，又不失语言结构本身的系统性。

（3）参考该语言使用者的历史状况，将这种语言与周边语言进行比较，用较大篇幅论证该语言，以确认是否为一种独立的语言。如果是独立语言，区别于其他语言的标志是什么，它在同语系、语族、语支中的地位，在同语支中与哪些语言最接近等。

（4）附录的词汇由"语言简志"的1000个左右，扩大到2500个左右，补充有关历史比较研究需要的基本词。有方言差别的语言，还列出不同方言的对照常用词。

（5）增加了一定篇幅的长篇语料，这是因为：第一，长篇语料本身就有一定的历史价值、社会价值和研究价值；第二，长篇语料是自然状态下记录的口语，比调查者利用主观编纂的例句去调查更丰富、更真实；第三，长篇语料可以验证语法分析的可靠性和真实性，使研究著作的学术价值大为增加。

虽然，新发现的语言使用人口不多，但学术价值很高，出版以来，已经引起国内外语言学界的高度重视和巨大兴趣。美国著名语言学杂志、"美国语言学会"会刊 *Language* 2003年发布了由著名语言学家 Graham Thurgood 和 Frank Li 写的书讯。美国加州大学语言学系《藏缅区域语言学》从2003年秋季卷（*Linguistics of the Tibeto-Burman Area*, Volume. 26.1, Fall 2003）开始，连续刊登由不同语族专家分别撰写的详细书评，分别刊载在2003年卷第123—207页，2004年卷第111—160页，2005年卷第99—105页。在法国的《东亚语言报》（*Cahiers de Linguistique Asie Orientale*, 2003, volume 32）上，著名语言学家沙加尔为此撰写了10多页书评。2007年美国夏威夷大学出版社出版的《中国国际评论》（*China Review International*, Vol. 13, No. 2）也刊登了对在中国新发现语言的10页的长篇书评。

4. 语法描写

对一个语言更深入的描写研究在这一历史阶段多是以描写语法或某种语言深入描写研究的专著形式出现的。这些著作大多是作者一生对该语言的研究经验，是他们在该研究领域的重要代表作。例如，清格尔泰的《蒙古语语法》（内蒙古人民出版社1992年版），宣德五的《朝鲜语基础语法》（商务印书馆1994年版），戴庆厦、徐悉艰的《景颇语语法》（中央民族学院出版社1992年版），李永燧的《哈尼语语法》（民族出版社1990年版），邢公畹的《红河上游傣雅语》（语文出版社1989年版），张济民的《仡佬语研究》（贵州民族出版社1993年版），林向荣的《嘉戎语研究》（四川民族出版社1993年版），陈宗振的《西部裕固语研究》（中国民族摄影艺术出版社2004年版），黄布凡、周发成的《羌语研究》（四川人民出版社2006年版）等。另一种语法描写内容是对某个语言的一种方言进行深入的描写研究，这种著作列入语言学家孙宏开主编的"方言研究丛书"里。主要有向日征的《吉卫苗语研究》（四川民族出版社1999年版），刘光坤的《麻窝羌语研究》（四川民族出版社1998年版），周毛草的《玛曲藏语研究》（民族出版社2003年版），曹道巴特尔的《喀喇沁蒙古语研究》（民族出版社2007年版），尹蔚彬的《业隆拉坞戎语研究》（民族出版社2007年版），黄成龙的《蒲溪羌语研究》（民族出版社2006年版）。类似的著作还有郑贻青的《靖西壮语研究》（中国社会科学院民族研究所1995年版），张洋的《哈密方言研究》（新疆大学出版社1996年版），阿西木、米海力、宋正纯的《维吾尔语罗布话研究》（中央民族大学出版社2000年版），胡增益的《鄂伦春语研究》（民族出版社2001年版。该书系统全面地分析描写了鄂伦春语的整体面貌，并且附有常用词和长篇语料，是鄂伦春语研究和满—通古斯语言研究中一部重要的著作），陈康、许进来的《台湾赛德克语》（华文出版社2001年版。赛德克语是台湾赛德克人使用的语言。专著从语音、词汇、词组、语法、方言等方面系统描述了赛德克语的结构体系，并附有赛德克、汉、英三种语言的对照词汇和短篇语料，是大陆出版的又一本对台湾高山族使用的一种语言进行全面研究的专著），罗安源、田心桃、田荆贵、廖乔婧等的《土家人和土家语》（民族出版社2001年版。是一部兼有语言描写和历史探讨的著作，其特点是：不仅对土家语进行了系统的分析，而且对土家族的族源进行了探索），李锦芳、周国炎的《仡央语言探索》（中央民族大学出版社1999年版。这是该语言研究领域的又一部新作，它以若干专题形式，探讨了该语言的语音、语法、词汇、系属以及语言与历史文化等若干方面的问题。由于仡央语言的独特地位，本书更有助于人们从另一个角度了解侗台语族语言的情况，思考东亚、东南亚语言的关系，在一定程度上推动侗台语族语言研究的深入发展）。上述专著中有的篇幅比较大，少的30多万字，多的70多万字，比"语言简志"和"新发现语言研究丛书"更深入地揭示了所论语言结构的特点。

类似的语言研究著作在台湾地区也出版了一套，主要描写台湾的少数民族语言，计13种。由台湾远流出版事业股份有限公司以"台湾南岛语言研究丛书"的名义于2000年出版，描写了13种南岛语言。它们是黄美金编著的《邵语参考语法》《卑南语参考语法》《泰雅语参考语法》，齐莉莎编著的《鲁凯语参考语法》《邹语参考语法》《布农语参考语法》，张永利编著的《赛德克语参考语法》《噶玛兰语参考语法》，张郇慧编著的《雅美语参考语法》，张秀绢编著的《排湾语参考语法》，叶美利编著的《赛夏语参考语法》，吴静兰编著的《阿美语参考语法》，林英津编著的《巴则海语》。这套丛书与大陆地区出版的《中国少数民族语言简志丛书》体例等比较接近，每一种有语音和语法的简要描写，附录有数百个常用词，篇幅为七八万字。

5. 方言描写

对少数民族语言方言的研究，体现了学界对少数民族语言研究的深入，早在20世纪80年代初期，就出版了欧阳觉亚、郑贻青的《黎语调查研究》（中国社会科学出版社1983年版），瞿霭堂、谭克让的《阿里藏语》（中国社会科学出版社1983年版），宣德五、赵习、金淳培的《朝鲜语方言调查报告》（延边人民出版社1990年版）。1991年，"国家社会科学基金"立项，将中国少数民族语言方言研究列入其规划，资助进行系统研究，一批方言研究专著以《中国少数民族语言方言研究丛书》名义陆续出版。该丛书由孙宏开主编，分别由四川民族出版社和北京的民族出版社出版。丛书分两种类型，一种是描写某语言有特点的方言（前面已经进行了介绍）；另一种是全面描写某个语言的方言。如张均如等六人合著的《壮语方言研究》（四川民族出版社1999年版）是由老、中、青三代学者共同完成的方言巨著，有80多万字。全书由绪论、语音、词汇、语法、壮文5章构成。附录有广西武鸣壮语同音字表、36个调查点的词汇表和50多幅地图。全书材料翔实、内容丰富，有较高的学术价值。陆绍尊的《普米语方言研究》（民族出版社2001年版）和《门巴语方言研究》（民族出版社2002年版），均从语音、语法、词汇、长篇语料等方面研究普米语和门巴语的方言。蒙朝吉的《瑶族布努语方言研究》（民族出版社2001年版）则介绍了布努语的方言土语区特点。周耀文、罗美珍的《傣语方言研究》（民族出版社2001年版）则主要从语音、词汇、汉语和巴利语对傣语的影响、文字等几个方面研究傣语方言语音和词汇。格桑居冕、格桑央京著《藏语方言概论》（民族出版社 2002 年版）。藏语是汉藏语系中一种重要的语言，有着较为复杂的方言状况，该专著介绍了中国境内三大藏语方言的主要特点，对全面了解藏语特点无疑有着重要的作用。

6. 专题描写研究

对中国少数民族语言的专题描写研究，一直是少数民族语言研究的重点。据不完全统计，最近 30 年国内各种刊物、文集共发表描写性研究论文 8000 多篇，几乎占了少数民族语言研究领域发表论文的一半。以前，有关少数民族语言的专题描写偏重在语音方面，特别是一些语言里的特殊语音现象，例如复辅音、送气擦音、长短元音、松紧元音等。这种描写一般停留在根据直观观察和听觉所得的结果来进行。

近 30 年以来出版的研究专著，对少数民族语言语音的描写更加全面和广泛，将少数民族语言中的特殊语音现象越来越多揭示出来，如蒙古语中的吸气音，羌语中的长辅音，朝鲜语中的紧辅音，阿昌语中的清鼻音，白语中的声门混合挤擦音，蒙古语中的弱化辅音、弱化元音，裕固语中的带擦元音，拉珈语的鼻化元音，藏缅语中的卷舌元音，阿尔泰语系语言中的元音和谐，景颇语、独龙语中的弱化音节，藏语中的音节减缩，等等。具体的文章有容舟的《蒙古语中的吸气音》（《民族语文》1980 年第 1 期），谭克让的《阿里藏语中的复元音》（《民族语文》1980 年第 3 期），陈宗振的《论西部裕固语的带擦元音》（《民族语文》1986 年第 2 期），刘光坤的《羌语中的长辅音》（《民族语文》1986 年第 4 期），张均如的《拉珈语的鼻化韵》（《民族语文》1992 年第 3 期），孙宏开的《藏缅语复辅音研究》（《三月三·民族语文论坛》1999 年第 1 期），从藏缅语族复辅音的分类及其结构特点、复辅音的演变趋势和变化方式、复辅音演变过程中对音节各要素的影响等三个方面，较全面深入地讨论了藏缅语族语言复辅音的特点，总结出了其演变的总趋势是复辅音的应用越来越少，演变的主要方式有脱落、融合、分化、替代和换位 5 种。同时文章还用大量的语言事实论证了复辅音消失过程中对语音系统中的辅音（声母）系统、元音（韵母）系统及声调系统所产生的影响。对语音的专题描写还有江荻的《藏缅语言元音的上移和下移演化》（《民族语文》2001 年第 5 期），文章提出古缅语元音到现代缅语元音的演变是长元音舌位上移，藏语中短元音的舌位下移，如果类似现象在其他藏缅语言中都存在，那么可以看作藏缅语元音演变的一条规律。其他的论文还有：黄成龙的《羌语音节弱化现象》（《民族语文》1988 年第 3 期），文章简要讨论了羌语音节融化引起的语音变化，即羌语增加了许多辅音韵尾；赵岩社的《佤语的前置音》（《中央民族大学学报》2001 年第 4 期），是对一种语言中具有特色的语音现象的描写分析；杨将领的《独龙语的长元音》（《民族语文》2000 年第 2 期），描述了独龙语长元音的两种功能及其产生的有关因素。孔祥卿的《撒尼彝语 60 年的音变》（《民族语文》2002 年第 4 期），通过对撒尼彝语 1940 年和 2001 年两种调查材料的对比，讨论了撒尼彝语 60 年来语音的变化，指出撒尼彝语的声母、声调方面变化较小，音系的变化主要在韵母。韵母的变化具体表现在相近元音合并，从而造成元音数量减少。同时值得注意的是，撒尼彝语正在产生鼻化韵，有可能导致其固有音韵系统格局的改变；赵则玲、郑张尚芳的《浙江景宁畲话的语音特点》（《民族语文》2002 年第 6 期）一文，讨论了景宁畲话的语音特点，通过比较说明景宁畲话具有某些有别于客家话而接近于闽方言和浙南吴方言的特点。

在中国北方语言中普遍存在"元音和谐"的语音现象，较早讨论元音和谐现象的文章是喻世长的《元音和谐中的三足鼎立现象》（《民族语文》1981 年第 2 期），其后有布和的《东乡语的元音和谐现状分析》（《民族语文》1983 年第 4 期），道布的《蒙古语的元音和谐与元音音位对立的中和》（《民族语文》1984 年第 2 期）。李兵对此也进行了大量系统理论研究，他在《民族语文》杂志发表了一系列文章：《论通古斯语言元音和谐的语音学基础》（1998 年第 3 期）、《满语元音系统的演变与原始阿尔泰语元音系统的重新构拟》（1999年第3期）、《通古斯语言唇状和谐形式特点与比较》（2000年第3期）、《元音和谐的类型学问题》（2001年第2期）、《舌根后缩元音和谐系统中性元音的可透性》（2002年第2期）。李得春的《近代朝鲜文献中的汉朝对音转写问题》（《民族语文》2001年第2期）一文，探讨谚文转写成国际音标需注意的问题。明清时期朝鲜文献中的汉字都有谚文字母标注的读音，这些反映当时的读音对于明清汉语音韵研究具有很大的价值。文章列出了谚文同国际音标和传统的三十一字母声韵对应音值，解释了正音、俗音、左音、右音等术语。侯尔瑞的《雅库特语与柯尔克孜、维吾尔语语音比较》（《中央民族大学学报》2001年第1期）一文，对比分析了现代雅库特语同柯尔克孜语、维吾尔语语音的同异点。北方语言的研究还有李美玲分析土族语语音的两篇文章：《土族语长元音的形成》和《土族语词首辅音f的演变》（均载《西北民族研究》2001年第1期），黄锡惠的《满语口语研究的重音问题》（《满语研究》2001年第1期）等。

上述这种语音描写一般停留在定性阶段，都是从语音学和音系学的角度进行描述。由于实验语音学的兴起，对中国少数民族语言语音的四色（音高、音强、音色、音长）描写研究进入了一个新的更加科学的定性和定量相结合的历史时期。目前已经有学者对有影响的少数民族语言的整个语音系统，如藏语、蒙古语、维吾尔语、哈萨克语等进行了实验分析，这些语言的总体分析研究报告将在今后的若干年内陆续出版。此外还对少数民族语言中的一些特殊语音现象进行专题描写研究。如鲍怀翘等的《佤语浊送气声学特性分析》（《民族语文》1990年第2期），孔江平的《道孚藏语双塞音声母的声学特性》（《语言研究》1991年第2期）、《道孚藏语双擦音声母的声学分析》（《民族语文》1991年第3期）、《苗语浊送气的声学研究》（《民族语文》1993年第1期）、《哈尼语发声类型声学研究及音质概念的讨论》（《民族语文》1996年第1期），确精扎布的《蒙古语察哈尔土语元音的实验语音学研究》（《民族语文》1989年第4期），王贤海的《国内几种少数民族语言擦音送气实验研究》（《民族语文》1988年第1期）等。

对中国少数民族语言语法的描写研究往往是结合对整个语言的描写研究进行的，而专题描写是20世纪80年代才陆续被重视，最近10多年来进展很快，取得的成果也比较明显。仅仅从《民族语文》杂志1978年创刊到1996年第4期出版的100期来看，对语法的描写文章数量已经接近于语音描写的文章。① 在描写的深度和广度方面都是空前的，几乎涉及语法研究的所有方面。这些文章中，有对某种语言的某一词类特征的描写的，如李树兰的《论锡伯语的助动词》（《民族语文》1988年第4期），刘菊黄的《独龙语动词研究》（《语言研究》1988年第1期），杨焕典的《纳西语中的数量词》（《民族语文》1983年第4期），黄成龙的《羌语形容词研究》（《语言研究》1994年第2期），石林的《侗语代词分析》（《民族语文》1986年第5期），纪嘉发的《云南墨江彝语结构助词初探》（《语言研究》1992年第2期），向日征的《湘西苗语助词的语法特点》（《民族语文》1987年第2期），张蓉兰的《拉祜语动词的语法特点》（《民族语文》1987年第2期），等等。有对各词类语法范畴的特征、内容等进行描写的，如高尔锵的《塔吉克语动词的语态特点》（《民族语文》1990年第2期），拿木四来的《达斡尔语的谓语人称范畴》（《民族语文》1981年第2期），喻翠容的《傣语动词的情貌系统》（《语言研究》1985年第2期），李树兰的《锡伯语的领属范畴》（《民族语文》1982年第5期），陈康的《彝语人称代词的"数"》（《民族语文》1987年第3期），刘光坤的《论羌语代词的"格"》（《民族语文》1987年第4期），张济川的《藏语使动、时式、自主范畴》（《民族语文》1989

---

① 《民族语文》创刊至出版100期，该刊发表《奋发向上 励精图治》编辑部文章，提到该刊共发表1100多篇文章，其中语音描写的文章150篇，语法描写的文章125篇。参见《民族语文》1996年第4期。

年第2期)，陈士林的《凉山彝语的特指和泛指》(《民族语文》1989年第2期)，舒志武的《土家语形容词的"级"》(《语言研究》1994年第2期)，刘照雄、林莲云的《保安汉语撒拉语里的确定与非确定语气》(《民族语文》1980年第3期)，李树兰、胡增益的《满-通古斯语言语法范畴中的确定/非确定意义》(《民族语文》1988年第4期)等。上述这些文章从一个侧面揭示了中国少数民族语言中语法范畴的构成和语法意义、语法形式的多样性，在一定意义上丰富了理论语言学的宝库。

有相当多的文章专门讨论了语法形式。在中国少数民族语言中，表达语法意义的语法形式丰富多彩，一般北方少数民族语言形态比较丰富，黏附性前缀、后缀、中缀等比较发达，屈折形态也是重要的语法形式，还有重叠形式，等等。而南方少数民族语言一般以虚词作为语法意义的主要表现形式，当然也有重叠形式。如金淳培的《朝鲜语语法形式的意义特征》(《民族语文》1986年第3期)，陈晓云的《哈萨克语中词的重叠》(《民族语文》1988年第3期)，毛宗武的《瑶族标敏话词语重叠的语法功能和语法意义》(《民族语文》1989年第6期)，李炳泽的《回辉话的前缀》(《语言研究》1995年第2期)，张公瑾的《傣语德宏方言中动词和形容词的后附形式》(《民族语文》1979年第2期)，葆录的《关于蒙古语的某些构词后缀》(《民族语文》1981年第3期)，巴桑卓玛的《巴塘藏语动词屈折形态的分析化》(《民族语文》1990年第5期)，等等。

句法描写也是语法描写的一个重要组成部分，这方面也有一些比较深入的专题研究。例如道布的《蒙古语句子结构分析》(《民族语文》1979年第2期)，高尔锵的《塔吉克语基本句型分析》(《民族语文》1986年第1期)，崔允甲的《朝鲜语单句和复句的区分》(《民族语文》1982年第4期)，胡坦的《论藏语比较句》(《民族语文》1985年第5期)，罗安源的《苗语句法成分的可移动性》(《民族语文》1987年第3期)，贾晞儒的《谈谈蒙古语句子结构的几个问题》(《民族语文》1995年第5期)，赵斌的《中国各民族语言的语序共性分析》(《语言研究》1989年第1期)，特图克的《蒙古语并列复句分析》(《民族语文》1982年第1期)，等等。

对于中国少数民族语言语法的研究包括研究多种语言中某一类语法共性和具体分析个体语言中的某种特殊语法现象这两个方面，根据内容的不同可以归纳为三类。第一类是运用共时语言学理论对多种语言中相近或相似的语法现象进行综合分析，对一些语法共性进行分类阐述。例如从类型学角度分析语法现象的论文主要有以下几篇。刘丹青的《汉藏语言的若干语序类型学课题》(《民族语文》2002年第5期)，论文首先对语序类型学的参项进行简述。语序类型学参项是由语序在不同语言中的结构差别所构成的某种关系或范畴，各种参项的类型学价值不是同等的，可以预测其他结构语序的参项在类型学和语言共性研究中具有较高的价值，然后结合汉藏语言的SOV、SVO、VSO语序类型，介词的类型、连词的类型、领属定语、形容词定语与关系从句、指称类"定语"等问题进行讨论，具有较强的理论性。李永燧的《论藏缅语黏着语素与语言类型学》(《民族语文》2002年第2期)对一些现代藏缅语言的黏着语素进行综合描述，认为一部分黏着形式是由实词虚化而来的(实词的语法化是藏缅语言的一个特点)。原始藏缅语词根以单音节型为主要特征，早期虽有黏着语素，但在语言结构中不占统治地位，不属于黏着型语言。戴庆厦、傅爱兰的《藏缅语的形修名语序》(《中国语文》2002年第4期)主要探讨了以下三个问题：复合词与短语形名结构的一致性和差异性；形容词定语前置与后置于核心名词在形式和功能方面的差别；形容词定语和指示词定语、数量定语共同修饰名词时可能出现的语序及其等级序列以及影响等级序列的条件。李大勤的《藏缅语人称代词和名词的"数"——藏缅语"数"范畴研究之一》(《民族语文》2001年第5期)，在考察藏缅语言人称代词"数"范畴的类型及其表达形式的基础上，讨论人称代词和名词的"数"之间的关系,指出这两个系统之间大致呈现出三种情况,其形式手段的创新有着极为密切的关系。徐世璇的《缅彝语言体范畴研究》(《中国语言学报》2001年第10期)提出缅彝语言的体存在着动貌和情貌两种不同的类别,两种类别的体可以复合,形成了体范畴的复合功能和多种层次。这种共时特点是由体范畴的历史性质决定的,分别来源于动词虚化和语法成分的两类体标记,其性质、功能和在句中的语序不同,经过长期的演变,共同组成了表示体意义的系统,但是仍然保留了各自内在的潜质,决定了缅彝语言体范畴的类别差异和复合功能。丁崇明的《汉语、藏缅语形容词重叠式的特殊用法》(《云南民族学院学报》2001年第5期)对汉语和藏缅语言中形容词的重叠用法进行了描述分析。

有的语法专题研究是以一个语言中的某种语法现象为主题,这方面的论文数量较多。如《民族教育研究》以增刊的形式出版了《动词研究专辑》(1999年),收入23篇研究动词的论文,涉及15种民族语言的动词研究。如戴庆厦的《景颇语的连动式》、傅爱兰的《普米语动词的"体"》、李锦芳的《仡央语言的动词虚化》、杨将领的《独龙语使动范畴语法形式的演变发展》、胡振华的《柯尔克孜语动词及其构成》、吉特格勒图的《论鄂温克语动词与人称关系》、买提热拉木·沙依提的《论古代突厥语中动词语态附加成分》等。还有许多散见于杂志上的文章,如胡素华的《彝语动词的体貌范畴》(《民族语文》2001年第4期)认为体和貌可以分开,体范畴有进行体、完成变化体、未完成变化体,貌范畴有完成貌、进行貌、将来貌、短时少量貌、长时频繁貌。两个范畴的表现手段和虚化程度各不相同。她在《彝语结构助词在不同层面上的多功能性》(《语言研究》2001年第2期)中对彝语结构助词的功能进行了多层面的分析。戴庆厦的《景颇语的话题》(《语言研究》2001年第1期)认为,景颇语是一种具有话题结构的语言,景颇语话题的特点是由其语法类型——以分析型为主但又有屈折型特点决定的。杨将领在《独龙语动词的使动范畴》(《民族语文》2001年第4期)中分析了独龙语使动范畴的共时特征,将使动语法意义概括为致使、致动和役使三类,语法形式有黏着和分析两类,两种形式相互制约而又互补并存,并从黏着形态向分析形式转化。马忠建《西夏语SOV型单句中宾语的形式》(《民族语文》2001年第2期),叙述了单句中宾语的7种形式及分布条件,并对各种形式之间的关系进行初步的分析。黄布凡《羌语的体范畴》(《民族语文》2000年第2期)提出,以往所说的时制范畴可以归入体范畴。周毛草的《藏语的行为动词和行为结果动词》(《民族语文》2002年第6期)对藏语中分别表示主体施加于客体的动作和客体受动后自身发出的动作这两类动词作了区别,并进行对比分析,概括出行为结果动词的5个特点。小门典夫在《凉山彝语的性质形容词和状态形容词》(《民族语文》2002年第4期)一文中指出,凉山彝语的形容词在增加一个语法形式之后,有的性质发生变化,变为名词性成分,有的不发生变化,这两种形容词在结合关系和表达功能上也有差别,因此他认为凉山彝语的形容词有两种类别,一类为性质形容词,另一类为状态形容词。王锋在题为《白语名量词及其体词结构》(《民族语文》2002年第4期)的文章中指出,白语的名量词比较发达,可与名词、指示代词、人称代词、数词构成多种体词结构。这些体词结构有各自固定的组合次序和结构关系,量词在这些体词结构中有时能够充当中心语。袁焱的《阿昌语的述宾结构》(《民族语文》2002年第4期)从阿昌语述宾结构的类型、语法标记及受汉语影响产生的新形式等三个方面探讨了阿昌语述宾结构的特点。李山、周发成在《论羌语语法中的否定形式》(《民族语文》2002年第1期)一文中,分析了羌语中陈述句、命令句和疑问句中的否定形式,讨论了否定副词前缀在多动词从句中的定位，亦对否定副词前缀的非否定用法和汉语的影响做了介绍。尹蔚彬以《业隆话动词的时、体系统》（《民族语文》2002年第5期）为题，讨论了业隆话动词的时、体系统，分析动词的形态，并同周边其他藏缅语言动词的时、体系统进行了比较。戴庆厦的《景颇语"形修名"两种语序对比》（《民族语文》2002年第4期）从语序类型学和语序蕴含共性的角度，对比景颇语定（形）中（名）结构两种语序的语法结构和制约条件，以及分析语序模式与语法结构之间的互动关系的基础进行了讨论，认为两种语序构成两种性质不同的定中结构，"名+形"语序是先有的，"形+名"语序是为了语用需要后来增加的，"名+形"构成的短语是一种不同于"形+名"短语的次短语。

对阿尔泰语言的语法研究主要集中在蒙古语族和突厥语族，也有少量跨语族研究的文章，许伊娜的《阿尔泰诸语句法类型及副动词范畴》（《民族语文》2001年第1期）简略对比分析了维吾尔语、蒙古语、鄂温克语中副动词范畴的语义功能和句法结构特征，力图从结构类型特征方面认识这三种语言的异同。哈斯巴特尔的《关于蒙古语人称代词词干变格问题》（《民族语文》2001年第3期），分析研究了蒙古语人称代词早期形式和早期变格情况，认为几种不同变格词干是由词干和格词缀的固定形式中演变而来的词干形式。德力格尔玛的《论蒙古语构形法归属问题》（《中央民族大学学报》2001年第5期）对蒙古语的构形法进行了深入的讨论，提出传统蒙古语语法将词法划分为构词法和构形法，但构形实际上是表达句法关系的，不属于孤立的词，应归入句法学中的组词法，并对构形作了"组词手段的种类"和"组词造句的内容"的区分。突厥语族语言的语法研究论文数量不少，其中张定京对哈萨克语所做的语法研究较为引人注目。在《哈萨克语知情语气助词》（《民族语文》2001年第6期）一文中，张定京以语法意义和语法形式相结合的方法，介绍哈萨克语知情语气助词的特点和种类，对16个知情语气助词的分布、用法和表义情况做了详细的分析描写；在《哈萨克语限定和否定语气助词》（《中央民族大学学报》2001年第2期）和《哈萨克语关注格助词》（《语言与翻译》2001年第3期）两篇文章中，张定京分别对哈萨克语的另两类助词进行描写分析，形成了哈萨克语助词研究系列。对维吾尔语语法的研究包括否定范畴、形态、语言结构和量词等多方面，这些论文分别发表在《语言与翻译》2001年第2—3期，有李军、滕春华的《现代维吾尔语否定范畴探析》，胡毅的《零形态与维吾尔语语法》，李祥瑞的《现代维语的名名结构》，张玉萍的《维语量词的形象性和模糊性》（《语言与翻译》2001年第2期）、《维吾尔短语结构分析》（《民族语文》1998年第5期）、《维语单句中的语法语义关系》（《民族语文》1999年第6期）、《维吾尔语动词格框概说》（《民族语文》2000年第5期），对维吾尔语语法中的一系列问题进行了专题研究。金日、毕玉德的《有关朝鲜语词类问题上的不同观点评析》（《民族语文》2001年第6期），主要就中国、朝鲜和韩国的学者关于朝鲜语词类划分的标准、具体的词类设定以及词类下位分类等问题上的不同观点进行了讨论。张定京的《哈萨克语并列连接助词》（《民族语文》2000年第1期），德·青格乐图的《辨析蒙古语"名+动结构"复合词问题》（《民族语文》2000年第2期）。木哈拜提·哈斯木的《维语鲁克沁话与标准语动词变位系统比较研究》（《民族语文》2002年第3期），在对维吾尔语鄯善鲁克沁话动词进行调查分析的基础上，同维吾尔标准语进行对比，指出鲁克沁话动词不仅语音同标准语存在差异，而且变位形式也不同，有一些常用的动词变位形式具有独特性，是标准维吾尔语不用或不常用的；反之也有，标准维吾尔语中也有一些鲁克沁话中没有的动词变位形式。

词汇和语义的描写是中国少数民族语言研究的薄弱环节，比起语音研究和语法研究来，发表的文章数量比较少。在词汇研究的文章中，一般描述词的结构和构词特点的文章比较多，也有分析由于语言接触，引起语言借用的一些文章。例如，魏萃一的《维吾尔语词汇演变的规律性》（《民族语文》1981年第4期），贾晞儒的《蒙古语复合词的语义结构分析》（《民族语文》1987年第2期），梁敏的《壮语的同音词、多义词、同义词、近义词和反义词》（《民族语文》1982年第1期），乐·色音额尔敦的《同仁保安语里的谐音合成词》（《民族语文》1982年第1期），查干哈达的《蒙古语青海话的词汇特点》（《民族语文》1987年第1期），朝克的《鄂温克语的构词方式》（《民族语文》1984年第2期），朱建新的《简论凉山彝语附加式构词法》（《民族语文》1986年第2期），刘光坤的《羌语中的藏语借词》（《民族语文》1981年第3期），陈宗振的《西部裕固语中的早期汉语借词》（《语言研究》1985年第1期），李得春的《朝鲜语中的满语借词与同源成分》（《民族语文》1984年第1期），曹广衢的《壮侗语中的一些古汉语借词》（《语言研究》1996年第2期）等。研究语义的文章相对比较少，到90年代才出现一些较有分量的论文，如戴庆厦、胡素华的《彝语支语言颜色词试析》（《语言研究》1993年第2期），斯钦朝克图的《蒙古语五种牲畜名称语义分析》（《民族语文》1994年第3期），傅爱兰、李泽然的《哈尼语动物名词的语义分析》（《中国民族语言论丛》，中央民族大学出版社1996年版），曲木铁西的《彝语义诺话植物名词的语义分析》（《语言研究》1993年第2期）等。全面描述某一语言的词汇系统和语义特点，最近也开始受到重视，如戴庆厦、徐悉艰合著了《景颇语词汇学》（中央民族大学出版社1995年版），赵洪泽、米武作的《彝语修辞学》（四川民族出版社1991年版）等，都是对某个中国少数民族语言的词汇系统或语义特点进行描述的力作。

7. 语言分布描写——语言地图集

对中国少数民族语言的分布进行全面描写，是最近30余年以来语言研究的一项重要工作。20世纪80年代初，中国学界酝酿编写《中国语言地图集》，此项工作一开始是由中国社会科学院与澳大利亚政府合作进行的，图集包括汉语方言分布地图和少数民族语言分布地图各15张，此外还有民族分布图等，分别由中国社会科学院语言研究所和民族研究所的科研人员共同承担。中澳双方成立了编委会，具体领导地图集的编辑出版工作。地图集包括综合图、地区图、语族图和部分语言（包括方言）分布图，大体描述了近80种中国少数民族语言。在文字说明中，给出了各地区、语族或语言的分布、使用人口、语言关系等信息。该地图集分中文版和英文版，由香港朗文出版公司于20世纪80年代末陆续出版。出版后受到国内外语言学界的重视和好评。

进入21世纪，由于汉语方言的划分和少数民族语言的调查研究取得重大进展，因此有必要对已出版的《中国语言地图集》进行修订，在中国社会科学院、香港城市大学和商务印书馆的支持下，组成了以邹嘉彦、张振兴、黄行为领导的修订工作委员会，经过5年的紧张工作，修订工作基本上完成。此次修订，图集版面尺寸由原来的4开改为8开，装订由原来的散张改为合订，篇幅增加了一倍，少数民族语言的数量增加到120多种，说明文字不仅大大增加了篇幅，而且增加了地区、语族、语言等使用情况、语言关系和结构特点的描述。

少数民族语言的描写研究仍在继续深入，专题描写研究正方兴未艾。对重点语言的深入描写越来越得到重视，新的理论和方法陆续得到使用，由中央民族大学戴庆厦主持的"中国少数民族语言参考语法丛书"已经列入国家"十一五"出版规划，并正在实施，可以预料，在21世纪，少数民族描写语言学将得到更加深入的发展。

（三）少数民族语言历史比较研究有了良好的开端

以历史比较研究方法研究语言是近30年来少

数民族语言研究的热点。从《民族语文》100 期所发表的论文统计，少数民族语言的历史比较研究的文章超出所有其他类论文就足以证明这一点。少数民族语言历史比较研究主要围绕以下 3 个领域进行。

1. 中国少数民族语言的谱系分类研究

通过比较研究，从发生学角度建立少数民族语言相互远近关系的谱系分类表，是这项研究的主要目标。这方面的主要成果形式为论文，有讨论语系分类的，主要侧重在汉藏语系语言的分类（这方面的分歧意见比较大），阿尔泰语系分类也有不同意见，但国内全面讨论这方面的文章不多见。

汉藏语系假设的提出大概是 19 世纪初①。汉藏语系的语言虽然主要分布在中国，但它从提出的那一天起，就是一个跨国界的学科。开始的时候，人们对这个语系的概念并不清晰，有人叫它"印度支那语系"，有人叫它"东南亚语系"，等等。研究领域也仅仅是一些汉藏语系语言关系的个别问题的讨论，包括东亚地区的一些语言。到 19 世纪末较明确提出汉藏语系概念的是孔好古（August Conrady）。他首先提出了汉藏语系中包括汉语、藏缅语和台语的思想。20 世纪初，印度陆续出版了格里森和科诺合作的 11 卷本共 21 册的《印度语言调查》②。书中把"汉藏语系"（书中称"藏汉语系" Tibeto - Chinese Family）分成两大块，一块是汉台语族，另一块是藏缅语族。在这本书里，克伦诸语言被作为一个独立的语系与印欧语系、汉藏语系等并立。

差不多与《印度语言调查》发表的同时，英国人类学家戴维斯在英国剑桥大学出版社出版了他的著作《云南：印度和扬子江之间的纽带》③。书中讨论了汉语和掸语、藏缅语、孟高棉语等的分类问题，并将苗瑶语归入孟高棉语族，列入汉藏语系之下。

应该说，上述研究成果对后来者来说是有一定影响的。20 世纪 30 年代，汉藏语系的研究在学界形成了一个小小的高潮。相当一批学者如法国学者马伯乐（Maspero），美国学者白保罗（Paul K. Benedict），中国学者赵元任、李方桂以及沃尔芬登（Stuart N. Wolfenden）、西门华德（Simon Walter）、谢飞（Robert Shafer）等从不同的角度对汉藏语系进行了比较全面的讨论。

此后，国内外语言学界对此进行了长期的研究，但由于汉藏语系语言文献大大少于印欧语系，所包括的语言有的至今不曾有研究者深入地调查研究，因此，时至今日，汉藏语系仍然是一个有待深入论证的假设。这主要表现在，汉藏语系究竟包括哪些语族，学术界仍然意见不一致。一般学术界比较肯定汉语和藏缅语族的语言有同源关系，但汉语和藏缅语与南岛语族的语言、苗瑶语族的语言、侗台语族的语言、南亚语系孟高棉语族的语言等是否有同源关系，则学术界分歧很大，众说纷纭，莫衷一是。当前主要有 5 种比较大的分歧意见。第一，以语言学家李方桂在 20 世纪 30 年代提出的汉藏语系包括汉语、藏缅语族、苗瑶语族、侗台语族，这种观点得到了中国国内大多数语言学家的赞同。第二，美国学者白保罗于 20 世纪 70 年代提出，汉藏语系仅仅包括汉语和藏缅语族，而苗瑶语族、侗台语族和南岛语共同组成南岛语系。南岛语系与汉藏语系仅仅有接触关系，而没有同源关系。第三，法国学者沙加尔于 20 世纪 80 年代末提出汉语和南岛语有同源关系，得到中国天津南开大学的学者邢公畹支持。第四，云南民族大学学者王敬骝在第三十四届国际汉藏语会议上提出，成立华夏语系，包括越（孟高棉）、夷（侗台语）、苗（苗瑶语）、羌

---

① 参阅孙宏开、江荻《汉藏语系研究历史沿革》，载丁邦新、孙宏开主编《汉藏语同源词研究》（一），广西民族出版社 2000 年版。

② G. A. Grierson, *Linguistic Survey of India*, Motilal Banarsidass, Calcutta 1903. 本书初版于 20 世纪初，全部出齐是 1927 年。

③ Henry Rudolph Davies, *Yunnan: The link between India and Yangtze*. Cambridge University Press, 1909.

（藏缅语）。第五，潘悟云、郑张尚芳等进一步提出，汉语、藏缅语、南岛语、侗台语、苗瑶语、南亚语等都可能有同源关系，应该成立包括上述6个语言集团在内的华澳语系。现将3种主要观点列表比较如下：

语系名称	包括内容	提出时间	代表人物	备注
汉藏语系	汉语、藏缅语、侗台语、苗瑶语	1937年①	李方桂、罗常培、傅懋勣、马学良等	
汉藏语系	汉语、藏缅语	1973年②	白保罗、马提索夫等	侗台语、苗瑶语、南岛语合为另一个语系，称南岛语系
汉藏语系	汉语、南岛语	20世纪90年代	沙加尔、邢公畹	邢公畹支持沙加尔的看法，但不反对李方桂等的看法
华澳语系	汉语、藏缅语、侗台语、苗瑶语、南亚语、南岛语	1995年③	邢公畹、潘悟云、郑张尚芳等	包括了上述3种观点中的汉藏语、南岛语、孟高棉语
华夏语系	孟高棉语、侗台语、苗瑶语、藏缅语	2002年④	王敬骝	汉语是越、夷、羌融合而成

上表所记各种分歧观点基本上产生在各个语族层面，涉及中国南方所有的少数民族语言。除了上述5种观点以外，还有人认为，现在的汉藏语系与印欧语系有亲缘关系⑤，也有人认为汉藏语系与北高加索的语言有亲缘关系⑥。由于这些观点尚缺乏有力的论证，得到学术界的响应也不多，姑且记之，以利研究。

产生上述语言谱系分类的分歧原因是非常复杂的，从客观上讲，上述6个语言集团之间的错综复杂关系早在19世纪就有学者提出，但是都缺乏有力的论证。从目前已经发表的资料来判断，有的论证存在着"神似"，如汉语和藏缅语族语言的关系；有的存在着形似，如汉语和侗台语、苗瑶语之间的关系；有的存在着某种割不断、理还乱的千丝万缕的联系，如南岛语和侗台语、苗瑶语和南亚语、南岛语和汉语；等等。这些语族内部的一致性已经得到学术界的多数肯定，但由于语言集团（语族）之间却存在着很大的差异，"分化"的年代十分久远，

---

① 李方桂首次以《中国的语言和方言》为题在上海《中国年鉴》上发表文章，对汉藏语系进行了全面分类，此前也有人讨论过汉藏语系（有人称为印度支那语系）的分类问题，但均不如此文全面。20世纪50年代以后，李方桂的观点得到了中国大多数语言学家的支持。1951年首先是罗常培在《科学通报》上发表文章，其后又和傅懋勣合作，于1954年在《中国语文》发表文章，全面讨论中国语言的谱系分类问题，1991年马学良主编的《汉藏语概论》基本上使用了这个框架。与此同时，《中国大百科全书》等官方或半官方的著作，基本上都沿用这个分类框架。

② 白保罗关于汉藏语系分类的观点，较早曾发表过一些文章，但全面阐述他观点的著作应该是1973年发表的《汉藏语导论》和1975年出版的《澳泰语：语言和文化》。这两本书的观点得到马提索夫的全力支持，也得到西方多数语言学家的赞同。

③ 潘悟云的《对华澳语系假设的若干支持材料》，载王士元主编1995年出版的《中国语言学报》增刊第8卷，美国加州柏克莱。

④ 详情参阅王敬骝《华夏语系说》，载《汉藏语言研究——第三十四届国际汉藏语暨语言学会议论文集》，第257—285页。

⑤ 其中一共是6个，加拿大汉藏语系语言研究专家普立本1995年在美国出版的《中国语言学报》著文，提出这一观点。见《中国语言学报》专刊第8期，1995年。

⑥ 俄罗斯东方学研究所学者Starostin在第20届国际汉藏语会议上提供长篇论文，讨论了汉藏语系语言与西伯利亚的叶尼塞诸语及北高加索语言的发生学关系。

以致难以测算和确定，研究者欲构拟原始面貌更是难上加难。从主观上讲，上述6个语言集团共包括了数百种乃至近千种结构类型极不相同的语言，而持不同观点的学者由于学术背景不同，各自掌握的第二手语言资料面和深度不同，再加上研究的基础和方法不同，出现这样或那样的分歧应该是非常自然的。

1999—2003年，国家社会科学基金支持了由孙宏开主持的项目《汉藏语同源词研究》。2004年结题时，孙氏在结题报告中写下这样一段话："根据已经看到的结果是：汉语、藏缅语、苗瑶语、侗台语之间有同源关系的结论不大可能被否定。有一批数量不等以及过去不认为它们有同源关系的同源词被发现，同时还发现了一些其他有力的证据支持它们有同源关系。其中藏缅语与汉语关系最近，苗瑶语、侗台语与汉语的关系稍远。南岛语与侗台语、汉语都有一批数量不等的关系词，这些词是同源关系还是借贷关系，尚需要做再论证。中国的南亚语系一些语言与汉语、藏缅语似乎也可以找到一些关系词，但这些词在南亚语系内部并不一致同源，因此，借贷的可能性比较大，但也有待于进一步深入研究。"这是课题组的一家之言，结论仍然有待于进一步验证。

近一二十年来，除了从语言结构本身探讨中国南方各少数民族语言关系外，人们往往结合使用这些语言的族群关系，包括历史、考古、迁徙，乃至基因等方面的资料作参照，来讨论中国南方少数民族语言的关系。由于本文篇幅限制，关于这方面的比较全面的梳理和论述，请参阅《汉藏语同源词研究（一）》所载吴安其先生的文章《汉藏文化的历史背景和汉藏语的历史分布》（广西民族出版社2001年版）。

汉藏语系的源流是近年来学术界十分关注的热点，由于汉藏语言所具有的特点，历史比较语言学的传统理论和方法面临挑战，人们从不同的视角、运用不同的方法而产生的多种观点形成了热烈的讨论。为了推进汉藏语系语言的历史比较研究，孙宏开于1999年申请国家社会科学基金，同年与香港科技大学学者丁邦新合作，申请香港大学拨款委员会资金，组织（北）京内外的专家学者，开展"汉藏语同源词"研究。经过5年的研究，初步建成一个开放性的语言数据库。这个数据库服务于汉藏语系历史比较研究的包括古汉语构拟及方言、侗台语、苗瑶语、藏缅语、南岛语、南亚语等130种语言和方言的词汇语音。同时，该研究项目分4个层面开展专题研究：第一，梳理自18世纪以来，汉藏语系语言研究的主要成就，为本课题研究铺路；第二，对汉藏语系语言中存在的主要语言演变规律进行梳理，为确定同源词提供理论依据；第三，探讨适应汉藏语系语言历史比较研究的方法；第四，寻找语系和语族以及语族之间不同层次的同源词。该项研究目前已经由广西民族出版社出版了丁邦新和孙宏开主编的《汉藏语同源词研究（一）——汉藏语研究的历史沿革》（2000年）、《汉藏语同源词研究（二）——汉语、苗瑶语同源词研究》（2001年）、《汉藏语同源词研究（三）——汉藏语研究方法论的探索》（2002年）等。该项研究初步的结果是：汉语、藏缅语、苗瑶语、侗台语之间有同源关系的结论不大可能被否定。有一批数量不等以及过去不认为它们有同源关系的同源词被发现，同时还发现了一些其他有力的证据支持它们有同源关系。其中藏缅语与汉语关系最近，苗瑶语、侗台语与汉语的关系稍远，而南岛语与侗台语、汉语都有一批数量不等的关系词，这些词是同源关系还是借贷关系，尚需要再论证。中国的南亚语系一些语言与汉语、藏缅语似乎也可以找到一些关系词，但这些词在南亚语系内部并不一致同源，因此，借贷的可能性比较大。在寻找同源词的过程中，有一些同源语素实际上已经渗透到语言的各个层面。一些同源词仍然在词的层面，一些词已经语法化为一个构词语素，有的词已经语法化为一个前缀或后缀。因此出现了甲语言集团的词可能和乙语言集团的构词语素或丙语言集团的前缀同源。江荻的《汉藏语言演化的历史音变模型——历史语言学的理论和方法探索》（民族出版社2001年版）也是"汉藏语同源词"课题的成果之一，全书主要讨论了三个问题：第一是语言观，认为语言不仅仅"是最重要的交际工具"，而且是人类表达认知世界的方式，包括代际传承和社会文化传播等功能；第二探讨社会系统与语言系统之间必然的客观联系，以及语言结构的不同变化，认为语言演化的动力既来源于自身的符号系统，也来源于发展着的社会；第三通过对汉藏语元音、韵母、辅音、声母、音高、声调的分析，建立起语言与环境、语言结构和元素在不同开放程度的社会状态下的多项相关关系变化原理，构建出一套自足而相对完备的语言系统演化论。

汉藏语系历史比较研究出版了一批专著。一是邢公畹的《汉台语比较手册》（商务印书馆1999年版）。该书以傣雅语为中心，参考西双版纳、德宏两种傣话和国外泰语，并涉及壮语、布依语、黎语、侗水语，举出汉台语"关系字"共909组，用语义学比较法探索汉语和台语的发生学关系。全书主要由绪论、汉台语比较词项索引、汉语和台语声母比较研究、汉语和台语韵母比较研究、汉台语比较研究中的深层对应五部分构成，书末附有汉台语比较词项补正，举出了藏缅语、苗瑶语可对应的词项。此书可以和邢氏在《民族语文》发表过的《汉藏语系上古音同源字考》各篇对读。二是吴安其的《汉藏语同源研究》（中央民族大学出版社2001年版）。该书可以分为两个部分内容，第一部分吸收考古学和民族学研究的新成果，论述汉藏语言各族群之间的文化渊源关系，为语言的源流关系提供文化历史的大背景，视野开阔，提出了一些新的见解。第二部分运用丰富的语料从核心词的词源等方面论证汉藏语言的同源关系，除了中国国内汉藏语言的材料之外，还涉及国外周边地区语言以及南亚语言和南岛语言的语料，讨论了汉语、苗瑶语、侗台语、藏缅语和汉藏语古音的构拟形式，对一些语音的演变现象和历史来源进行了解释。三是瞿霭堂和劲松合撰的《汉藏语言研究的理论和方法》（中国藏学出版社2000年版）是在论文基础上整理而成的一部专著。除导论外，全书分系属、语音、语法和方言四篇。作者提出，汉藏语言在结构上有许多共同点，有共同的发展趋势，"汉语是汉藏语言同源链上苗瑶、壮侗语言和藏缅语言之间的桥梁"。四是张惠英的《汉藏系语言和汉语方言比较研究》（民族出版社2001年版），是首部对汉藏语系语言和汉语方言进行历史比较研究的专著，将汉语和同语系语言的比较建立在现代口语的语言事实上，从汉语方言中寻求汉语和其他汉藏语言之间发生学的线索，而不是像以往的大多数研究以文献资料或古音构拟为基础，而将丰富的汉语方言现象排除在研究视野之外。从这一角度来说，这部专著具有较高的参考价值。五是江荻的《藏语语音史研究》（民族出版社2001年版），全书分六章，分别从元音、辅音和声调几方面对藏语的语音演化进行探讨，阐释了藏语语音史上一些特别的音类变化。该书突破了长期以来国内划分三大藏语方言的定论，将境外的藏语西部方言和南部方言统筹考虑，使各种演化现象互相补充得以体现，因此观察和论述比较全面。有关汉藏语历史比较研究方面的论著还有：邢凯的《汉语和侗台语研究》（军事谊文出版社2000年版），邢凯认为，原始侗水语主要辅音的前置辅音可以有两个或多个，原则上所有的辅音均可作前置辅音；介音对现代侗水语声母的形式有重要作用。杨光荣的《藏语汉语同源词研究》（民族出版社2000年版）试图建立同源词语义、语音的二维度构造体系来探讨词源，但是"由于汉藏语同源关系的复杂性，以及语言学家对其研究的有限性，任何一种新见解（包括对理论、方法的认识）都有待实践的反复检验才能最后定论"（戴庆厦《序》）。此外还有施向东的《汉语和藏语同源体系的比较研究》（华语教学出版社2000年版），黄勇的《汉语侗语关系词研究》（天津古籍出版社2002年版）等。

有关汉藏语系问题研究还发表了一系列的论文。如罗美珍的《试论台语的系属问题》（《民族语文》1983年第2期）和《有关建立汉藏语系的几个认识问题》（《民族语文》1996年第4期），陈其光、李永燧的《汉语苗瑶语同源例证》（《民族语文》1981年第2期），邢公畹的《关于汉语南岛语的发生学关系》（《民族语文》1991年第3、4、5期）、《汉藏语系研究和中国考古学》（《民族语文》1996年第4期），倪大白的《汉藏语系语言的系属问题》（《中国语言学报》1995年第6期）、《南岛语与百越诸语言的关系》（《民族语文》1994年第3期）等，孙宏开的《关于汉藏语分类研究中的一些问题》（《国外语言学》1995年第3期），潘悟云的《汉藏语、南亚语和南岛语——一个更大的语言联盟》（《云南民族语文》1995年第1、2期），吴安其的《从汉印尼几组词的对应看汉南岛语的关系》（《民族语文》1995年第4期），陈保亚的《从核心词分布看汉语和侗台语的语源关系》（《民族语文》1995年第5期）等。

有的讨论语族分类的论文，这方面分歧最大的数藏缅语族，因为这个语族内部语言数量多，情况复杂，因此发表的文章相对也多一些。如盖兴之的《试论缅彝语言的谱系分类》（《民族语文研究文集》青海民族出版社1983年版），孙宏开的《试论中国境内藏缅语的谱系分类》（日本松香堂《东亚的语言和历史》1988年版），戴庆厦等的《关于我国藏缅语族系属分类问题》（《云南民族学院学报》1989年第3期）。也有讨论其他语族语言分类的，如王辅世的《苗瑶语的系属问题》（《民族语文》1986年第1期），吴宏伟的《突厥语族语言的分类》（《语言与翻译》1992年第1期），王远新的《突厥语的分类及历史分期问题》（《满语研究》1994年第2期）等。

有的文章讨论语支分类的，也有的讨论某个语言在语系、语族、语支中的历史地位的。这方面的文章数量很多，其中不乏较高学术价值者。例如，梁敏的《仡央语群的系属问题》（《民族语文》1990年第6期），林莲云的《撒拉语裕固语分类问题质疑》（《民族语文》1979年第3期），赵衍荪的《白语的系属问题》和孙宏开的《羌语支属问题初探》（均载《民族语文研究文集》，青海民族出版社1983年版），张均如的《标语与壮侗语族语言的比较》（《民族语文》1989年第2期），张济民的《拉基语与仡佬语的关系》（《民族语文》1992年第3期），贺嘉善的《仡佬语的系属》（《民族语文》1982年第5期），倪大白的《海南岛三亚回族语言的系属》（《民族语文》1988年第2期），孙宏开的《从词汇比较看西夏语与藏缅语族羌语支的关系》（《民族语文》1991年第2期）等。根据已经发表的论文，大体可以归纳出中国少数民族语言谱系分类表（见附录）。

2. 语系、语族、语支的构拟和特点研究

传统的语言谱系分类框架基本上是语系、语族、语支、语言，虽然这种框架已不能确切反映和概括一些复杂语系语言之间的亲疏关系，但是，要完全跳出这个框架也是不易的。目前一些语言研究的学者们在讨论具体分类时，在语族与语支之间增加语群的层次，在语支和语言之间增加语组的层次，并建议统一英文术语，语系用 stock，语族用 family，语群用 division，语支用 branch，语组用 group，有人还有在语支下面用语团的，可用 section 表示。这组术语基本上是谢飞①在《汉藏语导论》中使用过的。

国外对汉藏语系的总体研究较早，除了前面提到的谢飞的著作外，影响最大的要数白保罗的《汉藏语言概论》②。在国内，汉藏语系的研究始于20

---

① 详见 Robert Shafer：Introduction to Sino-Tibetan. Otto Harrassowitz · Wiesbaden, 1974, Germany。

② Paul K. Benedict, Sino-Tibetan, A Conspectus. Cambridge University Press, 1972, UK.

世纪 80 年代，马学良主编的《汉藏语概论》① 大体介绍了汉藏语系各语族的特点，第一次从总体上论述了中国境内汉藏语系语言的特点。对汉藏语系中某个方面或某些特点的专题研究，已经发表了不少有价值的文章。例如，俞敏的《汉藏同源词谱稿》（《民族语文》1989 年第 1、2 期），邢公畹的《汉藏系语言及其民族史前情况试析》（《语言研究》1984 年第 2 期）、《论汉语台语"关系字"的研究》（《民族语文》1989 年第 1 期）、《汉台语比较研究中的深层对应》（《民族语文》1993 年第 5 期）等，陈其光的《汉藏语声调探源》（《民族语文》1994 年第 6 期），吴安其的《汉藏语同源问题研究》（《民族语文》1996 年第 2 期），徐世璇的《汉藏语言的语音屈折构词现象》（《民族语文》1996 年第 3 期）。有关研究阿尔泰语系的文章比研究汉藏语系的少得多，仅有数篇。如胡增益的《阿尔泰语言中的经济原则》（《民族语文》1989 年第 4 期），林莲云的《我国阿尔泰语的谐音词》（《民族语文》1984 年第 5 期），朝克的《论日本阿夷奴语和阿尔泰诸语代词的关系》（《民族语文》1993 年第 3 期）等。

有关语族范围的比较研究在 20 世纪 80 年代取得了较大的进展。"七五期间"，国家社会科学基金把"中国少数民族语言比较研究"课题列入计划，由孙宏开牵头开展语族范围的历史比较，经过学者们多年的潜心研究与撰述，已经有若干种有关语族比较研究专著出版。其中有梁敏、张均如的《侗台语族概论》（中国社会科学出版社 1996 年版），王辅世、毛宗武的《苗瑶语古音构拟》（中国社会科学出版社 1995 年版），颜其香、周植志的《中国孟高棉语族语言与南亚语系》（中央民族大学出版社 1995 年版）等。此外，还有李增祥的《突厥语概论》（中央民族学院出版社 1992 年版），王远新的《突厥历史语言学研究》（中央民族大学出版社 1995 年版），倪大白的《侗台语概论》（中央民族学院出版社 1990 年版），朝克的《满—通古斯诸语比较研究》（民族出版社 1997 年版）。

其他有关语族范围的专题研究也取得了长足的进步，其中以藏缅语族最为明显。藏缅语族有数百种语言，分布在中国和相邻的南亚诸国，语言情况十分复杂，研究难度较大，专题研究主要集中在语音和语法两个方面。其中讨论语音问题的文章有戴庆厦的《我国藏缅语族松紧元音来源初探》（《民族语文》1979 年第 1 期）、《藏缅语族某些语言弱化音节探源》（《民族语文》1984 年第 2 期）、《藏缅语的声调》（《藏缅语新论》，中央民族学院出版社 1994 年版）等，孙宏开的《藏缅语若干音变探源》（《中国语言学报》1983 年第 1 期）、《藏缅语复辅音的结构特点及其演变方式》（《中国语文》1985 年第 6 期）等，黄布凡的《藏缅语声母对韵母演变的影响》（《中国语言学报》1991 年第 4 期），谢志礼、苏连科的《藏缅语清化鼻音、边音的来源》（《民族语文》1990 年第 4 期）。此外，孙宏开在《藏缅语语音和词汇》一书的导论部分，用了较大的篇幅，讨论了藏缅语单辅音的分化与复辅音的历史演变，复元音、长短元音、松紧元音、鼻化元音、卷舌元音等的来源，辅音韵尾的历史演变，声调产生的机制和分化的条件，弱化音节的来源和特点等。

有关藏缅语语法方面的专题研究也取得了不小的进步，发表了数量可观的论文，涉及词类与许多语法范畴和形式。其中孙宏开的论文较系统地讨论了藏缅语中的一系列语法问题。例如他发表了《我国部分藏缅语中名词的人称领属范畴》（《中央民族学院学报》1984 年第 1 期）、《藏缅语量词用法比较——兼论量词发展的阶段层次》（《中国语言学报》1989 年第 2 期）、《藏缅语人称代词格范畴研究》（《民族语文》1995 年第 2 期）、《试论藏缅语中的反身代词》（《民族语文》1993 年第 6 期）、

---

① 马学良主编：《汉藏语概论》，北京大学出版社 1991 年版。

《藏缅语疑问方式试析——兼论汉语、藏缅语特指问句的构成和来源》（《民族语文》1995年第5期）、《我国藏缅语动词的人称范畴》（《民族语文》1983年第2期）、《再论藏缅语中动词的人称范畴》（《民族语文》1994年第4期）、《藏缅语中的代词化问题》（《国外语言学》1994年第3期）、《藏缅语动词的互动范畴》（《民族语文》1984年第4期）、《论藏缅语中的命令式》（《民族语文》1997年第6期）、《羌语（藏缅语）动词的趋向范畴》（《民族语文》1981年第1期）、《论藏缅语中动词的使动范畴》（《民族语文》1998年第6期）、《论藏缅语的语法形式》（《民族语文》1996年第2期）、《论藏缅语语法结构类型的历史演变》（《民族语文》1992年第5、6期）、《藏缅语语法研究中的一些问题》（《云南民族语文》1988年第1期）等。此外还有黄布凡的《藏缅语的情态范畴》（《民族语文》1991年第2期）、《藏缅语动词的趋向范畴》、《藏缅语"指代→名"偏正结构语序》（载《藏缅语新论》，中央民族学院出版社1994年版）等，戴庆厦的《藏缅语个体量词研究》（载《藏缅语新探》，中央民族学院出版社1994年版），李永燧的《汉语藏缅语人称代词探源》（《中国语言学报》1984年第2期）、《藏缅语名词的数量形式》（《民族语文》1988年第5期）等。这些文章都以专题形式讨论了藏缅语语法中的一些重要特点，其中有的文章还从国内外现代藏缅语中存在复杂的、差别很大的语法形式中，梳理出它们历史演变的脉络，讨论了各类形式之间千丝万缕的历史联系，以期把藏缅语语法演变规律建立在确凿可信的理论基础之上。

有关侗台语族语言的专题研究也取得了一定的进展，发表了一定数量的论文。如邢公畹的《汉台语舌根音声母字的深层对应例证》（《民族语文》1995年第1期），张均如的《原始台语声母类别探索》（《民族语文》1980年第2期）、《壮侗语族语音演变的趋向性、阶段性、渐变性》（《民族语文》1986年第1期）、《侗台语族轻唇音的产生和发展》（《民族语文》1995年第1期）等，李钊祥的《现代侗台诸语言声调和韵尾的对应规律》（《民族语文》1982年第4期），郑贻青的《原始台语声类在靖西壮话里的反映》（《民族语文》1987年第6期），倪大白的《侗台语复辅音声母的来源及演变》（《民族语文》1996年第3期），梁敏的《壮侗语族诸语言名词性修饰词组的词序》（《民族语文》1985年第5期）、《壮侗诸语言表示领属关系的方式及其演变过程》（《民族语文》1989年第3期）等，曹广衢的《壮侗语趋向补语的起源和发展》（《民族语文》1994年第4期），薄文泽的《侗台语的判断词和判断式》（《民族语文》1995年第3期）等。

有关苗瑶语族专题研究的论文相对来说，比汉藏语系其他两个语族要少一些，而且大都偏重在语音方面，语法专题研究比语音少。在这方面中央民族大学的陈其光发表了一系列研究苗瑶语的论文，如《苗瑶语入声的发展》（《民族语文》1979年第1期）、《苗瑶语浊声母的演变》（《语言研究》1985年第2期）、《苗瑶语鼻音韵尾的演变》（《民族语文》1988年第6期）、《苗瑶语族语言的几种调变》（《民族语文》1989年第5期）、《古苗瑶语鼻冠塞音在现代方言中反映形式的类型》（《民族语文》1984年第5期）、《苗瑶语前缀》（《民族语文》1993年第1期）等。另外还有张琨的《古苗瑶语鼻音声母字在现代苗语方言中的演变》（《民族语文》1995年第4期），曹翠云的《汉、苗、瑶语第三人称代词的来源》（《民族语文》1988年第5期）。

对阿尔泰语系各语族的研究，以突厥语族方面的研究文章多，研究有深度。其中吴宏伟发表了一系列研究突厥语的论文，如《突厥语族语言的词重音问题》（《民族语文》1995年第5期）、《论突厥语族语言的长元音》（《民族语文》1996年第3期）、《突厥语族语言元音和谐的类型》（《语言研究》1991年第6期）、《影响突厥语族语言元音和谐的几个因素》（《民族语文》1990年第1期）、

《关于突厥语族一些语言部分词首辅音演变的几个问题》(《民族语文》1992年第5期)、《突厥语族语言双音节中元音的相互适应和相互排斥》(《语言与翻译》1993年第1期)等。此外还有魏萃一的《试论我国突厥语的特点》(《民族语文》1983年第5期),邓浩的《论原始突厥语的结构类型》(《新疆师范大学学报》1988年第2期)、《突厥语后置词形成问题质疑》(《语言与翻译》1993年第3期),王远新的《突厥语族语言的后置词与词类分化》(《民族语文》1987年第5期)、《突厥语族语言基数词的历史演变》(《语言研究》1989年第2期),张亮的《中国突厥语名词格的比较》(《民族语文》1991年第2期),赵明鸣的《突厥语族语言与格类型比较研究》(《民族语文》1993年第2期),张定京的《关于突厥语言的辅助名词》(载《中国民族语言论丛》,中央民族大学出版社1994年版)等。

有关蒙古语族总体研究的成果以喻世长的《论蒙古语族的形成和发展》(民族出版社1983年版)较为突出,这是中国学者第一本研究蒙古语族的专著。作者根据对蒙古语族各语言语音、语法和词汇的比较,提出了蒙古语族语言的历史分期为古代、中古、近古和现代4个发展时期。与此同时,内蒙古大学的师生在20世纪80年代初也发表了一批综合研究蒙古语族的论文,集中刊登在《内蒙古大学学报》1982年第3期上。其中有呼格吉勒图的《蒙古语族语言基本元音的比较》,包力高的《关于蒙古语族诸语言的长元音和复合元音》,森格的《蒙古语族语言辅音比较》,哈斯巴特尔的《关于蒙古语族诸语言格的范畴》,斌巴的《关于蒙古语族诸语言人称代词的几个问题》,乐·赛音额尔敦的《关于蒙古语族诸语言的副动词》,包·吉仁尼格的《蒙古语族语言动词态诸形态的比较》,季荣的《关于蒙古语族语言几个后置词起源的探索》等[①]。自那以后,学者们还陆续发表了一些关于蒙古语族研究的论文。如刘照雄的《浅谈蒙古语族中动词的特点及句法功能》(《语言研究》1982年第2期),陈乃雄的《中国蒙古语族语言的构词附加成分》(《内蒙古大学学报》1985年第4期),呼和巴尔的《蒙古语族语言名词的人称领属形式》(《蒙古语言文学》1986年第5期),王鹏林的《蒙古语族"格附加成分"的问题》(《民族语文》1983年第1期)等。

有关满-通古斯语族综合研究起步较晚,发表的论文较其他语族少,仅见数篇,如李树兰、胡增益的《满-通古斯语言语法范畴中的确定/非确定意义》(《民族语文》1988年第4期),马学良、乌拉熙春的《满语支语言中的送气清擦音》(《民族语文》1993年第6期),赵杰的《锡伯语、满语语音演变的比较研究》(《民族语文》1988年第1期)等。

也有一些文章是讨论有关语言研究方法论的。由于汉藏语系、阿尔泰语系与印欧语系特点不同,有学者认为,在历史比较研究的方法论方面应该有自己的特点,在这方面一些学者进行了尝试,发表了一些文章。如邢公畹的《汉苗语语义学比较法试探研究》(《民族语文》1995年第6期),王辅世的《苗语古音构拟问题》(《民族语文》1988年第2期),孙宏开的《原始藏缅语构拟中的一些问题——以"马"为例》(《民族语文》1989年第6期),马学良的《汉藏语系研究的理论和方法问题》(《民族语文》1996年第4期)等。

3. 有关不同语言的历史演变研究

这方面的研究是不平衡的,主要集中在以下几种类型的语言。第一,有文献的语言,特别是历史文献比较久的语言,因此人们可以利用文献和现代口语研究此种语言的历史演变脉络;第二,方言差别比较大的语言,往往可以从方言演变的不平衡而研究该语言的原始面貌;第三,使用人口较多的语

[①] 有关此问题的详情,请参阅陈乃雄《我国蒙古语族语言研究概况》,《民族语文》1987年第4期。

言，往往容易得到人们的重视；第四，保存古老面貌比较多，或者说比较保守的语言，人们往往喜欢利用这个语言的资料来讨论语族、语支和另一些语言的特点，从而也加深了对这个语言历史演变的研究和认识。

以藏语为例，藏语有 7 世纪的古藏文，有分布在国内外差别较大的 5 种方言，20 世纪 50 年代政府曾组织进行过对藏语方言较全面的调查，之后又进行过多次补充调查，积累了丰富的第一手资料，因此研究藏语史具有得天独厚的条件，近若干年取得的成就令人瞩目。不仅出版了数量可观的专著，如瞿霭堂、谭克让的《阿里藏语》（中国社会科学出版社 1983 年出版），王尧的《吐蕃金石录》（文物出版社 1982 年出版），胡书津的《简明藏文文法》（云南民族出版社 1987 年出版）等，也发表了有相当水平的学术论文。仅就《民族语文》杂志，创刊以来就发表了数十篇较有分量的论文，如张济川的《古藏语塞音韵尾读音初探》（《民族语文》1982 年第 6 期）、《藏语声母 lh - 的来源和演变》（《民族语文》1990 年第 2 期）等，胡坦的《藏语的语素变异和语音变迁》（《民族语文》1984 年第 3 期），瞿霭堂的《藏语动词屈折形态的结构及其演变》（《民族语文》1985 年第 1 期），黄布凡的《藏语方言声调的发生和分化条件》（《民族语文》1994 年第 3 期）、《古藏语动词的形态》（《民族语文》1981 年第 3 期），格桑居冕的《藏语动词的使动范畴》（《民族语文》1982 年第 5 期），罗秉芬的《古藏语复辅音韵尾中 d - 的演变——从古藏文手卷 P、T、1047 看古藏语语音演变》（《民族语文》1991 年第 3 期），江荻的《藏语 sr - 声类变化的扩散及中断》（《民族语文》1996 年第 1 期）等。至于散见于各种文集、各民族院校的学报及其他专业刊物上的这方面文章，其总数远远超出《民族语文》杂志刊登的数字。本文尚不能全面介绍每个语种的研究情况，但是，从这一侧面，还是大体可以了解到中国少数民族语言比较研究所取得的成就。

中国少数民族语言研究中心建立了一个 1949 年以来少数民族语言研究著述目录数据库，从这个数据库所反映的情况来看，各少数民族语言历史研究的论文，总数为 2500 篇左右，绝大部分是 20 世纪 80 年代以来发表的。从近几年的发展变化来看，比例呈逐年上升趋势。可见，中国少数民族语言比较研究将是今后研究的一个重要领域。

由于中国一些少数民族语言并无文字和文献可考，这方面的研究著作或论文主要依据语言或方言的历史演变不平衡这一客观事实，人们只能通过比较，从历史残存在各语言或方言中的蛛丝马迹中寻找线索，因此有些著作或论文，由于使用的是第二手材料，使用者对所用材料的背景并不熟悉，难免有妄议之处。此外，中国少数民族语言也很复杂，复杂程度是其他语系所无法比拟的，借用传统的研究方法已经遇到了不少困难，人们正在寻找和探索新的适合于中国历史语言学的研究方法。在这个过程中，人们走点弯路，付一点学费，是在所难免的。但无论如何，不论专题研究也好，全面比较也好，总体水平正在逐年提高。

在对少数民族开展历史语言学研究的过程中，笔者认为，所使用的一些理论和方法问题必须加以研究并取得共识。例如就汉藏语系的历史比较研究来说，如何构拟原始汉藏语；在缺乏亲属语言资料佐证的情况下，原始汉语的构拟是否行得通；所谓远程构拟（从上到下）、基础构拟（从下到上）及专题构拟的理论基础如何，可行性又如何，它们之间的关系如何；如何在构拟原始母语时排除干扰因素（非本质因素）；有人把构拟原始母语比作数学专业上的求"最大公约数"，而不是"最小公倍数"，这种比喻是否恰当，原始汉藏语的语音系统是什么样子，是十分庞杂的声类系统和韵类系统，还是比较简单的；声调是汉藏语系的一个特点，但声调是后起的现象，声调产生的机制是什么；为什么汉藏语系一定要产生声调；在研究汉藏语系音系时能否在应用除了声、韵、调分析的方法外，采用元音、辅音分析法，两者的利弊各如何。

在历史语言学研究中，应用词汇比较，如何确定亲属语言的同源词；区分早期借词和同源词的标准是什么；如何看待语言接触，在历史比较研究中能否回避语言接触问题；如何认识不同历史阶段的语言接触对语言演变的影响；现在发现，汉语不同方言中均有少数民族语言的底层，"底层理论"在历史比较语言学中的地位应如何估价；如何建立词族；如何分析语义网络；在历史比较研究中词族研究的意义和地位如何；如何避免同源词研究中任意的"拉郎配"现象。

在历史语言学研究中，应用语法比较中也存在不少问题。例如原始汉藏语究竟是什么类型的语言，分析、黏着、还是屈折；如何认识原始汉藏语的语法体系；与汉语有亲缘关系的藏缅语中，一些保留原始面貌较多的语言大多有丰富的黏着形态，这些形态成分是什么时候产生和发展起来的；能否构拟它们的原始形式；它与汉语的关系如何；被西方一些语言学家排除在汉藏语系之外的壮侗（侗台）、苗瑶两个语族的语言在语法类型上何以如此接近汉语；类型语言学与历史语言学在某一方面是否可以找到交会点。

以上这些一直困惑着历史比较语言学界的问题，其研究虽然有了一个良好的开端：不断有人著文讨论，但离彻底解决，还需要走漫长的路。

（四）少数民族语言应用研究方兴未艾

中国少数民族应用语言学的研究服从并服务于国家制订的语言规划的需要，这方面的研究是在1949年以后才得到重视并加以实施的，历40余年取得了显著的成就。在中国少数民族语言研究领域中主要包括语言规划、语言教学、语言信息处理、语言翻译等方面的研究。现分述如下。

1. 对中国少数民族语言规划的研究

中国少数民族语言规划主要目的是：

（1）贯彻中央政府制订的民族平等和语言平等的原则，使国家《宪法》赋予的"各民族都有使用和发展自己的语言文字的自由"这一思想既能在法律上得到保障，又能在实践中得到认真的贯彻执行，消除历史上歧视少数民族语言文字的现象。

（2）使各民族的语言文字在使用中不断发展，在发展中不断规范，从而使语言规划工作能促进各民族地区社会的发展、科技的进步和文化教育水平的提高，促进国家现代化建设的发展。

（3）根据自愿自择的原则，在保证各民族语言文字充分使用和发展的前提下，鼓励各民族互相学习彼此的语文，增进相互的了解，加强并促进各民族的大团结。

根据上述目的要求，中央政府制定法律，保障各少数民族语言的平等地位和使用母语的权利，除了《宪法》的规定外，下位法《刑事诉讼法》也规定："各民族公民都有用本民族语言文字进行诉讼的权利。人民法院、人民检察院和公安机关对于不通晓当地通用语言文字的诉讼参与人，应当为他们（提供语言）翻译（服务）。在少数民族聚居或者多民族杂居的地区，应当用当地通用的语言进行审讯，用当地通用的文字发布判决书、布告和其他文件。"

《民族区域自治法》除了重申上述内容外，还规定："民族自治地方的自治机关根据国家的教育方针，依照法律规定，决定本地方的教育方针，以及各级各类学校的设置、学制、办学形式、教学内容、教学用语和招生办法。"……"招收少数民族为主的学校，有条件的应当采用少数民族文字的课本，采用少数民族语言讲课，小学高年级或中学设汉语文课，推广全国通用的普通话。"……"民族自治地方的自治机关教育和鼓励各民族的干部互相学习语言文字。汉族干部要学习当地少数民族的语言文字，少数民族干部在学习、使用本民族语言文字的同时，也要学习全国通用的普通话和汉文。民族自治地方的国家工作人员，能够熟练使用两种以上当地通用的语言文字的，应当予以奖励。"

上述这些规定,是开展少数民族语言规划工作和研究的指导思想和依据。近几十年来,语言规划研究主要围绕以下几个问题开展研究。

(1) 为无文字的民族和文字不完备的民族创制和改进民族文字。这项工作早在20世纪50年代就基本上已经完成。到80年代,在第八个五年计划期间,根据中国的新创文字和改进文字均处在试行阶段,使文字的使用受到一定的局限,而且政府实施民族语言规划的需要,相关机构组织了《我国新创和改进的少数民族文字试验推行工作经验总结和理论研究》课题组,对新创和改进文字逐个进行调查研究,通过访问座谈、文献收集、实地调查、现场测试、社会问卷等综合方法,调查了解各文种实际的试行效果和使用民族群众对文字的评价。调查的内容包括这些文字在学校教育、社会扫盲、行政司法、广播影视、图书报刊的出版发行、宗教活动和日常生活中的使用,以及文字的跨境使用、新老文字的关系等问题。每个文种都根据调查结果写出了总结报告。[1] 目前,大多数文种已经完成总结报告,并按规定程序向国务院提出正式推行这些文字的申请报告。

(2) 对原有文字进行规范,扩大它们的使用范围,使其在文化教育中发挥更大的作用。许多中国少数民族文字有的有悠久的历史,如藏文创制于7世纪,其余维吾尔文、哈萨克文、朝鲜文、蒙古文、傣文、彝文等都有较长的历史,而且大部分已经有比较规范的习惯用法。过去这些文字主要用于宗教活动或少数民族上层社会,普通人很少有人掌握。近几十年文教工作者主要做普及工作,包括学校教育和社会上成年人扫盲,也兼顾提高。同时在新闻、出版、影视、广播等领域逐步扩大各民族语言文字的学习和使用。这方面民族语文工作者做了大量的编译工作,如各科、各级、各类的课本,规范用的词典等。据不完全统计,仅就1949年以来,中国就出版了各类与少数民族语言文字相关的词典400多种。此外,还出版了大量文学作品,有的是译自国内外的名著,有的是整理本民族传统优秀的文学遗产,如诗歌、小说、民间故事、唱词等。

对于原有文字中不通用或不规范的,文教工作者则征得本民族的同意,进行规范或改进。例如,现行德宏傣文的改进工作,取得了较显著的成效。德宏傣文采用的是缅文字母,因傣语和缅语是不同语族的语言,语音差别较大,缅语声母多,韵母少,而傣语正好相反。中国民族语文工作者与本民族各界人士一起,经过3次修改,达到了比较满意的效果。[2] 最近,通过专家总结,已呈报国家批准为正式文字推广使用。凉山规范彝文是在原有彝文的基础上,经过反复调查研究,进行科学整理和规范,从各地收集到的数千个彝字中,精选代表凉山彝语语音系统的819个彝字,在字形、读音、书写、使用(包括标点符号的使用)和新词术语等方面建立明确、固定、统一的标准,使彝文全面、确切地代表凉山彝语。[3] 原有彝文经过规范,使之变得易学、易认、易读、易推广的一种音节文字,很受广大彝族干部、群众的欢迎,并于1980年经国务院批准为正式文字推广使用。目前已有西南地区十多个县使用这种文字扫除了文盲,在学校教育、新闻出版、广播影视、普及科学知识等方面取得了明显的效果。[4]

少数民族语言文字的规范其内容是十分广泛的,就一个语言来说,就包括语音规范、语法规范、词汇规范、书写规范等,但语音、语法、书写等方面,一般不直接反映社会的变革,比较容易做

---

[1] 有关此问题较详细的论述,请参阅黄行《我国新创与改进少数民族文字试验推行工作的成就与经验》,《民族语文》1996年第4期。

[2] 详情请参阅周耀文《德宏傣文改进回顾与展望》,《云南民族语文》1993年第3期。

[3] 请参阅陈士林《规范彝文的实践效果和有关的几个问题》,《民族语文》1979年第4期。

[4] 彝文在推行中所取得的成就是明显的,有关从问题的详情请参阅马黑木甲、姚昌道《彝文在凉山的普及给人们的启示》,《民族语文》1993年第2期。

好这方面的工作,而词汇却不同,它是社会的一面镜子,一种新事物的出现,首先用什么名称来表达这个新事物,就存在一个新词术语问题。傅懋勣在总结民族语文新词术语的表达方式时提出有6种: a. 用已有的语言材料创造; b. 旧词赋予新义; c. 意译; d. 音译; e. 半意译半音译; f. 音译加本民族语言的通名。① 他在文章中指出,上述这些方式"在许多少数民族语言中是常见的,有些民族全部使用,有些民族只用其中的某几种方式。就这些方式本身来说,只要是客观存在于某个语言当中,就应该是符合规范的,不能说哪种方式符合规范,而另几种方式不符合规范"。但是,事情的复杂性在于实践中如何贯彻这些原则。在使用中,经常会出现词义不确切、标音不统一、书写不一致、一词多形等等,因此有必要行使政府权力来制定新词术语规范的原则和实施细则,通过新词术语的规范机构来不断开展术语的规范工作,出版起规范作用的新词术语词汇集等。目前,在规范化问题的研究中,各语种都总结出一些成功的经验和行之有效的方法,较好地解决了各民族语言文字自身使用和发展问题。

（3）开展国内外语言规划研究。这方面的成果以中国第一部反映国外相关情况的资料集——周庆生主编的《国外语言政策与语言规划进程》（语文出版社2001年版）为代表。全书共7章62小节,分为语言政策、语言立法、语言规划、语言传播四编,囊括了大洋洲、欧洲、美洲、亚洲、非洲的主要国家关于语言政策和语言规划的论文和文献,资料翔实,内容丰富,对于开阔国内学术界和有关政府部门的视野,具体了解各国的语言政策、语言规划、语言立法有很大的帮助,在中国相关领域的研究和现实工作中具有重要的参考价值。戴庆厦、成燕燕、傅爱兰、何俊芳合写的《中国少数民族语言文字应用研究》（云南民族出版社2000年版）一书,在分析中国少数民族语言文字的现状和历史的基础上,试图探索近30年以来中国少数民族语言文字使用的特点、变化及对策。道布的《关于创制少数民族文字问题的几点反思》（《三月三·民族语文论坛》2000年第1期）认为,对新创制的中国少数民族语言文字,既要看到它在一定范围内的实际功能,也要看到它仍具有不可忽视的象征功能、文化功能和教育功能;既要保障少数民族有使用和发展自己的语言文字的自由,又要尊重他们学习使用全国通用的汉语文的自主选择。在少数民族文字与汉文的社会功能相互补充又在各自使用范围内不可替代的情况下,不应该消极地看待或夸大少数民族文字使用范围的局限性,而是要正确处理好使用少数民族文字和使用汉文的关系。另外该文还对20世纪50年代来中国的苏联专家谢尔久琴柯的创制文字的4点经验提出批评,认为其中很多方面不适合中国国情。周庆生的《国民政府时期国共两党的民族语言政策》（《民族语文》2000年第1期）较系统地梳理了1927年至1949年间,国民党与共产党历次代表会议的文件或决议中有关少数民族语言文字使用的规定,以及国民政府和苏维埃政权的有关法令和条例,重点分析并阐述了该时期国民党的边疆语言政策和实践以及共产党的少数民族语言文字总方针及其实践。1949年以来的50年,中国民族语文工作的巨大发展和民族语文研究取得了丰硕成果,对促进了中华民族的凝聚力的增强、提高了各民族人民的教育水平和文化科学素质,发挥了重要作用。为此《民族语文》杂志以本刊评论员的署名,发表了题为《成绩辉煌、任重道远——民族语文工作和民族语文研究五十年回顾》（1999年第5期）的文章,全面系统地回顾和总结了1949年以来中国民族语文工作及民族语文研究所取得的成功经验与不足,并对21世纪的民族语文研究和民族语文现代化等问题做了展望。李旭练、钟廷雄的

---

① 详情请参阅傅懋勣《关于少数民族语言中新词术语的问题》,《中国语文》1957年第10期;《关于少数民族语言中新词术语问题的几点意见》,《民族团结》1962年第3期。

《我国民族语文工作的基本政策及其成就》(《三月三·民族语文论坛》1999年第 期)就中国民族语文的基本状况、民族语文工作的基本政策、民族语文工作的成就三个方面,做了全面审视,指出了1949年来的民族语文工作在少数民族文字的创制、改进和选择,机构设置与队伍建设,科学研究工作,标准化、信息化工作,民族语文在各个领域中的应用等方面所取得的可喜成就。吴景寿、佟加·庆夫的《新疆锡伯语言文字工作50年回顾与展望》(《语言与翻译》1999年第4期)对新疆锡伯语言文字工作半个世纪以来的历程及其经验教训作了扼要回顾,并对以后如何加强新疆锡伯语言文字的学习和使用及其管理等提出了建设性的意见和建议。类似的文章还有吴景寿、佟加·庆夫的《新疆语言文字工作50年》(《语言与翻译》1999年第3期)和《新疆胡都木蒙古文推行工作回顾与展望》(《语言与翻译》1999年第2期),戴庆厦、傅爱兰的《民族语文工作五十年》(《中国教育报》1999年版),达·巴特尔的《50年来我国蒙古语辞书的编纂与出版》(《民族语文》1999年第5期),陈毓贵(新疆)的《发挥城市的中心作用、努力推进我区语言文字工作》(《语言与翻译》1999年第1期)、舒景祥的《努力做好黑龙江省朝鲜语文工作》(《黑龙江民族丛刊》1999年第2期)以及乌云达来、李宝山、包汉的《新时期黑龙江省蒙古语文工作的几点思考》(《黑龙江民族丛刊》1999年第1期)等文,也就本地区或本部门的民族语文工作和民族语文现代化等有关问题作了不同层次的探讨。关于民族语文工作,舍·那木吉拉著《中国民族语文工作的创举:蒙古语文"八协"工作二十年回顾》(辽宁民族出版社2001年版),回顾了黑龙江省等八省、自治区20年来蒙古语文工作协作的历史,对于此种形式的协作方式的职责和运作形式、协作办事机构的历史功绩和协作中遇到的理论、政策问题以及如何继续加强协作进行了全面的探讨。

与语言规划和政策相关的论文还有黄行的《我国的语言和语言群体》(《民族研究》2002年第5期)。该文指出,语言和语言群体是目前民族学界讨论的与民族和族群问题有关的一对范畴,同一语言的使用者不一定有共同的语言交际行为和语言认同态度,因此语言和语言群体可能是不一致的,在进行语言规划时有必要加以区别和明确。文章第一次提出"语言"和"语言群体"两个概念的联系和区别,并且在这一论述的基础上,对中国少数民族语言群体发生影响的年龄、地区分布和语言使用场合等多种因素做了分析。周庆生的《中苏建国初期少数民族文字创制比较》(《民族语文》2002年第6期)从国家政治和文化教育建设的视角,比较中国与苏联两国在各自建国初期为帮助少数民族创制新文字而制定的政策和规划及其实施情况,探索文字创制的客观规律。关于文字政策的文章还有陈云华和王春燕的《当代新疆两次重大文字改革刍议》(《语言与翻译》2002年第1期),新疆的维吾尔文和哈萨克文1949年后曾经进行过两次重大改革,其中的经验教训是值得认真吸取的。对语言政策规划进行回顾思考的文章有周炜的《西藏语言政策的变迁》(《西北民族研究》2002年第3期),文章对不同时期西藏的语言政策作了历史的回顾,对政策的变化进行了阐述。高莉琴的《西部大开发与新疆的语言问题》(《语言与翻译》2002年第1期)则是对在经济发展和改革开放的进程中,少数民族语言面临急剧变化的新局面,在开始实施"西部大开发"的时候,提出多民族地区的语言问题是非常必要和及时的。

2. 少数民族语言的教学研究

中国少数民族语言教学大致有3种类型。第一是母语教学。一般少数民族聚居的地区单独使用一种语言,在初等教育期间,以母语为主,如延边朝鲜族自治州、西藏自治区、新疆维吾尔自治区和内蒙古自治区的部分地区、凉山彝族自治州的部分地区等。第二是双语教学。主要指少数民族语言与汉语的"双语教学"。第三是面向非汉民族的汉语文教学。总体来说上述3种类型的语言教学,除了第三种针对杂、散居地区的少数民族外,基本上都涉及双语教学问题。由于居住情况、母语使用情况(包括母语态度)、少数民族文字的历史背景、师资力量、教学经费等多种复杂因素,相关各地区、各民族语言的双语教学体制有很大的差别。一般都是根据本地区的特点和条件制定适合本地情况的双语教学方案:有的小学低年级进行母语教育,到一定时期增加学汉语文;有的小学从一开始两种语文同时进行,但有所侧重;也有的一开始仅学汉语文,到高年级再学习民族语文;也有的仅教汉语文,用少数民族语文辅助教学。总之,开展双语文教学以提高广大少数民族中小学的教学质量,已经引起各地的教育部门和科研单位的重视,几乎相关的教育部门都把"双语教学"作为一个重要研究课题来抓,近30年来,列入国家社会科学基金有关"双语教学"研究的课题有10多个,有不少地区已经从不同的角度总结出开展双语对比教学、编写双语教材、制定双语教学体制等方面的经验,取得了一定的成果。如余惠邦主编的《双语研究》(四川大学出版社1995年版)深入调查研究了四川藏区和彝区的"双语"使用、"双语"教学等方面情况和经验,而且从理论上探讨了双语现象。云南少数民族双语教学研究课题组主编的《云南少数民族双语教学研究》(云南民族出版社1995年版)则对分布在云南境内的彝、哈尼、傣、拉祜、苗、壮、佤、景颇、傈僳、瑶、纳西、白等12个民族的双语使用、双语教学进行调查,逐个写成调查报告,总结了云南"双语"教学的历史、现状、经验和问题。周耀文的《中国少数民族语文使用研究》(中国社会科学出版社1995年版)有一些关于双语教学方面很有见地的论文,如《民族语文与民族教育》《双语现象与双语教育》《论在我国民族地区建立多种形式的双语文教育体制》《从云南民族地区的语言实际出发建立小学双语文教学体制》《论语言社会功能大小与教学语言使用层次高低》等。据初步统计,最近10多年来,国内涉及有关"双语"教学和研究的专著、文集已经出版了20多种,讨论的论文1000多篇。例如:戴庆厦主编的《语言关系与语言工作》(天津古籍出版社1990年版),中国少数民族双语教学研究会编辑的《双语教学研究专集》(《民族教育》1989年 期)、《中国少数民族双语研究论集》(民族出版社1990年版)。戴庆厦主编的《双语学研究》论文集系《民族教育研究》2000年增刊。内容包括双语学的理论与方法、双语教学实验及个案研究、双语现状描写、双语历史演变、中国少数民族的双语及双语教学、港澳地区的双语教育和普通话推广、对外第二语言(汉语)教学、对比语言研究,等等。盖兴之、宋金兰的《双语教学的理论与实践》(云南大学出版社2000年版),以云南诸少数民族的双语教学为例,重点探讨了双语教学的理论、模式,双语学习的理论,及双语教学中的语言翻译问题。成燕燕、关辛秋、苗东霞、玛依拉等的《哈萨克语汉语补语习得研究》(民族出版社2001年版)运用第二语言"习得理论"分析哈萨克族学生学习汉语补语所出现的偏误现象,并解释了产生偏误的原因,全书共分五章,并且附有"哈萨克族学生学习汉语补语偏误语料"。由王远新编的庆祝中国少数民族双语教学研究会成立二十周年暨第八届学术研讨会论文集《双语教学与研究》(第二辑,2002)由中央民族大学出版社出版。这部文集共收入学术论文和研究报告27篇,内容涉及双语教学、双语理论、双语关系、双语态度及第二语言教学和对外汉语教学等多方面。《广西壮汉双语文教学研究》(广西民族出版社2002年版)是对广西壮族自治区双语教学的探讨。壮文是1949年后创制的新文字,是南方少数民族新创文字中唯一被政府批准推行的正式文字。广西的壮汉双语文教学自壮文推行以来持续开展,几十年在实践中不断总结经验和教训。壮汉双语双文教学的摸索探讨不仅推动本民族的教育工作,而且对南方各少数民族的双语教学也有着重要的借鉴意义。

此外还有许河龙等编的《中国朝鲜语文教学研究会第七届年会论文集》（延边教育出版社2001年版）等。

在中国，最早提出双语问题的是严学宭和马学良，但是较早论证这个问题的是孙宏开，他的论文是《试论我国的双语现象》（《民族研究》1983年第6期），之后不久，马学良、戴庆厦也发表了《我国民族地区双语研究中的几个问题》（《民族研究》1984年第4期）。近年来，双语教学论文的数量非常多，20世纪末21世纪初达到高潮，如盖兴之的《纳西族双语地区的汉语中介词研究》（《中央民族大学学报》1999年第2期），才让措的《青海省同仁地区藏族小学生藏汉双语教学实验研究报告》（《中国藏学》1999年第3期），胡振的《吉尔吉斯斯坦共和国的东干语及汉语教学研究》（《语言与翻译》1999年第4期）。张学杰、张洪林、陈远鸿的《贵州少数民族地区女童双语教学科学化的理论与实践研究》（《贵州民族研究》1999年第2期）指出了目前贵州省少数民族地区女童双语教学中存在一些不科学、不规范的现象，提出了双语教学科学化、规范化的模式及对策。薛才德的《景洪城区居民的语言使用及其文化背景》（《思想战线》1999年第1期）就云南景洪城区多民族杂居、语言以汉语与傣话为主，又混有其他民族语言的语言使用特点和现象，认为各民族间相互通婚是形成双语混用现象的主要原因。普忠良的《我国彝族地区彝汉双语教育现状与发展前瞻》（《贵州民族研究》1999年第4期）从彝族聚居区彝汉双语教育问题入手，对现阶段彝区彝汉双语教育现状、教育模式和存在的问题等做了论述和分析，认为彝区彝汉双语教学只有逐步解决和完善教学的衔接、教学目标的确定、教学大纲和教材设计以及从理论与实践的结合上研究如何充分发挥语言优势和提高教学质量等问题，才能够开创出具有彝区特色的彝汉双语教育体制的新局面。刀丽芳的《傣汉双语文同步施教的实践与探索》（《云南民族语文》1999年第1期）从傣汉双语文同步施教的必要性和具体实践两个方面的分析研究后，认为西双版纳傣族地区的学校走傣汉双语文同步施教是提高本地区教学质量的有效途径。翁燕珩的《浅析浸没型双语教育》（《民族教育研究》1999年第3期）、江丽的《谈双语语音教学中的音位概论》（《语言与翻译》1999年第1期）、朱红的《西藏地区双语教学中的问题及对策：城镇中小学双语教学浅析》（《西藏民族学院学报》1999年第1期）、普忠良的《彝族双语教育模式》（《中国民族教育》1999年第5期）、王维阳的《浅谈毕节地区的双语文教学》（《云南民族语文》1999年第2期）、罗安源的《西部大开发中的语言教育问题》（《中央民族大学学报》2001年第3期）、罗茂忠《西部大开发与民族语文教育》（《云南民族语文》2001年第1期）。有关的文章还有：贺明辉的《简谈民族语文对发展广西民族教育的作用》（《三月三·民族语文论坛》2001年第1期），宝玉柱的《清代蒙古族寺院教育及其语言教育》（《中央民族大学学报》2001年第5期），陈宝国的《双语双文教学促进学生语文能力发展的研究》（《中央民族大学学报》2002年第5期），文才的《论民族教育与民族文字教材的关系及作用》（《青海民族研究》2002年第1期）等。在已发表的众多论文中，有的讨论双语教学的理论，有的讨论方法；有的讨论教学类型，有的讨论经验教训；有的讨论地区双语教学，有的讨论民族双语教学；等等。自20世纪70年代起，中国少数民族双语教学研究会，自成立以来已经召开过7次全国性学术会议，与会学者从不同的角度讨论双语教学中出现的问题，交流各地开展双语教学和研究的经验，总结实行双语教学所取得的成果，推动了中国少数民族双语教学的健康发展。

3. 少数民族语言的翻译研究

翻译研究是语言应用研究的一个重要方面，语言学家季羡林1947年曾发表过《谈翻译》（《观察》第1卷第21期，1947年）的文章。1949年10月后，新政府对翻译工作（主要指汉语与其他国内使用的非汉语的互译）给予了足够的重视，从中央到地方，都成立了专门机构，从事民族语言与汉语互译工作，出版了大量政治、科技、文化、教育、历史、文学、宗教等方面的著作。最近30多年以来，翻译和出版机构逐步健全和完善，翻译工作者队伍得到充实，翻译成果越来越多。

汉语和少数民族语言互译是一项十分重要的工作。特别是文字历史比较悠久的语种，有一支训练有素的翻译队伍，他们在实践中积累了丰富的经验，并把这些经验上升到理论，发表了数量相当可观的著作和论文。内容涉及翻译学基础知识、翻译史、翻译理论和方法、具体语言互译的研究和讨论，等等。据不完全统计，目前已经出版研究翻译问题的专著10多种，每年有近百篇文章发表。其中有讨论翻译理论问题的，如周季文的《藏汉翻译中的管界问题》（《民族语文》1986年第3期），刘克璋的《翻译的基本准则》（《语言与翻译》1993年第3期），色·贺其业勒格的《蒙古语翻译的由来和发展》（《蒙古语文》1983年第2期），李绍年的《翻译中词语处理的原则》（《语言与翻译》1986年第2期），和即仁的《漫谈翻译》（《贵州民族研究》1987年第2期），熊泰河的《翻译标准信、达、雅新思考》（《云南民族语文》1994年第3期）等。有讨论翻译方法的，如李绍年的《关于翻译方法》（《语言与翻译》1987年第2期），李炬的《浅议翻译技巧》（《语言与翻译》1994年第4期），李英勋的《行政公文中汉译维中的定语翻译方法》（《语言与翻译》1994年第3期），贺文宣的《藏文赞颂词汉译技巧管窥》（《西北民族学院学报》1991年第2期），吴可勤的《从中外名著的维（吾尔语）译本中看汉语形象语言的翻译方法问题》（《喀什师范学院学报》1993年第3期）等。还有更多的文章是讨论各文中翻译问题。如史铸美的《谈谈汉、哈（萨克）语翻译中的词语处理问题》（《民族语文》1979年第1期），杨才铭的《汉蒙（古语）翻译中的动词时、态、体的对应规律》（《西北民族学院学报》1981年第1期），王春德的《苗族人名的翻译》（《民族语文》1979年第3期），普日科的《试论汉译藏（语）基本科技术语中存在的问题》（《西藏研究》1993年第1期），李军的《兼语句汉维翻译浅谈》（《语言与翻译》1993年第4期），和建国的《纳西族文化汉译问题浅谈》（《云南民族语文》1991年第2期），太平武的《论汉译朝（鲜语）中的增减译法》（《延边大学学报》1993年第2期），张余蓉的《谈汉彝姓氏翻译书写形式的规范》（《民族语文》1992年第3期）等。

语言翻译理论与实践在中国少数民族语言文字研究领域中占有重要的位置，各种语言互译中存在许多理论和方法问题。1999年，周季文、傅同和以藏语与汉语互译为例，出版了他们合作的专著《藏汉互译教程》（民族出版社1999年版），全面讨论了翻译的理论、方法，近年来有关这方面的研究论文也日渐增多，其中最主要论文有丁石庆的《双语翻译之文化透视》（《语言与翻译》1999年第3期）、黄忠廉与刘丽芬的《翻译观流变简析》（《语言与翻译》1999年第4期）、陈世明的《当代新疆翻译理论研究观综述》（《语言与翻译》1999年第2期）、阿孜古丽·沙来的《汉维（吾尔）语引用修辞格比较翻译》（《语言与翻译》1999年第1期）等。另外，和即仁的《纳西东巴古籍整理中的词语翻译》（《云南民族语文》1999年第3期）、张敬仪的《浅谈汉译维（吾尔）（语）中的用词技巧》（《西北民族学院学报》1999年第3期）等也是探讨有关语言翻译理论与技巧的。华侃的《藏译佛典中佛教词语的译创》（《中国藏学》2000年第3期），胡云飞的《二十世纪中国译学论说举要述评》（《语言与翻译》2000年第2期），帕提古丽的《从习俗文化差异看汉语语词的哈（萨克文翻）译》（《语言与翻译》2002年第3期），王小红的《浅谈满语字在句子中的作用及其汉译方法》（《满语研究》2002年第2期）等都是从一个侧面讨论翻译工作中的理论和方法问题的。

中国少数民族语文翻译问题研究的深入，一方面促进了翻译质量的提高，建立了有自己特色的翻译理论和方法，另一方面也促进了少数民族语言和汉语的平面比较研究，有利于"双语教学"的不断完善。

（五）（中国）少数民族文化语言学研究初具规模

语言既是文化的载体，又是文化的一种反映和表现形式，这种密不可分的相互关系使得语言同文化的关系成为语言研究必不可少的内容。语言学家罗常培曾就语言与文化的关系发表过精辟的论述，但是作为一门分支学科，则是近几年的事情。张公瑾近10多年对文化语言学进行了深入的研究，出版了《文化语言学发凡》（云南大学出版社1998年版），对语言与文化的关系、民族文化的内涵、文化语言学与其他语言学科的关系以及文化语言学研究的方法论等问题进行了深入的探讨。之后，张公瑾又主编了《语言与民族物质文化史》（民族出版社2002年版），该书的内容包括南方民族农作物、饮食、建筑、纺织、铸造、地名等物质文化的起源和传播的语言学考证，以及从语言资料出发对北方民族物质文化的考察和阐述。该书作者在多年从事少数民族语言和文化研究的基础上，分别从语言现象和一些词源考证，对衣、食、住等多方面的传统文化进行论述。内容包括以下一些专题：物质文化史在语言中的积淀，中国稻作的起源和壮侗民族稻作文化，古越人的谷田文化，农作物的族际传播，竹筒饭和啖鼠文化，蒸馏酒的出现和传播，茶的古称和传播，"橄榄""干栏"的语源，地名与古代村寨，南方少数民族的弓弩与枪炮，纺织文化和铸造文化的起源与发展，游牧民族的物质文化，渔猎采集文化的变迁等。先前学界对中国少数民族物质文化史的研究虽已有不少成果，但从语言学的角度，运用语言材料进行考证和探索，该著作首开先河。此外，张公瑾还有一些论文，讨论语言与文化的关系，如《文化语言学与民族语言研究》（载《三月三·民族语文论坛（专辑）》2001年第1期）等。李锦芳著《侗台语言与文化》（民族出版社2002年版）以侗台语族群的语言和文化为研究对象，对侗台语言和相应的族群文化进行分析探讨，显示了语言和文化之间密切的联系和互动关系。李锦芳的另一篇论文《中国稻作起源问题的语言学新证》（《民族语文》1999年第3期）通过论证侗台、南岛语"水稻"一词的同源关系来说明侗台语与南岛语"稻"一词对应，说明两者在未分化的六千多年前，侗台、南岛语先民已在华南地区发展水稻栽培。本文还从语言学的材料推断，提出了华南是中国的栽培稻发源地的观点，从语言学的角度，支持"中国栽培稻起源于华南"的说法。类似的著作还有韦达的《壮语文化论》（广西民族出版社2006年版），该书共16章，除总论讨论了文化语言学的一般理论外，都是以壮语为例，揭示了壮语文中蕴含的丰富文化现象。

斯钦朝克图最近专门研究动物生殖器名称与语言的关系，发表了一系列文章，如《蒙古语生殖器名称与原始宗教图腾崇拜》（《民族语文》1999年第6期）、《生殖器名称与自然崇拜》（《民族研究》2001年第2期）、《祖先崇拜与生殖器名称》（《民族语文》2001年第4期）等，运用文化语言学的理论和方法，在系统描写和综合考察蒙古语中有关生殖器名称的基础上，比较和分析了蒙古语生殖器名称与阿尔泰语系以及汉藏语乃至印第安语中相同或相近的一些名称及其所蕴含的原始宗教和图腾崇拜的文化内涵，较客观地揭示了民族语言和文化之间的关系。罗美珍的《傣、泰语地名结构分析及地图上的音译汉字》（《民族语文》1999年第2期）通过对傣、泰语地名结构及其含义的分析研究，得出了傣、泰和壮侗、黎等族曾有过共有地理环境和原始村庄稻作文化的新观点。周毛草的《藏语藻饰词中的形象思维与逻辑思维》（《民族研究》2000年第2期），阐述了藏族民族精神和思维方式对藏语藻饰词的结构方式及词义词性选择方面的制约作用。如李锦平的《苗语俗语的文化分析》(《贵州民族研究》2000年第4期),蔡崇尧的《数字在维吾尔语中的文化内涵和修辞色彩》(《新疆师范大学学报》2000年第1期),张玉萍的《维吾尔语颜色词语及其文化透视》(《新疆大学学报》2000年第3期),哈斯巴根的《关于蒙古语非第一音节元音弱化和脱落过程中的文化现象》(《内蒙古师范大学学报》2000年第3期),黄平文《壮语亲属称谓词的社会文化透视》(《三月三·民族语文论坛》2000年第1期),黄锡惠的《满语地名与满语文化》(《满语研究》2000年第2期),刘平的《维吾尔文字演变中的宗教承传作用》(《语言与翻译》2000年第1期),牛汝极的《原始突厥语的拟测与突厥语民族文化特征追寻例证》(《西北民族研究》第2期)。

在中国,相对于汉语言文化,其他民族语言文化是边缘文化,彼此有互补性。这方面的论文有对某一具体的语言事实,如一类词语等进行分析,揭示其中所蕴含的民族思维特征、共性、历史、经济背景等文化意义。刘剑三的《临高黎语关系词的文化内涵》(《民族语文》2001年第3期)通过对临高语和黎语中一些关于热带、海洋、山林、稻作、习俗等具有鲜明地域特征和浓厚民族特色的关系词的分析,探讨其来源,尝试从民族迁徙和交往的角度揭示蕴含其中的文化背景。这方面的论文还有:华侃的《藏族地名的文化历史背景及其与语言学有关的问题》(《西北民族研究》2001年第3期),杨惠滨的《入关前满族语言中的物质经济文化基因》(《满语研究》2001年第1期),韦达的《壮语地名的文化色彩——壮族语言文化系列研究之一》(《中南民族学院学报》2001年第4期),阿布力米提·尤努斯的《维吾尔民俗语言及其研究》(《语言与翻译》2001年第2期),周亚成、古丽巴克的《哈萨克族"巴塔"习俗及其语言》(《语言与翻译》2001年第4期),马伟的《撒拉族文化与委婉语》(《语言与翻译》2001年第3期),茹娴古丽·木沙的《谚语与格言中反映出的民族文化异同》(《语言与翻译》2001年第3期),樊敏的《布依族民歌的语言特色》(《云南民族语文》2001年第1期),刀洁的《金平白傣的谚语及其韵律特点》(《云南民族语文》2001年第1期)等。从语言中的词语看文化现象的有以下几篇:乌力吉和图亚的《〈蒙古秘史〉中的印藏文化痕迹》(《民族语文》2002年第4期),使用《蒙古秘史》中的语言材料探查其中的印藏文化痕迹,分别阐述了蒙古人与印藏文化的接触、蒙古族中吐蕃文化的痕迹、蒙古族中印度文化的痕迹。李锦平的《从苗语词语看苗族农耕文化》(《贵州民族研究》2002年第4期)同农业有关的苗族词语展现出苗族农耕文化的特点和渊源。黄中祥的《哈萨克语中含有人体器官词惯用语的文化内涵》(《语言与翻译》2002年第4期)用哈萨克语中具有共同语义成分的词语分析了其中所蕴含的文化意义。哈斯巴特尔的《从满语词源文化看不同民族关系》(《满语研究》2002年第2期)通过对词源的追溯,以文化为观察视点揭示满族与其他民族不同之处。同样讨论满族文化的还有黄锡惠的《满族文字的异质文化影响》(《满语研究》2002年第1~2期)。对于生态环境的认识和表现是族群文化的一个组成部分,这一内容是通过不同的语言形式反映的,李天元的《贵州彝语地名与生态环境》(《民族语文》2002年第1期)就以此为内容,通过对贵州黔西北地区部分彝族地名的来源考察和诠释,揭示了彝语地名所蕴含的丰富的生态历史资料信息。戴良佐的《新疆民族语地名含义》(《西北民族研究》2002年第4期)对新疆的地名进行了考证,展示了蕴含在地名中的不同民族语言的含义。

认知、思维、想象等心理活动都同具体的文化特质密切相关,因此体现在语言中的心理因素也无不带有文化的印记。骆惠珍的《维汉动物名词的联想与比喻》(《语言与翻译》2002年第3期)、马锦卫的《试析彝语修辞中的心理现象》(《西南民族学院学报》2002 年第 1 期)、孙汝建的《塔布心理对语言修辞的影响》(《民族语文》2002 年第 4 期)都是从语言现象出发来观察分析文化心理的特点。亲属称谓是体现文化特点的一个重要方面,因此有关的研究一直受到重视,邹中正和秦伟的《汉族和藏族亲属称谓的比较研究》(《西藏研究》2002 年第 3 期)通过对汉族和藏族的亲属称谓进行对比,从而发现两种文化之间的异同。从某一具体现象出发对两种文化的不同现象进行对比研究的还有刘戈的《回鹘文契约中的"bil"与汉文契约中的"知"现象考》(《民族研究》2002 年第 5 期)。有的论作从宏观角度综合分析语言和文化之间的异同,例如纳日碧力戈在《关于语言人类学》(《民族语文》2002 年第 5 期)中提出,真实的世界是同一的、有机联系的,但不同的文化出于自身的特点而将它分成了不同的类别,各个族群的思维逻辑是相同的,所不同的是文化视点,因此能够使用多种语言的人就能够同多个文化群体交流。冯运莲的《从语言的文化功能看民族文化的差异》(《湖北民族学院学报》2002 年第 4 期)也对相关问题做了阐述。

(六) 语言濒危现象研究受到重视

由于全球经济一体化和地区经济发展速度的加快,随着广播、电视、网络、通信等新媒体的发展和普及,一些封闭、半封闭状态的地区、族群迅速开放,官方语言或通用语言传播力度加强,一些弱势语言的功能逐渐减弱,已出现濒临消亡状态,这似乎已经成为不以人们的意志为转移的客观趋势。在当代社会,语言接触已经成为语言之间最普遍、最重要的关系之一,由于接触而引起的变化几乎发生在各种语言之中,受到强势语言冲击而导致一些弱势语言使用功能和结构系统逐步衰退,进而发生语言的生存危机。20 世纪 80 年代以来,濒危语言问题已经是国际语言学界的一个热门话题,成为语言学家不能回避的问题。语言学家们估计,世界上现有 6000 多种语言,在 21 世纪将有大部分语言陆续失去它的交际功能而让位于地区的官方语言。因此,1993 年联合国教科文组织(UNESCO)将该年确定为抢救濒危语言年。1995 年 11 月 18 至 20 日,在该组织日本东京召开关于濒危语言国际学术讨论会,联合国教科文组织的官员和与会各国的专家学者出席了会议。会上,成立了国际濒危语言情报交流中心和亚太地区语言学研究部以协调濒危语言工作。会议作出决议称:"这次来自世界各地的濒危语言问题专家在此集会,对国际濒危语言情报交流中心及亚太地区语言学研究部的成立表示衷心的拥护。作为关心世界濒危语言的语言学家,全体与会者保证竭尽全力向国际濒危语言情报交流中心提供合作与协助,因为这是我们大家的一项极为重要的事业。" 1996 年联合国教科文组织总干事在西班牙的一次讨论语言政策的国际会议上提出,需要研究世界语言现状的问题。他还具体指出:需要"预备有关世界语言现状的初步的联合国教科文组织的报告,记录地球上人类丰富的语言的多样性,并解释影响世界不同地区语言的问题,以鼓励人们更为关注人类的语言财富,为研究语言的进化、介绍保护现存语言的最新措施作出贡献"。1997 年第 29 届联合国教科文组织大会批准了《世界语言报告》研究项目。1998 年 5 月 26 日,联合国教科文组织总干事给各成员国相关组织和语言学家们发出公开信,该信描绘了世界上的语言状况,认为在今后 20 年中将有一些语言陆续消失。总干事认为,语言作为人类的宝贵财富,它的消失是人类不可弥补的损失。他要求各国的有关机构和语言学家提供合作,完成《世界语言报告》并定期出版。虽然此举为非约束性的行为,但它告诉人们,弱势语言的消亡是新形势下全球的一个总趋势,是对语言多样性和文化多样性的一个严重挑战,重视濒危语言问题是一个有良知的语言学家的神圣职责,绝不可以袖手旁观。

2000 年 10 月中国民族语言学会与《民族语文》杂志社召开濒危语言专题研讨会,第一次将濒危语言问题正式列入了会议议程,语言学家孙宏开在会上做了《关于濒危语言问题》的主题发言(《语言教学与研究》2001年第1期),论述了中国少数民族语言使用的情况,指出部分弱势语言已经处于濒危状态,有的语言正在消亡或已消亡。他认为,弱势语言的陆续消失是全球性的问题,是时代的总趋势,是人类不可弥补的巨大损失。因此在现阶段,应重视濒危语言的调查研究,抓紧濒危语言资料的抢救和保存,并采取有效措施,延缓弱势语言向濒危状态的转化。语言学家张公瑾也在会上以《语言的生态环境》为题做了主题发言(《民族语文》2001年第2期),论述了语言的大规模消亡给人文生态环境造成的损害、给人类文明造成的损失。他认为语言是一种文化,是各民族在适应特定环境的过程中形成的,不应用"先进""落后"的标准来评价。多语言共存是人类的一种幸运,只懂得自己母语的人眼界必然受到限制;而且没有众多语言的并存,几种强势语言也难以形成和发展。因此,人类不能因为自己的愚昧而丢失手中最有价值的财富,对濒危语言要努力加以保护。他提出了推行"双语教育"的对策,认为形成一个平等使用各种语言的文化氛围,使各种语言经常有机会被使用,是保护濒危语言的重要措施。曹志耘在会上做了关于《濒危方言问题》的发言。语言学界正是在此前后开始了这一新领域的研究。

徐世璇所著《濒危语言研究》(中央民族大学出版社2002年版)是中国在这一领域的第一部理论性专著。全书共分五章,对语言所蕴含的文化价值和人类文明成果进行了阐释,对语言消亡的历史和当前状况、语言消亡的具体现象进行描述,对导致语言濒危的原因和发生的过程进行分析,对国际社会关于语言濒危问题的反响和所采取的行动进行了综合报道,并且提出了对策,认为现代化不应以放弃传统的语言文化为代价,倡导和发展双语应该成为当代语言使用的一种趋势。在现代化进程中,通用语和本族语并非是截然对立与互相矛盾的,而应该相辅相成、互补共存。本族语的留存将有利于保护文化多样性的人文生态环境,有利于实现可持续发展的经济战略。

戴庆厦、邓佑玲的《濒危语言研究中定性定位问题的初步思考》(《中央民族大学学报》2001年第2期)对濒危语言概念的内涵和外延进行讨论,认为界定濒危语言的指标体系有主有次,当前濒危语言研究的主要任务是解决定性定位问题,提出了衡量濒危语言的核心指标和参考指标,提倡进行个案调查、理论研究、思考对策和措施。戴庆厦主编的《中国濒危语言个案研究》(民族出版社2004年)是国家社会科学基金的"十五"重点项目,该专著对土家、仡佬、赫哲、满语、仙岛等语言的使用情况进行了较为深入的调查研究,分析了这些语言的濒危状况,并进行了理论上的概括。类似的著作还有周国炎的《仡佬族母语生态研究》(民族出版社2004年版),何学娟的《濒危的赫哲语》(黑龙江教育出版社2005年版),李锦芳等著的《西南地区濒危语言调查研究》(中央民族大学出版社2006年版)等。

有关这一问题的论文还有普忠良的《从全球的濒危语言现象看我国民族语言文化生态的保护和利用问题》(《贵州民族研究》2001年第4期)。徐世璇、廖乔婧的《濒危语言问题研究综述》(《当代语言学》2002年第2期),对濒危语言的研究理论进行综合论述,从语言濒危现象调查和前景预测、语言濒危的类型和层级、语言衰亡原因等方面,对这一新领域的重大理论问题进行讨论,反映了国外相关研究的新动态。徐世璇在《语言濒危原因探析》(《民族研究》2002年第4期)一文中,以语言濒危现象为例证,对引起语言濒危的原因进行分析,认为产生语言濒危乃至消失的原因有两类,其中由于主动的语言转用造成的本族语消失是产生当代语言濒危现象的主要原因。在此基础上,进一步对影响语言转用的人口比例、文化基础、经济优势等多种基本社会因素进行分析,提出这些社会因素互相交织在一起,对语言的使用发生综合的影响,最终由取得优势的因素决定语言的发展趋势。周滨的《抢救濒危语言：我们能够做什么》（《满语研究》2002年第1期）就人文学者面临当前日益普遍的濒危语言现象应持什么态度，提出了自己的看法。舍那木吉拉的《制约民族语言发展变化的三个要素》（《内蒙古社会科学》2002年第5期）认为，语言同任何事物一样，其发展、变化都受内部和外部因素的影响，在多民族国家中对少数民族语言发展变化（或变异）起制约（或影响）作用的要素主要有三个：语言意识、语言环境、语言政策，这三者互为条件、密不可分，但是所起的作用并不相等。各民族使用语言文字的情况各有差异，三个要素的制约作用也不尽相同。谢肇华的《民族语文与民族现代化——以新疆锡伯族为例》（《中央民族大学学报》2002年第2期）指出一些人口较少的民族在语言选择和使用方面出现了逐渐转用强势语言、放弃本民族语言文字的趋势，认为锡伯族母语文使用功能衰退的原因与其本民族中普遍存在民族语文"无用论""过时论"的思想有关。而历史的经验证明，语言文字不存在过时与落后的问题，它是一种文化，应作为本民族的文化财富加以保留，使之成为少数民族实现现代化的有利工具。何俊芳以《赫哲族语言丢失的社会文化因素分析》（《中央民族大学学报》2002年第2期）为题，对20世纪30年代特别是50年代以来赫哲语的使用功能变化，目前使用人数大大减少，使用范围快速缩小的社会文化原因进行了分析，认为导致这一结果的主要因素是：赫哲族人口基数小，居住分散，生活、生产方式发生变化，混合家庭（不同民族人员组成新家庭）大量增多，没有本民族的文字，本民族语言观念改变。其中同其他民族组成的混合家庭大量增加，在家庭中停止使用本族语，是赫哲语在较短时间内严重丢失的最主要原因。

（七）实验语音学和计算语言学研究开始起步

计算语言学和实验语音是中国民族语言学界建立不久的新学科，80年代中期才开始筹建，在中国社会科学院民族研究所成立实验室，购置设备，培养人才，因此这是一门非常年轻的学科，相对来说发表的著作和论文比其他分支学科要少。下面分两个分支学科介绍。

1. 实验语音学

用实验语音学的手段研究语言声学的新作有孔江平的《论语言发声》（中央民族大学出版社2002年版），这部专著从语音学、言语声学和嗓音生理的角度，全面介绍了作者在语音嗓音发声类型方面的研究，分为基础部分、中国民族语言发声类型的语音学研究、发声的声学研究、声带振动的生理研究、基于发声的语音学框架讨论等共五个部分，涉及发声的语音学分析及理论、声学特征、分析方法和数字成像的动态声门研究，通过实验科学的手段，对语言发声的原理和类型及中国少数民族语言丰富的语音发声现象做了精确的分析。

有关实验语言学的论文主要有呼和的《关于蒙古语的音节问题》（《民族语文》1998年第3期）和《蒙古语元音的声学分析》（《民族语文》1999年第4期），黄行的《苗瑶语方言亲疏关系的计量分析》（《民族语文》1999年第3期）和《语音对应规律的计量生成方法——苗瑶语方言语音对应规律示例》（《民族语文》1999年第6期），王世杰、周殿生的《维哈柯文字仿真发声的关键技术原理及实现》（《语言与翻译》1999年第4期）以及石锋的《中和水语的声调分析》（《民族语文》1998年第2期）等。其中呼和的文章用声学语音学的理论和方法对蒙古语标准元音进行了系统的定量、定性分析，对词首音节圆唇后元音的舌位高低排列、非词首音节短元音的数量和音值、词末（或闭音节末）弱短元音、词首和非词首音节长元音音色差别、音长对元音音色的影响以及复合元音的特点等问题提出了一些新见解。黄行的有关苗瑶语的文章根据苗瑶语方言之间音类相关系数的聚类分析，得到了每一个方言自成一类到所有方言只分两大族群之间任何一个层次分类的新观点。黄行有关语言对应的文章则利用苗瑶语语料库的材料,通过统计任何两个主、客位方言之间对当地音类波数、客位方言音类的先验随机分布概率,和加权对当比率与随机概率差异的显著度检验,得出结论:如果客位方言某音类和主位方言的加权对当比率显著高于其他随机分布概率,那么这种差别是因两种方言的同源关系造成的。作者据此采用了一种可以自动建立语音对应规律的算法,全面建立和手工比较了有一定等效性的苗瑶语方言声、韵、调的语音对应规律系统,同时还讨论了语言计量研究和传统研究不同的、基于概率论而不是决定论规律的语言观和方法论的意义。王世杰、周殿生的文章提出并论述了在 HAWK 汉文、维吾尔文、哈萨克文、柯尔克孜文、俄文处理系统支撑下,使用语音波形拼接法的原理,如何实现维吾尔文文语转换过程及其特定系统的问题。在合成音系的划分上,研究出一种新方法,即利用音节和复合字库对应性,细分合成音素单位的层次,提高了文语转换的效率,减少底层处理与整体过程的难度。这为阿尔泰语系文字的文语转换研究解决了一大难题。

艾杰瑞、艾思麟、李绍尼等的《论彝语、白语的音质和勺会厌肌带的关系——喉镜案例研究》(《民族语文》2000 年第 6 期),发现彝语和白语的发音还跟假声带、勺状会厌肌带和会厌软骨的颤动与缩放功能有关。孔江平、沈米遐、陈嘉猷、曹道巴特尔的《藏语声门阻抗参数的相关分析和聚类研究》(《人机言语通讯技术论文集》,清华大学电子工程系主编,2000 年),曹道巴特尔、陈家猷、沈米遐、孔江平的《藏语 100 人的声门阻抗研究》(人机言语通讯技术论文集),郑玉玲、呼和、陈家猷《蒙古语三音节词重音研究》(《第四届汉城国际阿尔泰语学术讨论会论文集》2000 年)等也起到类似的作用。伊·达瓦、大川茂树、白井克彦的《蒙古语主要方言的声学和音律特征分析分类》(《民族语文》2001 年第 1 期)和《蒙古语多方言语音识别及共享识别模型探索》(《中央民族大学学报》2001 年第 4 期)两篇论文,通过语言的声学特征、音律信息及语言结构的统计概率考察蒙古语的主要方言,分析结果表明,论文所采用的各种实验语音分析方法不仅直观、符合实际、而且信赖性较好。许卓的《红葵土语音系模板初探》(《三月三·民族语文论坛(专辑)》2001 年第 1 期)以管辖音系理论作为理论框架,对壮语红葵土语的语音进行理论性探讨,主要讨论这一语言中的音系模板及元素延伸问题。这方面的论文还有刘向晖的《维语词重音的节律栅及其参数》(《语言与翻译》2001 年第 3 期)等。

2. 计算机语言学

计算语言学的研究集中在中国少数民族语言文字的信息处理方面。少数民族语言信息化建设在科技发展、社会进步的形势的推动下,现实意义越来越凸显,学术界的重视程度也越来越加强。多语言、多文种并存是中国的一个基本国情。由于社会历史原因,中国少数民族语言文字的发展水平参差不齐,这使得民族语文现代化的前进面临着严峻的挑战。最近十多年来,有关中国民族语文现代化问题的规划和研究呈现出了稳妥而有序的发展态势。由李晋有主编的《中国少数民族语言文字现代化文集》(民族出版社 1999 年版)收录了民族语文标准化、信息处理工作探讨、计算语言学基础理论和技术设计、信息科技本地化等方面的论文 40 余篇,基本上反映出目前中国民族语文现代化工作过程的基本轮廓和大致发展方向。这无疑对推动中国少数民族语文工作和民族语文现代化问题的深入研究有着重要的学术意义和价值。

有关新疆少数民族语文信息化的文章有三篇,盛桂琴的《也谈互联网上的维吾尔文拉丁字符问题》和《浅谈维、哈族人名的罗马字母转写问题》分别载于《新疆大学学报》2002 年第 3 期和《语言与翻译》2002 年第 1 期,前一篇针对《互联网上的维吾尔文拉丁字符问题》(《民族语文》2002 年第 2 期）一文中提到的两套互联网上有人讨论的维吾尔文拉丁字符的合理性问题，从拉丁字母读音的国际习惯、维吾尔语的语音特点、字母使用的经济原则、拉丁字母的国内使用情况、地名"单一罗马化"的要求等几个方面进行了分析，指出它们各自的长处和不足，并在此基础上对互联网上维吾尔拉丁字符提出了自己的看法。另一篇是佟加·庆夫的《新疆少数民族文字软件研发应用状况与发展建议》（《语言与翻译》2002 年第 1 期）。另有一篇关于云南民族语文信息化的文章，即陈锡周的《云南少数民族语言数据库》（《云南民族大学学报》2002 年第 1 期）就云南省民族语文的信息化建设进行了综合的论述。

黄行近几年在这信息处理方面发表了好几篇文章，如《苗瑶语方言亲疏关系的计量分析》（《民族语文》1999 年第 3 期）、《语音对应规律的计量生成方法——苗瑶语方言语音对应规律示例》（《民族语文》1999 年第 6 期）、《语素的计量分析与识别方法》（《民族语文》2000 年第 6 期）等，通过分析苗语方言从方法论角度开展了语言和方言亲疏关系的研究。刘援朝的《电脑的多种支持技术与我国少数民族传统文字问题》（《贵州民族研究》2002 年第 4 期），周殿生、吐尔根·依不拉音的《互联网上的维吾尔拉丁字符问题》（《民族语文》2002 年第 2 期）也属于此类。关于信息技术的还有，华沙宝的《蒙古文网络信息技术处理的对策》（《民族语文》2002 年第 6 期），嘎日迪、赛音、张主的《关于我国满文信息处理现代化技术方面的进展》（《满语研究》2002 年第 2 期）。

关于机器翻译的有：巴达玛敖德斯尔的《汉蒙机器翻译中的蒙语词语法属性描述》（《民族语文》2002 年第 4 期）。此外，还有 2002 年中国民族语言学会第八届研讨会上宣读的一些论文，如华沙宝的《蒙古文的若干特征和技术处理对策》，巴达玛敖德斯尔的《面向信息处理的蒙古语词语分类体系》，森格的《信息处理有关的蒙古语人称代词的某些问题》等。计算机运用中的民族语言文字研究虽然刚刚起步，同传统的研究领域相比，无论在广度还是深度上都有待进一步推进，但是作为具有时代特色、符合现实需要的重要课题，这一良好的开端具有深远的意义。

3. 少数民族文字信息处理研究

中国少数民族语言复杂，文字形式多种多样。从字母形式看有拉丁字母（新创文字亦采用拉丁字母）、阿拉伯字母、回鹘文字母、梵文字母等，还有彝文音节文字，方块式拼音的朝鲜文。在拉丁字母中，还有过去传教士创制的正、反、横、竖的大写拉丁字母文字等。书写格式有从上至下的蒙古文、锡伯文、满文，有从左至右的藏文、傣文、朝鲜文、彝文及拉丁字母形式的新创文字，有从右至左的维吾尔文、哈萨克文、柯尔克孜文等。这些复杂情况给少数民族文字的现代信息处理带来了一定的难度。

中国少数民族语言文字领域的信息处理研究工作起步较晚，近 10 来年内才开始，目前汉文、西文与某一种少数民族文字混合编辑、排版系统已经比较普及。中国社会科学院民族研究所研制的多文种少数民族文字与西文、汉文的混合排字系统已经获得成功，1994 年已经通过专家鉴定。目前除朝鲜文外，所有通用的少数民族文字均可与汉文、西文统一编码、共用字库，实现输入、储存、显示、混合排印等多种功能。北京大学方正集团公司也开发了多种少数民族文字计算机排版系统。

中国少数民族语言信息处理的另一项重要内容是语料库研究。目前藏缅、苗瑶、侗台 3 个语族语言的词汇语音数据库已经基本建立，带标记属性和结构规则的 300 多种语言或方言和数十万条词项的数据已经录入计算机，它将服务于语言描写、语言比较以及词典编纂等方面的深入研究，特别对于语言关系的计量描写研究起重要作用，将完全改变过去传统落后的手工方式。另一种类型的大规模真实文本语料库也已经开始建立，目前藏语和蒙古语料库已经形成一定规模。根据这种语料库生成的语言词典库和知识库,将为今后进一步开展少数民族语言领域的文献摘要、文本处理、知识获取、机器学习乃至机器翻译等自然语言理解工作提供基本的工具。

此外,中国社会科学院民族研究所研制的藏语拉萨话的文—语合成系统,是在建立了拉萨话的语音声学参数数据库的基础上,采用共振峰参数合成的方式,完成了拉萨话语音系统全部733个有调音节(单字词)的合成,达到了比较自然、真实的较好效果。研究所还开发了少数民族语言的多媒体系统,设计了语音工作站和数字录音设备相连接而又能用于语音声学分析、建立声学参数数据库、进行语音合成和开发少数民族语言学习系统的工作平台。

总之,计算机在中国少数民族语言研究中的应用,无论是作为它的研究辅助手段,还是作为一门民族语言学的分支学科——计算机语言学,这方面的研究工作还刚刚起步。可以预见在中国少数民族语言研究中,计算机将发挥越来越重要的作用。

(八)少数民族古文字古文献研究成果卓著

文字是社会的产物,一个民族在其社会发展的某一阶段,随着社会经济和文化的发展和内外交际的需要,创制了记录语言的文字。中国各民族古文字的创制是各民族社会历史发展的产物,是少数民族优秀的传统文化的具体体现,也是中华民族优秀传统文化的重要组成部分。不少文字,历史久远,如佉卢字在公元前已传入中国,粟特文有2世纪至3世纪的铭文,焉耆-龟兹文有5世纪的文献,藏文、突厥文、回鹘文、于阗文、契丹字(分大字和小字)、西夏文等均有千年以上或千年左右的历史。其余如彝文、傣文(包括傣仂文、傣绷文、傣哪文、傣端文)、察合台文、八思巴字、女真大字、女真小字、朝鲜训民正音、东巴文、哥巴文、尔苏文、白文、满文、方块壮字、水书、汪忍波傈僳文等都有长短不等的历史。

中国民族古文字有浩如烟海的文献。大体可以分为:1.图书类:其中有著作、词(字)典、辞书、译著、谱牒、宗教经典(包括贝叶经)等。2.文书类:其中有契约、信函、木牍、木简、手卷等。3.金石类:其中有碑刻、哀册、墓志、石幢、石经、摩崖、印鉴、钱币、牌镜以及瓦片、卜骨等。4.题记类:其中有壁画题记、树皮刻字、石壁墨书、绢帛题字等。

这些文献对于研究中国的历史、语言、宗教、文学、天文、历法、医学等都具有十分重要的学术价值,整理、发掘和研究这些文化遗产是民族语文工作者义不容辞的责任。中华人民共和国成立前,有不少学者对民族古文字进行了研究,如王静如、罗福成、罗福苌等对西夏文和契丹文的研究,季羡林等对吐火罗文(焉耆-龟兹文)的研究,罗常培、蔡美彪等对八思巴字的研究,傅懋勣、方国瑜等对纳西东巴文的研究,冯家昇等对回鹘文的研究,马学良、闻宥等对彝文的研究,张怡荪、于道泉、金鹏等对古藏文的研究,罗常培、邢公畹等对古傣文的研究,等等,都取得了一定的成绩,发表了不少成果,为中国民族古文字的研究打下了一定的基础。

中华人民共和国成立以后,特别是近30年来,对中国民族古文字的研究取得了长足的进步,无论在资料的收集、文献的整理、解读、新文种的发现等方面都取得了显著的成绩。1980年初,"中国民族古文字研究会"筹备成立,同年8月,研究会成立并在河北省承德市举行了首次学术讨论会,同年10月,在北京举办了"中国民族古文字展览"正式展出了16种民族古文字的珍贵文献以及研究成果,在社会上和学术界引起了较好的反应。之后,研究会召开了10多次学术讨论会,其中有7次全国性会议,5次专题性会议。这些会议交流了中国民族古文字研究领域的成果,推动了研究的不断深入,一批有水平的研究成果陆续问世,并且编成数集《中国民族古文字研究》文集出版。中国民族古文字研究会还组织编辑出版了全面介绍中国民族古文字的专著《中国民族古文字》(1982 年)、《中国民族古文字图录》(中国社会科学出版社 1990 年版)。

中国民族古文字研究虽然已经形成一支数百人的研究队伍,但具体到每个文种则人数不等,少数文种仅有兼职人员从事研究,因此研究水平和成果参差不齐。近 30 年来,成果最突出的应该算西夏文,而古藏文、突厥文、回鹘式蒙古文、八思巴字、纳西东巴文、老彝文、契丹文、满文等也取得了显著的成果。新发现的一些文种,如尔苏沙巴文、白文、汪忍波傈僳文、水书等,在解读和文献整理方面也都取得了不小的进展。这些新文种的发现对于研究文字发展史,对于了解语言的历史演变都起到了很好的作用。

从语言学的角度对中国少数民族古文字古文献进行研究,有不断深入和发展的态势。在这一阶段出版的著作极其丰富,发表的论文不计其数。对不同文种的研究做出贡献的有:王尧等对古藏文及其碑文的收集、整理、研究做出的贡献;龚煌城、史金波、李范文、聂鸿音等对西夏文做出的贡献;清格尔泰、刘凤翥等对契丹文做出的贡献;耿世民、陈宗振、哈米提、雅森·吾守尔、牛汝极等对新疆地区的一批古文字所做的解读和研究;照那斯图等对八思巴文的研究做出的贡献;方国瑜、傅懋勣、和志武、喻燧生、李静生等对纳西东巴文做出的贡献;马学良、陈士林、丁椿寿、武自立、黄建民、沙马拉毅等对古彝文做出的贡献;道布等对回鹘式蒙古文的整理和研究做出的贡献;刀世勋、张公瑾等对古傣文研究做出的贡献……

另一方面,也必须充分估计到,从总体来看,目前取得的成绩还只是初步的,一些文种的释读和文献的整理刚刚起步,有的文种研究目前还是空白,一些文种的重要文献还散失在国外,科研队伍的水平和素质还有待提高,研究、教学、文博、考古、图书等系统的协作、交流有待加强,研究方法有待改进。

(九) 民族语言理论和方法研究受到重视

民族语言学科在长期研究实践的基础上逐步开始进行经验总结和理论升华,而且对一些重大理论问题进行了坦率直陈的讨论,通过质疑和辩论,使理论认识更加清晰,研究方法更加完备有效。在这一方面有通论性的论文,也有总结性的文章。如孙宏开的《开创新世纪民族语文工作的新局面》(《民族语文》2002 年第 6 期),这篇以中国民族语言学会第八届研讨会大会发言为基础的文章,从加强田野调查和共时描写、做好历史比较、重视应用研究和深入古文字古文献研究几个方面,提出抓住机遇,迎接挑战,开创新世纪民族语文工作的新局面的一些思路。文章认为当前需要解决以下几个认识问题:对语言事实的描写与解释的关系,继承传统和创新的关系,引进、借鉴和发扬本土特色的关系等,同时还要端正学风。

江荻的《20 世纪的历史语言学》(《中国社会科学》2001 年第 4 期) 概述了 20 世纪世界范围内历史语言学的主要事件、相关理论和研究方法的进展情况,内容包括古文献材料对印欧语格局的影响、世界语言的系属分类、理论与方法的创新和新世纪的展望。

对声调发生的理论探索,有两篇争鸣的文章,一篇是徐通锵的《声调起源研究方法论问题再议》(《民族语文》2001 年第 5 期) 就声调起源的研究方法进行讨论。他认为,历史比较法只适用于发生学上有同源关系的语言现象,不同语言的声调是分别独立产生的,相互缺乏同源关系,因而历史比较法无助于声调起源的研究。语音易变性和音系结构格局稳固性的对立统一是支配音变的一种杠杆,结构格局的稳固性决定了古今音变机理的共同性或相似性,因此可以用显示语言中总结得出的音变机理去解释历史上已经完成的音变规律。另一篇是瞿霭堂的《声调起源研究的论证方法》(《民族语文》

2002年第3期）就研究声调起源的方法提出看法，认为"响度说"音节理论不符合汉藏语言音节的响度顺序，对汉藏语言声调起源的原因没有解释的意义。文章提出"协合说""辅音持阻紧张度转移说""特征转移和功能转移同时不同步""初始声调产生时，对立声调的语音特征同步转移"等观点，对汉藏语言声调起源进行解释。同时指出历史问题必须历史地看待，从方法论的角度讨论历史语言学的主要目标和根本任务。戴庆厦的《关于汉藏语语法比较研究的一些理论方法问题》（《中央民族大学学报》2001年第2期）提出，汉藏语系语法比较的重要性表现在以下三个方面：为汉藏语的历史比较提供证据，为语言类型学提供材料，为语言教学提供理论方法上的依据。目前要加强单一语言（或方言）的微观语法描写，建立供汉藏语比较研究的语料库，探讨汉藏语比较研究的理论和方法。

此外还有一些理论和方法探索的文章，如吴安其的《语言的分化和方言的格局》（《民族语文》1999年第1期）、周有光的《文字发展规律的新探索》（《民族语文》1999年第1期）、罗安源的《田野语音学》（中央民族大学出版社1999年版）等，都在理论和方法上进行了一定深度的阐述。

上面分九个部分简要论述了改革开放以来少数民族语言文字研究方面的情况。在这一历史阶段，少数民族语言学科新发展了一些分支学科，如应用语言学（社会语言学）、文化语言学、实验语音学等，由于起步较晚，成果还不多。但可以预料，这些分支学科将在21世纪会有较大发展。

中国少数民族语言研究的成果非常丰富，由于篇幅所限，这里仅仅反映了其中极少一部分，难免挂一漏万，望读者鉴谅。

第一部分：中国少数民族语言和文字

（一）中国少数民族语言简介

阿昌语 中国阿昌族自称 ŋă³¹tʂhaŋ³¹，汉文史书中曾使用过峨昌、莪昌等名称。人口约 3.3 万（2000 年）。主要居住在云南德宏傣族景颇族自治州的陇川、梁河、潞西及保山地区的龙陵等县。阿昌族以阿昌语为主要交际工具，由于长期同汉族联系密切，有不少人能使用汉语。陇川县一带同傣族接触较多的阿昌族，有一些也会傣语。阿昌语属汉藏语系藏缅语族缅语支，同载瓦语、浪速语、缅语最近，其次同彝语支语言接近。阿昌语分三个方言：陇川方言、梁河方言、潞西方言。方言之间差别较大，甚至互相不能通话。下面介绍的阿昌语以陇川方言腊姐大寨的话为代表。

一 语音

声母 有 37 个声母：p ph m m̥ pz phz̥ mz mz̥ f v t th n n̥ l l̥ ts tsh s tʂ tʂh ʂ z tɕ tɕh ɲ ɲ̥ ɕ z k kh ŋ ŋ̥ x kz̥ khz̥ xz̥（说明：①f 只出现在汉语借词中。②卷舌化用 z̥ 表示，发音是舌尖略卷起并带有轻微的摩擦。③带清化的鼻音、边音的一些词，可以自由变读为非清化音）。

韵母 有 80 个韵母。其中单元音韵母 8 个：i e a ɔ o u ə ɿ；复合元音韵母 10 个：ei ai oi ui iu au ua əu uəi iau；带辅音韵母 62 个：ip ep ap ɔp op up əp it et at ɔt ot ut ət ik ek ak ɔk ok uk ək iʔ eʔ aʔ ɔʔ oʔ uʔ əʔ iap iak ai auʔ ouʔ uat uak uiʔ uaʔ im em am ɔm om um əm in en an ɔn on un ən iŋ eŋ aŋ ɔŋ oŋ uŋ əŋ iam iaŋ uan uaŋ。

声调 有 4 个声调：高平 55、低降 31、高升 35、全降 51（说明：全降调主要出现在变调和借词里）。

连音音变 连音音变有变调、增音、弱化、音节合并、音节脱落等。变调有 12 种形式；相连的音节多数是后一个音节发生变调，其次是前一音节变调，有少数是前后两个音节都变调；增音主要是增加辅音，包括零声母的韵母增加辅音声母和元音韵母增加辅音韵尾；弱化，在双音节词里，前一音节的韵母如果是 a，多出现弱化现象，弱化后读 [ə]；音节合并的方法是：前一音节取其声，后一音节取其韵，声调多数取后一音节。

二 词汇

固有词以单音节根词和双音节合成词占绝大多数，两个音节以上的词较少。合成词主要有复合式和附加式两种。复合式分联合、修饰、主谓、宾动、附注、多层等六种结构关系。附加式由根词或词根加附加成分构成。使用频率最大的是前加成分 a³¹。

借词主要来自汉语，其次是来自傣语，如 sut³⁵（蚊帐）、pak³¹mon³⁵（冬瓜）；还有一些借自缅甸语，如 să⁵⁵lik⁵⁵（香烟）。

三 语法

词类 可分名词、动词、形容词、代词、数词、量词、副词、连词、助词、叹词等 10 类。

名词 名词本身没有表示性、数的形态变化，区别性、数主要靠其他词或增用附加成分表示。人的性别用不同的词区别。动物的性别是在名词后加 lo³¹ 或 phz̥ua¹³ 表示阳性，加 tseŋ⁵⁵ 表示阴性。如 oʔ⁵⁵lo³¹ 公猪，oʔ⁵⁵tseŋ⁵⁵ 母猪。

动词 有自动态和使动态的区别。其语法形式有 5 种：①送气与不送气交替，不送气的表示自动，送气的表示使动，如 tap³⁵（贴），thap³⁵（使贴）；②不清化和清化声母交替，不清化表自动，清化表使动，如 nɔŋ⁵⁵（溶化），n̥ɔŋ⁵⁵（使化）；③浊擦音声母和清擦音声母交替，浊擦音表自动，清擦音表使动，如 $z̧au^{55}$（漏），$ɕau^{55}$（使漏）；④零声母和清擦音声母交替，零声母表自动，清擦音声母表使动，如 up^{55}（孵），xup^{55}（使孵）；⑤在自动词后加 xu^{55}（使、让），如 $ŋau^{55}$（哭），$ŋau^{55} xu^{55}$（使哭）。

形容词　可以重叠，表示程度加深，还可以再加助词 $sɿ^{31}$，如 na^{55}（红），$na^{55}na^{55}$（红红），$na^{55}na^{55}sɿ^{31}$（红红的）；重叠的形容词还可以作状语修饰动词。

代词　分为人称代词、指示代词和疑问代词3类。人称代词有数和格的语法范畴。数分单数、双数、复数三类。

数词　基数词是十进位的，pak^{35}（百）、$xiŋ^{51}$（千）、mun^{31}（万）借自傣语。

量词　名量词较多，动量词少。名量词分为类别量词、性状量词、专用量词、集体量词、度量衡和货币单位量词。动量词常见的有 lau^{55}（下）、$z̧ɔp^{55}$（转）、$pɔk^{55}$（次）、pa^{55}（步），用在动词前。

副词　多用在动词、形容词前，个别在其后。

助词　分结构助词、语气助词和情貌助词三类。情貌助词放在谓语后表示动作行为的各种情貌。

句子成分和语序　句子成分有主语、谓语、宾语、定语、状语。基本语序是：主语在前，谓语在后，有时为了突出谓语，也可以把谓语提到主语前；宾语一般在主语之后，动词之前；需要强调宾语时，可将宾语提到主语前面。

名词、代词、动词作定语时在中心词之前，数量词组作定语时，有的在前，有的在后，在前的需要带助词 $sɿ^{31}$（的）。

能做状语的有名词、形容词、动词、数量词组、副词等，除个别副词作状语在中心成分之后外，一般都放在前面。

能作补语的有动词、形容词、副词等。动词、形容词同补语结合时可以在中间加助词 $xɔʔ^{31}$ 或 $sɿ^{31}$，如 $ŋɔ^{55}$（我）＋ $tɕɔ^{31}$（吃）＋ $xɔʔ^{31}$（助词）＋ $z̧ua^{31}$（饱）＋ $pɔ^{31}$（助词）＝（我吃饱了）。

附：阿昌语常用词举例

1	天	mau^{31}
2	太阳	$ni^{31}mɔ^{31}$
3	月亮	$pha^{31}lɔʔ^{31}$
4	星星	$khz̧ə^{55}$
5	云	$xaŋ^{31}tɕin^{31}$
6	风	li^{55}
7	雨	$mau^{31}z̧o^{55}$
8	水	ti^{55}
9	河	$tʂha^{55}z̧oŋ^{31}$
10	山	pum^{55}
11	水田	$z̧ɔ^{55}$
12	土	$n̥on^{55}$
13	窟窿	$a^{31}toŋ^{31}$
14	石头	$liŋ^{31}kɔʔ^{55}$
15	火	poi^{31}
16	上面	$kɔʔ^{31}pa^{31}$
17	下面	$uʔ^{31}pa^{31}$
18	里面	$a^{31}xau^{55}$
19	外面	$a^{31}nɔk^{55}$
20	年	$n̥ɔk^{55}$
21	日	$ȵen^{31}$
22	猪	$oʔ^{55}$
23	狗	xui^{31}
24	熊	$ɔm^{55}$
25	老鼠	$kz̧oʔ^{55}$
26	鸡	$kz̧uaʔ^{55}$
27	鸟	$mɔʔ^{55}$
28	蚂蚁	$tɕhi^{55}man^{55}$
29	跳蚤	li^{31}
30	苍蝇	$phɔp^{55}$
31	蚊子	$phɔp^{55}$
32	翅膀	$a^{31}tuŋ^{55}$
33	毛	$a^{31}mui^{31}$
34	鱼	$ka^{31}ʂua^{31}$

35	尾巴	tɕhi³¹ȵaŋ⁵⁵		71	扛	kuan⁵⁵
36	树	saŋ³¹tseŋ⁵⁵		72	洗（衣）	phɔp⁵⁵
37	竹笋	ȵek⁵⁵		73	捆	toi³¹
38	稻子	tɕɔ³¹tseŋ⁵⁵		74	问	ȵi³¹
39	甘薯	mǎ³¹niaŋ³¹		75	骂	tʂə⁵⁵
40	姜	tɕhaŋ³¹		76	笑	ʐə⁵⁵
41	果实	ʂə³¹		77	哭	ŋau⁵⁵
42	草	sa⁵⁵		78	浮	ȵə³¹
43	叶子	a³¹xʐoʔ⁵⁵		79	掉	kʐua³⁵
44	头	nǎ³¹kuaŋ³¹		80	飞	tʂam⁵⁵
45	眼睛	ȵɔʔ⁵⁵tsiʔ³¹		81	（狗）吠	kʐap⁵⁵
46	鼻子	ȵ̥ɔŋ⁵⁵		82	啼	thun⁵⁵
47	耳朵	ni³¹tʂhua³¹		83	大	kʐə³¹
48	牙齿	tɕoi⁵⁵		84	小	ȵi⁵⁵
49	胡子	ȵ̥ot⁵⁵mui³¹		85	高	mʐaŋ⁵⁵
50	手	lɔʔ⁵⁵		86	低	ȵon⁵⁵
51	皮肤	a³¹ʐɹ⁵⁵		87	深	lək⁵⁵
52	筋	a³¹kʐə³¹		88	长	səŋ⁵⁵
53	血	sui³¹		89	短	ʐɔŋ³¹
54	胆	saŋ³¹tɕhi³⁵		90	厚	kan³¹
55	心	ȵa⁵⁵lum³¹		91	远	ve³¹
56	父亲	teʔ⁵⁵/a³¹phɔʔ³¹		92	近	ne³¹
57	母亲	mou⁵¹/me³¹		93	多	ȵɔ⁵⁵
58	儿子	tsɔ³¹lo³¹		94	少	nəŋ³¹
59	上衣	tse³¹		95	轻	ʑaŋ⁵⁵
60	裙子	taŋ³¹kɔ³⁵		96	重	li³¹
61	听	kʐua³¹		97	红	na⁵⁵
62	吃	tɕɔ³¹		98	白	phʐo⁵⁵
63	喝	ʂɔʔ⁵⁵		99	黑	lɔk⁵⁵
64	吹	mut⁵⁵		100	绿	ȵau⁵⁵
65	说	hʐai⁵⁵		101	（羊）肥	tɕho⁵⁵
66	跳	kɔ³⁵		102	瘦	kuak⁵⁵
67	走	so³¹		103	好	tɕi⁵⁵
68	跑	pi³¹		104	坏	tɕa⁵⁵
69	坐	ni⁵⁵		105	快	mʐap⁵⁵
70	睡	e³¹		106	慢	ȵen³¹

107	酸	mzˌək⁵⁵
108	甜	uai³¹
109	苦	xɔ³¹
110	辣	tshek⁵⁵
111	咸	xɔ³¹
112	痒	zɔ³¹
113	我	ŋɔ⁵⁵
114	你	nuaŋ⁵⁵
115	他	n̥aŋ³¹
116	不	ma³¹

阿尔泰语系 阿尔泰语系主要集中在中亚及其邻近地区，在中国，属于突厥语族的语言有维吾尔语、哈萨克语、柯尔克孜语、乌孜别克语、塔塔尔语、撒拉语、西部裕固语、图瓦语，蒙古语族包括蒙古语、土族语、达斡尔语、东乡语、保安语、东部裕固语、康家语等；属于满－通古斯语族包括满语、赫哲语、锡伯语、鄂伦春语、鄂温克语等。另外朝鲜语有人主张属于阿尔泰语系。3个语族的共同特征是：有元音和谐律，辅音大多数有16个，各语族都是属于黏着型语言。但是，有些学者认为，突厥语、蒙古语、满－通古斯语有没有原始亲缘关系还很难说，迄今所做的研究还不足以证实这种假说能够成立。也有人用200个核心词进行过比较，统计结果是：3个语族之间共同拥有的单词大约占10%，突厥语族跟蒙古语族之间共同拥有的单词大约占39%，蒙古语族跟满－通古斯语族之间共同拥有的单词大约占29%，突厥语族跟满－通古斯语族之间共同拥有的单词大约占12%。但是，不管持哪种观点，大家都同意用阿尔泰语系或者阿尔泰诸语言这样的说法来概括突厥语族、蒙古语族、满－通古斯语族，把它们看作是有一定共同性的一个大语群。从地理上看，3个语族大体上呈自东向西连续分布的态势。满－通古斯语族主要分布在亚洲大陆的东北部（俄国的东西伯利亚和远东地区、中国的黑龙江省和内蒙古东北部，以及新疆的北部）；蒙古语族主要分布在亚洲大陆的北部（中国的内蒙古、黑龙江、吉林、辽宁、甘肃、青海、新疆），蒙古国全境，俄国的西伯利亚贝加尔湖一带，以及伏尔加河下游西边里海北岸；突厥语族分布的地域则更为广袤，从亚洲大陆的中部、西部一直到欧洲的东部边缘（中国的西北部、哈萨克斯坦、吉尔吉斯斯坦、乌孜别克斯坦、土库曼斯坦、阿富汗、伊朗、阿塞拜疆、伊拉克、土耳其、叙利亚、约旦、黎巴嫩、沙特阿拉伯、也门、塞浦路斯、罗马尼亚、保加利亚、希腊）。阿尔泰语系3个语族包括50余种语言，使用人口1亿多。

阿眉斯语 台湾高山族中自称"阿眉斯"或"邦札"的人所使用的语言，属南岛语系印度尼西亚语族台湾语支排湾语群。分布在台湾台东县东北部的台东镇，鹿野、池上、东河、长滨、关山、成功、卑南等乡；花莲县东部的花莲市，新城、吉安、寿丰、凤林、光复、丰滨、瑞穗、玉里、富里、万荣、卓溪等乡；屏东县的满州乡和牡丹乡。使用人口约12万。阿眉斯语为黏着型语言，分萨克札耶、北部、太巴塱－马太鞍、中部、南部5个方言。萨克札耶方言分布在阿眉斯人聚居地最北部，花莲县新城、太鲁阁、加礼宛、榴棚、里几马等地。这个方言保持着阿眉斯语最古老的特征。北部方言分布在花莲县寿丰、吉安、月眉、丰年、丰田等地。太巴塱－马太鞍方言分布在花莲县凤林乡等地。中部方言分布在花莲县丰滨、玉里、瑞穗等乡，台东县长滨乡。南部方言分布在花莲县富里乡，台东县鹿野乡。此外，台湾最南端靠近恒春，有一个小城，少数老年妇女还会说属南部方言的阿眉斯语。

阿眉斯语有17个辅音：p m f t n l ɬ r tʃ ʃ k ŋ χ h ʔ j w。4个元音：i ə a u e。多音节词重音一般落在最后一个音节上。音节结构有：辅音＋元音＋辅音、辅音＋元音、元音＋辅音、元音自成音节4种方式。

在构词方面，词干加附加成分或词干部分音素重叠为主要构词手段。前加成分有 ma-、ni-、pa-、ʃa-、tʃi-、ala-、kali-、kina-、mala-、ʃaka- 等。后加成分有 -an、-aj 等。前后加成分有 ka-…-an、pi-…-an、pa-…-an、ʃa-…-an、ta-…-an、tʃi-…-aj、kala-…-ən、paʃa-…-an 等。中加成分有 -um-，插在词干第一个音节的辅音与元音之间。

阿眉斯语的借词主要借自汉语闽南话和日本语。

词类分名词、代词、数词、形容词、动词、副词、介词、连词、助词、叹词 10 类。

名词有一般名词和人名专有名词，各有主格、属格和宾格，分别在名词前加格助词表示。人称代词有单数和复数，有主格、属格和宾格等形式，第一人称复数有包括式和排除式，单数属格有基本式和独立式。指示代词和人称疑问代词有主格、属格、宾格标志。

动词有态、体、式等语法范畴，在形式上以加不同的附加成分或助词作标志。"态"有主动态和被动态，每个语态有一般体、进行体和完成体。"式"有陈述式、命令式、愿望式、估量式。副动词形式为动词干加后加成分 -ʃa，后面有助词 a。形动词形式为动词原形加后加成分 -aj，后面有助词 a。

句子成分有主语、谓语、宾语、定语、状语、补语。基本语序为谓语往往出现在句首，主语在谓语之后，宾语在谓语动词之后，宾语可以在主语前，也可以在主语后，因主语、宾语有不同的助词表示，语序前后并不重要。定语有的在中心语后（名词、人称代词属格基本式作定语时），有时在中心语前（数词、形容词、指示代词、人称代词属格独立式作定语时）。状语在中心语前，补语在中心语后。

附：阿眉斯语常用词举例

1	天	kakarajan
2	太阳	tʃiɬal
3	月亮	fulaɬ
4	星星	fuʔiʃ
5	云	tuʔəm
6	风	fali
7	雨	ʔuraɬ
8	水	nanum
9	河	ʔalu
10	山	tukuʃ
11	水田	umah
12	土	ʃəra
13	窟窿	ufaŋ
14	石头	fukəluh
15	火	namal
16	上面	kafəkaŋ
17	下面	kalaənu
18	里面	lalumaʔ
19	外面	paputal
20	年	mihətʃaan
21	日	rumiʔaɬ
22	猪	ɬiuŋ
23	狗	watʃu
24	熊	tumaj
25	老鼠	ʔəɬu
26	鸡	kukuʔ
27	鸟	ʔajam
28	蚂蚁	kakunah
29	跳蚤	ʔatiməla
30	苍蝇	lalaŋaw
31	蚊子	likəʃ
32	翅膀	ʃapikpik
33	毛	fanuh
34	鱼	futiŋ
35	尾巴	wikul
36	树	kilaŋ
37	竹笋	təfuʔ

38	稻子	panaj	74	问	litʃaj
39	甘薯	kuŋa	75	骂	mapuʔi
40	姜	katʃipaʔaj	76	笑	tawa
41	果实	hətʃi	77	哭	tumaɲitʃ
42	草	taluɫ	78	浮	pawpaw
43	叶子	papah	79	沉	malənəŋ
44	头	fuŋuh	80	飞	maəfər
45	眼睛	mata	81	（狗）吠	xuəxu
46	鼻子	ŋuʃuʔ	82	啼	maʃəkak
47	耳朵	taɲila	83	大	taʔaŋaj
48	牙齿	waɫiʃ	84	小	mimiŋaj
49	胡子	liʔəl	85	高	ʔakawaŋ
50	手	kajam	86	低	muənər
51	皮肤	faŋʃ	87	深	ʔaŋuŋul
52	骨头	ʔukak	88	长	kuʔəɫaw
53	血	ʔiraŋ	89	短	amukuʔ
54	胆	tiraʔ	90	厚	kifətulaj
55	心	falutʃuʔ	91	远	maraaj
56	父亲	wama	92	近	maŋata
57	母亲	wina	93	多	aɫihaj
58	子女	wawa	94	少	mimiŋaj
59	上衣	kipiŋ	95	轻	kahəmaw
60	裙子	farawfawan	96	重	karətəŋ
61	听	təŋil	97	红	kahaŋaŋ
62	吃	kumaʔən	98	白	kuhətʃal
63	咳嗽	kuətʃ	99	黑	kuhətiŋ
64	吹	ijuf	100	绿	kanɫaw
65	说	ʃumual	101	（羊）肥	maʃuəʃu
66	跳	tərutʃ	102	瘦	maŋiriw
67	走	rumakat	103	好	ŋaʔaj
68	跑	tʃumikaj	104	坏	tatiih
69	坐	maruʔ	105	快	kaliki
70	睡	mafutiʔ	106	慢	matʃəɫəŋ
71	扛	tamuruŋ	107	酸	ʔatʃitʃim
72	洗（衣）	ʃaʃaw	108	甜	kuəʃan
73	捆	faluɫ	109	苦	ʔanəŋəl

110	辣	katʃəɬah		tʰ	tʰi⁵⁵	一
111	咸	kahətʃiɬ		d̪	di⁵⁵ba³⁵	蜘蛛
112	痒	tʃaəŋtɕ		n̥	n̥o³¹iɯŋ⁵⁵	留
113	我	kaku		n	nɛn⁵⁵	货物
114	你	kiʃu		ɬ	ɬau⁵³	寻找
115	他	tʃinira		l	lim⁵³	埋葬
116	不	tʃua		t̪	t̪i³¹liu⁵³	赔偿

阿侬语 阿侬是怒族一个支系的名称，怒族分布在云南怒江傈僳族自治州所属各县，迪庆藏族自治州的维西县以及西藏察隅县的察瓦龙一带也有少量分布。福贡县的怒族有部分人自称阿侬，使用阿侬语，大部分已转用了傈僳语和汉语。邻国缅甸境内有不少怒族使用阿侬语。阿侬语与独龙语差别小，可以归入景颇语支。下面所介绍的阿侬语以福贡县木古甲乡的话为代表。

一 语音

声母 有64个声母，其中单辅音声母45个，复辅音声母19个。单辅音声母：p pʰ b m̥ m f v ts tsʰ dz s z t tʰ d n̥ n ɬ l t̪ t̪ʰ d̪ n̥ l̪ ʈʂ ʈʂʰ ɖʐ ʂ ʐ ɻ tɕ tɕʰ dʑ ç n̥ ɲ k kʰ g x ɣ ŋ̊ ŋ ʔ h；复辅音声母：ʔb ʔd ʔɖ ʔg ʔdz ʔdʑ ʔm ʔn ʔɳ ʔŋ pɹ pʰɹ bɹ ɾɯ fɹ vɹ kʰɹ gɹ xɹ。

声母例字：

p	pi³¹	笔		tʰ	tʰi³¹maŋ³¹	老
pʰ	pʰi³⁵du⁵⁵	钥匙		ɖ	ɖim⁵⁵	踢
b	bɯ³¹	蛇		ɳ	gɯ⁵⁵	跪
m̥	m̥i⁵⁵	开始		l̪	tʰi³¹li³¹	还（钱）
m	mi⁵⁵	麻		ʈʂ	pau³¹ʈʂɻ⁵⁵	报纸
f	fau³¹	栓		ʈʂʰ	ʈʂʰɻ³¹	屁
v	vi⁵⁵ka³¹	瓶子		ɖʐ	ɖʐɻ³¹	膨胀
ts	tsui⁵⁵	罪		ʂ	ʂa⁵⁵ʂɻ³¹	尿
tsʰ	tsʰɻ⁵⁵	雨		ʐ	ʐɻ⁵⁵	是
dz	la³⁵dzɿʔ³¹	辣椒		ɻ	ɻɻ³¹ʔuŋ⁵⁵	山
s	si³¹di⁵⁵	真		tɕ	tɕi⁵⁵pʰi⁵⁵	窄
z	zɻn⁵³	问		tɕʰ	a³¹tɕʰiŋ³¹	换
t	ti⁵³	半		dʑ	dʑi³¹	铜
				ç	çim⁵⁵bɯ³¹	满
				n̥	n̥ɯ³¹	纺
				ɲ	ɲin⁵⁵	指甲
				k	ko³¹pʰɯ⁵⁵	狐狸
				kʰ	kʰin⁵³	煮
				g	a²¹gi³¹	抬
				x	a³¹xi⁵⁵	笑
				ɣ	ɣɯ⁵⁵	影子
				ŋ̊	ŋ̊ɛ³¹mu³¹	称
				ŋ	ŋi³¹sa³¹	猴子
				ʔ	ʔi⁵⁵bɯ³¹	鹅
				h	a³¹hiŋ³⁵	碗
				ʔb	a³¹ʔban⁵⁵	一种竹子
				ʔd	ʔdɛm⁵⁵	赊
				ʔɖ	ʔdaŋ⁵⁵	爬
				ʔg	ʔgam⁵⁵	刻木

ʔdʐ̩	ʔdʐ̩n⁵⁵ɛ³¹	大便
ʔdʑ̩	ʔdʑɯ⁵⁵ŋu³¹	咬
ʔm̩	tɕhe⁵⁵ʔmɯ³¹	女儿
ʔn̩	a³¹ʔna³¹	染
ŋ̩	a³¹ŋɛ³⁵	涂抹
ʔŋ̩	ʔŋa³¹ɛ³¹	反刍
pɹ̩	pɹɯm⁵⁵no³¹	解开
phɹ̩	a³¹phɹ̩³¹	祖宗
bɹ̩	bɹi⁵³	四
mɹ̩	a²¹mɹaŋ⁵⁵	生气
fɹ̩	da³¹fɹ̩⁵⁵	斑鸠
gɹ̩	deʒp gɹ̩⁵⁵	狗
xɹ̩	xɹɯm⁵³	筛
ʔbɹ̩	ça⁵⁵ʔbɹ̩n³⁵	跨过

韵母 有77个韵母，其中单元音韵母10个，复元音韵母16个，带辅音韵尾韵母47个，鼻音自成音节韵母4个。

单元音韵母：i e ɛ a ɔ o u ɯ y ɹ̩；复元音韵母：ie iɛ ia iɔ io ui iɯ ui ue ɜu ye ai au iau uai；带辅音韵尾韵母：im em ɛm am ɔm um mɹ̩ iam uam in en ɛn an ɔn un ɹ̩n ian uɛn iŋ iŋ eŋ ɛŋ aŋ oŋ ɔŋ uŋ ɯŋ ɹ̩ŋ iŋ ioŋ ɔʔ ɛʔ ɛ³ sʔ aʔ i ʔ ɯai tɕi uaŋ ɔi tɕi ioi iui imɯ uaŋ uʔ mɯʔ ɹ̩ʔ ioʔ uɛʔ uaʔ；鼻音自成音节韵母：m̩ n̩ ȵ̩ ŋ̩。

声调 有4个声调：高平55，高降53，低降31，高升35。

例字： xɛ⁵⁵ ʂa⁵³ xɛ³¹ xɛ³⁵
       篮子 野兽 银子 脚

二 词汇

阿依语多数词都带有词头或词尾，单音节词不占优势。由于地理环境的原因，怒族人居住的地区竹子繁多，因此阿依语里竹子的名称很多，而鱼的名称与捕鱼方式以及渔具也很多。有相当多的名、动同形词。阿依语中有一批词来源于原始藏缅语。据统计，阿依语与彝语支语言的同源词约占15%，与彝语同源的有14.8%，与傈僳语同源的有16.1%，与景颇语支语言同源的稍高于彝语支。与独龙语同源的词高达33.2%。阿依语的借词主要来自汉语和傈僳语，占25%左右，也有来自白语或缅甸语的，少数来自藏语。

构词方式 派生式的词以加词头为主。阿依语有丰富的词头，使用频率高的有：phɯ³¹ bɯ³¹ mɯ³¹ s̩³¹ ʂ̩³¹ dɯ³¹ ɹɯ³¹ ŋ³¹ a³¹ 9个，另还有10个左右的其他词头。此外还有几个词尾。

三 语法

词类 阿依语的词分名词、数词、量词、代词、动词、形容词、副词、连词、助词、语气词、叹词11类。

名词 表示多数在名词后加助 z̩³¹ ŋɯ³¹ mɯ⁵³。例如：a³¹ tshaŋ³¹（人），a³¹ tshaŋ³¹ z̩³¹ ŋɯ³¹/mɯ⁵³（人们）。s̩⁵⁵ dzɯŋ⁵⁵（树），s̩⁵⁵ dzɯ⁵⁵ mɯ⁵³（树丛，多数）。名词后加词尾 tɕhen³¹ 表示小。

数词 基数词 thi⁵⁵ 一、a³¹ȵ̩⁵⁵ 二、a³¹ sɔm⁵⁵ 三、bɹi³¹ 四、phɔŋ³¹ 五、kuŋ⁵⁵ 六、s̩³⁵ 七、çen⁵⁵ 八、dɯ³¹gɯ³¹ 九、thi³¹ tsha⁵⁵ 十、thi³¹ ça⁵⁵ 百、thi³¹ ja⁵⁵ 或 thi³¹ tu⁵⁵ 千、thi⁵⁵ mɯ³¹ 万。序数词在数词前加 kɯ³¹ phaŋ⁵⁵ 或 ʔi⁵⁵ phaŋ⁵⁵ 表示。

量词 名量词表示事物形状的有 loŋ⁵⁵（块）、laŋ³¹（张，片）、tham⁵⁵（张，层）、buŋ⁵⁵（根，条）、kho⁵⁵（根，棍状）等。可以用名词本身来作量词。例如：ȵi⁵⁵（眼）、thi⁵⁵（一），ȵi⁵⁵（眼）一只眼；vɛn⁵⁵（花）、thi⁵⁵（一），vɛn⁵⁵（花）一朵花。

代词 分人称代词、指示代词、疑问代词、反身代词、泛指代词。人称代词分第一、第二、第三人称，数分单数、双数、多数，第一人称双数和多数有包括式和排除式之分。

	单数	双数	多数
第一人称	ŋa⁵⁵/a³¹io³¹	ŋa⁵⁵iɯŋ⁵⁵si³¹（包括）a³¹iɯŋ⁵⁵si³¹（排除）	ŋa⁵⁵iɯŋ⁵⁵ a³¹iɯŋ⁵⁵
第二人称	ŋa⁵⁵	ŋɛ³¹ŋɯŋ⁵⁵si³¹	ŋɯŋ⁵⁵
第三人称	ŋ⁵⁵	ŋ³¹ŋɯŋ⁵⁵si³¹	ŋ³¹ŋɯŋ⁵⁵

指示代词分近指和远指，远指分上方、下方、

平坦处。各有不同的用法。

动词 动词有人称、数、体、态、式、方向、名物化等语法范畴，分别用加前缀、后缀及词根的屈折变化等方式表达。动词的体分将行体、进行体、已行体、曾行体、完成体等，各种体以在动词后分别加不同的后缀表示；动词的态有自动态、使动态和互动态，分别用加前加成分、后加成分或屈折变化等手段表达；动词的式分陈述式、命令式、祈求式，分别用加前加成分、后加成分和声母清浊交替等方式表达；动词的方向分向心方和离心方，各有四个不同的方向，分别在动词后加不同的附加成分构成；动词的名物化在动词后加 dɛm^{55} 构成。

形容词 常用前加成分 ua^{55}、tɕhi^{55} 分别表示两种意义相反的状貌形容词，ua^{55} 常加在大、高、长、宽等形容词前，tɕhi^{55} 往往加在小、矮、短、窄等形容词前。形容词可以名物化，在形容词后加 o^{55} 或在形容词前加 ŋ^{31} 构成。例如：bɯŋ^{31}（多），bɯm^{31} o^{55}（多的），ŋ.in^{55}（热），ŋ^{31} ŋ.in^{55}（热的）。

副词 副词作状语时多数在谓语前面，少数可在谓语后面。

助词 有结构助词、定指助词、状语助词。结构助词分限制、施动、受动、工具、时间、从由、比较、随同等类。

句子成分 有主语、谓语、宾语、定语、状语。句子的基本语序是：主语—宾语—谓语。

名词、代词作定语放在中心词前，形容词、数量词组、指量词组作定语在中心词后。状语多在谓语前，少数副词在谓语后。

附：阿侬语常用词举例

1	天	mu^{55} laŋ^{31}
2	太阳	nɛm^{31}
3	月亮	sɿ^{31} la^{55}
4	星星	khu^{31} ȵi^{55}
5	云	io^{31} mɯn^{55}
6	风	ŋɛ^{31} bu^{31}
7	雨	tshɿ^{55}
8	水	tɕha^{31} ŋaŋ^{55}
9	河	tɕhu^{31} ŋua^{31}
10	山	ɻɿ^{31} ʔuŋ^{55}
11	水田	la^{31} ma^{55}
12	土	a^{31} sɑ^{53}
13	窟窿	——
14	石头	luŋ^{33}
15	火	tɕhɛ^{31} mi^{55}
16	上面	ka^{31} thaŋ^{53}
17	下面	ka^{31} phaŋ^{31}
18	里面	ʔi^{55} duŋ^{55}
19	外面	di^{31} tɕhiŋ^{55}
20	年	ŋɯŋ^{31}
21	日	ȵi^{31}
22	猪	ʔu^{55}
23	狗	dɛ^{31} gɻɿ^{55}
24	熊	ɕi^{33} phɯ^{31}
25	老鼠	a^{31} din^{55}
26	鸡	khaʔ^{55}
27	鸟	tɕha^{55}
28	蚂蚁	so^{31} zo^{55}
29	跳蚤	sɿ^{55} lɿ^{31}
30	苍蝇	ba^{31} sɿm^{53}
31	蚊子	xaŋ^{31} tho^{35}
32	翅膀	da^{31} tɕhiŋ^{55}
33	毛	min^{55}
34	鱼	ŋua^{55}
35	尾巴	ni^{31} tɕhuŋ^{55}
36	树	sɿ^{55} dzɯn^{31}
37	竹笋	ə^{31} maŋ^{55}
38	稻子	dʑi^{31}
39	土豆	hɛ^{31} gɻi^{35}
40	姜	li^{55} dʑuŋ^{31}
41	果实	ɕɯŋ^{55} sɿ^{31}
42	草	ɕin^{55}
43	叶子	dʑi^{31} ɕɛm^{55}

44	头	la³¹phuŋ⁵⁵		80	飞	dɛm⁵⁵
45	眼睛	ɲi⁵⁵luŋ⁵⁵		81	（狗）吠	luŋ⁵⁵
46	鼻子	sɿ³¹na⁵⁵		82	啼	gɹ⁵⁵
47	耳朵	a⁵⁵na³¹		83	大	ua⁵⁵dɯŋ³¹
48	牙齿	a⁵⁵sa⁵⁵		84	小	tɕi⁵⁵la⁵⁵
49	胡子	mɯ³¹tsɿ⁵⁵		85	高	ua⁵⁵maŋ³¹
50	手	a³¹vu³⁵		86	低	tɕhi⁵⁵ɲim³¹
51	皮肤	sa⁵⁵pho³¹		87	深	ɲɯŋ³¹ɛ⁵⁵
52	筋	ʂɯ³¹bɯŋ⁵⁵		88	长	ua⁵⁵ɲa³¹
53	血	ʂɯ⁵³		89	短	tɕi⁵⁵ʈhɯŋ⁵⁵
54	肚子	pha⁵³		90	厚	ua⁵⁵tham⁵⁵
55	心	ɲi⁵⁵ɹɯm³¹		91	远	thi³¹ɹom⁵⁵
56	父亲	a³¹phɯ³¹		92	近	ʔi³¹dza⁵³
57	母亲	a³¹mɯ³¹		93	多	bɯm³¹
58	儿子	tɕhɛn³¹		94	少	tɕhɛ³¹mɛ⁵⁵
59	上衣	ga⁵⁵mɯ⁵⁵		95	轻	a³¹ɲgɕ³¹ɛ³¹
60	裙子	ʂɹ³¹ɹum⁵⁵		96	重	a³¹lɹ⁵⁵ɛ³¹
61	听	tho⁵³		97	红	tsa⁵⁵sɯ³¹
62	吃	am⁵³		98	白	pho⁵⁵mo³¹
63	喝	ʔaŋ⁵⁵		99	黑	ɲi³¹xa⁵⁵naŋ⁵⁵
64	吹	ba³¹phu³¹		100	绿	ɲi⁵⁵tʂhɹ³⁵
65	说	thi³¹mu⁵⁵		101	（羊）肥	ɕa⁵⁵su⁵⁵
66	跳	sɿ³¹lam⁵⁵		102	瘦	ɖi³¹ɹɯʔ⁵⁵
67	走	dzɹ⁵⁵		103	好	sɿ³¹la⁵⁵
68	跑	a³¹tshaŋ³¹		104	坏	m̩³¹sɿ³¹la⁵⁵
69	坐	gu⁵⁵nu³¹		105	快	dzɹ³¹dza⁵³
70	睡	ɲim⁵³		106	慢	a³¹ɲaŋ³⁵
71	扛	—		107	酸	m̩³¹tɕum⁵⁵
72	洗（衣）	dʐɛn⁵⁵		108	甜	khɹ⁵⁵
73	捆	a³¹ɲu³¹		109	苦	kha⁵⁵
74	问	zɹn⁵³		110	辣	si⁵⁵ɛ³¹
75	骂	ɲa⁵⁵ɛ³¹		111	咸	kha⁵⁵bu³¹mɛ⁵⁵
76	笑	a³¹xi⁵⁵		112	痒	bɯ³¹saŋ⁵⁵
77	哭	a³¹ŋɯ⁵⁵		113	我	ŋa⁵⁵
78	浮	ma⁵⁵zo³¹		114	你	ŋa³¹
79	掉	ʂu³⁵da³¹		115	他	ŋ⁵⁵

| 116 | 不 | m̩³¹ |

巴哼语 是自称为"巴哼"的瑶族所使用的语言，属汉藏语系苗瑶语族苗语支。《瑶族语言简志》把巴哼语作为布努语的一个方言，后来经过研究者进一步的比较研究，认为应该属于苗语支里的一个独立的语言。巴哼语分布在湖南、广西、贵州交界的城步、三江、龙胜、融安、融水、临桂、黎平、从江等十几个县里，使用者约有 4.5 万人。分南部、北部两个方言，方言间词汇差别较小。下面以贵州黎平滚董为代表介绍巴哼语的特点。

语音

声母 有 34 个声母：p ph m m̩ v t th n n̩ l l̩ s tj tjh nj lj l̥ tɕ tɕh n̥ȵ ȵ j ɕ k kh ŋ ŋ̊ h hj kw kwh hw q qh。黎平滚董的巴哼语已经没有鼻冠音声母。

声母例字：

p	peŋ³³	平
ph	pheŋ⁵³	靠
m	ma³⁵	痛
m̩	m̩a³⁵	藤
v	va⁵⁵	呻吟
t	ta⁵⁵	杀
th	thɔ⁵⁵	瘦（人）
n	na⁵⁵	挤掐
n̩	n̩a⁵⁵	攥
l	li³⁵	贴
l̩	l̩a⁵⁵	月亮
s	seŋ²²	熟
tj	tja³⁵	树
thj	thjo³⁵	吹
nj	njɛ³³	人
lj	lja⁵⁵	拔（草）
lj	ljo³⁵	大
tɕ	tɕu⁵⁵	六
tɕh	tɕhu⁵⁵	扑
n̥ȵ	n̥ȵaŋ⁵⁵	冷
ȵ	ȵa²²	重
j	jɛ⁴⁴	掉，落
ɕ	ɕo³¹	学
k	ko⁵⁵	哥
kh	khɔ³⁵	挖
ŋ	ŋɛ³³	肉
ŋ̊	ŋ̊ŋ³⁵	跳蚤
h	ho²²	磨（刀）
hj	hjɔ³⁵	稀
	kwei²²	宽
khw	khwei²²	跪
hw	hwei³⁵	轻
q	qo⁵⁵	蛋
qh	qhɔ⁵⁵	咳嗽

韵母 有 i e ɛ a ɔ o u 7 个元音，有 -i -u -n -ŋ 4 个韵尾，由元音和韵尾组成 17 个韵母：i e ɛ a ɔ o u ei ai ou in en iŋ eŋ aŋ ɔŋ oŋ，另外还有 ɿ y iau 3 个韵母只出现在汉语借词中。

韵母例字：

i	ji³⁵	菜
e	e⁵³	饭
ɛ	qɛ³⁵	鸡
a	ma³⁵	病
ɔ	kɔ³⁵	白
o	ko³³	九
u	tu³¹	豆
ei	ȵei²²	血
ai	qai³⁵	虫
ou	pou³⁵	三
in	ȵin²²	碾
en	hwen²²	粉
iŋ	tɕiŋ³³	钱
eŋ	ŋeŋ²²	姜
aŋ	maŋ⁵⁵	雪
ɔŋ	qhɔŋ³⁵	泼
oŋ	joŋ³³	龙

声调的 8 个调类，只有 7 个调值（上声不分阴阳）：

调类	阴平	阳平	阴上	阳上	阴去	阳去	阴入	阳入
调次	1	2	3	4	5	6	7	8
调值	35	33	22	22	55	44	53	31
例字	mei^{35}	mi^{33}	m̥ei^{22}	mi^{22}	mi^{55}	mi^{44}	thei^{53}	njei^{31}
词义	乳房	有	骂	马	猪	眼睛	姑娘	舌头

在词汇上，巴哼语与黔东苗语、川黔滇苗语、湘西苗语词汇相同数都在 50% 以上，与畲语、勉语相同数分别为 48% 和 41%。

附：巴哼语常用词举例

1	天	a^{33}vaŋ^{33}
2	太阳	a^{33}la^{55}qa^{22}n̥ei^{35}
3	月亮	a^{33}la^{55}qa^{22}ma^{22}
4	星星	a^{33}qaŋ^{55}
5	云	qa^{33}toŋ^{55}
6	风	aŋ^{35}tɕi^{55}
7	雨	aŋ^{35}moŋ^{44}
8	水	aŋ^{35}
9	河	tei^{33}aŋ^{35}
10	山	tei^{33}kɛ^{55}
11	水田	liŋ^{33}
12	土	qa^{22}lei^{33}
13	窟窿	a^{33}qhoŋ^{22}
14	石头	qa^{22}jo^{35}
15	火	qa^{22}tou^{22}
16	上面	a^{33}vaŋ^{33}n̥ei^{53}
17	下面	a^{33}qoŋ^{35}n̥ei^{53}
18	里面	qɔ^{22}tjo^{22}
19	外面	a^{33}nɔ^{33}n̥ei^{53}
20	年	tɕaŋ^{55}
21	日	n̥ei^{35}
22	猪	mi^{55}
23	狗	qa^{22}ljaŋ^{53}
24	熊	mi^{44}loŋ^{33}
25	老鼠	taŋ^{35}neŋ^{22}
26	鸡	qɛ^{35}
27	鸟	taŋ^{35}moŋ^{44}
28	蚂蚁	qa^{22}n̥ei^{22}
29	跳蚤	ŋŋ^{35}ljaŋ^{53}
30	苍蝇	ma^{22}sei^{53}
31	蚊子	ma^{22}ȵoŋ^{22}
32	翅膀	qɛ^{53}tei^{53}
33	毛	ti^{35}
34	鱼	njo^{22}
35	尾巴	tai^{33}tai^{22}
36	树	tja^{35}
37	竹笋	nei^{44}
38	稻子	mu^{33}ɛ^{53}
39	甘薯	lei^{33}kwei^{33}
40	姜	ŋeŋ^{22}
41	果实	tjei^{22}
42	茅草	qa^{44}ŋɛ^{35}
43	叶子	qa^{22}njaŋ^{33}
44	头	a^{33}toŋ^{33}ti^{22}
45	眼睛	qoŋ^{55}mi^{44}
46	鼻子	a^{33}njɔ^{44}
47	耳朵	a^{33}khoŋ^{22}njɔ^{33}
48	牙齿	qa^{44}ɲi^{22}
49	胡子	ɲi^{44}
50	手	qa^{44}pu^{22}
51	皮肤	qa^{22}lju^{55}
52	骨头	qa^{22}soŋ^{22}
53	血	n̥ei^{22}
54	胆	a^{33}tɕei^{35}jeŋ^{35}
55	心	a^{33}noŋ^{35}
56	父亲	a^{22}pa^{53}
57	母亲	a^{22}mɛ^{53}
58	儿子	lɛ^{33}taŋ^{35}
59	上衣	qɛ^{53}ou^{22}
60	裙子	teŋ^{35}

61	听	noŋ²²
62	吃	naŋ³³
63	咳嗽	qhɔ⁵⁵
64	吹	thjo³⁵
65	说	kaŋ²²
66	跳	tjaŋ⁵³
67	走	tɕa⁴⁴
68	跑	tɔ²²
69	坐	n̥oŋ³⁵
70	睡	vaŋ³⁵
71	扛	ŋai⁵⁵
72	洗（衣）	n̥u⁵⁵
73	捆	tɔ³³
74	问	nei⁴⁴
75	骂	mei²²
76	笑	tɕa⁵³
77	哭	ŋa⁵⁵
78	浮	phɔ³⁵so³⁵
79	沉	tɛ³³
80	飞	jei⁵⁵
81	（狗）吠	tɕo⁴⁴
82	啼	i³⁵sɛ²²
83	大	ljo³⁵/pɛ⁴⁴
84	小	ju⁵⁵
85	高	hjeŋ³⁵
86	低	ŋi²²
87	深	to³⁵
88	长	to²²
89	短	laŋ²²
90	厚	tei³⁵
91	远	kɔ³⁵
92	近	jo⁵⁵
93	多	tɕaŋ³⁵
94	少	tɕou⁴⁴
95	轻	hwei³⁵
96	重	n̥a²²
97	红	tai⁴⁴
98	白	kɔ³⁵
99	黑	kwaŋ³³
100	绿	njo³⁵
101	（羊）肥	tɕoŋ⁴⁴
102	瘦	tho⁵⁵
103	好	nɛ⁴⁴
104	坏	n̥a⁵³
105	快	tɕi⁵³
106	慢	lei³³
107	酸	su³⁵
108	甜	qai³⁵
109	苦	jeŋ³⁵
110	辣	ni³¹
111	咸	n̥u²²
112	痒	ŋou⁵³
113	我	vaŋ²²
114	你	mu³³
115	他	nu²²
116	这	ŋ̍²²

巴那语 是自称"巴那"，他称"红苗"的苗族使用的语言，属汉藏语系苗瑶语族苗语支。分布在湖南城步苗族自治县的长安营乡与绥宁县黄桑坪苗族乡毗邻地带，使用人口有2000多人。下面以城步长安营乡上排巴那语为代表介绍其基本特点。

语音

声母 有54个声母：p ph b m v f pj pjh bj mj vj fj ts tsh dz s tsj tsjh dzj sj t th d n l tj tjh dj nj lj tɬ tɬh dl tɬj tɬjh dlj tɕ tɕh dʑ n̥ ʑ ç k kh g ŋ kj kjh gj kw khw gw ʔ h，另外 tsj tsjh sj 是专拼汉语借词的声母，ŋ̍可自成音节。塞音、塞擦音分清不送气、清送气、浊三类，鼻音有浊无清，擦音分清浊。

韵母 巴那语有 i e a o u y ɿ ɚ 8 个元音，有 -i -u -n -ŋ 4 个韵尾，由元音和尾组成如下23个韵母：i e a o u y ɿ ɚ ŋ̍ ei ai eu au in en on un yn yen iŋ en aŋ uŋ，其中 ɿ y ɚ yn yen 5个韵母只用于现代汉语借词中。in en on yen 的韵尾已经消失，读作鼻化元音韵母。

声调 有8个声调：

调类	阴平	阳平	阴上	阳上	阴去	阳去	阴入	阳入
调次	1	2	3	4	5	6	7	8
调值	13	313	44	31	35	22	55	53
例字	ta^{13}	na^{313}	ka^{44}	va^{31}	la^{35}	bja^{22}	pa^{55}	ʐa^{53}
词义	泥	人	屎	尿	月亮	竹笋	背	八

巴那语有一批自己特有的词，如石头、桥、辫子、树、裹腿、插、关（门）、（水）开、戴、做、好、晒、卖、渴等。但巴那语有比较多的汉语借词。

巴那语的三类古鼻冠音声母已演变为全浊音，没有塞音韵尾，没有小舌音，有两个鼻尾，有两套数词，名词定语前置，补语位于宾语后，形容词定语可以前置。

附：巴那语常用词举例

天	la^{44}gwaŋ^{313}	太阳	la^{44}ni^{13}
月亮	la^{44}la^{35}	风	tɕi^{35}
雪	bon^{35}	雷	fu^{13}
云	yn^{313}	雨	nuŋ^{22}
霜	tɬa^{35}	山	pa^{31}
水	ʔŋ^{13}	火	to^{31}
烟	ʑin^{13}	石头	pei^{35}
田	lin^{313}	炭	thin^{35}
路	kja^{44}	牛	ŋ^{313}
猪	bai^{35}	狗	tɬa^{44}
熊	ɕuŋ^{313}	鸭子	ʔai^{55}
鸟	nu^{22}	斑鸠	gau^{13}
鹰	tɬaŋ^{44}	鱼	bja^{31}
老鼠	naŋ^{31}	虫	keŋ^{13}
树	fa^{13}	叶子	dljuŋ^{313}
花	fa^{13}	竹笋	bja^{22}
稻子	pei^{31}	茄子	tɕha^{313}
瓜	kwa^{13}	豆子	to^{53}
头	la^{44}fo^{44}	鼻子	bei^{22}
舌头	la^{44}dli^{53}	胡子	ȵeŋ^{22}
手	kwa^{31}	骨头	tɬhuŋ^{44}
乳房	me^{35}	血	biŋ^{44}
屎	ka^{44}	尿	va^{31}
父亲	ʔa^{44}ʐa^{13}	母亲	ʔa^{44}ȵa^{313}
爷爷	ʔa^{44}kŋ^{13}	妻子	va^{44}
妹妹	ʔa^{44}mai^{35}	人	na^{313}
筷子	tjeu^{22}	盐	dʑa^{44}
肉	ge^{313}	米	son^{44}
饭	ʔen^{55}	吃	nuŋ^{313}
喝	ho^{55}	咬	tau^{53}
看	pu^{53}	去	ŋ^{31}
来	ta^{313}	进	po^{22}
有	mo^{313}	做	ke^{55}
晒	ɕa^{55}	死	ta^{22}
是	ɕi^{53}	大	ljeu^{13}
小	ʐu^{35}	高	ɕen^{13}
矮	ka^{31}	窄	ge^{53}
深	dlau^{13}	少	tɕhu^{22}
好	ȵu^{35}	绿	ljo^{31}
快	ɕi^{35}	饿	ŋo^{53}
我	va^{22}	你	ŋ^{44}
他	ni^{22}	这	ni^{22}
那	biŋ^{44}	一	ʔa^{31}
二	ʔu^{13}		

巴则海语 台湾高山族中自称为"巴则海"的人所使用的语言，属南岛语系印度尼西亚语族台湾语支。分布在台湾苗栗县鲤鱼潭、台中县丰原以及南投县埔里镇。巴则海语是已濒临灭绝的边缘的语言，只有少数老年人还能说一些。巴则海语为黏着型语言。

语音 有18个辅音：p b m w t d s z n l r j k g ŋ x h ʔ。

辅音例词：

p	punu	头	b	bari	风
m	mudu	果实	w	wazan	中间
t	tuxi	左边	d	dusa	二
s	saw	人	z	zaxit	山谷
n	nahada	有	l	lalawa	布
r	raxuŋ	河	j	jabil	耳环
k	kahuj	树	g	gamaj	马
ŋ	ŋaŋus	虻	x	xalam	蔬菜
h	haisan	旱芹	ʔ	ʔalis	兔子

有4个元音：i u ə a。

多音节词的重音落在最后的音节上。音节结构有辅音+元音、辅音+元音+辅音、元音+辅音、元音自成音节四种方式。

在构词方面，词干加附加成分或词干部分音素重叠为主要构词手段。前加成分有 m-、ma-、mu-、mə-、mi-、pa-、pu-、pi-、a-、ha-、ka-、sa-、si-、ta-、tu-、ti-、xi-、ki-、maka-、maru-、paka-、mana-、pana-、mari-、pari-、masa-、masi-、pasi-、mata-、mati-、pati-、matu-、patu-、maxa-、paxa-、maxi-、paxi-、maxu-、paxu-、tau-、taxa-、taxi-、taxu-、mia-、pia-、kai-、kali-。后加成分有 -i、-an、-ən、-aj。中加成分有 -a-、-in-，插在词干第一个音节的辅音与元音之间。

词类 分名词、代词、数词、形容词、动词、助动词、副词、助词、介词、连词、叹词11类。

名词 分专有名词、普通名词和时间名词，有性、数、格位等语法范畴。人称代词有单数、复数、主格、宾格、领格等范畴，第一人称复数有包括式与排除式，第三人称有视线内外等分别，主格有长、短式结构。

形容词有"比较级"和"高级"范畴。

动词有式、体、态等范畴。"式"有陈述式和命令式。"体"有未行体、将行体、进行体、完成体。"态"有主动态和被动态。

句子成分有主语、宾语、谓语、定语、状语\补语。基本语序为：谓语往往在句首；主语在谓语之后；宾语在谓语之后，宾语可以在主语前或后，因主语前有格助词表示；定语在中心语之前；状语在中心语之前；补语在中心语之后。

附：巴则海语常用词举例

1	天	kawas
2	太阳	rizax
3	月亮	ilas
4	星星	bintul
5	云	ruluŋ
6	风	bari
7	雨	udal
8	水	dalum
9	河	raxuŋ
10	山	binaju
11	水田	umamah
12	土	daxə
13	窟窿	raruŋ
14	石头	batu
15	火	hapuj
16	上面	babaw
17	下面	ruburubu
18	里面	rizik
19	外面	laŋu
20	年	kawas
21	日	dali
22	猪	baruzak
23	狗	wazu
24	熊	taŋadəx
25	老鼠	adus
26	鸡	pataru
27	鸟	ajam
28	蚂蚁	asəzah
29	跳蚤	tiri
30	苍蝇	raŋaw

31	蚊子	tibaun		67	走	zakaj
32	翅膀	papalit		68	跑	italam
33	毛	bəkəs		69	坐	ituku
34	鱼	alaw		70	睡	midəm
35	尾巴	dulut		71	扛	mudukun
36	树	kahuj		72	洗（衣）	mubazu
37	竹子	patakan		73	捆	puziput
38	稻子	mulasi		74	问	dudu
39	甘薯	dadas		75	骂	isat
40	姜	dukuduk		76	笑	hatan
41	果实	madu		77	哭	aŋit
42	草	səmər		78	浮	xabaxap
43	叶子	rabax		79	沉	dəkədək
44	头	punu		80	飞	mahabahar
45	眼睛	dawrik		81	（狗）吠	malawa
46	鼻子	muziŋ		82	啼	kakak
47	耳朵	saŋira		83	大	mataru
48	牙齿	ləpəŋ		84	小	rabəx
49	胡子	mudus		85	高	tubabaw
50	手	rima		86	低	daxə
51	皮肤	rapaj		87	深	luzuk
52	骨头	bul		88	长	halupas
53	血	damu		89	短	hatikəl
54	胆	apuzu		90	厚	maŋipar
55	心	babu		91	远	maanu
56	父亲	aba		92	近	alih
57	母亲	ina		93	多	dahu
58	子女	rakihan		94	少	tatih
59	上衣	siatu		95	轻	haluba
60	裙子	kuribu		96	重	idəŋ
61	听	tumala		97	红	lubahiŋ
62	吃	kan		98	白	risilaw
63	咳嗽	kuhur		99	黑	tərəhən
64	吹	bari		100	绿	maŋajah
65	说	namanam		101	（羊）肥	bagət
66	跳	halut		102	瘦	haziŋaj

103	好	riak		ts	tse⁵³	到达
104	坏	sadiah		tsh	tshɿ³⁵	找
105	快	wailu		dz	dze¹³	话
106	慢	kinakaw		s	sø³⁵	生（子）
107	酸	marinu		sh	shɔ¹³	梳子
108	甜	tuxubus		z	za³⁴¹	腐烂
109	苦	pazit		t	ti⁵³pa⁵³	现在
110	辣	mah		th	thi⁵³	滴
111	咸	makələm		d	di¹³	生长
112	痒	makakat		n	nɑ³⁵	野羊
113	我	jaku		l	le⁵³	嚼
114	你	isiw		r	rɿ³⁵	麻木
115	他	imisiw		tʂ	tʂɿ³⁵	金丝猴
116	不	ini		tʂh	tʂhɿ⁵³	供品

白马语 白马语分布在四川嘉陵江上游地区的西支流白龙江、白水江以及涪江流域。对于这个地方的白马语中外学者都曾认为它不同于藏语或羌语。操白马语的人自称 pe⁵³（贝），汉语称白马藏人，在发展过程中融合了汉族和藏族。操这种语言的居民约有14000人，民族成分被定为藏族。这里介绍的白马语以四川平武县白马乡罗通坝村的话为代表。

一 语音

声母 白马语有47个声母，其中单辅音声母40个，复辅音声母7个。

单辅音声母：p ph b m f ts tsh dz s sh z t th d n l r tʂ tʂh dʐ tʃ tʃh dʒ ʃ ʃh ʒ tɕ tɕh dʑ ȵ ɕ ɕh z̩ k kh g ŋ x ɣ ɦ。

复辅音声母：nb nd ng ndz ndʐ ndʒ ndʑ。

声母例字：

p	pi⁵³	吹
ph	phi⁵³	脱衣
b	be⁵³	吠
m	mi¹³ mi⁵³	花
f	fe¹³tsɔ¹³	肥皂

dʐ	dʐɿ³⁴¹	打滚
tʃ	tʃɿ⁵³	泼水
tʃh	tʃhɿ⁵³	什么
dʒ	dʒø³⁴¹	钉（动词）
ʃ	ʃɿ⁵³	仅
ʃh	ʃhe³⁵	会
ʒ	ʒi³⁴¹	消化
tɕ	tɕi⁵³	做
tɕh	tɕhi⁵³	棋子
dʑ	dʑy³⁵	穿针
ȵ	ȵi⁵³	银子
ɕ	ɕi⁵³	送
ɕh	ɕhɛ⁵⁵	后来
z̩	z̩i³⁴¹	书
k	ki⁵³	韭菜
kh	khi⁵³	牵
g	gɑ³⁴¹	捆
ŋ	ŋɑ³⁵	我
x	xue³⁵	画
ɣ	ɣa³⁵	狐狸
ɦ	ɦõ³⁵	还，又
nb	nbi⁵³	漏

ng	ngi¹³	高屋檐
ndʐ	ndʐa¹³	好
nd	ndɛ⁵³	可以
ndz	ndzɿ⁵³	钻入
ndʑ	ndʑɿ³⁴¹	磨子
ndʑ	ndʑi⁵³	走

韵母 有韵母45个韵母，其中单元音韵母22个，复元音韵母23个。

单元音韵母：i e ɛ a ɑ ɔ o u y ɿ ø ə ɐ ĩ ẽ ã õ ỹ ɛ̃ a̰ o̰。

复元音韵母：ie iɛ ia iɑ ɔi oi ɕi ai ɜi io õ iø iə iɐ iɛ̃ iã ue uɛ ua ɔu uo ẽu ɜu uã ye ɜy yɛ。

声调 有4个声调：高降53，高升35，低升13，升降341。

例字： nbo⁵³   nbo³⁵   nbo¹³   nbo³⁴¹
     蛆   板壁   掉下去   飞

二 词汇

白马语的词汇以单音节或由单音节词根复合而成的合成词为主，多音节的单纯词比较少，主要采用前加成分或后加成分的方式或词根合成的方式构成新词。四音联绵构词也是一种构词类型。从邻近民族语言中借用也是白马语丰富词汇的手段。据统计，汉语借词约占12%，藏语借词约占10%。

三 语法

词类 分名词、数词、量词、代词、动词、形容词、副词、助词、连词、情感词10类。

名词 有数的变化，在名词后加助词 te³⁵ 表示双数，加助词 to¹³ko⁵³ 表示多数。在动物名词后加 ʒo³⁵ 或 ɕi¹³tʂu⁵³ 表示该动物较小或可爱。

数词 基数词：tʃɿ⁵³ 一、n̩i³⁴¹ 二、so⁵³ 三、ʒo³⁴¹ 四、ŋa³⁴¹ 五、tʂu⁵³ 六、de¹³ 七、dʑe³⁴¹ 八、go³⁵ 九。基数词的"一"有 tʃɿ⁵³、ko⁵³、tʃo¹³ti⁵³、ʃɿ¹³、ɦi³⁵ 五种说法，分别在不同的语言环境使用。序数词的表示方法是在基数词后加 na¹³kɛ⁵³ 构成。

量词 白马语量词比较丰富，在句中和数词结合的词序是量词在前，数词在后，数量词组作定语时放在中心词的后面。例如：ʃha¹³kiɛ³⁵ （肉）ndʑe³⁵ （块）n̩i³⁴¹ （二），表示两块肉。也有少量用名+数+量 的词序。例如：ngɔ³⁵ （房子） tʃɿ⁵³ （一） ndyɛ³⁵ （层），表示一层房子。动量词修饰动词时，其词序是：量+数+动。例如：a¹³ku⁵³ （次） n̩i³⁴¹ （二） tɕhe³⁵ （去），表示去两次。

代词 分人称代词、指示代词、疑问代词、反身代词、泛指代词。人身代词分单数、双数、多数。第一人称双数和多数分包括式和排除式。

	单数	双数	多数
第一人称	ŋa³⁵	ŋe³⁵n̩i³⁴¹（排除）	ŋe³⁵ko⁵³（排除）
		ze¹³n̩i³⁴（包括）	zo¹³ko⁵³（包括）
第二人称	tɕhø⁵³	tɕhe¹³ni³⁴¹	tɕho¹³ko⁵³
第三人称	kho¹³n̩e⁵³	kho¹³re¹³n̩i³⁴¹	kha¹³ko⁵³

指示代词 白马语指示代词比较丰富，有 ndɛ⁵³ （这）、u⁵³lɛ⁵³ （那）、pho⁵³lɛ⁵³ （那）、mo³⁵lɛ⁵³ 或 mɔ³⁵la⁵³ （那）、zɔ¹³lɛ⁵³ 或 ze¹³la⁵³ （那）等。表示那的词在白马语中一共有6个，根据当地山势地理，指示不同的方位。u⁵³lɛ⁵³ 指靠山的地方，pho⁵³lɛ⁵³ 指靠水的地方，mo³⁵lɛ⁵³ 或 mɔ³⁵la⁵³ 指下游或低处，no³⁵ɜ⁵³ 为向远处指，mɔ³⁵la⁵³ 为指向近处。zɔ¹³lɛ⁵³ 或 ze¹³la⁵³ 一般用来指上游或高处，前者为远指，后者为近指。

动词 动词有体、式、态、趋向等变化，动词的名物化及存在动词也颇有特点。动词的体分将行体、即行体、进行体、已行体、完成体；动词的式分命令式、祈使式、疑问式；动词的态分使动态和互动态；动词的趋向，白马语动词构成趋向是在动词前加不同的前加成分构成。有表示动作由下游向上游进行的，有表示向下游方进行的，有表示由空间下方向上方进行的，等等，共8种趋向前加成分。

形容词 特点与动词比较接近。形容词做谓语时，后面可以加 ndzo¹³ɕho¹³ （起来）表示性质、状貌在发展变化之中。例如：ndʐa¹³（好）ndʐo¹³ɕho¹³（起来）好起来。

副词　有程度副词、范围副词、时间副词、性状副词、否定副词。

助词　有限制、施动、受动、工具、处所、比较、从由7类。

句子成分　有主语、谓语、宾语、定语、状语5种。基本语序是：主语—宾语—谓语，名词、代词做定语放在中心词的前面，形容词、数量词做定语在中心词的后面。

附：白马语常用词举例

1	天	nɔ³⁵
2	太阳	ȵyɛ³⁵
3	月亮	dza¹³
4	星星	ka⁵³ma⁵³
5	云	mø³⁵pa⁵³
6	风	ɦa¹³pa⁵³
7	雨	nɔ³⁵mbo¹³
8	水	tʃho¹³ndʐa³⁵
9	河	tʃho¹³ʒe³⁵
10	山	ndo³⁴¹ / ʐɿ³⁵
11	水田	ndʐe³⁵sha⁵³
12	土	sha⁵³
13	窟窿	ndo³⁴¹ɦo¹³ru⁵³
14	石头	dɐ³⁵
15	火	ȵɛ⁵³
16	上面	kɛ⁵³
17	下面	go¹³nɔ⁵³
18	里面	nɔ⁵³
19	外面	gə¹³tsɛ⁵³
20	年	iɐ⁵³
21	今天	tɐ¹³rɐ³⁵
22	猪	pha⁵³
23	熊	tɐ¹³na⁵³
24	牛	no³⁵
25	马	ta⁵³
26	鸡	ɕa⁵³
27	鸟	ɕe¹³tʂu⁵³
28	蚂蚁	tɕyɛ¹³ma³⁵
29	跳蚤	ʒuɛ³⁵
30	苍蝇	ro¹³na⁵³
31	蚊子	ndʐo¹³ndzɿ⁵³
32	翅膀	ʃuɛ³⁵pa⁵³
33	毛	piɛ³⁵
34	鱼	ȵɛ⁵³
35	尾巴	ŋuɛ³⁵
36	树	ʃhe¹³
37	竹子	ȵyɛ³⁵
38	小麦	tɕɔ⁵³
39	荞麦	tʂo³⁵
40	辣椒	ta¹³tɕo³⁵
41	种子	sha¹³ŋø³⁵
42	草	tsa⁵³
43	根	ʐø¹³tsa⁵³
44	头	ŋɐ⁵³
45	眼睛	ȵi¹³ndʐe³⁵
46	鼻子	na³⁵ŋɐ⁵³
47	耳朵	na³⁵
48	牙齿	shɐ⁵³
49	胡子	mɛ¹³ra⁵³
50	手	ia³⁵
51	皮肤	ʃha⁵³pa⁵³
52	筋	tsɛ¹³dzø³⁵
53	血	tɕha⁵³
54	胆	dʑi¹³pa⁵³
55	心	she¹³
56	父亲	a¹³pa⁵³
57	母亲	a¹³ma⁵³
58	子女	ȵa¹³ŋø⁵³
59	上衣	kø³⁵
60	裙子	kø³⁵ʃɔ⁵³
61	听	na³⁵ȵɛ¹³

62	吃	ndʑɐ³⁴¹		98	白	kɐ⁵³ rɐ⁵³
63	喝	ndo³⁵		99	黑	ȵɐ¹³ u⁵³
64	吹	pi⁵³		100	绿	dʑɔ¹³ sʅ⁵³
65	说	dzø³⁵		101	(羊)肥	tshɔ¹³ nbo⁵³
66	跳	ndʐo³⁵		102	瘦	ʃha¹³ ka¹³ mbo⁵³
67	走	ndʑi⁵³		103	好	ndʐa³⁵
68	跑	tɕo¹³ rɐ⁵³		104	坏	a¹³ ie⁵³
69	坐	thɔ⁵³ dø³⁴¹		105	快	ndʐɐ⁵³ pu⁵³
70	睡	ȵɛ³⁵		106	慢	ndʐo⁵³ ndʐɔ³⁵
71	抬	the³⁵		107	酸	ɕo⁵³ mo⁵³
72	洗(衣)	ndʐo³⁴¹		108	甜	ʃo⁵³ mbo⁵³
73	捆	ga³⁴¹		109	苦	kha¹³ ndɛ³⁵
74	问	tʂʅ⁵³		110	辣	ʃa³⁵
75	骂	ŋa⁵³ mba⁵³		111	咸	tsha⁵³ ŋa⁵³ pa⁵³
76	唱歌	tho¹³ ke⁵³		112	痒	sa⁵³
77	哭	ŋo⁵³		113	我	ŋa³⁵
78	浮	kha¹³ uo³⁵		114	你	tɕhø⁵³
79	掉	mbo¹³		115	他	kho¹³ ȵe⁵³
80	飞	mbo³⁴¹		116	不	mɐ⁵³ / mɐ¹³
81	(狗)吠	be⁵³				
82	啼	tø¹³ u⁵³				
83	大	lɐ⁵³ tɐ⁵³				
84	小	ɕi⁵³ ɕi⁵³				
85	高	ndɐ¹³ mbu³⁵				
86	斜	tshɛ¹³ zø³⁴¹				
87	新	sha⁵³ pa⁵³				
88	长	rɛ¹³ dʐa³⁵				
89	短	thio⁵³ ŋu⁵³				
90	厚	ndɔ¹³ pu⁵³				
91	远	tha¹³ re³⁵				
92	近	tshɛ⁵³				
93	多	mɐ¹³ u⁵³				
94	直	tʂo³⁵ mo⁵³				
95	轻	iɕi³⁵				
96	重	dʑo¹³ mo³⁵				
97	红	mɐ¹³ rɐ⁵³				

白语 白语是白族使用的语言。白族人口约有185万，80%分布在云南大理白族自治州，其余分布在碧江、兰坪、维西、丽江、南华、保山、昆明、元江、镇雄等县，贵州省、湖南省也有分布。白族自称"白和""白子""白尼"，古书上称为"僰人""白蛮""白人"，明代以后被称为"民家"。自称中的"和""子""尼"都是"人"的意思。1956年确定族名为"白族"。居住在云南的白族都使用白语，居住在贵州和湖南的已改用当地汉语。

白语属汉藏语系藏缅语族彝语支。白语受汉语的影响很深，吸收了大量的汉语借词，近数十年来，又不断吸收新的汉语借词，而且语法也产生了一定的变化，以致让人觉得白语系属问题难以决定。但从白语没有鼻音韵尾，元音又有松紧对立的现象，以及语法特点来看，它有不少处与彝语支语言相同。白语分剑川、大理、碧江三个方言。下面以剑川方言为代表，介绍其特点如下。

一 语音

有 21 个单辅音：p ph m f v t th n l ts tsh s tɕ tɕh ɕ j k kh ŋ x ɣ。

有 i e ɛ a o u ɯ y 8 个元音，彼此结合成 ao iɛ ia io iɯ ui uɛ ua 8 个复元音，以及与这些单元音、复元音相当的鼻化元音：ĩ ẽ ɛ̃ ã õ ɯ̃ ỹ iɛ̃ iã iõ iɯ̃ uĩ uɛ̃ uã。每个单元音和复元音都可以作韵母，共 30 个韵母。出现在鼻音 m、n、ŋ 后面的元音都有轻微的鼻化。

有 8 个声调：

调次	第1调	第2调	第3调	第4调
调值	33	42	31	55
松紧	松	紧	松	松
例词	pa³³	pa⁴²	pa³¹	pha⁵⁵
词义	泡沫	奶	闹	扒
调次	第5调	第6调	第7调	第8调
调值	35	44	21	55
松紧	松	紧	紧	紧
例词	pa³⁵	pa⁴⁴	pã²¹	pa⁵⁵
词义	八（哥）	倒	蹄	坝

说明：第 2、6、7、8 调为紧调，出现于这些调上的元音是紧元音。

二 词汇

合成词分重叠式、复合式、附加式三种。重叠式多为 AABB 式的重叠，或 AA 后加 sɯ³³ 或 lɯ³ 式的重叠，如 ŋɛ²¹ŋɛ²¹（去）、ja⁴⁴ja⁴⁴（回）（来来往往之意），no²¹no²¹sɯ 33（软绵绵的）。复合式是由两个或两个以上的词根结合而成。附加式是在词根上加附加成分。前附加成分有 a³¹ 和 mɯ⁵⁵ 两个。后附加成分有 tsi³³（子）、po⁵⁵、p³³o（公）、mo³³、mɯ³³（母）、pa⁴²（人，者）。如 te⁴²tsi³³（牙猪），te⁴²po⁵⁵（公猪），te⁴²mo³³（母猪），to³¹sɯ³³pɯ³³（岳父），to³¹sɯ³³mɯ³³（岳母），tɕhi³¹（偷）jɯ⁴⁴（吃）pa⁴²（者）（偷吃的人）。

三 语法

词类 分名词、代词、数词、量词、动词、形容词、介词、副词、连词、助词、叹词 11 类。名词在泛指的情况下，在其后面加量词 xo⁴⁴ 或 ja⁴²，表示复数。如：a⁵⁵pa⁴⁴pa⁴⁴（婴儿），a⁵⁵pa⁴⁴pa⁴⁴xo⁴⁴（婴儿们）。pa⁴⁴（大碗），pa⁴⁴ja⁴²（一些大碗）。人称代词有数和格的范畴，用元音和声调变化表示。如：

人称	第一人称	第二人称	第三人称
单数 主格宾格	ŋo³¹ 我	no³¹（你） ji⁵⁵（您）	mo³¹（他）
领格	ŋɯ⁵⁵ 我的	nɯ⁵⁵（你的）	mɯ⁵⁵（他的）
复数	ŋa⁵⁵ 我们， 我们的 jã 咱们， 咱们的	na⁵⁵（你们， 你们的）	ma⁵⁵（他们， 他们的）

指示代词 lɯ³¹（这）、mɯ³¹（那）是单数形式，作复数形式时变读为 lɯ⁵⁵（这些）mɯ⁵⁵（那些）。如：lɯ³¹（这）ne²¹（个）（这个），lɯ⁵⁵（这）ko³³（两）ne²¹（个）（这两个）。mɯ³¹（那）ne²¹（个）（那个），mɯ⁵⁵（那）ka³⁵（几）ne²¹（个）（那几个）。

结构助词 no³³ 可以作宾语的标志、修饰语的标志和补语的标志。如：

作宾语标志——ŋa⁵⁵（我们）si³¹（给）nɯ⁵⁵（你）no³³（助）pe²¹xo⁵⁵（梅花）ku⁵⁵（枝）（我们给你一枝梅花）。

作修饰语标志——lia⁴²（这）tsɯ³³（是）mo³¹（他）sua⁴⁴（说）no³³（助）tõ²¹（话）（这是他说的话）。

ŋa⁵⁵（我们）jõ⁴⁴（要）ɕo³¹（好）no³³（助）ɣɯ⁴²（学）（我们要好好地学）。

作补语标志——si⁵⁵ɣɯ³（柳）lɯ³¹（这）tsɯ³¹（棵）xɛ̃⁵⁵（生）no³³（助）tuĩ⁵⁵（直）ɣɣɣh

rf ɣhɣ（这棵柳树长得直）。

语序 主语在谓语前面，谓语在宾语前面。如：ŋa⁵⁵（我）juɯ⁴⁴祝 ǔ 裕、ẽ³³（饭）（我吃饭）。名词、代词、数词及其词组作定语，要在被修饰的中心语之前，形容词作定语，放在中心语的前边，带助词 no³³ 的形容词可以放在中心语的后边。补语放在宾语后边。

四 方言

白语各地语法和词汇基本上一致，只是语音差别较大，分中部（剑川）、南部（大理）、北部（碧江）三种方言。每个方言各分两个土语。从语音和词汇情况看，剑川方言和大理方言比较接近，碧江方言则与它们的差别较大。由于近年来各方言区人员彼此交往较为频繁，方言之间的差别已日渐缩小。

附：白语常用词举例

1	天	xẽ⁵⁵
2	太阳	jĩ⁴⁴phĩ³¹
3	月亮	mi⁵⁵ŋua⁴⁴
4	星星	çẽ⁵⁵
5	云	ŋv²¹
6	风	pi⁵⁵si⁵⁵
7	雨	vu³³çui³³
8	水	çui³³
9	河	kṽ⁵⁵
10	山	sv⁴²
11	水田	çui³³tçi³¹
12	土	thu³³si³³
13	窟窿	ɣo⁴²ŋui³³
14	石头	tso⁴²khui⁵⁵
15	火	xui³³
16	上面	tõ³³fv³³no³³
17	下面	ɣɛ³³fv³³no³³
18	里面	khɯ³¹no³³
19	外面	ŋua⁴⁴no³³
20	年	sua⁴⁴
21	日	jĩ⁴⁴/çɛ⁴⁴
22	猪	te⁴²
23	狗	khuã³³
24	熊	tçĩ⁵⁵
25	老鼠	sv³³
26	鸡	ke⁵⁵
27	鸟	vu⁵⁵tso⁴⁴
28	蚂蚁	pi²¹po²¹
29	跳蚤	khuã³³çi⁴⁴
30	苍蝇	sɯ̃²¹
31	蚊子	mo⁴⁴tsi³³
32	翅膀	ji³³khv⁵⁵
33	毛	ma²¹
34	鱼	ŋv⁵⁵
35	尾巴	ŋv³³tṽ⁵⁵
36	树	tsɯ³¹
37	竹笋	tsv⁴⁴çuĩ³³
38	稻子	ko²¹
39	土豆	jã⁴²juĩ⁴⁴
40	姜	kõ⁵⁵
41	种子	tsṽ³³
42	草	tshu³³
43	叶子	se⁴⁴
44	头	tɯ²¹po²¹
45	眼睛	ŋui³³
46	鼻子	ŋv²¹khv⁴⁴tɯ²¹
47	耳朵	jɯ̃³³tɯ²¹kuã⁵⁵
48	牙齿	tsi³³pa⁴⁴
49	胡子	ɣu²¹
50	手	sɯ³³
51	皮肤	pe²¹
52	骨头	kua⁴⁴tɯ²¹
53	血	sua⁴⁴
54	胆	tã³³
55	心	çĩ⁵⁵
56	父亲	a³¹ti³³
57	母亲	a³¹mo³³

58	儿子	tsi³³ji̇̃²¹		94	少	ɕu³³
59	上衣	ji⁵⁵		95	轻	tshɛ⁵⁵
60	裙子	xɛ³¹ku³¹		96	重	tsv̩³³
61	听	tɕhɛ⁵⁵		97	红	tshɛ⁴⁴
62	吃	jɯ⁴⁴		98	白	pe⁴²
63	呕吐	tshi⁵⁵		99	黑	xɯ⁴⁴
64	吹	phɯ⁵⁵		100	绿	lv̩⁴⁴
65	说	suɑ⁴⁴/tso⁴²		101	肥	fɛ⁴²
66	跳	tsõ⁴⁴		102	瘦	tshɑ⁴⁴jo³¹
67	走	pe⁴⁴		103	好	tɕhõ⁵⁵/xu³³
68	跑	sɑ⁴⁴/phõ³³		104	坏	kuɛ⁴⁴
69	坐	kv̩⁴²		105	快	tɕi⁴²tsuɑ⁴²
70	睡	tshɛ̃³³		106	慢	phi⁵⁵
71	扛	khã⁴²		107	酸	suã⁵⁵
72	洗(衣)	se³³		108	甜	kã⁵⁵ŋv̩³³
73	捆	tshɯ⁴⁴/kɯ⁴⁴		109	苦	khu³³
74	问	piɛ⁴⁴		110	辣	tɕhĩ⁵⁵
75	骂	ɯ⁴⁴		111	咸	tshõ³¹
76	笑	so³¹		112	痒	jõ³³
77	哭	kho⁴⁴		113	我	ŋo³¹
78	浮	pɯ⁴²		114	你	no³¹
79	漏	ɣɯ³¹		115	他	mo³¹
80	飞	fv̩⁵⁵		116	这	lɯ³¹
81	(狗)吠	piɑ⁴²				
82	啼	mɛ²¹				
83	大	to⁴²				
84	小	se³¹				
85	高	kã⁵⁵				
86	低	pi³³				
87	深	sɛ̃⁵⁵				
88	长	tsõ²¹				
89	短	tshɯ⁵⁵				
90	厚	kɯ̃³³				
91	远	tui³³				
92	近	tɕĩ³³				
93	多	tɕi⁵⁵				

保安语 属阿尔泰语系蒙古语族，分布在甘肃临夏回族自治州积石山保安族东乡族撒拉族自治县大河家乡和青海黄南藏族自治州同仁县。据2000年统计，保安族有16500余人，使用保安语的约有10000人。1955年以后中国学者多次对保安语进行过调查，1982年出版了《保安语简志》。甘肃省积石山县的保安族是在一百多年前从青海同仁县迁来的，经过一百多年的演变，两县的保安语已产生了一定的差异。积石山县的保安语则受汉语的影响较大，而同仁县的保安语则受藏语的强烈影响，大部分人兼通藏语。保安语分为大河家方言和同仁方言。这里根据积石山大河家方言区大墩村的语音介

绍保安语的情况。

一 语音

保安语有 i ɪ u ʊ y o e ə a ă ɚ 11 个元音，其中 8 个为长元音，ɪ ʊ ă 为短元音，但出现频率不高。保安语有 4 个前响复元音和 9 个后响复元音：ai əi ao əu ia iə io iu ua uă uə ue ye。在双音节或多音节的词里，词首音节里的单元音（ɚ 除外）处于送气的塞音、塞擦音或清擦音后面时，发生清化而短促。单元音或复元音里的主要元音在以 n 或 ŋ 为结尾的闭音节里一律鼻化。

保安语有 b p m f w d t n l r dz ts s dʐ tʂ ʂ dʑ tɕ ɕ j g k ŋ G χ h 26 个辅音。其中 dʐ tʂ 只出现在汉语借词里，ʂ 主要出现在汉语借词里。由于语音的变化主要是元音的脱落以及藏语借词读音的影响，保安语里的复辅音较多，出现在词首的有 mb nd ndʐ ndʑ ŋg tχ χdʐ 等，出现在音节末的有 rtɕ ltɕ，另外还有 5 个很不稳定的辅音 fd ft fg ʂb ʂg。由于受前面鼻音的影响，复辅音的塞音都变为浊音。同仁方言在藏语的影响下增加了舌边清擦音 ɬ 和舌面塞音 c、擦音 ç 等音。词的重音一般落在最后一个音节上。

二 词汇

（1）在对保安语 3000 个词的统计中，固有词约占 40%，由于词义的演变，亲属语言之间的固有词，其词义往往发生变异。（2）借词，保安语的借词多来自汉语，其次是藏语。此外宗教生活中还有部分阿拉伯语借词和为数不多的突厥语借词。汉语借词分两类，20 世纪 50 年代以前借入的为早期借词，之后借入的为近期借词。前者多为日常生活、生产方面的词语，后者多为政治、经济、文化方面的词语。藏语借词多属日常生活方面的词语。有些词语，在大河家方言中使用汉语借词而在同仁方言中则使用藏语借词。（3）来自阿拉伯语的词有：清真寺 mətɕa、陵墓 gəmbər、墓地 medʐar、念珠 tabsə、世界 alian 等；来自突厥语的词有：麻 kəntɕɪr、杏 orəg、墙 dam、老鼠 tɕitɕiχaŋ、美丽 iəχsa 等。（4）以派生法构词是保安语的重要手段。在名词、动词、形容词中都有许多派生词。如名词 hi（"山"）后面加了 -tɕi 之后，变成 hi-tɕi（樵夫），radaG（野兽），后面加 -tɕi 之后，变成 radaG-tɕi（猎手）。动词、形容词加词尾也产生派生词。借自汉语或藏语的动词在保安语中仍作动词用时必须在其后面加 -gə，例如：dʐy 举（汉语），读作 dʐy-gə-；kabda"交谈"（藏语），读作 kabda-gə-。借词与固有词或借词与借词可以组成合成词。

三 语法

保安语的词可分名词、代词、数词、形容词、动词、副词、后置词、连词、语气词、叹词 10 类。名词、代词、数词、形容词称为静词，再加上动词和副词统称为实词，其余的称为虚词。静词有数、格、人称领属的语法范畴。

（1）名词有单数和复数之分，复数的名词要在单数名词之后加 -lə 表示。名词的格有主格、领-宾格、与-位格、从-比格、造-联 5 种。（2）代词有人称代词、指示代词、限定代词、疑问代词、反身代词、不定代词 6 种。人称代词除了有格的变化外，还有单数和复数之分。第一人称复数还有"包括式"和"排除式"之分。（3）动词有态、式、时、体等变化，还有形动词、副动词的形式。陈述式的动词有确定语气和非确定语气的区别。动词的态分主动态、使动态和众动态 3 种。动词的式有祈使式和陈述式两类。保安语陈述式动词有过去时、现在将来时和进行体、将来体、完成体。各种时、体都有表达确定与非确定的语气，因此保安语陈述式的动词可以有 10 种不同的形式。（4）主要语序是：主—宾—谓。

四 方言

保安语分大家河方言和同仁方言。使用大家河方言者约有 6000 人，使用同仁方言的约有 4000 人。大家河方言受汉语的影响较大，汉语借词较多，同仁方言受藏语的影响较深，藏语借词较多。

附：保安语常用词举例

1	天	asimaŋ		37	蔬菜	tsai
2	太阳	naraŋ		38	小麦	baoGdəi
3	冰雹	tɕiar		39	花	mataχ
4	星星	hotuŋ		40	豆子	putɕiaχ
5	云	mokə		41	果实	almaŋ
6	风	ki		42	草	uesuŋ
7	雨	Gura		43	根	dzapo
8	水	sŭ/sə		44	头	təruŋ
9	河	moruŋ		45	眼睛	nəduŋ
10	山	hi		46	鼻子	χor
11	土地	Gatɕir		47	耳朵	tɕiχaŋ
12	土	ɕirou		48	牙齿	duŋ
13	窟窿	nokuŋ		49	胡子	saGal
14	石头	tatɕiə		50	手	χar
15	火	χal		51	筋	ndʑisiga
16	上面	tɕiərə		52	骨头	iasuŋ
17	下面	ɕira		53	血	tɕisuŋ
18	里面	dorə		54	胆	kudan
19	外面	Gadə		55	心	dʑirgə
20	年	hoŋ		56	父亲	abo
21	白天	udər		57	母亲	amə/amo
22	猪	Gai		58	儿子	awu
23	狗	noGoi		59	上衣	məsgu
24	马	morə		60	裤子	məduŋ
25	老鼠	tɕitɕiχaŋ		61	听	tɕiaŋlə -
26	鸡	təχa		62	吃	nda -
27	狼	tɕina		63	喝	u -
28	蚱蜢	dʑiadʑiaχ		64	吹	fəilə -
29	虱子	bosuŋ		65	说	kalə -
30	苍蝇	bəsmal		66	跳	dulə -
31	虫	GorGəi		67	走	iu -
32	旱獭	naita		68	跑	χolə -
33	羊毛	noGosuŋ		69	坐	səu -
34	鱼	dʑilɣasuŋ		70	睡	təla -
35	尾巴	ɕiəntɕiχ		71	扛	dʑɣgə -
36	树	ɕiu		72	洗(衣)	Gua -

73	捆	uGualə –		109	苦	kuɕig
74	解开	təi –		110	臭	huŋgi
75	骂	χəra –		111	细	naruŋ
76	笑	ɕine –		112	饱	tɕiadə –
77	哭	la –		113	我	bǔ
78	流	tɕiurə –		114	你	tɕǐ
79	掉	na –		115	他	ndʑaŋ
80	飞	musi –		116	不	lə
81	（狗）吠	χədʑia –				
82	咬	kaməl –				
83	大	ɢo				
84	小	tɕigaŋ				
85	高	undər				
86	宽	u				
87	深	ɢudaŋ				
88	长	fudə				
89	短	ɢor				
90	厚	dʑidʑiaŋ				
91	远	ɢolo				
92	近	tɕiataŋ				
93	多	oloŋ				
94	少	tɕyŋ				
95	轻	kuŋkaŋ				
96	重	kuntə				
97	红	fulaŋ				
98	白	tɕiɢaŋ				
99	黑	χəra				
100	绿	noɢoŋ				
101	（羊）肥	tarɢuŋ				
102	满	dəger				
103	好	saŋ				
104	坏	muŋ				
105	快	ɢurduŋ				
106	慢	namo				
107	酸	χuɕyŋ				
108	新	ɕinə				

卑南语 台湾高山族中自称卑南的人所使用的语言，属南岛语系印度尼西亚语族台湾语支排湾语群，使用者分布在台湾台东市南王里；台东县卑南乡下槟榔、上槟榔、初鹿、美农等村；台东镇知本、建和、利嘉、太平等村和宝桑里，使用人口约6000人。卑南语为黏着型语言，分南王方言和台东县方言。南王方言分布在台东市南王里；台东县方言分布在台东县卑南乡台东镇。

卑南语有18个辅音：p b m t d n r l s t̪ ɖ ɭ k g ŋ ʔ j w。

辅音例词：

p	pakan	喂食
b	ʔabu	灰
m	maruni	响声
t	tutus	螺丝
d	idaŋ	刀刃
n	ənəm	六
r	tarawiri	左边
l	ləʔu	猫头鹰
s	sa	一
t̪	t̪au	人
ɖ	ɖənan	山
ɭ	ɭatuʔ	芒果
k	kuraw	鱼
g	garaŋ	螃蟹
ŋ	ŋaj	话
ʔ	ʔulas	露水

j	jajan		白蚁
w	waḻu		八

有 4 个元音：i ə a u。

多音节词的重音落在最后一个音节上。音节结构有辅音＋元音、辅音＋元音＋辅音、元音＋辅音、元音自成音节 4 种。

构词方式，以词干加附加成分或词干部分音素重叠为主。前加成分有：ki-、ma-、mi-、mu-、mia-、maka- 等，后加成分有 -an，中加成分有 -əm-，插在词干第一个音节的辅音与元音之间。

词类　分名词、代词、数词、形容词、动词、副词、连词、助词 8 类。

名词　有一般名词和人称名词两类，各有主格、属格和宾格，分别在词前面加格助词表示。人称代词有单数和复数，有主格、属格、宾格等形式，第一人称复数有排除式和包括式。动词有时、态、式等范畴。表示形式视其是否插入中加成分而分成插入和非插入两大类。"时"有现在时、过去时和将来时。"态"有主动态和被动态。被动态有一般被动态、过去被动态、将来被动态。"式"有直陈式和命令式。

句子成分　有主语、谓语、宾语、定语、状语。谓语往往位于句首；主语、宾语在谓语后，前面有不同的格助词表示；定语位于中心语后，状语位于中心语前。

附：卑南语常用词举例

1	天	ḻaŋit
2	太阳	kadaw
3	月亮	buḻan
4	星星	tiʔur
5	云	kuṭəm
6	风	baḻi
7	雨	ʔudal
8	水	ʔənaj
9	河	ʔinajan
10	山	ɖənan
11	水田	ʔuma
12	土	darəʔ
13	窟窿	ilib
14	石头	barasaʔ
15	火	apuj
16	上面	isaṭ
17	下面	idara
18	里面	sabak
19	外面	paṭaran
20	年	ʔami
21	日	wari
22	猪	liuŋ
23	狗	suan
24	熊	ṭumaj
25	老鼠	maṭaṭuajan
26	鸡	turukuk
27	鸟	ʔajam
28	蚂蚁	ʔiʔaburəŋ
29	跳蚤	ṭaṭumug
30	苍蝇	ŋaɲaḻaw
31	蚊子	kəŋkəŋ
32	翅膀	pakpak
33	毛	gumul
34	鱼	kuraw
35	尾巴	ikur
36	树	kawi
37	竹子	basikaw
38	稻子	ḻumaj
39	甘薯	buɲa
40	槟榔	puran
41	果实	buwa
42	草	ṭaḻun
43	叶子	biraʔ
44	头	taŋuruʔ
45	眼睛	maṭa
46	鼻子	tiŋran

47	耳朵	taɲila		83	大	maʔidaŋ
48	牙齿	waḻi		84	小	makitəŋ
49	胡子	ɲisɲis		85	高	asaṭ
50	手	ḻima		86	低	ʔadarə
51	皮肤	ḻubiṭ		87	深	asabak
52	骨头	ukak		88	长	baḻakas
53	血	damuk		89	短	likti
54	肺	kumbuan		90	厚	kətəbə
55	心	mardudu		91	远	ʔadawil
56	父亲	təmamajan		92	近	adaləp
57	母亲	tajnajnajan		93	多	saɖu
58	儿子	walak		94	少	saima
59	上衣	kiluan		95	轻	kaṭakal
60	裙子	ṭabit		96	重	aḻuɖun
61	听	kilŋaw		97	红	midaraŋ
62	吃	məkan		98	白	burnan
63	咳嗽	ɖəmial		99	黑	ʔuɖədəm
64	吹	mijup		100	绿	məraʔat
65	说	marəŋaj		101	(羊)肥	ulanəʔ
66	站	matəkəriz		102	瘦	sariwasiw
67	走	kəmakawaŋ		103	好	ʔinaba
68	跑	padkas		104	坏	kuatis
69	坐	katəŋaɖau		105	快	ʔariʔi
70	睡	alupəʔ		106	干	marum
71	拿	maḻak		107	酸	ʔarsəm
72	洗(衣)	bənasəʔ		108	甜	dalʔu
73	捆	bənətəbət		109	苦	ʔapəlil
74	来	alamu		110	冷	liṭək
75	去	wa		111	咸	ʔasil
76	笑	saʔəru		112	有	ulaja
77	哭	maṭaɲis		113	我	ku
78	浮	təmabaw		114	你	ju
79	想	marʔanər		115	他	taitaw
80	飞	mubiʔi		116	不	aɖi
81	死	minaṭaj				
82	给	bəraj				

崩如语 珞巴族崩如部落主要分布在西藏山南地区隆子县南部的比夏一带的结列、巴洛、夏德、利、利拉齐、嘎朗洛等村庄。崩如语是珞巴族中自称为 lə?³¹wai⁵⁵（乐外）的人使用的一种语言。当地珞巴族崩尼人称呼这些人为 pɤn³¹ru⁵⁵（崩如），是珞巴族的一个部落。据民族学者的调查，崩如部落的人口约为1600人（1980年前），估计目前崩如人约为2000人。有大量的苏龙人也会说崩如语，使用崩如的人数要超出其人口数字。传说崩如和崩尼、苏龙之间的关系最密切。他们绝大多数男子都有相同的姓氏，在社会文化习俗方面也有很大的一致性。但其语言彼此的差别很大。下面介绍的崩如语是以斗玉村的话为准。

一 语音

崩如语有32个辅音，除了 ? 只作韵尾，其余的辅音都可以作声母。原有声母31个：

p ph b m w f v ts tsh dz s z t th d n l r tɕ tɕh dʑ ȵ ɕ ʑ j k kh g ŋ x ɣ，还有一个 ɬ（是受周边语言的影响而产生的）。

复辅音声母12个：bl pl phl gl kl khl br pr phr gr kr khr。

元音和韵母 有7个元音：a o ə ɤ e i u，都可以作韵母。

卷舌元音韵母2个：aʳ əʳ。

复元音韵母14个：ai au əu ei ia ie iɤ iu ua uo iau iəu uai uei。

带辅音尾韵母20个：an ɤn en in aŋ ɤŋ iŋ oŋ uŋ auŋ ian uan iaŋ uaŋ a? ə? e? i? u? ɤ?。

二 词汇

崩如语的基本词汇以双音节的占优势，一般词汇大都是多音节的，单音节的很少。在双音节词当中，附加式的多属基本词汇，复合式的多是一般词汇。

词头 + 词根：a³¹nai⁵³（妈妈），mə³¹lai⁵⁵（脚），lə³³tshɤ⁵⁵（星星），mə³¹ɣai⁵⁵（近）。

词根 + 词尾：dəu⁵⁵muŋ³¹（云彩），ni⁵⁵di³¹（雨），lu⁵⁵gu³¹（肚子），mei⁵⁵ja³¹（好）。

崩如语有大量的与苏龙语、崩尼语共有的同源词，还有借自其他语言的外来词，多借自印度的某种语言、藏语和汉语。

三 语法

崩如语的词分名词、数量词、代词、动词、形容词、副词、助词、叹词。前6类为实词，量词很少，不作一类。

名词 有生命的名词后加 a³¹dɤ⁵⁵ 表示多数，无生命的名词后加 a³¹tɕe⁵³ 表示多数。例如：gə³¹ɣai⁵⁵（孩子），gə³¹ɣai⁵⁵a³¹dɤ⁵⁵孩子们，ve⁵⁵（刀），ve⁵⁵a³¹tɕe⁵³（许多刀），但名词后有数量词就不必加 a³¹dɤ⁵⁵ 或 a³¹tɕe⁵³。表示有生命物区别雌雄的方法是在名词前面或后面加上限定成分来表示，指人名词前加 ni⁵⁵vi³¹（男），ni⁵⁵ve³¹（女），野生动物后加 mə³¹bi⁵⁵（雄），mə³¹nai⁵⁵（雌），家畜后加 bi³³（公），nai³³（母），家禽后加 braŋ⁵⁵（公），nai⁵⁵（母）。如：

ni⁵⁵vi³¹（男）nə³¹vɤ⁵⁵（人）男人

ni⁵⁵ve³¹（女）nə³¹vɤ⁵⁵（人）女人

ʐɤ⁵⁵（牛）bi³³（公）公牛

ʐɤ⁵⁵（牛）nai³³（母）母牛

dau⁵⁵（鸡）braŋ⁵⁵（公）公鸡

dau⁵⁵（鸡）nai³³（母）母鸡

bo³¹ŋoŋ⁵⁵（猴子）mə³¹bi⁵⁵（公）公猴子

bo³¹ŋoŋ⁵⁵（猴子）mə³¹nai⁵⁵（母）母猴子

数量词 崩如语的数词只有基数词，序数和倍数借用崩尼语或藏语。基数词有：

a³¹khɤ⁵³（一）、kə³¹ɣai⁵⁵（二）、gə³¹dɤŋ⁵⁵（三）、bu³¹rai⁵⁵（四）、buŋ⁵⁵（五）、rai⁵³（六）、muai⁵³（七）、sə³¹cai⁵³（八）、sə³¹tɤŋ⁵⁵（九）、rɤŋ⁵⁵（十）、lɤŋ⁵⁵（百）、dzəʳ⁵⁵（千）。

量词 只有一个 ŋoŋ⁵⁵（个），只表示一个的意思。如：we⁵³（刀）ŋoŋ⁵⁵（一个）一把刀，nə³¹vɤ⁵⁵（人）ŋoŋ⁵⁵（一个）一个人。

代词 分人称代词、反身代词、指示代词、疑问代词，人称代词有单数、双数、多数。

	单数	双数	多数
第一人称	ȵoŋ⁵⁵我	ga³¹ɣai⁵⁵我俩	ga³¹ni⁵⁵我们
第二人称	ni⁵⁵你	dza³¹ɣai⁵⁵你俩	dzai⁵⁵你们
第三人称	ɣai⁵⁵他	nia³¹ɣai⁵⁵他俩	niŋ⁵⁵a³¹dɤ⁵⁵他们

指示代词有 hoŋ⁵⁵（这），pai⁵⁵（那），更远指用 pai⁵⁵tsəu⁵⁵（那）。

疑问代词有 ti⁵⁵（vo⁵³）（谁），tɤŋ⁵⁵（什么），gə³¹rau⁵⁵（哪里），kə³¹ni⁵⁵ru⁵³（怎么）。

动词 崩如语动词的时、体、态一类的语法范畴用词汇来表示，即用助词来体现。判断动词 ɣɯŋ⁵³（是、对），man⁵³（不是、不对）不能用于判断句中，它们只用来回答问题。

形容词 形容词常作定语，修饰中心语时在中心语之后，充当状语时位于中心语之前。

副词 崩如语的副词较丰富，有表示程度的，有表示范围的，有表示时间的，有表示语气的，有表示否定的。其中范围副词、时间副词、频率副词、否定副词常在中心语之前、主语或宾语之后，程度副词在中心语之后，语气副词用在句末。

助词 崩如语的助词比较丰富，分动态助词、结构助词、语气助词。

附：崩如语常用词举例

太阳	lə³¹dʐu⁵⁵wai⁵³
月亮	a³¹lau⁵⁵bɤŋ⁵³
星星	lə³³tshɤ⁵⁵
云	dəu⁵⁵muŋ³¹
雨	ni⁵⁵di³¹
山	graŋ⁵⁵
河	vi⁵³
水	dʑəu⁵⁵
里边	mɯ³¹liu⁵⁵
牛	ʐɤ⁵⁵
黄牛	pa³¹laŋ⁵⁵
马	ʐəʳ⁵⁵
老虎	a³¹lan⁵⁵dua⁵³
鹿	daʳ³¹ra⁵⁵
狗	ʐau⁵⁵pai⁵⁵
蛇	bɤ⁵⁵
树	go⁵³
人	nə³¹vɤ⁵⁵
父亲	a³¹pu⁵⁵
母亲	a³¹nai⁵³
孩子	gə³³ɣai⁵⁵
弟弟	mɯ³¹ɤə⁵⁵
脸	mə³¹kə³¹vi⁵³
脚	mə³¹lai⁵⁵
腿	mə³¹ru⁵⁵
刀	we⁵³
房子	nai⁵⁵
饭	da⁵⁵dʑu⁵³gai⁵⁵
酒	tɕhi⁵³
吃	tɕiu⁵³
喝	doŋ⁵⁵
看	goŋ⁵⁵
哭	khəʳ⁵³
笑	tua⁵⁵
来	dai⁵⁵
去	dai⁵⁵
是	ɣɯŋ⁵³
砍	de⁵⁵
杀	ɡai⁵⁵
给	bei⁵³
知道	ni⁵⁵
做	ɣu⁵⁵
有	du³¹
是	ɣɯŋ⁵³
打	ve⁵³
逃跑	bə³¹gu⁵³
大	mɯ³¹dua⁵⁵
多	a³¹tɕe⁵⁵

高	braŋ⁵⁵
黑	va³¹ pɤn⁵⁵
好	mei⁵⁵ ja³¹
新	tɕha⁵⁵
近	mə³¹ ɣai⁵⁵
圆	mə³¹ və⁵³
我	ȵoŋ⁵⁵
你	ni⁵⁵
他	ɣai⁵⁵
这	hoŋ⁵⁵
那	pai⁵⁵
一	a³¹ khɤ⁵³
二	kə³¹ ɣai⁵⁵
不	mai⁵⁵

毕苏语 居住在云南澜沧拉祜族自治县的竹塘、拉巴、东朗、富邦，孟连傣族拉祜族自治县的景信、富岩、南雅，孟海县的勐遮等地称为"老缅"或"老品"的人使用毕苏语。"老缅"（"老品"）自称"毕苏"，人口有五六千（90年代估算）。另外在国外，泰国、缅甸也有分布。毕苏语属汉藏语系藏缅语族彝语支，与缅语支或彝语支都有近似的地方。在国内的毕苏语只有澜勐方言，下分老缅土语和老品土语。毕苏人生活在拉祜族、傣族、哈尼族的包围之中，一般兼通拉祜语、傣语和哈尼语。居住在澜沧一带的毕苏人有部分已转用拉祜语。在一些杂居的村寨中，只有中老年人仍然使用毕苏语。下面所介绍的是澜沧方言老缅土语的特点。

一 语音

声母30个：p ph b m f v pj phj bj mj t th d n l ts tsh s z tɕ tɕh ɕ z k kh g ŋ x kj khj（说明：浊塞音 b d g 的实际读音是前带同部位的鼻音，即分别是[mb][nd][ŋg]）。

韵母44个，其中单元音韵母8个，复元音韵母4个，带辅音韵尾韵母32个（其中鼻音韵尾18个，塞音韵尾14个）。

单元音韵母：i e a o u ɤ ɯ ɿ

带辅音韵尾韵母：
- 复元音韵母：ai ui au ue
- 鼻音尾韵母：im em am om um in en an on un ɤn iŋ eŋ aŋ oŋ uŋ ɤŋ ɯŋ
- 塞音尾韵母：ep ap op up it et at ot ɤt ik ek ak ok ɤk

说明：凡是以元音开头的音节，前面都带有一个喉塞音[ʔ]。

声调3个：

调次	1	2	3
调值	31	33	55
例词	tsha³¹	tsha³³	aŋ³³ tsha⁵⁵
词义	连接	欠	鸡汤

二 词汇

附加式的合成词常用前缀 a³¹（a⁵⁵）、aŋ³³ 2个，后缀 -ba³³、-sɤ⁵⁵、-fu³³、-ba³¹ 4个。a³¹（a⁵⁵）加在称谓词和动植物之前；aŋ³³ 的派生能力很强，主要是派生形容词、名词和数、量词。如：aŋ³³ xɯ³¹（大）、aŋ³³ i⁵⁵（小）、aŋ³³ bja³¹（多）；aŋ³³ u（蛋）、aŋ³³ lai³¹（书）；aŋ³³ pak⁵⁵（百）、aŋ³³ kin⁵⁵（斤）。后缀 -ba³³ 有大的含义和雌性的含义；-sɤ⁵⁵ 是时间名词后缀；-fu³³、-ba³¹ 都是人称名词的后缀，如 aŋ³³ lai³¹ ma³¹ fu³³（老师）aŋ³³ lai³¹ ma³¹ ba³¹（老师们）。毕苏语大部分基本词同缅彝语同源，如塞音声母类的有烂、射、开、解、啼、上、厚、九、拾、苦、狗等，鼻音声母类的有天、老、菌子、吹、你、踩、五等。

毕苏语特有的词有鱼、胃、脓、唾沫、骑、咬、玩、读、钉、在、说、跑、醉、爬、懂、舔、背、拉、抢、医治、紧、重、黑、美丽、四、我们等。

三 语法

词类分名词、动词、形容词、代词、数词、量词、副词、助词、连词、叹词10类。指示代词分近指、远指、更远指、最远指4种。人称代词分单数、双数、复数3种。代词第一、第二、第三人称都有单数、双数、复数之分。

	单数	双数	复数
第一人称	ŋa³³ 我	ŋa³³it³¹ 我俩	ŋu³³ 我们，ʐaŋ³³xɤ³³ 咱们
第二人称	naŋ³³ 你	na⁵⁵it³¹ 你俩	noŋ³³，naŋ³³xɤ³³ 你们
第三人称	ʐaŋ³³ 他	ʐa³³it³¹ 他俩	ʐoŋ³³，ʐoŋ³³xɤ³³ 他们

四 方言

毕苏语分澜勐方言和淮帕方言、达考方言。澜勐方言分布在中国。澜勐方言老缅土语和老品土语分歧不大，可以互相通话。老品土话接近傣族地区，受傣语的影响稍大，傣语借词较多。

五 语言的系属地位

从语音上看，毕苏语跟缅语支接近，在词汇的同源关系上，毕苏语又同彝语支比较密切。

附：毕苏语常用词举例

1	天	mɯŋ³¹
2	太阳	mɯŋ³¹nɯŋ³¹
3	月亮	u³¹la³³
4	星星	u³¹kɯ³³
5	云	mɯŋ³¹bɤn³¹
6	风	xa⁵⁵man⁵⁵
7	雨	mɯŋ³¹xo³¹
8	水	laŋ⁵⁵tsho³¹
9	河	laŋ⁵⁵man⁵⁵
10	山	khoŋ⁵⁵kja⁵⁵
11	水田	na³¹
12	土	mɯŋ⁵⁵tsha³¹
13	窟窿	aŋ³³khoŋ⁵⁵
14	石头	lo³³ba³³
15	火	mi³¹tho³¹
16	上面	aŋ³³tha³¹
17	下面	aŋ³³o³¹
18	里面	aŋ³³khau⁵⁵
19	外面	aŋ³³ni⁵⁵
20	年	aŋ³³mɯ³³
21	日	nɯŋ³³
22	猪	va³¹
23	狗	khɯ³¹
24	熊	o³¹am⁵⁵
25	老鼠	xo³³tam³¹
26	鸡	ʐa³³
27	鸟	xa³³ʐa³³
28	蚂蚁	laŋ³¹tsha³¹
29	跳蚤	taŋ³¹xan³¹
30	蝇	maŋ⁵⁵khjaŋ⁵⁵luŋ³³
31	蚊	maŋ⁵⁵khjaŋ⁵⁵ʐa³¹
32	翅膀	aŋ³³thoŋ⁵⁵
33	毛	aŋ³³mɤ³¹
34	鱼	te⁵⁵sɿ³¹
35	尾巴	toŋ³¹mi³¹
36	树	sɯŋ⁵⁵tsɯŋ⁵⁵
37	竹笋	xa⁵⁵mit
38	稻子	ko³³
39	甘薯	mɤ³¹kui³³
40	姜	mjaŋ⁵⁵tshɿ³¹
41	果子	aŋ³³sɿ³¹
42	草	mo³¹ha³¹
43	叶子	aŋ³³pha³¹
44	头	aŋ³³tu³¹
45	眼睛	me³³nɯ³³
46	鼻子	na⁵⁵khaŋ⁵⁵
47	耳朵	na³¹sɯŋ³¹
48	牙齿	so³¹phi³¹
49	胡子	man³¹mɤ³¹
50	手	la³¹pu³¹
51	皮肤	aŋ³³kho³³
52	骨头	sa³³gau³¹
53	血	ɕi³¹
54	胆	pi³¹kha³¹
55	心	lɯŋ³³ba³³
56	父亲	a⁵⁵boŋ⁵⁵

57	母亲	a³¹ba³³		93	多	aŋ³³bja³¹
58	子女	ʐa³¹poŋ³¹		94	少	aŋ³³i⁵⁵
59	上衣	kha³¹lau³³		95	轻	aŋ³³zaŋ⁵⁵
60	裙子	khi³³du⁵⁵		96	重	aŋ³³xan³¹
61	听	na⁵⁵		97	红	aŋ³³ne⁵⁵
62	吃	tsa³¹		98	白	aŋ³³pon³¹
63	吞咽	naŋ³³		99	黑	aŋ³³paŋ⁵⁵
64	吹	mi³³		100	绿	aŋ³³nu⁵⁵
65	说	up³¹		101	（羊）肥	aŋ³³tshʅ⁵⁵
66	跳	pɤk³³		102	瘦	aŋ³³ʐau³³
67	走	ʐo³¹		103	好	aŋ³³men³¹
68	跑	xɤn³¹		104	坏	lu³³／aŋ³³lu³³
69	坐	dɯŋ⁵⁵		105	快	aŋ³³vai³¹
70	睡	ʐu³¹		106	慢	aŋ³³kam³¹
71	扛	pa³¹		107	酸	aŋ³³tɕhin⁵⁵
72	洗(衣)	tsau³³		108	甜	aŋ³³tshau⁵⁵
73	捆	tsɯŋ³¹		109	苦	aŋ³³kha³¹
74	问	na⁵⁵		110	辣	aŋ³³phi⁵⁵
75	骂	ʐi³¹		111	咸	aŋ³³xeŋ³¹
76	笑	ɯ⁵⁵		112	痒	ʐa³¹
77	哭	uŋ⁵⁵		113	我	ga³³
78	浮	pu⁵⁵		114	你	naŋ³³
79	沉	ka³³aŋ⁵⁵		115	他	ʐaŋ³³
80	飞	pjam⁵⁵		116	这	ni⁵
81	(狗)吠	xuŋ⁵⁵				
82	啼	tan⁵⁵				
83	大	aŋ³³xɯ³¹				
84	小	aŋ³³i⁵⁵				
85	高	aŋ³³moŋ³³				
86	低	me³¹				
87	深	aŋ³³na³¹				
88	长	aŋ³³moŋ⁵⁵				
89	短	aŋ³³tɯ⁵⁵				
90	厚	aŋ³³thu⁵⁵				
91	远	aŋ³³vɤ³¹				
92	近	aŋ³³dɯ³¹				

标话 位于广东省西北部的怀集县，其西南部某些地区以及邻近的封开县的部分村庄中约有 8 万人使用的一种非汉语，当地人称为"标话"，也称"讲标"的语言，使用者自报汉族。各处使用的标话基本上一致。标话拥有自己的基本词汇，一般词多借用当地汉语粤方言语汇。从总的来看，标话与壮侗语族各语言有很多共同的词汇，也有一些词单独与壮傣语支同源或单独与侗水语支同源。标话有比较多的汉语借词，但基本词仍然是自己固有的。据统计，标话里的固有词约占 63.5%，而且其语音与壮侗语族其他语言有较明显的对应关系。标

话与侗水语支的关系较为密切，词汇与拉珈语相同的最多，因此应该属侗水语支，可作为一个独立的语言。

下面是怀集县诗洞乡标话的音系。

有20个声母：p ph m f w t h n θ l ts tsh ȵ s j k kh ŋ ʔ h。标话的声母与侗水语支语言相比，大大地简化了，比拉珈语少了16个声母。有 i ɛ a ɔ c ə œ ø u y 9个元音。只有 a 仍然保留长短的对立，其余的元音都不分长短。有 -i、-u、-m、-n、-ŋ、-p、-t、-k 8个韵尾，由元音和韵尾组成79个韵母：i(e) ɛ a ɔ c ə œ ø u y aːi ai ic iɔ œi ui ia iu ɛu uɜ ui au aːi ci mi mɜ aːm am æm øm iam m in en ɛŋ aːn an ɔn ən un yn iŋ eŋ ɛŋ aːŋ aŋ ɔŋ œŋ øŋ uŋ yŋ iaŋ ŋ ip ep ɛp aːp ap øp iap it et ɛt aːt at ɔt œt øt ut yt ik ek ɛk aːk ak ɔk ok œk øk uk iak。

标话的韵母也大为简化，比拉珈语少了58个韵母。

有6个舒声调和4个促声调。

调类	调值	例	词
第1调	55	phaˡ 卖	phɔˡ 白藤
第2调	214	waˀ 水牛	phɔˀ 祖母
第3调	54	laˢ 楼梯	wɔˢ 大簸箕
第4调	132	ŋaˤ 芝麻	mɔˤ 黄牛
第5调	35	aˢ 近	kɔˢ 旧
第6调	22	jaˢ 细绳	mɔˢ 磨子
第7调	55	matˀ 跳蚤	petˀ 鸭子
第8调	12	matˣ 蚂蚁	lukˣ 起
第9调	35	θaːpˢ 齿锄	tɔkˢ 裂开
第10调	32	maːkˡ 玉米	pɔkˡ 雹子

标话虽然不分方言土语，但由于与周边操汉语的人形成大杂居小聚居的格局，不同地区说标话的人没有彼此交际的机会，所以不同地区的标话在语音上有一些小差别。在词汇上的差别是，一些地区的人使用汉词而一些地区的人仍保留原有的词，因而一个词有时有2个或3个的读法。如黄牛 mo⁴/ ŋau²/ wuŋ¹ wi²；猪 ki⁴/ mu¹/ mau¹；树 muk⁸/ mi⁴/ tsu⁸ 各处标语都有不同的说法。

标话中的汉语借词虽然较多，但在基本词里，标语固有词所占的比例仍为63.5%。标话的声母、韵母与本语族其他语言有着较为明显的对应关系，与壮傣、侗水两语支的关系都比较接近。在词汇上，标话与拉珈语相同的词最多，所以应该把标话放在与拉珈语相同的语支——侗水语支里，作为一个独立的语言。

附：标话常用词举例

1	天	man¹
2	太阳	ŋa²lit
3	月亮	phyn¹
4	星星	θiaŋ³
5	云	wan⁴
6	风	lam²
7	雨	tshan¹
8	水	nam⁴
9	河	puŋ²to⁶
10	山	phen¹to³
11	水田	jo⁶
12	土	phen¹
13	窟窿	luŋ³
14	石头	ta¹pɔŋ²
15	火	pai¹
16	上面	hyn¹diaŋ¹
17	下面	tai¹møŋ¹
18	里面	ly¹møŋ³
19	外面	uk⁷møŋ³
20	年	pɛ¹
21	日	jan²
22	猪	ki⁴
23	狗	mu³
24	熊	huŋ⁴
25	老鼠	lak⁸nu⁴
26	鸡	kaːi⁵

27	鸟	lak⁸phuk⁷		63	吞	lan³
28	蚂蚁	mat⁸		64	吹	tshœi¹
29	跳蚤	mat⁷		65	说	kɔŋ¹
30	苍蝇	θan¹		66	跳	thɛu⁵
31	蚊子	jɛ⁶		67	走	haːŋ²
32	翅膀	tshat⁷		68	逃跑	jo⁵ / jaːt⁹
33	毛	jaŋ²		69	坐	naŋ⁶
34	鱼	maːi⁶		70	睡	han⁵
35	尾巴	tyŋ¹		71	扛	tuk⁷
36	树	muk⁸		72	洗（衣）	θo³
37	竹笋	θok⁸pan¹		73	捆	tsaːt⁹
38	稻子	kau³		74	问	man⁶
39	甘薯	faːn¹tsy⁴		75	骂	ly⁵
40	姜	kyŋ³		76	笑	ly⁶wɔ²
41	种子	ȵoi⁶		77	哭	ta¹phɔ¹
42	茅草	jɔk¹⁰tho¹		78	浮	pu⁴
43	叶子	my¹ / mai⁵		79	掉	tap⁸
44	头	ha⁶lo⁵		80	飞	pan⁵
45	眼睛	θo¹θiaŋ³		81	（狗）吠	pu⁶
46	鼻子	kaŋ²ȵaŋ³		82	啼	than¹
47	耳朵	lak⁸ho²		83	大	luŋ⁵
48	牙齿	ŋa⁴		84	小	ȵik⁷
49	胡子	phut		85	高	θœŋ¹
50	手	hy²		86	低	tɛ³ / ko³
51	皮肤	pi⁴		87	深	liak⁹
52	骨头	jak⁸		88	长	vɔi²
53	血	jan²		89	短	tɛ⁴
54	胆	taːm¹		90	厚	tsho¹
55	心	θam³		91	远	lɔi¹
56	父亲	uŋ³tsɔ³		92	近	a⁵
57	母亲	lam⁵na⁶		93	多	fɔ³
58	子女	lak⁸ŋɛ⁴liak⁸		94	少	siu¹
59	上衣	tan³		95	轻	ly³
60	裙子	kan⁴ / kwan⁴		96	重	tshak⁷
61	听	thiaŋ⁵		97	红	lyŋ⁵
62	吃	ki¹		98	白	piak¹⁰

99	黑	muk⁷
100	绿	luk⁸
101	（羊）肥	pai²
102	瘦	su⁵
103	好	lɛ¹
104	坏	juŋ⁴/waːi⁶
105	快	pik⁷
106	慢	θau³ jau⁴
107	酸	θam³
108	甜	tɛm⁴
109	苦	tham¹
110	辣	laːt¹⁰
111	咸	kam²
112	痒	han⁴
113	我	tsia¹
114	你	mu²
115	他	man²
116	不	m̥⁶

波拉语 景颇族中自称"波拉"的支系所说的一种话。波拉支系主要分布在云南德宏傣族景颇族自治州的潞西、盈江、梁河等县，多与本族中的载瓦、浪速、勒期等支系交错杂居，国外，缅甸北部也有分布。波拉语属汉藏语系藏缅语族缅语支，在缅语中具有一些不同于其他语言的独有特点。波拉语是一种独立的语言还是某一语言的方言，有待进一步研究确定。各地的波拉语比较一致。下面是云南德宏傣族景颇族自治州的潞西县三台山区孔家寨的波拉话。

一 语音

声母 有28个声母，都是单辅音：p ph m pj phj mj f v t th n ts tsh s n l tʃ tʃh ʃ ʒ k kh x ɣ ŋ kj khj ŋj j（说明：t th n l ts tsh s tʃ tʃh 与带 ɛ 元音的韵母结合时，出现腭化现象）。

韵母 有63个韵母。其中单元音20个，复元音8个，带辅音韵尾的韵母35个，用于汉语借词的韵母（加 * 的）10个。

单元音韵母：ɿ ɿ̃ i ĩ ɛ ɛ̃ a ã ɔ ɔ̃ u ũ ø ø̃ ɜ ɜ̃ ɿ̣ ɿ̣̃ ø̣ ə。

复元音韵母：ai ai̯ au au̯ ui ui̯ ɔi* ɜi。

带辅音韵尾的韵母：am am̯ ɛn³* an an* nɜ* nŋ* nɔ un* ən* aŋ aŋ̯ ɔŋ ɔŋ̯ uŋ uŋ̯ auŋ auŋ̯ ap ap̯ tɜ* tɔ tɔ̣ ak ak̯ ɛʔ³* ɛ̣ʔ³* aʔ aʔ̣ ʃa fɔ fɔ̣ ʃø ʃø̣ auʔ auʔ̣。

声调 有4个声调：高平55，高升35，低降31，全降51。

语流音变有弱化、变调、同化和增音等。弱化的音节，读音短而弱，其元音读为 ə，而且后带轻微的喉塞音。紧喉元音和鼻化元音弱化后，仍带紧喉和鼻化成分。

二 词汇

词的结构：词以单音节根词和双音节合成词为主，多音单纯词很少。合成词有复合式和附加式两种，以复合式为主。

有丰富的四音格词。音节形式主要有 ABAC、BBCC、ABCB 等3种，其中以 ABAC 为主。

借词主要借自汉语、景颇语、傣语、缅语。

三 语法

词类 可分名词、代词、数词、量词、动词、形容词、副词、连词、助词9类。

名词 本身没有表示性、数的形态变化，区别性、数主要靠其他词或附加成分表示。计算数量时，一般在后面加数量词组表示。

代词 人称代词分单数、双数、复数3种。双数、复数是在单数上添后加成分表示。单数人称代词分主格、领格，通过语音变化表示。第一人称双数和复数有一般式和排除式的区别。第二人称、第三人称的双数有两种形式，其中一种是一般式，一种专用于指夫妻俩。如：jõ³¹ nɛ⁵⁵（他俩）、jõ³¹ tõ⁵⁵（他夫妻俩）。指示代词用不同的词表示所指事物的高低、远近。如 tʃhə⁵⁵（这）、xu⁵¹（那，较远而较高）、ma⁵¹（那，较低）。疑问代词重叠后一音节表示多数。如：khăk⁵⁵ jauʔ³¹（哪个），khăk⁵⁵ jauʔ³¹

jauʔ³¹（哪些）。

数词 整数可与零数相连，表示"零头"义。如：tǎ³¹ja⁵⁵（百）sam⁵⁵（三）一百零三。

量词 名量词较多，动量词较少。名量词分专指量词、类别量词、形状量词、集体量词和度量衡量词等5类。动量词分专用和借用两类。

形容词 部分形容词后可以加助词表示形状的变化。单音节形容词可以重叠，重叠后在句中做状语、定语和谓语。许多单音节形容词能附加叠音成分。

动词 有自动态和使动态的区别。由自动态变为使动态的方法有5种：①声母由不送气变为送气；②元音由松元音变为紧元音；③由浊擦音变清擦音；④动词前加 laʔ⁵⁵；⑤动词后加 nɔ⁵⁵。

助词 有结构助词、语气助词、谓语助词三类。谓语助词综合表示谓语的式、体、数、人称等语法范畴。

句子 句子成分有主语、谓语、宾语、定语、状语、补语等六种。基本语序是：主语—谓语。宾语一般放在主语之后，谓语之前，强调宾语时，可以将宾语提到主语前面。

定语可以由名词、代词、形容词、"ɛ³¹字结构"及词组充当。"ɛ³¹字结构"总是用在最前面。如：ŋa⁵⁵（我）vɛ⁵⁵（买）ɛ³¹（的）khj⁵⁵ tsa̠uŋ³⁵（鞋）naʔ³¹（黑）tʃhə⁵⁵（这）tsam³⁵（双）kjai³¹（很）kai⁵⁵（好）（我买的这双鞋很好）。

状语主要由副词、助动词、重叠形容词、表动量的数量词组以及由带结构助词的名词、代词、重叠的数量词组等充当，一般在谓语之前。

附：波拉语常用词举例

1	天	mau³¹ khauŋ⁵⁵
2	太阳	pui⁵⁵
3	月亮	lɛ³⁵ ma³¹
4	星星	kjɛ⁵⁵
5	云	tʃam⁵⁵
6	风	ləi⁵⁵／li⁵⁵
7	雨	mau³¹ ɣɔ⁵⁵
8	水	ɣəi⁵⁵
9	河	ɣəi⁵⁵ lɔ̃⁵⁵
10	山	pam⁵⁵
11	水田	ji³¹ thauŋ³⁵
12	土	məi⁵⁵ kauŋ⁵⁵
13	窟窿	puŋ³⁵／tuŋ³¹
14	石头	lauʔ³¹ taŋ⁵⁵
15	火	mi³¹
16	上面	thaʔ⁵⁵ khja⁵⁵
17	下面	a³¹ thai³⁵
18	里面	a³¹ khau⁵⁵
19	外面	və³¹ kauŋ³¹
20	年	tɛ̃⁵⁵
21	白天	ŋji³⁵ kauŋ³¹
22	猪	vaʔ³¹
23	狗	khui³⁵
24	熊	vɛ̃⁵⁵
25	老鼠	ɣɔʔ³¹ na³¹
26	鸡	ɣaʔ³¹ pha³⁵
27	鸟	ŋaʔ⁵⁵
28	蚂蚁	phə³¹ ɣɔʔ³¹
29	跳蚤	khə³¹ lui³⁵
30	苍蝇	jɔ̃⁵⁵ khauŋ⁵⁵
31	蚊子	kjɔ̃⁵⁵
32	翅膀	tauŋ⁵⁵
33	毛	ʃǎ³⁵ mau³⁵
34	鱼	ŋə³¹ ta³¹
35	尾巴	ʃǎ³⁵ mi³¹
36	树	sak⁵⁵
37	竹子	va³¹
38	稻子	i³¹ thauŋ³¹ kau³¹
39	土豆	jaŋ³¹ ji³⁵
40	姜	tʃhɔ̃³⁵
41	果实	ʃɿ³⁵

42	草	mɛ̃³⁵	78	浮	mjuŋ³¹
43	叶子	sak⁵⁵faʔ⁵⁵	79	掉	pjɔt³¹kja³⁵
44	头	u̯³⁵lam³¹	80	飞	tɔ̃³¹
45	眼睛	mjaʔ³¹tʃɿ³⁵	81	咬	pɛ̃³¹
46	鼻子	na̯⁵⁵	82	啼	tɔn⁵⁵
47	耳朵	nə³¹khjɛʔ⁵⁵	83	大	kɔ̯³⁵
48	牙齿	tui⁵⁵	84	小	ŋai⁵⁵
49	胡子	nɔt⁵⁵mø³¹	85	高	mjɔ̯⁵⁵
50	手	laʔ³¹	86	低	ŋjap³¹
51	皮肤	ʃǎ³⁵ka̯uʔ⁵⁵	87	深	naʔ³¹
52	筋	ʃǎ³⁵kji³¹	88	长	xaŋ⁵⁵
53	血	sui³⁵	89	短	laŋ³⁵
54	胆	kjɛ⁵⁵	90	厚	thu⁵⁵
55	心	na̯k⁵⁵lam³¹	91	远	vɛ³¹
56	父亲	a³¹va⁵⁵	92	近	tʃɔ̃³⁵
57	母亲	a³¹nuŋ⁵⁵	93	多	mja³¹
58	儿子	ta³¹	94	少	ʃau³¹
59	衣服	pu³¹	95	轻	sø³⁵
60	裙子	mai⁵⁵ʃɛ̃³¹	96	重	li³¹
61	听	kja³¹	97	红	nɛ⁵⁵
62	吃	ta³¹	98	白	phju⁵⁵
63	喝	ʃauʔ⁵⁵	99	黑	naʔ³¹
64	吹	mot³¹	100	绿	ŋjuŋ⁵⁵
65	说	tɛ³⁵	101	(羊)肥	tshu⁵⁵
66	跳	pjɛ̃⁵⁵	102	瘦	kji³⁵
67	走	sɔ³⁵	103	好	kai⁵⁵
68	跑	və̯i³⁵	104	坏	a³¹kai⁵⁵
69	坐	tsauŋ⁵⁵	105	快	xɛ̃⁵⁵
70	睡	ja̯p⁵⁵	106	慢	ta³⁵
71	扛	vaʔ³¹	107	酸	tʃɔn⁵⁵
72	洗(衣)	tʃhɿ³⁵	108	甜	tʃhu⁵⁵
73	捆	mjak³¹	109	苦	kha³⁵
74	问	məi³¹	110	辣	phjak⁵⁵
75	骂	nak⁵⁵ja³¹	111	咸	ŋɛ̃⁵⁵
76	笑	ɣəi⁵⁵	112	痒	phɔn³⁵
77	哭	ŋau⁵⁵	113	我	ŋa⁵⁵

114	你	nɔ̃⁵⁵
115	他	jɔ̃³¹
116	这	tʃhə⁵⁵

博嘎尔语 又称崩尼－博嘎尔语，珞巴族的一种语言。在西藏自治区的东南角，喜马拉雅山东段余脉纵横数百里的广大山区，分散居住着十几个不同自称的部落，藏语笼统称为 ɬopa，意为"南方人"。汉语的"珞巴"译自藏语。珞巴族没有统一的民族自称，他们以自己部落的名称作为族称。居住在米林县以南一带的自称为 bokar"博嘎尔"，居住在隆子县的自称为 bəŋni"崩尼"，还有苏龙、德根、崩如、棱波、民鸟、义都等称谓。他们使用好几种语言。据了解，这一群人中以崩尼的人口最多。崩尼跟博嘎尔使用相同的语言，叫崩尼－博嘎尔语，具体使用人口不详。居住在有争议的麦克马洪线中国控制线以内的不足 3000 人。其余的十几万人居住在控制线以南中印传统国界线以北的广大山区。

下面以西藏米林县穷林村的话为代表，介绍珞巴族博嘎尔语的特点。

博嘎尔语有 22 个辅音，全都可以作声母：p pj b bj m mj w t d n l r tɕ dʐ ɳ ɕ j tʂ k g ŋ ɦ（h），其中的 p m t n r k ŋ 7 个辅音还可以作韵尾；tʂ 是用于藏语借词的声母。除此之外，吸收藏语或汉语借词时，有时还出现 th、kh、tɕh 3 个送气声母，但还不很稳定，多数人读作 t、k、tɕ。

韵母 有 a e i o u ɯ ə 7 个元音，各分长短，共 14 个单元音韵母。有 -i、-u、-r、-m、-n、-ŋ、-p、-t、-k 9 个韵尾，由元音和韵尾组成 50 个韵母：aː eː iː oː uː ɯː əː a e i o u ɯ ə ei iu əu ar er ir or ur ɯr ər am em om um en in aŋ eŋ iŋ oŋ uŋ ɯŋ əŋ ap ep op up et it ak ek ik ok uk ɯk ək。

音调 博嘎尔语没有区别词义的声调，一个音节的音调可高可低，但大多数音节（或词）有习惯的音高。某些词习惯读高调，有些词习惯读中调，词头一般比词干读音低些。如果故意变读高调或中调也不会影响意义。

博嘎尔语分 3 个方言：崩尼方言、博嘎尔方言和达木方言，有如下 18 个共同的声母：p b m w t d n l r tɕ dʐ ɳ ɕ j k h ŋ ɦ，此外，崩尼方言还有 pj bj mj fj rj kj gj 7 个腭化声母；达木方言虽然没有腭化声母，但有一套带 i、y 介音的韵母，如果把这两个介音看作腭化音，则可以说博嘎尔语 3 个方言都有腭化音声母。博嘎尔语韵母中的 ei、iu、əu 3 个复合元音韵母，很少出现在词中。因此，博嘎尔语基本上不用或很少用复合元音韵母。元音的长短不能随便改变，若改变了长短，其意义可能就会改变。如 iɕi 是"水"，iɕiː 是"尿"；oŋo 是"五"，oŋoː 是"鱼"。博嘎尔语词汇的特点是跟这个民族的历史和社会发展阶段密切相关的。珞巴族的语言中有大量的与自然界有关的基本词和日常生活的词，但缺少经济、文化、宗教、科学技术上的词和抽象名词。方言间词汇差别较大。在 919 个比较常用的基本词当中，博嘎尔方言与崩尼方言相同的词有 418 个，词汇相同的比率为 45.5%；在 652 个常用的基本词当中，博嘎尔方言与达木方言相同的词有 270 个，相同的比率为 41.4%；在 634 个词当中，崩尼方言与达木方言相同的词有 203 个，占 32%。博嘎尔语与同语族语言虽有一定数量的同源词，但数量不大。亲属称谓往往可以用同一个词指几种亲属，甚至有些称谓用于几个不同的亲属包括两代人甚至三代人。"儿子""侄子"同称 aɦo，这可能反映珞巴族过去曾经实行过的兄弟共妻或"兄终弟及"的婚俗。由于珞巴族与藏族来往密切，博嘎尔语有许多来自藏语的借词，甚至有些汉语新词也可通过藏语再传到博嘎尔语里来。博嘎尔语的数词较少，一般人只能从一数到二十。有经验的老人可以数到一百甚至推算到一千。量词不算很发达。动词的"体"比较多，计有一般体、现行体、完成体、将行体、即行体 5 种。助词分语尾助词、结构助词和语气助词 3 类。

博嘎尔语的 3 个方言之中，崩尼方言与博嘎尔方言比较接近，与达木方言有较大的差别。

附：博嘎尔语常用词举例

1	天	medoŋmoŋ	33	毛	amɯ
2	太阳	doɲ.i	34	鱼	oŋoː
3	月亮	poŋlo	35	尾巴	emɲ.o
4	星星	takar	36	树	ɯɕɯŋ
5	云	doŋmuk	37	竹笋	jaːlɯwiː
6	风	ɲ.ulɯŋ	38	稻子	amə
7	雨	medoŋ	39	甘薯	koreː
8	水	iɕi	40	姜	takeː
9	河	ɕaŋbu	41	果实	apɯ
10	山	ogo /dituŋ	42	茅草	—
11	水田	amə	43	叶子	anə
12	土	kətɛː	44	头	dumpɯr
13	窟窿	lɯŋpɯk	45	眼睛	mik
14	石头	ɯlɯŋ	46	鼻子	ɲ.apum
15	火	əme	47	耳朵	ɲ.aruŋ
16	上面	ageː	48	牙齿	jiːtɕuŋ
17	下面	kamɯk	49	胡子	napmɯ
18	里面	naŋ	50	手	alok
19	外面	aju	51	皮肤	apin
20	年	ɲ.iŋ	52	骨头	lopoŋ
21	日	loː	53	血	ujiː
22	猪	əjək	54	胆	apɯ
23	狗	ikiː	55	心	ɦoŋpuk
24	熊	ɕutum	56	父亲	abo
25	老鼠	kubuŋ	57	母亲	anə
26	鸡	porok	58	子女	afio
27	鸟	pətaŋ	59	上衣	kituŋ
28	蚂蚁	taruk	60	裙子	mojoː
29	跳蚤	tei	61	听	taː
30	苍蝇	tamit	62	吃	doː
31	蚊子	miɕiː	63	咳嗽	—
32	翅膀	alap	64	吹	mit
			65	说	ben
			66	跳	pok
			67	走	in
			68	跑	dʑuk

69	坐	duŋ		105	快	dəmə /anɯk
70	睡	kar /jup		106	慢	koleː
71	扛	gəː		107	酸	kuːtɕup
72	洗(衣)	nɯ		108	甜	tiːpo
73	捆	puːjək		109	苦	kaːtɕak
74	问	taː		110	辣	atɯk
75	骂	rit		111	咸	tiːka
76	笑	ɲir		112	痒	ak
77	哭	kap		113	我	ŋoː
78	浮	pjaŋ jen		114	你	noː
79	沉	dɯŋtɕiː		115	他	koː
80	飞	bjar		116	这	ɕiː
81	(狗)吠	tɕeː				
82	啼	gok				
83	大	təːpə				
84	小	eˈtɕop				
85	高	tombu				
86	低	tomap				
87	深	arɯŋ				
88	长	jaːro				
89	短	atəŋ				
90	厚	biŋtɕam				
91	远	aːto				
92	近	nəˈtɕe				
93	多	aˈɯ				
94	少	aˈɯ moŋ				
95	轻	ɦuŋtɕup				
96	重	əˈi				
97	红	lɯŋkaŋ				
98	白	puŋlu				
99	黑	kaːjaŋ				
100	绿	dʑeˈoː				
101	(羊)肥	ɦuːpo				
102	瘦	giː				
103	好	po				
104	坏	aru				

布赓语 布赓人自称"布赓"，他称"花倮"或"花族"，分布在云南文山壮族苗族自治州的广南、西畴县交界处，是彝族的一个支系，先前也曾有研究者称为"本甘""布干"。布赓人全部使用布赓语，约有2700人，人口虽然少，却很少受到其他语言的影响。据史籍记载，布赓人的先民与哈尼族先民有过接触，但后来移居到了彝族地区，于是认同于彝族，成了彝族的一个支系。据观察，布赓语应该是布干语的不同称呼，但从目前所能见到的介绍材料看，二者还是有一定的差别。下面仅列出云南西畴县鸡街乡曼龙村布赓语的音系作为前面"布干语"的补充，仅供参考。

一 语音

声母 49个：p ph b mb m f v w pj phj bj mbj mj pts phtsh mbdz ts tsh ndz s t th d bd nd n l tj thj dj tɕ tɕh ɲdʑ ɲ ɕ z k kh ŋg ŋ x ɣ kj xj q qh NG ʔ h（例字从略）。

韵母 曼龙布赓语有67个韵母：i i̠ in i̠n iŋ i̠ŋ e e̠ ei e̠i en e̠n eŋ e̠ŋ ɜ ɜ iɕ iɜn ɛn ɛŋ a a̠ ai a̠i au a̠u iau ia̠u ã a̠ an a̠n iaŋ aŋ a̠ŋ ə ə̠ ɚ iɛ e̠ ɯɛ c ɔ o o̠ on o̠n oŋ o̠ŋ u u̠ ui u̠i uɛ ua ua̠ uai uã u̠a uan un uaŋ u̠aŋ u̠ŋ u̠ŋ ɯ ɯ̠（例子从略）。

声调 有4个声调。

调值 高平 55、次高平 44、中升 24、低降 31。
例字 pha^{55}（山坡）、pha^{44}（礁）、pha^{24}（扒）、pha^{31}〔盖（瓦）〕。

二 词汇

词的构成 单音节词占有一定的优势，多音节词也占有一定的比例，以名词较多。合成词分附加式和复合式两种，附加式合成词由虚词语素（即前缀）加词根语素构成。常见的虚词语素有 16 个：pu^{55}-、pu^{44}-、pu^{31}-、pɯ^{55}-、pɯ^{44}-、pɯ^{31}-、ti^{55}-、ti^{44}-、ti^{31}-、tei^{55}-、tɯ^{55}-、mu^{44}-、mɯ^{44}-、mɯ^{55}-、la^{44}-、n̠a^{44}-；此外，i^{55}-、ɯ^{44}-、di^{44}-、di^{55}-、qa^{31}-、tou^{44}-、vaŋ^{55}-、xoŋ^{55}- 等 8 个也是虚词语素。复合式合成词有联合式、主谓式、支配式、述补式修饰式等。修饰式合成词有正偏式和偏正式两种。

布赓语的词汇很丰富，基本词汇分布面广，名词、代词、指示词、数词、量词、动词、形容词、副词、介词、连词、叹词都有。一般词汇不断产生，不断转化为基本词汇。借词是丰富自己语言词汇的手段，布赓语在历史上曾与多个民族接触，借入了不同民族语言的一些词汇。主要有汉语、藏缅语族语言、壮侗语族语言、亿央语群语言，其中以汉语借词最多。与苗瑶语也有不少彼此相同的词。

三 语法

词类 布赓语的词可分名词、代词、指示词、数词、量词、动词、形容词、副词、介词、连词、助词、叹词 12 类。

名词有较丰富的前缀。名词与数量词的结合有两种不同的语序。一种是名词后置，数量词前置；另一种是数词跟随名词，量词居后。如：mɯ^{44}（一）vei^{44}（群）sa̠u^{44}（鸟）一群鸟、bi^{44}（衣）sa̠^{44}（新）mɛ^{44}（一）tsen^{31}（件）一件新衣。

代词 第一人称代词复数分包括式和排除式，包括式使用频率高于排除式。第一人称、第二人称、第三人称有格的范畴，有主格、宾格、领格、属格，各有单数和复数之分。指示代词分近指、近远指、远指、较远指、更远指，分别是：nei^{44}、kei^{44}、lo^{24}、qɛ^{44}、o̠^{55} 五级。

动词 有体范畴，包括将行体、新行体、进行体、持续体、实现体、终结体。

形容词 可以在后面加后缀 ti^{31} 或 thau^{24} 表示不同的级。如 la̠^{44}（红），la̠^{44} tɛ^{31}（红得很），tsa̠ŋ^{44}（苦），tsa̠ŋ^{44}thau^{24}（苦极了）。

副词 表示程度、范围、时间、否定、条件、语气。

助词 分动态助词、级助词、格助词、结构助词、语气助词。

附：布赓语常用词举例

1	天	pu^{44}ku^{55}
2	太阳	pei^{24}
3	月亮	ta^{55}
4	星星	mbo̠^{44}mo^{44}
5	云	ai^{44}ku^{31}
6	风	thaŋ^{55}
7	雨	khau^{55}
8	水	nda^{24}
9	河	ɣau^{44}
10	山	mbjau^{44}
11	水田	tɯ̠^{24}
12	土	nde̠i^{24}
13	窟窿	loŋ^{44}thau^{44}
14	石头	ɣɔ^{44}
15	火	a̠u^{31}
16	上面	pu^{44}loŋ^{55}
17	下面	pu^{44}la^{31}
18	里面	i^{44}ɣo^{55}
19	外面	pu^{44}no̠u^{24}
20	年	he̠i^{31}
21	日	hɛ^{44}
22	猪	tau^{24}
23	狗	tsau^{44}

24	熊	pjou³¹		60	裙子	ŋau⁴⁴
25	老鼠	ɕua²⁴		61	听	tɕɛ³¹
26	鸡	tɕa²⁴		62	吃	tsu³¹
27	鸟	sa̠u⁴⁴		63	喝	va̠²⁴
28	蚂蚁	ɣeŋ³¹		64	吹	phɔ³¹
29	跳蚤	mjau³¹		65	说	pjo²⁴
30	苍蝇	pu³¹ɕa²⁴		66	跳	oŋ³¹
31	蚊子	ȵua³¹		67	走	ȵa̠³¹
32	翅膀	kaŋ⁵⁵		68	跑	qhei³¹
33	毛	sa̠ŋ³¹		69	坐	ŋa̠⁴⁴
34	鱼	ɕɛ³¹kou⁴⁴		70	睡	na̠ŋ⁴⁴
35	尾巴	va̠i³¹		71	扛	tha̠²⁴
36	树	sɯ̠³¹		72	洗(衣)	en³¹
37	竹笋	mba̠ŋ³¹		73	捆	ɕaŋ²⁴
38	稻子	pja⁴⁴		74	问	nei³¹
39	甘薯	ȵou⁴⁴tɕua⁴⁴		75	骂	ni³¹
40	姜	tɕhɯ̠²⁴		76	笑	mjo³¹
41	种子	mou⁴⁴		77	哭	ʑa⁴⁴
42	茅草	lɯ̠³¹mbdzaŋ⁴⁴		78	浮	pou³¹
43	叶子	lo̠u²⁴		79	掉	lɛi³¹
44	头	mbo̠u³¹		80	飞	thu³¹
45	眼睛	pɯ⁵⁵mɛ³¹		81	(狗)吠	ŋo³¹
46	鼻子	pɯ⁵⁵maŋ³¹		82	啼	ou⁴⁴
47	耳朵	pɯ⁵⁵tɕɛ²⁴		83	大	tho³¹
48	牙齿	tɕɯ̠²⁴		84	小	tsei³¹
49	胡子	sa̠ŋ³¹to̠ŋ³¹		85	高	ɣo⁴⁴
50	手	tje⁴⁴		86	低	nɛ⁴⁴
51	皮肤	mboŋ⁵⁵		87	深	kau³¹
52	筋	ɕe⁴⁴		88	长	ʑo⁴⁴
53	血	sa⁴⁴		89	短	mbei³¹
54	胆	tɕe²⁴		90	厚	mən³¹
55	心	tsei⁴⁴pɯ⁵⁵nou³¹		91	远	hei⁴⁴
56	父亲	pua²⁴		92	近	dã³¹
57	母亲	mei²⁴		93	多	nau³¹
58	儿子	kuã³¹		94	少	lo³¹
59	上衣	bi⁴⁴		95	轻	nda⁴⁴

96	重	mo̰³¹
97	红	la̰⁴⁴
98	白	pa̰u²⁴
99	黑	na²⁴
100	绿	ɕaŋ³¹
101	（羊）肥	qeŋ⁴⁴
102	瘦	n̥dzoŋ⁴⁴
103	好	ndza̰³¹
104	坏	sa̰ŋ³¹
105	快	lau⁴⁴
106	慢	xo³¹
107	酸	pje³¹
108	甜	lai⁴⁴
109	苦	tsa̰ŋ⁴⁴
110	辣	ŋo⁴⁴
111	咸	ŋa⁴⁴
112	痒	tɕa⁴⁴
113	我	o̰³¹
114	你	mɯ³¹
115	他	i³¹
116	不	mɯ⁵⁵

布朗语 居住在云南省西南部及西北部少量山区布朗族使用的语言，属南亚语系孟高棉语族。主要分布在勐海、景洪、勐腊、澜沧、思茅、墨江、江城、双江、永德、镇康、云县、耿马、凤庆、施甸等市县以及红河、丽江等地区的山区或半山区以及少数个体家庭游耕生活在边境一线深山密林边缘地带。通过20世纪五六十年代政府所进行的民族识别调查，国务院于1964年正式公布确认布朗族是中国的少数民族之一。当时，有39411人，至2005年已增至94400余人（包括后来识别确认的民族群体在内）。中国境外的布朗人，大多生活在缅甸掸邦高原北部，与中国西双版纳和澜沧县等地山区的布朗人习俗相近、语言相通，素来互有姻亲关系。

中国的布朗族的称谓众多，自称有"布朗""邦""阿尔佤""阿佤""佤""巴澳""乌""莽""本人""户"等，他称有"莫恩""古恩末"（来自傣语的称呼）、"本人"（即本地人、本地居民）、"卡敏卡米"（来自傣语对山地孟高棉的称谓，汉语译作"吉蔑"，或"克蔑"，是汉字撰写的不同，没有实质上的区别）。早年，"吉蔑"被指为高棉（柬埔寨）。1980年有调查者实地调查后，带回"卡敏卡米"人语言录音，请北京外国语学院高棉语组的老师们辨听和审定。据审听者说，这些都不是高棉语，是一种独立语言。从此布朗语与中国境内的佤语、德昂语和克木语4种语言成为孟高棉语族成员。

布朗族的币史上有"白朗""榜""蒲人""蒲满""插满""芒""百濮""濮人""滇濮""蒲蛮""芒人""朴""朴子""朴子蛮""裸濮""有尾濮""闽濮""文面濮""赤口濮"等以及带有歧视称谓汉字的名称。上述这些自称、他称和史称，从语义上分析，其概念是"人""棚居人""穴居人""山地人""葫芦人""土著人""本地人"和"赤身裸体使用丁字带遮羞的濮人""保持文面习俗的濮人""保持嚼槟榔嘴唇赤红的濮人"等词义。以上众多称谓的民族群体，统统被划归为布朗族。因此，布朗话的特征纷呈，语音词汇尤为明显。

初步考察，布朗语可以分为布朗方言和阿儿佤方言。前一种的使用者聚居在西双版纳、思茅和临沧等云南南部山区，普遍使用自己的语言。后者小聚居、大分散在思茅地区、临沧地区、保山地区、红河地区等山区，其语言大多使用在村寨内或几个亲缘村寨之间。

布朗族没有文字。但在双江县有使用记录布朗语口头非物质文化的书面语言流传，佛经中的一些巴利语词，已融入布朗语口语之中。

布朗语以单音词为词根来派生新词。语序是一般是主语—谓语—宾语。定语在中心语之前；状语部分在中心语之前和之后。疑问句的句型是谓语—主语。

布朗族使用无声语言。比如，有人外出途中，发现竹鼠的行踪，但缺少挖掘工具，便会就地取来一条树枝，插在竹鼠出没的洞口，以此表示此处已被人发现，洞内之物属发现者所有。"他人之物，非己莫取"，无声语言，人人皆知。

下面，以西双版纳勐海县布朗山新曼俄布朗话为例，简介如下。

语音

辅音35个。如下：p ph np nph m m̥ f v t th nt nth n n̥ s l hl c（tɕ）ch（tɕh）ntɕ（j）ntɕh（jh）ɲ ɲ̥ z k kh nk nkh ŋ ŋ̥ qh（G）nqh（Gh）x ʔ h。这些辅音的特点是，清浊、送气与不送气、清化与非清化的对立，是布朗语中普遍的语音现象。单辅音都可以作声母，复辅音（pl phl npl nphl kl khl nkl nkhl）亦可作声母。其中，有10个辅音（-p、-t、-k、-m、-n、-ŋ、-h、-ʔ、-l、-l̥）可以作尾辅音。

元音9个元音。如下：i e ie [ɛ] a o [ɔ] ou [o] u eui [ɤ] ee [ɯ]。这些元音最大特色是，可以组成16个复合元音（ie ia iu iei ai au eu iu oi oui ui ua eui eei iao uai）作复合韵母。这些元音可以和尾辅音组成123个带声韵母。

声调4个。第1调35，第2调33，第3调331，第4调21。分别在音节的右上角标为"1""2""3""4"。

附：布朗语常用词举例（音节上的数字为调类）

1	天	kaʔ⁴ au¹
2	太阳	ŋaiʔ⁴ ɲiʔ¹
3	月亮	kiaŋ⁴ khiʔ¹
4	星星	kaʔ⁴ mɤiŋ¹
5	云	mut²
6	风	kɯh¹
7	雨	l̥ɛʔ¹
8	水	um¹
9	河	klɔŋ¹
10	山	nkɔŋ³
11	水田	naʔ⁴
12	土	kaʔ⁴ tɛʔ¹
13	窟窿	kaʔ⁴ tɯʔ¹
14	石头	kaʔ⁴ muʔ²
15	火	ŋual²
16	上面	kha² tuh²
17	下面	kha² tɕoh²
18	里面	kha² nai¹
19	外面	kha² nok²
20	年	nɤm³
21	日	kaʔ⁴ ɲiʔ²
22	猪	lik²
23	狗	soʔ¹
24	熊	qhi l̥¹
25	老鼠	kaŋ³
26	鸡	ɕh¹
27	鸟	sim¹
28	蚂蚁	kaʔ⁴ mɯik¹
29	跳蚤	tiap¹
30	苍蝇	xaŋ⁴ xoi³
31	蚊子	mɤŋ⁴ ẓuŋ²
32	翅膀	phɤik¹
33	毛	hɯk¹
34	鱼	kaʔ¹
35	尾巴	kaʔ⁴ taʔ¹
36	树	khuʔ¹
37	竹笋	kaʔ⁴ poŋ²
38	稻子	xɔk¹
39	甘薯	kiau¹
40	姜	saʔ⁴ kiŋ¹
41	果实	khuʔ¹ pliʔ¹
42	茅草	xep²
43	叶子	l̥aʔ¹
44	头	ntɔn¹

45	眼睛	ŋai¹		81	(狗)吠	kual¹
46	鼻子	mu l̥²		82	啼	kaʔ⁴uʔ¹
47	耳朵	ʐuk¹		83	大	hɔn¹
48	牙齿	xaŋ¹		84	小	ɛt¹
49	胡子	mui²		85	高	lo̥ŋ¹
50	手	tiʔ¹		86	低	tiam³
51	皮肤	hak¹		87	深	xɤʔ¹
52	骨头	kaʔ⁴aŋ¹		88	长	laŋ¹
53	血	nḁm¹		89	短	ŋein¹
54	胆	khin¹		90	厚	kaʔ⁴pɤl³
55	心	mul¹		91	远	kaʔ⁴ŋai³
56	父亲	kɯiŋ¹		92	近	nteʔ²
57	母亲	maʔ²		93	多	hɤn¹
58	子女	kon¹		94	少	lɛiŋ³
59	上衣	phoʔ¹		95	轻	kaʔ⁴ʐuŋ¹
60	裙子	ntɕaʔ²		96	重	kaʔ⁴kian³
61	听	kaʔ⁴hɛt¹		97	红	kaʔ⁴qhak¹
62	吃	tok²/som¹		98	白	paiŋ²
63	咳嗽	ŋ̊hɛk¹		99	黑	lɔŋ³
64	吹	pɤŋ²		100	绿	khiu¹
65	说	laʔ¹		101	(羊)肥	laʔ⁴ u l̥¹
66	跳	tuk⁴		102	瘦	phaʔ⁴ʐat¹
67	走	hɤl¹/tiu³		103	好	n̥om¹
68	跑	lian²/lo²		104	坏	mɤl²
69	坐	mok¹		105	快	vɛi³
70	睡	it¹		106	慢	kɔiʔ⁴/ kaʔ⁴tɯm¹
71	扛	klɔm¹		107	酸	naʔ²
72	洗(衣)	hɯm¹		108	甜	tiu¹
73	捆	pɤk²		109	苦	soŋ²
74	问	kaʔ⁴tɛʔ²		110	辣	kaʔ⁴phɛiʔ¹
75	骂	mɤl²		111	咸	ɤm¹
76	笑	kaʔ⁴ŋa l̥¹		112	痒	ŋaʔ²
77	哭	ʑam²		113	我	ɯʔ¹
78	浮	puʔ²		114	你	miʔ²
79	沉	tɕum¹		115	他	ɤn¹
80	飞	pɤh¹		116	这	en²

布芒语 中国新发现语言之一,属南亚语系孟高棉语族,与布朗语关系密切,分布在云南红河哈尼族彝族自治州金平苗族瑶族傣族自治县勐拉地区的曼仗上寨和曼仗下寨,使用者自称布曼、布芒,民族成分为傣族。当地的其他傣族(白傣)称他们为"察仗",意为大象族;"曼仗",意为象村;汉族称他们为"曼仗人"或"布芒傣",约有200人。据说他们是从越南迁移到中国来的。布芒语是一种高度的濒危语言。布芒人受当地其他傣族(白傣)文化的影响较深,一般人都能操流利的傣语。布芒语的特点简介如下。

一 语音

声母 有24个声母:p ph b m w v t th d n l ts tsh s z ȵ ɕ z k kh ŋ x ʔ h(说明:鼻音较多,有的鼻音可自成音节。元音开头的音节都带有喉塞音[ʔ],缺少唇齿清擦音。汉语f声母的字,布芒语借用时变读为ph。布芒语的声母th,主要用于外来词)。

韵母 布芒语有9个元音:i e ɛ a(ă)ɔ o u ɯ ə,其中元音a分长短。有-m、-n、-ŋ、-p、-t、-k 6个辅音韵尾和-a、-i、-u 三个元音韵尾。由元音、韵尾构成如下96个韵母:

单元音韵母:i e ɛ a(ă)ɔ o u ɯ ə。

复元音韵母:ia ea ɛa ua ɯa əa ai ăi ɔi oi ui ɯi əi iu eu ɛu au ău ɯu。

鼻音尾韵母:im em ɛm am ăm ɔm om um ɯm əm in en ɛn an ăn ɔn on un ɯn ən iŋ eŋ ɛŋ aŋ ăŋ ɔŋ oŋ uŋ ɯŋ əŋ。

塞音尾韵母:ip ep ɛp ap ăp ɔp op up ɯp əp it et ɛt at ăt ɔt ot ut ɯt ət ik ek ɛk ak ăk ɔk ok uk ɯk ək。

带介音韵母:iaŋ iak uai uoi uam uan uaŋ uat。

其中单元音韵母9个,复元音韵母19个,鼻音尾韵母30个,塞音尾韵母30个,带介音韵母8个。

声调 布芒语有6个声调调值,舒声调有55、24、12、51、33、21六个,促声调有24、21两个。调值、调类和例词如下表:

调类	1	2	3	4	5	6
调值	55	24	12	51	33	21
例词	ka55	ka24	ka12	ka51	ka33	ka21
词义	鱼	门	秧	卡住	硬	打翻(碗)
		kap24				kap21
		果壳				鸭子

促声调的24调值和21调值与舒声调的第2调和第6调的调值相同。

二 词汇

布芒语的固有词在其整个词汇系统中占有绝对的优势,固有词分基本词汇和一般词汇。外来词主要有傣语借词,其次是汉语借词。布芒语的单音词和双音词居多,动词和形容词可以重叠,重叠后与另一个意义有关联的重叠词构成四音格。

布芒语的基本词当中有相当一部分与南亚系诸语言有同源关系。名词的如太阳、水、火、池塘、路、沙子、云、土地、水牛、狗、鸟、鱼、舌头、鼻子、牙齿、手、头、心、尿、尾巴、血、骨头、孩子、蛋、菜、我、你、这、那等,动词的如杀、游、飞、躺、砍、拉、挖、笑、背等,形容词如大、热、冷、新、短、直、宽、痒等,数词和量词如二、四、只、件、张、本等。合成词当中,值得一提的是类名加专名的格式构成的名词,前面的是类名,后面的是专名,如桃子 pɛ55(果)paŋ24(桃),燕子 tsim24(鸟)ɛn24(燕)。

三 语法

布芒语语法方面比较突出的特点是人称代词有性和数之别。第二、第三人称单数有男性和女性的区分。详见下表:

	单数	复数
第一人称	da^{55}我	nɔ^{24}我们，jia^{55}咱们
第二人称	男：mi^{55}你 女：pa^{55}你	mət^{24} pia^{55}你们
第三人称	男：ŋa^{55}他 女：ku^{33}她	ki^{55}他们，她们

布芒语的否定副词 tău^{21}（不）要用在谓语之后。如"他怕麻烦不"（他不怕麻烦）｜"她爱说话不"（她不爱说话）。另一个特点是偏正词组中的修饰语位于中心语之后，但数量词作修饰语时则在中心语之前。如肉猪（猪肉），衣服小孩（小孩的衣服），家我（我的家），一碗饭（一碗饭），二条鱼（两条鱼）。

布芒语的语序为 SVO 型，主要的语法手段是词序和虚词。

附：布芒语常用词举例

1	天	su^{33} u^{33}
2	太阳	lɔ^{21} ŋai^{55} ŋi^{55}
3	月亮	lɔ^{21} ŋai^{55} sɛ^{55}
4	星星	lɔ^{21} săŋ^{55} kɔn^{51}
5	云	muk^{21} ju^{33}
6	风	hua^{21}
7	雨	kɛa^{55}
8	水	ɔm^{24}
9	河	mɛ^{24}
10	山	zau^{51}
11	平坝	pɛŋ^{51}
12	土	tia^{55}
13	窟窿	tu^{24}
14	石头	ha^{21}
15	火	ŋăn^{55}
16	上面	bɯŋ^{21} lɯ^{55}
17	下面	bɯŋ^{21} jɯ^{55}
18	里面	lɯŋ^{55} tɯ^{55}
19	外面	bɯŋ^{21} lu^{24}
20	年	duaŋ^{55}
21	日	mə^{21}
22	猪	ɛk^{21}
23	狗	tsua^{55}
24	熊	çɔn^{55} tsua^{55}
25	老鼠	ha^{55}
26	鸡	jia^{33}
27	鸟	tsim^{24}
28	蚂蚁	bu^{24} mut^{21}
29	跳蚤	ma^{24} tɯt^{21}
30	苍蝇	hɔi^{51}
31	蚊子	ma^{24} vɯŋ^{51}
32	翅膀	doŋ^{55}
33	毛	doŋ^{55}
34	鱼	ka^{55}
35	尾巴	ta^{51}
36	树	lăm^{51}
37	竹笋	băŋ^{55}
38	稻子	ŋua^{55}
39	甘薯	kɔi^{51} hɔ^{24}
40	姜	hia^{51}
41	果实	po^{21} ko^{21}
42	茅草	keŋ^{55}
43	叶子	na^{55}
44	头	kak^{21}
45	眼睛	lɔ^{21} ŋai^{55}
46	鼻子	ku^{55} mɯi^{33}
47	耳朵	tɔ^{21}
48	牙齿	həŋ^{51}
49	胡子	mum^{55}
50	手	ti^{55}
51	皮肤	nɯŋ^{55}
52	骨头	kɔn^{21} săp^{21}
53	血	nəm^{24}
54	胆	dɛ^{51} da^{24}
55	筋	da^{21} sɛ^{55}

56	父亲	măm⁵⁵		92	近	but²¹
57	母亲	mɛ²⁴		93	多	lɛ²⁴
58	子女	kɔn⁵⁵		94	少	di²⁴
59	衣服	ɕia²⁴		95	轻	jan³³
60	裙子	um⁵⁵		96	重	tăm⁵⁵
61	听	tsɛŋ⁵¹		97	红	ɕɔ²⁴
62	吃	tu²⁴		98	白	buk²⁴
63	喝	ŋut²¹		99	黑	da²⁴
64	吹	buŋ⁵⁵		100	绿	heu⁵¹
65	说	tɔt²¹		101	(羊)肥	mɯi⁵⁵
66	跳	teu⁵¹		102	瘦	haŋ³³
67	走	teu²⁴wa²⁴		103	好	ăm⁵⁵
68	跑	pɔŋ²⁴		104	新	mia²⁴
69	坐	ȵon⁵⁵		105	快	mɛn³³
70	睡	lɛm²⁴		106	慢	nan⁵¹
71	扛	bɛk²⁴		107	酸	ba¹²
72	洗(衣)	pai⁵⁵		108	甜	sia²⁴
73	捆	tɔn²¹		109	苦	tsăŋ⁵⁵
74	问	man⁵⁵		110	辣	a²⁴
75	骂	tɛ²⁴ha²⁴		111	咸	zɛ²⁴
76	笑	ȵai³³		112	痒	ŋa²⁴
77	哭	ȵam⁵⁵		113	我	da⁵⁵
78	浮	pu⁵¹		114	你	mi⁵⁵
79	沉	tsɔm⁵⁵		115	他	ŋa⁵⁵
80	飞	pɯa²⁴		116	这	i⁵¹
81	(狗)吠	hu²¹
82	啼	kɔŋ⁵⁵
83	大	dɯŋ⁵⁵
84	小	dit²⁴
85	高	jau⁵¹
86	低	ki³³
87	深	hu²⁴
88	长	dɔŋ⁵⁵
89	短	dɛt²¹
90	厚	pin⁵¹
91	远	zɯ²⁴

布农语 台湾高山族中自称"布农"的人所使用的语言,属南岛语系印度尼西亚语族台湾语支排湾语群,分布在台湾南投县仁爱、信义乡,花莲县瑞穗、卓溪、玉里、万荣乡,高雄县三民、桃源、茂林乡,台东县海瑞、延平乡等地,使用人口约3万。布农语属黏着型语言,分北部、中部和南部3个方言。

一 语音

有14个辅音:p b m v t d n ɬ s ð k ŋ h ʔ。

有3个单元音:i a u;有6个复元音:ia iu ai au ua ui。

多音节词的重音一般落在倒数第二个音节上。音节结构有：元音自成音节、元音+元音、元音+辅音、元音+元音+辅音、辅音+元音、辅音+元音+元音、辅音+元音+辅音、辅音+元音+元音+辅音，共8种方式。

二 构词

词干加附加成分或词干部分音素重叠为主要构词手段。前加成分有：ma-、mu-、min-、mat-、maɬ-、matu-、maɬum-、mapa-、mapu-、maki-、maku-、masu-、mapit-、pis-、ta-、ti-、tan-、taɬ-、tin-、tun-、tapu-、ɬa-、ka-、kan- 等；后加成分有 -an、-að、-un；中加成分有 -in-，插在词干第一个音节的辅音与元音之间；前、后加成分有 pa-…-an、pu-…-an、pan-…-an、pat-…-an、paka-…-an、is-…-an、ti-…-an、tun-…-an 等；中后加成分有 -in-…-an。

三 语法

词类 分名词、代词、数词、形容词、动词、副词、连词、介词、助词9类。名词有主格、属格、宾格，分别在名词前加格助词表示。

人称代词 有单数和复数，有主格、属格、宾格等形式，分别在人称代词前或后加格助词表示。指示代词有近指、中指、远指，各有基本式、主格、属格、宾格。

动词 有体、时、态、式等语法范畴。"体"有常体、进行体、完成体。"时"有现在时、过去时、将来时、过去进行时、将来进行时、过去完成时、将来完成时。"态"有主动态和被动态。被动态有一般被动态、过去被动态、将来被动态、现在进行被动态、过去进行被动态、将来进行被动态、现在完成被动态、过去完成被动态、将来完成被动态。"式"有直陈式和命令式。

句子成分 有主语、谓语、宾语、定语、状语、补语。基本语序为谓语往往出现在句首。主语在谓语之后。宾语在谓语动词之后，受动宾语一般在主语之后。动词带双宾语时，间接宾语在前，直接宾语在后。定语在中心语前面，形容词作定语时在中心语后面。一般的状语通常在谓语前面，施动状语在谓语后面。补语在中心语之后。

附：布农语常用词举例

1	天	dihanin
2	太阳	vaɬi
3	月亮	buan
4	星星	baintuhan
5	云	ɬum
6	风	ɬuvɬuv
7	雨	hudan
8	水	danum
9	河	vahɬas
10	山	ɬudun
11	水田	pudanuman
12	土	tah
13	窟窿	ɬak
14	石头	batu
15	火	sapuð
16	上面	tandaða
17	下面	tannastu
18	里面	ŋadah
19	外面	nata
20	年	painsanan
21	日	hanian
22	猪	babu
23	狗	asu
24	熊	tumað
25	老鼠	aɬuað
26	鸡	tuɬkuk
27	鸟	hað am
28	蚂蚁	iahɬuaʔ
29	跳蚤	tumbi
30	苍蝇	ɬiɬiu
31	蚊子	saɬiŋkitað

32	翅膀	pani		68	跑	tisdadan
33	毛	huspiɬ		69	坐	maɬʔanuhu
34	鱼	iskan		70	睡	masabah
35	尾巴	ikuɬ		71	扛	ansahan
36	树	ɬukis		72	洗（衣）	mapasʔah
37	竹笋	ʔuðuh		73	捆	maɬuhus
38	稻子	pað		74	问	tupaun
39	甘薯	utan		75	骂	matinais
40	姜	duduk		76	笑	maŋit
41	果实	kakaunun		77	哭	taŋis
42	草	ismut		78	浮	muvasah
43	叶子	siɬav		79	沉	ɬanaŋadah
44	头	buŋu		80	飞	kusbai
45	眼睛	mata		81	（狗）吠	ɬuɬuŋɬuŋ
46	鼻子	ŋutus		82	啼	tuʔiʔia
47	耳朵	taŋiaʔ		83	大	madaiŋ
48	牙齿	nipun		84	小	kaumʔikit
49	胡子	ŋisŋis		85	高	ihuhu
50	手	ima		86	低	inisnis
51	皮肤	kauŋ		87	深	isŋadahan
52	骨头	tuhnað		88	长	maduɬu
53	血	haidaŋ		89	短	maputul
54	胆	pahav		90	厚	makaspaɬ
55	心	haputuŋ		91	远	madahvi
56	父亲	tama		92	近	maʔaisku
57	母亲	tina		93	多	supah
58	儿子	uvaað		94	少	kauman
59	上衣	pituh		95	轻	manasʔak
60	裙子	haɬubaŋbaŋ		96	重	mahusbu
61	听	taaða		97	红	madaŋhas
62	吃	maun		98	白	maduhɬas
63	咳嗽	masiʔ		99	黑	matahduŋ
64	吹	maip		100	绿	mas ɬav
65	说	tupaʔ		101	（羊）肥	maŋaspah
66	跳	matiɬauŋkav		102	瘦	matuhaɬiv
67	走	mudan		103	好	masiaɬ

104	坏	makuaŋ
105	快	mabiskav
106	慢	madaukdauk
107	酸	mahaiðu
108	甜	madavus
109	苦	mapais
110	辣	makamun
111	咸	mahaisbit
112	痒	masuŋaʔ
113	我	ðaku
114	你	su
115	他	saitia
116	不	ni

布努语 自称为"布努"或"努"的瑶族所使用的语言，属汉藏语系苗瑶语族苗语支，主要分布在广西西部一带。此外，广西北部和云南东南部也有分布。人口比较集中的是广西都安、巴马两个瑶族自治县和马山、凌云、南丹、田东、东兰、平果等县。总共约有39万人分散居住在壮族人口稠密的村落附近的布努人，约有12万人转用了壮语，有2000余人转用了汉语。布努语的主要特点是声母比韵母多，没有塞音和双唇鼻音韵尾，其他特点与苗语川、黔、滇方言相同或接近的多。下面以广西大化县七百弄乡弄京村的话为代表，介绍布努语的特点。

一 语音

声母 有66个声母：p ph mp mph m m̥ v f pj phj mpj mphj mj m̥j ntθ ntθh θ θh nts ntsh s sh t th nt nth n̥ n t̪ t̪h nt̪ nt̪h ɬ ʈ ʈh ʈ̪ ɳ̊ ɳ̊h z ʂʈɕ tɕh ntɕ ntɕh ɲ̊ ɲ̥ z ɕ c k kh ŋk ŋkh ŋ ŋ̊ ɣ kj khj ŋkj kw khw ŋkw ŋkhw ŋw ŋ̊w ɦ h。

韵母 有9个元音：i e ɛ a ɑ ɔ o u ɯ，有 -i、-u、-n、-ŋ 4个韵尾，由元音和韵尾组成26个韵母：i e ɛ a ɑ ɔ o u ɯ ei ai ɔi iu au eu en an ɔn ŋe ɯn aŋ iaŋ ɔŋ ɯŋ ɲi nɛ。

声调 有8个基本调类，4个为分化出来的。

调类	1	2	3	4	5	6	7	8
调值	33	13	43	232	41	221	32	21
例字	tɔ³³	tɔ¹³	tɔ⁴³	tɔ²³²	tɔ⁴¹	tɔ²²¹	tɔ³²	tɔ²¹
词义	深	来	敲	读	杀	死	印	咬
调类	1′	2′	3′	4′				
调值	55	35	54	454				
例字	pen⁵⁵	pen³⁵	pe⁵⁴	pe⁴⁵⁴				
词文	锛子	盆	碗	牛尾木				

分化出来的变调都比原调的调值高。现代汉语借词的声调，阴平用1调，阳平用8调，上声用3调，去声用2调。

布努瑶族居住比较分散，彼此交往较少，因此不同方言的布努人词汇有较大的差别，加上各地布努语与附近亲属语言的关系密切，容易受到这些语言的影响，因此不同方言间词汇的差别更为明显。

方言 布努语分布努、包瑙和努茂3个方言。布努方言约有359000人使用；包瑙方言约有28000人使用；努茂方言只有1700余人使用。使用布努方言者占布努语人口的92%，使用包瑙方言者占总人口的7.4%，使用努茂方言者人口很少，只占总人口的0.4%。

附：布努语常用词 举例（音节上的数字为调类）

1	天	ta¹ ŋkuŋ²
2	太阳	mi⁸ noŋ²
3	月亮	mi⁸ ɬu⁵
4	星星	ta¹ kuŋ¹′
5	云	ka¹ hɤu³
6	风	ka¹ ci⁵
7	雨	aŋ¹ noŋ⁶
8	水	aŋ¹
9	河	ntu⁵
10	山	θau² / fa³ θau²
11	水田	tu²
12	土	ka¹ te¹

13	窟窿	khi³		49	胡子	ɲɤŋ⁶
14	石头	fa²ɣe¹		50	手	ta¹pe⁴
15	火	ka¹tu⁴		51	皮肤	ka¹tɬau⁵
16	上面	ɦa⁸ɕɤu¹		52	骨头	ka¹θoŋ³′
17	下面	ɦa⁸ʈa⁶		53	血	ntshɤŋ³
18	里面	po⁶ɳʈoŋ¹		54	胆	ɕi¹
19	外面	pa⁶ʈa⁵		55	心	pi³ɕu¹
20	年	ɕaŋ⁵		56	父亲	pu³
21	日	n̥oŋ¹		57	母亲	mi⁸
22	猪	mpai⁵		58	子女	tuŋ¹′
23	狗	tɬe³		59	上衣	ka¹ɕi⁵/ɕi⁵
24	熊	tɬa⁷		60	裙子	ka¹tɤŋ
25	老鼠	nɤŋ⁴		61	听	cɤŋ⁵
26	鸡	ka¹		62	吃	nau²
27	鸟	naŋ⁶		63	喝	hɤu⁷
28	蚂蚁	ɦa⁸mphai³		64	吹	tshɤu¹
29	跳蚤	ka¹m̥uŋ¹′		65	说	tɤu²/vaŋ³
30	苍蝇	ka¹moŋ⁴		66	跳	ka¹θa⁷
31	蚊子	ka¹jaŋ³′		67	走	taha³
32	翅膀	ka¹tu⁷		68	跑	ta⁶la⁸
33	毛	tɬa¹		69	坐	ɲuŋ⁵
34	鱼	ntse⁴		70	睡	pau⁵
35	尾巴	tau³		71	扛	cau³
36	树	ntaŋ⁵		72	洗（衣）	θa⁴
37	竹笋	ntso⁶ɬo³		73	捆	kha¹
38	稻子	ntɬe²		74	问	hen⁵
39	甘薯	nto²man²′		75	骂	wet¹′/ʂe⁵
40	姜	chɤŋ³		76	笑	to⁷
41	果实	pi³		77	哭	ŋkau¹
42	茅草	ka³ŋko¹		78	浮	jɤu²
43	叶子	ntɬaŋ²′		79	掉	ntɬu⁷/ntoŋ³
44	头	fa³		80	飞	jɤŋ⁵
45	眼睛	khi³moŋ⁶		81	（狗）吠	coŋ¹
46	鼻子	pi³ntsau⁶		82	啼	ko⁵
47	耳朵	ka¹ntse²′		83	大	laŋ⁸
48	牙齿	fa³m̥iŋ³		84	小	vi³

85	高	hiŋ¹
86	低	ku⁴
87	深	to¹
88	长	nte³
89	短	luŋ³
90	厚	tai¹
91	远	kwe¹
92	近	ɣe⁵
93	多	ntau⁵
94	少	ɕu⁶
95	轻	khwai¹
96	重	ɲoŋ³
97	红	lɤŋ¹
98	白	tɬu¹
99	黑	tɬuŋ¹
100	绿	ntsɤu²
101	（羊）肥	ʈi⁶
102	瘦	ka¹ʐɤu²′
103	好	ɣaŋ⁵
104	坏	va⁶
105	快	hen¹
106	慢	jaŋ⁵/mien⁸
107	酸	ɕɤu¹
108	甜	ken¹
109	苦	iŋ¹
110	辣	ntsu⁸
111	咸	ken¹
112	痒	ci¹chɤu⁷
113	我	cuŋ³
114	你	kau²
115	他	ni⁴
116	这	nau³

布兴语　云南勐腊县磨憨镇南欠村和勐伴佐米村的两个寨子里，居住着500余名布兴人，当地傣族称之为佐比，使用着一种属于南亚语系孟高棉语族的语言，叫布兴语。布兴人生活在中国、老挝、泰国和柬埔寨，布兴语跟克木语比较接近，但使用两种语言的人不能互相通话。他们的基本词只有33％左右相同。下面是布兴语的大致情况。

一　语音

音节　分主要音节和次要音节两类。次要音节位于主要音节之前，是一种弱化的音节，起构词或构形的作用。

辅音　单辅音24个：p ph b m mh v t th d n l r ts s tʃ ȵ ʒ ʃ k kh g ŋ ʔ h；复辅音8个：pl pr bl br kl kr sl sr。

辅音例词：

p	pan	分开
ph	phan	千
b	ban	知道
m	muh	鼻子
mh	ʔua mhɯ	手套
v	vɛn	镜子
t	tan	嗅
th	thɔt	错误
d	dak	额头
n	nap	数（数目）
s	sap	肉
l	lɔp	锋利
r	rɤp	抓住
ts	tsar	刺
tʃ	tʃak	铲（土）
ȵ	ȵap	推
ʒ	ʒiar	鸡
ʃ	ʃial	轻
k	kan	孩子
kh	khan bɔ	斧头
g	gɔk	牢房
ŋ	ŋɔm	帽子
ʔ	ʔom	含着
h	ham	阻碍

pl	plɛŋ	天空
pr	prăŋ	老鼠
bl	blɛ	零
br	briʔ	天气
kl	klak	头
kr	kra	累
sl	slaŋ	薄
sr	sroŋ	牙齿

元音　长元音 11 个：i e ɛ ɜ a ɑ ɔ o ɤ u ɯ；短元音 8 个：ɪ̆ ĕ Ĕ ɜ̆ ă ŏ ŭ；复合元音 17 个：ia（iă）iu iur ua ui ai（ăi）au ɑi ɤi oi（ŏi）ɯi ɯa iau uai。

二　词汇

布兴语的词汇当中有许多外来词，主要是傣语借词和汉语借词，但多数核心词跟南亚语系孟高棉语族语言有同源关系，如天空、太阳、星星、水、鹰、狗、儿子、牙、舌头、鼻子、脚、骨头、血、羊、叶子、果子、说、站、给、熟、大、苦、你等等。借自傣语的词有医生、舔、红薯、雾、弯、缝、寻找、割、一、二、千等。

单纯词和合成词　单纯词大多数是单音节的；双音节单纯词有双声、叠韵、重叠等形式；合成词采用复合、派生和内部屈折等方式构成。派生手段有加前缀和中缀，前缀是动词加前缀 rŋ 构成名词，如 kuaih（扫）→rŋ kuaih（扫把）。常见的中缀有 -r-、-m-、-n-、-l-，如 teŋ（抽）→treŋ（呻吟、抽泣）。

三　语法

基本语序：

(1) 主语 + 动词 + 宾语，例如：ʔe 这　mian 是　bat 凳子　ʔɔ 语气（这是凳子）。(2) 主语 + 动词 + 宾语 + 补语，例如：ɜɔ 我　ʔuaʔ 到　tʃa 家　mi 你　măt 一　tɯ 次（我到过你家一次）。(3) 主语 + 动词 + 补语，例如：mi 你　ʔɤm 来　ɤ 从　di 哪里　me（你从哪里来）。(4) 中心语 + 形容词定语，例如：ɲia 房子　ʔoit 红（红房子）。(5) 中心语 + 动词定语，例如：ʔɔm 水　lua 流（流的水）。(6) 数量定语 + 中心语，例如：sɔŋ 二　tɔ 只　tʃăʔ 狗（两只狗）。(7) 中心语 + 代词定语，例如：dian 电灯　ʔe 这　bi 个（这个电灯）。(8) 状语 + 中心语，例如：loŋlot 经常　tɛm 写　naŋsɹ̩ 信（经常写信）。

人称代词　第二人称代词有性别的不同，男的叫 mi（你），女的叫 pa（你）。

数词　基数词从一到十分两套：一套是布兴语固有词，另一套是傣语借词，如：nəŋ（一）、sɔŋ（二）、sam（三）、ha（五）、tʃĕt（七）、rɔi（百）、phan（千）、m̥ɯn（万）、lan（百万）、ʃian（亿），均是傣语借词。

附：布兴语常用词举例

1	天	plɛŋ
2	太阳	tʃiŋ ŋE
3	月亮	tsɹ̩ liaŋ
4	星星	sɤŋ m̥ɯŋ
5	云	mɔk
6	风	sɹ̩ var
7	雨	tsɹ̩ lia
8	水	ʔɔm
9	河	ra
10	山	pu naŋ
11	水田	na
12	土	dɤr
13	窟窿	kɤn tu
14	石头	luaŋ
15	火	tʃi ŋal
16	上面	sɹ̩ dul lɔ
17	下面	sɹ̩ tal tʃɔ
18	里面	kɤl naŋ
19	外面	kɤl nɔk
20	年	pi
21	日	mɯ
22	猪	tʃi lĕk
23	狗	tʃɔʔ

24	熊	sɔl		60	裙子	tʃih
25	老鼠	praŋ		61	听	pal
26	鸡	ʒar		62	吃	tuʔ
27	鸟	tʃem		63	喝	tɛŋ
28	蚂蚁	si moik		64	吹	poŋ
29	跳蚤	tsal tɛp		65	说	laʔ
30	苍蝇	rɑi		66	跳	t Ɛʔ tiau
31	蚊子	sɤŋ ŋain		67	走	ʔuɤʔ
32	翅膀	doŋ sɿ naŋ		68	跑	mɤ săt
33	毛	doŋ		69	坐	ȵɔʔ
34	鱼	muɔ		70	睡	ŋoi
35	尾巴	sɤŋ ta		71	扛	lam ʔ Ɛt
36	树	tsɿ ʔoŋ		72	洗(衣)	kɤŋ tʃah lɔp
37	竹笋	ta băŋ		73	捆	măt sɛ
38	稻子	sɤŋ ŋa		74	问	mɑin ʔup
39	甘薯	kuai mɤ hɔ		75	骂	sak
40	姜	ra via		76	笑	kɤ ȵaih
41	果实	baʔ		77	哭	ȵam
42	茅草	tʃi lɛŋ		78	浮	pul
43	叶子	kɤl na		79	沉	tʃɔm
44	头	klak		80	飞	pɤr
45	眼睛	pɤŋ ŋai		81	(狗)吠	rɔ
46	鼻子	moih		82	啼	tɤr tƐ
47	耳朵	tor		83	大	niŋ
48	牙齿	srɔŋ		84	小	dɔʔ
49	胡子	lɔŋ ŋɤm		85	高	suŋ
50	手	ti		86	低	tăm
51	皮肤	tɤ nɤŋ		87	深	tsɿ luʔ
52	骨头	ʒɔŋ		88	长	ʒau
53	血	sɿ nɔm		89	短	tʃi diăʔ
54	胆	sɤŋ dăʔ		90	厚	kɤŋ bɤl
55	肝	ta lɑm		91	远	ʒɔʔ
56	父亲	ʔoiŋ		92	近	bet
57	母亲	mĕʔ		93	多	kɤ nɤŋ
58	子女	kan plɔŋ		94	少	dɔʔ
59	上衣	lɔp		95	轻	sɿ ʒal

96	重	tʃi liŋ
97	红	ʔoit
98	白	bŭk
99	黑	ʔait
100	绿	khiu
101	（羊）肥	lɣ mɣih
102	瘦	ʒa
103	好	năk
104	坏	ba năk
105	快	ʔuai
106	慢	ʒɯʔ
107	酸	băʔ
108	甜	ʃaʔ
109	苦	tsaŋ
110	辣	ʔuiʔ
111	咸	kɛm
112	痒	ŋaʔ
113	我	ʒɔ
114	你	mi / pa（女）
115	他	ŋa
116	这	ʔe

布央语 汉藏语系壮侗语族仡央语支的一个语言，分布在云南广南县、富宁县以及广西那坡县，三个毗邻的县份。据1994年的调查，使用布央语的约有2000人。具体分布是：云南广南县底圩乡央连村约有500人；广南县八达乡安舍村约100人；云南富宁县谷拉乡的峨村等8个村子共约1000人；广西壮族自治区那坡县龙合乡荣屯、共和二村300余人，坡荷乡善合、永安、果把村100余人，共约500人。"布央"是壮语对这些人的称呼，而布央人也接受这一名称，并把它作为自称。云南富宁、广南的布央人属壮族，衣着服饰已随壮族；广西那坡布央人曾于19世纪50年代"民族识别"时被定为瑶族，因其妇女使用的头巾图案近似瑶锦。布央人分布在壮族村落之中，各县内的布央人彼此有来往，与县外的本族人则很少接触。布央人称自己是从外地迁徙来的"客人"，壮族是"土人"。根据口头传说，迁来此地约有300年或100多年的历史。从地名上看，黔西南和桂西的隆林、田林、西林一带有许多带"央"或"秧"字的地名，则布央人有可能是从黔西南一带迁来，后来大部分被当地的壮族所同化。下面以富宁县郎架村布央语音系为例，介绍布央语。

一 语音

声母 有42个：p ph ʔb m f v t th ʔd n l ts tsh θ ð ȵ ç k kh ŋ ʔ h q qh pj lj ʔbw tw thw dw lw tsw θw ðw ȵw çw ʒw kw khw ŋw hw qhw，其中的θ、kh主要用于壮语借词。

韵母 有9个元音：a ɛ e i ɔ u o ɯ ə，有 -i、-u、-ɯ、-m、-n、-ŋ、-p、-t、-k 9个韵尾，元音和韵尾组合成102个韵母：a ɛ e i ɔ u o ɯ ə aːi ai ɔi ui uːi iu iːu au uɣ eu uːu ou iːu ɯu aːɯ aːm am ɛm em iːm im ɔm om uːm um ɯːm aːn an ɛn en iːn in ɔn on uːn un ɯn aːŋ aŋ ɛŋ eŋ iːŋ iŋ ɔŋ oŋ uːŋ uŋ ɯːŋ ɯŋ əŋ aːp ap ɛp ep iːp ip ɔp op uːp up aːt at ɛt et iːt it ɔt ot uːt ut ɯːt aːk ak ɛk ek iːk ik ɔk ok uːk uk ɯːk ɯk iə ie ian uə uai uaːn uaŋ ou uːn ɛɯ.

声调 有6个声调：54、24、33、31、312、11 舒声调和促声调相同。

声调	54	24	33	31	312	11
例字	tu⁵⁴	kɯːŋ²⁴	pi³³	ʔdu³¹	maːn³¹²	ʒuə¹¹
	三	狼	比	做	新	弟弟

从每个声调所出现的词来看，使用33调的词很少，而且主要是汉语借词。布央语有比较多的壮语借词和汉语借词，有些借词与固有词同时并用，有些则替代固有词。布央语与壮侗语族语言的关系比较密切。在语音、语法上大致有如下的特点：（1）元音开头的音节都带喉塞音ʔ；（2）都有带喉塞的浊塞音声母 ʔb、ʔd；（3）有 -m、-p、-t、

-k 韵尾和 -i、-u、-ɯ 韵尾；（4）声调分舒声调和促声调；（5）语序是主—谓—宾；（6）名词的修饰语后置；（7）第一人称复数分"包括式"和"排除式"。通过与壮语、临高语、侗语、仡佬语词汇的比较，布央语中跟临高语相同的最多，其次是壮语。在 196 个基本词里（参考 Swadesh 的 200 词），与壮语相同的有 68 个，占 35%，与临高语相同的有 66 个，占 34%，与侗语相同的有 52 个，占 27%，与仡佬语（在 189 个词里）的比较，则比例更高，相同的有 66 个，占 37%。

附：布央语常用词举例

1	天	ʔbun^{54}
2	太阳	ta^{54}van^{54}
3	月亮	luŋ^{11}tɛn^{11}
4	星星	laːŋ^{11}loŋ^{312}
5	云	lamuk^{11}ʔbun^{54}
6	风	lavan^{312}
7	雨	ʑuːt^{11}
8	水	ɔŋ^{24}
9	河	ɔŋ^{54}ta^{312}
10	山	po^{11}
11	水田	na^{312}ɔŋ^{24}
12	土	ɔt^{11}
13	窟窿	puŋ^{54}
14	石头	pja^{312}
15	火	pui^{54}
16	上面	puŋ^{33}lu^{54}
17	下面	puŋ^{33}ʑun^{11}
18	里面	puŋ^{33}pɔŋ^{24}
19	外面	puŋ^{33}ðiə^{24}
20	年	piːŋ^{312}
21	日	van^{54}
22	猪	limu^{54}
23	狗	qoi^{24}
24	熊	tamɛ^{312}
25	老鼠	qaçi^{54}
26	鸡	qai^{54}
27	鸟	limanuk^{11}
28	蚂蚁	mut^{11}
29	跳蚤	qamat^{54}
30	苍蝇	malɛŋ^{31}
31	蚊子	qaʑaːŋ^{312}
32	翅膀	tavɛŋ^{312}
33	毛	mui^{11}
34	鱼	mala^{312}
35	尾巴	qaçut^{11}
36	树	qatui^{54}
37	竹笋	qhik^{54}
38	稻子	phaːi^{54}
39	甘薯	man^{312}
40	姜	tshɛŋ^{54}
41	果实	maːk^{11}
42	茅草	qa^{54}
43	叶子	qaʔdɛŋ^{11}
44	头	qaðu^{11}
45	眼睛	mata^{54}
46	鼻子	qatiŋ^{24}
47	耳朵	taða^{312}
48	牙齿	qaçɔŋ^{54}
49	胡子	——
50	手	ŋɛk^{11}
51	皮肤	ʔbun^{31}
52	骨头	qaʔdaːk^{31}
53	血	qha^{24}
54	胆	qaʔdi^{31}
55	心	θam^{24}tou^{11}
56	父亲	pa^{11}
57	母亲	miə^{11}
58	子女	laːk^{11}
59	上衣	ʑiə^{11}
60	裙子	luŋ^{24}
61	听	in^{31}

62	吃	kan⁵⁴		98	白	ɔk¹¹
63	咳嗽	qaðɔk¹¹		99	黑	ʔdam³¹
64	吹	hip⁵⁴		100	绿	lok¹¹
65	说	i¹¹ matɛ³¹²		101	(羊)肥	manɛn³¹²
66	跳	qatɛu¹¹		102	瘦	qatset¹¹
67	走	lavi³¹²		103	好	ŋai²⁴
68	跑	taken¹¹		104	坏	tuk⁵⁴ ɕaŋ¹¹
69	坐	qatu²⁴		105	快	haːu²⁴
70	睡	u¹¹		106	慢	lum⁵⁴
71	扛	pɛk¹¹		107	酸	ʔdaːt¹¹
72	洗(衣)	pai¹¹		108	甜	qaɛn²⁴
73	捆	pat⁵⁴		109	苦	qam⁵⁴
74	问	ɕi²⁴		110	辣	ɕat¹¹
75	骂	tsian²⁴		111	咸	qhaːm¹¹
76	笑	qaɕɔ⁵⁴		112	痒	qaʔduk⁵⁴
77	哭	ɲiːt¹¹		113	我	ku⁵⁴
78	浮	pu¹¹		114	你	ma³¹²
79	沉	tsam²⁴		115	他	kɛ⁵⁴
80	飞	taʔbin³¹		116	这	ni¹¹
81	(狗)吠	ʔbuə¹¹				
82	啼	qaʔdaŋ³¹				
83	大	luːŋ²⁴				
84	小	ɛŋ²⁴				
85	高	vaːŋ³¹²				
86	低	ta¹¹				
87	深	qalak⁵⁴				
88	长	ði²⁴				
89	短	ti¹¹				
90	厚	tana³¹²				
91	远	maði²⁴				
92	近	thuə²⁴				
93	多	ʔbuə³¹				
94	少	it⁵⁴				
95	轻	qatshiːn²⁴				
96	重	qanaŋ¹¹				
97	红	laːn¹¹				

布依语 属汉藏语系壮侗语族壮傣语支，布依族使用的语言，分布在贵州省西南部红水河和南盘江以北地区，即黔南布依族苗族自治州、安顺地区、毕节地区和黔东南苗族侗族自治州，遵义地区和铜仁地区也有散居，现有人口2545000余人（1990年）。据1982年的统计，布依族有212万人，约有180万人使用布依语，约占总人口的85%。布依族自称"布瑞""布依""布雅依"，与广西壮族北部方言的桂边土语北部一些地方和丘北土语的壮族自称相同，语言也比较接近。布依语分3个：黔南土语分布在望谟、安龙、罗甸、贞丰、兴义、册亨、独山、荔波等县；黔中土语分布在贵阳、贵定、清镇、龙里、平坝、安顺、织金、黔西等县；黔西土语分布在普安、晴隆、盘县、朗岱、普定、水城等县。土语之间的差别只在语音上，语法和词汇差别不大。总的来看，黔西土语与黔南土语和黔

中土语的差别大些,以至彼此用布依语交际有些困难。而黔南土语和黔中土语的人交际比较容易。

布依语语音的特点是有两个带喉塞浊擦音声母 ʔv、ʔj,与不带喉塞的 v、j 构成对立的音位。黔南土语一些地方有一套唇化声母:kw ŋw tw nw lw sw zw tɕw ɕw jw。黔西土语有一套送气音声母。下面对布依语的介绍以龙里县羊场话为标准。

一 语音

声母 有 27 个声母:p ʔb m f v ʔv pj mj ts s z t ʔd n l tɕ ɲ ɕ ʔj k ŋ x ɣ kw ŋw ʔ,其中的 f、ɕ、x 只用于拼写现代汉语借词。

韵母 有 7 个元音 a e i o u ɯ ɿ,有 9 个韵尾 i u ɯ m n ŋ p t ʔ。由元音和韵尾组成 85 个韵母:a e i o u ɯ ɿ ua ue er aːi ai ei uai ui ɯi aːu au iau iu ou əu aɯ aːm am iam iːm im uam om uːm um aːn an ian iːn in uan on uːn un ɯːn ɯn aːŋ aŋ iaŋ iːŋ iŋ uaŋ oŋ uːŋ uŋ ɯːŋ ɯŋ aːp ap iap iːp ip uap op uːp up aːt at iat iːt it uat ot uːt ut ɯːt ɯt aːʔ aʔ iaʔ iːʔ iʔ uaʔ oʔ uːʔ uk ɯːʔ ɯʔ,其中的 ei ua ou əu ue ɿ er 为汉语新借词专用韵母。

声调 有 6 个舒声调:第 1 调 35,第 2 调 11,第 3 调 13,第 4 调 31,第 5 调 33,第 6 调 53;4 个促声调:第 7 调(长)33,(短)35,第 8 调(长)53,(短)11。

布依语各土语的特点:(1)黔南土语有 a i o u ɯ e ɿ 7 个元音,除 e、ɿ 之外,其他元音在辅音韵尾之前一般都有长短的区别。(2)黔中和黔西两个土语的 e、o 在辅音韵尾之前变为 ia 和 ua。(3)黔南土语有腭化音声母 bj mj,黔西和黔中土语没有,只读 p 和 m。(4)黔南土语有 tw lw sw zw ɕw jw kw ŋw 等唇化声母,黔西和黔中土语只有 kw ŋw 两个唇化声母。(5)黔西土语有一套送气音声母,多出现在阴调类。(6)黔西土语的元音除 a 以外,不分长短。(7)黔南和黔中土语的单元音韵母 e、o,在黔西土语多读为复元音 ie、uə,而黔南土语的韵母 aːi 和 aːu,在黔西土语又读作单元音 e、o。(8)黔西土语第 3、4 调合并,只有 5 个舒声调,2 个促声调。

三个土语的词汇比较接近,但也有一定数量的词汇不相同。如:

词义	黔南土语	黔中土语	黔西土语
绿	lok⁸	lu⁴/jau¹	jau¹/sau¹
花	va¹	daːi⁵	daːi⁵/fa¹
鸡冠	vɯːn¹	zu³	su³/fən¹
锅	ɕaːu⁵/kwa¹	kwa¹	tso⁵
裤子	va⁵ ɕuːŋ¹	tsuːŋ¹	fa⁵
豆子	kɯk⁸ tu⁶	lɯʔ⁸ maːʔ⁷	lɯʔ¹u⁶
碗	tui⁴/vaːn³	tsa¹	tui⁴
甑子	naŋ³/zai¹	zai¹	naŋ³
密	ti⁶	na¹	ti⁶/na¹
洗澡	aːp⁷	zɯːt⁸/sui⁵	aːp⁷/əʔ⁷

在布依语中,黔南和黔中两个土语之间相同或相近的词约有 70% 以上;黔南和黔西两个土语之间相同或相近的词约有 60% 以上;黔中和黔西两个土语之间相同或相近的词只有 50% 以上。

附:布依语常用词举例

1	天	bɯn¹
2	太阳	taŋ¹ ŋon²
3	月亮	dɯːn¹
4	星星	daːu¹ di⁵
5	云	vu³
6	风	zum²
7	雨	vɯn¹
8	水	zam⁴
9	河	da⁶
10	山	pja¹/po¹
11	水田	na²
12	土	naːm⁶
13	山洞	kaːm³
14	石头	zin¹
15	火	vi²
16	上面	kɯn²

17	下面	laɯ³		53	血	lɯːt⁸
18	里面	daɯ¹		54	胆	di¹
19	外面	zuaʔ⁸		55	心	tsɯ¹
20	年	pi¹		56	父亲	po⁶
21	日	ŋon²		57	母亲	me⁶
22	猪	mu¹		58	子女	lɯʔ⁸
23	狗	ma¹		59	上衣	pu⁶
24	熊	mui¹		60	裙子	vin³
25	老鼠	nu¹		61	听	ȵi¹
26	鸡	kai⁵		62	吃	kɯn¹
27	鸟	zoʔ⁸		63	咳嗽	ai¹
28	蚂蚁	mat⁸		64	吹	po⁵
29	跳蚤	mat⁷		65	说	nau²
30	苍蝇	niaŋ² ɣaːu⁴		66	跳	ʔjoŋ⁵
31	蚊子	niaŋ²		67	走	pjaːi³
32	翅膀	vɯːt⁸		68	跑	jaːu⁶
33	毛	pɯn¹		69	坐	zaŋ⁶
34	鱼	pja¹		70	睡	nɯn²
35	尾巴	zɯːŋ¹		71	扛	kɯːt⁸
36	树	vai⁴		72	洗（衣）	saʔ⁸
37	竹笋	zaːŋ²		73	捆	kun⁵
38	稻子	ɣau⁴		74	问	ɣam⁵
39	甘薯	man²		75	骂	da⁵
40	姜	jiŋ¹		76	笑	ziu¹
41	果实	lɯʔ⁸ vai⁴		77	哭	tai³
42	茅草	ɣa²		78	浮	vu²
43	叶子	baɯ¹		79	沉	tsam¹
44	头	tɕau³		80	飞	bin¹
45	眼睛	ta¹		81	（狗）吠	zau⁵
46	鼻子	daŋ¹		82	啼	ɣan⁵
47	耳朵	zɯ²		83	大	laːu⁴ / ɣuŋ¹
48	牙齿	jiau³ / van²		84	小	ne⁵ / sai⁵
49	胡子	mum⁶		85	高	saːŋ¹
50	手	vɯŋ²		86	低	tam⁵
51	皮肤	naŋ¹		87	深	laʔ⁸
52	骨头	duaʔ⁷		88	长	zai²

89	短	tin³
90	厚	na¹
91	远	tɕai¹
92	近	tɕɯ³
93	多	laːi¹
94	少	siu³
95	轻	bau¹
96	重	naʔ⁷
97	红	diŋ¹
98	白	ɣaːu¹
99	黑	van¹
100	绿	lu⁴
101	（羊）肥	pi²
102	瘦	pjam¹
103	好	di¹
104	坏	vaːi⁶
105	快	ɣan¹
106	慢	nuŋ³
107	酸	som³
108	甜	vaːn¹
109	苦	ɣam¹
110	辣	maːn⁶
111	咸	daŋ⁵
112	痒	ɣum²
113	我	ku¹
114	你	mɯŋ²
115	他	te¹
116	这	ni⁴

蔡家话 贵州省西部赫章县兴发乡新营村李家寨、松林坡乡垭口村蔡家园、可乐乡李家沟，威宁县的新发乡和水城鼠场的蔡家园等地，有部分自称 men³¹ni³³，当地人称之为"蔡家"的人，他们所使用的语言叫蔡家话。蔡家人除了使用自己的语言外，一般也兼通当地汉语方言，部分人兼通彝语或苗语。蔡家人一般都是在幼年时先学会汉语，到十岁以后才逐渐学会蔡家话。据调查，使用蔡家话的人已经不多，估计有 1000 人左右。2000 年 8 月，有学者在赫章县兴发乡调查了李家寨和垭口村蔡家园的蔡家话。以下是根据《中国的语言》所载有关蔡家话文章转述蔡家话的主要特点。

一　语音

声母　有 30 个：p ph b m f w t th d n l ts tsh dz s z tɕ tɕh dʑ ɕ ȵ k kh g ŋ x ɣ ʔ h。

韵母　有元音 9 个：a e i ɿ ʅ ɯ u o ə，除 ə 外，其余均可单独作韵母；有 5 个韵尾：-i、-u、-ɯ、-n、-ŋ。由元音和韵尾构成 26 个韵母：a ai au an e ei en i ia ie iu iau in ien ɿ ʅ ɯ u ua ue ui uo un uŋ o əu。

有 4 个声调：

调次	调值	例　词
第 1 调	55	ta⁵⁵ 二　khui⁵⁵ 狗　pei⁵⁵ 八
第 2 调	33	sa³³ 三　dzan³³ 十　tsuo³³ 哥哥
第 3 调	24	ku²⁴ 猴子　ȵuŋ²⁴ 耳环　bia²⁴ 菠萝
第 4 调	31	zu³¹ 吃　khua³¹ 好　tɯ³¹ 在

二　词汇

蔡家话有许多固有词，如：

kien³³	天
tin³³	云彩
tʅ³³	雷
zʅ³³	雨
fai⁵⁵	火
ŋun³³	月份
ku²⁴	稻子
pi³¹	嘴
fei⁵⁵	蛇
mei³¹	藤
tsu³³	根
san³³	菌子
bia²⁴	菠萝
ȵuŋ³³	女儿
sʅ³³	孙子

li³³	进		
zu³¹	吃		
tsu³¹	嚼		
ȵu³³	等候		
ɣə³¹	下去		
bi³³	矮		
bia³³	白		
la³¹	大		
ŋa³³	硬		
tshɿ³³	轻		
dɯ³³	坏		
khua³¹	好		
ten³¹	圆		
gui³³	滑		
uŋ³³	肿		
dzan³³	十		
tɯ³¹	在		

蔡家话的固有词有些与壮侗语相同（蔡家/壮/侗）：

火	fai⁵⁵/fei²/pui¹
月份	ŋun³³/dɯːn¹/ȵaːn¹
熊	bi³³/mui¹/ me¹
粪便	i⁵⁵/ hai⁴/e⁴
在	tɯ³¹ jou⁵ ȵaːu⁶
找	guo³³/ ɣa¹/ la⁶

三 语法

主要语序是：主语—谓语—宾语，修饰语一般在中心语的前面，如：li³¹（猪）+ tsa³3（肉）= 猪肉，但也保留了修饰语在后面的痕迹。数量词修饰名词时位于名词之后，如：a⁵⁵（鸭子）+ ji³¹（一）+ tshu³¹（群）= 一群鸭子。代词可修饰名词，位于名词之前，如：ŋuo³³（我）+ he³¹（家）= 我的家，但如名词带量词时则量词跟在名词之后，如：o³³（这）+ ti³¹（山）+ pəu³³（座）= 这座山。量词比较丰富。

蔡家话的归属问题还没有确定，还有待于今后深入的研究。

附：蔡家话常用词举例：

天	khen³³
云	tin³³
星星	ɕie⁵⁵su³¹
风	pan³³
雨	zɿ³³
火	fai⁵⁵
水	sɿ⁵⁵
烟	ʔin²⁴
石头	dza³³
山	ti³¹
水田	len³¹
炭	thu⁵⁵
路	ho⁵⁵
牛	ŋu³¹
马	me³³
猪	li³¹
狗	khui⁵⁵
熊	bi³³
羊	tshɿ⁵⁵
猫	mi²⁴
猴子	ku²⁴
鸡	kie³³
鸭子	a⁵⁵
蛇	fei⁵⁵
鱼	ɣuŋ²⁴
树	so⁵⁵
人	wu³³tsu³³
嘴	pi³¹
父亲	pa⁵⁵
母亲	ji³³
女儿	ȵuŋ³³
儿子	tsɿ⁵⁵
孙子	sɿ³³
哥哥	tsuo³³

弟弟	he³³
饭	zu³³
家	he³¹
衣服	ɣuŋ⁵⁵
吃	zu³¹
喝	an³¹
咬	tɕhin³³
走	dza³¹
睡	dzɿ³³
进	li³³
来	ɣɯ³¹
买	man³¹
有	ɣan³¹
晒	tsa⁵⁵
大	la³¹
多	tie³³
好	khua³¹
厚	gu³³
白	bia³³
高	ko³³
矮	bi³³
轻	tshɿ³³
我	ŋuo³³
你	nɯ³³
这	o³³
那	mo³³
一	ji³³
二	ta⁵⁵
三	sa³³

仓洛语 又称仓洛门巴语，是门巴族中自称 monba 的那部分人所使用的语言，分布在西藏墨脱县背崩、墨脱、邦兴、德兴四个区和林芝县的东久区，人口有五六千。仓洛门巴语在墨脱县普遍使用，与藏语一起作为当地的通用交际语言。据说，操仓洛语的门巴族祖居不丹王国东部，约于二百年前分批东迁至墨脱县和林芝县。仓洛不是他们的自称，而是当地操另一种语言的门巴人（德兴区的"不若米巴"人，即操错那门巴语的人）对他们的称呼。仓洛语属汉藏语系藏缅语族，与藏语有较多的相同之处。仓洛人一般兼通藏语，少数人懂汉语。这里介绍的仓洛语以墨脱县背崩乡地东村的话为依据。

一　语音

有 25 个单辅音声母，3 个复辅音声母：p ph m w t th n l ɬ ts tsh s tʂ tʂh (ʂ) r tɕ tɕh ɕ ɲ j k kh ŋ ʔ h pr phr mr，其中的 p t k ts tʂ tɕ s 各有一个浊音的变体：b d g dz dʐ dʑ z，它们在高调音节中读清音，在低调音节中读浊音。ʂ 只出现在汉语借词中，如 ʂu⁵⁵tɕi⁵⁵（书记）。r 以及复辅音中的 r，实际读音是卷舌半元音 ɹ。

有 7 个元音：a i u e o y ø 都可以单独作韵母，有 ʔ k ŋ t n p m r s 9 个辅音韵尾，由元音和韵尾构成 46 个带辅音尾韵母：aʔ ak aŋ at an ap am ar as iʔ ik iŋ it in ip im ir is uʔ uk uŋ ut un up um ur us eʔ ek eŋ et en ep em er es oʔ ok oŋ ot on op om or os øʔ。另外有复元音韵母 3 个：ai oi ui。

声调只有 55、12 两个。高调读高平或高降都可以。在仓洛语中靠声调高低区别意义的词只有十几对：ŋa⁵⁵（五）ŋa¹²（鱼），leŋ⁵⁵（桃）leŋ¹²（换），ȵiŋ⁵⁵（穿针）ȵiŋ¹²（年），lam⁵⁵（学）lam¹²（路），lik⁵⁵（戴项链）lik¹²（生长），laŋ⁵⁵（骑）laŋ¹²（坐），ɕa⁵⁵（肉）ɕa¹²（肥料）。

连词、助词多读轻声。有些词尾或少数双音节词后一个音节读轻声，三音节、四音节词的最后一个音节读轻声。

二　词汇

仓洛门巴语双音节词约占词汇总数的 47%，在单音节中同音词比较多，如 ŋam¹² 天空，太阳，天、日，吃（肉），疼；sa¹² 儿子，吃（饭），痒；tsho⁵⁵ 湖，镯子，孙子，外孙，簸箕（指纹）；tɕaŋ¹² 我，北，拉，练习，习惯，唱；se⁵⁵ 十，知道，果子，长、生；lam¹² 路，算，找，想；tuŋ¹² 村庄，长矛，收割（谷穗），捡拾；le¹² 舌头，肠子，篾心，展示。两个词同音的更多。

仓洛语中藏语借词较多，在2128个词当中，有805个是藏语借词，占38%，人名也大多使用藏语。所借藏语词多为名词，动词和其他类的词也有。门巴语的借词中既保留有古藏语 pr-、phr-、br- 等复辅音声母，如 paŋ⁵⁵pu⁵⁵（穷人），phreŋ⁵⁵ŋa¹²（念珠），pro¹²（舞蹈），也保留有古藏语的浊声母，如 buŋ¹²ku⁵⁵（驴，现代拉萨语读 phuŋ¹²ku⁵⁴），dep¹²（书，现代拉萨语读 thep¹²），gur¹²（帐篷，现代拉萨语读 khur¹²），dza¹²（茶，现代拉萨语读 tɕha¹²），zom¹²（水桶，现代拉萨语读 som¹²）。

有些现代汉语借词是通过藏语进入门巴语的，如 the⁵⁵tsi⁵⁵（图章），kem¹²tsi⁵⁵（剪子），kaŋ⁵⁵tsi⁵⁵（缸子），wa¹²tsi⁵⁵（袜子），ji¹²tsi⁵⁵（肥皂，胰子），jaŋ¹²la¹²（蜡烛）。

门巴语的合成词构词方式有复合式和附加式。附加式构词前加成分较少，后加成分较多。前加成分有 a⁵⁵、u⁵⁵、o⁵⁵，如 a⁵⁵reŋ¹²（水田），u⁵⁵pi¹²（曾祖母），o⁵⁵roŋ¹²（大背篓）；后加成分有 -pa⁵⁵、-pi⁵⁵、-pu⁵⁵、-po⁵⁵、-phu⁵⁵、-pa¹²、-ma¹²、-mo¹²、-min¹²、-lu¹²、-ɕa⁵⁵、-taŋ⁵⁵、-naŋ¹²，如 ɕa⁵⁵pa⁵⁵（猎人），ɳos¹²pa⁵⁵（疯子），pok¹²pi⁵⁵（面粉），ɕam⁵⁵pi⁵⁵（尾巴），tɕhaŋ⁵⁵pu⁵⁵（凉），mes¹²pu⁵⁵（低），sak¹²po⁵⁵（多），per¹²po⁵⁵（辣）。

三　语法

词类　分名词、量词、数词、代词、动词、形容词、副词、连词、助词、叹词10类。

名词　有单数和复数的形式，复数名词是在单数名词之后加词尾 -pa¹² 构成。如：phem⁵⁵（饼子），phem⁵⁵pa¹²（饼子，复数）；phai⁵⁵（房子），phai⁵⁵pa¹²（房子，复数）。

量词不多，数词可以直接修饰名词。多数是度量衡的量词，如 mi¹²（拇指和食指伸开的长度），ja¹²naŋ¹²（拇指和中指伸开的长度），saŋ⁵⁵（两，重量单位），tɕa¹²ma¹²（斤），khai⁵⁵（二十），tɕa¹²（百），toŋ⁵⁵（千），tʂhi⁵⁵（万），ɳiŋ¹²（年），ŋam¹²（天），rap¹²、tɕap¹²（回、次）等。数词门巴语数词不发达，由1至19有数词，20作为量词，khai⁵⁵（二十）thor⁵⁵（一个），即20；khai⁵⁵（二十）ɳik¹²tsiŋ⁵⁵（二个），即40；khai⁵⁵（二十）thor⁵⁵（一）taŋ¹²（和）se⁵⁵（十），即30；khai⁵⁵（二十）sam⁵⁵（三）taŋ¹²（和）khuŋ⁵⁵（六），即66。

人称代词分单数、双数和复数。如：tɕaŋ¹²（我），a⁵⁵ɕiŋ⁵⁵（我俩），ai⁵⁵、ai⁵⁵te⁵⁵（我们）；nan¹²（你），na¹²ɕiŋ⁵⁵（你俩），nai¹²、nai¹²te⁵⁵（你们）；roʔ¹²（他），roʔ¹²ɕiŋ⁵⁵（他俩），rok¹²te⁵⁵（他们）。

动词　分判断动词、存在动词和行为动词3类。行为动词有体的语法范畴。分进行体、未行体、将来进行体、已行体、完成进行体5种：进行体——在动词之后加助词 tɕa⁵⁵ 未行体 ŋ 在动词之后加词尾 -pe⁵⁵、-phe⁵⁵、-pe¹²、-me¹²、-le¹²；将来进行体——在动词之后加助动词 tɕa⁵⁵ 或 la；已行体 ŋ 在动词之后加词尾 -pa、-pha、-ma、-wa；完成进行体——在动词之后加已行体词尾 -pa、-pha、-ma、-wa 之后，再加上助动词 tɕa⁵⁵ 或 tɕa⁵⁵ka⁵⁵。形容词有级的语法范畴，分一般级、稍高级、太高级、最高级四种：一般级——用形容词的词根。如 per¹²（辣），稍高级——加后缀 -khin 表示，如 per¹²khin（稍辣）；太高级——加后缀 -taŋ⁵⁵ sak¹²pa 表示，如 per¹²taŋ⁵⁵sak¹²pa（太辣，相当辣）；最高级——加后缀 -ɕe⁵⁵ 表示，如 per¹²ɕe⁵⁵（最辣，更辣）。

副词　分表示程度、时间和频率、方向、方式、范围、处所等几类，一般用在被修饰的词之前，但表示程度的副词要用在被修饰的形容词之后。

有较多的结构助词，用于句中名词或名词性词组的后边，表示某种语法意义。

句子成分 有主语、谓语、宾语、定语、状语5种。语序是：主语—谓语，主语—宾语—谓语；名词性的定语在中心语之前，形容词性的定语在中心语之后。状语有表时间、处所、对象、目的和原因、方式、状态、手段、程度、方向、数量、比较、结果等。除程度副词修饰形容词有的可以用在形容词后边以外，其他状语都在中心语的前边。

四 方言

各地的仓洛门巴话彼此都能听得懂。墨脱仓洛门巴语和提朗门巴语在语音上有差别。词汇上差别很小。

附：仓洛语常用词举例

1	天	$ŋam^{13}$
2	太阳	$ŋam^{13}$
3	月亮	$la^{13} ȵi^{13}$
4	星星	$kar^{55} ma^{13}$
5	云	$muk^{55} pa^{55}$
6	风	$ri^{13} ti^{13}$
7	雨	$ŋam^{13} su^{55}$
8	水	ri^{13}
9	河	ri^{13}
10	山	riu^{13}
11	水田	$a^{55} reŋ^{13}$
12	土	sa^{55}
13	窟窿	$tor^{13} paŋ^{13}$
14	石头	$luŋ^{13}$
15	火	mi^{13}
16	上面	$thuŋ^{55}$
17	下面	$phraŋ^{55}$
18	里面	$naŋ^{13}$
19	外面	$tɕhi^{55}$
20	年	$ȵiŋ^{13}$
21	日	$ŋam^{13}$
22	猪	$phak^{55} pa^{55}$
23	狗	khu^{55}
24	熊	$om^{55} ɕa^{55}$
25	鼠	$phi^{55} ɕak^{55} pa^{55}$
26	鸡	$ko^{13} wa^{13}$
27	鸟	kha^{55}
28	蚂蚁	$khaŋ^{55} tɕi^{55} la$
29	跳蚤	$ŋep^{13} taŋ^{55}$
30	苍蝇	$juŋ^{13} pu^{13}$
31	蚊子	$tʂuŋ^{55} tɕuŋ^{55}$
32	翅膀	$wai^{13} lam^{13}$
33	毛	pu^{55}
34	鱼	$ŋa^{13}$
35	尾巴	$ɕam^{55} pi^{55}$
36	树	$ɕiŋ^{55}$
37	竹笋	$ɕo^{55} ȵom^{55}$
38	稻子	par^{13}
39	土豆	$pa^{55} saŋ^{55} koŋ^{13}$
40	姜	$sa^{55} ka^{13}$
41	果实	se^{55}
42	草	$ŋon^{55}$
43	叶子	$ɕa^{55} pa^{13}$
44	头	$ɕa^{55} raŋ^{13}$
45	眼睛	$miŋ^{13}$
46	鼻子	$na^{13} khuŋ^{55}$
47	耳朵	na^{13}
48	牙齿	$ɕa^{55}$
49	胡子	$ŋaŋ^{13}$
50	手	$ka^{13} taŋ^{13}$
51	皮肤	$khop^{55} taŋ^{55}$
52	骨头	$khaŋ^{55}$
53	血	ji^{13}
54	胆	$tʂhis^{55}$
55	心	$thiŋ^{55} lom^{13}$
56	父亲	$a^{55} pa^{13}$
57	母亲	$a^{55} ma^{13}$
58	子女	sa^{13}
59	上衣	$kha^{55} muŋ^{13}$

60	裙子	me^{55}jo^{13}		96	重	tɕit^{55}pu^{55}
61	听	ȵan^{13}		97	红	tsa^{55}lu^{13}
62	吃	sa^{13}		98	白	pa^{13}liŋ^{13}pi^{13}
63	咳嗽	tshuŋ^{55}phuŋ^{55}		99	黑	tɕhaŋ^{55}lu^{13}
64	吹	mu^{13}		100	绿	jeŋ^{55}lu^{13}
65	说	jek^{13}/ak^{55}		101	（羊）肥	tɕak^{55}pa^{55}
66	跳	lin^{55}		102	瘦	tɕut^{13}pa^{55}
67	走	te^{13}/ti^{13}		103	好	lek^{55}pu^{55}
68	跑	tɕoŋ^{13}		104	坏	tuk^{13}pin^{55}
69	坐	laŋ^{13}/tɕho^{55}		105	快	to^{13}sok^{13}
70	睡	jip^{13}		106	慢	tɕhap^{55}ten^{55}
71	抬	phu^{55}		107	酸	tɕur^{13}pu^{55}
72	洗（衣）	sik^{13}		108	甜	tɕher^{55}tɕher^{55}
73	捆	thik^{55}		109	苦	kha^{55}lu^{13}
74	问	tɕim^{13}		110	辣	per^{13}po^{55}
75	骂	ma^{13}hap^{55}phi^{55}		111	香	jim^{55}pu^{55}
76	笑	ŋar^{13}		112	新	siŋ^{55}ma^{13}
77	哭	kep^{13}		113	我	tɕaŋ^{13}
78	浮	pon^{13}		114	你	nan^{13}
79	沉	tep^{13}		115	他	roʔ^{13}/tan^{13}
80	飞	phen^{55}		116	这	u^{55}thu^{55}
81	（狗）吠	suk^{13}				
82	啼	tɕik^{13}				
83	大	tɕhi^{55}lu^{13}				
84	小	se^{13}mo^{13}				
85	高	thon^{55}po^{55}				
86	低	mes^{13}pu^{55}				
87	厚	thet^{55}pu^{55}				
88	长	riŋ^{13}pu^{13}				
89	短	thum^{55}pi^{13}				
90	厚	thet^{55}pu^{55}				
91	粗	ka^{55}taŋ^{55}				
92	细	se^{13}mo^{13}				
93	多	sak^{13}po^{55}				
94	少	ȵuŋ^{13}pu^{55}				
95	轻	jaŋ^{55}pu^{55}				

茶洞语 茶洞语是居住在广西壮族自治区临桂县茶洞乡大部分村寨以及两江镇和永福县龙江乡部分村寨居民所使用的语言，属汉藏语系壮侗语族侗水语支。这是一种新近发现的语言，当地其他民族称之为"茶洞话"。操茶洞语者的民族成分多数是汉族，少数为壮族。根据当地茶洞人的"蒙氏碑"碑文称，其先祖来自桂西北的南丹州，因此这些居民可能是来自南丹周围的几个县。据了解，在19世纪50年代以前，多数茶洞人还都不会说汉语，现在一般都会说汉语桂柳方言，部分人兼通广西汉语方言"平话"或壮语、瑶语。茶洞语内部比较一致，没有方言土语的差别。茶洞乡南边的几个村寨和两江镇的茶洞话受平话和官话（桂柳话）的影响较深，也受到壮语的影响，如清化鼻音声母趋于变

为纯鼻音声母，部分字由 -m 尾归入 -ŋ 尾等。下面是思吉村茶洞语的简介。

有 54 个声母：p ph m m̥ f w t th n n̥ l l̥ θ s z ts tsh c ch ȵ ȵ̥ ç j k kh ŋ ʔ h pj phj mj m̥j tj thj nj n̥j lj l̥j θj sj tsj tshj ȵj kj khj ŋj hj tw thw tsw kw khw ŋw hw。

有 9 个元音：a e ø i o u ə y ɯ，有 8 个韵尾：-i、-u、-m、-n、-ŋ、-p、-t、-k，两者构成 89 个韵母：

a e ø i o u ə y ɯ iə uə aːi ai oi uːi ui aːu au eu iːu aːm am em iːm im om əːm aːn an en øn iːn in on uːn un ən yːn yn aːŋ aŋ eŋ øŋ iːŋ iŋ oŋ uːŋ uŋ əŋ yŋ ɯːŋ aːp ap ep iːp ip op əp aːt at et øt iːt it ot uːt ut ət yːt yt ɯːt aːk ak ek øk iːk ik ok uːk uk ək yːk iem ien iaːŋ uan ua uo yen，最末的 7 个为带介音韵母，多用于汉语借词。

有 6 个舒声调和 4 个促声调。舒声调：第 1 调 53，第 2 调 21，第 3 调 31，第 4 调 23，第 5 调 45，第 6 调 35；促声调：第 7 调（短）45，（长）31，第 8 调（短）21，（长）23。

茶洞语的汉语借词很丰富，汉语借词刚被借入时，使用频率还不算高，但使用逐渐增多，并最终取代了固有词。有老借词和新借词两类，老借词按照古官话读音来读，新借词有的按照当地的官话读，有的按照古官话来读。

附：茶洞语常用词举例

天	pən²
太阳	ni⁴fai⁵
月亮	njiŋ²kaːŋ¹
星星	zɔn⁴
风	l̥əm¹
雨	fən¹
水	sy³
田	ja²
炭	thaːn⁵
路	khun¹
年	pe¹
日	wan¹
里面	laːu⁴haːu⁶
外面	mə¹nok⁷
黄牛	po⁴
公牛	tak⁸kwi²
马	ma⁴
狗	m̥a¹
鸡	kaːi⁵
鸭	ep⁷
鱼	məm⁶
青蛙	ni⁴kwai³
螃蟹	ni⁴cai⁶
虾	ni⁴naːŋ⁵
跳蚤	ni⁴mat⁷
老鼠	ni⁴no³
树	mi²
菜	ma¹
头	co³
额头	na³pjaːk⁷
脸	na³
眼睛	la¹
嘴	paːk⁷
舌头	ma²
手	mi¹
脚	tin⁴
人	lən¹
父亲	ti¹
孩子	laːk⁸
弟弟	nuŋ⁴
女孩	laːk⁸θo¹
衣服	kuk⁷
碗	uːn³
筷子	tsø⁶
房子	hjaːn¹
看	l̥aːŋ¹
吃	tsə¹

吹	tshy¹
坐	θui⁶
跑	laŋ⁶
走	saːm³
给	θaːi¹
来	taŋ¹
去	pə¹
有	me²
砍	ŋak⁷
死	tai¹
大	lək⁸
小	ti⁵
好	laːi⁴
黑	nam¹
新	m̥i⁵
旧	kaːu⁵
软	ma³
肥	pi²
饿	ŋa⁶
我	je²
你	ȵi²
他	mən²
这	kwaːi⁶
那	ka⁵
一	ji⁴
二	hja¹
不	kwe²

朝鲜语 朝鲜族（包括中国、朝鲜半岛等的）使用的语言，系属未定。学术界多认为属阿尔泰语系，但也非定论。在中国，主要分布在吉林、黑龙江、辽宁三省，使用人口约 192 万。在中国之外，主要分布在朝鲜半岛，使用人口约 7000 万。朝鲜族统一使用朝鲜文。

一 语音

有 10 个单元音：a ə o u ɯ i ɛ e ø y；11 个复合元音：ja jə jo ju jɛ je wa wə wɛ we ɯi。除 ɯi 外，其他复合元音均由半元音 j、w 和单元音组成。元音有阴性、阳性之分。单元音中的 a 与 ə，o 与 u；ɛ 与 e、ø 与 y，各组前一个音属阳性元音，后一个音属阴性元音。ɯ 属阴性元音，i 属中性元音。

有 19 个辅音：p t k pp tt kk pʻ tʻ kʻ tʃ tʃʃ tʃʻ sh ss m n ŋ ɾ。塞音、塞擦音各有松、紧、送气三套，双字母表示紧塞音或紧塞擦音。ɾ 是闪音，出现在音节末尾时是边音 [l]，ŋ 只出现在音节末尾。有学者认为，松辅音发音时带有明显的浊送气流；紧辅音发音时喉部和有关发音部位的肌肉特别紧张，而送气辅音发音时带很强的清气流。因此，又分别可以称为浊气音、憋气音、清气音。此外，另有喉擦音 h，鼻音 m、n、ŋ 和闪音。

有元音、元音+辅音、辅音+元音、辅音+元音+辅音等音节结构。在语言学上把一个多音节词三分为初声、中声、终声。在朝鲜语中 p、t、k、m、n、ŋ、l 作为终声在单音节中单念时只是有持阻阶段。有音高与音长相结合的自由重音。元音和谐主要表现在谓语词干和黏附成分的元音之间以及声态副词（模拟词）词干内部的元音之间。

二 语法

在朝鲜语中，表示语法意义和句法关系的主要手段是在词干后接缀黏附成分。体词和谓词都可以在词干后按一定的次序递加几层语法黏附成分，表示相应的几层语法意义。词分三类，即体词类、谓词类和无变化词类。

体词类分名词、代词、数词，有格范畴；名词、代词还有数的范畴。谓词类分动词、形容词，有尊称、时制、式、法（语气）和阶称范畴。尊称和阶称是朝鲜语特有的语法范畴。阶称表示说话者对听话者的尊卑礼节关系，可分为尊敬阶、对等阶、对下阶。法（语气）除了直说法、推测法外，还有目击法，表示说话内容是说话者耳闻目睹的亲知语气。此外，动词还有态范畴，分主动态、被动态和使动态。态、尊称、时制黏附成分都只表示某种语法范畴，仅靠它们还不能确定谓词在句子的功能，必须在词干末尾接缀连体形、连谓形或终止形黏附成分中的一种，才能进入句子。连体形谓词在句子中作定语。连谓形谓词与后面的谓词相连接，构成双谓语句或状语，也可以连接分句，构成复句。终止形谓词位于句子末尾，作句子中最主要的谓语，成为终结谓语。无变化词类有冠形词、副词、感叹词。冠形词只能作定语，副词作状语，感叹词则作独立成分，不与句子中其他成分发生关系。句子中通常的语序是：主语在前，谓语在后，定语、状语在中心语前，宾语在动词前。

三 词汇

在朝鲜语中，多音节词占优势，以双音节、三音节居多。从结构上分析，词可分为根词、派生词和复合词。根词绝大部分是单音节和双音节的，根词可作为词根添加前缀和后缀而构成派生词，两个以上词根结合起来构成复合词。从词汇组成来说，分为固有词、汉字词和其他外来词。汉字词和一般外来借词不同，在朝鲜语中，历史长、数量多、范围广、构词能力强，与固有词一起构成朝鲜语词汇系统的二元体系，这是朝鲜语词汇系统的一大特色。汉字词里的汉字，都有固定的传统读音，与汉语的读音有一定的对应关系。汉字词和固有词在词义上是相辅相成的，固有词多为日常生活用语，而汉字词多为政治、经济、哲学、历史方面的文化词。

四 方言

朝鲜语分6个方言：中部方言、东北方言、西北方言、东南方言、西南方言和济州岛方言。近年来，有人主张从东北方言中分出一个中北方言。除济州岛方言外，其他几个方言都可以互相通话。在中国境内，西北方言主要分布在辽宁省东部，中北方言主要分布在吉林省延边州和黑龙江牡丹江地区，东北方言主要分布在延边的图们江沿岸东部地区，东南方言主要分布在黑龙江西北和西南部，中部方言和西南方言则以大分散、小集中的形式，同其他方言交错在一起。

附：朝鲜语常用词举例

1	天	hanɯl
2	太阳	hɛ
3	月亮	taɾ
4	星星	pjəɾ
5	云	kurɯm
6	风	param
7	雨	pi
8	水	*muɾ
9	河	kaŋ
10	山	san
11	水田	non
12	土地	ttaŋ
13	窟窿	kuɾ
14	石头	toɾ
15	火	puɾ
16	上面	u
17	下面	aɾɛ
18	里面	sok
19	外面	pak
20	年	hɛ
21	日	naɾ
22	猪	twɛtɕi
23	狗	kɛ
24	马	maŋatɕi
25	老鼠	tɕy
26	鸡	taɾk
27	鸟	sɛ
28	蚂蚁	kɛmi
29	虱子	i
30	苍蝇	paɾi
31	蚊子	moki
32	蹄	kup
33	毛	thəŋ
34	鱼	murkoki

35	尾巴	kkoɾi		71	扛	meta
36	树	namu		72	洗（衣）	pparɾɛhata
37	根	ppuɾi		73	穿	ipta
38	小麦	miɾ		74	戴	ssɯta
39	花	kkotʃ		75	踢	tʃhata
40	种子	ssi		76	笑	utta
41	果实	jəɾmɛ		77	哭	uɾta
42	草	phuɾ		78	流	hɯɾɯta
43	叶子	ip		79	漏	sɛta
44	头	məiɾ		80	飞	naɾta
45	眼睛	nun		81	（狗）吠	tʃitta
46	鼻子	kho		82	咬	muɾta
47	耳朵	ky		83	大	khɯta
48	牙齿	i		84	小	tʃakta
49	胡子	sujəm		85	高	nopta
50	手	son		86	低	natta
51	皮肤	katʃuk		87	深	kipta
52	骨头	ppjə /ppe		88	长	kiɾta
53	血	phi		89	短	tʃʃaɾpta
54	胆	ssɯɾkɛ		90	厚	tuthəpta
55	心	maɯm		91	远	məɾta
56	父亲	apətʃi		92	近	kakkapta
57	母亲	əməni		93	多	mantha
58	儿子	atɯɾ		94	少	tʃəkta
59	上衣	ot		95	轻	kapjəpta
60	裤子	patʃi		96	重	mukəpta
61	问	mutta		97	红	puɾkta
62	吃	məkta		98	白	hɯita
63	喝	masita		99	黑	kəmta
64	吹	puɾta		100	绿	phuɾɯta
65	说	maɾhata		101	肥	ttuɲttuɲhata
66	跳	ttyta		102	瘦	jəyta
67	走	kətta		103	好	tʃotha
68	跑	taɾɾita		104	坏	nappɯta
69	坐	anta		105	快	pparɯta
70	睡	tʃata		106	慢	nɯɾita

第一部分：中国少数民族语言和文字

107	酸	sita
108	甜	taɽta
109	苦	sɯta
110	辣	mɛpta
111	饱	puɽɯta
112	饿	kophɯta
113	我	nɛ/na/tʃə
114	你	nə/ne/ni
115	他	kɯ
116	这	i

村语 汉藏语系壮侗语族黎语支的语言之一。村语是一种"非汉语",但使用村语的人属汉族。村语人自称 ŋaːu³⁵ fɔn³⁵,即村人的意思,称所说的话为 tshən³⁵ fɔn³⁵,即村话的意思。当地黎族称其为 mɔi⁵³(汉族),村人也接受这个称呼,也说是 mɔ(i)³⁵,语音近似莫、磨。但真正的自称应该是 ŋaːu³⁵ fɔn³⁵ "村人"。据相关材料,村人早年从中国大陆沿海一带迁徙过海南岛的。由于与当地人通婚,逐渐失去了自己原来的语言而成为一种与黎语近似但又有很大差别的"村语"。村语人分布在海南省东方市和昌江县黎族自治县靠近昌化江下游南北两岸。1994 年调查时估计有八九万人。目前可能将近 10 万人。村语内部一致,不分方言。村人普遍使用自己的语言,无论在村里、家庭内,甚至在县城镇里,只要同是村人,见面时都使用村语交际。操村语的人兼通当地的军话(当地的西南官话)和海南话,遇到讲军话的人用军话或普通话交际,遇到讲海南话的人则用海南话交际。村人的文化水平比黎族和当地操军话的人都高,在外面工作的人也多,在政治、经济、文化领域都处于领先的地位。过去有人认为村语可能是黎语的方言,经过进一步的调查研究,认为它与黎语虽有一些相同之处,但也有相当大的差异。如有些基本词,黎语各地有一致的说法,村语却另有说法,与黎语各方言土语词汇相同数一般只有 33% 左右,而与赛方言(加茂方言)相同数只有 25.4%。

一 语音

声母 村语有 20 个声母:ph ʔb m f v tθ th ʔd n l ts tsh s z ȵ k kh ŋ ʔ h,其中的 ʔb、ʔd 为带喉塞的浊塞音,与黎语的发音相同;tθ 是齿间塞擦音,有时简化为 t。村语无塞音 p、t。

韵母 村语有 9 个元音:a ɛ e i ɔ o ɯ ə,除了 e 之外,其余的元音都可以单独作韵母。有 -i、-u、-m、-n、-ŋ、-p、-t、-k 8 个韵尾,有 -i-、-u- 2 个介音。由元音、介音和韵尾组成 102 个韵母:a ɛ i ə o ɯ ə i a ua iːa ai ɔi (i) ɔi (i)oi ui iai uai aːu au ɛu eu iu ou iau aːm am ɛm em im ɔm mɔ mu um mai aːn an uŋ en in uc uən un ɯn ən ian uan aːŋ aŋ ɛŋ eŋ ěŋ iəŋ iŋ ɔŋ oŋ ne ɯm ɯəŋ əŋ iaŋ uaŋaːp ap ɛp ep ip ɔp op up iap aːt at ɛt et it ɔt ut uət ut ɯt tə iat uat aːk ak ɛk ek ěk iək ik ɔk ok uək uk ɯək ək iak uak。

上表的 a(i)、o(i) 两个韵母比较特殊,当带这两个韵母的音节单独使用时,或者处在一个语段最末一个音节时,其中的韵尾脱落,只读 a 或 o,ɔi 韵的情况与此类似,原属 ɔi 韵的字经常变读单元音 ɔ,读原来的 ɔi 韵的很少。

声调 村语有 5 个舒声调:第 1 调 35,第 2 调 33,第 3 调 42,第 4 调 13,第 5 调 21;5 个促声调调值与舒声调近似:第 1 调 55,第 2 调 33,第 3 调 42,第 4 调 13,第 5 调 21。两类声调调值只有第 1 调有区别。

二 词汇

村语的基本词有不少与黎语相同,但也有许多是村语独有的。与黎语相同的,如天、月亮、星星、雷、风、雨、水、泡沫、水井、水沟、山、窟窿、石头、沙、尘土、火、烟等;与黎语不同的,如太阳、云、雾、露水、土地、海、池塘、水田、旱地、泥等。

三 语法

村语与黎语既有相同的地方,又有不同的地

方。如数词，一、二、三、四、五、六这几个基数词与黎语相同，七、八、九、十、百、千、万等使用汉词。十一以上至二十、三十至九十、一百均用汉词。村语的数词有三种：固有词、汉词（较古老的）和汉字读音词多为出面语词。固有词只保留从1至6几个；汉词是比较古老的汉语词，从一到十、百、千、万；汉字读音词也是从一到十、百、千、万；后二者读音不同（左边为汉词，右边为汉字读音词）：一 et^{33}/zit^{55}、二 ŋɛi^{42}/ɯ^{55}、三 tθɔm^{21}/tθam^{33}、四 tθɛi^{42}/tθɯ^5、ŋu^{42}/vu^{21} 五、lok^{13}/lok^{55} 六、tθet^{33}/tθit^{55} 七、bat^{42}/bat^{55} 八、kɔi^{42}/kiu^{21} 九、sep^{33}/sip^{55} 十、bɛk^{42}/bək^{55} 百、tθaːn^{21}/tθian^{33} 千、vaːn^{13}/vuan^{35} 万。从村语的数词来看，村语受汉语的影响是比较深的。村语的词汇包括村语独有词、与黎语相同词和来源于汉语的词三部分。据统计，在2635个实词当中，村语自己独有的词有1313个，汉词有755个，与黎语相同的词567个。村语与黎语相同的词占21.5%，而村语里的汉词占28.7%。从这里可以看出，汉词在村语里的地位是重要的。这似乎反映出村人的确是由汉人和当地土著相混合而成的一个共同体。在语法上，村语与黎语大同小异，但有一个特点，凡是村语与黎语不同的地方，多半是村语使用了汉语说法的结果。这一特点跟词汇特点正相似。

村语与黎语十分接近但又有很大的不同。一般认为，村语与黎语相同的成分是古代某个时期村人祖先与黎族祖先所共有的，后来双方发生混合后，其语言受到汉语的影响，以至形成今日与黎语既有很多地方相似或相同，又有许多地方不同的村语。与黎语相比，村语的语音已大为简化，

村语的地位，可以从同源词汇异同的情况来观察。在王均等编著的《壮侗语族语言简志》一书中所附的900余个可以用作比较的常用词来看，村语与黎语的同源词在36%—40%；与壮语相比，在27%—30%；与侗水语相比，在19%—24%，村语与黎语同源词最多。村语与黎语各方言相同比率不算很高，再考虑到其他因素（如自称、亲属称谓、生活习惯、自我意识等），不宜把村语算作黎语的一个方言，把它单独作为黎语支里的一个独立的语言比较合适。

附：村语常用词举例

1	天	fɔ^3
2	太阳	zi^{1}hon^4
3	月亮	ȵɔn^1
4	星星	laːu^4
5	云	vən^1
6	风	hɔt^4
7	雨	fən^1
8	水	nam^3
9	河	nam^{3}kai^4
10	山	ŋau^3
11	水田	eŋ^1
12	土	it^2
13	窟窿	tshuŋ^3
14	石头	sin^1
15	火	fo（i）^{1}
16	上面	ki^{2}tsou^4
17	下面	ki^{2}fau^4
18	里面	ki^{2}tsɛn^4
19	外面	ki^{2}lin^3
20	年	ba^5
21	日	hon4
22	猪	vɔi^4
23	狗	khak^5
24	熊	mɔi^1
25	老鼠	tsɔi^4
26	鸡	khai^1
27	鸟	tshiat^2
28	蚂蚁	ki^{2}bət^4
29	跳蚤	bat^4
30	苍蝇	zui^1
31	蚊子	ȵoŋ^1

32	翅膀	phiək²		68	跑	vau⁵
33	毛	hun¹		69	坐	dət⁵/tsom⁵
34	鱼	ŋɔi¹		70	睡	ka⁵
35	尾巴	tshət²		71	扛	op²
36	树	nɛk²		72	洗（衣）	tak¹
37	竹笋	nɯəŋ¹		73	捆	ŋan⁵
38	稻子	mət²		74	问	hɔm⁴
39	甘薯	hɔi⁴		75	骂	ɔŋ³
40	姜	hɛk⁴		76	笑	zaːu⁴
41	果实	ham¹		77	哭	ŋai³
42	茅草	kan⁴ȵɔ		78	浮	phiau²
43	叶子	bou²bou¹		79	沉	tsom¹
44	头	vaːu³		80	飞	ben¹
45	眼睛	khan⁵hɔ¹		81	（狗）吠	kau⁵
46	鼻子	khat²		82	啼	ŋan¹
47	耳朵	ŋau⁵lai⁴		83	大	loŋ¹
48	牙齿	sen¹		84	小	vɔi³
49	胡子	buŋ⁵		85	高	mɛi¹
50	手	mou¹		86	低	thɔ³
51	皮肤	naŋ¹		87	深	tθak²
52	骨头	vɯək⁴		88	长	tsaːu⁴
53	血	tθɔt²		89	短	kət²/tshiat²
54	胆	dai¹		90	厚	nɔ¹
55	心	tθem⁵		91	远	lai¹
56	父亲	dɛ¹		92	近	hit²
57	母亲	ɛi⁵/bai⁴		93	多	tθɔi¹
58	子女	tθɯək²		94	少	khaːm³
59	上衣	vɛŋ⁴		95	轻	khɔ³
60	裙子	kən¹		96	重	khon¹
61	听	lieŋ⁵		97	红	hoŋ¹
62	吃	la⁵		98	白	khaːu¹
63	咳嗽	hiə⁴		99	黑	kho（i）¹
64	吹	ou⁵		100	绿	khiu¹
65	说	kaːŋ²		101	（羊）肥	hui⁴
66	跳	thiau³		102	瘦	lɛi³
67	走	fo（i）¹		103	好	tθen¹

104	坏	lɛk⁴
105	快	ȵɯn³
106	慢	feŋ¹/zou³
107	酸	tθaŋ⁵
108	甜	tsɛŋ¹
109	苦	ham¹
110	辣	het⁴
111	咸	ŋɔn³
112	痒	khom¹
113	我	kə⁵
114	你	mɔ⁵
115	他	na⁵
116	这	hɛi³/nɛi³

达让语 西藏东南部察隅地区的僜人使用达让语，同时也使用达曼语。达让语通行于察隅河下游格多曲和杜莱曲流域，使用人口约为6000人，属汉藏语系藏缅语族景颇语支，与景颇语、独龙语、阿侬语比较接近。下面所介绍的达让语以察隅县下察隅区巴安通乡夏尼村的话为准。

一 语音

声母 有49个声母，其中单辅音声母34个，复辅音声母15个。

单辅音声母：p ph b m̥ m w f ts tsh dz s t th d n̥ n ɬ l tʂ tʂh ʂ ɹ tɕ tɕh dʑ ȵ̥ ȵ ç j k kh g ŋ̊ ŋ x；复辅音声母：pl phl bl ml kl khl gl pɹ phɹ bɹ mɹ kɹ khɹ gɹ xɹ。

声母例字：

p	pa⁵⁵	相片
ph	khɯm⁵⁵pha⁵⁵	本钱
b	ba⁵³	做
m̥	m̥m³⁵	纺（纱）
m	ma⁵⁵	和，与
w	wa⁵³	伤口
f	çen⁵⁵fa⁵⁵	宪法
ts	tsai⁵⁵	算
tsh	tsha⁵⁵	捅
dz	a³¹dza⁵³	官
s	sa⁵⁵	送
t	kɯ³¹ta⁵³	母鸡叫
th	tha⁵³	吃
d	da³⁵	还（借还）
n̥	n̥n⁵⁵	芳香
n	na³⁵	张（床）
ɬ	çi⁵³ɬa⁵⁵	朱砂色
l	la⁵⁵	回声
tʂ	tʂu⁵⁵çi⁵⁵	主席
tʂh	go³¹tʂhi⁵³	领导
ʂ	kong⁵⁵ʂe⁵⁵	公社
ɹ	ɹa³⁵	背（书包）
tɕ	tɯ³¹tɕa⁵⁵	右
tɕh	pɯ³¹tɕha⁵⁵	火罐
dʑ	dʑa³¹ma⁵⁵	铲子
ȵ̥	ȵ̥a⁵⁵ȵ̥oŋ⁵⁵	前面
ç	ça⁵⁵	谁
j	ja⁵⁵	奶奶
k	ka³⁵	大蟒
kh	kha⁵⁵	步（量词）
g	ga⁵³	（结子）散
ŋ̊	ŋ̊ŋ³⁵	给
ŋ	ma³¹ŋa³⁵	五
x	xa⁵⁵	大腿
pl	pla³⁵	盐
phl	saŋ³⁵phla³⁵	踩
bl	bla⁵³	嫩芽
ml	mlaŋ³⁵	地方
kl	pia⁵³kla⁵⁵	乌鸦
khl	khlai⁵⁵	苦
gl	glai⁵³	背（筐）
pɹ	ɹ pɹa⁵⁵	好
phɹ	phɹaɯ⁵⁵da⁵⁵	细
bɹ	bɹa⁵⁵	岳父
mɹ	a³¹mɹoŋ⁵⁵	哥哥

kɹ	kɹi⁵³	反刍
khɹ	khɹɑ⁵³	声音
gɹ	gɹɑ⁵³	猫叫
xɹ	xɹau⁵³dɑ⁵⁵	灰色

韵母 有50个韵母，其中单元音韵母6个，复元音韵母19个，带鼻音韵尾韵母25个，鼻音作韵母6个。

单元音韵母：i e a o u ɯ；复元音韵母：ie ia io iu iɯ ui ue ua uɯ ai au ɑɯ ɯi uɯ iai iau iɑɯ uai uɑɯ；带鼻音韵尾韵母：im em am ɯm iɯm in un ɯn iŋ eŋ aŋ oŋ ɯŋ ieŋ iaŋ ioŋ iɯŋ ueŋ uaŋ m̩ n̩ m̩m n̩n ŋ̍ŋ。

声调 有4个：高平55、高降53、高升35、低降31。

例字：ja⁵⁵　ja⁵³　ja³⁵　ja³¹
　　　奶奶　别　　吗　　吗（语尾助）

二　词汇

达让语有相当一批基本词跟同语族语言有同源关系。如狗、马、石头、火、鸟、鱼、蛇、树、人、名字、灭、杀、死、苦、三、五等。达让语中有些特有的词，如有数十种鼠类的名称。方位词也比较丰富，分近指、远指和更远指，又各分上方、下方、水平方，共有9个方位词。有相当多的名、动同形的词，如绳子与栓相同，衣服和穿相同，翅膀和飞相同，风和刮风相同，牛和犁地相同，花和开花相同，等等。

达让语的构词方式主要有派生法和合成法。派生法是用附加词头、词尾的方式体现的，词尾比词头少。达让语有丰富的词头，许多词都是由词根和不同的词头构成的。少数词可以加两个词头。

借词 达让语的借词主要来源于汉语和藏语，汉语比藏语借词进入的时间早。藏语借词也有不少是新的名词术语，与当地藏语大体一致。

三　语法

词类 达让语的词分名词、数词、量词、代词、动词、形容词、副词、助词、连词、叹词10类。

名词 可在指人名词后加助词 tɕu³¹ 表示多数。可在其后加虚化了的名词 a⁵⁵（儿子）表示小。

数词 基数词有 khɯn⁵⁵ 或 gie³³ 一、ka³¹ n⁵⁵ 二、ka³¹ sɯŋ³⁵ 三、ka³¹ pɹai⁵⁵ 四、ma³¹ ŋa³⁵ 五、ta³¹ xɹo⁵³ 六、weŋ⁵³ 七、liɯm³⁵ 八、ka³¹ n̥ɯŋ⁵⁵ 九、xa⁵⁵ lɯŋ⁵⁵ 十、ma³¹ lɯm⁵⁵ 百、ɯ³¹ dzɯŋ⁵⁵ 千、lau⁵³ 万。

序数是在数词前加 bɯ³⁵ 构成。例如：第一 bɯ³⁵ khɯn⁵⁵、第六 bɯ³⁵ ta³¹ xɹo⁵³。

量词 达让语量词不多，专用的量词少，多数是借用名词或动词来表示数量。专用的名量词如 tiɯŋ³⁵（匹、只、头），bɹɯ⁵³（根、条、棵），plɑ⁵⁵（张、片、块），pe⁵³（间、幢）等。

代词 分人称代词、指示代词、疑问代词、泛指代词、反身代词。人称代词第一、第二、第三人称可分单数、多数；指示代词分近指 e⁵⁵ 和远指 we⁵⁵；疑问代词分代人的 ɕa⁵⁵（谁）、代物的 ɕim⁵⁵（什么）、代处所的 xa³¹ nu⁵⁵（哪儿）、代数量的 ka³¹ da³⁵ gie⁵³（多少）、ka³¹ dɯi⁵⁵ gie⁵³（几）等。

动词 动词有体、式、态、方向等语法范畴，多采用在动词后加语尾助词的方式表达语法范畴。体分将行体、进行体、已行体、完成体、曾行体。每种体都有一个或一组语尾助词。动词的方向，所使用的语尾助词分为向心组和离心组2类。向心组有5个语尾助词，离心组有3个语尾助词，各个语尾助词都有细微的差别，说明动作发生自何处。动词的后面加 ja³¹ 后使动词名物化，例如：tha⁵³（吃），tha⁵³ ja³¹（吃的），ma³¹ sɯŋ⁵³（柴）+ pi³⁵（砍）ja³¹（助）砍柴的。

形容词 形容词作谓语时可以带语尾助词，表示各种语法意义。

副词 分程度副词、范围副词、时间副词、性状副词、语气副词。

助词 结构助词有领属、受动、处所、从由、比较等类。领属助词 a³¹ ba⁵⁵ 表示领属关系，受动助词 we⁵⁵ 表示受动者，处所助词 go³¹ 表示处所，还表示工具和施动的作用，从由助词 ȵu³¹、ma⁵⁵，表示行为动作的所从由，比较助词 doŋ³¹ 或 doŋ³¹ɡa³¹，表示被比较的对象。

连词　连接词或词组的用 ma⁵⁵，连接句子的根据不同的关系使用不同的连词。

句子成分　分主语、谓语、宾语、定语和状语。句子的基本语序是：主语—宾语—谓语。名词、代词作定语时放在中心词的前面，形容词、数量词作定语放在中心词的后面。状语在谓语的前面，但时间状语、地点状语有时可放在主语前。

附：达让语常用词举例

1	天	tɯm⁵⁵
2	太阳	ɹɯn⁵³
3	月亮	xa⁵⁵lo⁵³
4	星星	kha³¹dɯn⁵⁵
5	云	a³¹m̥⁵⁵
6	风	xa³¹ɹɯŋ⁵⁵
7	雨	ka³¹ɹa⁵⁵
8	水	ma³¹tɕi⁵³
9	河	tɯ³¹lɯɯ³⁵
10	山	thɯi⁵⁵ja⁵⁵
11	水田	ka³¹liau⁵⁵
12	土	khɯ³¹lai³⁵
13	窟窿	ta³¹tɕoŋ⁵⁵
14	石头	phlaŋ³⁵
15	火	na³¹mɯn⁵⁵
16	上面	xa³¹kiaŋ³⁵ȵoŋ⁵⁵
17	下面	tɕi⁵⁵ma⁵⁵ȵoŋ⁵⁵
18	里面	lɯm⁵⁵koŋ⁵⁵
19	外面	a³¹bɯŋ⁵⁵
20	年	kɯ³¹nɯŋ⁵⁵
21	日	kɯn̥⁵³
22	猪	bɯ³¹liai⁵⁵
23	狗	kuaɯ⁵³
24	熊	ta³¹m̥m̥⁵⁵
25	老鼠	ka³¹tɕi⁵⁵
26	鸡	tiu⁵³
27	鸟	pia⁵⁵
28	蚂蚁	kɯ³¹ȵu⁵³
29	跳蚤	tshɯ⁵³wɯn⁵⁵
30	苍蝇	ta³¹liau³⁵
31	蚊子	ko⁵⁵ɹɯn⁵⁵
32	翅膀	ta³¹loŋ⁵⁵
33	毛	m̥⁵⁵
34	鱼	ta³¹ŋaŋ⁵³
35	尾巴	lɯ³¹mɯn⁵⁵
36	树	ma³¹sɯŋ⁵⁵
37	竹笋	xɯ⁵⁵peŋ⁵⁵
38	稻子	kie⁵⁵
39	土豆	a³¹lu³⁵
40	姜	xa³¹dʑiu³⁵
41	果实	pɯ³¹ɹɯɯ⁵⁵
42	草	ta³¹ɹe⁵⁵
43	叶子	naŋ³⁵
44	头	kɹu⁵³
45	眼睛	bɯ³¹lɯm⁵⁵
46	鼻子	xa³¹nia⁵³pɯm⁵⁵
47	耳朵	kɹu⁵³naŋ³⁵
48	牙齿	laŋ³⁵
49	胡子	tɯ³¹ɹɯɯ⁵⁵m̥⁵⁵
50	手	a³¹tio⁵⁵
51	皮肤	ko⁵⁵
52	筋	sa⁵⁵
53	血	xo³¹ɹai⁵³
54	胆	thɯ³¹mɯɯ⁵⁵
55	心	xa³¹po⁵⁵tiai⁵³
56	父亲	a³¹ba³⁵
57	母亲	a³¹ma³⁵
58	子女	a⁵⁵ju⁵⁵a⁵⁵
59	上衣	tin⁵³
60	裙子	thau⁵³

61	听	tha³¹ɹɯŋ⁵⁵		97	红	ɕi⁵³
62	吃	tha⁵³		98	白	lio⁵³
63	喝	tim³⁵		99	黑	maŋ⁵³
64	吹	mɯŋ³⁵		100	绿	tiɯŋ⁵⁵kɹai⁵⁵
65	说	ma³¹ɹo⁵⁵		101	（羊）肥	so⁵³
66	跳	du⁵³		102	瘦	gau⁵³ɕoŋ³⁵
67	走	bo⁵³		103	好	pɹa⁵⁵
68	跑	tsau⁵⁵		104	坏	pɹa⁵⁵jim⁵⁵
69	坐	di⁵⁵		105	快	ka³¹ɹo⁵³
70	睡	ŋ⁵³		106	慢	be⁵⁵e⁵⁵
71	扛	a³¹bu⁵⁵		107	酸	xɹɯ⁵⁵
72	洗(衣)	ma³¹nɯm⁵⁵		108	甜	ɕau⁵⁵
73	捆	wi³⁵jɑ³¹		109	苦	khlai⁵⁵
74	问	a³¹xu³⁵		110	辣	thai⁵⁵
75	骂	khu⁵³		111	咸	ka⁵³
76	笑	ma³¹ɹa⁵⁵		112	痒	ma³¹so⁵³
77	哭	khɹo⁵³		113	我	xaŋ³⁵
78	浮	ɹau⁵⁵a³¹		114	你	ȵoŋ³⁵
79	掉	blai⁵⁵dau⁵⁵		115	他	tɕe⁵⁵
80	飞	jim³⁵		116	这	e⁵⁵
81	（狗）吠	gɹa⁵³				
82	啼	ɹɯŋ⁵⁵				
83	大	dɯ³¹ɹɯŋ⁵⁵				
84	小	kɯ³⁴tie⁵³				
85	高	ka³¹lɯŋ⁵⁵				
86	低	bɯ³¹ɹui³⁵				
87	深	ɹɯm⁵⁵				
88	长	ka³¹lɯŋ⁵⁵				
89	短	kɯ³⁴tioŋ⁵³				
90	厚	bi³¹tɕoŋ⁵⁵				
91	远	dia⁵⁵				
92	近	ga⁵⁵a⁵⁵				
93	多	dɯ³⁵				
94	少	tieŋ⁵⁵eŋ⁵⁵				
95	轻	aŋ⁵⁵aŋ⁵⁵				
96	重	waɯ⁵⁵a⁵⁵				

达斡尔语 达斡尔族使用的语言，属阿尔泰语系蒙古语族，比较接近蒙古语，主要居住在内蒙古呼伦贝尔市境内以及黑龙江齐齐哈尔附近沿嫩江一带，另外，少数人居住在新疆境内塔城等地。总人口132000余人（2000年）。达斡尔族多数人使用本民族语言，部分人兼通汉语或蒙古语，居住在新疆的则兼通哈萨克语。达斡尔族居住虽然分散，但其语言内部比较一致，不同地区的人彼此能通话。达斡尔语可以分为布特哈、齐齐哈尔、海拉尔、新疆四个方言。这里介绍的达斡尔语以内蒙古莫力达瓦达斡尔族自治旗的语音为准。

一 语音

辅音 有23个单辅音：b p m w f d t s n l r ʤ tʂ ʂ ʐ ʥ tʃ ʃ j g k x ŋ。

辅音例词：

b	bag	牤牛
p	paar	撬
m	mal	牲畜
w	wakəŋ	种山羊
f	fəl	工分
d	daar	伤
t	tiibkəs	钉子
s	səulj	尾巴
n	nar	太阳
l	lartʃ	叶子
r	tareetʃin	农民
dʐ	dʐuuʃii	主席
tʂ	tʂəədʐan	车站
ʂ	ʂəəyan	社员
ʐ	ʐənwəi	人委
dʒ	dʒurug	心脏
tʃ	tʃas	雪
ʃ	ʃogoo	鹰
j	jas	骨头
g	gəu	骒马
K	kasoo	铁
x	xar	黑
ŋ	maŋgil	额头

有11个腭化辅音：bj pj mj dj tj nj lj rj gj kj xj。

有12个唇化辅音：bw mw dw tw sw lw rw dʒw tʃw gw kw xw。

有47个复辅音：bt bdʒ btʃ bk mp ms mdʒ mtʃ nd ndw nt ns nsw ndʒ ntʃ ld ldw lt ls lsw ldʒ ltʃ lkw rp rm rd rdw rt rtw rs rdʒ rtʃ rʃ rk rkj rkw gd gdʒ ktw ktʃ ŋtw ŋs ŋtʃ ŋgw ŋk ŋkj ŋkw。

元音 有7个单元音：a o ə u e i y，除 y 外，各元音分长短。有8个复元音：ai oi əi ui au əu ya ye。

重音 达斡尔语词的重音落在词的第一个音节上。

元音分为阳性、阴性、中性三类，大部分固有词可以识别其阴阳性，一部分构词附加成分和语法黏附成分有阳性和阴性两种形式，一部分语法黏附成分有包含着元音 aa/oo/əə/ee 的四种形式。达斡尔语的元音和谐已经受到某种程度的破坏，但它仍然属有元音和谐律的语言。

二 词汇

达斡尔语的词有大量与蒙古语族语言同源，还有相当数量的词是从满语借入的，另有一些词借自鄂温克语。数量最大的是汉语借词，分早期借词和近期借词两类。还有少量藏语借词。借词被借入后，遵从达斡尔语的语法规律改造。如汉语词 wəiyan（委员），可以加上复数词尾，变成 wəiyansul（委员们）。

词的结构 分非派生词、派生词、合成词三类。非派生词是由单一词素构成的词；派生词是在词根后加各种构词附加成分构成；合成词是由两个或两个以上的非派生词或派生词依照一定的规则构成的新词。

三 语法

达斡尔语的词可分12类：名词、（方位词和量词属名词中的小类）形容词、数词、代词、动词、副词、后置词、助词、连词、语气词、叹词、摹拟词。其中的名词、形容词、数词、代词，在其后面都可以接缀格和指领黏附成分，统称为体词。

名词 有复数范畴，其黏附成分常见的是 –sul、–nur 和 –r。名词的格有10种形式：主格、属–宾格、与–位格、离格、造格、共同格、程度格、目的格、方向格、方面从格。每种格都有自己的形式，其中后4个格使用范围较小，只出现在少数名词上。

形容词 大部分的形容词有比较级和最高级的范畴。比较级用黏附成分 –kəŋ、–tʃiəə、–lben 表示。最高级在形容词前重叠第一音节，在其后再增加一个辅音 b 收尾，如 xulaan（红），xub xulaan（通红的）。

数词 可分基数词、序数词、集合数词、限定数词、概数词、分数词 6 类。其中序数词、集合数词、限定数词用基数词跟后接构词附加成分构成。

代词 分人称代词、指示代词、疑问代词、反身代词 4 类。人称代词分为三个人称，各分单数和复数。第一人称复数有排除式和包括式两类。

动词 可以接缀时、式的黏附成分加上表示特定的体黏附成分后，就变成动名词，成为动词的一种特殊形式。有四种态范畴，即主动态、被动态、使动态和互动态。

被动态的黏附成分是 -rd，使动态的黏附成分有 6 个，互动态的黏附成分是 -lʧ。

副词 可分两类，一类是修饰动词的，一类是修饰形容词的。

后置词 依附在实词之后，表示这一实词与其他实词的关系。

连词 连接两个词、两个词组或两个分句的词。

助词 用在各种实词的后面，表示对它前面实词的强调，常见的有 ʧ、ʧig，后者比前者语气更重。

语气词 放在句末表示各种语气的词。常见的表示疑问的语气词有 jəə，表示肯定的语气词有 kəə/kee、dəə、əə/ee，表示不肯定的语气词有 goo、ʤəə、baa。

叹词 专门用来表达情感的一类词，不和句子中任何成分发生关系，通常用在一句话的最前面，表示惊讶、厌烦、赞许、恐惧等情绪。常用的有 aa!（啊）ai!（哎）oo!（噢）aree!（哎呀）等。

模拟词 摹拟词分拟声的和模仿动态的两种。拟声的如 nol nol（泡泡），bjar bjar（潺潺），pak pak（亲吻声）。模仿动态的如 aar aar（一阵一阵），boŋ garəŋ（一上一下）等。

句子成分 句子成分分 7 种：主语、谓语、表语、宾语、补语、修饰语和限定语。主语是动作行为的发出者、施事者，或句子所要表述和描写的对象；谓语是动作行为的表达者；表语是对某一事物的身份、性质、状态或存在的描写者；宾语是动作的直接客体；补语是给谓语提供某些补充说明的；修饰语是在补语以外对谓语或表语提供进一步的修饰或描绘，使之带有特殊的色彩；限定语是从事物的性质、品德、程度、数量、领有关系等加以限制的成分。

四 方言

达斡尔语分布特哈、齐齐哈尔、海拉尔、新疆 4 种方言。布特哈方言主要分布在嫩江上游和讷谟尔河及努敏河流域，即内蒙古莫力达瓦达斡尔族自治旗，鄂伦春自治旗以及黑龙江的甘南县、讷河县、嫩江县、德都县和爱辉县等地，使用人口约 5 万人；齐齐哈尔方言主要分布在黑龙江齐齐哈尔市郊区、富裕县、龙江县，内蒙古布特哈旗、阿荣旗等地区，使用人口约有 45000 人；海拉尔方言主要分布在内蒙古鄂温克族自治旗南屯、白音塔拉、莫克尔图和海拉尔市（现名呼伦贝尔市），使用人口约 15000 人；新疆方言主要分布在新疆塔城、霍城、乌鲁木齐等市县，使用人口约 5000 人。各方言下分若干个土语。使用布特哈方言人口最多，该方言受其他语言影响相对较少，保留固有特点较多。学者们以纳文土语为标准音，制定了拉丁字母的达斡尔语记音符号。

附：达斡尔语常用词举例

1	天	təŋgər
2	太阳	nar
3	月亮	sarool
4	星星	xod
5	云	əulən
6	风	xəin
7	雨	xwar
8	水	os
9	河	gol
10	山	aul
11	田地	taree
12	土	ʃaur

13	窟窿	nugw	49	胡子	sagəl
14	石头	tʃoloo	50	手	garj
15	火	galj	51	皮肤	kals
16	上面	dəər	52	骨头	jas
17	下面	dwar	53	血	tʃos
18	里面	dwatər	54	胆	tʃultʃ
19	外面	bəəd	55	心	dʒurug
20	年	xooŋ/xoon	56	父亲	atʃaa/ətʃəg
21	日	udur	57	母亲	əwəə/əg
22	猪	gag	58	儿子	kəkw
23	狗	nogw	59	上衣	dəərj/warkəl
24	狼	guskəə	60	裤子	xakur
25	老鼠	atʃigtʃaa	61	听	sons –
26	鸡	kakraa	62	吃	id –
27	牛	xukur	63	喝	oo –
28	蚱蜢	tʃitʃkukəə	64	吹	xuul –
29	虱子	buus	65	说	əl – /xəl –
30	苍蝇	dilgwəə	66	跳	xəsur –
31	麝香	dʒaar	67	走	jaau –
32	兔子	taulj	68	跑	gui –
33	野鸡	xorgool	69	坐	sau –
34	鱼	dʒaus	70	睡	want –
35	尾巴	səulj	71	扛	ərgwəə –
36	树	mood	72	洗（衣）	waa –
37	根	undus	73	捆	boki –
38	小麦	mais	74	怕	ai –
39	花	ilgaa	75	骂	xaraa –
40	蔬菜	nuwaa	76	笑	xinəəd –
41	果实	tubigj	77	哭	wail –
42	草	əus	78	流	orsu –
43	叶子	lartʃ	79	掉	wannə –
44	身体	bəj	80	飞	dərd –
45	眼睛	nid	81	（狗）吠	kotʃ –
46	鼻子	xamər	82	咬	dʒau –
47	耳朵	tʃikj	83	大	xig
48	牙齿	ʃid	84	小	utʃikəŋ

85	高	xundur
86	低	bogunj
87	深	gwəəŋ
88	长	ortw
89	短	xwakər
90	厚	ʤuʤaaŋ
91	远	xol
92	近	wair
93	多	baraaŋ
94	少	tʃwəən
95	轻	xuŋəə
96	重	xundw
97	红	xulaan
98	白	tʃigaan
99	黑	xar
100	绿	kukw
101	（羊）肥	targuŋ
102	瘦	xətʃimkee
103	好	sain
104	臭	moowaa
105	旧	kautʃin
106	慢	gwaidaaŋ
107	酸	ʤusuŋ
108	细	narin
109	苦	xəluŋ
110	新	ʃiŋkən
111	凉快	səruuŋ
112	饱	tʃad –
113	我	bii
114	你	ʃii
115	他	tər
116	不	ul

傣语 属汉藏语系侗台语族壮傣语支（又称台语支），自称为 tai² （傣）的民族使用的语言，分 4 种方言。傣族在中国主要聚居在云南省南部与西南部的西双版纳傣族自治州和德宏傣族景颇族自治州，其余小聚居或杂居于云南两州附近的 40 多个县及四川金沙江流域的 2 个县内。据 1990 年统计，总人口有 117 万多。在国外，主要分布在与云南临界的缅甸掸邦（自称 tai² pɔŋ⁶、tai² khɯn²）、越南（自称 tai² dɔn¹、tai² dam¹）、老挝、泰国（自称 tai² vɛŋ²）和印度的阿萨姆邦（自称有 tai－ahom、tai－khamte、tai－pharkit、tai－aiton、tai－tuloŋ 五支）。

傣语的主要特点是：（1）在语言中，浊音声母 b、d 来源于 ʔb、ʔd，只出现在清声调类，有的方言 b 变为 v 或 m；d 变为 l；在韵尾前的元音只剩下 a 还分长短，有的方言则以不同音值的元音取代长短 a。（2）名词一般冠有类别和性状标志，其中的性状标志后来发展为性状量词；名词的修饰语都在名词之后，是汉藏语言中保留修饰成分后置最完整的语言。（3）数词、量词和名词组合时，数词、量词在名词之后，数词是"一"时，"一"在量词之后，其余数词在量词之前；版纳方言的人称代词有敬称、尊称、谦称、卑称、鄙称、亲密称等之分；（4）各方言间，版纳方言和德宏方言的关系较密切，同源词达到 77%。由于这两地的傣族全民信仰小乘佛教，通过宗教活动吸收了不少巴利语词汇（属于古印度非梵文系的 prakrit 语，是释迦牟尼传道所使用的印度北方摩揭陀地方的语言）和梵语借词，有些已进入口语中，如：国家、工作、事业、政治、主义、经济、知识、年龄等词都借自巴利语。红金方言的汉语借词较多，和其他傣语方言的差异较大，同源词只有 50% 左右，其 5 个土语之间的一致性也不多。

从总体来看，傣语的声母比较简单，韵母比较复杂，声调分舒声和促声。声母一般在 20 个左右，最多的有 32 个（红金方言的元江土语），最少的只有 16 个（德宏方言）。各方言、土语共同出现的有 p、ph、m、v、t、th、l、s、j、k、x、ʔ、h 13 个。韵母的数目各方言、土语差别较大。最多的是版纳方言，有 91 个；最少的是红金方言的绿石土语，只有 33 个。共同出现的元音有 i、e、a、o、u、ə 6 个。声调的舒声大多有 6 个；促声因声母的清浊和元音的长短分化出 3 个或 4 个。

傣语有方言差异，分为 4 种方言。使用不同方言的傣族有各自不同的自称，都是在 tai^2 的统称后面加上地区名或支系名或服饰名：（1）版纳方言，又称傣仂语，自称 $tai^2 lɯ^4$（$lɯ^4$ 是西双版纳地名，即 $lɯ^4$ 地傣族之意）；（2）德宏方言，又称傣那语，又分德保土语，自称 $tai^2 lə^1$（即怒江上游傣族）、孟耿土语，自称 $tai^2 tau^3$（住竹楼的，他称水傣）；（3）金平方言，又称傣端语或白傣语，自称 $tai^2 dɔn^1$（$dɔn^1$ 是白的意思，即为白傣族）；（4）红金方言，又分元新、永武、马关、元江、绿石五个土语，傣族自称较多，有 $tai^2 ja^5$、$tai^2 kha^3$、$tai^2 la^2$、$tai^2 tɕuŋ^4$ 等。

各方言、土语的主要语音特征如下。

（1）版纳方言：有 b、d、kw、xw；kh 和 x 可自由变读，多数念 x；j 和 ɲ 不分，只有 j；ai 和 aɯ 不分，只有 ai；a 在韵尾前分长短；辅音尾除有 -m、-n、-ŋ、-p、-t、-k 尾外，还有 -ʔ 尾。

（2）德宏方言：b 变为 m，d 变为 l，没有 kw、xw；n 和 l 不分，只有 l（n 只出现于韵尾）；kh 和 x 不分，只有 x；j 和 ɲ 不分，只有 j；ai 和 aɯ 区分；没有 -ʔ 尾；孟耿土语 p 和 f 不分，以 ɑ 和 a 取代长短 a 的对立。

（3）金平方言：b 和 d 老年人保留，年轻人 b 变 m，d 变 l；kh 和 x，j 和 ɲ，ai 和 aɯ 都区分；有塞擦音 tɕ、tɕh；没有 -ʔ 尾。

（4）红金方言：b 变 v，d 变 l；kh 和 x，j 和 ɲ 都区分；ai 和 aɯ 除武定外也都区分；武定土语有塞擦音、擦音 tɕ、tɕh、ɕ、tʂ、tʂh、ʂ；没有 -ʔ 尾；元江土语有一套腭化声母和唇化声母，长元音后面的 -k 脱落。武定土语以 ɐ 和 a 取代长短 a 的对立；没有 -m、-p 尾；绿春土语只有 ɒ 来替代长短 a 的对立；辅音尾只剩下 -ŋ。

另外，在声调方面，全清不送气塞音和塞擦音声母阴平调（即第 1 调）的字，在德宏方言芒市、孟连，红金方言的元阳、绿春、武定和马关话中，都分化出一个调（标写为 1′调）。1′调在芒市和孟连话中与第 6 调调值相同，并入第 6 调；在绿春话中则与第 2 调调值相同，并入第 2 调。

西双版纳方言景洪话和德宏方言芒市话的音系：

西双版纳方言景洪话声母有 21 个：p ph b m f v t th d n l ts s j k ŋ x ʔ h kw xw。x 可自由变读为 kh；在前元音 i、e、ɛ 之前的 ts、s 都读 tɕ、ɕ。

韵母有 91 个：

a i e ɛ u o ɔ ɯ ə i:e i:m a:e ia io iu ic iɯ e:m a:u au iu eu ɛu əu a:m am im em ɛm um om ɔm ɯm əm a:n an in en ɛn un on ɔn ɯn ən a:ŋ aŋ iŋ eŋ ɛŋ uŋ oŋ ɔŋ ɯŋ əŋ a:p ap ip ep ɛp up op ɔp ɯp əp a:t at it et ɛt ut ot ɔt ɯt ət a:k ak ik ek ɛk uk ok ɔk ɯk ək aʔ iʔ eʔ ɛʔ uʔ oʔ ɔʔ ɯʔ əʔ

声调有 9 个：

调类	调类	调值	例 词	
阴平	1	55	xa^1 腿	ha^1 找
阳平	2	41	xa^2 茅草	ha^2 咱们
阴上	3	13	xa^3 杀	ha^3 五
阳上	4	11	xa^4 诽谤	ha^4 盐渍
阴去	5	35	xa^5 嫁	ha^5 阵
阳去	6	33	xa^6 树枝	ha^6 瘟疫
阴入短	7	55	xat^7 闩	xop^7 咬
阴入长	9	35	$xa:t^9$ 断	xop^9 周年
阳长短入	8	33	xap^8 狭小	xop^8 跪

德宏方言芒市话声母有 16 个：p ph m f v t th l ts s j k ŋ x ʔ h。s 与 tsh；x 与 kh 可自由变读，一般读 s 和 x。声母在 ɛ 之前都腭化，在 ɔ 之前都唇化。ts、s 在元音 i、e、ɛ 之前分别读 tɕ、ɕ。声母 m、ŋ 后面略带浊塞音成分。

韵母有 86 个：

a i e ɛ u o ɔ ɯ ə ia ua aɯ a:i ai ui oi ɔi iɯ əi u:a Ie ic iɯ Ie au aɯ a i e au iu ɛu eu ɯu ɯm ue aːm am im em ɤm um om ɔm ɯm əm aːn an in en ɤn un on ɔn ɯn uc ɯm aːŋ aŋ iŋ eŋ ɛŋ ɤŋ ɯŋ ŋ aːp ap ip ep ɤp up op ɔp ɯp əp aːt at it et ɛt ut ot ɔt ɯt ət aːk ak ik ek ɛk uk ok ɔk ɯk ək

声调有9个：

调类	调类	调值	例 词
阴平	1	35	xa¹ 腿，找 tɔŋ¹ 跳
阳平	2	55	xa² 茅草 tɔŋ² 铜
阴上	3	31	xa³ 奴仆 tɔŋ³ 冲洗
阳上	4	53	xa⁴ 诽谤 tɔŋ⁴ 肚子
阴去	5	11	xa⁵ 坑笆 tɔŋ⁵ 照射
阳去	6	33	xa⁶ 树"枝" tɔŋ⁶ 阔叶
阴短入	7	35	kap⁷ 竹筒 taŋ⁵kɔp⁷ 小凳
阴长入	9	11	kaːp⁹ 花瓣 kɔp⁹ 捧
阳入	8	53	kap⁸ 狭小 kɔp⁸ 粘贴

傣语有四种不同形体的拼音文字。傣仂文拼写西双版纳傣语，有新、老两种，现在并行使用；傣那文拼写德宏傣语，也有新、老两种，但老文字已不再使用。这两种傣文有丰富的历史文献，使用较广，人口较多。新文字都是在老文字的字母形式基础上加以改进的，进入了小学教育、出版了不少书籍。傣端文拼写金平傣语；傣绷文拼写德宏方言的孟耿土语。这两种傣文使用面窄、人口很少，没有出版物。

附：傣语（版纳）常用词举例

1	天	fa⁴
2	太阳	ta¹van²
3	月亮	dən¹
4	星星	daːu¹
5	云	fa³
6	风	lum²
7	雨	fun¹
8	水	nam⁴
9	河	nam⁴mɛ⁶
10	山	dɔi¹
11	水田	na²
12	土	din¹
13	窟窿	hu²
14	石头	maːk⁹hin¹
15	火	fai⁴
16	上面	paːi²nə¹
17	下面	paːi²tai³
18	里面	paːi²nai²
19	外面	paːi²nɔk
20	年	pi¹
21	日	van²
22	猪	mu¹
23	狗	ma¹
24	熊	mi¹
25	老鼠	nu¹
26	鸡	kai⁵
27	鸟	nok⁸
28	蚂蚁	mot⁷
29	跳蚤	mat⁷
30	苍蝇	mɛŋ²mun²
31	蚊子	juŋ²
32	翅膀	pik
33	毛	xun¹
34	鱼	pa¹
35	尾巴	haːŋ¹
36	树	ko¹mai⁴
37	竹笋	nɔ⁵
38	稻子	xau³
39	甘薯	ho¹man²
40	姜	xiŋ¹
41	果实	maːk⁹
42	茅草	ja³
43	叶子	bai¹/fə¹
44	头	ho¹
45	眼睛	ta¹
46	鼻子	hu²daŋ¹
47	耳朵	bin³hu¹

48	牙齿	xeu³		84	小	nɔi⁴
49	胡子	not⁸		85	高	suŋ¹
50	手	mɯ⁵		86	低	tɛm⁵
51	皮肤	naŋ¹		87	深	lək⁸
52	骨头	duk⁹		88	长	jaːu²
53	血	lət⁸		89	短	sɛn³
54	胆	bi¹		90	厚	na¹
55	心	tsai¹		91	远	kai¹
56	父亲	pɔ⁶		92	近	kai³
57	母亲	mɛ⁶		93	多	laːi¹
58	子女	luk⁸		94	少	nɔi⁴
59	上衣	sə³		95	轻	bau¹
60	裙子	sin³		96	重	nak⁷
61	听	faŋ²		97	红	dɛŋ¹
62	吃	kin¹/dɔi³		98	白	xaːu¹
63	咳嗽	ai¹		99	黑	kam⁵/dam¹
64	吹	pau⁵		100	绿	xeu¹
65	说	paːk⁹/va⁶		101	（羊）肥	man²
66	跳	hok⁷		102	瘦	jɔm²
67	走	jaːŋ⁶/teu²		103	好	di¹
68	跑	lɛn⁶		104	坏	haːi⁴
69	坐	naŋ⁶		105	快	vai²
70	睡	nɔn²		106	慢	tsəŋ⁴
71	扛	bɛk		107	酸	sum³
72	洗(衣)	sak⁸		108	甜	vaːn¹
73	捆	mat⁸		109	苦	xum¹
74	问	thaːm¹		110	辣	phet⁷
75	骂	da⁵		111	咸	tsim²
76	笑	xo¹		112	痒	xum²
77	哭	hai³		113	我	ku¹/to¹xa³
78	浮	fu²		114	你	mɯŋ²/su¹tsau³
79	沉	tsum¹		115	他	man²/xau¹
80	飞	bin¹		116	这	ni⁵/ni⁸
81	(狗)吠	hau⁵				
82	啼	xan¹				
83	大	jai⁵/loŋ¹				

倒话 四川西部甘孜藏族自治州雅江县境内的河口镇、八角楼乡、呷拉乡所辖的八个村寨，共

504 户 2600 余人（1995 年），使用着一种特殊的语言，当地称为"倒话"，可能是他说话爱颠倒的意思。使用倒话的居民有藏汉两个民族的血缘成分。他们的衣食住行、宗教信仰、生活习俗、生产活动等方面与周围的藏族基本一样，也保存一些汉族的风俗和汉族姓氏。据史料记载，他们是在清康熙五十八年（1719 年）从内地征集来开垦、做船夫，并与当地人联姻而繁衍下来，成为今天使用倒话的居民。倒话的显著特点是，词汇主要来自汉语，在语法结构上与藏语有高度的同构关系，其语法结构主要来自藏语。倒话简介如下。

一 语音

声母 有 37 个声母，其中单辅音声母 31 个，鼻冠音辅音声母 6 个：p ph b mb m f w ts tsh dz ndz s z t th d nd l tʂ tʂh ɳʐ ɳdʐ ʂ ʐ tɕ tɕh dʑ ndʑ ɲ ɕ j k kh ŋg ŋ x ʔ h。

声母例字：

p	pa^{332}	八
ph	phĩ^{332}tsʅ	瓶子
b	be^{332}bɐ^{51}	青蛙
m	mɐ^{51}ja^{51}	孔雀
f	fɯ^{332}tsʅ	胡子
w	wɐ^{324}	狐狸
ts	tsu^{324}	做
tsh	tshɔ̃^{282}ɕĩ^{554}	重新
dz	dzɐ^{324}	树瘤
s	sʅ^{324}	四
z	zɔ̃^{332}mbɔ^{51}	人名
t	ta^{324}	大
th	tha^{554}	他
d	di	属格标志
l	la^{554}	拉
tʂ	tʂɐ^{51}lu^{51}	发髻
tʂh	tʂhɔ̃^{324}	唱
dʐ	ʔɐ^{51}dʐɐ^{332}	人名
ʂ	ʂʅ^{324}	是
ʐ	ʐẽ^{332}	人
tɕ	tɕi^{554}	鸡
tɕh	tɕhi^{332}	七
dʑ	do^{332}dʑi^{51}	金刚
ɲ	ɲɛ̃^{332}	严
ɕ	ɕɯ^{332}sa^{554}ma^{332}	寡妇
j	ji^{332}jɔ̃^{324}	一样
k	kɛ̃^{324}	干（动词）
kh	khɛ̃^{324}	看
ŋ	ŋɔ^{324}	撬
x	xɔ^{51}	好
ʔ	ʔɐ^{51}ko^{51}	哥哥
h	ha^{324}tsʅ	什么（啥子）
mb	mbɔ^{332}dɔ̃^{554}	木槌
nd	kɔ̃^{554}ndu^{554}	小腿
ŋg	ŋgo^{332}ly^{554}	秃头
ndz	tsɔ̃^{554}ndzə^{51}pɐ^{332}zɔ^{332}	壁虎
ɳʐ	dʐø^{332}ka^{554}	一种宗教活动
ɳdʑ	dʑɕɯ^{332}ɳdʑ^{324}	小锄

韵母 19 个单元音韵母：i e ɛ a y ø ɯ o ɔ ə ʅ ĩ ẽ ɛ̃ ỹ õ ɔ̃；17 个复元音韵母：ia iɔ ie iu ye ei ui ue uɛ ua əu iɛ̃ uẽ uɔ̃ yẽ iɔ̃ uɔ̃。

声调 有 4 个声调：

高平降 554	中平降 332	高降 51	中降升 324
kɐ^{554}	ʐẽ^{332}	mɐ^{51}	fɛ̃^{324}
根	人	买	饭

二 词汇

倒话的词汇大多数来源于汉语，还有一部分来源于藏语，同时也有相当一部分是自己独有的词汇。除直接利用汉语和藏语的词汇，还对汉语和藏语的词加以改造，包括语音上的改造和构词方式上的变化，由此而产生了许多新词。

倒话中的汉语词和自有词的比例悬殊，在 200 个基本词里，全部为汉语词。若用 2240 个较常用词来比较，汉语来源的词为 1984 个，占 88.57%，来自藏语的词 115 个，占 5.13%，倒话独有词只有

141个，占6.3%。其中来自藏语的词多为动植物名称、宗教事务、宗教用品及日用品和生活习俗等方面。倒话独有的词既不完全是汉语，又不完全是藏语的词，它由自己独特的构词方式组成。倒话构成新词的特殊方式有：（1）由藏语的组合习惯组合汉语语素构成新词；（2）按照藏语的构词方式，部分直接使用藏语语素，部分将藏语词余下的语素意译为汉语而形成特殊词；（3）将藏语词作为构词语素，再加上汉语语素合成为新词。

三　语法

倒话的语法规则更多地趋近藏语，因而与藏语语法的关系更为密切，其中也不排斥汉语语法，因而产生特殊的语法现象。

动词语法范畴　动词有丰富的前置与后置语缀。其中的自主动词分现行体、持续体、将行体、即行体、已行体、完成体和经验体7种。非自主动词有现行体、持续体、即行体和经验体4种。倒话动词的态，分自动态和使动态。一般用动词原形表示自动态，用加前缀 tsiɔ 的方式表示使动态（tsiɔ［叫］来源于汉语）。倒话动词的式分陈述、疑问、祈使、拟测等式。大多数用加后缀方式表示。动词名物化是在动词之后加后缀。

名词和代词的数与格　名词复数是在名词之后加 ɕie（些），如人 ɕie、牛 ɕie、干部 ɕie 等。名词和代词的格，分不及物主格、作格（及物主格）、宾格、具格、领格、与格、位格、从格、比格、属格。

附：倒话常用词举例

1	天	thiɛ̃¹
2	太阳	thɛ⁴jɔ̃
3	月亮	jye²liɔ̃
4	星星	ɕĩ¹ɕĩ¹
5	冰	pĩ¹
6	风	fõ¹
7	雨	jy³
8	水	ʂui³
9	河	xo²
10	山	ʂɛ̃¹
11	耕地	ti⁴tʂhɔ⁴
12	泥	ȵi²pa
13	沙子	ʂa¹tsɿ
14	石头	ʂʅ²thəu
15	火	xo³
16	上面	kɔ¹thəu
17	下面	ɕia⁴phoʻ¹tsɿ
18	里面	li³thəu
19	外面	wuɛ⁴tɕhiɛ̃⁵⁵
20	年	ȵiɛ̃²
21	日	thiɛ̃¹
22	猪	tʂu¹
23	狗	kəu³
24	熊	lɔ³ɕiõ²
25	老鼠	xɔ⁴tsɿ
26	鸡	tɕi¹
27	鸟	tɕho²ʔɛ
28	蚂蚁	ma³ji³tsɿ
29	跳蚤	ke²tso³
30	苍蝇	wɛ̃²tsɿ
31	蚊子	we²tsɿ
32	爪子	tʂɔ³tʂo
33	毛	mɔ²
34	鱼	jy²
35	尾巴	wuɛ³pa, ji¹pa
36	树	ʂu⁴
37	竹子	tʂu²tsɿ
38	荞麦	tɕhiɔ²tsɿ
39	土豆	jiɔ̃²jy⁴
40	姜	tɕiɔ̃¹
41	种子	tʂõ³tsɿ
42	草	tshɔ³
43	叶子	jie²tsɿ
44	头	lɔ³kho, thəu²
45	眼睛	jiɛ̃³ȵʑĩ¹

46	鼻孔	bi²khõ³		82	啼	(tɕi¹)tɕiɔ⁴
47	耳屎	ʔɛ³ ʂʅ³		83	大	ta⁴
48	牙齿	jia²tshʅ³		84	小	ɕiɔ³
49	胡子	fɯ²tsʅ		85	高	kɔ¹
50	手	ʂəu³kɛ̃⁵⁵		86	矮	ŋɛ³
51	皮肤	phi²fɯ		87	深	ʂẽ¹
52	筋	tɕĩ¹		88	长	tʂhɔ̃²
53	血	ɕie²		89	短	tuɛ̃³
54	胆	tɛ̃³		90	浅	tɕhiɛ̃³
55	心	ɕĩ¹		91	远	juɛ̃³
56	父亲	pa²pa		92	近	tɕĩ⁴
57	母亲	ŋɔ̃²		93	多	to¹
58	儿子	ʔɛ²tsʅ		94	少	ʂɔ³
59	衣服	ji¹ʂɔ̃²		95	轻	tɕhĩ¹
60	裤子	khu⁴tsʅ		96	重	tʂɔ̃⁴
61	听	thĩ¹		97	红	xɔ̃²
62	吃	tʂhʅ²		98	白	pe²
63	喝	xo¹		99	黑	xɛ²
64	吹	tʂhui¹		100	黄	xuɔ̃²
65	说	ʂo²		101	(羊)肥	fe²
66	跳	thiɔ⁴		102	瘦	səu⁴
67	走	tsəu³		103	好	xɔ³
68	跑	phɔ̃³		104	坏	xuɛ⁴
69	坐	tso⁴		105	快	khuɛ⁴
70	睡	ʂui⁴		106	慢	mɛ̃⁴
71	做	tsu⁴		107	酸	suɛ̃¹
72	洗	ɕi³		108	甜	thiɛ̃²
73	背	pe¹		109	苦	khu³
74	问	wuɛ̃⁴		110	辣	la²
75	骂	ma⁴		111	咸	xɛ̃²
76	笑	ɕiɔ⁴		112	痒	jiɔ̃³
77	哭	khu²		113	我	ŋo³
78	漏	ləu⁴		114	你	ȵi³
79	咬	ȵiɔ³		115	他	tha¹
80	飞	fe¹		116	不	pə²
81	(狗)吠	(kəu³)tɕiɔ⁴				

德昂语 分布在云南省西南部的德昂族使用的语言德昂语，属南亚语系孟高棉语族。德昂族主要分布在德宏潞西以及瑞丽、陇川、盈江、梁河、耿马、镇康、永德、保山、澜沧等地山区或半山区。中国政府于1964年曾正式批准公布崩龙族为中国的少数民族之一。但由于生活在缅甸大山一带的德昂人，人口约有20多万，同中国崩龙族习俗相近、语言相通，而"崩龙"一词带有侮辱性的称呼，被认定为崩龙族的人也自称"德昂"，所以1985年9月废"崩龙族"改称"德昂族"。

德昂族内有"巴勒""汝迈""德昂梁"等分支。从服饰主要色调的特征来区分，"巴勒"为红崩龙，因其服饰红色显著；"汝迈"为黑崩龙，因其服饰黑色显著；"梁"为花崩龙，因其服饰上有花朵般的红色线球显著。20世纪90年代，有文章中出现"白崩龙"一词，则是由于崩龙族一些老人身着自制的原棉本色的土布衣服，而被称为"白崩龙"。其实，它并非真正的德昂族支系的称谓。

德昂族普遍信有小乘佛教，是最早皈依小乘佛教，且教规严格的山地派的信徒。

德昂人有使用自己的语言，但没有文字。村落处于小聚居大分散的状态，但彼此相互通婚，形成一个不受地域或村寨影响的广义上的自然社区。各村寨之间的口语，虽然有一些语音上的变化和语词上的差异，但仍是德昂人主要的交际工具，只是早年迁入澜沧的德昂族，不再使用母语，基本上使用当地的通用语言。

德昂语的音位系统，各地差异不大。

一 语音

辅音 p ph b t th d c ch j k kh g 对应整齐，其中 c ch j 的变体有 ts tsh dz 和 tɕ tɕh dʑ，一律标为 c, ch, j；m mn n̥ ɲ ŋ，对应整齐；l l̥ r r̥ 对应整齐；f v s ç ʑ h 各地稍有变化，如 v w 的变读为 s, ç ʑ 的变读为 s z 等；-p、-t、-k、-m、-n、-ŋ、-ʔ、-h 和 -l 可以作尾辅音。其中，一部分村寨的德昂话有9个尾辅音，不尽相同。尾辅音 -k 和 -ŋ，出现在元音"i"和"e"之后，自然变读为 -c 和 -ɲ，是共同的；p, ph, b, k, kh, g, 可以和边音"l"、卷舌音"r"组成复辅音，如：pl, phl, bl, pr, phr, gr, kl, khl, gl, kr, khr, gr, 出现的频率，在各地的德昂话中，不尽相同，少者，只有6个复辅音，如：pl, phl, gl, kl, khl, gl, 多者，则有12个复辅音；"r"，实际读音为卷舌音"ɻ"和变读为"ɣ"，或有条件的腭化为"j"。

元音 德昂语元音整齐，一般有10个元音：腭 i e ɛ a ʌ (ɒ) ɔ o u ɯ ɣ，其中常见的长短元音有：i / ī a / ā ɔ / ɔ̄ o / ō ɯ/ū ɣ/ɣ̄，这些元音长短出现的频率，各地不尽相同。

德昂话以单音节为主音节的根词，通过次音节加上主音节派生新词，同时也较多地通过修饰等手段来构造新词。此外，德昂话的元音较复杂，尚有区分人称代词单数和双数的语法功能。例如：

陇川德昂族户弄话人称代词：

单数　ao 我　　　　mai 你　　an 他
双数　ai 咱俩, ʑai 我俩　pai 你俩　kai 他俩
多数　e 咱俩, ʑe 我们　pe 你们　ke 他们

德昂话的语序是主语—谓语，或主语—谓语—宾语。以陇川德昂族户弄话为例：

he, mai naŋ hao？你去哪里？
嗨　你　哪里　去

ao hao ka lah。我去街上。
我　去　街子

据初步调查，德昂族村寨之间的话，声韵变化对应整齐。以德宏潞西三台山德昂族南湖话和茶叶箐话的一些基本语词为例，列表对比如下（南湖话／茶叶箐话）：

天	ʔblĕŋ / ʔblŏn
地	ka ʔdai / ka ʔdai
日	ka ŋɔy / s ŋay
月	ʔblăn kial / ma ciɯ
云彩	ma ut / ma u
星星	ka măn / sa măn

雨	glăi / lăi		鼻	gɔŋ muih / ka dóŋ muh
风	khul / khu		嘴	moiʔ / moiʔ
虹	a zɔŋ / ʔblăŋ ka du		舌	sdaʔ / staʔ
水	om / ɛm		齿	ran̥ / hɣaŋ
火	ŋăi / ŋăɯ		手	ʔdăy / ʔdăy
水田	kuŋ / na		脚	jɤŋ / jaoŋ
山地	măl / mɛ		血	nam̥ / nam̥
野外	la brai / pa pjai		心	ʔble nɔih / ʔblai nɔih
年	sa năm / sa năm		附：德昂语常用词举例	
月	kial / kiɯ	1	天	plɛŋ
日	ka ŋɔi / sa ŋai	2	太阳	sʼŋɔi
黄牛	mɔ / măk	3	月亮	plaːŋ kiar
鸡	ʔiɛr / ʔiɯ	4	星星	sʼman
狗	a ɔ / a ɔ	5	云	nʔuːt
鼠	n̥ăi / ma nai	6	风	khuːr
苍蝇	a ɣɔi / ma a ɣɔi	7	雨	klai
虎	ar vai khrɔŋ / ma la vai	8	水	ʔʊm
象	saŋ / ma saŋ	9	河	plɔːŋ
蛇	hɔ́n / ma hăn	10	山	sʊr
野猪	leʔ prai / ma laiʔ pjai	11	水田	kuŋ
马鹿	ciaʔ / ma jiaʔ	12	土	kʼtai
鸟	sim / sim	13	窟窿	kluh
鱼	kɛ / ka	14	石头	maːu
米	a kiao / la kao	15	火	ŋar
谷	ŋɔ / ŋao	16	上面	kʼvɤi
芭蕉	kloi / kloi	17	下面	laʔ khrum
香蕉	kloi uh ŋu / kloi uh ŋu	18	里面	laʔ nar
竹笋	băŋ / bă	19	外面	laʔ nɔʔ
竹	ran̥ ; rɔ̥ŋ / hɣaŋ	20	年	sʼnam
树	he / ʔdaŋ hai	21	日	sʼŋɔi
草	prai / pjai	22	猪	lɛʔ
根	riah / ɣɯh	23	狗	a ʔʊʔ
菌子	dih / dih	24	熊	kreh
果实	ʔble / ʔblai	25	老鼠	nai
头	kīŋ / kĕŋ	26	鸡	ʔiar
眼	ŋai / ŋai	27	鸟	sim

28	蚂蚁	bruːn		64	吹	puːt
29	跳蚤	k'tiar		65	说	grai
30	苍蝇	a'rɔːi		66	跳	k'lɤŋ
31	蚊子	a'dʑʊm		67	走	haːu
32	翅膀	phiaŋ		68	跑	bɯt
33	毛	huʔ		69	坐	ŋoi
34	鱼	ka		70	睡	ʔit
35	尾巴	s'ta		71	扛	k'kɔːt
36	树	he		72	洗（衣）	lɔih
37	竹笋	baŋ		73	捆	tuʔ
38	稻子	ŋ̊o		74	问	s'mɔːt
39	甘薯	saːŋ pho		75	骂	ʔeh
40	姜	siaŋ		76	笑	ɲiaih
41	果实	ple		77	哭	jiam
42	茅草	plaŋ		78	浮	fu
43	叶子	l̥a		79	沉	dʑɤt
44	头	kiŋ		80	飞	phru
45	眼睛	ŋaːi		81	（狗）吠	brɔh
46	鼻子	muih		82	啼	k'gɔːʔ
47	耳朵	la çoʔ		83	大	daːŋ
48	牙齿	raːŋ		84	小	diat
49	胡子	huʔ moh		85	高	dʑaːr
50	手	tai		86	低	ʔɛm
51	皮肤	hur		87	深	lɯk
52	骨头	k'ʔaːŋ		88	长	doŋ
53	血	n̥aːm		89	短	dɤt
54	胆	saŋ		90	厚	hɔt
55	心	nɔih		91	远	doŋ
56	父亲	kun		92	近	n'dat
57	母亲	mɛ		93	多	m'blam
58	子女	kɔːn		94	少	m'brɛʔ
59	上衣	s'to		95	轻	n'dʑɤːr
60	裙子	klaːŋ		96	重	dʑan
61	听	s'ŋaːu		97	红	rɤŋ
62	吃	hɔːm		98	白	blɔːʔ
63	咳嗽	k'oʔ		99	黑	vaŋ

100	绿	ɲiar
101	（羊）肥	priaŋ
102	瘦	aʼgia
103	好	man
104	坏	lu
105	快	phai
106	慢	thɤːŋ
107	酸	braːŋ
108	甜	ɲaːm
109	苦	saŋ
110	辣	ʔɔːm
111	咸	tɕɛːm
112	痒	sʼtur
113	我	ʔo
114	你	mɔːi
115	他	di
116	这	aʼʔɯ

东部裕固语 裕固族由于分散居住，一部分住在甘肃肃南裕固族自治县内，还有一些居住在甘肃酒泉县的一些地区，人口共有 13700 余（2000 年），使用三种不同的语言：东部裕固语、西部裕固语和汉语。使用东部裕固语的人口主要分布在自治县的康乐乡和皇城镇北滩、东滩等地，约占裕固族人口的三分之一。东部裕固语属阿尔泰语系蒙古语族，与土族语、东乡语、保安语和蒙古语接近，在语音方面与土族语、东乡语、保安语的共同性多一些，在词汇和语法方面则与蒙古语的共同性多一些。这里介绍的东部裕固语以自治县康乐一带地区的口语为准。

一 语音

元音 有 8 个基本元音：i y e ø ə a u o，除 ə 以外，各元音都分长、短两个，因此单元音共有 15 个；有 15 个复元音：ia iu io iou ye øi əi əu ai ui ua uai uo oi ou。

辅音 有 29 个辅音：b p ɸ w m d t dz ts s n n̥ r l ɬ z̞ ʥ ʧ ʃ j g k ɣ ŋ G q χ ʁ h，其中的 ɸ w 也有人读作唇齿音，n̥ 为清化的 n，只有一个例子与 n 对立。

辅音例词：

b	baatər	英雄
p	piire	肾脏
ɸ	ʥiɸu	技术
w	weʧən	病
m	məŋGan	千
d	døʧin	四十
t	tuʃaa	襻子
dz	dzuunaa	蝇
ts	tsai	菜
s	sal	皮筏
n	niin	乳牛
n̥	n̥ii -	笑
r	raalʥə -	换
l	løgʥən	母狗
ɬ	ɬabdzo	画匠
z̞	z̞ənwu	任务
ʥ	ʥala -	请
ʧ	ʧewer	巧
ʃ	ʃəle -	按把儿
j	josə	礼貌
g	gørøsən	野兽
k	kyyten	冷
ɣ	ɣeʧə	姐姐
ŋ	ʃəŋar	甘草
G	GadGə -	刺
q	qusən	水
χ	χurʁan	绵羊羔
ʁ	ʁajarla -	借
h	hon	年

复辅音 有 24 个复辅音：sg sG ʃb ʃd ʃg ʃG χʥ χG hd hʥ hg mb md mʥ nd nʥ ŋg ŋG ɬd ɬʥ rb rd rʥ rG。

东部裕固语有元音和谐现象。央元音和所有高元音都不受元音和谐规律约束，要求和谐的元音只有 e ø a o，即如果前面的音节中有元音 e 或 ø，在后续音节中不能有元音 a 和 o；如果前面的音节中有元音 a，在后续音节中不能有元音 e ø o，如果前面的音节有元音 o，在后续的音节中不能有元音 e ø 和 a。

重音　多音节词的重音习惯上落在词的末一个音节上，如果词干后带上附加成分，则重音要向后移动。

二　语法

词类　根据词义、形态特点和句法功能，可分 10 大类：名词、代词、形容词、数词、动词、副词、后置词、连词、助词、叹词。

名词　有数、格、领属三种语法范畴。表示复数意义的附加成分有 -s、-əs、-ti、-dud。还有主格、领宾格、与位格、离比格、造格、联合格和连带格。名词的领属有泛指人称的反身领属和专指人称的人称领属两种。

代词　包括人称代词、指示代词、疑问代词、确定代词和反身代词。人称代词有人称、数、格的范畴。第一人称代词复数有排除式和包括式两种。第三人称代词用 ene（这个）、tere（那个）和复数 enes、teres 分别作为单数（他）和复数（他们）。

形容词　分性质形容词和关系形容词两种。性质形容词在形态上有加强形式和减抑形式的变化。

数词　有基数词、序数词、集数词、均数词、概数词和分数词。

动词　有态、祈使式、陈述式、形动词形式和副动词形式。态有主动态、众动态或互动态和被动态。祈使式有 4 种，陈述式有过去时和现在将来时。形动词形式有 4 种，分别表示完成体、持续体、多次体和未完成体。副动词形式有并合体副动词、顺序体副动词、反复体副动词、延续体副动词、紧随体副动词、限定体副动词、选择体副动词和假定式副动词、让步式副动词、目的式副动词。

副词　分为程度副词、时间副词、方式状态副词、否定副词，但没有形态变化。

后置词　有表示目的的、表示代替的、表示原因的、表示比拟的、表示共同的意义的、表示全体的各个的。

连词　有用来连接并列的两个句子成分的，有用来连接并列的句子的。

助词　有判断语气助词、陈述语气助词、疑问语气助词、强调语气助词和提醒语气助词。

叹词　叹词有 jaa（表示接受）、maa（表示给予）、oolai（表示赞同）、aju（表示惊奇）、ajoo（表示疼痛）、aggamaa（表示惋惜）、tʃaaga（表示受冷）、pegge（表示受烫）、adʒii（表示受惊）、eedto（表示怀疑）、puɸu（表示嫌臭）。

句子成分　分主语、谓语、宾语、补语、定语、状语 6 种。主语和谓语是句子的主要成分，主语在前，谓语在后。宾语和补语是句子的扩展成分，补充说明其中心词。定语和状语也是句子的扩展成分，用在中心词前，限定或修饰中心词。

三　词汇

东部裕固语的词汇包括固有词和借词，借词占三分之一左右，包括有汉语借词、突厥语借词、藏语借词，且以汉语借词居多。在词汇和语法方面，东部裕固语与跟蒙古语相同处较多。

附：东部裕固语常用词举例

1	天	teŋer
2	彩虹	soloŋGo
3	月亮	sara
4	星星	hodən
5	云	buləd
6	风	salGən
7	雨	χura
8	水	qusun
9	海	dalii
10	山	uula
11	土地	Gadʒar
12	土	səruu
13	窟窿	nøhgø

14	石头	tʃəluu		50	手	ɢar
15	火	ɢal		51	筋	ʃəndasən
16	上面	diire		52	骨头	jasən
17	下面	duura		53	血	tʃusun
18	里面	hdoro		54	奶	sun
19	外面	ɢadana		55	心	dʒyrɣen
20	年	hon		56	父亲	baba
21	白天	udur		57	母亲	meme
22	猪	qəɢai		58	子女	mula
23	狗	noχɢui		59	上衣	məsgə
24	绵羊	χoonə		60	裤子	mudən
25	老鼠	χunaɢla		61	听	aŋla –
26	鸡	daχɢa		62	吃	ede –
27	狼	tʃənə		63	喝	uu –
28	蚱蜢	dʒaɢdʒaχɢai		64	吹	piile –
29	虱子	byysən		65	说	larɣə –
30	苍蝇	dzuunaa		66	跳	husur –
31	虫子	χoroχɢui		67	走	jawə –
32	兔子	tuulii		68	跑	ʃgur –
33	毛	həsun		69	坐	suu –
34	鱼	dʒaʁasən		70	睡	nda –
35	尾巴	syl		71	拾	tyy –
36	松树	naɢ		72	洗（衣）	ʁua/ɢua – –
37	竹子	χulusən		73	捆	kulu –
38	小麦	uuʃə		74	搅拌	qudɢə –
39	花	medoɢ		75	骂	usɢa –
40	根	ildəs		76	笑	n̥ii –
41	种子	hure		77	哭	yyla –
42	草	wesən		78	烧	ʃdaa –
43	叶子	ɬabdʒəɢ		79	掉	na –
44	头	toloʁui		80	飞	hunəs
45	眼睛	nudun		81	（狗）吠	qudʒa –
46	鼻子	χawar		82	咬	dʒuu –
47	耳朵	tʃəɢən		83	大	ʃge
48	牙齿	ʃdən		84	小	baʁa
49	上颚	taŋlii		85	高	uŋdur

86	低	boʁonə	102	新	ʃənə
87	深	ʃəŋ	103	好	sain
88	长	rdo	104	旧	χuudʒən
89	短	χoGor	105	干净	aruun
90	厚	dʒudʒaan	106	慢	tawaar
91	远	χolo	107	宽	uudʒəm
92	近	øiro	108	活的	amtə
93	多	olon	109	苦	Gaʃuun
94	少	tʃyyn	110	香	gudʒə
95	轻	køŋgøn	111	臭	həmuki
96	重	kundə	112	饱	tʃad –
97	红	ɬaan	113	我	bu
98	白	tʃaʁaan	114	你	tʃə
99	黑	χara	115	他	tele
100	绿	moʁoon	116	不	lə
101	（羊）肥	tarʁan			

人称	第一人称			第二人称		第三人称	
数	单数	复数		单数	复数	单数	复数
		排除	包括				
	我	我们	咱们	你	你们	他	他们
主格	bi	bidʑiən	matan	tʂɯ	ta	tərə	tərəla
						hə	həla
领宾格	mini	bidʑiəni	matanni	tʂɯni	tani	tərəni	tərəlani
– n	(~ mani)					həni	həlani
与位格	madə	bidʑiədə	matandə	tʂɯmadə	tandə	tərəndə	tərəladə
– də	(~ namadə)			(~ tʂadə)		həndə	həladə
从格	masə	bidʑiansə	madansə	tʂɯmasə	tansə	tərənsə	tərəlasə
– sə	(~ namasə)			(~ tʂasə)		hənsə	həlasə
造 格	biGala	bidʑiənGala	madanGala	tʂɯGala	taGala	tərəGala	tərəlaGala
– Gala						həGala	həlaGala
联合格	malə	bidʑiənlə	matanlə	tʂɯmalə	tanlə	tərənlə	tərərlalə
– lə	(~ namalə)			(~ tʂalə)		hənlə	həlalə

东乡语 是中国东乡族的主要交际工具，属阿尔泰语系蒙古语族。

东乡族主要分布在甘肃省临夏回族自治州所属的七县一市，即东乡族自治县、积石山保安族东乡族撒拉族自治县、临夏县、和政县、广河县、康乐县、永靖县和临夏市。总人口约 51 万（2000 年），其中以东乡族自治县最为集中，约占总数的一半。

东乡语内部相当一致，没有方言的差别，其语音结构不仅保留了蒙古语的成分，也融会了当地汉语的成分，但蒙古语的元音和谐律，在东乡语里已观察不到。

东乡语有 7 个单元音 i ə a o u ɯ ɚ；有 28 个辅音 b p m f d t n l r dz ts s dʑ tɕ ɕ dʐ tʂ ʂ z g k x ɣ ɢ q h j w。

根据意义、形态变化和在句子里的用法，东乡语的词划分为名词、代词、形容词、数词、动词、副词、后置词、连词、语气助词和叹词 10 类。

名词有数、格、人称领属和反身领属的语法范畴，用不同的附加成分来表达。名物化的体词（包括代词、数词、形容词）由于在句子里所处的地位不同，也可以有格的变化。名词有 8 种变格形式：主格、领 – 宾格、与 – 位格、造格、从格、联合格、方面格、方向格。

人称代词变格时词干有变化，读音有的也有变化。

人称代词很少使用造格形式，基本不用方面格、方向格。动词有态、式、体等范畴，按照在句子里的用法分为终结形式、连接形式（副动词）、多能形式（形动词）。

动词的终结形式包括祈使、陈述两种语气；陈述式动词具有完成体、进行体和未完成体的区别。这种形式的动词一定是处于句子末尾的实词。确认这一点，对句子的结构分析极有帮助。

副动词有并列副动词、分离副动词、重复副动词、目的副动词、条件副动词、让步副动词、选择 – 界限副动词 7 种。形动词分过去、现在、将来三种。

东乡语里汉语借词丰富，各种借词在构词、组句过程中都有固定的语法规则。

附：东乡语常用词举例

1	天	asɯman
2	太阳	naran
3	月亮	sara
4	星星	xodun
5	云	oliən
6	风	kəi
7	雨	ɢura
8	水	usu
9	河	moron
10	山	ula
11	土地	ɢadʐa
12	土	tura
13	窟窿	nokiən
14	烟	jən
15	火	qan
16	上面	dʑiərə
17	下面	dəura
18	里面	tudoro
19	外面	ɢadanə
20	年	xon
21	明天	maɣaʂɯ
22	猪	qɯɢəi
23	狗	noɣəi
24	黄羊	xonjan
25	老鼠	sɯdʐɯɣan
26	鸡	tɯɢa
27	马	mori
28	蚂蚱	matʂadzɯ
29	虫	ɢuɣəi
30	苍蝇	ʂunbun
31	青蛙	baɣa
32	蛇	moɣəi

33	羽毛	xodun		69	坐	sao –
34	鱼	dʐaɣasun		70	睡	no –
35	尾巴	çiən		71	扛	dʑiji –
36	树	mutun		72	洗（衣）	uaɣa –
37	根	gəndzɯ		73	捆	baɢla –
38	小麦	baodəi		74	偷	ɢula –
39	花	tʂɯdʐə		75	骂	sugiə –
40	种子	furə		76	笑	çiniə –
41	果实	alima		77	哭	uila –
42	草	osun		78	死	fugu –
43	叶子	latʂun		79	下降	bao –
44	头	tɕiaorun		80	飞	musɯ –
45	眼睛	nudun		81	（狗）吠	qudʐu –
46	鼻子	qawa		82	（牛）叫	muri –
47	耳朵	tʂɯɢɯn		83	大	fugiə
48	牙齿	ʂɯdun		84	小	məila
49	脸	nu		85	高	undu
50	手	qa		86	低	boɣoni
51	胃	ui		87	深	gun
52	骨头	jasun		88	长	fudu
53	血	tʂusun		89	短	oqo
54	胆	kudan		90	厚	dʐudʐan
55	心	dʐuɣə		91	远	ɢolo
56	父亲	awi / aba		92	近	uira
57	母亲	ana		93	多	olon
58	儿子	kəwon		94	少	tʂoɣon
59	上衣	musɯku		95	轻	gongiən
60	袖子	ɢandʐun		96	重	gundu
61	听	tʂənliə –		97	红	xulan
62	吃	idʑiə –		98	白	tʂɯɢan
63	喝	otʂɯ –		99	黑	qara
64	舔	dolu –		100	绿	noɣon
65	说	kiəliə –		101	（羊）肥	taɣun
66	跳	dʑiaoli –		102	新	ʂɯni
67	走	jawu –		103	好	gao
68	跑	xolu –		104	旧	quaitʂɯn

105	快	ɢudʑin
106	慢	udan
107	酸	qɯ ʂun
108	累	hətʂə
109	苦	kao
110	饱	tʂudu –
111	饿	oliəsu –
112	热	qalun
113	我	bi
114	你	tʂɯ
115	他	tarə
116	不	uliə

侗水语支 中国汉藏语系壮侗语族的一个语支，包括侗语、仫佬语、水语、毛南语、拉珈语、标话、莫语、佯僙语、茶洞语等，分布在贵州、广西、湖南三省区，大多数使用各自的语言，估计使用人口有180万以上。本语支语言之间的同源词一般在60%—70%，与壮傣语支同源词约在30%—45%，而与黎语支同源的有20%左右。在侗水语支的8种语言中，侗语、仫佬语比较接近，水语、毛南语、佯僙语、莫语比较接近，拉珈语和标话比较接近。这个语支的语言声母数量不一，仫佬、水、毛南等语言的声母特别多，侗、佯僙、莫等语言的声母相对较少，而拉珈语和标话的声母更少，且近似壮傣语支。

关于侗水语支各民族的迁徙和语言的由来，据梁敏和张均如《侗台语族概论》所述，侗族的先民早年生活在今广东西部和广西东部一带，经过梧州向北偏西迁徙，经过今广西罗城等地到达今贵州榕江一带，然后逐渐分散到湘、黔、桂三省边区各县，发展成为今天的侗族。其中有一部分在今广西宜山、罗城一带留下来定居，后来就发展成为今天的仫佬族。水族的先民也从海滨一带沿着柳江、龙江向西北方向迁徙，一部分在今广西环江县留下来，逐渐发展成为今天的毛南族。其余的继续北上，到达今贵州的荔波县和三都县，在荔波的发展成为今天的莫家和锦人，在三都的发展成为今天的水族。还有一小部分继续往西到达平塘县和惠水县的一些地方，发展成为今天的佯僙人。广西金秀瑶族自治县的拉珈人大概是六七百年前从广东西部怀集、封开一带经梧州、藤县、蒙江到达平南一带，后来才进入金秀，发展成为今天的拉珈人，其民族成分是瑶族，汉族称为"茶山瑶"。

侗台语族 又称壮侗语族，汉藏语系的语族之一。分布在广西、贵州、云南、海南、广东等省区。如果将国外的泰语、老挝语、缅甸的掸语，越南北部的农语、岱语等语言加在一起，国际上通称侗泰语或侗台语。壮侗语族指分布在中国的壮傣语支、侗水语支、黎语支和布央语支诸语言。近年来，有学者主张把仡佬语和新发现定名的拉基语、谱标语、布央语、耶容语作为一支，定名为"仡央语支"，这样壮侗语族就包括台语支、侗水语支、黎语支和仡央语支。各语支所包括的语言如下：（1）壮傣语支（也称台语支）——包括国内的壮语、布依语、傣语、临高语、标话；国外的泰语、老挝语、掸语、石家语、土语、侬语、岱语、黑傣语、白傣语、坎梯语和已趋于消亡的阿含语等。（2）侗水语支——包括侗语、仫佬语、水语、毛南语、莫语、佯僙语、拉珈语、标话等。（3）黎语支——包括黎语、村语。（4）仡央语支——包括仡佬语、拉基语、普标语、布央语、耶容话、蔡家话。还有越南北部的拉哈语等。

侗语 中国侗族使用的语言，属汉藏语系壮侗语族侗水语支，分布在贵州、湖南、广西三省区的20多个县。居住在湖南省城步苗族自治县和广西三江侗族自治县境内的部分苗族也把侗语作为母语。侗族自称"甘" kam[1]，有的地方变读 ȶam[1] 或 ȶəm[1]。据2000年统计，人口为2960293人。而据1982年的调查统计，侗族人口为1425000余人，使用侗语人数约为112万人。估计现在侗语使用人口有120万以上。贵州侗族人口占全部侗族人口的59.58%，湖南占22.34%，广西占16.11%。在聚居区内，大部分侗族都以侗语为主要交际用语，不少人也兼通汉语。居住在天柱和新晃等地的部分侗族已转用汉语，贵州、湖南、广西共约有35万余侗族转用了汉语。

侗语与同语支、同语族的其他语言有很密切的关系，相互间有许多同源词，在语音语法上也有很多共同的特征。壮语、水语的带喉塞声母 ʔb、ʔd 声母，在侗语中已经变为 m、l；侗语的声调除了部分地区与壮语一样有6个舒声调和4个促声调之外，大部分地区是9个舒声调和6个促声调。侗语分南北两个方言，每个方言又分3个土语。下面以贵州榕江县车江乡的话为代表，介绍侗语的情况。

一　语音

侗语原有32个声母：p ph m f w pj phj mj wj ts tsh s t th n l tj thj lj ȶ ȶh ȵ ɕ j k kh ŋ kw khw ŋw ʔ h，还有6个 ʨ ʨj ts tsh f wj 是吸收汉语借词而增加的声母，多为年轻人所使用。

元音有7个 a ə e i o u ɿ，有8个韵尾 -i -u -m -n -ŋ -p -t -k，由元音和韵尾构成56个韵母：a ə e i o u ɿ aːi əi oi ui əu eu iu aːm am əm em im om um aːn an ən en in on un aːŋ aŋ əŋ eŋ iŋ oŋ uŋ aːp ap əp ep ip op up aːt at ət et it ot ut aːk ak ək ek ik ok uk。

有6个舒声调和4个促声调。舒声调：第1调55，第2调11，第3调323，第4调31，第5调53，第6调33；促声调：第7调55，第8调21，第9调24，第10调31。侗语的单数调遇送气音声母都读分化调，舒声第1、3、5、7、9调还有3个分化调：即第1'调35，第3'调13，第5'调453；促声调第7、9调的2个分化调：第7'调35，第9'调13。因此，侗语的声调系统总共有舒声调9个，促声调6个，总共15个声调。

二　词汇

侗语中的早期汉语借词已适应了侗语的语音系统，有塞音韵尾，所使用的现代汉语借词与当地的汉语西南官话相同，没有塞音韵尾。

三　语法特点

在侗语中，代词分单数和复数两类，第一人称复数又有包括式和排除式两种。单数：jaːu² 我，复数排除式 ȶiu¹ 我们，包括式 taːu¹ 咱们。第二人称单数：ȵa¹ 你，复数 ɕaːu¹ 你们。第三人称单数：maːu⁶ 他，ta⁶maːu⁶ 他们。

四　方言

侗语分南、北两个方言，使用南部方言人口比较多。方言之间在语音上的差别是：（1）南部方言的元音 a 分长短对立，北部方言无长短对立。如南部方言 taːŋ⁵ 当，taŋ⁵ 凳子，北部方言都念 taŋ⁵。南部方言舌根塞音韵尾 -k，北部方言或者没有，或者变为其他音，如"胸"，南部方言读 tak⁷、taʔ⁷、tat⁷ 或韵母完全失落，读 ta¹。

侗语与本语族其他语支语言有不少同源词，与壮傣语支语言的同源词要多于跟黎语支的语言。使用的汉语借词也不少，北部方言使用的汉语借词要比南部方言略多。侗语自己特有的词如：雹子 u⁴、山 ȶən²、泥 maːk¹⁰、旁边 ke¹、狼 pjuŋ¹、雉 meu²、鹧鸪 tok⁷uk⁹、鳖 pjin³、蝉 koŋ⁵ke⁶、柚子 paːu²、肚脐 pjo¹ljo¹、篱笆 jaːk¹⁰、锄头 ȶhit9'、药 əm³ 等。侗语与同语族语言的同源词有：天 mən¹、太阳 ta⁵ man¹、月亮 ȵaːn¹、云 ma³、风 ləm²、雨 pjən¹、水 nam⁴、河 ȵa¹、池塘 tam¹、沟 mjeŋ¹、田 ja⁵、石头 ȶin¹、火 pui¹、烟 kwan²、猪 ŋu⁵、狗 ŋwa¹、老鼠 no³、穿山甲 lən⁶lən⁶、鸭子 pət⁷、鸟 mok⁸ 等。

附：侗语常用词举例

1	天	man¹
2	太阳	ta⁵ man¹
3	月亮	ȵaːn¹
4	星星	ɕət⁷
5	云	ma³

6	风	ləm²		42	茅草	ȶa¹
7	雨	pjən¹		43	叶子	pa⁵
8	水	nam⁴		44	头	kaːu³
9	河	ȵa¹		45	眼睛	ta¹
10	山	ȶən²		46	鼻子	naŋ¹
11	水田	ja⁵		47	耳朵	kha¹′
12	土	nam⁶		48	牙齿	pjan¹
13	窟窿	ȶəm²		49	胡子	mut¹
14	石头	ȶin¹		50	手	mja²
15	火	pui¹		51	皮肤	pi²
16	上面	wu¹		52	骨头	laːk⁹
17	下面	te³		53	血	phaːt⁹′
18	里面	aːu⁴		54	胆	po⁵
19	外面	nuk⁴		55	心	səm¹′
20	年	ȵin²		56	父亲	pu⁴
21	日	man¹		57	母亲	nəi⁴
22	猪	ŋu⁵′		58	子女	lɯʔ⁸
23	狗	ŋwa¹′		59	上衣	uk⁹
24	熊	me¹		60	裙子	wən³′
25	老鼠	no³′		61	听	ȶhiŋ⁵′
26	鸡	aːi⁵		62	吃	ȶaːn¹
27	鸟	mok⁸		63	咳嗽	khəu¹′həu¹′
28	蚂蚁	mət⁸		64	吹	səp⁸
29	跳蚤	ŋwat⁷′		65	说	aːŋ³/wa⁶
30	苍蝇	mjuŋ⁴		66	跳	pjiu¹
31	蚊子	mjuŋ⁴pa⁵		67	走	ȶhaːm³′
32	翅膀	pa⁵		68	跑	pjeu⁵
33	毛	pjən¹		69	坐	sui⁵
34	鱼	pa¹		70	睡	nun²/nak⁷′
35	尾巴	sət⁷		71	扛	un¹
36	树	məi⁴		72	洗（衣）	sak⁷
37	竹笋	naːŋ²		73	捆	suk¹
38	稻子	əu⁴		74	问	ham⁵′/ɕaːɪ³
39	甘薯	man²		75	骂	kua⁵/phjit⁹
40	姜	ɕiŋ¹′		76	笑	ko¹
41	果实	təm⁶		77	哭	ne³

78	浮	poŋ²
79	沉	jam¹
80	飞	pən³
81	(狗)吠	khəu⁵ʼ
82	啼	jan¹
83	大	maːk⁹/laːu⁴
84	小	un³/ni⁵
85	高	phaːŋ¹ʼ
86	低	tham⁵ʼ
87	深	jam¹
88	长	jaːi³
89	短	thən³ʼ
90	厚	na¹
91	远	kaːi¹
92	近	ȶən⁴
93	多	kuŋ²
94	少	jun³
95	轻	ȶha³ʼ
96	重	ȶhan¹ʼ
97	红	ja⁵ʼ
98	白	paːk¹
99	黑	nam¹
100	绿	su¹ʼ
101	(羊)肥	pui²
102	瘦	wum¹/naːu¹
103	好	laːi¹/pjaːŋ⁵
104	坏	ja⁴/waːi⁶
105	快	hoi⁵ʼ
106	慢	an¹/ȵaːm⁵ʼ
107	酸	səm³ʼ
108	甜	khwaːn¹ʼ
109	苦	am²
110	辣	ljaːn⁶
111	咸	hat⁷ʼ
112	痒	ȵaːn¹ʼ
113	我	jaːu²
114	你	ȵa²
115	他	maːu⁶
116	这	naːi⁶

独龙语 独龙族聚居在云南怒江傈僳族自治州贡山独龙族怒族自治县的独龙河两岸。相邻国家缅甸境内也有独龙族分布。中国独龙族人口约有7400人（2000年），使用独龙语。独龙语属汉藏语系藏缅语族，与景颇语比较接近属景颇语支，分独龙河和怒江两个方言。下面以贡山独龙族怒族自治县独龙河乡龙拉村的话为代表，介绍独龙语。

一　语音

声母　有51个声母，其中包括单辅音声母27个，腭化辅音声母5个，圆唇化辅音声母8个，复辅音声母11个。其中单辅音声母：p b m w f ts dz s z t d n l ɻ tɕ dʑ ɕ ȵ j c ɟ ʝ k g x ŋ；腭化辅音声母：pj bj mj tj lj；圆唇化辅音声母：tsw sw tw lw kw gw sw ŋw；复辅音声母：pl kl pɻ kɻ bl gl bɻ gɻ ml mɻ xɻ。

声母例字：

p	pɑ⁵⁵	肚子
b	bɑ⁵³	浅
m	mɑ⁵⁵	躲藏
w	wɑ⁵³	做
f	ɕan⁵⁵fɑ³¹	宪法
ts	tsɑ⁵⁵	脉
dz	dzɑ⁵³	病
s	sɑ³¹sɑ⁵⁵	土
z	zen³¹min³¹	人民
t	tɑ⁵⁵	听
d	dɑ⁵⁵	(肚)胀
n	nɑ⁵³	你
l	suɯ³¹lɑ⁵⁵	月亮
ɻ	ɑ³¹ɻɑ⁵⁵	相同
tɕ	tɕɑ⁵⁵	茶
dʑ	dʑɑ⁵⁵	捅

ɕ	ɕɑ⁵⁵	肉
ŋ̊	ɑ³¹ŋ̊ɑ⁵⁵mɯ³¹	恳求
ɟ	ɑ³¹ɟɑ⁵⁵	那
c	cɑ⁵³	生疮
ɟ	ɟɑ⁵⁵	汉族
ç	ti⁵⁵çɑ⁵⁵	一百
ɲ	ɲăm⁵⁵	太平
k	kɑ⁵⁵	苦
g	gɑ⁵⁵	亮堂
x	xɑi⁵⁵	恶心
ŋ	ŋɑ⁵³	我
pj	pjɑ⁵⁵	竹鸡
bj	bjăʔ⁵⁵	斟
mj	mjɔ⁵⁵	嚼
tj	tjɑn⁵⁵xwɑ⁵⁵	电话
lj	twɑn⁵⁵ljɑn⁵⁵	锻炼
tsw	tswɑn⁵⁵	砖
sw	swɑn⁵⁵tsu⁵⁵	酸醋
tw	twɑn³¹tɕe⁵⁵	团结
lw	tɔ⁵³lwɑn⁵⁵	捣乱
kw	ci⁵⁵kwɑ⁵³	南瓜
gw	gwɹɑ⁵³	黄的
xw	ɑ³¹xwăp⁵⁵ɕmɯ³¹	扇
ŋw	nuŋ⁵⁵ŋwɑ⁵³	牛
pl	ɑ³¹plɑ⁵⁵	硷灰
kl	ɑ³¹klɑ⁵⁵ɕmɯ³¹	大笑
pɹ	pɹăʔ⁵⁵	收割
kɹ	kɹɑ⁵⁵	抖搂
bl	ɑ³¹blăʔ⁵⁵	到达
gl	glɑ⁵³	掉
bɹ	ɑ³¹bɹɑ⁵⁵	快
gɹ	gɹɑ⁵⁵	枯萎
ml	mlăʔ⁵⁵	吞咽
mɹ	mɹɑ⁵⁵	耕
ɹx	xɹɑ⁵⁵	竹篮子

韵母 有133个韵母,其中单元音韵母7个,复元音韵母9个,带辅音韵尾韵母117个。

单元音韵母：i e ɑ ɔ u ɯ y；复元音韵母：ăi ai ɔi ɔi ŭi ui ɯ̆i ɯi ye；带辅音韵尾韵母：ĭn in ĭŋ iŋ ĭp ip ĭt it ĭk ik ĭʔ iʔ ĭm⁷ ĭnʔ ĭŋʔ ěm em ěn en ěŋ eŋ ěp ep ět et ěk ek ěʔ eʔ ěɹ eɹ ěl el ěmʔ ěnʔ ěŋʔ ămʔ ănʔ ăŋʔ ĭm ɑm ăn an ăŋ aŋ ăp ap ăt at ăk ak ăʔ ɑʔ ăɹ ɑɹ ăl al ămʔ ănʔ ăŋʔ ɔ̆ɹ ɹɹ ɔ̆ç ɔç ɔ̆k ɔk ɔ̆ʔ ɔʔ ɔ̆ɹ ɔɹ ɔ̆l ɔl ɔ̆mʔ ɔ̆nʔ ɔ̆ŋʔ ŭn un ŭŋ uŋ ŭt ut ŭk uk ŭʔ uʔ ŭɹ uɹ ŭl ul ŭnʔ ŭŋʔ ɯ̆m ɯm ɯ̆n ɯn ɯ̆ŋ ɯŋ ɯ̆p ɯp ɯ̆t ɯt ɯ̆k ɯk ɯ̆ʔ ɯʔ ɯ̆ɹ ɯɹ ɯ̆l ul ɯ̆mʔ ɯ̆nʔ ɯ̆ŋʔ yn yan,其中的 y ye yn yan 是新近出现的韵母,且只用于汉语借词,而 ĭmʔ ěmʔ ămʔ ɔ̆mʔ ɯ̆mʔ ĭnʔ ěnʔ ɔ̆nʔ ŭnʔ ɯ̆nʔ ĭŋʔ ěŋʔ ăŋʔ ɔ̆ŋʔ ŭŋʔ ɯ̆ŋʔ 17个韵母只出现在形态变化中。

声调	有3个声调：		
	高平调55	高降调53	低降调31
例字：	nɯ⁵⁵	nɯ⁵³	mɯ³¹
	湖	酒	不

二 词汇

独龙语的构词方式是以词根为核心,用添加附加成分的方法构造新词。（1）在词根后加 wɑ⁵³（做）,构成新词。例如：ɕɑ⁵⁵wɑ⁵³（打猎）,măn⁵⁵wɑ⁵³（医治）,blu⁵⁵wɑ⁵³（商量）。（2）在词根前加上 pɯ³¹ mɯ³¹ sɯ³¹ tɯ³¹ dɯ³¹ ɑ³¹ ɑŋ³¹ 等词头,构成新词。例如：tɯ³¹sɯ⁵⁵（面粉）,mɯ³¹li⁵³（地方）,tɯ³¹mi⁵⁵（火）,pɯ³¹săi⁵³（红）,ɑ³¹li⁵³（重）。

三 语法

词类 分名词、数词、量词、代词、动词、形容词、副词、助词、连词、叹词等10类。

名词、数词、量词 在有关人的名词后加助词 măʔ⁵⁵,表示不定量的复数。例如：tɕăm⁵⁵ɹɑ³¹（孩子）măʔ⁵⁵孩子们,lam⁵⁵bɹɔʔ⁵⁵（朋友）măʔ⁵⁵朋友们。基数词有 tĭʔ⁵⁵一、ɑ³¹ni⁵⁵二、ɑ³¹sɯm⁵³三、ɑ³¹bli⁵³四、pɯ³¹ŋɑ⁵⁵五、kɹŭʔ⁵⁵六、sɯ³¹ɲĭt⁵⁵七、çăt⁵⁵八、dɯ³¹gɯ⁵³九、ti⁵⁵tsăl⁵⁵十。名量词中有不少是用

名词来作量词的。例如：mɯ³¹lɔ̆ŋ⁵³（路）+ ti⁵⁵（一）+ mɯ³¹lɔ̆ŋ⁵³（路，量词）= 一条路；mɛ̆ʔ⁵⁵（眼睛）+ ti⁵⁵（一）mɛ̆ʔ⁵⁵（眼睛，量词）= 一只眼睛。动量词使用动词作量词。例如：ti⁵⁵（一）+ pɹăn⁵⁵（捆，量词）pɹăn⁵⁵（捆）= 捆一捆（草）。

代词　分人称代词、反身代词、指示代词、疑问代词、泛指代词。人称代词分单数、双数、复数。复数第一人称又有包括式和排除式两种。

	单数	双数	复数
第一人称	ŋa⁵³	ĭŋ⁵⁵ne⁵⁵	ɹaŋ⁵⁵（包括）ĭŋ⁵⁵（排除）
第二人称	na⁵³	nɯ⁵⁵ne⁵⁵	nɯ⁵⁵nĭŋ⁵⁵
第三人称	ăŋ⁵³	ăŋ⁵⁵ne⁵⁵	ăŋ⁵⁵nĭŋ⁵⁵

指示代词分近指、远指。近指 ɹa⁵⁵（这），远指 a³¹ja⁵⁵（那），更远指 kɔ⁵⁵（那）。疑问代词用重叠词根的方式表示复数。例如：a³¹mi⁵⁵（谁），a³¹mi⁵⁵mi⁵⁵（哪些人），tăŋ⁵³（什么），tăŋ⁵⁵tăŋ⁵⁵（一些什么）。

动词　动词有人称、数、体、式、态等语法范畴。人称分第一人称、第二人称、第三人称，数分单数、双数、复数。各种人称、数，采用多种方式表示。有的增加前加成分，有的变化其元音，由长元音变为短元音，有的增加韵尾辅音，动词的体分将行体、已行体、完成体，分别在动词后加附加成分表示；动词的式分陈述式、祈求式、命令式，分别在动词前面加前加成分表示。动词的态分自动态、使动态、互动态，分别采用不同的表达方式。动词的否定，在动词的前面加附加成分 mɯ³¹ 或 măn⁵⁵ 表示。动词的名物化，由其与后面的附加成分 sa⁵⁵ 构成。

助词　分结构助词、语气助词、表复数助词。结构助词较多，且各个助词表示不同的意义。

句子成分　独龙语的句子分主语、谓语、宾语、定语、状语。句子的基本语序是：主语—谓语，或主语—宾语—谓语。名词作定语时，位于中心词的前面；形容词、数量词作定语时，可以放在中心词前面，也可以放在中心词的后面。状语的位置比较自由，可以在动词的前面，也可以放在动词前面的宾语之前。

附：独龙语常用词举例

1	天	mŭʔ⁵⁵
2	太阳	năm⁵³
3	月亮	sɯ³¹la⁵⁵
4	星星	gɯ⁵⁵met⁵⁵
5	云	ɹɯ³¹mɯt⁵⁵
6	风	năm⁵³bŭŋ⁵³
7	雨	năm⁵³dzɑʔ⁵⁵
8	水	ŋaŋ⁵⁵
9	河	waŋ⁵⁵dɔŋ⁵³
10	山	lɯ³¹ka⁵⁵
11	水田	tɕɯ³¹ma⁵⁵
12	土	a³¹sa⁵⁵
13	窟窿	aŋ³¹duŋ⁵⁵
14	石头	luŋ⁵⁵
15	火	tɯ³¹mi⁵⁵
16	上面	ŋɔ⁵⁵le³¹
17	下面	dʑap⁵⁵
18	里面	a³¹nɯ⁵⁵
19	外面	tal⁵⁵ɔŋ⁵³
20	年	aŋ³¹niŋ⁵⁵
21	日	ni⁵⁵
22	猪	wăʔ⁵⁵
23	狗	dɯ³¹gɯi⁵⁵
24	熊	ɕɯi⁵⁵
25	老鼠	dŭt⁵⁵
26	鸡	kăʔ⁵⁵
27	鸟	pɯ³¹tɕɹʔ⁵⁵
28	蚂蚁	sɯ³¹ɹɯ̆ʔ⁵⁵
29	跳蚤	sɯ³¹li⁵³
30	苍蝇	a³¹dʑɯi⁵³
31	蚊子	bɹa⁵⁵si⁵⁵
32	翅膀	cer⁵⁵
33	毛	aŋ³¹mɯl⁵⁵

34	鱼	ŋa⁵⁵plǎʔ⁵⁵		70	睡	ɿp⁵⁵
35	尾巴	mi⁵⁵tɕɔ́ʔ⁵⁵		71	扛	a³¹tam⁵³
36	树	ɕiŋ⁵⁵		72	洗（衣）	dʑǎl⁵³
37	竹笋	ɹɯ³¹mǎŋ⁵⁵		73	捆	ʑɹ⁵⁵/dzɯm⁵³
38	稻子	am⁵⁵bɯ⁵⁵		74	问	kɹi⁵⁵
39	土豆	xɯ⁵⁵bɪ̆ʔ⁵⁵		75	骂	tɯ³¹ɔŋ⁵³
40	姜	luŋ⁵⁵dʑin⁵⁵		76	笑	ĕt⁵⁵ɕɯ³¹
41	果实	aŋ³¹ɕi⁵⁵		77	哭	ŋɯ⁵³
42	草	ɕin⁵⁵		78	浮	dam⁵⁵
43	叶子	ɕiŋ⁵⁵lǎp⁵⁵		79	沉	a³¹tɪ̆n⁵⁵
44	头	u⁵⁵		80	飞	bĕɹ⁵³
45	眼睛	mĕʔ⁵⁵		81	（狗）吠	gɹu⁵³
46	鼻子	sɯ³¹na⁵⁵		82	啼	gɯ̆i⁵³
47	耳朵	a³¹na⁵³		83	大	tǎi⁵³
48	牙齿	sa⁵³		84	小	tɕi⁵⁵tɕǎi⁵³
49	胡子	duŋ⁵⁵bɯ̆ɹ⁵⁵		85	高	mɹǎŋ⁵³
50	手	ǔɹ⁵⁵		86	低	tɯi⁵³
51	皮肤	aŋ³¹pɯ̆n⁵⁵		87	深	ɹɯ³¹nǎʔ⁵⁵
52	骨头	aŋ³¹ɹɯ⁵⁵		88	长	mɹǎŋ⁵³
53	血	ɕɯi⁵⁵		89	短	tɯ̆i⁵³
54	胆	tɕi³¹xɹi⁵⁵		90	厚	tǎt⁵⁵
55	心	ɹɯ³¹mɔ́ʔ⁵⁵		91	远	aŋ³¹mcɹ⁵⁵
56	父亲	a³¹pǎi⁵³		92	近	sep⁵⁵
57	母亲	a³¹mǎi⁵³		93	多	bɯ̆m⁵³
58	儿子	aŋ³¹tɕǎl⁵³		94	少	niʔ⁵⁵
59	上衣	ʑɔ́ʔ⁵⁵		95	轻	a³¹ɲaŋ⁵³
60	裙子	dʑi⁵⁵gɹɯ̆p⁵⁵		96	重	a³¹li⁵³
61	听	tɔ⁵⁵		97	红	pɯ³¹sǎi⁵⁵
62	吃	kai⁵⁵		98	白	mɔŋ⁵⁵
63	咳嗽	a³¹tɕɯp⁵⁵		99	黑	naʔ⁵⁵
64	吹	mɯt⁵⁵		100	绿	pɯ³¹ɕɪ̆ŋ⁵⁵ɕɪ̆ŋ⁵³
65	说	gɯ̆ʔ⁵⁵		101	（羊）肥	su⁵³ɕa⁵⁵
66	跳	a³¹glǎi⁵⁵		102	瘦	tɕi⁵⁵/xɹɯ̆⁵⁵
67	走	a³¹gɯ̆i⁵⁵		103	好	gǎm⁵³
68	跑	tɔ⁵⁵ɕɯ³¹		104	坏	mɯ³¹gǎm⁵³
69	坐	ɹcɹ⁵³		105	快	a³¹bɹǎʔ⁵⁵

106	慢	mɯ³¹kɹɐ̌ʔ⁵⁵
107	酸	pɯ³¹tɕɯ̌p⁵⁵
108	甜	dʑɯ⁵³
109	苦	kɑ⁵⁵
110	辣	sɐ̌i⁵⁵
111	咸	sɐ̌ŋ⁵⁵
112	痒	pɯ³¹sɐ̌ʔ⁵⁵
113	我	ŋɑ⁵³
114	你	nɑ⁵³
115	他	ɐ̌ŋ⁵³
116	这	ɹɑ⁵⁵

诶话 诶[e⁵⁵]是说这种话的人的自称。诶话分布在广西融水苗族自治县的永乐乡，使用人口约有5000人，在民族识别时，被定为壮族，但却与壮族没有认同感。说诶话的人都会说当地的一种汉语方言，俗称"土拐话"（广西平话的一种）。诶话又叫"五色话"，是其他民族对诶话的称呼，指的是这种语言混杂有多种语言的成分。"诶"在该语言中已无意义，但是在侗-台语族语言有"我"的意思，如么佬语 e²、莫家语 e²、毛南语 ɦie²、傣语 ʔɛ¹（幼者对长者的自称）。距永乐乡几公里外的罗城县内有仫佬族，邻近的村寨有壮族，但彼此往来不多。讲诶话的人和汉族有通婚关系。据一些家谱载，可能来自江汉平原等地，认为瑶王是当地最早的土著首领。

诶话的语音大部分和当地汉语相同，声调的调值以及连读变调也和当地汉语一致（侗-台语没有连读变调）。但是保留下一套和么佬语相同的清鼻音、清边音m̥、n̥、ŋ̥、l̥，使用频率还相当高。这些音当地汉话没有。其中的清边音l̥和傣语的 t、h、l、s 多个声母对应：l̥a³⁵"河"（傣、壮 ta⁶）、l̥aŋ³¹"路"（傣 taːŋ²）、l̥au³⁵"草灰"（傣、壮 tau⁶）、l̥in⁵¹"石头"（傣 hin¹壮 ɣin¹）、l̥ən³¹"房、家"（傣 hən²壮 ɣaːn²）、l̥o³¹"耳朵"（傣 hu¹壮 ɣɯ lo³⁵"知道"（傣 hu⁴壮 ɣu⁴）、l̥ok⁵⁴"六"（傣 hok⁷壮 ɣok⁷）、l̥an⁵¹

"孙子"（傣、壮 laːn¹）、l̥ɔm³¹"风"（傣 lum²壮 ɣum²）、l̥au⁵⁵"酒"（傣、壮 lau³）、l̥aŋ⁵¹"背"（傣、壮 laŋ¹）、l̥ai⁵⁵"肠子"（傣、壮 sai³）。

一 语音

声母有42个：p ph m m̥ f w pj phj mj m̥j fj wj t th n n̥ l l̥ lj l̥j ts tsh s tɕ tɕh n̻ n̻̥ ɕ j k kh ŋ ŋ̥ h kj khj ŋj hj khw ŋw ŋ̥w xw，其中的 mj fj wj th lj ts tsh tɕ tɕh kh khw 只用于当地汉语借词。

韵母有63个：a ai au am an aŋ ap at ak i iu im in iŋ ip ti ik u ua uai uei un uan uŋ ui uk e ei em en eŋ ep et ek o oŋ op ok ɔ ɔm ɔn ɔŋ ɔp ɔt ɔk ə əu ɐm ən ɐŋ əp ɐt ɐk y ye yai yn yen yŋ yt yet n̩ m̩。

声调有6个：

调类	调值	固有词	土拐话借词
阴平	51	fen⁵¹ 雨 tin⁵¹ 脚	sam⁵¹ 心 kuŋ⁵¹ 光
阳平	31	mu³¹ 手 n̩³¹ 田	toŋ³¹ 铜 joŋ³¹ 羊
上声	55	nam⁵⁵ 水 mai⁵⁵ 树	tam⁵⁵ 胆 tsuei⁵⁵ 嘴
去声	35	mən³⁵ 井 tam³⁵ 矮	se³⁵ 细 ti³⁵ 地
阴入	54	tap⁵⁴ 肝 lət⁵⁴ 屁	fjet⁵⁴ 肺 kɔk⁵⁴ 角
阳入	35	muk³⁵ 鼻涕 lik³⁵ 子	hək³⁵ 核 ɕik³⁵ 蚀

变调情况：51、55、35、54等调在别的声调之前往往变调。

二 词汇

汉语对诶话的词汇渗透相当全面深入，至今侗台语族语言还使用的固有基本词，在诶话中都已流失。如：tsuei⁵⁵ 嘴，kjɔk⁵⁴ 骨，ɕioŋ⁵¹ 胸，tam⁵⁵ 胆，thəi⁵⁵ 腿，mi⁵⁵ 尾，ɕioŋ³¹ 熊，sen⁵¹ tɕi⁵⁵ 星子，wjən³¹ 云，wu³⁵ 禾、稻谷，fi⁵¹ 飞，ɕyn³¹ 船，tɕy³⁵（栋）柱子，ɕyn³¹ 骂，pɔ³⁵ 抱等。有一些是土拐话特有的，如：haŋ⁵⁵ 给，ut⁵⁴ 端，tai⁵⁵ 姐姐，niŋ⁵⁵ 小；有一些是客家话词，如 la³¹khja³¹ 蜘蛛，joŋ³¹ 融化，təu⁵⁵ 捆绑、捉拿，tɕuŋ³⁵ 生孩子、養，jak⁵⁴ 招手。诶话和汉语、侗台语都对应的词，其中有一些是古汉语词，或汉语与侗台语的同源词，如：燬（火）xwi³¹（傣 fai²壮 fei²侗 pui¹水 wi¹）、岜（岩石、石山）pja⁵¹（傣 pha¹壮 pja¹，pla¹么佬 pɣa¹）、窦（门）tu⁵¹（傣 tu¹壮 tou¹侗 to¹）、稼（秧）khja³³（傣 ka³）。在选取的

2000余常用词条中，有200多条单音节词和侗台语对应，其余都和汉语对应。

三 语法

（1）修饰成分放在中心语后面；（2）从名词的性状、类别标志发展出一套自有的量词。诶话受到汉语的影响，修饰成分的语序已逐渐与汉语的语序一致。除了方位词和地名中的限制成分不能前置于中心词外，其余都能改变。如，不能改变的：kyn^{51}（上）tai^{31}（台）桌上；man^{55}（村）tsən^{31}（覃）覃村；lek^{54}（岸）l̥a^{35}（河）河岸。有不少可以两说的语序：猪母—母猪；菜白—白菜；豆绿—绿豆；花棉—棉花；刀菜—菜刀。用固有词组合起来的合成词，语素的次序只按汉语的。如："胡子" pak^{54}（口）phen^{51}（毛），而不说 phen^{51}（毛）pak^{54}（口）；"头发" khjau^{55}（头）phen^{31}（毛），而不说 phen^{31}（毛）khjau^{55}（头）；"鼻孔" n̥eŋ^{51}（鼻）tɔŋ^{55}（筒）而不说 tɔŋ^{55}（筒）n̥eŋ^{51}（鼻）；"菜园" phjak^{54}（菜）çyn^{51}（园）而不说 çyn^{51}（园）phjak^{54}（菜）。一些用汉语和诶话语词合成的词也只按汉语的词序。如 "客人" khjek^{54}（客）xwen^{31}（人）；"新娘" mɔ^{35}（新）fiu^{55}（妇）；"傻子" ŋwan^{35}（傻，呆）lik^{35}（子）；"壁虎" tçeŋ^{31}（墙）taŋ^{35}（蛇）。

诶话除了保留个别侗台语的量词外，几乎都借用了汉语的量词，还借用了不少汉语的虚词。如："又" jo^{35}；"也" ja^{55}；"全" tçyn^{31}；"就是" to^{35} çi^{31}；"越——越——" yt^{35}——yt^{35}——。表示汉语的 "的" 字结构和汉语南方方言一样，使用 "个" 字 ko^{55}。

通观所介绍的语音、词汇、语法三方面的情况，诶话是当地操侗台语言的土著和南下汉人融合的结果。这种语言没有原来侗台语言的一些主要特征，是一种起了质变的混合语。这种具有独立性的语言，也只有自称为诶[e^{55}]的人才使用。

附：诶话常用词举例

1	天	men^{51}
2	太阳	ŋwan^{31}
3	月亮	pyn^{51}
4	星星	sen^{31} tçi^{55}
5	云	wjen^{31}
6	风	l̥əm^{31}
7	雨	fen^{51}
8	水	nam^{55}
9	河	l̥a^{35}
10	山	phja^{51}
11	水田	n̥a^{31}
12	土	pɔm^{35}（烂泥）
13	洞/窟窿	kam^{55}
14	石头	lin^{51}
15	火	xwi^{31}
16	上面	kyn^{51}
17	下面	te^{55}
18	里面	l̥əu^{51}
19	外面	lok^{54} pin^{51}
20	年	puəi^{51}
21	日	ŋwan^{31}
22	猪	m̥u^{51}
23	狗	m̥a^{51}
24	熊	çoŋ^{31}
25	老鼠	n̥əu^{51}
26	鸡	kai^{35}
27	鸟	nɔk^{54}
28	鱼	phja^{51}
29	蚂蚁	ma^{55} ŋi^{55}
30	跳蚤	tiu^{35} tsəu^{55}
31	苍蝇	niau^{51}
32	蚊子	n̥o^{51}
33	翅膀	ki^{35}
34	毛	phen^{51}
35	尾巴	mi^{55}
36	树	mai^{55}
37	竹笋	n̥a^{51}

38	稻子	vu⁵⁵，kɔk⁵⁴		74	问	tɕim³¹（寻）
39	甘薯	hɔŋ³¹ ɕy⁵¹		75	骂	ma³⁵，ɕyn³¹
40	姜	hiŋ⁵¹		76	笑	l̥iu⁵¹
41	果实	mai⁵⁵ lik³⁵		77	哭	tai³⁵（涕）
42	茅草	ŋa⁵¹		78	浮	fu³¹
43	叶子	huei³⁵		79	沉	tsəm³¹
44	头	khjau⁵⁵		80	飞	fi⁵¹
45	眼睛	pja⁵¹		81	（狗）吠	——
46	鼻子	n̥eŋ⁵¹		82	鸡啼	——
47	耳朵	l̥o⁵¹		83	大	ɣwɔk³⁵
48	牙齿	men³¹		84	小	niŋ⁵⁵
49	胡子	pak³¹ phen⁵¹		85	高	saŋ⁵¹
50	手	mu³¹		86	矮/低	tam³⁵
51	皮肤	pi³¹		87	深	lek³⁵
52	骨头	kjɔk⁵⁴		88	长	l̥ai³¹
53	血	lyt³⁵		89	短	ten⁵⁵
54	心	sam⁵¹		90	厚	n̥a⁵¹
55	胆	tam⁵⁵		91	远	khjai⁵¹
56	父亲	ja⁵¹		92	近	kjen³⁵
57	母亲	ma⁵⁵		93	多	l̥ai⁵¹
58	子女	lik³⁵		94	少	ɕiu⁵⁵
59	上衣	pjo³⁵		95	轻	khjeŋ⁵¹
60	裙子	kyen³¹		96	重	n̥ak⁵⁴
61	听	theŋ³⁵		97	红	tan⁵¹（丹）
62	吃	kjen⁵¹		98	白	pjok³⁵
63	咳嗽	hau⁵¹		99	黑	au⁵⁵
64	吹	tshe⁵¹		100	绿	ŋwat⁵⁴
65	说	kjaŋ⁵⁵（讲）		101	肥	puei³¹
66	跳	thiu³⁵		102	瘦	phjam⁵¹
67	走	l̥iu⁵¹		103	好	li⁵¹
68	跑	l̥jau⁵¹		104	坏	tɕhiəu⁵⁵（丑）
69	坐	naŋ³⁵		105	快	kep⁵⁴（急）
70	睡	nun³¹		106	慢	men³⁵
71	扛	mue³⁵		107	酸	sam⁵⁵
72	洗（衣）	ɕie³⁵		108	甜	fun⁵¹
73	捆	təu³¹		109	苦	ŋ̊am³¹

110	辣	hjak⁵⁴
111	咸	ham³¹
112	痒	ŋəm³¹
113	我	ku⁵¹
114	你	n̩³¹
115	他	mɔ³⁵
116	不去	m̩³⁵

鄂伦春语 属阿尔泰语系满－通古斯语族通古斯语支，使用者主要分布在内蒙古自治区鄂伦春自治旗、莫力达瓦达斡尔族自治旗、扎兰屯市，黑龙江省塔河、呼玛、逊克、嘉荫等县以及黑河市。和同语支的鄂温克语、（俄罗斯的）埃文基语相近，而同本语族的满语、锡伯语、赫哲语以及（俄罗斯的）那乃语等有较大的差别。

根据2000年全国人口普查，鄂伦春族人口为8196人。由于鄂伦春族人口少，且处于小聚居大分散的情况，不是所有的鄂伦春人都使用本民族的语言。以自治旗为例，50岁以上的人绝大部分使用本族语言，50岁以下、30岁以上的约有半数能讲一些或只能听懂，本族语言30岁以下的人绝大部分已不能使用本族语言。从人口数量上看，包括只能说一些本民族语的人已不及半数，其中大部分人兼通汉语或达斡尔语。不能使用本民族语的人多已转而使用汉语或达斡尔语。黑龙江省塔河、呼玛的鄂伦春人除青少年外，大都讲鄂伦春语，黑河市的情况居次，而逊克县的鄂伦春人，40岁以下的人只能听已不能说，而青少年已全部使用汉语。

鄂伦春语内部比较一致，但各地区语言都有一些特点，可分为甘奎话、托河话、库玛尔话、毕拉尔话。

一 语音

（1）有19个元音，其中阴性元音10个 i iː e ɛ ə əː o oː u uː y，阳性元音9个 ɪ ɪː ɛː a aː ɔ ɔː ʊ ʊː。在一个词里只出现同性属的元音，另外在唇状上也要求一定的和谐，这种和谐的规律也扩展到附加成分的元音。

（2）辅音系统比较简单，有19个辅音 b p m f w d t n l r ʤ ʧ ʃ ɲ j g k ŋ x。辅音在词里出现的情况有以下一些特点：一是与一些满－通古斯语有的语言不同，ŋ可以出现在词首；二是f和x作为一个独立的音位，只出现在汉语借词里。p在早期的汉语借词里，相当于现代汉语的f；三是状词和其他词的末尾也能出现比较多的辅音；四是语音结合时，发生较多的同化现象。

二 语法

表示不同语法意义的附加成分按照一定的次序加在词干后，构成词的各种语法形式。名词格的数目较多，宾格和方位格各有两个，区别动作涉及的对象是确定的还是不确定的。动词有态、体、时、式、人称等范畴。和满－通古斯语有些语言不同，动词的被动态和使动态附加成分有各自的语音形式。"体"比较多样，有开始体、进行体、起动体、泛动体、快速体、临界体、持久体、勉强体、愿望体、渴望体、试探体、趋向体、缓动体、藐视体、厌恶体等15种。祈使式有不同的语法形式，分别表示说话人希望动作当时完成或希望动作在做完某事以后完成。动词有人称形式，如ʃɪlkɪ-m（我洗），ʃɪlkɪ-nɪ（你洗），ʃɪlkɪ-ra-n（他洗），ʃɪlkɪ-ra-w（我们洗），ʃɪlkɪ-ra-p（咱们洗），ʃɪlkɪ-ra-j（你们洗），ʃɪlkɪ-ra（他们洗）。句子结构的次序一般是主语在谓语前。在句子结构里，成分之间往往出现互应关系的语法形式，如主语和动词充当的谓语，在人称和数上有互应关系，领属结构的两项之间在人称和数上也有互应关系。复句不大使用连词，主句和从句大都是靠位置、语调来连接，另外则靠从句中的动词形动形式黏附的格附加成分和动词副动形式黏附副动附加成分来连接。

三 词汇

在鄂伦春语中，反映本民族生活、生产方式特点的词比较丰富。不同年龄和性别的野兽多有专门的名称。由于生活用具多取自桦树皮，因此桦树皮制品的名称多。利用语音交替在意义上和词形上对偶的词较多。词的构成方法主要是派生法，在动词词根后黏附附加成分可以构成名词，如 gEːlaː-（隔），gEːlaːn（房间）。此外，词素可以组合构成单一语义的合成词，如 kakaraː（鸡）jEːʃa（眼睛）夜盲眼。

附：鄂伦春语常用词举例

1	天	buga
2	太阳	ɲaŋŋa
3	月亮	dɪlatʃa
4	星星	ɔɔʃɪkta
5	云	tokʃo
6	风	ədin
7	雨	ʊdɪn
8	水	muu
9	河	bɪra
10	山	urə
11	耕地	targan
12	土	tʊkala
13	窟窿	ultəkə
14	石头	dʑɔlɔ
15	火	tɔgɔ
16	上面	ujləə
17	下面	ərgiləə
18	里面	dɔɔlaa
19	外面	tulləə
20	年	aŋŋanɪ
21	日	iniji
22	猪	ʊlgEEn
23	狗	ŋanakɪn
24	马	mʊrɪn
25	老鼠	ənikəən
26	鸡	kakara
27	狼	gujkə
28	蚂蚁	iriktə
29	虱子	kumkə
30	苍蝇	dilkəən
31	虫	kʊlɪkaan
32	羽毛	dəbtiləə
33	角	iigə
34	鱼	ɔlɔ
35	尾巴	irgi
36	树	mɔɔ
37	根	təkən
38	麦子	majʃa
39	花	ɪlga
40	种子	urə
41	果实	tubiki
42	草	ɔrɔktɔ
43	叶子	naptʃɪ
44	头	dɪlɪ
45	眼睛	jEEʃa
46	鼻子	ɔŋɔktɔ
47	耳朵	ʃEEn
48	牙齿	iktə
49	胡子	gʊrgakta
50	手	aŋŋa
51	皮肤	nana
52	骨头	gɪramna
53	血	ʃəəkʃə
54	胆	ʃiilə
55	心	mEEgan
56	父亲	amɪn
57	母亲	ənin
58	儿子	utə
59	衣服	təti
60	裤子	ərki
61	听	dɔɔdɪran
62	吃	dʑəbtən
63	喝	ɪmnan
64	吹	uurən
65	说	ulgutʃəənen

66	跳	ətəkəənən		102	瘦	jada
67	走	jaburan		103	好	aja
68	跑	tukʃaran		104	坏	əru
69	坐	təgərən		105	快	dɪgar
70	睡	aaʃɪnan		106	慢	əlkə
71	扛	miirədəərən		107	酸	ʥiʃun
72	洗（衣）	ʃɪlkɪran		108	甜	ʥʊtɪ
73	捆	ərkərən		109	苦	gʊtɪɪ
74	解开	burirən		110	辣	gʊtɪɪ
75	骂	niŋiirən		111	饱	ələrən
76	笑	inəktərən		112	饿	əwəərərən
77	哭	ʃɔŋɔrɔn		113	我	bii
78	流	əjəənən		114	你	ʃii
79	掉	tiktən		115	他	nʊganɪn
80	飞	dəjillən		116	这	əri
81	（狗）吠	gɔgɔrɔn				
82	啼	tuurəərən				
83	大	əgdəgə				
84	小	niʧukun				
85	高	gʊgda				
86	低	nəktə				
87	深	ʃʊnta				
88	长	ŋʊnʊm				
89	短	urumkun				
90	厚	dɪram				
91	远	gɔrɔ				
92	近	daga				
93	多	baraan				
94	少	aʧukʊn				
95	轻	əjəmkun				
96	重	urgə				
97	红	ʊlaarɪn				
98	白	jalbarɪn				
99	黑	kɔŋnɔrɪn				
100	绿	ʧuturin				
101	（羊）肥	imukʃəʧi				

鄂温克语 属阿尔泰语系满－通古斯语族通古斯语支，使用者主要分布在内蒙古呼伦贝尔市鄂温克族自治旗、莫力达瓦达斡尔族自治旗、鄂伦春自治旗、陈巴尔虎旗、阿荣旗、额尔古纳左旗、扎兰屯市以及黑龙江省讷河市、嫩江县等地。和同语支的鄂伦春语、（俄罗斯的）埃文基语相近，与满语支的满语、锡伯语、赫哲语相比较有明显的差别。鄂温克语分海拉尔、陈巴尔虎、敖鲁古雅三个方言。根据2000年第五次全国人口普查，鄂温克族人口为30505人。鄂温克人分散居住在不同地区，没有本民族文字。据1982年调查统计，居住在鄂温克族自治旗、陈巴尔虎旗的绝大部分人都使用鄂温克语，居住在莫力达瓦达斡尔族自治旗、鄂伦春自治旗、额尔古纳左旗的约有70%人使用鄂温克语，居住在阿荣旗、扎兰屯市的约有半数，而黑龙江省使用鄂温克语的约有三分之一。在鄂温克族自治旗内居住着相当数量的蒙古族人，因此不少鄂温克人兼通蒙古语，另外也有人懂汉语或通汉语。陈巴尔虎旗和自治旗锡尼河东苏木、孟根楚鲁苏木的鄂温克人几乎全都掌握蒙古语。居住在莫力达瓦旗、鄂

伦春旗、阿荣旗、扎兰屯市、自治旗的巴彦托海镇、巴彦嵯岗苏木以及黑龙江省的鄂温克人则多掌握达斡尔语和汉语。居住在额尔古纳左旗的一些人懂或通汉语。

一 语音

鄂温克语有 8 个短元音 i ɪ ə o e ɑ u ʊ，10 个长元音 iː ɪː eː ɛː əː ɑː oː ɔː uː ʊː，以元音长短区别词义。（2）元音和谐比较规则。分为阴性元音 i iː eː əː eː oː o uː u 和阳性元音 ɪ ɪː Eː ɑ ɑː ʊ ʊː 两类。和谐以性属为主，以唇状为辅，如方位格附加成分有 4 种元音形式，分别加在含有不同元音的词干后，如果附加成分只有两种语音形式，元音则根据性属和谐。（3）辅音有：b p w m d t n l v ʤ s j g x ŋ 15 个，还有长辅音 bb pp mm dd tt nn ll ʤʤ ss jj gg xx ŋŋ 等。长辅音的发音方法是延长持阻的部分，如果是吐气音则在除阻后有强的气流。辅音的长短可以区别词义。长辅音的产生是由于语音逆同化的结果，因此只出现在多音节词中，不出现在词首和词末。词干内的长辅音，只有靠亲属语言的比较才能知道被同化语音的原来面貌。

二 语法

鄂温克语词的语法意义主要靠在词干后黏附各种附加成分表示。名词有格、领属范畴。格比较多，半数以上的格具有方位或兼表方位的意义。宾格、方位格各有两个，表示意义有细微的差别。领属范畴分人称领属和反身领属两种。与一些满-通古斯语族语言不同，鄂温克语第三人称代词是由指示代词替用。动词有人称形式，人称附加成分起源于同是满-通古斯语的人称代词。动词副动形式根据带不带领属附加成分，可分为人称副动形式、反身副动形式和不变化副动形式。句子结构成分的次序比较固定，主语在前，谓语在后；修饰语在前，中心语在后，宾语在前，动词谓语在后。由动词充当谓语的主谓结构，主语和谓语在人称和数上是互相呼应的。在动补结构里，补语和动词依靠格附加成分去连接。表示领属关系的结构，两项之间在人称和数上也是互相呼应的。不表示领属关系的限定结构，结构成分之间或者靠附加成分连接，或者可靠词序，修饰语位于中心语前。

三 词汇

鄂温克语中有关畜牧方面的词丰富。如牲畜因年龄或性别的不同，叫法也不同。除了固有词以外，还有一定数量的借词，主要来自汉语或蒙古语。构词手段主要是派生法，其次是合成法。

附：鄂温克语常用词举例

1	天	bʊɡă
2	太阳	sigun
3	月亮	bEEɡă
4	星星	ɔsItta
5	云	tosso
6	风	ədin
7	雨	ʊdʊn
8	水	muu
9	河	ɔɔ
10	山	urə
11	田地	taraɡan
12	土	sIrʊttan
13	窟窿	saŋaal
14	石头	ʤɔlɔ
15	火	tɔɡ
16	上面	uɡidə
17	下面	əɡɡidə
18	里面	dɔɔlaa
19	外面	tuldə
20	年	anI
21	日	iniɡi
22	猪	ʊlɡEEn
23	狗	nInIxIn
24	熊	ətəxən bəjun
25	老鼠	ʊɡʊla
26	鸡	xaxara
27	鸟	dəɡi

28	蚂蚁	iirəttə		64	吹	uugurən
29	跳蚤	sɔr		65	说	ʤaanʤIran
30	苍蝇	giluxun		66	跳	tʊssanan
31	蚊子	tassIga		67	走	ulirən
32	翅膀	dəttulee		68	跑	tutulirən
33	毛	Iŋatta		69	坐	təgərən
34	鱼	ɔsxɔn		70	睡	aasInan
35	尾巴	iggə		71	扛	miirdərən
36	树	mɔɔ		72	洗（衣）	sixxIran
37	根	niintə		73	捆	ujirən
38	小麦	mijsə		74	问	aŋʊran
39	马铃薯	xaltʊsIxI		75	骂	niŋiirən
40	姜	ʤaan		76	笑	nəttərən
41	果实	tupi		77	哭	sɔŋɔrɔn
42	草	ɔrɔttɔ		78	浮	dəddərən
43	叶子	lassI		79	掉	tixərən
44	头	dIlI		80	飞	dəgilirən
45	眼睛	IIsal		81	死	budən
46	鼻子	nEEnsI		82	啼	tuurərən
47	耳朵	sEEn		83	大	bɔŋgɔn
48	牙齿	iittə		84	小	nisuxun
49	胡子	gʊggatta		85	高	gudda
50	手	naală		86	低	nəttə
51	皮肤	nanda		87	深	sʊnta
52	骨头	gIranda		88	长	nʊnama
53	血	səəssi		89	短	urʊŋxun
54	胆	siildə		90	厚	dIrama
55	心	mEEgan		91	远	gɔrɔ
56	父亲	amIn		92	近	daga
57	母亲	ənin		93	多	baraan
58	儿子	utə		94	少	xɔnɔ
59	上衣	təti		95	轻	ənixxun
60	裤子	əkki		96	重	uggəddi
61	听	dɔɔldIran		97	红	ʊlarIn
62	吃	ʤəttən		98	白	gIltarIn
63	喝	ImIran		99	黑	xɔnnɔrIn

100	绿	suurɪn		声母例字：	
101	（羊）肥	boggo	p	paẓe	头巾
102	瘦	jandan	ph	pho	棵（量词）
103	好	aja	b	be	也
104	坏	əru	m	mɛ	雨
105	快	tuggən	w	wo	房子
106	慢	əlxə	f	fuŋ fəʳ	工分
107	酸	ʥisun	v	va	猪
108	甜	antasɪ	ts	tsɛ	切（菜）
109	苦	gusɪddɪ	tsh	tshɛ	山羊
110	辣	xatan	dz	dzo	桥
111	饱	ələrən	s	sɛ tɕa	地
112	痒	ʊtʊʊnan	sh	shevi	明年
113	我	bii	z	ze	塞住
114	你	sii	t	tau	到达
115	他	tarī	th	thɛvɛ	现在
116	不	əsin	d	daudau	小

尔龚语 在四川甘孜藏族自治州的丹巴、道孚、炉霍、新龙等县，有部分藏族居民，自称bøba，汉称藏族，使用着一种不同于藏语或嘉戎语的语言。据20世纪90年代了解，约有3.5万人。早在20世纪40年代，有学者在研究嘉戎人的社会历史时，曾把这一语言叫作尔龚语。及至20世纪80年代初，一些学者撰文也提及尔龚语（egu），然"尔龚"一名的含义不可考。另外，有些学者称其为道孚语。尔龚语属汉藏语系藏缅语族羌语支，与羌语、普米语、嘉戎语等语言最接近。它保留藏缅语族早期面貌较多。下面所介绍的尔龚语以丹巴县大桑乡的话为准。

一 语音

声母 尔龚语的声母非常复杂，有240多个，其中单辅音声母44个，复辅音声母196个。单辅音声母：p ph b m w f v ts tsh dz s sh z t th d n l ɬ ʐ tʂ tʂh dʐ ʂ ʐ tɕ tɕh dʑ ȵ ç çh ʑ j k kh g ŋ x ɣ q qh χ ʁ ɦ。

n	nunu	乳房
l	luɕɯ	裤子
ɬ	ɬɯ	独木梯
ʐ	ʐe	得到
tʂ	spotʂaŋ	干净
tʂh	tʂhitʂa	侵略
dʐ	dʐi	骡子
ʂ	su ʂe	宿舍
ʐ	ʐɯ	吠
tɕ	tɕɛne	近
tɕh	tɕh	大
dʑ	dʑi	长
ȵ	ȵo	后面
ç	çiŋ	去
çh	çhɯ	嫁
ʑ	ʑe	下（雨）
j	jau	长大
k	kɯta	狗
kh	khio	生气

g	guɛ	倒塌
ŋ	ŋo	病
x	xotso	合作
ɣ	ɣoskɯ	大蒜
q	qa	山
qh	qhɛn	笑
χ	χɯ	他
ʁ	ʁuʌ	头
ɦ	ɦuɔŋ	欠

复辅音声母（例从略）：

mp mph mb mv mts mtsh mdz mt md mtɕ mtɕh mdʑ mkh mg nt nth nd nl ntsh ndz nz nsh ntʂ ntʂh ndʐ ntɕ ntɕh ndʑ nɕ nɕh nz nk nkh ng nɣ nqh nχ wb wph wm wv wdz ws wsh wz wth wd wn wl wʐ wtɕh wdʑ wɕ wʐ wŋ vts vtsh vdz vt vth vd vl vtɕ vtɕh vdʑ vkh sp sph sm sw st sth sn stɕ stɕh sŋ sk skh sŋ sq sqh zb zd zl zdʑ zdʐ zk zg zŋ lp lph lb lm lw lv ldz lt ld lth ltɕ ltɕh lk lg kŋ lʐ lχ lʁ ʐb ʐm ʐts ʐtsh ʐdz ʐt ʐth ʐd ʐl ʐtɕ ʐtɕh ʐdʑ ʐn ʐk ykh ʐg ʐŋ ʐq ʐqh fim fit fid fin fil fitɕ pʂ phʂ bʐ bʐ kh ʂ gʐ qs qh ʂ ql qhl mn mɲ mŋ wj vs vz vʐ vɕ vɕh vʐ vj sʐ sx zv zʐ zɣ zʁ ʐw ʐv ʐʐ ʐʐ zj ʐɣ ʐʁ ʐw fiv fiʐ fiʐ fij mphʂ mphɕ mbʐ mbl mkh ʂ mkhl nzʐ nzɣ nk ʂ nkh ʂ ngʐ vk ʂ vqhl sp ʂ sph ʂ sphɕ sk ʂ skh ʂ sq ʂ sqh ʂ sql sqhl zbʐ zgʐ ʐphɕ

韵母　尔龚语有 74 个韵母，其中单元音韵母 17 个，复元音韵母 25 个，带辅音韵尾韵母 32 个。

单元音韵母：i e ɛ a ɔ o u y ø ɯ a ɿ ʅ ɚ a' ɯ' ə'；复元音韵母：ɛi ai ɛu au ia iɜ ie iɛ ia io iɯ ia' 'ai iɯ oi ci ai ɜi ua ɯa ui ue uɜ ua 'ua 'uɜ ɯa yi ye yɯ iau iɔui uɛi。

带辅音韵尾韵母：ɛm am əm iam in en uɜ an un ən yn iɛn uen uɜn yɛn uɜn iŋ aŋ oŋ oŋ uŋ əŋ iɔi ici iɛi uŋ uɔ iai il ɛl al əl ɯl。

声调　尔龚语没有用声调高低区别词义的现象，但单音节词都有一定的音高，音调的高低不会产生意义上的误解，只感到有点不自然。单音词有读成高平的，也有读成高降的。如要读成高平的有 ʐɣi^{55}（马），wo^{55}（熊），等等。要读成高降的有 vɕɯ^{53}（种子），va^{53}（猪），mɛ^{53}（雨），等等。因此，尔龚语只有习惯音调，尚未发展成音位调。

二　词汇

尔龚语单音节词比较少，多音节的单纯词也比较少。词汇中有关牛及奶制品的名称比较多。关于房屋结构也有许多专有名称。常见的构词方式有派生法、复合法、重叠法、拟声法等。四音联绵也是构词的一种方式。

派生构词，在词根前后加词头词尾构成新词。一部分亲属称谓名词带词头 a。如 a pu（祖母），a mɲi（祖父），a pa（父亲），a mɛ（母亲），a ʐo（姨夫）。部分名词后加 pa、ma、mɛ、ve、vɛ 表示从事某种活动的、具有某种生理特征的人。例如：vsɯpa（铁匠），ʐɳa pa（猎人），lʁa ma（疯子），phɯ mɛ（乞丐），lu va（瞎子），vdzɛ vɛ（老头）。

三　语法

词类　尔龚语的词分名词、数词、量词、代词、动词、形容词、副词、助词、连词、情感词 10 类。

名词　名词有数的语法范畴，在名词后加助词 nɯ 表示不定量的多数。例如：vdzi（人），vdzi nɯ（人们）；va（猪），va nɯ（猪，多数）；wo（房子）wo nɯ（房子，多数）。名词后加 lŋa（孩子）表示事物的形体较小而可爱。例如：ʐɣi（马），ʐɣi lŋa（小马驹）；wdo（桶），wdo lŋa（小桶）。

数词、量词　基数词有 ʐau、ɛ 一、wne 二、wshu 三、wʐɛ 四、wŋuɛ 五、wtɕhau 六、snie 七、ʐɣiɛ 八、ngiɛ 九、zʁa 十。其中的 ʐau（一）是单独用或用于十一、二十一等之后，而 ɛ 只与量词结合使用。例如：ɛ sni（一天），ɛ li（一次），ɛ ʐtɕe（一捆）等。序数词一般借用汉语词汇。例如：ti sɛn（第三），ti wu（第五）。量词比较丰富，名量词跟数词结合时，数词在前，量词在后，作定语时往往在中心词后面。例如：sɿpho（树）+ ɛ（一）+ qha（棵）= 一棵树。vdzi（人）+ ɛ（一）+ ʁa

（个）= 一个人。有相当多的名词被借用作量词。动量词和数词结合修饰动词时，在动词之前。例如：ɛ li（一次）dɛɕiɛ（前加）piɛ（看）看了一次。

代词　代词分人称代词、指示代词、疑问代词、泛指代词、反身代词。人称代词分单数、双数和多数，每个数有三个人称。

	单数	双数	多数
第一人称	ŋɛ	ŋɛ nɛ	ŋɛ n̠ɯ
第二人称	n̠i	n̠i nɛ	n̠i n̠ɯ
第三人称	χɯ	χɯnɛ	χɯn̠ɯ

人称代词有格的变化，分施动格、所有格和受动格。分别用韵母屈折变化加结构助词表示。三个人称、三个格、三个数，共27个形式的代词。

指示代词分近指与远指，近指用 je（这），远指用 ɛlɯ（那）。

疑问代词分代替人的用 sɯ（谁）、代替物的用 ɛtɕhɯ（什么）、代替处所的用 lau 或 lotho（哪里）、代替数量的用 χazi（多少，几）、代替时间的用 sɯdɯ（何时）。

动词　动词有人称、数、时间、式、态、趋向等语法范畴，用内部屈折变化、添加前加成分或后加成分、重叠词根等方式表示。动词的时间范畴使用不十分严格，时间分将来时、现在时和过去时。用前后附加成分或词根内部屈折变化的方法表示。动词的式有命令式、祈求式、否定式、疑问式等。动词的趋向在动词前加不同的前加成分构成，有4个趋向前加成分，各表示动作向上、向下、向上游或向里、向下游或向外进行。动词的名物化在动词后加助词表达。常用的助词是 ʐɛ。例如：ŋɯ（吃）ʐɛ 吃的，spiau（用）ʐɛ 用的，tiɛn jin（电影）lɛ（放）ʐɛ 放电影的。

形容词　常用的形容词大都采用叠音的形式。例如：tɕhɯ（互）ghɯ（甜），n̠an̠a（黑），ph ʂɯph ʂɯ（白）。但带双音节的藻饰词时，只用一个音节。例如：ph ʂɯ 粎 aŋsaŋ（白花花）。

副词　分程度副词、范围副词、时间副词、语气副词、性状副词。

助词　尔龚语助词比较丰富，多加在名词或代词后，表示各种关系。分限制、施动、受动、处所、从由、比较、定指等类。

句子成分　主要有主语、谓语、宾语、定语、状语。句子基本语序是：主语—宾语—谓语。名词、代词作定语放在中心语前面；形容词、数量词作状语，一般在中心语后面。状语在谓语前面，但也可在主语前或宾语前。

附：尔龚语常用词举例

1	天	mɛ rgɯ
2	太阳	wbɯ
3	月亮	ɬɯba
4	星星	zgʐe
5	云	zdo mɛ
6	风	wu lɛ
7	雨	mɛ
8	水	wʐɯ
9	河	zn̠o
10	山	qa
11	水田	ʐɯ
12	土	vɕɛ
13	窟窿	dɛ wdzi
14	石头	zgie vɛ
15	火	wmɯ
16	上面	tɕha dɯɯ
17	下面	vu dɯɯ
18	里面	naŋ dɯɯ
19	外面	phiɯso
20	年	ko
21	日	sni
22	猪	va
23	狗	kɯta
24	熊	wo

25	老鼠	vtɕɯ	61	听	wu sŋi
26	鸡	ʁo zja	62	吃	ɣu ŋgi
27	鸟	z̩ dʐo vdʐo	63	喝	wthi
28	蚂蚁	sk ʂau	64	吹	gɯmɯ
29	跳蚤	ʈɯ	65	说	vɕɛ
30	苍蝇	ʁo za	66	跳	nɕɯpho
31	蚊子	ltɕo ltɕi	67	走	z̩ iz̩a
32	翅膀	vdzo	68	跑	z̩ dʐu z̩ dʐa
33	毛	wmə z̩ ʐa	69	坐	dza
34	鱼	ʁa jɯ	70	睡	z̩ gin
35	尾巴	z̩ ŋɛ ma	71	扛	vɛ
36	树	sɿ pho	72	洗（衣）	z̩ ʁe
37	竹笋	wzɯsqha	73	捆	z̩ tɕhe
38	稻子	mbz̩e	74	问	z̩ ɣie
39	甘薯	xoŋ ʂau	75	骂	dɛ
40	姜	səŋ tɕaŋ	76	笑	qhen
41	果子	sui ko	77	哭	lmɛ mɛn
42	草	z̩ u z̩a	78	浮	tɕha z̩ ə vtɕhɯ
43	叶子	lba la	79	掉	dza
44	头	ʁuə	80	飞	bz̩o la
45	眼睛	mau	81	（狗）吠	z̩ɯ
46	鼻子	sni	82	啼	bz̩i
47	耳朵	ȵaŋ	83	大	tɕhɛ
48	牙齿	ɕɯ	84	小	dau dau
49	胡子	ɦɛ ma z̩mi	85	高	bz̩i
50	手	z̩a	86	低	baɹ baɹ
51	皮肤	dʑi dʑa	87	深	nau
52	筋	z̩ tsa	88	长	dz̩i
53	血	she	89	短	lɣi lɣi
54	胆	sk ʂu	90	厚	wz̩a
55	心	zɣiaɹ	91	远	tɕɛ dʑi
56	父亲	a pa	92	近	tɕɛ ne
57	母亲	a mɛ	93	多	wz̩e
58	儿子	bz̩ɯ	94	少	wz̩ɯwz̩ɯ
59	上衣	ɕhe ndzɯ	95	轻	wji wji
60	裙子	khɜ sɛɹ	96	重	ldɯ

97	红	nyiŋ nyi
98	白	ph ʂɯph ʂɯ
99	黑	n̩a n̩a
10	绿	tho wɯmdɔ
101	（羊）肥	wza
102	瘦	ŋkhi ŋkhi
103	好	ŋi
104	坏	mi ŋi
105	快	ȶhaɹ ȶhaɹ
106	慢	ȶi ȶi
107	酸	wtɕhɯɹ wtɕhɯɹ
108	甜	tɕhɯtɕhɯ
109	苦	snia snia
110	辣	ʐzau ʐzau
111	咸	snia snia
112	痒	ɻɻ
113	我	ŋɛ
114	你	n̩i
115	他	χɯ
116	不	mi

尔苏语 四川凉山彝族自治州、甘孜藏族自治州和雅安地区等地，有一些居民使用着一种与彝语或羌语近似的语言，操这种语言的人自称为"尔苏"或"多续""栗苏""鲁苏"，人口约2万（20世纪90年代估算）。早年，这些人被称为"西番"，尔苏这部分人属"小西番"。1949年后进行的民族识别，把分布在木里、冕宁和九龙县的大部分称为藏族，少数称为"番族"。尔苏语属汉藏语系藏缅语族，与羌语比较接近，可以归入羌语支。尔苏语分东部、中部、西部三个方言。东部方言或称尔苏方言，分布在甘洛、越西、汉源和石棉等县，约有13000人；中部方言或称多续方言，分布在冕宁县，约有3000人；西部方言或称栗苏方言，分布在木里藏族自治县、冕宁县和九龙县，约有4000人。各方言之间差别比较大。这里以甘洛县玉田乡则洛村的话介绍尔苏语的概况。

一 语音

声母　有75个声母，其中单辅音声母42个，复辅音声母33个。单辅音声母：p ph b m w f v ts tsh dz s z t th d n l ɬ r tʂ tʂh dʐ ʂ z tʃ tʃh dʒ ʃ ʒ n̩ tɕ tɕh dʑ ȶ z j k kh g ŋ x h；复辅音声母：nph nb ntsh ndz nth nd ntʂh ndʐ ntʃh dʒ ntɕh ndʑ nkh ng hp hts ht htʂ htʃ htɕ hk hkh ps phs bz pʂ phʂ bʐ nphs nphʂ nbz nbʐ hps。

声母例字：

p	pu^{55}	土豆
ph	phu^{55}	变（脸）
b	bu^{55}	茎
m	mo^{55} mo^{55}	老
w	wo^{55}	个（量词）
f	fu^{55}	蒜
v	vu^{55}	酒
ts	tsu^{55}	沸腾
tsh	tshu^{55}	开始
dz	dzu^{55}	锥子
s	su^{55}	人
z	zu^{55}	鱼
t	ta^{55}	旗子
th	thuɑ^{55}	骡子
d	do^{55}sɛ^{55}	眼珠
n	nuɑ^{33}	彝族
l	lo^{55}	（斤）两
ɬ	ɬɛ^{33}ɬɛ^{33}	涮
r	ru^{55}	剃（头）
tʂ	tʂu^{55}	汗
tʂh	tʂhu^{55}	六
dʐ	dʐo^{55}	锅
ʂ	ʂu^{55}	结婚
z̢	z̢u^{33}z̢u^{55}	窄
tʃ	tʃo^{55}	煮
tsh	tshu^{55}	开（门）

dʑ	dʑu⁵⁵	腰		hk	mi⁵⁵hku⁵⁵	喉咙
ʃ	ʃu⁵⁵	黄		hkh	hkhuaʳ⁵⁵	转
ʒ	ʒu⁵⁵	套		ps	psɿ⁵⁵	剖
tɕ	tɕo⁵⁵	还		phs	phsɿ⁵⁵	扔掉
tɕh	tɕh⁵⁵	捆（量词）		bz	bzɿ³³	蜜蜂
dʑ	dʑo⁵⁵	推		pʂ	pʂʅ⁵⁵	绳子
ȵ	ȵo⁵⁵	铜		phʂ	phʂʅ⁵⁵	藏族
ɕ	ɕo⁵⁵	扫		bʐ	bʐʅ⁵⁵	日晕
z	zo⁵⁵	下（雨）		nphs	dʑo³³nphsɿ⁵⁵	口水
j	jo⁵⁵	绵羊		nbz	nbzɿ⁵⁵	跨，埋
k	ku⁵⁵	舀		nphʂ	nphʂʅ⁵⁵	（酒）淡
kh	khu⁵⁵khu⁵⁵	弯		nbʐ	nbʐʅ⁵⁵	参观
g	gu⁵⁵	搓		nbʐ	nbʐʅ⁵⁵	养蚕筐
ŋ	ŋ⁵⁵	做				
x	xi⁵⁵	竹子				
h	hĩ⁵⁵hi⁵⁵	闻				
nph	nphi⁵⁵	冰				
nb	nbi⁵⁵	山				
ntsh	pha³³ntshi⁵⁵	家族				
ndz	ndzɿ³³ji⁵⁵	面粉				
nth	ntho⁵⁵	滴				
nd	ndz⁵⁵vaʳ⁵³	客人				
ntʂh	ntʂhu⁵⁵	蒸				
ndʐ	ndʐu⁵⁵	瓦				
ntʃ	h ntʃho⁵⁵	早晨				
ndʒ	ndʒu³³khua⁵⁵	筷子				
ntɕh	ntɕho³³	姜				
ndʑ	ndʑo³³ndʑo⁵⁵	穗				
nkh	nkhu⁵⁵	锁				
ng	ngo⁵⁵	拾				
hp	hpo⁵⁵	香炉				
hts	htsɿ³³psɿ⁵⁵	舌头				
ht	tho⁵⁵	跳				
htʂ	htʂɿ³³pa⁵⁵	造谣				
htʃ	htʃɿ³³	（绳）断				
htɕ	ȵi⁵⁵htɕi⁵⁵	药				

韵母 有40个韵母，其中单元音韵母17个，复元音韵母23个。单元音韵母：i ɛ a ɑ o u ə y ɿ ʅ ã ɑ̃ ũ ɔ̃ ỹ aʳ əʳ；复元音韵母：iɛ ia io iã iɑ̃ ui uɛ uɑ uɑ̃ uɑ̃ u ɔ̃ uaʳ yɛ yɑ̃ ɛi ai əi au əu ou uai iau iəu。

声调 尔苏语只有两个声调：高平55，如 tshɛ⁵⁵喝；中平33，如 tshɛ³³洗。

二 词汇

尔苏语的词多为单音节词，多音节单纯词较少。

构词方式 派生法是主要的构词方式，由词根加词头或词尾构成。加词头 ja³³ 构成形容词的如：ja³³ndɛ⁵⁵肥、ja³³zɿ⁵⁵容易、ja³³mi⁵⁵多、ja³³li⁵⁵好、ja³³ʂe⁵⁵长、ja³³nɛ⁵⁵重。

还有加词头 dɛ⁵⁵ 或 da⁵⁵ 构成形容词的。加 a⁵⁵ 或 a⁵⁵ 词头构成亲属称谓名词的如：a⁵⁵pu⁵⁵（祖父），a⁵⁵ba⁵⁵（父亲），a³³wa⁵⁵（祖母），a⁵⁵ma⁵⁵（母亲），a³³dʑa⁵⁵（姐姐）。加词尾 su⁵⁵（人）构成名词，这类名词往往是指某种职业或从事某种活动的人。例如：lɛ⁵⁵ʂɿ⁵⁵su⁵⁵（工人），xa⁵⁵xa⁵⁵su⁵⁵（老师），htɕi³³nba³³su⁵⁵（医生），so⁵⁵so⁵⁵su⁵⁵（学生）。

三 语法

词类 分名词、数词和量词、代词、动词、形容词、副词、助词、连词、语气词、叹词。

名词后加数词表示双数和多数。例如：m⁵⁵pha⁵⁵（兄弟），m⁵⁵pha⁵⁵dzi⁵⁵（两兄弟）。名词后加 bɛ⁵⁵ 表示多数：ndʐo⁵⁵ka⁵⁵（朋友），ndʐo⁵⁵ka⁵⁵bɛ⁵⁵（朋友们）。可在名词后加助 ji⁵⁵ 表示事物形体小：ra⁵⁵（鸡），ra⁵⁵ji⁵⁵（小鸡）；dʐo⁵⁵（锅），dʐo⁵⁵ji⁵⁵（小锅）。

尔苏语有丰富的方位名词。分泛指、近指、远指、最远指，各又分上方、下方、靠山方、靠水方、水源方、下游方、斜上方、斜下方，共32个方位词。其中有些方位词还可以兼指室内一些方位。

数词和量词 基数词有：tɛ⁵⁵一、nɛ⁵⁵二、si⁵⁵三、zo³³四、ŋuar³³五、tʂhu⁵⁵六、ʃɿ⁵⁵nɿ⁵⁵七、ʒɿ⁵⁵八、ngɛ³³九、tshɛ⁵十。序数词是在基数词后加 wu⁵⁵gɛ⁵⁵ 构成。量词很丰富，量词和数词结合作定语和状语。例如：su⁵⁵（人）tɛ⁵⁵（一）wo⁵⁵（个）一个人，nɛ⁵⁵（二）tɕhi⁵⁵（顿）ka⁵⁵（打）打两顿。

代词 分人称代词、指示代词、疑问代词、泛指代词、反身代词。人称代词分单数、双数和多数。

	单数	双数	多数
第一人称	a⁵⁵	a⁵⁵dzi⁵⁵（排除） ja⁵⁵dzi⁵⁵（包括）	a⁵⁵rɿ⁵⁵（排除） jo⁵⁵rɿ⁵⁵（包括）
第二人称	nɛ⁵⁵	nɛ⁵⁵dzi⁵⁵	nɛ⁵⁵rɿ⁵⁵
第三人称	thɛ⁵⁵	thɛ⁵⁵dzi⁵⁵	thɛ⁵⁵rɿ⁵⁵

指示代词有近指 thɛ⁵⁵（这），远指 a³³thɛ⁵⁵（那），更远指 a³¹thɛ⁵⁵（那）。更远指一词的第一音节元音变长，声调变为降调。疑问代词有代人的 sɛ⁵⁵（谁），代物的 a⁵⁵nɛ⁵⁵（什么），代数量的 tʃho⁵⁵mia⁵⁵（多少），代处所的 kha⁵⁵（哪里）。

动词 动词有体、态、趋向、式等语法范畴。体有将行体、即行体、进行体、现行体、已行体。前4种体都在动词后加附加成分表示；已行体是用动词主要元音的屈折变化表示。态有使动态和交互态两种。动词的趋向在动词前加7个不同的前加成分，表示动作朝着7个不同的方向进行。动词的式有命令式、祈求式、疑问式、否定式。命令式在动词前加的附加成分有5个，各用在不同的动词前；祈求式在动词后加 ʂu⁵⁵ 构成；否定式用 ma⁵⁵，加在动词前表示对事实的否定，加在动词后表示对行为者意志的否定。例如：tɕhy⁵⁵tʃa（区长）ma⁵⁵（没，前加）la⁵⁵⁻³⁵（来）区长没来。tɕhy⁵⁵tʃa⁵⁵（区长）la⁵⁵（来）ma⁵⁵gɛ⁵⁵（不，后加）区长不来了。

形容词 大多是多音节的，其中叠音词较多。

副词 分程度副词、范围副词、时间副词、性状副词、语气副词。

助词 结构助词有限制、施动、随同、工具、处所、比较、从由等类。

句子成分 分主语、谓语、宾语、定语、状语。主语在句首，谓语在句末。宾语在谓语之前。名词、代词作定语在中心语前，形容词、数量词、指量词组作定语在中心语后。状语放在谓语前，但有时可以放在宾语前，有时可放到主语前面。

附：尔苏语常用词举例（3＝33调，5＝55调）

1	天	mɛ³tɕo⁵
2	太阳	ŋo⁵ma⁵
3	月亮	ɬa⁵phɛ⁵
4	星星	tʂɿ⁵
5	云	tsɛ⁵
6	风	mɛ⁵ɹɛ⁵
7	雨	gua³
8	水	dʐo⁵
9	河	dʐo⁵khua⁵
10	山	nbi⁵
11	水田	zu⁵xuai⁵
12	土	tʃhu⁵li⁵
13	窟窿	pɛ⁵hku⁵
14	石头	ɚ⁵khua⁵
15	火	mɛ⁵
16	上面	tɕho⁵kɛ⁵hɛ⁵
17	下面	tʃa³ŋa³

18	里面	khɛ⁵phɛ⁵		54	胆	tʂo⁵
19	外面	ȵo⁵phɛ⁵		55	心	sʅ⁵ȵi⁵
20	年	bu⁵tʂhl⁵		56	父亲	a⁵ba⁵
21	日	ȵo⁵		57	母亲	a⁵ma⁵
22	猪	vɛ⁵		58	儿子	i³za⁵
23	狗	tʂho⁵		59	上衣	nga³mɛ⁵
24	熊	xaɹ⁵		60	裙子	ntʃha⁵
25	老鼠	gu⁵pha⁵		61	听	ba³ȵi⁵
26	鸡	ra⁵		62	吃	dzʅ³
27	鸟	xuɑi⁵		63	喝	tshɛ⁵
28	蚂蚁	ʂɛ³bɛ⁵ra⁵		64	吹	maɹ⁵
29	跳蚤	ntsho⁵ɬo⁵		65	说	kha⁵tho⁵
30	苍蝇	bɛ⁵jo⁵		66	跳	hto⁵
31	蚊子	bɛ⁵tsha⁵		67	走	ʂʅ³ʂʅ⁵
32	翅膀	bɛ⁵ɬɛ⁵		68	跑	li⁵ga⁵
33	毛	maɹ⁵		69	坐	zʅ⁵
34	鱼	zu⁵		70	睡	maɹ⁵
35	尾巴	mɛ³ntʃhɛ⁵		71	扛	vɛ⁵
36	树	si⁵phu⁵		72	洗（衣）	tshɛ³
37	竹笋	xi⁵dzɛ⁵		73	捆	tsa⁵
38	稻子	dza⁵		74	问	mɛ⁵ntɕhi⁵
39	土豆	pu⁵		75	骂	ʐo⁵ŋua⁵
40	姜	ntɕho³		76	笑	ɹʅ⁵
41	果实	si⁵sɛ⁵		77	哭	nbɛ⁵
42	草	ȵi⁵		78	浮	bu⁵ga⁵
43	叶子	si⁵tsha⁵		79	掉	na⁵dʐa⁵
44	头	vi³li⁵		80	飞	guɹ⁵
45	眼睛	mia⁵/do⁵ku⁵		81	（狗）吠	əɹ⁵
46	鼻子	sʅ⁵nbu⁵		82	啼	ŋ⁵
47	耳朵	na⁵ku⁵		83	大	ȵi⁵ȵi⁵
48	牙齿	ʂʅ⁵ma⁵		84	小	maɹ⁵maɹ⁵
49	胡子	su⁵maɹ⁵		85	高	ja³nbo⁵
50	手	lɛ³phɛ⁵		86	低	ȵi⁵ȵi⁵
51	皮肤	ndʐo⁵pi⁵		87	深	ja³nɛ⁵
52	筋	hta⁵		88	长	ja³ʂɛ⁵
53	血	ʂo⁵		89	短	dʒo³dʒo⁵

90	厚	ja³bu⁵		b	bəRas	米
91	远	ʂɛ⁵		m	muraj	花
92	近	n̩i⁵		w	waru	八
93	多	ja³mi⁵		t	tama	父亲
94	少	n̩i⁵n̩i⁵		ts	suntsa	巡察
95	轻	ɡo⁵ɡo⁵		s	siwar	箭
96	重	ja³nɛ⁵		z	ziut	挂
97	红	n̩i⁵		n	nəɲi	好
98	白	ɚ⁵		l	lamu	村庄
99	黑	nuɑ⁵		r	rəbəŋ	下面
100	绿	zi⁵zɑ⁵		j	jau	在，有
101	（羊）肥	ja³ndɛ⁵		k	kalamu	萤火虫
102	瘦	n̩o⁵		ŋ	ŋujuR	嘴
103	好	ja³li⁵		q	qamit	镰刀
104	坏	ma³li⁵		R	Rabis	刀
105	快	ja³ntʃhɛ⁵		h	huəsiutu	火烧岛
106	慢	dʑi⁵va⁵		ʔ	ʔəsi	肉
107	酸	tʃɛ⁵				
108	甜	tʃho⁵				
109	苦	tʃhi⁵				
110	辣	ntshuɑ⁵				
111	咸	ʂɑ⁵				
112	痒	ntshuɑ⁵				
113	我	ɑ⁵				
114	你	nɛ⁵				
115	他	thɛ⁵				
116	不	ma³				

噶玛兰语 台湾高山族中自称"噶玛兰"的人所使用的语言，属南岛语系印度尼西亚语族台湾语支，使用者主要分布在台湾宜兰、花莲、台东等县区，为黏着型语言。

语音 有 18 个辅音：p b m w t ts s z n l r j k ŋ q R h ʔ。

辅音例词：

p	pukun	用棍打

有 4 个元音：i u ə a。多音节词的重音落在最后一个音节上。音节结构有辅音＋元音、辅音＋元音＋辅音、元音＋辅音、元音自成音节 4 种方式。

在构词方面，词干添附加成分或词干部分音素重叠为主要构词手段。前加成分有 m－、mə－、mi－、ma－、u－、pa－、pu－、qi－、kin－、qa－、sa－、si－、ti－、tə－、Ra－、Ri－、Ru－、sim－、ni－、pasi－、pasim－、papa－、paRi－；后加成分有 －an、－aj、－ka、－ika；中加成分有 －m－、－n－、－əm－、－um－，插在词干第一个音节的辅音与元音之间。

语法 词类分名词、代词、数词、形容词、动词、助动词、副词、助词、介词、连词、叹词 11 类。

名词有指人名词、普通名词、专有名词、时间名词、方位名词。名词有主格、宾格、属格，分别在名词前加格助词表示。人称代词有人称、数、格等范畴。第一人称复数有包括式和排除式；主格、属格后长式、短式两种形态，短式一般附着在中心语之后。

动词有式、体、态等范畴。"式"有陈述式和命令式。"体"有起始体、进行体、持续体、完成体、经验体。"态"有主动态和被动态。句子成分有主语、宾语、谓语、定语、状语、补语。

基本语序为：谓语往往在句首，主语放在谓语之后，主语和宾语分别有不同的格助词表示。定语和状语放在中心语前或后，而补语一般只放在中心语之后。

附：噶玛兰语常用词举例

1	天	əlan
2	太阳	səzaŋ
3	月亮	buran
4	星星	butlaŋ
5	云	ranəm
6	风	bari
7	雨	uzan
8	水	zanum
9	河	iRuR
10	山	nauŋ
11	水田	zəna
12	土	mananai
13	海	rəziŋ
14	石头	batu
15	火	zamaR
16	上面	babau
17	下面	rəbəŋ
18	左	kawiri
19	右	kawanan
20	年	tasaw
21	日	ləzanan
22	猪	babuj
23	狗	wasu
24	熊	tumaj
25	老鼠	mutun
26	鸡	traquq
27	鸟	alam
28	蚂蚁	ruzəm
29	跳蚤	timRa
30	苍蝇	baŋRəs
31	蚊子	Riis
32	角	waki
33	毛	banus
34	鱼	baut
35	蛇	siqaj
36	树	paRin
37	竹子	tənayan
38	稻子	panay
39	甘薯	qawpiR
40	甘蔗	təbus
41	果实	saʔsi
42	草	suwaj
43	叶子	biRe
44	头	uRu
45	眼睛	mata
46	鼻子	unuŋ
47	耳朵	kajar
48	牙齿	baŋRau
49	胡子	kis
50	手	rima
51	皮肤	rubuŋ
52	骨头	tiRan
53	血	Rinaŋ
54	胆	pinrəŋ
55	心	anəm
56	父亲	tama
57	母亲	tinaʔ
58	子女	sunis
59	上衣	qulus
60	饰玉	xaibaŋ
61	听	mipir
62	吃	qman

63	咳嗽	miusu		99	黑	təŋen
64	吹	siup		100	绿	puri
65	说	sanu		101	诚实	supaRa
66	跳	multiq		102	狡猾	Rasukau
67	走	smaqai		103	好	nəŋi
68	跑	pRaRiw		104	坏	lalas
69	坐	marəl		105	快	mraluk
70	睡	majnəp		106	慢	ŋasan
71	打	pukun		107	酸	lizum
72	洗（衣）	qibasi		108	甜	ratbus
73	捆	putin		109	苦	zəmian
74	问	pasanuan		110	一	issa
75	骂	qira		111	四	spat
76	笑	tawa		112	七	pitu
77	哭	uRin		113	我	aiku
78	看	tajta		114	你	aisu
79	给	bura		115	他	aizipna
80	飞	mniis		116	不	mai
81	（狗）吠	qumRas				
82	啼	qumRas				
83	大	Rajaʔ				
84	小	kitut				
85	高	babaw				
86	低	ilbəŋ				
87	深	iRbəŋ				
88	明亮	qmilat				
89	美丽	naŋi				
90	干	maisəŋ				
91	远	mlawuz				
92	近	mzaki				
93	多	mwaza				
94	少	kitut				
95	冷	tuRpus				
96	热	mammaq				
97	红	bari				
98	白	busaR				

仡佬语 汉藏语系壮侗语族仡央语支的一种语言。据1978年调查统计，仡佬族有2.6万余人，1982年全国第三次人口普查，仡佬族有5.3万余人，1990年第四次全国人口普查，有43万余人，2000年统计，有58万余人。另据1986年有人调查仡佬语时统计，贵州省的仡佬族人口为28.48万，而使用仡佬语的只有5700余人；广西的仡佬族人口962人，使用仡佬语的约有200人。以后增加的人口大多为不使用仡佬语的。所以仡佬族使用仡佬语的只占总人口的1%—2%。各地使用仡佬语的人数很不一致，贵州安顺、平坝的仡佬族大多数会说仡佬语；大方、普定、黔西、织金、镇宁等地以及广西隆林只有少数人会说。从整个情况来看，汉语实际上已经成为仡佬族共同使用的语言，只有一小部分人仍然在使用本民族的语言，但同时兼通汉语。仡佬语属汉藏语系，它具有汉藏语系的共同特点：（1）每个音节都有一个固定的声调；（2）每个音节

都可分为声母、韵母和声调三部分，声母与声调的配合有一定的规律；（3）复音词的每个音节差不多都有词汇意义或附加意义；（4）有许多表示事物类别的量词；（5）词序和虚词是表达语法意义的主要手段。从语音上看，仡佬语接近苗语，在语法上跟壮语、布依语比较相近。在特别选出的 500 多个词里进行比较，仡佬语与壮语、侗语、苗语相同的比例分别是：45%、40%、15%。可见，仡佬语在词汇上与壮侗语族语言接近。下面是以贵州安顺湾子寨为代表，介绍仡佬语。

一 语音

声母 有 36 个声母：p ph m mp pl mpl f v vl w t th n nt l ts tsh nts s z tɕ tɕh ȵ ȵtɕ ɕ k kh ŋ ŋk kl ŋkl x q qh h。其中的 w 是专用来拼读汉语借词的声母。年轻人口语里没有 kl、vl 两个声母，分别并入 k 或 zw。

韵母 有 i u e a ɑ ɔ ə 7 个元音，有 -i、-u、-ɯ、-n、-ŋ 5 个韵尾，有 -i、-u 2 个介音。由元音、介音和韵尾构成 31 个韵母：i u e a ɑ ɔ ə ei ai iu au əu ɯ in un en an uŋ aŋ ie iau iɔ io ue ua uɑ uei uai ian uan uaŋ，其中的 ɔ əu ie io iau 是专用于汉语介词的韵母。

声调 湾子寨仡佬语有 6 个声调：

调值	55	44	33	24	13	31
例字	ta⁵⁵	ta⁴⁴	ta³³	ta²⁴	ta¹³	ta³¹
	热	头虱	三	火灰	读	跌

二 词汇

仡佬语有一套自己独有的数词：si³³ 一、su³³ 二、ta³³ 三、pu³³ 四、mpu⁴⁴ 五、nan³³ 六、ɕi²⁴ 七、vla⁴⁴ 八、səɯ²⁴ 九、pe²⁴ 十、tɕin³³ 百、təɯ²⁴ 千、ŋkue¹³ 万。

三 方言

仡佬语可分 4 个方言：稿方言、阿欧方言、哈给方言、多罗方言。

（1）稿方言 分布在贵州平坝县的大狗场、安顺县的湾子寨和黑寨，普定县的窝子，织金县的牛洞，六枝市的陇嘎，水城县的洞口等地。使用者约 2000 人（按 20 世纪 50 年代调查材料计算，下同）。

（2）阿欧方言 分布在贵州织金县的龙家寨，黔西的沙窝、滥泥沟和新开田，大方县的普底等地。使用者约 1500 人。

（3）哈给方言 分布在贵州遵义市的青龙，仁怀县的安良、太阳，清镇县的麦巷，镇宁县的顶营、麻朴和花江镇，普安县的凉水营以及广西隆林县的三冲。使用者约 1700 人。

（4）多罗方言 分布在贵州织金县阿弓，镇宁县的顶银哨，六枝市的堕脚、岩脚，遵义市的尖山以及广西隆林县的木基。使用者约 1200 人。

附：仡佬语常用词举例

1	天	vlei⁴⁴
2	太阳	klei³³
3	月亮	tsu³³
4	星星	lei³¹tsu³³
5	云	ten⁴⁴pau⁴⁴
6	风	ven⁴⁴
7	雨	mei⁴⁴zau⁴⁴
8	水	əɯ⁵⁵
9	河	həɯ⁵⁵
10	山	tsha⁴⁴
11	水田	zəɯ¹³
12	土	nta⁴⁴
13	窟窿	phu⁴⁴
14	石头	əɯ³³
15	火	pai³³
16	上面	tau⁵⁵hu³³
17	下面	tau⁵⁵tsen¹³
18	里面	lu⁴⁴kləɯ⁵⁵
19	外面	lu⁴⁴plei⁵⁵
20	年	plei³³
21	日	hu³³
22	猪	mpa³³
23	狗	mpau³³

24	熊	lau⁵⁵li³³		60	裙子	en⁵⁵
25	老鼠	lɒ⁵⁵		61	听	tsaŋ³¹
26	鸡	qai³³		62	吃	xɒ³³
27	鸟	ntau³¹		63	喝	han⁵⁵
28	蚂蚁	tu²⁴ten³³		64	吹	han²⁴
29	跳蚤	mpe²⁴		65	说	ʑu³¹
30	苍蝇	van⁴⁴		66	跳	pu⁵⁵
31	蚊子	tɕhi⁴⁴		67	走	pai³³
32	翅膀	pau⁵⁵vu⁵⁵		68	跑	za³¹
33	毛	mpe³¹		69	坐	tsa³¹
34	鱼	ɒ⁵⁵lau⁴⁴		70	睡	ŋka³¹
35	尾巴	tshan²⁴		71	扛	mpei²⁴
36	树	tai³³		72	洗（衣）	ai²⁴
37	竹笋	ntaɯ¹³		73	捆	ta⁵⁵/lu³¹
38	稻子	mpəɯ¹³tsau³³		74	问	sai⁵⁵
39	甘薯	fan²⁴su³¹		75	骂	qan⁵⁵
40	姜	qhei³³		76	笑	sa³³
41	果实	mei³¹		77	哭	ləɯ⁵⁵
42	茅草	saŋ²⁴		78	浮	vəɯ⁴⁴
43	花	ŋkau⁵⁵		79	掉	tsi¹³
44	头	klɒ²⁴		80	飞	phau²⁴
45	眼睛	ləɯ¹³tau⁵⁵		81	（狗）吠	plɒ²⁴
46	鼻子	ȵtɕe²⁴		82	啼	than⁴⁴
47	耳朵	zau⁴⁴		83	大	su³³
48	牙齿	pan³³		84	小	ŋɒ⁴⁴
49	胡子	men¹³		85	高	vi⁴⁴
50	手	mpau⁴⁴		86	低	kla²⁴
51	皮肤	qɒ²⁴		87	深	laŋ³¹
52	骨头	taŋ³¹		88	长	tshen⁴⁴
53	血	plɒ²⁴		89	短	nta²⁴
54	胆	ntai³³lau³³		90	厚	ntau⁴⁴
55	心	ləm⁵⁵		91	远	lai⁴⁴
56	父亲	pho⁴⁴		92	近	lau¹³
57	母亲	mɒ¹³		93	多	ai²⁴
58	子女	lei³¹		94	少	tei¹³
59	上衣	luŋ⁴⁴		95	轻	xau⁵⁵

96	重	xen³³
97	红	plɒ²⁴
98	白	zu²⁴
99	黑	lan³³
100	绿	ten⁵⁵
101	（羊）肥	nan⁴⁴
102	瘦	tɕaɯ³¹
103	好	ɒ³³
104	坏	sau²⁴
105	快	tɕhɒ⁵⁵
106	慢	mpai³¹
107	酸	vlɒ³¹
108	甜	tin⁵⁵
109	苦	qan³³
110	辣	naŋ²⁴
111	咸	naŋ²⁴
112	痒	tau³¹

仡央语支 汉藏语系壮侗语族（又叫侗台语族）中的一个语支，包括仡佬语、拉基语、普标语、布央语等。这些语言使用者都比较少，分布在云南和贵州。另外在广西的那坡县有部分人使用一种耶容话，贵州的赫章县和威宁县有部分人使用一种蔡家话，这两种话也属于仡央语支。仡央语支的语音结构、语法特点跟壮傣、侗水、黎语支基本相同，也有一定的同源词。这些语言都有一套与黎语相似的数词，也有声调，但彼此间没有明显的对应关系。据统计，仡佬、布央、普标、拉基几个语言之间同源词一般在30%—40%，而这几个语言和壮、侗、傣、黎之间的同源词一般25%—30%，跟苗瑶语的同源词只有5%—11%，所以它们跟壮侗语言比较密切。但由于这个语支与壮侗语族原来的三个语支距离比较远，仡央语支在壮侗语族内还是比较特殊的。

格曼语 居住在西藏察隅地区的僜人，使用着两种不同的语言，格曼语是其中之一，分布在西藏昌都地区察隅县察隅河下游的两岸，使用者约为7000人。格曼语与景颇语、独龙语、阿侬语、达让语比较接近，属汉藏语系藏缅语族景颇语支。下面以察隅县下察隅乡安通村萨穷自然村的话为代表介绍格曼语。

一　语音

声母　有53个声母，其中单辅音声母31个，复辅音声母22个。单辅音声母：p ph b m w f ts tsh dz z t th d n ɬ l tʂ tʂh ʂ ɹ tɕ tɕh dʑ ȵ ç j k kh g ŋ x；复辅音声母：mph nth ntsh ȵtɕh ŋkh pl phl bl kl khl gl pɹ phɹ bɹ kɹ khɹ gɹ xɹ mphl mphɹ ŋkhl ŋkhɹ。

声母例字：

p	pa⁵⁵	相片
ph	tɕau⁵³pha⁵⁵	官
b	ba⁵³	宽
m	tɯ³¹ma³⁵	磨刀石
w	wa³⁵	鸟
f	fa⁵⁵jan³⁵	法院
ts	tsa⁵³	女婿
tsh	ta³¹tsha³⁵	麻
dz	a³¹dzau³⁵	山
s	sa⁵⁵	小孩
t	a³¹ta³⁵	做手势
th	tha⁵⁵wat⁵⁵	吓唬
d	da³⁵	打（电话）
n	na⁵⁵	休息
ɬ	ɬa⁵⁵sa⁵⁵	拉萨（地名）
l	la⁵³	毒药
tʂ	tʂuŋ⁵⁵ko⁵³	中国
tʂh	kuŋ⁵⁵tʂhan⁵⁵taŋ⁵⁵	共产党
ʂ	ʂu⁵⁵tɕi⁵⁵	书记
ɹ	ɹa⁵⁵	公平
tɕ	tɕa⁵³	吃
tɕh	pɯ³¹tɕha³⁵	火镰
dʑ	dʑai³⁵	愿意

ɲ	ɲa⁵⁵	谁
ç	ça⁵⁵	麻（嘴）
j	ja⁵⁵sau⁵⁵	怎么样
k	ka⁵⁵	躺
kh	kha⁵³	咸
g	ga⁵³	剥（树皮）
x	xa⁵³	债主
ŋ	a³¹ŋa⁵⁵	鱼
mph	mphai³⁵	竹背包
nth	nthi⁵⁵	埋伏
ntsh	ntshi⁵³	凶
ɲtɕh	ɲtɕhi⁵³	肾
ŋkh	ŋkhai³⁵	地蚕
pl	pla⁵⁵	脚
phl	phlăŋ⁵³	满
bl	blai³⁵	大豆
kl	kla⁵⁵	痕迹
khl	khlap⁵⁵	披（衣）
gl	glăi⁵³	小麦
pɹ	pɹa⁵⁵	分配
phɹ	phɹat⁵⁵	（绳）断
bɹ	bɹăt⁵⁵	拧
kɹ	kɹa⁵³	根
khɹ	khɹam⁵⁵	价钱
gɹ	gɹam³⁵	驮子
xɹ	xɹa⁵⁵na⁵⁵	燃旺
mphl	mphla⁵³	打闪
	mphɹău⁵³	抖搂
ŋkhl	ŋkhlan³⁵	台阶
ŋkhɹ	ŋkhɹap⁵⁵	打结

韵母 有92个韵母，其中单元音韵母6个，复元音韵母17个，带辅音韵尾韵母69个。单元音韵母：i e a o u ɯ；复元音韵母：ai ăi oi ui ɯi iu au ău ɯu aɯ ia io ua iau iai ioi uai；带辅音韵尾韵母：ip ep ap ăp up ɯp iap iop iup it et at ăt ot ut ɯt iat uat uɯt ik ak ăk ok uk ɯk iak ɯuk im em am ăm om um ɯm iam iom in en an ăn on un ɯn ian uɯn iŋ eŋ aŋ ăŋ oŋ uŋ ɯŋ iaŋ ioŋ iuŋ uaŋ auŋ ăuŋ ɯuŋ il al ăl ol ul ɯl ial iul iɯl uɯl。

声调 有4个声调：

高平 55	高升 35	高降 53	低降 31
naŋ⁵⁵	nauŋ³⁵	năŋ⁵³	năŋ³¹
生长	母的	从，由	和

二 词汇

格曼语的方位词比较丰富，名、动同形的词较多，单音节词较少，带词头、词尾或合成的多音节词占大多数。

派生方式的词是在词根前面或后面加词头、词尾构成。格曼语有34个构词词头。一般只加一个词头，少数词可以同时加两个词头。加词尾构词也很常见。有时在动词后加虚化名词构词。

借词 格曼语的借词主要来自汉语和藏语。汉语借词有早期借词和近期借词之分。

三 语法

词类 格曼语的词分名词、数词、量词、代词、动词、形容词、副词、助词、连词、叹词10类。

名词 在指人名词后加助词 săn⁵⁵ 表示多数。名词后加 sa⁵⁵（孩子）表示小。

数词 基数词 kɯ³¹mu⁵³ 一、kɯ³¹jin⁵³ 二、kɯ³¹săm⁵³ 三、kɯ³¹bɹɯn⁵³ 四、kɯ³¹len⁵⁵ 五、kɯ³⁴tam⁵³ 六、nuɯn⁵⁵ 七、gɹɯn⁵³ 八、nan⁵⁵mu⁵³ 九、kiap⁵⁵mu⁵³ 十。

量词 量词不多，多是借用名词或其他词类来表量。常用的名量词有：nau⁵⁵（头、条、只）常用于动物；doŋ⁵⁵（节、段）；plo⁵³（块、条）；lap⁵（张、片、层）；thal⁵⁵（帮、组、群、伙）。名量词和数词结合的次序是量词在前，数词在后。修饰名词时，名词在前，数量词在后。例如：pa³¹xoŋ³⁵（马）thal⁵⁵（匹）kɯ³¹mu⁵³（一）一匹马。动量词修饰动词的词序是：量词和数词在前，动词在后。例如：la⁵³（次）kɯ³¹jin⁵⁵（二）taŋ⁵³（看）看两次。

代词 分人称代词、指示代词、疑问代词、反身代词、泛指代词。人称代词分第一人称、第二人称、第三人称，每个人称有分为单数、双数、多数。

单数	双数	多数
第一人称	ki⁵³ kɯ³¹ tɕin³⁵ kɯ³¹ jin⁵³	kin⁵⁵
第二人称	n̠o⁵³ n̠o³¹ tɕin³⁵ kɯ³¹ jin⁵³	n̠o⁵³ nin³⁵
第三人称	wi⁵³ wi⁵³ tɕin³⁵ kɯ³¹ jin⁵³	win⁵⁵

指示代词有 an⁵⁵（这）、wǎn³⁵（那）两个。指示代词限制名词时，可在中心词前或后。有时为了强调指示作用，可以在名词的前后同时加指示代词。

疑问代词代替人的用 n̠a⁵⁵（谁），代替物的用 çan⁵⁵（什么），代替处所的用 ja⁵⁵ xai⁵⁵（哪里），代替数量的用 ja⁵⁵ saŋ³⁵ mu⁵³（多少，几），代替性质、状况的用 ja⁵⁵ sau⁵³（怎么样）。

动词 动词有人称、数、时态、体、式、方向等语法范畴。主要用加前加成分或后加成分的方式表达，兼用屈折变化手段。动词的体，有将行体、进行体、已行体、曾行体。各种体都在动词后加附加成分表示。动词的态分使动态和互动态，都用后加成分的方式表达。动词的式，有命令式和祈使式，都是在动词后加附加成分表示。动词的方向，在动词后加附加成分表示。动词的名物化在动词前加附加成分 taŋ⁵⁵ 表示。例如：thoŋ⁵⁵（看），taŋ⁵⁵ thoŋ⁵⁵（看的）。

副词 分程度副词、范围副词、时间副词、性状副词、否定副词。副词作修饰语一般都在中心词前，少数副词放在中心词后。

助词 结构助词分限制助词、施动助词、受动助词、处所助词、比较助词、从由助词等六类。定指助词有 ɹa³⁵，加在动词后，强调它在句中的地位。

句子成分 有主语、谓语、宾语、定语、状语。句子基本语序是：主语—宾语—谓语。名词、代词作定语放在中心词的前面，形容词、数词、数量词组作定语放在中心词后面。

附：格曼语常用词举例

1	天	n̠auŋ⁵³
2	太阳	min³⁵
3	月亮	lai⁵³
4	星星	kɯ³¹ grun³⁵
5	云	ka⁵⁵ mǎi³⁵
6	风	bauŋ³⁵
7	雨	a³¹ waŋ⁵⁵
8	水	a³¹ li³⁵
9	河	tɯ³¹ lo³⁵
10	山	a³¹ dzau³⁵
11	水田	a³¹ kuŋ⁵⁵
12	土	nai³⁵
13	窟窿	—
14	石头	lauŋ³⁵
15	火	mai⁵³
16	上面	lɯn³⁵ xai⁵⁵
17	下面	ju⁵⁵ waŋ⁵⁵ lam³⁵
18	里面	goŋ³⁵
19	外面	a³¹ mpha³⁵ xai⁵⁵
20	年	lau⁵³
21	日	ŋin⁵³
22	猪	li⁵⁵
23	狗	kui⁵⁵
24	熊	kum⁵⁵
25	老鼠	si⁵⁵ nu⁵³
26	鸡	kɹai⁵⁵
27	鸟	wa³⁵
28	蚂蚁	tɕu³¹ kɹik⁵³
29	跳蚤	tɕuŋ⁵⁵ guɯn⁵⁵
30	苍蝇	giul³⁵
31	蚊子	ko⁵⁵ ɹɯ⁵⁵
32	翅膀	ŋkhloŋ³⁵
33	毛	bɯl³⁵

34	鱼	a³¹ŋa⁵⁵		70	睡	ŋui⁵⁵
35	尾巴	a³¹mǎi⁵⁵		71	扛	phai⁵³
36	树	saŋ³⁵		72	洗（衣）	ta³¹ɹɯ³⁵
37	竹子	mǎi⁵⁵bla⁵³		73	捆	gɹoŋ⁵³
38	大麦	muŋ⁵⁵gi⁵⁵		74	问	a³¹wǎt⁵⁵
39	土豆	a³¹lu³⁵		75	骂	ntshɯi⁵³
40	姜	di⁵⁵iŋ³⁵		76	笑	kɹit⁵⁵
41	果实	pɯ³¹ɹɯm⁵⁵		77	哭	ŋai⁵⁵
42	草	tɯ³¹phɯn³⁵		78	浮	jau⁵³
43	叶子	lap⁵³		79	掉	mit⁵⁵ti³⁵sau⁵⁵
44	头	kɯu⁵³		80	飞	phiuŋ⁵⁵
45	眼睛	min⁵⁵		81	（狗）吠	dai³⁵
46	鼻子	min⁵⁵nioŋ³⁵		82	啼	ɹauŋ⁵⁵
47	耳朵	iŋ⁵⁵		83	大	kɯ³⁴tai³⁵
48	牙齿	si⁵⁵		84	小	kɯ³¹juŋ⁵⁵
49	胡子	ça³¹mol³⁵		85	高	kloŋ⁵³
50	手	ɹau⁵³		86	低	kɯ³¹nǎm⁵⁵
51	皮肤	uŋ³⁵		87	深	kɯ³¹ɹɯŋ⁵³
52	筋	gian³⁵		88	长	khɹoŋ⁵⁵
53	血	a³¹ɹui³⁵		89	短	kɯ³⁴ti⁵⁵
54	胆	mǎu⁵³		90	厚	bi³¹tçoŋ⁵⁵
55	心	lɯm³⁵		91	远	klam⁵⁵
56	父亲	pai³⁵		92	近	mɯ³¹nǎi⁵³
57	母亲	nauŋ³⁵		93	多	juŋ⁵⁵
58	儿子	sa⁵⁵wai⁵³		94	少	kɯ³⁴tan⁵³
59	上衣	gul⁵⁵		95	轻	a³¹kiuŋ⁵⁵
60	裙子	dal⁵³		96	重	ka³¹lǎŋ³⁵
61	听	da⁵⁵giat⁵⁵		97	红	kau⁵³sai³⁵
62	吃	ça⁵³/tça⁵³		98	白	kɯ³¹mphlaŋ⁵⁵
63	喝	tauŋ⁵⁵		99	黑	ka³¹im³⁵
64	吹	thɯt⁵⁵		100	绿	kɯ³¹lauŋ³⁵
65	说	kɯ³⁴taŋ⁵³		101	肥	kɯ³¹phom³⁵
66	跳	phlu⁵³		102	瘦	kɯ³¹çiuŋ⁵³
67	走	tai⁵⁵		103	好	kɯ³¹sɯt⁵³
68	跑	gial³⁵		104	坏	mɯ³¹phan⁵⁵
69	坐	lǎp⁵⁵		105	快	kla⁵⁵

106	慢	tɑ³¹ mǎi³⁵		ts	tsɿ⁵³	血
107	酸	sǎl⁵⁵		tsh	tshɿ⁵⁵ tshɿ³³	挑选
108	甜	tim³⁵		dz	dzɔ̃³⁵	话
109	苦	khɑ⁵³		s	sɿ⁵⁵	磨（刀）
110	辣	bɑt⁵³		z	zi³⁵	饭
111	咸	khɑ⁵³		t	tũ⁵⁵	浇（水）
112	痒	phuŋ⁵³		th	tho⁵⁵	推
113	我	ki⁵³		d	dɔ³⁵	米
114	你	ȵo⁵³		n	nɔ³⁵	耳朵
115	他	wi⁵³		l	lɔ³⁵	倒塌
116	这	ɑn⁵⁵		ɬ	ɬɔ̃³⁵	放牧
				tʂ	tʂɿ⁵³	簸箕
				tʂh	tʂhɿ⁵³	草木灰
				dʐ	dʐɿ³⁵	是
				ʂ	ʂɿ⁵⁵	剥（皮）
				ʐ	ʐɿ³⁵	布
				tʃ	tʃɿ⁵³	水
				tʃh	tʃhɿ⁵⁵	几（个）
				dʒ	dʒɿ³⁵ sɛ⁵⁵	青冈树
				ʃ	ʃɿ⁵³	牵
				ʒ	ʒɿ³³ tʃɿ⁵⁵	四十
				tɕ	tɕɑ⁵⁵	补（衣）
				tɕh	tɕhɑ⁵³	欠
				dʑ	dʑɑ³⁵	肥
				ȵ	ȵɑ³⁵	眼睛
				ɕ	ɕi⁵³	皮肤
				ʑ	ʑi³⁵ ʑi³⁵	后（去）
				j	ji⁵⁵	走，去
				k	ki⁵⁵	卖
				kh	khi⁵⁵	含
				g	gi³⁵	甜荞
				ŋ	ŋi³⁵	喊
				x	xi⁵³	裤子
				ɣ	ɣi³⁵	笑
				q	qɑ⁵⁵	摘
				qh	qhɑ⁵³	根

贵琼语 四川甘孜藏族自治州康定县鱼通地区的藏族居民自称 gui³³tɕhɔ̃⁵³（贵琼），所使用的语言与周围人使用的汉语、藏语不同，与羌语差别也很大。操贵琼语的居民约有7000人，大部分居住在泸定县以上大渡河两岸，少部分住在泸定县、天全县的西北部。贵琼语使用者只在家庭内和村寨里使用，外出多使用汉语。贵琼语属汉藏语系藏缅语族，比较接近羌语，可以归入羌语支。下面所介绍的贵琼语以康定县鱼通区麦苯乡的话为依据。

一 语音

声母 有64个声母，其中单辅音声母43个，复辅音声母21个。单辅音声母：p ph b m w f v ts tsh dz s z t th d n l ɬ tʂ tʂh dʐ ʂ ʐ tʃ tʃh dʒ ʃ ʒ tɕ tɕh dʑ ɕ ʑ ȵ j k kh g x ɣ ŋ q qh；复辅音声母：np nph nb nt nth nd nts ntsh ndz ntʂ ntʂh ndʐ ntʃ ntʃh ndʒ ntɕ ntɕh ndʑ nk nkh ng。

声母例字：

p	pu⁵³	脓
ph	phu⁵³	肝
b	bu³³	背（柴）
m	mʉ³⁵	吹
w	wu⁵⁵ wu³³	骨头
f	fu⁵⁵ tɕɑ⁵⁵	路
v	vu³³ ȵɑ⁵³	脸

np	mɔ̃³⁵ npa⁵³	腿肚
nph	nphɔ̃³⁵	输
nb	nbu³⁵	马
nt	mi³³ nta⁵³	火
nth	ntha⁵⁵	织造
nd	nda⁵⁵	扔
nts	ȵi³³ ntsɿ⁵³	绿
ntsh	ntshɿ³³	赢
ndz	ndzɿ⁵⁵	松香
ntʂ	thu³³ ntʂɿ³⁵	同志
ntʂh	ntʂhuɛ̃⁵⁵	一串
ndʐ	ndʐue³⁵	流
ntʃ	dī³³ ntʃɿ⁵³	船
ntʃh	ntʃhɿ⁵⁵	挤（奶）
ndʒ	ndʒɿ³⁵	磨子
ntɕ	mu⁵⁵ ntɕɔ³⁵	木匠
ntɕh	ntɕhɔ̃⁵⁵	跳舞
ndʑ	ndʑu³³	（天）变
nk	pa⁵⁵ nku⁵⁵	饱
nkh	mi⁵⁵ nkhɔ̃⁵⁵	问
ng	nga³⁵	脚

韵母 有 36 个韵母，其中单元音韵母 19 个，复元音韵母 17 个。单元音韵母：i e ɛ a ɔ o ø u ɥ ɿ ʅ ē ɛ̃ ã ɔ̃ ũ ỹ；复元音韵母：ie iɛ iɔ io iã ui ue ɜu iu uɛ̃ ɔi ei iɑ ũã uɔ̃ ɥɛ̃ yi ye yɛ̃。

声调 有 4 个声调：

高平 55	中平 33	高升 35	高降 53
me⁵⁵ u⁵⁵	me³³	me³⁵	me⁵³
再	不	门	竹子

二 词汇

在贵琼语的词中，单音词占多数，以单音节词根合成新词是丰富词汇的重要途径，重叠词根、加词头词尾也是构词的重要手段。贵琼语中的借词主要来自汉语和藏语。

三 语法

词类 分名词、数词、量词、代词、动词、形容词、副词、助词、连词、情感词。

名词 名词有数的语法范畴。在名词后加助词 ȵa³³ 表示复数。例如：e⁵⁵ le⁵⁵ tsi³³（孩子），e⁵⁵ le⁵⁵ tsi³³ ȵa³³（孩子们），sɛ̃³³ po⁵³（树），sɛ̃³³ po⁵³ ȵa³³（树，复数）。在名词后加助词 tsi⁵³，表示该事物较小而可爱。例如：nbu³⁵（马），nbu³⁵ tsi⁵³（小马驹）。

数词和量词 基数词有 ta³³ tɕa⁵³ 一、ȵi³³ tɕa⁵³ 二、sɔ̃⁵³ tɕa⁵³ 三、tsɿ⁵⁵ tɕa⁵³ 四、ŋɛ³⁵ tɕa⁵³ 五、khɔ⁵³ tɕa⁵³ 六、ȵi⁵⁵ tɕa⁵³ 七、je⁵⁵ tɕa⁵³ 八、gui³³ tɕa⁵³ 九、sɿ⁵⁵ tɕa⁵⁵ 十。

序数词一般都借用汉语。例如：ti³⁵ ji³³ 第一、ti³⁵ pa³³ 第八。贵琼语的量词比较丰富。量词和数词结合的次序是数词在前，量词在后。但数量词出现在名词之后。例如：mũ³⁵（人）te³³（一）pi⁵³（个）一个人。数词和动量词则在动词之前。例如：ta³³（一）pho⁵⁵（回）ndʑo³⁵（看）看一回。

代词 分人称代词、指示代词、疑问代词、反身代词、泛指代词。人称代词有单数、双数、复数和集体 4 类。第一人称双数、复数、集体有包括式和排除式的分别。

	单数	双数	复数	集体
第一人称	ŋø³⁵	ŋø³⁵ȵi³³pi⁵³（排除） dʑu⁵⁵ȵi³³pi⁵³（包括）	ŋɔ³³zi⁵⁵（排除） dʑu⁵⁵zi⁵⁵（包括）	ŋɔ³³ku⁵⁵ dʑu⁵⁵ku⁵⁵
第二人称	n ɑ³⁵	n ɑ³⁵ȵi³³pi⁵³	n ɑ³³zi⁵⁵	n ɑ³³ku⁵⁵
第三人称	zø³⁵	zø³⁵ȵi³³pi⁵³	to³³zi⁵⁵	to³³ku⁵⁵

指示代词有 ti⁵⁵（这）、ji⁵⁵ki⁵⁵（那）两个。疑问代词有 sø⁵⁵（谁），tɕø⁵⁵（什么），ø³³lø⁵⁵（哪里），tʂhɿ³³（几），ga³³la⁵⁵（多少），e⁵⁵li⁵⁵wu⁵⁵（怎么样），wu³⁵tʃɿ⁵⁵（何时）。

动词 动词有体、态、式、趋向等语法范畴。动词的体有将行体、即行体、进行体、已行体、完成体等；分别在动词后加相应的后加成分构成。动词的态分使动态和互动态。使动态在动词后加 ku³³ 构成，互动态则用重叠动词词根构成。动词的式分命令式和祈使式。动词的趋向是在动词前加不同的 6 个前加成分，表示动作向不同的方向进行。这个特点在起源上与羌语支其他语言有明显的共同性。

形容词 形容词在句中作谓语时与动词有类似

的特点，但形容词重叠表示程度加强，也可以在词根后加上一个垫音，最后需要加助词 tsi³³。例如：lɔ̃⁵⁵（宽），lɔ̃⁵⁵lɔ̃⁵⁵tsi³³（宽宽的），dɔ³⁵（窄），dɔ³⁵tʃ⁵⁵tsi³³（窄窄的）。

副词 有程度副词、时间副词、范围副词、性状副词、语气副词。

助词 有限制、受动、工具、处所、比较、从由等类。各有不同的助词，都用在名词或代词后，表示各种相关意义。

句子成分 分主语、谓语、宾语、定语、状语。句子的基本语序是主语—宾语—谓语。名词、代词作定语放在中心词的前面，形容词、数量词作定语放在中心词的后面。状语的位置一般在谓语的前面，但有时可放在宾语前，有时甚至可以放到主语前面。

附：贵琼语常用词举例（3 = 33 调，5 = 55 调）

1	天	mɔ̃³⁵
2	太阳	mi³ntshø⁵
3	月亮	li³⁵mo³
4	星星	ɣi³⁵tsʅ³
5	云	ʐɔ̃³⁵kuɛ̃³⁵
6	风	mʉ³ji⁵
7	雨	tshɔ̃³
8	水	tʃʅ⁵³
9	河	tʃʅ⁵³
10	山	ʐʅ³⁵
11	泥	dɔ⁵pa⁵
12	土	dɔ⁵pa⁵su⁵tɕɔ⁵³
13	窟窿	tʂa⁵bɔ⁵
14	石头	ɣū³mphø⁵
15	火	mĩ³ta⁵³
16	上面	khø⁵³
17	下面	phe⁵³
18	里面	çø⁵kø⁵
19	外面	tɕhø⁵mo⁵
20	年	ŋɔ⁵³
21	日	ȵi⁵
22	猪	pha⁵³
23	狗	khu⁵³
24	熊	e³ngui⁵³
25	老鼠	tshui⁵³
26	鸡	na⁵³
27	鸟	tshʅ⁵tshʅ³
28	蚂蚁	bu³⁵za⁵³
29	跳蚤	ʐʅ⁵wu⁵³
30	苍蝇	bu³jɔ̃⁵
31	蚊子	wẽ³tsʅ⁵³
32	翅膀	dɔ³⁵npha⁵³
33	毛	tshɔ̃³
34	鱼	tʃʅ⁵ȵi⁵³
35	尾巴	mi³kue⁵³
36	树	sɛ̃³po⁵³
37	竹笋	me⁵³zʅ⁵
38	稻子	ku⁵tsʅ⁵³
39	甘薯	xū³ʂɔ³
40	姜	sẽ⁵tɕɔ̃⁵
41	桃子	tʃhʅ³sʅ⁵³
42	草	ȵɔ³⁵
43	叶子	je⁵je⁵
44	头	wɛ³jɛ̃³
45	眼睛	ȵa³⁵
46	鼻子	ȵo⁵kū⁵³
47	耳朵	ȵɔ³⁵
48	牙齿	xui⁵³
49	胡子	ø⁵tshɔ̃⁵³
50	手	ko⁵³
51	皮肤	çi⁵³
52	筋	ku³⁵
53	血	tsʅ⁵³
54	胆	ʐɔ̃³⁵
55	心	tɔ̃³jɔ̃⁵³
56	父亲	a⁵ta³

57	母亲	a⁵ma³
58	儿子	tsʅ⁵³
59	上衣	tshɛ³wɛ⁵³
60	裙子	ŋɛ⁵ntʂʅ⁵
61	听	ji⁵tʃʅ⁵
62	吃	kø³⁵
63	喝	tɕha³⁵
64	吹	mʉ³⁵
65	说	ɕe⁵³
66	跳	thu³tʂue⁵
67	走	tɕhy³tɕhy³⁵
68	踩	dʐø³⁵
69	坐	tɕho³⁵
70	睡	jø³⁵
71	扛	pa⁵
72	洗(衣)	ja³⁵
73	捆	khuẽ⁵
74	问	nkhɔ̃⁵
75	骂	dʐuɔ̃³⁵
76	笑	ɣi³⁵
77	哭	qo³⁵
78	浮	ndi⁵ndi⁵
79	掉	pa³te⁵
80	飞	phʉ⁵
81	(狗)吠	tsɔ̃⁵ni³
82	啼	ʉ̃⁵/ŋʉ⁵
83	大	da³da³
84	小	ŋɛ̃⁵ŋɛ̃⁵tsi³
85	高	thø⁵nthø⁵
86	低	mø³tʃʅ⁵tsi³
87	深	dõ³ko⁵³
88	长	xĩ⁵
89	短	qu⁵tu⁵
90	厚	ja³
91	远	ntha³xĩ⁵
92	近	nɔ³npha⁵³
93	多	tø³nbu⁵³
94	少	ȵɛ³ȵɛ³tsi³
95	轻	jɔ̃³tshe⁵
96	重	jĩ³kuɛ⁵³
97	红	ȵi⁵xĩ⁵
98	白	ʂɔ̃⁵ma⁵
99	黑	ȵi³qa³zֽa³
100	绿	ȵi³ntsʅ⁵³
101	(羊)肥	dzֽa³⁵
102	瘦	xɔ̃⁵
103	好	gie³⁵u⁵
104	坏	mɛ³gie³⁵u⁵
105	快	ʂɔ̃⁵tsa³pi³
106	慢	xɛ³mã⁵tsi³pi³
107	酸	tsɔ̃⁵mu⁵
108	甜	qhua⁵
109	苦	khi⁵mu⁵
110	辣	ɕu³mu⁵
111	咸	khi⁵
112	痒	tsø⁵
113	我	ŋø³⁵
114	你	nũ³⁵
115	他	zø³⁵
116	不	mɛ³

哈尼语 哈尼族主要分布在云南南部元江、墨江、红河、元阳、绿春、金平、江城等县,人口有144万(2000年)。哈尼族是自称,此外还有"豪尼""雅尼""碧约""卡多""峨努""白宏"等自称。哈尼族主要使用哈尼语,部分人兼通汉语或邻近的彝族人或傣族人的语言。哈尼语属汉藏语系藏缅语族彝语支,分哈雅方言、碧卡方言和豪白方言。这里以哈雅方言绿春县大寨话为准介绍哈尼语的情况。

一 语音

声母 有31个声母:p ph b m f pj phj bj mj t th

d n l ts tsh dz s z tɕ tɕh dʑ ȵ ɕ k kh g ŋ x ɣ（说明：f 只用语汉语借词）。

韵母　有26个韵母，其中单元音韵母20个，复元音韵母6个。单元音韵母：松元音 i ø e a ɔ o u ɤ ɯ ŋ̍；紧元音 ɛ ø̣ ẹ ạ ɔ̣ ụ ɤ̣ ɯ̣ ŋ̣̍ ɤ̣。复元音韵母 ie ia iɔ iɤ ue ua（说明：复元音韵母只出现在现代汉语借词上）。

声调　有4个声调：

高平	中平	低降	中升
55	33	31	24
de⁵⁵	de³³	de³¹	de²⁴（pjɔ³³）
鸡）啼	平坦	推	代（表）

（说明：中升调主要出现在现代汉语借词上）

现代汉语借词语音　由于吸收汉语借词，吸收了 f，有些人读作 ph。原来声母与松紧元音的拼读规律，在汉语借词里打破了。由于汉语借词的 i 介音，使哈尼语增加了一套带腭化声母。

二　词汇

（1）在基本词汇里，哈尼语与彝语支其他语言有一些相同的同源词，如手、眼睛、鼻子、肉、猪、吃、喝、哭、闻、飞、黑、白、黄、近、苦、我、你、三、六、八等词，与傈僳、拉祜、彝、纳西、缅、藏等语言都有同源关系。（2）前加成分 a 可以使词性改变，量词、动词、形容词加了前加成分 a 之后，变为名词。如 tsa³³（条），a⁵⁵tsa³³（绳子）；tsɿ³¹（节），a⁵⁵tsɿ³¹（节儿）；si³¹（个），a⁵⁵si³¹（果子）；jẹ³³（开），a⁵⁵jẹ³³（花儿）；do³¹（着），a⁵⁵do³¹（火把，灯）；ȵi⁵⁵（小），a³¹ȵi⁵⁵（小孩）；dʑe⁵⁵（湿），a⁵⁵dʑe⁵⁵（尿）。（3）汉语借词分甲类借词（早期）和乙类借词（现代汉语）。甲类借词在汉语中属全浊和全清声母的，哈尼语均读浊声母。

三　语法

哈尼语的词类分名词、动词、形容词、数词、量词、代词、副词、连词、助词、叹词10类。

许多双音名词能用自身后一个音节作为计量单位，即量词。如：a⁵⁵tsa̠³³（绳子）tɕhi³¹（一）tsa̠³³（条）一条绳子；tho³³dʑe⁵⁵（刀）tɕhi³¹（一）dʑe⁵⁵（把）一把刀。

如果是单音名词，则名词本身可作计量单位，如：tsho⁵⁵（人）tɕhi³¹（一）tsho⁵⁵（人）一个人；bja³¹（板）tɕhi³¹（一）bja̠³¹（板）一块板。

有的名词的主要词素可以作动词用，如 a⁵⁵si³¹（果子）si³¹（结）结果子；ɔ³¹ze⁵⁵（雨）ze⁵⁵（下）下雨了。形容词可以带前加成分 jo³³，带了前加成分的形容词兼有名词性质。如 mɯ³¹（好）jo³³mɯ31（好），ȵi⁵⁵（红）jo³³ȵi⁵⁵（红）。

人称代词有单数和复数之分，第一人称复数分排除式和包括式两种。第一人称单数主格、宾格、领格声调有不同的变化。

		领格	主格	宾格
第一人称	单数	ŋa⁵⁵（带助词时读 ŋa³¹）	ŋa³¹	ŋa³³
	复数	ŋa⁵⁵du³³（咱们），ŋa⁵⁵ja³³（我们）		
第二人称	单数	no⁵⁵（带助词时读 no³¹）	no³¹	no³³
	复数	no⁵⁵ja³³		
第三人称	单数	a³¹jo³¹		
	复数	a³¹jo³³ma³¹		

指示代词可以分近指、远指、更远指三级：ɕi⁵⁵（这），thø⁵⁵（那，远指），ø⁵⁵（那，更远），ɕi⁵⁵ge³³（这里），thø⁵⁵ge³³（那里），ø⁵⁵ge³³（那里，更远）。结构助词有六个：ne³³、jɔ⁵⁵、a³³、le⁵⁵、ɤ³³、me³³，ne³³表示动作行为的由来和依据，用在主语的后边，也用在处所词的后边，有从的意思；jɔ⁵⁵表示受动者，宾语的助词；a³³有两种用法，一是表示间接宾语，二是表示处所状语；le⁵⁵表示长宾语（句子形式或词组）；ɤ³³作定语的标志和补语的标志；me³³表示状语。主要语序，主语在谓语之前，谓语动词带宾语时在宾语的后边。宾语用助词 jɔ⁵⁵ 或 a³³ 表示，jɔ⁵⁵用在指人的名词、代词后边，a³³用在间接宾语和处所宾语的后边。表示事物的名词一般不用宾语助词。间接宾语在直接宾语的前边。名词、代词或动词作定语时，在中心语之前；形容词作定语时，一般要用在中心语之后，如带了助词 ɤ³³，也可

以作前定语。补语在中心语的后边。

四 方言

分哈尼、豪白、碧卡 3 种方言，下面又分若干次方言或土语。方言差别主要表现在语音上，但彼此有语音对应关系。在词汇方面，方言之间词汇相同的比率为 40%—70%，平均不足 60%。哈雅方言和碧卡方言差别最大。

附：哈尼语常用词举例

1	天	ɔ³¹
2	太阳	nɔ⁵⁵ ma³³
3	月亮	ba³³ la³³
4	星星	a³¹ gɯ⁵⁵
5	云	dʐo³¹ xø³¹
6	风	dʐa³¹ le⁵⁵
7	雨	ɔ³¹ ze⁵⁵
8	水	u⁵⁵ tɕu³¹
9	河	lo⁵⁵ ba³¹
10	山	xɔ⁵⁵ gɔ³¹
11	水田	ɕa⁵⁵ de³³
12	土	mi⁵⁵ tsha³¹
13	窟窿	jo³³ bø³³
14	石头	xa³¹ lu³³
15	火	mi³¹ dza³¹
16	上面	a³¹ ta³³
17	下面	a³¹ u³³
18	里面	ɣo⁵⁵ tɕhe³³
19	外面	la³¹ ȵi⁵⁵
20	年	xu³¹
21	日	nɔ³³
22	猪	a³¹ ɣa³¹
23	狗	a³¹ khɯ³¹
24	熊	xɔ³¹ ɔ⁵⁵
25	老鼠	xu³³ tsa³¹
26	鸡	a³¹ xa³³
27	鸟	a³¹ dzi⁵⁵
28	蚂蚁	a⁵⁵ u³³ la⁵⁵
29	跳蚤	khɯ³¹ se⁵⁵
30	苍蝇	a⁵⁵ mo⁵⁵
31	蚊子	a⁵⁵ mo⁵⁵ ja⁵⁵ go³¹
32	翅膀	a³¹ do⁵⁵
33	毛	xɔ³³
34	鱼	ŋa³¹ de⁵⁵
35	尾巴	do³¹ mi³¹
36	树	a⁵⁵ bo⁵⁵
37	竹笋	a⁵⁵ dø³³
38	稻子	tshe⁵⁵
39	甘薯	mo³¹
40	姜	tsha³¹ tsɿ³¹
41	果子	a⁵⁵ sɿ³¹
42	草	dʐa³³ ɣa³¹
43	叶子	a³¹ pa³¹
44	头	u³¹ du³¹
45	眼睛	mja³³
46	鼻子	na⁵⁵ me⁵⁵
47	耳朵	na³¹ bo⁵⁵
48	牙齿	sɣ³¹
49	胡子	me³¹ mo³¹
50	手	a³¹ la³¹
51	皮肤	sa³¹ gɯ⁵⁵
52	骨头	sa³¹ jø³¹
53	血	sɛ³¹
54	胆	phi³¹ khɯ⁵⁵
55	心	nɯ³³ ma³³
56	父亲	a³¹ da³³
57	母亲	a³¹ ma³³
58	子女	za³¹
59	上衣	phe⁵⁵ xɔ³¹
60	裙子	la³¹ lɔ⁵⁵
61	听	na⁵⁵ xa³¹
62	吃	dza³¹
63	喝	do⁵⁵
64	吹	bo³³

65	说	e⁵⁵/gɯ³³		101	羊肥	tshu⁵⁵
66	跳	tsho³¹		102	瘦	ɕe̠³¹
67	走	zu³¹		103	好	mɯ³³
68	跑	ɕe̠³³		104	坏	dø⁵⁵
69	坐	dʐo⁵⁵		105	快	kho⁵⁵
70	睡	ju³¹		106	慢	lɤ³³
71	扛	ba̠³¹		107	酸	tɕhe⁵⁵
72	洗衣	tshi³¹		108	甜	tɕhu⁵⁵
73	捆	dzɔ³¹		109	苦	xa³¹
74	问	na⁵⁵xa³¹		110	辣	tshi⁵⁵
75	骂	ja³¹		111	咸	xa³¹
76	笑	ɯ⁵⁵		112	痒	dzʅ³³
77	哭	ŋø⁵⁵		113	我	ŋa⁵⁵
78	浮	bu⁵⁵		114	你	no⁵⁵
79	掉	ja³³		115	他	a³¹jo³¹
80	飞	bjɔ⁵⁵		116	这	ɕi⁵⁵
81	狗吠	tse̠³¹				
82	啼	de⁵⁵				
83	大	xɯ³¹				
84	小	ȵi⁵⁵				
85	高	go³¹				
86	低	bjo³³				
87	深	na̠³¹				
88	长	mo⁵⁵				
89	短	ȵɔ⁵⁵				
90	厚	thu⁵⁵				
91	远	xɯ³¹/mo⁵⁵				
92	近	ȵi³¹				
93	多	mja³¹				
94	少	nɔ³¹				
95	轻	phja⁵⁵				
96	重	ɕɔ³³				
97	红	ȵi⁵⁵				
98	白	phju⁵⁵				
99	黑	na̠³³				
100	绿	ȵu⁵⁵				

哈萨克语 中国的哈萨克族主要居住在新疆维吾尔自治区伊犁哈萨克自治州的伊犁、塔城、阿勒泰三个地区和博尔塔拉蒙古自治州、巴里坤哈萨克自治县、木垒哈萨克自治县、甘肃阿克赛哈萨克自治县。人口约有 125 万人（2000 年），绝大多数使用哈萨克语。哈萨克语属阿尔泰语系突厥语族，与塔塔尔语、柯尔克孜语最接近。哈萨克语比较统一，方言差别不大。哈萨克语的特点简介如下。

一　语音

元音有 9 个：a æ e ə i o ø u y，其中 a æ e ə i 为展唇元音，o ø u y 为圆唇元音。辅音有 24 个：b p m w f v d t n l r z s ʤ tʃ ʃ j g k ŋ q χ ʁ h。其中 p t tʃ k q 是送气的清音，f v 只在借词中出现，j ŋ 不出现在词首。辅音举例如下：

b	buzaw	牛犊
p	pəs–	熟
w	waqət	时间
m	mal	牲畜
f	fakt	事实

v	vagon	车厢
t	til	语言
d	derbes	单独
s	səjər	牛
z	zaman	时代
n	nar	单峰驼
l	laq	山羊羔
r	raχmet	谢谢
ʃ	ʃaʃ	头发
j	ʤajlaw	夏季牧场
tʃ	tʃemodan	皮箱
ʤ	ʤem	饲料
k	keʃe	昨天
g	gyl	花
q	qar	雪
χ	χabar	消息
ʁ	ʁaʃəʁ	情人
ŋ	təŋda-	听
h	hiʤra	回教纪元

复辅音 哈萨克语的复辅音组合有 20 种，属于音节结尾的辅音组合，mp nt ɲt ŋk ŋq lp lt lk lq lʃ rp rt rk rq rs rʃ wp wh jt st。

重音 哈萨克语多音节词最后一个音节的元音要重读，如果词根加了附加成分，原来的重音就移到后面附加成分的元音上。

语音和谐规律 分元音和谐规律与辅音和谐规律。（1）元音和谐规律分部位和谐与唇状和谐。部位和谐是哈萨克语元音和谐的主要基础。在固有的词根中，若第一个音节的元音是前元音，后续音节的元音必然是前元音，若第一个音节的元音是后元音，后续音节的元音也必然是后元音。圆唇元音的和谐只发生在口语中，文字上并不反映这种和谐规律。（2）辅音和谐规律。辅音 k、g 和 q、ʁ 是互相对立、排斥的两组，不能同时出现在同一个词中。

主要语音变化 有元音的脱落、元音的增加、辅音的同化等。元音的脱落多是有些词在加领属附加成分时，词干中的窄元音 ə、i 脱落。在口语中，以元音结尾的词和以元音起首的词相连时，结尾的元音即脱落。元音的增加是在口语中，当词以响音 l、r、w 起首时，其前面要增加与原来第一个音节中的元音相适应的窄元音。辅音的同化有前进的同化和后退的同化。

二 语法

哈萨克的词可分词干和附加成分两部分。词干的语音是固定的，是一个具有一定语义的单位。附加成分则在语音上依赖于词干，不能脱离词干而单独使用，它只有同词干结合后才表示一定的意义。

词类 哈萨克语的词按其意义、形态变化和句法功能分为 12 类：名词、形容词、数词、代词、动词、副词、后置词、连接词、语助词、语气词、感叹词和摹拟词。

名词 名词有数、格及领属等语法范畴。名词在句中用作谓语时，也可以加谓语性人称附加成分。

形容词 分性质形容词和关系形容词，性质形容词多数是根词，关系形容词大多是由名词、动词词干缀加一定的附加成分构成。

数词 分基数词、序数词、分数词、分配数词、约数词和集合数词六种和一个附类，量词。

代词 分人称代词、指示代词、疑问代词、泛指代词、反身代词、不定代词、否定代词和物主代词八种。

动词 有及物动词和不及物动词的区别，并有丰富的形态变化，构成肯定与否定、人称、数、态、式、时等语法范畴。动词的态分主动态、交互—共同态、反身态、被动态和使动态。动词的式有陈述式、命令式、条件式、愿望式。时有过去时、现在时和将来时。每种时间形式又可区分动作的细微差别的时间形式。

副词 可分为基本副词、派生副词和复合副词。

后置词 表示体词和动词之间的各种关系，一般没有词形变化。

连接词　没有词形变化，一般使用一个连接词或用两个互相呼应的连接词。

语助词　只有抽象的语法意义，它赋予单词或句子以不同的情态色彩。

语气词　表示说话人对事物的态度。语气词和语助词相近似，但语气词有独立的词汇意义和稳固的语音结构，没有语音变体。

感叹词　分非派生的感叹词和派生的感叹词。派生的感叹词主要是由其他的词组合而成。

摹拟词　分拟声和拟形两种。

句子成分　主要成分有主语和谓语。主语位于谓语之前，可以在句首，也可以在句中。谓语位于主语之后，居句子之末。在口语里，谓语可以位于句首或句中。次要成分有宾语、宾语补足语、定语、状语。宾语一般位于主语之后，谓语之前。宾语补足语位于直接宾语之后，动词谓语之前。定语位于中心词的前面。状语位于中心词的前面。

三　词汇

哈萨克语的词汇由固有词和借词组成。固有词与同一语族诸语言有许多同源词。

哈萨克语词汇中，反映畜牧业的词非常丰富。如对马、牛、骆驼、绵羊等有通称、一岁、二岁、三岁、四岁、成年的区分，而三岁、四岁、成年又有公母之别。而且成年的还有阉过与未阉过的区别。汉语借词分老借词和新借词两类。还有一定数量的阿拉伯语和波斯语借词，及少数的蒙古语和俄语借词。

方言　哈萨克语可以分东北方言和西南方言。东北方言分布地区广，人口较多。

附：哈萨克语常用词举例

1	天	aspan
2	太阳	kyn
3	月亮	aj
4	星星	dʒuldəz
5	云	bult
6	风	dʒel
7	雨	dʒawən
8	水	suw
9	河	øzen
10	山	taw
11	耕地	dʒer
12	沙	qum
13	沙漠	ʃøl
14	泥	laj
15	泉	bulaq
16	东	ʃəʁəs
17	南	oɲtystɨk
18	西	batəs
19	北	soltystɨk
20	年	dʒəl
21	日	tʃijsla
22	猪	ʃoʃqa
23	狗	ijt
24	熊	ajəw
25	老鼠	təʃ qan
26	鸡	tawəq
27	鸟	dʒəlpəq
28	虱子	bijt
29	跳蚤	byrge
30	苍蝇	ʃəbən
31	蚊子	masa
32	翅膀	qanat
33	毛	dʒyn
34	鱼	baləq
35	尾巴	qujrəq
36	树	aʁaʃ
37	根	tamər
38	小麦	bəjdaj
39	土豆	kartop
40	姜	dʒemdʒemɨl
41	果实	dʒemɨl
42	草	ʃøp

43	叶子	dʒaparaq		79	沉	bat –
44	头	bas		80	飞	uʃ –
45	眼睛	køz		81	狗吠	yr –
46	鼻子	murən		82	啼	ʃaqər –
47	耳朵	qulaq		83	大	ylken
48	牙齿	tɨs		84	小	kiʃkene
49	胡子	saqal		85	高	bɨjɨk
50	手	qol		86	低	alasa
51	皮肤	terɨ		87	深	tereŋ
52	骨头	syjek		88	长	ylken
53	血	qan		89	短	qəsqa
54	肝	bawər		90	厚	qaləŋ
55	心	dʒyrek		91	远	aləs
56	爷爷	ata		92	近	dʒaqən
57	奶奶	ædʒe		93	多	køp
58	儿子	ul		94	少	az
59	上衣	ʃapan		95	轻	dʒeɲil
60	裙子	etek køjlek		96	重	awər
61	听	təŋda –		97	红	qəzəl
62	吃	dʒe –		98	白	aq
63	喝	iʃ –		99	黑	qara
64	吹	yrle –		100	绿	dʒasəl
65	说	ajt –		101	羊肥	kyjlɨ
66	跳	sekɨr –		102	瘦	arəq
67	去	ket –		103	好	dʒaqsə
68	跑	dʒygɨr –		104	坏	dʒaman
69	坐	otər –		105	快	tez
70	睡	ujəqta –		106	慢	aqərən
71	扛	køter –		107	酸	qəsqəl
72	洗衣	dʒuw –		108	甜	tættɨ
73	解开	ʃeʃ –		109	苦	kermek
74	问	sura –		110	辣	aʃtə
75	骂	tɨlde –		111	咸	tuzdə
76	笑	kyl –		112	痒	qəʃə –
77	哭	dʒəla –		113	我	men
78	掉	tys –		114	你	sen

| 115 | 他 | ol |
| 116 | 这 | bul |

汉藏语系 根据建立印欧语系的原理，依谱系分类法分出的语系之一，以汉语和藏语为代表而命名。通过历史比较语言学方法研究得出的语系多是一种假设，因此对建立汉藏语系历来存在不同的意见。最早提出这个语系的是李方桂，在1937年的《中国的语言和方言》一书中他提出汉藏语系内可分为汉语、侗台语族、苗瑶语族、藏缅语族。

汉藏语系使用者主要分布在中国和越南、老挝、泰国、缅甸、不丹、锡金、尼泊尔、印度等国境内，使用人口有十几亿。中国是使用汉藏语系人口最多的地区，使用该语系中的80多种语言。汉语的使用分布遍及全国，内分官话、吴、湘、赣、客家、粤、闽七大方言；藏缅语族分布在西南、西北和中南地区；苗瑶语族分布在中南、西南和华南地区；侗泰语族分布在中南、西南地区。

从历史上来看，原始汉藏母语原没有声调（至今藏语安多方言，羌语北部方言还没有声调）；音节结构比较复杂，有较多的复辅音声母和复音节词；没有量词；修饰成分多在中心词之后；汉藏母语分化以后，不少语言向单音节化发展，单音节词根占大多数，声调成了音节结构简化的补偿物，除藏缅语的个别语言或方言没有声调外，其他语言每个音节都有固定的区别词义的声调。汉、侗泰、苗瑶三个语族的声调有相同的发生和发展过程，调类对应明显；声调数目逐渐增多，最早只有平声、上声和入声3个，后来产生了去声。声母的清浊对立消失以后，平、上、去、入四声分出阴、阳，共有8个声调。有些语言还因塞音声母送气与不送气又在阴调类上分化出两个声调，总数多达15个；元音在韵尾前分长短（如：汉语的吴、粤方言；侗台语族的黎语、傣语；苗瑶语族的瑶语），但是目前分长短的元音数目在逐渐减少，有些语言或方言已不再分长短；在名词的性状标志基础上发展了量词；构词和构形的形态比较贫乏，主要使用实词的虚化和"主—谓—宾"或"主—宾—谓"语序，或者用各种助词来表达某些语法意义；中心词之后的修饰成分各语言不同程度地移至中心词之前。藏缅语族语言内部的声调调类不构成对应，主要是后来各自分别发展的；有些语言的元音分松、紧；有些语言只有单元音韵；藏缅语族多数语言的量词不发达；表达语法意义的形态和助词较多，使用"主—宾—谓"的语序。

对藏缅语族内部语支的分类，分歧较多。这里主要根据近年的一些出版物作分类。

（1）汉语：官话、吴、闽、粤、湘、赣、客家七大方言。（2）藏缅语族。藏语支：藏语、门巴语、仓洛语、白马语；彝语支：彝语、傈僳语、哈尼语、拉祜语、纳西语、基诺语、堂郎语、末昂语、桑孔语、毕苏语、卡卓语、柔若语、怒苏语、土家语、白语；景颇语支：景颇语、独龙语、格曼语、达让语、阿侬语、义都语、博嘎尔语、苏龙语、崩如语；缅语支：载瓦语、阿昌语、浪速语、仙岛语、波拉语、勒期语；羌语支：羌语、普米语、嘉戎语、木雅语、尔龚语、尔苏语、纳木依语、史兴语、扎坝语、贵琼语、拉乌戎语、却域语。（3）壮侗语族（侗台语族）。壮傣语支：壮语、布依语、傣语、临高语；侗水语支：侗语、仫佬语、水语、毛南语、拉珈语、标话、莫语、佯黄语、茶洞语；黎语支：黎语、村语；仡央语支：仡佬语、布央语、垃基语、普标语、蔡家话、木佬话；苗瑶语族：苗语支：苗语、布努语、巴哼语、炯奈语；瑶语支：勉语；畲语支：畲语、巴那语。

赫哲语 属阿尔泰语系满－通古斯语族。2000年第五次全国人口普查，赫哲族的总人口为4640人。主要聚居在黑龙江省境内的黑龙江、松花江和乌苏里江的三江流域的同江市街津口、八岔两个赫哲族民族乡和饶河县西林子乡的西排。另外还有一部分散居在佳木斯的有2668人，抚远有468人。据有关材料统计，1982年赫哲族人口为1489

人。能使用赫哲语的有220人，占85%以上的人口已转用汉语。赫哲语只在家庭和村寨范围内使用，使用者为老年人和少数中年人。随着时间的推移，目前使用赫哲语的人会比上述统计的数字更少。

赫哲语分两个方言：奇楞方言（主要分布在街津口乡和西林子乡）和赫真方言（八岔乡）。无本民族文字，通用汉文。在国外，分布于俄罗斯境内，称作那乃语。

赫哲语在语音方面接近满语支语言，而在语法结构方面更接近通古斯语支语言。学术界较新的分类法认为赫哲语属于通古斯语支的那乃语支。属于这一语支的还有俄国的那乃语、乌利奇语、奥罗克语、乌德语和奥罗奇语。

一 语音

（1）元音有7个：a ə i o u œ y。复元音有 ai əi ia iə ua ui 等。元音不分长短，出现在位于词末的辅音 n 前时，有鼻化现象。（2）有元音和谐律。元音可分为阳性元音（a o œ）和阴性元音（ə），但 ə 出现在 a 后时为中性元音。中性元音（i u y）。（3）辅音有28个：b p m f w dz ts s d t n l r dʐ tʂ ʂ ʐ dʑ tɕ ɕ j g k x ŋ G q χ。

二 语法

（1）名词有7个格，有领属范畴。领属范畴是不同于满语而和鄂温克等语言相同的语法现象。（2）在名词和代词后可以接附加成分 -ŋgə／-nəŋgə 代替领格名词、代词+中心词的结构。这是不同于鄂温克等语言而与满语相同的语法现象。（3）动词有态、体、时、人称、式的范畴。与鄂温克语相同而与满语不同的是动词有人称。（4）常见的句型有：只有谓语一个成分的单部句。谓语带补语或宾语的单部句。有主语和谓语的双部句。主语带有补语或宾语的谓语组成的双部句。复句的谓语多为动词的形动形式和副动形式。

三 词汇

由于赫哲族主要从事渔猎生产，因而鱼的名称比较丰富。派生法和合成法是基本的构词方法。如 satɕi-（锄）→satɕqu（锄头）；soŋo-（哭）→soŋqu（爱哭的）；χadʐə（剪子）→χadʐəla-（剪）；adzan（女）nəu（弟弟）→adzan nəu（妹妹）。从以下的一些词中，可以看出赫哲语同满-通古斯诸语言在词汇上的共同性：

汉义	赫哲语	鄂温克语	鄂伦春语	满语	锡伯语
我	bi	biː	biː	bi	bi
你	ɕi	siː	ʃiː	si	ɕi
这	əi	əri	əri	ərə	ər
一	əmkən	əmun	omon	əmu	əmkən
二	dʐuru	dʐuːr	dʐuːr	dʐu	zhuə
狗	inaki	nɪnɪxɪn	ŋanakɪn	indaχun	jonxun
肉	uldzə	uldə	ulə	jali	jəlj
耳朵	ɕan	sɛːn	ʃɛːn	ʂ an	san
嘴	amŋə	amma	amŋa	aŋga	aŋ
吃	dʐəfu-	dʐəttən	dʐəbtən	dʐəmbi	dʐim
坐	tə-	təgərən	təgərən	təmbi	təm
月亮	bia	bɛːga	bɛːg	bia	bia
火	tua	tɔg	tɔgɔ	tua	tua
红	fulgian	ʊlarɪn	ʊlaːrɪn	fulgian	fəlgian
黄	sojan	sɪŋarɪn	ʃɪŋarɪn	suajan	sujan

附：赫哲语常用词举例

1	天	abqa
2	太阳	ɕiwun
3	月亮	bia
4	星星	uɕaχta
5	云	tuxsu
6	风	ədin
7	雨	tigdə
8	水	mukə
9	河	bira
10	山	urkən
11	田地	uɕin
12	土	tuqalə
13	窟窿	saŋa
14	石头	dʐolu
15	火	to ~ tua

16	上面	uçki		52	骨头	giamsə
17	下面	xərgidʐgə		53	血	səxsə
18	里面	doçki		54	胆	çilxə
19	外面	tuləçki		55	心	miawun
20	年	ani		56	父亲	amə
21	日	iniŋ		57	母亲	əniə
22	猪	ulgian		58	儿子	xitə
23	狗	inaki		59	衣服	tərgələ
24	熊	mafqə		60	裙子	daldqu
25	老鼠	çiŋəre		61	听	doldi –
26	鸡	tœqə		62	吃	dʐəfu –
27	鸟	tœqan		63	喝	omi –
28	蚂蚁	ixtək		64	吹	fulgi –
29	跳蚤	soran		65	说	χədzu –
30	苍蝇	dʐinkun		66	跳	furku –
31	蚊子	garmaχtə		67	走	fuli –
32	翅膀	dəxsə		68	跑	bugdanə –
33	毛	yxtə		69	坐	tə –
34	鱼	imaχa		70	睡	afinə –
35	尾巴	jilgi		71	扛	məixərə –
36	树	mo		72	洗	əlbçi –
37	竹子	dʐudzi		73	挂	loqo –
38	麦子	maisə		74	问	mədələ –
39	玉米	ʂolqu		75	骂	Gasχutçin –
40	辣椒	tçindzo		76	笑	nixtənə –
41	花	ilga		77	哭	soŋo –
42	草	oroχtə		78	浮	quaqçi –
43	叶子	abdəχsə		79	沉	yru –
44	头	dili		80	飞	dəgdə –
45	眼睛	idzalə		81	死	budə –
46	鼻子	oforo		82	啼	χudalə –
47	耳朵	çan		83	大	sagdi
48	牙齿	ixtələ		84	小	u ʂkuli
49	胡子	salu		85	高	gugda
50	手	nala		86	低	nixte
51	皮肤	ərxə		87	深	suŋta

88	浅	arbi
89	短	foχolon
90	厚	diramu
91	远	goro
92	近	qaltɕi
93	多	malχun
94	少	qomtɕœ
95	轻	ənimku
96	重	urgə
97	红	fulgian
98	白	ɕaŋgin
99	黑	saqalki
100	绿	nyŋgian
101	（羊）肥	targun
102	瘦	turχa
103	好	aji
104	坏	əxələ
105	快	χodun
106	慢	əlkə
107	酸	ʥitkuli
108	甜	amtqoli
109	臭	faqoli
110	辣	gotɕirən
111	咸	χatχun
112	痒	otiə –
113	我	bi
114	你	ɕi
115	他	niani
116	这	əi

回辉话 海南三亚凤凰镇（原羊栏镇）回辉村和回新村的回族所使用的语言，属南岛语系印度尼西亚语族占语支。据 1982 年全国人口普查，三亚回族人口有 4143 人，其中居住在回辉村和回新村的共有 3849 人。又据 1990 年的人口普查，海南省的回族人口为 5695 人，这两村的回族人口估计为 5000 人，全部使用回辉话。据明万历《琼州府志》卷三记载，这里回族的历史来源是："乃宋元间，因乱挈家驾舟而来，散泊海岸，谓之番村"。《宋史·占城传》也有记载：宋雍熙三年（986 年），"其王刘继宗李朝仙来贡。儋州上言：占城人蒲罗遏为交趾所逼，率其族百口来附"。《宋会要·番夷四》：端拱元年（988 年）"占城夷人忽宣等三百来附"。《明宪宗实录》卷二八四：成化二十二年（1486 年）"占城王子古来攻杀交趾所置伪王提婆苔，交趾怒，举兵压之境，必欲得生提婆苔。古来惧，率王妃王孙及部落千余人，载方物至广东崖州，……"这里的回族先民移居海南已有上千年的历史了。来到海南后，学习当地的汉语古官话和黎语，接受汉文化的影响，经过数百年之后，其语言发生了一定的变化，如产生了声调系统，由多音节为主变为单音节为主。与原来的占语支的语言的距离逐渐扩大。但其词汇系统和语法特点基本上保留下来。下面以回辉村的话作代表，介绍回辉话，发音合作人是海日堂（后来补充核对调查时，由该村清真寺阿訇蒲守礼先生核对）。回辉话的特点如下。

一 语音

声母 有 19 个声母：p ph ʔb m v t th ʔd n l ts s z ȵ k kh ŋ ʔ h。ʔb ʔd 是带喉塞音的浊塞音，发音时喉部同时闭塞，其特点与汉语海南话或黎语相似。声母 th 和 kh 是送气的塞音，因受海南话的影响，一些年轻人变读 h。又由于受汉语普通话的影响，有人出现一个唇齿擦音 f，但不大普遍，这里可忽略不计。

韵母 有 a e i o u ə ɿ 7 个元音，有 -i-、-u- 2 个介音，有 -i、-u、-n、-ŋ、-t、-k 6 个韵尾，由元音、介音和韵尾组成如下 50 个韵母：a e i o u ə ɿ aːi ai oi ui aːu au iu aːn an en ien in uən un aːŋ aŋ oŋ uŋ aːt at et iet it uət ut ak ok ia iai iau ian iaŋ iat iak iə io ioŋ iok ua uai uan uaŋ uat，有些年轻人把 -ŋ、-k 韵尾变成 -n、-t 韵尾。

声调 有 7 个舒声调和 2 个促声调：

	调次	1	1'	2	2'	3	4	5
舒声调	调值	33	32	11	21	24	43	55
	例字	sa³³	saːi³²	sa¹¹	saːi²¹	sa²⁴	sa⁴³	sa⁵⁵
	词义	一	堆砌	茶	胺	熟	梯子	湿
促声调	例字	tsat²⁴	tsat⁴³					
	词义	窄	相片					

凡元音韵尾或鼻音韵尾韵母的音节，出现在下降调（32、21、43）时，音节之后都带有短促的喉塞音。

四 词汇特点

回辉话的词汇分固有词和外来词两种，固有词包括与占语支语言相同的词和自己独有的词。外来词多为汉语借词。在有关动植物的95个词当中，回辉话与拉德语同源的有42个，占44%。这些词是：黄牛、水牛、母牛、马、羊、狗、猫、猴子、刺猬、兔子、松鼠、老鼠、鸡、母鸡、鸟、乌鸦、壁虎、蛇、虫、蜈蚣、蚂蚁、白蚁、蜜蜂、蜂蜡、苍蝇、蚱蜢、毛虫、臭虫、虱子、头虱、蚯蚓、虾、螃蟹、鱼、蚂蟥、角、爪、尾巴、毛、翅膀、鸡嗉子、鱼鳞。

外来词主要是借自汉语的；还有少部分是借自黎语或其他语言的。在已收集到的2428个回辉语词当中，借自汉语的有473个词，占19.48%。这些词是属于日常生活的一般常用词。以名词最多，有211个，动词次之。下面是各类词中汉语借词所占的数量和所占的比例。

词类	收录词数	汉借词数	汉借词比例
名词	1005	211	21%
动词	843	120	14.2%
形容词	267	40	15%
数量词	182	57	31.3%
代词	38	3	7.9%
副、连、介	93	42	45.2%
总共	2428	473	19.48%

语法特点 （1）句子的主要语序是：主语—谓语—宾语；（2）名词（中心语）+名词或形容词（修饰语）；（3）双宾语的语序是：主语—动词—指物宾语—动词—指人宾语；（4）人称代词有单数和复数之分，第一人称有"包括式"和"排除式"之分；（5）形容词或名词修饰名词中心语一般用在中心语之后，但如果形容词或名词带上助词 sa³³（的），则要用在被修饰的中心语之前。如：ʔa¹¹ saːu¹¹ ha³³ sa³³ ha³³（嫂嫂-你-找-你），也可以说：ha³³ sa³³ ʔa¹¹ saːu¹¹ sa³³ ha³³（你-的-嫂嫂-找-你）。

附：回辉话常用词举例

1	天	ŋi¹¹
2	太阳	loŋ¹¹ zai³³
3	月亮	loŋ¹¹ phian¹¹
4	星星	loŋ¹¹ tu²⁴
5	云	naːn²¹
6	风	ŋin³³
7	雨	saːn¹¹
8	水	ʔia³³
9	河	ʔia³³ ʔbe²⁴
10	山	tsə²⁴
11	水田	ma³³
12	土	na⁵⁵/laːn³³
13	窟窿	kioŋ³³
14	石头	tau¹¹
15	火	pui³³
16	上面	ʔu¹¹ ŋo⁴³
17	下面	pa³³ la³³
18	里面	na¹¹ laːn²¹
19	外面	pa³³ ŋaːu³³
20	年	thun³³
21	日	zai³³
22	猪	phui¹¹
23	狗	ʔa¹¹ sau³³
24	熊	mui¹¹
25	老鼠	na¹¹ ku⁵⁵
26	鸡	nok²⁴

27	鸟	na¹¹tsun³³		63	咳嗽	tu⁴³
28	蚂蚁	ʔa¹¹than¹¹		64	吹	zu²⁴
29	跳蚤	kai³³tso¹¹		65	说	poi²⁴
30	苍蝇	zuai³³		66	跳	sat²⁴
31	蚊子	mu⁴³		67	走	pha⁴³
32	翅膀	siau²⁴		68	跑	ʔdoi⁴³
33	毛	phiə¹¹		69	坐	tho⁴³
34	鱼	kaːn³³		70	睡	ʔdi⁵⁵
35	尾巴	ku³³		71	扛	khian³²
36	树	phun³³zau³³		72	洗(衣)	zaːu³³
37	竹笋	phuŋ¹¹		73	捆	ka²⁴
38	稻子	thaːi²¹		74	问	ɲa³³
39	甘薯	phai¹¹		75	骂	kaːi²¹
40	姜	za³³		76	笑	kiau³³
41	果实	pho⁵⁵zau³³		77	哭	hia³³
42	茅草	laːŋ³³		78	浮	ʔdun³³
43	叶子	lua³³		79	沉	zau²⁴
44	头	ko²⁴		80	飞	pan³³
45	眼睛	tin³³ta³³		81	(狗)吠	khiə⁵⁵
46	鼻子	hu¹¹tuŋ¹¹		82	啼	ʔio²⁴
47	耳朵	na¹¹ɲa³³		83	大	pioŋ³²
48	牙齿	hu¹¹khai¹¹		84	小	niak²⁴ / na³³kai³³
49	胡子	phiə¹¹kaːŋ³³		85	高	khioŋ¹¹
50	手	ŋaːn³³		86	低	phen²¹
51	皮肤	li²⁴		87	深	laːn²¹
52	骨头	laːŋ³³		88	长	ta³³
53	血	sia⁵⁵		89	短	net²⁴
54	胆	phi²⁴		90	厚	paːn¹¹
55	心	ka¹¹le⁵⁵		91	远	ta³³
56	父亲	ma¹¹ / ʔa¹¹pa³³		92	近	se⁴³
57	母亲	na¹¹ / ʔa¹¹ma³³		93	多	lu³³
58	子女	na²⁴		94	少	ki⁴³
59	上衣	ʔaːu¹¹		95	轻	ʔien³³
60	裙子	khun¹¹		96	重	tsiau²⁴
61	听	paːŋ³²		97	红	za⁵⁵
62	吃	hua²⁴ / ʔbaŋ³³		98	白	ti⁵⁵

99	黑	taːn³²
100	绿	lok⁴³
101	（羊）肥	ma⁴³
102	瘦	vaːŋ³³
103	好	naːi³²/kai³³
104	坏	sak²⁴ɡai³³
105	快	sia⁵⁵
106	慢	soi³³
107	酸	saːn³²
108	甜	mi⁵⁵
109	苦	phi²⁴
110	辣	haːŋ³²
111	咸	sin³³
112	痒	mui³³
113	我	kau³³
114	你	ha33
115	他	nau³³
116	这	ni³³

基诺语 基诺族使用的语言，属汉藏语系藏缅语族彝语支。基诺族分布在云南西双版纳傣族自治州景洪县攸乐山、补远山一带，共 2 万余人（2000 年）。内部通用基诺语，大部分人兼通汉语，邻近傣族居住地区的还兼通傣语。基诺语分攸乐、补远两个方言，使用攸乐方言人口占总人口的 90%左右。下面介绍的基诺语北部方言，以景洪县基诺山区曼卡村的话为准。

一 语音

声母46 个：p ph m m̥ f v w pɹ phɹ mɹ m̥ɹ pj phj mj m̥j t th n n̥ ɬ tj thj lj ts tsh s z tʃ tʃh ʃ ʒ tɕ tɕh ȵ ȵ̥ ɕ j k kh ŋ ŋ̥ x ɣ kɹ khɹ（说明：w ʒ 是只用来拼读汉语的声母。凡元音起头的音节都有一个喉塞音）。

韵母29 个。其中单元音韵母 16 个，复元音韵母 8 个，带鼻音韵尾韵母 5 个。单元音韵母：i ĩ e ɛ ø œ a ã ɑ m̩ u o ɔ ɚ ʒ；复元音韵母：ai ui uĩ ou uo ɣe ou uɛ ua uã；带鼻音韵尾韵母：iŋ aŋ ɣŋ oŋ uaŋ（说明：鼻化元音韵母、复元音韵母、带鼻音尾韵母以及卷舌元音韵母大部分是受汉语或傣语影响而增加的韵母）。

声调有 7 个：

调次	1	2	3	4	5	6	7
调值	55	44	33	42	13	35	53
例词	tʃu⁵⁵	tʃu⁴⁴	tʃu³³	tʃu⁴²	tʃu¹³	tʃu³⁵	tʃu⁵³
词义	纹	松	蛛丝	靠	珠子	依靠	姓

二 词汇

基诺语的固有词有许多与彝缅语群的一些语言有同源关系。如 河、洞、屎、狗、蛇、血、瞎子、叫、晒、飞、知道、白、稀、重、弯等。使用着相当数量的外来词，即汉语、傣语借词，有些汉语借词已经成为基诺语的基本词汇，具有构造新词的能力。汉语借词如：肚带、犁头、板凳、麦子、豆腐、驴、千、厘、梅毒等。傣语借词如：芫荽、芦苇、锁、老叭（傣族官名）、寡妇等。

三 语法

词类分名词、动词、形容词、数词、量词、代词、副词、连词、助词、叹词等 10 类。动词有使动的语法形式，主要是加前缀 m⁴ 表示。动词的体分将行体、进行体、完成体三种。分别在动词后面加 ma⁶、kua⁶、sɔ⁶ 表示。形容词大都带有前缀 a²、a³ 或 tɕi³，词根一般为单音。代词有数和格的词形变化。数分单数、双数和复数。第一人称复数还分包括式和排除式。格有主格、宾格、领格。

附：基诺语常用词举例

1	天	tsho⁵⁵na⁴²
2	太阳	ŋɣ⁴²ɔ³³
3	月亮	pu⁴⁴ɬɔ³³
4	星星	pu³³ki⁴⁴
5	云	m̩³³tɕʒ⁴⁴
6	风	ɬi⁴²
7	雨	m̩⁴²thɑ⁵⁵
8	水	e⁴²tʃho⁵⁵
9	河	ɑ⁴⁴kʰɹ⁴⁴

10	山	ɣɯ⁴²tha⁵⁵	46	鼻子	n̥ɔ⁴²to⁴⁴
11	水田	te³³	47	耳朵	nḁ³³kho⁵⁵
12	土	a⁴⁴tɕe⁵⁵	48	牙齿	a³³tʃɤ⁴⁴
13	窟窿	a⁴⁴pɹo⁴⁴	49	胡子	mø⁴⁴mɤ⁴⁴
14	石头	lo⁴²mɔ³³	50	手	la⁵⁵pu⁴⁴
15	火	mi⁴⁴	51	皮肤	a⁴²kho⁴²
16	上面	tha⁴⁴la⁴⁴	52	骨头	ʃɔ³³ɣɯ⁴⁴
17	下面	po⁵⁵lo⁵⁵	53	血	ʃi⁴⁴
18	里面	tɕho⁴⁴lo⁴⁴	54	胆	khi⁴²khɔ⁴⁴
19	外面	a⁴⁴tɤ⁴⁴	55	心	ne̥⁴²sɤ⁴⁴
20	年	a³³mjɔ⁴⁴	56	父亲	a⁴⁴pu³³
21	日	n̥³³	57	母亲	a⁴⁴mɔ³³
22	猪	va⁵⁵	58	子女	zɔ⁴⁴
23	狗	khɤ⁴⁴jo⁴⁴	59	上衣	phø⁴²tho⁴⁴
24	熊	a³³ø⁴⁴	60	裙子	tə⁴⁴kɔ⁴⁴
25	老鼠	xo⁴²tʃha⁵⁵	61	听	n̥ɔ⁴²to⁴⁴
26	鸡	ja⁴²	62	吃	tsɔ⁴⁴
27	鸟	ŋa⁴²zɔ⁴⁴	63	咳嗽	tsi⁴⁴
28	蚂蚁	pu⁴⁴xo⁴²	64	吹	tsɤ³³
29	跳蚤	khɤ³³ɕe⁴⁴	65	说	m⁴⁴/pja⁴²
30	苍蝇	xo⁴²m⁴⁴	66	跳	thə⁴²/kɔ³³
31	蚊子	xo⁴²tɕɔ⁴⁴	67	走	zɔ⁴⁴
32	翅膀	a³³to⁴⁴	68	跑	fɛ³³/thə⁴²
33	毛	a³³mɯ⁴⁴	69	坐	tɤ⁴⁴n⁴⁴
34	鱼	ŋa⁴⁴ʃɔ⁴⁴	70	睡	e⁵⁵
35	尾巴	to⁴⁴mi⁴⁴	71	扛	pa⁵⁵
36	树	a³³tsɤ⁴⁴	72	洗(衣)	tshi⁴⁴
37	竹笋	vɔ⁴⁴pɹu⁵⁵	73	捆	tɕa⁴²
38	稻子	xa⁴⁴mɛ⁴⁴	74	问	n̥ɔ⁴²
39	土豆	ja⁴²ji⁵⁵	75	骂	jə⁴⁴
40	姜	tʃhə⁴⁴khɔ⁴⁴	76	笑	ɣɤ⁴²
41	果实	a⁴⁴sɤ⁴⁴	77	哭	ŋu⁴²
42	草	sɔ⁴⁴tʃha⁵⁵	78	浮	pu³³tɤ⁴²
43	叶子	a³³pha⁵⁵	79	沉	ɕu⁵⁵
44	头	vu⁴⁴khɛ⁴⁴	80	飞	pɹɛ⁴²
45	眼睛	mja⁴²tsi³³	81	(狗)吠	ɬo⁴²

82	啼	tø⁴²
83	大	xɤ⁴⁴
84	小	mi⁴²/a³³ni⁵⁵
85	高	m̥jo⁴²
86	低	m̥ɛ⁴²
87	深	nɑ⁵⁵
88	长	ʃɤ⁴²
89	短	n̥jø⁴²
90	厚	thu⁴²
91	远	xə⁴⁴
92	近	ɕɛ⁴²
93	多	thə⁴²
94	少	tʃi⁵⁵
95	轻	jə⁴²
96	重	ɬi⁴⁴
97	红	a³³ nə⁴⁴ lə⁴⁴
98	白	a³³ phɻu⁴⁴ lu⁴⁴
99	黑	a⁴⁴ nɑ⁴² lɑ⁴²
100	绿	a³³ ȵu⁴⁴ lu⁴⁴
101	（羊）肥	tshɤ⁴⁴
102	瘦	a⁴⁴ tɕhu⁴⁴ lu⁴⁴
103	好	mɤ⁴⁴/jɔ⁴⁴
104	坏	lu⁵⁵
105	快	vɛ⁴²
106	慢	pjə⁵⁵
107	酸	a³³ tʃhə⁴⁴
108	甜	a³³ tʃhi⁴⁴
109	苦	a⁴⁴ khɔ⁴⁴
110	辣	a³³ phi⁴⁴
111	咸	a⁴⁴ mja⁴²
112	痒	tsɯ⁴²
113	我	ŋɔ⁴²
114	你	nə⁴²
115	他	khə⁴²
116	这	ɕe³³

嘉戎语 嘉戎语是分布在四川阿坝藏族羌族自治州的理县、马尔康县、金川县、小金县、汶川县、黑水县以及甘孜藏族自治州的丹巴县、道孚县和雅安宝兴县部分地方藏族使用的语言，使用人口约有 10 万（20 世纪 90 年代估算），分东部、北部、西部 3 个方言。嘉戎语属汉藏语系藏缅语族羌语支（以前有人主张属藏语支），有丰富的复辅音声母和辅音韵尾，无音位价值的声调，有丰富的屈折形态变化，表达方式以前缀为主。下面介绍的嘉戎语以东部方言马尔康县的卓克基话为代表。

一　语音

声母　单辅音声母 32 个：p ph b m w ts tsh n s z t th d l ɬ tʂ tʂh r tʃ tʃh ʃ ʒ ȵ cç cçh ɟj j k kh g ŋ h。

声母例词：

p	kapa	做
ph	phos	薪金
b	babək	寂寞
m	mə	他
w	tawu	祖父
ts	tsəuri	星星
tsh	tatshok	钉子
s	tasa	麻
z	kəzəp	浓
t	ti	小麦
th	tətha	书
d	tadam	小腿
n	no	你
l	kəlu	虫
ɬ	ɬa	神
tʂ	tətʂi	对面
tʂh	tatʂho	灯
r	karɐ	找见
tʃ	tətʃos	痕迹
tʃh	tʃhət	山羊
ʃ	ʃɛ	木
ʒ	ʒɐk	时候

ȵ	ȵo	你们
cç	cça	麝
cçh	cçhɐ	酒
ɟʝ	ɟʝo	竹子
j	pojo	今晚
k	kam	门板
kh	khuŋ	老虎
ɡ	taɡo	笨
ŋ	ŋa	我
h	taho	悬崖

复辅音声母 201 个，其中二合复辅音声母 176 个，三合复辅音 25 个。二合复辅音由基本辅音加前置辅音或后置复辅音构成，前置辅音有 11 个：p－k－s－ʃ－r－l－m－n－ŋ－w－j－，后置辅音有 4 个：－r－l－w－j。三合复辅音由基本辅音加前置辅音和后置辅音构成，或者由基本辅音加两个前置辅音构成。

韵母 有 7 个单元音韵母：i ɐ E a o u ə；有 6 个复元音韵母：Ei ɐI ui əu əi ua；有 58 个带韵尾韵母，其中辅音韵尾有 －p －t －k －s －r －l －m －n －ŋ 9 个。

声调 嘉戎语的声调一般来说没有音位价值，但少数情况下，也使用音高来辨义。例如：mbro⁴⁴ 马，mbro⁵³ 高；kə²²jo⁴⁴（绵羊），kə²²jo⁵³（轻）；kə²² tʃor⁴⁴（窄），kə²²tʃor⁵³（酸）。

二 词汇

词汇主要有固有词、藏语借词和汉语借词三部分组成。藏语借词占全部词汇的 37% 左右。汉语借词也有不少，近数十年来吸收了大量的新词术语。嘉戎语以多音节词尤以双音节词占绝对优势。合成词有派生法和复合法两种。派生法有前加法和后加法两类。动词、形容词、数词、方位词和部分名词有构词前缀是嘉戎语词汇的一个特点。前缀有一个、两个或三个，其功能是区别词性，区别意义，派生新词的手段。后缀都有一定的词汇意义，主要表示性别、小称和爱称。例如：tʃhɐt－pho（公山羊），tʃhɐt－mo（母山羊），tʃhɐt－pu（山羊羔）。

藏语借词大多是有关宗教、政治、文化方面的老借词，保留藏语古老的读音。汉语借词老借词很少，大多是生活用语。新借词大多是新词术语。

三 语法

嘉戎语以词缀、助词和次序为主要语法表达手段。其中以词缀为主，而词缀又以前缀为主。词缀可以加至三个，后缀可以有两个。

人称代词分单数、复数、双数三类。第一人称复数和双数有包括式和排除式的区别。第一人称双数包括式和第二人称双数用同一个词。第三人称各数分别有两种形式。

	单数	复数	双数
第一人称	ŋa 我	ŋəȵ.E 我们, jo 咱们	ŋandʑE 我俩, ndʑo 咱俩
第二人称	no 你	ȵo 你们	ndʑo 你俩
第三人称	mə 他	məȵ.E 他们	məndʑəs 他俩
第三人称（非常式） wəjo 他		wəjoȵ.E 他们	wəjondʑəs 他俩

名词有从属范畴和数量范畴，从属范畴用前缀表示，数量范畴表示复数用后缀，表示单数用前缀。

动词有人称范畴、方位范畴、时态范畴，方位范畴用前缀表示六种方位：上方、下方、上游方、下游方、趋山方、趋水方。时态范畴有将行体、现行体、已行体。

助词主要有情貌助词、结构助词、语气助词。

句子的主要结构主语在前，谓语在后；宾语在主语之后，谓语之前；双宾语句子，间接宾语在直接宾语之前；形容词、数词作修饰语在中心词之后，指示代词和名词作修饰语在中心词之前；状语在中心词之前。

附：嘉戎语常用词举例

1	天	nɐm khɐ
2	太阳	kə jam
3	月亮	tsə la
4	星星	tsəu ri
5	云	zdEm

6	风	kha li	42	草	ka tsa
7	雨	tə mu	43	叶子	tɐ jwɐk
8	水	tə tʃi	44	头	ta ko
9	河	mȵan ŋgun	45	眼睛	tə mȵak
10	山	ta wat	46	鼻子	tə ʃna
11	水田	tʃhə ʒəŋ	47	耳朵	tə rna
12	土	ta tʂo	48	牙齿	tə swa
13	窟窿	khɐi du	49	胡子	tə ʃnos
14	石头	ɟjə lək	50	手	tɐ jɐk
15	火	tə mtʃik	51	皮肤	tɐ ndʑi
16	上面	a ta	52	筋	tə wro
17	下面	a na	53	血	ta ʃi
18	里面	wu gu	54	胆	tə mdʑə kri
19	外面	wu phʃi	55	心	tə ʃnE
20	年	pa	56	父亲	tɐ pɐ
21	日	sni	57	母亲	tə mo
22	猪	pak	58	儿子	tə tsa
23	狗	kɯta	59	上衣	tə wɐ
24	熊	pri	60	裙子	tə wi
25	老鼠	pə ju	61	听	ka rəŋ na
26	鸡	pka tʃu	62	吃	ka za
27	鸟	kə bjam	63	喝	ka mot
28	蚂蚁	kho rok	64	吹	ka wa phu
29	跳蚤	ndza ji	65	说	tə rjo ka pa
30	苍蝇	kə wɐs	66	跳	kɐ mtsɐk
31	蚊子	wɐs tsɐ	67	走	ka ptʃE
32	翅膀	ta rkham	68	跑	kɐ rɟjək
33	毛	ta rȵE	69	坐	ka ɲi
34	鱼	tʃu jo	70	睡	ka rma
35	尾巴	tɐi jmi	71	扛	ka ma rpak
36	树	ʃək phu	72	洗（衣）	ka rtʃi
37	竹笋	nɟjo tʃək	73	捆	kɐ zgok
38	小麦	ti	74	问	ka tho
39	土豆	jaŋ ju	75	骂	tə zu ka pa
40	姜	tʃaʃ zgɐ	76	笑	ka na ri
41	果实	ʃəŋ tok	77	哭	ka ŋa kru

78	做	kə pa
79	掉	kə ja
80	飞	kə bjam
81	（狗）吠	kə ŋɐ ndzok
82	啼	pka tʃu kə mbrE
83	大	kə ktE
84	小	kə ktsi
85	高	kə mbro
86	低	kə ŋmɐn
87	深	kə rnak
88	长	kə skrEn
89	短	kə ktʃən
90	厚	kə jak
91	远	kə cçhə
92	近	kə wat
93	多	kə mcça
94	少	kə mnE
95	轻	kə jo
96	重	kə li
97	红	kə wu rnE
98	白	kə pram
99	黑	snɐk tsɐ
100	绿	ldʒeŋ kə
101	（羊）肥	kə tsho
102	瘦	kə nə khi
103	好	kə hou
104	坏	mɐk hou
105	快	kə ŋa ʒgro
106	慢	kə tal
107	酸	kə tʃor
108	甜	kə cçhi
109	苦	kə tʃap
110	辣	kə ma rtsap
111	咸	kə tsri
112	痒	kə ra jak
113	我	ŋa
114	你	no
115	他	mə
116	不	ma

京语 京族使用的语言。关于京语的系属，早先有人认为属于汉藏语系的侗台语族（泰语族），或认为属于南亚语系，近几十年来，才逐渐确认它属于南亚语系越芒语族。越南京族有5000多万人口，全部使用越南语，而中国京族只有18000余人（1990年），主要分布在广西防城各族自治县等地，分布在广西的约有16000余人，聚居在防城县的江平乡山心、万尾、巫头三个半岛和东兴乡，约一万余人使用京语，其余散居的数千人多转用了汉语粤方言，在这些人中间只有老年人仍懂京语，但已很少使用。江平乡的京族一般都兼通粤语，都是京汉双语人，出嫁到"京族三岛"的汉族、壮族妇女也多逐渐学会京语。由于附近还有壮族居民，在杂居区的京族人多与汉族或壮族通婚，除了使用汉语粤方言外，部分人还兼通壮语，年轻人甚至以汉语作为主要交际工具，并且人数越来越多。在京族聚居的村里虽然日常交际以京语为主，但文艺演出、歌咏等多用粤方言，只有老年人还会用京语唱京族民歌。

京语与汉藏语系其他语言有许多共同的特点：（1）语音系统非常接近，声母少，韵母多，元音分长短，韵尾有鼻音和塞音，声调分舒声调和促声调两类；（2）有不少词汇与壮侗语族语言同源；（3）与壮侗语族语言的语法特点相同，有一定数量的量词，用法也相似。以名词为中心的修饰词组，除数量词外，修饰成分都用在中心词之后。京语的这些特点，容易使人联想到它与汉藏语系的关系。但毕竟它与南亚语系语言有更多的同源词和其他共同特点，所以把京语归作南亚语系是合理的。京族没有文字，越南使用的越南文，这里的人懂得的不多，过去越南通行的"喃字"，京族人也不怎么懂。

一 语音

有28个声母：p ph ʔb m f v t th ʔd n l ɬ ts tsh s ȵ j k kh ŋ ɣ kw khw ŋw ʔ h ʔw hw，有 aː a ɛ e i ə i ɔ o u ə u ɯə ɯ əː ə 14个元音音位，除了a和ə（均为短元音）不能单独作韵母之外，其余12个元音音位都可以单独作韵母。有 –i、–u、–m、–n、–ŋ、–p、–t、–k 8个语尾，由元音和韵尾构成104个韵母：aː aːi aːu aːm aːn aːŋ aːp aːt aːk ai au am an aŋ ap at ak ɛ ɛu ɛm ɛn ɛŋ ɛp ɛt ɛk e eu em en eŋ ep et ek iə iəu uəi məi nəi iəŋ iəp iək i iu im in iŋ ip it ɔ ɔi ɔm ɔn ɔŋ ɔp ɔt ɔːk ɔːi ɔːŋ ɔːk o oi om on oŋ op ot ok uə uəi uəm uən uəŋ uət uək u ui um un uŋ up ut uk ɯə ɯəi ɯəm ɯən ɯəŋ ɯəp ɯət ɯək ɯ ɯŋ ɯk iːe əːm əːn əːp əːt əːu əːn əp ŋ̍。

iə、uə、ɯə 三个韵母（以及带各种韵尾时），其中的 ə 是过渡音，发音比较轻而模糊；eŋ ek eŋ ek ip op uəm up ɯəm ɯəp ɯət ŋ̍ 等韵母出现的字很少。

有5个舒声调：（1）33，（2）22，（3）214，（5）45，（6）11；3个促声调：（7）45，（8）22，（9）33。其中的舒声调缺少第4调，越南语的第4调在京语里合并到第3调。

二 词汇

京语里许多汉语借词，分早期借词和近代借词两类，早期借词又分早期汉语借词和借字读音，借词可能是上古或中古借入的词，也可能是近古时期的借词。早期汉语借字，多是中古时期的汉字读音，而新借词，大多从粤语借入，但也有人用中古时期的汉字读音来读。如"书记"一词是新借词，应该按照粤语读 si⁴⁵ki³³，有人读作 thɯ³³ki⁴⁵，是按照早期的汉字读音来读近代新借词。这一情况很普遍。

附：京语常用词举例

1	天	jəːi²
2	太阳	mət⁸jəːi²
3	月亮	oŋ¹jaŋ¹
4	星星	thaːu¹
5	云	məi¹
6	风	jɔ³
7	雨	mɯə¹
8	水	nɯək⁷
9	河	thoŋ¹
10	山	nui⁵
11	水田	juəŋ⁶
12	土	dət⁷
13	窟窿	lo³/haːŋ¹
14	石头	da⁵
15	火	lɯə³
16	上面	ten¹
17	下面	jɯəi⁵
18	里面	toŋ¹
19	外面	ŋwaːi²
20	年	nam¹
21	日	ŋai²/hom¹
22	猪	ləːn⁶
23	狗	tsɔ⁵
24	熊	ɣəu⁵
25	老鼠	tsuət
26	鸡	ɣa²
27	鸟	tsim¹
28	蚂蚁	kɔn¹kiən⁵
29	跳蚤	kɔn¹bɔ⁶tsɔ⁵
30	苍蝇	juəi²
31	蚊子	kɔn¹bɔ⁶
32	翅膀	kan³
33	毛	loŋ¹
34	鱼	ka⁵
35	尾巴	duəi¹
36	树	kəi¹
37	竹笋	maŋ¹
38	稻子	luə⁵
39	甘薯	miə⁵
40	姜	ɣɯŋ²

41	果实	kwa³	77	哭	hɔk⁷
42	茅草	kɔ³jan¹	78	浮	noi³
43	叶子	la⁵	79	沉	tsim²
44	头	dəu¹	80	飞	bai¹
45	眼睛	kɔn¹mat⁷	81	(狗)吠	thuə³
46	鼻子	mui³	82	啼	ɣai⁵
47	耳朵	taːi¹	83	大	tɔ¹/ɲəːn⁵
48	牙齿	jaŋ¹	84	小	bɛ⁵
49	胡子	jəu¹	85	高	kaːu¹
50	手	tai¹	86	低	thəp⁷
51	皮肤	ja¹	87	深	thəu¹
52	骨头	sɯəŋ¹	88	长	jaːu²
53	血	mau⁵	89	短	ŋan⁵
54	胆	mət⁸	90	厚	jai²
55	心	tin¹lɔŋ²	91	远	sa¹
56	父亲	bo⁵	92	近	ɣən²
57	母亲	mɛ⁶	93	多	ɲiəu²
58	子女	kɔn¹	94	少	it⁷
59	上衣	aːu⁵	95	轻	jɛ⁶
60	裙子	kaːi⁵vai⁵	96	重	naŋ⁶
61	听	ŋɛ¹	97	红	dɔ³
62	吃	an¹	98	白	taŋ⁵
63	咳嗽	hɔ¹	99	黑	dɛn¹
64	吹	jum⁵	100	绿	san¹
65	说	nɔi⁵	101	(羊)肥	bɛu⁵
66	跳	jai³	102	瘦	ɣəi²/naːk⁸
67	走	di¹	103	好	tot⁷
68	跑	tsai⁶	104	坏	hɯ¹
69	坐	ŋoi²	105	快	ɲan¹/mau¹
70	睡	ŋu³	106	慢	thɔŋ¹tha³
71	扛	vaːk⁷	107	酸	tsuə¹
72	洗(衣)	jat⁸	108	甜	ŋɔt⁸
73	捆	buək⁸	109	苦	daŋ⁵
74	问	hɔi⁵	110	辣	kai¹
75	骂	tsəːi³	111	咸	man⁶
76	笑	kɯəi²	112	痒	ŋɯ⁵

113	我	toi¹	
114	你	mai²	
115	他	nɔ⁵	
116	这	nai²	

景颇语 景颇语是景颇族中自称景颇人所使用的语言，使用者居住在云南的德宏傣族景颇族自治州潞西、盈江、梁河、瑞丽、陇川等县的山区，少数人聚居在怒江傈僳族自治州泸水县。景颇族人口约130000人（2000年），约有一半人使用景颇语。景颇语属汉藏语系藏缅语族景颇语支，分恩昆土语和石丹土语。本文以盈江县铜壁关的恩昆土语为依据，介绍景颇语。

一 语音

辅音 有28个辅音：p pj pɹ ph phj phɹ m mj w t th ts ts n l ʃ ʒ tʃ j k kj kɹ kh khj khɹ ŋ nj ʔ 都可以作声母。另外由于使用汉语借词的需要，增加了 f、tsh、tʃh、x 4个辅音声母。

声母例字：

p	pan³¹pa³³	软鸟毛
pj	n̩³¹pja³³	死胎
pɹ	na³¹pɹa³³	应付
ph	pha³³	什么
phj	sum³³phja³³	篾席
phɹ	phɹa³³	片，丛
m	ma³³	稻谷
mj	mja³¹mja³¹	褴褛
w	wa³³	牙
t	khau⁵⁵ta³³	因缘
th	tha³¹	砍
s	sa³³	去
ts	ma³¹tsa³³	米虫
n	na³³	耳朵
l	la³³	男人
ʃ	ʃa³³	缎子
ʒ	ʒa³³	平
tʃ	tʃa³³	饱满
j	ja³³	给
k	ka³³	做（生意）
kj	n̩⁵⁵kja³³	残余
kɹ	la³¹kɹa³³	展开
kh	n̩⁵⁵kha³³	门
khj	u³³khja³³	小路
khɹ	a³¹khɹa³³	蝉
ŋ	ŋa³³	牛
ŋj	a³¹ŋja³³	唠叨
f	fa³¹tan⁵⁵	发展
tsh	tshin⁵⁵tʃhu³³	清楚
tʃh	kuŋ³¹tʃhan⁵⁵taŋ⁵⁵	共产党
x	xau³³tʃau⁵⁵	号召

元音 有松元音和紧元音各5个：i e a o u ɛ a̰ o̰ ṵ，都可以作韵母。辅音 n 单独使用可以作韵母。有 -i、-u、-m、-n、-ŋ、-p、-t、-k、-ʔ 9个韵尾，由元音和韵尾结合构成89个韵母。由于使用汉语借词的需要，增加了 ua、iau、iu 3个韵母。

i e a o u ɛ a̰ o̰ ṵ ai oi ui au a̰i o̰i ṵi a̰ṵ im em am om um ɛm ḛm a̰m o̰m ṵm in en an on un ɛn ḛn a̰n o̰n ṵn iŋ eŋ aŋ oŋ uŋ ɛŋ ḛŋ a̰ŋ o̰ŋ ṵŋ ip ep ap op up ɛp ḛp a̰p o̰p ṵp it et at ot ut ɛt ḛt a̰t o̰t ṵt ik ek ak ok uk ɛk ḛk a̰k o̰k ṵk iʔ eʔ aʔ oʔ uʔ ɛʔ ḛʔ a̰ʔ o̰ʔ ṵʔ。

自成音节韵母：n；借用汉语韵母：ua iau iu。

声调 有3个声调：

	1	2	3
调值：	31	55	33
例词：	mu³¹	mu⁵⁵	mu³³
词义：	看见	事情	好吃

（说明：亲属称谓的对称以及叹词和一些语气助词读全降调。三个轻声分别用1、3、5表示低、中、高调）

二 词汇

景颇语有丰富的四音格，四个音节所表达的意义比同义或近义的单纯词或合成词有所扩大或加强，有修辞色彩，使用频率很高。

附加式合成词以前加成分为最多，而后加成分很少。部分单音节动词或形容词增添前加成分后变成名词。例如：jam^{55}（奴役）→mǎ^{1}jam^{33}（奴隶），tan^{33}（戴）→lǎ^{1}tan^{33}（耳环），ka^{33}（经商）→phǎ^{3}ka^{33}（生意），puŋ^{33}（刮）→n^{1}puŋ^{33}（风），ka̱^{33}（花的）→mǎ^{3}ka^{33}（花纹）。部分形容词增添前加成分a-，同时使用后加成分ʃa^{31}，变成副词，如：lǎ^{1}wan^{31}（快）→a^{55}lǎ^{1}wan^{31}ʃa^{31}（赶快）。

四音格的四个音节在语音上的搭配关系，可以分为ABAC、ABAB、ABCD、ABCB、AABB五种类型。除AABB型是两个叠音加两个叠音外，其他4种类型都是第一音节和第三音节，第二音节和第四音节有语音上的对应关系，包括叠音、双声和叠韵等。四音节分三种：只有两个音节有意义的；四个音节都有意义；四个音节单独都没有意义。

三　语法

景颇语的词分为名词、动词、形容词、数词、量词、代词、副词、连词、助词、叹词10类。

名词　表示动物的自然性别时，在词后另加一个名词，例如：ŋa^{33}（牛），ŋa^{33}wǎ^{5}ji^{31}（母牛），ŋa^{33}wǎ^{5}la^{31}（公牛）。

动词和形容词　（1）作谓语时，用语尾助词表示人称、数、体、式等语法范畴，是景颇语最为突出的特点。（2）一般都可以用前加成分ʃa-或tʃa-表示使动态。（3）名物化的方法是在该词的后面加助词ai^{33}或sai^{33}，动词还可以用na^{33}。例如：tsɛt^{31}（绿），tsɛt^{31}ai^{33}（绿的）；ʃa^{55}（吃），ʃa^{55}na^{33}（要吃的）。

数词和量词　有基数词lǎ^{5}ŋai^{31}或mji^{33}（一），lǎ^{5}khoŋ^{31}或ni^{33}（二），mǎ^{1}sum^{33}（三），mǎ^{1}li^{33}（四），mǎ^{1}ŋa^{33}（五），kɹu̱ʔ^{55}（六），sǎ^{1}nit^{31}（七），mǎ^{1}tsat^{55}（八），tʃǎ^{1}khu^{31}（九），ʃi^{33}（十），khun^{31}（二十），tsa^{33}（百），khjiŋ^{33}（千），mun^{31}（万）。可数名词一般不用量词而直接用数词修饰。

代词　人称代词分单数、复数和双数。

	单数	双数	复数
第一人称	ŋai^{33}我	an^{55}我俩	an^{55}the^{33}我们
第二人称	naŋ^{33}你	nan^{55}你俩	nan^{55}the^{33}你们
第三人称	khji^{33}他	khan^{55}他俩	khan^{55}the^{33}他们

单数人称代词可以用内部屈折构成领属代词，如：ŋai^{33}（我）→ŋje^{55}（我的），naŋ^{33}（你）→naʔ^{55}（你的），khji^{33}（他）→khji^{55}（他的）。

指示代词分tai^{33}这、那（指离说话人较远，离听话人较近处）、n^{33}tai^{33}这（指离说话人较近但离听话人较远处）、wo^{33}ʒa^{31}那（指离说话人和听话人均较远处）、tho^{55}ʒa^{31}那（指比说话人的位置较高处）、le^{55}ʒa^{31}那（指比说话人的位置较低处）。

副词　分程度副词、时间副词、否定副词、肯定副词、状态副词等。

连词　theʔ^{31}、n^{31}na^{55}能连接单词与分句。如：tʃan^{33}（太阳）theʔ^{31}（和）ʃa^{3}ta^{33}（月亮），太阳和月亮。kǎ^{1}lu^{31}（长）n^{31}na^{55}（而）kǎ^{1}tʃi^{31}（小），长而且窄小。

助词　分三类：（1）帮助动词或形容词表达语法意义的语尾助词和情貌助词。语尾助词的主要作用是补充说明动词或形容词的人称、数、体、式、方向等语法范畴。其人称、数必须同主语、宾语的人称、数一致。不同的语法意义使用不同的语尾助词，因此语尾助词很多，有140多个。（2）能够指明句子成分及其相互关系的结构助词。常用的有e^{31}、eʔ^{55}、thaʔ^{31}、koʔ^{55}、teʔ^{31}、theʔ^{31}、aʔ^{31}、na^{55}等。（3）帮助句子表达某种语气的语气助词，常见的有ko^{31}、wa^{33}、ʒi^{33}、n^{55}then^{55}、kun^{33}、i^{55}、i^{51}等。

句子成分　有主语、谓语、宾语、定语、状语、补语。基本语序是：主语—谓语，主语—宾语—谓语，也有宾语前置的句子，宾语—主语—谓语。修饰语与被修饰语的次序是：修饰语（名词、代词）—被修饰语（名词），被修饰语（名词）—修饰语（形容词、数词、数量词或指示代词）。状语—被修饰语。补语一般出现在宾语后边，谓语的前边，即宾语—补语—谓语。

附：景颇语常用词举例（无调号的音节读轻声）

1	天	la mu^{31}	33	毛	mun^{33}
2	太阳	tʃan^{33}	34	鱼	ŋa^{55}
3	月亮	ʃa ta̱^{33}	35	尾巴	mai^{31}
4	星星	ʃa kan^{33}	36	树	phun^{55}
5	云	sa mui^{33}	37	竹笋	ma kɹuʔ^{55}
6	风	n̩^{31}puŋ^{33}	38	稻子	ma^{33}/mam^{33}
7	雨	ma ʒaŋ^{33}	39	甘薯	nai^{31}sam^{33}
8	水	n̩^{31}tsɛn^{33}	40	姜	ʃa nam^{55}
9	河	khaʔ^{31}	41	果实	nam^{31}si^{31}
10	山	pun^{31}	42	草	tsiŋ^{33}
11	水田	khau^{33}na^{31}	43	叶子	lap^{31}
12	土	ka̱^{55}	44	头	ɲo^{33}
13	窟窿	khu^{33}	45	眼睛	mjiʔ^{31}
14	石头	n̩^{31}luŋ^{31}	46	鼻子	la ti^{31}
15	火	wan^{31}	47	耳朵	na^{33}
16	上面	n̩^{31}tsa̱^{33}	48	牙齿	wa^{33}
17	下面	n̩^{55}puʔ^{55}	49	胡子	niŋ^{31}mun^{33}
18	里面	ka ta^{31}	50	手	la ta̱ʔ^{55}
19	外面	ʃiŋ^{31}kan^{31}	51	皮肤	phjiʔ^{31}
20	年	ʃa niŋ^{33}	52	骨	n̩^{33}ʒa^{33}
21	日	jaʔ^{55}	53	血	sai^{31}
22	猪	waʔ^{31}	54	胆	ʃa kɹi^{31}
23	狗	kui^{31}	55	心	sa lum^{31}
24	熊	tsa̱p^{55}	56	父亲	ka wa^{31}
25	老鼠	ju^{55}	57	母亲	ka nu^{31}
26	鸡	u̱^{31}	58	儿子	la^{33}ʃa^{31}
27	鸟	u̱^{31}	59	上衣	pa lɔŋ^{33}
28	蚂蚁	ka kjin^{33}	60	裙子	la pu^{31}
29	跳蚤	waʔ^{31}kha li^{33}	61	听	ma tat^{31}
30	苍蝇	ma tsi^{31}	62	吃	ʃa^{55}
31	蚊子	tʃiʔ^{31}kɹɔŋ^{31}	63	喝	luʔ^{31}
32	翅膀	ʃiŋ^{31}ko^{33}	64	吹	ka wut^{31}
			65	说	tsu̱n^{33}
			66	跳	ka^{31}
			67	走	khom^{33}
			68	跑	ka kat^{31}

69	坐	tuŋ³³		105	快	tʃaɨ³¹
70	睡	jup⁵⁵		106	慢	la ŋjaṇ³¹
71	扛	phai³³		107	酸	khɻi³³
72	洗（衣）	kɻut³¹		108	甜	tui³¹
73	捆	ʃa pon³¹		109	苦	kha⁵⁵
74	问	san⁵⁵		110	辣	tʃap³¹
75	骂	ma tsa̠³³		111	咸	ʃum³³
76	笑	ma ni̠³³		112	痒	ka ja⁵⁵
77	哭	khɻap³¹		113	我	ŋai³³
78	浮	wo⁵⁵		114	你	naŋ³³
79	掉	khɻat³¹		115	他	khji³³
80	飞	pjen³³		116	不	n̩⁵⁵
81	（狗）吠	wau⁵⁵				
82	啼	koi³³				
83	大	ka pa³¹				
84	小	ka tʃi³¹				
85	高	tso³¹				
86	低	nem³¹				
87	深	suŋ³¹				
88	长	ka lu³¹				
89	短	ka tun³¹				
90	厚	that³¹				
91	远	tsaṇ³³				
92	近	ni³¹				
93	多	loʔ⁵⁵				
94	少	n̩⁵⁵loʔ⁵⁵				
95	轻	tsaṇ³³				
96	重	li³³				
97	红	khje³³				
98	白	phɻo³¹				
99	黑	tʃa̠ŋ³³				
100	绿	tsɛt³¹				
101	（羊）肥	sau³³				
102	瘦	la si³¹				
103	好	ka tsa³³				
104	坏	n̩⁵⁵ka tsa³³				

炯奈语 是自称"炯奈"，他称"花篮瑶"的瑶族所使用的语言，属汉藏语系苗瑶语族苗语支。炯奈语使用者居住在广西金秀瑶族自治县的大瑶山地区中部和西南部的十几个村落里，有2000余人。《瑶族语言简志》把"炯奈语"作为布努语的一个方言，后来经过进一步的研究，语言学家认为它是一种新发现的语言，定名为炯奈语。炯奈语的基本情况如下。

声母 有81个声母：p ph mp mph m m̥ f v v̥ w w̥ pl phl mpl θ ð t th nt nth n n̥ l l̥ tʃ tʃh ntʃ ntʃh ʃ n̠ n̠̥ z z̠ k kh ŋk ŋkh ŋ ŋ̥ x k̠ khl ŋkl pj mpj mj θj ðj tj thj ntj nj n̠j lj l̠j tʃj ʃj kj khj ŋkj ŋkhj pw phw mpw mphw mw θw ðw tw thw ntw nthw lw tʃw ntʃw ʃw n̠w kw khw ŋkw klw。

韵母 有 i e a ɔ o u ə 7个元音，有 -i、-u、-n、-ŋ 4个韵尾，由元音和韵尾组成22个韵母：i e a ɔ o u ə ai ui au ɔu uc in en an un iŋ eŋ aŋ ɔŋ oŋ uŋ uaŋ。

声调 有8个声调：

调类	1	2	3	4	5	6	7	8
调值	44	33	53	31	35	22	43	32
例字	n̠aŋ⁴⁴	n̠aŋ³³	n̠aŋ⁵³	n̠aŋ³¹	n̠aŋ³⁵	zaŋ²²	ʃu⁴³	ʃu³²
词义	坐	让	赌咒	承认	打瞌睡	养	煎	凿子

现代汉语借词阴平入 1 调，阳平入 4 调，上声入 3 调，去声入 5 调。

基本词与苗瑶语族诸语言相同的占 49% 左右。早期汉语借词的调类多跟汉语的平、上、去、入各分阴阳相当。近现代汉语借词的语音接近汉语桂柳官话。

炯奈语 又分龙华和六巷两个方言。操不同方言的人可以自由交谈。在调查的 1560 个词当中，两个方言同源词占 73.9%，语法上彼此基本相同。

附：炯奈语常用词举例

1	天	ŋkwaŋ³³
2	太阳	ntoŋ²²
3	月亮	l̥e³⁵
4	星星	ka⁴⁴nta ŋ⁴⁴
5	云	tjɔŋ³⁵
6	风	tʃi³⁵
7	雨	naŋ²²
8	水	uaŋ⁴⁴
9	河	ku⁵³uaŋ⁴⁴
10	山	kjɔŋ³³／ŋkjɔŋ⁵³
11	水田	leŋ³³ɔuŋ⁴⁴
12	土	ta⁴⁴
13	窟窿	khoŋ⁵³
14	石头	ŋkja⁴⁴
15	火	tau³¹
16	上面	θi⁵³tʃe⁴³
17	下面	ʃi³²kwei³¹
18	里面	ku⁵³ntuaŋ⁴⁴
19	外面	ntoŋ³¹mphai³⁵
20	年	n̥ɔuŋ³⁵
21	日	n̥o⁴⁴
22	猪	mpei³⁵
23	狗	kla⁵³
24	野猪	ŋkai³³
25	老鼠	nen³¹
26	鸡	kai⁴⁴
27	鸟	nuaŋ²²
28	蚂蚁	mphai⁵³
29	跳蚤	ka⁴⁴mɔ⁴⁴
30	苍蝇	maŋ³¹mpu⁴⁴
31	蚊子	l̥ai³⁵mjau⁵³
32	翅膀	ðe⁴³
33	毛	ple⁴⁴
34	鱼	mpja³¹
35	尾巴	ðau⁵³
36	树	ntɔuŋ³⁵
37	竹笋	mpja²²
38	稻子	mpla³³
39	甘薯	vau²²tʃaŋ⁴⁴
40	姜	khai⁵³
41	果实	pi⁵³
42	茅草	ŋkan⁴⁴
43	叶子	mplɔŋ³³
44	头	ŋkau⁵³
45	眼睛	mɔ²²tʃen⁴⁴
46	鼻子	mpjau²²
47	耳朵	mpja³³
48	牙齿	m̥ai⁵³
49	胡子	ɲi²²
50	手	tʃa³¹
51	皮肤	kjeu³⁵
52	骨头	θaŋ⁵³
53	血	θi⁵³
54	胆	tɔu⁴³
55	心	pa²²ʑuaŋ³³
56	父亲	pe⁵⁵
57	母亲	ne³²
58	儿子	ne⁴⁴
59	上衣	au⁵³
60	裙子	ðai⁴⁴
61	听	m̥aŋ³⁵
62	吃	naŋ³³

63	喝	xɔ⁴³		99	黑	klaŋ⁴⁴
64	吹	phu⁴⁴		100	绿	mphɔ⁴⁴
65	说	tʃɔuŋ²² / kɔ⁴³		101	(羊)肥	ʃoŋ²²
66	跳	pjau⁴³		102	瘦	ntʃe²²
67	走	xe³³		103	好	ŋɔuŋ³⁵
68	跑	ntʃu²²		104	坏	wei³¹
69	坐	ȵaŋ⁴⁴		105	快	wei̥³⁵
70	睡	pau³⁵		106	慢	ne³ / nun̥⁵³
71	扛	ntʃwei⁴⁴		107	酸	θjɔ⁴⁴
72	洗(衣)	ntʃhu³⁵		108	甜	ken⁴⁴
73	捆	khai⁴⁴		109	苦	an⁴⁴
74	问	nɔ²²		110	辣	mpwai³²
75	骂	me⁵³		111	咸	tjoŋ³¹
76	笑	tʃu⁴³		112	痒	ʃɔ⁴³
77	哭	ȵiŋ⁵³		113	我	va³¹
78	浮	ntei⁴⁴		114	你	maŋ³³
79	沉	ntuaŋ²²		115	他	naŋ³¹
80	飞	ʑi³⁵		116	这	ne⁵³
81	(狗)吠	tʃaŋ⁴⁴				
82	啼	ka³⁵				
83	大	ljeu⁴⁴ / pɔ⁴³				
84	小	ʐu³⁵ / ne⁴⁴				
85	高	ŋkheŋ⁴⁴				
86	低	tʃe³¹				
87	深	ðu⁴⁴				
88	长	ða⁵³				
89	短	laŋ⁵³				
90	厚	tei⁴⁴				
91	远	kwa⁴⁴				
92	近	ŋkja³⁵				
93	多	ntei³⁵				
94	少	ʃau²²				
95	轻	wai⁴⁴				
96	重	ȵe⁵³				
97	红	θi³⁵				
98	白	klau⁴⁴				

卡那卡那布语 台湾高山族中自称"卡那卡那布"的人所使用的语言,属南岛语系印度尼西亚语族台湾语支邹语群,使用者居住在台湾高雄县楠梓仙溪上游,三民乡的民权和民生两个村子。使用人口有 300 余人。卡那卡那布语为黏着型语言。

语音 有 12 个辅音：p m v t n l r t s s k ŋ ʔ。
辅音例词：

p	pɨlɨkɨ	肚脐
m	maanu	小孩
v	vutunu	鹿
t	talisi	绳子
n	navuŋu	头
l	lituka	兔子
r	ramutsu	手
ts	tsau	人
s	sikulapɨ	蚊子

k		kuutsu	头虱	10	山	rumura
ŋ		ŋanai	名字	11	水田	tsanaa
ʔ		ʔavasu	舌头	12	土	ʔuuma

有5个元音：i a u ɯ ə。

多音节词的重音一般落在倒数第二个音节上。音节结构有辅音＋元音、元音自成音节两种方式。

在构词方面，词干加附加成分或词干部分音素重叠为主要构词手段。前加成分有 kara－、ki－、ku－、ma－、maka－、mara－、mari－、maru－、masi－、masu－、mata－、matu－、mi－、mu－、muru－、mutu－、pa－、pi－、pu－、puru－、pusu－、siki－、su－、tara－、tu－、ʔuru－、ʔutu－等。后加成分有 －ana。中加成分有 －um－，插在词干第一个音节的辅音与元音之间。

语法 词类分名词、代词、数词、形容词、动词、副词、连词、助词8类。名词有主格、宾格、属格。人称代词有单数和复数，有主格、属格形式，第一人称复数有包括式和排除式。动词有时、态、体、语气等范畴。"时"有现在时、过去时、将来时。"态"有主动态、被动态、使动态。"体"有一般体、进行体、现在完成体、过去完成体。"语气"有命令式。

句子成分有主语、谓语、宾语、定语、状语、补语。谓语往往位于句首，主语位于谓语后，宾语为于主语后，定语位于中心语后，状语位于中心语前，补语位于中心语后。

附：卡那卡那布语常用词举例

1	天	kaaŋutsa
2	太阳	taniaru
3	月亮	vuanu
4	星星	təmətasai
5	云	uutsu
6	风	paraipara
7	雨	ʔutsanu
8	水	tsanumu
9	河	tsakuranu
13	窟窿	taɬuuru
14	石头	vaatu
15	火	apulu
16	上面	uŋutsala
17	下面	likaʔa
18	左	iiri
19	右	ananu
20	年	tsainana
21	日	taniara
22	猪	tutui
23	狗	tatsau
24	熊	tsumai
25	老鼠	tuŋiŋi
26	鸡	tarikuuka
27	鸟	alamu
28	蚂蚁	ʔaira
29	跳蚤	ʔatimua
30	苍蝇	ʔaniura
31	蚊子	sikulapu
32	翅膀	paaku
33	毛	kunutsu
34	鱼	vutukulu
35	尾巴	itsiitsi
36	树	kalu
37	竹子	tsuvuʔu
38	稻子	pusiamu
39	甘薯	tamumi
40	槟榔	aviki
41	果实	matsuʔu
42	草	tsapuku
43	叶子	ranuŋu
44	头	navuŋu
45	眼睛	vuaini

46	鼻子	taŋutsa	82	射	mupanaʔu
47	耳朵	tuuku	83	大	tatia
48	牙齿	anisi	84	小	tiʔiŋai
49	胡子	ŋisiŋisi	85	高	maluŋutsai
50	手	ramutsu	86	低	manikupai
51	皮肤	kava	87	热	matsitsi
52	骨头	tsuʔuanu	88	长	matsaasu
53	血	nimuruʔu	89	短	maŋutuai
54	肠子	siiu	90	厚	makitsimuru
55	心	tukunu	91	远	aratsaini
56	父亲	tsuuma	92	近	aratsani
57	母亲	tsiina	93	多	itumuru
58	儿子	manu	94	少	makaŋutsu
59	上衣	tikuru	95	轻	maʔanaiʔu
60	裙子	saputu	96	重	maitsuunu
61	听	tumimana	97	红	masinaŋu
62	吃	kumaunu	98	白	tapuunia
63	咳嗽	turuuru	99	黑	taulumu
64	吹	paaripa	100	绿	tavatsuku
65	说	puisua	101	（羊）肥	ʔimaru
66	跳	mutuavilau	102	瘦	manipi
67	走	muatsaatsa	103	好	manuŋu
68	跑	arapanau	104	坏	aaka
69	坐	tuapuru	105	干	manakaru
70	睡	suutsupu	106	新	vaʔurua
71	喝	mima	107	酸	mapaʔitsi
72	洗（衣）	maramutsu	108	甜	mataviʔisi
73	捆	paalumulu	109	苦	mamiaru
74	种	umaumuku	110	冷	makuŋu
75	去	muatsa	111	咸	maʔakasu
76	笑	maatsatsa	112	有	una
77	哭	tumataŋi	113	我	ku
78	浮	miaraŋulu	114	你	kasu
79	死	mamatsai	115	他	ʔinia
80	飞	miŋanai	116	不	kaʔanu
81	打猎	aratsakanu			

卡卓语 云南通海县兴蒙乡的中村、白阁、下村、交椅湾和陶家嘴5个村庄的蒙古族居民使用的语言。卡卓是当地彝语"中村"的意思。这里的蒙古族是1253年忽必烈的10万大军平大理后留居下来的军士后裔，大部分都转用了汉语，唯有今兴蒙乡的蒙古族使用卡卓语。人口有4800余人（1990年），既通卡卓语又通汉语。下面介绍的卡卓语以白阁村的话为准。

一 语音

声母 有23个声母：p ph m f v t th n l ts tsh s z tɕ tɕh ȵ ɕ j k kh ŋ x ɣ。

声母例字：

p	pe^{24}	山
ph	phə^{31}	飞
m	m^{33}	做
f	fv^{24}	埋
v	vi^{55}	（花）开
t	tv^{24}	千
th	thv^{31}	桶
n	nɑ^{55}	黑
l	lu^{31}	龙
ts	tsɯ^{24}	酒
tsh	tshɯ^{24}	狗
s	sɯ^{31}	七
z	ze^{31}	用
tɕ	tɕɑ^{33}	瘦
tɕh	tɕho^{53}	六
ȵ	ȵu^{24}	毛
ɕ	ɕi^{35}	八
j	ji^{33}	他
k	kv^{33}	九
kh	khv^{31}	偷
ŋ	ŋɑ^{31}	五
x	xə^{33}	四
ɣ	ɣə^{31}	大

韵母 有17个韵母，其中单元音韵母9个，复元音韵母8个。单元音韵母：i e a ɑ o u v ɯ ə；复元音韵母：ie iɑ iɑ iə ui uɑ uɑ uə（说明：v是半元音，发音是上齿与下唇接触）。

声调 有7个声调：

1	2	3	4	5	6	7
调值：55	33	12	53	31	35	24
例字：m^{55}	m^{33}	m^{12}	m^{53}	m^{31}	m^{35}	m^{24}
词义：蹲	坐	田	吹	马	闭（嘴）	高

二 词汇

卡卓语的词可分为单纯词和合成词两类。单纯词以单音词和双音词占多数。合成词用词根加词缀和语音变化的办法产生新词。前缀有 ke^{33}，通常加在动词前面。如 ke^{33}me^{24}（躲藏），ke^{33}the^{55}（兜着）。后缀 phɑ^{31}、pɑ^{55}、mɑ^{33}等，通常加在动物名词之后表示性别。后缀 zɑ^{31}加在名词之后表示小。nɑ^{31}ŋ^{24}（医生）phɑ^{31}（男）男医生，nɑ^{31}ŋ^{24}mɑ^{33}（女）女医生。语音变化产生新词的有：kɑ^{31}（甜荞），khɑ^{31}（苦荞）。hu^{55}（虫），ho^{55}（蛔虫）。sɑ^{55}（穷），sɑ^{33}（富）。

三 语法

卡卓语的词分名词、代词、动词、形容词、数词、量词、副词、连词、助词和叹词。

名词 名词无性的范畴，表示人和动物的性别时，在名词后加后缀的表示。称人名词后加相关量词 ju^{24}（个）表示单数，例如：tsho^{33}（人）te^{31}（一）ju^{24}（个）一个人。加 ku^{55}（伙）或 tsɑ^{33}（些、群）表示复数。多数名词都可以带后缀 me^{33}，带 me^{33}的名词不能再加别的量词。例如：m^{31}me^{33}（马），ɕe^{31}me^{33}（桃子）。

代词 分人称代词、指示代词、反身代词和疑问代词。人称代词只分单数和复数，第一人称复数无包括式和排除式之分。指示代词分近指和远指两类。反身代词有 tɑ^{33}me^{33}thi^{31}（自己）和 tsɯ^{31}tɕɑ^{24}（自家）。疑问代词有 xɑ^{33}ju^{24}（谁），xɑ^{33}ŋɑ^{55}（哪里），xɑ^{33}mɑ^{55}（什么），xɑ^{33}ni^{33}（怎么），xɑ^{33}ni^{33}

ku⁵⁵（多少）等。疑问代词通过重叠表示多数。例如：xa³³ ju²⁴ xa³³ ju²⁴（哪几个人？）ne³³（你）xa³³ ȵa⁵⁵（哪里）xa³³ ȵa⁵⁵（哪里）ji²⁴（去）你去哪些地方？

动词 动词可以重叠，表示疑问。动词是单音的重叠动词本身，双音的则重叠后一个音节，动词带时态助词的则重叠时态助词。例如：ne³³（你）ji²⁴（去）ji²⁴（去）你去不去？ne³³（你）zɯ⁵³（睡）sa³³（着）sa³³（着）你睡着了吗？

动词有态的语法范畴，分自动态和使动态。有屈折式和分析式两种。屈折式用声调或声母的交替表示。例如：to²⁴（喝）→to³³（使喝）；nie²⁴（弟弟）ju²⁴（个）ke³³ zɯ⁵³（睡觉），弟弟睡觉；nie³³（弟弟）ju²⁴（个）zɯ²⁴（助词）ji²⁴（去）让弟弟睡觉去。

形容词 形容词重叠后加助词 ni³³（的）表示程度加深。

数词 基数词有 te³¹（一）、ŋ³¹（二）、si³³（三）、xə³³（四）、ŋa³¹（五）、tɕho⁵³（六）、sɯ³¹（七）、çi⁵³（八）、kv³³（九）、tshi³³（十）、xa²⁴（百）、tv²⁴（千）、wa²⁴（万）。基数词 te³¹（一）用在十位数后时用 tsɯ²⁴ 表示。si³³（三）、xə³³（四）、kv³³（九）用在 tshi³³（十）之后时，其声调变为中升调。

序数表示法 用固有词表示，如：si³³（三）ju²⁴（个）a³³（一）ju²⁴（个）第三个。用固有词加汉语借词，如：ŋa³¹（五）tshɯ⁵⁵（次）a³³（一）tshɯ⁵⁵（次）第五次。倍数或分数用固有词加汉词办法或借用汉语，如：ŋ³¹tsi²⁴（二十）pe²⁴（倍）二十倍，或 ə²⁴（二）sɯ³¹（十）pe²⁴（倍）。

量词 分名量词和动量词。名量词比较多，动量词多借自汉语。名词数词结合后修饰名词时，一般用在名词后面。如：m³¹（马）te³¹（一）ma²⁴（匹）一匹马。动量词和数词修饰动词时，用在动词的前面。如：ne³³（你）te³¹（一）tshɯ²⁴（次）ji²⁴（去）你去一次。te³¹（一）mi²⁴（觉）zɯ⁵³（睡）睡一觉。

副词 分程度副词、范围副词、时间副词、否定副词、频率副词几类。固有词的程度副词用在动词、形容词之后，汉语借词用在动词或形容词之前；范围副词均用在动词之前；时间副词有的用在动词的前面，有的在后面；否定副词均用在动词和形容词的前面；频率副词有的在动词前，有的在后。

连词 分联合连词和偏正连词。联合连词表示并列关系的用 kɯ³³…kɯ³³（和），表示选择关系的用 xue³³tsə³¹（或者），表示递进关系的用 pv³¹ta²⁴…ə³¹tshi⁵³（不但……而且）。偏正连词表示转折关系的用 sui³³za²⁴…da³⁴sɯ³³（虽然……但是），表示因果关系的用 ta³¹ni²⁴（因为……所以），表示假设关系的用 zv²⁴ko³¹…tɕo³⁵（如果……就）。

助词 分结构助词、时态助词、语气助词。结构助词表示句与句之间的关系用助词 ke³³、kɯ³³、pv²⁴、ni³³、za³¹ 等。ke³³ 是主语或状语的标志，pv²⁴ 是定语的标志，ni³³ 是状语的标志，za³¹ 是状语的标志。时态助词用在动词之后，ua²⁴ 表示动作即将进行，tsə³¹ 表示动作正在进行，ku⁵⁵ 表示动作已成过去。语气助词有 ua³³（了），ua³¹（啦），sa⁵⁵（吗）等。

叹词 只出现在句首，ji³¹（咦）、a³¹（唉）、a³¹ja³¹（唉呀）、pe³³（呸）、o⁵³（喂）、ə³¹（嗯）等是通常使用的词。

句子成分 分主语、谓语、宾语、定语、状语、补语。主语在谓语之前，谓语在主语之后，宾语位于主语之后谓语（动词）之前。名词、代词作定语时，在中心词之前，形容词、数量词作定语时，在中心词之后。补语一般出现在作谓语的动词、形容词之后。

卡卓语在语音上与白语接近，在基本词和基本语法构造上与彝语有不少相同之处。操卡卓语的蒙古族在历史上曾经有转用白语，再转用彝语的历史，形成了在基本词汇和基本语法构造上与彝语相当一致的独具特点的现代卡卓语。

附：卡卓语常用词举例（词汇附录引自木仕《卡卓语研究》一书，符号略有差异，供参考）

1	天	m̩³¹tha³³mɛ³³	34	鱼	ȵa³¹
2	太阳	m̩³¹tsha³³	35	尾巴	mɤ⁵⁵ta²⁴
3	月亮	xa³³pa³³ma³³	36	树	sʅ²⁴tsɤ²⁴tsɤ²⁴
4	星星	kɤ²⁴za³¹	37	竹笋	ma²⁴sɤ²⁴ȵɤ⁵³
5	云	tɤ²⁴	38	稻子	tshɛ³³tsɤ³¹
6	风	m̩³¹sɯ³³	39	甘薯	xu³²³tshv̩³¹
7	雨	m̩³¹ma²⁴	40	姜	tsho³¹
8	水	ʑi³²³tɕa⁵³	41	果实	ʑi³³ma³³tɛ⁵³
9	河	tɕha³¹kɤ²⁴	42	草	zʅ³¹
10	山	pɛ³²³	43	叶子	sʅ³⁵tɕha³¹tɕha³¹
11	水田	m̩³²³pv̩²⁴	44	头	ʑi³¹tshʅ³³kɤ²⁴
12	土	ni³¹	45	眼睛	ȵa⁵³tsɛ²⁴
13	窟窿	tɛ³¹to²⁴	46	鼻子	na²⁴khv̩²⁴
14	石头	no⁵⁵ma³³	47	耳孔	na²⁴po²⁴
15	火	m̩³³to³⁵	48	牙齿	sʅ³¹sʅ³³
16	上面	m̩²⁴kɤ³²³	49	胡子	ni³¹tshʅ³³pv̩³¹
17	下面	nɤ²⁴kɤ³²³	50	手	la⁵³pha⁵⁵
18	里面	ʑi³³khv̩³³	51	皮肤	ȵ
19	外面	——	52	筋	tɕi³³
20	年	kho⁵³	53	血	sʅ³¹
21	日	ŋ³³	54	胆	ta³¹
22	猪	wa⁵³	55	心	ŋ²⁴ma³³
23	狗	tshʅ³¹	56	父亲	ti³³ti³³
24	熊	kɛ³¹ɕo²⁴	57	母亲	mo³³mo³³
25	老鼠	xa⁵⁵	58	儿子	za³¹
26	鸡	ɣa⁵³	59	上衣	ȵa³⁵tso³³tsa²⁴
27	鸟	ŋa³⁵mɛ³³	60	裙子	tɕhi²⁴tsʅ³¹tsa²⁴
28	蚂蚁	pv̩³¹lo⁵³	61	张口	ȵa²⁴
29	跳蚤	tshʅ³¹sɛ³³	62	尝	tsha⁵³
30	苍蝇	ʐo³²³mo³¹	63	咽	ʑɛ³²³tɕi³³
31	蚊子	ʐo³²³fv̩²⁴	64	吹	m̩⁵³
32	翅膀	ȵ	65	说	ȵa³¹
33	毛	ȵɤ²⁴	66	跳	tɕhɛ⁵⁵
			67	走	ka³³
			68	跑	kɤ³¹
			69	坐	kɛ³³ŋ³³

70	睡	$k\varepsilon^{33}z\gamma^{53}$		106	慢	phi^{24}
71	扛	$k\varepsilon^{323}kha^{323}$		107	酸	tsa^{24}
72	洗	za^{24}		108	甜	$ni\varepsilon^{24}$
73	捆	$khu\varepsilon^{33}$		109	苦	kha^{31}
74	问	$na^{323}\eta^{323}$		110	辣	$ph\gamma^{33}$
75	骂	$x\gamma^{33}$		111	咸	kha^{31}
76	笑	$zi^{323}sa^{33}$		112	痒	za^{31}
77	哭	η^{323}		113	我	ηa^{33}
78	浮	pv^{323}		114	你	ne^{33}
79	沉	ni^{53}		115	他	zi^{3}
80	飞	$ph\gamma^{31}$		116	不	ma^{31}
81	(狗)吠	$m\gamma^{323}$				
82	啼	$m\gamma^{323}$				
83	大	$\gamma\gamma^{31}$				
84	小	$ni\varepsilon^{24}$				
85	高	m^{24}				
86	低	$n\gamma^{24}$				
87	深	$n\gamma^{24}$				
88	长	$s\gamma^{24}$				
89	短	$tsha^{323}$				
90	厚	$tsh\gamma^{3}$				
91	远	$z\gamma^{31}$				
92	近	lo^{31}				
93	多	ηa^{31}				
94	少	$m\varepsilon^{55}$				
95	轻	lo^{323}				
96	重	$z\gamma^{31}$				
97	红	η^{24}				
98	白	$tsh\gamma^{33}$				
99	黑	na^{53}				
100	绿	lv^{55}				
101	(羊)肥	vi^{53}				
102	瘦	$t\varsigma a^{33}$				
103	好	na^{35}				
104	坏	$ma^{31}na^{35}$				
105	快	$t\varsigma i^{31}$				

康家语 康家语是居住在中国青海省海南藏族自治州省尖扎县康杨镇部分康家回族使用的一种语言，当地称为"土话"，属蒙古语族西支语言。为研究便利，称为"康家语"。

康家回族主要指沙力木、宗子拉、巷道3个村的说"土话"的人。当地人称为康家大院的就指上述3个村。据说，原来康家只有80户人家，现在已发展成约500户2000多人。经过调查，目前懂得或使用康家语的总人数为487人，其中全懂的377人，略懂的110人。据说，早年大多数康家人都会说康家话。由于与其他地区的人通婚，多数家庭语言发生变化，成为被汉语取代的重要原因。

康家回族是明清时期从周边来的部分操蒙古语的回回人和信仰伊斯兰教的蒙古人，以及保安人或回回人，与当地土著人融合而成的。语言上经过一段时间的"磨合"后便形成今天的康家语。

康家、保安、东乡三种语言是蒙古语族中彼此比较接近的语言，而康家语处在其中间偏向保安语的一个独立语言。尽管康家语目前内部比较一致，没有方言土语之别，但有些人说的个别词语里有明显的差别，有语音上的，也有语义上的，表明操康家语的人至少是由不同地区的人组成的。

虽然康家语使用范围极度萎缩，面临消亡，但其语音、语法、词汇系统还较完整地保留着。

一 语音

康家语的主要语音特点是元音分单复，而不分长短，没有严整的元音和谐律，复辅音主要出现在词首，重音在词末。

有 11 个单元音：a、ə、ɯ、e、i、ɔ、u、ɵ、ʉ、y、ɚ。有 7 个前响二合元音 ai、əi、ei、ui、ʉi、au、əʉ；8 个后响二合元音 ia、ie、iɔ、iʉ、ua、ʉa、ʉe、ʉə；1 个前响和 1 个后响三合元 uai、iau。

有 b、p、m、f（ɸ）、v、dz、ts、s、z、d、t、n、l、r、dʐ、tʂ、ʂ、ʐ、dʑ、tʃ、ʃ、j、g、k、ɣ、ŋ、ɢ、q、χ、ʁ、h 31 个单辅音。有 nb、mb、nd、ndʐ、ndz、ŋg、ŋɢ、ng、mg、ʃɢ、ʃt、ʃd、ʃdʐ、ʂd、χt、hdʐ、ʋʃ、rʁ、rd、ʂdʐ、ʂk 21 个亲合力强复辅音，有些复辅音受藏语影响造成的。复辅音主要出现在词的第一音节。

音节 康家语的音节结构主要有 V（V 代表元音）、VV（复元音或二合元音）、V＋C（C 代表辅音）、C＋V、C＋VV、C＋V＋C、C＋VV＋C、CC（CC 代表复辅音）＋V、CC＋VV、CC＋VVC、CC＋V＋C、C＋VVV 12 种类型组成，开音节多于闭音节。

语音变化 在康家语里词的派生或组合以及语流中受前后音的影响产生一些语音变化，其中有些是线性的，而有些是非线性的。一般有同化、异化、增音、减音、换位 5 种。

重音 康家语里存在着不区分词义，但对语音变化起作用的重音，一般落在多音节词的最后一个音节上。由于重音在后，词首或词中元音弱化甚至脱落，从而形成词首复辅音，词末音也被保留。康家语非重读音节的元音并非都是弱化的或模糊的，有些非重读元音具有区别词义作用。

二 词汇

康家语的词汇分为固有词和借词；结构上分为根词、派生词和合成词。固有词中与同语族各语言同出一源的词相当多。

农林牧方面的词语较丰富；其经济是以农为主林牧为副，所以这方面的词汇较丰富并具有特色。农业方面的词语里有：麦子、大麦、谷子、麦草、罗卜、豆子、粮食、庄稼、麦穗、麦芒、麦麸、糜子、小米、青稞、荞麦、马铃薯、玉米、高粱等。农作物的量具单位名称有：称、斤、升、1—2 斤的升、7 斤左右的升、10 斤的升、10 斤左右的升、12 斤的升、15—17 斤的升。

林业方面的词语有：树、森林、木材、松树、柏树、柳树、杨树、核桃树、桦树、桑树、花椒树、果树、水果、桃子、李、杏、长柄李、软果、苹果、葡萄、橘子、石榴等。

牧业方面的词语虽然没有蒙古语词汇那么丰富系统，但某些方面仍有自己的特点。牛类名称有：牛、犍牛、乳牛、母牛、牛犊、小犍牛、小母牛（2 岁）、胎里的牛犊、种公牛、犏牛、牦牛等。

上述的词有些是同源词或固有词，还有一些是汉藏语借词。康家语里还保留着一些在现代蒙古语里已消失的古蒙古语词，如 si‐/sei‐ 拔、ʁurʁun 寨子等。在语音方面还保留着词首古音 p、f、h、ʃ 词末鼻音 n、ŋ 和一些短元音以及某些词首音节末辅音。借词主要来自汉语、藏语和突厥语、阿拉伯语、波斯语，汉藏语借词最多。

三 语法

名词 有数、格、领属等范畴。其语法范畴顺序是：概称→数→格→领属，分单数、复数、中性数。单数是名词后面用数词"一"来表示，复数形式比较独特，不是单数也不是复数的用中性数。

格有主格、领宾格、与位格、凭联格、界限格、方向格、双重格。

领属范畴 只涉及第三人称的人称领属附加成分‐ni。

形容词 有级范畴，在程度级别、范围等诸方面具有自己的特点。比较级可以比原级或高或低，也就是具有上下趋向。在等级或程度方面比较宽泛，甚至比较模糊。形容词与名词一样有数、格、领属和概称等形态变化。

数词特有形态变化，可以接加格和领属附加成分；分为基数词、集合数词、序数词、概数词、分配数词、次数词、分数词7种。

量词　按性质可分为物量词和动量词。

（1）物量词　主要计量人和事物单位。分长度、重量、容量、货币单位、面积、集体、时间、部分等类。（2）动量词　计量行为动作单位。

助动词　一些实义动词失去词汇意义，依附在主要动词后面赋予某种语法意义。如"坐""住"当作助动词使用时，表示行为动作或状态的持续进行，即表示一种持续体。"来"当作助动词时，表示行为动作或状态开始逐渐发展变化的趋向。"出"当作助动词时，表示行为动作或状态的完成等意味。"去"当作助动词时，表示行为动作或状态开始逐渐发展变化的趋向。

名代词　可分人称代词、反身代词、指示（事物）代词三类。

（1）人称代词　单数人称代词及复数第三人称代词有格形式的变化。

（2）反身代词　有单数和复数的分别。

（3）指示代词　又分名称代词和方位代词2类。

判断词　分形容词性判断词和动词性判断词两种。（1）是非判断词　可分肯定、否定和疑问三种。（2）存在判断词　可分肯定、否定两种。

副词　有程度副词、时间副词、状态副词、否定副词四类。

状词　可分摹仿自然界声音的象声词和行为动作的拟态词两类。

情态词　分表示肯定、推断、强调、追问等三种。

后置词　分表示比较的、范围的、目的的、方向的四种。

连接词　分表示并列连接的、转折因果关系的、选择连接的、提示连接的、假定和条件连接的、概括连接的等类。

语气词　分疑问语气词、肯定语气词、让步语气词、提醒语气词、呼唤语气词等。

四　句法特点

康家语的基本语序与蒙古语族以及阿尔泰语系其他语言基本一样：主语—宾语—谓语型，即SOV型，但与蒙古语的主要有以下一些不同点。

（1）宾语和状语处在谓语之后，是较常见的语法现象之一。这是受当地汉藏语言长期影响的结果。（2）康家语里修饰语一般处在被修饰语之前，但数词和一些副词被修饰时，多出现在中心词之后，尤其是数词作定语时一般处在中心词之后。（3）完整句不能以体词、形动词形式结束，而都要以语气词或助动词、判断词等各种助词（除陈述形、命令式外）来辅助结束句子。这一点与蒙古语族东支语不同。（4）有些动词谓语以词干形式结束句子（除命令式外），同时从句的动词谓语也以词干形式，而不以副动形或形顶形连接。

附：康家语常用词举例

1	天	anla
2	太阳	narɔ
3	月亮	sara
4	星星	fuɖɔ
5	云	ɥiŋ
6	风	ke
7	雨	gʉra
8	水	mərsun
9	河	murɔ
10	山	ula
11	石头	tʃilɔ
12	土	turu
13	窟窿	nʉχun
14	金子	antɔ
15	火	χar

16	上面	ʉdeda		52	骨头	jasun
17	下面	duru		53	血	tʃisun
18	里面	naŋgʉ		54	胆	tʃyrsa／kʉdan
19	外面	Gana		55	腰	nuru
20	年	hɔn		56	父亲	aba
21	今晚	niʉʃi		57	母亲	ana
22	猪	Gəʁai		58	儿子	kʉgɔ
23	狗	nuʁuai		59	衣服	məsgʉ
24	熊	mɔsɔkɔ		60	裤子	ʃigɔde
25	老鼠	sɯʥiʁɔ		61	听	tʃiauli –
26	鸡	taχa		62	吃	ide –
27	蛋	ndeve		63	喝	utʃ –
28	蚂蚁	banbanzɯ		64	吹	fəli –
29	跳蚤	bərgi		65	说	kele –
30	苍蝇	ʃimi		66	跳	dauli
31	跳蚤	bərgi		67	走	ju –
32	翅膀	ʃiχba		68	跑	hɔr
33	角	ʐatʃu		69	坐	su –
34	鱼	ʥiʁasun		70	睡	nʉr –
35	尾巴	sar		71	扛	ʉndi –
36	树	ʤasun		72	是	va
37	小米	amu		73	来	re –
38	小麦	bəGdi		74	问	asɯʁ
39	竹子	ʤʐʉdzɯ		75	骂	sʉgʉ
40	水果	a. lima		76	笑	ʃine –
41	叶子	laʃʤɔ		77	唱	daula –
42	草	veisʉn		78	舔	dɔr –
43	穗子	baʃiʁ		79	掉	una –
44	头	turʉ		80	飞	məsɯ –
45	眼睛	nʉdʉ		81	(狗)吠	qutʃa –
46	鼻子	χuar		82	啄	tʃʉŋgu
47	耳朵	tʃiχɔ		83	大	gʉ
48	脖子	guʤʉn		84	小	ʃGɔ
49	胡子	χʉdzɯ		85	高	ʉndər
50	手	χar		86	细	narɔ
51	皮肤	araʂun		87	深	gʉn

88	长	ʃdu
89	短	χɔr
90	厚	ʤidʑɔ
91	远	Gulu
92	斜	sɯγgi
93	多	ulu
94	少	ʧʉn
95	碎	sɯγa
96	重	gundu
97	红	fʉlɔ
98	白	ʧiχɔ
99	黑	χara
100	绿	kʉkʉ
101	（羊）肥	tarʁun
102	瘦	ʥipa
103	好	seini
104	热	χulɔ
105	快	Gurdun
106	新	ʃini
107	漂亮	sχɔ
108	酸	ʃilʁei
109	甜	ʧiangi
110	辣	lagi –
111	咸	χaŋgi
112	饿	ləsɯ –
113	我	bi
114	你	ʧi
115	他	ʉrʉ
116	这	enə

柯尔克孜语 据统计，柯尔克孜族有 16 万余人（2000 年），约 80% 居住在新疆克孜勒苏柯尔克孜自治州，在相邻近的乌什、温宿、拜城、和田、皮山、莎车、英吉沙、疏附、塔什库尔干塔吉克自治县和北疆的特克斯、昭苏、新源、额敏、察布查尔锡伯族自治县、乌鲁木齐、伊犁等县市，以及东北地区黑龙江富裕县也有柯尔克孜人居住。柯尔克孜族使用柯尔克孜语，在同维吾尔族、哈萨克族杂居的地区，部分人兼通维吾尔语或哈萨克语。柯尔克孜语属阿尔泰语系突厥语族，与同族语言在语音上有明显的对应关系，在词汇上有大量的同源词。柯尔克孜语有方言的差别，使用北部方言人口较多，下面根据北部方言介绍柯尔克孜语。

一 语音

有 14 个单元音：i yy y uu u ee e ʤ øø ø ə oo o aa a，长元音用双字母表示。有 23 个单辅音：b p m w f v d t n l r s z ʤ ʧ ʃ j g k ŋ q χ ʁ，其中的 ŋ ʁ 不出现在词首，p l r jg 在本民族词中也不出现在词首。w f v χ 只出现在外来语借词中。p t k q ʧ 为送气的清音。

辅音例子：

b	bala	孩子
p	kørpøø	褥子
m	men	我
w	soliaw	塑料
f	fabrika	工厂
v	vagon	车厢
d	door	时代
t	ter	汗
n	qanat	翅膀
l	talaa	原野
r	ara	中间
s	saj	河滩
z	azər	现在
ʤ	ʤaj	夏
ʧ	ʧøp	草
ʃ	ʃamal	风
j	qojon	兔
g	segiz	八
k	køk	青、蓝
ŋ	ʤaŋə	新
q	qoj	羊
χ	χimija	化学

ʁ　　　　　aʁa　　　　　　哥哥

重音　柯尔克孜语的重音是固定重音，多落在词的最后一个音节上。

元音和谐律　多音节词之各音节中的元音在舌位前后、高低和唇状的圆展方面存在着互相制约、互相和谐的关系，在词根和附加成分之间也存在着这种关系。在突厥语中，柯尔克孜语中的元音和谐保持得较为严整。

语音变化　柯尔克孜语的语音变化比较复杂，常见的有：弱化、同化、减音、增音等。

二　语法

柯尔克孜语的词分 11 类：名词、形容词、数词、代词、动词、副词、后置词、连词、助词、叹词和象声词。

名词有数、格、领属人称、谓语性人称等语法范畴。表示复数的词尾有 lar ler lor lør, dar der dor dør, tar ter tor tør 三组，分别加在不同的词之后。如牧民 maltʃə，牧民们 maltʃəlar；弟弟 ini，弟弟们 iniler，等等。名词有主格、领格、与格、宾格、位格、从格。主格用原形，领格加 nen，与格加 ʁa，宾格加 nə，位格加 da，从格加 dan，如孩子 bala，孩子的 balanən，向孩子 balaʁa，把孩子 balanə，在孩子那里 balada，从孩子那里 baladan。不同的词尾和不同的元音，格的形式略有差别。

形容词　分性质形容词和关系形容词两类。性质形容词表示事物的性质或特征，关系形容词在名词等静词后面加上各种附加成分构成，表示通过一事物对另一事物的关系来说明事物的特征。形容词分原级、比较级、最高级。

数词　数词分基数词、序数词、集合数词、估计数词、分数数词和分配数词六类。

代词　分人称代词、指示代词、疑问代词、确定代词、不定代词、否定代词、指己代词、物主代词和泛指代词。人称代词第一人称、第二人称、第三人称都有单数和复数的分别，第一人称复数还有排除式和包括式之分。每种人称的单数或复数都有六个格的不同，而第二人称单数或复数都有一般和尊称的分别。指示代词分近指、较远指、更远指、最远指。疑问代词有 kim 谁、emne 什么、qandaj 怎样的、qajsə - qajsəl 哪一个、netʃe 几个、qantʃa 多少、qatʃan 什么时间、qajdan 从哪儿、qajda 往哪儿、在哪儿、qajdaʁə 哪里边的。确定代词是由疑问代词前加 ar（每）构成。不定代词由疑问代词前加 alda（不论）、bir（一）构成。否定代词在疑问代词前加 etʃ（任何，无论）构成。指己代词由 øz（自己）加领属人称附加成分构成。物主代词在人称代词、指示代词、疑问代词、指己代词等后面加上附加成分 - nəqə 或其语音变体构成。泛指代词有 baarə（所有的、全部的）、baʃqa（其他的、个别的），都可以变格，加领属人称附加成分。

动词　分及物动词和不及物动词，有数、人称、态、式、时等语法范畴。各种形式动词都有肯定和否定的形式，变化很多。动词是柯尔克孜语中最复杂的词类。动词的态分主动态、共同 - 互动态、自反态、被动态、强制态。动词的式分陈述式、祈使式、条件式、愿望式等四种。副动词是兼有动词和副词特征的一种动词形式。在动词词干后加上附加成分构成。形动词是兼有动词和形容词特征的一种动词形式，在动词词干后加附加成分构成。动名词是由动词词干加附加成分构成，具有名词特点。

副词　在动词和形容词之前，表示动作、行为、发展变化的情况及时间、处所、范围、方式、程度等。有些副词是非派生的，有些是加附加成分派生的，有些是由两个词合成的。副词分时间副词、地点副词、状态副词、数量副词、加强副词、原因副词和目的副词。

后置词　后置词是一种不变化的词类，位于被支配的词之后。后置词的意义往往只是在与被支配的词一起时才能表现出来。

连词　用来连接词、词组或分句的词类。连词分联合连词、对别连词、区别连词、原因连词、结果连词。

助词 助词在句中给某些词或词组以补充意义，表示疑问、估计、加强、限制等语气，实际上就是语气助词。分四类：表示疑问语气的助词、表示估计语气的助词、表示限制语气的助词、表示加强语气的助词。

叹词 分表示各种情感的叹词、呼唤牲畜的叹词两种。

象声词 模拟事物或动作的声音，模拟形象、感觉或情绪等的词。分两类：形象词和拟声词。

句子成分 主要成分有主语和谓语，次要成分有定语、宾语、状语。主语是句中谓语表示的对象，谓语是句中对主语加以陈述的部分，定语是名词前面的修饰或限定的成分，宾语是受动词支配的成分，状语是修饰动词或形容词的成分。

三 词汇

柯尔克孜语的词从来源来看，分固有词和借词。从结构来看，分根词、派生词、合成词和谐音词。柯尔克孜语的词反映畜牧业方面的词很丰富，以牛为例，有牛、公牛、犍牛、母牛、牦牛、牛犊、一岁牛、二岁牛、三岁母牛、阉牛等十个词。

借词 吸收了许多汉语借词，新借词更是大量地吸收。由于信仰伊斯兰教，吸收了有关宗教及政治、经济、文化方面的阿拉伯语和伊朗语借词。吸收了少量的蒙古语借词。通过苏联柯尔克孜斯坦的柯尔克孜文书籍，吸收了一些俄语借词。

四 方言

柯尔克孜语分南部方言和北部方言。使用南部方言的约有 6 万人，使用北部方言的约有 9 万人。两个方言只在语音和词汇方面有较大的差别。

附：柯尔克孜语常用词举例

1	天	asman
2	太阳	kyn
3	月亮	aj
4	星星	dʒəldəz
5	云	bulut
6	风	ʃamal
7	雨	dʒamʁər
8	水	suu
9	河	saj
10	山	too
11	耕地	aŋəz
12	泥土	topraq
13	穴	ijin
14	石头	taʃ
15	火	ot
16	上面	yst
17	下面	ast
18	里面	itʃ
19	外面	təʃ
20	年	dʒəl
21	日	kyndyz
22	猪	tʃotʃqo
23	狗	it
24	熊	ajuu
25	老鼠	tʃətqan
26	鸡	tooq
27	鸟	quʃ
28	蚂蚁	qumursqa
29	跳蚤	byrgø
30	苍蝇	tʃəmən
31	蚊子	maʃa
32	翅膀	qanat
33	毛	dʒyn
34	鱼	baləq
35	尾巴	qujruq
36	树	dʒəʁatʃ
37	根	tamər
38	小麦	buudaj
39	土豆	jaŋjo
40	稻子	ʃalə
41	果实	mømø

42	草	tʃøp		78	浮	qalqə –
43	叶子	dʒalbəraq		79	掉	tyʃ –
44	头	baʃ		80	飞	utʃ –
45	眼睛	køz		81	马嘶	kiʃine –
46	鼻子	murun		82	羊叫	maara
47	耳朵	qulaq		83	大	tʃoŋ
48	牙齿	tiʃ		84	小	kitʃine
49	胡子	saqal		85	高	bijik
50	手	qol		86	低	dʒapəz
51	汗	ter		87	深	tereŋ
52	骨头	søk		88	长	uzun
53	血	qan		89	短	qəsqa
54	胆	øt		90	厚	qaləŋ
55	心	dʒyrøk		91	远	əlaaq
56	父亲	ata		92	近	dʒaqən
57	母亲	ene		93	多	køp
58	儿子	uul		94	少	az
59	上衣	kijim		95	轻	dʒeŋil
60	裙子	jupka		96	重	oor
61	听	uq –		97	红	qəzəl
62	吃	dʒe –		98	白	aq
63	喝	itʃ –		99	黑	qara
64	吹	yjlø –		100	绿	dʒaʃəl
65	说	syjlø –		101	（羊）肥	semiz
66	逃	qatʃ –		102	瘦	arəq
67	走	dʒyr –		103	好	dʒaqʃə
68	跑	dʒygyr –		104	坏	dʒaman
69	坐	oltur –		105	快	tez
70	睡	uqta –		106	慢	aqərən
71	扛	køtør –		107	酸	atʃqəl
72	洗（衣）	dʒuu –		108	甜	ʃirin
73	捆	taŋ –		109	苦	atʃuu
74	问	sura –		110	辣	atʃuu
75	骂	tilde –		111	咸	tuzduu
76	笑	kyl –		112	饱	toq –
77	哭	əjla –		113	我	men

114	你	sen
115	他	al
116	这	bul

克蔑语 克蔑语分布于云南西双版纳傣族自治州允景洪镇的小曼咪村、大曼咪村、江头曼咪村、嘎东乡曼咪村、勐养镇的三家村等村寨，人口1000余人（2002年）。使用克蔑语的人当地称之为"曼咪人"，他们内部曾自称"克蔑"，现今称为"曼咪"。他们在村内使用克蔑语。克蔑语属南亚语系孟高棉语族，其基本词与克木语、布朗语、佤语有同源关系。克蔑语的特点介绍如下。

一 语音

声母 有23个声母：p ph b m f v t th d n l ts s tɕ ȵ ɕ j k kh g ŋ ɣ ʔ（声母例字从略）。

韵母 有99个韵母，其中单元音韵母10个：i e ɛ a ă ɔ o u ɤ ɯ。

复合元音韵母12个：ai ăi ɔi oi ui ɤi au ău iu iou iau uai。

带韵尾韵母77个：im in iŋ ip it iʔ ih em en eŋ et ek eʔ eh ɛm ɛn ɛŋ ɛp ɛt ɛk ɛʔ ɛh am an aŋ ap at ak aʔ ah ăm ăn ăŋ ăp ăt ăk ăʔ ɔm ɔn ɔŋ ɔp ɔt ɔk ɔʔ oh om on oŋ op ot ok oʔ um un uŋ up ut uk uʔ uh ɤm ɤn ɤŋ ɤp ɤt ɤk ɤʔ ɤh ɯm ɯŋ ɯt ɯk aiʔ ăiʔ uiʔ ɤiʔ auʔ。

声调 克蔑语有7个声调：

	高平 55	中平 33	低平 11	高升 35	低升 13	高降 53	低降 31
例词	paŋ⁵⁵	pat³³	thaŋ¹¹	taŋ³⁵	tăn¹³	păk⁵³	maŋ³¹
词义	棚子	磨刀	大象	驮	置，留	骑	富

二 词汇

克蔑语的词主要是以单音节根词和双音节的根词为主。包括固有词和外来语借词。固有词最多，外来词主要是傣语借词和汉语借词。基本词中，有不少与布朗语、佤语、克木语有同源关系。如属于名词的有：水、火、黄牛、水牛、猪、狗、老虎、鸡、鸟、鱼、虫、叶子、菌子、牙齿、手、舌头、骨头、脚、血、尿、屎、肝、房子、圈、饭、糠、弩；动词的有：咬、含、抬、割、等候、解开、赢、输、笑、哭、在、问、飞；形容词的有：高、低、长、宽、生、熟、白、苦、痒；代词的有：我、你、他、我们、你们。在基本词中，借自傣语的有：泡沫、瀑布、坝子、宝石、金子、年、狮子、乌龟、敌人、朋友、城、鞋、雨伞、枪、炮、镜子、跳、踢、休息、挑选、犁、教、贴、堆起、偿还、怀孕、融化、凝固、直、圆、窄、斜、重、绿、快、烫、忙、穷。

构词特点 单纯词：分单音节单纯词，多音节单纯词两种。复合词：分并列式复合词、修饰式复合词、动宾式复合词、主谓式复合词。

三 语法

克蔑语的词可以分为名词、代词、数词、量词、动词、形容词、副词、介词、连词、助词等十类。

名词 在句子中常作主语和宾语，有时作定语。名词不能重叠，本身没有数的形式，做句子成分时没有格的标志。名词修饰名词时，被修饰的名词在前，修饰名词在后。部分名词前带有附加成分。如 a khɛn³¹（月亮）、a ɕim³¹（鸟）、m pheŋ³⁵（油）、m thuh³¹（乳房）。人名前加 ai³¹ 表示男性，加 i³¹ 表示女性。

代词 人称代词有单数、双数、多数之分。指示代词有指人、指物、指处所三类，都分近指和远指。疑问代词有指人疑问代词、指物疑问代词、指处所疑问代词、指时间疑问代词、指数量疑问代词、指状貌疑问代词。还有反身代词和泛指代词。

数词 克蔑语的数词只有由1至6，而数数时主要使用傣语借词。

量词 分名量词和动量词两类。

动词 动词可以分一般动词、能愿动词、判断动词三类。能愿动词可以修饰动词。一般置于动词中心词之前。

形容词 形容词可以重叠，只受副词修饰，不受其他词的修饰，一般置于中心词之前。

副词 分否定副词、程度副词和表示时间、频率、范围的副词，多置于中心词之前，但表示时间、频率、范围的副词有时置于中心词之后。

介词 分表示方向或处所的、表示对象的、表示比较的、表示时间的、表示工具的几类。

连词 可以分联合的、表示偏正的两类。

助词 分表示修饰或领属关系的、表示语气的、表示时态的3种。

附：克蔑语常用词举例

1	天	tah^{33} sah^{31}
2	太阳	ŋai^{31} ŋiʔ^{53}
3	月亮	a khɛn^{31}
4	星星	mɤn^{35} ŋɤn^{35}
5	云	fa^{13}
6	风	suʔ^{53} măʔ^{53}
7	雨	tɕuŋ^{55}
8	水	om^{31}
9	河	om^{31} lɤn^{31}
10	山	nɔŋ^{31}
11	水田	khuŋ^{35}
12	土	phɤn^{35} thɛʔ^{53}
13	窟窿	thuʔ^{53}
14	石头	khon^{31} moʔ^{53}
15	火	ŋău^{35}
16	上面	lɤŋ^{31} thɔʔ^{53}
17	下面	lɤŋ^{31} thɛʔ^{53}
18	里面	lɔŋ^{31} nɤi^{31}
19	外面	lɔŋ^{31} nɔk^{13}
20	年	nɤm^{13}
21	日	ŋiʔ^{53}
22	猪	lek^{33}
23	狗	sɔk^{53}
24	熊	a feh^{33}
25	老鼠	a sek^{3}
26	鸡	iau^{31}
27	鸟	a ɕim^{13}
28	蚂蚁	a tɕɔh^{31}
29	跳蚤	pɛn^{55}
30	苍蝇	a ɣɔi^{31}
31	蚊子	a ŋ̊uŋ^{31}
32	翅膀	phiou^{31}
33	毛	suk^{53}
34	鱼	a khăʔ^{53}
35	尾巴	thăʔ^{53}
36	树	kɔ^{35} seʔ^{53}
37	竹笋	a tɕɔʔ^{53}
38	稻子	ŋɔʔ^{53}
39	甘薯	a tat^{35}
40	姜	kheŋ^{31}
41	果实	pheʔ^{53}/mak^{13}
42	茅草	phaŋ^{55}
43	叶子	lăʔ^{53}
44	头	khiŋ^{55}
45	眼睛	săk^{53} ŋai^{31}
46	鼻子	thuʔ^{53} tɤʔ^{53}
47	耳朵	lăʔ^{53} sok^{33}
48	牙齿	kheŋ^{55}
49	胡子	suk^{53} tun^{13}
50	手	thiʔ^{53}
51	皮肤	a kuʔ^{53}
52	骨头	aŋ^{31}
53	血	nam^{31}
54	胆	bi^{31}
55	心	ɕem^{31}
56	父亲	ai^{13}
57	母亲	uiʔ^{31}
58	子女	khon^{31}
59	上衣	a lɔp^{33}
60	裙子	ŋ̊ăʔ^{53}
61	听	khăʔ^{53} ŋaŋ^{35}
62	吃	khai^{31}
63	喝	thɛŋ^{55}

64	吹	phut³³	100	绿	khiou³⁵
65	说	ih⁵³ / pap³¹	101	(羊)肥	m̩ phɛŋ³⁵
66	跳	hok⁵³	102	瘦	sɔm³¹
67	走	ȵaŋ⁵⁵ / tiou³¹	103	好	ȵɔŋ³¹
68	跑	u⁵³ lu³⁵	104	坏	ɣai³¹
69	坐	thɛʔ⁵³	105	快	vǎi³¹
70	睡	ɛt⁵³	106	慢	tsɤn³³
71	扛	lam³⁵	107	酸	au³¹
72	洗(衣)	thuʔ⁵³	108	甜	ȵɛŋ⁵⁵
73	捆	pɤk⁵³	109	苦	sǎŋ⁵⁵
74	问	man³¹	110	辣	phiʔ⁵³
75	骂	sam¹³ / păp⁵³	111	咸	lu³³
76	笑	ȵah⁵³	112	痒	ȵǎʔ⁵³
77	哭	ȵam³¹	113	我	ɔʔ⁵³
78	浮	fu³¹	114	你	meʔ⁵³
79	沉	tsum³¹	115	他	ɤn³⁵
80	飞	phɤn⁵⁵	116	这	a e³⁵
81	(狗)吠	fau³¹			
82	啼	kɔk³³			
83	大	vɔ³⁵			
84	小	tɛk⁵³ / pɛt⁵³			
85	高	leŋ³¹			
86	低	tɛn³¹			
87	深	kuʔ⁵³			
88	长	lan³¹			
89	短	tot⁵³			
90	厚	sɤt⁵³ / tɛn⁵			
91	远	nai³¹			
92	近	tɛʔ⁵³			
93	多	phɤn³⁵			
94	少	pɛt⁵³			
95	轻	ȵɛŋ⁵³			
96	重	kɛn⁵⁵			
97	红	hɛn⁵⁵			
98	白	pan³¹			
99	黑	laŋ⁵⁵			

克木语 云南西双版纳州勐腊县、景洪市的克木人所使用的语言，属南亚语系孟高棉语族。

20世纪50年代初期，中国云南开始分期分批地进行民族识别工作。其中，分布在西双版纳勐腊和景洪的插满人，虽然进行了一些普查和掌握一些历史资料，但其民族归属的问题，一直确定不下来。到了1976年、1978年、1980年，插满人的民族识别问题，才开始进入系统的调查研究。1980年，云南省人民政府向国务院上报了有关克木人民族识别的调查报告和意见。从此，克木人成了插满人的正式民族名称。

经过多次实地调查，了解到"插满人"自称"克木"（kmhmuʔ 或 kamouʔ），是人或人们的意思，包括单数和复数。他称 khmuʔ 或 khmu 是来自欧美学术界对他们的称呼，后来渐渐地成了出版物上的统称。"插满人"是来自哈尼族的他称。西双版纳傣族称插满人为"卡"或"卡敏卡米"。在傣语中，"卡"是"奴、奴隶"，带有鄙视和侮辱性。

而"敏"或"米"是傣族人对山地孟高棉民族群体的泛称，即广义上的山地孟高棉人。而狭义上的山地孟高棉人，仅仅指分布在勐腊和景洪的克木人、克比人和景洪小勐养的空格人以及景洪澜沧江上游的曼米人，都被统称为"卡"或"卡敏卡米"人，汉语写作"吉蔑"或"克蔑"。实际上，都是自"卡敏、卡米"的不同汉字转写。

克木人生活在西双版纳勐腊、景洪南部丛林、山麓或坡地，有15个自然村。人口近3000人。和他们习俗相近、语言相通的克比人，有2个自然村，500多人。他们同属于克木语言体系。克木人还较多地分布在老挝、泰国、越南和缅甸。

从历史语言学定性和定量分析，克木语是孟高棉语族中的一个支系，它同高棉语存在一定数量的同源词，但它不是高棉语。中国的克木语支，包括人数较多的克木话和人数较少的克比话。然而，克木语中又有自称 kmhmuʔ 的克木话和自称 kamouʔ 的克木话的区分，他们共同组成克木语支。在克木人社区，使用克木话进行交流，彼此之间，没有语言障碍。克木人讲起话来，不断地弹动舌头，听起来非常优美。

现在，以自称 kmhmuʔ 的勐腊克木寨崩索话为例，简介如下。

一 语音

克木语有34个辅音：p ph b m m̥ ʔm f w t th d n n̥ ʔn s l l̥ ʔl r r̥ c ch j ɲ ɲ̥ z ʑ k kh g ŋ ŋ̥ ʔ h。

以上的辅音都可以作声母，其中部分辅音可以作韵尾。它们是 -p、-t、-k、-m、-n、-ŋ、-l、-r、-h、-s。元音10个：i e ɛ a o ɔ u ɯ ɤ ɒ。克木语以单音节词根为载体，通过前缀、中缀和形态来派生新词，是克木语定位于中国孟高棉语族克木语支的重要特征。长短元音的例词如后：

bik	布、布料——piik	混浊
gleʔ	青苔——bɜɜ	竹筏，
moŋ	月亮——mooŋ	钟表
gaŋ	忙——gaaŋ	竹楼，
hur	吹奏——huur	疮
ʔɔm	水——ʔɔm kɔɔp	蛙名，
dɯm	歇息——kɯɯm	相信
hʔɤm	温暖——ʔɤɤm	啊，
ɒk	胸脯——ph-ɒɒm	萤火虫
bit	堵塞——piit	熄灭

克木语有丰富的前缀和中缀。前缀有 pr-、cn-、lm-、tl-、tm-、rm-、sm-、sr-、cl-、cr-、cm-、kl-、kr-、kn-、km-、p-、ph-、k-、kh-、t-、th-、c-、ch- 等。在这些辅音前缀中，都带有一个弱化央元音 ə。如 pər-、cən-、ləm-、təl-、təm-、rəm-、səm-、sər-、cəm-、kəl-、kər-、kən-、kəm-、pə-、phə-、kə-、khə-、tə-、thə-、cə-、chə- 等。例词如下：

pr caŋ	胆，苦胆——caŋ	苦，苦的
pr gaai	反话——gaai	返回，折回
mah	吃，嚼——pn mah	喂饭，使嚼
khɯan	上，向上走——tŋ khɯan	坡
tr tam	锤子——tam	锤，敲打
kl liaŋ	牛铃——liaŋ	牧，放牧
km nuum	膀胱——nuum	撒尿
km jar	滴，点——Jar	滴，漏
rm puʔ	棒槌——puʔ	捶打，敲打
sŋ sih	被褥，被子——sih	睡觉
sr ɲak	手镯——ɲak	戴手镯
kah	解开——tm kah	十字路口

克木语的中缀有：-mn-、-nt-、-nʔn-、-r-、-rd-、-rn-、-rl-、-rs-、-rt-、-rg-、-lb-、-lt-、-ln- 等。例词如后：

kmnɔh	砧板——kɔh	砍，剁
cntrɯp	盖子——crɯp	盖
Krlam	担子——kalm	挑担子
krnɔk	钩子——kɔk	钩，挂
trtaaiŋ	织布机——taaiŋ	织布

kr lah	交换——kah	解开	
trsaap	岔口——taap	汇入，流入	
trtam	锤子——tam	捶打	
klbɔk	竹铃——kɔk	弯，弯曲	
tltek	成交——tek	卖出，出卖	
klnɔk	小竹棍——kɔk	砍，砍伐	

在克木语中，自称 kamou?¹ 的克木话，出现了 4 组声调。其调类为 1、2、3、4。其调值分别是高降，中降，高平和低平。这些声调与自称 kmhmu? 的克木话元音长短和辅音的清浊，对应整齐。例词如下：

(1) 塞音类（kmhmu? 话/kamou? 话）

折断	pak / pak¹
骑	bak / pak²
炸开	paak / pak³
分配	pan / pan¹
拆开	ban / pan²
千	paan / pan³
打开	paaŋ / paŋ³
倒塌	paŋ / paŋ¹
竹笋	tbaŋ / t paŋ²
鱼	ka? / ka³
害羞	pn ga? / pn ka?⁴
小米	ŋ kɔɔi / ŋ kɔi³

(2) 鼻音类

姐、哥	mɔɔk / mɔk³
岸、河岸	mɔk / mɔk¹
教	?mɔɔk / ?mɔk³
鱼网	mɔɔŋ / mɔŋ⁴
发愁	?mɔɔŋ / ?mɔŋ³
蛇	mar / mar¹
盐	m̥aar / m̥ar³
黄色	c ŋaar / sŋ ŋar³
冷	ŋar / ŋar¹

(3) 擦音类

死亡	haan / han³
捆柴火	han / han¹
猴子	fa? / wa?³
赶走	wa? / wa?⁴

(4) 塞擦音类

苦笋	jak / cak¹
铲除	jaak / cak⁴
脚	jɯaŋ / cɯaŋ⁴
人名	cɯaŋ / cɯaŋ³

(5) 边音类

茶叶	laa / la⁴
欺骗	laak / lak³
树桩	lak / lak¹

(6) 滚音类

鬼	r̥uui / rui⁴
蓬松	ruui / rui³
花卉	raaŋ / raŋ³
牙齿	raaŋ / raŋ⁴

克木语的语序一般是：主语—谓语—宾语。例如，lun（人名）vek（回）dah（处所）gaaŋ（竹楼、家）——伦（人名）回 家；lun（人名）c‑vek（要回）dah（处所）gaaŋ（竹楼，家）——伦（人名）要回家。

附：克木语常用词举例

1	天	l waaŋ
2	太阳	mat bri?
3	月亮	mɕŋ
4	星星	sr mɛɲ
5	云	m put
6	风	ŋ trɯɯy
7	雨	k ma?
8	水	ɔm
9	河	ɔm ɲam
10	山	rŋ gɔɔɲ
11	水田	r naa
12	土	ph te?
13	窟窿	thaam

14	石头	glaaŋ	50	手	tiʔ
15	火	phrɯaa	51	皮肤	m̥ puur
16	上面	lɔŋ khɯaan	52	骨头	c aaŋ
17	下面	lɔŋ juur	53	血	maam
18	里面	lɔŋ kluaŋ	54	胆	pr ciaaŋ
19	外面	lɔŋ nɔɔk	55	心	n̥ɯaam
20	年	nɤm	56	父亲	yooŋ
21	日	mat briʔ	57	母亲	maʔ
22	猪	sɯaaŋ	58	子女	kɔɔc
23	狗	sɔʔ	59	上衣	tɛɛp
24	熊	huaal	60	裙子	khon
25	老鼠	ka neʔ	61	听	ɲiaaŋ
26	鸡	h iaar	62	吃	mah
27	鸟	siim	63	喝	ɯaak
28	蚂蚁	m̥uuʔ	64	吹	hur
29	跳蚤	t maʔ	65	说	sroʔ
30	苍蝇	rɔɔy	66	跳	tɛr
31	蚊子	sŋ pok	67	走	yɔɔh
32	翅膀	p nɯɯr	68	跑	tar
33	毛	khuul	69	坐	den
34	鱼	kaʔ	70	睡	siih
35	尾巴	n taʔ	71	扛	raam
36	树	s ɔɔŋ	72	洗（衣）	raa
37	竹笋	t baŋ	73	捆	pɤk
38	稻子	ŋɔk	74	问	maŋ
39	甘薯	kuaay	75	骂	raay
40	姜	r vɛʔ	76	笑	khrah
41	果实	pleʔ	77	哭	yaam
42	茅草	bit	78	浮	rɤɤy
43	叶子	l̥aʔ	79	掉	cur
44	头	km poŋ	80	飞	tɯɯr
45	眼睛	mat	81	（狗）吠	kuaal
46	鼻子	muuh	82	啼	tr ɔʔ
47	耳朵	rm̥ɯɯy	83	大	nam
48	牙齿	raaŋ	84	小	ɲ̥eʔ
49	胡子		85	高	jɔŋ

86	低	deʔ
87	深	jruʔ
88	长	waaŋ
89	短	liaat
90	厚	bɯl
91	远	jaʔ
92	近	leeh
93	多	maak
94	少	ȵeʔ
95	轻	jaal
96	重	k tam
97	红	yim
98	白	klɔɔk
99	黑	hiaaŋ
100	绿	khiuu
101	（羊）肥	gul
102	瘦	joʔ
103	好	lɤʔ
104	坏	p lɤʔ
105	快	vɛɣ
106	慢	k mur
107	酸	ciat
108	甜	h iaa
109	苦	caŋ
110	辣	phriʔ
111	咸	ȵiaap
112	痒	ŋaʔ
113	我	oʔ
114	你	mee
115	他	baa /gɤɣ
116	不去	p yɔɔh

拉祜语 拉祜族使用的语言。拉祜族自称"拉祜"，部分人自称"苦聪"，史书上记录为"锅错"，意为"山上居民"，有2万人左右。拉祜族大部分人口分布在云南谰沧拉祜族自治县，其余不足一半的人分布在云南孟连傣族拉祜族佤族自治县、西盟佤族自治县、耿马傣族佤族自治县境内以及景谷、双江、勐海等县，总共遍布云南20多个县内，人口有45.3万人（2000年）。在国外，分布于缅甸、泰国、老挝等国。拉祜语属汉藏语系藏缅语族彝语支，分拉祜纳和拉祜西两个方言。80%的人口使用拉祜纳方言。在金平、绿春、镇沅、普洱、墨江、新平等县。拉祜纳方言使用的人口多，拉祜族以它为通用交际语。这里以澜沧拉祜族自治县的勐朗话为代表介绍拉祜语的情况。

一　语音

（1）声母有24个：p ph b m f v t th d n l ts tsh dz s z k kh g ŋ x ɣ q qh。

说明：塞擦音 ts tsh dz s z 实际上有三套读音：ts tsh dz s z 只与舌尖元音 ɿ 相拼；与 i e ɛ 相拼时读舌面前音 tɕ tɕh dʑ ɕ ʑ；与 a ɔ u ɯ ɤ 相拼时读舌叶音 tʃ tʃh dʒ ʃ ʒ。

（2）有 i e ɛ a ɔ u y ɤ ɯ 9个单元音韵母，有 ia iu ua ei ai au ou ui iau uai 10个复元音韵母，共19个韵母。

（3）声调　有7个声调：

调次	第1调	第2调	第3调	第4调	第5调	第6调	第7调
调值	33	31	53	35	21	54	11
例词	nɔ³³	nɔ³¹	nɔ⁵³	nɔ³⁵	nɔ²¹	nɔ⁵⁴	nɔ¹¹
词义	蓝靛	你	想	绿	生长	豆	芦笙

7个声调之中，第5、第6两个调属促声调，其余都是舒声调。凡促声调的音节，其末尾都带有喉塞音。

二　词汇

（1）拉祜语的词汇里，有相当多的"四音格"，尤其是在古老诗歌和历史传说中出现大量的四音格词，颇有特色。（2）与同语族语言相比，拉祜语的词汇跟彝语、傈僳语最为接近，其次是哈尼语，再次是纳西语。拉祜语借用汉语借词较多，也借用部分傣语借词和缅语词，有些是从英语或巴利语借入的。如 ɔ²khɔ²（课税）、lɛ⁴（练，即税），来自汉语；tsa⁵（机器）、na⁶（枪），来自傣语；sa²la³（牧师），来自傣语/巴利语；lɔ²li⁵（汽车），来自缅语/英语。（3）附加式复合词，分前附加式中附加式和后附加式三种。前附加有 a²、a⁴、a¹、ɔ²、i⁴ 几个，其中以 ɔ² 的构词能力最强，可以是形容词、动词名物化，使外来词本族语化。如 si⁴（姓），ɔ²si⁴（姓氏）；tɛ⁴（傣词，真），ɔ²tɛ²（真实）。中附加成分有 mɤ³、qha³。如 ɤa⁶（鸡），ɤa⁶mɤ³ɤa⁶（鸡之类）；ŋa²（我），ŋa²qha³ŋa²（我自己）。后附加成分有 si⁷、pa⁷、ma¹、qa⁷、qu⁷ tv²。如 mɛ⁶si⁷（眼睛），ni¹ma¹si⁷（心脏）；xɛ⁶pa⁷（汉人），mɤ³pa⁷（公马）；mɔ⁴ma¹（巫婆），ɔ²vi⁴ma¹（姐姐），ɔ⁴qa⁷（水牛），a¹pv²qa⁷（愚公）；ta¹qu⁷（箱子），pu¹qu⁷（笼子）；lu⁵tv²（锥子），tha¹tv¹（锤子）。

三 语法

（1）词类分名词、动词、形容词、数词、量词、代词、副词、连词、助词、叹词等 10 类。人称名词加 xɯ¹ 表示复数，如 ɔ²tshɔ³（朋友），ɔ²tshɔ³xɯ¹（朋友们）。（2）部分动词有自动和使动的区别，一般用语音交替变异的方式表示。如 va⁵（躲藏），fa⁴（收藏）；tɔ²（喝），dɔ¹（使喝）；tu⁵（穿衣），tv⁴（使穿）；nɔ³（醒），nɔ⁷（叫醒）；tsa³（吃），tsa⁷（喂）。（3）人称代词的第一人称有排除式和包括式之分：ŋa²（我），ŋa²xɯ¹（我们），ni²xɯ¹（咱们）。（4）结构助词有 lɛ¹（主语助词）、tha⁵（宾语助词）、ve¹（多能助词）。如：zɔ³（他）lɛ¹（主助）ŋa²xɯ¹（我们）ve¹（助）sɛ⁴tsa³（县长）zu²（是）（他是我们的县长）。

四 方言

拉祜语分拉祜纳和拉祜西两个方言。使用拉祜西方言的人能使用拉祜纳方言进行交际。两个方言的差别只表现的语音和词汇上。拉祜西方言比拉祜纳多了六个声母：tɕ tɕh dʑ ɕ z ȵ，元音比拉祜纳多了 ꞵ、o 两个。在词汇方面，据《拉祜语简志》一书的统计，在 896 个常用词当中，两个方言彼此完全不同有 221 个，占 24.6%，相同或近似的占 75% 以上。

附：拉祜语常用词举例

1	天	mɤ³
2	太阳	mɤ³ni¹
3	月亮	xa¹pa¹
4	星星	mɤ⁵kɤ¹
5	云	mu²
6	风	mɤ³xɔ¹
7	雨	mɤ³ze²
8	水	i⁴ka⁶
9	河	lɔ³
10	山	qho¹
11	旱地	xɛ¹
12	土	dze⁵
13	窟窿	qhɔ¹
14	石头	xa¹pɯ¹
15	火	a²mi¹
16	上面	ɔ²na¹
17	下面	ɔ²xɔ⁴
18	里面	ɔ²qhɔ¹
19	外面	ɔ²ba²
20	年	qhɔ⁵
21	日	ni¹
22	猪	va⁵
23	狗	phɯ³
24	熊	zɛ²mi⁴tɔ²
25	老鼠	fa⁶tsha⁵
26	鸡	ɤa⁶
27	鸟	ŋa⁶
28	蚂蚁	pi⁴ɤɔ⁶
29	跳蚤	phɯ³se¹
30	苍蝇	pɯ⁴
31	蚊子	pɯ⁴tsa⁴qɔ³
32	翅膀	tɔ²la⁵kv⁴
33	毛	ɔ²mɤ¹

34	鱼	ŋa³		70	睡	z̩⁵
35	尾巴	mɛ²tv̩¹		71	扛	ta¹
36	树	s̩⁶		72	洗(衣)	ts̩³
37	竹笋	va³tv̩¹		73	捆	phɛ¹
38	稻子	tsa²si⁷		74	问	na¹
39	甘薯	mɤ²ni⁴		75	骂	de³
40	姜	tshv̩³pi⁴		76	笑	ɣɯ²
41	果子	i⁴si⁷		77	哭	xɔ²
42	草	z̩³		78	浮	fv̩³
43	叶子	ɔ²pha⁵		79	沉	ɔ²tɔ²lu⁵ e¹
44	头	v̩⁴qu⁷		80	飞	pu²
45	眼睛	mɛ⁶si⁷		81	(狗)吠	lɔ²
46	鼻子	na²qhɔ³		82	啼	bv̩²
47	耳朵	na²pɔ⁵		83	大	ɯ⁵
48	牙齿	tsi²		84	小	i¹
49	胡子	pa²ts̩⁶		85	高	mv̩¹
50	手	la⁵sɛ¹		86	低	nɛ²
51	皮肤	ɔ²gɯ⁵		87	深	na⁴
52	骨头	ɔ²mv̩⁵kv̩¹		88	长	z̩²
53	血	ɔ²s̩⁷		89	短	ŋɛ¹
54	胆	ɔ²kɯ¹		90	厚	thv̩¹
55	心	ni¹na¹si⁷		91	远	vɯ³
56	父亲	ɔ²pa¹		92	近	ne³
57	母亲	ɔ²e¹		93	多	ma³
58	子女	za³		94	少	lɔ²
59	上衣	a⁴pu⁵		95	轻	lɔ²
60	裙子	thɛ¹dv̩¹		96	重	xɔ³
61	听	na¹		97	红	ni¹
62	吃	tsa³		98	白	phv̩¹
63	呕吐	phe⁵		99	黑	na⁶
64	吹	mɯ⁶		100	绿	nɔ¹
65	说	zɔ¹/qu⁶		101	(羊)肥	tshv̩¹
66	跳	pɔ⁶		102	瘦	tsɔ⁴
67	走	dzv̩³/tu³		103	好	da⁵
68	跑	ɣɯ³/phɔ¹		104	坏	lv̩²
69	坐	mɯ¹		105	快	gɛ²

106	慢	$n\varepsilon^3$
107	酸	tsi^1
108	甜	$tsh\mathfrak{o}^1$
109	苦	qha^3
110	辣	$ph\varepsilon^1$
111	咸	qha^3
112	痒	$dz\gamma^6$
113	我	ηa^2
114	你	$n\mathfrak{o}^2$
115	他	$z\mathfrak{o}^3$
116	这	$tshi^1$

拉基语 汉藏语系壮侗语族仡央语支的一个语言。分布在云南文山州马关县南部的几个乡和与之毗邻的越南北部地区。拉基人自称 $li^{13} pu^{33} lio^{33}$ "礼布略"，"礼布"是他们拉基人的总称，根据他们的穿着打扮又分 $li^{13} pu^{33} te^{35}$ 口袋拉基、$li^{13} pu^{33} t\varepsilon io^{33}$ 汉拉基、$li^{13} pu^{33} ke^{55}$ 红拉基等（其中的 te^{35}、$t\varepsilon io^{33}$、ke^{55} 分别是口袋、汉、红等意思，这是根据他们的服饰特点而加上去的）。据梁敏和张均如 1989 的实地调查提供的材料（见《中国的语言》，商务印书馆 2007 年版），拉基人在中国国内有 1387 人，在越南有 1750 户，估计约 7000 人。在国内的拉基人除了居住在马关县金厂镇的约有 60% 的人（约二三百人）仍然能够操用拉基语以外，其余地方的拉基人已经放弃了自己的语言而转用当地汉语，大部分人懂壮语。在越南的拉基人仍然使用拉基语。金厂镇拉基语的特点如下。

声母 有 25 个声母：p ph m f v t th n l ts tsh s z tɕ tɕh ɲ ɕ j k kh ŋ q qh ʔ h，其中的 ts tsh tɕh f 主要出现在汉语借词中。

韵母 有 i e ɛ a o u ə y 8 个元音，有 -i、-u、-m、-n、-ŋ、-p、-t、-k 8 个韵尾，由元音和韵尾构成如下 65 个韵母：i e ɛ a o u ə (y) ei aːi ai əi yi iu aːu əu im aːm am om um m in en aːn an un ən n iŋ aːŋ uŋ əŋ yŋ ŋ ip aːp ap it at ik ək；带介音韵母：ie ia io iau iam ian iaŋ ue uɛ ua yi ya；鼻化韵母：ĩ iã iõ iũ ẽ ãũ uĩ uã uẽ əĩ yã。

上表的元音 y 不单独作韵母。有一些韵母的例字很少。

声调 拉基语有 6 个声调调值，促声调只出现在 55、33、11 三个平调：

调值　55　33　11　35　24　54
例字　ηa^{55}　$\mathfrak{?}i^{33}$　ma^{11}　na^{35}　te^{24}　nio^{54}
　　　沙子　水　贵　骂　做　鸟
　　　$t\varepsilon ip^{55}$　mat^{33} $\mathfrak{?}aːp^{11}$
　　　折　粒　焊

另据李云兵《拉基语研究》一书（中国民族大学出版社 2000 年版），所描写拉基语的声母比上述多了一套腭化声母，而韵母则减少了一套带 -i-、-u-、-y- 介音的韵母，他们的不同主要是在对语言材料的处理习惯上的不同。在声调调值的描写上也有一些差异。

从拉基语的声韵母总体结构看，拉基语的声母韵母大大简化了，同时有受到汉语的影响而增加一些声母韵母。有些声母韵母多用于借词，有些出现的词很少，因而同音词较多。有些名词或动词、形容词要靠词头来区别意义。有一套固有词的数词。第一人称代词分"包括式"和"排除式"。主要语序是：主语—谓语，定语多在中心词的后面，但数量词作定语，则在中心词只前。

从语音对应来看，拉基语与壮侗语的关系比较复杂。在词汇上，拉基语与壮傣、侗水两语支都有一定的关系。拉基语与仡佬语在语音上有比较明显的对应关系，在词汇上关系也比较密切，据统计，拉基语与仡佬语的同源词在 36%—43%，而与壮侗语同源的虽然也有一些，但可能包括同源词和借词在内。拉基语无疑属于仡央语支的一个语言。

附：拉基语常用词举例（引自李云兵的《拉基语研究》）

1　天　　　　　　　　　　ηua^{55}

2	太阳	la^{44}vuaŋ^{55}		38	稻子	ʐe^{35}
3	月亮	n̩^{44}tjou^{55}		39	甘薯	ma^{55}vei^{44}
4	星星	a^{44}lie^{44}		40	姜	qei^{55}
5	云	qaŋ^{44}m̩^{44}tjo^{55}		41	果实	mi^{35}qei^{44}
6	风	a^{44}qui^{35}		42	茅草	lo^{55}qo^{55}
7	雨	ȵaŋ^{35}		43	叶子	lei^{55}
8	水	i^{44}		44	头	ȵin^{44}khja^{44}
9	河	khui^{55}i^{44}		45	眼睛	la^{44}tjou^{55}
10	山	a^{44}tɕi^{55}		46	鼻子	mi^{55}ȵaŋ^{53}
11	水田	nu^{35}		47	耳朵	li^{44}pu^{13}lu^{55}
12	土	o^{55}		48	牙齿	si^{55}
13	窟窿	vei^{55}		49	胡子	mɛ^{31}qei^{44}
14	石头	la^{35}m̩^{55}		50	手	tɕuŋ^{13}m̩^{55}
15	火	pje^{55}		51	皮肤	a^{44}tu^{55}
16	上面	po^{44}ȵua^{35}		52	骨头	aŋ^{55}tjua^{31}
17	下面	po^{44}tjou^{55}		53	血	pjo^{55}
18	里面	tu^{44}kuŋ^{55}		54	胆	lɛ^{55}
19	外面	po^{44}mi^{44}		55	心	ɕaŋ^{55}
20	年	pi^{35}		56	父亲	po^{44}
21	日	vuaŋ^{55}/^{31}		57	母亲	mja^{44}
22	猪	mje^{55}		58	子女	li^{35}
23	狗	ljou^{53}m̩^{44}		59	上衣	pu^{44}
24	熊	a^{44}mua^{55}		60	裙子	i^{44}
25	老鼠	lja^{44}		61	听	ʐua^{31}
26	鸡	qɛ^{44}/^{55}		62	吃	ko^{13}
27	鸟	ȵi^{55}ȵo^{31}		63	咳嗽	qhua^{55}vei^{55}
28	蚂蚁	ma^{31}n^{44}ti^{44}		64	吹	phje^{44}
29	跳蚤	ma^{31}m̩^{31}		65	说	hje^{55}
30	苍蝇	maŋ^{31}phjou^{55}		66	跳	ȵin^{55}tje^{31}
31	蚊子	a^{44}ʐi^{55}		67	走	vu^{35}
32	翅膀	li^{44}pu^{31}lu^{55}		68	跑	li^{44}maŋ^{35}
33	毛	mɛ^{31}		69	坐	a^{44}tjou^{55}
34	鱼	o^{44}li^{35}		70	睡	ȵi^{13}
35	尾巴	se^{31}		71	扛	pi^{35}
36	树	m̩^{44}tje^{55}		72	洗（衣）	pje^{13}
37	竹笋	ȵi^{44}		73	捆	a^{44}tjua^{31}

74	问	tɕi⁴⁴		110	辣	a⁴⁴tjua³¹
75	骂	n̩i⁴⁴mei⁵⁵		111	咸	n̩⁴⁴kjen³⁵
76	笑	a⁴⁴ɕu⁵⁵		112	痒	lu³¹
77	哭	ti⁴⁴ȵo³⁵		113	我	ki⁵⁵
78	浮	a⁴⁴pu³⁵		114	你	m̩⁵⁵
79	沉	tjaŋ⁴⁴		115	他	kje³¹
80	飞	ȵin⁵⁵phaŋ⁵⁵		116	这	ȵe⁴⁴
81	(狗)吠	pjou¹³				
82	啼	a⁴⁴tjuaŋ⁵⁵				
83	大	n̩⁴⁴to³¹				
84	小	i³¹				
85	高	vei³⁵				
86	低	tjo⁵⁵				
87	深	a⁴⁴ljua³¹				
88	长	ʑei⁴⁴				
89	短	quŋ³⁵				
90	厚	ȵuŋ⁵⁵				
91	远	a⁴⁴lje⁵⁵				
92	近	a⁴⁴ljou⁴⁴				
93	多	ma⁵⁵				
94	少	mua³¹				
95	轻	kuŋ⁴⁴kui⁵³				
96	重	kjaŋ⁵⁵				
97	红	tjo⁴⁴				
98	白	i³⁵				
99	黑	ljaŋ⁵⁵				
100	绿	mei⁴⁴				
101	(羊)肥	ȵaŋ³⁵				
102	瘦	ku⁴⁴/ȵi¹³				
103	好	a³¹				
104	坏	vɛ³¹				
105	快	vua⁴⁴				
106	慢	qhaŋ⁴⁴				
107	酸	ɕo⁴⁴				
108	甜	n̩⁴⁴kjaŋ⁴⁴				
109	苦	n̩⁴⁴qaŋ⁵⁵				

拉珈语 居住在广西壮族自治区金秀瑶族自治县和临近南平县内的瑶族所使用的语言，属汉藏语系壮侗语族侗水语支。人口15000余人，居住在金秀的约一万余人（2000年），大部分使用拉珈语。"拉珈" lak⁸kja³ 是"山里人"的意思。拉珈语内部比较一致，各村寨都能通话，彼此只有一些语音上的细微差别，各村都有一些自己特别的词语，但彼此也能明白。

拉珈话在金秀比较通行，其他不同自称的瑶族也能使用拉珈语进行交际。在村寨里都用拉珈语交际，但唱歌时都用汉语柳州话，只有唱历史叙事歌和香哩情歌时用拉珈语。

有36个声母：p ph b m m̥ w f pl phl bl ml ts tsh s t th n n̥ l ɬ k kh ŋ ŋ̥ h kj khj ɲj ɲ̥j j hj kw khw ŋw jw hw。

有 i ĩ ie iẽ ɛ ɛ̃ a ã o õ u ũ uə uə̃ ə ɿ 16个元音音位，有 -i、-u、-m、-n、-ŋ、-p、-t、-k 8个韵尾，由元音和韵尾构成137个韵母：i iːu iːm iːn iːp iːt in iŋ ip it ik ĩ ĩːu ĩːm ĩːn ĩːp ĩːt ie ieːu ieːm ieːn ieːŋ ieːp ieːt ieːk iẽ iẽːŋ ei en ep et ek ɛ ɛːu ɛːm ɛːn ɛːŋ ɛːp ɛːt ɛːk ɛu ɛm ɛn ɛŋ ɛt ɛ̃ ɛ̃ːu ɛ̃ːm ɛ̃ːn ɛ̃ːŋ ɛ̃ːp ɛ̃ːt ɛ̃n ɛ̃t a aːi aːu aːm aːn aːŋ aːp aːt aːk ai au am an aŋ ap at ak ã ãːi ãːu ãːm ãːŋ ãːp ãːt ãːk ãi ãu ãn ãp ãt ãk o oːi oːm oːn oːŋ oːp oːt oːk ou om oŋ op ot ok õ õːi õːm õːn õːŋ õːp õːt õːk õŋ u uːi uːn uːt um un uŋ up ut uk ũ ũːi ũːn ũːt ũt uə uəːi uəːn uəːŋ uəːt uəːk uə̃ uə̃ːŋ ə əm ən əp ət ɿ。

金秀拉珈语有6个舒声调4个促声调。舒声调：

第1调51，第2调231，第3调24，第4调11，第5调55，第6调214；促声调：第7调（短）55，（长）24，第8调（短）24，（长）11。第6调214是屈折调，低降后有短暂的停顿并带喉塞音，然后上升，致使一个音节听起来像是两个音节的样子。在连读时没有这现象。

附：拉珈语常用词举例

1	天	bon^1
2	太阳	$tau^3 van^2$
3	月亮	$man^4 lie:ŋ^6$
4	星星	$tau^3 blet^7$
5	云	fa^3
6	风	jom^2
7	雨	fen^1
8	水	num^4
9	河	$tsiẽ^1$
10	山	kja^3
11	水田	$ja^6 num^4$
12	土	nai^2
13	窟窿	$hwot^7$
14	石头	$fa:ŋ^1$
15	火	$pu:i^1$
16	上面	$hjie:n^1$
17	下面	$hãn^1$
18	里面	$tsak^7 ou^4$
19	外面	$n̥aŋ^1$
20	年	pei^1
21	日	wan^2
22	猪	$kh\bar{u}^1$
23	狗	$khwõ^1$
24	熊	$tu^2 k\bar{u}:i^1$
25	老鼠	$kji:u^3$
26	鸡	kai^5
27	鸟	$mlok^7$
28	蚂蚁	$tu^2 mot^8$
29	跳蚤	$khwõt^7$
30	苍蝇	$mu:n^8$
31	蚊子	$tu^2 tsi:m^5$
32	翅膀	$wie:t^8$
33	毛	$kjɛ:ŋ^1$
34	鱼	$phla^1$
35	尾巴	$kan^3 kjie:ŋ^1$
36	树	$tsei^5$
37	竹笋	$sã:ŋ^1$
38	稻子	kou^3
39	甘薯	tsu^2
40	姜	$iŋ^2$
41	果实	$nam^5 tsen^1$
42	茅草	$kja:k^7$
43	叶子	wa^1
44	头	$kjɛu^1$
45	眼睛	pla^1
46	鼻子	$naŋ^1$
47	耳朵	$kan^3 ja^2$
48	牙齿	wan^2
49	胡子	$plu:t^8$
50	手	mie^2
51	皮肤	pei^2
52	骨头	$kwot^7$
53	血	$lie:t^8$
54	胆	$blai^1$
55	心	$fɛm^1$
56	父亲	$pɛ^5$
57	母亲	pa^3
58	子女	$nuŋ^4$
59	上衣	$na:ŋ^4$
60	裙子	$tsun^2$
61	听	$thɛŋ^5$
62	吃	$tsen^1$
63	喝	$ho:p^7$
64	吹	phu^3
65	说	$tsa:ŋ^3$

66	跳	thɛːu⁵		102	瘦	khuəːn³
67	走	aːm⁴		103	好	lai¹
68	跑	plɛ⁵		104	坏	waːi⁶
69	坐	niŋ⁵		105	快	hwaːi⁵
70	睡	hep⁷		106	慢	tso³
71	扛	uːn¹		107	酸	khjom³
72	洗(衣)	wak⁸		108	甜	khwaːn¹
73	捆	fat⁷		109	苦	kom²
74	问	kaːm²		110	辣	kja⁵
75	骂	tɛ²		111	咸	jaŋ⁵
76	笑	hɛːm³		112	痒	jwot⁸
77	哭	piẽ¹		113	我	tsi¹
78	浮	pu²		114	你	ma²
79	沉	tsɛm²		115	他	lak⁸
80	飞	pon⁵		116	这	ni²
81	(狗)吠	pu⁶				
82	啼	kjɛn¹				
83	大	bok⁷				
84	小	kjai³				
85	高	khjaːŋ¹				
86	低	ka³				
87	深	sɛm¹				
88	长	ai²				
89	短	kjai⁴				
90	厚	tsã¹				
91	远	pa²				
92	近	tsɛn⁴				
93	多	ɬoŋ¹				
94	少	siːu³				
95	轻	kjie³				
96	重	tsak⁷				
97	红	koːŋ⁵				
98	白	pieːk⁸				
99	黑	lam¹				
100	绿	jau²				
101	(羊)肥	puːi²				

拉乌戎语 四川阿坝藏族羌族自治州大金川流域藏族居民所使用的一种语言，俗称观音桥话。其分布地区是以金川县的观音桥为中心向西、北、东、南四个方向延伸。这个地方1959年才由绰斯甲这一名称改为金川县。拉乌戎语使用人数约有10000人，其周边有嘉戎语和藏语安多方言以及尔龚语。多数人兼通汉语、藏语或嘉戎语。拉乌戎语可分为3个方言：观音桥方言、业隆方言和蒲西方言。拉乌戎语属汉藏语系藏缅语族羌语支。下面以观音桥方言为代表介绍拉乌戎语的概况。

一 语音

声母 有44个单辅音声母：p ph b m w f v ts tsh dz s z t th d n l ɬ r tʂ tʂh dʐ ʂ tɕ tɕh dʑ ɲ ɕ z cç cçh ɟʝ j k kh g ŋ x ɣ q qh χ ʁ ʔ。

声母例字：

p	pɑ⁵³	一切
ph	phæ⁵⁵	山
b	bɛ⁵³	泥石流
m	mə⁵³	天，雨
w	ɕo⁵⁵ wo⁵⁵	白头翁

f	ə⁵⁵fən	一分
v	vaɣ⁵⁵	酒
ts	tsu⁵⁵	紧
tsh	tshu⁵⁵	胖
dz	dzɛ⁵⁵	（狗）叫
s	sə⁵³	血
z	zə⁵³	嫩（草）
t	tɛ⁵³	清楚
th	thə⁵³	甜
d	do⁵⁵	滴，漏
n	nu⁵³	你
l	lu⁵³	湿
ɬ	ɬæ⁵⁵	神
r	ræ⁵³	元根
tʂ	tʂuŋ⁵⁵	公平
tʂh	ə⁵⁵tʂhətʂhə	一点点
dʐ	dʐe⁵⁵le⁵⁵	复活
ʂ	ʂua tsə⁵⁵	刷子
tɕ	tɕu⁵³	事情
tɕh	tɕha⁵³	苦
dʑ	dʑə⁵⁵	（关）门
ȵ	ȵa⁵⁵	黑
ɕ	ɕə⁵³	青稞
ʑ	ʑa⁵³	游
cç	cçə⁵³	他，这
cçh	cçho⁵³	打开
ɟʝ	ɟʝaɣ⁵³	腰
j	jo⁵⁵	守卫
k	kə⁵³	陈（酒）
kh	khə⁵³	给
g	gu⁵⁵	背篓
ŋ	ŋæ⁵³	我
x	xuxi⁵³	回族
ɣ	ɣəm⁵³	门
q	qa⁵³	尖锄
qh	qho⁵⁵	猫头鹰
χ	χo⁵³vi	夸耀
ʁ	ʁu⁵³	头
ʔ	ʔæ⁵⁵mæ	母亲

（说明：在拼写时，声母 ʔ 省略）

复辅音声母 390 个，其中二合复辅音声母 231 个，三合音 141 个，四合音复辅音 17 个，五合复辅音 1 个。声母及例字从略。

韵母 有韵母 116 个，其中单元音韵母 8 个，有带辅音韵尾 108 个。

声调 有 3 个声调：

高平 55　　高降 53　　低调 33/31

例词：phæ⁵⁵　　phæ⁵³　　skhə⁵⁵ khə³¹

　　　山　　　猪　　　　后面

（说明：低调 31 调在行文中不标记）

二　词汇

拉乌戎语的基本词有一部分与嘉戎语或羌语支语言有同源关系。据统计，拉乌戎语与嘉戎语同源的占 26% 以上，但大大少于藏缅语族一般语言内部方言间同源词的比例数，这是把拉乌戎语看成一种独立的语言的根据之一。拉乌戎语的文化词受藏语影响较大，有大量的藏语借词。常用词中约有五分之一是藏语借词。而有些借词还反映了前藏文时期藏语语音的某些特征。汉语借词比较少。

三　语法

词类分名词、方位词、代词、数词、量词、动词、形容词、助词、副词、连词、语气词、叹词等 12 类。

名词 名词有数范畴和从属范畴。数范畴以后缀 -ɟʝ 表复数。从属范畴常加前缀表示。

方位词 大部分方位词带构词前缀 ə。

代词 代词分人称代词、自身代词、泛称代词、指示代词、定指代词、处所代词和疑问代词。人称代词有数范畴、区分单数、双数、复数。第一人称复数区分包括式和排除式。第三人称代词与指示代词相通。指示代词很丰富，分平指、上下指、斜上下方指、左右指、前后指。处所代词远指分亲见与非亲见两类。疑问代词可以重叠，表示复数。

数词 基数词 rɑɣ⁵³（一）、ɣnæ⁵³（二）、xsəm⁵³（三）、vdə⁵⁵（四）、mŋæ⁵⁵（五）、xtɕu⁵⁵（六）、sȵi⁵⁵（七）、vjæ⁵⁵（八）、ŋgə⁵³（九）、sɣə⁵³（十）。

量词 量词不单用，常与数词连用。常用的量词有（ə⁵⁵）rgɑɣ（一）个，用于成圆形或块状的物体，（ə⁵⁵）ʁvær（一）杆，用于笔、棍子、旗杆等硬质条形的物体，（ə⁵⁵）fɕær（一）条，用于绳子、草等软质条形的物体。

动词 分行为动词、心理动词、行动动词、变化动词、能愿动词、助动词、存在动词、判断动词等。动词有人称、数、趋向、时态、体、及物、语态、语式等范畴，分别或综合用前缀、后缀和词根屈折等方式表示。人称和数范畴，第一、第二人称分单数、双数、复数，第三人称不分数。人称和数由后缀和前缀综合表示。以吃为例：

人称	单数	双数	复数
第一人称	dzi ɑŋ⁵³	dzi ɣ⁵³	dzi j⁵³
第二人称	dzi n⁵³	dzi l⁵³	dzi ȵ⁵³
第三人称	ə dzi⁵³	ə dzi⁵³	ə dzi⁵³

体范畴 拉乌戎语动词的体分常行体、即行体、进行体、已行体、方行体、曾行体、持续体等。语态分自动态、被动态、互动态、反身态、使动态、他动态，均用不同的前缀表示。

形容词 形容词做谓语时有人称、数和体的变化。形容词加定指词 tə 后名化。

助词 分格助词和名化助词。格助词从功能上分 16 种。名化助词用于名词性词语之后使之名化。

语序 基本语序是：主语—宾语—谓语。名词、代词作定语在名词中心语之前，形容词、数量词、定指词作定语在名词中心语之后。形容词、副词、数量词作状语在动词谓语前。形容词作补语在动词谓语后。

附：拉乌戎语常用词举例

1	天	mə⁵³
2	太阳	ɣnə⁵⁵
3	月亮	snɑɣ⁵⁵li⁵⁵
4	星星	zgrə⁵³
5	云	zdəm⁵³
6	风	χpər⁵³ju³³
7	雨	mə⁵³
8	水	ɣdə⁵³
9	河	ʁrȵəm⁵³
10	山	pha⁵⁵
11	田地	mȵa³³la⁵³
12	土	χtɕhe⁵⁵
13	窟窿	ʁɟjo⁵³
14	石头	rgə³³me⁵³
15	火	ʁmə⁵⁵
16	上面	ə³³mgo⁵³
17	下面	ə³³qe⁵³
18	里面	ə³³gə³³
19	外面	ə³³phji⁵³
20	年	dɣu⁵⁵
21	日	snə⁵³
22	猪	pha⁵³
23	狗	kə⁵⁵ta⁵⁵
24	熊	χphrə⁵³
25	老鼠	pi⁵³
26	鸡	pa³³ku⁵⁵
27	鸟	χbjem⁵³bja⁵⁵
28	蚂蚁	skhrɑɣ⁵³
29	跳蚤	sə⁵⁵
30	苍蝇	ɣva⁵⁵za⁵⁵
31	蚊子	xsje³³ɣva³³za⁵³
32	翅膀	sphav⁵⁵
33	毛	rmə⁵³
34	鱼	ʁdə³³ju⁵⁵
35	尾巴	lmi⁵³
36	树	sɛ³³pho⁵³
37	竹笋	ʁju⁵³nnɛl³³

38	稻子	mbrɛ⁵³		74	问	ʁɣɛ⁵⁵
39	小麦	ʁji⁵³		75	骂	ʁzə⁵⁵vi³³
40	姜	dʑa³³lga⁵³		76	笑	ŋqhɛ⁵³
41	种子	rvə⁵⁵		77	哭	ʁbə⁵⁵lə³³
42	茅草	χɕi⁵⁵ɣa⁵³		78	浮	ə⁵⁵rge⁵⁵
43	叶子	lpha⁵⁵la⁵⁵		79	沉	nɛ³³blɛ⁵⁵
44	头	ʁu⁵³		80	飞	ɣmbjəm⁵³
45	眼睛	maɣ⁵³		81	（狗）吠	dzɛ⁵⁵
46	鼻子	sni⁵³		82	啼	lgi⁵³
47	耳朵	ȵu⁵³		83	大	qhra⁵⁵
48	牙齿	ɕɣi⁵³		84	小	zi³³zi⁵³
49	胡子	ʁmar⁵⁵mə³³		85	高	bre⁵³
50	手	jaɣ⁵⁵		86	低	bir⁵³
51	皮肤	dʑə³³dʑu⁵³		87	深	nav⁵³
52	筋	gru⁵⁵		88	长	xsre⁵³
53	血	sə⁵³		89	短	xtəl⁵³
54	胆	skhrə⁵⁵		90	厚	jaɣ⁵³
55	心	sjar⁵³		91	远	nthaŋ⁵⁵raŋ⁵⁵
56	父亲	ə³³vi⁵³		92	近	tɕha³³ba⁵⁵
57	母亲	ə³³me⁵³		93	多	vɟjaχ⁵⁵tsə⁵³
58	子女	zɛ³³mə⁵⁵		94	少	tsɛ⁵⁵ka³³
59	上衣	tshɛ³³gi⁵⁵		95	轻	je⁵³
60	裙子	rɛ³³sŋən⁵⁵		96	重	ʁrdə⁵³
61	听	sɲi⁵⁵ŋa³³		97	红	mnəɣ⁵³
62	吃	dzi⁵³		98	白	phrəm⁵³
63	喝	the⁵³		99	黑	ȵa⁵⁵
64	吹	mŋu⁵⁵		100	绿	ldʑən⁵⁵kəɣ³³
65	说	rɛ⁵⁵		101	（羊）肥	tshu⁵⁵
66	跳	ftse⁵³		102	瘦	ŋʁji⁵⁵
67	走	ftɕhi⁵³		103	好	tsha⁵³
68	跑	ŋʁjuzɣ⁵⁵		104	坏	ŋən⁵³
69	坐	rje⁵³		105	快	bjəm⁵³
70	睡	jəv⁵³		106	慢	vle⁵⁵
71	扛	nlvaɣ⁵⁵		107	酸	χtɕhur⁵³
72	洗(衣)	rzə⁵³		108	甜	thə⁵³
73	捆	rcɕhe⁵³		109	苦	tɕha⁵³

110	辣	rzav⁵⁵
111	咸	tshrə⁵³
112	涩	spə³³
113	我	ŋa⁵³
114	你	nu⁵³, ŋe⁵³
115	他	a³³tə⁵³, ə⁵⁵tə⁵³
116	这	cçə⁵³

俫语 居住在广西隆林各族自治县和西林县一些乡村的俫人，自称pə³³lju¹³，约有900人，他们所使用的语言叫"俫语"。俫，当地汉语叫laːi³³（属阴平调）。在云南广南县有一千多人也自称俫人，他们已转用彝语。目前，估计能使用俫语的有五六百人。他们在村子里经常使用俫语交际，但也兼通当地的汉语和苗、壮、仡佬等其他少数民族语言。俫语在类型学上有不少地方跟壮侗语族近似，如元音大部分分长短，韵尾和声调的数量，主要的语序（主—谓—宾），但跟南亚语系孟高棉语族语言和越南语有一些同源词，似乎应该归入南亚语系孟高棉语族。下面据《中国的语言》所载，介绍广西隆林县克长乡新和村斗烘寨和亩子寨俫语的特点。

一 语音

声母 俫语有51个声母：p pj ph phj mb mbj m mj f v vj t tj th thj nd ndj n ɬ ɬj l lj ts tsj tsh tshj tshv s sj sv tɕ tɕh ȵ ɕ ʑ k kj kh kv khv ŋ h hj hv hɣ ɣ q qh ʔ ʔj ʔv。

韵母 有 a e i ɔ o u ə ɯ ɤ y 10个元音，有-i、-u、-m、-n、-ŋ、-p、-t、-k 8个韵尾。

由元音和韵尾构成77个韵母：a e i ɔ o u ə ɯ ɤ y aːi ai ai ei ui (ye) aːu au au eːu iːu ou (cu) mːa (cu) ma eːm iːm im əːm əm aːn an an eːn iːn in oːn uːn un nːe ən aːŋ aŋ eːŋ iːŋ iŋ ɔŋ oːŋ uŋ əŋ aːp ap eːp ep iːp əːp əp aːt at aːt eːt et iːt it oːt tːe ət aːk ak iːk ik ɔk oːk uk əːk ək。

声调 有6个舒声调，5个促声调，促声调与舒声调调值相同：

调次	1	2	3	4	5	6
调值	55	33	11	53	42	13
例词	saːu⁵⁵	laːu³³	mau¹¹	cɔ⁵³	tɔ⁴²	tham¹³
词义	树	好	石头	给	嚼	蛋
例词	suk⁵⁵	tuk³³	thoːt¹¹	paːt⁵³	kaːt⁴²	
词义	毛	豆子	天花	鹧鸪	螺蛳	

二 词汇

俫语的词汇比较丰富，五谷杂粮的名称比较多，如 te⁵³水稻、mbe⁵³旱稻、ʔɔ⁵³tsɔ⁵⁵粮食、ʔjaŋ⁵⁵米、qhe¹³饭、taːi⁵³玉米、ɕo⁵⁵小麦、saŋ⁵³小米、tuk³³黄豆或豆子、lo³¹so⁵³豌豆、pək⁵⁵白饭豆、pjaːu³³红小豆、zoːt³¹naːi¹³四季豆等。另外，有很丰富的四音格词，如 ʑu³³（去）muo³¹（来）ʑu³³（去）qu³¹（回）来来回回，pjəp¹¹（忙）ɬet⁵⁵（死）pjəp¹¹（忙）tai⁵⁵（烂）急急忙忙。有自己特有的数词：mə³³一、mbi⁵⁵二、paːi⁵⁵三、puːn⁵³四、me³¹五、piu⁵³六、pai⁵⁵七、saːm⁵³八、çən⁵³九、maːn³³十、zɔ³³百、toːŋ⁵⁵千、vaːn¹¹万。

三 语法

俫语的基本语序是：主语—谓语—宾语；人称代词单数和复数之分，第一人称有包括式和排除式之分：ʔaːu⁵⁵我、mi³³你、ʔi⁵⁵他、paːi⁵⁵我们、ʔaːi⁵⁵咱们、maːi³³你们、tɕɔŋ⁵⁵（tɕɔŋ⁵⁵ndɯ55）他们。否定副词"不"要用在句末，如：laːu³³（好）ʔo³³（不），不好，ʔaːi⁵⁵（咱们）lou³¹（要）ne³¹（的）ɤu³³（别人）ŋɔ³³ʑiːŋ¹¹（东西）ʔo³³（不）咱不要别人的东西，ɬe⁵³（扇）tɔk⁵⁵tɕɔŋ³³（门口）ni⁵⁵（这）haːi¹³（开）tsən⁵⁵（得）ʔo³³（不）这扇门不能开。以名词为中心的词组，起修饰语一般要用在中心语的后面，如：ka⁵⁵təŋ⁵⁵（风）thau¹³（大）大风。

但数量词组作修饰语时要用在中心语之前，如：mbi⁵⁵（两）poːŋ⁵⁵（个）tshe¹³（人）ni⁵⁵（这）这两个人。

关于俫语的归属问题，目前还没有统一的看

法，有人主张它属壮侗语族，有人认为它属南亚语系孟高棉语族的一个语支，有人认为它是仡佬语的一个方言，有人认为应该属南亚语系越芒语族的一个语支，等等。这个问题还需进一步探讨。

附：俫语常用词举例

1	天	qɔ^{55}
2	太阳	ɬaːi^{53} qa^{55} han^{13}
3	月亮	qa^{55} maːi^{13}
4	星星	pau^{31}
5	云	qa^{33} li^{11}
6	风	qa^{55} təŋ^{55}
7	雨	qɔ^{55} muɔ^{33}
8	水	nde^{53}
9	河	ʔan^{55}
10	山	qhɔŋ^{13}
11	水田	mat^{31} ti^{33}
12	土	ʔaːn^{55} qaːi^{55}
13	窟窿	lɔŋ^{33}
14	石头	mau^{11}
15	火	mət^{31}
16	上面	qa^{55} ndau^{55}
17	下面	qa^{55} tɕɔ^{55}
18	里面	le^{33} ndaːi^{55}
19	外面	ni^{13} lo^{31}
20	年	nam^{13}
21	日	han^{13}
22	猪	tan^{53}
23	狗	tsu^{53}
24	熊	kɔu^{55} ɕuŋ^{31}
25	老鼠	ɬjiŋ^{55}
26	鸡	kje^{53}
27	鸟	san^{53}
28	蚂蚁	ɣan^{33}
29	跳蚤	mjɔ^{33}
30	苍蝇	ɕaːp^{53} mi^{11}
31	蚊子	ɕaːp^{53} ʑau^{53}
32	翅膀	qaŋ^{55}
33	毛	suk^{53}
34	鱼	qɔ^{53}
35	尾巴	ʑi^{33}
36	树	saːu^{55}
37	竹笋	mbɔŋ^{55}
38	稻子	te^{53}
39	甘薯	ŋɔ^{11} tiːn^{33}
40	姜	tɕən^{55}
41	果实	mi^{11} ɬaːi^{53}
42	茅草	li^{31}
43	叶子	lo^{11} ʔɔ^{53}
44	头	mbu^{55}
45	眼睛	ɬaːi^{53} mat^{31}
46	鼻子	lɔŋ^{33} mi^{11}
47	耳朵	lo^{11} tɕjaːi^{55}
48	牙齿	man^{31}
49	胡子	tɔk^{53} suk^{53}
50	手	ti^{55}
51	皮肤	mbuŋ^{55}
52	骨头	pau^{31} ʑe^{55}
53	血	saːm^{53}
54	胆	ɬaːi^{53} pan^{53}
55	心	ɬaːi^{53} ni^{11}
56	父亲	puɔ^{55}
57	母亲	muɔ^{31}
58	子女	quːn^{55}
59	上衣	phje^{13}
60	裙子	ʑiːn^{13}
61	听	mɔŋ^{13}
62	吃	tso^{55}
63	咳嗽	ndjo^{55}
64	吹	phu^{13}
65	说	li^{33}/ʑo^{31}
66	跳	tjuk^{53}
67	走	ŋe^{11}

68	跑	qaːt³¹
69	坐	ʐəm⁵³
70	睡	ȵəŋ³¹
71	扛	thaːp¹¹
72	洗（衣）	van⁵⁵
73	捆	thaːu¹¹
74	问	tɕhai¹¹
75	骂	qhan¹¹
76	笑	mi¹³
77	哭	ʐaːm³¹
78	浮	pu³³
79	沉	ɬam⁵³lat³¹
80	飞	ljaŋ³³
81	（狗）吠	kaŋ⁵³
82	啼	ʔo⁵⁵
83	大	thau¹³
84	小	ȵaŋ⁵³
85	高	ʐou³¹
86	低	laːi⁵³
87	深	ɣau³³
88	长	ləŋ³³
89	短	laːi⁵³
90	厚	man¹³
91	远	ŋai¹¹
92	近	to⁵⁵
93	多	ndɔŋ⁵⁵
94	少	ȵaŋ⁵³
95	轻	taːn³¹
96	重	maːi¹³
97	红	kɔu⁵³
98	白	ɬin⁵³
99	黑	ljai³¹
100	绿	ɕaŋ⁵⁵
101	（羊）肥	ȵi³¹
102	瘦	hɣɔk⁵³
103	好	laːu³³
104	坏	vaːi¹¹
105	快	laːp⁵³
106	慢	mai³³
107	酸	tsjat⁵³
108	甜	lim⁵³
109	苦	tɕaŋ⁵³
110	辣	ȵam³³
111	咸	ŋam³³
112	痒	quːt³¹
113	我	ʔaːu⁵⁵
114	你	mi³³
115	他	ʔi⁵⁵
116	这	ni⁵⁵

浪速语 景颇族浪速支系（自称 lɔ³¹vɔ³¹）所使用的语言。景颇支系称他们为 mă³¹ʒu³¹，汉族称他们为浪速。也有用龙沃来称呼他们的。而英文通用名称是 Maru。主要分布在云南德宏傣族景颇族自治州的潞西、盈江、陇川、瑞丽、梁河等县。在国外，主要分布在缅甸北部。许多人认为，浪速支系是景颇族中保留古代特点最多的一个支系。浪速语属汉藏语系藏缅语族缅语支，与景颇语差别很大，而与缅语、载瓦语、阿昌语比较接近。浪速语内部有一些差别，但相互能通话。浪速人除了使用浪速语之外，有的还兼通景颇语、载瓦语和汉语。这里介绍的是云南潞西县三台山区允贝寨的浪速话。

一 语音

声母28个：p ph m pj phj mj f v ts tsh s t th n l tʃ tʃh ʃ ʒ j k kh ŋ x ɣ kj khj ŋj。

说明：ph 在有的音节中可变为 f；双唇鼻音能自成音节。

韵母91个，其中单元音韵母18个：i ɛ a ɔ u ə ø ē ɛ̄ ā ɔ̄ ū ə̄ ĩ ɛ̃ ã ɔ̃ ũ；复元音8个：ai au ie ui uiai au ɔi ui；单元音带辅音韵尾61个：ɛm am ɔm um ɛm̥ am̥ ɔm̥ um̥ in ɛn an ɔn un ən ɛn̥ an̥ ɔn̥ un̥ iŋ ɛŋ aŋ ɔŋ uŋ əŋ ɛŋ̊ aŋ̊ ɔŋ̊ aŋ̊ ɔŋ̊ ɛp ap ɔp dp ap ɔp ɛt at ɔt ut tɛ tɕ də dʒ dɕ dv də dʒ dɕ ŋɛ ɛt at ɔt ut ik ak ɔk uk ək gk ak ɔk uk ɛʔ aʔ ɔʔ øʔ a̠ʔ ɔ̠ʔ ø̠ʔ；复元音带辅音韵尾 4 个：auk a̠uk auŋ auŋ。

声调 3 个：高平 55，高升 35，低降 31。在近代汉语借词和变调中有一个全降调 51。音节相连多出现变调，有 17 种变调形式。

弱化音节　一部分双音节词，前一音节常常弱化。弱化后的音节读得轻而短，元音音值也有变化。与非腭化声母结合的元音，弱化后都读 ə；带韵尾的韵母，弱化后均失去韵尾。

二　词汇

固有词以单音节的根词和双音节的合成词占绝大多数，两个音节以上的词较少。除名词有较多的双音节词外，各类词均以单音节为主。复合式合成词有联合、修饰、主谓、支配、附注等五种结构关系。附加式合成词有前加、中加、后加三种。有丰富的四音格。音节形式有 ABAC、AABB、ABCB 三种，前两种较多见。

借词主要来自景颇语、傣语、缅语、汉语等。

三　语法

词类可分名词、代词、数词、量词、动词、形容词、副词、连词、助词、叹词等 10 类。

一般名词和处所名词不能重叠。人称代词分单数、双数和多数三种，单数形式还通过韵母和声调的变化表示不定格和领格的区别。第一人称的双数和多数还有包括式和排除式之分。指示代词分近指、远指和更远指三类。远指和更远指通过声调变化表示。疑问代词用重叠来表示多数。如 khak^{55}（谁），khak^{55} khak^{55}（哪些人）。名量词可分个体量词、集体量词、度量衡和货币量词。动量词较少，常用的只有 laŋ^{31}（回）、tɛ^{31}（次，下）两个。

动词有态、式、体、人称、数等语法范畴，用语音交替、重叠、加附加成分和加助词等手段表示。态分自动态和使动态，用松紧元音交替、送气和不送气、清擦音或浊擦音来表示。式有陈述式、祈使式、请求式和疑问式几种。体有一般体、即行体、将行体、已行体四种。人称分为第一人称、第二人称和第三人称。数分单数、双数、复数。这些语法范畴有位于动词后面的助动词表示。

助词比较丰富，分结构助词和谓语助词两类。结构助词的作用是指明前面是什么句子成分，或说明句子成分之间的关系。

句子成分有主语、谓语、宾语、定语、状语。主语在谓语前，宾语在主语后、动词前，有时为了强调宾语，也可把宾语提到主语前，但必须在宾语后加结构助词以显示起身份。名、代词、和动词作定语时在中心语前，数量词、复数指示代词作定语时在中心语后，形容词作定语时可在前也可在后，在前的要加结构助词。状语的位置大多在动词之前。如果动词带宾语，则表示时间、地点、方式等的状语可以提至宾语前。有时为了表达上的需要，也可把状语提在主语前。

附：浪速语常用词举例

1	天	muk^{55}
2	太阳	pa^{31}
3	月亮	lɔ^{55}
4	星星	kjɛ^{31}
5	云	tʃam^{31} thɔi^{5}
6	风	la^{31}
7	雨	muk^{55}
8	水	ɣək^{31}
9	河	ɣək^{31} lɔ^{31}
10	山	pam^{31}
11	水田	jɔ^{31} thauŋ^{35}
12	土	mjik^{31} tsai^{31}
13	窟窿	tuŋ^{35}
14	石头	lauk^{31} tsaŋ^{31}
15	火	mji^{35}
16	上面	thɔʔ^{55}
17	下面	ɔ^{31}
18	里面	a^{31} khuk^{31}

19	外面	və³¹kauŋ³⁵		55	心	na̱k⁵⁵lam³⁵
20	年	tsəŋ³¹		56	父亲	a³¹phɔ⁵⁵
21	日	ȵɛʔ³¹		57	母亲	a³¹mjɛ⁵⁵
22	猪	vɔʔ³¹		58	子女	tsɔ³⁵
23	狗	lə³¹kha³⁵		59	上衣	mai³¹pau³⁵
24	熊	ṽɛ³¹		60	裙子	mai³¹ʃɛ⁵⁵
25	老鼠	ɣuk³¹nɔʔ³¹		61	听	kjɔ³⁵
26	鸡	ɣɔʔ³¹		62	吃	tsɔ³⁵
27	鸟	ŋɔ̱ʔ⁵⁵		63	喝	ʃauk⁵⁵
28	蚂蚁	phə̃³¹ɣuk³¹		64	吹	mat³¹
29	跳蚤	khə³¹la̱³⁵		65	说	ta̱⁵⁵
30	苍蝇	pɹɔ̱⁵³		66	跳	pjɛ³¹
31	蚊子	kjɔ̃³¹		67	走	su³⁵
32	翅膀	tauŋ³¹		68	跑	va⁵⁵
33	毛	ʃɔ̱³⁵muk⁵⁵		69	坐	tsauŋ³¹
34	鱼	ŋə̃⁵⁵tsɔ³¹		70	睡	jap³¹
35	尾巴	ʃɔ̱³⁵mji³¹		71	扛	vɔʔ³¹
36	树	sak⁵⁵		72	洗（衣）	tʃhik⁵⁵
37	竹笋	mak³¹		73	捆	tɔ̱i³⁵
38	稻子	jɔ̃³¹thauŋ³⁵kauk³¹		74	问	mjik⁵⁵
39	甘薯	mja̱uk⁵⁵		75	骂	na̱k⁵⁵jɔ³¹
40	姜	tʃhɔ̃³⁵		76	笑	ɣə³¹
41	果实	ʃi³⁵		77	哭	ŋuk³¹
42	草	mɛŋ³⁵		78	浮	mjuŋ³⁵
43	叶子	phɔʔ⁵⁵/fɔʔ⁵⁵		79	掉	kjɔ⁵⁵
44	头	a̱u³¹lam³⁵		80	飞	tɔ̱³⁵
45	眼睛	mjɔʔ³¹tʃik⁵⁵		81	（狗）吠	ɣɛʔ³¹
46	鼻子	nɔ̱³¹		82	啼	tum³¹
47	耳朵	nə³¹khjɛʔ⁵⁵		83	大	ɣə³⁵
48	牙齿	tsɔi³¹		84	小	ŋai³¹
49	胡子	na̱t⁵⁵mɔi³¹		85	高	mjɔ̱ʔ³¹
50	手	lɔʔ³¹		86	低	ŋjap³¹
51	皮肤	sɔ̱³⁵jam⁵⁵		87	深	nɔʔ³¹
52	筋	sɔ̱³⁵kji³¹		88	长	xaŋ³¹
53	血	sa³⁵		89	短	laŋ⁵⁵
54	胆	kjɛk³¹		90	厚	thau³¹

91	远	va³⁵
92	近	tʃɔ³⁵
93	多	mjɔ³⁵
94	少	ʃau³¹
95	轻	sum³⁵
96	重	la³⁵
97	红	nɛ³¹
98	白	phju³¹
99	黑	nɔʔ³¹
100	绿	ŋjuk³¹
101	（羊）肥	tshau³¹
102	瘦	ŋauŋ³⁵
103	好	kai³¹
104	坏	kɔi³⁵
105	快	xəŋ³¹
106	慢	tsɔ⁵⁵
107	酸	tʃiŋ³¹
108	甜	tʃhuk³¹
109	苦	khɔ³⁵
110	辣	phjak⁵⁵
111	咸	khɔ³⁵
112	痒	phan³⁵
113	我	ŋɔ³¹
114	你	nɔ̌³¹
115	他	jɔ̌³⁵
116	不	mə³¹

勒期语 景颇族勒期支系（lə³¹tʃhi³⁵）所使用的一种语言。主要分布在云南德宏傣族景颇族自治州潞西、陇川、盈江、瑞丽等县。与同民族其他支系杂居一起，使用人口约 1 万。勒期语属汉藏语系藏缅语族缅语支，与载瓦语比较接近。下面是云南潞西县中山区中心乡的勒期语的简介。

一 语音

声母 有 30 个声母：p ph m pj phj mj f v t th n l ts tsh s tʃ tʃh ʃ ʒ k kh ŋ x ɣ kj khj ŋj xj j w。

说明：擦音 f、v、ɣ、ʒ 和半元音 w 仅出现在少数词上；送气声母后的元音均为松元音韵母；声母 ŋ、m 能自成音节。

韵母 元音分松紧，又分长短；韵尾有 -m、-n、-ŋ、-p、-t、-k、-ʔ 7 个；有少量的复合元音韵母，由元音和韵尾组成 156 个韵母。

单元音韵母 34 个：ɿ i ɛ ə a o u ə y ɿ ɛ ə a o u ɜ y ɿː iː eː ɛː aː ɔː uː əː yː ɿ̰ ɛ̰ ə̰ a̰ ɔ̰ ṵ ɜ̰ ỹ。

复元音韵母 16 个：ei ei̯ eːi eːi̯ aːi aːi̯ ɔi ɔi̯ ɔːi ɔːi̯ ui uɛ aːu aːu̯ ou ou̯。

带辅音韵尾韵母 106 个：ɛm im iːm ɜm ɜŋ iːn ɛn iŋ iːŋ iːp iːt ik ɛk ɛn ɜn ɛːn ɛːŋ ɛp ɛːp ɜt ɜ̰t ɛk ɜːʔ am am̰ aːm aːm̰ an an̰ aːn aːn̰ aŋ aŋ̰ aːŋ aːʔ ap ap̰ aːp aːp̰ at at̰ aːt aːt̰ ak ak̰ aːk aːʔ aʔ̰ aːʔ ɔm ɔ̰m ɔːm ɔːm̰ ɔn ɔ̰n ɔŋ ɔ̰ŋ ɔːn ɔ̰ːn ɔːŋ mɔ ɔp ɔ̰p ɔːp ɔ̰ːp tɔ tɔ̰ ɔk ɔ̰k ɔ̰ ɔ̰ʔ ɔːʔ ɔ̰ːʔ um uːm un uːn uŋ uːŋ uːn̰ uːp uːp̰ uːt uːt̰ uk uk̰ uːk ṵʔ uʔ̰ uːʔ ə ne ə̰ əːŋ ək ɛk əːk ɛːk ɛʔ ɛːʔ uan uaŋ iai iaŋ uat。

说明：长元音韵母主要出现在动词、形容词上；复合元音韵母和复合元音带辅音韵尾的韵母只出现在少数词上。

声调 4 个声调：高平 55，中平 33，低降 31，高降 53。

说明：带塞音韵尾的音节只出现在高平和低降两个声调上。

弱化音节 双音节词的头一个音节多变为弱化音节。弱化后的元音除和腭化声母结合的读 i 外，其他均读 ə。

二 语法

（1）表示亲属称谓的一部分名词带 a 前缀。如 a⁵⁵pho⁵³（父亲）。动物名词以 lo³³ 表示阳性，以 tsən³¹、mji⁵³ 表示小。时间名词能重叠表示"每"的意思。（2）动词和形容词有长元音和短元音两种形式，分别出现在不同的语法结构中。长元音主要出现在谓语位置上，当动词、形容词做谓语时，多用长元音形式。如果谓语受否定副词限制，则用短元音形式。（3）形容词当状语使用时（一般为重叠式），均读短元音。如果重叠当定语使用，前一音节读短元音，后一音节读长元音。可见，动词、形容词的长短音的变读，主要起着区别语法结构的作用。从语音形式上看，元音长短的变化有的还使舌位音值发生变化。（4）动词有使动范畴的形态变化。有4种变化形式：松紧交替，松元音表自动，紧元音表使动；送气不送气交替，不送气表自动，送气表使动；半元音与清擦音交替，半元音表自动，清擦音表使动；加前缀 lɔʔ^{55}表使动。（5）形容词词根能带前加成分 a，加了前加成分后，词根由长元音变为短元音。（6）人称代词分单数、双数、多数。双数、多数是在单数上加后加成分。指示代词有远近、高低的区别。一般靠声调来区别，如 xu^{33}（那，稍近），xu^{55}（那，稍远）。（7）量词比较丰富，名量词中，有许多量词是临时借用名词的。动量词较少。（8）有丰富的四音格结构，语音形式有：AABB、ABAC、ABCB、ABCD 等类型。

附：勒期语常用词举例

1	天	mou^{33}khuŋ^{35}
2	太阳	pei^{31}
3	月亮	la^{55}mo^{55}
4	星星	kjɛ^{33}
5	云	tsɔm^{55}mou^{55}
6	风	lei^{31}
7	雨	mou^{33}wɔ^{31}
8	水	kjei^{31}
9	河	kjei^{55}məŋ^{33}
10	山	pɔm^{31}
11	水田	jo^{31}thuŋ^{55}
12	土	mjɛ^{31}tsei^{55}
13	洞	tuaŋ^{33}
14	石头	luk^{31}tsəŋ^{31}
15	火	mji^{33}
16	上面	a^{31}thɔʔ^{55}
17	下面	a^{31}kjei^{55}
18	里面	a^{33}khou^{33}
19	后面	thaŋ^{33}
20	年	tsan^{31}
21	今天	khə^{55}ŋjei^{55}
22	猪	vuʔ^{31}
23	狗	khui^{55}
24	熊	wɔm^{31}
25	老鼠	kjɿ^{31}nɔʔ^{31}
26	鸡	kjɔʔ^{31}
27	鸟	ŋɔʔ^{55}
28	蚂蚁	la^{31}jɛt^{31}
29	跳蚤	khuk^{55}lei^{55}
30	苍蝇	jaŋ^{31}khuŋ^{55}
31	蚊子	kjaŋ^{33}
32	翅膀	tuŋ^{31}
33	毛	ʃɤ^{55}mou^{55}
34	鱼	ŋə^{31}tso^{33}
35	尾巴	ʃɤ^{55}mji^{33}
36	树	sɛk^{55}
37	竹子	wo^{33}
38	稻子	kuk^{31}
39	土豆	jaŋ^{31}ji^{33}
40	姜	tshaŋ^{55}kɔʔ^{55}
41	果实	ʃɿ^{55}
42	草	man^{55}
43	叶子	a^{31}fuʔ^{55}
44	头	wo^{55}lɔm^{53}
45	眼睛	mjɔʔ^{31}
46	鼻子	no^{33}
47	耳朵	nə^{33}khjap^{55}
48	牙齿	tsɿ^{31}
49	胡子	nuat^{55}mə^{33}
50	手	lɔ^{33}
51	皮肤	sɤ^{55}kuk^{55}
52	筋	ʃɤ^{55}kji^{33}

53	血	sui³⁵		89	凹	khuːŋ⁵⁵
54	胆	kjei³³		90	厚	thuː³³
55	心	nɛk⁵⁵lɔm³³		91	远	vɛː³³
56	父亲	a⁵⁵pho⁵³		92	近	tʃaːŋ⁵³
57	母亲	a⁵⁵mjɛ⁵³		93	多	mjɔː³³
58	子女	tsə³³saŋ³³		94	少	ʃaːu⁵⁵
59	衣服	pji³³		95	轻	suːm⁵⁵
60	裙子	mɔŋ³³thɔŋ⁵⁵		96	重	laːi³³
61	听	kjɔː³³		97	红	nɛː³¹
62	吃	tsɔː³³		98	白	phju³³
63	喝	ʃuːk⁵⁵		99	黑	nɔːʔ³¹
64	吹	muːt³¹		100	绿	ŋjaːu³¹
65	说	taːi⁵³		101	(羊)肥	tshuː³³
66	跳	pjaːp³¹		102	瘦	kji³³
67	走	sɔː⁵⁵		103	好	kɛː³¹
68	跑	kəː³¹		104	坏	pjɔːʔ³¹
69	坐	tsɔːŋ³³		105	快	mjaːp³¹
70	睡	juːp⁵⁵		106	慢	nɛː⁵⁵
71	扛	vuː³³		107	酸	tʃɛːn³³
72	洗(衣)	tʃheːi⁵⁵		108	甜	tʃhaːu³³
73	捆	tɛ⁵⁵		109	苦	khɔː⁵⁵
74	问	mjeːi³³		110	辣	phjəːk⁵⁵
75	骂	nɛːŋ⁵⁵		111	咸	khɔː⁵⁵
76	笑	jiː³¹		112	痒	jɔː³³
77	哭	ŋaːu³¹		113	我	ŋo³¹
78	浮	kjaːm⁵⁵		114	你	naŋ³¹
79	沉	nuːp³¹		115	他	ŋjaŋ³³
80	飞	taːŋ³³		116	这	xjɛ³³
81	(狗)吠	mjəːŋ²¹				
82	啼	tuːn³³				
83	大	kji³³				
84	小	ŋɛː³¹				
85	高	mjaːŋ³³				
86	低	ŋjuːm³³				
87	深	nəːk³¹				
88	长	ʃɛːŋ³³				

黎语 中国黎族使用的语言。黎族分布在海南省西半部的乐东、保亭、五指山、白沙、昌江、东方、三亚、陵水、琼中等县市。据1990年第四次全国人口普查，黎族有110万余人。除去琼东东部地区和白沙、陵水等地大约占黎族人口10%的人转用当地汉语之外，估计有100万人使用黎语的各个方言。20世纪80年代在黎族地区对语言使用情况

的抽样调查表明,黎族成年人口大部分兼通当地汉语,近年来普通话进一步普及,黎族地区使用普通话与使用当地汉语的频率大致相当。

黎语分5个方言:哈(原作侾)、杞、润(原作本地)、美孚、赛(原作加茂)。哈方言人口最多,约占黎族人口的58%,杞方言人口约占24%,润人口约占6%,美孚人口占4%,赛方言占7%。哈方言又分罗活土语、哈炎土语和抱显土语三个土语;杞方言又分通什土语、保城土语和堑对土语;润方言又分白沙土语和元门土语。美孚方言和赛方言不分土语。哈、杞两个方言比较接近;润、美孚两个方言比较接近。哈方言人口多,分布广,语言有较大的代表性。哈方言的罗活土语可以作为黎语的基础方言,而罗活土语的保定村(属乐东县抱由镇)的语音被选为黎语的标准音。下面所介绍的黎语以保定村的语音为准。

一 语音

声母 有32个声母:p ph pl ʔb m ʔw f v t th ʔd n l ɬ r ts tsh z ɲ ʔj k kh g ŋ ʔ h kw khw gw ŋw hw hj。

韵母 有a、e、i、o、u、ɯ 6个元音,各分长短,有 -m、-n、-ȵ、-ŋ、-p、-t、-ȶ、-k 8个辅音韵尾和a、i、u、ɯ 4个元音韵尾。由这些元音和韵尾组成如下99个韵母:a e i o u ɯ ia ua ɯa aː iː uː oː uː ui ɯːi aːu au eːu iːu iu ou aɯ eɯ aːm am eːm em iːm im oːm om ɯːm ɯm aːn an eːn en iːn in oːn uːn un ɯːn ɯn aːȵ aȵ eːȵ uːȵ uȵ aːŋ aŋ eːŋ iːŋ iŋ oːŋ oŋ uːŋ uŋ ɯːŋ ɯŋ aːp ap eːp ep iːp ip oːp op ɯːp ɯp aːt at eːt et iːt it oːt ut ɯːt aːȶ aȶ eȶ oːȶ uːȶ uȶ aːk ak eːk ek iːk ik oːk ok uːk ɯːk ɯk。

有调3个舒声调,3个促声调:

调类	调值	例	词		
第1调	53	taˡ	不	zaˡ	药
第2调	55	ta²	田	za²	蛇
第3调	11	ta³	外祖母	za³	伸
第7调	55	loːp⁷	套子	vaːt⁷	穷
第8调	11	loːp⁸	疙瘩	deːt⁸	绿鹦鹉
第9调	53	loːp⁹	可以	tsɯ²luːk⁹	玉米

二 词汇

黎语的词汇特点是有一套固有的数词:kɯ³ 一、ɬau³ 二、fu³ 三、tshau³ 四、pa¹ 五、tom¹ 六、thou¹ 七、gou¹ 八、faɯ³ 九、fuːt⁷ 十、gwaːn¹ 百、ŋuːn¹ 千;有一套特殊的否定概念的词(副词或动词):ta¹ 不、gwai² 不是、paɯ³ 不懂、pooːi¹ 不会、ɬɯm³ gweɯ¹ 不知道、ɬɯm³ tshoːm³ 不理解、ka² 不能、ʔwen³ naːi³ 没有等。有少数名词带前缀,如 ɯ³phan³ 昨天、ɯ³hau² 明天、tsɯ²zoŋ² 脖子、tsɯ²ʔjun² 椰子、pɯ¹hweːm⁵³ 苍蝇、kɯ¹hjaːm⁵³ 门槛、kɯ³ loːp⁷ 套子等。

三 语法

黎语语法的特点是:虚词和词序是主要的语法手段,句子的语序是主语—谓语—宾语,如谓语带补语和宾语时,则是主语—谓语—宾语-补语;名词的修饰语一般用在名词之后,但数量词作修饰语时则在名词之前,副词修饰动词或形容词时可以用在动词或形容词之前,少数副词用在其后面;指示代词分近指、中指和远指;第一人称代词复数分"包括式"和"排除式"两类。黎语几个方言的人口及分布略述如下。

哈(旧称"侾")方言分罗活、哈炎、抱显三个土语,分布在乐东、三亚、东方以及昌江、陵水等县市,哈方言人口最多,分布也广,其语言有较大的代表性。哈方言罗活土语分布在乐东县东北部、东方市的昌化江下游两岸;哈炎土语分布很广,主要居住在黎族聚居区南部边缘地带,接近汉族地区;抱显土语主要分布在三亚市西部至乐东县东南部一带。哈方言的主要特点是,元音分长短,有3个舒声调和3个促声调。抱显土语的语音特点比较突出:其他方言的 p、t、k 声母的字(属黎语阳类调),都读作同部位的 m、n、ŋ,如狗 pa¹—ma¹、田 ta²—na²、马 ka³—ŋa³。哈方言内部一致的词有稻子 muːn³、鸭子 ʔeːp⁸、鹅 ŋe¹、旧 khau² 等。

杞方言分布在保亭、五指山、琼中等县市，人口仅次于哈方言，分通什、保城、堑对三个土语。通什土语分布在五指山市、保亭县的西部、琼中县的西北部，即五指山西部大部分地区。保亭土语分布在保亭县东部，该土语大部分人都能兼通当地汉语，唱民歌也多用汉语。堑对土语分布在琼中县东部和南部，由于受汉语的影响较深，全部兼通汉语，甚至有部分年轻人转用汉语。杞方言的主要特点是，有6个舒声调和3—4个促声调，部分元音分长短，堑对土语把其他地方的 p、t、k 声母的字（属黎语阳类调）读作送气的 ph、th、kh，如狗、水田、马分别读 pha^1、tha^2、kha^6。

润方言分布在白沙县东部，分白沙、元门两个土语，白沙土语分布在白沙县的中部，元门土语分布在县的东南部，人口较少。润方言的特点是，有5个或6个舒声调，两个促声调，元音只有 a 分长短，其余元音长短对立逐渐消失，哈、杞方言的 -n、-t 韵尾，白沙土语变读作 -ŋ、-k 韵尾，如"月亮"，哈方言读 ŋa:n^1，白沙读 ŋa:ŋ^1。

美孚方言分布在东方市沿昌化江下游的东方、大田、广坝等乡以及昌江县的石碌镇和乌烈乡。方言内部一致，不分土语。美孚方言既与哈方言接近，如声调数目相同，词汇相同数达82%，可以与哈方言的人通话，又与赛方言白沙土语接近，如语音上有类似的变化。美孚方言的特点是，有3个舒声调和3个促声调，部分元音（a、e、o）分长短，哈、杞方言的 -n、-t 韵尾变为 -ŋ、-k 韵尾。

赛方言，该方言没有方言自称，只有民族自称赛 ɬai^{11} 或 台 thai^{11}，分布在保亭县东南部加茂乡一带。赛方言与其他四个方言的差别都很大，无法通话。方言特点是，有5个舒声调和4个促声调，声母比较简单，只有22个，韵母复杂，有145个；元音分长短，而高元音 i、u、ɯ 带韵尾时各分长而带过度音、长音、短音三套，如 tiəu^1 四，pi:u^5 鸡冠，piu^1 网，tsuən^1 跳，tshu:n^1 站，tsun^1 培土；与其他方言的语音对应很复杂；与其他方言词汇相同数平均只有40%左右；有许多特殊的方言词，如 nuəi^5 弟弟或妹妹，kɯ^{2}kɔ^1 耳朵，lɯi^4 肚子，mɯat^7 果子，kɯ^{2}keu^4 老鼠，pə^5 马，nɔ:k^9 鸟，ɬai^4 人，kɯ^{2}tshak^7 蚊子，hu^1 说，leŋ^5 做，maŋ^1 好，tshei^1 黑，等等，这些词，其他方言土语都相同。

黎语有一批与同语族其他语言相同的同源词，在天象、地理、动物、植物等类词当中有如下这些同源词：tsha^{1}van^1 太阳，ŋa:n^1 月亮，fun^1 雨，nom^3 水，fei^1 火，tshi:n^1 石头，tshu:ŋ^3 窟窿，ta^2 水田，hjo:n^1 ta^2 田埂，hwo:n^1 炊烟，pou^2 年，ŋa:n^1 月，hwan^1 日，hwan^1 nei^2 今天，pa^1 狗，mui^1 熊，te:k^7 水獭，thau^2 乌龟，khai^1 鸡，pai^{3}khai^1 母鸡，e:k^7 乌鸦，ri:p^7 蜈蚣，puʈ^7 蚂蚁，plu:k^7 白蚁，ɬa^1 鱼，tshei^1 螺蛳，ziŋ^1 蚂蟥，fou^1 头虱，than^1 虱子，hun^1 毛，hau^1 角，phi:k^7 翅膀，tshuʈ^7 尾巴，ŋe:k^7 鳃，tsɯ^{1}li:p^7 爪，thai^1 树，beɯ^1 叶子，nɯ:ŋ^1 竹笋，fe:ŋ^3 小米，ŋwiŋ^3 稻草，hwe:k^7 芭蕉，khɯ:ŋ^1 姜，fan^1 种子，hja^1 茅草。其他类的词也有不少。黎语与其他语言不同的特殊词：hwo:n^1 ka:u^3 雾，goi^1 铁，pho^3 旱田，aŋ^1 田野，ȵiu^1 黄牛，taŋ^1 龙，thɯ:p^7 鳖，rɯ:ŋ^1 四脚蛇，goi^{1}khai^1 小母鸡，de:ʈ^8 鹦鹉，taʈ^{7}mo:i^1 麻雀，hu^3 tu^3 猫头鹰，pɯ^1 gu:k^7 蝙蝠，the:k^7 旱蚂蟥，hwik^{7}ɬa^1 鱼鳍，zɯ:m^1 蛋，ru:k^7 窝，ro:n^2/ la:u^1 竹子，man^{1}ha:u^3 木薯，tse:ŋ^1 稻穗，ma:i^3 甘蔗，kan^3 草等。

附：黎语常用词举例

1	天	fa^3
2	太阳	tsha^1 van^1
3	月亮	ŋa:n^1
4	星星	ra:u^1
5	云	de:k^7 fa^3
6	风	hwo:t^7
7	雨	fun^1
8	水	nom^3
9	河	nom^3
10	山	hwou^3
11	水田	ta^2

12	土	van¹		48	牙齿	fan¹
13	窟窿	tshuːŋ³		49	胡子	pɯːm³
14	石头	tshiːn¹		50	手	meɯ¹
15	火	fei¹		51	皮肤	noːŋ¹
16	上面	teɯ¹		52	骨头	vɯːk⁷
17	下面	fou¹		53	血	ɬaːʈ⁷
18	里面	uːk⁸		54	胆	dai¹
19	外面	zɯːn¹		55	心	ɬaːu³
20	年	pou²		56	父亲	pha³za¹
21	日	hwan¹		57	母亲	pai³za¹
22	猪	pou¹		58	子女	ɬɯːk⁷
23	狗	pa¹		59	上衣	veːŋ³
24	熊	mui¹		60	裙子	riːn³
25	老鼠	tiu¹		61	听	pleɯ¹
26	鸡	khai¹		62	吃	la²
27	鸟	taʈ⁷		63	喝	gia¹
28	蚂蚁	puʈ⁷		64	吹	ou²
29	跳蚤	poːt⁷		65	说	riːn¹
30	苍蝇	pɯ¹hweːŋ³		66	跳	tsuːn³
31	蚊子	ȵuːŋ¹		67	走	fei¹
32	翅膀	phiːk⁷		68	跑	gou²
33	毛	hun¹		69	坐	tsoŋ³
34	鱼	ɬa¹		70	睡	kau²
35	尾巴	tshuʈ⁷		71	扛	biːk⁷
36	树	tshai¹		72	洗(衣)	toːk⁷
37	竹笋	nɯːŋ¹		73	捆	khoːn³
38	稻子	muːn³		74	问	gaːm¹
39	甘薯	man¹		75	骂	tsha³
40	姜	khɯːŋ¹		76	笑	raːu¹
41	果实	tshoːm¹		77	哭	ŋai³
42	茅草	hja¹		78	浮	bou¹
43	叶子	beɯ¹		79	沉	tsoːn³
44	头	gwou³		80	飞	beɳ¹
45	眼睛	tsha¹		81	(狗)吠	vun³
46	鼻子	khaʈ⁷		82	啼	hjoːn¹
47	耳朵	zai¹		83	大	loŋ¹

84	小	eŋ²
85	高	pheːk⁷
86	低	thaɯ³
87	深	ɬoːk⁷
88	长	taːu³
89	短	thaʈ⁷
90	厚	na¹
91	远	lai¹
92	近	plaɯ³
93	多	ɬoːi¹
94	少	rau²
95	轻	khaɯ³
96	重	khɯn¹
97	红	gaːn³/deːŋ³
98	白	khaːu¹
99	黑	dom³/loːk⁷
100	绿	khiːu¹
101	（羊）肥	gwei³
102	瘦	lei³
103	好	ɬeŋ¹
104	坏	reːk⁷
105	快	zɯn⁵
106	慢	tai³
107	酸	fa³
108	甜	deːŋ¹
109	苦	hoːm¹
110	辣	geʈ⁷
111	咸	gwaːn³
112	痒	khom¹
113	我	hou¹
114	你	meɯ¹
115	他	na¹
116	这	nei²

黎语支 属汉藏语系壮侗语族。黎语支的语言包括黎语和村语，分布在海南省西半部，使用人口约110万，其中黎语接近100万，村语接近10万。黎语是黎族人使用的语言，下分哈（原作"伇"）、杞、本地（又称"润"）、美孚、加茂（又称"赛"）5个方言，哈方言分罗活、哈炎、抱显3个土语，杞方言分通什、保城、堑对3个土语，本地分白沙、元门两个土语，最近根据黎族学者的意见，增加一个光雅土语，美孚方言和加茂方言不分土语。村语不分方言。黎语和村语是两种不同的语言，彼此有许多共同点也有不同之处：（1）在语音方面，黎语村语共有的声母有：ph ʔb m f v th ʔd n l ts tsh z ȵ k kh ŋ ʔ h 等18个，黎语还多出 p pl ʔw t ɬ r ʔj g kw khw gw ŋw hw hj 等14个，村语还多出 tθ、s 两个。（2）元音都分长短。（3）村语有 –i –、–u–介音，黎语没有。（4）在声调方面，黎语（杞方言）有6个舒声调，3至4个促声调，而村语有5个舒声调和5个促声调。（5）在词汇方面，黎语和村语有一批同源词，但也有相当一部分词彼此不同。如有关天地的常用词，黎–村同源的有：天、月亮、星星、雷、风、雨、水、泡沫、水井、水沟、山、窟窿、石头、沙、尘土、火、烟等17个。村语与黎语不同的有：太阳、云、雾、露水、土地、海、池塘、水田、旱地、泥等。（6）黎语有一套表示否定的动词和副词，村语没有。（7）在语法方面，黎语支原来有一套基数词，但村语已经起了变化，基数词有一些已经被汉语词所代替，黎语的基数词从一到十、百、千都有自己的说法，村语只有从1到6有自己的说法，从7到10以上都使用汉语词。（8）黎语与村语的量词都不能单独使用在名词之前。

黎语支语言与壮傣语支和侗水语支头有一定的同源词，但跟壮傣语支相同的较多一点。在壮傣语支与侗水语支不相同的12个词当中（星星、草木灰、糠、尾巴、舌头、抬、跨、下山、春、红、多、满），黎语支与壮傣语支和侗水语支异同的情况是，黎语支与壮傣语支相同的有8个，与侗水语支相同的有4个，黎语支与壮傣语支比较接近，与侗水语支稍远。

傈僳语 我国傈僳族使用的语言。傈僳族分布在云南怒江傈僳族自治州的碧江、福贡、泸水、贡山、兰坪等县，德宏州、保山地区、大理白族自治州、迪庆州、丽江地区、楚雄州，以及四川凉山州部分地区也有分布。人口约 61 万（2000 年）。傈僳语属汉藏语系藏缅语族彝语支。傈僳族自称 li^{44}su^{44}，大部分人以傈僳语进行交际，有的还兼通邻近的白语、景颇语、纳西语。各地的傈僳语差别不大。下面是碧江县傈僳语的特点。

一 语音

有 29 个声母：p ph b m f v ts tsh dz s z t th d n l tʃ tʃh ʤ ȵ ʃ ʒ k kh g ŋ x ɣ h。

有 19 个韵母，其中单元音韵母有 8 个：i ɿ e ɛ a o u ɯ，复元音韵母 5 个：ia io ua uɛ ui，鼻化韵母 6 个：ẽ ɛ̃ ã õ ũ ɯ̃。

有 6 个声调：

调次	第1调	第2调	第3调	第4调	第5调	第6调
调值	55	35	44	33	42	31
例词	do^{55}	do^{35}	ʤo^{33}	do^{44}	do^{33}	do^{42}	do^{31}
词义	怠工	健谈	出	喝	毒	消息

第 3 调和第 5 调是促声调，出现在该调里的元音是紧元音，紧元音不加符号标记。

二 词汇

傈僳语附加式的合成词比较多，前附加成分有 a^{55}、e^{55}、ha^{33}，后加成分有 su^{44}、du^{33}、gu^{33}、pha^{31}、tɯ^{55}、za^{31} 等。如 ze^{31}su^{44}（使用者），ʃua^{55}su^{44}（穷人），niɛ^{35}gu^{33}（住处），ʤi^{33}gu^{33}（好处），so^{44}pha^{31}（学生），ma^{55}pha^{31}（老师），so^{44}tɯ^{55}（学校），dzɿ^{31}pu^{44}tɯ^{55}（纺麻处），a^{55}mo^{31}za^{31}（马驹），a^{55}mi^{42}za^{31}（小姑娘）。

四音格有四种：(1) AABB 式，如 ʃua^{55}ʃua^{55}-mɯ^{42}mɯ^{42}（艰难困苦）；(2) ABAB 式，如 dzo^{44}la^{44}-dzo^{44}la^{44}黏黏糊糊；(3) ABAC 式，如 o^{55}ti^{55}-o^{55}po^{44} 翻来倒去；(4) ABCB 式，如 phu^{33}za^{31}-ʃɿ^{31}za^{21}（金银财宝）。

傈僳语有较丰富的熟语和谚语，口语中经常使用，如 ʃua^{55}ʃua^{55}（苦苦）- mɯ^{43}mɯ^{42}（饿饿）（含辛茹苦），ʃɿ^{31}（七）mu^{31}（地）- ku^{55}（九）lo^{33}（谷）（五湖四海），a^{55}to^{55}（火）- biɛ^{33}li^{33}biɛ^{33}（燃烧）（心急如焚），hɛ^{35}（鼠）tʃɯ^{35}（路）hɛ^{35}（鼠）tʃua^{44}（沿），niɛ^{35}（鸟）tʃɯ^{35}（道）niɛ^{35}（鸟）tʃua^{44}（沿）（鼠走鼠的路，鸟飞鸟的道 ȵ 你走你的阳关道，我走我的独木桥）。

三 语法

在指人或动物名词的后面加 ma^{44} 表示阴性，加 pha^{31}、pa^{55}、be^{31}、bu^{44}、phu^{44} 表示阳性。人称代词有单数和复数的区别，第一人称复数分排除式和包括式：第一人称单数 ŋua^{44}（我），复数（排除式，我们）ŋua^{44}nu^{31}，复数（包括式，咱们）ʒo^{31}；第二人称单数 nu^{33}（你），敬称 na^{31}（您），复数 nu^{33}ua^{31}（你们），第三人称单数 e^{55}（他），复数 e^{55}ua^{31}（他们）。指示代词分四种：近指 the^{33}、远指 go^{33}、更远指 ko^{55}、最远指 koː^{55}。动词的时在动词后面加助词表示。分进行时、将行时、曾行时、已行时四种。进行时在动词后面加 niɛ^{35} 表示，如 a^{55}tʃhi^{42}（羊）lo^{55}（放）niɛ^{35}（正在）正在放羊；将行时用助词 to^{42} 表示，如 ŋua^{33}（我）a^{55}tha^{31}（刀）sɯ^{55}（磨）to^{42}（要）我要磨刀；曾行时用助词 ȵi^{33}o^{33} 表示，如 ȵi^{31}（两）xua^{35}（次）ma^{55}（教）go^{31}（给）la^{33}（来）ȵi^{33}o^{33}（曾）曾教给两次；已行时用 gu^{33} 表示，如 e^{55}（他）tɛ^{55}（助）ɣo^{42}（针）ka^{55}（打）gu^{33}（完）他打完针了。结构助词有 tɛ^{55}、ne^{33}（le^{33}）、ma^{44}、kua^{44}，tɛ^{55} 宾语助词，用在宾语的后面，其次用在物主代词之后；ne^{33}（或 le^{33}）作主语的标志、补语标志、使用工具的标志；ma^{44} 用在动词后边带出状语，用在名词、数量词后边，起重指和联系作用，用在形容词后边作名词的定语；kua^{44} 用在名词或指示代词、疑问代词后边，表示处所和时间。

语序　主语在句子的前头，谓语在后；带宾语的句子，宾语在前，谓语在后。名词或代词作定语，在中心语的前面，形容词作定语在中心语之后。状语在中心语的前边。

四　方言

傈僳语分怒江、永胜、禄劝三个方言。怒江方言分布在怒江傈僳族自治州德宏傣族景颇族自治州、迪庆藏族自治州、大理白族自治州丽江地区的丽江。这个方言人口最多，永胜方言分布在丽江地区的永胜、华坪、宁蒗和四川的会理、盐边、盐源等县。禄劝方言分布在禄劝、武定等县。怒江方言和永胜方言自称他称都是 li⁴⁴su⁴⁴，禄劝方言自称 li⁵⁵pho³¹（傈坡）。

附：傈僳语常用词举例

1	天	mo³¹kuɑ⁴⁴
2	太阳	mɯ³¹mi³³
3	月亮	hɑ³³bɑ³³
4	星星	ko⁴⁴mɑ⁴⁴ze³³
5	云	mu⁴⁴ku⁵⁵
6	风	mi³¹hi³³
7	雨	mi³¹hɑ³³
8	水	e⁴⁴dʑɛ⁴⁴
9	河	e³¹mɑ³³
10	山	ko⁴⁴
11	水田	pu⁵⁵ʃo⁵⁵mi³³
12	土	ne⁵⁵hi³¹
13	窟窿	e⁵⁵khu⁴⁴
14	石头	lo⁵⁵tshɿ³⁵
15	火	ɑ⁵⁵to⁵⁵
16	上面	o⁵⁵kuɑ⁴⁴
17	下面	ko⁴⁴sɿ⁴⁴
18	里面	e⁵⁵khu³¹kuɑ⁴⁴
19	外面	bɑ³³sɿ⁴⁴
20	年	kho⁴²
21	日	ȵi⁴⁴
22	猪	ɑ⁵⁵vɛ⁴²
23	狗	ɑ⁵⁵nɑ³¹
24	熊	ɣo³³phɑ³¹
25	老鼠	hɛ³⁵
26	鸡	ɑ⁵⁵ɣɑ⁵⁵
27	鸟	niɛ³⁵
28	蚂蚁	bo⁴²lo⁴⁴
29	跳蚤	khɯ³¹xɯ⁴⁴tɯ³⁵
30	苍蝇	o⁵⁵pu⁵⁵
31	蚊子	hɛ³¹tho³⁵
32	翅膀	du⁴⁴lɛ⁴²
33	毛	e⁵⁵mu⁴⁴
34	鱼	ŋuɑ⁵⁵
35	尾巴	e⁵⁵mɯ⁵⁵
36	树	sɿ³⁵dzɿ⁴⁴
37	竹笋	mɑ⁴⁴mi⁴²
38	稻子	tʃhɯ⁴⁴
39	土豆	xɯ³¹bi⁴²
40	姜	tʃho³¹phi⁴⁴
41	果实	sɿ³⁵sɯ³¹
42	茅草	ʃɿ⁵⁵
43	叶子	e⁵⁵phiɑ³¹
44	头	o⁵⁵du³³
45	眼睛	niɛ⁴⁴sɯ³¹
46	鼻子	nɑ⁴⁴khu⁴⁴
47	耳朵	nɑ⁴⁴po⁴⁴
48	牙齿	sɿ³¹tʃhi⁴⁴
49	胡子	mɯ³⁴tsɿ⁴⁴
50	手	lɛ³¹phɛ³⁵
51	皮肤	ko³⁵dʑi³³
52	骨头	o⁴²to⁴⁴
53	血	sɿ³¹
54	胆	tʃi⁴⁴
55	心	ni³⁵mɑ³³
56	父亲	ɑ³¹bɑ³¹
57	母亲	ɑ⁴⁴mɑ⁴⁴
58	儿子	zɑ³¹

59	上衣	ba³³tsʅ³¹	95	轻	lo³³
60	裙子	o⁴²guɑ³¹	96	重	li³¹
61	听	nɑ⁴⁴lo³⁵	97	红	sʅ³¹
62	吃	dzɑ³¹	98	白	phu⁴⁴
63	咽	go³³le³³	99	黑	nɛ⁴⁴
64	吹	mu⁴⁴	100	绿	ni³⁵tɕhi⁴²
65	说	the⁴⁴	101	肥	tshɯ⁴⁴
66	跳	tɯ³⁵	102	瘦	tʃɯ⁴⁴
67	走	se³¹	103	好	tsho⁴⁴dʑi³³
68	跑	tɯ³⁵	104	坏	mɑ³¹dʑi³³
69	坐	ɲi⁴⁴tɑ⁵⁵	105	快	thɯ⁵⁵/mi⁴⁴
70	睡	e³¹tɑ⁵⁵	106	慢	tɛ³¹
71	扛	pi⁵⁵	107	酸	tʃɯ⁴⁴
72	洗(衣)	tshʅ³¹	108	甜	tʃhʅ⁴⁴
73	捆	xɯ³⁵	109	苦	khuɑ³¹
74	问	nɑ⁴⁴ɲi⁴⁴	110	辣	bɑ⁴⁴
75	骂	bɛ⁴⁴	111	咸	khuɑ³¹
76	笑	hɯ⁴²	112	痒	ni³⁵mu⁴⁴
77	哭	ŋu³³	113	我	ŋuɑ³³
78	浮	bu³³	114	你	nu³³
79	沉	—	115	他	e⁵⁵
80	飞	bi³³	116	这	the³³
81	(狗)吠	lo⁵⁵			
82	啼	bu³³			
83	大	vu³¹			
84	小	ʒo⁴⁴			
85	高	mo⁴⁴			
86	低	ē⁴⁴			
87	深	nɛ⁵⁵			
88	长	ʃʅ⁴⁴			
89	短	nio⁵⁵			
90	厚	thu⁴⁴			
91	远	ɣɯ³¹			
92	近	nɯ³¹			
93	多	miɑ³¹			
94	少	ne⁵⁵			

临高语 海南省临高县以及澄迈、琼山、儋州和海口附近部分汉族使用的一种语言，属壮侗语族壮傣语支。使用人口约有 60 万。对这种语言当地没有统一的称呼，一般叫临高话或某某地方的话，由于临高县使用这种语言的人口占该县的 90% 以上，人们就把它称为"临高话"，即临高语。据调查，各地的临高语差别不大，彼此可以通话。居住在临高县的临高人无论在家庭内或者在城镇内都用临高话交际，甚至居住在临高县的外地人也多能用临高语与当地人交流。根据语音特点，临高语可分为临澄土语和琼山土语。临高人虽自称为汉族，但在农村懂普通话的人不多，使用海南话的也不多。从语言、地名、习俗和有关历史文献分析，临

高人的祖先原来不是汉族,也不是黎族,而是古越族的一支,是在上古某个时候从广东南部迁徙到海南岛的,他们当中也融合了部分外地的汉族。从语言来看,临高语比较接近现今广西壮语的北部方言。下面介绍的临高语以临高县城厢和东英乡一带的话为代表。

一 语音

有17个声母:b m f v t d ts n s l ȵ j k ŋ x ʔ h。b、d发音时都带有轻微的喉塞,与海南黎语、广西壮语的发音很接近。有 a e i ɔ o u ə 7个元音,有 -i、-u、-m、-n、-ŋ、-p、-t、-k、-ʔ 9个韵尾。由元音和韵尾组成下面82个韵母:a e i o u ə ia ua ai uai iɔ oi ui iɛ au iau eu iu uɔ uɛ iam em im ɔm om um əm an ian uan en in ɔn on un ən aŋ iaŋ uaŋ eŋ iŋ ɔŋ oŋ uŋ əŋ ap iap ep ip ɔp op up əp at iat uat et it ɔt ot ut ət ak iak uak ek ik ɔk ok uk ək aʔ iaʔ uaʔ eʔ iʔ ɔʔ oʔ uʔ əʔ。

有4个舒声调,2个促声调:

调类	调值	例		词	
第1调	213	na^1	厚	vin^1	飞
第2调	55	nia^2	田	vən^2	日子
第3调	33	na^3	脸	fa^3	天
第4调	11	lin^4	舌头	nam^4	水
第7调	33	dok^7	落	bet^7	八
第8调	55	lak^8	深	nak^8	水獭

临城临高语的声调已大大简化,舒声调只有4个。它的第3调相当于壮傣语的第3调和第4调,它的第4调相当于壮傣语的第4调和第6调。但琼山土语有7个舒声调和6个促声调。舒声调除了6个声调之外,从第1调分化出一个调,促声调的第7、第8调各分化出一个声调。这样琼山土语共有1、1'、2、3、4、5、6、7、7'、8、8'、9、10共13个声调。其中第9调和第10调只出现汉语借词。

二 词汇

临高语的汉语借词有两套读音,一套是老借词读音,另一套是新借词读音。老借词读音大概是汉唐时期以及宋代时从汉语吸收的。老借词的调类各土语一致,甚至跟本语族其他语言也大体相同。新借词临城临高话按他们的读书音吸收,其他地方按当地海南话吸收。

临高语虽然分布在海南岛的北部,黎族分布在海南岛的西南部,临高语与黎语彼此虽有相同的地方,但仍然不及它与广西的壮语密切。又由于临高人离开大陆的时间也相当早,与壮语也有较大的差别,但在语音上彼此仍有明显的对应关系。因此,临高语应该属于壮傣语支,与壮语比较接近。据梁敏和张均如的《临高语研究》介绍,在485个根词当中,临高语与本族其他语言有同源关系的词有60%左右,其中与壮傣语支同源的约占50%,与侗水语支同源的约占30%,与黎语支同源的约占20%。临高语与本语族其他语言不同源的特殊词约占参加比较词数的40%。这些词如 mun^2 芭蕉、jan^3 酒、bɔt^7 草、liu^4 席子、ŋiau^4 露水、keu^2 月份、voŋ^2 肺、ŋai^2 难、liau^4 多、di^1 找、maŋ^2 怕、kit^7 打、vɔn^3 二 等。

附:临高语常用词举例

1	天	fa^3
2	太阳	da^1 vən^2
3	月亮	mai^4 sai^1
4	星星	lək^8 sai^1
5	云	ba^4
6	风	van^3
7	雨	fun^1
8	水	nam^4
9	河	hɔ^2
10	山	tia^4
11	水田	nia^2
12	土	boŋ^2
13	窟窿	sɔŋ^4
14	石头	din^2
15	火	vəi^2
16	上面	fiak^8 luŋ^1

17	下面	fiak⁸dau²		53	血	baʔ⁷
18	里面	fiak⁸lɔ¹		54	胆	lɔi¹
19	外面	fiak⁸uk⁷		55	心	mak⁸tim¹
20	年	vəi²		56	父亲	be²lau⁴
21	日	vən²		57	母亲	mai⁴lau⁴
22	猪	mo¹		58	子女	lək⁸
23	狗	ma¹		59	上衣	jua³
24	熊	mo¹hui²		60	裙子	kun⁴
25	老鼠	nu¹		61	听	heŋ³
26	鸡	kai¹		62	吃	kɔn¹
27	鸟	nok⁸		63	咳嗽	ai¹
28	蚂蚁	muʔ⁸		64	吹	vɔu⁴
29	跳蚤	mat⁷		65	说	kaŋ³/bo¹
30	苍蝇	miŋ²vaŋ⁴		66	跳	heu³/taʔ⁷
31	蚊子	ȵuŋ²		67	走	bɔi¹
32	翅膀	bik⁷		68	跑	deu²
33	毛	vun²		69	坐	ŋo¹
34	鱼	ba¹		70	睡	lap⁷
35	尾巴	tuʔ⁷		71	扛	fe⁴
36	树	dun³		72	洗（衣）	dak⁸/tuk⁷
37	竹笋	naŋ²		73	捆	kat⁸
38	稻子	ŋau⁴		74	问	tɔi³
39	甘薯	mak⁸fan¹		75	骂	an³
40	姜	kiaŋ¹		76	笑	liau¹
41	果实	mak⁸		77	哭	ŋai³
42	茅草	tia²		78	浮	vau¹
43	叶子	bo²		79	沉	lak⁷
44	头	hau³		80	飞	vin¹
45	眼睛	da¹		81	（狗）吠	sau²
46	鼻子	lɔŋ¹		82	啼	tan¹
47	耳朵	sa¹		83	大	ȵɔ³
48	牙齿	tin¹		84	小	nɔk⁷
49	胡子	mum⁴		85	高	haŋ¹
50	手	mɔ²		86	低	dɔm³
51	皮肤	naŋ¹		87	深	lak⁸
52	骨头	uaʔ⁸		88	长	lɔi¹

89	短	xut⁸
90	厚	na¹
91	远	lɔi¹
92	近	lɔ³
93	多	liau⁴
94	少	tiu³
95	轻	xɔ³
96	重	xɔn¹
97	红	hoŋ²/liŋ¹
98	白	fiak⁸
99	黑	lam¹
100	绿	heu¹/luk⁸
101	（羊）肥	fui²
102	瘦	sum¹
103	好	mai²
104	坏	fai⁴
105	快	meŋ³
106	慢	səi²/ŋuan²
107	酸	hua³
108	甜	en³
109	苦	kam²
110	辣	kən²
111	咸	laŋ³
112	痒	kum²
113	我	hau²
114	你	mə²
115	他	kə²
116	这	nia²

鲁凯语 台湾高山族中自称"鲁凯"的人所使用的语言，属南岛语系印度尼西亚语族台湾语支排湾语群。分布在台湾高雄县茂林乡，屏东县三地、雾台乡，台东县卑南乡。使用人口约6000人。鲁凯语属黏着型语言。分大南、雾台、茂林、多纳、万山5个方言。大南方言分布在东部台东县卑南乡大南村；雾台方言分布在南部屏东县雾台乡；茂林、多纳、万山3个方言分布在北部高雄县茂林乡下三社，这三个方言可称为下三社方言群。

语音 鲁凯语有21个辅音：p b m v t d n l ɖ ɭ r ts s θ ð k g ŋ ʔ j w。有4个元音：i u ə a。

多音节词的重音一般落在最后一个音节上。音节结构有辅音+元音、辅音+元音+辅音、元音+辅音、元音自成音节四种方式。

在构词方面，词干加附加成分或词干部分因素重叠为主要构词手段。前加成分有 ʔa-、ani-、i-、ka-、ki-、ku-、la-、lu-、ma-、mu-、maka-、muri-、muti-、na-、sa-、si-、su-、ta-、tu-、tali-、taɭa-、taw-、u-。后加成分有-an。中加成分有-in-，插在词干第一个音节的辅音与元音之间。

语法 词类分名词、代词、数词、形容词、动词、副词、连词、介词、助词九类。

名词有一般名词和人称名词两类，各有主格、属格和宾格。人称代词有单数和复数，有主格、属格、宾格等形式。第一人称复数有包括式和排除式。第一人称和第二人称主格有独立式和连接式。第三人称有近指式和远指式。

动词有体、时、态、式等语法范畴。"体"有常体、进行体、完成体。"时"有现在时、过去时、将来时、过去进行时、将来进行时、过去完成时、将来完成时。"态"有主动态和被动态。被动态有一般被动态、过去被动态、将来被动态、现在进行被动态、过去进行被动态、将来进行被动态、过去完成被动态、将来完成被动态。"式"有直陈式和命令式。

句子成分有主语、谓语、宾语、定语、状语。谓语往往位于句首，主语、宾语在谓语后，分别在前面有不同的格助词表示。定语、状语大多在中心语前。

附：鲁凯语常用词举例

| 1 | 天 | subələbələŋ |
| 2 | 太阳 | vai |

3	月亮	ɖamar	39	甘薯	burasi
4	星星	tariau	40	槟榔	sabiki
5	云	əməəm	41	果实	maɖu
6	风	sasəvəra	42	草	ubulu
7	雨	udal	43	叶子	suʔuŋ
8	水	atsilaj	44	头	auɭu
9	河	ɖakəral	45	眼睛	matsa
10	山	ləgələg	46	鼻子	ŋuŋua
11	水田	tsaan	47	耳朵	tsaɭiɲa
12	土	daə	48	牙齿	valisi
13	窟窿	baruŋulu	49	胡子	ŋisaŋisi
14	石头	lənəg	50	手	ɭima
15	火	aʔuj	51	皮肤	ikid
16	上面	ɖaða	52	骨头	rəmərəm
17	下面	ɭauɖʔu	53	血	əraj
18	里面	aɖiŋ	54	肺	ʔaratsuŋa
19	外面	lataɖ	55	心	avava
20	年	tsail	56	父亲	tama
21	日	vaja	57	母亲	tina
22	猪	bəək	58	儿子	lalak
23	狗	tawʔuŋ	59	上衣	kiʔiŋ
24	熊	tsumaj	60	裙子	kunu
25	老鼠	tila	61	听	kilaɭa
26	鸡	tarukuk	62	吃	kanə
27	鸟	aðaðam	63	咳嗽	maθuul
28	蚂蚁	ababuuŋu	64	吹	iʔi
29	跳蚤	θimakul	65	说	kawriva
30	苍蝇	aɭaləgələ	66	站	idi
31	蚊子	atatimalaw	67	走	davats
32	翅膀	ʔaridi	68	跑	ʔæʔæɭaw
33	毛	ubalə	69	坐	watakainən
34	鱼	kaaŋ	70	睡	aʔəts
35	尾巴	tauθu	71	烧	walaub
36	树	aŋatu	72	洗（衣）	sinaw
37	竹子	baləbalə	73	捆	ərəts
38	稻子	pagaj	74	拿	maɭa

75	喊	kawkaw
76	笑	aŋirŋir
77	哭	tubi
78	浮	ʔəlaj
79	死	ʔatsaj
80	飞	aniʔalaj
81	喝	uŋul
82	想	kiɖəməɖəm
83	大	maɖaw
84	小	tikia
85	高	mabələŋ
86	低	maləb
87	尖	sətsub
88	长	maθaŋəla
89	短	əɖəkaj
90	厚	makuɖuɭu
91	远	dail
92	近	dəəθ
93	多	maakaɭa
94	少	bəkəla
95	轻	maaliaʔaj
96	重	matəɭəgə
97	红	dirərəl
98	白	maʔuli
99	黑	maitsələŋ
100	绿	saləsəsə
101	（羊）肥	mabutuɭu
102	瘦	marilaj
103	好	maθarili
104	坏	malisi
105	快	marədar
106	新	baawa
107	酸	maɭiu
108	甜	maliməm
109	苦	maʔalili
110	辣	ɭatsəŋ
111	咸	maʔalil
112	痒	maaɭatsəatsəŋə
113	我	kunaku
114	你	kusu
115	他	kuani
116	不	kaj

马来－玻利尼西亚语系 也叫"南岛语系"。依谱系分类法分出的语系之一。分布区域：北自夏威夷、南至新西兰，西自马达加斯加，东至马克萨斯群岛。使用人口在1亿以上。内分四个语族：印度尼西亚语族，包括印度尼西亚语、台湾高山语、马来语、爪哇语等24种语言；玻利尼西亚语族，包括毛利语、汤加语、夏威夷语等100多种语言；美拉尼西亚语族，包括斐济语、安布里姆语、莫图语等；密克罗尼西亚语族，包括马绍尔语、瑙鲁语等12种语言。本语系的语言大多是黏着型语言，用构词和构形的词缀表达各种语法意义。

满－通古斯语族 又称通古斯－满语族、通古斯语族。19世纪上半叶满－通古斯语族语言之间的亲缘关系被语言学家确认，并归入阿尔泰语系，与蒙古语族、突厥语族并列。满－通古斯语族分布在亚洲东北部的中国、俄国、蒙古国。中国境内有满语、锡伯语、赫哲语、鄂温克语、鄂伦春语。俄国有埃文基语、埃文语、涅基达尔语、那乃语、乌利奇语、奥罗克语、奥罗奇语和乌德盖语。另外，中国历史上还有女真族使用的女真语。根据2000年人口普查，中国境内属于满－通古斯语民族的总人口为10914227人。但是满族、赫哲族绝大多数人已不使用本民族语，因此，满－通古斯语言使用人口不过7.4万左右，中国的约为4.6万人。对满－通古斯语言的分类，1954年中国学者罗常培、傅懋勣在《国内少数民族语言文字的概况》一文采用两分法的分类法：（1）通古斯语支——索伦语、鄂伦春语；(2) 满语支——满语、锡伯语、赫哲语。中国学者也多采用这个分类法。

语音 满-通古斯语言共有的元音：a ə i e c u，一些语言还保持阿尔泰语系的八个语音阴阳匹配的格局：a ə ɪ e o u，在某些语言里还有 e ɛ ɜ œ y 等元音。共同的基本辅音有 b p m f w ~ v d t n l r ʤ tʃ ʧ ʃ s j ɲ ŋ g k x ŋ h，有些语言还有 G q χ 和 ʥ tʂ ʂ 以及 dz ts 等。通古斯语支的语言有长元音，满语支语言多复元音。辅音 r 以及个别语言的 l g w s x j ŋ 不出现在词首。经常出现在词末的辅音有 l r n m。在大多数语言里，词的第一个音节有轻微着力的重音，词末有稍微抬高的音调。满-通古斯语族语言有元音和谐律，但严整程度各个语言不一样。

语法 满-通古斯语言属于使用后加成分的黏着型语言，也使用虚词作为表达语法意义的手段，特别是满语支语言。满语支语言一般有5—7个格，而通古斯语支语言的格多达16个左右。各个语言的复数第一人称代词都有排除式和包括式的区分。句子成分的次序是主语在谓语前，从属成分在它所从属的成分之前，从句在主句前。

满语 满族曾经使用过的语言，属满-通古斯语族满语支。满语目前只有为数不多的人能使用满语。从18世纪末19世纪初，满语逐渐消亡。现在，在黑龙江省富裕县和黑河市，有很少的人还懂满语，但使用的机会不多。据1982年的调查材料统计，能使用满语的约有500人，目前恐怕远远达不到这个数字。现在满族通用汉语汉文。满语同蒙古语的关系要比同突厥语的关系近。分为北部方言和南部方言。南部方言是文学语言的基础方言。16世纪末，在蒙古文字母的基础上创制了满文。

一 语音

从满文所反映的语音系统来看，满语有6个元音：a ə i o u ʊ。

有19个辅音：n k g x b p s ʂ t d l m tʂ ʤ j r f w ŋ。

元音分为阳性、阴性和中性三类，阳性元音为：a o ʊ，阴性元音为：ə，中性元音为：i u。在大部分词里，同性元音互相和谐，异性元音互相排斥，中性元音可以出现在阳性元音、阴性元音的前后。由于元音性属不同形成了一些在词形上和意义上相对称的词。一部分对偶词反映了自然界中性别的对应。如 xaxa（男）—xəxə（女），gɑrudai（凤）—gərudəi（凰）。辅音也有和谐现象。如舌根音 k、g、x 和小舌音 q、G、χ（k、g、x 的音位变体），从和谐的角度看，也可以视为阴阳不同的两类。除少数词外，只有同性的辅音才能出现在一个词里。音节结构以开音节结尾占优势。除状词及少数词外，只有辅音 n 能出现在词末。r、ŋ 不能出现在词首。大多数通古斯语言不对立的辅音 p 和 f；s 和 ʂ，在满语里是对立的音位。

二 语法

(1) 满语既有黏着语的特点，又有很发达的分析形式，并且大量地使用虚词作为表达语法意义的手段。如有几种复数附加成分，但只加在表人的名词后，说明一个以上的事物，用词组的方式表示。(2) 格的数目有限，句子里词与词的关系也常用后置词表示。(3) 满语缺乏满-通古斯语族大部分语言所具有的人称领属形式和反身领属形式。充当谓语的名词和代词以附加成分 -ŋgə 表示某物是属于何人、何物所有的。而这种表达方式是满-通古斯语族大多数语言所没有的。(4) 动词没有人称。(5) 使动态和被动态的附加成分语音形式相同，需要根据支配的名词或代词后面所加的格附加成分识别。(6) 状词很丰富，有使话语生动和富于形象的作用。(7) 语序是：主语在前，谓语在后，宾语、补语在动词谓语前，定语在中心语前。(8) 有较多的从属连词，连接从句和主句。此外，从句还通过充当谓语的动词形动形式和副动形式的附加成分和主句相连。用引述动词 səmbi 来联系从句和主句，可以包含近百个词，能把很多意思组织到句子里。

三　词汇

满语有关骑射、狩猎和早期社会组织方面的词很丰富，而有关官制、宫廷器用、文化教育等方面的词是在满族统治阶级进入中原后逐渐充实起来的。满语的构词附加成分也很丰富，同一个词根由于黏附不同的附加成分，可构成一系列的新词或词素相结合构成具有单一语义的合成词。如 alibu-（呈递），alibun（呈子）。也有一些仿造汉语词的模式构成的词。如 taŋgʊ（百）xala（姓）百姓。借用汉语词的方式是：音译、音译加一定的语音成分、译注。此外还借用其他民族的词语。满语所保留的一些古蒙古语词，如 ala ʂan（驽马），在现代蒙古语中已经消失。

附：满语常用词举例

1	天	abka
2	太阳	ʂun
3	月亮	bia
4	星星	uʂka
5	云	tuixe
6	风	odoŋ
7	雨	axa
8	水	muʔkə
9	河	bira
10	山	ɛlin
11	地	na
12	盐	dobsoŋ
13	卷烟	damgə
14	灰	filiŋŋe
15	火	jaxa
16	上面	oje
17	下面	fidʑixə
18	里面	dorxi
19	外面	turxi
20	年	ania
21	日	iniŋŋe
22	猪	viŋgia
23	狗	inoxo
24	马	morin
25	老鼠	ɕiŋŋəre
26	松鼠	soison
27	鸟	tɕitɕikə
28	鹿	boxo
29	跳蚤	suran
30	蜻蜓	mala
31	蚊子	garmən
32	旱獭	xɛlan
33	虫	umiaxa
34	鱼	nimaxa
35	森林	tuŋu
36	树	fodoxoŋ
37	根	fulugo
38	茎	tɕiktən
39	花	ilxa
40	果核	udzə
41	果实	tubixe
42	草	orxo
43	叶子	abdaxa
44	头	udʐo
45	眼睛	jadza
46	鼻子	oforo
47	耳朵	ʂan
48	舌头	juruŋŋu
49	胡子	solo
50	手	gala
51	皮肤	soʔko
52	骨头	giriŋŋi
53	血	ɕiŋŋe
54	胆	ɕilxə
55	心	niamən
56	父亲	ama
57	母亲	ənie

58	儿子	xaxadʑe
59	上衣	otkw
60	裙子	vəitɕin
61	听	dondʑime
62	吃	dʐ̟əme
63	喝	omime
64	吹	fulgime
65	说	gidzərəme
66	跳	fiokdʑime
67	走	jovume
68	跑	sudʑime
69	坐	time
70	睡	amgame
71	扛	mexerəme
72	洗（衣）	obome
73	缠	orbume
74	问	fondʑime
75	怕	ɢələme
76	笑	indʑime
77	哭	soŋŋome
78	泡	polome
79	掉	tuxume
80	飞	dəjime
81	（狗）吠	ɢuame
82	咬	sɛme
83	大	amba
84	小	ɛdʑixɜ
85	高	dən
86	低	faŋkalin
87	松	sula
88	长	gormin
89	短	foɢolin
90	厚	girɛme
91	远	goro
92	近	xantɕe
93	多	labdu
94	少	komdzo
95	轻	vəikoŋ
96	重	udʑin
97	红	fəlgian botʂo
98	贵	vəɕixun
99	贱	jadaxoŋ
100	绿	nioŋŋen botʂo
101	新	itɕe
102	旧	fə
103	好	sɛn
104	坏	əxə
105	快	xodoŋ
106	慢	manda
107	酸	dʑuʂ̩kuŋ
108	甜	dʑiantɕikoŋ
109	苦	go ʂkoŋ
110	臭	əxə va
111	饱	evme
112	饿	jodolʑ̟əme
113	我	bi
114	你	ɕi
115	他	tərə
116	这	ərə

满语支 阿尔泰语系满－通古斯语族的语支之一。包括满语、锡伯语和古女真语。分布在黑龙江的黑河市、富裕县，新疆的察布查尔锡伯自治县、霍城县、巩留县、塔城市、伊宁市、乌鲁木齐市等地。使用满语和锡伯语人口约2.7万（1982年）。主要语言特点：（1）元音不分长短，复元音多；（2）通古斯语支一些语言的"元音＋ɣ／g＋元音"的音组，大体上和满语支语言的单元音相对应；（3）有音位 f；（4）s 和 ʂ 对立；（5）有辅音和谐现象，g k x 和 ɢ q χ 不能出现在同一个词里；（6）ŋ 不出现在词首；通古斯语言的词首 ŋ，在满语支语言为 g；（7）名词没有领属范畴（锡伯语除

外);(8)动词没有人称范畴;(9)动词的使动态和被动态的附加成分在语音形式上没有区别;(10)虚词比较丰富,是表达语法意义的一种重要手段;(11)受汉语影响较深。

莽语 是莽人使用的语言。莽人居住在越南、老挝和中国。在中国境内的分布在云南红河哈尼族彝族自治州金平县中国边境上的南科新寨、坪河中寨、坪河下寨、雷公打牛四个寨子里。人口有600余人(2000年)。据有关学者研究,莽语属南亚语系孟高棉语族。莽语特点简介如下。

一 语音

音节分主要音节和次要音节,次要音节读音轻而短,调值不太固定。

辅音 单辅音有18个:p t k b d g m n ŋ v l θ tɕ ɳ z h y ʔ;复合辅音4个:pl- bl- py- gy-。

元音 单元音12个:i y e ø ɛ a ɔ ɯ o e ɤ u。

复元音17个:aɯ au ai iɯ iɛ iau iaɯ uaɯ ua ui ɯa uɯ ei ɔi eɯ eu ɐi。

辅音韵尾韵母77个:il im in iŋ ip it ik iʔ yn yŋ yʔ en eŋ et ek eʔ ɛm ɛn ɛŋ ɛp ɛt ɛk ɛʔ al am an aŋ ap at ak aʔ ɐm ɐn ta mɐ lɔ mɔ nɔ ŋɔ ɔp ɔt ɔk ɔʔ ol om on oŋ op ot ok oʔ øl ne ŋe te ək uɯ uɯŋ tɯ ɯk ul um un up ut uk uam uan uaŋ uap uat uak uaʔ ia iam iaŋ(说明:iaŋ只出现在汉语借词和莽人的名字中)。

声调 莽语有4个声调:

高平调55 高升调35 高降调51 低降调31
例词 paɯ^{55} lø^{35} ʔu^{51} mi^{31}
飞 黄牛 我 你

二 词汇

单音词与多音词 单音词都是根词,多音词一般由次要音节和主要音节构成,借词的音节是主要音节。

单纯词和合成词 单纯词可以是一个主要音节构成,也可以是一个次要音节加一个主要音节构成。合成词有4种类型:派生词(附加式合成词)、内部屈折式、重叠式、复合式。

派生词大多是前缀+词根型的;内部屈折式构词,主要是变调构词,也有改变元音或辅音构成新词的;重叠式是音节重叠构成新词;复合式合成词都是多音节词,由两个或两个以上的根词构成,其结构有主谓式、动宾式、偏正式、联合式。

同源词与借词 莽语有些词与孟高棉同源,有些词与越南语有同源关系。有些词借自汉语或傣语(金平傣语)。

三 语法

莽语的词分为名词、动词、形容词、数词、量词、代词、副词、介词、连词、助词、语气词、象声词等12类。

名词 名词主要作句中的主语、宾语、定语。名词没有单数、复数的变化,没有格的标志。非起首音节的名词,如果带有次要音节,其次要音节往往轻化甚至脱落。

动词 动词在句中作谓语,用在主语之后。动词作定语位于中心语之后。

形容词 形容词一般作定语或谓语。作定语时位于被修饰的名词之后。

代词 代词分人称代词、指示代词、疑问代词、不定代词。人称代词第一人称、第二人称、第三人称都有单数和复数之别。指示代词与人称代词有同构的关系。疑问代词有问人和事物的,有问处所、方式的或数量的。不定代词所指的对象不是确定的。

数词 数词常用来修饰量词,分基数词、序数词和概数词。基数词自一至十是本民族固有词,概数词包括概数、倍数、分数,都是使用汉语借词。

量词 莽语的量词不算很丰富,但用法比较特别。分名量词和动量词两种。名量词有很多来自名词,有一些借自汉语。

副词 副词分时间副词、程度副词、范围副词、语气副词、否定副词。有些副词借用其他实词，有的是实词的虚化。

介词 介词用于体词性词语之前，构成介词短语，表示动作的处所、方向、对象、比较等意义。

连词 用来连接词、词组或句子的虚词。分两类，一是莽语固有的连词，一是从汉语借入的连词，汉语借入的连词数量较多。固有连词有 ʔa³¹（和）、zua³¹（和）、na⁵¹（或者、如果）、tiŋ³¹（也）、van³¹tɕə⁵⁵…van³¹tɕə⁵⁵…（一会儿……一会儿……）、tək⁵⁵（并且）、ʔin⁵¹…ʔin⁵¹…（又……又……）。

附：莽语常用词举例

1	天	pliŋ³⁵
2	太阳	mat⁵⁵ni³⁵
3	月亮	me³⁵
4	星星	bu⁵¹
5	云	tip⁵⁵
6	风	gi³¹
7	雨	ma³¹
8	水	gom⁵¹
9	河	boŋ⁵¹
10	山	pəl³¹/bluaŋ⁵¹
11	水田	na³¹
12	土	tɛ³⁵
13	窟窿	van⁵⁵loŋ³¹
14	石头	ge⁵¹
15	火	ŋɛ⁵¹
16	上面	duaŋ⁵¹doŋ³⁵
17	下面	duaŋ⁵¹tɕiŋ³⁵ma⁵¹
18	里面	duaŋ³¹du⁵¹
19	外面	duaŋ³¹hoŋ⁵¹
20	年	nɔ⁵¹
21	日	ni³⁵
22	猪	mom³¹
23	狗	θo⁵¹
24	熊	tɕɯa⁵¹θo⁵¹
25	老鼠	ʔoŋ⁵¹
26	鸡	tɕaɯ³⁵
27	鸟	θom³⁵
28	蚂蚁	maɯ⁵
29	跳蚤	tə³¹ma³⁵
30	苍蝇	mə³¹ɣe³¹
31	蚊子	məŋ³¹tɕoŋ⁵¹
32	翅膀	gə³¹naŋ³⁵
33	毛	mə³¹hɔk⁵
34	鱼	ʔa⁵¹
35	尾巴	hø³⁵
36	树	hɔ³⁵
37	竹笋	baŋ³⁵
38	稻子	lam³⁵
39	甘薯	ʐɯə⁵⁵
40	姜	vuaŋ⁵¹
41	果实	plø⁵¹hɔ³⁵
42	茅草	plaŋ³⁵
43	叶子	la⁵¹
44	头	tɕiŋ³⁵lɔ⁵¹
45	眼睛	mat⁵⁵
46	鼻子	ləŋ³¹my⁵¹
47	耳朵	laŋ⁵¹te³¹
48	牙齿	mun⁵¹
49	胡子	hɔk³⁵məŋ³¹tø³⁵
50	手	ʔɛŋ³⁵
51	皮肤	mə³¹hak³⁵
52	骨头	tɕiaŋ³¹
53	血	ham⁵¹
54	胆	məŋ³¹da⁵¹
55	肝	tɔ³¹
56	父亲	ʔon⁵¹
57	母亲	ma⁵¹
58	子女	van³⁵
59	上衣	θua³⁵
60	裙子	hen⁵¹
61	听	diŋ⁵¹

62	吃	θa⁵⁵		98	白	θua⁵¹
63	喝	dak⁵¹		99	黑	θu⁵¹
64	吹	pu⁵¹		100	绿	vaŋ⁵⁵
65	说	lø⁵¹		101	（羊）肥	puaŋ⁵⁵
66	跳	pə³¹lo⁵¹		102	瘦	ɡuam³¹
67	走	tɕo⁵¹		103	好	ʐaɯ⁵¹
68	跑	dɛ⁵⁵		104	坏	ɡɔp⁵¹
69	坐	tan⁵¹		105	快	lɛn⁵⁵
70	睡	ʔɔŋ⁵⁵		106	慢	bɔp⁵⁵
71	扛	nak⁵¹		107	酸	ba⁵¹
72	洗（衣）	pu⁵⁵		108	甜	ȵua⁵⁵
73	捆	taŋ³⁵		109	苦	θaŋ⁵¹
74	问	bɔ⁵⁵		110	辣	pɣi⁵⁵
75	骂	pəɯ⁵⁵		111	咸	θaŋ⁵¹
76	笑	ȵua⁵¹		112	痒	ȵa⁵¹
77	哭	ȵam⁵¹		113	我	ʔuʔ⁵¹
78	浮	pəl⁵⁵		114	你	mi³¹
79	沉	dɔk⁵⁵		115	他	ʔi⁵¹
80	飞	paɯ⁵⁵		116	这	tɕə⁵⁵
81	（狗）吠	ɡoʔ⁵¹				
82	啼	ʔa³¹ɡuaŋ³⁵				
83	大	to³¹				
84	小	ha³¹				
85	高	ɡɣaŋ⁵¹				
86	低	le⁵¹				
87	深	pə³¹ɡu⁵⁵				
88	长	liŋ⁵⁵				
89	短	nen⁵¹				
90	厚	dam⁵¹				
91	远	ȵɛ⁵¹				
92	近	bɔ⁵¹				
93	多	dɔ⁵¹				
94	少	ʔan⁵¹				
95	轻	tɕɛ⁵¹				
96	重	ȵan⁵¹				
97	红	daŋ³¹				

毛南语 毛南族使用的语言，属汉藏语系壮侗语族侗水语支。毛南族自称 maːu⁴ naːm⁶ 或 ai¹ naːn⁶，ai¹ 是人的量词，有"个、位"的意思。据 2000 年统计，毛南族有 107100 余人，大部分居住在广西壮族自治区环江毛南族自治县。毛南语没有方言土语的差别，不同地区的毛南族人见面时都使用毛南语。长期以来，毛南族与壮族、汉族为邻，因此毛南族青壮年大部分都会说汉语和壮语，毛南语受到汉语和壮语的影响。而居住在毛南族聚居区内的汉族或壮族也会使用毛南语。毛南语受壮语影响最明显的是毛南语声调调值跟当地的壮语声调非常接近。

一 语音

有 66 个声母：p ph mb b m ʔm f v w ʔw t th nd d ts tsh n ʔn l s z c ch ɲɖ ɲ ʔɲ ɕ j ʔj k kh ŋɡ ŋ ʔŋ ʔ h ɦ pj phj mbj bj mj fj vj tj thj ndj dj tsj tshj nj lj zj tw dw tsw tshw lw sw cw ɕw jw kw khw ŋgw ŋw。

有 a ɛ e i ɔ o u ə y ɿ ɯ 共 11 个元音，有 -i、-u、-ɯ、-m、-n、-ŋ、-p、-t、-k 9 个韵尾，元音和韵尾组成 88 个韵母：a ɛ e i ɔ o u ə y ɿ ɯ aː ia iː ie ic uː aːi au ɛu eu uːi oːc aːm am em mːi əm mːc om uːm əm aːn an nɯ en iːn in ɔːn on uːn un nːc ən aːŋ aŋ ɛŋ eŋ iːŋ iŋ ɔːŋ oŋ uŋ əːŋ əŋ ŋ̍ aːp ap ɛp ep iːp ip ɔːp op əp aːt at et iːt it tːc ot uːt ut tːc ət aːk ak ɛk ek iːk ik ɔːk ok ok uk əːk ək。

有 6 个舒声调和 4 个促声调。舒声调：第 1 调 42，第 2 调 231，第 3 调 51，第 4 调 24，第 5 调 44，第 6 调 213；促声调：第 7 调（短）55，（长）44，第 8 调（短）23，（长）24。

毛南语的汉语借词分老借词和新借词两类，老借词的声调凡属清声类的读 1、3、5、7 调，凡属浊声类的读 2、4、6、8 调。新借词则用跟当地的西南官话相同或相近的调来读，只有 4 个声调。由于吸收新借词而增加了 khw、tsw、tshw、ɕw、ʔjw、tshj 6 个声母和 y、ɿ 两个元音。

二 词汇

毛南语跟同语支语言有不少同源词，其中跟侗水语支的语言，尤其是水语，相同的更多一些，但也有一些跟侗水语支语言不同而跟壮傣语支语言相同的语词。这可能是因为毛南族人民跟壮族接触较多，从壮语中吸收了一些壮语借词的缘故。毛南语跟同语族的同源词有日、月、雨、水、火、烟、田、鸡、熊、猫、狗、猪、母（雌）、猴子、蛇、跳蚤、蚂蚁、葡萄、菌子等。毛南语也有一些不同于同语族其他语言的词，但在天地、动植物方面的词不多，如 mbjai³ 鱼、ku⁴ 叔母、siːm³ 手、ku⁶ paːŋ⁶ 影子、ceŋ⁶ 桌子、pɔŋ³ 床、la⁴ 说、na⁴ 吃、cnaːk⁷ 给、cham⁵ 跌、nak⁸ 骂、ba⁶ 宽、jaːm⁵ 冷、kam³ 不、juːn³ 都等。

三 语法

毛南语的词可分名词、量词、代词、动词、形容词、数词、副词、象声词、介词、连词、助词、叹词、语气词 13 类。前 8 类是实词，后 5 类是虚词。名词可分为一般名词、时间名词、处所名词和方位名词四小类。量词可分名量词和动量词。代词分人称代词、指示代词、疑问代词三小类。人称代词的第一人称的复数分包括式和排除式。动词分一般动词、能愿动词、趋向动词和判断动词四类。形容词不能重叠。副词分时间副词、程度副词、范围副词、否定副词四类。象声词通常用来作补语或作句子的独立成分。助词分结构助词、时态助词和其他助词，包括表示概数、表示被动、表示使成的意思。语气词分陈述语气、祈使语气、疑问语气、感叹语气等。

句子成分有主语、谓语、宾语、定语、状语、补语等 6 种。主语一般在谓语之前。以名词为中心语的词组，定语一般放在名词之后，但量词、二以上的数量词组用在名词中心语之前。

附：毛南语常用词举例

1	天	bən²
2	太阳	laːk⁸ van¹
3	月亮	njen²
4	星星	zət⁷
5	云	fa³
6	风	ləm¹
7	雨	fən¹
8	水	nam³
9	河	ni¹
10	山	kɔŋ⁵ pja¹
11	水田	ʔja⁵
12	土	khəm⁵
13	洞	kaːm¹
14	石头	tuːi³
15	火	vi¹
16	上面	ʔju¹

17	下面	kha³		53	血	phjaːt⁷
18	里面	jaːu³		54	胆	dɔ⁶
19	外面	ʔnuk⁷		55	心	sam¹
20	年	bɛ¹		56	父亲	tɛ²
21	日	van¹		57	母亲	ni⁴
22	猪	mu⁵		58	子女	laːk⁸
23	狗	ma¹		59	上衣	kuk⁷
24	熊	moi¹		60	裙子	cun²
25	老鼠	nɔ³		61	听	ʔni³
26	鸡	kaːi⁵		62	吃	na⁴
27	鸟	nɔk⁸		63	咳嗽	fin¹ȵiːk⁸
28	蚂蚁	mət⁸		64	吹	zəp⁸
29	跳蚤	mat⁷		65	说	caːŋ³/la⁴
30	苍蝇	ȵuŋ⁴vjan¹		66	跳	thjaːu⁵
31	蚊子	ȵuŋ⁴ŋɔːŋ⁵		67	走	saːm³
32	翅膀	va⁵		68	跑	pjeu⁵
33	毛	sən¹		69	坐	zuːi⁶
34	鱼	bjai³		70	睡	nuːn²
35	尾巴	sət⁷		71	扛	ti²
36	树	mai⁴		72	洗(衣)	zak⁷
37	竹笋	naːŋ¹		73	捆	zuk⁸
38	稻子	ɦiu⁴ʔja⁵		74	问	saːi³
39	甘薯	man²		75	骂	nak⁸
40	姜	siŋ¹		76	笑	cu¹
41	果实	laːk⁸mai⁴		77	哭	ȵe³
42	茅草	hi¹		78	浮	ʔmuŋ¹
43	叶子	ʔȵa⁵mai⁴		79	沉	tsəm⁵
44	头	ko³		80	飞	vin³
45	眼睛	da¹		81	(狗)吠	chau⁵
46	鼻子	ʔnaŋ¹		82	啼	can²
47	耳朵	kha¹		83	大	laːu⁴
48	牙齿	hiːu³		84	小	ʔni⁵
49	胡子	ȵuːt⁸		85	高	voŋ¹
50	手	siːm³		86	低	djam⁶
51	皮肤	pi²		87	深	ʔjam¹
52	骨头	daːk⁸		88	长	ʔjaːi³

89	短	diŋ⁴
90	厚	na¹
91	远	ɕi¹
92	近	phjaiˤ
93	多	coŋ²
94	少	ɕeu³
95	轻	khu¹
96	重	zan¹
97	红	laːŋ³
98	白	pok⁸/kwa³
99	黑	nam¹
100	绿	ju¹
101	（羊）肥	pi²
102	瘦	ʔwom¹
103	好	daːi²
104	坏	cɔːp⁸waːi⁵
105	快	lju⁵
106	慢	gan¹/ʔjaŋ¹
107	酸	səm³
108	甜	faːn¹
109	苦	kam¹
110	辣	maːn⁵
111	咸	njan⁵
112	痒	cit⁸
113	我	ɦie²
114	你	ŋ̍²
115	他	man²
116	这	naːi⁶

门巴语（又称错那门巴语） 门巴族使用两种不同的语言，门巴族主要分布在西藏自治区错那县勒布区、墨脱县德兴区以及门达旺地区，共4万余人。错那门巴语和仓洛门巴语，前者称门巴语，人数较多，后者称仓洛语，人数较少。门巴语属汉藏语系藏缅语族藏语支，分南、北两个方言，方言间差别不大。这里所介绍的是西藏错那县勒布区麻玛乡的门巴语。

一　语音

有47个声母，其中单辅音声母37个，复辅音声母10个。

单辅音声母：p ph b m w t th d n l r ɬ ts tsh dz s z tʂ tʂh dʐ ʂ tɕ tɕh dʑ ȵ ɕ z c ɟ j k kh g ŋ ʔ h。

复辅音声母：pl phl bl kl khl pr phr br kr khr。

有 i e ɛ a ɔ o u y ø 9个短元音和 iː eː ɛː aː ɔː oː uː yː øː 9个长元音，有 -i、-u 两个元音韵尾和 -m、-n、-ŋ、-p、-t、-k、-r、-ʔ、-s 9个辅音韵尾，由单元音和元音加韵尾构成75个韵母，其中单元音韵母18个，复元音韵母4个，带辅音尾韵母53个。

复元音韵母：ai au iu eu。

带辅音韵尾韵母：im in iŋ ip it ik ir iʔ is em en eŋ ep et ek er eʔ ɛʔ am an aŋ ap at ak ar aʔ ɔm ɔn ɔŋ ɔp ɔt ɔk ɔr ɔʔ om oŋ op ot ok or oʔ um un uŋ up ut uk ur uʔ yn yt yʔ øn øʔ。

有4个声调：高平55、高降53、高升35、低降31。

二　词汇

词汇多为单音节词和以单音节词素构成的复合词，多音节单纯词较少。构词方式分合成法和附加法两类。合成法是由两个词根组合构成新词，这是现代门巴语造词的主要方法。词根与词根的关系分联合关系、修饰关系、支配关系、表述关系、补充关系5种。附加法是在词根的基础上添加附加成分构成新词，分添加前加成分和后加成分两种。前加成分有ʔa，亲属称谓的名词多带这个前加成分。如ʔa⁵⁵pa⁵⁵（父亲）、ʔa⁵⁵ma⁵⁵（母亲）、ʔa⁵⁵tɕe⁵³（哥哥）。添加后加成分的较多，后加成分有pa⁵³、po⁵³、pu⁵³、ma⁵³、mo⁵³、wa⁵³、wo⁵³、tɕha⁵³等8个。如tak⁵⁵pa⁵³（脖子）、lu³⁵po⁵³（身体）、mak⁵⁵pu⁵³（女婿）、tɕe³⁵ma⁵³（沙子）、tsi⁵⁵mo⁵³（肝）、ce⁵⁵wa⁵³（核桃）、kɔː⁵⁵wo⁵³（老鹰）、tar³⁵tɕha⁵³（旗子）。

三 语法

门巴语的词分名词、数词、量词、代词、动词、形容词、副词、连词、助词、叹词等 10 类。称人的名词后面加 naŋ^{35}，表示复数。如 cer^{35}kan^{55}（老师），cer^{35}kan^{55}naŋ^{35}（老师们）；peʔ^{53}（衣服），peʔ^{53}naŋ^{35} 或 peʔ^{53}tso^{35}tsem^{35}（这些衣服）。在动物名称之后加 wo^{53}，表示幼小，如 pra^{53}（猴子），pra^{53}wo^{53}（小猴子）。数词的特点是常用 chɛʔ^{53}（二十）来计算四十以上的数目，如 chɛʔ^{53}（二十）nai^{35}（二）=40，chɛʔ^{53}nai^{35}nai^{35}=（42）。量词不丰富，只有很少的几个量词。量词和数词结合限制名词时，用在名词之后。如：tsha^{53}（盐）ca^{31}ma^{53}（斤）sum^{53}（三）（三斤盐）。动量词和数词结合修饰动词时，用在动词之前。如：tap^{53}（次）theʔ^{53}（一）cɛʔ^{35}wo^{53}（走了）（走了一趟）。代词第一、第二、第三人称都有单数和复数之分，第一人称多数还有包括式和排除式之分。ŋe^{35}（我），ŋa^{35}raʔ^{53}（我们），ŋa^{35}taŋ^{53}（咱们）；ʔi^{53}（你），ʔe^{53}raʔ^{53}（你们）；pe^{35}（他），pe^{35}raʔ^{53}（他们）。动词有体、态、式的语法范畴。体分将行体、已行体、先行体三种。均在动词后面添加后加成分，再加上相应的助词。动词的态分自动态和使动态两种，用语音变化或在动词后面添加附加成分再加相应的助词表示。动词的式可分陈述式、命令式、祈求式、疑问式、否定式 5 种。命令式用语音变化的办法表示。如 za^{35}（吃），zo^{35}（吃吧）；也有用添加语气助词表示，如 cɛʔ^{35}（走），cɛʔ^{35}ta^{31}（走吧！）祈求式用添加附加成分或添加附加成分并加语气助词表示。形容词大部分都附着后加成分 po^{53} 或 mo^{53}，表示比较级时后加成分改用 çøː^{55}，表示最高级时后加成分改用 thaː^{55}。如 riŋ^{35}po^{53}（长），riŋ^{35}çøː^{55}（较长），riŋ^{35}thaː^{55}（最长）。结构助词比较丰富，有 ko^{31}、te^{31}、le^{31}、ka^{31}、re^{31}、ki^{31} 等几个。分述如下：ko^{31} 用在名词或代词后面，表示领有。te^{31} 表示施动及所使用的工具。le^{31} 表示受动和比较关系。ka^{31} 和 re^{31} 都表示处所。ki^{31} 表示从由或来源。

四 方言

门巴语方言分南部方言和北部方言。南部方言主要分布在西藏错那县勒布区以及错那县以南的门达旺地区，这里人口较多，居住比较集中。北部方言分布在西藏墨脱县德兴区的文浪，人口较少。南、北两个方言语音略有差别，在词汇上，基本词汇彼此相同的比较多。在两千个常用词当中，彼此同源的占 70% 左右。

附：门巴语常用词举例

1	天	nam^{53}
2	太阳	plaŋ^{53}
3	月亮	lɛ^{55}thøn^{55}
4	星星	kar^{55}ma^{53}
5	云	sa^{55}caʔ^{53}
6	风	røn^{35}
7	雨	nam^{35}
8	水	tshi^{53}
9	河	tshi^{53}ta^{53}
10	山	ri^{35}
11	水田	leŋ^{35}
12	土	sa^{53}
13	窟窿	meʔ^{53}tɔŋ^{55}
14	石头	kɔr^{35}
15	火	me^{35}
16	上面	jar^{55}
17	下面	mar^{55}
18	里面	neŋ^{35}
19	外面	tɕhin^{55}
20	年	niŋ^{55}
21	日	ɲin^{35}
22	猪	phaʔ^{53}
23	狗	chi^{53}
24	熊	ɔm^{35}
25	老鼠	tɕi^{35}pu^{53}
26	鸡	khaʔ^{53}
27	鸟	tɕa^{35}

28	蚂蚁	ʂuk⁵⁵pu⁵³	64	吹	phuʔ⁵³ja³⁵
29	跳蚤	liu⁵⁵	65	说	ɕat⁵³
30	苍蝇	praː⁵³	66	跳	tɕhoʔ⁵³sa³⁵
31	蚊子	tɕut³⁵pa⁵³	67	走	cɛʔ³⁵
32	翅膀	ɕɔk⁵⁵pa⁵³	68	跑	pir³⁵
33	毛	pu⁵³	69	坐	zuk³⁵
34	鱼	ȵa³⁵	70	谁	ȵɛː³⁵
35	尾巴	khlɛʔ⁵³	71	扛	tɕar⁵⁵
36	树	ɕeŋ⁵⁵	72	洗（衣）	khɾuʔ⁵³
37	竹笋	søn⁵⁵	73	捆	tam³⁵
38	稻子	dem³⁵	74	问	bri³⁵
39	青稞	naʔ³⁵	75	骂	tep⁵⁵pa⁵³
40	姜	ka⁵³	76	笑	cen³⁵tar⁵⁵
41	果实	ɕeŋ⁵⁵toʔ⁵³	77	哭	ŋu³⁵
42	草	ŋøn⁵⁵	78	浮	haŋ⁵⁵ja³⁵
43	叶子	lɔ³⁵ma⁵³	79	溢	ɬap⁵³
44	头	kɔk³⁵theʔ⁵³	80	飞	phir⁵⁵
45	眼睛	meʔ⁵³	81	（狗）吠	tep⁵³
46	鼻子	na⁵³	82	啼	krek⁵³
47	耳朵	nem³⁵nɛʔ⁵³	83	大	then⁵⁵po⁵³
48	牙齿	wa⁵³	84	小	priu⁵³
49	胡子	ɕa³⁵dʐa³⁵	85	高	thɔ⁵⁵po⁵³
50	手	laʔ⁵³	86	低	me³⁵po⁵³
51	皮肤	phe⁵⁵khu⁵³	87	深	toŋ⁵⁵riŋ³⁵po⁵³
52	筋	tsa⁵³	88	长	riŋ³⁵po⁵³
53	血	ceʔ⁵³	89	短	thuŋ⁵⁵po⁵³
54	胆	kliʔ⁵³	90	厚	tuk⁵⁵po⁵³
55	心	niŋ⁵³	91	远	thaʔ⁵³riŋ³⁵po⁵³
56	父亲	ʔa⁵⁵pa⁵³	92	近	thaʔ⁵³len³⁵po⁵³
57	母亲	ʔa⁵⁵ma⁵³	93	多	maŋ³⁵po⁵³
58	子女	pu³⁵	94	少	ȵuŋ³⁵po⁵³
59	上衣	peʔ⁵³	95	轻	jaŋ³⁵po⁵³
60	裙子	maʔ⁵³	96	重	li⁵⁵po⁵³
61	听	ȵan³⁵	97	红	leu⁵⁵
62	吃	za³⁵	98	白	cher⁵⁵po⁵³
63	咽	kam⁵⁵	99	黑	plɛː³⁵kan⁵⁵

100	绿	dʑaŋ³⁵ ku⁵³
101	（羊）肥	car³⁵ ha⁵³
102	瘦	cem⁵⁵ pha⁵³
103	好	li³⁵ khu³¹
104	坏	tuk³⁵ po⁵³
105	快	tɕhat³⁵ po⁵³
106	慢	tɛː³⁵ pa⁵³
107	酸	tɕhu⁵⁵ po⁵³
108	甜	ȵuk³⁵ po⁵³
109	苦	kha⁵⁵ ti⁵³
110	辣	tɕik⁵³ pi⁵³
111	咸	——
112	痒	cha⁵³
113	我	ŋe³⁵
114	你	ʔi⁵³
115	他	pe³⁵
116	这	tso³⁵

蒙古语　蒙古族自称 monggol［mɔŋgol］。蒙古语属于阿尔泰语系蒙古语族。蒙古语族语言包括蒙古语、达斡尔语、东部裕固语、土族语、东乡语、保安语、康家语、莫戈勒语、布里亚特语、卡尔梅克语等 10 种。蒙古语主要分布于中国和蒙古国。

世界上蒙古人约 818 万，其中中国 580 多万（2000 年），蒙古国约 238 万多（2000 年）。中国蒙古族主要分布在内蒙古自治区、辽宁、吉林、黑龙江、新疆、青海、甘肃、北京等省、自治区、直辖市也有分布。中国蒙古语言文字使用情况大致有三类：主要使用蒙古语言文字的地区；蒙汉语言文字兼用地区和主要使用汉语汉文或兼用其他少数民族语言文字地区。根据抽样调查和估算，国内约有 400 万人使用蒙古语，其中有 200 多万人使用蒙古文字。蒙古语言文字主要在蒙古族聚居的广大农村牧区、各类学校和一些城镇的机关团体中使用。如第一第二类地区在嘎查（村）、苏木（乡）两极开会、传达文件、做报告、做记录、写汇报、写信、记账、填写统计报表等均使用蒙古文。蒙古文在蒙古族聚居区已确立为教学用语文。一、二类甚至部分三类地区中小学普遍实行蒙古语文授课或加授蒙古语文课。内蒙古自治区已经形成从幼儿园到大专院校以蒙古语文教学为主的民族教育体系。蒙古族自治地方的党政机关的重要文件、布告、会议报告、法规、印章、牌匾，以及标语、路标、证件等基本上蒙古文和汉文并行。全国新闻出版、文化艺术领域还比较广泛使用着蒙古语言文字。全国出版蒙文图书的出版社有 11 家，报纸杂志 80 多种。"中国新闻网""内蒙古教育网"等数百家蒙古文网站，传播着大量的蒙古文信息。其中包括官方网站和民间网站。2007 年开始有了蒙文手机。

我国蒙古语内蒙古方言为基础方言，正蓝旗为代表的察哈尔土语为标准音。

一　语音

元音和辅音　蒙古语的主要语音特点是元音分长短，有严整的元音和谐律，复辅音只出现在词末。有 11 个短元音：a、ə、i、I、ɔ、ʊ、o、u、ɛ、œ、ø；12 个长元音：ɑː、iə、iː、Iː、ɔː、ʊː、ɨo、uː、eː、ɛː、œː、øː。短元音 a、ə、i、ɔ、o 出现在多音节词的后续音节时，读作弱化元音；其他短元音只能在第一音节里出现。长元音 eː、øː 只能出现在多音节词的后续音节里。复元音有前响的 øI、yi、ʋe、ue 4 个和后响的 ʋa、uə、iɔ、iu、yɛ 4 个。其中 uə、iɔ、iu 3 个只在借词里出现。

蒙古语基本辅音有 19 个：b、p、m、ɸ、w、d、t、n、l、r、s、dʒ、tʃ、ʃ、j、g、k、ŋ、x。r 和 ŋ 只出现在词中或词末。ɸ、k 只出现在借词里。标准音地区有些词汇还保留 bj、mj、dj、tj、nj、lj、rj、gj、ŋj、xj 等 10 个腭化辅音。有 bt、bd、bs 等约 50 个复辅音。

音节　蒙古语的音节是以元音为核心构成。构成音节的成分是元音和辅音。蒙古语的音节结构主要有 V（V 代表元音，包括长短和复元音）、VC（C

代表辅音）、VCC（CC代表复辅音）、CV、CVC、CVCC 6种类型组成。多音节词的后续音节只能是CV、CVC、CVCC三种类型的任何一种。

元音和谐律 蒙古语的元音和谐律在阿尔泰语系诸语言中比较整齐严谨。其主要内容是，第一音节中的元音同后面音节的元音在松紧和唇状方面相互制约。也就是，词的第一个音节中有紧元音，那么，在这个词的后续音节中一般只出现紧元音。如果词的第一个音节中有松元音，那么，在这个词的后续音节中一般只出现松元音。

唇状和谐的主要内容是，词的第一个音节中如果有圆唇中元音，那么，后续音节，一般只出现圆唇元音；而在圆唇闭元音后，则反而出现展唇元音。

重音 蒙古语词的第一音节具有不区分意义的音势强的固定重音。第一音节以后的短元音一般模糊。

二 词汇

词汇方面的特点是反映畜牧业生产活动的词语最丰富，派生法是重要的构词方式。蒙古语的词汇从来源上分为固有词和借词；结构上分为根词、派生词和合成词。固有词中与同语族各语言同出一源的词相当多。这些同源词是蒙古语词汇的重要组成部分。下面举一些蒙古语与同语族各语言同源词的例子：

中期	蒙古	布里亚特	莫戈勒	达斡尔	东裕固	土族	东乡	保安	康家	
qar	gar	gar	gar	garj	Gar	Gar	qa	xar	χar	手
hulaʼn	ʊlaːn	ulaːŋ	ulan	xulaːn	ɬaːn	fulaːn	xulan	fulaŋ	fulɔ	红
niken	nəg	negeŋ	nikan	nək	niɣu	nəge	nia	nəgə	niye	一
ene	ən	ene	ɛna	ənə	ene	ne	ɛnə	ɛnə	这

蒙古语词汇中反映畜牧业生产活动的词具有鲜明的民族特色。譬如把五种牲畜分别按性别或年龄用不同的单纯词表示：

	马	牛	骆驼	山羊	绵羊
通称：	mœrj	uxər	təmeː	jamaː	xœnj
种公畜：	ɛdʒrăg	bʊx	bʊːr	uxăn	xʊtʃ
阉过的：	axt	ʃar①	at	sərx	irəg
母畜：	guː	unjəː	iŋ		
一岁的：	ʊnăg	tʊgăl bɔtɔ̆g	iʃĭg	xʊrăg	
两岁的：	daːg	bɪrʊː	tɔrɔm	tɔlŏg	
三岁公畜：	urəː	gʊn	tɛːlăg		
三岁母畜：	bɛːdăs	gʊndʒ			

各种牲畜的毛色、步态甚至发出的叫声以及奶食品、肉食品等都用各种不同的单纯词区分得非常细致。其中马匹的颜色、步态更为突出，这不仅反映蒙古族畜牧业生产，而且反映马背民族的马文化。

根词以单音节和双音节的较多。派生词是根词后面接各种构词附加成分构成的。所以，派生词以多音节词占多数。蒙古语派生词主要名词、形容词和动词多，而且相关构词附加成分也很多，大约几百种。

蒙古语的借词是从不同时期不同民族的语言里来的。尤其是我国的蒙古语里，以汉语借词最多。此外还有藏语、梵语、维吾尔语、满语、俄语、甚至希腊语和阿拉伯语、波斯语借词。

三 语法

语法方面的特点是各种语法附加成分一律接在词干后面，具有较典型的黏着语特点；动词的语法形式比较多，代词系统横切一切词类，既丰富形态变化又复杂。

词法 蒙古语保持着黏着的特点，语法范畴大部分靠接加附加成分表达。一个实词后面可以递接几种不同的附加成分，表示几层语法意义。一般顺序是构词附加成分→构词→构形附加成分→构形附加成分。在构形附加成分里面也有一定的次序。

传统上把蒙古语的词类分为实词和虚词两大类。实词可以划分为名词、形容词、数词、动词、代词等五类，虚词可以划分为副词、后置词、强调助词、情态词、语气词、状词、叹词等七类。实词中的代词，既包括代替名词的，也包括代替形容词、数词和动词的。也有按静词、动词和无变化词分为三类。

名词　有数、格、领属等范畴。表示这些范畴的附加成分按下面的次序递接在名词后面：名词词干—复数—格—人称领属或反身领属，名词的特点是可以接复数附加成分。

蒙古语不带复数附加成分的名词既可以表示单数又可以表示复数，其数在具体语言环境中加以区别。复数附加成分强调复数的时候才使用。

名词有七种格：主格、领格、位格、宾格、从比格、造格、共同格，表示词与词之间的结构关系，除主格之外，各种格都有附加成分。

形容词　形容词有级范畴，但在程度级别、范围等诸方面具有自己的特点。比较级可以比原级或高或低，也就是具有上下趋向。在等级或程度方面比较宽松，甚至比较模糊。有的语缀具有构形构词双重作用。同时可以在最高级后再加形容词比较级的附加成分。一般用词法、句法或词法句法合并等手段表示。

形容词也有数、格、领属等形态变化。其形式同名词的一样。

数词　有自己特有的形态变化。也可以接加格和领属附加成分，这些附加成分的形式同名词的一样。可分为如下7种：（1）基数词；（2）集合数词；（3）序数词；（4）概数词；（5）分配数词；（6）分数词；（7）复合数词。

量词　按性质可分为物量词和动量词两类。物量词主要计量人和事物单位。动量词是计量行为动作单位。

动词　动词有表示态、体、时、祈使式、副动词形式、形动词形式等范畴的附加成分。表示时、祈使式、副动词、形动词四种范畴的附加成分，不同时递接在同一个动词后面，动词在具体的语句中只从这四种范畴的附加成分中选用一种。但是在这四种范畴的附加成分前面，都可以有态附加成分和体附加成分。一个动词后面递接态附加成分和体附加成分的时候，态附加成分在前面。

态范畴　态附加成分有使动态、被动态、互动态、同动态和众动态五种。体范畴体附加成分只有一个。表示完成体的意义。

时范畴　时附加成分有三种：一般过去时、未完成过去时、非过去时。

形动词　形动词附加成分有五种。动词带形动词附加成分后，可递接同名词一样的格附加成分、人称领属附加成分或反身领属附加成分。

式动词　分志愿式、委婉命令式、警告式、听任式。

副动词　副动词附加成分有13种，在蒙古语各方言土语都有所不同。分先行副动词、并列副动词、延续副动词、目的副动词、前提副动词、条件副动词、让步副动词、界限副动词、衔接副动词、紧随式副动词、随带式副动词、相应式副动词、必然式副动词。

助动词　蒙古语中有一些动词可以用在别的动词或其他实词后面，表示一定的语法意义而不太着重表示词汇意义，但是仍保留着时、祈使式、副词、形动词等各种附加成分的能力。这些虚化了的动词就是助动词。

代词　分指示代词、人称代词、复指代词、疑问代词四类。指示代词和疑问代词都包括代替名词、形容词、数词和动词的。各个代词的语法特点大体同所代替的词类相似。

人称代词　分第一人称 biː、第二人称 tʃiː、第三人称 ən－/tər－（词根形式）三种。第三人称又分指近的 əd（复数）和 təd（复数）指远的。每种人称代词都有单数和复数的区别。单数第三人称代词同指示事物的指示代词同音。人称代词复数的表示法与名词不同，不是靠接附加成分表示，而是用词干的变化来表示。

人称代词后面可以接各种格附加成分，但是单数第一人称和单数第二人称代词分别用不同的词干来同各种格附加成分搭配。

疑问代词分人称疑问代词、指物的疑问代词、处所疑问代词、时间疑问代词、选择疑问代词、性质程度疑问代词、数量疑问代词，表示动词的疑问代词等。

副词 副词分为三类。第一类副词是程度副词，可以用在形容词前面或动词前面。第二类副词是时态副词，只能用在动词前面。第三类副词是状态副词。

句法 蒙古语的句子成分可以分为主语、谓语、宾语、修饰语四种。句子成分的一般次序是主语在谓语前面；宾语在谓语前面；修饰语在中心词前面。

谓语前面的主语和宾语的次序，以主语在宾语前面的时候居多。

四 方言土语

中国蒙古语方言土语主要按部落命名的，可分为巴尔虎－布里亚特方言、内蒙古方言和卫拉特方言。其中内蒙古方言分布最广、使用人数最多。巴尔虎－布里亚特方言有巴尔虎土语、布里亚特土语两个土语。内蒙古方言有科尔沁土语、喀喇沁土语、巴林土语、察哈尔土语、鄂尔多斯土语、额济纳土语6个。卫拉特方言有新疆土语、青海土语、肃北土语。这些方言之间在语音、词汇、语法等方面各有一定的差别。

附：蒙古语常用词举例

1	天	təŋgər
2	太阳	nar
3	月亮	sar
4	星星	ɔd
5	云	uul
6	风	sɜlx
7	雨	bɔrɔɔ
8	水	ʊs
9	河	mɔrõ/gɔl
10	山	ʊʊl
11	泥	ʃabăr
12	土	ʃɔrɔɔ
13	山洞	abɢɜɜ
14	石头	tʃuluu
15	火	ɢal
16	上	dəər
17	下	dɔɔr
18	左	dʒuũ
19	右	baraã
20	年	dʒil
21	晚	œrœœ
22	猪	ɢaxɜɜ
23	狗	nɔxœœ
24	马	mœrǐ
25	老鼠	xʊlɢăn
26	鸡	dɛxaa
27	鸟	ʃʊbʊʊ
28	鹰	borɢŏd
29	虱子	boos
30	青蛙	məlxii
31	蚊子	ʃʊmʊʊl
32	蹄子	tʊʊrɜɜ
33	毛	us
34	鱼	dʒaɢăs
35	尾巴	suul
36	树	mɔd
37	根	undəs
38	小麦	bʊʊdɜɜ
39	花	dʒitʃĭg
40	辣椒	tʃindʒuu
41	竹子	xʊls
42	茅草	ʊlaaldʒ
43	叶子	nɛbtʃ
44	头	tɔlɢœœ
45	眼睛	nud
46	鼻子	xamăr
47	耳朵	dʒix

48	牙齿	ʃud		84	小	bag
49	胡子	saxăl		85	高	ondŏr
50	手	ɢar		86	低	bœgĭn
51	皮肤	ars		87	宽	aɢʊʊ
52	骨头	jas		88	长	ʊrt
53	血	ʤʊs		89	短	ɔxɔ́r
54	肉	max		90	厚	ʤʊʤaã
55	心	ʤurx		91	远	xɔl
56	父亲	aaʤɪɪ		92	近	œœr
57	母亲	əəʤ		93	多	ɔlɔ̃
58	子女	xuuxəd		94	少	ʧoõ
59	上衣	xorŏm		95	轻	xoŋgŏ
60	裤子	omd		96	重	xund
61	听	sɔnsɔ́n		97	红	ʊlaã
62	吃	idən		98	白	ʧaɢaã
63	咳嗽	xɛnɪaan		99	黑	xar
64	喷出	bɔrgĭn		100	绿	nɔgɔɔ́
65	说	xələn		101	（羊）肥	targã
66	跳	usrən/xarɛɛn		102	新	ʃin
67	走	jabăn		103	好	sɛɛ̃55
68	跑	ɢyin		104	热	xalʊ ʊ̃
69	坐	sʊʊn		105	快	xʊrdã
70	谁	ʊntăn		106	慢	ʊdaã
71	扛	orgŏn		107	坏	mʊʊ
72	洗	ʊɢaan		108	痛	obdŏn
73	捆	xulən		109	苦	ɢaʃʊ ʊ̃
74	问	asʊʊn		110	辣	aaɢtɛɛ
75	骂	xaraan		111	饿	olsŏn
76	笑	inəən		112	渴	ʊndaasăn
77	哭	Yilăn		113	我	bii
78	停	ʤɔxsɔn		114	你	ʧii
79	沉	淀 tʊnăn		115	他	ən /tər
80	飞	nisən		116	这	ən
81	（狗）吠	xɔrgɔɔn				
82	咬	ʤʊʊn/xɛʤɪn				
83	大	ix				

蒙古语族 蒙古语族包括：蒙古语、达斡尔语、东部裕固语、土族语、东乡语、保安语、康家

语、布利亚特语、卡尔梅克语、莫戈勒语 10 种语言。蒙古语在中国主要分布在内蒙古自治区，此外，新疆、青海、甘肃、辽宁、吉林、黑龙江等省军也有分布，使用人口约 274 万人；在蒙古国境内，绝大多数人操蒙古语喀尔喀方言，使用人口 180 万人。达斡尔语主要分布在内蒙古自治区莫力达瓦达斡尔族自治旗，鄂温克自治旗和黑龙江齐齐哈尔市郊区，此外，在新疆塔城也有分布，使用人口约 10 万。东部裕固语分布在甘肃肃南裕固族自治县，使用人口 3500 余人。土族语主要分布在青海互助土族自治县、民和回族土族自治县，使用人口约 10 万。东乡语主要分布在甘肃临夏回族自治州，使用人口约 25 万人。保安语主要分布在甘肃积石山保安族东乡族撒拉族自治县，使用人口约 1 万人。康家语是青海尖扎县黄河南岸康杨镇一部分回族使用的语言，使用人口 400 余人。此外，布利亚特语分布在俄罗斯，使用人口约 30 万人，卡尔梅克语分布在俄罗斯，使用人口约 10 万人，莫戈勒语分布在阿富汗，使用人口约 3000 人。蒙古语族语言的共同性表现在类型上都属于黏着语，大量在词干后面加语缀而构成派生词和表示语法意义。在词汇上，上述各语言都与中世纪蒙古语有许多联系，还有许多对应的单词，即固有词。如表达自然界基本概念的名词（包括表达身体组织、器官的名词），性质形容词，基本数词，代词，及物动词、不及物动词等等。在语音系统上，蒙古语族各个语言都有各自的一些特征可以分别跟中世纪蒙古语相联系，建立起语音对应关系。蒙古语族语法上的共同性也很明显。在语法体系中占有重要地位的"格"范畴，其基本框架各个语言相当一致，都有主格、位格、离格、造格、宾格和领格，而各个格的语音形式在各个语言之间也有明显的共同性。动词的语法形式，例如陈述式的过去时和非过去时后缀，在各个语言之间共同性很明显。形动词的完成体和未完成体后缀，等等，也都跟中世纪蒙古语有明显的共同性。但是，蒙古语族各个语言之间，彼此也有不少重要的差异。中世纪蒙古语有元音和谐律，但是，在现代口语中，只有现代蒙古语、布利亚特语、卡尔梅克语、达斡尔语、东部裕固语还保持着元音和谐律，其他语言都已没有元音和谐律了。语法方面，表示名词"复数"范畴的后缀各语言之间的差异也比较大。动词否定式的表达方式在各个语言之间也互有出入。总之，蒙古语族各语言之间表现在语音上和语法上的差异常常交错重叠。目前由于学界研究还不够深入，还很难对语支提出准确的划分标准。

孟高棉语族 南亚语系的语族之一，是语系中包括语言最多、地理分布最广的语族。分布于印度东北部到中南半岛大部等地区，内有 100 多种语言，使用人口约有 3500 万人。中国境内属于孟高棉语族的语言有佤-德昂和克木两个语支，分布在云南省的沧源、耿马、双江、澜沧、孟定、孟连、西盟、永德、镇康、潞西、瑞丽、勐海等县。佤-德昂语支包括佤语（内分巴饶克、佤、阿佤三个方言）、德昂语（内分纳昂、若买、布雷三个方言）、布朗语（内分布朗、乌两个方言）三种语言；克木语支在中国只有克木语一种（内分卡别方言和克木方言，使用人口只有 1700 人），其余 8 种语言分布在老挝。孟高棉语族的语言特点是辅音比较复杂，塞音分清浊，有清化和送气的鼻音，有较多的复辅音，尤以德昂语和布朗语最为丰富。佤语的元音分松紧；德昂语的元音分长短；布朗语有声调。

勉语 瑶族使用的语言，又称"瑶语"，属汉藏语系苗瑶语族勉语支，操勉语的瑶族又称"过山瑶"，有些地方称为"盘瑶"。主要分布在广西、湖南、云南、广东、贵州以及江西等省区的山区。此外，海南的苗族约 4 万人也使用勉语。各地瑶族村寨星散在汉族、壮族或其他民族聚居区内。大分散、小集中是操勉语瑶族分布的特点。勉语分勉、金门、标-敏和藻敏四个方言，其中使用勉方言人口最多，分布最广。同一方言内的人可以通话，但不同方言之间的语言交流有困难。下面以广西龙胜大坪江的话为代表，介绍勉语情况。

声母 有 79 个声母：p ph b m m̥ w f t th d n n̥ l ɬ ts tsh dz s tɕ tɕh dʑ ȵ ȵ̥ ȵ̊ ɕ k kh g ŋ ŋ̥ h pj phj bj mj m̥j fj tj thj dj nj n̥j lj ɬj tsj tshj dzj sj pw phw bw mw m̥w fw tw thw dw lw ɬw tsw tshw dzw sw tɕw tɕhw dʑw ȵw ȵ̥w jw ɕw kw khw gw ŋw hw kjw khjw gjw hjw。

送气的塞音和塞擦音声母绝大多数是用来拼读汉语借词的。

韵母 有 i e ɛ a o u ə ɿ 8 个元音，有 -i、-u、-m、-n、-ŋ、-p、-t、-k 8 个韵尾，由元音和韵尾组成 61 个韵母：i e ɛ a o u ə ɿ ei aːi ai oːi uːi ui iu eu aːu au ou iːm im eːm aːm am oːm om iːn in eːn en aːn an oːn on un əːn iːŋ eŋ ɛːŋ aːŋ aŋ oːŋ oŋ uŋ ip ep aːp ap oːp op it et aːt at oːt ot ut ek ak oːk ok。

ə、ən、ɿ 是吸收汉语借词而增加的韵母。从元音长短的配置上看，大坪江勉语韵母系统已经简化了。

声调 有六个舒声调，两个促声调：

调类	1	2	3	4	5	6	7	8
调值	33	31	52	231	24	13	55	12
例字	tsaːŋ33	tsaːŋ31	tsaːŋ52	tsaːŋ231	tsaːŋ24	tsaːŋ13	daːt55	daːt12
词义	蒸	柴	掌	象	账	匠	翅膀	毒

勉语分 4 个方言，有的方言又分若干个土语。

（1）勉方言：广滇土语、湘南土语、罗香土语、长坪土语；（2）金门方言：滇桂土语、防海土语；（3）标交方言：东山土语、石口土语、牛尾寨土语；（4）藻敏方言。勉语方言土语的划分以自称为准。凡是自称相同的，语言都能互通，不管彼此居住相隔有多远。

附：勉语常用词举例

1	天	luŋ²
2	太阳	pu² noːi¹
3	月亮	ɬa⁵
4	星星	ɬei⁵
5	云	mou⁶
6	风	dzjaːu⁵
7	雨	bjun⁶
8	水	wam¹
9	河	swaŋ¹
10	山	tɕiːm²
11	水田	liːŋ²
12	土	nje¹
13	窟窿	khot⁷
14	石头	lai² pjei³
15	火	tou⁴
16	上面	ke² ȵɛːi⁶
17	下面	ke² dje³
18	里面	ke² ȵ̊wo⁴
19	外面	ke² ȵ̊e⁶
20	年	naŋ⁵
21	日	noːi¹
22	猪	tuŋ⁴
23	狗	tɕu³
24	熊	tɕop⁷
25	老鼠	naːu⁴
26	鸡	tɕai¹
27	鸟	no⁸
28	蚂蚁	dzjou³
29	跳蚤	tɕu³ mwo¹
30	苍蝇	muŋ⁴
31	蚊子	muŋ⁴ ȵai²
32	翅膀	daːt⁷
33	毛	pjei¹
34	鱼	bjau⁴
35	尾巴	twei³
36	树	djaŋ⁵
37	竹笋	bjai⁶

38	稻子	bjau²	74	问	naːi⁶
39	甘薯	doːi²	75	骂	heːm⁵
40	姜	suŋ¹	76	笑	tɕat⁷
41	果实	pjou³	77	哭	ȵom³
42	茅草	gaːn¹	78	浮	bjou²
43	叶子	noːm²	79	沉	tseːn²
44	头	mu²goːŋ³	80	飞	dai⁵
45	眼睛	mwei⁶tsiːŋ¹	81	（狗）吠	dʑuŋ⁵
46	鼻子	bjut⁸khot⁷	82	啼	gaːi⁵
47	耳朵	mu²noːm²	83	大	ɬu¹
48	牙齿	ȵa²	84	小	fai⁵
49	胡子	sjaːm¹	85	高	ɬaŋ¹
50	手	pwo⁴	86	低	ai³
51	皮肤	dop⁷	87	深	du¹
52	骨头	buŋ³	88	长	daːu³
53	血	dzjaːm³	89	短	naŋ³
54	胆	taːm³	90	厚	hu⁴
55	心	ȵou³/fim¹	91	远	ku¹
56	父亲	tje⁵	92	近	fat⁷
57	母亲	ma⁶	93	多	tsham³
58	儿子	toːn¹	94	少	tsu⁸
59	上衣	luːi¹	95	轻	heŋ¹
60	裙子	tɕun²	96	重	nje³
61	听	mwaŋ⁵	97	红	si⁷
62	吃	ȵen⁶	98	白	pɛ⁸
63	咳嗽	nop⁷	99	黑	tɕe⁷
64	吹	pjom³	100	绿	lwo⁸
65	说	koːŋ³	101	（羊）肥	tɕun⁶
66	跳	thiu⁵	102	瘦	tɕai⁶
67	走	jaŋ²	103	好	loŋ⁵/khu³
68	跑	pjau⁵	104	坏	waːi⁶
69	坐	tswei⁴	105	快	sjop⁷
70	谁	pwei⁵	106	慢	man⁶/ton⁶
71	扛	daːm¹	107	酸	suːi¹
72	洗(衣)	dzu⁵	108	甜	kaːm¹
73	捆	sai¹/du²	109	苦	iːm¹

110	辣	bjaːt^8
111	咸	dzaːi^2
112	痒	sjet^7
113	我	je^1
114	你	mwei^2
115	他	nen^2
116	这	naːi^3

缅语支 缅语支是汉藏语系藏缅语族的语支之一，包括缅语、载瓦语、阿昌语、浪速语、勒期语、波拉语等。缅语支分布在中国的云南和缅甸。缅语支与彝语支比较接近，因此有些学者主张把二者合并为一个语支，称为彝缅语支或缅彝语支。缅语支诸民族是古代氐羌的后代，其中说载瓦语、浪速语、勒期语、波拉语的人都认定为景颇族，是景颇族的不同支系。

缅语支在语音方面的特点是：（1）塞音、塞擦音除缅语外，只有清音，没有浊音。（2）有颚化声母和卷舌化声母。缅语、载瓦语、浪速语、波拉语有腭化与非腭化的对立。（3）辅音韵尾有鼻辅音韵尾和塞音韵尾两类。（4）除缅语、阿昌语外，元音都有松紧对立的现象，勒期语有长短元音的对立。（5）有弱化音节。（6）声调数量较少，变调现象复杂。（7）音节结构形式比较丰富。在词汇上，缅语支语言间的同源词在15%—30%。在语法上，人称代词有单数、双数和复数的区别。动词的使动范畴有的用送气和不送气来区别，一般送气的表示使动，不送气的表示自动。有的用松紧元音交替，松元音表示自动，紧元音表示使动。清化与非清化交替，清化表示使动，非清化表示自动。量词比较丰富。还有丰富的助词。

苗瑶语族 汉藏语系的语族之一，主要分布在中国的贵州、广西、云南、湖南、广东、四川、海南等省（区），使用人口有530万（1982年）。与中国邻近的越南、老挝、泰国、缅甸也有分布，使用人口约有70万。越南南北战争以后，一些苗、瑶难民流入美国、加拿大、澳大利亚、法国等国，据说约有10万之众。苗瑶语族分苗、瑶、畲三个语支，其中苗语支的苗语最为复杂。

苗语支由苗语、布努语、巴哼语、炯奈语组成。苗语有湘西、黔东、川黔滇三个方言区。湘西方言下分东部、西部两个土语；黔东方言下分北部、东部、南部三个土语；川黔滇方言内有7个次方言，以下又可分出14个土语。

布努语分布努、瑙格劳两个方言，其中布努方言又分东努、努努、布诺三个土语；瑙格劳方言又分包诺、努茂两个土语。巴哼语有三江、黎平两个方言。炯奈语不分方言。

瑶语支只有勉语一种语言。内分勉、金门、标敏、藻敏四个方言，其中勉方言有广滇、湖南、罗香、长坪四个土语；标敏方言有东山、石口两个土语。

畲语支有畲语、巴那语。畲语内分花莲、罗浮两个方言。

苗瑶语族和汉藏语系有一些相同的特点：（1）单音节词占绝大多数；（2）一般音节包含声母、韵母和声调并且多数能区分词汇意义或语法意义，声调系统和汉语相同；（3）虚词和语序是表达语法意义的主要手段，和汉语、壮侗语族一样使用主－谓－宾的语序并产生了量词。苗瑶语族有大量的汉语借词，随着借词的吸收，各语支都增加了新的韵母。

苗瑶语支和汉语还有一些构成对应的同源词，如：龙、狗、鸡、鱼、臼、搓、骑、沸、渴、辣、狭、中、故（旧）等。但各语支内部也有大量的各不同源的词，如：丈夫、妻子、姐姐、弟弟、斗笠、话、歌、飞、打、埋、藏、迟、快、直、条、双等。

苗语 苗族使用的语言，属汉藏语系苗瑶语族苗语支。中国的苗族主要分布在贵州、湖南、云南、四川、广西、重庆、湖北和海南等省、区、直辖市。除居住在海南的苗族使用瑶语，居住在湖北的绝大部分与居住在重庆的大部分转用汉语以外，其余居住在贵州、湖南、云南和广西的苗族大部分使用苗语。现今中国的苗族使用苗语的约为711万人。

苗语分三个方言，有些方言还分次方言或土语。

湘西方言 分两个土语：西部土语、东部土语。

黔东方言 分四个土语：北部土语、东部土语、南部土语、西部土语。

川黔滇方言 分八个次方言：（1）川黔滇次方言：第一土语、第二土语、第三土语。（2）滇东北次方言。（3）贵阳次方言：北部土语、西南土语、南部土语、西北土语、中南土语。（4）惠水次方言：北部土语、西南土语、中部土语、东部土语。（5）麻山次方言：中部土语、北部土语、西部土语、南部土语、西南土语、东南土语。（6）罗泊河次方言；（7）重安江次方言。（8）平塘次方言：东部土语、西部土语、北部土语、南部土语。

苗语方言土语的差别很大，不同方言的人不能互相通话。但川黔滇方言川黔滇次方言的内部差异较小，土语与土语之间的苗族基本上能通话。操不同方言和次方言的苗族彼此只能用汉语作中介语。下面分别介绍苗语的三个方言：以湖南花垣县吉卫乡腊乙坪话代表湘西方言西部土语，以贵州凯里市挂丁镇养蒿话代表黔东方言北部土语，以贵州毕节市燕子口镇大南山话代表川黔滇方言川黔滇次方言第一土语。

苗语湘西方言（腊乙坪）音系

声母 有67个声母：p ph mp mph m m̥h w pj pjh mj pz̥ phz̥ mphz̥ mz̥ ts tsh nts ntsh s t th nt nth n n̥h l l̥h ȶ ȶh ȵȶ ȵȶh ȵ z̥ ʂ tɕ tɕh ntɕ ntɕh ȵ z̥ ɕ c ch ɲc ɲch lj ljh k kh ŋk ŋkh ŋ kw kwh ŋkw ŋkwh ŋw q qh Nq Nqh h qw qwh Nqw Nqwh hw。

韵母 有 i e ɛ a ɑ o ɔ u ə ɤ ɯ 共11个元音，有 -i、-n、-ŋ 3个韵尾，由元音和韵尾构成如下16个韵母：i e ɛ a ɑ o ɔ u ə ɤ ɯ ei in en aŋ oŋ。

韵母中的 in en aŋ oŋ 4个韵母实际读为鼻化元音韵母：ĩ ẽ ã õ。

声调 古苗语的四声分化为8个调类，以1、2、3、4、5、6、7、8分别代表阴平、阳平、阴上、阳上、阴去、阳去、阴入、阳入，腊乙坪的阴入和阳入分别并入阴上（3）和阳上（4），实际上只有6个声调：

调类	阴平	阳平	阴入/阴上	阳入/阳上	阴去	阳去
调次	1	2	3/7	4/8	5	6
调值	35	31	44	33	53	42
例字	tɯ³⁵	tɯ³¹	tɯ⁴⁴	tɯ³³	tɯ⁵³	tɯ⁴¹
词义	回答	捶打	斗	盏	霜	止（血）

现代汉语借词阴平用44调，阳平用31调，上声53调，去声用35调。

苗语黔东方言（养蒿）音系

声母 有39个声母：p ph m m̥h f fh v ts tsh s sh z t th n n̥h l l̥h ȶ ȶh ȵ ȵ̥h lj ljh tɕ tɕh ɕ ɕh ʑ k kh ŋ xh ɣ q qh h。

韵母 有 ɛ a o e i u 6个元音，加上韵尾构成17个韵母：i (e) ɛ a o u ə io ien uɛ ua uei uen uaŋ ei en aŋ oŋ，其中的 io ien uɛ ua uei uen uaŋ 是汉语借词专用的韵母。

声调 有8个调类8个调值：

调类	阴平	阳平	阴上	阳上	阴去	阳去	阴入	阳入
调次	1	2	3	4	5	6	7	8
调值	33	55	35	11	44	13	53	31
例字	ta³³	ken⁵⁵	ȵa³⁵	tu¹¹	mhu⁴⁴	ɣa¹³	kə⁵³	za³¹
词义	厚	哭	傻	火	说	梳子	硬	辣

现代汉语借词阴平归入33调，阳平归入31调，上声归入55调，去声归入35调。

苗语川黔滇方言（大南山）音系

声母 有56个声母：

p ph mp mph m m̥ v f w pl phl mpl mphl ts tsh nts ntsh s t th nt nth n n̥ tl̥ tlh l l̥ ʈ ʈh ɳʈ ɳʈh tʂ tʂh ɳtʂ ɳtʂh ʐ ʂ tɕ tɕh ntɕ ntɕh ɲ ɲ̥ ʑ ɕ k kh ŋk ŋkh ŋ h q qh Nq Nqh。

韵母 有 a e o i u 5个元音，有 -i、-u、-n、-ŋ 4个韵尾，由元音和韵尾构成23个韵母：

i e a o u ie iau iou ei ai eu au ou en aŋ oŋ ien ue ua uei uai uan uaŋ，其中的 ei ie iau iou ien ue uei uai uen uaŋ 是现代汉语借词专用的韵母。

声调 有8个调类8个调值：

调类	阴平	阳平	阴上	阳上	阴去	阳去	阴入	阳入
调次	1	2	3	4	5	6	7	8
调值	43	31	55	21	44	13	33	24
例字	nto⁴³	nto³¹	nto⁵⁵	nto²¹	nto⁴⁴	nto¹³	nto³³	nto²⁴
词义	湿	天	砍	分	吐	边	织	紧

汉语借词阴平归入1调，阳平归入2调，上声归入3调，去声归入8调。

苗语各方言在词汇上差别较大，三个方言也有一些彼此同源的词。如苗族、地、太阳、月亮、二、三、四、吃、喝、黄、白、黑、好、早、晚、苦、痛、勤、懒等。

附：苗语三个方言常用词举例

词义	湘西（腊乙坪）	黔东（养蒿）	川黔滇（大青山）
1. 天	ta³⁵ pʐa³⁵ n̥he³⁵	vɛ⁵⁵	nto³¹
2. 太阳	n̥hɛ³⁵	n̥hɛ³⁵	n̥o⁴³
3. 月亮	qe³⁵ l̥ha⁵³	l̥ha⁴⁴	li⁴⁴
4. 星星	te³⁵ te³⁵ qe³⁵ l̥ha⁵³	tɛ³³ qɛ³³	n̥o⁴³ qo⁴³
5. 云	ca⁴⁴ tu⁵³	ten⁴⁴ en⁴⁴	tlaŋ⁴³ oŋ⁴⁴
6. 风	ci⁵³	tɕen⁴⁴	tɕua⁴⁴
7. 雨	noŋ⁴⁴	noŋ¹³	naŋ¹³
8. 水	u³⁵	ə³³	tl̥e³¹
9. 河	u³⁵	ə³³	tl̥e³¹
10. 山	qɔ³⁵ ʐei³¹	qa³¹ po⁵³	toŋ⁴³
11. 水田	la⁴²	lji⁵⁵	la³¹
12. 土	qɔ³⁵ tɯ³⁵	qa³¹ ta³⁵	lua³¹
13. 窟窿	qɔ³⁵ khɯ⁴⁴	qhaŋ³⁵	qhau⁵⁵
14. 石头	qɔ³⁵ ʐɯ³⁵	ɣi³³	ʐe⁴³
15. 火	pji⁴⁴ tə³³	tu¹¹	teu²¹
16. 上面	kɯ⁴⁴ lo⁵³	ki³⁵ vɛ⁵⁵	ʂou⁴⁴
17. 下面	kɯ⁴⁴ haŋ⁴⁴	ki³⁵ ta³³	tɕe³¹
18. 里面	kɯ⁴⁴ ɲaŋ⁴²	ki³⁵ ɲaŋ¹³	hou⁵⁵ ɳtau¹³
19. 外面	kɯ⁴⁴ ti⁵³	ki³⁵ ku⁵⁵	ɳtou⁴⁴
20. 年	tɕu⁵³	ɲ̥hu⁴⁴	ɕoŋ⁴⁴
21. 日	qɔ³⁵ n̥hɛ³⁵	n̥hɛ³³	n̥o⁴³
22. 猪	ta³⁵ mpa⁵³	pa⁴⁴	mpua⁴⁴

23.	狗	ta³⁵qwɯ⁴⁴	lḁ³⁵	tl̥e⁵⁵
24.	熊	kɯ⁵³ɕoŋ³³	l̥ji⁵³	tl̥ai³³
25.	老鼠	ta³⁵nen³³	naŋ¹¹	tʂua¹³ / naŋ²¹
26.	鸡	ta³⁵qa³⁵	qei³³	qai⁴³
27.	鸟	ta³⁵nu⁴²	nə¹³	noŋ¹³
28.	蚂蚁	ta³⁵mpha⁴⁴	kaŋ³³ʐo¹³	ɳtʂou²⁴
29.	跳蚤	ta³⁵te⁴⁴qwɯ⁴⁴	kaŋ³³mhen³³	mo⁴²tl̥e⁵⁵
30.	苍蝇	maŋ³³l̥jhe⁵³	kaŋ³³ʐu³⁵ka³⁵	mau²¹
31.	蚊子	ta³⁵maŋ³³	kaŋ³³ʐu³⁵ta³⁵lo⁴⁴	ʐoŋ⁵⁵
32.	翅膀	qɔ³⁵tei⁴⁴	qa³³ta³³	ti³³
33.	毛	qɔ³⁵pji³⁵	qa³³l̥ju³³	plou⁴³
34.	鱼	ta³⁵mʐɯ³³	zɛ¹¹	ɳtʂe²¹
35.	尾巴	pje⁴⁴tə⁴⁴	qa³³tɛ³⁵	ko⁴⁴tu⁵⁵
36.	树	qɔ³⁵ntu⁵³	tə⁴⁴	ntoŋ⁴⁴
37.	竹笋	mʐa⁴²	za¹³	ɳtʂua¹³
38.	稻草	nɯ³¹	na⁵⁵	mple³¹
39.	甘薯	hoŋ⁴⁴ɕɔ⁴⁴	na⁵⁵tu¹¹ / na⁵⁵ə³³	qau³³la⁴³
40.	姜	ʂɛ⁴⁴	khi³⁵	qha⁵⁵
41.	果实	qɔ³⁵pji⁴⁴	tsen³⁵	qha⁵⁵
42.	茅草	qɔ³⁵stshɯ⁴⁴	qɛ³³	Nqen⁴³
43.	叶子	qɔ³⁵nu³¹	qa³³nə⁵⁵	mploŋ³¹
44.	头	kɔ⁴⁴pʐei⁴⁴	qho³³	hou⁴⁴
45.	眼睛	lə⁴⁴qe³⁵	n̥hu³³mɛ¹³	qhau⁵⁵mua¹³
46.	鼻子	pa⁴⁴mʐə⁴²	po³⁵zɛ¹³	qhau⁵⁵ɳtʂu¹³
47.	耳朵	toŋ³¹mʐɯ³¹	qa³³zɛ⁵⁵	qhau⁵⁵ɳtʂe³¹
48.	牙齿	qɔ³⁵ɕɛ⁴⁴	m̥hi³⁵	na⁵⁵
49.	胡子	pa⁴⁴ɲi⁴²	qa³³ɕhaŋ⁴⁴ɲaŋ¹³	fu³¹tsi⁵⁵
50.	手	qɔ³⁵tɯ³³	pi¹¹	te²¹
51.	皮肤	qɔ³⁵co⁵³	qa³³tu³⁵	teu⁴⁴
52.	骨头	qɔ³⁵soŋ⁴⁴	shoŋ³⁵ / po³⁵shoŋ³⁵	tshaŋ⁴⁴
53.	血	ɳtɕhi⁴⁴	ɕhaŋ³⁵	ɳtʂhaŋ⁵⁵
54.	胆	qɔ³⁵tɕi³⁵	ɕen³³	tʂi⁴³
55.	心	qɔ³⁵moŋ³¹	lju³⁵	pleu³⁵
56.	父亲	a³⁵tɕa⁴⁴ / a³⁵pa³¹	pa³⁵	vai²⁴ / tsi⁵⁵
57.	母亲	a³⁵mji³³ / a³⁵ma⁴⁴	maŋ¹³	na²⁴
58.	子女	te³⁵	tɛ³³	to⁴³ki⁵⁵

59.	上衣	ə⁴⁴	u³⁵	tʂhau⁴⁴
60.	裙子	tɛ³⁵	qhu⁵³	ta⁴³
61.	听	toŋ⁵³	n̥haŋ³⁵	noŋ¹³
62.	吃	noŋ³¹	naŋ⁵⁵	nau³¹
63.	咳嗽	tɕi⁴⁴ nu⁴⁴	ŋo¹¹	noŋ³³
64.	吹	pz̩ho³⁵	tsho³³	tʂho⁵⁵
65.	说	phu⁴⁴	m̥ha⁴⁴ / ɣu³⁵	hai³³
66.	跳	tɕi⁴⁴ ntɛ³⁵	t̪i⁵³	tl̥ha⁴⁴
67.	走	hwe⁵³	haŋ³³	mo²¹ / fai⁵⁵
68.	跑	tɕi⁴⁴ ljhi³⁵	po⁵⁵ tɕo⁵⁵	taŋ¹³
69.	坐	tɕoŋ⁵³	ȵaŋ³³	ȵau⁴³
70.	睡	pə⁵³	pi⁴⁴	pu⁴⁴
71.	扛	Nqe⁵³	ki³⁵	ku⁵⁵
72.	洗（衣）	ntsho⁵³	sho⁴⁴	ntshua⁴⁴
73.	捆	tɛ³¹	qhei³³	qhai⁴³
74.	问	ne⁴²	nɛ¹³	no¹³
75.	骂	nta⁵³	tɕu³³ / tha⁴⁴	lua⁴⁴
76.	笑	t̪o⁴⁴	t̪ə⁵³	t̪o³³
77.	哭	ȵɛ⁴⁴	ken⁵⁵ / ȵaŋ³⁵	qua³¹ / ȵa⁵⁵
78.	浮	ntei³⁵	poŋ⁵⁵ / phu³³	ntaŋ⁴³
79.	沉	tu³³	taŋ⁵⁵	tau¹³
80.	飞	ʑi⁵³	ʑaŋ⁴⁴	ʑaŋ⁴⁴
81.	吠	tɕu⁴²	ɕi¹³	la¹³ / to²⁴
82.	啼	qɑ⁵³	qa⁴⁴	qua⁴⁴
83.	大	ljo³¹	ljhə³³	l̥o⁴³ / l̥o³¹
84.	小	ɕu³⁵	ʑu⁴⁴	ʑou⁴⁴
85.	高	ʂɛ³⁵	xhi³³	ʂa⁴³
86.	低	ŋɑ⁴⁴	ka¹¹	qe²¹
87.	深	to³⁵	to³³	to⁴³
88.	长	ntɯ⁴⁴	ta³⁵	nte⁵⁵
89.	短	le⁴⁴	lɛ³⁵	lo⁴⁴
90.	厚	ta³⁵	ta³³	tua⁴²
91.	远	kɯ³⁵	to¹¹	tl̥e⁴³
92.	近	ʑɯ⁵²	ɣi⁴⁴	ʑe⁴⁴
93.	多	ljho³⁵	nɛ⁴⁴	ntou⁴⁴
94.	少	ʑɔ⁵³	ɕu¹³	tʂeu¹³

95.	轻	ça³⁵	fha³³	ʂi⁴³
96.	重	hen⁴⁴	n̥hoŋ³⁵	n̥aŋ⁵³
97.	红	n̪tɕhi⁵³	ço⁵³	la⁴³
98.	白	qwə³⁵	lu³³	tl̥eu⁴³
99.	黑	qwe³⁵	lɛ³³	tl̥o⁴³
100.	绿	mz̪o³⁵	zo⁵⁵	n̪tʂua⁴³
101.	肥	t̪aŋ⁴²	t̪aŋ¹³	t̪au¹³
102.	瘦	ntsei⁵³	su⁴⁴	ntsou¹³
103.	好	z̪u⁵³	ɣu⁴⁴	z̪oŋ⁴⁴
104.	坏	tɕa⁴⁴	ʑaŋ³¹ / qa³³ l̥ja⁵⁵	tʂi⁵⁵
105.	快	ʂaŋ⁵³	xhi⁴⁴	ʂai⁴⁴
106.	慢	la³¹	ta³⁵ tɕə¹³	maŋ²⁴
107.	酸	çɔ³⁵	çhu³³	qou⁴³
108.	甜	tɕaŋ³³	qaŋ³³ zaŋ⁵⁵	qaŋ⁴³ z̪i⁴³
109.	苦	ɛ³⁵	i³³	a⁴³
110.	辣	mz̪ei³³	za³³	n̪tʂi²⁴
111.	咸	thu⁴⁴	l̥ju⁴⁴ çi³⁵	tl̥eu⁴⁴ n̪tʂe⁵⁵
112.	痒	çi⁵³ to³³	tɕhu⁴⁴ tɕha⁴⁴	khou³³
113.	我	we³³	vi¹¹	ko⁵⁵
114.	你	mɯ³¹	moŋ⁵⁵	kau³¹
115.	他	wu⁴⁴	nen⁵⁵	ni²¹
116.	不	tɕe³¹	a⁵⁵	tʂi⁴⁴

苗语支 苗瑶语族的分支之一，有四种语言。(1) 苗语，内分湘西、黔东、川黔滇三个方言。其中湘西方言下分东部、西部两个土语；黔东方言下分北部、东部、南部三个土语；川黔滇方言内有7个次方言，下分14个土语。(2) 布努语，内分布努、瑙格劳两个方言，其中布努方言下分东努、努努、布诺三个土语；瑙格劳方言下分包诺、努茂两个土语。(3) 巴哼语，内分三江、黎平两个方言。(4) 炯奈语不分方言。

与其他语支区别的主要特点是：(1) 元音不区分长短；(2) 没有塞音韵尾（布努语的壮语借词除外）和双唇鼻音尾；(3) 苗语的川黔滇方言有带鼻冠音的塞音、塞擦音 mp、nt、nts、n̪tʂ、nq；黔东方言有一套送气的擦音 fh、sh、çh、l̥h、xh 和清化鼻音 n̥、m̥；(4) 形容词、名词作修饰语时都在中心词之后；(5) 指示代词修饰名词也是在中心词之后；(6) 和汉语、壮侗语族语言一样，有些名词冠有性状标志，这些性状标志发展为量词后可单独受其他词的修饰，如布努语：tuŋ⁴（只）vi³（小）小的那只；tuŋ⁴（只）jɤŋ⁵（飞）飞的那只。

末昂语 云南文山壮族苗族自治州富宁县的龙洋、龙迈、木腊、里拱和广西与云南富宁县接壤的地方，有 5000 余人自称末昂的彝族，他们被称为自倮，使用着一种语言，叫末昂语，其语音、词汇和语法与彝语或彝语支其他语言有较大的差别。这里简介如下。

一 语音

声母 有 60 个声母，除了单辅音声母外，有一套腭化声母，有一套带前喉塞的鼻音声母，有几个带鼻冠音声母，还有几个既带喉塞又腭化的声母。

各类声母如下：p ph b mb m ʔm f v ʔv pj phj bj mbj mj ʔmj vj t th d nd n ʔn l ʔl tj thj dj ndj nj ʔnj lj ʔlj ts tsh dz s z tɕ tɕh dʑ ȵ ʔȵ ɕ ʑ ʔʑ k kh g ŋ ʔŋ ɣ kj khj q qh ɢ qj qhj ʔ h。

声母例词：

p	pa³³	青蛙
pj	pja³³	蜂
ph	phaŋ⁵¹	掉
phj	phjaŋ⁵¹	衣服
b	bau³³	拱
bj	bjau³³	软
mb	mbau⁵¹	叫
mbj	mbjau⁵¹	脱
m	ma³³	匹、只
mj	mja³³	多
ʔm	ʔma³³	母
ʔmj	ʔmja³³	污垢
f	fa²¹	发霉
v	va²¹	（拳）打
vj	vja²¹	蝙蝠
ʔv	ʔva²¹	（哪）个
t	tu²¹	浪费
tj	tju²¹	眼睛
th	the⁵¹	静
thj	thje⁵¹	声音
d	deʔ²¹	盐
dj	djeʔ²¹	劈
nd	ndat³³	刺
ndj	ndjat³³	响
n	no³³	肾
nj	njo³³	哈人笑
ʔn	ʔnat⁵⁵	丢失
ʔnj	ʔnjat⁵⁵	压
l	laŋ³³	等待
lj	ljaŋ³³	滚
ʔl	ʔla⁵¹	歌
ʔlj	ʔlja⁵¹	动物名
ts	tsau⁵¹	捕鼠
tsh	tshau⁵¹	甜
dz	dza³³	亮
s	sa³³	吃
z	za³³	龙
tɕ	tɕe²¹	星星
tɕh	tɕhe²¹	痣
dʑ	dʑok⁵⁵	发抖
ȵ	ȵa³³	快
ʔȵ	ʔȵa³³	（菜）老
ɕ	ɕa³³	铡（草）
ʑ	ʑa³³	穿
ʔʑ	ʔʑa³³	小叔
k	kat⁵⁵	抓
kj	kjat⁵⁵	怕
kh	khɛi⁵¹	儿媳
khj	khjɛi⁵¹	梗塞
g	gɛi⁵¹	皮
ŋ	ŋau³³	转变
ʔŋ	ʔŋau³³	山羊
ɣ	ɣa³³	得
q	qap⁵⁵	噎
qj	qjap⁵⁵	镶
qh	qhap⁵⁵	烙
qhj	qhjap⁵⁵	砌
ɢ	ɢɛi²¹	鞋
ʔ	ʔa³³	儿子
h	hak⁵⁵	玉米

韵母　有79个韵母，其中有单元音韵母、复元音韵母、带辅音尾韵母几类。

声调　有5个声调：

	1	2	3	4	5
调值：	55	33	13	51	21
例词：	pa⁵⁵	pa³³	paʔ	pa⁵¹	pa²¹
	河	岳父	薄	跟随	山岩

二　词汇

末昂语的词以单音节和双音节的合成词比较多，自己的固有词比较丰富，外来借词的比例不大。有不少基本词与同语族、同语支语言有同源关系。有一定数量的汉语借词和壮语借词。有些汉语词是通过壮语吸收的。

三　语法

末昂语的词分名词、动词、形容词、数词、量词、代词、副词、助词、连词、叹词等10类。

名词　无性、数的语法范畴，表示人的性别时，在后面加后缀 ʔma³³ 表示阴性，加后缀 pa³³ 或 pha²¹ 表示阳性。在动植物名词后面加后缀 phau⁵¹ 或 tak⁵⁵ 表示阳性。

动词　有体的语法范畴，分进行体、已行体、完成体、曾行体等四类。在动词后加助词表示。

形容词　分单音节和双音节两种。单音节形容词可以重叠表示程度加深。在单音节形容词前面加 ʑeʔ¹³，即转化为名词性的"的字结构"。例如：kaŋ³³（大），ʑeʔ¹³kaŋ³³（大的）。

数词　基数词有 thiʔ³³/ta²¹ 一、ni³³ 二、su̠ŋ³³ 三、lɛi³³ 四、ŋa³³ 五、qho³³ 六、ɣiʔ³³ 七、ʑeʔ³³ 八、kau³³ 九、seʔ⁵⁵ 十、ʑaʔ⁵⁵ 百、ɕɯn²¹ 千、fan³³ 万。序数词主要借用汉语。

量词　分名量词和动量词两类。名量词较多，动量词较少。

代词　分人称代词、指示代词、反身代词、疑问代词。人称代词分单数、双数、复数三类。第一人称复数不分包括式和排除式。物主代词用人称代词的韵母屈折形式表示。例如：ŋa⁵¹（我），ŋeʔ¹³（我的）；na⁵¹（你），neʔ¹³（你的）；ʑa⁵¹（他），ʑeʔ¹³（他的）。疑问代词分问人的、问物的、问处所的、问时间的、问性质的、问数量的几种。

副词　分程度副词、范围副词、时间副词、否定副词几种。副词作状语时多在谓语的前面，少数在后面。

助词　分结构助词、表体助词、语气助词三类。

句子成分　分主语、谓语、宾语、定语、状语。基本语序是：主—谓—宾。定语的位是：名词、代词作定语，在中心语之前，形容词、数量词作定语，位于中心语之后。状语通常位于中心语之前。

附：末昂语常用词举例

天	mau³³
星星	tɕe²¹
雨	mau³³ ɣɛi⁵¹
水	ɣɛi⁵¹
火	mi³³
河	pa⁵⁵
土	mei⁵¹
年	qho³³
马	muŋ³³
山羊	ʔŋau³³
豹子	tshom³³
狗	qhui³³
猪	vaʔ¹³
鸡	ɣaʔ¹³
青蛙	pa³³
虫	pau³³
蚕	ʔmiʔ²¹
龙	ʑa³³
玉米	ma²¹ hak⁵⁵
小米	tshɯm³³

谷子	qha²¹		好	lau³³
果子	sɛ³³		甜	tshau⁵¹
丝瓜	ʔnet⁵⁵		苦	qha³³
竹子	ma⁵¹		快	mau³³
母亲	ʔma³³		老	tɕe⁵⁵
儿子	ʔa³³		细	mbɯn³³
儿媳	khɛi⁵¹		深	lup²¹
眼睛	tju²¹		热	ȵat⁵⁵
脸	phjaŋ³³		饱	mboʔ¹³
嘴	mɯen³³		软	bjau³³
牙	ma²¹ so³³		我	ŋa⁵¹
手	laʔ¹³		你	na⁵¹
脚	khɛi⁵¹		他	ʑa⁵¹
肾	na³³		那	ʔuaʔ²¹
小腿	kuak²¹		一	thiʔ³³/ta²¹
皮肤	gɛi⁵¹		不	ma²¹
毛	mi⁵⁵			
吃	sa³³			
吹	pau³³			
说	tɕap³³			
推	puŋ³³			
扛	mbaʔ³³			
砍	phɯaʔ³³			
睡	ʑiʔ³³			
来	lɛi³³			
去	ʔi⁵¹			
抬	tshi³³			
做	mu⁵¹			
是	ŋɛi³³			
下（雨）	lɛiʔ²¹			
死	ʔŋo³³			
大	kaŋ³³			
小	beiʔ⁵⁵			
多	mja³³			
白	tsọ³³			
亮	pɯaŋ³³			

莫语 贵州黔南布依族苗族自治州荔波县内自称为"爱莫"ʔai³ maːk⁸ 的人所使用的语言，属汉藏语系壮侗语族侗水语支。分布于荔波县阳凤、方村、甲良、地莪4个乡，独山县也有部分人居住。他们全部姓莫，当地称为"莫家"人，民族成分是布依族。总人口有15000余人。使用莫语的有一万余人。另外有少数吴姓人自称"爱锦"ʔai³ ȶam¹，说的话叫"锦话"，跟莫语差不多，经过对比研究，两种话是一种语言，统称"莫语"。莫语最接近水语。莫家人跟布依族杂居、通婚，唱布依歌，莫语里有不少布依语词，但从音系结构和基本词汇分析，莫语应属侗水语支，分莫方言和锦方言两个方言。早在1942年，李方桂教授调查过莫语，出版了《莫话记略》，对方村莫语音系做过介绍。下面是倪大白教授1985年调查的荔波县阳凤乡大利村莫语的情况。

一、语音

有50个声母：p ph b ʔb m f v w t th ʔd n s ʐ (z) l ts ʈ ʈh ʔɖ ȵ ɕ j k kh ʔg ŋ ʔ h pj phj bj tj ʔdj mj lj tw nw sw ʐw lw tsw t̪w t̪hw ʔɖw n̥w j kw khw ʔgw ŋw。据杨通银《莫语研究》的代表点是莫语的锦方言的太阳寨，该地的莫语有61个声母，比阳凤乡大利村的莫语主要是多了一套清化鼻音、边音。太阳寨的锦方言保留的古音较多。有 i e a o ə u 6个元音，有 -i、-u、-m、-n、-ŋ、-p、-t、-k 8个韵尾。由元音和韵尾构成63个韵母：i e a o ə u ai aːi oi əi ui iu eu au aːu əu im iːm em am aːm om əm in iːn en an aːn on ən un iŋ iːŋ eŋ aŋ aːŋ oŋ əŋ uŋ ŋ̍ ip iːp ep ap aːp op əp it iːp et at aːt ot ət ut ik iːk ek ak aːk ok ək uk

其中的 ŋ̍ 是声化韵母，如 ŋ̍² 你。

有6个舒声调和5个促声调：

调类	调值	例		词	
第1调	12	ma¹	狗	ləm¹	风
第2调	31	ma²	舌头	ləm²	猪心
第3调	33	ma³	软	ləm³	像
第4调	42	ma⁴	马	mjo⁴	钝
第5调	34	ma⁵	浸泡	ləm⁵	泥土
第6调	44	məm⁶	鱼	ləm⁶	摸
第7调（长）	33	taːp⁷	挑	mok⁷	雾
（短）	44	tap⁷	肝	kwat⁷	扫
第8调（长）	42	thok⁸	读	lok⁸	赶（牛）
（短）	31	tap⁸	砸	phuk⁸	白
第9调	34	tok⁹	落	mok⁹	埋

据《莫语研究》所记录的荔波县播尧乡太阳寨莫语锦方言，其音系特点如下。

有61个声母：p ph b m̥ m f v w hw pj phj bj mj t th d n̥ n s z l l̥ ts tsh tj dj nj zj lj l̥j tw thw dw nw sw zw lw l̥w t̪ t̪h ɖ n̥̪ n̪ ɕ j jt̪w t̪hw n̥w w jw k kh g ŋ̊ ŋ kw khw ŋw ʔ h。

有 i ə ɯ e i u o ɿ 8个元音，有 -i、-u、-ɯ、-m、-n、-ŋ、-p、-t、-k 9个韵尾，由元音和韵尾组成65个韵母：a ə ɯ e i u o ɿ aːi ai əi ui oi aːu au əu eu iu aɯ aːm am əm em im om aːn an ən un en in un on aːŋ aŋ əŋ ɯŋ eŋ iŋ uŋ oŋ ŋ̍ aːp ap əp ɯp ep ip op aːt at ət ɯt et it ut ot aːk ak ək ɯk ek ik uk ok。

有6个舒声调和3个促声调：

调类	调值	例		词	
第1调	11	taːu¹	床	daːi¹	好
第2调	31	ma²	舌头	kuŋ²	多
第3调	33	maːn³	村	jaːi³	长
第4调	53	ja⁴	奶奶	zui⁴	坏
第5调	35	ləm⁵	土	pu⁵	吹
第6调	13	ku⁶	茎	hen⁶	啃
第7调	55	sap⁷	涩	tap⁷	肝
第9调	35	viːt⁹	水车	duk⁹	呕吐
第8调	31	laːk⁸	拉	tap⁸	堆积

莫语的指示代词分近指、远指、更远指三个：naːi⁶ 这（近指）；si⁵ 那（远指）；na³ 那（更远指）。

从语音上看，莫语跟侗水语比较接近，但跟壮语和布依语也很接近。据《莫语研究》提供的资料看，在1078个用以比较的词当中，莫语与侗水语和壮傣语各语言都相同的词有485个，占44.99%，与侗水语相同而与壮傣语不同的有183个，占16.97%，与壮傣语支相同而与侗水语支不同的有43个，占3.99%。独有词113个，占10.48%，其余为异同互有参差的词。与侗水语支相同的比率为61.96%，与壮傣语支相同的比率为47.98%。词汇比较结果表明，莫语跟侗水语支语言的同源词多于莫语与壮傣语支的同源词。莫语跟同语族语言词汇接近的程度依次为毛南语—水语—侗语—仫佬语—布依语—壮语—傣语。把莫语归入侗水语支是合适的。

附：莫语常用词举例

1	天	mən¹
2	太阳	da¹van¹
3	月亮	laːŋ¹nin²
4	星星	daːu¹dəi⁵
5	云	va⁶
6	风	ləm¹

7	雨	vin¹		43	叶子	va⁵
8	水	nam³		44	头	ʈau³
9	河	ni¹		45	眼睛	da¹
10	山	pu¹		46	鼻子	naŋ¹
11	水田	ja¹		47	耳朵	ʈha¹
12	土	l̥əm⁵		48	牙齿	jəu³
13	窟窿	khəu⁵		49	胡子	n̥ut⁸
14	石头	tui²/pja¹		50	手	mji¹
15	火	vəi¹		51	皮肤	pəi²
16	上面	əu¹		52	骨头	daːk⁹
17	下面	l̥a³		53	血	phjaːt⁹
18	里面	aːu³		54	胆	bəi¹
19	外面	nuk⁷		55	心	swam¹
20	年	be¹		56	父亲	pəu⁴/tja³
21	日	van¹		57	母亲	nəi⁴/ma³
22	猪	tə²m̥əu⁵		58	子女	lak⁸
23	狗	tə²m̥a¹		59	上衣	luk⁷
24	熊	mui¹		60	裙子	fin³
25	老鼠	tə²n̥o³		61	听	kə¹ʈha¹
26	鸡	tə²kaːi⁵		62	吃	ɕin¹
27	鸟	nok⁸		63	咳嗽	ʈu⁵
28	蚂蚁	tə²mət⁸		64	吹	po⁵
29	跳蚤	tə²mət⁷		65	说	ʈaːŋ³
30	苍蝇	n̥uŋ⁴ŋaːi²		66	跳	sat⁷
31	蚊子	tə²n̥uŋ⁴		67	走	sam³
32	翅膀	va⁵		68	跑	ljit⁸
33	毛	zun¹		69	坐	zui⁶
34	鱼	tə²məm⁶		70	谁	nun²
35	尾巴	zwət⁷		71	扛	ŋwən¹
36	树	mai⁴		72	洗(衣)	zuk⁹
37	竹笋	naːŋ¹		73	捆	du¹/zuk⁸
38	稻子	ku¹əu³		74	问	saːi³
39	甘薯	lə²man²		75	骂	zəi⁶/kwe³
40	姜	siŋ¹		76	笑	ʈu¹
41	果实	dan¹		77	哭	n̥e³
42	茅草	ku¹ja¹taːi³		78	浮	muŋ¹/phjəu¹

79 沉	sam¹	
80 飞	vin⁶	
81 （狗）吠	tɕhau⁹	
82 啼	tɕan¹	
83 大	laːu⁴	
84 小	təi³	
85 高	vuŋ¹	
86 低	dam⁵	
87 深	jam¹	
88 长	jaːi³	
89 短	din⁶	
90 厚	na¹	
91 远	lai¹	
92 近	phjai⁵	
93 多	kuŋ²	
94 少	ɕiu³	
95 轻	za⁶	
96 重	zan¹	
97 红	laŋ¹	
98 白	puk⁸	
99 黑	nam¹	
100 绿	jəu¹	
101 （羊）肥	vəi²	
102 瘦	jəm¹	
103 好	daːi¹	
104 坏	zui⁴	
105 快	zjəu⁵	
106 慢	dun⁶	
107 酸	səm³	
108 甜	khan¹	
109 苦	kam¹	
110 辣	ljin⁵	
111 咸	daŋ⁵	
112 痒	det	
113 我	əu²	
114 你	ŋ²	
115 他	man¹/mə¹	
116 这	naːi⁶	

木佬话 贵州黔东南苗族侗族自治州和黔南布依族苗族自治州北部的一些县市，有28000多人（1993年）自称"嘎沃"，当地汉族称之为"木佬"。据说使用一种与当地的布依语、苗语或侗语不同的语言。1993年，贵州有关部门在调查研究的基础上，参考本民族的意愿，认定木佬人为仫佬族，与广西的仫佬族相同。2000年在麻江县龙山乡复兴村芭茅寨调查该语言时，当地只有一位能讲木佬话的老年妇女文国英，时年87岁，据说她是当地还能说木佬话的老人。从这一情况看来，在贵州这两个州各地，能说木佬话的人可能已经不多了，木佬话实际上是接近消亡的语言。下面是据《中国的语言》一书所介绍的麻江县芭茅寨木佬话的特点。

一 语音

声母 有27个声母：p ph m f v t th n ɬ l ts tsh s z tɕ tɕh ȵ ɕ z k kh ŋ x ɣ q qh ʔ。

声母例词：

p	pa²⁴	田埂
ph	phuŋ³³	洞
m	qa³³mau³¹	芭芒草
f	fai³³	风
v	va³¹	火
t	ta³³	外祖父
th	u³³thaŋ³³	糖
n	naŋ²⁴	狗
ɬ	ɬa³¹	月
l	la³³	下午
ts	tsa⁵³	外祖母
tsh	tshə³³	弟弟
s	sau³¹	七
z	qa²⁴za⁵³	昨天
tɕ	fa³¹tɕy²⁴	金子

tɕh	tɕhaŋ⁵³	强壮
ȵ	ȵe³¹	六
ɕ	ɕaŋ³³	箱子
ʑ	ʑa²⁴	草
k	kaŋ³¹	山
kh	khe³¹	看
ŋ	mi⁵³ŋaŋ³¹	松树
x	xa⁵³	听
ɣ	ɣau³¹	八
q	qa²⁴	鸡
qh	qhai³³	看见
ʔ	ʔa³¹	豆子

韵母 有 a e ø i y u ɯ o ə 9 个元音；有 -i、-u、-n、-ŋ 4 个韵尾，由元音和韵尾构成如下 22 个韵母：a e ø i y u ɯ o ə ai ei ie ui au iu əu en aŋ eŋ iŋ uŋ əŋ。

声调 有 5 个声调：

调类	调值	例　词			
第 1 调	55	a⁵⁵	不	la⁵⁵	晚上
第 2 调	33	uŋ³³	水	la³³	蜡
第 3 调	24	ti²⁴	哥哥	ki²⁴	犁
第 4 调	53	ȵiŋ⁵³	命运	mə⁵³	米
第 5 调	31	ɣau³¹	八	va³¹	火

二　词汇

木佬话有相当一部分基本词是自己独有的，如：tso⁵³zə³¹ 星星、ve⁵³ 云、tsə²⁴ 年岁、ti⁵⁵ 猴子、le⁵³la³³ 蚂蚁、laŋ³¹li³³ 蝉、ku³³ 鸡冠、ly³³ly²⁴ 螺蛳、mi⁵³ŋaŋ³¹ 松树、ve⁵³qa²⁴ 柚子、ʑa²⁴kaŋ³³ 蓝靛草、pa³³mə⁵³ 穗儿、mə⁵³vaŋ³³ 麦子、mə⁵³tso³¹ 小米、sə³¹ 葱、zai³¹ 油、kə³³ 茶、ŋa⁵⁵ 是、ŋə³³ 蓝、ŋai³¹ 绿、ŋe³³ 香、tsai⁵⁵ 腥、fa⁵⁵ 宽、tɕaŋ³¹ 窄、zau³¹ 新、zuŋ⁵³ 旧。木佬话有自己固有的数词：tsi⁵⁵ 一、ɬu²⁴ 二、ta²⁴ 三、phu²⁴ 四、mu³¹ 五、ȵe³¹ 六、sau⁵³ 七、ɣau³¹ 八、so²⁴ 九、ve⁵³ 十、ze³¹ 百、seŋ²⁴ 千、vai⁵³ 万。

三　语法

名词为中心语时，修饰成分位于其后，也可以位于其前，如：naŋ²⁴ȵe⁵³（狗黄），也可以说成 ȵe⁵³naŋ²⁴（黄狗）；代词一般要用在被修饰的中心语之后：mi⁵³zə⁵³（母亲我）我母亲，pə³³zau³¹（父亲我们）我们父亲，qu²⁴na³¹（镰刀这）这镰刀，xa²⁴zau³¹（房子我们）我们家。但借用汉语的结构助词 ti³³（的），其次序跟汉语一样：mo³¹（你）ti³³（的）lai⁵³la³³（孩子）（你的孩子）；动词带宾语和补语时，其语序是动词—宾语—补语，如：tau³¹（做）lai⁵³lu³¹（衣服）au²⁴（脏）把衣服弄脏。

附：木佬话常用词举例

1	天	li²⁴fə³¹
2	太阳	kə³³zə³¹
3	月亮	kə³³va³¹
4	星星	tso⁵³zə³¹
5	云	ve⁵³
6	风	fai³³
7	雨	me³¹
8	水	uŋ³³
9	河	pə³³uŋ³³
10	山	kaŋ³¹
11	水田	no³¹
12	土	ɬu³¹
13	窟窿	le⁵³phuŋ³³
14	石头	qo⁵³y²⁴／a⁵⁵
15	火	va³¹
16	上面	pai⁵⁵ya³¹
17	下面	pai⁵⁵ze⁵³
18	里面	za⁵³xa²⁴
19	外面	tsuŋ²⁴pə³³
20	年	tsə²⁴
21	日	ve³¹
22	猪	my²⁴
23	狗	naŋ²⁴
24	熊	naŋ²⁴luŋ²⁴

25	老鼠	mə^{53}／mu^{53}		61	听	xa^{53}
26	鸡	qa^{24}		62	吃	ku^{24}
27	鸟	zau^{53}		63	喝	xa^{24}
28	蚂蚁	le^{53} la^{33}		64	嚼	ȵa^{55}
29	跳蚤	me^{53}		65	说	tsu^{53}
30	苍蝇	fuŋ^{31} fe^{33} qei^{55}		66	跳	zu^{33}
31	蚊子	fuŋ^{31} fe^{31}		67	走	tsa^{53}
32	翅膀	pau^{33} fau^{31}		68	跑	kə^{53}
33	毛	ȵy^{33}		69	坐	zaŋ^{31}
34	鱼	lo^{31}		70	谁	ȵi^{33} xu^{53}
35	尾巴	ȵo^{53} me^{31} ɬe^{33}		71	扛	pui^{53}
36	树	mi^{53} za^{31}		72	洗脸	fo^{33} tsho^{33}
37	竹笋	zen^{53}		73	捆	qo^{33}
38	稻子	mə^{53}		74	答	xai^{53}
39	甘薯	va^{53} ɬu^{53}		75	骂	ȵi^{55}
40	姜	xə^{31}		76	笑	sə^{31}
41	果实	vai^{53}		77	哭	ŋeŋ^{53}
42	茅草	qa^{33} luŋ^{24}		78	淹	ȵa^{31}
43	叶子	le^{53} lu^{31}		79	流	la^{24}
44	头	li^{24} xi^{24}		80	飞	vai^{33}
45	眼睛	li^{33} zo^{31}		81	啃	ku^{31}
46	鼻子	mi^{53} ȵe^{55}		82	咆哮	kɯ^{53}
47	耳朵	le^{53} ɣo^{31}		83	大	luŋ^{24}
48	牙齿	le^{24} suŋ^{24}		84	小	ȵi^{55}
49	胡子	ty^{33} me^{53}		85	高	fə^{31}
50	手	le^{24} ȵo^{31}		86	低	ɬo^{53}
51	皮肤	pau^{53} xu^{33}		87	深	tsa^{53}
52	骨头	ku^{24} za^{53}		88	长	ɣa^{53}
53	血	pa^{55}		89	短	ŋe^{33}
54	汗	zaŋ^{33}		90	厚	zo^{31}
55	心	kuŋ^{33} ly^{55}		91	远	za^{31}
56	父亲	pə^{33}		92	浅	so^{24}
57	母亲	mi^{53}		93	多	a^{24}
58	子女	lai^{53}		94	少	so^{24}
59	上衣	le^{53} lu^{31}		95	轻	so^{55}
60	裙子	le^{53} aŋ^{33}		96	重	qai^{24}

97	红	zau³¹
98	白	u⁵⁵
99	黑	ȵaŋ³¹
100	绿	ŋai³¹ / lu³¹
101	（羊）肥	zai³¹
102	瘦	o²⁴
103	好	ei²⁴
104	坏	tsa⁵⁵
105	快	tsau⁵³
106	慢	fa⁵³
107	酸	so³³
108	甜	ŋau³³
109	苦	xe³¹
110	辣	xu²⁴
111	咸	xai³¹
112	痒	pəu⁵³
113	我	zə⁵³
114	你	mo³¹
115	他	ko⁵³
116	这	na³¹

木雅语 居住在四川西南部贡嘎山周围藏族居民所使用的语言，分布在四川甘孜藏族自治州的康定、九龙及雅安地区的石棉等县，使用人口约有10000人（20世纪90年代估算）。木雅语一般只在家庭内或村内使用，对外交际一般使用藏语或汉语。说木雅语的居民自称 mə³³ȵæ³³，即汉文史籍中的弥药。从基本词和语法特征看，木雅语属汉藏语系藏缅语族羌语支。下面以康定县沙德区六巴乡木居村的话为准介绍木雅话的情况。

一　语音

声母　有51个声母，其中单辅音声母44个：p ph b m β w f v ts tsh dz s z t th d n l r tʂ tʂh dʐ ʂ tɕ tɕh dʑ ȵ ɕ z j k kh g ŋ x ɣ q qh (ɢ) ɴ χ ʁ (ʔ) ɦ（说明：ɢ不单独作声母，只与ɴ组成复辅音声母，ʔ作声母时省略不记）。

有复辅音声母7个：mb ndz nd ndʐ ȵdʑ ŋg ɴɢ。

声母例词：

p	pə⁵³	纬线
ph	phə⁵³	吹
b	bə⁵³	灰灰菜
m	mə⁵³	天
β	βʁ⁵³	猪
w	wʁ⁵³	绳子
f	fu³³fu⁵⁵	玉米轴
v	vʁ⁵³	霜
ts	tsə⁵³	药
tsh	tshə⁵³	山羊
dz	dzi⁵³	柱子
s	si²⁴	白天
z	zi⁵³	犏牛
t	ti⁵³	芝麻
t	thi⁵³	印章
d	di⁵³	土罐
n	nə⁵³	二
l	lə⁵³	土坑
r	rɛ⁵³	四
tʂ	tʂə⁵³	胆
tʂh	tʂhə⁵³	万
dʐ	dʐæ⁵³	声音
ʂ	ʂə⁵³	裂缝
tɕ	tɕə⁵³	水
tɕh	tɕhə⁵³	现在
dʑ	dʑə⁵³	裤子
ȵ	ȵuə⁵³	七
ɕ	ɕʁ⁵³	东
ȵ̥	n̥ə³³zæ⁵³	瘫
j	jæ⁵³	对手
k	ko⁵⁵mʁ⁵³	皮子
kh	kho⁵⁵pa⁵³	身
g	gui²⁴	晚饭
ŋ	ŋæ⁵³	鼓

x	xə⁵⁵xə⁵³	快快
ɣ	ɣə²⁴	种子
q	tɛ³³qo⁵³	锄
qh	ɦɑ³³qho⁵³	解
N	Nɑ⁵³	金子
χ	χɛ⁵⁵χɛ⁵³	松
ʁ	ʁɛ²⁴	门
ɦ	ɦæ³³nə⁵³	十二
mb	mbo⁵³	山
ndz	ndzi⁵³	豹子
nd	ndo⁵³	肉
ndʐ	ndʐɛ⁵³	鹤
ɳdʐ	ɳdʐə⁵³	在
ŋg	ŋgwæ⁵³	可惜
NG	NGua³³ɴGua⁵³	坚固

韵母 有 43 个韵母，其中单元音韵母 27 个，复元音韵母 16 个。

单元音韵母：i y e ø æ ə ɐ u ɤ ɛ e ɵ ɑ ɛ ʁ o ĩ ẽ ø̃ æ̃ ə̃ ɑ̃ ũ ɛ̃（说明：元音 ɚ 只出现在汉语借词中，鼻化元音大部分出现在藏语和汉语借词中）。

复元音韵母：ui uy ue uø uæ uə uɐ ui̯ ue̯ uø̯ ua uɛ̯ aŋ uɑ uæ uɑ̃。

声调 有 5 个声调：高降 53，中升 24，高平 55，中平 33，全升 15，但单音节词只有 53 调和 24 调，55 调和 33 调只出现在多音节词中，15 调只出现在词的形态变化中。

声调例字：

高降调53	中升调24	高平调55	中平调33	
mə⁵³	mə²⁴	ni⁵⁵ni⁵³	ni³³ni⁵³	
天	火	尾巴	少	使变少

元音和谐现象 木雅语在构词中，词头与词根元音一般要松紧和谐。

二 词汇

木雅语受藏语的影响较大，有大量的藏语借词，藏语借词占 32% 左右。早期藏语借词与藏语书面语较为相近，有的可能是同源词。有一批基本词与羌语或彝语相近，可能是同源词，有些可能是早期借词。

三 语法

词类 分名词、方位词、代词、数词、量词、动词、形容词、助词、副词、连词、语气词、叹词 12 类。

名词 一小部分名词带词头或词尾。词头 æ 用于部分年长者或辈分大的亲属称谓中。词尾 tɕue 用于一部分表小、可爱意味的名词中。词尾 ʁ（公），mɐ（母）用于表示雄性或雌性的动物名词中。

方位词 方位词很丰富，近指、远指都分上方、下方，空间、水流各有不同的指称。方位词具有形容词的某些特征。可以加上表示最高级的前缀，达到最远的距离。

代词 人称代词分单数、双数、复数。第一人称双数和复数分排除式和包括式。例如：

	第一人称	第二人称	第三人称
单数	ŋ⁵³	næ⁵³	ɐ⁵³tsə³³
双数	ŋə³³ni⁵³nə³³（排除）	næ³³ni⁵³nə³³	ɐ⁵³tsi⁵³nə³³
	je³³ni⁵³nə³³（包括）		
复数	ŋə³³nə³³（排除）	næ³³nə⁵³	ɐ⁵³nə³³
	je³³nə⁵³（包括）		

反身代词构成的方式是将人称代词重复一次。重复音节的元音有变化。

指示代词有近指、远指之分。疑问代词多数带词头 ɦæ²⁴，如：ɦæ²⁴nə³³（谁）、ɦæ²⁴zə⁵³（什么）、ɦæ²⁴ti⁵⁵（多少）、ɦæ²⁴mə⁵³nə³³（什么样的）。泛指代词常有 ɳdzə³³nə⁵³（别人）、je³³nə⁵³（自己人）、sə³³sø⁵³（各自）、ʑi³³me⁵³（其他）、tɕhɐ⁵⁵mu³³（每）、me³³me⁵³（全部）等。

数词 有两套基数词，一套是固有词，一套是藏语借词：

	一	二	三	四	五
固有词	tɐ⁵³	nə⁵³	so⁵³	rɛ⁵³	Nɑ⁵³

	六	七	八	九	十
固有词	tɕhu⁵³	ȵuɐ⁵³	ɕuɛ⁵³	ŋguɛ⁵³	ɦæ³³kø⁵³

数词自四十以上为藏语借词，二十、三十，藏语与固有词并用。序数词全部是藏语借词。

量词 分名量词和动量词。名量词比较丰富，动量词不多。

动词 动词以双音节的居多。多音动词都带方向词头。

动词有方向、人称、数、体、语气、式、态、及物与不及物，自主与不自主等语法范畴，但没有时的范畴。

形容词 大部分是双音节词，叠音词与双声词很丰富。有级的范畴，较高级和最高级加前缀表示。例如：tsə³³tsæ⁵³（小），kæ³³tsæ⁵³（较小），zə³³tsæ⁵³（最小）。

助词 分语气助词、名物化助词和结构助词。

句子成分 分主语、谓语、宾语、定语、状语。主语在前，谓语在后，宾语一般在主语后谓语前；有双宾语时，间接宾语可在直接宾语前，也可在后；形容词、数量结构作定语在中心语之后，人称代词、名词作定语在中心语之前，指代词可前可后；状语一般在中心语之前，其位置较灵活。

附：木雅语常用词举例

1	天	mɯ⁵⁵ŋo³³
2	太阳	mɯ̱³⁵
3	月亮	lɛ³⁵nɯ³⁵
4	星星	dʑi⁵⁵vu³³
5	云	ndɯ³³ʐe³⁵
6	风	mɐ⁵⁵mɐ³³
7	雨	u³⁵tɕe⁵⁵
8	水	tɕɯ⁵³
9	河	tɕɯ⁵⁵mɐ³⁵
10	山	mbo⁵⁵
11	水田	tɕhɯ⁵⁵ʑi⁵⁵
12	土	tsa⁵³
13	窟窿	ndʑɐ³⁵ʑø⁵³
14	石头	dʐo⁵³
15	火	mɯ⁵³
16	上面	thø⁵⁵ʐɐ⁵³
17	下面	mbɐ³³ʐɐ⁵³
18	里面	khu³⁵
19	外面	le⁵³
20	年	kui⁵³
21	日	si⁵⁵
22	猪	ʑyi³⁵
23	狗	khɯ⁵³
24	熊	ʐe³⁵we⁵⁵
25	老鼠	tshɯ³⁵
26	鸡	u⁵³ɣi³⁵
27	鸟	dʑe³⁵wu³³
28	蚂蚁	tʂua³⁵
29	跳蚤	ʐɯ³⁵tshi⁵³
30	苍蝇	u⁵⁵ʐɛ³⁵
31	蚊子	tɕɛ⁵³ntɕhyɯ⁵³
32	翅膀	vɯ³⁵phɛ⁵⁵
33	毛	mo³⁵
34	鱼	ʁɯ⁵³
35	尾巴	mɯ³⁵
36	树	tshɯ⁵⁵pho³⁵
37	竹笋	——
38	稻子	mi³³vu⁵⁵
39	甘薯	xū³³ʂɔ⁵⁵
40	姜	tɕɛ⁵⁵gɛ⁵³
41	果实	çĩ⁵⁵thõ⁵³
42	草	ɣu³⁵
43	叶子	lo³⁵ma⁵³
44	头	ʁɐ³⁵lø³³
45	眼睛	mi⁵³
46	鼻子	sɯ⁵³
47	耳朵	ȵyi³⁵
48	牙齿	xɯ³⁵
49	胡子	ɛ³³tsø⁵⁵
50	手	ɣi⁵⁵
51	皮肤	ʐɯ³⁵mbɐ⁵³

52	筋	ndʐɯ³⁵		88	长	ʐɯ³³ʐɯ⁵⁵
53	血	sa⁵³		89	短	tʂhø⁵⁵tʂhø⁵⁵
54	胆	tʂɯ⁵³		90	厚	ɣui³³ɣui³⁵
55	心	jɐ⁵³phø⁵⁵sɯ⁵²ɣø³⁵		91	远	qhuɐ⁵⁵rɐ⁵³
56	父亲	vɐ³⁵vɐ³⁵		92	近	qɐ⁵⁵rɐ⁵³
57	母亲	ɛ⁵⁵mɐ⁵³		93	多	kɛ³³ji⁵³
58	儿子	tɕye³⁵		94	少	ȵi³³ȵi⁵⁵
59	上衣	tsi⁵⁵ŋuɯ⁵³		95	轻	ɣi³⁵ɣi⁵⁵
60	裙子	ba³³gø³⁵		96	重	ɣɯ³³ɣɯ⁵⁵
61	听	sɯŋ³³		97	红	ȵi⁵⁵ȵi³³
62	吃	ndzɯ³⁵		98	白	tʂhø⁵⁵tʂhø³³
63	喝	tɕhyɯ⁵³		99	黑	ȵi⁵⁵ȵi³³
64	吹	phɯ⁵⁵		100	绿	dʐa⁵⁵ŋkhu⁵³
65	说	tu³³ɕɐ⁵³		101	（羊）肥	ŋi³³ŋɐ⁵³
66	跳	tɯ⁵⁵tsɐ⁵³		102	瘦	qhɐ³³qhɐ⁵³
67	走	xɯ⁵³		103	好	si³³vɯ⁵⁵
68	跑	tɯ⁵⁵tsɐ⁵³xɯ⁵³		104	坏	ȵi³⁵si³³vɯ⁵⁵
69	坐	mbi⁵³		105	快	hɐ³⁵hɐ³⁵
70	谁	khi⁵³		106	慢	tho³⁵tho³⁵
71	扛	ɦɛ³⁵vi³³		107	酸	tɕu⁵⁵
72	洗（衣）	ʁo⁵⁵		108	甜	bø³⁵
73	捆	tɕi⁵⁵tɕa³³		109	苦	qha³⁵
74	问	khi⁵⁵mɯ⁵³		110	辣	dzɐ⁵³
75	骂	ŋɐ⁵³		111	咸	tshɯ⁵⁵tɯ⁵⁵ne³³
76	笑	ȵi³⁵ri³⁵		112	痒	ŋgi³⁵ŋɯ⁵⁵
77	哭	ŋʁɐ³⁵		113	我	ŋɯ⁵⁵
78	浮	ti³³ndʑye³⁵		114	你	nɛ⁵³
79	掉	zi⁵⁵		115	他	ɐ⁵³tsɯ³³
80	飞	ndʑye³⁵		116	不	ȵi³⁵
81	（狗）吠	ʐa³³				
82	啼	su³⁵				
83	大	ki³³kɔ⁵³				
84	小	tsɯ³³tsɛ³⁵				
85	高	thø³³thø³⁵				
86	低	mbɐ³³mbɐ³⁵				
87	深	ȵi³³ȵi⁵⁵				

仫佬语 仫佬族使用的语言，属汉藏语系壮侗语族侗水语支。仫佬族自称mu⁶lam¹，mu⁶是仫佬语用来称呼人的量词，即一个人的"个"。有的地方自称kjam¹，当地壮族称呼他们为pu⁴kjam¹。仫佬族居住在广西壮族自治区北部的罗城仫佬族自治县，仫佬族人口有207352人（2000年），其中17

万余人居住在罗城县，该县居住着仫佬、汉、壮、瑶、侗等民族。据1982年的统计，仫佬族占该县人口的23.51%，汉族占31.94%，壮族占47.87%。仫佬族自治县主要有仫佬、壮、瑶、侗和苗5种少数民族语言。各民族交际时，一般使用属于汉语西南官话的柳州话，有时用壮语。仫佬族以使用仫佬语为主，临近壮族村寨的仫佬人都兼通壮语，并兼通汉语，唱歌时常用当地的桂北平话（当地叫"土拐话"或"百姓话"）。当地的壮族和汉族居民也有不少兼通仫佬语。仫佬语跟同语族诸语言有不少共同的特点。语音方面，仫佬语元音部分分长短，声母和声调的关系，浊塞音的消失，清塞音声母分不送气和送气两套，这些特点跟侗语比较接近，而元音数目较多，e 和 ɛ、o 和 ɔ 相对立，又与毛南语接近。在词汇方面，仫佬语跟侗语相比，在 694 个常用词当中，同源词有 455 个，占 65.6%，而与当地壮语相比，在 533 个词当中，同源词有 285 个，占 53.5%。罗城县东门大银（上南岸）的仫佬话特点如下。

一 语音

有 67 个声母：p ph m̥ m f w ʔw t th n̥ n l̥ l ts tsh s c ch n̥ ȵ ç j k kh ŋ̥ ŋ h ɣ ʔɣ ʔ pɣ phɣ m̥ɣ mɣ kɣ khɣ ŋɣ hɣ pj phj mj fj tj thj nj lj tsj tshj sj pw phw mw tw thw nw lw tsw tshw sw ʔw cw kw khw ŋw ŋ̥w hw。有的地区，后腭化声母消失，混入前腭化或单纯声母。有 a ə ɛ e i ɿ ɜ o u ø y 11 个元音，有 -i、-u、-m、-n、-ŋ、-p、-t、-k 8 个韵尾，由元音和韵尾组成 82 个韵母：a ə ɛ e i ɿ ɜ o u ø y iː ai əi ie oi ui aːu au əu eu iu ɯm ɔm om aːm am əm em im ɯm ɔm om aːn an ən en in on un øn yn aːŋ aŋ əŋ iːɜ eŋ iŋ uːɜ ɯŋ ɔŋ eŋ iŋ uːɜ ŋ̍ oŋ ɯŋ øŋ yŋ aːp ap əp ep ip ɯp ɔp op øp aːt at ət et it ot ut øt yt aːk ak ək ɛːk ɛk ek ik ɔːk ɔk ok uk øk。

有 6 个舒声调和 4 个促声调。舒声调：第 1 调 42，第 2 调 121，第 3 调 53，第 4 调 24，第 5 调 44，第 6 调 11；促声调：第 7 调（短）55，（长）42，第 8 调（短）12，（长）11。

二 词汇

仫佬语中有比较多的汉语借词。据统计，在 910 个常用词中，本民族词有 533 个，汉语借词（早期的）有 377 个，占 41%，如果再加上现代汉语借词，比例就更大。由于汉语借词多，而本民族原有词还在使用，在表达一个概念上，往往出现两类词并存并用的现象。如"线"有 pɣaːn⁶/tjen⁵ 两个读音；"射"也有 pɛːŋ⁵/tja⁵ 两个读音。这种汉/仫佬同义词，在上述常用词中出现 37 对。这体现出仫佬语是深受汉语影响的语言。在有关天地、动植物方面的词中，各亲属语言都使用本民族词而仫佬语却使用汉语借词。如窟窿 luŋ¹，沙 sa¹，熊 joŋ²，狼 laːŋ⁶，穿山甲 tshen¹ saːn¹ aːp⁷，鸭子 ʔjaːp⁷，鹰（鹞）jeu⁶，鳖 pjet⁷，棉花 mjen²，花生（地豆）ti⁶ tau⁶，冬瓜 tɔŋ¹ kwa¹，白菜 pɛːk⁸ thai⁵ 等。

附：仫佬语常用词举例

1	天	mən¹
2	太阳	thəu⁵ fan¹
3	月亮	kɣaːŋ¹ njen²
4	星星	laːk⁸ mət⁷
5	云	kwa³
6	风	ləm²
7	雨	kwən¹
8	水	nəm⁴
9	河	nja¹
10	山	pɣa¹
11	水田	ɣa²
12	土	naːm⁶
13	洞	kaːm¹
14	石头	tui²
15	火	fi¹
16	上面	u¹
17	下面	te³
18	里面	ho³
19	外面	uk⁷

20	年	mɛ¹/njen²		56	父亲	pu⁴
21	日	fan¹		57	母亲	ni⁴
22	猪	mu⁵		58	子女	laːk⁸
23	狗	ŋ̥wa¹		59	上衣	kuk⁷
24	熊	jɔŋ²		60	裙子	kwən²
25	老鼠	n̥ɔ³		61	听	theŋ⁵
26	鸡	ci¹		62	吃	tsaːn¹
27	鸟	nɔk⁸		63	咳嗽	huk⁸
28	蚂蚁	mɤət⁸		64	吹	tshui¹
29	跳蚤	mat⁷		65	说	caːŋ³
30	苍蝇	ŋ̥uŋ²thəu⁵fan¹		66	跳	thjeu⁵
31	蚊子	ŋ̥uŋ²thəu⁵mu²		67	走	tshaːm³
32	翅膀	çi⁵		68	跑	pɤən⁵/thaːŋ⁵
33	毛	tsən¹		69	坐	tui⁶
34	鱼	məm⁶		70	谁	nun²
35	尾巴	khɤət⁷		71	扛	moi⁵
36	树	mai⁴		72	洗（衣）	suk⁷
37	竹笋	naːŋ²		73	捆	tuk⁸
38	稻子	hu³		74	问	saːɪ³
39	甘薯	man²		75	骂	ɤa⁵
40	姜	hiŋ¹		76	笑	ai⁵
41	果实	hui¹		77	哭	ŋ̥ɛ³
42	茅草	ça¹		78	浮	fu²
43	叶子	fa²		79	掉	pɤø¹
44	头	kɤo³		80	飞	fən³
45	眼睛	l̥a¹		81	（狗）吠	khɤau⁵
46	鼻子	kə⁵naŋ¹		82	啼	can¹
47	耳朵	khɤa¹		83	大	lo⁴
48	牙齿	fan¹		84	小	niŋ⁵
49	胡子	mut⁸		85	高	foŋ¹
50	手	nja²		86	低	hɤam⁵
51	皮肤	ŋɤa²		87	深	jam¹
52	骨头	hɤaːk⁷		88	长	ɤaːɪ³
53	血	phɤaːt⁷		89	短	hɤən³
54	胆	mɤɔ⁵		90	厚	na¹
55	心	təm¹		91	远	ce¹

92	近	phɣəi⁵
93	多	kɣuŋ²
94	少	sjeu³
95	轻	ça³
96	重	çan¹
97	红	laːn³
98	白	paːk⁸/cwa³
99	黑	nam¹
100	绿	həu¹
101	（羊）肥	pi2
102	瘦	ɣəm¹/teŋ¹
103	好	i¹
104	坏	hwaːi⁵
105	快	hwai⁵
106	慢	maːn⁶
107	酸	khɣəm³
108	甜	fjaːn¹
109	苦	kam¹
110	辣	ljaːn⁶
111	咸	naŋ⁵
112	痒	n̥in³
113	我	həi²
114	你	n̥a¹
115	他	mɔ⁶
116	这	naːi⁶

纳木依语 四川西南部的部分地区约有 5000 名藏族人（20 世纪 90 年代估算）使用的一种不同于藏语的语言。分布在冕宁、西昌、盐源一带的人自称为 na⁵⁵ mu³¹ ji³¹（纳木依），分布在木里、九龙一带的自称为 na⁵⁵ mu⁵⁵ zɿ⁵⁵（纳木兹），都是"黑人"的意思。该语言属于汉藏语系藏缅语族羌语支。在共和国成立之前使用这种语言的人被称为"西番"。这里以四川凉山彝族自治州冕宁县里庄区联合乡罗锅底的话介绍纳木依语。

一 语音

声母 有 44 个声母，其中单辅音声母 41 个：p ph b t th d k kh g q qh G ts tsh dz tʂ tʂh dʐ tɕ tɕh dʑ m n n̥ ŋ r̥ r l ɬ f v s z ʂ ʐ ɕ x ɣ ʁ h j；复辅音声母 3 个：phs bz mbz。

声母例字：

p	pa⁵³	攀登
ph	phu⁵⁵	锅
b	bu⁵³	虫
t	to³¹	搂
th	thu³¹	踩
d	di⁵⁵	是
k	ko³¹	给
kh	khu⁵³	早
g	ga³¹	骡子
q	qa¹³	老鹰
qh	qhu³¹	六
G	Go¹³	截
ts	tsa³¹	锄头
tsh	tsho⁵³	跳舞
dz	dzo⁵⁵	有
tʂ	tʂa¹³	煮
tʂh	tʂhæ⁵³	鬼
dʐ	dʐu¹³	来源
tɕ	tɕi¹³	牵
tɕh	tɕhi³¹	盐
dʑ	dʑi³¹	准确
m	mo⁵³	马
n	na⁵⁵	和
n̥	n̥u⁵³	生病
ŋ	ŋu⁵⁵	银
r̥	a⁵³r̥³¹	巫师
	ræ¹³	收到
l	la¹³	炉灰
ɬ	ɬe⁵⁵	月份
f	fo¹³	孵

v	vu^{13}	烧
s	so^{31}	教
z	zu^{53}	正确
ʂ	ʂo^{55}	说
ʐ	ʐu^{53}	草
ɕ	ɕi^{53}	宰杀
x	xæ^{53}	钉
ɣ	ɣə^{31}	牛
ʁ	ʁu^{53}	山
h	ha^{31}	老鼠
j	je^{31}	豹子
phs	phsʅ^{53}	削
bz	bzʅ^{55}	蜜蜂
mbz	mbzʅ^{31}	布

韵母 有28个韵母，其中单元音韵母14个，复元音韵母12个，辅音韵尾韵母2个。单元音韵母：ʅ i y ɨ u e ə ɘ æ aʴ ǣ ī ū；复元音韵母：ai au yo iu ie iæ ia uə ua y̆o ūa iau；带辅音韵尾韵母：an oŋ。

此外，还有15个只出现在汉语借词中的韵母：ui əi æi əu ye ʅn in yn ən an uŋ aŋ ian uan uaŋ。

声调 有高平55、低降31、高降53、低升13 4种，13调出现频率很低。

	高平55	低降31	高降53	低升13
例字	daʅ^{55}	va^{31}	mi^{53}	dzʅ^{13}
词义	水	猪	火	驮

二　词汇

纳木依人与操汉语、彝语、普米语、尔苏语、纳西语和藏语的居民杂居，在口语中总出现很多这些语言的借词。据统计，各种语言的借词约占8%，其中汉语借词最多，彝语、藏语的较少。汉语借词分早期的和近期的两类，各类词都有；彝语借词多为名词，形容词和副词也有；藏语借词多数是名词。

构词法 纳木依语的派生词使用前加成分和后加成分。前加成分有a^{53}，用于构成亲属称谓中长辈的名词。例如：a^{53}vu^{55}（祖父），a^{53}o^{55}（伯父）等。后加成分ji^{53}，表示指小的名词。例如：mo^{53}ji^{53}（小马），dʐʅ^{53}ji^{53}（小鼓）。

三　语法

词类 可分为名词、代词、数词、量词、形容词、动词、副词、连词、语气词、感叹词和助词11类。

名词后加附加成分ho^{53}表示复数。如bi^{31}ji^{31}（学生），bi^{31}ji^{31}ho^{53}（学生们）；ɕi^{31}po^{55}（树），ɕi^{31}po^{55}ho^{53}（树丛）。

代词 分人称代词、指示代词、疑问代词、泛指代词。人称代词分单数、双数和复数。

	单数	双数	复数
第一人称	ŋa^{55}我	ŋa^{55}ɲi^{55}我俩	ŋo^{31}ho^{53}我们
第二人称	no^{53}你	no^{53}ɲi^{55}你俩	no^{31}ho^{53}你们
第三人称	tɕhi^{53}他	tɕhi^{53}ɲi^{55}他俩	tɕho^{31}ho^{53}他们

人称代词单数有主格和宾格之分。

指示代词有ta^{53}／ti^{53}（这）、tɕhi^{53}（那）两个。疑问代词有ha^{53}dʐy^{31}（谁），ti^{53}hu^{13}（什么），a^{53}ɕi^{31}tsa^{53}（哪些），ha^{31}bu^{55}ta^{55}／ha^{31}ɲi^{55}（多少），a^{55}ɕo^{53}（哪儿），hu^{53}ta^{31}dʐi^{31}thu^{53}（何时），ha^{53}ta^{55}ta^{55}（怎样），ha^{53}ta^{55}mu^{55}（什么样）。

数词 基数词：tɕi^{31}（一）、ɲi^{55}（二）、so^{53}（三）、zʅ^{31}（四）、ŋa^{31}（五）、qhu^{31}（六）、ʂʅ^{31}（七）、hī^{31}（八）、gu^{31}（九）、ho^{31}（十）、hī^{55}（百）、tu^{31}（千）、mæ^{31}（万）、dʐa^{55}（亿）。序数词是在数词前加ʁua^{53}表示。例如：ʁua^{53}tɕi^{31}（第一）。

形容词 形容词作修饰语有三种方式：用在名词之前，可加可不加助词。例如：phu^{53}lu^{53}（白）vu^{31}ræ^{53}（布）；phu^{53}lu^{53}（白）su^{53}（助词）vu^{31}ræ^{53}（布）。用在名词之后，要加助词。例如：vu^{31}ræ^{53}（布）+phu^{53}lu^{53}（白）+su^{53}（助词）=白布。

助词 结构助词分：领属助词、受动助词、施动助词、工具助词、比较助词五类。各类助词各有不同的作用。

基本语序 纳木依语的基本语序是：主语—宾语—谓语。修饰关系的语序是：名词（或人称代词）—被修饰语（名词）—形容词—数词（或指代词）—量词。

附：纳木依语常用词举例

1	天	nɛ⁵⁵ŋkhɛ³³mu³³
2	太阳	ȵi⁵⁵mi⁵⁵
3	月亮	ɬi⁵⁵mi⁵⁵
4	星星	tʂʅ³⁵
5	云	tʂu³³
6	风	mu⁵⁵ʂʅ³³
7	雨	hī⁵³ŋɛ³⁵
8	水	ndʐʅ⁵⁵
9	河	ndʐʅ⁵⁵qhɛ³³
10	山	gɛ³³ku³³
11	水田	ʁo⁵⁵ɚ⁵⁵
12	土	dʑa³³tsʰʅ⁵⁵
13	窟窿	qu⁵⁵tu³³
14	石头	lo⁵⁵quɑ³³
15	火	mi⁵⁵
16	上面	lɛ³³gɛ³⁵
17	下面	mi³³gɛ³⁵
18	里面	qo³³lo³³
19	外面	gu³³lu³³
20	年	kuɚ⁵⁵
21	日	ȵi³³
22	猪	va³³
23	狗	tʂʰʅ³³
24	熊	vu⁵⁵
25	老鼠	xa³⁵tsʅ⁵⁵tsʅ⁵⁵
26	鸡	ɦɛ⁵³
27	鸟	giə⁵⁵zʅ⁵⁵
28	蚂蚁	bu⁵⁵dzʅ⁵⁵
29	跳蚤	ntʰo³³zʅ⁵⁵
30	苍蝇	ɦo³³pɛ⁵⁵
31	蚊子	ɦo³³pɛ⁵⁵
32	翅膀	du⁵⁵tʂʅ⁵⁵
33	毛	hū³³
34	鱼	zu⁵⁵
35	尾巴	mɛ³³qu⁵⁵
36	树	sʅ³³po⁵⁵
37	竹笋	ma³³qo⁵⁵qo³³
38	稻子	dzʅ⁵⁵
39	土豆	sʅ⁵⁵ly³³
40	姜	sẽ⁵⁵tɕã⁵⁵
41	桃子	bi⁵⁵
42	草	zu⁵⁵
43	叶子	tsʰʅ³³tsʰʅ⁵⁵
44	头	ʁo⁵⁵ɚ⁵⁵ly³³
45	眼睛	miɛ⁵⁵
46	鼻子	ȵi³³nga⁵⁵
47	耳朵	hī³³pa⁵⁵
48	牙齿	xə³³
49	胡子	a⁵⁵ntʃhy⁵⁵
50	手	lɛ³³
51	皮肤	ɚ⁵⁵ʂʅ³³
52	筋	gu⁵⁵tsɛ³³
53	血	sɛ³³
54	胆	tʂʅ³³ly⁵⁵
55	心	ȵi³³mi⁵⁵
56	父亲	ɛ⁵⁵dʑɛ³³
57	母亲	ɛ⁵⁵nɛ⁵⁵
58	子女	zʅ⁵³
59	上衣	bɛ³³tsʰʅ⁵⁵
60	裙子	ntʂha⁵⁵
61	听	bɛ⁵⁵hī⁵⁵
62	吃	dzʅ⁵³
63	喝	ndʐʅ³⁵
64	吹	fu⁵³
65	说	ʂo⁵⁵
66	跳	pɛɚ³⁵
67	走	mbɚ⁵⁵

68	跑	suɛ³³
69	坐	ndzu⁵⁵
70	谁	jy³³
71	扛	lu³³ vɛ⁵⁵
72	洗(衣)	tshɿ³³
73	捆	ŋgu³³
74	问	mi³³ do⁵⁵
75	骂	tho⁵⁵
76	笑	dʐɿ³³ dʐɿ⁵⁵
77	哭	ŋgu⁵⁵ dʐu⁵⁵
78	浮	ndʐu³³ la⁵⁵
79	掉	ŋgo⁵⁵ pa⁵⁵
80	飞	fɛ⁵³ ha³⁵
81	(狗)吠	lu³³ lu⁵⁵
82	啼	tʂu³³
83	大	da⁵⁵ dʐɿ³³
84	小	ɛ³³ tsɿ⁵⁵
85	高	da⁵⁵ mo³³
86	低	ɛ³³ hi⁵⁵
87	深	da⁵⁵ mo³³
88	长	da⁵⁵ ʂa³³
89	短	ɛ³³ ndɛ⁵⁵
90	厚	dɛ⁵⁵ ɬɛ³³
91	远	da⁵⁵ qhu³³
92	近	ɛ³³ ndzu⁵⁵
93	多	da⁵⁵ bəɻ³³
94	少	ɛ³³ ȵi³³
95	轻	jɛ⁵⁵ tshɛ⁵⁵
96	重	zɿ³³
97	红	ɬo⁵⁵ xo³³
98	白	phu⁵⁵ lu⁵⁵
99	黑	nɛ⁵⁵ ɻphɛ⁵⁵
100	绿	lu³³
101	(羊)肥	ŋqha⁵⁵
102	瘦	gɛ³³ gɛ⁵³
103	好	nɛ³³
104	坏	mɛ⁵⁵ nɛ³³
105	快	khu⁵⁵ khu⁵⁵
106	慢	hɛ̃⁵³
107	酸	tʂu³⁵
108	甜	ntshɿ³³
109	苦	qha³⁵
110	辣	tsɿ³³
111	咸	qha³⁵
112	痒	nthɛ³³ nthɛ⁵³
113	我	ŋa⁵⁵
114	你	no³³
115	他	tɕhi⁵⁵
116	不	mɛ³³

纳西语 纳西族使用的语言。纳西族自称 $nɑ^{21}ɕi^{33}$，中国史书上称"摩沙""磨些""麽些"等，主要分布在云南丽江纳西族自治县。此外，在云南维西、中甸、宁蒗、永胜以及四川盐源、盐边、木里等地也有分布。人口约有30万人（1990年）。纳西语属汉藏语系藏缅语族彝语支。纳西族有古老的象形文字，用这套文字撰写的《东巴经》有悠久的历史，记录了纳西族古老的神话传说、故事叙事、长诗、民谣、谚语，是极其珍贵的文化遗产。丽江市大研镇是纳西族的政治、经济、文化中心。当地的纳西族多能使用汉语。下面介绍的纳西语以丽江青龙乡的话为准。

一 语音

有39个声母：p ph b mb m f v t th d nd n l ts tsh dz ndz s z tʂ tʂh dʐ ndʐ ʂ ʐ tɕ tɕh dʑ ndʑ ȵ ɕ z k kh g ŋg ŋ x ɣ。

有22个韵母，其中单元音韵母11个，复元音韵母11个。单元音韵母：i y e a ɑ o u v ɯ ə ɚ；复元音韵母：ie ia iɑ io iə ye ya ue ua uɑ eə（说明：v 既作声母也作韵母，做韵母的 v 与 u 是两个不同的韵母）。

声调 有4个声调：

调次	第1调	第2调	第3调	第4调
调值	55	33	31	13
例字	tha^{55}	tha^{33}	tha^{31}	tha^{13}
词义	可以	拓	坛子	他家

说明：中平调（第2调）和低降调（第3调）出现频率较高，低升调（第4调）主要出现在汉语借词的音节里。

声调连读时产生变化，声调变化和词类的关系密切。主要是数词1至5与量词结合时发生变调现象。如 dɯ^{31}（一）+ phe^{55}（片）= dɯ^{33} phe^{55}（一片）；ȵi^{31}（二）+ phe^{55}（片）= ȵi^{33} phe^{55}（两片）；sɯ^{31}（三）+ kv^{55}（个）= sɯ^{55} kv^{33}（三个）；lu^{33}（四）+ kv^{55}（个）= lu^{55} kv^{33}（四个）；ua^{33}（五）+ kv^{55}（个）= ua^{55} kv^{33}（五个）。

二 词汇

在纳西语中，附加式的合成词分前附加和后附加两种。前附加成分有 ə^{55}（ə^{33}、ə^{31}）、ze^{33} 两个。如 ə^{55}lo^{33}（祖父），ə^{31}ba^{33}（父亲），ə^{33}sɯ^{13}（姐姐），ə^{31}ȵi^{33}（昨天），ə^{31}be^{33}（去年），ə^{33}bu^{13}zo^{33}（婴儿），ə^{33}bu^{13}la^{33}（小老虎）等。加 ze^{33} 的如 dɯ^{31}（大），ze^{33} dɯ^{31} dɯ^{31}（多么大），pa^{31}（宽），ze^{33} pa^{33}pa^{31}（多么宽）。后加成分有 ŋgɯ^{31}、xə^{33}、zo^{33}、tso^{33}、nv^{33}、tɯ^{33}、nv^{55}。如 ŋə^{31}（我），ŋə^{33} ŋgɯ^{31}（我们）；nɯ^{31}（你），nɯ^{33} ŋgɯ^{31}（你们）；ŋv^{55}（您），ŋv^{55}xə^{33}（你们）zy^{55}（孩子），zy^{55}xə^{33}（孩子们）；zo^{33} 表示小的意思：khua^{55}zo^{33}（小碗），la^{33}zo^{33}（小老虎）；tso^{33} 使动词名物化：khɯ^{55} tso^{33}（容器），mu^{21} tso^{33}（穿的）；nv^{33} 使形容词名物化：pa^{31} nv^{33}（宽度），ʂər^{31} nv^{33}（长度）；tɯ^{33} 用在动词后有剩余的意思：tse^{31} tɯ^{33}（用剩的），ndzɯ^{33} tɯ^{33}（吃剩的）；nv^{55} 用在名词之后，构成新词：xa^{33}（饭），xa^{33} nv^{55}（下饭菜）；le^{55}（茶），le^{55} nv^{55}（茶点）；名词之后加 ndv^{33}，构成形容词：sa^{33}（血），sa^{33} ndv^{33}（血红的）；mbe^{33}（雪），mbe^{33} ndv^{33}（雪白的）。新增加一些汉语亲属称谓，如叔父、舅父、姑父、姨父、伯母、舅母、姨母、姑母、娘娘（伯母）等。

三 语法

纳西语词类分10类：名词、动词、形容词、数词、量词、代词、副词、连词、助词、叹词。指人的名词后加 zo^{33} 表示阳性，加 me^{33} 表示阴性，加 xə^{33} 表示多数。在动物名词后加 phv^{33} 表示雄性，加 me^{33} 表示雌性。一些名词后加 me^{33}，表示大，加 zo^{33} 表示小。人称代词第一人称分排除式和包括式。

	单数	
第一人称	ŋə^{31}（我）	ŋa^{13}（我的）
	复数 ŋə^{33} ŋgɯ^{31}（我们）	ŋə^{55} ŋgɯ^{31}（咱们）
第二人称	单数 nɯ^{31}（你，对晚辈） u^{33}（你，对平辈）	na^{13}（你，昵称，你的）
	复数 nɯ^{33} ŋgɯ^{31}（你们）	na^{13} ŋgɯ^{31}（你们，昵称）
第三人称	单数 thɯ^{33}（他）	tha^{13}（他的）
	复数 thɯ^{33} ŋgɯ^{31}（他们）	tha^{13} ŋgɯ^{31}（他们）

指示代词分：tʂɯ^{33}（这），thɯ^{33}（那），ə^{55} thɯ^{33}（那，更远）。结构助词有 nɯ^{33}、to^{55}、ge^{33}、be^{33}、me^{33}nɯ^{33}、me^{33}le^{33}、pu^{55}，作主语的标志、状语的标志或补语的标志。如 ŋə^{31}（我）nɯ^{33}（助）thɯ^{33}（他）to^{55}（助）ʂə^{55}（说）（我对他说）；ŋə^{31}（我）tʂhu^{33} kha^{31}（现在）nɯ^{33}（助）bɯ^{33}（去）（我现在去）；ŋə^{31}（我）ndzɯ^{33}（吃）nɯ^{33}（助）gɯ^{33}（饱）ʐua^{33}（极）se^{31}（了）（我吃得饱极了）。to^{55} 是宾语的标志，ge^{33} 是定语的标志，位于定语之后，be^{33} 是状语的标志，用在形容词或词组之后，me^{33}、nɯ^{33}me^{33}、le^{33}、pu^{55} 是补语的标志，用在动词之后补语之前。

四 方言

纳西语分西部方言和东部方言。西部方言又分大研镇、丽江坝和宝山州三个土语。东部方言又分永宁坝、北渠坝和瓜别三个土语。东部方言内部的土语差别比较大。

附：纳西语常用词举例

1	天	mɯ^{33}
2	太阳	ȵi^{33} me^{33}
3	月亮	xe^{33} me^{33}

4	星星	kɯ³¹	40	姜	ku³¹
5	云	tɕi³¹	41	果核	pɯ⁵⁵to³³
6	风	xər³³	42	草	zɯ³³
7	雨	xɯ³¹	43	叶子	phiə⁵⁵
8	水	dʑi³¹	44	头	kv³³ly³³
9	河	dʑi³³xo³¹	45	眼睛	miə³¹ly³³
10	山	dʑy³¹/ko³¹	46	鼻子	ȵi⁵⁵mər³¹
11	水田	dʑi³¹lɯ³³	47	耳朵	xe⁵⁵tsɯ³¹
12	土	tʂɯ³³	48	牙齿	xɯ³³
13	窟窿	kho³³lo³³	49	胡子	mɯ⁵⁵tsɯ³³
14	石头	lv³³pa³³	50	手	la³¹
15	火	mi³³	51	皮肤	ɣɯ³³
16	上面	gə³¹to⁵⁵	52	骨头	ʂo³³lo³³
17	下面	mɯ¹³tha³³	53	血	sa³³
18	里面	khv³¹tɕy³¹	54	胆	kɯ³¹
19	外面	by³¹tɕy³¹	55	心	nv⁵⁵me³³
20	年	khv⁵⁵	56	父亲	ə³¹ba³³
21	日	ȵi⁵⁵ua³³	57	母亲	ə³¹mo³³
22	猪	bu³¹	58	儿子	zo³³
23	狗	khɯ³³	59	上衣	ba³³la³¹
24	熊	gv³¹	60	裙子	thər³¹
25	老鼠	fv⁵⁵	61	听	kho³³mi³³
26	鸡	a³¹	62	吃	ndzɯ³³
27	鸟	v⁵⁵ʑi³³	63	喝	thɯ³¹
28	蚂蚁	tɕho⁵⁵lo³¹ʂɯ³¹	64	吹	mu³¹
29	跳蚤	khɯ³³ʂu³³	65	说	ʂə⁵⁵
30	苍蝇	mbər³³lər⁵⁵	66	跳	tsho³³
31	蚊子	mbər³³tsɯ³¹	67	走	ndʑi³³
32	翅膀	ndv³³phi³¹	68	跑	dʑə³¹
33	毛	fv³³	69	坐	ndzɯ³¹
34	鱼	ȵi³³	70	谁	ʑi⁵⁵
35	尾巴	ma³³ta⁵⁵	71	扛	mbu³¹
36	树	ndzər³¹	72	洗（衣）	tʂhər³³
37	竹笋	mɯ⁵⁵dər³³	73	捆	tsɯ³³tsɯ³³
38	稻子	ɕi³¹	74	问	mi⁵⁵do³³
39	甘薯	xu³¹ʂa³¹	75	骂	kha³³kha³³

76	笑	ʐa³¹
77	哭	ŋv³¹
78	浮	dɑ³¹
79	掉	ndʐu³¹
80	飞	mbi³¹
81	（狗）吠	lv³¹/ndv³¹
82	啼	lər³¹
83	大	dɯ³¹
84	小	tɕi⁵⁵
85	高	ʂua³¹
86	低	xy³¹
87	深	xo⁵⁵
88	长	ʂər³¹
89	短	ndər³³
90	厚	la⁵⁵
91	远	kh³³kho³³
92	近	nv⁵⁵
93	多	bɯ³¹
94	少	nɯ³³
95	轻	ʐu³¹
96	重	lɯ³³
97	红	xy³¹
98	白	phər³¹
99	黑	nɑ³¹
100	绿	xər³¹
101	肥	ma³¹
102	瘦	ndza³³
103	好	ɣɯ³³
104	坏	khuɑ³¹
105	快	tʂhu³¹
106	慢	ə³³ze³¹
107	酸	tɕi³¹
108	甜	tɕhi³¹
109	苦	kha³³
110	辣	pi³¹
111	咸	kha³³
112	痒	ka³¹ka³³
113	我	ŋə³¹
114	你	nv³¹
115	他	thɯ³³
116	这	tʂhɯ³³

南岛语系 又称马来－波利尼西亚语系。分布于西自非洲东南的马达加斯加岛，东至智利的复活节岛，北自台湾和夏威夷岛，南至新西兰岛的广大地域。南岛语系主要由太平洋中各大小岛屿上的语言以及亚洲大陆东南端的中南半岛和印度洋中一些岛屿上的语言组成。语言数目 500 余种，使用人口约 2.5 亿人。一般按地域分成印度尼西亚、波利尼西亚、美拉尼西亚、密克罗尼西亚 4 个语族。印度尼西亚语族分布在加里曼丹、苏门答腊、爪哇、中国台湾、苏拉威西、马都位、安汶、帝汶、马达加斯加等岛和菲律宾群岛及马来半岛。包括中国的台湾高山族诸语言，印度尼西亚的印度尼西亚语、爪哇语、巽他语等 9 种语言，马来西亚的马来语，菲律宾的他加禄语等几种语言，马达加斯加的马达加斯加语，越南的嘉莱语、拉德语占语（包括柬埔寨占语）等。波利尼西亚语族分布在地球国际日期变更线以东，太平洋中部和东部的新西兰南北岛、萨摩亚、汤加、纽埃、库克、土阿莫土、马克萨斯、瓦利斯、夏威夷、复活节岛等岛屿上，有 100 多种语言。美拉尼西亚语族分布在赤道以南，太平洋西南的斐济、新几内亚等岛屿。密克罗尼西亚语族分布在赤道以北和地球国际日期变更线以西的马里亚纳、马绍尔、关岛等岛屿。

南亚语系 依语言谱系分类法分出的语系之一。分布在亚洲南部和东南亚。使用人口在 7000 万以上。分蒙达语族、越芒语族和孟高棉语族。中国境内的佤语、德昂语、布朗语等属于此语系。

怒苏语 怒苏语是部分怒族使用的语言，分布在云南省原碧江县，使用人口约为 10000 人。属汉藏语与藏缅语族彝语文，分南部、中部、北部 3 个方言。这里所介绍的怒苏语以原碧江县知之罗村的怒语为代表。

一 语音

声母 有 60 个声母，其中单辅音声母 45 个，复辅音声母 15 个。

单辅音声母：p ph b m m̥ f fh v ts tsh dz n sh z t th d n̥ ɬ l tʂ tʂh dʐ ʂ ʂh z̢ ɻ tɕ tɕh dʑ n̪ ȵ̊ ç çh z̢ k kh g ŋ ŋ̊ x ɣ ʔ h；复辅音声母：ʔm ʔn ʔȵ ʔl pɻ phɻ bɻ mɻ m̥ɻ fɻ vɻ kɻ khɻ gɻ xɻ。

声母例字：

p	pa³¹	邀请
ph	pha⁵³	租借
b	ba³⁵	（助词）
m	ma³⁵	不
m̥	m̥a⁵⁵a³¹	莽撞
f	fu⁵⁵	倍（量词）
fh	fha³⁵khe⁵⁵a³¹	罚
v	va⁵⁵	竹子
ts	tsa⁵³	养
tsh	tsha³⁵	头发
dz	dza⁵⁵	吃
s	ia³¹sa³¹	伞
sh	sha⁵³	声音
z	za⁵⁵	儿子
t	ta⁵⁵a³¹	放置
th	tha⁵⁵	别
d	da⁵³	个（量词）
n	na³⁵	病
ɬ	ɬa³¹	月亮
l	la⁵⁵	老虎
n̥	n̥a³⁵	穗
tʂ	tʂaʳ⁵⁵	下伸
tʂh	tʂhaʳ³¹	牵引
dʐ	dʐaʳ⁵³	瞎
ʂ	ʂa³⁵tsi³⁵	衫子
ʂh	ʂha³⁵	麦子
z̢	z̢aʳ³⁵z̢aʳ³⁵taʳ³⁵	瘦瘦的
ɻ	ɻa³⁵	地方
tɕ	tɕa⁵⁵	尖端
tɕh	tɕhi⁵⁵tɕha³¹	自己
dʑ	dʑa⁵³	有
ȵ	ȵa³¹	捏
n̪	n̪a⁵³	裁剪
ç	ça³⁵	休息
çh	çha³⁵	百
z̢	z̢õ⁵⁵	大象
k	ka³⁵ʂə³⁵	规矩
kh	kha⁵³	苦
g	ga⁵⁵	衣服
ŋ	ŋa⁵⁵	鱼
ŋ̊	ŋ̊ẽʳ	嗅
x	xa³¹tɕɯ⁵²a³¹	打哈欠
ɣ	ɣa⁵⁵	荞麦
ʔ	ʔi⁵³a³¹	拥挤
pɻ	pɻi³⁵	搜
phɻ	phɻi³⁵khɻa³¹	解开
bɻ	bɻi³⁵a⁵⁵	泪
mɻ	mɻi³⁵mɻi³⁵	土
m̥ɻ	m̥ɻaʳ⁵³	眨（眼）
fɻ	fɻa³⁵	舌头
vɻ	vɻa⁵³	陡
kɻ	kɻa⁵³	抓
khɻ	a³¹khɻa³⁵	分开
gɻ	gɻa⁵³	冷
xɻ	xɻa³⁵	找
ʔm	ʔmɯ⁵⁵	深
ʔn	ʔna³⁵ba³⁵	明天
ʔȵ	ʔȵo⁵⁵	他
ʔl	ʔla⁵³	揭开

韵母　有87个韵母，其中单元音韵母39个，复元音韵母47个，辅音自成音节韵母1个。

单元音韵母：i e ɛ a ɑ ɔ o u ɯ ə y ɿ ʅ；紧喉元音：i̠ e̠ ɛ̠ a̠ ɑ̠ ɔ̠ o̠ u̠ ə̠；鼻化元音：ĩ ẽ ɛ̃ ã ɑ̃ õ ũ ə̃ ɿ̃；卷舌元音：aʴ ɛʴ ˎeʴ；鼻化卷舌元音：ẽʴ ãʴ ũʴ ɛ̃ʴ；紧喉卷舌元音：aʴ̠；紧喉鼻化卷舌元音：ãʴ̠。复元音韵母：ie iɛ ia iɔ io iu iə iɯ iã iaʴ̠ ẽi ɕi ai ɑi ūi u̠i ue uɛ ua uɔ uaʴ̠ uã uɔʴ̠ uẽ uɛ uẽ uɔ̃ uɛ̠ uãʴ̠ uə̃ u̠ə ɑu yi yẽ ye yɛ ya yã yɛ ɯi ɯe。

辅音自成音节韵母：m̩。

声调　有4个声调：

高平 55　高降 53　高升 35　低降 31

ɬa⁵⁵　　ɬa⁵³　　ɬa³⁵　　ɬa³¹

裤子　　闪电　　矛　　　月亮

二　词汇

怒苏语的方位词很丰富，除了一般的上、下，左、右、前、后等之外，还有根据当地山势和地理位置的特定方位词。每个方位词分泛指、远指、更远指。当地盛产蜂蜜，不同的蜜蜂有不同的名称，约有数十种蜜蜂的名称。还有许多名词－动词同形的词。例如：viɯ（种子，撒），tɕɔ³³（箍子，箍），ʔuẽ⁵³（钩子，上钩），thɔ⁵⁵（结子，打结），dʐa⁵³（语言，说），ʔu³¹（蛋，产卵），dza⁵⁵（粮食，吃）等。

构词　怒苏语常用附加词头、词尾的办法构成名词或副词。加词头 a³¹ 或 a⁵⁵ 的如：a⁵⁵ pɔ⁵⁵（祖父），a⁵⁵ ba⁵⁵（父亲），a⁵⁵ pʴu³⁵（弟弟），a³¹ dzū⁵³（短），a³¹ ȵi⁵³（近），a³¹ mɯ³¹（玉米）；加词尾 a³¹ 或 a⁵⁵ 的如：ȵi³⁵ a⁵⁵（太阳），ŋɯ³⁵ a⁵⁵（山），le⁵⁵ a³¹（獐子），ɕi⁵⁵ a³¹（桃）；加词尾 su³⁵ 构成指人名词，如：khɯ³⁵（偷）su³⁵ 贼，ʐa⁵³（穷）su³⁵ 穷人，ʂaʴ⁵³（教）su³⁵ 老师；加助词 m⁵⁵ 构成副词，例如：khɯm⁵⁵ 悄悄地，lɔ³⁵（个）m⁵⁵ 整个地。

借词　主要借自汉语、傈僳语，也有白语、缅甸语或藏语。

三　语法

词类　有名词、数词、量词、代词、动词、形容词、副词、助词、情感词等。

名词　后加助词 vʴi³⁵ a⁵⁵ 表示多数。例如：khui⁵⁵（狗）vʴi³⁵ a⁵⁵（群狗），za⁵⁵ ŋe³⁵（孩子）vʴi³⁵ a⁵⁵（孩子们）。名词后加 za⁵⁵ 表示小。例如：va⁵³（猪），va⁵³ za⁵⁵（猪崽），lu̠⁵⁵（石头），lu̠⁵⁵ za⁵⁵（小石子儿）。

数词　基数词：thi⁵³ 一、m̩⁵⁵ 二、sɔ³⁵ 三、vʴi³⁵ 四、ŋa⁵⁵ 五、khʴu⁵³ 六、ŋə̃ʴ⁵⁵ 七、ʂa³⁵ 八、gɯ³⁵ 九、tshe³⁵ 或 thi⁵³ tshe³⁵ 十、ɕha³⁵ 百、tu³⁵ 或 ɕi³⁵ 千、mɯ³¹ 万。序数用数词加量词加 thi³¹ 再加量词构成。例如：vʴi³⁵（四）lɔ⁵³（个）thi³¹（一）lɔ⁵³（个）第四个。另外是直接借用汉语，如 ti³⁵ i³¹ 第一，ti³⁵ pa³¹ 第八等。

量词　名量词较多，有表示事物单位的，有表示事物形状的，有表示集体单位的，有表示度量衡的。

代词　分人称代词、领属代词、指示代词、疑问代词、反身代词、泛指代词等。人称代词有单数、双数和多数的区别，第一人称单数、双数、多数有包括式和排除式的区别。

	单数	双数	多数
第一人称（包括）	ŋa³⁵	ʔa⁵⁵ ku³¹	ʔa⁵⁵ iɯ³¹
（排除）	ŋa³⁵	ŋa³⁵ ku³¹	ŋa³⁵ dɯ³¹
第二人称	ȵo⁵⁵	ȵo³¹ ku³¹	ȵo³¹ dɯ³¹
第三人称	ʔȵo⁵⁵	ʔȵo³¹ ku³¹	ʔȵo³¹ dɯ³¹

指示代词有两类，一类是方位指示代词，一类是定指指示代词。远指分水平方、上方、下方，所以远指一共有6个指示词。

疑问代词分3类，有代替人物的，如 khe³¹（谁）、kha³¹ iu⁵³（哪个）；有代替物件的 tɕhu³¹ ma³¹（什么），代替处所的 kha³⁵ ba³¹（哪里）；有代替数量的 kha³⁵ mia³¹（多少）。

动词　动词有体、数、态、式等语法范畴。动词的体分将行体、持续体、已行体、完成体、曾行体等 5 种。将行体在动词后加 gua³⁵；持续体分别在动词后加 di⁵⁵、ta⁵⁵、çi³¹、dʑa³¹ 等助词构成；已行体分别在动词后加 ga³¹、kaɻ³¹ 等助词构成；完成体分别在动词后加 kṵ³¹a³¹、iɔ³⁵ 等助词构成；曾行体分别在动词后加 io³⁵、dʑã³⁵ 等助词构成。

形容词 形容词可以在其前后加不同的附加成分和助词，或用声调的变化来表达不同的语法意义。

副词 分表示程度的、范围的、时间的、性状的、语气的、否定的和禁止的几类。多数副词放在谓语前作状语，少数放在谓语的后面。

助词 有很多类，有表名词多数的，有表动词语法范畴的，有结构助词、名物化助词和语气助词。结构助词表示领属关系的用 e³¹，表示施动者的用 i³¹，表示受动者的用 na³⁵，表示工具的有 i³¹ 或 do³⁵，表示从由的有 do³⁵le³¹、ba³⁵le³¹、ba³¹i³¹，表示比较的有 dɯ³⁵na³⁵、kɯ³⁵na³⁵、tha⁵³na³⁵，表示处所的有 do³⁵、ba³¹，表示状语标志的有 m̥⁵⁵、kɯ³⁵dʑe⁵⁵ 等。名物化助词有 khue³⁵、a³¹，加在动词或形容词后，使其名物化。

句子成分 分主语、谓语、宾语、定语、状语。基本语序是：主语 + 宾语 + 谓语。名词、代词作定语在中心词前，形容词、数量词作定语在中心词后。状语多在谓语前，少数在谓语后。

附：怒苏语常用词举例

1	天	mɯ⁵⁵
2	太阳	ŋ̥i³⁵la⁵⁵
3	月亮	ɬa³¹
4	星星	kɻe³¹lɔ³⁵
5	云	tʂhuẽ³¹mɔ⁵⁵
6	风	mɯ⁵⁵a³¹ɬi³⁵
7	雨	mɯ⁵⁵a³¹ɻuɯ⁵⁵
8	水	ɻi³¹gɻa⁵³
9	河	khɻɔ̃⁵⁵a³¹
10	山	ŋu³⁵a⁵⁵
11	田	gua⁵³baɻ³⁵lɔ̃⁵⁵ɔ̃³¹
12	土	m̥ɻi³⁵m̥ɻi³⁵
13	窟窿	a³¹mɛ⁵³tha³⁵
14	石头	lṵ⁵³
15	火	mi⁵⁵
16	上面	dɯ⁵⁵ba³¹
17	下面	da⁵⁵ba³¹
18	里面	khɻɔ̃³⁵ba³¹
19	外面	lɔ̃⁵⁵ba³⁵
20	年	khɻu⁵³ɻʊ⁵³
21	日	ŋ̥i³¹
22	猪	va⁵³
23	狗	khui⁵⁵
24	熊	khui⁵⁵ua³⁵
25	老鼠	ɻua⁵³pɔ̰
26	鸡	ɻa³¹
27	鸟	hã⁵³
28	蚂蚁	la⁵⁵ɻauɻ³¹
29	跳蚤	ɬi⁵⁵a³¹
30	苍蝇	pɻɔ̰⁵³
31	蚊子	pɻɔ̰⁵³phɯe⁵⁵
32	翅膀	bia⁵⁵dũ⁵⁵
33	毛	m̥ɯi⁵⁵
34	鱼	ŋa⁵⁵
35	尾巴	m̥i³¹pɔ̰⁵⁵
36	树	si⁵³dz ɔ̃ɻ³⁵
37	竹笋	va⁵⁵mɛ⁵³
38	稻子	mḛ³⁵mɛ³¹
39	甘薯	a⁵⁵ʔmɯ³⁵
40	姜	tɕhã⁵⁵
41	果实	tɕhɯ⁵⁵tɕɯ⁵⁵
42	草	mɻa⁵³
43	叶子	pha⁵³ɬa⁵⁵
44	头	u³¹phu⁵⁵
45	眼睛	mia⁵³dʑi³¹
46	鼻子	n̥a⁵⁵kã³⁵
47	耳朵	n̥a⁵⁵sh ɔ̃ɻ³⁵

48	牙齿	ʂuɑ⁵⁵		84	小	ɑ³¹ ʔmɛ⁵³
49	胡子	m̥ɯi⁵⁵ tʂhuẽ³¹		85	高	m̥ɯ³¹
50	手	lɑ⁵³		86	低	ŋ̊iɔ⁵³
51	皮肤	khu³¹ ʐi³⁵		87	深	ʔmɯ⁵⁵
52	骨头	ʐɯ⁵⁵		88	长	xʐɯ³¹
53	血	sui⁵⁵		89	短	ɑ³¹ dʐũ⁵³
54	胆	kʐi³⁵ lɑ⁵⁵		90	厚	thu³¹
55	心	ʔi³¹ lɔ⁵³		91	远	ue³¹ ɑ³¹
56	父亲	iɑ³⁵ bɑ³¹		92	近	ɑ³¹ n̥i⁵³
57	母亲	iɑ³⁵ m̥³¹		93	多	miã⁵³
58	子女	zɑ⁵⁵		94	少	thi⁵⁵ tsui³⁵
59	上衣	gɑ⁵³		95	轻	ɑ³¹ huɑ⁵³ hã³⁵
60	裙子	phiã³⁵		96	重	li⁵⁵ ɑ³¹
61	听	n̥ɑ³⁵		97	红	xʐi³⁵ ɑ⁵⁵
62	吃	dzɑ⁵⁵		98	白	bɑ⁵⁵ bɑ³¹
63	喝	ɕhu̥⁵⁵		99	黑	nɑ³⁵ nɑ⁵³
64	吹	si³⁵		100	绿	n̥ɯ³⁵ n̥ɯ³¹
65	说	khuɔʐ⁵⁵		101	肥	ʔmaʐ³⁵ ʔʐam⁵³
66	跳	tshɔ̃⁵⁵		102	瘦	kʐu⁵³
67	走	ʂuɑ⁵⁵ ɑ³¹		103	好	ge³⁵ ɑ⁵⁵
68	跑	thɯ⁵³		104	坏	mɑ⁵⁵ ge³⁵
69	坐	n̥i³⁵		105	快	tshɑ³¹
70	谁	iɔ⁵³ ɔ³¹		106	慢	ɑ³¹ ɣɯ⁵⁵
71	扛	te³⁵		107	酸	tʂəʐ³⁵
72	洗(衣)	tɕhi⁵⁵		108	甜	tɕhɯ⁵⁵
73	捆	phɯe³¹		109	苦	khɑ⁵³
74	问	mi⁵³		110	辣	ph əʐ³⁵
75	骂	ʂuɔʐ³¹		111	咸	khɑ⁵³
76	笑	ʐe⁵⁵		112	痒	iɑ⁵⁵ ɑ³¹
77	哭	ŋɯ³⁵		113	我	ŋɑ³⁵
78	浮	xe³⁵ zue⁵³ ɑ³¹		114	你	n̥o⁵⁵
79	落下	xuɔʐ⁵³		115	他	ʔn̥o⁵⁵
80	飞	biɑ⁵⁵		116	这	ɕi³
81	(狗)吠	lɔ̃³⁵				
82	啼	tuɔ̃³⁵				
83	大	ʐi⁵⁵ ɑ³¹				

排湾语 台湾岛高山族中自称"排湾"的人所使用的语言，属南岛语系印度尼西亚语族台湾语

支排湾语群。使用者分布在台湾屏东县三地、雾台、筏湾、玛家、来义、泰武、春日、狮子、丹地、牡丹、满州等乡；台东县大武、土坂、达仁、金峰、太麻里、卑南等乡。使用人口约5万人。排湾语为黏着型语言，分东南部和西北部两个方言。东南部方言分布在来义、太麻里、狮子、土坂等地，西北部方言分布在三地、筏湾等地。东南部方言又可划分为来义、太麻里、狮子、土坂4个土语，西北部方言又可划分为三地、筏湾两个土语。方言土语间差别不大，互相能通话。

语音 排湾语有24个辅音：p b v m t d n l ts dz s ɖ r ɭ tɕ dʑ k g ŋ q ʔ h j w；4个元音：i u ə a。

多音节词重音一般落在倒数第二个音节上。音节结构有辅音+元音、辅音+元音+辅音、元音+辅音、元音自成音节四种方式。

在构词方面，词干加附加成分或词干部分音素重叠为主要构词手段。前加成分有 ʔi-、i-、ʔa-、la-、lə-、ma-、mə-、mi-、pa-、pə-、pi-、pu-、ru-、sa-、sə-、si-、ʔisan-、malə-、marə-、masi-、masu-、maru-、matu-、muri-、nasa-、səmu-、tɕara-、tɕalu-、tɕari-、tɕau- 等；后加成分有 -an、-ən；中加成分有 -əm-，插在词干第一个音节的辅音与元音之间；前、后加成分有 ʔa-…-an、ʔala-…-an、ʔina-…-an、pu-…-an、si-…-an、maʔa-…-l、siʔamasan-…-l。

借词主要借自汉语闽南话和日本语。

语法方面 词类分名词、代词、数词、形容词、动词、副词、连词、助词、叹词9类。

名词有人名专有名词和普通名词，各有主格属格和宾格，分别在名词前加格助词表示。人称代词有单、复数，有主格、属格、宾格形式，第一人称复数有包括式和排除式。指示代词有主格、属格、宾格，分别在指示代词前加格助词表示。形容词有比较级和最高级，在词干前、后加附加成分表示。动词有体、时、态、式等语法范畴，表示形式视其是否插入中加成分而分成插入和非插入两大类。"体"有常体、进行体、一般完成体、过去完成体。"时"有现在将来时（现在时和将来时同形）和过去时。"态"有主动态和被动态，被动态有一般被动态、进行被动态、过去被动态。"式"有直陈式和命令式。

句子成分有主语、谓语、宾语、定语、状语。谓语往往位于句首，主语在谓语后，宾语可以位于主语之前或之后，而宾语、主语前都有不同的格助词表示，一般主语在前，宾语在后。名词作定语时位于中心语之后，代词、形容词、动词作定语时位于中心语之前，数词作定语可以位于中心语之前或之后。状语位于中心语之前。

附：排湾语常用词举例

1	天	ʔaləvələvan
2	太阳	qadav
3	月亮	qilas
4	星星	vitɕuqan
5	云	qarəpus
6	风	vaɭi
7	雨	qudʑal
8	水	dzalum
9	河	pana
10	山	gadə
11	水田	tsan
12	土	qipu
13	窟窿	bəruŋ
14	石头	qatsilaj
15	火	sapui
16	上面	ivavav
17	下面	itəʔu
18	里面	taɭadʑ
19	外面	ʔatsawan
20	年	tsavil
21	日	qadav
22	猪	dʑidʑi

23	狗	vatu		59	上衣	ituŋ
24	熊	tsumaj		60	裙子	kun
25	老鼠	ʔuɭavav		61	听	ʔiɭaŋda
26	鸡	kuka		62	吃	ʔəman
27	鸟	qajaqajam		63	咳嗽	qəmsaŋ
28	蚂蚁	sasiq		64	吹	dʐəmapəs
29	跳蚤	qatɕimtɕim		65	说	malavar
30	苍蝇	ɭaɭaŋav		66	跳	ɭəmalav
31	蚊子	tsatsaraɡ		67	走	dʐəmavats
32	翅膀	valaŋa		68	跑	mikəl
33	毛	quvis		69	坐	qəmiɭadʐ
34	鱼	tsiqaw		70	谁	taqəd
35	尾巴	iku		71	扛	tamuruŋ
36	树	ʔasiv		72	洗（衣）	vənatəp
37	竹笋	tsuvuq		73	捆	vənəŋətɕ
38	稻子	padaj		74	问	kivadaq
39	甘薯	vurasi		75	骂	kilaunuŋ
40	姜	lamlam		76	笑	dʐəɭi
41	果实	vaŋal		77	哭	qəmauŋ
42	草	tsəməɭ		78	浮	sətɕavav
43	叶子	asav		79	沉	sərtəɡ
44	头	quɭu		80	飞	minɭajap
45	眼睛	matsa		81	（狗）吠	ɡəmuruɡur
46	鼻子	ŋudʐus		82	啼	maʃəkak
47	耳朵	tsaɭiŋa		83	大	qatsa
48	牙齿	alis		84	小	kədʐi
49	胡子	ŋisŋis		85	高	vavav
50	手	ɭima		86	低	təʔu
51	皮肤	qalits		87	深	taɭadʐ
52	骨头	tsuqəɭal		88	长	ɭadʐuq
53	血	dʐamuq		89	短	dʐiʔitɕ
54	胆	qapədu		90	厚	ʔudʐəməɭ
55	心	qavuvuŋ		91	远	tsadʐa
56	父亲	ʔama		92	近	dəmət
57	母亲	ʔina		93	多	ɭiav
58	子女	alaʔ		94	少	kədʐi

95	轻	satsəqal
96	重	sadʑəluŋ
97	红	qudʑidʑil
98	白	vuqavuqal
99	黑	qətsəŋətsəŋəl
100	绿	liluas
101	（羊）肥	qarəw
102	瘦	marilaj
103	好	naŋuaq
104	坏	naʔuja
105	快	dʑalav
106	慢	gəmalu
107	酸	qalətsəqats
108	甜	qaləməqəm
109	苦	qadid
110	辣	matsam
111	咸	qapədaŋ
112	痒	gatsəl
113	我	aʔən
114	你	sun
115	他	madʑu
116	不	ini

普标语 汉藏语系侗台语族仡央语支的一个语言，分布在云南麻栗坡县。使用这种语言的人自称 qa³³biau³³ "嘎标"，当地汉族人称他们为"普标"。1958年文山壮族苗族自治州成立时被定为彝族，但他们使用的语言与彝族使用的语言有很大的差别。据说普标人从前居住在邻近的广宁县，后来南迁至中国与越南边境两侧。1983年，住在中国麻栗坡的约有240人，居住在越南境内的约有150多人，合计约400人。目前，居住在中国境内的普标人大部分都说汉语，只有几十位年纪大的人会说普标语，占普标人的20%左右，这些人中有的也不完全掌握普标语。普标语是一种正在消亡的语言。据陈其光介绍（见《中国的语言·普标语》商务印书馆2007年版），普标语的特点如下。

一 语音

声母 有42个声母：p ph b m̥ h m f v ts tsh s t th d n̥h n tɬh l tj thj dj ɬjh lj tʂ tʂh dʐ ʂ ʐ tɕ tɕh n̥h n ɕ ʑ k kh g ŋ̊h ŋ q qh ʔ h。

普标语的塞音、塞擦音声母分清不送气、清送气、浊三类，鼻音、边音、擦音分清浊二类。f tsh tʂh ʂ 几个声母仅用于汉语借词。

韵母 普标语有 i e ə a ɑ o u y ɯ 9个元音，有 -i、-u、-m、-n、-ŋ、-p、-t、-k 8个韵尾，由元音和韵尾组成下表110个韵母：i e ə a ɑ o u *y ɯ ie iə ia iɑ io iu ua uɑ ya ei əi ai oi ui iai iui uei uai əu au ieu iəu iau iɑu im əm am ɑm om um iam uam uɑm in en ən an ɑn on un *yn ien ian iun uan *yan iŋ eŋ əŋ aŋ ɑŋ uŋ ieŋ iəŋ iaŋ iɑŋ iuŋ uaŋ uɑŋ yaŋ ip ep əp ap ɑp op up iep iap iop iup uap it et ət at ɑt ot ut iet iat uet uat uɑt ek ak ɑk ok uk iek iək iak iɑk iok iuk uak uɑk *ɿ *ʅ ŋ̍。其中的 y yn yan ɿ ʅ 5个只用于汉语借词。

声调 有6个声调：

调值	51	22	213	33	45	21
例字	niaŋ⁵¹	ʐaŋ²²	qhaŋ²¹³	qaŋ³³	naŋ⁴⁵	huan²¹
	红	草	关（牛）	下巴	捉	毛
				kat³³	kat⁴⁵	pat²¹
				量（布）	紧	僵硬

从整个音系结构看，普标语近似侗台语。普标语的基本词与仡佬、壮、侗、黎有一些同源词，而与仡佬语同源的最多，甚至有一套与仡佬语、布央语、拉基语同源的固有数词。在普标语中，第一人称代词复数有"包括式"和"排除式"之分。定语除了数量词组用在中心语之前外，其他都用在中心语之后。补语和状语都用在谓语之后。从同源词数量来看，普标语跟仡佬语相同的比较多，应该属仡央语支。

附：普标语常用词举例

1	天	men³³		37	竹笋	niəŋ³³
2	太阳	qa³³ɬaːŋ⁵³		38	稻子	pie⁵³
3	月亮	taːn⁵³		39	甘薯	mən³³kaːŋ²¹³
4	星星	qə³³luəŋ³³		40	姜	kiŋ⁵³
5	云	qa³³muak⁴⁵		41	果实	miak⁴⁵
6	风	qa³³ʐu²⁴		42	茅草	qa⁵³
7	雨	ʂau²¹³		43	叶子	be⁵³
8	水	ʔoŋ³³		44	头	ʂho²¹³
9	河	ʐuːŋ³³		45	眼睛	te⁵³
10	山	ʐəŋ³³		46	鼻子	qataŋ³³
11	水田	ne³³ʐəŋ²⁴		47	耳朵	qə³³ʐa³³
12	土	ʔuət³³kɯa²¹³		48	牙齿	suaŋ⁵³
13	地	lju²⁴		49	胡子	muːm⁴⁵
14	石头	pja³³		50	手	qa m̥i²¹³
15	火	pəi⁵³		51	皮肤	boŋ⁵³
16	上面	pə³³lju³³		52	骨头	daːk³³
17	下面	pə³³te³³		53	血	qa³³
18	里面	lyŋ⁴⁵kuəŋ³¹		54	胆	dai⁵³
19	外面	pə³³laːŋ³³		55	心	ŋən⁴⁵
20	年	mjaːi³³		56	父亲	pe²¹³
21	日	vən³³		57	母亲	maːi⁴⁵
22	猪	m̥u⁵³		58	子女	qa jiə³³
23	狗	m̥a⁵³		59	上衣	bok³³
24	熊	tə mie³³		60	裙子	jɑŋ³³
25	老鼠	qa³³nai³³		61	听	tɕak⁴⁵
26	鸡	qai⁵³		62	吃	kən⁵³
27	鸟	nuk⁴⁵		63	咳嗽	qa³³nok⁴⁵
28	蚂蚁	qa³³diau²¹³		64	吞	laːn⁴⁵
29	跳蚤	qa mat³³		65	说	ɬai⁵³
30	苍蝇	qa miːn³³		66	跳	ʂau⁵³
31	蚊子	qa ɲaŋ³³		67	走	jin³³
32	翅膀	pa²¹³gɯə²¹³		68	跑	lai³³tɕaːn⁵³
33	毛	hon²¹³		69	坐	taŋ³³
34	鱼	ʔiau³³pja²²		70	谁	ʔau²¹³
35	尾巴	sɑt³³		71	扛	kiu⁴⁵
36	树	tai⁵³		72	洗（衣）	piːt³³

73	捆	kan⁵³		109	苦	daːi²¹³
74	问	gəi²⁴		110	辣	ŋɯa⁴⁵
75	骂	qan³³		111	咸	kim²⁴
76	笑	saːu⁵³		112	痒	ʐam⁴⁵
77	哭	ʐiak⁴⁵		113	我	kau⁵³
78	浮	piao³³		114	你	mi³³
79	沉	tin²¹³		115	他	kɯ⁵³
80	飞	biaŋ⁵³		116	这	nai⁴⁵
81	（狗）吠	bu²¹³				
82	啼	daŋ⁵³				
83	大	du²¹³				
84	小	nuai³³				
85	高	khaːŋ³³/suŋ²¹³				
86	低	dan²¹³				
87	深	ɬak³³				
88	长	kɯɯ⁵³				
89	短	tai³³				
90	厚	tə ne³³				
91	远	khai³³				
92	近	tu³³				
93	多	bu⁵³				
94	少	ləu²¹³				
95	轻	khɑn²¹³				
96	重	khan⁵³				
97	红	niaŋ⁵³				
98	白	liːn³³				
99	黑	dam⁵³				
100	绿	jiŋ⁴⁵				
101	（羊）肥	nin³³				
102	瘦	guːm³³				
103	好	ʔai⁵³				
104	坏	tɕiak⁴⁵				
105	快	ʐuak⁴⁵				
106	慢	sa²¹³				
107	酸	bjaːt⁴⁵				
108	甜	qham⁵³				

普米语 普米族使用的主要语言，该族主要分布在云南兰坪、宁蒗、永胜、丽江等县，迪庆藏族自治州的中甸、维西、德钦等县也有散居，共约33600人（2000年）。此外，四川的木里、盐源以及九龙等县的部分藏族人约有25000人也使用普米语。凡说普米语的都自称为 phzɚ⁵⁵ mi⁵⁵（普英米），"白人"的意思。普米族除了使用普米语以外，多数人还兼通汉语和邻近民族的语言。普米语属汉藏语系藏缅语族羌语支，分南、北两个方言，彼此差别大。这里以兰坪县河西区箐花乡的普米语为代表介绍普米语的情况。

一 语音

声母 有65个声母，其中单辅音声母43个，复辅音声母22个。

单辅音声母及例字：

p	pu¹³	胸膛
ph	phu¹³	价钱
b	bu⁵⁵	虫
m̥	m̥i⁵⁵	女儿
m	mi⁵⁵	人
f	fu¹³	锯子
v	vu⁵⁵	旧的
ts	tsɑ¹³	秋天
tsh	tshi¹³	盐
dz	dzi⁵⁵	饭
s	si¹³	柏枝
z	zi⁵⁵	种类

t	ta⁵⁵	衣柜
th	thu¹³	奶渣
d	di¹³	燃
l	la⁵⁵	种子
n̥	n̥i⁵⁵	(一)天
n	ni¹³	二
ɬ	ɬi⁵⁵	放牧
tʂ	tʂõ⁵⁵	硬
tʂh	tʂha⁵⁵	射
dʐ	dʐa¹³	舔
ʂ	ʂi⁵⁵	百
ʐ	ʐo⁵⁵	鸡
tʃ	tʃə⁵⁵	水
tʃh	tʃho¹³	读
dʒ	dʒa¹³	油
ʃ	ʃə⁵⁵	去
ʒ	ʒi¹³	月份
tɕ	tɕi⁵⁵	浇(水)
tɕh	tɕha⁵⁵	锋利
dʑ	dʑi⁵⁵	赊账
ɲ̥	ɲ̥i⁵⁵	生长
ç	çi⁵⁵	龙
k	kui⁵⁵	饱
kh	kha¹³	竹筐
g	ga¹³	构
ŋ	ŋãu⁵⁵	银子
x	xa⁵⁵	剩余
ɣ	ɣa⁵⁵	原
q	qa⁵⁵	家
qh	qha¹³	苦
ɢ	ɢa¹³	裁

复辅音声母例字：

pʐ	pʐi⁵⁵ ɣu⁵⁵	属猴
phʐ	phʐi⁵⁵	黄酒
bʐ	bʐa¹³	梯子
mʐ	mʐi⁵⁵	菌子
pʒ	pʒi⁵⁵	肠子
phʒ	phʒi⁵⁵	好
bʒ	bʒi⁵⁵	腐烂
sp	spi¹³	肚子
sph	sphi¹³	歪
sb	sba¹³	扔
st	stu¹³	泡沫
sth	stha¹³	水滴
sd	sdĩ⁵⁵	云
stʃ	stʃə⁵⁵	乡村
stʃh	stʃhə⁵⁵	宰
sdʒ	sdʒə⁵⁵	裤子
sk	ski⁵⁵	卖
skh	skhyɛ⁵⁵	心
sg	sgɯ⁵⁵	九
sq	squa⁵⁵	哭
sqh	sqho⁵⁵	熄灭
sɢ	sɢa⁵⁵	分枝

韵母 有59个韵母，其中单元音韵母20个，复元音韵母39个。单元音韵母：i y e ø ɛ a ɤ a ɒ o ɤ u ɯ ĩ ẽ ɔ̃ ɛ̃ ã ɑ̃ õ。复元音韵母：ei ai ɑu ãu əu ɯu ie iɛ iẽ iɑ ia iã iõ iu iɯ ui ue uɛ uẽ uɑ uã uə uɔ̃ ua uã uɐ ɤu yi ye yɛ yẽ yə yɔ̃ ya iɑu iãu iɑ̃u iəu iɯu uei。

声调 有两个，一个是高调55，一个是低升调13。

声调例字：

高平调55：tu⁵⁵　by⁵⁵　tʂhi⁵⁵　thou⁵⁵
　　　　　油　太阳　切　骂

低升调13：tu¹³　by¹³　tʂhi¹³　xiõ¹³
　　　　　挑　利息　脆　嘴

二　词汇

普米语的词汇，单音节的占多数。有些概念分得很细，如不同动物的鸣叫，使用不同的词。动词表示借用、借贷，有归还原物与不归还原物的区别，前者用də¹³ni¹³，后者用də¹³sthø¹³。构词法有复合法和附加法两类。附加法分词根添加前加成分的和添加后加成分的。添加前加成分的主要是一部分亲属称谓的名词。例如：a^{55}pu^{55}（祖父），a^{55}põ^{55}（伯父），a^{55}kəu^{55}（岳父），a^{55}ni^{55}（岳母）。添加在一些词根之后的 mi^{55}，可以构成名词，例如：ŋɛ^{55}mi^{55}（病夫），ʐe^{55}mi^{55}（能者）；添加后加成分 pa^{55}构成动词，例如：sɐ^{13}pa^{55}（生气），tʃha^{13}pa^{55}（惋惜），添加后加成分 pu^{55}构成形容词，例如：ʐu^{55}；pu^{55}（愉快），dʑãu^{55}pu^{55}（善良）。

普米语中有相当数量的汉语借词，大约占词汇总数的 10%。

三　语法

普米语的词可分名词、代词、数词、量词、形容词、动词、副词、连词、助词、叹词 10 类。

名词　有单数、双数和多数的语法范畴。单数名词用名词原形，双数是在名词后面加助词 za^{55}，多数加 ʐə^{55}表示。例如：tʃã^{13}（小孩），tʃã^{13}zã^{55}（两个小孩），tʃã^{55}ʐə^{55}（孩子们）。名词表示小或较小意义要在名词后面添加 li^{55}或 tsy^{55}，前者用于无生命物，后者用于有生命物。例如：khuɑ^{13}（碗），khuɑ^{13}li^{55}（小碗）；skhiãu^{13}（衣服），skhiãu^{13}li^{55}（小衣服）；m̥i^{35}（姑娘），m̥i^{55}tsy^{55}（小姑娘）；phʐa^{13}（猪），phʐa^{13}tsy^{55}（猪崽）。

代词　代词分人称代词、反身代词、指示代词、疑问代词、泛指代词。人称代词分单数、双数、多数、集体等 4 类。在单数人称代词的后面加不同的后加成分表示各种数。例如：

	单数	双数	多数	集体
第一人称	ɛ^{55}我	ɛ^{55}zã^{55}我俩	ɛ^{55}ʐə^{55}我们	ɛ^{55}by^{55}我家
第二人称	nɛ^{13}你	nɛ^{13}zã^{55}你俩	nɛ^{13}ʐə^{55}你们	nɛ^{13}by^{55}你家
第三人称	tə^{55}gɯ^{55}他	tə^{55}zã^{55}他俩	tə^{55}ʐə^{55}他们	tə^{55}bu^{55}他家

第一人称代词的双数、多数和集体都有包括式和排除式的区别。例如：

	双数	多数	集体
包括式	ɛ̃^{55}zã^{55}咱俩	ɛ̃^{55}ʐə^{55}咱们	ɛ̃^{55}by^{55}咱家
排除式	ɛ^{55}zã^{55}我俩	ɛ^{55}ʐə^{55}我们	ɛ^{55}by^{55}我家

人称代词在句中的不同地位还有不同的变化。

反身代词也分单数、双数、多数、集体几种。均在代词后加不同的附加成分。

指示代词分近指、中指、远指三级。近指：ti^{13}（这），ti^{13}bie^{55}（这里）；中指：di^{13}（那），di^{13}bie^{55}（那里）；远指：sthie^{13}（那），sthie^{13}bie^{55}（那里）。

疑问代词有 ɛ^{13}gɯ^{13}（谁），tsi^{55}（什么），mi^{55}dʑə^{13}（何时），ɛ^{13}tɕi^{55}（哪里），tʃhə^{55}tshɛ^{55}（多少）等。

泛指代词有 mi^{55}ʐə^{55}（人家、别人），mi^{55}sye^{55}ʐə^{55}（大家）。

数词　数词可分基数词、合成数词和约数、倍数、分数、序数等。基数词有：ti^{13}（一）、ni^{13}（二）、sãu^{13}（三）、ʒɛ^{55}（四）、ɣuã^{55}（五）、tʂhu^{13}（六）、xiɛ̃^{13}（七）、ʂuɛ^{13}（八）、sgiɯ^{55}（九）、ʂʐ^{55}（百）、stĩ^{55}（千）、ma^{55}（万）。

十以上有特殊的叫法：qa^{55}stiɛ^{55}（十），qo^{55}stĩ^{55}（十一），qo^{55}ni^{13}（十二），qa^{55}sãu^{13}（十三），qa^{55}ʒɛ^{55}（十四），qa^{55}ɣuã^{55}（十五），nə^{13}ɣo^{55}（二十），sy^{13}sqo^{55}（三十），ʒɐ^{55}sqo^{55}（四十），ɣuã^{55}sqo^{55}（五十）。

量词　可分名量词和动量词两类。名量词不算多，常见的有 tsə^{55}（个，位），sgie^{55}（个，用于无生命物），sdʑi^{13}（个，块，用于圆形体），stie^{13}（条），bʐei^{13}（条，用于路、河等），sbõ^{55}（棵），bu^{13}（本），pa^{13}（束）等。度量衡量词有 iɛ̃^{55}（庹），tɕhyi^{55}（拃），tɕi^{13}（斤），pi^{55}（升），thiu^{13}（筒），还可以借用名词作量词有 khuɑ^{13}（碗）、ʐɑ^{55}（锅）等。

名量词加数词用在被修饰的名词的后面，动量词用在被修饰的动词的前面。例如：tshi^{13}（盐）sãu^{13}（三）tɕi^{13}（斤）三斤盐。tə^{55}gɯ^{55}（他）ɣuã^{55}（五）pha^{13}（顿）khə^{13}（前加）dziɛ̃^{55}（吃）si^{55}（后加）他吃了五顿。

动词　动词有人称、数、时间、趋向、态、式的语法范畴。以 dzə^{55}（吃）为例：

	将来时	现在时	过去时
单数第一人称	dzə⁵⁵ʃe⁵⁵	dzə⁵⁵ʐõ⁵⁵	khə¹³dziɛ̃⁵⁵sã⁵⁵
单数第二人称	dzə⁵⁵ʃo⁵⁵	dzə⁵⁵ʐu⁵⁵	khə¹³dziɯ⁵⁵
单数第三人称	dzə⁵⁵qa⁵⁵	dzə⁵⁵ʐɯ⁵⁵	khə¹³dzy⁵⁵si⁵⁵
多数第一人称	dzə⁵⁵ʃə̃⁵⁵	dzə⁵⁵ʐuə̃⁵⁵	khə¹³dzĩ⁵⁵si⁵⁵
多数第二人称	dzə⁵⁵ʃə̃⁵⁵	dzə⁵⁵ʐuə̃⁵⁵	khə¹³dzĩ⁵⁵si⁵⁵
多数第三人称	dzə⁵⁵qa⁵⁵	dzə⁵⁵ʐɯ⁵⁵	khə¹³dzy⁵⁵si⁵⁵

动词的趋向范畴有6个前加成分表示。动词的态有使动态和交互态。动词的式有命令式和祈使式。

助词 助词有表数助词、结构助词、语气助词。结构助词加在词或词组后面表示句子成分之间的语法关系。分6类：限制助词、施动助词、受动助词、处所助词、比较助词、定指助词。

句子成分 分主语、谓语、宾语、定语、状语。语序是：主语—宾语—谓语。名词、代词作定语时用在中心词之前，形容词、数量词作定语时用在中心词之后。状语一般用在中心词之前。

附：普米语常用词举例

1	天	mɤ⁵⁵
2	太阳	by⁵⁵
3	月亮	ɬi⁵⁵
4	星星	dʑə¹³
5	云	sdi⁵⁵
6	风	mu⁵⁵mo¹³
7	雨	gui⁵⁵
8	水	tʃə⁵⁵
9	河	tʃə⁵⁵ta¹³
10	山	sGo¹³
11	水田	tʃə⁵⁵ĩɛ̃⁵⁵
12	土	tʃa⁵⁵
13	窟窿	——
14	石头	sgø¹³
15	火	mɐ⁵⁵
16	上面	to⁵⁵
17	下面	po⁵⁵
18	里面	khõ⁵⁵
19	外面	no⁵⁵
20	年	ko⁵⁵
21	日	n̩i⁵⁵
22	猪	phʒa¹³
23	狗	tʂhə¹³
24	熊	uə̃⁵⁵
25	老鼠	ɣo⁵⁵
26	鸡	ʐo⁵⁵
27	鸟	gue¹³tsi⁵⁵
28	蚂蚁	by⁵⁵sgie¹³
29	跳蚤	ɬa⁵⁵
30	苍蝇	phʒi¹³tsə⁵⁵
31	蚊子	tʃhɛ¹³sphə¹³
32	翅膀	dõ¹³
33	毛	ma⁵⁵
34	鱼	dʑə⁵⁵
35	尾巴	mɐ¹³ɬiɛ⁵⁵
36	树	siɛ̃¹³sbõ⁵⁵
37	竹笋	mʐɐ⁵⁵ʂə¹³
38	稻子	siɯ⁵⁵
39	甘薯	xõ¹³tʃhu⁵⁵
40	姜	kø⁵⁵
41	果实	sɐ¹³sy⁵⁵
42	草	xgiãu¹³
43	叶子	sɐ¹³spa⁵⁵
44	头	qho⁵⁵
45	眼睛	miɑ⁵⁵
46	鼻子	xiɛ̃¹³dʒõ⁵⁵
47	耳朵	na⁵⁵dʒo⁵⁵
48	牙齿	ʂy⁵⁵
49	胡子	a¹³stiãu⁵⁵
50	手	ʒɛ¹³
51	皮肤	ʐɤ¹³
52	骨头	ʐɑ⁵⁵qa¹³
53	血	sa¹³
54	胆	tʂə⁵⁵

55	心	skhyɛ⁵⁵		91	远	ʐuɐ¹³ʂã⁵⁵
56	父亲	suã⁵⁵		92	近	ʐuɐ¹³n̥i¹³
57	母亲	mɑ⁵⁵		93	多	ʐə⁵⁵
58	儿子	tsy⁵⁵		94	少	nɛ⁵⁵
59	上衣	skhiãu¹³		95	轻	sdʑɛ̃⁵⁵
60	裙子	na⁵⁵		96	重	la⁵⁵
61	听	thə¹³ni¹³		97	红	n̥ø⁵⁵
62	吃	dzə⁵⁵		98	白	phʐə̃⁵⁵
63	喝	thiɛ̃⁵⁵		99	黑	n̥a¹³
64	吹	khə¹³mə¹³		100	绿	ni⁵⁵
65	说	tʃə¹³		101	（羊）肥	tshɤ¹³
66	跳	tə⁵⁵stʃə⁵⁵		102	瘦	nə¹³dʐə¹³
67	走	ʃə⁵⁵		103	好	phʒi⁵⁵
68	跑	khə¹³phʒã⁵⁵		104	坏	dʐɛ¹³
69	坐	nə¹³dziɛ̃⁵⁵		105	快	tʂhãu⁵⁵po⁵⁵
70	谁	nə¹³ʒə¹³		106	慢	tʃha¹³po⁵⁵
71	扛	tə⁵⁵tu⁵⁵		107	酸	tʃu⁵⁵
72	洗（衣）	thə¹³tsa⁵⁵		108	甜	tha¹³
73	捆	xə¹³kuə̃¹³		109	苦	qha¹³
74	问	xə¹³sduə¹³		110	辣	skɯ⁵⁵
75	骂	thau⁵⁵		111	咸	qha¹³
76	笑	ʃɑ¹³		112	痒	dzy⁵⁵
77	哭	squa⁵⁵		113	我	ɛ⁵⁵
78	浮	tə⁵⁵sdi⁵⁵		114	你	nɛ¹³
79	掉	nə¹³dʐə⁵⁵		115	他	tə⁵⁵gɯ⁵⁵
80	飞	khə¹³bʒɛ̃¹³		116	不	ma¹³
81	（狗）吠	to¹³				
82	啼	ɣõ¹³				
83	大	ta⁵⁵				
84	小	qa¹³tsɛ¹³				
85	高	sgyɛ̃⁵⁵				
86	低	bʒa⁵⁵				
87	深	xai⁵⁵				
88	长	ʂã⁵⁵				
89	短	tshio⁵⁵				
90	厚	ɣa¹³				

羌语 羌族分布在四川阿坝藏族羌族自治州的茂县、汶川县、理县和松潘县的镇江关一带，绵阳地区的北川县也有分布。总人口约30万人（2000年）。羌族有自己的语言，但居住在北川县、茂县土门一带，以及汶川县和理县公路沿线，部分羌族居民已转用汉语。黑水县的藏族大部分使用羌语，约有4万多人。羌语属汉藏语系藏缅语族羌语支。羌语分南北两个方言，南部方言分布在汶川县、理县、茂县的中部和南部，使用人口约有6

第一部分：中国少数民族语言和文字　317

万。北部方言分布在茂县北部、黑水县，使用人口约 7 万。两个方言各分 5 个土语。这里以南部方言理县桃坪乡的羌语为代表，介绍羌语的特点。

一　语音

声母　有 64 个声母，其中单辅音声母 40 个，复辅音声母 24 个。

单辅音声母：p ph b m f ts tsh dz s z t th d n l tʂ tʂh dʐ ʂ zʐ tʃ tʃh dʒ ʃ ʒ tɕ tɕh dʑ ȵ ɕ z k kh g ŋ q qh (G) χ ʁ（说明：G 只出现在复辅音中，部分人读作 ʁ）。

复辅音声母：χp χb χm χt χd χn χtʂ χdʐ χtʃ χdʒ χtɕ χdʑ χȵ χk χg χŋ χq χG pz phz bz pzʐ phzʐ bzʐ。

声母例字：

p	pu³¹	肚子
ph	phu⁵⁵	逃跑
b	bu³³	深
m	mə³³	人
f	fu⁵⁵ tsʅ³³	麻疹
ts	tsa³³	骑
tsh	tsha³³	让
dz	dza³¹	痒
s	suə⁵⁵	牙齿
z	za³³	哭
t	ta³³	戴（帽）
th	tha³³	那（个）
d	da³¹ ʁo³³	弯刀
n	na³³	好
l	la⁵⁵	狼
tʂ	tʂʅ¹³	痣
tʂh	tʂhʅ³³ tʂhʅ⁵⁵	跑
dʐ	dʐʅ³³	事情
ʂ	ʂʅ³³	月份
zʐ	zʐu⁵⁵	马
tʃ	tʃʅ³³	儿子
tʃh	tʃhʅ⁵⁵	肉
dʒ	dʒʅ³³	四
ʃ	ʃʅ⁵⁵	拖
ʒ	ʒʅ³³	有
tɕ	tɕa³³	只，仅
tɕh	tɕha⁵⁵	酒
dʑ	dʑa²⁴¹	相信
ȵ	ȵi⁵⁵ ȵi³¹	黑
ɕ	ɕi⁵⁵	铁
z	zo²⁴¹	唱（歌）
k	ko³³	枕头
kh	kho⁵⁵	猫头鹰
g	go³³	中间
ŋ	ŋa³³	有
q	qa⁵⁵	我
qh	qha⁵⁵	苦
χ	χa⁵⁵	铜
ʁ	ʁə³³	汉族
χp	pχpa³³	豺狼
χb	χba²⁴¹ ȵi³¹	休息
χm	χma³³	羌族自称
χt	χtə⁵⁵	蛋
χd	χde³³	云
χn	χna³³ ta³³	后面
χtʂ	χtʂuə⁵⁵	汗
χdʐ	χdʐe³³	褪色
χtʃ	χtʃi³³	完
χdʒ	χdʒi³¹	扔掉
χtɕ	χtɕa³³ χtɕa³³	喜鹊
χdʑ	χdʑa³³	下（雨）
χȵ	χȵi³¹ ȵi³³	红
χk	χkə⁵⁵	偷
χg	χguə³¹	九，锈
χŋ	χŋu⁵⁵	银子
χq	χqa⁵⁵	口
χG	χGa²⁴¹ ɕe³³	啃
pz	pzʅ³³	肠子

phʐ	phʐɿ⁵⁵	獐子喘气
bʐ	bʐɿ³¹me³³	布
pʐ	pʐe⁵⁵	粗大
phʐ	phʐe³¹phʐe⁵⁵	湿
bʐ	bʐa³³	大

韵母　有44个，其中单元音10个，复元音19个，带鼻音尾韵母15个。

单元音韵母：i e a ɑ o u ə y ɿ ʅ。

复元音韵母：yi ei ai au əu ie ia iɑ io ue ua uɑ uə ye ya yɑ iau iəu uai。

带鼻音尾韵母：in an un ən yn ian uan yan iŋ ɑŋ uŋ əŋ iɑŋ uɑŋ uəŋ。

声调　有6个声调：

声调调值	例　　字			
1. 高平 55：	tshie⁵⁵	山羊	dʑi⁵⁵	脚
2. 低降 31：	ʁu³¹	鹅	dʑi³¹	侄子
3. 全降 51：	pi⁵¹tha³³	比赛	kai⁵¹tha³³	改
4. 低升 13：	pi¹³tha³³	躲避	kai¹³tha³³	盖
5. 中平 33：	tshie³³	菩萨	dʑi³³	量（米）
6. 升降 241：	ʁu²⁴¹	碗	dʑi²⁴¹	说

二　词汇

羌语的词汇大部分是单音词或由单音词合成的词。多音节的单纯词比较少。羌语的方位词很丰富，根据山势、河流高低，分辨出各种方位，还分近指、远指、最远指。所以方位词就非常复杂。

派生词的派生方式由加前加成分、后加成分、助词等方式构词的。

借词　羌语北部方言接近藏区，语言中藏语借词占一定的比例，南部方言接近汉区，汉借词占多数。杂居区汉语借词比例更高。

三　语法

词类　羌语的词可分名词、数词、量词、代词、动词、形容词、副词、助词、连词、语气词、叹词11类。

名词　可在名词后加附加成分 χu³³ 表示复数。例如：mə³³（人） mə³³χu³³（人们），pho⁵⁵（树），pho⁵⁵χu³³（一些树）。可在名词后加 tʂuə³³ 表示指小。例如：zɿ³¹ŋu³³（牛），zɿ³¹ŋu³³tʂuə³³（小牛犊）；tshie⁵⁵pa⁵⁵（锅），tshie⁵⁵pa⁵⁵tʂuə³³（小锅）。

数词　基数词 a³¹ 一、ȵi⁵⁵ 二、tshi⁵⁵ 三、dʑɿ³³ 四、ʁua³³ 五、χtʂu³³ 六、ɕiŋ³³ 七、tʂhe³³ 八、χguə³³ 九、χa³¹dy³³ 十。

序数一般借用汉语。例如：ti¹³ie³³ 第一、ti¹³u⁵¹ 第五。

量词　量词很丰富，分名量词和动量词。名量词分表示事物个体单位的、表示事物形状的、表示时间的、表示度量衡的、借用名词或动词表量的、专用与集体的，等等。量词可以单独加在名词或其他词组后，表示单数的量。例如：zɿ³¹mə⁵⁵（话），gu³³（句）nə³³（都）mi⁵⁵（没有）dzi²⁴¹（说）一句话都没有说。

代词　分人称代词、指示代词、疑问代词、反身代词、泛指代词。人称代词分第一、第二、第三人称。每个人称有分单数、双数和复数，第一人称复数有分包括式和排除式。

	单数	双数	复数
第一人称	ŋa⁵⁵	tsuŋ¹³tʃɿ33（包括）	tsuə³¹thya⁵⁵（包括）
		qaŋ¹³tʃɿ33（排除）	qa³¹thya⁵⁵（排除）
第二人称	no⁵⁵	kuaŋ¹³tʃɿ33	kuə³¹thya⁵⁵
第三人称	tsa⁵⁵lə⁵⁵（在场）	thaŋ⁵⁵tʃɿ⁵⁵	tha⁵⁵χua⁵⁵
	tha⁵⁵lə⁵⁵（不在场）		

指示代词　指示代词一般不单独使用，通常和量词或助词结合使用。作定语时可放在名词前或后。例如：phu⁵⁵（衣）tsa³³（这）lɑ³³（件）；或 tsa³³（这）lɑ³³（件）phu⁵⁵（衣）lɑ³³（件）这件衣服。

疑问代词　代替人的用 sɿ⁵⁵（谁），代替物的用 na⁵⁵ti³³（什么），代替数目的用 na¹³、na³³tɕi⁵⁵na³³、ʁa²⁴¹、ʁaŋ²⁴¹（多少，几），代替处所的用 a⁵⁵ȵi³¹（哪里）。代替人的疑问代词有格的语法形式，主格、宾格的形式是 sa⁵⁵。

动词　动词有人称、数、时间的语法范畴。人称分第一、第二、第三人称，数有单数与复数，时间有将来时、现在时、过去时，共18种形式。动词的体，分将行体、持续体、已行体、经验体。各用不同的后附加成分表示。动词的式，有命令式和祈求式两种。动词的态，分使动态和互动态两种。动词的趋向，有8种不同的方向。在动词前各用不同的附加成分表达。

形容词　有相当一部分形容词词根采用叠音的形式。例如：χa⁵⁵χa³³（黄），ȵi⁵⁵ȵi³¹（黑），phʐe³¹ phʐ⁵⁵（湿），sʅ³³sʅ³¹（暖和）等。

副词　分程度副词、范围副词、时间副词、性状副词、语气副词、否定副词。

助词　分结构助词和指定助词两类。结构助词又分限制助词、施动助词、受动助词、工具助词、比较助词、处所助词、从由助词等7类，各有不同的附加成分，加在动词之后。

连词　连接词、词组或连接句子。连接词的连词用 na³³，用来连接句子的连词比较多，根据不同的意思使用不同的连词。

四　方言

羌语分南北两个方言，北部方言复辅音比南部方言多许多。在韵母方面，北部方言的单元音分长短和卷舌与不卷舌，南部方言大部分土语元音都不分长短，也不分卷舌与不卷舌。北部方言有丰富的辅音韵尾，元音和韵尾组成195个韵母，南部方言只有两个辅音韵尾，组成的韵母只有20个左右。在声调方面，北部方言一般只有习惯音调，没有音位调。

在词汇方面，羌语南北方言的基本词汇是一致的，但各有一定数量的方言词。南部方言借用汉语词较多，约在30%，藏语借词极少。北部方言中的汉语借词比例很少，不足15%，但藏语借词占一定的比例，占7%—10%。南北方言间同源词占55%左右。

附：羌语常用词举例

1	天	χmə³³da²⁴¹pə³³
2	太阳	ma³³sʅ⁵⁵
3	月亮	ɕy³³ɕya⁵⁵
4	星星	χdʐe³³pe⁵⁵
5	云	χde³³
6	风	mɑ³³ʁu⁵⁵
7	雨	ma³¹ʐi⁵⁵
8	水	tsuə³³
9	河	tsuə³³
10	山	tshuə⁵⁵
11	水田	zuə³³
12	土	dzu⁵⁵
13	窟窿	dʐo³³
14	石头	ʁo²⁴¹
15	火	mi³³
16	上面	qa³¹te³³
17	下面	pha³¹lə³³
18	里面	ko⁵⁵ko³³
19	外面	ʐa⁵⁵lə⁵⁵
20	年	pə³³
21	日	sie³³
22	猪	pa³³
23	狗	khuə⁵⁵
24	熊	ti³³
25	老鼠	zʅ³¹kuə³³
26	鸡	yi³¹
27	鸟	dʐe²⁴¹ye⁵⁵mə³³
28	蚂蚁	mɑ³³i⁵⁵tsʅ³¹
29	跳蚤	tsu⁵⁵lu⁵⁵
30	苍蝇	bə³¹χu³³
31	蚊子	bə²⁴¹bə³¹
32	翅膀	dʐe²⁴¹qe³³
33	毛	χmə³³
34	鱼	dzʅ³³
35	尾巴	suɑ⁵⁵kie³³
36	树	pho⁵⁵
37	竹笋	sən⁵⁵tsʅ³¹
38	稻子	ko³³tsʅ³¹

39	甘薯	χuŋ³¹ ʂau³¹	75	骂	ʑi³³
40	姜	sən⁵⁵ tɕaŋ⁵⁵	76	笑	dʐ̩a³³
41	果实	sie⁵⁵ mə⁵⁵	77	哭	ŋə⁵⁵/za³³
42	草	dʐ̩o³¹	78	浮	fu⁵⁵ tha³³
43	叶子	tɕha⁵⁵ qə³³	79	掉	tshyi⁵⁵
44	头	qə³³ po⁵⁵ tʂɿ³³	80	飞	dʐ̩e²⁴¹
45	眼睛	mi⁵⁵	81	（狗）吠	χte³³
46	鼻子	χȵi³¹ qo⁵⁵ pə³³	82	啼	sɿ⁵⁵
47	耳朵	ȵi³¹ kie³³	83	大	bʐ̩a³³
48	牙齿	suə⁵⁵	84	小	pə³¹ tʂhe⁵⁵
49	胡子	tshuə⁵⁵ χmə³³	85	高	bu³³
50	手	i⁵⁵	86	低	be³³
51	皮肤	tʃhɿ³¹ pa³³	87	深	bu³³
52	骨头	ʐ̩a³¹ kie³³	88	长	dʐ̩e³³
53	血	sa³³	89	短	dio³³
54	胆	χtʂə⁵⁵	90	厚	la³³
55	心	χtie⁵⁵ mə⁵⁵	91	远	χua³³
56	父亲	pi⁵⁵/pa⁵⁵ pa³³	92	近	kie³¹ ʑi⁵⁵
57	母亲	ma³³/ma⁵⁵ ma⁵⁵	93	多	dio²⁴¹
58	儿子	tʃɿ³³	94	少	pə³¹ tʂhe⁵⁵
59	上衣	phu⁵⁵	95	轻	dzy³³
60	裙子	tɕhyn³¹ tsɿ³¹	96	重	dzɿ³³
61	听	tɕhy⁵⁵ ȵy⁵⁵	97	红	χȵi³¹ ȵi³³
62	吃	dʑɿ³³	98	白	phʐ̩i⁵⁵
63	喝	thie³³	99	黑	ȵi⁵⁵ ȵi³¹
64	吹	phə³³	100	绿	χue³³ χue³¹
65	说	dʐ̩i²⁴¹	101	（羊）肥	lu⁵⁵
66	跳	tshu³³	102	瘦	dʐ̩o²⁴¹
67	走	kə³³	103	好	na³³/ʂe³³
68	跑	tʂhi³³ tʂhi⁵⁵	104	坏	mi³³ ʂe³³
69	坐	dzo³³	105	快	duə³³ dua²⁴¹
70	谁	ne⁵⁵	106	慢	phi³¹ tha⁵⁵
71	扛	qə⁵⁵ tuə³³	107	酸	sye³¹ sye³³
72	洗（衣）	χuə⁵⁵ la⁵⁵	108	甜	tɕhy³³
73	捆	dʐ̩a³³	109	苦	qha⁵⁵
74	问	dʐ̩a³¹ dʐ̩ɿ³³	110	辣	dzɿ²⁴¹

111	咸	tsɿ⁵⁵qha⁵⁵
112	痒	dzɿ³¹za²⁴¹/dɑ³¹
113	我	ŋa⁵⁵/qa⁵⁵
114	你	no⁵⁵/kuə⁵⁵
115	他	tha⁵⁵lə⁵⁵
116	不	mi⁵⁵

羌语支 羌语支最早确立于20世纪60年代初,当时只包括羌语、普米语、嘉戎语,后来学术界陆续发现新的语言,在四川新发现属于属羌语支的有9种之多。羌语支分南北两支,南支有尔苏语、纳木依语、史兴语、贵琼语、却域语、扎坝语,北支有羌语、普米语、木雅语、尔龚语、嘉戎语、拉坞戎语,另外西夏语也属北支。羌语支语言保留了较多的藏缅语族的早期面貌。即比其他语言发展得比较缓慢。羌语支的语音特点:(1)羌语支语言同源词的语音对应严谨,语音演变方式接近。(2)都有复辅音,少的有几个,多的有200多个,如尔龚语和嘉戎语等。多数语言有前置辅音+基本辅音+后置辅音这种三合复辅音。(3)单辅音复杂,一般在40个以上,史兴语有52个。(4)多数语言有4套塞擦音、擦音。(5)有小舌部位的塞音和擦音。(6)单元音多于藏缅语族其他语言。(7)多数有i u y 3个介音。(8)有残存的元音和谐现象。(9)辅音韵尾处于完全消失阶段。(10)多数语言有声调,但发展不平衡。有的语言或方言至今还没有声调。在词汇方面,构词和构形都有丰富的前缀。有的前缀仅仅起构词作用,如嘉戎语。语支内部各语言之间的同源词数量要多于不同语支的语言。叠音词或双声词比较多,有不少形容词采用叠音或双声形式。本语支语言易于吸收邻近民族语言的词汇来丰富自己。在语法方面,表达语法范畴主要用前后缀、词根屈折变化、重叠词根等方式。以加前缀的方式比较典型。人称代词都有格的语法形式。第一人称双数和多数都有包括式和排除式的区别。动词有趋向范畴,表达趋向范畴的前缀比较多。动词有互动语法范畴。结构助词比较丰富,一般有领属、施动、受动、工具、处所、从由、比较等类。

却域语 西川甘孜藏族自治州雅江、道孚、新龙、理塘等县部分藏族居民使用着一种不同于当地藏语,也不同于木雅语或尔龚语的语言,当地叫却域语。人口约有20000人。除了上述地区之外,据四川民族研究所的人员调查,也散居在九龙、康定、义敦、巴塘、芒康等县。却域语属汉藏语系藏缅语族,与羌语支的语言比较接近,可以归作羌语支。说却域语的人多数都兼通当地藏语和汉语。下面以甘孜藏族自治州雅江县团结乡的话为代表介绍却域语的概况。

一 语音

声母 有53个声母,其中单辅音声母44个,复辅音声母9个。

单辅音声母:p ph b m̥ m w f ts tsh dz s z t th d n̥ n l r ɬ tʂ tʂh dʐ ʂ z tɕ tɕh dʑ n̥ ɲ ə ç z j k kh g ŋ̊ ŋ x ɣ q qh h ɦ。

复辅音声母:mb ndz nd ndʐ ɲdʑ ŋg pz phz bz。

声母例字:

p	pe⁵³	屎
ph	phi⁵³	草木灰
b	bu⁵⁵	肚子
m̥	m̥ɯ⁵³	人
m	mu⁵³	弟弟
w	we⁵⁵	猪
f	fə̃⁵⁵	面粉
ts	tsɛ³⁵	他
tsh	tshɛ⁵³	山羊
dz	dzi³⁵	是
s	sai⁵³	血
z	zi³⁵	男人
t	tu³⁵	毒

th	thõ⁵⁵	肉		ŋg	ŋgɐ³⁵tə⁵³	铁墩
d	du³⁵	手镯		pz̞	pz̞ɐ³⁵rə⁵³	打滚
n̥	n̥u⁵³	敢		phz̞	phz̞ɐ⁵³	核仁
n	nu⁵³	牛奶		bz̞	bz̞õ³⁵	蛆
l	le⁵⁵	土地
r	ri⁵³	撕
ɬ	ɬai⁵⁵	跳蚤
tʂ	tʂɛ⁵³	土
tʂh	tʂhɛ⁵³	鹰
dʐ	dʐi⁵³	翅膀
ʂ	ʂa⁵³	小麦
z̞	z̞ũ³⁵	鱼
tɕ	tɕi⁵³	腰
tɕh	tɕhɯ⁵³	狗
dʑ	dʑi³⁵	裤子
n̥ɕ	n̥ɕe⁵³	穗子
ɲ̥	ɲ̥e³⁵	你
ç	çə⁵³	走
z	zi³⁵	水
j	jɛ⁵⁵	房子
k	ku⁵³	牙
kh	kho⁵³	声音
g	gi³⁵	马
ŋ̥	ŋ̥ua⁵⁵	吠
ŋ	ŋa³⁵	我
x	xo⁵³	头
ɣ	ɣa³⁵	门
q	qo⁵⁵	钥匙
qh	qhɛ⁵³	屎
h	hõ⁵⁵tõ⁵⁵	膝盖
ɦ	ɦõ³⁵	鹅
mb	mbu³⁵	锥子
ndz	ndze⁵³	钉子
nd	ndɐ³⁵	箭
ndʐ	ndʐɛ³⁵	米
ndʑ	ndʑa³⁵	虹

韵母 有韵母35个，其中单元音韵母22个，复元音韵母13个。

单元音韵母：i ɿ y e ø ɛ ɜ a o u ɯ i̘ ĩ ỹ ẽ ø̃ ɜ̃ ã õ ũ。

复元音韵母：ei ɛi ai əu au ui ue uɛ uɐ ua yɛ uei iau。

声调 有4个声调：

高平 55　高降 53　高升 35　中平 33

例字：ma⁵⁵　　ma⁵³　　ma³⁵　　ma³³
　　　酥油　　妈妈　　不　　苎麻

二　词汇

附加法构词 词根添加前加成分或后加成分构成新词。前加成分 a⁵⁵，加在部分亲属称谓前。如：a⁵⁵ji³³（祖父），a⁵⁵khu⁵³（伯父）a⁵⁵tɕe⁵³（哥哥）。后加成分有 mi⁵⁵、ma⁵³、mo⁵³、pi⁵³、pa⁵³、po⁵³、wi⁵³、wa⁵³、wo⁵³等。

却域语的藏语借词较多，据估计占10%左右。近数十年来汉语借词逐渐增多。有些过去来自藏语的意译词，现在多用汉语音译词代替了。

三　语法

词类 却域语的词分名词、代词、数词、量词、形容词、动词、副词、连词、助词、叹词等10类。

名词 名词中的称人名词有双数和多数的形式。表双数时在后面添加附加成分 tse⁵³，表多数时添加附加成分 ɲ̥e⁵⁵。名词表小的形式是在名词后添加附加成分 tʂu⁵³。

代词 分人称代词、反身代词、指示代词、疑问代词、泛指代词。

人称代词分单数、双数和多数，单数人称代词添加不同的附加成分构成双数和多数。

	第一人称	第二人称	第三人称
单数	ŋe³⁵我	ņe³⁵你	tsɛ³⁵他
双数	ŋa³⁵ tse⁵³我俩（排除）	na⁵⁵tse⁵³你俩	tsɛ³⁵ņe⁵³他俩
双数	fi ɜ³⁵tse⁵³咱俩（包括）		
多数	ŋa³⁵ņe⁵⁵我们（排除）	na³⁵ņe⁵⁵你们	tsɛ³⁵ņe⁵⁵他们
多数	fi ɜ³⁵ņe⁵⁵咱们（包括）		

数词 可分基数词、序数词和约数、倍数、分数等。基数词 ti³⁵ tçã⁵³ 一、na³⁵ tçã⁵³ 二、so⁵⁵ tçã⁵³ 三、zi³⁵ tçã⁵³ 四、ŋua⁵⁵ tçã⁵³ 五、tʂhõ⁵⁵ tçã⁵³ 六、na⁵⁵ tçã⁵³ 七、çyɛ⁵⁵ tçã⁵³ 八、gɯ⁵⁵ tçã⁵³ 九、fia³⁵ tõ⁵⁵ tçã⁵³ 十、na³⁵ fia³⁵ tçã⁵³ 二十。三十以上的数词使用藏语借词。拉乌戎语的数词不能单独使用，要与量词结合才能修饰名词。例如：

m̥ɯ⁵³人 so⁵⁵三 zɿ⁵³个（三个人）；ta³⁵pi⁵³树 ŋua⁵⁵五 bõ⁵³棵（五棵树）。

量词 量词比较丰富，分名量词和动量词两类。常见的有个体量词 zɿ⁵³（个）、bõ⁵³（棵）、mi⁵⁵（间、所）、re⁵⁵（件）、se³⁵（条）等。还有表示集体的、成双的、度量衡的。

形容词 没有词尾标志，但大部分形容词使用词根重叠的形式。例如：tʂhõ⁵⁵ tʂhõ⁵⁵（白）、ņi³⁵ ņi³⁵（白）、je⁵⁵ je⁵⁵（好）、dʐe³³ dʐe⁵⁵（坏）、se³³ se⁵⁵（长）、tshõ³³ tshõ⁵⁵（短）。这些重叠形式的形容词可以再重叠，表示加强语气。例如：ņi⁵⁵ ņi⁵⁵（红），ņi⁵⁵ņi⁵⁵ņi⁵⁵ņi⁵⁵rə⁵³（红红的），kɐ³³ kɐ⁵⁵（大），kɐ³³ kɐ⁵⁵ kɐ³³ kɐ⁵⁵ rə⁵³（大大的）。

动词 动词有人称、数、时、态、式和趋向等语法范畴。动词的人称分第一人称、第二人称、第三人称，分单数和多数。时间分将来时、现在时、过去时，均以添加附加成分和词根屈折变化综合表示。动词的态有自动态、使动态和交互态。使动态用元音或辅音交替表示：phi⁵⁵（跑），phõ⁵⁵（赶跑）；gu⁵⁵（穿衣），gõ⁵³（使穿）；tsue⁵³（断），tʂhue⁵³（弄断）。交互态用重叠动词的办法表示：gu³⁵（换），gu³⁵gu³⁵（交换）；tse⁵⁵（吵），tse⁵⁵ tse⁵⁵（吵架）。

助词 分结构助词、语气助词等。结构助词分五类：限制助词、施动助词、受动助词、处所助词、比较助词。各有独特的助词加在各个词或词组的后面表示。

句子成分 分主语、谓语、宾语、定语和状语。主语在句首，宾语在主语和谓语之间，间接宾语在直接宾语之前。定语为名词或代词时在中心词之前，形容词或数量词作定语时在中心词之后。状语一般放在中心词之前。

附：却域语常用词举例

天	mɯ⁵⁵
云	xu⁵⁵pa⁵³
雨	xu⁵³
水	zi³⁵
山	ri³⁵
土	tʂɛ⁵³
土地	le⁵⁵
黄牛	ŋu⁵⁵zɨ⁵³
马	gi³⁵
猪	we⁵⁵
狗	tçhɯ⁵³
山羊	tshɛ⁵³
鹅	fiõ³⁵
鱼	zü³⁵
虱子	çi⁵⁵
翅膀	dʐi⁵³
蜜蜂	bõ³⁵wi⁵³
蛆	bzõ³⁵
今天	pɯ⁵⁵si⁵³
明天	khi⁵⁵zi⁵³
树	ta³³pi⁵³
花	mo³⁵to⁵³
小麦	ʂa⁵³
米	ndʐɛ⁵³
头	xo⁵³
脖子	qɛi⁵³
胡子	ɬa⁵⁵po⁵³

眼睛	ȵe⁵⁵		新	ʂə⁵⁵ ʂə⁵⁵
膝盖	hõ⁵⁵ tõ⁵⁵		我	ŋa³⁵
牙	ku⁵³		你	ȵe³⁵
肉	thõ⁵⁵		他	tsɛ³⁵
腰	tɕi⁵³		这	u⁵⁵ ti⁵³
肚子	bu⁵⁵		谁	ɬi³⁵
血	saɪ⁵³		什么	də³⁵
人	mɯ̥⁵³		一	ti³⁵ tɕã⁵³
父亲	a⁵⁵ pa⁵⁵		二	na³⁵ tɕã⁵³
母亲	a⁵⁵ ma⁵³			
妻子	pa³⁵ mi⁵⁵			
小孩	a⁵⁵ lo⁵⁵			
哥哥	a⁵⁵ tɕe⁵³			
裤子	dʑi³⁵			
房子	jɛ⁵⁵			
箭	ndʐ³⁵			
饭	du³⁵			
吃	tõ⁵³			
走	ɕə⁵³			
来	ta³⁵			
去	lə⁵⁵ ɕõ⁵³			
跑	phi⁵⁵			
跳	pha⁵⁵			
坐	lə³⁵ dzu⁵⁵			
哭	tʂuɛ³⁵			
睡	ze⁵⁵			
洗	tsi⁵³			
给	khuʐ³⁵			
有	tɕi³⁵			
吠	ŋua⁵⁵			
大	kʐ³³ kʐ⁵⁵			
红	ni̥⁵⁵ ni̥⁵⁵			
白	tʂhõ⁵⁵ tʂhõ⁵⁵			
长	se³³ se⁵⁵			
短	tshõ³³ tshõ⁵⁵			
好	je⁵⁵ je⁵⁵			

柔若语 怒族分别使用4种不同的语言：独龙语、阿侬语、怒苏语和柔若语。使用柔若语的分布在云南兰坪县和泸水县。他们自称柔若，约25000人。主要分布在兰坪县兔峨区的澜沧江两岸的兔峨、吾批江、碧鸡岚、果力、江末、小村、松坪等乡镇，泸水县部分村寨也有少量操柔若语的居民聚居。柔若语属汉藏语系藏缅语族彝语支。这里介绍柔若语以兰坪县兔峨乡的话为代表。

一 语音

声母 有23个声母：p ph m f v ts tsh s z t th n l tɕ tɕh ȵ ɕ k kh ŋ x ɣ ʔ（说明：出现在低降调的清塞音、清塞擦音实际读浊音）。

声母例字：

p	pau¹³	丛（量）
ph	pha⁵³	呕吐
m	ma³⁵	毛
f	fɛ⁵⁵	疟疾
v	vɛ⁵³	客人
ts	tsu⁵⁵	饭
tsh	tshe³³	十
s	sɛ⁵³	树
z	zɑu³³	麦子
t	ta⁵³	毒
th	thu¹³	桶（量）
n	nɛ⁵³	二
l	lɑu³³	裤子

tɕ	tɕɛ¹³	金子
tɕh	tɕhi³¹	屎
ȵ	ȵau³¹	你
ç	çi³¹	果核
k	ki⁵⁵	星星
kh	kha⁵³	六
ŋ	ŋko³³	鱼
x	xu³¹	肌肉
ɣ	ɣɛ³³	水
ʔ	ʔau⁵³	猪

韵母 有80个韵母，其中单元音韵母29个，辅音自成音节当韵母1个，复元音韵母50个。单元音分普通单元音、紧元音、鼻化元音、鼻化紧元音。

单元音韵母：i e ɛ a o u ɯ ə y ɿ i̠ e̠ ɛ̠ a̠ o̠ u̠ ɯ̠ ɿ̠ ĩ ẽ ɛ̃ ã õ ə̃ ỹ ĩ̠ ẽ̠ ɛ̠̃ ŋ̍。

复元音韵母：ie i̠e iɛ i̠ɛ iɛ̃ ia i̠a iã io i̠o iõ iɯ ui ue u̠e uẽ uɛ u̠ɛ uɛ̃ uɛ̠ ua u̠a uã uo u̠o uə yi y̠i ye y̠e yẽ ỹɛ y̠ɛ yɛ̃ yã yo ei e̠i ai ou au a̠u ãu iou iau uei uau yau uai。

声调 有6个声调：

调值	55	33	53	31	35	13
例字	vu⁵⁵	vu³³	vu⁵³	vu³¹	vu³⁵	vu¹³
	虫叫声	肠子	老鼠	发情	蛋	个

二 词汇

柔若语的词汇借词不算很多，单音节词和合成词占大多数。带词头、词尾的基本词在构词时，其词头、词尾要脱落。有一定数量的基本词与同语族或同语支的语言有同源关系。如月亮、火、眼睛、耳朵、鱼、狗、盐、三、五、苦、吃、飞、我等。柔若语有一些名动同形词，如花与开花相同，烟子与熏同，称与秤同，梦与做梦同，蛋与下蛋同。

派生法构词 加词头 ʔa³³，构成亲属称谓名词。例如：ʔa³³iou³³（祖母）、ʔa³³mɛ⁵⁵（母亲）、ʔa³³pu¹³（祖父）、ʔa³³piɛ³¹（嫂嫂）、ʔa³³pau³¹（父亲）、ʔa³³tɕou⁵⁵（舅舅）。对平辈或小辈的亲属称谓后面加 ia³³。例如：kɛ¹³ia³³（弟弟）、yi³¹ia³³（孙子）、tɕu³³ia³³（丈夫）、miau³⁵ia³³（妻子）、pe³¹mɛ³¹ia³³（女儿）。在动词或形容词后加各种虚化的量词构词，十分常见。名词后加 lɛ³¹，表圆形或块形的物体，如 ʔou⁵⁵tu³¹lɛ³¹（头）、kɛ⁵⁵lɛ³¹（苦胆）。加 phau⁵³ 表扇形的物体，如 tshuẽ⁵⁵phau⁵³（肺）、tõ⁵⁵phau⁵³（翅膀）。加 kõ⁵⁵ 表条形或一条计算的物体，如 ŋo³³kõ⁵⁵（鱼）、mia³¹kõ⁵⁵（马）、nu³¹kõ⁵⁵（牛）。还有几类词都使用不同的虚化的量词来表示。

三 语法

词类 分名词、数词、量词、代词、动词、形容词、副词、助词、连词、情感词。

名词 在名词后加助词 tə³⁵ 表示多数。例如：vɛ⁵³（客人），vɛ⁵³tə³⁵（客人们）；miã³¹（马），miã³¹tə³⁵（马，多数）。表示动物的性别，在名词后加不同的词素。例如：ʔu⁵³（鸡），ʔu⁵³phõ³⁵（公鸡），ʔu⁵³mi¹³（母鸡）。

数词 基数词 tɯ³¹ 一、nɛ⁵³ 二、sɛ̠³¹ 三、yi³¹ 四、ŋo³¹ 五、kha⁵³ 六、ne̠³³ 七、ia³³ 八、kɯ³¹ 九、tshe³³ 十、iou⁵⁵ 百、tɕhyẽ⁵⁵ 千、ȵou⁵³/tshɿ³¹ 万。序数词借用汉语时，连数词一并借用。例如：ti⁵⁵i³¹（第一），ti⁵⁵a⁵³（第二）。

量词 分名量词和动量词。名量词可以不和数词结合，直接修饰名词。例如：mi³³（衣服）kɯ⁵⁵（件）一件衣服。动量词必须和数词连用。例如：tɯ³¹（一）piɛ̠⁵³（遍）ŋɛ⁵⁵（看）看一遍。

代词 分人称代词、指示代词、疑问代词、反身代词、泛指代词。人称代词分单数、双数、集体、多数4类。每类有三个人称，第一人称双数、集体和多数分包括式和排除式。

	单数	双数	集体	多数
第一人称（包括）	ŋo⁵⁵	ʔa³¹pe⁵⁵ne̠⁵³ia³³	ʔa³¹pe⁵⁵mou³⁵	ʔa³¹pe⁵⁵
（排除）		ŋo⁵⁵pe⁵⁵ne̠⁵³ia³³	ŋo⁵⁵mou³⁵	ŋo⁵⁵pe⁵⁵
第二人称	ȵau³¹	nɯ⁵⁵tə⁵³ne̠⁵³ia³³	nɯ³¹mou³⁵	nɯ⁵⁵tə³⁵
第三人称	tu³⁵	tɯ⁵⁵pe⁵⁵ne̠⁵³ia³³	tɯ⁵⁵mou³⁵	tɯ⁵⁵pe⁵⁵

指示代词有近指和远指两类，近指用 ʔa⁵⁵，远

指用 nɛ̠⁵³iɑ³³，雅称用 nɛ̠⁵³ȵi⁵⁵。远指分上方、下方、水平方，每一方位又分一般的方位和更远的方位。共六个方位。在句子中，一般的方位必须和量词结合使用。

动词 有体、式、态等语法范畴。体分将行体、进行体、已行体、完成体、曾行体。各种体分别在动词后加助词表示。将行体助词 xɛ̃³¹，进行体助词 o¹³ 或 o¹³xɛ̃³¹，已行体助词 zɑu³¹，完成体助词 ʔi⁵⁵zɑu³¹，曾行体助词 ko⁵⁵。

形容词 表示性质、状态或程度的加深，采用后附音节的方法。例如：ne³³（红），ne³³ɕi³¹ɕi³¹（红红的）；khou³¹（苦），khou³¹ti³³ti³³（苦苦的）。形容词作主语时需在其后加助词 xou⁵³。例如：ŋo⁵⁵（我）ne³³（红）xou⁵³（助词）ve³¹（买）uo³⁵（着）zɑu³¹（助词）我买了个红的。

副词 分范围副词、时间副词、程度副词、形状副词、语气副词、否定副词。

助词 分结构助词、定指助词、谓语助词、表多数助词等。其中结构助词又分领属助词、受动助词、工具助词、处所助词、从由助词、比较助词等六类。

连词 分连接词和词组的用 lɑ³¹（和）。连接句子用 nɛ³¹、tɑ³¹lhõ³⁵ɛ³¹ 等。

句子成分 有主语、谓语、宾语、定语和状语。基本语序：主语—宾语—谓语。名词、代词作定语放在中心语前，形容词、数量词作定语放在中心语后。

附：柔若语（果力）常用词举例

1	天	mɯ³³
2	太阳	miɔ³¹
3	月亮	lɔ³¹
4	星星	ki⁵⁵
5	云	kɛ³³
6	风	mɯ³³lɛ̠³³
7	雨	mɯ³³vu̠⁵⁵
8	水	ɣɛ³³
9	河	kho³³
10	山	ko⁵³tiɯ³³
11	水田	ɣɛ³³io³³
12	土	la⁵⁵ma³¹
13	窟窿	tõ³³
14	石头	la̠⁵³
15	火	mi³³
16	上面	tɯ⁵⁵tɯ³³
17	下面	tɯ⁵⁵thiɛ³¹
18	里面	tɯ⁵⁵kɯ⁵⁵
19	外面	a³¹mɔ³⁵
20	年	nɛ⁵⁵
21	日	nɛ³¹
22	猪	ʔɔ⁵³
23	狗	khyi³³
24	熊	ɣɔ⁵⁵
25	老鼠	vu̠⁵³
26	鸡	ɣo⁵³
27	鸟	ŋɔ⁵⁵
28	蚂蚁	pha³⁵vu⁵³
29	跳蚤	kha³³lɛ⁵⁵
30	苍蝇	piɛ³³
31	蚊子	piɛ³³ka⁵⁵
32	翅膀	ŋɔ³¹tu³³
33	毛	ma̠¹³
34	鱼	ŋo³³
35	尾巴	mɛ⁵⁵pa³³
36	树	sɛ⁵³tse³³
37	竹笋	khɔ³³tu⁵³
38	稻子	kue³³ɕye³³
39	甘薯	a³³mɯ³¹
40	姜	tɕhã⁵³
41	果实	ɕi³³
42	茅草	ɕi³¹mi⁵⁵
43	叶子	pho⁵³
44	头	ʔ³¹tu³³lɛ̠⁵⁵
45	眼睛	miɔ⁵³sʅ³³

46	鼻子	na³⁵ka³⁵		82	啼	tu̠⁵⁵
47	耳朵	na³³sɿ³³		83	大	i³³
48	牙齿	tɕyi¹³		84	小	ȵɛ³³
49	胡子	mi³³tɕhi⁵³		85	高	mia⁵⁵
50	手	lo⁵³		86	低	ȵɛ⁵³
51	皮肤	lo⁵³kua⁵⁵		87	深	xɛ³³
52	筋	xo³³ka̠³³		88	长	ɣe⁵⁵
53	血	ɕye³³		89	短	tɕo³³
54	胆	kɛ⁵⁵		90	厚	thu³³
55	心	na³⁵thuɛ¹³		91	远	uɛ³³
56	父亲	ʔa⁵⁵pɔ³³		92	近	miɛ³³
57	母亲	ʔa⁵⁵mɛ³³		93	多	mɛ⁵³
58	子女	pi³³mi³³zo³³		94	少	ȵu³³
59	上衣	me³³		95	轻	lia⁵⁵
60	裙子	to³¹thɛ³⁵		96	重	li³³
61	听	no⁵⁵		97	红	ne³³
62	吃	tso³³		98	白	phiɔ³³
63	喝	fu⁵³		99	黑	nū⁵³
64	吹	me̠⁵³		100	绿	ȵa⁵⁵
65	说	tɕɯ³³to³³		101	（羊）肥	tshu⁵⁵
66	跳	tɕo⁵⁵		102	瘦	kɛ³³
67	走	i⁵⁵		103	好	lɔ¹³
68	跑	ta̠³³		104	坏	ʔa³¹lɔ¹³
69	坐	ȵi³³		105	快	mia³³
70	谁	ȵa⁵³me³³		106	慢	ʔa³¹mia³³
71	扛	vu⁵³		107	酸	tɕa⁵⁵
72	洗	tɕhi³³		108	甜	tɕhɯ⁵⁵
73	捆	tɕɯ⁵³		109	苦	kho³³
74	问	ta³³mi³³		110	辣	phɛ³³
75	骂	i¹³		111	咸	tsho³³khɔ³³
76	笑	ɣe³³		112	痒	io³³
77	哭	ŋɯ³³		113	我	ŋu⁵⁵
78	浮	lui⁵⁵		114	你	ȵo³³
79	沉	lo³³ʔū⁵⁵		115	他	tu⁵⁵
80	飞	piɔ⁵⁵		116	不	ʔa³¹
81	（狗）吠	ŋa⁵³，mi³³				

撒拉语 中国撒拉族的语言，属于阿尔泰语系突厥语族西匈语支乌古斯语族。大部分撒拉族人以撒拉语为主要交际工具。撒拉族主要分布在青海省循化撒拉族自治县以及化隆回族自治县、甘肃省积石山保安族东乡族撒拉族自治县。总人口10万余人（2000年），其中循化撒拉族自治县达7万余。

撒拉语内部比较一致，根据语音、词汇、语法方面的差异，划分为街子、孟达两个土语。街子土语普遍性较大。

一 语音

撒拉语有 i e ə a o u ø y 8个单元音，9个复元音（其中有5个只出现在汉语借词里），单元音在一定的条件下，都有相应的清化变体；辅音有：b p m f v d t n l r s z ʥ ʧ ʃ j ʤ ʦ ʂ g k ŋ x ɣ G q χ ʁ h 29个，塞音、塞擦音不分清浊，而分为送气和不送气的两套。突厥语里元音系统中的唇状和谐，在撒拉语里主要表现为后圆唇元音的和谐。

二 语法

根据意义、形态变化和在句子里的用法，撒拉语的词划分为名词、形容词、数词、代词、量词、动词、副词、后置词、连词、语气词、叹词和拟声词十二类。

名词有数、格、领属人称范畴。名词、代词以及名物化的形容词、数词等由于在句子里所处的地位而有格的变化。名词的格有6个：主格、领格、与格、宾格、位格、从格。

主格　附加成分为零形式。

领格　表示领有意义，附加成分为 -niɣi。例如：gaga 哥哥 / gaganiɣi 哥的。

与格　表示行为的间接对象或趋向、目的处所等意义。附加成分 -ɣe -ʁe，接在以元音结尾的词干后。例如：ini 弟弟 iniɣe 对弟弟；ʃyeʃo 学校 / ʃyeʃoʁe 向学校。

宾格　表示行为的直接对象，附加成分是 -nə。例如：beGərax 衣服 /beGaraxnə 把衣服；xaxət 纸/xaxətnə 把纸。

位格　表示事物所处的时间、处所。附加成分是 -de -də -nde -ndə。例如：u vax 那时候 / u vaxdə 在那时；oj 房屋，家 /ojinde 在他的家。

从格　表示行为发生的时间、地点。附加成分是 -den -dən -nden -ndən。例如：baʃ 头/baʃdən 从头上；baʃindən 从他头上。

撒拉语动词有态、式、时、体等语法范畴以及形动词、副动词、动名词等形式。陈述式动词有过去、现在、将来三种时制，进行、完成两种体。除现在时以外，其他四种时体都区分确定语气和非确定语气。确定语气表达说话人亲身经历或目睹、主观决定和直接了解的行为或状态；非确定语气表达说话人非亲身经历、非主观上能够加以确定的、间接得知的或出乎自身意愿的行为或状态。

三 词汇

撒拉语里的固有词大多与同语族语言同源，如：su"水"、gun"太阳"、aj"月亮、at"马"等。借词当中汉语成分最为丰富，由于地域的联系也吸收了一些藏语词，还有一些反映宗教生活的阿拉伯语词语。

附：撒拉语常用词举例

1	天	asman
2	太阳	gun
3	月亮	aj
4	星星	juldus
5	云	bulət
6	风	jel
7	雨	jaʁmur
8	水	su
9	河	moren
10	山	daʁ
11	平原	dyz
12	土	toraχ
13	窟窿	tiʃyx
14	石头	daʃ
15	火	ot

16	上面	iʃʤi		52	骨头	sinix
17	下面	enʃi		53	血	ɢɑn
18	里面	iʃi		54	胆	ød
19	外面	daʃi		55	心	jirix
20	年	jil		56	父亲	aba
21	日	guntisi		57	母亲	iʤa
22	猪	doŋos		58	儿子	oʁɐl
23	狗	id		59	上衣	beɢərax
24	熊	atəx		60	长袍	don
25	老鼠	geme		61	听	diŋna –
26	鸡	tox		62	吃	ji –
27	鸽子	guryunʤux		63	喝	iʃ –
28	蚂蚁	ɢəməsɢən		64	吹	fur –
29	跳蚤	birye		65	说	jeʃa –
30	苍蝇	box ʤyjin		66	踢	tiut –
31	蚊子	sinix ʤyn		67	走	jyr –
32	翅膀	ɢanat		68	跑	jyggur –
33	虫	qut		69	坐	otər –
34	鱼	balux		70	谁	uxla –
35	尾巴	ɢunux		71	扛	dama –
36	树	dal		72	洗	jy –
37	根	ozex		73	捆	baʁ la –
38	小麦	boʁʤi		74	问	sor –
39	玉米	bogu		75	骂	ohrə –
40	辣椒	lazi		76	笑	kuli –
41	种子	urlux		77	哭	jaʁla –
42	草	tʃob		78	浮	usil –
43	叶子	jahrəx		79	掉	jaʁ –
44	头	baʃ		80	飞	uʃ –
45	眼睛	goz		81	（狗）吠	fur –
46	鼻子	purnə		82	啼	maŋra –
47	耳朵	ɢulax		83	大	ʤatax
48	牙齿	tiʃ		84	小	kiʤi
49	胡子	saʁalu		85	高	bixi
50	手	el		86	低	afax
51	皮肤	tirə		87	深	tiruŋ

88	长	uzin
89	短	qəsɢa
90	厚	χaluŋ
91	远	jiraχ
92	近	jaχən
93	多	atoχ /kop
94	少	az
95	轻	jumul
96	重	aʁər
97	红	ɢəzil
98	白	aχ
99	黑	ɢara
100	绿	jaʃil
101	（羊）肥	semus
102	瘦	ɢurə
103	好	jaχʃi
104	坏	jemen
105	新	jaŋə
106	旧	esli
107	酸	χuʃoŋ
108	甜	dahli
109	苦	adʒi
110	辣	adʒi
111	饱	doχ
112	饿	atʃəχ
113	我	men
114	你	sen
115	他	u
116	这	bu

萨斯特语 台湾高山族中自称"萨斯特"的人所使用的语言。属南岛语系印度尼西亚语族台湾语支排湾语群。分布在台湾阿里山和五峰山一带山区，包括新竹县五峰乡大隘、花园、桃山等村；娥眉乡藤坪村；北埔乡内坪、大坪等村；苗栗县南庄乡蓬莱、东河、南江、西村、狮山等村；狮潭乡百寿村。使用人口约2000人。萨斯特语为黏着型语言。分大隘和东河两个方言。

一 语音

有17个辅音：p b m t n l s z ʃ ɭ r k ŋ h ʔ j w。

辅音例字：

p	pazaj	稻子
b	baboj	猪
m	mæʔiɭæh	人
t	lataɭaʔ	鸡
n	naniʔ	脓
l	laŋpəz	十
s	sia	他
z	zizil	筛子
ʃ	ʃibaɭiʔ	蛇
ɭ	ɭotok	兔子
r	ramoʔ	血
k	koɭkoɭol	山
ŋ	ŋabas	嘴
h	hapoj	火
ʔ	ʔœhœʔ	狗
j	jako	我
w	wasal	海

有6个元音：i œ æ a ə o。多音节词中的重音落在最后一个音节上。音节结构有辅音+元音、辅音+元音+辅音、元音+辅音、元音自成音节四种方式。

二 词汇

在构词方面，词干加附加成分或词干部分音素重叠为主要构词手段。前加成分有 ka-、kama-、kapaj-、ki-、ɭin-、mil-、ti-等。中加成分有-in-、-om-，插在词干第一个音节的辅音与元音之间。前、后加成分有 ka-…-an、min-…-an。借词主要借自汉语闽南话和客家话。

二 语法

词类　分名词、代词、数词、形容词、动词、副词、连词、助词八类。

名词有一般名词和人名专有名词两类，各有主格、属格和宾格，分别在名词前加格助词表示。人称代词有单数和复数，有主格、属格、宾格等形式，第一人称复数有排除式和包括式。动词有时、态、式等语法范畴。视其是否插入中加成分而分成插入和非插入两大类。"时"有现在时、过去时和将来时。"态"有主动态和被动态。被动态有一般被动态、过去被动态、将来被动态。"式"有直陈式和命令式。

句子成分　有主语、谓语、宾语、定语和状语。基本语序为谓语往往位于句首，主语、宾语在谓语后。名词作定语位于中心语后，形容词作定语位于中心语前。状语位于中心语前。

附：萨斯特语常用词举例

1	天	kawaʃ
2	太阳	hæhilaḷ
3	月亮	ʔilaʃ
4	星星	bintœʔæn
5	云	ḷəmḷəm
6	风	baḷiʔ
7	雨	ʔæʃœral
8	水	ralom
9	河	baḷalaʔ
10	山	koḷkoḷol
11	水田	pinatiḷaj
12	土	raḷiʔ
13	窟窿	ḷorœʔ
14	石头	batoʔ
15	火	hapoj
16	上面	babaw
17	下面	kamasal
18	里面	ʔæboʔ
19	外面	latar
20	年	tinalʔomæh
21	日	kominsiʔal
22	猪	baboj
23	狗	ʔæhœʔ
24	熊	somaj
25	老鼠	ʔæḷohæʃ
26	鸡	tataḷaʔ
27	鸟	kabkabæhæḷ
28	蚂蚁	sasəpəḷ
29	跳蚤	kæʔtim
30	苍蝇	ḷaŋaw
31	蚊子	tataŋoḷ
32	翅膀	palir
33	毛	ʔœḷobœh
34	鱼	ʔælaw
35	尾巴	kikoḷ
36	树	kæhœj
37	竹子	raromæh
38	稻子	pazaj
39	甘薯	ʔæwpir
40	槟榔	ponəŋ
41	果实	boḷaj
42	草	ḷinbətəḷ
43	叶子	biḷæʔ
44	头	taʔœlœh
45	眼睛	masaʔ
46	鼻子	kaŋosəlan
47	耳朵	saliʔiḷ
48	牙齿	nəpən
49	胡子	romiʃ
50	手	ralokamaʔ
51	皮肤	baŋəʃ
52	骨头	bœʔœl
53	血	ramoʔ
54	肠	maʔasaj
55	心	ʔæḷoʔ
56	父亲	tamæh
57	母亲	tinæh
58	儿子	kor koriŋ

59	上衣	kaɭibaɭən		95	轻	hilhilʔawan
60	裙子	totoʃ		96	重	ʃilʔil
61	听	bazæʔ		97	红	ŋaɲilæhan
62	吃	somiʔæl		98	白	bolalasan
63	咳嗽	ɭalihiz		99	黑	ʔəŋihan
64	吹	hœmiop		100	绿	ɭəsʔiz
65	说	maʔjakaɭiʔ		101	（羊）肥	kərpəɭ
66	站	miriɭiʔ		102	瘦	baliʔ
67	走	manraɭan		103	好	kajzæh
68	种	mamoɭaʔ		104	坏	ʔæwhæj
69	坐	ʃomaɭəŋ		105	快	ʔalikæh
70	谁	mæʔrəm		106	慢	balbalaj
71	拿	mariʔ		107	酸	ʔæhɭis
72	洗（衣）	bæhiʔ		108	甜	ʔanhil
73	捆	botoeʔ		109	苦	ʔæɭəzʔiz
74	问	somiɲozaw		110	辣	pæʔis
75	骂	ʔomaŋaŋ		111	咸	baŋɭih
76	笑	somawaʔ		112	痒	kaksis
77	哭	hœmaɲih		113	我	jako
78	浮	ʃipaptoljab		114	你	ʃoʔo
79	死	masaj		115	他	sia
80	飞	ɭomajap		116	不	ʔok
81	来	waɭi				
82	去	rimaʔ				
83	大	sobaɭœh				
84	小	ʔolʔolaʔan				
85	高	ʔibabaw				
86	低	ʔirʔiraɭiʔan				
87	深	ʔiɭizoʔ				
88	长	ʔinaroʔ				
89	短	liʔtoʃan				
90	厚	karpaɭ				
91	远	raɭawaʃ				
92	近	ʔælʔælihan				
93	多	ʔakoj				
94	少	titiʔan				

赛德语 台湾高山族中自称"赛德"的人所使用的语言。属南岛语系印度尼西亚语族台湾语支泰耶尔语群。分布在台湾南投县仁爱乡南丰、互助、春阳、亲爱、精英、合作等村，以及花莲县秀林、万荣两个乡。使用人口约14000人。赛德语为黏着型语言。分雾社、春阳、太鲁阁三个方言。雾社方言分布在南丰、互助等村；春阳方言分布在精英、春阳等村；太鲁阁方言分布在秀林、万荣乡。

一　语音

有18个辅音：p b m w t d n r l t s s k g ŋ x q h j。

辅音例词：

p　　puŋerah　　星星

b	babuj	猪
m	milits	羊
w	walo	蜜蜂
t	tunuh	头
d	daha	二
n	nalaq	脓
r	rima	五
l	lukus	衣服
ts	tsumiq	虱子
s	sume	熊
k	karats	天
g	gulaŋan	碾子
ŋ	ŋudus	胡子
x	xilui	铁
q	quraqin	皮肤
h	hija	他
j	jajuŋ	河

有 5 个元音：i e a o u。多音节词重音落在倒数第二个音节上。音节结构有辅音＋元音、辅音＋元音＋辅音、元音＋辅音、元音自成音节四种方式。

二　词汇

在构词方面，词干加附加成分或词干部分音素重叠为主要构词手段。前加成分有 mu-、ku-、pu-、ta-、su-、sa-、munu-、mupu、muku-、musu-、mutu-、mugu-、mumu、punu-、puku-、kunu-、sumu-、sunu-、suku-、supui-、tumu-、tumu- 等。后加成分有 -an、-un。中加成分有 -um-、-un-，插在词干第一个音节的辅音与元音之间。借词主要借自汉语闽南话和日语。

三　语法

词类分名词、代词、数词、形容词、动词、副词、连词、助词、叹词九类。

名词有主格、属格和宾格。人称代词有单数、复数，有主格、宾格和领属格。第一人称复数有排除式和包括式，长形和短形等范畴。动词有及物、不及物，有态、式、时等范畴。"态"有主动态、使动态、被动态、处所态、工具态。"式"有一般式和命令式。"时"有现在时、过去时、将来时。

句子成分有主语、宾语、谓语、定语、状语、补语。基本语序为：谓语往往位于句首，主语在谓语之后，往往在句尾。宾语在谓语之后，主语之前。定语、状语有的在中心语之前，有的在后。补语在中心语后。

附：赛德语常用词举例

1	天	karats
2	太阳	hido
3	月亮	idas
4	星星	puŋerah
5	云	bulabu
6	风	bugihul
7	雨	qujuh
8	水	qasia
9	河	jajuŋ
10	山	dugijaq
11	水田	jukejak
12	土	deheral tanah
13	窟窿	belin
14	石头	butunux
15	火	puniq
16	上面	baro
17	下面	hunats
18	里面	turuma
19	外面	ŋaŋuts
20	年	kawas
21	日	ali
22	猪	babuj
23	狗	huliŋ
24	熊	sume
25	老鼠	qolits
26	鸡	rodux
27	鸟	qubeheni
28	蚂蚁	qutahi

29	跳蚤	tumaquj	65	说	rumeŋo
30	苍蝇	ruŋedi	66	跳	miro
31	蚊子	pereke	67	走	mukukesa
32	翅膀	palits	68	跑	tumalaŋ
33	毛	ʔubal	69	坐	tuleuŋ
34	鱼	qatsuruh	70	谁	mutaqi
35	尾巴	ŋuŋuʔ	71	扛	mehean
36	树	qahuni	72	洗（衣）	mahu
37	竹笋	lexi butakan	73	捆	mekuj
38	稻子	paje	74	问	sumilin
39	甘薯	buŋaʔ	75	骂	musejaŋ
40	姜	utsik qapan	76	笑	muhulis
41	果实	hiji	77	哭	luminis
42	草	sudu	78	浮	sumubobo
43	叶子	waso	79	沉	sukurebun
44	头	tunuh	80	飞	sukija
45	眼睛	doriq	81	（狗）吠	rumeuŋ
46	鼻子	muhiŋ	82	啼	kumukuɡu
47	耳朵	birats	83	大	paru
48	牙齿	rupun	84	小	bitsig
49	胡子	ŋudus	85	高	bubaro
50	手	baga	86	低	bulebu
51	皮肤	quraqin	87	深	turuma
52	骨头	buuts	88	长	kunedis
53	血	daraʔ	89	短	deheko
54	胆	pahuŋ	90	厚	mukunedux
55	心	tamabaraq	91	远	teheja
56	父亲	tama	92	近	daliŋ
57	母亲	bubu	93	多	habaro
58	儿子	laqi	94	少	tiquh
59	上衣	lukus	95	轻	tsulokah
60	裙子	ribun	96	重	tsihedin
61	听	mubahaŋ	97	红	tanah
62	吃	mekan	98	白	behege
63	咳嗽	musejaq	99	黑	kaluh
64	吹	mijuk	100	绿	magusama

101	（羊）肥	pulaq		mj	mjaŋ⁵⁵	看见
102	瘦	kure		mbj	mbja³¹	多
103	好	maru		t	tɤ̠³³	砍
104	坏	naqah		th	tha̠³³	锋利
105	快	nahari		n	no³¹	长
106	慢	qunuhue		nd	nda⁵⁵	痛
107	酸	mubasi		l	la⁵⁵	来
108	甜	musibus		k	ka³¹	爱
109	苦	muqelus		kh	kha⁵⁵	稀
110	辣	muɲihun		ŋ	ŋa³¹	五
111	咸	mulemun		ŋg	ŋgo³¹	到达
112	痒	mukelak		x	xaŋ³¹	船
113	我	jaku		q	qa³¹	力气
114	你	isu		qh	qha³¹	苦
115	他	hija		h	haŋ³¹	饭
116	不	ini		ts	tsa³¹	吃
				tsh	tshi³¹	洗
				tɕ	tɕa³³	有
				tɕh	tɕho³¹	跌倒
				s	sem⁵⁵	三
				ɲ	ɲa³³	这里
				ç	çø⁵⁵	喜欢
				ʑ	ʑu⁵⁵	拿
				ʔ	(ʔ)ɯ⁵⁵	笑

桑孔语 云南西双版纳傣族自治州景洪市小街乡曼宛洼村、曼扎罕丙村、曼向阳村以及孟龙镇团结村等地的人自称桑孔，约有2000人（1990年），其民族成分为哈尼族，但他们使用一种与哈尼语不同的语言，叫桑孔语。他们大多兼通哈尼语、傣语或汉语，有的还懂拉祜语。这里根据景洪市小街乡曼宛洼话，介绍桑孔语的概况。

一　语音

声母　有31个声母：p ph m mb w pj phj mj mbj t th n nd l k kh ŋ ŋg x q qh h ʔ ts tsh s tɕ tɕh ɲ ç ʑ（注：ʔ声母记音时一律省略不标）。

声母例词：

p	pa³³	亮
ph	pha̠³³	裂开
m	maŋ³¹	老
mb	mbɯ³¹	好
w	waŋ³³	摆手
pj	pjam⁵⁵	飞
phj	phje³³	割

韵母　有52个韵母，其中9个单元音，各分松紧，单元音韵母18个，复元音韵母2个，鼻音尾韵母22个，塞辅音尾韵母10个。

单元音韵母18个：i i̠ e e̠ ø ø̠ a a̠ o o̠ u u̠ ɤ ɤ̠ ɯ ɯ̠ ɿ ɿ̠。

复元音韵母2个：ai au。

鼻音尾韵母22个：im em øm am om um ɯm in en øn an on un ɤn ɯn iŋ eŋ aŋ oŋ oŋ ɤŋ ɯŋ。

塞辅音尾韵母10个：ap op it et øt at ot ut ak ok。

（注：复元音韵母 ai au 主要用语汉语借词。塞音尾韵母主要见于傣语借词）

声调 有三个基本声调，另有一个高升调专用语汉语和傣语借词。

声调　　1　　2　　3
调值　　55　　31　　33
例词　　phu⁵⁵　phu³¹　phu³³
词义　　白　　肿　　村寨

另外一个高升35调是由低降调31和高平调55合音后产生的调子。例如：muŋ³¹（天）+ ho⁵⁵（下）→mo³⁵（雨）。现代汉语去声借词字读35调。例如：ɕo³¹ ɕau³⁵（学校）。

二 词汇

桑孔语的词以两个语素组合成词的最多。合成词常见的是添加前缀或后缀成词。前缀有 a⁵⁵、a³¹、aŋ³³ 等。加前缀的词多为名词。

同源词 桑孔语有一定数量的与缅彝语群或藏缅语族同源的词。有一定数量的傣语借词和汉语借词。早期以傣语借词的影响较大，甚至一些早期借词是通过傣语转借进来的。

三 语法

桑孔语的词分名词、动词、形容词、数词、量词、代词、副词、连词、助词、叹词和象声词11类。

名词 表示名词的不确定复数，在名词之后加后缀 ŋɯ5，如 aŋ³³ ŋa³¹ ŋɯ55（孩子们），也可以加在其他名词之后，表示不确定的复数。如 khɯ³¹ ŋɯ⁵⁵（好些）狗。ho³³ mba³³ ŋɯ⁵⁵（好些）石头。

动词 动词的体、式在动词后边用助词表示。已行体用 pi⁵⁵，现行体用 ŋan³¹，将行体用 ŋa⁵⁵，祈使式用 o³³ 表示。例如：tsa³¹ pi⁵⁵（吃过了），tsa³¹ ŋan³¹（吃着），tsa³¹ ŋa⁵⁵（要吃），haŋ³¹ tsa³¹ o³³（吃饭吧）。

形容词 形容词有前缀 aŋ³³，如 aŋ³³ sɿ³¹（新），aŋ³³ ʐom³¹（瘦），aŋ³³ ndu³¹（嫩）。形容词接受修饰时，不带前缀。

数词 基数词有 ti³¹ 一、n̠ɛ³¹ 二、sem⁵⁵ 三、xɯn⁵⁵ 四、ŋa³¹ 五、kho³¹ 六、sɛ³¹ 七、ɕe̠³¹ 八、qø³¹ 九、tshe⁵⁵ 十、ɕa⁵⁵ 百、ban³¹ 千、mbɯm⁵⁵ 万。

量词 分物量词和动量词两类。数量词修饰名词时在名词之后，如 ŋa⁵⁵ ŋba³³（簸箕）n̠i³¹（二）lem³¹（个）两个簸箕。量词还可以单独修饰名词，这时量词兼有指示的作用。例如：mja³³（刀）lem³¹（把）这/那把刀，taŋ³³ than³¹（筷子）tsem³³（双）这/那双筷子。

代词 桑孔语的人称代词分单数、双数、复数。单数第一人称、第二人称代词有格的声调变化。如 ŋa⁵⁵（我），ŋa³³（我的，领格），ŋa³³ la³³（我，宾格）。naŋ⁵⁵（你），naŋ³³（你的，领格），naŋ³³ la³³（你，宾格）。第一人称复数分包括式和排除式。

指示代词分三级，即 n̠i⁵⁵（这，近指），thi⁵⁵（那，远指），qhe⁵⁵（更远指）。

助词 结构助词有 la³³、e⁵⁵、me³³、ha³³、a³³ 等。la³³ 表示受动，e⁵⁵ 表示修饰关系；me³³ 显示与动词相关的处所，是状语的一个标志；ha³³ 表示从由或根据，是状语的一个标志；a³³ 表示补充关系，用在动词后面，连接较长的补语。

体貌助词 有 pi⁵⁵（已行体），ŋan³¹（现行体），ŋa⁵⁵、ʑe⁵⁵（将行体兼人称语尾助词）等。语尾助词分陈述式语尾助词有 ŋa⁵⁵、ʑe⁵⁵ 祈使式语尾助词常用 o³³，表示禁止的语尾助词有 a³¹ 或 ŋa³¹、疑问式语尾助词常用 wa⁵⁵ 表示疑问。

附：桑孔语常用词举例（3 = 33；5 = 55）

1	天	muŋ³¹
2	太阳	mɯ³¹ lɯŋ⁵⁵
3	月亮	pe³¹ la³³
4	星星	pe³¹ kɯ⁵⁵
5	云	tsaŋ³¹ sø³¹
6	风	ho⁵⁵ mban⁵⁵
7	雨	mo³⁵
8	水	laŋ⁵⁵ tɕho̠
9	河	laŋ⁵⁵ qham³¹
10	山	aŋ³³ kɤŋ³¹

11	水田	laŋ⁵⁵ ɕa⁵⁵		47	耳朵	aŋ³³ na³¹
12	土	mi̱⁵⁵ tsha³¹		48	牙齿	aŋ³³ so³¹
13	窟窿	aŋ³³ qhoŋ³³		49	胡子	maŋ³¹ mɯ³¹
14	石头	ho̱³³ mba³³		50	手	aŋ³³ la̱³¹
15	火	mi³¹ tsa³¹		51	皮肤	aŋ³³ hu³¹
16	上面	moŋ³³ ŋa³³ ŋga⁵⁵		52	筋	aŋ³³ ku³¹
17	下面	mi³³ ma³³ ŋga⁵⁵		53	血	sɛ³¹
18	里面	qhoŋ⁵⁵ loŋ⁵⁵		54	胆	pja³¹ khɯ⁵⁵
19	外面	aŋ³³ thaŋ³³		55	心	nɯŋ³³ mba³³
20	年	a⁵⁵ qho̱³¹		56	父亲	aŋ³³ pu³³
21	日	nɯŋ³³		57	母亲	a³¹ mba³³
22	猪	wa̱³¹		58	儿子	aŋ³³ ŋa³¹
23	狗	khɯ³¹		59	上衣	a⁵⁵ qha̱³³
24	熊	qha³¹ am⁵⁵		60	裙子	taŋ³¹
25	老鼠	ha³³ qhø³¹		61	听	na⁵⁵
26	鸡	xa̱³³		62	吃	tsa³¹
27	鸟	ha³³ ŋa³³		63	喝	taŋ⁵⁵
28	蚂蚁	pja³¹ ho̱³³		64	吹	mɛ³³
29	跳蚤	khɯ³¹ san⁵⁵		65	说	tɕa³³
30	苍蝇	ʑaŋ⁵⁵ mba³³		66	跳	qhoŋ³³
31	蚊子	ʑaŋ⁵⁵ ko³¹		67	走	e⁵⁵
32	翅膀	aŋ³³ toŋ⁵⁵		68	跑	phaŋ⁵⁵
33	毛	aŋ³³ mɯ³¹		69	坐	nɯŋ⁵⁵
34	鱼	ten⁵⁵ ne⁵⁵		70	谁	ʐu̱³¹
35	尾巴	toŋ³¹ mi³¹		71	做	he³³
36	树	si³³ tsɯŋ⁵⁵		72	洗（衣）	tsap³³
37	竹笋	a⁵⁵ mbɛ³¹		73	捆	kha³¹
38	稻子	qo̱³³		74	问	na⁵⁵
39	芋头	pøm³¹		75	骂	he³¹
40	姜	tɕhaŋ³³ tɕhɯ³¹		76	笑	ɯ⁵⁵
41	果实	aŋ³³ si³¹		77	哭	uŋ⁵⁵
42	草	mbo̱³¹ qa³¹		78	浮	pjam³¹／pu⁵⁵
43	叶子	aŋ³³ pha̱³¹		79	掉	qa³³
44	头	aŋ³³ tu³¹		80	飞	pjam⁵⁵
45	眼睛	mi³³ si³¹		81	（狗）吠	hoŋ⁵⁵
46	鼻子	na⁵⁵ qhaŋ⁵⁵		82	啼	tan⁵⁵

83	大	xɯ³¹
84	小	ʑɯ⁵⁵
85	高	moŋ³³
86	低	n̠im³³ / ʑim³³
87	深	na̠³¹
88	长	no³¹
89	短	u̠³³
90	厚	thu⁵⁵
91	远	ŋo³¹
92	近	ndi³¹
93	多	mbja³¹
94	少	mbja³³
95	轻	phja(ŋ)⁵⁵
96	重	khɯŋ³³
97	红	ne⁵⁵
98	白	phu⁵⁵
99	黑	nda̠³³
100	绿	n̠uŋ⁵⁵
101	（羊）肥	tshi⁵⁵
102	瘦	ʑom³³
103	好	mbɯ³¹
104	坏	aŋ³³ tɕho̠³³
105	快	khaŋ⁵⁵
106	慢	ka³³
107	酸	tɕhan⁵⁵
108	甜	tɕhø⁵⁵
109	苦	qha³¹
110	辣	phi⁵⁵
111	咸	qha³¹
112	痒	tsɿ³³
113	我	ŋa⁵⁵
114	你	naŋ⁵⁵
115	他	thaŋ⁵⁵
116	不	a³¹

沙阿鲁阿语 台湾高山族中自称"沙阿鲁阿"的人所使用的语言。属南岛语系印度尼西亚语族台湾语支邹语群。分布在台湾高雄县荖浓溪上游，桃源乡的桃源和高中两个村。使用人口只有几十人。沙阿鲁阿语为黏着型语言。

语音 有13个辅音：p m v t n s l ts ɬ r k ŋ ʔ。
辅音例字：

p	papatsi	杀
m	mima	喝
v	vilavila	鸡冠
t	tapisi	男裙
n	niinau	何处
s	sapaɬu	脚
l	luluŋa	云
ts	tsaliŋa	耳朵
ɬ	ɬətuŋu	菜
r	ramutsu	手
k	kiuʔu	树
ŋ	ŋaliʔi	口水
ʔ	ʔuuru	饭

有4个元音：i a ʉ u。

多音节词的重音一般落在倒数第二个音节上。音节结构有辅音＋元音、元音自成音节两种方式。

在构词方面，词干加附加成分或词干部分音素重叠为主要构词手段。前加成分有 a-、ara-、aruka-、ki-、ma-、mai-、mara-、mari-、maru-、marua-、mata-、mi-、mu-、muri-、muru-、ku-、kuri-、paalu-、pala-、para-、pari-、pi-、pu-、puu-、tara-、tu-、tuma-、u- 等。后加成分有 -aɬa、-ana。中加成分有 -um-，插在词干第一个音节的辅音与元音之间。

语法 词类分名词、代词、数词、形容词、动词、副词、连词、助词8类。

名词有主格、宾格、工具格和位置格，前面分别有格助词表示。人称代词有单数和复数，有主格、属格形式，第一人称复数有包括式和排除式。动词有时、态、体、语气等范畴。"时"有现在时、过去时。"态"有主动态、使动态。"体"有一般体、进行体、完成体。"语气"有命令式。

句子成分有主语、谓语、宾语、定语、状语。谓语往往位于句首，主语、宾语在谓语后，前面有不同的格助词表示。定语位于中心语后。状语在中心语前。

附：沙阿鲁阿语常用词举例

1	天	laŋitsa
2	太阳	taɬiaria
3	月亮	vulaɬu
4	星星	atsaŋalaɬa
5	云	luluŋa
6	风	varatu
7	雨	uɬaɬu
8	水	saɬumu
9	河	sakʉraɬʉ
10	山	mavarʉvarʉ
11	水田	umuuma
12	土	sarʉʉ
13	窟窿	taɬuuru
14	石头	vatuʔu
15	火	apuɬu
16	上面	laŋitsa
17	下面	likaʔa
18	左	vatsiki
19	右	aɬanʉ
20	年	tsaiɬa
21	日	aari
22	猪	taɬakʉ
23	狗	tasau
24	熊	tsumiʔi
25	老鼠	taluvutsu
26	鸡	turukuuka
27	鸟	aɬamʉ
28	蚂蚁	ʔaira
29	跳蚤	ʔatimula
30	苍蝇	ʔalaliiamʉ
31	蚊子	ɬatikaasʉ
32	翅膀	puakʉ
33	毛	ʔuɬukutsu
34	鱼	vutukuɬu
35	尾巴	ʔisisi
36	树	kiuʔu
37	竹子	ratsuʔu
38	稻子	pusiamʉ
39	甘薯	mairaŋu
40	槟榔	saviki
41	果实	masuʔu
42	草	sʉʉsʉŋʉ
43	叶子	raɬuŋu
44	头	vuŋuʔu
45	眼睛	vulaiɬi
46	鼻子	ŋuuŋuru
47	耳朵	tsaliŋa
48	牙齿	aɬii
49	胡子	variŋarʉ
50	手	ramutsu
51	皮肤	valiɬatsʉ
52	骨头	tsulalʉ
53	血	tsaraʔʉ
54	肠子	iluʔu
55	心	ɬikʉlʉtsʉɬa
56	父亲	amaʔa
57	母亲	inaʔa
58	儿子	mamaini
59	上衣	tikuru
60	布	tumatinuun
61	听	tumimaɬa
62	吃	umau
63	咳嗽	turʉʉrʉ
64	吹	paaripa
65	说	amiami

66	跳	mutuavilau		102	老	uɾukulu
67	走	muasaasala		103	好	manuŋu
68	跑	mitaɬaaɬu		104	坏	takuliatsu
69	坐	tuapuɾu		105	新	vaɾuʔa
70	谁	maatatusuɾu		106	旧	uɾukuɬu
71	拿	aalu		107	酸	ɾituʔa
72	洗(衣)	maɾaɾamutsu		108	甜	mami
73	捆	paaɬumuɬu		109	苦	maɾumu
74	买	puʔa		110	冷	masaɾumu
75	种	ɾumaɾumuku		111	咸	makaɾimikimi
76	笑	matsaatsaa		112	有	maaɾu
77	哭	tumataŋii		113	我	iɬaku
78	浮	miaɾaŋulu		114	你	iɬau
79	打	maɾiavakusu		115	他	iɬaisa
80	飞	miapiɬiɬi		116	不	kuua
81	来	mutsukuɬu				
82	去	musala				
83	大	taisa				
84	小	maini				
85	高	laŋutsa				
86	低	mikasukasu				
87	薄	maɬipii				
88	长	muluŋusu				
89	短	manituku				
90	厚	makisumuɾu				
91	远	masaiɬa				
92	近	masaɬi				
93	多	matumulu				
94	少	maini				
95	轻	maliaɬu				
96	重	maliisulu				
97	红	matavuɬiu				
98	白	mapuɬi				
99	黑	malitsutsu				
100	绿	malaŋiɬu				
101	(羊)肥	ʔimaɾu				

邵语 台湾高山族中自称"邵"的人所使用的语言，属南岛语系印度尼西亚语族台湾语支排湾语群。分布在台湾日月潭的日潭南面德化社（原卜吉社）和大平林。使用人口约有200。邵语为黏着型语言。分卜吉和德化两个方言。

语音 有21个辅音：p b m f t d n ɬ l r θ ð s ʃ k ŋ q ʔ h j w。

辅音例词：

p	punuq	头
b	tubu	尿
m	maθa	眼睛
f	funuʃ	刀
t	tata	一
d	sudun	额头
n	numa	什么
ɬ	ɬuun	鼻涕
l	lalaj	蝉
r	rima	手
θ	θaw	人
ð	ðama	舌头

s	surið	心		3	月亮	furað
ʃ	ʃəpat	四		4	星星	kiɬpuð
k	kuku	指甲		5	云	urum
ŋ	paŋqa	休息		6	风	fari
q	qali	天		7	雨	qusað
ʔ	maraʔin	大		8	水	saðum
h	hulus	衣服		9	河	wakraθ
j	jaku	我		10	山	hudun
w	wiʃwiʃ	尾巴		11	水田	buhat

有 4 个元音：i ə a u。多音节词的重音一般落在倒数第二个音节上。音节结构有辅音＋元音、辅音＋元音＋辅音、元音＋辅音、元音自成音节四种方式。

在构词方面，词干加附加成分或词干部分音素重叠为主要构词手段。前加成分有 mu-、mi-、ma-、maka-、makit-、mat-、maɬi-、mana-、pa-、pu-、ta-、tana-、tan-、ka-、ku-、la-、ʃə- 等。后加成分有 -in、-an。中加成分有 -um-、-un-，插在词干第一个音节的辅音与元音之间。

语法 词类分名词、代词、数词、形容词、动词、副词、连词、助词八类。

名词 有主格、属格和宾格。人称代词有单数和复数，有主格、属格、宾格，第一人称复数有排除式和包括式。

动词 有体、时、态、式等范畴。"体"有常体、进行体、完成体。"时"有现在时、过去时、将来时。"态"有主动态、被动态、使动态。"式"有直陈式和命令式。

句子成分 有主语、谓语、宾语、定语、状语。谓语往往位于句首，主语在谓语后，前面有格助词表示。宾语直接位于谓语动词后。定语和状语位于中心语前。

附：邵语常用词举例

1	天	qali
2	太阳	tiɬað
12	沙	bunal
13	窟窿	mabəraq
14	石头	fatu
15	火	apuj
16	上面	fafaw
17	左	tanawiɬi
18	右	tanaduu
19	今天	θujni
20	年	kawaʃ
21	日	qali
22	猪	fafuj
23	狗	atu
24	熊	θumaj
25	老鼠	maʃmaʃ
26	鸡	ranaw
27	鸟	rumfað
28	蚂蚁	kakuɬum
29	跳蚤	qatitira
30	苍蝇	ranaw
31	蚊子	rikiʃ
32	翅膀	pali
33	毛	kupur
34	鱼	rusaw
35	尾巴	wiʃwiʃ
36	树	ribuʃ
37	竹子	qawəɬ
38	稻子	pað aj

39	甘薯	buna		75	骂	minʃiraq
40	花	bukaj		76	笑	maθaθawa
41	香蕉	fiðfið		77	哭	θəmanit
42	草	ʃəmir		78	浮	ɫumbaha
43	叶子	fiɫaq		79	死	maθaj
44	头	punuq		80	飞	marfað
45	眼睛	maθa		81	买	faariw
46	鼻子	muðin		82	开	təmanaʔ
47	耳朵	ɫarina		83	大	maraʔin
48	牙齿	nipin		84	小	laŋkinunaj
49	胡子	biðu		85	老	tuqatuqaʃ
50	手	rima		86	低	luiʃ
51	皮肤	ʃapa		87	窄	maqtit
52	骨头	puqu		88	长	makulijuʃ
53	血	taɫum		89	短	lujəʃ
54	肠	rumrum		90	厚	makuʃtur
55	心	surið		91	远	ihaðiʃ
56	父亲	ama		92	近	iquwaɫ
57	母亲	ina		93	多	manaʃa
58	儿子	aðaðak		94	少	antupiða
59	上衣	hulus		95	薄	mabaðaj
60	裙子	pəðahin		96	黄	ʃadunan
61	听	tumaða		97	红	maquɫa
62	吃	makan		98	白	mapuði
63	拿	mara		99	黑	maqusum
64	吹	məjup		100	绿	madiʃlum
65	说	maɫinuna		101	（羊）肥	maramu
66	跳	minparaw		102	硬	makutnir
67	走	mundadan		103	好	maqitan
68	站	miɫiɫi		104	坏	maqarman
69	坐	miɫuŋqu		105	新	faqəɫu
70	谁	maɫus		106	旧	sasað
71	喝	ʃəminʔan		107	酸	maniʃir
72	洗(衣)	fəɫuq		108	甜	madahun
73	捆	futuɫ		109	苦	masiðaq
74	射	panaq		110	辣	makamun

111	咸	maqasbit
112	痒	makalunhan
113	我	jaku
114	你	ihu
115	他	θiθu
116	不	ani

畲语 是自称"活聂"的畲族所使用的语言，属汉藏语系苗瑶语族畲语支。畲族分布很广，福建、浙江和广东的山区或半山区以及江西、安徽也有分布。畲族居住得很分散，上述5个省的80多个县（市）都有他们的村落。畲族有71万余人（2000年），其中以福建和浙江比较集中，最多的县份也只有几万人。各地的畲族男女老少都会说客家话，有的还会说闽方言，都使用汉文作为书写工具。全国的畲族使用两种语言：居住在广东博罗、增城、惠东、海丰等县市约一千多人使用畲语；居住在其他县以及福建、浙江、江西、安徽等省的全部使用汉语客家方言，但在语音上和词汇上与客家方言略有差别。下面以广东博罗市横河镇的话为代表介绍畲语。

一 语音

声母 有33个声母：p ph m v f ts tsh z s t th n k kh ŋ ȵ h pj phj mj tsj tshj sj tj thj nj kj khj ȵj hj kw khw ŋw。

韵母 有 i e a ɔ u 5个元音，有 -i、-u、-n、-ŋ、-t、-k 6个韵尾，由元音和韵尾构成如下27个韵母：i e a ɔ u ei ai ɔi ui iu au in en an ɔn un aŋ ɔŋ uŋ it et at ut ek ak ɔk uk。

韵母带 -t、-k 尾的韵母只出现汉语客家话的借词中，而年轻人这两类韵尾都已消失，读作开音节，但声调仍然保留入声的调值。

声调 有8个调类，9个调值：

调类	1	2	3	4	5	6	7	8
调值	22	53	33	42	31	335	32	35	54	35
例字	kwe²²	kwe⁵³	khwe³³	kwe⁴²	kwe³¹	nuk³³⁵	ku³²	ku³⁵	nɔk⁵⁴	kwe³⁵
词义	鸡	肉	姜	左	过	饭	滚	笑	鹿	窄

第7调的原调（带塞音韵尾的）是32，塞音韵尾脱落后的调值读作35，第8调的原调（带塞音韵尾的）是54，塞音韵尾脱落后的调值读作35。

现代汉语借词是通过当地客家话借入的，阴平入第1调，阳平入第6调，上声入第5调，去声入第4调，阴入入第7调，阳入入第8调。

畲语可分莲花方言和罗浮方言。方言之间有一定的差异，方言词差别在15%左右，但彼此都能理解。

附：畲语常用词举例

1	天	kwaŋ²
2	太阳	nɔ¹kɔ³
3	月亮	ne⁵
4	星星	ne⁵taŋ¹
5	云	fɤ¹
6	风	ki¹
7	雨	nuŋ⁴
8	水	ɔŋ²
9	河	fuŋ³
10	山	kje⁶/hɔ¹
11	水田	nin²
12	土	ta¹
13	窟窿	khuŋ³
14	石头	ŋa¹kɔ³
15	火	thɔ⁴
16	上面	khjaŋ²kɔ³min⁶
17	下面	tɔ⁵the⁴min⁶
18	里面	tɔŋ¹the⁴min⁶
19	外面	nɔk⁷thjɔmin⁶
20	年	ȵjɔ⁵
21	日	nɔ¹
22	猪	pui⁵
23	狗	kja³
24	熊	zuŋ⁶ka¹
25	老鼠	nji⁴
26	鸡	kwei¹

27	鸟	nɔ⁴taŋ¹		63	喝	hɔ⁶
28	蚂蚁	ta¹phui³		64	吹	phiu¹
29	跳蚤	kja¹ka¹mɔ¹		65	说	kuŋ³
30	苍蝇	ta¹muŋ¹kɔ³		66	跳	thjau⁴
31	蚊子	ta¹muŋ¹		67	走	ka¹pji³/tjɔ³
32	翅膀	ka¹te⁶		68	跑	ka¹pji³
33	毛	pi¹		69	坐	ŋjuŋ¹
34	鱼	pja⁴		70	谁	pɔ⁵
35	尾巴	ka¹tɔ³		71	扛	pa⁴
36	树	tɔŋ⁵		72	洗（衣）	tsji³
37	竹笋	pji¹suŋ⁶		73	捆	khɔi¹
38	稻子	pja²		74	问	nɔ⁴
39	甘薯	fan³su⁶		75	骂	nɤ⁵
40	姜	khwei³		76	笑	kɤ¹
41	果实	pji³		77	哭	ŋin³
42	草	tshɔ⁵		78	浮	phiu⁴
43	叶子	pjɔŋ²		79	掉	ti⁴
44	头	kaŋ⁶khɤ⁶		80	飞	ŋi⁵
45	眼睛	ka¹hɔ³		81	（狗）吠	kjuŋ¹
46	鼻子	khuŋ³piu⁴		82	啼	ka⁶
47	耳朵	ka²khuŋ³		83	大	vɔŋ²
48	牙齿	mun³		84	小	sɔŋ¹
49	胡子	ŋji⁴		85	高	hin¹
50	手	khwa⁴		86	低	khje⁴
51	皮肤	khɤ⁵		87	深	ka¹tɤ¹
52	骨头	suŋ³kɔ³		88	长	ka¹ta³
53	血	sji³		89	短	naŋ³
54	胆	tsji³		90	厚	tui¹
55	心	san¹		91	远	kwa⁵
56	父亲	a¹pa¹		92	近	ŋa⁵
57	母亲	a¹me⁶		93	多	u⁵
58	儿子	taŋ¹		94	少	tshɤ⁴
59	上衣	ɔ³		95	轻	fui¹
60	裙子	ka¹te¹		96	重	ŋji³
61	听	kuŋ⁵		97	红	sji⁵
62	吃	nuŋ¹		98	白	kjɔ¹

99	黑	kjaŋ¹
100	绿	ka⁶phɤ⁴
101	（羊）肥	khuŋ⁴
102	瘦	tse⁴
103	好	ŋɔŋ⁵
104	坏	e³
105	快	hi⁵
106	慢	zaŋ⁵
107	酸	sɔ¹
108	甜	kwan¹
109	苦	ɔn¹
110	辣	pi⁶
111	咸	haŋ²
112	痒	ka¹khi⁵
113	我	vaŋ⁴
114	你	muŋ²
115	他	nuŋ⁴
116	这	ne³

史兴语 四川凉山彝族自治州木里藏族自治县一区水洛河下游冲天河两岸的藏族居民使用的一种不同于当地藏语的语言，人口有 2000 左右（20世纪 90 年代估算）。他们自称 ʂɿ⁵⁵hĩ⁵⁵（音近"师兴"），跟他们杂居的有使用普米、纳西、彝等语言的居民。木里使用普米语的人对使用史兴语的居民称为"虚米"。史兴语属汉藏语系藏缅语族羌语支，它受藏语、普米语、彝语、纳西语的一些影响，吸收了这些语言的一些借词。史兴语使用范围很小，仅在家庭内或村寨中使用，外出使用普米语或汉语。这里根据木里县水洛乡的话介绍史兴语的概况。

一 语音

声母 有 58 个声母，其中单辅音声母 52 个，复辅音声母 6 个。

单辅音声母：p ph b m m̥ ɸ β w ts tsh dz s z t th d n n̥ l ɬ r tʂ tʂh dʐ ʂ ʐ ɻ tʃ tʃh dʒ ʃ ʒ tɕ tɕh dʑ ȵ ȵ̥ ʑ j k kh g ŋ x ɣ q qh ɢ χ ʁ h ɦ（说明：ɢ 不单独作声母，前面都带同部位的鼻音 N）。

复辅音声母：nb nd ng NG ndʐ ndʑ。

声母例字：

p	pɛ⁵⁵ji⁵⁵	漂浮
ph	phɛ̃⁵⁵	脸
b	bɛ⁵³	水蛭
m	mɛ³⁵	天
m̥	ʁo³³mɛ⁵⁵	下身
ɸ	ɸĩ⁵⁵	粮食
β	βɛ⁵⁵	牙齿
w	wɛ̃⁵⁵ji⁵⁵	正确
ts	tsi⁵⁵	锁
tsh	tshɛ³³	量（衣）
dz	dzɛ⁵³	吃
s	sɛ⁵⁵	血
z	zɛ³⁵	洗
t	tiɛ³⁵	旗子
th	thɛ̃³⁵	裙子
d	duɛ⁵⁵	线
n	niɛ⁵⁵	奶
n̥	n̥i⁵⁵sɛ³³	桦树
l	lɛ⁵⁵	狼
ɬ	ɬe⁵³	风
r	rɛ⁵⁵	笑
tʂ	tʂɛ⁵⁵	爪
tʂ	h tʂhū³⁵	凿
dʐ	dʐa³⁵	敌人
ʂ	ʂɛ̃⁵⁵	水獭
ʐ	ʐy³⁵	猴子
ɻ	ɻɯ³⁵	铜
tʃ	tʃɛ⁵⁵	汗
tʃh	tʃh ɿ⁵⁵	卖
dʒ	dʒuɛ³⁵	朋友
ʃ	ʃuɛ⁵⁵ji⁵⁵	淘气
ʒ	ʒu⁵⁵	抢

tɕ	tɕɛ⁵⁵	星星
tɕh	tɕhe⁵⁵ sə̃⁵⁵	腰
dʑ	dʑɛ⁵⁵	水
ȵ	ȵɛ³⁵	火
ɕ	ɕɛ⁵⁵mi³³	虱子
ʑ	ʑɛ³³zi⁵⁵	左
j	jɛ³³zi⁵⁵	右
k	ke⁵⁵	老鹰
kh	khɛ⁵⁵	蹄
g	giɛ³⁵	茄子
ŋ	ŋɛ⁵⁵	我
x	xiɛ³⁵	金子
ɣ	ɣɛ̃³⁵	脖子
q	qɛ⁵⁵	搬
qh	qhɛ⁵⁵ nɯi⁵⁵	痰
ɢ	Nɢɛ³⁵	剪
χ	χuɛ̃⁵⁵jĩ⁵⁵	平
ʁ	bu³³ʁɛ̃⁵⁵	缺口
h	hɛ̃⁵⁵hɛ̃³³	切
ɦ	ɦue³⁵	牛
nb	nbu³⁵	抬
nd	ndo⁵⁵ʁe⁵⁵	跛子
ng	nguɛ³³jĩ⁵⁵kĩ⁵⁵	答复
N	ɢɛ³⁵	剪
ndʐ	ndʐɹ⁵⁵	和气
ndʑ	mɛ⁵⁵ndʑã⁵⁵	听见

韵母 有 48 个韵母，其中单元音韵母 21 个，复元音韵母 27 个。

单元音韵母：i e ɛ æ a ɔ o u y ʁ ɯ ĩ ɛ̃ æ̃ ã ɔ̃ õ ũ ỹ ɯ̃ ə ʴ。

复元音韵母：ie iɛ ia iɔ io iu iɯ ĩɛ̃ iã ui ue uɛ ɜu iu uĩ ɜu ũã ũɔ̃ ũɯ̃ yi ye yɛ yɛ̃ ei ɛi ɯi uɛi。

二 词汇

史兴语的词汇里有关水稻方面的词比较多。另外，还有一定数量的早期汉语借词。操史兴语的居民基本上不与汉族接触，但其语言有受早期汉语影响的痕迹。这一现象值得深入研究。构词的形式以词根合成为主，也有一些其他方式。

派生法构词由词根加词头或词尾构成新词。加词头的如：ɛ³³ȵɛ⁵⁵伯母；ɛ³³guɜ³⁵舅舅；a³³yi⁵⁵哥哥，姐姐；a³³ba⁵⁵父亲；加词尾的如：kɔ⁵³hĩ⁵⁵匠人；qhuɜ⁵⁵hĩ⁵⁵小偷。叠音构词的如：bu³³bu³⁵花；ȵu⁵⁵ȵu³³乳房；zo³³zo⁵⁵很。

借词以借汉语的最多，其次是藏语。少量借用纳西语、彝语和普米语。早期汉语借词已适应了史兴语的特点，近期汉语借词基本上是从四川话借入。

三 语法

词类 史兴语的词分名词、数词、量词、代词、动词、形容词、副词、助词、连词、情感词等 10 类。

名词 名词可在动物名词后加助词 rɯ⁵⁵mi⁵⁵ 表示复数。

数词 基数词有：dʑĩ³⁵ 一、ȵɛ³³ko³⁵ 二、sʁ⁵⁵ko³³ 三、ʒuɜ³³ko³⁵ 四、fiã⁵⁵ko³³ 五、tɕho⁵⁵ko³³ 六、ʂɛ̃⁵⁵ko³³ 七、ɕyi⁵⁵ko³³ 八、guɜ³³ko³⁵ 九、qɛ⁵⁵ko³³ 十。

序数词借用藏语的 tɔ̃³³pu⁵⁵（第一），然后加上固有的数词构成。例如：tɔ̃³³pu⁵⁵dʑĩ³⁵（第一），tɔ̃³³pu⁵⁵ȵɛ³³ko³⁵（第二）。

史兴语的量词比较丰富，名量词经常和数词或指示代词结合使用。其次序是数词或指示代词在前，量词在后。

代词 分人称代词、指示代词、疑问代词、泛指代词和反身代词。人称代词分单数、双数、多数和集体四类。其中第一人称双数、多数、集体有包括式和排除式之分。每类都有三个人称。

	单数	双数	多数	集体
第一人称	ŋɛ⁵⁵	（排除）ŋɛ⁵⁵dzɹ⁵⁵	ŋɛ⁵⁵rɛ̃⁵⁵	ŋɛ³³u⁵⁵
		（包括）ɔ̃⁵⁵dzɹ⁵⁵	ɔ̃⁵⁵rɛ̃⁵⁵	ɔ̃³³u⁵⁵
第二人称	ȵi⁵⁵	ȵi⁵⁵dzɹ⁵⁵	ȵɛ⁵⁵rɛ̃⁵⁵	ȵi³³u⁵⁵
第三人称	thi⁵⁵	the⁵⁵dzɹ⁵⁵	the⁵⁵rɛ̃⁵⁵	the³³u⁵⁵

指示代词有近指和远指之分，指物的指示代词

分单数和复数。单数用 hɛ⁵⁵rɿ⁵⁵（这个），远指用 thɛ⁵⁵rɿ⁵⁵（那个）；多数近指用 hɛ⁵⁵rɛ̃⁵⁵（这些），远指用 thɛ⁵⁵rɛ̃⁵⁵（那些）。指处所的指示代词，近指用 a³³la⁵⁵（这里），远指用 a⁵⁵tɛ⁵³（那里）。指性状的指示代词，近指用 hɛ³³βɛ³³rɿ³³（这样），远指用 thi⁵⁵βɛ³³rɿ³³（那样）。疑问代词代替人的用 ȵi⁵⁵（谁），代替物的用 tɕhi⁵⁵（什么，几），代替数量的用 ze⁵⁵ji³³（多少），代替处所的用 za³³（哪里），代替形状的用 zi³⁵（怎样）。

动词　动词有体、式、态、趋向等语法范畴，大都用添加前加或后加成分构成，少数用词根屈折变化表示。动词的体分将行体、进行体、已行体、完成体、经验体。分别在动词后加附加成分表示。动词的式有命令式、祈求式、疑问式、否定式四种。动词的态分自动态、使动态和互动态。动词的趋向范畴，是在动词前分别加 6 个不同的趋向附加成分构成，分别表示动作朝着 6 个不同的方向进行。

形容词　形容词在句中有与动词相类似的语法特点，但也有自己的特点，如常采用叠音的形式，有的还带词头。例如：ɛ³³tsi³³tsi⁵⁵小的，ɛ³³by³³by⁵⁵浅的，a³³jɔ̃³³jɔ̃⁵⁵轻的，bɐ³³lo³³lo⁵⁵软的，guɛ⁵⁵guɛ⁵⁵弯的，sɔ̃⁵⁵sɔ̃⁵⁵辣的。有部分表示颜色的形容词，带重叠音节的藻饰词，显示人们对颜色的情感。例如：hĩ³⁵（红），hĩ³⁵liɛ³³liɛ⁵⁵（红扑扑）；ça⁵⁵（黄），ça⁵⁵qo³³qo⁵⁵（黄灿灿）；phy³³（白），phy³³tɕe³³tɕy⁵⁵（白花花）。

副词　分程度副词、范围副词、时间副词、语气副词、性状副词。

助词　其中的结构助词分表示限制关系的、表示受动的、表示工具的、表示处所的、表示比较的、表示从由的等。

句子成分　包括主语、谓语、宾语、定语、状语。句子基本语序是主语—宾语—谓语。名词作定语放在中心词的前面，形容词、数量词作定语放在中心词的后面。状语一般用在谓语的前面，个别的可以放在谓语的后面。有的时间状语或地点的状语可以放在主语的前面。

附：史兴语常用词举例

1	天	mɛ³⁵
2	太阳	ȵɛ̃⁵⁵mi⁵³
3	月亮	ɬi³³mi⁵⁵
4	星星	tɕɛ⁵⁵
5	云	tsɛ⁵⁵
6	风	ɬɛ⁵³
7	雨	ɸui⁵⁵za⁵⁵
8	水	dʐɛ⁵⁵
9	河	jã⁵⁵
10	山	dʐũ⁵³la⁵⁵
11	水田	ʂuɛ⁵⁵jĩ⁵⁵
12	土	tɕɛ⁵⁵
13	窟窿	qhũ⁵⁵tʂũ⁵⁵tʂũ³⁵
14	石头	jũ³³kuɐ⁵⁵
15	火	ȵɛ³⁵
16	上面	ʁo³³la⁵⁵
17	下面	miɛ⁵⁵zi³³
18	里面	qhũ³⁵
19	外面	bi⁵⁵zi³³
20	年	qhɐ⁵⁵
21	日	mɛ̃⁵³
22	猪	bie³⁵
23	狗	khuɐ⁵⁵ȵi³³
24	熊	gĩ⁵⁵
25	老鼠	xu⁵⁵mi³³
26	鸡	rɛ̃³⁵
27	鸟	dzyɛ³³mi⁵⁵
28	蚂蚁	tsha⁵⁵ro³³
29	跳蚤	le⁵⁵mi³³
30	苍蝇	by⁵⁵zɿ³³
31	蚊子	by⁵⁵zɿ³³
32	翅膀	dũ⁵⁵quɐ³³
33	毛	sũ⁵⁵

34	鱼	o⁵⁵		70	谁	ʐʅ⁵⁵
35	尾巴	mi̥ɛ³³tsũ⁵⁵		71	扛	nbu³⁵
36	树	sɑ⁵⁵ zɔ̃³		72	洗（衣）	zɛ³⁵
37	竹笋	miɛ⁵⁵zã³³		73	捆	lɛ³³u³³tshu⁵⁵
38	稻子	ʂuɛ⁵⁵		74	问	duɐ³⁵
39	土豆	jã³³y³³		75	骂	dʑɛ³³ʁo³⁵
40	蒜	kuɐ⁵⁵		76	笑	rɛ⁵⁵
41	果实	sẽ³³sy³⁵		77	哭	quɛ̃⁵⁵
42	草	ʑe⁵⁵		78	浮	pɛ⁵⁵ji³³dʑɑ³³
43	叶子	s ɔ̃⁵⁵yɛ³³		79	沉	miɛ³³dʑyɛ³⁵
44	头	ʁo⁵⁵ɬo³⁵		80	飞	bu³³zĩ⁵⁵
45	眼睛	ȵ̥ɛ³³ji⁵⁵		81	（狗）吠	jũ⁵⁵
46	鼻子	ȵ̥ɑ⁵⁵qũ³³		82	啼	tɕyi⁵⁵
47	耳朵	ɬɛ⁵⁵yi⁵⁵		83	大	duɐ³⁵
48	牙齿	βɛ⁵⁵		84	小	e³³tsi³³tsi⁵⁵
49	胡子	ɑ⁵⁵sũ³³		85	高	rɔ̃³⁵
50	手	lie³⁵		86	低	dʑy³⁵
51	皮肤	ɣɐ³⁵		87	深	hɔ̃⁵⁵
52	筋	sɛ⁵⁵tsɑ³³		88	长	ʂɛ̃⁵⁵
53	血	sɛ⁵⁵		89	短	dẽ³⁵
54	胆	tɕɛ⁵⁵		90	厚	lye³⁵
55	心	ȵ̥ɛ⁵⁵mi³³		91	远	qhuɑ⁵⁵
56	父亲	ɑ³³dɑ⁵⁵		92	近	nɯ̃³⁵
57	母亲	mɑ⁵⁵mɑ⁵⁵		93	多	bɛ̃³⁵
58	儿子	zɔ̃³⁵		94	少	khɛ³³ȵi⁵⁵
59	上衣	nə⁵⁵gũ³³		95	轻	ɑ³³jɔ̃³³jɔ̃³³
60	裙子	ntʃhɑ⁵⁵		96	重	lye³⁵
61	听	mɛ̃³³		97	红	hĩ³⁵liɛ³³liɛ³³
62	吃	dzɛ⁵³		98	白	phu³³
63	喝	tɕhĩ³⁵		99	黑	hĩ³³biɛ³³biɛ⁵⁵
64	吹	hũ⁵⁵		100	蓝	hũ³³tʂu³³tʂu⁵⁵
65	说	bɐ³³ji⁵⁵/pu⁵³		101	（羊）肥	tshuɐ³³
66	跳	dʑi³³tsɑ⁵⁵		102	瘦	ɕo⁵⁵dzɑ³³ji⁵⁵
67	走	bi³⁵		103	好	rɑ³³
68	跑	tʂhɔ̃³³u⁵⁵		104	坏	me⁵⁵rɑ³³
69	坐	dzũ⁵⁵		105	快	tʂhã³³βu⁵⁵

106	慢	bɛ⁵⁵ly⁵⁵bu³³
107	酸	tɕi⁵⁵
108	甜	tɕhyɛ³⁵
109	苦	qhɑ⁵⁵
110	辣	sɔ̃⁵⁵sɔ̃⁵⁵
111	咸	tshɐ⁵³qhɑ⁵⁵
112	痒	qhɛ⁵⁵hɛ⁵⁵
113	我	ŋɐ⁵⁵
114	你	n̥i⁵⁵
115	他	tɕi⁵⁵thi⁵⁵
116	不	me⁵⁵

水语 水族使用的语言，属汉藏语系壮侗语族侗水语支。水族自称 ʔai³sui³，ʔai³是人的量词。据2000年统计，水族有406000人，主要分布在贵州三都水族自治县内和都匀、荔波、独山等县。三都水族自治州居住着水族、布依族、苗族、汉族，还有少数侗族、瑶族居民。据1982年统计，水族占该县人口的60%，布依族占16%，苗族占14.7%，汉族占7.7%。水族使用水语，在县内使用水语作为主要交际工具。各地水族人能互相通话。散居在其他县的水族，一般不懂水语而改用汉语，而聚居区的水族也有不少人兼通汉语。

一 语音

有71个声母：p ph b ʔb m m̥ ʔm f v t th d ʔd n n̥ ʔn l ts tsh s z tɕ tɕh ȵ n̥ ʔȵ ɕ j k kh ʔɣ ŋ ŋ̊ ʔŋ ɣ q qh ʁ ˀ h pj phj bj ʔbj mj m̥j fj vj tj thj dj ʔdj nj n̥j ʔnj lj tsj tshj sj ʔj tw dw ʔdw tsw tshw sw lw kw khw ʔŋw ʔw。

水语的声母在壮侗语族中是最多的，擦音多分清、浊两套，清塞音和清塞擦音还有送气与不送气两套，浊塞音和鼻音有带喉塞音和不带喉塞音两套。许多声母还有与它们相应的腭化音、唇化音。有些地方还有清化鼻音或鼻化音。因此构成庞大的声母系统。水语声母虽多，但有些声母出现频率很低，如m̥j n̥j nj fj vj tw dw ʔdw lw sw khw ʔ 等能与韵母结合的能力很低。

有 i e a o u ə ɿ 7 个元音，有 -i、-u、-m、-n、-ŋ、-p、-t、-k 8 个韵尾，由元音和韵尾组成 55 个韵母：i e a o u ə ɿ aːi ai oi ui iu eu aːu au im em aːm am om um in en aːn an on un ən iŋ eŋ aːŋ aŋ oŋ uŋ əŋ ip ep aːp ap op up it et aːt at ot ut ət ik ek aːk ak ok uk ək。

有6个舒声调和3个促声调。舒声调：第1调24，第2调31，第3调33，第4调42，第5调35，第6调55，第7调（短）55，（长）35，第8调（长短）43。

二 词汇

水语的固有词相当丰富，除了农业劳动、手工业生产、经济活动有一大批本民族固有词以外，一些当地地名也有用水语称呼的单音节名称，如榕江 ʈhek⁷、恒丰 pjo²、水龙 ljoŋ² 等。水语的汉语老借词比较少，因此本民族固有词就相对的多。

水语内部差别不大，没有方言差别。根据方音的情况分成3个土语：三洞土语、阳安土语和潘洞土语。三洞土语声母较多，有70个左右；阳安土语声母简化，只有50个；潘洞土语声母简化。在词汇方面，三洞与阳安词汇相同数占词汇总数的80%以上；三洞与潘洞相同数约为75%，阳安与潘洞相同数约为70%。

过去水族巫师中曾有一种用来择日、看风水用的符号，叫 le¹sui³，le¹是字或书的意思。le¹sui³就是"水字"或"水书"。水书只有100来个字（符号）。当地汉族又称为"反书"。这些符号当地一般水族人都不认得。

附：水语常用词举例

1	天	bən¹
2	太阳	da¹van¹
3	月亮	njen²
4	星星	zət⁷
5	云	fa³

6	风	zum¹		42	茅草	ja¹
7	雨	fən¹		43	叶子	va⁵
8	水	nam³		44	头	qam⁴
9	河	ʔnja¹		45	眼睛	da¹
10	山	nu²		46	鼻子	ʔnaŋ¹
11	水田	ʔɣa⁵		47	耳朵	qha¹
12	土	hum⁵		48	牙齿	vjan¹
13	窟窿	qaːm¹		49	胡子	njut⁸
14	石头	tin²		50	手	mja¹
15	火	vi¹		51	皮肤	pi²
16	上面	u¹		52	骨头	laːk⁷
17	下面	te³		53	血	phjaːt⁷
18	里面	ʁaːu³		54	胆	do⁵
19	外面	uk⁷		55	心	ɕum¹
20	年	be¹		56	父亲	pu⁴
21	日	van¹		57	母亲	ni⁴
22	猪	m̥u⁵		58	子女	laːk⁸
23	狗	ma¹		59	上衣	duk⁷
24	熊	ʔmi¹		60	裙子	ɕən³
25	老鼠	n̥o³		61	听	di³
26	鸡	qaːi⁵		62	吃	tsje¹
27	鸟	nok⁸		63	咳嗽	ɕən¹ ɣuk⁸
28	蚂蚁	mət⁸		64	吹	hup⁸
29	跳蚤	m̥at⁷		65	说	fan²
30	苍蝇	ljaːn³ qen⁵		66	跳	tiu²
31	蚊子	ljaːn³		67	走	saːm³
32	翅膀	va⁵		68	跑	pjaːu⁵
33	毛	tsən¹		69	坐	hui⁶
34	鱼	mom⁶		70	谁	nun²
35	尾巴	hət⁸		71	扛	un¹
36	树	mai⁴		72	洗（衣）	lak⁷
37	竹笋	naːŋ¹		73	捆	do¹
38	稻子	au⁴		74	问	saːi³
39	甘薯	man² haːn³		75	骂	ʔmui¹
40	姜	siŋ¹		76	笑	ku¹
41	果实	lam¹		77	哭	ʔȵe³

78	浮	mu¹
79	沉	ʔɣam¹
80	飞	vjən³
81	（狗）吠	khau⁵
82	啼	tɕən²
83	大	laːu⁴
84	小	ti³
85	高	vaːŋ¹
86	低	dam⁵
87	深	ʔjam¹
88	长	ʔɣaːi³
89	短	djən³
90	厚	ʔna¹
91	远	di¹
92	近	phjai⁵
93	多	kuŋ²
94	少	sjeu³
95	轻	za³
96	重	zan¹
97	红	haːn³
98	白	paːk⁸
99	黑	ʔnam¹
100	绿	çu¹
101	（羊）肥	man²
102	瘦	ʔɣum¹/naːu²
103	好	daːi¹
104	坏	pha⁵
105	快	hoi⁵
106	慢	faːn¹
107	酸	hum³
108	甜	faːn¹/ljaːn⁶
109	苦	qam¹
110	辣	ljaːn⁵
111	咸	ʔnaŋ⁵
112	痒	tɕit⁸
113	我	ju²
114	你	ɲa²
115	他	man¹
116	这	naːi⁶

苏龙语 西藏自治区喜马拉雅山东段的错那县，估计约有 3000 名居民，自称 pɯh³¹ ɣɯt⁵⁵ 的部落，他们被认作是珞巴族，使用着一种不同于珞巴族崩尼-博嘎尔语的语言。当地崩尼人称呼他们为苏龙人。他们的语言叫苏龙语。由于苏龙人绝大多数居住在偏僻的边境山区，语言调查难以普遍深入。这里仅以部分人的话语为代表，作简略的介绍。

一 语音

苏龙语有 32 个辅音音位，构成 51 个声母：b p m f v d t n l ɟ c ç g k x ŋ ɣ dz ts s z dʑ tɕ ç ʑ ɲ h fɹ r w j br pr gr kr fr hr sr cr xr bl pl gl kl hl ɣl hj fij lj bw ɬ。

韵母 有 8 个单元音韵母：a æ e ə i u o ɯ。

有 5 个卷舌元音韵母：aʳ æʳ eʳ əʳ oʳ。

有 22 个复元音韵母：ai ei əi oi ui eʳi ie iə iu ieʳ iəʳ au əu ua ue ye yo uo ui ɯi uai yei。

有 25 个鼻音为韵母：an en on un in ɯn eʳn əʳn yn aŋ eŋ əŋ oŋ uŋ iŋ əʳŋ ian ien uan uən iaŋ ioŋ uaŋ yəŋ ɯəŋ。

有 46 个塞音尾韵母：at et it ot ut ət aʳt eʳt əʳt oʳt iat iet uat iət ak ek ək ik ok uk ɯk aʳk əʳk oʳk iak iek iək uak ɯuk aʔ eʔ əʔ iʔ oʔ uʔ ɯʔ aiʔ ɯuʔ iaʔ uaʔ iaʳʔ ah eh ih oh ɯh。

声调 虽然每个音节都有一个固定的声调，但区别意义的功能不强。

二 词汇

苏龙语的固有词以双音节词为主，而双音节词又以附加式为主。附加式的合成词作为构词成分时要去掉词头词尾。苏龙语的外来词较多，有借自崩尼话的（即崩尼-博嘎尔语的），也有借自藏语的、印度语的、汉语的。借自汉语的多为政治、文化方面的词。

三 语法

名词 没有性的形式变化，要区别性别一般靠限定成分表示。例如：bi⁵³（人）a³¹fo⁵³（男）男人；bi⁵³（人）a³¹muei⁵³（女）女人；a³¹fo⁵³（男）dʑiaŋ⁵³（孩子）男孩子；a³¹muei⁵³（女）dʑiaŋ⁵³（孩子）女孩子；çi³³（牛）pu⁵⁵（公）公牛；çi³³（牛）mua⁵⁵（母）母牛；ha³¹ku³³（鸡）pu⁵⁵（公）公鸡。

指人的名词后加 dɯ⁵⁵ 或 a³¹dɯ⁵⁵ 表示多数。例如：bi⁵³dɯ⁵⁵（人们），a³¹dʑiaŋ⁵⁵dɯ⁵⁵（孩子们）。如果名词有数词或数量词修饰限制，则不用 dɯ⁵⁵ 或 a³¹dɯ⁵⁵ 来表示多数了。

代词 分人称代词、指示代词、反身代词、疑问代词。人称代词分单数、双数、多数。

	单数	双数	多数
第一人称	goh⁵⁵ 我	gɯ³³sai⁵⁵ 我俩	gɯ³³ɣən⁵⁵ 我们
第二人称	na⁵⁵ 你	na³³sai⁵⁵ 你俩	na³³ɣən⁵⁵ 你们
第三人称	vaʳ⁵⁵ 他	vaʳ³³saʳ³³ 他俩	vaʳ³³ɣən⁵⁵ 他们
	dʑi⁵⁵ 它		dʑi³³ɣən⁵⁵ 它们

指示代词分近指、远指。həŋ⁵⁵（这），tɕe⁵⁵（那）。此外远指有上、下之分。凡指高于说话人位置的东西用 koŋ⁵⁵，指低于说话人位置的东西用 bu⁵⁵。

疑问代词 有 ha⁵⁵（谁），çi⁵⁵（什么），kɯ³¹lak⁵⁵（哪里）。由 çi⁵⁵（什么）跟其他词构成：çi⁵⁵ɣe⁵⁵（怎样、怎么），çi⁵⁵ɣe⁵⁵na⁵⁵（为什么），çi⁵⁵hui⁵⁵（几个），çi⁵⁵sai⁵⁵（多少）。

数词 基数词由一至十：çun⁵⁵ 一、ni⁵⁵ 二、ɣə⁵⁵ 三、vi⁵⁵ 四、wu⁵⁵ 五、ŋəʔ⁵⁵ 六、lie⁵⁵ 七、la⁵⁵ 八、duaŋ⁵⁵ ɹai⁵³ 九、suai⁵⁵pa³¹ 十。苏龙语没有自己的序数词，大多直接借用藏语的序数词来表示。

量词 量词较少，有通用量词 ǎ³¹。相当于汉语的个、只等。其他的个体量词有十余个，还有几个集体量词，借用名词的容器量词。数量词要用在名词的后面。例如：çi⁵⁵（牛）çun⁵⁵（一）ja³¹（只）一头牛。或单用数词：çi⁵⁵（牛）çun⁵⁵（一）一头牛。动量词和数词用在名词之后作补语：çun⁵⁵（一）hja⁵³（次）wu⁵⁵（去）去一次。

动词 动词作谓语或谓语的中心，各种语法范畴靠句子中的助词来体现。苏龙语不用判断动词，但往往在主语之后加一个助词 ɹe³¹，作为联系主语和谓语的标记。例如：na⁵⁵（你）pɯh³¹ɣut⁵⁵bi⁵⁵（苏龙人）你是苏龙人；dza⁵⁵çi⁵⁵（扎西）ɹe³¹（助词）a³¹dʑiaŋ⁵³（孩子）扎西不过是个孩子。

形容词 苏龙语的形容词大多数都带前缀 a-。例如：a³¹daʔ⁵⁵（宽），a³¹ȵiaŋ⁵⁵（好），a³¹pua⁵³（大），a³¹jit⁵⁵（红），a³¹ɣə⁵⁵（凉）。

副词 分程度副词、范围副词、频率副词、时间副词、语气副词、否定副词。副词作状语修饰动词、形容词时，范围副词、时间副词、频率副词、否定副词常用在中心词之前、主语或宾语之后，程度副词在中心词之后，语气副词常在句末。

助词 句法助词，一般所谓的结构助词，有 da³¹（的），有用于主语或宾语后面表示某种意思的助词，还有用于句末的助词，表示时、体、式等范畴。

附：苏龙语常用词举例

1	天	kə³³məŋ⁵³
2	太阳	kə³³ri³³
3	月亮	aŋ³³bo³³
4	星星	ha³³ɣat⁵³
5	云	kə³³tɯ³³
6	风	aŋ³³huɬ³³
7	雨	aŋ³³bɹu³³
8	水	kua³³
9	河	kua³³ɣua³³
10	山	gɹaŋ³³
11	水田	çə³³pa³³
12	土	mə³³ɹe⁵³
13	窟窿	a³³ŋaɹ³³
14	石头	kə³³pɔɹ³³
15	火	bæ³³
16	上面	a³³tɕiaŋ⁵³

17	下面	aˇ³³ ɣua¹¹		53	血	hue⁵³
18	里面	aˇ³³ ɹaŋ⁵³		54	胆	aˇ³³ ɣəʳi³³
19	外面	tɕok³³ θaŋ³³		55	心	lok³³
20	年	aˇ³³ dɯ⁵³		56	父亲	aˇ³³ pa³³
21	日	aˇ³³ ɹi⁵³		57	母亲	aˇ³³ ma³³
22	猪	mə³³ du³³		58	子女	aˇ³³ du³³ fu¹¹
23	狗	boh⁵³		59	上衣	waɻt⁵³
24	熊	ha³³ tɕiŋ³³		60	裙子	təɻ³³ ma³³
25	老鼠	aˇ³³ buɛ⁵³		61	听	ɣɔŋ³³
26	鸡	ha³³ ku³³		62	吃	tɕih⁵³
27	鸟	pə³³ tu³³		63	喝	rin³³
28	蚂蚁	gɹæn³³ gɹo⁵³		64	吹	fok³³
29	跳蚤	kə³³ viʈ³³		65	说	luʈ⁵³
30	苍蝇	bua¹¹ pɹern³³		66	跳	θŋ⁵³
31	蚊子	tɕuoŋ³³ kə³³ ɹa³³		67	走	u³³
32	翅膀	aˇ³³ juʈ³³		68	跑	riʈ³³
33	毛	aˇ³³ muɳ³³		69	坐	toŋ³³
34	鱼	ka³³ fuaŋ⁵³		70	谁	ɣəɣ³³
35	尾巴	aˇ³³ ɳuk³³ kuaŋ³³		71	扛	pua³³ tok³³ tsən³³
36	树	hern³³		72	洗(衣)	chɯ³³
37	竹笋	aˇ³³ kɔ⁵³		73	捆	tak³³
38	稻子	aŋ³³		74	问	ɣə⁵³
39	甘薯	gə³³ ria³³		75	骂	mɛr³³
40	姜	kə³³ tsu¹¹		76	笑	ɣuɛ³³
41	果实	aˇ³³ vɛ⁵³		77	哭	ciak⁵³
42	草	mei³³ dar³³		78	浮	——
43	叶子	hern³³ lɯk³³		79	捋	ɕuʈ³³ lo⁵³
44	头	kɔ⁵³		80	飞	pie³³
45	眼睛	hək³³		81	(狗)吠	tɕo³³
46	鼻子	pok³³		82	啼	læ³³
47	耳朵	aˇ³³ kuʈ³³		83	大	aˇ³³ bua³³
48	牙齿	kə³³ tuaŋ³³		84	小	ciaŋ³³
49	胡子	kə³³ tuʈ³³ muɳ³³		85	高	aˇ³³ gɹa³³
50	手	geʈ³³		86	低	aˇ³³ məɻŋ⁵³
51	皮肤	aˇ³³ kə⁵³		87	深	aˇ³³ ɣək³³
52	筋	aˇ³³ ɣaŋ³³		88	长	aˇ³³ pɹaŋ⁵³

89	短	a³³tuoŋ³³
90	厚	a³³piʐ³³
91	远	a³³ciɛ³³
92	近	a³³nui³³
93	多	a³³dʐɛ³³
94	少	lo³³tə¹¹bua⁵³
95	轻	a³³tua⁵³
96	重	a³³lei³³
97	红	a³³jiʐ³³
98	白	a³³rioŋ³³
99	黑	a³³ɦiɛ⁵³
100	绿	a³³rie³³
101	（羊）肥	a³³ʐua¹¹
102	瘦	a³³gɹaŋ⁵³
103	好	a³³niaŋ¹¹
104	坏	ba³³niaŋ¹¹
105	快	a³³riak³³
106	慢	ta³³pə³³
107	酸	a³³cen³³
108	甜	a³³piɲ³³
109	苦	a³³bio⁵³
110	辣	a³³ʐi³³
111	咸	a³³cɛt³³
112	痒	a³³wa¹¹
113	我	goh⁵³
114	你	nah⁵³
115	他	væ³³
116	不	ba³³

塔吉克语 塔吉克族居住在新疆维吾尔自治区塔什库尔干塔吉克自治县以及喀什、和田地区一些县内，有9.1万人（2000年）。塔吉克语属印欧语系伊朗语族帕米尔语支。自治县内塔吉克族用维吾尔文，学校用维吾尔语文教学。下面以萨里库尔话为代表进行介绍。

一 语音

元音 有6个单元音：i e a u ɯ o，其中的 o 有一个变体 ʌ。有8个复元音：ei ui ɯi oi iu eu ɯu ou。

辅音 有30个辅音：p b m w f v θ ð t d n l r s z ts dz ʃ ʒ tʃ dʒ j k g x ɣ q χ ʁ h，清的塞音、塞擦音 p t ts tʃ k q 为送气音。

辅音例子：

p	pidz	秋天
b	bob	祖父
m	mom	祖母
w	wez	载物
f	fal	后天
v	vatʃ	外面
θ	θer	灰
ð	ðes	十
t	tid	走
d	deid	进
n	nɯr	今天
l	lab	边
r	rodʒ	田埂
s	seð	今年
z	zid	夺
ts	tsem	眼睛
dz	dzɯl	小
ʃ	ʃitʃ	现在
ʒ	ʒit	坏的
tʃ	tʃat	牛
dʒ	dʒat	忙
j	juts	火
k	kam	少
g	guz	山谷
x	xats	水
ɣ	ɣin	妻子
q	qetʃ	肚子
χ	χel	六

| ʁ | ʁoul | 耳朵 |
| h | houd | 高峰 |

重音 绝大部分单词的重音落在最末一个音节上，只有少数词的重音落在首音节上。

二 词汇

我国的塔吉克语与伊朗语族诸语言有关的同源词占很大比重。有一些来自非伊朗语族语言的借词，在构词成分方面形成比较复杂的状况。构词有加缀法和复合法两种。加缀法，名词附加前缀的较少，附加后缀的较多。复合法，由两个词结合而成。

借词 塔吉克语的借词数量比较多，而且来源不一，主要有波斯语、阿拉伯语、突厥语以及汉语的借词。还有一些来自英语、俄语、法语的借词。近几十年来塔吉克语吸收新词术语基本上来自或者经过维吾尔语。借词借入塔吉克语后都适应塔吉克语发音习惯。

三 语法

塔吉克语的词分名词、代词、数词、形容词、动词、副词、语气词、前置词、后置词、连词、感叹词。

名词 有数、格的语法范畴。复数标志是 χeil，如 batʃo（孩子），batʃo-χeil（孩子们）。名词有主格、领格、对格、宾格四种形式。不同的格以及复数要加上不同的附加成分。

代词 有人称代词、指示代词、疑问代词、反身代词，不同的格各有不同的格形式。

数词 基数词没有形式变化，序数词带有后缀，也有直接采用维吾尔语的序数词。

形容词 形容词有级的语法范畴，分原级、比较级、最高级三种。原级用原形，比较级加后缀 der，最高级后加 ou。

动词 动词只有 t 或 d、g 三种词尾。动词有时态、体态、情态、人称语法范畴。时态由词干形式表现，体态有特定尾音或词缀表现，情态由助动词表现，人称由词尾或词缀表现。任何动词语法形式都须有人称形式配合。

副词 副词没有形态变化。一般与形容词、动词发生关系。副词有时间、次第、方式、程度、估量意义。

语气词 语气词表示强调意义，没有形态变化。表示强调、委婉、疑问、否定、假定等语气。

前置词 前置词表示位置、方向、方式、状态等关系。常用的前置词不多，但它在语言中使用频率很高。常用的有：tʃi pa ar tar az paz par bar ma ra，大致相当于汉语的在、从、随等意思。

后置词 后置词表示位置、方式、状态、目的、原因、限度等关系。常用的后置词不多。如 qɯso（旁边）、χeiz（身上）、araʃi（按照、就……而言）、qati（同、以）、avon（为）、ʤanib（为止）、asuk（够、约）等。

连词 连词表示连接关系。分连接单词的、连接词组的、连接并列句的等。

感叹词 感叹词表示感慨，语音构成有随意性。分表示感受的、表示呼叹的两类。能用作感叹的词有名词、代词、形容词、动词、语气词。

句子成分 分主语、谓语、补语、插语四种成分。主语核心词可以是名词或作名词用的词，谓语核心词在正常情况下是有形态变化的动词，可以是名词、代词、数词、形容词。补语是及物动词作谓语时的连带成分。名词、代词、数词、动词原形可以作补语核心词。插语是相对独立的，与全句或句中某个词有关的附带成分。名词、代词、数词、形容词、动词、副词、语气词、感叹词以及前置词结构、后置词结构可用作插语。

方言 中国的塔吉克语主要包括萨里库尔和瓦罕两个方言。瓦罕口语在中国塔吉克族瓦罕人当中使用。瓦罕方言有 36 个辅音，而萨里库尔方言只有 30 个。瓦罕有一套翘舌辅音。在词汇和语法方面，二者都有相当的差别。

附：塔吉克语常用词举例

1 天　　　　　　ismun

2	太阳	χer		38	木	xɯng
3	月亮	most		39	土豆	kartɯʃka
4	星星	xɯturʤ		40	豆子	moʃ
5	云	varm		41	杏	nuʃ
6	风	ʃamul		42	草	wux
7	雨	wareiʤ		43	禾堆	χem
8	水	xats		44	头	kol
9	河	darju		45	眼睛	tsem
10	山	qir		46	鼻子	nodz
11	田地	mɯlk		47	耳朵	ʁoul
12	土	sit		48	脸	pets
13	窟窿	dorz		49	胡子	bɯrɯt
14	石头	ʒer		50	肋	pala
15	火	juts		51	皮肤	past
16	上面	ter		52	骨头	sitχun
17	下面	baber		53	血	waχin
18	里面	darɯn		54	胆	tɯrotʃ
19	外面	vatʃ		55	心	zorð
20	年	sul		56	父亲	ato
21	日	maθ		57	母亲	ano
22	猪	χoug		58	子女	batʃo
23	狗	tuzi		59	上衣	leq
24	熊	jɯrx		60	饰物	alqo
25	老鼠	pɯrg		61	听	xid
26	鸡	tuχi		62	吃	χig
27	鸭	marʁubi		63	喝	bɯroxt
28	蚂蚁	merz		64	吻	bo
29	跳蚤	berga		65	说	levd
30	蛋	kako		66	踢	lɯtʃ
31	蚊子	kɯmɯti		67	走	tid
32	燕子	qaldɯrʁotʃ		68	跑	ʒoxt
33	乌鸦	qarʁo		69	坐	nalist
34	鱼	muji		70	谁	xovd
35	树皮	qapɯzoq		71	割	tsid
36	树	daraχt		72	洗（衣）	zɯnod
37	玉米	qɯnoq		73	捆	vist

74	问	parst
75	骂	rond
76	笑	ʃind
77	哭	miud
78	答	ʤɯwub
79	沉	ʁarq
80	飞	rawixt
81	死	marq
82	啄	tsevd
83	大	lour
84	小	dzɯl
85	高	bɯland
86	新	nɯʤ
87	深	karts
88	长	daruz
89	短	kɯt
90	稀	xɯts
91	湿	χast
92	旱	χɯxk
93	多	pɯr
94	少	kam
95	轻	rindz
96	重	garun
97	红	rɯʃt
98	白	sipeid
99	黑	tor
100	干	qoq
101	（羊）肥	farbe
102	瘦	χarub
103	好	tʃarʤ
104	冷	iʃ
105	快	dʒald
106	慢	asto
107	酸	tɯxp
108	甜	χeg
109	生的	χum
110	辣	tsex
111	饱	seir
112	饿	marzunʤ
113	我	mɯ/waz/zɯ
114	你	ti/tou
115	他	wi/jɯ
116	不	na

塔塔尔语 我国塔塔尔族与俄罗斯境内的鞑靼族自称都是 tatar，只是在汉文中译名不同。19 世纪 30 年代以后，有一些鞑靼族居民陆续由俄罗斯迁至中国，主要分散在新疆各地。来到新疆以后，他们的语言不可避免地逐渐受到维吾尔语、哈萨克语等亲属语言的影响。20 世纪 50 年代，其中又有一大部分迁居国外，所以现在塔塔尔族人口很少。2000 年全国第五次人口调查时，塔塔尔族共有 4890 人，而且分布在乌鲁木齐、伊宁、昭苏、奇台、阿勒泰、布尔津、青河、塔城等市县，其中乌鲁木齐最多，也只有 600 多人。因人口减少，到 20 世纪 60 年代以后，某些地方曾经有过的塔塔尔族学校都已停办，也没有塔塔尔文的出版物。加以他们与当地的维吾尔、哈萨克等族关系密切，相互通婚，纯塔塔尔家庭逐渐减少，并且在日常生活、学习和工作上都使用维吾尔语文或哈萨克语文，所以，能够熟练地使用塔塔尔语文的人也已日渐稀少。

一　语音

语音特点是：（1）由于受维、哈语影响，塔塔尔语原有的宽元音窄化，窄元音宽化现象已减弱，除少数词外，大多数已变为基本上与维、哈语对应词的元音一致，例如：qol "手"，qul "奴隶"，køl "湖"，kyl "灰"。（2）在展唇元音中，增加了[e]，同时塔塔尔语原有的[i]和[ɨ]的对立已经减弱，例如：tɨz "膝"，tez～tɨz "快"；mɨŋ "千"，meŋ～mɨŋ "痣"；kɨm "谁"，kem～kɨm "缺少"；mɨn－"骑"，men～mɨn "我"。（3）词首的复辅音在群众口语中不稳定，例如：ggruppaa "小组", 可能有人读作 gguruppaa; stansaa "站", 可能有人读作 istansaa。

二　词汇

塔塔尔语词汇特点是：（1）有少数在突厥、回鹘文献中出现过的词, 而在塔塔尔语言中较为罕见。例如：suɣan "葱", tanəq "证人", sanduʁatʃ "歌鸲, 百灵"。（2）保存着一些塔塔尔语特有词, 例如：alaʃa "马", tana "牛", kiʃir "胡萝卜", matur "漂亮"。

三　语法

塔塔尔语语法特点是：（1）在名词变格时, 是否带有从属性人称附加成分, 其所加的格附加成分略有不同, 这与哈萨克语的相近, 而与维吾尔语的不完全相同。例如：带有第一、第二人称单数从属性人称附加成分的名词变为与格时, 不是加 -ʁa/-qa/-gɛ/-kɛ, 而是加 -a/-ɛ, artʃa "柏树" →artʃam "我的柏树" → artama "向我的柏树"；带有第三人称从属性人称附加成分的名词变为宾格时, 不是加 -nə/-ni, 而是加 -n, artʃasə "他的柏树" → artʃasənʃas "把他的柏树"；变为与格、位格或从格时都要先加 -n, artʃasəna "向他的柏树", aartʃasəndar "在他的柏树", artʃasəndan "从他的柏树"。（2）名词的从属性人称附加成分、人称代词和动词的人称附加成分第二人称的形式, 在老年与青年的口语中有差异。例如：在一些老年人的口语中, 名词第一人称多数从属性人称附加成分是 -bəz/-biz, 第二人称单数是 -ɣəz/-giz, 而青年人都用 -məz/-miz, -ŋəz/-ŋiz；一些老年人用 siz 表示 "你们" 和 "您", 不用 sɛnlɛr "你们" 和 sizlɛr "您们"。（3）动词陈述式现在－未来时第三人称的构成不同于维、哈语, 但也有些人采用了类似哈语的形式。例如：jaz- "写" →jaza 或 jazadə "他写", ket- "离去" → ketɛ 或 ketɛdi "他离去"。

附：塔塔尔语常用词举例

1	天	køk
2	太阳	qujaʃ
3	月亮	aj
4	星星	juldəz
5	云	bulət
6	风	ʤel
7	雨	jaŋʁər
8	水	su
9	河	idɨl
10	山	taw
11	耕地	ʤir
12	土	tufraq
13	窟窿	qowəʃ
14	石头	taʃ
15	火	ot
16	上面	yst
17	下面	ast
18	里面	itʃ
19	外面	sirt
20	年	jɨl
21	日	kyn
22	猪	doŋʁəz
23	狗	it
24	熊	ajəw
25	老鼠	təʧqan
26	鸡	tawəq
27	雁	tərna
28	蚂蚁	qurməsqa
29	跳蚤	burgi
30	苍蝇	ʧibɨn
31	蚊子	ʧirkej
32	翅膀	qanat
33	蹄	tujaq
34	鱼	baləq
35	尾巴	qujrəq
36	柳树	tal
37	根	tamər

38	小麦	buwdaj		74	问	sura –
39	土豆	bɛrɛŋgɛ		75	骂	jamɑnlɑ –
40	辣椒	gəzəl		76	笑	kyl –
41	果子	ʤemiʃ		77	哭	jila –
42	草	ølɛn		78	浮	jyzɨ –
43	叶子	jafraq		79	滴	tɑm –
44	头	baʃ		80	飞	utʃ –
45	眼睛	køz		81	肿	iʃɨ –
46	鼻子	tɑnɑw		82	生长	øs –
47	耳朵	qulɑq		83	大	zor
48	牙齿	tiʃ		84	小	kitʃik
49	胡子	saqal		85	高	joʁɑrə
50	手	qol		86	低	tybɛn
51	皮肤	tirɨ		87	深	tʃoŋqur
52	骨头	syjɛk		88	长	uzun
53	血	qɑn		89	短	qəsqa
54	胆	øt		90	厚	qalən
55	心	jyrɛk		91	宽	kɛŋ
56	父亲	ata		92	窄	tɑr
57	母亲	ana		93	多	køp
58	儿子	ul		94	少	az
59	上衣	kijɨn		95	轻	ʤiŋɨl
60	裤子	jopka		96	重	awər
61	听	iʃɨt –		97	红	qəzəl
62	吃	aʃa –		98	白	aq
63	喝	itʃ –		99	黑	qara
64	吹	yrlɛ –		100	绿	jɛʃil
65	说	ɛjt –		101	(羊)肥	semɨz
66	跳	sikɨr –		102	瘦	arəq
67	走	jyr –		103	好	jaχʃə
68	跑	jygɨr –		104	坏	jaman
69	坐	otər –		105	快	tez
70	谁	juqla –		106	慢	aqərɛn
71	扛	køtɛr –		107	酸	ɛtʃkɨmtɨl
72	洗(衣)	juw –		108	甜	tɛmlɨ
73	捆	bɛjlɛ –		109	苦	ɛtʃtʃɨ

110	辣	εʃʃʃɜ
111	咸	tuzlə
112	饱	toq
113	我	men
114	你	sen
115	他	ol
116	这	bu

台湾高山族语言 台湾高山族所使用的语言属南岛语系印度尼西亚语族台湾语支和巴丹语支。属黏着语型语言。分布在台湾，使用人口约40万人。包括泰耶尔语、阿眉斯语、排湾语、布农语、鲁凯语、卑南语、邹语、沙阿鲁阿语、卡那卡那布语、萨斯特语、赛德语、邵语、耶眉语。高山族语言一般划分为三个语群：（1）泰耶尔语群，分布在北部山地的南投、台中、苗栗、新竹、桃园、台北、宜兰、花莲等县的部分地区。包括泰耶尔语、赛德语。（2）邹语群，分布在中部阿里山一带，嘉义与高雄两县接壤处。包括邹语、沙阿鲁阿语、卡那卡那布语。（3）排湾语群，分布在东南部山地及东海岸平原地区，遍及高雄、屏东、台东、花莲、南投等县。包括排湾语、阿眉斯语、布农语、鲁凯语、萨斯特语、卑南语、邵语。耶眉语分布在台湾东南部和西部总称为平埔族的少数民族，他们的语言大多已消亡，只有噶玛兰语和巴则海语尚残存。在大陆上，高山族约有3000人，散居在福建、武汉、北京、上海、南京以及山东、安徽等地，他们中间只有少数50岁以上的人还懂得一些高山语。有关高山族各语言的具体情况可参考本书语言有关各部分的介绍。

台湾排湾语群 分布在东南不山地及东海岸狭长地区，遍及高雄、屏东、台东、花莲、南投等县。包括排湾语、阿眉斯语、布农语、鲁凯语、萨斯特语、卑南语、邵语、巴则海语、噶玛兰语。分布在台湾东南45海里兰屿岛上的耶眉语属印度尼西亚语族巴丹语支。

台湾泰耶尔语群 分布在台湾北部山地，南投、台中、苗栗、新竹、桃园、台北、宜兰、花莲等县的部分地区。包括泰耶尔语、赛德语。

台湾邹语群 本部在台湾中部阿里山一带，嘉义与高雄两县接壤处。包括邹语、沙阿鲁阿语、卡那卡那布与。

泰耶尔语 台湾高山族中自称"泰耶尔"的人所使用的语言。属南岛语系印度尼西亚语族台湾语支泰耶尔语群。分布在台湾台北县乌来乡，桃园县复兴乡，新竹县尖石乡、五峰乡，苗栗县泰安乡、尚庄乡，台中县和平乡，南投县仁爱乡，花莲县秀林乡、万荣乡、卓溪乡和凤林镇，宜兰县大同乡、南澳乡，此外还零星分布在关西、三民、寿丰、玉里等乡镇。使用人口约76000人。泰耶尔语为黏着型语言。分赛考利克和泽敖利两个方言。赛考利克方言分布在泰耶尔人聚居地中心，乌来、复兴、尖石、三民等地，方言内部比较一致。泽敖利方言分布在边缘地区，方言内部差异较大。

一 语音

有19个辅音：p b m w t r n l t s s z j k g ŋ x q h ʔ。

辅音例词：

p	puniq	火
b	baɡah	木炭
m	mit	羊
w	tuwaŋ	加
t	tubuŋ	窗户
r	raŋiʔ	朋友
n	nəbuʔ	病
l	laqiʔ	小孩
ts	tsiŋaj	多

s	saziŋ		二
z	ziʔup		鹰
j	ʔuwajaj		线
k	kuhiŋ		头虱
g	gamil		根
ŋ	ŋuŋuʔ		尾巴
x	təxal		一次
q	qasuʔ		小舟
h	hiʔ		肉
ʔ	ʔisuʔ		你

有6个元音：i e a ɔ u ə ɜ ɪ。多音节词的重音一般落在最后一个音节上，倒数第二个音节一般为长音。基本的音节结构方式有辅音+元音、辅音+元音+辅音两种。

二　构词

词干加附加成分或词干部分音素重叠为主要构词手段。前加成分有 kə–、kinə–、ləkə–、ləmə–、mə–、məkə–、mələ–、pə–、sə–、tə–、tsi– 等。后加成分有 –an。中加成分有 –əm–、–ən–，插在词干第一个音节的辅音与元音之间。借词主要借自汉语闽南话和日语。

三　语法

词类　分名词、代词、数词、形容词、动词、副词、连词、助词八类。

名词　有主格、属格、宾格、位置格，分别在名词前加格助词或用不同次序表示。人称代词有单数和复数，有主格、属格、宾格形式，单数第一、第二人称主格和复数第一人称包括式主格各有甲、乙两种形式。形容词有比较级，在词干前加前加成分 kinə– 构成。

动词　有态、式、时等语法范畴。"态"有主动态、被动态。"式"有陈述式、祈使式。"时"有现在时、过去时、将来时。陈述式现在时主动态又分甲、乙两种，被动态又分甲、乙、丙三种。陈述式现在时有肯定形和否定形的区别。

句子成分　有主语、谓语、宾语、定语、状语、补语。谓语往往位于句首，主语在谓语后，宾语在主语后，定语和状语有的在中心语前，有的在后，补语在谓语动词后。

附：泰耶尔语常用词举例

1	天	kajal
2	太阳	ʔuwagiʔ
3	月亮	bəjatsiŋ
4	星星	biŋah
5	云	ʔiwuluŋ
6	风	bɛhuj
7	雨	qəwalax
8	水	qəsijaʔ
9	河	liʔuŋ
10	山	rəgijax
11	水田	qəmajah
12	土	ʔuraw
13	窟窿	bəliŋ
14	石头	bətunux
15	火	puniq
16	上面	babaw
17	下面	ʔijahuʔ
18	里面	qəsahuj
19	外面	tanux
20	年	kawas
21	日	riʔax
22	猪	bəziʔɔk
23	狗	huzil
24	熊	ŋarux
25	老鼠	qɔliʔ
26	鸡	ŋataʔ
27	鸟	qəhiniq
28	蚂蚁	qətahiʔ
29	跳蚤	qəmitsiʔ
30	苍蝇	ŋaliʔ
31	蚊子	kuʔiʔ
32	翅膀	paliʔ

33	毛	bukil		69	坐	tamaʔ
34	鱼	quɛh		70	谁	ʔabiʔ
35	尾巴	ŋuŋuʔ		71	拉	huluj
36	树	qəhɔniq		72	洗(衣)	bahɕq
37	竹子	rumaʔ		73	捆	məhul
38	稻子	pagaj		74	问	paqut
39	甘薯	ŋahiʔ		75	骂	səʔŋ
40	甘蔗	bilus		76	笑	siʔaq
41	果实	buʔaj		77	哭	ɲilis
42	草	kəʔəman		78	浮	qəluj
43	叶子	ʔabaw		79	去	musaʔ
44	头	bətunux		80	飞	lakaʔ
45	眼睛	lɔziq		81	(狗)吠	iulaq
46	鼻子	ŋuhuw		82	啼	tsiaquŋ
47	耳朵	papak		83	大	tɛnux
48	牙齿	ʔənux		84	小	tsipɔq
49	胡子	ŋurus		85	高	ʔuwaqiq
50	手	qəbaʔ		86	低	rərɔq
51	皮肤	kiʔahil		87	脏	məʔuraw
52	骨头	qəniʔ		88	长	qəlɔjux
53	血	ramuʔ		89	短	lətuŋ
54	脚	kakaj		90	薄	kəhiʔ
55	心	kuʔalun		91	远	tuʔahiq
56	父亲	ʔabaʔ		92	近	bɕh
57	母亲	ʔajaʔ		93	多	tsiŋaj
58	儿子	laqiʔ		94	少	tsikaj
59	上衣	lukus		95	轻	həbaw
60	裙子	təhawak		96	重	ʔəsuw
61	听	puŋ		97	红	talah
62	吃	qaniq		98	白	pələqujiʔ
63	咳嗽	səhɕhuj		99	黑	qalux
64	吹	ziʔup		100	绿	tasiq
65	说	kajal		101	(羊)肥	kinətəhuj
66	跳	təʔalaj		102	瘦	hikaŋ
67	走	həkaniʔ		103	好	bəlaq
68	跑	qinah		104	坏	ʔijaqɕh

105	快	hilaw
106	慢	huʔaj
107	酸	məɲihuj
108	甜	sæəbiŋ
109	苦	təqəmətux
110	饱	təɲiʔ
111	咸	təqəmətux
112	痒	kəkuj
113	我	sakuʔ
114	你	ʔisuʔ
115	他	hijaʔ
116	不	ʔiniʔ

唐汪话 甘肃东乡族自治县的东北部洮河以西，有两个名村子分别是唐家村和汪家村，合称唐汪，这两个村子的居民使用着一种特别的语言，它既不同于汉语，也不同于东乡语，人们称之为"唐汪话"。唐汪人自称回族，也有自称东乡族的，但不会说东乡语。使用唐汪话的有唐家、汪家以及附近的4个村子，山区还有5个村子的语言跟他们相近似，使用唐汪话的总共约有2万人。这里把唐汪话简略介绍如下。

一 语音

声母 有23个声母：p ph m f v t th n l ts tsh s tʂ tʂh s z tʃ tʃh ʃ j k kh x。

韵母 有11个单元音韵母：i u y a ə ɤ ɛ ɔ ɿ ʅ。

有10个复合元音韵母：ia ua uə ie ye uɛ uI iɔ ou iu。

有11个鼻化元音韵母：ɛ̃ iɛ̃ uɛ̃ yɛ̃ ɔ̃I ũ ỹ ɔ̃ iɔ̃ uɔ̃。唐汪话所有带鼻化的韵母都与普通话带鼻音韵尾的韵母相对应。此外，凡是普通话以 a、o、e 起头的音节，在唐汪话里都带 n 声母。如安读作 nan。

声调 有4个声调：

	阴平 24	阳平 53	上声 224	去声 31
例字：	kɔ²⁴	z̩ɤ̃⁵³	vu²²⁴	tsuə³¹
	高	人	五	坐

二 词汇

唐汪话的词汇，绝大多数是汉语词，其中大部分读音与普通话或与当地方言一致。唐汪人信奉伊斯兰教，唐汪话中有一些阿拉伯语或波斯语借词，还有少数东乡语借词，这些借词都有固定的声调。如 a²²⁴ s̩ma⁵³ ni（天），借自波斯语，东乡语读 asɯman；xu²²⁴ ta⁵³（真主），借自波斯语，东乡语读 χuta。mɔ³¹ tʃhi（死），借自阿拉伯语，东乡语读 maotʃhi；a²²⁴ lɛ̃⁵³（世界），东乡语读 alən；a²²⁴ na²⁴（妈妈）东乡语读 ana。可以看出，唐汪话的这些外来词是通过东乡语借入的。

三 语法

唐汪话的名词、代词、形容词有数、格、领属三种范畴，动词有态、体、副动词三种范畴。

名词 名词有单数和复数两种。单数用名词原形表示，复数标志与人称代词的复数标志相同，都是用 -m，由于东乡语的影响，可以加在指物名词后表示复数。复数要出现在一定的上下文里。例如：

jɔ̃⁵³ -m　-xa　kɛ²²⁴　ʂɔ̃³¹ -tʂɤ
羊　　把　赶　上　（并列副动词）

tʃɿ³¹　lɛ⁵³ -ki　　（把羊赶近来）
进　来　（使动态）

格 唐汪话名词有四个格：基本格、把-被格、从-比格、造-联格。把-被格的标志是 -xa，从-比格的标志是 -ʃie，造-连格的标志是 -la，都与东乡语相同或相近似。

人称领属 只有第三人称单数形式有人称领属。这和东乡语相同，都用 -ni，如 ʃifuni（他的媳妇）。

代词 跟东乡语一样，分人称、指示、疑问、反身四种，都有数和格的范畴。指示代词和疑问代词还有领属范畴。

形容词 形容词带上结构助词 -tʃi 后，相当于东乡语加 -ni 的名物化形容词。

动词 动词有态、体、副动词三种范畴。态有主动态和使动态。副动词有六种：并列副动词、选择－界限副动词、分离－让步副动词、条件副动词、重复副动词、目的副动词。

句法 句子结构一般是：主—宾—谓，有时也见到 主—谓—宾 的结构，但只出现在一些惯用句式和短语中。主语一般都在谓语之前。谓语在主语之后。直接宾语和间接宾语都在动词之前，二者的位置不太固定，常见的是直接宾语在间接宾语之前。定语与东乡语或普通话一样。状语与东乡语或普通话一样，位置在动词之前。补语的位置在谓语之后。

附：唐汪话常用词举例

山	ṣɛ̃²⁴
水	ṣui²²⁴
前天	tʃhiɛ⁵³ thou
昨天	tsuə⁵³ kie
马	ma²²⁴
羊	jɔ̃⁵³
狗	kou²²⁴
猪	tṣu²⁴
树	ṣu³¹
草	tshɔ²⁴
饭	fɛ̃³¹
人	zʅə⁵³
母亲	a²²⁴na²⁴
父亲	a³¹ta
哥哥	a³¹ka
乳房	kuə²²⁴kuə⁵³
飞	fɿ²⁴
走	tsou²²⁴
坐	tshuə³¹
去	tʃhi³¹
来	lɛ⁵³
吃	tṣhʅ²⁴
咬	niɔ²²⁴
赶	kɛ̃²²⁴
打	ta²²⁴
知道	tṣʅ²⁴tɕ³¹
看	khɛ̃³¹
见	tʃiɛ³¹
叫喊	xou²²⁴
说	ṣuə²⁴
骂	ma³¹
想	ʃiɔ̃²²⁴
做	tsu³¹
睡	ṣui³¹
玩	vɛ̃⁵³
死	sʅ²²⁴
湿	ṣʅ²⁴
平	phĩ⁵³
大	ta³¹
短	tuɛ̃²²⁴
好	xɔ²²⁴
这	tṣʅ³¹
那	nɤ³¹
我	və²²⁴
你	ni²²⁴
他	tha²⁴
五	vu²²⁴
个	kuə³¹

堂郎语 云南丽江纳西族自治县太安乡和剑川县境内的山区，有部分人自称为"堂郎人"，当地有的人认为他们是彝族，有的认为他们是纳西族，人数约有2000人（2003年）。堂郎人有自己的语言，文化、习俗和服饰与白族有些相似。他们与纳西族、白族、汉族关系密切。堂郎语没有方言的分歧，现以丽江纳西族自治县太安乡水井村的话为

代表介绍其语言。

一 语音

声母 39个声母：p ph b m f v t th d n l ts tsh dz s z tʂ tʂh dʐ ʂ ʐ tɕ tɕh dʑ ɲ ɕ ʑ k kh g ŋ x ɣ q qh ɢ ɴ χ ʁ。

韵母 有30个韵母，其中单元音韵母11个：ɿ i y e æ a o u v ʌ ɯ。

鼻化元音韵母8个：ĩ ẽ æ̃ ã õ ũ ṽ uã。

卷舌元音韵母2个：vɹ ʌɹ。

复元音韵母9个：ie iæ iʌ iu ui uæ uʌ ua yi。

声调 有7个声调：

	1	2	3	4	5	6	7
调值:	55	53	44	33	42	31	13
例字:	tʂʅ⁵⁵	tʂʅ⁵³	tʂʅ⁴⁴	tʂʅ³³	tʂʅ⁴²	tʂʅ³¹	næ¹³ʁæ³¹
	羊	烂	谷子	脱	借	尺子	我们

（注：第7调只用于区别语法意义和拼读汉语借词）

二 词汇

堂郎语有相当数量的词与藏缅语族语言有同源关系。如天、洞、屎、狗、蛇、血、毛、飞、叫、晒、弯、重、白、厚、苦、美等。还有一定比例的外来词，主要是汉语、纳西语、白语借词。据统计，在1500个基本词里，汉语借词占8%左右。在基本词里，早期汉语借词有海、沙子、烟、楼板、堂屋、袜子、骡子、种驴、棉花、茄子、辣子、南瓜、痢疾、姑姑、干爹、板凳、漆、大鼓、泡、讲、认错、逃跑、宽、窄、套、桶、元、斤等。

纳西语借词有软、锯子、圆、钥匙、弓、平等。

白语借词有虱子、嫁、面条、甜、柿子、砖、玉米等。

堂郎语的附加式合成词分前附加和后附加两种。用作前附加的前缀较少，只有 a³³（a⁵⁵、a⁴³）和 pi⁵³ 两个。作后附加的后缀有 za³³、dɯ³¹ mi³¹ 三个。sa³³ 表示小，dɯ³¹ 用在别的词语后面起名物化的作用，mi³¹ 是表示处所的后缀。如：ve⁴² za³³（小猪）、mvɹ⁵³ za³³（小马）、ɢuʌ³³ dɯ³¹（穿的）、xa³³ dɯ³¹（看守处，即窝棚），na³¹ dʐʅ⁵⁵ mi³¹（病看处，即看病处）。

三 语法

堂郎语的词分名词、数词、量词、代词、动词、形容词、副词、助词、连词、叹词十类。

名词 名词本身缺乏形态变化，主要靠其他词或词缀来表示语法范畴。附加成分 pa⁵⁵、pu³¹、za³³ 表阳性，mu³³ 表阴性。如 do³¹ za³³（侄子）、do³¹ mu³³（侄女）。助词 lɛ⁵³ 表示宾格，ɢɯ³³ 表示主格。如：na¹³ʁæ³¹（我们）ã⁵⁵ ʁa³¹（鱼虾）lɛ⁵³（宾助）ʁa³³（得）kv⁵⁵（会）（我们会捕到鱼虾）；pv⁴⁴ pv⁴⁴（哥哥）ɢɯ³³（主助）na³¹（我）ti⁵⁵（打）（哥哥打我）。

数词 基数词有一、二、三、四、五、六、七、八、九、十、百、千、万。序数词有一种是用数词加重叠的量词表示；一种是借用汉语的序数词。

量词 分物量词和动量词。物量词比较少，多为度量衡量词。

代词 代词分人称代词、指示代词和疑问代词三类。

（1）人称代词 有单数、复数、双数的区别。复数第一人称 na³¹ 用声调屈折和加复数助词 ʁæ³¹ 表示；复数第二人称 ɲi³¹ 和第三人称 i³³ 声、韵、调全部变化形成异根的形式后再加复数助词 ʁæ³¹；双数第一人称用声调屈折和加数量词表示；双数的第二人称 ɲi³³ 和第三人称 i³³ 声、韵、调全部变化形成异根的形式后再加数量词表示。

（2）指示代词 有 tɕhi³³（这）、tɕhi³³ li³³（这么）、tɕhi⁴² ko³³（这里）、tɕhi³³ khɯ³³（这些）、ʁo³³（那）、ʁo³³ li³³（那么）、ʁo³³ ko³³（那里）、ʁo¹³ ko³³ ʁo³³（那里，远指）、khɯ³³（那些）。

（3）疑问代词 有 a⁵³ ma³¹（谁）、a³³ mv³³（什么）、a³³ næ³³ li³³（怎么）、a⁴⁴ tɕhi⁵³ kha³¹（哪）、a⁵⁵ ɲʌ⁵³（哪里）、a³³ na³³（多少）。

动词 重叠动词表示疑问的语气。例如：ʑi³¹ ʑi³¹（去不去？）、mvʴ⁵³ χã³³ χã³³（雨下不下？）。动词后加助词 kɯ³³、do³³、tso³³、sʅ³³、qhæ⁵³ 来表示体的语法范畴。kɯ³³ 用于进行体，do³³ 用于完成体，tso³³ 用于经历体，qhæ⁵³ 用于将行体。

形容词 形容词能重叠，表示程度的加深。形容词作修饰成分时，一般用于被修饰成分之后，但重叠的或带有结构助词的则位于被修饰成分的前面。AA 式重叠形容词，前置或后置都可以。

副词 分五类：程度副词、范围副词、时间副词、状态副词、否定副词。

助词 分结构助词、语气助词两类。

连词 分表示联合关系和偏正关系的两类。

句子成分 分主语、谓语、宾语、补语、定语、状语六种。主语在谓语之前，宾语在谓语之前，有时宾语可以在主语之前。例如：dzʌ³¹（饭）na³¹（我）dza⁴²（吃）。补语位于被补足语之后。例如：tshʅ⁵³（洗）qha⁵³（干净）。有时位于被补足语之前。例如：tɕhi⁵³（一）ta³³（下）ti⁵⁵（打）。定语位于中心语之前，多为名词、重叠量词、重叠形容词、加助词 Gʌ³³ 的词或词组。例如：mæ⁴⁴（布）、tshʅ³³ȵi⁵⁵（裤子），位于中心语之后的有量词词组和形容词。例如：ʑi³³（书）tɕhi³³（一）tshʅ³³（本）。状语位于中心语之前的，例如：a³¹ dʑʅ³¹（很）ẽ³³（小），位于中心语之后的，例如：dzʌ³¹（吃）tsa³¹（好）（好吃），pi³³（做）dzʌ³³（难）（难做）。

附：堂郎语常用词举例（不列序号）

天	mvʴ⁴²
太阳	mi⁴²
雨	muʴ⁵³
水	ʑi³¹
火	mo⁵⁵ to³³
田	mi³¹
河	ʑi³¹ kvʴ⁴⁴
明天	se⁵³ ȵi³³
牛	ŋi³³
羊	tshʅ⁵⁵
猪	ve⁴²
马	mvʴ⁵³
狗	khɯ⁵²
鸟	ȵʌ³³
蛇	χæ³³
玉米	zɯ⁵⁵ mɯ⁵⁵
谷子	tʂʅ⁴⁴
花	mæ⁵⁵ vi³¹
父亲	pʌ⁵³
母亲	mʌ³³
哥哥	bvʴ³³ bvʴ³³
人	ʑʌ³¹
头	dʑʅ³¹
眼睛	me⁵⁵
乳房	a⁵⁵ pe⁵⁵
毛	tshɯ³³
血	sʅ⁵³
屎	tshʅ⁵³
衣服	tshʅ³³
裤子	tshʅ³³ ȵi⁵⁵
吃	dza⁴²
看	i⁵⁵
说	bæ³³
去	ʑi³¹
做	pi³³
走	se³³
打	ti⁵⁵
飞	lʌʴ⁴²
晒	lɯ⁵⁵
大	ʁæ⁵³
好	tsa³¹
红	mɯ³³
白	tshɯ³³
黄	ʂæ³³

黑	næ³³
蓝	pha³³
高	mʌ⁴⁴
甜	ɕo³³
苦	Ga⁵³
多	ŋʌ⁵³
厚	thvɹ³³
重	lɯ⁵²
新	ɕi⁵⁵
旧	lɯ⁵⁵lɯ⁵⁵
热	tsha³³
快	Gɯ³³
慢	a³³za³³
我	na³¹
你	ɳi³¹
他	i³³
这	tɕhi³³
那	ʁo³³
一	tɕhi⁵³
二	ɳi⁵³

通古斯语北语支 阿尔泰语系满－通古斯语族通古斯语支两大语群之一。亦称北通古斯语支或那乃次语支。包括赫哲语、果尔德语（那乃语）、奥罗克语（乌伊勒塔语）、奥罗奇语、乌尔奇语（乌利奇语）、乌德盖语（乌德语或乌德赫语）。主要分布在我国黑龙江省同江市和俄罗斯东西伯利亚以及远东地区。使用人口约15000人（1989年）。通古斯北语支语言里只有果尔德语（那乃语）有文字。这些语言的主要特点是元音长短不像通古斯南语支那么明显。复元音多。复辅音中舌根音和舌尖音结合的现象多。名词的格比通古斯南语支少。形动词和副动词的功能比较多。词汇中有关渔猎业、农林业方面的词丰富一些。赫哲语中汉语借词很多，其他通古斯北语支语言里则俄语借词占有一定数量。

通古斯语南语支 阿尔泰语系满－通古斯语族通古斯语支两大语群之一。亦称南通古斯语支或埃文基次语支。包括鄂温克语、鄂伦春语、埃文基语、拉穆特语（埃文语）、涅基达尔语。主要分布在我国内蒙古自治区呼伦贝尔盟地区，黑龙江省大、小兴安岭地区和俄罗斯西伯利亚北部以及远东地区。使用人口约32000人（1989年）。通古斯语南语支语言里埃文基语和拉穆特语（埃文语）有文字。这些语言的主要特点是元音有明显的长短音区别，复元音不太多，复辅音结构比较复杂，元音和谐规律很严格。名词的格很丰富。组成句子结构的两个成分之间往往在数和人称方面出现呼应关系。词汇中蒙语借词和俄语借词较多，也有一些汉语借词。

通古斯语支 阿尔泰语系满－通古斯语族的一个语支。新的分类法包括两个次语支：（1）埃文基次语支，包括埃文基语、埃文语、涅基达尔语、鄂温克语和鄂伦春语；（2）那乃次语支，包括那乃语、乌利奇语、奥罗克语、乌德盖语、奥罗奇语和赫哲语。该语支分布在中国内蒙古自治区的鄂温克族自治旗、鄂伦春自治旗、陈巴尔虎旗、莫力达瓦达斡尔族自治旗、阿荣旗、额尔古纳左旗、扎兰屯市，黑龙江的黑河市、逊克县、呼玛县、塔河县、讷河市，嫩江县、嘉荫县、同江市、饶河县，俄罗斯的东西伯利亚和远东的埃文基自治专区、雅库特自治共和国、布里亚特自治共和国等地以及蒙古国的巴尔虎地区。语言使用人口4.7万多人。在中国有1.9万余人（1982年）。

语言的主要特点：（1）元音一般分长短。（2）ŋ可以出现在词首。（3）格的数目较多。（4）名称有人称领属和反身领属形式。（5）动词有人称。（6）组成句子结构的两个成分之间往往在数和人称方面存在着互相呼应的关系。

突厥语族 阿尔泰语系的一个语族。

（1）"突厥"原为我国北方和西北古代民族以及他们所建汗国的名称。现在，广义的突厥泛指突厥汗国及其以前或以后语言文化相近的部落、部落联盟或民族。古代的突厥、回鹘、黠戛斯、乌古斯、钦察、骨利干、都拨等各部，现代的土耳其、阿塞拜疆、维吾尔、乌兹别克（在我国的称"乌孜别克"）、哈萨克、吉尔吉斯（在我国的称"柯尔克孜"）、鞑靼（在我国的称"塔塔尔"）、楚瓦什、阿尔泰、雅库特、土瓦、哈卡斯等民族的语言在基本词汇和语法构造上均有许多共同点，而且对应关系明显。所以在语言学上，按发生学分类法，把古今均有密切关系的这些语言划为同一语族，称为"突厥语族"。它们都是"突厥语族语言"，简称"突厥语"。

（2）突厥语族语言的分布 当今世界使用突厥语的民族和部落集团有30多个，分布地域东起西伯利亚的勒拿河流域，西至巴尔干半岛和地中海东岸，包括欧亚大陆的中国、俄国、蒙古、哈萨克斯坦、乌兹别克斯坦、吉尔吉斯斯坦、土库曼斯坦、阿塞拜疆和西亚、中东、东欧的20多个国家。现代的突厥语大约接近30种，使用人口最多的是土耳其语，有7000多万人，约占全世界使用突厥语总人口的一半多。乌兹别克语、阿塞拜疆语、哈萨克语使用人口超过千万；鞑靼语、维吾尔语、土库曼语、吉尔吉斯语等使用人口超过百万；雅库特语、土瓦语等超过十万；我国的撒拉语和硕尔语等超过万人；我国的西部裕固语和卡拉嘎斯语等不到万人。

（3）突厥语族语言的分类 突厥语族语言按类型学分类法为黏着型语言。按谱系分类法（或称发生学分类法），各国学者有不同的见解，提出了20多种分类法。

（4）中国的突厥语族语言 有维吾尔、哈萨克、柯尔克孜、乌孜别克、塔塔尔、撒拉、西部裕固、图瓦等8种突厥语，使用人口总计超过1000万。另外人口很少的土尔克语也归作这个语族。

我国突厥语族语言的语音特点是：一般有8—9个基本元音，23—24个辅音，撒拉语、西部裕固语辅音较多；固有词一般没有音节首复辅音；多音节词的重音一般在最后音节，但也有最后音节不重读的；一般都有以舌位和谐为主的元音和谐律和起始辅音不同的附加成分的辅音替换规律；语音的连音变化有元辅音的弱化、增音、减音、换位和同化、异化等。

语法特点是：名词有"数""人称""格"等语法变化，都以构形附加成分表示。

图瓦语 居住在新疆维吾尔自治区伊犁哈萨克自治州阿勒泰地区哈巴河县白哈巴村的图瓦人所使用的语言，他们属蒙古族，生活习惯、宗教信仰跟蒙古族基本相同，但使用的是与蒙古语不同的一种语言。人口接近3000人。图瓦人的历史悠久，隋唐时期，生活在阿勒泰山一带的铁勒部落联盟中称为"都波"的部落被认为是近代图瓦人的祖先。在元朝时期，图瓦人被称为"秃巴""秃巴思"，到了清代，由于居住在乌梁海地区，又被称为"乌梁海人"。18世纪中期，清政府在平定准噶尔部政权之后，把"乌梁海人"从唐努山迁到了阿勒泰。由于图瓦人长期与蒙古人生活在一起，各方面受到蒙古人的影响，长期以来一直被看作蒙古族的一部分。下面以哈巴河县白哈巴村的图瓦语为代表介绍图瓦语的情况。

一 语音

图瓦语有18个元音音位，由9个基本元音各分长短构成：

a ɛ e ə i o ø u y
aː ɛː eː əː iː oː øː uː yː

根据宋正纯的研究，图瓦语有紧喉元音。大多数的成年人可以区分基本元音和紧喉元音。紧喉元音正在逐步消失。紧喉元音在现代图瓦语中已经不起区别词义的作用。因此这里据《图瓦语研究》紧喉元音不加表示。

图瓦语有 19 个辅音：p、b、m、w、s、z、t、d、n、r、l、tʃ、dʒ、ʃ、k、g、ŋ、x、j。又据《图瓦语研究》，图瓦语有 23 个辅音音位：b、p、d、t、g、k、ɣ、G、q、dʒ、tʃ、w、j、l、m、n、ŋ、r、z、s、ʃ、ʒ、χ。其中的十四个音是清浊相对：b-p；d-t；k-g；q-G；tʃ-dʒ；s-z；ʃ-ʒ。

语音的变化有顺同化和逆同化两种。顺同化的如：børibøry（狼）；yɡiyɡy（猫头鹰）；逆同化的如：men（我）+ gemeŋge（对我）。

元音和谐 图瓦语有元音和谐现象。包括元音的舌位和谐与唇状和谐。主要是舌位和谐。

音节结构 主要有以下几种：(1) 元音；(2) 元音+辅音；(3) 元音+辅音+辅音；(4) 辅音+元音；(5) 辅音+元音+辅音；(6) 辅音+元音+辅音+辅音。

重音 图瓦语词的重音落在词的最后一个音节上。

二 词汇

图瓦语词汇当中有相当大的一部分是突厥语族语言共同的，其中保留古突厥语的词比较多。借词当中，蒙古语借词占了很大的比重。固有词如马、月亮、四、男孩、黄色等；保留古突厥语的词有熊、碗、药、狗、老鼠、猴子、孤儿、蛋、骆驼等；蒙古语借词如首都、桌子、社会、学校、被子等。

三 语法

名词有数（单数和复数）、人称领属（三个人称，第一人称和第二人称分单数和复数）和格（分主格、领格、宾格、位格、向格、从格）等语法范畴。数词分基数词、序数词、分数词、约数词、集合数词、分配数词和倍数词七类。动词有人称、数、态、式、体、时等语法范畴。还有三种派生形式：动名词、形动词和副动词。

附：图瓦语常用词举例

1	天	dedis
2	太阳	kyn
3	月亮	aj
4	星星	dʒəldəs
5	云	bulət
6	风	salɣən
7	雨	dʒaʃqən
8	水	suɣ
9	河	kem
10	山	daɣ
11	水田	suɣluɣ
12	地	dʒer
13	窟窿	yŋgir
14	石头	daʃ
15	火	ot
16	上面	ysdi
17	下面	Gudu jəː
18	里面	iʃdi
19	外面	dʒaʃdə
20	月	aj
21	日	kyn
22	猪	Gaɣaj
23	狗	ət
24	熊	adəɣ
25	老鼠	gysge
26	鸡	daɣa
27	鸟	Guʃ
28	蚂蚁	χəməs Gajaq
29	跳蚤	bit
30	苍蝇	seːk
31	蚊子	emra
32	翅膀	saɣən
33	毛	dyk
34	鱼	baləq
35	尾巴	Gudurəq
36	树	jaʃ
37	根	dazəl

38	麦子	tara		74	问	sura −
39	花	ʤetʃek		75	骂	eldepte −
40	种子	yresin		76	笑	Gatɡər −
41	果实	ʤemis		77	哭	əɣla
42	草	tʃøp		78	浮	gøp −
43	叶子	Galbə		79	沉	tyʃ −
44	头	baʃ		80	飞	desgin −
45	眼睛	Garaq		81	（狗）吠	eːr −
46	鼻子	χaːj		82	啼	Gəʃɡər −
47	耳朵	Gulaq		83	大	uluɣ
48	牙齿	diʃ		84	小	biʤi
49	胡子	sal		85	高	bedik
50	手	χol		86	低	ʤabəs
51	皮肤	ɡeʃ		87	深	tereŋ
52	骨头	søːk		88	长	uzun
53	血	χan		89	短	Gəsqa
54	胆	øt		90	厚	Gələn
55	心	ʤyrek		91	远	əraq
56	父亲	adaŋ		92	近	ʤoːq
57	母亲	ijeŋ		93	多	gøbej
58	儿子	oːl		94	少	ebeʃ
59	上衣	kep		95	轻	ʤiːk
60	裙子	køjleŋ		96	重	aːr
61	听	dəŋna −		97	红	Gəzəl
62	吃	aza −		98	白	aq −
63	咬	əzər −		99	黑	χara
64	吹	ør − /yr		100	绿	noGan
65	说	domaqtan −		101	强壮	χarələɣ
66	跳	χalə −		102	弱	ʃədalʤoq
67	走	ʤoru −		103	好	eki
68	跑	ʤygir −		104	坏	baɣaj
69	坐	olur −		105	快	ʃuluːn
70	谁	udu −		106	慢	araj
71	扛	eginne −		107	酸	aʤəɣ
72	来	ɡel −		108	甜	amdannəɣ
73	去	bar −		109	苦	aʤəɣ

110	辣	adʒəɣ
111	咸	adʒəɣ
112	香	ʤət
113	我	men
114	你	sen
115	他	ol
116	这	bo

土尔克语 土尔克人散居于新疆天山北部的伊犁哈萨克自治州境内的尼勒克、新源、特克斯、巩留、昭苏等县的牧业区，世代从事牧业，擅长游牧。土尔克为其自称，1982 年统计有 31 户 200 余人。据说是 18 世纪末从中亚地区逐渐迁徙到北疆的伊犁地区定居下来的；由操不同突厥语的部落长期结合形成，所以在土尔克语里，既有哈萨克语的成分，又有维吾尔语和乌孜别克语的成分，长期以来一直把他们当作乌孜别克人，直到 1982 年第三次全国人口调查时才称为土尔克人。中国学界目前尚未看到有对土尔克语研究的专著问世。据 1982 年的语言调查，土尔克语与维吾尔语、哈萨克语、柯尔克孜语、乌孜别克语十分接近，受到哈萨克语和维吾尔语的强烈影响，大部分人通晓哈萨克或维吾尔语。由于使用的人太少，土尔克语处在逐渐消亡的过程中。下面以尼勒克县乌增乡的土尔克村的话为例，简要介绍这个语言。

一 语音

元音 有元音音位 7 个：i e ɛ ə a θ ʉ，举例如下：

i	ira	乡村
e	ertɛk	故事
ɛ	ɛtter	买卖人
ə	ər	歌
a	ajran	酸奶
θ	bθlθ	外孙子
ʉ	ʉja	窝巢

辅音 有 22 个辅音：b p m w d t n l r z s ʤ ʃ tʃ j g k ŋ q χ ʁ h，其中的 p t k q tʃ 为送气音。举例如下：

b	bij	大蜘蛛
p	pɛʃɛ	苍蝇
m	miskanɛ	臭虫
w	waspit	自行车
d	dɛŋgɛsɛ	懒汉
t	teʃɛ	小镄子
n	naniʃtɛ	早饭
l	lθl	零
r	rɛstɛ	街，巷
z	zaŋzə	徽子
s	sajaz	浅
ʤ	ʤelɛ	冰雹
tʃ	tʃamtɛk	衣袋
ʃ	ʃɛk	露水
j	jelkɛ	脖颈
g	gʉldər	雷
k	kɛr	聋子
q	qʉt	北
ŋ	iŋŋɛj	龇牙
χ	χala	姨母
ʁ	ʁaz	鹅
h	hθkkʉ	猫头鹰

土尔克语的特点：（1）元音和谐 一般的多音节词里，后续音节的元音同前一音节的元音和谐，或同是前元音，或同是后元音；或同是圆唇元音，或同是展唇元音。（2）语音对应 土尔克语与哈萨克语和维吾尔语的语音有明显的对应现象。土尔克语词首的 a 或 e，与维吾尔语的 o ø e 对应；w 与维吾尔语的 ʁ 或 q 相对应，j 与 g 或 ŋ 相对应，j 与 ʤ 相对应。

二 词汇

土尔克的词汇大多来源于突厥语族的共同词，都是基本词，其中有些词的读音保留着古老的形式，还通过哈萨克语和维吾尔语从俄语或其他印欧语吸收了一些词。所有借词在读音上都服从土尔克语的语音结构规律。

词汇特点 有关牲畜的词很丰富。如绵羊有总称、绵羊羔、母羊羔、六个月的绵羊羔、两岁母羊羔、四岁母羊羔、阉过的绵羊羔、山羊羔、四岁公羊羔、公山羊、公山羊羔、两岁母山羊羔、种羊、羯羊、母绵羊等十几个名称。有些词与乌孜别克语或哈萨克语相同而与维吾尔语不同。有些只与乌孜别克语相同而与维、哈语不同。有些读音相近的词但词义上有差别的。也有是土尔克语特有的词。

三 语法

土尔克语语法与乌孜别克语、哈萨克语、维吾尔语既有相同之处，也有不同之处。名词的领格附加成分，由于收尾辅音 -ŋ 脱落，而与宾格附加成分相同。这与伊宁地区乌孜别克语和维吾尔语罗布方言相近。

土尔克语的性质形容词的比较级附加成分只使用 -raq 一种形式，与乌孜别克语相同而与维吾尔语或哈萨克语不同。

动词陈述式现在进行时的构成方法是在词干后加 -a/ -ɛ/ -j 构成副动词，再结合 -jap 和谓语性人称表示。这一特点与乌孜别克语相同而区别于维吾尔语和哈萨克语。

附：土尔克语常用词举例

太阳	kʉn
月亮	aj
冰雹	ʤɛlɛ
露水	ʃɛk
雨	jamʁər
雷	gʉldər
地	jer
土	tʉrpaq
盐	tʉz
水	sʉw
山	taw
河	dɛjrɛ
路	jəl
铁	temir
盐	tʉz
年	il
牦牛	təpas
山羊羔	ʉlaʁ
绵羊羔	qəzə
猪仔	tərɛpɛj
熊	ajʉw
骆驼	tʉjɛ
驴	eʃɛk
狼	qarəʃqə
鹅	ʁaz
猫头鹰	həkkʉ
蛇	ilan
鱼	baləq
蜘蛛	bij
苍蝇	pɛʃɛ
蚊子	tʃerkɛk
臭虫	miskanɛ
西瓜	tarbiz
辣椒	qɛlɛmpʉr
玉米	mɛkkijɛ
草	tʃəp
茶	tʃaj
头	baʃ/waʃ
颈	məjʉn
头发	tʃatʃ
嘴	awʉz
牙齿	tiʃ
鼻子	mʉrʉn
胡子	saqəl
小腿	baldər
肺	əpkɛ
肝	bəwʉr
肠子	itʃɛk

乳房	emtʃɛk
线	ip
刀子	pitʃaq
房子	aw/ʉj
门	eʃik
橛子	zaŋzə
下面	temɛn
女人	χatən
姐姐	apa
孩子	bala
听	etʃit –
看	kɵr –
走	jʉr –
给	ber –
分	bɵl –
是	bol –
直	tʉz
浅	sajaz
酸	atʃʃɛq
黄	sarəq
蓝	kək
黑	qara
光	jarəq
瘦	arəq
大	tʃɵŋ
好	jaχʃaj
坏	jaman
高	bɛlɛt
远	aləs
丑	χʉrnʉk
臭	sasəq
新	jaŋə
热	issəq
辣	atʃʃəq
我	men
你	sen
他	ʉl
零	lɵl
二	ekki
五	beʃ
九	tɵqqʉz

土家语 土家族使用的语言，属汉藏语系藏缅语族彝语支，有人主张自成土家语支。土家族自称"毕孜卡"，分布在湖北、湖南、贵州、重庆四省市相互接壤的地区。人口有802万人（2000年）。使用土家语的人不多。据19世纪80年代的调查，湘西地区使用土家语的人口只占当地土家族人口的13%，为17万人左右。老年人之间能用土家语交际，中年人尚懂得土家语，但已很少使用。青少年则转用汉语了。土家语分南、北两种方言，北部方言人口10万余人。下面以湘西土家族苗族自治州龙山县靛房乡的土家话为代表介绍土家语。

一　语音

有 21 个声母：p ph m w t th n l ts tsh s z tɕ tɕh ɕ j k kh ŋ x ɣ；有 25 个韵母，其中单元音韵母 6 个：a e i ɨ o u，复元音韵母 11 个：ai au ei ia iau iu ɨu ie ua uai uei，鼻化韵母 8 个：ā ē ī ū iā iū uā uē。

有 3 个声调：

调值	高平 55	高升 35	低降 21
例词	pa^{55}/la^{55}	pa^{35}/la^{35}	pa^{21}/la^{21}
词义	看　路	茶盘　厚	坡　缝

二　词汇

词汇中各种动植物的词比较多。音词占优势，以双音节的居多。如 so^{55} thi^{21}（身体）、kho^{55} pa^{55}（头）、lo^{35} pu^{55}（眼睛）、ē^{35} tɕhi^{55}（鼻子）、tsa^{35} tɕhi^{55}（嘴巴）、ē^{21} tɕhe^{35}（耳朵）、si^{55} si^{55}（牙齿）、ji^{35} la^{55}（舌头）、sa^{35} tɕhi^{55}（头发）等。构词法中的附加法，常用词头 a^{55}、a^{35}、a^{21}、ā^{55} 等几个，如 a^{55} ŋai^{21}（弟弟）、a^{35} ze^{55}（声音）、a^{21} pa^{55}（父亲）、ā^{55} pei^{55}（叔父）；词根加后缀的常用 ma^{55}、kha^{55}、te^{55}、se^{55} pa^{55}、ka^{21}、la^{55}、ka^{55} lai^{55}、tɕhi^{55}、lie^{55} si^{55}、khu^{55} li^{55} 等。如

ɕe³⁵ma⁵⁵（富人）、thai³⁵ma⁵⁵（穷人）、pi³⁵tsi⁵⁵kha²¹（土家族）、pɨe³⁵kha²¹（苗族）、no⁵⁵te⁵⁵（人们）、piu³⁵te⁵⁵（女孩们）、ɣɨe³⁵la⁵⁵（绳子）、pi³⁵la⁵⁵（肠子）。

三 语法

词类 分名词、数词、量词、代词、动词、形容词、副词、助词、象声词、连词、叹词等 11 类。人的名词可以在其后加后缀 te⁵⁵ 表示复数。如 no⁵⁵te⁵⁵（人们）、piu³⁵te⁵⁵（女孩子们）。数量词修饰名词，用在名词之后，如 ze³⁵（酒）na³⁵su⁵⁵（一碗）（一碗酒）。人称代词单数与复数有不同的变化：

人称	单数	复数
第一人称	ŋa³⁵ 我	ŋa³⁵ni⁵⁵ 我们（省作 a³⁵ni⁵⁵）
第二人称	ni³⁵ 你	se³⁵ni⁵⁵ 你们（省作 ni⁵⁵）
第三人称	ko³⁵ 他	ki⁵⁵tse⁵⁵

表处所的指示词比较复杂，近指的分近指和较近指，表远指的分远指、较远指和更远指，共 5 个级别：近处、较近处、远处、较远处、更远处。

动词分将行体、即行体、进行体、完成体，每种体都分四种时貌；动作动词有趋向范畴，动词有交换态、短时态、静止态。结构助词分用于主语之后、宾语之后、定语之后、间接宾语之后 4 类。用于主语之后的有 ko³⁵、te²¹、to²¹、le²¹ 4 个，用于宾语之后的有 na²¹，用于定语之后的有 ne⁵⁵、ne⁵⁵si²¹，用于间接宾语之后的有 po⁵⁵、ta⁵⁵。

词组按其结构分为联合词组、定心词组、主谓词组、述宾词组、述补词组、状心词组、同位词组、连动词组、兼语词组九种。句子成分有主语、谓语、宾语、定语、状语和补语六种。宾语出现在动词谓语之前；在双宾语的句子里，间接宾语要带助词 po⁵⁵，用在直接宾语之前。如：pha²¹phu³⁵（爷爷）ŋa³⁵（我）po⁵⁵（助词）tɕhi³⁵pu⁵⁵（黄豆）ka⁵⁵si⁵⁵（几升）le³⁵（给）le⁵⁵（助词）（爷爷给我几升黄豆）。

四 方言

分北部方言和南部方言。北部方言目前仍然使用，南部方言目前只有数千人使用。南北方言之间语音、词汇差别较大，无法通话。在语音方面，南部方言比北部方言多出了 5 个浊音声母：b、d、g、dz、dʑ 和 f、ɕ 2 个擦音声母，另外还多了一个喉塞音声母 ʔ。南部方言还多了几个韵母。在词汇方面，在选出用以比较的 1500 个常用词里，南北相同或相近的词有 45.5%。

系属问题 土家语与汉藏语系藏缅语族的关系比较明显，但语支的归属学界目前仍未有定论。故暂时把它看作藏缅语族中一个独立的语言。

附：土家语常用词举例

1	天	mɨe³⁵
2	太阳	nau²¹
3	月亮	su²¹su²¹
4	星星	si⁵⁵zi²¹
5	云	mɨe³⁴la⁵⁵yū²¹
6	风	ze³⁵su⁵⁵
7	雨	mɨe³⁴tse²¹
8	水	tshe²¹
9	河	xu²¹pha²¹
10	山	khu⁵⁵tsa⁵⁵
11	水田	se²¹khɨe⁵⁵
12	土	pa²¹tsi³⁵
13	窟窿	tū²¹ka³⁵
14	石头	a²¹pa²¹
15	火	mi⁵⁵
16	上面	ka²¹xa³⁵
17	下面	pa²¹thi²¹
18	里面	wo³⁵thu³⁵
19	外面	wo³⁵tha²¹
20	年	nū²¹
21	日	ne⁵⁵
22	猪	tsi⁵⁵
23	狗	xa⁵⁵le²¹
24	熊	khu²¹tɕhe²¹
25	老鼠	ze²¹

26	鸡	za²¹	62	吃	ka³³
27	鸟	ne³⁵pi³⁵	63	咳嗽	nũ⁵⁵
28	蚂蚁	si⁵⁵ni²¹ka²¹	64	吹	me³⁵
29	跳蚤	li⁵⁵li²¹	65	说	li²¹
30	苍蝇	phi³⁵ka⁵⁵	66	跳	khɨ⁵⁵si⁵⁵
31	蚊子	ma⁵⁵khu²¹li²¹	67	走	ɣi³⁵
32	角	khɨe⁵⁵	68	跑	ɕi⁵⁵tsha²¹
33	毛	si³⁵ka⁵⁵	69	坐	ũ²¹
34	鱼	sũ³⁵	70	谁	ne³⁵
35	尾巴	le²¹phũ³⁵	71	扛	pɨe⁵⁵
36	树	kha²¹mũ²¹	72	洗（衣）	tsa³⁵
37	竹笋	mi³⁵mi³⁵	73	捆	phu²¹
38	稻子	li³⁵pu³⁵	74	问	si⁵⁵le²¹
39	甘薯	sau²¹	75	骂	no²¹
40	姜	ko⁵⁵su⁵⁵	76	笑	ne⁵⁵
41	果子	pu³⁵li⁵⁵	77	哭	tsi³⁵
42	草	si²¹	78	浮	tha²¹
43	叶子	ɣɨe⁵⁵tha⁵⁵	79	沉	tẽ³⁵
44	头	kho⁵⁵pa⁵⁵	80	飞	za⁵⁵
45	眼睛	lo³⁵pu³⁵	81	（狗）吠	ɣũ³⁵
46	鼻子	ẽ³⁵tɕhi⁵⁵	82	啼	zũ³⁵
47	耳朵	ẽ²¹tɕhe³⁵	83	大	tshi⁵⁵
48	牙齿	si⁵⁵si⁵⁵	84	小	suã⁵⁵
49	胡子	la⁵⁵pha²¹	85	高	kau⁵⁵
50	手	tɕe³⁵	86	低	ti⁵⁵
51	皮肤	tha⁵⁵pha²¹	87	深	sẽ⁵⁵
52	骨头	lu⁵⁵ka⁵⁵	88	长	ɣɨe²¹
53	血	me⁵⁵	89	短	tsũ⁵⁵
54	胆	tsi³⁵tsi³⁵	90	厚	la³⁵
55	心	li⁵⁵kho⁵⁵lo³⁵	91	远	ɣɨe²¹
56	父亲	a²¹pa⁵⁵	92	近	tsũ⁵⁵
57	母亲	a²¹ne⁵⁵	93	多	zi²¹
58	儿子	no⁵⁵pi²¹	94	少	phu⁵⁵tshi²¹
59	上衣	si⁵⁵pa⁵⁵	95	轻	zu⁵⁵
60	裙子	tɕhi²¹tsi²¹	96	重	tu⁵⁵
61	听	zu²¹	97	红	miã⁵⁵tɕe⁵⁵

98	白	a²¹si²¹
99	黑	lã³⁵ka⁵⁵
100	绿	lu³⁵ka⁵⁵
101	(羊)肥	si³⁵
102	瘦	si²¹mei³⁵
103	好	tsha³⁵
104	坏	te³⁵kha³⁵la³⁵
105	快	ma²¹li³⁵
106	慢	te⁵⁵
107	酸	a²¹phi⁵⁵phi⁵⁵
108	甜	thiã²¹
109	苦	khɨ³⁵tsi³⁵tsi³⁵
110	辣	tse³⁵si³⁵
111	咸	na²¹
112	痒	si⁵⁵ŋa²¹
113	我	ŋa³⁵
114	你	ni³⁵
115	他	ko³⁵
116	这	kai³⁵/ũ⁵⁵

土族语 土族主要聚居在青海互助土族自治县、民和自治县和大通县还有部分散居于青海的其他县和甘肃的天祝、永登、临夏等地区。土族有24万人，大部分都使用土族语作为母语，部分人兼通汉语或藏语，但大通县的土族已经转用了汉语。土族语属阿尔泰语系蒙古语族，与蒙古语、达斡尔语、东乡语、保安语、东部裕固语相同的成分较多，且与东乡语及保安语比较接近。土族语较多地保留自有词，也有较多的藏语借词。土族语内部有较大的差别，分两个方言：互助、乐都以及天祝等地属于互助方言，民和的土族属于民和方言。这里以互助方言为依据介绍土族语的情况。

一 语音

元音 有12个元音：i ii e ee ə ɚ a aa u uu o oo，其中的 ə、ɚ 不分长短；复元音有10个：iuu əii əuu uii uaa aii auu ia ue ua，三合复元音有 iau、uai 两个，只出现在汉语借词里。

辅音 有26个辅音：b p m f v d t s dz ts n l r ʂ ʐ ɖʐ tʂ ɕ j dʑ tɕ g k x ŋ ɢ。

辅音例词：

b	baldaɢ	柄
p	pudee –	笼罩
m	motɕə	木匠
f	fuŋgu –	搓
v	valɢasə	城
d	daaldə –	卖
t	taraa	粮食
s	sala	枝
dz	dzauurə	枣儿
ts	tsovu	错误
n	nəkə –	纺织
l	labdʑə	叶子
r	raal	河
ʂ	ʂuaida –	摔
ʐ	ʐaaʐi	厉害
ɖʐ	ɖʐuan	砖
tʂ	tʂənla –	成
ɕ	ɕinee –	笑
j	jasə	骨头
dʑ	dʑirge	心脏
tɕ	tɕə	你
g	gədesə	肠子
k	kun	人
x	xamdə	一起
ŋ	ŋɢuaasə	毛发
ɢ	ɢarə –	上去

有28个复辅音：mb mp nd nt ndz ndʐ ntʂ ndʑ ntɕ ŋg ŋk ŋɢ sg sɢ ʂb ʂd ʂdz ʂg ʂɢ ɕdʑ xg xɢ rb rd rdz rdʐ rg rɢ（例从略）。

重音 多音节的词，重音落在最后一个音节上，如果词的后面所接附加成分含有元音，原来的重音要移到后面的音节上。

元音和谐　土族语有元音和谐，但只涉及词根内部。词根和构词、构形附加成分之间无元音和谐。

语音变化　常见的语音变化有同化现象、异化现象、减音（包括元音的减少和辅音的减少）。

二　语法

词类　根据词的意义、形态变化和句法功能，土族语的词可以分为10类：名词、代词、形容词、数词、动词、副词、后置词、助词、连词、叹词，前五类有形态变化，而后面的则没有形态变化。

名词　有数、格、领属等语法范畴。名词的复数用附加成分 -ŋgula 或 -sge 表示。名词的格有主格、领宾格、位与格、离比格、造联格和连同格，且各有不同的附加成分。名词的领属分人称领属和反身领属两种。人称领属的第三人称领属，要附加各种格的附加成分。

代词　代词分为人称代词、指示代词、疑问代词、反身代词和确定代词五种。单数人称代词第一、第二人称有主格、领格、与宾格、比较格、联合格和连同格。指示代词又分近指和远指。

形容词　可分性质形容词和关系形容词两类。性质形容词多数是根词，关系形容词多数是派生词。

数词　数词分基数词、集合数词、序数词、重复数词和限量数词。除基数词以外的数词都是在基数词后加专门附加成分构成。

动词　动词有态、式、时、人称、体等语法范畴。每个动词并不同时表示态、式、时、人称、体的语法范畴，只有态一个范畴是每个动词必然表示的。在态的形式后面只能再重叠其他范畴的一种附加成分。态有自动态、被动使动态、众动互动态三种。祈使式分三个人称，没有单数复数的区别。

副词　副词分程度副词、时间副词、方式副词和否定副词。

后置词　后置词有 ʂdaar（按照）、madə（像）、kamaadə 或 urondə（代替）、xamdə（一起）、oldʐə（为了）、dʐə（向）等。

助词　表示各种语气，分为祈使语气助词、陈述语气助词、判断语气助词、疑问语气助词、猜测语气助词、让步语气助词。前面五种语均出现在句末谓语之后。

连词　连词只有 da（和），一般用来连接由名词或代词表示的并列的两个成分。

叹词　常用的叹词有：maa（表示给予）、jaa（表示接受）、amaa（表示惊慌）、pəii（表示嫌臭）、aii（表示招呼）、ajoo（表示疼痛）、jii（表示冷）、oo（表示恍然大悟）、oolaii（表示赞成）、açiroŋ 或 açiçiroŋ（表示可怜）。

句子成分　有6种句子成分：主语、谓语、宾语、补语、定语、状语。主语在谓语前面，可以在句首，也可以在句中。谓语在主语后面，居于句末。宾语在主语后面，谓语的前面。只有及物动词才带宾语。补语在中心词前面，补语以位与格、离比格、联合格、连同格的形式出现。定语在中心词之前，状语也在中心词之前。

三　词汇

土族语的词分单纯词和合成词两种。单纯词包括根词和派生词。合成词由两个单纯词结合而成。

构词法　土族语的构词方法有两种，一是派生法，用附加成分构成新词；一是合成法，由两个实词结合构成新词。

四　方言

土族语分两个方言：互助方言和民和方言，彼此差别比较大。突出的特点是：互助方言的元音分长短，民和方言元音不分长短。互助方言的藏语借词比民和方言多，而民和方言的汉语借词则比互助方言多。两个方言的复数附加成分也各不相同。

附：土族语常用词举例

1	天	təŋgerə
2	太阳	nara
3	月亮	sara
4	星星	foodə

5	云	uloŋ	41	豆子	pudʐaɢ
6	风	kii	42	草	vesə
7	雨	xuraa	43	叶子	labdʐə
8	水	ʂdzu	44	头	tolɢuai
9	河	raal	45	眼睛	nudu
10	山	ula	46	鼻子	xavar
11	田地	taraa	47	耳朵	tɕigə
12	土	ɕirəuu	48	牙齿	ʂdə
13	窟窿	noko	49	胡子	sɢal
14	石头	taʂ	50	手	ɢar
15	火	ɢal	51	身体	beje
16	上面	dəre	52	骨头	jasə
17	下面	dooro	53	血	tɕisə
18	里面	toro	54	胆	səuuldzə
19	外面	ɢada	55	心	tɕirge
20	年	dʑil/fon	56	父亲	aaba
21	晚上	ɕuloŋ	57	母亲	aama
22	猪	xɢaii	58	子女	bulaii
23	狗	noxuai	59	上衣	deel
24	熊	korosə	60	裤子	mula deel
25	老鼠	lauuɕə	61	听	sonoxə –
26	鸡	taɢauu	62	吃	de –
27	鹿	bodo	63	喝	otɕə –
28	蚱蜢	tɕaardʐaɢ	64	吹	piile –
29	虱子	boosə	65	说	kəle –
30	苍蝇	ɕimsəuul	66	跳	diuulə –
31	蛆	fod	67	走	jauu –
32	羽毛	foodə	68	跑	guai –
33	毛	ʂdzu	69	坐	sauu –
34	鱼	dʑaɢasə	70	谁	ntəraa –
35	尾巴	səuul	71	扛	rgu –
36	树	ɕdʐoosə	72	洗（衣）	ŋɢuaa –
37	菜	sii	73	捆	ɕaa –
38	小麦	buudə	74	吞	tɕalgə –
39	花	tɕidʐaɢ	75	骂	sgoo –
40	种子	fure	76	笑	ɕinee –

77	哭	ulaa˗		113	我	bu
78	晒	xee˗		114	你	tɕə
79	掉	unaa˗		115	他	te
80	飞	nesə˗		116	不	l
81	（狗）吠	xudʑa˗				
82	咬	dʑauu˗				
83	大	ʂge				
84	小	mulaa				
85	高	ndur				
86	低	boGnə				
87	深	gom				
88	长	ʂdur				
89	短	xGuar				
90	厚	dʑudʑuan				
91	远	xolo				
92	近	taada				
93	多	ulon				
94	少	tɕoon				
95	轻	koŋgon				
96	密	ʂdogoon				
97	红	fulaan				
98	白	tɕaGaan				
99	黑	xara				
100	绿	noGoon				
101	（羊）肥	tarGun				
102	细	narən				
103	好	saiin				
104	臭	fumugii				
105	快	Gurdən				
106	慢	udaan				
107	酸	xaɕin				
108	香	gudʑə				
109	苦	xaɕin				
110	新	ɕinə				
111	软	dʑoolon				
112	饱	tɕadə˗				

佤语 佤语属南亚语系孟高棉语族，主要分布在云南沧源、西盟、澜沧、耿马、孟连、永德、双江、镇康、景东、勐海、普洱、腾冲、昌宁等县。佤族人口约有40万人。从1956年开始，有关学者通过在佤族山区进行的语言实地普查，认为佤语分为三个方言区，即巴饶克方言、阿佤方言和佤方言。巴饶克方言和阿佤方言各分3个或4个土语。

1957年，以佤语巴饶克方言为基础方言，岩帅话的语音为标准音，创制了佤族文字方案，并随即开始在沧源和西盟等县，培养师资，试验推行佤文。下面以巴饶克方言区岩帅话为代表，简介佤语的概貌。

一 语音

辅音：单辅音38个，复辅音16个。

单辅音：p ph b bh m mh f v vh ts tsh s t th d dh n nh l lh r rh tɕ tɕh dʑ dʑh ȵ ȵh z ʑ k kh g gh ŋ ŋh ʔ h。

复辅音：pl phl bl bhl pr phr br bhlr kl khl gl ghl kr khr gr ghr。

辅音韵尾8个：－p，－t，－k，－m，－n，－ŋ，－h，－ʔ。

元音：单元音9个，各分松紧，共有18个元音音位。元音和例词如下：

	松元音			紧元音	
i	pi	忘记	ɛ̰	pɛ̰	口琴
e	te	箭	ḛ	kḛ	黄瓜
ɛ	tɛ	遮蔽	ɛ̰	tɛ̰	甜
a	ka	啃	a̰	ka̰	烘烤
ɔ	pɔ	别，莫	ɔ̰	pɔ̰	腰肌
o	mo	爬	o̰	po̰	白
u	pu	厚	ṵ	pṵ	飞

| ɣ | rɣ | 船 | ɣ̰ | r̰ɣ̰ | 拖 |
| ɯ | bɯ | 油 | ɯ̰ | b̰ɯ̰ | 耳坠 |

二合元音24个、三合元音4个也分松紧。

二 词汇

1. 词的特点，按音节的多少佤语可以分成单音词和复音两类。

单音词和复音词。如：tam 螃蟹、rip 草、ʔɛh 吃、nɛ 多等。复音词如 sɛ vɔŋ 玉米、kɔn n̰ɔm 朋友等。

2. 词的构成，按词的意义和结构佤语可以分成单纯词和合成词两类。单纯词，含单音单纯词和多音单纯词。而多音单纯词，又含多音的和谐声的两类。

合成词，是佤语语词构成中最为活跃的手段，又可分为联合式和偏正式两类。

3. 佤语声母的清浊、增减、元音的松紧以及韵尾的变化等，往往反映出词源学和语义学的某些社会历史关系。例如，声母的清浊，区分动词和名词。例词如下：

tok 点 — dok 火把；tuh 裂 — duh 裂开的物体；pit 沾，粘 — bit 沾粘状物体；tʃiat 舀 — dʒiat 勺 laɛŋ 磨石 — glaɛŋ 磨（动词）；lɛŋ 纺车 — glɛŋ 纺；laṵh 燃，燃烧 — gla̰ṵh 火堆；lua 捏 — glua 捏成的团儿；ŋu 火 — ŋṵ 热，用火加热；lɔk 房内的套间 — lɔk 间（数量词）；bruk 骑 — bruŋ 马。

4. 借词：随着社会经济的发展和交流，佤语从汉语、傣语中吸收了不少新词术语，特别是科学技术方面的词汇，日渐增多，成为佤语不断发展和丰富的重要手段。

三 语法

佤语的词类可分为名词、量词、数词、代词、动词、形容词、状词、副词、介词、连词、助词和叹词12类。佤语的句子成分有主语、谓语、宾语、表语、补语、定语、状语。其中，主语、谓语是句子的主要成分，宾语、表语和补语是句子的次要成分，定语和状语是句子的附加成分。语序一般是主语—谓语—宾语，或谓语—主语—宾语。定语在中心语的后面，状语和补语有的在中心语的前面，有的在中心语后面。主语和谓语可根据说话时的语气、情感等因素改变次序。

附：佤语常用词举例

1	天	rau ma
2	太阳	si ŋaiʔ
3	月亮	khiʔ
4	星星	sim ʔuɛŋ
5	云	pai ʔɔm
6	风	bhaṵŋ
7	雨	lhɛʔ
8	水	rɔm
9	河	klo̰ŋ
10	山	gɔŋ
11	水田	kaṵŋ
12	土	tɛʔ
13	窟窿	daṵʔ
14	石头	si mauʔ
15	火	ŋu
16	上面	plak piaŋ
17	下面	plak grṵm
18	里面	plak daṵʔ
19	外面	plak praiʔ
20	年	num
21	日	ŋaiʔ
22	猪	lik
23	狗	sɔʔ
24	熊	krih
25	老鼠	kiaŋ
26	鸡	ʔia
27	鸟	sim
28	蚂蚁	mɯik
29	跳蚤	diap
30	苍蝇	rɔi
31	蚊子	braŋ

32	翅膀	pruik
33	毛	hau̯k
34	鱼	kaʔ
35	尾巴	si̯ daʔ
36	树	khau̯ʔ
37	竹笋	plau̯ŋ ʔoʔ
38	稻子	ŋhoʔ
39	甘薯	hon ʔɔi
40	姜	si̯ giŋ
41	果实	pli̯ʔ
42	茅草	ploŋ
43	叶子	lha̯ʔ
44	头	kai̯ŋ
45	眼睛	ŋai̯
46	鼻子	mɯih
47	耳朵	zu̯ ʐau̯k
48	牙齿	rhaŋ
49	胡子	hau̯k dʑɯɕh
50	手	tai̯ʔ
51	皮肤	hak
52	骨头	si̯ ʔaŋ
53	血	nha̯m
54	胆	ghi̯n
55	心	rhɔm
56	父亲	kɯi̯ŋ
57	母亲	mɛʔ
58	子女	kɔn
59	上衣	si̯ beʔ
60	裙子	dai̯
61	听	ŋhi̯at
62	吃	ʔih
63	喝	ŋ̍au̯ʔ
64	吹	phlu̯
65	说	krai̯
66	跳	dʑau̯
67	走	hu̯
68	跑	to
69	坐	ŋɔm
70	谁	ʔit
71	扛	si̯ grɔŋ
72	洗（衣）	si̯ dau̯ʔ
73	捆	mat
74	问	pɔk
75	骂	ʔah
76	笑	ŋiah
77	哭	ʑiam
78	来	hoi̯k
79	去	hu̯
80	飞	pu
81	（狗）吠	rauh
82	啼	ʔuʔ
83	大	tiŋ
84	小	ʔi̯ak
85	高	lhau̯ŋ
86	低	ti̯am
87	深	rau̯ʔ
88	长	laŋ
89	短	ŋɔi̯ŋ
90	厚	pu
91	远	si̯ ŋai
92	近	deʔ
93	多	nɛ
94	少	tuʔ
95	轻	khi̯oŋ
96	重	kian
97	红	rauh
98	白	pai̯ŋ
99	黑	luŋ
100	绿	klai
101	（羊）肥	bɯ
102	瘦	krɔʔ
103	好	mhɔm

104	坏	ʔaŋ mhɔm		l	latʃin	隼
105	快	phai̠		r	rɛχmɛt	谢谢
106	慢	kɔi		z	zaman	时代
107	酸	nɛʔ		s	su	水
108	甜	tɛ		ʤ	ʤaŋʤal	吵架
109	苦	soŋ		ʧ	ʧoŋ	大
110	辣	praiʔ		ʃ	ʃundaq	那样
111	咸	soŋ kih		j	jil	年
112	痒	ŋɛʔ		g	gyl	花儿
113	我	ʔʏʔ		k	kala	牛
114	你	mai̠ʔ		ŋ	siŋil	妹妹
115	他	nɔh		q	qan	血
116	这	ʔi̠n		χ	χɛt	字
				ʁ	ʁaz	鹅
				h	hazir	现在

（说明：辅音 ŋ 不能出现在词首）

维吾尔语 维吾尔族使用的语言，属阿尔泰语系突厥语族。维吾尔语是维吾尔族以及新疆许多民族通用的语言之一。维吾尔语与同族的哈萨克语、柯尔克孜语、乌孜别克语有许多的共同成分。维吾尔族有 839 万余人（2000 年），除了分布在湖南桃源县的数千人转用汉语以外，其余的全部使用维吾尔语。分中心方言、和田方言和罗布方言三个方言。下面以中心方言为代表介绍维吾尔语的特点。

一 语音

有 8 个元音音位：i e ɛ ɑ o ø u y，其中的 i e ɛ ø y 为前元音，ɑ o u 为后元音。

有 23 个辅音音位：b p m f w d t n l r z s ʤ ʧ ʃ j g k ŋ q χ ʁ h。分别举例如下：

b	bala	孩子
p	paʃa	蚊子
m	mɛn	我
f	faŋʤen	方针
w	wɛtɛn	祖国
d	dada	父亲
t	taʃ	石头
n	nan	馕

维吾尔语的重音在两个以上的音节组成的词里，落在词的最后一个音节上。当词干后接有附加成分时，重音一般仍然落在最后一个音节上。

元音和谐 现代维吾尔的元音和谐基本上是部位和谐，通常是在部位和谐的基础上有一部分唇状和谐的现象。词干内部元音之间的和谐。词干第一音节中的元音为前元音 ɛ、ø、y、i、e 时，其后音节中的元音往往是前元音 ɛ、y、i；词干第一音节中的元音为后元音 ɑ、o、u 时，其后音节中的元音往往是元音 ɑ 或 u。词干与附加成分之间的元音和谐。词干与附加成分之间的元音和谐的原则是附加成分和唇状与词干的元音，特别词干最末元音的舌位和唇状尽可能一致。词干后接缀附加成分时，元音和谐起着十分重要的作用，附加成分中的元音往往受词干最后一个音节中的元音的影响、制约。但是，附加成分中的元音不能超出 -ɑ/-ɛ、-u/-y 和 -i 五种形式，并且不出现带 o、ø、e 三个元音的附加成分。从发展的趋势看，圆唇形式和谐逐渐衰弱。

语音的弱化 分元音弱化和辅音弱化两类。元音弱化是指元音在非重读的音节中改变了本来的性质。词的非重读音节中的宽元音 a 或 ɛ，在同某些附加成分结合时，因重音后移，弱化为 e 或 i 的现象，是维吾尔语发展中独具的语音特征。由于元音的这种弱化作用，形成了现代维吾尔语在构词和构形变化上同其他突厥语之间存在显著的差别。辅音弱化现象比较普遍，主要是以 -p、-k、-q 结尾的多音节词干，接缀以元音起首的附加成分时，-p、-k、-q 弱化为 -w、-g、-ʁ。另外，p、b 处在两个元音中间或元音前及响辅音后面时，读作 w。

辅音的同化　分顺同化和逆同化两种。

语音的脱落和紧缩　元音的脱落，有些闭音节的双音节词，第二音节中的元音如果是 i、u、y 或 ɛ，后面接缀以元音起首的附加成分时，因重音转移到附加成分上，这些元音因弱化而脱落。如 siŋil（妹妹 siŋl – im 我的妹妹）。辅音的脱落，词末的 r，在口语中往往脱落或隐藏。但如果后面接缀以元音起首的附加成分时，r 由于处在音节首而复现。

语法—词法

维吾尔语属黏着语的类型。词根和附加成分的关系密切。词根分三类：（1）静词词根（包括名词、形容词、数词、代词、副词）；（2）动词词根；（3）虚词词根（包括连词、助词、后置词、叹词）。第一、二类都可以在词根的后面接缀附加成分，有形态变化。第三类词词根的后面一般不能接缀附加成分，没有形态变化。附加成分分三类：（1）构词附加成分；（2）构词–构形附加成分；（3）构形附加成分。构词附加成分加在词根后边（或前边）可以构成另外的新词或给词根增添新的词汇意义。构词–构形附加成分加在词根后面不能改变词的词汇意义，但可以改变词性和词在词组或句子中的功能。构形附加成分加在词干的后面并不改变词的词汇意义，只表示纯粹的语法意义。静词中的数、从属性人称、谓语性人称、格的附加成分都属于构形附加成分。通常最紧靠词根的是构词附加成分，其次是构词–构形附加成分，最后是构形附加成分。但有少数词是词根之后先加构形成分，再加构词附加成分。个别的构形附加成分也可以用于构词。

根据词的形态特征和词汇意义及其在词法中的功能，可以把维吾尔语的词分为名词、形容词、数词、代词、动词、副词、后置词、连词、助词、叹词、象声词等 11 类。名词有数的范畴、从属性人称范畴、格的范畴；形容词分性质形容词和关系形容词两类，性质形容词有比较级、加强级和减抑级的变化；数词可分基数词、序数词、集合数词、约数词和分数词五种；代词分人称代词、反身代词、指示代词、性质代词、询问代词、确定代词、不定代词、否定代词和领属代词九类；动词有态、能动、否定、疑问、式、时和人称等语法范畴；副词分时间副词、程度副词、处所副词、方式状况副词四类；后置词是跟在实词的后面表示事物与事物的某种语法关系的词，它们在句子里一般作状语；连词分表示并列关系的、表示转折关系的、表示分离选择关系的和表示因果关系的四种；助词本身没有实在意义，只具有语法上的意义，起句法上的作用，它们多为单音节形式；叹词是一种特殊的虚词，通常表示说话人的各种感情；象声词是模拟各种声音或模拟人的感觉、事物的形象状态的词。

词组　维吾尔语的词组可分为名词性词组、动词性词组、形容词性词组和副词性词组。

句子成分　主要成分包括主语和谓语，次要成分包括定语、宾语和状语，它们是用来修饰、限定、补充说明主语和谓语的。

语序　主语位于句首，谓语位于句末，宾语位于主语和谓语的中间，其中间接宾语通常在直接宾语的前面，定语位于中心词之前。状语如果直接说明动作和状态，则在谓语之前，如果说明整个句子，通常位于句首，在主语之前。

句子的类型　根据语气的不同，分陈述、疑问、祈求和感叹四类。

三 词汇

突厥语族同源词。维吾尔语的基本词大部分是与同语族同源的词。汉语借词历史悠久，其次有伊朗语借词、阿拉伯语借词、俄语借词等。汉语借词又分早期借词和近期借词。

四 方言

维吾尔语分中心方言、和田方言和罗布方言三个。中心方言分布最广，包括乌鲁木齐、伊犁、喀什、吐鲁番、库车、阿克苏、库尔勒等广大地区。人口占新疆维吾尔族总人口的78%以上。和田方言分布在莎车以东的和田地区各县以及且末、若羌等县，使用这方言的人口约占新疆维吾尔族总人口的20%。罗布方言分布在塔克拉玛干大沙漠以东塔里木盆地的尉犁县和若羌县的部分地区，使用这方言的人口只占维吾尔族人口的0.4%。三个方言的差别主要在语音上。

附：维吾尔语常用词举例

1	天	ɑsmɑn
2	太阳	kyn / qujɑʃ
3	月亮	ɑj
4	星星	jultuz
5	云	bulut
6	风	ʃɑmɑl
7	雨	jɑmʁur
8	水	su
9	河	dɛrjɑ
10	山	tɑʁ
11	田	etiz
12	土	topɑ
13	窟窿	kɑmɑr
14	石头	tɑʃ
15	火	ot
16	上面	yst
17	下面	ɑst
18	里面	itʃ
19	外面	sirt
20	年	jil
21	白天	kyndyz
22	猪	tʃoʃqɑ
23	狗	it
24	熊	ejiq
25	老鼠	tʃɑʃqɑn
26	鸡	toχu
27	乌鸦	qɑʁɑ
28	蚂蚁	tʃymylɛ
29	跳蚤	byrgɛ
30	苍蝇	tʃiwin
31	蚊子	pɑʃɑ
32	翅膀	qɑnɑt
33	头发	tʃɑtʃ
34	鱼	beliq
35	尾巴	qujruq
36	树	dɛrɛχ
37	根	jiltiz
38	稻子	ʃɑl
39	小麦	buʁdɑj
40	辣椒	lɑzɑ
41	果实	miwɛ
42	草	ot / tʃøp
43	叶子	jopurmɑq
44	头	bɑʃ
45	眼睛	køz
46	鼻子	burun
47	耳朵	qulɑq
48	牙齿	tʃiʃ
49	胡子	ʃɑqɑl
50	手	qol
51	皮肤	tɛrɛ
52	骨头	søŋɛk
53	血	qɑn
54	胆	øt
55	心	jyrɛk

56	父亲	ata		92	近	jeqin
57	母亲	ana		93	多	køp / ʤiq
58	儿子	oʁul		94	少	az
59	上衣	kijim		95	轻	jenik
60	裙子	jopka		96	重	eʁir
61	听	aŋla		97	红	qizil
62	吃	jɛ–		98	白	aq
63	喝	itʃ–		99	黑	qara
64	吹	pydɛ–		100	绿	jeʃil
65	说	ejt–/dɛ–		101	（羊）肥	semiz
66	站	tur–		102	瘦	oruq
67	走	maŋ–		103	好	jaχʃi
68	跑	jygyr–		104	坏	jaman
69	坐	oltur–		105	快刀	øtkyr/littik
70	谁	uχla–		106	钝	qaʃaŋ
71	扛	jydy–		107	酸	atʃ tʃiq
72	洗（衣）	ju–		108	甜	tatliq
73	捆	baʁla–		109	苦	atʃ tʃiq
74	问	sora–		110	辣	atʃ tʃiq
75	骂	tilla–		111	咸	tuzluq
76	笑	kyl–		112	热	issiq
77	哭	jiʁla–		113	我	mɛn
78	浮	lɛjlɛ–		114	你	sɛn
79	滴	tam–		115	他	u
80	飞	utʃ–		116	谁	kim
81	（狗）吠	qawa–				
82	啼	tʃilla–				
83	大	tʃoŋ				
84	小	kitʃik				
85	高	igiz				
86	低	pɛs				
87	深	tʃoŋqur				
88	长	uzun				
89	短	qisqa				
90	厚	qelin				
91	远	jiraq				

乌孜别克语 乌孜别克族有 12300 余人，分布在新疆天山南北的广大地区，如伊宁、喀什、莎车、叶城、木垒、奇台、吉木萨尔、乌鲁木齐和阿勒泰等地都是他们聚居的城镇，在木垒哈萨克自治县建有大南沟乌孜别克民族乡。在国外，乌孜别克族人口有 2000 万左右。14 世纪以后，中亚地区的乌孜别克商人有一部分定居在新疆一些城镇，逐渐繁衍生息。乌孜别克族人民与维吾尔族人民共同生活，在风俗习惯、宗教信仰、饮食起居等方面彼此相似，在社交场合使用维吾尔语、哈萨克

语或汉语。乌孜别克语属阿尔泰语系突厥语族。这里以莎车、叶城、伊宁的口语为依据，介绍乌孜别克语。

一 语音

乌孜别克语有8个元音：i e æ ʌ ø y o ɷ，其中的圆唇元音 o ɷ ø y 在口语中存在 o 与 ø，ɷ 与 y 混用现象。有24个辅音：b p m w f s z d t n l r ʤ ʧ ʃ ʒ g k ŋ j q χ h ʁ，其中 p t ʧ k q 是送气的清塞、塞擦音。

辅音例字：

b	beʁɷbʌr	晴朗
p	pæjwænt	嫁接
m	mɷqʌbil	反对
w	wæʤ	借口
f	fælsæfæ	哲学
s	sæbiæwʌt	蔬菜
z	zɷd	快
d	sʌddæ	简单
t	tɷt	桑葚
n	næfiz	精细
l	læwlægi	甜萝卜
r	dɷrædgʌr	木匠
ʤ	ʤilwæ	微笑
ʧ	iʧæk	肠子
ʃ	ʃæbædæ	风
ʒ	ʒʌlæ	眼泪
g	gæl	次
k	keksæ	老
ŋ	keŋ	宽
j	jæŋ	袖子
q	isqirt	脏
χ	χælækit	阻碍
h	behæd	很
ʁ	mʌʁʌr	发霉

重音 多音节的重音习惯落在最末一个音节上。如果词干后面增加了新的附加成分，重音后移到最后一个音节上。

语音变化 元音和谐包括元音部位和谐和唇状和谐两方面。多表现为部位和谐，唇状和谐不严紧。辅音的同化有逆同化和顺同化两种。逆同化如 minbær（讲台），读如 mimbær。

顺同化如 birinʧi（第一），读如 birinʤi。清化是由浊音变为清音的现象。如 søz（话），读如 søs，mæktæb（学校），读如 mæktæp。语音的脱落是一些弱化的音被略去，产生语音脱落现象。如 kijim + im（我的衣服），读如 kijmim。

二 词汇

词的结构类型。按其结构可分为单纯词、派生词、谐音词、复合词四种。单纯词即根词。派生词是由词根结合构词附加成分构成。一个根词可以加上不同的构词附加成分，派生出不同的新词。一个根词加上附加成分后，还可以再加构词成分，构成语义更加概括的新词。谐音词是通过在原词后加上无固定形式的与词根的语音有一定联系的谐音部分构成的。构成谐音词有多种方法。复合词（合成词）有四种类型：（1）并列关系的合成词。（2）偏正关系的合成词。（3）主谓关系的合成词。（4）支配关系的合成词。

词汇的组成 柯尔克孜语的词有70%是与维吾尔语相同的。此外还有大量借词。吸收了大量的波斯语和阿拉伯语词，也吸收了一批汉语词和俄语词。

三 语法

乌孜别克语的词分名词、代词、形容词、数词、量词、动词、副词、摹拟词、后置词、连词、助词、叹词12类。其中名词、代词、形容词、数词可以加"格""数""领属人称"的附加成分，在句子中能充当任何句子成分。动词有"态""时""式"的语法范畴。

名词 名词有数、领属人称、格的变化。名词分单数和复数，复数形式是在名词词干上加附加成分 lær 构成。如 bʌlæ（孩子），bʌlælær（孩子们）。

名词的领属人称中的第一、第二人称有单数、复数的区别。乌孜别克语的名词有主格、属格、向格、宾格、位格、从格六种形式。

形容词 分性质形容词和关系形容词两类。形容词分原级、比较级、最高级。

数词 分基数词、序数词、集合数词、约数词和分数词五种。

量词 乌孜别克语的量词不发达，多数是由名词转化而来。量词一般都可以省略。分物量词与动量词两种。

代词 分人称代词、反身代词、指示代词、性质代词、疑问代词、集合代词、肯定代词、否定代词、不定代词和物主代词十类。除了不定代词没有格的变化外，其余各种代词都有格的变化。

动词 分一般动词、系动词和助动词。有动名词、形动词、副动词等形式。动词的形态变化很复杂。动词的各种语法范畴靠附加成分来表示。动词的态有主动态、自复态、被动态、使动态、交互－共同态五种。动词的式有陈述式、祈使式、条件式、愿望式、转述式五种。

副词 常用来修饰、限制、说明形容词或动词。副词分时间副词、方位副词、程度副词、状态副词、计量副词和肯定副词等六种。

模拟词 模拟词的结构一般为重叠形式或谐音方式。在句子中充当定语、状语。分拟声词、拟形词和拟感觉词三类。

后置词 用在静词的后面，表示组成一种结构，表示时间、空间、目的、原因、过程、范围、比较等意义。分支配主格的后置词、支配与格的后置词、支配从格的后置词。

连词 分并列关系连词、选择关系连词、转折关系连词、条件关系连词、因果关系连词五种。

助词 助词没有形态变化。一般用在句末或句中需要强调的地方。表示询问、强调、限制、赞叹、惊讶等语气。

叹词 分表示情绪与感情的叹词和表示呼应的叹词两类。

句子成分 分为主语、谓语、直接宾语、间接宾语、定语、状语六种。主语是谓语陈述的对象，处在谓语前面。谓语是对主语加以陈述的部分，处在主语后面。直接宾语是谓语动词直接支配的成分，一般处在谓语之前，以宾格形式出现。间接宾语是谓语动词间接支配的成分，一般处在谓语和直接宾语之前。定语是中心语的修饰或限制成分，处在主语或宾语之前。状语是谓语或其他形容词、动名词、形动词做中心语的限制或修饰成分，处在句首或谓语之前。

附：乌孜别克语常用词举例

1	天	ʌsmʌn
2	太阳	qɷjʌʃ
3	月亮	ʌj
4	星星	jɷldiz
5	云	bɷlɷt
6	风	ʃæbædæ
7	雨	jæmʁir
8	水	sɷw
9	河	dærjʌ
10	田	dælæ
11	耕地	jer
12	路	jol
13	窟窿	teʃik
14	石头	tʌʃ
15	火	ot
16	上面	jɷqʌri
17	下面	qɷji
18	里面	itʃ
19	外面	sirt
20	年	jil
21	月	ʌj
22	猪	tʃotʃqæ
23	狗	it
24	狼	børi

25	老鼠	siʧqʌn		61	听	eʃit –
26	鸡	tʌwʊq		62	吃	je –
27	鹰	byrgyt		63	喝	iʧ –
28	蚂蚁	ʧymʌli		64	吹	pywlæ –
29	跳蚤	byrgæ		65	说	æjit –
30	苍蝇	ʧiwin		66	跨	ætlæ –
31	蚊子	pæʃʃæ		67	走	jyr –
32	翅膀	qænʌl		68	跑	jygir –
33	角	ʃʌχ		69	坐	otir –
34	鱼	bæliq		70	谁	ʊχlæ –
35	尾巴	dʊm		71	扛	køtær –
36	树	dæræχt		72	洗（衣）	jʊw –
37	根	ildiz		73	捆	oræ –
38	小麦	bʊʁdʌj		74	问	soræ –
39	洋葱	pijʌz		75	骂	søk –
40	辣椒	gærmdʌli		76	笑	kyl –
41	果实	mewæ		77	哭	jiʁlæ –
42	草	ot		78	浮	qælqi –
43	叶子	jæprʌq		79	滴	tʌm –
44	头	bʌʃ		80	飞	øʧ –
45	眼睛	køz		81	（狗）吠	hyr –
46	鼻子	bʊrʊn		82	啼	ʧæqir –
47	耳朵	qʊlʌq		83	大	kættæ
48	牙齿	tiʃ		84	小	kiʧik
49	胡子	sʌqʌl		85	高	bælænd
50	手	qol		86	低	bæst
51	皮肤	teri		87	深	ʧʊqʊr
52	骨头	søjæk		88	长	ʊzʊn
53	血	qʌn		89	短	qisqæ kæltæ
54	胆	øt		90	厚	qælin
55	心	jyræk		91	远	jirʌq ／ʌlis
56	父亲	ʌtæ		92	近	jæqin
57	母亲	ʌnæ		93	多	køp
58	儿子	oʁil		94	少	ʌz
59	上衣	libʌs		95	轻	jæŋil
60	裙子	jʊbkæ		96	重	ʌʁil

97	红	qizil
98	白	ʌq
99	黑	qʌræ
100	绿	jæʃil
101	（羊）肥	semiz
102	瘦	ʌriq
103	好	jæχʃi
104	坏	jæmʌn
105	生的	χʌm
106	熟	piʃʃiq
107	腥	bædboj
108	甜	ʃirin
109	苦	tæχir
110	辣	æʃ tʃiq
111	咸	ʃor
112	饱	toq
113	我	men
114	你	sen
115	他	ɯ
116	这	bɯ

五屯话 使用五屯话的人居住在青海黄南藏族自治州同仁县五屯下庄大队、五屯上庄大队和江查麻大队，四周多为藏族村庄。使用五屯话的人约有 2000 人，过去被称为土族，而他们自己认为是藏族。有人认为他们是从四川迁来的汉族，原来信奉伊斯兰教，后来部分人皈依喇嘛教，而原来坚持伊斯兰教的迁往他处，信仰喇嘛教的便成了今天的五屯人。他们定居于此地的时间是明万历年间以前。关于五屯话的归属，有人认为是汉语的一种方言，有人认为是藏语的一种变体，把五屯讹成"五通"，即兼通汉、藏、蒙、土、撒拉等五种语言，就是这五种语言的混合体。1980 年，已故学者陈乃雄教授对五屯话做了初步调查，认为它是一种长期受到藏语强烈影响的以汉语为基础发展而成的独特的语言。

一 语音

元音 有 10 个舌面元音：ɑ ə ɤ e i æ ɔ ө u y，2 个舌尖元音：ɿ ʅ。

复元音 有 9 个复元音：iɑ iɤ ɔi ɑi ie əi uɑ ui uө uæ。

辅音 有 32 个辅音：p ph m f w ts tsh s z t th n r l tʂh ʂ tɕ tɕh ȵ ç z ç j k kh ŋ x q ɬ ʐ χ，其中的 z ɬ z ç q 只出现藏语词里。

辅音例字：

p	pi kha	帐篷
ph	ө pha	猫头鹰
m	mɑn	药
f	futhiɤ	斧子
w	awө	老头子
ts	tsɑ	锈
tsh	tshɤ	关节
s	sɑja	百万
z	zəx	豹子
t	te kha	矿
th	thɔkө	牲口
n	ne thiɤ	乳房
r	sɑrə	成年
l	ɑli	哪里
tʂh	tʂhʅ	万
ʂ	ʂɑn	水獭
tɕ	tɕʅɤ	橡子
tɕh	tɕhөme	佛灯
ȵ	ȵethiɤ	额
ç	çe kha	春天
z	zi	弓
ç	çɑr	东
j	jɑntsʅ	园子
k	kɤkɤ	山羊羔
kh	khu	绒毛
ŋ	ŋө	我
x	xөjɑŋ	燕子

q	qa	狐狸
ɬ	ɬɵ	南
tʂ	tʂemɵ	熊
χ	χɤχ	乌
ʔ	ʔɤtsŋ	儿子

有 11 个复辅音：nt nts ntɕ ntʂ ŋk mp xt xts xtɕ xk rm。

复辅音例字：

nt	nte pha	村子
nts	ntsalaŋ	世界
ntɕ	ntɕa	虹
ntʂ	ntʂɤk	龙
ŋk	ŋkaq	峡
mp	mpəŋ	十万
xt	xtɵŋ	千
xts	xtsetɕi	剑
xtɕ	xtɕintɕha	爱尿炕的
xk	xka	份
rm	rmɵ	画

上面这些复辅音仅见于藏语来源的词里。声调的特征在五屯话里并不突出。每一个多音节结构里总有一个或两个声音较高、较强的音节，而且读为降调。声调或重音的不同而区别词义的现象不多。

二 词汇

在五屯话中，汉语词占绝对优势。据统计，汉语词占 65% 左右，藏语词占 20%。少数汉语词的读音略有变化，汉语词音节末的鼻音有时丢失。如 kən tshia（跟前），sialæ（醒来），xəpia（河边）。以汉语为基础创造新词，是五屯话充实词汇的重要手段。例如：siekata（雪疙瘩→雹子），napətɕhi（拿不起→疲倦），tshuija（翠芽→葱），xuijaŋ（水羊→鱼）。藏语词汇分布很广，无论一般词汇还是基本词汇，都有藏语词的存在。藏语词的最大特点是省略了音节末的某些辅音。如（藏语→五屯话）：ol→ɵ（光），khawək→khawɤ（空气），wartrɕon→wa tɕhɵ（壁）。有些概念，存在汉词、藏词并用的现象，有的合成词是由汉语和藏语混合组成。这两类词占 5% 左右。在藏语词的基础上接缀五屯话特有的附加成分构成新词，也是五屯话丰富自己词汇的重要手段。而在汉语词上接缀一些藏语附加成分也是一种派生新词的方法。

三 语法

五屯话在词法和句法上表现出不同于汉语的更为显著的特点。(1) 五屯话的语序严格地遵循谓语在句末、宾语在动词之前的规则。(2) 名词词干既可以表示单数，也可以表示复数。(3) 五屯话一些类似格附加成分的语法形式，表示领属关系的 -tə 和表示存在处所的 -li 无疑来自汉语的"的"和里。(4) 五屯话第一人称、第二人称、第三人称祈使式动词的语尾分别采用 -tæ、-ta 和 -qə。这读音及其表示的语法意义同保安语的祈使式很相似。(5) 对照蒙古语和保安语副动词，五屯话里至少具有并列、立刻、假定、提前、让步、迎接等副动词或类似这些副动词的形式。

大多数五屯人是双语者，他们讲的是五屯话，跟藏族或懂藏语的汉族、回族、同仁土族等交际时则用藏语。五屯人一般不会汉语汉文，却会藏语，有些人还会藏文。当地其他民族，包括汉族居民都不会五屯话。从全面来看，五屯话是一种长期以来受到藏语、操保安语的土族居民的语言强烈的影响，以汉语为基础发展起来，逐渐成为具有独特的内部规律的语言。五屯话不同于其他受到藏语影响而发生量变的汉语方言，它所发生的变化是属于质变的范畴了。

附：五屯话常用词举例

天	thian
虹	ntɕa
太阳	rəthiɤ
东	ɕar
南	ɬɵ
后	ŋama
额	ȵethiɤ

乳房	nethiɤ	甩	ɕuæ
鼻子	phikɵŋ	是	xæ
肋骨	ləitʂʅ	有	jɤ
人	rən	白	phæ
祖父	titie	快	khuæ
猎人	rətəxua	生的	ʂaŋ
熊	tʂemɵ	十	sʅ
龙	ntʂɤk	千	xtɵŋ
马	ma	万	tʂhʅ
豹	zɔx	这	tɕi
山羊羔	kɤkɤ	哪里	ɑli
公山羊	rathɵŋ	我	ŋɵ
水獭	ʂan	你	ȵi
狐狸	qa	他	kətɕe
猫	miɔ		
猫头鹰	ɵpha		
刺猬	qaŋ		
燕子	xɵjaŋ		
鸽子	phɔkhɤ		
龟	rəpə		
鱼	xuijaŋ		
蚂蚁	majaŋ		
杏	xɤ		
枣	tsə		
葡萄	kəntʂən		
花	xu		
葱	tshuija		
肉	rɤ		
药	man		
弓	zi		
箭	xtsetɕi		
衣服	tɕhuanti		
裤子	siɔɕia		
跑	sa		
跳	tɕi		
吹	tɕhy		

西部裕固语 聚居于我国甘肃省肃南裕固族自治县的裕固族分别使用两种本族语言和汉语。在自治县东部的康乐乡和皇城乡北滩、东滩等地的裕固族居民使用属于阿尔泰语系蒙古语族的东部裕固语；在自治县西部大河乡、明花乡和皇城乡金子滩等地的裕固族居民使用属于阿尔泰语系突厥语族的西部裕固语；在明花乡前滩和酒泉县黄泥堡的裕固族居民只使用汉语。2000 年第五次全国人口调查时，裕固族人口为 13719 人。根据 1998 年的统计资料，在肃南裕固族自治县境内裕固族人口有 10079 人，其中，说西部裕固语的 5069 人；说东部裕固语的 4684 人；只会说汉语的 326 人。使用东部裕固语的自称 ʃara joʁor；说西部裕固语的自称 sarəɣ joɣur。两种自称都是"黄裕固"的意思。中华人民共和国成立前，有些书刊上称他们为"撒里维吾尔"；中华人民共和国成立后，确定以"裕固"作为汉文名称。西部裕固语以明花乡的调查材料为依据，简要介绍西部裕固语的概况。

一 语音

（1）有 a、ə、e、i、o、u、ø、y 等 8 个基本元音，还有 aah、əh、eh、oh、uh、øh 等 6 个带有短促

多变的擦音成分 h 的"带擦元音"。它们具有区别词义的作用，例如：at 为"名字"，aht 为"马"；ot 为"火"，oht 为"草"；这在许多亲属语言中则是同音词。其擦音成分 h 因前后辅音的影响而有多种变化。（2）由于语音变化而出现了复元音，又因汉语的影响增加了一些复元音，所以复元音较多，例如：jəus "坏的"，dios "胸岔"，liaŋ "梁"，ʂuemo "水磨"。（3）塞音和塞擦音都是清音，分为送气和不送气的两套，例如：b、d、g、G、dʒ、dʐ 为不送气清塞音、塞擦音；p、t、k、q、tʃ、tʂ 为送气清塞音、塞擦音。但在不区别词义的条件下，送气音和不送气音有时可以自由变换。（4）一些词保留着古老的语音特点，主要是词中或词末有 z 音，例如：azɣər "公马"，azaq "脚"，gez- "穿衣"，Guz- "灌，注"。这些词里的 z，在维吾尔语的对应词中都是 [j]。

二　词汇

（1）保存着一些突厥文、回鹘文文献中就已有的古词，例如：gem "疾病"，suɣun "鹿"，mən "肉汤"，ugus "江河"。（2）吸收了大量的汉语借词，包括借入汉语词作为词根加本族构词附加成分构成的词，例如：ʂam "锨"，jynjor "容易"，dalio "大料"，ʃyeʃo "学校"；nannəɣ "困难的"（难+-nəɣ），podʐi "枪手，猎人"（炮+-dʐi），lola- "捞"（捞+-la-），luoʂila- "落实"（落实+-la-）。（3）有一些蒙古语、藏语借词和极个别的阿拉伯语-波斯语借词，例如：蒙古语借词terɣen "车"，nøhgør "伙伴"，oŋʂi- "读"，neme- "添，加"；藏语借 bəŋba "本巴瓶"，tʃøhrden "塔"，tʂam "跳鬼"，mamtar "历史故事"；阿拉伯语借词：arahgə "酒"；波斯语借词：dʐan "生命，灵魂"。（4）没有来自阿拉伯语-波斯语的构词附加成分，特别是前加构词附加成分。

三　语法

（1）名词的从属性人称附加成分已经退化，除从属于第三人称的名词往往不省略人称附加成分外，第一、二人称附加成分大都可以省略；（2）基数词从十一到二十九比较特殊，而这与回鹘文献语言是一致的，例如：bərejɣərmə "十一"，bərohdəs "二十一"。（3）动词没有人称附加成分，如陈述式各时的形式没有人称区别，但有确切口气与普通口气之分，例如：bar- "去"的确切过去时是 bahrdə "确实去了"，普通过去时是 barəp dro "去了"。（4）缺乏连词，也没有来自阿拉伯语-波斯语的连词，所以复合句不发达。

附：西部裕固语常用词举例

1	天	deŋər
2	太阳	kun
3	月亮	aj
4	星星	juldəs
5	云	bələt
6	风	jel
7	雨	jaɣmər
8	水	su
9	河	Gol
10	山	taɣ
11	耕地	darma jer
12	土	durvɑg
13	窟窿	telək
14	石头	das
15	火	ot
16	上面	jorə
17	下面	Guzu
18	里面	əʂ
19	外面	das
20	年	jil
21	白天	kundus
22	猪	qavan
23	狗	əʂt
24	熊	gəuʃuŋ
25	老鼠	ʂiɣan
26	鸡	tahGaɣə

27	鸟	ɢus	63	喝	əʂ –
28	蚂蚁	ʂorɣohdʐən	64	吹	pude –
29	跳蚤	berɣe	65	说	larla –
30	虱子	bəʂt	66	踩	dehp –
31	蚊子	dʐivən	67	走	maŋ –
32	翅膀	qanaht	68	跑	ɢajla –
33	毛	jyŋ	69	坐	tʂoɢe –
34	鱼	jyr	70	谁	uzu –
35	尾巴	ɢuzuruq	71	扛	tʃele –
36	柳树	ʃoɣət	72	洗（衣）	jy –
37	根	jeldəs	73	捆	kul –
38	小麦	darəɣ	74	问	ajt –
39	小米	soqba	75	骂	datdə –
40	辣椒	lazi	76	笑	kul –
41	果实	alma	77	哭	jiɣla –
42	草	oht	78	流	ahq –
43	叶子	lahpdʐəq	79	掉	qal –
44	头	baʂ	80	飞	uhk –
45	脸	jyz	81	（狗）吠	her –
46	鼻子	ɢaŋərəq	82	叫	ulu –
47	耳朵	qulaq	83	大	bezek
48	牙齿	dəs	84	小	kətʃiɣ
49	胡子	saɢal	85	高	ørliɣ
50	手	ələɣ	86	低	bohɢəs
51	皮肤	terə	87	深	ʂen
52	骨头	səmək	88	长	uzun
53	尿	sədək	89	短	ɢəsɢa
54	胆	øt	90	厚	qalən
55	心	jørek	91	远	ozaq
56	父亲	adʐa	92	近	jahɢən
57	母亲	ana	93	多	gøhp
58	儿子	oɣul	94	少	az
59	上衣	gezɣə	95	轻	jiɣ
60	长袍	don	96	重	saləɣ
61	听	aŋna –	97	红	ɢəzəl
62	吃	ji –	98	白	aq

99	黑	ɢɑrɑ
100	绿	jhɑhsəl
101	（羊）肥	kuʂdəɣ
102	瘦	ʤyt
103	好	jɑxʂi
104	坏	jys
105	快	oŋej
106	慢	ɑjɑr
107	酸	ɑʣəɣ
108	甜	dɑdəɣ
109	苦	ɑʣəɣ
110	辣	ɑʣəɣ
111	臭	pɑŋ
112	渴	os
113	我	men
114	你	sen
115	他	ol /ɢol
116	这	bu

锡伯语 属阿尔泰语系满－通古斯语族满语支。由于历史上的原因，锡伯族分别居住在我国的东北和新疆两个地区，分布在东北地区的有辽宁的沈阳市，铁岭地区的开原县、锦州地区的义县以及丹东地区的凤城县；居住在新疆维吾尔自治区的锡伯族，主要分布在新疆的伊犁哈萨克自治州察布查尔锡伯自治县、霍城县、巩留县、塔城市以及伊宁市、乌鲁木齐市。此外，在新疆博尔塔拉蒙古自治州、克拉玛依市、昌吉回族自治州也还居住着为数不多的锡伯族人。根据2000年第五次全国人口普查，锡伯族人口为188824人，居住在东北地区的有144669人，居住在新疆的有35000余人，其中聚居在察布查尔锡伯自治县的约有18930人。

新疆锡伯族内部进行交际时都使用锡伯语，而东北地区的锡伯族已全部转用了汉语汉文了。新疆地区的锡伯族彼此交际虽然都能使用本民族语，但因居住环境与年龄不同，在语言使用上也有一些差异。老年人和中年人交谈时使用锡伯语，与青年人交流时，青年人夹杂汉语，如果与少年儿童谈话，成年人则要夹杂汉语，而青少年之间谈话时，锡伯语、汉语混用。其次，在教育方面，小学教育基本采用以锡伯语为主、汉语为辅的双语教学制；初中则以汉语教学为主，锡伯语为辅；高中则全部使用汉语教学。在文字使用方面，新疆人民出版社有锡伯文编辑室，新疆教育出版社有锡伯文课本编辑组。察布查尔县有锡伯文报纸《察布查尔报》，深受锡伯族人民欢迎。

锡伯语没有方言差别，但有土语的不同，可以划分为4个土语，土语与土语之间只在语音和词汇上略有不同。锡伯语与同语支的满语很相近。锡伯语情况如下。

一 语音

有8个单元音：a ə i o u ɛ œ y，有18个复元音：əi ai ui oi əu au ou iə ia iu io yə ya ua uo iəu iau uai。其中的 ɛ、œ、y 三个元音在书面语里没有。元音出现在辅音 n 前面，读作鼻化元音；出现在辅音 l 的前面读作卷舌音。非重读音节的元音有的在口语中弱化，有的元音脱落了。r、ŋ 不出现在词首，p 大部分出现在状词或借词里。有元音和谐现象。

二 语法

在词干后加不同的附加成分来表示不同的语法意义。名词可以加复数、格、领属等附加成分。复数附加成分－s、－sə，不只加在表人的词后，还可以加在少数表生物的词后。名词有7个格，其中的造－联合格的附加成分 －mɑq 是满语所没有的。名词有领属形式，这是一个重要的语法现象，只有人称领属，没有反身领属，第三人称领属附加成分用得多，第二人称领属用得少，而第一人称领属附加成分很少使用。动词有态、体、时、式等范畴，没有人称形式。动词陈述式中有五种时间形式用来区别亲知语气和非亲知语气。这种语气的表达，有的是在动词词干后加不同的附加成分来表示，有的是由一个助动词的不同语法形式来表示。句子成分的次序在句子里比较固定。一般是主语在谓语前，定语、状语在中心语前。从句一般在主句前。在从句中，大都由形动形式动词和副动形式动词充当谓语。

三　词汇

有许多词是同语族共同的。有些词和满语同而与同语族其他语言不同。有的词和满语不同。派生法和合成法是构词的主要手段。词的构成在一定程度上反映了语言内部所具有的语义联系的特点。锡伯族西迁以后，吸收了哈萨克、维吾尔、俄罗斯、汉等语词。利用本民族词素创造了一批新词术语。有的新词借自汉语或其他语言。

附：锡伯语常用词举例

1	天	avqa
2	太阳	sun
3	月亮	bia
4	星星	uçχa
5	云	tuxsw
6	风	udun
7	雨	aχa
8	水	muku
9	河	bira
10	山	ɛlin
11	水田	uçin
12	土	bioχun
13	窟窿	fonqw
14	石头	vəxə
15	火	tua
16	上面	nuŋurxi
17	下面	fədʒirxi
18	里面	dœrçi.
19	外面	tylxi
20	年	anj
21	日	inəŋ
22	猪	vɛlgian
23	狗	jonχun
24	熊	ləf
25	老鼠	çiŋər
26	鸡	tsoqo
27	鸟	tɕitɕkə
28	蚂蚁	nyrnimaχ
29	跳蚤	ʂuran
30	苍蝇	durvo
31	蚊子	Galmən
32	翅膀	asχ
33	毛	fənjx
34	鱼	nimχa
35	尾巴	untçxin
36	树	χɛlin
37	竹笋	dʒusun
38	稻子	χandu
39	甘薯	amtəŋ susw
40	姜	dʒaŋpi
41	果实	sulxo
42	茅草	χandu orχw
43	叶子	χɛlin avχ
44	头	adʒw
45	眼睛	jas
46	鼻子	ovur
47	耳朵	san
48	牙齿	vix
49	胡子	sal
50	手	Gal
51	皮肤	soqw
52	骨头	giraŋ
53	血	çiŋ
54	胆	çilx
55	心	niamən
56	父亲	amə
57	母亲	əni
58	儿子	χaχədʒi

59	上衣	utwkw		95	轻	vəixukun
60	裙子	tɕyns		96	重	udʑin
61	听	dœndʑim		97	红	fəlgian
62	吃	dʑim		98	白	çaŋən
63	喝	œmim		99	黑	jətɕin
64	吹	filxim		100	绿	nyŋnian
65	说	gisirəm		101	（羊）肥	tarχun
66	跳	kətkənəm		102	瘦	matʂwχun
67	走	javəm		103	好	çan
68	跑	fəxçim		104	坏	əx
69	坐	təm		105	快	χodun
70	谁	amχəm		106	慢	əlxə
71	扛	mixərəm		107	酸	dʑyçxun
72	洗	ovum		108	甜	amtəŋ
73	捆	fəŋnim		109	苦	Goçχun
74	问	fœndʑim		110	辣	Gosχun
75	骂	tom		111	咸	χatχun
76	笑	indʑim		112	痒	yχam
77	哭	soŋum		113	我	bi
78	浮	dəxdəm		114	你	çi
79	沉	yrum		115	他	tər
80	飞	dəjim		116	这	er
81	（狗）吠	gœm				
82	啼	χulam				
83	大	ambu				
84	小	adʑig				
85	高	dən				
86	低	fiaŋqələn				
87	深	çymin				
88	长	Golmin				
89	短	fœχulun				
90	厚	dʑiram				
91	远	Gorw				
92	近	χantɕi				
93	多	lavdw				
94	少	qomsw				

仙岛语 云南德宏傣族景颇族自治州盈江县姐昌区蛮缅乡仙岛寨和蛮线乡勐俄寨的"仙岛人"所使用的语言。他们人口很少，只有76人（2002年），其生活习惯、风俗、宗教等方面与阿昌族、景颇族接近，服饰上近似景颇族或傣族。勐俄寨的仙岛人与汉族杂居且互相通婚，各方面受汉族影响很大。仙岛人除了使用仙岛语外，还会汉语、景颇语、傣语，有的还会缅语。长期以来，仙岛人的归属问题一直悬而未决。

一　语音

声母有40个：p ph pz̩ phz̩ m̥ m m̥z̩ mz̩ f v t th tz̩ thz̩ ts tsh s n̥ n l̥ l tʂ tʂh ʂ z c ch ç j ɲ̥ ɲ k kh kz̩ khz̩ x xz̩ ŋ̥ ŋ ŋz̩。

韵母有65个，其中单元音韵母9个：ɿ i ɛ a ɔ o u ɤ ɯ，复元音韵母5个：ai oi ui au *iau，带辅音韵尾韵母51个：im in iŋ ip it iʔ ɛm ɛn ɛŋ *ɛp ɛt ɛʔ ak aʔ ɔm ɔn ɔŋ ɔp ɔt ɔʔ om on oŋ op ot oʔ um un uŋ up ut uʔ ɤm ɤn ɤŋ ɤp ɤt ɤʔ ɯm ɯn ɯŋ ɯp ɯt ɯk *iaŋ *uan（带星号的韵母主要出现在汉语借词中）。

声调有4个：高平55，高升35，低降31，全降51。

二 词汇

构词特点 以单音节的根词和双音节的合成词为主。多音节单纯词很少，而主要是双音节的，其中有双声叠韵现象。合成词主要有复合式和附加式两种。复合式主要有并列、修饰、主谓、支配、附注五种关系。附加式主要有前加和后加两种。前加成分以 a^{31}- 为最常见。有些亲属称谓加 a^{31}- 表示第三人称。如 po^{31}（父亲），$a^{31}po^{31}$（他父亲）。有些动词、形容词加 a^{31}- 构成名词。如 $tshi^{31}$（盖），$a^{31}tshi^{31}$（盖子）。后加成分主要有 -$ɲɔ^{31}$、-$tʂɯ tʂɯŋ^{55}$、-$mɔ^{31}$、-$lɔ^{31}$ 等，主要加在名词后表示其性别，如 $lat^{35}ɲɔ^{31}$（婶母），$oʔ^{55}tʂɯŋ$（下过小猪的母猪），$oʔ^{55}mɔ^{31}$（未下过小猪的母猪），$oʔ^{55}lɔ^{31}$（公猪）。

借词 从汉、景颇、傣、缅等民族吸收了不少词汇。汉语借词如 $kuʔ^{55}$（谷），va^{55}（瓦）；景颇语借词如 $a^{31}zaŋ^{55}$（本钱）、$phǎ^{55}lam^{55}$（蝴蝶）。傣语借词如 $tʂɔŋ^{51}$（庙），$mak^{31}tɔi^{35}$（核桃）。

三 语法

词分名词、代词、数词、量词、动词、形容词、副词、连词、助词等九类。

名词 常取双音节名词后一音节当动词用。如 $in^{31}mɔʔ^{55}$（梦），$ni^{31}mɔʔ^{55}mɔʔ^{55}$（做梦）。

代词 分人称、指示、疑问三类。人称代词有单数、复数、双数之分，第一人称代词无排除式与包括式之分。没有宾格和领格。指示代词所指事物有远近、高低之分。如 xai^{55}（这）、the^{55}（那，泛指）、$ʂu^{31}zo^{55}$（指比说话者高的地方）、$m̥o^{31}m̥o^{55}$（指比说话者低的地方）。

数词 数词受傣语影响大，1 至 10 用本族语词，11 至 20 用傣语词，30 至 100 并用傣语和本族语词，但以傣语为主。

量词 分名量词和动量词。名词是双音节的，取后一音节作量词，如 $jɔ^{55}$（地）ta^{31}（一）$jɔ^{55}$（块）一块地；$pan^{55}tam^{31}$（花）ta^{31}（一）tam^{31}（朵）一朵花。

动词 有自动态和使动态的区别。屈折式有三种语音交替形式：（1）送气不送气交替；（2）清浊交替；（3）零声母与清擦音交替。

形容词 单音形容词可以重叠，重叠后作状语、谓语、定语。

助词 分结构助词、语气助词和谓语助词3类。结构助词有主语助词 $aʔ^{55}$，宾语助词 $tɛ^{55}$，定语助词 ai^{31}、tou^{31}、su^{35}，工具助词 $aʔ^{55}$。谓语助词因人称、数的不同而不同。

附：仙岛语常用词举例

1	天	mau^{31}
2	太阳	$n̥^{31}mɔ^{31}$
3	月亮	$pau^{55}l̥ɔ^{31}$
4	星星	$tshi^{55}zum^{31}$
5	云	$çaŋ^{55}cin^{31}$
6	风	lai^{55}
7	雨	$mau^{31}zo^{55}$
8	水	ti^{55}
9	河	$ti^{55}kɯ^{31}$
10	山	pum^{55}
11	水田	$jɔ^{55}tam^{55}$
12	土	mi^{55}
13	窟窿	$tzoŋ^{31}$
14	石头	$luʔ^{55}kɔʔ^{55}$
15	火	$n̥^{55}pui^{31}$
16	上面	$a^{31}thoʔ^{55}$
17	下面	$a^{31}muʔ^{55}$
18	里面	$a^{31}xau^{55}$

19	外面	a³¹noʔ⁵⁵		55	心	nɔʔ³¹lum³¹
20	年	n̥ɤk⁵⁵		56	父亲	po³¹
21	白天	nai³⁵tsin³⁵		57	母亲	mɛ³¹/mɛ⁵¹
22	猪	oʔ⁵⁵		58	儿子	juʔ³¹cɛ⁵⁵tsɔ³¹
23	狗	fui³¹		59	衣服	tsi³¹
24	熊	om⁵⁵		60	裙子	tɔŋ³¹kɔ³⁵
25	老鼠	kʐɔʔ⁵⁵		61	听	kʐɔ³¹
26	鸡	kʐɔʔ⁵⁵		62	吃	cɔ³¹
27	鸟	ŋɔʔ⁵⁵		63	喝	ʂuʔ⁵⁵
28	蚂蚁	cnaŋ³¹man⁵⁵		64	吹	mut⁵⁵
29	跳蚤	fu³¹lai³¹		65	说	kʐai⁵⁵
30	苍蝇	phʐup⁵⁵		66	跳	kɔ³⁵
31	蚊子	caŋ³¹khʐaŋ⁵⁵		67	走	so³¹
32	翅膀	a³¹tuŋ⁵⁵		68	跑	pi³¹
33	毛	mui³¹		69	坐	nai⁵⁵
34	鱼	m̥³¹ʂɔ³¹		70	谁	it⁵⁵
35	尾巴	n̥i³¹tʂhɔ³¹		71	扛	ʐoʔ⁵⁵
36	树	ʂɯk⁵⁵		72	洗（衣）	tshi³¹
37	竹子	o³¹		73	啃	kʐat⁵⁵
38	稻子	kuʔ⁵⁵		74	问	ni³¹
39	土豆	jaŋ³¹ji³⁵		75	骂	tsi⁵⁵
40	姜	tʂhaŋ³¹		76	笑	ʐɯ⁵⁵
41	果实	ʂɿ³¹		77	哭	ŋau⁵⁵
42	草	sa⁵⁵		78	咬	pan³¹
43	叶子	a³¹xʐoʔ⁵⁵		79	沉	ɲɔp⁵⁵
44	头	u³¹kɔŋ³¹		80	飞	tʂam⁵⁵
45	眼睛	ɲɔʔ⁵⁵		81	（狗）吠	kʐap⁵⁵
46	鼻子	nap³¹phɔŋ⁵⁵		82	啼	thun⁵⁵
47	耳朵	n̥a³¹tʂhɔ³¹		83	大	kɯ³¹
48	牙齿	cui⁵⁵		84	小	ɲɛ⁵¹
49	胡子	n̥ut⁵⁵mui³¹		85	高	mʐaŋ⁵⁵
50	手	lɔʔ⁵⁵nau³¹		86	低	ɲim⁵¹/ɲim³¹
51	皮肤	a³¹ʐɿ⁵⁵		87	深	nɯk⁵⁵
52	筋	kɯ³¹		88	长	sɤŋ⁵⁵
53	血	sui³¹		89	短	tɔk⁵⁵
54	胆	ʂɯŋ³¹hi³⁵		90	厚	kan³⁵

91	远	vɛ³¹
92	近	nɛ³¹
93	多	ŋɔ³¹
94	少	nɤŋ³¹
95	轻	jaŋ⁵⁵
96	重	lai³¹
97	红	na⁵⁵
98	白	phzu⁵⁵
99	黑	nɔʔ⁵⁵
100	绿	ɲau⁵⁵
101	（羊）肥	pzau³¹
102	瘦	kɔk⁵⁵
103	好	cɛ⁵⁵
104	坏	n³¹cɛ⁵⁵
105	快	mzap⁵⁵
106	热	pu⁵⁵
107	酸	tshɛn⁵⁵
108	甜	oi³¹
109	苦	xɔ³¹
110	辣	tʂhɯk⁵⁵
111	咸	xɔ³¹
112	痒	jɔ³¹
113	我	ŋɔ⁵⁵
114	你	nɔŋ⁵⁵
115	他	ɲaŋ³¹
116	这	xai⁵⁵

佯僙语 佯僙语是贵州平塘县自称为"爱饶"ʔai¹raːu¹和惠水、独山县自称为"爱屯"ʔai¹thən²的人所使用的语言。ʔai¹是人的意思，raːu¹是咱们的意思，ʔai¹raːu¹就是咱们的人的意思。thən²地名，即六硐，ʔai¹thən²就是六硐人。他们的民族成分原作布依族，后改为毛南族。据1982年统计，说佯僙语的有30700余人，91%以上分布在平塘县。在聚居区，普遍使用佯僙语，在杂居区，大部分人已经转用了汉语。佯僙语接近水语和毛南语，属壮侗语族的侗水语支。有较多的颚化和唇化声母。佯僙语内部比较一致，不分方言土语，但各地有语音的差别。1942年李方桂教授曾在惠水县调查过佯僙语，这里介绍的佯僙语是倪大白调查记录的平塘县卡蒲乡的卡蒲村和亮寨村话的音系。

佯僙语有66个声母：p ph ʔb m ʔm v w t th ʔd n ʔn l ts tsh s z (ʐ) ʈ ʈh ɳ ʔɳ ɕ j ʔj k kh ŋ ʔŋ ɣ ʔ h pj phj ʔbj mj ʔmj vj tj thj ʔdj nj ʔnj lj tsh sj rj pw phw mw ʔmw tw thw lw tsw tshw sw rw ʈw ʈhw jw kw khw ŋw ʔw hw ʔjw（另据薄文泽《佯僙语研究》，卡蒲乡的卡蒲中寨还有 tshj ʔbw thw ɳw ʈhw ʔŋw kr 等声母，但缺少 ʔjw 声母）。

有 i e ɛ a o u ə 7 个元音，有 -i、-u、-m、-n、-ŋ、-p、-t、-k 8 个韵尾，由元音和韵尾构成63个韵母：

i e ɛ a o u ə ai aːi oi ui əi iu ɛu au uːu əu im em ɛm am aːm om əm in en ɛn an aːn on un ən iŋ eŋ ɛŋ aŋ aːŋ oŋ uŋ əŋ ip ep ɛp ap aːp op əp it et ɛt at aːt ot ut ət ik ek ɛk ak aːk ok uk ək。

另据《佯僙语研究》所介绍的卡蒲中寨有71个韵母，比上述的调查点多了 eu ɔi mɔ nɔ ɔŋ ɔp ɔt ɔk ɻ 等9个韵母，但缺少 op 一个韵母。

有6个舒声调和4个促声调：

调类	调值	例		词	
第1调	22	sjsŋ¹	箱子	tsu¹	就
第2调	35	sjaŋ²	花床架	tsu²	取
第3调	213	sjaŋ³	晌午饭	ʈa³	秧苗
第4调	44	sjaŋ⁴	晒	tsu⁴	奶
第5调	42	sjaŋ⁵	唱	tsu⁵	瓶子
第6调	53	tjaŋ⁶	饱	tsu⁶	筷子
第7调（长）	213	taːk⁷	榨（油）	raːk⁷	骨头
（短）	35	tak⁷	断	rak⁷	油漆
第8调（长）	44	taːk⁸	量度	raːk⁸	锈
（短）	42	tal⁸	雄性	ra.k⁸	洗（衣服）

佯僙语的词以单音节的为主，名词的修饰语在名词后面，但数量词修饰语在名词前面。指示词分

近指、中指、远指三种。动词带宾语和补语时，可以用"动—宾—补"或"动—补—宾"的格式。

佯僙语与壮侗语族语言都有密切的关系，但相对地说，它与侗水语更为接近一些。如声母的数目，除了侗语简化了以外，佯僙语、毛南语、水语、仫佬语的声母都在60个以上。唇音声母与侗、仫佬、水、毛南的唇音相对应。在声调上，佯僙语与侗水语支语言对应比较整齐，尤其是与水语和毛南语更为一致。在837个词中，佯僙语与水语同源的有456个，占54.48%，与毛南同源的有451个，占53.88%，与侗语同源的有439个，占52.45%，与仫佬语同源的有385个，占46%，与壮语同源的有332个，占39.67%，与布依语同源的有319个，占38.11%，与傣语同源的有273个，占33.69%，与黎语同源的有182个，占22.33%。

佯僙人与布依族居住比较接近，大部分人兼通布依语。1956年黔南布依族苗族自治州成立时，佯僙人作为布依族的一员。由于与布依族人交往较多，佯僙语吸收了一些布依语词。如 naːŋ² 天花、maŋ⁴ 胖、ŋaːi² 嚼、poŋ⁴ 拍（桌子）、ron⁴ 溢出、kun¹ 割、han¹ 快、han³ 勤快、duk⁷ 朽 等。此外，佯僙语还通过布依语吸收汉语借词。如 tjem³ 店、saːm¹ siu¹ 三秋（四季豆）、mɔi⁶ 煤、phe⁵ 配、ȶiŋ¹ 镜、ȶim⁶ 钳、kaːm⁵ 柑 等。

附：佯僙语常用词举例

1	天	ʔmun¹
2	太阳	la¹ van²
3	月亮	kaːŋ¹ ʔnjen¹
4	星星	tsət⁷
5	云	tam²
6	风	rəm²
7	雨	vun²
8	水	ram⁶
9	河	njɛ²
10	山	liŋ⁴
11	水田	ra⁵
12	土	ləm⁵
13	窟窿	tsəm²
14	石头	tin¹
15	火	vi²
16	上面	ʔmaːŋ⁵ rəu¹
17	下面	ʔmaːŋ⁵ te³
18	里面	ʔmaːŋ⁵ ɣaːu⁴
19	外面	ʔmaːŋ⁵ ŋuk⁷
20	年	me¹
21	日	van²
22	猪	məu⁵
23	狗	ma¹
24	熊	mje²
25	老鼠	no³
26	鸡	kaːi⁵
27	鸟	ʔnɔk⁸
28	蚂蚁	mɔt⁸
29	跳蚤	mat⁷
30	苍蝇	tsjɛm³
31	蚊子	tsjɛm³ so²
32	翅膀	oŋ³
33	毛	sun²
34	鱼	məm⁶
35	尾巴	thət⁷
36	树	məi⁴
37	竹笋	raːŋ²
38	稻子	ɣəu⁴
39	甘薯	man²
40	姜	siŋ¹
41	果实	təm⁶
42	茅草	ja²
43	叶子	va⁵
44	头	kəu³
45	眼睛	la¹
46	鼻子	ʔnaŋ¹
47	耳朵	kha¹

48	牙齿	vən²		84	小	ȴai⁴
49	胡子	ʔnut⁷		85	高	waːŋ²
50	手	mjɛ²		86	低	ram⁵
51	皮肤	pəi²		87	深	ʔjam¹
52	骨头	raːk⁹		88	长	raːi³
53	血	phaːt⁹		89	短	rən³
54	胆	do⁵		90	厚	ra²/ŋa²
55	心	thəm¹		91	远	ki¹
56	父亲	pu⁴		92	近	tau³
57	母亲	nəi⁴		93	多	aŋ⁵
58	子女	laːk¹		94	少	ʔɲi¹
59	上衣	kuk⁷		95	轻	tsa⁴
60	裙子	pu⁵		96	重	tsan²
61	听	dəi³		97	红	rən⁴
62	吃	tsjen¹		98	白	pwaːk¹
63	咳嗽	khau¹		99	黑	ʔnam¹
64	吹	thap⁸		100	绿	kam⁵
65	说	roŋ¹		101	（羊）肥	pui²
66	跳	jɔk⁹		102	瘦	rom¹/ʔnaːu¹
67	走	sjɛm³		103	好	daːi¹
68	跑	pən⁵		104	坏	waːi⁶
69	坐	thoi⁶		105	快	han¹
70	谁	nun²		106	慢	phi⁶
71	扛	ʔwon¹/on¹		107	酸	thəm³
72	洗(衣)	rak⁸		108	甜	vaːn¹
73	捆	thok¹		109	苦	kam¹
74	问	sje³		110	辣	ruŋ²
75	骂	khaːu¹		111	咸	daŋ⁵/kam¹ȶa¹
76	笑	khu¹		112	痒	tsəm²
77	哭	ŋe²		113	我	jiu²
78	浮	pwə¹		114	你	ŋa²
79	沉	ram¹		115	他	mən²
80	飞	vən⁴		116	这	naːi⁶
81	(狗)吠	khəu⁵				
82	啼	o¹				
83	大	laːu⁴				

耶眉语 又名达悟语，台湾高山族中自称"道"的人所使用的语言，属南岛语系印度尼西亚

语族巴丹语支。分布在台湾本岛东南45海里的兰屿岛上。耶眉人有红头、渔人、椰油、东清、野银、朗岛6个部落，分别居住在红头村（红头、渔人部落）、椰油村（椰油部落）、东清村（东清、野银二部落）和朗岛村（朗岛部落）4个村。使用耶眉语的人口约有3000。耶眉语为黏着型语言。

语音 有20个辅音：p b m v t n l r ɖ ʂ ʐ tʃ dʒ k g ŋ h ʔ w j。

辅音例词：

p	pitu	七
b	bubuh	毛
m	muha	种
v	vivi	嘴唇
t	teleh	聋
n	naneɖ	苍蝇
l	lima	手
r	rurugwan	额头
ɖ	ɖeʂɖeʂ	搓
ʂ	ʂiku	手肘
ʐ	ʐaʐakeh	老人
tʃ	tʃilu	耳垢
dʒ	dʒi	不，没有
k	kakamew	蜘蛛
g	gawuɖ	胡椒
ŋ	ŋuŋuj	嘴
h	hukʂu	跳下
ʔ	manʔiwaŋ	开
w	wakej	地瓜
j	jamut	根

有4个元音：i e a u。多音节词的重音落在最后一个音节上。音节结构有辅音+元音、辅音+元音+辅音、元音+辅音、元音自成音节四种方式。

在构词方面，词干加附加成分或词干部分音素重叠为主要构词手段。前加成分有 ma-、maŋ-、mi-、i-、maka- 等。后加成分有 -an、-ən。中加成分有 -um-，插在词干第一个音节的辅音与元音之间。前、后加成分有 ka-…-an。

语法 词类分名词、代词、数词、形容词、动词、副词、连词、助词八类。

名词有一般名词和专有名词两类，各有主格、属格、处格，一般名词还有宾格，分别在前面加不同的格助词表示。人称代词有单数和复数，有主格、属格、处格等形式，第一人称复数有排除式和包括式，第一、第二人称主格有独立式和连接式。动词有时、态、式等范畴，视其是否插入中加成分 -um- 而分成插入和非插入两大类。"时"有现在时（将来时同形）和过去时。"态"有主动态和被动态。"式"有直陈式和命令式。

句子成分有主语、谓语、宾语、定语、状语。谓语往往位于句首。主语和宾语在谓语后，前面分别有不同的格助词表示。定语位于中心语后，状语位于中心语前。

附：耶眉语常用词举例

1	天	aŋit
2	太阳	aʐaw
3	月亮	vehan
4	星星	mata nu aŋit
5	云	tʃinalab
6	风	pagpag
7	雨	tʃimuj
8	水	ʐanum
9	河	aju
10	山	tukun
11	水田	takej
12	土	tana
13	窟窿	arətʃip
14	石头	vatu
15	火	apuj
16	上面	tejŋatu
17	下面	tejʐahem
18	里面	ʂahaɖ
19	外面	pantaw

20	年	kakawakawan		56	父亲	ama
21	日	maʐaw		57	母亲	ina
22	猪	kujiʂ		58	儿子	anak
23	狗	agʂa		59	上衣	talili
24	猴子	atʃatʃiɳa		60	项链	tatakuʐaʃan
25	老鼠	kaʐam		61	听	mamiriŋ
26	鸡	manuk		62	吃	kan
27	鸟	miaʂaʂalap		63	打	bakbakan
28	蚂蚁	vahau		64	吹	avjut
29	虱子	tuma		65	说	pantʃi
30	苍蝇	naneɖ		66	跳	luktun
31	蚊子	tamunuŋ		67	走	alam
32	翅膀	paniɖ		68	跑	laju
33	毛	bubuh		69	坐	tuʐatuɖ
34	鱼	amuŋ		70	谁	itkeh
35	尾巴	ipuʂ		71	种	muha
36	树	kaju		72	洗（衣）	apiʂ
37	竹子	kawalan		73	捆	keɖkeɖ
38	稻子	mugiʂ		74	问	aheʂ
39	甘薯	wakaj		75	答	tuviʂ
40	槟榔	avwa		76	笑	mijiŋ
41	果实	aʂi		77	哭	umlavi
42	草	tamek		78	浮	atwaw
43	叶子	vuhuŋ		79	死	rakat
44	头	uhu		80	飞	salap
45	眼睛	mata		81	来	maji
46	鼻子	mumuɖan		82	去	aŋaj
47	耳朵	taliɳa		83	大	ʐaku
48	牙齿	ŋepen		84	小	likej
49	胡子	amiŋ		85	高	kaʐaŋ
50	手	lima		86	低	veveh
51	皮肤	kulit		87	深	ʐaem
52	骨头	tutuwaŋ		88	长	naʐu
53	血	ʐala		89	短	liɳeɖ
54	肠	tʃinaji		90	厚	agʂaʐ
55	心	tawur		91	远	ʐaji

92	近	aʂŋen
93	多	azu
94	少	pezeh
95	轻	apaw
96	重	zehmet
97	红	vala
98	白	lavaŋ
99	黑	vaeŋ
100	绿	ʂuhaw
101	（羊）肥	tava
102	瘦	maguraŋ
103	好	pia
104	坏	zahet
105	干	akdʒit
106	慢	pakeh
107	酸	laɲet
108	甜	ganinam
109	苦	kupaɖ
110	香	haŋnu
111	咸	pajit
112	痒	kateh
113	我	jaken
114	你	imu
115	他	ʂija
116	不	dʒi

彝语 中国彝族使用的语言，史称罗罗语，属汉藏语系藏缅语族彝语支。主要分布在中国云南、四川、贵州、广西等省区。此外，在缅甸、泰国、越南也有少量分布。中国境内彝族人口约776万（2000年），90%以上使用彝语。综观各地彝语差别很大，彼此无法通话，曾划分为北部、西部、中部、东南部、南部、东部六个方言，国际彝学界认为，这些方言的差别是语言的差别。现根据各地彝语的音系结构，结合历史的传承与不同自称的语群结合体，把彝语划分为四大方言：诺苏（nosu）方言、倮倮（lolo）方言、纳苏（nasu）方言、聂苏（nesu）方言。诺苏方言分圣乍、义诺、田坝、所地等4种话；纳苏方言分纳苏、阿落、内苏、尼普、诺索、纳索、扑罗、莫其等8种话；聂苏方言分聂苏、聂舒、撒尼、阿细、桑尼、阿哲、尼赛、罗泼、娜苏、作括、格泼11种话；倮倮方言分倮倮、腊罗、腊鲁、里波、塔鲁、拉务、堂郎等7种话。

一 语音

彝语语音的主要特点是：（1）塞音、塞擦音、擦音分清浊两套。诺苏、纳苏方言的塞音、塞擦音还有带鼻冠音的一套。有的地区鼻、边音也有清浊两套。（2）元音分松紧，这是彝语支的普遍特征。韵母一般由单元音构成，原始塞辅音韵尾脱落演变成紧元音，鼻音韵尾脱落合并成松元音，元音的松紧能在不同调值的调类中区别出来。聂苏方言、倮倮方言区有的调查点有少数复元音、鼻化韵和鼻尾韵母。（3）声调有紧调类和松调类之分，和元音的紧松吻合。由于声母辅音的清浊形成紧、松调类再度分化为清声母的紧、松甲调和浊声母的紧、松乙调。现在彝语中的反映形式：一般有3—5个声调，调型简单。

二 语法

词序和虚词是表达语法意义的主要手段，基本语序是主语—宾语—谓语。

名词、动词、人称代词作定语时，在中心语前；形容词、数量词作修饰语时，在中心语后。有些副词修饰双音节中心语时，处在中心语的两个音节之间。

量词丰富，有些方言的量词能直接修饰中心语，起后置冠词的作用。如诺苏方言量词起不定冠词的作用，纳苏方言部分地区量词起定冠词的作用。

有的方言有标志各种句子成分（包括主语、宾语）的结构助词。一部分动词的自动态和使动态，用辅音交替表示。诺苏方言以谓语动词、形容词的重叠、变调表示疑问。单音节的词和词根占优势；构词后缀多，前缀少；复合词多，单纯词少。四音格联绵词较丰富。

彝文　彝文史称"爨文""韪书""罗文""倮倮文""夷文"，有1万多字，是处于表意向表音发展中的一种音节文字，通行于诺苏、纳苏、聂苏方言地区。由于彝语方言复杂，历史上对彝文使用未加规范，书写者能任意增减杜撰，于是各地彝文形体互异，繁简不一，重文别体多。四川凉山彝文已进行了科学的整理和规范，精选了819个规范字，制定了《彝文规范方案》，1980年经国务院批准推行。实践证明，《彝文规范方案》是一种科学的、实用的音节文字方案。

附：四川喜德彝语常用词举例

1	天	$mo^{33}m̥^{33}$
2	太阳	$ho^{33}bu^{33}$
3	月亮	$ɬo^{21}bo^{21}$
4	星星	$m̥^{33}tɕɿ^{33}$
5	云	$m̥^{33}tsɿ^{33}$
6	风	$m̥^{33}ti^{33}$
7	雨	$m̥^{33}ha^{33}$
8	水	$ʑɿ^{33}$
9	河	$ʑɿ^{21}mo^{21}$
10	山	bo^{33}
11	水田	$tʂhɯm̥^{33}$
12	土	tsa^{33}
13	窟窿	$dzu^{33}l̩^{33}$
14	石头	$l̩^{33}ma^{55}$
15	火	$m̥^{21}tu^{55}$
16	上面	$tho^{55}tɕo^{21}$
17	下面	$o^{55}tɕo^{21}$
18	里面	$khu^{33}tɕo^{34}$
19	外面	$hi^{33}tɕo^{34}$
20	年	$m̥^{33}khu^{55}$
21	日	$m̥^{33}n̥i^{21}$
22	猪	vo^{55}
23	狗	$khɯ^{33}$
24	熊	$ɣo^{33}$
25	老鼠	$a^{34}he^{33}$
26	鸡	va^{33}
27	鸟	$he^{33}tsɿ^{33}$
28	蚂蚁	$bu^{55}vu^{21}$
29	跳蚤	$khɯ^{33}ʂɯ^{33}$
30	苍蝇	$ʑo^{34}m̥^{33}$
31	蚊子	$bu^{33}zɯ^{33}$
32	翅膀	$du̥^{34}du̥^{33}$
33	毛	$n̥e^{33}$
34	鱼	$hɯ^{33}$
35	尾巴	$phu^{21}ʂu^{33}$
36	树	$sɿ^{33}bo^{33}$
37	竹笋	$ma^{21}m̥^{55}$
38	稻子	$tʂhɯ^{33}$
39	土豆	$ʑa^{21}ʑo^{55}$
40	姜	$tɕhi^{33}phɿ^{33}$
41	果	$sɿ^{33}dza^{33}l̩^{33}ma^{33}$
42	草	$ʑɿ^{33}$
43	叶子	$tɕhi^{34}tɕhi^{33}$
44	头	$i^{33}tɕhi^{33}$
45	眼睛	$n̥ɔ^{33}dzɿ^{21}$
46	鼻子	$n̥a^{21}bi^{55}$
47	耳朵	$n̥ɯ^{21}po^{55}$
48	牙齿	$dʑɿ^{33}$
49	胡子	$m̥e^{21}tsɿ^{55}$
50	手	lo^{55}
51	皮肤	$ndʑɿ^{34}ʂɯ^{33}$
52	骨头	$vu^{21}du^{33}$
53	血	$sɿ^{33}$
54	胆	$tɕɿ^{33}$
55	心	$he^{33}ma^{55}$
56	父亲	$a^{34}ta^{33}$
57	母亲	$a^{34}mo^{33}$
58	子女	$za^{33}m̥^{33}n̥e^{33}$

59	上衣	i³³ti³⁴
60	裙子	mbo³³
61	听	n̥a³³
62	吃	dzɯ³³
63	咳嗽	tsi²¹
64	吹	m̥o³³
65	说	hi²¹
66	跳	tɕhe³³
67	走	ga³⁴ʂu³³
68	跑	po⁵⁵
69	坐	ɲi³³
70	谁	i⁵⁵
71	扛	tɕe³³
72	洗（衣）	tshɿ³³
73	捆	tɕhɿ⁵⁵
74	问	n̥a³³
75	骂	tsɿ⁵⁵
76	笑	ʑɿ²¹ʑɿ³³
77	哭	ʑi³³ŋo³⁴
78	浮	bu³³
79	沉	ɲo²¹
80	飞	dʑi³³
81	（狗）吠	vo⁵⁵
82	啼	ku³³
83	大	a³⁴ʐɿ³³
84	小	e⁵⁵tsɿ³³
85	高	a³³m̥u³³
86	低	i³⁴m̥u³³
87	深	a³³m̥u³³
88	长	a³³ʂo³³
89	短	i³⁴ʂo³³
90	厚	a³³tu³³
91	远	ga³³ʂo³³
92	近	ga³³ɲi³³
93	多	a³⁴ɲi³³
94	少	i³⁴ɲi³³
95	轻	ʐo³⁴so³³
96	重	a³⁴l³³
97	红	a³³ni³³
98	白	a³³tɕhu³³
99	黑	a³³nɔ³³
100	绿	a⁵⁵ɬo²¹
101	（羊）肥	tshu³³
102	瘦	gɯ³⁴dʑi³³
103	好	xɯ³³
104	坏	di³³
105	快	ndʑi³³
106	慢	e³⁴za³³m³³
107	酸	tɕi³³
108	甜	tɕhɿ³³
109	苦	khɯ³³
110	辣	ndzɿ³³
111	咸	tshɯ³³khɯ³³
112	痒	ʑi³³
113	我	ŋa³³
114	你	nɯ³³
115	他	tshɿ³³
116	这	tshɿ³⁴

彝语支 彝语支是汉藏语系藏缅语族的一个语支。属于这一语支的有彝语、傈僳语、哈尼语、拉祜语、纳西语、基诺语、怒苏语、柔若语、卡卓语、毕苏语等。有学者认为，白语、土家语也属这一语支。由于彝族人口最多，分布最广，语言学家以"彝"作为这一语支的名称。彝语支语言主要分布在中国西南部的云南、四川、贵州三省，此外在缅甸、越南、泰国、老挝等国也有分布。从族源来说，彝语支各民族是古代氐羌人一支的后代。彝语支语言的特点有：（1）声母数量较多，如怒苏语有60个，彝语有43个。多数语言清浊对立严整，单辅音声母为主。声调数量少，调型简单。在历时的演变上，清浊塞音、塞擦音对立的发展趋势是浊音

消失，清音保留，而鼻音、边音则消失清的，保持浊的。松紧元音对立是由韵母的舒促演变而来。松紧对立在一些语言里，紧元音已出现松化的趋势。彝语支语言声调分化的条件是声母的清浊、元音的松紧、送气不送气。在词汇上，彝语支语言之间，同源词在15%—20%。在语法上彝语支语言的语法特点有很大的一致性。形态变化不丰富。动词都有态、式、体等语法范畴。

义都语 居住在西藏东南部洛瑜地区东端的珞巴族，被称为义都人，人口约有7000人，分布在西藏昌都地区察隅县的广大山区，他们的语言叫义都语，经过初步比较，它与崩尼－博嘎尔珞巴语差别较大，而与僜人的达让语较为接近。二者同源词的比率达到40%左右。义都语属汉藏语系藏缅语族景颇语支。下面所介绍的义都语以察隅县上察隅区的义都语为准。

一 语音

声母 有49个，其中单辅音声母31个，复辅音声母18个。

单辅音声母：p ph b m w ts tsh dz s t th d n l tʂ tʂh dʐ ɻ tɕ tɕh dʑ ɕ ȵ j k kh g ŋ ʔ h ɦ；复辅音声母：mb nd ŋg ndz ndʐ ndʑ pɻ phɻ bɻ mɻ kɻ khɻ gɻ hɻ pl bl mbɻ ŋgɻ。

声母例字：

p	pa⁵⁵	酒曲
ph	ɻɯ³¹pha⁵⁵	亿
b	ba⁵⁵	背（柴）
m	ma⁵⁵	黑
w	wa⁵⁵gu⁵⁵	伤口
ts	tsi³⁵	骡子
tsh	tshu⁵³	虱子
dz	dzu⁵³	写
s	su⁵⁵	穴，窝
t	tia⁵⁵	编织
th	tho⁵⁵	人体肉
d	de⁵⁵	站立
n	na⁵⁵	休息
l	li⁵⁵	飞
tʂ	ja⁵⁵tʂu⁵⁵	贝母
tʂh	tʂha⁵⁵	扎，刺
dʐ	dʐu⁵⁵pɻa⁵⁵	茧子
ɻ	ɻa⁵⁵	锋利
tɕ	tɕi⁵⁵	剃（头）
tɕh	tɕho⁵³	走
dʑ	dʑi⁵⁵	睡
ȵ	ȵi⁵⁵	点钟
ɕ	ɕi⁵⁵	果子
j	ja⁵⁵	小米
k	ka⁵⁵	苦
kh	khu⁵⁵	辣
g	ga⁵⁵	打碎
ŋ	ŋa³⁵	我
ʔ	ʔa⁵⁵	儿子
h	ha⁵³	吃
ɦ	i⁵⁵ɦoŋ⁵⁵	七
mb	mbo⁵³	吼，响
nd	ndo⁵³	跳
ŋg	ga⁵⁵ŋgoŋ⁵⁵	拿取
ndz	a⁵⁵ndzeŋ⁵⁵	墙
ndʐ	a⁵⁵loŋ⁵⁵ndʐu³⁵	蚊子
ndʑ	tiaŋ³⁵ndʑaŋ³⁵	臼齿
pɻ	pɻa⁵⁵	好
phɻ	ba³¹phɻa⁵³	胆量
bɻ	bɻa⁵⁵	生长
mɻ	mɻe⁵⁵a⁵⁵	青年
kɻ	kɻu⁵⁵	冬眠
khɻ	khɻa³¹poŋ³⁵	肚子
gɻ	a⁵⁵gɻa⁵⁵	箩筐
hɻ	hɻu⁵⁵	酸
pl	plɯ⁵³	脊背
bl	bla⁵³	芽

| mbɹ | a⁵⁵mbɹa⁵⁵ | 一直 |
| ŋgɹ | a⁵⁵ŋgɹoŋ³⁵bɹa³⁵ | 藤子 |

韵母 有40个韵母，其中单元音韵母6个，复元音韵母16个，带辅音韵尾韵母17个，鼻音自成音节韵母1个。

单元音韵母：i e a o u ɯ；复元音韵母：ie ia io iɯ ue ua uɯ ai iɯ ui au uɯ iu iai iau uai；带辅音韵尾韵母：im am um ɯm in en an ɯn iŋ eŋ aŋ oŋ uŋ ɯŋ iaŋ ioŋ ieŋ；辅音自成音节韵母：m。

声调 有4个声调：

高平55　高降53　高升35　低降31

例字：ka⁵⁵　　e⁵⁵ka⁵³　ka³⁵　　ka³¹ɹu³⁵
　　　苦　　　荞麦　　张开　　别人

二　词汇

义都语的词，从结构来分析，有单纯词、派生词、合成词。单音节的单纯词较多，多音节的单纯词很少。派生词多为词根加词头、词尾或其他虚词组成的词。义都语的构词词头十分丰富，词根加词头组成的派生词约占词汇总数的一半。词头读得轻而短，有部分词头可以重读。

从词的来源看，固有的基本词中，有相当数量的词与藏缅语族其他语言有同源关系。

三　语法

词类 义都语的词可分名词、代词、数词、量词、动词、形容词、副词、助词、情感词、连词等10类。

名词 名词后加助词 loŋ³⁵bɹo³¹ 表示人的多数。例如：ka³¹ɹu⁵⁵me⁵⁵（客人），ka³¹ɹu⁵⁵me⁵⁵loŋ³⁵bɹo³¹（客人们）。名词后加 a⁵⁵，表示小。例如：mi⁵⁵ku⁵⁵（狗），mi⁵⁵ku⁵⁵a⁵⁵（小狗崽）；e⁵⁵ɹa⁵⁵（刀），e⁵⁵ɹa⁵⁵a⁵⁵（小刀）。

代词 可分人称代词、指示代词、反身代词、疑问代词、泛指代词。人称代词有第一、第二、第三人称，各分单数、双数、多数。

	单数	双数	多数
第一人称	ŋa³⁵	ŋa³⁵ka³¹ni⁵⁵	ŋa³⁵a³¹loŋ³⁵
第二人称	ŋo³⁵	ŋo³⁵ka³¹ni⁴⁴	ŋo³⁵a³¹loŋ³⁵
第三人称	e³¹tɕa⁵⁵he⁵⁵	tɕa⁵⁵ka³¹ni⁵⁵	tɕa⁵⁵a³¹loŋ³⁵

指示代词近指用 i⁵⁵he⁵⁵（这），远指用 a⁵⁵he⁵⁵（那），指处所用 i⁵⁵ja³⁵（这里），a⁵⁵ja³⁵（那里）；指性状用 i⁵⁵li⁵⁵e⁵⁵（这样），a⁵⁵i⁵⁵e⁵⁵（那样）；指数量用 i⁵⁵he⁵⁵hɹu⁵⁵tɕi⁵⁵（这些），a⁵⁵he⁵⁵hɹu⁵⁵tɕi⁵⁵（那些）。

疑问代词分代替人 si⁵⁵ja³¹、si⁵⁵（谁）、代替物 ka⁵⁵di⁵⁵（什么）、代替处所 ka⁵⁵kia⁵⁵（哪里）、代替数量 ka⁵⁵di⁵⁵ge⁵³（多少）、代替性状 ka⁵⁵di⁵⁵hoŋ³⁵tɕi⁵⁵（什么样）、代替时间 ka⁵⁵di⁵⁵soŋ⁵⁵（何时）。

数词、量词 基数词有 khɯm⁵⁵ge⁵⁵ 一、ka³¹ni⁵⁵ 二、ka³¹soŋ³⁵ 三、ka³¹pɹɯi⁵⁵ 四、ma³¹ŋa³⁵ 五、ta⁵⁵hɹo⁵³ 六、i⁵⁵fioŋ⁵⁵ 七、i⁵⁵lioŋ³⁵ 八、kɯ⁵⁵ŋi⁵⁵ 九、hoŋ⁵⁵fioŋ⁵³ 十。

序数是在数词前加 bɯ⁵⁵ 构成。例如：bɯ⁵⁵ma³¹ŋa³⁵ 第五，bɯ⁵⁵i⁵⁵lioŋ³⁵ 第八。

动词 动词有体、态、方向等语法范畴，均采用在动词后加附加成分或动词词根屈折变化手段来表达。动词分将行体、进行体、已行体、完成体、经验体。各种体分别加上不同的后加成分。动词的态有自动态、使动态、互动态、被动态。动词的方向分离心组和向心组，离心组表示动作是向离开说话者的方向进行的，向心组表示动作朝说话者方向进行。各组都有四种不同的附加成分。动词的名物化在动词后加 thɯ⁵⁵mɯ⁵⁵ 表示。

形容词 表示颜色的形容词后面可以加一些不能独立运用的音节，反映形容词的不同色彩，或说话者的感情色彩。例如：lio⁵³（白），lio⁵³pɹa⁵⁵（白花花的，白亮亮的），lio⁵³la⁵⁵da⁵⁵（白净的，发白），lio⁵³mi⁵⁵（灰白的，暗白的，白而透黄的），lio⁵³ɕu⁵⁵（花白的，白里杂红的，白得难看）。

助词 结构助词分表示限制、施动、受动、工具、从由、比较等类。各有不同的助词。

句子成分 有主语、谓语、宾语、定语、状语。句子的基本语序是主语—宾语—谓语。句中如有间接宾语，一般要放在直接宾语之前。名词、代词作定语在中心词前，数词、形容词数量词组作定语在中心词后。状语的位置比较灵活，可在中心词前或后。时间词作状语在中心词前，其余的状语多在中心词后。

附：义都语常用词举例

1	天	i⁵⁵mu⁵⁵du⁵⁵
2	太阳	i⁵⁵ȵi⁵⁵
3	月亮	e⁵⁵la⁵⁵
4	星星	a⁵⁵nde⁵⁵kɹu⁵⁵
5	云	a⁵⁵mu⁵⁵
6	风	a⁵⁵ɹaŋ⁵⁵ha⁵⁵
7	雨	a³¹ɹo⁵⁵
8	水	ma⁵⁵tɕi⁵⁵
9	河	a⁵⁵phɹa⁵⁵ku⁵⁵
10	山	ma³¹ja³⁵
11	水田	pa⁵⁵nu⁵⁵
12	土	khɯ³¹lai⁵³
13	窟窿	i⁵⁵lɯi⁵⁵ba⁵³
14	石头	a³¹laŋ⁵⁵
15	火	ma⁵⁵mɹu⁵⁵
16	上面	a³¹tiu⁵⁵dʐi³⁵
17	下面	a³¹ma⁵⁵ɹi⁵⁵
18	里面	lɯm⁵⁵koŋ⁵⁵
19	外面	kaŋ⁵⁵baŋ⁵⁵
20	年	i⁵⁵nu⁵⁵
21	日	e⁵⁵ȵi⁵³
22	猪	bi⁵⁵li⁵⁵
23	狗	mi⁵⁵ku⁵⁵
24	熊	jaŋ⁵⁵hoŋ⁵⁵
25	老鼠	ka³¹tɕi⁵⁵
26	鸡	me⁵⁵to⁵⁵
27	鸟	pɹa⁵⁵a⁵⁵
28	蚂蚁	pa³¹si⁵⁵
29	跳蚤	tʂhu³¹hoŋ⁵⁵
30	苍蝇	a⁵⁵lu⁵⁵pɹa⁵⁵
31	蚊子	a⁵⁵loŋ⁵⁵ndʐu³⁵
32	翅膀	e⁵⁵loŋ⁵⁵khɹoŋ³⁵
33	毛	ma³¹bu⁵³
34	鱼	a⁵⁵ŋa⁵⁵
35	尾巴	lɯ³¹mum⁵⁵
36	树	ma⁵⁵seŋ⁵⁵boŋ³⁵
37	竹笋	a³¹bɹa³⁵li³⁵
38	稻子	ke⁵⁵
39	甘薯	ŋa³¹lu³⁵
40	姜	aŋ⁵⁵dʑin⁵⁵tia⁵³
41	果实	ɹɯŋ⁵⁵ɕi⁵⁵
42	草	ka⁵⁵ɹe⁵⁵
43	叶子	naŋ³⁵
44	头	e⁵⁵ko⁵⁵ɹa⁵⁵
45	眼睛	e⁵⁵lo⁵⁵bɹa⁵⁵
46	鼻子	e⁵⁵ȵaŋ⁵⁵bo⁵⁵
47	耳朵	a³¹kɹu⁵⁵na⁵⁵
48	牙齿	tia³⁵pɹa³⁵
49	胡子	ʔi⁵⁵ɦuŋ³¹mu⁵³
50	手	ka³¹tio⁵³
51	皮肤	ko⁵⁵pɹa⁵⁵
52	筋	e⁵⁵sa⁵⁵
53	血	i⁵⁵ɹu⁵⁵
54	胆	i⁵⁵mu⁵⁵
55	心	a⁵⁵po⁵⁵bɹa³⁵
56	父亲	na⁵⁵ba⁵⁵
57	母亲	na⁵⁵ni⁵⁵
58	子女	ʔa⁵⁵
59	上衣	e⁵⁵tioŋ³⁵we³⁵
60	裙子	joŋ⁵⁵boŋ⁵⁵
61	听	a⁵⁵hɹoŋ⁵⁵
62	吃	ha⁵³
63	喝	tioŋ⁵⁵
64	吹	mu⁵⁵
65	说	a⁵⁵hu⁵⁵
66	跳	ndo⁵³

67	走	tai⁵⁵		103	好	pɹa⁵⁵
68	跑	tshu⁵³		104	坏	e⁵⁵lien⁵⁵
69	坐	je⁵⁵de⁵⁵		105	快	ka⁵⁵ɹo⁵⁵
70	谁	dʑi⁵⁵		106	慢	ka³¹lioŋ³⁵
71	扛	bu⁵⁵		107	酸	hɹu⁵⁵
72	洗（衣）	a⁵⁵nu⁵⁵		108	甜	ɕu⁵⁵
73	捆	a⁵⁵bo⁵⁵		109	苦	ka⁵⁵
74	问	a⁵⁵hu³⁵		110	辣	khu⁵⁵
75	骂	kho⁵⁵		111	咸	ka⁵⁵
76	笑	ma⁵⁵ɹa⁵⁵		112	痒	ma⁵⁵so⁵⁵
77	哭	a⁵⁵tɕa⁵⁵		113	我	ŋa³⁵
78	浮	toŋ⁵³la⁵⁵		114	你	ȵo³⁵
79	掉	a⁵⁵dau⁵³		115	他	e³¹tɕa⁵⁵he⁵⁵
80	飞	li⁵⁵		116	不	mi⁵⁵
81	（狗）吠	gɹa³⁵				
82	啼	ɹuŋ⁵⁵				
83	大	ka⁵⁵tɕhi⁵⁵				
84	小	i⁵⁵tɕi⁵⁵a⁵⁵				
85	高	ka⁵⁵loŋ⁵⁵				
86	低	ka⁵⁵tioŋ⁵⁵a⁵⁵				
87	深	i⁵⁵we⁵⁵ȵi⁵⁵				
88	长	ka⁵⁵loŋ⁵⁵				
89	短	ka⁵⁵tioŋ⁵⁵a⁵⁵				
90	厚	ka⁵⁵blo⁵⁵				
91	远	lioŋ⁵⁵				
92	近	me⁵⁵ja⁵⁵				
93	多	pa⁵⁵tsa⁵⁵				
94	少	i⁵⁵tsi⁵⁵ge⁵⁵a⁵⁵				
95	轻	aŋ⁵⁵				
96	重	hu⁵⁵				
97	红	ɕi⁵⁵na⁵³				
98	白	lio⁵³				
99	黑	ma⁵⁵				
100	绿	tiŋ⁵⁵kɹia⁵⁵				
101	（羊）肥	diŋ⁵⁵				
102	瘦	khu⁵⁵ɹu⁵⁵da⁵⁵				

优诺语 居住在广西龙胜各族自治县的和平乡自称"优诺"的红瑶，他称为"山话红瑶"，约有4600人，使用优诺语。而同一个地区他称为"平话红瑶"的瑶族，有1万余人，转用了接近桂北平话的汉语。优诺语的语音具有苗瑶语族的一般特点，但有变化，主要是：（1）古苗瑶语鼻冠音闭塞音类，现代优诺语脱落了塞音，保留鼻音。（2）古苗瑶语鼻冠浊边擦音和鼻冠浊唇舌音声类，现代优诺语脱落了边擦音和浊塞擦音，保留浊鼻音。（3）古苗瑶语边擦复辅音声类，现代优诺语一般脱落边音，保留塞音。下面以龙胜县和平乡柳田村小寨的语音为代表介绍其语言的特点。

一 语音

声母 小寨优诺语有40个声母：p ph m f v pj phj mj fj vj ts tsh s tsj tshj sj t th n l̥ l tj thj lj lʲj tɕ tɕh ȵ ɕ z k kh ŋ̊ ŋ h kj khj kw khw hw。

韵母 有22个韵母：i iu in e ei eŋ a ai au an aŋ ɔ o oŋ u ui un uŋ ə ue əŋ。

声调 有8个调类，其中第4调与第3调合并，第8调并入第6调，只有6个调值。

调类 1 2 3 （4） 5 6 7 （8）

调值	33	13	22	22	35	31	53	31
例字	tiu³³	tiu¹³	tiu²²	to²²	tiu³⁵	tu³¹	tiu⁵³	tu³¹
	猴子	九	等候	火	歪	渡	笑	咬

二 词汇

优诺语的附加式合成词通常是在词根语素之前或后附加前缀或后缀。优诺语的前缀后缀不很发达。构成合成词所附加的前缀有 kə³³ 和 pa²² 两个，kə³³ 使用得比较多。

附加后缀构成的合成词，只有一个 tuŋ³³（子，仔），是从实词虚化而来，是小的意思。

优诺语与苗瑶语的共同词汇，是最基本的词汇，彼此有明显的语音对应规律，有的有对应，但语音对应不很明显。有些词，优诺语与苗瑶语都相同，有些词与苗语相同而与瑶语支语言不同。有些词，优诺语与瑶语支语言相同，但数量不算多。还有一些是优诺语自己特有的词。除此之外，还有来源于汉语的借词，包括汉语西南官话和汉语平话借词。早期借词来自汉语平话，现代借词来自汉语西南官话。

三 语法

优诺语的词可分为名词、代词、指示词、数词、量词、动词、形容词、状词、副词、连词、介词、助词、叹词等 13 类。名词被修饰时，修饰词在前，被修饰词在后。

指示代词在句子里常用在中心语之后。

数词有两套，一套为固有词，一套为汉语借词。

作定语的形容词基本上用在中心语之前，与苗瑶语族其他语言不大相同。

状词有加强描述的实在意义，可分为修饰形容词的和修饰动词的两类。修饰形容词的状词位于形容词后边，修饰动词的状词位于动词的前边。

句子成分有主语、谓语、宾语、定语、状语、补语。语序是：主语—谓语—宾语，有两个宾语时语序是：谓语—间接宾语—直接宾语。定语在作主语或宾语的名词之前。状语位于形容词或动词之前。

附：优诺语（小寨）常用词举例

1	天	ŋɔ¹³
2	太阳	ha³¹ nɔ³³
3	月亮	ha³¹ la³⁵
4	星星	lin³³ tai³⁵
5	云	hau³³
6	风	ki³⁵
7	雨	ləŋ³³ ŋa³¹
8	水	ŋ̍³³
9	河	haŋ²²
10	山	kə³³ koŋ¹³
11	水田	lin¹³
12	土	sɔ³³ lɔ¹³
13	窟窿	taŋ³¹
14	石头	ha²² vje³³
15	火	to²²
16	上面	ha²² ka⁵³
17	下面	kə³¹ te⁵³
18	里面	kə³³ ko²²
19	外面	kə³³ nɔ³⁵
20	年	tjuŋ³⁵
21	日	nɔ³³
22	猪	mai³⁵
23	狗	kou²²
24	熊	kwei⁵³
25	老鼠	ni²² kjo³¹
26	鸡	ke³³
27	鸟	noŋ³¹
28	蚂蚁	kən³³ phe²²
29	跳蚤	kə³³ tuŋ³³
30	苍蝇	a⁵³ kə³³ le³⁵
31	蚊子	kən³³ le³⁵
32	翅膀	kə³³ ta⁵³
33	爪	tsau³¹
34	鱼	mje²²

35	尾巴	ke³³ te²²		71	抬	ʐən³⁵
36	树	fɔ³³		72	洗(衣)	tei²²
37	竹笋	mja³¹		73	捆	l̥ei³³
38	稻子	pui²²		74	问	nɔ³¹
39	甘薯	tshun³⁵ sau¹³		75	闻	n̥ui³⁵
40	姜	sən²²		76	笑	tiu⁵³
41	果实	pi²² tuŋ³³		77	哭	n̥i²²
42	茅草	ŋɔ³³ thou³⁵		78	孵	pou³¹
43	叶子	mjoŋ¹³		79	掉	puŋ³³
44	头	ha³¹ khɔ⁵³		80	飞	n̥i³⁵
45	眼睛	kin⁵³ mɔ³¹		81	(狗)吠	kaŋ³³
46	鼻子	khə³³ mui³¹		82	爬树	pjuŋ¹³
47	耳朵	kə³³ mje¹³		83	大	liu³³
48	牙齿	fun²²		84	小	l̥e⁵³
49	胡子	pja³³ lau³⁵		85	高	sən³³
50	手	thou²²		86	低	ŋa³¹
51	皮肤	ku³⁵		87	深	tau³³
52	筋	kin³³		88	长	nou²²
53	血	tshun²²		89	短	luŋ²²
54	胆	tsi³³		90	厚	nei³³
55	心	fɔ²² sən³³ lin³³		91	远	kje³³
56	父亲	ʐa³³		92	近	vje³⁵
57	母亲	ne²²		93	多	au³⁵
58	儿子	ti³³ tuŋ³³		94	少	tshɔ³¹
59	上衣	o²²		95	轻	fui³³
60	裙子	te³³		96	重	suŋ²²
61	听	naŋ³¹, taŋ³⁵		97	红	tshun³⁵
62	吃	naŋ¹³		98	白	kje³³
63	喝	hɔ³¹		99	黑	kuŋ³³
64	吹	phje³³		100	绿	lje³¹
65	说	tu¹³		101	(羊)肥	tjaŋ³¹
66	跳	thiu⁵³		102	瘦	sou³⁵
67	走	heŋ¹³		103	好	ŋ³⁵
68	跑	kjaŋ³¹		104	坏	va³¹
69	坐	tjaŋ³⁵		105	快	sje³⁵
70	谁	pui³⁵		106	慢	mɔ³¹

107	酸	sɔ³³
108	甜	kən³³
109	苦	ən³³
110	辣	mja³¹
111	咸	huŋ¹³
112	痒	sɔ⁵³
113	我	vɔ²²
114	你	ŋ̍¹³
115	他	naŋ²²
116	不	mɔ²²

载瓦语 载瓦语是景颇族中自称"载瓦"支系的人所使用的语言，属汉藏语系藏缅语族缅语支。分布在云南德宏傣族景颇族自治州的潞西、陇川、瑞丽、盈江等县。使用载瓦语的人口有5.9万（1982年统计），占景颇族总人口的63%。载瓦语和景颇语差别较大，主要表现在词汇上，其次是在语音、语法上。在藏缅语族诸语言中，载瓦语同缅甸语、阿昌语最为接近，其次是同彝语支语言接近。下面介绍的载瓦语是以云南潞西县西山的载瓦话为依据。

一 语音

声母有28个：p ph m pj phj mj f v ts tsh s t th n l tʃ tʃh ʃ ʒ k kh ŋ x j kj khj ŋj xj。

韵母有86个：其中单元音韵母5个，各分松紧：i ḭ e ḛ a a̰ o o̰ u ṵ；复合元音韵母4个，各分松紧：ai a̰i au a̰u oi o̰i ui ṵi；10个元音与 –m、–n、–ŋ、–p、–t、–k、–ʔ 7个韵尾结合，构成68个带辅音韵尾的韵母：im em ḛm am a̰m om o̰m um ṵm in ḭn en ḛn an a̰n on o̰n un ṵn iŋ ḭŋ eŋ ḛŋ aŋ a̰ŋ oŋ o̰ŋ uŋ ṵŋ ip ep ḛp ap a̰p op o̰p up ṵp it ḭt et ḛt at a̰t ot o̰t ut ṵt ik ḭk ek ḛk ak a̰k ok o̰k uk ṵk iʔ ḭʔ eʔ ḛʔ aʔ a̰ʔ oʔ o̰ʔ uʔ ṵʔ。

声调 有3个声调：高平55，低降21，高降51。

说明：高平调中，当声母是不送气辅音，而韵母是松元音时，读全升调15。有连读变调现象。

二 词汇

载瓦语的词以单音节和双音节的占绝大多数。可分单纯词和合成词两大类。合成词的构词方式有复合式和附加式两种。以复合式为多。复合式有联合、修饰、主谓、宾动、附注等关系。附加式有前加、中加、后加三种。前加成分有 a²¹、a⁵⁵、i⁵⁵、lă²¹、mŭ²¹等。中加成分有 mĕ⁵⁵，加在重叠的动词或形容词中间构成名词。后加成分有 nik⁵⁵、vui⁵¹、pe⁵⁵、su⁵¹、paŋ²¹等，各有不同的意义。部分单音节形容词，前面可加叠音的辅助成分，表示程度加深或其他感情色彩。如 ne⁵¹（红），tsam²¹ tsam²¹ ne⁵¹（红艳艳）。四音连绵词比较丰富，主要有 ABAC、AABB、ABAB、ABCB、ABCD 五种类型。前两种使用得较多。

借词主要来自景颇语、汉语，傣语、缅语也有一些。

三 语法

（1）词序和助词是表达语法范畴的主要手段；（2）句子成分的主要次序是：主语—谓语或主语—宾语—谓语。名词、动词作修饰语时在中心语之前；形容词作修饰语时在中心语之前或后均可；数量词作修饰语时在名词之后；（3）人称代词分单数、双数、复数三种；（4）动词分自动和使动两种；（5）量词和助词比较丰富。

附：载瓦语常用词举例

1	天	mau²¹khuŋ⁵¹
2	太阳	pui⁵¹
3	月亮	lŏʔ⁵⁵mo⁵⁵
4	星星	kjɛ⁵¹
5	云	mut⁵⁵mau⁵⁵
6	风	lai⁵¹
7	雨	mau²¹
8	水	i²¹tʃam²¹
9	河	vu⁵¹mo⁵⁵
10	山	pum⁵¹

11	水田	jo⁵¹		47	耳朵	nŏ²¹ phjo²¹
12	土	mji²¹ tse²¹		48	牙齿	tsui⁵¹
13	窟窿	toŋ²¹		49	胡子	nu̱t⁵⁵ mui²¹
14	石头	lǔʔ²¹ kok²¹		50	手	loʔ²¹
15	火	mji²¹		51	皮肤	ʃŏ²¹ kuʔ⁵⁵
16	上面	a²¹ thoʔ⁵⁵ ma⁵⁵		52	筋	ʃŏ²¹ kji²¹
17	下面	a²¹ o̱⁵¹ ma⁵⁵		53	血	sui²¹
18	里面	a²¹ khau⁵¹ ma⁵⁵		54	胆	siŋ²¹ kji⁵¹
19	外面	ʃiŋ²¹ ka̱n²¹ ma⁵⁵		55	心	nɛ̱k⁵⁵ lu̱m²¹
20	年	tsan⁵¹		56	父亲	i⁵¹ va²¹
21	日	ŋji⁵⁵		57	母亲	i⁵⁵ nu²¹
22	猪	vaʔ²¹		58	子女	juʔ²¹ ke⁵¹ tso²¹
23	狗	khui²¹		59	上衣	me⁵¹ pu²¹
24	熊	vam⁵¹		60	裙子	phji⁵⁵ tsa̱ŋ²¹
25	老鼠	ŋěʔ²¹ noʔ²¹		61	听	kjo²¹
26	鸡	voʔ²¹		62	吃	tso²¹
27	鸟	ŋo̱ʔ⁵⁵		63	喝	ʃuʔ⁵⁵
28	蚂蚁	pau⁵¹ voʔ⁵⁵		64	吹	mut²¹
29	跳蚤	khě⁵⁵ la̱i²¹		65	说	tai²¹
30	苍蝇	jaŋ⁵¹ khuŋ²¹		66	跳	pjam⁵¹
31	蚊子	kjaŋ⁵¹		67	走	so²¹
32	翅膀	tuŋ⁵¹		68	跑	tin⁵¹
33	毛	sŏ²¹ mau⁵⁵		69	坐	tsu̱ŋ⁵¹
34	鱼	ŋŏ²¹ tso²¹		70	谁	ju̱p⁵⁵
35	尾巴	ʃŏ²¹ mji²¹		71	扛	vaʔ²¹
36	树	sik⁵⁵		72	洗(衣)	tʃhi²¹
37	竹笋	mjik²¹		73	捆	tu̱i²¹
38	稻子	jŏʔ²¹ thuŋ²¹ kuʔ²¹		74	问	mji²¹
39	甘薯	sam⁵⁵ mju̱ʔ⁵⁵		75	骂	ke²¹ maʔ⁵⁵
40	姜	tʃhaŋ²¹		76	笑	vui⁵¹
41	果实	ʃi²¹		77	哭	ŋau⁵¹
42	草	ma̱n²¹		78	浮	mju²¹ voŋ²¹
43	叶子	a²¹ xaʔ⁵⁵		79	掉	kjo⁵⁵
44	头	u²¹ lu̱m²¹		80	飞	taŋ²¹
45	眼睛	mjoʔ²¹ tʃi⁵⁵		81	(狗)吠	vap²¹
46	鼻子	no̱⁵¹		82	啼	tu̱n⁵¹

83	大	ko²¹
84	小	tɕʔ⁵⁵
85	高	mja̱ŋ²¹
86	低	mjap²¹ / ŋjup²¹
87	深	nik²¹
88	长	xiŋ⁵¹
89	短	to̱t²¹
90	厚	thu⁵¹
91	远	ve²¹
92	近	tʃaŋ⁵⁵
93	多	mjo²¹
94	少	ʃau²¹
95	轻	som²¹
96	重	lai²¹
97	红	ne⁵¹
98	白	phju⁵¹
99	黑	noʔ²¹
100	绿	ŋjui⁵¹
101	（羊）肥	tshu⁵¹
102	瘦	kji⁵⁵
103	好	ke⁵¹
104	坏	then²¹
105	快	la̱²¹ van⁵⁵
106	慢	ŋja̱m²¹
107	酸	tʃɛn⁵¹
108	甜	tʃhui²¹
109	苦	kho²¹
110	辣	phjik⁵⁵
111	咸	i²¹ tʃum²¹ kho²¹
112	痒	jo²¹
113	我	ŋo⁵¹
114	你	naŋ⁵¹
115	他	jaŋ²¹
116	不	a²¹

藏缅语族 藏缅语族是汉藏语系语种最多的一个语族。据不完全统计，有200多种语言。除中国外，还分布在缅甸、泰国、越南、老挝、不丹、印度、尼泊尔、巴基斯坦等国。据一般意见，可分10个语支。在中国有藏语支、彝语支、景颇语支、缅语支、羌语支。在国外还有喜马拉雅语支、那嘎－博多语支、库基－钦语支、赖语支、克伦语支。中国境内有46种藏缅语族语言，主要分布在西藏、青海、甘肃、四川、云南、贵州、广西、湖南等省区。除了羌语支仅分布在中国之外，其余的彝语主要分布在中国，部分在境外；缅语支、景颇语支和藏语支均为跨境语支。

藏缅语族语言的语音差异很大。在语音方面：（1）大多数语言的塞音、塞擦音分清浊和送气三套。（2）一部分语言保存了小舌部位的塞音、鼻音和擦音。（3）原始汉藏语有比较丰富的复辅音，后来在音变过程中发生简化乃至消失。（4）韵母也有很大差异，主要是介音、主要元音和韵尾方面。（5）声调是后起的语音现象，藏缅语声调的产生很不平衡。有的有6个，有的有4个，有的只有2—3个。少数语言或方言至今还没有声调，只有习惯音调。在词汇方面，基本词汇如天文地理、动物、人体部分以及动词、形容词、代词、数词都有同源关系。在语法方面有较多的共同特点：（1）名词都有用后缀或虚词表示多数的语法形式。（2）可在名词后面加指小的后缀，表示较小较可爱的附加意义。（3）部分语言名词有人称领属语法范畴，靠在名词前面加人称代词的语法化形式作词头，表示人称领属语法意义。这一形式残存于少数语言中。如嘉戎、独龙、尔苏语等。大多数语言的第一、第二人称代词都同源，人称代词有格的语法范畴。（4）数词由一至十、百、千等基本上都是同源词。（5）量词的产生有早有晚，处在很不平衡的状态。（6）多数语言的动词残存有人称语法范畴。（7）动词有时、体、貌、情态等语法范畴。（8）几乎所有的语言都有态的语法范畴，但有的语言只是残存现象。（9）部分语言里的动词有趋向语法范畴。（10）有数量不等的结构助词，表示主语、施动者、宾语或动作的承受者，或动作的时间、地点、方式、工具，或领属关系、方位、比较、从由、随同、定指等。(11) 基本语序是：主语—宾语—谓语。少数语言已改为主语—谓语—宾语的语序。名词、代词作定语时，在中心语前，形容词、数量词组作定语一般在中心语后。动量词组作状语时，在中心语前。

藏语 藏族使用的语言，属汉藏语系藏缅语族藏语支。藏族自称 phøʔ¹²pa⁵⁴（博巴），分布在西藏自治区、青海、甘肃、四川、云南等地，人口约有540万人（2000年）。按照1982年时的调查统计，藏族约有94%的人口使用藏语。在国外，印度、尼泊尔、不丹等地也有分布。国内藏语分卫藏、康、安多三个方言，方言间的差别较大，主要在语音和词汇上。

卫藏方言的拉萨话特点如下。

一 语音

有 p ph m w t th ts tsh s ɬ n l tʂ tʂh ʂ r tɕ tɕh ɕ ɲ c ch ç j k kh ŋ h 等28个声母，部分拉萨人还有 mp nt nc ŋk nts ntʂ nt 等带鼻冠音声母。

有 a i u e o ɛ y ø ɔ ã ĩ ũ ẽ õ ɛ̃ ỹ ø̃ 等17个元音。有 ʔ k p m ŋ r 6个韵尾（拉萨话的韵尾 ŋ 不稳定，经常与半鼻音自由变读），元音和韵尾结合成如下35个带辅音尾的韵母：aʔ ak ap am aŋ ar iʔ ik ip im iŋ ir uʔ uk up um uŋ ur eʔ ek ep em eŋ er oʔ ok op om oŋ or ɛʔ yʔ øʔ əp əm，这样拉萨话共有52个韵母。

有4个声调：43、44、12、113，通常写作54、55、12、14。其中54、12较短，55、14较长，出现在短调里的元音读音都较短，出现在长调里的元音读音都较长。如 tsa⁵⁴（草）、tsaː⁵⁵（跟前）、mi¹²（人）、miː¹⁴（人的）。由于元音的长短是声调的伴随现象，元音不必分成长的和短的两类。拉萨话有连读变调现象，双音节词变调的情况是：在第一音节，54、55两个调都读55，12、14两个调都读22，元音长短不变。在第二音节，54调不变，55调有变与不变两种情况：前一音节是高调时不变，前一音节是低调时读24，12调变54，14调变55（前一音节是高调）或24（前一音节是低调）。元音长短不变。

二 词汇

单音节词少，复音词多。复音词大量由词根加附加成分构成。附加成分有前加成分和后加成分两种。前加成分有 a⁵⁴，大都是表示亲属称谓的名词。如 a⁵⁴ma¹²（妈妈）、a⁵⁴ni¹²（姑姑）；后加成分有 pa⁵⁴、po⁵⁴、ma¹²、mo¹²，带后加成分的多是名词或形容词。如 kaŋ⁵⁵pa⁵⁴（脚）、tʂhoʔ¹²po⁵⁴ tʂhoʔ¹²ko⁵⁴（朋友）、ɲi¹²ma¹²（太阳）、ŋa⁵⁵mo¹²（甜）。此外，后加成分还有 kha⁵⁴、ka⁵⁴、ku⁵⁴、pu¹²、tɕha⁵⁴、ra¹²，但带这些后加成分的词不多。在名词、代词、动词、形容词里，有表示敬语的词。许多词都有一般词和敬语词之分。如 lak¹²pa⁵⁴（手），是一般的说法，作敬语时则用 tɕhaʔ⁵⁴，kho⁵⁴（他），敬语则用 khoŋ⁵⁵。构词法有合成法和附加法两种。合成法又分联合、修饰、支配、表述四种结合关系。附加法多使用后加成分。借词有来源于汉语的，如 tɕha¹²（茶）、la¹²puʔ⁵⁴（萝卜），有来自蒙语的，如 u⁵⁴su⁵⁴/ u⁵⁴mu⁵⁴ su⁵⁴lu⁵⁴（袜子），有来自梵文的，如 mu¹²tiʔ⁵⁴（珍珠）、pɛ⁵⁵ma⁵⁴（莲花），有来自阿拉伯语的，如 a⁵⁴raʔ¹²（白酒）。其中以汉语借词最多，在日常生活各方面都有汉语借词。如 moʔ¹²moʔ¹²（馍馍）、tshɛ⁵⁵（菜）、thaŋ⁵⁵（汤）、tɕok⁵⁴tse⁵⁴（桌子）、pi⁵⁴tse⁵⁴（杯子）、tʂhe⁵⁴tse⁵⁴（尺子）、tɕhem¹⁴tse⁵⁴（剪子）、pho⁵⁴khep⁵⁴（铺盖）、khɛ̃⁵⁵tɕa¹⁴（坎肩）、thuŋ¹⁴phẽ⁵⁵（铜盆）、tsuŋ⁵⁵ko⁵⁴（中国）等。有些借词还可以用来构成新的词。

三 语法

藏语的词类可分名词、动词、形容词、数词、量词、代词、副词、连词、助词和叹词10类。在称人的名词后加助词 tsho⁵⁴，可以表示复数，如 so¹²pa⁵⁴tsho⁵⁴（工人们）。动词有自主和不自主的分别。部分动词有区别时态、命令式以及自动和使动的不同形式。在动词后面加上附加成分可以名物化。动词有特陈、泛陈、判断、拟测、推断、命令、否定等七种形式。动词的特陈式有现行时、将行时、即行时、未行将行时、已行时、方过时六种时间状态。泛陈式只有现行时和即行时两种。动词特陈式和泛陈式都有完成体。大部分的形容词有一般、较高、最高三个级别。如 ka^{55}po^{54}（白的）、ka^{55}ra（较白）、ka^{55}ɕøʔ^{54}（最白）。人称代词有单数、复数和双数的分别。第二人称和第三人称都有敬称。第一人称的复数和双数有包括式和排除式的分别。

句子成分 （1）主要成分有主语和谓语，次要成分有宾语、定语和状语。（2）主语在前，谓语在后。（3）宾语在主语和谓语中间。（4）间接宾语在前，直接宾语在后。（5）名词、名物化动词、人称代词以及指示代词作定语都在中心语的前面；形容词、数词、疑问代词以及不定代词作定语，都在中心语后面。（6）状语一般都在中心语的前面，只有个别副词修饰形容词在中心语的后面。（7）助词（结构助词）是加在词或词组后，表示词或词组在句子里的功能以及句子成分和句子成分之间关系的一些后置的虚词。藏语的助词比较丰富。

四 方言

藏语分卫藏、康、安多三个方言。卫藏方言主要分布在西藏自治区；康方言主要分布在西藏自治区的昌都地区和那曲地区、四川甘孜藏族自治州、云南迪庆藏族自治州和青海玉树藏族自治州；安多方言分布在甘肃和青海两省的各藏族自治州、化隆回族自治县和循化撒拉族自治县以及四川甘孜和阿坝藏族自治州的部分地区。卫藏方言和安多方言内部比较一致，康方言内部差别较大。

附：藏语卫藏方言常用词举例

1	天	nam^{55}
2	太阳	ȵi^{12}ma^{12}
3	月亮	ta^{12}wa^{12}
4	星星	ka^{55}ma^{12}
5	云	tʂi^{55}pa^{54}
6	风	ɬak^{54}pa^{54}
7	雨	tɕha^{55}pa^{54}
8	水	tɕhu^{54}
9	河	tɕhu^{54}
10	山	la^{12}
11	水田	ɕiŋ^{12}ka^{54}
12	土	sa^{54}
13	窟窿	i^{54}khuŋ^{55}
14	石头	to^{12}
15	火	me^{12}
16	上面	kaŋ^{12}
17	下面	woʔ^{12}
18	里面	naŋ^{14}
19	外面	tɕhi^{54}loʔ^{12}
20	年	lo^{12}
21	日	ȵi^{12}ma^{12}
22	猪	phak^{54}pa^{54}
23	狗	chi^{54}
24	熊	thom^{14}
25	老鼠	tsi^{54}tsi^{54}
26	鸡	tɕha^{12}te^{12}
27	鸟	tɕha^{12}
28	蚂蚁	tʂho^{12}maʔ^{12}
29	跳蚤	tɕo^{14}
30	苍蝇	paŋ^{14}ku^{54}
31	蚊子	tuk^{12}paŋ^{14}
32	翅膀	ɕok^{54}pa^{54}
33	毛	pu^{54}
34	鱼	ȵa^{12}
35	尾巴	ɕuʔ^{12}ku^{54}
36	树	ɕiŋ^{55}toŋ^{14}
37	竹笋	ȵuk^{54}ɕø^{55}
38	稻子	tʂɛʔ^{12}
39	马铃薯	ɕo^{12}ko^{54}
40	姜	ka^{12}muʔ^{54}
41	果实	ɕiŋ^{55}toʔ^{54}

42	茅草	tsa⁵⁴		78	浮	ҫaŋ⁵⁴
43	叶子	lo¹² ma¹²		79	沉	thim¹²
44	头	ko¹²		80	飞	phir⁵⁵
45	眼睛	miʔ⁵⁴		81	（狗）吠	tɕhaŋ⁵⁵
46	鼻子	na⁵⁴ khuʔ⁵⁴		82	啼	tɕha¹² kɛʔ⁵⁴ cəp¹²
47	耳	na⁵⁴ am⁵⁵ tɕoʔ⁵⁴		83	大	tɕhẽ⁵⁵ po⁵⁴
48	牙齿	so⁵⁴		84	小	tɕh ỹ⁵⁵ tɕhy⁵⁵
49	胡子	a⁵⁵ ra¹²		85	高	tho⁵⁴ po⁵⁴
50	手	lak¹² pa⁵⁴		86	低	ma⁵⁴ po⁵⁴
51	皮肤	pak⁵⁴ pa⁵⁴		87	深	tiŋ⁵⁵ liŋ¹⁴ ko⁵⁴
52	骨头	ry⁵⁵ koʔ⁵⁴		88	长	riŋ¹⁴ ko⁵⁴
53	血	tʂhaʔ⁵⁴		89	短	th ỹ⁵⁵ thy⁵⁵
54	胆	tʂhiʔ⁵⁴ pa⁵⁴		90	厚	thuʔ⁵⁴ po⁵⁴
55	心	ȵiŋ⁵⁵		91	远	thaʔ⁵⁴ riŋ¹⁴ po⁵⁴
56	父亲	pa⁵⁴ pa⁵⁴		92	近	thaʔ⁵⁴ ȵe¹² po⁵⁴
57	母亲	a⁵⁴ ma¹²		93	多	maŋ¹⁴ ko⁵⁴
58	子女	phu¹²		94	少	ȵuŋ¹⁴ ȵuŋ¹⁴
59	上衣	tyʔ⁵⁴ thuŋ⁵⁵		95	轻	jaŋ¹⁴ ko⁵⁴
60	裙子	mɛʔ⁵⁴ joʔ⁵⁴		96	重	tɕiʔ¹² ko⁵⁴
61	听	ȵɛ̃¹⁴		97	红	ma⁵⁵ po⁵⁴
62	吃	sa¹²		98	白	ka⁵⁵ po⁵⁴
63	咳嗽	lo⁵⁴ ca¹²		99	黑	ma¹² ko⁵⁴
64	吹	phu⁵⁴ cəp¹²		100	绿	tɕaŋ¹⁴ ku⁵⁴
65	说	ҫøʔ⁵⁴		101	（羊）肥	cak¹² pa⁵⁴
66	跳	tɕhom⁵⁵		102	瘦	kam⁵⁵ po⁵⁴
67	走	tɕh ī ʔ⁵⁴		103	好	jaʔ¹² ko⁵⁴
68	跑	cuk¹² ca⁵⁵ løʔ⁵⁴		104	坏	tuk¹² tɕaʔ⁵⁴
69	坐	tɛʔ¹²		105	快	coʔ¹² ko⁵⁴
70	谁	ȵiʔ⁵⁴ ȵɛ¹⁴		106	慢	ko¹⁴ po⁵⁴
71	扛	puŋ⁵⁵ pa⁵⁵ che⁵⁵		107	酸	cu⁵⁵ mo¹²
72	洗（衣）	tʂhu⁵⁴		108	甜	ŋa⁵⁵ mo¹²
73	捆	tam¹⁴		109	苦	kha⁵⁴ tiʔ⁵⁴
74	问	tʂhiʔ¹²		110	辣	kha⁵⁴ tsha⁵⁴ po⁵⁴
75	骂	ҫɛʔ⁵⁴ ҫɛʔ⁵⁴ taŋ⁵⁵		111	咸	tsha⁵⁴ khu⁵⁴
76	笑	kɛʔ¹² mo¹² kɛʔ¹²		112	痒	sa¹²
77	哭	ŋu¹²		113	我	ŋa¹²

114	你	cheʔ⁵⁴raŋ¹⁴
115	他	khoŋ⁵⁵
116	这	ti¹²

藏语支 藏语支是藏缅语族的一个语支，分布在中国的西藏、青海、甘肃、四川、云南等省。在中国，藏语支包括藏语、门巴语、仓洛语、白马语。藏语、门巴语、仓洛语是跨境语言，白马语仅分布在中国。藏语还分布在印度、不丹、尼泊尔、巴基斯坦。仓洛语还分布在印度和不丹，门巴语在不丹境内也有少量分布。境外的藏语支语言比较多，情况复杂。藏语支使用人口约有550万左右。藏语、白马语是藏族使用的语言，门巴语、仓洛语是门巴族使用的语言。藏语支语言的声调产生比较晚，藏语安多方言和仓洛语没有声调，只有习惯音高。藏语支语言词汇的共同点是：（1）彼此有一批与其他语言不同的同源词。这些词有严整的对应关系。（2）有一定数量的词尾，它们有共同的来源。在语法方面：（1）动词都有体的语法范畴。（2）动词有命令式，大都采用动词词根屈折变化的方式表现。（3）量词的用法比较一致。（4）结构助词用法上比较一致，但没有同源关系。（5）形容词都有级的语法范畴，在形容词后面加后缀表示。级仅仅是残存现象，但也看出它们之间的共同点。

扎坝语 四川甘孜藏族自治州部分藏族居民使用的一种语言。分布在道孚县扎坝乡和雅江县扎麦乡。使用人口约7700余人（20世纪90年代估算）。一般用于家庭或村寨内部，对外使用汉语。扎坝语与周围的语言都不相通，西部和东部相邻的地方通行藏语康方言。这里以道孚县扎坝乡拖村的话为代表介绍扎坝语的情况。

一 语音

声母 扎坝语有124个声母，其中单辅音声母53个，复辅音声母71个。

单辅音声母：p ph b m m̥ w f v ts tsh dz s sh z t th d n n̥ l ɬ tʂ tʂh dʐ ʂ ʂh ʐ tʃ tʃh dʒ ʃ ʒ tɕ tɕh dʑ ɲ n̥ ɕ ɕh ʑ cç cçh ɟ k kh g ŋ ŋ̊ x ɣ h ɦ。

复辅音声母71个：mph mb mts mtsh mdz mt md mn mtʂ mdʐ mɲ mʝ nph nts ntsh ndz nth nd ntʂ ntʂh ndʐ ntɕh ndʑ ncç nʝ nk nkh ng pts ptsh pt ptʂ ptʂh pʐ ptɕ ptɕh pcç phʐ bd bdz bʐ bdʐ bʑ bʝ fts fs ft fɬ ftʂ f ʂ fɕ vz vn vl vʐ vʑ vʝ vj ʂp ʂts ʂt ʂn ʂtʂ ʂtʃ ʂtɕ ʂɲ ʂcç ʂk ʐd ʐg mbʐ。

韵母 有39个韵母，其中单元音韵母18个，复元音韵母21个。

单元音韵母：ɿ i ɛ ɛ a ʌ y ø u o ə ɿ̃ ĩ ɛ̃ ã ũ。

复元音韵母：ɿi ei ɛi ʌi yi øi ui oi əi ɿ̃ĩ ɛ̃ĩ iɛ ia iɛ̃ yɛ ya yø yɛ̃ uɛ ua uʌ uã。

声调 有3个声调：

55 13 33

例字：ŋa⁵⁵   cço¹³   ŋi⁵⁵ŋi³³

　　　眼睛　同伴　　红

二 词汇

扎坝语的藏语借词很多，据统计，藏语借词约占19%以上。汉语借词占3%左右。在名词里，藏语借词占30%。名词中的藏语借词多为宗教、文化、抽象概念方面的居多。汉语借词以农业和生活用具方面的居多。

扎坝语的形容词叠音词特别丰富，常用的形容词中，有一半以上的属叠音形容词。

如 tɕi⁵⁵tɕi⁵⁵（大），ji³³ji⁵⁵（小），ndʐo⁵⁵ndʐo⁵⁵（高），ŋi⁵⁵ŋi⁵⁵（低），等等。动词也有一部分是叠音词。如 dy⁵⁵dy⁵⁵（打架），ɬʌ⁵⁵ɬʌ⁵⁵（换），ʐʌ³³ʐʌ⁵⁵（画），等等。动词大多数都带趋向前缀。

三 语法

扎坝语的词可分名词、代词、数词、量词、动词、形容词、格助词、副词、连词、语气词、叹词等11类。

名词 可以带后缀 -ʐɛ³³ 表示复数。例如：sy⁵⁵ʐɛ³³（人们），tɕhɛ⁵⁵ʐɛ³³（山羊，复数），shɛ³³pu⁵⁵ʐɛ³³（树，复数）。

代词 分人称代词、反身代词、指示代词、疑问代词。人称代词分单数、双数、负数。第一人称双数、复数分排除式和包括式。

	第一人称 （排除/包括）	第二人称	第三人称
单数	ŋa¹³	nʊ⁵⁵	ŋʊ⁵⁵ ʑʊ⁵⁵
双数	ŋʊ³³nɛ⁵⁵/ɳɛ⁵⁵nɛ³³	nʊ⁵⁵nɛ⁵⁵	ŋʊ⁵⁵nɛ⁵⁵/ ŋʊ⁵⁵ʑʊ⁵⁵nɛ³³
复数	ɳe⁵⁵/ɳɛ¹³	nø⁵⁵	ŋʊ⁵⁵ʑɛ⁵⁵/ ŋʊ⁵⁵the⁵⁵

反身代词的三个人称也分单数、双数、复数。

指示代词 分近指和远指。近指语素是 kʊ³³，远指的语素是 ŋʊ⁵⁵。构成 kʊ³³ʑʊ⁵⁵（这个）、kʊ³³ʑɛ⁵⁵（这些），kʊ³³khə⁵⁵（这里）等合成词。

疑问代词 可用重叠的方式表示复数。例如：jı³³nı⁵⁵（昨天）shə⁵⁵shə⁵⁵（谁谁）va³³（来）昨天都有谁来了？nʊ⁵⁵（你）ke⁵⁵（哪里）ke⁵⁵（哪里）tʌ³³（去）jı³³na⁵⁵（过）你去过些什么地方？

数词 基数词 tɛ⁵⁵（一）、nɛ¹³（二）、sı⁵⁵（三）、dʌ¹³（四）、tshɿ⁵⁵（十）与复合数词 tshɿ⁵⁵ʂtə⁵⁵（十一）、tshe⁵⁵ne⁵⁵（十二）、tshe⁵⁵sı⁵⁵（十三）、tshɿ⁵⁵də⁵⁵（十四）、nɛ³³tshɿ⁵⁵（二十）、sə⁵⁵ntshɿ³³（三十）、dʌ¹³ʑɿ³³（四十）中的语素不同。序数词都是藏语借词。

量词 分个体、群体、度量、不定量、动量等。个体量词除作计量单位外，还含有修饰事物形状的意义。

动词 有趋向、人称、体、语气、式、态、自主和不自主等范畴。趋向范畴有表示五种方向（直上方、直下方、上游方、下游方、不定方）的趋向前缀。人称和体范畴只分第一人称和第三人称，第二人称的疑问式与第一人称相同，陈述式与第三人称相同。自主动词有5种体：将行体、现行体、已行体、完成体、经验体。不自主动词有4种体：将行体、现行体、经验体、已行体。自主动词5种体与两种人称结合共用10种不同的后缀。现以 kə⁵⁵tsɿ³³（吃）为例，人称和体的形式如下：

tsɿ³³je⁵⁵ （我）将吃　　　tsɿ³³ʂə⁵⁵ （他）将吃
tsɿ³³tʂə⁵⁵ （我）正在吃　tsɿ³³tʂe⁵⁵ （他）正在吃
kə⁵⁵tsɿ³³gi³³ （我）吃了　kə⁵⁵tsɿ³³ki³³ （他）吃了
kə⁵⁵tsɿ³³wu⁵⁵ （我）吃过了 kə⁵⁵tsɿ⁵⁵wa⁵⁵ （他）吃过了
kə⁵⁵tsɿ³³nʌ⁵⁵ （我）曾吃过　kə⁵⁵tsɿ³³na³³ （他）曾吃过

语气范畴靠后缀表示。

式范畴有陈述、疑问、要求、命令、禁止、否定等6种式。

态范畴分自动态和使动态。

形容词 级范畴分普通级、次高级、最高级、过量级。次高级加前缀 xu⁵⁵ 表示，最高级用前缀 xti⁵³ 表示，过量级用后缀 ʂtɕi¹³ 表示。

格助词 属格助词 ʑə³³，工具格助词 kʌ³³kʌ³³，为格助词 vi³³，对象格助词 wu³³，把格助词 pɛ³³ʑə³³，比格助词用 ma³³，时空格助词 tha³³。

语序 基本语序为：主语—宾语—谓语。句中如有间接宾语，顺序比较自由，可以有：主语—间接宾语—直接宾语，间接宾语—主语—直接宾语，直接宾语—主语—间接宾语3种顺序。修饰关系的语序，名词、代词、名词性词组作中心语的修饰语时在其前，形容词、数量词作名词中心语的修饰语时在其后。数量词与指示代词同时作修饰语时，数量词可在名词中心语之后，也可在其前，但要位于指示代词之后。形容词、副词、数量词作动词中心语的修饰语时，在中心语之前。

附：扎坝语常用词举例

1	天	mɯ⁵⁵
2	太阳	ɳi⁵⁵mɯ³³
3	月亮	ɬo⁵³ŋu⁵³
4	星星	dʑi⁵³
5	云	xu⁵⁵pa⁵³
6	风	ɬo⁵⁵pa⁵³
7	雨	xu⁵³
8	水	ʑi³⁵
9	河	ʑi³⁵
10	山	ri³⁵
11	水田	ʑi³⁵le⁵⁵
12	土	tʂɛ⁵³

13	窟窿	dʑi⁵³		49	胡子	la⁵⁵pu⁵³
14	石头	lu⁵³		50	手	le⁵⁵
15	火	mɐ³⁵		51	皮肤	ri⁵³
16	上面	gã⁵⁵		52	筋	dzi³⁵ka⁵³
17	下面	wɐ³⁵pa⁵³		53	血	sai⁵³
18	里面	ja⁵⁵ku⁵³		54	胆	tʂhi³⁵pɛ⁵³
19	外面	ɣa³⁵hõ⁵⁵		55	心	xe⁵⁵mø⁵³
20	年	ko⁵⁵		56	父亲	a⁵⁵pha⁵³
21	日	si⁵⁵		57	母亲	a⁵⁵ma⁵³
22	猪	we⁵⁵		58	儿子	zi³⁵
23	狗	tɕhɯ⁵³		59	上衣	tɕhɛ⁵⁵ku⁵³
24	熊	wua³⁵		60	裙子	ɕɛ̃⁵⁵tsə⁵³
25	老鼠	xua⁵⁵		61	听	kə³⁵ŋu⁵³
26	鸡	ʑa⁵³		62	吃	kə³⁵tɐ⁵³
27	鸟	pu⁵⁵tsi⁵³		63	喝	kə³⁵thū⁵⁵
28	蚂蚁	bu³⁵dʐo³⁵ma⁵⁵		64	吹	lə³⁵ma⁵⁵
29	跳蚤	ɬai⁵⁵		65	说	wə³⁵ɕɛ⁵⁵
30	苍蝇	bu³⁵ɕi⁵³		66	跳	lə³⁵pha⁵⁵
31	蚊子	bi³⁵tɕø⁵³		67	走	ɕə⁵³
32	翅膀	dʐi⁵³		68	跑	tə³⁵phi⁵⁵
33	毛	mu̥⁵³		69	坐	lə³⁵dzu⁵³
34	鱼	ʐū³⁵		70	谁	kə³⁵ʑe⁵⁵
35	尾巴	ŋa⁵⁵ma⁵³		71	扛	tə⁵⁵tɕã³⁵
36	树	se⁵⁵		72	洗（衣）	lə³⁵tsi⁵³
37	竹笋	mɐ⁵³sø̃⁵³		73	捆	lə³⁵so⁵³
38	稻子	ndʐɛ³⁵		74	问	tə³⁵da⁵⁵
39	甘薯	hū³³ʂɑu⁵⁵		75	骂	kuɐ³⁵ti³⁵
40	姜	ga³³ɕa⁵³		76	笑	rua³⁵
41	果实	ɕī⁵⁵tu⁵³		77	哭	tʂuɛ³⁵
42	草	ʐu³⁵		78	浮	tə³⁵rə³⁵
43	叶子	lo³⁵ma⁵³		79	掉	tə³⁵qa⁵⁵
44	头	xo⁵³		80	飞	tə³⁵de⁵⁵
45	眼睛	ȵe⁵⁵		81	（狗）吠	ŋua⁵⁵
46	鼻子	na³⁵ko⁵³		82	啼	ʐõ⁵⁵
47	耳朵	ne⁵⁵po⁵⁵to⁵⁵		83	大	kɐ³³kɐ⁵⁵
48	牙齿	ku⁵³		84	小	tsi³⁵ka⁵⁵

85	高	thy⁵⁵ thy⁵⁵
86	低	ma³³ ma⁵⁵
87	深	xi̠⁵⁵ xi̠⁵⁵
88	长	se³³ se⁵⁵
89	短	tshõ³³ tshõ⁵⁵
90	厚	ɬe⁵⁵ ɬe⁵⁵
91	远	kua⁵⁵ kua⁵³
92	近	zi³⁵ kha⁵³
93	多	z̠i⁵⁵ z̠i⁵³
94	少	n̠e³³ n̠e⁵⁵
95	轻	dʐi³³ dʐi⁵⁵
96	重	lai³³ lai⁵⁵
97	红	n̥i⁵⁵ n̥i⁵⁵
98	白	tʂhõ⁵⁵ tʂhõ⁵⁵
99	黑	n̠e⁵⁵ n̠e⁵⁵
100	绿	n̠y⁵⁵ n̠y⁵⁵
101	(羊)肥	tshi⁵⁵ rə⁵³
102	瘦	ma³⁵ tshi⁵³
103	好	je⁵⁵ je⁵⁵
104	坏	dʐe³³ dʐe⁵⁵
105	快	tʂhõ⁵⁵ rə⁵³
106	慢	tho⁵⁵ rə⁵³
107	酸	tʂõ⁵⁵ tʂõ⁵⁵
108	甜	ŋa⁵⁵ ŋa⁵⁵
109	苦	na³³ na⁵⁵
110	辣	ɕi⁵⁵ ɕi⁵⁵
111	咸	tshi⁵⁵ kha⁵³
112	痒	xə³⁵ rə⁵³
113	我	ŋa³⁵
114	你	n̠e³⁵
115	他	tsɛ³⁵
116	不	ma³⁵

扎话 在西藏自治区东南部察隅县下察隅乡的松古村、拉丁村和塔玛村，当地的藏族所使用的语言跟该地通行的藏语康方言很不一样，附近的人称他们为"杂"或"扎"，他们所说的话叫"扎话"。他们人数不多，在村子内部使用自己的语言，外出时使用当地的藏语康方言。

据有关学者研究，扎话有部分基本词汇与格曼语相近，文化词大多与藏语相近。其语言地位目前还没有最后确定，有待进一步研究。

一　语音

有33个单辅音声母：p t k ph th kh b d ɡ ts tʂ tɕ tsh tʂh tɕh dz dʐ dʑ s ʂ ɕ x z ʐ ʑ j w m n ȵ ŋ l r。

有12个复辅音声母：pl kl bl/mbl pr kr phr khr br/mbr gr/ŋkr pz̠ khz̠ bz̠/mbz̠。

韵母　有75个韵母，其中元音韵母8个：a e ɛ i u o ɤ ə。

复元音韵母8个：ai ei ou au oi eːi ui iɛ。

带辅音尾59个：am em ɛm im om iɛm an en ɛn in un on iɛn ain aŋ eŋ ɛŋ iŋ uŋ oŋ iɛŋ al el ol iɛl ar er ɛr ir ur or ɤr iɛr ap ep ɛp ip up op oup iɛp at et ɛt it ut ot out ak ek ik uk ok ouk aʔ eʔ iʔ uʔ oʔ。

声调　扎话的声调不太稳定，往往因人而异，单说的时候可高可低，在语流中则比较固定。低降调一般不出现在单音节。有5个声调：

高平 55　高降 53　高升 35　低升 13　低降 31

例词　siŋ⁵⁵ z̠e⁵⁵　wu⁵⁵ liɛ⁵³　ser³⁵ pa⁵⁵　khe¹³ su⁵⁵　nə³¹ ŋa⁵⁵
　　　水果　　　箭　　　新　　　扁　　　鱼

二　词汇

扎话有各种词头又有各种词尾，双音词比较多。又由于所处的地理位置偏僻，受周边其他民族语言的影响，自己的语言使用范围有限，新词新语多从藏语里吸收。

构词　扎话词的构成有4种：词头加词根、词根加词根、词根加后缀、重叠词根语素。

词头加词根　名词、代词、动词、形容词多带词头，词头声调多为低降调。例如：水 a³¹ di⁵⁵、石头 a³¹ loŋ⁵⁵、树 a³¹ siŋ⁵⁵、大 kə³¹ thai⁵⁵、白 kə³¹ tʂhu⁵⁵、来 kə³¹ ua⁵³、三 kə³¹ som⁵⁵、谁 a³¹ na⁵⁵。

词根加词根　例如：火烟 mi⁵⁵ khe⁵³、甜 tɕim⁵⁵

di⁵⁵、小腿 ko³⁵doŋ⁵⁵、母猪 li⁵⁵noŋ⁵⁵。

词根加后缀　例如：新 ser³⁵pa⁵⁵、旧 niŋ⁵⁵pa⁵⁵、宽 pa³⁵pa⁵⁵、脏 tso¹³pa⁵⁵。

重叠词根　例如：高 koŋ⁵⁵koŋ⁵⁵、球形 lo³⁵lo⁵⁵、蓝 ŋu¹³ŋu⁵⁵、黑 na¹³na⁵⁵。

藏语借词　藏语借词借入的时间比固有词出现晚，因此藏语借词多为下位词。例如：公马 te⁵⁵phu⁵⁵、母马 te⁵⁵mu⁵⁵、马驹 di⁵³wu⁵⁵，但马 phə³¹raŋ⁵⁵是自己的固有词。公狗 ɕi⁵⁵phu⁵⁵、母狗 ɕi⁵⁵mu⁵⁵，但狗 ke³¹wi⁵⁵是自己的固有词。由于猪这个动物很早就产生了，因此猪以及其下位词都是自己的固有词。例如：猪 lak⁵⁵/laʔ⁵⁵，猪崽 li⁵⁵sa⁵⁵、母猪 li⁵⁵noŋ⁵⁵、公猪 ndʐer⁵⁵phu⁵³。

三　语法

词类　分名词、代词、数词、量词、动词、形容词、副词等。

名词　没有表示性、数的形态变化，区别性别要靠其他词或附加成分表示。

代词　分人称代词、指示代词、反身代词、泛指代词、疑问代词。人称代词分单数、双数、复数。指示代词分近指、远指、更远指三类。反身代词 rop³⁵tɕhe⁵⁵可以单独使用，也可以与人称代词结合使用。泛指代词有 ki⁵⁵（大家）、mi⁵⁵siɛ⁵³（别人）、mi⁵⁵（人家）、ke³¹zaŋ⁵⁵（别人）等。疑问代词有些带词头，有些没有词头。

数词　基数词一、二、三是固有词，四以上多借自藏语。序数词也是借自藏语。

量词　扎话的量词很少。一般是名词后面直接加数词。只有部分表示容量和成双成对的名词在接受数词修饰时可以加上量词。如 krai⁵⁵（鸡）kə³¹mo⁵⁵（一）一只鸡；tɕhe⁵⁵（水）kher⁵⁵（桶）kə³¹mo⁵⁵（一）一桶水。

动词　表示各种语法范畴主要依赖于谓语部分的核心成分前后附加各种语法成分。判断动词 rɛ⁵⁵（是、对）只能单独使用，其否定式是 ma³¹rɛ⁵⁵或 mɛ³¹rɛ⁵⁵（不是、不对）。存在动词有 ka⁵³（有）和 tshu⁵⁵（在）两个。助动词有表示能愿意义的助动词 ra⁵⁵（要）、xiŋ⁵⁵（会）、ŋgi⁵⁵（可能）、ga⁵⁵（乐意）、tɕa⁵³（敢）等。

形容词　形容词重叠表示程度加深，形容词修饰名词时要用在名词的后面。

副词　有表示时间、地点、范围、频率、程度、否定等的副词。副词常用在动词或形容词的前面。

否定范畴　否定除使用副词 mu⁵⁵和 xe⁵⁵外，还以黏附形式 me³¹来体现。例如：ka³⁵（我）ŋɛ³⁵pa⁵⁵（猎人）me³¹（不）kin⁵⁵（附加）我不是猎人。

时、体、态、式　扎话句子的时分当时与非当时，非当时使用 miɛ³¹。体标记有完成体、经历体。被动态标志是在动词后附加 pi⁵³。式分命令式和祈使式，祈使式在动词前面加 tɕi⁵⁵。

疑问句和疑问语气　疑问形式分是非问、特指问、选择问。是非问使用语气词 re³¹；特指问使用了疑问代词就不使用语气助词；选择问提供两种可能的情况让对方选择。例如：

mi⁵⁵　a⁵⁵　me³¹　mi⁵⁵　甜不甜？
甜　（语助）　不　甜？

附：扎话常用词举例

太阳	miʔ⁵³
月亮	a⁵⁵wu⁵³də³¹wa⁵³
雨	a³¹raŋ⁵⁵
雪	ap³¹sa⁵⁵
水	a³¹di⁵⁵
山	ren⁵⁵
石头	a³¹loŋ⁵⁵
年	lu⁵⁵
明天	xa³¹na⁵³
牛	tɕe⁵⁵
猪	lak⁵⁵/laʔ⁵⁵
母猪	li⁵⁵noŋ⁵⁵
猴子	a⁵⁵mu⁵³
鸟	a³¹wa⁵⁵

爪	tə³¹se⁵⁵		小	tə³¹jak⁵⁵sa³¹
水獭	nə³¹sam⁵³		好	kə³¹si⁵⁵
鱼	nə³¹ŋa⁵⁵		白	kə³¹tʂhu⁵⁵
树	a³¹siŋ⁵⁵		甜	mi⁵⁵
叶子	a³¹liɛp⁵³		干	ɕɛ⁵³
玉米	pa⁵⁵taŋ⁵⁵		湿	ndʑɛn³⁵pa⁵⁵
人	tsi⁵³mi⁵⁵		新	ser³⁵pa⁵⁵
儿童	nə³¹ŋɛ⁵⁵		旧	niŋ⁵⁵pa⁵⁵
妻子	kə³¹me⁵⁵		宽	pa³⁵pa⁵⁵
猎人	ŋɛ³⁵pa⁵⁵		脏	tso¹³pa⁵⁵
耳朵	ap³¹tɕiŋ⁵⁵		这	iŋ⁵⁵
肠子	ap³¹li⁵⁵		那	mɛŋ⁵⁵
胆	pə³¹kaŋ⁵⁵		我	ka³⁵
饭	aŋ⁵⁵di⁵³		你	na³⁵
酒	a³⁵do⁵⁵		他	wu⁵⁵
衣服	kheŋ⁵⁵		谁	a³¹na⁵⁵
书	ji⁵⁵ki⁵⁵		一	kə³¹mo⁵⁵
刀	kə³¹nu⁵⁵		二	kə³¹ȵiŋ⁵⁵
绳子	tha⁵⁵pa⁵⁵		三	kə³¹som⁵⁵
来	khu⁵³			
去	su⁵⁵			
走	thi⁵⁵			
跑	ke⁵⁵			
坐	loup⁵³			
说	taŋ⁵⁵			
唱	thiɛ⁵⁵			
吹	phu⁵⁵the⁵⁵			
做	zu⁵⁵			
进	tsui⁵⁵			
睡	ŋeːi⁵³			
知道	xa⁵³gu⁵³			
砍	tsap⁵³			
有	ka⁵³			
在	tɕhu⁵⁵			
下雨	sa⁵³			
大	kə³¹thai⁵⁵			

壮傣语支 侗台语族的分支之一，是该语族分布最广、使用人口最多的一个语支。在中国通行于广西壮族自治区、广东、海南、贵州、云南、四川等省区；在国外，通行于泰国、老挝、缅甸东北部、越南北部和印度的阿萨姆邦，有4000多万人使用。内分三个语组：①北部语组，包括壮语北部方言、布依语、海南临高话和泰国"石话"。语音特征是没有送气的清塞音；②中部语组，包括壮语南部方言和越南的侬语、岱语、土语。语音特征是古复辅音变化比较复杂；③西南部语组，有傣语、泰语、老挝语、缅甸掸语和印度阿萨姆邦的阿含语，语言特征是元音系统较复杂，巴利语、梵语借词较多，人称代词有尊卑之分。三个语组的共同特点是：多数语言有带喉塞的ʔb、ʔd声母；从名词的性状标志发展了一批性状计量词；修饰、限制、领属成分多在中心词之后，各语组使用的虚词不尽相

同。本语支内部的同源词比率较高。

侗台语族 汉藏语系的语族之一旧称壮侗语族。分布在广西、贵州、云南、海南、广东等地。如果包括国外的泰语、老挝语、缅甸的掸语以及越南北部的农语、岱语等语言，国际上也称侗泰语。侗台语族指分布在中国的壮傣语支、侗水语支、黎语支和仡央语支诸语言。本语族原来分三个语支，近年来，有学者主张把仡佬语和新发现定名的拉基语、普标语、布央语作为一支，名为"仡央语支"，这样壮侗语族就包括台语支、侗水语支、黎语支和仡央语支。各语支所包括的语言如下：（1）壮傣语支（也称台语支）——包括国内的壮语、布依语、傣语、临高语。国外的泰语、老挝语、掸语、"石语"、土语、侬语、岱语、黑傣语、白傣语、坎梯语和已趋于消亡的阿含语等。（2）侗水语支——包括侗语、仫佬语、水语、毛南语、莫语、佯僙语、拉珈语、标话、茶洞语、木佬语等。（3）黎语支——包括黎语、村语。（4）仡央语支——包括仡佬语、拉基语、普标语、布央语、蔡家话。还有越南北部的拉哈语等。

国内侗台语族语言的使用人口约有2031万余人。各语言的分布和使用人数如下。

台语支：1726万人；侗水语支：196万人；黎语支：108万人；仡央语支：1.23万余人。

本语族语音方面共同的主要特点是：有带后置辅音 -l、-r、-j、-ɣ 的复辅音声母，但有些语言在单辅音化；元音起首的音节前面都带喉塞音 ʔ-；有一套带喉塞音的 ʔb、ʔd、ʔm、ʔn、ʔŋ、ʔj、ʔw 等只出现于清声调类；韵尾前的元音分长短，但分长短的元音数目各语言不一，有逐渐减少的趋势，有的语言只剩元音 a 还分长短；有的语言（或方言）则所有元音都不分长短，而以不同音值的元音取代长短的对立。有 -i、-u、-p、-t、-k、-m、-n、-ŋ 韵尾；声调分阴阳。语法方面：有相当多的区分事物性状的量词；量词能受其他词和词组的修饰，能在句中作主语和宾语；以名词或量词为中心的修饰词组，除数量修饰语各语言不大一致外，往往是修饰语在后，指示代词在整个修饰词组的最后。使用"主—谓—宾"的语序。

四个语支有一些同源的词，从同源词的数目来看，壮傣语支和侗水语支的同源词在 45%—50%，关系较为密切；黎语支的词有些和壮傣语支同源，有些和侗水语支同源；仡央语支和其他三个语支的同源词一般在 25% 到 30%，关系与其他语支较疏远。黎语支和仡央语支有些数词同源却和其他语支不同源。

壮语 壮族使用的语言，属汉藏语系侗台语族壮傣语支。壮族主要分布在广西壮族自治区中部和西部，云南文山壮族苗族自治州和广东北部的连山壮族瑶族自治县。据1990年全国第四次人口普查，壮族有15489630人，2000年有16178811人。除了居住在大城市和部分县城的壮族不使用壮语以外，居住在广大农村和大部分县城的，都使用壮语。此外，广西北部原来使用布努语的瑶族有十几万人转用了壮语，环江毛南族自治县也有部分毛南族转用了当地的壮语。1982年统计，使用壮语的人口约有1300余万，约占当时壮族人口的97%。按照这个比例推算，2000年以后使用壮语的人口有1570万人左右。在广西各个县城一般使用汉、壮双语，壮族人口占90%以上的县以使用壮语为主，如靖西、德保、天等、平果、大新等县，在这些县无论在商店、市场、机关、学校（课余时间）均以壮语交际，偶尔也使用普通话。南部方言地区还兼用粤语和普通话，北部方言还兼用桂柳话（西南官话）和普通话。在云南通行壮语的县，一般使用当地壮语方言和当地的西南官话。广东连山的壮族，一般使用当地的壮语方言和粤语。

一 语音

壮语标准音有23个声母：p ʔb m f w ʔw pl ml t ʔd n θ l ɕ j ʔj k ŋ ɣ kj kw ʔ h。其中的 ʔb、ʔd 为带

喉塞的浊塞音声母；ʔw、ʔj 为带喉塞的半元音声母，这四个带喉塞声母的喉塞成分很重；θ 是齿间清擦音声母；ɣ 是舌根浊擦音声母；pl、ml 是复辅音声母。

有 i e a o u ɯ 6 个元音，其中 i a o u ɯ 有长短对立。有 -i、-u、-ɯ、-m、-n、-ŋ、-p、-t、-k 9 个韵尾。由元音和韵尾构成 78 个韵母：

i e a o u ɯ ei aːi ai oːi uːi iːi iəm ieːm nəɯ uːn uːn auː ou aɯ iəm im eːm aːm am oːm om uəm um ɯm iən in eːn aːn an oːn on uən un ɯən ɯn iəŋ iŋ eːŋ iŋ aːŋ aŋ oːŋ oŋ uəŋ uəŋ iəp ip eːp aːp ap oːp op uəp up ɯp iət it eːt aːt at oːt ot uət ut ɯət ɯt iək ik eːk aːk ak oːk ok uək uk。

有 6 个舒声调：第 1 调 24，第 2 调 31，第 3 调 55，第 4 调 42，第 5 调 35，第六调 33；4 个促声调：第 7 调（短）55，（长）35，第 8 调（短）33，（长）33。

二　词汇

壮语有比较完整的固有词系统，也有相当数量的早期汉语借词。近数十年以来，吸收了一大批汉语书面语新词术语。早期汉语借词按汉语南方"古官话"语音系统吸收，新借词按西南官话语音系统吸收。壮语各地彼此相同的词比例较高，北部方言各地之间容易通话，但南北方言之间由于语音差别大，通话有一定的困难。在语法方面，各地比较近似，如名词单独出现时必须带上相应的量词。如 pau⁴ wun²（个人）、ko¹ fai⁴（棵树）、an¹ maːk⁷（个果子）等。词序和虚词是表达语法意义的主要手段；名词的修饰语要放在名词之后，只有数量词作修饰语时才在名词之前。动词带宾语和补语时，补语一般放在宾语之后。

三　方言

壮语北部方言　分布在广西北部的 40 多个县市和云南的富宁、广南、丘北、师宗、罗平以及广东北部的连山、怀集部分地区。语音的共同特点是没有送气音声母，与贵州的布依语比较接近；北部方言有一个 *r 声类，各地的具体读音虽有不同的变体，但对应简单而明显。大多数地区有带喉塞的半元音声母 ʔj、ʔw。（1）桂北土语：分布在广西北部的龙胜、三江、永福、融安、融水、罗城、环江、河池、南丹、天峨、东兰、巴马等地，人口有 149 万。本土语的人多自称为"布壮""布班"（村人）和"布蛮"（村人）。语音特点是有几个圆唇声母 pw bw mw，r 声类逢基数调分化出一个 j。南丹的 -k 韵尾脱落，声调仍保留。（2）柳江土语：分布在柳江、来宾（北部）宜州、柳城、忻城（北部）、合山等地，人口有 150 万人。本土语的人自称"布壮"，语音特点是大部分地区有 kw ŋw pj mj kj 等声母，有些地方还有 pw tw dw nw ŋw lw tsw θw jw hw kjw hjw tj dj lj tsj θj 等圆唇和腭化声母；r 声类多读作 hj；声调调值比较一致。（3）红水河土语：分布在广西东中部的阳朔、荔浦、鹿寨、象州、武宣、桂平、贵港、来宾（南部）、上林、忻城（南部）、都安、马山、贺县等地，人口有 326.6 万人。本土语的人多自称为"布壮"或"布土"。语音特点是有一套带喉塞的鼻音声母：ʔm ʔn ʔŋ ʔŋ，各地都有原始台语 *pl、*ml、*kl 不同的反映形式，如 pj、pɣ、pr，kj、kɣ、kr，kj、kɣ、kr 等；多数地区有塞擦音，与武鸣的 ɕ 相对应。（4）邕北土语：分布在邕宁（北部）、横县、宾阳、武鸣、平果等县，人口有 167.5 万人。本土语的人多自称为"布壮"。语音特点是土语内部语音不很一致，原始台语的 *pl、*ml、*kl 的读法不一致，分读 pl、ml、kl 和 pl、ml、kj 两类。有的地方完全简化为 p、m、k。（5）右江土语：分布在田东、田林、白色三个县市，人口有 84.7 万。本土语的人多自称为"布土"。语音特点是 r 声类归入 l；原始台语的 *pl、*kl 变读作 tɕ；一般地区的喉塞音声母及带喉塞声母的音节，第 3 调的都变读第 4 调。（6）桂边土语：分布在凤山、凌云、乐业、田林、隆林、西林以及云南的富宁、广南（北部）等县，人口有 95.7 万人。本土语的人多自称为"布依"。语音特点是有较多的圆唇声母；元音之中 e ɛ，o ɔ 对立；r

声类在多数地区变读 l；一般地区的喉塞音声母及带喉塞声母的第 3 调变读第 4 调（与右江土语同）。（7）丘北土语：分布在云南的丘北县以及师宗县一带。人口有 14 万。本土语的人多自称为"布依"，当地汉人称之为"沙人"。语音特点是壮语各地的复辅音已经消失。并入 p、m、k；北部方言大部分地区的 t 变为 w，h 变为 ɣ；各地的元音 e、o，本土语分别变为复元音 ia 或 ua；长元音后的塞音韵尾 -k 消失了，韵母变为舒声韵，其声调亦变为舒声调；喉塞音及带喉塞音声母的音节，由第 3 调变为第 4 调。（8）连山土语：分布在广东北部的连山壮族瑶族自治县的部分乡镇和怀集县的下帅乡，人口有 3.8 万人。本土语的人自称为"壮族"。语音特点是有送气音 ph th tsh kh khj khw，可能是受当地汉语的影响而产生的；r 声类并入 j。在词汇方面，吸收较多的汉语借词。（9）邕南土语：分布在邕宁（南部）、隆安、扶绥、上思、钦州、防城等县，人口有 169.6 万人。本土语的人自称为"布土"。本土语各地的语音差别很大，彼此无法通话。语音特点是声调（多为单数调）普遍有分化的现象；大多数地区的带喉塞的浊塞音声母 ʔb、ʔd 分别并入 m、n；汉字有一套读音系统，无论新老借词都按照这套读音系统来读。（10）左江土语：分布在天等、大新、崇左、宁明、龙州等县，人口有 160.1 万人。本土语的人自称为"根土"（土人）。本土语内部语音比较一致，人们可以用本地话互相交流。城镇通行"白话"（粤语）。语音特点是没有 r 声类，北部方言的 r 声类单数调分别并入 h，个别读 th、kh 或 khj，而双数调并入 ɬ n l；汉语借词多了一套腭化声母：tj thj θj lj；各地声调调值比较一致。（11）德靖土语：分布在靖西、德保、那坡三个县，人口约 113.3 万人。本土语的人自称为"根土"（土人）。本土语语音特点是内部基本一致，跟左江土语和砚广土语比较接近，彼此能勉强通话。靖西和德保两个县壮语使用频率最高，无论在农村或城镇都使用本地壮语。政府机关、学校、企业事业单位都使用壮汉双语，而以壮语为主。外来的汉族或其他民族居民也兼通本地壮语。靖西话在本土语当中是通用的交际语。语音特点是有一套送气的塞音声母；浊塞音 b、d 在农村虽带喉塞音，但不明显，靖西城厢及附近农村分别变为 m、n，r 声类变读 th、khj、kh、h（单数调）及 l、n 或 ŋ（双数调）由于吸收了汉语借词，增加了 tj、thj、θj、lj 等声母；元音除了 a 分长短之外，其他元音不分长短，但多读长元音；元音 e、o 各分 ɛ、ɔ 两套；两个促声调各分化为两个调类。（12）砚广土语：分布在云南文山壮族苗族自治州的广南、砚山、马关、文山、西畴、麻栗坡等县，人口有 35.6 万人。本土语的人自称"布依"，与德靖土语或左江土语比较接近，可以通话。语音特点是南部方言其他土语的 kj、khj，本土语读作 tɕ、tɕh；原始台语的 *r 本土语分作 r、l 两个；塞擦音和擦音有 tɕ、tɕh、ɕ 三个。（13）文麻土语：分布在云南文山壮族苗族自治州的文山、马关、麻栗坡、开远等地一些自称为 dai² 的壮族地区，人口约 11 万。本土语的人自称布岱，史书上多称为土佬。用汉语时自称为土佬或土族。该土语是壮语南部方言最独特的一个土语，其语音大大简化了，变化也复杂。语音特点是声母保留原始台语的浊塞音、浊塞擦音和浊擦音；原来的 b、d 与 ʔb、ʔd 合并；大部分地区的复辅音和颚化声母，简化为单辅音声母；塞声韵全部消失，促声韵全部变为舒声韵；双唇鼻音韵尾脱落，变成鼻化元音；促声调分别并入 2、4、5、6 各调。

壮语（武鸣话，声调用调类）与同语族其他语言有关天地、动物、植物方面的同源词有：天 bɯn¹、太阳 taŋ¹ ŋon²、月亮 dɯːn¹、星星 daːu¹ dai⁵、云 fɯ³、风 ɣum²、雨 fun¹、水 ɣam⁴、火 fai²、田 na²、窟窿 ɕoːŋ⁶、石头 ɣin¹、烟 hon²、水牛 waːi²、猪 mau¹、马 ma⁴、龙 luŋ²、熊 mui¹、穿山甲 lin⁶、鸡 kai⁵、狗 ma¹、猫 meu²、老鼠 nau¹、鸟 ɣok⁸、斑鸠 ɣok⁸ ɣau¹、鱼 pa¹、蛇 ŋɯ²、蚂蚁 mot⁸、跳蚤 mat⁷、蚊子 juŋ²、毛 pɯn¹、角 kau¹、树 fai⁴、竹笋 ɣaːŋ²、

稻子 hau⁴、甘薯 man²、芋头 piːk⁸、芝麻 luɯk⁸ŋa²、苋菜 plak⁷ɣom¹、姜 hiŋ¹、茅草 ha²、稻草 fɯːŋ²、叶子 baɯ¹、种子 fan²（多用 ɕe⁶）等。

壮语独有的词，各地不一致，但各土语有各土语自己的特有词，如红水河土语有：发髻 kjau³ŋun⁵、眼珠 lək⁸sak⁸、嘴唇 haːŋ²bun³、楼 paːm¹、冷 ɣaːm⁵、岸 waːŋ⁵、缸 liːu⁶、黄豆 tsaːu³等；柳江土语有：嘴 moːm⁶、疯 ŋwaːn⁶、蚯蚓 ŋɯ⁶、溢 piu¹、（刀）钝 ŋam⁴、才（做）heːt⁷、看 liːu²、浇（水）so⁴、跑 pɯ⁵等；桂北土语有：曾祖父 maːŋ⁶、瘦（肉）tsit⁷、草木灰 pak⁷、被子 raːŋ⁶、床 mok⁸、疲倦 lja²、煮 ruŋ¹、下雨 ruːi⁶等；邕北土语有：牙齿 fan²、疥疮 kja¹、蹄子 le¹、圆 kloːn²、大孔筛子 laːt⁸、推（车）joŋ¹；右江土语有：辫子 nok⁸tɕom¹、锉 lia⁶、紫色 noːn⁴、强壮 ja⁴、浇（水）fat⁷、脏 pɯ⁵、短 kan⁵、簸 waːt⁸、捧 pua¹等；桂边土语有：蒜 soːi⁵、矛枪 lwɛːm¹、慢 mwɛ⁶、（刀）快 kaːt⁹、养（鸡）ʔu¹、欠 ni³、背（东西）ʔɯ¹、窄 ɕɛːn²等；丘北土语有：狐狸 ma¹waːŋ²、引诱 dzam¹、掷（石头）ʔaːu⁵、结（冰）run³、烤火 sau¹、迟 kwaːi²等；连山土语有：山 naːu⁴、乌龟 paːŋ⁶haːŋ²、母亲 ʔa¹ku⁴ne⁵、袜子 ja⁵、下（山）wi⁶、细小 niŋ⁵、别（去）ŋuŋ⁶等；砚广土语有：狐狸 ma¹phi¹、豆子 tɕhaŋ³、地 din¹、桥 tsat⁸、走 tai⁵、民歌 lɯn⁴、病 tɕhai³、帽子 tu²、乳房 ʔu³等；德靖土语有：姓 kjoːk¹⁰、钢 liːn¹、水獭 buːn³、鹿 kwaːŋ¹、菌子 tsoːp⁹、醉 to²、跟着 keːm¹、（粥）稠 mja²等；左江土语有：肉 baːi⁵、酸痛 naːi⁵、水痘 meːŋ²、乳房/乳汁 num²、被子 fa²、花 bjoːk⁷、杯子 tsoːk⁸、歪 tsaːi⁴等；邕南土语有：粥 muːi²、柴 liːu¹、疲倦 ŋɯŋ⁵、疤痕 tai¹、湿润 pɯːt⁹、跳 jeːt¹⁰、蓝靛草 tsaːm²等；文马土语有：露水 nã⁴kho⁵、山 duã¹、池塘 bɣu⁵、海 khu²、身体 mɛ⁶、胃 ɲiŋ¹、猴子 nəi⁵、棉花 sɿ³lɣu¹、菌子 sɛ⁴、给 jo⁴、害怕 bu¹、有 tɕi¹等。

附：壮语（标准音）常用词举例

1	天	bɯn¹
2	太阳	taŋ¹ŋon²
3	月亮	dɯːn¹
4	星星	daːu¹dei⁵
5	云	fɯ³
6	风	ɣum²
7	雨	fɯn¹
8	水	ɣam⁴
9	河	ta⁶
10	山	pja¹/doi¹
11	水田	na²
12	土	naːm⁶
13	窟窿	ɕoːŋ⁶
14	石头	ɣin¹
15	火	fei²
16	上面	kɯn²
17	下面	la³
18	里面	daɯ¹
19	外面	ɣoːk⁸
20	年	pi
21	日	ŋon²
22	猪	mou¹
23	狗	ma¹
24	熊	mui¹
25	老鼠	nou¹
26	鸡	kai⁵
27	鸟	ɣok⁸
28	蚂蚁	mot⁸
29	跳蚤	mat⁷
30	苍蝇	neːŋ²n̪an¹
31	蚊子	ɲuŋ²
32	翅膀	fɯt⁸
33	毛	pɯn¹
34	鱼	pja¹
35	尾巴	ɣiːŋ¹
36	树	fai⁴
37	竹笋	ɣaːŋ²

38	稻子	hau⁴		74	问	ɕaːm¹
39	甘薯	man²		75	骂	da⁵
40	姜	hiŋ¹		76	笑	ɣiu¹
41	果实	maːk⁷		77	哭	tai³
42	茅草	haʔ		78	浮	fou²
43	叶子	baɯ¹		79	沉	ɕam¹
44	头	kjau³		80	飞	bin¹
45	眼睛	ta¹		81	（狗）吠	ɣau⁵
46	鼻子	daŋ¹		82	啼	han¹
47	耳朵	ɣɯ²		83	大	huŋ¹
48	牙齿	heu³ / fan²		84	小	i⁵
49	胡子	mum⁶		85	高	saːŋ¹
50	手	fɯŋ²		86	低	tam⁵
51	皮肤	naŋ¹		87	深	lak⁸
52	骨头	doːk⁷		88	长	ɣai²
53	血	lɯːt⁸		89	短	tin³
54	胆	beiʔ		90	厚	na¹
55	心	sim¹		91	远	kjai¹
56	父亲	po⁶		92	近	kjaɯ³
57	母亲	me⁶		93	多	laːi¹
58	子女	lɯk⁸		94	少	noi⁴
59	上衣	pu⁶		95	轻	bau¹
60	裙子	kun² / vin³		96	重	nak⁷
61	听	tiŋ⁵		97	红	hoŋ² / diŋ¹
62	吃	kɯn¹		98	白	haːu¹
63	咳嗽	ai¹		99	黑	dam¹
64	吹	po⁵		100	绿	heu¹
65	说	kaːŋ³ / nau²		101	（羊）肥	pi²
66	跳	tiu⁵ / jet⁷		102	瘦	pjoːm¹
67	走	pjaːi³		103	好	dei¹
68	跑	puːt⁷		104	坏	ɣɯ⁴ / vaːi⁶
69	坐	naŋ⁶		105	快	vaːi⁵
70	谁	ninʔ		106	慢	men⁶
71	扛	kɯːt⁸		107	酸	som³
72	洗（衣）	sak⁸		108	甜	vaːn¹ / tim²
73	捆	ɕuk⁸		109	苦	ham²

110	辣	maːn⁶
111	咸	daŋ⁵
112	痒	hum²
113	我	kou¹
114	你	mɯŋ²
115	他	te¹
116	这	nei⁴

邹语 台湾高山族中自称"邹"的人所使用的语言,属南岛语系印度尼西亚语族台湾语支邹语群。分布在台湾嘉义县吴凤乡达邦、里佳、山美、新美、来吉、茶山、乐野等村,南投县信义乡久美村。使用人口约7000。邹语为黏着型语言。

语音 有15个辅音:p b m f v t l n ts s z k ŋ ʔ h。
辅音例字:

p	poepe	风
b	bonʉ	吃
m	mimo	喝
f	fuesʉ	米
v	voeu	八
t	tʉpʉ	海
l	liŋəki	泥
n	nunəʔu	乳房
ts	tsou	人
s	sapətsi	脸
z	zomʉ	鸟
k	koeu	耳朵
ŋ	ŋaeo	嘴
ʔ	ʔətsuu	头虱
h	hətsuu	柿子

有7个元音:i e a o u ʉ ə。多音节词重音一般落在倒数第二个音节上。音节结构有辅音+元音、元音自成音节两种方式。

在构词方面,词干加附加成分或词干部分音素重叠为主要构词手段。前加成分有 ai-、bi-、bo-、hi-、bu-、e-、eo-、eu-、eau-、eupa-、euʔə-、himə-、i-、le-、mə-、ma-、me-、no-、so-、to-、tu- 等。后加成分有 -ana、-he、-si。中加成分有 -əm-,插在词干第一个音节的辅音与元音之间。

语法 词类分名词、代词、数词、形容词、动词、副词、连词、助词 八类。

名词有主格、属格、宾格、位置格,分别在前面加不同的格助词表示。

人称代词有单数和复数,有主格、属格形式,第一人称复数有包括式和排除式。动词有时、态、人称、体等语法范畴。"时"有现在时、过去时、第一将来时、第二将来时。"态"有主动态和被动态。"体"有一般体和完成体。

句子成分有主语、谓语、宾语、定语、状语。谓语往往位于句首,主语、宾语在谓语后,前面有不同的格助词表示。定语位于中心语后。状语在中心语前。

附:邹语常用词举例

1	天	ŋʉtsa
2	太阳	hie
3	月亮	feohʉ
4	星星	tsoŋeoha
5	云	tsəmʉtsəmʉ
6	风	poepe
7	雨	tənʉʉ
8	水	tsəhumu
9	河	tsəhumu
10	山	fueŋu
11	水田	ezoeʉ
12	土	tseoa
13	窟窿	feoŋo
14	石头	səkuzu
15	火	puzu
16	上面	omia
17	下面	nosəʔoeʉ
18	里面	aeumona

19	外面	tsotsa		55	心	təʔuhu
20	年	tonəsoha		56	父亲	amo
21	日	hie		57	母亲	ino
22	猪	feʉʉ		58	子女	——
23	狗	abəʔu		59	上衣	iihosa
24	熊	tsəmoi		60	裙子	tafəʔu
25	老鼠	buhətsi		61	听	təmalʉ
26	鸡	teoua		62	吃	bonʉ
27	鸟	zomʉ		63	咳嗽	suotsioʉ
28	蚂蚁	sosoea		64	吹	havi
29	跳蚤	timeo		65	说	poaeainətsəneni
30	苍蝇	toivovaa		66	跳	səmoesao
31	蚊子	moeotsʉ		67	走	tsoetsonʉ
32	翅膀	eopuŋu		68	跑	peaeofʉ
33	毛	məʔuməʔu		69	坐	eusuhəŋu
34	鱼	eosəkʉ		70	谁	oeŋʉtʉ
35	尾巴	tsivətsi		71	打	eobako
36	树	evi		72	洗（衣）	tufku
37	竹子	pətsokənʉ		73	捆	maepoeisi
38	稻子	pai		74	问	tuotsosʉ
39	甘薯	fəʔue		75	骂	koitsʉ
40	槟榔	fiʔi		76	笑	tsotsəvo
41	果实	beahətsi		77	哭	moŋəsi
42	茅草	kukuzo		78	浮	ŋohətsʉ
43	叶子	hʉŋʉ		79	死	mətsoi
44	头	fəŋuu		80	飞	toesoso
45	眼睛	mətsoo		81	射	pono
46	鼻子	ŋʉtsʉ		82	开	maavo
47	耳朵	koeu		83	大	meoi
48	牙齿	hisi		84	小	oko
49	胡子	məʔuməʔu		85	高	pepe
50	手	mutsu		86	低	tsʉetsʉ
51	皮肤	sənʉfʉ		87	深	ninəʔau
52	骨头	tsʉehʉ		88	长	tatsəvohəʔi
53	血	həmueu		89	短	nanʉhətʉ
54	肠子	soeu		90	厚	otsəmoeʉ

91	远	tsovəhi
92	近	tsəmuu
93	多	botəŋonʉ
94	少	hotsəhia
95	轻	sopəʔo
96	重	etsəbuhʉ
97	红	fʉhəŋoea
98	白	fuetsʉʔia
99	黑	kuaoŋa
100	绿	eŋəhova
101	（羊）肥	noeʉnʉ
102	瘦	kʉehoi
103	好	ʉmeʉnʉ
104	坏	pakəʔi
105	快	sonʉ
106	慢	ŋoveo
107	酸	masəʔeʉtsʉ
108	甜	tsohʉmʉ
109	苦	maemʉ
110	热	tsubəru
111	咸	masəki
112	一	tsoni
113	我	ao
114	你	suu
115	他	ta
116	不	oa

艾努语 中国艾努人使用的语言。一说为维吾尔语的一种方言，另一说认为是一种伊朗语族语言与维吾尔语的混合语。艾努人自称 εjnu，他们的祖先是从伊朗迁来的。当地的维吾尔和其他民族称其为"阿布达尔人"（Abdal）。主要分布在新疆维吾尔自治区的和田、洛浦、墨玉、莎车、英吉沙和疏勒等县。艾努人与外界交际时使用维吾尔语，内部则讲艾努语。艾努语的主要特点：语音上保留有波斯语的语言特点，但受到维吾尔语的影响。元音 a 有弱化现象；词尾可出现 b、d、g；复辅音较多，如 rd、pt、st、ʃt、ld、zm、ndʒ、rg、hm、jt 等，因受维吾尔语影响，复辅音中有增加元音或减少辅音 t 的现象，如 tʃɛmɛ（tʃɛʃm）"眼"，pɛndʒɛ（pɛndʒ）"五"，nis（nist）"没有"。词中音节尾或词尾的 r、j、h 有脱落现象。固有音位 f 因受维吾尔语的影响已被 p 代替。语法上也残存有波斯语的语法形式，如名词、形容词、数词作定语时可后置，但受维吾尔语的影响深刻，已吸收了维吾尔语黏着语类型的语法手段，与维吾尔语基本相同。由于该语言尚未最后被确认，这里只作简单介绍。

（二）中国少数民族文字简介

八思巴字 又称"八思巴文"，音素文字，元世祖忽必烈命国师八思巴创制的一种拼音文字。初称蒙古新字，不久改称蒙古字，现在称为八思巴蒙古字或方体字。八思巴（1235—1280 年）是元朝第一任国师，藏族学者，著名的萨迦派的第五祖。本名 blo‑gros rg ryal‑mtshan 罗追坚赞，八思巴是他的尊号，系藏语 'phags‑pa "圣者"之意。他受命制字的年代上限是 1260 年，但没有明确交待制字和字成上奏的年份。至元六年（1269 年）颁行使用。八思巴字是一种主要采用藏文字母拼写蒙古语的文字（曾用这种字母拼写过蒙古、汉、藏、梵、维吾尔等多种语言）。字母最初有 41 个，后增至 57 个（有一些梵文字母和新造字母）。以音素为表音单位，字母分元音和辅音，元音 a 不专设字母，以单独的辅音字母表示和 a 相拼。书写单位是音节，不是词。再加上不使用标点符号，因此阅读时只能靠上下文判断词和句子的界限。拼写汉语时不标声调，如果原文没有汉字对照或没有其他参考材料，往往很难确定其所代表的汉字。字母有正体和篆体两种。篆体多用于官方印章。行款从左至右直写，与藏文从左至右横写不同。现今保留的文件有元朝官方文件的原件、碑刻、印章、牌符、银抄、题记、图书等。

八思巴字母总表

编号	字母	汉译	转写	19		懑	dz	38		恶	(待定)
1		葛	k	20		嚼	w	39		也	ê/e
2		渴	k'	21		若	ž	40		曷	y
3		哦	g	22		萨	z	41		耶呼	i
4		谜	ŋ	23		阿	·	42		[拳]	ňy
5		者	tš	24		耶	j/y	43		[书]	š₂
6		车	tš'/č'	25		啰	l	44		[匣]	h
7		遮	dž/j	26		罗	l	45		[幺]	j
8		倪	ň	27		没	š₁/š	46			p'
9		恒	t	28		沙	s	47			r
10		挞	t'	29		河	h	48		—	r
11		达	d	30		哑	'	49			t
12		那	n	31		伊	i	50			t'
13		钵	p	32		邬	u	51			d
14		登	p'	33		翳	e/é	52			n
15		末	b	34		污	o	53			l
16		麻	m	35		超	G	54			ī
17		拶	ts	36		霞	γ	55			ū
18		擦	ts'	37		法	hγ	56			ē

说明：1—41 号字母属原字母表；42—56 号字母为后增字母。38 号字母仅见于文献中的字母表，未见实际用例。

白文 我国白族使用的文字，有两种。

1. 方块白文　这是白族历史上曾经广泛使用的一种汉字式的文字。在南诏时代即已形成，有成书于元初的白文史籍，此外还有白文残瓦、经卷、曲本、祭文、对联等。这种字的字体结构大致有几种：

（1）采用汉字的音，表达白语的意思，如：波［po⁵⁵］"祖父、公"、敝［pi⁵⁵］"他"；

（2）按汉字的意思读白语的语音，如：老［ku³³］"老"、语言［ɕi⁵⁵ yo⁴²］"语言"；

（3）参考汉字的结构体系创造新字。主要使用半体表意，半体表音的形声方法来造字，如：左边提手右边片字（从才片声）读［pɛ⁴²］"背诵"、左边身字右边丘字（从身丘声）读［tsho³³］"保佑、跟随"；

（4）直接使用汉语借词，如：东［tv⁵⁵］、观音［kua³³ ju³³］明代以后，由于中央王朝推行压制民族文字的消极政策，大量的方块白文文献被毁，方块白文的发展受到阻碍。此后方块白文在白族民间仍有使用，主要用以书写碑刻、曲本唱词、祭文等，但它没有发展为白族通用的文字。

2. 新白文　白族虽然有以汉文为基础的方块白文，但是不通用，适应不了社会日益发展的需要。1958 年国家帮助白族设计了一套拉丁字母的文字方案。1982 年进行了修订，以白语中部方言为基础方言，以剑川县金镇的语音为标准音。同时适当照顾到其他两个方言。这种文字进行过试验推行和双语教学，效果良好。

声母表：

字母：　b　p　m　f　v　d　t　n　l　g　k　ng　h　hh
音标：［p　ph　m　f　v　t　th　n　l　k　kh　ŋ　x　ɣ］
字母：　j　q　ni　x　y　z　c　s　ss　zh　ch　sh　r
音标：［tɕ　tɕh　ȵ　ɕ　j　ts　tsh　s　z　tʂ　tʂh　ʂ　ʐ］

韵母表：

字母：　i　ei　ai　a　o　u　e　v
音标：［i　e　ɛ　a　o　u　ɯ　v］
字母：　in　ien　ain　an　on　en　vn
音标：［全是鼻化单元音］

字母：　iai　ia　io　ie　ui　uai　ua　uo　ou　ao
音标：［iɑi　ia　io　iɯ　ui　uɛi　ua　uo　ou　ao］

字母： iain ian ion ien ivn uin uain uan
音标：[全是鼻化复元音]
声调表：

调值：	33	42	31	55	35	44	21	55
元音松紧：	松	紧	松	紧	松	紧	松	紧
声调字母：	x	l	t	f	rx	rl	rt	不标
例词	max	mal	mat	maf	marx	marl	mart	ma
	饱满	他们	背	还不	稻草	骂	勤快	拔草

新白文样品：

Kail de heinl gorx cairx, beinx gainrt vux dort xuairx.

译文：早晨天边红，傍晚雨淋漓。

布依文 我国布依族使用的文字。1950年中央人民政府组织中央访问团赴西南少数民族地区，曾对布依族语言进行过局部调查。1952年到1953年间，中国科学院语言研究所曾派出工作组对布依语做了重点调查。1956年中国科学院少数民族语言调查第一工作队在过去调查的基础上，又对布依语进行了全面、系统的调查研究，并和关系密切的壮语进行了比较研究，认为布依语内部基本一致，只需创制一种文字。布依语和壮语很接近，语音对应整齐，语法结构基本一致，两族人民居地相连。在1956年11月于贵阳召开的"布依族语言文字科学讨论会"上决定采用和壮文联盟的方针，通过了以拉丁字母为基础的布依文字方案。1957年得到中央民族事务委员会批准试验推行。1981年、1985年对文字方案进行了两次修订。修订方案在全省布依族地区试行以后效果良好，受到广泛欢迎。用这套文字培育了布依语工作人员、出版了课本、读物等。这套文字和壮语同源的词尽量采用和壮文一样的书写形式，但读音不强求一致。布依语里特有的词和现代汉语借词，以布依语第一土语（黔南）为基础，以规范的望谟县复兴镇布依话为标准音。修改后的文字方案适应性更强，受到群众普遍欢迎。曾用布依文进行过扫盲、出版了小学低年级语文课本和科普读物等。群众学会布依文以后自办小报、墙报；书写对联、标语；搜集和整理民间文学资料，活跃了农村文化生活。

布依文字声母表：

字母：	b	p	mb	m	f	w	d	t	nd	n	sl	l
音标：	[p	pʰ	ʔb	m	f	v, w	t	tʰ	ʔd	n	ɬ	l]

字母：	g	k	ng	h	hr	j	q	ny	x	y	z	c	s	r
音标：	[k	kʰ	ŋ	x	ɦ	tɕ	tɕʰ	ȵ	ɕ	j	ts	tsʰ	s	z]

字母：	by	my	qy	gv	ngv	qv
音标：	[pj	mj	ʔj	kw	ŋw	ʔw]

说明：p t k q z c 只拼写现代汉语借词。

韵母表：

字母：	a	o	ee	i	u	e
音标：	[a	o	eː	i	u	ɯ]

字母： aai   ai   uai *oi   ui *   ei
音标：[aːi   ai   oi   ɯi]
字母： aau   au   ou *   eeu   iu
音标：[aːu   au   eːu   iu]
         ao *   iao *   io *
字母： ae   ie   ue   ea
音标：[aɯ   iɯ   uɯ   ɯa]
         ia *   ua *   er *
字母： aam   am   oom   om   eem   iam   im   uam   um   eam
音标：[aːm   am   oːm   om   eːm   iam   im   uam   um   ɯam]
字母： aan   an   oon   on   een   ian   in   uan   un   ean   en
音标：[aːn   an   oːn   on   eːn   ian   in   uan   un   ɯan   ɯn]
字母： aang ang   oong ong   eeng iang ing   uang ung   eang eng
音标：[aːŋ   aŋ   oːŋ   oŋ   eːŋ   iaŋ   iŋ   uaŋ   uŋ   ɯaŋ   ɯŋ]
字母： aab   ab   oob   ob   eeb   iab   ib   uab   ub   eab   eb
音标：[aːp   ap   oːp   op   eːp   iap   ip   uap   up   ɯab   ɯb]
字母： aad   ad   ood   od   eed   iad   id   uad   ud   ead   ed
音标：[aːt   at   oːt   ot   eːt   iat   it   uat   ut   ɯat   ɯt]
字母： ag   og   eeg   ig   ug   eg
音标：[ak   ok   eːk   ik   uk   ɯk]

说明：有上角有"＊"号的只拼读现代汉语借词。

声调表：

调类：	1	2	3	4	5	6	7	8
调值：	24	11	53	13	35	33	35	33
声调字母：	l	z	c	x	s	h	t	不标调

用 y、f、j、q 依次表示现代汉语借词的阴平、阳平、上声、去声。

文字样品

Gueh naz miz laaul laail, Gueh meangl miz laaul raiz.

译文：种田别怕多，修渠别怕长。

察合台文 从中世纪到 20 世纪 20 年代拼写东突厥古典文学语言的一种阿拉伯字母系统的拼音文字。除通行于中国新疆和中亚以外，莫卧儿王国和埃及也曾使用过。察合台一词源于以成吉思汗次子的名字取名的察合台汗国。语文学上指察合台汗国的突厥人及突厥化的蒙古人使用的书面语言。察合台语的定义，有人认为回鹘文学语言在受伊斯兰文化影响前就已相当发达，是察合台语的基础。19 世纪末，是维吾尔、乌孜别克、哈萨克、柯尔克孜、塔塔尔等民族的共同书面语。察合台文有 28 个至 32 个字母，有的字母专用于拼写阿拉伯－波斯语源的词。词中的元音往往省略。有些辅音用发音近似重复的 2—4 个阿拉伯字母拼写，有个别的双字母及清浊音混用字母，有几个元音同用一个字母表示，或一个字母在不同音节中既表示元音又表示辅音的现象。有些辅音字母在阿拉伯文中发音近似，字形不同，但在察合台文中发音相同。除字母外，还有辅助符号。字母分词首、词中、词末、单独等形式。从右至左横书。一部分维吾尔语固有词受阿拉伯－波斯文正字法及回鹘文书写传统影响，其音节仅由辅音构成。词干与某些后缀不连写。察合台文具有超方言的性质。现代维吾尔文是察合台文的延续。

朝鲜文 中国朝鲜族和国外朝鲜人使用的拼音文字，创于 15 世纪中叶，当时名为"训民正音"，简称"正音"，又称"谚文"，意为在群众中流行的俗文字。后改称朝鲜文，韩国又称为韩文。"训民正音"创制以前，朝鲜民族曾长期以汉文为书面语。在使用汉字的过程中，又逐渐创造了一种以汉字的音和义来标记朝鲜语的书面形式，称为"吏读"。但这种标记方法既复杂，又不精确，达不到言文一致。1444 年 1 月（李朝世宗二十五年十二月）在世宗主持下，经过郑麟趾等精通汉语音韵和蒙古语等其他民族语文的学者共同努力，创制了能准确记录朝鲜语的民族文字——"训民正音"，并于 1446 年颁布推行。正式字母有 28 个，辅音字母 17 个，元音字母 11 个。1527 年朝鲜著名语文学家崔世珍在《训蒙字会》凡例中对此进行修订，减少了一个字母，改排了字母的顺序，规定了字母的名称。后人在此基础上又对字母进行了增删厘定，确定了现行朝鲜文字母共 40 个，其中辅音字母 19 个，元音字母 21 个。

现行朝鲜文字母表

顺序	字母	名称	音值	顺序	字母	名称	音值
1	ㄱ	기윽	k	21	ㅑ	야	ja
2	ㄴ	니은	n	22	ㅓ	어	ə
3	ㄷ	디읃	t	23	ㅕ	여	jə
4	ㄹ	리을	r	24	ㅗ	오	o
5	ㅁ	미음	m	25	ㅛ	요	jo
6	ㅂ	비읍	p	26	ㅜ	우	u
7	ㅅ	시옷	s	27	ㅠ	유	ju
8	ㅇ	이응	ŋ	28	ㅡ	으	ɯ
9	ㅈ	지읒	ʧ	29	ㅣ	이	i
10	ㅊ	치읓	ʧʻ	30	ㅐ	애	ɛ
11	ㅋ	키읔	kʻ	31	ㅒ	얘	jɛ
12	ㅌ	티읕	tʻ	32	ㅔ	에	e
13	ㅍ	피읖	pʻ	33	ㅖ	예	je
14	ㅎ	히읗	h	34	ㅚ	외	ø
15	ㄲ	된기윽	kk	35	ㅟ	위	y
16	ㄸ	된디읃	tt	36	ㅢ	의	ɯi
17	ㅃ	된비읍	pp	37	ㅘ	와	wa
18	ㅆ	된시옷	ss	38	ㅝ	워	wə
19	ㅉ	된지읒	tʃʃ	39	ㅙ	왜	wɛ
20	ㅏ	아	a	40	ㅞ	웨	we

这些字母以音节为单位拼写,组成一个一个方块形的字,因此是一种"音节式"的拼音文字。拼写时元音前的辅音字母在左或上方,元音字母在右或下方,元音后的辅音字母在元音之下,零声母的音节,元音字母的左或上方须加符号 o 作为标志。朝鲜文创制后一直是汉文、吏读、朝鲜文三种书面形式并存,直到 1895 年才通过"使用国汉文混合体"的法令,正式废除汉文和吏读,朝鲜文成为统一的书面语。但当时仍夹用汉字,跟现在的日文相似。迄今韩国仍允许夹用一定量的汉字,而朝鲜自 1948 年以后全面取消了夹用汉字,我国朝鲜族也从 1952 年起不再夹用汉字,使用纯朝鲜文。

朝鲜文创制的原理和特点:(1)《训民正音》的音韵理论源于汉语音韵学,但在实际运用中又结合了朝鲜语的特点,如它不像汉语那样把音节分为声和韵,而是根据朝鲜语音节结构的特点,采用三分法,把一个音节分为初声、中声和终声,而"终声复用初声",即终声和初声用相同的字母表示。这样,就以初声、终声为一方设计了辅音字母,以中声为一方设计了元音字母。(2)字母中有一套基本字母。《训民正音》创制时,辅音按发音部位分为牙、舌、唇、齿、喉。因此,辅音有 5 个基本字母,其他辅音字母则在这个基本字母基础上,或加画,或略改变形状而成。这样,发音部位相同的辅音字母,在形状上都包含有共同的因素。(3)元音的基本字母是[ʌ]、—[ɯ]、[i],以此为基础,造出其他元音字母。(4)字母不分大小写,楷体和草体、手写体和印刷体的差别也不大。笔顺是先左后右,从上到下。受汉文的影响,行款原来采用从右到左的竖行并且连写,现在韩国横写竖写均可。朝鲜和我国朝鲜文出版物则通行从左到右的横排。又因朝鲜文是字母文字,连写影响对意思的理解和阅读的速度,现在对此做了改进,规定按单词和意群分写。

文献典籍　朝鲜文文献比较丰富,涉及文、史、哲、医、农和佛教等领域。《龙飞御天歌》是历史上最早的朝鲜文文献,1447 年刊行。释迦牟尼传说《释谱祥节》是最早的散文作品,完成于 1447 年。世宗阅览此作品后又亲自用朝鲜文创作歌颂释迦牟尼的歌词《月印千江之曲》,至 1449 年完成并刊行。后又把《释谱祥节》与《月印千江之曲》合成一书,名为《月印释谱》,于 1459 年刊行。1462 年以后,又有大量的"谚解"书刊行,其中有佛经谚解、汉诗谚解、医药农书的谚解等。用朝鲜文注音释义的汉字、汉语读本有 16 世纪崔世珍编著的《训蒙字会》《老乞大谚解》《朴通事谚解》等。此外还有邻近的其他民族语注音注释的《捷解新语》《捷解蒙语》《清语老乞大》《蒙语老乞大》等。在我国,自中华人民共和国成立以来,党和国家实施了各民族都有使用和发展本民族语言和文字的自由的政策,朝鲜语文和汉语文处于平等的地位。在朝鲜族聚居的吉林、黑龙江、辽宁三省,都发行有朝鲜文报刊,设有本民族出版社,出版朝鲜文图书。朝鲜文在发展本民族的文学艺术、新闻出版、广播电视、民族教育、科学技术等方面都起着巨大的作用,同时在与国外交流方面也发挥着不可替代的沟通作用。朝鲜文字的制定和推广使用,基本上解决了历史上存在过的言文不一的问题,有了这样统一的书面语,也为语言的规范化、为文学语言的形成和发展开辟了道路。

朝鲜文样品

조선족간부들은 본민족의 언어문자를
배우고 사용하는 동시에 전국적으로 통
용되는 표준말과 한문을 배워야 한다.
한족간부와 기타 소수민족간부들은 조선어
와 조선문을 배워야 한다.

译文:朝鲜族干部在学习和使用本民族语言文字的同时,要学习全国通用的普通话和汉文。汉族干部和其他少数民族干部要学习朝鲜语和朝鲜文。

川黔滇苗文——见"苗文"。

传统彝文——见"彝文"。

爨文 亦称爨字、爨书，即今传统彝文。据东晋《华阳国志·南中志》载："诸葛亮平南中，移南中劲卒青羌万余家于蜀……分羸弱配大姓焦、雍、娄、爨、孟、量、毛、李为部曲"。由此可知"爨"原是当时大姓之一。爨由姓氏变为族名，最早见于《蛮书·类名篇》："西爨白蛮也，东爨乌蛮也"。《途程篇》："第七程至竹子岭，岭东有暴蛮部落，岭西有卢鹿部落……此等部落皆东爨乌蛮也"。"卢鹿"即当时彝族自称"倮倮"的转音，彝语义为"如山中之虎，水中之龙，所向无敌的虎龙族"。可见唐代即已称彝为爨。明清以来的汉文地方志中多称彝族文字为"爨文""爨字""爨书"。如《天启滇志》《滇系》载："有夷经，皆爨字"。《滇译》曰："夷经皆爨字"。《禄劝县志》记述《镌字崖》碑时曰："一方为爨书，不可辨"。显见爨文之称由来已久。

傣文 我国傣族使用的文字。在不同地区使用四种不同形体的方言文字，即傣仂文、傣那文、傣端文、傣绷文。四种傣文都是来源于古老的印度文字字母体系，字母表中只有辅音，元音另用符号表示。由于最初使用的书写工具不同，源于古印度文字的各种文字，其字母有不同的形体：傣仂文、傣绷文和缅甸文、僧加罗文一样属于圆形体；傣那文、傣端文和柬埔寨文、泰文相似，属于长方形带棱角的字体。傣仂文和傣端文的字母较多。傣仂文有56个，傣端文有44个。每个声母有2个字母表示，分成高、低两组。高音组字母只拼写阴类调（即单数调），低音组只拼写阳类调（即双数调）。傣那文是傣绷文的变体，两者在结构和拼写规则上很相近，只是字母的形体有差异；字母不分高、低音组；元音符号比较少；最早没有表示声调的符号。四种傣文的创制年代尚无定论。一般认为傣仂文创于12世纪或13世纪，傣那文创于14世纪。傣端文是从越南莱州流入的黑、白傣文，而傣绷文是从缅甸传入，无从考证这两者传入的时间。傣仂文和傣那文使用人口较多，范围较广，除用于宗教活动之外，也用于行政和民间。有丰富的文献资料，包括宗教经典、政治历史、法律道德、天文历法、农田水利、占卜问卦、故事传说、戏曲诗歌、语言文学、医药卫生等。1954年对这两种文字进行改进的新文字进入了小学教育，在农村开展了成年扫盲；出版了课本、报刊、文艺作品、科普读物等。现在设计有傣文软件可在电脑中使用（详见后附的四种傣文的声母字母表和韵母、声调符号表）。

1. 傣仂文 （$to^1\,tai^2\,lɯ^4$），是自称为"傣仂"（$tai^2\,lɯ^4$ 的 $lɯ^4$ 是傣语地名，指西双版纳一带）的傣族使用的文字，因其主要通行于西双版纳傣族自治州，所以也称为"西双版纳傣文"。云南省内的孟连、双江、耿马、镇康、景谷、澜沧等县自称为傣仂的傣族以及信仰小乘佛教的布朗族也使用这种文字。在国外，缅甸南掸邦的"傣痕"、泰国北部的"傣允"和老挝的佛寺里也使用这种文字。有56个字母，分高、低音两组，各拼写三个声调。元音和声调用符号表示，写在字母的上下左右。最早是经书文字（$to^1\,tam^2$），后来传入民间。1954年在原有文字基础上对这种文字进行了改进，称为"新傣仂文"。

西双版纳新、老傣文样品

译文：喝水不忘掘井人

2. 傣那文 （$la:i^2\,tai^2\,lə^1$），意为"怒江上游傣文"，从缅甸传入。因其主要通行于德宏傣族、景颇族自治州，所以也称为德宏傣文。云南省内的耿马、双江、镇康、景谷、孟连、镇远、保山、昌宁、腾冲等县的傣族也有使用这种文字的。字母有19个，一般不表示声调，词儿不分开。1954年对这种文字进行了改进。

德宏傣文样品

1964年—1988年使用声调符号 ⌐ ᐟ ˋ ˊ 的样品：

[德宏傣文文本]

1956年—1963年恢复使用字母式声调符号 n e a v c 的样品：

[德宏傣文文本]

译文：我们的共产党和共产党所领导的八路军、新四军，是革命的队伍。我们这个队伍完全是为着解放人民的，是彻底为人民的利益工作的。（毛泽东《为人民服务》）

3. 傣端文（saːn¹ tai² dɔn⁵，dɔn⁵ 是"白"的意思）意为"白傣文"，是自称为"白傣"的傣族使用的文字。由越南莱州传入，曾用于云南红河州金平县的猛拉区，所以也称为"金平傣文"，使用人口很少。有44个字母，分高、低音两组。高组是古印度文的清音，只出现阴类调（即单数调）；低组是古印度文的浊音，只出现阳类调（即双数调）。

金平傣文样品

[金平傣文文本]

译文：我在家勐拉公社，我们村子有六十多家，三百二十一人，全都是白傣族。

4. 傣绷文（to¹ tai² pɔŋ⁶）从缅甸掸邦东北部传入，是自称为 tai² pɔŋ⁶ 的傣族使用的文字。仅使用于耿马傣族、佤族自治县的勐定区和勐简区，使用这种文字的人很少。

傣绷文样品

[傣绷文文本]

译文：我们的共产党和共产党所领导的八路军、新四军，是革命的队伍。我们这个队伍完全是为着解放人民的，是彻底为人民的利益工作的。（毛泽东《为人民服务》）

滇东北苗文——见"苗文"。

东巴文——见"纳西文"。

侗文 我国侗族使用的文字。1956年中国科学院少数民族语言研究所、中央民族学院、中南民族学院和贵州民族学院四个单位组成侗语调查组，在普查的基础上帮助侗族制定了拉丁字母拼音文字。这个文字方案以南部方言为基础方言，以贵州榕江县车江乡章鲁寨的侗话为标准音。1957年9月和1958年8月，贵州、湖南、广西三省的侗族代表在贵阳先后出席了"侗族语言文字科学讨论会"，会上通过了"侗文方案"。1958年得到中央民族事务委员会批准试验推行以后，曾在标准音点办过培训师资班和试验教学，编写了课本、词典等，受到群众欢迎。60年代初侗文被迫停止试验推行。1981年以后恢复推行，有计划、有步骤地在农村的小学、中学低年级班进行试点教学。侗文进入普通小学、初中、高中、师范学校等共58所，119个班。侗文进入小学后，学生的成绩明显提高，对学习汉文可以起到促进的作用。

侗文字声母表：

字母：	b	p	m	w	d	t	n	s	l	bi	pi	mi	li
音标：[	b	p	m	w	t	th	n	s	l	pj	phj	mj	lj]

字母： gu ku ngu j q ny x y g k ng h
音标：[kw khw ŋw tɕ tɕh ȵ x j k kh ŋ h]
字母： f z c zh ch sh r
音标：[f ts tsh tʂ tʂh ʂ z]
说明：声母 f、z、c、zh、ch、sh、r 只用于拼写汉语新借词。

韵母表：

字母：	a	e	ee	i	o	u	ai	ei	oi	ui
音标：[	aː	ə	e	i	o	u	aːi	əi	oi	ui]

字母： ao eeu iu ou uu
音标：[aːo eu iu ou uu]

字母：	am	aem	em	eem	im	om	um	an	aen	en	een	in	on	un
音标：[	aːm	am	əm	em	im	om	um	aːn	an	ən	en	in	on	un]

字母：	ang	aeng	eng	eeng	ing	ong	ung	ab	(ab)	eb	(eb)	ib	ob	ub
音标：[	aːŋ	aŋ	əŋ	eŋ	iŋ	oŋ	uŋ	aːp	ap	əp	ep	ip	op	up]

字母：	ad	(ad)	ed	(ed)	id	od	ud	ag	(ag)	eg	(eg)	ig	og	ug
音标：[	aːt	at	ət	et	it	ot	ut	aːk	ak	ək	ek	ik	ok	uk]

字母：	ia	ie	iao	ian	iang	iong	ua	ue	uai	uan	uang	uo	u
音标：[	iaː	ia	iə	ien	iaŋ	ioŋ	uaː	ua	uə	uen	uaŋ	uo	y]

声调表：

调类：	1	1′	2	3	3′	4	5	5′	6
调值：	55	35	11	323	13	31	53	453	33
声调字母：	l	p	c	s	t	x	v	k	h

文字样品

Lagx naih jongv jaos qimp enl xenp qimp soh, Jangs lagx yiuhyenl, lis nyil yingp yiuhlac .

译文：这个孩子膝盖添筋身添力，虽是小鹰却有黄腊鹨的威风。

尔苏沙巴文 我国自称"尔苏"的一部分藏族曾使用过的一种文字。尔苏语称为"扎拉玛"。尔苏沙巴文是尔苏人中从事宗教活动的沙巴们使用的一种图画文字。起源于何时，无确切记载。据口头传说有 25 代，有 500 年左右。有 200 多个单体字。笔画简单，但不固定，类似图画。

只有手写体，多数用竹笔或兽毛蘸上各种颜色书写，有白、黑、红、蓝、绿、黄 6 种颜色，不同的颜色表示不同的附加意义。书写特点是无固定的笔顺和格式，一个图象表示一个意思，有时用一组图象表示一个比较复杂的意思。在一组图像中往往依时间先后别以左下、左上、右上、右下、中间的顺序排列。每个单体字与语言不是一对一的关系，往往一个字读两个、三个乃至一句话。有时用附加笔画来区别意义。文字表达具体的直观事物多，抽象的概念少，表达动作的则更少。沙巴文处在象形文字的初级阶段，是脱胎于图画，刚刚跨入文字行列的原始文字，是研究文字起源和发展史的极为珍贵的资料。据传沙巴文文献有数十种，已发现的有：虐曼史答（卦书）、各齐史答（算命）、史帕卓兹（卜卦）、昌巴尔刷答（治病）等。内容与原始宗教和占卜有关，但也不乏包含历史、语言、宗教、医药、历法等方面的记述。

梵文、梵语 梵语属印欧语系印度-伊朗语族印度语支的一种古代语言。从梵语的原名 Sam-skrtam（英语 Sanskrit）看，梵语似乎是人工组成的语言。也有人认为，梵语曾经是活的语言，在印度古代的戏剧中，神仙、国王、婆罗门等高贵人物说的是梵语。而同他们对话的妇女等低级人物只允许说方言俗语，关于这个问题，至今尚无统一意见。梵语这个名词可能就代表印度语言学者早有的想法。不过，梵语一词在中国并不是一开始就有的。《梁高僧传》卷一《安清传》说："于是宣译汉经，改胡为汉。""胡"字在同书的元、明本作"梵"。用"梵"代替"胡"，表示中国学者对梵语有了进一步认识。

梵语在历史上使用过一些不同的字母。元音字母 13 个，辅音字母 33 个。书写以音节为单位。目前在印度流行的是天城体字母。梵语元音分简单元音、二合元音、三合元音，辅音喉音、腭音、顶音、齿音、唇音、半元音、咝音和气因音等。

名词有性（阳性、阴性、中性）、数（单数、双数、复数）、格（体格、业格、具格、为格、从格、属格、依格、呼格）的变化。动词变位包括单数、双数、复数；人称有第一、第二、第三人称；时间分现在时、未完成时、完成时、不定过去时、将来时、假定时；语态有主动、中间、被动；语气分陈述式、虚拟式、命令式、祈求式；语尾分原始和派生两种。

在世界上所有古代语言中，梵语文献的数量仅次于汉语，远远超过希腊语和拉丁语，内容异常丰富，可以称为人类共有的瑰宝。广义的梵语文献包括四吠陀：《梨俱吠陀》《婆摩吠陀》《夜柔吠陀》《阿达婆吠陀》，包括大量的梵书、经书、奥义书，两大史诗：《摩诃婆罗多》和《罗摩衍那》，以及大量古事记。此外还包括大量的语法书、寓言故事集，以及医学、自然科学、文艺理论等著作。用典型的古典梵语（狭义的梵语）写成的印度古典文学作品，更是文采斐然。许多著名作家在印度文学史上灿如列星。佛教大乘的经典大部分也是用梵文写成的。有几部原始佛教的经典，原来用俗语写成，后来逐渐梵语化，形成了一种特殊的语言——佛教梵语或混合梵语。

中国翻译梵文佛经有一千多年的历史，但对梵语的语言特点缺乏系统的研究。唐代出现了一批有关梵语的书籍。

方块壮字——见"壮文"。

哥巴文——见"纳西文"。

规范彝文——见"彝文"。

哈尼文 我国哈尼族使用的文字。1956 年中国科学院语言调查队第三工作队和云南省民族事务委员会语文研究室一起普查了哈尼语。确认哈尼语有哈雅、豪白和碧卡三个方言。1957 年帮助哈雅方言和碧卡方言各设计了一套以拉丁字母为基础的拼音文字方案（因豪白方言比较接近哈雅方言，可以学习哈雅方言文字）。1957 年得到中央民族事务委员会批准试行（碧卡方言文字未曾试行）。哈雅方言文字以云南省绿春县大寨的哈尼话为标准音。1984 年进行了修订。曾用此文字进行了扫盲、培训师资、小学教育、出版谚语、儿歌、生产知识等。

梵文字母表

声母表：

字母：	b	p	m	f	w	d	t	n	l	g	k	ng	h	hh
音标：	[b	ph	m	f	w	d	t	n	l	g	kh	ŋ	x	ɣ]

字母：	j	q	x	y	z	c	s	ss

音标：[dʑ tɕh ɕ   j   dz   tsh   s   z]

韵母表：

字母： i   ei   yu   a   ao   o   u   e   ee   ii

音标：[i   e   ø   ɑ   ɔ   o   u   ɤ   ɯ   ɿ]

字母： iv   eiv yuv av   aov ov   uv   ev   eev iiv

音标：[i̠   e̠   ø̠   ɑ̠   ɔ̠   o̠   u̠   ɤ̠   ɯ̠   ɿ̠]

声调表：

调值： 55   33   31   34

字母： l   不表示   q   t

文字样品

Haqpaq aqzu nieivq zaq, Buqdeil milcaq byuq puq. Haqpaq ssolnei buqdeil kalyeiv e yolqoq yomeeq nga.

译文：青蛙捉害虫，蚯蚓松土。青蛙和蚯蚓是庄稼的好朋友。

哈萨克文 聚居在我国新疆维吾尔自治区伊犁哈萨克自治州、甘肃和青海两省部分地区的哈萨克族使用的文字。10—12世纪，伊斯兰教在哈萨克族地区广泛传播，哈萨克人逐渐采用阿拉伯字母来拼写自己的语言。由于这套系统不能恰当反映哈萨克语的特点，于1917年、1924年进行了两次改进；1941年决定使用以斯拉夫字母形式的文字；1959年又创制了拉丁字母体系的文字，直到1982年，新疆维吾尔自治区人民代表常委会批准恢复使用以阿拉伯字母为基础的文字。

现行的哈萨克文由29个字母和一个软音符号组成。软音符号标记在词的右上角。带有这个符号的词，其所有元音字母都读作前元音。哈萨克文由右向左横写，每个字母均有几种不同形式的书写形式，分为"单写""连写"；"连写"又分为"后连"（也称起首形式）、"前后连"（也称中间形式）、"前连"（也称结尾形式）三种。一个字采用哪种形式要视该字母所处的位置来决定。

哈萨克语文是哈萨克族的主要交际工具。已有完整的哈萨克文教育体系，小学、中学和相关的大中专院校都有哈萨克文教学。自治州内的行政机关一般使用哈、汉两种文字，但下发的文件大多使用哈萨克文。各地区伴有刊物、报纸、广播；伊犁成立了伊犁人民出版社，出版了各类图书30余万册。哈萨克文虽然创制较早，但保存下来的文献不多，史诗、名额、谚语、故事等均是以口头文学的形式在民间流传。

文字样品

现行哈萨克文样品

ۇرسجى اۇدانى سايايىل اۇبلسك شولاقتەرەك قستامى بوعدا شگسك باتس باۋراينا ورنالاسقان مال شارۋاشلعسن نەگزگىكاسپ ەتەتن قستاق.

译文：乌鲁木齐县萨亚普勒乡疏拉克帖列克村位于博格达山西部，它是以牧业为主的村庄。

回鹘式蒙古文——见"蒙古文"。

回鹘文 又称回纥文，是回鹘人使用的拼音文字。从唐代至明代主要流行于今吐鲁番盆地和中亚楚河流域。回鹘文是在窣利（粟特）文字母的基础上形成的。公元初在波斯-阿拉米文的基础上产生的粟特文，是回鹘文的基础。10世纪后，今新疆南部回鹘人虽已改用阿拉伯字母，但回鹘文并没有完全停止使用。回鹘文各个时期字母数目不尽相同，最少为18个，最多达23个。23个字母中有5个字母表示8个元音，18个字母表示22个辅音。在早期文献中有的字母表示两个以上的语音，在后期文献中才在相应字母左方或右方加一个点或两个点予以区别。字母分词首、词中、词末等形式。有句读符号。在摩尼教文献中还在句读符号上加红色圆圈。段落用对称方形的四个点隔开。有印刷体和书写体。书写体又分楷书和草书两种。行款起初由右往左横写，后改为从左往右竖写。回鹘文字母在元代为蒙古族所采用，形成后来的蒙古文。18 世纪以后，满族又仿照蒙古文创制了满文。现存的回鹘文文献甚多，包括宗教经典、医学著作、文学作品、公文、契约、碑铭等。近年在新疆还陆续发现新的回鹘文文献《弥勒会见记》。

景颇文 我国景颇族的文字。主要通行于云南省德宏傣族景颇族自治州，缅甸的景颇人也使用这种文字。1899 年美国人汉森（Hansen）为了传教需要，在缅甸八莫一带的景颇族地区，用拉丁字母拼写景颇话。这套字母出版有圣经等宗教书籍，但是在表达景颇语方面存在一些缺点。中华人民共和国成立初期，我国景颇族懂得这套文字的人很少。1957 年国家帮助景颇族在这套文字的基础上进行了改进。考虑到国内外景颇族使用景颇文的习惯，改进时尽可能保留景颇文的基础。仅改了一些明显的缺点。用改进的文字培训了师资、进行扫盲、小学教育、记录民间文学并出版了报纸、课本、文学读物等。

这种改进的文字以德宏傣族景颇族自治州的景颇语为基础方言，以盈江县铜壁关区的恩昆话为标准音。

景颇文字母表：

声母表：

字母：	b	p	hp	m	w	f	d	t	ht	n	l	z	ts	zh	s
音标：[	p	p-	ph	m	w	f	t	t-	t-h	n	l	ts	ts-	tsh	s]

字母：	j	chy	ch	sh	r	y	g	k	hk	ng	h	br	pr	hpr
音标：[	tʃ	tʃʲ	tʃh	ʃ	ʒ	j	k	k-h	ŋ	x	p3	p3-	ph3]

字母：	gr	kr	hkr	by	py	hpy	my	gy	ky	hky	ny
音标：[	k3	k3-	kh3	pj	pj-	phj	mj	kj	kj-	khj	ŋj]

元音表：

字母：	a	e	i
音标：[	a a aʔ aʔ	e e eʔ eʔ	i

字母：	o	u
音标：	ɛ iʔ ɛʔ o o oʔ oʔ	u u uʔ uʔ]

字母：	ai	au	ui	oi
音标：[	ai ai	au au	ui ui	oi oi]

说明：

1. 景颇语的 5 个单元音和 4 个双元音都有松紧对立，国际音标下面有短横的表示紧元音。

2. 景颇语有 -m、-n、-ng［-ŋ］、-p、-t、-k、-ʔ 7 个辅音韵尾能和 10 个单的松紧元音结合，其中的 -ʔ 尾文字没有表示。

3. 声母表中国际音标一栏的符号后面有短横"-"的，表示声母后面的元音是紧的。

4. 景颇语有四个声调：33、31、55、51 文字中不加表示。

文字样品

Hpa-jin htum ai masha she arong nada sha-ok, n hpring ai ntsin nhtung go gaprok

译文：装水不满的桶容易溅出水，知识浅薄的人爱表露在外。

柯尔克孜文 我国新疆地区柯尔克孜族使用的以阿拉伯字母为基础的拼音文字。黑龙江省富裕县部分地区的柯尔克孜族的语言保留了一些古柯尔克孜语特点与新疆的柯尔克孜语差别较大，他们使用汉文或蒙古文。

柯尔克孜族历史上曾使用过突厥文，随着伊斯兰教的传入，他们开始使用阿拉伯字母系统的拼音文字——察合台文。这种文字缺乏标记元音的符号，不能充分表达柯尔克孜语的语音。20 世纪 30—40 年代对这种察合台文进行了改进和补充。1954 年经过本民族领袖人物和专家学者反复讨论，制定了以阿拉伯字母为基础的柯尔克孜文字方案。1957 年克孜勒苏柯尔克孜自治州政府批准使用以斯拉夫字母为基础的吉尔吉斯文，但在 1958 年放弃，恢复使用 1954 年的阿拉伯字母形式的文字。1983 年重新制定了正字法。

在当地有 128 所小学、13 所中学用柯尔克孜文授课，办有《克孜勒苏报》，出版了柯尔克孜族民间文学、现代柯尔克孜语正字词典、名词术语等图书 14 种；举办了柯尔克孜语电视节目，译制电影故事片 42 部、科教片 6 部，大大丰富了柯尔克孜族的文化生活。此外自治区语委主板的《语言与翻译》有柯尔克孜文版，还有文联办的《新疆柯尔克孜文学》。

柯尔克孜族创造了丰富多彩的民间文学，举世瞩目的民间文学巨著《玛纳斯》是一部规模宏伟、内容丰富、语言生动的英雄史诗。其中的汉文译本 1985 年正式出版了三部，已被译成俄、英、德、法等多种文字。

现行柯尔克孜文样品

قىرعىز تىلى – جازۇۇ قىزماتتىن ورعۇشتاپ وركوندوشۇن ەەرچىپ، قىرعىزدىن ادابىسپي
تىلىن قالىپتاندىرۇۇ، جاڭى تەرمىنەردى شتەپ چعۇۇ سىياقتۇۇ ماسەلەلەر، ۇچۇردا
قىرعىزدىن تىلى – جازۇۇ قىزماتىندايى نازار وودارۇۇعا شاشلىش كەرەك بولۇپ وتۇرعان
ماسەلەردەن بولۇپ تابىلات.

译文：随着柯语文工作的蓬勃发展，柯尔克孜族文学语言的规范化，新词术语的制订等问题是当前柯语工作中急需关注的问题。

拉祜文 我国拉祜族使用的文字。20 世纪初缅甸克伦族一位叫巴托的设计了一套拉丁字母形式的文字，外国传教士在云南澜沧糯福传教时，曾将这套文字传入拉祜族地区，称为"老拉祜文"，但使用面很窄。20 世纪 50 年代，中国科学院少数民族语言调查队第三工作队和云南的语文研究机构以及拉祜族知识分子一起商讨研究，对拉祜族这套文字进行了改进，称为"新拉祜文"。1957 年 8 月经《云南省少数民族语言文字科学讨论会》通过。用这套文字进行了扫盲、培训师资、小学低年级教学并出版了通讯、图书等。这套文字以拉祜纳方言为基础方言，以澜沧拉祜族自治县县城勐朗坝及近邻的车岗、班利、糯福等地的语音为标准音。

拉祜文字母表
声母表：

字母： p ph b m f v t th d n l z zh dz s r
音标：[p pʰ b m f v t tʰ d n l ts tsʰ dz s z]
字母： c ch j sh y
音标：[tɕ tʃ tɕʰ tʃʰ dʑ dʐ ɕ ʃ ʑ ʒ]
字母： k kh g ng h x q qh w
音标：[k kʰ g ŋ x ɣ q qʰ w]

韵母表：

字母： a i e ie u o aw eu
音标：[ʌ i e ɛ u ɔ ɯ ɤ]
字母： ai ao ia iao iu ei ua ui uai ou

音标：[Ai Ao iA iAo io ei uA ui uAi ou]

声调表：

调值：　　　33　　31　　53　　35　　21　　54

使用字母：不标　　-l　　-d　　-q　　-r　　-t

文字样品

Lad hol ceul liel lad bawt ve chaw ceul yol.

译文：拉祜族是猎虎的民族。

黎文　黎族历史上没有与其语言相适应的文字。1956年7月，从少数民族语言调查第一工作队，抽调出部分人力组成第一工作队海南分队，到海南调查黎语和苗语，目的是摸清黎语的方言情况，选出基础方言和标准音点，帮助黎族设计黎文方案。工作队队长严学宭，副队长王均、唐宗海，业务秘书欧阳觉亚，队员有曾催鸿、郑贻青、梁敏等30余人。海南黎族苗族自治州也同时成立了黎族苗族语言文字研究指导委员会，与工作队一道组成黎语调查队，调查黎语方言，划分黎语方言，选择黎语的基础方言和标准音点。1956年7月至9月分三个小组分赴乐东、东方、崖县、保亭、陵水、琼中、白沙七个县，调查了20个点的黎语，并了解了全州各乡黎语的一般情况和人文情况。经过对语言材料的分析比较，把黎语分为哈、杞、本地、美孚四个次方言组成的方言和德透方言两大方言。后来考虑到两大方言人口比例太悬殊，改为五个并列的方言：哈（侾）方言、杞方言、本地方言、美孚方言、加茂方言。有的方言之下又分土语。哈方言分罗活土语、哈炎土语、抱显土语；杞方言分通什土语、保城土语、堑对土语；本地方言分白沙土语、元门土语；美孚方言和加茂方言不分土语。

各方言的黎族人士，如果经常外出，一般都能听懂哈方言罗活土语或哈炎土语。有的甚至可以用罗活土语（保定村的话为代表）来交际。

黎语以哈方言为基础方言。哈方言人口占当时自治州黎族人口的58%，语言的普遍性大，懂得的人多。该方言声调简单（只有三个舒声调），其他方言的人容易学习。标准音点保定村是大村子，人口多，其语音被各地黎族认为比较优美，大家都乐意接受。因此，在选择黎语的标准音点方面极为顺利。1957年在自治州首府通什召开的黎族语言文字科学讨论会上，与会者一致赞成工作队和语委有关划分黎语方言和选择标准音的主张。大会一致通过《关于划分黎语方言和创制黎文的意见》和《黎文方案》（草案），并上报国家民族事务委员会备案。

1957年设计黎文方案的原则是使用拉丁字母，原《黎文方案》（草案）是在汉语拼音方案尚未公布之前设计的，当汉语拼音方案公布后，《黎文方案》（草案）做了必要的修改。在准确表达黎语语音的前提下，字母的读音尽可能接近汉语拼音方案。对黎语有而汉语没有的语音，黎文方案采取双字母表达一个语音的办法。这样，只用26个拉丁母表达黎语32个声母、12个元音和3个声调。

1. 黎语的12个元音：a aː e eː i iː ɔ ɔː u uː ɯ ɯː，黎文只用5个元音字母表示。带韵尾的长元音 iː uː ɯː 一律在元音 i u ɯ 之后加 e 表示，区别于相对的短元音。用双字母 ee 表示长元音 [eː]，用双字母 uu 表示 [ɯ]。

2. 以20个辅音字母和两个元音字母表示32个声母。凡浊塞音均在相对的清塞音字母之后加 h 表示；凡是唇化及腭化音均在相对的非唇化非腭化音之后分别加 v 或 y 表示。复辅音声母 [pl] 用 bl 表示。

3. 为了照顾在拼写法上与汉语拼音方案尽量一致，以 z 和 j 共同表示 ts 声母，以 c 和 q 共同表示 tsh 声母（在 i 之前用 j、q，在其他元音之前用 z、c）。

4. s 出现在音节前头时是声母，读 [ɬ]，出现在音节末尾时作声调符号，表示低调 11。x 只作声调符号，表示高调 55。

黎语标准音有 3 个舒声调和 3 个促声调。舒声调（第 1、2、3 调）的第 1 调黎文不表示，第 2 调在音节末用 x 表示，第 3 调用 s 表示。促声调（第 7、8、9 调）的第 7 调不表示，

第 8 调用字母 s 表示，第 9 调的字数很少，不表示，与第 7 调合并。

标准音与黎文声调对照表

标准音	调类	调值	黎文字母	例子
第 1 调	53	不表示	da	不
第 2 调	55	x	dax	田
第 3 调	11	s	das	外祖母
第 7 调	55	不表示	luek	引诱
第 8 调	11	s	lueks	涮，漱（口）
第 9 调	53	不表示	zuuluek	玉米

第 9 调原为高降调，与第 7 调合并后读高平调，也可以按照保定话口音读成高降调。

1957 年初，黎文方案（草案）公布后，语委编

黎文样品

1958 年《黎文方案》：Ao uukuenx ghva cae, ao uudhueis ia lax com.
　　　　　　　　 人 以前　种　树　人 后面　　得 吃 果

国际音标：aːu⁵³ ɯkhuːn⁵⁵ gwa⁵³ tshai⁵³, aːu⁵³ ɯduːi¹¹ ia⁵³ la⁵⁵ tshoːm⁵³.

译文：前人种树，后人吃果子。

译科开始编写黎文《黎文农民课本》第一、二、三册，1958 年夏出版，印数 5 万册。1957 年 4 月开始在通什干校、通什番茅村、乐东保定村和白沙牙叉等 4 个地点开设试验教学。待试验教学结束，进行总结，并报请自治州人民政府转报国务院核批。同时在通什开办黎文学校，培训黎文推行师资。黎族人对它有感情。当黎文正要总结经验，准备大力开展推行的时候，自治州的形势突然发生了很大的变化。1958 年底，海南黎族苗族自治州迁到海口与海南行署"联合办公"，实际上是自治州被撤销了。原来自治州各机关也纷纷撤销，干部分派到新的岗位。原黎族语言文字研究指导委员会的人员分派到各县或各个部门，黎文推行工作全部停止。

1962 年以后，海南黎族苗族自治州又恢复原来的建制，各机关纷纷恢复。曾经有人提出黎文应否重新上马。但由于原来语委会的业务人员已经分派到各地，大部分都成了机关的主管或骨干，无法再把他们重新调回，人们对黎文工作已经失去信心，黎文工作就此画上了句号。

吏读　又名吏札、吏吐、吏道。朝鲜文创制前借用汉字的音和义标记朝鲜语的一种特殊的文字形式。相传为新罗神王（681—692 年）时期的鸿儒薛聪所创。实际上在薛聪之前已有不少早期吏读碑文。薛聪的贡献是把历代吏读文献归纳整理，使这种文字形式更加系统、定型。高丽李朝时代吏读主要用于公私文书。吏读特点是实词大致用汉语词，这些词进入句子时一般都按朝鲜语的语序，添加用汉字标记的表示语法意义的附加成分，这些附加成分朝鲜语叫"吐"。吏读曾和汉文长期并用。朝鲜文创制后，三种文字同时使用，一直延续到 19 世纪末。现存的吏读文献有碑文、《大明律直解》和一些文书、契约等，是研究古代朝鲜语的珍贵资料（参看"文献"部分的"吏读"条）。

傈僳文　我国傈僳族使用的文字。有音节文字、老文字、新文字三种。

1. **音节傈僳族文字**　由云南省维西地区傈僳族老农民汪忍波于 20 世纪 20 年代初创制，故也称汪忍波傈僳文。曾使用于维西地区。这种文字一个音节用一种形体表示，相同的音用相同的形体表示。从文字的结构看，笔画和汉字相类似；有些和纳西族的东巴文或哥巴文相像；有些字像图画也有借用

汉字的形体。由左向右直行书写，不用标点符号。笔顺是先上后下，从左到右由里及外。最少的一个字是一画，最多的是 17 画。流传下来的诗歌、故事、家谱、课本已不多，但有不少文章对这种文字和留存的资料进行了有益的探索。

2. 老傈僳文　为 1912—1914 年间缅甸克伦族基督教传教士巴托所创，后经英国传教士雷塞（J. O. Froser）进一步完善。这种文字在中华人民共和国前称为经书文字，仅使用于基督教徒之间，现在已传入民间，除《圣经》外有政治、经济、报纸等出版物，在小学中曾用这种文字进行双语教学。这是一种用大写的印刷体拉丁字母为基础，以正反、颠倒形式组成的拼音文字。有 30 个辅音字母，10 个元音字母，6 个声调符号和 4 个标点符号。

老傈僳文字母表

辅音字母：

正的：　B　P　D　T　G　K　J　C　Z　F　M　N　L　S　R　V　H　W　X　Y
音标：[b　p　d　t　g　k　dʑ　tɕ　dz　ts　m　n　l　s　ʒ　h　x　ua　ç　z]

反的：　ᗺ　ᴙ　K
音标：[kh　z　ɣ]

倒的：　p　ꓶ　Ⅎ　Ɔ　V　Ⅎ　f
音标：[ph　th　tɕh　tsh　ŋ　ɦ　f]

元音字母：

正的：　I　E　A　U　O
音标：[i，ɿ　e　a　u　o]

反的：　Ǝ　ᗡ
音标：[ø，y　ə]

倒的：　Ʌ　Ո　⊥　ɯ
音标：[ɛ　v，ʮ　ɯ]

声调符号：　.　　,　　..　.,　;　　;
调值：　　55　35　44　33　42　31
例字：　LO.　LO,　LO..　LO.,　LO;　LO;
　　　　放牧　溢出　投掷　轻　够、有两

老傈僳文样品

CO KUG OF;DUX OR-NY-RO;UX OF T C, OX OF
OF UX OF;DUX M,AF;LƆ;UX OF,LƆ;CO M -lM ll
lN,W LE M lT,CY WU AV,KW;XC W M,CƆ -lM -lM
lՈ,W LE M lᗺ M, Jll,- FAI,lT,lAF - lF M;M W W,
NY - GO lW,lT ՈM;KW NY ClƆ;KW;UX M YE D KW
YClƆ - lS M ;W AN,ClƆ;KW;UX M YE D LO=
OF UX OF

3. 新傈僳文　1956 年 1 月由傈僳族各界人士代表会议上决定的，在汉语拼音方案基础上设计的文字方案。经中央民族事务委员会批准试行，现在和老傈僳文并行使用。其特点是浊音用双字母表示。

新傈僳文字母表

辅音：33 个：

字母：　b　p　bb　m　f　v　w　d　t　dd　n　l
音标：[p　ph　b　m　f　v　w　t　th　d　n　l]

字母：　g　k　gg　ng　h　e　z　c　zz　s　ss　j

音标：[k   kh   g   ŋ   xh   ɣ   ts   tsh   dz   s   z   tɕ]
字母： q   jj   x   y   zh   ch   rr   sh   r
音标：[tɕh   dʑ   ɕ   ʑ   tʃ   tʃh   dʒ   ʃ   ʒ]

元音 16 个：

字母： i   ei   ai   a   o   u   e   ia   io   ua   uai   ui
音标：[i˞   e   ɛ   a   o   u   ɯ   iaɛ io   ua   uɛ   ui]
字母： ao   iao ou   uo
音标：[ao   iao ou   uo]

声调 6 个，用 5 个字母写在音节末尾表示，其中有一个声调不用字母表示：

声调名称： 1   2   3   4   5   6
字母代号： l   q   不标 x   r   t
声调调值： 55   35   44   33   42   31
例词： el [ɯ]   eq [ɯ]   e [ɯ]   ex [ɯ]   er [ɯ]   et [ɯ]
         左   甩   割   背子   割漆   远

文字样品

Zhogot Goqchada coshit zheqcet ma nia

译文：中国共产党的民族政策。

满文　我国满族使用的文字，别称"清文、清书"。满族先世女真人曾使用过"女真文"（见女真文条），15 世纪中叶失传。后也曾借用过蒙古文字。16 世纪末，清太祖努尔哈赤崛起，借用的蒙古文字不能适应日益发展的军事、政治、经济和文化的需要，于明万历二十七年（1599 年）额尔德尼和噶盖遵照努尔哈赤之命，仿照蒙古文字母创制了满文。这就是"无圈点满文"或"老满文"。此种文字弊病多，仅通行三十余年。清太宗天聪六年（1632 年）巴克什达海对老满文进行改革，统一了字母和音节形式的形体，在一些字母上加圈、点以区别原来不能区分的字母，又增加十个字母主要用来拼写汉语借词。这就是"加圈、点满文"或"新满文"。通行了三百年，直到民国时期还有一些满族人仍在使用。

满文是拼音文字，行款直写右行。有 6 个元音字母，22 个辅音字母，加上拼写外来词的 10 个，共 38 个字母。元音字母和多数音节形式有单独、词头、词中、词尾四种形式。乾隆初期，大学士傅恒等奉命仿照汉文篆字制成"满文篆字"，在原有满文字母基础上还创制出"噶体满文"。

新满文字母表

顺序	词首	词中	词末	标音	顺序	词首	词中	词末	标音
1				a [a]	21				d [tʃ]
2				e [ε]	22				l [l]
3				i [i]	23				m [m]
4				o [o]	24				ch [tʃʰ]
5				u [u]	25				zh [tʃ]
6				uu [ʊ]	26				y [j]
7				n [n]	27				r [r]
8				k [kʰ]	28				f [f]
9				g [k]	29				w [w]
10				h [x]	30				ng [ŋ]
11				k [kʰ]	31				kk [kʰ]
12				g [k]	32				gg [k]
13				h [x]	33				hh [x]
14				b [p]	34				c [tsʰ]
15				p [pʰ]	35				cy [tsʰ]
16				s [s]	36				z [ts]
17				sh [ʃ]	37				rr [ʐ]
18				t [tʰ]	38				sy [s]
19				t [tʰ]	39				chy [tʃʰ]
20				d [t]	40				zhy [tʃ]

注：方括号里的标音是国际音标。

清政府奉"满文"为"国书"，特别是清代前期和中期，对外代表国家，多使用满文；在国内，重大机密事宜，也多用满文报告，因此形成大量满文文献，总计在 200 万件（册）以上。这些珍贵的史料，是研究清代政治、经济、文化、军事、外交、民族、宗教、边疆事务以及满族语言文字不可缺少的资料。

蒙古文 我国蒙古族使用的文字。蒙古族曾使用过多种形式的文字：回鹘式蒙古文、八思巴字（蒙古新字）、托忒式蒙古文。

八思巴字是国师八思巴参照藏文字母创制于 1260 年至 1269 年间。1269 年颁行。元朝灭亡后逐渐停止使用（详见八斯巴文条）。

其他形式的蒙古文是从阿拉美字母到粟特字母、到回鹘字母、再到蒙古字母，递相演变而来的一种拼音文字。目前国内使用的有两种形式：托忒式蒙古文和回鹘式蒙古文。主要通行于内蒙古自治区和新疆、青海、甘肃、辽宁、吉林、黑龙江等省、区、市的蒙古族聚居区。蒙古文的读音常因地域不同而有所不同，但是正字法各地是一致的，所以蒙古文是一种超方言文字。

1. 托忒式蒙古文 也称老蒙古文、传统蒙古文、胡都木文。所谓老蒙古文是针对斯拉夫蒙古文而言的。1955—1957 年曾试行过斯拉夫字母形式的蒙古文，当时称为新蒙古文。所谓胡都木文是针对托忒文而言的，因为新疆蒙古族把自己使用的文字叫托忒文，而把其他地方使用的蒙古文称为胡都木文。

托忒文样品

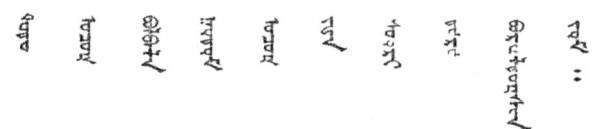

译文：托忒文是在胡都木文的基础上形成的。

2. 回鹘式蒙古文 由于蒙古语与回鹘语同属阿尔泰语系，在类型上和语音系统上有较多共同之处，所以蒙古族采用现成的回鹘字母拼写蒙古语比较方便。早在 1204 年成吉思汗征服乃蛮部后就采用了畏兀尔（即回鹘）文，至今有上千年的历史。

回鹘式蒙古文以词为单位拼写，字序从上到下，行序从左到右。字母没有大、小写的区别，手写体和印刷体略有不同。字母的笔画比较简单，在词首、词中和词末的写法有变化。过去的回鹘式蒙古文字母只有 19 个，但表示当时蒙古语的 25 个音位，其中 5 个元音字母表示 7 个元音音位，14 个辅音字母表示 18 个辅音音位。a、n、ng、d、g 等字母在词的末尾笔画是向下直写的，因此有人称它为"竖尾蒙古文"。现行的回鹘式蒙古文有了较大改进。有 29 个字母，其中表示元音的 5 个，表示辅音的 24 个。a、n、ng、d、g 的字母在词末尾的形式都改为"右撇"或"左撇"，因此有人称它为"横尾蒙古文"。

蒙古文在自治区内行使职权中使用，已形成一套从幼儿园到大专院校以蒙古语文教学为主的民族教育体系。中专和大专院校的文科、理科教材都是用蒙古文编写的。全国有近百个歌舞团、歌剧团、剧团、文工团、乌兰牧骑等文艺团体使用蒙古语文创作和演出文艺节目。全国已有用蒙古语广播的电台、电视台、广播站100多个、蒙古文图书出版社11家、蒙古文报纸24种、蒙古文杂志61种、专门研究蒙古语文的公开刊物8种。现在有蒙古文字库软件，可在电脑里操作。

蒙古文的文献资料丰富，设及文、史、哲、医、天文、佛学多种学科，如：《蒙古秘史》《黄金史》《蒙古源流》《蒙文启蒙诠释》《江格尔》《格斯尔》《甘朱尔》《丹朱尔》《青史演义》《一层楼》《泣红亭》等都是举世闻名的。

现行蒙古文样品

译文：各民族大团结万岁！

苗文 我国苗族使用的文字。过去苗族只有语言没有自己的文字（滇东北的苗族有一套传教士设计的，用于基督教活动的文字。详见滇东北苗文）。苗语内部方言分歧很大，为了帮助各方言区的苗族尽快提高文化，1956年中国科学院少数民族语言调查队第二工作队在普查苗语以后帮助苗族设计了四种拉丁字母的方言拼音文字方案，即黔东苗文、湘西苗文、川黔滇苗文、滇东北苗文。于1956年10月31日在贵阳召开的"苗族语言文字科学讨论会"上得到通过。1957年中央民族事务委员会批准试验推行。用这套文字进行了成年扫盲、小学低年级教育、记录民间文学、出版了读物、报纸和课本等，效果良好。尤其是农民掌握这套文字后，能够看懂农业科普读物，在农业生产实践中运用，提高了生产效益；儿童学了这套文字后，开发了智力，进一步学习汉文时比直接学汉文的儿童速度更快。

1. **黔东苗文** 黔东苗文是一种使用于苗语黔东方言的拼音文字，创制于1956年，1960年停止推行。1981年恢复实验推行。黔东苗文以苗语黔东方言北部土语区的贵州凯里市养蒿村的语音为标准音。

黔东苗文字母表
声母表：

字母：	b	p	m	hm	f	fx	w	d	t	n	hn	dl	hl	l
音标：	[p	ph	m	mh	f	fh	v	t	th	n	nh	ɬ	ɬh	l]

字母：	z	c	s	hs	r	j	q	x	hx	y
音标：	[ts	tsh	s	sh	z	tɕ	tɕh	ɕ	ɕh	z]

字母：	g	k	ng	v	hv	gh	kh	h
音标：	[k	kh	ŋ	ɣ	xh	q	qh	h]

韵母表：

字母：	a	o	e	ee	ai	ao	ei	en	ang	ong
音标：	[ɑ	o	ə	e	ɛ	ɑu	ei	en	ɑŋ	oŋ]

字母：	i	ia	io	ie	iee	iao	iu	in	iang	iong
音标：	[i	iɑ	io	iə	ie	iɑu	iu	ien	iɑŋ	ioŋ]

字母：	u	ui	ua	uai	un	uang

音标：[u   ui   uɑ   uɑi   un   uɑŋ]

声调表：

调序：	1	2	3	4	5	6	7	8
调值：	33	55	35	32	44	22	53	21
声调字母：	b	x	d	l	t	s	k	f
例词：	dab	dax	dad	dal	dat	das	dak	daf
	答	来	长	丢失	早	死	翅膀	搭

文字样品

Gid denx, bib dol Hmub ax maix leix, Hsangb niangx wangs hniut lol, bib liek dail dliul mais jus diel, hxat dad lins niongx.

译文：过去，我们苗族没有文字。千百年来，我们像瞎子一样，非常痛苦。

2. 湘西苗文 湘西苗文是湖南湘西苗族地区使用的一种拉丁字母形式的文字之一，创制于1956年，1957年经中央民族事务委员会批准试验推行。湘西苗文以湘西花垣县吉卫镇的语音为标准音。1961年推行工作中断。1983年苗文试验推行工作恢复。

湘西苗文字母表

声母表：

字母：	b	p	nb	np	bl	pl	npl	m	hm	ml	w	f
音标：	[p	pʰ	mp	mpʰ	pɹ	pʰɹ	mpɹʰ	m	m̥	mɹ	w	f]
字母：	z	c	nz	nc	s	d	t	nd	nt	n	hn	l	hl
音标：	[ts	tsʰ	nts	ntsʰ	s	t	tʰ	nt	ntʰ	n	n̥	l	lʰ]
字母：	zh	ch	nzh	nch	nh	sh	r	j	q	nj	nq
音标：	[ʈ	ʈʰ	ɳʈ	ɳʈʰ	ɳ̊	ʂ	ʐ	tɕ	tɕʰ	ntɕ	ntɕʰ]
字母：	x	y	g	k	ngg	nk	ng	gh	kh	ngh	nkh	h
音标：	[x	y	k	kʰ	ŋk	ŋkʰ	ŋ	q	qʰ	ɴq	ɴqʰ	h]

韵母表：

字母：	a	o	e	ea	ei	ao	eu	ou	an	en	ang	ong
音标：	[ɑ	o	e	a	ei	ɔ	ɤ	ɯ	ẽ	en	ɑŋ	oŋ]
字母：	i	iu	ia	io	ie	iea	iao	ieu	iou	ian	ien	iang	iong
音标：	[i	iu	iɑ	io	ie	ia	iɔ	iɤ	iɯ	iɛ̃	ien	iɑŋ	ioŋ]
字母：	u	ua	ue	uea	ui	ueu	uou	uan	un	uang
音标：	[u	uɑ	ue	ua	ui	uɤ	uɯ	uẽ	uen	uɑŋ]

声调表：

调值：	35	31	44	22	53	42
声调字母：	b	x	d	l	t	s

文字样品

Leil Fongd xub deb ghob ngangx, hneb hneb mongl ngoub ndeud, deit lies nhaob guat od doul gioux.

译文：雷锋小时候，天天上学都要过一座桥。

3. 川黔滇苗文 川黔滇苗文是苗族川黔滇次方言地区使用的一种拉丁字母形式的拼音文字。创制于1956年，1957年经中央民族事务委员会批准试验推行。川黔滇苗文以贵州省毕节县先进乡大南山地区的苗语为依据。在云南文山地区、金平、个旧等地用苗文创办了苗文和读物，受到苗族群众的喜爱。

川黔滇苗文字母表

声母表：

字母：	b	p	nb	np	bl	p	nbl	npl	m	hm	v	f	w
音标：[	p	pʰ	mp	mpʰ	pl	pʰl	mpl	mpʰl	m	m̥	v	f	w]

字母：	z	c	nz	nc	s	d	t	nd	nt	dl	tl	n	hn
音标：[	ts	tsʰ	nts	ntsʰ	s	t	tʰ	nt	ntʰ	tl	tʰl	n	n̥]

字母：	l	hl	dr	r	ndr	ntr	zh	ch	nzh	nch	sh	r
音标：[	l	l̥	ʈ	ʈʰ	ɳʈ	ɳʈʰ	tʂ	tʂʰ	ɳtʂ	ɳtʂʰ	ʂ	ʐ]

字母：	j	q	nj	nq	ny	hny	x	g	k	ngg	nk	ng	h
音标：[	tɕ	tɕʰ	ɳtɕ	ɳtɕʰ	ɳ	n̥	ç	k	kʰ	ŋk	ŋkʰ	ŋ	x]

字母：	gh	kh	ngh	nkh
音标：[	q	qʰ	Nq	Nqʰ]

韵母表：

字母：	e	a	o	ei	ai	eu	ao	ou	en	ang	ong
音标：[	e	a	o	ei	ai	eu	au	ou	en	aŋ	oŋ]

字母：	i	ie	ao	iou	ien	u	ue	ua	uei	uai	uen	uang
音标：[	i	ie	iao	iuo	ien	u	ue	ua	uei	uai	uen	uaŋ]

声调表：

调类：	1	2	3	4	5	6	7	8
调值：	43	31	55	21	44	13	33	24
声调字母：	b	x	d	l	t	s	k	f

文字样品

God ib yif nenb, loul hmaod hluak, hluak jenf loul, box yeus loal hluak luas ncit ncit, hnob nyongs dluat dek hend rongt .

译文：我们一家人，老爱幼，幼尊老，男女老少乐融融，日子过得非常美满幸福。

4. 滇东北苗文 滇东北苗语有两种文字，一种是传教士为了传教的需要设计的文字，被称为柏格理苗文或石门坎苗文或滇东北老苗文（见另条）。另一种是国家帮助苗语滇东北次方言区人民创制的拉丁字母形式的文字。1956年国家派工作队调查了苗语方言，创制了拼音的滇东北苗文。1957年经中央民族事务委员会批准试验推行。1958年后不久就停止推行。1981年以后又恢复试行。在滇东北和贵州先后开办滇东北苗文学习班。

滇东北苗文字母表

声母表：

字母：b p nb np m hm f v w z

音标：［p b bɦ ph mp mb mbɦ mph m̥ mɦ m̥ f v vɦ w ts dz dzɦ］

字母：c nz nc s r d t nd nt dl

音标：［tsh nts ndz ndzɦ ntsh s z zɦ ẓ t d dɦ th nt nd ndɦ nth tl dl dlɦ］

字母：tl ndl ntl n hn l hl dr tr ndr ntr

音标：［tlh ntl ndl ndlɦ ntlh n nɦ n̥ l lɦ ɭ ʈ ɖ ɖɦ ʈh ʈ ɖ ɖɦ ɳʈh］

字母：zh ch nzh nch nr sh j q nj

音标：［tʂ dʐ dʐɦ tʂh ɳtʂ ɳdʐ ɳdʐɦ ɳtʂh ɳ ɳɦ ʂ tɕ dʑ dʑɦ tɕh ɳtɕ ɳdʑ ɳdʑɦ］

字母：nq x y g k ng nk ngg hngg hx gh kh

音标：［ɳtɕh ɕ ʑ ʑɦ k g gɦ kh ŋ ŋɦ ŋkh ŋ̊ ŋ̊ ɣ ɣɦ x q G Gɦ］

字母：ngh nkh h

音标：［Nq NG NGɦ Nqh h χ］

韵母表：

字母：a o e w ai ao ang eu i ia

音标：［ɑ o ə ɯ ai au aɯ œy i iɑ］

字母：io iu ie iw iai iao iang u ua yu

音标：［io iu ie iɯ iai iau iaɯ u ua y］

声调表：

调类：	1	2	3	4	5	6	7	8
调值：	54	35	55	11	33	31	11	31
声调字母：	b	x	d	l	t	s	k	f

文字样品

Xaot nad raot niex draik raot xaot, Bangx deuf gik bud dreb, zid zit gik bud nkhaot .

译文：今年又逢好年景，百花盛开果实盛。

5. 柏格理苗文　又称滇东北老苗文。1904 年英国传教士柏格理（Samuel Pollard）到贵州威宁县石门坎苗族地区传教，在苗族知识分子杨雅各、张武、张约翰、王道源等人的协助下，创制了一种拼音文字。这种文字属于自创字母和其他字母混合的拼音文字。每一个音节有一个大字母和一个小字母组成。大字母表示声母，小字母表示韵母，写在大字母的上方、右上角、右侧、右下角。以小字母的位置来表示声调的高低。小字母的大小相当于大字母的四分之一。

滇东北老苗文样品

译文：

今年又逢好年景，

百花盛开果实盛。

纳西文　过去纳西族有三种文字。

1. 东巴文　纳西族过去使用的一种图画文字以及由这种图画文字演变出来的象形文字。纳西语称作 ser^{33} tɕə^{55} lv^{33} tɕə^{55}，意为木石之疤痕。主要用于书写宗教经书,通习这种经书执行法事的人称为 to³³mba³¹(东巴),因此这种文字也就被称为东巴文。图画文字的创制年代大约在 12 世纪下半叶到 13 世纪上半叶之间。此种文字大体上保持从左到右的书写方向,但有时须从上向下或从下向上甚至从左向右阅读。字体多变,有许多结构互相依赖的复合字形。其演变成象形文字是在哥巴文影响下产生的。特点是:行款固定,一律从左向右横写。一个字只表是一个音节,一个音节往往就是一个词。

文字样品(图画)

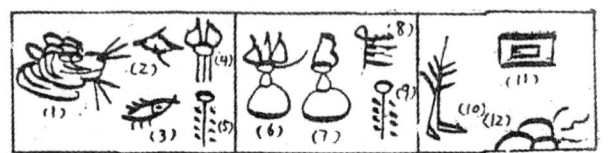

上面是《人类迁徙记》(即《创世纪》)一书的开头。意为"太古,天地还混沌不清,阴阳神石会互相唱和,树木会走动,裂石会说话的时代"。(1)读 a³³ la³³ mə³³ ʂər⁵⁵ n̩i³³(太古);(2)读 mɯ³³(天);(3)读 lɯ⁵⁵(地);(4)读 tʂu⁵⁵(连接);(5)(6)读 du²¹(阳神);(7)读 se²¹(阴神);(8)读 ho²¹(唱和); (9)读 dzʅ²¹(时代);(10)读 sər³³ dzʅ²¹ dʑi³³ k v⁵⁵(树木会走动);(11)读 ta⁵⁵(说话);(12)读 l v³³ gɯ³³(裂石)。

从(1)到(12),基本上是按照从左到右、从上到下的走向和格局书写,这是书写东巴经书的基本格式和方法。但由于书写经书的图画象形文字,是一种不完备的、任意性比较大的原始文字,书写的时候,字形的位置常有变化,无一定常规,所以有时又由下而上排列。

2. 哥巴文 纳西族过去使用的一种音节文字。"哥巴"纳西语是 gə³¹ba³¹,意为弟子、徒弟。即哥巴文以东巴文为师之意。主要用于书写宗教经典。字体结构大体有四类:(1)选用东巴图画文字中笔画简单的字;(2)对图画文字中的字形略加变化或简化;(3)采用笔画简单的汉字;(4)用表意的方法造字。

3. 玛丽玛萨文 这种文字只在云南维西傈僳族自治县自称玛丽玛萨的一千多纳西人中使用。这些纳西人的先辈向东巴经师学会了象形文字之后,在象形文字中选出一百多个符号形成了今日的玛丽玛萨文。这种文字一个符号表示一个音节,只在纳西族人的日常生活中使用。

以上三种文字都没有发展成为全民族的共同文字。

4. 拼音纳西文 1957 年国家帮助纳西族设计的拉丁字母形式的拼音文字。拼音的纳西文以西部方言为基础方言,以大研镇土语为标准音。1981 年初,纳西文工作逐步恢复发展。将《纳西文字方案》略作修订之后,在丽江县试验推行。凡是纳西语和汉语相同或相近的音,尽可能湖汉语拼音方案一致,汉语里没有的音,用双字母或字母重叠形式来表示。声调用字母表示。经过几年的试验推行,得到成功。现在纳西族之间也用这种文字来上网、发手机短信。

拼音纳西文字母表

声母表:

字母:	b	p	bb	m	f	d	t	dd	n	l
音标:	[p	ph	mb	m	f	t	th	nd	n	l]
字母:	g	k	gg	ng	h	j	q	jj	ni	x
音标:	[k	kh	ŋg	ŋ	x	tɕ	tɕh	ndʑ	ȵ	ç]
字母:	z	c	zz	s	ss	zh	ch	rh	sh	r
音标:	[ts	tsh	ndz	s	z	tʂ	tʂh	ndʐ	ʂ	ʐ]

韵母表:

字母： i   u   iu   ei   ai   a   o   e   er   ee   v

音标：[i   u   y   e   æ   a   o   ə   ɚ   ɯ   v]

字母： iai   ia   ie   iei   ui   uai   ua   ue

音标：[iæ   ia   iə   ie   ui   uæ   ua   uə]

声调表：

调值： 55   33   31   13

字母： l   不标   q   f

例词： thal   tha   thaq   thaf
　　　 塔   拓   坛   他家

文字样品

Naq xi tei′ee jju pil gguf, Naqxi balzhee tv ceeq sie.

译文：纳西族有了文字以后，纳西族报纸出版了。

喃字　又称字喃。越南语叫"字喃"，按汉语语法应叫"喃字"。越南古代文字，最早见于10世纪。越南借用汉字的年代里，为了书写越南语而借用汉字和仿照汉字形式，使用假借、会意、形声造字法创造的越南字。借用的如"固"音 ko，"有"的意思，"埃"音 ai，"谁"的意思，借音不借义。创造的如"巴三"合体字，音 ba，"三"的意思。用喃字写的诗歌流传至今，其代表作是阮攸（1764—1820年）的《金元翘传》。

女真文　我国满族先世（女真）使用的文字。女真人的国号为"金"，后改为"清"，将族名"女真"改为"满清"。女真文有大字、小字两种。大字是金太祖阿骨打命完颜希尹和叶鲁以契丹、汉字为基础，加、减或变化其笔画创制成的，是一种表意字，于天辅三年（1119年）颁行。小字是金熙宗创制的新字，为适应女真的语法特点创制了词干字和词缀字，废除并写、叠写，统用单文直书，最后发展为按音拼写的文字，于熙天眷元年（1138年）颁行。此后，两种文字并用。创制后主要用于官方文件，12世纪后期才用来翻译汉文经书。金朝灭亡后，生活在东北地区的部分女真人仍然使用。到15世纪失传，改用蒙古文字。流传下来的资料不多。文献有明代编写的《华夷译语》，分"女真馆来文"和"杂字"两部分，以及石刻、符牌、印章、器物铭等。女真文大体分三种：表意文字，表音文字，表意表音的结合。到15世纪中叶失传。

女字　女性专用的文字，也称"女书"，流传在中国湖南南部的江永、道县、江华一带，现在后继乏人，濒临失传。女字笔画有左斜、右斜、左弧、右弧、上弧、下弧、短竖、短横、圆点9种，其中的左斜、右斜、左弧、右弧、圆点的出现频率高，其他笔画的出现频率低。笔顺是先上后下，先左后右，先中间后两边，先长笔后短笔，先主体后配件，先周边后中心。女字只有一种字体，它是从笔画较少的常用楷书汉字变形而成的。变形的方法有：多数向左倾斜45度，少数向右倾斜45度；改变笔形；增加笔画；减少笔画；合并笔画；分解笔画；加长笔画；缩短笔画；移动笔画位置；类化笔画；省略笔画；移动偏旁位置；将同一偏旁改成不同构件等13种。另外还用改造成的女字加附加符号造新的派生字。汉字变女字时少数只用一种方法，多数字同时用几种方法，因此在3000多女字中没有一个与汉字完全同形。女字书写的是当地方言，其表音表义方法有：（1）表示汉字的原音原义，如"囗"（上人，下彡）由"今"字变来，读

jie，其义为"今"。（2）同音代替，如上例的字，表示"金、巾、针"等其他意义。（3）近音代替，如上例字，也可读 qie，表示"嗔"。（4）同义训读。如"口"（双撇）由汉字"二"变来，可以读 na，表示"二"的意思，也可以读 liang，表示"两"。同义训读少，同音代替和近音借代是主流，因此女字是没有规范的表音文字。

附：女书 女书是认识女字又能写作的妇女所写的文章。从来源书写者的作用，女书可分3类。一、创作。有三朝书、家史等，数量占女书之首。二、用女字记录的流传的民歌、谜语、故事。三、用女字转写的汉文唱本（如《梁山伯与祝英台》）、古诗等。从内容看，女书可分贺词、传记、书信、祭文、故事、传说、诗歌、谜语、启蒙读物等9种。女书中散文很少，绝大多数是歌谣体，其中七言的最多，其次是五言的，三言的和杂言很少。除转写、记录的女书外，妇女们创作的女书都是奇句一仄声字结尾，偶句以平声字结尾，韵母不论，即押调不押韵。这种格律与盘瑶的《盘王歌》一致。如果因表达需要，奇句尾出现平声字，偶句尾出现仄声字时，就临时颠倒一字或二字，使之合乎格律。因内容的需要，同一篇甚至用一句女书中有的字会重复出现。为了避免重复呆板，女书作者就用增减字的笔画或用同音字来代替，这是一种视觉修辞。押调和视觉修辞是女书的突出特征。使用女字写女书的妇女，一部分是瑶族中的"平地瑶"，另一部分是汉族。后期传人中最著名的是义年华、高银仙、阳焕宜三位，她们都已去世。传下来的女书有几百篇，多数存中国，少数已传到国外。女书没有刻本，20世纪90年代，河南人民出版社出版了复印本《江永女书之谜》，清华大学出版社出版了抄写本《中国女书集成》，但都没有收全。

女书样品

		1			3	
		pɯe³⁵	把		tsē⁵¹	前
		pa⁵⁵	笔		li⁴⁴	朝
1		siau⁴⁴	修		ɕau⁵⁵	叔
贺三朝书		ɕu⁴⁴	书		naŋ⁵¹	娘
		phɯ³¹	帕		tɕau⁴⁴	周
		tau⁵¹	头		tɕỹ⁵¹	全
作者佚名 高银先抄存		ɕaŋ⁴⁴	上		nu³¹	女
		2			4	
		faŋ³¹	奉		ji⁵⁵	一
		lau³¹	到		ai⁴⁴	日
		ʁua³¹	贵		tsɿe⁴⁴	之
		ʁue⁴⁴	家		joŋ⁵¹	荣
		po³¹	拜		lau⁴⁴	落
		liaŋ⁵¹	龙		ʁua³¹	贵
		me⁵¹	门		ʁue⁴⁴	家

契丹大字——见"契丹文"。

契丹小字——见"契丹文"。

契丹文 我国辽代为记录契丹语而参照汉字创制的文字。契丹是我国古代的游牧民族之一。在唐末就建立了与五代、北宋相始终的契丹王朝（有时称为"辽"）。

契丹文分大字和小字两种。相传大字是辽太祖耶律阿保机于神册五年（920年）在突吕不、鲁不古等人的赞助下创制；小字是太祖弟耶律迭剌所创制，略晚于大字的创制年代。契丹文主要用于碑刻、墓志、符牌和写诗、译书等，大约在我国北方使用了近三百年。后来女真文也曾参照契丹文创制。契丹语言已失，现保存下来的语言、文字材料很少，解读比较困难。契丹大字的研究仍处于推断文义的阶段。契丹小字是在辨识契丹大字的形、音、义基础上认识的，研究已进入辨识读音的阶段。

契丹大字是一种表意的方块单体字，辽太祖亲自主持创制。用增减汉字笔画的方法而成，如："天"字下画"一"是"天"的意思；"大"字上加一横两点是"大"的意思。其中也夹杂一些直接借用的汉字形式。这样的字最少有一千以上。

文字样品

契丹字	(1) (2) (3) (4) (5) (6) (7) (8) (9) (10) (11) (12) (13) (14)
契丹原字	(1) (2) (3) (4) (5) (6) (7) (8) (9) (10) (11) (12) (13) (14)
突厥字母	(1) (2) (3) (4) (5) (6) (7) (8) (9)

与突厥字母(2)（音b²）酷似，从而可认为契丹原字（6）是ɤ或g，契丹原字（5）与突厥字母（3）极相似，契丹原字（6）是在突厥字母（3）的旁侧附以装饰的小刀。因此，契丹字（1）是ɤɤgdⁿ，转写为bᵒgdⁿ。——这就是村山七郎的论证

契丹小字是一种叠写的音素文字，辽太祖之弟耶律迭剌创制，利用汉字笔画形体创制出300多个原字。契丹本族语的词写成一个字，汉语音译词则通常用一个契丹字标写一个汉字。于是书写的契丹小字都是由一个或几个原字叠写构成。原字分正楷（通行的正书体）、行草、篆书（艺术体）等字体。篆体字的拼写方式和正楷、行草不同，采取鱼贯式而不是层叠式。行文的款式自上而下竖写，自右而左换行，敬词抬头或空格，叠词中的后一个字有时用"：" 代替。原字有一个书写形式代表几个语音或一个语音采用几种书写形式的情况，因此，同一个词或词素表现在文字上有不同的书写形式。

黔东苗文—— 见 "苗文"。

佉卢字母 古代新疆部分地区曾使用过的一种字母。公元前5世纪，波斯人将西亚古代阿拉美文传至印度河流域，当地人将它改变成佉卢字母。公元2世纪后半期佉卢字母传入于阗（今新疆和田一带），3世纪又传入鄯善（今新疆若羌县境），使用至4世纪。佉卢字母属拼音字母，分辅音和元音字母，元音a无单独的字母，用零形式表示，即辅音字母如果单独写，本身就带元音a。文字从右向左横写，词与词之间无间隔，亦无标点符号。于阗王曾铸造过具有汉文和佉卢字母的钱币，称为"汉佉二体钱"，或"和田马钱"。其文字资料是近百年来在中国新疆南部多处古代遗址中发现的，包括木牍、木简、皮革、绢帛、纸张上的公私文书，写在桦树皮上的佛经，以及大量的钱币。在古代于阗王国和鄯善王国遗址中还发现了大量使用一种印度俗语写成的佉卢残卷。

撒拉语土尔克文 又称"土尔克－撒拉文"，以阿拉伯、波斯文字母为基础拼写撒拉语的一种拼音文字。共由32个字母组成，其中阿拉伯文辅音字母28个和部分变音符号，从波斯文字母中借用了3个字母。该文字在长期的使用过程中，逐渐适应了撒拉语的语音规律。19世纪时，在撒拉族群众中不仅用于宗教注释经文、翻译经典，而且已成为社会通信、书写契约、纪事立传、著书立说的应用文字而被一部人所掌握。保留至今的《土尔克菲杂依力》《朝觐途记》《历代帝王年表》等文献就是用这种文字写成的。因缺少固定的元音字母而多通过变音符号表示，一些辅音字母又多以点、撇的位置和数目来区别，因此，学习起来较困难，未能在群众中普及和流传。

水书 又称水字、水文。水族的古文字，水族叫 le¹sui² "水字"。有 400 多个字，各地还有不少异体字，均系个人传授，辗转相抄，字形缺乏规范。归结起来分别属于古体字、今体字和秘写字三种。古体字用竹尖蘸墨或木炭书写，多见于年代较远的抄本。今体字一般用毛笔书写，字体笔画圆滑，粗细不匀，抄写年代不久远。秘写字用意诡秘，是不让更多人知晓而有意书写的。水书的结构大致有几类。

（1）象形字。把客观事物的形体描画出来，有些只突出事物的特点，如：鸡，突出头、尾；豹，突出双眼。

水文字现在仍保持着很强的图画性，例如：

象猪形 读 mu⁵

象蛇形 读 hui²

象蚯蚓形 读 han⁴

象仓库形，下面的小点表示谷粒 读 lok⁷

（2）表意字。用两种或两种以上的象形符号组成复合符号，如：

立写是人，读 zan¹。

倒写是鬼，读 mɐi¹。

表示人死后变成鬼的形状。

从开（天）表示高大。从△表示人。

（3）谐音字或假借字。借汉字的形音表示水语的意思（与汉字的意义无关），如："拜伦"表示"往回走"、"挡到"表示"来到"。或在水语中找音同或音近的汉语字，再以象形字描写出来，如：水语的"田螺" qhui¹，音近似汉字的"奎"，就以奎字来表示水语的田螺。

（4）似古体汉字，如：酉、戌、申等字像甲骨文。

（5）类似变体汉字。很像倒写或反写的汉字。

（6）指事字。由象形加转义构成，即在象形基础上根据它的用途引申出某个意思的字，如：用耙形指代"富"，因为耙越多，表示田地多，田地越多也就越富裕。

水书在水族地区用途广泛，对人民有一定的影响。普通水书，水语叫 le¹kwa³（白书），用于出行、丧葬、婚嫁、动土、择吉凶日等；秘传水书是一种巫术用书，水语叫 le¹ʔnam¹（黑书），用于放鬼、拒鬼、收鬼等。

斯拉夫字母——有"基立尔字母"和"格拉戈尔字母"两种形式。前者有 43 个字母，后者有 40 个字母。俄文、保加利亚文等以基立尔字母为基础。1945 年蒙古国的新蒙文转用俄文字母为基础的拼音文字，即斯拉夫字母的拼音文字。1955—1957 年内蒙古蒙古文曾试行过斯拉夫字母形式的字母。

粟特文 又称窣利文。古代窣利人使用的一种拼音文字，用以记录当时流行于中亚及中国西北部的商业语言——窣利语，也有人用这种文字书写宗教文献，其中以经典为多。这种语言属印欧语系印度—伊朗语族伊朗语支，同古和阗语关系密切。窣利既是古代地名，又是古代民族名和古代语言、文字名，在汉文史籍中又作粟弋、速利、孙邻、苏哩、修利等。玄奘在《大唐西域记》中指出，窣利文是一种拼音文字，有 20 多个字母，竖读其文。根据对中国新疆吐鲁番地区出土的考古材料研究，粟特文字母只表示辅音，不表示元音。行款有从右向左横写和自上而下竖写两种。现存粟特文献主要有宗教文献、社会经济文书、钱文、印章、碑刻、壁画题记、书简等。我国境内发现的多为佛教经典。粟特文经典多译自汉文，少量译自梵文和龟兹文。

突厥文 7 世纪至 10 世纪，突厥、回鹘和黠戛斯等族使用的音节文字，流行于蒙古高原鄂尔浑河流域、俄罗斯西伯利亚叶尼塞河流域、中亚地区以及中国新疆、甘肃的一些地方，又称鄂尔浑－叶尼塞文。突厥文铭刻早在18世纪被发现，以后陆续发现各种突厥文碑铭，但无人能解读。直到1893年丹麦语言学家汤姆森解读突厥文获得成功，古代突厥文才为世人所通晓。中国学者沈曾植最早研究突厥文，其后有王国维、韩儒林、岑仲勉、王静如等对这些主要碑铭进行了研究。突厥文字母有38至40个，其中23个源于阿拉米字母，一部分来自突厥的氏族或部落标志及一些表意符号。4个后元音 a ə o u 和4个前元音 e i ø y 都只用4个字母表示。元音字母在一定的条件下被省略。辅音系统中，b d l n r s t j 8个辅音用两套字母表示，第一套跟后元音相拼，第二套跟前元音相拼。字母不连写，词与词之间用双点"："分开，但偏正词组有时写在一起。行款一般从左至右横写，也有从右至左的。字体分碑铭体和书写体两种。手写本文献20世纪初发现于敦煌、新疆的古楼兰废墟及吐鲁番。

土文 我国土族使用的拉丁字母形式的文字。土文创制于1979年。经青海省互助土族自治县人民代表大会通过，1981年青海省人民政府作为试验方案批准推行。培训了一批从事土文工作的骨干力量，在群众中进行过扫盲。群众用土文记录整理了民间口头文学作品，有人还写出一些文艺作品、编辑、印刷了土文教材、读物和工具书、译制了电影、开办了土语广播。1987年12月7日青海省驻京办事处召开了土文方案研讨会，认为方案的科学性、实用性强，试行以来取得了良好效果，决定进一步完善推行。

土文方案采用了全部26个拉丁字母及其顺序，与汉语拼音方案一致。这对于土族和汉族互相学习语言文字创造了极为便利的条件。

土文文字样品

H. M. N. Szarbatennu	互助土族自治县人民政府
kile pujignu ghajar	民族语文办公室编译
1981 fonnu 4 sara	一九八一年四月

佤文 我国佤族使用的文字。在20世纪初西方传教士永文森（M. Vincent Young）根据云南澜沧、沧源两县比邻的安康、岩帅的佤语语音设计了一套拉丁字母形式的拼音文字，叫作"撒喇（牧师）文"，出版了圣经。这种文字仅用于宗教活动，代表性不广，标音也不够准确。1956年中国科学院少数民族语言调查队第三工作队和云南少数民族语文指导工作委员会对佤语进行普查以后，于1957年初拟定了一套以拉丁字母为基础的卡佤文字方案，在佤语的巴饶克方言地区试行。利用这种文字进行扫盲和双语教育成果显著。1958年曾在阿佤方言区进行扫盲，也收到一定成效。

佤语的声韵母比较多，有些声韵母用双字母或三字母表示。

土文字母表

声母表：

字母：	b	p	nb	np	m	hm	f	v	hv
音标：	[p	pʰ	b	bʱ	m	mʰ	f	v	vʰ]
字母：	d	t	nd	nt	n	hn	l	hl	r	hr
音标：	[t	tʰ	d	dʱ	n	nʰ	l	lʰ	r	rʰ]
字母：	j	q	nj	nq	ny	hny	s	y	hy
音标：	[tɕ	tɕʰ	dʑ	dʑʱ	ɲ	ɲʰ	s	ȵ	ȵʰ]
字母：	g	k	mg	nk	ng	hng	h	z	c
音标：	[k	kʰ	g	gʱ	ŋ	ŋʰ	h	ts	tsʰ]

字母：	bl	pl	nbl	npl	gl	kl	mgl	nkl
音标：	[pl	phl	bl	bhl	kl	khl	gl	ghl]
字母：	br	pr	nbr	npr	gr	kr	mgr	nkr
音标：	[pr	phr	br	bhr	kr	khr	gr	ghr]

韵母表：

字母：	i	ix	ih	im	in	ing	ib	id	ig
音标：	[i̠	i̠ʔ	i̠h	i̠m	i̠n	i̠ŋ	i̠p	i̠t	i̠k]
字母：	ei	eix	eih	eim	ein	eing	eid	eig	
音标：	[e̠	e̠ʔ	e̠h	e̠m	e̠n	e̠ŋ	e̠t	e̠k]	
字母：	ie	iex	ieh	iem	ien	ieb	ied	ieg	
音标：	[ɛ̠	ɛ̠ʔ	ɛ̠h	ɛ̠m	ɛ̠n	ɛ̠p	ɛ̠t	ɛ̠k]	
字母：	a	ax	ah	am	an	ang	ab	ad	ag
音标：	[a̠	a̠ʔ	a̠h	a̠m	a̠n	a̠ŋ	a̠p	a̠t	a̠k]
字母：	o	ox	oh	om	on	ong	ob	ot	og
音标：	[ɔ̠ʔ	ɔ̠h	ɔ̠m	ɔ̠n	ɔ̠ŋ	ɔ̠p	ɔ̠t	ɔ̠k]	
字母：	ou	oux	ouh	oum	oun	oung	oub	oud	oug
音标：	[o̠	o̠ʔ	o̠h	o̠m	o̠n	o̠ŋ	o̠p	o̠t	o̠k]
字母：	u	ux	uh	om	un	ung	ub	ud	ug
音标：	[u̠	u̠ʔ	u̠h	u̠m	u̠n	u̠ŋ	u̠p	u̠t	u̠k]
字母：	e	ex	eh	em	en	eng	eb	ed	eg
音标：	[ɤ̠	ɤ̠ʔ	ɤ̠h	ɤ̠m	ɤ̠n	ɤ̠ŋ	ɤ̠p	ɤ̠t	ɤ̠k]
字母：	ee	eex	eeh	eem	een	eeng	eeb	eed	eeg
音标：	[ɯ̠	ɯ̠ʔ	ɯ̠m	ɯ̠n	ɯ̠n	ɯ̠ŋ	ɯ̠p	ɯ̠t	ɯ̠k]
字母：	iie	iiex	iieh						
音标：	[i̠ɛ	i̠ɛʔ	i̠ɛh]						
字母：	ia	iax	iah	iam	ian	iang	iab	iad	iag
音标：	[i̠a	i̠aʔ	i̠ah	i̠am	i̠an	i̠aŋ	i̠ap	i̠at	i̠ak]
字母：	iao	iaox	iaoh						
音标：	[i̠au	i̠auʔ	i̠auh]						
字母：	iou	ioux	iouh	ioung	ioug				
音标：	[i̠o	i̠oʔ	i̠oh	i̠oŋ	i̠ok]				
字母：	iu	iux	iuh	iung					
音标：	[i̠u	i̠uʔ	i̠uh	i̠uŋ]					
字母：	ai	aix	aih	aing	aig				
音标：	[a̠i	a̠iʔ	a̠ih	a̠iŋ	a̠ik]				
字母：	ao	aox	aoh	aong	aog				

音标：[au   auʔ   auh   auŋ   auk]
字母： ae   aex   aeh   aeng   aeg
音标：[aɯ   aɯʔ   aɯh   aɯŋ   aɯk]
字母： oi   oix   oih   oing   oig
音标：[ɔi   ɔiʔ   ɔih   ɔiŋ   ɔik]
字母： oui   ouix ouih   ouing ouig
音标：[oi   oiʔ   oih   oiŋ   oik]
字母： ui   uix   uih   uing   uig
音标：[ui   uiʔ   uih   uiŋ   uik]
字母： ua   uax   uah   uan   uang   uad   uag
音标：[ua   uaʔ   uah   uan   uaŋ   uat   uak]
字母： uai   uaix uaih   uaing uaig
音标：[uai   uaiʔ uaih   uaiŋ   uaik]
字母： eui   euix euih
音标：[ɤi   ɤiʔ   ɤih]
字母： eei   eeix eeih   eeing eeig
音标：[ɯi   ɯiʔ   ɯih   ɯiŋ   ɯik]

说明：佤语的9个单元音分松紧，此处只列出紧元音。

文字样品

si mgu glong gon dõng dix jog　　河水浑浊也能设法摸鱼。
si nqog grax gon dong dix lõng　　道路崎岖也能设法行走。

维吾尔文 我国维吾尔族使用的文字。在历史上维吾尔族使用过多种形式的文字，即突厥文（7世纪，见该条）、回鹘文（8世纪，见该条）、察合台文（11世纪末至15世纪采用波斯人增补的阿拉伯字母，见该条）。现行使用的维吾尔文是阿拉伯字母形式的拼音文字。曾经过多次修订。1983年新疆维吾尔自治区人民政府公布了由32个字母组成的现行维吾尔文。字母表中24个表示辅音；8个表示元音。从右往左横写，每个元音都可以独自构成音节。其拼写规则有几个显著特点：

1. 包含前元音的词干后面，要加包含前元音的附加成分；

2. 包含后元音的词干后面，要加包含后元音的附加成分；

3. 浊辅音结尾的词干后面，要加浊辅音起首的附加成分；

4. 清辅音结尾的词干后面，要加清辅音起首的附加成分；

5. f、ʒ 只是在拼写借词和象声词时才使用。

1959年设计了以拉丁字母为基础的新维吾尔文字。1965年开始推行。1976年新疆维吾尔自治区五届人大常委第二次会议通过停止使用老文字的决议。1982年第五届人大常委第十七次会议认为推行新文字的条件尚不成熟，决定继续使用阿拉伯字母形式的文字。新文字作为一种拼音符号予以保留。

维吾尔文是新疆维吾尔自治区各级自治机关执行职务时使用的主要文种。有一套从小学到大学的维吾尔文教学体系。有13家出版社出版维吾尔文书籍，发行的报纸 56 种。在 1952 年成立的"新疆少数民族语言文字研究指导委员会"里有研究维吾尔语文的。

维吾尔文的文献资料丰富，涉及各个领域，如：11 世纪前后的《金光明经》《福乐智慧》《突厥语大辞典》被誉为维吾尔族古典文学中的"三大瑰宝"。

1983 年新疆维吾尔自治区人民政府公布了 32 个字母所组成的现行维吾尔文字母表。

维吾尔文样品

ئۇيغۇر خەلق چۆچەكلىرى — ئۇيغۇر خەلق ئېغىز ئەدەبىياتىنىڭ مۇھىم بىر قىسمى. ئۇ، ئەسىرلەر داۋامىدا خەلق تەرىپىدىن يارتىلىپ، تولۇقلىنىپ، خەلقنىڭ پۈتمەس ھاياتى كۈچكە ئىگە مەنىۋى بايلىقىغا ئايلانغان.

译文：维吾尔民间故事是维吾尔人民口头文学的重要组成部分。它由人民创造、充实，成为人民用之不尽的精神财富。

爨书——彝文的史称。详见"彝文"。

西夏文 公元 11—13 世纪党项族所建的大夏（西夏）国使用的文字。最迟到明朝中叶仍在使用。当时西夏与各王朝、地方政权的往来公文都使用西夏文，西夏学者用西夏文写的文学、语言、法律、医学等方面的著作也广为流传，还翻译了汉、藏、回鹘文典籍和佛经。其使用的地域包括今宁夏、甘肃大部、陕西北部、内蒙古西部和青海东北部。首府兴庆，即今宁夏银川。西夏国灭亡（1227 年）后，党项后裔仍有人使用。以后湮没，成为一种死文字。今河北保定附近曾发现明朝中叶的西夏文石刻。20 世纪初，有大批西夏文资料流落国外。

西夏文形体方整，结构复杂，计有六千余字。与汉字字体相仿，由点、横、竖、撇、捺、拐、提等笔画组成，也有楷书、行书、草书、篆书之分，构字方法除吸收了汉字的"六书"的某些原则外，还有其独特的构字方式。其中以会意字、形声字为主（占 80% 左右），象形字、指事字很少，西夏文从文字构成上可分为单纯字和合体字两大类：单纯字笔画较少，是组成文字的基础；合体字一般由两个字组成一个字。组字时，可用一个字的左部、右部、上部、下部、中部或全体。

会意字有少数以三个字或四个字依一定关系缀连在一起，从字面上看像一个简单短语或句子，这种字合成感更强。

音意合成 一字起表音作用，一字起表意作用，类似汉字的形声字。

反切上下字合成 这是西夏文特有的构字方法。一个字由两个字合成，其读音恰似这两个字中第一个字的声母和第二个字的韵母拼合而成。这类字约占西夏字的百分之零点五，多用于标注汉姓、地名、真言的译音。

互换字 即把一个字的两个部位交换位置组成的新字。新字往往和原来的字在字意上有密切的关系。常连接起来组成一个词或词组。这类字在西夏文中占有相当比重，也是一个特殊的类别。此外还有一些有特色的合体字，左右两边相等，或中间有一竖，左右两边相等。

西夏文样品

1. 𗴂𗹭𘜶 2. 𗒹𘉒𗤻𗖵 3. 𗧘𗤐𗼃𗵐 4. 𗄽 5. 𗃛𗌭𗥔 6. 𗼖𘟙𘞽𗦻𗤶 7. 𗣼𗵒𗦻𗖵 8. □?𗴂𗖵 9. 𘝯𘎆𗊰𘉒 10. 𗹙 11. 𗣼 12. 𗣼𗵒 13. 𗾞𗫉𘓿𗭉 14. 𗤎𘈧𗵒 𗁅 15. 𗏵𗾞? 16. 𗦴𘟙𘎑? 17. 𗑟𗏹𘃡𘃡 18. 𗜧𘛣𘟙? 19. 𗐀𗏵𗵒𘜶 20. 𗣼𗂧𗤶𗵒 21. 𗤓𗣼𘝞𗏵 22. 𘋥𗨻𗩫? ? 23. 𗳒𗤋𘉒𗭪 24. 𘋥𗨻𘃡𗮔𗄽 25. 𘋥𗨻𗈪𗴒 26. 𗳒𘉒𘃡𗤶 27. 𗤓𗣼𘃡𗤶𗣼 28. 𘍙𗼖𘚠𘃡? 29. 𘟙𘟙𗥔? 30. 𘑓𗣄𘋥 31. 𘟣𗦻𘃡𗭼𘋥 32. 𗴔𗴂𘃡𗤶 33. 𗴂 34. 𗜧𘓄𘋥𗴒 35. 𗜧𗜐 ? ? 𗖵

锡伯文 居住在新疆维吾尔自治区的锡伯族使用的文字，它是将满文稍加改动而成。锡伯族是鲜卑人的后裔，居住在海拉尔东南扎兰陀罗河流域。由于与满族人杂居，于17世纪以后被编入八旗蒙古、八旗满洲。1764年清政府从东北八旗官兵中抽调锡伯族官兵1000余人及其家眷移驻新疆伊犁，保卫西北边陲，因而形成一个民族分居东西两地的状况。及至清中期以后，全国各地的满族人逐渐放弃了原来的满语文而转用汉语文，东北的锡伯族人也随同满族人一样，转用了汉语文，而居住在新疆的锡伯族，由于居住环境特殊，少与外界接触，所以一直保留原来的满语满文。经过200多年的发展变化，新疆锡伯族使用的语言和文字都有了一定的发展。1947年成立的"锡伯、索伦文化总协会"对满文字母的一些形体作了改进，并肯定下来作为规范。满文在锡伯族中的使用进入了一个新的时期，即开始称作锡伯文的时期。但改革是微小的，并不影响与满文的辨读，在实际运用中，多仍按满文拼写。锡伯文属拼音文字，行款是直写右行。有6个元音字母、22个辅音字母、10个拼写外来词的字母，共38个。中华人民共和国后，伊犁察布查尔锡伯族自治县的小学开设了民族语文课，出版和翻译了一些文艺书籍，创办了《察布查尔报》。

锡伯文样品

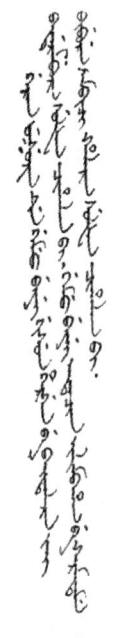

译文：
习惯的自由。
字的自由，都有保持或者改革自己的风俗各民族都有使用和发展自己的语言文

乡歌——又称乡扎，朝鲜在没有创制自己文字的年代里，用汉字写的朝鲜语。全是用汉字记音，与汉字原有的意义无关。多数写的是民歌、民谣。

乡扎——即"乡歌"。

湘西苗文——见"苗文"。

新傈僳文——见"傈僳文"。

训民正音——朝鲜文字方案。也指朝鲜文。创于李朝世宗二十五年（1443年）十二月。1446

年颁布推行。这是一种拼音文字,原有 28 个字母,其中辅音字母 17 个,元音字母 11 个。

焉耆－龟兹文 3—9 世纪我国新疆地区操印欧语系语言的民族所使用的文字。这种文字 20 世纪初发现于新疆的库车、焉耆和吐鲁番等地。这是一种印度婆罗门字母斜体,同于阗文字形相似,但记录的语言则属印欧语系 Centum 语支,旧称"吐火罗语"。它有两个方言,一种方言分布在焉耆、吐鲁番地区;另一种方言分布在库车(古称龟兹)地区。两个方言的词汇和语法差异不大。1980 年在北京举办的中国民族古文字展览会上正式把"吐火罗文"改为"焉耆－龟兹文"。

焉耆－龟兹语的研究包括语法、文献和语言史几方面。有 1912 年烈维的《吐火罗语文献中的语法形式杂考》、1931 年西格等人的《吐火罗语语法》、1941 年温德金斯德的《吐火罗方言字源词典》、1921 年西格和西格林合作的《吐火罗语残卷 A》两卷。我国学者介入研究焉耆－龟兹文的有方壮猷的《三种古代西域语之发现及其考释》、《龟兹国语及其研究之端绪》,季羡林的《吐火罗语的发现与考释及其在中印文化交流中的作用》和《吐火罗文 A 中的三十二相》,王静如的《论吐火罗及吐火罗语》等。保留下来的残卷多是佛经。1975 年在新疆发现了长达 88 页的残卷《弥勒会见记剧本》。

- - - - - - - - - - - - - - - -

彝文 我国彝族使用的文字,有传统彝文和规范彝文两种。

1. 传统彝文 俗称老彝文,汉文史志有称为"爨书""倮倮文"的。关于彝文的起源,各地有不同的说法,由此可知彝文不是一人一时的创作,而是在不同的地区、不同的历史时期先后有若干人进行整理、改进的,最早可追索到汉代或更早一些时期。流传至今的彝字在云南、贵州、四川、广西不尽相同。这些彝字从结构上看,有点、横、竖、撇、横折、竖折、撇折、弧形、圆形、曲线等笔画

(见下表)。每个字都归属于一定的部首,部首是该字突出的笔画。彝字由主干和若干附加符号组成。从造字法上分析,有象形、会意、指事和假借四种。假借的字有用原有彝字替代的,也有借汉字读彝音的。(见后附的传统彝文笔画、样品)

名称	点	横	竖	撇	横折	竖折	撇折	弧形	圆形	曲线
笔画	丶	一	丨	丿	𠃍	𠄌	く	⌒	○	ω
例字										

笔顺一般从上到下,从左到右,先外后内,弧形、圆形及曲线可以随意书写。云南、贵州、广西一带彝文由左向右竖行书写;四川凉山及云南宁蒗彝族自治县(当地人称小凉山)一般从右至左横行书写。

传统彝文样品

译文:
阿诗玛

破竹竹纤多
纤多工序繁
故事多如纤
说来费时光

彝家瓜儿大
汉家也种它
瓜种菜园里
瓜藤长又长
瓜儿顺藤结
古理顺代传

2. 规范彝文 是四川彝族使用的一种表音的音节文字。云南小凉山一带(丽江地区)彝族也使用这种规范彝文。这是一种在原有彝文基础上经过整理、规范的文字。原有彝文在使用上存在许多混乱

现象：异体字多（几乎每个彝字都有异体字）；有的则有音无字；因各地读音不统一，音义不固定，又出现一字多音的现象。从1974年开始对原有彝文进行了整理、规范的工作。坚持了三个基本原则：（1）群众性和科学性的统一，原有彝文历史悠久，文字符号近一万，有不少文献、经书，有一定的群众基础。作为规范的标准形式，应选用哪些彝字是重要问题。既要考虑文字的科学性，又要考虑群众已经使用的习惯；（2）精简和便于学习的原则；（3）坚持表音的原则。经过调查研究、征求各方意见和办试点，确定以喜德语音为标准音，以圣乍话为基础方言，采用1958年设计的《凉山彝族拼音文字修订方案》作为彝语注音符号。1975年12月中共四川省委批准了《彝文规范试行方案》。1980年国务院批准四川《彝文规范方案》正式推行。该文字在凉山州行使职权、文教、编译、出版、广播、电影译制等方面发挥了积极的作用（详见后附的彝文规范字表）。

于阗文　19—20世纪，帝国主义列强取走我国许多珍贵文物。包括多种古西域民族文字文献，于阗文文献便是其中之一。最先在我国搜括于阗文文献的是俄国和英国驻喀什领事彼得洛夫斯基和马继业。于阗文字源出于印度波罗米字笈多正体，是于阗地区塞族居民使用的文字。于阗文字有楷书、草书、行书三种，字多合集连写，有很多字母与古藏文相似，附加元音符号也与古藏文相同。于阗文字记录的语音今称于阗语或于阗塞克语。现在发现的于阗文文献，年代约属6—10世纪。在于阗地区，还曾发现一种汉文与佉卢文并用的"马钱"。年代约为3世纪。根据已经发表的材料，于阗文文献的出土地点在今新疆和阗、巴楚、图木舒克所出为最古。现在于阗文文献多为佛经，但是非佛教文献也不少。对于研究于阗史甚至西域史来说，最有价值的史料是非宗教性的于阗文书。

载瓦文　我国景颇族载瓦支系使用的文字。外国传教士为了传播基督教，曾在景颇族地区创制过一种以正写和倒写的拉丁字母组成的载瓦文，出版过马可福音、宗教问答、歌曲、读物等。1934年起，法国传教士威廉（Wiliam）等人曾在德宏傣族景颇族自治州的潞西县东山区传播过这种文字。缅甸操载瓦语的知识分子参考景颇文也创制了一种拼写载瓦语的载佤文。但是这些文字都不能准确表达载佤语的语音。1957年中国科学院语言调查队第三工作队和云南语文工作者一起帮助载瓦人设计了一套拉丁字母的文字方案。1983年略加改进，并用这套文字培训了一批师资，翻译出版了小学语文、算术、常识课本以及扫盲课本、通俗读物等，取得了良好的效果。

载瓦文字母表

声母表：

字母：	b	bv	p	m	mv	w	wv	f	d	dv	t	n	nv	l	lv
音标：[	p	p-	ph	m	m-	v	v-	f	t	t-	th	n	n-	l	l-]

字母：	z	zv	c	s	zh	zhv	ch	sh	r	rv
音标：[	ts	ts-	tsh	s	tʃ	tʃ-	tʃh	ʃ	ʒ	ʒ-]

字母：	g	gv	k	ng	ngv	h	y	yv	by	byv	py	my	myv
音标：[	k	k-	kh	ŋ	ŋ-	x	j	j-	pj	pj-	phj	mj	mj-]

字母：	j	jv	q	ny	nyv	x
音标：[	kj	kj-	khj	ɲj	ɲj-	xj]

说明：国际音标后面有短横"-"的，表示要和紧元音结合。

韵母表：

字母	a	e	i	o	u
音标	[a a̠	e e̠	i i̠	o o̠	u u̠]
字母	ai	au	ui	oi	
音标	[ai a̠i	au a̠u	ui u̠i	oi o̠i]	
字母	am	em	im	om	um
音标	[am a̠m	em e̠m	im ɛm	om o̠m	um u̠m]
字母	an	en	in	on	un
音标	[an a̠n	en e̠n	in ɛn	on o̠n	un u̠n]
字母	ang	eng	ing	ong	ung
音标	[aŋ a̠ŋ	eŋ e̠ŋ	iŋ ɛŋ	oŋ o̠ŋ	uŋ u̠ŋ]
字母	ap	ep	ip	op	up
音标	[ap a̠p	ep e̠p	ip ɛp	op o̠p	up u̠p]
字母	at	et	it	ot	ut
音标	[at a̠t	et e̠t	it ɛt	ot o̠t	ut u̠t]
字母	ak	ek	ik	ok	uk
音标	[ak a̠k	ek e̠k	ik ɛk	ok o̠k	uk u̠k]
字母	aq	eq	iq	oq	uq
音标	[aʔ a̠ʔ	eʔ e̠ʔ	iʔ ɛʔ	oʔ o̠ʔ	uʔ u̠ʔ]

文字样品

Ngamoq paqzhi laigva shigut mvoq yu lui, yumsing choqpit mau Zaizo bummau ri byvat qit maungon gvut sai ra.
译文：我们要努力学好文化知识，把自己的家乡景颇山建设成现代化乐园。

藏文 我国藏族使用的文字。主要通行于西藏自治区和青海、甘肃、四川、云南等藏族聚居区。在国外，不丹、锡金、尼泊尔和印度等邻国的藏族也使用这种文字。据藏文史籍记载，藏文创制于公元7世纪松赞干布时代。大臣图米三菩札奉命赴印度留学，受业于天智狮子和婆罗门利敬，精研佛学和梵文，返藏后根据梵文兰查字母创制藏文正楷，根据乌尔都字母创制草书并著文法书8种。藏文是一种拼音文字。有30个辅音字母和4个元音符号。辅音字母依其在音节中的位置和作用分为基字、上加字、下加字、前加字、后加字和再后加字。一个音节至少有一个基字，其余几种依组合情况可有可无。基字、上加字、下加字、前加字表示声母，后加字和再后加字表示辅音韵尾。元音符号不单用，加在基字的上方或下方。表示元音i、e、o的符号加在上方；表示元音u的加在下方；元音a不用符号表示（即没有元音符号的字就是和a相拼）。藏文经过三次修订。第二次的修订影响最大，目前通行的藏文基本上保留了9世纪初第二次修订后的面貌。由于历史音变，现行正字中有的字母不发音，有的几个字母合表一个音素。行款自左向右横书。词不分写，音节之间用小点隔开，短语和句子在末尾画一条竖道，章节段落结尾画两条竖道，全文或全书结尾划四条竖道。书题和篇章首有专门的起始符号。字体分为有头字体和无头字体两大类。有头字体相当于正楷，主要用于印刷；无头字体相当于行书，用于书写，内分"粗通""粗仁"

"珠杂"等多种形式。另有一种由无头字体衍生的"秋"体，相当于草书。藏文读音因方言而异，但书面形式各地一致。藏文的经典、文献、古籍浩如烟海，此外还有大量的金铭石刻、木简木牍、藏文著述和译作，包括哲学、韵律、文字、医药、历算、史传、文学、小说、诗歌、戏剧、寓言、格言等。过去藏文主要在佛寺传授，建国以后，藏文已进入学校教育。自治区、州、县的政府文件、司法文书、布告、报告、机关单位的印章、名牌都是藏文。各地办有藏文报、藏语广播；出版了大量政治、经济、文化、科技、教育等读物。现在有藏文字库软件，可在电脑里操作。

文字样品

藏文样品（楷书）

ཅུང་ཟད་བསམ་པ་ཡོད་རྣམས་ཀྱིས།
སྨྱོན་དེ་བཟག་ལ་གདོན་པར་བྱ།
དེ་ལྟར་གཤིན་སྡུག་སྤོང་བ་ཡིས།
མ་དེ་གོང་ནས་གོང་དུ་འཕེལ།

译文：
稍有心计的人，
应挤脓务尽。
这样克服缺点者，
就会不断前进。

壮文 壮族过去没有正式通用的文字，但是民间到处使用着一种类似汉字的土俗字，在比较小的范围内人们利用它来记录歌谣故事、书信、契约。这种土俗字一直流传至今，人们仍然用它来记事，尤其是记录山歌，互相传抄。壮族老百姓称这种文字为 $\theta aɯ^1 dip^7$（生字），一般人称为方块壮字。由于方块壮字存在种种缺点和局限性，它只在民间流行，始终未能取得正式文字的地位。1955 年国家为壮族创制了拉丁字母式的拼音壮文，1957 年经国务院批准为壮族的文字。1980 年有关部门对原壮文方案进行修订，1982 年得到国家民族事务委员会批准，并由广西壮族自治区人民政府公布推行使用。经过 20 多年的磨炼，拼音壮文在壮族人民中扎下了根，显示出它的生命力。两种文字分别介绍于后。

1. 方块壮字 壮族古时民间流传的一种利用汉字经过加工改造，表示壮语的文字，壮族把它叫做"生字"，即还没成熟的文字。方块壮字主要用来记录本地的壮歌、故事，也用于书信往来、书写巫经和契约上的地名等。由于壮语方言土语复杂，各地人民难以用壮语彼此交际，因此，反映当地语言的壮字通行的地区和范围也很有限，各地的壮字不尽相同，很难统一。如："火"这个意思，广西武鸣县读 fai^2，写作"微"字；德保县写成"微"下面加"火"字；隆安县写成"门"字里面加"火"字；龙州、百色等县则用汉字"肥"表示。

方块壮字借用汉字记录壮语，也仿照汉字结构创制了不少字。音译的——也称假借字。有全音译和半音译半意译两类：全音译的字有些是单音节的，如：用火字——读 ho^{55}，表示气愤的意思；偷字——读 tau^{24}，表示门的意思；恩字——读 an^{24}，表示个的意思；斗字——读 tau^{55}，表示来的意思。

有些是双音节的，如：东皮——读 $toŋ^{33} pai^{21}$，表示从前的意思；委使——读 $wi^{55} si^{55}$，穷苦、可怜的意思；多受——读 $to^{42} ɕau^{35}$，共同、互相的意思。

半音译半意译的——有音译在前，意译在后的，如：瓦米——读 wa^{42}（捞）hau^{42}（饭），捞饭的意思；东痛——读 $tuŋ^{42}$（肚子）in^{24}（痛），肚子痛的意思；图牛——读 tu^{21}（只、头）$waːi^{21}$（水牛），水牛的意思；里小——读 li^{55}（还）qi^{35}（小），还小的意思。有意译在前、音译在后的，如：米埃——读 hau^{42}（饭）$ŋaːi^{21}$（早饭），早饭的意思；鸭皮——读 pit^{55}（鸭）pi^{21}（肥），肥鸭的意思；衣莫——读 pu^{33}（衣服）mo^{35}（新），新衣的意思；进气——读 hau^{55}（进入）hai^{35}（气），发愁的意思。

意译的——也有单音节和双音节两种：单音节的，如：屋——读 $raːn^{21}$，家、屋的意思；风——读 rum^{21}，风的意思；蛋——读 rai^{35}，蛋的意思。

方块壮字的结构有繁有简，各地不尽相同。通常由两部分组成，一个部分是用一个汉字的音来表示壮语相同或相近的读音，另一个部分是用一个汉字（或汉字的偏旁）所表达的意义来表达壮语的词义。德靖土语多用左右合体字或上下合体字，如：

左宁右鼻，读 naŋ¹，鼻子的意思；左堂右尾，读 thaːŋ¹，尾巴的意思；左吉右老，读 ke⁵，老的意思；左肉右之，读 tsi⁵，肉的意思；左等右它，读 tha³，等待的意思。

上叩下米，读 khau³，米、饭的意思；上外下牛，读 waːi²，水牛的意思；上龙下大，读 luŋ¹，大的意思；上布下朋，读 phaŋ¹，布的意思；上甜下还，读 waːn¹，甜的意思。

有些是形声字，如亻旁加留字，读 lau²，我们的意思；氵旁加体，读 thi⁵，汗的意思；忄旁加老，读 laːu¹，怕的意思；犭旁加麻，读 ma¹，狗的意思。

2. 拼音壮文——拉丁字母形式的拼音文字 1954 年中国科学院语言研究所少数民族语言研究组（中国社会科学院民族研究所语言室的前身）应广西省桂西壮族自治区政府之邀，派出壮语调查队会同广西壮文研究指导委员会对壮语进行普查，计划为壮族创制拼音文字。经过半年的调查，划分了壮语方言，选出了壮语基础方言和标准音点。在普查的基础上于 1955 年制定了以拉丁字母为基础的壮文方案。经过一年多的试验，对方案做了修改。1957 年 11 月 29 日国务院第六十三次会议正式批准推行。这种文字以壮语北部方言为基础方言，以武鸣城厢和双桥一带的语音为标准音。这个方案的特点是：既能清楚区分壮语所有的音类，又不带附加符号，字体简短，容易拼读。在政府大力支持下，开办了壮文学校，培养了大批壮文师资和壮文骨干力量，成立了研究、编译、出版、推行等机构，出版了各种课本、词书、参考读物和《壮文报》。1980 年考虑到出版、打字、输入电脑的技术问题和方便对外交流，废除了 26 个拉丁字母以外的字母和声调符号（改用拉丁字母表示）。1982 年 3 月 20 日广西壮族自治区政府公布推行使用。

拼音壮文字母表

声母表：

字母：	b	mb	m	f	v	bj	mj
音标：[	p	ʔb	m	f	v	pj	mj]
字母：	d	nd	n	s	l	ny	c	y
音标：[	t	ʔd	n	s	l	ȵ	ç	j]
字母：	g	ng	h	r	gy	gv	ngv
音标：[	k	ŋ	h	ɣ	kj	kv	ŋv]

韵母表：

字母：	a	(ae)	e	i	o	(oe)	u	w	ie	ue	we
音标：[	aː	a	e	i	oː		uː	ɯː	iə	uə	ɯə]
字母：	ai	ae	ei	oi	ui	wi
音标：[	aːi	ai	ei	oːi	uːi	ɯːi]
字母：	au	aeu	eu	iu	ou	aw
音标：[	aːu	au	eu	iːu	ou	aɯ]
字母：	am	aem	em	iem	im	om	oem	uem	um
音标：[	aːm	am	em	iːm	oːm	om		uːm	um]
字母：	an	aen	en	ien	in	on	oen	uen	un	wen	wn
音标：[	aːn	an	en	iːn	in	oːn	on	uːn	un	ɯːn	ɯn]

字母：	ang	aeng	eng	ieng	ing	ong	oeng	ueng	ung	wng
音标：[	aːŋ	aŋ	eŋ	iːŋ	iŋ	oːŋ	oŋ	uːŋ	uŋ	ɯŋ]
字母：	ap	aep	ep	iep	ip	op	oep	uep	up	
音标：[	aːp	ap	ep	iːp	ip	oːp	op	uːp	up]	
字母：	at	aet	et	iet	it	ot	oet	uet	ut	wet	wt
音标：[	aːt	at	et	iːt	it	oːt	ot	uːt	ut	ɯːt	ɯt]
字母：	ak	aek	ek	iek	ik	ok	oek	uk	uek	wk
音标：[	aːk	ak	ek	iːk	ik	oːk	ok	uːk	uk	ɯk]

说明：1. 促声韵的低音组塞音尾用 –b、–d、–g 字母。2. 以元音起始的音节，前面都有喉塞音 [ʔ]。

声调表：

调类：	1	2	3	4	5	6	7短	7长	8短	8长
调值：	24	31	55	42	35	33	55	35	33	33
声调字母：	不标	z	j	x	q	h	用–p、–t、–k尾		用–b、–d、–g尾	

文字样品

Gvangjsih Bouxcuengh Swcigih youq guek raeuz baihnamz。Daengx gih miz ngeih cib sam fanh bingzfueng goengleix gvangq, sam cien caet bak lai fanh vunz。

译文：广西壮族自治区在我国南疆。全区面积有二十三万平方公里，人口三千七百多万。

第二部分：有关中国少数民族语言文字的术语、历史文献

(一) 中国少数民族语言文字常用的术语

半低元音　又叫"次低元音"。以舌位高低为标准划分出的一类元音。比"低元音"稍高而比"半高元音"稍低。这类元音有［ɛ］、［œ］、［ɔ］、［ʌ］等。

半高元音　也叫"次高元音"、"半闭元音"。以舌位高低为标准划分的一类元音。发音时舌位半高，比"半低元音"略高。这类元音有［e］、［ø］、［o］、［ɤ］等。

半元音　一种摩擦很轻的擦音，发音时声带颤动，开口度比擦音大些，但不及发元音时的程度，是介于元音和辅音之间的语音。汉语"衣、乌、于"的声母应属半元音。这几个音广州话摩擦更重，是标准的半元音，如"因、烟"［jɐn^{55} jin^{55}］，"云、王"［wɐn^{11} wɔŋ^{11}］。侗台语族语言大多数语言的 w（或记作 v）、j，也应属于半元音性质的声母。

伴随特征　指语音现象中和主要特征相伴随的其他特征。在某种情况下与主要特征不易区分。如：景颇语的紧元音主要特征是喉头肌肉紧缩，伴随特征是舌位偏低，有喉塞韵尾，声调略高。佤语孟贡话的松紧元音和声调成叠合状态，紧元音伴随全降调，松元音伴随低降调；藏语拉萨话的声调则和元音的长短成叠合状态，54 调和 12 调伴随短元音韵母，55 调和 14 调伴随长元音和复合元音。又如彝语，彝语元音分松紧，致使声调也分松调类和紧调类，所以说，彝语声调的松紧是元音松紧的伴随特征。黎语杞方言通什话的 f 声母，出现在阳类调（偶数调）时带有强烈的送气，实际上是［fʱ］，可以认为，送气现象是声调的伴随特征，这就不必为此增加一个送气的 f 声母了。

本调　一个音节在单独用时的声调，与两个音节以上连读时产生的变调相对。如：大南山苗语的"猪"单独时念 44 本调 mpua^{44}，前面和 plou^{43}（毛）组合时，变读为 33 调，plou^{43} mpua^{44} 实际读［pləu^{43} mpɒ^{33}］猪毛。黎语标准音保定话声调数目少，变调情况少见，大多音节都读本调，甚至语气词也多读本调。只有词头一般多读轻声（时高时低的轻声），慢读时读本调。

本语词　本族语言中固有的词。本语词为本民族所创造，符合本民族语言体系的特征。一般说来，一种语言的基本词都是本语词。例如"天""地""牛""羊""吃""睡"等。但不少民族的基本词也借用了外来词。如侗台语族语言的数词，有一部分已放弃了原来的本语词而借用了汉语词。如壮语的"二、三、四、七、八、九、十"等转用汉语借词，只有"一、五、六"保留本语词。海南省的村语，一至六使用本语词，七至十使用汉语词。

鼻化　发音时软腭和小舌下垂，气流同时从口腔和鼻腔流出，使发出的音有鼻音的色彩，称为鼻化音。常见的多为元音的鼻化。国际音标在元音上面加"～"表示。汉语方言中，济南、西安、太原、合肥、扬州、桂林等方言有鼻化韵母，这是鼻音韵尾脱落后，气流从口腔和鼻腔同时流出，使口音带有鼻音色彩。在汉藏语系语言里，傈僳语、基诺语、柔若语、怒苏语、土家语、白语、浪速语、波拉语、普米语、木雅语、尔苏语、史兴语、扎坝语都有鼻化单元音韵母。除个别语言外，所有的鼻化韵母都是由于鼻音韵尾的脱落所致。

鼻化元音 也叫"元音鼻化"。发元音时气息同时从口腔和鼻腔流出而形成的元音，如：傈僳语的鼻化元音有 ẽ、ɛ̃、ã、õ、ũ、ɯ̃，都只能作为自成音节的元音。蒙古语出现在词尾上的鼻化元音是 -n 尾衰变的结果，如果鼻化元音后面再接附加成分，鼻化成分会还原为 -n。

白语、白马语、尔苏语、拉珈语、傈僳语、木雅语、普米语、柔若语、土家语、藏语等语言有鼻化元音。

闭音节 指以辅音收尾的音节。凡是以鼻音或闭塞音以及颤音、边音、擦音收尾的音节都称为闭音节。现代汉语如北京话的闭音节只有鼻音尾的音节，没有闭塞音收尾的音节。广州话闭音节包括鼻音收尾和塞音收尾的音节。鼻化元音韵母是由闭音节的韵母变为开音节的韵母。壮侗语族语言大都有较多的鼻音收尾和塞音收尾的闭音节。阿尔泰语系语言如维吾尔语有以 -l、-r、-z、-ʃ、-ʁ 为收尾的音节，蒙古语有以 -r、-s、-x 为收尾的音节，朝鲜语也有以 -r 为收尾的音节。

闭元音 发音时口腔开口度最闭的元音。发这类元音时，舌位最高，最接近上颚，所以又叫高元音。普通话衣、乌、于的元音 [i、u、y] 为闭元音。还有侗台语族的壮语、布依语、傣语、黎语常见的元音 [ɯ]，也是闭元音。

边擦音 根据发音方式不同而划分出来的一类辅音。发音时，舌尖上顶硬腭，在口腔中线造成阻塞，气流从舌头两侧摩擦而出。国际音标用 [ɬ] 表示清的边擦音，用 [lʒ] 表示浊的边擦音。壮语南部方言、北部方言的右江土语、粤语台山话、广东西部至广西东南部汉语有清的边擦音。有这个音的其他语言是：台湾布农语、瑶族布努语、黎语、僜人的达让语、东部裕固语、琼贵语、基诺语、嘉戎语、京语、拉珈语、拉乌戎语、佤语、门巴语、勉语、木佬话、纳木伊语、怒苏语、普标语、普米语、却域语、沙阿鲁阿语、邵语、史兴语、五屯话、藏语。

变调 在音节连读过程中发生的声调变化的现象，如：北京话两个上声字连在一起时，第一个上声字要变读为阳平调："雨伞" 214 + 214→35 + 214；大南山苗语能够影响后一音节变调的只有 43、31 两调：plou^{43} 毛 mpua^{44} 猪 → pləu^{43} mpɒ^{33} 猪毛；mploŋ^{31} 叶 ntoŋ^{44} 树→mploŋ^{31} ntoŋ^{33} 树叶。景颇语只有 21、55、33 三个基本调，但是变调会变出新调 51，如：n̩^{55}不 mu^{21}看见 →n̩^{55}mu^{51}没看见。福建长汀客家话的连读变调比较复杂，多数是后音节影响前音节变调，如：阴平（33）+ 阳平（35）变为阳去（21）+ 阳平（35），如"山头"；阳平（35）+ 阴平（33）变出新调 55，如"黄山"（55 + 33）；如果四个音节在一起连读，前面三个音节是阳平，则一律读为 55，如："黄屋楼下"（55 + 55 + 55 + 33）（地名，长汀话没有入声，有一些去声字读阴平，如："屋"读阳平，"下"读平声）。

标准音 某一个语言作为规范的语音。一般是以一个地点的语音为标准。如汉语普通话以北京的语音为标准音，法国以巴黎的语音为标准音。标准音点通常是该语言政治、经济、文化的中心。我国蒙古语以呼和浩特的蒙古语为标准音，维吾尔语以新疆乌鲁木齐的维吾尔语为标准音，藏语以拉萨话的语音为标准音。我国汉语方言也有它的标准音，如粤语以广州话的语音为标准音，闽南话以厦门话的语音为标准音，客家话以广东梅县话语音为标准音。

标准语 又叫"文学语言",即经过规范的民族共同语,并成为书面语言所依据的语言,汉族共同语的标准语是规范的普通话。有文字的民族,其标准语已逐渐形成,人们以这种标准语来书写、广播,出版各种读物。如:汉语的北京话、维吾尔语的乌鲁木齐话。它具有以下的特点:(1)建立在具有代表性的方言基础上;(2)经过人为选择、整理、加工、承认并在语音、词汇、语法方面进行过规范;(3)具有很高的社会威望,成为方言地区之间的共同交际工具;(4)有书面形式作为它的代表。新创立的文字,经过长时间的推广和使用,其标准语也日趋完善。

标准元音 也叫"基本元音"。习惯以舌位高低前后排列。舌头向前,舌位最高的是[i],次高为[e],次低为[ɛ],最低为[a];舌头向后,舌位最高的是[u],次高为[o],次低为[ɔ],最低为[ɑ]。一般人称第一号标准元音是i,第二号是e,第三号是ɛ,第四号是a,第五号是ɑ,第六号是ɔ,第七号是o,第八号是u。有了这八个标准元音作坐标,其他元音可以区别出来。以嘴唇的圆展来观察,则y是圆唇的i,ɯ是展唇的u,ø是圆唇的e,ɣ是展唇的o,œ是圆唇的ɛ,ʌ是展唇的ɔ。两个标准元音之间还可以有一个音,如第一号与第二号元音之间的音是[ɪ],第二号与第三号元音之间的音是[E],第三号与第四号之间的音是[æ]。

表层语言 这是瓦尔特布尔克1936年提出的术语,指的是外来者的语言成分。由于外来者的语言已融入当地居民的语言之中,当地居民的语言则成为"战胜"的语言,而外来者的语言就成为这个战胜语言的表层语言。"表层语言"这个术语容易被错误地理解为底层语言上面的"战胜"语言。

表音文字 文字类型之一。用字母或字符表示语音来记录语言的书写符号系统。

宾语 指受动词支配或影响的成分。汉语中的宾语一般处在动词之后。名词、代词常作宾语,此外,数量词以及一些词组也可作宾语。藏缅语族语言、阿尔泰语系语言的宾语一般出现在动词谓语之前。

濒危语言 活力弱,处于消亡边缘的语言。我国人口少的民族或大部分人口转用了其他语言的民族,其语言都属于濒危语言。如满语、赫哲语、畲语、珞巴族中的苏龙语、仙岛语、布芒语、布兴语以及台湾高山族中一些使用人口少的语言都处于濒危状态。

不完全爆破音 指发塞音时只闭合而没有突然爆破的动作,即只有成阻、持阻而没有除阻。在汉藏语言里,大部分语言的塞音韵尾都是不完全爆破音。汉语南方方言入声字的韵尾都不爆破,如广州话的 sap(十) paːt(八) paːk(百);侗-台语言的塞音韵尾 -p、-t、-k 也属于不完全爆破音,如壮语 ɕip(十) peːt(八) peːk(百)。英语两个塞音相连时,前一个塞音一般读不完全爆破,如 chapter(章节),其中的 p 为不完全爆破音。

长短调 指声调伴随着长元音或短元音的声调,如:藏语拉萨话的声调和元音的长短成叠合状态,54调和12调伴随短元音韵母,称为"短调";55调和14调伴随长元音和复合元音韵母,称为"长调"。

长短入调 入声调因元音的长短而分化出的长入调和短入调,其调值长短各不相同。如:傣语 pak[7](插)是阴声短入调;paːk[9](口,说)是阴声长入调；mak⁸（喜爱）是阳声短入调；泰语maːk¹⁰（众多的）是阳声长入调。侗台语族大多数语言的入声都有因元音的长短而产生长短入的情况。

长辅音 指两个辅音相连时持阻的时间较长的现象。有些语言（如维吾尔语）这种现象不构成词义变化，有些语言则和单辅音构成词义对立，如：朝鲜语 pur（火）ppur（犄角）；tar（月亮）ttar（女儿）；sar（肉）ssar（米）；tʃata（睡）tʃʃata（织）；kɛ（狗）kkɛ（芝麻）。

长元音 在某些可以通过元音的长短对立来区分词义的语言里，发音持续时间长的元音被称为长元音。许多语言都有长短对立的元音。国际音标用［ː］表示长元音。如英语 beet［biːt］（甜菜），与 bit［bit］（一点）对立。汉语一般没有长短元音的对立现象，但粤方言的 a 有长短之分。如 kaːi⁵⁵（街）kai⁵⁵（鸡），saːm⁵⁵（三）sam⁵⁵（深），saːn⁵⁵（山）san⁵⁵（身）等，但存在着音质上的差异，短元音 a 音质开口度较闭，近似［ɐ］。壮语的 a 以及高元音分长短，长的高元音都带"过渡音"，如壮语武鸣话 liən³³（练习），lin³³（穿山甲）；kuək⁵⁵（国家），kuk⁵⁵（老虎）；kɯɤt³³（扛），kɯt³³（稠）。侗台语族大多数语言、瑶族勉语带韵尾的元音分长短。蒙古语有 11 个短元音，12 个长元音。珞巴崩尼-博嘎尔语单元音作韵母时也有长短的对立，长短元音的音质极为相似。如 içi（水），içiː（尿）。

超音段音位 与"音段音位"相对，指附加于音位组成的音段之外，使之具有一定的意义。声调、重音、语调等属于超音段音位。它不能直接从语流的线性切分中得出，由于它是由发音和音响的抑扬顿挫、轻重快慢等韵律特征构成，又称"音律特征"。研究汉藏语的学者多用"声调""调位"或"声调音位"等术语。

成音节辅音 也称"韵化辅音"。除了元音以外能构成音节的音都属于成音节辅音。汉语方言多有这种辅音，国际音标用"ˌ"加在该音标的下面或上面表示。如广州话的［m̩］（不）、［ŋ̍］（吴）。壮语武鸣话［bou⁵⁵pai²⁴］（不去），快读时变为［m̩⁵⁵pai²⁴］（不去），其中的 m 也是成音节辅音。瑶族的巴哼语、苗族的巴那语的 ŋ 也可以自成音节，如巴哼语［ŋ̍²²］（这），巴那语［ŋ̍⁴⁴］（你）。纳西语（东部方言）的 v 也是成音节辅音，如 v³³（嚼）。

成音节音 指能单独成音节的音，包括元音、鼻音和一些浊擦音、流音。其他的音是非成音节音。

齿间音 发音时舌头平伸，舌尖夹在上、下齿之间，构成气流的阻碍，这样形成的音叫齿间音。包括［θ］、［ð］，分别是清的舌尖齿间音和浊的舌尖齿间音。英语的 th 读［ð］或［θ］是齿间音，壮语标准音武鸣话和南部方言的德靖土语有清的齿间音［θ］，如 θoːŋ⁵³（二）；布依语有清浊齿间音［θ］和［ð］，如 θuaŋ³⁵（二）、ða³⁵（找）；瑶族的布努话，畲族所说客家话也只有清的齿间音［θ］。

初声 朝鲜训民正音文字方案中根据朝鲜语音节构成的特点，将一个音节切分为初声、中声、终声。初声即位于音节首之辅音，终声是位于音节末尾的辅音。训民正音以初声、终声为一方，设计了辅音字母。中声位于初声后，是音节的核心部分，训民正音为此设计了元音字母。汉语把一个音节切分为声、韵两部分，朝鲜语的初声则相当于汉语的声母，终声相当于汉语的辅音韵尾，中声则相当于汉语里声母后面除去韵尾的部分。

唇齿音 由下唇和上齿相接触，使气流受阻而形成的一种辅音。如：汉藏语言的 f、v；汉语北方方言的翻、芳、分、飞、风、富等字的声母是 f，但没有 v。一些汉语方言没有 f 声母，如属于闽方言的海南话没有 f 声母，普通话 f 声母的字读作 ʔb，如放字读［ʔbaŋ］，说普通话时也读为 phaŋ。少数民族语言如侗台语族、藏缅语族、突厥语族、蒙古语族、满—通古斯语族以及南亚语，大多数都有唇齿音 f、v（或 f、w）。只有台湾大部分的南岛语言和朝鲜、满、土家、藏等语言缺少唇齿音 f 和 v。其他语言如珞巴族的博嘎尔语、布农语、鄂温克语、回辉话、嘉戎语、景颇语、苗语（湘西）、巴哼语、桑孔语等缺少 f，而白马语、保安语、哈尼语、羌语则有 f 而缺少 v。

唇化　发辅音时同时双唇圆起来而形成的音。汉语方言如粤语以及汉藏语系侗台语族一些语言后唇化声母。如：广州话的 kw、khw 两个声母。有些学者把广州话的唇化声母处理为韵母的 u 介音，这样广州话就没有唇化声母了。但这样的结果，广州话就增加了一批带 u 介音的韵母（另外还有带 i 介音的韵母）。西双版纳傣语有 kw、xw 声母，水语有 tsw、sw、lw、ʔŋw 声母，黎语有 kw、khw、gw、ŋw、hw、ʔw 等唇化声母。

唇化辅音　发辅音时嘴唇同时圆起来的辅音。锡伯语有 dw、tw、sw、rw、dʐw、tʂw、gw、kw、xw、qw、χw 11 个。水语有 ʔw、tw、dw、tsw、tshw、sw、kw、khw、ʔŋw。唇化辅音多是由于圆唇元音轻读使得前面的辅音保留圆唇状态的。

词根　构成和体现一个词的基本意义即词汇意义的构词成分。如"老虎"中的"虎"，是词根，它增加了词头"老"之后构成"老虎"一词。少数民族语言的构词法有一种是由词根带词头或词尾构成的合成词，例如彝语 a⁴⁴ʐɯ³³（儿子）中的 ʐɯ³³，a³³tu³³（厚）中的 tu³³ 是词根。前面的 a⁴⁴ 或 a³³ 都是词头。土家语 a²¹si²¹tɕhi²¹tɕhi²¹（白亮亮），前面的 a²¹si²¹ 是词根，后面的 tɕhi²¹tɕhi²¹ 是后缀。

词根语　也叫孤立语。语言类型分类中以词的语法形态为主要标准而划分出来的语言类型之一。特点是词内没有专门表示语法意义的附加成分，缺少形态变化，词与词的语法关系主要靠词序和虚词来表示。如汉语、侗台语族语言就是词根语。

词素　作为构词材料的最小的意义单位。它体现了词汇意义和语法意义。如"小孩"一词，"小"和"孩"都是具有词汇意义的词素；"学生们"的"们"指人的多数，它只体现语法意义。土家语的 tshe²¹（水）la²¹（路）"水渠"，两个音节都有意义，因此 tshe²¹ 和 la²¹ 都是构成该词的词素。

词头　附加在词根或词干前边只表示语法意义的构形词素，也称"前缀"。有的研究南方语言的学者也使用"前加成分"这个术语来表示"词头"。汉语普通话的前缀有"老"、"阿"等。彝语的词头比较多，常用的词头有 a－、i－、li－（le－）、ko³³－等。例如 a³³vu⁵⁵（蓝）、a³³dʐʅ³³（宽）、i²¹ɲi²¹（今天）、i⁴⁴ʑi³³（弟弟）、le⁴⁴ge³³（绳子）、li³³ŋo⁵⁵（扳）、ko³³tsi⁴⁴（正在）、ko³³ʂɯ⁴⁴（经常）等。

词尾　附加在词根或词干后边只表示语法意义的构形词素。它附加在词根后面或词干后面只起构形作用，表示同一个词的不同语法形式，有的可以构成新词。汉语表示集合概念的名词后边的词尾"们"（如"老师们""同学们"）表"多数"的语法意义；"看着"的"着"表"看"的进行体，"看了"的"了"表"看"的完成体。参看"后缀"条。

词缀　加在词根上表示某种附加意义的词素。

加在词根前面的叫"前缀"即"词头";加在词根后面的叫"后缀",或"词尾"。普通话的前缀有"老""阿",如"老三""老张""阿姨""阿娟"等;后缀有"子""头""儿"等,如"栗子""燕子""石头""吃头""桃儿""眼儿"等。汉藏语系各语言原来都有多少不等的词缀,由于发展变化的结果,有些词缀的元音脱落了,变成了复辅音;有的消失了。苗语湘西方言有较多的词缀,主要是前缀,记有 qɔ³⁵、a³⁵、ta³⁵、tɕi³⁵、pa⁴⁴、te³⁵、pɔ⁵³、pji⁴⁴、kɯ⁴⁴、tɕi⁴⁴ 十个,分别表示不同的意思。后缀比较少,只有在动词后面利用双声叠韵的办法产生的几个,如 ɳoŋ¹³ɳa¹¹(爬)、fha³³tɕa³³(搓来搓去),maŋ⁵³tɕaŋ⁵³(反复揉)。黎语只有 ɯ、kɯ、pɯ、tsɯ 等几个常读轻声的前缀和由实词转化来的 ɬɯːk⁵⁵(儿)、pha¹¹(公)、pai¹¹(母)、phai¹¹(方、面儿)等。

次方言 方言之下的一个层次,多用于方言比较复杂的情况。如苗语分湘西、黔东、川黔滇三个方言,川黔滇方言内部差别较大,下分川黔滇、滇东北、贵阳、惠水、麻山、罗泊河、重安江七个次方言;川黔滇次方言又分两个土语,贵阳次方言又分三个土语,惠水、麻山两个次方言又各分四个土语。划分次方言主要根据语言的实际情况。

促声韵 韵尾为塞音的韵母。汉语北方方言一般没有塞音尾的韵母,但粤方言韵母多带 -p、-t、-k 韵尾,即促声韵。如广州话有 ap、ɐp、at、ɐt、ak、ɐk、ɛk、ip、it、ik、ɔt、ɔk、ut、uk、yt、œt、œk 17 个促声韵。汉藏语系侗台语族语言保留有较多的促声韵,壮语有 30 个促声韵,侗语有 21 个促声韵,水语有 20 个促声韵,黎语有 38 个促声韵。

带擦元音 指带有擦音成分的元音。西部裕固语有 ɑ、ə、e、i、o、u、ø、y 8 个元音,其中的 ɑh、əh、eh、oh、uh、øh 是带擦元音。这些带擦元音有一些特点:(1)带擦元音和不带擦元音互相对立,有区分词意的作用;(2)擦音成分在元音之后,也可以移到元音之前,使元音清化,如:ɑht 马—hɑt、oht 草—hot;(3)可以出现在词首,也可以出现在词首的辅音之后,如:uhk(飞)、bəhsəy(热的);(4)可以出现在双音节和多音节的第二、第三音节,如:qɑnɑht(翅膀)。

带喉塞半元音声母 语音学术语,指 j、w 等半元音声母在发音时声带紧闭,然后突然打开,同时发出 j 或 w,国际音标标记为 [ʔj][ʔw]。汉藏语系侗台语族许多语言有这类声母。这类声母一般都与不带喉塞音的声母构成对立的两个音位。如壮语北部方言的武鸣话 ʔjau³⁵(在)、jau³³(尿)、ʔwuəŋ²⁴(烧)、wuəŋ²⁴(慌);壮语南部方言一些地区也有这两个声母,如南部方言的大新话 ʔja⁵⁵(药)、jaŋ¹³(举手)、ʔwaːn⁵⁵(转弯)、waːi²¹(水牛);德保话 ʔja³¹(药)、jeːu³³(叫)、ʔwiːn³³(埋怨)、waːi³¹(水牛);布依语 pu³¹ʔjui³¹(布依)、ja⁵³(妻子)、ʔva³¹(ʔwa³¹)(傻)、va³⁵(wa³⁵)(盖子);仫佬语 ʔjaːk⁴²(饿)、ja⁴²(布)、ʔwaːŋ(薄)、wa⁴⁴(脏);水语 ʔja²⁴(布)、ja²⁴(茅草)、ʔwen³⁵(埋怨),va²⁴(wa²⁴)(写);毛南语 ʔja⁴⁴(田)、ja⁴²(二)、ʔwa⁴⁴(脏)、wa⁴²(花);黎语保定话 ʔjoːm⁵⁵(吞)、hjoːn⁵³(joːn⁵³)(树梢)、ʔwa⁵⁵(打开)、hwa¹¹(wa¹¹)(螺旋)。

带喉塞鼻音声母 语音学术语,指 m、n、ŋ、ɳ 等声母在发音时声带紧闭,然后突然打开,同时发出 m、n、ŋ、ɳ 等音,国际音标标记为 [ʔm]、[ʔn]、[ʔŋ]、[ʔɳ]。壮语红水河土语区和桂北土语区一些县保留这套声母,这类声母一般与不带喉塞的声母构成对立的两个音位。如来宾县 ʔma⁵⁴(背东西)、mo⁵⁴(新)、ʔnan⁴⁵(个)、naŋ²¹(坐)、ʔɳaːi³³(踩)、ɳaːi³³(嚼)、ʔŋun⁵⁴(软)、ŋaːu²³¹

(摇）等；水语带喉塞鼻音比较多，有 ʔm、ʔn、ʔɲ、ʔŋ、ʔnj、ʔŋw 6 个，如 ʔma²⁴（青菜）、ma³¹（舌头）、ʔna²⁴（厚）、van²⁴ na³³（后天）、ʔɲoŋ³⁵（虾）、ɲa³¹（你）、ʔɲa²⁴（芝麻）、ŋa³¹（洋鸭）、ʔnja²⁴（河）、njen³¹（月）、ʔŋwa³³（猛抬头）；毛南语 ʔma⁴²（菜）、ma⁴²（狗）、van⁴² ʔna⁵¹（后天）、na⁵¹（脸）、ɲaːu²¹³（住）、ʔɲaː⁴⁴（笨傻）、ŋa²³¹（芽）。

带喉塞声调 语音学术语，指某些音节出现在某一声调时，音节末尾有一个喉塞音。这个喉塞音不是该音节本身的一个成分，因为这个音节出现别的声调时，这个喉塞音就不会出现。所以这个喉塞音是某一声调的伴随特征。壮语北部方言一些地区有这个特点，如壮语北部方言右江土语的田阳县"水" nam³³，实际读 [namʔ³³]，这个 33 调不能延长，因为后面有一个喉塞音，记录壮语方言时，一般不表示这个喉塞音，只在声调说明时加以注明，凡是出现这个声调的音节，后面都有一个喉塞音。海南的汉语方言海南话的上声调有这个特点。在三亚的海南话里，凡是出现在上声调（调值为 31）的音节，其末尾都带喉塞音，如组 tu³¹ 实际读 [tuʔ³¹]，长（组长）tsiaŋ³¹，实际读 [tsiaŋʔ³¹]。黎语一些方言土语受到海南话的影响，产生若干个带喉塞韵尾的韵母。这个特点跟上海、苏州等地的喉塞韵尾接近，但彼此不相同，前者是声调的伴随现象，可以忽略不计，而后者是韵母的一部分。

带喉塞浊塞音声母 语音学术语，又叫"先喉塞浊塞音声母"。指浊塞音 b、d 等声母发音时，声带与口腔有关部位同时紧闭，然后二者同时打开所发出的音。国际音标标记为 [ʔb] [ʔd]。这两个音普遍存在于侗台语族分布的地区，国内的京语和国外的越南语以及东南亚一些语言都有这些声母。泰语和傣语的 ʔb、ʔd 中的喉塞成分已经退化，虽还有轻微的喉塞成分，但不明显，一般研究泰语或傣语的人对这个喉塞成分经常忽略不计。海南岛各语言普遍存在这两个浊塞音，黎语、村语、临高语也有 ʔb、ʔd 这两个声母，甚至属于汉语闽南方言的海南话，属于粤语系统的儋州话、迈话也有 ʔb、ʔd 这两个声母。三亚回族的回辉话也有这两个声母。一般有 ʔb、ʔd 声母的语言，这两个声母常与清塞音声母 p、t 构成对立，二者并存，但都缺少纯浊塞音 b、d，因此研究侗台语言的人都习惯把带喉塞的浊塞音声母中的喉塞成分 ʔ 省去，写作 b 或 d。壮语的 ʔb、ʔd 和喉塞音声母 ʔ 在与声调的拼合关系上是一致的，这类声母（还有带喉塞的半元音 j、w）都只出现在单数调（1、3、5、7、9 等调）上，即属于清声母的范围，但它们与清塞音的区别很明显。布依语这类声母基本上都出现在单数调上，但出现在第 3 调的字变读第 4 调。壮语某些方言土语也有特别的变读现象，但这并不会改变这类声母属于清声母范围的性质。壮语有的方言土语 ʔb、ʔd 变读作 m、n，或 m、l，或 w、r，不会变作 p、t。如泉：武鸣 ʔbo³⁵，靖西 mo³⁵，龙胜 wo³³；好：武鸣 ʔdai²⁴，靖西 nai⁵³，融安 li⁵³，龙胜 rei⁵³。

壮语中的汉语借词，属中古汉语帮、端母的字，读 p、t，ʔb、ʔd 声母的字不出现汉语借词。而海南黎语属帮、端母的借词，都用 ʔb、ʔd 来读，这是因为黎语的汉语借词是从海南话吸收的。海南话凡属帮母的字都读 ʔb，属端母的字读 ʔd。

单纯词 只包含一个词素的词。汉语的单纯词大部分是单音的，如"我、你、他"，"吃、喝"等。也有少数是双音节的，如"葡萄、枇杷、蝴蝶、蜈蚣"，一些新词也属于这一类，如"派对、嘉年华、博客"等，汉藏语多音单纯词的数量不多。但民族语言里的多音汉语新借词，由于这种借词的每一个音节在该民族语里一般都没有独立的意思，也算是一种多音单纯词。如壮语的 fei³³gi³³（飞机），其中的每一个音节都没有意思，这类词数量较多。

单数　语法范畴数的一种。通过某种方式表示名词、代词的数量。一般分单数、复数两种。有的语言还有双数的表示方式。单数表示"一"，复数表示一以上，双数只表示两个。现代汉语除了指人名词和人称代词可以在后面加"们"表示人的复数意义外，其他的名词没有数的形态标志。

低音组　西双版纳新、老傣文以及金平傣文的每个声母都用两个字母表示，分为高、低音两组。低音组字母用来拼写浊声母来源的词，只拼写阳类调词（即2、4、6、8调词），如：西双版纳傣文用一个口朝下的半圆圈 表示低音组的［k］：ka^{41}枷、ka^{11}生意、ka^{33}价、kat^{33}（肚）胀、ka：t^{33}错过。这种声母分两组的表示法可以少用声调符号，只用两个声调符号就可以表示六个舒声调：第1、2调不用声调符号表示，第3、4调用一个符号，第5、6调用另一个符号表示。

低元音　也称"开元音"，指开口度最大，舌头下降到最低所发出的元音。国际音标的低元音有 a（不圆唇前元音）、ɑ（不圆唇后元音）、ɒ（圆唇后元音）、ʌ（央元音）。

底层词　某一地区的本地语言被外来语言"战胜"之后，原来的本地语言一些特有词遗留在"战胜"的语言之中，成了新的外来语言的底层词。汉语方言一般都存有相当数量的古代少数民族底层词。粤方言里保留的古越语的底层词较多，如"呢"（这）、"执"（捡）、"躝"（爬）、"哴"（涮）、"啱"（刚好）、"杰"（稠）、"啲"（些）等等以及一些地名。

底层理论　语言学的一种理论，指在两种语言发生融合的过程中，一种语言战胜另一种语言，被战胜的语言消失了，但其中的某些成分却被原来使用该语言的人带到战胜语言中而保留下来，使战胜语言产生某些新的特点。语言底层理论涉及考古学、人类学、民族学和社会学等诸多方面的理论和事实。语言底层的产生，首先要有民族底层为前提，即某个地区必须曾经发生过民族的融合，被同化的民族其语言最终消失了，但其语言中的某些成分被他们带到战胜的语言里来。另外，一个语言被另一个语言取代，需要有一个相当长的双重语言制时期。中国在历史长河中曾经多次发生民族融合，南方各地民族融合后在现存的语言里留下了一些土著语言的底层成分。南方古时为越国故地，因此南方各省多有古越语的底层成分。较为明显的是广东地区，自古以来的土著民族是古越族，即现在壮侗语族各民族的祖先。从秦汉以后，北方汉人不断南下，和当地的百越诸族混杂居住，到了宋元以后，土著逐渐被南来的汉人所同化，语言也逐渐消失了。原来的土著转用了当地的汉语——粤方言，却保留了许多原来古越语的特点。现在广州话里仍然存在很明显的古越语成分。无论在语音方面、词汇方面还是语法方面都可以找到古越语的痕迹。语音方面最明显的例子是：广东中部、西部和广西东部一些粤语地区，都有一个舌尖清边擦音 ɬ，壮语南部方言和北部方言的西部普遍有这个音，有的地区读作齿间清音 θ；在词汇方面，广州话有几十个方言词来源于古越语，这些方言词不是从侗台语借入的，而是古越语的遗留。在语法上也有一些古越语的遗留，如副词"先"的用法。广州话的"先"多用在动词的后面，这和现在的壮语用法完全一致。从这些事例看，广州话存在不少古越语的底层成分。

底层语言　一个地区或人群原来使用的语言，被一种外来语取代后，原来语言的语音、词汇、语法成分仍然残留在取而代之的外来语中，这原来的语言就成了底层语言。如粤语无论在语音、词汇或者在语法方面都残留有古越语的底层成分。在语音方面，广州话的鼻音和边音声母，有些字词，可以出现在阴类调里；粤西一些地区中古"心"母的字读清边擦音ɬ；促声韵的阴入调，由于韵母元音的长短而分作高、低两个调值。在语法方面，广州话的量词，经常用在名词的前头，有指示词的作用。在词汇方面，广州话有数十个方言词被考证为古越语的底层词。据学者们研究，吴语、闽语都有古越语的底层成分。

第二人称 语法范畴"人称"的一种，指听话者一方的叫第二人称，用人称代词"你、你们"表示。汉语第二人称有单数和复数之分。汉藏语系语言一般都有单、复数之分。壮语第二人称单数是 mɯŋ²¹（你），复数是 kjoŋ³⁵ mɯŋ²¹（你们）；黎语单数是 meɯ⁵³（你），复数是 meɯ⁵³ ta⁵³（你们）；藏语单数是 cheʔ⁵³ raŋ¹⁴（你），复数是 cheʔ⁵³ raŋ¹⁴ tsho⁵⁴（你们）。

第三人称 语法范畴"人称"的一种，指说话者、听话者所涉及的另外一方，用人称代词"他、她、它"表示。汉语第三人称有单数和复数之分。如他（包括她、它，第三人称单数），他们（包括她们、它们，第三人称复数）。少数民族语言第三人称多有单数和复数之分，如壮语 te²⁴（他）、kjoŋ³⁵ te²⁴（他们）；傣语（德宏）man⁵⁵（他）、xau³⁵（他们）；侗语 maːu³³（他）、ta³³ maːu³³（他们）；黎语 na⁵³（他）、khun⁵³（他们）；苗语（湘西）wu⁴⁴（我）、pɯ³⁵（我们）；瑶族勉语 nen³¹（他）、nen³¹ bwo³³（他们）；藏语 khoŋ⁵⁵（他）、khoŋ⁵⁵ tsho⁵⁴（他们）。

第一人称 语法范畴"人称"的一种，指说话者的一方，用人称代词"我、我们"表示。汉语第一人称有单数和复数之分，其中复数又分"包括式"（咱们）和"排除式"（我们）。如我（第一人称单数）、我们（第一人称复数，排除式）、咱们（第一人称复数包括式）。粤方言用"我、我哋"来区分单复数。壮语用 kou²⁴（我）、tou²⁴（我们，排除式）、ɣau²¹（咱们）；侗语用 jaːu¹¹（我）、tɕiu⁵⁵（我们）、taːu⁵⁵（咱们）；勉语用 je³³（我）、je³³ bwo³³（我们）、bwo³³（咱们）；藏语用 ŋa¹²（我）、ŋā¹² tsho⁵⁴（我们）、ŋa¹² raŋ¹⁴ tsho⁵⁴（咱们）。

调号 也叫"声调符号"，是标记声调的符号简称。各语言标记声调的符号不相同，如：汉语拼音在主要元音的上面用短横、上撇、钩、下撇表示阴平、阳平、上声、去声4个声调；侗—泰语言在音节的右上角用数码代号表示；苗语的方言文字在音节末尾用特定的英文字母表示；藏缅语言则多用五度制调号表示。

调类 有声调的语言或方言根据调值的异同归纳出来的能区别意义的声调种类。即：每一个调类都具有区别词义的音位功能。汉语字调是根据古四声"平、上、去、入"划分的。分平声、上声、去声、入声四类。由于历史的变化，现代的汉语普通话发展成为阴平、阳平、上声、去声4个调类。汉语方言也各有各的变化。如广州话发展成9个调类：阴平、阳平、阴上、阳上、阴去、阳去、阴入、阳入、中入。侗台语族语言多有8个调类，有的语言由于声母或元音性质的不同再分化出一些调类来。如侗语在8个调类的基础上又分化出一些不同的声调调值，共有15个声调。在声母、韵母相同的情况下，不同的调类有不同的意义。

调值 声调的高低、升降、曲直、长短等音高特性，以区分声调调类的数值，它反映声调的实际读法。但只反映相对音高，而不是绝对音高。一般用五度制调号表示法。如普通话的四个单字调调值是：高平调55，高升调35，降升调214，高降调51。藏语拉萨话4个调的调值是：43、44、12、113，研究者为了便于让人区分，把这几个调的调值标记为 54、55、12、14。

东匈语支 阿尔泰语系突厥语族的两个语支之一。按照原苏联学者 H. A. 巴斯卡科夫的分类法，突厥语分东匈语支和西匈语支。中国的西部裕固语和柯尔克孜语属于该语支。其余的语言属西匈语支。

动词的式 表示说话人进行动作时的态度或状态的语法范畴。黏着型语言是在词根后面加附加成分表示，有陈述式、条件式、祈使式、命令式、警告式等。维吾尔语的陈述式有将来时、过去时和现在将来时，在 -a/-ɛ/-j 结尾的副动词上，直接加人称附加成分构成：

mɛn hazir bari mɛn　　我这就去。
我　现在　去　我

条件式：是在动词词干上加附加成分 -sa/-sɛ 构成：

aldinqilar　dɛrɛx　tiksɛ,
前面　的（人们）树
kejinkilɛr　sajdaptu
如果栽　后面的（人们）乘凉
前人栽树，后人乘凉。

台湾阿眉斯语的命令式是在动词词根前面加 pi-：

pi-pataj tura ʔuner!　　打死那条蛇!
打　死　那　蛇

动名词 动名词是起名词作用兼有动词或名词特征的一种动词形式。维吾尔语的动名词有三种构词方式：

1. 在动词词干后接缀附加成分 -maq、-mɛp 构成，有人称其为"动词的不定式"，曾经在书面语中或词典、成语及谚语中广泛使用，现代口语中单用的情况较少。这种动名词后面通常加位格附加成分构成静词性谓语，表示动作正在进行或处于绵延状态，如：

kyzlyk　ziraɛtlɛr　jaxʃɛ　øsmɛk-tɛ
秋季的 农作物　好　正在生长
秋季作物生长良好。

2. 在动词词干后接缀附加成分 -ʃ、-iʃ、-uʃ、-yʃ 构成，在现代口语中广泛使用。它具有数、从属性人称和格的语法变化，如：

mɛn oqu-ʃ-qa barimɛn　　我要去学习。
我　向学习　　我要去

3. 在动词词干后接缀附加成分 -ʁu、-qu、-ʔy、-ky 构成，表示动作的愿望或可能，有人称其为愿望式动词或能愿式动词，如：

topni ojnu-ʁu-m bar　　我想玩球。
把球　我想玩　　有

动—主—宾语序语言 按照及物动词、名词性主语和宾语在一般陈述句中的位置顺序划分的一种语言类型。在这种语序的语言中，其顺序依次是动词—主语—宾语，即 VSO。台湾高山族语言多属这一类型，如阿眉斯语：喜欢他你（他喜欢你）；布农语：种父亲豆子（父亲种豆子）；排湾语：骂你谁?（你骂谁?）

短调 字调类型之一，汉语吴方言苏州话入声字属短调。发音时声调短促，如"八"[poʔ⁴]。

壮侗语族语言的促声调由于元音的长短，分长入和短入两类。短入调习惯叫短调。如壮语标准音武鸣话的 pit⁷（鸭子）、ɕip⁸（十）的声调是短调。

短元音 发音持续时间短的元音。许多语言都有长短对立的元音。国际音标用[˘]表示短元音（一般表示了长元音之后，对短元音则不加表示）。如英语 bit [bit]（一点）。汉语一般没有长短元音的对立现象，但粤方言的 a 有长短之分。如 kaːi⁵⁵（街）kai⁵⁵（鸡），saːm⁵⁵（三）sam⁵⁵（深），saːn⁵⁵（山）san⁵⁵（身）等。壮侗语族大多数语言、瑶族勉语带韵尾的元音分长短。珞巴崩尼－博嘎尔语单元音作韵母时也有长短的对立，如 içi（水），içiː（尿）。

对立 区别特征理论概念之一，指两个语音单元的成素中只有一项不同，其余都相同的。如普通话"多"[tuo⁵⁵]和"拖"[thuo⁵⁵]是声母的送气与不送气的区别。所以普通话的送气声母与不送气声母构成对立。不同语言有不同的对立构成，如英语送气与不送气不构成对立，但辅音的清浊则构成对立。

多语现象 群体或个人能够使用多种语言的现象，也指一个地区通行多种语言的状态。中国许多民族或许多民族地区普遍存在多语现象。一般地说，人口少的民族，多语现象比较普遍。如海南省三亚市羊栏村的回族，多语现象很突出，成年人一般都能兼通三四种语言（包括方言）以上。居住在广西都安县的瑶族，能使用瑶族语、壮语、汉语。新疆博尔塔拉蒙古自治州的蒙古族，居住在城镇的居民一般兼通维吾尔语、哈萨克语、汉语三种语言。

腭化 指发某一辅音时，舌面中部向硬腭抬高的发音动作，使所发的辅音舌位上抬具有较高较前的舌面音色彩。古汉语"基、欺、希"的声母[k]、[kh]、[x]，到了近代普通话变读为[tç]、[tçh]、[ç]，是声母腭化的结果。南方少数民族语言多有腭化现象。如壮语的 pj、kj 等；湘西苗语有 pj、phj、mj、lj 等；黔东苗语有 lj、ljh 等；瑶族勉语的腭化声母较多，有 pj、phj、bj、mj、m̥j、fj、tj、thj、dj、nj、n̥j、lj、ɬj、tsj、tshj、dzj、sj、kjw、khjw、gjw、hjw 21 个腭化声母。

方言 方言是一种语言的地方变体。它具有群体性、历史继承性和地域性。同属于一种语言的不同方言有共同的历史来源，有大同小异的基本词汇和语法结构。某种语言如果有分布在不同地域的不同支系，由于生态环境和社会生活共同体的改变或所接触的其他群体的不同，这些支系语言的语音、词汇、语法结构会在继承原祖语、创新、融入三个方面有所差异。西方语言学把方言看作是在共时阶段与民族共同标准语相对而言的语言，但是我国许多少数民族语言现在没有形成统一的标准语，在历史上他们只有过种族语言。现在的方言是民族内部不同支系（部落或氏族）的语言。由于迁徙的关系，往往在同一个地区的不同支系（部落）之间不能通话，而同一支系（部落）的人相隔地域很远也能通话，表现出群体性比地域性更强，如：彝族内部有不同的支系并有不同的自称，在同一地区内自称为 倮倮的不能和其他支系，如自称为诺苏的通话，但是可以和国内外自称为倮倮的通话。又如：同在云南省墨江县的哈尼族，自称为 xoɲi 的不能和自称为 pijɔ 的通话，但前者能和元江、普洱县同一自称的人通话；后者能与江城、景谷、镇远县同一自称的人通话。有些民族语言的方言间差别比较大。根据差别的程度，方言下面还分有次方言和土语共三个层次，如苗语分 3 个方言，其中川黔滇方言下面分 7 个次方言，每个次方言下面又分若干土语。

方言词 只在方言地区流行，而在标准语中并不使用的词或用语。但由于交流的结果，某些方言词可能被标准语所采用，逐渐在标准语中普遍使用。这些方言词逐渐被提升为标准语的通用词，以后就不再被视为方言词。如来源于吴语的"尴尬""搞"，来源于粤语的"靓""的士""T恤""煲""焗"等，有些方言词语进入普通话以后，被稍加改造而变成标准语的通用词语。如来源于广州话的"埋单"（结账）、"搞掂"（弄妥）、"靓"（漂亮），进入普通话后，逐渐被改造为"买单""搞定"、"扮靓/扮亮"、"靓丽/亮丽"等词。新创民族文字也有选用方言词汇丰富标准语词汇的做法，如壮语书面语也吸收了一些通行比较广的方言词以丰富标准语的词汇。壮语南部方言和北部方言比较突出的方言词如：（龙州南/武鸣北）天（fa^{32}/bɯn^{24}）、头（thu^{33}/ kjau^{55}）、女儿（lɯk^{55} ɬa:u^{33}/lɯk^{33} bɯk^{55}）。

方言岛 在使用地域上处在某种语言或方言的包围之中，但又与包围它的语言或方言区别较大的一种方言现象。这是由于移民或历史上的驻军等原因逐步形成的。方言岛分布范围往往较小。例如海南岛的军话，分布在东方市属各村和昌江县的昌化镇等部分村落，有十万多人，使用属于汉语的西南官话，他们的附近有黎语、村语或海南话（汉语闽南方言），在地理上自己成为一个个小岛状态。据了解，成方言岛状态的还有广东南部的惠东县有一万人、陆丰市大安镇有五百人、广西合浦县内一些村落有两万余人、福建武平中山镇有九千人使用各具特色的"军话"。而广东中山县、海南儋州的客家话也是处于方言岛的状态。

仿译词 仿照外语词的内部构造，用本语言的材料意译而成的词。如英语的 football，汉语译成"足球"，atomic bomb 译成"原子弹"。少数民族语言较少使用仿译的方法，知识分子翻译汉语时偶尔会利用这个办法创造新词术语。如黎语 loŋ^{53}（大）laŋ^{55}（大）巨大、伟大，u:ŋ^{55}（和）riŋ^{53}（随）跟随，ra:u^{53}（笑）gan^{53}（冷）冷笑。

非区别性特征 指语音的自然特征中不能造成音位或词语差异的特征。如英语塞辅音的清或浊是区别性特征，在汉语普通话里是非区别性特征；普通话的塞音送气与不送气是区别性特征，但在英语里是非区别性特征。

分析型语言 即分析语，语言类型分类中依据语法结构的主要表达方式而划分出来的语言类型之一。其特点是词和词之间的语法关系不是通过词本身的形态变化，而主要靠词序和辅助词如虚词等手段来表示。汉藏语系语言多属分析型语言。

附加词素 又称"附加成分"。黏附在词组或词干上表示语法意义或某些附加意义的词素，不能独立使用。有构词词素和构形词素之分。附加在词根或词干上起构形作用的附加词素称构形词素，也称词尾词素，例如英语中表示复数的 s 和表动词过去时的 ed 等，台湾高山族诸语言的附加词素比较丰富，如阿美语的附加词素有前加、中加、后加成分。阿美语的前加成分有 ma-、ni-、pa-、ʃa-、tʃi- 等，例如 fali（风），ma-fali（刮风）；阿美语后加成分有 -an、aj-，例如 fafahij（妻子），fafahij-an（女人）；中加成分有 -um-，例如 ʃual（话），ʃ-um-ual（说话）。

复辅音 一个音节里处于同一增强或减弱状态的两个或多个辅音的结合体。英语的 spring "春天"中的 spr 是三个复辅音的结合体。现代汉语没有复辅音结合体。少数民族语言多有复辅音。如壮语武鸣话的 pla^{24}（鱼、石山），黎语 plai^{53}（交换）。汉藏语系藏缅语的复辅音较多。如藏语安多方言前置辅音 h 和 n 与一些辅音构成 26 个复辅音声母。四川阿坝藏语复辅音较多，有 94 个复辅音；四川凉山州的纳木依语由于前加鼻音而构成 14 个带鼻音的复辅音，并且还有带后置擦音的复辅音，此外还有四个三合复辅音：mphs、mphʂ、mbz、mbʐ。羌语支语言复辅音较多，如尔龚语有 196 个；嘉戎语有 201 个复辅音声母，其中二合复辅音声母 176 个，三合复辅音 25 个。

复合词 合成词的一种。由两个或两个以上的不同词根词素组合而成的词。如语言、高低、观看、纸张、亿万等。少数民族语言也有这类词，但数量没有汉语的多。如壮语 pei^{42} nu:ŋ^{42}（兄弟姐妹），kwaːn²⁴pa³¹（夫妻）；黎语 ɬau¹¹guːŋ⁵³（亲属、亲戚），ɬeŋ̊⁵³reːk⁵⁵（好赖）。

复数　语法范畴数的一种，表示名词、代词等的数量。一般分单数和复数两种。有的语言分单数、双数和复数三种。汉语只有指人名词和人称代词用缀加"们"字表示复数。如学生们、我们、你们等。羌语的人称代词分单数、双数和复数三类：ŋa⁵⁵（我）、qaŋ¹³tʃi³³（我俩）、qa³¹thɑ⁵⁵（我们）。

副动词　副动词是兼有动词和副词特征的一种动词形式。维吾尔语里两个有独立意义的动词的连接形式，大多是由一个副动词和一个变位的动词组成。副动词有否定形式、构成比较级、起连动作用或状语作用，在复合句中作偏句的谓语等特点。

否定形式是在动词词干后接 – mɑj、– mɛj 或 – mi 构成。例如：

u　oltur – mɑj　kɛtti
他　没有坐　　走了
他没有坐就走了。

比较级只限于 – p 结尾的状态副动词形式。例如：

mɛn kɛtʃkip – rɛk kɛldim
我　稍迟　　我来了
我来晚了一点。

根据意义和构成方法，维吾尔语的副动词有状态副动词、目的副动词、趁便副动词、时限副动词、连续副动词几种。

高音组　西双版纳新、老傣文以及金平傣文的每个声母音位都用两个字母表示，分为高、低音两组。高音组字母用来拼写清声母来源的词，只拼写阴类调词（即单数 1、3、5、7、9 调词），这种声母分两组的表示法可以少用声调符号，只用两个声调符号就可以表示六个舒声调：第 1、2 调不用声调符号表示，第 3、4 调用一个符号，第 5、6 调用另一个符号表示。

高元音　又叫"闭元音"，由舌头抬到最高时所发出的元音。发音时口腔开口度很小。i、u、y、ɯ 是常见的高元音。

格　一种语法范畴。在有形态变化的语言中，用词形变化所表示的名词性词语（有的语言如俄语还包括形容词）与其他词之间的不同句法关系。根据形态变化一般分为主格、宾格、属格等。阿尔泰语系语言的格比较丰富，如突厥语族的维吾尔语名词有主格、领格、与格、宾格、位格、从格 6 个，蒙古语语族的蒙古语的名词有位格、离格、造格、随格、宾格、领格 6 个。满—通古斯语族的满语，名词有主格、领格、宾格、与—位格、从—造格 5 个。

构词法　词的内部构造及词的变化的规则。如汉语的构词方式分重叠、附加、复合 3 种。附加式的构词方法使用附加成分是用虚词素。如前缀有"老""第""初"等，后缀有"头""着""了""儿""子""者""们"等。复合式是汉藏语系的主要构词方式。由两个或两个以上的不同词根词素组合而成。各少数民族语言都有类似的构词法，几乎都有上述的三种方式，只是具体的附加成分不同而已。汉藏语有一些语言还有用"四音格"的方式来构词。

构拟　这是个外来术语（reconstruction），有的翻译为"重建""重构"，是语言历史比较研究中不可缺少的方法。具体做法是列出现存有亲属关系语言的一些有语音对应规律的词，然后推测出这些词的原始母语的形式。推测出的形式能说明现代某个语言的形式是有规律逐步演化来的。举傣、泰、黎、布依族的自称为例：傣族现在自称 tai⁴¹，13 世纪创制的傣文拼写作 tjai⁴¹。泰国的泰族现在自称 thai⁴¹，泰文拼写作 thjai²。古时的浊塞音声母词在泰语都变为送气清塞音（即 b 变为 ph，d 变为 th，g 变为 kh），傣语则变为不送气清塞音（即 b 变为 p，d 变为 t，g 变为 k），而现在双数调的词古时就是浊音声母。因此傣、泰族古时的自称应构拟为 *djai²。这个古音形式演变为现今布依族的自称 ʔjui⁴、ʔjai⁴、ʔjoi⁴，黎族的自称 ɬai˙、tɬai˙、tɬai˙。

孤立语　亦称"词根语"、"无形态语"，比较语言学根据语言的结构特征所建立的一种语言类型。主要特点是没有词形变化和各种构形词缀，靠词序和虚词来表达语法意义。也称为分析型语言。如：汉语、壮语、侗语、傣语、苗语、越南语等。

古文字　在历史上创制的古代书写系统。包括古汉字、埃及圣书字、苏美尔楔形文字、美洲玛雅文字等。中国多指古汉字。除了汉字以外，在中国使用过的还有八思巴字、察合台文、爨文、传统彝文、老傣文（傣仂文、傣那文、傣端文、傣绷文）、东巴文、梵文、方块壮字、哥巴文、规范彝文、回鹘文、景颇文、拉祜文、吏读、傈僳文、老傈僳文、满文、蒙古文（托忒式蒙古文、回鹘式蒙古文）、苗文（黔东苗文、滇东北苗文、柏格里苗文）、纳西玛丽玛萨文、喃字、女字（女书）、女真文、契丹文、佉卢字母、水书（水字）、粟特文、突厥文、佤文、西夏文、训民正音、焉耆—龟兹文、于阗文、藏文等。

固定词组　指组合成分和组合关系不能变动的词组。这种词组在句子中充当句子成分，作为一个单位使用。固定词组的内部结构关系有主谓、联合、动宾、偏正等组合类型，其功能有名词性、动词性、形容词性之分。如傣语：nam¹¹ lək³³（水深）（主谓），pi³³ kap⁵⁵ nɔŋ¹¹（哥哥和弟弟）（联合），thai⁵⁵ na⁴¹（犁田）（动宾），dɔk³⁵ dɛŋ⁵⁵（红花）（偏正）。

固有词　又叫"本语词"，指某个语言里从原始祖语传承下来的词，与吸收、引进的其他语言的外来词相对。研究少数民族语言的学者比较习惯使用"固有词"这个术语。

关系词　在语言历史比较研究中，对于那些两种语言间有语音对应规律，但是难以确定是发生学上的同源词，还是因语言接触而借入的词，语言学家把它称为关系词。使用"关系词"这一术语仅是权宜之计，因为在比较两个语言的关系时，使用"关系词"一语比较笼统，它说明不了这些词到底是同源关系还是接触、借贷关系。

国际音标　国际通行的一种标记语音的符号体系。由国际语音教师协会（后改名为国际语音学协会）于 1888 年制定发表。现在采用的是 2005 年修订后的版本，包括辅音、元音、附加符、超音段、声调和词重调等音标符号。

过渡音　蒙古语多音节词后续音节中的两个辅音之间出现的弱化元音叫过渡音。这种过渡音在词的后续音节里连接前后辅音，起音节中心的作用，把不能结合成复辅音的辅音组织起来形成闭音节。如：orǒg + n→orgǒn（举）（非过去式）xuuxəd + əəs→xuuxdəəs（孩子）（离格）。过渡音很不稳定，它会随着语音条件的变化而消失、移动或复现。汉藏语系侗台语族语言，长高元音 iː、uː、ɯː 与韵尾之间一般都有一个过渡音。过渡音的音质随主要元音和韵尾的不同而有所不同。

过渡语　也称"中介语"，指操某种语言（或方言）的人学习（或被替换为）另一种语言或方言过程中所必须经历的双语或双方言阶段。这时所习得的第二种语言或方言就叫"过渡语"。这种过渡语不是熟练程度的或地道的第二种语言或方言，语音多是原有语言的，只是词汇和一些语法规则是第二语言的。如：说粤语的人所说的普通话总是带有广东腔，中国人说的英语叫 Chinese English。

《汉语拼音方案》 新中国成立后制定的采用拉丁字母符号为汉字注音和拼写普通话语音的拼音方案。该方案于 1957 年 11 月 1 日国务院全体会议第 60 次会议通过，1958 年 2 月 11 日第一届全国人民代表大会第五次会议批准。此方案还可以用于为我国少数民族创制和改革文字，帮助外国人学习汉语，用来意译外语人名地名和科学术语，编制索引代号以及汉字输入计算机的编码等。一些国际组织也已采用此方案作为拼写中国人名地名及专门术语的国际标准。

汉越语 指中古时期（中唐时期）越南语中的汉字读音。"汉越语"一词在王力先生的《汉越语研究》一文首次提到。该文原载《岭南学报》9 卷 1 期（1948 年）。这篇论文的主要研究对象首先是汉越语，其次是古汉越语、字喃（即喃字），同时也谈到汉语越化。文章还谈到古汉越语及汉语越化。文中写道："所谓古汉越语，指的是汉字尚未大量传入越南以前，零星传到越南口语里的字音。这个时代，大约在中唐以前。它们是比汉越语更古的一种语言形式。所谓汉语越化，和古汉越语恰恰相反，它们的产生是在整套的汉越语传入了之后。"即在中古以后汉语词大量传入越南后被越语吸收并越语化了的语言成分。所谓"汉越语、古汉越语、汉语越化"，用现在研究少数民族语言学者们通行的说法是："汉越语"是中古时代越南语中的汉字读音，"古汉越语"是越南语的早期汉语借词读音，"汉语越化"是越南语的近代汉语借词读音。对于古汉越语和汉语越化，越南人已经不把它们当作汉越语，而认为是纯粹的越语了。

合成词 指由两个以上具有一定意义的音节（或词根）组合而成的词。这种词的概念是其内部词素意义的融合，表达一个新的概念，如：傣语 pi^{33}（年长的）nɔŋ^{11}（年小的）—亲戚，kin^{55}（吃）xɛk^9（客）—婚宴，ʔɯ^5（玩）nɔk^8（外面）—解手。藏语 sa^{12}（吃）thuŋ^{55}（喝）—伙食。研究南方语言的学者把词根加上有一定构词意义或语法意义的词缀，也算作合成词的一类，如藏语的词根加上表示某类人的词缀 pa^{43}：so^{12}（制作）pa^{43}—工人，iŋ^{14}（田地）pa^{43}—农民，jak^{54}（牦牛）pa^{43}—赶牛人。台湾高山族阿眉斯语有前缀、中缀和后缀，如前缀：pa－加在名词、动词、形容词之前表示使动行为 sual（话）pa－sual（告诉、说明）、ngangan（名字）pa－ngangan（命名）；中缀：通常加在词根辅音首之后，如－in－加在动词或名词词根辅音首之后构成名词，表示经历过某行为的人或事物，guruhg（扛、挑）g－in－urung 担子，tagi（人粪）t－in－agi（肠子）；后缀：如－sa 加在名词、动词根后面构成副动词，表示摹声、状态、情貌等，kerker（下雨声）kerker－sa（哗哗雨下），siaw（腾飞）siaw－sa（腾空一飞）。有些语言有由四个具有一定意义的音节构成的合成词，如：

傣语：maːk^{35} xau^{13} met^{33} nam^{11}　　粮食
　　　　果　粮　粒　水
　　　　tsiʔ^{55} lau^{41} phau^{55} mai^{13}　　纵火
　　　　点燃 燎 烧 燃
湘西苗语：u^{35} ŋɔ^{35} qa^{44} mzə^{42}　　鼻涕口水
　　　　水嘴　屎　鼻
　　　　te^{31} toŋ^{44} ta^{42} ntseu^{53}　　坟地
　　　　地方 冢　田　坟

合体字 汉字的合体字指由两个或两个以上的独体字组合而成的字。大多是会意字和形声字。左右组合的如：好、明；上下组合的如：春、怒；内外组合的如：国、问。

拼音的西双版纳老傣文也有一些合体字。合体字的声母字母和韵母符号书写的位置与一般写法不同，有时一个字母形式或符号"身兼数职"，既是前一音节的韵尾,又是后一音节的声母;既是前一音节的元音,也是后一音节的元音。大致有四种组合形式:(1) 前一音节的辅音韵尾字母写在后一音节辅音声母的字母上面;(2) 后一音节表示声母的字母,写在前一音节的声母字母下面;(3) 表示前一音节辅音韵尾的字母兼表后一音节的声母;(4) 前后音节的元音和声调相同的,两个音节的辅音声母字母叠写在一起,用一个元音符号和声调符号表示。

广西壮族方块壮字也多使用合体字,如靖西县的方块壮字有相当一部分采用两个独立的汉字互相结合的形式,即合体字这一形式。可分左右合体和上下合体两种,左右合体字分为左为声符、右为意符,或者相反。如:"𠆧",读 tu¹,是"头"的意思;"𦙶",读 tsi⁵,是"肉"的意思;上下合体字也分两类,上为声符、下为意符,或者相反。

合音 两个音节合为一个音节的现象叫合音,这种现象往往是某个音节的元音弱化或音节减缩的结果,一般是取第一音节的声母,第二音节的韵母和声调,如:北京话"不用"buyong 减缩为"甭"beng。傣语 saʔ⁵⁵ tiʔ⁵⁵——stiʔ⁵⁵(证据), phaʔ³³ ja⁴¹——phja⁴¹(头人)。

喉音 又称"声门音"。根据发音部位的不同而划分出来的一类辅音。发音部位在喉部,以声门收紧为主构成阻碍而发出的音,如 [ʔ] [h]。珞巴族的博嘎尔语有声门浊擦音,壮侗语族大多数语言有声门塞音 [ʔ] 和声门清擦音 [h],广东粤语有声门清擦音。

后元音 也叫"软腭元音",是按舌头部位的前后分出来的一类元音。发音时舌尖离开下齿背后移,舌面后部拱起接近软腭而成。如:u、ɔ、ɑ、ɯ 都是后元音。

后置词 后置词是指依附在实词后面,并与其结合在一起,表示事物与事物某种语法关系的词,离开前面的实词,后置词不能单独运用。

蒙古语的后置词跟实词的搭配有一定的限制,只能在词义允许的范围内互相结合。依附在名词后面的后置词多表示动作所指的方向,有仰视的方向、俯视的方向、平行的方向等。依附在数词后面的后置词表示稍多或稍有不及、将近。依附在动词后面的后置词表示动作或状态持续时间的增加,或更紧一层的意思。依附在几个不同实词后面的后置词,表示为了、好像、比拟。例如:

toloo 为了　　-ɔl(ɔ)-n ɛɛ toloc ʤutgën
　　群众　　　　　为了 服务
为群众服务

后置辅音 复辅音声母中的后一个辅音,如:壮语 pj、ŋv 声母中的 j、v,羌语声母 xp、xq、pz、bʐ 中的 p、q、z、ʐ,独龙语 pl、gl、pɹ、gɹ 声母中的 l、ɹ。

后缀 加在词根后面的词素,又叫词尾。汉语的后缀有"子"、"儿"、"头"、"着"、"们"等,它们都没有具体词汇意义,有的也具有一定的词汇意义。另外还有"家"、"化"、"性"、"者"等,它们有一定的词汇意义,与前面的词根结合的较紧密,但也有一定的独立性。汉语语法学者常常把这两种情况都称为"词尾"。维吾尔语等属黏着语类型的语言有丰富的后缀,即后附加成分。分构词附加成分、构词—构形附加成分、构形附加成分。构词附加成分加在词根后边,可以构成另外的新词或给词根增添新的词汇意义;构词—构形附加成分加在词根后面不能改变词的词汇意义,但可以改变词性和词在词组或句子中的功能;构形附加成分加在词干的后面并不改变词的词汇意义,只表示纯粹的语法意义。汉藏语中的词,后缀比较少。壮语的后缀有 luɯk³³(小),某些名词的后面附加双音节，表示一种状态，也可以算作后缀的一种。如 ɣam⁴²θop³³θop³³（水汪汪的）。黎语的 thoːŋ¹¹，表示动作的互相作用，如 thaːi⁵⁵thoːŋ¹¹（打架）。

混合语 一种语言对另一种语言结构的深层渗透使其失去原有语言的主要特征，从而产生一种包含了甲、乙两种语言成分的语言融合体。这种融合体既非甲，也非乙，而是另一种独立体系并成为某一群体的母语。国外称这种融合体为"克里奥语"。广义上把两种或多种语言的成分和结构混杂在一个语言里都视为"混合"。有几种情况不能算作真正的混合语：（1）以一种语言为基础，吸收其他语言的成分和本语成分混合，多用在和本族人的交际中，这属于语言借用或语言扩散；（2）在不同群体的接触中，双方在通晓了对方一些词语和语法结构的情况下，尽量使用对方的语言成分从而达到共识。往往甲以掌握不好的乙语，乙以掌握不好的甲语互相交流。两者说的话都有甲、乙两种成分。这是一种混杂语，是不完善的中介语。（3）某个群体学习另一种语言时往往会把自己的一些语言成分带进所习得的语言里与之混合，这也是一种中介语不是混合语，因为母语还在继续使用。我国青藏高原东部、四川西部甘孜藏族自治州雅江县境内有一种藏、汉混合语——倒话。该语言的语言要素：辅音格局和元音格局更接近于藏语，语法也多保留藏语结构，但是词汇基本是汉语的。这看起来像是"中介语"，但是说这种话的人有藏、汉两个民族的血缘成分，倒话已经成为当地人的母语，不是正在习得中的第二种语言。广西融水苗族自治县的永乐乡有一种自称为 e⁵⁵ 的人所操的"埃（e⁵⁵）话"，当地人称为"五色话"（杂有多种语言成分之意）。他们被定为壮族，但是他们不愿意和壮族认同，认为自己是独立的群体。它们会说当地汉话（属于桂北平话——土拐话），和当地汉人有通婚史。这种话的语音保留了侗台语族侗水语支的一套清鼻音、清边音 m̥、n̥、ŋ̊、l̥，使用频率还相当高，这些音在当地汉语中是没有的。除此以外其他音位都和当地汉话相同，声调有阴平、阳平、上声、去声、阴入、阳入六个，调类和调值以及连读变调都和当地汉话一致（侗台语没有连读变调）；常用词大多是汉语的；侗台语言修饰、限制成分在中心词后面的语序，除表示方位的以外，埃（e⁵⁵）话已逐渐和汉语一样变为前置，少数有前后皆可的现象；一些用本族固有词素构成的固定词组只能是修饰成分前置。埃（e⁵⁵）话中还有一些表示语法意义的虚词和汉语一样。这就是操侗台语言的土著和南下汉人融合的结果，应看作一种混合语。

基本词汇 指语言的词汇中最早出现、最基本、最稳固而且比较常用的部分。它具有历史悠久、全民通用性强、构词能力强等特点。如：天、地、日、月、山、河、水、火、人、手、红、黑、吃、走，等等。识别两种语言的亲近程度，一般用最原始的基本词汇来比较，有人用一百个或二百个最基本的词，然后再用更多的词来比较，看相同的比例如何变化来说明它们之间的关系。基本词汇和语法结构共同构成语言的基础。

基本元音 又叫"标准元音"，指发音和听觉上都容易辨认的8个元音。从口腔的开合程度来说，分闭、半闭、半开、开4个开口度；从舌头的前后来说，分前、后两种。共分为8个音，即 i、e、ɛ、a、ɑ、ɔ、o、u。而 y、ø、œ 分别为前三个音的圆唇音，ʌ、ɤ、ɯ 分别为最后三个音的展唇音。这14个元音在少数民族语言里比较常见，这些符号也比较常用。

基础方言 最能代表某个语言发展趋势、内部较为一致、代表性广泛的方言，用作该语言的书面标准语在语音、词汇、语法方面规范的基础。这种方言一般是在政治、经济、文化比较发达之地，如：维吾尔语的基础方言是中心方言，其书面标准语就是在这个方言基础上形成和发展起来的。中心方言分布区域最大，使用人口占新疆维吾尔族的78%以上。蒙古语的基础方言是中部方言，它的分布区域横贯内蒙古自治区，绵延两千公里，使用人口占蒙古族的绝大多数。壮语的基础方言是壮语北部方言，使用人口占壮语人口的三分之二以上。

集合数词 表示人或事物的总和概念的词。如汉语的"俩""仨"；维吾尔语在基数词词干后面接缀附加成分 -jlɛn（接在以元音结尾的词干后）、-ɛjlɛn（接在以辅音结尾的词干上）如：ikki-jlɛn（两个人）ytʃ-ɛlɛn（三个人）tøt-ɛjlɛn（四个人）bɜd-ɛjlɛn（五个人）。

假借字 由于音同或音近而被借用来记录语言中"本无其字"的词或代替本字的汉字。汉语方言有一些方言词常常用假借字来表示。如粤语的"笃"（底儿），"掂"（直，妥当），"抠"（调和，掺和），"嬲"（生气）。

兼役形 动词后面接了某种附加成分以后，既保留着动词的语法特点，又能取得类似名词或形容词的语法功能的这种形式叫兼役形。有人把它叫做"形动词"、"动名词"。蒙古语的兼役形附加成分有肯定式和否定式两类。动词的陈述式只有肯定式，没有否定式。与动词陈述式相对的否定说法要用动词相应的兼役形否定式来表达。

过去时肯定式 蒙古语表示动作或状态是已经发生过的。在动词后面加附加成分 -sā、-sē、-sɔ̄、-sȭ，：
gəmt-sə̄ nœrœœtʃm dʒəəgsə̄ uu?
受伤　脊背　相当好　吗
你受过伤的脊背好了吗？

经常体肯定式 蒙古语强调动作或状态是经常发生的。在动词后面加附加成分 -dăg、-dĕg、-dɔ（g、-dŏg）：
tʃii bɛɛ-dăg ʃaaxɛɛgaā bur ugue xiitʃixləə。
你　有　鞋　全无　做
你把所有的鞋全穿坏了。

还有非过去时肯定式、可行体肯定式、过去时否定式、经常体否定式、非过去时否定式、未完成过去否定式，表示各种相关的情况，各有不同的附加成分。（例从略）

兼语式 指由一个动宾结构和主谓结构套在一起构成的语句形式，前一个动词的宾语同时又兼作后一个动词的施动者。如：今晚我教你们唱歌。叫他别去。

间接宾语 又称"近宾语"。有的语法著作称"指人宾语"。双宾语中位于述语动词之后，直接宾语之前的宾语，表示动作间接涉及的对象，通常是表示人的名词或人称代词。例如"给他钱"。其中的"他"是间接宾语。

介音 音韵学的术语，也叫"韵头"，指介于声母和韵腹之间的高元音 i、u、y。汉语北方方言有这三个介音，但汉语有些方言没有介音，如广州话没有介音。有人认为广州话有 u 介音，把瓜、蛙、关、湾等字标记为 kua、ua、kuan、uan，但另一派人的意见是，广州话没有 u 介音，而是有唇化辅音，即 kw 声母加韵母 a、an。上面的字可以标记为 kwa、wa、kwan、wan。两种处理方法各有利弊。

阶称范畴 朝鲜语特有的语法范畴。通过谓词的终结形（谓词词干后添加表示一句句子终结的黏附成分）表示话者与听者之间的尊卑礼节关系。分为对上阶、对等阶、对下阶三种阶称。对上阶表示话者对听者的尊敬，听者是话者的尊长、前辈、上级或应该尊敬的亲友。对等阶由于亲友之间的平辈关系，带有亲热的语气。对下阶表示尊长、上级与晚辈、下级的关系。

结构助词 附加在实词性词语上，能改变原实词性词语的词性或语法功能的助词。例如汉语的"的"、"所"、"得"。少数民族语言大多数都有结构助词。黎语有 kɯ¹¹、ɯ¹¹、daːŋ₁¹¹、la⁵⁵ 等；壮语有 tɯk⁵⁵、dai⁵⁵；藏语的结构助词比较丰富，有 kig、ki、la、nɛ、lɛ、ka、ru 表示 7 种关系。

借词 某个语言从其他语言吸收或引进的词叫做借词。少数民族语言里的汉语借词有时代层次，分为古代借词和近代借词。一般有音译、音译加注和意译三种主要的借词方式。音译的借词是用本民族的音读外来语的词，如：汉语借英语 bye bye"拜拜"，西双版纳傣语借汉语"共产党"koŋ³⁵ saːn⁴¹taːŋ⁴¹；音译加注是一半音译，一半用本族词加注释，如：西双版纳傣语借汉语词"麦子"xau¹³（粮，本族词）mə¹³（麦，音译汉语）；意译的方式是根据外来词的概念，用本族词加以解释构成，如：西双版纳傣语借汉语的"公粮"用 xau¹³（粮）je⁴¹（仓）loŋ⁵⁵（大）——大仓里的粮食就是公粮，借"联合国"用 snam⁵⁵（议事庭）lok³³（世界）——世界议事庭就是联合国。

紧辅音 根据发音器官的紧张程度划分的辅音类别之一，与松辅音相对。发辅音时各部位发音器官的状态比自然状态稍有变化，当清音变浊或浊音变清的时候，就用松紧的概念来解释。如：朝鲜语的松辅音 p、t、k、tʃ 在词首时带有浊气流；出现在词中两个元音之间或浊辅音与元音之间时读浊音；出现在词末读作不破裂音。

紧元音 发音时咽头和喉头的肌肉紧缩而发出的元音，口的张开度比相应的松元音略小。藏缅语族的紧元音有两个来源：一是源于塞音韵尾的脱落，如哈尼语、彝语、傈僳语；二是源于浊声母的清化，如景颇语。由于藏缅语族的紧元音和松元音分别出现在一定的声调上，因此有人把拉祜语的紧元音处理为促声调，不处理为紧元音。其他的语言如木雅语、怒苏语、柔若语、桑孔语、佤语、载瓦语等都有紧元音。

近指 指示代词的一种，是最靠近说话人方位的代词，用来指称较近的人和事物，汉语用"这"、"此"、"斯"等。

景颇语支 汉藏语系藏缅语族语支之一。分布在中缅边境和中印边境，中国主要在云南和西藏，包括的语言有：景颇语、独龙语、阿侬语、格曼语、达让语、义都语、博嘎尔语、苏龙语等。

静词 指与动词相对的，具有格变化的名词化的词，包括名词、形容词、数词等。

卷舌清擦音 即翘舌清擦音。舌头往上翘起发出的清擦音，如：北京话的 ʂʅ（师）。少数民族语言中的藏缅语族以及蒙古语族、满—通古斯语族语言多有这个音。如：彝语 ʂa³³（小麦）、ʂu³³（干，做），藏语 ʂɛ⁵⁵ ʂɛ⁵⁵（稀疏），纳西语 ʂɯ³³（肉）、ʂər³³（七），羌语 ʂe³³（好）、ʂʅ³³（月份），撒拉语（多为汉语借词）ʂitoŋ（食堂）、ʂizi（狮子），达斡尔语（多为汉语借词）ʂəəyan（社员），东乡语 ʂɯni（新）、ʂu（书），满语 ʂan（耳朵）。

卷舌元音 发元音时舌尖同时往硬腭前部翘起而形成的元音。如：北京话的儿化音、羌语的 ə、纳西语的 ər。

军话 海南岛和广东南部一些地区由于历史上的原因而留存下来的一种接近汉语西南官话的汉语方言。当地人称这种话为"军话"。海南岛的军话是 16 世纪初从广西征调来海南作战的军士所使用的语言,战争结束后说军话的军士留守海南,分布在东方市八所、三亚崖城附近和儋州市内,昌江县沿海也有一部分,有数万人,其语言一直保留至今。军话属北方方言西南官话,与广西桂柳话近似,但有一些差别。它应该属于一种南方古官话,容易被误认为是"中州正音"的古官话。黎语美孚方言过去多从军话吸收汉语借词。不同地区的军话略有不同。他们在各地聚居于一处,在保留其语言的同时,兼通当地的汉语方言和普通话。在广东和福建都有作为方言岛的军话。

开音节 以元音结尾的音节,如:pa、pai、pau、paɯ 都是开音节音。

克里奥尔语 也即"混合语",指一种语言对另一种语言结构的深层渗透使其失去原有语言的主要特征,从而产生一种包含了甲、乙两种语言成分的语言融合体。这种融合体既非甲,也非乙,而是另一种独立体系并成为某一群体的母语。国外称这种融合体为"克里奥尔语"creole。

口诀文字 朝鲜族早期使用汉字的音和义来标记朝鲜语,朝鲜语固有词的词干用汉字的义表示,朝鲜语的语法成分用汉字的偏旁或个别笔画标记。这种特殊的文字形式被称为"吏读"。其中用汉字偏旁或笔画标记的朝鲜语语法成分称为"口诀文字"。

口语 即口头语言,与书面语相对。从语言学的角度看,口语是一种外化的语言行为,可以分析它的音系、语法和词汇各个方面的特征。调查民族语言都是从口语开始进行的。

口元音 也叫"纯元音",与鼻化元音相对。发音时软腭和小舌上升,堵住鼻腔的通路,让带音的气流完全从口腔流出,这样形成的元音叫口元音,如:a、i、u、e、o、ə、ɔ 等。

老借词 指从另一种语言里引进的时代较久远的词。我国少数民族语言里吸收的汉语词有不同的时代层次。从借词的语音面貌,可以看出有些是上古时代借入的,如:傣语的 pan^{55} 分给、pi^{41} 肥。这两个词是借自汉语没有分化出轻唇音 f 的上古时代;傣语的 ka^{11} 生意(贾）ka^{33} 价。这两个词是汉语只有舌根音的见母字还没有变为舌面音 tɕ 的时代。有些是现代借入的,如德宏傣语的现代汉语借词按当地汉语的调值找本语言相当的调值借入。阴平归阳去:tsɔn^{33} 砖、kuŋ^{33} 公(祖父）;阳平归阳上:xu^{53} 壶、ma:ŋ^{53} 忙。一般来说,老借词的语音面貌已和本族固有词完全一致,很难和发生学上的同源词区分开来。

离格 名词的语法范畴之一,主要表示动作的出发点、动作的原因、比较的对象。如锡伯语在名词词根后面加 -dəri（-diri）表示:

mərgəndʐi Gasən toxsudəri aldʐxəi
墨尔根芝　家乡　村庄　　离
墨尔根芝离开了村庄 —— 动作出发点

ər nan gəltʂwkw œljxo, om odʐoqu baitədəri gələm
这人　非常　胆小　成行　事　怕
这个人非常胆小,无论什么事都害怕 —— 动作原因

ər xɛlin tər xɛlindəri maqən
这树　那树　　粗
这棵树比那棵树略粗些 —— 比较的对象

吏读 朝鲜文创制前借用汉字的音和义标记朝鲜语的一种特殊的文字形式,又名吏道、吏吐、吏头、吏套等。相传为新罗神文王（681—692）时期的鸿儒薛聪所创。其实早在薛聪以前已有不少早期吏读碑文,薛聪只是把历代吏读文献归纳整理,

使这种文字形式系统化、定型化。高丽、李朝时期，吏读主要用于公私文书。吏读的特点是：实词大都用汉语词，这些词进入句子都按朝鲜语的语序，添加用汉字标记的表示语法意义的黏附成分，称之为"吐"（tho），起着类似句读的作用，这也就是"吏读"、"吏吐"这一名称的由来。应该说，长期使用吏读的过程也是为酝酿和创制民族文字逐步积累经验的过程。

吏札 见"吏读"条。

连动式 指在一个施动者支配下，有两个或两个以上的动词或动词性短语按一定顺序组合而成的语句形式，几个动词之间没有支配、修饰、补充的关系，只是由一个施动者发出的几个先后连续的动作。如：

傣语：man^{41} pai^{55} thən^{35} fan^{41} fun^{41}
　　　　他　去　山林　砍　柴
他去山林砍柴。

侗语：mau^{53} təi^{11} əu^{31} ɕu^{55} uk^{24} nuk^{24} pai^{55} ça^{53}
　　　　他　拿　玉米　出　外　去　晒
他拿玉米出去晒。

连续变调 两个以上音节连读时产生的声调变化现象。参见"变调"条。

零声母 没有声母的音节。当韵母自成音节时，声母位置上没有音位性的辅音成分。零声母在语音上有时呈现为轻微的喉塞音或弱擦音。如普通话的"啊"ā，前面有轻微的喉塞音［ʔ］。而"蛙"、"亚"是零声母音节，但前面都有弱的擦音。一些南方少数民族语言的零声母，除了语气词之外都有这个喉塞音。

领—工具格 名词的语法范畴之一，表示人或事物的领属、限定（修饰）关系和动作借以完成的工具、手段或方式等。

维吾尔语在词根后面加 -niŋ 表示：
tɛjwɛn dʒuŋgo - niŋ zimini
台湾　　中国　　　土地
台湾是中国的领土。
锡伯语在词根后面加 -jə 表示工具：
sidaujə batav gidaləm
刺刀　　敌　　刺
用刺刀刺敌人。

流音 也叫过渡音、音渡。见过渡音条。

《蒙古语文》 研究中国蒙古语及蒙古语族其他语言的学术性刊物（蒙古文版）。1954年7月创刊，当时的主办单位是内蒙古蒙古语文研究会。1957年归内蒙古蒙古语言文学历史研究所主办，1958年改名为《蒙古语言历史》，1959年又改名为《蒙古语言文学历史》，至1960年9月停刊为止共出版60期。1979年复刊，恢复原名《蒙古语文》，内部出版几期。1980年正式出版，双月刊，主办单位是内蒙古蒙古语文工作委员会，1986年双月刊改为月刊，每期64页16开，国内外发行。主要刊载蒙古语言、文字的研究成果，蒙文翻译理论和方法，以及学习和使用蒙古语文的经验等。

《民族语文》 中国社会科学院民族研究所1979年创办的杂志，作为刊布少数民族语言文字研究成果的国家权威核心期刊，在反映和报道学术成果、积极推动和引导学科发展方面做出了重要的贡献。它在国内和国际语言学界赢得了很高的声誉。《民族语文》杂志由已故副所长傅懋勣先生创办并亲任主编，由照那斯图继任主编，在已故研究室主任罗季光先生、王均先生、王辅世先生和各届副主编及编辑人员共同努力下，杂志越来越受欢迎，知名度也越来越高。《民族语文》的办刊宗旨是，以马列主义为指导思想，提倡实事求是和学术上的自由讨论。以中国诸语言的事实为主要研究对象,促进我国民族语言学科的发展,为我国社会主义现代化建设服务。杂志创刊时为季刊,从 1982 年起改为双月刊。到 2009 年 8 月,共刊出 178 期,发表学术论文 1800 余篇。30 余年来,在历代编辑人员的不断努力下,该刊已成为国内一流、国际知名的刊物。在众多的语言学期刊中,成为被引用率最高的 100 种期刊之一。在 2002 年和 2006 年第二、三届中国社会科学院优秀期刊评选中获优秀奖和二等奖。《民族语文》是少数民族语文科学工作者展示才华的园地,全国各地的少数民族语文工作者以能在《民族语文》发表论文为荣。

民族语言　指一个民族内部使用的语言,是该民族的重要标志之一。如维吾尔语是维吾尔族使用的语言。有时候"民族语言"也用来泛指我国少数民族的语言。

民族语言学　这是从 1950 年以来兴起的术语,指不包括汉语在内的我国少数民族语言研究的简称。它不是语言学的一个分支,而是约定俗成的说法。和汉语一样,都是中国语言学的组成部分。

母语　有三种含义:(1)一个人出生后在他所生活的语言环境里学会的语言,如:生活在美国的华人后裔,他的母语是英语;(2)一个人所属的民族的语言就是他的母语;(3)从小跟母亲学习到的语言,就是他的母语,有可能这种语言是非父亲所属民族的语言,如:母亲说的是藏语,但父亲是汉族,藏语是他的母语。一般所说的"母语"多指第(1)、(2)种意思。

黏着形式　只能黏附在词根或词干上的各种构词、构形成分的总称,不能独立使用。例如汉语"人们"中的"们",英语中表示动词的进行时和过去时的 ing、ed。中国少数民族语言以北方的阿尔泰语系语言和台湾的高山族诸语言的黏着形式比较丰富,汉藏语系语言的黏着形式较少。

黏着语　比较语言学用结构标准确立的一种语言类型。主要特点是词内有专门表示语法意义的附加成分,但与词根的结合不紧密。例如日语、朝鲜语。

派生词　由词根词素和有构词作用的词缀组合而成的词叫派生词。客家话的"-*嘛",加在动物名称后面表示雌性,如:狗*嘛(母狗);加在人称名词后面表示被鄙视的女性,如:癫*嘛(疯女人)、娆*嘛(风骚女人)、学舌*嘛(长舌妇);加在一些物品词的后面表示形象像女性的东西,如:笠*嘛(斗笠)、勺*嘛(勺子)。傣语中的巴利语借词 kaːn^{55} 事情、事业、工作,加在某些名词的前面可以构成许多词:

kaːn^{55} taːi^{55}　　　(死)丧事
kaːn^{55} ka^{11}　　　(生意)　xai^{55}　(卖)商业
kaːn^{55} saŋ^{13}tɛn^{35}（建设）建设事业

前元音　以舌头部位的前后划分出来的一类元音,与后元音相对。发音时舌头前伸,舌尖下垂并靠着下齿,舌面前部靠近硬腭,如:i、e、ɛ、a、y、ø、œ 等。

前置鼻音　也叫"鼻冠音",复辅音声母中的前一个鼻音。苗语的前置鼻音较多,如:苗语湘西方言有 23 个前置鼻音声母:mp、mph、mphẓ、mẓ、nts、ntsh、nt、nth、ȵt、nth、ntɕ、ntɕh、ɲc、ɲch、ŋk、ŋkh、ŋkw、ŋkwh、ŋw、Nq、Nqh、Nqw、Nqwh,川黔滇方言也有 18 个前置鼻音声母。

前置辅音　复辅音声母中的前一个辅音。如:羌语的复辅音声母有擦音在前的 xp、xq 和塞音在前的 pz、bẓ 两种,其中的 x、p、b 是前置辅音。苗语湘西方言有一套前置鼻辅音 mp、mph、nt、nth、ɳt、ŋkh 等 20 多个。

前缀　加在词根前面表示某种附加意义并和词根一起构成新词的词素。汉语前缀较少，常见的有"老"、"阿"等。汉藏语系语言一般都有前缀。壮语有 ta³³、tak³³、lɯk³³、ta⁵⁵、to⁴² 等，如 ta³³po³³（父亲）、tak³³nueŋ⁴²（弟弟）、lɯk³³bɯk⁵⁵（女儿）、ta⁵⁵θak³³（洗衣服）、to⁴²da³⁵（吵架）。黎语有 ɯ¹¹、kɯ¹¹、tsɯ⁵⁵、pɯ⁵³ 等，如 ɯ¹¹hau⁵⁵（明天）、kɯ¹¹la⁵⁵（必须）、tsɯ⁵⁵tshoi¹¹（荔枝）、pɯ⁵³hweːŋ¹¹（苍蝇）。

亲属语言　指由一个共同的原始基础母语分化出来的各种语言。这些分化出来的语言具有亲缘关系，在语音、词汇、语法方面从原始母语遗传下来一些共同的特点。如：侗—泰语族内的壮语、傣语、泰语彼此是兄弟般的亲属语言。语音方面：声母有先带喉塞的 ʔb、ʔd，元音在韵尾前分长短；辅音韵尾有 -m、-n、-ŋ、-p、-t、-k；声调分舒声和入声，入声调因元音的长短分化出两个。词汇方面：有一批同源的基本词，如：天、日、月、水、风、猪、鱼、熊等。语法方面：从名词的性状标志发展了一批性状计量词，修饰成分多数在中心词之后。

清辅音　辅音的一个类别。发音时声带不颤动的辅音。普通话中的 b、p、d、t、g、k、z、c、s 等都是清辅音。

清化鼻音　发鼻音时气流从鼻腔出气而发出的音。如：黔东苗语和普标语中有与正常鼻音相对立的 m̥h、n̥h、ɲ̥h，如黔东苗语 n̥hɛ³³（太阳）、m̥ha⁴⁴（说）、ɲ̥haŋ³³（汗）；普标语 m̥hɑ⁵¹（狗）、n̥ha³³（塞）、ma³³ɲ̥ham⁴⁵（六）、ŋ̥hɑu²¹³（脓）。勉语有 m̥、n̥、ɲ̥、ŋ̥、m̥j、n̥j、m̥w、ŋ̥w 等。

清化边音　发边音时气息同时从两边流出而发出的音。如：黔东苗语和普标语中有与正常边音相对立的 lh，也记作 ɬ。如黔东苗语 l̥ha⁴⁴（月亮）、l̥hjə³³（大）；普标语 ɬha³³（揭）、ɬhe³³（马）。汉语粤方言一些地方话有这个音，黎语个别方言都有这个音。

清音　多指辅音，发音时声带松弛，没有发生颤动，气流是纯粹的噪音，和浊音相对。

有的语言元音也有清化的，如：维吾尔语 ufka（哥哥）、iʃki（二），其中的 u 和 i 就是清化元音，一般用元音符号下加一小圆圈表示。

轻声　一些字或音节失去原有的声调，音高随前后音节的声调而变化的现象，其音节通常读得短而弱。如：北京话的"妈妈"，后一个"妈"字又轻又短。轻声也是变调的一种，在构词和语法中具有重要意义，如：阿里藏语的施动助词 ki。汉语客家方言的长汀话表示普通话的联系助词"的"字结构，用量词"个"字，在前字是阴平、阴上、阴去调的情况下，"个"字念轻声：生个（生的）、死个（死的）、放个（放的）。黎语的词头多读轻声。

区别性特征　从语音的特性出发，参考发音的生理特征归纳出来的对立性的特征，如：清音/浊音；鼻音/口音；送气/不送气；元音性/非元音性等。区别性特征用来描写和分析语音系统差异的最小音系单位。可视作音位定义的组成部分，把音位视为一组区别特征的集合；也可视作一个取代音位概念的概念。后一观点将区别特征视为音系分析的最小单位，并用区别特征取代音位来进行音系分析。

屈折形式　只有语法意义的构词形式。只表达一定的语法范畴，例如复数、过去时和领属关系等。是词的语法功能标记，不改变所附词干的语法类别。词发生屈折变化，只是起了词形变化，并未构成新词。汉藏语系藏缅语族一些语言的动词，有用屈折变化表示不同的态，如载瓦语利用动词的元音松紧或声母送气、清浊等办法表示自动态和使动态：吃 tso²¹ — 使吃 tso²¹；断 pjit²¹ — 使断 phjit⁵⁵；穿 vut²¹ — 使穿 xut⁵⁵。普米语利用元音交替表示自动或使动：穿 gui⁵⁵ — 使穿 gu⁵⁵；笑 ʃɑ¹³ — 使笑 ʃɐ¹³。门巴语使用声母的送气与否和元音的变化表示，如：破 pot⁵³ — 打破 phot⁵³；倒 pak⁵³ — 弄倒 pok⁵³，有时用声调的变化表示：烧 par³⁵ — 使烧 par⁵³。门巴语的命令式也使用元音的变化来表示：吃 za³⁵ — 吃吧 zo³⁵；来 ra³⁵ — 来吧 ro³⁵。

屈折语 比较语言学根据语言的结构特征建立的一种语言类型。主要特点是使用屈折形态表示句法关系，而且屈折词缀与词根融合在一起，词语通常包含不止一个词素。俄语、阿拉伯语属屈折语。

人称领属 表示名词所指称的人或事物是属于哪一人称的称为人称领属。蒙古语和维吾尔语都在词干后面加附加成分表示，如蒙古语：附加 -min 表示第一人称；附加 -tʃin 表示第二人称；附加 -n 表示第三人称：

  xuu - min 我的孩子
        儿子
  mœrɜ - nɛɜ - tʃin 你那匹马
        马
  mœri - nɛɜ - (ə) n 他那匹马
        马

入声调 音韵学的术语，指以塞辅音 -p、-t、-k、-ʔ 结尾的音节的声调。如吴语苏州话"客" khɒʔ⁴；广州话有三个入声调，如 jat⁵⁵（一）、baːk³³（百）、jat²²（日）；梅县客家话"落" lɔk⁵；壮侗语的入声调比较丰富，一般有 4 个；侗语多达 6 个。

入声韵 音韵学的术语，也叫"促声韵"，指音节中以塞辅音结尾的韵母，它们和入声调正好重叠。如：侗—泰语言的第 7—10 调的入声词，其韵母都是以塞辅音结尾的韵母：傣语 xat⁵⁵（摩擦）xaːt³⁵（断）mak³³（喜爱）maːk³³（饱满）。

弱化 由强的音变为较弱的音的现象。辅音、元音、声调都有可能弱化。辅音的弱化是根据发音时的气流强弱而定的，清辅音变成浊辅音；塞音、塞擦音变成擦音；送气音变成不送气音都是辅音的弱化。维吾尔语辅音弱化的现象比较普遍，如：以清塞音 p、k、q 结尾的多音节词干，接缀以元音起首的附加音节时，分别弱化为 w、g、ʁ；双唇塞音 p、b 处在两个元音中间或元音前及响辅音后面时，读作浊擦音 w。元音的弱化通常是紧元音变为松元音；前元音或后元音变为央元音；复合元音变为单元音。维吾尔语以辅音结尾的单音节词，元音是 ɑ 或 ɛ 的，后面跟以 i、ɛ 起首的附加音节时，弱化为 e。声调的弱化指变为轻声。

闪音 只颤动一次的颤音。发音时舌位和上颚相搏击，发音部位有弹性的部分轻轻地一闪。如：英语的 very [veri]。国际音标用 [ɾ] 表示。黎语有这个音，哈方言的 riːn³ [riːn¹¹]（筒裙）。朝鲜语的 taɾ（月亮）、pjəɾ（星星）、toɾ（石头）。

畲语支 苗瑶语族的分支之一，有畲语、巴那语两种语言。畲语分花莲、罗浮两个方言。和其他语支区别的主要特点是：（1）除汉语客家话借词外也没有塞音韵尾和双唇鼻音尾；（2）元音不分长短；（3）修饰、限制成分多在中心词之前，个别的可在中心词的前或后，（4）名词前面不冠有性状标志成分。

舌尖元音　与舌面元音相对，靠舌尖节制气流形成的元音。发音时舌尖向上翘起，靠近齿龈后部或硬腭前部，让气流的通路稍微放宽而形成。有不圆唇的舌尖元音，如：ɿ（舌尖前）、ʅ（舌尖后）和圆唇的舌尖元音，如：ʮ（舌尖前）、ʯ（舌尖后）。

舌面元音　与舌尖元音相对，靠舌面节制气流形成的音。发音时舌面隆起的高点与上颚构成收紧点，节制气流而发出。大部分的元音都是舌面元音，根据口腔的开闭、舌头的升降、舌头部位的前后、唇的状态、是否鼻化等不同情况可以分出许多类别。

声调音位　详见调位条。

声调语言　指用声调来区分词汇或语法意义的语言。汉藏语系语言绝大多数语言属于声调语言。西非的约鲁巴语也是声调语言。

声母　中国传统音韵学术语。中国学者研究汉藏语言的语音系统不从辅音、元音的音位分析法入手，而是根据传统的音韵学方法把音节结构分析为声母、韵母和声调三部分。声母就是处于音节首的辅音。有单辅音声母、复辅音声母和零声母三种情况。单辅音声母由一个辅音构成；复辅音声母由两个以上的辅音构成；零声母是指音节以元音起始的，没有辅音起头。

声韵调分析法　中国传统音韵学研究方法。中国学者研究汉藏语言的语音系统不从辅音、元音的音位分析法入手，而是根据传统的音韵学方法把音节结构分析为声母、韵母和声调三部分。声母是音节起始部分的辅音；韵母是一种大于音素小于音节的语音单位，它位于音节首（声母）的后面，由单个元音或元音群或元音加辅音尾构成；声调是附着在韵母元音上的高低声音。声、韵、调三部分的每个部分在其他两个部分相同的情况下，被另一个声母或韵母或声调替换，都会起到音位区别词义的作用。如：傣语 pa^{55}（鱼）—ta^{55}（眼睛）（声母替换）；pi^{55}（年）—pan^{55}（分给）（韵母替换）；ka^{55}（乌鸦）—ka^{13}（稻秧）（声调替换）。

实词　与虚词相对，指具有实在意义，能单独充当短语或句子成分的词。实词包括名词、动词、形容词、数词、量词和代词的一部分。

氏族语　氏族使用的语言。范围狭小，内部一般比较一致，没有方言土语的差别。西藏的珞巴族一些村庄使用某一氏族语，与其他氏族语在语音上略有差别，但同属一个方言。

是非句　使用肯定词加上否定词的问句叫做是非句，如汉语：是不是？有没有？去不去？黎语用"动词 + tshɯ^{11}（或者）+ 不"的格式。如 meɯ^{53}（你）、hei^{53}（去）、tshɯ^{11}（还是）、ta^{53}（不）。

书面语　用文字记载下来供人阅读的语言，在口语的基础上形成，使"听、说"的语言符号系统变成"看"的语言符号系统。在文字产生之后才出现，词汇丰富，表达更为准确。并不是所有的语言都有书面语。

舒声调　以元音和鼻音结尾的音节的声调，与促声调相对。如：侗语 pui^{55}（火）、ləu^{53}（田螺）、nam^{31}（水）、mən^{55}（天）、pjuŋ^{55}（狼）。

舒声韵　以元音和鼻音结尾的韵母，与促声韵相对。如：-ai、-au、-aɯ、-am、-an、-aŋ 都是舒声韵。

数 一种语法范畴。用于某些与数量有关的词形变化的词类（主要是名词）的分析。如英语的名词有单数和复数的对立，而动词也有相应的"数"的变化。有的语言有单数、双数和复数的对立。中国的少数民族语言大多数有单数和复数的表示法，有些语言如藏缅语族的白马语、拉祜语名词有单数、双数、复数的区分。但大多数语言名词只分单数和复数，而人称代词分单数、双数、复数较为常见。

双宾语 指句子里述宾短语的某些动词可以同时带两个宾语，即直接宾语和间接宾语。如汉语：我送给他一本书。"他"和"书"都是动词"送给"的宾语。人们习惯把"他"称作指人宾语或间接宾语，把"书"称作指物宾语或直接宾语。不同的语言或方言，两种宾语的位置往往有所不同，如普通话的指人宾语出现在指物宾语之前，粤方言的指物宾语多用在指人宾语之前，如"我畀一本书你"（我给你一本书）。

双语现象 指某个语言社团或部分成员根据社会环境的不同，在交际时分别使用两种语言的现象。两种语言都为本社团服务，但在功能上各有所侧重。如在中国，各少数民族在本地一般使用本民族语言，但在城市，或与外地人接触时，多使用汉语。在民族地区的小学，老师上课时多用汉语普通话教学，在课下与学生交谈时用本民族语言。至于在汉语方言地区，上课时老师使用普通话教学，在课下与学生交谈时使用当地方言，这叫"双言现象"。

四音格 由四个音节组合而成的固定词或词组，在句子中充当句子成分。四音格是汉藏语言的特点。四个音节内部的结构关系比较多样。以 AB-CD 代表四个不同音节，其组合关系是并列联合的：

汉语有：牛鬼蛇神、喜怒哀乐、锅碗瓢盆、吃喝玩乐，等等。

傣语：

nam^{11} hai^{33} din^{55} na^{41}　　土地
水　旱　地　田

tsep^{55} mai^{13} xai^{13} nau^{55}　　头痛脑热
疾　烧　病　冷

pɔ^{33} hai^{33} mɛ^{33} na^{41}　　农民
父　旱地　母　水田

xi^{35} ma^{11} jam^{33} mɛu^{41}　　仗势欺人
骑　马　踩　猫

松辅音 根据发音器官的紧张程度划分的辅音类别之一，与紧辅音相对。发辅音时各部位发音器官的状态比自然状态稍有变化，当清音变浊或浊音变清的时候，就用松紧的概念来解释。如：朝鲜语的松辅音 p、t、k、tʃ 在词首时带有浊气流；出现在词中两个元音之间或浊辅音与元音之间时读浊音；出现在词末读作不破裂音。朝鲜语有松辅音和紧辅音的对立。如（松/紧）：pur（火）/ppur（角）；tar（月亮）/ttar（星星）；kɛ（狗）/kkɛ（芝麻）。

松元音 又称"宽元音"。发音时发音器官肌肉松弛、自然而发出的元音，共鸣音色不大鲜明。松元音多见于非重读音节。与紧元音相对。（参见紧元音）

送气擦音 发擦音时气流同时从口腔送出而产生的音，黔东苗语有 fh、sh、çh、ɬh 几个送气擦音，如：fha^{33}（搓）、sha^{33}（粗糙）、çha^{33}（水獭）、ɬha^{44}（月亮）。

随格 表示随同、伴随的人或事物。蒙古语在名词词干后面加附加成分 -tɛɛ 表示：

mɵɵr - tɛɛ naadăn　　跟猫玩耍

猫　　玩耍

通用语　一个国家或一个地区普遍使用的语言。有的民族地区有两种以上的通用语。我国方言地区一般同时通行本地方言和普通话，本地话和普通话都是当地的通用语。西藏墨脱县在20世纪末以前，门巴语是当地的通用语，而藏语是次通用语，近来，由于外地人的增多，汉语普通话也逐渐通行，估计将来也可能成为当地的通用语。

同化　指不相同或不相似的音相连时，互相影响而变得彼此相同或相似的现象。辅音、元音和声调都会产生同化。同化的程度有全部同化（即一个音使另一个音跟自己完全相同）和部分同化（即一个音使另一个音跟自己发音部位或发音方法相同）。辅音的同化有：前进同化（前一个音影响后一个音），如福州话：tyŋ yəŋ—tyŋ ŋyəŋ（中央）；后退同化（后一个因影响前一个音），如普通话：mian bao—miam bao（面包）。元音的同化有：舌位由低变高、由高变低、由前变后或由后变迁、鼻化、唇化、元音和等。声调的同化，如威宁苗语高平调和高升调相连时，高升调被同化为高平调：55＋35→55＋55。

同源词　来自同一原始母语的亲属语言间，彼此具有语音对应规律的词叫同源词，即：不同语言中一些意义相同或相近的词，在语音上对应的就是同源词。如黎语和傣语：p 对 m：猪 pou^{53}—mu^{55}，狗 pa^{53}—ma^{55}；t 对 n：田 ta^{55}—na^{41}，鸟 tat^{55}—nok^{33}；ɬ 对 l：血 ɬat^{55}—lət^{33}，多 ɬo:i^{53}—la:i^{55}。上例的"猪、狗""田、鸟""血、多"是黎语和傣语间的同源词。同源词是判断语言有亲属关系的关键。但是少数民族语言中的汉语老借词和民族固有语言的语音也构成对应。

同族词　对于同族词有不同的解释，一种认为是"同根词"，即：由一个词根繁衍出来的一群词，如：人民、人格、商人、白人等；另一种解释是：一对或一组的词在语音上接近，语义上关联的词，如藏语的 kam^{55}（枯）和 kom^{55}（渴）；kha^{54}（口）和 ka^{54}（命令）。同族词语音上相近的可能表现在声母、韵母或声调上，如藏语声母不同的：thu^{51}（厚）tu^{51}（茂密）；韵母不同的：tʂho^{13}（暖）tʂhøn^{13}（温）；声调不同的：kor^{13}（圆）kor^{35}（转）。语义的变迁伴随着语音的分化是同族词不同于一词多义的关键，如藏语的 kam^{55}（草缺水），kom^{55}（人缺水），kam^{13}（吃糌粑面不用水）；语法上关联的，如藏语：laŋ^{15}（起）laŋ^{51}（使起）、sa^{13}（吃）sɛʔ^{13}（食物）。

土语　多指方言底下的层次。有的语言内部的差异性较大，划分出方言以后，方言内部还有较大差别，因此又划分出土语。如：傣语有四个方言，其中版纳和金平两个方言内部比较一致，没有划分出土语。德宏和红金两个方言内部差别较大，德宏方言分出德保土语和孟耿土语；红金方言内部分出元新、永武、马管、元江、绿石5个土语。有的语言方言复杂，而且层次多，往往在方言和土语之间划分一个次方言。如苗语分湘西方言、黔东方言和川黔滇3个方言，由于川黔滇方言复杂，下面又再分川黔滇、滇东北、贵阳、惠水、麻山、罗泊河、重安江7种次方言。

吐　朝鲜语语法著作中惯用的语法术语。相当于构形的语法成分。根据对"吐"的处理方法的不同，可以把各学派语法体系概括为三种类型：（1）把"吐"处理为虚词。朝鲜语语法研究早期的学者大多主张这一类型。（2）只把附于体词后的"吐"处理为助词，而把附于谓词词干后的"吐"处理为词尾。这是当代朝鲜语法学家崔铉培开始建立的第二种类型的语法体系，语法学界称之为折中的体系。（3）不把"吐"处理为虚词，而把它全部处理为词尾，也有人称之为"词缀"或"黏附成分"。这是第三种类型。朝鲜和中国朝鲜语法学界多采取这一类型的学说。

脱落（韵尾脱落） 指语音变化中某个音素的丢失。"韵尾脱落"就是塞音或鼻音韵尾丢失，使音节变为以元音结尾，如：傣语西双版纳方言带塞音或鼻音尾的词，在绿春傣话都丢失了塞音或鼻音尾（略去声调）：kop→kuɤ（青蛙），xut→khuɤ（挖掘），pik→pei（翅膀）；sam→sa（三）。"音节脱落"就是丢失某个音节使多音节词变为单音节词，如：保留在侗—泰语言里的一些原始马来语词多丢失了前音节，成了单音节词：印尼 bəna（低洼地）—侗台 na（水田）；印尼 mata —侗台 ta（眼睛）。也有元音脱落的，如：怒苏语的高元音 i、u 出现在部分鼻音后面时，在语流中经常发生脱落 ŋu³⁵ɹi³⁵ɑ⁵⁵→ŋ³⁵ɹi³⁵ɑ⁵⁵（大山）。西双版纳傣语由于前一音节元音的弱化或脱落常常会使前一音节的辅音和后一音节辅音连读，从而产生复辅音，如 kɔ⁵⁵sǎ⁵⁵li⁵⁵→kɔ⁵⁵sli⁵⁵（菩提树）。中古以后，汉语北方方言原来的塞音韵的韵尾脱落，变成元音收尾的舒声韵，原来的入声调则变成舒声调，即所谓的入派三声。

外来词 又称"借词"，与"本语词"或"本族词""固有词"相对。来源于外族语的词。汉语的外来词按是否使用以及如何使用汉语构词素材进行构造的情况，主要分为：（1）字母词。例如"GDP"、"T 恤"等。（2）音译词。例如"沙发"、"咖啡"等。（3）混合词。例如"卡车"，"维夫饼干"。（4）音义兼译词。例如"可口可乐"，"芭蕾舞"。少数民族借用汉语的词没有字母词，最常使用的是音译词。

文学语言 指经过作家或有影响的著作加工提炼的语言，也即民族共同语的加工形式，在教学和使用中具有典范性。有书面语和口头语两种形式。另一种狭义的理解是指文艺作品的语言。

文字画 文字萌芽时期描画或刻写在器物、岩壁等上面，用于记事或传递信息的单个或一组图形。与原始文字有某些接近之处，但还不能用于准确地记录语言。因此，文字画还不算真正的文字。

无声调语言 与"声调语言"相对，指不用声调来区分词汇或语法意义的语言。英语、法语、俄语等是无声调语言。汉藏语系语言是有声调语言，但少数语言还没有形成能够区别意义的声调，如珞巴族的博嘎尔语是无声调语言，但一般的词有习惯的音高，只是音调的高低没有形成对立。藏语的安多方言也是没有形成能够区别意义的声调。北方的阿尔泰语系语言包括朝鲜语属于无声调语言。西藏墨脱县门巴族的仓洛语也是无声调语言。

西南官话 汉语北方方言的一个次方言，主要分布在云南、贵州、四川等省，还分布在重庆以及湖北、湖南、广西的部分地区。其语音特点是中古入声今读阳平。西南官话下分十二个片：成渝片、滇西片、黔北片、昆贵片、灌赤片、鄂北片、武天片、岑江片、黔南片、湘南片、桂柳片、常鹤片。南方少数民族多通过西南官话吸收现代汉语借词。

西匈语支 见"东匈语支"条。

吸气音 气流吸入声道而形成的音。发音时吸入的气流很急。非洲南部的霍屯督语（Hottentot）有成套的吸气辅音。国际音标在音标右上角加"ʻ"表示吸气音。蒙古语有 sʻ、tsʻ、xʻ、ɦʻ几个吸气音，都自成音节，分别表示不同的叹词。sʻ表示因外伤引起的轻微疼痛；tsʻ 表示不耐烦或不满意，如果重叠使用，则表示称赞或羡慕；xʻ别人说话时表示自己正在用心听；ɦ˙发现某种惨象时表示惊骇。

先喉塞半元音 指发半元音声母时，喉头同时紧闭，然后喉塞音和半元音同时发出。这类半元音有 ʔj、ʔw 等。壮语北部方言有这两个声母，但字数很少。布依语、仫佬语、水语、毛南语、黎语都有这类声母。如布依 ʔja³¹ ta³⁵（睁眼）、ʔva³¹/ʔwa³¹（傻），仫佬 ʔjaːk⁵⁵（饿）、ʔwaːŋ⁴²（薄），水语 ʔja²⁴（布）、ʔweːn³⁵（埋怨）、ʔɣaːi³⁵（田），毛南 ʔja⁴⁴（田）、ʔwa⁴⁴（脏），黎语 ʔjoːm⁵⁵（吞）、ʔwa⁵⁵（打开）。

先喉塞鼻音 指发鼻音时喉头同时紧闭，喉塞音和鼻音同时发出。这类鼻音一般有 ʔm、ʔn、ʔŋ、ʔɲ 等几个。水语、毛南语以及壮语部分地区有这类音的声母。如水语 ʔma²⁴（青菜）、ʔna²⁴（厚）、ʔŋa²⁴（芝麻），毛南语 ʔma⁴²（菜）、ʔŋaːŋ⁴⁴（疯，笨），壮语北部方言红水河土语来宾 ʔma⁵⁴（背东西）、ʔnan⁴⁵（个）、ʔɲai⁵⁴（小）、ʔŋun⁵⁴（软）。

先喉塞音 又叫"带喉塞音"，指发音前先把喉头闭紧，发其他音时，喉头打开让气流出来，同时发出其他音。任何音前都可以带先喉塞音（如先喉塞元音 ʔa、ʔi 等）。壮侗语族语言和海南闽语方言的先喉塞浊塞音 ʔb、ʔd，有人认为是吸气音。其实这是带喉塞的浊塞音，发音时喉头和口腔某部位同时闭塞，当闭塞解除时，喉头里面和口腔外面的气流同时进入口腔，气流很小，也没有向气管吸进，习惯叫带喉塞音。

先喉塞浊塞音 指喉塞音 ʔ 和浊塞音 b、d 同时发出的声母。汉藏语系侗台语族的壮语、布依语、水语、黎语、村语多有这种声母，傣语和泰语的喉塞成分较弱。如壮语的 ʔbaːn⁵⁵（村子），ʔda³⁵（骂），其声母 ʔ 与 b 或 d 同时发音，即在发 b、d 时喉头同时紧闭，然后同时解除闭塞，同时爆破。因此这个音叫带喉塞浊塞音比较合适。壮语南部方言部分地区变读作鼻音 m 或 n。

乡歌 见"吏读"条。

乡札 见"吏读"条。

象形文字 文字类型之一。字形具有象形特点的文字体系，即通过描摹事物的形象以体现所记录的词语的读音和意义而形成的书写符号系统。一种语言成熟的书写符号系统不可能由单一的象形文字构成。

小舌音 根据发音部位的不同而划分出来的一类辅音。发音时，舌面后部与小舌一起构成阻碍。例如 [q]、[ɢ]、[ɴ]、[ʀ]、[χ]、[ʁ] 等。阿尔泰语系的突厥语族语言如维吾尔语、哈萨克语、柯尔克孜语、乌孜别克语都有小舌音 q、χ、ʁ，满—通古斯语族语言如锡伯语和蒙古语族的保安语、东部裕固语等也多有小舌音，藏缅语族羌语支语言如羌语、普米语也有小舌音。

谐音合成词 这是阿尔泰语言里一种相当活跃的构词形式。名词性的谐音合成词主要在单纯词的基础上，以语音略加变化的形式与词根一起重叠构成。少数形容词或某种形式的动词也可以重叠构成谐音词。构成谐音词基础的原词词素在前，以一定方式变换原词第一音节的读音而形成的变读重叠词素在后，如：突厥语的原词词素以 m 或 b 以外的辅音开头时，叠用词素的开头辅音变为 m，如：维吾尔语 gøʃ "肉" — gøʃ - møʃ "肉什么的"。同仁保安语则将词首辅音改为 m，如：neɢəi "狗" — meɢəi "狗之类的"、ɢaɡəi "猪" — maɡəi "猪之类的"。

新借词 指近代从其他语言吸收的词。这类词的概念多是借方近代才引进的。少数民族语言里新近从汉语借用的词，有些是直接音译过来的。多按当地汉话的语音音译，或者用本族语言的语音系统对译，如傣语借汉语的"自治州"，傣语中没有卷舌音 tʂ，用 ts 代替：tsɯ³tsɯ³tsəu¹。新借词的调类也和汉语的不对应，如：上声入阳平 thuŋ²（桶）、tsoŋ²li²（总理）；入声入阴上 pi³（笔）、va³（袜）。有些是用本族词翻译的，如西双版纳傣语把联合国说成 saʔ⁷nam¹（议事庭）lok⁸（世界），即世界议事庭。

形动词 形动词是兼有动词和形容词意义特征的一种动词形式。在具有名物化意义时，它能做名词的限定语，还能同名词一样具有数、从属人称和格的变化。维吾尔语的形动词特点和用法如下：

现在将来时形动词：在以 -ɑ、-ɛ、-j 结尾的副动词后接缀附加成分 -diʁɑn 构成，如：bɑrɑ（去）bɑri -diʁɑn（将要去）。

过去时形动词：在动词词干后接缀附加成分 -ʁɑn、-qɑn、-gɛn、-kɛn 构成，如：

oqu -ʁɑn 读过的；aq -qɑn 流过的。

任何一个形动词都起形容词的作用，在句子中做定语。充当修饰语而中心词省略时，其后面如接缀复数标志便可代替中心词，这时它和形容词一样具有名物化的意义而起名词作用，表示人或事物，并具有数、人称和格的变化。形动词的后面普遍可以再加构词附加成分 -liq、-lik 构成动名词，这时它和名词有着同样的语法变化。

形声字 用形声方式造出的汉字。例如"枫"、"河"、"返"等。一些少数民族也使用形声字的造字法造出一些民族形声字。例如壮语方块字"𠮩"（左吉右老），读 ke⁵，老的意思。

修饰语 与"中心语"相对。偏正短语的组成成分。位于中心语之前或后，用来修饰、限制、说明中心语。分定语与状语。汉藏语系壮侗语族语言的名词修饰语，一般多在中心语之后，但数量词组修饰中心语时要在前面。苗瑶语族是形容词作修饰语时在中心语之后，名词做修饰语时在中心语前。藏缅语族语言一般也像苗瑶语一样。

虚词 指没有实在的意义，只表示语法关系的词，与实词相对。虚词不能单独作句子成分。分析型语言中的介词、连词、助词、叹词等都是虚词。有些虚词是从实词虚化而来，如：汉语"了事"的"了"是动词，放在动词后面虚化为表示动作完成："吃了饭再去"；"个"是量词，汉语南方方言虚化后表示"的"字结构：红个、做饭个、去赶集个。又如傣语：vai⁴ 是动词摆放、保留的意思，放在动词后面用作助词，表示动作一直持续着：

ma¹¹ mat³³ vai¹¹ nai⁴¹ xɔk³³　马一直在圈里拴着。
马　拴　着　里　圈

藏语的结构助词 pe⁵⁴ 加在名词、代词和名词性词组的最末一个音节后面表示领属和限制的语法意义。结构助词 nɛ 加在名词、代词和名词性词组的最末一个音节后面表示事物的来源和从什么地方或时间开始的。

如：a⁵⁴mɛ¹⁴ pe⁵⁴tɕha⁵⁴　妈妈的书。
　　妈妈　助 书

pe⁵⁴tɕha⁵⁴ti¹² tʂhom⁵⁵ nɛ ȵ.ø?¹² pa ji¹⁴
本　书　这街市　助 买　已行的语法成分
这本书是从街上买来的。

选择句 指有多个分句列出了几件事情，需要从中选择一件的句子。通常有关联词起联系作用，如汉语：这件事是你干的还是他干的？拿还是不拿？要么选择去，否则留下等待。

训读 仿效日文采用汉字的做法，取汉字表达的意义，各语言或方言按自己的说法来读，这叫作训读。如：闽方言把"藏"念成 khoŋ。少数民族借用汉字记录其语言时，除了借用汉字的字音以外，还借用汉字的形和义，但读音却用本语言该词的读音。如靖西壮语利用汉字"雨"字的形和义，但读 phɔ:n^{53}，又如借用"新"字，读 mo:i^{35}。

央元音　也叫"混元音"，是根据发音时舌头部位的前后分出来的类别。央元音是介于前元音和后元音之间的元音，舌头的中间部位较靠近上颚。如：ɨ、ʉ、ə、ɵ、ɜ、ɞ、ɐ、ɚ 等都是央元音。

阳声韵　汉语音韵学的名词，指带鼻音韵尾的韵母，如北京话的 an、in、un、ang、ing、ong 等，广州话阳声韵母还多了以 -m 作韵尾的几个韵母：am、im、ɐm 等。南方少数民族语言尤其是侗一台语言，一般都有 am、an、aŋ 等韵母。黎语的保定话除上述的 m、n、ŋ 韵尾之外还多了一个舌面前鼻音韵尾 -ȵ。研究中国少数民族语言的学者一般少用阳声韵这个术语，多用鼻音韵或鼻音尾韵母称呼这些韵母。

瑶语支　苗瑶语族的分支之一，只有勉语一种语言。内分勉、金门、标敏、藻敏四个方言，其中勉方言有广滇、湖南、罗香、长坪四个土语，标敏方言有东山、石口两个土语。

和其他语支区别的主要特点是：(1) 除少数地区外，元音都区分长短。(2) 有塞音和鼻音韵尾 -p、-t、-k、-m、-n、-ŋ。(3) 除形容词作修饰语放在中心词之后外，其他修饰或限制成分都在中心词之前。表示领属关系时，领有者在前，隶属的名词在后，中间要加结构助词 ȵei^{33}，但是亲属的领有关系不能加 ȵei^{33}。(4) 名词不冠有性状标志成分。

一般词汇　一种语言除了基本词汇以外的词汇。与基本词汇相比，普遍性较窄，稳固性和构词能力较弱。一般词汇的数量比基本词汇多。来源广泛，种类繁多，包括：(1) 历史传承，如先生、丈夫、夫人、妻子、儿女、兄弟，等等；(2) 创新，如网络、网虫、网址、下载、微博，等等；(3) 古语词，如彼此、何必、奈何、如今，等等；(4) 方言词，如蛮、尴尬、鼓捣、买单、搞定、单车、电饭煲，等等；(5) 外来词，如的士、派对、香槟、嘉年华，等等。对少数民族语言来说，除了他们的固有词以外都属于一般词汇。一般来说，有关天象地理、动植物、人体、亲属等方面的词多属固有的基本词汇。为了证明语言间的同源关系，必须采用基本词汇而不宜采用一般词汇。

异化　当两个或更多的相同或相似的音连起来发的时候，为避免重复，其中一个音变得和其他音不相同或不相似，这种现象叫异化。异化作用是为了避免发音时绕嘴才产生的。有辅音异化、元音异化和声调异化。可分为前进异化（顺异化），福建长汀客家话两个上声字相连，前一个上声字变读为阴平调：yi^{43}（雨）shu^{43}（水）—yi^{33} shu^{43}（雨水）。后退异化（逆异化），如：威宁苗语两个高声调相连时，第二个高声调被异化位高平调，如 Nqai^{35}（肉）ȵu^{35}（牛）—Nqai^{35} ȵu^{55}（牛肉）。

异体字　与正体字相对，指音义和使用功能相同而字形不同的汉字。例如"秘"字的异体字是"祕"，"考"的异体字是"攷"。方块壮字由于种种原因，其形体存在着严重的分歧，同一个概念往往使用不同的字形，因而造成很多异体字。如石头，南部方言用"石吞"，北部方言用"石林"；又如米，南部方言用"米叩"，北部方言用"米后"。在《古壮字字典》里所收的10700个壮字当中，规范的正体字4918个，其余5782个均为异体字。

意符　与文字所记录的词（字）在意义上有联系的字符。方块壮字有些字是由表音、表意各一个字合成的，其中表音的是音符，另一个表意的是意符。例如"獁"，音读 ma1，"狗"的意思，其中的"犭"是意符，"麻"是音符。汉字的"江"，其中的"氵"是意符。

意译词 根据外来词的语义（或事物的本质特征）用本族词汇材料和构词方式翻译过来的词。如：英语的 computer 汉语意译为"电脑""计算机"；又如："听诊器"傣语意译为 kɔŋ¹³（筒）kɔt³⁵（诊断，检查）。

阴声韵 汉语音韵学的名词，指单元音韵或以元音结尾的韵母。如：汉语及各少数民族语言的单元音或一些语言的复元音韵母：a、e、i、o、u、ai、ei、au、ou、aɯ、iu、ui 等。研究少数民族语言的学者比较常用单元音韵母、复元音韵母来指称这些韵母。

音符 与文字所记录的词（字）在读音上有联系的字符。参见"意符"条。

音高 指声音的高低，由声音的频率大小来决定。音高是决定声调和句调的主要因素。在语言中能区分词义的音高就是声调。

音节 由一个或几个音素组成的最小的语音片断，是语音结构的基本单位。一般每个音节都有一个响亮中心（多为元音或元音化的辅音充当）。各种语言有自己的音节结构特点。汉语一般没有无元音的音节，英语和德语在音节头尾有辅音丛，阿拉伯语只容许音节以辅音打头。

音节减缩 指两个以上的音节在一定条件下相互影响，减缩合并为一个音节，如：保留在侗台语言里的一些原始马来语词，两个元音相同的音节或重叠音节，在侗台语言里减缩为一个长元音的音节：印尼 mɑtɑy → 侗泰 taːi¹（死）；印尼 lɑwlɑw → 侗台 laːu¹（动物油脂）。阿里藏语语法形式的音节减缩：名词＋施动助词 ki（轻声），施动助词的声母消失，其韵母元音与名词韵母合并为长元音，如：tʂu⁵⁵ ku⁵³ ki → tʂu⁵⁵ kuː⁵⁵（孩子）；tʂhoʔ¹¹ po⁵³ ki → tʂhoʔ¹¹ poː⁵⁵（朋友）。

音节结构 指构成音节的各种音素、音素间的各种关系和结合方式。辅音、元音、声调、重音各种音素组合成音节，不同语言有各自构成音节结构的特点。如：羌语的音节结构比较复杂、类型比较多，各地一般都在 10 种以上，最多的有 19 种。组成一个音节的音素，最多的有 6 个，最少的只有 1 个。羌语的复辅音很丰富，最多的有 78 个。一般只有两个辅音合成的复辅音，个别土语有三个辅音合成的。结合方式一般是清音和清音结合，浊音和浊音结合，也有为数不多的浊音和清音相结合的。辅音做音节尾的音节，在北部方言麻窝话的 17 种音节结构类型中有 10 种闭音节。

音强 使物体振动的外力大小，决定声音的强弱。语音的强弱，取决于呼出的气流力量的大小。气流对发音器官的压力大，声音就强。

音势结构 指与词义表达无关，只是由于发音的趋势、发音的习惯逐渐产生的一种语音规律。所谓的"音势"是指发音时的气流强弱程度。音势的强弱也就是吐气的强弱。所谓"结构"是指某一音节音势的强弱与其所处位置密切相关；第一音节的强弱程度与第二音节的强弱程度有一定的规律性。把辅音分为强（如蒙古语的 q、k、t、č、p）、中（如蒙古语的 ɣ、g、d、j、b）、弱（如蒙古语的 m、n、l、r、ŋ）三种吐气程度类型，其组合方式就有 9 种：（1）强—强；（2）强—中；（3）强—弱；（4）中—强；（5）中—中；（6）中—弱；（7）弱—强；（8）弱—中；（9）弱—弱。将这些结构类型在语族之间进行比较可以看到各种结构类型的对应关系。

音素 从语音的性质分析出来的语音最小的单位,分为元音和辅音两大类。依据音节里的发音动作来分析,一个动作构成一个音素。如汉语的"啊"a 只有一个音素,"天"thian 有四个音素。由于发音动作特点的不同,构成语音中不同的音素。音素不同于音位,音位可以概括两个以上音色不同的音素,如汉语拼音 an、ian、ang 三个韵母中的 a,分别是 a、ɛ、ɑ。音素也不等同于字母,一个音素可能不只用一个字母表示,而一个字母也可能代表不止一个音素,如汉语拼音音节 ying 用四个字母代表两个音素 iŋ;而 e 在不同情况下表示了 ɤ、ə、e、ɛ 四个不同音色的音素。

音位 一种语言或方言里用来区分词义的最小的语音单位。如傣语:pa^{55}(鱼)、pi^{55}(年)、pu^{55}(螃蟹)、po^{55}(照料、看管)。这四个词的声母和声调相同,靠不同的元音区分词义。四个不同的元音就是不同的音位。有些音在一种语言里是区分词义的两个音位,但是在另一种语言里则可能只是一个音位。如:傣语的 pa^{55}(鱼)、pha^{55}(岩石),用 p 和 ph 两个不同的辅音区分词义,可是在壮语北部方言这两个词都是 pja^{53},没有送气的 phja^{53}。又如北京话的 n 和 l 是两个不同的音位,但是四川汉话 n 和 l 不能区分。

音位变体 某个音位由于所处的语音环境不同,受到邻近音的影响而表现为多个音素,这些音素并没有起到区别不同词义的作用,这些音素就是一个音位的变体。如:普通话的 e,单独时是 ɤ,在 i 前是 e,在 n、ŋ 前是 ə,ɤ、e、ə 是 e 的条件变体。又如傣语的 xa^{55}(腿)可以自由变读为 kha^{55},x 和 kh 是自由变体。

音系 即语音系统或音位系统的简称。某个语言或方言的音系就是该语言或方言的全部音位及其归类和相互组合的关系。描写一个语言的音系,应包含四个方面的内容:(1)该语言里具有音位作用的全部语音单位;(2)音位的主要变体及其出现的条件;(3)音位的聚合关系;(4)音位的组合关系。用声调区分词义的语言,其音系还应包括声调音位及其和元音、辅音的聚合、组合关系。

音译词 这是借用外来词的一种方式,指用本族语言的语音念外来词的语音。如傣语借用汉语的"社会主义"说成 sə^{35}hui^{35}tsu^{51}yi^{35}。

音值 指语音单位在各种条件下的准确读音。如傣语的 s、ts 在前元音 i、ɛ 之前变读为 ɕ、tɕ,这就是 s、ts 音位的变读音值。又如傣语版纳方言在韵尾前的长 a 和短 a 对立,在武定傣语都用 ɐ 和 a 对立来代替,这就是用不同音值的元音取代长短元音的对立。

引语动词 蒙古语里有一个非常活跃的、具有多种语法功能的特殊动词 gə-(以词干形式单用时为 gəə)。有时它能表达一定的词汇意义;有时只作为语法手段,并不表达任何词汇意义。作为语法手段使用时,在句子中起某种联系作用;或者表示某种"体"的意义;或者表示某种情态意味;或者充当突出句子某个成分的标志,在简单的对话中,表示"说"的意义,例如:

ɜ naagad naaʃir gəə　　叫你姐姐到这边来!
姐姐　往这边　说道

用在名词或相应的疑问的代词后面表示称说的意思,例如:

nərtʃim xə　gə-dəg bee?　　你叫什么名字?
名字　什么　说道　　呢

经常用在转述的话语后面,表示听说、据说的意思，例如：

  gɔrʃɔŋd obɔɔ mij irsə gəneə
  供销社 很多 东西 来 说道

据说供销社来了很多东西。

与位格 名词的语法范畴之一，主要表示动作的对象、被动行为的主体、有关的人或事物、时间或处所。蒙古语和锡伯语都是在名词词干后面加附加成分 –d，如：

蒙古语：

bəədʒiŋ – d jabǎn   到北京去
北京   走

bii kmɔɔn – d dɑrtɛɛ   我喜欢电影
我 电影   喜爱

锡伯语：

xaxədʑi əni – d dʐadən ɕau ʂuŋ
儿子 母亲 很   孝顺
儿子对母亲很孝顺

xɛlin audʐun – d tanəvxɛi   树被雷打。
树 雷   打

语法意义 由一定的语法成分和结构形式所表示的意义，包括词法意义和句法意义。语法意义必然要通过语法形式来表现。词法意义一般是通过词形变化来表示意义的，如表示名词的性、数、格使用不同的词形，也包括对词类的定义（如：表示人或事物名称的是名词、表示动作行为和发展变化的是动词）。句法意义一般指各个语法成分组合后产生的关系意义。如偏正结构表示的是修饰与被修饰的关系，联合结构表示的是并列联合的关系等。

语素 语言中最小的音义结合体。在分析词的内部结构时，有的语法著作把语素称为词素。

语序 又称"词序"。指词或短语在句法结构中的排列次序。不同的语序可以构成不同类型的句法结构。例如，"我看"是主谓短语，而"看我"则是述宾短语。汉藏语系中藏缅语族跟侗台语族的语序有差别。藏缅语族的基本语序是：主语—宾语—谓语，而侗台语族的基本语序是：主语—谓语—宾语。

语言混合 见"混合语言"条。

语言类型学 语言学的一个分支。研究各种类型语言的特征，呈现不同语言在结构上的异同，而不管语言的历史发展如何，目的是建立适用于各种语言的分类法。如用声调来划分语言，可分有声调语言和无声调语言两大类。

语言联盟 指两个或多个非亲属语言，经过长久接触出现了系统化的共同特征，结构上有了相似之处，便很难判断它们是否改变了原有的发生学关系。语言学家把这种现象称为语言联盟。如：壮侗语族语言有些语言学家认为和马来—玻利尼西亚语言有发生学上的关系，但是中国大陆上的侗台语言由于和汉藏语长久、深远接触，改变了原有性质，没有沿着马来—玻利尼西亚语言的发展方向演变，而是和汉藏语言共同发展了一些特征，有人把这看作语言联盟。

语言年代学 语言谱系关系研究的一种词汇统计方法。主要研究语言的变化速度。其基本假设是"一种语言的基本词汇是以恒定速度变化的"，通过对比，研究语言中发生变化了的词汇数量，预测有亲缘关系的语言从同一语言中分离出来的时间长短。一般做法是运用斯瓦迪士（M. Swadesh）语言年代学所使用的一百个词来统计。其原理是各语言词汇变化的速度大致是一样的，基本词根语素在一千年之后其保留率为81%或83%，这样就可以根据两个语言词汇的相同数（保留率）求出它们分离的时间，这只能作为参考。

语言融合　指两种不同语言的成分互相混合在一起，形成一个独立体系。语言融合往往和语言混合相混同。广义上把两种或多种语言的成分和结构混杂在一个语言里都被视为混合或融合。其实混合有三种情况：（1）以一种语言为基础，吸收其他语言的成分和本语成分混合。这属于语言借用、表层影响。学习第二种语言时常会将自己的语言习惯带进第二种语言里；被替换的语言也常会留下一些痕迹在替换的语言里，这也是一种混合。但这一类的混合没有改变语言的主要结构和基本特征，不能看作语言融合。（2）在两个群体交际中，往往甲以掌握不好的乙语，乙以掌握不好的甲语相互交流，这也是一种混合。但这只是一种双语混杂的讲话方式。（3）一种语言对另一种语言结构深层的渗透会造成一种既非甲，也非乙的混合体或融合体。这种渗透是甲语的结构渗入乙语的深层使其失去了原有的主要特征，造成了结构蜕变，从而形成另一种独立系统的语言并成为某个群体的母语。第 3 种情况才是真正的语言融合或化合。

语言转用　又称"语言替换"。一个民族或一个群体放弃使用自己的母语而用其他语言替代母语的现象。在中国，有许多民族发生过语言转用的情况。首先，回族、满族，在历史上他们都有自己的语言，由于种种原因，他们先后转用了汉语作为他们的母语。其他民族也有类似的情况。如居住在黑龙江、吉林、辽宁、河北、河南的蒙古族有 30 余万人转用了汉语。而居住在青海河南蒙古族自治县的 1.8 万人（1982 年统计）转用了藏语。居住在云南通海县的 4600 余人转用了一种与彝语相接近的"卡卓语"。此外居住在四川凉山彝族自治州的约 1 万人转用了一种与纳西语接近的语言。一般地说，部分人转用汉语的民族比较多。

语音对应规律　在有共同历史来源的一些亲属语言或方言当中，它们的语音虽然存在一定的差异，但是这种差异是有对应关系的，即有规律可循的。汉语普通话与方言之间的语音差别都有很明显的对应规律。壮语和黎语有亲属关系，它们的语音对应规律很明显，壮语的边音声母 l，黎语变读作清擦边音 ɬ，如壮语 luːt⁸（血）、luk⁸（子女）、laːi¹（多），黎语分别读 ɬaːt⁷、ɬuːk⁷、ɬoːi¹。因此得出的语音对应规律是，黎语的 ɬ 与壮语的 l 相对应。

语缀　接在句子成分或词组后面的附加成分叫语缀，如：蒙古语

maryaši yin ögekü – eče önöder un aɣušiɣ
明天　领格　脂肪　离格　今天　领格　肺
今天的肺比明天的脂肪好。

其中的 eče（离格）不是"脂肪"的后缀，而是"明天的脂肪"这个句子成分的语缀，表示对比之下次于"今天的肺"。又如：维吾尔语

bu øj u øj – din joruq
这　屋　那　屋　比　明亮
这屋比那屋明亮（那屋和这屋对比之下次于这屋明亮）

元音鼻化　发元音时气息同时从口腔和鼻腔流出而形成的元音，如：傈僳语的鼻化元音 ẽ、ɛ̃、ã、õ、ũ、ɯ̃，都只能作为自成音节的元音。蒙古语出现在词尾上的鼻化元音是 – n 尾衰变的结果，如果鼻化元音后面再接附加成分，鼻化成分会还原为 – n。

元音和谐律　贯穿在某个语言里的全部固有词中，多音节词中的后一音节的元音与前一音节的元音要求一致或近似，即词内的元音搭配规律。在阿尔泰语系的语言里，一个词中只能出现一定的元音，后续音节的元音和第一个音节（或词干和词尾）的元音必须和谐，或同是前元音，或同是后元

音；或同是圆唇元音，或同是展唇元音，如：蒙古语 axa（哥哥）axanar（哥哥们）degy（弟弟）degyner（弟弟们），其中的 nar 是表示复数的词尾，因元音和谐的关系，在"哥哥们"中，后面表示复数音节的元音要使用 a，而"弟弟们"的词中其词尾的元音要使用 e，与前一音节一致。

原始语 / 原始母语 也叫"基础语"，人为构拟的亲属语言所借以发展的远古语言体系模式。历史比较语言学理论假设有些语言像兄弟一样有亲属关系，来自一个共同的原始语。根据现存的语言材料，寻找它们之间的语音对应关系，从而拟测出古代原始语的形式，并探求、解释发展至今的演变规律。虽然原始语只是一个假设，但是重建原始语在语言研究的方法论上有重要意义，可以有效地说明语言的发展。最早尝试重建原始语的是德国的施莱赫尔。他通过印欧系语言的比较，拟测出印欧语言的单词、词形变化及音韵系统，认为这是史前时期实际存在过的原始印欧语（即古代雅利安人的语言）。

远指 指示代词的一种，是离说话人较远方位的代词，用来指称较远的人或事物。汉语用"那"表达。有些少数民族语言的指示词，远指分一般远指和更远的远指。如黎语的近指词是 nei^{55}，远指是 ma^{55}（那），还有一个不远不近的 haɯ^{55}（那），称为中指。瑶族布努语的指示词分近指、中指、远指。此外眼见所及的远指，指处所的用 uŋ^{33}，指人或物的用 uŋ^{55}。另外还有指对方或双方都不知的用 no^{43}，双方已知但看不见的用 i^{43}。普米语的近指是 ti^{13}（这），远指是 di^{13}（那），更远指是 sthie^{13}（那，更远）。独龙语指示词分近指 ɹa^{55}（这），远指是 a^{31}ɹa^{55}（那），最远指 kɔ^{55}（那），但实际上 kɔ^{55} 的实际距离不一定很远，只是相对而言。土家语的指示代词比较复杂，近指和远指各再分 e^{55}（这）和 ai^{55}（那）两个，但表处所的指示代词较复杂，分两个或三个层次，近指再分近指 ũ^{55}tu^{55}（这里）和较近指 kie^{21}tu^{55}（这里），而远指又分远指 ẽ^{55}kie^{21}（那里）、较远指 a^{21}kie^{35}（那里）和更远指 a^{21}kie^{35}a^{21}kie^{35}（那里）。傈僳语的指示代词除了近指外，远指分三级，即远指、较远指、更远指。拉祜语远指分四个等级：tshu^{31}ka^{31}（这里），u^{53}ka^{31}（那里），si^{35}ka^{31}（那里，更远），tsi^{35}ŋka^{31}（那里）。基诺语的远指也分三级：ɕe^{33}或 ɕe^{33}ɕe^{33}（这里），khə^{35}（那里），khə^{35}khə^{35}（那里，远指），khɑ^{55}khə^{42}（那里，更远）。其他语言如门巴语、哈尼语、纳西语、怒苏语等的远指也分远指和更远指的。

韵化辅音 见"成音节辅音"条。

韵母 中国传统音韵学术语，指一种大于音素，小于音节的语音单位。它位于音节首辅音（声母）后面，由单元音、元音群或者元音加辅音尾组合而成。无论是单元音韵母还是多个音素组合而成的复合韵母都具有独立表义的功能。韵母作为一个整体可为另一个韵母所代替，起音位的辨义作用。韵母中的某个音素被另一个音素替换也可起辨义作用。如：韵母整体被替换的：

汉语 pa^{55} 八　pie^{55} 憋　po^{55} 波
藏语 tir^{55} 芝麻　toŋ^{55} 千　te^{55} 送给

个别音素被替换的：

汉语 pai^{55} 掰　pau^{55} 包　piao^{55} 标　pan^{55} 班
傣语 saːi^{55} 线　saːu^{55} 少女　saːn^{55} 编织　saːm^{55} 三

韵尾 指处在音节末尾的音。以元音结尾的叫元音韵尾，以辅音结尾的叫辅音韵尾。普通话的语音韵尾有 -i、-u，辅音韵尾有 -n、-ŋ，而广州话的元音韵尾有 -i、-u、-y，辅音韵尾有 -m、-n、-ŋ、-p、-t、-k。壮侗语族语言的韵尾跟广州话类似，但有些语言或方言还有喉塞音韵尾 ʔ。藏缅语族语言的辅音韵尾，除了一般语言常有的以外，有的（如羌语）还有 -d、-b、-q、

-s、-z、-h、-r、-r̥、-ʂ、-ʐ、-l、-ɸ、-χ、-ts、-tʂ、-tʃ、-dʐ 等韵尾。羌语麻窝话的辅音韵尾有 44 个之多。其中的单辅音韵尾有 22 个，复辅音韵尾 22 个。

早期借词 指从外来语言吸收、引进的时代比较早的词。少数民族语言里的汉语借词，从其语音面貌来分析，早期借词可以分为上古借词和中古借词，习惯又称"老借词"。一般地说，少数民族语言里的早期汉语借词，其语音已跟本民族语音相融合，声调调类互相有严格的对应，而不是调值相同。

藻饰词 属于同义词的一种，也叫异名。它不同于一般的同义词，多用形象的手法生动表达概念，有比喻、描写、模拟、借代、用典等手法，在文学作品中作为一种修饰手段。如：藏语有用事物的显著特征或代表性的部分作为事物的异名的：称"闪电"为"刹那光""云条"；称"山"为"云牙""地杵"；有利用事物本身和其他事物相互依存或敌对的关系作为事物的异名的：称"猎人"为"兽敌"；有以事物功能和作用作异名的：称"手"为"能持""能做"；有以事物产地、来源、生长处所以及形成的原因作为异名的：称"莲花"为"水生""酥油"为"搅生"。汉语有来源于神话、故事的：称"天空"为"青冥""九霄"；称"月亮"为"玉盘""蟾宫""广寒宫"。锡伯语有用比喻式的：称"太阳"为"向日葵"，称"田螺"为"老婆婆指甲"；用比况式的：称"狂风"为"黑风"；用描写式的："瓦盆"为"棕色盆"；用借代式的：乘"刨花"为"鞭子木"等。

增音 蒙古语在以辅音 ŋ 结尾或以长元音结尾的词，后面接以长元音开头的附加成分时，中间增加一个辅音 g，如：bɛɛʃiŋ（房子）→bɛɛʃiŋgii æræǽ（房顶）；gaŋ 红 →gaŋgaas buduǔ 比红粗。

造—联合格 名词的语法范畴之一，表示行为借以进行的工具和手段，或者是协同动作的人，如锡伯语在名词后面加附加成分 -maq 表示：

suxomaq satʂəm
斧子　　砍
用斧头砍
miji agə dumaq gum jaxəl
我　哥哥　弟弟　都　走
我的哥哥和弟弟都走。

占语支 南岛语系印度尼西亚语族的一个语支。分布在越南、柬埔寨等地。中国海南省三亚的回辉话属于这个语支。

正字法 文字的形体标准和书写规则。如：汉字的纠正错别字、规定简体字等，拼音文字的订正拼法，规定大写字母的用法、移行规则等。维吾尔语由于元音和谐律的关系，拼写规则中需要规定词干的元音在舌位上或同时在唇状上要和附加成分的元音一致；以清或浊辅音开头的附加成分，应该分别用于以清辅音或元音、浊辅音结尾的词干之后。西双版纳傣文中单独一个字母表示和短 a 后面带有喉塞音尾相组合、不带有声调符号的音节，高音组声母表示的是第 1 调（阴平调），低音组字母表示的是第 2 调（阳平调）。这些拼写规则都必须在正字法中规定。

直接宾语 又称"远宾语"。双宾语中位于间接宾语后边的宾语，表示述语动词动作直接涉及的对象，通常是表示物的名词。如"给我书"中的"书"。

直接成分分析法 一种语法分析方法。结构主义语言学使用这种方法。根据说话人的直觉和一些形式上的标准，一个句子可以分解为一系列的句子成分，例如主语+谓语，名词短语+动词短语，这些成分还可以再分解为更小的成分，直到最后无法继续分解为止。

指示代词　用来指称人或事物的代词。例如"这""那"等。参看"远指"条。

《中国朝鲜语文》　东北三省朝鲜语文工作协作小组机关刊物，创刊于1983年。原名《朝鲜语学习和研究》，1986年改为《朝鲜语文》。1987年再改为现名。是中国朝鲜语学者开展学术交流的园地。

中国新发现语言　从20世纪50年代开始，国家组织了大批人力对少数民族语言进行广泛的调查，取得了很大的成绩。从1980年开始出版了一套57种单行本包括59种少数民族语言的《中国少数民族语言简志》丛书。中国实行改革开放政策以来，民族语文研究工作者又陆续发现一批鲜为人知的语言。这些语言使用人口不多，但它们都具有较高的科学研究价值，有些语言使用人口越来越少，亟须抓紧时间调查、抢救，以保存这些可贵的人类文化遗产。从1992年开始，在中国社会科学院和国家社会科学规划机构的支持下，对这些语言进行了系统、深入、全面的调查和研究，取得了巨大成果，并以《中国新发现语言研究丛书》的形式陆续出版。这些研究成果是：阿侬语研究、巴哼语研究、白马语研究、毕苏语研究、标话研究、波拉语研究、布赓语研究、布芒语研究、布兴语研究、布央语研究、村语研究、倒话研究、格曼语研究、回辉话研究、炯奈语研究、卡卓语研究、康家语研究、克蔑语研究、克木语研究、拉基语研究、拉坞戎语研究、俫语研究、浪速语研究、临高语研究、满语研究、莽语研究、莫语研究、木佬语研究、普标语研究、柔若语研究、桑孔语研究、苏龙语研究、图瓦语研究、仡僙话研究、义都语研究、优诺语研究、扎巴语研究，共37种。

中介语　（1）在第二语言习得过程中，既不同于母语又不同于所学的第二语言的语言系统。这反映了语言学习者学习语言的过渡阶段。（2）少数民族语言研究著作中常用来指两个民族的人，共同采用另外一种语言进行交际，这种语言成为双方的"中介语"。在多民族地区，汉语或汉语方言往往成为当地不同民族的"中介语"。一些人口较多的民族，其语言也可能成为当地各个民族的中介语。

中心语　与"修饰语"相对，偏正短语的组成成分。汉语的中心语位于修饰语之后，受修饰语的修饰、限制、说明。例如"鲜红的花""他的哥哥""慢慢地走"，"花""哥哥""走"是中心语。少数民族语言的中心语和修饰语跟汉语不同。壮侗语的名词中心语在形容词修饰语的前面，如壮语是 wa^{24}（花）$hong^{21}$（红），pai^{42}（哥哥）te^{24}（他）。参见"修饰语"。

中音组　泰文、老文的每个声母字母分为高、中、低三组。高音组只出现1、3、5调，拼写古送气的清音声母，今是送气清塞音、清擦音和次浊音：ph、th、kh、f、s、h、l、ŋ、n、m、w、j（次浊音字母前有前引字h）；中音组出现在全部（5个）声调上，拼写不送气清塞音和塞擦音p、t、k、ʔ、ts以及先喉塞的浊塞音 ʔb、ʔd；低音组只出现2、3、4调，拼写古浊塞音、浊塞擦音和次浊音（没有前引字h），今变为送气清塞音、清塞擦音ph、th、kh、tsh、h、l、ŋ、n、m、w、j、r。

中指　指示代词的一种，用来指称比靠近说话人稍远方位的人或事物。有些少数民族的语言，如苗语的指示词有六种，有近指、远指、较远指、更远指、最远指、疑指。

中缀　又称"中加成分"。附加在词根中间起辅助表义作用，并和词根一起构成新词的词素。台湾高山族语言多使用中缀。如阿美语的 – um –，布农语的 – i –、– in –，泰耶尔的 – əm –、– ən –，赛夏语的 – om –，邵语的 – um –、– un –，都是加在词根的中间的中缀。

重音 语言中重读的或音势强的音，和音高、音长有密切联系。分"词重音"和"语句重音"。词里头念得最强的音节是"词重音"。有的语言，如俄语，重音落在不同的音节上具有辨义的作用；蒙古语的重读音节含有长元音或复元音的，读中平调；重读音节含短元音的，读低升调，非重读音节一般读中平调。汉语的重读音节明显比轻读音节长。重音表现在一句话里的某个词语上的叫"语句重音"，汉语一般谓语比主语说得重些，状语、补语比动词读得重些。

主—宾—动语序语言 即 SOV 型语言。按照及物动词、名词性主语和宾语在一般陈述句中的位置顺序划分的一种语言类型。主—宾—动语序语言中，三者顺序依次是主语、宾语和动词。汉藏语系藏缅语族多属主—宾—动语言。例如哈尼语 nɔ³¹ mi³¹（农民）ça⁵⁵ de³³（田）ɔ⁵⁵（种）——农民种田。

壮布文字联盟 由于布依语和壮语很接近，语音对应整齐，语法结构基本一致，给布依族创制文字时，在 1956 年 11 月召开的布依族语言文字科学讨论会上做出了采用"壮布文字联盟"的决定。该联盟指：布依文和壮文的字母形式要一致；布依语和壮语同源的词，采用和壮文一样的书写形式，但读音不强求一致；布依语里特有的词和汉语借词，用布依文读音参考贵州惠水县布依族羊场话的读音拼写。1981 年和 1985 年对文字方案进行了两次修订。以布依语第一土语（黔南）为基础，以规范的望谟县复兴镇布依话为标准音。修订方案在全省布依族地区试行以后效果良好，受到广泛欢迎。用这套文字培育了布依语工作人员，出版了课本、读物等。

浊辅音 辅音的一个音系类型，与"清辅音"相对。发浊辅音时声带颤动。古汉语有浊辅音，现代汉语北方方言已没有浊塞音了。但汉语方言如吴方言、湘方言还存在浊辅音。如上海话的"白"[baʔ]、"地"[di]，其声母是浊辅音。湘方言双峰话的"排"[ba]、"桃"[də]，其声母是浊辅音。少数民族语言一般都有浊辅音，包括浊塞音、浊塞擦音和浊擦音。

浊音 辅音的类别之一，与清音相对。发音时除气流受阻外，同时振动声带而发出乐音。如上海话的"白""踏""杂""局""合"的声母 b、d、g、z、dʑ、ɦ。中国各少数民族语言多有浊音，一般分浊塞音、浊塞擦音、浊擦音。

字义 单个文字所记录的语言的意义。特指汉字所记载的汉语的词义或语素义。一个汉字有一个以上的意义时，一般将与字形构成关系密切的较为原始的意义称为本义，将与本义有联系且相对后起的意义称为引申义，将通过假借而获得的意义称为假借义。

字音 单个文字的读音。特指汉字的读音，一般包括声、韵、调等要素，不同历史时期的汉字，其读音也有所变化。汉语方言复杂，同是一个汉字，各个地方有不同的读音。如"中"字，全国 20 个方言代表点之中，有 12 个以上不同的读音。（见北京大学的《汉语方言字汇》，语文出版社）少数民族文字也有类似的情况，如现行的蒙古文，由于它是超方言的拼音文字，每一个字（词）在各方言里可以按照本方言的读音来读成不同的音。蒙古语各方言的语音分歧不大，所以尽管各地按照自己的方言来读文字，也不会影响人们的交际。

尊称范畴 朝鲜语特有的语法范畴。谓词词干后添加表示、尊称的黏附成分 -si／-ɯsi，表示对该动作、状态之主体的尊敬。

（二）有关中国少数民族语言文字的重要历史文献和民间流传的语文作品

阿诗玛 彝族撒尼人叙事长诗，流传于撒尼彝区。全诗为五言体，一千余行。诗的开头描述彝族劳动人民的女儿阿诗玛长大成人后，热布巴拉之子阿支看上了勤劳而美丽的阿诗玛，遣媒人到阿诗玛家提亲。阿诗玛及其父坚决反对，提亲不成，热布巴拉家用武力抢走了阿诗玛。刚好阿诗玛之兄阿黑远牧归来，得知此事后立即骑马赶到热布巴拉家，与热布巴拉及其家人展开了斗争，取得胜利。在回家的路上，遭到神权之害，阿诗玛在石崖中变成了回声，与山河同在，与家乡人民同在。

爱情与苦难书 可译作"爱情与痛苦"。本书是维吾尔族文学中极为难得的一部长篇叙事诗。作者是赫木克提，生于1634年喀什勒塔孜温区巴合奇村。37岁时（1670年），完成了长篇叙事诗《爱情与苦难书》，卒于1724年。全书共27章，2070余行。

爱情组诗 作者阿布都热依木·纳扎尔是19世纪维吾尔族最伟大的叙事诗人。全书包括25部叙事诗，4800多行。纳扎尔的作品大部分取材于广泛流传于中亚的民间故事。他的作品有强烈的反封建倾向，但又过于沉闷压抑，反映作者悲愤而又无可奈何的心情。

奥屯良弼诗碑 又名"女真文行书碑"，碑刻年代不详，奥屯良弼撰。石碑1通。高60厘米，宽70厘米。正面刻女真文，上、下款各一行楷书，共27字。正文为行书11行，100余字。保存完好。全碑是一首七言律诗。上款指明诗作者奥屯良弼，下款为立石人蓬莱主簿雷牙古太。碑文未获完满解读。20世纪60年代发现于山东蓬莱县城画桥南旁佑德观，后移入蓬莱阁天后宫，现藏中国历史博物馆。

八思巴字《译语》 明佚名撰。清袁氏贞节堂抄本。不分卷。线装，全书凡80页，首26页为八思巴字部分，包括八思巴字汉语音节表和八思巴字百家姓两部分。现藏中国国家图书馆。有国家图书馆古籍组、北京图书馆出版社合编《北京图书馆古籍珍本丛刊》（书目文献出版社1988年版）第6册影印件。

八思巴字注音本《密咒圆因往生集》 西夏天庆七年（1200）智广、慧真编集，金刚幢译定。诸经神验密咒总集。自元代普宁藏本始有"金刚大轮明王咒"、"净法界咒"等共32道密咒的八思巴字音写和标题汉字的八思巴字标音，在1269—1290年之间。是目前存世的八思巴字音写梵文的最长的纯文献材料，同时也是记录元代北方汉语的口语资料。刊本见《永乐南藏》营544-1。

八岁儿 1703年（李朝肃宗二十九年）由清学官朴昌裕等刊印的供朝鲜人学习满语的教本。全一卷。此书原为女真语教本。其后由申继黯将其编译为满语教本。体例与《小儿论》同，每面五行，每行正中用满文书写满语，其右侧用谚文标注其音,语句下附以谚文译文。现存的版本只有清学译官金振夏等刊印的木版本。韩国首尔大学中央图书馆藏有此书。1956年1月高丽大学据以影印，收录于该校《国文学》杂志第1辑。是研究满语和当时朝鲜语的重要史料。

白狼王歌 我国汉时期用藏缅语族某语言记录的一首诗歌。据《后汉书·西南夷列传》记载：明帝永平（公元85—75）年间苲都夷白狼王唐敢一行，由今四川雅安地区来到洛阳，为了歌颂当时的汉朝朝廷，写了一首诗歌。该歌译成汉语。送至洛阳，"帝嘉之，事下史官，录其歌焉"（《后汉书》卷八六）。该歌汉语歌辞共44句，每句4字，共176个字。例如第一、二句的汉文是"大汉是治，与天意合"，白狼语的汉字译音是"提官陀构，魏冒踰糟"。对这首歌所用语言的系属，中外学者有不同的看法，一般认为白狼语属藏缅语族。研究《白狼王歌》的学者有丁文江、法国神甫邓明德（paul vial）、王静如、闻宥、董作宾、马长寿、方国瑜、马学良、郑张尚芳等，国外也有不少学者。

白曲诗碑 又称"白曲一诗"，清康熙四十二年（1703）云南大理喜洲尹敬自撰。佚名刻。石碑1通。该"白曲一诗"附于"史城芜山道人健庵尹敬夫妇预为家冢记"文后。全碑正文19行，每行20字至45字不等，其中《白曲》一诗6行，凡204字。原碑已不存。白文墓志碑。主要内容是报答天地造化之恩，并抒发作者人生如梦，万事皆过眼烟云，要超脱于生老病死的思想。碑原在大理市点苍山弘圭山麓，今已无存。石钟健于20世纪40年代到大理辑录古碑，将此碑进行拓印并录文，拓片现藏云南省大理市图书馆。

百家姓蒙古文 宋陈元靓撰。元至顺年间（1330—1333）建安椿庄书院刻《纂图增类群书类要事林广记》本。1卷，续集卷5，每页7行6字。线装，凡11页，保存完好。八思巴字和汉字对音字书。八思巴字在上，汉字在下。共有汉姓400余。现藏台湾故宫博物院。有罗常培、蔡美彪《八思巴字与元代汉语［增订本］》（中国社会科学出版社2004年版）所刊影印件。

百译馆译语 明代四夷馆编订的汉语与傣语对译的词汇集。分16门，收674个词语。国外有东洋文库所藏明抄本、夏德所藏柏林国立图书馆藏本、巴黎国家图书馆藏本、艾约瑟所藏伦敦大英图书馆藏本，国内有故宫博物院藏本。

布伯 是一部师公经书，异文甚多。流传于红水河中下游的一个古壮字手抄本，全诗83首，332行，七言四句，上下句式，腰脚韵。部分章节，可分三大部分。第一部分为斗雷公。第二部分描写雷公用洪水淹没天下，布伯骑木槽随水而上，砍断雷公一条腿，伏依兄妹坐在大葫芦漂于水面，幸免于难。第三部分描写洪水过后天下只剩下伏依兄妹俩，勉强婚配，生下一块肉团，被雷公剁成360块，抛洒四方。肉块变人，天下逐渐恢复往日的繁荣。布洛陀与莫一大主同为广西壮族的先神。相传布洛陀与母勒甲是上帝派到凡间造人造物，创造凡人世界的始祖。每年广西各地和云南的壮族群众齐位于广西田阳县百育镇六联村那贯屯的敢壮山，参加祭祀仪式。这是当地近年来规模最大、参与面最广的祭祀活动。据史料记载，歌圩形成于隋唐之前，千百年来长盛不衰，是广西最古老、最大的歌圩。每年的农历三月初七到初九，田阳周边县、市及海内外的壮族同胞数以万计自发来到敢壮山，以祭祖、对歌、舞狮、抛绣球等活动纪念壮族始祖布洛陀和开展丰富多彩的民俗文化活动，歌圩规模大、内容丰富，在广西乃至全国都很少见到。自2004年起，当地政府对祭祀等活动进行引导，每年举行一届布洛陀民俗文化旅游节，该活动集民间传统习俗与现代文明于一体，参加人数最多达数十万人，目前已成为一个文化、艺术、体育、商品、信息、科技交流的盛会。前几届布洛陀民俗文化旅游节吸引了众多国内壮学专家学者以及旅游业从业者、媒体代表等纷至沓来进行考察、交流和报道，台湾知名人士高金素梅女士曾带领台湾少数民族文化交流团到田阳观摩文化旅游节并进行文化交流，泰国、老挝、越南等东盟国家以及韩国、美国、加拿大等国家的专家学者也亲临现场参与节庆活动。独特的魅力使得布洛陀文化被国务院列入第一批国家非物质文化遗产名录。

布洛陀经诗 第一部保存原文并有完整译注的古壮字古籍，执行主编张声震，广西民族出版社1991年出版。每行经诗包括古壮字原文、壮文转写、国际音标、汉文对译、汉译文五个部分，并适当加注。这部创世史产生于父系氏族公社末期，经长时期加工而成，后成为巫教的重要经典。包括《序歌》、第一篇《造天地》、第二篇《造人》、第三篇《造万物》、第四篇《造土官皇帝》、第五篇《造文字历书》、第六篇《伦理道德》、第七篇《祈祷还愿》，全诗5741行。

仓央嘉措情歌 六世达赖仓央嘉措（1683—?）著。据考证，作者可能是门巴族，贫苦家庭出身。15岁时被选为五世达赖转世灵童，成为六世达赖。由于当时社会原因，只活了二十几岁就去世了。但他却给后人留下了众多光辉灿烂的诗篇——《仓央嘉措情歌》。有多种版本，所收录的诗歌数目不一。西藏1978年编辑的有66首，青海1980年出版的有74首。在他的秘传中收有124首，据传有的木刻本所收多达一千余首。仓央嘉措的诗毫无格律诗的雕琢积习，感情真挚，出语自然，充满着强烈的生活气息，受到人民的好评，有不少诗篇已配有乐谱，在藏族人民中广泛传唱。

朝鲜方言学试考 朝鲜语方言研究专著，日本东京都大学教授河野六郎著，1945年出版。他在日本朝鲜语学者小仓进平研究的基础上，进一步对朝鲜语若干方言现象进行研究，撰写了此专著。在"序说"部分，作者论证了kay（剪刀）一词的历史变迁，并由此对以下4个主题从理论上展开论述：（1）元音 ʌ 的历史变化；（2）辅音 z 的消失；（3）词中辅音 g 的脱落；（4）复合元音的历史发展。据此对 kʌsigɛ（剪刀）的发展变化作出结论，同时以此为依据，把朝鲜语划分5个方言，中古方言、西北方言、东北方言、南部方言、济州岛方言，并论述了朝鲜语方言的沿革。书末附有方言词汇材料。此书已辑录在《河野六郎著作集Ⅰ》中。

朝鲜古歌研究 韩国梁柱东（1903—1977）著，1942年出版。这是释读朝鲜语新罗乡歌的专著。梁柱东，号无涯，名誉文学博士，黄道人，日本早稻田大学英语学科毕业。历任崇实专门学校、延世大学、东国大学教授。根据训民正音对新罗时期的乡歌进行释读，修正了不少小仓进平释读的谬误。他试图建立新罗时期朝鲜语的语法体系，但由于当时对新罗时期至15世纪前后朝鲜语的历史发展变化缺乏研究，在他的释读中有时就不可避免地出现用15世纪前后朝鲜语的语言事实解释新罗乡歌的现象，但仍不失为一部解读乡歌的权威著作。此书后来更名为《古歌研究》。

朝鲜馆译语 用中国的汉字音记录14世纪高丽语词并和汉语对译的词汇集，收录在明清两代会同馆和四夷馆所编的《华夷译语》中。分天文、地理、时令、花木等19个门类，收词596个。一些学者根据当时中国汉字音进行考证，已确认有200多个词语是高丽语词，反映了14世纪高丽语词汇构成的面貌。是研究高丽语的宝贵史料。

朝鲜汉字韵书 1444年"训民正音"创制以后，朝鲜开始编纂汉字韵书。1447年申叔舟等奉世宗之命编纂了《东国正韵》，目的是确立中国的汉字音规范，并以此来规范朝鲜语的汉字音。1455年申叔舟等又奉诏编纂刊印了《洪武正韵译训》和《四声通考》，前者用谚文来译注明代洪武年间的中国韵书《洪武正韵》，后者今已失传，只能通过16世纪朝鲜语文学家崔世珍（1473—1542）编纂的《四声通解》所附的《四声通考》的凡例来了解其概貌。到18世纪朝鲜音韵学家朴性源（1697—1767）于1747年编纂了《华东正音通释韵考》，目的也是要规范朝鲜语中的汉字读音。他在很多汉字下用谚文标注了中国的汉字音（右侧）和朝鲜的汉字音（左侧），是汉字音比较研究的重要参考资料。随后他又编纂了《华东叶音通释韵考》，性质与《正音通释》相同，但所收字数仅及《正音通释》的三四分之一，学术价值不及《正音通释》。与此同时，朝鲜学者洪启禧（1703—1771）也以《洪武正韵》为依据编纂了《三韵声汇》，于1751年刊行。此书与《正音通释》不同，汉字完全按谚文字母顺序排列，并以朝鲜语汉字为代表字音。1796年，奎章阁刊印了李德懋（1741—1793）等奉李朝正祖之命编纂的《奎章全韵》，并冠以"御定"二字，全名为《御定奎章全韵》，取得了正统的法定地位，是李氏朝鲜编纂的最后一部汉字韵书。这些韵书都用谚文对汉字注音，对汉语音韵史的研究和朝鲜语汉字的研究都具有重要的参考价值。

朝鲜文法研究 朝鲜文法学是19世纪末20世纪初在西方语法学的影响下建立起来的。草创期的文法研究，首推周时经的《国语文法》（1910），其特点是把朝鲜语全部黏附成分（朝鲜传统的术语称为"吐"）处理为虚词，构成了第一类型的语法体系（分析的体系）。还有金枓奉的《朝鲜语法》（1916）、《增补朝鲜语法》（1934）和金允经的《朝鲜语法》（1932）。探索期的文法研究是在20世纪20年代末至1945年朝鲜光复前这一段时期，有李完应的《中等教科朝鲜语文典》（1929）和沈宜麟的《中等学校朝鲜语文法》（1935）。1937年出版了崔铉培的巨著《我们的语法》。这一语法体系取得了主流地位，至今在韩国语法学界和学校语法教材中仍具有较大的影响。朝鲜光复后至今的文法研究，1946年郑烈模的《新编高等国语文法》是第三类型的语法体系（综合的体系）。他否定助词类，把全部黏附成分都处理为词内部的一个组成部分。朝鲜民主主义人民共和国致力于建立一种统一的规范的语法体系。从科学院语言文学研究所的《朝鲜语文法》（1、2）（1960、1963）起到70年代的《朝鲜文化语文法》（1979）则多为集体撰写，这些著作都属于第三类型综合的体系。自70年代以来，引进了转换生成语法、话语语言学的理论和文法，对某些语法现象作了更为深入细致的分析，如李吉鹿的《国语文法研究》（1974），南基心、高永根的《标准国语文法论》（1985）、《标准中世国语文法论》（1985）。中国对朝鲜语文法的研究，从70年代后半期起，开始具有独创性。崔允甲在《朝鲜语文法》一书中把传统所说的句子成分中的补语和状语加以合并，确立了四种成分：主语、谓语、定语、状语。崔允甲提出谓语是句子的中心的论点，否定了以主谓结构为单位来划分单句复句的传统说法，提出了复句是具有两个以上谓语的句子这一观点，应运用层次分析法来分析句子结构。但总的语法体系仍属于综合的体系。

朝鲜文字改革 朝鲜半岛于公元前后引进汉字，从此长期直接使用汉文作为书面语。在这一过程中，又借用汉字的音和义来记录本民族语言，创造了"乡札""吏读""口诀文字"三种书写形式。到了15世纪，随着朝鲜文化的发展，要求有更完备的文字，于是制定了28个音素字母，1446年在《训民正音》一书中刊印公布。现用40个字母，其中21个元音字母，19个辅音字母。这套字母不作线形排列，而是像汉字一样叠成方块，每个方块代表一个音节。这套字母创制时，也称作"谚文"。

到 19 世纪末，谚文、汉字混用的书写形式（汉字词使用汉字，固有词和语法成分用谚文）成为政府公文用的法定文字。1945 年朝鲜半岛分裂为二，南北方分别建立了大韩民国和朝鲜民主主义人民共和国，双方制定了不同的语言文字政策。韩国国会于 1948 年秋季颁布了《谚文专用法案》，限制使用汉字，把专用谚文作为国家的文字政策，但是由于汉字在朝鲜历史文化、社会生活中有深厚的基础和影响，语言里形成了汉字词和固有词的二元体系，构成了朝鲜语词汇系统的一大特色，因此即使取消了谚、汉混合体这种书面形式，仍需学习构成朝鲜语汉字词的汉字的音和义。1972 年韩国修订教育法施行法令，制定了《教育基础汉字表》，收录 1800 字，规定大、中学校各教授 900 个汉字。韩国的报刊至今仍然是谚文、汉字并用。在朝鲜民主主义人民共和国，自 1948 年以后废除了朝、汉混合体这一书面形式，专用朝鲜文，我国朝鲜族随后于 1952 年起也实施了这一文字政策。据有关资料介绍，自 1968 年起朝鲜又恢复了汉字教学，同年发行的 4 种汉字教科书使用 1500 个汉字。至大学毕业，共计学习 3000 个汉字。

朝鲜文字及语言学史 研究朝鲜文字史和语言学史的专著，著者金允经（1894—1969），生于京畿道广州郡，文学博士。历任韩国延世大学教授、大学院院长、校长庶理、韩国汉阳大学文理学院院长等职。该书于 1938 年出版，是一部体系完整的最早的朝鲜语研究史著作。第一编绪论部分论述了语言的分类、乌拉尔·阿尔泰语系的特征、朝鲜语的范围及文字的发生。第二编是本论部分，包括训民正音以前的文字、训民正音的创制和变迁史、训民正音和朝鲜语法研究史。此书内容丰富，几乎包罗了 20 世纪 40 年代以前有关训民正音和朝鲜语研究的所有重要文献著作，是此时期以前朝鲜语学史的必读参考书。

朝鲜语词典 （1）日本殖民统治时期朝鲜学者文世荣编。1938 年永昌书馆出版，1940 年出增补版。这是第一部出自朝鲜学者之手的朝鲜语注释词典。收词 10 万余条。但选词方面古语、吏读语、方言、俗语所占比重过大。注释时未加必要的用例，尽管如此，对准确理解和使用朝鲜语词语仍起了较大作用。（2）朝鲜民主主义人民共和国科学院语言文学研究所编纂。全六卷。1958—1960 年出版第一卷，1962 年出齐。收词 17 万条。兼收熟语、成语、固定词组和部分古语词、方言词、常用专门术语。词语注释准确规范，必要时举例说明，对非固有词还标注出词的来源。是朝鲜解放以后出版的第一部科学性较强的大词典。

朝鲜语词源研究 〔芬兰〕兰司铁著，1949 年于赫尔辛基出版。研究朝鲜语词源学的专著。1943 年兰司铁退休后，把主要精力用于朝鲜语词源的研究，其研究成果反映在本书中。共讨论了 1500 个词源。其局限性在于作者未能仔细调查和研究朝鲜语较古老的阶段，所用多为现代朝鲜语的材料。尽管如此，本书仍不失为阿尔泰语言学的一部重要著作。

朝鲜语方言 朝鲜语有方言的差异。以往多数学者依据语言特征将其划分为 6 个方言：中部方言、东南方言、西南方言、东北方言、西北方言和济州方言。近年来有的学者认为朝鲜半岛最东北端沿图们江的六镇（稳城、庆兴、庆源、钟城、会宁、富宁）地区的话应独立为一个方言，称之为东北方言，而把原东北方言（除去六镇地区的话）改称为中北方言（参阅宣德五等著《朝鲜语方言调查报告》）。朝鲜语各方言之间的差异不是太大，除济州岛方言外，其他方言区的居民基本上能互相通话。

朝鲜语各方言的差异主要表现在元音数目的多寡和语音结合的规律方言。（1）西南方言：①保留

书面语圆唇元音 ø 的读音（独有）；②保留书面语圆唇元音 y 的读音；③元音 i 前的 k 变为 ʧ；④中古 tj 和 nj 读 ʧ 和 j，和书面语一致。（2）东南方言：①没有圆唇元音 ø，书面语 ø 一律变读为 wɛ（独有）；②没有圆唇元音 y，书面语 y 变为 wi；③元音 i 前的 k 变为 ʧ；④中古 tj 和 nj 读作 ʧ 和 j，和书面语一致；⑤元音 ɛ 和 e 混并为一（独有）。（3）中部方言：①书面语圆唇元音 ø 读 we（后面没有圆唇元音）或 e（后面没有圆唇元音）（独有）；②书面语圆唇元音 y 在中部方言里已逐渐确立为一个独立音位，但尚不稳定，在有的词里读作 i 或 yi；③保留元音 i 前面的 k，但有的地方也有读作 ʧ 的；④中古 tj 和 nj 读 ʧ 和 j，和书面语一致。（4）西北方言：①书面语圆唇元音 ø，多数词读 wɛ，少数词读 we；②书面语圆唇元音 y 读 wi；③保留元音 i 前面的 k 的读音，和书面语一致；④中古 tj 和 nj 读作 t 和 n（独有）。（5）东北方言：①书面语圆唇元音 ø，多数词读 wɛ，少数词读 we；②书面语圆唇元音 y 读 wi；③保留元音 i 前面的 k，和书面语一致；④保留中古 tj 和 nj 的读音（独有）。（6）中北方言：①书面语圆唇元音 ø，有的地方读 we，有的地方读 e（独有）；②书面语圆唇元音 y 有失去圆唇作用读作 i 的倾向；③元音 i 前的 k 变为 ʧ；④中古 tj 和 nj 读 ʧ 和 j，和书面语一致。（7）济州方言：①保留与阴性元音 w 相对的阳性元音 ʌ（独有）；②书面语圆唇元音 ø 读作 we；③书面语圆唇音 y 读作 wi；④元音 i 前的 k 变为 ʧ；⑤中古 tj 读 ʧ。总起来看，济州方言、东南方言、西南方言、西北方言和东北方言的语音特点比较明显。

朝鲜语方言学研究 朝鲜语方言学研究的创始人是日本学者小仓进平。他从 1911 年起就开始调查济州岛方言，1944 年出版了《朝鲜语方言研究》，把朝鲜语划分为庆尚道、全罗道、咸镜道、平安道、京畿道和济州岛 6 个方言。他的学生河野六郎把小仓划分的庆尚道方言和全罗道方言合并为南部方言，并改称京畿道方言为中部方言，平安道方言为西北方言，咸镜道方言为东北方言，共分为 5 个方言。石宙明于 1947 年出版了《济州岛方言集》，金荣敦发表了论文《济州岛方言音韵概观》，李崇宁博士发表了论文《济州岛方言的形态论研究》，玄平孝教授出版了《济州岛方言研究》（资料篇）和《济州岛方言研究》（论考篇），朴用厚 1960 年出版了著作《济州岛方言研究》修改版等。20 世纪 50 年代李崇宁、崔鹤根等还组织了西海岛屿方言的调查。1978 年韩国俞昌均委任李秉根、李翊燮、田光铉、崔明玉、朴良奎等开展了对韩国各地的方言调查研究，并按道别陆续发表《韩国方言资料集》。1987—1990 年对各地区方言展开调查，编辑出版了《韩国语言地图集》。这一时期也出版了一些方言学专著。如李崇宁等著《国语方言学》，崔鹤根教授执笔的《首尔方言区的形成和首尔方言》，洪敦铎、李敦柱两教授撰写的《全罗南道方言》，李崇宁撰写的《韩国方言史》，金炳济教授撰写的《朝鲜语方言学概要》。韩国崔鹤根还编纂了《韩国方言词典》，朝鲜金炳济也编纂了《方言词典》。我国朝鲜语研究工作者在 20 世纪 60 年代也曾在我国朝鲜族聚居地区进行方言调查，但因历史原因而中断。80 年代初，中国社会科学院民族研究所语言研究室和东北三省朝鲜语文协作小组办公室联合组织了朝鲜语普查工作队，对分布在中国境内的朝鲜语方言进行了调查，并在 1991 年出版了宣德五等利用 20 个点的调查材料撰写的《朝鲜语方言调查报告》。书中共附地图 35 幅，其中第 35 图是朝鲜语方言现象综合图。此外黄大华也撰写了《东海岸方言研究》（1986），论述了朝鲜东海岸地区方言的共同性和差异性。1991 年全学锡撰写的博士论文《咸镜道方言的音调研究》根据录音进行语音实验分析得出结论，认为咸镜道方言的音调是自由音调，可分为高调和低调。

朝鲜语史研究 这门学科始建于 20 世纪初。

20世纪上半叶主要围绕着谚文的创制和变迁展开了研究，其代表性著作有金允经的《朝鲜文字及语学史》(1938)、崔铉培的《正音学》(1940)、洪起文的《正音发展史》(1946)、方钟铉的《训民正音通史》(1948)。从20世纪50年代起才真正开始系统地研究朝鲜语的发展历史。这一时期韩国的代表性著作有金亨奎的《国语史》(1955)和《国语史概要》(1975)、刘昌惇的《国语变迁史》(1961)、李基文的《国语史概况》(1961)及其改订版(1972)和《韩国语形成史》(1967)、金完镇的《韩国语发展史，上（音韵史）》(1967)、安秉禧的《韩国语发展史，中（文法史）》(1967)、李崇宁的《韩国语发展史下（词汇史）》(1967)、崔范勋的《韩国语发展史》(1985)、朴炳采的《国语发展史》(1989)。朝鲜的代表性著作有金荣滉的《朝鲜语发展史》(1962)和《朝鲜民族语发展历史研究》(1978)以及柳烈的《朝鲜语历史》(1990)。我国在1983年出版了朝鲜族学者安炳浩的《朝鲜语发展史》，1988—1989年《中国朝鲜语文》又连载了延边大学教授崔允甲的《朝鲜语史讲座》。上述各家学说的不同特点主要表现在以下三个方面：(1)关于朝鲜语史的分期问题，各家意见不一。我国朝鲜族学者则将其划分为古代朝鲜语、初期（前期）中世朝鲜语、后期中世朝鲜语、近代朝鲜语、现代朝鲜语。(2)关于新罗语和高句丽语问题。韩国多数学者认为新罗语属韩系，高句丽语属扶余系，在统一的中世朝鲜语形成过程中新罗语起基干作用。我国学者安炳浩持类似的观点。但朝鲜学者认为新罗、高句丽的语言是单一民族语的不同方言，而在中世民族共同语形成过程中高句丽语是其根干。(3)在具体论述朝鲜语语言结构发展规律时持有不同的观点。

朝鲜语学史　这一学科的开山著作是日本学者小仓进平(1882—1944)的《朝鲜语学史》(1920)。此书主要介绍谚文创制后的有关谚文的各种文献资料。朝鲜学者研究语学史的最早著作是金允经(1894—1969)的《朝鲜文字及语学史》(1938)。此书集历代朝鲜语学资料之大成，建立起完整的体系。另一部是崔铉培(1894—1970)的《正音学》(1940)。此书除列出有关谚文的各种文献资料外，还在"理论篇"中就若干谚文字母音值的各家学说进行了评述。韩国于1959年出版了大邱大学俞昌均教授的《国语学史》，他分三个时期，即李朝以前、李朝时代、甲午更张以后时期对朝鲜语研究史进行了论述。以后又陆续出版了高丽大学教授金敏洙(1926—)的《新国语学史》(1964)、成均馆大学姜信沆的《韩国语学史(上)》(1967)和金敏洙的《韩国语学史(下)》。1975年延世大学出版部又出版了金锡得的《韩国语研究史》，从哲学思想的角度论述了训民正音创制后各主要学派的语言观，主要评介近代国语学形成初期的崔光玉、俞吉濬所著两本同名著作《大韩文典》和现代国语学周时经、崔铉培、郑烈模三大语法学派的学说。朝鲜则于1984年出版社出版了金炳济教授著、金日成综合大学金荣滉教授审订的《朝鲜语学史》，此书分五个时期：(1)古代至14世纪；(2)15世纪中叶至16世纪上半期；(3)16世纪后半期至19世纪前半期；(4)19世纪后半期至1910年；(5)1910年起日本殖民统治时期。

朝鲜语音韵论研究第一集"·"音考　朝鲜语音韵论研究专著，当代韩国语言学家李崇宁教授著，首尔乙酉文化社1949年出版。1954年修正版更名为《国语音韵论研究第一集"·"音考》。全书分六章，对现有已消失的中世纪元音"·"进行系统的研究。书中对有关"·"元音的各家学说进行概述和分析批判，考证了"·"音的历史变迁，从音韵变化中推论"·"的实际音值，得出结论，认为"·"是 a 和 ɔ 的中间音。最后还推论出音的消失时期，阐述了废弃此音的沿革，是有关音研究中权威性论著之一。

车里译语 明永乐五年（1407）所设的"四夷馆"编有《华夷译语》。《车里译语》为后来（1506—1521年）增设的"八百馆"所编。"车里"是今云南省西双版纳傣族自治州首府——允景洪的旧名。该书用傣文记录了393个傣语基本词，分门别类编排。每个傣文词下用汉字拼注傣语语音。书中的傣文字母形式与今仍使用的西双版纳老傣文（对改进的新傣文而言）差别较大，与现代老挝文基本相同，但也有不尽相同的地方。文字所拼写的语言和西双版纳允景洪话、老挝万象话都有些差别。通过比较可以推测：《车里译语》所使用的文字很可能是古代八百媳妇国一带在非宗教领域使用的民间文字（即"白夷字"）。据史书记载：八百媳妇国在今泰国北部的清迈、清莱和景线一带。当时称为"景线王国"或"兰那泰王国"，疆域与今西双版纳、老挝接壤。1190年傣族首领在景洪建都时，兰那曾是西双版纳的属国。这种"白夷字"后来在泰国北部为泰文所取代；在西双版纳地区则被经书文字（西双版纳老傣文）所取代，而在老挝却把这种文字体系继承下来，并根据本地语言情况作了一些改革。《车里译语》拼写的语言可能是八百媳妇国里一种流行较广泛的土语，其主要特点是声母kh和x对立，而景洪话、万象话、曼谷话只有其中的一个。现在傣语的红金方言还有保留kh和x对立的土语。

成吉思汗石 亦称"也松哥碑"，是第一部回鹘蒙古文文献，也是第一部蒙古文文献。此碑为蒙古汗国大将、成吉思汗之弟哈撒尔次子也松哥而立，以志其武功高超。建于1225年。碑文为五行回鹘蒙古文，内容记述了成吉思汗西征班师途中，于不哈速赤忽召集全蒙古那颜聚会时，也松哥射中335步远之的之盛况。本碑对研究蒙古族历史、语言、文字、文化都有重要的实证实物价值，尤其是对研究早期回鹘蒙古文有重要价值。

重校同音 西夏令口六犬长等初编，浑吉白等改编，兀啰文信校，梁德养重校。刻本。1册，蝴蝶装，7行，行释7字。存53页，保存基本完好，为西夏文字书。体例同《同音》初刻本，唯平声字与上声字分纽。出土于内蒙古额济纳旗黑水城遗址，现藏俄罗斯科学院东方文献研究所。有上海古籍出版社1997年《俄藏黑水城文献》影印本。

川苗苗语词汇 （Vocabulary of the Chuan Miao）美国传教士葛维汉（D. C. Graham）编写，1938年出版。葛维汉曾于20世纪三四十年代任四川华西大学人类学、艺术与民族学博物馆馆长，对川南苗族做过长时间的调查研究，还著有《关于川苗札记》（1926—1927年），《川苗的习俗》（1937年），《川苗的礼仪》（1937年），《中国西部川苗札记》（1939年），《川苗的宗教习俗》（1940年）以及《川苗的诗歌故事》（1954年）。

爨文丛刻 丁文江编纂，商务印书馆1936年出版。中国传统彝文经典汇编，收入中央研究院历史语言研究所专刊之十一。共收11种经典：《千岁衢碑记》、《说文（宇宙源流）》、《帝王世纪（人类历史）》、《献酒经》、《解冤经（上、下卷）》、《天路指明》、《权神经》、《夷人做道场用经》、《玄通大书》、《武定罗婺夷占吉凶书》等。全书连注音、释读、意译共十余万字。后来马学良教授又约请罗文笔之子罗国义先生对该书作了增订，改注音字母为国际音标，改正书中错译，补译未译部分，并增补近年发现的彝文金石碑铭，较原书增加了三倍。《爨文丛刻》是研究彝族语言文字、社会历史、民族文化的珍贵资料，具有很高的学术价值。

大白高国文海宝韵 西夏佚名编。写本，1册，蝴蝶装，7行，释文双行。首尾序跋残，保存尚可。西夏官修韵书。出土于内蒙古额济纳旗黑水城遗址，现藏俄罗斯科学院东方文献研究所。有上海古籍出版社1997年《俄藏黑水城文献》影印本。

大花苗语词汇 大花苗语即今天的苗语滇东北次方言。抗战时从上海搬迁贵阳的大夏大学社会学部主持研究贵州少数民族语言的一个项目，主持人李振麟。该词汇按意义分为39类，如身体、人称代词、天文、地理、草木、百花、果品、炊事、饮料、蔬菜、五谷、食具、居室……数目、数状语词、集体语词、副词、形容词、动词、日用术语、短句，先列汉字，后列使用国际音标标写的苗语。共收1437词条。

大明律直解 朝鲜吏读文重要文献之一。李朝太祖时期，金祗等用吏读文译解大明律，名为《大明律直解》。全书共30卷，刊行于李朝太祖四年（1395）。书中每项法律条款先列汉文原文，汉文下分两行附上吏读译文。是研究吏读文极为珍贵的资料。

大清全书 清代第一部私纂刻版大型满汉语文辞典。清沈启亮编纂。成书于康熙二十二年（1683）。十四册十四卷，收词一万余条。第一卷前有作者的汉文自序、凡例和总目。序言阐明了编纂此书的目的和过程。正文满文部分主要是满语词和词组，以及词的形态变化，有些词条后附有例句。汉文释义部分多采用对译或对译辅以解释的方法，少量无汉语对应词的，则采用音译或解释的方法。书中收录了相当数量的早期汉语借词和满语古词，释义较为简单明了，但刻版比较粗糙。由于本书是清代早期刻版发行的满汉辞书，对以后辞书的编纂有一定的影响。初刻本是康熙二十三年（1684）京都宛羽斋本，后有康熙五十二年（1713）三义堂重刻本。本书是研究和翻译清代早期满文文献、研究满语中的汉语借词以及满文演变的重要参考书。

大唐大慈恩寺三藏法师传 简称《玄奘传》，回鹘文。1930年前后在新疆南疆出土。该回鹘文写本抄写工整，像木刻本。1951年在北京影印出版过。另有各地的回鹘文藏本，都是同一译本分出的残卷。该回鹘文写本系译自汉文。原名为《大慈恩寺三藏法师传》，共10卷。

大元肃州路也可达鲁花赤世袭碑 该碑于1962年在甘肃酒泉市发现，后被凿解为两部分。碑文用汉文和回鹘文书写。汉文部分共23行，回鹘文部分32行。此碑立于元顺帝至正二十一年（1361）。立碑人为唐兀族人善居。该碑记录了一个唐兀族家族自西夏灭亡后，至元朝末年150年间六代13人的官职世袭及其仕事元朝的情况，为我们了解元代河西走廊地区唐兀族的历史提供了珍贵的史料。碑文的回鹘文部分在主要内容上与汉文部分是一致的，而且不如汉文部分完整，但它在某些事实的叙述方面比汉文部分要详细具体，可弥补碑文汉文部分之不足。该碑本身表明，到元朝末期河西走廊一带的唐兀族已使用回鹘语文作为自己的正式书面语文，这清楚地反映了回鹘及其文化在河西走廊一带的深刻影响。

大藏经 简称藏经，佛教典籍丛书。内容包括经、律、论三部分（合称"三藏"）。原指汉文佛教典籍，现泛指一切文种的佛教典籍丛书。除汉文大藏经外，还有藏文大藏经、满文大藏经、蒙文大藏经、西夏文大藏经等。

傣文贝叶经 傣族用铁笔或削尖的竹子刻写在一种棕榈树叶上的经书。这种棕榈树傣语叫 $kɔ^1$（棵）lan^4（兰），学名叫"贝叶棕"，梵文称为pattra（贝多罗）。贝多罗的叶子耐磨、轻便，千百年后上面的字迹仍很清楚。傣族将此鲜叶砍下来用开水煮后晒干，将每片裁成长60厘米、宽10厘米左右。叶片边上穿有一个孔，将零散的叶片串成15

页或 100 页成册，整齐放置在平板上用石头压上，十天半个月后就可以用铁笔在上面刻字，然后抹上油即成贝叶经。字的行数有五行、六行、八行三种。贝叶经有大量小乘佛教经典，包括三藏经（经藏、律藏、论藏），其中《释迦牟尼巡游世界》多达 22 册，记述了西双版纳许多地名的来历和风土人情；此外还有许多有价值的历史文献、医药典籍、天文历法知识、文学作品等。以文学作品为例：反映不同题材、不同内容的长篇贝叶经故事有40 部，中篇和短篇不胜枚举，有的故事传说多达 150 万字；叙事长诗有五百部。贝叶经对记载和传播傣族人民的历史、文化起了十分重要的作用，傣族人民对贝叶经十分敬惜。

傣族创世史诗 傣语原名《巴塔麻嘎捧尚罗》，内容叙述从开天辟地到万物起源、人类形成、兴旺和迁徙定居的过程。讲了许多神的故事和一些历史人物的传说，是一部傣族古代神话的集成，规模较大，内容丰富。有多种抄本，以勐欣抄本最完整。西双版纳州政协于 1985 年编印刀金祥、刀新民的新傣文整理本，云南民族出版社 1988 年出版老傣文整理本，云南人民出版社 1989 年出版岩温扁编译的汉文本，书名为《巴塔麻嘎捧尚罗》。

丹珠儿 藏语译音，意为"论部"。藏文大藏经的两大组成部分之一。14 世纪后半叶由夏鲁寺藏僧布敦·仁钦朱编订。包括经律的阐明和注疏、密教仪轨和五明杂著等。据德格版统计，有书 3461 种。

档哈雅傣西双版纳（西双版纳传统方药志） 傣医药已有千余年的历史。此书由西双版纳州民族医药调研办公室编，1985 年云南民族出版社出版。书中包括傣医古验方手稿和常用傣药两部分，采用汉傣两种文字编写。

德保歌圩山歌 黄英振、何自荣等搜集整理，转写为壮文，广西民族出版社 1981 年出版。内容包括求歌、恋歌、盘歌、相思歌等情歌以及其他一些山歌，有浓郁的桂西南壮乡风情。

典律通补 18 世纪末期朝鲜具允明所著的法律典籍。其中第 4 卷附吏文一项，收录 129 条吏读词语，用朝鲜文表示了这些吏读词语的读法，对吏读研究有一定的参考价值。

丁香帐 全名《藏语新旧字辨异·丁香宝帐》，15 世纪时藏族译师布钦乔、译师阿旺仁扎西著，另一说是觉顿蒙珠著。书中收有新旧词语一千多条，皆摘自藏文字形厘定前的部分佛典，是解读吐蕃藏文文献的一部较好的工具书。

东国正韵 朝鲜第一部用谚文注音的汉字韵书。1447 年（李朝世宗二十九年）9 月完稿，翌年 10 月颁布印行，共 6 卷。当时朝鲜汉字读音混乱，世宗遂命申叔舟、成三问等编纂韵书，规范汉字读音。申叔舟等分析了当时朝鲜汉字的通用音，对读音混乱的汉字据中国的韵书加以校正。成书后，由申叔舟作序，世宗亲自题名为《东国正韵》，分 23 字母 91 韵，91 韵又分为 26 部，各部按四声平、上、去、入的顺序排列，每个韵都用谚文注音。同一韵部的字再按 23 字母的顺序排列，此 23 字母与《训民正音》的初声 23 字母完全一致，即"君、快、虬、业、斗、吞、覃、那、瞥、漂、步、弥、即、侵、慈、戌、邪、挹、虚、洪、欲、闾、穰"。由于是人为地按中国韵书对朝鲜汉字音进行校正，故此韵书未能流传，15 世纪末即行散佚。《李朝实录》载有此韵书的序文，《月印释谱》和当时的佛经谚解所注的汉字音也均以此韵书为准，由此可以了解此韵书的大致内容。据朝鲜出版的《语言学词典Ⅰ》所称，最近已发现此韵书的完本。

番汉合时掌中珠 西夏文和汉文双解通俗语汇集。作者西夏党项人骨勒茂才，成书于乾祐二十一年（1190）。1909 年黑水城遗址（今内蒙古自治区额济纳旗境内）出土。木刻本，蝴蝶装，共 317 页。原本现藏俄罗斯科学院东方文献研究所。1924 年罗福成据原本抄印。全书分为 9 类：（1）天体上。（2）天相中。（3）天变下。（4）地体上。（5）地相中。（6）地用下。（7）人体上。（8）人相中。（9）人事下。其中最后一类约占全书一半，内容包括亲属称谓、宗教活动、房屋建筑、日用品、社会活动、耕作等。是一部西夏语、汉语双解辞典，也是研究西夏语言、文字、历史的重要文献。

翻译名义大集 吐蕃时期为适应翻译需要而辑存的著名的佛教词语对照手册，发现于敦煌藏文文献中。日本榊亮三郎氏加上汉文和译文，汇成梵、藏、汉、和四体对照的词汇总集，于 1916 年出版，共收词语 9565 个，分 283 个门类。

方言集释 译官洪命福编纂于 1778 年（李朝正祖二年）。此书以汉语为本，汉语语词下用谚文列出与其相对应的近代汉语、满语、蒙古语、日语的词语，是一部多种语言对译的词典。

佛教诗歌集 共 38 页，每页 15～17 行。字体为回鹘文草体，文中多夹写汉字。这些诗歌全都是押头韵的四行诗或八行诗，共 948 行。主要诗歌内容是田园诗《在这块地方》，还有《中种善行赞》、《向三十五佛致敬》、《普贤行愿赞》。中国学者耿世民在其《古代维吾尔诗歌选》一书中收录了该诗歌集中的部分诗歌。

福乐智慧 维吾尔族古典叙事长诗。11 世纪喀喇汗王朝著名诗人玉素甫·哈斯·哈吉甫著。写于喀什噶尔（今新疆喀什市）。成书于回历 462 年（1069—1070）。关于作者生平情况，别无史料可查。从书中诗句可知，作者玉素甫生于虎思翰尔朵（即巴拉萨衮）城，后迁居喀什，在那里完成该作品，并将它献给当时喀什统治者布格拉汗阿勒·哈三·本·苏来曼，从而得到"哈斯·哈吉甫"（意为侍从官）的称号。全书共 82 章，13290 行。书前有两篇后人所加的序言，一为散文体，一为韵文体。全诗正文为韵文体，采用来自阿拉伯、波斯文学上的阿鲁孜格律，以较纯的突厥语写成。主要内容是按照伊斯兰教的道德标准，通过国王日出和大臣月圆，大臣之子贤明以及隐者觉悟四个象征性人物之间的对话，表达作者对一系列社会、道德、法制、哲学等问题的看法。本书虽已受到阿拉伯、波斯文学及文化的影响，但仍可看到突厥文化传统的表现。在维吾尔族文学史上占有重要地位，为维吾尔文学的发展作出了贡献。在某些方面可以说是喀喇汗王朝社会及精神文化方面的一部百科全书。有三种抄本传世：（1）维也纳抄本，回历 843 年（公元 1439 年）在今阿富汗赫拉特城用回鹘文字母抄写而成，现藏奥地利维也纳国立图书馆；（2）费尔干抄本（又称纳曼干抄本），为最古抄本，约属 12 世纪末和 13 世纪上半期，以阿拉伯文字母纳斯赫体抄成，1914 年发现于苏联乌兹别克斯坦纳曼干城，现藏乌兹别克斯坦科学院东方学研究所；（3）开罗抄本，用阿拉伯文字母苏鲁斯体抄成，时间不晚于 14 世纪上半期，19 世纪末发现于埃及开罗城，现藏埃及开罗开地温图书馆。自 19 世纪以来，许多东方学家、突厥学家对此进行了翻译和研究。1979 年我国出版了耿世民等根据阿拉特的拉丁字母校勘本翻译的汉文节译本，1984 年又出版了现代维吾尔语诗歌体诠释本，1986 年出版了汉文全译本。

噶拉扎珊 意译是《至尊声韵疏稿》，是将语音分析和社会分析联系起来的一部语文学文献，内容涉及傣文字母的发音和拼写方法。为棉纸手抄本，38 页。

甘珠儿 藏语译音，意为"经部"。藏文大藏经的两大部分之一。西藏佛教徒在8、9世纪和11、12世纪译出大量佛典。14世纪后半叶，有噶举派藏僧蔡巴·贡噶多吉汇集其中一部分编订而成此书。包括显密经律，据德格版统计，有书1108种。

高昌馆来文 又称《高昌馆课》。明代高昌馆汇编的汉文、回鹘文对照公文集。成书于成化至嘉靖（1465—1566）年间。共收文书89件，其中新疆各地进贡文书83件，请求升职文书3件，明皇帝敕文1件，边防文书2件。汉文、回鹘文文书均用毛笔楷书，凡遇"朝廷""大明""圣旨"等字，均顶格书写。因先写成汉文，后逐字直译为回鹘文，故未能正确反映出当时畏兀儿人的口语和回鹘文文法的特点。但对研究新疆各地方政权与明中央政权在政治、经济上的相互关系以及回鹘语的词汇，具有一定价值。其版本很多，主要有明抄本《高昌馆课》和东洋文库藏本《高昌馆来文》。1981年新疆人民出版社出版了胡振华、黄润华整理的明代文献《高昌馆课》拉丁字母转写本。

高昌馆杂字 又称《高昌馆译语》、《高昌馆译书》。明代高昌馆编纂的汉文、回鹘文对照分类词汇集。成书于永乐（1403—1424）年间。所收词语分为17门类，共1000余条，均从高昌哈密等地朝贡表文中摘出。抄写格式为每半页四个单词，分上下两排，每个回鹘文单词及其汉义和标音从右至左分三行竖写。用楷书体书写，共使用18个字母，表示28个音。反映出明代吐鲁番、哈密一带维吾尔语的特点。

格萨尔王传 藏文《格萨尔王传》，蒙文称《格斯尔传》。"格萨尔"是一个在藏族群众中广为传颂的英雄人物，传说中这位诞生于公元11世纪前后的英雄曾降魔驱害，造福藏族人民。千百年来，藏族人民不断地吟唱着对格萨尔王的崇敬和赞美，汇成了一部饮誉世界的英雄史诗《格萨尔王传》，篇目达226部。前27部33万多诗行。这部史诗被誉为"世界最长史诗"。是藏族和蒙古族人民集体创作的一部说唱体史诗。与《伊利亚特》、《奥德赛》、《罗摩衍那》、《摩诃婆罗多》和《吉尔伽美什》等世界上其他著名史诗比较，其中最大的不同就是《格萨尔王传》依然以活的形态在世间流传至今。无论是《伊利亚特》还是《罗摩衍那》，早已有定本传世，在希腊、印度、芬兰等国早已无说唱艺人可寻，但是史诗《格萨尔王传》不但至今尚无最后的定本，而且各种不同的抄本、刻本、说唱整理本仍然在不断地增加，民间艺人的说唱活动自史诗产生以来就从未停止过，至今仍有百余《格萨尔王传》说唱艺人活跃在民间。艺人桑珠说唱的目录67部。《格萨尔王传》有藏蒙两种文本。藏文本流传于西藏、青海、四川、甘肃、云南等藏族地区及土族、纳西族部分地区，蒙文本流传于内蒙古、新疆、青海、甘肃等蒙古族地区。藏文本常见的有30多部。史诗描写格萨尔是天神转世，是能呼雷唤雨、斩妖降魔、为民除害的雄狮大王。篇幅宏伟，诗文绚丽多彩，涉及藏族文学、艺术、宗教、语言、历史等领域，是研究青藏高原古代社会的重要文献。《格萨尔王传》之所以具有如此大的魅力，其中最重要的不仅仅因为它是世界上最长的史诗，而且还是一部依然以活的形态在世间流传的史诗。藏族作家阿来将《格萨尔王传》写成小说《格萨尔王》，在2009年下半年出版。

格乌爷老和格娜爷老歌 杨芝记译。叙述格乌爷老和格娜爷老两位军事首领在美丽而又广阔的直米立和当里木平原上保卫家乡的战斗。他们打退了"召乔些自老"和"格炎些自老"的第一次进攻，但由于力量有限，失去家园之后赶往当力乌平原上，在那里修建了一座座城池，开垦土地。接着又招来"召乔些自老"和"格炎些自老"的霸占，敌人使用先进的武器打败格乌爷老和格娜爷老。格乌爷老和格娜爷老带领子孙退到刀力那，苗家迁徙逃亡到刀力那战争才停止。

古今释林 1789年（李朝正祖三年）朝鲜李义凤编纂的词汇集，共40卷。从1500种文献里收录了汉语以及某些东方民族的词语数万条。由11个部分构成："别国方言""历代方言""洛闽语录""道家语录""传奇语录"收录了汉语各时代、各方言的词语；"华汉译语"收录了近代汉语词语；"释氏语录"收录了梵语词语；"东韩译语"收录了新罗以后朝鲜语词语；"三学译语"的"三学"指的是"倭学""蒙学""清学"，收录了日本语、蒙古语、满语的词语；"四夷译语"指安南、暹罗、辽、金之词语；"元明吏学"收集了吏文、吏读语。对研究东方邻近各民族的语言有一定的史料价值，也是研究吏读的宝贵资料。

古壮字文献选注 采用古壮字、壮文转写、对译、意译加注等方法编纂的古壮字文献的选集，张元生、梁庭旺、韦星朗选注，天津古籍出版社1992年出版。本选注包括《摩兵布洛陀》、《传扬歌》、《唱舜儿》等三部长诗原文收入。另有比余三段，传统情歌两首，共3503行。《唱舜儿》是根据舜帝传说改编的经诗，328行。叙述特舜（壮族对青年人的叫法）受后母虐待，死里逃生，进入大明山垦荒致富，并接父母和弟弟特象到大明山共同生活。不料继母恶性不改，趁其父赴交趾经商，深夜刀砍特舜，却误杀亲子，被雷公劈死，得到报应。

广开土王陵碑 高句丽第19代王广开土王陵墓的碑石，建于吉林省东南部、鸭绿江西岸的辑安（今为集安市）。碑文用汉字记载了广开土王的功绩。据碑文记载，此碑建于广开土王去世的翌年，即414年。碑文共44行1800余字，碑高约6.34米。碑文中杂有吏读文式的语序，许多人名、地名都是用吏读的方式，即利用汉字的音和义标记朝鲜语固有语词的方式标记的。它反映了高句丽时代汉字汉文的运用以及初期吏读的概貌，具有重要的史料价值。

国语史概说 朝鲜语言发展史专著。韩国当代语言学家李基文教授（1930—）著。1961年初版，1972年由韩国塔出版社出版改订版，后又多次再版发行。1975年和1977年又在日本和德国先后出版了日译本和德译本。这部著作综合了学界的研究成果，并使之系统化。在语言发展的历史分期上，作者批判了以训民正音的创制为基准来划分历史时期，指出应把语言史和文字史区分开来。此书的分期是：10世纪以前为古代时期；10世纪至16世纪为中世时期，并以14世纪为界分为前、后两期；17世纪初至19世纪末为近代期；从20世纪初期进入现代期。作者据此简明扼要地论述了各个时期朝鲜语的音位、语法、词汇系统。书后附有注，供进一步研究者参考。此书在国内外备受称赞，特别是在韩国影响尤深。

汉回合璧 孙寿昶编著。成书于清光绪六年（1880）。这是汉语和维吾尔语对照的词汇集，共收入维吾尔语词800多个。选词范围与明代《高昌译语》相近，其内容可分为天文、地理、时令、身体、人物、伦理、饮食、社会、宫室、衣服、文史、器物、珠宝、花木、医药、鸟兽、声色、数目、方隅、人事兼通用等类。原书现藏中国社会科学院民族学与人类研究所图书馆。为木版印刷本，共35页。单面印刷，中间有折缝，页码写在折缝中。前2页为400字左右的编者自序。正文共33页。书高27.3厘米，宽24.3厘米，每面分上下两栏，各有8个汉字，上、下合计16个汉字，每页共计32个汉字。汉字左侧为维吾尔语的汉字注音，再左为维吾尔文。本书汉字书法良好，而维吾尔文书法甚差，错误及含混不清之处颇多。本书是研究清代维吾尔语言文字的重要资料。

汉蒙对照碑铭 13世纪中叶至14世纪中叶，用汉、蒙两种文字刻写的石碑的统称。有"十方大紫薇宫圣旨碑"（1240）、"释迦牟尼院碑"（亦称"蒙哥汗碑"，1257）、"甘州海牙碑"（1348）、"张氏先茔碑"（1335）、"竹温台碑"（1338）、"兴元阁碑"（1346）、"忻都公神道碑"（1362）、"云南王藏经碑"（1340）8块。前3块碑铭的刻写以汉文为主，蒙文为辅，各自独立成文，但内容均译自汉文碑铭；末一块碑铭的刻写，蒙、汉两种文字并用，但内容无关联，一般视作蒙文碑铭。为蒙古语言学、文字学及元史研究的重要资料。

汉清文鉴 这是汉语、满语、朝鲜语对译的词典，木版本。刊行于18世纪70年代（李朝英祖末期），共15卷。朝鲜李湛（一名诛）等以1771年版《御制增订清文鉴》为蓝本编纂而成。据该书卷首所载凡例："清文鉴本为校订清语而作，故专以清语为主……首著汉语而系以新注，下附清语而仍用原释，庶汉清二语详略得中览阅俱便，遂更名曰汉清文鉴。书凡十五卷，三十六部二百八十七类。"此书把所收词语分为天部、时令部、地部等36部，又进一步细分为天文类、时令类、地舆类等287类。首先列出汉语词语，其下以谚文标注汉语音，然后用朝鲜语来对译，再次用满文写出相应的满语词语，在其右侧以谚文标注该满语词语的发音，最后用谚文书写满语来释义。此书提供了研究当时汉、满、朝鲜三种语言的极为珍贵的历史资料。

河西译语 又名《译语》，清代袁氏贞节堂钞本，分17门，收255个词语。冯蒸在《"华夷译语"调查记》中根据其"人事门"中有"河西国，倘吾的"，认为此种译语记录的是与西夏语关系密切的党项羌语，并称之为《河西译语》。不过，由于《译语》中所收大部分词语的语音形式与《番汉合时掌中珠》等文献所记载的西夏语并不太相合，学界包括冯蒸自己很快对《译语》的性质提出质疑，陈乃雄曾尝试用蒙古语、维吾尔语等阿尔泰语形式与其中的词语进行比照，认为其底层可能是一种阿尔泰语。黄振华也曾与波斯语、阿拉伯语、西夏语和其他藏缅语进行对比，指出其中有30个词与《回回译语》中的词语相关，有58个词与西夏语和其他藏缅语有关。聂鸿音则通过与西夏语的对比，认为《河西译语》记载的是一种伊斯兰化的西夏语。

黑白战争 又被译作"董术战争"。是纳西族东巴教驱鬼、禳灾、退口舌是非等仪式上常用的经典。讲述董与术两个部族围绕保护还是砍伐神树而发生的纠纷与冲突。董部族有白天、白地、白日、白月、白星、白山、白水；术部族有黑天、黑地、黑日、黑月、黑星、黑山、黑水。在董和术之间隔着一座神山。为了争夺董部族那边的光明以造福本国，术与董发生战争。董部族的表色为白，在东巴教中有光明、正义、善良等象征意义，而术部族表色为黑色，具有黑暗、邪恶、凶残等象征意义。董部族战胜术部族，意味着光明战胜黑暗、善良战胜邪恶。所以《黑白战争》这部史诗反映了纳西族对古代战争的态度。

忽必烈圣旨 这是八思巴蒙古文文献中最早的圣旨，颁发于1277年，写于元大都。圣旨内容是元朝皇帝忽必烈授予西藏拉吉曾巴拉宗教特权，他的寺庙可以免除地税和商税以及驿差贡赋。忽必烈圣旨作为原件不仅为研究元朝宗教政策提供了宝贵的资料，还为蒙古文献学的研究提供了珍贵的文物。1990年松儒布在《蒙古语言文学》杂志上刊布了"忽必烈圣旨"原件并加以拉丁注音释读。

华东叶音通释韵考 朝鲜汉字韵书。朴性源（1697—1767）编纂，简称《叶音通释》。但未及发表，作者即已辞世。数十年后，由安祐作跋文，于1788年（李朝正祖十二年）刊行。全1卷。此书与《正音通释》不同之处在于它不是把平、上、去三声的字集中在一起，每一面分上、中、下三段排列，而是按平、上、去、入的顺序排列完一个声调的字后再列另一声调的字。但注解和注音的方式则与《正音通释》同。所收字数仅及《正音通释》的三四分之一，学术价值不及《正音通释》，但在朝鲜语汉字音和汉语汉字读音的比较研究方面仍有一定的参考价值。

华东正音通释韵考 朝鲜汉字韵书。朴性源（1697—1767）编纂，1747年（李朝英祖二十三年）刊行，全书2卷1册，简称《华东正音》或《正音通释》。"华东"指中国和朝鲜。朴性源，号圃菴，字士潚，李朝英祖朝进士，音韵学者。此书把平、上、去三声的汉字集中起来，每页分上、中、下三段按韵排列。例如上段东韵（上平声），中段董韵（上声），下段送韵（去声）。入声字排定在第二卷卷末。每个汉字下用一两个汉字释义，许多字在注释下又附谚文注音，右方为中国汉字读音，左方为朝鲜汉字音。卷首有编纂者自序和凡例，卷末附《谚文初中终三声辨》，论述了编纂者对训民正音的独到见解。原刊本和1787年（正祖十一年）刊行的版本在编排顺序上略有不同，后者卷首是正祖大王的"御制正音通释序"，而把原编纂者的自序移至卷末。对朝鲜汉字音和汉语汉字读音的比较研究具有重要的参考价值。

华夷译语 明、清两代会同馆和四夷馆编纂的多种语言与汉语对译的辞书。语种主要有蒙古、女真、畏兀儿、鞑靼、藏、彝、壮、泰、老挝、柬埔寨、越南、日本、朝鲜、波斯、梵、英、法、德、意、拉丁等。译语一般是词汇对译，少数附有公文的对译。词汇分门排列，从11门到20门，收词多在500—2000之间，每个词下列有汉字记音、汉义、原字（民族文字）三项（或前二项）。根据译语编纂时代先后可以分为四种：甲种为明代（1382）火原洁用汉字标写蒙古语的《华夷译语》；乙种为四夷馆本，收杂字和来文，有原字；丙种为会同馆本，仅收汉字注音的杂字，没有来文和原字；丁种本为故宫所藏清得四译馆编定的42种，仅收杂字，大都有原字。这些译语多数保留了较早的拼写形式和语音面貌。

华音启蒙谚解《华音启蒙》为1883年（李朝高宗二十年）李应宪所著。尹泰骏之序文中说："旧有老乞大、朴通事、译语类解等书，而华语之各省有异，古今亦殊，（中略）今李知枢应宪取常行实用之语，略加编辑，名之曰华音启蒙。"此书用谚文译解注音，名为《华音启蒙谚解》，无序跋，译者及刊印年代均不详。

华语类抄 一卷。活字本。作者、年代不详。书中把语词按天文、时令、气候、地理等门类排列，词语的每个汉字下以谚文注汉语读音，每个词语下用谚文译成朝鲜语解释其义。

辉番卡伦来信 也称"来自辉番卡伦的信"，是一篇书信体形式的散文作品，写于19世纪50年代清咸丰初年。从那时起，它就以满文形式在锡伯族民间广为流传，并且一直保留至今。作者是何耶尔·维克金，是当时新疆察布查尔五牛录锡伯族人。他18岁当兵，道光末年升为侍卫，咸丰初年去辉番卡伦换防，写下了这篇优美的散文作品。在作品中，作者详细描写了卡伦的日常生活情况，还记录了从察布查尔到辉番卡伦沿途的自然风光，地理气象、风土人情，具有历史文献的价值。

回鹘文《金光明经》 全称《金光明最胜

王经》，胜光法师译。清康熙二十六年（1687）敦煌写本。梵夹装，凡 397 页，每面 22 至 25 行不等。译自汉文。抄写成书最晚的回鹘文佛经。1910 年俄国人马洛夫发现于甘肃酒泉文殊沟。现藏俄罗斯科学院东方学研究所圣彼得堡分所。有 1996 年 Peter Zieme《金光明经》（柏林藏吐鲁番文献 BTT 第 18 种）所刊影印件。

回鹘文《玄奘传》 全称《大唐大慈恩寺三藏法师传》，胜光法师译。写本梵夹装，凡 248 页。汉文《大唐大慈恩寺三藏法师传》的回鹘文译本。1930 年在新疆南部出土。现藏中国国家图书馆。有 1951 年北京影印本。

鸡林类事 宋代孙穆著。是一部记录古代朝鲜的风俗和语言的著作，著于 1103—1104 年间。原本已亡佚，《说郛》（1647）和《古今图书集成》（1725）辑录了此书。其中在"高丽方言"的题目下用汉字记录了高丽语词 350 多条，反映了 12 世纪高丽语词和语音的概貌。

江格尔 是卫拉特蒙古族中广泛流传的长篇英雄史诗。1910 年沃·勒·库帖齐将额·敖布拉讲述、敖齐尔整理的 10 章本《江格尔》用托忒蒙古文在俄罗斯圣彼得堡出版。该史诗以蒙古族原始社会和奴隶社会相交接时期的社会生活为背景，生动地反映了古代蒙古人的社会理想以及他们征服自然和社会丑恶势力的英雄气概和乐观精神。该史诗在不同地域发生一些变异，出现了许多不同的版本。国内有三个版本，国外有五个版本。《江格尔》对蒙古文学的研究、对蒙古原始社会和奴隶社会交接时期的社会历史的研究都具有重要的参考价值。

捷解蒙语 朝鲜人学习蒙古语的教本。据《通文馆志》所载，此书为蒙古官李世然于 1737 年（李朝英祖十三年）编纂刊印。其后蒙学训长方孝彦又作了修订，于 1790 年（李朝正祖十四年）刊行。木版本，共 4 卷。首先用蒙文写出蒙古语，其旁用谚文注明其发音，然后在蒙古语语句下附谚文译文。反映了当时蒙古语和朝鲜语的语言特征，是研究蒙古语史和朝鲜语史的宝贵资料。

捷解新语 用谚文注解的日本语教本。康遇圣著于 1618 年（李朝光海君十年）。1676 年（肃宗二年）刊行。据《通文馆志》卷七记载："康遇圣，晋州人，壬辰被掳，十年乃还。熟谙倭俗，且善其语。（中略）汇作十卷，名曰捷解新语。"其后多次复刻重版。又有崔鹤龄、崔寿仁于 1747 年（李朝英祖二十三年）修订的《改修捷解新语》。1781 年（李朝正祖五年）崔鹤龄又重新修订刊印，取名《重刊捷解新语》。以平假名书写日本语，其右侧用谚文注其音，语句下附以谚文译文。反映了当时日、朝两种语言的面貌，是研究这一时期这两种语言的珍贵史料。

九姓回鹘可汗碑 全称"九姓回鹘爱登里罗汩没密施合毗伽可汗圣文神武碑"，又称"哈拉巴喇哈逊碑"、"保义可汗记功碑"。石碑 1 通，已碎为多块，原碑一面刻突厥文，一面右边刻粟特文 31 行，左边刻汉文 19 行。回鹘汗国保义可汗（808—821 年在位）的记功碑。碑文概述回鹘汗国建国后历代可汗的事迹，特别是详细记述了摩尼教传入回鹘的情况。雅德林采夫 1889 年发现于哈拉巴喇哈逊附近。现在原地。有中国国家图书馆所藏拓片。

居庸关云台经咒 佚名撰，元至正五年（1345）佚名刻于居庸关云台券洞东西内壁。梵、藏、八思巴、回鹘、西夏、汉 6 种文字合刻。除梵文外，其余 5 种文字均分大小字。东、西两壁分别为"佛顶放无垢光明入普门观察一切如来心陀罗尼"与"佛顶尊胜陀罗尼"。村田治郎编著《居庸关》（京都：京都大学工学部，1957）刊布有拓片和录文。

口诀 见"吏读"条。

库曼语汇编 是研究古代克普恰克语、哈萨克语历史发展的重要文献之一。作为一部解释性的辞书，也收入了一些古代的故事传说、民间俗语等材料，对研究哈萨克民间文学有一定的参考价值。

奎章全韵 全名为《御定奎章全韵》，朝鲜汉字韵书。徐命膺、李德懋奉正祖之命参与编纂。共2卷。1796年（正祖二十年）由奎章阁刊行。徐命膺（1716—1787），历任副提学、吏曹判书之职。李德懋（1741—1793）乃当时著名学者，著有《青庄馆全书》、《雅亭遗稿》等书。此书与《正音通释》、《三韵声汇》等以平、上、去三声为中心而附以入声的体例不同，把四声平列，同一页按平、上、去、入分为四格，所有汉字均按四声和韵排列。汉字的谚文注音主要依据《正音通释》，注解则较其他韵书详细。是朝鲜汉字音研究的珍贵史料。

老乞大 朝鲜高丽朝时学习汉语的会话读本。全1卷1册。作者和著作年代不详。到15世纪李朝初期，刊印《老乞大》的最早文字记载是《世宗实录》五年六月条："礼曹据司译院牒呈启，老乞大、朴通事、前后汉、直解、孝经等书，缘无板本，读者传写诵习。请令铸字所印出。从之。"以后又多次刊印。据《世祖实录》四年正月条记载："戊寅礼曹启，讲习汉训事大先务，但书册稀，小学者未易得观，请姑将朴通事、老乞大各一件，分送黄海、江原两道，刊板送于校书馆印行广布。从之。"16世纪，崔世珍首次用谚文译解，名为《老乞大谚解》。此后以"老乞大"为名。又有其他民族语的教本，如《蒙语老乞大》、《清语老乞大》等，可见其影响之深。现存版本有16世纪初的木版本和奎章阁丛书第九《老乞大谚解》附录的影印本。1761年（李朝英祖三十七年）译官边宪又对其进行修订，书名为《老乞大新释》。此书对原《老乞大》中的某些内容和语句作了修改，使之更符合当时的汉语口语。原《老乞大》共48张，每张20行，每行17字。《老乞大新释》则为44张，每张20行，每行17字。1795年，校检官李洙等又重新刊印，取名《重刊老乞大》，虽然在词句上略有改动，但内容、结构上并无不同。这些书反映了近代汉语的口语情况，是研究近代汉语极为珍贵的资料。

老乞大谚解 16世纪朝鲜语文学家崔世珍用谚文译解高丽朝时学习汉语的会话读本《老乞大》，名为《老乞大谚解》。分上、下两卷，合为一册。书中先列汉文，每个汉字下用谚文注出汉字的正、俗音，左侧的正音是传统的中国汉字音，右侧的俗音是当时中国的口语读音。每个语句下附以谚文译文。原本已散佚，现有1670年（李朝显宗十一年，清康熙九年）郑相国令芸阁刊行的活字本传世。另有解放前印行的奎章阁丛书第九《老乞大谚解》影印本。此外还有《新释老乞大谚解》、《重刊老乞大谚解》等多种谚解本，前者今已不传。这些书反映了近代汉语的口语和16世纪朝鲜语口语的特点，是研究汉语史和朝鲜语史极为珍贵的文献资料。

历代韩国文法大系 朝鲜语语法丛书。当代韩国语言学家金敏洙、河东镐、高永根合编。已由韩国塔出版社于20世纪80年代陆续刊印出版，共101册。辑录了自19世纪60年代起至20世纪60年代的共300余种语法著作。丛书分为三个部分：第一部分是用朝鲜文撰写的朝鲜语语法著作，共43册；第二部分是用各种外文撰写的朝鲜语语法书和韩国学者撰写的外语语法书，共44册；第三部分是朝鲜文拼写法正字法、外来语标记法和罗马字转写法等有关语文体系方面的资料，共14册。有精装本和普及本两种版本。另编有一册总索引，内容有金敏洙撰写的"一个半世纪以来韩国语法研究史"、"年表"、"总目录"、"索引"、"编后记"。这套丛书为朝鲜语研究提供了丰富的资料，是集一个世纪韩国语法之大成的卷帙浩繁的丛书，曾获第 27 届韩国出版文化奖。

历法占卜要略　这是有关傣历的重要著作，为中篇手抄本。主要内容为泼水节、关门节、开门节、闰月、大小月的计算和安排方法，并有关于星卜的材料。本书原无书名、著者姓名及著作年代。已有张公瑾汉文译注本。

吏读研究　当代著名朝鲜语言学家洪起文著。1957 年朝鲜科学院出版社出版。第一编"吏读的内容及历史"论述了汉字和吏读的关系，吏读文的各种形态及其发展过程，吏读的研究史，属通论性质。第二编先解释了吏读字（新创字、变用字、表音字、变形字），随后按名词类、副词类、形容词动词类和成语类对吏读词语进行解释，进而分析了吏读的语法形态和句子构成。第三编是对吏读文献的译解。第四编是对学习吏读用的《吏文》一书的注释。此书对吏读作了系统的研究，是吏读研究中自成体系的一部著作。

龙飞御天歌　为推广应用 1444 年 1 月（李朝世宗二十五年十二月）创制的谚文和验证其文字性能而刊行的第一部谚文文献。为当时集贤殿学者权踶、郑麟趾、安止等人奉世宗之命所作。1445 年（世宗二十七年）完成，1447 年（世宗二十九年）刊行。全书用诗歌形式歌颂了李氏封建王朝创建初期的业绩，共 125 章 10 卷 5 册。诗歌用谚文中夹汉字的谚、汉混合体文写成，每一章后均附有汉文译文，并用汉文记录了与此有关的历史史实。除初刊本外，1612 年（光海君四年）出版了光海本，1659 年（孝宗十年）出版了孝宗本，1765 年（英祖四十一年）出版了英祖本。这些都是木版本。诗歌全面反映了 15 世纪朝鲜语的语言特征，是研究朝鲜语言文字发展史的珍贵资料。

论傣族诗歌　作者裕巴勐，写作于三百多年前。翻译岩温扁。作者从开天辟地的故事开始，讲到人类感情的产生，喜、怒、哀、乐的最初表现，进而讲到语言的产生，大自然、动物的音乐节奏对人类感情的影响，从而产生了音乐和诗歌。对傣族诗歌的艺术有许多独创的见解。

罗摩衍那藏译文　是现今《罗摩衍那》最早的藏译文抄本。原藏于敦煌石窟。《罗摩衍那》始创于公元前 2 世纪，在世界文学史上占有重要地位，对中国汉藏文学都有一定的影响。季羡林将全书译出后才有汉译本。藏文在 15 世纪有一个全本，是在古代藏文译本基础上进行的再创作。

玛纳斯　柯尔克孜族英雄史诗。据史诗记录的材料有 8 部，20 余万行。史诗《玛纳斯》的主人公是一家子孙八代人，以第一部中的主人公玛纳斯得名。史诗的主要内容：第 1 部《玛纳斯》，叙述第一代英雄玛纳斯联合分散的各部落和其他民族共同反抗卡勒玛克、契丹统治的业绩；第 2 部《赛麦台依》，叙述玛纳斯死后，其子赛麦台依继承父业，继续与卡勒玛克斗争，后被叛逆坎乔劳杀害；第 3 部《赛依台克》，描述第三代英雄赛麦台依之子赛依台克严惩内奸，驱逐外敌，重新振兴柯尔克孜族的英雄业绩；第 4 部《凯耐尼木》，述说第四代英雄赛依台克之子凯耐尼木消除内患，严惩恶豪，为柯尔克孜族人民缔造了安定生活；第 5 部《赛依特》，讲述第五代英雄凯耐尼木之子赛依特斩除妖魔，为民除害；第 6 部《阿斯勒巴恰、别克巴恰》，讲述阿斯勒巴恰的夭折及其弟别克巴恰如何继承祖辈及其兄的事业，继续与卡勒玛克的统治进行斗争；第 7 部《索木碧莱克》，讲述第七代英雄别克巴恰之子索木碧莱克如何战败卡勒玛克、唐古特、芒额特部诸名将，驱逐外族掠夺者；第8部《奇格台依》，叙说第八代英雄索木碧莱克之子奇格台依与卷土重来的卡勒玛克掠夺者进行斗争的英雄业绩。史诗的每一部都可以独立成篇，内容又紧密相连，共同组成了一部规模宏伟壮阔的英雄史诗。（详见"专著简介条目"）

买主薛赛大师买到奴隶后写的正式字据 共19行，用回鹘文草书体书写，该文书是1953年冬西北文物考察队在吐鲁番获得，1954年在故宫博物院展览过。1958年冯家升与捷尼舍夫合作研究了该文书。1978年耿世民又对此文重新进行了研究，订正了冯氏在前文转写和译文中的一些错误。

满汉成语对待 亦译作《满汉旧话对待》。满汉合璧会话教材。清佚名撰。约成书于清朝前期。四册四卷。第一卷前有满文序言、文法、目录和满汉合璧杂话，第四卷后有满文总纲。序言与总纲阐述满语旧语即口语的重要性，而会讲旧话的满族老人及其传人已日渐稀少，因此将现有老人所述旧话编成话条，使之永传。文法主要讲解满语语音之轻重、语音分析等内容。本文每卷分若干篇，每篇又分若干小目，全部为日常生活用语。从内容和满文字形来看，当是清代前期成书。现存刻本和抄本。对研究清代满语口语以及当时汉语北京话，都有重要参考价值。

满汉达呼尔合璧词典 别称《兼满汉达呼尔文鉴》。达斡尔语满语汉语对照字汇。清德山辑录。成书于清末，一册，分四部分，每部分之后均有后记。从后记看，此书是辑者学习、练习满文所抄录的词汇集。第一部分6页，内容均抄自《御制清文鉴》，全部为满文，后记称是光绪九年（1883）抄成。第二部分11页，为达斡尔语满语对照字汇，按类编排，共九类，如人伦类、布帛类、树木类、天地类等，抄成时间为光绪十五年（1888）。类目名为满文，达斡尔语在前，以满文字母拼写，满文在后。第三部分37页，主要是达斡尔语满语对照字汇，按类编排，共14类，如花果类、兵器类、天地类、舟船类等。在满文旁加写了用满文字母拼写的汉语词义。完成时间为光绪十七年（1891）。第四部分16页，为以满文抄录《御制清文鉴》的花类第六篇的内容，以及一些满文官名、爵名、年月日等。时间为民国16年（1927）。从纸质等方面看，这部分是后加上去的。现存抄本。书中第二、第三部分很珍贵，是满、达斡尔语比较研究和满、达斡尔文化交流研究的重要资料。

满汉经文成语 满汉对照书经、易经、诗经、周书成语汇集。清董佳氏明铎订。成书于乾隆二年（1737）。四册，不分卷。前有作者汉文叙言一篇。本书在前人翻译的基础上修订而成。第一册为书经成语，第二册为易经成语，第三册为诗经成语，第四册为周书成语。收词条一千八百左右。每经按序文成语、原书顺序排列。如诗经成语，首为"本序成语"，次为"诗经成语"，诗经成语则按风、雅、颂依次排列。版面上方为满文译文，中有一横线，下为汉文原文。作者把经文成语分为连句成语、单句成语、剪裁成语、搭配成语四类与实字成语、虚字成语、眼熟成语、眼生成语四类。有乾隆二年京都英华堂刻本。本书最大特点是将原含有成语的句子整句摘出，整句译出，用线把成语圈起来。纲目清楚，释译准确，是满汉语言对比研究的重要参考书。

满汉类书 别称《满汉类书全集》。满汉分类语文辞典。清桑额编辑。全书八册三十二卷。康熙三十九年（1700）成书。一至七册（一至二十八类）所收词条与其他辞书相似，唯第八册（二十九至三十二类）所收形容语类、天然语类、相连语类、字尾类为他书所无，特点突出。收词近万条。第一册前有作者康熙三十九年的满汉合璧序言和目录。有康熙四十年（1701）山西巡抚衙门刻本及抄本。书中保留了许多早期汉语借词，对研究早期满语中的汉语借词有参考价值。

满汉字清文启蒙 4卷。清舞格撰。雍正八年（1750）三槐堂刻本。4册，线装，保存完好。满汉文合璧教科书。现藏中国国家图书馆、故宫博物院等。

满和辞典 满语日语语文辞典。〔日〕羽田亨编著。成书于昭和十二年（1937），昭和四十七年（1972）由日本国书刊行会出版。一册478页。前有作者自序，介绍日本满文辞书编纂情况以及本书的编写过程。接着是凡例和"满洲字母表"。词条均录自清代出版的《御制增订清文鉴》、《四体清文鉴》、《五体清文鉴》和《清文汇书》，按罗马字母顺序排列，满文一律用穆麟德夫罗马字转写法转写。释义部分首先用日语释义，再注明出处，并引用原书的汉语释义。收词一万八千条左右。改按传统的部类排列或按满文十二字头排列为按罗马字母排列，便于查阅，同时注明出处，很受各国满学界人士欢迎。但释义简单，不能完全替代清代大型满文辞书。

满蒙回三体字书 满文、蒙古文、回文（维吾尔文）对照词汇集。清佚名辑录。成书年代不详。全书三册，不分卷。排列顺序为满文、蒙古文、回文，其中回文是以满文字母拼写的。有刻本，残存一册；另有抄本。对于清代满蒙回语言文字的研究有重要参考价值。

满蒙文鉴 别称《御制满蒙文鉴》。满蒙文对照分类词典。清拉锡等奉敕撰。成书于康熙五十六年（1717）。21册，20卷。全书所收词汇与《御制清文鉴》相同。分36类，下分细目280个。上为满文，下为蒙文，有康熙五十六年（1718）殿刻本与精写本，乾隆八年（1743）武英殿刻本与抄本。是进行满蒙语比较研究的重要参考书。

满蒙文鉴总纲 别称《御制满蒙文鉴总纲》。满蒙文对照词典。清佚名纂修。成书于康熙四十七年（1708）。全书八册，按类排列。上为满文，下为用满文字母拼写的蒙语。有康熙四十七年刻本。是满语和蒙古语比较研究的重要参考书。

满蒙藏嘉戎回五音字书 别称《五音字书》、《五体字书》。满文、蒙文、藏文、嘉戎语、回文（维吾尔文）五种语言文字的词汇对照集。成书年代不详。二匣八函。有乾隆年间写本。对五种语言文字的历史比较研究及其中一些文字的发展演变有重要参考价值。

满文老档 清入关前以满文书写的最早的一部官撰编年体史书。清初著名文臣库尔缠、希福、达海等七人辑录，清初皇太极时期成书。共40册。记录了努尔哈赤、皇太极时代的经济、政治、军事、民族关系、外交、天文、地理、语言文字等各个方面的史实。时间自清天命九年（1607）至崇德元年（1636）。中间有残缺。1632年以前用无圈点老满文记述，字体不统一，句子结构简单，多用口语，文字辨识困难，但语言简要生动质朴。崇德年间档案主要用加圈点满文记述，但仍用旧体字，新旧并用。档内很多史实为官修史书、私家著述所不载。档案原件藏台北故宫博物院。由于年代久远、保管不善等原因，到乾隆时期原档残缺已很厉害。为此乾隆下令将原档逐页托裱装订，并"照缮三帙呈进"（乾隆上谕语）。乾隆四十年（1774），对老档进行了音写和照写。音写即将原来无圈点字档转写为加圈点字档，照写即将原档重抄。重抄本册面签注为《无圈点档册》，转写本册面签注为《加圈点档册》。两部档册均有草本，所以实际上共有四部。每部装为 26 函 180 本，清代藏内阁大库，现藏中国第一历史档案馆。乾隆四十三年（1778）又各重抄一部，藏盛京（沈阳）崇谟阁，现藏辽宁省档案馆。1918 年清末进士金梁在沈阳崇谟阁发现老档，即组织人力翻译，历 11 年完成。1929 年曾抽印一部，以《满州老档秘录》为题刊行。1933 年又以《满洲秘录》为题，发表其中一部分。金梁主持翻译的手稿现藏中国第一历史档案馆，错误很多。1962 年台湾大学广禄等将五千余页的原档进行了整理，并从 1964 年至 1968 年译注完太祖朝 20 册，1970 年定稿后，以《清太祖朝老满文原档》为题，先后出版二册。1969 年台北故宫博物院将原档影印面世，名为《旧满洲档》，分装 10 册。1978 年北京故宫博物院明清档案部（即今中国第一历史档案馆）、中国社会科学院历史研究所等单位联合组成"满文老档译注组"，1979 年完成初译，1990 年由中华书局以《满文老档》为题出版，共两大册。1905 年日人内藤虎次郎在沈阳崇谟阁发现乾隆四十三年重抄本，拍成照片，带回日本，分别藏于京都大学、东京帝国大学和东洋文库。1923 年藤冈胜二根据东京帝大照片译成日文，1932 年影印出版。为了研究和译出老档，日本成立了"满文老档研究会"，1955 年作为"东洋文库丛刊"出版了第一册，至 1963 年全部出齐，共七册。此外，日人今西春秋、三田村泰助等也先后译出部分老档。这是研究清初满族历史、东北历史地理、满族语言文字的珍贵的第一手资料。

满文诗篇 成书于光绪二十九年（1903），作者不详，收藏于中国社会科学院民族研究所。该书的小跋说明作者因丧母凄恻忧郁，为消遣时日，检理往日残稿，得以集成一册。共收 17 首满文诗，长短不一，内容包括写景、抒情及对人生的感叹。这种严格按照满族语言特点进行创作的诗歌，在所存的满族文学作品中比较少见。

芒莱法典 这是曾为景线王芒莱所定的法规，成为傣族农奴制社会行为和道德的法律规范。此书为 13 世纪末 14 世纪初的作品。作者芒莱生于 1239 年，死于 1317 年。他是西双版纳第四代召片领（宣慰史）的外孙。曾在景线为王，先后建都于清莱、清迈，即兰那泰或清迈王国，我国史书上所称的八百媳妇国。他所制定的法规，在西双版纳一带长期保有法律效力。对百官所立的训言也沿袭很久。此外，作为对法规的补充，在教育中傣族地区还有许多说教，如：《土司对百姓的训条》《祖父对孙子的教导》《教训儿子处世的道理》《教训妇女做媳妇的礼节》等。

蒙古风俗鉴 蒙古族重要民俗文献。蒙古喀喇沁部罗布桑却丹以现代蒙古文字写成。写于 1915—1918 年间。共 10 卷 58 章。内容包括蒙古族衣食住行、礼仪习俗，还包括蒙古族的族源、政治、宗教、经济、文化、教育、法律、地理、气候、物产等。1988 年赵景阳汉译出版了《蒙古风俗鉴》。它为研究蒙古族古代、近代民俗以及蒙古族文化提供了非常珍贵的资料。

蒙古秘史 原名《忙豁伦·纽察脱卜察安》，用回鹘式蒙古文写成，成书于 1240 年，作者不详。明洪武年间（1368—1398 年）译为《元朝秘史》，用汉字音写，逐字旁注汉译并附有摘要总译刻印传世。全书共 282 节，记载了蒙古部首领成吉思汗家族近五百年二十二代人的历史。由四个部分组成：第一部分（1—68 节）叙述成吉思汗祖先的历史；第二部分（69—268 节）记载成吉思汗的英雄业绩和蒙古帝国开国史；第三部分（269—281 节）记载窝阔台执政时期的大事件及其对内、对外政策；第四部分（282 节）交代了成书时间和地点。从语言学角度看，该书对中世纪蒙古语及古代北方各族语言的研究提供了丰富资料。此书现流传有十二卷本和十五卷本两种。十二卷本是明初原刻本。十五卷本最先由清末钱大昕从永乐大典中抄出。最好版本是 1976 年商务印书馆印的四部丛刊本。国内对《蒙古秘史》的研究从清代开始，李文田对《元朝秘史》作注释；丁谦等人著有《元朝秘史山川地势考》；20 世纪初有高宝铨的《元秘史补正》、沈曾植的《元秘史补注》，此外还有蒙古秘史词汇选、词典、译注等。

蒙古文《孝经》 元大德十一年（1307）孛罗帖木儿译。大都白塔寺印经院木刻版。1 册，线装，凡 37 页，每页 7 行。封面和第 1 页正面缺损。汉蒙合璧，对汉文儒家经典《孝经》进行逐句对译。现藏北京故宫博物院图书馆。道布整理《回鹘式蒙古文文献汇编》（北京民族出版社 1983 年）有原书影印件。

蒙古语简明解释词典 以收录现代蒙古文学语言词汇为主的中型词典。蒙古国 я. 策伯勒编著。蒙古国家出版委员会于 1966 年出版。收词 3 万余条，斯拉夫式蒙文版。词典中所收条目，包括词、词组、成语，按斯拉夫式蒙文字母顺序排列。以单词为主条，合成词为副条；同音同形异义词分别列条。作者以简明语言较详细地解释其意义。主条后附有老蒙文。在蒙古语文界很有影响。是至今广为通用的一部蒙古语工具书。

蒙古源流 17 世纪编写的蒙古编年史。原称为《诸汗根源之珍宝史纲》。作者是鄂尔多斯部萨囊彻辰（1604—?），成书时间是 1662 年。《蒙古源流》内容记述广泛，包括世界的形成、印度、西藏诸王世宗；佛教的起源及传播；自孛儿帖赤那至成吉思汗为止的简史；成吉思汗统一蒙古诸部及其称汗；元朝诸帝护持佛法；妥欢帖睦儿逃离大都及其悲歌；北元时期蒙古内部的帝位争夺，东、西部蒙古封建主的分并和战；达延汗平定诸部和分封诸子；俺答汗再兴佛教；林丹汗抗清和失败；内蒙古诸部被兼并等。比较完整地记录了 14—16 世纪蒙古族历史，对蒙古语言、文学、宗教、生活习俗等方面的研究也提供了有价值的资料。国内外流传的抄本有 11 种。我国学者最早研究《蒙古源流》。早在 18 世纪后半叶就从蒙文译成满文和汉文。20 世纪 30 年代，沈曾植、王国维、张尔田、陈寅恪等人对此书进行研究，发表了不少文章。60 年代初，周清澍、额尔德尼巴雅尔二人发表《蒙古源流初探》，对此书的作者、历史背景、内容及其史料等方面进行了详细论述。1979 年，留金锁在他的《13—17 世纪蒙古历史编纂学》一书中开专章论述此书。1980 年，道润梯步据古宫殿本在呼和浩特出版了《新译校注蒙古源流》，对清译本的错误进行纠正。将《蒙古源流》最早传播西方的是俄国学者施密特。1820 年，他在《东方富原》杂志中第一次向西方介绍《蒙古源流》。1829 年，施密特所整理的原文、德译、注释本在圣彼得堡出版。1933 年，德国海涅什将《蒙古源流》满文刊本转为罗马字拼音，有序言和注释在莱比锡出版。1959 年，德国海希西在《蒙古宗族与宗教历史文献》一书中开专章讨论此书。50 年代，比利时田清波对此书的作者进行过专题研究。还有俄国、日本、蒙古的学者研究《蒙古源流》，发表了许多有价值的文章。

蒙古字韵 作者及成书确切年代不可考。本书是元朝在推行八思巴字的过程中根据实际需要而产生的一部用八思巴字译写汉语的韵书，作为人们研习、使用八思巴字进行译写的范本。现存唯一的旧写本是朱宗文（伯颜 Bayan）于元至大元年（1038）校订的《蒙古字韵》。此书分韵 15 部，正文上冠八思巴字头，下列所译写的汉字，平、上、去、入四声一贯，计收八思巴字头 818 个，被译写的汉字 9118 个（残缺部分未统计在内）。此书是八思巴字汉语对音资料中最重要的一种。从它的内容看，几乎当时所有常用汉字的对音都包罗无遗，而且又是按照一定的音韵系统，以小韵为单位编制而成的，所以能够全面、系统地反映出当时汉语语音结构的面貌，对于元代汉语语音系统的考订和构拟，具有重要的意义。照那斯图、杨耐思以朱宗文校订的《蒙古字韵》旧写本为底本，参考其他有关资料，对此书进行校勘和补阙，编制成《蒙古字韵校本》，1987 年由民族出版社印行，是研究八思巴汉语重要的参考工具书。

蒙文启蒙诠释 传统的蒙古语文学代表作之一。蒙古族学者丹金达格巴著，18 世纪上半叶成书。此书的全称是《圣捌思吉斡节儿撰写的蒙文启蒙诠释——清除错字之苍穹玛尼经》，简称《蒙文启蒙诠释》，全书约 6000 字，分三部分。第一部分主要讲蒙古文字的沿革及佛经翻译情况。第二部分是字母改进、音节末尾辅音及格的描写。叙述捌思吉斡节儿把蒙文字母改定为 123 个音节字母的详细经过及根据音节中的作用将这些字母划分为元音和辅音字母。接着描写了 8 种格的意义和附加成分以及一些虚词的用法和意义。第三部分对蒙古语音的发音生理特点做了分析。这部著作概括了历代蒙语文学家的研究成果，对蒙古文的规范作出了重要贡献。后世学者编写蒙古文教科书或正字法读物多以此书为依据。

蒙文诠释 早期蒙古语语法著作，成书于 1828—1835 年间，作者是土默特部人噶拉桑。本书与 1835 年和 1847 年在北京嵩祝寺木板印刷发行过。现存一部抄本于内蒙古自治区图书馆，手抄本共 8 卷。1979 年内蒙古大学蒙文系语言教研室、内蒙古大学图书馆蒙学部以内蒙古自治区图书馆手抄本为底本加以整理，影印出版。全书对蒙古文字母的笔画结构、连接规则、拼写外来语规则、正音正字法以及蒙古语形态学、对偶词等问题作了详尽的论述和解释。它对于研究蒙古语正音正字法、形态学、词汇学以及蒙古语书写规则都提供了宝贵的第一手材料。

蒙文指要 赛尚阿（1798—1875）编撰，1848 年刊行。由："蒙文晰义"、"蒙文法程"、"便览正讹"、"便览补遗" 4 卷组成。前两卷是赛尚阿父亲遗稿，由赛尚阿整理。后两卷为赛尚阿著。本书的宗旨是传授蒙古文的规范写法及满、汉、蒙 3 种语言的对译知识。"蒙文晰义"以满文为纲，同一词目的不同义项用汉蒙两种文字分别注出，辨析词义以蒙文部分比较详细。"蒙文法程"采取满蒙两种文字对译的方式描述了蒙古文语法形式和助词的正确写法。"便览正讹"主要对满、汉、蒙 3 种语言对照词书《三合便览》所收蒙古文部分的错字加以更正，同时也订证了汉文部分的一些讹误。"便览补遗"是对《三合便览》一书的补充，计增补了 828 条。《蒙文指要》在倡导蒙古文规范方面起过积极作用。

蒙药正典 19 世纪蒙古族重要的医学文献，是蒙古族著名的药物学家占布拉道尔吉编写于 19 世纪的一部大型医药书籍。书中共载入 879 种药物，并附有插图 576 张，生动而广泛地介绍了蒙古地区的药物和药物学知识。

蒙语老乞大 朝鲜人学习蒙古语的教本。据《通文馆志》所载，此书于 1741 年（李朝英祖十七年）由蒙学官李最大编撰刊行。其后又于 1790 年（李朝正祖十四年）由训长李亿成修正刊印。现存的传本刊印年代不详。此书先列蒙文，其旁用谚文注音，蒙古语句下附以谚文译文，是研究蒙古语史和朝鲜语史的珍贵史料。

蒙语类解 是按门类排列的汉语、朝鲜语、蒙古语对译词典。蒙语训长李亿成编纂，1768 年（李朝英祖四十四年）刊行。分天文、时令、地理、人伦等项目排列词语，先列汉语词，其下用谚文列出相对应的朝鲜语词,再其下用谚文标注出相对应的蒙古语词。共二卷。二十余年后,蒙学训长方孝彦又对此书进行增补修订,于 1790 年(李朝正祖十四年)刊行。作为《蒙语类解》之补篇,补充了 1600 多个词语,卷末附有 8 张《语录解》,用汉语和朝鲜语相应的虚字对照注释蒙古语语法形式。是当时朝鲜人学习蒙古语的重要工具书。对研究蒙古语史和朝鲜语史有一定的参考价值。

勐泐王族世系 由刀国栋、刀永明、康郎庄三位傣族知识分子翻译整理的两本傣文古籍(云南民族出版社 1987 年版)。这两本傣文古籍真实地记录了西双版纳在帕雅真以前的古代文史资料。对佛教传入该地区以及帕雅真以前的古代历史有一定的研究价值。

弥勒会见记 该书是一部长达 27 幕的有关佛教教义的回鹘文原始剧本。它的篇幅最大、数量最多,是我国各民族现存最早的剧本。它在我国文学史上占有非常重要的地位。该回鹘文写本于 1959 年在新疆哈密县天山人民公社脱米尔提大队附近发现。现藏新疆维吾尔自治区博物馆。该书先是由一位名叫圣月的佛教大师从印度语译成古代焉耆—龟兹语,后由一位名叫智护的法师从古焉耆—龟兹语译成突厥语(即回鹘语)。

《米拉日巴传》 后藏人桑吉坚赞(1452—1507)著。作者是噶举派的一位游僧,行为怪僻,他给后世留下了许多优秀的文学遗产。著有多部传记,以《米拉日巴传》最为著名。本书记述了米拉日巴一生的事迹。这是一部文学著作,但具有史学、经济学、宗教学等多种学科研究价值,受到藏族和国内外学术界的高度重视。

《苗法法苗词典》 (*Dictionnaire Kanao - Fran（ais*) 法国传教士 *Josph Esquirol* 编著,1931 年在香港出版。本词典是他在贵州贞丰传教,记录当地苗语编写而成。*Kanao* 是使用黔东苗语的部分苗族的自称。

苗族名人歌 石板塘创作的苗歌,把湘西苗族中的著名读书人、官员、地主、商人、民间歌手、民间医生、猎手、媒人、学口技人、种出双穗稻的农民,等等,都编成歌谣传唱,表现了民族自尊心和自豪感。

明永乐本《女真译语》 明代永乐五年(1407)设立四夷馆后,所属"女直馆"编定的汉语与女真语对译词汇集。现存明代写本,"杂字"部分分门类次,共 19 门。每页 6 行,四组词,每组首为女真文、次为汉义、再次为女真语的汉字对音。保存完好。分"杂字"和"来文"两部分。"杂字"为女真语和汉语对译词汇集,"来文"是移录当时进贡的表文。主要有"柏林图书馆所藏抄本",明代写本,有"杂字" 19 门,"来文" 20 通;"日本东洋文库所藏明抄本","杂字"两门,"来文" 29 通;"日本内阁文库所藏抄本",仅存"来文";"英国剑桥大学图书馆抄本",只有"杂字";"日本内藤湖南所藏抄本",有"杂字"和"来文";"中国国家图书馆藏抄本",附在《高昌馆译语》之后,有"杂字" 66 组;罗福成《女真译语正·续编》(1933 年大库档案整理处印),正编全录柏林本"杂字",续编搜集"来文" 79 通。

摩兵布洛陀 是广西红水河中游壮族巫教摩兵派的经诗,经诗 482 行,五言排歌体,腰脚韵。第一部分叙述从前天地紧如两块磨盘,后裂开,一片上升为天,雷王主管;一片下沉为地,布洛陀坐镇。雷王把天地划分为 12 国,宇宙形成。第二部分叙述在布洛陀、姆六甲主持下茫仙等参加造地上万物。第三、四部分叙述人类遇到 72 凶兆、360 怪、720 妖,大家在祖神布洛陀、姆六甲帮助下战胜众妖怪。第五部分阐明布洛陀给大地万事万物所立的规矩，如虎不下平原，蛇不横大路。第六部分是钻木取火和造文字。体现了壮族远古祖先的宇宙观，表达了人类力图掌握自己命运的精神。

莫一大王 广西壮族传说中的一位先神，流传于广西西北部地区，当地壮族群众有供奉莫一大王的习俗，家里神龛上多设有莫一大王神像，长年供奉。壮族民间传说莫一大王与布洛陀同为壮族的先神。莫一大王源于老河池帝王山，能呼风唤雨、驱鬼神、护百姓的祖先。人们每三年一祭祀。如今田阳县敢壮山建设得无限风光，每年都有几十万朝拜者或游客到此观光。《莫一大王》为师公戏剧本，据英雄史诗改编而成。内容说广西南丹县的莫一自幼失怙，为人家牧牛为生，受尽欺凌。十多岁时父亲被人谋害，扔下深潭，莫一便投潭寻父。沉到潭底，见一神牛，神牛对他说："我是你父亲，但不能再回去了。"便给莫一一颗宝珠，他吞入腹，遂有神力，可以辟浪腾空。时皇帝无道，要剥壮人皮盖宫殿。莫一大怒，搬山围城造反。皇帝派兵来攻打未胜。求天神砍断莫一头颅。莫一手捧头颅大笑三声，吓退官兵后，便嘱咐妻子把他头颅放入金坛，然后倒下。不久金坛飞出满天马蜂，把官兵赶出壮乡，直抵京城，把皇帝蜇得头肿如坛。莫一被桂西壮人尊为祖先，立有神庙神位。

牟头娄墓志 高句丽官吏大使者牟头娄的墓志。此墓建于吉林省辑安（今集安市）离广开土王陵碑不远处。墓志共80行，每行10个汉字，共800字，许多字已模糊不清，内容主要记录了牟头娄的事迹，其中许多人名是用汉字的音或义标记高句丽固有词语的吏读式标记，是高句丽使用汉字汉文和初期吏读的史料之一。

囊丝本勐泐 这是一部《西双版纳历代编年史》，从公元1180年（傣历542年）傣族首领帕雅真入主西双版纳建立景龙金殿国起写至1950年解放止。其中1180—1864年曾有李拂一翻译的译本《泐史》（1947年由云南大学刊印）。1844—1950年有张公瑾在傣族知识分子刀建德、岩罕光的帮助下翻译的《西双版纳傣族近百年大事记——续"泐史"》（刊于《云南省傣族社会历史调查材料六——西双版纳傣族史料译丛》。还有由刀永明、康郎庄编译的《车里宣慰使世系集解》（云南民族出版社1989年）。

尼山萨满 满族的重要传说。由于保留了大量的满语萨满神歌，描写了萨满过阴仪式的全过程，塑造了尼山萨满的人物形象，一直为世人所关注。到目前为止，世界上已经有俄文、德文、英文、日文、意大利文、朝鲜文、汉文等译本流传。一些外国学者称《尼山萨满》是"满族史诗"，把它作为阿尔泰学的一个新学科。《尼山萨满》讲述了主人翁尼山萨满不畏艰辛到阴间去取小费扬古的灵魂，使之起死回生的故事。这个故事还在达斡尔族、鄂伦春族、鄂温克族、赫哲族中流传。已有六部手抄本。作为满文手抄本，在满族文学中占有特殊的地位。它在历史学、民俗学、语言学、宗教学等方面也有重要价值。萨满教是一种世界范围内的原始宗教。它的传说为我们研究萨满教提供了丰富的资料。

奴儿干永宁寺碑 亦称"永宁寺碑"。全称"敕修奴儿干永宁寺碑"。明代石碑。明永乐十一年（1143）与永宁寺同建。碑址位于奴儿干都司衙署所在地特林（今俄罗斯境内）。碑阳用汉文刻写，碑阴为蒙古文女真文的对译，碑侧有汉、蒙古、藏、女真四种文字刻写的"六字真言"。额书《永宁寺记》，下书碑文。记载了奴儿干都司所辖地区（西起额嫩河、东至库页岛、北达乌第河、南濒日本海）受中央政权统辖和建寺立碑的情况。宣德八年（1433）重修寺院，再立"重建永宁寺碑"，碑文内容相同，全系汉文刻写。碑中的女真文，是研究女真语言文字的珍贵材料。

女真进士题名碑 又名"宴台女真国书碑"，金正大元年（1224）佚名撰。石碑1通。高233厘米，宽85厘米，碑阴刻女真文，额题3行12字，碑面女真文23行，凡1100余字。碑阴下部残损。女真文额题意为"进士题名碑"，正文记录正大元年招取进士的地点、论题、录取经过及所录进士籍贯。发现于河南开封曹门外宴台河岸，现藏开封博物馆。

女真译语 别称《女真馆杂字·来文》。记录明代女真族文字音、形、义的字汇和来文，明代辑录的《华夷译语》之一种。明四夷馆、会同馆编辑。明政府为适应对外事务的发展，永乐五年（1407）设四夷馆，主持培养通达"夷语"的通事，翻译、撰写发往"夷语"地区的信函、国家的敕命、公文及进贡表文等。初设蒙古、女真、西蕃等八馆，后又增设二馆。现存《女真馆杂字·来文》是永乐年间编辑的。有多种抄本，主要有德国柏林图书馆藏本、日本东洋文库藏本、罗福成手抄本。其中德国的藏本门类齐全，收词最多。有天文、地理、时令等共19门，800余条，来文20通。女真文旁均为汉字记音。此外还有明末茅瑞徵（伯符）辑会同馆藏本、日本阿波文库藏本、日本静嘉堂文库藏本等，各种藏本有同有异，都是研究女真文字的主要资料。

女真语研究的新资料 全面介绍女真语言文字资料的论文。[日] 石田干之助撰写。发表于昭和五年（1930）。全文分四部分。第一部分详细介绍了女真文金石文九通。第二部分评介《华夷译语》。作者将《华夷译语》分为甲、乙、丙三种本。甲本为明洪武十五年（1382）翰林侍讲火源洁、编修马沙亦黑奉太祖敕编纂，洪武二十二年（1389）附翰林学士刘三吾序，并于同年颁行的《华夷译语》。乙本为自明永乐五年四夷馆以来，因馆员需要而编纂，至清顺治元年（1644）接管并改四译馆后，又陆续加以改削增损，有数种别本的《华夷译语》。丙本为明末茅瑞徵（伯符）所辑，卷首往往附有朱之蕃序言的《华夷译语》。甲本只有民族语汉字音写和释义；乙本有民族文字及其汉字音写、释义（即"杂字"）和"来文"；丙本类似甲本，没有"来文"。第三部分介绍了乙本六种含有女真文字资料的本子。第四部分介绍了丙本九种本子，其中含有女真文字资料的本子五种，是研究《华夷译语》特别是女真语言文字的重要文章。最初发表在《桑原博士还历纪念东洋史论丛》上。后于昭和十八年（1943）加"追记之一"，昭和十九年（1944）加"追记之二"，昭和三十九年（1964）加"后记"，于1973年连同作者其他关于女真语言文字的论文，收在作者论文集之一《东亚文化史论丛》第3—205页（东洋文库论丛第五十四）。1990年天津古籍出版社出版、贾敬颜等合辑的《女真译语、蒙古译语汇编》中收录此文的中译文。

帕莨代雅训世箴言 其内容是借佛祖之名对事物来源做种种宗教解释，并教导世人如何处理人与人以及人与宗教的关系。全书分上、下两册，每册十章。

朴通事 朝鲜高丽朝后期学习汉语口语的读本。作者和著作年代不详。书名始见于《世宗实录》五年（1423）条。此后和《老乞大》一起多次刊印。此书反映了13—14世纪的汉语口语。1765年（李朝英祖四十一年，清乾隆三十年），训长金昌祚又作修订，名为《朴通事新释》，反映了其后的汉语历史变化，是研究近代汉语的宝贵资料。

朴通事谚解 16世纪朝鲜中宗朝时，崔世珍用谚文译解自高丽朝后期起就已流传的汉语口语教本《朴通事》，名之为《朴通事谚解》。但崔译本到17世纪即已散佚。1677年（李朝肃宗三年），司译院译官边暹、朴世华等12人就坊间发现的《老朴辑览》考校证订，作《朴通事谚解》上、中、下三卷。此书体例与《老乞大谚解》相同，即每个汉字下，左边注有正音（传统的中国汉字音），右边注有俗音（当时中国的口语读音），汉语语句下附有谚文译文。其后，训长金昌祚又作修订，于1765年刊印了《朴通事新释谚解》。据韩国许雄等编纂的《国语国文学词典》之说，1959年韩国庆北大学在庆尚北道又发现了崔世珍的译本。是研究汉语史和朝鲜语史的宝贵资料。

乾隆敕编《西番译语》九种 清乾隆十五年（1750）四川总督策楞遵旨督办及采录。涉及四川境内所辖龙安、松潘、茂州、保县、汶川、雅州、宁远、打箭炉、冕宁等厅、州、县的九种藏缅语，有藏语安多方言（牧区话）、藏语安多方言（农区话）、藏语康方言、白马语、尔苏语中部方言、尔苏语西部方言、嘉绒语等。各册在编写时遵循政府统一规定的体例，卷首概述该语言使用的地理范围，正文收录有汉语对译的少数民族词语，以义类编次，分20门，凡740条，每条词语分三个部分，依次为汉语语义、藏文和民族语的汉字译音。初编本流失海外，日本大谷大学图书馆存有四种，封面分题《泰宁属沈边冷边西番译语》、《泰宁属木坪各村寨西番译语》、《泰宁属明正司所管口外各西番译语》、《建昌属木里瓜别各西番译语》，为神田喜一郎旧藏，其中的表格和汉义均为印本，而藏文和汉字对音都是手写，藏文用无头字书写。故宫博物院图书馆藏有一套清抄本，中国国家图书馆有一套据故宫本的晒蓝本，北京大学图书馆藏有9种《西番译语》合抄本。

钦定清汉对音字式 清高宗敕撰。乾隆三十七年（1772）武英殿刻本。1册，线装，保存完好。满汉文对音韵书。现藏中国国家图书馆、故宫博物院等。

钦定西域同文志 清傅恒撰。乾隆二十八年（1763）刻本。线装本。保存完好。满、汉、藏、维、回鹘蒙古、托忒六种文字记载的西域地名词典。现藏北京故宫博物院。有中央民族学院少数民族古籍整理出版规划领导小组1984年影印本。

清汉对音字式 别称《钦定清汉对音字式》。满汉对照满译汉中满、蒙古人名、地名的工具书。清军机大臣撰，乾隆帝审定。1册，不分卷。成书于乾隆三十七年（1772）。在内外衙门题奏咨行事件中，凡遇满、蒙古人地名，应译对汉字者，往往任意书写，并不合满文、蒙古文本音，因此舛误鄙俚之字不一而足。为统一音译的汉字，乾隆帝命撰此书。正文前有乾隆上谕和凡例，本文按12字头排列，上为满文，下为对音汉字，并附有"敬避字样"。后有"切音单字"和"切音双字"、"东三省、喀尔喀、扎萨克、新疆驻兵各地名"。有乾隆三十七年殿刻本，同年有三槐堂刻本。后有道光十六年（1836）聚珍堂刻本，内有道光十六年上谕。此外，尚有光绪十六年（1890）聚珍堂刻本、宣统元年（1909）北京镜古堂刻本以及抄本。对于研究满蒙汉语音和满文文献的翻译有参考价值。

清汉文海 按清代出版的《佩文韵府》中汉语音韵编辑的大型汉、满语文辞典。清瓜尔佳氏巴尼珲编辑。成书于乾隆年间。40册40卷。书前有作者挚友伯麟和孙玉庭的序言、其子普恭（字寿峰）的前言，之后为凡例和目录。按汉语106韵编排，分平、上、去、入五部分。上平声8卷15韵，下平声8卷15韵，上声8卷29韵，去声8卷30韵，入声8卷17韵。一韵之下有同韵字一至十几个不等，合计8800余字。每字之下有若干条，合计37000余条。每条汉字之下，有满文对应的注脚

（包括译文和注译）。词条主要选自经、史、子、集，其次为日常用语。汉字没有相对应的满文者，按汉文意义译出，意义不明的暂缺。有道光元年（1821）江南驻防衙门刻本和咸丰元年（1851）琴剑堂星垣氏刻本。是清代唯一一部按汉语音韵编排的大型汉满辞书，收词多，但很庞杂，不懂汉语音韵的读者很难利用。

清文补汇 这是继《清文汇书》之后，由清宗室宜兴编辑的一部满汉对照辞典，共 8 卷 8 册，成书于乾隆五十一年（1786）。作者认为李延基编纂的《清文汇书》虽然是一部较早适用很广的满汉大型辞书，但由于后来其他书中翻用清文的大量增多，《清文汇书》无法解决新词出现的需要。将他书中翻用清语而清文汇书不载之字句共 7900 余条，按照《清文汇书》的体例和以满文十二字头的排列音序编成。词条多注明出处，它补充了《清文汇书》之不足，故起名为《清文补汇》。与现代满汉辞典相比，它的不足之处是在选词上，单词与词组、词类的划分上都缺乏科学性，但它仍是今后编纂新满汉辞典的不可缺少的参考书。

清文汇书 清李延基撰，清代较早的一部满汉语文的辞典。依据康熙《御制清文鉴》经历八载寒暑，对满文的所有例词进行筛选，采用对译办法，去掉部分例句，又增加了 2000 余条。共计 14000 条词目。全书分 20 册，20 卷。最早有京都四合堂刻本，又有雍正二年（1724）刻本，乾隆十六年（1751）英华堂刻本、藜照阁刻本、中和堂刻本，嘉庆十一年（1806）双峰堂刻本，嘉庆二十年（1815）四合堂刻本、三槐堂刻本。自康熙晚期成书后一直使用至今。它对满汉语翻译有十分重要的影响。《清文汇书》在编排方法上有所创新，它把《康熙字典》的部类编排，改为适合满语特点的"十二字头"音序的排列法。与现代满汉辞典相比，它在选词上或对词义的解释上都存在一定的不足之处，但仍被视为编纂各类满汉辞典的不可缺少的参考书。

清文接字 专门介绍满文语法的书，清嵩洛峰著。以传统满语语法编纂方法，从不同角度全面翔实地给学习者提供便捷的方法和要领，是当今乃至今后学习、研究满文必读的一部书。此书存在不同的年代、不同的作者、不同的版本。

一、清嵩洛峰著，成书于同治三年（1864），共一册，不分卷，前有完颜氏崇实的序言。分以下的内容：（1）以满语"读"、"用"二词为例，讲解动词的各种形态变化，包括动词的时、态、式、动名词、形动词、动词的名词化等；（2）解释无形态变化的动词的用法；（3）常用助动词的用法和连接规则；（4）常用的格助词、后置词、连词等的用法及连接规则。词条由三部分组成：满文词目、汉语释义及用法、满语例句和汉译。

二、同治三年京都隆福寺聚珍堂书坊的刻本，排列顺序无一定的规律，但仍是一部研究满语词法的重要参考书。还有同治五年聚珍堂刻本，光绪十四年（1888）三槐堂书坊重刻本。还有 20 世纪 50 年代初由克敬之先生为首届满文班撰写的满语语法教材《清文接字》一书。

清文启蒙 中国清代用传统方法讲授满文的教科书，舞格著，雍正八年（1720）刊行。全书共 4 卷，有目录和序言。卷一分"十二字头"、"清字切韵法"、"异施清字"等 6 节。通过讲解"十二字头"（分成 12 类的满语音节表）介绍字母、字母读音、字母出现在不同位置上的不同字形。卷二为短文，共 46 段，每一段以一个话题为中心。卷三题为"清文助语虚字"。介绍后置词、连词、语气词以及作为助语虚字的名词的格、动词的时、祈使、副动、形动等形式的附加成分和构词成分约 100 个，并有用法说明。卷末列举了约 130 个常用的副词、代词和惯用词组等。包括"清字辨似"和"清语解似"两节。此书是最早的满文教科书之一，是国内外教授满文的基本教材和研究满文的基础著作。曾被译成俄文和英文。

清文虚字指南编 中国清代用传统方法讲述满语语法的书。万福（蒙古族）著，一卷，光绪十一年（1885）刊行。后凤山在校订该书时，增入和删改了若干段或条，增添了目录、说明和校订人写的序言。分上、下两卷，于光绪二十年（1894）以《重刻清文虚字指南编》的书名再版。此书主要是通过"虚字"讲述满语语法。万福认为，学习满语的困难完全在于"虚字"的用法。他所说的"虚字"，主要是词的构形附加成分，也包括后置词、连词、语气词这一类虚词以及一些副词，还有少数构词附加成分。全书共247段，上卷115段，下卷132段。除了个别段以外，每一段讲解一个或几个有关的"虚字"，每段用几句韵文（少数段用一句话）做标题，扼要说明这个"虚字"表示的语法意义和用法，然后举例。例句多取自用满文翻译的汉文儒家经典以及日常用语。它在同类书中虽然刊行较晚，但内容充实，叙述较细，举例也较丰富，是研究满语的重要参考书之一。

清文总汇 满汉对照大型语文辞典，清志宽、志培主编，1898年成书。其编纂宗旨是将《清文汇书》和《清文补汇》两书合二为一。第一卷前有汇书和补汇的原序和宗室祥亨的序言，第12卷后有编者跋。体例仍依二书，兼有二书的特点。收词20000余条。有光绪二十三年（1897）京都宛羽斋和荆州驻防翻译总学两种刻本。清文总汇收词多，可谓清代辞书之大全，其实用性强，是后人教学、研究、翻译满文不可多得的一部大型参考书。但从现代语言科学的编纂方法来看，仍存在着不足之处。

清语老乞大 崔厚泽等编译。1703年（李朝肃宗二十九年）刊印，共8卷。后由金振夏修正，名为《新释清语老乞大》，于1765年（李朝英祖四十一年）刊印。是朝鲜人学习满语的教本。

清语摘抄 这是一部独具特色的汉满对照专用辞书。光绪十五年（1889）京都聚珍堂刻本。全书共4册，分别为《衙署名目》900余条、《官衔名目》700余条、《公文成语》1200余条、《折奏成语》500余条。

情歌（一）嘹歌 流行于广西平果县等右江地区的明代古长诗，主编张声震，广西民族出版社1993年出版。全歌为五言四句对唱山歌体，4012首，16048行，8万多字。内容分为《夜歌》及《日歌》。《夜歌》有《大路歌》、《贼歌》、《建房歌》三套长歌及《入寨歌》、《家穷歌》、《穿黑歌》、《打十闹》、《赞村歌》、《惜别歌》6组短歌组成，是夜歌圩的歌。《日歌》由《三月歌》、《献歌》及《建月歌》、《时辰歌》、《盘问歌》、《对对歌》、《天旱歌》等短歌组成。长达16000多行的《嘹歌》充分反映明代壮族社会的政治、经济、文化情况，是一部不可多得的历史文献。

全韵玉篇 朝鲜最具权威性的一部汉字字典。共2卷。作者和编纂年代不详，有学者认为书名冠以"全韵"是取《奎章全韵》之名，而对汉字的注释又都以《奎章全韵》为本，且较其更为详尽，由此推论此玉篇乃《奎章全韵》的补编，其编纂年代和编纂者当与《奎章全韵》相同。但按朝鲜的通例，过去"玉篇"都是按部首笔画排列汉字，附录于该韵书卷末，作为该韵书的补编。而《全韵玉篇》则具有自己独立的体系，除按部首笔画排列汉字外，每个汉字都用谚文注出朝鲜语汉字读音，并用汉文注释其义。作为一部独立的工具书，开朝鲜汉字字典之先河。

阙特勤碑 因碑文内人名阙特勤拟题，唐开元二十年（732）立。突厥文部分为阙特勤之侄药利特勤撰；汉文部分为唐玄宗亲笔御书。佚名刻。石碑大、小两通。突厥文—汉文合璧。突厥文凡66行。大碑（东面）为突厥文，40行，小碑南、北两面突厥文各13行，应为碑文开头和结尾部分；余刻于碑边。背面（西面）为汉文。龟趺座，碑文保存较完整。突厥文部分主要记述第二突厥汗国建立者阿史那骨咄禄之次子阙特勤的生平事迹和武功。汉文部分的内容与突厥文无关。俄国人雅德林采夫1889年发现于今蒙古国和硕柴达木。现存蒙古国考古学研究所。

儒胥必知 作者及刊行年代不详。此书提供朝鲜汉文各种文书的格式，供封建官吏参考。书末附有"吏读汇编"，收录230条吏读词语，并用朝鲜文注明其读法，是研究吏读的重要资料。此后黄泌秀又作了增补，名之为《新式儒胥必知》，刊印于1901年。

萨满神歌 是近来在新疆察布查尔锡伯自治县发现的。从内容上看，反映了清代锡伯族萨满教祭祀的基本情况。为满文抄本，分2册。光绪十年（1884年）十一月刊行。抄本上卷之后有附录。说明锡伯族萨满祭祀的基本仪式以及该抄本主人纳喇氏家族萨满的由来。

萨普阐提（音韵诠释或傣文典大全） 此书分析傣文字母的发音方法、发音部位以及拼写规则、韵律等。第一部分是41个基本字母的分类；第二部分是这些字母的发音方法和发音部位；第三部分专讲拼音和拼写方法，从中可以看出傣族人民很早就在分析自己民族的语言文字方面达到了相当高的水平。

三合便览 满、汉、蒙3种语言对照词书。18世纪后半期，蒙古族语文学家敬斋公撰写，由他的儿子秀升富俊整理并加前言成书，于1780年刊行。这套词书有12卷，1340页。第1卷包括12个字头，满文指要和蒙文指要，共81页。第2~12卷是满、汉、蒙3种语言对照词典，收进20144个单词，共1259页。这套词书的宗旨是便于蒙古人学习满语，因此全书内容都以满文和满语为纲，采取满、蒙文对译的方式描述了蒙古文的字母表和语法形式以及各种助词。《三合便览》对后来的一些蒙古语文学家有一定的影响。

三十颂 中国藏族传统的文法书，全称为《授记根本三十颂》。据传藏文创制者图弥三菩札著8种文法书，现仅存《三十颂》和《性入法》。以偈颂体写成，论述藏文正字法和语法要点。共分四个部分：第一部分是字母分类和文字结构；第二部分是虚词，约占全文的一半；第三部分是后加字的论述；第四部分论述学习的方法。后世藏族文法学家的论著都以此书为蓝本。

三韵声汇 朝鲜汉字韵书。李氏朝鲜英祖朝学者洪启禧（1703—1771）参照《三韵通考》和《洪武正韵》撰写而成。原稿完成于1746年（英祖二十二年），刊行于1751年（英祖二十七年）。全书共3卷3册，本文2卷，补编玉篇1卷。洪启禧，字纯甫，时任兵曹判书兼知义禁府事。与《四声通解》不同，他以朝鲜语汉字音为代表字音，汉字均按谚文字母顺序排列，同一字音的汉字则同列在该代表字音之下，开了以朝鲜音为标准列汉字之先河。书中每一面按平、上、去三声分为上、中、下三段，上段平声字，中段上声字，下段为去声字，这一点与《正音通释》相同。在凡例以及本文之前的"谚字初中终声之图"和本文之后的跋文中，作者阐述了自己对"训民正音"的见解。有芸阁原版、岭营版、完营版等数种版本。对汉字音的研究有一定的参考价值。

善提沙答 意译为《语文阐释》，讲解傣文字母及文字，并有巴利语傣语词汇对照。为傣历1232年（1870）抄本。内书"勐笼叭牙龙罕纳初传"，22页。

十善福白史册 该书是14世纪重要的历史、法规文献，是忽必烈薛禅皇帝制定的元朝政教合一政治体制的法律和规定的汇编。书中详细记述了元朝行政机构和宗教机构的设置以及这些机构必须奉行的法规、君主臣宦的职责以及他们必须奉行的行为准则和道德规范、黎民百姓必须遵守的行为准则、元朝的各种礼仪祭祀活动的规定。

实录内摘出旧清语 满语古语词典。清佚名摘录、注释。约成书于乾隆朝。全书14册14卷。清太祖、太宗两朝实录撰写较早，书中有许多早期满语口语及习惯用语等。随着时间的推移，这些"旧清语"已不再使用，后人难以理解。因此，将其摘出并用满文解释是非常必要的。该书词目顺序按实录内"旧清语"出现的先后编排，下面是满文释义。据《清文补汇》的记载，此书应是乾隆时期刻本。现存殿刻本。对阅读、翻译早期满文文献及研究满语文的发展演变有很大帮助。新疆人民出版社1987年影印再版。

释迦牟尼巡游世界记 22册，记述了西双版纳许多地名的来历、风土人情。

释谱详节 首阳大君受其父世宗之命用汉文创作，并用谚文翻译的第一部谚文作品。1447年（世宗二十九年）成书。这是一部有关释迦牟尼的传记，为祈求昭宪王后沈氏（世宗之后）的冥福而作。现存初刊本仅有第六、九、十三、十九、二十三、二十四卷。反映了15世纪朝鲜语的特点，是研究朝鲜语言文字发展史的珍贵史料。

四部医典 藏族医圣宇妥·云丹贡布宁玛所著的一部古代藏医学巨著，成书于8世纪末。书中基本为九字一句的藏文颂体。全书共4部156章。其中根本医典6章，论说医典31章，秘诀医典92章，后续医典27章。该书内容丰富，具有实践意义。到11世纪，经医圣后裔宇妥巴第十四代新宇妥·云丹贡布进行了一次全面的修订，成为盛行于世的《四部医典》。

四声通解 朝鲜语文学家崔世珍（？—1542）为朝鲜人学习汉语而编纂的汉字韵书。1517年（李朝中宗十二年），崔世珍依据《洪武正韵》，对1455年申叔舟所著《四声通考》进行增补修正，编纂了《四声通解》二卷。卷首列有"洪武正韵三十一字母之图"，沿用了这31字母，并用谚文字母与之对音。这部韵书把汉字按韵分类，并用谚文标注其韵，然后按字母列出汉字，属同一字母的汉字再按四声平、上、去、入的顺序排列。汉字注音分正音、俗音、今俗音三种。正音依据的是《洪武正韵》，俗音即《四声通考》的注音，今俗音是崔世珍参照《中原音韵》、《韵会》和《蒙古韵略》所注之音，其特点是反映了16世纪初期的汉语北方音，如入声已并入平、上、去三声。但书中仍设入声栏，这是为了表示汉字原来所属的四声，也是为了便于朝鲜人理解。《四声通解》卷首还列出了"韵母定局"，共23个韵类80个韵母。此书除原刊铸字本外，还有光海君六年（1614）刊印的木活字本和孝宗七年（1656）刊印的木版本流传于世，是研究汉字音历史发展，特别是研究明代汉语口语音的主要参考资料。

四声通考 15世纪中叶世宗朝学者申叔舟奉诏编纂的汉字韵书。1455年（端宗三年）完稿。此书把同声韵的汉字按四声之别加以排列，以《洪武正韵》为依据校正其音，并用谚文注音。书中反映的并非朝鲜的汉字音，也不是像《东国正韵》那样的朝鲜汉字校正音，而完全是当时中国的汉字读音。此书已散佚。但其后崔世珍曾对此韵书加以增补，编纂了《四声通解》，其下卷附有《四声通考》的凡例，对汉语音韵的研究有一定的参考价值。

四体合璧文鉴 满、蒙、藏、汉对照大型辞典。清佚名编纂。成书时间约在乾隆后期、《御制五体清文鉴》之前。全书上、下2函，11册，32卷。其中满文文鉴总纲1册，满文总纲（目录）2册8卷，本文8册。按类编排，共291类。索引按满文十二字头排列。文字顺序为满、蒙、藏、汉。汉文边有其满文拼音。无序无跋。有刻本比较粗糙。对4种语言的比较研究有重要参考价值。

四卫特拉史 是卫特拉蒙古族最早的一部历史文献。蒙古人额木齐嘎班沙力布写于1737年。全书16章。以纪传体体裁记载了卫拉特蒙古族历史上著名的四卫拉特部的起源以及他们的联盟、各部王公世系和重要历史事件。"四卫拉特史"不仅对研究卫拉特蒙古族历史提供了重要的资料，而且还对研究卫拉特蒙古族政治、经济、宗教、语言具有重要的参考价值。

太平府属土州县司译语 清代会同四译馆中八百馆编译的广西太平府属壮语词汇集，共分11个门类，收107个词语。闻宥曾于1936年撰《广西太平府属土州县司译语考》（《国立中央研究院历史语言研究所丛刊》）对107个字词语进行考释，并对方块壮字形体进行解析，揭示了方块壮字与字喃之间的差异。

谈寨神勐神的由来 作者裕巴勐，写作于傣历976年，公元1615年。翻译岩温扁。在文中作者肯定了佛教的传入对傣族诗歌有很大影响，但是他也认为佛教实际上盗窃了傣族先民创造的财富，说佛教比琵琶鬼还鬼，神不知鬼不觉，偷偷窃取了寨神勐神的魂幡，而后加以斩头去尾，变为佛教自己的东西。

唐蕃会盟碑 又称《甥舅和盟碑》，此碑竖立在拉萨大昭寺门前，立于唐穆宗长庆三年（823）。在801年唐蕃的一次冲突中，吐蕃失利。双方有意和解，821年唐蕃会盟于长安，822年又会盟于拉萨。此后在拉萨立碑，讴歌赞美汉藏的友谊，记述了会盟的经过，并追述唐蕃传统友好亲密关系。碑文内容具有重大的政治意义和历史意义。

同文类解 朝鲜语、汉语、满语对译词典。共两卷。刊印于1748年（李朝英祖二十四年）。据卷末之跋文所说，当时清学训长玄文恒参照《清文鉴》《大清全书》《同文广汇》等书，阅六寒暑编纂而成。语汇按天文、地理等分类排列，各语先列出汉语词语，其下用谚文附朝鲜语，再次用谚文标记满语语词。卷末附有《语录解》，用满文实例说明满语助动词等的用法。对研究当时汉、朝、满语具有一定的史料价值。

同音 又译"音同"。西夏令口六 犬长等初编，浑吉白等改编，兀啰文信校。西夏刻本。1册，蝴蝶装，7行，行释7字。凡56页，保存基本完好。西夏文字书。以同音字为纽，各纽分别依中原等韵九音归部，各纽间有圈发标识，唯屡将平声字与上声字同置一纽，不予区分。无同音字者称"独字"，依其声类分附于相应诸部之末。字下均有一、二字释义。出土于内蒙古额济纳旗旗黑水城遗址，现藏俄罗斯科学院东方文献研究所。有上海古籍出版社1997年《俄藏黑水城文献》影印本。

突厥语词典 用阿拉伯语文解释突厥语的词典。马合木德·喀什噶里编写。约成书于11世纪70年代。全书包括序论和正文两部分。序论的内容涉及突厥语的重要性、编纂该书的目的、材料来源、体例、突厥语构词法、回鹘文字母、突厥各部落的分布及其语言特点，并附有中亚舆地圆形地图。正文共收词 7000 余条，按词的语音结构分为 8 卷，各卷又分静词和动词两部分。各部分的词按语音结构的类型和阿拉伯字母的顺序排列。释文中例句丰富，注释详细。收有突厥诗歌片段 200 多首，谚语 270 余条。有些词注明用于某个部落。此外，还有关于语音、词义的演变及语法问题的解释。本词典为世界上第一部突厥语词典，不仅对突厥语研究极为重要，而且对喀喇汗王朝的历史、地理及民族学研究也有参考价值，被誉为突厥民族的"百科全书"。作者在巴格达完成这一著作后，献给了当时伊斯兰教国家政教合一的领袖哈里发乌布勒喀塞姆·阿不都拉·穆克台迪·比艾姆瑞拉。原本佚失。现存唯一抄本藏于土耳其伊斯坦布尔民族图书馆，共 638 页，由波斯人穆罕然德·本·阿布巴克尔于回历 664 年（1266）据原本抄成。这一抄本于第一次世界大战前由土耳其人阿里·艾米尔在伊斯坦布尔一旧书店偶然发现。1914—1916 年由土耳其学者阿赫买特·里发特用铅字排印首次刊布后，引起国际突厥学界的注意，先后被译成德文、土耳其文、乌兹别克文、维吾尔文、英文。

土都木萨里修寺碑 回鹘文碑铭。1912 年出土于新疆吐鲁番地区鄯善县的土峪沟，已残缺，仅存 24 行，文字为早期回鹘文。记述土都木萨里将土地和日常用品施舍给寺院之事。碑刻年代为 10—12 世纪，为研究回鹘高昌王国时期的语言文字和宗教信仰的重要资料。1928 年拓片现存北京中国博物馆。

吐蕃历史文书 亦称《敦煌古藏文史料》。发现于甘肃敦煌千佛洞石室的吐蕃藏文手卷。为 9 世纪写本。1907—1908 年间，原件先后被英国人和法国人盗往国外，现分别藏于英国不列颠博物馆图书馆和法国巴黎国家图书馆，共 5000 卷左右。手卷分三大部分：（1）吐蕃大事纪年；（2）吐蕃赞普传记长编、大论位序表和民间古代神话传说；（3）吐蕃各小邦邦伯、家臣和赞普世系。1940 年法国人巴考、杜散，英国人托马斯三人合作发表该文书的法、英文译本，后又分别出版写本目录。有汉译本。为研究吐蕃古代历史、语言和社会状况的珍贵史料。

维先达罗 傣族佛教重要经典，佛教文学《本生经》中最后一经的扩写本。有西双版纳傣文贝叶本、绵纸折叠本和德宏傣文手写本。内容记述佛祖释迦牟尼修行成正果的故事。当地佛寺在每年佛诞日定期讽诵。

韪书 我国彝族的传统文字。见于明清以来的汉文地方志和夷书九则内载。《大定县志》卷 13："安国亨所译夷书九则内载，阿畸，唐时纳垢酋，居岩谷，撰爨字，字如蝌蚪，三年始成，字母一千八百四十，号'韪书'。""韪书"是当时阿畸对彝字进行搜集整理成册的一部书，彝语义为"标准字书"。"韪书"包含着对当时各地区颇为分歧的流行彝字进行正字和规范的含义。所以有"字母一千八百四十"、"状类蝌蚪"、"爨人至今习之，以为书法"之说。

卫拉特法典 亦称《1640 年蒙古卫拉特法典》。用回鹘蒙古文书写的 17 世纪著名的地方法典。现存的是托忒文抄本。原文未分章节，法典内容包括内政、外敌、驿站和使者、宗教、特权、打猎、道德、杀人、遗产、抚恤、婚嫁、盔甲赋、小偷和骗子、养子、叛逃者、狂犬与狂犬病患者、牲口致伤、火灾与水灾、债权、走失的畜生、淫荡、吵架与挑衅、宰畜与救畜、救人与抢人、被告与证据、搜捕、受贿等有关的认定和处罚条款。1985 年道润梯步校注出版了《卫拉特法典》。法典对研究蒙古族法律由习惯法走向成文法的过程具有重要价值。

文海 西夏文字典。作者无考。成书于 12 世纪 20 年代。传世本乃一残卷，俄国人柯兹洛夫发现于内蒙古黑水城遗址，今藏圣彼得堡。全书共分平声、上声和杂类三部分，平声分 97 韵，上声分 86 韵。每字的释义包括诠释字形构造和字义，凡不宜收入平声上声部分的字都归入杂类，杂类中的字不分韵部，而是以声母如牙、喉、齿头、正齿、舌齿音等分类。其字形构造的说明，给后人研究西夏文字构造原理和规律，识读西夏文创造了条件，从中可知西夏文有单纯字、会意合成字、音义合成字和反切合成字。《文海》是研究西夏语言、文字和社会历史的重要文献，现有史金波等著《文海研究》。

倭语类解 18 世纪初洪舜明编纂刊印的朝鲜语、日本语对译辞书。全书 2 卷。按汉字字数分为一字类、二字类、三字类等排列，汉字下分两行用谚文注音，右为朝鲜汉字音，左为日本汉字音，其下用谚文列出相对应的日本语词。共收约 3500 个语词。对汉字音比较研究有一定的参考价值。

我们的语法 当代著名朝鲜语法学家崔铉培的代表作，是一部集大成性质的恢弘巨著。1937 年出版，全书分语音论、品词论、句法论，细致地分析了各种语法现象（重点在词法部分），并加以理论的说明。其语法体系的一大特点是把周时经学派的虚词类一分为二，认为名词能在句子中独立运用，附加于其后的语法成分有相对独立性，因此是助词；而动词进入句子必须带后附的语法成分，将其处理为词尾，动词则由词干和词尾构成。语法学界把这一体系称为"折中的体系（第三类型）"，由此建立了规范语法、学校语法的体系。其学说至今对韩国传统语法学派仍有深刻的影响。

乌古斯可汗的传说 又译为《乌古斯传》，是一部散文体英雄史诗。用草体回鹘文写成。该传说的内容可分为两部分。第一部分包括史诗的开头和结尾。反映了本族起源和创世说的神话以及某些古老的风俗习惯。第二部分的内容主要是记述乌古斯可汗的征战活动。为散文体，但一些地方也夹杂有韵文。

无圈点字书 研究老满文的工具书。乾隆六年（1741）由鄂尔泰、徐元梦主编。老满文创制于明万历二十七年（1599），新满文改进于天聪六年（1632），其间相距 30 余年。老满文留下了一部重要著作《满文老档》。它的记录文字基本上采用的是老满文，到了乾隆初年，相距百余年，能够认识老满文的人已经不多了。因此，乾隆皇帝降旨："无圈点字乃满文之本，今若不编一字书收存，恐日后失据，人将不知满文始于无圈点字。"内阁大学士鄂尔泰、尚书徐元梦等人阅读《满文老档》，检出难辨之老满文字，用 12 字头编排出来，并在底下注以新满文，分 4 册抄出。

五体清文鉴 满文、藏文、蒙古文、维吾尔文、汉文 5 种文字的对照分类词汇集。编纂者和成书年代不详。有人估计完成时间为 1790 年前后，刊成时间不早于 1805 年。此书是清代官修的以清文鉴命名的辞书中的一部。本书是以《御制增订清文鉴》为蓝本，在《御制四体清文鉴》满文、藏文、蒙古文、汉文对照词汇的基础上，加上维吾尔文而成，并增加和替换了少数词。词按意义分类。正编 32 卷，分 36 部、292 类、556 则，收词 17052 条；补编 4 卷，分 26 类、71 则，收词 1619 条；正补编合计收词 18671 条。5 种文字的次序是满文、藏文、蒙古文、维吾尔文、汉文。其中在藏文栏下附有两种满文注音，一种叫"切音"（用满文字母逐个转写藏文的字母），另一种叫"对音"（用满文字母为该词标音）。在维吾尔文栏下，附有"对音"。因此5种文字共有8栏。这部词汇集对沟通上述民族的文化起了桥梁作用。对探讨突厥语、蒙古语、满—通古斯语之间的关系提供了材料。其所搜集的清代维吾尔文资料以及为藏语词和维吾尔词所标注的实际读音也颇为珍贵。此书目前已知的共有三部。两部藏中国故宫博物院，另一部藏伦敦大英博物馆。三部皆为抄本，如殿版。沈阳故宫翔凤阁原藏殿版本籍目录里列有此书，但1930年查点时已失。1957年中国民族出版社根据故宫博物院原重华宫藏抄本，分上、中、下3册影印出版，名为《五体清文鉴》。1966年日本田村实造、今西春秋、佐藤长将5种文字用拉丁字母转写，编成《五体清文鉴译解》。

五音切韵 或译《五声切韵》，西夏佚名撰。抄本，1册，蝴蝶装，6行10字。保存完好。西夏等韵图，标七音而不分清浊。出土于内蒙古额济纳旗黑水城遗址，现藏俄罗斯科学院东方文献研究所。有上海古籍出版社1997年版《俄藏黑水城文献》影印本。

伍伦全备记谚解 《伍伦全备记》的谚解书。《伍伦全备记》的原名为《新编劝化风俗南北雅曲五伦全备记》，赤玉峰道人所著，共5卷。此书卷首"开场白说"中有这样一段文字："近世以来做成南北戏文用人扮演，虽非古礼，然人人观看皆能通晓，尤易感动人心，（中略）近日才子新编出这场戏文，叫做五伦全备记，发乎性情，止乎义理。"此书乃通过名叫伍伦全、伍伦备两兄弟之对话劝化风俗之戏曲。1696年（李朝肃宗二十二年）开始着手翻译。1720年（肃宗四十六年）正式脱稿。每个汉字下用谚文注出其中国的传统汉字读音和当时的汉字读音，每句之下附以谚文译文。与《老乞大谚解》、《朴通事谚解》同为汉语会话教本。

西安碑林女真字书残页 抄写年代不详，佚名撰。字书抄本残页11件。残页大片高21厘米，宽45厘米，其中4页两面书写，7页单面书写。11页共有女真字237行，2300余字。保存不佳。与汉字启蒙读物相类，为金代《女真字书》的抄写习作。1973年陕西省文管会、博物馆在西安碑林石台孝经的卯眼内发现，现存西安碑林博物馆。金光平、金启孮《女真语言文字研究》（文物出版社1980年）有照片。

西番译语 明永乐五年（1407）设立四夷馆后，所属"西番馆"陆续编定的汉语与藏语对译词汇集。现存版本很多，所收词语不等，最多有942条。据西田龙雄《西番馆译语之研究》，主要有夏德藏柏林国家图书馆所藏钞本、柯劭忞氏所藏明钞本、东洋文库所藏明钞本、日本内阁文库所藏钞本《西域同文表》中所含《西番馆》、英国剑桥大学图书馆威妥玛收藏品中称为"译字"的钞本、巴黎国家图书馆藏清钞本、巴黎亚细亚协会清康熙年间钞本、艾约瑟氏旧藏现大英图书馆藏明代刊本、京都大学文学部言语学教研室所藏清刊本、中国国家图书馆藏《龙威秘书》本，等等。

西南彝志 相传该书的编纂者是古罗甸水西热卧土目家的一位"慕史"。编纂者搜集彝族各家支系自古流传下来的许多彝文文史篇章，经过修订整理编纂而成。可能成书于清康熙三年（1664）吴三桂平水西之后。全书计有彝文37万余字，400多个标题，其内容反映古代彝族人对宇宙和人类万物起源的认识，叙述了彝族同胞同周围其他民族的关系以及彝族内部六大支系之间的关系，是一部比较系统地记载彝族历史的古书。贵州人民出版社1982年出版汉译本《西南彝志选》。

西域同文志 全称《御制西域同文志》。按地区排列的六种文字对照的我国西部地区人名地名词书。清傅恒等奉敕编纂，乾隆帝审订。成书于乾隆十五年（1750）。全书 24 卷。书前有乾隆的序言和傅恒等的告成奉表。内容有：天山南北路地名、山名、水名（6 卷），天山北路准噶尔部人名（4 卷），天山南路回部人名（3 卷），青海属地名、山名、水名、人名（4 卷），西番地名、山名、水名、人名（7 卷）。有的卷还分为若干路或属，如卷一"天山北路地名"内，分为巴尔库勒路，乌鲁木齐东路等六部分。书中文字排列顺序为：国语（满文）、汉文、汉字三合切音，蒙古文，西番文（藏文），托忒文（记录蒙古语卫拉特方言的一种蒙文），回文（维吾尔文）。汉文部分下有以汉文注释的语源、意义、转音、地方沿革、地理位置、人物世系及任职等内容。有乾隆十五年殿刻 8 册本，乾隆二十八年（1763 年）殿刻 24 册本。是研究新疆、青海、西藏等地区地理、历史、语言、文字的重要参考书。

先祖阔尔库特书 现有两个抄本：其一收藏在德国的德累斯顿图书馆。封面有"先祖阔尔库特书"字样，下方写有"乌古斯诸部的语言"。其二藏于梵蒂冈的图书馆，注明"关于喀赞别儿克及其他人的乌古斯传说故事"。据研究，前一本的语言为克普恰克语，后一抄本是以乌古斯语为基础的语言。该书成书于 14—15 世纪。英雄传说里的主人公并不是阔尔库特本人，而是成就武功的人们。他不是这些故事的主角，却以自己的哲理性言论牵动着故事的发展。

贤者喜宴 巴俄·祖拉陈瓦（1504—1566）著。重要藏文历史文献，成书于 1564 年。全书 791 页，分 17 章。该书广征博引，内容丰富，记录了许多极为珍贵的史料。书中收录的古代碑铭石刻也是十分重要的资料。但过去被正统史家排斥为异端。这恰好说明该书在某些方面的历史价值。

乡歌解释 当代朝鲜语言学家洪起文著。1956 年由朝鲜科学院出版。分为序论、新罗乡歌、均如乡歌三编。序论部分论述了乡歌名称的由来、乡歌的形式及发展过程、乡歌释读的方法。第二、三编则对乡歌逐词逐句进行解读，对小仓进平的《乡歌及吏读研究》和梁柱东的《朝鲜古歌研究》的解释作了比较和评价，在此基础上提出自己释读的独到见解。是乡歌研究中一部影响较大的著作。

小儿论 朝鲜人学习满语的教本。全一卷。《经国大典》译科条始见此书之名，原为女真语教本。17 世纪三四十年代仁祖朝译官申继黯对以前的女真语教本加以整理修订，编成满语教本。每面 5 行，首先用满文书写满语，其右侧用谚文标注其音，每个语句下附以谚文译文。内容是向三岁小儿提问的难题。现存的版本只有清学译官金振夏等刊印的木版本。1956 年 9 月韩国延世大学东方学研究所照相复制并出版。为研究满语提供了宝贵的资料，对研究当时的朝鲜语也具有史料价值。

新集置掌碎金 或译《新集碎金置掌文》。西夏息齐文智编。耶西般若茂写本。1 册，蝴蝶装，6 行 10 字。存 10 页，保存尚可。为童蒙读物。出土于内蒙古额济纳旗黑水城遗址，现藏俄罗斯科学院东方文献研究所。有上海古籍出版社 1997 年《俄藏黑水城文献》影印本。

性入法 藏族传统文法著作，又译作《音势论》、《字性组织法》。相传与《三十颂》同为藏文创制者图米三菩札所著。近人以其所述规律与八、九世纪早期藏文文献不甚符合，对著者和成书年代提出怀疑。《性入法》用七言偈颂体写成。偈句数目因文本而异，除去开头套语外，有 135 句、137 句不等的不同文本。主要内容是讲动词的三时（现在时、将来时、过去时）一式（命令式）的形态变化和施受关系。为说明动词的形态变化规律，对藏文字母按发音方法进行了分类，并阐述它们在作动词的前加字、后加字和再后加字时的添加或变换规则和语法功能。《性入法》与《三十颂》一起成为藏文文法的经典著作。

训蒙字会 1527年（李朝中宗二十二年）朝鲜崔世珍所著童蒙汉字教本。共3卷1册，全书112页，每页4行，每行4字。分天文、地理等33个门类，收常用汉字3360个。每个汉字都用谚文注音释义，有的还补充以汉文释义。上、中卷收具体事物名字，下卷是抽象字和虚字。作者有关汉字注音和对汉字音的论述较准确地反映了当时汉语语音的演变情况。凡例中，根据当时朝鲜语的口语实际，对创制已半个多世纪的朝鲜文字提出了改进方案，并重排了字母顺序，首次规定了字母名称。现行朝鲜文字母名称和排列顺序就是在此基础上补充修订的。初刊本已佚。重刊本的异本种类较多，一般认为1613年（李朝光海君五年）的重刊本是善本。对朝鲜的汉字汉文教育以及朝鲜文的普及与发展起了重大作用，也是研究汉语史和朝鲜语史的珍贵的文献资料。

训民正音 指朝鲜文字方案。1446年1月（李朝世宗二十五年十二月）由世宗李裪主持制定，于1446年（世宗二十八年）颁布。共制定28个字母，其中辅音字母17个，元音字母11个。《世宗实录》二十五年癸亥十二月条中记载："是月上亲制谚文二十八字，其字仿古篆，分为初中终声，合之然后乃成字。凡千字文及本国俚语，皆可得而书，虽简要，转换无穷，是训民正音。"《训民正音》有载于《世宗实录》的汉文本（实录本），有全鎣弼所藏汉文本（全氏本）。据学者考证，认为全氏本为原本，这已是定论。全氏本全篇33张，分三部分。第一部分是正文，共4张；第二部分是郑麟趾等人所作的"训民征引解例"，分制字解、中声解、终声解、合字解、用字例，共26张；第三部分是郑麟趾的跋文，共3张。现在通常把此称为"解例本"，而把仅有正文而无"解例"的实录本称为"例义本"。

谚解 专指用谚文译解汉文典籍。谚文创制于1444年，此文字方案称《训民正音》。用谚文对汉文典籍进行谚解，既帮助朝鲜人学习汉文经典，同时也普及了谚文。谚解的典籍主要有以下几类：四书五经类，如《论语谚解》《孟子谚解》《大学谚解》《中庸谚解》等。字书韵书类，如《洪武正韵译训》《四声通解》《训蒙字会》《注解千字文》等。汉语读本类，如《老乞大谚解》《朴通事谚解》等。佛经道家类，如《楞严经谚解》《金刚经谚解》《太上感应篇图说谚解》《敬信录谚解》等。封建伦理教化类，如《女训谚解》《吕氏乡约谚解》《正俗谚解》等。诗歌类，如《杜诗谚解》等。医、农、兵书类，如《乡药集成方》《谚解痘疮集要》《谚解救急方》《东医宝鉴》《农事直说》《救荒撮要》《农书谚解》《蚕书谚解》《练兵指南》《兵学指南》等。谚解书有一定的体例，通常是先录汉文，并在汉字下用谚文注音，然后再把所录汉文翻译成谚文。谚解书是研究朝鲜语史、汉语史的珍贵资料，特别对汉字音研究具有重要的参考价值。

亦都护高昌王世勋碑 该碑现藏甘肃省武威县文庙石刻室，1933年前后在武威县北30里石碑沟一带出土。碑文用汉文和回鹘文书写。汉文部分从上到下通行书写，36行，每行90字（现存下半截的40字）。回鹘文部分分栏书写（原碑似为10栏），每栏51行或52行，现存该碑的一部分4栏半。此碑可以说是一部历史传记，它记载了从巴而术阿而忒亦都护到太平奴诸畏兀儿亦都护的世系传递，是研究元代畏兀儿族历史的重要文献。

译语类解 慎以行、金敬俊等著，1690年（李朝肃宗十六年）刊行。此书将语词分天文、时令、气候、地理等 60 多种门类，各语词的每个汉字下用谚文注音，左侧采用历史的缀字法，右侧采用新的表音缀字标准注，每个词语下用谚文译其义。共二卷。后来金弘喆又撰写《译语类解补》（一卷），1775 年（李朝英祖五十一年）刊行。

游世界记 傣语原名《当难列普罗克》，西双版纳傣文贝叶经。全经 22 分册，217 张，434 页。内容记述佛祖释迦牟尼周游世界的传说故事，其中记述了西双版纳等傣族地区的地名来历和风土人情，为傣族有代表性的佛典之一。

于阗文《迦叶所问经》 一卷，佚名译。7—8 世纪佚名抄本。梵夹装，每面 5 行。存 75 页，保存完好。于阗文佛经。摘译自《大宝积经》。藏俄罗斯科学院东方文献研究所。有 V. I. Vorobyova – Desyatovskaya, The Kaśyāpaparivarta (Tokyo, 2002) 所刊影印件。

于阗文《妙法莲华经》 七卷，佚名译。8—9 世纪佚名抄本。梵夹装，每面 7 行，存百余页，另残片若干。于阗文佛经。转译自《妙法莲华经》。藏俄罗斯科学院东方文献研究所。Lokesh Chandra, Saddharma – Pundarīka – Sūtra, Kashgar Manuscript (新德里，1976) 有照片刊布。

语录解 （1）收录宋代程朱以来汉语的俚俗词语，从一字类到六字类按字数分类编排，并用谚文加以训译。郑瀁撰，全 1 卷，1657 年（李朝孝宗八年）刊行。郑瀁（？—1668），字晏淑，曾历任童蒙教官、义禁府都事、广兴仓主簿、水运判官等职。该书原为李退溪门人谚解，至孝宗朝，郑瀁以此为本，并参照柳眉岩（希春）之训，加以整理出版。卷末附有郑瀁之跋文、"汉语集览字解"和"附录"。是《语录解》最早的版本，现存龙兴寺开版之木版本。通过此书，可以了解朝鲜人当时学习、研究汉语的情况。其谚文训译反映了 17 世纪朝鲜语的特点。（2）李朝显宗时，南二星对郑瀁所撰《语录解》加以修正补充，于 1669 年（显宗十年）刊印。南二星（1625—1683），字仲辉，1662 年（显宗三年）庭试文科乙科及第，历任礼曹参议、副提学等职，官至礼曹判书。此书附有宋浚吉在 1669 年所写的跋文。据凡例所说，注下之"溪训"为李退溪所训，"眉训"即柳眉岩之训，无标识者则为退溪门人所记，或为后人所增。流传有多种写本。（3）收录中国小说《水浒传》、《西游记》、《西厢记》等书的语汇，加以注解成书。流传多种写本，体例多种多样，或按小说回数的顺序排列语词，或与上述《语录解》一样，按一字类、二字类、三字类等排列。著者、年代不详。训释多用朝鲜语。（4）朝鲜学者研究蒙古语语法的著作。据李朝司译院汉学行副司直李瀷于 1790 年写的《蒙学三书重刊序》之说，作者是当时的蒙学训长方孝彦。方孝彦增补修订了 1768 年刊行的李亿成编撰的《蒙语类解》，名为《蒙语类解补编》，卷末附《语录解》，用汉语和朝鲜语相应的虚字对照注释蒙古语语法形式。对当时朝鲜人学习蒙古语和掌握蒙古、朝鲜两种语言的对译规律起了很大的作用，对研究蒙古语和朝鲜语语法的历史发展也有参考价值。现存版本有：附在《蒙语类解补编》之后的奎章阁木版本和东京外国语大学所藏的手抄本。另有附于《蒙语老乞大》卷一之后的东洋文库所藏木版本。此外，东洋文库还有一种手抄本，附于手抄本《蒙语老乞大》卷八之后，与上述三种版本在体例上有所不同。（5）朝鲜学者研究满语语法的著作，作为附录附于 1748 年刊印的《同文类解》卷末。书中用满文举实例讲解满语助动词等的用法。据《通文馆志》卷八"什物"续条"同文类解板"之注所记，此书作者是当时的清语训长玄文桓。

御制满珠蒙古汉字三合切音清文鉴 31 卷。清阿桂等纂。乾隆四十五年（1780）刻本。32

册，线装，保存完好。满蒙汉文合璧分类辞书。现藏首都图书馆、故宫博物院。

御制清文鉴 清代官修满文分类辞书。马齐等撰，康熙审订。编于康熙十二至四十七年（1673—1708）。有正编20卷，总纲4卷。分天部、时令部、地部等36部，每部之下再分类，类下再分为则，共有280类，400余则，收词、词组约1.2万条。词目下面有文字注释，有的注释还附有从汉籍经典中摘出的与本词条有关的章句。总纲按十二字头音序排列的索引。康熙五十年（1717）出版了《御制满蒙合璧文鉴》，所收语词与《御制清文鉴》同，用满蒙两种文字注释，但删去了典籍里的章句。乾隆三十年（1771）出版了《御制增订清文鉴》，在正编中增加了新词4700余条，增加补编4卷，收稀有名词1600条。词、词组的总数增加到1.8万余条。在体例方面也有些变化，如在满语旁增加了汉字切音，词目有了汉语对译，在汉语词旁注有满文对音。但是用满文写的注释没译成汉语。乾隆四十五年（1780）出版了《御制满珠蒙古汉字三合切音清文鉴》，据研究，这部清文鉴可能是承袭《御制清文鉴》和《御制满蒙文鉴》编成的，因为收词只有1.3万条左右，每一种文字的词目都有其他两种文字的对音，满、蒙两种文字还有汉字切音。之后又出版了《御制四体文鉴》，为满、藏、蒙古、汉四种语言对照。收词约1.8万条。

清文鉴是官修辞书，在编写上有充裕的时间和人力，严谨得当，具有规范作用。它是分类辞书，词的语义分类最多达627类，再加上有文字注释，使利用这些辞书的人能比较准确地掌握词义。从语言研究角度看，清文鉴对收入的各种语言的词，标有切音或对音，反映了当时的实际读音，因而保留了珍贵的语音资料，而其中的多种语言的词汇对照，对沟通这些民族的文化起了桥梁作用，对探讨突厥语、蒙古语、满语之间的关系也提供了重要材料，这一切都使清文鉴在国内外具有深远的影响。

御制四体清文鉴 32卷，附编4卷。清高宗敕撰。乾隆年间武英殿刻本。36册，线装，保存完好。满蒙汉藏合璧分类辞书。现藏首都图书馆、中国科学院图书馆、故宫博物院。

御制五体清文鉴 36卷。清高宗敕撰。乾隆年间写本。36册，线装，保存完好。满蒙汉藏维合璧字书，按义类编排，收18670组词条。现藏故宫博物院。

御制增订清文鉴 46卷。清傅恒等撰。乾隆三十六年（1771）武英殿刻本。47册，线装，保存完好。满汉文分类辞书。现藏中国国家图书馆。

月印千江之曲 李氏朝鲜世宗大王读了其子首阳大君所作《释谱详节》后于1447年（世宗二十九年）用谚文创作的歌颂释迦牟尼的诗歌。1449年（世宗三十一年）分上、中、下三卷刊行。现仅存上卷。这是继《龙飞御天歌》之后第二部用谚文写作的诗歌体作品，反映了15世纪朝鲜语的语言特点。是研究朝鲜语史的珍贵史料。

月印释谱 谚文创制后用此文字创作的早期作品。1447年（李朝世宗二十九年），世宗命其子首阳大君作释迦牟尼传记《释谱详节》。同年，世宗阅后又亲自作《月印千江之曲》，以歌词形式歌颂释迦牟尼。其后对这两本书进行修订，并合编在一起，各取其书的前两个字，名为《月印释谱》。1459年（李朝世祖四年）刊行。其后又多次重印，计有1542年（中宗三十七年）广兴寺本、1568年（宣祖一年）喜方寺本、1569年（宣祖二年）双溪寺本，均为大版本。现初刊本已亡佚，流传下来的一些重印本也都残缺不全，仅存第1、2、7、8、9、10、13、14、17、18、21、23卷。此书反映了15世纪朝鲜语言文字的特点，是研究朝鲜语史的珍贵史料。

粤风 清代广西民歌集，被认为我国历史上辑解民歌的最高成就之一，在中国文学史上有一定的地位。辑者李调元（1734—1803）系乾隆二十八年（1763）进士，在任广东学政期间辑成此书，其中属于壮族民歌的有狼人对唱 22 首，狼人扇歌 6 首，狼人担歌 1 首，壮歌 8 首，全部都是情歌。这些民歌全部都用古壮字书写，辑者作了辑解，大部分准确。

粤风续九 清初睢阳吴琪在任浔州（今桂平一带）推官时采录的民歌集，其中有狼歌 2 首，狼人扇歌 1 首，壮歌 1 首，但原文已佚，部分歌引辑于《池北偶谈》。

越人歌 产生于公元前 528 年，时楚王弟鄂君子晳初任令尹，举行舟游盛会庆贺。鄂君令应邀参加典礼的越人歌手献歌。榜枻越人唱道："滥兮抃草滥予？昌桓泽予？昌州州湛。州焉乎秦胥胥。缦予乎昭澶秦踰渗。惿随河湖。"鄂君听不懂这首越人歌，召越译为之译成楚语："今夕何夕兮，搴洲中流。今日何日兮，得与王子同舟。蒙羞被好兮，不訾诟耻。心几顽而不绝兮，得知王子。山有木兮木有枝，心说君兮君不知。"

藏文大藏经 元朝武宗海山（1308—1311年）时，为皇帝所信赖的大德尊巴降央，委托前藏欧巴洛赛益西等人，把《甘珠尔》（经藏、律藏藏译文）和《丹珠尔》（论藏藏译文）编纂成集，并派他常驻日喀则附近的那塘寺。他和另外二位大师把在藏所有的《甘珠尔》和《丹珠尔》抄本搜寻齐全，完成了汇编工程。至此，西藏有了第一个《甘珠尔》、《丹珠尔》全集手抄本。元末明初，藏传佛教大师布敦·仁钦珠（1290—1364年）又搜集有关抄本加以整理，并增添了许多新目进去，存放在夏鲁寺金殿佛堂内。明永乐十二年（1414），永乐皇帝令在南京印刷《甘珠尔》、《丹珠尔》（合称《藏文大藏经》），《甘珠尔》共收佛语藏文译典1108 种。

藏文文法 元萨班·贡噶坚赞等著。1 册，32 开，440 页。全面系统阐述藏文文法的著作，有 2004 年民族出版社新印本，为藏族十明文化传世经典丛书萨迦系列丛书之一。

占卜书 据后记拟题，亦称《释梦书》。约后唐长兴元年（930）或后晋天福元年（942）佚名撰。写本蝴蝶装，1 册，29 页。写有文字凡 104 页。自第 5 页反面至第 57 页正面为两面书写。最后两页（103～104）结尾部分用朱笔书写。每页 8～9 行，每行 8～10 个字母不等。内容由 5 卦占卜文组成，每卦中描述一种情况，然后以"此为吉"或"此为凶"来占卜。每卦前有一行小圆圈，分成三组，每组由一至四个圆圈组成。原藏于敦煌藏经洞。20 世纪初为英国人斯坦因携往伦敦。现藏大英国家图书馆，编号 8212（161）。

召树屯 又名《召树屯与囊玛诺腊》，内容叙述勐板加王子召树屯与孔雀王国的七公主囊玛诺腊的爱情故事。囊玛诺腊同六位姐姐每隔七天飞到人间的金湖里沐浴，后留下与召树屯结婚。在王子出征时，她在宫中受诬害而飞回家乡。王子历尽艰险来到孔雀王国与囊玛诺腊团圆。两位主人公是傣族人民善良勇敢和纯洁坚贞的化身。此诗在傣族人民中有广泛影响，各地有多种抄本。

贞惠公主墓碑 渤海第三代王的二女儿贞惠公主（738—777）的墓碑。1949 年在牡丹江上游吉林省敦化县六顶山地区出土。碑高 95.5 厘米，宽 48.5 厘米，厚 29 厘米。碑文 21 行，每行约 40 字或 32 字，720 多字。主要内容记录了贞惠公主的生卒年代及其宫廷生活。

真理的入门　这是一部长篇劝诫诗。作者阿合买提是个盲人。生平和该书写作年代不详。作者自称将该书献给喀喇汗王朝的官员埃米尔·木合木德。据研究，这部作品写成于13世纪初。分引子和正文两部分，主要阐述维吾尔等突厥民族的伊斯兰教伦理学。他企图以穆斯林的劝诫来唤醒世人，恢复安宁的社会秩序。其中一些应属于维吾尔人民传统观念。作品是用诗歌体写成的，语言精练，使用的格律比较严谨。作品用喀什话写成。语言新、旧两种现象的并存并用很突出。

字母汇编　是托忒蒙古文文献中最早的一部语言文献。托忒蒙古文的创制人咱雅班第达那木海扎木苏（1599—1662年）于1649年编写。内容是：（1）序言（两首诗）；（2）50个梵文字母及其转写规则；（3）30个藏文字母及其转写规则；（4）16行蒙古文（胡都木蒙古文）和13个基础字（即托忒蒙古文字母）；（5）结束语（7首诗）。在结束语中提到了创制托忒蒙古文的原因等问题。

第三部分：有关中国少数民族语言文字的著作

（一）专著简介

《阿昌语简志》 中国少数民族语言简志丛书之一。戴庆厦、崔志超编著，民族出版社 1985 年出版。

阿昌族在汉文史书上称"峨昌"、"莪昌"、"阿昌"，新中国建立以后统一称"阿昌族"，人口 3.3 万余人（2000 年），分布在云南德宏傣族景颇族自治州的陇川、梁河、潞西及保山地区的龙陵等县。阿昌族部分人兼通汉语和傣语。阿昌语属汉藏语系藏缅语族缅语支，跟载瓦语、浪速语、缅语比较接近。本书分概况、语音、词汇、语法、方言五部分。阿昌语分陇川、潞西、梁河三个方言，在方言部分对三个方言进行了较为详细的比较。

书末附有三个方言一千个词的词汇附录。

《阿昌族语言使用现状及其演变》 戴庆厦（主编）时建、邱月、常俊之、赵敏、崔霞、越燕珍合著，商务印书馆 2008 年出版。

该书内容回答了三个问题：（1）阿昌族是分布在我国云南边疆、人口较少的一个少数民族，使用着属于汉藏语系藏缅语族缅语支的一种语言。阿昌语内部分为三个方言，方言之间差别较大。（2）像阿昌族这样一个人口少、方言差别又大的少数民族，在与人口多的汉族、傣族的长期接触过程中，在多语相互制约、相互影响的环境下，其语言在长期历史发展过程中存在什么特点？其语言使用的现状又是如何？怎样对其语言功能作出科学的判断和估量？（3）在当前改革开放的新时期，阿昌语的使用现状有哪些变化？其功能和语言结构的演变存在哪些特点？对其演变的走向如何预测？语言规划中应当怎样制定科学、有效的对策？

《阿尔泰文明与人文西域》 牛汝极著，新疆大学出版社 2003 年出版。

本书分上、中、下三篇。上篇阿尔泰文明：历史与现状；中篇维吾尔文化：语言与宗教；下篇新疆地名学：史地与人文。作者认为，阿尔泰文明和西域文明都是中亚和中国文明的一部分，这个地区历史上和现实中所发生的事件对欧洲和亚洲均产生较大影响。"阿尔泰"不是一个地理概念，而是个语言学或者考古学概念。"阿尔泰学"是指以操阿尔泰语系中的突厥语族、蒙古语族和满洲—通古斯语族诸语言的民族为主要研究对象的一门综合性学科。

在中国，阿尔泰语民族包括维吾尔、哈萨克、柯尔克孜、塔塔尔、乌孜别克、撒拉、裕固、蒙古、达斡尔、土、东乡、保安、满、锡伯、鄂伦春、鄂温克、赫哲及朝鲜 18 个民族。分布在我国从东北到西北的辽阔地区。在世界范围内，阿尔泰民族有 50 多个，包括从东亚到中国、蒙古、俄罗斯、苏联的中亚诸国、阿富汗、巴基斯坦、伊朗、土耳其、塞浦路斯等国。阿尔泰文明要探讨的就是阿尔泰文化的源流、特征、形态、与其他文明或文化的关系等内容。该书第三章是西域语言接触概说，通过当地的考古发现，在西域的古代语言有 20 多种，有汉藏语系、印欧语系、阿尔泰语系、闪—含语系，每种语言都与汉语发生过接触，并对汉语产生了影响。第七章从语言探寻新疆的历史文化，在第一节的"新疆在世界文化中的地位"里指出，新疆许多建筑、壁画、音乐、舞蹈都是古代东西方文化交流的结果。第二节是语言的底层和"底层文化"，第四节方言与移民，第五节语言地理与人文地理，第六节语言接触与文化交流，每一节对语言都有详细的论述。

《阿尔泰语系语言比较研究》 哈斯巴特尔著，民族出版社 2006 年出版。

本书属赵阿平主编的《满—通古斯语言文化研究文库》之一，分上、下两篇，上篇是语言研究部分，下篇是词源文化研究部分。上篇主要比较研究了阿尔泰语系诸语言的复数词缀和数词、人称代词的历史演变关系。下篇解读了早期人类文明的信息以及不同人群之间的关系。通过对一些词的词源文化研究，揭示北方阿尔泰语系诸民族早期文化形态、文化内容，从另一角度说明这些民族之间的关系，补充论证阿尔泰语言之间的同源关系。书中章节多为已发表论文，但都做了若干修订补充。

《阿尔泰语言学导论》 ［芬兰］兰司铁著（G. J. Ranstedt），陈伟、沈成明译，中国社会科学出版社 1981 年出版。

本书是阿尔泰语言学方面的名著。原作者用了 40 年时间撰写此书。在他辞世之后，由门生本齐·奥托整理成书出版。世界各国从事阿尔泰学研究的学者对这部著作都有很高的评价。在这部著作中，作者一方面否定了阿尔泰语系与乌拉尔—芬兰语系有亲缘关系的说法，另一方面也把朝鲜语概括进阿尔泰语系。作者根据突厥语、蒙古语、满—通古斯语和朝鲜语的大量材料，运用历史比较方法，从分析具体的语法形式入手，在相应的语言规律基础上推导出上述语族语言的共同阿尔泰形式，从而揭示出这些语言的许多重要的内部发展规律。因此，本书按其包含的丰富资料和概括的构词和构形的主要变化过程来说，实际上就是一部相当完整的阿尔泰诸语言的比较语法，是研究阿尔泰诸语言及其系属的极有价值的参考著作。

《阿尔泰语言研究》 原书为波兰文版。阿尔泰语系语言研究专著。波兰 W·科特维奇著。波兰克拉科夫 1953 年出版。

全书正文内容包括：（1）总论。论述了阿尔泰语系语言的语法、构词、语音发展、词根结构、附加成分的形式及来源、词类、元音和谐等。（2）词法。对阿尔泰语系蒙古、突厥、满—通古斯 3 个语族各词类的构词附加成分进行了共时和历时的分析。（3）句法。研究了复数、形容词的谓语作用、名词的限定作用、领属范畴。正文前有作者前言。正文后附有结语。本书全面研究了阿尔泰语系 3 个语族的异同，提出了其发展的基本规律。是研究阿尔泰语系亲属问题的重要著作之一，被学术界广泛引用。

《阿里藏语》 瞿霭堂、谭克让合著，中国社会科学出版社 1983 年出版。

这是中国第一本地区性藏语方言的调查报告。阿里地处西藏自治区西陲，与境外拉达克的藏语方言区接近，长期以来一直认为与拉达克方言相近，属于无声调方言。由于阿里地处高原，路途艰险，从未有人进行过语言调查，对阿里藏语情况不明。20 世纪 80 年代初，作者对阿里专区进行以县为单位的重点调查，共记录噶尔、日土、札达、普兰、革吉、改则、措勤七个点。本书从语音、语法和词汇三个方面详细描写了上述七个点的语言面貌，并与卫藏方言前藏和后藏土语加以比较，进行方言识别和划分。确定阿里大部分地区的藏语属卫藏方言，并自成一独立的土语，改则藏语则属康方言，与西藏自治区同属康方言的那曲地区的藏语接近。调查中还发现在札达县的部分地方虽属卫藏方言，却保留浊塞音、塞擦音和擦音辅音声母，并保留 –s 韵尾，这是在中国藏语方言中极少见的现象。阿里藏语与西藏自治区中心地区的藏语相近的情况，证实了吐蕃王朝朗达玛灭佛后大量僧侣西遁，阿里地区成为藏传佛教后弘期中心的历史。本书增补了藏语卫藏方言的土语，提高了藏语方言划分的科学性，助证了藏文的信史。

《阿美语参考语法》 台湾南岛语言系列丛书之十一，吴静兰著，台湾远流出版事业股份有限公司2000年出版。

阿美语（Amis）又称阿眉斯语，为分布在我国台湾省的少数民族语言之一，属南岛语系台湾语支。主要分布在台湾东部的花莲、台东及屏东等县，分Sakizaya久美、特富野、达邦3个方言，方言差异不大。使用人口约5000人。母语文化相对保存比较完好。该书分为九个部分，第一部分为导论，由何大安、杨秀芳执笔。本节介绍了南岛语的分布、南岛语的语言学特征、地位、分类等；第二部分介绍阿美语的一般情况，包括分布、使用情况、调查研究情况以及前人研究鲁凯的情况等；第三部分介绍阿美语的音韵结构，包括15个辅音、1个花音和6个元音，并有较详细的音位的描写：音韵规则和音位转换和音节结构的构成介绍；第四部分介绍词汇结构，包括单纯词、衍生词、复合词、重叠词和外来借词等；第五部分讨论语法结构系统，内容有词序、格位标记系统、代词系统、焦点系统、时貌系统、存在句结构、祈位句和使役句结构、否定句结构、疑问句结构及复杂句结构等；第六部分为附录词汇，有汉译、英译词汇300多个；第七部分为参考书目，分不同文种的专著、论文等数十篇；第八部分为本书使用语言学专有名词的解释；第九部分是本书使用专有名词的解释和索引。

《阿侬语研究》 中国新发现语言研究丛书之一。孙宏开、刘光坤著，民族出版社2005年出版。

居住在云南怒江傈僳族自治州境内的怒族分怒苏、柔若、独龙、阿侬4个支系，他们分别使用4种不同的语言：怒苏语、柔若语、独龙语和阿侬语。本书介绍的是阿侬语。自称"阿侬"的人分两部分，一是操独龙语的人，另一部分是使用阿侬语的人。后者的人口很少，只有几百人。对阿侬语的调查最早是在1960年，第二次是在1964—1965年，后来在80年代和90年代又作了几次补充调查。由于使用阿侬语的人口很少，实际上它已经处在不断消失的濒危过程中。

《阿侬语研究》的作者掌握了阿侬语大量翔实的资料，系统地介绍它的全貌。本书分六章和两个附录。第一章 绪论，第一节介绍阿侬人的支系、人口分布、历史传说、社会经济状况、风俗习惯。第二节介绍阿侬人的语言、阿侬语的使用状况、对阿侬语走向濒危的分析。第二章 语音，介绍阿侬语的声、韵、调、音节。第三章 词汇，介绍阿侬语词汇的一般特点、词汇的分类、词汇丰富发展的方式。第四章 语法，分别介绍阿侬语的词类和句法。第五章 阿侬语的变化，分词汇上的变化、语音上的变化和语法上的变化等。第六章 阿侬语在藏缅语族中的历史地位，通过语音、语法和词汇方面的比较，把阿侬语归入藏缅语族景颇语支。附录包括有两千多个词的词表和3篇长篇故事。

《阿侬语语法（英文）》 孙宏开、刘光坤著，荷兰Brill出版公司2009年版。

该书为美国国家科学基金项目的成果之一，与美国奇科大学的专家合作完成。于2004年在访问美国期间完成了该书的中文版。由李凤翔、杜冠明一位教授翻译，并对书稿进行了认真的编辑、注释，并完成了索引。阿侬语主要分布在中国云南省怒江傈僳族自治州福贡县境内木古甲村及其周边的若干自然村落。阿侬人有7000多，属怒族的一个支系，但是能够使用母语交际的人口不足400人，是一种极度濒危的语言。阿侬人多数已经转用傈僳语和汉语。经比较研究，阿侬语属汉藏语系藏缅语族景颇语支，与独龙语比较接近。该书共分六章及3个附录：第一章概论，简要介绍了阿侬人的分布、历史传说、社会结构、风俗习惯、与怒族的关系、语言使用状况等。第二章语音，简要介绍了阿侬语的语音系统，包括声、韵、调和音节结构等情况。第三章词汇，分析了阿侬语词汇的构成和不同来源、构词方式等。第四章语法，是该书的重点，分词法和句法。较细致地分析了名词、数词、量词、代词、动词、形容词、副词、结构助词、连词、语气词、叹词等各词类的主要特点，尤其对动词的语法范畴和语法形式进行了较深入的分析研究，揭示了藏缅语族中少见的一些语法形式。第五章讨论了阿侬语的接触变化。作者自 1960 年首次调查研究该语言，至本书撰稿，前后 40 多年间一曾经七次（每隔数年）深入阿侬语分布地区采集资料，目睹了阿侬语在走向濒危过程中语言结构发生的变化。这些语言事实的描写和揭示弥足珍贵。第六章通过与周边语言的比较研究，讨论了阿侬语在藏缅语族中的历史地位。三个附录分别为词汇附录长篇语料和音系实验分析。其中词汇附录收集了阿侬语词 6000 多条，按英语排序；长篇语料 30 多页，按词义和语法意义进行了详细标注；阿侬语音系中一些重要语音现象实验分析由该校实验语音学研究室主任艾拉根据作者在实地采集的语料进行，由艾拉执笔完成。

《阿细民歌及其语言》 袁家骅著，科学出版社 1953 年出版。

阿细是云南路南、弥勒两县境内彝族的自称，属彝语东南部方言。书中收有三首民歌，全部用国际音标记录，并逐字逐句翻译成汉语。书前首先介绍阿细语的语音系统和语法特点，分析了阿细语的修辞手段和民歌的格律，书后附有阿细语的词汇，为民族语言研究和民族文学研究提供了翔实的资料。

《艾努语研究》 中国新发现语言研究丛书之一。赵相如、阿西木著，民族出版社 2011 年出版。

使用艾努语的人口分布在新疆南北的和田、洛浦、于阗、墨玉、策勒、民丰、且末陶、阿克苏、库车、叶城、疏勒、英吉沙、麦盖提、莎车、岳普湖、伽师、巴楚、博乐、米泉、伊宁、乌鲁木齐等县市的城乡地区（据《新疆民族语言分布状况与发展趋势》，北京语言大学出版社 2002 年），总人口有 12000 余人。据称，他们的祖先是早年从波斯迁徙到新疆的"阿布达尔人"的后裔。他们自称 εjnu（艾努）或 abdal（阿布达尔）。生活在天山南麓的"艾努人"，尽管处在维吾尔族居民的包围之中，但他们一向聚族而居，自成村落，不与外族通婚，其村落恰似一个个语言的"孤岛"。他们使用一种独特的语言。这种语言是在维吾尔语长期影响下发生质变的一种混合语。本书的作者于 1976 年夏前往新疆和田地区进行田野调查，利用 3 个月的时间，对和田县烽火公社的格窝孜村（现属和田县肖尔巴克乡合尼村）艾努人的语言进行了调查。格窝孜村人口有 1200 余人。艾努人的语言国内未见有人介绍过，1981 年作者发表论文《艾努人及其语言》后，受到国内外学者的关注。本书作者认为，艾努语既不属原来的阿布达尔语，也不是维吾尔语，而是一种混合语。全书分导论、语音、语法、词汇、与亲属语言的比较等章，并有词汇附录，其中分艾努语与维吾尔语等语言的词汇对照表及话语材料。

《安多藏语口语词典》 华侃、龙博甲编著，甘肃民族出版社 1993 年出版。

本词典主要供学习藏语安多方言时查阅之用，同时可供藏语各方言的相互交流、比较研究之用。全书收集的词条以甘南藏族自治州的夏河（拉卜楞）话为主，兼收方言区内其他地点的少量方言词，共收词及常用短语约 11000 条。词目以藏文正字为主，少量无正字者则按习惯的藏文拼写法列出。每一词语藏汉对照，部分词条有简短例句。为了准确反映这一方言的语音，每一词语用国际音标标注其口语发音。本词典是第一部藏语安多方言的口语词典。

在前言中简明地介绍了语音系统上的特点：塞

音、塞擦音和擦音清浊对立，清塞音和清塞擦音送气和不送气对立。有较多的复辅音声母，都是二合的，其特点是两个音素结合得很紧，前置辅音只有 n、h 两个。藏文前加字 m 和 v 跟基字 g、j、d、b、dz 相拼时均带有同部位的鼻音。前置辅音 h 只能跟清的基本辅音结合，实际发音接近 x，本词典内均归纳成 h。夏河（拉卜楞）话中没有复元音，只有 6 个单元音，即 i、e、ɛ、a、u、o，都能单读作韵母，其中除 i、u 外，还能分别带上不同的辅音韵尾构成复韵母。

凡例中介绍了本词典正文中词目的排列顺序、查阅方法。特别指出每一词目后方括号内是国际音标标记的口语音，不一定是藏文正字的读音。动词的"现在时"、"未来时"、"过去时"、"命令式"分别略为（现）、（未）、（过）、（命）。在释义方面，同一词条各义项间运用的具体条件或习惯联语各有不同，故在必要时加注释说明。如火镰子（打火用）。又如捣（奶子），打（酥油）。同一词形、各义项间差异较大或仅是同音词，用序码 1.……；2.……；3.……。分别释义或举例。有些不单独成词的语素或惯用成分，用……表示。正文词目后采用了一些必要的略语符号，以便更好地表明该词语的来源或义类。如〈汉〉、〈梵〉、〈蒙〉分别表示来自汉语或梵语、蒙语的借词，〈药〉指药名，〈动〉指动词或动宾词组，〈动·不自主〉指不自主动词。〈敬〉指尊敬语词，〈歌〉指山歌、情歌中的专用词语以及（童语）等。

词目按藏文 30 个辅音字母的顺序排列，有藏文索引。正文共 642 页，附录是甘南藏族自治州、黄南藏族自治州、海南藏族自治州、海北藏族自治州、海西蒙古藏族自治州、果洛藏族自治州、玉树藏族自治州、阿坝藏族羌族自治州所属各县的藏汉县名对照表。

《八思巴字和蒙古语文献 II 文献汇集》
照那斯图著。日本东京外国语大学亚非语言文化研究所于 1991 年出版。

八思巴字和蒙古语文献丛书之一，研究八思巴字及其文献的重要参考书。是作者潜心研究八思巴字的代表作之一。由引言、正文、主要参考书目、后记组成。正文即文献部分包括皇帝圣旨、皇（太）后懿旨、皇子（诸王）令旨、帝师（国师）法旨和禁约榜等元朝官方文书 27 份，宗教石刻 3 份，牌符 4 份（6 件），图书残叶 2 份（5 片），其他文献 4 份，共 40 份八思巴字蒙古语资料。正文的基本格式，首先是题解，即介绍并考证该文献的性质、形成及发现经过、年代、地点、出现的有关人物或历史事件、国内外研究情况以及文献来源和存放情况等。接着刊布原件照片。《文献汇集》对原始资料进行了详细校勘，为学术界提供了丰富可靠的研究资料。此书不仅对蒙古语言文字学以及八思巴字的研究具有很高的学术价值，而且对历史学、宗教学、文献学、汉语音韵学、翻译学以及蒙古族与元代其他民族关系等诸方面的研究具有重要价值。

《八思巴字蒙古语碑铭译补》 郝苏民著，内蒙古文化出版社 1986 年出版。

该译本据鲍培俄文原版初译，又据英文新版校补，将原书中全部碑铭原文的拉丁式字形移译符号还原为八思巴字本身，并作了校改。增补了我国现行蒙古文的移译。凡有元代"白话"汉译的并附于后，另加今译。在注释中增加了我国学者近年来发表的涉及该书有关问题的研究成果、观点和动态。适当地补注了有关语义方面和史地方面的资料。书后附录有关八思巴的历史文献三种和鲍培的简介、详细著述目录。书前又增补了有关文物图版 12 幅、作者近照、手迹和为汉译本新写的序言。

《巴哼语研究》 中国新发现语言研究丛书之一。毛宗武、李云兵合著。上海远东出版社 1997 年出版。

瑶族语言纷繁，自称、他称错综复杂，一直为人们所困惑。本书探讨瑶族中自称 pa³¹ ŋŋ³⁵ "巴哼"、m³⁵ nai³³ "唔奈"。他称"红瑶"、"八姓瑶"、"花瑶"的语言及其系属，分导言、语音、词汇、语法、方言和亲属关系及内部分类 6 个部分，书末附有方言土语常用词语对照和长篇故事材料。导言，着重介绍中国境内这部分瑶族的人口分布情况和两种不同自称的内部联系，并探讨他们迂回曲折而复杂的迁徙途径。语音，描述各方言土语的语音概况和音节结构。总的说来是声母多韵母少，辅音元音趋于简化，比较显著的特点有：①各方言土语都有小舌音，没有卷舌音。②除个别土语外，都有鼻冠复辅音。③个别方言有送气和清音带浊流两套比较完整的辅音。④唇音、齿音、舌音都伴随着相应的腭化音和唇化音。⑤有双声无韵音节。⑥元音不分长短、松紧。⑦个别方言的鼻化韵与其他方言的鼻音尾韵对应。⑧塞音韵尾全部脱落，没有唇鼻音韵尾。⑨声调从古代的 A、B、C、D 4 个调类分化成现代的 8 个调类，与汉语的平、上、去、入各分阴阳大致相当。词汇，分词的构成和汉语借词两个问题。词的构成侧重于带附加成分的合成名词。汉语借词分早期借词和现代借词两种。有些词很难区分是借词还是同源词。早期借词大体上与中古汉语语音相吻合，但全浊声母读作清音，精组大都舌面音舌尖音相混，照组庄章不分。语法方面，巴哼语形态变化不发达，区分词类依据词的意义，指示代词有近、中、远之分。方言主要依据词汇的异同，划分巴哼和唔奈两个方言。划分土语主要依据鼻冠闭塞音声母的有无，并列举例词加以验证。

《巴林历史文化文献》 哈斯巴根等合著，内蒙古文化出版社 2006 年出版。

在本著作中对与内蒙古巴林右旗相关的历史文化文献进行了深入研究。

《白—汉词典》 中国少数民族语言系列词典丛书。赵衍荪、徐琳编著，四川民族出版社 1996 年出版。

白—汉词典早在 20 世纪 80 年代初就列入编写计划，并在原有的三千多白语词汇的基础上不断补充。1986—1987 年间赵衍荪再次到剑川补充词汇，于 1991 年编成初稿。后来由徐琳对词典进行补充修改，并增加 1993 年修订后的白文方案。词典内容分前言、凡例、白族文字方案、词典正文四部分。本词典收录白语的常用字、词、词组、成语、谚语 14032 条。正文之后有附录：一、白语的构词特点；二、白族文字方案（草案 1993 年）。词典使用的音标是 1992 年的白文方案，1993 年的白文方案只作了部分修改。

《白狼歌研究（一）》 陈宗祥、邓文峰著，四川人民出版社 1990 年出版。

该书分：自序、导言、第一章本语研究、第二章部落史研究、附录（1. 柯蔚南的《白狼歌新探》；2. 本书的参考资料目录；3. 本书英文提要）共五部分。该书是对相关语言的调查、对音和《白狼歌》的校勘等工作的记录，材料比较丰富。该书不仅对研究族语言特别是藏缅语有参考价值，而且对猓猓民族学、民族史研究也有参考价值。该书出版后引起了藏缅语学界的关注。

《白马语研究》 中国新发现语言研究丛书之一。孙宏开、齐卡佳、刘光坤著，民族出版社 2007 年出版。

白马语是白马藏族使用的语言。白马藏族分布在四川绵阳地区平武县白马河流域的木座、白马等乡村，阿坝藏族羌族自治州九寨沟县下塘地区的屋角、马家等乡村，松潘县的小河地区以及甘肃武都地区文县的白马峪河一带，有一万多人。对白马语的调查始于 1978 年，后来又作了多次调查。荷兰莱顿大学齐卡佳（Katia Chirkova）博士于 21 世纪初深入白马地区调查了平武、九寨沟和文县的白马语。《白马语研究》共分六章，第一章 概况，介绍白马藏族的自然面貌，包括人口分布、历史、生活习俗、语言文字情况；第二章 语音；第三章 词汇；第四章 语法；第五章 文献，介绍西番译语中的《白马译语》；第六章 谱系分类，指明白马语属藏缅语族藏语支，最后对白马语地位问题进行探讨。作者指出，白马语虽然有不少与藏语相同的特点，但与藏语各方言的比较表明，它与藏语的关系远远超出了中国境内藏语三大方言之间的差异程度。因此暂且认为它是一个不同于藏语但属于藏语支的独立的语言。但国内学者对此有不同的看法。书中对不同的观点进行了讨论。书末附有参考书目、三个方言对照2300个词的词表和长篇故事二则。

《白语简志》 中国少数民族语言简志丛书之一。徐琳、赵衍荪编著，民族出版社1984年出版。

白族分布在云南大理白族自治州，其余分布在碧江、兰坪、维西、丽江、南华、保山、昆明、元江、镇雄等县市，贵州、湖南也有分布。白语属汉藏语系藏缅语族彝语支，人口约有185万人。分大理、剑川、怒江三个方言，80%居住在大理白族自治州。本简志根据剑川方言为主进行介绍。内容分概况、语音、语法、词汇、方言和文字6个部分。在语音部分里，首先介绍白语的一般特征，即三个方言共同的语音现象，同时指出各方言不相同的语音现象。然后以剑川方言为代表，介绍白语的情况。语法部分分四节，第一，分别详细介绍白语十一个词类；第二，词组，作者把白语分成五类词组；第三，句子成分和语序；第四，句子类别，按照语气来分，把白语的句子分作五类。又按照结构把白语句子分为两类，即单句和复句。词汇部分也分四节，第一，多音单纯词的语音结构形式；第二，合成词的构词形式；第三，同义词和同音词；第四，白语吸收汉语借词方式。方言部分分三节，第一，各方言的语音差别；第二，方言的辅音、元音对照表；第三，方言的语法差别。文字部分包括白族老文字简介和白族新文字方案的拟订经过。最后的词汇附录里，附有白语三个方言约一千个词的词表。白语的系属，作者认为白语没有鼻音韵尾，元音有松紧对立现象，与彝语支语言有较多相同或近似的地方。在词汇方面，白语和彝语支语言之间有不少的同源词，因此，应该把白语归入彝语支。

《保安语简志》 中国少数民族语言丛书之一。布和、刘照雄编著，民族出版社1982年出版。

本简志分概况、语音、词汇、语法和词汇附录5个部分。在概况里简单介绍了操保安语的保安族基本情况及其语言特点。语音部分主要介绍元音、辅音、音节结构、重音和语音变化。词汇部分主要从构词法、固有词和借词三个方面进行论证。语法部分分词类、实词各类的功能和标志、句子成分、句子等五个方面进行分析。最后附录有六百多个词的词汇表。

《卑南语构词法研究》 石德富著，中央民族大学出版社2008年出版。

该书对卑南语作了微观的描写。研究的基本程序是：在收集整理材料之后，对派生词作了初步的切分替换，归纳出判断词缀和词根的准则，进而分析研究材料。研究时，既注意派生词和词根的语义角色关系，也注意词根和词缀之间的附加和被附加的限制条件；归纳语义特征时，遵循对立互补的系统性原则。一些创新点和发现如下：

提出构词过程的假设：输入—叠加—过滤—整合—输出。

卑南语的词形模式为：$[C+V]n+[C+V+(C)]$，为了遵循词形的结构模式和发音的经济原则，在构词过程中就对所叠加的音节进行整合，从而导致发生了增音、减音、变音等现象。

单纯词缀一般都具有多项语义特征，是多项语义特征的集合。附加派生就是在词根意义的基础上叠加这些语义特征。但在派生过程中必须对集合中的语义特征进行取舍整合才能产生意义合格的派生词。

卑南语中缀 – em – 和 – in – 分别跟前缀 me – 和 ni – 互补分布，前缀附加在以流音和鼻音开头的词根而中缀则附加在以塞音（含擦音 s）开头的词根。名词化后缀只有 – an 一个；被动后缀有 6 个：– an、– aw、– aj、– anaj、– u 和 – i。

复杂词缀派生新词是有序的，一般都由内向外逐层地派生。各个词缀所处的层次是由派生过程中的先后顺序来决定的，与其空间分布无关。在派生词内的各个词缀的顺序序列中，某个词缀的语义辖域、语法意义的分量跟它与词根所处层次的距离成正比，越是处在外层，词缀的语义辖域就越大，语法意义分量也越大；某个词缀和词根语义的紧密度跟它与词根所处层次的距离成反比，越是处在外层，它与词根的语义关系的紧密度就越小。因此，若内层词缀的某项语义特征与外层词缀的语义特征互相矛盾，则将内层词缀与之矛盾的项清除，最外层词缀的性质往往决定该派生词的词性地位和语法特征。

动词根重叠第一式具有［工具］［原料］［名物化］［将行体］等语义特征；名词根重叠第一式有［泛化/抽象化］［遍及］等语义特征。

《贝叶文化论》 王懿之、杨世光编，云南人民出版社 1990 年出版。

贝叶文化是象征意义上的提法，实际是傣族文化。贝叶是一种生产于热带、亚热带地区名叫贝多罗树的叶子。古人利用这种叶子作为书写文字的材料，记载了傣族的文化，包括经书、文艺作品、医药卫生、史记、传说、天文历法等。该书收入 49 篇论文。

《毕苏语研究》 中国新发现语言研究丛书之一。徐世璇著，上海远东出版社 1998 年出版。

在经过深入田野调查、掌握大量第一手资料的基础上，综合国内外研究成果，运用共时描写和历史比较等多种方法，对分布于中国、泰国、缅甸、老挝四国交界地区、属于汉藏语系藏缅语族缅彝语群的毕苏语进行系统全面的研究。全书共分"绪论"、"语音"、"词汇"、"语法"、"方言"、"语言地位" 6 章，并附有 2000 多个词汇材料和若干长篇语料，详细描述了毕苏语的结构系统，全面论证了它在语言系属中的地位，揭示了毕苏语及毕索语支的演变流向和历史层次，同时对国内外的毕苏语进行比较，划分出 3 个方言及其土语，系统论述了方言之间的异同，并对方言形成的原因及语言接触的结果进行深入探讨，充分展现了毕苏语的整体面貌。

本书特点主要表现在以下几个方面：（1）从多种角度第一次详细分析了毕苏语的结构系统，在全面展现其结构面貌的基础上，突出了独有的特点；（2）对毕苏语与其他语言的不同关系进行深入探讨，充分论证了毕苏语在语言系属中的地位和历史演变的层次，以及语言接触对毕苏语产生的多方面影响；（3）第一次对毕苏语的社会背景和人文情况进行全面描述，展现了语言的演变特点和当前使用状况及濒危趋势的人文背景。本书对于民族学、文化人类学、地方志等方面的研究具有参考价值，在保留濒危语言资料和日益消失的少数民族人文资料方面也有着重要的意义。

本书出版后受到海内外学术界的重视，不久便被世界少数民族语言研究院译成英文，由德国 Lincom 出版社出版。

《遍访契丹文字话拓碑》 刘凤翥著，华艺出版社 2005 年出版。

本书详细叙述了契丹文字碑刻陆续出土的原委和作者积数十年之勤、历经千辛万苦寻访并传拓这些碑刻的历程以及作者经史学大师翦伯赞先生点拨如何通过自学踏入职业研究契丹文字的心路历程。

读了此书不仅能对契丹文字有一个大致的了解，欲拓碑亦能无师自通。书中把每件契丹文字文物现存何处逐一交代清楚，为有志于研究契丹文字者收集契丹文字资料提供了一个路线图，可以按图索骥。书末附有契丹小字部分原字的音值构拟表，集中体现了契丹小字的最新拟音成果。

《标话研究》 中国新发现语言研究丛书之一。梁敏、张均如著，中央民族大学出版社 2002 年出版。

标话是汉藏语系侗台语族侗水语支的一种语言，分布于广东坏集西南部的诗洞、水固、大岗、梁村、桥头等乡镇的部分地区和封开县的长安、金装、七星等乡的一些村庄中。他们没有自己的民族自称，过去都作为汉族，但说的是"标话"，称自己是"讲标"的人。据 1985 年的估计，讲标话的约有十万人，能说的有七八万人。据该书作者研究，讲标话的人与壮侗诸族在历史、文化上的关系是很密切的。标人应该是西瓯、骆越的后裔。《标话研究》分五章，第一章 导论，介绍标话人与壮侗诸族的渊源关系、社会组织、姓氏以及风俗习惯、语言使用情况；第二章 语音，其中一节介绍标话中的汉语借词语音和汉字读音系统；第三章 词汇；第四章 语法；第五章 标话与侗台其他语言的比较及其系属问题，作者提出自己的看法，认为标话的汉词较多，但多是一般的文化词，在基本词里固有词占 63.5%，因此标话是侗台语族中的一种独立的语言。书后的附录有 3200 个词的词汇表和山歌三首、故事四篇。

《濒危的赫哲语》 何学娟著，黑龙江教育出版社 2006 年出版。

赫哲族是黑龙江、松花江、乌苏里江三江流域的世居民族。全国的赫哲族人口有 4600 余人（2000 年），其中 3900 余人居住在黑龙江。由于种种原因，赫哲语已成为濒危语言。本书分六章：绪言介绍赫哲族的聚居状况和分布；第一章 赫哲语现状问卷调查；第二章 问卷调查结果分析；第三章 检测性抽样调查；第四章 赫哲语结构特征；第五章 各种因素对赫哲语的影响；第六章 赫哲语已成濒危语言。书末附一千个常用词和短句三百余句。

《濒危语言研究》 徐世璇著，中央民族大学出版社 2001 年出版。

在经济全球化的趋势下，文化的接触与融合日益深入，从而导致世界上众多的语言以前所未有的速度和规模濒临消亡的危机，这成为国际语言学界和人文科学界在新时期面临的一个前沿性课题。《濒危语言研究》是我国这一研究领域的理论著作，分六章：第一章语言，人类文明的宝库，从语言、尤其着眼于使用人数较少的一些地方语言中的文化内涵和结构特点，论述各种语言在历史传承、人类知识、文化特性和多样性等方面所具有的同等的价值和意义；第二章已经消失和正在消失的语言，描述历史上和现实中语言消失的情况，分析语言濒临危机的多种表现形式，揭示出当前语言濒危的严重性，提出在语言消失问题上普遍存在的一些思想认识上错觉和误区；第三章语言学家所面临的挑战，从语言的调查和识别、语言身份的确定、语言总数的统计和前景预测几个方面，介绍了世界语言及其调查研究情况的现状、概况以及语言数量的统计和发展前景的预测；第四章语言濒危现象探析，探讨语言濒危的多种原因和当前的主要契因，分析语言濒危的过程和衰退的层级；第五章最佳对策：双语的倡导和保持，根据多方面的实际例证，提出倡导使用双语，创造和保持有利于使用双语的环境，是延缓和减轻语言濒危现象的最佳对策，并分析了保持双语所需要具备的种种条件；第六章让世界关注语言濒危现象，综合报道了国际公众社会、语言学界和联合国有关机构对世界日益严重的濒危语言问题的态度、作出的反响和所采取的行动。

专著综合文献资料和实地调查的材料，引用具体的语言例证和统计数据,对濒危语言问题进行全面的研究和阐述:描述了世界以及我国语言数量急剧减少的现象和发展前景;从多方面论述语言濒危的表现形式;深入探讨导致语言消亡的原因;具体分析语言衰退的过程和层级;综合报道国际语言学界和联合国有关机构所持的态度、所做的研究和采取的行动;结合国内外的成功例证,提出了倡导双语、在推行通用语的同时注重本族语的使用和维护的对策,对在现代社会保持语言文化多样性这一重大问题作了积极的探讨。专著对语言濒危现象的研究不仅仅局限于语言本身和语言学研究的范围,而且从保持文化多样性和保护人文生态环境的高度进行分析,提出正确认识、认真关注语言濒危问题是人类文明的一种觉醒,加紧记录濒危语言的资料,保存人类文明遗产,并对这种日益普遍的现象进行研究,获得理性的认识,是语言工作者责无旁贷的专业职责和历史任务。

专著出版后引起了相关学术界的极大重视和公众媒体的热烈反响,2004年获中国社会科学院优秀科研成果奖。

《波拉语研究》 中国新发现语言研究丛书之一。戴庆厦、蒋颖、孔志恩著,民族出版社2007年出版。

波拉语是景颇族中波拉支系的人所使用的语言,属汉藏语系藏缅语族,与缅甸语、阿昌语、载瓦语、勒期语、浪速语组成缅语支。波拉语与浪速语较为接近,在缅语支内独具特色。波拉支系有500余人(2005年),是景颇族人口最少的一支,分布在云南潞西、梁河、陇川等地。在缅甸也有分布,有100人左右。波拉人一般兼用浪速语,兼用景颇语的较少,普遍兼通汉语。

波拉语发现得比较晚,1985年戴庆厦等发表《景颇族波拉话概况》一文,第一次介绍了波拉语。《波拉语研究》介绍的是云南德宏傣族景颇族自治州潞西市三台山乡孔家寨的波拉语。本书分五章,第一章 绪论,说明波拉人是景颇族的一个支系,而波拉语是景颇族的一种支系语言。第二章 语音。第三章 词汇。第四章 词法,分名词、代词、数词、量词、动词、形容词副词、连词、助词、叹词10个词类,每个词类一节详细论述其特点和用法。第五章 句法。书后附录一是长篇语料,包括两个短篇故事。附录二是词汇和短语,收录了将近4000个词条和短语。

《不同时期维吾尔语中的汉语借词》 高莉琴著,新疆大学出版社2005年出版。

此书为2000年度国家社会科学基金项目"西域诸语言的接触与影响——汉语及其他语言在维吾尔语发展过程中的影响"的子课题"汉语对维吾尔语的影响"的项目成果。

一种语言对另一种语言的影响最敏感最直接的部分是借词,所以借词是最能发现民族间互相接触与影响轨迹的部分。历代学者重视这种语言现象,正是因为这种现象的背后,联系着一个民族的历史与文化。本书分为两大部分,即"早期维吾尔语中的汉语借词"与"现代维吾尔语中的汉语借词"。在"早期维吾尔语中的汉语借词"部分,总结了国内外学者们研究成果中的汉语借词,主要著作有克劳森的《13世纪前的突厥词源学词典》,格玛丽的《玄奘传回鹘译文》和《回鹘文玄奘传中的信》;国内学者有冯家昇先生的《冯家昇论著集粹》,薛宗正先生的《突厥史》,陈宗振先生的《关于维吾尔语中的早期汉语借词的探讨》,徐思益先生的《发展少数民族语言的列宁主义原则》,李经纬、靳尚怡、颜秀萍的《高昌回鹘文献语言研究》,阿不里克木·雅森博士的《吐鲁番回鹘文世俗文书语言结构研究》,以及赵相如先生的《维吾尔语中的古代汉语借词》等。作者对克劳森所编的《十三世纪前的突厥词源学词典》、11世纪麻赫默德·喀什噶里的三卷本《突厥语大词典》和清代三卷本《五体清文鉴》进行了穷尽式研究,分别搜集到汉语借词92例、72例和65

例。在"现代维吾尔语中的汉语借词"部分，作者对包尔汉的《维汉俄词典》（1953）、由新疆维吾尔自治区教育局等七家单位合编的《汉维词典》（1974）、新疆大学中语系编写的《维汉词典》（1982）以及由海木都拉·阿不都热合曼等三位同志编写的《维吾尔语外来词详解词典》（2002）也进行了穷尽式研究，分别搜集到汉语借词128例、1925例、324例和280例。占各本词典的百分比最高为4%，最低为1%。

《布赓语研究》　中国新发现语言研究丛书之一。李云兵著，民族出版社2005年出版。

布赓人居住在云南文山壮族苗族自治州广南、西畴两县交界处，他们是彝族的一个支系，其语言、历史、社会等情况与当地的彝族有较大的差别。对布赓语的调查最早是武自立，他于1992年发表过文章《广南县本甘语初探》，对该语言进行介绍。后来李锦芳于1996年又发表了《布干语概况》。该书作者用"布赓"一名，取代了前面两位作者所用的名称。《布赓语研究》分五章，第一章布赓人的语言、历史和社会，主要讨论布赓人自称的用字问题，认为用"布赓"比较合适。布赓语的使用者有2700人左右。人数虽然少，但人们对自己的语言传承得很好，各地的布赓人可以自由通话。作者对布赓人的历史和布赓人的社会风俗习惯都有较详细的介绍。第二章 语音，对各地布赓语的差异作了介绍之后，重点以西畴县鸡街乡曼龙村的语音为代表介绍布赓语的情况。第三章 词汇。第四章 语法。第五章 布赓语的系属，第一节重点谈布赓语的语系归属，作者认为，布赓语属于南亚语系，与佤语、德昂语、克木语、布朗语、莽语、京语、俫语同属一个语系。经过进一步的比较，认为布赓语属于越芒语族的"巴琉语支"。书后附有约1500个词的词表，短篇故事3篇。

《布朗语简志》　中国少数民族语言简志丛书之一。李道勇、邱锷锋、聂锡珍著。民族出版社1986年出版。

布朗族是中国云南省特有的少数民族。人口94442人（2005年）。主要分布在滇西南部回归线南北一直延伸到中缅中越边境的山区和半山区。国务院于1964年正式批准布朗族为法定的少数民族。布朗族包括自称、他称和史称等众多的称谓。这些不同称谓或支系的布朗话之间颇有差异。通过考察，可以知道布朗族的语言、语群、方言、土语是相当复杂的。该书以云南西双版纳勐海县布朗山新曼俄布朗话为代表作简明介绍。

布朗语属于中国孟高棉语族布朗语支。勐海布朗山新曼俄话有辅音35个，都可以作声母。元音9个，声调4个。

词汇方面，单音词较多，多音节词汇可分为词根和词缀两部分，词缀兼有构词和语法功能。语法方面，修饰关系是修饰词在被修饰的中心词之后，少数修饰词可以出现在被修饰的中心词之前，或者两者同时使用，加深语气。语序一般是：主语—谓语—宾语。

布朗族有自己的语言，没有书面语言的文字。但是在双江的布朗族村寨发现使用小乘佛教经文字母来拼写和记录布朗语的书面文字材料，值得语言学界进一步研究。布朗族的语言、语群、方言、土语的情况比较复杂，初步意见，布朗语可分为布朗与阿尔佤（或阿佤）两大方言。

《布洛陀经诗译注》　主编：广西壮族自治区少数民族古籍整理出版规划领导小组，执行主编：张声震，顾问：蓝鸿恩、黄宝山。广西人民出版社1991年出版。

《布洛陀经诗》是壮族巫教的经文，它唱诵壮族祖神布洛陀创造天地万物、祈祷消灾驱邪、造福百姓，是壮族的创世史诗。经诗充满自然崇拜、祖先崇拜的原始宗教意识，属于壮族的宗教文学。《布洛陀经诗》流传于广西红水河流域、右江流域、龙江流域、左江流域及云贵南、北盘江流域的壮族和布依族分布的广大地区。从20世纪70年代开始已经陆续有人收集到一些用古壮字书写的手抄本唱本。自1986年以后自治区成立了有关机构对布洛陀经诗进行整理研究并出版。经诗是五言体,已收集到的22个手抄本八万多行,选出574行,全部用古壮字书写,译注不作任何修改补充。篇章次序为：序歌、造天地篇、造人篇、造万物篇、造土官皇帝篇、造文字历书篇、伦理道德篇、祈祷还愿篇。体例是统一用四种文字逐字逐行翻译。第一行为古壮字原文,第二行用标准壮文对译,第三行是国际音标注音,第四行是汉文对译,第五行是汉文意译。在每章之前有"题解"。

《布芒语研究》 中国新发现语言研究丛书之一。刀洁著,民族出版社2006年出版。

布芒语是自称"布芒"的傣族使用的语言。"布芒"傣族居住在云南红河哈尼族彝族自治州金平苗族瑶族傣族自治县勐拉地区的曼仗上寨和曼仗下寨,有200余人。"曼仗人"意为大象村,是当地傣族对他们的称呼。曼仗人自称布曼,即布芒人。据说,布芒傣人是从越南迁到中国来的,已有140余年的历史了。布芒傣人受"白傣"文化影响最深,服饰与当地的白傣相同,布芒傣族一般年轻人能说傣语,过去一般只实行族内婚,近年来,已大大改变,既有不少女子外嫁,也有其他民族女子嫁到曼仗村,甚至也有外族男子到曼仗村上门定居的。布芒语逐渐成为弱势语言,使用的人口越来越少,是一种濒危语言。《布芒语研究》分五章,第一章 绪论,介绍布芒傣人的历史、生活习俗、语言使用状况和研究状况;第二章 语音;第三章 词汇;第四章 语法;第五章 布芒语的系属归向,通过将布芒语与侗台语、与南亚语、与布朗语比较之后发现,布芒语与傣语之间存在接触关系,而与南亚语系诸语言之间存在同源关系。最后作者指出,布芒语与侗台语没有发生学上的关系,只有类型学上的相似;而布芒语与南亚语之间,在各方面都存在同源关系。因此,布芒语属南亚语系孟高棉语族布朗语支。

《布农语构词法研究》 林太、曾思奇、李文甦、卜衮－伊斯玛哈单－伊斯立－端著,台北读册文化事业有限公司2001年出版。

全书目录：序（戴庆厦）、"纪念林太先生——代前言"（曾思奇）、第一章 布农人与布农语、第二章 语音概述、第三章 附加法构词、第四章 重叠法构词、第五章 合成法构词、第六章 结语。主要观点：第一,附加法是布农语主要的构词方式之一。词缀包括基本词缀和由基本词缀组合的派生词缀,派生词缀占有相当数量；从语义与功能分析,词缀有构词（附加词义）、构形（附加语法意义）、构词构形兼备3种类型,其中第3类型为主要结构类型。附加模式有在词根上单一和多层次地附加。它们派生的词类,以动词为最,名词其次。第二,布农语的重叠构词方式,包括词根音素的部分和全部重叠。前者结构复杂,通常是重叠词根第一音节V或CV,或重叠词根收尾辅音以外的所有音素,甚至有词根音素全部重叠后,第一音节再行重叠。重叠法的功能在于结构表示工具、手段和施事者等语义的名词,其次结构派生词根,表示的语义极为繁复,如名词根重叠表示复数,数词根重叠表示"有生命"、"每一",动词根重叠表示反复、持续、进行和互动,形容词根或副词根重叠表示强化、强调等等。重叠词根再附加词缀结构派生词,是布农语普遍的构词规律。第三,布农语已出现修饰式和动宾式的合成法构词方式。修饰式的语序结构以修饰语素后置居多,中心语素多为名语素,次为动语素、形容语素。动宾式语序结构包括动语素与名语素依次排列,中间不加和加宾格助词s、as两种。

《布兴语研究》 中国新发现语言研究丛书之一。高永奇著,民族出版社2004年出版。

布兴人分布在云南勐腊县磨憨镇南欠村和卡米镇卡咪村，老挝、泰国、柬埔寨、越南等国也有少量分布。傣族和汉族都称他们为"佧米人"，傣语是仆人的意思。布兴人自称"布兴"，是"人"的意思。中国的布兴人有 500 余人（2000 年），老挝有 2000 余人。中国境内的布兴人是从老挝迁徙来的，一直住在卡咪村和南欠村。他们与老挝的布兴人常有来往。布兴人与周围的傣族、哈尼族、克木人关系密切，能使用傣语、哈尼语、克木语、老挝语。布兴人是未识别民族成分的人群之一，有的人被划归克木人，有的被划归哈尼族。过去对布兴语的调查不多，颜其香、周植志的《中国孟高棉语族语言与南亚语系》一书把布兴语作为克木语的一个方言。当地的县志《勐腊县志》把布兴人跟克木人放在一起。《布兴语研究》认为布兴语跟克木语最接近，其次是布朗语。本书分五章，第一章 绪论，介绍布兴人的人口、称谓，历史探讨，生活习俗，语言的使用情况；第二章 语音；第三章 词汇；第四章 语法；第五章 布兴语的系属地位。经过与南亚语言语音的比较、词汇的比较、语法的比较，最后得出结论，布兴语跟克木语的关系最近。把布兴语作为一种独立的语言，划归南亚语系。书末附有 2000 个词的词汇表和故事四篇。

《布央语研究》 中国新发现语言研究丛书之一。李锦芳著，中央民族大学出版社 1999 年出版。

本书是在作者 1995 年的博士学位论文《布央语研究》的基础上删减修改而成。正文部分分六章。第一章 绪论，介绍了布央人的称谓来源、族属、分布地域、迁徙过程、生活习惯、语言接触等社会地理历史情况，并说明了布央语的研究价值。第二章 语音，介绍了布央语的音系、声韵调特点及其组合关系、音节构成、音变和借词语音。第三章 词汇，介绍了布央语的构词方法和借词。第四章 语法，探讨了布央语的词类、短语、句子成分、句型和汉语对布央语语法的影响。第五章 方言，比较了各语言点语音、语法和词汇上的异同，以及方言土语的划分。第六章 系属，论述了布央语与仡央、侗台诸语言的语音、语法的基本特点，语音的对应关系，以及基本词汇的亲疏关系。文后附有词汇表和长篇话语材料。

侗台语的研究自李方桂先生以来经历了半个多世纪，在台、侗水、黎三个语支的研究上取得了许多重要成果，而对以仡佬语为首的仡央语支的研究则较为薄弱。仡央语支中布央语的研究起步最晚，人们对它的了解最少，至 20 世纪 80 年代始有学者对其展开调查研究（毛宗武 1990，梁敏 1990，梁敏、张均如 1996）。基于上述原因，作者于 1994 年冬至 1995 年春赴桂、滇两省区作布央语田野调查，尔后为了更清楚地认识布央语，又调查了与之关系密切的拉基语、仡佬语、侾语和布干语。本书正是在充分的田野调查基础上完成的。

本书从语音、词汇、语法三方面对布央语进行了描写、分析，比较其内部各语言点的异同，将分布在云南省富宁县、广南县和广西壮族自治区那坡县的布央语划分为东部和西部方言，东部方言又分三个土语，并在此基础上将前人调查确认的"耶容语"（分布在那坡县）归入布央语东部方言。本书还利用国外学者的材料与布央语进行比较，指出越南北部高平省的"恩语"（侬环语）与布央语的东部方言的发生学关系最为接近。

本书丰富了百越民族语言比较研究的内容，有助于进一步认识百越诸后续语言的历史关系，对解决仡佬语的系属问题，检验"汉藏语系"、"澳泰语系"、"汉澳语系"假说，推动"黔桂滇越语言走廊"研究，以及相关民族学科的发展亦有一定价值。

《布依语调查报告》 中国科学院少数民族语言研究所主编，集体著作，喻世长等负责编写，科学出版社 1958 年出版。

1956年调查布依语所得材料，经过整理研究后提出来的一个初步研究成果。对研究布依族文字问题、布依语与壮语的关系、有关的亲属语言比较研究有所帮助。该书是少数民族语言研究所最早正式出版的少数民族语言方言土语研究的著作。全书除导论外分语音、语法、词汇三部分共八章。第一部分语音，下分布依语语音概述，40个点的声韵调表，40个点的语音综合说明，方音对应规律的探讨，汉语借词的研究，土语的划分。附语音方言地图49幅。第二部分语法，介绍各地语法异同情况。第三部分词汇，附方言地图28幅。最后附有5个词汇材料表，其一是本语言固有单音词880个。其二是早期汉语借词单音字234个，其三是汉语多音借词163个，其四是复音固有词130个，其五是各地歧义的词100个，全部词汇材料共1507个词。

《布依语简志》 中国少数民族语言简志丛书之一。喻翠容编著，民族出版社1980年出版。

《布依语简志》是一部比较全面、系统描述布依语现状和特点的著作。书中包括概况、语音、词汇、语法、方言、文字六部分，书末附有1200个布依语羊场话常用词。概况部分，简要介绍了历来布依族的自称、他称及分布地区，以及语言特点。指出布依语属汉藏语系壮侗语族壮傣语支，它和同语族语言有密切关系，特别是和壮语北部方言有许多共同点。语音部分，详细描写了羊场话的语音系统，描述了汉语借词的语音情况，由于吸收现代汉语借词，增加了 f、ç、x 声母和 ou、ua、ue、ei、er、ɿ 6个韵母。词汇部分，分别介绍了词的结构和汉语借词。布依语中单音节词居多，合成词有带附加成分和不带附加成分的。汉语借词按借入时间先后，有早期借词和现代借词。语法部分，包括：（1）词类，根据词的意义和词与词的组合关系以及词在句子中的作用分为11类，一一介绍了各类词的特点及用法。数词的用法有特点、量词较丰富、介词多来自动词。（2）词组，有五种词组，分别介绍了其组合特点。（3）句子成分，有六种句子成分，逐一叙述了词类与句子成分的对当关系。（4）句子，按结构分有单句和复句，按语气分有陈述、疑问、祈使、感叹四种，每种句式都用例句加以分析。（5）布依语中新起的语法现象，概括有四种新起的语法现象，分别用例句进行分析并与原来语句比较。方言部分：（1）方言土语划分，布依语内部没有方言差别，主要依据语音和部分词汇的不同，划分为：黔南（第一）、黔中（第二）、黔西（第三）三个土语。这节中详细介绍了各土语的区域划分，并有布依语土语区划图；（2）各土语的主要特点，从语音、词汇、语法三个方面进行比较，总结出一个语音对应表和词汇异同数据比例表。文字部分，布依族历史上没有文字，通用汉文，1956年制订了以拉丁字母为基础的布依文方案（草案），这里介绍了布依文创制经过和布依文字字母系统。

《布依语文集》 孙若兰主编，贵州民族出版社1992年出版。

本书是贵州民族语文丛书之一。收录有罗平先、王伟、吴启禄、倪大白、伍琪凯、王哈、阿雍容、伍德斌、喻翠容、周国炎、郭堂亮、吴兴莲、黄荣昌和镇宁县民委等的文章15篇。书后附有范文两篇。

《布依族文化研究文集》 王伟著，贵州布依学会北京学会组编印，2003年。

本书是中央民族大学王伟教授历年来关于布依族语言、民俗等方面的著作。内容丰富，除前言、作者简介、绪论之外，下分四编：第一编 民族风情，下分17篇文章，介绍布依族的族名与人名、亲属称谓、婚姻家庭丧葬习俗和节日等；第二编 民族文学，下分9篇文章，介绍布依族的民间文学、情歌、古歌、语言、谚语、谜语等；第三编 民族语文，有10篇文章专门谈论布依族语言文字问题；第四编 教育、文体，下分9篇文章。

《布依族语言使用现状及其演变》 周国炎著，商务印书馆 2009 年出版。

分为三个土语，即第一土语、第二土语和第三土语（或按通行地区分别称为黔南土语、黔中土语和黔西土语）。布依族语言使用大致可以分为如下三种类型，即布依族母语强势型双语类型、汉语强势型汉－布依双语类型和布依族母语濒危型。作者对以上三种类型各自的分布、成因及语言使用特点进行了详尽了描写和分析，并有典型的个案研究。目前，第一土语区母语强势型双语现象分布范围要广一些，黔西南的大部分地区和黔南罗甸县大多数乡镇、惠水县西南角的部分乡镇、长顺县南部以及荔波县全境者还以布依语作为主要交际工具；第三土语虽然目前主要使用母语的范围不大，但分布相对集中；第二土语主要使用母语的地区较少，而且很分散，濒危现象的分布范围较广。母语濒危现象按程度不同可分为两种类型：一类为交际功能衰变型；另一类为濒临消亡型。在未来二三十年内，随着大批熟练掌握母语的人相继辞世，少数人即使掌握母语，也没有交际对象和交际场合，布依族母语在这些地区将成为名存实亡的"文化遗产"。

《仓洛门巴语简志》 中国少数民族语言简志丛书之一，张济川编著，民族出版社 1986 年出版。

门巴族使用两种不同的语言，仓洛门巴语（又称仓洛语）和错那门巴语（又称门巴语）。仓洛门巴语是门巴族中自称 monba 的那部分人所使用的语言。分布在西藏墨脱县背崩、墨脱、邦兴、德兴四个区和林芝县的东久区，人口有五六千人。据说，操仓洛语的门巴族祖居不丹王国东部，约于二百年前分批东迁至墨脱县和林芝县。仓洛语属汉藏语系藏缅语族，与藏语有较多的相同之处。一般人兼通藏语，少数人懂汉语。仓洛门巴语在墨脱县是主要交际语言之一。本书所介绍的门巴话以墨脱县背崩乡地东村的为准。全书分概况、语音、词汇、语法、方言五章，分别介绍其特点。在语音一章里，侧重介绍语音变化的几种情况。在词汇一章里，重点介绍藏语借词。根据 2128 个词的统计，藏语借词有 805 个，占 38%。现代汉语借词也多通过藏语进入门巴语。在方言一章里，全面比较了两个方言的主要差别。书后的词汇附录有两个点一千个词的词汇表。

《茶山瑶文化》 刘保元著，广西人民出版社 2002 年出版。

本书着重介绍茶山瑶的传统文化。书分十二章，分别介绍茶山瑶的地理自然环境、历史简述、古老的社会组织、经济生活、社会生活、传统习俗、交通运输与物资交流、语言概况、宗教信仰、文化教育、文学艺术及其研究、医药与娱乐。

《朝—汉词典》 北京大学东语系朝鲜语教研室编纂，商务印书馆 1978 年出版。

是供汉族学习和从事朝鲜语文工作使用的中型工具书，共收 6 万 6 千多词条。以现代朝鲜语中最常用的词语为主，也酌量收入部分成语、谚语和旧词。注释多采用对译的办法，汉语无法对译的词语则加以解释说明。这部词典的一个不足之处是未注明词的来源，尤其是朝鲜语的汉字词后未标注出汉字。但由于是我国出版的最早一部供汉族学习朝鲜语使用的工具书，在朝鲜语教学中仍起到了积极的作用。

《朝鲜汉字音体系研究》 安炳浩著，金日成综合大学出版社 1984 年出版。

朝鲜（韩国）输入汉字的历史源远流长，《朝鲜汉字音体系研究》的作者查阅了大量中外历史文献，阐明了朝鲜（韩国）汉字音的历史发展过程，对研究朝鲜（韩国）语中占有相当比例的汉字词汇也具有重大意义。同时，对厘清中国汉字音的历史发展过程也有一定的帮助。朝鲜（韩国）引进中国汉字的时候，由于汉字的语音体系与朝鲜（韩国）语语音体系并不完全一致，在长期使用的过程中，不一致的部分逐渐融入朝鲜（韩国）语语音体系，最终构成了与汉语语音体系不同的独特的朝鲜（韩国）汉字音体系，一直沿用至今。但是，15 世纪训民正音诞生以后，朝鲜（韩国）出现了《东国正韵》等韵书，认为当时朝鲜（韩国）通用的汉字读音是错误的，按照中国的《韵会》等韵书加以校正。校正后的汉字读音曾在一定时期使用于一些出版物如《佛经谚解》等，但是由于通用音已经在朝鲜（韩国）牢牢扎下根，校正后的"正韵"与通用音差别太大，所以未能进一步推广使用。后来朝鲜（韩国）一些学者编撰的韵书或玉篇虽然没有像《东国正韵》那样对汉字音进行大量校正，但是所谓"校正音"仍然随处可见，正是由于这种缘故，造成了后来的通用音与校正音的混乱，出现了大量一个汉字两种读音的情况，无形中给普通百姓尤其是初学者造成了极大的困难。《朝鲜汉字音体系研究》本着对朝鲜（韩国）语负责的精神，实事求是，旁征博引，对这一重大问题进行条分缕析，而且主张，如果将来对朝鲜（韩国）的汉字读音进行整理并加以统一规范的话，应以通用音为标准。

《朝鲜民族语发展历史研究》 朝鲜金日成综合大学教授金荣滉所著的研究朝鲜语发展史的专著。1978 年由朝鲜科学、百科辞典出版社出版。

此书分五个时期，即古代奴隶所有制时期、封建国家分立时期、统一的封建国家时期、封建社会崩溃时期、资产阶级民主运动时期论述了朝鲜语发展的历史。此书的特点是：（1）不仅描述了各个时期朝鲜语的主要特点，而且把朝鲜语的发展和社会历史变迁联系起来进行考察；（2）批判了高句丽语与日本语同源说，认为高句丽、百济、新罗三国的语言具有共通性；（3）认为中世纪朝鲜语是以高句丽语的开城地方话为基础方言而形成为民族共同语，突出了高句丽语在朝鲜民族共同语形成过程中的作用。本书是朝鲜近期以来颇有影响的一部著作。

《朝鲜文法研究》 朝鲜洪起文著，汉城新闻社出版局 1947 年出版。

全书由六辑构成。第 1 辑"文字和语音"，第 2 辑"基本研究的几个问题"，第 3、第 4、第 5 辑"品词论"（上、中、下），第 6 辑"句法论"。首先，作者把词分为实词和虚词两大类，把"吐"处理为助词，属虚词性质。其次，又以实词和虚词的关系为基准来区分各类词，可以不借助虚词而进入句子的词类是"体词"，必须借助虚词才能进入句子的是"用词"，以不借助虚词为正则，但也可与虚词搭配的是"介词"（副词），不与虚词发生关系的是"报词"（感叹词）。他援用"助词"这一术语，分"后置词"、"接续词"、"终结词"。

《朝鲜文化语词典》 朝鲜社会科学院语言研究所编，朝鲜社会科学出版社 1973 年出版。

这是一部规范性质的现代朝鲜语词典。1968 年该所词典编写组曾编纂出版了《现代朝鲜语词典》。本词典是其修订增补本，反映了朝鲜现代语言词汇构成的总体面貌。对古词、方言土语以及不合乎文化语规范的词语一律不收，对所收的词也不注明其来源。特色是强调政治思想性，对人民群众语言生活中常用的政治用语和科技用语都尽量收集，并加以百科词典式的注释。

《朝鲜文化语文法》 在 1960 年、1963 年出版的《朝鲜语文法Ⅰ、Ⅱ》一书的基础上，集中了众多学者的意见加以修订撰写而成具有统一规范性质的朝鲜标准语语法著作。全书分三编。第一编 语音论，论述了音素、音节、语素的语音构成、语音变化、韵律等。第二编 形态论，是此书的重点部分，共分六章：第一章 分析词和词的构成。第二章把词分为八类，即名词、数词、代名词、动词、形容词、冠形词、副词、感叹词。第三章 阐述词的语法形态，把构形黏附成分（即"吐"）分为三大类十二种。第四、第五、第六章 具体论述这三大类"吐"的意义和用法。此书的特点是认为"吐"不是虚词，而是黏着性的语缀。另外，还根据动词的"态"分为主动句、被动句、使动句，这是本书句法部分的一个特点。

《朝鲜语大词典》 朝鲜社会科学院语言学研究所所长郑顺基、崔完镐等编纂，朝鲜社会科学院出版社1992年出版。

本词典分两卷。收词33.1万余条，是朝鲜语词典收词最多的一部。一个特点是在释义方面颇具特色；另一个特点是将古语词和语法项目单独列出，以便读者查阅。此外在附录中还列出词汇的使用频率，以供研究者参考。这部词典在编纂过程中吸取了以往编纂词典的全部经验，是朝鲜编纂词典工作的一个总结，颇受读者的好评。

《朝鲜语发展史》 安炳浩著，辽宁民族出版社1982年出版。

北京大学、延边大学等高等院校新中国刚成立就开设了朝鲜（韩国）语专业，但是多年来，在教学过程中，一直到高年级都没有相应的朝鲜（韩国）语发展史课程，朝鲜（韩国）语专业的研究生在学习和研究过程中也极为缺乏有关朝鲜（韩国）语发展历史方面的资料。《朝鲜语发展史》适应了这一需要。该书全面介绍了中国古籍有关古代朝鲜（韩国）语的史料。高句丽（古代朝鲜语来源之一）、百济、新罗三国开始都是从中原皇朝引进汉字，用于自己的书面语。由于汉语与朝鲜（韩国）语的语言结构有很大不同，直接使用汉字难以记录自己民族的语言，就创造出了可以标记自己民族语言的文字，这就是"吏读"。在汉字大量输入的同时，汉字音也给朝鲜（韩国）语语音体系以很大的影响。朝鲜（韩国）语音原来是开音节，随着汉字的输入，逐渐出现了闭音节，原来朝鲜（韩国）语语音体系中没有硬音，这时也开始发展形成。"吏读"文字虽然是在朝鲜（韩国）创造的，但基本上用的是现成的汉字或汉字的一部分，以至于后来二者很难区别清楚，用"吏读"书写的碑文、诗歌等读起来佶屈聱牙，不知所云。到15世纪40年代，"训民正音"诞生，这是一种表音文字。"训民正音"虽然创制于五百多年前，但当时并未成为知识分子阶层的通用文字被真正使用，而只是作为"谚文"在后宫流行。一直到20世纪，"训民正音"才被正式定为国家的书面语通用文字。"训民正音"诞生后，一些学者还使用它记录下了不少历史资料，从这些弥足珍贵的史料中，可以看到中世纪朝鲜（韩国）语和近代朝鲜（韩国）语以及现代朝鲜（韩国）语每个时期的变化发展过程。此外，汉字进入朝鲜半岛以后，读音也发生了变化，变得与中国的汉字音不同，而是具体反映了汉字在朝鲜（韩国）语每个时期中的变化。关于朝鲜（韩国）语系属问题，学者之间一直存在争议，迄今没有统一的结论。该书作者为对学习朝鲜（韩国）语的中国学生能有所帮助，主要介绍了主张朝鲜（韩国）语属于阿尔泰语系的学者的观点。

《朝鲜语方言调查报告》 宣德五、赵习、金淳培编著，延边人民出版社1991年出版。

本书是作者在参加1982年中国朝鲜语普查工作后，利用实地调查记录的中国境内朝鲜语方言材料，从方言地理学的角度对朝鲜语进行地域方言研究的学术专著。此书首次刊布了我国朝鲜语的方言口语材料，充分反映了作为中国少数民族语言的朝鲜语的方言分布情况及特点。全书有引论、语音、语法、词汇、朝鲜语方言的划分、结束语6部分。引论中附有：东北三省朝鲜族人口分布图、中国境内调查地分布图、朝鲜文字母和音标的对照、术语对照表和参考书目。语音部分有：第一章 语音总论，这一章在描写辅音系统时提出了与传统观点不同的零音位主张，并对其变体做了细微的描写，揭示了零音位起着区分音节的作用。由于零音位的设定，传统上根据书写形式确定为以元音为首音的开闭音节都归并到以辅音开头的音节类型中。第二章描述了各调查点的语音系统和语音特点。第三章主要方音对应规律的探讨。第四章汉字词的朝汉对音，专章阐述了朝鲜语汉字词的朝汉对音系统关系，书后又把汉字词作为"词汇材料之四"单列出来，列举了它们在各个方言点的读音、朝鲜语的中古读音和这些汉字的切韵声韵，对研究朝汉语音演变历史具有重要的参考价值。并把它们联系起来与现代书面标准语做平面比较，与中古文献的书写形式做历史比较，因此阐明了各方言之间的语音对应规律，探索了各方言的历史发展归结。在第五章语法总论中，首先简要介绍了句子的类别和构成，分析其词序和结构层次，然后描述了主要形态变化即主要黏附成分的形式和用法，指出方言间语法差异主要表现在黏附成分的形式和用法上，在此基础上于第六章比较了方言间语法的主要差异。词汇部分有：第七章词汇总论、第八章方言词汇异同举例。在"朝鲜语方言划分"一章中，作者对朝鲜语方言划分的结论与多年来国内外朝鲜语专家学者的主张大致相合，即除济州方言外，朝鲜语方言应该划分为西北方言、东北方言、中部方言、西南方言、东南方言，归纳出每个方言区别于其他方言的独有的特点，这就给每个方言下了简单而有效的定义。据此，作者把传统方言划分中原包括在东北方言中的六镇话单独划为一个独立方言，这样就把原东北方言区分为东北和中北方言两个不同的方言。

全书附有说明各方言之间语音、语法、词汇异同的地图以及朝鲜语方言现象的综合图共35幅，并附有方言对应规律例词、各方言基本相同的固有词、方言词、汉字词等四种词汇材料。

此书问世后在国内外朝鲜语学界引起了很大的反响，曾获中国社会科学院民族研究所1977—1991年优秀科研成果一等奖，2001年第一届中国朝鲜语学会优秀著作奖。韩国太学社还将此书翻印出版。

《朝鲜语基础语法》 宣德五著，商务印书馆1994年出版。

这部语法是作者根据多年教学实践的经验，在调查研究的基础上，针对汉族学生学习朝鲜语的特点和难点编写而成的。本书从实用出发，结合教学的实际，设计了新的框架，有重点地对朝鲜语语法进行系统的阐述。书中内容包括词类概述、黏着于体词、谓词词干后表示各种语法范畴和语法关系的黏附成分以及各种类型的句子结构的分析。朝鲜语是黏着语，各种语法意义主要通过黏附成分来表示。传统语法对黏附成分的处理有三种观点：一认为是助词；二认为是词尾；三认为体词后的黏附成分是助词，谓词词干后的黏附成分是词尾。本书认为朝鲜语的黏附成分既不同于汉语的助词，也不同于西方语言的词尾，因此把它处理为"词缀"。这既是朝鲜语语法系统中的关键内容，也是汉族学生学习中最感困难之处，因此本书重点在讲述各类词缀的意义和用法。对于诸如近义的词缀之间在用法上的区别、体词形词缀之间的不同意义和用法、各种定语时制词缀的用法和它们之间的区别、动词使动态被动态的用法和构成使动态的各个形式之间的区别等问题，本书采用比较法，辨析、说明其微妙的差别；或采用与汉语对比、用汉语详加说明的办法阐明其特点。对于一些表示语法意义的常用的固定格式，本书单辟"惯用型"一章详细分析其构成，说明其意义和用法。在分析句子结构时，采用了图表的形式列出其主要的句子成分，使读者一目了然。此书着力于论述朝鲜语语法与汉语不同的特点，目的在于帮助读者掌握和使用这一语言，这是此书区别于国内外一般语法著作的独特之处。

本书出版后，博得了学界和读者的好评，现已成为朝鲜语学习的常用参考书。为此，作者获得了1999年度韩国东崇学术奖功劳奖，韩国学者孙正一教授还将此书译成韩文，于 2004 年由韩国新星出版社出版，以供作为外国语的韩国语教学参考与交流使用。

《朝鲜语简志》 中国少数民族语言简志丛书之一。宣德五、金祥元、赵习编著，民族出版社 1985 年出版。

以中国朝鲜族的主要交际工具朝鲜语为描述对象。全书分语音、语法、词汇、方言、文字和词汇附录六个部分。语音部分有：（1）语音系统；（2）音节；（3）语音结合规律和语音变化；（4）元音和谐；（5）声调等，系统介绍朝鲜语语音方面的特点，如辅音没有清浊的对立，塞音、塞擦音有松、紧和送气三套，舌尖擦音只有松紧两套，没有复辅音；元音分阴性、阳性和中性，有不完整的元音和谐；没有声调等。语法部分有：（1）词类；（2）黏着法；（3）句法。介绍具有丰富黏着成分的朝鲜语的各种语法特征。词汇部分有：（1）词的组成；（2）构词法。在说明固有词是朝鲜语词汇核心的同时，介绍了汉字词在朝鲜语中的重要地位，如使用的历史久、范围广、数量大以及固有词和汉字词之间相辅相成的关系。方言部分是用 1982 年中国朝鲜语普查工作队记录的中国境内朝鲜语的口语材料写成的，重点说明中国境内的朝鲜语是有方言差别的，这种方言差别与近百年来朝鲜半岛上操各种方言的居民入迁我国分不开。中国的朝鲜语方言基本上反映了朝鲜半岛上的方言情况。本书对朝鲜语方言划分的意见是把原包括在东北方言中的朝鲜语六镇话作为一种方言独立出来。书中使用记录下来的六个调查点的口语材料，说明各方言之间在语音、语法、词汇方面的差别。文字部分说明中国朝鲜族使用和朝鲜半岛上相同的拼音文字，并详细介绍朝鲜文创制之前书面语的使用情况以及文字创制和变化过程。附录部分收录了朝鲜语常用词 1320 个，按书面语转写，并附朝鲜文。

《朝鲜语理论文法》 对朝鲜语语法结构进行理论阐述的一套系列性语法著作。共有四部：《构词论》（金东灿，平壤高等教育图书出版社 1987 年）、《品词论》（高信淑，1987 年）、《形态论》（李根荣，1985 年）、《句法论》（金容九，1986 年）。后三部由平壤科学·百科辞典出版社出版。

《构词论》首先从理论上确定构词法研究的对象和任务，指明了词（尤其是复合词）跟组的界限，确立构词法的研究方法和构词分析的原则。《品词论》对划分词类作了理论上的说明，确立了四项划分的标准：（1）词义；（2）词的形态特征；（3）词的句法功能；（4）构词特征。作者据此确立了自己的朝鲜语词类体系：词类——有形态变化的词类，分体词：名词、数词、代名词；谓词：动词、形容词；无形态变化的词类，分修饰词：冠形词、副词；独立词：感叹词。作者未单独设立助词，认为所有附加在词干后的语法成分都是黏着性的语缀。《形态论》首先确定其研究对象是词的语法形式和语法意义、语法范畴，而作为研究的出发点应是语法形式，因为形式是具体的、客观的，而意义、范畴则是抽象的。作者在对语法形式作进一步分析时把后附于词根后的语素分为构词语素（惯称"接尾辞"）和构形语素（朝鲜语惯称为"吐"），并把构形语素分为 12 种：格、添意、复数、终止、接续、限定、疏状、态、尊称、时制、强调、词类转换。在此基础上，作者从理论上对学界不同的观点进行了分析批判，并提出了自己的见解。《句法论》一书提出了谓语是朝鲜语句子的核心这一观点，批判了主语、谓语是句子的主要标志这一传统的说法，指出主语和补语一样，只是对谓语进行补充说明的成分，句子的主要标志是其述谓性。在对句子构成进行分析时，认为应分清句子成分和词组构成要素。句子的第一层级可以分析出主语、补语和谓语，它们是句子的直接构成要素，是句子的主导成分。第二层级可分析出修饰语，这是句子的从属成分。作者对句子结构虽然也分了层次，但与直接成分分析法有本质的不同，它不是二分法。这套理论对迄今存在的争论问题作了一定深度的分析批判，是对此前朝鲜语各语法学派学说的一次理论性评述和总结。

《朝鲜语实用语法》 徐永燮著，辽宁人民出版社1981年出版。

该书深入浅出地论述了朝鲜语的语法规律。具体指出和分析了在使用朝鲜语方面容易出现的语法错误。阐明如何正确地使用朝鲜语。此书避免了单纯客观叙述语法而不联系实际使用的现象，用一半的篇幅来阐明词类和词尾的使用、句子成分的搭配、词序的有效利用以及修辞等问题。这是和过去的语法书不同的地方。此书被辽宁省出版局、中国出版工作者协会辽宁分会评为1981年度优秀图书，1987年11月获得北京市高等学校哲学社会科学中青年优秀成果奖。

《朝鲜语文论集》 宣德五著，开明出版社2004年出版。

这是一部论文集，共收集了21篇论文。这21篇论文按其性质可分为七组。第一篇"朝鲜文"自成一组，概要地介绍了朝鲜文的文字体系和这套文字所反映的语音系统。第二至篇第四篇为一组，概述了朝鲜语语法系统，并具体分析了朝鲜语句法结构特点和词法中谓词连体形（或称定语形）的语法范畴问题。第五篇至第七篇构成一组，这一组就朝鲜语的方言作了概要的介绍，并对我国朝鲜语使用人口最多的咸镜道方言（包括六镇地区和这一地区以外的咸镜道地方话）特点作了具体的描述。第四组由四篇论文组成，它们分几个专题就朝鲜语言文字史上的若干问题进行了探讨。第五组的四篇论文专门论述了朝鲜语文中的汉字和汉字词问题，分析了汉字词在朝鲜语历史发展中的地位和作用，并具体分析了汉字词构成的几种主要方式，指出汉字词即使不用汉字来标记，而专用朝鲜文来拼写，也仍有必要在朝鲜语文的教学中对汉字词出现的常用汉字的形、音、义进行讲授，以便学生能准确地理解和运用朝鲜语大量存在的汉字词。第六组也是由四篇论文组成，这些文章在实地调查的基础上，就我国朝鲜族语言使用的实际情况进行了分析研究。最后一组的两篇论文专题综述了20世纪我国和韩国、朝鲜的朝鲜语（韩国语）研究概况，概括了20世纪百年来该领域研究所取得的主要成就，并展望了未来研究发展的趋势。

《朝鲜语小词典》 1. 朝鲜科学院语言文学研究所编纂的一部记录标准的现代朝鲜语常用词的小型词典。1956年科学院出版社出版，共收词语4万余条，排除了专有名词、古语词和方言词。此词典的特点是反映了标准的现代朝鲜语词汇构成的变化和发展，注释简明扼要，必要时还举出简单用例。在词形、注音和拼写法方面都严守规范，促进了朝鲜语的健康发展。2. 我国吉林延边历史语言研究所编纂的第一部朝鲜语注释词典。1980年民族出版社出版。此词典收录我国朝鲜族语言生活中使用频率较高的常用词2万多条，用朝鲜语释义，必要时举例。在促进我国朝鲜语规范化方面起了积极的作用。

《朝鲜语语法》 芬兰语言学家兰司铁（G. J. Ramstedt）著，此书的特点是不仅对朝鲜语语法系统作了共时的描写，而且还从发生学的观点出发，站在阿尔泰语的角度来分析朝鲜语，其中也包含了一些真知灼见，局限性在于他未充分掌握朝鲜语史的资料，对朝鲜语的发展规律认识不足，往往以现代语言现象去解释发生学上的问题，因此存在不少谬误。由于在共时的描述中夹杂着发生学的论述，在整个体系上给人以混乱的感觉。但此书在描写方面超过了以前的著作，仍有重要的参考价值。

《朝中词典》 由朝鲜外国文图书出版社和中国民族出版社合作，于1992年出版的一部朝鲜语汉语对译词典。共收词13万余条。涵盖了现代朝鲜语里常用的词、词组、成语、熟语等。此词典注释详尽，用例丰富，并根据朝鲜语的规范语音，必要时注出实际发音。注释先注基本义，然后再注引申义和特殊义。书后附有"主要地理资料"、"朝鲜主要名胜古迹、温泉、矿泉"、"各种计量单位表"、"化学元素表"和朝鲜姓氏、亲属关系、干支、节气等参考资料，是一部供朝鲜语学习者和翻译工作者使用的实用性较强的工具书。

《从汉字到汉字系文字——汉字文化圈文字研究》 中国少数民族语言研究系列丛书之一。王峰著，民族出版社2003年出版。

汉字是一种表意文字，有悠久的历史。一些民族借用汉字来表达他们的语言，难度很大，这本身也是一种创造。该书分六章，第一章 汉字文化圈的汉字系文字。第二章 汉字系文字的历史发展和制字特征之一：南方型汉字系文字。介绍了壮文（即古壮字）、字喃（喃字）、白文苗文、水书和其他南方汉字系文字——侗文、瑶文、布依文、哈尼文。第三章 汉字系文字的历史发展和制字特征之二：北方民族的汉字系表意文字。介绍了西夏文、契丹大字、女真文。第四章 汉字系文字的历史发展和制字特征之三：表音文字（字母）。介绍日本假名、女书、契丹小字、朝鲜吏读和训民正音、注音字母及其衍生的民族文字。第五章 从汉字到汉字系文字：汉字系文字发展特征试析。第六章 汉字系文字的文化属性。作者对汉字系的文字作了全面的分析，提出了自己的见解，很有说服力。

《从日本语到维吾尔语——北方民族语言关系水平研究》 赵杰著，民族出版社2007年出版。

作者研读硕士生时调研东北各民族语言，博士生时调研内蒙古和北京汉语，留学日本和朝鲜、韩国时调研日本语和朝鲜半岛的语言，援疆四年时调研维吾尔语、锡伯语、蒙古语，支宁夏时调研甘肃东、西部裕固语，宁夏回族话和西夏语，对17种语言的调查和纵向对历史文献的利用有得天独厚的优势。以日本语到维吾尔语的语言关系为经，以阿尔泰诸语言从东到西为纬，进行接触研究和历时比较。通过对北方诸民族语言及与汉语的对比，接触研究，从中提取融合式音变、消化式音变等方法，剥开接触层面见底层亲属关系等。本书是研究阿尔泰语系及汉语与阿尔泰诸语言接触关系的重要参考书，获全国第四届民族双语优秀专著一等奖。

《村语研究》 中国新发现语言研究丛书之一。欧阳觉亚著，上海远东出版社1998年出版。

村语是海南省东方市和昌江黎族自治县部分汉人使用的一种非汉语。使用人口接近10万人。《村语研究》分绪论、语音、词汇、语法、村语系属问题五章和附录。第一章介绍村人的来历和生活习俗。关于村人的来历，从来没有一个公认的说法。对他们的民族成分也有两种不同的看法：有人认为是汉族，有人认为可能是黎族。村人自认为是汉族，与黎族没有认同感。《村语研究》第一章第一节对这个问题作了多方面的分析研究，查阅了有关史书，结合语言、人文等综合的情况作出了一个假设。村人是从两广大陆，更具体地说是从广西的东南部过来的。现在的村语，既不是原来土著语言，更不是原来在大陆上使用过的语言。村人何时从何地到达海南？第一节最后的结论是：（1）村人居住的地方是海南岛西海岸附近，他们的先辈很可能是从昌化江进入海岛的。（2）村人很可能是从北部湾渡海而来，大概是广西的南部，他们的语言曾经接触过粤语。（3）村人的民族成分不是黎族而是汉族。（4）村人很可能是在唐末迁徙来海南，其语言已发生了很大的变化。（5）村人是成批迁来的，其成员主要是男性，人数不太少。（6）村人的生活习俗多与南方汉族相同。（7）村人与黎族彼此没有认同感。（8）村人通过婚姻关系，使语言从汉语转变成为近似黎语的一种语言，但仍保留着一些汉语的成分。（9）村人原来所使用的语言是属于中古时代的一种汉语南方方言。第二节介绍村语的使用情况，他们100%掌握自己的语言，居住在平原地区的人约有65%以上掌握当地汉语或普通话，而居住在山区的人则只有不到30%的人掌握当地汉语或普通话。村语声母简单，韵母复杂。第二章语音介绍村语的语音特点。第三章词汇，对村语不同来源的词作了统计。第四章语法，介绍语法一般特点。第五章村语的系属问题，把村语与壮侗语族诸语言作了比较，又将它与黎语的保定、通什两个点作了比较。所有材料和比较结果都能说明村语属于壮侗语族的黎语支。在附录部分列举出村语2330余个常用词，故事一则、歌谣3首、汉字读音材料（句子100句和短文一篇），最后附有"村话、军话、儋州话、普通话字音比较"（200多字）。

《达斡尔语简志》 中国少数民族语言简志丛书之一。仲素纯编著，民族出版社1982年出版。

达斡尔语属阿尔泰语系蒙古语族，主要分布在内蒙古自治区莫力达瓦达斡尔族自治旗、鄂温克族自治旗、布特哈旗、阿荣旗和黑龙江齐齐哈尔市郊、龙江县、富裕县、嫩江县、爱辉县以及新疆塔城县，达斡尔族有13万余人，大部分使用达斡尔语，没有方言的差别，分三个土语：布特哈土语、齐齐哈尔土语和新疆土语。本书分概况、语音、词汇、语法四个部分，书末附有760余个常用词的附录。语音部分介绍辅音、元音、音节、重音、元音和谐和语音变化，词汇部分从词的来源和词的结构两个方面介绍，语法部分从词类和黏着法以及句法两方面论述。

《达斡尔语与蒙古语比较》 拿木四来、哈斯额尔敦著，内蒙古人民出版社1983年出版。

由绪论、语音学、语法（包括词法和句法）3个部分组成；还有附录，包括词汇选集和达斡尔族口头文学选集。在绪论部分中介绍了达斡尔语及其方言、蒙古语及其方言、音标；在语音部分阐述了语音系统，比较了达斡尔语与蒙古语的元音、辅音、音节、重音和弱化元音、语法变化；在词法部分阐述和比较了上述两种语言的词的构造、复合词、词类及其语法特点，在句法中阐述和比较了上述两种语言的句子成分、句子顺序、句子主要成分和次要成分。

《大学彝语文（彝文）》 洛边木果主编，四川民族出版社2000年出版。

主要内容和观点：本教材编排体例上以语音知识、语义知识、词汇知识、语法知识、文字知识、朗读知识、阅读知识、写作常识等为主线条和主要内容，附加部分优美的范文。不仅能把这些知识有机相互融合，收到相互促进的效果，而且克服了语文基础知识讲解枯燥单一的弊病，适应灵活多样的教学方法。教材将《基础彝语知识》（彝语语音和文字）、《彝语语法》、《现代彝文选》、《古代彝文选》、《彝文写作》等多门课程的知识融为一体，使多门课程知识相互交叉，相互配合，相得益彰。

教材第一次全部用彝语文编写，并且在双语教学改革方面具有新思路、新方法、新内容，使大学彝语文这门课率先走在高校彝汉双教材建设前沿。教材有36课。

《傣汉词典》 孟尊贤编著，云南民族出版社2007年出版。

本词典是德宏傣语和汉语对照的词典，共收入本词、派生词、复合词、词组（仂语）、习用语、俗语成语、简式谚语和趋于稳定的汉语新词术语以及通过缅语借入的巴利语词等二万八千余条。除单词外，有组合紧密的固定词组、习用语和俗语、谚语等，还有一些趋于稳定的新词术语和通过缅语借入的巴利语词。收词丰富，译词准确、考证精到、体例严谨，对傣族群众学习汉语、汉族人民学习傣语以及研究和翻译工作者都是一部简便而实用的工具书。

《傣仂汉词典》 喻翠容、罗美珍编著，民族出版社2004年出版。

《傣仂汉词典》是一部收录傣语西双版纳方言允景洪傣话口语词为主，用汉语释义的中型词典。词典中所收录条目包括基本词、常用词、常用四音结构词和固定词组、汉语借词和已趋于稳定的新词术语，适量收了些书面语词（包括巴利语、梵语借词），共13800余条。编排上：用新傣仂文书写的傣语条目居前，条目后有国际音标注音，注音之后为汉语释义。条目按傣仂文字母传统排列次序排列。为做到释义准确，有的条目要同时用几个汉语同义或近义词对译，居首的汉语词是傣语条目的基本义，引申、转义在其后；如无恰当汉语词语对译时，就用话语解释；有的条目，先有概括性对译，然后再一一列举出与此条目能搭配的傣语词例，比如对量词的释义就是如此；有些条目则是释义后，再列举傣语句子或短语、谚语，说明其用法或使用范围，并尽量根据实际用例区别其意义，并且兼顾到语法和词与词在搭配用法上的意义。书中同音异义词分立条目、等义词各立条目、同义异形词分立条目、由动词转化为虚词的一律另立条目。选词比较细、体例明晰、释义确切、用例丰富是本词典的特点。

词典正文前有专章介绍新傣仂文系统。首先列出新傣仂文字母与国际音标对照表，并有新傣仂文拼写说明和用国际音标转写傣仂文的规则。另外还有西双版纳方言允景洪傣话的音位系统简介，这些为从事语言学研究的学者提供了方便。词典末附有汉语释义词索引，这为不懂傣语的读者提供了便利。此书获中国社会科学院第二届（2007年）离退休人员优秀科研成果二等奖。

《傣语的声调格局和元音格局》 蔡荣男著，四川大学出版社2007年出版。

著作通过语音实验方法对傣语及泰语的声调和元音进行分析研究，将田野调查与语音实验相结合，语音学和音系学相结合，语言的社会调查和统计分析相结合，是一部较早在一种少数民族语言的几个方言之间作出声调和元音的实验分析，进行系统比较研究的论著。书中通过大量的实验数据及统计图表的分析，得到傣语德宏方言、西双版纳方言、金平方言以及泰语的声调格局和元音格局，探讨语音内部规律及共性特征，并将实验结果与前人的调查结果对照比较，解释了傣语中有争议的音值问题。同时还考察了德宏傣语方言不同年龄说话人的声调和元音系统的声学表现，讨论它们发展变化的趋势。

《傣语方言研究》 中国少数民族语言方言研究丛书之一。周耀文、罗美珍编著，民族出版社2001年出版。

此书是较全面地系统描写傣语方言的著作，分前言和绪论、语音、词汇、汉语和巴利语对傣语的影响、文字五章，书后附有五个代表点的短篇故事。前言部分简单介绍了傣语的地位和过去研究傣语的情况。第一章绪论里，介绍了傣族的人口分布和历史、方言概况。第二章语音，首先概述了傣语语音的总面貌，然后提供了方言土语9个代表点的音位系统；归纳出方言土语之间声母、韵母、声调的对应规律；最后以德宏方言芒市话为代表列出了同音字表。第三章词汇，分析了傣语的词汇特点和构词方式，作了方言土语词汇异同比较和词汇相异情况分析，排列出傣语9个代表点的两千多条常用词对照。第四章汉语和巴利语对傣语的影响，根据借词的语音形式和内容，分析出汉语借词有早期借词、近代借词和现代借词。西双版纳地区的傣族信仰小乘佛教，他们的语言和文字都受到巴利语和梵语的影响,其文字是来源于古老的印度字母体系。这种文字起先是"经书文字",有许多贝叶经,后来逐渐传入民间和官府。在傣族的书面语和口语中都借用了不少巴利语、梵语词。由于借词的引进使傣语的语音增加了不少复辅音和复音节词。第五章文字部分介绍了德宏、西双版纳、勐定、金平四种不同形体的傣文字母结构,附有文字样品,并说明了使用情况。

《傣语方言研究(语法部分)》 罗美珍著,民族出版社 2008 年出版。

本书是 2001 年出版的《傣语方言研究》的续篇。在绪言部分作者根据傣族、泰族、布依族、黎族的自称与东夷的"夷"字有对应关系,认为傣族先民属于我国上古时期的东夷集团,和从大陆迁至印度尼西亚等岛屿的原始马来族有亲缘关系。但是语言结构发生了质变,脱离了原始马来语的发展轨迹,由黏着型变成了分析型。

本书以西双版纳傣语方言为主线,系统描写傣语语法的全貌,也列举了其他方言的一些特点和例证。在构词部分着重介绍了合成词的五种构词形式:(1)词根加附加成分;(2)实词虚化后起构词作用的;(3)冠以事物的类别标志和性状标志的名词;(4)词根和词根组合的复合词;(5)四音格的组合结构。

在词类部分将词类分为十一类,着重介绍了几个有特色的词类,如:(1)由名词的性状标志发展来的性状量词;(2)由于过去社会等级分明而使用的崇敬称、尊称、自负称、谦称、通称、鄙称、卑称等的人称代词及其现今使用情况;(3)从动词虚化来的表达各种语法意义的助词;(4)在动词后面形象模拟动作发出的声音和描绘动作情貌的声貌词。

在词组部分,综合结构、内部关系及充当句子的能力三者分析,将傣语的词组分为体词性词组、谓词性词组、"的"字结构词组和介词词组。而和汉语一样的"形后名"序列结构,根据傣语的词序和结构意义处理为三种词组:(1)形述+名定(状);(2)形述+名宾;(3)形谓+名主。在句子部分介绍了句子的成分、语序、类型、语气。书后附有所使用的方言代表点的语音系统和长篇材料注音注义。

《傣语简志》 中国少数民族语言简志丛书之一。喻翠容、罗美珍编著,民族出版社 1980 年出版。

这是一部系统描述傣语的专著,书中包括概况、方言、语音、词汇、语法、文字六个部分,书末附有傣语西双版纳方言允景洪傣话和德宏方言芒市傣话的常用词各 1200 个。全书除方言部分外,采用西双版纳和德宏两个方言并列写法。概况部分,简要介绍了傣族的分布地区、傣语的使用状况,扼要介绍了傣语的特点及其与同语族语言的异同处。方言部分,首先说明根据现在掌握的材料,确定有西双版纳和德宏两个方言,但还有约占傣族人口总数 1/3 的散居地区的傣话,尚待调查研究;接着从语音、词汇、语法三方面,归纳出两个方言间差异处,并用实例和表格比较。这样两个方言间的相异处,显现得很明白。语音部分,描述了两个方言的音位系统。两个方言间语音系统上显著不同是西双版纳方言有一套短的单元音带喉塞音 ʔ 韵尾的韵母,而德宏方言没有。另外对傣语中汉语借词语音作了较充分讨论。词汇部分,分别叙述了构词、词汇特点、词汇中的借词。复合词有不带附加成分和带附加成分的两种;词汇中本民族固有词相当丰富,有些辨别入微的同义词,四音结构词很丰富;外来词除有较多的汉语借词外,还有一定数量的巴利语和梵语借词。语法部分,首先介绍了傣语各类词的特性及用法,并根据词的语法意义和句法关系,把西双版纳方言中用于句子中间表示转折或停顿的 $ni\textipa{P}^8$ 和 nan^4 归为转折助词,把德宏方言中常附着在人称代词或人称名词前的 $ha{:}\eta^2$ 归为人称助词,将两个方言中用于部分动词或形容词后的 kan1（6）归为关系助词。句法方面按句子成分分析法，详细叙述了哪些词类在句子中能充当哪些句子成分，最后分析各类句式。文字部分，介绍傣族四种拼音文字中，使用范围较广、使用人口又较多的傣仂文（西双版纳傣文）和傣那文（德宏傣文）。这两种文字在1954年都经过改进。书后附有两种文字原用字母符号和改进方案字母符号对照表。

《傣族谚语》 孟尊贤编著，云南民族出版社1985年出版第一版，2007年出版第二版。

傣族谚语是长期流传于民间的简练通俗而富有哲理性、知识性和艺术性的短语。它是傣族民间文学的一个重要组成部分。全书共收1600条傣族谚语。德宏傣文条目在前，按声、韵、调词序排列。汉文译文在后，注释说明放在括号内。

《傣族谚语》 高立士编译，四川民族出版社1990年出版。

作者1949—1980年在西双版纳傣族地区工作了三十多年，学会了傣语傣文。编译的这部《傣族谚语》，内容包括十个部分：社会形态；家庭婚姻；道德修养；生活哲理；学习与教育；卫生与疾病；宗教与迷信；风土典故；气象农谚；歇后语。左边排列的是西双版纳老傣文，右边是汉语译文，下面一行是注释或说明。这是一部了解傣族风土人情、道德理念的好书。

《傣族古歌谣》 岩温扁译，中国民间文艺出版社（云南）1981年出版。

全书共翻译傣族古歌谣76首。这些歌谣都是通过老百姓代代口头相传和赞哈（歌手）的传唱流传下来的珍品。分四辑：一、零星歌谣（生活方面的居多）；二、情歌；三、生产歌；四、颂歌（包括祭祀歌）。

《倒话研究》 中国新发现语言研究丛书之一。意西微萨·阿错著，民族出版社2004年出版。

本书是国内首部关于"混合语"的研究的著作。系统描写了藏汉混合语——倒话的音系、词汇、语法面貌，并从语音、词汇、语法、语义各层面，揭示藏、汉语言在倒话中的内在混合层次。总结了"异源结构"理论假说，用以解释倒话这样的混合语共时结构面貌和历时形成机制。

著名语言学家、原中国语言学会副会长胡明扬先生在《中国语文》（2006年第2期）就此书发表书评说："由于结构上的深度异源性，使得无法将这种语言划归源语言中的任何一方，和源语言之间是互不隶属的独立语言一样，新的混合语也不隶属于源语言中的任何一方，也是一个独立的语言；历史比较语言学的传统观点认为新语言的产生只有通过原始语言的分化这样一条途径，也就是语言发展的历史只有分化而没有融合或混合，因此从理论上否定了混合语的存在。就西方世界的语言现实而言，这样的理论并不是完全没有事实根据的，但是中国发现的大量混合语的现实显然足以弥补这种理论的片面性。"

"作者提出的有关混合语的理论不仅是对以往有关混合语理论的重大突破，而且对不少语言研究领域具有启示作用。长期以来关于汉藏语系的发生学研究碰到难以解决的困难，因为过去的历史比较语言学的理论从原则上不承认语言的融合或混合有可能产生新的第三种语言。如果承认语言融合可以诞生新的语言，而且这种新的混合语通常在词汇和语法子系统方面会呈现异源结构的现象，那么汉语就可以确认为一种典型的混合语，词汇来自原始羌藏语，语法来自古百越语言，而这就和中国古代史记载的操原始羌藏语的黄帝族和操原始百越语的东夷族和蚩尤族、炎帝族融合而成华夏族或后世的汉族的历史事实一致了。当然，这仅仅提供了一种可能性，细节和更多的历史和考古证据还有待进一步探索。"

《道布文集》 中国社会科学院学术委员文库之一。道布著，上海辞书出版社2005年出版。

本文集共收入三十几篇文章，大部分是对蒙古语中前人尚未涉及或者研究不多的一些领域作补充性的描写和分析；或者把一些语音学范畴和语法学范畴运用到蒙古语研究上，加深了对蒙古语结构的理解，做了新的阐发，如：蒙古语句子结构分析、蒙古语中的吸气音、蒙古语口语中的词首辅音弱化现象等。有几篇是关于语文政策的文章，反映出作者从事学术领导工作的一面，如：少数民族语言文字在社会主义初级阶段的地位和作用，关于创制少数民族文字问题的几点反思，语言活力、语言态度与语文政策——少数民族语文问题研究等。有两篇是对师长和领导（清格尔泰、傅懋勣）的学术传记性文章。

《道孚语格什扎话研究》 多尔吉著，中国藏学出版社1998年出版。

道孚语是所谓"非藏语群"之一，使用人口约为4万人。分布在四川甘孜藏族自治州的丹巴县和道孚县以及阿坝藏族羌族自治州的金川县和壤塘县的部分地区。其民族成分是藏族。本书所介绍的道孚语即现今学者普遍所指的"尔龚语"。本书分四部分：第一部分 格什扎话结构分析，分语音、词汇、语法三个方面；第二部分 方言，与卓克基话作比较；第三部分 格什扎话支属问题，分别与藏语比较、与卓克基话比较；在小结里，作者说，道孚语是不同于嘉戎语的一个独立的语言。书末附有1582个常用词的词表。

《德昂语简志》 中国少数民族语言简志丛书之一。陈相木、王敬骝、赖永良编著，民族出版社1986年出版。

德昂语是德昂族使用的语言，属南亚语系孟高棉语族佤德昂语支，分布在云南潞西、镇康、保山、瑞丽、陇川、梁河、盈江、和永德等县，使用人口约16万人。在国外的缅甸，约有10万人使用。德昂语分纳昂、若买、布雷三个方言。简志以纳昂方言为准对德昂语进行介绍。本书分概况、语音、词汇、语法、方言5章。全面地介绍德昂语的情况。对一些比较特殊的语音现象作了详细的描写、分析和研究。书末附有一千多个词的词汇附录。

《德宏傣语同音词典》 郗卫宁、周耀文、方峰和编撰，孟尊贤审订。民族出版社2005年出版。

本书是用汉字对德宏傣语同音词进行注释的词汇集和词义集。编著本书的主要目的如前言所说："为了帮助在德宏州工作的傣族、汉族和其他民族教师、干部学习傣语词汇，对照学习汉语词汇，确切理解傣语字义而编写。""为从事傣语、泰语、壮语、侗语、黎语等同一语族语言比较研究者提供参考。"本词典有两个主要特点：其一以同音词为切入点，对德宏傣语词汇进行收集、整理，按傣文韵母次序进行表格式排列编撰。其二拟订了一个"傣文声韵母汉语拼音注音表"，能够帮助懂汉语拼音方案的使用者掌握傣语读音。

《德宏傣语地名汉字译音规则》 武振华、周耀文、方峰琴合编，国家测绘局发布。测绘出版社2001年出版，全书117页（16开本）。

本《译音规则》（下简称《规则》）内容：规定本《规则》适应范围——傣语德宏方言区；本《规则》以德宏芒市话为标准，音译的汉字读音以汉语普通话为标准；简化字以1956年中国文字改革委员会公布的简化字为标准；本《规则》的拉丁字母体式和表音体系以《汉语拼音方案》为共同基础，其音节结构形式以傣语本身的音节结构为依据，不受汉语普通话音节结构的限制。

《滇川黔桂彝文字集》 由滇川黔桂彝文协

组组织彝语文专家、学者共同整理编译，云南民族出版社、四川民族出版社、贵州民族出版社2004年出版。

本书广泛收集四省（区）彝文古籍文献中的单字，按各地音位系统和同音字分组排列，注明其义项，汇编成集，分云南禄劝武定卷、云南宣威卷、云南红河玉溪卷、云南石林卷、云南弥勒卷、贵州卷、广西卷、四川卷8卷，共收录彝文单字87 000多字。

《电脑辅助分析语音与词汇》 罗安源、廖乔婧（英）、叶典良（美）、白丰霖（英）合著，民族出版社2001年出版。

该书由"语音分析"、"词语分析"、"词典库设计"3部分组成，分别从声学的角度阐述语音构成的原理以及如何采用新科技手段辨析语音，从实用的角度阐述词汇的构成以及词语收集原则与方法，从实用的角度阐述如何建立语言词汇数据库和编纂词典。既是中外语言学者合作的成果，也是电脑科学与语言科学结合的产物，是田野语言学者的一部重要参考书。

《电脑语言学基础》 罗安源、李锦芳、傅爱兰、张铁山、周国炎、欧木几、哈敬军合著，中央民族大学出版社1993年出版。

由电脑构成及使用、电脑与文字处理、电脑与语词汇处理、电脑与句法处理、语言分析软件示例等部分组成，是较早出版的一部介绍利用电脑软件研究少数民族语言的专著。

《东巴文化与纳西哲学》 李国文著，云南人民出版社1991年第1版，1998年12月第2次印刷。

本书属1988年国家社会科学基金资助立项的项目。书中从对古代纳西族语言、象形文字、《东巴经》以及语言、文字、典籍所包含的原义考察入手，系统探究了古代纳西族的时间、空间、原始阴阳（公母）观念的起源、认识和发展；探究了古代纳西族语言、文字、经典中所包含的诸如原始宇宙观念、人类及其生命原始起源观念、原始五行观念的起源和发展以及五行在社会生产生活领域的运用；探究了语言、文字中所包含的原始青蛙八卦的起源和运用等原理。此书属国内较早出版的专门研究少数民族哲学思想的专书。书出版后，季羡林先生于1994年2月《中国文化》第九期《关于"天人合一"思想的再思考》一文中作了引用和评论。任继愈先生认为"这本书是从第一手原始资料入手，有实际内容，不是泛泛议论"的著作（任继愈先生1996年10月22日给笔者的信）。

《东部裕固语简志》 中国少数民族语言简志丛书之一。照那斯图编著。民族出版社1981年出版。

东部裕固语属阿尔泰语系蒙古语族，分布在甘肃张掖地区肃南裕固族自治县的康乐、红石窝、青龙和北滩、东滩等地。使用人数约4千余人。本简志分概况、语音、语法、词汇4部分，书后附有常用词740余个的词汇附录。在概况里，介绍裕固族使用了3种不同的语言：东部裕固语、西部裕固语和汉语。主要介绍东部裕固语的全面情况。语音分元音、辅音、连音变化、元音和谐、音节和重音6个方面进行介绍。

《东乡语词汇》 布和著，内蒙古人民出版社1983年出版。

该词汇收词4000余条，是东乡语词汇材料收词最多的一本工具书。日本学者栗林均以《东乡语词汇》为底本，编写了《〈东乡语词汇〉蒙古语文索引》一书，给包括《东乡语词汇》在内的《蒙古语族语言方言研究丛书》给予很高的评价。认为"这套丛书的公开发表，使蒙古语族语言进入了可以进行真正历史比较的新阶段"。

《东乡语和蒙古语》 布和著,确精扎布校阅,内蒙古人民出版社 1986 年出版。

该书是国内外东乡语与蒙古语比较研究的第一部专著,作者较详细地论述东乡语与蒙古语之间的语音对应关系。指出东乡语在蒙古语族语言中具有重要地位。在语法方面,指出东乡语与蒙古语同源的构形附加成分,还举出许多例证说明东乡语构形附加成分所表示的不同于蒙古语的语法意义和特殊用法。在词汇方面,分析东乡语所保存的与中世纪蒙古语和现代蒙古语相同的词,探讨了同源词在东乡语中的词义和特殊用法。该书获 1987 年内蒙古第二次哲学社会科学优秀成果二等奖。

《东乡语话语材料》 布和收集整理编写,内蒙古人民出版社 1987 年出版。

本书的话语材料全部用国际音标记音,附有汉语和蒙古文对照。内容包括民间故事、传说、童谣、谜语、日常会话以及东乡族的风俗习惯等材料,为深入研究东乡语提供了丰富的语言资料,对研究东乡族民间文学和民俗学也有重要的参考价值。

《东乡语简志》 中国少数民族语言简志丛书之一,刘照雄编著,民族出版社 1981 年出版,8.5 万字。

分概况、语音、词汇、语法四个部分,并有词汇附录 670 余个单词。在概况里简单介绍东乡族及其语言的基本情况和特征。语言部分分析了元音、辅音和语音的结合。词汇部分从词汇特点、词汇的组成和简要的构词法三个方面论述。语法部分按词类、实词的语法范畴和形态、虚词的用法、句子成分、词的组合、句子类型六个方面进行分析。

《侗汉词典》 中国少数民族语言系列词典丛书之一。中国社会科学院民族研究所主编,欧亨元编著,民族出版社 2004 年出版。

侗族居住在贵州、湖南、广西,人口 296 万余人(2000 年),贵州侗族人口占全国侗族人口的 60% 左右。本词典是以侗语南部方言为基础,兼收各方言土语的词目共 23000 多条。其中单音节词近万条,多音合成词包括词组、俗语、成语、谚语等一万余条。词条按照侗族文字方案字母和声调顺序排列,音节结构以声母、韵母、声调组成。条目以侗文字母次序排列。条目注明词性,汉译在后。现代汉语借词暂不收录。

《侗汉简明词典》 贵州省民族语文指导委员会研究室、中国科学院少数民族语言调查第二工作队编,贵州民族出版社 1959 年出版。

中国第一部侗汉对照词典。以侗文标准音点——贵州省榕江侗语词汇为主,同时兼收在其他方言土语中普遍使用的词语和现代汉语借词。收词 8600 多条。按照拉丁字母顺序排列,侗文、汉义对照,并标明词类。常用词有 1~3 个例句;同音词分列条目;方言词汇用特殊记号标出,部分方言土语词附有注释;现代汉语借词用汉语拼音方案标出普通话语音,并标明词类。正文前附有侗文字母表、侗文声韵调和国际音标对照表汉语拼音方案。

《侗台苗瑶语言的汉借词研究》 曾晓渝、岳静、冯英、赵敏兰、甘春妍合著,商务印书馆 2010 年出版。

该书系统性地研究侗语、水语、仫佬语、壮语、瑶语、畲语里的汉语借词,用层次分析法将侗台苗瑶语里的汉借词分成了不同的历史层次。因汉借词的读音要受本族语言音系的制约,同时也会反映当时当地通用汉语方言的基本特点,所以透过汉借词,可以了解少数民族语言自身及相关汉语方言的历史演变。书中的语料均为作者们分别 10 次赴少数民族地区进行田野调查所获的第一手资料,材料真实可信。

《侗台语比较研究》 石林著，天津古籍出版社 1997 年出版。

本书是作者近 20 年来在国内各种学术刊物上发表过的论文，计 21 篇。有些文章比较重要，如《侗族、侗水族和侗台族的自称及其演变》、《我国少数民族人名的结构及其语言文化背景》、《壮侗语族民歌共同的韵律特征》、《侗族的三大文化瑰宝》、《论侗台语辅音韵尾的发展》、《侗语声调的共时表现和历时演变》、《侗语的变音变调现象》等。

《侗台语概论》 倪大白著，中央民族学院出版社 1990 年出版。

本书共九章：第一章，概述百越与侗台语各民族的关系。二、三、四三章分述侗台语族的壮傣语支、侗水语和黎语支诸语言的语言概况和特点。第五章，一些与侗台词有关但还不一定属于这一语族的语言，如仡佬语、拉基话、木佬语、俅话、三亚回语等。第六章，语言结构的专题研究。在这一章里，作者提出了一些新的看法，如声调起源，类型转换，送气声母的有无，数词探源等。第七章专谈系属问题，作者用印度尼西亚语，几种台湾的高山族语，三亚回语与壮傣、侗水、黎三支语言的对比和分析，得出这些语言确实经历了从南岛语型变为汉语型的类型转换过程。第八章，语言与文化。是从国内的侗台语族语言中搜集的有关文化语言学内容的生动资料，是研究语言与社会历史、民族关系以及民族文化最切实有据的科学素材，为了不至于喧宾夺主，只列了"稻、谷、饭"、"铁"、"海和鱼"、"五和手"、"九＝二八"五条。第九章，文字。介绍了"傣文、壮文、侗文、水书"五种文字。

《侗台语族概论》 梁敏、张均如著。中国社会科学出版社 1996 年出版。

通过现今侗台语族各语言和方言的情况，研究侗台语诸语言的共同原始形态，构拟它们原始的声母、韵母和声调。全书分导言、侗台语族的一个"新语支"、侗台两语支概述、原始侗台语音类的构拟、语法概要五章。在导言一章里，结合考古、民俗、历史、文化、语言等方面的材料，论述各族源流和他们在分离时的特点。其余的篇章主要着重原始侗台语音类的构拟。全书利用了 23 个语言代表点的材料。

《侗台语言与文化》 李锦芳著，民族出版社 2002 年出版。

侗台语民族分布在中国中南、西南地区及东南亚，包括壮、布依、傣、侗、水、仫佬、毛南、黎、仡佬及泰、老挝、掸等民族，人口近 9 千万。侗台语民族语言和历史文化研究在国内外颇受关注。本书以语言学理论方法及材料为出发点结合民族学、民族史及其他相关学科的材料，从一个新的角度阐释侗台语民族丰富的文化底蕴。

全书共分七章。第一章导论，论述了语言与文化的关系，侗台语民族及其文化基本特征、侗台语族语言和侗台语言、民族研究情况。第二章语言与民族历史，论述了百越语与侗台语的源流关系、族称嬗变、语言与民族源流及族群分化、语言与民族融合。第三章语言与古代社会，论述了语言与古代社会制度和婚姻家庭制度的关系。第四章语言与农业文化，论述了语言与稻作、茶、纺织技术、棉麻等农作物的栽培的关系。第五章语言与古代生活、经济，分别从聚落建筑、饮食文化、服饰起居文化、精神生活、交通商贸和百工技艺等六个方面进行了论述。第六章地名及其文化蕴意，论述了地名结构及其与民族史、经济生活的关系。第七章姓名及其文化蕴意，论述了人名结构、姓氏的起源、百越族系人名问题以及地名、人名与语言演变的关系。

《侗语简志》 中国少数民族语言简志丛书之一。梁敏编著，民族出版社 1980 年出版。

侗族主要分布在贵州黔东南苗族侗族自治州，湖南新晃侗族自治县和通道侗族自治县，广西三江侗族自治县、龙胜各族自治县和融水苗族自治县。人口约有296万余人（2000年）。在聚居区内使用侗语，部分人兼通汉语。侗语属汉藏语系壮侗语族侗水语支。侗语分南北两种方言，本书所介绍的侗语以南部方言贵州榕江县车江侗语为依据。分概况、语音、词汇、语法、方言、文字六章。概况一章，介绍侗族的分布和人口情况，侗语的使用情况和侗语与同语族语言的异同情况。语音一章，除介绍侗语的语音系统以外，还介绍汉语借词的语音，分老借词和新借词叙述。词汇一章，介绍侗语词汇的一般情况和汉语借词的一般情况，侗语固有词和汉语借词的构词方式。语法一章，分词类、词组和句子成分、句子的语气和结构、汉语语法对侗语的影响四节。方言一章，介绍侗语方言、土语的分布和主要特点，南、北方言各土语的特点。文字一章，除介绍过去侗族知识分子利用汉字记录侗语的情况外，着重介绍新创的侗文方案。

《侗语与文字推行》 天柱县民族事务委员会、天柱县印刷厂1986年，以内部书籍出版发行。

本书主要内容：从侗族地区语言实际情况出发，从不同角度论述推行民族文字的现实和长远意义。实践证明母语文字易学易懂，但它毕竟是一项新生事物，需要有一个认识过程。以党的民族政策和民族语言政策为基础出发点，因势利导地做好民族语文工作，这是时代赋予的重任，作为民族语文工作者应该为民族语文工作做出应有的贡献。书中也有一些侗语文字学术性研究和探讨。

该书1986年出版发行后被入选《贵州省志、民族志、侗族语言文字部分选目》（264页）。入选《黔东南州志、社会科学志》（155页）。

《侗语语法》 天柱县民族事务委员会、天柱县印刷厂1986年以内部书籍出版发行。

本书主要内容：第一章 绪论：侗语特点、侗语语法特点。第二章 词类：名词、量词、数词、代词、动词、形容词、副词、介词、助词、感叹词。第三章 词组：各种词性组合、名词性词组、动词性词组、形容词性词组、联合词性词组、复指词组。第四章 词与词组的结构形式：单纯词结构、单音单纯词、多音单纯词、合成词结构、联合式合成词、偏正结构、动宾结构、补语结构、修饰结构、介词结构、助词结构。第五章 单词：句子、句子形式、句子成分、主语、主语句、无主语省略句、主谓句、名词谓语句、动词谓语句、形容词谓语句、宾语句、双宾语在句子中的不同形式。第六章 侗语方言语法及其音变特点：侗语方言语法音变现象、人称代词修饰名词领属关系、表示领属、称谓名词和数词的异同现象、人称代词和数量词的异同现象、侗语量词和数词结合音变异同现象。第七章 复句：分句中主语出现的异同现象、名词分句主语一般先后顺序、分句之间的联结关系、并列复句、联合复句。

附录：侗语南、北方言民间口语（民间故事）材料两篇，约4万字。

《侗族民间文学史》 杨权著，中央民族学院出版社1992年出版。

本书以20世纪50年代自编合写的《侗族文学概况》和80年代《文学概论》为基础，结合作者最新研究成果，对历史上各个时期丰富纷繁的侗族文学作品和类型进行了系统分析。由于缺乏文字记录，民族民间文学史研究中一个大的难题就是作品的断代和分期，作者遵循以内容为依据的原则，从独特的视角入手，以侗族历史文化发展为参考来确定其创作年代，选取各时期、各类型的代表名作，就作者、内容、结构、风格、成就诸多方面深入探索，从而勾勒出从远古到唐宋元、明清、民国和现代侗族民间文学一脉相承的清晰发展轨迹。全文把握侗族以歌为尊的主轴，论述全面。《侗族民间文学史》分绪论、远古时期的民间文学、唐宋元时期的民间文学、明清时期的民间文学、民国时期的民间文学、新时期的民间文学，并附有详细的参考书目。其中绪论部分简单介绍侗族的历史和分布，语言文字情况，对侗族民间文学作品类型分类所采用的"遵循传统，名从主人"的标准，归纳鉴别出侗歌、款词和白话、神话/故事/传说、侗戏、谚语、谜语六大类别，以及文学历史分期的框架。第一章（远古）古歌（即起源之歌）和神话，以较大篇幅对《起源之歌》的语言艺术进行剖析，总结出其句型结构、歌段结构、重章叠唱、叠音叠句、对句排句、赋而比兴等文学内涵。第二章逐个介绍著名的《祖公上河》、《萨之歌》，说唱文学代表作《美道之歌》和《采桑节歌》，款组织和侗族律法核心文本《六面阴六面阳》、《从前我们做大款》等，北部方言区的白话类情话、吉利话、说古，以及早期动物、风物传说故事。第三章是最重要的章节，对文学对象主体的侗族大歌、叙事歌、情歌、侗戏、农民起义之歌、传说故事、谚语、著名歌师和戏师的基本情况、流传区域、艺术特色、代表名作逐一进行论述，总结出了传统侗族诗歌韵律结构，并归纳整理出"侗族二十四大韵"。第五章介绍分析《辛亥歌》、诉苦歌、红军歌等与时代主题紧扣的文学类别和代表作。最后一章侧重介绍新中国成立后新编侗歌（忆苦歌、颂歌、建设歌），侗戏的繁荣、改革和发展，同时综合论述了新中国成立五十年来侗族民间文学的搜集整理和翻译出版。本书是汇聚作者五十年教学科研精华大成之作。

《侗族史诗——起源之歌（共四卷）》

杨权、郑国乔整理译著，辽宁人民出版社 1988 年出版。

侗族历史上没有文字，所有民间神话传说和歌谣开始完全靠口耳相传，后来懂汉文的歌师戏师等知识分子尝试用汉字来记录侗语语音，大量存留和创作本民族的口传文学作品。由于缺乏规范，认读和辨义有相当的困难。本书汇总 1955 年开始从各湘黔桂侗族地区搜集而来的"汉字记侗音"浩瀚手稿文本，按照"汉字记侗音"原文—侗文—直译—意译四对照的科学分析格式，严谨析音，精确辨义，异版互证，在恢复侗语词原貌的基础上，以信实为首则，争达求雅，力求反映原作品特有的内涵意境和优美的音乐节奏感。在每篇的末尾对文中出现的侗族特有的文化事项和疑难语词进行加注解释，同时对诗篇的历史背景、文化环境和前后衔接进行提示和评论。全书分"开天辟地"、"祖公上河"、"款"三大部分，共计 5500 行，内容涵盖民族历史、神话传说、迁徙定居、民族关系、文化风习、民族习惯法等，涉及 300 多个地名，280 余个神鬼人物。其中"开天辟地"主要阐述人类和万物的起源，包括龟婆孵蛋、章良章妹、蜾蠃射日、星郎变万物等具有鲜明侗族文化特色的天地之源的解释；"祖公上河"描述祖先千百年来迁徙和定居各地的历史，包括迁徙原因、分支过程、破姓开亲、信仰习俗、民族英雄等；"款"则是以韵文形式传存的侗族民间习惯法，是各村寨和村寨内部对外共同抵御敌人，对内协调关系、维持秩序、弘扬道德的法律条文。整部著作是把不同时期创作作品以主题连贯起来的，各部分又有相对的独立性，是继苗族史诗整理出版后又一部体制庞大、结构完整、内容丰富、诠释科学的南方少数民族史诗，对于侗族文化、中国各民族史诗和南方民族古籍整理研究有标志性推动作用，产生了较大的学术反响。

《侗族谚语》

杨汉基、石林等编著，贵州民族出版社 1996 年出版。

本书的谚语包括：人生哲理、劝世训诫、伦理道德、奋斗立业、民族风俗、农事气象、乡规民法、爱情婚姻、比喻、命运共十篇，以侗文和汉语意译对照出版。

《独龙语简志》

中国少数民族语言简志丛

书之一。孙宏开编著,民族出版社 1982 年出版,17.2 万字。

独龙语是我国独龙族使用的语言,属汉藏语系藏缅语族景颇语支,分布于云南怒江傈僳族自治州贡山独龙族怒族自治县,人口较少,有 7400 余人(2000 年)。在国外,主要分布于缅甸北部。本书主要以贡山的独龙语为代表进行介绍。分概况、词汇、语法、方言和语法 5 部分。在方言部分,把独龙语分为独龙河方言和怒江方言,并从语音、词汇和语法上进行比较。书末附有一千多个常用词的词汇表。

《敦煌吐蕃汉藏对音字汇》 周季文、谢后芳著,中央民族大学出版社 2006 年出版。

本书的主体由三部分构成。第一部分是按汉语拼音次序排列的《汉—藏古今字音对照表》,共列汉字 1432 个。表分 9 栏:(1)汉今音——现代汉语读音,用汉语拼音方案。(2)字——汉字依原件用繁体字。(3)声韵呼等调——中古汉语的声母、韵类、开合口、韵等、调类。(4)拟音——构拟的中古汉语音,用国际音标。(5)藏文——与汉字对音的藏文,用印刷体。(6)古音——用国际音标。(7)安多——现代藏语安多方言的夏河音。(8)拉萨——现代藏语卫藏方言的拉萨音。(9)出处——拉丁字母为出处材料篇名之代号,数字在圆点前的表示行序,圆点后的表示字序。第二部分是《藏—汉古今字音对照表》,共列藏字 1169 个。表分 9 栏,1—8 栏的内容与上表相同,但 1—4 和 5—8 的位置互相对调;第 9 栏拉丁字母为出处材料篇名之代号,后面的数字表示出现的次数,无数字的表示只出现一次。第三部分是《汉藏对音语料》。语料共 18 种。注音本以汉字、藏文、转写的次序三行对照排列,音译本以藏文、转写、汉字的次序三行对照排列。

本书的特色一是材料丰富。材料来自 18 种文献,是同类著作收集材料最多的。二是双向比较。前人研究汉藏语音比较时,多是从汉到藏的单向比较;本书将比较分为从汉到藏和从藏到汉两种方向进行,分别制作了《汉—藏古今字音对照表》和《藏—汉古今字音对照表》。三是充分利用表格。藏字的古音和今音一目了然。藏语的今音,标注有代表性的方言拉萨音和安多音。藏文用印刷体,藏文转写用国际音标。表格的"出处"一栏中,有文件名称的代号与行序、字序。据此可以追溯出一个字的语境,从而找出一些音变"例外"中的规律,甚至发现原件中的错误。

《敦煌藏文吐蕃史文献译注》 敦煌少数民族历史文献丛书之一。黄布凡、马德编著,甘肃教育出版社 2000 年出版,32 万字。

本书研究的是出自敦煌石窟的关于吐蕃历史的古藏文写卷。原写卷于 1907—1908 年由英国人斯坦因和法国人伯希和分别盗运、分藏于伦敦印度事务部图书馆(后改为大英博物馆图书馆)和巴黎国家图书馆,巴黎国家图书馆于 1978—1979 年从两处选取了一部分编辑出版了两集影印本,本书依据的即此影印本。

写卷的藏文比较古老。本书"序言"中谈到,根据其文字特征与有明确年代标志的《唐蕃会盟碑》(立于彝泰九年,长庆三年,即公元 823 年)相近,再结合其内容考虑,推断其成卷年代为 8—9 世纪。写卷的内容包括长达 105 年(650—763)的吐蕃王朝编年史;西藏古代诸小邦邦主邦臣序列;吐蕃赞普世系;大论世系;著名赞普、尚论的传记。这些写卷对研究藏族古代的社会、历史、民族、宗教、民俗、文学、语言、文字等诸方面都有十分珍贵的价值。

本书内容分为 5 节,第 5 节又分 13 小节。每一节都有自影印本转录的藏文原文,汉文译文,词语注释,人名、地名、事件笺证(从汉文史料中找出与藏文相对应的人名、地名和相关事件的记载)。书末附录中有人名(含姓、氏)索引,地名(含邦、国、族名)索引,吐蕃赞普名序表,《贤者喜宴》（成书于公元 1564 年的藏文历史名著，有多处可与写卷的"编年史"、"传记"等部分互相印证）节录和译文。本书开头有十几幅照片，有些是摄自敦煌莫高窟壁画中吐蕃赞普的画像，有些是藏文写卷的影印页。

在本书出版之前，已有不少国内外学者对这些文献做过大量研究工作（"序言"部分有介绍）。本书在前人研究的基础上对以往的译注本做了一些改进，如：加强对原写卷藏文转录的准确性（凭借影印本，纠正巴科等人书中的拉丁转写在认读上的不少失误）；吸收和利用新近研究成果，加深对藏文原文的理解（国内外发表了不少研究这些写卷或别的写卷中有关词语的文章，借鉴其中好的见解）；尽量多与相关民族或国家的有关史料（如唐史、南诏史、西域史、尼泊尔史、不丹史等）对比，起到互相印证、补厥史实、了解其历史背景的作用；按一般写史方式，以人物和事件时代的先后排列顺序（原写卷编号打乱了此顺序），便于读者查找和选读等。

《鄂伦春语简志》 中国少数民族语言简志丛书之一。胡增益编著，民族出版社 1986 年出版。

鄂伦春语是我国鄂伦春族使用的语言，属阿尔泰语系满—通古斯语族北通古斯语支，分布在内蒙古自治区呼伦贝尔盟鄂伦春自治旗、莫力达瓦达斡尔族自治旗、鄂温克族自治旗和黑龙江的逊克县、爱辉县塔河县、呼玛县等地，使用人口很少，有 8100 余人（2000 年）。

本简志是根据李树兰、王庆丰于 1962 年在内蒙古鄂伦春自治旗调查鄂伦春语所得的材料编写而成。分概况、语音、词汇、语法等章。书末附有 1000 余基本词的附录。

《鄂伦春语研究》 胡增益著，民族出版社 2001 年 8 月出版。

《鄂伦春语研究》是在 1986 年出版的《鄂伦春语简志》的基础上做了全面修订并增加了新内容而成。对于音位系统，作者归纳为，语音结构简明，单元音丰富，复元音很少，元音发音长短可以区别意义，阿尔泰语系语言 8 个元音阴阳匹配的格局在鄂伦春语里还能比较清晰地表现出来，在辅音系统中，塞音、塞擦音不分清浊，语音结合有大量同化现象，其中逆同化的现象最丰富。鄂伦春语的构词法有派生法、合成法、移植法和对称法。前两种是能产生的，后两者是历史上的。在派生法中列举了约 60 种附加成分，在移植法中指出，由移植而产生的词，可能是由动词移植到名词的。在对称法中归纳了各种语音交替而形成的对称，列举了约 50 个实例加以说明。该书通过众多的语法现象归纳出鄂伦春语的语法体系。根据一个词有没有黏着能力，黏着哪类附加成分划分词类。在名词格的范畴中特别提到一些格中的分立是缘于含有确定和不确定的语法意义。对于领属范畴，作者认为应从广泛的意义上去理解，指出领属附加成分有时表示的不是纯粹的领属关系而是这个事物与那个人称的人或物或与自己有关，有时则是指出所指称的人或物是前面曾经提到的人或物。在鄂伦春语中，把表方位的词划为一类。方位词的特点是大都两两成对，每对词的词义都是对称的。在鄂伦春语中，说话人在表示动作具有某种性质、某种情况，进行动作带有某种情况时，不需要在表示动作词的前面加修饰语，而用黏着某种附加成分的方法，从而构成动词的一种范畴，该书把动词这个范畴叫作"体"。"体"包括了约 15 种名称。在陈述式时的范畴里列举了 6 种时态。在祈使式里划分出即行祈使式和延迟祈使式两种。该书把动词副动形式分为带人称领属附加成分的人称副动形式，带反身领属附加成分的反身副动形式和不带上述两种附加成分的副动形式。在句法中列出了四种句子结构，分析了结构成分、句子类型。在"词汇"部分，作者指出从词汇特色看，鄂伦春语是狩猎经济文化型语言，作者从这个角度做了些介绍，如有一批地势名称与狩猎有密切关系，对主要狩类对象的性别、年龄在语言名称上都有细微的区分，有丰富的野生植物名称，对不同季节的毛皮都有不同的叫法。此外，从过去的生活在语言中留下的痕迹可以找到反映母系社会的影子。在"词汇组成"这部分列举了约 80 个满—通古斯语族语言共有的词。通过对比、分析确定在词汇中的借词成分。在"词汇的发展和变化"一节，对旧词和新词、词义的发展、同音词和同义词都通过具体实例进行了分析。

《鄂温克语简志》 胡增益、朝克编著，民族出版社 1986 年出版。

本书描写的是内蒙古自治区鄂温克族自治旗的辉（河）苏木的鄂温克话。"概况"部分简述了有关鄂温克民族的情况和鄂温克语的特点。"语音"部分分析了元音系统和辅音系统、音位及其变体。指出元音 I 和 i 的发音虽然相近，但在第一、第二音节它们之间的区别还比较清楚。ee、EE 没有相对的短元音，而且不出现在词首，辅音同它们结合产生腭化现象。该书描写了叠辅音，叠辅音读若长辅音，从语音变化的规律看是由于语音同化作用而产生的。叠辅音不出现在词首也不出现在词末。叠辅音不构成独立的音位。词类是依据词的黏着能力或分布特征来划分的。鄂温克语的格有它的特点，从来源上看，一些格的构成有双重格的性质。有以区分确定/非确定语法意义而形成对称的格。用来表示方位或兼表方位的格较多。鄂温克语的动词居于句末，是句子的主要组织者，出现在句子里要具备必要的语法形式，该书对这些语法形式从构成到表达的语法意义都做了较细的分析。该书对句法体系的叙述所采用的观点和对鄂伦春语句法的叙述所取用的观点是一致的，即把句法体系看成短语体系。划分短语首先着眼其性质和功能，共划分为六种短语。句子形式都孕育在短语的形式中。不同性质和功能的短语又根据其组成成分之间的关系做了进一步分类。每种短语通过横向和纵向扩展成为复杂的短语、多层次的短语，从而满足表达复杂意思的需要。"词汇"部分叙述了鄂温克词汇的一般特点，着重说明新词构成的方法和手段。从大量举例中可以看到鄂温克语构词附加成分丰富，合成法在词汇发展中所占的重要位置。在"方言"部分，通过对比语音、词汇、语法方面的差异划出海拉尔方言、陈巴尔虎方言、敖鲁古雅方言。附录约 1000 个常用词。

《二十世纪的中国少数民族语言研究》 戴庆厦主编，书海出版社 1998 年出版。

该书论述了 20 世纪中国少数民族语言文字研究的成果，以及在民族语言教学、科研等方面所取得的成就及研究方法，为我国少数民族语言研究和教学提供了依据。研究对象主要涉及国内 56 个民族所属的汉藏语系、阿尔泰语系、南岛语系及南亚语系。此外本书还介绍了新中国成立以来在民族古文字方面所取得的成绩和经验。

《发音语音学》 罗安源著，中央民族大学出版社 2005 年出版。

全书分为"发音语音学的任务"，"发音基础"，"擦音"，"塞音"，"鼻音、声门音"，"齿擦音、边音、塞擦音"，"元音音区"，"主要元音"，"斗元音、清化元音、鼻化元音"，"上腭音、小舌音、齿龈音"，"语音、语音丛"，"语音节律与风格"，"少数民族语言音例"共 15 章。自始至终以音素为核心，结合中国少数民族语言和汉语方言的语音实际，参照世界上其他民族的语音现象，比较全面、详尽地描述了人类发音器官的构造以及各民族语言的发音要领，介绍了与发音有关的基本知识和训练方法。在理论和方法上，对 20 年前作者提出的"音区论"阐释更为清晰，在辅音的发音部位上，在"喉腔、咽腔、鼻腔、口腔"之外，增加了"唇腔"；对舌体的分析，在"舌尖前、舌尖中、舌尖后、舌面前、舌面中"之外，将"舌面后"与"舌根"加以区分；对气流的分析，提出了"呼气、吸气、挤气、缩气"的不同作用；对唇状的分析，提出了"圆唇、展唇、舒唇"和"突唇、方唇、扁唇"的区别；对声调的分析提出了"声调场"，"高调域、中调域、低调域"等概念。书中针对每一部分的内容安排了自学作业，书后提供了60多种语言和方言的2700多条各有特色的语音实例，便于教学和研究参考。

《方块壮字研究》 覃晓航著，民族出版社2010年出版。

（1）该书论述了从明末至今中国学者对方块壮字的研究，展示了各个历史时期方块壮字的研究成果，并对诸研究者和代表作以及他们的观点、建树进行了客观的评价，总结了前人研究方块壮字的理论和方法，在此基础上推进自己的研究，以启迪后人的探索，促进方块壮字研究的发展。（2）本书对方块壮字的造字法进行了重新分类和诠释，并发掘了"截都"、"添笔"、"减笔"、"转音"、"笔画"、"融体"等方法，这对于全面认识方块壮字的结构类型、丰富文字理论宝库有重要意义。方块壮字是一种以注音为主，释义为辅的借源文字，其发展经历了表音——表音兼表义阶段。这对以往人们确定的文字发展的"表意——表意兼表音——表音"的三段论作出了补充。（3）首次全面概括了方块壮字的字音为汉语古音、汉语粤方言音、汉语西南官话音、区域性壮语语音。这对认读方块壮字，研究汉语方音、壮语方音及汉语语音史都有参考价值。（4）首次揭示了方块壮字形体差异的5个原因，使人们进一步认识到方块壮字的复杂性及其难以成为统一文字的原因，为解决方块壮字一字多形的问题提供了切入点，对方块壮字的统一规范起到了一定的作用。（5）首次总结了方块壮字形体演变的5个阶段，这对方块壮字字体演变历史的研究具有开创意义。（6）首次论述了方块壮字的教育，彰显了方块壮字的使用价值。（7）破解一大批前人留下的和古今字典未释的不明方块壮字，并第一次全面系统地对方块壮字的偏旁符号进行了诠释，在阐明方块壮字的形体、意义、声音及三者的关系方面有所建树，从而推动了方块壮字形、音、义三位一体的研究和方块壮字字源的探索。（8）第一次向世人公开家藏几百年的清代稀世之宝——方块壮字清抄本，这对研究清代方块壮字乃至整个方块壮字史有重要的参考价值。

《方言学》 白音朝克图著，内蒙古人民出版社2007年出版。

本书内容分上、下两部。上部"方言学概论"分四章：导论、方言研究的兴起和方言学的形成、方言的产生及其发展、国际音标，并在上部后附有：附录（1）国际音标（1996）表格和图解；附录（2）发表于1996年的英文版国际音标；附录（3）发表于2005年的英文版国际音标；附录（4）方言调查实践等内容。"方言学概论"中，作者第一次系统地论述了普通方言学的诸多问题。作者阐述了"方言"一词的产生及其内涵、方言学的分类、方言研究方法的分类、方言学与其他一些学科的关系，在中国、俄罗斯、法国、德国和欧洲其他一些国家方言研究的兴起和科学的方言学的形成过程，在人类语言中方言的形成和发展、方言和语言的区别、方言和共同语的关系、方言与社会习惯语的关系等诸多问题。在"国际音标"中作者详细介绍了国际音标符号与蒙古语方言土语语音对应的情况。

下部"蒙古语方言学"分六章：导论、蒙古语方言研究的一般情况、蒙古语族语言和蒙古语方言概况、卫拉特方言基本特点、巴尔虎布里亚特方言基本特点和内蒙古方言基本特点等，也有附录"蒙古语方言研究中用的各类音标"等内容。在下部中，作者系统地介绍了蒙古语族语言和蒙古语方言的基本情况，国内外学者对蒙古语方言的研究情况及蒙古语方言学的形成，深入研究了蒙古语族语言和蒙古语方言的划分问题，展开论述了蒙古语方言学与其他诸多学科的关系，详细介绍了卫拉特方言、巴尔虎布里亚特方言和内蒙古方言的基本特点，简要介绍了内蒙古方言阿拉善额济纳土语、鄂尔多斯土语、察哈尔土语、巴林土语、喀喇沁土默特土语和科尔沁土语的一些主要特点。

《傅懋勣先生民族语文论集》 傅懋勣先生在民族语文方面的论文集，参加收集整理编辑工作的有道布、赵习、喻翠容、孙宏开、史凤耀等。收录傅懋勣自 1942 年至 1985 年间在各类刊物或会议上发表过的文章 38 篇，中国社会科学出版社 1995 年出版。

论文集的内容大部分与少数民族语言文字研究有关，如第 10 篇《国内少数民族语言文字概况》（与罗常培合作），第 11 篇《云南少数民族语文的一般概况》，第 15 篇《云南省西双版纳允景洪傣语的音位系统》（与刀世勋、童玮、刀忠强合作），第 17 篇《关于少数民族语言中新词术语的问题》，第 29 篇《永宁纳西族的母系家庭和亲属称谓》，第 33 篇《纳西族图画文字和象形文字的区别》，第 34 篇《凉山彝族的社会结构在语言中的某些反映》。论文集还收录了为数不少的有关语言政策的论述、有关民族语文通论性质的文章，如第 9 篇《在过渡时期调查少数民族语言的意义》，第 12 篇《帮助少数民族创立、改进和改革文字工作的情况和问题》，第 19 篇《我国少数民族标准语发展中的几个主要问题》，第 20 篇《民族语文工作的辉煌成就》等。论文集中还收录傅懋勣早期几篇有关汉语研究方面的文章，如第 4 篇《论尖团字音》，第 7 篇《北京话究竟需要多少拼音字母》等。还有一些是介绍国外语言学研究方面的文章，也有几篇属于理论性的文章。这部论文集反映了傅懋勣先生在上述各个领域中的成就。本书于 2011 年 11 月再版，44.3 万字，由民族出版社出版，书名改为《傅懋勣民族语文论集》。

《高昌回鹘文文献语言研究》 李经纬、靳尚怡、颜秀萍合著，新疆大学出版社 2003 年出版。

本书原是由李经纬主持，三人合作完成的 2000 年度国家社会科学基金支持的项目的研究成果，主要是对发现于原高昌回鹘王国领地及其邻近地区属于公元 9—14 世纪的回鹘文文献的语言结构进行静态描写与分析，以揭示回鹘文文献语言在维吾尔书面语发展史上所处的历史地位和实际状态。全书共分：绪论、文字篇、语音篇、词汇篇、词法篇、句法篇、文选篇六部分，由二十八章组成，并附有词汇表和语法形式索引，是一部集定性描写与检索手段为一体的学术著作。

《高山族语言简志（阿眉斯语）》 中国少数民族语言简志丛书之一。何汝芬、曾思奇、田中山、林登仙编著，民族出版社 1986 年出版。

高山族使用十几种语言，阿眉斯语是其中的一种。属南岛语系印度尼西亚语族台湾语支的排湾语群，分布在台湾花莲县东部和台东县东北部。使用人口约有 8 万人。本书介绍阿眉斯语（又叫阿美语）的情况，分概况、语音、词汇、语法四章，并附有词汇附录和长篇材料。

《高山族语言简志（布农语）》 中国少数民族语言简志丛书之一。何汝芬、曾思奇、李文魁、林登仙编著，民族出版社 1986 年出版。

布农语又称布嫩语，是高山族布农人的语言，属南岛语系印度尼西亚语族台湾语支排湾语群，分布在台湾中南部山区南投、高雄、莲花、台东等县的一些地区。人口约 4 万人（1996 年）。布农语分四个方言。本书介绍了布农语的情况，分概况、语音、词汇、语法四章，书末附有 1000 多个常用词的附录和长篇话语材料。

《高山族语言简志（排湾语）》 陈康、马荣生编著，民族出版社 1986 年出版。

本书主要概述台湾高山族排湾语的语音、词汇、语法和方言。排湾语是台湾高山族排湾人说的语言。排湾人自称为 paiwan，主要分布在台湾岛南端的大武山脉地带，包括屏东县的三地、雾台、筏湾、玛家、来义、泰武、春日、狮子、丹路、牡丹和台东县的大武、土坂、达仁、金峰、太麻里等地。人口约 53000 人（1978）。排湾语属南岛语系印度尼西亚语族台湾排湾语团，是一种黏着型语言。

第一章 语音，介绍了排湾语的语音系统和变化。第二章 词汇，介绍了排湾语的构词法和同音词、同义词、反义词、多义词、借词。排湾语的派生词是由词根加附加成分构成。附加成分有前加成分、后加成分和中加成分。第三章 语法，把排湾语词划分为名词、代词、数词、形容词、动词、副词、连词、助词、叹词九大词类。名词分一般名词和人名专有名词，有主格、属格、宾格。代词可分为人称代词、指示代词、疑问代词。人称代词有人称、数、格语法范畴。形容词有比较级、最高级。动词视其能不能插入中加成分而分成插入和非插入两大类，有体、时、态、式语法范畴。句子成分有主语、谓语、宾语、定语、状语。基本语序为主语位于谓语之后。谓语位于句首，宾语位于谓语之后，主语在前，宾语在后。第四章 方言，把排湾语划分为东南部和西北部两大方言。东南部方言包括来义、太麻里、狮子、土坂等地的排湾语；西北部方言包括三地、筏湾等地的排湾语。东南部方言又可划分为来义、太麻里、狮子、土坂四个土语，西北部方言又可划分为三地、筏湾二个土语。书后有词汇附录和参考书目。

《仡佬语布央语语法标注话语材料集》
李锦芳主编，中央民族大学出版社 2011 年出版。

仡佬语和布央语是濒危的壮侗语族仡央语支的代表性语言，使用人口已经很少，本书集编著者十几年来的调查记录成果，介绍分布于贵州、广西、云南的 8 个语言点的故事传说、祭祀辞、歌谣等丰富的话语材料，包括国际音标转写、汉语和英语的对译注释、意译，是有关这两种语言最为丰富的话语材料。本书具有语言学、历史学、民俗学和人类学的参考价值，是相关民族语言和文化研究不可多得的第一手资料。本书采用汉英对照整理翻译有助于少数民族语言文化遗产的推介弘扬和保护。

《仡佬语简志》 中国少数民族语言丛书之一。贺嘉善编著，民族出版社 1983 年出版。

该书是根据 1963 年作者与陈书田到贵州调查所得的材料写成。全书以贵州安顺湾子寨的仡佬话为依据。介绍了仡佬话的语音、词汇和语法，还介绍了稿、阿欧、哈给、多罗四个方言的差别并附有仡佬语方言分布图。书末附有 1000 多个词的词汇表和长篇故事一则。

《仡佬语研究》 张济民著，贵州民族出版社 1993 年出版。

全书共分十七章 44 万字。第一章 介绍仡佬族的族称、人口和自然环境；第二章 介绍仡佬语的历史和现状；第三章 描述语音概貌；第四章 描写平坝仡佬语语音系统；第五章 介绍仡佬语的词汇概貌；第六章 平坝仡佬语的音节和构词；第七章 论述词义生成的若干特点；第八章 介绍同音词与多义词；第九章 讨论同源词与借词；第十章 论述仡佬语在民族学研究中的重要地位；第十一章 描写仡佬语的语法概貌，包括与同语族语言共有的特点和独具的特点；第十二章 平坝仡佬语的词类；第十三章 句子成分；第十四章 句子形式；第十五章 方言状况；第十六章 仡佬语的系属问题；第十七章 原始材料举要，包括词汇材料和语句材料。

《仡佬族母语生态研究》 周国炎著，民族出版社 2004 年出版。

仡佬语属汉藏语系侗台语族仡央语支，分四个方言：稿方言、哈给方言、多罗方言和阿欧方言。目前只有贵州省遵义，仁怀以西、以南直至滇、黔、桂毗邻的地区仍使用母语，而贵州省北部、东北部大片仡佬族聚居地区已转用汉语。书中作者从共时与历时两个角度对仡佬语进行了全景式的生态研究。从共时角度看，仡佬族的分布特点是小聚居、大散居，呈点状分布，其周边地区主要分布了汉族、苗族、彝族、布依族、侗族等民族。这些民族与仡佬族共处于一个人文生态环境中，对仡佬族语言文化的发展产生着不同程度的影响，现今使用的仡佬语的人口最多不会超过6000人，这个数约占全国仡佬族总人口的1.2%，仅从这一点看，仡佬语可谓我国濒危语言的典型代表。

仡佬族大量转用汉语从而导致母语濒危大约始于元、明两代。隋唐时期，川南、川西广大地区都有僚人分布，而到了元代，汉文史籍中已经完全没有关于四川境内僚人的记录。明洪武年间的几次汉族大规模入黔，使移民人口大大超过当地土著居民，仡佬族文化受到前所未有的重创。大约在明末清初，仡佬语在本民族内部的社会交际功能渐渐被汉语所替代。

从一些地区保存下来的仡佬语古歌中，不难发现仡佬语作为一种独立的语言所具有的丰富多彩的表现力和独特的韵味。本书作者亦提出了保护措施，如弘扬仡佬族优秀传统文化，把目前完好保存母语的村寨开发为旅游村，在有条件地区尝试性地做一些"母语复兴"工作，大力开展对仡佬语材料的调查和保护工作等。抢救仡佬族母语好传统文化的几项措施，认为最根本是保护"活态"语言，使这些语言能进行自我调节，适应新的环境，并以此来保存人类的一项珍贵的文化成果。

《仡央语言词汇集》 小坂隆一、周国炎、李锦芳合编，贵州民族出版社1998年出版。

仡央语言主要有仡佬语、布央语、拉基语、普标语，还有新发现的蔡家话、木佬话等。其语言地位属侗台语族仡央语支。据有关学者报道，还有一些鲜为人知的人口少的语言，可能划归仡央这个语支。本词汇集是按照《壮侗语族语言词汇集》所收的词汇为收词范围，计收词2040项。词目分类编排，分汉语、仡佬语、拉基语、布央语，并附有英语对照。书后附有词目索引（以拼音为序）。

《仡央语言探索》 李锦芳、周国炎著，中央民族大学出版社1999年出版。

仡央语言（国际学术界也称为Outlier Kam-Tai"外围侗台语"）早在19世纪末20世纪初就有西方学者作过初步调查。美国学者白保罗把仡央语言视作连接侗台语和南岛语的纽带，它在东南亚语言研究中具有独特的地位。本书作者以丰富的第一手资料描写、介绍了仡央语言的音系、语音特点和构词法，包括共时描写，历史比较及语言历史与文化等三个方面的研究内容。其中语言历史比较研究是本书的主干部分，作者分别探讨了复辅音声母演变、动词虚化、借词、语音对应关系及语言系属地位等问题。作者认为仡央语言是侗台语族属下的一个语支，并在一些专题中作了论证。仡央语言的前缀比较丰富，"布央语前缀"这一专题探讨了前缀的构成、功能及历史发展等问题。本书的最后几个专题从语言的角度出发探讨了若干仡央语言民族的历史问题，使语言研究为历史学、民族学等学科所用，从一个侧面推动了仡央语言民族历史文化研究的进展。

仡央语言分布在中国西南地区和越南北部山区，包括仡佬、木佬、拉基、布央、普标、拉哈以及越南北部的"侬环"等语种。仡央语言多数是新近才发现的，而且使用人口很少，均属濒危语言。本书的研究价值具有介绍新语言和保存语言文化遗产的双重性质。这是第一部综合研究仡央语言的专著，由于仡央语言的独特地位，本书有助于人们从另一个角度了解侗台语族语言的情况，思考东亚、东南亚语言的关系，对南方民族史、民族学等的研究也有参考价值。

《哥巴文〈求取占卜经〉译注》 和即仁著，云南民族出版社 2002 年出版。

本书为纳西族文库之一，共分正文"哥巴文《求取占卜经》译注"和附录哥巴文字汇两部分。《求取占卜经》的主要内容是叙述白蝙蝠为了拯救人类到天宫占卜女神处求取占卜经的故事。本书采用的经文是作者于1953 年率中央民族学院语文系纳西语研究班的同学在丽江实习期间，特地请纳西族著名大东巴和芳先生用哥巴文写的《求取占卜经》一书为基础，并参考其他译本翻译整理而成。本书在翻译整理过程中，自始至终严格按原文注音、直译、意译、注释的顺序诠释。同时为了给哥巴文存字、存音、存义，在《哥巴文〈求取占卜经〉译注》后面附上了哥巴文字汇。

翻译出版本书的目的，是为了抢救纳西族东巴文化遗产之一的哥巴文古籍，并及时把它提供给从事纳西古文字研究的同行和关心纳西族东巴文化的广大读者参考。

《格曼语研究》 中国新发现语言研究丛书之一。李大勤著，民族出版社 2002 年出版。

居住在西藏藏族自治区东部察隅地区的"僜人"，其中一部分自称"格曼"的人群使用的语言叫格曼语。该语言早在 1976 年曾经由孙宏开调查记录，并在《门巴、珞巴、僜人的语言》一书介绍过，其中的僜人使用两种语言：达让语和格曼语。本书是作者的博士论文，他在前人的基础上再次亲自深入僜人地区进行实地补充调查后，利用所得的材料经过认真研究编写而成。全书分五章，第一章绪论。介绍格曼僜人的人文背景、历史源流、自然环境、社会组织与生产状况、风俗习惯及服饰、婚姻家庭、宗教信仰、丧葬习俗、语言特点、人口分布、语言使用情况等。第二章 音系及音节结构。第三章 词汇系统及词的构成。第四章 语法。第五章 方言、类型及系属。附录一 词汇材料。收录 2500 余个词。附录二 话语材料一篇。

《古代突厥文碑铭研究》 耿世民著，中央民族大学出版社 2005 年出版。

本书是我国第一部直接从古代突厥如尼文翻译成汉文的、关于古代突厥碑铭研究的专著。

古代突厥文（也称突厥如尼文）是第二突厥汗国（618—745）时期使用的文字，用这种文字写成的突厥文碑铭是突厥人自己留下的文字，对研究古代突厥的社会、历史、经济、文化及语言等具有重要的意义。从 1893 年 12 月 15 日丹麦学者威·汤姆逊解读古代突厥文以来（他的有关这方面的著作用法文写成），已过去一百多年。在此期间世界各国突厥学家继续从事这些碑铭的研究，先后有了德文、英文、俄文、日文、土耳其文等文字的译本和研究专著。我国在这方面的研究（特别在语文方面），比较落后。在本书问世以前，只有从德、法、英文等转译的汉文本出版。本书的初稿是 20 世纪 70 年代后期作为中央民族学院古代突厥班教材《古代突厥语文献选读》第一册（油印）。80 年代，其中主要碑铭的汉文译文曾作为附录收入林干的《突厥史》和林干、高自厚的《回纥史》二书中。

本书由二十章组成：一、前言；二、古代突厥、回纥（回鹘）历史简述；三、古代突厥文碑铭的发现和解读研究；四、现存主要碑铭；五、古代突厥文字母和主要拼写规则及其来源；六、古代突厥语法纲要；七、《暾欲谷碑》；八、《阙特勤碑》；九、《毗伽可汗碑》；十、《阙利啜碑》；十一、《翁金碑》；十二、《磨延啜碑》；十三、《铁尔痕碑》；十四、《铁兹碑》；十五、《苏吉碑》；十六、字典；十七、参考书目录；十八、附录：（1）《占卜书》，（2）L. Bazin 文：《关于古代突厥碑铭》；十九、古代突厥文碑铭样品选（图版一—五）；二十、后记。此外，本书对一些碑文中字词的释读方面与国外传统的释读不同，提出了新的见解，如对《阙特勤碑》南面第六行（《毗伽可汗碑》北面第 4 行）中出现的动词 qyd－"（不）惜"，《暾欲谷碑》第 35 行中词组 tün qat－"连夜"的诠释，等等。

《古代维吾尔语词典》 新疆维吾尔自治区少数民族古籍搜集整理出版规划领导小组办公室编，新疆青少年出版社 1989 年出版（维吾尔文版）。

古代维吾尔语中型词典，共收入古代维吾尔语词汇 12000 余条。词条用现代维吾尔文转写，并按照维吾尔文字母顺序排列。释文中注明所列词条的出处和现代维吾尔语释文。正文前有编写说明和缩略语表。正文后附有后记，是学习和研究古代维吾尔语的重要工具书。

《古代西藏碑文研究》 李方桂、柯蔚南著，台湾中央研究院历史语言研究所 1987 年出版。

本书为英文本，手工打字，遇到汉字则用手写。全书分十六章。此书目前尚无汉文翻译。对本书内容的介绍从略。

《古壮字字典》 韦汉华、韦以强、苏永勤、吴壮雁、陆瑛、黄英振、覃承勤、蔡培康、潘其旭合作，广西民族出版社 1989 年出版。

本字典是一部帮助整理民间古籍、辨认古壮字的工具书。既方便民间使用，又能促进壮语方言的交流，有利于壮语的统一、发展和增进民族内部的交往。它的出版，把壮族的光辉灿烂传统文化用书面形式记录下来，使之流传后世，并提供打开壮族民间文化遗产宝库的一把钥匙。本字典是由几位热心于古壮字研究的壮语文专家学者编纂的。他们严格遵循"民族性、科学性、原则性"三原则，兢兢业业，辛勤工作四年，几经修订后出版。

本字典收集流行于壮族地区的古壮字共 10700 个，其中选择使用较普遍、结构较合理的 4918 个字推荐为正体字，其余同音同义异形的字列为异体字。正体字用较大字号列于条目之首，异体字用较小字号置于正体字后的圆括号内。条目以单字为主，也收少量多音词和词组。古壮字均注上拼音壮文、国际音标和汉语释义。正文按壮文方案字母表的字母顺序排列。正文前载有"拼音壮文音序索引"和"古壮字笔画检索表"，方便查检。为了准确拼读，拼音壮文的语气词音节、动词和形容词的后附加成分，均标记调号。为了加深对字义的理解，多数条目有例句，形同而音义不同的古壮字，分立条目。

《古壮字字典》的编纂，被列为全国少数民族古籍整理"七五"规划的重点项目之一。它是集体智慧的结晶，它首次对流传于壮族地区的古壮字进行规范的尝试，具有相当深远意义与研究学术价值。1990 年被广西社科联评为民族古籍整理科研成果一等奖。

《关于古代维吾尔语社会经济文献的研究》 耿世民著，中央民族大学出版社 2006 年出版。

现存古代维吾尔语有关社会、经济的文书约二百件，分藏于德国、俄国、英国、中国、土耳其等国。它们对研究中世纪的维吾尔社会与历史具有十分重要的意义。

世界突厥学界对回鹘社会经济文书的研究是与研究回鹘的其他文献同时展开的。本书是在前人研究的基础上，首次刊布 146 件回鹘文书的原文（拉丁字母转写）和汉文译文及有关研究。除了过去发表的有关回鹘文书研究的文章外，对其他学者的研究只限于选用能看到原件或图板的部分（这都已在有关文书中标出）。对未能看到原件或图板的文书（有的虽很重要），只好割爱。在拉丁字母转写和译文方面，参考了前人的有关著作，目的是提供一个关于这些回鹘社会经济文书的、尽可能可考的汉文译本，供研究回鹘社会、经济历史的学者们参考。

本书的内容如下：前言。一、导论：（一）回鹘历史简述；（二）新疆古代语文文献的发现和研究；（三）回鹘文及其文献；（四）回鹘文在中亚和西亚的传播；（五）现存回鹘文文书及其研究情况；（六）回鹘文文书的格式；（七）回鹘文字母和拼写法。二、回鹘文文书语言语法纲要。三、文书研究：（一）行政文书：敕令，豁免寺院赋税令，摩尼教寺院文书，请婚书，摊派麦草令四件，摊派令三件，户口登记，请求豁免租税书；（二）买卖奴隶文书；（三）买卖交换土地文书；（四）租借文书；（五）借贷文书；（六）其他文书：遗嘱，杂类，书信，家庭费用支出，请佛像。四、主要参考文献。五、词汇表。六、附录。七、图版六幅。八、后记。

对回鹘文书的研究虽已有百年的历史，但尚有许多问题有待进一步的研究，如许多税种的具体含义仍不清楚。另外，大部分文书的年代尚有待进一步的确定，等等。

《广东连南油岭八排瑶语言概要》 巢宗祺著，华东师范大学出版社1990年出版。

全书分语音、语法、词汇、关于排瑶语言的比较分析、八排瑶语和八排瑶的社会与文化五章。书末附有分类词汇和连南瑶族自治县地理环境示意图。作者侧重于二、四两章，第二章专门描写油岭八排瑶的语法现象，通过大量的语言材料来分析研究各种词类和句法结构。第四章是语言比较分析，作者分别将排瑶话与大坪江勉话、苗语、壮语以及一些汉语方言进行比较，找出它们之间相同和相似的地方，从中大致可以看出它们之间的关系。第五章对八排瑶的亲属称谓和姓名作了比较深入细致的分析研究。

《广西民族语言方音词汇》 广西壮族自治区少数民族语言文字工作委员会编（多人合作），民族出版社2008年出版。

广西是多民族聚居的自治区，区内有汉、壮、瑶、苗、侗、仫佬、毛南、回、京、彝、水、仡佬共12个世居民族。全区总人口4925万人，其中少数民族人口1898万人，占全区总人口的38.54%（《广西年鉴2006年》）。除回族已转用汉语外，其他少数民族都有自己的民族语言。丰富的民族语言资源，造就了绚丽多姿的民族文化。如此丰富的少数民族语言富矿还有待挖掘。为了方便国内外学者更好地了解广西的少数民族语言，并对广西的少数民族语言进行比较研究，本书统一用国际音标记录了广西境内壮族、苗族、瑶族、侗族、毛南族、水族、仫佬族、仡佬族、京族、彝族共10个世居少数民族的语言，包括12个语种24个语音点，各语音点收4488个词或词组。

《广西通志·少数民族语言志》 主编：梁进杰，副主编：陈竹林、舒化龙、蒙元耀、覃耀武。编纂人员（按姓氏笔画排列）：韦秀清、陈竹林、李树森、余晖、肖淑琴、杨义杰、陆晓荔、赵春金、贺明辉、黄佩兴、龚永辉、盘美花、舒化龙、覃国生、覃明贵、谢兰艳、蒙元耀、零兴宁、谭远扬。聘请梁敏、张元生、盘承乾、毛宗武、张永祥、吴世华、郑国桥、喻翠蓉、武自立、夏永良、贺嘉善等民族语言学专家对志书初稿进行了审定，广西人民出版社2000年出版。

本书坚持实事求是的原则，力求思想性、科学性、资料性相统一。设有壮语、瑶语、苗语、侗语、仫佬语、毛南语、京语、彝语、水语、仡佬语、广西少数民族语文工作11篇，共62章，记述了广西境内的10个少数民族语言和民族语文工作。各语言篇有语音、词汇、语法、方言、文字、文学语言举例、语言关系及比较等内容。语言篇中又侧重记述语音、词汇、语法，以求系统反映语言面貌。方言、文字、文学语言则视各语言情况而定详略。

本书是我国历史上第一部全面系统地反映广西10个少数民族语言面貌和记载广西少数民族语文工

作发展的历史与现状的专志，是广西少数民族语文工作的重大成就。2002 年 12 月，该志书荣获第四次广西地方志优秀成果二等奖。

《广西瑶歌记音》 赵元任著，中央研究院历史语言研究所 1930 年初版，1992 年影印一版。

本书是中央研究院历史语言研究所单刊甲种之一。瑶歌记录于 1928 年前后，最初由一位中山大学生物系学生石声汉记录，发音人是瑶族赵光荣，后来赵元任先生又录了音，经过反复校对修改而成。据赵先生介绍，瑶歌其实就是广西瑶族用粤语音读的汉字歌。全书分三部分：一、瑶歌正文（正瑶舞歌 1—90；十二月花开歌 91—102；甲子歌 103—197）；二、瑶歌音韵；三、比较的音韵。

《广西语言文字使用问题调查与研究》 郑作广、陈卫、林国健、陆红、陈海伦、李连进、刘村汉、沈祥和、覃国生、黄南津合作。广西教育出版社 2005 年出版。

本课题由广西语言文字工作委员会组织完成，为广西有史以来进行的第一次最大规模的全自治区各民族语言文字应用情况的调查。本书内容分为两大部分：第一部分主要依据调查获得数字资料，结合语言学、社会语言学、民族学、历史语言学、方言学、语言教学、语言人口统计等相关学科的理论，对广西语言的形成与分布、各语言间关系、广西人口的语言面貌、广西双语社会问题、广西的普通话和汉语方言以及民族语言使用现状及分布、广西推广普通话、广西语言教学、广西文字使用现状等问题进行多方面的研究。第二部分是"广西语言文字使用情况基本数据集"，包括了广西语言文字使用的综合数据和广西各地语言文字使用的分类数据，这些数据都是本次调查所获得并进行了精心整理出来的，能够较好地反映广西共时语言文字使用的基本面貌。本书获广西第九次社会科学优秀成果二等奖。

《广西壮语地名选集（汉文版）》 张声震主编，广西民族出版社 1988 年出版。

本书由广西壮族自治区地名委员会、广西壮族自治区民族事务委员会、广西壮族自治区少数民族语言文字工作委员会的专家们联合编辑，作为向广西壮族自治区成立三十周年的献礼。1982 年地名普查时收录了地名 23 万余条，其中少数民族地名 7 万余条。本书选录了近 5470 条壮语地名，其中的自然村名 4120 条，行政区地名 857 条，其他地名 493 条。壮语地名用汉字记录，后附汉语拼音方案注音，再用壮文标音。后面说明其所在地点和沿革。参加编辑的都是壮族人士，并由几位长期从事壮语文工作的专家参加审稿，经过他们反复讨论修改补充，使本书的质量得到保证。原广西壮族自治区主席覃应机认为"此书是研究壮族历史的好资料"。

《贵琼语研究》 中国新发现语言研究丛书之一。宋伶俐著，民族出版社 2011 年出版。

贵琼语是一种濒危语言，费孝通先生称为"被某一通用语言所淹没而并没有完全消亡的基层语言"。由于他们的民族成分被认定为藏族，而他们的语言又与当地藏语有所区别，所以人们多用"贵琼藏族"来指称他们。贵琼语分布在四川甘孜藏族自治州康定县城厢以东鱼通区的舍联乡、时济乡、前溪乡、麦崩乡，金汤区的三合乡以及泸定县的一些地区。本书的语言材料来自鱼通区的前溪乡和麦崩乡。全书分五章：第一章 绪论；第二章 鱼通贵琼语音系；第三章 鱼通贵琼语词汇概况；第四章 语法；第五章 贵琼语的语言地位和系属。附录一 贵琼词语表，约 3000 个词；附录二 长篇语料，包括故事民歌等。

《国语大词典》 （1）当代韩国语言学家李熙昇（1896—1989）编。1961 年汉城民众书林初版发行。所收词语超过 23 万个。除基本词汇、古语词、惯用语外，还专门搜集整理了反映现代生活的新词术语和各个学术领域里的专门术语。因此这部词典兼具百科词典和专门词典的性质。书后附录有：罗马字外来词的朝鲜文标记索引、动植物学名索引、汉字正俗字体表、临时限定的汉字音训表。该词典至1981年初，已发行30版，足见其影响之深远。（2）文学博士、高丽大学名誉教授金敏洙，文学博士、首尔大学教授高永根、任洪彬以及圣心女子大学教授李丞宰为编委，集体编纂。1991年韩国金星出版社初版发行。收词范围是：现代标准语词；全国各地各阶层的用语；15世纪至现代的词语，包括日常用语、新词、专门术语、成语、熟语、惯用语等，同时还收录了3000个北方常用的一般语词和少量专门术语。较全面地反映了朝鲜语的总体面貌。对各个词条除语义注释外，还附上从近代、现代文学作品中摘引的用例，并首次探索了词的渊源关系。卷本附有语尾活用和助词表、吏读、活用玉篇、法定人名用汉字等。

《哈密本〈弥勒会见记〉研究》（上下两卷）（Das Zusammentreffen mit Maitreya—Die ersten fuenf Kapitel der Hami – Version der Maitrisimit，Teil I，II，von Geng Shimin und H. –J. Klimkeit），耿世民与德国学者H. –J. Klimkeit教授合著，德国Otto Harrassowitz出版社1988年出版。

《弥勒会见记》是现存篇幅比较长的回鹘佛教文献之一，能与其相比的只有《金光明经》、《玄奘传》等少数几种文献，它对研究古代维吾尔语言、文学、文化和宗教等方面具有重要意义。早在19世纪初德国考古队在吐鲁番地区已发现此书的残卷。1959年在哈密天山深处一处佛教遗址又发现了此书新的写本残卷，在数量上远远超过德国本（虽然仍不是完本），它大大有助于人们进一步弄清楚该书的结构和内容。

《会见记》内容为关于佛教未来佛弥勒（回鹘文作Maitri，梵文为Maitreya）的事迹。

佛教中关于未来佛弥勒的传说，似应来自伊朗（特别是摩尼教）的影响，具体说他可能和古代伊朗关于救世主（Saoshyant）或摩尼教关于光明使者重返世上的观念有关。

《会见记》似为一种古代戏剧形式，因为它的古代焉耆语本本身就叫做"戏剧"（nāθaka）。回鹘文本每幕（或章、"品"）前都标明故事发生的场地，章末有概括其内容的章名。全书共由28幕组成，即由一篇"序"和27幕正文组成。根据书中的跋文，回鹘文是从古代焉耆语（原文作"吐火罗语"）译为突厥语，而古代焉耆语是根据古代印度语制成。但迄今尚未发现任何印度语原本。古代焉耆语的本子已为德国考古队和我国考古工作者发现。

首先研究哈密本《会见记》的冯家昇教授，他在1962年《文物》第8期上发表了题作"1959年哈密新发现的回鹘文佛经"一文，之后耿世民在1980年美国哈佛大学突厥学报（Journal of Turkish Studies）第4期发表了哈密本《会见记》第二幕研究，1981年在中华书局出版的《文史》第12辑发表了题作"古代维吾尔语佛教原始剧本《弥勒会见记》（哈密本）研究"的长文。

下面为回鹘文本《会见记》序品及27幕内容的简单介绍：

第一幕，讲南印度年已一百二十岁的跋多利（Badhari）婆罗门举行施舍大会。

第二幕，讲弥勒生于高贵的婆罗门家，自幼聪明过人，从师于跋多利。后受其师的委托，弥勒和无胜（Ajita）及另外十五同学去中印度摩揭陀（Magadha）国婆萨纳迦（Pāsānaka）山见释迦牟尼佛。后者回答了他们心中未说出的疑问，并向其说法。弟子们都获不同程度的果报。弥勒受戒成为佛的弟子。

第三幕，讲佛养母（也是其姨母）大爱道（Mahāprajāpatī）亲自种棉花，纺纱织布，做成僧衣，要送给佛，但佛让她送给僧众；并说送给僧众就等于送给他。这里反映了向寺院和僧人施舍的重要性。

第四幕，释迦牟尼佛预言未来弥勒菩萨将从兜率天降生到人间，并成道说法。

第五幕，为对弥勒降生地翅头末城的描述。

第六、七两幕，只存残页。从残存的属于第六幕最后一页关于幕名残文"……赞未来赡部洲……完"来看，仍为对未来弥勒降生地的描写。

第八、九两幕，似为描写弥勒在天上兜率天的情况。

第十幕，题作"弥勒从兜率天下降人间完"，哈密本此章保存较完整。在兜率天弥勒向众天神说法，并表示说自己要下降人世。

第十一幕，主要是描述弥勒受胎降生的情况。弥勒降生时，天上人间都充满各种瑞象。

第十二幕，哈密本也十分残破。内容为弥勒因宝幢被毁而感万物无常。幕名题作"弥勒菩萨因宝幢（毁坏）而对生死轮回产生恐惧完"。

第十三幕，谈到弥勒妻苏摩娜（Sumanā）夜做噩梦。弥勒解释说，这预示他将离家寻道。之后是关于深闺的描写，弥勒加强了离家出走的决心。弥勒于午夜时分乘车出走。

第十四幕，根据德国本，此幕题作"走向菩提树下"，主要讲弥勒在菩提树下静坐修行成正等觉。弥勒在此树下跌坐，并强调这里也是以前诸佛成道的地方。

第十五幕，题作"（弥勒菩萨）成无上正等觉完"。这里详细描述了弥勒菩萨入定成正果的情形。弥勒看到直到地狱各界众生的情况。

第十六幕，题作"弥勒转法轮完"。这里描述了以赏佉王为首的84000贵人出家为僧的情形。之后是弥勒向他们讲说四真谛、八正道。僧人门都因此破除烦恼，获预流果。弥勒的说法为他们打开了"通向涅槃之道"。弥勒父亲梵寿听说儿子成道后，也放弃国师的地位，和其他84000国师一起出家为僧。接着是弥勒子善意和其他84000童子也出家为僧，并获阿罗汉果。最后是赏佉王妻耶殊伐提和84000王家贵妇也出家为尼。

第十七幕，题作"弥勒佛进入翅头末城国完"。其中讲到富人善施（Sudhana），他邀请弥勒佛和其他僧众用餐，并捐施一座大寺院给僧众。

第十八幕，讲龙王水光（Jalaprabhāsa）一连七天向弥勒佛进行捐施。弥勒佛详细讲述了各种捐施和未来转生以及翅头末城听众听法受益等内容。

第十九幕，讲到大迦叶（Mahākāśyapa）罗汉的事迹，讲到佛的兄弟王子难陀（Nanda）、天授（Devadatta）和富人吉护（śrīgupta）。后者企图加害于佛。

第二十至二十五幕，为对大小地狱和犯有各种罪行的人生在那里受苦情况的描述。

第二十六、二十七幕，十分残破，似为对天界的描述。

总之，回鹘文《弥勒会见记》是古代突厥语的重要文献之一，它不仅对研究古代维吾尔文学、戏剧，同时也对我国戏剧发展的历史研究具有重要意义。作者的看法是：它似为一种看画说故事并可能带有某种表演的原始戏剧。可能近似于藏戏。

《哈尼语简志》 李永燧、王尔松编著，民族出版社1986年出版。

本书分概况、语音、词汇、语法、方言、文字六个部分。附录3个方言对照的单词1000多个。概况部分简要介绍哈尼族分布、哈尼语使用情况和语言系属。语音部分描写绿春县大寨话音位系统和墨江县水癸话音位系统。大寨话的塞音和塞擦音分清浊，元音各分松紧，不送气的清塞音和清塞擦音只接紧元音，不接松元音，送气的清塞音和清塞擦音只接松元音，不接紧元音。水癸话只有清塞音和清塞擦音，浊塞音和浊塞擦音已经消失；元音只有一部分分松紧，部分紧元音已经松化，送气的塞音和塞擦音接松元音也接紧元音。从这两个音位系统可以看出哈尼语语音概貌。词汇部分指出哈尼语和同语支傈僳、拉祜、彝、纳西等语言有一批同源词，与缅语、藏语也有语族这一层次的同源词。哈尼语的词分单纯词和合成词，合成词的构成有复合法和附加法，复合法的组合有并列、偏正（前偏后正和前正后偏）、动宾（宾—动）、主谓等方式。早期汉语借词的特点是以浊音对译汉语的清音。语法部分除了对哈尼语语法结构作了较全面的介绍外，还着重描述了语法的一些特点。如名词的数量形式和名词叠用格式，动名同源：一些动词来自名词词素，另外合成词的动名词中含有来自动词的词素；单音节形容词带后加成分形成生动式形容词等。方言部分阐述哈雅、豪白、碧卡3种方言的特点和方言之间的语音对应关系，如哈雅方言有浊声母 b、d、g、dz、dʑ，豪白、碧卡没有，哈雅方言的浊声母在豪白、碧卡方言里与清声母 p、t、k、ts、tʃ 对应；哈雅方言的紧元音 a、o、ɤ 在豪白方言里与相对的松元音 a、o、ɤ 对应。运用表格、例句和例词概括出词汇异同情况和语法主要差别。文字部分介绍从前哈尼族先辈使用的一种汉字型哈尼字，新创哈尼文的经过和文字方案以及哈尼文的推行工作。

《哈尼语研究》　　李泽然著，民族出版社2001年出版。

这是一部专题性的研究论著，也可以说是哈尼语研究的论文集。对哈尼语中实词的双音节化、a音节、名词性前缀、重叠式、并列复合词、动物名词的语义等一些具有特点的语言现象，作了深入探讨。书中还包括对哈尼族村寨双语现象的分析，以及历史和文化方面的专题，是哈尼语和哈尼族文化综合研究的成果。其中哈尼语实词的双音节化部分的篇幅占的比重较大，占了全书的三分之一还多。作者认为双音节化是现代哈尼语实词的发展趋势，这点从现代哈尼语词和词组的双音节特点和与亲属语言的比较中可以看到。但实词中名词、动词、代词、形容词、数词和量词等各类词双音节化的发展又是不平衡的，其中名词的双音节化最普遍，另外是动词的双音节化，而代词、形容词、数词和量词的双音节化就比较少。名词是哈尼语中数量最多的一个词类。从现状上看，哈尼语名词中双音节词占多数，只有少数单音节词，这是哈尼语名词的双音节化为什么最普遍的原因。

此外，在哈尼语词汇中，有不少以a音节组成的词，哈尼语的a音节部分分析、研究了a音节的特点。哈尼语的重叠式部分在描写、分析重叠式类型、功能的基础上，试图运用语音结构系统论，对哈尼语重叠式和来源作了进一步的分析。哈尼语的"来、去"是动词中使用频率较高的一组词，而且其语法特点丰富，变化复杂。"来"有3个词，"去"也有3个词。本书对"来、去"的语法、语义、语音特征进行综合分析。可以说，这本书所研究的哈尼语的各个方面，大多是前人没有涉及的。

《哈尼语语法》　　李永燧著，民族出版社1990年出版。

本书以哈尼文标准音点云南绿春县城关镇大寨话为依据，描述哈尼语语法。全书16章。头三章分别为绪论、语法单位、词的构造。第4章至第13章依次讲述名词、动词、形容词、数词、量词、代词、副词、连词、叹词等词类。指出各个词类的特点。如名词有大名和小名相叠的用法。可数名词可取自身一个音节作为计量单位，这类性质的多音名词一般取末尾一个音节，单音节名词自身又可以是计量单位，有的合成名词可取头一个音节来计量，构成反身量词。动词有别具特色的存在动词，不同性质或不同环境的对象，要用相应的动词来表示它的存在。名词、动词、量词这三者有同源关系（如果子（名）[一]果子（量）果子（动）"结一个果子"）。数词和量词修饰名词时在中心名词后边。量词单独修饰名词时有定指作用。形容词有较丰富的生动形式。形容词修饰名词时在后边，长修饰语则在前边。助词都是后置助词。第14章至第16章依次讲述短语、单句、复句。哈尼语的基本句式为主—宾—动。书末附录有民间故事一则，有哈尼文声、韵、调字母与汉语拼音方案、国际音标对照表。

《哈尼族文化研究》 王尔松著，中央民族大学出版社 1994 年出版。

本书中的十多篇文章大致可分为三类：一是关于语言文字方面的，如哈尼语、哈尼语方言、从方言比较看豪尼话的语音特征、哈尼语和汉语关系字初探等，论述了哈尼语语音、词汇特点和语法特点，方言特点和异同情况，哈尼语和汉语的历史亲缘关系。文字方面，介绍哈尼文的创制经过和文字方案；汉字型哈尼字，毛笔写本，是用豪白方言的豪尼话记录的，内容包括天地日月星辰的形成，历史传说、民俗、民歌等，是一份珍贵的古籍材料，为首次发掘整理研究。二是关于民间文学方面的，如哈尼族文学的教学，是讲民间文学语言的，教学民间文学作品主要是词汇问题，而从方言词的对照中，往往可以找到解决词汇问题的途径，如一个词在民间文学和现代哈尼语不同方言里不同源，但在民间文学里往往有同源词，说明它们有共同的历史文化。三是关于语言与文化方面的，这是语言研究与文化研究相结合，从语言的角度阐述哈尼族文化，如哈尼族称问题，亲属称谓与婚姻家庭，哈尼族父子连名制文化内涵，哈尼族纪年与节日。

《哈萨克语简明词源学词典》 集体编撰，原苏联哈萨克斯坦科学出版社 1966 年出版。

研究哈萨克语词源学的中型词典。本词典参考了大量的有关工具书，共考证了 337 个哈萨克语词语的词源。1987 年民族出版社出版了现代哈萨克文转写本。该转写本正文前列有前言。正文后附有缩略语表、参考文献录等，是学习和研究哈萨克语词源学的重要工具书。

《哈萨克语简志》 中国少数民族语言简志丛书之一。耿世民、李增祥编著，民族出版社 1984 年出版。

本书方言部分是根据 1956 年少数民族语言调查第六工作队哈萨克语分队记录的材料写成的，其他章节是作者 1963 年在中央民族学院语文系为 60 级哈萨克语专业学员编写的《哈萨克语语法》撰写的。全书分概况、语音、词法、句法、词汇、方言、文字七部分。语音部分分元音、辅音、音节、重音、语音和谐规律、主要的语音变化六节；词法分词干和附加成分、词类三节；句法分词组、句子两部分；词汇分词汇的组成、构词法两节；方言分语音方面、语法方面、词汇方面三节。划分出东北方言和西南方言。在文字部分里，介绍当前的哈萨克文是一种由右向左横写的以阿拉伯字母为基础的拼音文字。这种文字是随同伊斯兰教的传入逐渐为哈萨克族的先民所采用。1965 年曾推广过以拉丁字母为基础的哈萨克新文字，但经过几年的实践证明，推行哈萨克新文字的条件尚不成熟。为此，新疆维吾尔自治区第五届人大常委会第十七次会议通过决议，恢复使用哈萨克老文字。

《海南村话》 符昌忠著，华南理工大学出版社 1996 年出版。

本书是第一次以专著的形式向世人系统地介绍海南村语的全貌。全书分绪论、语音、词汇、语法四章和附录。作者自幼说村话，家乡在东方市三家乡红草村，村语内部基本一致，各地只在语音上或词汇上有微小的差别。因此不论以哪一个地点来介绍村语都有一定的代表性。在第一章里，介绍村人的衣食住和婚丧习俗、节日活动。婚姻习俗有些近似黎族，而丧葬风俗又近似南方的汉族。介绍村人的亲属称谓的特点是，男性的称谓多用汉词，而女性称谓多使用固有词。通过这一情况，推断村人的祖辈（男性）是外来的汉人。在村话的系属一节里，确认为汉藏语系壮侗语族黎语支的一个独立语言。在第二章语音里，除了对村语的语音进行详细描写以外，还附有一个 100 页的声韵调配合表。另有"村话与同语族诸语言的语音比较"、"村话中汉语词的语音"。第三章词汇，除了介绍村语的词汇特点以外，还附有一个约 3000 个词的分类词汇表。第四章语法，除了介绍村语的语法特点以外，还专门谈论"汉语语法对村话语法结构的影响"。附录的话语材料附有民间故事一则。

《海南临高话》 张元生、文明英、马加林、韦星朗合著。广西民族出版社 1985 年出版。

内容分绪论、语音、词汇、语法、附录和后记。其中，"绪论"包括五个部分：临高人名称的由来及其人口分布、历史来源、文化艺术、生活习俗和语言习俗。"语音"包括八个部分：概述、"临高话"临高土语音位系统、"临高话"澄迈土语音位系统、"临高话"琼山土语音位系统、"临高话"内部土语间语音的异同、"临高话"与同语族语言的语音比较、"临高话"汉语借词的语音和语音变化区位图。"词汇"包括两个部分："临高话"词汇的基本特点（包括"临高话"的特点、"临高话"词汇中的借词、"临高话"的构词法三部分）和"临高话"与壮、傣、侗、黎等语言的词汇比较。"语法"包括七个部分：词类；词组；句子和句子成分；单句和复句；陈述句、疑问句、祈使句、感叹句；"临高话"与壮侗语言的语法异同；汉语对"临高话"语法结构的影响。"附录"包括三个部分：民间故事、民歌和"临高话"与壮侗语族语言词汇对照表。

本书是作者们为海南临高话的归属和临高人的族属问题而写的，是在"临高话"实地调查材料的基础上整理研究而成的。成书前，受国家民委的委派，作者们于 1980 年 7、8 月间参加了由广东省民族事务委员会、广东省民族研究所和海南行政区民族事务委员会（现更名为海南省民族宗教事务厅）的同志组成的民族识别工作调查组，分赴海南岛临高、儋县（现更名为儋州市）、澄迈、琼山（现海口市属）和海口市郊区等地进行社会历史和语言等方面的调查。中央民族学院少数民族语言研究所四位教师的主要任务是调查语言。以临高和琼山县人讲的"临高话"作为调查重点，经调查组初步分析研究认为：（1）整个海南岛的"临高话"大同小异。（2）"临高话"与壮语最为接近。"临高话"与壮语词汇初步比较的结果，比较的词汇共 2686 条（包括少部分汉语借词），其中，临高话和壮语相同的有 1544 个，占 57.4%；不同的有 1142 个，占 42.6%。临高话与黎语比较，在比较的 2758 个单词中，相同的有 570 个，占 21%。得出结论是："临高话"属于汉藏语系壮泰语族壮傣语支的语言，它与壮语最为接近。

《海南门语》 [日本] 新谷忠彦、杨昭编著，东京亚非语言文化研究所 1990 年出版。

这是一本词汇集，由 [日本] 新谷忠彦和杨昭合作编著。1997 年 12 月至 1998 年 1 月，他们作为中日联合调查项目"海南岛人类学·语言学调查"的成员，到达海南琼中县陡水河村和烟园村等地进行实地调查。所调查的语言称为"门语"，是因为海南的苗族所说的语言是瑶族的勉语。本书采用"门语"（mun va）是根据当地该民族的自称。本词汇集收集了约 3000 多个常用词。分类排列。提纲分 33 类：1. 自然，自然现象；2. 动物；3. 植物；4. 饮食；5. 服饰；6. 房舍；7. 家具，器具；8. 社会；9. 买卖；10. 通信，交通；11. 文化，娱乐；12. 鬼神，习俗，交际；13. 人体；14. 生老病死；15. 与人关系；16. 人品；17. 职业；18. 活动；19. 精神活动；20. 生理感受；21. 状态；22. 品行，行为；23. 时间；24. 方位，移动；25. 存现；26. 数量，数目；27. 代词，不定词；28. 副词；29. 时态；30. 否定；31. 介词；32. 连词；33. 量词。最后有四个索引：汉语拼音索引，英语索引，门语索引，汉语借字索引。

《韩国文字发展史》 当代韩国语言学家、高丽大学教授朴炳采著。辑录在《韩国文化史大系9》里。高丽大学民族文化研究所出版部1967年出版发行,1982年再版。

朝鲜文字史研究专著。全书除序言和结论外,在本论中以训民正音创制为基准,分为两个时代,论述了训民正音以前的文字和训民正音的创制及变迁,前者名为汉字借用时代,后者为国字时代,共分为三章:第一章训民正音以前的文字(汉字借用时代),在简述了固有文字说后,主要论述了乡札、吏读和口诀文字。第二章训民正音的创制(国字时代),阐述了创制的动机、创制经过、制字原理、文字的组织、文字的书法和名称。第三章训民正音的变迁,论述了字体的变迁,字母数和顺序的变迁、缀字法的统一。此书全面介绍了朝鲜文字使用的发展过程,是专攻朝鲜语言学专业人士的重要参考书。

《韩国语基础语法》 宣德五著,社会科学文献出版社2008年出版。

本书是在作者原《朝鲜语基础语法》一书的基础上经过增删修订改写而成,是中国国内韩国语专业学生的一本颇具实用价值的参考书。外语教学强调语言的实践和听说能力的培养,这是毋庸置疑的,但也不能否认语法学习的重要性。从语言实践中归纳出来的语法规律对语言实践具有指导意义。学习和熟练掌握语法规律能在语言实践中起到举一反三、事半功倍的作用。因此本书作者根据二十多年教学实践的经验,从实用出发,在调查研究的基础上,针对中国学生学习朝鲜语和韩国语的特点和难点,编写了这部基础语法。此书按韩文缀字法的规范改写了原《朝鲜语基础语法》的拼写法、分写法,同时对原书的一些术语及其内涵和外延作了适当的修改。书中对中国学生学习最感困难之处,也是韩国语语法系统中的关键内容——各类黏附成分(书中称为"词缀")的意义和用法作了详尽的对比、分析和讲解,并把句子成分划分为主语、谓语、宾语、补语(主要成分)、定语、状语(次要成分)和独立语,分析了由这些成分构成的各种类型的句子结构及各类句子成分的表示法。书中着力讲述韩国语与汉语的不同特点,目的在于帮助读者掌握和使用这一语言,这也是本书不同于一般语法著作的独特之处。

《汉白语调查研究》 袁明军著,中国文史出版社2006年出版。

通过对白语六个方言点的历史比较研究,构拟出了一个比较整齐的白语原始声母系统和原始韵母系统。并以此为基础,运用语义学比较法,拿白语构拟形式和汉语上古音、上古语义进行比较,查检到168组汉语白语深层对应词群,从中确定了一定数量的汉语和白语的同源词,从一个方面论证了白语和汉语的发生学关系。该书认为"从语义系统来看,白语和汉语的深层对应多于白语和藏缅语的深层对应,白语的语义系统和汉语的语义系统更加接近"。

《汉朝词典》 北京大学东语系朝鲜语教研室、延边大学朝鲜语教研室合编。商务印书馆1989年出版。

收录汉语普通话语汇为主的中型词典。本词典共收词条7万多个,包括字、词、词组、熟语、成语等。选词范围除一般性词语外,还收录了常见的方言词、书面通用的文言词、近期还在使用的旧词以及常用的专门术语。释义一般用朝鲜语对译,如无恰当的词语对译时,则用朝鲜语解释。注音用汉语拼音方案。举例较多。虽未注明词性,但通过对译和例句,可以看出属何词类。本词典实用性较强。

《汉朝语动词性结构对比与偏误分析》 黄玉花著,民族出版社2011年出版。

该书以述宾结构和述补结构中的动趋结构为研

究对象，从语义和句法两方面描写汉朝语动词性结构的异同点，并从语言结构特点和认知角度进行了解释。还采用对比分析与偏误分析相结合的方法，搜集朝鲜语母语习得者汉语动词结构过程中出现的 244 个典型的偏误实例，描写其偏误类型，解释原因并提出对策。

《汉傣纳新词术语集》 云南省少数民族语文工作指导委员会和德宏州少数民族语文指导工作委员会编，云南民族出版社 1992 年出版。

该词典以汉语普通话语汇为源语，以傣纳语为释语，以傣语常用新词术语为内容的外向双语词典。编撰本词典的目的在于使傣语中的新词术语约定俗成，合乎规范，统一标准，消除歧义，便于利用。共收入了傣纳语中的新词术语 5100 余条。

《汉哈成语词典》 中央人民广播电台民族部哈语组编，民族出版社 1982 年出版。

本词典是以哈萨克语解释汉语成语的工具书。共收汉语成语 6000 余条，其中包括少量常用熟语、谚语。汉语成语按汉语拼音字母音序排列。用汉语拼音字母分别给成语中单个汉字注音。在成语释文中，力求用哈萨克语中固有的或语义相近的词语表达，汉语成语中找不到对应的哈萨克语成语、谚语或熟语，视具体情况作灵活处理。

《汉哈辞典》 那依满等编，新疆人民出版社 1979 年出版。

以哈萨克语解释汉语的辞书，共收单字（包括异体字、繁体字）7800 个，收词、词组、成语 65000 条。字头用大字排印，以汉语拼音方案字母顺序排列，词条列于字头之下。正文前有汉哈萨两种文字的出版说明、总目录、凡例、汉语拼音音节索引、新旧字形对照表、部首检字表。正文后附有汉语拼音方案、中国历史朝代公元对比简表、中国少数民族简表、中国各省、自治区、直辖市名称、新疆维吾尔自治区县级以上行政区划表等。对从事哈萨克语文翻译、教学、研究以及哈萨克族学习汉语文均有参考价值。

《汉哈对比语法》 成燕燕编著，新疆教育出版社 1990 年出版。

本书是汉语和哈萨克语对比的语法著作，全书共分四章。第一章"语音"，又分四节，分别对汉哈语的元音音位、辅音音位、辅音在音节中的分布、音节结构和特点进行了对比，指出了两种语言的异同。第二章"词汇"，分两节，分析了汉哈语在构词和词汇特点上的不同。第三章"词法"，分十三节，论述了汉哈语各词类构成形式和特点的异同。第四章"句法"，分七节，对汉哈语词组和结构分类、句子成分、句型、词序、复句、紧缩句、引语等进行了对比。本书是为哈萨克族学习现代汉语而编写的工具书，也可作为学习和研究哈萨克语的参考书。

《汉哈对照词汇》 吴德义等编，民族出版社 1985 年出版。

汉语哈萨克语对照的中型词典，共收入常用政治术语、成语、典故和科技方面的词汇 1 万余条。词语的哈萨克语译文大都选自已经翻译出版的党和国家的重要政策文件。条目以汉语拼音方案的音序排列。正文前列有前言和汉语拼音音节索引。正文后附有汉哈文对照的我国各少数民族名称和各省、市、自治区名称简称。

《汉哈语言学词典》 马坎编，民族出版社 1984 年出版。

本书是汉哈语言学术语对照词典，正文分汉哈和哈汉两部分，共收常用语言学术语 3 千条。汉哈部分按汉语拼音字母的音序排列，哈汉部分按哈萨克文老文字字母顺序排列。鉴于国内外有关哈萨克语语法书籍中也使用某些俄语语法术语，所以本词典中也收入了部分俄语语法术语。正文前有前言和索引。本词典是民族院校哈萨克语专业教师和学生以及哈、汉语工作者学习和研究语言学、语法知识的工具书。

《汉嘉戎词典》 中国少数民族语言系列词典丛书之一。黄良荣、孙宏开编著,民族出版社2002年出版。

嘉戎语是四川西北部部分藏族使用的一种语言,分布在四川阿坝藏族羌族自治州的理县、马尔康县、金川县、小金县、汶川县、黑水县以及甘孜藏族自治州的丹巴县、道孚县和雅安专区的宝兴县的部分地方。嘉戎语使用人口约有10万人以上。分东部、北部、西部3种方言。嘉戎语属汉藏语系藏缅语族藏语支。本词典采用嘉戎语东部方言的阿坝州马尔康县卓克基乡的嘉戎语为依据。词典的编排以汉语为出发点,词条条目按汉语拼音方案顺序排列。用嘉戎话释义。全书收词11000余条,包括嘉戎语日常口语的单纯词、复合词、固定词组等的词语。条目的顺序是汉字词目,然后是用国际音标注音的汉语音,接着是用国际音标标注的嘉戎语读音和嘉戎语实际意义。

《汉景词典》 岳相昆、戴庆厦、肖家成、徐悉艰合编,云南民族出版社1981年出版。

本词典共收词2.2万余条,每个条目用汉语拼音给汉字注音,根据需要举例。释义一般用景颇文的词或词组对照,少数不能对照的加以解释说明。该词典主要供从事景颇语文教学、翻译、研究的人员使用,还作景颇族学习汉语文、汉族和其他民族学习景颇语文的工具书。该词典出版后受到国内外藏缅语学者和本民族广大群众及语文工作者的欢迎和好评。

《汉拉简明词典》 刘劲荣主编,云南民族出版社2005年出版。

本词典是国内拉祜族的第一部巨型辞书,收词3万余条。先后有多人参加过工作。最初由刘劲荣、扎拉、张雨江、王正华负责汉语条目的编写,参加拉祜语对译工作的有胡扎克、彭华、扎迫、胡明、张证明、扎约、杨顺美、胡玉英、罗扎雨等,参加审定的有彭志清、刘劲荣、肖淑琼、胡扎克、扎迫、李维新、李嘉、李文汉、石扎等。最后由刘劲荣、彭志清、彭华、张伟等完成最后的定稿工作。副主编:扎拉、张雨江、张伟、彭华、王正华。

《汉拉新词术语集(1)》 张蓉兰主编,云南民族出版社1991年出版。

其主要内容为20世纪80年代出现的汉语新词在拉祜语中应如何处理,根据当时拉祜语中六种借词方式,是该借该译,做出一个统一的规定,对当时借词中的混乱现象,给出一个标准,起到一个示范的作用。

《汉蒙词典(增订本)》 吴俊峰、孟和博彦、乌日娜、敖斯尔编纂。内蒙古人民出版社1982年出版。

本词典是现代汉语语汇为主的汉蒙对照中型词典。词典中所收条目,包括字、词、词组、熟语、成语等,共13.2万余条。单字和条目,都按汉语拼音字母的次序排列。在每一单字和条目下面,用拼音字母注音。以单字条目为主条,多字条目为副条;形同而音义不同的或形义同而音不同的分别列条。所收的词条,包括社会科学、自然科学、一般语词及新词术语。译文准确、简练易懂,注意两种语言文化的各自特点。对原词语的译文,尽量以对应的蒙古语词表达,以求符合蒙古语的构词法。对汉语中特有而蒙古语中没有的某些词,则采用相近的词加注释的办法。译文义项按各自语言的特点。这部词典受到蒙古语文工作者和翻译界的很高评价,已成为通用最广的工具书。

《汉蒙名词术语》（自然科学部分）芒·牧林主编，内蒙古人民出版社 1979 年出版。

这是一部为大学编写教材和翻译工作者使用的汉蒙语对照的工具书。它涉及门类繁多，内容丰富，包括数学、物理、化学、动物、植物、微生物、天文气象、地理、工业、交通、邮政、建筑、农牧业机械、农业、林业、畜牧业、兽医、中医、蒙医、中蒙药、医学等二十多个专业的名词术语。本书由芒·牧林组织专家学者四十余人共同编纂，本词典荣获 1977 年全国科技大会"优秀成果奖"。

《汉蒙语法比较》 哈斯额尔敦编，内蒙古人民出版社 1973 年 1 出版。

由绪论、语音学、词法、句法和标点符号五部分组成。在绪论部分介绍了现代汉语、蒙古语和音标；在语音学部分介绍了语音构成和汉语拼音方案、汉语声调，比较了汉语声母和蒙古语辅音、汉语韵母和蒙古语元音、汉蒙语言音节结构，并且探讨了学习汉语语音学中应该注意的问题；在词法部分介绍了词和词的构造、汉蒙语言的构词法、词类，比较了汉蒙语言的名词、动词、形容词、数量词、代词及其语法特征、副词、介词和后置词、连词、助词、小品词、叹词，并且探讨了学习汉语词法中应该注意的问题；在句法部分介绍了词组、句子，比较了汉蒙语言的句子成分、复指和插入成分、特殊结构句子、并列复句、偏正复句（主从复句）、多重复句、句子种类，介绍了汉语的连动式和兼语式，探讨了学习汉语句法中应该注意的问题；在标点符号部分介绍和比较了汉蒙书面语中使用的标点符号。

《汉蒙语言比较与翻译新探索》 纳·才仁巴力著，内蒙古人民出版社 2005 年出版。

本书由以下内容构成：前言。序。第一章 概论。第二章 译学的相关学科。第三章 译者与读者。第四章 翻译的层次与汉蒙语言对比。第五章 词的处理。第六章 句子翻译。第七章 语段翻译。第八章 篇章的处理。

本书的重点和难点是第二章，它也是本书的特色所在。它突破了一般的翻译理论著作的框架，着重探讨了在翻译过程中如何将哲学、逻辑学、心理学、符号学、语言学等学科有关理论知识与翻译学本体的主干交叉起来，探索了这些学科对于汉语译成蒙古语的影响和主要的参考价值，提出了"翻译学是一门研究双语间信息传递的本质、过程、方法及其规律的学科，属于思维学科范畴。它以哲学、逻辑学的基本原理为指导，通过个案分析、语言比较、描写、论证等方法和手段总结翻译实践中的经验，研究翻译的对象、社会功能、社会效果和社会评价，提出翻译的基本运作机制、程序和方法，从而促进翻译实践，推动翻译事业的发展"的思想，把汉语译成蒙古语的理论与有关学科理论相结合起来，探讨了汉语译成蒙古语过程中的规律和特点。

《汉苗词典（湘西方言）》 向日征编著，四川民族出版社 1992 年出版。

本词典是苗语湘西方言的规范汉苗对照词典，以湘西方言西部土语的词为基础编写。所收的字、词、词组、四字格条目 11300 余条。条目按汉语拼音字母的次序排列，单字条目之下的多字条目，第二个字以后也按拼音字母次序排列。条目均用汉语拼音方案注音，放在方括号内。正文前有"说明"、"音节表"、"部首检字表"，正文之后附有"国际音标表"、"汉语拼音方案"、"苗文方案草案"等。词典可供学习湘西苗文和苗语湘西方言之用。

《汉羌词典》 本书属《羌学文库》系列丛书之一。周发成编著，中国文献出版社 2010 年出版。

词典从汉语出发，词目排列与《现代汉语词典》相同。汉语条目用汉语拼音方案注音，后面的释义用羌族拼音文字方案注音，随后加注国际音标。书前有凡例、羌族拼音文字方案、音节表，最后是词典正文。

《汉水词典》 中国少数民族语言系列词典丛书之一。曾晓渝、姚福祥编著，四川民族出版社1996年出版。

本词典以贵州三都水族自治县三洞的水话为标准，收词 11100 余条，全部条目按汉语拼音字母的次序排列。全书分前言、说明、音节表、部首检字表、词典正文、三都水族自治县三洞水语音系、水语拼音文字方案草案七部分。

《汉台语比较手册》 邢公畹专著，商务印书馆 1999 年出版。

这是邢公畹最重要的一部著作，是他近 60 年研究汉语侗台语关系的总结。作者 1943 年开始进行台语调查研究，此后几十年发表了一系列论汉台语关系的论文。1989 年起他开始研究汉、台两语的关系字。在李方桂原始台语和上古汉语构拟的基础上，特别是受到李氏《汉台语考》（1978）的启发，作者吸取以往工作的教训，决定以自己亲手调查的傣雅语为中心，参考西双版纳傣语、德宏傣语和国外泰语，一个一个地探索台语可以和汉语对应的"关系字"。1992 年台语基本词全部分析完毕，他把部分材料写成论文发表，例如《论汉语台语"关系字"研究》，作者觉得这些论文说出了一些规律性的东西。这实际就是本书的初步框架。作者把分析出来的材料重新按照汉语上古音的韵部分开，写成本书的第三部分——韵母比较研究。在第三部分的基础上写成第二部分——声母比较研究（包括字调），找出上古汉语和原始台语的若干声母对应规律。全书分四大部分，绪论中介绍了写作背景，汉语及古代的汉文典籍，台语和侗水语研究，汉语和台语的比较研究，研究程序。最后的结论是：汉语和台语是有发生学关系的。第一部分比较词项索引。第二部分声母比较研究，将汉台语声母对应，

分唇音、舌尖音、舌根音、喉音四节。列举了 137 条声母对应规律，每条均有两个以上的例字，多的可达 30 个例字。但也有 5 个条例只有一个例词，未能算作规律。第三部分韵母比较，列出原始台语元音（包括复合元音）共 58 个，而上古汉语元音仅仅 7 个。上古 31 个韵部各分开合、四等。韵母对应是全书的主体部分，分 30 节，每节一个韵部（缉部字少寄在他部）。总计归纳出 212 条韵母对应规律，此外还有 218 个对应条例各自只有一个字，不计入规律。本书成功地完成了两大方面的任务，一是动用大量汉语古文献，把汉语中可以和台语对应的关系字逐字进行了详尽的搜寻和探索。这是训诂学上的价值。二是通过认真的比较研究揭示了汉台语之间的 137 条声母对应规律，212 条韵母对应规律。此外上古汉语韵部的许多字，演变为今日的广州话，已经分散到许多韵里去了。譬如鱼部字，分散到 8 个韵里去；而傣雅语相对应的关系字，也分散到 10 个韵里去。这种"1 比多"的关系，是目前还不能解释的例外。作者说本书的目的不在于构拟任何原始形式。本书揭示了汉台两语之间的"不完全系统对应规律"，这是音韵学上的价值。作者生前曾表示过对本书的结果并不十分满意。可以用两句话概括本书：构拟虽不足，论证汉台同源则有余。在本书付印之前，作者对全书进行了最后一次，也是最重要的修订，把他一生研究汉台语关系的最高成果——语义学比较法加入书中前言部分，介绍语义学比较法、深层对应及其类型。书后又增加了"作为全书总结的第四部分"——汉台语比较研究中的深层对应。举例说明了 A、B、C 三种深层语义对应的类型，并进行了深入的理论探讨。在作为主体的语音比较部分例证下加入了有关的深层对应例证。作者希望用这种新的理论和方法统领全书，把汉台语同源关系的结论建立在出人意表的坚实基础上。

《汉土家词典》 田德生、彭邦本、田中、

田蓉、田玮、高修贞编著，民族出版社 2008 年出版。

该词典汉语用汉语拼音方案注音，土家语文字用汉语拼音方案记音，并在其后用国际音标注音。土家语以湘西土家族苗族自治州龙山县靛房乡的土家语为标准音，以靛房乡土家话为基础，并吸收了南部方言的少量词汇而编成。词典尽量收入土家语的词汇，有的词有若干个说法均收入，但为了减少篇幅，例句尽量用短句。将行体、词缀构词、四音格词和"这"字词，均用例表方式表示。

汉土家词典对土家民众学习自己的语言以及帮助学习汉语文，对其他民族学习土家语，对传承和弘扬传统民族文化，丰富祖国文化宝库，推动土家族语言的深入研究，对进行土家语翻译，开展双语教学，都具有重要作用。

《汉维词典》 彭宗禄等主编，新疆人民出版社 1989 年出版。

本词典是用维吾尔语解释汉语的大型工具书。在新疆人民出版社 1974 年出版的《汉维词典》（试编本）的基础上重编而成。在选词和词语译文方面主要参考了《现代汉语词典》（商务印书馆 1977 年版）、《汉英词典》（商务印书馆 1978 年版）、《汉俄词典》（商务印书馆 1977 年版）等。共收汉语单字 9500 多，词条近 7 万个（包括合成词、词化短语、常用方言词和专业词语）。汉字字头用较大的黑体字，以汉语拼音字母的次序排列。形同而音、义不同的单字和多字词条，分立条目。词条一般用对应的维吾尔语释义，无适当对应词时，用维吾尔语注释。配有汉语例子和维吾尔释义。正文前有凡例、略语表、汉语拼音音节表、新旧字形对照表、部首检字表。正文后附有《汉语拼音方案》、《我国历史朝代公元对照表》、《我国各省、自治区、直辖市名称表》、《新疆维吾尔自治区乡级以上行政区划表》、《世界各国、地区、首都（或首府）及货币名称表》、《计量单位表》、《化学元素表》、《节气表》。

《汉维翻译教程》 史震天、马维汉、张玮、陈世明、艾合迈德、叶合雅编著，新疆人民出版社 1989 年出版。

该书系新中国成立以来新疆高校的第一部翻译理论统编教材。全书由绪论、上编、下编三部分构成。绪论讲述一般翻译常识，上编共七章，第一章：汉译维中的一般性词汇问题；第二章：汉译维中的特殊词语的翻译；第三章：汉译维中某些词类的翻译；第四章：汉语句子成分的翻译；第五章：汉语单句句型的翻译；第六章：复句的翻译；第七章：汉译维技巧。下编共六章：第一章：应用文的翻译；第二章：新闻报道的翻译；第三章：科技作品的翻译；第四章：政论文的翻译；第五章：小说的翻译；第六章：诗歌的翻译。该教程的特点可概括为"新、实、大"三个字。"新"即内容材料新，阐述方式新。本书总结了新疆大学中语系翻译教学四十年之经验，具有承上启下作用。"实"即实用性强。在阐述一般翻译理论与技巧的基础上，专门用一编阐述了语体翻译问题，增强了教材的实用价值。"大"即教学时数多，作业量大。全书共计练习材料 156 个，附录材料 5 个。

《汉维互译实用教程》 史震天主编，新疆教育出版社 1999 年出版。

本书系新疆高校统编教材。全书共分八章，第一章论述翻译基本常识，第二章至第六章论述汉维互译技巧，第七章论述语体翻译，第八章论述文化翻译学原理。本教程首先突出了双向性研究，即把汉译维和维译汉理论与实践结合在一起加以阐述。其次突出了双语对比。《教程》十分重视汉维对比，全书始终贯穿这一原则。突出了翻译的实践性。全书共设计不同类型的练习材料 106 个，就篇幅而言，占全书的 1/2 多。《文化与翻译》是全新的一章，意在使学习者深入领会"翻译的根本问题并不是语言的差异，而是文化的差异"（尤金·A. 奈达）

这一原理。总之，本书是一本编排体例新颖、内容丰富多彩、理论联系实际的好教材，而且从理论研究的角度讲，具有一定的开拓意义。

《汉维语法对比》 张玉萍（新疆大学图书馆）、赵平（新疆大学人文学院）、李永胜（原新疆大学人文学院）合著，新疆人民出版社1999年出版，2000年7月第2次印刷。

该专著最早起始于1992年的新疆大学校馆项目"汉维对比"，课题于1995年完成，结题后又于1996年申报了新疆维吾尔自治区社科项目，题为"新疆少数民族双语现象——汉维语法对比研究"。该课题以原来的句法对比为基础，扩大到词法对比研究。新疆维吾尔自治区社科规划办于1996年底批准该项目为自治区级课题，主持人是张玉萍。共34.5万字，课题以著作形式结题。

全书共五章。著者结合现代语言学的理论，以语法对比为主，语义、语用对比为辅，在语法、语义和语用三个方面展开，使对比在更深更广的层次范围内进行。该书从以下几个方面对比研究了汉维语法：（1）汉维语词类对比 共分十三节。概述并系统对比分析了汉维语词类：名词、动词、形容词、数词、量词、副词、代词、象声词、汉语的叹词与维语的感叹词、汉语介词与维吾尔语后置词、汉语连词与维语连接词、语气词、汉语助词及其在维语中的对应关系。（2）汉维语短语及其对比 共分十一节。分别概述了汉维语主谓短语、汉维语偏正短语（定中短语/状中短语）、汉维动宾短语、汉维联合短语、汉维同位语短语、汉语述补短语、汉语介词短语与维语后置词短语、汉语助词短语、汉语连谓短语、汉语兼语短语、维语系连短语。重点区别了几类容易混淆的短语。并系统对比分析了以上各类短语及其对应关系。（3）汉维语句子成分对比 共分七节。分别概述了汉维语主语、汉维语谓语、汉维语宾语、汉维语定语、汉维语状语、汉语补语及其在维语中的对应关系、汉维语独立语。特别阐述了汉维语多项、多层定语，汉维语状语的类别，汉语补语和宾语的顺序及辨别。并系统对比分析了以上各类句子成分及其对应关系。（4）汉维语单句对比 共分三节。分别阐述了汉维语单句的句型系统，对比分析了汉维语句型系统和句类，描述了汉语特殊句式及其在维语中的对应关系。（5）汉维语复句的对比 共分九节。分别详细阐述了汉维语并列复句、顺承复句、选择复句、递进复句、转折复句、假设复句、条件复句、因果复句、目的复句。并且系统对比分析了以上各类复句在用法上的异同。

《汉维语音对比研究与维吾尔语音析辨》 张洋著，新疆大学出版社1999年出版。

该书分上、下两编。上编为"汉维语音对比研究"，下编为"现代维吾尔语语音析辨"。上编第一章绪论。第二章符号术语。第三章汉维语元音对比包括：（1）音位表现对比；（2）语音表现对比；（3）元音音区对比；（4）典型错误和纠正方法。第四章汉维语辅音对比，包括：（1）音位表现对比；（2）语音表现对比；（3）典型错误和纠正方法。第五章汉维语语音的组合对比，包括：（1）元音的组合对比；（2）辅音的组合对比；（3）音渡对比；（4）汉维语音节对比；（5）汉维语语流音变对比；（6）典型错误和纠正方法。第六章汉维语区别特征对比，包括：（1）什么是区别特征；（2）汉语的区别特征；（3）维吾尔语的区别特征；（4）汉维语区别特征对比。下编第七章现代维吾尔语音位系统，包括：（1）现代维吾尔语音位及音位变体；（2）音位的聚合；（3）音位的组合。第八章现代维吾尔语共时音系生成规律研究，包括：（1）音节和重音；（2）元音；（3）辅音；（4）规则的运用。该书是自治区社科规划项目的最终成果。

《汉锡简明对照词典》 吴善保等编，新疆人民出版社1989年出版。

汉语锡伯语辞典，书前有汉、锡伯文前言。正文前有说明、音节表、部首检字表。正文收词4万余条，包括词、词组、熟语、成语等，还收了少量现代不常用的旧词条、文言词语。后有附录，有衙署名目、官衔名目、闲散类、太监官职、公文用语、折奏成语，以及我国历史朝代公元对照表、我国少数民族简表等。

《汉瑶词典（布努语）》 蒙朝吉编，四川民族出版社，1996年出版。

主要内容包括前言、说明、瑶族布努语音系、布努瑶族文字方案（草案）、布努语音系和文字方案的声韵对照表、汉语拼音索引、部首检字表和后记。结合边远山区的情况，正文后面还附有我国各民族人口分布表、我国各省、自治区、直辖市名称表、广西壮族自治区各市和地区及县名称。

本词典共收词和词组1万多条，均按照汉语拼音字母次序排列。在条目的民族语音标后面括弧里是本民族文字方案（草案）。对一些难懂的或民族特殊词语的条目，一般都加以注解。为了让读者对布努语或汉语词汇意义理解得更深，除条目中的名词、人称代词、数词和现代汉语借词外，其他词类几乎都有例句说明。有些难懂的汉语条目，也加以注解。因桂西一带的布努瑶族受当地壮语影响较大，小学教员对汉语的送气和不送气音一般不分，对汉语普通话的卷舌音和舌尖音很难区分，使汉字造成了大量的同音字，因此，在本词典的汉语拼音索引中，在单字和多字领头的条目前，都标上了汉语拼音字母。

本词典是布努瑶族历史上第一部词典，它不仅永久地保存本民族当代的语言概貌，而且对于深入研究布努语和对汉藏语系语言的比较研究都有一定价值。桂西一带的布努瑶族入学前的儿童一般都不会讲汉语，所以，这本词典对当地本民族小学教员进行双语对比教学有较大的参考价值。

《汉瑶词典（拉珈语）》 刘宝元编著，四川民族出版社1999年出版。

瑶族使用着三种不同的语言，拉珈语是其中的一种。"拉珈"瑶族自称 lak^{8}kja^3，汉称"茶山瑶"，聚居于广西金秀瑶族自治县以及附近的平南县马练瑶族乡，人口较少，只占瑶族总人口的0.1%左右。拉珈语属汉藏语系壮侗语族侗水语支。拉珈语内部比较一致，没有方言的差别，但分四个土语区。本词典以金秀镇拉珈语语音为标准编纂而成。编纂的目的是为科研和教学提供资料。词典的体例是从汉语出发，即按词类和词义分门别类排列。分名词、动词、形容词、数词、量词、代词、副词、介词、连词、助词、叹词11大类，每一大类视不同情况下分若干小类。正文之前有"体例及说明""瑶族拉珈语语音系统""词典目录"，正文之后附有"汉语拼音索引"。

《汉瑶简明分类词典（勉语）》 毛宗武编著，赵勋、郑宗泽、蒙朝吉参加，四川民族出版社1992年出版。

本书按词类分类排列，各词类之下又分小类排列，收录的词语较多，日常生活口语使用的词都可以从中找到。词语的来源大部分是从实地调查即从群众日常口语中搜集来的。经过多次到老百姓中核对补充修改而成。因此词条的音义都比较准确。词条的释义一般以普通话为标准，有些还利用当地的汉语来解释。难理解的词语都适当举例说明。在编写方法上，本书虽然是汉瑶词典，但在编写过程中先经过瑶—汉对译的阶段，即先从瑶语的词语译成汉语，再从汉语翻译成瑶语。这样才能全面地反映出勉语的面貌，也不至于遗漏。

《汉彝文简明词典》 纪嘉发、武自立著，四川民族出版社。

老彝文是彝族的宝贵文化遗产，汉文史志称为"爨文""韪文""倮倮文"。它也是中华民族文化遗产的一个组成部分。彝语方言差别大，方言区之间的彝文也有着差异，这本《汉彝文简明词典》，可供翻译、研究、学习彝文使用，也可作为彝族群众学习汉文的工具书。本词典所收条目，以汉字为纲，包括字词、词组。汉字条目用汉语拼音方案注音，彝文条目用国际音标注音，多字条目的注音一律连写。释义采用汉彝双解体制，汉语释义紧接汉字条目之后，彝语释义列在下面，一般用彝语的词或短语对照，不能成词的单字条目不释义。彝语释义所用的彝文以南部方言墨江（包括新平、双柏、元阳、红河、元江、江城、绿春、石屏等县彝文），东南部方言路南（包括泸西、宜良、陆良等地彝文），弥勒（包括华平、建水、开远、通海等地彝文），东部方言绿劝（包括武定、录丰、元谋、昆明等地彝文），大方（包括威宁、赫章、毕节等地彝文），北部方言凉山地区以喜德彝文（包括云南宁蒗、永善等地彝文）为代表点，各代表点的彝文及释义并同时排列于每条汉字条目之后。本词典的这种编纂法是彝族历史上没有过的。

《汉语和侗台语研究》 邢凯著，军事谊文出版社 2000 年出版。

邢公畹在序言中说，本书的文章可以分为两类，一类是有关语言理论和语言研究方法论的；另一类是有关汉语和侗台语的音韵分析和比较研究的。序言回顾了赵、李、罗三位先生的治学道路，说，这条道路简单地说就是准备建立汉藏语系。这是中国语言学必须走的一条路。喻世长先生接着罗常培先生走这条路，他培养邢凯也走这条路，所以邢凯所写的许多论文也都是为建立汉藏语系做准备工作的研究心得。建立汉藏语系是一项难度极大的工作，得合众人之力，历长久的时间，才能见效。从邢凯所写的论文看，他是有能力参加这项工作的。接着邢氏回顾了 66 年前三位先生隐名提出汉藏语系四大语族假说的情况，分析了白保罗的治学途径，批判了他排除侗台、苗瑶语的"汉藏语系"。

指出赵、李、罗的分类体系是完全正确的。本书关于汉语和侗台语历史比较的论文有 5 篇：《历史比较法是建立语言史的有效工具》、《原始侗水语构拟中的前置辅音假说》、《侗台语族带前置喉塞音的声母》、《原始台语几个舌根、喉擦音声母的演变》、《关于汉语和侗台语的介音问题》。《中古汉语语音结构中的 r 介音》一文是用侗台语材料论证汉语音韵问题。译著［美］艾杰瑞、杨权《词首前置辅音和侗水语声母与声调的历史》一文，作为附录放在书后。

《汉语和藏语同源体系的比较研究》 施向东著，华语教学出版社 2000 年出版。

本书是著者承担的天津市哲学社会科学"八五"规划重点项目课题的成果。全书分绪论、汉藏同源词谱和分论三部分。绪论部分运用"同源体系比较"的方法对历史比较语言学的基本理论和方法进行了引申和扩充；词谱部分列出运用这种思路和方法找出的 1000 余对汉藏同源词；分论部分则从汉藏比较的角度研究上古汉语的声母、介音、韵尾以及语义、语法方面的诸多问题，提出了许多新的见解。本书对汉语音韵学、训诂学、词源学、语法学以及汉藏语史的研究，在内容和方法上进行了新的开拓和尝试：其一，运用"同源体系比较"的方法对历史比较语言学的基本理论和方法进行了引申和扩充，在探索汉藏同源、确认汉藏同源词方面取得了明显的效果。用"同源体系"的"深层对应"来确定同源词，可以在很大程度上避免主观任意性，避免将偶然的相似或后世的借词误认为同源词。这在历史比较研究中具有方法论的意义。其二，本书用大量例证证明上古汉语存在复辅音，在对 s - 前缀的分析中，揭示了上古汉语中 *s - 与 *x - 的交替，解释了音韵史上一些难以解决的问题。其三，揭示了唇辅音声母向 - w - 介音的转化，解释了中古汉语合口介音的一个来源。这是对上古汉语无合口介音说的有力支持。其四，运用唇辅音向 - w -

转化的机理解释了汉语上古音幽宵两部与侵缉谈盍四部的通转,对上古汉语音韵结构中的"空缺"作出了合理的解答。其五,运用汉藏比较对古代汉语的代词系统进行了分析,指出古代汉语的代词系统应该三分为近指/中指/远指,"是、时、之"是中指代词而不是近指代词。其六,运用汉藏比较进行新的训诂实践,摸索出汉语训诂学的一条新路子,显示出训诂学不仅可以在汉语典籍内部进行,也可以而且应该在更广阔的基础上进行。

《汉语苗瑶语比较研究》 陈其光著,载《汉藏语同源词研究(二)》,广西民族出版社 2001 年出版。

全书共两个专题,本专题载于第 129—651 页,共 33 万字,占全书篇幅的 80%以上。本专题分现代苗瑶语方言音系、苗瑶语方音比较和古音构拟、汉苗瑶关系字、汉苗瑶关系分析四章。方言音系列出了嘎奴、敦雄、㵲孟、郭苗、巴哼、优诺、东努、努努、霍讷、炯奈、巴那、优勉、金门、标敏、藻敏 15 个点的声、韵、调及说明。这些点语音相互差别大,有代表性,其中有 9 个点的语料是作者本人收集的。构拟部分共拟出苗瑶语古声母 127 个,古韵母 86 个,比王辅世、毛宗武《苗瑶语古音构拟》中构拟的分别少 137 个、124 个。汉苗瑶关系字这章首先列出了汉语的上古音,其中有单辅音声母 24 个,还有 pl、kl、sl、sn 等复辅音,韵部 32 部,声调有平、上、去、入。然后按语义类别列出苗瑶汉关系字 289 对。苗瑶字标出构拟的古音,汉字标出中古音和构拟的上古音。最后列出关系字的古声韵调对应表。汉苗瑶关系这章从关系字中原始词多于文化词,高阶词多于低阶词,音义关联词中有词群语音对应,有异类音对应,词的形态中有交互态前缀对应得出了汉苗瑶是同源关系的结论。最后作者列出了汉苗瑶同源字 169 个。

《汉语水语关系词研究》 曾晓渝著,重庆出版社 1994 年出版。

这是作者的博士学位论文。作者用了五个水语土语点的材料,论证共同水语的全部声母的构拟形式,然后进行汉水语"关系词"的研究,构拟了水语的早期声母系统,列出 350 例汉水语关系词进行论证,并动用了丰富的上古汉语历史文献,展示了汉水语的早期声韵对应关系,说明上古汉语和共同水语之间有发生学上的关系。这种研究方法是开创性的,具有很强的说服力。

《汉语水语关系论》 曾晓渝著,商务印书馆 2004 年出版。

此书的主要创新和学术价值体现在三个方面:第一,理论上,提出语言间的基本关系模式,并用以解释汉藏系语言的关系特点——汉藏系诸语言之间的关系模式不仅仅是"树"形,还交织着"网"状。作者提出,语言间的四种基本关系模式是:A.重叠式、B.分化式、C.融合式、D.交织式。这四种基本模式不是截然分立的,它们反映的是全景中局部性的关系状况,而就语系、语族或语支诸语言之间的关系而言,则往往是这几种基本模式层叠交错的复杂语言关系。在论证汉藏系诸语言之间的关系模式不仅仅是"树"形,还交织着"网"状的基础上,作者进一步指出,汉语与水语的关系是历时的、动态的,大致经历了同源—分化—接触的发展过程。第二,方法上,阐释并实践"关系词分层法",以促进同源词与老借词纠缠不清难题的解决。书中提倡"关系词分层法",此法首先正视借词,力求采用"排除法"来解开同源词与老借词相纠缠的这个结。"关系词分层法"的基本思路是:从少数民族语言里的汉语借词入手,以汉语语音史为重要参照,分析出少数民族语言里汉语借词的历史层次。而那些不能纳入借词范围之内(不符合各借词层次语音对应规律的),而又反映着汉语与少数民族语言之间古老的音义对应关系的"关系词",可以认为是同源词层次。书中将水语里的汉语借词分为上古、中古、近代、现代四大层次。同时,利用其他侗台语以及泰文、藏文,并参照原始侗台语、原始南岛语的拟音系统,论证了"首(头)""矑(眼睛)""股(腿)"等44条水语汉语同源词。第三,策略上,通过采掘少数民族语言里存在的古代汉语"活化石",来对汉语古音研究提出重要补正。比如,作者通过考察水语以及苗语、白语、突厥语等民族语言里古汉语见母借词三等与非三等声母读音上存在类别差异的情况,反思传统的汉语见母上古音值的构拟,提出:在上古的某一阶段,汉语见母的音值有可能包含小舌塞音 *q-（非三等）和舌根塞音 *k-（三等）两个音位。

《汉语土家语词典》 张伟权编著,贵州民族出版社2006年出版。

本词典共收土家语、汉语词语1.7万余条。是土家语收词最丰富的工具书。词典对保存土家语具有重大的现实意义和历史意义,为研究土家语提供了丰富的语言资料。

《汉语与少数民族语关系研究》 《中央民族学院学报增刊》(1990年)。中央民族学院少数民族语言文学系三系少数民族语言研究所编。

本书为国家社会科学基金"七五"规划研究课题之一——"汉语和少数民族语言相互关系研究"的部分成果,参加编辑工作的有:张元生、张公瑾、陈其光、季永海、戴庆厦。该书收录20篇论文。

《汉语与少数民族语言语法比较》 戴庆厦(主编)、胡素华(副主编),民族出版社2006年出版。

该书主要依据我国少数民族语言与汉语的对比,揭示语言的个性和共性,所涉及的问题除了句子结构、句式、语序的比较之外,还有词类方面的比较。大多是具体语言的比较研究,还有少量是对语言比较理论的探索。

《汉语藏语同源字研究——语义比较法的证明》 薛才德著,上海大学出版社2001年出版。

本书运用语义比较法,找出211组汉语藏语同源字,从一个新的角度证明了汉语和藏语的亲缘关系。在此基础上对汉藏两种语言的复声母和复韵尾问题,以及汉语上声、去声起源于韵尾的假说进行了讨论。作者还认为,语义比较法能有效地识别同源字和排除借字,还能揭示种种语言现象,有利于人们认识语言的演变规律。全书分三章:第一章 汉语藏语同源字比较例证;第二章 汉语藏语同源字语音的对应关系;第三章 讨论;另有结语。

《汉越语关系词声母系统研究》 韦树关著,广西民族出版社2004年出版,17万字。

本书运用历史比较语言学的理论和方法,对汉语越南语关系词的声母系统进行全面的比较研究。全书分六章:第一章 绪论;第二章 越南语来自复辅音的声母;第三章 中古汉语声类与汉越语关系词声母的对应(一);第四章 中古汉语声类与汉越语关系词声母的对应(二);第五章 中古汉语声类与汉越语关系词声母的对应(三);第六章 越南语中的汉语借词与汉语方言的关系。文章还列举了46个越南语中的粤语借词和10个闽方言借词。

《汉载词典》 徐悉艰、朵示拥汤、毛勒端合编。四川民族出版社1992年出版。

这是我国出版的第一部汉文和载瓦文对照的中型词典,共收词37000余条,每个条目用汉语拼音和国际音标分别给汉字和载瓦文注音,根据需要举例。其材料的丰富性和编写的科学性均大大超过日本学者薮司郎教授编写的《载瓦语词汇集》。本词典主要供从事载瓦语文教学、翻译、研究的人员使用,还作景颇族学习汉语文、汉族和其他民族学习载瓦文的工具书，同时对新创载瓦文的推广和规范化也有重要作用。

《汉藏翻译教材》 车谦等 7 人合著，1980 年青海民族学院铅印。

本书是中国第一部用现代语言学、语法学来阐述汉文翻译成藏文有关理论和实践的著作。全书共分五章。第一章 绪论，主要论述翻译的性质、汉藏翻译简况、翻译标准和正确处理翻译中理论与实践、理解与表达以及内容和形式、整体和局部、直译和意译等关系。第二章 理解和表达，理解一节阐述了词的多义和兼类、句子成分之间及分句之间的关系、管界等问题。表达一节则是对增词与减词、句子成分的调动和改译、分句的调动和句型的转换上进行论述。第三章至第五章从语言的构成上，分别对词、词组、句子成分、复句等如何由汉文正确地翻译成藏文作了详尽的论述。第三章词和词组的译法，对词语的搭配、多义词的译法、同义词的译法、新词术语的译法、形象词语的译法、联合词组的译法、偏正词组的译法以及成语的译法等进行了讲解。第四章 句子成分的译法，这一章对六种句子成分分节作了论述，其中把谓语的译法中的复杂谓语的译法部分单独列为一节来讨论，另外复指成分和独立成分的译法也单列为一节。第五章 复句的译法，本章就汉语的并列、连贯、选择、递进、转折、假设、条件、因果、目的等九种复句以及多重复句如何译成藏文作了深入的探讨。

《汉藏系语言和汉语方言比较研究》 民族文化丛书之一。张惠英著，民族出版社 2002 年出版。

本书比较研究汉藏语言与汉语方言的关系，比较其异同，探究起根源。南方少数民族语言和汉语方言，既然属于不同的语言，其差异是不言而喻的，但由于各民族千百年来共同生活在这片土地上，相互交流接触，在语言上的相通之处一定不少。他们的"关系词"在人名、地名、族名、国名上也有这样那样密切的反映。作者的目的是搞清事实，看到真相。全书分六章：第一章 量词；第二章 词头词尾；第三章 代词；第四章 称谓；第五章 给予、被动、使役、处置及相关的动词、介词；第六章 存在、占有、得到、能够、是及相关的动词、介词。

《汉藏语概论》 马学良主编，邢公畹、胡坦、黄布凡、王天习、戴庆厦、陈其兴、倪大白 编撰。北京大学出版社 1991 年出版；民族出版社，2003 年再版。

内容：本书是在吸取近四十年来国内外学者对汉藏语调查研究成果的基础上，对中国境内外 50 多种属于汉藏语的语言进行描述和分析。内分导言、汉语篇、藏缅语篇、苗瑶语篇、壮侗语篇。

"导言"（马学良）论述了汉藏语系语言的特点、研究方法及其对古汉语研究的启发。"汉语篇"（邢公畹）分四章讲述了汉语现状、汉语史论、汉族和其他汉藏系语族人民的史前关系以及关于古汉语研究上的问题。"藏缅语篇"分六章，第一章藏语（胡坦）分概况、古代藏语和现代藏语三节，阐述了藏文的创制及其结构特点，藏语史分期，藏语古音，方言的划分，各方言的特点；第二章羌语支（黄布凡，王天习）分概述、语音、语法、词汇、结语五节，分别介绍了羌语支 11 种语言的概况、语音系统、语法范畴和语法形式、构词法，综合分析了语支内语音、语法、构词的共时特征和历时特征，比较并统计了语支内的同源词；第三章景颇语支、第四章缅语支、第五章彝语支（戴庆厦）各章分语音、语法、词汇、文字四节，简介了 12 种语言（景颇语支 2 种、缅语支 3 种、彝语支 7 种）的概况、语音、文字，按语支综合分析了语音、语法、构词法的主要特征，比较了语支内的同源词，彝语支增述了一节方言；第六章语支未定语言（戴庆厦、王天习）分六节分别简介了仓洛门巴、珞巴、白、土家、嘎卓、克伦等 6 种语言的主要特点。"苗瑶语篇"（陈其光）分五章概述了苗瑶语族 4 种语言的概况和方言，描述其语音、语法、词汇特点，并通过作共时和历时比较概括全语族的语言特征。"壮侗语篇"（倪大白）内分五章，概述了壮侗语族 15 种语言的共同特征和同源词，分述了各语言的主要特点和文字情况，介绍了 5 种中国境外的有关语言，讨论了语族特征的 7 个问题。

本书曾获 1993 年北京市高校优秀教学成果二等奖，1995 年全国高人文社会科学优秀成果二等奖，1999 年国家社会科学基金项目优秀成果三等奖。

《汉藏语论集》 黄树先著，华中科技大学出版社 2007 年出版。

本书收录的是作者研究汉藏语系语言的文章，共 36 篇。可以分为两大块：一是借助汉藏比较语言学研究汉语；二是根据汉语文献的记载研究民族语言特点或词语。前者篇幅较多，后者主要有《汉唐训读和汉藏语言比较举隅》、《汉文古籍中的藏缅语借词"吉量"》、《古代汉语文献中的藏缅语词拾零》、《汉语文献中的几个藏缅语词试释》、《文献中的民族语文考释》、《古文献中的汉藏语前缀 *a-》、《略论古代民族语文中的 *a- 前缀》等。

《汉藏语四音格词研究》 孙艳著，民族出版社 2005 年出版。

汉藏语系语言普遍存在四音格词，在对汉藏语 35 种语言的四音格词进行考察和描写之后，发现其特征呈现高度的一致性。作者认为，这种一致性是各种语言在各自的语言系统中形成和发展的，是语言类型作用的结果。全书分五章：第一章 绪论；第二章 汉语的四音格；第三章 汉藏语系中非汉语的四音格；第四章 汉藏语四音格词的共性和个性；第五章 制约四音格词演变发展的语言动因；另有结语。

《汉藏语同源词初探》 邢公畹著，《汉藏语同源词研究》（二）丁邦新、孙宏开主编，广西民族出版社 2001 年出版。

1986 年美国学者柯蔚南出版《汉藏语词汇比较手册》一书，构拟了不包含侗台苗瑶语的汉藏语原始形式。该书藏缅语部分采用白保罗的构拟形式。由于藏缅语各方言之间的对应关系极为复杂，白氏所构拟的原始形式可信度非常低，致使柯氏所据以构拟汉藏语原始形式的基础很脆弱。尤其是白保罗把侗台、苗瑶语排除在汉藏语系外是不可信的。作者认为既然大家都普遍承认汉语和藏缅语之间的发生学关系，那么把侗台、苗瑶可以和汉语、藏缅语对应的词项加入柯氏书中，目的虽然不在于构拟，至少可以是"举出一系列语言事实"来证明白保罗的学说的错误。1999 年作者连续在《民族语文》杂志（2、3、5、6 期）上，以读柯蔚南《汉藏语词汇比较手册》札记为主题，以汉语上古音韵部为纲，论证了侗台、苗瑶语和汉、藏缅语的同源关系。作者把这四篇文章综合起来写成本书。引言回顾了汉藏语四语族说的提出，但白保罗的学说目前获得西方语言学界普遍赞同。作者不同意白保罗的观点，但认为他指出台语和南岛语有发生学关系是可取的。1990 年法国学者沙加尔发表《汉语南岛语同源论》一文，认为汉语和南岛语之间有不少同源词，其声韵调有严谨的对应关系。对此西方学者普遍持强烈的反对态度。作者读了沙氏论文后当即进行述评和补正，支持他的说法，并在论文中进一步提出"汉藏泰澳语系"的主张。作者尖锐指出白保罗等学者在证明侗台苗瑶语不属于汉藏语系，这一论证过程中所存在的方法论上的错误，即把侗台苗瑶两语中和汉语音义近同的词一概看作借词，从而掩盖了语言历史演变的真相。而这种方法的荒谬之处就在于，他们把某些关系词指为借贷关系是不用提交证据的，他们说是借词，那就是借词。由此作者介绍了自己 1993 年创造的研究汉藏语发生学关系的新方法——语义学比较法。作者先举出自己的一个深层对应例证（包含对应词项"九""鸠"），列出全部四语族的对应词项，连成一个多语深层对应式；后又举出郑张尚芳的一个四语族深层对应例证（包含"风""头发"）。最后说明写作背景、缘由和程序。本书的主体部分按上古汉语韵部排列，分为 27 节（蒸、微、药、祭四部无字）。每节最少两个例字，最多的是鱼部 15 字，总计 131 字。本书是在柯氏书基础框架上进行论证的，作者说柯氏所构拟的汉藏语原始形式的可信度很低，并不等于说他所列举的汉语、藏缅语的语词对应关系全都不可信。所以作者认为："这种从排列出来的语言事实上所表现出来的对应关系，常常不必假手于构拟，就可以看出它的同源关系来。"总之，这是作者研究四大语族同源关系篇幅最大、最重要的一部著作。

《汉藏语同源词研究（一）——汉藏语研究的历史回顾》 丁邦新、孙宏开主编，广西民族出版社 2000 年出版。

汉藏语系是一个有数百种语言、十多亿人口使用的大语系，时至今日，汉藏语系的研究在许多问题上，仍众说纷纭。1998 年起，中国社会科学院中国少数民族语言研究中心和香港科技大学人文社会科学学院合作研究汉藏语同源词，收入该书的是研究项目的第一批成果，包括 4 个子课题。其中孙宏开、江荻的《汉藏语系历史研究沿革》对 18 世纪以来国内外汉藏语系研究取得的成就进行了较全面的回顾，对与汉藏语系研究相关的观点、方法分阶段进行了剖析，对前人为汉藏语系研究做出的贡献加以肯定，对汉藏语系研究中存在的问题提出了初步看法。潘悟云、冯蒸的《汉语音韵研究概述》对汉语上古音研究中的主要问题，分声母和韵母进行了专题梳理，摆出了存在分歧的焦点，有的地方提出了作者带倾向性的意见，供汉藏语学者构拟原始汉藏语语音系统和寻找同源词时作参考。吴安其的《汉藏文化的历史背景和汉藏语的历史分布》从汉藏语系语言使用者的历史、考古等背景资料的梳理，描绘他们的居住、迁徙、接触等方面的情景，为语言的历史比较研究提供人文方面的参考依据。丁邦新的《汉藏系语言研究法的检讨》对近年来汉藏语系方法论问题提出了他个人的看法，检讨了跟关系词研究有关的几种说法："语言联盟说""深层对应法"及"语言影响论"。认为仔细探寻语音对应的词汇，找出系统的对应规律，才能讨论语言之间的亲属关系（该专题约 1 万字）。书末附对汉藏语系研究有参考价值的文献目录 800 多种。由广西民族出版社出版发行，分精装和平装两种。

《汉藏语同源词研究（二）——汉藏、苗瑶同源词专题研究》 丁邦新、孙宏开主编，广西民族出版社 2001 年出版。

本书是《汉藏语同源词研究（一）——汉藏语研究的历史回顾》的续集。本卷有两个专题：邢公畹的《汉藏语同源词初探》和陈其光的《汉语苗瑶语比较研究》。邢公畹先生曾从多角度讨论过汉藏语同源关系的问题，在《民族语文》1999 年第 2、第 3、第 5、第 6 期上发表了一系列讨论汉藏语同源词的文章。这次他共讨论了 27 个韵部，共 131 个汉语和侗台、苗瑶、藏缅等亲属语言相关的同源字，涉及数百个相关的语言义项。目的是证明"白保罗所假定的汉藏语系把侗台语、苗瑶语排除在外，这种假定是不可信的"。他说"我之所以加上南岛语族是因为既有白保罗说台语和南岛语有发生学关系在前，又有沙加尔说汉语和南岛语有发生学关系在后。"陈其光、李永燧的《汉语苗瑶语同源词例证》以及王辅世都列举了一定数量的汉语和苗瑶语同源词，证明苗瑶语和汉语有同源关系。主编再次声明，书中文章只代表作者本人的观点，不代表编者的观点。因为有些问题的看法彼此不完全一致。

《汉藏语同源词研究（三）——汉藏语研究的方法论探索》 丁邦新、孙宏开主编，广西民族出版社 2004 年版。

该书对汉藏语关系进行了有益探索。黄行的文章《汉藏语同源词语料库的计量分析》是在课题组初步完成了《汉藏语同源词研究·词汇语音数据库》以后,在数据库基本资料和标记的基础上用计算机进行语言历史比较研究的一个尝试,对语言的同源关系和语音对应关系在过去仅仅做定性分析的基础上,开展定量的统计分析,以求得更科学的结论,进一步检验定性分析结论的可靠性。陈保亚、何方的《汉台核心一致对应语素的有阶分析》通过进一步研究回答了上述问题。重点放在对应语素时间层次的区分,核心一致对应的重要性,相对有阶分析,语素类聚有阶分析等问题上。邢公畹先生在 20 世纪 90 年代提出了确认汉藏语系语言同源词的一种方法,叫"深层语义对应"比较法,白 1997 年开始,邢凯就协助邢公畹从事语义学比较法的基础论证工作。收入该书的《语义学比较法》是作者对该项研究的总结。供分为 3 章:第 3 章语义学比较法的提出及理论基础,联系形态学比较法和语音学比较法,比较全面、深刻地阐明了语义学比较法的理论基础,并提出了该方法的六种辅助证明手段。在该文附录中把邢公畹举出的 305 组深层对应例证列成一个"汉语台语深层语义对应总表"。第一章归纳了 16 种深层对应的类型,补充了新例证,并使用该方法论证了汉台的同源关系。第 2 章是关于语义学比较法理论概括。并回答了学术界提出的质疑。课题的一项重大成果是建成了一个有利于汉藏语系历史比较研究的 130 种语言或方言和 11 部词典的词汇语音数据库。江荻用了近 5 年的时间完成了数据库设计和建设。本书收入了他对数据库基本内容的介绍和说明,以便读者了解和使用,把汉藏语系研究引向深入。他的文章包括:(1)"汉藏语同源词研究"·数据库检索系统需求分析;(2)"汉藏语同源词研究"·数据库检索软件设计;(3)"汉藏语同源词研究"·数据库结构设计;(4)"汉藏语同源词研究"·语义类别代码设计;(5)"汉藏语同源词研究"·语言代码设计;(6)"汉藏语同源词研究"·属性代码设计;(7)"汉藏语同源词研究"·IPAJ 国际音标系统设计;(8)"汉藏语同源词研究"·大数据语言词典设计。本系统具有强大的管理和检索功能。

《汉藏语同源词研究(四)——上古汉语、侗台语关系研究》 丁邦新、孙宏开主编,广西民族出版社 2011 年出版。

该书含五个专题研究。分两个主题:一个是讨论侗台语与汉语的发生学关系,另一个是讨论原始汉藏语或汉语的音系结构问题。讨论前者的文章有 3 篇,讨论后者的文章有两篇。丁邦新的文章《论汉语与台语的关系——李方桂汉台语同源的检讨》回顾了李方桂先生在 20 世纪 30 年代以来关于台语与汉语关系的一系列论证,说明汉语与台语不可能是借贷关系。作者在详细介绍了李方桂的学术思想以后,提出自己的一些新的证据,用语音对应关系的大量例证,进一步证明它们之间的关系不可能是借贷关系。此外作者还从"构词法相同"和"系统性对当"两个角度来解释汉语与台语的发生学关系。作者在结论部分认为:"检视李方桂先生汉台语同源论有没有根据,他认定的同源字能不能都解释为借字,现在看到上述的证据显然不是借字所能解释的。"潘悟云的文章《汉语与侗台语的发生学关系》根据历史比较法论证同源关系的宽式语音对应原则,提出了 32 个与身体部位相关侗台语利汉语的对应词,这 32 个对应词分别属于 11 条语音对应规则。由于作者的基本观点认为汉语、侗台语、苗瑶语、藏缅语、南岛语、南亚语等都有同源关系,属华澳语系,因此,他在论证汉语与侗台语的同源关系过程中,也同时列出了藏缅语、南岛语的一些例证做补充。陈保亚、汪锋、何方、陈泽浩的文章《论澳越语的语源关系及其谱系分类》,一开始就用了较大篇幅讨论了方法论问题,他们认为,建立语源谱系关系应该遵循:找出最早时间层面的对应语素；通过有阶分布确定这些核心一致对应语素是同源还是接触的结果；如果是同源的结果，再选择核心对应语素样本，计算出每个语言的对应语素比例；建立数学算法模型，计算并画出谱系树；根据谱系树确定语族、语支。作者用了较大篇幅比较了傣语与印尼语的对应关系，然后扩展到台语和南岛语的比较。文章的结论是南岛语与侗台语有肯定的发生学关系，称"澳越语"。作者根据相同的比较方法，验证澳越语与汉语、藏缅语、南亚语、苗瑶语的关系，都不能够证明它们有发生学关系。孙宏开的文章《关于原始汉藏语音节结构构拟的理论思考》是从历史类型学的角度，对原始汉藏语音节的各部分提出系列的假设，其中包括复辅音问题、辅音系统问题、介音问题和结尾辅音问题。基本上涉及音节的两头。文章认为，原始汉藏语应该是有复辅音的，演变到现在许多语言复辅音已经消失，要区别复辅音的前置辅音与前缀，并提出了区分的6条原则。在辅音系统一节提出原始汉藏语可能有小舌部位的塞音鼻音和擦音。文章还讨论了介音问题和结尾辅音问题。作者的出发点是：原始汉藏语语音结构类型应该是同一的，后来语言分化，发生了许多类型转换，如果从历史类型学角度把各分支语言的类型演变脉络搞清楚了，应该是对同源关系的一个重要补充。郑张尚芳的文章《汉语上古音系概要》是根据他的专著《上古音系》（上海教育出版社2003年班）的主要观点压缩而来，在某些方面又有一定创新。尤其是该文的第九部分"韵母系统与分韵字表"，是作者根据韵尾格局分成三大类列出的字表，是下了一番工夫的，对读者查阅有较好的参考价值。

《汉藏语同源词研究》 吴安其著，中央民族大学出版社2002年出版。

该书运用人类学、考古学的材料广泛讨论了汉藏语的来源及其支系的发展脉络，并对汉藏语系各语族的古音以及原始汉藏语进行了系统的构拟。其论证方法是根据各个现存语言构拟语支的古音形式，再根据各个语支的古音形式构拟语族的古音形式，最后根据各个语族的古音形式和汉语上古音构拟原始汉藏语的语音形式。他主张汉藏语系包括汉语和藏缅、苗瑶、壮侗（侗台）诸语族，它们之间具有发生学关系。

《汉藏语系量词研究》 李锦芳主编，胡素华副主编，中央民族大学出版社2005年出版。

该书是"首届汉藏语系专题（量词）研讨会暨庆祝戴庆厦先生从事民族语文教学研究五十周年座谈会"的会议论文。全书共收集了32篇论文，主要以汉藏语系量词为研究对象，深入探讨了量词的名称和性质、类型和分类、量词演变机制及量词的类型学特征、句法语义语用功能等问题。

《汉藏语系语言被动句研究》 李沾著，民族出版社2008年出版。

本书在分析、描写汉藏语被动句的基础上，对各语言的被动句进行比较，并进行了类型学考察。对造成被动句类型差异的内部机制和外部动因做了探讨，旨在从比较和反观中求出不同语言被动表述的共性和个性。书中主要涉及三个方面的内容：（1）从语义特征、语法形式标记、类型等方面对汉藏语被动句进行多角度、全方位的描写和分析，并以汉语为例探讨了被动句历时演变的过程和规律。（2）对汉藏语被动句类型的成因进行解释，揭示汉藏语被动句表述的异同及制约其发展的内部机制和外部动因。（3）对汉藏语被动句与其他语系语言被动表述手段和类型进行比较，反观汉藏语系被动句的特点，并从汉语和非汉语的反观，以及汉藏语和印欧语的比较中，探寻汉藏语各语言的类型学特征和本质属性。

本书的研究表明：（1）汉藏语被动句与印欧语被动句分属不同的类型，具有不同的类型学性质。印欧语依赖的是屈折式形态变化，而汉藏语则主要以词汇和语序作为语法手段。(2) 汉语与藏缅语在被动表述上没有共同来源,是后来各自发展的结果。(3) 汉藏语诸语言被动句的发展具有不平衡性,存在介词型被动句、结构助词型被动句两种主要类型。介词型被动句以介词作为表达被动义的主要语法手段,属于这一类型的语言包括汉语、壮侗语、苗瑶语以及藏缅语的白语等。结构助词型被动句以结构助词表示与被动相关的施受关系。藏缅语除白语外的大多数语言都以这种被动义较弱的被动句表示被动关系。(4) 汉藏语被动表述方式多元化格局特征的形成,受语序、词类,以及该语言分析性强度的制约和影响。此外,语言接触对汉藏语被动表述的形成和发展也起到重要作用。并且,语言接触对汉藏语被动表述的影响,在语义、表述手段等诸多层面都有所体现。汉语对汉藏语系其他语言被动表述的影响,与语序特点的关系最密切。凡 SVO 型语言的被动表述,更容易受到汉语的影响。(5) 从非汉语的被动句反观汉语被动句的特点。认为"被"字是构成汉语被动句的关键要素,也是汉语被动句的特色所在,这是其他亲属语言所没有的。"类被动句"名称的提出,是本文在观点和结论上的一个创新。通过汉藏语不同语言间的综合比较与反观,发现汉藏语诸语言的被动句有典型和非典型之分,提出了"类被动句"(即"准被动句"或"不典型被动句")的新概念,用于指藏缅语中用结构助词表施受关系的被动句型。

《汉藏语学报》(第 1 期) 戴庆厦主编,商务印书馆 2007 年出版。

该书是国内外第一部刊登以汉藏语研究论文的以书代刊的杂志,为不定期刊物。第一期是创刊号,共收集论文 13 篇。主要内容包括专家对该学报创刊的希望和建议、汉藏语的发音特点、借词、羌语的句子类型、白语方言的发音、汉台和苗瑶语的数词以及汉语语法和词汇相关问题的探讨。

第 2 期 2008 年,共有论文 13 篇。主要涉及藏缅语研究、汉语方言、音韵学、壮语、仡佬语、嘉戎语、汉语语义关系以及汉藏语词汇数据库等问题。

第 3 期 2009 年,共有论文 15 篇,访谈录 1 篇。主要涉及藏语同族词、藏语方言的分布与分类、木里水田话、壮语的语音和文字、汉语方言、语法化、语言类型学以及对汉藏语系语言共同特点和同源成分的探讨。

第 4 期 2010 年,收入论文 14 篇。主要涉及汉藏语系的建立、西夏语语音系统、壮语、哈尼族卡多话、侗台语语言调查、类型学、汉语方言、上古汉语的语音和文字研究以及汉语语义结构关系、语法范畴和语词能力等问题的研究与探讨。

《汉藏语言研究的理论和方法》 瞿霭堂、劲松合著,中国藏学出版社 2000 年出版。

本书从综合介绍汉藏语言基本情况开始,包括汉藏语言的类型和共性,汉藏语言研究的理论贡献以及研究的基本方法。由虚入实,从系属、语音、语法、方言四个方面,展示作者对汉藏语言和藏语在历史语言学、类型学、声调学、音系学、语法学、方言学等方面的研究成果。涉及的范围包括汉藏语言的音系学、虚词、形态、系属等方面的综合研究,藏语的声调、调值,特别是古调值的研究,藏语方言研究,声韵母的描写和历史演变研究,动词的形态研究,方言划分和语言识别的研究等方面。另外也包括了嘉戎语的语法和方言的研究,汉语的声调和语调研究。本书将语言理论研究的本地化或本土化作为自己的研究目标和方向,即使用本地丰富的语言资源,结合本地的现实需要,继承本地的传统,以符合本地社会思潮的先进哲学思想为基础,来确定本地语言理论研究的方向和目标,创造首先符合本地语言、当然也适应世界语言的科学语言学理论。本书从一般的语言理论架构以及作为 20 世纪 50 年代至 80 年代中国汉藏语言研究的主流理论及其应用入手,通过对汉藏语言各门类和学科的具体研究，体现上述理论在实践中的应用和成果。

《汉藏语言演化的历史音变模型——历史语言学的理论和方法探索》 江荻著，民族出版社2002出版；第2版由社会科学文献出版社2007年出版。

全书分为10章，第一章汉藏语言同源探索：理论与方法，认为历史比较法核心观点具有合理性，但也存在不完备性，主要表现在未能提出语言演化过程的普遍性描述方法或模型（即历史音变模型）。对于缺乏文字文献或者非表音文字文献语言，一般很难利用印欧语文献验证方法对语音对应规律加以论证，因此，创建一种合理、严谨、符合社会、生理、物理等学科规律的历史音变发展模型方法，就可以避免任意的音变推测。

第二章演化过程探索：从比较法到词汇扩散论，对历史语言学方法论发展过程作了较全面讨论，包括历史比较法、方言地理扩散、词汇扩散论，认为以往所建立的各种理论和方法实际都是在努力探索音变发生发展的全过程，经历了从注重对应结果然后简单推论的过程，现代则逐步关注演化过程的每一个阶段。

第三章语言演化的自组织机制，这是作者以汉藏语言为基础全力构建历史语言学新体系的框架。作者利用系统哲学观点来全面阐释语言的系统演化性质。

第四章至第九章分别是：元音演化模型1：特征与条件；元音演化模型2：链移演化；辅音演化模型1：特征衰减与弛化；辅音演化模型2：序化与耦化；辅音演化模型3：熵化与特征投射；声调演化模型：起源与嗓音机制。

第十章语言系统演化论，特别强调了语言演变与社会历史文化的关系。

本书具有四方面的意义和价值：（1）是第一部以汉藏语言特别是藏缅语言事实和语料建立的关于历史语言学的系统性理论。（2）深入全面地解读人类语言演化与社会历史文化演进的深层关系，对以印欧语为对象建立的而在汉藏语中非普适性语言史理论与方法进行深刻剖析。（3）论著创建的历史音变模型具有很强的可操作性，普适性较强。（4）用了另一部《藏语语音史研究》专著对其理论观点加以论证和阐述。

该书2003年荣获北京大学王力语言学一等奖，2004年获中国社会科学院优秀成果二等奖。

《汉壮词汇》 （壮文名：Sawloih Gun-cuengh）广西壮族自治区少数民族语言文字工作委员会编，广西民族出版社1983年出版。

共收条目约18340条。收词以现代汉语在政治、农业、文化以及日常生活方面的常用词语为主，兼收少量现代科技常用词语，也收一些常见的汉语词组及成语。在汉语条目之后注有意义相同的壮语词。词条按汉语拼音字母顺序排列；同音同调的按汉字笔画排列。正文前附有《壮文字母与国际音标对照表》及《笔画查字表》。

《汉、壮翻译概论》 韦星朗著，广西民族出版社1989年出版。

这是一本给中央民族大学民族语文系本科壮语班用的教材。其内容主要是：①简要介绍从汉唐的佛经翻译到明清及现代的理论、科技及文学艺术翻译史。②翻译理论及翻译标准部分，主要讲授严复的信、达、雅和苏联时期的等值翻译以及我国近代专家主张的忠实、通顺、传神的理论和标准。③主要传授汉、壮语在语音、词汇、语法方面的异同，使以后的翻译更有依据。④讲授汉译壮的方法。这部分是本书的重点，主要讲授直译、意译、精译和改译。还顺便提到几种不正确的翻译，如死译和乱译。⑤新词术语的翻译。壮语中新词术语很少，如：汽车、火车、飞机、大炮等，翻译中有争论，是用壮语词来组合呢，还是直接借用汉语？⑥汉语中长句子的翻译。壮语中很少有长句子，而汉语里则很多，怎么翻译呢？长句中各个成分的关系是按壮语的原有语序排列呢，还是按汉语的语序排列，也有很多争论。⑦成语和俗语的翻译，成语和俗语是一个民族语言的结晶，内容丰富、语言简练，不易翻译。⑧诗歌的翻译，诗歌是一个民族语言的精华，想象丰富，语言生动。诗翻译后仍是诗，所以诗是最难翻译的文体。⑨介绍汉语中一些特殊词的翻译。如："的"字、"把"字的翻译等。

《汉壮翻译理论与技巧》 韦达编著，广西民族出版社1996年出版。

著作的前五章着重阐述汉语译成壮语的一般基础理论知识，包括翻译史概述、翻译的标准、翻译的步骤、翻译人员的综合素养等。后六章介绍汉语译成壮语的规律、方法和技巧，包括几种特殊词语的翻译、一般句的翻译、长句和特殊句的翻译、各种文体的翻译方法等。为了能提供给高等院校壮族语言文学专业为教材用，各章之后还配有比较多的练习题，让学生通过系统的翻译实践而熟悉翻译的技巧，培养和提高他们翻译的实践能力。本著作所涉及的汉译壮理论与实践等问题带有普遍性，因此，它也适用于壮译汉。

《汉族怎样学德宏傣语》 周耀文、方峰和合著，云南民族出版社1983年第一版，1996年第二版。

主要内容：第一章文字：第一节，德宏傣文拉丁字母（声母、韵母、声调）注音；第二节，傣字的结构。第二节语音：傣语声母、韵母、声调的语音特点和发音方法。第三章词汇：第一节，要注意区分傣语近义词的意义和用法；第二节，要注意傣语词和汉语词同一类事物的不同叫法；第三节，要注意傣语动词和宾语的搭配关系；第四节，要注意傣语量词和名词的搭配关系；第五节，要注意傣语某些数词的特殊用法；第六节，要注意傣语中儿女排行的不同称呼。第四章语法：第一节，要注意定语的位置；第二节，要注意状语的位置。第五章会话：共有问题、询问农活、讲卫生、汉族学生学傣话等12课。还有附录：汉傣对照常用词汇。

《赫哲语简志》 中国少数民族语言简志丛书之一。安俊编著，民族出版社1986年出版。

赫哲语属阿尔泰语系满—通古斯语族南通古斯语支，赫哲族人口有1000多人，分布在黑龙江同江市街津口、饶河县等地。使用赫哲语的人逐渐减少，年轻的赫哲人已不使用赫哲语了。本书所用的材料是1982年在同江市街津口收集的。分概况、语音、词汇、语法、方言五部分，语音部分介绍语音系统、语音变化、音节结构、重音、元音和谐；词汇部分介绍词的组成、构词法；语法部分介绍词类概况、实词的各种功能及其形态变化、虚词及其应用法、句子成分、句子类型；方言部分介绍方言的语音差别、词汇差别、语法差别。书末附有近1000个常用词的附录。

《黑龙江现代满语研究》 赵阿平、朝克著，黑龙江教育出版社2001年出版。

本专著是2001—2005年国家重点图书出版规划项目，是一部运用现代语言学理论全面、系统研究黑龙江现代满语方言的语言学专著。满语、满文在清代定为"国语"、"清文"，推行全国，是人们进行社会交际的主要工具，为推进发展起了重要作用。清代浩如烟海的满文档案史料，全国约有200多万件，这是前人留给我们的珍贵文化财富。白山黑水为满族、满语的发源地，至今唯有黑龙江省一些满族村屯还保留着满语口语，但目前濒临消亡，亟待抢救、调查、研究。本书承担历史使命，具有重要的学术价值与社会价值，又具有深刻的历史意义与现实意义。

本书运用结构语言学与比较语言学的研究方法，对黑龙江现代满语阿勒勒楚喀方言、巴拉方言、拉林方言、三家子方言的语音、词汇、语法形态结构特征进行了全面、系统的分析，并对不同地区的满语方言与规范满语进行比较研究，指出了这些满语方言的语音、形态结构特征以及诸方言之间、诸方言与规范满语之间的差异与联系。对元音、辅音的混合音、增音、失音、脱落等音变现象进行了系统的描述，并对语音结构和形态结构进行了探讨论述。每个方言部分都附有调查的基本词汇，并与满语规范语相对照。

满语的这些方言里最为复杂的是语音结构，词汇中有大量的外来词，其中早期借词来源于蒙语、通古斯诸语的较多，后期有大量的汉语借词。语法结构方面与规范语基本相同。在形态结构方面被省略或丢失的现象十分严重。相比之下，在阿勒楚喀方言和巴拉方言中相对地保留了较多的形态成分，在三家子方言中也一定程度地被保留了下来。研究重点放在富有特点而复杂多变的语音系统上。对方言中存在的重要而较清楚的形态成分也进行了必要的探讨和论证。

《红河上游傣雅语》 邢公畹著，语文出版社1989年出版。

1943年作者受南开大学文学院边疆人文研究室派遣，到云南新平、元江调查语言，重点是漠沙傣雅语，历时5个月，记录了一份傣雅语的详细材料。1980年南开大学中文系成立汉语侗傣语研究室，1982年又派石林到漠沙复查，带回音档，补充了词汇材料。由初次调查分析到复查，其间经历了40年，易稿多次，1989年成书。前言中作者引用了一个《后汉书·西南夷传》中龙与人结婚的神话，据说在古乌蛮和今天的白族以及国外的泰国人中也有流传，傣雅族也有这个故事。其后又引用《楚辞》和王逸注，说明古殷商人和云南某些少数民族之间的渊源关系。全书分绪论、音系、长篇语料记录和傣汉例词词典四大部分。绪论分5节，介绍语言系属、漠沙地区地理人文环境，语言学界关于傣雅语最早的记载（美国传教士都德）以及傣雅族的宗教。本书有两个研究目的：一是想详尽观察一个语言社会信息传输工具的全貌，并在这个基础上进行汉语、侗泰语关系字比较研究；二是要观察40年来这个语言在面貌上的变化。总的来说，漠沙地区的"口音"没有变，就是说音韵格局的基本骨干没有变，基本词汇没有变，基本句法结构没有变。变化方面除去新词新语增加外，还有两个方面的变化。一个属于声母体系，即 tʂ -、tʂh -、ʂ - 声母绝迹。kh - 声母不能再任意换 x -。新借词多出一个 z - 声母。一个属于修辞方法，即使用重叠法（包括单词重叠、重叠四字格）及使用对偶体。由于使用了从汉语借来的跟句法结构有关的连词、系词、助动词、副词，有一些影响到句式的新说法。傣雅语的语音系统有6个舒声调，4个入声调。阴平分上下，是受到不同来源的声母影响，这点和泰语一致。阴上和阴去相混，也跟泰语一致。声母有三类：（1）单纯辅音（25个），（2）腭化辅音（14个），（3）唇化辅音（21个），加上零声母，共61个声母。此外还有一些后起的复辅音声母。韵母方面，共有9个单元音（a 分长短），7个复元音，元音韵尾有 -i、-u、-ɯ。带鼻辅音韵尾的韵母21个，与其配合的带塞音尾的韵母也是21个，总计58个韵母。语言记录分三个部分。一是风土杂谈（共11小节），其后有汉语直译。二是民间故事、传说与歌谣，共25个，后面均有汉语直译。三是古代故事傣雅语译，没有全部收入，只选两篇为例，附有汉语原文。词汇部分有4233个词项，每个词项下大都有短句或词组作为"例解"。10年后作者写《汉台语比较手册》，就是以傣雅语为中心，参考西双版纳傣语、德宏傣语和国外泰语，一个一个地探索台语可以和汉语对应的"关系字"。

《回鹘式蒙古文文献汇编（蒙文）》 道布编，民族出版社1983年出版。

该汇编收录了碑铭、印文、符牌、敕谕、信函、刻本、手写本等现存回鹘式蒙古文珍贵文献22种。其中明代《高昌馆课》中的一些敕谕和奏章是首次刊布的重要文献，由导言和文献两部分组成。正文首先介绍该文献的年代、作者、发现经过、保存情况和研究刊布状况。接着刊布原件照片，如果原件照片不清楚或不易认读的，都会有摹写本。其后用蒙古文转写，最后对文献中出现的古词语和有关历史事件等做注释。作者对文献在明确其确切的名称、注释等方面，都下了一番工夫。尤其是他的摹写，字体优美逼真。作者从文献中归纳出9个回鹘式蒙古文字母，并同有关的回鹘文字母作比较。在回鹘式蒙古文的发展方面，作者提出了两个阶段论：从13世纪初至17世纪初为第一阶段。这个阶段字母的笔画结构、基本拼写规则和书写体式都与回鹘文相似。17世纪以后进入第二阶段，回鹘式蒙古文在不同地区向着不同方向发展。1648年扎亚班迪达那木海扎木苏在回鹘史蒙古文的基础上创造了适合卫特拉方言的托忒文。差不多与此同时，通行于其他广大地区的回鹘式蒙古文也发生了明显的变化：字母的笔画结构有所改进、拼写规则趋于严密，形成区别于古代蒙古文的近代蒙古文。此书收集资料全、注释详细，是研究回鹘式蒙古文不可缺少的参考书。

《回鹘文社会经济文书研究》 李经纬著，新疆大学出版社1996年出版。

《回鹘文社会经济文书研究》（以下简称《研究》）共收回鹘文社会经济文书80件，它是《吐鲁番回鹘文社会经济文书研究》（以下简称《吐鲁番》）的姊妹篇，但两者之间至少有以下几点差别：（1）《吐鲁番》中所收文书，一部分是依据原文图版研读的，一部分因当时见不到原件图版而只能依据拉德洛夫的满文铅字排印本（USp），因此很难纠正前人的错读或误读。而《研究》中所收文书的研读工作全部都有原件图版作依据，所以可信度更高。（2）《吐鲁番》所收文书全出土于吐鲁番地区；而《研究》所收文书不仅有吐鲁番出土的，还有二十余件出土于敦煌，八件出土于新疆其他地区。它不仅地域跨度更广，而且时间跨度更大（约9—14世纪）。（3）《吐鲁番》在书末附有词汇表，未在转写字下边按词一一注明词义，而《研究》除提供汉文译文外，还在原文转写字的底下一一注明词义，更便于读者理解。（4）《吐鲁番》在正文中只有转写、注释和译文，而《研究》则除这三项外，还在某些文书的正文之后写有附记，主要是介绍文书保存情况和前人的研究情况以及对原件上存在的某些现象的推断。

《回鹘文献语言的结构与特点》 张铁山著，中央民族大学出版社2005年出版。

该书是一部系统研究回鹘文献语言的学术专著，是中央民族大学国家"十五"和"211工程"项目。共分六章：第一章"导言"，介绍了突厥语族语言的历史分期、回鹘文献语言研究的学术价值、回鹘文献语言研究简史以及本书的写作缘起、材料依据和使用方法。第二章"语音的分类及其变化"，论述了回鹘文献语言的元音、辅音、语音和谐、元辅音的共时变化、元辅音的历时音变、音节、词重音等内容。第三章"词汇的构成与词的结构"，论述了回鹘文献语言词汇的构成和词的构成。第四章"词的形态与特点"，论述了名词、形容词、数词、量词、代词、副词、动词、后置词、连词、语气词、叹词、拟声词等词类的形态和特点。第五章"句法"，简单论述了回鹘文献语言的短语、句子成分和语序、句类和句型以及复句。第六章"回鹘文"，论述了回鹘文的起源与发展、回鹘文的书写规则及学术界通用的几种转写字母，并对回鹘文文献中夹写汉字现象进行了分析。书中除利用已有的回鹘文文献及敦煌发现的新材料外，还利用摩尼文、婆罗米文、阿拉伯文等文字所记录的回鹘语材料，同时也吸收了各国近年来刊布的回鹘语新文献材料，特别是尽量利用了麻赫穆德·喀什噶里《突厥语大词典》的材料。文中有些材料属首次公布。为了对回鹘语作出科学的定性描写，本书在平面描写的基础上，努力将历史比较、定量统计和文化语言学的方法运用到研究中，对回鹘文献语言研究提出了一些新的看法。

《回辉话研究》 中国新发现语言研究丛书之一。郑贻青著，上海远东出版社 1997 年出版。

早在 1937 年，德国学者史图博（H. Stübel）在他的《海南岛的黎族》一书就提到，三亚羊栏回辉村的回族使用着一种独特的语言。但是国内人士却很少知道海南三亚的回族还使用着一种与当地民族不同的语言。这种语言的概貌没有人介绍过。1956 年少数民族语言调查第一工作队海南分队在调查黎语时发现了这种语言，并作了初步的了解，但一时无暇对它作详细的调查。1981 年欧阳觉亚和郑贻青 2 人专门到海南三亚羊栏镇（今改凤凰镇），对回辉话作了详细的调查。记录了约 3000 个常用词，数百句语法例句和一些长篇话语材料。后来又数次回到羊栏回辉村作补充调查。1981 年和 1983 年发表了《海南岛崖县的回族及其语言》和《海南岛崖县回族的回辉话》两篇文章，介绍了这种新发现的语言。由于当时缺乏国外有关语言的材料，只把它与国内已知的语言进行对比，认为它与壮侗语族语言比较接近。1984 年后，作者看到了澳大利亚大学出版的《拉德—英词典》，经过对比可以明确看出，回辉话与占语支的拉德话有密切的关系。回辉话与拉德语有明显的语音对应关系。因此认为回辉话应该属于占语支，但又由于三亚回族先民早在一千年前已经来到海南，语言上经历了巨大的变化，从一种无声调的语言变为有声调系统的语言。所以可以看作它在类型上发生了较大的变化，它是南岛语系印度尼西亚语族占语支里的一个特殊的语言。

全书分五章：第一章 绪论，介绍三亚回族的历史和现状，语言的使用情况。第二章 语音，介绍回辉话的语音系统，汉语借词的读音，回辉话声调的形成与发展。第三章 词汇，介绍词汇的一般特点和构词方式。第四章 语法、分词类、句子成分、句子的类型及句子的语气。第五章 回辉话的系属问题，包括回辉话与侗台语的比较，回辉话与占语支拉德语的比较。在与壮语和黎语的比较中，相同的词不成系统。而与拉德语的比较，在 523 个常用词当中，彼此相同的有 316 个，占 60.4%。书末附录有约 2400 个常用词的词表，多数词都有拉德语词和原始占语的构拟形式作对比，最后附有长编话语材料。

本书获 2008 年第二届中国社会科学院离退休人员优秀科研成果三等奖。

《鸡林类事与高丽时期朝鲜语》 安炳浩著，黑龙江朝鲜族出版社 1985 年出版。

《鸡林类事》是全面反映高丽时期朝鲜（韩国）语的宝贵文献。该文献资料的作者不是高丽人，而是中国宋朝的孙穆，他是一位使团的普通官员。在朝鲜（韩国），至今还很难看到这样丰富的有关中古时期朝鲜（韩国）语的资料。过去朝鲜（韩国）和日本研究朝鲜（韩国）语的学者从不同的角度经常引用这一资料，但却没有什么人对《鸡林类事》进行全面、深入的分析和研究。虽然有个别学者曾试图进行深入研究，却因为对许多内容未能正确解读，只好对不少词语笼而统之地表示"不明"、"未详"，这不能不说是一种极大的遗憾。《鸡林类事与高丽时期朝鲜语》的作者从国内外读者了解朝鲜（韩国）语发展历史的需要出发，对照汉字古今音韵释疑解惑，对《鸡林类事》的作者和史料进行了全面而细致的考证，结合《鸡林类事》中的每个词语在朝鲜（韩国）的民族文字"训民正音"诞生以后用其记录的文史资料的读音标记，与现代朝鲜（韩国）语进行比较分析，使读者理解起来比较容易。同时，《鸡林类事与高丽时期朝鲜语》对了解宋代汉字的确切读音与韵书的差别也有重要的参考价值。不仅如此,作者还列举了大量满语、蒙古语、维吾尔语、藏语、日语等其他民族语言的词汇,与朝鲜(韩国)语进行比较,对读者了解它们的异同有很大帮助。

《基诺语简志》 中国少数民族语言简志丛书之一。盖兴之著,民族出版社 1986 年出版。

基诺语是在 1977 年识别基诺人族体成分时发现的一种独立的语言。当时的任务是描写语言事实,确定语言地位。基诺语属汉藏语系藏缅语族彝语支,但形态变化较丰富。

本书含语音、词汇、语法、方言四部分。

语音:有单辅音声母、腭化辅音声母(如 pj 等 7 个)、复辅音声母(如 pr、kr 等 6 个)、没有浊的塞音和塞擦音声母、有自成音节的鼻辅音声母(mn̩ ŋn̩ n̩ ŋ̩)。韵母以单元音韵母为主,除大量汉语借词带有 ŋ 尾外,没有辅音韵尾,有鼻化元音和卷舌元音韵母。声调有 6 个,调值是 55、44、33、42、31、35。

语法:以虚词和语序为主要语法手段,也存在有词的屈折形式(表示名词、代词的变格和动词的态、式)、附加词缀、词的重叠表示一定的语法意义。语序主要是 SOV 型,结构助词有 14 个,用以表示主语、宾语、定语、状语、领属、工具、方向、比较、关联等语法意义和动词的态。在句法中作了句型分析,共有 6 类 34 种句型。

词汇:研究了词义、构词法和词汇的类型,分析了新词语,说明了音译汉词的读音要服从基诺语语音习惯和语法规则。

方言:有攸乐、补远两种方言,从语音、词汇、语法的对应关系中确定它们同属基诺语。从比较的异同中确立了它们的方言地位。对应规律严整,反映它们是基诺语在不同地域的分化。

在大量描写语言事实的基础上,注意特殊现象的研究。比如基诺语词序固定是常式,但是也注意到了人称代词用词的内部屈折手段表示主语、宾语,在句中不受 SOV 常式语序的限制,可以换用 SVO、OSV 不同的语序形式。

基诺语是一个划分语支分界的临界性质的语言,它有彝语支语言的基本框架,但同时又表现着与缅语支、景颇语支语言的更多的同源联系,因此 1982 年提出了合彝语支、缅语支、景颇语支为"缅彝(或彝缅)语支"的假设。

《基诺族语言使用现状及其演变》 戴庆厦(主编)、罗自群、田静、金海月、吴铮、蒋光友、时建、邱月、赵敏合著,商务印书馆 2007 年出版。

该书回答了三个问题:(1)基诺族是我国 55 个少数民族中人口较少的一个民族,使用着属于汉藏语系藏缅语族彝语支的一种语言。(2)像基诺族这样一个人口少的民族,在强势语言(汉语)、亚强势语言(傣语)的包围下,是否还能健全地保持下去,其使用状况究竟如何?应当怎样对其使用状况做出比较准确的估量和科学的回答?(3)制约基诺语使用的因素究竟是什么,应当怎样从共时和历时、内部和外部、局部和全局的不同角度进行综合分析?对基诺语的语言使用应该采取什么对策?

《吉卫苗语研究》 中国少数民族语言方言研究丛书之一。向日征著,四川民族出版社 1999 年出版。

苗语分三大方言:川黔滇方言、黔东方言、湘西方言。吉卫方言代表点腊乙坪寨,位于湖南湘西土家族苗族自治州花垣县吉卫乡。湘西方言分东部土语和西部土语。西部方言人口占湘西方言人口的绝大多数,而且内部比较一致,吉卫苗语作为湘西苗文的标准音。该书分语音、词汇、语法、文字四大部分,前面还有王辅世先生的序,书后有四个附录:苗文方案草案(湘西方言)、声韵调配合表、苗族民间故事、词汇。

《家庭　婚姻　生育新知识读本（彝汉对译）》　吉木拉立、土比呷呷、沙马打各编译。

这是根据广大彝族地区对家庭、婚姻、人类生殖、生理、孕育、避孕以及优生、优育等知识严重匮乏的情况和让广大干部群众学习和了解相关法律、法规等知识而编写的。该书是首部比较系统地介绍人类生殖等知识的科普读物，对民族地区人民群众文化生活素质的提高具有积极的意义。

该书取材合理、内容丰富、知识新颖、结构科学，特别值得一提的是译文准确、译法规范、语言流畅、通俗易懂，不仅适合彝族地区广大群众阅读，对其他兄弟民族读者也会有启迪。特别是书中对人类生殖、生理构造方面的全面介绍和对家庭中有关夫妻的协调等方面，都有精辟而独到的见解。该书的确是目前家庭与婚育方面一本不可多得的民族语言科普读物。

《嘉戎语研究》　林向荣著，四川民族出版社 1993 年出版。

此书为四川省哲学社会科学"七五"规划的重点科研项目。嘉戎语是我国自称为"格鲁"的藏族所使用的语言，属汉藏语系藏缅语族。语支的归属，有人把它归入藏语支，也有人主张归入羌语支。嘉戎语分布在四川阿坝藏族羌族自治州的马尔康县、理县、金川县等七个县，甘孜藏族自治州的丹巴县、色达县和雅安地区的宝兴县，使用人口约有 10 万人。作者选取其本人的母语——阿坝州首府马尔康县（嘉戎语东部方言）的卓克基话为主要研究对象，同时参照其他方言的情况，用点面结合的方法全面系统地剖析了嘉戎语的语音、词汇、语法诸方面的特异现象。

语音这一章介绍了嘉戎语语音结构的一般特点：复辅音极为丰富，一般有 200 多个。在元音前可以并列三四个辅音作为复辅音声母；在元音后可以并列二三个辅音作为复辅音韵尾；因此在元音前后同时并列六七个复辅音的现象是常事。有高、低两个声调区别少量词的词义和语法意义，但作用还不大。本章描写了卓克基话 20 世纪 50 年代、80 年代的语音系统以及汉语在语音上对嘉戎语的影响。

词汇这一章介绍了嘉戎语的词汇特点：单音节词少，以带有词类标志的前缀的双音节词是绝对多数。本章介绍了词汇分类、构词法和汉藏语借词。提出了区分嘉戎语中的藏语借词和藏、嘉戎语同源词的原则：（1）两个表达同一概念的词，其中只使用于民间文学的歌词故事中的是藏语借词，多使用于日常生活口语中的是嘉戎语固有词；（2）一部分基本词嘉戎语的词义和词根与藏文词根相同或近似，但嘉戎语都在词根前面带有词类标志性的构词前缀，这表明不可能是藏语借词，而是藏、嘉戎语同源词；（3）藏语借词的派生能力弱，嘉戎语固有词的派生能力强。

语法这一章论述了嘉戎语的语法特点：形态极为丰富，有黏着形态和屈折形态，也使用助词和词序的手段表达语法意义。词缀有成音节的，也有黏缀性不成音节的，前缀多，后缀少；前缀可以重叠使用，最多可同时添加四个，后缀可添加三个；有时一个词缀兼表几种语法意义。本章详细描写了嘉戎语各种词类的形态标志、语法特征、语法范畴和在句子中的作用以及句子的类型、句子成分等。

书后提供了词汇附录和长篇故事材料。

《简明称谓辞典》　陆瑛编著，广西民族出版社 1989 年出版。

这是一本专供人们查检人际称谓的工具书。是继清代梁章钜编著的《称谓录》之后一百多年来又一部古今称谓的集成之作。全书分亲属称谓、社交称谓、职官称谓三个部分，共收词目 6000 余条。其中有今天人们交往中普遍使用的现代称谓，也有新旧图书、影视上常见的或口语里沿用的古代称谓，并适当收录它们当中的一些别称、俗称、尊称、谦称、褒称与贬称，是一本不多见的且很有实用价值的新著。

本辞典释义简明扼要，语言通俗易懂，内容丰富，注音准确，知识性较强，适用范围广，既适应日益发展的现代社交的需要，又可供文史爱好者研究称谓时参考。辞典是按词目首字笔画由少到多的次序排列。正文前面编有《词目笔画检索表》，查检非常方便，正文后面载有《常用亲属称谓表》、《专业职务名称表》《党政干部职务称谓表》《古代职官简介表》等附表，作为该书的有机组成部分，以助参阅、理解和运用。

作者编著这本辞书系由于日常相处的农民群众和小学教师们对称谓的问询，因而不辞劳苦地查阅了众多资料和参考书，除古代的《尔雅·释亲》、清代的《称谓录》等有关专著外，还涉猎了有关古今文献资料与工具书，诸如《辞海》《辞源》《古代职官辞典》《太平天国词语汇释》《现代汉语词典》，等等。在掌握大量资料以后，进行了认真分析研究与综合整理，经过近十年的反复琢磨、修订后问世。当时这本书的题材是比较新颖的，内容丰富，可读性也比较强。1990年广西民族出版社曾将其作为参加在北京举行的全国民族图书出版展览的样书之一。

《简明侗语语法》 杨汉基编，贵州民族出版社1993年出版。

编写本书的目的是加强边缘学科，充实民语工具书籍，促进侗语文的规范化，适应侗文推行使用的发展，继承、弘扬民族优秀文化遗产，特别是满足不通晓汉语的民族聚居区农村社会扫盲、学校"双语文"教学和广大读者的迫切需要。

内容分概述、词的构造、词的分类、词组、句子成分、单句、复句，以及侗语方言之间异同现象等，共七章三十三节。其中语音以侗语标准音和书面上已通用的语言为基础。该书的编写，立足于侗语传统语言习惯为基本脉络构架，突出侗语语法特点，对词法、句法、语序、例证，力求通俗易懂、概括精当。

《简明汉朝词典》 北京语言学院、延边人民出版社编，商务印书馆1986年出版。

这是汉朝双语词典，共收近2万词条，打头字3065个。收词以一般词语（包括成语、熟语、结构、格式等）为主，适当兼顾一些常用的专业词语，对新中国报刊及日常生活中广泛使用的新词也注意尽量收集。注释简明扼要，而且注明词性，必要时还举例说明。此词典是编者在总结外国留学生汉语教学工作的经验，并在1976年7月北京语言学院印刷的《汉英》、《汉法》两部词典的基础上进行修订编纂而成。专供朝鲜人学习汉语使用，我国朝鲜族学习汉语时亦可参考。

《简明维吾尔语方言词典（维吾尔文）》 吾拉木吾甫尔编著，民族出版社1986年出版。

这是国内第一部用现代维吾尔标准语解释方言词的词典。正文共收方言词和短语近4000条，以维吾尔语音序排列，用标准话解释。释文中运用了大量的成语、歌谣、民歌和谜语等材料。正文前列有"词典的编写方法"、"词典的音序"、"词典中的缩写词"、"论维吾尔语方言"。本词典对维吾尔语方言的研究具有很高的学术价值。

《江华勉语研究》 中国少数民族语言方言研究丛书之一。郑宗泽著，民族出版社2011年出版。

勉语分勉、金门、标敏、藻敏四个方言。江华瑶族自治县瑶族的语言属瑶族勉方言，下面还分广滇、湘南、罗香、长坪四个土语。江华山区的瑶族自称"勉"，属勉方言的湘南土语。本书以江华山区湘江乡庙子源村湘江话代表湘南土语，以两岔河乡水仔坳寨的两岔河话代表广滇土语，分别进行介绍。该书分前言、语音、词汇、语法四部分。在前言部分，介绍当地瑶族的历史来源，还介绍瑶族的语言情况和方言土语情况以及主要语言特点。在语音部分里，分别介绍湘江话和两岔河话的音系，两个土语的语音对照，苗瑶语古音在江华瑶语的反映形式。在词汇部分，除了介绍构词形式以外，着重与各方言的比较，与瑶族苗语、布努语和畲语的比较。在语法部分，按照一般的习惯，分词类、词组、句子依次介绍。最后特设两篇单章："论蒲姑"（商代蒲姑国）和"论太暤"（伏羲），讨论他们与瑶族的关系。说明苗族、瑶族、畲族是有渊源的。附录有四个土语2500多个词的对照词表。

《金代女真语》　孙伯君著，辽宁民族出版社2004年出版。

女真语属于阿尔泰语系满—通古斯语族古代语言，是满语的祖语。与阿尔泰语系的突厥语和蒙古语相比，满—通古斯语族语言的研究相对薄弱，尤其是古代语言研究，近二十年国内研究成果很少。到目前为止，有关古代女真语的研究基本上限于明代《女真译语》，而对金代女真语音的系统研究还没有真正起步。究其原因无非是人们普遍认为女真语资料极其有限且很难再有进一步的发现。这不仅使得女真语研究停滞不前，也阻碍了阿尔泰语系语言比较研究的全面深入。事实上，古代女真语料并非人们想象的那样少，现有的资料远没有利用完全，宋元史籍中所保存的一大批用汉字对音的女真人名、地名资料基本没人处理过。重提金代女真语研究之必要性，除了可帮助我们认识并研读一批有价值的语料，使其价值获得应有的利用外，还具有语言学、文字学、文献学等方面的深远意义。

基于上述研究现状，本书首次采用音韵分析法，对宋元史籍中一批用汉字记音的女真语资料进行严格的音韵分析，然后参照《蒙古字韵》、《元朝秘史》这些经典的与女真语具有类型学和发生学关系的蒙古语写音资料，获得了女真语的语音系统和音节搭配规律。此书不仅填补了金代女真语研究的空白，也为阿尔泰语系语言比较及古代满—通古斯语言史研究提供了基础语料。此书于2007年获中国社会科学院优秀成果二等奖。

《金鹏民族研究文集》　金鹏著，民族出版社2002年出版。

本文集收录金鹏先生1949—1988年已发表过的论文共11篇，全部为藏语研究的内容。如《嘉戎语（杂古脑方言）研究》《藏文动词屈折形态在现代拉萨话里衍变的情况》《汉语和藏语的词汇结构以及形态的比较》等。文章按发表时间顺序排列。书后附有金先生小传和主要著述目录。

《京语简志》　中国少数民族语言简志丛书之一。欧阳觉亚、程方、喻翠容编著，民族出版社1984年出版。

京语是我国京族的语言，京族主要居住在广西壮族自治区的防城各族自治县江平乡的山心、巫头、万尾三个半岛和东兴乡以及分散在其他农村里。京语的调查始于1959年，由黄启文、喻翠容二人进行；第二次是在1980年春，由程方、范宏贵、李增贵三人进行；第三次是在1980年秋，由欧阳觉亚、喻翠容二人进行。1981年秋，欧阳觉亚、程方、喻翠容三人再次到京族地区补充材料。《京语简志》主要是根据上述调查材料编写成的。该书分概况、语音、词汇、语法和词汇附录五章。第一章概况，介绍京族居住、历史、与其他民族的关系、语言使用情况，并介绍京语与汉藏语系壮侗语族语言的异同情况。第二章语音，介绍京语的音系、音节结构和声韵调配合关系。详细分析京语里的汉语借词语音。第三章词汇，介绍京族聚居的三个半岛各不相同的词，当地京族互相接触时，通过对方使用词语的习惯就能辨别对方是哪里人。在这章的最后，列出京语与台语相同的词：星星、山、沟渠、鸭子、树根、芭蕉、脑、颈、胳膊、唾液、尿、父、母、伯母、簸箕、叉子、犁、锄头、鼓、米、米糠、秕子、张开、含、握、抱（小孩）、扔、抽打、舂（米）、扫地、砸、烫、新、香、长、薄、硬、你、我、这，等等。在汉语借词一节里，介绍汉语介词的使用频率。一般讲话、说故事，汉语借词在 13%—28% 之间；谈论生产时，汉语借词较多，一般在 37%—47% 之间；政治性较强的新闻，干脆全部使用汉语。第四章语法，除了介绍京语语法一般的特点以外，着重介绍京语语法在汉语影响下的新发展。这些发展有：语序的变化，吸收汉语虚词。尽管京语吸收了一些汉语的结构形式，但这并没有根本改变京语语法结构的基本规律。目前在京语中有吸收汉语语序和本民族固有语序并存并用的现象。这两种语序，群众都同样熟悉，没有造成理解上的混乱。第五章是附录，有 1000 个词。

《京族喃字史歌集》 陈增瑜主编，民族出版社 2007 年出版。

本歌集属中国少数民族语言文字保护丛书之一，由国家民委文化宣传司组编。全书分三部分：第一，京族史歌，有 8 首，每首约七八十行，少的四五十行；第二，京族哈节唱词，有 40 首，每首只有几行或十几行；第三，京族传统叙事歌，有 8 首，每首行数较多，最后一首达 1500 多行。每行长短不一，一般有 6 个或 8 个音节。每一句歌的规格是：第一行是喃字原文，第二行为国际音标，第三行为汉语直译，第四行是汉语意译。

《景汉词典》 徐悉艰、肖家成、岳相昆、戴庆厦合编，云南民族出版社 1983 年出版。

这是我国出版的第一部景颇语和汉语对照的中型词典。这部词典无论在科学性上或在材料的丰富性上已超过国外出版的《景英词典》。在科学性上，准确地用国际音标注音，区别了国外一直未能区分的某些松紧音位的对立；并根据多年对景颇语词类的研究成果，标注了词性；对词义的注释都比较细，下了许多功夫。在材料上，收集了大量例句、成语、谚语、文学语言词以及反映景颇族社会文化特点的词。词典正文后附有景颇语语法概要。

美国著名语言学家马提索夫对该词典多有称赞，认为《景汉词典》标示声调、用国际音标注音，区别松紧元音，使它成为所有藏缅语研究工作者非常有用的工具。

《景颇语词汇学》 戴庆厦、徐悉艰著，中央民族学院出版社 1995 年出版。

这是我国第一部民族语词汇学专著，内容丰富，视角有特色，该书对其他语种的同类研究，已产生一定的影响和借鉴作用。

《景颇语基础教程》 金学良著，云南民族出版社 2002 年出版。

该书一直是民族文化学院景颇语专业使用的本科教材。随着发展，有很多课程需要作调整，《景颇语基础教程》就是将原有的《语音文字》、《会话》、《文选与写作》、《基础景颇语》融为一体合编而成的。这些教材和民语系其他语种教材一起，在 1989 年获国家优秀教学成果奖（集体奖）。本教程讲授基本语音、文字、词汇、语法和翻译知识，是民族文化学院景颇语专业的一门基础课。该书出版后，受到了广大景颇族读者和民族语文工作者的关注和欢迎。

《景颇语基础教程》 戴庆厦、岳相昆著，中央民族大学出版社 2005 年出版。

该书内容主要包括：景颇族语音系统，景颇族简况，景颇文表示法，语音，会话，短文，正字法，文学作品阅读等。该书可供高校景颇语学习者使用。

《景颇语语法》 戴庆厦、徐悉艰著，中央民族学院出版社 1992 年出版。

这是国内外至今出版的一部比较全面深入描写景颇语语法的书。该书根据大量的语言材料建立了自己的框架，对景颇语中一些独特的语法特点，如句尾词、状态词、使动词等作了细致深入的介绍，分析了其内部结构规律。该书对发展景颇族的文化教育和景颇语文的教学、研究以及对藏缅语的历史比较研究都有一定的价值。有评论说："该书材料丰富，着力于分析景颇语在藏缅语族语言中独有的特点，通过具体材料揭示了景颇语语言结构及其变化规律。"

《景颇语语法纲要》 中国科学院少数民族语言研究所主编，刘璐编著，科学出版社 1959 年出版。

《景颇语语法纲要》是研究我国境内景颇语的首部学术著作。本书作者从 1951 年开始，经过对老一辈著名语言学家罗常培先生于 20 世纪 40 年代抗日战争期间在云南大理一带搜集到的景颇语资料和 Ola Hanson 的 *A Dictionary of Kachin Language* 的分析研究，对景颇族和景颇语有了初步的了解和认识。

为了进一步深入研究景颇语，作者于 1954 年、1955 年远赴云南德宏傣族景颇族自治州各县的山区对景颇语进行全面普查，搜集到大量原始资料。1956 年之后，在景颇族发音合作人恩昆腊的协助下，经过核实、补充后于 1958 年编写完成本书。本书以我国境内德宏州盈江县（原名莲山县）景颇语的标准语即恩昆土语为依据，对景颇语的语音、语法的主要特点做了较为详尽的介绍。本书最后附录了景颇民间故事三则并附有国际音标和景颇文字母对照表供读者参阅。本书全部用国际音标注音。声调按调次用数字 1、2、3 在音节的右上方加以注明。景颇语的元音分松、紧两套对立的音位，本书在紧元音的下方加小三角形来标示。景颇语有轻声音节，本书以在元音之上加小半圆圈表示轻声，其高、中、低三种音高也是用在音节的右上方加数字 1、2、3 表示。

景颇语的动词和形容词做谓语时都要在谓语和末尾使用语尾助词用以表达它的"人称"、"数"、"体"、"式"等语法范畴。动词和形容词都有前加成分表达使动态等。根据这些共同的语法现象本书将动词和形容词归并为一类叫做谓词。在景颇语中语尾助词是十分重要也比较独特的一类助词。正确使用语尾助词才能表达完整的句子。本书对语尾助词做了较为着重的介绍。

《景颇族语言简志（景颇语）》 刘璐编著，民族出版社 1984 年出版。

《景颇族语言简志（景颇语）》是《中国少数民族语言简志丛书》之一。景颇族有景颇、载瓦、浪峨、勒期等自称。不同自称的人所讲的话各不相同。自称景颇的人所讲的话属藏缅语族景颇语支，其他自称的人所讲的话属其他语支。本简志以我国自称景颇的人们使用最广泛最有代表性的景颇语恩昆土语为依据对我国境内的景颇语作简要介绍。本简志共包括语音、词汇、语法、文字、词汇附录等几个章节。全书用国际音标注音，用五度标调法注明声调。轻声音节以在元音上部加半圆圈表示，用圆点的位置高低表示其音高。景颇语的双唇塞音和舌根塞音发音时在其除阻阶段发擦音，由于塞音和擦音结合较紧，所以本书处理为单一音位，而没处理为复辅音。景颇语的元音分为松、紧两套对立的音位。本简志用在元音的下边加一小横杠代表紧元音。景颇语中有大量的四音格，也可以叫作四音联绵词。这些四音格比意义相同或相近的单纯词或合成词在意义上有所扩大或加强，概括性比较强并带有浓厚的修辞色彩，在韵律上也更为优美动听。大量运用四音格是景颇语的一大特点，本书对四音格的几种结构形式做了介绍。景颇语句子的主要成分主语、宾语、谓语的语序是主语—谓语，主语—宾语—谓语。在句子末尾不可缺少的是语尾助词。这类语尾助词位于谓语的后边也就是在全句的末尾。它的作用是体现充当谓语的动词或形容词的"人称"、"数"、"体"、"式"、"方向"等语法范畴。正确使用这些语尾助词才能表达完整的句子。最后附录景颇语的音词 1000 余个。

《景颇族语言简志（载瓦语）》 徐悉艰、徐桂珍著，中国少数民族语言丛书之一，民族出版社1984年出版。

《载瓦语简志》书稿曾请语言学家马学良教授审稿，其意见是："载瓦语简志上、下两册。从全文来看，研究较深入，分析较明细。尤其语音、词汇部分，多出新意，不落窠臼。对变调的分类，自动、使动的区别条件，颇有启发性的贡献。对词类和句法的抽写，有两可之说，有待商酌修正。"

《景颇族支系语言文字》 祁德川著，德宏民族出版社2001年出版。

《景颇族支系语言文字》从景颇族历史、文化、宗教、习俗等的变迁，比较全面、系统地介绍了景颇族景颇、载瓦、浪峨、勒期、波拉5个支系的语音、语法、方言、文字等。在这部书中，作者对景颇族5个支系的历史渊源作了初步探讨，从而揭示出一个民族形成不同语言或方言的过程。语音部分较详细地分别介绍了景颇、载瓦、浪峨、勒期、波拉5个支系的语音。语法部分，指出景颇语的使动范畴的主要语法形式是在自动词前加词头表示使动，而其他4个支系语言则用屈折形式和分析形式表示使动。词汇部分，景颇语量词较少，而其他4个支系的量词较丰富。这部书还收集了景颇族各支系和亲属语言的词汇6000多条，是一部具有较高学术价值的景颇族语言学著作。

《靖西壮语研究》 中国少数民族语言方言研究之一。郑贻青著，中国社会科学院民族研究所1996年；广西民族出版社2014年出版。

壮语分南北两大方言，北部方言分8个土语，南部方言分5个土语，共13个土语。靖西壮语属南部方言的德靖土语。靖西县位于广西壮族自治区西南部中越边境线上，属百色地区，距南宁市约300公里。人口约60万人，99%以上的人口属壮族，全部使用壮语德靖土语。县内普遍使用当地壮语，附近的德保县、那坡县也使用德靖土语，因此，以靖西为中心加上德保县、那坡县以及天等县、大新县的部分乡村，估计有一百万以上的人口使用德靖土语。这个土语内部比较一致，各地差异不大。在壮语南部方言中，德靖土语与左江土语的龙州话和云南文山、广南、砚山的砚广土语比较接近，与邕南土语和文麻土语差别较大。另外，德靖土语与云南的傣语以及泰国的泰语也有点近似。所以德靖土语的地位在壮语南部方言里比较重要。

《靖西壮语研究》是新中国建立以来国内学者第一部对壮语方言研究的专著。该书分总论、语音、词汇、语法、方块壮字五章，附录有长篇故事和杂文5篇、诗歌2首。最后作者提出了一个拼写靖西话用的拼音方案。该书的第一章，介绍靖西的地理位置和历史沿革。靖西在秦时属象郡，在汉初为南越国属地，1913年设靖西县。在历史上，靖西是个有名的边陲重镇。1049年壮族地方首领侬智高曾在今靖西安德镇建立"南天国"政权。南宋末年（1276）文天祥部将张天宗抗元失败，率众到那签（今靖西旧州）定居。第二章语音，介绍靖西话的语音系统，靖西话最有特色的是它的声调调值，6个舒声调和4个促声调没有一个平调。声母的特点是颚化声母比较多。语音章有一节是靖西话与各地壮语的比较，另一节是与原始台语声类的比较，还有一节谈论汉借词的语音，并附有同音字表。第三章词汇，除了介绍靖西话词汇的某些特点以外，还有一个包括1830个按意义分类的常用词词表。第四章语法，除了介绍靖西话语法特点以外，有一节介绍靖西话与壮语标准音主要的语法差异。第五章介绍靖西地区通行的方块壮字。方块壮字在德靖土语使用得很广。靖西民间的木偶戏唱本、翻译电影脚本、民歌手编写民歌等都用方块壮字。由于靖西方块壮字是以汉字为基础而制造的，还没有经过正式的规范，各人的用法不完全统一，加上方块壮字是用汉字作为材料自己构造的，认读和使用的人必须具有一定的汉语文水平，使用范围比较狭窄。

《炯奈语研究》 中国新发现语言研究丛书之一。毛宗武、李云兵合著，中央民族大学出版社2002年出版。

分导言、语音、词汇、语法、方言、系属六章。导言部分充分运用其语言文化、礼仪诵经、口碑遗产和有关史料，考证了操炯奈语这部分瑶族在古州前那段漫长的年代里，跟畲族先民同途流徙的历程和明代大藤峡起义的壮举史实。以往有关史籍多含混笼统地叙述，本书第一次提出大藤峡瑶民起义首先发难的大小领袖或头面人物大都是操炯奈语的花蓝瑶，他们是大藤峡起义的骨干。语音、词汇、语法部分多作平面描写和分析研究。归纳起来，语音的特点是：声母多，韵母少，元音不分长短，没有塞音韵尾，没有双唇鼻音韵尾，没有浊塞音声母，但有一套鼻冠闭塞音声母，还有一套特有的混合舌叶音声母。词汇和语法的特点是：带附加成分的合成词比较少，仅有带 ka⁴⁴ 的一类，而且分布紊乱无序，几乎丧失了作为附加成分的存在；不带附加成分的合成词以修饰式的居多，修饰成分在中心成分之前之后都有，条理不甚分明。分析句子一般采用二分法（主、谓），在二分法的基础上有时兼用六分法（主、谓、定、状、宾、补）。词类可分为名词、代词、数词、量词、动词、形容词、状词、介词、副词、连词、助词、叹词12类。指示代词在修饰数量、量名和数量名词组时后置。这与苗语支语言同属一种类型。核心数词分两个层次，第一个层次来自苗瑶原始母语，能单独运用；第二个层次来自现代汉语，不能自由运用，只能充当合成词的词素。这与瑶语支语言完全相同。方言、系属部分侧重于纵横比较、古今研究。作者分别对苗瑶语族诸语言进行了语音、词汇、语法各方面的比较研究，找出它们之间的异同和渊源关系。在炯奈语内部，龙华和六巷两个代表点之间也存在着程度不同的差异，语音尤为显著，词汇次之，同源词约占73%。对这种差异两个方言区的人民群众也有语感，认为口音有异，话语有别。炯奈语是一个属于苗瑶语族的独立语言，学界早已取得共识。但在语支问题上尚存分歧。美国学者戴维·斯特列克（David Strecker）在简评白保罗的《苗瑶语之谜：那峨语》一文中，将炯奈语列为单独的一个语支（见《藏缅语区语言学》杂志第10卷第2分册，1987年）。通过深入细致的比较研究，凸显出它们之间还有一层亲疏远近的关系，在苗语支之下，形成了苗—布努，巴哼—优诺，炯奈—畲3个既有内部联系又存在某些距离的亲近语丛，语丛下面分语言、方言、土语。书末附有常用词汇表和长篇语料。

《喀拉沁蒙古语研究》 中国少数民族语言研究丛书之一。曹道巴特尔著，民族出版社2007年出版。

本书作者从1992年开始对蒙古语内蒙古方言喀拉沁土语作了田野调查，经过多年研究，于2001年第二次到当地作全面的调查，利用两次调查所得材料撰写成此书。作者在书中对蒙古语方言土语的划分比较详细，把喀拉沁话纳入蒙古语科尔沁—喀喇沁方言中的喀喇沁—土墨特土语中的一个次土语。本书所描写的依据就是这个土语。本土语分布在内蒙古赤峰市喀喇沁旗、宁城县，辽宁省建平县、凌源县和卡喇沁左翼蒙古族自治旗等地。使用人口约为50万人。其中约有40%以上转用了汉语。全书分六部分：第一部分 综述篇；第二部分 语音篇；第三部分 词法篇；第四部分 句法篇；第五部分 词汇篇；第六部分 相关资料篇。第一部分至第四部分各分若干章，各章下又分若干节。第六部分内容是两个词汇表，其一按蒙古文传统音节排列，其二按汉语拼音字母顺序排列。另有两个话语材料等。

《卡卓语研究》 中国新发现语言研究丛书之一。木仕华著，民族出版社2003年出版。

卡卓语是云南玉溪地区通海县兴蒙蒙古族自治乡的蒙古族所使用的语言。他们自称是"卡卓",其使用的语言被称为卡卓语。兴蒙乡有5479人,蒙古族5339人,占97%以上(1998年)。《卡卓语研究》分六章,第一章 绪论,介绍卡卓人的人文概况、历史源流、社会文化、研究概况。关于历史源流,作者引用史实,1253年忽必烈领兵十万进入云南,至1381年的128年间(元朝亡于1368年),处于蒙古贵族的统治中。自从元朝灭亡后,蒙古军队多落籍云南,大多数被同化于汉族或其他民族之中,而兴蒙蒙古族却保留了自己的民族自称、风俗习惯、宗教信仰,而其语言也具有自己的特色——由蒙古语转用了彝缅语,再发展而成为一种与彝语极相近的卡卓语。第二章 语音,本章除了介绍卡卓语的语音系统以外,还特别介绍汉语借词的语音。第三章 词汇,本章特别介绍了卡卓语文化特色词与兴蒙蒙古族文化。第四章 语法,其中用一节介绍汉语对卡卓语语法的影响。第五章 卡卓语的系属问题,本章用了十六节讨论卡卓语的系属问题,包括卡卓语系属问题的争议、与蒙古语族语言的对比、与彝语支语言的比较、与藏缅语族及白语土家语的比较,以及与这些语言各种词的比较等。最后得出结论:卡卓语是彝语支语言中的一个独立的语言,与彝语尤其是与彝语中部方言、南部方言更为密切。第六章"语言底层"与卡卓语的形成,辨析几种不同的观点。书末附录有2000个词的词汇表和两个短篇故事。

《康家语研究》 中国新发现语言研究丛书之一。斯钦朝克图著,上海远东出版社1999年出版。

康家语是居住在青海黄南藏族自治州尖扎县康杨镇部分回族所使用的一种语言。使用人口约有500人。从语言特点看,康家语属阿尔泰语系蒙古语族,与保安语和东乡语比较接近。从20世纪80年代开始,陆续有学者对康家语进行调查研究,并发表了论文。本书作者从1993年起两次对康家语进行过全面的调查研究,将研究结果写成本书。分导论、语音、词汇、词法、句法、康家语在蒙古语族语言中的地位六章。并有常用词和长篇材料两个附录。

《康熙〈御制清文鉴〉研究》 江桥著,北京燕山出版社2001年出版。

本书获北京市社会科学理论出版基金和北京市跨世纪人才工程专项资助,北京市社会科学成果二等奖(2002),北京社会科学院科研成果一等奖。

康熙朝《御制清文鉴》,是清史、满族史研究的重要文献。本书以康熙《御制清文鉴》分类、选词和释义所体现的历史价值为研究的重点,对学术界存留的一些难点问题,如各体《清文鉴》之间的关系、《御制四体清文鉴》和《御制五体清文鉴》的成书时间以及《御制五体清文鉴》中藏文两种注音的识别等,特别是语言交融的现象,进行了考证和分析。

该书共分5章。在第一章中作者指出康熙的御制并非表面文章。当时的满语文尚处发展阶段,康熙所忧虑的是语言氛围的逐渐丧失导致其后代语言向汉语转移,致使本民族语言逐渐消失,故亟须进行正字、通古的工作。在《御制清文鉴》编纂过程中,康熙"爰诏儒臣分类排纂,日以缮稿进呈,朕亲御丹黄,逐一审订"。第二章指出,康熙朝《御制清文鉴》开清代御制大型分类词典之先河。将12000条词分为36大类,又在36大类下分出280小类,形成树形结构,使清代"国语"的最基本元素词规范固定在一种相对完整的体系之中。由于语言与人类思维有着密切的关系,这一分类体系也直接反映了当时人的思维体系和对社会的认知程度。第三章对词的来源、选词原则进行了细致的分析。第四章研究《御制清文鉴》的释义方法。如:"天"、"日"、"月"、"星"四个词,均为表示名物之词,表示的是自然现象。其释义,均首先对该词进行"实质定义"或"发生定义",是百科性的解释方法,然后列举经典著作中的例句揭示该词的含义、用法。这种综合性释义法既简明地揭示了该词所代表的概念的本质,又规范化地引申了该语词所包含的带有感情色彩的含义。这种释义方法,在当时的满文词典甚至汉文词典中都是少有的。第五章指出,《御制清文鉴》成书后,又陆续编成了一系列的扩展本。其中,有关御制四、五体《清文鉴》产生的年代问题,过去由于所见史料不足,一直无法确定。从清字经馆的档案可证,乾隆四十二年(1777),四、五体《清文鉴》已在编纂之中。而五体是在四体编写中奉旨增加维文及满文注音,并在原藏文下添注两种注音而成。尔后,两者同时进行,且五体早于四体成书之年。余论部分,作者从语言文字发展的大背景中,对满语文发展的现象作了宏观的分析。附录部分,作者将《御制清文鉴》的序并跋做了转写、对译和翻译,并将引用和参考书目附后。

《柯尔克孜语简志》 中国少数民族语言简志丛书之一。胡振华编著,民族出版社1986年出版。

柯尔克孜语属阿尔泰语系突厥语族东匈语支,使用该语的人口约16万人(2000年),分布在新疆克孜勒苏柯尔克孜自治州。柯尔克孜语分南部方言和北部方言两个方言,其文学语言是以北部方言为代表。本书分语音、语法、词汇、方言和文字五个部分,对柯尔克孜语进行全面的介绍。书末附有常用词汇附录。

《科尔沁土语研究》 白音朝克图著,内蒙古大学出版社2002年出版。

本书由语音、词法、句法、词汇和附录等部分组成。"语音"部分包括元音系统、辅音系统、元音和谐律、辅音结合律、音节结构、重音和语调、语音变化等内容。元音的分类问题上作者没有采纳"中性元音"之说,也不支持使词的首音节的"ə"[ɤ]和非首音节的"ə"[ɤ]对立(并列)的观点。在辅音的描写中作者没有采纳清浊对立的说法。在元音和谐律的描写中,作者区分了元音的词中和谐和词与词之间的和谐。书中描述了阳性元音和阴性元音分别和谐情况,元音的唇形和谐情况以及汉语借词中的元音和谐情况。书中同时也描述了元音和谐中的随意性,即元音的自由结合情况,明确区分了元音和谐律的定义、内容和规则等。书中描述的辅音结合律既包括辅音之间有连接元音的结合,也包括没有连接元音而结合的情况。关于词重音,作者认为,科尔沁土语中既没有音强为特点的力重音,也没有音高为特点的乐重音。科尔沁土语多音节词首音节的元音音色清晰、音质稳定,以自己的音质特点,按照元音和谐律的规则影响、选择和确定后续音节的元音。如果据此认为,科尔沁土语词首音节有重音的话,那这个重音是独特的,与力重音比较而言是低沉的弱势重音。"词法"中,把科尔沁土语词类分为名词(一般名词、形容词、数词、代词)、动词(普通动词、代动词、助动词、连接动词、类比动词、替代动词)、小品词或附词(情态词、模态词、拟声词、副词、后置词、连接词、语气词)、感叹词等四大类。也具体描写了名词的格、复数和反身范畴,动词的式、体、态、时、人称范畴和形动词、副动词、名动词形式、形容词的比较级和数词的限定范畴。在"句法"中,对科尔沁土语的句子进行了分类,同时对句子内部结构分为句子成分层、句子词组层和分句层等不同层次。同时也描述了不属句子结构的独立词语等。在"词汇"中,分词汇构成(一般词汇、读音特殊词、独特的词、结构特殊的词、复合词和借词等)和词义概况两个部分进行了描述。本书后附有话语材料(故事、好来宝、谜语、祝词等)。

《克蔑语研究》 中国新发现语言研究丛书之一。陈国庆著,民族出版社2005年出版。

克蔑语是居住在云南西双版纳景洪市景洪镇小

曼咪村、大曼咪村、江头曼咪村、嘎东乡曼咪村、勐养镇三家村等村寨人使用的语言，共一千余人。使用克蔑语的人当地他称为"曼咪人"，内部自称为"克蔑"或"克敏"，现大都改称"曼咪"。据说，克蔑人的祖先是泰国公主的侍从，因故来到西双版纳定居。其后代就成了克蔑人。现今的克蔑人，青年人、中年人或老年人都能兼用傣语，部分中老年人还掌握老傣文。克蔑语是新发现的语言，过去很少有人调查过。直到 2002 年才开始进行调查。《克蔑语研究》分五章，第一章 概况，介绍克蔑人的分布、历史来源以及生活习惯、宗教信仰等情况。第二章 语音。第三章 词汇，其中的第五节提到外来语借词，作者指出克蔑语主要从傣语中吸收各种借词。汉语借词成为继傣语借词之后克蔑语的又一个借词来源。第四章 语法。第五章 克蔑语的系属论证。把克蔑语与南亚语系语言进行全面的比较，最后指出，克蔑语与佤语、布朗语、克木语、德昂语、布兴语有密切的关系，保留了孟高棉语言的一些共同特征。它与上述诸语言有发生学的同源关系，属于南亚语系孟高棉语族。书末附有 2400 个词的词表和故事三篇。

《克木语研究》 中国新发现语言研究丛书之一。陈国庆著，民族出版社 2002 年出版。

克木语是克木人使用的语言。克木人是跨境民族，在中国主要分布在云南勐腊县和景洪市的一些村庄，在国外，分布在老挝、泰国、越南等国，人口约有 45 万人。居住在中国的有 2500 余人。对克木语的研究国外学者开展得较早，国内学者也曾于 20 世纪 80 年代开始发表克木语的有关著作，如王敬骝于 1982 年、李道勇于 1985 年和 1993 年、颜其香于 1994 年分别撰文介绍过克木语的情况。《克木语研究》根据作者于 1998 年初和 1999 年中两次实地调查所得的材料写作而成，也曾参考并吸收了已发表的著作的研究成果。本书分五章，第一章 绪论，介绍有关克木人的人文情况、族源及迁徙、经济生活、图腾崇拜、文化与风俗习惯、克木语使用状况和克木语的研究状况。第二章 克木语音韵系统，附有大篇幅的声韵配合表。第三章 词汇。第四章 语法。第五章 克木语的系属归向，分别把克木语与南亚语言作语音的比较、词汇的比较、语法的比较。通过详细的比较，认为克木语与布朗语的关系最为接近，其余依次接近的语言为佤语、德昂语、高棉语、越南语、倈语。它属于南亚语系孟高棉语族佤德昂语支。书末附有一个 2000 个词的词汇表和长篇故事两篇。

《苦聪民间故事集》 张伟译，云南民族出版社 2003 年出版。

苦聪是拉祜族一个支系。在讲授拉祜族民间文学过程中发现苦聪支系的民间文学资料特别匮乏，于是译者有了收集整理和翻译苦聪民间故事的想法。2001 年译者认识从事苦聪文化研究人王振明，才有了现在的这本书。勤劳勇敢的苦聪先民开拓了古老的荒野之地，也创造了优美的民间文学。但是，这些优秀的民间文学只停留在口头上流传，随时间的流逝而逐渐失传，我们有责任抢救、搜集、翻译整理这些丰富多彩的民间文学，使之得以利用，促进社会发展，促进社会主义精神文明建设，用优秀的民间文学颂扬民族精神，鞭挞假、恶、丑，赞颂真、善、美，也为专家学者研究拉祜文学与文化提供宝贵文字资料。

《跨境语言研究》 戴庆厦主编，中央民族学院出版社 1993 年出版。

该书从语音、词汇、语法、语言风格等方面对傣语、壮语、苗语、瑶语、傈僳语、景颇语、维吾尔语、哈萨克语、朝鲜语等语言进行了描写、比较和分析，从语言社会变异的角度提出了一些认识，对语言变异理论和语文政策的研究有一定的价值。

本词书收词条近 1 万条，属于大型词书范围。

《拉汉对照双解词典》

张蓉兰主编，有 30 多位民族知识分子参加收集和提供资料。历经 20 多年的编写、整理、修改、补充的编辑工作。本词书收词条近万条，属于大型词书范围。其内容以大量现代基本词汇为主，同时也收入了不少古老的诗歌用词、祭祀用词、大量的四字连绵词、常用中草药名称、古老的民族民间医疗处方，等等。并以拉祜纳方言词汇为主，也收入了一些不同于拉祜纳的拉祜西方言词汇与之对照。与此同时，该书不是一本词汇的简单对照，而是属于正规词书的模式，有词义解释、例句，对于具有突出句法特点的词语，亦有例句示范。对于一些动植物名称还标有正规的拉丁文名称，以便于查找。该词书的重要性，正如王均先生在序言中说的"有它可观的实用价值……又有它相当的学术价值，……""一些古词、诗歌用词、谚语、中草药名称和大量的四音节词，这是很有学术价值的，因为，现在不收，将来就收不着了，这是一种民族文化的抢救工作。"本词书确实起到了抢救拉祜族古老文化的作用。词典动植物名词注明动植物国际学名，大大提高了词典译义的准确性，也提高了它的学术性。由于多种原因，本书的诞生尚需时日。

《拉祜语简志》

中国少数民族语言简志丛书之一。常红恩、和即仁编写，赵吉生、夏淑仪参加讨论，民族出版社 1986 年出版。

拉祜族自称"拉祜"，部分人自称"苦聪"，大部分人口分布在云南澜沧拉祜族自治县，人口有 45.3 万人（2000 年）。拉祜语属汉藏语系藏缅语族彝语支，分拉祜纳和拉祜西两个方言。80% 的人口使用拉祜纳方言。本简志对拉祜语的介绍以澜沧拉祜族自治县的勐朗话为准。分概况、语音、词汇、语法、方言、文字六部分。在概况一章里，介绍拉祜族的分布、人口，以及国外拉祜族的分布情况。书中提到，报刊上所介绍的"苦聪"人，属拉祜族中的一部分，只是保留"锅错"（即苦聪）这个自称而已。他们也分别使用拉祜纳或拉祜西两个方言。在语音一章里，主要介绍拉祜语的音位系统，作者把 ts tsh dz s z; tɕ tɕh dʑ ɕ ʑ; tʃ tʃh dʒ ʃ ʒ 三套声母合并了。理由是这三套声母出现的条件不同，可以合并。在词汇一章里，介绍了丰富多彩的四音格和前附加成分、后附加成分的附加式构词法。还介绍了汉语借词、傣语借词。在语法一章里，介绍各类词的特点和用法，对助词的介绍比较详细。在方言一章里，介绍两个方言在语音、词汇和语法上的差别，并一一加以对比。在文字一章里，介绍《拉祜族文字方案》的创制经过，对方案作了全面介绍。书后的词汇附录是两个方言点的 1000 多个常用词表。

《拉基语研究》

中国新发现语言研究丛书之一。李云兵著，中央民族大学出版社 2000 年出版。

从 1996 年开始，《中国新发现语言研究丛书》陆续出版，《拉基语研究》是其中之一。李云兵于 1996 年赴云南马关县对拉基语进行了深入的调查，于 2000 年出版了本书。此前，梁敏和张均如曾于 1989 年调查过云南马关县的拉基语，并撰写了一个概况。2007 年出版的《中国的语言》收录了梁敏撰写的《拉基语》一文。《拉基语研究》一书与梁文都是记录云南马关县金厂镇的拉基语，但各人对语言音系的处理方法不同，两个音系有较大的差别。如《拉基语》的声母有 25 个，韵母有一套带介音韵母。此外还多了一套鼻化韵母。而《拉基语研究》则多了一套腭化声母，而缺少带介音韵母，也没有鼻化韵母。

本书对拉基人的历史来源和分布有较多的描述，同时对拉基人的生活习俗也有详细的描写。在第六章系属里，作者把拉基语与壮侗语以及其他有关语言进行对比，最后关于其系属问题认为与仡佬语群诸语言——仡佬语、木佬语、普标语、布央语、拉哈语等有密切的关系。书后附有一个 1900 多个词的词表。

《拉坞戎语研究》 黄布凡著，民族出版社 2007 年出版。中国新发现语言研究丛书之一。

拉坞戎语是四川省阿坝藏族羌族自治州大金川河（其上游称杜柯河、绰斯甲河）流域藏族居民所说的一种语言，俗称"观音桥话"。分布于金川、壤塘、马尔康等县的部分乡、村。使用人数不到 1 万人。过去有的学者将此语言看成嘉戎语或道孚语的一种方言。本书作者通过与嘉戎语、道孚语的同源词和异源词的分析统计以及一些语法项目的比较，认为其差异程度大于嘉戎语和道孚语内部方言间的差别，应是藏缅语族羌语支内独立于嘉戎语和道孚语之外但与其关系非常密切的语言。

本书绪论的"历史和社会概况"部分谈到，根据历史文献和口头传说，这一地区唐代为"西山八国"（八大羌人部落）之一的东女国，其先民可能是古代羌人的一支。

语音、语法、词汇三章全面描写了拉坞戎语的语言结构，其特点为：（1）语音方面 有大量的辅音组合，除二合、三合、四合的以外，还有个别的五合复辅音，复辅音组合的声母数量之多达 396 个，在汉藏语中都属罕见；有 12 个单辅音和 20 个二合辅音可做韵尾，韵母系统也很庞大，达 105 个；在声、韵母结构都很复杂的情况下，还有 3 个有辨义作用的声调。（2）语法方面 动词的范畴和形态变化很丰富，有人称、数、趋向、时态、及物、体、语态、语式等范畴，分别或综合用前缀、后缀、词根屈折和重叠方式表示；名词有数、从属和定指范畴；方位词特别丰富，关于上、下的方位词分泛指、近指、较远指、远指；动词是句子的中心，各种句法关系大多表现在动词的附加成分上，附加成分有成音节的和不成音节的，以前置为主，词根前最多可叠加到 4 个，词根后只能加 1 个。（3）词汇方面 附加法也是构词的一种重要手段；词汇来源具有多元性，除本语固有词外，有相当数量来自藏、汉、嘉戎、道孚等语言，数量最多的是藏语借词，许多藏语借词的语音特征比相邻的藏语安多方言还要古老，可能在前藏文时期（藏文创制于七世纪）或藏文初创尚不规范时期就已借入，这一情况可能与史书上记载的这一地区唐永隆年间（680 年）曾"没于吐蕃"有关。书末附录词汇和篇章语料。

《俫语研究》 中国新发现语言研究丛书之一。李旭练著，中央民族大学出版社 1999 年出版。

这是介绍和研究俫语的专著。俫人分布在广西壮族自治区隆林各族自治县的长发、克长、长么等乡，以及西林县普合苗族乡的亨沙、八大河乡的那牙。广西的俫人约有 1400 多人，其民族成分是仫佬族。据说，云南广南县的一些乡村也有分布，其民族成分为彝族，约有 1000 人。《俫语研究》只以广西的俫语为对象介绍其语言各方面的情况。本书分绪论、语音、词汇、语法、俫语的系属归向 5 章，另有附录两个：一为词汇表；二为话语材料。该书在详细描写俫语的语音、语法和词汇的基础上，与壮侗语、南亚语进行比较，指出俫语的系属为南亚语系的一种语言，它与京语最接近。但直至目前，国内学者对俫语的归属问题还没有取得一致的意见。作者指出，俫语与壮侗语族只有类型学上的相似而没有发生学上的关系。而俫语与南亚语之间无论在语音、词汇或语法上都有同源关系。特别是俫语与京语的关系尤为密切。它可以与京语合称为京俫语族。

《浪速语研究》 中国新发现语言研究丛书之一。戴庆厦著，民族出版社 2005 年出版。

浪速语是景颇族浪速支系使用的一种语言，属汉藏语系藏缅语族缅语支。关于浪速语的地位问题，曾有不同的意见，有人认为它是一种独立的语言，有人认为是载瓦语的方言。本书作者认为它是一种独立的语言，与波拉语、勒期语、载瓦语比较接近。本书分五章：绪论、语音、语法、词汇、与亲属语言比较。在绪论一章里，介绍景颇族及其支系的概况和语言使用情况。在第二章里，除了对浪速语的描写之外，用一节的篇幅对浪速语进行语音计量分析。读者从中可以看到浪速语的词汇的音节组成。也可以看出各类词音节数的情况、各个声母出现的频率以及各类语音出现的频率，等等。在第五章与亲属语言比较里，分别把浪速语与载瓦语、勒期语、波拉语比较，与载瓦语比较，与阿昌语比较，最后得出结论，浪速语与波拉、勒期、载瓦同属一个语支。书后附有一个 2100 个词的词汇表。

《勒期语研究》 戴庆厦、李洁著，中央民族大学出版社 2007 年出版。

该书是中央民族大学"985 工程"项目成果之一。勒期语使用人口少、语言特点丰富。该书主要介绍勒期语的基本使用情况，并对其语音、词汇、词类、句法等进行描写与分析，并附有词表、例句集和长篇语料。

《黎汉词典》 中国少数民族语言系列词典丛书之一。郑贻青、欧阳觉亚编著。参加者：刘文耀、陈清江、严燕、王德理、黄有金、符爱琼，四川民族出版社 1993 年出版。

该词典是在 1957 年收词 5100 条的《黎汉简明词典》（油印稿）的基础上，经过 1959 年、1980 年和 1982 年三次修改之后，增词 1600 余条，共收词 6700 余条，并增加了《汉黎对照词汇》部分，把原来用黎文方案注音该用国际音标记音。词条以乐东县抱由镇保定村的读音（属黎语哈方言罗活土语）为标准。汉语借词以当地群众的实际口语读音为准。声调用调类表示（第一、二、三调分别为 53、55、11，第 7、8、9 调分别为 77、11、53）。条目的排列，按第一个音节的声母、韵母、声调次序排列（见书末所附的声母表、韵母表、声调表的次序）。第二个音节的排列同第一个音节。释义尽量使用汉语与之相当的词语，如果汉语没有相当的词，则用解释性的话语对译，务求通俗易懂，必要时举例说明。1980 年的修订工作，保定村的陈国珍老师也参加过部分词条的核对工作。

《黎—汉—泰—英词典》 泰国玛希隆大学乡村开发语言文化研究所和中华人民共和国中央民族大学壮侗研究所合作项目，黎语、汉语和英语词汇部分由文明英、文京编写，泰语和英语索引部分由泰国玛希隆大学乡村开发语言文化研究所研究人员编写，2003 年玛希隆大学资助出版。

词汇中的黎语语音，采用中华人民共和国海南省乐东黎族自治县抱由镇保定村话（属黎语侾方言罗活土语）。用新创制的黎文标音，黎文音节末的"x"、"s"为声调符号，其中，"x"的调值是高平"55"，"s"的调值是低平"11"。黎文音节右边"[ ]"中的符号为国际音标，国际音标右上角的 11、55、53 数字为调值。

本词典共收入单词 5000 多个，其内容概括了天文、地理、人物、亲戚、人体器官、动物、植物、食品、衣着、房屋、用具、宗教、意识、方位、时间、数量、指示、代替、疑问、动作、行为、性质、状态等。计有四种文字，即 Hlai（黎）、Chinese（汉）、Thai（泰）和 English（英）。其中，Hlai 和 Thai 是两个壮泰语族语言内部的词汇比较，Chinese 和 English 是作为 Hlai 和 Thai 两个壮泰语族语言内部的词汇比较的词义，前者为汉语词义，后者为英语词义。编写本词典的主要观点之一，在于黎语是壮泰语族的一个族员，它有 1—1000 的本民族语数词。观点之二，黎语文诞生于 20 世纪 50 年代，从它诞生的那一天起，就显示出强大的生命力。最明显的是，它已成为记录黎语最贴切的符号。本词典的编写，是给新创制的黎文发挥作用的好机会。观点之三，学习、研究乃至运用现代黎族语言文字，是今后一代又一代黎人和对黎语感兴趣的无数学人的选择之一。编写本词典是适应这种潮流的。观点之四，黎语作为壮泰语族的一员，本词典的出现，是中国黎语和泰语对照、比较研究的工具。

《黎语调查研究》 欧阳觉亚、郑贻青合著，中国社会科学出版社1983年出版。

该书是利用1956年和1964年两次调查黎语方言所得的材料写成的。1956年的调查是由中国少数民族语言调查第一工作队海南分队进行，参加的人员有30余人，由欧阳觉亚、郑贻青、曾催鸿、符镇南四人初步整理，写出初稿，后来由欧阳觉亚、郑贻青在两次补充调查的基础上经过20多年的时间，重新编写成书。全书分五章，第一章总论，介绍黎族的历史、人文情况、黎族名称的由来、黎族各个支系的特征，还介绍了黎族的人名和亲属称谓为特点。第二章语音，介绍黎语10个代表点（哈方言：保定、中沙、黑土；杞方言：通什、堑对、保城；本地方言：白沙、元门；美孚方言：西方；加茂方言：加茂）的语音系统，保定（属哈方言罗活土语）、通什（属杞方言通什土语）两个点的声韵调配合表，各方言土语的语音比较。还用一节专门谈论黎语的声调问题。第三章词汇，首先介绍黎语词汇的一般特点、黎语词汇的构词方式，各方言土语词汇异同比较，还专门论述黎语的汉语借词特点，最后附有1640个常用词的"黎语10个方言、土语代表点的常用词表"，和100多个汉语新借词的"黎语10个方、言土语代表点的汉语新借词表"，词目均按汉语拼音次序排列。第四章语法，分黎语语法概述和各方言语法异同比较两节。第五章黎语与同语族诸语言的比较，分语音、词汇和语法三节介绍。最后附录有长篇故事、诗歌各1首。《黎语调查研究》是开放改革以来，出版的第一部有关少数民族语言全面研究的专著，被评为中国社会科学院民族研究所优秀科研著作一等奖。

《黎语基础教程》 文明英、文京合著。中央民族大学出版社2006年出版。

本书为高等学校教材。中央民族大学国家"十五""211工程"建设项目。分上编、中编、下编和附录一、附录二、附录三、附录四，共七部分。上编 十六课：第一课 单元音韵母；第二课 复合元音韵母；第三课 声调；第四课 唇音声母；第五课 舌音声母；第六课 喉音声母（课后附"黎语方言"）；第七课 鼻音韵母；第八课 塞音韵母；第九课 音节的结构与划分；第十课 黎语文的书写规则；第十一课至十六课为课文（每课之后均附有各类词的语法特点及用法）。中编 十六课全为课文。下编 十六课：第一课 歌谣；第二课至十六课为民间故事。附录一 黎语声母表；附录二 黎语韵母表；附录三 总词汇表；附录四 课文译文。

《黎语基础教程》的编著，完全是为了满足少数民族语言作为第二语言教学的需要。按照编委会的要求，每本教材分上、中、下三编，每编16课。上编前部分以语音训练为主，并熟练掌握文字书写规则，其余部分为简短会话或短文，内含生词500个左右。中编以日常口语会话和短文为主，内含生词700个左右，并掌握简单语法规则，学完之后可进行简单会话和阅读。下编以课文阅读和话语表达为主，熟练掌握语法规则。内含生词800个左右。合起来共有48课，2140个生词。适合三个学期教学所用（每学期72学时，每周4学时）。既可以用作全日制大学本科的民族语教材，也可以满足各个层次的自学者自学。完成此课程，学习者可以使用黎语进行交流，可以熟练阅读黎文作品和运用黎文写作。

《黎语长篇话语材料集》 文明英、文京编著，中央民族大学出版社2009年出版。

本书是中央民族大学中国少数民族语言学学院"211工程"的一个项目"中国少数民族语言文化及口头非物质遗产调查与资料整理制作"的成果。编著者于2005年底至2006年底完成全书的调查、整理、写作。黎族的口头文学非常丰富，过去虽然收集了不少，但尚未正式编写成书向世人公布。编著者利用一年的时间，把流行于海南乐东县的民间故事以及歌谣、谚语、谜语整理出来，并对黎族和黎语略加介绍，作为一本话语材料集。本书的材料来源于1956年中国科学院少数民族语言调查第一工作队海南分队黎语调查小组搜集的材料；1958年中央民族学院语文系黎语本科班学生实习黎语时搜集的材料；整理者自己搜集整理的材料。全书分四部分：黎族历史及其现状简述；黎语概况；黎语语法；黎语话语资料汇编。其中话语资料收录了38个故事，4首民歌，还有谚语100余条，谜语10余条。附录是本书出现过的黎语词汇表。

《黎语简志》 中国少数民族语言简志丛书之一。欧阳觉亚、郑贻青合著，民族出版社1980年出版。

全书分六部分，第一部分概况，介绍黎族的自称、人口分布、语言使用情况黎语的主要特点。第二部分语音，介绍黎语代表点乐东县抱由镇保定村的语音，另外还介绍黎语借词的语音。第三部分语法，下分：（1）词类；（2）词的组合；（3）句子成分；（4）单句和复句；（5）句子的语气；（6）新起的语法现象。语法部分是全书的重点，它系统地介绍了黎语标准音点保定话的语法特点，让读者清楚地看出，黎语语法与同语族其他语言的语法有许多的不同。第四部分词汇，分黎语词汇的一般特点和构词方式，另外一节专门介绍黎语的汉语借词。第五部分方言，主要介绍黎语方言土语的分布和各方言的主要特点。第六部分文字问题，介绍1957年创制黎文的经过和当时设计的黎文方案（草案）。词汇附录部分选用通什和保定两个代表点的1000余个常用词。

《李方桂先生口述史》 李方桂著，清华大学出版社2008年出版。

本书是李方桂全集之13。李林德主编，王启龙、王启龙副主编。全书分两部分，第一部分为口述史汉译，第二部分为口述史原文。第一部分分六章：一、在中国度过的童年时代和接受的教育；二、1924—1929年：在欧美接受的大学及相关教育；三、1929—1972年：在中国搞科研，在美国搞教学；四、中外语言学家（及著名学者）的回顾与评介；五、对历史比较语言学的主导原则和方法论的讨论；六、李教授的家庭与事业状况；附录。第二部分为口述史原文（英文）。

《傈僳语方言研究》 木玉璋、孙宏开著，民族出版社2012年出版。

傈僳族主要分布在云南怒江傈僳族自治州以及维西傈僳族自治县，还分布在丽江、迪庆、楚雄、大理、保山、德宏、临沧等地以及四川与云南接壤的凉山彝族自治州的部分地区。傈僳族人口63万余人（2000年）。傈僳语属汉藏语系藏缅语族彝语支，与彝语、拉祜语、哈尼语比较接近。本书主要介绍了傈僳族概况和各地傈僳语的音系。全书分七章：第一章 傈僳族概况；第二章 语音；第三章 语法；第四章 五地区傈僳语词、短语和句子对照；第五章 五地区傈僳语常用词对照；第六章 长篇材料；第七章 文字，介绍了老傈僳文、禄劝傈僳文、汪忍波傈僳文和新傈僳文。前三种是老文字，后一种是新创文字。

《傈僳语简志》 中国少数民族语言简志丛书之一。徐琳、木玉璋、盖兴之编著。民族出版社1986年出版。

傈僳族分布在云南怒江傈僳族自治州的碧江、福贡、泸水、贡山和兰坪县。另外，在云南的德宏州、保山地区、大理州、迪庆州、丽江地区、楚雄州的一些地区以及四川的西昌地区也有分布。傈僳族主要使用傈僳语，有的还兼通邻近的其他民族语言。傈僳语属汉藏语系藏缅语族彝语支，各地傈僳语基本一致，本书所介绍的傈僳语以碧江县的语音为准。分概况、语音、词汇、语法、方言、文字六部分。语音部分,分语音的一般情况、音位系统两节。词汇部分,分六节:词汇的一般情况;词义的类型;造词法;新词语;词汇的文体区别;熟语。语法部分,分词类;词组;句子成分;句子类型。方言部分,分语音;词汇;语法。文字部分,分大写拉丁字母的拼音文字;"格框式"的拼音文字;表音的拼音文字;新傈僳文。书末附有1000个词的词汇附录。

《连南八排瑶语》 巢宗祺、余伟文编著,中山大学出版社1989年出版。

描写粤北排瑶语言的著作,侧重在词汇方面。分概况、语音系统、词语表、语法例句、长篇材料5个章节。作者侧重于词语表,每个词和一些附着语素,都注着词性和语法性质。全部条目按音序排列,声母、韵母相同的按调类次序排列,同音词分条排列,跨类词不分立词条。实际上是一部瑶汉对照词典,所不同的是语法例句、长篇材料另立单章。

《连山壮语述要》 刘叔新著,高等教育出版社1998年出版。

作者于1995年初和1996年初两次对广东连山壮族瑶族自治县的壮语进行调查,据所得材料写成此书。该书分总述、语音、词汇、语法4章,并附有3个附录。在总述一章里,作者认为连山壮族的先民早就居住在连山,"早在新石器晚期便已在连山一带定居繁衍。正是他们的语言发展为今天的连山壮语。不过在几千年的发展过程中,曾受到从外地(主要是广西)迁徙来的壮民土语的影响,更受到越益密切交融的汉语的影响,因而吸收了这些外部语种的不少成分。"但作者也指出,"连山有的壮族干部认为,当地的壮民几百年前来自广西,他们的语言不是在粤北连山之境'土生土长'的。"对此,作者仍然认为,"连山壮语几千年来一直就在连山活跃着、发展着。它的可追溯至岭南连山一带古越语的渊源,是不容置疑的。"作者介绍,连山的壮民,一般都既操用壮语,又懂"白话",即粤方言,干部、知识分子和受过教育的年青一代,还能说普通话。在家庭生活中、在亲戚朋友的交谈中,都以使用本地壮语为常。在机关学校企业里,本地壮语也是经常使用的语言。看书读报往往是用白话音去默读。壮语传统固有的应用范围内也遭到白话的侵蚀,如今壮民家庭中的孩子,在学校学普通话,说的是白话,回到家中多惯于说白话而不用壮语。壮语固有的地位已开始受到白话和普通话的侵蚀。在词汇一章里,举列出2963个常用词。在附录1里,列出65个语句;在附录2里,附有两个短故事。附录3是词语主题义族索引。

《莲山摆彝语文初探》 罗常培、邢庆兰(邢公畹)合著,北京大学出版部1950年出版(石印本)。

1942年罗常培到大理,在大理师范学院找到一个滇西腾冲县莲山的傣族学生,该发音人14岁,兼通当地的德宏老傣文。这份记录材料除音系外,记录了1200多个单词和99个短句。1943年罗第二次到大理把材料又核对一遍,后由邢公畹排比整理,又经两次修订成书。由于所得材料有限,不够做语法研究的根据。本书共五章,第一章为引言。第二章为文字,红河上游的傣族没有文字,可是怒江以西的傣族有一种称为"方文字母"(即德宏老傣文)的文字(19个声母,49个韵母)。这种文字和泰文以及其他地区的傣族文字都不同,但都是印度文字的后裔。这种文字没有声调标志,也没有长短元音的标记。第三章为音系,莲山傣话有18个声母,8个单元音(a、i、u、ɤ各分长短),14个复元音韵母,28个带鼻辅音韵尾的韵母,23个带塞辅音韵尾的韵母。总计73个韵母(比文字多24个)。声调分6个舒声调,4个入声调(7、8两调各分长短)。之后介绍声母和韵母,韵母和声调,声母和声调的关系。第四章为短句（共99句）。第五章为词汇，先按18个声母次序排列，再按韵母排列。1944年初稿完成后曾寄到成都，请李方桂先生校阅。李先生细心审定，提出了很多宝贵意见。日寇投降，北大复员后，周定一先生把书稿从昆明带到北京，又四年后由北大出版部照相石印出版。1997年决定重新出版该书，由王均先生和周耀文先生对全书进行校订修改。主要的修改有如下几点：（1）老傣文用19个字母表示17个声母，《初探》与此一致，只是按当地习惯将 ja 和 ŋa 的位置对调，wa 改 va；ts-，tɕ-［舌面前塞擦音］和 s-，tɕ-［舌面前塞擦音］按音位标音合四为二。（2）韵母按实际读音校订，混而不分的均核对区分。ts-，s-后的 ɿ［舌尖元音］是 -ɯ 的变体，改为 -ɯ。（3）同形异读的韵母放在括号内。（4）德宏地区傣语各点调类基本一致，第6调为中平，故与4调调值对调。（5）第三章的4、5两节因材料太少，不能说明问题，故删除。本书虽然只是20世纪40年代莲山傣语文的一个初步调查报告，却有5位中国著名民族语言学家付出了劳动，所以特别珍贵。

《联合国教科文组织关于保护语言与文化多样性文件汇编》 范俊军编译，民族出版社2006年出版。

该书是关于保护语言与文化多样性的文件汇编，文件形成时间为2001—2005年。包括（1）教科文组织总干事国际母语日致辞；（2）教科文组织总干事的发言；（3）跨越鸿沟：语言濒危与公众意识；（4）语言活力与语言濒危；（5）行动计划建议书；（6）保护和促进文化表现形式多样性公约（草案）；（7）保护非物质文化遗产公约；（8）第三届文化部长圆桌会议伊斯坦布尔宣言；（9）世界文化多样性宣言；（10）实施《教科文组织世界文化多样性宣言》的行动计划要点。书的后半部是前面1—10的英译。

《凉山彝语词类研究》 ［日］小门典夫著，四川民族出版社2006年出版。

本书的作者原是日本留学生，在他编写彝语词典为每一个词标注词类时，发现目前彝语语法著作中的词类体系有很多不合理的地方。为此而专门进行彝语词类体系研究。本书就是其研究的成果。全书分19章。分别是：动词、助动词、辅助动词、名词、名词性后置词、名词化词、量词、数词、指示词、限定词、副词、副词性后置词、副词化词、语气后置词、动词性成分连词、名词性成分连词、句末语气词、叹词、象声词。

《凉山彝语语音与文字》 张余蓉、赵洪泽编写，四川民族出版社1986年出版。

分六章，较详细地介绍了彝语的方言概况，其重点为北部方言即凉山彝语。从音节和音素、元音和辅音、声母和韵母、发音方法、基础方言和标准音等五个方面详细地论述了凉山彝语语音的基本特点及其规律。从教学实际的需要，该书对彝语语音的音调、调值、调类、调号以及拼音方法等方面也作了详细的讲解。该书也是学校彝语文专业的教材之一。文字部分，主要介绍原有彝文的概况，经国务院1980年批准广泛推行的《彝文规范方案》的规范原则、使用方法。该书在教学实践中几经修改后，作为彝语文专业的正式教材使用至今。1989年11月获国家民委哲学社会科学科研成果二等奖。

《凉山彝族礼俗》 王昌富著，四川民族出版社1994年出版。

本书运用民族学、民俗学理论，对大小凉山彝族的各种民俗事象在丰富、扎实的第一手材料的基础上，理论联系实际，作了较全面、系统的叙述和探讨。这是迄今为止第一部较全面论述大、小凉山彝族习俗的专著。作者以流畅生动的笔调，翔实真切的原始材料，纵横交错，经纬有致地对大、小凉山彝族的各种民俗事象诸如衣食住行、礼尚往来、婚丧礼仪、天文历法、岁时节庆、生产交易、宗教信仰、语言文字、民间文学、文体娱乐、习惯法、哲学伦理，等等，做了深入浅出的论述，并从各种角度对各种民俗事象所蕴含的文化内涵进行了深入研究。为了解和研究凉山彝族开辟了蹊径，也为弘扬博大精深的彝民族乃至祖国的优秀文化，增添了光辉的一页。

该书有几个特点：（1）力求忠实、全面、准确和系统地反映和论述大、小凉山彝族的各种习俗。全书分十章，三十七节，一百多个专题，数百个分题进行自成体系的归类叙述和探讨。（2）对某些学术界有争议的问题，正面叙述，对之前严重失实和明显偏颇之观点让其自然澄清。（3）为彝语音译词准确无误，便于阅读，本书在彝语音译词后加附了规范彝文。（4）详尽一个民族文化内涵，文字的表述毕竟是难以穷尽的。为让读者深层了解彝俗，本书在各章后均附译了与正文密切关联的《附文》（包括附曲、附表等）。（5）为使读者增加直观的认识和了解，本书以图、文、表相结合进行表述。该书为读者描述了一个全面而深入的凉山。

《临高方言》　（THE BE LANGUAGE 直译是"贝语"）桥本万太郎编著，日本亚非语言文化研究所1980年出版。

本书书名是 THE BE LANGUAGE：A Classified Lexicon of Its Limkow Dialect（贝语：临高方言分类词汇）。临高话是海南北部临高县及附近澄迈、琼山、儋州和海口附近部分地区的汉族居民所使用的语言，现在一般称"临高话"或"临高语"。作者在20世纪70年代中期开始调查临高话，他把所收集到的临高话词汇材料汇编成词汇集。书前有前言和导论，正文分三十二节：1. 自然，自然现象；2. 动物；3. 植物；4. 饮食；5. 服饰；6. 房舍；7. 家具，器具；8. 社会；9. 商业，买卖；10. 通信，交通；11. 文化，娱乐；12. 鬼神，习俗，交际；13. 人体；14. 生老病死；15. 与人关系；16. 人品；17. 职业；18. 对人；19. 精神活动；20. 生理感受；21. 状态；22. 品性，行为；23. 时间；24. 方位，移动；25. 存现；26. 数量，数目；27. 代词，不定词；28. 副词；29. 时态；30. 否定；31. 介词；32. 连词。附录：句式。书后包括三个索引：1. 普通话拼音索引；2. 英语索引；3. 临高话音序索引。

《临高汉词典》　中国少数民族语言系列词典丛书之一。刘剑三编著，四川民族出版社2000年出版。

临高语分布在海南省北部的临高县、澄迈县北部和海口西部一带。人口有60万人左右。临高语属汉藏语系壮侗语族壮傣语支，比较接近现今广西壮语的北部方言。本词典以临高县的话为代表。本词典的编者是临高人，词典所收录的词比较丰富，收词语2万条以上。体例是从临高语出发，词条以韵母为刚，每个韵母又按声母分先后排列。同声、同韵的音节按声调次序分先后。接着是汉语对译或释义。书后有附录一：临高县地名；附录二：临高县地名汉字索引；附录三：汉语词索引。

《临高语研究》　梁敏、张均如著，上海远东出版社1998年出版。

临高语是海南省临高县以及澄迈、琼山、儋州和海口附近部分汉族使用的一种语言，属壮侗语族壮傣语支。使用人口有60万人左右。对这种语言当地没有统一的称呼，一般叫临高话或某某地方的话，由于临高县使用这种语言的人口占该县的90%以上，人们就把它称为"临高话"，即临高语。据调查，各地的临高语差别不大，彼此可以通话。居住在临高县的临高人无论在家庭内或者在城镇内都用临高话交际，甚至居住在临高县的外地人也多能用临高语与当地人交流。据作者介绍，临高语可分为临澄土语和琼山土语。临高人虽自称为汉族，但在农村懂普通话的人不多，使用海南话的也不多。

临高人的祖先原来不是汉族，也不是黎族，而是古越族的一支，在上古某个时候从广东南部迁徙到海南岛的，他们当中也融合了部分外地的汉族。从语言来看，临高语比较接近现今广西壮语的北部方言。

本书分导言、临高语的情况、临高语与本语族其他语言的比较三章。附录有两个点的词汇表和长篇材料4篇，还有民歌数首。

《龙州土语》 李方桂著，中央研究院历史语言研究所单刊甲种之十六。商务印书馆1940年出版。

该书是描写广西龙州县壮语龙州话的专著。龙州话属壮语南部方言的左江土语。《龙州土语》分导论、故事及歌、字汇三部分。导论部分记述了龙州话的音韵及龙州话中的汉语借字的音韵系统。故事及歌部分收有民间故事、民俗、民歌等16篇，每篇都有原文、汉译文、英译文，而且原文的每个词都有汉文对译。字汇部分收录《故事及歌》所涉及的词及词组，也有一些《故事及歌》之外的词，每个词或词组都有原文、汉义、英义。该书材料为作者于1935年秋在南宁收集。该书对语言学、民间文学、民俗学等学科的研究人员均有参考价值。

《泸溪土家语》 李敬忠著，中央民族大学出版社2000年出版。

目前仍然自称为土家族的人数有570多万人（1990）。但真正还保留自己语言的，仅仅是在湘西龙山、永顺等一些险峻崇山里极少的村寨，总共只有16万多人。而泸溪土家语是土家语的一个"方言"，分布在泸溪县潭溪乡铺竹、波洛寨和下都三个寨子，人口有2000多人。由于四周都是苗族和汉族村寨，且长期与苗、汉通婚，语言受苗、汉语影响很深。这部分土家人世代以来都能操多种语言，既能讲流利的当地汉语，也能熟练自如地讲当地苗语，在家和村寨里的同族人则讲自己的土家语。正是因为它们所处的环境是"语言的孤岛"，长期在汉、苗语的影响（夹击）下，顽强地挣扎生存，所以，这个"方言"与龙山、永顺的土家语基本上已不能通话，实际上已是一种濒危的语言。可以预见，在不太久远的将来，也许就会逐渐成为"历史陈迹"而彻底消亡。

本书是对土家语作了全面深入调查，又多次反复补充仔细核对后而作，务求真实地反映原貌，让世人及后代从本书记录的音符里认识这种土家人千百年来曾经使用过的语言的庐山真面目。

《论汉语中的台语底层》 班弨著，民族出版社2005年出版。

本书的研究目的是论证汉台语"关系词"的底层性质，并在此基础上论证汉台语关系的性质。在建立汉藏语系之初，台语族诸语言、苗瑶语族诸语言被大多数语言学家划入汉藏语系之内。后来观点出现很大分歧：一部分学者认为台语族诸语言与汉藏语有同源关系，应属汉藏语系成员；另一部分学者的意见则相反，认为台语族诸语言与汉藏语没有同源关系、台语族诸语言不属汉藏语系成员。这一重大分歧导致的争论从20世纪中开始，至今尚未有公认的结论。这一争论广泛涉及亚洲众多语言（其中大部分是中国境内的语言），同时也涉及语言学的重要基本理论，因此可以说相当长时期以来成了这一争论国际语言学的焦点和前沿之一。本书在作者多年研究及同行已有成果的基础上就汉台语"关系词"的性质和汉台语关系的性质这一热点问题做了新的探索、提出新的观点。本书以底层理论为指导，通过追踪语言接触的实际过程来讨论台语底层形成的机制、台语底层词的特征和判定标准等重要问题。在此基础上论证汉台语"关系词"的底层性质及其对东亚语言系属分类格局的影响。主要观点是：语言接触的实际过程表明台语底层是客观存在的，而且底层词有别于同源词和借词。汉台语"关系词"（包括现代工具书和古代典籍中的汉台语

"关系词")的总体性质是台语底层词。汉台语同源关系、台南岛语的同源关系均没有明确的支持证据。汉台语关系是底层关系。台语在东亚语言系属分类中具有独立地位。

《论蒙古语族的形成和发展》 喻世长著,民族出版社1984年出版。

蒙古语族包括蒙古语、布利亚特语、卡尔梅克语、达斡尔语、莫戈勒语、东部裕固语、土族语、东乡语、保安语9种语言,其中布利亚特、卡尔梅克、莫戈勒是分布在国外的3种语言,其材料采自国外学者的著作,其余的语言材料均采自国内出版的语言简志丛书有关分册。作者在引言中指出,以往的蒙古语族历史比较研究是在材料不完备的情况下进行的,因此,关于蒙古语族形成和发展的历史的叙述,也是不全面的。在本书里,作者对蒙古语族九种口语在语音和语法上彼此之间的异同和互相对应的关系,做了扼要的叙述。在国内,蒙古语族内部各语言之间的差别是比较小的。本书分十一节:词的重音位置及非重读元音的失落和复辅音的形成;阳性元音 i(转变为其他元音以后词的阳性性质如何辨认出来;词首辅音的保持或失落;软腭辅音的读法;元音和谐;圆唇元音的混并;长元音及和它有关的复元音的出现;前化元音的出现;从语法现象的异同看语言关系的远近;从共同蒙古语演变为九种现代语言的历史进程;民族互相融合和语言互相影响。

《论语说文集》 陈其光著,民族出版社2007年出版。

本书是陈其光教授的论文集,内容包括语言理论、语言关系和汉字系文字方面的论文。收录自20世纪50年代以来发表过的文章多篇。其中与少数民族语言有关的有:《汉藏语系的二维语音》、《借词三论》、《汉藏语声调探源》、《语言、文字和民族》、《华南一些语言的清浊对转》、《语言间的深层影响》、《语言沉积层》、《民族语对中古汉语浊声母演变的影响》、《中国少数民族语言文字》、《语言间的区域特征》等10篇,另外关于"女书""女字"的论文有8篇。

《论语言接触和语言联盟》 陈亚保著,语文出版社1996年出版。

语言学著作。书名副标题为"汉越(侗台)语源关系的解释"。这是作者的博士学位论文,是一部历史语言学的理论著作。全书由王均教授和徐通锵教授分别作序,有两大部分:上篇 语言的接触:互协过程;下篇 语言的演化:谱系树和语言联盟。本书创造性地提出了用来区分同源关系和接触关系的关系词"阶曲线"原则,并用这一原则判定侗台语和汉语是由语言接触而形成的一种语言联盟,从而建立了可与谱系树说、波浪说相匹敌的一种新的历史语言学理论模型。本书获第七届北京大学王力语言学奖一等奖。

《罗美珍自选文集》 罗美珍编,民族出版社2007出版。

作者挑选出自己比较满意的文章18篇汇集成此书供同仁参考。其中有两篇是作者对我国少数民族语言文字使用与发展问题研究的综述和侗台语系属问题研究的综述。内容包括:综合性、理论性的研究文章十篇,有《我国少数民族语言、文字使用与发展问题研究》、《侗—泰语族语系问题综论》、《论族群互动中的语言接触》、《客家人及其语言和文化》、《汉藏语言的韵母研究》、《谈谈我国民族语言的数量词》、《对汉语和侗台语声调起源的一种假设》、《论方言——兼谈傣语方言的划分》等;傣语文研究七篇:《傣语长短元音和辅音韵尾的变化》、《台语长短元音探源》、《傣语的称谓法》、《傣、泰语地名结构分析及其地图上的音译汉字》、《巴利语对西双版纳傣文的影响》、《西双版纳傣文》、《傣、泰词汇比较》。书后附有《我这一生和少数民族的情结》，浓缩了作者调查民族语言的经历。

《珞巴族语言简志（崩尼—博嘎尔）》
中国少数民族语言简志丛书之一。欧阳觉亚著，民族出版社 1985 年出版。

居住在中国的珞巴族使用 3 种不同的语言。崩尼—博嘎尔语（下称博嘎尔语）是其中之一。崩尼—博嘎尔语分布在西藏米林县南部和隆子县东南部，即西巴霞曲河与卡门河之间的地区。居住在米林县自称为博嘎尔的，属博嘎尔部落，居住在隆子县的自称为崩尼的属崩尼部落。博嘎尔人口较少，约 3000 人，崩尼部落人口较多，但具体数字不详。该简志以西藏米林县纳玉村（原叫南伊公社）的博嘎尔话为主。分概况、语音、词汇、语法、方言和词汇附录六部分。在概况一章里，简单介绍珞巴族的部落名称和分布。两次调查的情况和当时的发音人，1976 年的调查由欧阳觉亚、张济川两人进行，发音合作人是达伊、高会荣同志，达木方言材料由庸中同志提供；崩尼方言材料由山南地区的达多先生提供。1984 年的补充调查由达嘎同志提供材料。在方言一章里，介绍 3 个方言之间语音对应关系。书末附有 1000 多词的词汇表。

《麻窝羌语研究》 中国少数民族语言方言研究丛书之一。刘光坤著，四川民族出版社 1998 年出版。

该专著比较详细地描述了羌语北部方言麻窝话的特点。在语音部分，列出了麻窝话的语音系统，尤其比较详细地描述了羌语北部方言构词和构形中的音变现象，包括辅音的弱化、辅音的换位、辅音的交替、元音的和谐、元音的清化、元音的脱落、元音的增加、音节的减缩、重音的转移等。麻窝话没有声调，但有重音，南部方言有声调，著作对羌语声调的产生进行了有益的探索。在词汇部分，分析了麻窝话词汇的构成以及丰富词汇的主要方式，还对麻窝话中的藏语借词进行了专题分析。在语法部分，由于麻窝话的黏附形态比较丰富，表达语法意义的主要手段靠添加前缀和后缀，并辅助以屈折变化，因此著作较系统、详细介绍了各词类的语法特点，尤其对不同的词缀进行了细致的分析。由于羌语麻窝话动词和形容词的特点非常接近，因此将这两个词类合并统称谓词，但是在谓词内又分动作谓词、性状谓词、存在谓词、判断谓词和辅助谓词。对谓词的人称、数、时间、式（包括命令、祈求、）、体（包括将行、持续、完成）、态（包括自动和使动）、方向等语法范畴进行了比较深入的探索。并对麻窝话的句法进行了较深入的介绍。书末附录有麻窝话常用词约 3000 个。

《马学良民族研究文集》 马学良著，民族出版社 1992 年出版。

本文集收入的大部分文章是新中国成立以后写的，也有几篇是新中国成立前在原中央研究院历史语言研究所时调查、研究的材料，解放初期发表的。内有：《湘黔夷语掇拾》、《边疆语文研究概况》、《倮文作斋经译注》、《倮文作斋献药供牲经译注》、《撒尼彝语的语音、语法研究》、《彝语"二十、七十"的音变》、《彝族姓名的来源》、《研究彝文古籍，发扬彝族文化》、《方言考原》、《汉藏语系语言对加深汉语研究的作用》、《开创民族语言文字繁荣发展的新局面》、《古礼新证》、《白狼歌中的"倭让"考》、《就少数民族语言研究问题访张琨先生》、《语言调查常识》共 15 篇。

《马学良文集》 中央民族大学中国少数民族语言文学学院编，由丁文楼、瞿霭堂、朱崇先、犁禾等编选，中央民族大学出版社 2009 年出版。

本文集所收录的是马学良先生自 20 世纪 40 年代以来历 60 余年的论文，分上、中、下三卷。上卷是语言文字与教学篇，收录论文 39 篇。其中较为重要的一篇是与罗季光教授合写的《我国汉藏语系语言元音的长短》。该文曾发表在《中国语文》

1962 年第 5 期上，介绍汉藏语系诸语言语音的情况，揭示了汉藏语系语言语音的一些规律，并提出若干独到的见解，受到国内外学界的重视。中卷是彝族古籍与文化篇，收录论文 28 篇，其中对古彝文、彝文经书、彝族文物、彝族风俗的研究尤为深入。下卷是民间文学与民俗学篇，收录论文 35 篇，谈论有关民族民间文学的收集、整理、翻译等问题。最后附有一篇自传式的文章《我的一生》、年表和著作目录。

《玛穆特依》 该书由中国民族语文翻译局吉格阿加翻译，且萨乌牛（王昌富）审订，云南民族出版社 2005 年出版。

《玛穆特依》（彝族民间也简称"玛穆"）是一部奇书，它主要流传于川南滇北大、小凉山彝族地区。该书站在超越阶级的高度"统训"，言兹（君、主）应当如何，"尔吉"（奴仆、臣民）应当如何，追求人人和睦，强调社会平和，注重人作为个体在群体中的作为，提出不分阶级（阶层）在社会上各就其位，各司其职，力尽其能和谐相处。如言：兹莫靠奴仆，不要欺奴仆，不要重兹莫，兹莫也是人，奴仆也是人。麻布与绸缎，莫只重绸缎，莫轻视麻布，绸缎也是衣，麻布也是衣。

《玛穆特依》的整理与翻译有其特色。《玛穆》的传抄本较多，流传较广，内容和结构大体一致，但也有不少变异。这次整理翻译出版，译者搜集了若干个版本进行认真对照，以西南民族学院油印本、北京民族宫清代木刻本为主，参考其他抄本补充、删减、勘校、整理，形成一个新的综合版本。具体方法是取长补短，去粗取精，去伪存真，取先去后。有的版本加入了"黑彝"、"白彝"等晚近的内容，为保持《玛穆》之原貌，也去之。现在整理、翻译出版《玛穆特依》这部彝族传统伦理道德经典，其意义和价值是广泛的。其一，对丰富中国古代伦理道德文献，研究彝族社会伦理道德及人生观、价值观等具有不可替代的作用。其二，当前道德教育提高到了我国精神文明建设的突出地位上，国家大力倡导全民提高道德素质，《玛穆特依》正是一部可以"古为今用"，去其糟粕、取其精华而继承与弘扬之道德教育经典。其三，大中小学道德教育成为人们极为关注的问题。《玛穆特依》训导年轻人求上进、爱父母、关心他人、学会自主、勤俭、勤劳、勤学、尊重他人等内容是较好的以古鉴今的教材。其四，用彝汉文两种文字对照出版《玛穆特依》，对进一步学习彝语文和推广彝语文具有一定的作用，可作教学辅助读物使用。其五，翻译哲理性强的训世经对彝汉翻译领域还是一种尝试，这不仅具有开创意义，也必将对彝汉古文献翻译产生一定借鉴作用。

《玛纳斯》 柯尔克孜族英雄史诗。据史旦记录的材料有 8 部。

史诗《玛纳斯》的主人公是一家子孙八代人，以第一部中的主人公玛纳斯得名。史诗的主要内容：第 1 部《玛纳斯》，叙述第一代英雄玛纳斯联合分散的各部落和其他民族共同反抗卡勒玛克、契丹统治的业绩；第 2 部《赛麦台依》，叙述玛纳斯死后，其子赛麦台依继承父业，继续与卡勒玛克斗争，后被叛逆坎乔劳杀害；第 3 部《赛依台克》，描述第三代英雄赛麦台依之子赛依台克严惩内奸，驱逐外敌，重新振兴柯尔克孜族的英雄业绩；第 4 部《凯耐尼木》，述说第四代英雄赛依台克之子凯耐尼木消除内患，严惩恶豪，为柯尔克孜族人民缔造了安定生活；第 5 部《赛依特》，讲述第五代英雄凯耐尼木之子赛依特斩除妖魔，为民除害；第 6 部《阿斯勒巴恰、别克巴恰》，讲述阿斯勒巴恰的夭折及其弟别克巴恰如何继承祖辈及其兄的事业，继续与卡勒玛克的统治进行斗争；第 7 部《索木碧莱克》，讲述第七代英雄别克巴恰之子索木碧莱克如何战败卡勒玛克、唐古特、芒额特部诸名将，驱逐外族掠夺者；第 8 部《奇格台依》，叙说第八代英雄索木碧莱克之子奇格台依与卷土重来的卡勒玛克掠夺者进行斗争的英雄业绩。史诗的每一部都可以独立成篇，内容又紧密相连，共同组成了一部规模宏伟壮阔的英雄史诗。

《玛纳斯》以第一部为代表，讲述玛纳斯在阿尔泰的布鲁勒套卡依地方降生。从小就目睹人民的苦难生活，对外来的掠夺者充满了仇恨，他立志要为本民族报仇雪恨。还在幼年时，他已成长为一个力大无比的英雄。他同情贫穷的人民，长大后敬重长者，信任贤能，团结了四面八方的勇士，统一了被分散的柯尔克孜族各部落，联合邻近被压迫的民族，南征北战，他被拥戴为汗王，成为当时被卡勒玛克奴役着的各族人民公认的领袖。后来，他不听贤慧的助手——爱妻卡尼凯依的劝告，带着40位勇士和大队兵马，对契丹人进行远征。在这次远征中身负重伤，回到塔拉斯后逝世，柯尔克孜族人民重新陷于灾难之中。

《玛纳斯》是格律诗，每一诗段行数的多寡，依内容而定。每个诗段都押脚韵，也有部分兼押头韵、腰韵的。每一诗行多由7个或8个音节组成。各部演唱时有其各种固定的曲调。《玛纳斯》不只是一部珍贵的文学遗产，也是研究柯尔克孜族语言、历史、民俗、宗教等方面的一部百科全书。

《玛曲藏语研究》 中国少数民族语言方言研究丛书之一。周毛草著，民族出版社2003年出版。

玛曲县位于甘肃省甘南藏族自治州的西南角，地处青藏高原东部边缘，南接四川的阿坝州，属藏语安多方言地区，是安多方言的代表点。该县人口有3万多人，藏族人口约占90%，是以畜牧业为主的藏族聚居区。在藏语各方言土语中，玛曲藏语保留较多的古代藏语面貌，本书运用描写语言学的方法对它进行研究，填补了藏语安多方言语法研究的空白。

该书分四章，第一章 导论。介绍藏族的渊源和"玛曲"的由来，以及地理、社会经济、文化习俗、玛曲话的特点和文字。第二章 语音。对玛曲话的声母、韵母筋节结构、音变进行描写。第三章 词汇。分词汇的分类、构词方式、畜牧业词、借词等节。第四章 语法。分词类、句法、语篇分析三节。附录一 词汇材料。分类列出约2400个常用词。附录二 长篇故事五篇。本书的独特之处是在"语法"一章里开辟"语篇分析"一节，对过去的语言研究来说是比较新鲜的，值得研究者重视。

《满—通古斯语言文化研究文库》 赵阿平主编，民族出版社2004—2008年出版。

黑龙江大学满族语言文化研究中心赵阿平教授主持主编的《满—通古斯语言文化研究文库》首批丛书于2006—2008年由民族出版社出版。近半个世纪以来，国内外学者坚持不懈地对满—通古斯语言文化进行抢救调查和研究，取得了丰硕成果。该文库包括满—通古斯语言文化研究专著、编著、论文集等，既有近半个世纪以来前人研究成果，又有近20年来中青年学者最新研究成果，该《文库》将连续出版相关成果。

《文库》首批出版成果11部（12册），包括专著4部：《满族语言与历史文化》（赵阿平著）、《满文翻译研究》（吴雪娟著）、《满文文献概论》（郭孟秀著）、《阿尔泰语系语言文化比较研究》（哈斯巴特尔著）；论文集7部：《满族语言文字研究》（黄锡惠编）、《满—通古斯语言与文化研究》（赵阿平编）、《满—通古斯语言与历史研究》（郭孟秀编）、《满—通古斯诸语与相关语言比较研究》（赵阿平编）、《满—通古斯语言与文学宗教研究》（唐戈编）、《满文文献研究》（吴雪娟编）、《锡伯语、赫哲语、鄂温克语、鄂伦春语研究》（唐戈编）。

该《文库》的研究及连续出版不仅能够推动满—通古斯语言文化研究的深入发展，而且对语言学、历史学、文学、文化人类学、民族学、宗教学、民俗学、社会学等相关学科研究也将起到一定的促进作用。

《满—通古斯诸语比较研究》 朝克著，民族出版社 1997 年出版。

满—通古斯语族和蒙古语族、突厥语族构成阿尔泰语系。这三个语族有着相当多的共同性。满—通古斯语言分布在中国和俄罗斯，在中国的有满语、锡伯语、赫哲语、鄂伦春语、鄂温克语，在国外的有埃基文语、埃文语等。本语族可分为满语支和通古斯语支。本书主要从比较语言学的角度探讨我国境内的满语、锡伯语、赫哲语、鄂伦春语、鄂温克语的语音体系、语音对应体系以及重要的形态体系等问题。全书分三章：一、语音结构比较；二、语音对应规则；三、形态结构比较。

《满语研究》 王庆丰著，民族出版社 2005 年出版。

该书通过作者多年来深入黑龙江畔的原瑷珲县大五家子满族自治乡进行满语口语调查获得材料整理写成。全书分为语音、词汇、语法、文字四大部分。此外，还有多次调查时搜集记录的满语词汇、话语句子、长篇故事、民间歌曲、谚语以及反映该地区过去鲜为人知的应该列为非物质文化遗产的《满族说唱调》文学资料。另外，涉及前人和后人发表成果中对满语一些说不清的问题，该书作者也提出了个人的看法和见解。

《满语研究通论》 刘景宪、赵阿平著，黑龙江朝鲜民族出版社 1997 年出版。

该书运用现代语言学理论，在占有古今中外大量文献资料与田野考察资料的基础上，从描写语言学、结构语言学的角度对满语书面语的语音、词法、句法进行了科学、系统、全面的分析论述。全书共分三章，第一章 语音和字母；第二章词法；第三章句法。其中对满语音节的结构形式、复合元音的产生、元音和谐律、语法附加成分及其意义、动词的"时""态""式"的表现形式、助词的应用、句子成分的复杂化等问题，进行了科学的分析与阐述，提出新观点 50 处，解决了存在的疑难问题，填补了以往研究中在这些方面的不足，使满语语法理论研究趋于完善。同时为阿尔泰语系的比较研究提供了新的论据。该书具有内容全面系统、结构合理严谨、选材丰富、举例充分恰当、观点鲜明的特点。

该书为黑龙江省社科重点项目，获中国民族图书三等奖（1999.12），黑龙江省社科优秀科研成果二等奖（2000.8）；对于指导满语文教学、研究、满文档案翻译、研究以及民族语言学研究都具有重要价值与意义，成为满语教学、研究、翻译及清史、满族史研究的必备之书，在国内外学术界受到高度重视和较高评价。

《满语语法》 季永海、刘景宪、屈六生合作，民族出版社 1986 年出版。

本书是我国第一部铅印的满语教科书，书前有前民族出版社社长德林先生的"写在前面的话"和马学良先生的序言。全书分导论、上编、中编、下编和附录五部分。导论简要介绍了满族及其先人、满族的分布、满语的衰落、满语的系属和满文文书档案的状况；然后分 6 个专题进行讨论：女真人和女真文字、满文的初创、老满文的改进、新老满文的比较、新满文的推行、满语满文的衰落。上编为语音，有三章：语音和字母、原音和谐、音节和重音。中编为词法，有三章：满语的词汇、实词、虚词。下编为句法，有四章：词组、句子和句子成分、句子的类型、单句和复句。书后有附录，有满文的标点符号、满汉对照阅读文选、常用词汇表。

阿尔泰语系三个语族之一的满—通古斯语族语言中，只有满语有文字（含锡伯文），而且有大量的历史文献，尤其是满语与其他民族语言的合璧大型辞书，都是进行阿尔泰语言历史比较研究的不可或缺的语言资料。清代留到现在的满文文书档案有 200 多万件，此外还有大量辞书、家谱、地图、木牌、满文翻译汉语名著等历史文献。这些满文文献内容丰富，是研究满族史、清史、满族的语言文字以及清代政治、经济、文化、军事、外交、民族、宗教、地理、天文等的珍贵材料。

编著此书的目的是为广大从事明清史、满族史、满族文化、满语满文和语言学的工作者，提供一部较为完整、全面的满语语法的教科书。本书的编著者都是长期从事满语文教学、满文文献翻译、满语文研究的专业工作者，因此本书的例句绝大多数选自清代满文文书档案和其他满文文献。本书主要研究清代满语书面语，并以清代满文文献和图书资料为依据。本书出版后，受到国内外学者的好评。

《满族的历史与生活——三家子屯调查报告》 金启琮著，黑龙江人民出版社1981年出版。

该书关于满语、满文的介绍十分重要，内容包括：(1) 满文的创造；(2) 满文的改进；(3) 满文的应用和满文在三家子屯的应用情况；(4) 满语；(5) 三家子屯及其与北京、爱辉、伊犁满语的比较；(6) 三家子屯至今能保持说满语的原因以及三家子满语的分类词汇表。此书出版后受到国内外学术界的好评。1984年意大利威尼斯大学教授乔万尼·斯塔瑞将此书译成德文，在汉堡出版。

《满族语言与历史文化》 赵阿平著，民族出版社2006年出版。

本研究成果主要从满族语言与自然生态环境、满族语言与物质经济文化、满族语言与社会制度文化、满族语言与宗教信仰文化、满族语言与民族文化交往等方面对满族语言与文化的关系及其特征进行了深入的探讨研究，揭示出满语词汇深蕴的文化内涵。

(1) 满族语言与自然生态环境 满族从肃慎始世代生息繁衍于我国东北的"白山黑水"一带。在满语词语中，明显地反映出满族及其先民所处地理环境、自然条件的特征，其中有关山、水、冰、雪等词语尤为突出。满语中蕴积了大量丰富的相关词语。

(2) 满族语言与物质经济文化 满族在入关前后，社会发生剧烈的动荡与飞速的发展。满族早期，渔猎采集、畜牧以及战争掠夺在经济生活中占有主要地位，大量丰富、分类详细的相关词语与之相应。当努尔哈赤兴起时，满族进入辽沈地区，环境的改变与社会发展的需要，使满族开始迅速向农业经济过渡，通过满语中农作物、农耕方式、农具等词汇分析与史书记载均可印证。

(3) 满族语言与社会制度文化 满族社会特殊的政治文化背景自然要有特殊的词语来反映，诸如八旗制度、统治阶层、被统治阶层、特殊赐号等，都有其深层的文化含义与复杂的变化。满族早期社会形态处于畜牧向农耕过渡并存的复杂局面，由于满族社会特殊的经历与发展，在社会生活的各个方面形成了自身独特的关系制度与礼仪习俗。一些指称的含义随着历史的发展而变化，具有独特的民族文化内涵。

(4) 满族语言与宗教信仰文化 信奉萨满教。萨满教是我国北方诸民族共同信奉的一种原始宗教，它保留了比较完整的宗教形态。在满语诸多词语中蕴含着丰富的萨满教文化因素，透射出满族及其先人认识世界的思维观念特征与满族社会发展的足迹。

(5) 满族语言与民族文化交往 满族及其先人在历史发展过程中，不断地与其他民族接触、交融，尤其是与汉族的交往更为频繁、密切，满族人民在学习吸收先进文化与科学技术的同时，亦吸收了大量本民族所需要而原来没有的词汇。满语中的借词主要来源于汉语，这一点在满族入主中原后更为明显，官名、行政区名等几乎全部借用。满语借词其次来源于蒙古语、藏语、梵语等。

《莽语研究》 中国新发现语言研究丛书之一。高永奇著，民族出版社 2003 年出版。

莽人自称"莽"，是山民的意思。他称有"岔满""孟嘎"等。莽人主要分布于越南，其次在中国，居住在云南金平县内，有 600 余人（1997 年）。据莽人口头传说，他们的先民很早的时候从中国迁到越南，后来又从越南迁徙到中国云南。两国的莽人保持着密切的联系，彼此通婚。莽语同越南语、孟高棉语族语言的关系比较接近。20 世纪 80 年代初，有关部门曾对莽人的族属进行过民族识别，倾向于把他们划归布朗族。而莽人认为他们跟布朗族的关系相距较远。至今莽人的族属问题还没有解决。《莽语研究》分五章，第一章 绪论，介绍莽人的历史渊源、莽人与越南芒族的关系、风俗习惯和莽语使用情况；第二章 语音；第三章 词汇；第四章 语法；第五章 莽语的系属地位，重点是把莽语跟南亚语、侗台语核心词的比较，特别设立一节谈莽语同南亚语的深层对应。在结语里作者提出把莽语看作南亚语系孟高棉语族中的一种独立的语言，它与布朗语的关系更近一些。书末附有 2400 个词的词汇表和短篇故事四则。

《毛南语简志》 中国少数民族语言简志丛书之一。梁敏编著，民族出版社 1980 年出版。

毛南族主要分布在广西壮族自治区的环江毛南族自治县的上南、中南、下南一带，附近的河池、宜山、南丹、都安等地也有分布。人口 10.7 万余人，使用毛南语。当地的汉族居民也都懂毛南语。毛南语属汉藏语系壮侗语族侗水语支，语言内部比较一致，没有方言土语的差别。本书分概况、语音、词汇、语法、结语五章介绍毛南语的情况。在概况一章里，介绍毛南族的自称、人口分布和语言使用情况。指出毛南语跟同语族语言在各方面都相当接近。在语音一章里，介绍毛南语的语音系统和汉语借词的语音。在词汇一章里，介绍毛南语词汇的特点，与侗语、水语、壮语、傣语、黎语都有若干同源词。还有一些跟侗水语相同而跟壮傣语不同，或者跟壮傣语相同而跟侗水语不同的词。在语法一章里，除了介绍各类词的特点和用法外，把毛南语的词组分为修饰、动宾、补充、主谓、同位、连动、兼语、联合八类词组。并把汉语语法对毛南语的影响作为一节加以介绍。在结语里把毛南语的情况重新概括叙述，综合起来看，毛南语无疑是侗水语支的一个语言。但又受到附近几个语言的渗透，产生一定的变化。书末词汇附录有 1000 余个词的词汇表。

《门巴、珞巴、僜人的语言》 孙宏开、陆绍尊、张济川、欧阳觉亚编著，中国社会科学出版社 1980 年出版。

门巴、珞巴和僜人都是西藏的原住民族，分布在西藏东南的"洛隅""门隅"和"察隅"地区。他们的语言从来没有人调查过。1976 年，中国社会科学院民族研究所组成西藏少数民族考察队对他们进行社会历史、语言的综合调查，先后在察隅县、米林县、墨脱县、错那县进行初步调查。门巴族使用两种语言，珞巴族使用好几种语言，僜人使用两种语言。几种语言均属汉藏语系藏缅语族。本书所介绍的是错那门巴话、墨脱门巴话、珞巴话（即博嘎尔语）、达让僜语、格曼僜语。每种语言都初步介绍其语音、语法和词汇的特点。最后的附录是门巴语、珞巴语、僜语词汇表，收词 918 个，按词类排列。

《门巴语方言研究》 中国少数民族语言方言研究丛书之一。陆绍尊著，民族出版社 2002 年出版。

门巴族聚居在西藏自治区东南部墨脱县境内和错那县勒布区、林芝县东久区以及错那县以南的一些地区。本书以错那县勒布区麻玛乡的门巴话为代表。全书分五章：第一章 绪论；第二章 语音；第三章 语法；第四章 词汇；第五章 长篇资料。在语音章里，分别介绍南部方言的麻玛土语音系和达旺土语音系；北部方言的文浪土语音系和邦金土语音系。第四节谈各方言土语的语音比较、各方言土语间语音对应关系。在词汇章里，论述南、北两个方言间的词汇比较。第七节是词汇附录，附有四个土语并列的 1000 个词的词表。长篇材料章分两节，第一节是南部方言麻玛土语长篇材料，第二节是北部方言文浪土语长篇材料。

《门巴语简志》 陆绍尊著，少数民族语言简志丛书之一。民族出版社 1986 年出版。

以西藏自治区错那县勒布区麻玛乡门巴话为代表，从语音、语法、词汇以及方言等几个部分，较为详细地介绍了门巴语的语言特征。

《蒙古尔（土族）语——法语词典》 原名为记录土族与会的第一部词典。D. 斯麦特、A. 田清波著。北京辅仁大学于 1933 年出版。

这是《甘肃西部蒙古族的蒙古尔方言》（当时作者把土族语作为蒙古语的一个方言）丛书的第 3 卷。作者亲自赴土族地区进行实地语言调查，记录大量的口语材料、民间故事、歌谣、谚语，在此基础上编写了这部词典。词典以拉丁字母顺序排列。词典中所收词目包括单词、词组和成语。以单词为主条，合成词和短语为副条；同音异义词分别列条，并列举了丰富的例子。本词典实际上是一部土族语和蒙古语比较的词典，不仅把土族语词条用法语详细解释，还将蒙古书面语以及鄂尔多斯土语与其比较，后面附有所比较的蒙古语书面语词和古代蒙古语词的索引，约 2 千多条。对外来词也注明其来源，如汉语、藏语借词等。词典不仅利用该语言的第一手材料，还参考了大量有关的蒙古文文献，所以有很高的学术价值和参考价值。受到蒙古语言学界，乃至阿尔泰语言学界的高度评价。

《蒙古口语语法》 哈斯额尔敦、斯琴主编，内蒙古人民出版社 2006 年出版。

主要利用编者们调查搜集的中国蒙古语标准音地区——以正蓝旗为代表的察哈尔土语资料编写了这部书。由绪论和语音学、词类、构形法、构词法、词汇等 5 章组成。在绪论部分介绍了蒙古语发展历史、蒙古书面语言和口语、蒙古语方言、蒙古语规范化；在第一章语音学中阐述了元音、辅音、元音和谐律、辅音结合规律、音节、重音和弱化元音、语音变化、正音法；在第二章词类中阐述了名词、形容词、数词、代词、动词、副词、后置词、小品词、连词、叹词；在第三章构形法中阐述了数、格、反身物主、时、人称、形动词、副动词、动词态、动词体变化；在第四章构词法中阐述了词法构词法、句法构词法、屈折法构词法；在第五章词汇中选入了 1 万个常用词，注释了其词义，并用国际音标和蒙古语音标拼写了其读音。

《蒙古秘史的语言》 ［美］J. 斯垂特著，1957 年英文版。

用结构主义语法理论研究《蒙古秘史》语言的第一部描写语法著作。这部著作由前言、语言学、形态音位学、句法、形态学和附录组成。形态音位学部分主要论述蒙古语音位，包括元音音位和辅音音位。形态音位学部分主要阐述形素、元音形态音位、辅音形态音位、形态音位音渡。句法部分较详细论述了词位，句型包括外向句结构、从属句结构和同位句结构、名词、修饰词、动词、后置词、助词、双重等位序列、句法摘要等。形态学部分主要阐述由一个以上形位构成的词位的结构成分，即自由词位加黏附词位，或黏附词的组合。由于作者充分参考前人研究《蒙古秘史》的论著，利用结构主义语言学的方法首次对《蒙古秘史》的语言进行系统研究，引起蒙古语文学界的高度重视。它对用新的理论和方法研究蒙古语方面起了重要作用。

《蒙古书面语与喀尔喀方言比较语法》

〔俄〕Б. Я. 符拉基米尔佐夫院士著，陈伟、陈鹏译，沈成明校，青海人民出版社1987年出版。

本书是各国从事蒙古语言学研究的专家学者一致公认的世界名著。本书所概括的内容标志着蒙古语言学的研究水平进入了一个新的历史阶段。作者在该书中将蒙古语的发展过程划分为三个历史时期，并对蒙古语方言和土语划分提出自己的意见。喀尔喀蒙古语的语音系统正是在本书中首先被准确地确定下来的。

这部著作是作者以自己长期积累的实地考察材料和多年从事教学与研究的经验，尤其是在他搜集和整理了俄国、法国、英国官方和私人在历史上从我国获得的大量蒙文手稿和资料之后写成。作者在书中列举了丰富而翔实的语言材料，不仅对蒙古书面语和喀尔喀方言进行了详细的比较研究，而且还与统称为阿尔泰语系的蒙古语族、突厥语族和满—通古斯语族诸语言作了大量的比较研究。因此，这部著作不仅对研究蒙古语族诸语言的专家学者，而且对阿尔泰语系其他语族语言的研究都是极有价值的参考书。

《蒙古文字简史》

（蒙文版）包力高著，内蒙古人民出版社1993年出版。

全书由"蒙古族的语言和文字"、"古代蒙古文的由来和演变"、"近代蒙古文的形成与发展"、"现代蒙古文的定型与提高"、"蒙古文字改革史"和"附录"六大章节组成。该书在前人研究的基础上，对我国现代通用的回鹘式蒙古文的由来、演变及其发展过程，作了较为系统地研究、阐述，揭示了古代回鹘式蒙古文字形、读音的演变规律，为现代蒙古文的提高、完善提供了历史的和理论的依据。同时还介绍了蒙古族自13世纪以来曾使用过或还在使用的几种文字：回鹘文、八思巴文、托忒文、索永布文和瓦金德拉文等，以及历代作为蒙古语音标的汉文、阿拉伯文、藏文、满文、阿里嘎里字、拉丁字母和国际音标等的使用情况。

该书的一些重要论点有：（1）通过对一些相关文献资料的比较研究，进一步论证了回鹘式蒙古文创制于13世纪初的论点至今仍然成立。即公元1204年成吉思汗征服了乃蛮部后，在蒙古语《合木黑》方言的基础上，借用高昌汗国回鹘文字母创制了"回鹘式蒙古文"。（2）揭示了回鹘式蒙古文从古至今由繁到简、不断提高完善和适合于蒙古语的演变过程。回鹘式蒙古文经过近代、现代两个漫长的发展阶段，在前人不断改进与提高的基础上，现已成为含31个字母的现代化、规范化、定型化的表音文字。（3）该书通过相关文献的比较研究，揭示了古代回鹘式蒙古文的语音系统，论证了每个字母字形、读音的演变特征。（4）通过相关文献的比较研究，有力地揭示了古代回鹘式蒙古文字母q到近代分化为χ、γ两个独立音位的演变过程。由于当代的一些人不了解古代蒙古文字母q演变为现代蒙古文γ的分化过程，所以就出现了"以今代古"的误读现象。（5）通过相关文献的比较研究，揭示了回鹘式蒙古文一部分元音间现已脱落的辅音字母γ～g、y、b、m等和八思巴字一些词中的辅音字母h相对应，证实了在两种不同的文字中，它们标记的是零声母ø，在书面上它们没有实际语音意义，仅仅起到书写符号的作用。（6）该书比较全面地论述了回鹘式蒙古文的社会地位、作用和使用范围。指出蒙古族在历史上虽然使用了很多文字和音标，但是唯有回鹘式蒙古文在蒙古人的生活中深深地扎下了根，至今仍很好地发挥着作用。它对蒙古族的政治、经济、文化、教育、科学和技术的发展，以及对蒙古语的丰富发展都起到了巨大的推动作用。

《蒙古文字学》

（蒙文）包祥著，内蒙古教育出版社1984年出版。

本书分四章。第一章，蒙古文字源流，介绍当今世界上使用的三种蒙古文字：蒙古文、托忒文和斯拉夫蒙古文，然后叙述蒙古文字起源的三种说法及其自己的见解。第二章，蒙古文字发展变体概况。介绍蒙古文字和几次大的改进和改革。第三章，蒙古文字历史发展。详细介绍传统蒙古文（回鹘式蒙古文和现行蒙古文）、阿力口戈里音标、八思巴字、满文、托忒文、瓦金德拉文、斯拉夫蒙古文和汉字音标。第四章，小结。论述蒙古文字历史发展的经验教训以及对蒙古文字改革的态度。

《蒙古语比较语法（上卷）》 〔苏〕桑席耶夫著，陈伟、沈成明、彭楚南合译，清格尔泰校，民族出版社1959年出版。

此书原著在20世纪50年代至60年代时是蒙古语言学科研究水平的代表作品，也是我国研究蒙古语言的第一部汉译著作。这部著作，除对蒙古诸语言的许多语音现象进行了历史比较研究，揭示了一些语音的历史发展过程，提出不少新的观点和见解外，对蒙古诸语言的形态学也作了深入的比较研究。这部书的下卷专门论述蒙古语族语言的动词。

《蒙古语词典》 诺尔金、芒·牧林主编，蒙古人民出版社1999年出版。

本词典是蒙古民族文化史上一项重大的科研成果，它揭开了蒙古文化史新的一页。该词典选用现代蒙古语词词汇7万余个条目（其中包括：一般词汇5.4万条、自然科学名词术语1.1万条、社会科学名词术语5000余条）对各类词汇作了注解的同时，对蒙古文书写形式和读音也做了规范处理。《蒙古语词典》是一部中等规模语文工具书，它反映我国境内蒙古民族的政治、经济和文化、科学技术方面发展的概貌，对蒙古民族的文化建设产生了积极影响。

本词典自1958年由内蒙古师范学院蒙文专业开始编纂，但在"文化大革命"的十年动乱中，原始资料全部失散。1972年10月，由内蒙古师范学院的蒙文专业和内蒙古历史语文研究所的语言研究室两个单位合作编纂。在芒·牧林的主持（任词典编纂主任）下，由内蒙古师范大学的伯·达木丁、额布勒图、官其格苏荣、孟布苏荣等教师和内蒙古历史语言语文研究所的诺尔金、那木吉勒玛等研究员，组成《蒙古语词典》编纂组，历经8年的努力，撰写出初稿，并邀请区内十几位专家完成了复编审工作。

自1984年起由诺尔金主持，官其格苏荣、孟都苏荣、桑杰、巴特尔等7位组成编审组，又历经5年时间，完成了最后审定工作。1997年由内蒙古人民出版社出版发行。

《蒙古语词根词典》 斯钦朝克图著，内蒙古人民出版社1988年出版。

该书收录蒙古语词3万多条。包括派生词近6000条。词典利用古今中外有关蒙古语文献、方言土语和蒙古语族语言，以及突厥语族语言、满—通古斯语族语言资料进行比较，详细地反映了蒙古语词的结构、渊源，以及语音和语义的变化及其发展规律。本词典广泛收录了与词根有关的古语词、方言土语词及其各种书写形式与读音不同的词。在注释方面，尤其对难解词充分注意了其词的本义、转义、古义和今义，并且以时代顺序引证了蒙古文献的例句。将每条词的基本意义译成汉文，并用国际音标注了书面语读音。词典附录对附加成分的收录较全面，解释较详细，并有新发现、新解释。

《蒙古语格研究》 照日格图著，内蒙古教育出版社2001年出版。

这是一部研究有关蒙古语格范畴各种问题的专著。第一部分主要研究了中世纪蒙古语格范畴的体系及其演变。为了便于比较研究，根据不同时期附加成分的情况及其所表达意义的特点，把蒙古语分为三个阶段，即中世纪蒙古语（13—16世纪）、近代蒙古语（17—19世纪）、现代蒙古语（20世纪）。同时，描写中世纪蒙古语格范畴体系时，充分利用了回鹘文、汉文、八思巴文、阿拉伯文转写的蒙古语资料；描写近代蒙古语格范畴体系时，运用了《黄金史》、《格萨尔王传》（上）、《青史演义》（上）等蒙古文资料；描写现代蒙古语格范畴体系时，采用了现代蒙古语书面语和口语的材料。在描写中世纪蒙古语格范畴体系的基础上，充分翔实地展示了中世纪蒙古语格范畴体系从繁到简、从简到繁交替进行的演变过程。第二部分主要探讨了现代蒙古语格范畴体系的诸多问题，即：蒙古语定格与所属格的区别；被动态动作执行者变格的条件；分句主语以领格，宾格变格的区别；双重格的性质；所谓格附加成分的省略的由来等。在阐述蒙古语格范畴的这些问题时，引用分析了那·赛音朝克图、莫·阿斯尔、力格登等蒙古族现代著名作家作品中的实例，来论证自己的观点。在研究方法方面，该书主要运用了描写法、历史比较法及统计学方法等。

《蒙古语格研究》是一部具有一定学术价值和应用价值的专著。它对了解蒙古语格范畴古今状况、弄清格附加成分的区别、掌握古代经典作品、正确使用格附加成分等方面都有很大的帮助。

《蒙古语基础》 哈斯额尔敦、那仁巴图编，吉林人民出版社 1978 年出版。

主要根据蒙古书面语言，较系统、简要地阐述了蒙古语基础理论和基本知识以及正字法。全书由语音学、语法（包括词法和句法）、词汇学和修辞学等四个部分组成。在语音学部分阐述了语音的性质、元音、辅音、语音和谐律、音节和重音、语音变化、连接元音规则、汉语语音拼写法；在词法中阐述了蒙古语词的构造、词类、构形法，在句法中阐述了词组、句子及句子成分、句子种类、复句、复指和插入语、标点符号；在词汇学部分阐述了词汇学及其任务、词义学、词汇的组成、词典、词源学；在修辞学部分中阐述了修辞学及其意义、基本修辞方法、修辞风格、文章风格和语言。

《蒙古语简明解释词典》 ［蒙古国］ Я. 策伯勒编著，蒙古国家出版委员会于 1966 年出版。

以收录现代蒙古文学语言词汇为主的中型词典。收词 3 万余条，斯拉夫蒙文版，合成词为副条；同音、同形异义词分别列条。作者以简明语言较详细地解释其意义。主条后附有老蒙文。在蒙古语界很有影响。这是至今广为通用的一部蒙古语工具书。

《蒙古语简志》 中国少数民族语言简志丛书之一。道布编著，民族出版社 1983 年出版。

蒙古语分布在内蒙古、辽宁、新疆、黑龙江、吉林、青海、甘肃以及河南、四川、云南等地。人口约有 580 万人。除了居住在河南、四川、云南的几万人转用汉语或其他语言之外，大部分都用蒙古语。蒙古语属阿尔泰语系蒙古语族，分内蒙古、卫拉特、巴尔虎布里亚特三个方言。本简志分概况、语音、语法、词汇、方言和文字六个部分，书末有 1200 多个常用词的附录。在语音部分，作者发现正蓝旗腭化辅音不仅出现在阳性词里，有的还出现在阴性词里；介绍口语中的吸气音；根据正蓝旗口语，建立了舌尖鼻音、鼻化元音、舌根鼻音对立的体系；提出弱化元音隐显的 3 条规律；在语法方面，提出有些名词具有各有不同功能的原形词干和简化词干两种形式；不带复数附加成分的可数名词既可以表示单数，也可以表示复数；把动词的时范畴只分为过去时与非过去时的对立。

《蒙古语青海方言辞典》 巴依斯哈力主编，内蒙古人民出版社 1998 年出版。

青海蒙古族主要是和硕特部的后裔，他们迁居青藏高原远离母语文化环境。长期以来，在特定的自然环境和社会环境中形成了与内蒙古等省区的蒙古语有一定差异的方言，同时也保存了较多的古蒙古语成分，其中不乏民族语言相互影响而留下的痕迹，特别是它保留了不少 14—15 世纪甚至更为早期的古代蒙古语特色，因此，它有很多值得深入研究的内容。基于这个认识主编者同他人合作进行了较为广泛、全面的语言调查，在对所获得的语言材料，进行归纳、整理的基础上编排而成本方言辞典。该书用蒙古文编撰，国际音标注音，着重记录单词，并用常用语、成语、民间文学用语做注解。用较大的容量、更生动的语言形式记录蒙古语青海方言词汇、语音，也部分地记录了简单的语法形式。目的是为蒙古语研究提供一套内容较为完整、记录较为规范、词形词量较为多样的素材。是第一部蒙古语青海方言辞典。

该辞典收词4000个，加上注解中的词语，实际记录有上万条词语。注解用的词语中有术语、地名、成语、俗语等。这样做既能扩大词汇容量，也能表现词汇的实用形式。作者的初衷是作为一种原形态语言把它记录下来，供研究者参考。书中录入的词汇来源于民族民间文学集和民间常用口语。该书于2000年7月荣获青海省第五次哲学社会科学优秀成果三等奖。贾晞儒先生曾在《西北民族研究》[2001]第二期上刊发了《珠联璧合，光疏媒质》一文对该书的科学价值和实用价值，作了很中肯的评价。

《蒙古语外词论稿》 芒·牧林编，内蒙古师范大学油印成册。

本书是给本科生讲授蒙古语的补充教材，包括理论和词汇集两部分。理论部分分为三章：第一章 蒙古语吸收外来词概述：自13世纪初建立蒙古大帝国、形成蒙古民族以来，蒙古语在与周边诸民族的接触中，从汉、突厥、藏、梵、满并在进入20世纪以后，间接地从英欧语系和斯拉夫语系吸收了5000余条外来词，使蒙古语成为具有丰富词汇量和交际功能很强的现代语言。第二章 蒙古语吸收外来词的途径：（1）通过民间接触，从其他民族语言区吸收，一般都是先由口语吸收，然后进入书面；（2）书面语吸收，一般是在翻译其他民族语言的文献时，由文人吸收外来词而进入蒙古文献中。如梵语和满语及印欧语系外来词，是经翻译佛教文献和现代政治收经济、科学文化文献时，将各专业新词术语，吸收到蒙古语里。（3）间接吸收，有些外来词不是直接翻译该民族的文献时吸收，如梵语外来词是通过维吾尔回鹘文、藏文转借的，法语、拉丁语、英语等外来词一般通过第三者汉语、俄语转借的。第三章 蒙古语在近千年的发展过程中，对历代吸收的外来词，尚未作系统的规范工作，因此存在一词多源、书写形式较混乱情况，特别是近代从印欧语系吸收的外来词，人们以其文字形式照抄转写的方式处理，结果这些新借词的书写形式与蒙古语传统的相脱节，出现难写、难记、难读的倾向，对此现象该书提出了规范处理建议。

词汇部分按汉、藏、满、印欧、突厥、阿拉伯等语种分别整理出蒙古语所吸收的外来词词汇表，并注明将其词源，共计有5000余条。

《蒙古语文集》 孙竹著，青海人民出版社1985年出版。

该书根据实际资料描写了我国蒙古语标准音——察哈尔语。在语音方面，对一些有争议的问题作者提出了看法，如：弱化元音不是各种短元音的变体，而是中性的特定的音位；蒙古语的重音调和许多有重音的语言的音调不同，它不是乐音性重音，不提高音调，而是通过呼气方式产生。该书系统讨论了现代蒙古语的语音、词汇、语法需要进行规范，对于语音的规范提出了三项原则：（1）在标准音基础上要考虑到方言土语，互相参照，确立语音标准；（2）有悠久历史文字的语言，在语音规范时应适当兼顾书面语读音，尽可能取得一致；（3）确立的标准以易于被人们接受为原则。关于方言的划分，不少人接受三分法的观点，作者主张二分法，即分为内蒙古方言和布利亚特方言，认为方言是语言的地理分布，封建时代的疆土分封、社会历史、部落迁徙虽然对语言的离合有一定影响，但是不能作为划分方言的主要依据，应该主要依据语言差别大小的地理分布。蒙古语各地的话大同小异，同多于异，语言的一致性很强。文集收入了达斡尔语、东乡语研究。在达斡尔语研究方面确认了达斡尔语的系属问题，认为没有方言差别只能划为三个土语；指出达斡尔语的复合元音比蒙古语族中任何一种语言都丰富齐全，而且出现频率高。还论述了达斡尔语的"数""格""时"语法范畴和人称谓词范畴，指出有一些词出现在蒙古语的古文献中。对东乡语的研究，在"东乡语实词及形态"中系统描述了东乡语的语法体系，分析了实词各词类的词汇意义、形态特征和句法功能三层关系。

此书得到相关学者的好评。

《蒙古语修辞学（修订版）》 乌·那仁巴图著，内蒙古文化出版社2004年出版。

本书原版于1992年，在这之前，作者先后发表了有关蒙古语修辞学研究的多篇论著，如《蒙古语基础》（同哈斯额尔敦合著，1978年由吉林人民出版社出版）一书的修辞学部分；《现代蒙古语》（高校统编教材，1982年由内蒙古教育出版社出版）的修辞学部分；《蒙古语修辞学研究》（本人论文集，1986年由内蒙古人民出版社出版）等。2004年出版的《蒙古语修辞学》（修订版）是作者的代表作。

对《蒙古语修辞学》的各版本以及其他阶段性研究成果，国内外同行都给予很好的评价。学界认为，作者的修辞学研究成果，可视为一个独立的体系。该书是一部有诸多新观察和新结论的力作。一些出版社在其出版的教科书和工具书中多处引用该书的内容和观点。

《蒙古语语法》 清格尔泰著，内蒙古人民出版社1991年出版。

本书是作者在多年对蒙古语的语音、词法、句法多项专题研究的基础上写成的。在这些专题研究的基础上作者撰写了《现代蒙古语语法》（蒙文版，1979年）。这部语法书得到了读者们的认可，先后再版了3次，接着又出版了修订版。汉文版《蒙古语语法》是为满足汉语读者的需要以及蒙古语族及同一系属语言的对比研究的需要，对1979年蒙文版《现代蒙古语语法》作相应的修订后出版。有的部分有改动。本书分为四篇，每篇都有几章。如：第一篇为语音和文字，其中有口语语音、字母系统、口语与书面语的对应关系，蒙古文正字法等。第二篇为词法，其中包括静词类（名词、形容词、数量词、时位词、代词等），动词类（实义动词、虚义动词），无变化词类（副词、情态词、摹拟词、后置词、连接词、感情词、语气词等）。第三篇为句法（包括组词法、造句法等）。第四篇为构词法（包括形态学构词法、句法构词法等）。本书在编撰过程中，注意到了所使用的语音、语法资料的可靠性和全面性，并且包括了过去同类书中没有涉及的一些语音、语法现象。在有关语音、语法现象的理论性阐述方面，保持应有的理论高度的前提下，尽量注意了通俗性。

《蒙古语族语言词典》 孙竹主编，照那斯图、陈乃雄、吴俊峰、李克郁参加编著，青海人民出版社1989年出版。

导言部分有"蒙古语族语言词汇概述"和"蒙古语族语言"两篇共13万字；词目部分有11个蒙古语代表点和达斡尔语、东部裕固语、土族语、东乡语、保安语的词汇比较；为便于国内不同读者查阅，书后附有三种索引：蒙古语书面语词汇索引、汉语词汇首字音序索引、英文索引。

《蒙古语族语言概论》 德力格尔玛、波·索德著，中央民族大学出版社2006年出版。

本书是《阿尔泰学研究》丛书之一。关于蒙古语族语言的分类，国外有分为6分法和7分法。中国学者主张为9分法。蒙古语族语言分为9个语言：蒙古语、达斡尔语、东乡语、土族语、保安语、东部裕固语、布里亚特语、卡尔梅克语、莫戈勒语。全书分四章：一、导言；二、语音；三、词汇；四、语法。

《蒙古语族语言研究史论》 曹道巴特尔著，内蒙古教育出版社 2010 年出版。

全书由"蒙古语族语言研究史论"和"蒙古语族语言研究论著目录汇编"两个部分组成，是一部分析研究和资料汇编相结合的语言学史研究著作。第一部分着重总结分析国内学者对蒙古语、达斡尔语、土族语、东部裕固语、东乡语、保安语和康家语等国内的七个蒙古语族语言的研究历史，内容涉及自 14 世纪初至 20 世纪约 700 年间的 200 多位学者有关正音正字法、语音学、词法学、句法学、词汇学、文字学、方言学、翻译学、词典学、文献学、修辞学、社会文化语言学、信息处理 13 个方面的 3000 多篇（部）论著。

第二部分完全是资料汇编，收录了 20 世纪以及之前的论著成果目录，以论著目录和著者目录两种形式编辑，为读者提供较全面的文献资料。

该著作对蒙古语族语言研究者，尤其是对在校研究生在文献资料方面有一定的帮助。

《蒙古语族语言与突厥语族语言词汇比较研究》 照日格图著，内蒙古教育出版社 2000 年出版，2006 年重版。

专著在广泛收集蒙古语族语言与突厥语族语言丰富材料的基础上，认真筛选了蒙古语族语言与突厥语族语言的 600 余个相关词，对其进行了深入、仔细的对比研究。以词根分析法、词组分析法、国内外突厥语词汇对比分析法辨别出了突厥语中的蒙古语借词和蒙古语中的突厥语借词，通过语音对应分析法和元音交替分析法确定了蒙古语族语言和突厥语族语言的同源词。本书得到了同行学者们的高度好评，并于 2004 年在蒙古国荣获以蒙古国功勋教师、著名学者、确·罗布桑扎布教授名字命名的《金星奖》。2006 年 5 月内蒙古教育出版社再版此专著。

《蒙古语族语言语音比较研究》 哈斯巴根著，内蒙古人民出版社 2001 年出版。

本专著对达斡尔语、东部裕固语、土族语、东乡语、保安语、莫戈勒和蒙古语的卫拉特方言、内蒙古方言和巴尔虎—布里亚特方言的语音进行比较研究，并对其演变情况进行深入探讨，根据其语音对应关系，在蒙古语族语言之间的亲疏关系方面提出了自己的看法。本专著由绪论、蒙古语族语言语音的基本情况、蒙古语族语言语音对应关系、蒙古语族语言语音演变、蒙古语族语言长元音和复合元音比较、关于蒙古语族语言亲属关系和附录——蒙古语族语言同源词表等组成。本书曾获得内蒙古自治区社会科学优秀成果二等奖。

《蒙汉辞典》 内蒙古大学蒙古语文研究室编，内蒙古人民出版社 1976 年出版。

以中国蒙古语汇为主的蒙汉两种语文对照的中型词典。所收词、词组、成语约 5 万条，按现行蒙古文字母顺序排列。以单词为主条，合成词为副条；同音同形异义词分别列条。主条均用音标注出蒙古书面语读音，具有独立词义的全部标词类。附录部分介绍蒙古语简要语法、难读词的口语读法和蒙古文标点符号、基本笔画以及回纥蒙文、八思巴字、托忒文字母表。

《蒙汉历史接触与蒙古语言文化变迁》 曹道巴特尔著，辽宁民族出版社 2010 年出版。

全书由五个部分组成，是"中国蒙古学文库"出版规划主要成果之一。

审稿人格·孟和教授在审稿评定本书时指出："该书稿是在蒙古语研究中具有开拓性的、针对性强的、很有现实意义的成果，在蒙汉民族团结和相互学习方面也颇有启发，有新的思路，也有创新意义。"

该著作从蒙汉历史接触出发，考察中国蒙古族语言文化在特定的自然地理条件和人文社会环境中的整体性变化，在蒙古文化语言学领域，乃至国内同类研究中尚属首例。该著作利用考古、传说、文献依据，利用翔实可靠的第一手语言文化材料，分析研究当代中国业已形成的蒙古族牧业、农牧结合、农业三大语言文化类型的产生和发展；通过物质文化和制度文化变迁与语言文化变迁之间的相互关系，系统探讨了中国蒙古族语言文化原生态（游牧）、过渡态（农牧结合）、次生态（农业）的层次递进性变迁；通过蒙古语语音、语法、词汇演变分析，探求了汉族语言文化对蒙古族语言文化的影响和作用；最后，通过分析中国蒙古族语言文化的自身条件和所处时代背景，展望了蒙古族语言文化未来的发展前景。

该著作主要采用浑沌学理论和方法讨论了蒙汉民族接触和由此而发生的蒙古语言文化变异，是一部很有创新意义的力作，已有较好的社会反响。新华社在 2011 年 9 月 10 日《〈中国蒙古学文库〉第二批百部著作陆续出版》的报道中称"中国社会科学院副研究员曹道巴特尔的《蒙汉历史接触与蒙古语言文化变迁》等著作均具有较强的现实意义"。蒙古语言学家色·贺其业勒图教授在 2011 年 11 月 26 日撰博文评价说："曹道巴特尔的研究开辟了一条具有控制论意义价值的研究道路，具有很重要的理论意义和实践意义。"

《蒙满语比较研究》 哈斯巴特尔著，内蒙古大学出版社 1991 年出版。

蒙古语和满语比较研究专著，分四章。第一章，蒙古语和满语有关辅音的比较；第二章，蒙语和满语有关格助词的比较；第三章蒙语动词陈述式附加成分及满语动词陈述式附加成分比较；第四章，从蒙语形动词附加成分 -ra/ge 和满语形动词附加成分 -ka/-ke/-ko/-ha/-he/ho 的比较等方面对蒙语和满语的语音结构和形态结构进行了比较研究，提出了这两个语音在语音和语法方面存在的共性绝不是一种相互借贷的关系，而是属于同源关系的观点。作者还指出，要揭示语言更多的共同点还需要进行更广泛而深入的研究。

《蒙文原理》 诺尔金著，内蒙古教育出版社 1987 年出版。

该书是在传统正字法的基础上全面系统地分析了现行蒙文的书写形态之后写成的一部研究蒙文正字法的专著。作者提出了蒙文规范化的设想。作者对蒙文规范化有如下四个观点：（1）对现行蒙文首先要规范，然后进行适当的改造。（2）要规范就必须研究传统正字法和习惯写法的规律。（3）传统蒙文字母表由 123 个基本音节和其他若干非基本音节组成。音节又分为原有音节和后增音节两类。（4）蒙文正字法要遵循四个总则：语音学总则、形态学总则、语义学总则、词源学总则。

《蒙语语法（蒙文）》 布和吉尔口戈拉、恩和编著，内蒙古人民出版社 1977 年出版。

分五章：第一章，导论；第二章，语音学；第三章，词法；第四章，句法；第五章，标点符号。本书在继承传统语法的基础上提出了一些新的观点。把蒙古语词类分成实词、虚词和感叹词三大类。

《孟高棉语声调研究》 刘岩著，中央民族大学出版社 2006 年出版。

关于孟高棉语的声调，是近年来才引起国内外学者注意的课题。学术界过去认为，虽然孟高棉语族的语言大多处于有声调语言的包围之中（如泰语、老挝语、缅语、越南语和中国境内的汉语及一些藏缅语、壮侗语等），但它最大的特点之一就是没有声调。后来，在对孟高棉语的进一步调查中，发现在缅甸、老挝、泰国和我国境内的一些现代孟高棉语中有简单的声调系统,如佤语、德昂语、克木语中的一些方言、土语和布朗语、达脑语、日昂语等。虽然有一些学者注意到这一现象,但只作了些简单的记录,而对其历史来源的探究,只有很少的几篇论文,如西田龙雄的《声调的形成与语言的变化》、周植志的《佤语细允话声调起源初探》、斯万蒂森的《北部孟高棉语的声调发生学机制》等。所以,要更清楚地了解孟高棉语声调的特点和产生、演变的途径,有必要做更加全面、细致的描写和理论分析,进行更加系统的专题研究。声调研究的重点在于探索其起源和演变规律,特别是关于起源问题,虽然诸多学者各陈所见,但由于声调发展的复杂性,声调的起源问题至今仍是尚未攻克的难点。孟高棉语声调是一个新生现象,具有声调发展的初期特征,这对于研究声调的起源问题无疑是十分有价值的。孟高棉语声调研究,不仅对研究孟高棉语语音的演变十分必要,而且能促进声调学的发展,丰富类型学的理论。

本书运用历史比较法、内部拟测法、扩散理论、变异理论以及实验语音学、区域类型学的研究方法,并参考这些民族的社会历史状况,对孟高棉语的声调及有关的语音、语义、语法特征进行微观的描写、分析,并在此基础上进行宏观的地区性、类型性的观察、论述,进行多角度、多层面的研究。

《缅甸语与汉藏语系比较研究》 汪大年著,昆仑出版社 2008 年版。

缅甸语是汉藏语系藏缅语族里一个比较重要的语言,使用人口多,方言差异大。由于它有 11 世纪创制的拼音文字,保在有许多古老的碑文文献,因此,它在汉藏语系历史比较研究中的地位非常重要,它与 7 世纪创制的藏语文字,应该算是藏缅语族语言里保存古老文献最多,历史价值最重要的两种语言。中国有 40 种左右藏缅语族语言,分属藏语支、彝语支、景颇语支、羌语支和缅语支。也有人将彝语支和缅语支合并为彝缅语支。但是,中国境内没有缅甸语分布。开展藏缅语族尤其是缅语支或彝缅语支的历史比较研究,不了解缅甸语的历史演变情况是很难开展这方面研究的。该书的出版填补了这个领域的空白,对于我们开展藏缅语族乃至汉藏语系语言的历史比较研究将起到很好的推动作用和重要的参考作用。本书包括五篇二十二章。五篇是:语言与文化篇、语音篇、词汇篇、方言篇、缅汉语言比较篇。每篇包括若干章节,共二十二章。每一章形成一个小专题。如比较篇包括了缅甸语与汉藏语的音节结构比较、缅汉两种语言重叠构词法的比较研究、缅汉量词的比较、缅汉两种语言在词序上的异同、缅汉两种语言的否定形式、缅汉成语比较六章。

《缅彝语音韵学》 李永燧著,社会科学文献出版社 2010 年出版。

本书讨论的是我国古西羌南迁这部分居民及其后裔的语言。分绪论、语音概述、声调、声母、韵母和缅彝语古音构拟字汇等六章。(1)作者认为他们的语言是从原始藏缅语分出的一个支派,经过羌缅语的历史阶段,进而分出了缅彝语这一声调祖语。通过 30 个地点的声调进行全面的比较,并与缅甸古碑文联系起来,拟测缅彝语声调起源于四类音节尾音,产生 A、B、C、D 4 个祖调。声调的发展,有阴调 T1 和阳调 T2 的分化。D 调还有长入 DL 调和短入 DS 调的分化。值得注意的一个特点是,缅彝语古声母送气音对声调的分化有一定的中和作用,致使同一音类产生阴阳调互见的特殊变例。调类特征体现缅彝语诸语言的亲缘关系,可以此与非本语支语言划界,具有语言谱系分类学上的意义。(2)缅彝语成为一种声调语言后,形成了有自己特色的声母、韵母和声调三维语音结构格局。声母来自前期的音节头部辅音(包括前缀音),但几经整合和扬弃,声母定式以单辅音为主,只有唇舌音、舌根音组(后带流音)和小舌音组(后带流音)等三类复辅音声母。缅彝语古声母分全清、次清（送气清音）和全浊、次浊（送气浊音）。可以认为，古声母各个发音部位全面四分是缅彝语的一个特色。本书构拟古有 110 个声类。（3）缅彝语韵母基本元音承自原始藏缅语，但有分化和合并。韵尾辅音来自早期音节尾部辅音（包括后缀音），但已经简化。古韵母分阴声韵、阳声韵和入声韵。本书构拟古有 71 个韵类。韵母单元音化是缅彝语语音发展变化的一个特点，彝语（分）支最为突出。（4）本书构拟的古音字汇含 1500 多个单字（包括同义字）。总之，本书为建构缅彝语声类、韵类和调类提供了一个方案。

《面向信息处理的蒙古语固定词组研究（蒙文版）》 德·青格乐图著，内蒙古教育出版社 2001 年出版。

本书面向蒙古文信息处理的需要，尝试以分类与属性描述的方法对现代蒙古语固定词组进行全面的研究，并探讨蒙古语固定词组结构歧义问题及其识别方法。全书共分四章。

第一章简述了蒙古语固定词组研究对蒙古文信息处理工作的重要性和必要性。以此为基础，将蒙古语固定词组分为复合词、惯用词、成语、固定词四大类，并概括了各类词组的概念及范围。本书研究基于语料库描述蒙古与固定词组的语法属性，以开发研制现代蒙古语语法信息词典为目的而设计的。

第二章在细致分析前人对蒙古语固定词组研究成果的基础上，从用计算机处理蒙古与固定词组的角度阐明了对蒙古语固定词组的确定、分类等一系列问题的看法。

第三章复合词研究。在辨别复合词结构、构拟复合词模型、建立复合词库等工作的基础上，将复合词分为复合名词、复合形容词、复合代词、复合时位词、复合动词、复合副词等六类，并详细描述了各类复合词的语法属性项。

第四章惯用词、成语、固定词研究。惯用词有惯用名词、惯用形容词、惯用动词之分；成语有名词性成语、动词性成语之分；固定词为数不多不必细分。另外，在各类固定词组的界定和划分问题上，用对比法来辨析了相互间的区别。本书最后部分附录了蒙古语固定词组总库语法信息示例表。

《苗汉词典》 张永祥、许士仁编，贵州民族出版社 1990 年出版。

这部词典是由张永祥编纂的《苗汉词典》初稿（约 60 万字）和许士仁编写的（约 30 万字）同名书稿合并，订正释义、增补一些词目和义项，最后定稿。这是新中国成立以来最早出版的苗语黔东方言口语词汇与汉语对照的中型《苗汉词典》，是集体智慧的结晶。这部词典共收录了 11000 余个词条，它既具有收录语汇较广的特点，除收录基本词汇外，还收录了部分的词组、熟语，古今诗歌中常用词语，风俗习惯和传统节日名称，苗族历史上重要人名、地名，民族文化的常用术语以及苗语中特有的状词等；又具有词的义项较全，释义较精确，引例也较妥帖的特点。因此，这部词典不仅适用于苗族人学习苗文，学习汉文，适用于语言工作者，而且对于从事民族学、民俗学、宗教学以及民族历史文化艺术等的研究，也有参考查阅的价值；对苗汉语教学有一定的帮助；对促进黔东苗语的规范化、形成苗语的书面语也起到一定的作用。1992 年荣获国家民委首届中国民族图书奖二等奖。

《苗汉词典（湘西方言）》 向日征编著，四川民族出版社 1992 年出版。

本词典是苗语湘西方言的规范汉苗对照词典，以湘西方言西部土语的词为基础编写。所收的字、词、词组、四字格条目 11300 余条。条目按汉语拼音字母的次序排列，单字条目之下的多字条目，第二个字以后也按拼音字母次序排列。条目均用汉语拼音方案注音，放在方括号内。正文前有"说明"、

"音节表"、"部首检字表",正文之后附有"国际音标表"、"汉语拼音方案"、"苗文方案草案"等。词典可供学习湘西苗文和苗语湘西方言之用。

《苗汉汉苗词典》 石如金编,岳麓书社1997年出版。

本词典以苗语湘西方言的湖南省花垣县吉卫地区广泛通行的苗语语音为标准,收录的词条有19400余条。分苗汉和汉苗两部分。篇幅庞大,收词丰富,是学习湘西苗语的工具书。

《苗汉语比较》 曹翠云著,贵州民族出版社2001年出版。

主要内容包括:(1)语音 苗汉语声母比较及其说明,苗汉语韵母比较及其说明,苗汉语声调比较及其说明。(2)词的构成。(3)语法 苗汉名词异同比较表,苗汉动词异同比较表,苗汉形容词异同比较表,苗汉语数词、量词异同比较表,苗汉语代词、指示词异同比较表,苗汉语副词、连词、助词异同比较表。专题余论:苗语和汉语语音演变的相同点,汉语谓词分化比苗语快。附苗族民间故事二则。

《苗瑶语方言词汇集》 中央民族学院苗瑶语教研组集体著作。中央民族学院出版社1997年出版。参加编写的有邓方贵(瑶族)、石如金(苗族)、张永祥(苗族)、盘承乾(瑶族)、麻树兰(苗族)、曹翠云(汉族),此外,还有四川省德阳机电安装公司党委副书记罗廷芳(苗族)、贵州省威宁县石门民族学校校长王绍纳(苗族)和广西壮族自治区都安瑶族自治县大兴乡池花小学教师蒙朝坤(瑶族),他们分别提供了有关方言点的语言材料。

这部词汇集共收录了苗语的湘西、黔东、川黔滇3个方言点,滇东北1个次方言点和瑶语的布努语、勉语、标敏语3个方言点共7个方言点的词汇,总共有3500余个词条,计37万多字,都是由操本方言点的本民族人按照汉语词汇的意义用国际音标标音,而且又经过反复推敲和再三核对的,由于都是个人填写,对个别的汉语词条的理解有所不同而标音有误,待日后再版时修订。

这部词汇集对研究苗瑶语的系属,方言和方言之间的联系以及研究汉语语音都有一定的参考价值。在正文前面,还附有汉字部首检字表和汉语拼音索引。

《苗瑶语古音构拟》 王辅世、毛宗武著,中国社会科学出版社1995年出版。

该书包括两大部分:一、苗瑶语族各语言的使用情况和语音特点;二、苗瑶语族各语言的声韵母比较和古音构拟。(1)声母比较表;(2)韵母比较表。后附有同源字汉文索引。

《苗语简志》 中国少数民族语言简志丛书之一。王辅世主编,王春德、王德光、向日征参加。民族出版社1985年出版。

苗族分布在贵州、湖南、云南、广西、四川、海南、湖北等省区。人口有894万余人(2000年)。苗语属汉藏语系苗瑶语族。分湘西、黔东、川黔滇三个方言。本书分概况、语音、词汇、语法、方言、文字六章介绍苗语。在概况一章里,介绍苗族的人口分布、自称和语言使用情况。在语音一章里,总的介绍苗语各方言都有的语音和某一方言特有的语音,然后选取湘西腊乙坪、贵州养蒿、贵州大南山分别代表湘西、黔东、川黔滇三个方言,对其语音进行介绍。在词汇一章里,对三个方言代表点同时介绍其构词方式和汉语借词情况。在语法一章里,以黔东方言的养蒿话为代表进行介绍。在方言一章里,列出苗语三个方言,下分次方言或土语。列出每个方言或土语的分布地区和人口数,然后在方言的比较一节里,把三个方言的语音分声母、韵母、声调一一加以对比。接着是词汇的比较和语法的比较。在文字一章里，介绍三个文字方案，并附有声母、韵母、声调对照表。书末有三个点的1000个词的词汇附录。

《苗语同义词反义词词典》 李锦平编著，贵州人民出版社2005年出版。

本书对苗语中部方言同义词和反义词作了比较系统全面的搜集整理和研究。全书共立词目2000多条，包括词、词组和少量熟语。解释词目及其同义词、反义词，都举出适当的例词例句，对意义、用法有差别的近义词都加以认真辨析。

本书从诗词作品中挖掘了不少的同义词反义词，特别是为数可观的苗汉语关系词，不仅给读者展示了苗语词汇的丰富性，而且为研究苗汉民族关系提供了可贵的资料。本书是苗语同义词反义词的开山研究之作，对目前的苗汉双语教学与今后的苗语研究都有重要意义，是一本有用的工具书。

《苗语与古汉语特殊语句比较研究》 张永祥、曹翠云著，中央民族大学出版社2005年出版。

本书所采用的苗语是苗族张永祥教授的母语。由动词（或形容词）、名词和状词组成的"动名状"又称"谓宾状"格式在苗语黔东方言中保存非常丰富，经常引用。所举"动名状"和"形名状"共计280例。他们结构相同，但二者汉译有差别。"动名状"的名词要译作宾语；"形名状"的名词要译作主语。

《诗经》和《楚辞》中有很多"动名状"、"形名状"和"动状"、"形状"等语言格式，王力先生称它们为"特殊语句"，其含义很难理解，研究古汉语的前辈专家们由于没有掌握统一的规则，对它们的译释众说纷纭，莫衷一是。苗语中存在更多的这类特殊现象。苗和古汉语的特殊语句，不仅相像，而且有的甚至完全相同。参照苗语的修饰规则来解释古汉语的特殊语句，就如同找到了开锁的钥匙，能翻译得十分通顺，很好理解。这就完全改变了以前的译解众说纷纭的局面。如黔东苗语：hangb（走）gid（路）geb－lieb（慢状）"慢慢地走路"。这是"动名状"格式，其修饰规则是状词修饰最前面的动词，名词作宾语。如状词重叠是表示动作连续。《诗经·小雅·采薇》对"行道迟迟"的解释，古汉语专家各抒己见，他们译作："路儿远，道儿长"、"一路走来迟之又迟"、"一路走得很慢"、"道路泥泞走得慢"、"路啊长又长"、"拖了两腿一步挨上一步"、"行路缓缓迟迟"、"一路随队缓缓行"、"走在路中步缓缓"、"步履维艰泥泞路"、"慢慢腾腾远行军"、"道路泥泞脚步慢"等各不相同。根据苗语"动名状"格式及其语法规则，这句应译作"慢慢地走路"。

苗语：fangx（明亮）dlat（月亮）gab－ab（广远状）"月亮亮堂堂的"，这是苗语的"形名状"格式，状词修饰最前面的形容词，名词译作主语。《诗经·陈风·东门之杨》对"明星煌煌"的译解，古汉语专家也各不一样："哪知星儿亮堂堂"、"于今启明星光亮亮"、"启明星明亮"、"启明星儿闪闪明"、"此时启明星已经亮晶晶"、"启明星已朗照东方"、"明星灿灿"、"明星闪闪亮"、"满天星星亮晶晶"、"明闪闪星亮"、"直等到星闪夜沉沉"、"等到煌煌闪明星"、"等到启明星儿亮"，有六家把"明星"译作"启明星"，其实"明星"并非"启明星"，而是"形名"词组，按照苗语"形名状"格式，它是"星儿亮堂堂"的意思。

此外，按苗语的"谓宾定"格式对《楚辞》的"索胡绳之纚纚"和"望瑶台之偃蹇兮"等等，也都作了通顺的译解。本书共对《诗经》、《楚辞》中的130余个难句作了崭新的、通顺的译解。

《苗语语法（黔东方言）》 王春德著，光明日报出版社1986年出版。

全书共分绪论、词的构造、词类、词组的构造、句子成分、句子的辅助成分和独立成分及句子七章。书后附有用黔东苗文记录和汉文逐字对译的两个苗语故事以及黔东方言苗文方案。

该书系统描写了苗语黔东方言文字标准音点贵州省凯里县养蒿村的语法结构，可供苗语文教学、翻译和研究人员使用，其特点是提出了"量词中心论"。根据苗语的名词做限制性修饰语时，作修饰语的名词放在被修饰的名词后面以及物量词是从名词演变而来的特点，主张含有物量词的修饰词组其中心语是物量词。如："木屋"苗语说成"屋木"，因此"个凯里（凯里人）"是"凯里"修饰"个"。此外词组部分有图解，在句子分析上采用了句子成分分析和层次分析相结合的方法，避免了多定语、多补语、多状语的不分层次的缺点。

《苗族语言与文化》 李锦平著，贵州民族出版社 2002 年出版。

全书分十五章。开头两章和最后一章，对国内外的文化语言学研究、苗族文化与苗族语言文字、苗汉语言接触和文化交流等进行概述，中间十二章对农林、渔猎、医药、科技、衣食住行、婚姻丧葬、宗教禁忌、地名、人名、颜色等各类词语进行文化阐释。

本书是从苗语来全面系统探讨苗族文化的第一部专著，填补了苗族语言文化研究的空白。它拓宽了苗语研究的领域，所搭建的框架，为今后进一步探讨提供了有意义的参照，为苗语词源学、语义学研究提供了宝贵资料，为建立和完善苗语文化语言学奠定了良好的基础，对了解苗族历史文化很有帮助，对苗汉双语教学具有指导意义，是一部很有价值很有特色的学术专著。

《民族古文献概览》 张公瑾（主编），黄建明、岭福祥（副主编），民族出版社 1997 年出版。

本书为中央民族大学少数民族语言文学学院组织的系列教材之一。分九章：一、藏缅语族文献；二、壮侗语族文献；三、苗族文献；四、突厥语族文献；五、蒙古文文献；六、满—通古斯语族文献；七、回族文献；八、其他古代民族文献；九、民族文字文献在中华文化中的地位。

《民族语文论文集》 和即仁著，云南民族出版社 2006 年出版。

本书所收 39 篇论文都是作者在几十年的民族语文工作实践过程中逐渐积累起来的一些工作心得和科研成果。这些文章对民族语文工作有一定的参考价值。这里举出一篇有关民族语文翻译方面的文章略作介绍，文章名为《"中国"一词在景颇语中的翻译》。作者在该篇中指出："中国"一词，自 1906 年以来，在景颇语中一直译为"咩娃勐"。有人认为，这个词的意思是"汉人地方"，因而把此事说成是严重的"政治事件"。经过调查，此词原意是"原先祖先居住的地方"，即"故土""故居"之意；到了明朝，在明王朝联合景颇族讨伐傣族农奴主分裂集团的时候，景颇族与汉族为了祖国统一而联合作战时，"咩娃勐"这个词才赋予了"汉人地方"这个新概念。所以用"咩娃勐"指称"中国"，并无排挤汉人之意。作者由此谈到语言发展规律和翻译的基本原则以及管理上的一些问题。

《民族语文论文集》 戴庆厦、罗美珍、杨应新编，中央民族学院出版社 1993 年出版。

本书是庆祝马学良教授八十寿辰的论文集，收论文 44 篇，都为马先生的历届学生所写。目录有英文翻译。论文包括语言学理论、语言语音研究的、语法方面的、词汇研究的、古文字研究的以及其他方面的，最后附有马学良先生论著目录。

《民族语文研究》 中央民族学院少数民族语言研究所编著，四川民族出版社 1984 年出版。

这是中央民族学院少数民族语言研究所人员 20 世纪 80 年代初的研究成果，共收 20 篇文章，内容涉及我国 13 个民族语言的语音、语法、词汇问题以及语言研究方法、教育法和国外语言学说的介绍。各篇文章都提供了第一手的语言材料,很有参考价值。本书是该研究所建所后的初步成果。

《民族语文研究新探》 中国民族语言学会编,马学良主编,王均副主编,四川民族出版社1992年出版。

这是1990年中国民族语言学会在四川西昌举行的民族语言学术讨论会的论文集,本文集是从近百篇文章中挑选出来的,共28篇。前面有会长马学良的序,主要论文有史金波的《中国民族古文字和中华民族文化》,谢志礼、苏连科的《民族性与科学性的统一体——规范彝文》,郑贻青的《试谈社会变化对语言使用的影响——以环江县毛南族为例》,张均如的《侗台语族声调的发生和发展》,赵春金的《瑶族勉语复辅音的演变》,戴庆厦、曲木·铁喜的《彝语义诺话动物名词的语义分析》,罗边木果、海勒木呷的《论彝语引述人称代词》,农广民的《壮语修饰词素前置及其发展》,汪大年、杜若明的《藏缅语的定语》,塔兰特·突孜德阔夫的《突厥诸语言语音组合比较研究》,雷选春的《西部裕固语与维吾尔语词汇之比较》,李树兰的《论锡伯语文的形成和发展》,姜宝有的《浅谈汉语对朝鲜语的词义渗透现象》等。

《民族语文政策法规汇编》 国家民委文化宣传司编,民族出版社2006年出版。

为了更好地展示我国民族语文法制建设的成果,提高广大民族语文工作者依法行政、依法管理的能力,便于有关部门、专家学者以及少数民族语言文字爱好者掌握和研究党和国家关于少数民族语言文字方面的方针政策和规定,国家民委特整理出版本法规汇编。分五部分:一、法律法规规章;二、文件;三、地方法规和地方规章;四、革命导师论民族语文;五、领导讲话。

《民族语文专业教学经验文集》 中央民族学院少数民族语言文学三系、少数民族语言研究所编,贵州民族出版社1990年出版。

本书共收集了论文38篇。主要为全国各地少数民族语文专业教学经验的成果。内容涉及民族语文教学中带有普遍意义的问题,如民族语文的课堂教学和语言的调查实习、教材建设、师资培养、双语教学、专业论文写作等。总结了正、反两方面的经验,对民族语文的教学和科研提供了参考和借鉴。

《民族语言教学文集》 马学良著,四川民族出版社1988年出版。

本文集是作者30多年来从事民族语言教学、科研方面的文章选集。其中有:语言调查常识、关于少数民族创制文字的若干问题、少数民族文字推行前的编译工作、论双语与双语教学、关于汉语文教学的科学化问题、努力把农民教育办好等,还有彝文研究10篇。

《民族语言文化论集》 盖兴之著,云南大学出版社2001年出版。

这本文集选录了作者20世纪八九十年代所写的23篇文章,绝大多数是研究云南边疆地区社会主义建设中发生的民族语言、民族文化、民族教育问题,也有几篇是关于汉藏语言系属分类的研究,这些文章主要涉及民族语言学、人类语言学、社会语言学和历史比较语言学等学科。其内容观点简介如下:

(1)语言文字研究:有13篇文章,可分为四个方面。一是20世纪70年代末期以来,在国内外语言学界兴起的关于汉藏语系属的研究,作者除了在研究方法上的探讨之外,还具体研究了藏缅语族中景、缅、彝语群语言的系属,提出了合景颇语支、彝语支、缅语支语言为缅彝语支(彝缅语支)的主张,用以辩驳美国语言学家白保罗教授的景颇语言中心论和白语属澳泰语系的理论；二是围绕 70 年代对基诺人的民族识别所开展的识别基诺语的研究，揭示了它表现的景颇语群与彝缅语群语言的中介性质，论证了它在彝缅语群语言中的地位，明确了它的系属分类；三是对云南民族文字创制推行中出现的现实问题的研究，比如云南民族文字的创制、选择，新老文字的关系等；四是对云南的双语现象与双语形成和发展中所产生的中介语的研究，分析了它的性质和它在汉语方言中的作用以及它与历史语言学研究的语言底层形成的关系。

（2）语言文化研究：语言学是个独立的学科，但语言是社会现象，是从属于人类文化的。语言研究不能孤立进行，需要跟文化学、民族学、民间文学、宗教学、历史学等学科结合起来交叉研究，这样才能加深对语言人文性质的理解和它在人文学科发展中的作用，文集收了 6 篇文章，探讨了新的研究方法，提出了新的观点。

（3）双语教学研究：有 4 篇文章。云南民族教育主要是基础教育。在这些地区普及九年义务教育既难规划又难落实。要科教兴边，决不让一个兄弟民族掉队，出路就是在义务教育阶段搞双语教育。文章探讨了少数民族汉语教学的问题，提出了建立少数民族汉语教学学科的理论和对云南双语教育的科学化、规范化的意见，促进了少数民族汉语教学的改革。

《民族语言学论稿》 中国社会科学院老年学者文库之一。梁敏、张均如著，社会科学文献出版社 2011 年出版。

这是梁敏、张均如从事少数民族语言调查研究工作 50 多年来发表在各种刊物里的论文汇集，共选论文 40 多篇。分八个部分：第一部分是侗台语族的历史、语言、文化；第二部分是侗台语族的语音；第三部分是侗台语族的语法；第四部分是侗台语的词汇；第五部分是侗台一些语言的比较；第六部分是广西平话、白话（粤方言）及壮侗语言的相互关系；第七部分是侾语及其系属问题；第八部分附录著作目录。

《莫话记略》 李方桂著，记录和介绍贵州荔波县方村莫话的调查报告。载入 1943 年中央研究院历史语言研究所集刊第 19 本。共 80 页。有序和导论，音韵 16 页，故事 10 页，词汇 50 页。在"导论"里，介绍了莫话的分布地点，莫话跟水语、布依语的关系及其在侗台语系统中的地位。指出莫话跟水语比较接近，应该属侗水语支。在音韵部分分析了音位系统，论述了声母与韵母，声母、韵母与声调的相互关系及声韵调配合表。材料的部分记录了短篇故事 8 则，歌谣一首，常用词 2000 个。这是最早的介绍莫话概况的著作。

《莫语研究》 中国新发现语言研究丛书之一。杨通银著，中央民族大学出版社 2000 年出版。

莫语是贵州黔南布依族苗族自治州荔坡、独山等县境内莫姓和吴姓布依族人所使用的一种语言。使用莫语的人口约有 13000 人（1994 年），大部分集中在荔坡的方村、播尧、甲良、阳凤等乡镇。莫语包括莫姓所说的"莫话" $ai^3ma:k^8$ 和吴姓所说的"锦话" $ai^3\ am^1$。他们是莫语的不同方言。对莫语的研究，早在半个多世纪前李方桂先生调查过，并发表了《莫话记略》一文。本书作者 1994 年在荔坡县播尧乡调查了莫话和锦话。《莫语研究》分六章，第一章 人文背景概述，介绍莫话人和锦话人的分布、生活习俗和前人调查的情况，莫话与锦话的关系，莫语与侗水语的关系等；第二章 莫语的音位系统；第三章 莫语的词汇系统，通过莫语与侗台语言的比较，发现莫语与毛南语最接近，其次是布依语、侗语、仫佬语；第四章 莫语的语法体系；第五章 莫语的方言土语，通过比较，说明莫话和锦话是方言之间的差别，二者是不同的方言；第六章 莫语的语言地位，通过莫语与侗水语支语言和壮傣语支语言的比较，指出莫语与侗水语支最接近，尤其是与毛南语和水语更接近。书末附有三个点的 2200 个词的词汇表和短篇故事 6 个。

《母语的消失与存留：第三届中国云南濒危语言遗产保护国际学术研讨会论文集》　白碧波、(澳) 大卫·布莱德雷主编，民族出版社 2011 年出版。

第三届中国云南濒危语言遗产保护国际学术研讨会共同探讨云南少数民族语言遗产保护与维持，目的是为了促进探讨少数民族语言所采取的措施。本次会议收到论文 31 篇，汇成本论文集。会议参加者的一个共识是：语言的损失是人类文明成果的重大损失。因此，对语言濒危现象的关注是一种觉醒和进步。目前云南的大部分少数民族语言都存在不同程度的濒危。对濒危语言的记录已迫在眉睫。会议号召专家、民间组织及国家和社会组织积极行动起来，参与到语言保护的行列中来。

《木佬语研究》　中国新发现语言研究丛书之一。薄文泽著，民族出版社 2003 年出版。

木佬人自称"嘎沃"，汉族对他们称为"木佬"，分布在贵州黔东南、黔南两个州的北部麻江、凯里、黄平、都匀、翁安、福泉等县市。人口有 28000 余人 (1993 年)。过去其民族成分一直未定，有相当一部分木佬人改报为布依族或苗族，1993 年贵州省政府认定贵州的木佬人为仫佬族。本书作者对木佬语的调查始于 2000 年，调查地点是麻江县龙山乡复兴村芭茅寨，但发音人时年 87 岁，是当地唯一还能讲木佬话的人，但自从婚后就不说木佬话了。由于木佬话已经退出了使用领域，本书所用材料多引用《贵州仫佬族》一书 (材料经过本书作者核对)，材料不算完整。木佬语是处在消亡中的语言。《木佬语研究》分五章，第一章 前言，介绍木佬人的分布和民族成分、历史以及其他有关的关系、木佬人的风俗习惯、经济生活、文化教育、语言状况和对木佬语的调查状况。第二章 语音系统。第三章 词汇系统。第四章 语法系统。第五章 木佬语的系属分类，主要讨论木佬语在仡央语群里所处的地位。在语音方面，与仡佬语接近，在词汇、语法上受汉语影响较大，与仡佬语有比较密切的关系，与拉基、布央等语言疏远一些。书末附有 1400 个词的词汇表。

《仫佬语简志》　中国少数民族语言简志丛书之一。王均、郑国乔编著，民族出版社 1980 年出版。

仫佬族自称 $mu^5 lam^1$，有的地方自称 $kjam^1$，与侗族的自称相同。主要分布在广西罗城仫佬族自治县内以及附近的柳城、忻城、宜山等县。人口有 20.7 万余人。自治县内还有其他民族居住，仫佬族村内使用仫佬语，接近壮族地区的也兼通壮语，其他民族也有兼通仫佬语的。仫佬语属汉藏语系壮侗语族侗水语支，与侗语比较接近。它与壮傣语支和侗水语支语言都有不少同源词。本书分概况、语音、词汇、语法章。在概况里，介绍了仫佬语与壮傣、侗水诸语言的关系；在语音一章里，介绍语音系统和借词语音，而借词语音又分甲类借词和乙类借词；在词汇一章里，介绍构词方式和汉语借词；在语法一章里，分词类、词的组合、句子和句子成分等节。书后有词汇附录，附有 1000 多个常用词。

《纳西东巴文献用字研究》　中国民族古文字文献研究丛书之一。黄思贤著，民族出版社 2010 年出版。

纳西族过去使用的一种图画文字以及由这种图画文字演变出来的象形文字。主要用于书写宗教经书，通习这种经书执行法事的人称东巴，因此这种文字也就被称为东巴文。东巴文是现存的仍在使用的古老原始文字之一。本书从文献入手，较为全面地考察了东巴文在具体语言环境中的使用情况。本书分九章。第一章 绪论。介绍东巴文研究状况、研究目的和方法。第二章和第三章 东巴文记录语言单位的研究（上、下）。第四章 东巴文记录语言方式的研究。第五章 东巴文的符号体态研究。第六章 东巴文的字序研究。第七章《崇搬图》与《古事记》的比较研究。第八章《崇搬图》中的一些问题。第九章 结论。第二章至第八章每章的最后都有一节小结。书中材料丰富，每页都有几张插图，是一部难得的好书。

《纳西东巴文字关系论》 刘悦著，安徽文艺出版社2011年出版。

该书以东巴文中的异体现象为研究对象，对东巴文异体字之间的关系的逐组分析为基础，从多个视角对东巴文异体现象进行考察研究，并在此基础上归纳和总结东巴文字所处的发展阶段与所经历的发展途径及它与其他文字的关系。该书从异体现象的角度探寻东巴文发生、发展的研究方法，研究结论也为文字关系的探究提供了参考。

该书收集了多部工具书及其他资料中所提供的东巴文异体字，组成1013组异体字，共含单字4391个。应该说，这一工作除了研究东巴文异体字本身的意义之外，即便在研究东巴文的字数方面也有很大贡献。这个数据至少告诉我们，东巴文字的总字数在5000字以上，远远超出以前许多专家估计的二三千字。

对东巴文异体字之间的文字现象进行描述，对东巴文异体字之间的发展关系进行逐组的分析和归纳，进而对这1013组异体字内部文字发展关系的脉络进行逐字、逐组的整理，这一艰辛工作使得作者对于东巴文异体字之间的关系有了新的认识：微观上，东巴文的异体字主要通过简化、繁化、声化、符号化、图画化、讹变六种途径不断形成新字。宏观上，东巴文字的各组异体字往往从"初文"到"末文"，有着一定的先后产生程序。

该书从异体字的关系出发，以从微观到宏观、逐层深入的方法，揭示出东巴文字发展的主要途径及其原因。这一研究方法和研究成果对其他少数民族古文字的研究有着借鉴意义，也为早期文字研究提供参考。

《纳西象形文古籍》 李锡主编，戈阿干选编，云南人民出版社2003年出版。

本书是丽江东巴文化学校教材第三册，由丽江东巴文化学校编。教材分《纳西象形文字》、《纳西族传统祭祀仪式》、《纳西象形文古籍》、《纳西族传统工艺》四册。本册是其中的第三册，分31个标题，每一标题有若干幅图画组图。全书221页，每页四幅组图。共780余幅。每一幅全为东巴文，没有汉字。图画的画工精美熟练，无与伦比，是纳西族宝贵的遗产。

《纳西象形文字》 李锡主编，木琛编写，云南人民出版社2003年出版。

本书是丽江东巴文化学校教材第一册，由丽江东巴文化学校编。千百年来东巴文化已发展成为中华民族文化之林中的一枝奇葩，但这种优秀的文化面临着即将在民间消亡的危机。丽江东巴文化博物馆本着"把东巴文化抢救在活人身上"的原则，开展了多种形式的抢救工作，1995年成立了丽江东巴文化学校，培养了一大批传承东巴文化的人才。教材分《纳西象形文字》、《纳西族传统祭祀仪式》、《纳西象形文古籍》、《纳西族传统工艺》四册。本册是第一册。分三章：一为纳西象形文字概说；二为纳西象形文字的书写；三为纳西象形文字常用字，介绍常用字的字义及一般用法。

《纳西象形文字谱》 方国瑜编撰，和志武参订，云南人民出版社1981年出版。

中国纳西族第一部古文字文献专著。章太炎作序，附有郭沫若的信。全书据和志武誊写稿影印。分四部分：①纳西象形文字谱绪论。包括纳西族的渊源、迁徙和分布，纳西象形文字的创始，纳西象形文字的构造，纳西语的音标说明。②纳西象形文字简谱。③纳西标音文字简谱。④纳西文字应用举例。书末还附有东巴经书简目。为研究语言文字史提供了丰富的资料，具有很高的学术价值。

《纳西语简志》 中国少数民族语言简志丛书之一。和即仁、姜竹仪著，民族出版社 1985 年出版。

该书叙述云南丽江纳西族自治县境内和四川境内纳西语的分布和使用情况。以丽江纳西族自治县丽江坝青龙乡纳西语为依据，叙述纳西语的语音、词汇、语法、方言、文字，书末有词汇附录。

纳西族有 30 万人（2000 年），纳西族有四个自称，新中国成立后统称"纳西"。纳西语是纳西族的主要交际工具，纳西语属汉藏语系藏缅语族彝语支，语音特点是辅音分清浊，其中浊辅音较多，大多数地区还有鼻冠浊塞音和浊塞擦音之分；韵母以单元音为主，复元音较少，除少数地区外，元音不分松紧，没有辅音韵尾。纳西语划分为西部和东部两个方言。方言内部还有土语的区别，西部方言内部比较一致，主要通行于丽江、中甸、维西、永胜等县。此外，鹤庆、剑川、德钦、贡山、宁蒗县永宁坝皮匠村和四川木里藏族自治县的俄亚、盐源县的大咀、冷九主和西藏自治区芒康县的白盐井等地也有使用西部方言的情况。东部方言主要通行于宁蒗、盐源、木里、盐边等县。方言内部的语音、词汇差异较大，土语之间通话困难。方言内部各有三个土语，民族自称也有区别，方言间的社会历史发展也不平衡。

纳西族原有两种文字，即东巴文（象形表意文字）、哥巴文。此外，在云南维西县第五区还有自称玛丽玛萨的纳西族，有 400 多户约 1000 人曾使用过一种东巴文的派生文字"玛丽玛萨文"。东巴文主要是东巴教的经师掌握使用，用东巴文书写东巴经，记录了纳西族古老的神话传说、故事、叙述长诗、民谣、谚语，也记录了纳西族的生活风貌。哥巴文，是一种音节文字，一个字代表一个音节，且笔画简单，比东巴文进了一大步。拼音文字，是新中国成立后党和政府帮助纳西族创制的新文字。该文字以纳西语西部方言为基础，以丽江大研镇话为标准音，创出的以拉丁字母为基础的纳西拼音文字方案（草案）。

《纳西语研究》 杨焕典著，当代中国出版社 2004 年出版。

本书以云南丽江大研镇的纳西话为根据，介绍纳西语的全貌。全书分语音、词汇、语法三部分。在第一部分语音里，分五个小专题：（1）纳西语音系；（2）论纳西语的音位系统；（3）纳西语中的汉语借词读音系统；（4）从纳西语中的紧松元音对立看汉藏语系语音发展轨迹；（5）再论关于纳西语中的紧松元音问题。第二部分是词汇表，按意义分二十九类排列，不加举例。第三部分是语法，分七个小专题：（1）纳西语语法例句二百三十多句；（2）纳西语动词的时体式范畴；（3）纳西语异根动词"来""去"；（4）纳西语形容词的形态；（5）纳西语中的数量词；（6）纳西语代词研究；（7）纳西语复句中的关联词语。

《南岛语分类研究》 吴安其著，商务印书馆 2009 年出版。

南岛语系的语言简称南岛语，旧称马来—玻利尼西亚语，分布在太平洋的岛屿上。中国台湾的高山族人所使用的语言属南岛语，而且内部分歧最大。台湾南岛文化的源头在大陆。南岛语的分布与南岛人陆续迁徙有密切关系。本书作者认为，侗台语与南岛语词汇方面的对应使学者相信侗台语和南岛语有发生学关系。全书分七章：一、南岛语的分布和南岛人的迁徙；二、早期的比较研究；三、马来—他加洛语；四、泰雅—赛夏语；五、邹—卑南语；六、美拉—密克罗尼西亚语；七、南岛语的分类和构拟；附录 诸地区南岛语的分布。

《怒族语言简志（怒苏语）》 中国少数民族语言简志丛书之一。孙宏开、刘璐编著，民族出版社1986年出版。

怒族使用四种不同的语言，怒苏语是居住在原碧江县一带的怒族所使用的语言，使用人口约1万人。怒苏语属汉藏语系藏缅语族彝语支。本简志分概况、语音、词汇、语法和方言五部分。在方言部分，把怒苏语划分为南部、中部和北部3个方言。书末附有3个方言的1000个词的词汇附录。

《怒族怒苏语言资料集之一》 李卫才、段伶搜集整理，云南民族出版社1991年出版。

本书为怒江民族语言丛书之一，本资料集名《怒族怒苏语言资料集》，书前有《怒苏语简介》，全面系统地介绍怒苏语的知子罗话。后面分散文、韵文和词语三部分。散文部分有9篇神话、传说、村史和故事，韵文部分有叙事歌和童谣5篇，词语部分有古语（熟语）和四音联绵词。

《怒族若柔语言资料集之二》 李绍恩、李志恩搜集整理，云南民族出版社1993年出版。

本书为怒江民族语言丛书之二，本资料集名《怒族若柔语言资料集》，书前有《若柔语概况》，系统地介绍怒族若柔语的全面情况。收录散文部分7篇，韵文部分9篇，古语（熟语）部分的格言、谚语、俗语若干篇，谜语10余条，各式的四音格连绵词若干条。

《女汉字典》 陈其光编，中央民族大学出版社2006年出版。

前面有一篇较长的序言，第一部分讲女字的字形、字源、造字法、用字法、女字的产生和发展；第二部分讲女字的载体、产生方式、类别、格律和修辞、晚期传人、文献整理；第三部分讲女字书写的方言（五岭方言）的音位系统、语音特征、词汇特征、语法特征、积淀形成。正文收女字3435个，按笔画由少到多排列，共编为3435条。每条都有字源、注音、释义、举例四部分。字源指明此女字由哪个汉字（有的是简体或俗体，有的是繁体）变来。读音按湖南江永白水村音用国际音标标出。女字一般有多种读音，先列本字音，后列替代的相近音。少数字不是本字音，而是同义训读字音，字典也注训读音。女字本字的意义排在前面，相同读音的其他意义排在后面。考不出本字的意义用汉字加引号列出。每一义项都在注音、释义后举一句女书为例。例句下也写出同音同义的汉字。正文之后是四个附录：（1）汉义女字表。汉义按汉语普通话音排列，读者可从汉义查到女字的各种字形和当地读音。（2）女字同音字表。女字按当地读音排列，会土话不识女字的可以根据土话音找到女字和它表示的意义。（3）汉字原字女字表。600多个汉字原字按意义分自然、时空、人物、人体、动物、植物等19类排列，读者可以从这些笔画简单又常用的汉字找到变化出来的女字。（4）女字难解词语汇释。词语按普通话音排列，读者对女字中的方言词、民族语底层、特殊的民情风俗词语可以找到普通话注释。这部字典有三个特点：一为它收字最多，注音释义最全；二为每一义项都有例句；三为每个女字都说明它是从哪个汉字变来的，这也是编者下功夫最多的地方。

《女真文辞典》 金启孮编著，文物出版社1984年出版。

前有作者自序和凡例。按部首排列，书后有用音标字母拼写的索引。正文部分，每词条先录正体字，次录异体字，每字之后注明出处，并在正体字前后注明国内外各家对女真字的编号。字源，指出该字是仿哪个契丹字或汉字制成的，并列明出处；未发现字源的，空而不书。读音、标音，标明世界各家对女真字的转写。字意，即女真字的意义；所录意字无明显证据者，只注出处，不注字意。例句，先书女真字，次为《女真译语》中的汉字记音，次为国际音标，次注明字义，最后写明出处。最后指明该字在文法上属于何种词类，有何用法。正文后附有《女真语法字一览表》、《引用资料略称表》、《女真文资料、著作、论文列目》。词条主要选自《女真译语》、金石刻碑、墨迹资料等。为迄今国内外收字最多、资料最完整的辞典，是研究女真语言文字以及进行语言比较的重要参考书。

《女真译语研究》 道尔吉、和希格著。1983年《内蒙古大学学报》（哲学社会科学版）增刊。

研究女真语语音、女真馆杂字·来文的著作。前有金启孮的前言。分两部分：一是道尔吉的《女真语音初探》，包括绪论、《女真译语》注音汉字的音值、女真语音系统、《女真馆杂字》的读音构拟、女真字的音值、结论六章；另一部分是和希格《女真馆杂字·来文研究》，包括绪论、女真馆杂字研究、女真馆来文研究、"杂字"和"来文"的关系探讨、《女真馆杂字·来文》的历史价值、结束语六章。作者在总结前人研究的基础上对一些问题提出了自己的新见解。

《女真语言文字研究》 金启孮、金光平著，1964年《内蒙古大学学报·专号》，文物出版社1980年出版。

该书提出了如下几个观点：（1）锦州西孤山《萧孝忠墓志》的契丹字是契丹大字，辽庆陵哀册石刻的契丹字是契丹小字。（2）女真字脱胎于契丹字和汉字，但现存女真字出于契丹大字。（3）女语与汉语有密切的关系，虽然两者语系不同，然而两者自古以来的文化交流和互相影响，女真语实有与古汉语相似之处。（4）明代《女真译语》中之"来文"为四夷馆代拟，用女真词汇以汉语语法堆砌而成，可为史料，不可作为语言借镜。（5）经研究得出女真文字总数为903字，不过千字的推断。（6）本书的"女真字的构造""女真字的读音"、"女真语语法"各章都有独创性的见解。这一专著得到国内外一些专家的赞誉。

《女真语研究的新资料》 〔日〕石田干之助撰写，发表于昭和五年（1930）。

全面介绍女真语言文字资料的论文。全文分四部分。第一部分详细介绍了女真文金石文九通。第二部分评介《华夷译语》。作者将《华夷译语》分为甲、乙、丙三种本。甲本为明洪武十五年，翰林侍讲火源洁、编修马沙亦黑奉太祖敕编纂，二十二年附翰林学士刘三吾序，并于同年颁行的《华夷译语》。乙本为自明永乐五年四夷馆以来，因馆员需要而编纂，至清顺治元年（1644）接管并改四译馆后，又陆续加以改削增损，有数种别本的《华夷译语》。丙本为明末矛瑞征（伯符）所辑，卷首往往附有朱之蕃序言的《华夷译语》。甲本只有民族语汉字音写和释义；乙本有民族文字及其汉字音写、释义（即"杂字"）和"来文"；丙本类似甲本，没有"来文"。第三部分介绍了乙本六种含有女真文字资料的本子。第四部分介绍了丙本九种本子，其中含有女真文字资料的本子五种，是研究《华夷译语》特别是女真语言文字的重要文章。最初发表于《桑原博士还历纪念东洋史论丛》上。后于昭和十八年（1943）加"追记之一"，昭和十九年加"追记之二"，昭和三十九年加"后记"，于1973年连同作者其他关于女真语言文字的论文，收在作者论文集之一《东亚文化史论丛》3—205页（东洋文库论丛第五十四）。1990年天津古籍出版社出版贾敬颜等合辑的《女真译语、蒙古译语汇编》，收录此文的中译文。

《排湾语词典》 （Paiwan Dictionary）美国费罗礼（Raleigh Ferre11）著。太平洋语言学丛书C第73号，澳大利亚国立大学太平洋研究院语言系1982年出版。

排湾语—英语对照。以排湾语词根语素排列，并有大量的附加词条表明其普通用法。词典前附有排湾语分布与使用人口；语言接触与借词、方言、语音、形态学和词组结构、数词、排湾语和南岛语系音位研究。词典后附有英语—排湾语词汇。

《片马茶山人及其语言》 戴庆厦主编，商务印书馆 2010 年出版。

该书为中央民族大学"985 工程"新时期中国少数民族语言使用情况研究丛书之一。作者在实地调查的基础上，论述了片马茶山人的语言使用情况，茶山语为其主要交际工具，并兼用汉语和其他民族语言，呈现出一种多语和谐的语言生活。根据第一手田野调查资料，本书主要探讨了茶山人稳定使用、传承母语的原因，以及茶山人和谐语言生活的成因。此外对片马、岗房、鼓浪语言进行个案研究。最后从语音、语法、词汇方面探讨了片马茶山人的语言特点。

《蒲溪羌语研究》 中国少数民族语言方言研究丛书之一。黄成龙著，民族出版社 2006 年出版。

本书是在作者的博士论文《蒲溪羌语参考语法》的基础上修改增补而成。本书是以作者 2001 年夏和 2002 年夏在四川阿坝藏族羌族自治州理县蒲西乡所收集到的材料为根据，用当今国外比较流行的标准类型学框架，分析、描写羌语南部方言大岐山土语蒲溪话各方面的特征。全书分九章：第一章 导论；第二章 类型学概览；第三章 音系；第四章 调类；第五章 名词性形态；第六章 动词性形态；第七章 简单结构；第八章 复杂结构；第九章 话语分析。附录一 长篇语料；附录二 分类词汇，有 1800 余个词。

《普标语研究》 中国新发现语言丛书之一。梁敏、张均如、李云兵著，民族出版社 2007 年出版。

普标人属彝族，居住在云南文山壮族苗族自治州麻栗坡县与越南毗邻的几个村子里，有 300 余人。越南与中国毗邻的几个县也居住着普标人，有 400 余人。普标人居住的地方同时也居住着仡佬族，都与汉族、壮族、傣族杂居。由于普标人人口少，居住分散，加上逐渐与外族通婚等原因，使用普标语的机会越来越少，目前普标语已处于极度濒危的状态。普标语曾由陈其光（1984 年），梁敏、张均如（1988 年）调查过，由于材料不足，2002 年李云兵对普标语作了一次全面的调查，在已有研究的基础上对材料做了增补调整，与梁敏、张均如共同写成《普标语研究》书稿。本书的前言详细介绍普标人的源流、分布与人口、社会生活和语言使用状况。正文分五章：第一章 语音，第二章 词汇，第三章 语法，第四章 普标语的系属问题，第五章 普标语的语序类型特征。在普标语的系属问题一章里，作者用较大的篇幅把普标语与侗台语族的语言作了详细的比较，得出的结果是，普标语与布央语、拉基语、仡佬语较为接近，共同构成侗台语族中的一个语支——仡央语支。书末附有一个约 2600 词的词表和两篇短故事。

《普米语方言研究》 陆绍尊著，民族出版社 2001 年出版。

根据各地区普米语的语音和词汇的主要差别，并参考语法的异同情况，把普米语划分为南部和北部两个方言以及若干个土语。南部方言主要分布在云南省丽江地区兰坪、维西、丽江、永胜、云县等县以及宁蒗县新营盘区，又分为箐花、鲁甸和新营盘三个土语，使用人口 25000 人左右。北部方言主要分布在云南省宁蒗县的永宁区，四川省木里县一、二、三区，盐源县的左、右所区、九龙县的三岩龙乡和大堡乡；又分为拖七、桃巴、左所、三岩龙四种土语。使用人口约 60000 人（其中普米族约有 10000 人，其余多为藏族）。这部著作论述了普米语的特点以及方言土语的差异情况。

《普米语简志》 少数民族语言简志丛书之一。陆绍尊著,民族出版社1983年出版。

以云南省丽江地区兰坪白族普米族自治县河西区箐花乡的普米话为代表,从语音、词汇、语法、方言以及系属问题等几个方面,比较系统地介绍了普米语的语言特点。

《普通语言学》 马学良、瞿霭堂主编,马学良、瞿霭堂、黄布凡、罗美珍、王远新合著,中央民族大学出版社1997年出版。

这是一本供语言学专业教学的教材。以中国的语言理论为主导,继承和发扬中国语言研究的优良传统,反映中国语言研究的成果。全书共分十章:第一章 语言和语言学。论及语言的本质和属性,论述语言的共性和类型,论述语言与思维的关系,介绍传统语文学与现代语言学、与相关学科的关系。第二章语音。介绍语音学的分类和发展,介绍实验语音学的发展,论述音位与语音的系统性,介绍中国的音系学、区别性特征,介绍汉藏语言的声韵调分析法和音系中的音位分析法。第三章 语法。介绍传统语法、结构主义语法和转换—生成语法各学派的语法学,分析构词法、构形法和语法范畴,论述句子的线性和层级性,句法手段,包括虚词、语序。第四章 语义与语义学。传统语义学,介绍语义和语音的关系、语义的分类、现代语义学。第五章 词汇。词汇的性质及其成分:词、词素、熟语,词汇体系,词汇的类聚、词的结构类型;词汇的发展演变。介绍词典的类型:解释性词典、对译词典、词典编纂法。第六章 语言的历史和研究方法。介绍历史比较语言学的对象和任务、历史比较法的原则和方法,词汇扩散理论、语言变异理论。介绍语言年代学的统计方法,中国的语言系属问题,论述汉藏语系和阿尔泰语系的分类问题。第七章 语言与社会。包括语言与社会的关系、语言和民族、语言和方言、语言和方言的识别、中国的语言识别和方言研究、语言影响和语言融合。第八章 语言和文化。论述语言和文化的关系,谱系、类型和文化类型的关系。第九章 语言和文字。论述文字的性质和作用、中国的文字问题、文字的创制与改革。第十章 语言调查和科学分析方法。

《奇特的女书》 史金波、白滨、赵丽明主编,北京语言学院出版社1995年出版。

这是中国民族古文字研究会丛书,全国女书学术考察研讨会文集。前面有周有光的序言和前言。正文辑录了33篇论文。书末有附录三个,附录三是女书研究参考资料目录,包括著作、论文共35种。女书是湖南江永县潇水流域的一种妇女专用的文字,目前已濒临灭绝。从20世纪80年代以来,在当地群众的支持下,发掘、抢救了一批女书资料,并取得了一定的研究成果。1991年11月由中国民族古文字研究会和有关单位在湖南江永县召开了全国女书学术考察研讨会,有60余名专家学者参加了研讨会。

《契丹小字研究》 研究契丹小字的专著,清格尔泰、刘凤翥、陈乃雄、于宝林、邢复礼合著,中国社会科学出版社1985年出版。

中国社会科学院民族研究所与内蒙古大学蒙古语文研究室于1975年联合成立的契丹文字研究小组经过10年艰苦努力而完成的集体研究成果。中国社会科学出版社1985年8月出版,16开本799页。该书从有汉字对译的《大金皇弟都统经略郎君行记》入手,通过寻找契丹小字中汉语借词的方法来逐步解读契丹小字。解读了400多条契丹小字语词,构拟了140多个原字的音值,分析了24条语法附加成分。此书不仅刊布了最新学术成果,还汇集了当时传世的辽、金两代全部契丹小字资料。主要是9件契丹小字碑刻。不仅刊布了全部契丹小字碑刻的拓本照片,还逐一全文摹录了当时传世的所有契丹小字资料。此书的出版,引起了国内外学界和新闻媒体的广泛关注，把许多学者吸引到这一研究领域中来。在契丹文字研究史上具有里程碑性质的学术意义。此书荣获 1995 年度国家教委"人文社会科学研究优秀成果"一等奖。

《羌语简志》 中国少数民族语言简志丛书之一。孙宏开编著，民族出版社 1981 年出版。

羌语属汉藏语系藏缅语族羌语支，分布于四川西北部和云南西北部，使用人口约 30 万人。羌语分南、北两大方言，各方言内分土语。本简志分概况、语音、词汇、语法、方言 5 部分进行论述。语音部分列举出两个方言语音上的差异，词汇部分介绍了羌语的构词方式，语法部分比较详细地论述 10 个词类的句法。在方言部分提出划分两个方言的依据。书末附有南北方言代表点的 1000 个常用词附录。

《羌语研究》 黄布凡、周发成著。四川出版集团、四川人民出版社 2006 年出版。

本书分绪论、语音、语法、词汇、方言和文字五编，书末附长篇语料（羌汉对注对译）和词汇（羌汉对照）。语音、语法、词汇三编由黄布凡执笔，其余由周发成执笔。羌族历史上无文字。20 世纪 90 年代初为实现羌族人民的要求，四川省人民政府组织专业人员设计了《羌族拼音文字方案》（试行），在羌族地区试验推行。这套拼音文字以四川茂县羌语曲谷话为标准音。本书为一部全面深入描写曲谷羌语的研究性著作。绪论部分介绍了羌族的分布地区和人口、自然环境和资源、历史渊源、生活习俗、风土人情、文化艺术以及享受民族区域自治后的羌区巨变。语音、语法、词汇部分详细描写了羌语的结构，概括了羌语的若干特点：（1）语音方面：辅音分长短；有 40 多个复辅音；无声调（北部方言）；连音变化现象复杂；在构词和构形上有元音和谐现象。（2）语法方面：动词是句法结构的中心，句法结构的各种关系标志大多集合在动词上；动词有趋向、人称、数、体、情态、语态、式、语气等范畴，其中趋向范畴在汉藏语中较少见，体范畴的体系比一般汉藏语更复杂；动词的形态变化丰富，主要语法手段属于黏着语型，用多种附加成分表示各种意义，前加成分可以叠加到 3 个，后加成分可以叠加到 5 个；虚词和语序也是重要的语法手段。（3）词汇方面：叠音词不少，叠音动词含有互动义或反复动作义；合成词的主要构词法是附加法（在词根上加前缀或后缀），名词有长辈亲属称谓、指小、性别、形状、类别等标记，其中形状标记由来自实词虚化后的后缀表示圆柱形、椭圆形、圆球形、圈形、扁平形、果子形、根状形、毛发形、黄色等很有特色；动词有趋向前缀和趋向后缀，汉语借词有后缀 ts/tsə（名词）或 tha（动词）等标记。文化词反映羌族的一些人文、历史、地理等特征，如关于神、鬼、端公的众多词语反映了羌族民间的多种信仰，信奉万物有灵；畜牧业词汇的丰富和细致，印证了历史文献关于羌族曾是游牧民族的记载；动、植物和云彩方面的词语十分丰富和细致，反映了羌族人民世世代代居住于高山峡谷中积累的生活经验。反映民族接触和交往的有为数众多的汉语借词，大部分是近代借入的农业词，小部分藏语借词是随近代藏传佛教的传播从邻近藏区借入的。

方言和文字部分介绍了羌族的历算图画文字"刷勒日"和《羌族拼音文字方案》，方言土语划分情况及南、北两大方言的主要特点。

《青海蒙古语言文化总论》 贾晞儒著，青海民族出版社 2006 年出版。

本书是作者多年深入青海蒙古族地区广泛调查，掌握了大量语言材料的基础上，进行整理、归纳、描写而成的一部蒙古语青海方言研究的成果。本书分为语言篇和文化篇两部分。在"语言篇"里，比较系统地描写了青海蒙古语的基本状况和特点，同时收录了有关语音、词汇、借词、亲属称谓等专题的若干篇文章；在"文化篇"里，通过"语言"这个"窗口"透视青海蒙古族文化现象，将语言与文化结合起来，互为补充，互为佐证。所以，作者在"语言篇"和"文化篇"卷首分别说了两句话，即："语言是通向一个民族的心灵之路，沿着这条路走下去，就会走进那个民族心灵的家园"；"文化是一个民族的智慧之林，只有进入林之深处，才可能找到那个民族的原生质的根系。"这就是本书书名的意旨所在。它是我国比较完整、系统地研究青海蒙古语的第一部著作。在对青海蒙古语的语音、词汇、语法分别进行了比较系统的描写，揭示了它的基本面貌和特点的同时，又对元音 [ø]、[y] 和辅音 [k] 作了专门的分析。本书特意将基本的语言描写与发表过的专题研究成果汇于一体，旨在集中揭示青海蒙古语的几个基本特点，同时又将青海蒙古族文化的部分研究成果汇集其中，企图说明语言与文化的关系，文化的民族特征蕴含在自己的"载体"之中；语言反映文化的特点，文化又反过来表现语言的特点，两者是不可分割的，研究民族的语言不能不研究它的文化。这就是本书所要表现的基本思想和内容。

《清代满蒙汉词语音义对照手册》 江桥整理，中华书局 2009 年出版。

清朝是一个以满、蒙、汉三种文化成分为主的多元文化交融并存的时期，在文字的使用上，也具有明显的特征：从明万历二十七年（1599）创制满文过程中对蒙文字母的借用，到顺治八年（1651）和十四年（1657）以蒙文书写颁予班禅活佛和达赖喇嘛的谕旨，再到康熙五十六年（1717）完成《御制满蒙合璧清文鉴》，再到蒙文近代意义上的第一部词典《二十一卷本》，在文字的发展和使用上向我们展现了满蒙文化血脉相承的渊源关系。至于汉文，清朝初年即已达到"凡四书五经已经翻译之外，如纲目讲义等有关于治道者，靡不译尽"的地步。进入清中期以后，出现了满、汉文对照的《御制增订清文鉴》（1771）和满、蒙、汉三体文对照的《御制满珠蒙古汉字三合切音清文鉴》（1779—1780 年）等语词法典。

笔者向读者展现的是代表当时社会主流话语的三种重要文字对照词表，它映射着社会生活的方方面面，这些词语的并存、并用，对我们今天正确解读历史文献造成了一定的困难。本手册以满、蒙、汉文标音互见为基础，相互对照，得出相对准确的读音。为便于比较，三体文均取满文标音，并依现今国际通用之满文文献转写法转写，对注音规则做出说明，并列出对照表。保留词语使用时的语言环境，使研究者准确把握词语的内涵，避免在理解中发生歧义，将词序依原本分类编排，并做出音序索引列后方便查找。此项研究的难点在于对古代民族文字文本的选择、考证、对三种不同文字的解读、科学的表达手段以及繁复的校对。对汉字异写的说明也是本项研究的一个带有补白性质的副产品。采用《手册》的形式，为满足学术界多学科研究之用，同时也向世人提供一个全面认识清代社会多元文化的工具。如：满、蒙文 28 星宿的名称，分属完全不同的系统，前者是汉文系统，以汉字音加满文词缩略而成，蒙文则是照搬梵文。读者可从基本词的来源、组词的方式及语音的差异等方面看出它们之间的区别和联系，从而获得一幅以满、蒙、汉三元素绘制的语词剖面图形，为我们认识多元文化和各民族文化之间的传承关系提供一个客观的观察角度。

《清风明月八十秋——庆贺王均先生八十诞辰语言学论文集》 曾澄方、苏培成、孙宏开、刘照雄主编，吉林人民出版社 2002 年出版。

2002 年 3 月 1 日是王均先生八十寿辰，首都语言学界举行了"王均先生学术思想座谈会"。会议由中国语言学会、中国民族语言学会、中国语文现代化学会以及有关单位、杂志社联合举办。参加者共一百余人。该书是为庆贺王均先生八十诞辰而出

的专集，包括学术论文 23 篇，记述王均先生的各
种事迹、评价以及回忆与王先生的交往等文章 11
篇。书前有许嘉璐的序，书前插页有王均先生各个
时期的工作、生活照 32 幅。书后有王均先生的答
词，王均先生已于 2006 年故去，因此，这本书的照
片和 11 篇记述、评价、回忆王均先生的文章给我
们留下了对王均先生生平待人接物的作风和音容笑
貌的回忆，尤为珍贵。

《人类文化语言学》　　邓晓华著，厦门大学
出版社 1993 年出版。

作者把语言学和文化人类学结合起来，从语言
结构、变化以及社会文化结构诸方面来研究语言如
何在广阔的社会文化行为环境中运用其职能，从而
建立起这门开拓性的新学科。在导言里论述了文化
与语言，人类学与语言学的界定、人类文化语言学
产生的时代背景和现实意义、研究对象、范畴、理
论和方法等；第一节论述原始文化与语言起源；第
二节论述文字起源的人类学观察；第三节论述原始
语言与原始文化重建；第四节从人类学角度看汉藏
语系的划分与早期文化背景；第五节从语言推论壮
侗语族与南岛语系的史前关系；第六节论述语言变
异与文化走向；第七节论述语言模式与文化模式；
第八节论述双语、双言与双文化现象；第九节论述
语言区域与文化区域；第十节论述移民社会与方
言史。

《柔若语研究》　　中国新发现语言研究丛书
之一。孙宏开、黄成龙、周毛草著，民族出版社
2002 年出版。

柔若人是怒族的一个支系，分布在云南怒江傈
僳族自治州兰坪白族普米族自治县免峨地区，有 6
个自然村，2100 人（1995 年），使用人口约 1800
人，另外泸水县约有 300 人。柔若语是怒族使用的
4 种语言中的一种，其特点接近彝语支语言，但与
怒族的主要语言怒苏语也不同。柔若语的调查始于
20 世纪 80 年代，1986 年孙宏开曾发表过《谈谈怒
族和独龙族使用的语言》一文，提出怒族分四个支
系，即怒苏支系、阿侬（福贡）支系、阿侬（贡
山）支系、柔若支系，并介绍各支系之间的关系。
其中怒苏、柔若属彝语支。《柔若语研究》分六章：
第一章 概况。介绍柔若人的一般情况和柔若语的一
般情况。第二章 语音。第三章 词汇。第四章 语法。
第五章 柔若语的方言土语。第六章 柔弱语在汉藏
语系藏缅语族中的地位。其中一节谈柔若语的支
属，通过声母、韵母、声调的比较，作者认为柔若
语的声母特点与彝语支和缅语支比较接近；韵母与
彝语支最接近；声调与彝语支最接近。在语音上柔
若语与彝语支最接近。在词汇上，柔若语与彝语支
的同源词最多。在语法上也比较接近彝语支。最后
得出结论，柔若语是彝语支的一个语言，它与怒苏
语最接近。书末附有果力话、江末话两个点的 2000
个词的词汇表和三篇故事。

《撒拉汉—汉撒拉词汇》　　中国少数民族
语言系列词典丛书，林莲云编著，四川民族出版社
1992 年出版。

本词汇主要是撒拉族学习汉语的工具书，也可
作为其他民族学习、了解撒拉语的辅助读物，对突
厥语研究也有一定的参考价值。撒拉语分为两个土
语：街子土语和孟达土语。本书以街子土语为标
准。词汇用国际音标拼写。本书收录了撒拉语
12000 余条常用次和词组。词条分主条和副条，主
条包括单词、复合词；副条词组分列于主条之下。
前一部分为撒拉汉词汇，后一部分为汉撒拉词汇。

《撒拉语简志》　　中国少数民族语言简志丛
属之一。林莲云著，民族出版社 1985 年出版。

这是一部全面系统描写撒拉语语音、词汇、语
法的著作。撒拉语内部比较一致，没有方言的差
异。根据各地语音和一些词语的不同，《简志》将
撒拉语划分为街子 [gaizi] 和孟达两种土语，并指

出街子土语的普遍性较大。这就为国内外了解撒拉语的分布以及各地撒拉语的相互关系提供了可靠的依据。《简志》的语音部分，描述了元音和辅音的特点。撒拉语的 8 个元音音位都在一定的语音条件下，存在相应的清化元音变体。对于元音音位清化变体的正确分析，能够正确认识撒拉语音节结构的形式，也为撒拉语与亲属语言的比较研究提供了便利条件。撒拉语的塞音、塞擦音没有清浊的对立，而分为送气和不送气的两套。这在突厥语族语言中也是较为独特的。《简志》的语法部分，对撒拉语的动词体系做了深入的探讨。作者阐述了陈述形式动词（现在时除外）具有确定语气和非确定语气的范畴。确定语气表达说话人对所陈述事态的一种判断，一般表达说话人的直接经验、亲身的经历、自主的决定或意愿；而非确定语气一般表达说话人不能自主的行为，非自身的经验、经历和出乎本人意料或意愿的事态。这些语法意义都有相应的语法形式体现。这个范畴的确定，有助于深入地体察撒拉语的语感。

撒拉语是突厥语族分布在我国的特有的语言。以往国外有的学者根据有限的资料，曾把撒拉语作为维吾尔语的一种方言对待。自 20 世纪 70 年代以来，《简志》作者根据多年田野调查积累的大量资料，在对撒拉语进行共时分析研究的基础上，进一步探讨了撒拉语与同语族语言在语音层面的相互关系。作者在《撒拉语西部裕固语分类问题质疑》一文里，初步确定了撒拉语在突厥语中的地位。论文的结论指出，我国撒拉语的前身同维吾尔语的前身——回鹘语并没有特别直接的关系；它原来不是，现在更不是维吾尔语的一个方言。

《撒尼彝语研究》 中国语言学专刊之一，马学良著，商务印书馆 1951 年出版。

作者于 1940 年随李方桂先生赴云南路南尾则村对彝族撒尼话进行实习调查所得材料，在李先生的指导下经过深入的研究写成此书。本书是马学良在史语所研究生学位的毕业论文，论文首次使用科学的语言学理论和方法研究少数民族语言，李先生对此评价很高。全书分音韵、语法、故事、词汇 4 部分，全部采用国际音标记录。书末附有撒尼彝文。本书是研究藏缅语和学习撒尼彝语的重要参考著作之一。

《萨迦格言》 萨班·贡噶坚赞著，密咒大师索南戈拉译，照那斯图、斯钦朝克图校注，内蒙古人民出版社 1989 年出版。蒙文版。

又名《善说宝藏》。研究中世纪蒙古语言文学的重要文献蒙译《萨迦格言》的校注本。本书由导论、原文、拉丁转写、索引注释和原文影印组成。在 10 万多字的长篇导论中作者从语言学和历史学的角度对《萨迦格言》蒙译文的年代、版本、手抄本、各种译本，以及其语言文字和翻译方面的特点提出了新的见解。解读方面也有新的突破。并对原文进行了勘误，使它成为较好的校勘本。本书在蒙古学界颇有影响，学者们评价说这是古籍整理出版的典型样本。

《三国时期吏读研究》 朝鲜语文献研究专著。朝鲜当代语言学家、朝鲜社会科学院语言学研究所柳烈教授著，平壤科学、百科词典出版社 1983 年出版。

柳烈，庆尚南道马山市人。早年师承崔铉培的语法学说，著有《注解训民正音》（普信阁，1948）、《简易朝鲜语文讲座》（朝鲜金融组合联合会，1948）、《现代学生朝鲜语词典》（现代社，1950）等。1952—1958 年曾作为外国专家来华执教，任北京大学东方语言文学系教授、朝鲜语教研室主任。1958 年回国，现为朝鲜社会科学院教授、博士、后补院士。此书分两编。第 1 编是理论篇，属通论性质。论述了吏读的产生和发展，三国时期人名、官名、地名吏读标记的释读方法，吏读标记的方式及特点，最后阐述用吏读标记的三国地名、人名、官名中所反映的朝鲜语的特点，从语音、词汇、语法 3 个方面论述了高句丽语、百济语、新罗语的共同性及其前后时期的继承性，由此论证三国时期朝鲜语乃是单一的民族语，具有同一起源，从而否定扶馀系、韩系说。第 2 编是资料篇，分别就用吏读标记的高句丽、百济、新罗的人名、官名、地名进行释读。书后有附录，是书中所释读语言材料的索引，以便读者查阅所释读的人名、官名和地名。对古代朝鲜语和吏读的研究有重要的参考价值。

《三江侗语》 邢公畹著，南开大学出版社 1985 年出版。

侗语分南、北两大方言，三江侗语属于南部方言。三江侗族自治县位于广西壮族自治区北部边界线上，接近侗语南部方言区的最南端。1980 年作者带领三名研究生，在三江县林溪公社（乡）的林溪、程阳、贯洞、平岩四个大队（村）进行了语言学田野工作。本书是此次调查后的报告。这几个村寨口音完全一样。这部书是侗语第一部比较详细的专点调查报告。各地侗语有很多共同特征，和同语族的语言有许多同源词，但是和壮傣语支语言词汇有一定的差异。本书除概说外分五大部分。第一部分语音系统。三江侗语共有 26 个声母，其中 19 个单纯声母，4 个颚化声母，3 个唇化声母。没有复辅音。塞音声母有送气和不送气两套。韵母方面，有 52 个韵母，5 个单元音（ɿ 只见于汉语借词中）；8 个复元音韵母，只有 -i、-u 两个元音韵尾。19 个带鼻辅音韵尾（-m、-n、-ŋ）的韵母；20 个带塞辅音韵尾（-p、-t、-k）的韵母。只有元音 a 分长短。声调方面：三江侗语有 9 个舒声调，6 个促声调。单数调各分出一个送气调，共 6 个，与不送气的单数调形成对立。这是该语言的一个突出特点。7、8 两调是长元音，7c、8c 两调是短元音。阳去、阴上两调合并（调值均为 33）。三江侗语有三种音节结构形式。并介绍了声韵调配合关系。第二部分为声韵调配合总表（第 7—33 页）。第三部分为故事和传说记音，共 33 个（后均有汉语翻译）。第四部分为风俗谈，共 3 篇（后有汉语翻译）。第五部分为歌谣，3 篇（有汉语翻译）。第六部分为词汇，共约 3500 个词项，按汉语拼音顺序排列。这部著作为侗水语支、侗台语族及汉语侗台语的比较研究提供了一份翔实可靠的语言材料。

《桑孔语研究》 中国新发现语言研究丛书之一。李永燧著，中央民族大学出版社 2002 年出版。

作者在实地调查的基础上，对桑孔语这一弱势语言作了较系统的研究。桑孔语主要特点：（1）语音方面，古浊的塞音和塞擦音声母已经清化，古清的鼻音和边音声母变为浊的。古浊鼻音声母一部分演变为其后边带有浊塞音的声母，与鼻冠浊塞音（或称鼻浊声母）雷同，但与本语支如彝语、纳西语这类形式的声母来源各异。有来自塞音韵尾的紧元音韵，但仍有少数塞音韵尾字。有 -m，-n，-ŋ 等鼻音韵尾的韵母，这是彝语支语言不多见的。舒声韵有 A、B、C 3 个调。D 调即入声，分长入和短入。（2）语法方面，以语序和助词为主要语法手段，缺乏形态变化。基本句式为主—宾—动。形容词一般在中心语后边，名词、动词作定语或为长定语则在中心语前边。一个突出的特点是，人称代词主语句，动词谓语后边有与人称代词同形的助词—句末人称助词。不过只残存于第一人称主语句，被认为是"代词化"见于缅彝语言不可多得的例证。（3）词汇方面，有一定数量的与藏缅语其他语言同源的词，有大抵相同的构词格。外来文化词有汉语借词，早期还有一定数量的傣语借词，借入塞音和鼻音韵尾字，这对于桑孔语固有语词中比较完整地保存鼻音韵尾和一部分字保存塞音韵尾不无影响，而与地域性语音趋同原则有一定联系。本书从语音、词汇、语法等方面，把桑孔语跟毕苏、哈尼、彝、傈僳、拉祜、阿昌、载瓦、缅语等语言进行了初步比较，认为桑孔语属藏缅语族羌缅语群缅彝语支彝语分支南部语组语言。书末附录桑孔语2000多个词项的词汇表，篇章语料5则。

《少数民族汉语教学研究》 张玉萍（新疆大学图书馆）、尹桂丽（新疆大学语言学院）、王新慧（新疆大学语言学院）、张玲（乌鲁木齐陆军学院）、申莲（新疆大学语言学院）、张国云（北京邮电学院）、马立新（乌鲁木齐陆军学院）、张亮（新疆人民出版社）合著，新疆人民出版社2006年出版。

该专著起始于教育部立项的一个课题——新疆少数民族大学汉语教学现状调查与研究，课题以著作形式结题，全书共八章。著者从新疆少数民族大学汉语教学的现状入手，运用调查研究的方法，通过问卷、访谈、听课、文献研究等方式、手段，收集了新疆十多所院校的教材、汉语教学的现状：（1）大学汉语教学现状分析与语言习得研究。（2）大学汉语教学总体设计。分析了大学汉语教学总体设计的现状。（3）大学汉语课程设计。（4）大学汉语课堂教学。（5）大学汉语教材的分析与研究。（6）大学汉语测试。（7）大学汉语教学心理。从教师角度分析了大学汉语教师的素质，从学生角度分析了少数民族大学生汉语学习中的非智力因素以及对汉语教学的影响。（8）汉语教学现代化。阐述了多媒体网络技术对汉语教学现代化的意义，比较了汉语课堂教学与网络教学模式的优劣，总结了网络教学模式的主要特点及使用网络多媒体技术应注意的问题。

主要创新和学术价值：（1）从大学预科汉语的教学现状入手，设计调查问卷，收集第一手较为全面的汉语教学现状资料。（2）对汉语教学现状进行调查统计，改变过去对汉语教学的分析偏重于从现象入手的研究方法，以保证研究的客观性。（3）在现状调查的基础上以分析、评述为主，对目前汉语教学中存在的主要问题进行了研究。（4）在课程设置、师资培训、学生教育、教材建设、教学方法、评估体系等方面提出了新的见解，使其上升到理论高度。（5）对新疆高校的汉语教学进行了全面的调查和分析，为汉语教学研究提供了较为全面、丰富的资料。

学术影响或社会效益：（1）在调查研究的基础上结合新的汉语教学理论方法，对汉语教学做了较为全面的分析，指出存在的问题，对新疆高校汉语教学有一定指导意义。（2）对新疆高校汉语教学现状做了较为全面的调查，为新疆汉语教学研究提供了较为丰富的研究资料。（3）对提高新疆高校汉语教学质量有较大的促进作用。本研究以学生为立足点，将学生对汉语教学的需求和认识与汉语教学学科需求相结合进行分析，构建少数民族大学汉语教学学科的新框架，对进一步提高汉语教学质量有一定的理论意义。（4）对于进一步完善从事少数民族汉语教学教师的教学认识，丰富教学理念，提高教师教学水平有积极的现实意义。

《少数民族语言与粤语》 大家小书丛书之一。欧阳觉亚著，暨南大学出版社2011年出版。

本丛书属于语言学方面科普性质的读物，力求深入浅出，通俗易懂。本书包括作者从事少数民族语言调查研究以来的工作情况、成果和心得的一部分。有的是情况介绍，有的是过去发表过的研究成果以及作者近期的新作。从书中可以窥见我国少数民族语言研究的概况。全书内容包括：壮语、壮文和壮语研究；黎语和黎语研究；来历不明的"村人"和村语；三亚的回族及其语言；中国少数民族语言使用情况略述；粤方言、普通话及少数民族语言的关系种种；从词汇上看台湾原住民语言与黎语的关系；三亚迈话方言归属问题；海南岛的语言和方言；普通话新吸收的粤方言词汇趣谈等10个专题。

《畲语简志》 中国少数民族语言简志丛书之一。毛宗武、蒙朝吉编著，民族出版社1984年出版。

畲族分布在福建、浙江、广东、江西、安徽等省的 80 多个县市的山区或半山区，有 71 万人（2000 年）。畲族和苗族、瑶族在历史上有过密切的关系。本书在概况一章里介绍，畲族和苗族、瑶族先民大约于公元二世纪至五世纪在武陵居住，史书上称的"黔中蛮"、"武陵蛮"、"五溪蛮"等，包括了畲族、苗族、瑶族的先民。又于公元 6 世纪相继撤离五溪一带，畲族和瑶族中自称为"布努"的一支继续南迁，经桂北、桂东，而畲族先民继续往东至广东潮州，部分又向闽、赣边境迁移。至公元 6 世纪末 7 世纪初，以广东潮州凤凰山为中心的粤、闽、赣三省交界地带，形成畲族先民的聚居区。到 13—14 世纪前后，有部分从汀州、潮州一带迁往闽南、闽中、闽北或浙江等地。到了南宋末年才被称为"畲民"。由于畲民与大批南来的客家先民杂居在同一地区，至使大部分畲族放弃了自己的语言，转用客家话。只有居住在广东博罗、惠东一带的畲民，保留住自己原来的语言，但也吸收了大量的汉语客家话词汇。本书所介绍的畲语是分布在广东博罗、增城、惠东、海丰等县的畲族语言，属汉藏语系苗瑶语族苗语支，分莲花和罗浮两个方言。畲语跟瑶族布努语炯奈话比较接近。全书分概况、语音、词汇、语法、方言五章。书末附有两个方言约 1000 个词的词汇附录。

《社会语言学概论》 东主才让著，青海民族出版社 1999 年出版。

本书是在总结多年的教学实践的经验，大量搜集、运用国内外有关方面的研究成果和藏民族自己的语言学资料的基础上，结合五省区高校藏语言文学专业的特点，用藏文撰写的社会语言学教材。主要论述了社会语言学的兴起、研究对象和任务；与其他学科之间的关系；社会语言学的基本观点和有关术语；总体概括语言与人类社会的关系；介绍从说话人的社会特点分划出来的语言变体，即宗教语言变体、民族语言变体、地域方言变体、阶级或阶层语言变体、行业语言变体，以及性别年龄与语言变体等；讨论了由于交际双方关系的不同，交际场合或目的的不同而产生的语言变体，特别是对书面语言变体，正式语言变体和非正式语言变体形成的原因；对交谈双方关系的归类、代码转换的社会功能等问题进行了一些分析。最后扼要地介绍了社会语言学的研究方法，主要是其中的社会语言现象调查法。该书基于语言自身的规律，运用现代科学的方法来研究语言，资料翔实，探索深入，是一本具有特色的语言学教科书。由于它联系各种社会因素来研究语言，不仅使我们对语言本身的认识更加深入全面，而且具有较大的使用价值和现实意义。

《社会语言学概论》 戴庆厦（主编），陈章太、傅爱兰、黎意、刘岩、孙艳、张军合著，商务印书馆 2004 年。

该书包括九章：（1）什么是社会语言学；（2）语言的性别、年龄变异；（3）语言与阶级、阶层；（4）语言与行业、职业；（5）跨境语言的变异；（6）语言接触与语言演变；（7）语言的文化变异；（8）语言规划；（9）社会语言学的研究方法。

附录有：中国语言文字使用情况调查问卷、社会语言学研究报告中的图表示例、术语表。

《社会语言学教程》 戴庆厦著，中央民族学院出版社 1993 年出版。

该书主要以我国语言事实为依据，着力联系各少数民族语言实际，介绍社会语言学的概念，解释语言和民族、文化以及性别、年龄、阶级、行业等的关系，对语言关系、语言观念和跨境语言的研究以及文字和社会的关系也进行了探讨。对我国民族语文工作者研究、解决少数民族语言文字问题具有一定的参考价值。

《社区语言与家庭语言——北京少数民族社区及家庭语言情况调查研究之一》 丁石庆主编，民族出版社 2007 年出版。

该书系主编主持的北京市高等院校重点学科与北京市教委共建项目"北京地区少数民族社区与家庭语言情况调查研究"（编号：XK100520473）的阶段性研究成果之一。本课题主要依托在读的博士生、硕士生对北京地区少数民族世居社区、单位社区、散居社区语言及家庭语言开展了调查研究，旨在对北京地区的少数民族的社区语言及家庭语言进行微观的调查研究，为国家和北京市民族工作部门提供相关建议和决策依据。同时，探索以课题带学生的研究生教学科研模式。全书共分四章：第一章，世居社区语言与家庭语言，对世居于北京城郊的满族、蒙古族、回族等社区及家庭语言使用情况的调查材料进行了分析。第二章，单位社区语言与家庭语言，对居住在北京市国家机关、高等院校、民族事务工作部门、新闻出版单位等蒙、藏、维、哈、朝鲜等少数民族社区与家庭语言使用情况调查材料进行了分析。第三章，散居社区语言与家庭语言，对散居于北京各个社区人数超过千人的壮、彝、白、苗、锡伯等少数民族的语言使用情况调查材料进行了分析。第四章，国外社区语言与家庭语言研究综述，对国外社区与家庭语言研究的相关理论、方法及个案分析文献成果等进行了综述与介绍。该书从微观的角度对北京市少数民族社区及家庭语言使用情况进行专题调查研究，在国内学界尚属首创，其学术价值及意义不言而喻。

《声飞软件》 声飞（SonicField）是一款用于语言调查、语料采录和立档的软件工具。其最早版本为"田野之声"（Fieldsound），由范俊军、王会进、王炳权于 2008 年合作研发，2009 年获计算机软件著作权批准（登记证：2009SR018518）。2010 年由范俊军、黄可坤共同对"田野之声"全面改造，开发新的"声飞"版本。声飞软件整合了语言调查语料记录与立档规范和相关标准，如：《语言调查词表》、《语言调查句表》、《语言调查话语主题表》、《中国语言系属分区代码》等。软件提供了几大功能：

（1）制作语言调查表。用户可以在软件内置的语言调查表的基础上，通过筛选、修改、增加、删除等操作，便捷地制作适合自己需要的语言田野调查记录表。

（2）录音和音频切分。用户可以对任意调查表进行实地录音，采集语料；系统可以按照调查条目切分音频文件，自动建立音档文件夹。免除了以往耗时费力的对长时音频文件进行后期分条目剪辑处理。同时，软件还可以实时观察录音音频的语图。

（3）多媒体数据导入。用户可以对调查表的条目即时建立图片库、视频库，帮助实地语言调查中发音人对条目的准确理解；同时有助于现场收集和记录本土环境知识和传统知识词汇多媒体数据，并入库存档。软件提供了音频数据的筛选查询、删除、导入、导出等动能。

（4）音标记音核对。通过扫描调查记音的国际音标文本，检查注音转写错漏。根据用户的设定条件，筛选出最小对立音素，配合音频播放，实现即时听音、辨音和核对。

（5）音系分析。根据汉语方言调查记音字表，归纳出汉语方言的声韵调系统，并随机提出例字；生成汉语方言同音字汇。根据少数民族语言调查记音词表，归纳出音系，并随机提取例词；生成少数民族语言音节语素表。

（6）语言基本比较。利用数据表的多个调查点记录语料，根据用户设定的条件，查询和筛选出多点材料，实现单字、词语、句子的基本比较。

（7）数据备份与交换。通过备份调查表，可以对记录材料连同录音音频关联打包，创建可移植的、便携式小型语档。也可以把调查表以 Excel 电子表格导出，将音频文件以调查表中文条目命名，批量打包导出。

声飞是目前国内同类软件中运行稳定、功能齐全，音系处理正确率最高的软件。

《十三世纪傣泰语言语音系统研究》 杨光远著，民族出版社 2007 年出版。

该书是作者在攻读南开大学语言学博士学位的论文基础上经过认真修改补充而成的一部傣、泰语言研究的学术专著。通过缜密的分析论证，作者认为，15 世纪时期，傣、泰两种语言在语音系统方面是一致的：（1）相同的声母系统；（2）九元音系统；（3）声调有平上去入四声八调。作者指出，傣泰语言的语音分化是在 13 世纪以后的事情，主要表现为现代泰语以及我国傣语西双版纳方言和德宏方言目前的语音格局。作者熟悉自己的母语并且对本民族的老文非常熟悉，因此推测 13 世纪的语言事实的时候，能够做到本于事实，不主观臆测，有根有据，论证扎实。著作的前两章，作者收集有关傣族民族文化及语言材料，把历史史料和语言事实紧密结合起来，分析论证了印度阿萨姆邦阿洪傣族与我国境内傣族的亲缘关系。在第三章，作者以泰王国1283年的帕兰甘亨碑文为基础，对碑文全文逐字分析，研究当时泰语语音规律的基础上，勾画出 13 世纪泰国语言语音系统。第四章，作者利用了泰文西双版纳傣文、德宏傣文等文字的语音相互比照，着力探讨了 13 世纪傣、泰两种语言语音系统的联系。作者把古泰文的高中组辅音与古清声母相对应，低组声母同古浊声母相对应；把西双版纳老傣文中的高组声母同古清声母相对应，低组声母同古浊声母相对应，再结合同源词进行比较，找出了傣语西双版纳方言、德宏方言同泰语在声母韵母声调诸方面的对应规律以及各自演变的途径，最终得出 13 世纪傣、泰语言的语音系统一致性的结论。著作的第五章，作者以声母为经，泰文、德宏傣文、西双版纳傣文三种文字为纬，把这三种语言的同源词进行了对比分析，清晰地看出傣、泰两种语言在声韵调的整齐对应，这其实是傣、泰语言同源词研究的词汇汇集，为研究傣、泰语言同源词打下了良好的基础。这部专著是傣、泰语言研究的力作，所占有的材料丰富，综合运用了民族学、历史学、语言学、碑铭学等知识，在前辈学者研究的基础上，科学扎实的分析论证，得出的结论公允，对人们认识 13 世纪时期的傣、泰语言的语音系统面貌具有重要的参考价值。

《十字莲花——中国元代叙利亚文景教碑铭文献研究》 牛汝极著，上海古籍出版社 2008 年出版。

该著作通过精深研究景教碑铭文献，对丰富我国研究中外文化交流，为考古学、文献学、语言学和艺术史研究提供了学术价值极高的资料。该书共七章，第一章主要描述了叙利亚文景教徒石刻的发现和铭文研究情况；第二章对敦煌发现的叙利亚文景教写本进行了重新研究译释；第三章至第七章分别对阿力麻里、百灵庙、王墓梁、白塔、赤峰、扬州和泉州发现的叙利亚文，也包括回鹘文、拉丁文和八思巴文景教徒碑铭逐一介绍、标音、转写、翻译、注释，并附图版对照。

《史诗〈江格尔〉校勘新译》 贾木查主编，新疆大学出版社 2005 年出版。

《江格尔》是蒙古族民间长篇英雄史诗，与《蒙古秘史》、《格斯尔（格萨尔）》并称为蒙古族优秀的古典文学三大名著，也是世界著名长篇史诗之一。《江格尔》是一个以主人公江格尔名字命名的史诗集群。它热情讴歌了以圣主江格尔汗为首的六千又十二位勇士，歌颂了他们为保卫以阿尔泰圣山为中心的美丽富饶的宝木巴国，同来犯的形形色色的敌人进行了英勇而不屈不挠的斗争。《江格尔》主要流传于中国、蒙古、俄罗斯三国卫拉特蒙古人中。从三国共收集到不同版本的《江格尔》史诗百余部。它产生于卫拉特部落，通过民间艺人演唱流传至蒙古族居住地区。1804 年德国学者别尔格曼

(Beregman) 在加里市出版《江格尔》以来,已过去 200 多年。各国的学者出版过有关这部史诗的各种专著,但都没有人写过像本书这样的巨著。本书对 1804 年以来国际上收集、整理、出版、研究和翻译工作做了科学的总结,给研究者提供具有导向意义的论点和见解。全书正文二十五章,包括托忒式蒙文、拉丁文转写、汉译文。二十五章故事情节是从中、蒙、俄三国《江格尔》的各种文本中挑选校勘的精品。每一章开头都分别用蒙文、英文、汉文附有内容梗概,每一章结尾都有疑难名词、典故和历史人物、地名的注释。全书附有用蒙、汉两种文字编排的名词索引。

《世界的书面语:使用程度和使用方式概况》 (第 4 卷 中国) 该书是加拿大魁北克拉瓦尔大学国际语言规划研究中心组织的系列丛书之一。中国和加拿大合作项目。主编格兰特·D. 麦克康奈尔,中方负责人:谭克让,加方负责人:格兰特·D. 麦克康奈尔。中方负责组织科研人员,按加方提供的统一大纲调查、搜集资料,集体编写。专著分中文和英、法文两种版本,各分两册,第一册语言·文字,第二册语言。1995 年由加拿大拉瓦尔大学出版社出版,并在国外发行。全书约有 80 多万字。英文书名为 THE WRITTEN LANGUAGES OF THE WORLD: A Survey of the Degree and Modes of Use VOLUME 4 CHINA。该书于 2004 年荣获第三届中国社会科学院优秀科研成果二等奖,同时荣获中国社会科学院民族研究所 2000 年度优秀科研成果一等奖。

该书是在对中国 56 个民族所使用的 62 种语言和 31 种文字进行总体和抽样调查的基础上编写的。书中所涉及的内容能显示出各民族语言、文字在社会生活各领域中使用的深度和广度。主要内容有:其一,语言的统计学与地理学资料,如:语言使用的人口与地区;使用双语或多语的人口、地区和语种。其二,语言、文字本身的情况,如:语言的系属分类;语言的特点与规范程度;方言的划分与分布;文字的法律地位、类型和字母形式以及文字与口语的关系等。其三,语言文字在社会各领域的使用情况,如:行政部门与部门之间会议、通信、文件、公函等使用情况;各级法律机关法令、诉讼、辩护、审判记录、判决书等使用情况;各级各类学校语言教学、各类课本使用情况;宣传工具如广播、影视、录音等使用情况;各类书籍、期刊、报纸等出版物使用情况;宗教活动各领域的使用情况;商业、生产部门、销售部门使用的情况等。

各语言文字主要是以问答和简要文字叙述的方式,全面显示出各语言文字的总体活力和分类活力,语言活力的等级对语言本身和语言接触的发展,有着重要含义。全书包括的门类齐全,信息量大,是一部大容量的社会语言学方面的专著。由于参加该项目的各国,都使用统一的提纲框架,因而便于国际相互比较和预测各语言活力的发展趋势,是一本具有参考和研究价值的专著。

《双语和双语类型转换》 李锦芳主编,中央民族大学出版社 2009 年出版。

中国西南地区云、黔、川、桂一带是中国民族分布最集中的区域,民族种类支系繁多,语言、方言分布密集,各民族使用、兼用两种、三种或更多的语言的情况极为常见,形成普遍的双语社会,并形成民—汉、汉—民、民—民等各式各样的双语类型。各民族在不同历史阶段又会产生语言使用、兼用的变化,形成双语类型转换。双语和双语类型转换与社会、历史、教育和文化发展等方面密切相关,本书通过个案研究来探讨西南地区的双语和双语类型转换问题。

《双语教学与研究(第二辑)》 王远新编,中央民族大学出版社 1999 年出版。

这是为庆祝中国少数民族双语教学研究会成立二十周年而编的论文集。内有许嘉璐、王均、丁文楼、吕必松等专家的发言；瞿霭堂、罗安源、盖兴之、劲松、胡书津、郭卫东等人的理论探讨；调查报告 3 篇；对比分析 3 篇；经验总结 10 篇。

《双语教育原理》 盖兴之著，云南教育出版社 2002 年出版。

全书共六章，前两章"双语与双语学习"、"双语教育"，介绍了双语教育的相关术语，分析了第二语言习得的类型、途径及与第一语言习得的差异。阐释了母语教育与少数民族汉语教育的内容、意义和作用。并着重论述了少数民族汉语教学的性质特点，提出了少数民族汉语教学学科的理论框架。第三、第四、第五章"双语教学与文化"、"语言对比分析与翻译"、"双语教学的'教'与'学'"，主要围绕少数民族汉语教学的理论方法展开讨论。一是解释了汉语教学中语言和文化的关系，对少数民族汉语文化教学的要求和方法。二是双语教学中的语言对比，阐述了对比分析的原则方法步骤，并提出了语言的多维对比。三是对民族语辅助汉语教学中翻译的原则方法作了具体的分析和说明。四是阐明学习理论，借鉴并发展了国外中介语理论。第六章"教材建设与师资建设"，分析了双语教材的类型、现状及教材改革问题，着重分析了少数民族双语教学师资的知识结构及其培养模式问题。主要观点：

（1）双语教育是民族教育的基础，是发展民族文化、实现民族高度文明和现代化的重要手段，是保障民族地区实施九年义务教育提高劳动人民素质的关键，是发展民族教育的有效途径，并能促进民族地区和谐社会的发展。

（2）母语教育是少数民族汉语教育的基础。母语教育能继承、发展和创新民族文化，是保存口头传统文学和无形文化的工具。在南方民族地区，汉语教育能培养少数民族科技人才，造就少数民族知识分子队伍。母语教育、汉语教育两者相辅相成，是民族学校语言教育中两个不可或缺的重要方面。

（3）少数民族汉语教学是第二语言教学，指出了南方地区长期把少数民族汉语教学混同于第一语言教学的汉族汉语教学，分析了两种汉语教学的区别，即少数民族学生与汉族学生、少数民族语言与汉语、少数民族文化传统和汉族文化传统的三点差异。

（4）以学生为中心，教师为主导，"教"是为了"学"，激活学生学习兴趣，改变老师讲学生听的旧传统。

（5）创新理论方法。比如研究方法、教学方法、学习方法的创新。研究方法主要表现为综合性，是跨学科交叉研究。根据云南民族双语社会的实际，在借鉴中介语理论指导学生学习汉语，发现汉语学习规律的基础上发展了中介语理论，提出了社会中介语新观点，指出了母语化在双语社会中推动语言发展的作用，少数民族汉语中介语在发展中可以形成汉语的一种地域方言。

《双语学研究（第二辑）》 戴庆厦主编，民族出版社 2004 年出版。

全书共收入"第三届国际双语学研讨会"的 44 篇论文。内容有：语言对比；双语教学个案调查；汉语与少数民族语言关系研究；对内、对外汉语教学；方言区普通话教学及测试；濒危语言问题以及新时期网络语言、语言与文化及其他。该书可供从事双语研究者使用参考。

《双语研究》 余惠邦主编，胡书津、张余蓉副主编，另有五人参加编写，四川大学出版社 1995 年出版。

这是国家社会科学基金项目"四川民族地区双语制问题研究"的最终成果。全书共分四个部分。第一部分"双语问题论述"，12 万字。收集了课题组三年来深入少数民族地区调查研究所撰写的 15 篇专题论文，其中包括如何提高语言文字的使用效率，对我国少数民族语言的社会功能，对少数民汉语教学研究，对双语制、双语现象和双语教学的调查研究，对双语、双方言交际中语言选择和语码转换的研究等。第二部分"双语研究论著摘编"，24万多字。这部分是课题组收集了数百万字的双语研究资料摘编而成，主要是为了让国内外学者了解自新中国成立以来双语研究的全貌。编者把我国的双语研究分为马克思列宁主义关于语言平等问题的论述、中国的语言文字政策、双语现象和双语操用者、中国的双语现象及其形成和发展、双语双言交际中的语言选择和语码转换、双语教育、我国双语研究的现状及展望、外国的语文政策和双语教育、香港的语文政策和双语教育、国外的语言教学法等10个大的问题。虽然还不够完善，但为我们进一步开展双语双方言学科体系的研究奠定了基础。第三部分"中国少数民族自治地方语言法规"，收集了《新疆维吾尔自治区民族语言文字使用管理暂行规定》、《西藏自治区学习使用和发展藏语文的若干规定（试行）》、《延边朝鲜族自治州朝鲜语文工作条例》、《凉山彝族语文工作条例》。这些法规是我国在少数民族地区实施民汉双语制的法律依据。第四部分"双语研究论著索引"，收集了我国从1980—1995年出版或发表的有关双语研究的部分书目或篇名，按研究内容分类编排。

　　由于本书收集的资料相当丰富，又有作者的调查研究成果，所以，对研究我国双语问题有重要的参考价值。

《双语族群语言文化的调适与重构——达斡尔族个案研究》　丁石庆著，中央民族大学出版社2006年出版。

　　该书系作者的博士论文。书中首次将双语族群的语言文化划分为母语文化、双语文化、方言文化三个子系统，以中国人口较少的北方少数民族——达斡尔族的语言作为分析样本，将达斡尔族的语言文化系统纳入或还原至原生与次生的文化环境中，并将三个子系统的发展衍变历程视为语言文化的调适与重构过程，进行了新的文化诠释。全书共十章，大致可分为六个部分：第一部分（第一章）：阐述了以语言与文化"同构"理论为依据，综合运用多学科分析方法对我国典型的全民性双语族群——达斡尔族进行个案课题研究的多重学术价值。第二部分（第二章）：以导论部分建立的理论与方法论框架为基础，分三个层次阐述了对语言的文化本质的认识。第三部分（第三、第四、第五章）：根据文化的"特定环境说"及"语言与文化同构"的基本理论，运用大量历史文献资料、词汇材料以及其他旁证材料，从物质文化、制度文化、心理文化等三个层次解析了达斡尔族母语文化的基本特征。第四部分（第六、第七章）：以达斡尔族语言文化发展史为纵轴，具体分析了达斡尔族社会各转型时期母语文化与异质语言文化之间接触、交流、互动过程中所形成的双语文化现象。第五部分（第八、第九章）：综合学界对达斡尔族方言划分的意见，将达斡尔语言划分为布特哈、齐齐哈尔、海拉尔、新疆四个方言，并就各方言区的语言变异现象和亚文化特征以及各方言区具有地域特色的双语文化现象进行了描述与综合分析。第六部分（第十章）：系全文的结语部分，分三个层次进行了概括总结。第一层次，运用浑沌学的原理分析和概括了达斡尔族语言文化的发展规律；第二层次，总结了达斡尔族语言文化发展史的几个重要启示：重视家庭教育与学校教育的有机结合、拥有大量优秀的双语人群、复合型双语思维优势等；第三层次，概括总结了达斡尔族语言文化的四个发展趋势：（1）母语文化趋于弱化；（2）双语文化日益泛化；（3）方言文化渐显个性；（4）非母语文化发展迅速。该书荣获2003年度中央民族大学优秀博士论文奖。

《水书（正七卷和壬辰卷）合订本》　贵州省民委少数民族古籍整理办公室、黔南州民委和三都县民委编，王品魁译注，贵州民族出版社1994年出版。

该书的特点：一为《水书》均系藏抄本，字形不规范，但本书已认真做到统一规范。二为该书每行的水文字采用了水语对译汉文。三为《水书》各藏抄本都无标题，该书依据每一章目的意义和作用都加了标题。四为该书后附有水语语音系统、该书水文字总表和该书吉凶象表，为阅读和研究提供了便利。

《水语简志》 中国少数民族语言简志丛书之一。张均如编著，民族出版社1980年出版。

水族主要分布在贵州黔南布依族苗族自治州的三都水族自治县和一些县内，广西南丹、融水也有分布，人口约40.6万人（2000）。水语内部比较接近，可以互相通话。在聚居区内水族使用水语，其他一些民族，也兼通水语。水语属汉藏语系壮侗语族侗水语支，与侗语、仫佬语、毛南语比较接近。水语分三洞、阳安、潘洞三个土语。本书以三洞土语为代表，对水语进行全面的介绍。分概况、语音、词汇、语法、方言、"水书"等六章。在概况一章里，介绍水族的人口、分布，水族语言的使用情况，并指出水语与毛南语、侗语、仫佬语最为接近。在语音一章里，介绍了水语语音系统和汉语借词语音。在词汇一章里，介绍水语的词汇特点、构词方式和汉语借词。在语法一章里，介绍水语的语法，各类词的特点和词组与句子成分，句子类型。在方言一章里，介绍水语3个土语的异同情况。在"水书"一章里，介绍了60多个"水字"，每个字都注上读音和汉义。

《丝绸之路语言研究》 赵杰著，新疆人民出版社2010年出版。

本书是作者利用2001—2005年先后挂职新疆石河子大学副教授和新疆生产建设兵团教育局副局长之机，结合新疆诸民族的古今语文文献，对丝绸之路语言进行的全面解读。通过对丝绸之路上几十种古今语言的描写、演变轨迹和接触规律的全面探讨，从中提出它们从互动到互补，再到互借、互融，乃至历史交叠的发展模式。全书解读丝绸之路上复杂的语言线索之谜，得出有价值的结论：草原部族的游牧型语言与绿洲部族的农耕型语言的接触交融成为丝绸之路语言发展的主要走向。印欧、汉藏、闪含、阿尔泰四大语系的语言聚合荟萃，此消彼长，互有借用、互动共融，以至层层套叠，使得它们原有的屈折型、黏着型结构都有不同程度的交叉磨损，而孤立型的语言结构也有形态变化的增加。本书获2012年新疆优秀图书一等奖。

《松桃苗话描写语法学》 罗安源著，中央民族大学出版社2005年出版。

该书是《现代湘西苗语语法》的姊妹篇，分两个部分，第一部分"语法体系"，除提出作者关于"分析性语言"句法分析的"语段分层对接"理念以外，对松桃苗话的14类词、5类词组、8类单句、10类复句作了详尽的描写；第二部分"语法词典"，重点对松桃苗话19类800条基本词语所载负的主要语法信息加以简要的描写。本书首次采用"语法词典"与"语法体系"相呼应的格局来描写湘西苗语的语法，起到了保存语料、提供研究基础的作用。

《苏龙语研究》 中国新发现语言研究丛书之一。李大勤著，民族出版社2004年出版。

珞巴族使用多种语言，苏龙语是其中之一。苏龙语使用的人口较少。在中国控制区内只有几个人会使用，其余大约3000人都在西藏隆子县南部的印占区。本书分绪论、语音、词汇、语法、类型和系属五章和附录六部分。在绪论一章里，介绍苏龙人的人文背景概况、历史来源、物质生活、婚姻家庭、风俗习惯和语言情况。作者指出，苏龙人与珞巴族的崩尼部落接触比较多。在语音一章里，介绍苏龙语的音位系统和音节结构。在词汇一章里，介绍苏龙语词的一般特点和构词法等。在语法一章里，除了介绍词类、附加成分之外，还介绍句法结构和句子结构。在第五章类型和系属里,分苏龙语的语言类型和苏龙语的系属问题两节。通过词汇对比,认为苏龙语与崩尼语(即崩尼—博嘎尔语)不属于一个语支,也"很难把苏龙语归到藏缅语中,甚至于这种语言是不是汉藏语都会成为一个有争议的问题"。

《随军纪行译注〈清〉》　曾寿著,季永海译注,中央民族学院出版社1987年出版。

全书分为三个部分,第一部分为译文和注释,第二部分为罗马字转对译,第三部分为原书影印。书前有译著者的前言,介绍了原书的形式、内容、作者。本书以日记体形式写成,全书为四卷,但仅存第四卷。内容是平定三藩,时间是清康熙十九年(1680)至二十二年(1683)。书中详细记述了清军由粤入滇这一方面军的军事行动以及平定三藩之后由滇返京的经过。对几个主要战役如陶登战役、黄草坝战役、围攻云南省城战役,记述细致而生动。尤其可贵的是作者真实地记录了八旗下级官兵的军事生活,并对战争有详尽的描写,为其他史料、史书所不载,特别珍贵。作者曾寿,作为一个满族下级官吏,史书不见其传。但从书中可以知道,他是康熙十三年(1674),平定三藩之始随奉命大将军康亲王杰书参加平叛,作者的日记应该是从十三年随军之始开始的。遗憾的是前三卷已经很难找到。本书是作者以亲身经历、所见所闻写作的,没有一般史书有隐讳、避嫌之不足,而是真实地记录了历史,并且用满文写成,对研究清代军事以及平定三藩的军事行动,具有重要的参考价值。同时,康熙年间正是满语满文繁荣之时,本书虽为私著,但满文书写规范秀丽,语句顺畅通达,对研究早期满语满文也同样具有重要价值。

《塔吉克—汉词典》　中国少数民族语言系列词典丛书。高尔锵编著,四川民族出版社1996年出版。

本词典收录了现代中国塔吉克语常用词约1万条。中国国内的塔吉克族人口有3万余人(1990),大多数居住在新疆西南部塔什库尔干塔吉克自治县内,词典根据萨里库尔话编纂。本词典设计了拼写塔吉克语的书面形式,并用这一书写形式表示塔吉克语词。希望它能提供给塔吉克族人民内部用本民族语言进行日常书面交际的手段;同时便于记录保存口头文学、历史资料等文化遗产;帮助未掌握维吾尔语的塔吉克人扫盲;帮助和训练学龄前儿童拼写语言的能力;帮助塔吉克族学习汉语文等。全书分前言、塔吉克语拼音方案、凡例、正文、结束语、塔吉克语书写规则、乡村名称等部分。其中的结束语和塔吉克语书写规则均用塔吉克语拼音方案和汉文书写,乡村名称全用塔吉克语拼音方案书写。

《塔吉克语简志》　中国少数民族语言简志丛书之一,高尔锵著,民族出版社1985年出版。

这是我国境内唯一的研究塔吉克语的著作。该简志以中国塔吉克语的萨里库尔方言为代表,以该方言的瓦尔西岱土语的语言进行描写。分概况、语音、词汇、语法、句法、和方言六部分。书末附有萨里库尔方言和瓦罕方言对照词汇800余个。本简志的特点是对有形态变化的名词、代词、动词作了详细的描写,把动词分为两种时范畴和两种体范畴。

《塔塔尔语简志》　介绍塔塔尔语的著作。中国少数民族语言简志丛书之一。陈宗振、伊里千编著,民族出版社1986年出版。

本书主要依据新疆维吾尔自治区乌鲁木齐市塔塔尔族居民的口语材料,扼要介绍了我国塔塔尔语的语音、词汇和语法,分析了塔塔尔语与同语族的维吾尔语、哈萨克语、柯尔克孜语等亲属语言之间的异同,指出其所受维吾尔语、哈萨克语的影响,并附有1000多常用词。本书是学习和了解塔塔尔语的主要材料。

《台湾 Amis 语话语汇编》 田中山著，曾思奇、李文甦译注，民族出版社 2005 年出版。

该书收集、记录流传台湾台东、花莲等地区的 Amis（阿美或阿斯眉）族人神话、传说、故事等长篇语料，共 36 篇。每篇体例包括题目、流传地区、提要、正文、脚注，个别篇章后加附记。为便利交流，民族母语文字依据台湾教育研究委员会审订的《台湾南岛语言的语音符号系统》（李壬癸，1991，台北）中的"阿美语（Amis）语音符号"记录，并按照语言学记录体例和原则，正文编排以民族母语的自然段落为单元：第一行为民族母语文字，第二行为母语词汇的汉文注释，注释范围包括各实词和虚词中的副词、介词、语气词、连接词、感叹词。民族母语的汉语译文，安排在母语各段落之后，译文原则上采用"直译"，以方便与民族母语上下对照。脚注也以段落为单元顺序排列，注释要项包括：语形、语义、语法、语用。语形结构中的词根与附加成分（含词缀、重叠成分）用横杠分隔，词根义用括号内标示，若词根义和派生词的语义相同，则不另行标示；重叠词不论结构形态，均以"重叠式"注明。动词是注释重点，包括形态结构、式、体、态以及语法功能等，基本上都有扼要分析。对于词法与句法难点，也观照具体语境附加例证，注重语义和语法的诠释分析。这是一部对阅读和研究台湾南岛语尤其是 Amis 语言极具助益和参考价值的语料注释本。

《台湾阿眉斯语语法》 曾思奇著，中央民族学院出版社 1991 年出版。

全书目录：序（马学良）、序（李壬癸）、第一章语音、第二章构词、第三章词类、第四章句法。其基本观点：第一，音节结构单位为 [C] V [C]，多音节词常见 CVCVC、CVCCVC 结构。第二，以附加法、重叠法以及附加与重叠相结合的综合法为主要构词方式。词缀一般具有构词、构形兼备的语义特征；前缀在一百多种附加结构中占有主体地位。重叠方式丰富，包括词根（干）音节部分、完全和交错 3 种重叠类型。重叠与词缀相结合的构词方法极为普遍。第三，形态是词类划分的重要标准之一。以下加缀被认为是实词类的形态标志：ni-（mi-）/施事性动词，ma-/受事性、静态性动词，pa-/直接使役性动词，papi-、paka-/间接使役性动词，mu-/自动性动词，pi-/施事性动词名物化，ka-/受事性、静态性动词名物化，sa-/工具性名词，-n/处置性动词、-an/时间、地点名词、-sa/副动词等。动词、数词的名物化现象普遍，通常用词干部分重叠式和后缀-aj、-an 等构成。第四，代词和部分名词具有"格"的变化。指示代词与人称代词的格位，包括主格、领格、宾格；领格人称代词分为连接式与独立式（第一人称复数排除式和第二、第三人称复数除外）。名词分为"有格"和"无格"两类。表人名与称谓的专有名词有"格"和"数"的范畴，用加缀 tsi-/tsa-（主格、单数/复数）、ni-/na-（领格、单数/复数）、tsi-/tsa-…-an（宾格、单数/复数）表示。专有名词以外的普通名词没有"格"、"数"的范畴。普通台名词的"格"范畴用前置格位助词表示。第五，数词有"生命/非生命"的语法范畴，分别用数词部分重叠式/数词零形态对应。第六，动词具有"施事/非施事"范畴，形态上以表施事/非施事语义的词缀"ni-（mi-）/非 ni-（mi-）"为标记。动词分为主动态、被动态与处置态，分别用加缀 ni-（mi-）、ma-、-n 结构，各有未行、将行、进行、完成等时貌，分别用加缀与词干部分重叠表示。第七，有"格"的语法范畴。包括主格、领格、宾格，用格位助词和代词的曲折变化表示。第八，VSO 语序与格位存在一致性的呼应关系。在句法结构中，V 以曲折形态、S 以主格形态、O 以宾格形态出现，V 的形态变化与主语、宾语存在格位的呼应关系：主动态动词谓语要求主事者做主语，受事者做宾语；

被动态、处置态动词谓语要求受事者、处置者做主语，主事者做施动状语，以领格形态出现于动词之后。

《台湾高山族语言》
陈康编著，中央民族学院出版社1992年出版。

本书主要介绍台湾高山族的13种语言：泰耶尔语、赛德语、邹语、沙阿鲁阿语、卡那卡那布语、排湾语、阿眉斯语、布农语、鲁凯语、萨斯特语、卑南语、邵语、耶眉语。书中简要概述了每种语言的语音系统、词汇构成、主法范畴和方言划分。

在台湾2000万名同胞中，除了汉族外，还居住着40多名万高山族兄弟姐妹，他们主要分布在台湾中央山区500—1500米的山地；台东花莲纵谷地带以及台东东南隔海45浬的兰屿岛，还有一些散居在北部和西部平原。高山族，是台湾少数民族的总称，其中包括许多不同自称的人群，有：泰耶尔人（Atayal）、阿眉斯人（Amis）、排湾人（Paiwan）、布农人（Bunun）、鲁凯人（Rukai）、卑南人（Puyuma）、邹人（Tsou）、沙阿鲁阿人（Saaroa）、卡那卡那布人（KanaKanavu）、萨斯特人（Saisiat）、赛德人（Sedeq）、邵人（Thao）、耶眉人（Yami）。

此外，居住在北部和西部平原上的少数民族，总称为平埔族。其中包括许多不同自称的人群，有：凯塔加兰人（Ketagalan）、噶玛兰人（Kavalan）、路易朗人（Luilang）、道卡斯人（Taokas）、巴则海人（Pazeh）、帕波拉人（Papora）、巴布萨人（Babuza）、和安雅人（Hoanya）、西拉亚人（Siraya），平埔族已经汉化。

各种不同自称的高山族使用着他们自己的语言，这些语言彼此差别很大，主要表现在基本词汇上，其次是语音和语法上。

高山族语言是黏着型语言，属南岛语系印度尼西亚语族台湾语支。可划分为三个语群：（1）泰耶尔语群（Atayalic），分布在北部山地，南投、台中、苗栗、新竹、桃园、台北、宜兰、花莲等县的一部分地区。包括泰耶尔语、赛德语。（2）邹语群（Tsouic），分布在中部阿里山一带，嘉义与高雄两县接壤处。包括邹语、沙阿鲁阿语、卡那卡那布语。（3）排湾语群（Paiwanic），分布在东南部山地及东海岸平原狭长地区，遍及高雄、屏东、台北、花莲、南投等县。包括排湾语、阿眉斯语、布农语、鲁凯语、萨斯特语、卑南语、邵语。此外，在台湾岛东南45浬的兰山岛上居住着耶眉人，他们说的耶眉语和菲律宾共和国巴丹岛上的伊巴坦语（Ivatan）、伊特巴亚脱语（Itbayat）、巴布彦语（Babuyan）有密切的关系，这些语言都属于南岛语系印度尼西亚语族巴丹语支（Batanic）。

总称平埔族的各少数民族语言现大多已消亡，只有噶玛兰语和巴则海语还残存着一些活的语言。从文献史料记载来看，平埔族语言也属于南岛语系印度尼西亚语族。

高山族没有书写本民族语言的文字。

本书共分四章。第一章 泰耶尔语群：泰耶尔语，赛德语；第二章 邹语群：邹语，沙阿鲁阿语，卡那卡那布语；第三章 排湾语群：排湾语，阿眉斯语，布农语，鲁凯语，萨斯特语，卑南部，邵语，耶眉语。第四章 词汇。

《台湾南岛语言参考语法系列丛书》

该书包括：《阿美语参考语法》吴静兰著；《巴则海语》林英津著；《卑南语参考语法》黄美金著；《嘎玛兰参考语法》齐利莎著；《赛夏语参考语法》叶美利著；《邹语参考语法》黄美金著；《雅美语参考语法》张邹慧著；《邹语参考语法》齐利莎著；《鲁凯语参考语法》齐利莎著；《泰雅语参考语法》黄美金著。共十部。由何大安、杨秀芳主编。每本书第一部分均由他们二位撰写。内容分十部分（节）：第一部分，导论；第二部分，介绍该语言的一般情况，分布和使用情况等；第三部分，语音结构；第四部分，词汇结构；第五部分，语法系统；

第六部分，长篇材料；第七部分，附录词汇；第八部分，参考书目；第九部分，该书使用的语言学名词解释；第十部分，该书使用的专有名词索引。其中的《阿美语参考语法》和《邹语参考语法》缺少第六部分长篇材料。该丛书由台湾远流出版事业股份有限公司2000年出版。下面以《阿美语参考语法》为例，介绍该丛书的内容。

阿美语参考语法　台湾南岛语言系列丛书之十一，吴静兰著，台湾远流出版事业股份有限公司2000年出版。

阿美语（Amis）又称阿眉斯语，为分布在我国台湾省的少数民族语言之一，属南岛语系台湾语支。主要分布在台湾东部的花莲、台东及屏东等县，分Sakizaya久美、特富野、达邦三个方言，方言差异不大。使用人口约5000人。母语文化相对保存比较完好。该书分为九个部分，第一部分为导论，由何大安、杨秀芳执笔。本节介绍了南岛语的分布、南岛语的语言学特征、地位、分类等；第一部分介绍阿美语的一般情况，包括分布、使用情况、调查研究情况以及前人研究鲁凯的情况等；第三部分介绍阿美语的音韵结构，包括15个辅音、1个花音和6个元音，并有较详细的音位的描写：音韵规则和音位转换和音节结构的构成介绍；第四部分介绍词汇结构，包括单纯词、衍生词、复合词、重叠词和外来借词等；第五部分讨论语法结构系统，内容有词序、格位标记系统、代词系统、焦点系统、时貌系统、存在句结构、祈位句和使役句结构、否定句结构、疑问句结构及复杂句结构等；第六部分为附录词汇，有汉译、英译词汇300多个；第七部分为参考书目，分不同文种的专著、论文等数10篇；第八部分为本书使用语言学专有名词的解释；第九部分是本书使用专有名词的解释和索引。

《台湾赛德克语》　陈康、许进来编著，华文出版社2001年出版。

本书主要描述台湾赛德克语的语音、词汇、词组结构、语法和方言。

赛德克语是台湾高山族泰雅人的一个群体——赛德克人使用的语言。赛德克人自称为Sediq，分布在台湾南投县仁爱乡南丰、互助、春阳、亲爱、精英、合作等村，及花莲县秀林、万荣两个乡，人口约14000人。赛德克语属南岛语系印度尼西亚语族台湾泰雅语群，是一种黏着型语言。

全书分：绪论、语音、词汇、词组、语法、方言六章。第一章绪论，简要介绍台湾高山族语言和赛德克语概况。第二章语音，介绍了赛德克语的语音系统。赛德克语有18个辅音音位：p b m t d n l r ts s k g ŋ x q h w y。5个元音音位：i e a o u。有四种音节结构：辅音+元音，元音+辅音，辅音+元音+辅音，元音自成音节。重音大多数落在倒数第二个音节上。语音上的变化有弱化、脱落等现象。第三章词汇，大多数为多音节词，少数为单音节词。从结构形式看，有单纯词；有词根加词缀以及词根重叠的派生词；有根词组合而成的合成词。词汇中，有南岛语同源词，以及部分外来词。第四章词组，词与词的组合在意义上，有修饰、领属、限定、陈述、支配、补充、否定、并列等组合关系，先后的序列大多为中心词在前，佐助词在后，呈前正后编的左行格局。第五章语法，把赛德克语词划分为名词、代词、数词、形容词、动词、副词、连词、助词、叹词九大词类。名词有格；代词有人称、数、格；动词有及物、不及物、态、式、时语法范畴。句子成分有主语、谓语、宾语、定语、状语、补语。基本语序为主语位于谓语之后。谓语位于句首，宾语位于谓语之后，主语在前，宾语在后。第六章方言，把赛德克语划分为三个次方言：一为雾社次方言，分布在南丰、互助等村；二为春阳次方言，分布在精英、春阳等村；三为太鲁阁次方言，分布在秀林、万荣乡。各次方言之间的差别主要在语音上。

书后有词汇附录、短篇语料和参考书目。

《台湾语言源流》 丁邦新著,台湾学生书局 1980 年出版。

介绍台湾地区语言情况的著作。全书分"概述"、"闽南语的音韵结构"、"闽南语与古汉语之关系"、"客家语的音韵结构"、"客家语与古汉语之关系"、"高山族语言之特性及来源"、"结语"七章。主要介绍了台湾的闽南话、客家话两种汉语方言的语音系统及其与中古、上古汉语语音的关系,也简略介绍了台湾地区语言、方言的分布情况和高山族语言的语音特点。可供了解台湾汉语方言和语言情况时参考。

《泰国阿卡语研究》 戴庆厦主编,中国社会科学出版社 2009 年出版。

该书是中央民族大学"985 工程"跨境语言研究系列丛书之一,是《泰国万伟乡阿卡族及其语言使用现状》一书的姊妹篇。该书以第一手调查材料为依据,介绍阿卡语的基本使用情况,并对其词法、句法、特殊句式、词汇等进行了描写与分析。后附词汇与话语材料。

《泰国万伟乡阿卡族及其语言使用现状》 戴庆厦主编,中国社会科学出版社 2009 年出版。

该书为中央民族大学"985 工程"跨境语言研究系列丛书之一。作者实地调查了泰国万伟乡阿卡族及其语言使用现状、语言态度、泰语能力等问题,同时分析了稳定使用母语并兼用泰语的成因。

《谈藏语语法中的能所关系》 陈其玉著,甘肃人民出版社 1986 年出版。

这是一部系统分析藏语能所关系的专著。能所关系多年被语法学界视为难点,其基本概念没有搞清,常被误解为施受关系。作者首先就一些与能所有关的 11 个问题作了较详细的论述,明确了基本概念。他认为能所关系实质上并非施受关系,而是利用不同词形变化的动词来组成与施受有关而意义完全相对的词和句子的一种特殊语法手段。解决了藏语教学中长期存在的问题。此书获得 1987 年甘肃社科成果二等奖。

《田野语音学》 罗安源著,中央民族大学出版社 2000 年出版。

该书分为"田野工作中的语音学"、"发音器官"、"元音音区的划分"、"元音的音值"、"声调性质的分析"、"辅音性质的分析"、"一般语言和方言音位系统的求问法"、"汉语方言音系的特殊求问法"、"语音单位的划分与结合"、"词语的收集"、"词语简表"、"记音样品"共 12 章,简要阐述语言和方言现场工作的基本理论、基本技能、基本方法,既考虑到少数民族语言和方言调查研究的需要,又考虑到汉语方言调查研究的需要;既考虑到知识传授的准确性,又考虑到训练过程的可操作性;既考虑到基本训练的系统性,又考虑到相应信息的全面性,是一部加强田野语言学者基本功训练的教材。

《通道侗语研究》 中国少数民族语言方言研究丛书之一。杨通银著,民族出版社 2009 年出版。

本书作者杨通银先生曾留学美国多年,师从艾杰瑞教授。经过八年的硕士和博士学业,完成了博士学位论文。本书是杨通银在博士论文的基础上经过增删而写成的著作。作者在扉页的书名下加了"功能视野下的语音、句法和语篇研究"的字句。点出该书与一般传统的语言研究著作在研究方法上有所不同。在其内容提要里提出,"本文采用谢芙琳的话语模式和拉波夫六部叙述体系来描述侗语叙述话语文体的基本特征,并在功能主义框架下检视其结构框架和各部分之间的嵌合,包括语音、句法和语篇各层面的考察。"本著作无论在体例上还是在写法上都有自己的特色,跟传统的描写方法有很大的不同。第一章绪论：侗族、侗语和侗文。首先交代本书讨论的主要方面及其重要性。然后介绍侗族、侗语、人口分布、历史、宗教等背景状况、文字等。第二章 研究的问题和框架体系。交代所研究的范围，拉波夫的叙述体六部分结构法、谢芙琳的五个层面的话语分析模式。第三章 语料性质和语料搜集。详细交代语料搜集的经过和做法。第四章 分析。分四个方面进行分析，这是本书的重点。第五章 结语。前面的第一章至第四章各有一个小结。附录是两个口授故事。故事的排列采用词形（拼音侗文）、词义（注释汉义）、意译（整句翻译）三行。一般每页只容纳4—5句。每句编上号码，所占篇幅较大。正文引用例句时列出句子号码，方便读者查阅。

《突厥历史语言学研究》 王远新著，中央民族大学出版社1995年出版。

全书除绪论外，分七章。第一章 突厥语历史比较与阿尔泰语言学；第二章 突厥语的分类及历史分期问题；第三章 突厥语族语言语音的发展；第四章 突厥语族语言语法结构的发展；第五章 突厥语族语言词义和词汇发展的若干问题；第六章 突厥语族语言词源例释；第七章 近现代突厥语分化演变的特点组成。该书1996年9月获中央民族大学优秀科研成果一等奖。

《突厥语概论》 李增祥编著，中央民族学院出版社1992年出版。

介绍突厥语族语言及其研究状况的著作。全书正文共分六章：①突厥语和突厥语民族；②突厥语族语言的历史分期和主要文献；③突厥语的分类法；④突厥语族语言的语音系统；⑤突厥语族语言的研究；⑥国外突厥学家介绍。正文前有绪论。正文后附有参考书目和后记。

《突厥语研究（1、2、3）（维吾尔文）》
新疆维吾尔自治区民族语文工作委员会、新疆社会科学院语言研究所合编。民族出版社1982年、1983年、1990年出版。

1980年11月在新疆乌鲁木齐召开了新疆维吾尔自治区突厥语研讨会，在会上学者们提交了一批论文，1982年出了第一集收论文13篇，其中主要有伊布拉音·穆提依的《我国突厥语言及其研究》、李森的《我国的突厥语研究》、耿世民的《古代突厥文碑铭及其解读和研究》、陈宗振的《〈突厥语词典〉中的谚语》、吐尔迪·艾合买提的《维吾尔语动词的体范畴》、艾力·阿比特的《维吾尔语名词术语规范化问题初探》、帕尔哈特·吉郎的《关于维吾尔语的重音问题》、赵相如的《论维吾尔语的助动词》等。第二集收论文12篇，其中主要有耿世民的《回鹘文主要文献及其研究》、伊明·吐尔逊的《"哈喀尼耶语"与和田方言》、阿布都热依木·吾铁库尔的《古代维吾尔语文学语言的形成和完善》、哈米提·铁木耳的《维吾尔语的助动词及其意义》、纳斯如拉的《关于维吾尔语的发展时期》、魏萃一的《维吾尔语书面文献构成新词的方法》等。第三集收论文13篇，其中有哈米提·铁木耳的《论维吾尔语动词的陈述式》、吐尔逊·阿尤甫的《论"喀什噶尔语"》，等等。

《突厥语族文献学》 张铁山著，中央民族大学出版社2005年出版。

该书为中央民族大学国家"十五"和"211工程"项目，是国内外第一部全面、系统论述突厥语族文献的学术专著。该书共分十章：第一章"绪论"，论述了"突厥"及其相关概念、突厥语族文献学的对象和任务。第二章"突厥语各民族文化史略"，简介对西域、突厥、回鹘、察合台汗国、叶尔羌汗国的历史文化。第三章"突厥语族各期文字的起源与类型"，论述了突厥语族各期文字在世界文字中的地位以及古代突厥文、粟特文、回鹘文、叙利亚文、摩尼文、婆罗米文、察合台文等文字的起源和类型。第四章"突厥语族文献的载体形态"，重点论述了突厥语族口碑文献、古代突厥文碑铭与写本、回鹘文文献的载体形态、察合台文文献的版本等。第五章"突厥语族文献的分期与分类",对突厥语族文献的历史分期和目录学分类进行了论述。第六章"突厥语族文献的转写、翻译和注释",对突厥语族文献释读中转写、翻译和注释的原则、程序等进行了详细论述。第七章"古代突厥文文学及其研究"、第八章"回鹘文文学及其研究"、第九章"察合台文文献及其研究",分别介绍了突厥语族民族以古代突厥文、回鹘文、察合台文记载和保留的文献及其国内外研究情况。第十章"突厥语族文献的开发利用与现代化",回顾了文献开发和利用的现状,并对突厥语族文献研究现代化问题提出了自己的看法。

《图瓦语研究》 吴宏伟著,上海远东出版社 1999 年出版。

在新疆维吾尔自治区伊犁哈萨克自治州阿勒泰地区居住着 5000 多蒙古族人,他们之中约有一半被称为图瓦人,使用着一种与蒙古语截然不同的语言,人们称作图瓦语。图瓦人自称"德巴"或"德瓦""图瓦"。蒙古族称他们为"操图瓦语的蒙古人"。当地的哈萨克族称他们为"蓝色的项链"。对图瓦语的调查研究始于 20 世纪 50 年代,当时的少数民族语言调查第六工作队在新疆阿勒泰地区调查过图瓦语,80 年代初,宋正纯调查过哈巴河县白哈巴村的图瓦语,发表过一些论文。本书作者使用 1995 年在白哈巴村调查图瓦语时所得的材料写成。

《图瓦语研究》分五章:第一章语音;第二章形态,分别讨论各类词的形态;第三章句法;第四章词汇;第五章图瓦语在突厥语族中的地位及特点。附录词汇材料,收录约 2400 个词。

《土耳其语—维吾尔语词典》 毛明·阿不都拉编,民族出版社 1989 年出版。

土耳其语和维吾尔语对照大型词典。共收入土耳其语词 3 万余条。词条印以黑体大字,并按土耳其文字母顺序排列。正文前有土耳其文字母表、编写体例、前言。是学习土耳其语和维吾尔语的重要工具书。

《土—汉词典》 李克郁主编,青海人民出版社 1988 年出版。

用土族文字记录土族语的土汉对照词典。目录包括前言、凡例、土文字母表、土文字母与国际音标对照表、音序查词表、正文。收词 14000 余条,包括单词和合成词。词条按土文字母顺序排列。词条以单词为主,合成词为副。单词的条目形和音相同而意义不同的分别列条。形、音不同但意义相同的也分别列条,并标出互见条目。词条的翻译尽量采用对等的汉语词。汉语里找不到确切词的,采用近义词加上注释或音译加注释的方法。词典以标准音地区的互助方言区为准。本词典对使用新创文字起推动作用,对研究土族语,比较研究蒙古语族语言有一定的价值。

《土家·汉双语读本》 叶德书著,光明日报出版社 2008 年出版。

本书是《土家语课本》(一、二)的修订本。由于土家语临近濒危,湘西州政府将龙山县的靛房镇、他沙乡、永顺县的对山乡定为土家语言保护基地,规定基地所在中小学必须开展"土家·汉双语教学"。而原用于"土家·汉双语双文接龙教学实验"的《土家语课本》(第一、二册),无一汉字,全是土家文。多数学者建议,将《土家语课本》(一、二)进行修订,既适应保护非物质文化遗产、开展"土家·汉双语教学"传承土家语言文化的需要,也不致使其成为"无知天书"(无汉文)。作者接受了此项建议,对《土家语课本》进行了修订。侧重于以下三个方面:

(1)重新审查了土家语北部方言中的语音,根据语言实际,《土家语拼音方案》的韵母表中增加了 io 韵母。

（2）换去一些汉语借词。1986 年的《土家语课本》，如 "东方" "南方" "西方" "北方" 这些方位词和 "夏天" 等时令词，用了汉语借词。在修订时，删去了汉词，分别用上土家语词。如：tçhiɑu²¹ ku⁵⁵ lɑ⁵⁵ kui⁵⁵（东方）、ge³⁵ en⁵⁵ tsi⁵⁵ lɑ⁵⁵ kui⁵⁵（南方）、tçhiɑu²¹ kɑ⁵⁵ kui⁵⁵（西方）、sɑ⁵⁵ en⁵⁵ tsi⁵⁵ lɑ⁵⁵ kui⁵⁵（北方）、o²¹se²¹（夏天）等。

（3）将原第一、二册合订为全一册（分上、下），对书中所有课文、单词，甚至课后练习题，均作了汉语对译，译文言简意赅，生动形象。改名《土家·汉双语读本》出版。

本书一出版即发挥了良好的社会效益。除一部分留于国内外大图书馆，其余的湘西州政府一律用于龙山、永顺两县的三个土家语言保护基地的中小学，作 "土家·汉双语教学" 的主要教材。

《土家人和土家语》 罗安源、田心桃、田荆贵、廖乔婧合著，民族出版社 2001 年出版。

该书由 "族源篇"、"语音篇"、"语法篇"、"词语篇" 四个部分组成。"族源篇" 从全新的角度论证了古代 "巴人" 是一个多族群体，土家族则来源于古代 "巴人" 的一个支系，即 "賨人"，而非笼统的 "巴人"。至于现代土家人，则是由土家人和 "他族土家人"（融合于土家人的其他族人）结合的群体。"语音篇" 采用电脑手段确认了土家语的声调类型和调值，并提出了土家语新的拼音方案。"语法篇" 简要描述了土家语的词类、词组和句式。"词语篇" 收集了 2000 余条土家语词。全部土家语语料逐条对注国际音标、汉语意义、英语意义、土家语拼音字母、当地汉字近似读音。书中的土家语全部 "词、语、句" 除了做出耳听记录外，均有磁带录音存档。此书被列为 "湖北民族文化系列丛书"。

《土家语常用口语半月通》 叶德书著，民族出版社 2003 年出版。

编写该书的目的是为了弘扬土家族的传统文化，提高日益发展的旅游业水平，以及让不会说土家语的人以较短的时间学会土家常用口语，培养双语人才，延缓土家语的消亡速度，也为民族研究人员和在武陵山区工作的干部、导游和教师提供参考。

本书分绪论和常用口语两大部分。绪论，就土家语言的使用、系属及其基本特点等基础知识和新创制的土家文字方案——《土家语拼音方案》作粗略的介绍，使读者初步掌握土家语言文字的概貌。常用口语，指日常用到的社交口语，它包含称谓用语、社交用语、旅游用语，包括 28 个县（市、区）的具有代表性的自然景观、人文景观、名优特产和民族风情介绍；购物用语；习俗用语；喜庆与丧葬用语。从多方面让游客感受土家的大文化，从而进一步认识土家，热爱土家。

在内容的编排上，均以交际内容单独成篇，既有系统，又相对独立，读者可根据需要学习。因属口语，故采用对话形式，且每句话均有五行：第一行是国际音标，第二行是土家文字，第三行是汉语西南官话的汉字直音，第四行是汉语直译，第五行是汉语意译。每句话的第一行至第四行中，土家语的词和书写形式均上下对应。由于《土家语拼音方案》和《汉语拼音方案》基本一致，凡掌握了《汉语拼音方案》的读者，就能读懂《土家语拼音方案》；只要熟悉《土家语拼音方案》就能准确无误地说出土家常用口语。即使不熟悉拼音，只要认识汉字，熟悉西南官话的音读，也能学会土家语。因而此书从普通游客到研究人员，均可使用。为了使读者把土家语常用口语学得更准更快，作者特地录制了两小时的发音光碟，书中凡具有土家语发音和对话的，均有土家语录音。

《土家语汉语词典》 张伟权编著，贵州民族出版社 2002 年出版。

本词典所收的词包括词、词组、短语、俗语、人名、地名共 4000 余条。

《土家语简志》 田德生、何天贞、陈康、李敬忠、谢志民、彭秀模编著，先后由田德生、何天贞统稿，民族出版社 1986 年出版。

本书以湘西土家族苗族自治州龙山县靛房乡的土家语为北部方言的代表，以泸溪县潭溪乡的土家语为南部方言的代表，从语音、词汇、语法、方言、系属、附录等几个方面，较系统地介绍了土家语的语言特点，在词汇部分描写了多音节词占优势、黏着性较强的土家语词缀构词法。语法部分介绍了各类词的语法特点，以及词组、单句、复句的结构，并对南、北两个方言进行比较，突出了方言的特点。该书于 2005 年经田德生修改后，被收入再版的《中国少数民族语言简志丛书》一书，在 2008 年出版。

《土家语课本（第一、二册）》 叶德书著，湖南教育出版社 1992 年出版。

1986 年 9 月，为发展土家语地区的文化教育，推动土家语地区的科技致富，湘西州政府和吉首大学联合，由叶德书在龙山县坡脚乡中心完小主持"土家·汉双语双文接龙教学实验"。叶德书用《土家语拼音方案》撰写了课本，油印，全是土家文；1987 年由湘西《团结报》社铅印；实验由坡脚扩大到靛房、他沙三个乡，1992 年 1 月，由湖南教育出版社正式出版，印 4000 套，作"土家·汉双语双文接龙教学实验"的基本教材，在土家语地区小学试用。课本的第一册，含"前言"、《土家语拼音方案》，正文 35 课并配有 70 幅插图。主要是让学生学习土家语的声母、韵母、声调、音节的发音和土家文的听、说、读、写的说话练习。第二册有 36 课，也配有 25 幅插图。集中学习土家语优秀的儿歌、摇篮曲、谜语、谚语、盘歌、咚咚亏、寓言、童话、民间故事和儿童剧等。内容涵盖土家生产、生活知识，风土人情，道德标准和崇高的生活理念。由于课本是用土家族的文字写的土家语，有极强的亲和力且学生又是只会土家语不会说汉语的儿童，切合儿童的心理特征，寓教于乐，熔科学性、知识性、民族性、趣味性于一炉，做到了声入心通，男女老少爱读爱听。它不仅对发展儿童语言、开发智力以及学习汉语拼音有积极作用，还保护、传承了土家语言和土家优秀的传统文化，深受土家语地区群众的欢迎。

《土家语言与文化》 叶德书著，贵州民族出版社 2008 年出版。

20 世纪 80 年代，文化语言学在我国逐渐兴起。作者在研究土家语的内部规律时，受罗常培先生《语言与文化》的启迪，确定了一个课题，从土家语言的显性形式（语音、词汇等）探析其隐性内涵，构建土家文化语言学。所以从那时起以单篇论文为形式，对土家语的地名文化、民俗文化、医药文化、人名文化、音乐文化、民间工艺文化等进行了探讨，从多角度阐释土家语言的文化学意义，在文化学层面上揭示土家语的深层含义，从土家语言与文化的研究，把土家语研究从描写语言学向文化语言学推进一步。经过一二十年的艰难跋涉，汇集成《土家语言与文化》一书。吉首大学沈从文研究所所长、硕士生导师向成国教授在书的《序》中说："从内容构成看，主要是针对一些文化现象，用土家语言给予科学的诠释，涉及习俗、地名、医术、手工工艺、文化生态等，对民间流传的或学术界的某些讹传予以厘正祛魅，以达到正本清源的目的。……叶德书老师辨清了土家语与文化的内在关系，厘清了许多看似神秘，长期以来无人可能甚至完全解释错了语言文化现象。如果说《中国土家语地名考订》只是从地名学上对涉及的种种文化现象作解释说明的话，那么他的新著《土家语言与文化》则是多方面的，用土家语言对种种文化现象作解释说明。这新著可以说是对《中国土家语地名考订》的内容的扩张和提升，它是直接通向土家语言文化学的途径。"

《土家语研究》 叶德书著，由湘楚文化研究所用内部书号印行的。

这是叶德书1981—1995年的论文集（其中有一部分是与彭秀模先生合作）。在《吉首大学学报》、《贵州民族研究》、《民族语文》等刊物发表过或学术会议上宣读过。当时受条件限制，其内容有两大部分：一是土家语内部规律的研究，既有宏观探讨（《土家语概况》），也有微观的研究（《土家语 thi^{21} xu^{21} 和 tɑu^{55} xu^{55} 的共性与个性》、《土家语三音格形容词的语音结构与表达功能》），从语音、词汇、语法及汉语借词等多层面对土家语进行了探讨，属描写语言学范畴；二是阐明土家必须有自己的文字、土家文创制的经过和土家文字的社会功能——坚持七年的"土家·汉双语双文接龙教学实验"和这项实验所创制的"土家·汉双语双文接龙教学法"，为土家语地区发展文化教育、推动科技致富闯出一条捷径，这属于应用语言学，做到了高校科研为地方经济建设服务。本书获得国内外语言学专家的肯定。

《土家语研究》 陈康编著，中央民族大学出版社2006年出版。

本书主要阐述土家语的语音、词汇、语法、方言和书写符号。土家语是历史上和当前一部分土家族使用的语言。土家族，自称"毕兹卡""目兹黑"，分布在长江以南武陵山、大娄山余脉的溪洞间，湘、鄂、川、黔四省接壤地。主要聚居在湖南省湘西土家族苗族自治州和湖北省鄂西土家族苗族自治州，总人口为8028133人（2000年）。聚居或散居在湘西酉水河、猛岗河和洗车河一带山地的土家族至今仍操土家语，有20万人左右。

土家语为汉藏语系藏缅语族中一独立语支的语言，可划分为北部和南部两个方言。语音系统方面表现为声母都是单辅音，有送气和不送气；无塞、塞擦浊音，南部方言虽有浊音，但清浊对立者甚少；无唇齿音；边音l和鼻音n自由变读。韵母有单元音、二合元音、三合元音、鼻化元音和带鼻音尾元音，另还有一部分专拼借汉词的韵母。有4个声调。构词法以词根前或后加附加成分为主要手段。复合词很丰富，词素间有联合、修饰、限定、陈述、支配、补充和四音连绵等关系。词汇中有一部分借汉词，是通过全借、半借、土汉复合等方式借入。语法上，词可分成名词、代词、数词、量词、动词、形容词、副词、连词、介词、助词、叹词、象声词十二类。其中动词有19个"体"。句子的基本语序为主语在句首，宾语在谓语动词之前，领属性定语在中心名词之前，修饰性定语在名词之后，状语在动词、形容词之前，补语在动词、形容词之后。土家语南北方言差异甚大，尤其是词汇，常用词中同源词占40%，非同源词占60%。土家族没有书写本民族语的文字。

全书分绪论、语音、词汇、语法、方言、书写符号六章。书后有附录：土家语词汇和参考文献。

《土族语和蒙古语》 清格尔泰著，内蒙古人民出版社1990年出版。

内容和主要观点：土族语是甘肃、青海一带几个蒙古语族语言中的重要语言。关于土族的来源，历史学家们有些不同的说法，有的认为他们是早期来自大青山一带的白鞑靼（土族自称为"白蒙古"），后来与元朝时期去青海一带的蒙古人融合而成。有的认为他们是蒙古语系土谷浑的后裔。不论其族源的详情如何，今天的土族语是蒙古语族语言中的保存古老成分较多的语言确是实事。因此，为了了解土族语本身的情况也好，为了研究蒙古语族语言的历史也好，都需要重视研究土族语言。对土族语的比较系统的研究，始于20世纪20年代末30年代初的比利时传教士田清波（A. Mostaert）等人的调查研究。中国1955年、1956年的两次蒙古语族语言的调查都包括了土族语。后来一些研究机构和高等院校也多次进行了规模不同的调查研究。本书作者参加了20世纪50年代的调查研究,1980年6月至10月又和几名研究生一起进行了进一步的调查,1985年5月至7月又进行了补充调查。本书写就后,请土族学者李克郁(专攻语言学和历史学)进行了校阅。

这本书实际就是一本土族语语法,与单纯的一种语言语法不同的是贯穿着与蒙古语的比较说明。总体上是平面比较,某些地方也有历史比较的内容。全书分四个部分,第一部分语音;第二部分词法;第三部分句法;第四部分词汇。从这些部分的叙述中,既可以看到与蒙古语相同的或与其他蒙古语族语言相同的特点,也可以看到与蒙古语不同的独自的特点。为蒙古语族语言的历史进行进一步深入研究提供了有益的线索。

《土族语简志》 中国少数民族语言简志丛书之一。照那斯图编著,民族出版社1981年出版。

土族分布在青海互助土族自治县、民和回族土族自治县、大通回族土族自治县、门源回族自治县、乐都县、甘肃天祝、永登等地,人口24万余,使用土族语的约有10万人。土族语属阿尔泰语系蒙古语族,分民和、互助两个方言。说互助方言的人口比说民和方言的多。本简志以互助方言为代表介绍土族语的情况。分概况、语音、语法、词汇、方言5个部分。词汇附录选用了常用的730个词。语音部分介绍语音、辅音、音节、重音、元音和谐、语音变化,词汇部分除了介绍一般的特点以外,还介绍了同语族同源词的语音、语义特点和借词。

《吐鲁番回鹘文社会经济文书研究》 李经纬著,新疆人民出版社1996年出版,共收出土于吐鲁番地区的回鹘文社会经济文书107件。

据报道,至今存世而且比较完整的回鹘文社会经济文书有200余件,它不仅是一批研究古代维吾尔语言文字的珍贵资料,更是研究古代维吾尔历史文化、社会政治经济制度和民俗风情的第一手材料。但是由于这些文书的回鹘文原件大都流失在国外,而且经国内外的回鹘文专家研究、释读和翻译出版的成果又分散地刊载于不同时期、不同国家的出版物中,所附的译文也使用的是德、法、俄、日等多种多样,利用起来很不方便。于是本书作者决意把这批文书汇集在一起加以分类、编排、校订、汉译,以便有关学人利用、阐发,因此编写了这部书。该书的主要贡献:(1)它是我国回鹘文社会经济文书汉文译本的第一次结集,为我国的民族史、民族语文史、民族法学史的研究提供了一批新鲜而弥足珍贵的第一手资料,补充了汉文史料的不足。(2)对前人释读刊布的文书中存在的某些误读或漏读的词语做了订正或者提出了自己的新看法。如:拉德洛夫把 begerleringe(第1.8号文书)解释作 bikar……"未婚的……"。本书作者则认为该词是由 beg + er + ler + in + ge 构成的,意思是"向其各自的主子们"。再如:cacan 一词(第6.5号文书第10行)原释读转写人写作 cecek,而且没明确放在译文里。经本书作者仔细考察,认为该词是汉语"茶盏"的音译借词,是"茶盅"的意思。(3)作者给每一件文书拟定了一个标题。回鹘文书原本没有标题,以往学者一般都用收藏号作题目,但是通过它难以了解文书的中心内容,也不便于记忆。而本书所提供的文书标题,如:《分配对奴隶占有权契》《伊利奇租田契》《铁木耳借银契》《屈瑟克的遗嘱》《一封追寻地契的信》等标题,准确精练,起到了画龙点睛的作用。

《佤汉简明词典》 颜其香、周植志、李道勇、王敬骝、赵明、陶文均、田开政编著,云南民族出版社1981年出版。

本词典主要供佤族群众和干部学习文化使用,也可以供从事佤语教学和有关科研工作者参考。编写过程中参考了少数民族语言调查第三工作队佤语组 1957 年编写的《佤语小词汇》（油印稿）。本词典收词 9200 余条，按佤文字母顺序排列。词典末附有佤文字母表、声母韵母表、佤语构词法简介、汉语拼音方案等。所有的词条均按音节分写。

《佤汉学生辞典》 邱锷锋、聂锡珍、余静尔合著，云南民族出版社 1987 年出版。

该词典收入常用词，注释常用义项，举例从简、通俗、实用。

《佤语方言研究》 周植志、颜其香、陈国庆著，民族出版社 2004 年出版。

本书共分导论、方言内部情况概述、佤语方言比较、佤文等章节，并附有 12 个方言、土语点的词汇表和故事选录。导论主要介绍佤语的基本概貌、方言土语划分的情况变化和研究结果。各方言内部情况概述，主要介绍各方言土语的语音、词汇、语法的基本情况和特点。更可贵的是该书还收录有 20 世纪 50 年代调查的一些语言点现经划界已归缅甸的语言材料。方言比较章节，主要从现代佤语方言之间语音对应规律去探讨古代佤语的语音面貌。佤文章节，主要介绍佤文的创制过程及试验推行情况，佤文在创制修改过程中的经验教训。《佤语方言研究》一书是五十年代以来，作者深入调查、反复核实、认真研究的成果，也是一个总结。就佤方言土语的划分，提出了作者的独特见解，并得到学界的认可。该书的另一研究成果，是从现代佤语方言、土语之间的语音对应来寻找语音对应规律，通过这些对应规律来探讨古代佤语音系统，并进行构拟。而且得出结论，认为古代佤语没有松紧元音对立，现代巴饶克方言、佤方言有元音松紧对立是历史演变过程中形成的。《佤语方言研究》对于进一步揭示佤语内部的发展规律，对民族语言学科的发展，方言学研究的提高，提供了科学的有价值的参考语料。本书承蒙国家语言文字工作委员会科研规划领导小组组长、研究员王均先生的审阅并

给本书作序，对本书的研究价值和贡献给予肯定。本书出版后备受同行和语文工作者的关注，并被中央民族大学少数民族语文系孟高棉语言专业硕士研究生作为参考书目之一。本书获民族学与人类学研究所 2006 年度优秀成果三等奖。

《佤语概论》 赵岩社著，云南大学出版社 2006 年出版。

这是一本概述佤族语言的各个方面规律的基本理论著作，涉及的问题很多，在语音、词汇、语法、方言、韵律、修辞、文字方面，进行了比较细致的描写和分析研究。书中除了一般理论阐释外，还结合佤语实际提出一些自己的看法。指出：在古代，修辞最初主要指口语表达的技巧，发展到后来，修辞主要是指修饰文辞。佤族虽有自己的文字，但也只有近五十年的历史，佤语修辞，主要指语辞。本书对佤语修辞的研究是佤语研究的新课题。

《佤语简志》 《中国少数民族语言简志丛书》之一。周植志、颜其香著，民族出版社 1984 年出版。

该书编写的历史较长。民族研究所的陈相木、周植志、颜其香转入调查研究工作后，着手编写《佤语简志》。形成一个初稿，1962 年以后，陈相木调离科学院。本书作者多次到佤族地区搜集材料，反复核实、校对。于 1979 年重新进行编写，初稿定成后，承蒙王辅世先生审阅，提出许多宝贵意见，作者又到佤族地区做进一步核实调查。目前，这部《佤语简志》就是在上述基础上编写而成的。

全书共由概况、语音、词汇、语法、方言、文字 6 个部分组成。通过这几部分的描写，对现代佤语的基本情况作了全面的介绍。这里应该特别提出的是关于佤族方言土语的划分问题，1957 年，作者周植志、颜其香曾把佤语分为四个方言和若干土语：

卡瓦语：布饶方言——岩帅土语、班洪土语、完冷土语；阿佤方言——马用土语、岩城土语；阿瓦来方言——阿瓦来土语、芒糯土语、时希土语；佤方言。

后来，又经过逐步深入调查研究，对佤族方言、土语的划分，重新做了分析研究，认为佤语划分为三个方言比较合适，将阿佤方言和阿瓦来方言合并为一个方言：

佤语：巴（饶）克方言——岩帅土语、班洪土语；阿佤方言——马撒土语、阿瓦来土语、大芒糯土语、时希土语；佤方言。

《佤语简志》方言章节中，就是用这个原则来编写的。而且列出方音对应规律100条（辅音48条，元音52条），这些严整的对应关系，可来佐证佤语为三个方言的科学性。

《佤语熟语汇释》 王敬骝主编，云南民族出版社1992年出版。

本书收入佤族人民习用的成语、谚语、惯用语数千条，内容涉及佤族社会的各个方面。以佤文汉文逐字对注，然后注释各条内容的方法编写。书后附有"佤文字母读音与国际音标对照表"。这是一本研究佤语和佤族社会很好的参考书。

《佤语语法》 赵岩社、赵福和编著，云南民族出版社1998年出版。

《佤语语法》是我国第一部有关佤语语法研究的专著，在语音、词汇、语法各个方面，进行了比较细致地描写和分析研究，对佤语的研究和佤语的实际运用，对佤语专业教材的完善都具有理论性、科学性和材料性的价值。书中既有作者自己的研究方法和理论认识，同时也吸收了有关佤语研究的成果，形成了佤语语法的基本框架。全书除绪论外，分八章：一、佤语语音；二、文字；三、词汇；四、词类；五、词的组合；六、句子成分；七、句子类型；八、语序。

《维汉词典》 新疆大学中国语文系编，新疆人民出版社1982年出版。

这是维吾尔语汉语对照的中型词典，收维吾尔语单词23000余条，连同词组、成语、谚语等共30000余条。还收入一些专业名词和方言词。词条分正词条和副词条。以拉丁字母维吾尔文字母顺序排列。正文前有前言、凡例、维吾尔文字母表和音序目录。正文后附有维吾尔语和汉语对照的《我国少数民族简表》《我国各省、自治区、直辖市名称》《新疆维吾尔自治区县级以下行政区划表》《世界各国家和地区面积、人口、首都（首府）一览表》《计量单位简表》《节气表》和《化学元素表》。是汉维两种语言教学、翻译和研究工作的重要的工具书。

《维汉词典》 廖泽余、马俊民编，新疆人民出版社2000年出版。

词典收有词目57000余个，不仅囊括了《维吾尔语详解词典》中的绝大多数词语，而且增加了反映维吾尔文化的词语和部分常用百科词语（包括新疆常见植物名词）。注释注重揭示词语的文化内涵，配例凝练且具典型性，尤其注意选用维吾尔谚语。该词典于2002年荣获新疆维吾尔自治区第五届社会科学优秀成果一等奖。

《维汉俄辞典》 包尔汉著，北京民族出版社1953年出版。

维吾尔语、汉语、俄语三种语言对照辞典，以维、汉、俄三种文字为序排列。维吾尔文单字按维文字母次序排列。同音异义单字用加有括号的阿拉伯号码标记。某些维文单字后标有其他拼音法，并根据维文特点列出两种不定式动词。汉文注释均系按照维文习惯由右向左排列。此书为中国正式出版的第一部维吾尔文辞典，对以后的词典编纂有很大影响。

《维吾尔古代文献研究》 耿世民著,中央民族大学出版社2003年出版。

书中收入作者近20年用汉、英、德文在国内外发表的30余篇论文。这些论文都是吐鲁番、敦煌出土的关于回鹘（古代维吾尔）语言、文字、文献和宗教（佛教、摩尼教、景教）的专门研究，具有较高的学术价值，并受到国际学术界的好评。例如，题作《回鹘文哈密本〈弥勒会见记〉研究》的若干篇论文，是关于古代维吾尔族原始佛教剧本（也是我国最早的戏剧剧本，属公元8—9世纪）的研究，从而把我国的戏剧史上推了数百年。《扬州发现的叙利亚字母古代维吾尔语景教碑研究》一文，对研究景教（古代基督教在亚洲的一派）在我国长江流域的传播具有重要意义。《一件吐鲁番出土的摩尼教寺院被毁文书的研究》一文，为对原存于德国汉堡大学的一件回鹘文摩尼教文书的首次研究（美国学者K. Menges曾说它是很难解读的文献之一），它说明了古代摩尼教（一种由公元3世纪古代波斯人摩尼创立的、主张明暗两种势力斗争的二元论宗教）在古代维吾尔地区由盛到衰（8—12世纪）的历史发展过程。此外，书中还收入《中国的突厥学研究》、《维吾尔佛教文献》（此文为应土耳其国新土耳其出版社为"世界突厥民族"【The Turks】丛书之邀用英文撰写的专文）、《回鹘文〈阿毗达摩俱舍论〉残卷研究》、《回鹘文〈八十华严经〉残卷研究》《兰州本〈俱舍论实义疏〉》等敦煌出土的回鹘文献，以及关于世界著名维吾尔学家和机构介绍等论文。

本书内容丰富，涉及面广，信息量大，在古代维吾尔语言、文字、文献、宗教、文化、历史等研究中具有重要的学术价值。本书还以实际成果证明我国政府和中央民族大学一贯重视对少数民族文化遗产的保护和研究，有巨大的现实意义。此书获2004年北京市第八届哲学社会科学优秀成果一等奖。

《维吾尔罗布话研究》 傅懋勣主编，阿西木、米海力、宋正纯合著，中央民族大学出版社2000年出版。

本著作把罗布话口语三个调查点的语音、词汇、语法三个方面的特点都跟维吾尔书面语作比较，在异同关系中找出规律，说明问题。既有细致的分析，也有高度的概括总结。用严式国际音标记音，描写出维吾尔语8个元音的40多种变体，24个辅音的130多种变体。在宽式转写方面，解决了只用26个拉丁字母转写32个音位的问题。经过多年的曲折，这种新式拉丁转写已经成为维吾尔网上文字。

本书分总论、语音、音变、音节、重音和语调、词汇、词典、语法八部分和附录。

著名蒙古语言学家在其为该书所写的序中说："这本书，凝聚着老一辈民族语言学家和年青一代民族语言学家的共同心血和智慧，是世纪之交绽开在民族语文这个园圃中的一朵学术新葩。""对维吾尔方言不论作怎样的划分，但其中罗布口语所占的特殊地位始终被绝大多数研究者确认，从来没有动摇过。这也从一个侧面说明了这个口语的重要性。说明了研究这个口语在整个维吾尔语研究领域中具有不可代替的重要价值。"

《维吾尔民间谚语翻译研究》 王德怀著，民族出版社2008年出版。

本书是作者近十年来对维吾尔谚语的翻译研究的个人成果的结晶。作者关注谚语的翻译研究中的文化问题，针对学界当前翻译研究中存在的问题，提出了对文化专有项和文化背景在谚语翻译中的处理意见，并在谚语翻译的原则中补充了"保留文化原则"这一条。对有深层语义内涵的谚语的翻译，作者提出了显隐翻译的方法，解决了难解难译的这部分谚语的翻译问题。通过不同译文的对比剖析，作者提出了翻译的不全等性这一概念，这些理论、方法和观点的提出,是作者在参考和吸收了国内外文化语言学、文化翻译学、跨文化交际理论、关联翻译理论等当代先进学术理论的基础上进行的。作者改译、重译了几百条谚语。

本书分七章。第一章绪论,简介了维吾尔族、维吾尔谚语的研究及翻译现状。第二章论述了谚语研究中的文化问题:译文中文化专有项、文化背景的处理;保留文化原则的提出。第三章提出了显隐翻译法:隐形深层义的表层显现;不用显隐法(死译)造成的后果。第四章对比分析了同一谚语的不同译文的情况。第五章论述了语境决定谚语中的词的词义及其翻译。第六章对典型个案进行了研究: jaxfi、jaman、halal、haram 等词在谚语文本中的词义及其翻译。第七章对多义谚语的语义及其翻译进行了研究。

本书论证、分析较细致,观点、方法较新颖,谚例列举较典型,可供翻译研究者参考,亦可作为高校研究生、本科高年级学生的教学参考书。

《维吾尔十二木卡姆原文歌词集》 阿布都鲁甫编著,北京民族出版社2005年出版。

这是一部文献对比研究的著作,除导论与后记外共分十三章,内容包括十二木卡姆歌词的原文,拉丁字母转写,现代维文转写,歌词的释义,诗歌的韵律和歌词的对比研究等六个方面。著名突厥学家、博士生导师耿世民教授评论此书时写道:"该书是有史以来第一部维吾尔木卡姆歌词的察合台维吾尔文原文含有用拉丁字母转写的一部重要的著作,也是一部填补了空白的专著。突厥文学家普遍认为,察合台维吾尔文学的最重要的部分就是15—16世纪维吾尔族著名诗人们创作的各种诗歌。而16世纪著名维吾尔族女诗人,木卡姆大师阿曼尼萨汗(Amannisahan)所整理的十二木卡姆歌词在察合台维吾尔文学中,具有重要的位置和意义。阿布都鲁甫教授从1986年开始,前后花了18年时间,把这些原文与现代文字的转写本一一对照,整理,最后写成了这部《维吾尔十二木卡姆原文歌词集》。"

该著作的前十二章是由十二个木卡姆的歌词组成。它们是:第一章 拉克 木卡姆(Rak Mukami):琼乃额曼(Qong Negme),5个达斯坦(Dastan),2个麦西热甫(Mexrep);第二章 且比巴亚特木卡姆(Qebbeyad Mukami):琼乃额曼,4个达斯坦,2个麦西热甫;第三章 塞尕 木卡姆(Segah Mukami):琼乃额曼,3个达斯坦,2个麦西热甫;第四章 恰哈尔嘎 木卡姆(Qehargah Mukami):琼乃额曼,3个达斯坦,2个麦西热甫;第五章 潘吉尕 木卡姆(Penjgah Mukami):琼乃额曼,5个达斯坦,2个麦西热甫;第六章 乌孜哈勒 木卡姆(Ozhal Mukami):琼乃额曼,5个达斯坦,2个麦西热甫;第七章 艾介姆 木卡姆(Ejem Mukami):琼乃额曼,3个达斯坦,3个麦西热甫;第八章 乌夏克 木卡姆(Oxxak Mukami):琼乃额曼,4个达斯坦,2个麦西热甫;第九章 巴雅特 木卡姆(Bayat Mukami):琼乃额曼,3个达斯坦,2个麦西热甫;第十章 纳瓦 木卡姆(Newa Mukami):琼乃额曼,4个达斯坦,2个麦西热甫;第十一章 木夏吾莱克木卡姆:琼乃额曼,4个达斯坦,2个麦西热甫;第十二章 依拉克 木卡姆(Qolirak Mukami):琼乃额曼,3个达斯坦,3个麦西热甫。

该著作的第十三章是十二个木卡姆歌词对比研究,165 页,约10万字。这是目前为止对维吾尔木卡姆原文歌词进行的最透彻的研究,具有极高的学术价值。

维吾尔十二木卡姆歌词由3435行诗组成。这些歌词包括15—16世纪维吾尔族著名诗人阿里希尔·纳瓦依(1441—1501)的39首诗歌,麦西莱布的11首诗歌,麦西湖力的9首诗歌,麦胡尊的9首诗歌,那吾拜提的7首诗歌,胡外达的6首诗歌,翟力里的6首诗歌,卡兰黛尔的6首诗歌,塞卡克、鲁提菲、爱尔西、乃斯米、毕拉勒·那孜木、祖胡里、哈菲兹·希拉孜各4首古典诗歌和格泽尔。此外,维吾尔十二木卡姆原文歌词集还包括《艾里甫与塞乃木》、《玉素甫与阿赫迈德》和《帕尔哈德与希林》等42个叙事长诗片段以及500年以来，在广大维吾尔族人民大众中口头流传下来的精品民歌30首。这就是说，维吾尔十二木卡姆的歌词是古典诗歌与民间文学精品的联合体。

文献对比研究著作《维吾尔十二木卡姆原文歌词集》出版发行后，中央民族大学维吾尔语言文学系和新疆艺术学院等教学单位已经把此书当教材用。

《维吾尔语简志》 中国少数民族语言简志丛书之一。赵相如、朱志宁编著。民族出版社1985年出版。

维吾尔语属阿尔泰语系突厥语族西匈语支，分布在新疆维吾尔自治区塔里木盆地周围和天山南北等地。全国维吾尔族人口约840万人，居住在新疆的使用维吾尔语。维吾尔语分中心、和田、罗布三个方言。方言的差别很小，只在语音上。本简志分语音、语法、词汇、方言、文字五部分，书末有词汇附录。语音基本上以维吾尔语中心方言伊宁土语为依据，其他章节主要根据书面标准语和参照伊宁口语材料。

《维吾尔语喀什话研究》 米海力著，中央民族大学出版社1997年出版。

主要特点：（1）它是运用现代语音学理论指导少数民族语言调查研究的新成果，是一部比较典型的口语专著，具有实用价值。（2）该书作者采用了国际音标的严式记音符号，把喀什方音的元音、辅音各种变体都录于纸上，而且还说明其出现的条件与原因，朗读起来，喀什浓厚的乡音朗朗上口。（3）该书对维吾尔语喀什话的元音、辅音、语音和谐规律、语流音变的描写，都以喀什话典型的范例予以论证。所选词语都经作者反复调查、筛选、核实。（4）该书在语音描写与分析上，既借鉴了前辈的传统方法，又勇于突破窠臼，摸索出一套适用于描写突厥语族语言的新方法，描写维吾尔方音也体现了作者立意创新的观点。（5）该书的语音辨析，既有严式记音的精益求精，又有宽式音标转写，从而保持了完好的喀什方音特点。同时，它也说明了作者具有扎实的语音理论知识、丰富的实践经验和记音、审音能力。总之，《维吾尔语喀什话研究》是一部取材丰富、记音严谨、辨音准确，具有一定创见的著作。它是突厥语言科研领域一部比较成功的方言论著。同时，也为高等学校维吾尔语专业方言学课程提供了一本好教材。

《维吾尔语实用语法》 陈世明、热扎克编著，新疆大学出版社1991年出版。

现代维吾尔语教学语法书。正文分绪论、词的类型、句法三编。每编又分若干章、节，分别对维吾尔语语法现象及各种语法规则进行了具体描写和解释。每节后附有"思考与练习"。正文前列有《作者的话》和《序》。

《维吾尔语详解词典》 阿布利孜·牙库甫等编，民族出版社1990年出版。

用维吾尔语详解维吾尔语词汇的多卷本大型词典。该词典收入现代维吾尔语所有词语及词组、成语，还兼收了部分方言词、历史词语、科技专业术语等。词条以大写黑体字按照现代维吾尔文字母顺序排列。正文前有前言、凡例、参考文献、维吾尔文字母表。是学习和研究维吾尔语的重要工具书。

《维吾尔语言文化研究（维吾尔文）》 乌买尔·达吾提著，新疆大学出版社2011年出版。

该书从结构主义语言学、社会语言学、文化语言学等多学科角度，对现代维吾尔语的结构、维吾尔语与维吾尔文化的关系以及今古维吾尔语（察合台语）及其文献进行了较深入全面的论述和探讨。全书由三部分组成：第一部分分析和论述了现代维吾尔语的结构描写与研究问题，如：维吾尔语的词的构造、对偶词、动词及词的重叠形式等问题；还对维吾尔语的词序、借词、颜色词等进行了分类描述。第二部分论述并探讨了维吾尔语和维吾尔文化关系方面的问题，如：维吾尔语的颜色词和招呼语的文化含义及文化特征、维吾尔族历史上的双语类型、《突厥语大词典》中的比较方法等。第三部分论述和讨论了今古维吾尔语的词汇、词法和今古维吾尔语文献研究的一些问题，如今古维吾尔语的名词格位系统、词汇结构及国外今古维吾尔语文献研究等。

此书在维吾尔语言学界包括维吾尔语的历时和共时研究，维吾尔语和维吾尔文化的关系等方面有一定的理论价值和参考价值。著名维吾尔族语言学家米尔苏里唐·乌斯曼夫为此书题词并指出其中分析和解决了维吾尔语的一些重要问题。

《维吾尔语语法结构分析》 高莉琴著，新疆人民出版社1987年出版。

本书是国内外第一次用结构主义和转换生成语法的理论对现代维吾尔语进行描写的著作，是一次有益的探索。在现代语言学理论中，语言是受规则制约的，这些规则互相结合起来构成一种体系，就是语法。因此，任何一种语言都是可以用语法描写的。全书共分十章，逐层揭示了维吾尔语语言单位——语素、词、短语、句子之间的结构关系和规则。作者较成功地运用结构主义和转换生成语法对上述语法单位进行了描写和研究。在"语素"一章里，不仅指出维吾尔语存在自由语素和黏着语素，而且还指出了介于二者之间的正在虚化的语素（类语缀、类语尾），解决了是词又是缀，是词又是语尾长期以来划不清的语言单位的问题。在"词类"一章里，指出词义不能作为划分词类的标准，并就词类的概念、划分词类的目的、方法做了论述。主张用结构主义方法，把词放在组合与类聚关系的框架里，用分布原则对词进行分类，按不同层次对维吾尔语的词进行分类。在谓词的动词一节根据分布原则首次将动词划分为"直接谓语动词"、"非直接谓语动词"和"双功能谓语动词"三类。使得形态变化纷繁的动词系统纳入了清楚、明了的框架。紧接着论述了"维语动词的体"，首先肯定了维吾尔语动词有"体"范畴，认为表示不同体的语法意义有两种不同的语法单位语素：一是词尾，即综合形式；二是辅助性的词，即分析形式。用综合手段构成的体有进行体和经历体两种，用分析手段构成的体有进入状态体、完成体、尝试体、得到给予体、保持状态体、始发体、转折体、继续体8种。在"短语"一节，首先区别了短语和词、句子等语法单位，然后具体分析描述了维吾尔语短语的结构，从五个方面对短语和复合词作了具体区分，又从具有表述性与非表述性方面区分了短语和句子。在此基础上把维吾尔语的短语分为派生短语和复合短语，并以实例分析了主谓、述宾、述补、疏状、修饰性、联合6种短语。特别是对维语学界一直不承认的述补短语，作了重点论述。在"句子"一章里，采用直接成分分析法分析句子结构，归纳了维吾尔语的句型。并用转换生成语法的深层结构与表层结构的理论，探讨了7例用直接成分分析法无法分析的句子，使问题得到圆满的解释。全书始终贯穿与解释维吾尔语的语法问题，分析论述自成体系。本书获1991年新疆维吾尔自治区第二届社科优秀著作三等奖。

《维吾尔语中的汉语成分》 [苏联] B. 诺夫戈罗德斯基著，苏联莫斯科东方学院出版社1951年出版。

研究维吾尔语中的汉语借词的专著。正文分六章：（一）关于维吾尔语中的汉语借词；（二）汉语借词的语音变化；（三）维吾尔语中汉语借词的语义；（四）汉语借词的形态；（五）维吾尔语中汉语借词的范围；（六）关于维吾尔人使用汉字。正文前有 H. A. 巴斯卡科夫写的序。正文后附有汉语借词索引。

《文化的绿洲——丝路语言与西域文明》

牛汝极主编，彭燕、阿布里克木·雅森合著，新疆人民出版社2006年出版。

该书利用丝绸之路发现的语言文献史料再现丝绸之路绿洲上的文化历史原貌，从多语言多文化丰富资料的比较中寻找多元一体文化的绿洲风貌，在历史与现实、文化与社会的综合分析中展现西域文明的多维面貌。全书分六章。第一章，丝路语言与西域文明：从东西贸易到文明传递；第二章，丝路绿洲上的汉语和民族语：接触与互动；第三章，摩尼教与回鹘：粟特波斯文化之东传；第四章，佛教与异域文化相遇：冲突与整合；第五章，《突厥大词典》：西域绿洲文化的百科全书；第六章，丝绸之路与基督教东渐：从语言输出到文化移植。

《文化语言学发凡》

张公谨著，云南大学出版社1998年出版。

本书主要阐述文化语言学这门新学科的要旨和若干关键性问题。分导论——走向21世纪的语言学、理论篇、应用篇、背景篇四部分论述。在导论部分，作者认为：当代的社会实际将决定语言学的走向。20世纪80年代掀起的文化热，产生了文化语言学，其他语言学流派，如历史语言学将会退居二线。由于民族文化中最鲜明的标志是语言，因而维护自己的语言和文化是民族独立和发展的标志。文化语言学也就成了民族独立的语言学、发展中国家的语言学。在理论篇论述了语言的文化现象、文化价值、文化气质和文化格局中的词、混沌学与语言研究、文字的文化属性、文化环境与民族语文建设。在应用篇论述了民族语言与民族文化、从语言探讨民族文化史迹、傣语方言词汇的文化分析、纳西族傣族语言文化的气质差异、壮侗语分布与演化中的混沌、民族古文字、古籍的历史意义和文化价值；在背景篇论述了世界语言概况与语言的普遍特征、我国的民族语言及其特点、历史语言学的历史使命、语言学与民族语言学。

《文化语言学教程》

丁石庆主编，教育科学出版社2004年出版。

该教材为北京市高等院校精品教材重点建设项目之一。分理论与方法篇和研究与应用篇两部分。上篇就文化语言学科的性质、任务，学科研究内容及方法论基础进行阐述。首先对文化语言学的学科性质进行了定位，认为属于语言学的一个分支，是具有理论性与应用价值的综合的语言学科。其次提出了作为学科理论支撑的文化观："文化是各个民族或群体对特定环境的适应能力及其适应成果的总和。"上篇各章均以此为理论框架和研究思路进行阐述。第三章就语言的文化性质、语言的文化价值、语言的文化气质等有关语言的本质问题及学科语言观进行了详细论述。第四章从自然生态环境保护问题到语言的人文生态保护问题的讨论，就目前热门的经济全球化等带来的文化冲突、语言冲突等带来的弱势群体的语言濒危以及网络所带来的一系列语言问题进行了分析。第五章对文字及与文化相关问题进行了阐释，并就我国少数民族的古文字、古籍文献及其文化价值进行了专题讨论。第六章首先提出了多元互补、死活并重、古今兼顾、科际整合等学科的方法论原则，然后介绍了浑沌学的理论与方法，尔后讨论了语言中的非线性现象，并运用大量实例将混沌学理论引入到语言与文化的分析。

研究与应用篇在上篇的理论与方法的框架下，结合实际不同类型的语言材料和我国的语言国情讨论了语言结构与文化结构、语言与物质文化史、语言与制度文化史、语言与精神文化史、语言与文化交流、方言与亚文化、双语与多元文化等专题，其中有宏观的概括分析，也有微观的个案调查研究，为学生进行具体研究提供了专题分析样本。该教材主要读者群为研究生与高年级本科生。该教材获得2004年中央民族大学优秀教学成果一等奖，2005年获得北京市高校优秀教学研究成果二等奖。此外，该教材还被北京市教委指定为高等院校精品教材。

《我的幺表妹（彝译汉）》 且萨乌牛（王昌富）翻译，民族出版社 2003 年出版。

《我的幺表妹》是彝语《安阿惹妞》的译称，也有称《阿热妞》或简称《幺表妹》的。它是一部广泛流传于大小凉山的叙事抒情长诗。《我的幺表妹》并不是一部单纯的优美的叙事之作，而是一部赋以起伏情节的叙事性情歌。它的主线贯穿了令人心潮跌宕的故事情节：爱慕和赞美表妹的美丽——和表妹深深相爱——表妹父母的无情阻挠、隔离与刁难——表妹被夫家抢去——我苦恋、盼归、诅咒——劝慰表妹、给表妹以希望的力量听到表妹自尽的噩耗——表哥悲诉（哭悼），最后"我"漫无目的地四处流浪呼唤"表妹回来吧"。长诗对旧时代阻碍青年人婚恋自由的邪恶势力作了无情的揭露和强烈的诅咒，故被旧的统治者视为"毒"、"鬼"而禁之，但渴望人身自由、婚姻自由的劳动人民却对其久唱不衰。《我的幺表妹》是爱情的悲剧。在主题思想上是进步的、健康的，具有很强的斗争性和冲击力。在诗歌语言艺术的运用上，《我的幺表妹》可谓炉火纯青、登峰造极，令人叹服。《我的幺表妹》是彝族民间长诗中最为优美的一部。它以优美的诗句，表达了主人公对幺表妹的炽热情感，深受彝族人民的喜爱，特别是青年人，相聚在一起，或独自相思时就唱《我的幺表妹》，表达其对纯真爱情的追求和对情人的思念。《我的幺表妹》通过表哥"我"抒发对美丽无比的"幺表妹"的爱恋以及被分开后对表妹的苦苦思念之情，表达了"我"和"幺表妹"对爱情的追求，对幸福的向往和对旧婚姻制度的反抗精神，长诗借"我"之口，倾诉了广大彝族人民对生活的热爱和对美满幸福爱情的渴望。

《乌孜别克语简志》 中国少数民族语言简志丛书之一。程适良、阿不都热合曼编著，民族出版社 1987 年出版。

乌孜别克语属阿尔泰语系突厥语族西匈语支，分布在新疆伊宁、塔城、喀什、莎车、叶城、乌鲁木齐、吉木萨尔、木垒、奇台等地。人口 1.2 万人。乌孜别克语没有方言的差别。本书以莎车、叶城、伊宁的口语为依据，介绍乌孜别克语的全面情况。分语音、词汇、语法三部分进行介绍。通过与突厥语其他语言的比较研究，发现与维吾尔语有很多相同或相似之处。由于乌孜别克族人与维吾尔族人杂居，受维吾尔语的影响比较明显。

《五色话研究》 中国新发现语言研究丛书之一。韦茂繁、韦树关著，民族出版社 2011 年出版。

五色话是广西壮族自治区融水苗族自治县永乐乡的自称为"欸人"所使用的话。当地汉人称使用这种话的人为 e^{55} $lə u^{55}$（欸佬），而把他们所说的话称为 $ŋu^{44}$ $çek^{54}$ wa^{24}（五色话）。欸人集中居住在永乐乡下覃和四莫两个村，人口有 8800 余人。欸人的民族成分曾经多次改动，1949 年以前统称为汉族，1950 年以后曾称为壮族、水家族，1954 年确认为壮族。相传是从湖南大巷口迁来，距今已有 500 多年。有人撰文认为，他们是明代中央王朝从广西庆远（今宜州）、南丹等地征调屯驻该地的土兵、狼兵的后裔，是当时当地的土著少数民族。五色话一般认为它是杂有多种语言成分的语言。作者明确指出，五色话原属壮侗语言，后来被土拐话（汉语平话）包围，渗透了不少土拐话成分。因此，五色话原是一种壮侗语族语言，受汉语土拐话的影响较深，并杂有多种语言成分，给人以驳杂之感而已。全书分绪论、语音、词汇、语法、五色话的性质、关于五色话的归属问题和五色话：走向濒危的语言等七章。作者主张五色话应该归入壮语，属壮语的第三个方言。

《武鸣排歌》 黄革、黄自修整理，根据记音及古壮字手抄本转写为壮文，广西民族出版社1982年出版。

内容包括鸟歌、十二季节歌、花歌、动物歌、穷人歌、仆人歌、寡妇歌、对歌、情歌、杂歌等，五言六句勒脚体。

《武鸣壮语》 李方桂著，中国科学院语言研究所、中国科学院1953年内部出版。

记录广西武鸣县壮语的专著。全书分三章，第一章导论，介绍武鸣话的语音、汉语对壮语的影响；有一节介绍壮字，还有一节介绍壮歌。第二章故事及歌。收录故事、日常生活、风俗及歌谣26篇。大部分用方块壮字书写，注音注义，另外还有意译。书末附录是"武鸣土话音系"。故事及歌和词汇占全书的90%左右。该书是根据作者1935年在广西调查壮语时所收集的材料编写成的。

《西部裕固汉词典》 中国少数民族语言系列词典丛书之一，雷选春编著，四川民族出版社1992年出版。

国内第一部西部裕固语与汉语对照词典。本词典以甘肃肃南裕固族自治县明花区和大河区的西部裕固语材料为依据而编成。共收单词及词组7000余条，采用以国际音标为基础的西部裕固语音标记词条。词条按音标顺序排列，第一词条的编排顺序为西部裕固语音标、汉语释义、举例、例子和汉译文。正文前有序、前言、凡例和西部裕固语音标表。正文后附有《西部裕固语常用地名表》、《西部裕固语语法纲要》、《西部裕固语常见构词附加成分表》。是学习和研究西部裕固语的重要工具书。

《西部裕固语简志》 中国少数民族语言简志丛书之一。陈宗振、雷选春编著，民族出版社1985年出版。

西部裕固语属阿尔泰语系突厥语族东匈语支，分布在甘肃肃南裕固族自治县。在肃南境内的裕固族约有1万人，而使用西部裕固语的约有5000人。本书以甘肃省肃南裕固族自治县明花区莲花乡的口语材料为依据，扼要介绍了西部裕固语的语音、词汇和语法，并附有1000多常用词。本书是学习和了解西部裕固语的基本材料。

《西部裕固语研究》 陈宗振著，中国民族摄影艺术出版社2004年出版。

论述我国甘肃省肃南裕固族自治县境内裕固族居民使用的两种本族语言之一、属于阿尔泰语系突厥语族的西部裕固语的专著。本书分为上、下两篇，上篇包括绪论、语音、词汇、语法和比较研究等各章。绪论涉及裕固族历史、语言特点和西部裕固语研究概况；比较研究部分为西部裕固语与回鹘语、现代维吾尔语语音、词汇、语法的重点比较。下篇包括著者记录和翻译的西部裕固语短句、故事、传说、谈话、歌曲、贺词、谜语、谚语等各类话语材料，都有注解和汉译文，部分材料还有逐词直译。正文之后附有《关于西部裕固语研究的主要参考资料》、《西部裕固语附加成分总表》和出现于本书的《西部裕固语—汉语对照词汇表》。本书的特点是既有描写研究，又有重点比较研究，从而可使读者更明确西部裕固语的突出特点；既有研究结论又有结论所依据的话语材料，为学术界提供了关于我国特有的这种濒危语言的宝贵资料。本书曾获2005年北京大学第十一届王力语言学奖一等奖和中国社会科学院第六届优秀科研成果奖二等奖。

《西南地区濒危语言研究》 李锦芳等著，中央民族大学出版社2006年出版。

中国西南地区语言种类繁多，但目前有一部分正在走向消亡。如何在这些语言消失之前进行比较全面的描写记录，是摆在语言学家面前的重要课题。本书以西南地区侗台语族、南亚语系的濒危语言为研究对象，描写分析了仡佬、布央、茶洞、布干、户等语言，并作了一些专题比较研究。

全书共分三章。第一章绪论,论述有关中国濒危语言研究与保护的理论方法问题,并交代了本书的研究内容、目的和方法。第二章侗台语言编,是全书的核心部分,重点描写分析了几种过去较少刊布语料的仡佬语方言,并就布央语内部、越南恩语与布央语、普标语的地位作了几个专题比较研究。这一章还初步描写介绍了新发现的侗水语支语言茶洞语。第三章南亚语言编,介绍两种使用人口很少的南亚语言户语和布干语,并就布干语和俫语进行了初步的比较研究,认为它们是南亚语言中关系最为密切的两支。书后刊布相关的仡央语言、茶洞语和南亚语言的词表,以使这些濒危语言材料能够在更大的范围传播、保存,并供学界进一步研究之用。

《西南彝志（1、2卷，彝文版）》 莫色毛勇译,四川民族出版社2003年出版。

《西南彝志》是众多彝文典籍中的一部,全书彝、汉文对译本共26卷,290个标题,是一部用诗文较全面地记载西南彝族历史的古籍。该书用古彝文记载,彝文下面注有国际音标,一个字一个字地有音译,也有意译。

本书叙述了彝族先民民族的形成、发展、迁徙时,从哎生布慕遮,哺生希堵佐开始,延述了360代世系,到笃慕之世的洪水泛滥时期。笃慕是在洪水泛滥后由蜀入滇,迁居在乌蒙山地区腹地的川东（今云南省会泽县境内）的乐尼白。他的六房儿子分别发展为武、乍、糯、恒、布、默六大氏族,即所谓"六祖"等。本书有不少章节内容,广泛涉及天文、历算、语言、文字、医药、冶炼、兵器制作、生活用具制作、工艺、畜牧、狩猎、农耕等各个方面,较全面地反映了彝族古代社会的经济、政治、文化生活。因此,《西南彝志》被称为彝族古代社会的百科全书,该书具有重要的学术研究价值。目前,《西南彝志》已由贵州民族出版社出版了1—12卷,为了让更多的读者了解该书的详细内容,用国务院批准推行的《彝文规范方案》中的规范彝文翻译了1—12卷,其中正式出版的是《西南彝志》1—2卷。本书翻译忠实原著,译文准确、通俗、易懂,为广大的彝文古籍爱好者、研究者、读者提供史料。

《西双版纳傣文图书内容概要》 岩温龙等编,云南民族出版社2007年出版。

本书总收录了75部西双版纳傣族地区的叙事长诗及文献,每部叙事长诗及文献的主要情节和主要内容,以傣、汉两种文字进行了情节和内容上的概要,岩温龙负责其中40部叙事长诗及文献上的内容概要。本书既可服务于不懂西双版纳傣文又想了解西双版纳傣族叙事长诗的人士,同时可供有志于西双版纳傣族叙事长诗研究者们参考使用。

《西双版纳傣语基础教程》 岩温龙编,云南民族出版社2006年出版。

本书分为四个部分:第一部分—语音文字,第二部分—课文,第三部分—语法,第四部分—汉、傣翻译常识。语音文字部分,主要包括新傣文简介、声、韵母及拼音、韵母及拼音、老傣文简介等内容;课文部分,共十八篇,以傣文为主,课文中包括傣、汉文生词、练习、词的用法、傣语问答等内容;语法部分,主要包括词法、句法;汉、傣翻译常识部分,主要包括翻译定义、翻译标准、翻译过程、翻译方法与技巧。本书既可服务于教学又可供有志于西双版纳傣语文研究者们参考使用。

《西夏文德行集研究》 聂鸿音著,甘肃文化出版社2002年出版。

《德行集》是西夏重臣曹道乐在12世纪末为夏桓宗编写的一本"修身治国"的读物,基本内容是从中原典籍中选取适宜的文字拼凑成章并译为西夏文。原件1909年出土于内蒙古额济纳旗的黑水城遗址,今藏俄罗斯科学院东方研究所圣彼得堡分所。

本书是对这部西夏文著作的首次全文解读，全书分"导论""西夏文校读""《德行集》译注"和"参考文献"四部分。

"导论"部分讨论了《德行集》的版本、译刊年代和译刊者、编纂缘起和主要内容，以及编译者的汉学水平和翻译风格。"西夏文校读"部分提供了西夏文原件的全部影印版及汉字对译，并以注文的形式指出了原件的一些文字讹误。"《德行集》译注"部分提供了西夏文原书的汉语翻译，并逐条考证了原作的中原史料来源。作者的汉译文采用经典的古汉语风格，避免了此前的研究者那种只求文字对应而不管译文是否通顺的"硬译"方式。

《西夏语比较研究》 李范文主编，孙宏开、马忠建、聂鸿音、李范文撰稿，宁夏人民出版社1999年版。

该书为1992年国家社会科学基金项目的最终成果。由孙宏开在北京组织部分西夏语研究的专家学者集体攻关，将西夏语与藏缅语族尤其是羌语支语言开展全方位的比较研究，目的为解决西夏语的归属问题。经过5年左右分语音（聂鸿音负责）、词汇（孙宏开负责）和语法（马忠建负责）的比较，分别写出研究报告，最后开展综合研究，得出结论认为西夏语在藏缅语族内与羌语支最接近，应该属于羌语支。由于长期以来，西夏语一直被认为属彝语支，最早提出这一观点的是美国学者劳费尔，他于1916年在《通报》上刊文，提出西夏语属西（西夏）—么（纳西）—罗（彝）语支，这一观点一直统治着西夏学界近百年。该书的出版，推翻了西夏语属彝语支的观点。得到了西夏学界的广泛赞同。为了让读者对西夏语归属问题有一个全面的了解，该书特意翻译了劳费尔的原文，附在末尾，供读者对照比较。马学良、王均、戴庆厦、高葆泰等为该书写了序言。

《西藏的语言与社会》 周炜著，中国藏学出版社2003年出版。

本书是《社会学人类学论丛》第38卷，是周炜博士在他的博士后研究报告的基础上修订完成的。它以当今的西藏为实例来考察语言与社会之间的种种错综复杂的关系，是社会语言学与应用语言学的个案研究报告。为人们提供丰富的材料和建议，从而为西藏的藏语规划工作提供参考。分十七章，几乎每一章末尾都有一个"结束语"。

《锡伯语简志》 中国少数民族语言简志丛书之一。李树兰、仲谦著，民族出版社1986年出版。

该书描写的是新疆维吾尔自治区伊犁哈萨克自治州察布查尔锡伯自治县的锡伯话。分概况、语音、词汇、语法和文字五部分。书的最后附录1200个常用词。概况部分简单地介绍了锡伯族由于历史上的原因分别居住在我国的东北和新疆两个地区，形成了使用不同语言的情况。同满语书面语相比，介绍了现代锡伯语、锡伯文所具有的特点。语音部分介绍了锡伯语的元音系统和辅音系统，以及出现的各种语音变体；通过书面语和语词的对比，分析了锡伯语的元音弱化现象和前化现象，正是这些现象，导致了在锡伯语口语中出现了新的元音音位。由于语音的演变，出现了腭化辅音和唇化辅音。元音和谐律与书面语相比较，较为复杂，为了说明元音出没的规律，作者把元音分成了甲、乙、丙、丁、戊五组，形成了新的元音和谐规律。该书对词义的发展和演变作了一些探讨，对词义转化的因素作了较为详细的讨论，一个词在长期使用过程中，由比较单纯的意义发展成多义，如 dʒavəm 一词的基本意思是"抓住、握住"，但在实际使用中，意义有了发展，除了"抓"的意义外，还有扶（犁）、捕（鱼）、号（脉）、接（骨）、结（亲）、掌（权）、纳（税）、火（化）等意义。该书最大的贡献还是在语法方面，作者发现和揭示了锡伯语的一些重要的语法现象，第一次向学术界提出了在锡伯语口语中存在领属范畴的观点,并对领属形式所表示的语法意义有新的分析和体会。在研究中发现锡伯语口语中只有人称领属,没有反身领属,在使用上第三人称领属附加成分使用得多,第二人称领属附加成分使用得少,而第一人称领属附加成分则很少使用,有时也可以不用,并对领属形式所表示的语法意义作了较深入的研究,即人称领属范畴表示的基本的语法意义是指出领属关系,但有时指出的不一定是纯粹的领属关系,而是双方具有的某种联系或某种关系。因此,锡伯语存在领属范畴的观点和事实,修正了满一通古斯语族满语支不存在领属形式而区别于通古斯语支的传统看法。该书还对动词陈述所区别的亲知口气和非亲知口气进行了比较详细的揭示和描写,这一研究成果,不仅对锡伯语动词所表现出的复杂现象进行了科学的分析,也为满一通古斯语族语言的动词研究,提出了一个新课题,同时也为研究阿尔泰语系各语言之间的关系提供了新材料。在文字部分,对锡伯文的性质做了表述,并列表说明了锡伯文字母和满文字母的不同之处。

《锡伯语口语研究》 李树兰、仲谦、王庆丰著,民族出版社1984年出版。

它是研究锡伯语口语的第一部专著,分"锡伯语语法概要"和"锡伯语口语词汇"两部分。"锡伯语语法概要"是对锡伯语的语音和语法的简明描写,在语音部分着重介绍了锡伯语口语元音音位多于书面语元音音位的情况,由于词内元音的失落,产生了腭化辅音和唇化辅音;在语法部分介绍了锡伯语各个词类的特点,在构词附加成分中有一些是在满文中未见的形式。该书还介绍了锡伯语口语中存在领属形式,并且作了比较详细的描写。通过对动词时间形式、祈使形式、副动形式、形动形式以及态、体、助动词的描写,介绍了锡伯语的动词体系。在句法方面介绍了几种重要的句法结构,由这几种结构生成单句和复句,对句子的分析采用层次分析法。

该书的第二部分"锡伯语口语词汇"是锡伯语口语和锡伯语书面语、汉语对照的词汇,收词和词组约6000条,其中主要是口语词,同时也包括一些现在年轻人不大使用而老年人还用的一些旧词和古词。释义采用相应的汉语词对译的方式,对多义词的注释没有采用简单平列各种意义的方法,而是划分了义项。每一个词条都分三栏,左栏是口语词,右栏是注释口语的汉语,中间一栏则是和口语词相对应的书面语形式。这是由于口语的语音演变,使口语词与书面语词出现了不同。有了词的书面形式和口语形式相对照,会给读者带来比较上的方便。另外,由于锡伯语书面语与满语书面语在很大程度上是相同的,因此读者还可以通过这种对照,进一步地去研究锡伯语的发展变化,如有些口语词在满语中是没有的;有些词在满语中也有,但词义有所不同;有些词是在意义上大体相同,但有了发展。此外,该书所列的一些口语词,有的还没有公认的书面语形式,编者根据口语的发音和传统文字拼写习惯,在该书中模拟了书面语形式,作为规范时的参考。

《锡伯语语法研究》 [韩]张泰镐著,云南民族出版社2008年出版。

本书是作者以他的博士论文为基础增加了书面和口语的比较而成的著作。新疆的锡伯族于1764年为了戍边而从东北迁徙至新疆,其语言保留到现在。本书是描写现代锡伯语的语音、词法、句法、话语结构的分析结果。在语音方面涉及口语和书面语的音位分析比较。在词法及句法方面,以口语为主进行分析。在话语方面,以口语为主进行分析。全书分五章:一、绪论;二、语音;三、词法;四、句法;五、口语话语。书后附有9个附录。

《仙岛语研究》 戴庆厦、丛铁华、蒋颖、李洁著,中央民族大学出版社2005年出版。

仙岛语作为一种濒危语言在藏缅语内部有其独特性,在共时、历时研究中都有一定价值。该书是教育部人文社会科学重点研究基地研究项目的课题之一。主要以云南省德宏傣族景颇族自治州盈江县姐冒乡芒缅村仙岛寨的仙岛语为依据，从语音、词汇、语法等方面分析仙岛语的基本情况，并后附词汇、例句。该书为仙岛语的研究提供了丰富的素材。

《仙仁土家语研究》 戴庆厦、田静著，中央民族大学出版社2005年出版。

该书以湖南湘西土家族苗族自治州保靖县仙仁乡土家语为依据，从语音、词汇、语法等方面分析土家语的基本特点，后附词汇、词组、句子和长篇语料。

《现代朝鲜语》 朝鲜语言学家金寿卿、宋瑞龙撰，朝鲜平壤高等教育图书出版社1961—1962年出版。

本书是现代朝鲜语语法描写专著，供大专院校使用的教材。全书共3册。第1册包括序论、词汇论、语音论和缀字法。序论部分阐述了现代朝鲜语研究的对象、任务和内容，论述了朝鲜语在世界语言中的地位、方言的划分、标准语的形成和发展。作者认为关于朝鲜语的系属问题目前尚不能作结论，但以阿尔泰语系说的论据最为充分有力。方言则应划分为东北、西北、中部、东南、西南和济州6个方言，而标准语则是以中部方言为基础形成的。在词汇论部分作者论述了现代朝鲜词汇构成的特征，分析了现代朝鲜语的构词法以及现代朝鲜语词典编纂法。语音论部分对现代朝鲜语的语音系统及其他特点作了较为细致的描述。第2册是词法部分，论述了现代朝鲜语的词类划分问题，分析了各类黏附成分的意义和用法。作者认为划分词类的标准应根据词义、词的语法范畴、词的句法功能、词的构词特点来综合考虑。在具体的词类划分上，除一般所说的8个词类（名词、数词、代名词、动词、形容词、冠形词、副词、感叹词）外，还设立象征词（摹拟词）。第3册是句法部分，论述了各种类型的词组、分析了各种类型的句子。对句子中各种类型的扩展成分进行了分析。作者认为句子的基本特征是述谓性，并具体阐明了朝鲜语句子述谓性的表示手段。这部著作和朝鲜科学院语言文学研究所撰写的《朝鲜语文法》代表了60年代朝鲜民主主义人民共和国语言学界语法研究的最高水平。

《现代朝鲜语词典》 朝鲜社会科学院语言学研究所编纂，科学、百科词典出版社于1981年出版，第2版。

这是一部中型的朝鲜语规范词典。收词13万余条。范围涉及金日成著作和劳动党文献中出现的词语，各级学校教科书、文艺作品、报纸杂志、科普读物中的常用词语以及由国语审订委员会审定的科技用语。名言警句、词组、成语也在收集之列。此外还包括词汇整理以前常用的汉字词和南半部及其他地区常用的部分词语。注释部分包括了语法性质、语义解释、实际用例，对非固有词都不注明词的来源。对拼写法和读音不一致的则注出实际发音。解释语义时避免采用同义词注释的办法，并努力辨析近义词之间的细微差别。多义词各个义项的排列以当今常用的词义为主，排列在前。这是一部颇具特色的词典。

《现代哈萨克语实用语法》 张定京著，中央民族大学出版社2004年出版。

这是北京市2002年精品教材立项项目成果，对现代哈萨克语的形态、虚词、语序、重叠、零形式进行系统描写。整个内容分为三编。形态手段为独立的一编，内容按词类展开，包括名词、形容词、数词、量词、副词、代词、动词、摹拟词、感叹词9类实词，每类实词分别叙述其构词法及形态变化，以及与形态手段有关的狭义语法范畴。虚词传统上在词法（即形态）部分叙述，本教材中安排为独立的一编，分别描写格助词、连接助词、语气助词、助动词、时间助词、结构助词六类助词。其后安排语序和重叠语法手段合为一编。零形式因是与其他手段对立而存在,分别在各种手段中叙述。涉及的狭义语法范畴有数、格、人称、级、态、体、双功能、式、时等。每个范围的内容按其所包括的具体语法意义来排列,每个具体语法意义有其对应的表达形式及该形式的使用场合及用法。对封闭性词类的成员进行逐个描写,力求准确说明其特殊用法及功能。对语法成分力求分析至最小,因为划分出能够独立使用的最小单位是语言的经济原则的要求。描写中遵循的一个基本观点是,语法单位是形式与意义的结合体,在考虑分布也是形式的情况下,可以认为语法单位的形式与意义具体一对一的对应关系。分析至最小单位后,按该语法单位的名称、形式、意义、例句的步骤程序进行描写。

此部语法使现代哈萨克语各语法手段(语调除外)和语法形式的用法和意义的描写达到空前细致的程度。是我国现代哈萨克语语法研究的重要成果,可供哈萨克语和其他多种少数民族语言研究借鉴和参考。2004 年获得北京优秀教学成果二等奖,2005 年被认定为北京市精品教材。

《现代哈萨克语虚词》　张定京著,民族出版社 2003 年出版。

本书是国内首次对哈萨克语虚词乃至突厥语族诸语言的虚词进行系统全面研究的专著。虚词是突厥语言中一个重要的语法手段。但长期以来"形态至上"的传统观念居统治地位,哈萨克语一直被当成典型的分析型语言来对待,虚词研究未得到应有的重视,一直作为形态的附庸出现。此专著改变了这一局面,展现了哈萨克语(突厥语言)的"综合—分析型"语言的本来面貌和虚词这一分析手段在不断扩大强化的发展趋势。《现代哈萨克语虚词》包括四方面的内容。(1) 考察确定哈萨克语虚词的 6 个类别和 219 个成员;(2) 对每个虚词的用法和意义进行详尽的描写;(3) 探讨每个虚词的词源,并在此基础上考证虚词由实词语法化的三个阶段;(4) 对有虚词身份和用法的 3 个特殊动词(bol－"成为、是"、tur－"站、停"、de－"说")的 20 个身份 124 种用法进行详细分析与描写。用法和意义的描写是重点。详细描写了 219 个虚词的 356 种用法和意义,其中 269 种为首次描写,原有的 87 种用法和意义也得到大幅度修正与深化,一些用法复杂的虚词的研究发现过程往往经历十几二十年的时间,如助动词 qal－"表局面体意义"和 qoj－"表结果体意义"分别有 9 种和 12 种意义和用法,其研究过程经历了漫长的 20 年。本书在国内哈萨克语法学界产生较大影响,同时引起国内其他突厥语族语言和非突厥其他少数民族语言研究者的兴趣,国外相关专家也给予了相当的关注。

《现代哈萨克语语法》　耿世民著,中央民族学院出版社 1989 年出版。

本书是根据作者多年从事哈萨克语教学和广泛参考国外各种著名突厥语语法著作的基础上撰写的。初稿曾于 1963 年作为中央民族学院少数民族语文系哈萨克语专业的教材油印使用。之后经过修改和补充并译成哈萨克文于 1971 至今作为中央民族大学哈萨克语文系哈萨克族学生的语法教材使用。本书由导论、第一章语音(包括元音音位、辅音音位及其历史发展、语音和谐规律、辅音的同化、增音现象、减音现象、换位现象、音节结构、重音等章节)、第二章文字(哈萨克族历史上使用过的文字及现行阿拉伯字母文字的字母表及主要拼写规则)、第三章词汇(哈萨克语的词汇特点［同义词、熟语、有关畜牧业的词汇、古老的基本词汇］、哈语单词构成的形式［根词、派生词、合成词、谐音词］、借词［阿拉伯波斯语借词、蒙古语借词、俄语借词、汉语借词］、现代哈语新词术语的构成方法［旧词词义的扩大、由原有词或借词加附加成分构成新词、仿译法、同义词的组合、借词］)、第四章方言(此章主要根据 20 世纪 50 年代末 60 年代初全国开展的民族语言调查时收集的材料写成,根据语音、语法和词汇三个方面,把我国哈语分为东北和西南两大方言)、第五章词法(由词的构成、词类的划分[实词、辅助词、虚词、叹词、模仿词]、词类的分述[名词、形容词、数词、量词、代词、动词、副词、辅助名词、后置词、连接词、语助词、语气词、感叹词、模仿词])、第六章句法(词组[联合词组、偏正词组、主谓词组、复合词组、固定词组]、句子[句子成分、句子的分类]),最后是主要参考书目录(主要包括当时在北京各大图书馆能找到外文有关图书,分为七部分:总论突厥语的、关于哈萨克语研究的[不包括中学语法教科书]、关于哈萨克语方言及历史的、关于哈萨克字典的、关于突厥语比较语法的、关于古代突厥语的、关于其他突厥语语法的)。

《现代凉山彝语语法》 张余蓉著,中央民族大学出版社1995年出版。

1987年由学校印刷厂铅印成册,在彝语文专业班使用。1990年列为国家民委民族类教材"八五"编写规划的重点教材后,又与蔡堃同志合作,在原有基础上结合教学实践,作了进一步修改补充。1995年10月由中央民族大学出版社出版,作为彝语文专业正式教材,一直使用至今。该书于1996年5月获校人文科学三等奖。

该书共五章,其主要内容包括凉山彝语(北部方言)语法概论、词类分类、句子成分、单句类型、复句类型、标点符号六部分。该书较全面、系统地论述了现代凉山彝语在词法、句法方面的组织规律。为了便于教学和彝、汉学生在语言上相互学习,在表述上均用彝汉两种语文,凡彝汉两种语言相同的语法现象,尽量选择与汉语语法相一致的提法,但重点还是突出彝语的语法特点,力求与现代凉山彝语的实际相符合。

《现代蒙古语》 (修订版)哈斯额尔敦主编,内蒙古教育出版社1996年出版。

用普通语言学理论,较系统、详细地阐述了现代蒙古文学语言。由绪论、语音学、正字法、语法(包括词法和句法)、词汇学、修辞学六个部分组成。在绪论部分阐述了蒙古语族语言、蒙古书面语言和口语及其历史发展阶段、蒙古语方言、现代蒙古文学语言及其规范化等问题;在语音学部分阐述了语音和音标、元音、辅音、元音和谐律、辅音结合规律、音节、重音和弱化元音、语音变化、正音法;在正字法部分阐述了蒙古文字母及其笔画,正字法原则和元音、辅音、单词、语法形式正字规则,关于蒙古文正字法的改进和统一问题等;在词法部分阐述了蒙古语词的构造、蒙古语的词类及其特征、蒙古语构形法、蒙古语构词法,在句法中阐述了句法和句子、词组,句子成分、句子种类、标点符号;在词汇学部分阐述了蒙古语词汇特点和基本单位、词义及其词义系统、词汇的组成、词源、词汇的发展和规范、词典;在修辞学部分阐述了修辞的意义、词汇学修辞法、语法修辞法、节奏修辞法、修辞格、语言风格。

《现代蒙古语固定短语语法信息词典详解》 青格乐图著,内蒙古教育出版社2005年出版。

本书是国家哲学社会科学基金项目——"蒙古语固定短语语法属性库框架设计"的阶段性研究成果的体现,是面向蒙古文信息处理的一部机器词典的详细介绍。内容包括三个部分:第一部分是关于蒙古语固定词组的分类、界定、语法特点以及语法属性项目的理论探讨;第二部分精选了蒙古语固定短语7000余条作为示例,给出了这些固定短语的语法属性信息,语法属性字段总计达171项,基本反映了现代蒙古语固定短语的语法特点;第三部分是附录,提供了有关面向信息处理的蒙古语文标记集。

本书在数据库建设、机器翻译、自然语言处

理、文字识别、文本自动校对、全文检索、自动文摘、词频统计、编制电子词典以及传统语言学研究等诸多领域具有较高的理论价值。

《现代松桃苗语语法》 罗安源著，中央民族学院出版社1990年出版。

著名民族语言学家马学良先生指出，本书在实地调查的基础上，对湘西苗语的语音、语法、词汇进行了全面的分析与研究，提出了一系列适合湘西苗语语法特点的观点，如"苗语句法成分的可移动性论、苗语冠词论、苗语动词屈折变化论、苗语动状词和形状词论、苗语单向动词和相向动词论"，等等。特别是在苗语句法成分可移动性理论指导下，确认了苗语有"前定语、后定语、前主语、后主语、前谓语、后谓语、前状语、后状语、前宾语、后宾语"等的存在。这些观点还得到苗族学者的认可，认为《现代湘西苗语语法的出版》，"标志着现代湘西苗语语法学体系的首次建立"（见杨再彪著《苗语东部方言土语比较》，民族出版社2004年）。

《现代维吾尔语语法》 杨承兴著。

本书系高等院校维吾尔语教育专业系列教材的语法部分，分词法学和句法学两部分。第一编词法学部分包括：第一章导论、第二章词的形态结构和维吾尔语词类、第三章名词、第四章形容词、第五章数词和量词、第六章副词、第七章代词、第八章动词、第九章连词、第十章结构助词、第十一章语气词、第十二章感叹词、第十三章摹拟词。第二编句法学部分包括：第一章句法学导论、第二章词和句子、第三章简单句、第四章句子的次要成分、第五章同等成分、第六章插入语和呼语、第七章复合句、第八章引语。全书囊括了现代维吾尔文学语言的所有基本语法现象，并对其进行了系统的描述。

本书语言材料丰富翔实，文字叙述简明扼要，例句典型、简短、全面，不回避疑难问题，有一定深度和广度。多有创新：（1）第一编第十章的"结构助词"中就包括后置词和状态结构助词两部分，其中"状态结构助词"是用在形容词、形动词及个别指示代词、名词之后，表示行为动作状况的一类虚词，包括 halda、tyrdä、räwixtä、josunda、syrättä、bojitʃa 等传统维吾尔语语法难以归类、来源于名词的虚化词。（2）提出名词从属性人称可在限定结构、主谓结构和同位结构中起句法组织作用并总结出"从属性人称的意用法"。"从属性人称的意用法"包括：绝对意用、相对意用。其中相对意用是"意用法"的核心部分，又可分为复指意用、承叙述对象意用和蒙中心词意用三种。（3）采用10个格位系统并进行了详细描述。10个格位包括传统的6个格位和新的止格、范围格、形似格和量似格。（4）首次在动词直接陈述式、间接陈述式、转述式和或然式中确立了三个一般时态和三个相对时态范畴，使整个动词系统的描述更加科学、更加系统、更加符合实际。（5）提出了维吾尔语单、复句的区分标准并确定了复合句的类别。此外，为了便于教学，本书在每一章节后安排有语法练习。

《现代维吾尔语语法（形态学）》 哈米提·铁木耳著，民族出版社1987年出版。

在这本著作里，作者有其独到的观点：（1）实词结合虚词所构成的结构都属于词的形态，是分析型形态，与综合形态没有区别。分析型形态经过语音变化转化成综合型形态的现象很明显。（2）名词的格除了一般认为的六种之外，还有形似格、量似格、空间特征格和限格四种。（3）认为维语应该有量词这个词类。量词被数词限定构成数量词组，其语法功能和数词相同。（4）认为维语动词的形态可分为谓语形式、静词形式和词干形式三种。（5）维语中几种形动词的区别不是一般所谓的时的区别，而是状态的区别。（6）传统语法认为维语动词的语气形式分为陈述式、命令式和条件式三种。而他把语气形式分为：直接陈述式、间接陈述式、转述式、主观估计式、客观估计式、命令—要求式、假定—对立式、希望—建议式、愿望式、后悔式、恳求式、担忧式、必须式十三种。此外，认为应该承认维语动词有时态形式和动词的情貌范畴。还认为和静词连用的助动词起着使静词同动词的语法范畴联系起来作用。

《现代锡伯语口语研究》 朝克著，民族出版社 2006 年出版。

锡伯族中使用本民族语的主要集中在新疆伊犁哈萨克自治州察布查尔自治县，该县锡伯族人口为 20364 人（1993 年），80% 的人懂锡伯语。从目前情况来看，锡伯语口语的使用已开始逐年减少，锡伯语已进入濒危状态。本书分五章：一、语音结构分析；二、词汇特征分析；三、语法形态分析及句子结构；四、现代锡伯语口语会话资料集；五、现代锡伯语口语相关词汇。

《现代湘西苗语语法》 罗安源著，中央民族学院出版社 1990 年出版。

为适应苗族地区苗语文学习而编写的书，共有十九章，系统介绍了湘西苗语的语法结构特点。在绪言这一章，作者根据苗语的实际分析了研究苗语语法的依据：以功能为主要依据，以意义和形态为次要依据，从而确定各种语法单位（语素、词、词组、句子）的界线和各种句法成分之间的关系；在最后一章的"散论"中介绍了苗语的形态、"谓—主"结构和句法成分的可移动性。

《现代彝语（汉彝双语版）》 洛边木果（副主编，参与统稿和编写彝文文字部分）等著，四川民族出版社 2006 年出版。

本书分为绪论、彝语语音、彝族文字、彝语词汇、彝语语法、彝语修辞六章，标点符号编在彝语语法部分里。本书吸收了有关专家学者的现代彝语理论研究成果以及现代汉语理论的一些最新知识，注重理论与实践相结合、宏观与微观相结合，较为科学系统地介绍了现代彝语基础知识，可读性强。

重点介绍一下洛边木果编写的第三章"彝族文字"，分为六节：第一节"彝文字的性质和作用"。先阐述整个人类文字的性质和作用，然后重点分析论述彝族文字的性质。第二节"彝文的起源和发展"。运用人类文字起源和发展的普遍理论来阐述彝族文字产生发展现象。第三节"彝文的笔画结构"。根据彝族文字自身特点来分析彝族文字的笔画结构。第四节"彝文部首、形体及书写规则"。按照彝族文字的特点，从部首、形体结构和书写规则等方面分析讲解。第五节"规范彝文"。以文字规范的普遍理论来论述和分析彝族文字规范的必要性、规范内容、原则及规范情况等。第六节"彝文信息处理"。分计算机彝文系统研制情况、彝文信息处理有关标准和彝文信息处理系统的组成等方面介绍沙马拉毅的彝文信息处理研究成果。

彝族文字这章既吸取其他同类教材的知识，又有自己的一些新内容和新观点，如第六节"彝文信息处理"是属于其他同类教材所没有的创新内容。

《现代语言学理论与中国少数民族语言研究》 戴庆厦、顾阳主编，民族出版社 2003 年出版。

该书共收集了 23 篇论文。论文运用类型学、形态学、音系学、形成语法、功能语法、配价语法、优选法、节律学等现代语言学理论与方法分析研究少数民族语言。

《小学汉语教学法》 王阿舒著，新疆科学技术出版社 2006 年出版。

本著作系基础教育理念下编译而成的中小学教师基础教育新课程校本培训系列教材。通过具体实例较为系统地阐述了在新课程理念下如何设计课堂教学、如何进行教学、如何进行教学评价等广大教师急需解决和应该掌握的技巧和问题。主要内容包括小学汉语教学的意义及要求，汉语课程标准及小学汉语课程目标，小学汉语教学理念及学习方式等内容。

《小学壮汉双语文教学法》 慕朝京、邓仕敏、覃新苑、莫克利、黄永和、韦健蓉、韦寿文、刘锦强、滕明新、韦永强、李一鸣、王文彦、阮丕俊、覃长征、零兴宁、林少棉合著，广西师范大学出版社 2005 年出版。

本书为广西教育科学"十五"规划立项课题"小学壮汉双语文教学法"（课题类别：重点课题 A 类。课题编号：A43）的最终成果。本书主要内容及编写工作具体分工如下：慕朝京、覃新苑，绪论；黄永和，第一章，小学壮语文教材的特点和作用；韦健蓉，第二章，小学壮语文拼音教学；覃新苑，第三章，小学壮汉双语文语音教学；韦寿文，第四章，小学壮汉双语文识字教学；刘锦强，第五章，小学壮汉双语文口语交际教学；莫克利，第六章，小学壮汉双语文阅读教学；滕明新，第七章，小学壮汉双语文习作教学；韦永强，第八章，小学壮汉双语文电化教学；李一鸣，第九章，小学壮汉双语文课外活动；王文彦、阮丕俊、覃长征，第十章，小学壮汉双语文教学常规；零兴宁，第十一章，小学壮汉双语文教学教案的编写；林少棉，第十二章，小学壮汉双语文教师应具备的基本素质；邓仕敏、刘锦强，附录《小学壮汉双语文教学法》结题报告；滕明新，《小学壮汉双语文教学法》结题报告课件。

《新创民族文字记略》 杨汉基著，香港天马图书出版社 2004 年出版。

本书从黔东南州情、族情、语情实际出发，回眸 20 世纪 50 年代苗语、侗语调查及创立文字；黔东南州民族文字试验推行所取得的显著社会效益和经济效益；民族语言文字在改革开放、西部大开发、建立市场经济体制过程中遇到的新问题；揭示当前在席卷全球的现代化浪潮的冲击下，少数民族语言文字工作面临的危机和考验。

黔东南州苗族、侗族在长期的生产、生活实践中积累了符合特定生态环境的知识和文化以及生活经验。在学习先进民族语言文化科学知识的同时，发挥和把握着本民族的母语，任何偏废都是不利于语民向前发展的。本民族母语是该民族语民正常思维的最佳选择，一旦失去了正常思维的选择，显然是行不通的，充分发挥母语思维能力，以母语思维居于主要地位，民族文化才能得到继承，也才能真正学好主体民族（汉族）语言。

作者作为民族语民工作战线上退役的老兵，将历年参与民族语言调查、创制少数民族文字以及试验推行等方面的材料，结合诸多资料，撰写了本书。该书从不同角度揭示出在当前席卷全球的现代化浪潮冲击下，少数民族语言文字面临的危机和考验。摆脱困境的途径是重视少数民族不同层次的语言文字价值观，改善民族语文的外部环境，建立健全民族语言文字适应现代化环境生存的内部机制；解决民族语文在改革开放、市场经济的社会背景中所遇到的新问题；进行民族语言文字规范、翻译、专业学术探讨等。诸如历史与现状、本质和现象、经验与教训，都融会于本书总体结构之中。

《新疆的语言状况及推广普通话方略研究》 高莉琴、张新武等，北京语言大学出版社 2006 年出版。

新疆是个多民族、多语种和多方言的地区，有 13 个世居民族；各民族的语言分别属于汉藏语系、阿尔泰语系和印欧语系；新疆可以听到全国七大方言区的所有方言。总的说来，新疆的语言呈现出纷繁复杂的状况。

书中明确提出新疆存在着两大语言群体，即汉语语言群体和少数民族语言群体。汉语语言群体按照语言状况的不同，可以分为老新疆话、方言的接触与某一方言成为区域性交际语言——准河南话、方言的接触与新疆普通话成为新疆各个中心城市的交际语言,以及方言岛语言和新疆流动人口的语言;少数民族语言群体,按照掌握汉语的不同情况,又可分为南疆地区、北疆地区、东疆地区和中心城市。本书分五章对这种语言实态进行了描写。在新疆维吾尔自治区推广普通话,有它的特殊难度和问题。一方面,新疆是一个新开发的地区,新中国成立半个多世纪以来,来自祖国四面八方的建设者带来了各地方言和家乡土话,使新疆成为一个汉语方言交汇杂糅的地区。在此特殊情况下进行推广普通话工作,必须实地查清语言使用情况,抓住要点,针对难点,分类指导,才能见到成效。另一方面,新疆是以维吾尔族为主体的多民族聚居地区,各世居民族大都有自己通用的语言文字。国家的政策是实行民族和语言平等,促进各民族语言健康发展。与此同时,我国实行改革开放政策以来,经济迅猛发展,已与世界经济接轨,并逐步迈进信息化时代,新疆各民族相互离不开的思想已深入人心,从而喷出出新疆各少数民族为适应民族生活和社会发展,积极主动地要求学习和使用国家通用的语言文字——普通话和规范汉字的积极性。在这种态势下,少数民族地区大力实施"双语"教育已成为国家语言政策的重要组成部分。

《新疆少数民族学生汉语介词习得研究》
李遐著,新疆大学出版社 2010 年出版。

介词是现代汉语虚词中的一个重要类别,是汉语句子语义成分投射在句法平面的重要标志。在阿尔泰语系中,没有介词这一词类,学生学习汉语时存在语法"空缺",由于缺乏使用的感性认识,介词向来是新疆少数民族学生汉语习得中的难点,本书力求在调查的基础上对新疆少数民族学生汉语介词习得做出综合的、解释性的分析。全书共分六章。

第一章对现有的研究成果作了梳理,简要回顾了现代汉语介词研究的发展,概括叙述了汉语第二语言介词习得研究情况,认为明确针对语言习得的介词教学语法研究仍显单薄,缺乏对偏误成因更详尽的分析阐释。第二章具体分析了新疆少数民族学生习得汉语介词的偏误。发现偏误较多的依次是"被""到""比""向""把""给""在""对",对这些介词的偏误类型分别进行了总结分析。第三章探讨了偏误的产生与主体的思维活动之间的关系,对偏误的成因做了理论上的解释。第四章从认知方式角度探究少数民族学生汉语介词习得问题。认为学生习得过程中的各种表现,都与学生的认知特点、方式及其构建的关于汉语的认知图式有着深层次的联系。受认知中隐喻机制的影响,学生在习得介词短语表示的处所、时间、范围、程度、条件等义,其使用频次依次降低,而认知难度逐步加大。第五章从汉语第二语言习得视角反观了介词的特点。由学生习得介词中偏误的性质、范围、频次、类型等我们能够反观到汉语介词的特点,并且通过与学生母语的对比,从相互映照中得到一些启示。汉语中介词是句子语义成分的重要标志、介词有隐有现、介词结构位置复杂多样、同义介词有同有异、节律制约介词结构、介词由动词虚化而来,这些是学生学习过程中尚未认识到或认识不明确而导致出现偏误的,恰是汉语介词特点的反映。第六章对全书的主要结论及理论探索作了总结,说明了全书的不足之处及尚待研究的地方。

《新疆现代翻译史》 陈世明著,新疆人民出版社 1999 年出版。

本书分为上、下两编。上编为《民国时期新疆的翻译活动》,较系统地论述了民国初期(1912年)至新疆和平解放时期(1949 年)新疆各民族翻译实践活动和翻译事业发展的大致情况。上编又分为两章,第一章《民国时期的官方翻译活动》和第二章《非官方文字翻译活动及翻译事业的特点》。第一章以大量翔实可靠和鲜为人知的资料,较全面地论述了官方的翻译机构的设置情况、官方翻译人员和翻译人员的翻译实践活动情况以及他们的政治、文化、业务素质，论述了官方对翻译人员的培养情况。第二章主要论述了文学及政治理论翻译的发展水平，概括出民国时期新疆翻译事业的五大特点。

下编为《当代的翻译活动》，较全面、系统地论述了新疆从和平解放到 20 世纪 90 年代初期各个领域的翻译活动情况和翻译事业的总体发展水平。分为四章，第一章《党政部门的翻译活动》、第二章《非党政部门的文字翻译活动》、第三章《翻译理论的研究和发展》和第四章《当代翻译名家简介》。

《新课程汉语教学论》 方晓华著，中央民族大学出版社 2006 年出版。

本书以新课程改革和第二语言教学理论为指导，第一次科学地论证了新疆的少数民族汉语教学体系，全书分为十章：第一章汉语新课程；第二章汉语课程标准；第三章第二语言教学思想与教学流派；第四章课程资源和汉语教材；第五章汉语新课程的学习理念、学习方式和学习策略；第六章汉语新课程的教学设计；第七章汉语新课程的课堂教学；第八章汉语新课程评价；第九章汉语新课程与现代教育技术；第十章新课程与教师素质。本书建构了汉语新课程的全部内容，包括课程性质、课程标准、课程目标系统；课程实施的教学理念、教学模式、教学步骤、学习方式和学习策略；目前新疆使用的两套中小学汉语教材的结构、特点、教学方法和汉语课程资源开发问题；汉语课堂教学设计、教案编写和具体教法；汉语知识学习和汉语技能训练的具体方法；第一次构建了汉语教学评价体系；分析了新时期对汉语教师素质的要求和提高汉语教师素质的措施。这是一本讨论汉语作为第二语言教学的理论著作，又是指导广大汉语教师和汉语教学研究者改进教学、提高教学水平、获得好的教学效果的实践指导书。出版后已得到广大汉语教学界的欢迎，成为各级大学、研究生的专业指导用书和教师培训用书。

《新满汉大词典》 胡增益、李树兰、王庆丰、仲谦、杨震远、那逊巴图、奇车山、关善保合编，新疆人民出版社 1994 年出版。

《新满汉大词典》是一部运用现代词典学理论和方法编写的新满汉词典。收词、词组 35000 条，其中单词条 14600 个。分前言、凡例、满文字母表、本词典的满文转写字符、本词典使用的满文文献以及代号、用满文字母音序检索的词目表、词典正文、附录一 满文十二字头、附录二 满语常用的附加成分、附录三 汉语拼音方案、附录四 简繁体对照的汉语《简化字总表》（1986 年新版）、附录五用汉语拼音检索的《简明满汉对照词汇》、附录六用英语检索的《简明满英对照词汇》等部分。

《新满汉大词典》有以下特点：（1）大量使用满文文献、档案作为编写词典的材料。词典共使用 60 部文献，使词义结构的分析和义项的划分有了比较充足的依据。词典不是根据已有的辞书进行重新编排而是根据掌握了的材料进行独立的分析和研究编写的，既有实用性又有研读价值。（2）注重把词的意义放在语言环境中去解释，尽可能通过举例的方式解释词义。全书用例近 2 万个，从而避免了只使用汉语对译而造成对词义理解的含混。（3）词典中的例句，以取自满文原著的句子为主，同时也用翻译作品。译著中的例句，如果原文是文言文，则先根据满文的译文进行翻译，同时列出原作的句子。（4）对词所指称的事物本身，有时也做必要的注释。词典所收的词条中，包括相当数量的满族特有的有关生产、生活、狩猎以及文化习俗方面的词语，在文献中有不少关于官制、行政机构、各种职能部门所使用的专门词语。对这类词语，根据有关辞书和文献做了一些简明扼要的解释。（5）注重充实词典的语法学内容。首先给词注明了词类，其次对词在形态变化时所表现的非常式的、特殊的词形列举出来。（6）注重编写同词典正文有机配合的附录。词典共有 6 个附录。如《满语常用的附加成分》共收 107 条，对每一个附加成分都说明了它的语法意义或构词的功能，在一些条目后还有说明其用法的用例。《用汉语拼音检索的〈简明满汉对照词汇〉》收词约 7000 条。《用英语检索的〈简明满英对照词汇〉》收词约 6000 条。

《邢公畹语言学论文集》 邢公畹著，商务印书馆 2000 年出版。

本书是《语言论集》（1983）出版 17 年后商务印书馆为作者出的第二本论文集。张万起先生建议在《语言论集》基础上删改增补。作者说，十多年中又陆续发表了一些论文，旧著中约有三分之一的文章今天却认为已不足存。本书共收论文 38 篇，可以分为 5 类：语言理论（11 篇），语法学（9 篇），音韵学（3 篇），汉藏语系历史比较语言学（12 篇），语言与文学关系分析（3 篇）。目录没有标注类名，但类与类之间空一行。历史比较语言学类比重最大。论集已选入的《诗经"中"字倒置问题》放在首篇。接下来是《汉语"子""儿"和台语助词 luk^8 试释》，《汉台语构词法的一个比较研究》，《论调类在汉台语比较研究上的重要性》。这三篇都曾列入李方桂《台语比较手册》"文献选目"中。此外，《现代汉语和台语里的助词"了"和"着"》、《原始汉台语复辅音声母的演替系列》、《现代汉语形容词后附字探源》三篇本书也再次选入。新增的论文除《"别离"一词在汉语台语里的对应》（1983）外，增加了四篇关于语义学比较法的论文：《汉台语比较研究中的深层对应》（1993），《汉苗语语义学比较法试探研究》（1995），《汉台语舌根音声母字深层对应例证》（1995），《台语 $tɕ-$，$s-$ 组声母的字和汉语的深层对应》（1993）。从旧著中删除的三篇是：《论汉藏系语言的比较语法学》，《说"鸟"字的前上古音》，《汉语遇蟹止效流摄的一些字在侗台语里的对应》。另外，归入语言理论类的新增论文《汉藏语系研究和中国考古学》，作者非常看重，他说，该文"可以看作历史比较类各篇分析之后的结论"。

《新苗汉词典》 鲜松奎编著，四川民族出版社 2000 年出版。

该词典是苗语西部方言川、黔、滇次方言的词典。以 1956 年创制苗文时通过的标准音（贵州省毕节市燕子口镇大南山村的语音）为语音的规范。共收入苗语词汇 9000 余条，按苗文 26 个字母的次序排列词目。

《佯僙语研究》 中国新发现语言研究丛书之一。薄文泽著，上海远东出版社 1997 年出版。

佯僙语是贵州平塘县自称为"爱饶"$ʔai^1raːu^1$ 和惠水、独山县自称为"爱屯"$ʔai^1thən^2$ 的人所使用的语言。人口约 3.2 万人。他们的民族成分原作布依族，后改为毛南族。佯僙语接近水语和毛南语，属壮侗语族的侗水语支。本书作者于 1993 年赴贵州平塘、惠水两县调查了佯僙语，1997 年写成了《佯僙语研究》。本书前面是引言，分六节介绍佯僙语的人文情况、历史迁徙、家庭与婚丧、建筑与节日、语言使用和研究状况。正文有五章：语音、词汇、语法、方言土语、佯僙语在侗台语中的地位。后附有 1800 个词的词表。书中引言里提到佯僙人与布依族居住在一起，许多人兼通布依语，有的甚至转用了布依语。近来兼通汉语的人逐渐多了，佯僙语的使用范围逐渐缩小。

《瑶族布努语方言研究》 蒙朝吉著，民族出版社 2001 年出版。

主要内容包括：前言，总论，人口分布和居住地理环境，布努瑶族来源和迁徙，布努瑶族的自称，布努语的使用和发展，布努语语音概述，构词法，借词和语法，方言土语的划分，为什么要重新划分布努语的方言土语，原布努语的巴哼、唔奈、

优诺和炯奈四个方言不是布努语的地方变体,重新
划分布努语方言土语的依据和人口分布情况,并附
三个方言点各1000多个常用词等。

在20世纪50年代,由于受一个民族只能有一
种语言的局限,结果把瑶族语言中语音和词汇差别
极大的东部巴哼、唔奈、炯奈和优诺话都划归今布
努语,使当时的瑶族布努方言成为一个大杂烩。到
1982年改为布努语后,为了纠正上述弊病,笔者深
入研究和重新划分布努语方言土语。经过对比研
究,从语言、历史及习俗等方面来看,布努语东部
四个方言,不是布努语的地方变体,另作其他的苗
语支语言处理。重新把布努语划分为布努、包瑙和
努茂三个方言,其中布努方言又划分为东努、努努
和布诺三个土语。努茂方言分为努茂和冬孟两个土
语。总人口为39万余人(1982年计)。这样,瑶族
布努语在语言、历史习俗和地理分布情况,都能统
一起来。

本著作比较重视从语言、历史和图腾信仰来探
讨苗、瑶、畲在历史上的关系。从瑶族一些同源词
所流行的地区来看,瑶族各支系在历史上曾有过地
域相连或交错而居的关系。从各地瑶族的自称和他
称来看,都是自称为"人"和他称为"瑶"。从图
腾崇拜来看,在布努瑶族的老一辈人中,一般不吃
狗肉,忌讳在家中杀狗,狗死后还拿去埋在避雨的
岩石下。这是崇拜过盘瓠的余风。所以,在本著作
中的前面和后面写道:由于历史的种种原因,瑶族
在长期的历史发展过程中,成为一个统一的、多源
流和多语种的民族。虽然瑶族支系众多,语言差别
大和居住分散,但瑶族人民在开发我国南方山区和
反抗民族压迫的斗争中,都有着共同遭遇和命运,
形成了共同的民族特点和心理素质,瑶族这个统一
的概念,始终成为国内外瑶族的称谓。所以说,民
族是一个历史的范畴,它是在长期历史发展过程中
逐步形成的,不是以血缘关系组成的民族群体。有
人把说苗语支语言的瑶族视为非正宗的瑶族,这是
很片面和错误的,违背了全国瑶族人民的意愿。

《瑶族风俗志》 刘保元著,中央民族大学
出版社2007年出版。

全书分十四个部分,即:南岭无山不有瑶、绚
丽多姿的服饰、独具风味的饮食、多种结构的房
屋、独特的生产技艺、家庭财产继承与婚俗、社会
组织、神灵信仰与禁忌、体育与医药卫生、民族传
统艺术、诞辰和成年礼、肃穆的各种葬式和葬礼、
民族节日、民族民间文学。

《瑶族勉语方言研究》 中国少数民族语言
方言研究丛书之一。毛宗武著,民族出版社2004年
出版。

瑶族勉语是汉藏语系苗瑶语族瑶语支自称
"勉"的瑶族人所使用的语言。在瑶族中使用人口
最多的是勉语。所以一般人提到的瑶语多指勉语。
瑶族自称为"勉""金门""标敏""藻敏""优
念",他称则很多,其中有一些属歧视性的称呼。
瑶族居住分布很广,说勉语的有一百多个县。本书
分四章:第一章 语音,介绍了22个地点的勉语的
语音系统,并列出语音总表;第二章 词汇;第三章
语法,以标敏方言的语法为代表介绍;第四章 方言
划分,划分为勉方言、金门方言、标敏方言和藻敏
四个方言。本章最后是"方言土语常用词对照"一
节,共列出四个方言和六个土语共10个代表点的
词,共1550个词。最后附录为长篇材料,每个方言
一个长篇故事。

《瑶族文化概论》 刘保元著,广西民族出
版社1993年出版。

本书马学良教授作序。全书分四章。第一章 概
论 分三节:岭南无山不有瑶、瑶族社会历史脉络、
瑶族称谓的来龙去脉。第二章 多元文化论 分五节:
论瑶族传统文化的构成、瑶族语言的多元性、论瑶
族拉珈语的系属、记事方式与瑶文方案、瑶族古籍
述略。第三章 民间文学论 分十一节:瑶族民间文

学概述、论瑶族民间文学的特点、论瑶族歌谣的历史价值、论瑶族"信歌"、论瑶族民间故事、论宗教与瑶族民间文学的关系、论汉族民间文学对瑶族民间文学的影响、论瑶族《盘王歌》及其最早抄本、论瑶族《石牌话》、瑶族歌谣的形式与格律。第四章 传统艺术及其他 分三节：瑶族的传统艺术、茶山瑶的道教信仰、瑶族"山主"与"山丁"辨析。

《瑶族语言简志》 中国少数民族语言简志丛书之一。毛宗武、蒙朝吉、郑宗泽著，民族出版社1982年出版。

本书是在科学出版社《中国少数民族语言简志》（苗瑶语族部分）的基础上重新改写的。重新编写的简志把原来同时介绍三种语言的语音、语法或词汇改为把勉语、布努语和拉珈语三种语言分开，每种语言作为独立的语言来介绍。每种语言分为语音系统、构词方式、语法要点和方言概述三章。最后部分为"瑶族语言与其他语言的关系"。有勉语、布努语与苗语比较，拉珈语与壮侗语比较。在汉语借词方面，勉语的汉语借词要比布努语和拉珈语的都多一些；较早的汉语借词，勉语和拉珈语比较接近粤方言，而近代借词都接近西南官话；布努语的壮语借词也不少，借入的汉语借词多以壮语为中介。书末附有勉语、布努语、拉珈语三个点对比的1000多个常用词。《瑶族语言简志》的主要成果是把众多的民族自称、他称清理出一个大体的头绪，归纳为三个语言，每个语言又划分若干个方言、土语，这是在尊重民族自我意识的同时又尊重科学进行语言、方言土语的划分的结果；方言土语的名称多以本民族自称的音译为主。在语音方面，推断出古苗瑶语时期有复辅音声母的存在，通过声母的清浊区分调类，并指出促声调因元音的长短产生长元音促声调和短元音促声调。

《业隆拉坞戎语研究》 中国少数民族语言方言研究丛书之一。尹蔚彬著，民族出版社2007年出版。

拉坞戎语是近年来新识别出来的一种藏缅语族羌语支的语言，使用人口很少，处于濒危状态。这种语言结构复杂，语法形态变化丰富，保留藏缅语的古老特征较多。本书是作者在其博士论文的基础上再次补充调查研究后完成的。拉坞戎语分布在四川阿坝藏族羌族自治州金川县周山区集沐乡下属的业隆村。该村人口约为580人，另外在大石凼村和年克村也有少数分布。总共使用拉坞戎语的约有1000人，主要分布在业隆村。本书分四章：第一章 导论，下分五节；第二章 语音，下分五节；第三章 词汇，下分三节；第四章 语法，下分三节。附录一 长篇材料，包括5个故事；附录二 词汇材料，收录约3000个词。词汇按意义分类排列。

《彝汉简明词典》 云南省路南彝族自治县文史研究室编，武自立、昂智灵、黄建民编撰，云南民族出版社1984年出版。

本词典所收录的词汇是以彝语东南部方言撒尼彝语为基础，主要收录常用词，兼收古彝语词、文学语词和部分汉语借词。书末附有汉语索引。词典目录有凡例、撒尼彝语音位系统、彝文部首检字法检字说明、音节表、检字表目录、检字表、词典正文和附录，其中最后为汉语词索引。词典全部为手写影印。

《彝汉英常用词词汇》 马林英、[美]王丹宁、[美]苏珊编著，民族出版社2008年出版。

本书是在中国国家外国专家局、西南民族大学、世界少数民族语文研究院东亚部三方资助下，合作编著出版的。本书所收词汇是凉山彝语词汇，属彝语北部方言"诺苏"话，使用人口200余万人。本词汇收词6600多条。正文从彝语出发，每一词条先列出规范彝文，跟着使用国际音标音，并标出其词类，然后注汉义，最后是英文释义。排列次序按《彝文规范字表》排列。书末附汉彝索引、英彝索引,均按语音排列。

《彝语词汇学》 主编戴庆厦、副主编岭福祥,中央民族大学出版社1998年出版。

本书为集体著作,参加撰写的除了主编、副主编之外,还有:欧木几、木乃热哈、朱文旭、曲木铁西、胡素华几位老师。全书分九章:一、彝族的社会文化、语言文字特点概述;二、词的语音特征;三、语素的结合;四、词义关系;五、语义分析;六、词汇与文化;七、时间、方法、数量的表示法;八、彝文文献及彝族传统诗歌的词汇特点;九、与亲属语言的词源比较。

《彝语方言研究》 陈康著,中央民族大学出版社2010年出版。

彝族是我国知名的民族,它有悠久的历史,人口众多,支系繁杂,分布地域广。主要分布在云南、四川、贵州以及广西等省区,人口超过700万人(2000年)。由于历史及地理等诸多原因,彝语方言复杂。过去学者们把彝语划分为六个方言。出版过彝语简志等一些研究著作。本书作者多次深入彝族聚居地区调查彝语,获得了大量的彝语材料,在此基础上编写出这部研究著作。本书的特点是材料丰富,书中首次公布彝语30个点的彝语方言词汇材料。其次是作者把过去所划分的6个彝语方言,合并为4个方言。全书分绪论、语音、语音系统归纳整理、词汇等四章。在绪论一章里,介绍彝族的分布、自称和历史。并介绍彝语的主要特点和方言(分诺苏方言、纳苏方言、聂苏方言、倮倮方言)。另外还简略介绍了彝文和彝文文献。第二章语音,介绍彝语30个土语代表点的音系。第三章语音系统归纳整理,分调类、声类和韵类的构拟。第四章词汇,有方言土语常用词对照,包括30个土语点的1000个词的对照。本书是迄今为止对国内彝语研究集大成的著作。

《彝语概论(彝文版)》 李文华、马锦卫、苏连科、马兴国、洛边木果、罗庆春、潘正云七人合作撰写,四川民族出版社1991年出版。

全书分为绪论、语音、文字、词汇、语法、修辞、方言七章。《彝语概论》第一次用彝族语言文字来撰写彝语语言学著作,具有创新性。著作运用现代语言学的理论来分析和表述彝族语言文字知识,奠定了彝语文形式的彝族语言学理论体系的基础。

《彝语简志》 中国少数民族语言简志丛书之一。陈士林、边仕明、李秀清编著。民族出版社1985年出版。

彝语属汉藏语系藏缅语族彝语支,分布在云南、四川、贵州、广西。人口有776万人,彝族大部分人使用彝语。彝语分北部、东部、南部、西部、东南部、中部6个方言。方言之间不能互相通话。各方言又分若干个土语,总共26个土语。本简志分概况、语音、词汇、语法、方言和文字六部分。对彝语介词一类的介绍有自己的特色。书末附有1000多个常用词的词汇附录。

《彝语结构助词研究》 胡素华著,民族出版社2002年出版。

作者是彝族,四川凉山彝族自治州盐源县人。本书是作者的博士学位论文。彝语的结构助词非常丰富,而且复杂。作者在前人的基础上对彝语的结构助词进行了全面系统的研究。她对彝语结构助词重新界定和分类。对彝语结构助词的来源和途径进行了分析,认为实词虚化是彝语结构助词产生的主要途径。她指出,一个词由实词转化为虚词,一般是由于它经常出现在适于表现某种语法关系的位置上,从而逐渐引起词义的逐渐虚化,实现句法地位的固定而转化为虚词。全书分五章:一、绪论;二、彝语结构助词的定义、范围及分类;三、彝语结构助词的特点；四、彝语结构助词产生的主要途径——实词虚化；五、彝语结构助词与亲属语言比较。书后附录：一、彝语结构助词 33 词；二、彝语彝文话语材料。

《彝语语法（诺苏话）》 陈康、巫达编著，中央民族大学出版社 1998 年出版。

本书主要探讨彝语（诺苏话）的语法范畴与句法结构。彝语是彝族使用的语言。属汉藏语系藏缅语族彝语支。书中描写的彝语诺苏话分布在彝族主要聚居区之一的四川、云南大小凉山，操诺苏话的大约有 250 万人。本书在方法上着重研究彝语词在句中出现的先后位置；词在不同位置上的功能；词的复杂组合与内部构造；词的形态与词根附加成分的形态变化；词与虚化词的结合关系及作用；词与词的意义联结关系等。为了便于揭示一般规律，把句子分成了标准句和非标准句，着手于句法探讨，着重于词类划分。

全书分绪论和五个章节：第一章语音与构词，下分一、语音系统，二、构词法；第二章词序与类别，下分一、词序，二、类别，三、词组结构类型；第三章句型与功能，下分一、句型，二、功能；第四章词类，下分一、名词，二、代词，三、数量词，四、动词，五、形容词，六、副词，七、助词，八、连词，九、叹词；第五章复合句，下分一、并列复句，二、主从复句，三、多重复句。

书后有附录；一、短篇语料；二、彝文规范字表；三、彝、汉、英对照词汇。并附有参考书目。

《彝语语法研究》 高华年著，科学出版社 1958 年出版。

此书比较全面地研究了彝语南部方言的语法结构，内容包括语音、语法和三个长篇故事，书末附有借词研究。作者根据彝语的特点把词分为名词、代词、谓词、数词、量词、助词和叹词七类。谓词分为动态谓词和静态谓词，象声词附在叹词之后。把一般语法书上的定语和状语，按其功能的相同性（在句子中都表示附加意义）而合并称为附加语；书中还揭示了彝语构词法上的一些特点，如："穿针母（女人）"、"血滚（怒）"、"心冷（伤心）"、"看傻（欺负）"等，这些结构与彝族人民的心理情境和文化背景有密切关系，受到人类学家的注意。

《彝语支源流》 ［澳］布莱德雷著，乐赛月、陈康、鲁丁译，四川民族出版社 1991 年出版。

本书包括导论、缅彝语言、原始彝语支、词汇表（一、构拟的词汇，二、词表）、词汇表、附录（1）哈尼语和彝语，（2）坎布里拉瓦语或 ʔugɔŋ 语。作者以他具有的社会语言学体系的知识，从民族历史、地理分布、语言接触和并合对东南亚语言的发生学关系作了精辟的分析和论述，从而提出对原始彝语支在较大语群中的地位的全面看法。用共同拉祜语与其他彝语作深入比较，构拟出原始彝语支的音韵系统。他本人的次级分类法是把纳西语完全排除在彝语之外，其他彝语支语言分别归入北部彝语支（即彝语）、中部彝语支（傈僳语和拉祜语）、南部彝语支（阿卡语、姆比语、普诺伊语、姆比傈语和某些"哈尼"方言）。在词汇表部分作者在新材料基础上构拟了近 900 个词的原型，与列举的具有同源关系的 5 种缅彝语同源词相对照。作者在修改本书过程中曾得到斯普里格、马提索夫、白保罗及唐纳等人的指导和帮助。1979 年出版列为斯堪的纳维亚州研究论丛 39 号。G. 瑟古德还为本书撰写了两篇书评。

《彝族妇女文学概说》 王昌富著，四川民族出版社 2003 年出版。

该书分"绪论""远古的彝族妇女神话与传说""女性鬼神文学、彝族妇女文学与有关民俗的形成""彝族爱情故事及其女性角色论""彝族巧女故事谈""彝族妇女叙事长诗述论""浩繁的彝族妇女歌谣""有关妇女的'尔比'及其释说"等九章。书中重要引用材料彝汉对译。该书为第一部跨川、滇、黔、桂四省区彝区的妇女文学探究，也是我国少数民族民间文学研究领域里第一次对妇女文学作专题性探讨。书中围绕彝族妇女文学是彝族民间文学的支柱这一主题展开论述。从神话时代的神话说起。认为神话时代是女性为主角的时代。彝族众多的起源神话、斗争神话（包括与大自然、与神鬼抗争的神话）都充分地、集中地表现了彝族妇女及其活动。彝族起源神话里，特别强调"母性"对万事万物起始之重要性。在反映远古时代的彝族民间文学中，"女智男愚""男呆女精"为突出特点。男人们（包括男性神）常常在女性面前表现得笨拙、无能、愚钝，被精明、贤惠的女性愚弄、讥笑。在早期的故事中，她们愚弄的对象主要是神和"丈夫"，晚期的故事中她们愚弄的对象有奴隶主、财主、地主、暴君等贪婪、残暴的男性。今人祭祖和超度亡灵都以母灵为要、为先。《阿诗玛》、《妈妈的女儿》、《阿依阿芝》、《阿热妞》（即《我的幺表妹》）、《三姑娘的糟遇》、《甘嫫阿牛》、《赛玻嫫》等丰富多彩的彝族妇女文学较全面地反映了彝族不同历史的社会生活面貌，特别是妇女的政治地位及母权的兴衰荣辱的演变"史迹"。彝族妇女文学构建了中华民族妇女文学的新坐标。丰富地反映女性中心时代——女权制的神话传说填补了中华民族文学史的这一空白，为女权制在我国曾长期存在提供了明证。彝族妇女文学完整地再现了各个时期妇女生活的史影，为研究中国古代妇女生活提供了一块"活化石"。该书还对彝族妇女文学及其彝族民间文学人物时代进行了界定。

《彝族古代文明史》 且萨乌牛（王昌富）著，民族出版社2002年出版。

该书研究表明，彝族先民在史前已创造了以彝文为标志的灿烂文明。考古发现了9000～8200年前的古彝文，在长江中上游乃至辐射到黄河流域都有古彝文的考古发现。在中原夏商之际，彝（夷）系统民族已在长江中上游独立存在，并逐步建立了自己的王国，创造了独自的文化体系，彝族先民以西南这片广袤、富饶、峻拔的山地为历史舞台，在同自然与社会的生存抗争中创建了自己的辉煌文明和文明史，并逐渐扮演起长江文明初始剧的主角，继而形成以古滇国、古蜀国、古夜郎国和楚国等长江中上游"四大文明古国"为雄厚根基的长江文明的主体民族，其文明光芒辐射中外。直至秦汉后彝族文明日渐衰落，而文明的余晖仍有蕴存。

本书的材料主要包括考古（特别是古彝文考古）、前人研究成果、汉文文献和彝文古籍以及民俗遗迹五大类。其中以考古材料为基石，以前人研究和汉文文献为参考，以彝文古籍和民俗遗迹为辅证。全书结构分上篇、中篇和下篇三大部分，共十二章，四十节，数百个分题，自成体系论述，相关图表附于文中，彝语重要音译词同附彝文于其后。本书内容从"猿变人"在我国西南的考古发现和彝文古籍记载写到秦汉时的古代彝族文明史。第一次基于考古和彝汉史籍等材料建构了彝族远古文明史的框架和体系，提出了一些开拓性的看法。如：中华古文明由黄河文明和长江文明共同构成；长江人类文明早于黄河人类文明；长江远古文明的主体民族是以彝族为主的夷系统民族；彝族在长江中上游金沙江、大渡河（岷江）流域建立了以昆明和成都两地附近为中心的两个文明中心，古滇国、古蜀国、古夜郎国和楚国的主体民族为彝（夷）系统民族，他们因有民族的认同而保持婚姻、文化的通融；诸国建立了奴隶制国家；秦汉前彝民族已在南方强大，彝非秦汉南迁之羌裔；彝自古起源和繁衍于云南，以云南为腹心，扩张于西南各省及长江中上游巴蜀楚乃至北进中原，涉入东亚、中亚与美洲；彝日（本）文化仍有渊源遗迹；美洲印第安人与彝人不难寻找丰富的共同文化特征；彝文非常古老，在彝族原始社会末期的母权制时代已孕育了古彝文的胚胎，形成了雏形；古彝文考古发现说明彝文已有悠久的历史，湖南彭头山遗址彝文刻符距今

9000—8200 年，河南贾湖遗址彝文刻符距今 8500—7500 年，等等，今天的彝文是与这些古彝文一脉相承的，它标志着在 8000 年前彝民族就已进入了有文字的文明时代。

《义都语研究》 中国新发现语言研究丛书之一。江荻著，民族出版社 2005 年出版。

义都语是部分珞巴族人使用的语言，分布在西藏察隅县的丹巴江流域和额河流域。据有关文献记载，义都人数约为 7000 余人，大部分居住在非法的麦克马洪线以南。而在我国实际控制线内的只有一个村庄西巴村，约有 40 余人。1965 年在民族识别时义都人被确定为珞巴族，全部使用义都语。义都人与达让人、格曼人有密切的关系，他们都是察隅地区早期的居民。最早介绍义都语的是《印度语言调查》（1909 年），国内最早调查义都语的是 1976 年，1983 年孙宏开发表了《义都珞巴话概要》一文。2001 年本书作者江荻赴西藏察隅县实地调查了义都语。《义都语研究》是在这次调查和 1976 年调查的基础上写成的。全书分六章，第一章 概况，介绍义都族群的分布、渊源及现状，义都语研究概况；第二章 语音；第三章 词汇；第四章 语法；第五章 义都语的方言；第六章 义都语的系属分类，介绍义都语系属问题，国内学者与国外学者对义都语的分类不同。而作者认为义都语言系属归属还要依靠其他学科进一步的进展。这章重点在义都语与其他藏缅语言的比较。最后得出的结论：义都语是一种典型的藏缅语言。义都语与达让语语音形态上最为接近。作者希望关于义都语的历史语言地位问题在未来的研究中能有更清晰的说法。书末附有 1800 余个词的词汇表和三个短篇故事、两首民歌。

《优诺语研究》 中国新发现语言研究丛书之一。毛宗武、李云兵著，民族出版社 2007 年出版。

"优诺"是瑶族支系"红瑶"的自称，分布在黔、桂、湘接壤的十几个县的山区里。红瑶有 5.8 万余人（1998），他们的语言分巴哼和优诺两种。操优诺语的约有 4600 人，他称"山话红瑶"。另外被称为"平话红瑶"的瑶族与操优诺语的"山话红瑶"在习俗、服饰、宗教信仰和自我意识等方面都很相似，只有语言不同。平话红瑶的语言近似当地的平话，而山话红瑶使用优诺语。对优诺语的调查始于 1957 年，1982 年编写《瑶族语言简志》时，把它列为瑶族布努语的一个方言。1997 年对广西龙胜各族自治县和平乡的优诺语进行过调查，2005 年又进行了一次调查，完成了本书的初稿。《优诺语研究》前言部分介绍了红瑶的分布及语言的使用情况，根据史料介绍红瑶的活动地点。第一章 语音，介绍了小寨和黄落的语音系统。第二章 词汇，第三章 语法。第四章 方言，介绍方言的划分，把优诺语分为小寨方言和黄落方言，并分别指出两个方言语音的差异、词汇的差异和语法关系。第五章 优诺语的系属问题，介绍优诺语与苗瑶语的关系，并专门设一节讨论优诺语的支属，优诺语在苗语支语言中的地位。作者认定，优诺语属苗瑶语族的苗语支，与苗语、布努语、巴哼语、炯奈语畲语同属一个语支。书末附有小寨和黄落两个点的 1700 个词的词汇表和一个长篇故事。

《右江排歌》 共三集，黄天赐等整理，由古壮字手抄本转写为壮文，广西民族出版社 1982 年出版。

内容包括单身歌、思念歌、恋歌、连情歌、日月歌、五色饭歌、定情歌、结婚歌、背带歌以及天旱歌等大量农业生产歌，对歌形式，内容丰富。

《语法比较》 吴超强编写，广西壮文学校印刷厂 1985 年印刷。

为适应广西壮族地区的机关单位推行壮文的需要，广西壮文学校除了开办壮文中专班外，还开办壮文干训班、壮族大学毕业生壮文学习班（大学毕业分配到工作单位后调来学习,也属干训班)。《语法比较》是为干训班编写的语法教材。由于干训班学员学习壮文的时间仅仅三四个月,这本语法教材内容从简,分为六课:(1)构词法的比较;(2)各类词的比较(分为3课);(3)词组比较;(4)句子比较。这本教材主要简述壮、汉语一些结构的异同点,让学员认识壮、汉语一般的语言结构的规则。

编写这本教材,采用易为大家所接受的语法比较的方法,力求做到能够反映壮、汉语语法的异同点,而且既重点突出壮语语法,又介绍一些汉语语法知识。干训班学员实践经验丰富,文化知识较高,主观能动性较强,他们掌握壮文符号后,对这本《语法比较》的学习,可以自学阅读,甚至有的学员还能无师自通,拓宽语法知识。他们掌握了壮、汉语法规则,学了壮语语音和壮语文,完全能够胜任壮文推行骨干的工作。

《语言冲突研究》 何俊芳、周庆生著,中央民族大学出版社2010年出版。

本书共分五部分。第一部分,作者探讨了有关语言冲突的一些基本理论问题,包括对语言冲突概念的界定、类型的划分、正负功能的分析、对导致语言冲突产生的基本条件和根本原因的总结和分析等。作者认为,尽管导致语言冲突的具体原因是多种多样的,但主要与语言的地位同个人、群体的地位和权力密不可分。在一个多民族、多语言国家,语言地位上的变化会使使用这些语言的人的地位和权力随之发生变化,因而直接影响到不同语言群体的各种物质利益和精神利益(民族尊严、政治社会地位、接近权力的机会、接受教育的机会、就业机会、公民权,等等),因此,在多语言国家,对某种语言地位的人为提升或降低常常十分敏感,稍有不慎就有可能引发语言冲突。

第二、第三、第四部分中,作者利用中、俄、英文字资料特别是大量的俄文文献资料,在我国第一次系统地对众多国家的语言冲突状况进行了全面、细致的描述和分析。在对亚洲国家语言冲突状况的描述中,作者对印度围绕官方语言的选择、从英语转向印地语的期限、《官方语言法》等问题在上层产生的激烈斗争及地方上的对抗和冲突进行了详细的描述、分析和反思;在对巴基斯坦、斯里兰卡语言冲突的描述中,详尽展示了语言文字问题对民族分离主义的刺激作用。第四部分追述了加拿大、比利时、北爱尔兰等国的语言问题与民族冲突之间的渊源关系、冲突状况的形成及发展过程等,向读者展示了语言与民族认同、民族的地位问题、政治问题、权力分配问题、宗教问题等之间密不可分的关系及由此引发的冲突。在对原苏联加盟共和国的语言改革及由此引发的语言冲突的描述和分析中,向读者全面展示了苏联解体前及后苏联时期,在各共和国由语言政策变革而引发的主体民族与俄语居民之间围绕语言的地位、功能分配及相关问题而引发的对抗、冲突及形成的新的语言格局和民族关系状况。在第五部分,作者论述了语言的民族象征、认同功能,语言在民族主义、"民族—国家"萌生及发展过程中的作用,认为很多民族对自身语言官方地位的追求,其实质要表达的是一种围绕权力、地位、政治以及意识形态方面的政治诉求。在本部分,作者还分析了多民族国家的一体化构建与国语、官方语言的问题。在此基础上,作者还就如何预防及消除语言冲突全面阐述了自己的意见和看法。

《语言的底层问题》 (译文集)苏联 В. И. 鲍尔科夫斯基、В. Н. 雅尔采娃等六位学者,于1965年在列宁格勒召开的苏联科学院语言研究所学术委员会扩大会议上,专门讨论语言的底层问题所作的报告。几篇报告刊登在该研究所《报告与通讯》1956年第9期上,陈伟、陈鹏合译。中国社会科学院民族研究所语言研究室印,全书约8万字,作内部参考用。

译文集头一篇为 В. И. 鲍尔科夫斯基的《开幕词》，接着是 В. Н. 雅尔采娃的《语言学史中的底层理论》，Б. А. 谢列布连尼柯夫的《底层问题》，В. И. 阿巴耶夫的《论语言的底层》，М. Я. 涅米洛夫斯基的《底层理论发展中的某些问题》，Б. В. 哥尔龙格的《讨论总结》。这是一部最先向我国语言学界较全面而深入地介绍"语言底层"这一新理论的译文集。此译文集为我国民族语文工作者提供了极有价值的资料，1979 年该译文集曾计划正式出版，后因故未能出版。

《语言的接触与影响》 徐思益等著，新疆人民出版社 1997 年出版。

这是"八五"期间完成的国家社科课题，目的是为新疆维吾尔自治区实施"双语制"，帮助少数民族学习、使用汉语提供可靠的依据。内有：新疆少数民族使用汉语情况的调查、维吾尔族人民说汉语的语音特点、受母语及汉语方言的影响、语法偏误和失误以及对双语制的态度的调查等共 12 篇。

《语言调查》 陈其光著，中央民族大学出版社 1998 年出版。

全书除绪论外，分审音、整理音系、调查大纲、调查操作、调查报告五章。绪论分三部分：一、调查概况，讲世界和中国语言调查简况，指出中国已查出有 100 多种语言。二、调查目的，作者认为是：描写语言结构，了解语言内部差异，发现语言演变规律，了解语言交际功能，发展语言理论，抢救正在消亡的语言，通过语言了解自然，通过语言了解社会，识别民族成分，创造文字，传播宗教，识别罪犯，创作文艺作品等。三、调查者的条件。审音包括语音的产生和感知、语音分析、语音结合、非音质语音、语流音变 5 节。整理音系包括音素和音位、归纳音位的原则和方法、语素音位和区别特征，音位的组合和聚合 4 节。调查大纲包括音系词（字）表、常用词语、句型、长篇材料、文字和文献、语言功能和多语制、语言背景和发音人七节，等等。作者曾给本科生和研究生多次讲授语言调查课，此书是将多年讲稿整理而成。本书着重基本技能的训练，实用于少数民族语言调查和汉语方言调查。

《语言调查语料记录与立档规范》 南方语言学丛书之一。范俊军主编，暨南大学出版社 2011 年出版。

本书制订了语言调查记录的规范。分八个部分：一、普通语言描述主题条目；二、语料描述与立档元数据术语；三、中国语言标准代码；四、词汇集；五、句子集；六、话语主题集；七、话语转写文本规范；八、数据格式及设备技术标准。附录一 录音基础知识；附录二 田野之声软件介绍。本规范适用于中国语言调查、语料采录、语档建设、语言教学与研究、濒危语言资源保存、语言工程以及语言资源开发利用。在词汇集里的词汇表，按语义分类，词表选取了 7680 个词语条目或概念，以单词为主，兼收少量的词组或短语。核心词或最常用的词（概念）2200 余条。词目的编排次序跟少数民族语言调查大纲的词极为接近。但数目略多。从事过少数民族语言调查的人员容易接受这个分类法，由于有详细的编码，对整理研究语言大有好处。

《语言　翻译　文化——汉维翻译理论与实践探索》 史震天著，天马出版社 2005 年出版。

本书系作者以翻译学的基本理论为指导，对汉维翻译理论与实践中的诸多问题进行多层次、多角度研究和探索而撰写的一部理论专著。它几乎涵盖了作者近 30 年来关于翻译理论研究方面的主要成果。全书分为六个中心议题：（一）语言与翻译；（二）修辞与翻译；（三）美学与翻译；（四）文化与翻译；（五）语体翻译研究；（六）翻译与翻译教学。

作者认为："翻译中最大的困难往往不是语言本身，而是语言所承载的文化意蕴。"因而，作者能够跳出单纯语言转换层面的研究，从更为广阔的"文化意蕴"的层面来审视翻译，研究翻译。书中"文化与翻译"中几篇的文章，均属于"移译行为"范畴的研究。作者从语言、修辞、美学、文化、语体、教学等方面对汉维翻译作了全面的论述，几乎涉及了翻译研究的各个方面，突出了学科的交叉与结合。研究方法上做到了理论与实践相结合，既有宏观论述，又有微观剖析。在文化与翻译，美学与翻译，语体与翻译，修辞与翻译诸多命题中作者先做宏观论述，紧接着涉及具体问题做精雕细刻的微观描述，诸如对"双重否定格式的处理""双语因素""文化族情与翻译""新闻标题的翻译"等诸多问题不乏作者独到的见解。本书在论述汉维翻译方面，有较高的广度与深度。

《语言和民族（二）》 戴庆厦、何俊芳著，中央民族大学出版社2006年出版。

该书收入有关语言和民族相互关系的论文38篇。包括的内容有：多元一体与中国少数民族语言；中国少数民族在城市化进程中使用功能的变化；语言竞争与语言和谐；语言心理与少数民族语言文字应用；族际婚姻家庭与语言使用；中国少数民族双语教学问题等。

《语言接触与语言比较——以白语为例》

汪锋著，商务印书馆2012年出版。

本书是中国的语言接触与语言关系研究丛书之一。白语有大量的汉语成分，也有大量藏缅语的成分。白语的系属问题成为汉藏语中的一个难点。研究白汉关系是极具难度而又极有学术价值的选题。为该书写序的陈保亚教授说："从汪锋对白语与汉语所做的严密的比较研究和统计数据看，可以认为白语和汉语有亲属关系。"该书分七章：一、语言接触与语言比较；二、研究目标及方法；三、内部比较；四、外部比较；五、语源鉴别；六、还原比较法结果的应用；七、余论。附录有：（1）原始白语词汇；（2）汉白关系语素；（3）汉白关系词中核心词的层次。

《语言接触与语言联盟》 陈保亚著，语文出版社1996年出版。

本书是作者1991年至1995年在北大攻读博士学位时的博士论文。指导教师是北大徐通锵教授。作者为了撰写论文，多次深入云南傣族地区进行追踪研究，从傣语和汉语西南官话的接触入手，得出结论：确定同源或是接触关系，要借助核心关系词的阶分布。由此使用语言"联盟"的概念来显示汉越语接触的深刻性。全书分上、下两篇，上篇语言的接触：互协过程；下篇语言的演化：谱系树与语言联盟。

《语言接触与语言演变》 袁焱著，民族出版社2001年出版。

本书以阿昌语为对象，探讨语言接触与语言演变的问题。以语言接触不同时期的不同表象为链，系统地分析了语言接触中由表层到深层的影响与演变，并围绕这一中心展开有关的探索。

本书认为语言接触可能引发语言影响、语言兼用及语言转用等三种结果，是语言接触导致的一条语言变化链。阿昌语语言接触的具体事实表明，这条链上的三种结果是连续的，存在因果关系，因而在研究中必须用系统论的观点把这条链上的不同阶段联系起来才能看清全貌。但不是所有的语言都要实现这三种变化，大多只停留在前两种上。

虽然语言接触反映在语言结构和语言功能两方面，但在研究中应以语言本体研究为基础，同时结合语言以外的诸如文化、历史、人口、宗教、民族心理等因素进行考察。文中指出，语音影响与输出语和输入语的负载量有关，输出语的负载量与其对输入语的影响成正比；输出语还可以通过语音影响，加强和充实输入语某一方面原已存在但又比较弱的功能负载量。文中从时间、空间、义类、结构等不同层面对词汇进行了分析。

语言兼用不是一成不变的，会随着客观条件的变化而发生类型转型。不同的历史时期，由于主流文化会发生变化，语言兼用便由之发生变化。陇川阿昌族早期的"主流文化"是当地的傣族文化，新中国成立后，随着民族关系的变化，阿昌族地区的"主流文化"由傣族文化转为汉族文化。语言兼用也随之由傣语转向兼用汉语。

经过对梁河阿昌族地区语言转用的成因及其规律进行深入调研，作者从家庭的角度对语言转用的类型进行分类，认为四代人便可完成从语言影响到语言转用的全过程，并指出由于学校教育和媒体的介入，语言转用不再像以往认为的那样"是一个缓慢的过程"。

作者最后根据语言接触中出现的情况对阿昌语的规划问题提出了自己的意见，认为部分地区出现语言功能衰退甚至语言转用是一种客观事实，不能回避，应研究、认识、掌握其规律，并采取必要的对策。作者还对阿昌语的规范问题，提出了一些看法。

《语言论集》 邢公畹著，商务印书馆1983年出版。

本书是作者从1947年发表《诗经"中"字的倒置问题》一文起，到1982年发表的语言学论文的选集。一些作者认为还不成熟的文章没有选入。本书没有按文章发表年代的先后排列，有几篇还没有发表过。本书把所选的论文按性质相近的邻接在一起，关于语言学和语法理论的有7篇，关于方言的有2篇，对侗台语（包括侗语、水语、壮语、布依语、傣语、泰语等）进行分析比较的论文有10篇：（1）《论汉藏系语言的比较语法学》；（2）《诗经"中"字倒置问题》；（3）《论调类在汉台语比较研究上的重要性》；（4）《汉语"子""儿"和台语助词 luk^8 试释》，（5）《汉台语构词法的一个比较研究》；（6）《现代汉语和台语里的助词"了"和"着"》；（7）《现代汉语形容词后附字探源》；（8）《原始汉台语复辅音声母的演替系列》；（9）《汉语遇蟹止效流摄的一些字在侗台语里的对应》；（10）《说"鸟"字的前上古音》。作者在序言中说："三十多年来，风雨消磨，不能把全力放在科学研究上，因而进步也不大，觉得很对不起老师的教诲。而今莘田先生墓木已拱，生死路殊；方桂先生则异域飘寄，解惑无从。其唯一可以复命于先生者，仅仅是虽经挫折，不敢因循而已。"

《语言田野调查实录（1－7辑）》 王远新主编，中央民族大学出版社2007年—2012年出版。

本辑刊旨在刊布语言田野调查过程、语言田野调查方法、田野调查经验、中国语言生存现状、各民族语言使用、语言关系调查、语言文化安全、中国语言教学、海外汉语教学状况调查等领域的成果，以及调查员的语言田野调查日志。每辑分若干板块，自第三辑后形成固定板块，即田野调查方法、语言本体调查、语言生活调查、双语教育调查、语言调查综述和田野调查日志等，每辑根据文稿数量调整各板块的篇幅。前部分陈述语言田野调查的基础理论知识、语言田野调查的新走向、语言田野调查的重要意义、语言田野调查的精神、语言田野调查的目的、语言田野调查的学科本质、语言田野调查的学科地位、语言田野调查的贡献、语言田野调查的现实应用价值等，起到统括全书的作用。语言田野调查方法部分阐述语言使用情况调查的方法、每项调查的经验总结、语言田野调查的实践与技巧、语言田野调查的过程与方法以及问卷调查的方法和技巧。这部分主要围绕着田野调查的性质和特点、调查者态度、调查方法等话题展开，且多数都集中于田野调查中的感受、教训和经验，涉及访谈的层次、访谈提纲的制定、问卷的类型、问卷的设计、问卷的内容、问卷的填写、问卷的统计、调查抽样等理论和方法。该辑刊不但介绍中国少数民族地区语言的现状，还引出一些新的研究亮点，如移民社区的语言生存状况研究、移民社区的语言接触研究、少数民族地区的中介语研究、少数民族地区的混合语研究、生态变迁与语言生存研究、生态变迁与语言教学研究等。

《语言文字学术论文集——庆祝王力先生学术活动五十周年》 吕叔湘等，上海知识出版社1989年出版。

1980年8月是王力先生八十寿辰和从事学术活动五十周年。5月，王力先生的同事、友好和学生们举行庆祝会，参加者有叶圣陶、胡愈之、吕叔湘等语文学界前辈和在京49位专家，学者们撰写了47篇论文和数篇纪念文章集结成本书。内容广泛，除祝寿辞数篇外，学术界所撰写文章分语法类、古文字类、语音和音韵学类、训诂和词汇学类、现代汉语方言类、少数民族语言类等。其中涉及少数民族语言类的有：欧阳觉亚的《汉语粤方言里的古越语成分》，傅懋勣、刘照雄的《凉山彝族的社会结构在语言中的某些反映》，邢公畹的《原始汉台语复辅音声母的演替系列》，马学良、戴庆厦的《藏缅语族辅音韵尾的发展》，周耀文的《汉字改革与我国少数民族文字的创立和改革》，陈士林的《彝语序数表示法简论》。

《语言学概论（藏文）》 华侃、索南才让编译，中央民族大学出版社1998年第1版。

本书共分七章，第一章语言的起源、本质和功能。第二章语音，包括语音的生理基础和物理属性，以及音素的分类、结合，非音质语音要素，音位的概念与语音的变化等。本章附有元音舌位图，国际音标元音表、辅音表及各个音标的举例。第三章词汇，论述了语义和语音的关系，语义的种类和性质，语义的关系、发展等。介绍了词的概念，词汇的构成和发展。本章还讲了有关词典学方面的基本知识。第四章语法，阐释了语法学方面的一系列术语和概念。如语法意义、语法形式、语法手段、词法、语法范畴、句法。本章最后又从三个方面分析了语法的演变。第五章语言的发展变化，指明了语言发展的性质、原因及其规律性，语言的分化和统一、语言关系等。其中具体讲了方言、社团语、标准语、口语和书面语等多方面的问题。第六章文字，阐明了文字的性质、作用、起源和发展，有关字母及其演变和发展以及文字改革等问题。第七章语言的分类，扼要讲了世界的语言及其分类法，我国的语言系属及语系、语族的分布地区，人口和语言上的主要特点。本书后附汉藏对照语言学术语共263条。

本书首次用藏文的形式介绍和引进现代语言学的基础理论和基本知识。用科学的观点讲了语言的本质及起源，从语音、词汇和语法三方面阐述了一些基本概念。明确指出语言是随着社会的发展而发展的，它的性质是渐变的和不平衡的。本书用藏文译介了语言学的很多新词术语，如发音器官、音素、音位、声调、语流音变、词法、句法、语系和语族等等。全书举例翔实，除部分例子来自汉语、英语及国内兄弟民族语言外，更多的是用藏语举例，共列举了近20个藏语地点方言的实例。使读者能结合自身母语实际，便于比较分析，举一反三。本书的编译者根据长期从事藏语言教学和研究所积累的资料，吸取了马学良教授的《语言学概论》的理论框架，又经青海民族学院王青山教授审订，索南才让同志协编而成此书。主要供懂藏文的读者学习语言学使用，每一章节后均有习题，适合作为高校藏语言文学专业的教材和一般对语言学研究有兴趣的读者的入门参考书。迄今已多次再版，成为相关民族院校藏语文专业基础课的教程。

《语言学（藏语）概论》 东主才让著，青海民族出版社2005年出版。

主要结合五省区高校藏语言文学专业的特点和汉藏系语言的特征,以当代语言学理论为指导,运用比较研究的方法,采用语言学的最新研究成果,对语言的起源性质、语言的结构功能、语言的发展和建设、语言的学习和使用等方面进行了深入细致的分析和研究。全书共有八章:第一章,综述语言学的产生、分类以及其他学科之间的关系、语言学的研究方法等;第二章,语言的起源和性质、功能;第三、四、五章,主要论述了语言的结构(即语音、语汇和语法等)体系及其发展演变规律;第六章,文字部分,包括文字的性质和作用、产生和发展以及文字改革等;第七章,语言的发展,包括语言的分化、统一,语言的建设、学习和使用等;第八章,语言的分类,包括世界的语言及其分类法、我国的语言系属以及藏语支的系属问题等。

《语言学(藏语)概论》教材,具有以下三方面的特点:一是该书的编著符合语言学教材的编写方法,内容涵盖了语言学的一般理论,举例通俗易懂,理论概述深入浅出。二是该书尽可能地考虑到了语言学概论的三项任务,即:培养学生树立正确的语言观;掌握语言学的基本理论和基本方法;为学生学习语言学相关知识初步应用语言学的理论和方法分析语言现象奠定基础。三是该书的编著符合民族学生的认知规律和藏语言文学的专业特点,尤其是在语言学理论与藏语语法理论、藏语的语言现象的认识和有机结合方面有新的突破,对正确认识和掌握藏语及其他民族语的发展规律和应用价值具有较强的现实意义。

《语言学基础教程》 戴庆厦(主编)、金雅声(副主编)、丁石庆(副主编)、季永海、刘岩、覃晓航合著,商务印书馆2006年出版。

该书稿是由国家民族委员会组织编写的民族高校教材。在全面阐释语言学理论的基础上,主要从语音、词汇、语法、语义、文字等十个方面论述语言学原理及与其他学科的差异。与同类教程的不同在于本书是专为少数民族学生或学习者所用教材,为方便学生理解,书中大量举例采用除汉语外的其他语种或方言,用到的语种达50多种。可以说这是一本民族高校中具有理论价值和实用价值的教材。

《语言学探求》 郑作广著,广西教育出版社2006年出版。

本书为作者1998年11月由广西教育出版社出版的《方言与音韵研究论集》的修订本。本书对广西多种少数民族语言环境下广西汉语方言(主要为广西平话)的历史形成与发展作了历时共时的深入探求,并揭示了一些语言发展的规律。譬如,"桂南平话音系的历史演变"、"广西百色蔗园话影喻两母区分特点"、"广西平话边擦音声母ɬ及其形成"、"南宁白话与南宁平话比较研究"、"上古汉语复辅音再探"、"古壮字中的'古无轻唇音'遗迹及其成因",等等。本书研究资料多为作者"田野作业"的第一手材料,对深入研究少数民族语言与汉语方言的相互影响及其发展有很高的学术价值。

《语言演变论》 李敬忠著,广州出版社出版,1994年12月出版,2007年2月第二次印刷。

本书主要集中论述语言演变的各种成因及各种演变规律;论述语言之间相互影响与融合的深层关系;论述"方言"演变为独立语言的"特殊历史条件"及可能;论述"语言"与"方言"的相互关系和两者之间划界存在的问题;以及论述语音演变常见的几条主要规律。书中所涉及的语言,除汉语(包括古汉语和汉语方言)外,还有数量众多的少数民族语言。

书中较重要论文:(1)《论语言的相互影响与融合》,此文主要论述语言相互影响与融合的社会历史条件,以及语言相互影响与融合的一般规律和方式。不同的社会历史条件,语言融合方式也不同。在特殊社会历史条件下,语言的融合则会产生新的第三种语言。（2）《语言和方言关系漫议》，文章指出，语言的特点本质是社会的约定俗成。这个本质特点，决定了世界语言产生的多元化。但是，语言产生的多元与人类起源的多元无关。人类是由基因类型相同的某一种高等动物在地球的某几个环境条件适应的地方产生之后，不断进行繁衍，逐渐形成不同的社会群体。语言则是由不同的群体社会因交际需要而各自约定俗成。"方言"的产生是社会分化的结果。"方言"由"共同语"分化后，有些"方言"在一定的历史条件下，可以发展成为独立语言。（3）《论汉藏语系辅音韵尾－m、－n、－p、－t、－k演变消失的规律》，文章从汉、吴、闽、粤等方言及藏缅、壮侗、苗瑶等数十种少数民族语言，国内外语言专家们撰写的数百篇（本）有关的论著所提供的大量语言资料事实，概括并论述促使这些语言辅音韵尾－m、－n、－p、－t、－k发生演变消失过程的三条重要规律。认为这些语言辅音韵尾的演变消失过程，都是在"先逆变后顺变"、"对应顺变"和"对应间变"这三条重要规律直接支配下引起的结果。（4）《粤语是汉语族群中的独立语言》，文章根据大量的历史事实以及多种语言对比资料，提出"粤语不是汉语方言，而是汉语族群中的一种独立语言"的新观点。同时认为吴语和闽语也是各自独立的语言。在汉藏语系中，汉语并不是孤立的语种，而是与粤语、闽语和吴语等共同组成"汉语语族"。

《语言与翻译》 研究中国各民族语言和翻译理论的刊物，季刊。新疆维吾尔自治区民族语文工作委员会、新疆翻译工作者协会主办，《语言与翻译》杂志社编辑出版，国内外公开发行。1985年1月创刊，用维吾尔、汉、哈萨克、蒙古、柯尔克孜五种文字出版。内容包括语言研究、语言与文化、翻译研究、双语论坛、名词术语、语言规范化、国外论文评价、探讨与争鸣、学会介绍、学术札记等。主要登载突厥语族语文研究的论文。

《语言与民族》 戴庆厦著，中央民族大学出版社1994年出版。

全书共收入23篇论文，主要从语言民族学的角度论述了语言学和民族学的结合与发展的关系，多为作者实地考察所得，内容包括少数民族的语言特点、语言转用、双语现象及文字的使用问题。

《语言与民族智力、社会和谐——舍那木吉拉文选》 舍那木吉拉著，内蒙古科学技术出版社2006年出版。

作者是内蒙古语文工作委员会主任和八省区蒙古语文工作协作小组办公室主任。书中所收录的是作者从1980年至2005年间发表的部分学术论文、语言社会调查和工作报告，共21篇。主要有：《关于呼伦贝尔盟部分旗（市）使用蒙古语言文字情况的调查综合报告》、《蒙古语文繁荣发展的四十年》、《增强民族团结，开发民族智力的民族语文协作组织——介绍八省区蒙古语文协作工作》、《蒙古语言文字与我国蒙古族的智力开发》、《论蒙古语言文字的历史作用》、《论制约民族语言发展、变化的三个要素》、《语言政策与语言的发展、变化》等。另外还有一篇访美和两篇访西藏的报告。

《语言运用散论》 余惠邦著，香港文化教育出版社2001年出版。

该书由著名语言学家、原国家语委副主任王均先生作序。收集了作者在报刊上发表的二十多篇关于语言运用方面的论文。作者力图从语言运用的实际出发，发现存在的问题，探索语言运用的规律，以引导人们正确地使用语言。论文集的内容大体上分为三部分：第一部分的7篇论文着重从理论上、政策上论述我国的双语制和双语使用问题。第二部分的15篇文章，不仅探讨书面语中的协议书、说明书、商标、电报、报刊传媒语言以及翻译语言的词语选用和辞格运用技巧，还探讨了电视、广播中广告词的运用和传达文件如何讲求口头表达的准确性等。第三部分是专著和工具书的序言和前言，其中也涉及不少语言运用问题。

正如王均先生在该书的《序言》中所说，"知识社会"也就是双语或多语文的社会，双语制是当今的世界潮流。经济全球化和文化多元化的族际和国际沟通交流，是以信息载体的规范化为前提的。2000年10月31日全国人大常委会第十八次会议通过《中华人民共和国国家通用语言文字法》，这充分说明国家对语言文字的规范和民族平等权利的重视。

因此，王均先生认为："本书的出版正适应了当前时代的要求。"

《语义学比较法》 邢凯著，丁邦新、孙宏开主编《汉藏语同源词研究》（三）——《汉藏语研究的方法论探索》第三部分，广西民族出版社2004年出版。

邢公畹教授认为，印欧语历史比较除了使用语音学比较法外，还使用形态学比较法，亲属关系容易确定。汉藏语没有什么语法形态上的特点。能否找到一种可以和印欧语形态学比较法相匹敌的新方法呢？这是一种区别于印欧语"形态学比较法"的"语义学比较法"。由此在形态、音韵学两个原则之外又提出了历史比较法的第三个原则——语义学原则。1993年他在《汉台语比较研究中的深层对应》一文中首先使用了这种查寻深层对应体系的方法，确证了19组汉台语同源词。此后他又使用这种方法提出了300余组深层对应例证，从而确证了汉、台两语的发生学关系。作者自1997年开始，协助邢公畹进行语义学比较法的基础论证工作。在《历史比较法是建立语言史的有效工具》（1997）一文中提出语义学比较法是汉藏语系历史比较研究的新发展。在《语义比较法的逻辑基础》（2001）文中归纳了16种深层语义对应类型。以后还发表了《有关语义学比较法的理论问题》（2002）《关于语义学比较法的讨论》（2003）《关于语义学比较法》（2005）。本书第三部分就是作者对该项研究的总结。共分三章。第一章语义学比较法的提出及其理论基础。介绍了语义比较法的具体操作和16种深层语义对应类型。每个类型都有一个对应公式，既便于实际操作也体现了该方法严密的科学性。形态是语言内部的组织规律，是从共同语继承下来的语言传统。两种语言相同、相近的形态变化体系是它们亲属关系的有力证据。语音学比较法的关键是寻找语音对应规律，在此基础上构拟原始共同语，揭示语音发展规律。语音发展规律就是语音对应规律的解释，正是语音演变的规律性造成了后代语言中的语音对应规律。语言中的任何一个词都不是孤立的，而是和其他词处在特定的音义关系中，如果另一个语言中相互对应的两个词也恰巧处于同一的音义关系中，这就是"深层语义对应"。每个具体的深层对应式都是在重复一遍深层对应的理论公式。这种情况当然不是靠巧合造就，也不可能是借贷，因为有意识地按照深层对应的方式进行借贷，这是不可想象的。而且深层对应公式具有普遍的内在联系，两个语言间相互对应的同族语词，一拉就是一串，说明它们词汇系统的整体是相互吻合的，这就是原始同源体系。犹如两部来自同一古老字典的现代字典（邢氏表示赞同这个譬喻）。接着又提出"语义排除（借词）法"等五种辅助证明手段，使论证更加严密。第二章是本书的主体部分。介绍了16种深层对应类型，包括97个具体实例，分16小节，每节论述一种类型。先给公式，然后举出若干对应词群的例证，其下有音韵、训诂学的考证和辅助证明。第三章是关于语义学比较法的讨论，回答了学术界提出的质疑，并对该方法进一步进行理论概括。

《语音历史探索》 曾晓渝著，南开大学出版社2004年出版。

该书收入了作者三十多篇文章。分三类：一、关于汉语音韵学、方言学的研究,有《西儒耳目资》声韵系统研究、调值拟测、语音基础及明代官话的标准音;重庆方言里古入声的读音;《中原雅音》就是《中州音韵》质疑;见母的上古音值;荔波汉语水语现代音系的年龄差异;平话的方言地位。二、关于少数民族(主要是侗泰语言)历史音变的研究,有汉语水语复辅音形容词的历史比较研究;中国水族语言里的汉字音;汉语水语的同源词;论壮傣、侗水里古汉语借词的调类对应——兼侗台语汉语接触及语源关系的思考。三、关于汉藏比较语言学的研究,对语义学比较法和关系词阶理论提出了自己的见解。

《元国书官印汇释》 照那斯图、薛磊著,辽宁民族出版社2011年出版。

元八思巴字官印是历代官印中的一朵奇葩,作者利用30余年的时间,收集整理了210枚八思巴字官印实物拓片或照片资料,对每一方印从语言文字、文物文献和史学展开详细的考证。还有相关职官、地理等史学考释,对元代八思巴字和职官制度研究做出了重要贡献,也为后人提供了一部比较完整的参考和研究资料。全书分七章:一、皇帝、国师、帝师、国公及诸王印;二、中央官署及其下属印;三、都元帅府、侍卫亲军及其下属印;四、管军万户、千户、百户、总管、总把、弹压印;五、元代义兵官印;六、路府州县等地方官署印;七、达鲁花赤、奥鲁、提领驿站印。

《元江县羊街乡语言使用现状及其演变》 戴庆厦主编,商务印书馆2009年出版。

该书为中央民族大学"985工程"新时期中国少数民族语言使用情况研究丛书之一。作者通过实地调查发现羊街乡哈尼族兼用汉语,拉祜族兼用汉语和哈尼语,彝族已大部分转用汉语,在此基础上进而论述各民族语言使用现状之成因,并分析羊街乡不同语言存在功能差异、各民族的语言和谐发展和语言接触关系等问题。

《袁家骅文选》 袁家骅著,北京大学出版社2010年出版。

北京大学中文系教授袁家骅曾留学英国,修研比较语言学和历史语言学。曾先后调查过彝语、哈尼语、壮语。本文选所录11篇著作,除《汉语方言概要》外,全为少数民族语言研究著作。本书的前言有几个"导读",一是《汉语方言概要》导读;二是《阿细民歌及其语言》导读;三是论文一组(1)导读;四是论文一组(2)导读;五是论文一组(3)导读;六是《汉藏语声调的起源和演变》导读。每一"导读"均详细介绍其中论文或专著的写作背景和内容。

《原始汉语与藏语》 [美]包拟古著,潘悟云、冯蒸译,中华书局1995年出版。

本书是美国著名语言学家和汉学家包拟古教授在不同时期发表的论文的译文集。包括:一、藏文的sdud(衣褶)与汉语的"卒"及 *st- 假说;二、汉藏语中带s-的复辅音声母在汉语中的某些反映形式;三、原始汉语与汉藏语:建立两者之间关系的若干证据;四、上古汉语中具有l和r介音的证据及诸问题。书后附有包拟古教授简历与著作目录。

《粤语壮傣语问题》 刘叔新著,商务印书馆2006年出版。

本书是包括刘叔新语言学各方面内容的论文集,其中有4篇是关于壮傣语的,有6篇是关于粤语方面的,其余的是关于汉语语法、语义、词汇研究方面的。关于壮傣语方面的文章分别是(1)粤语壮语关系词的分类问题及类别例释;(2)汉语与壮语同源的和搬借的亲属称谓;(3)汉语傣语同源基本动作词;(4)连山壮语元音系统与粤语的近似。

《云南傣纳文字改进方案》 云南省德宏傣族景颇族自治州人民政府署名、周耀文执笔拟订，云南人民出版社1957年出版。

内容包括：（1）原有文字概况。（2）文字改进经过。（3）文字改进方案：标准音点选定说明；字母表（包括字母、声母、韵母、调号）；拼写规则；标点符号。（4）文字改进方案说明。附新老傣文对照短篇故事。

《云南蒙古族喀卓人语言使用现状及其演变》 戴庆厦主编，商务印书馆2008年出版。

该书为中央民族大学"985工程"新时期中国少数民族语言使用情况研究丛书之一。作者在实地调查的基础上，论述了喀卓人的语言使用情况。主要内容包括：喀卓人稳定使用喀卓语的现状及其成因、兼用汉语的现状及其成因、喀卓语与汉语接触引起的变化、青少年双语生活的特点，并探索其母语能力出现不同程度的下降之成因。

《云南里山乡彝族语言使用现状及其演变》 戴庆厦主编，商务印书馆2009年出版。

该书为中央民族大学"985工程"新时期中国少数民族语言使用情况研究丛书之一。作者在实地调查的基础上，论述了里山彝族的语言使用现状。主要内容包括：里山彝族稳定使用彝语的现状及其成因，里山彝族兼用汉语的现状、成因及"汉—彝"的双语关系，里山大黑冲村彝族转用汉语的现状及其原因，青少年双语生活的特点及其母语能力出现不同程度的下降之问题，以及里山彝语在与汉语接触中的变化及变化的内部机制、外在因素。

《云南民族语言文化研究》 盖兴之著，云南民族出版社1992年出版。

本书以语言文化为经，以语言与民族、语言与教育、语言与规范、语言与翻译为纬，展示了当代民族文化研究中的几个富有现实理论意义的热点问题。探讨了语言与民族文化、语言与民族社会、少数民族语言与汉语的关系和对少数民族汉语教学的理论。其中"民族识别中的语言学问题"具有启示性。

《云南少数民族双语教学研究》 课题组著，云南民族出版社1995年出版。

全书分总论和分论两大部分。总论侧重于对云南少数民族双语教学宏观上的理论和政策方面的研究。分论侧重于对改进某一民族双语教学的科学性、技术性方面的研究，包括彝汉、傣汉、哈尼汉、拉祜汉、苗汉、壮汉、佤汉、景颇汉、傈僳汉、瑶汉、纳西汉、白汉等12个民族的双语教学研究。

《云南少数民族语言文字概况》 周耀文、戴庆厦合著。云南民族出版社1980年出版。

本书是小册子。分四节：（1）民族语言与党的语言平等政策。（2）云南少数民族语言概况：①语言系属；②汉藏语系的特征；③南亚语系的特征；④语言使用情况。（3）新中国成立后云南少数民族文字使用和发展情况。（4）民族语文工作必须为实现"四个现代化"服务。

《云南少数民族语言文字概论》 杨光远、赵岩社主编，金学良著。

《云南少数民族语言文字概论》是云南省级重点学科"云南少数民族语言文学"的标志性成果。该书现在不仅作研究生培养的教材，同时也是云南民族大学民族文化学院编辑出版学专业的一门基础课教材。

《藏汉大辞典》 张怡荪主编，民族出版社1985年出版。

本词典收词5.6万余条，是中国第一部兼有藏文字典和藏学百科全书性质的综合性藏汉双解大型工具书。辞典以一般词语为主，分基本词和合成词两大类。专科术语包括传统的"大五明"（工艺、医药、语言文字、因明、佛学）、小"五明"（韵律、诗学、藻词、戏曲、星象）和文学、历史、地理等门类。此外还收有旧时公文、封建法典、藏区习俗、农牧生产、器用服饰、赋税差徭等方面的用语；并收录了一部分方言词汇和新词术语。汉文释意采用现代书面语，佛学和因明的术语基本上保留了传统译法。书后附有动词变化表、干支次序表、藏族历史年表以及反映藏族文化特色的彩色图片百余幅。本词典成书历经五十多年。

《藏汉对照拉萨口语词典》 于道泉主编，民族出版社 1983 年出版。

这是中国第一部藏语口语词典，共收词 2.9 万余条。以记录现代藏语拉萨口语词汇为主，并用现代汉语解释词义。本词典除日常生活用语外，还包括一部分常用的新词术语、人名、地名、成语谚语以及医药、科技、天文历算等方面的专业用语。以藏文正字为主要词目，按藏文字母顺序排列，少数无正字的口语词，依实际读音，用藏文拼写。遇有不规则读音，在正字后面用括号注出俗字，以便初识字的藏族读者从音查字。此外，为了便于其他民族人民学习和研究藏语拉萨方言，每一词条后均附有拉丁字母注音，并用汉语作详细的释义。较难解释的语法词附有例句。这是一本学习和研究藏语拉萨方言的重要工具书。

《藏汉翻译教程》 贺文宣著，中央民族大学出版社 1995 年出版。

本书是根据国家民委的统一规划，为全国各高等民族院校设有藏语文专业的研究生编写的藏汉翻译教材。全书正文共分七章：藏汉翻译的标准、过程和方法；实词的翻译；藏文句子中一些主要虚词的翻译；句子的翻译；逻辑翻译与修辞翻译；篇章翻译（上）和（下）等。每章内分别有思考与若干练习篇，七章共有 18 篇。全文之末列有帮助学生提高翻译古典藏文质量的附录 10 篇。

书中独有特点甚多，主要是具有"三新"，即体系新、内容新和材料新。体系新，本书建立起了一个既讲语法翻译又讲逻辑翻译和修辞翻译，既讲词句翻译又讲篇章翻译和文体翻译的完整体系，使学生能学到一套系统而完整的翻译理论和技能。内容新，本书的内容注意运用藏汉语法学、藏汉逻辑学、藏汉修辞学以及语言学、文章词句学、文章学、文体学、文艺学以及美学等学科领域的理论知识和翻译知识。材料新，书中引用的材料都是第一次选自藏文各类名著名译，平时多不为人们所容易接触到者，其内容新、结构典型。能引起学生学习兴趣，提高学习效率。本书实用性强、适用面广，在全国各高等民族院校藏语文专业的专科、本科和研究生中多年使用后，收到了很好的效果。2001 年获国家级教学成果二等奖。

《藏汉互译教程》 周季文、傅同和合著，民族出版社 1999 年出版。

本书是为大学藏语文专业高年级编写的教材，内容包含三部分。第一编《绪论》。讲述翻译的一般知识，即翻译与翻译理论的定义、类型、性质等；介绍有关翻译标准的各种提法，确定了本书提出的翻译标准；还简单介绍了梵译藏、汉译藏和藏译汉的历史。第二编《汉译藏》。第一章讨论多义词、近义词和成语的译法以及词的搭配等有关词语处理的问题；第二章讨论管界问题和复句、多重复句和句群的译法等重点语法处理问题；第三章讨论增补、省略和语序调动等翻译技巧问题。第三编《藏译汉》。前四章讨论一般文体的翻译。第五章《文学翻译》，就文学翻译的特殊性，分四节讨论了文学翻译的标准、诗歌的译法、成语的译法和比喻、用典、藻词、音饰等四种在藏族文学作品中常见的几种修辞手段的译法。

本书的特色是具有全面性、系统性、科学性和实用性。全面性。本书是由《汉译藏教材》与《藏译汉教材》两部书合并而成的。全面讨论了汉译藏和藏译汉的理论和技巧。系统性。汉译藏和藏译汉两种教材各自的系统都是根据实际情况分别新建立起来的。合并后，建成了一个大的新系统。科学性。教材的编写过程，都是先收集材料制成卡片，运用语言学、翻译学知识分析卡片，归纳成为理论的。这就保证其具有科学性。实用性。例如鉴于古今中外提出的各种翻译标准，都有过于抽象、可作多解的缺陷。本书吸取"信、达、雅"的精华，参考诸家的学说，提出了"内容忠实、语言通顺、风格相当"三条明确具体的翻译标准，作为一般情况下的最低要求。同时，在第三编《藏译汉》的《文学翻译》一章中，专立了《文学翻译标准》一节，使三条标准更加完善、具体。又如本书第三编第三章《词汇》中提出的时间词的译法和音译问题，可以在书末直接查表解决。附表成为小小的工具书。

《藏汉语法对比》 王志敬著，民族出版社2002年出版。

主要研究成果如下：

（1）就语法差异。语义型与形式型的对立：汉语为语义型语言，藏语为形式型语言。前置型语言与后置型语言：汉语为前置性语言，藏语为后置性语言。汉语没有后置性修饰语。藏语充任后置修饰语的词类比前置多，其中如形容词、数词、指代词、数量词、名词、句法结构、名量语素。与汉语差别更大的是，藏语后置修饰语具有多重性；在中心语与修饰语的位置关系上表现为镜像关系。

（2）就藏语的语法特点：①藏语句法序列独特而灵活；②句法格式"S—O1—O2—N补—V"为藏语所独有；③三音是藏语新兴动词的唯一形式；④名词标记是重要的构词手段；⑤句法结构直接作修饰语；⑥形态音位是重要的语法手段；⑦三宾语乃至四宾语的存在；⑧兼语式的特殊性与复杂性。

（3）就藏汉语共有的语法特点：①动词直接作主语；②两类特殊的主谓句式"有的+动词"、"N1是N2"；③主谓结构作谓语；④多重主谓结构套叠；⑤名词修饰名词十分自由；⑥动词兼形容词构成一个小类；⑦多个动词连用作谓语；⑧共有述补结构；⑨复合词由句法结构凝固而成；⑩句法成分与词类的多对应关系；⑪形容词双音组合同规则、多音构造同方式；⑫形容词可充任所有句法成分；⑬重叠式贯通构词与句法；⑭时间处所词作主语；⑮名词句"N1N2"类比较常见。

（4）就句子格式的变换对比。藏汉语共有的变换句：双宾语句、"有"字句、偏正结构与主谓句、偏正式与述补式、目的句与连动结构、动态句与静态句。藏语独有的变换句：判断句中的述宾式向主谓式的转换、判断句向动作句的转换、因果句与复谓结构的转换。

（5）就时制结构对比：汉语没有时制结构是汉语界绝大多数学者的共识，而藏语时制结构却多达八类，系形式特征所致。藏语八类时制结构如：简单将来时、后事过去时、后事将来时、简单现在时、简单过去时、先事现在时、先事过去时、先事将来时。

《藏汉语亲属关系研究》 王志敬著，2008年出版。

当前，发生学关系研究步履维艰。《藏汉语亲属关系研究》告别发生学研究只局限于通过语音对应规律找同源词的时代，首次把同源关系研究引入语法领域，提出语法领域研究发生学关系的新的理论与方法——类型发生学。其要点如下：

（1）人类语言走向统一的途径是替换，被替换语言在被替换之前依然是完整的，其基本性质保持不变。（2）原始语的基本性质和结构会在后代语言中得到传承。（3）原始语规定着后代语言演变发展的方向和轨迹，后代语言的演变发展呈现一种平行性关系。（4）在藏、汉语同源关系的论证中，材料越古越好自不当说,但现代语料并非是十分危险的。作为同源关系的逻辑依据,平行性发展关系打破了古今语料的时间壁垒,使古今语料有机地结合起来;尤其是把现代活语料纳入发生学研究的轨道,开拓了发生学研究的新天地,是发生学研究的新的里程碑。

藏汉语同源的语法凭证:(1)敦煌藏文和甲骨文:①甲骨文数词序列"百有九十有九"和藏语 brgya(百)gang(和)dgu(九)bcu(十)go(连接词)dgu(九)同源,由此构拟出原始汉藏语百以内数词序列的同源格式为"百+连接词+X+连接词+Y",其中 X、Y 是数词。②甲骨文(动词除外)所有可修饰名词的五类词,都可后置,没有例外,有别于现代汉语,同藏语。对这一系统性变化的解释,似乎只能归咎于藏汉语同出一源,而不是偶然的巧合。③甲骨文中的语序"动—补—宾"和藏语语序"宾—补—动"形成镜像关系。只有同源关系的语言,才可能具有这种镜像关系。④方向词的两两组合序列,藏语、甲骨文、现代汉语形成一个链条状分布,是藏汉语同源的凭证。

(2)同源的句法结构和语法词:藏汉语 1—10 的数词序列同源、领属结构同源,同位结构"咱俩"同源,持续体标记同源,构成藏汉语同源结论的不可逆转性。

(3)判定语言的平行性发展关系的标准与方法:不同语言在各自独立的演变发展中产生诸多共有语法特点,这些特点具有一定的系统性,分布在多个不同平面,不约而同地遵循相同的方向。具有平行性发展关系是判断句法同源的逻辑凭证。如下是藏语拉萨话和汉语东南方言各自独立发展中所呈现的平行性关系:①产生共有的语法范畴名词表小后缀;表动物性别的后缀;共有相同的词头和词尾;趋向范畴;排除式与包括式;双数。②构成分化的链条状;③共有相同的变换式;④共有相同的演变方式;⑤语法格式对应;⑥具有相同的结构格局;⑦具有共同的语法形态。

(4)共有特殊语法链:现代藏语拉萨话和汉语东南方言的共有语法特点在数量上相当的多:①语序链条中诸多结构同构:共包含 7 个同构的句法格式;②共有一个特殊聚合群:共包含 7 个相同的聚合小类;③现代语的共有语法特点所分布的不同平面的数量相当多;④领属结构同源。有了这四点,足可确定藏汉语同源。

《藏、汉语言在"倒话"中的混合及语言深度接触研究》 意西微萨·阿错博士学位论文,2003 年 7 月南开大学通过答辩。

这是作者的博士论文,评审专家和论文答辩委员孙宏开、戴庆厦、黄布凡、黄行、陈保亚、王均等教授一致给予很高的评价。认为这是有关混合语论著中最好的一篇,是很有深度的论文,选题在语言学研究领域中极具理论意义。论文总结"异源结构"是混合语的一个普遍特征,这个发现是作者对语言接触研究的一个理论贡献。作者观察汉、藏语言关系中的谜团,大胆假设我国南北民族原始语存在一个"阿尔泰系语法流"和"东亚词汇团",藏语(甚至汉语)就是处在其中具有两种特点的"异向结构语言"。这个假设有着文化史和遗传学新发现成果的支持,对于探索我国语言的发生和演化富有启发性意义。文章内容博大,理论艰深,引用资料详备,包容的信息量极大。提出和论证的许多问题都对传统的语言发生学理论提出了挑战。这是一篇难得的佳作。论文相当深入地分析了因藏语和汉语深度接触而形成的"倒话"。在目前研究藏语和汉语接触的个案中,这种全面深入地描写和分析还很少见到,对语言接触研究、混合语问题的研究有很高的价值。作者在描写和分析"倒话"时,从结构和要素两个不同的角度进行观察,发现了深度接触中的一些重要现象,尤其是"异源结构"形成机制。这种结构和要素的对立观察角度在结构差异比较大的语言深度接触中有普遍性,因此具重要的方法论价值。藏语内在结构与藏语在汉语和阿尔泰语之间的异向结构的发现，是本文的一个重要创见。作者能冲破汉藏语系、阿尔泰语系这样一些似乎已经成为定论的藩篱，以有说服力的语言事实，提出挑战性的、突破性的命题，作出有力的论证，为把语言理论和方法推进一步，作出了建设性的贡献。

答辩决议书对该文作了充分的肯定，认为这是我国首篇对于存在于中国境内的"混合语"作系统全面的调查、分析和研究的博士论文。选题具有理论上和方法上的创新性。这种描写对语言接触研究、混合语问题的研究有很高的价值。2005年获天津市优秀博士论文奖和全国百篇优秀博士论文奖。

《藏缅语十五种》 戴庆厦、黄布凡、傅爱兰、仁增旺姆、刘菊黄著，北京燕山出版社1991年出版。

本书系北京市哲学社会科学"七五"规划研究项目《藏缅语研究》的阶段性研究成果。

共有道孚语、却域语、扎坝语、木雅语、吕苏语、纳木兹语、史兴语、独龙语、怒语、嘎卓语、浪速语、勒期语、波拉语、仙岛语、克伦语15种藏缅语，大多是作者1984年以来调查的语言。每种语言包括语音、词汇、语法等方面的主要特点的研究。从这些语言材料可以看到藏缅语丰富的特点，并能为汉藏语和语言学研究提供有用的素材。

《藏缅语新论》 马学良、胡坦、戴庆厦等著 中央民族学院出版社1993年出版。

本书反映了探讨藏缅语发展规律中的一些新收获、新认识。内有：一、关于我国藏缅语的系属分类；二、藏缅语和汉语的亲属关系；三、藏缅语声母对韵母演变的影响；四、彝缅语鼻冠音声母的来源及发展；五、藏缅语的声调；六、怒语的声调；七、嘉戎语梭磨话的声调；八、藏缅语动词的趋向范畴；九、藏缅语的情态范畴；十、藏缅语个体量词研究；十一、藏缅语"指代一名"偏正语序；十二、藏语中的名、动组合；十三、彝语义诺话动物名词的语义分析；十四、藏缅语的"马"和上古汉语的"驲"；十五、彝族洪水故事长篇话语料释例；十六、中国藏缅语族描写语言学的现状及展望；十七、藏缅语族语言的研究与展望——马提索夫教授访问记。

《藏缅语语音和词汇》 中国社会科学院民族所语言室"藏缅语语音和词汇"编写组集体编撰。中国社会科学出版社1991年出版。

《藏缅语语音和词汇》是中国社会科学院民族研究所语言室集体编写的一部藏缅语语音比较词汇集。编辑组成员有：孙宏开、陈士林、陆绍尊、张济川、姜竹仪、徐悉艰。所内参加编写的人员有：木玉璋、刘璐、安世兴、孙宏开、纪嘉发、陈士林、陈康、李永燧、李秀清、陆绍尊、张济川、武自立、欧阳觉亚、姜竹仪、徐琳、徐悉艰等，刘光坤、史金波参加了这项工作；所外编写人员有：戴庆厦、王尔松、汪大年、黄振华、常红恩、盖兴之、张蓉兰、林向荣等。全书分为导论、语音系统、词汇、附录四部分，导论由孙宏开执笔撰写，全面而详细地论述了藏缅语族诸语言的重要语音现象及历史演变情况，包括的问题有同源词、单辅音和复辅音声母、长短元音和松紧元音、复元音、鼻化元音和卷舌元音、辅音韵尾、声调、弱化音节等。语音系统介绍了34种藏缅语言49个调查点的地域分布、行政区划、人口情况及语音的声韵（调）系统。词汇部分收集了34种语言49个调查点的1004个常用词的读音，均用国际音标注音。另外，还收集了3种文字的对应词，其中西夏文用汉字注音，藏文和缅文用国际音标转写注音。词汇部分是按照词义归类方式编排，与传统田野调查词表体例接近。附录除3种文字与国际音标转写对照表外，还有词汇部分的汉语拼音索引。《藏缅语语音和词汇》是我国第一部包括语种和调查点最多的藏缅语多语种对照词汇集，对藏缅语言的描写研究和历史比较都很有价值，为藏缅语乃至汉藏语研究提供了珍贵的参考资料。

《藏缅语族语言词汇》 黄布凡主编,许寿椿、陈嘉瑛、王会银副主编。中央民族学院出版社1992年出版。

本书是一部汇编我国藏缅语族语言(包括少数域外藏缅语)词汇的大型词书。分词汇和语音两部分。词汇部分汇编了51种藏缅语族语言(内有11种是部分语言的方言)的常用词1822条。这51种语言(方言)是:藏(书面语、拉萨、巴塘、夏河、阿力克)、错那门巴、墨脱门巴、羌、普米(兰坪、九龙)、嘉戎、道孚、却域、扎坝、木雅、贵琼、史兴、吕苏、景颇、独龙、阿侬怒、达让僜、格曼僜、博嘎尔珞巴、义都珞巴、缅(书面语、仰光)、阿昌、仙岛、载瓦、浪速、波拉、勒期、怒苏怒、彝(喜德、巍山、南华、武定、撒尼)、傈僳、哈尼(绿春、墨江)、拉祜、基诺、纳西、纳木兹、嘎卓、白、土家、克伦、西夏等。每条有汉义和英译。词汇按词类兼顾意义排列。对词义有差异者做了注释。语音部分简介了各有关语言(方言)点的音位系统和各语言的分布、使用人数、方言划分、有无文字等情况。书末附录了与之对应的汉语和英语词语音序检索及藏缅语族语言词汇数据库简介。

本词汇包括的语种较多(共40种)、较新,至出书时间止所发现的中国境内的藏缅语族语种包罗无遗,有些是本书编者新发现的新语种,如扎坝、却域、嘎卓、波拉、浪速等。所收词条数也比当时的同类词书为多,都是常用词,多为核心词和基本词,用以进行历史比较,适用性较强。编排方式和所附汉、英语音序索引方便于国内外学者查找使用。出版后受到国内外藏缅语和汉藏语言学家的好评和广泛引用。这些语言词汇不仅是历史比较语言学研究的重要资料,对民族学、历史学、文化比较等研究也有参考价值,有的通过其中同源词的研究论证族群关系,探寻史前文化;有的透过词汇的同源或借贷关系研究民族间的文化接触和交流。

本书曾获国家民委社会科学研究成果二等奖(1993年)、第二届中国民族图书奖一等奖(1994年,国家民委与新闻出版署联合颁发)、计算机数据库及文字处理技术在少数民族语文研究中的应用一等奖(1995年,国家民委颁发)。

《藏缅语族语言研究(1-4集)》 戴庆厦著,第一辑,1990年3月,31万字。第二辑,1998年12月,35万字。第三辑,2004年3月。以上三辑均由云南民族出版社出版。第四辑,2006年6月,中央民族出版社出版。

这套书为戴庆厦的藏缅语研究论文集,汇集了他50年来在藏缅语研究上已公开发表的部分论文。内容包括语音、语法、词汇等方面,既有单一语言的研究,又有多语言的比较研究。此外,还有一些社会语言学、语言研究理论及方法论的论文。书中对藏缅语的共时、历时特点进行多角度、多方法的探索,如对景颇语中的使动范畴、被动句、话题句、连动式、否定式、句尾词、量词、结构助词、并列结构复合词、四音格词等,以及松紧元音、声调、弱化音节等,都做了共时或历时的研究,不同程度地解决了前人尚未涉猎或尚未解决的问题。

《藏文书法通论》 马进武著,民族出版社1997年出版。

论述了藏文书法简史,藏族文房四宝制作法,藏文九种字体的书法艺术,藏文书法艺术的欣赏与审美方法,藏文缩写规则以及八思巴文等。本书是藏文书法史上的第一部系统论著,是书法爱好者的良师益友。作者作为藏文书法家,被中国书法国画研究会授予"中国书画导师"荣誉称号。

《藏文阅读入门》 周季文、谢后芳合著,云南民族出版社1998年出版。

本书是藏语书面语语法,是为不懂藏语但已学会藏文拼音，准备学习藏语书面语的学生编写的。全书分10章，前9章为词法，依次为：（1）名词、（2）指代词、（3）数词、（4）量词、（5）动词、（6）形容词、（7）副词、（8）语气词、（9）助词；最后一章句法与词法结合：（10）复句与连词。附录中有《虚字添接法表》，便于对传统藏文文法虚字添接规则不熟悉的人查阅。

本书的主要特色首先是建立了一套新的藏语书面语语法系统。这一系统以现代语言学为基础，又与传统藏文文法相结合。语法术语现代的、传统的都用，但用时将其异同作明确的解释。例如传统藏文文法中，凡是有变体的语素统称为 tshig phrad，按字面意思直译就是"连词"。实际上其中只有一部分是连词，其他还有格助词、语气词、词缀和词尾。其次是在《名词》一章中，撇开对"格"的定义和理论上的讨论，明确指出"藏文的格不但是词的语法范畴，而且是句子成分的语法范畴"，这是一种新的提法，也是学好这一章的关键。在编排上，没有按传统的第一格、第二格、第三格……的顺序编排，而是根据教学与学生接受的方便安排，有利于得到好的教学效果。再次，在《动词》一章中，将动词的时态与句子谓语的时态分开，对动词三时一式形态变化规律的条件，增加了元音一项。然后从现在时出发，以前加字 ba 和后加字 sa 为条件，典型的是未来时前加 ba，过去时前加 ba 又后加 sa，命令式后加 sa。例如动词"完成"的现、未、过、命是：sgrub、bsgrub、bsgrubs、sgrubs。这也是本书提出的新方法、新观点。最后，本书的所有例句，大都是从藏族文学名著中摘录来的，教师讲课时要讲有关的前后文，加深对例句的理解和记忆，往往还会提到一些有趣的情节，很能引起学生对藏族传统文化的兴趣。

《藏文正字学发隐》 马进武著，青海民族出版社1999年出版。

本书对藏语词汇一系列问题，从理论上做了高度的概括和入微的剖析，揭示了藏语构词中鲜为人知的因缘奥秘，是学习研究藏语词汇的第一手珍贵资料。

《藏语安多方言词汇》 华侃主编，甘肃民族出版社2002年出版。

本书是从藏语安多方言中采选了6个方言点，即半农半牧区话的甘南藏族自治州的夏河、黄南藏族自治州的同仁，农区话的青海循化、化隆，牧区话的阿坝藏族羌族自治州的红原、海西蒙古族藏族自治州的天峻。用国际音标分别记录了2121个常用词，主要供藏语研究特别是方言研究、词汇比较之用。由于每一词语均是藏文、汉语义、英语义对照，又可供语言互教互学的参考。

前言部分介绍了安多方言的分布情况，方言内部语音、词汇和语法差异不大。还概述了半农半牧区话、农区话和牧区话语音上的主要特点。

全书分三部分：第一部分为词汇概述，共约30000余字。（一）从固有词、现代词及借词三方面列出例词将6个点作了比较。（二）论述了词的构成，重点分析了名词、代词、形容词、数量词和动词。有详尽的各方言比照。（三）词汇的异同。这一节除安多方言6个点外又加上拉萨话，从中大体可观察到两大方言词汇上的异同。

第二部分为6个地点的音系介绍，即夏河甘加地区，同仁年都乎地区，循化道帏古雷地区，化隆初麻地区，红原让口地区，天峻舟群地区。

第三部分为词汇表，共有2121条。每一词语编有顺序号，然后依次为汉义、英语释义、藏文及国际音标转写、拉萨话及夏河、同仁、循化、化隆、红原、天峻各点。词汇按名词、数量词、代词、形容词、动词及少量副词、助词等词类排列。因名词和动词数量较多，名词又按意义相关的进行分类排列。动词有自动、使动关系的排在一起；有时态变化的动词，先列出现在时（未来时语音形式相同），在列出过去时，中间用"°"隔开；如果没有时态变化，或者现在时和过去时形式相同的，只列出一种形式。汉语的词义限制词、词语的搭配用（ ）表示，英语的词义限制词、词语的搭配用【 】表示。为了便于从汉语查阅藏语词语，最后附有汉语词语音序索引。

《藏语安多方言语音研究》 王双成著，上海文艺出版（集团）有限公司中西书局 2012 年出版。

该书是国家社科基金项目《安多藏语语音研究》的最终成果，选取在藏语方言研究中比较薄弱的安多方言语音为研究对象，运用实验语音学、历史比较、文献考证、方言地理学等现代语言学理论和方法，对安多方言的语音进行了较为全面、深入的研究，本书的出版对于促进藏语方言、藏语语音史的研究都具有重要的意义。全书共分为八章：

第一章"绪论"，介绍藏语在汉藏语言研究中的地位、安多方言研究的意义等。

第二章"藏族的语言和文字"。主要内容有：①介绍藏语及藏语方言的历史分期、藏语方言的划分、藏语方言的研究情况；②藏文的创制、藏文的结构和厘定等。

第三章"安多方言的内部分区"，提出了新的划分标准和方法，将安多方言内部划分为北部牧区话、北部农区话、南部牧区话、南部农区话四个次方言。

第四章"安多方言音系"，选取比较有代表性的泽库、阿柔、同仁、化隆、玛多、炉霍、班玛、壤塘等 8 个方言点归纳了音系，介绍了各方言点的语音特征，列举了声母、韵母例字。

第五章"安多方言声母研究"，主要讨论了古藏语单辅音声母、复辅音声母在安多藏语中的演变特征，并对古藏语 -r- 的音变、sr- 类声母的来源、小舌音、送气擦音等问题做了专门研究。

第六章"安多方言韵母研究"，主要讨论安多方言韵母的类型及演变特征，特别是安多方言单元音的高化、低化、前化、央化、后化、舌尖化，复元音的类型和来源做了详细的讨论，结合安多方言韵尾的演变特征，揭示了安多方言塞音韵尾的爆破特征。本章还利用非线性音系学的响度等级理论以及特征几何理论对安多方言的语流音变做了讨论。

第七章"安多方言玛多话声调研究"，据调查，属于安多方言的玛多、玛沁等土语已经产生高、低两个声调，本章以玛多话为对象，对其声调做了详细的实验分析，并进一步讨论玛多话声调对研究藏语声调发生机制的意义。

第八章"藏语方言的语音类型"，这一章利用现有的研究成果对藏语方言辅音、元音的分布特征、方言间的共性、差异以及历史音变类型等做了梳理和总结。

《藏语成语词典》 马进武著，青海民族出版社 1999 年出版。

这是我国第一部藏语成语辞书。2500 多条成语都有出处，有注释，有用法说明，并有藏汉成语对照。翻译中成语翻译最难，若不译成意义对等且有民族特色的成语，就会索然无味。本书中的藏汉语对照，对成语翻译起到示范作用，翻译界评价很好，本书中的藏汉语对照，有极好的实用价值。

《藏语成语集锦》 马进武著，甘肃民族出版社 1985 年出版。

本书汇集佛经故事，历史故事，民间故事，动植物故事，凝结成 1200 余条成语故事，每条都作了详细的解释。

《藏语词族研究》 张济川著，社会科学文献出版社 2009 年出版。

作者在前言里说："一个词族，就是由同一词根通过不同的构词手段构成一组词，从藏语的词族来看，一组词，不论成员多少，所以能形成一个词族就是因为它们本是同根生。古代藏族就是运用这些手段，在单音节的框架内，创造出了一个庞大而完整的词汇系统。"本书分三篇：一、词族篇；二、形态篇；三、声韵篇。

《藏语辞藻辞源》 马进武著，中国藏学出版社。

藏语辞藻非常丰富，作者下了20年功夫，断断续续搜集整理，注释，完成了熔词书、类书、百科全书于一炉的这部大型工具书。本书涵盖了藏族文化大五明、小五明及工农牧业的基本知识。它具有启迪智慧，开拓创意，典型引路，铭记不忘，便于应用；生动形象，语言优美；借鉴妙方，创造新词等多种功能。辞藻除表示该事物的具体概念外，还表明该事物的性质、特征、作用、数据、成因、变化及各种典故。因此，有一物多名，一名多物的现象。它丰富多彩，表现力极强，具有广泛的实用价值和研究价值。

《藏语简志》 中国少数民族语言简志丛书之一。金鹏主编。民族出版社1983年出版。

藏族分布在西藏、青海、甘肃、四川、云南等省区，人口有540余万个，大部分藏族人民使用当地藏语方言，使用藏语的约有330万个。藏语属汉藏语系藏缅语族藏语支，藏语分卫藏、康、安多三个方言，本简志以西藏拉萨话为依据，详细介绍藏语的语音、词汇、语法、方言、文字等方面的情况，在语法部分，运用现代语言学的方法解释传统语法现象。书末附有1200多个词的词汇附录。

《藏语拉萨话语法》 周季文、谢后芳合著，民族出版社2003年出版。

本书是为大学藏语文专业编写的教材，不懂藏语的学生和把藏语作为第二语言学习的人群只要学会藏文拼音就可以用。本书共分13章。第一章概说，扼要说明语法分析的一般方法和本书所用的主要术语。以后12章以词法为纲，句法贯穿其中。

第二章为名词。第三章至第七章以5章的篇幅讲动词，是本书的重点。第八章为形容词与副词。第九章为数词与量词。第十章为代词。第十一章为语气词。以上从第二章至第十一章的10章中，贯穿的是单句句法；第十二章连词与复句贯穿的是复句句法。最后第十三章助词可以说是虚词用法的总结。

本书的主要特色就是建立了一套新的藏语口语语法系统。这一系统以现代语言学为基础，但又与传统藏文文法有一定内在联系。例如第十三章《助词》，其内容与前面的第二章至第十二章基本是重复的。不同的是叙述方式，前面的是以从内容到形式为主，后面的是以从形式到内容为主。这种方式正是参照传统文法的分别从"格 rnam dbye"和从"虚字 phrad"两个方向叙述的方法来安排的。又如大量读音有规则的语法虚字，都按传统文法的规定书写。只有文白读音差别太大，有可能产生误会才加以注音，以免说起话来文绉绉的。

《藏语拉萨、日喀则、昌都话的比较研究》 金鹏著，科学出版社1958年出版。

拉萨、日喀则、昌都是藏语卫藏方言和康方言中三个有代表性的方言点。该书对这三个方言点的语音、语法进行了系统比较，从而阐明藏语共同的基础和三种方言间的差异。第一章语音部分描写了三个代表点的声母、韵母、声调系统，然后进行比较，并通过现代口语与藏文书面语比较得出语音演变的若干规律；第二章至第五章是语法部分，通过三个点的各类词和句子结构的对比研究，对现代藏语口语语法的基本结构和特点进行了详细论述。这是一部研究藏语和藏语方言的重要参考书。

《藏语声韵学创新》 马进武著，甘肃民族出版社1994年出版。

藏语声韵学源于梵语声韵学，因两种语言的特点不同，藏语套上梵语声律与韵律的框架，不能体现藏语固有的音乐美，因此，成了一种徒有虚名的学说。作者探讨古籍文献与群众口语，发现了声律、韵律的丰富资料，通过深入研究，恍然大悟，原来藏文拼音组合、词汇结构、句子搭配，都受声律、韵律的支配作用，声韵学和语法学，亲如手足，构词造句，相辅相成。声韵学和修辞学，像红花绿叶，美化语言，相得益彰，根据声韵学在拼音结构、构词规律，韵、散句式中所起的特殊功能，开创了藏语声韵学的理论体系。

凡几个字受声律或韵律的支配而拼成的音节，就赋有词的概念，反之，则不能构成词的概念。同样，凡几个词受声律或韵律支配而组成的句子，读起来就顺口；凡几个词不受声律、韵律支配而组成的句子，读起来就别扭。因此，藏语声韵学涉及字、词、句、篇全部内容，略述如下：

在拼音结构中，凡符合声律或韵律的都可成词，例如阴性和阳性基字前置阳性前加字，阴性和中性基字前置阴性前加字，阴性和阴性基字前置中性前加字，中性、阴性和甚阴性基字前置甚阴性前加字，都受声律的协调作用，而构成词的概念。

在词汇的声韵支配中凡具有两个音节的原生词，前者是词根，后者是词缀，词根引词缀，其引法有同性相引、同位相引和同音相引三种，都受声律支配起到语气流畅作用。

关于派生词的衔接法有两种：一是前一词素的后加字或又后加字和后一词素的基字或前加字，要同性或同位或同音衔接；二是前后两个词素的音势要协调，即强音、重音或粗糙音在前，弱音、轻音或软绵音在后。如果后一词素的音势比前一词素的音势强或重，就必须按语流音变的自然法则加以调整，使二者的节律和谐顺畅。

词的韵调，凡同调相遇，或由高到低、由升而降者，都符合韵律；凡由有低到高，先降后升者，不符合韵律，需要加以调整。韵文各句字数相等，单音节和双音节各相对称，音势轻重协调，平仄得当。散文长句、短句灵活运用，排比、对偶错落有致，音韵和谐，富有节律美。

掌握了声韵学，就能容易发现韵文和散文中因用词不当、音韵不和或结构不妥等造成的语气不顺、生涩拗口等毛病，并能随时修改完善。

《藏语语法明灯》 马进武著，甘肃民族出版社1987年出版，1998年修订。

本书概括了古今藏语语法各种版本的知识，还开拓了新的知识领域。（1）阐明了字性学的理论体系，藏文字性学非常重要，但在传统语法著作中没有阐明字性的基本原理，一般学者分不清语音的细微差别，甚至对10个后加字的字性产生了歧义。区别字性的关键发音部位、发音器官二者结合的紧与不紧和气流用力大小，这是学好藏语文的先决条件。（2）藏语有无声调，有的人说藏语没有声调，或说安多方言没有声调。在本书中强调了声调的重要作用。藏语五个元音就是五个韵调（即声调）。（3）此书不仅指明了词汇发展的普遍规律，并指明了藏语词汇的独特发展规律。（4）藏语语法中有八种区分格，简称八格。其中第一格谓"词格"，用来阐明其特殊作用。本书揭开了"词格"的谜底，显示了区分词性、词义的多种特有功能，大幅度地拓宽了词汇的知识领域。（5）本书根据藏语特点，分为名词、动词、形容词、数词四大类型，这对识别词性，排列语序，划分句子成分，提高阅读、写作能力，起到了积极作用。（6）藏语中摹拟声态、动态、形态、情态的各种词汇，丰富多彩，描述事物形象逼真，生动活泼，富有表现力，但在古今藏语语法著作中都未提及，这类"摹拟词"是形容词转化而来的惟妙惟肖的贴切用法，为语法增添了新鲜血液。（7）藏语动词比较复杂，在以往的语法论著中，动词只分为两种类型，即他动词和自动词，有很多动词既不能归入他动式范畴，又不能归入自动式范畴，就笼统地说成是"习惯用法"，导致了动词用于书面语的混乱现象，本书阐明藏语动词有三种类型，即使动态动词、受动态动词和自动态动词，以及三类动词各自的特点、相互关系和对应变化规律。并说明使动词有三时一式,受动词只有一种格式,自动词除用于人类外,没有命令式,三时的变化有的格式不全,必要时用时态助词加以表明。(8)藏语中用途较广的虚词有 26 种之多,本书较详细论述了各种虚词的多种用法和部分虚词前人未论及的特殊用法,明确了它们的具体用法。(9)藏语动词的主、客关系,牵涉面广,它在藏语语法中占有头等重要地位,阐明了藏语动词的三大特征和主体事物与客体事物的对应关系。(10)藏语动词有时间、地点、条件三大特征:时间特征指动词的时态关系,即三时一式的变化;地点特征指动词所处的句子成分的主要位置,即充当主语用现在时,充当宾语用未来时(二者为名物化),充当述语按时态用;条件特征,指动词产生的先决条件,即使动、受动还是自动,必须按其动态用。(11)藏语中因语流因变或连续变调的影响,好多词在口语中发生音变和文字结构不大一致,容易写错,故在本书中对语流音变的各种现象从理论上作了说明,不仅消除了社会上流传的所谓"藏语和藏文脱节"的错误言论,也有效防止了因语流音变容易导致的错误写法。

《藏语语法四种结构明晰》 马进武著,民族出版社 2008 年出版。

本书密切联系藏语实际,较全面系统论述了藏文书法类型、字性组织法、构词规律、实词种类、声律与韵律、词性转化法、虚词功能、语序顺逆、句子成分、句型结构等很多重要课题。

《藏语韵母研究》 瞿霭堂著,青海民族出版社 1991 年出版。

本书是对藏语韵母的一种综合性研究。主要分为四个部分:第一部分全面描写藏语三个方言的韵母现状,综览现代藏语韵母系统全貌;第二部分由今溯古,即从现代藏语韵母出发,追溯其历史来源,探讨现代藏语方言、土语间韵母的分合情况和对应关系;第三部分以古推今,即从古代藏语韵母出发,通过古今藏语韵母的比较,研究藏语韵母的发展和变化;第四部分综合研究藏语韵母发展演变的规律,如韵母系统的简化,单元音韵母的复化、长化和鼻化,韵尾的简化等。从描写进入解释层面,探讨韵母发展演变的动因、方式、过程和结果。通过本书可以全面和科学地认识藏语的韵母系统,了解藏语韵母发展演变的规律,上溯下推检索藏语韵母的对应关系。

《藏语藏缅语研究论集》 黄布凡著,中国藏学出版社 2007 年出版。现代中国藏学文库 18。

本书是作者对藏语和藏缅语族语言所做的专题研究部分成果的集录。书中收集了已发表的论文 29 篇,按内容汇编成上、下两编,上编 12 篇是藏语研究,下编 17 篇是藏缅语研究。上编内容包括对藏语语音、语法、词汇的断面和纵面(历史演变)的分析研究,对部分藏语方言的来历和地位的研究,对吐蕃和元初的藏译汉音文献的考辨和藏译汉典的研究。这些研究大多涉及一些前人没有涉足的领域,提出新的见解。例如,根据 3 种藏文文献资料推断藏语卫藏方言在 12—13 世纪发生了声母由繁变简和产生声调的重大变化,通过 10 个方言点的比较,认为藏语有声调方言产生声调的条件各不相同,自成系统;根据玉树藏语的语音特点,认为玉树藏语是独立于卫藏、安多、康三大方言之外与三大方言并列的一个方言;探寻白马话与藏语书面语的语音对应规律,认为白马话是藏语方言而非独立语言(与国内外一些专家的论点相对立);分析和探寻了古藏语动词的形态变化规律;用电脑对古藏文文献的词汇作抽样统计分析,推算出藏语词汇演变的速率并归纳其演变方式;译解了敦煌古藏文写卷《尚书》藏译文和阔端致萨班的藏译汉音书信;对敦煌《藏汉对照词语》残卷进行了考辨解读,对前人的误读进行了纠谬补阙等。

下编是对包括藏语在内的藏缅语的共性研究和

对部分藏缅语某一方面的专题研究。共性研究方面，有的是探讨藏缅语带有普遍性的语言演变规律；有的是揭示藏缅语带有共性的语法现象，并将它归入一定的语法范畴之中；有的是追寻原始藏缅语的历史遗迹；有的是探寻藏缅语的同源词，并从同源词看藏缅族群的史前文化。这些论文在理论和方法上也提出了一些个人见解，如根据部分藏缅语的共性特征，提出在研究藏缅语的语法范畴上新立一个情态范畴；通过对羌语体范畴的研究，揭示了体范畴所包含内容的多样性和复杂性，展现了一种在语义上和形式上有着多个子系统和多层级的复杂系统的体范畴类型；在比较和认定同源词的方法上，指出以往所用比较词表的缺陷，提出 5 项选词标准，并尝试制定一份比较词表；借助于对拉坞戎语个案的研究，提出辨析同源词和借词的原则和方法等。

《藏族诗歌美学》 东主才让著，青海民族出版社 2002 年出版。

诗歌在藏族文学中占有极为重要的地位，是藏族历代学者和文学家最喜爱的文学体裁，也是藏族民间广泛流传最喜闻乐见的一种文学形式。随着历史的进步和社会的发展，如何将厚重而优美的传统诗学发扬光大，特别是如何找到古典诗歌美学和现代美学思想的结合点，是藏族现代文学研究的一项重大课题。《藏族诗歌美学》一书在这个重大课题的研究方面具有创见性和理论性，尤其是在探讨藏族诗歌理论方面，摈弃以往藏族研究中对单一作家作品的分析、评论，力图立足于诗学整体，从创作、鉴赏艺术哲学和审美等多视角探寻藏族诗歌的美学价值，沿着藏族古代诗论和诗歌艺术本身这两条线索同时掘进，追寻富有魅力的古老藏族诗国的心灵之谜，探讨藏族诗学的创作论、鉴赏论、艺术史哲学和思维逻辑等重要理论问题，并揭示两条线索间的平行规律，从而宏观地描画出藏族古典诗歌美学的鲜明轮廓。它在探讨藏族诗歌的美学传统方面，主要立足于以下三个方面：一、把主要注意力集中于藏族诗歌美学价值的探讨；二、这种探讨将不局限于具体作家作品，而力图描绘出藏族诗歌的美学传统；三、这种探讨最终不是面向古典时代，而是使我们能够认识传统，从而突破它，面向现代、面向未来，创造出新的藏民族诗歌文化。以现代美学观点，剖析藏族古典诗论，使藏族传统诗歌以崭新面貌和风采展示给世人，这不仅在藏族文学研究中具有开拓和创新意义，而且在整个中华民族传统文学研究上也有一定的启迪意义，拓宽了诗学这门传统学科的研究领域，在挖掘和弘扬藏族传统文学遗产方面做出了新的尝试。

《扎巴语研究》 中国新发现语言研究丛书之一。龚群虎著，民族出版社 2007 年出版。

"扎巴语"这个称呼在《中国的语言》里作"扎坝语"。扎巴人是分布在四川甘孜藏族自治州道孚县和雅江县交界处鲜水河下游的一支藏族人群。人口约 9000 人。"扎巴"是当地藏民对他们的称呼。本书分五章：概况、语音、词汇、语法、扎巴语在汉藏语系藏缅语族中的地位。在第五章里，作者通过对比，论证扎巴语属汉藏语系藏缅语族，然后再证明扎巴语属藏缅语族中的羌语支。书末附录一为 3000 余个词的词表，附录二为长篇故事、话语材料 4 篇。

《正音发展史》 当代朝鲜语言学家洪起文著，汉城新闻社出版局 1946 年刊行。分上、下两卷。

当时同类著作虽然已有金允经的《朝鲜文字及语学史》（1938）和崔铉培的《正音学》（1942），但都是《训民正音解例》发现以前的著作。此书则是《解例》发现以后的著作。作者在上卷刊载了《解例》原文，并进行注解和评述，揭示了谚文字母乃是象发音器官之形的真相，澄清了众说纷纭的事实，批判了各种正音起源说。作者还分析了有关

"谚解"的内容，按缀字、傍点、汉字音、语音等的顺序进行论述，并对有关训民正音的参考文献《训民正音序》、《东国正韵序》、《四声通考凡例》等作了注解。下卷则阐述了训民正音发展的历史沿革。此书史料翔实，考证精到，比以前同类著作具有更高的学术价值。

《正音学》 崔铉培著。1942年出版。

此书由"历史篇"与"理论篇"构成，是一部具有综合的文字论性质的著作。"历史篇"论述了训民正音的创制及其普及与运用的发展过程，列举了有关正音文字的重要文献资料。"理论篇"则在综合前人研究的基础上，对"·"元音的音值、合用并书和各自并书字母的音值进行探讨，提出了自己的见解。对训民正音的研究具有重要的参考价值。

《政策视野中的少数民族非物质文化遗产》 王远新等合著，民族出版社2010年出版。

本书包括：研究概述（包括研究背景、研究目的、研究方法与主要研究内容、主要研究结论）；第一章 非物质文化遗产：概念、理论与实践；第二章 中国少数民族非物质文化遗产保护现状分析；第三章 中国少数民族非物质文化遗产中的民族语言文字（第一节 少数民族语言文字的状况及濒危语言文字的保护，第二节 民族语言政策与民族认同，第三节 新创文字的历史经验及政策建议）；第四章 中国少数民族非物质文化遗产中的传统信仰；第五章 中国少数民族非物质文化遗产保护中的政府角色；第六章 中国少数民族非物质文化遗产保护中村寨文化的保护和建设；第七章 中国少数民族非物质文化遗产保护中传统宗教与社会组织的现实功能。

《中朝词典》 汉语朝鲜语双解词典。朝鲜金日成大学外国语文学部中国语文讲座编。朝鲜外国文图书出版社1984年出版。1986年又和中国民族出版社合作，共同出版了这部词典。

此词典收词15万余条，以现代汉语词语为主，包括成语、科技用语、常用文言词和方言词语，注释多采用对译的方法，必要时则举例说明，为便于读者理解，所举用例都有朝鲜语译文。注音用汉语拼音方案。在帮助朝鲜人学习汉语方面起到了积极的作用，也是翻译工作者重要的参考书。

《中国濒危语言个案研究》 戴庆厦主编，民族出版社2004年出版。

该书是2001年国家社会科学基金重点项目"中国濒危语言个案对比研究"的研究成果。分别对土家语、仙岛语、仡佬语、赫哲语以及满语文等濒危语言的现状进行了调查描写和分析，并就语言衰退的表现、原因和启示等进行了探讨。部分语言的描写还附有详尽的词汇和例句。该书对认识濒危语言的特征及其演变规律提出了新的认识，对濒危语言研究具有一定价值。

《中国的非汉语及其方言（英文）》 Walter Shearer、孙宏开著，美国Edwin Mellen出版社2002年出版。

中华人民共和国境内的少数民族语言究竟有多少种？每种语言的分布状况如何？语言内部差异情况如何？每种语言内部是否有方言差异，如果有，分多少方言和土语？每种语言及方言的使用人口有多少，它们的基本特点是什么？这些语言的谱系分类如何？这些问题直没有一部专门的著作来向境外的学者介绍。该书就是为了回答这些问题而完成一部通俗性专著。王均先生为本书写了序言，美国加州大学著名汉藏语专家James A. Matisoff和德国马波进化人类学研究所所长、著名类型语言学家Bernard Comrie为本书的出版写了热情洋溢的推荐信。该书共收录125种中国境内少数民族语言的资料，包括台湾的16种南岛语。个少数民族语言谱系分类的框架基本上按照大陆传统的分类意见，即孙宏开 1988 年在《民族语文》杂志第一期发表的《语言识别和民族》一文的附录的分类框架。本书开头有一章概论，介绍本书编写的宗旨，然后有一章类似凡例性质的说明，交代了国内使用的语言学术语与英语之间的对当关系。绪论末有一个附录，一个是参考文献，约 160 多种，另有两个索引，一个是语言和方言土语名称索引，另一个是民族和族群名称的索引。本书的出版为境外学者了解中国少数民族语言国情提供了非常便利的条件。

《中国的语言》 集体著作，参加写作的有 85 位学者，由孙宏开、胡增益、黄行担任主编，商务印书馆 2007 年出版。

这是介绍中国境内各民族语言的专著。中国各民族使用众多的语言，长期以来一直没有正确统计，从 20 世纪 50 年代初开始，有关部门就着手调查国内的少数民族语言。1956 年曾组织 7 个语言调查工作队到边疆调查全国的少数民族语言。1992 年"中国少数民族语言新发现语言调查研究"项目立案后，对一些小语种进行全面的调查，至 20 世纪末，前后调查了 129 种语言。全书分七编。第一编概论。分三章：第一章中国的语言调查；第二章中国的语言识别；第三章中国语言的类型。第二编 汉藏语系。分四章：第一章汉语；第二章藏缅语族，包括藏语、门巴语、白马语、仓洛语、彝语、傈僳语、拉祜语、哈尼语、基诺语、纳西语、堂郎语、末昂语、桑孔语、毕苏语、卡卓语、柔若语、怒苏语、土家语、白语、景颇语、独龙语、格曼语、达让语、阿侬语、义都语、崩尼—博嘎尔语、苏龙语、崩如语、阿昌语、载瓦语、浪速语、仙岛语、波拉语、勒期语、羌语、普米语、嘉戎语、木雅语、尔龚语、尔苏语、纳木依语、史兴语、扎坝语、贵琼语、拉坞戎语、却域语；第三章侗台语族，包括壮语、布依语、傣语、临高语、标话、侗语、水语、仫佬语、毛南语、莫语、佯僙语、拉珈语、茶洞语、黎语、村语、仡佬语、布央语、普标

语、拉基语、木佬语、蔡家语；第四章苗瑶语族，包括苗语、布努语、巴哼语、炯奈语、勉语、畲语、巴那语。第三编 阿尔泰语系。分三章：第一章突厥语族，包括维吾尔语、哈萨克语、柯尔克孜语、乌孜别克语、塔塔尔语、撒拉语、西部裕固语、图瓦语、土尔克语；第二章蒙古语族，包括蒙古语、土族语、达斡尔语、东乡语、保安语、东部裕固语、康家语；第三章满—通古斯语族，包括满语、锡伯语、鄂温克语、鄂伦春语、赫哲语、朝鲜语。第四编 南岛语系。包括阿美语、排湾语、布农语、泰耶尔语、赛夏语、巴则海语、邵语、鲁凯语、邹语、噶玛兰语、赛德克语、卑南语、雅美语、沙阿鲁阿语、卡那卡那布语、回辉话。第五编 南亚语系。包括佤语、德昂语、布朗语、克木语、克蔑语、京语、莽语、布兴语、俫语、布干语。第六编 印欧语，塔吉克语。第七编 混合语。包括五屯话、唐汪话、诶话、扎话、倒话。以上每种语言的介绍除汉语外一般约 2 万字。每篇的最后附有数百字的英文提要。

《中国柯尔克孜语南部方言研究》 胡毅著，新疆大学出版社 2001 年出版。

本书共有 6 章，第一章 导言，介绍了中国柯尔克孜族概况、中国柯尔克孜语及方言调查情况，同时还介绍了国内外专家对柯尔克孜语方言的研究成果及主要观点。第二章 南部方言的特点，分别介绍了南部方言的语音、词汇和语法特点，作为特例又专门介绍了康克尔土语。第三章 南部方言的语音系统，从元音、辅音、音节结构、重音、元音和谐和语音变化六个方面进行描写。第四章 南部方言的词汇系统，从词汇构成、构词附加成分和借词等三个方面进行描写。第五章 南部方言的语法系统（词法），以词类划分为基础，分别描写了南部方言的名词、形容词、数词、量词、代词、动词、副词、后置词、连词、助词、叹词、摹拟词。第六章 结语，对南部方言的特点进行归纳和综述。

本书的特点表现在以下三个方面：第一，材料收集比较充分。作为柯尔克孜语南部方言的语言点，大部分都是前人已经作过调查的。本书作者在调查点的选择上专门挑选了前人未曾去过的语言点进行材料的收集，从而提高了研究的质量。比如书中提到的叶城县西合休乡和塔什库尔干县阔克加尔柯尔克孜民族乡等。第二，有作者的新观点。关于南部方言中 ä 的音位的来源问题，前苏联的学者尤努萨里耶夫先生在他的《柯尔克孜方言学》中提出二点原因：一是 a 音位在元音 y 的作用下变成 ä 音位，二是 a 音位在响音 r 或 l 的作用变成 ä 音位。本书作者认为这种解释是不够全面的，因为在柯尔克孜语南部方言中能找到大量的反例。为此作者提出 ä 音位的来源应当是维吾尔语接触与影响的结果。第三，作为本书附录部分的"南部方言话语材料"和"南部方言常用词汇表"是很有价值的语料，可为柯尔克孜语方言研究提供重要的依据。

《中国黎族·第三章黎语》 欧阳觉亚、郑贻青编撰，民族出版社 2004 年出版。

中国黎族是介绍黎族各方面情况的专著，全书分二十章，主编王学萍，参加编写的共 22 人。

第三章"语言"是比较重要的篇章之一，所占篇幅最多，它对黎语进行全面的介绍。分语音、词汇、语法、方言、黎语与同语族诸语言的关系等五节，每一节又分若干题目分别论述。书中所用记音符号是在原来黎文方案的基础上经过与中央民族大学黎族老师文明英副教授商讨后制订的新记音方案。新方案的特点是声韵母和声调全部使用拉丁字母，读音尽量靠拢汉语拼音方案，对黎语有而汉语没有的音使用双字母表示。如 b、d、g 三个浊塞音分别用 bh、dh、gh 表示，a、e、o 用双元音 aa ee oo 表示长元音，用双 u 即 uu 表示展唇后高元音（倒 m），用 ny、ty 分别表示 n 的舌面音和 t 的舌面音。用 s 和 x 表示低调和高调，不标调号的音节读高降调。

《中国孟高棉语族语言与南亚语系》 颜其香、周植志著，中央民族大学出版社 1995 年出版。

这是中国社会科学院民族学与人类学研究所"七五"规划和受社会科学基金赞助的重点科研项目之一。全书共分两编。第一编是南亚语系概述，共分四章：第一章 介绍南亚语系的地理分布；第二章 阐述南亚语系的研究历史和谱系分类；第三章 从语言角度介绍各语族的基本特征；第四章 简要介绍南亚语系的文字文献。第二编着重介绍国内孟高棉语族语言情况，分导论、语音概述、词汇研究、语法剖析和文字文献五章。此专著主要从我国属南亚语系孟高棉语族以及越芒语族的诸语言的实际出发，从语音词汇、语法以及历史社会等方面对这些语言进行较为全面的探讨和比较研究。分析各语言的特征，归纳语言间的对应规律，追本溯源，剖析这些语言的亲缘关系；并运用现代这些语言材料对中国孟高棉语言的古音系统进行构拟，重建了这些亲属语言的基础语的比较古老的大致的古音形式。为了能使读者从不同角度了解这个语系的历史与现状，以及中国孟高棉语族在南亚语系中的地位，本专著首先对南亚语系的概貌包括地理分布、研究历史、语言分类和某些语言的亲属问题作了简要的概述。书末附有语言点的音系和词汇材料。这对今后研究南亚语系语言和其他语言的比较研究都是有用的。

《中国民族古文字》 中国民族古文字研究会编，1982 年出版。

该书收集了介绍藏、西夏、彝、东巴、白、傣、方块壮字、突厥、回鹘、契丹、女真、八思巴、察合台、回鹘式蒙文、满文、训民正音、佉卢文、于阗文、焉耆—龟兹文、粟特文共 20 种古文字结构及其古典文献的论文。后面附有"古代少数民族文字论著目录"。

《中国民族古文字研究》 中国民族古文字研究会编，中国社会科学出版社1984年出版。

这是1980年中国民族古文字研究会成立大会和首次学术讨论会上，各地少数民族古文字研究工作者提交的学术论文集。本文集不但介绍了我国一部分少数民族古文字研究工作者近年来的学术成果，而且从一个侧面反映了我国各民族共同创造的珍贵的历史文化遗产。本文集辑录了31篇文章，介绍了古文字的研究状况。前面有傅懋勣作的序，翁独健先生的一篇号召性的文章《要重视民族古文字研究工作》。学者们介绍各自研究的古文的情况，其中有佉卢文、焉耆—龟兹文、于阗文、古代突厥文、回鹘文、察合台文、西夏文、傣文、彝文、纳西文、契丹文、女真文、回鹘式蒙古文、八思巴字、朝鲜文、满文、方块壮字等17种。大部分的古文字都附有样品。

《中国民族古文字研究（第二集）》 中国民族古文字研究会编，天津古籍出版社1993年出版。

这是继1980年出版的《中国民族古文字研究》之后的续集，是1982年中国民族古文字研究会第一次学术讨论会的论文集。由于种种原因，这本文集过了十年才问世。虽然其内容有些过时，但仍然有一定的价值。文集收录了24篇论文，文章多为对某种文字某一问题的研究心得。新的文字介绍有《水族文字研究》、《水族古文字考释》，另外《古藏文音变简论》，古藏文是第一集没有涉及的文种。

《中国民族语文工作》 金星华主编，民族出版社2005年出版。

该书反映新中国成立后50年来民族语文工作各个方面的情况，叙述五十多年来民族语文工作的成就，对五十多年来积累的经验和遭遇的挫折进行了分析和总结。全书分八章：一、少数民族语言文字概况；二、民族语文政策；三、少数民族语言调查；四、少数民族语言文字的使用和发展；五、少数民族文字的创制、改进和改革；六、少数民族语言文字研究；七、少数民族语文教学；八、少数民族语言文字现代化。附录五个。

《中国民族语文政策与法律述评》 马丽雅、孙宏开、李旭练、周勇、戴庆厦编，民族出版社2007年出版。

这是一本介绍中国民族语文政策并对这些政策进行评述的论文集，文章以个人名义自由介绍和评论，文责自负。本书的出版由挪威发展署和奥斯陆大学法学院中国民族法项目资助。全书收集15篇论文。包括《中国民族语文政策概述》、《中国创制和改革少数民族文字工作》、《中国语言识别工作》、《关于维吾尔、哈萨克文字改革》、《第三次全国民族语文科学讨论会》、《西藏藏语文立法及藏语文政策》、《延边朝鲜语文工作法规及实施条例》、《全国民族语文工作会议与国务院32号文件》、《中华人民共和国国家通用语言文字法》等。

《中国民族语言工程研究新进展》 江荻、孔江平主编，社会科学文献出版社2005年出版。

本书是中国社会科学院重点学科建设工程丛书之一，是一本论文集，参加撰稿的有十几人，共选登了22篇文章。分计算语言学、实验语音学、应用语言学三部分。在计算语言学部分，有《面向社会需求的民族语言文字研究》、《藏语电子词典复合动词的收词原则》等4篇；在实验语音学部分，收录了《合成语音评估方法研究》、《藏、哈、蒙语语音声学参数数据库》、《蒙古语三音节词韵律模式》等13篇；在应用语言学部分，收录了《中国民族语言常用的国际音标及附加符号》、《一种基于构件的藏文识别算法》等4篇。书后附有多位作者的简介。

《中国民族语言论丛（1）》 中央民族大学少数民族语言文学学院《中国民族语言论丛》编委会编，中央民族大学出版社1996年出版。

该书是中央民族大学1994年6月建立中国少数民族语言文学学院以后，由学院教师们出版的第一部研究成果。该书收录论文17篇，分量比较重的有傅爱兰、李泽然的《哈尼语动物名词的语义分析》，丁石庆的《达斡尔语方言语音对应及变异现象初探》，罗仁地（美）、杨将领的《独龙/日旺语动词的反身和中间态标志》，王远新的《哈萨克语土耳其语完全重叠式的构成几意义特点》等。

《中国民族语言论丛（2）》 中央民族大学少数民族语言文学学院《中国民族语言论丛》编委会编，云南民族出版社1997年出版。

该书是1996年11月13日至15日，中央民族大学中国少数民族语言文学学院与中国民族语言学会在北京召开的"中国少数民族语言研究理论方法研讨会"的论文集。参加研讨会的有121位学者，提交了论文33篇，大部分结集在本论丛。该书辑录了32篇论文，论文就深化民族语言研究进行了多角度、多方法的探讨。

《中国民族语言文学研究论集（2）》 戴庆厦主编，民族出版社2002年出版。

本书收集论文18篇，其中包括民族语言研究14篇，汉语方言研究4篇。主要探讨了动词体貌问题，涉及体貌的定义、体貌的表现形式和体貌的分合问题等。

《中国民族语言文学研究论集（语言专集4）》 戴庆厦主编，民族出版社2004年出版。

本期论集共收集中央民族大学"语序类型学讨论会"论文及有关民族语言、文化研究等方面的论文共23篇。涉及藏语、纳西语、白语、苗语、哈尼语、哈萨克语的语言类型学问题的研究，以及少数民族使用汉语的中介语、古汉语借词以及文字的产生和发展、汉语方言的特点以及语言学习中的环境因素等问题的讨论。反映了近年来语序类型学和民族语言研究的新观点、新认识。

《中国民族语言学：理论与实践》 王远新著，民族出版社2002年出版。

除前言外，由第一章 中国历史比较语言学的实践和贡献；第二章 中国少数民族语言调查研究的主要收获；第三章 语言态度研究；第四章 民族杂居区语言使用研究；第五章 语言与文化；第六章 中国少数民族双语教育中的几个问题组成。本书是作者的博士学位论文，2001年5月获中央民族大学优秀博士论文奖；其中第一章"中国历史比较语言学的实践与贡献"1999年10月获中央民族大学和香港中文大学教育及社会科学应用研究1998—1999年度优秀论文奖。

《中国民族语言学论纲》 王远新著，中央民族大学出版社1994年出版。

本书是作者1993年出版的《中国民族语言学史》的补充和进一步论述。内容有：绪论、中国民族语言学的地位、民族语言学的历史传统、民族语言学的描写研究范式、民族语言学的历史主义范式、民族语言学的跨学科研究（上、下两章）、民族语言学的人文主义范式、当代民族语言学的反思与前瞻、后记。

《中国民族语言学史》 王远新著，中央民族学院出版社1993年出版。

全书共有十章和结语，此书上起先秦，下迄当代，蔚为大观。第一章古代和近代少数民族语言研究，分周秦两汉时代、唐宋时期、元明清时期论述；第二章汉藏比较语言学，总结了汉藏比较语言学在中国的创始、主要成果和存在的几个问题；第三章藏缅语族语言研究；第四章壮侗语族语言研究；第五章苗瑶语族语言研究；第六章突厥语族语言研究；第七章蒙古语族语言研究；第八章满—通古斯语族语言研究；第九章南岛南亚印欧语系语言研究，以上各章都介绍了这些语言的调查与描写研究、语言结构的专题研究和系属分类研究；第十章是系属未定的朝鲜语、京语的研究。结语部分指出了中国民族语言研究的新趋势。

《中国民族语言学研究》 周庆生（主编）、王锋、李云兵（副主编），社会科学文献出版社2008年出版。

这是一本论文集，由中国社会科学院民族学与人类学研究所的年轻学者撰写，目的是为了推动中国民族语言学的发展。论文集分一、语言结构：语言·词汇·语义；二、语言结构：语法·文字；三、语言比较与语言接触；四、语言与社会文化。共收集了20篇论文。

《中国南方布央语》 (The Buyang language of South China)李锦芳、罗永现著，澳大利亚国立大学出版社 PACIFIC LINGUISTICS（太平洋语言学系列丛书），2010年。

本书为布央语西部方言（巴哈布央语）的分析描写著作，介绍了布央语的社会人文背景、布央人语言使用情况、民族关系和语言关系、语言系属，分语音及特点、构词、词汇、语法精要、话语材料等部分。本书主要贡献是首次较详细地介绍了布央语这一新发现濒危语言的西部方言，与作者先前出版的《布央语研究》（分析描写布央语东部方言）形成补充，公布了较丰富的语料，主要有3000多词条及8则故事、歌谣等话语材料。

《中国南方民族语言语序类型研究》 李云兵著，北京大学出版社2008年出版。

这是国内第一部取语言类型学框架，采丰富可信材料，系统地比较和总结中国南方民族语言语序类型的专著。书中对我国南方98种民族语言的语序类型进行描写和跨语言比较，同时，将语序共性与语言接触、语言演变等相联系，在理论方面做了深入思考。

《中国女字字典》 谢志民、谢燮著，民族出版社2009年出版。

中国的女书是人类唯一女性使用的文字。女字中遗存的象形字、会意字沉淀着丰厚的文化内涵。本字典的编纂从1983年开始，至2006年才完稿，历经24年。全书共收女书单字2435个，均采自女书流传区熟悉女书的妇女1990年前撰写的女书原作。其中有著名女书传人高银仙老太太抄存的女书作品390篇（84008字），撰写的作品45篇（8937字）；已故义年华老太太抄存的女书作品117篇（10287字）；义年华早期撰写的女书作品5篇（5294字）。本字典的女书单字按高银仙和义年华两位老太太解读女书作品使用的女书书面语音位系统标音注义，并一一标明出处。自1983年发现女书以来，在女书的研究中对于女字记录的语言问题、女字的源头问题、女字产生的时代问题、女字体系的性质问题、女字的族属问题等，学术界有不同的看法。这本字典给读者提供了破译女字文化的密码。

《中国少数民族百科全书·第10、11卷》 （全套15卷）丛书主编李德洙，10卷、11卷主编梁庭望，北方妇女儿童出版社、香港源流出版社2002年出版。

第10卷包括壮族、黎族、仫佬族、毛南族、京族5个民族；第11卷包括布依族、侗族、水族、仡佬族四个民族。每个民族都包括历史沿革、社会政治、军事、社会经济、教育、科学、文化、医疗卫生、文娱体育、宗教信仰、风俗习惯、知名人物等11部分，全方位地介绍各民族的经济政治和历史文化。

在每个民族的文化部分，都从四个方面介绍其语言：（1）该民族的语言使用状况，语言系属、分布等概况；（2）运用结构语言学理论对该民族语言的结构进行解构，包括声母、韵母、声调、词汇、语法、方言、文字等；（3）评介该语言的研究历史和现状，介绍语言简志、词典、字典、语法等专著；（4）部分民族还介绍民族语言文字工作的相关机构。

《中国少数民族双语教育概论》 戴庆厦、滕星、关辛秋、董艳著，辽宁民族出版社1997年出版。

本书是系统介绍和总结中国少数民族双语教育的专门著作，目的是在系统总结中国近几十年来少数民族双语教育实践的基础上，形成中国少数民族双语教育的理论。该书可以作为语言学、教育学、民族学等专业的学生的教材。全书分十章：一、中国少数民族双语教育研究的对象、特点、内容与方法；二、中国少数民族双语教育的历史沿革；三、中国少数民族双语教育类型；四、"中华民族多元一体格局"思想与中国少数民族双语教育；五、中国少数民族语言与双语教育政策；六、中国少数民族双语教育体系；七、中国少数民族双语教育教材；八、中国少数民族双语教育的师资；九、中国少数民族双语教育教学法；十、中国少数民族双语教育实验评价。

《中国少数民族双语研究：历史与现实》 何俊芳著，中央民族大学出版社1998年出版。

本书是一部综合研究我国少数民族双语现状及历史演变的专著。其价值在于把中国"双语学"提高到科学的高度。其特点是重视现实，信息量大，微观和宏观相结合，从实际中总结理论。全书分四章：一、我国少数民族双语发展的历史回顾；二、新中国成立后我国少数民族双语的发展；三、影响我国少数民族双语发展的因素分析；四、我国少数民族双语的发展趋势及其对策。最后的结论归纳为七点。

《中国少数民族双语研究论集》 中国少数民族双语研究论集选编组编，民族出版社1990年出版。

该书共收集了29篇论文，主要为全国各地的少数民族双语研究的成果。内容涉及少数民族地区普遍存在的双语双文现象，少数民族语言和汉语之间的关系，双语制的合理性，以及推行双语教学的重要性和推行少数民族语言文字的必要性等。

《中国少数民族文字》 由原中国社会科学院民族研究所和国家民族事务委员会文化宣传司共同主编，道布、谭克让为编写组负责人，参加人员有：王春德、王德光、木玉璋、向日征、阿西木·图尔迪、陈士林、宋正纯、张均如、张蓉兰、李永燧、李树兰、李增祥、周植志、周耀文、武自立、罗美珍、宣德五、姜竹仪、徐悉艰、梁敏、喻翠容、道布、斯钦朝克图、照那斯图、谭克让、赵相如、瞿霭堂等27人。中国藏学出版社1992年出版。介绍中国各少数民族的文字。属国家"七五"规划重点项目《中国少数民族语言使用情况和文字问题调查研究》课题最终研究成果之一。此项研究受国家社会科学基金资助。

该书分导言和蒙古文、藏文、维吾尔文、哈萨克文、朝鲜文、柯尔克孜文、锡伯文、西双版纳傣文、德宏傣文、金平傣文、傣绷文、四川规范彝文、传统彝文、老傈僳文、新傈僳文、景颇文、载瓦文、拉祜文、壮文、布依文、黔东苗文、湘西苗文、川黔滇苗文、滇东北苗文、侗文、土文、佤文、哈尼文、纳西文等29种文字。在导言一节里，提到中国少数民族的先民和历史上的古代民族使用过的窣利文、突厥文、回鹘文、契丹文、西夏文、女真文、八思巴文、察合台文、于阗文、焉耆—龟兹文和佉卢字母等11种文字没有收入该书。所介绍的文字有原有的文字，如藏文、彝文、蒙古文、维吾尔文、哈萨克文、柯尔克孜文、朝鲜文、傣文和一些新创文字。本书和本课题其他两本著作获中国人民大学吴玉章奖金语言文字优秀奖。

《中国少数民族新创文字应用研究——在学校教育和扫盲教育中使用情况的调查》 滕星、王远新主编，民族出版社2011年出版。

通过对13个少数民族15种新创文字在学校教育和成人扫盲教育中使用情况及存在问题的调查，试图寻求解决多民族国家中有语言无文字或无本民族内部通用文字的少数民族语言文字问题的有效解决途径，帮助少数民族在继承优秀传统文化的同时，提高其整体的文化素质以及适应现代社会生活的能力；运用语言文字学、人类学、教育学等学科的方法，探讨在少数民族现代化过程中本民族语言文字的功能，特别是教育功能所能发挥的作用，为少数民族的现代教育提供有价值的参考范例，为政府部门制定少数民族学校教育、成人扫盲教育、双语教育、语言文字政策提供科学依据和对策建议。本研究由总报告"中国少数民族新创文字在教育教学中的应用、存在的问题及政策建议"、13个分报告（壮族、苗族、布依族、侗族、哈尼族、傈僳族、纳西族、佤族、景颇族、白族、土族、羌族新创文字及土家语拼音文字）组成。

《中国少数民族语文使用研究》 周耀文著，中国社会科学出版社1995年出版。

本书是一部关于如何使用发展我国少数民族语言文字的专题论文集，涉及的问题较多，有论述民族语文与汉语文的使用和发展关系问题；有关于建立民·汉双语文教学体制问题；有关于设计少数民族文字方案与汉语拼音方案的关系问题；有关于我国少数民族文字的标准音点的选择问题；有关于使用少数民族方言文字和使用统一的民族文字问题；有关于我国民族文字为何不能使用"汉字夹拉丁字母"的日文式"汉字夹片假名"文字问题；有关在南方边疆地区和山区民族聚居区开展民族语言广播问题；有论述语言社会功能大小与教学语言使用层次高低，不是语言不平等问题……。以上这些问题都围绕一个中心——少数民族语言文字应用问题。由于这部专著记述了20世纪50—90年代我们国家帮助使用发展少数民族语文的历程和经验，具有一定的历史价值，对此，中国社会科学院民族研究所研究员、副所长道布同志在推荐此专著申请中国社会科学院出版基金时给予很高的评价："《中国少数民族语文使用研究》一书汇集了他在这个领域中的主要论述，从阐释我国的语文政策、落实语文规划到研究文字方案的设计问题，比较全面地反映了50年代以来我国南方少数民族语文工作的发展过程和语文应用的学术水平，对许多有争论的问题作了理论上的概括，提出了解决办法。文章虽然是作者个人的研究成果，但是他的论点大都能得到少数民族工作者的赞同，具有一定的代表性，标志着我国少数民族语文应用研究的水平。"

《中国少数民族语言》 集体著作，参加编辑的有：王伟、王尔松、李森、张元生、张公瑾、黄布凡、曹翠云，由曹翠云负责编审工作，四川民族出版社1978年出版。

内容包括国内各种少数民族语言的简介。汉藏语系藏缅语族有：藏语、门巴语、羌语、普米语、彝语、哈尼语、纳西语、傈僳语、拉祜语、载瓦语、阿昌语、景颇语、嘉戎语、基诺语、独龙语、怒语、珞巴语、白语、土家语。壮侗语族有：壮语、布依语、傣语、侗语、水语、仫佬语、毛南语、拉珈语、黎语、仡佬语。苗瑶语族有：苗语、布努语、勉语、畲语。阿尔泰语系突厥语族有：维吾尔语、哈萨克语、柯尔克孜语、撒拉语、乌孜别克语、塔塔尔语、西部裕固语。蒙古语族有：蒙古语、达斡尔语、东部裕固语、土族语、东乡语、保安语。满—通古斯语族语言有：满语、锡伯语、赫哲语、鄂温克语、鄂伦春语、朝鲜语。南亚语系孟高棉语族有：佤语、德昂语、布朗语、京语。南岛语系高山族语有：阿眉斯语、布嫩语、白宛（排湾）语。印欧语语系有：塔吉克语、俄罗斯语。这是一本研究中国少数民族语言的有用参考材料。1989年10月获国家民委哲学、社会科学优秀研究成果二等奖。

《中国少数民族语言方言研究丛书》 已出版的有20本，孙宏开、狄乐伦（部分）主编，四川民族出版社、民族出版社1999年至2012年陆续出版。

1978年以后，中国少数民族语言研究工作重新恢复了生机，经过数年的努力，一批研究著作陆续出现。最早的有中国社科院民族研究所的《黎语调查研究》、《朝鲜语方言调查报告》、《阿里藏语》，南开大学的《红河上游傣雅语》。1991年国家社会科学基金项目"中国少数民族语言方言研究"课题被正式批准，包括《吉卫苗语研究》、《麻窝羌语研究》、《壮语方言研究》、《瑶族勉语方言研究》、《瑶族布努语方言研究》、《傣语方言研究》、《佤语方言研究》、《普米语方言研究》、《门巴语方言研究》、《傣语方言研究》（语法）、《江华勉语研究》、《彝语方言研究》、《纳西语方言研究》等子项目。项目总负责人王春德，后来由欧阳觉亚接手负责。1998年以后除了个别子项目因故未完成以外，其余的子项目先后完成并作为丛书陆续出版。随后又增加了《玛曲藏语研究》、《蒲溪羌语研究》、《喀喇沁蒙古语研究》、《业隆拉坞戎研究》、《通道侗语研究》、《江华勉语研究》、《傈僳语方言研究》等，均已出版。另外还将有一批新的少数民族语言方言研究成果列入本丛书。我国少数民族方言复杂，对之进行深入研究将能促进相关学科的发展。本丛书大致可分两类：一是对某一语言的方言进行全面的研究，揭示该语言各方言土语的特点。二是对某一语言的某一方言点进行深入细致的描写研究。本丛书由中国社会科学院少数民族语言研究中心和世界少数民族语文研究院东亚部合作编辑。

《中国少数民族语言简志丛书》 本丛书属国家民委《民族问题五种丛书》之一。收入本丛书的语言简志是根据中国社会科学院民族研究所（原中国科学院少数民族语言研究所）、中央民族学院、各有关省和自治区的民族事务委员会、民族语文机构、民族研究所等单位的人员于20世纪50年代以来陆续搜集的语言材料编写成的。丛书成书于80年代，由民族出版社陆续出版，共57种单行本，介绍了59种少数民族语言。《中国少数民族语言简志丛书》的修订从2005年开始进行，修订目的旨在改错，增补新的研究成果，增写《满语简志》，并合订为6卷：第一卷包括藏语、景颇语、景颇族载瓦语、羌语、阿昌语、普米语、独龙语、门巴语、门巴族仓洛语、珞巴族博嘎尔语10种语言简志；第二卷包括彝语、白语、土家语、哈尼语、傈僳语、拉祜语、纳西语、怒族怒苏语、基诺语9种语言简志；第三卷包括壮语、布依语、侗语、瑶族拉珈语、傣语、黎语、水语、仫佬语、毛南语、仡佬语10种语言简志；第四卷包括苗语、瑶族勉语、瑶族布努语、佤语、畲语、高山族阿眉斯语、高山族布农语、高山族排湾语、布朗语、德昂语、京语11种语言简志；第五卷包括维吾尔语、哈萨克语、柯尔克孜语、撒拉语、塔塔尔语、乌孜别克语、西部裕固语、塔吉克语8种语言简志；第六卷包括蒙古语、东乡语、达斡尔语、保安语、东部裕固语、朝鲜语、满语、锡伯语、鄂温克语、鄂伦春语、赫哲语等12种语言简志。6卷共包括60种语言简志。新版的《中国少数民族语言简志》于2008年由民族出版社出版。

《中国少数民族语言使用情况》 由原中国社会科学院民族研究所和国家民族事务委员会文化宣传司共同主编，欧阳觉亚、周耀文为编写组负责人,参加编写的有:王庆丰、王春德、王鹏林、王德光、毛宗武、向日征、安世兴、孙宏开、纪嘉发、李荐荣、李树兰、宋正纯、陆绍尊、阿西木·图尔迪、陈康、张济川、张蓉兰、武自立、林莲云、欧阳觉亚、罗美珍、周植志、周耀文、郑宗泽、郑贻青、赵习、赵相如、查干哈达、姜竹仪、宣德五、徐悉艰、高尔锵、斯钦朝克图、朝克、喻翠容、蒙朝吉、瞿霭堂等37人。中国藏学出版社1994年出版。

记录20世纪80年代中国各少数民族语言使用情况的著作。属国家"七五"规划重点科研项目,《中国少数民族语言使用情况和文字问题调查研究》课题最终研究成果之一。此项研究受国家社会科学基金资助。

全书分四部分:(1)中国少数民族语言使用情况综述。分基本情况、各民族使用本民族语言情况、各民族兼用其他民族语言情况、各民族转用语言情况和各民族文字使用简况等五节。(2)各省、自治区、自治州、自治县少数民族语言使用情况概述。分20个省、自治区介绍。每个省自治区之下又分自治州、自治县介绍。(3)各种少数民族语言使用情况概述。分63种少数民族语言介绍。(4)全国各少数民族人口主要分布及语言使用情况统计表。分54个少数民族(缺高山族)介绍,用表格形式列出每个民族在全国各地(具体到县)的分布、人口及所使用的语言或方言。该书获中国社会科学院第二届(1992—1994)优秀科研成果奖和中国人民大学吴玉章奖金语言文字学优秀奖两个奖项。

《中国少数民族语言使用现状及其演变研究》 戴庆厦主编,民族出版社2010年出版。

该书是教育部"985工程"中央民族大学创新基地"新时期中国少数民族语言使用情况研究丛书"成果之一。共收入论文23篇,涉及语言使用国情调查、语言竞争与语言和谐、语言接触、小语种保护、双语区语言使用现状、部分民族语言现状和等方面的问题,并在个案调查研究的基础上对语言现状的成因进行探讨。

《中国少数民族语言文字使用和发展问题》 中国社会科学院民族研究所和国家民族事务委员会文化宣传司主编集体著作,王春德、宣德五为编写组负责人。中国藏学出版社1993年出版。

本书是一部论文集,《中国少数民族语言使用情况和文字问题调查研究》课题最终研究成果之一。书中收集各地学者的论文31篇。1997年本书与其他两个子课题共同荣获吴玉章奖金语言文字学优秀奖。

《中国少数民族语言文字现代化文集》 李晋有主编,民族出版社1999年出版。

1998年7月国家民委文宣司和中国社会科学院民族研究所在京联合召开了首次以民族语文现代化为议题的全国性规划会议,全国各民族地区均派代表参加。所收的论文汇集成本文集。本文集收录论文54篇。

《中国少数民族语言文字应用研究》 戴庆厦、成燕燕、傅爱兰、何俊芳著,云南民族出版社1999年出版。

本书为1996年国家社科委规划基金资助课题的终结研究成果。其主要内容是在分析我国少数民族语言文字及历史的基础上,着力探讨研究新时期少数民族语言文字使用特点的变化及对策。不仅对我国语言学建设具有一定的理论价值,也为制定新时期的民族语文政策提供了参考。

《中国少数民族语言研究60年》 中国民族学科发展60年丛书,戴庆厦主编,中央民族大学出版社2009年出版。

这是反映中国民族语文工作60年成就的专著。

中国民族语文工作所取得的成就是两代人艰苦奋斗的结果，本书能帮助读者了解60年来民族语文工作者所走过的历程，并能为读者进一步认识我国民族语文的状况提供一个线索，希望它对我国民族语文工作的发展能起到促进的作用。全书分12章：第一章 绪论；第二章 汉藏语系语言研究；第三章 阿尔泰语系语言研究；第四章 南岛语系语言研究；第五章 南亚语系语言研究；第六章 朝鲜语研究；第七章 中国民族古文字研究；第八章 计算语言学研究；第九章 实验语言学研究；第十章 文化语言学研究；第十一章 社会语言学研究；第十二章 中国少数民族双语研究。每一章末尾都附有参考文献。所附的参考文献列举了与该章节有关的著作，包括专著和论文。全书述说充分，材料丰富，是一部很有用的参考书。参加撰写的是一批年轻的教师和研究人员包括几位在读博士生。遗憾的是书中没有列出他们的名字。当读者欣赏我国民族语言学界60年的辉煌成就时，自然要感谢本书的主编和多位撰稿人。

《中国突厥语族语言词汇集》 陈宗振等编著，民族出版社1990年出版。

我国第一部汇集国内8种突厥语族语言的词汇集。本词汇集共收入我国维吾尔语、哈萨克语、柯尔克孜语、乌孜别克语、图佤语、撒拉语、西部裕固语等8种语言的各4000个常用词。各种语言的词汇用宽式国际音标标音，统一编号，注出汉文词义，并以脚注说明某些词的词义特点。正文前有前言和《中国突厥语族语言词汇概况》一文以及编写体例的说明。正文后附有《我国突厥语族语言的构词附加成分》和《汉语—突厥语索引》。是学习和研究突厥语族语言的重要工具书。

《中国突厥语族语言研究史》 王远新著，土耳其文版，土耳其文书名：çindeki Türk Diyalektleri Araştırma Tarihi，安卡拉：土耳其语言学会出版，土耳其文版，1994年。

全书由前言、语言和方言研究、语音学研究、语法研究、词汇及词源研究、语言影响及语言关系研究、古代碑铭文献研究、《突厥语词典》研究、台湾地区的突厥语研究组成，另有文献索引、缩略语等。该书是中国学者用土耳其文撰写并在土耳其出版的第一部突厥语研究著作，被一些大学的突厥语言文学系作为教材或参考教材使用。

《中国土家语地名考订》 叶德书、向熙勤著，民族出版社2001年出版。

在湘、鄂、渝、黔毗邻的武陵山区有800多万土家人，土家自古用土家语作交际工具，至今仍保留了数以万计的土家语地名，这些土家语地名是土家聚居区自然环境的素描，是社会历史的刻痕，是土家文化信息的载体，是考古学、历史学、社会学、民族学等学科研究的重要依据，是土家祖先留下的一笔珍贵的文化财富。但随着社会的发展，由于多种原因，广大的土家地区土家语逐渐由汉语取代，这些土家语地名，多用汉字记音，而很多《地名录》的编者又不懂土家语，只按记音汉字的字义诠释，因而阉割甚至泯灭了这些地名所蕴含的土家传统文化。为了正本清源，科学地诠释土家地名，如实地反映土家的传统文化，全面系统地梳理土家族在形成和发展中诸多方面的史料，也有助于丰富知识、开阔视野提高文化素养和振奋民族精神，叶德书和向熙勤先生用六年时间，跑遍了武陵山区36个县（市），考订了1640多个土家族地名，写出这本《中国土家语地名考订》。其中，叶德书写"前言"和36个县（市）的地名考订，向熙勤写8个地区的概况，和"后记"。这本书有如下特点：

第一，在编序上，按地域"排队"，以省为序，以地区为单元，以县成篇，县以下一般按乡，但未列乡名，只按原地名资料中土家语地名出现或考察的先后立项，眉目清楚，阅读方便。

第二，从总体看，"考订"的1640多个土家语地名涉及湘、鄂、渝、黔四省市八个地区，故在各单元的"考订"之前，分别有各地区的"概况"，各县又有"概述"，地区的"概况"与县的"概述"各有侧重，互为补充，使读者对地名背景知之更深更广。

第三，本书主要依据土家语地名的命名规律和土家语以声求义的方法，对一些"无释""来历无考"和"误释"的土家语地名本身的"身世"进行考辨：追溯其语种、语音、词汇的变化，得名的缘由、实际含义、嬗变的原委以及对与此有关的自然和社会环境间综错的依存关系等进行探讨；所谓"订"，即对原地名资料的误释和讹传进行匡正。由于土家语地名涉及面广，在诠释中尽量恰如其分地联系有关学科，讲深讲透，尤其对"误释"，指明误释的形式和根源。既"考"又"订"，土家语地名所蕴含的传统文化就正本清源了。

第四，为兼顾各方读者，每个土家语地名用土家人讲的"西南官话"的汉字记音，随后在括号内用国际音标记出地道的土家语。由于西南官话中存在着地域差异，同一生物有不同的名称，故书中凡与土家地名有关的诸多生物，都加了学名。

《中国文字概略》 聂鸿音著，语文出版社1998年出版。

本书是对中国境内现行文字和已消亡文字进行的一项综合研究，其中对少数民族文字给予了特别的关注，这一宗旨和当前学术界以汉字来代替整个中国文字的立足点迥然不同。作者呼吁在中国文字学研究中应给少数民族文字和汉字以同等的地位，书中在此基础上介绍了文字学的基本理论和文字的起源问题，并把中国的文字分为"词符文字"和"音符文字"两大类，又把后者分为"印度"、"粟特"、"阿拉伯"和"拉丁"四个体系，以此为线索论述了各种文字的形体特点和传承，以及中国文字的现状和前景。书中引人注意的观点有二：第一，主张"表意"和"表音"是象形文字在进一步演化时可能遵循的两条并行的道路，传统文字学教材上所说的从象形到表意、再从表意到表音的"三段论"并非普遍真理。第二，文字的创制和改革并不是文字学本身的问题，而是要受到政治和宗教等多种因素的影响，所以，在没有政府强力干预的条件下，当前中国的汉字不会发生从表意到表音的自然演化。

《中国新发现语言研究丛书》 包括42部，孙宏开主编，民族出版社1998—2012年陆续出版。

20世纪80年代，中国社会科学院民族研究所把50年代以来在全国各地调查到的各有关民族的语言材料，编写成"中国少数民族语言简志丛书"，包括59个民族语言，共57本，作为国家民委五套丛书之一。该丛书于2008年修订，分为6册。近30年来，民族语文工作者又陆续发现了一批新的语言，这些语言使用的人口不多，因分布于偏僻地区而鲜为人知。有些语言使用的人口虽然较多，但由于民族成分过去被看成汉族或某一个人口较多的民族，而被当作某一民族的方言。它们都具有较高的科学研究价值，其中一些已濒临消失的状态。从1992年开始，在中国社会科学院和国家社会科学规划机构的支持下，对这些语言进行系统的调查，并取得了成果。从1992年开始以"中国新发现语言研究丛书"形式陆续出版。已出版了：《临高语研究》《巴哼语研究》《回辉话研究》《佯僙语研究》《毕苏语研究》《村语研究》《康家语研究》《图瓦语研究》《莫语研究》《布央语研究》《俫语研究》《拉基语研究》《柔若语研究》《炯奈语研究》《标话研究》《桑孔语研究》《克木语研究》《莽语研究》《格曼语研究》《苏龙语研究》等。

《中国彝学（第二辑）》 戴庆厦主编，民族出版社2003年出版。

该辑共收集彝族的语言、文化、社会生活以及彝族地区双语教学、宗教文化、重要典籍、传统工艺等方面问题的研究论文 32 篇。对研究彝族、彝语支民族的语言文化有一定的参考。

《中国语文概要》 陈其光著，中央民族学院出版社 1990 年出版。

全书除绪言和后记外，分上、下两篇和附录三部分。上篇写中国的语言，其中第一章讲汉藏语系，包括概述、汉语、藏缅语族、苗瑶语族、侗台语族；第二章讲阿尔泰语系，包括概述、突厥语族、蒙古语族、满—通古斯语族、朝鲜语；第三章讲其他语系，包括孟高棉语族、高山族诸语言、回辉话、塔吉克语；第四章讲未定系属语言和混合语，包括京语、佤语、唐汪话、河州话、五屯话、五色话、艾努语。下篇写中国的文字，其中第一章讲汉字系文字，包括汉字、类汉字、汉字笔画表音字。第二章讲阿拉美字母文字，包括佉卢文、突厥文、婆罗米字母文字、阿拉美草书变体文字、阿拉伯字母文字。第三章讲拉丁字母文字，包括汉语拼音方案、原有拉丁字母文字、拉丁字母新文字。第四章讲其他文字，包括表形表意文字、音节文字、拼音文字、未释读的文字。附录共 5 个：中国语言系属表、中国文字系属表、中国各民族使用语言表、中国各民族使用文字表、中国语言分布示意图九幅。这本书是作者将多年给语言专业学生授课的讲稿整理修改而成的，是概括论述我国各民族语言文字的著作。

《中国语言地图集》 中国社会科学院和澳大利亚人文科学院合编，香港朗文出版有限公司 1987 年出版，分中文和英文版本。集体著作，中方总编 6 人，澳方总编 3 人。

地图集分两册，包括 36 幅彩色地图。分 A、B、C 三组，A 组综合性地图 5 幅；B 组汉语方言图 17 幅；C 组少数民族语言地图 14 幅。图幅的划分兼顾地区和语言（方言）分布两种标准，同时也考虑图面的安排。每幅地图都有详细的文字说明，对地图所表现的内容作必要的解释，并提供分布区域、面积、人口、参考书目等有关资料。本图所依据的方言资料主要有三个来源：一是 50 年代方言普查的成果；二是普查以前的研究；三是近年的补充调查。利用地图集全面描绘介绍汉语方言分区界线和少数民族语言及其方言的分类、分区，这在中国还是第一次。本地图集荣获中国社会科学院 1977—1991 年优秀科研成果奖。

《中国语言声调概览》 罗安源著，民族出版社 2006 年出版。

全书共有十二章，采用世界少数民族语文研究院开发的言语分析器，提取、审听、观察了四十多种少数民族语言的声调，并做了图谱。作者原打算以"盘＋书"的形式出版，将文字与语料录音置于一碟，以便对照实际录音辨析各种语言的声调。此书只是文字部分，光盘部分准备后做。在第一章声调与语言里阐述了声调的形成与发展，提出什么是准声调语言；第二章探讨了声调场与声调域的关系、调类与调值；第三章论述了祖调、母调、子调、字调与语调、轻重音与短调；第四章论述了单声调和复声调、曲折调与复声调的区别；第五章声调与音节里阐述了调类与声母、声调与韵母、借出语声调与借入语声调；第六章是声调快速验证模式的操作；第七章至第十章是少数民族语言声调辨析；第十一章是汉语方言声调系统；第十二章介绍了德昂语、珞巴语和藏语安多话的"非音位性"声调。

《中国语言文字使用情况调查：调查员手册》 中国语言文字使用情况调查领导小组办公室编，语文出版社 1999 年出版。

主要内容除相关的主要文件和领导讲话、附录外，正文部分包括：调查工作实施细则和调查员的条件与职责、抽样方法及具体操作程序、调查问卷指标解释、注意事项和疑难示例、项目编码及问卷录入等内容。是开展大规模语言文字使用和语言态度调查的工具书。

《中国语言文字使用情况调查资料》

（中国语言生活绿皮书），中国语言文字使用情况调查领导小组办公室编，语文出版社 2006 年出版。

主要内容：第一部分 调查数据，包括中国语言文字使用情况调查数据要览，中国语言文字使用情况调查主要数据（由"全国各省、自治区、直辖市数据""全国分城乡、性别、年龄段、民族、职业、受教育程度数据"，"全国部分职业人群及大、中学生数据"三部分组成）；第二部分 问卷及技术报告，包括中国语言文字使用情况调查入户问卷和问卷说明，中国语言文字使用情况调查调查专项问卷，中国语言文字使用情况调查技术报告；第三部分 相关文献。

《中华人民共和国的语言政策——理论与实践（英文）》

周明朗、孙宏开主编，美国 KluwerAcademic publishers 出版社 2004 年版。

该书收集了 2002 年在美国亚洲学会年会关于中国语言政策专题研讨会上的论文以及另外一些约稿，含论文 18 篇和一篇评论，其中大部分文章与中国语言规划和少数民族语言文字政策的执行情况密切相关。文集分七个部分。第一部分为概论。第一部分有 4 篇文章，均为国家层面的语言政策讨论，其中有周庆生的中国 20 世纪 50 年代为少数民族创制文字的情况介绍。第二部分有 4 篇文章，都是讨论汉语语言规划方面的文章。第四部分有两篇文章，一篇是孙宏开的，讨论中国为少数民族创制个改革文字的基本经验；另一篇是周耀文和方峰和合作的文章，讨论傣语文的使用和发展问题。第五部分是讨论中国各少数民族语言文字使用情况问题，共有 6 篇文章；其中有周毛草关于藏语文使用情况的报告；有李旭练和黄泉熙有关壮语文使用和发展问题的讨论；有普忠良关于彝语文使用情况的报告；有王锋关于白语文的政策的讨论；有曹道巴特尔关于蒙古语使用和发展问题的讨论；有太平武关于朝鲜语文政策和标准化问题的讨论。第六部分有一篇文章，是有关对外汉语教学的基本经验的讨论。文集的最后一部分是美国迪更森学院人类学院院长 Ann M. Hill 对本文集一些重点文章的点评，题目为《中国的语言问题：一个人类学的观察》。Ann M. Hill 曾经在中国做过长期人类学的调查研究，对中国的语言政策并不陌生，她肯定了许多文章的观点，对一些观点提出她个人的商榷意见。文集有本书编辑写的前言及美国宾夕法尼亚大学人类学系主任梅维恒（Victor H. Mair）写的序。该书出版后在国际社会得到好评，引用率相当高。

《中华文化通志·苗族文化志》

张永祥、曹翠云合著，上海人民出版社 1998 年出版。

主要内容有：（1）综述：包括人口分布；地理环境；名胜古迹；族源、迁徙和族称；民族区域自治等；（2）传统社会组织和经济生产；（3）语言和文字；（4）文学和艺术；（5）科学和技术，包括天文历法、医学和药学、民族工艺；（6）文化教育，包括民间传统文化教育、学校教育、文体活动；（7）生活习俗，包括服饰、饮食、居住、交通及丧葬等；（8）婚姻与家庭；（9）传统节日；（10）民间风尚，包括民间礼仪和禁忌；乡规民约和打草标；（11）宗教信仰与图腾崇拜，包括多种信仰、基督教的传播；崇拜祖宗；崇拜龙神、枫木、鸟和其他。

以多彩而翔实的资料，阐述了上述的文化内容，充分展现了苗族不同历史进程独特的文化风貌，向世人传播了苗族传统的优秀文化，也抢救了民族某些处于濒危的文化遗产，丰富了祖国和世界的文化宝库。本著述在 2000 年曾荣获第四届国家图书奖"荣誉奖"。

《中世纪蒙古语研究》 哈斯巴根著，内蒙古教育出版社1996年出版。

在本专著中对13—16世纪的蒙古语文献，即回鹘式蒙古文文献、八思巴字文献、《蒙古秘史》等汉字音译蒙古语的文献和《穆卡迪马特·阿勒—阿达布蒙古语词典》等阿拉伯文音译蒙古语的文献的蒙古语进行深入系统的研究，基于这四种主要文献，对这一时期的蒙古语的语音系统、静词语法特点和构词特点等方面进行描写，并对其演变特点进行了深入探讨。本专著由绪论、语音部分、词法部分和构词法部分等章组成。本专著获得内蒙古自治区社会科学优秀成果青年奖和内蒙古师范大学优秀科研成果二等奖。

《中亚东干语言研究》 海峰著，新疆大学出版社2003年出版。

这部著作运用汉语方言调查的基本方法和普通语言学的理论，分析了东干语的语音、语法、词汇等各个层面的基本特点，并总结分析了国外对东干语的研究成果，介绍了东干语内部的方言分歧及东干拼音文字的创制和使用情况。这部著作资料全面，内容翔实可靠。在资料的搜集、分析和甄别上下了很大工夫。所运用的资料不仅有汉文的，还有大量俄文、英文等外文资料，做到了全面、可靠、细致，又极具代表性，因此这部专著出版后在东干语言研究领域受到了好评，2006年荣获新疆维吾尔自治区社会科学三等奖，并被同行学者广为引用和参阅，成为东干语言研究领域有影响的一部著作。

《壮侗语族谚语》 中央民族学院少数民族语言研究所编。中央民族学院出版社1987年出版。

本书是壮侗语族（侗台语族）各民族的民间谚语、俗语资料汇编。收录了壮族、布依族、傣族、侗族、仫佬族、水族、毛南族、黎族、部分瑶族（拉珈语）和海南临高人的谚语、俗语约1600条。每种语言或方言都先列声、韵、调音系表。谚语本文用国际音标标记，语词下面注明汉义，并加全句意译。

《壮侗语族语言词汇集》 中央民族学院少数民族语言研究所第五教研室编，文明英、王德温负责。中央民族出版社1985年出版。

由于本词汇集涉及的语种很多，广西武鸣县壮语部分由张元生（壮族）填写；贵州望谟县布依语部分由王伟（布依族）、陈秀英（布依族）填写；海南临高县东英镇"临高话"部分由马家林填写；云南景洪县允景洪傣语西双版纳方言部分由张公瑾填写；云南省潞西县芒市傣语德宏方言部分由孟尊贤（傣族）、方伯龙（傣族）填写；贵州省榕江县章鲁侗语部分由王德温、杨权（侗族）填写；广西罗城县上南岸仫佬语部分由银云中（仫佬族）记音，郑国乔填写；贵州省荔波县水庆水语部分由刘日荣、姚福祥（水族）记音，刘日荣填写；广西环江县下南毛南语部分由郑国乔、王德温记音，郑国乔填写；广东省海南省乐东黎族自治县抱由镇保定村黎语部分由文明英（黎族）先生填写。

本词典所收集的词，概括了天文、地理、人物、亲属、人体器官、动物、植物、食物、衣着、房屋、用具、宗教、意识、方位、时间、数量、指示、代替、疑问、动作、行为、性质、状态和虚词等，共2402条。凡例：一、本书所收的词条按词义类别排列；二、每一个词条以汉语词目为纲，下面排列十个语言（包括方言或土语）中与汉语词义相当的词语。各语言的顺序是：壮语、布依语、海南省临高话、傣语西双版纳方言、傣语德宏方言、侗语、仫佬语、水语、毛南语和黎语；三、汉文词目中有"（）"符号的为注释。符号以外为选用词；四、兼收少量能参加比较的方言或土语词语，不另加符号表示，只在选用点词语和其他方言或土语词语中间用","符号隔开；五、所填写的词语，均用国际音标标音。声调采用调类标调法。

本词汇集的编辑，是为了适应同语族语言间的比较、研究和教学工作的需要，并便于进行汉藏语系语言比较之用。中央民族学院（现为中央民族大学）侗台语研究所成立后，与泰国玛希隆大学语言文化研究所合作，又将该书（《壮侗语族语言词汇集》"汉—国际音标文版"）变更为"泰—英文版"，1996年由泰国玛希隆大学资助出版，使原来只在中国国内发行的图书走向世界，既扩大了发行面，又拥有众多的国际读者和研究者。

《壮侗语族语言简志》 中国少数民族语言简志丛书壮侗语族语言简志合订本，王均主编（参加者有韦庆稳、覃国生、喻翠容、罗美珍、梁敏、郑国乔、张均如、欧阳觉亚、郑贻青等9人），民族出版社1984年出版。

包括壮语、布依语、傣语、侗语、仫佬语、水语、毛南语、黎语8种语言。书前有前言，由王均和欧阳觉亚共同撰写。前言提到，除了这8种语言之外，还有广西的拉珈语，贵州和广西的仡佬、海南的临高话（应该还有村语）也属这个语族，国外的泰语，老挝语，缅甸的掸语，越南北部的侬语、岱语、土语等与壮侗语族的壮傣语支语言极为相近。国外习惯把这些语言和我国的壮傣语支语言统称为"台语"。

本书指出，本语族语言具备汉藏语系大多数语言共有的主要特点。除此以外，本语族语言还有自己的特点：（1）多数语言有带喉塞的浊塞音声母 ʔb、ʔd，有的语言还有两个带喉塞的半元音声母 ʔj、ʔw。（2）本语族语言除个别语气助词外，没有以元音起头的音节，也可以说，元音起头的音节都有一个喉塞音。（3）原始壮侗语有复辅音声母，复辅音的后一成分一般为 l、r、ɣ。现代语言中，大多数已变成腭化声母。（4）各语言都有腭化声母和唇化声母。（5）元音分长短，至少元音 a 带韵尾时仍保留长短的区别。（6）一般有 -i、-u、-m、-n、-ŋ、-p、-t、-k 8个韵尾。有些语言还有 -ɯ 韵尾。（7）元音和韵尾能组成一套整齐的韵母系统。（8）声调可以根据韵尾的不同，分为舒声调和促声调两大类。舒声调一般有六个，促声调有两个，有的语言往往因声母的性质而分化。（9）在词汇方面，本语族语言彼此间有相当数量的同源词，而且语音有明显的对应关系。（10）本语族语言与汉语的关系比较密切，吸收了不少汉语借词。（11）在语法方面，各语言的量词都比较丰富。（12）以名词或量词为中心的修饰词组，除了数量修饰语的情况较复杂以外，一般都是修饰成分在中心成分之后。除了指出同语族各语言的共同性之外，还分别谈论三个语支的不同特点。书后附有8个语言11个点的一千多个词的词汇表。

《壮汉词汇》 广西壮族自治区少数民族语言文字工作委员会研究室编，广西民族出版社1984年出版。

1984年出版的《壮汉词汇》是在1958年2月出版的初稿本和1960年的修订本基础上，于1983年进行第二次修订而成。在1958年之前，研究室词汇组曾于1957年编写了一本壮汉词汇油印稿，初稿本是在这油印稿的基础上修订加工而成。现在的《壮汉词汇》全书收录条目23000余条。词典用新修订的壮文方案。词典的收词原则是以各地具有普遍说法的通用词为条目，并作为推荐使用的词。也收录各地一些方言词，作为参考使用。所收的词均以武鸣标准音的壮文音韵系统拼写。方言词的条目，在其后面的括号里加上通用词。有些没有注明通用词的，则在其后加上［方］字表示。正文之前有音序索引，书末的附录一为《壮文方案》（修订案），附录二为《新汉借词语音转写表》说明。

《壮汉词汇（初稿）》 广西壮族自治区少数民族语言文字工作委员会研究室编，广西民族出版社1983年出版。

本词汇收条目18340条，所收的词多属现代汉语有关政治、农业、文化以及日常生活的常用词，兼收少量的科学技术用语和固定词组、成语。壮语释义以通用的壮词为主，如果是用方言词释义，则在前面注上［方］字，以示区别。词汇条目的编排，按汉语拼音字母顺序排列，同音词以笔画多少排列。书前附有壮文字母与国际音标对照表、笔画查字表。

《壮汉同源词借词研究》 蓝庆元著，中央民族大学出版社2005年出版。

本书是在前辈学者对壮语和汉语对应词材料的基础上，对壮汉对应词进行了深入研究，找出二者的对应词，分析其时间层次。然后认定哪些可能是同源词，哪些可能是借词。具体做法是：先分为现代和古代两部分，现代层次的对应词与当地汉语西南官话接近。其标准是声调分辨，现代层次借词的声调与汉语西南官话非常接近，调类与中古不对应；古代借词调值与现代官话差别大，调类与中古汉语有对应关系。其次看韵尾，古代汉语借词有－p、－t、－k、－m韵尾，现代借词没有。然后把中古以后的汉语借词跟上古汉语借词区分开来。根据潘悟云的假设：古代西南地区可能存在一个内部比较一致的汉语方言。作者认为这个汉语方言是平话的前身。凡是与汉越语、平话有类似语音形式的是中古借词，并认为，凡是与《中原音韵》语音相似的是近代层次，与上古音有相近语音形式的是上古层次。根据这两个步骤，分析了壮汉对应词的时间层次和各层次与汉语语音上的对应关系，这对壮侗语的汉借词研究或更大范围的语言词汇研究具有很好的借鉴价值。

《壮汉英词典》 罗黎明主编；副主编：覃耀武、陆振宇、陈福隆；顾问：莫家裕、梁进杰、马朝发；编委成员（以姓氏笔画排列）：马朝发、白丽珠、农广民、吴均、杜宰经、陆振宇、陆晓荔、杨义杰、陈福隆、张海英、罗黎明、莫家裕、梁进杰、黄达武、黄佩兴、黄如猛、黄泉熙、梅思德、覃明贵、覃耀武、谢兰艳、蒙元耀。民族出版社2005年出版，181万字。

本词典是广西壮族自治区少数民族语言文字工作委员会与世界少数民族语文研究院合作编写的我国首部使用壮文、汉文和英文三种文字对照编写的少数民族语文工具书。由体例说明（汉文、英文）、词典正文（壮文、汉文、英文）、附录［包括壮语基本知识介绍、壮语方言简介、壮语文法素描］（汉文、英文）、汉壮索引、英壮索引、后记（汉文、英文）组成。本词典共收录了4500个壮语基本词条，7351个义项，力求释义准确、详尽、例证丰富、多样，做到科学性、知识性、实用性、规范性的统一，是一部收词量有一定规模，且词条辨释较为全面、详细的少数民族语文工具书。它的编纂出版，为壮族人民学习汉语普通话和英语，为国内外关心壮族，希望了解、学习和研究壮族语言和文化的人们提供了便利。同时标志着壮文在标准化、规范化、信息化建设方面，又迈上了一个新台阶。

2007年7月，《壮汉英词典》荣获了第三届全国少数民族双语教育科研成果工具书一等奖。

《壮文论集》 壮族语言文字论文集，梁庭望著，中央民族大学出版社2007年出版。

论文集包括三个部分，第一部分"理论篇"，收入：①《试论推行民族文字的基本原则》；②《关于推行壮文的若干理论问题》；③《壮族74村寨文化水平调查报告》；④《论壮族文化的断裂现象》；⑤《关于民族文字与民族文化生态平衡问题》；⑥《壮文——壮族人民可以迅速掌握的信息载体》；⑦《汉语文和南方民族文字功能互补初探》；⑧《壮文与汉文 功能各不同（壮文）》；⑨《一个战略性的任务》；⑩《推行壮文思想障碍剖析》10篇论文。第二部分"文字编"，收入：①《壮族的语言文字》；②《壮族三种文字的嬗变及其命运的思考》；③《先秦壮族古文字探略》；④《古壮字及其文献初探》；⑤《古壮字文献及其价值》；⑥《古壮字文献》；⑦《壮族语言文字》7篇论文（或文摘）。第三部分为"推行编"，收入：①《壮文推行现状简述》；②《壮族文字的艰难历程和历史使命》；③《推行壮文问题讲座》（包括寻求文字路坎坷；方块壮字的产生；壮族文化平衡的失调；别人怎样看文字；壮文产生惊天下；完善壮文推行机制；巩固教育体系；壮文进政治领域；壮文进生产领域；壮文进文化宣传领域等十讲）；④《壮族教育的回顾和展望》；⑤《壮文教育的兴起及其展望》；⑥《千锤万击还坚劲》；⑦《壮文实用显功能》7篇论文或文摘。后有结语。共25篇，因讲座为十篇，故总共应是34篇。论文提出的若干观点，如推行民族文字的基本原则、民族文字韧带说、民族文化生态平衡论、民族文化断裂论、民族文字真空论、汉文与民族文字功能互补论、壮族文字历史使命说、实用功能论、完善壮文推行机制等，是经过时间考验的，可提供民族文字工作者参考。

《壮文阅读与写作》 韦达（第一作者）编著，广西民族出版社1998年出版。

著作分为阅读、创作两篇。阅读篇选入各具特点的大量壮文文学作品，并对如何培养读者提高自己的积累能力、理解能力和鉴赏能力进行详细阐述，引导读者较为系统地研究各种阅读方法，特别是阅读的心理机制和规律，创立一门具有民族特色的阅读学科。创作篇介绍壮族三个极具特点的文学品种——壮族故事、壮族歌谣和壮族戏剧，以科学的理论、方法指导文化工作者开展抢救、继承壮族文学遗产和运用新壮文创作新作品等文学实践活动，促使壮族文学更进一步的繁荣和发展。本著作适用性广，可供高等院校壮、汉双语专业高年级学生使用，也可供壮、汉文化工作者学习和研究。

《壮语常见植物的命名与分类》 （英文版）蒙元耀著，广西民族出版社2006年出版。

本书从壮语常见植物的名称入手，通过分析其结构、命名特点及分类方式，考订了500余种植物的正名与拉丁学名，并由此揭示许多壮语语言现象和一些重要的文化内容。研究植物名称的同时，作者以植物为线索，展示了相关的壮族民俗事项；并透过植物的运用情况，深入分析壮族文化的特质。这些翔实丰富的材料，有助于人们了解壮族地区的植物资源，也可以帮助人们了解壮语和壮族文化。

本课题从微观角度切入，以考订壮语植物的标准学名为首要目标，以植物为线索，纵向研究壮语植物名称的词汇意义，横向研究壮族民风民俗的文化事项，由此描述壮族的相关文化景观，借助植物展现壮族的风土民情，把植物名称放到民族语言历史文化的宏观大背景下来透视分析，通过植物进一步发掘壮族文化的特质。本课题的田野调查和研究能使一大批壮语植物获得标准学名，这首先是一件很有意义的事情。物得其名，词有达诂，这对壮语词汇研究来说是一个贡献，对壮语文的规范化、标准化建设也大有裨益。

把植物名称分类研究，透过植物观察壮家人的文化构成及民族心态，看壮家人怎样认识周边环境，怎样处理人与大自然的关系；分析壮族使用植物的方式，深入研究其民风民俗的构成因素，进而以此为窗口观察壮家人的生活景观，了解壮族文化发展嬗变的某些线索，了解壮族与周边民族的关系，这又是本课题另一方面的意义。

为植物壮名寻求对应的标准学名，把人文科学与自然科学结合起来研究壮族文化，这是开拓性的工作。本书即以此为思路拓宽工作领域，企望能对壮族的语言文化研究起到一些推动作用，同时也有可能促进整个侗台语族乃至东南亚地区的语言文化研究，也许还能对古代汉语及现代汉语方言的研究提供某些鲜活的例证。

《壮语词典（壮文）》 广西壮族自治区少数民族语言文字工作委员会研究室编，由蒙元耀、黄华芬、Banh Ligingh 合编，广西民族出版社 1991 年出版。

本字典收集壮族各地壮语常用的词汇，目的是供对壮文有一定水平的人查阅和壮文教学之用，为壮文的发展和规范化以及将来编写大型的词典积累经验。该词典收词约 5000 个条目，全部用壮语解释，用标准音书写。用壮语解释壮语的词汇，本词典是首次，因为没有经验，也没有材料可供参考，所以不一定令人满意，但是这是首创的工作，对初学的人来说，有一本这样的词典作参考是很可贵的。

《壮语词汇》　吴超强、陆瑛编写，广西壮文学校印刷厂 1985 年 7 月印刷。

广西壮文学校为壮族地区的各地区、县（市）的机关、壮文学校等单位培训壮文推行骨干和壮文师资，开办壮文干训班、壮族大学毕业生壮文学习班（大学毕业分配到工作单位后来学习也属干训班）和学制二年与四年的壮文中专班。《壮语词汇》作壮文中专班教材之用。它主要谈壮语的基本知识，其内容分为十课：（1）词和词的结构；（2）合成词的结构；（3）基本词汇；（4）方言词、行业词；（5）汉借词；（6）词义；（7）词义的分类；（8）成语；（9）谚语；（10）歇后语。每一课都附有练习题。壮文中专班学生通过学习这本教材，能够掌握到壮语词汇的组成形式、基本词汇的特征、词义的性质以及熟语的性质与运用。使学生能够运用这些知识去正确理解和准确解释壮语词义，提高运用壮语词语的能力，促进壮语文的阅读与写作能力的提高。在词汇教学中，还将壮、汉语词汇对比，让学生认识壮、汉语词汇的结构、词义的性质、用法的异同点，加深认识汉语词汇的基本知识。学生毕业后，就可胜任壮汉语词汇教学，还可以独立进行词汇收集整理工作。

《壮语方言概论》　覃国生编著，广西民族出版社 1996 年出版。

全书 7 章。第一章介绍方言的基本知识和论述研究方言的意义；第二章叙述壮语方言的划分及各方言的主要特征；第三章叙述北部方言各个土语的主要特征；第四章叙述南部方言各个土语的主要特征；第五章论述进行方言调查的技巧、科学地整理材料和归纳音位的方法；第六章讲述制订方言调查提纲的要求、方法，并对使用《壮侗语族语言调查手册》作一些说明；第七章简单介绍当时学科前沿利用方言材料研究壮侗语族系属问题及研究语音发展的情况。此外书后附录有《壮语调查提纲》及 10 个点的音系。本书特点：全面介绍了壮语方言、土语的基本情况，材料丰富翔实；亮点：提出以行政区划作方言、土语分界的不足，应以语言材料的等语线做边界比较科学；优点：兼具知识读本和工具书功能；不足之处：缺少连山土语的叙述。

该书是国家教委世界银行贷款"师范教育发展"项目 JG035 号课题成果之一。

《壮语方言土语音系》　广西语委研究室集体编写，广西民族出版社 1994 年出版。

这是 1954—1959 年间，中国科学院语言研究所（后为中国科学院少数民族语言研究所，中国社会科学院民族研究所）语言调查第一工作队和原桂西壮族自治区壮族文字研究指导委员会（现为广西壮族自治区少数民族语言文字工作委员会）组成的壮语调查队对壮语调查的成果之一。1960 年曾以内部图书印发。1985 年由语委会研究室的蔡培康、谢兰艳作了部分修订，由颜上月、蔡培康调查了桂平、巴马两个点，并补充了这两个点的音系。本书收入 53 个音系。每个语言点除了介绍音系之外，还附有音系说明。这是反映 20 世纪 50 年代广西和云南各地壮语的情况的记录，对研究壮语方言很有参考价值。全书的内容分：壮语方言土语音系说明，各地壮语的声、韵、调，壮语方言土语音系三大部分。

《壮语方言研究》 张均如、梁敏、欧阳觉亚、郑贻青、李旭练、谢建猷合著，四川民族出版社1999年出版。

研究壮语方言土语的专著。从1954年以来，中国科学院少数民族语言调查第一工作队和广西壮族自治区少数民族语言文字工作委员会对壮语方言进行全面调查所得材料的基础上，进行加工整理和不断的深入研究，并在1960年写就初稿的《壮语调查报告》（草稿）基础上进行多次加工、补充、重写，于20世纪90年代末完成的第一部对壮语方言土语作全面研究的著作。由于篇幅所限，许多有价值的材料未能容纳进去。全书分绪论、语音、词汇、语法、壮文、附录一、附录二、附录三等8部分。前面由当年的副队长王均教授作序，详细介绍本书的调查编写经过，以及对本书的评价。在第一章绪论里，介绍壮语的分布、壮语使用情况、壮侗语族各语支的情况、壮族古今的族称和迁徙经过、壮族与同语族诸民族的关系等。在第二章语音里，全面介绍壮语各地语音情况和特点，附有壮语声母、元音和声调总表；介绍各方言土语的特点，并列出36个代表点的音系；各地壮语语音的对应；在汉语借词一节里，介绍新老借词的不同。最后附有18幅方音分布图。在第三章词汇里，介绍壮语与同语族语言在词汇方面的关系，各地壮语词汇异同情况，并附有37幅词汇分布地图。最后介绍壮语中的汉语借词。在第四章语法里，介绍壮语武鸣话的语法特点，有些语法现象武鸣与各地不一致的，也介绍各地不同的特点和用法。在第五章壮文里，介绍壮文创立的经过和壮文方案。附录一是武鸣壮语同音字表；附录二是包括36个点，1465个词的词汇表；附录三是长篇材料，包括7个代表点的11篇长篇故事。

本书获2001年度民族研究所优秀科研成果一等奖。中国社会科学院优秀科研奖。

《壮语概论》 覃国生等编著，广西民族出版社1998年出版。

本书分十八章：（1）绪论；（2）声母；（3）韵母；（4）音节结构及声调；（5）词汇概貌；（6）词形；（7）词义；（8）词汇的构成；（9）词类；（10）词组；（11）句子结构和句子成分；（12）单句；（13）复句；（14）方言；（15）修辞；（16）壮语辞格；（17）古文字；（18）拼音壮文。绪论概述了壮族历史文化和语言使用情况、壮语与东南亚邻国的语言关系。论声母韵母声调的章节主要叙述它们的特征及演变情况。其余章节也是介绍相关内容的基本特征。方言一章首次将连山壮语确定为一个土语并归入北部方言。古文字一章对方块壮字的历史、结构、使用情况、作用、产生年代有较系统论述。最后，叙述拼音壮文的创制和使用情况，并呼吁各级领导应以更积极的姿态科学、合理地推行使用壮文，使它在科教兴国、精神文明建设发挥更大作用。

《壮语简志》 中国少数民族语言简志丛书之一。韦庆稳、覃国生编著，民族出版社1980年出版。

壮族自称"布壮"，另外还有许多称呼，如"布土"、"布班"（土人、村人等意思）、布蛮、布侬、布岱、布雅依，等等。壮族分布在广西壮族自治区的西半部、云南的东南部，此外广东西北部连山壮族自治县也有数万人，海南各地也有一些新近的壮族移民。总人口为1617万余人（2000年）。壮语属汉藏语系壮侗语族壮傣语支。分南北两个方言，北部方言分8个土语，南部方言分5个土语。北部方言人口约占总人口的三分之二。以邕北土语武鸣县的语音为标准音。本书分概况、语音、词汇、语法、方言、文字六章。在概况一章里，介绍了壮族的人口分布、自称、语言使用情况。在第二章里，介绍了标准音的音位系统，同时指出武鸣语音的特点，还指出某些音位在不同方言里的反映形式。在壮语中汉语借词的语音一节里，分别详细介绍老借词和新借词的特点。在词汇一章里，首先指出壮语里有许多与本语族同源的词，强调壮语方言间的词汇差别比较小。南北方言词汇相同的比率在60%—68%之间。在语法一章里，介绍各类词特点和用法，汉语语法对壮语的影响。在方言一章里，介绍各方言土语的特点。在文字一章里，介绍壮族的方块壮字和新创立的拼音壮文，详细介绍壮文方案。

《壮语教材·语法》 吴超强、陶逢春编撰，广西民族出版社1989年出版。

为适应广西壮族地区民族师范学校开设壮语文课程（壮族学生学习）的需要，广西壮族自治区少数民族语言文字工作委员会组织人员编写民族师范语文教材，其内容包括壮语语音、词汇、语法、翻译与写作等。自治区语委领导安排吴超强和陶逢春（南宁民族师范）老师负责编写语法。这套教材中的壮语词汇并在《语法》中陈述。壮语教材《语法》的内容分四个单元：（一）词汇：词及其构成、词义、方言词、汉借词。（二）词类：名词、动词、形容词、数词、量词、代词、副词、介词、连词、助词、感叹词；连写、标调和书写规则。（三）句法：词组、单句、复句。（四）标点符号。此外，还穿插有文学作品《毛主席在延安的故事》《陷井之蛙》等15篇壮文翻译文章和24个练习题。

壮语语文，即壮语书面语，要求语句严谨精练，表意确切，词句生动活泼，比口头语的要求更严格。这就需要掌握一定的语法规则，按照一定的语法结构组词造句。为此，编写这本壮语教材《语法》给民族师范壮族学生学习，使他们从理论上认识和掌握壮语结构规则，能够准确地思想交流，正确用词造句，把壮文文章写得语义明确，文句通顺流畅，提高运用语言的能力。

选择较好的文学作品译成壮文穿插在《语法》中，为这门课程中的各个教学环节提供有一定代表性的书面壮语环境，使理论与实践相结合。在语法课中的例子和作业练习，一般均从文学作品中采摘。这对学生来说，可以以简驭繁，收到事半功倍的学习效果。

《壮语趣谈》 罗滔、潘源洞、吴超强合著，载广西《民族教苑》2006年第15期。

标题依次为：语音复杂，源远流长；壮化汉语，完备有方；量词如旗，分门别类；声韵连绵，描形绘色；壮汉语序，有异有同；壮乡地名，文史丰富；壮歌如海，别具一格；民间谚语，意味深长；文学语言，生动形象；方块壮字，群众智慧；创造壮文，伟大创举；巧学汉语，事半功倍。该书以翔实的材料，通俗的语言，对壮族的语言文化进行了重点阐述，在知识性与趣味性的结合上，进行了初步的尝试。

《壮语熟语》 蒙元耀著，民族出版社2006年出版。

本书收集整理壮族常用成语、谚语、格言、警句、歇后语等1380余条，给予直注、翻译，每个条目都有扼要的解释，并附上例句来表明用法。本书所取的语言材料来自壮乡的社会生活底层，内容涉及壮族民间的生产经验、生活常识、道德观念、宗教信仰、价值取向以及为人处世的精神理念等诸多方面。熟语是壮语的重要语言现象，同时也是壮族民间文学的一大构成部分。其语言活泼生动，优美传神，是壮语的精华所在。语言是社会文化现象之一，同时也是社会生活的反映。熟语从各个角度反映了壮语的精美神韵，折射出壮族思想文化的浓郁色彩。无论是语言运用，或是作为文学形式，壮语熟语都不失为优美的精品。它是壮族文化的瑰宝之一。透过这些熟语，可以了解壮语的优美神韵和具体用法，了解壮族的口头文学，理解壮族人民的性格心态，进而可以研究壮族社会文化的一些重要特质。因以前从未出现过同类题材的著作，故此书有一定的创新意义。

此书用直注加翻译，再佐以例句的方式来解释熟语，不仅让人们知道每一条壮语熟语的意思、背景知识，同时还能明白其使用场合及具体用法，准确掌握每个词的具体含义。其次，在材料挖掘上，书中所用的语料均来自壮族民间，属第一手资料。如此系统收集壮语熟语，且给予详细分析，这是头一次。另外，本书把常见的壮语熟语按内容分成 52 个小类，这为以后的进一步研究打下了一个初步的基础。

语言研究中，熟语可以归入词汇中比较特殊的固定词组一类。壮语研究的三大领域以语音研究较为透彻，词汇研究和语法研究则相对比较薄弱。而词汇的专类研究更是较为少见。研究壮语的熟语，让人们多一个角度了解壮语的实际面貌，同时也提供一种词汇研究的范式供学界参考，这对壮侗语族语言研究也有促进作用。

《壮语通用词与方言代表点词汇对照汇编》

广西壮族自治区少数民族语言文字工作委员会研究室编。编写人员：农广民、黄佩兴、李燕霜、韦爵常、黄华芬。广西民族出版社 1998 年出版。

本词汇汇编由凡例、使用音标符号对照表、字母音序索引、正文、附录（壮文方案、壮语标准音声母与方言代表点声母对照表、方言代表点音系）组成。它以《壮汉词汇》的条目为基础，除了新词术语和冷僻词外，共收 8700 多个条目，选取武鸣、来宾（今兴宾区）、宜山（今宜州市）、田阳、龙州、邕宁（南）、靖西 7 个代表点的方言词与通用词作表格式的对照。它的出版，为方言土语区的壮族人学习本民族共同语及其文字，促进壮语共同语的逐步形成和文字的规范化能起到一定的作用，同时对各地壮族人民学习本民族统一的书面语起到桥梁作用。作为一本工具书，可供壮语文研究和翻译者参考。1999 年 9 月，《壮语通用词与方言代表点词汇对照汇编》荣获了第四届中国民族图书奖三等奖。

《壮语文化论》

韦达著，广西民族出版社 2006 年出版。

这是一部属于文化语言学的著作。文化语言学的研究分为两个方面。一是语言蕴含的文化现象，二是文化对语言的影响。本著作所述是第一个方面：壮语不仅是文化的载体，而且它本身就是壮族文化的组成部分，它的语音、词汇、语法、文字等都含有各种不同的文化意义。著作十六章，分为三大部分。(1) 交代研究壮语文化的背景，(2) 写语言文化研究的昨天、今天和明天，(3) 写壮语词汇、语音、语法、文字、借词、修辞等所反映出来的文化现象。本书主要供文化语言学研究生和文化语言学研究学者学习和研究，也可作为语言文学本科生高年级的选修课程。

《壮语语法教材》

吴超强、潘源洞编写，广西壮文学校印刷厂 1987 年印刷。

这本书系广西壮文学校壮文中专班教材。由于壮文中专班当时教学的需要，先将壮语词汇的内容单独成册编写印刷，以供教学。《壮语语法教材》的内容分为 10 课：(1) 词类（分为 4 课）；(2) 词组；(3) 单句；(4) 单句的分类；(5) 复句；(6) 壮文书写规则；(7) 壮文标点符号。课文后面都附有练习题。壮文中专班学生学了这本教材，认识和掌握壮语的名词、动词等各种词类的概念、它们的语法特点及运用，词组的结构与性质，句子 6 个成分与单句的分类，复句的类型及特点，掌握连写标调、大写、缩写等书写规则与壮文标点符号的基本知识。使学生从理论上明白壮语的结构规则。也就是说，在壮语的语法结构关系里，词序处于非常重要的地位，壮语的语法结构主要表现在组词造句的规则上。所以，只有按照一定的结构规则组词造句，表达一个完整的意思，才能成为人们的交际工具——语言。让学生运用语法规则指导语言实践，可以正确地用词造句，纠正语病，提高运用壮语语言的能力，把壮语标准语说得更流利，把壮文文章写得合乎语法规则，使文章通顺流畅，把思想表达得更明白、更准确、更清楚。总之，壮文中专班学生学了壮语语法基本理论，毕业后完全能胜任壮文推行工作和教学工作，可以独立从事壮语语法研究。

《壮语语法研究》 韦庆稳著，广西民族出版社 1985 年出版。

本书是描写、研究壮语语法的专著。分构词法和词类、词组、句子三大部分。作者采用与传统汉语语法不同的体系，即以分析词组为重点，把壮语词组分作 18 种，其中谓词性词组分主谓词组、动宾词组、判断词组、补充词组、能愿词组、趋向词组、时动词组、连动词组、兼语词组、紧缩词组、谓修词组、谓联词组 12 种；体词性词组分体修组、体联词组、数指词组、物主词组、方位词组、复指词组 6 种。第一部分构词法和词类的分析主要是为了分析词组。第三部分对句子的分析，主要分析充当句子成分的词组，而不分析句子成分。可以认为，《壮语语法研究》是以分析词组为重点的壮语语法书。而有关句子的分析，特别是对单句的分析，主要是对充当句子成分的词组进行分析。这样就不必再对句子成分进行分析了。这是本书最独特之处，是作者大胆的尝试。

《壮族伦理道德长诗传扬歌译注》 梁庭望、罗宾译注，广西民族出版社 2005 年出版。

全书收入民间古壮字抄本伦理道德长诗《传扬歌》（一）、《传扬歌》（二）、《传扬歌》（三）、《百岁歌》、《不忘父母恩》等五部长诗。传扬歌是壮族对伦理道德长诗的通称，意思是传播弘扬优秀伦理道德的歌，五言勒脚体，腰脚韵，是壮族严格的格律诗。整理的格式是严格保持古壮字原文，每行下注国际音标、汉文对译、壮文转写、汉译文，注解为脚注。为了阅读方便，将壮文转写和汉译文集中放在后面，这样每部长诗的结构便由六部分组成：（1）作者、搜集者、提供者、流传地区、搜集时间、搜集地点、注音转写及翻译者；（2）题解。简介该诗的基本内容、样式、艺术特色及价值等；（3）原文、国际音标注音、汉文对译；（4）壮文转写；（5）汉译文；（6）脚注。这是比较完整的科学本，可以提供任何学者阅读和研究。

《传扬歌》（一）是传扬歌的代表作，产生于明代。《传扬歌》（一）显然是为了维护传统优秀伦理道德而创作的。全诗 175 首，1400 行，加反复变为 2100 行。分三大部分，20 节。第一部分 1—5 节，阐述的是社会道德，主张公平、公正，君当惜民，官当清正，强不凌弱，富不欺贫，受压迫忍到一定程度就要反抗，认为这样才合乎社会道德。第二部分 6—13 节阐述的是做人的道德规范，主张从青少年起就要养成勤劳、孝悌、正直、善良、交友、睦邻的品德，反对忤逆、蛮横、懒惰、偷赌、抢劫，做一个有礼貌有道德的人。第三部分 14—20 节，阐述的是家庭内部的伦理道德规范。主张勤俭持家、尊老爱幼、赡养老人、择婿唯德、兄弟和睦、妯娌相让、关怀鳏寡，尤其要处理好孤儿和继母的关系。《传扬歌》（一）主要流传于南宁市、柳州市、来宾市、河池市各县乡村，从前几乎家喻户晓，寨老在排解纠纷时，常常征引其中相关段落作为处理的依据，有习惯法的功能。

《传扬歌》（二）75 首，加反复 864 行，作者蒙廷守，乾隆年间金钗人（今广西马山县金钗乡），生平不详。《传扬歌》（三）46 首，加反复 552 行，作者仁举，生平不详。两诗内容和章节都比《传扬歌》（一）要简短，基本重复《传扬歌》（一）的主要内容，但艺术性要差一些，显然是《传扬歌》（一）的仿作。

《百岁歌》36 首，加反复 432 行，这是一首独特的长诗，它把人生 100 年分为十个阶段，每阶段十年，咏唱了从头十年到第 10 个十年每个年龄段的做人道德规范，而以孝道为核心，是对人的一生行为准则的高度概括。

《不忘父母恩》36首，加反复432行，作者不详。诗中举了若干例子，说明父母创业之艰，抚育之难，子女应当孝顺父母，赡养老人，还养育之恩。

《传扬歌》是壮族一份优秀的文化遗产，应当予以弘扬。

《壮族民歌古籍集成》（情歌一，嘹歌）张声震主编，副主编农冠品、罗宾，由黄耀光搜集，黄耀光、黄金权、农冠品、陈天枢、苏联武、黄子义整理。广西民族出版社1993年出版。

"嘹歌"是用古壮字传抄，反映壮族人民历史、生产、生活、爱情等方面的传统民歌。人们代代相传，直到现在。"嘹歌"传说是田东县那料人唱的歌。唱歌的人多自称是那料人。因料与嘹同音，故称"嘹歌"。本歌集共收五言四句体对唱山歌4012首，分"夜歌"和"日歌"两大部分。"夜歌"由"大路歌"、"贼歌"、"建房歌"三套长歌和"入寨歌"、"家穷歌"、"穿黑歌"、"打十闹"、"赞村歌"、"惜别歌"六个短歌组成；"日歌"由"三月歌"和"献歌"两套长歌与"建月歌"、"时辰歌"、"盘问歌"、"对对歌"和"天旱歌"五个短歌组成。唱歌时都是两男对两女，一唱一和。每年农历二月十九日，人们纷纷涌到仰岩，青年男女们对"夜歌"，已婚青年有不满婚姻状态的则与情人偷唱"日歌"。当地人们认为"夜歌"是青年男女恋爱结婚的正统情歌，可以在亲朋好友或长辈面前公开唱的歌。而"日歌"则被视为伤风败俗的风流情歌。所收集到的嘹歌，是反映几个历史时期的作品。最早的可以追溯到唐宋时期。歌词的第一行用原字，即原来手抄本所用的字，第二行用古壮字，第三行用壮文标音，第四行汉译。在每一篇章前加题释，篇章末加注释。

《壮族民歌古籍集成》（情歌二，欢）已于1997年由广西民族出版社出版。

《壮族民歌选》 韦其麟、依易天等编，广西人民出版社1957年出版。

该书收入了太平天国到新中国成立初期的民歌及两部长诗《达稳之歌》及《文龙》，大部分是根据古壮字手抄本翻译成汉文的。

《壮族麽经布洛陀影印译注》 张声震主编，广西民族出版社2004年出版。

这是壮族古籍、壮学丛书之一，共八卷。该书原稿全部用古壮字记载，壮语文学者覃国生教授注释、审订壮文和加注国际音标。它是壮族民间的"布麽"做法事念诵的经文，内容涉及壮族对天地的形成，人类、万物的由来，伦理、信仰、习俗、道德观念等社会生活诸多方面的问题。分卷是以29种经典文本的原名、按内容性质相近分配到各卷中以小目录形式出现。

2004年6月15日上午在北京人民大会堂广西厅举行首发式，全国政协副主席李兆焯、中国文联、国家民委、文化部、国家文物局、北京市、国家新闻出版集团、广西壮族自治区等有关领导，以及泰国驻华大使馆公使萨甘·素提巴蒂，泰国艺术大学校长普特·维拉巴色，来自首都、云南、广西的民族学、文化学、人类学、考古学、图书馆学方面的专家学者近100人出席。之后在中央民族大学举行首发式学术座谈会。

《壮族末伦》 方士杰、黄英振搜集转写壮文，广西民族出版社1983年出版。

这是壮族第一本说唱末伦选集，收入29篇末伦，是由南部方言古壮字本转写为标准音壮文。内容丰富多彩，包括《当兵叹》、《毛红玉音》、《梅良玉送陈杏元》、《靖西鹅泉》、《送烟》、《妻亡叹》、《断情叹》、《出嫁叹》、《乞丐叹》等。

《壮族排歌选》 何承文、李少庆整理，据古壮字手抄本译成汉文，广西民族出版社1982年出版。

分为初会、试探、交心、定情、结义、离别、相思、诉苦、出走、安家 10 章，每章有若干小节。这是歌圩的范本。

《壮族文化概论》 梁庭望著，广西教育出版社 2000 年出版。

全书分四编，第一编"总论"。分五章：第一章"文化的定义、性质、特征和壮族文化的模式"，以下各章简述壮族文化的发展史。第二编"壮族物质文化"，包括生产工具、稻作农耕、狩猎畜牧饲养、林业园艺、织染、捕捞养殖、航运、交通贸易、陶瓷制造、冶炼铸造、建筑 11 章。第三编"壮族精神文化"，包括社会制度、兵制兵法、家庭和社会组织、教育、科学、伦理道德、壮医、哲学思想、民俗、宗教信仰、节日、语言文字、文学艺术、文体活动 14 章。这两编比较集中全面地展示了壮族光辉灿烂的文化，阐述了这些文化的历史及其特征，论述了壮族对中华文化的贡献。这样集中全面的评介，在壮族文化研究的历史上还是第一次。第四编"壮族文化与现代化"。分五章，探讨了壮族文化的结构、汉文化对壮族文化的深刻影响、壮族文化的功能、壮族文化的重组和现代化，从宏观上探索壮族文化发展的前景。

本书的第十二章的第一节"壮语"，探讨了壮语与古越语的关系，壮语的语言系属，方言和 12 个土语区的分布，壮语的声母、韵母和声调，壮语的特点及其六种构词方法，壮语的语法特点，对壮语作了简洁全面的阐述。壮族文字部分，首先介绍了先秦壮族刻画文字的发现及其结构特征，对其中一些字做了初步的解构。接下去对古壮字（即方块壮字，又称土俗字）产生的历史作了阐述，继而对古壮字的结构和解读方法作了比较完整的分述，以便帮助人们解读。最后介绍新壮文方案，包括 26 个字母、22 个声母、108 个韵母和 8 个声调，由于塞声调分长短，实际是 10 个声调。读者从这一章中，可以初步全面地了解壮族语言文字的概貌。本书荣获中国民间文艺家协会优秀著作奖。

《壮族医学史》壮文评注 陆瑛主译，危英才、黄善华等合作，广西科学技术出版社 1998 年出版。

其主要观点与内容是：（1）综述壮族社会历史及其与壮医药的关系，关于壮医药无系统文字记载与壮医药存在的原因。（2）壮族地区经济、文化、民俗与壮医学的关系，壮民歌特色与壮医药的关系等。（3）壮医药的起源（远古到先秦），从考古发现来探讨壮医针刺疗法的起源，药食同源以及壮族早期医疗卫生活动及文献记载。（4）壮医药知识的积累（秦至隋），早期农业对壮医药的促进作用，古代科技与壮医药、卫生保健和环境意识等。（5）壮族医学初步形成与发展（唐宋至民国），壮医理论的萌芽，壮医学的发展、方剂药的萌芽以及医疗制度和医疗机构的建立。壮医分科的出现，名医的涌现以及壮医理论的初步形成等。（6）壮医药理论和治疗方法概述，天人自然观——阴阳为本、三步同气；生理病理观——脏腑气血骨肉、谷道水道气道、龙路火路；病因病机论——毒虚致百病；诊断方法——重视目诊、多种诊法合参；治疗原则——调气解毒补虚；治疗方法——独特丰富，简便易行。（7）壮医对毒药和解毒药的认识和使用，促使壮医善用毒药和解毒药的因素及其一般规则与方法，对中毒防治的特色。（8）壮医药对我国传统医学和民族保健的贡献。壮医解剖学知识的意义、针灸疗法的先驱、丰富多彩的诊断方法、理论特点、防治特色等。（9）壮医学的研究、发掘、整理及现状，党的民族医药政策对壮医药研究的促进作用。（10）壮医药与中医药及其他民族医药的比较，理论基础、病因病机、诊断方法。

《壮族医学史》壮译文与汉文稿同书出版，壮先汉后，文图并茂，是第一部壮族医学史的译著。1999 年这部书参加全国民族医学专著图书评展，荣获一等奖。

（二）论文简介

（说明：①论文简介中的音标，大部分采用国际音标。为了便于阅读，部分的注音没有转换成国际音标。读者阅读时遇到疑问，请查阅原文。②南方语言音节末尾的数目字，有的在音节的右上角，有的直接在音节之后，都是声调符号。）

阿坝藏语语音中的几个问题 孙宏开、王贤海撰，载《民族语文》1987年第2期。

阿坝藏语属藏语安多方言，1986年作者对阿坝藏语进行了实地调查，记录了2000个常用词，整理了语音系统，发现这个地区的藏语与其他地区相比，有明显的特点，主要是：第一，有小舌音 [q]、[qh]、[χ] 声母。小舌音在阿坝藏语中较普遍存在。值得注意的是阿坝藏语这些读小舌音的词，在藏缅语族其他语言里也读小舌音，它们是历史的遗留呢，还是受周围语言影响的结果，这值得深入研究。第二，复辅音较丰富，有94个，基本上保留了藏文前加字、上加字的读音。第三，有送气擦音 [s] 与 [sh]，[ɕ] 与 [ɕh]、[x] 与 [xh] 的对立，它们的来源和特点与康方言大同小异。第四，除 [s] 韵尾外，基本上保留了藏文的辅音韵尾 [p]、[t]、[k]、[m]、[n]、[ŋ]、[r]、[l]，增加了小舌辅音韵尾 [q]。文章简要比较了藏文的语音结构和阿坝藏语语音结构之间的同异。

阿坝藏族自治州双语使用情况调查 林向荣撰，载《民族语文》1985年第4期。

四川省阿坝藏族自治州的居民主要使用汉语、藏语、羌语嘉戎语，这里所指的双语，是指汉语和少数民族语言兼通的情况。作者使用大量实地调查的第一手资料，对这一地区的少数民族使用双语的情况，进行了细致的分析。首先文章对这个州的少数民族双语的情况根据不同地区分为3类，第一，双语向单语（汉语）发展；第二，双语正在形成；第三，双语现象刚刚开始出现。随后，作者对全州不同类型的双语使用状况逐个进行了分析。作者在文章的第三部分主要论述了双语给语言结构带来的影响。文章最后作者提出了一些开展双语教学的一些对策性建议。他认为，开展母语教育，先学好母语再学习第二语言，这样才能取得比较好的效果。根据这一原则，他认为，不宜在嘉戎语地区和羌语地区开设藏文课。把群众为了继承宗教信仰而学藏文的要求和学校选用什么文字进行教学的问题分开。

阿昌语的清鼻音 戴庆厦撰，载《民族语文》1985年第2期。

该文对阿昌语清鼻音的现状进行了分析，包括发音特点、功能、在音系中的特点等。然后通过阿昌语三个方言的比较并参照彝语支的哈尼语，指出三点：（1）三个方言发展不平衡，说明清鼻音在阿昌语里已出现逐渐消失的趋势；（2）清鼻音的消失是阿昌语声母清浊对立消失的一部分。而在具体演变过程上，鼻音是消失清的保留浊的，塞音、塞擦音、擦音是消失浊的，保留清的。（3）清变浊后，在声调上都留有相应的痕迹，说明清鼻音与声调关系最密切，在发展中互相影响，互为条件。文章又将阿昌语与同语族的缅、载瓦、浪速、彝、普米等语言和古藏语作一比较，进一步考察阿昌语清鼻音的特点及来源。指出阿昌语的清鼻音与其他亲属语言有着共同的来源，大多是由古代带s-的鼻音演变来的。

阿昌语的述宾结构
袁焱撰，载《民族语文》2002年第4期。

藏缅语的述宾结构从语义上看，类别较少，主要是受事宾语，不出现施事宾语。汉语中的工具宾语、方位处所宾语、时间宾语在藏缅语中几乎全是状语。而阿昌语有别于这些情况，类别比一般藏缅语的要多。随着阿昌语与汉语接触的不断加深，述宾结构的特点已发生一些变化，出现了新的形式。该文以云南陇川户撒阿昌语为依据，从阿昌语述宾结构的类型、语法标记及受汉语影响产生的新形式等三个方面探讨阿昌语述宾结构的特点。

阿昌语的述宾结构可以分为受事宾语结构、施事宾语结构、致使宾语结构、工具宾语结构、方位处所宾语结构、材料宾语结构、等同宾语结构。在阿昌语中，宾语的语法标记主要与宾语的生命度有关，宾语依据其生命度的高低或有无可分为三级：一级为人，其语法标记最强；二级为动物，语法标记较弱；三级为人或动物以外的概念，是无生性宾语，其标记性弱。语序和宾语的标记词是阿昌语述宾结构的两项比较稳定的语法标志。但由于语言接触带来的影响，阿昌语述宾结构的特点发生了一些变化，主要是宾语的位置开始游移，以及由此影响到其他特点的变化。主要变化有：SVO语序的出现；语法标记词的脱落；动词的重叠现象。

阿昌族亲属称谓结构及其社会文化背景
肖家成撰，载《民族语文》1992年第5期。

作者利用实地调查资料，对云南省梁河与陇川两县阿昌族亲属称谓的结构体系进行了分析比较，从语言学角度探讨了其结构特征和借用称谓的语源等情况，同时还与民族学资料相结合，分析了其发展演变的社会文化背景。文章从亲属称谓结构的体系和社会文化背景方面进行了论述。文章首先从称谓结构、语词和结构、语义结构与范畴结构四个方面对阿昌族亲属称谓的两个方言点的称谓结构的异同作了探讨和分析。在该部分中，作者认为阿昌族亲属称谓的范畴结构比较简单，目前只发现性别、长幼别、辈分和称呼方式4种。性别范畴通过称谓词的语义本身来区分男性和女性，没有专用的特殊标志；长幼别范畴通过在称谓后加表示"排行"或"大、小"的词来表达。辈分范畴有曾祖、祖、父、己、子、子孙共6个级别；而称呼方式范畴有直称和引称两种。其次作者从梁河与陇川两个方言称谓总数虽然相等（各为55个），但亲属关系和亲属称谓实际各不相同的特点，认为形成这种状态是其自身的社会文化背景，并认为向邻近傣、汉民族借用一些亲属称谓后又同时保留本民族的固有称谓是一个重要原因，作者基于对借用称谓，合成称谓和联称称谓三方面的分析和认识，同时对阿昌族亲属称谓制度的历史演变过程作了初步的概括和分析。

阿昌族与景颇族亲属制度的比较研究
肖家成撰，载《云南社会科学》1992年第6期。

阿昌族与景颇族同出一源，均属唐"寻传"部落的后裔。在亲属制度上，两者的结构与演变表现为不同的类型，属于同源异流的关系。作者从称谓结构、语词结构、意义结构和范畴结构四个方面对比了两种语言的亲属称谓。通过比较可以看出阿昌亲属制的演变性与景颇亲属制的相对稳定性。阿昌制中并引并用的现象比例较景颇制高。从分、等级、血亲与姻亲、直系与旁系等方面的发展变化看，阿昌制更为完备，景颇制则更具单向姑舅表婚的类型。整套反映姑舅表婚的称谓体系在阿昌语中已没有了，但其特点还有些残存。造成这些分化的原因，作者认为是汉、傣族影响的结果。阿昌族长期与汉、傣两族杂居，他们都兼通汉、傣语。景颇族的情况则不同，他们在该州山区保持聚居，人口也较阿昌族多。政治上保持独立。通婚范围主要在本族支系内，较少与外族通婚。姑舅表婚一直流行至今。

阿尔泰图瓦人语言概况 程适良撰，载《语言与翻译》1992 年第 3 期。

图瓦人在我国主要聚居在新疆阿勒泰地区的北部山区。图瓦语属地阿尔泰语系，突厥语族，东匈语支。（一）语音。（1）音位。有 18 个元音音位、23 个辅音音位。①元音音位：由两个平行的音位系列构成，即基本元音系列与长元音系列。②辅音音位：共有 23 个音位。（2）音节的构成类型：共有 6 种类型。（3）元音和谐。图瓦语的元音和谐比较严谨，它不仅存在于词干中，还要求词干中的元音与各种形态词尾、构词词缀中的元音和谐。（二）构词。图瓦语属黏着语类型。它有突厥语族诸语言的固有词，以及在此基础上形成的大量派生词与合成词。根据图瓦语的结构特点，可分为单纯词、派生词、合成词与谐音词四种。（三）词法。各词类的主要语法特点：（1）名、代、形、数词都有"格"。（2）形容词有"级"的形态变化。（3）动词有"时"、"态"、"式"语法范畴。（4）摹拟词可构成动词。

阿尔泰图瓦人语言概况（续） 程适良撰，载《语言与翻译》1992 年第 4 期。

（1）动词。图瓦语动词分为一般动词、系动词与助动词三类。①动词的肯定形式与否定形式：动词原形词干即为肯定形式。否定形式是在词干上缀加 ba、be、pa、pe 构成。②动词的人称：共有两套形式。③动词时：分为过去时、现在时、现在—将来时。④动词的语态：分为主动态、被动态、自复态、使动态、交互共同态五种。⑤动词的式：分为陈述式、祈使式、条件式三种。⑥动词的静词性形式：有名动词、形动词、副动词三种。（2）副动词分为时间副词、地点副词、程度副词、状态副词四种。（3）摹拟词：它是实词中别具特点的一个词类，在突厥语族诸语言中特别发达，往往没有一种共同规范的形式。它分为拟声词、摹形词、表感词三种。（4）后置词：其作用与名词的格相似，它要求静词具有一定的格形式。（5）连词：有并列关系连词、选择关系连词、转折关系连词等。（6）助词：分为表示疑问、强调、限制的助词。

阿尔泰学的内涵、面临的问题及其前景 李祥瑞、牛汝极撰，载《阿尔泰学论丛（第一辑）》，新疆大学出版社 1994 年。

"阿尔泰学"是指以操阿尔泰语系——突厥语族、蒙古语族和满洲—通古斯语族诸语言的民族为主要研究对象的一门综合性学科。在中国，属阿尔泰语系的民族有 18 个，分布在中国西北到东北。在全世界，阿尔泰语系的民族有 50 多个，主要分布在亚洲和欧洲部分地区。中国阿尔泰学研究需解决的问题有：（1）阿尔泰学研究多表现为各自为政，缺乏横向的比较研究。（2）应积极开展关于阿尔泰语民族起源和融合的探讨，搞清阿尔泰共同语假说是否能够成立的问题。（3）对国外的研究成果还缺乏了解。（4）中国阿尔泰学研究前景的展望。中国阿尔泰学研究正在走向成熟，有一批从事阿尔泰语系不同语族民族的科研队伍在阿尔泰语学的各个领域都取得了可喜的成绩。近年来要求成立"中国阿尔泰学研究会"的呼声越来越高。

阿尔泰语文学概述 清格尔泰、刘照雄撰，载《民族语文研究文集》，青海民族出版社 1982 年 6 月。

早在两个世纪以前，阿尔泰语言的共同性就已被当时的学者所论证。随着语言谱系分类法在理论和方法上的日臻完善，乌拉尔—阿尔泰语系假说也逐渐形成。但是，在研究阿尔泰语系的共同性方面，产生了否认他们存在亲缘关系的学说。作者提议采用"阿尔泰语文学"这个术语，并提出初步建议：（1）开展各语族语言和各方言的深入调查研究；（2）开展古文字和文献资料的研究；（3）对各语族语言及相近语言进行比较研究；（4）逐步开展对阿尔泰语言的某些共同的语音、语法现象的深入比较研究。为此采取措施：（1）组织力量翻译出版国外研究阿尔泰语言的重点著作；（2）在刊物上介绍国外研究成果和学术动态；（3）积极开展多种学术活动，在各有关院校开设阿尔泰语文学讲座；（4）加强国际学术交流。

阿尔泰语系语言的结构 服部四郎撰，载《民族语文研究情报资料集》，中国社会科学院民族所语言室1984年第4期。

该文探讨了阿尔泰语系语言的结构。突厥语族、蒙古语族、通古斯语族的语言在结构上有明显的相同之处，所以统称为阿尔泰系语言。它们虽然在词汇上也有相似之点，但很多地方尚未考证清楚是否属于借用关系。对这三个语族的亲缘关系，还不能说已经得到确证。如果说它们之间存在亲缘关系，那也是相当远的关系。从语言结构的特征上看，朝鲜语和日语也和这些语言有类似之处。阿尔泰语系语言共有的语言结构特点是：（1）词首不能出现复辅音。（2）词首不能出现辅音r。因而，凡是以此音作首音的词都是借词。（3）有元音和谐。（4）词的音节结构以两个音节以上的居多。（5）使用很多的构词后缀、转词附加成分、后加附属词、后置词，但没有前置词。（6）主语位于谓语前面，只用谓语也能造成句子。（7）修饰语位于被修饰语的前面。（8）补语和宾语位于支配它们的动词前面。（9）动词词干利用词尾变化，形成各种形动词和副动词，进而再借助主语、宾语、补语构成复句。（10）无关系代词，但疑问代词可作关系代词使用。

阿尔泰语系诸语言表示形容词加强语义的一个共同方法 武呼格吉勒图撰，载《民族语文》1996年第2期。

该文认为阿尔泰语系诸语言大多存在着一种用重叠词首部分表示形容词加强语义的共同方法。在通常情况下，截取形容词词干的开头部分，加上一个唇辅音，造成一个闭音节的临时性前置语素，放在该形容词的前面，表示语义的加强。例如：蒙古语 xatu：硬→xabxatu：坚硬的；维吾尔语 kok 蓝→kopkok 碧蓝的；锡伯语 tarxun 胖的→tabtarxun 胖胖的，胖极了。文章以充足的实例论证了国内外的蒙古语族9种语言、突厥语族8种语言、满—通古斯语族4种语言均用此方法，只有撒拉语和满语，迄今未发现采用此方法的例证。这一部分约占6千字。因为各语言采用此方法的细节不完全相同，作者对此进行了细致的分析，归纳成12个公式（3个语族各4个公式），并指出各公式适用于哪几种语言。

阿尔泰语言 摘自大英百科全书，载《民族语文研究情报资料集》，中国社会科学院民族所语言室1984年第3期。

该文是《大英百科书全书》中的一个词条，介绍了阿尔泰语系诸语言的历史关系、地理分布、使用人口等。阿尔泰语系包括突厥语族、蒙古语族和满洲—通古斯语族，分布地区北起亚洲大陆的东北部，包括中国北部和西北部各省，蒙古，中亚，西伯利亚南部，伏尔加地区和土耳其，南至近东和巴尔干半岛。到20世纪70年代初大约有7千多万人使用阿尔泰语系的语言。有些学者根据词汇的对应和结构方面的相似，推断阿尔泰诸语言有亲缘关系；另一些学者认为，词汇的对应和结构方面的相似只是古代接触或地域会合的反映；还有一些学者虽然承认这些语言可能有亲缘关系，但认为根据现有知识无法证明这种关系。突厥语族分两个语群：z-突厥语和r-突厥语。前者包括东南语支、西南语支、西北语支、东北语支，后者仅有楚瓦什语。蒙古语族包括西部语支和东部语支。满洲—通古斯语族包括南部满语支和北部通古斯语支。

阿尔泰语言的词首 P- 阿尔托撰，载《民族语文研究情报资料集》，中国社会科学院民族所语言室 1985 年第 5 期。

该文探讨了词首音 p-在阿尔泰语系语言中的对应关系。无论在突厥语古老的固有词里，还是在蒙古语古老的固有词里都没有词首音 p-。因此不得不把发现有这个音的词当作借词，或当作新产生的摹写词，或当作某些其他新近形成的词来对待。不过，有根据认为这个词首辅音曾经存在过，只是后来通过语音演变消失了。兰司铁首先证实了这种语音规律的主要途径。各阿尔泰语言的最新的手册为研究词首音 p-问题提供了丰富资料。通过对这些新资料的分析可以看出，在阿尔泰语系语言中，带有词首音 p-的词源组合确实显示出明显的规律性，因而为这些语言同源的假说提供了证据。有些学者在比较阿尔泰语群和其他语群时利用同类的单词，提出了几个在阿尔泰语言、乌拉尔语言及印欧语系里有亲缘关系的带词首音 p-的词。对此，无法用共同底层的假说来解释。看来倒不如归因于人类交谈时的一种普遍的语音趋势，也许是某种"发音中的惰性"。

阿尔泰语言理论与突厥语历史比较 王远新撰，载《阿尔泰学论丛（第一辑）》，新疆大学出版社 1994 年。

阿尔泰历史比较语言学的建立，是在印欧语历史比较研究取得成功之后。一般认为阿尔泰历史比较语言学的创建者是芬兰学者兰司铁。他的主要贡献是为阿尔泰诸语言建立了一系列语音对应规律。后来鲍培等学者进一步补充丰富了这一规律。波兰学者科特维奇构拟并比较了突厥、蒙古、满—通古斯语言的一般异同情况和这些语族的发展过程。但是在阿尔泰诸语的共同起源问题上，各派的研究方法不同：亲缘关系论者采用历史比较法；借用关系论者采用历史类型法。突厥语历史类型学是突厥语历史比较研究的一个重要方面。它无论对于探讨突厥语的类型及其发展演变规律，或对于进一步验证突厥语历史比较研究的某些结论都有重要意义。不论阿尔泰诸语言有无起源上的亲缘关系，广泛运用不同语族语言历史的、活的语言材料，解决语族、语支或某一语言史的问题，探讨语言间历史的、类型的、相互影响的关系，仍是一项有价值、有意义的课题和研究方向。

阿尔泰语言中的经济原则 胡增益撰，载《民族语文》1989 年第 4 期。

该文运用法国著名语言学家马丁内的语言经济学说研究我国阿尔泰语言中表现的经济原则。文章列举了同一组合（指在词干内部、词干与附加成分之间、词与词之间辅音对接和组合时，要求某个区别性特征趋于同一）、省并紧缩（两个或两个以上的语素组成的语法形式，其中一个语素的语音形式简化或省略，合成一个新的语音形式，而语义不变）、等值消除（语言中的等值成分，其中之一可以消除）、回指替代（用较短的词素替代原来较长的词素，用较短的短语替代原来较长的短语）、功能扩展（词由单义发展为多义；词的兼类现象；形动词、副动词表现出动词的多种用法）、模式化几种语言现象。说明人们在生理上和精神上的自然惰性要求在言语活动中尽可能减少力量的消耗，使用较少的、省力的、习惯了的语言单位。语言经济原则能对某些语言规则的形成及演变做出合理的解释。

阿尔泰诸语言、朝鲜语、日本语的元音和谐 服部四郎撰，载《民族语文研究情报资料集》，中国社会科学院民族所语言室 1987 年第 9 期。

该文论述了阿尔泰诸语言、朝鲜语、日语的元音和谐问题。阿尔泰语系诸语言有元音和谐现象。一般说来，这些语言里有两种类型的元音和谐：一种是后元音对前元音的和谐；另一种是低元音对高元音的和谐。突厥语族诸语言主要是前一种类型的元音和谐，通古斯语族诸语言是后一种类型的元音和谐，而蒙古语族诸语言则兼有这两种类型的元音和谐现象。笔者提出：历时的变化是从前、后元音和谐向低、高元音和谐变化，而不是相反，这种变化使元音和谐向衰退的方向迈出了一大步。其理由有两点：第一是就前者来说元音之间的听觉距离可能比后者更大。就后者来说，某个元音相互之间在听觉上不存在很清楚的距离。第二是高低音素元音和谐比起前后元音和谐来，由于在前舌领域里的空隙大，因而是不经济的。从西向东观察阿尔泰语系的各个语言，越往东，元音和谐越趋于衰退。到了日本，就可以看出它消灭的原因。

阿尔泰诸语言的比较词汇学问题　B. N. 钦齐乌斯撰，载《语言与翻译》1989 年第 4 期。

对阿尔泰诸语言的词汇进行比较研究，必然要走向词源的问题，因为语言学这两个学科的研究对象是共同的研究词的发展过程。从对阿尔泰诸语言进行词汇比较研究的经验来看，对于印欧语词源学家们在其研究中所确定的方向应予以同意。例如词源研究的方法，特别是构拟的原则方面，H. N. 托尔斯托依提出的微观领域分析法以及 B. A. 梅尔库洛娃在其一些论文中阐述的论点都受到了很大的注意。特别是下列一些论点："对一定词群进行的词源分析以其研究方法是根据该词群的结构特点而不同于对另一词群的词源分析……每一个这样的词群的特点也就是该词群每个词不断重复的、稳固的、典型的词源证明。""对每一个词群范围内的规律性的揭示，如果证明并非偶然性的，而确是名称的典型性，则这种揭示往往可以用于检验词语来源的正确性。"

阿尔泰诸语言的比较词汇学问题（续） 钦齐乌斯撰，载《语言与翻译》1990 年第 4 期。

阿尔泰诸语言的词汇比较研究的问题和任务可以概括如下：（1）对语言起源上的共同性进行初步探索是从词汇对比开始的。（2）在历史比较研究处于揭示有规律的语言对应和形成过程，以及构拟共同阿尔泰语的原始音位结构的阶段时，收集并行词继续起着巨大的作用。（3）用这样的方法从假定的共同阿尔泰语的词汇层积累起几百个可靠的词。（4）历史比较研究也要求对词汇学方面作专门的调查。（5）对词汇进行广义的分类研究是有益且必要的。（6）根据近来语言材料编纂的分类比较词录，可以确定和充实已有的阿尔泰语系共同的词位群。（7）历史比较研究需要利用同根词词族进行工作。（8）对阿尔泰语言的词汇进行的历史比较研究是与词源问题交织在一起的。（9）历史比较词汇学的目的是确定原始阿尔泰语的全部词汇，并对其语义—形态方面的基本特征进行描述。

阿勒楚喀满语的数词与格助词　穆晔骏撰，载《满语研究》1986 年第 1 期。

阿勒楚喀满语的数词，十进位的观念不甚发达，这是原女真族古老的渔经济残余的反映；除发音外，大体上同女真语相一致。阿勒楚喀满语的基本基数词，发音同女真语不同，其固定音变词，脱落音、黏着音、异化音、送气音互相形成的一种特有的发音方法，数词的发音一部分表现为固定音变词，一部分表现为非固定音变词。阿勒楚喀满语的数词分两大类：基数词——27 个基本基数词、4 个派生基数词和复合基数词；序数词——基本序数词、派生序数词和复合序数词。阿勒楚喀满语的格助词与规范满语在语流过程中变化较大。由于存在大量的音消失，格助词往往被省略，一般不易辨认；格助词与相邻音位黏着在一起；格助词的音位发生转移；清音变浊音。这些音变现象主要发生在属格、宾格、位格和由格等格助词中。

阿里藏语的复元音　谭克让撰，载《民族语文》1980 年第 3 期。

该文依据阿里藏语的情况，探讨了藏语复元音的形成、性质及其韵母与声调之间的关系。古藏语无复元音,而阿里藏语却出现了较多的口、鼻两套复元音和少数带辅音韵尾的复元音。这些复元音主要是由双音节词减缩演变而成的。口复元音主要是由开音节词根与构词后缀的减缩构成。鼻复元音主要是由开音节词根与鼻音声母的构词后缀的减缩构成。它们都是真性复合元音,而且不能与辅音韵尾结合。带辅音韵尾的复元音都是与介音 i 结合的假性复合元音。韵母的长短与声调的长短的配合是一致的,真性复合元音都是长韵母,因此都出现在长调音节里。假性复合元音长短韵母都有,因此分别出现在长调和短调音节里。复合元音的出现与发展是藏语语音历史演变中一种新的、后起的语音现象。同时,音节减缩现象在阿里藏语的语音、语法、词汇方面都有所反映,因而也构成了阿里土语的一些特征。

阿里藏语动词体的构成 瞿霭堂撰,载《民族语文》1980年第4期。

该文描述了阿里藏语动词体的构成特点、内部差异及其发展变化。一、介绍了阿里藏语动词体构成的六种方式:(1)动词本身不加任何成分;(v);(2)动词+辅助动词(v+va);(3)动词+附加成分+辅助动词(v+a+va);(4)动词+附加成分和辅助动词的减缩形式(v+ava);(5)动词的减缩变化(vc);(6)减缩变化的动词+辅助动词(vc+va)。并指出不同的表达方式同体、人称、动词音节的开闭、声调的长短有密切的关系。而且不同点的情况也不完全相同。二、讨论了阿里藏语动词体构成的基本特点和类型。作者指出基本特点是动词的减缩变化。(4)、(5)、(6)三种方式与动词减缩变化有关。(4)是附加成分与辅助动词的减缩;(5)是动词与附加成分和辅助动词的减缩;(6)是动词与附加成分的减缩。还指出发生减缩的三个条件。作者认为音节减缩是阿里藏语语音发展变化上的一个特点。在阿里藏语发展的现阶段,动词体构成中减缩形式与不减缩形式在分布上处于互补状态,并存并用。

阿里藏语构词中的音节减缩现象 谭克让撰,载《语言研究》1982年第1期。

该文通过语音变化讨论阿里藏语音节的减缩现象。构词中的减缩现象只发生在双音节词上,主要是词根加后缀,如 CV1+CV1/CV2→CV2。从语音上看,是一种简化趋势,构词上说是单音节化趋势。音节减缩现象主要发生在名词上,一般须具备两个条件:一是前一音节是开音节;二是后一音节必须是轻读或弱化音节。从语音结构看,两音节的减缩主要表现为后一音节声母的脱落和前后两个音节的韵母的"结合"和"融合"。以语音规律看,如果两音节韵母元音相同,则减缩后的韵母元音变为长元音,韵母元音不同,则变为复元音或新元音,减缩后的长元音和鼻化元音大多是后元音,因为后缀的元音一般都是后元音,减缩后的韵母元音一般是长元音,也都是长调。减缩现象在阿里藏语里发展不平衡:(1)同一个调查点,语音条件相同的词并不都发生减缩变化;(2)相同的词,在不同的调查点有的发生减缩变化,有的不发生;(3)相同的词在不同调查点也可以发生不同的减缩变化。

阿里藏语语法形式上的音节减缩现象 谭克让撰,载《民族语文》1983年第5期。

音节减缩现象在藏语中以阿里藏语最为明显,在构词和构形上都有反映。在语法形式上有:名词、代词与助词的减缩;形容词、动词与附加成分的减缩;附加成分与辅助动词的减缩;动词与附加成分、辅助动词的减缩;副词 ma^{13} 与辅助动词的减缩。减缩的条件为:(1)句子主要成分后的语法成分;(2)轻声和弱化音节是减缩的重要因素;(3)主要成分大多是开音节词。在构词中已减缩的词,在语法形式上还可再次减缩。同一语法形式上的几种减缩式可并用,亦可互补。减缩式还出现了一些超出音系的语音结合形式。总之，减缩现象已在阿里藏语的较大范围内发展，特别是在构词中减缩式已比较稳定地代替了常式。在语法形式上虽常式还发挥着主要作用，但并存和代替的现象已比较明显，它对研究藏语的语音演变和方言、土语的发展提供了资料。

阿眉斯语的基本词缀及其复合结构分析

曾思奇撰，载《民族语文》2002年第1期。

主要内容：（1）从阿眉斯语100多种词缀中筛选出具有原生态意义的基本词缀（含前缀、中缀、后缀）30种，并对其形态、语义与功能逐一予以分析；（2）归纳复合词缀的4种结构类型（前加、前后加、前中加、前中后加），并对常见的73种复合词缀，从形态、语义、功能进行分析，说明多重层次的附加词缀。其语义、功能大体上是所加词缀的复合、扩大和延伸；（3）小结。肯定前缀及其结构的复合缀是阿眉斯语构词与构形的主要手段之一；词缀的复合具有规律性；一些词缀之间存在对应和转换关系，例如施事与受事、施事与处置、陈述式与命令式、愿望式、动词与动名词等。这些对应与转换，是阿眉斯语构词能力与语法范畴更加繁复和严密的表达方式。

阿眉斯语中词的语音结构规则

艾杰瑞撰，载《中央民族学院学报》1987年第4期。

该文试图阐明阿眉斯语的两个语音学规则。阿眉斯语的每个底层音位包含一个、两个、三个或四个音值。音位和音值的关系受词的语音结构规则的影响，阿眉斯语词的结构表现为 crc（c）vc……（c）vc（c = 辅音，v = 元音）。词中可以有复辅音，词首和词尾不允许有复辅音。重音常常落在词的最后一个音节。阿眉斯语词的语音结构要遵循 cvc（c）……vc 的规则，但仍然有许多词以元音开头或结尾的。要解释这种表面矛盾必须分清词的语音结构 cvc（c）……vc 的表层音位级和底层音位级。从底层音位到表层位级是一个派生过程。这个过程体现5条规则：①切割过渡，词首、词尾、词内部插入一个 c（辅音，即 ʔ、j、w）；②双元音过渡；③高元音过渡；④元圆唇圆音过渡；⑤末尾辅音强化。这五条规则有着相互的作用。

阿难答秦王八思巴学蒙古语马年令旨

照那斯图撰，载《民族语文》1998年第3期。

元世祖忽必烈之孙阿难答秦王于马年（1282）给安西府的道观颁发了一道令旨。令旨原文为八思巴字，拼写蒙古语，同时附有汉文译本。令旨两种文本并刻于一石，现存于陕西省户县县城文庙碑廊。碑额篆书汉文"令旨之碑"四字。此碑原在户县庞光乡羊庙（令旨中称"华阳谷"）这件令旨的汉译本蔡美彪先生曾录入《元代白话碑集录》，题为"一二八二年东岳庙令旨碑"，注明此碑上八思巴字下汉字正书，碑石所在地不详。道布、照那斯图于1997年11月初赴户县，考察只必帖木儿所颁回鹘式蒙古文令旨时，当地一位资深文物工作者刘兆鹤先生向我们介绍了阿难答秦王令旨碑。我们又共同进行了实地考察，此碑的发现又为研究八思巴字蒙古语增添了一份宝贵的新资料。阿难答令旨碑圆首方座，通高220厘米，宽90厘米，厚21厘米。上书八思巴字20行，下书汉字22行。

阿侬语概况

孙宏开撰，载《民族语文》2000年第4期。

阿侬人是怒族的一个支系。怒族主要分布在云南省怒江傈僳族自治州所属各县，迪庆州的维西县以及西藏自治区察隅县的察瓦龙一带也有少量分布。总人口27000多人。怒族除分布在贡山独龙族怒族自治县及其邻近的西藏地区的使用独龙语外，根据不同的自称分别使用三种不同的语言。其中原碧江县的怒族自称"怒苏"，使用怒苏语，兰坪、泸水县的怒族自称"柔若"，使用柔若语，福贡县的怒族自称"阿侬"，使用阿侬语。文章简要介绍了阿侬语的语音、词汇和语法特点。阿侬语有 64 个声母。其中单辅音声母 45 个,复辅音声母 19 个。有 77 个韵母。其中单元音韵母 10 个,鼻音自成音节的韵母 4 个,复元音韵母 16 个,带辅音韵尾的韵母 47 个。有 5 个声调,即高平 55,高降 53,低降 31,高升 35 和中平调 55。词汇一节介绍了词汇的一般特点、词汇的组成和构词方式。语法部分介绍了各词类的形态特点和句法。

阿图什方言的某些语音特征 米尔哈雅提·米尔苏丹撰,载《语言与翻译》1993 年第 1 期。

该文简要介绍了维吾尔语阿图什方言的一些语音特点,并与标准语进行了比较。阿图什是由相距不远的 24 个乡村组成。阿图什方言属喀什方言中的次方言。其共同性为:(1)元音方面,中元音的唇和谐较弱。(2)辅音方面,辅音 q、k、p 出现在两个元音之间时,不发生弱化;之后出现 m 时,被同化为 m;出现于词首并同时在高元音之前的 j,在阿图什方言中变为舌叶浊擦音;个别 k 变为混合舌叶送气清塞擦音;词首元音前往往增加辅音 h;音节末尾的 r 往往脱落。阿图什方言的特点表现为:闭音节中的前次低展唇元音在阿图什方言中发 e;文学语言第二音节的 a 在阿图什方言中变 o;末尾音节的 j 往往脱落;w 在阿图什方言中大多发 g;阿图什方言词尾中出现的小舌浊擦音现象要比喀什方言多。

阿细彝语基数词的连读音变 武自立撰,载《民族语文》1987 年第 4 期。

该文以阿细彝语基数词 thi²¹ "一" 与 tshi²² 组合成十一时,thi²¹ 变读为 ti⁵⁵;"十" 与 "二" 和 "七" 组合成二十或七十时,tshi²² 变读为 tsi³³ 的线索而考察彝语六大方言内的各个土语,彝语支语言和藏缅语族所属的语言中基数词 "一" 和 "十" 连用时发现有 60% 的语言或土语都有音变情况。据此,作者认为阿细彝语基数词 "一" 和 "十" 的音变是藏缅语族若干语言的普遍现象。虽然 "一" 的音变在藏缅语族语言中也很不平衡,但我们可以假设原始藏缅语的 "一" 是个复辅音,如藏文所反映的 gtçik 那样,那么这个复辅音在不同的藏缅语族语言中所变化的方式是会有差异的。至于 "十" 出现在 "二" 和 "七" 后面的变化,可能与 "二" 和 "七" 在古代是收 s 的韵尾有关,s 韵尾影响了 "十" 的音变规律,使其不按与其他数词结合的音变方式进行。因此,对阿细彝语基数词 "一" 与 "十" 的音变研究,有利于对原始藏缅语的构拟。

阿细彝语嗓音声学研究 孔江平撰,载《中国民族语言论丛(2)》,云南民族出版社 1997 年。

该文用语音实验的方法讨论彝语的松紧元音反映的嗓音声字性质。根据语音产生的机理将语音学研究分为调音与发声。调音指喉以上发音器官以不同的组合方式所产生的语音,发声指喉头的声带以不同的位置和振动方式产生的不同音,如紧喉音、气化音等。实验提取了第一和第二谐波能量及第 1 和第 2 共振峰参数以及基频,通过分析确定:(1)阿细彝语的紧元音是由声带紧张形成的特殊元音,发声类型上属于原紧喉音的一种,而松元音属于正常嗓音;(2)阿细彝语的浊音声母辅音也存在松紧的差别,其松紧和后接元音的松紧性质相同;(3)松紧和调音音色有一定的关系,紧音的舌位比相应的松音舌位要低些,高元音 i、u、o 类较明显,后元音紧音舌位比相应的松音靠前,而前元音紧音比相应的松音靠后或相等;(4)声调和紧松关系明确,紧元音比相应松元音声调高。嗓音发声类型的研究为从语音机理来解释音变的内在规律和生理机制的制约提供了新的研究方法。

阿细彝语形容词的几个特征 武自立撰,载《民族语文》1981 年第 3 期。

作者对阿细彝语形容词进行全面分析后提出：
(1) 阿细彝语大部分形容词的根词或词根加上附加成分构成一组基本意义相同的形容词。它们在句法上有各自的特点。从结构上有 A，P +，P + A + MO^{33}；A，A + S，A + S + MO^{33}；A，P + A，P + A + MO^{33}，A + S，A + S + MO^{33} 三类。(2) 阿细彝语形容词一般都可以重叠，重叠形式不同，所表示的意义也不同。主要有重叠表示疑问和程度加强。(3) 阿细彝语形容词可以用语音的轻、重表示程度的不同。轻音（短而促）还有鄙视、憎恨意义；重音（重而拖长），发音越重所表示的程度越深，并有爱慕、尊敬、怜恤等义。(4) 用词的形式和配搭上的特点，重叠时的不同特点和加程度副词和否定副词修饰、限制的不同特点可以用来区分动词和形容词。文章内容丰富，材料翔实，并列举 230 多个例证来说明阿细彝语形容词的几个特征及其用法。

阿夷努语与阿尔泰诸语格形态研究 朝克撰，载《民族语文》1997 年第 4 期。

阿尔泰诸语和日本阿夷努语的格形态中存在着不少共有成分。这些格成分无论在语音，还是在语法功能方面均有相当多的共性。从形态学和比较语言学的角度将这些语言中共有的格成分提出来加以研究是有必要和有意义的。日本阿夷努语里有主格、领格、与格、位格、从格、经由格、造格、方向格、比格、内在格等标志成分。(1) 阿夷努语位格 ta 和阿尔泰诸语位格 -ta/-da 标志成分。由于阿夷努语中舌尖前辅音 t 和 d 区别不大，所以 ta 也可看成 da。(2) 阿夷努语方向格 na、kashi、ko 与阿尔泰诸语方向格标志成分。(3) 阿夷努语领格 un 与阿尔泰诸语领格 un、in、ni 等标志成分。(4) 阿夷努语造格成分 ari 与阿尔泰诸语造格后缀 aar/-jaar 等标志成分。(5) 阿夷努语从格 tek kaari 与阿尔泰诸语从格 -dək/-duki 等标志成分。

阿哲话概况（二）——词汇 王成有撰，载《云南民族语文》1996 年第 1 期。

该文主要考察了阿哲话词汇的特点、词在词汇中的相对关系和词的构成及借词。关于阿哲语词汇的特点，作者认为：阿哲话词汇的特点是单音节词和双音节词占绝大多数，多音节的单纯词较少。四音联绵词很丰富。作者还从词类及词义的角度考察了阿哲话词汇的特点。关于阿哲语词在词汇中的相对关系，作者把阿哲语的词，根据词义的相对关系，分为同义词、近义词、同音词、反义词和多义词等五种。作者还举例予以逐一说明。关于阿哲话词的构成，作者按词的意义和结构出发，将其分为单纯词和合成词两大类。在单纯词中又有单音节词和多音节词两种；在合成词中又有复合式和附加式两种。其实这种分类是远远不够的，作者为了说明问题，对多音节词、合成词中的复合式和附加式又作了细分，并举例说明。最后，作者考察了阿哲话借词的来源并对此进行分类。

阿哲话概况（三）——语法 王成有撰，载《云南民族语文》1996 年第 2 期。

该文主要考察了阿哲话中词类的划分。作者认为根据词的意义和词的不同语法特征，阿哲语的词可能分为名词、动词、形容词、数词、量词、代词、副词、叹词、介词、连词、助词和语气词十二类。作者认为，阿哲话的名词可分为一般名词、时间名词、处所名词和方位名词四类，且名词区别性，数主要靠其他词或附加成分来表示；动词有表示动作行为、心理活动、存在、变化、消失的动词。判断动词、助词和趋向动词；阿哲话的形容词有一词多形的现象。而且单音节形容词修饰单音节名词、多音节形容词修饰多音节名词；数词有基数、序数、倍数和概数之分；量词有名量词和动量词之分；代词有人称代词、反身代词、指示代词和疑问代词之分；叹词有表示喜悦、惊讶、惋惜等诸类；介词有表方向、对象、处所、时间和目的之分；连词有并列连词和主从连词之分，作者在进行分类的同时举了大量的例句来说明。

阿哲话概况（四）
王成有撰，载《云南民族语文》1996 年第 3 期。

该文第一部分对阿哲语中的助词和语气词进行了分析。作者根据语法意义和语法作用，将阿哲语中的助词分为结构助词、时态助词、比况助词和其他助词四类；将阿哲话中的语气词分为陈述语气词、疑问语气词、祈使语气词和感叹语气词四类。文章的第二部分对阿哲话的词组进行了分析。作者认为，阿哲话的词组是依靠一定的语法手段把词与词组合起来的。词组有实词和实词的组合，也有实词和虚词的组合。词组主要靠语序和虚词两种语法手段来表明组成部分之间的关系。就阿哲话而言，有以下比较常见的十种词组，即联合词组、偏正词组、宾动词组、述补词组、主谓词组、同位词组、固定词组、方位词组、数量词组和"的"字词组。作者对这些分析均以实例予以说明。

艾努语的数词——兼论艾努语的性质
赵相如、阿西木撰，载《民族语文》1981 年第 2 期。

该文以自己调查得来的第一手材料为依据，国内首次公布了有关艾努语及其数词的情况。艾努人定居在我国新疆维吾尔自治区的和田、沙车、疏勒等地。他们对外使用维吾尔语。艾努语是他们内部使用的一种俗语，周围的维吾尔族居民都听不懂。艾努语的数词也是比较特殊的，与维吾尔语没有任何相似之处。如：艾努语：jek, du, si, tʃhar, pendʒɛ, ʃeʃ, hept, heʃt, noh, dɛh。维吾尔语：bir, ikki, ytʃtøl, beʃ, alte, jette, sekkiz, toqquz, on。汉语：一、二、三、四、五、六、七、八、九、十与波斯语很相似，波斯语的上述数字是：jek、du、sih、tʃahar、pandʒ、ʃaʃ、haft、haʃt、nuh、dɑh。作者认为艾努语的性质未定。可是有人认为它是混合语，也有人认为它什么都不是。

爱辉满语概况
王庆丰撰，载《民族研究文汇》（民族语言篇），社会科学文献出版社，2008 年。

爱辉满语指居住在黑龙江爱辉县大五家子满族自治乡大五家子屯的满族所使用的语言。1964 年调查满语时自治乡包括大五家、下马厂、蓝旗沟和新村四个自然屯。总人口约为 2000 人，满族人口占一半略多。当地的满族自称"满洲"，据说他们是在清康熙年间从宁古塔迁来，该屯的满族为关、藏、杨、吴、富五姓。当地满语有 8 个元音，十八个复元音，有 28 个辅音。音节结构有 4 种类型。有重音和元音和谐现象。在词汇方面，固有词当中有部分与同语族其他语言同源，还有来源于汉语、蒙古语和俄语的词，其中借自汉语的词数量较大。在语法方面，句子的结构分为五种类型。代词有单数和复数之分，第一人称复数又分"包括式"和"排除式"。人称代词有格的变化，分主格、领格、宾格、与格、从格。

安多方言复辅音声母和辅音韵尾的演变情况
华侃撰，载《西北民族学院学报》1980 年第 1 期。

该文章从历史演变的角度讨论了藏语安多方言复辅音声母和辅音韵尾的演变情况。藏文所反映的复辅音系统中，二合辅音和三合辅音声母约 180 个，四合辅音声母较少，在这些复辅音声母中能作前置辅音的只有 8 个。在安多方言中可清楚看到随语音的不断演变复辅音声母大为简化，它的前置辅音已减少到两个（夏河）即喉擦音 h 和鼻音 n，复辅音声母总共已到不 30 个，而且只有二合的，没有三合和四合的。演变的方式主要有，（1）前置辅音脱落；（2）不同前置辅音合并；（3）后置辅音与基本辅音约缩。从安多方言看复辅音声母简化的特征是：第一，原四合复辅音声母全部消失；第二，原来的三合复辅音声母通过前置音 b 脱落和后置辅音的缩简化为二合复辅音；第三，奈二合复辅音也大为简化。辅音韵尾变化情况是：（1）后一个辅音韵尾脱落；（2）原辅音韵尾从擦音 s 开始，其次 l 脱落或与 d 合并，m 和 n 合并，d 与 b 也正在脱落。

安多藏语玛曲话动词的名物化 周毛草撰，载《民族语文》2006 年第 5 期。

玛曲话属藏语安多方言的牧区话片，保留有较多的古藏语特征。玛曲话动词名物化语素有 hdzə、hdzo、sa、rtɕat、r̥ot 等。这些语素所含意义不同，或表示人物、地点、工具，有合并简化的趋势。此类成分多由实词虚化而来。全文分三节：一、构成的形式；二、语法特点；三、动词名物化语素的来历。

安多藏语声母的几种特殊变化 华侃撰，载《民族语文》1983 年第 3 期。

该文通过安多方言内部几个点的比较，以及同卫藏方言拉萨话的对比，从安多藏语声母在发展演变中的几种特殊变化，来介绍该方言区别于其他方言的一些语音特点。（1）双唇清送气塞音 ph 在卫藏及康方言读 p′，而在安多读 h。（2）双唇鼻音声母 m 在卫藏及康读 m，但在安多方言农区和半农半牧区读 ny，牧区则读 mny。（3）舌根基本辅音和后置辅音 r 构成的声母，在卫藏及康方言区都变成卷舌音，在安多方言中有两种情况，一部分词里变成卷舌，另一部分词中变为舌面音，（4）复辅音 sp 在卫藏及康方言都读 p，安多方言部分读 hp，部分弱化成 w，如夏河 sp→hw。（5）由后置辅音 r 构成的一些三合复辅音声母 spr, sbr 在卫藏方言拉萨话的部分词读 tṣṣ，有些词读 p，而安多方言中只有少数读 tṣṣ，多数产生几种特殊变化：（1）后置 r 脱落，前置辅音 s 读成 h，spr 读 hp 或 hw。（2）基本辅音 p 脱落，前置音 r 减缩成 ʂ。（3）基本辅音 p 和后置辅音 r 脱落，前置辅音 s 成为基本辅音。（4）sbr 中的后置辅音 r 脱落，前置辅音 s 相应地读成 ɣ，于是 sbr 变成 ɣb，或 ɣw。（5）sbr 的 s 和 b 脱落，r 成为基本辅音。

安多藏语声母中的清浊音 华侃撰，载《西北民族学院学报》1980 年第 1 期。

该文讨论了安多藏语声母中清浊音组合的现状及传统文法强弱音字母与清浊音的渊源关系。安多藏语清塞音、清塞擦音、清擦音都能单独作声母，或跟前量辅音 n 配合成复辅音作声母。清送气音一般是单辅音作声母。浊塞音，浊塞擦音和浊擦音不能单独作声调，均带有轻微的舌根浊擦音作前置辅音配合成为复辅音。其中浊塞音及浊塞擦音还能同前置鼻音 n 配合。鼻音及边音既可单独作声母又能同舌根浊擦音（现均归为音位 h）配合复辅音作声母。传统藏文文法中论述语音强弱关系与清浊有紧密联系，传统阳性字母指的是古清音，现仍保持清音；中性字母指古清送气音，现仍为清送气音；阴性字母指古浊音，现有些已清化；极阴性字母指次浊音，现均为鼻音；石女性字母指古浊音，即 r、l、h，现 h 读清音。同藏文此原来声母中繁多的复辅音在安多藏语中通过合并已大为减少，这些现象往往同藏文中强弱音字母古清浊音有密切关系。

安多藏语声母中的清浊音——兼谈它与古藏文中强弱音字母的关系 华侃撰，载《民族语言教学探讨资料》，西北民族学院研究所 1981 年。

安多藏语是藏语的三大方言之一，分布地区广，方言内部的差别较小。它同其他藏语方言一样，都是从古代藏语演变发展来的，并在语言历史的发展过程中形成了自己的一些特点。安多藏语在语音上的基本特点是：声母分清浊，保留了较多的复辅音声母，韵母是单元音，辅音韵尾也较多。该文着重从下列两方面对安多藏语作了探讨：一是声母中清浊音各自组合的现状；二是从藏文传统的语言学著作中所谈到的强弱音字母，进一步来看现代语言中清浊音的关系。在安多藏语中，清塞音 p、 t、k, 清塞擦音 ts、tsr、tj、ige 清擦音 s、x 都能单独作声母, 或跟前置辅音 h 配合成复辅音作声母, 浊塞音 b、d、g, 浊塞擦音 dz、dzr、dj 和浊擦音 z、xj 不能单独作声母, 均带有轻微的舌根浊擦音作前置辅音配合成为复辅音。从藏文古典语言学著作中对藏文字母强弱的分性, 可以探讨现代藏语安多方言中清浊音的一些渊源关系。在藏语语音历史演变的过程中, 存在着浊音声母清化的现象。

安多藏语送气擦音的实验研究 王双成、陈忠敏合撰, 载《民族语文》2010 年第 2 期。

以往有人提出"擦音送气仍是擦音, 被认为与擦音有别的所谓'送气擦音', 其实差别在其他方面, 而不在送气"。本论文运用实验语音学的理论和方法, 对藏语安多方言中的送气擦音做了实验研究。该论文通过研究, 充分证实了藏语安多方言中的擦音具有送气和不送气的区别, 而且形成音位对立, 其送气擦音和送气塞音、塞擦音一样, 有一个明显的送气段。这一研究成果对于其他民族语言中相关问题的研究都具有重要的理论意义。

研究方法上, 该论文在录制高质量语音材料的基础上采用 Praat 语音分析软件做声学分析, 从送气擦音的声学特征、擦音段能量的强弱、能量集中区频率的高低、后接元音能量谐波的大小等几个方面对安多藏语送气和不送气擦音做了详细的实验分析, 并进一步用线性预测（LPC）来算出擦音段能量集中区的共振峰频率, 提取擦音后元音声带振动后 30 毫秒处的功率谱, 获得相关数据, 根据这些参项对擦音的声学特征做分析, 得出客观、可靠的实验结果。

安多藏语（夏河话）中的同音词 华侃撰, 载《民族语文》1985 年第 4 期。

该文章以藏语安多方言夏河话中多词同音现象, 联系其他地区的藏语来研究该地区语言中形成同音词的各种原因：一、语音历史演变的结果, 是同音词产生的主要原因。包括声母演变造成同音, 如浊音清化, 复辅音的前置辅音脱落, 前置辅音合并以及不同复辅音演变为同样的单辅音等现象, 如 mdang 和 vdang→ndang, rta 和 lta→hta, tog 和 dog→tok, brel, drel→tssi 等。二、韵母演变造成同音, 包括古元音 i 和 u 央化, gzigs 和 gzngs→hzek, 古韵母 ing 和 eng 合并为 ang, 古韵母 al 的 l 脱落, nyal 和 nya→nya, 古复辅音韵尾 s 脱落, thops 和 thop→thop, 等等。三、声韵母两方面的演变交错在一起造成同音。四、音节缩减后造成同音, 如名词、形容词常有词尾 pa, bo, ba, po 等, 词尾与词根减缩为一个音节。五、语音的偶合形成同音词, 即字形相同, 词源不同, 词义上彼此没有联系。有些音译的借词与藏语固有词语音一致形成同音词。

安多藏语中诸语音层探析 杨士宏撰, 载《西北民族学院学报》1987 年第 1 期。

一、安多方言的特点和语音层的划分。(1) 第一语音层的特点及分布范围。安多方言有 12 个语音特点, 一般概括了安多牧区和部分半农半牧区的藏话的语音特征, 其主要分布于黄河上游和青海湖周围, 因此我们把它划为安多藏语方言的第一语音层。(2) 第二语音层的特点及划分。第二语音层的藏话, 它既留有牧区话语音特征的痕迹, 又在很大程度上具有接近农区藏话的特点和向农区藏话发展的趋势。所以它是牧区藏话向农区藏话过渡的中间阶段——半农半牧区藏话。为此我们把这种藏话划为安多藏语方言中的第二语音层。(3) 第三语音层的特点及分布范围。第三语音层有别于第一、二层的语音, 它主要分布于洮河下游, 白龙江中游和白水江中游南、北两岸。二、社会因素对语言的影响。对语言产生影响的主要有：经济因素、宗教因素和历史因素。

安南磨房村双语现象初探 章忠运、丁益民撰, 载《云南民族语文》1994 年第 4 期。

安南磨坊村共有 5 个民族，每一个民族除使用母语外，在生活中还使用其他民族的语言，这种某个语言集团使用两种或两种以上语言的现象称为双语和多语现象。该村除部分汉藏只操汉语和藏语外，绝大部分汉藏、回、纳西族都操持两种或两种以上的语言。这种现象是安南磨房村多民族杂居、各民族语言接触所产生的结果，同时它也是不同民族语言在各种社会场合里所承担的社会功能的反映。由于该村不同民族人口的分布数量不同，对母语和其他民族语言使用的情况也不相同，甚至对同一语言不同的民族使用也不尽相同。双语现象产生和发展的诸因素有：人口迁移，多民族杂居；民族交往；文化教育；职业要求和新中国成立以来我国的民族语言政策。该作者认为安南磨房村双语的发展趋势为：一，汉语的使用频率会越来越高。二，不同民族杂居现象将会有增无减。三，一批民汉语的人将成为该村的建设动力。四，今后汉语表述将不再以藏语等母语形式反映出来。总之双语现象会进一步扩大。

安西榆林窟 25 窟前室东壁回鹘文题记译释　杨富学、牛汝极撰，载《中国民族古文字研究》（第三辑），天津古籍出版社 1991 年。

在古代敦煌地区，维吾尔族祖先回鹘人曾在这里有过长达数百年之久的历史活动，留下了丰富的历史文化遗产，现留存于敦煌莫高窟、西千佛洞和安西榆林窟中的 300 余条回鹘文题记就是其主要内容之一。在敦煌地区的诸石窟中，安西榆林窟的回鹘文题记条数最多，内容也最丰富。普查结果表明，在现存的 41 个洞窟中，有 20 个窟内都发现有回鹘文题记 90 余条，590 余行。这些题记大多书写于石窟的通道与前室壁上，有的为朱书，也有的使用硬物刻画，大多则用墨笔书写。有些题记直接涉及沙州回鹘的王室、贵族，对于我们确定沙州回鹘政权的存在和洞窟、壁画的分期断代具有重要的学术价值。不同时代、不同作者、不同书法的题记书于一壁，对我们研究维吾尔族语文，尤其中世纪回鹘文字的发展变化是不可多得的宝贵资料。本文所译即为其中内容比较重要、书写比较清晰且保存比较完好的一条。该题记位于榆林窟第 25 窟前室东壁南侧的南方天王像左下侧。

澳泰语发展的三个历史阶段（续）——印尼语和回辉语在语言语法上的差异与联系　蒙斯牧撰，载《语言研究》1995 年第 1 期。

该文主要论述印尼语和回辉话在语音语法上的差异。作者认为占语、雷德语的单音节化，是京族在政治、文化上居于统治地位，对它们强烈影响的结果。而回辉话是受汉语（海南话）的影响。占语、回辉话与单音节语相处，就会发生同化的现象。在谈及回辉话辅音韵尾的形成时，作者认为回辉话也有与崖县闽南汉语同样的韵尾，缺少 -m、-p。在谈到回辉话声调的形成时，认为由于回辉话与当地汉语相处，受其影响，才加剧单音节化，产生声调。作者进一步推断，今天回辉话里的汉语借词调值，大概就是数百年前的闽南汉语调值。在语法上，回辉话与印尼语相同点少，与汉语、壮侗语族语言却一致。类型上与汉语、藏缅语相似，这使语言归系造成了麻烦。

澳泰语发展的三个历史阶段——印尼语、雷德语和回辉语　蒙斯牧撰，载《语言研究》1992 年第 1 期。

该文讨论了印度尼西亚语、雷德语（拉德语）和回辉话的关系。认为印尼语为古代型，雷德语为过渡型，回辉话为现代型。第一部分谈：从印尼语到雷德语。认为印尼语变化到雷德语有三种方式：音节失落、音节弱化和音位失落。第二部分谈：从雷德语到回辉话。从雷德语变化到回辉话语音的变化有三种：元音失落、辅音失落和辅音介音化。如"风" angin—ngin[33]。"水牛" kbao—pha：u，"十" pluh—piu[55]。经过这些变化，雷德语的双音节词、复辅音单音节词在回辉话里发展为单辅音单音节词。作者由是认为，侗泰语和回辉话以同样途径由多音节发展而来。侗泰语声调的产生也是由于复辅音以简化、声母浊音清化和韵尾失落等造成的。

澳泰语系和汉藏语系有关身体部分词接触关系的检验　马提索夫撰，载《民族语文研究情报资料集》，中国社会科学院民族所语言室1985年第6期。

该文探讨了澳泰语系和汉藏语系中有关身体部分词的接触关系。学术界对澳泰语系和汉藏语系的亲缘关系或接触关系进行了不同的论述。要想在东南亚相互交杂的语言中揭开接触关系的疑团，是一项非常吃力的工作。在现阶段，以现有的学识水平把发生学的同源词与借词区别开，往往也不可能。甚至某一词源可以十分肯定它在两个语言或两个语系间曾相互借入过，但也往往无法肯定是谁从谁那里借入的。不能只是简单地根据词源形式的语义内容而排除词源学上的借入的解释。词中间的语义联系实在是太微妙、太曲折、太富于特性了。要研究原始词汇，一个方法就是把它划分为若干语义领域。它能够使我们集中注意一些界限明确的，一套有系统相关联的形式，从中能发现语音和语义变化模型的踪迹。词的意义和声音是经常变化的，相互间都有出入的局面。所有现代的语言都流行着语音和语义上的变异，它们的词汇从发生学上看是个大杂烩。

澳－泰语研究：澳－泰语和汉语　白保罗撰，载《民族语文研究情报资料集》，中国社会科学院民族所语言室1987年第8期。

该文论述了澳—泰语和汉语的关系，提出了台语不属于汉藏语系而属于澳—泰语系的观点。从30年代起，作者开始研究汉藏语言。1942年他在《台语、加岱语和印度尼西亚语——东南亚的一个新联盟》一文中正式提出台语、加岱语不属于汉藏语系，认为它们与印尼语才有真正发生学上的关系。1966年和1967年作者连续在《行为科学扎记》上发表三篇论述澳—泰语的文章，把台语、加岱语、印尼语和台湾、大洋洲的语言归在一起建立澳—泰语系。该文通过大量语言材料的分析比较可以看出，汉语中的澳—泰语借词，从总体来看，画出了一个物质文化的轮廓。有三条有根据的路线可用来说明借贷方向：汉语借自澳—泰语而不是相反。整个语言学证据最终指出早期汉人和澳—泰人之间的一种广泛的文化接触。除了低位数以及其他一些词根，借贷的过程基本上是单向的，汉语是吸收者而不是输出者。

八排瑶语的数词　李敬忠撰，载《贵州民族研究》1987年第1期。

该文对八排瑶语两套数词同时交叉使用作简要的概述。八排瑶语基数词有两套。第一套是发生了音变的当地汉语借词，第二套是民族固有词。文章作了如下分析：日常算数用语以使用第一套为主。"一"至"九十九"的组合排列顺序与汉语完全相同。"百、千、万、亿"之前的"一"和"二"用第二套的 a^{44} "一"和 vi^{41} "二"。"三"至"九"仍用第一套。百位数之后，十位数之前"一"既可用 jot^{44} 也可用 a^{44}，"二"只能用 nyi^{22}。序数词全部借汉。分数用第一套，倍数"一"至"八"用第二套。"九"以上则用第一套。数量词组合，"二"至"八"用第二套，但"九"以上就用第一套。关于有自己本民族语的完整的数词体系又从别的民族语言里的数词系统整个借进来而广泛使用的问题，据该作者的考察，这种情况多数发生在两个发展不平衡的社会之间，是经济交往的需要。八排瑶族长期处在交通闭锁的深山，他们的数词可能相对地曾得到过一定的发展。基数词从"一"可以数到"八"。目前，八排瑶语在数词的常用领域里已完全"让位"给汉语数词了。这说明固有的基本数词正处在逐步衰亡之中。

八十四名蒙语发音人的声门阻抗信号研究　曹道·巴特尔、孔江平撰，载《现代语音学论文集》，金城出版社1999年。

本文通过声门阻抗信号研究了84名讲蒙古语的蒙古族的发声情况，这些发声人的年纪在20—25岁，其中42人为男声，42人为女声，都讲标准的蒙古语。基本参数有三个，它们是基频、开商和速度商。这些参数是用KAY公司生产的4300B中的选件EGG EXE从EGG信号中提取。样本是持续元音[a]，每次发3秒，每人发两遍。统计结果显示：（1）蒙古语男女嗓音的主要区别是基频，男声为147Hz，女声为255Hz。（2）男女嗓音另一个大的差别是速度商。男声速度商平均为335，女声速度商平均为193。（3）最有意思的结果是开商，男声开商平均为56.5，女声开商平均为56.5。即蒙古语发声时开相等于闭相。和彝语这种声调语言相比，开商显得很有意义，因为彝语男女开商的平均值是完全不相同的。

八思巴文横写尝试　司洛撰，载《青海民族学院学报》1986年第4期。

八思巴文创制后，即有学者用来转写藏文，两者字母和元音符号能一一对应。但是，在转写藏文时，仍然遵守八思巴文规律：竖写；字行自左至右排列；四个元音符号一律置于字母行间、基字之下，不另标注字母；每个单字，各字母之间，必须有一笔上下连接，一字一串，形成一个整体；字与字之间，不用字间点；句或行末用一些单横、双横、横s等笔画填空或做句号、逗号之类；整个笔道扁平密集，空白狭小。今天，我们把八思巴文发掘出来，其目的在于创写和设计出新的藏文印刷体来，美化藏文字形，丰富藏文字体。具体设想是，将八思巴文由竖写变为横写；将4个元音符号恢复原来部位；字间点使用与否均可；若不用，可适当放大字间空隙，以空代点，点宜小不宜大；规定固定的楔号；将扁平密集的结构改为竖长和疏密适度的结构。

八思巴文元音字母字形问题上的两种体系　照那斯图撰，载《民族语文》1987年第4期。

八思巴字有五个元音字母：i、u、e（元音上带点）、o、e。其中e从来不出现于词首，其余4个既可出现于词首，也可出现于非词首（即词中或词末）。由于它们词中所处地位的不同，因此进入书写单位与其他字母或书写符号结合时就各自表现出不同特征，从而在书写法上形成了独特的体系。对这个体系形成了两种看法。该文认为，在传统看法中不仅把元音字母的字形与其他书写符号搅在一起，甚至把单纯书写符号看作表示实际语音的字母，指出引号字母不是元音a的专门字母，而是零声母符号（字头等）；35号字母a和b、e、d是同一个字母的异体；36号中的a、b和37号的头一个字母是字头符；在八思巴字中还有连接符，用来连接同一个书写单位的诸要素（字头符、元音字母、半元音字母、辅音字母），除o外均用在右侧。

八思巴字　照那斯图、杨耐思撰，载《中国民族古文字》，天津古籍出版社1987年。

八思巴字是十三世纪六十年代忽必烈皇帝特命国师为蒙古汗国创制的国字，于至元六年（1269）颁诏推行全国。这种文字最初被忽必烈称作"蒙古新字"，但不久又改称"蒙古字"。除蒙古语外，八思巴字还用于书写汉语、藏语、梵语、畏吾儿语等。八思巴字的字母主要来源于藏文字母，此外是梵文字母。其字母表最初包括41个字母，后有很多补充。总共有56个字母。八思巴字随着元朝的灭亡而逐渐被废弃，成了一种死文字。然而，八思巴字作为元朝的官方文字，又曾用于书写几种语言，留下的历史记录很多，是研究当时历史、语言文字、民族关系等问题的宝贵资料。使用八思巴字书写的畏吾儿语资料极少，书写的藏语和梵语资料也不多。八思巴字资料大致可以分为：碑刻，拼写蒙古语者有 20 多件，半数已经发表；印章，有元代官印和私印；还有牌符和图书等。

八思巴字百家姓校勘　照那斯图撰，载《民族语文论集》，中国社会科学出版社 1981 年。

八思巴字百家姓《事林广记》有 4 个版本：（1）元至顺年间（1330—1333）建安椿庄书院刻本《百家姓蒙古文》；（2）元后至六年（1340）建阳郑氏积诚堂刻本《百家姓蒙古文》；（3）日本元禄十二年（1699）翻刻元泰定（1325）刻本《百家姓》；（4）明永乐十六年（1418）建阳翠巖精舍刻本《百家姓蒙古文》。本文刊布了第一种版本的原件照片。前两种版本书写质量较好。该文主要对四种版本的八思巴百家姓进行校勘，采用两种方法：（1）对第一、二种版本进行校勘，指出其错字；（2）综合四种版本，整理出一个八思巴字百家姓总字表，其中包括八思巴字正字拉丁转写，相对的汉字，在各版本的行数，以及同《蒙古字韵》的比较。最后附有一个八思巴字百家姓中的汉字姓氏和八思巴字（转写符号）的对照表。为便于考察八思巴字百家姓和《蒙古字韵》的关系，文中对两者作了比较，就八思巴字百家姓的每个字在《蒙古字韵》里的写法作了说明。文末附有前两种版本的影印件 15 幅图。

《八思巴字和蒙古语文献》评介　武呼格吉勒图撰，载《民族语文》1992 年第 2 期。

《八思巴字和蒙古语文献》（Ⅰ研究文集，1990 年；Ⅱ文献汇集，1991 年）作者照那斯图，日本东京外国语大学亚非语言文化研究所出版发行。《研究文集》部分辑刊了作者近十几年来发表过的 18 篇有关八思巴字专题研究论文，内容涉及八思巴字的性质、特点和结构体系，八思巴字、八思巴文献资料及其研究概况，八思巴文献的校勘和专题研究等；《文献汇集》收录了皇帝圣旨、皇（太）后懿旨、皇子（诸王）令旨、帝师（国师）法旨和禁约榜等元朝官方文书 27 份，宗教石刻 3 份，牌符 4 份八思巴字蒙古语资料。作者在八思巴字的研究和资料收集及校勘方面做出了重要贡献。但该书还有一些问题值得考虑，如个别八思巴文字的转写，对一些文献的考释还不尽如人意，对个别文献的校勘仍存在一些问题。

八思巴字蒙古语龙年圣旨　照那斯图撰，载《民族语文》1996 年第 4 期。

这道圣旨内容与以往所发现八思巴字蒙古语圣旨不同，不是维护宗教权益的护敕，而是一份委任状：任命一位名叫斡节儿坚赞的人为亦思麻儿甘军民万户府万户。该万户府属吐蕃宣慰使司都元帅府。这道圣旨系原件，它向世人展示了如下历史事实：元朝中央政权有效地掌管了包括朵甘思在内的所有藏区，自元以来所有藏区是中国不可分割的一部分。圣旨末年疑署"龙年三月二十三日"。根据若干迹象，把这个龙年圣旨的绝对时间暂拟为 1328 戊辰，颁发皇帝为泰定帝也孜铁木儿。此文对圣旨原文作了拉丁转写和旁注汉义，附加现代汉语译文，还作出了 11 条历史学和语言文字学方面的注释。

八思巴字研究　照那斯图、杨耐思撰，载《中国民族古文字研究》，天津古籍出版社 1987 年。

八思巴字是元世祖忽必烈特命国师八思巴创制的一种拼音文字。它最初被忽必烈命名为"蒙古新字"，不久改名"蒙古字"，元末明初称为"（蒙古或元）国字"；近代学术界通称"八思巴字"。八思巴字是一种蒙古文，因为它首先是为蒙古语创制的。八思巴字字母表是在藏文字母基础上组成的。八思巴字原字母表有 41 个字母，后又增加到 56 个。八思巴字字母的体式，常见的有正体和篆体两种，正体用得广泛，篆体主要用于元朝官方印章和碑额。八思巴字颁行以后，蒙古朝廷不遗余力地推广使用，由朝廷颁布一系列的诏令，又采取种种行政措施，以保证新创文字的有效推行。八思巴字在大约 110 多年的通行过程中，遗留下来了写有这种文字的大量文物和文献。迄今为止，已经发现的就有八思巴字元代官厅文件、碑刻、印章、牌符、钱钞等文物多种，有《萨迦格言》、《蒙古字韵》等文献。

八思巴字研究管窥　苏鲁格、张双福撰，载《中国民族古文字研究》（第三辑），天津古籍出版社 1991 年。

（1）关于萨班创制的蒙古字。据蒙、藏文文献记载，八思巴字制订以前，萨迦班智达·贡噶坚赞曾创制过一种蒙古文字。萨迦班智达·贡噶坚赞，简称萨班，是萨迦五祖的第四祖，他自幼从其伯父扎巴坚赞广学显密教法。1246 年应阔端之邀请，携其二侄八思巴和恰那多吉抵达凉州，是为萨迦派和蒙古王室建立关系的第一个人。（2）关于八思巴制定的蒙古新字。关于八思巴制定蒙古新字的过程，《元史·释老传》说："中统元年（1260），世祖即位，尊为国师，授以玉印。命制蒙古新字，字成上之"。关于字成的年代，下文作了交代："至元六年（1269），诏颁行于天下"。《元史·世祖纪》更有详细的记载，"六年（1269）……三月……己丑，诏以新制蒙古字颁行天下"。（3）关于搠思吉斡节儿修订的文字。据蒙、藏文献记载，搠思吉斡节儿曾为萨班所造的字母增补了很多尾字。因搠思吉斡节儿仅为其字母作了补充，而"八思巴字"本来直接采用了萨班所造的字母，故作者称为"萨班所造之字母"。

八思巴字篆体字母研究　照那斯图撰，载《中国语文》1980 年第 4 期。

八思巴字的篆体字母并不像前人说的那样奥妙。八思巴字是拼音文字，字母不多，篆体字母是在楷体字母基础上衍生的，在结构方面完全受相同的楷体字母的制约。比较同一字母的楷体和现存资料中所见各种篆体形式可以明显看出，八思巴字篆体字母的写法有这样一条总原则：任何一个字母的笔画趋向始终遵循其楷体的基本结构和轮廓。八思巴字楷体字母的笔画线条有直线和直线转折，还有程度不同的弧线转折。而篆体字母的笔画线条很单纯，只有一种直线条，其中包括横、竖、斜三种，而且最常用的是横、竖两种，斜直线条只见于少数字母的个别部位。因此，八思巴字楷体字母的所有弧线的弧线转折笔画，在篆体字母里相应地变作直线和直线转折笔画。线条直化、结构方化、笔画攀化，又导致了它的艺术化——整个字体显得工整、均匀、饱满。主要用于元朝官方印章和碑额。

八思巴字资料及其研究概况　武·呼格吉勒图撰，载《内蒙古大学学报》1988 年第 4 期。

（1）八思巴字蒙古语资料及其研究：自 19 世纪 30 年代到 20 世纪 30 年代，是收集、整理和研究八思巴字蒙古语资料的初级阶段。于 1941 年波普用俄文出版的《方体字》标志着八思巴字蒙古语资料的研究工作进入了一个崭新的阶段。20 世纪 70 年代以来，我国学者蔡美彪、照那斯图、郝苏民等人不断发现、刊布和考释了诸多资料。（2）八思巴字汉语资料及其研究：中野美代子在八思巴字字母表和《蒙古字韵》汉语音韵研究方面颇有造诣。我国学者在收集、整理、校勘和研究八思巴字汉语资料方面，取得了可喜的成绩。主要论著有罗常培《论龙里夫的〈八思巴字和古官话〉》，杨耐思《八思巴字对音——读龙果夫〈八思巴字和古官话〉后》，罗常培、蔡美彪《八思巴字与元代汉语》，照那斯图《元八思巴字篆书官印辑存》，照那斯图、杨耐思《蒙古字韵校本》。

"巴格西"一词的含义　扎·伦图撰，载《语言与翻译》1989 年第 3 期。

现代蒙古语中"巴格西"一词的含义是指"掌

握有向他人教书传授知识的技能,并有一定道德修养的人"。如:人民教师,此外对革命伟人也称呼为"巴格西",如:"马克思是无产阶级革命的伟大导师(巴格西)"等。汉语中的"师傅、先生、导师"等词都译为"巴格西"。"巴格西"一词来源于波斯语,是指"巫师"(萨满教)。《蒙古秘史》中有"巴格西"一词。《华夷译语》中也记载着"巴黑石"一词,下面用汉语注释"师傅"二字。看来,现代维吾尔语和古代文献资料中"巴格西"一词的含义是"巫师"这一点是很清楚的。新中国成立前夕,卫拉特方言中,"巴格西"一词也是"巫师"的意思。"巴格西"一词转变为现在这种含义可能是在20世纪初。现代蒙古语中的"巴格西"一词的转变,表明"巴格西"一词的原意已经扩大了。

巴利语对傣语的影响 刀世勋撰,载《民族语文》1982年第6期。

该文仅就与小乘佛教联系紧密的西双版纳傣文作一些探讨。傣族在与邻近各民族的交往中,接受了小乘佛教。因之在梵文字母体系的基础上创制了自己的文字,并为翻译转写佛教经书借入了巴利语字。为了反映傣语实际,在巴利文的41个字母以外,又增添了15个辅音字母和11个元音符号。文章将巴利文和傣文字母作了对照比较,从中看出它们之间的关系,又作了辅音字母异同的归纳。还指出傣文除有一套拼写傣语规则外,还保留拼写巴利文的规则。在佛教经典和重要文献上巴利语借词的拼写,即使它们的读音已起变化,其书写规则也不能更改。但所有的巴利语借词在读音上则完全服从傣语音节结构的规律。形成借入的语词,不是按自己的语词有无为原则,而是以适应宗教声的需要而定。由于这一历史原因,造成傣语的词汇庞杂,口语与书面语的差距。这对搜集和使用傣语的历史文献资料都有一定的影响。

巴语和土家语有亲缘关系吗 叶德书撰,载《贵州民族研究》1986年第4期。

该文从基本词汇和基本语序上有无共同的本质属性这一角度来探讨"巴语"和土家语是否有亲缘关系。文章对说"巴语"与土家语有亲缘关系的三个例子作了分析和考察,认为二者并无共同的本质属性。从湘、鄂、川、黔边境出土文物看,有新石器时代文化,战国文化等。这就说明这些文化就是世代居住在这带的人类的原始文化,而这些人类集团中,大部分是土家族先民。他们的共同语和今天的土家语有亲缘关系。表现在古老亲属制的称谓与土家现行的称谓基本相同,土著先民共同语的基本词、基本语序和土家语都基本一致,这都说明二者有共同的规律性本质属性和亲缘关系。还有很多古地名和现代土家语一致。一些地名既不能用苗语诠释,也不能用汉语讲清楚,而用土家语倒能说出它们的来龙去脉。这说明这一带先民和今天的土家使用同一语言。土家语消失的地区仍然保留着土著先民共同语的痕迹。综上所述,作者认为土家语和"巴语"很难说有亲缘关系,而湘、鄂、川、黔边境的土著先民的共同语与土家语有共同的本质属性。

跋天宝宫八思巴字蒙古语圣旨碑 陈智超撰,载《民族语文》1984年第6期。

这是给照那斯图、道布《天宝宫八思巴字蒙古语圣旨碑》写的跋。指出,此碑属真大道教碑。有两点证据:(1)天宝宫是真大道教的宫观,而且不止一处有天宝宫。元代理学大师吴澄在泰定二年著有《天宝宫碑》,收在他的文集《草庐集》卷二六中。在大都南城,陕西扶风等处建有天宝宫。(2)圣旨碑中提到的天宝宫提点明真广德大师王清贵,是真大道教中一个有相当地位的人物,屡见于真大道教的碑文中。前述吴澄《天宝宫碑》结尾说:"今与予接而自言其教者,宫之赐紫锦斓、明真正的扶教大师、河南陕西四川江淮等处本宗提点都举正王清贵率其徒众共立石焉。"可见王清贵不仅是许州天宝宫的提点，还是河南、陕西、四川、江淮等处真大道教的负责人。

白汉双语文教学研究 杨应新、张文渤撰，载《云南少数民族双语教学研究》，云南民族出版社1995年。

云南境内的白族共有140万人，主要分布在大理、怒江、昆明和丽江。白语属汉藏语系藏缅族白语支。该文介绍了白族的经济、文化和宗教信仰，白族的语言文字状况及白语的语音特点等情况，并对白族地区白汉双语文教学的情况作了较为详细的分析研究。白族地区的白汉双语教学历史悠久，自有教育事业以来，就有自发的双语教学活动了。在白族拼音文字诞生以前，白族的双语活动中，汉文以听觉信号和视觉信号出现，而白语只以听觉信号出现，长期处于对汉文口头对译的阶段。《白族文字方案（草案）》修订后，白族双语文教学才开始步入白文进校并进行白汉双语文教学的新阶段。该文对双语教学中语音、词汇和语法方面的失误及其原因进行了分析，对白族学生如何学习教学中的难点和重点，对双语教材的编写、双语教学法等都提出了建议。

《白狼歌》研究 马学良、戴庆厦撰，载《民族语文》1982年第5期。

《白狼歌》是《后汉书》中记载的一段属于古代藏缅语族的一种语言的汉字记音，是研究藏缅族语言的一份珍贵的历史文献。该文通过《白狼歌》的汉字记音同藏缅语族语言的比较，先找出同现代藏缅语族语言同源的词，拟构汉字的上古读音，再看白狼语记音在现代藏缅语族语言里读什么音，寻找对应关系。分析比较后认为白狼语的韵母有辅音韵尾，而且辅音韵尾还分鼻音韵尾和塞音韵尾两套；白狼语的韵母也有舒声韵和入声韵的对立；声母有清浊的对立。文章认为《白狼歌》中的白狼语同缅语支、彝语支比较接近，可能属于古代缅语支、彝语支的一种语言。

《白狼歌》中的"偻让"考 马学良撰，载《中央民族学院学报》1996年第3期。

《白狼歌》是《后汉书》中记载一段古代藏缅语族一种语言汉字记音。（1）《白狼歌》是哪个民族的诗歌。作者从歌词中的自称考证，认为歌中有两处自称"偻让"。古代民族历史相沿，一直称"偻"的唯有彝族（旧称lolo）。lolo实为古代彝族的图腾名称。彝语的lu有龙、虎二意（lu^{33}为龙，lu^7为虎）。（2）彝族重视祀奉龙神、虎神。认为龙、虎会带来福和荣。因此古彝人中人名、官名、地名、国名多冠以"罗"或"拉"。（3）叠称罗罗，可能是龙虎图腾形成的一种：氏族的兼并、融合，常以主要氏族的图腾为基本形态，吸收进其他氏族图腾的部分特征，组成新图腾。叠称罗罗，可能是两个图腾的组合。"偻让"与古籍称彝族为卢鹿同音。"让"实即今彝语中的su^{33}（"人"之意）。"白狼"为"白罗"。

白马话支属问题研究 黄布凡、张明慧撰，载《中国藏学》1995年第2期。

白马话是指分布在四川省平武县、南坪县和甘肃省文县部分乡、村藏族居民所说的语言。以往学界对这种话的支属有两种看法，一种认为是藏语，一种认为是属于藏语支的一种独立语言。该文作者对白马话做了实地调查，记录了2343个词和一部分语法材料，把它与反映古藏语语音面貌的藏语书面语（藏文）比较，寻找语音对应规律，确定同源词，统计它们在所比词汇中的比例，并比较语法范畴和语法形式，探寻其在发生学上的关系。比较的结果是：白马话与藏语书面语的语音系统差别虽然很大，但两者之间存在比较严整的语音对应规律，同源词比例高达83.4%，不低于藏语三大方言间的同源词比例数（据格桑居勉《藏语方言概要》，三大方言间 3000 词中的同源词占 70%—80%）；主要的语法范畴相同，而且语法形式有对应关系。据此认为白马话是藏语方言，不是独立语言。但它也有别于其他方言的部分：有一部分来历不明的词；有一些特殊的语法现象。联系到这一地区的历史情况，古代这里居住的是氐人，唐代以后为吐蕃所据有，白马话可能是氐人的语言被藏语同化融合后的语言，其特征部分是古氐语留下的"底层"。

白马语是藏语的一个方言或土语吗？

孙宏开撰，载《语言科学》2003 年第 1 期。英文稿同年载法国《东亚语言学报》第 32 卷第 1 期。

白马人分布在中国四川省的平武、九寨沟、松潘和甘肃省的文县，使用人口约 2 万人。新中国成立以后，白马人多次要求政府承认他为一个独立的民族。1978 年以来，学术界对白马人的族属进行了多次识别鉴定，历史学家们认为，白马人是历史上氐族的后裔；语言学家们认为，白马语是接受了藏语很大影响，但是藏语支里的一个独立的语言；人类学家们认为，白马人有自己独特的不同于藏族的婚丧嫁娶等方面的特点；音乐家们认为，白马音乐有与藏族不同的许多曲调和曲目；DNA 专家们测试，白马人的基因与羌族接近而与藏族稍远……1990 年，在日本京都出版了由西田龙雄和孙宏开合作的《白马译语研究》，作者们对译语的词汇和现代白马语进行核对，发现它们之间 90% 左右仍然相同。作者公布了在实地记录的 3000 多常用词，揭示了它们的语法和词汇特点。作者认为，白马语虽然有不少与藏语相同的特点，但与藏语各方言比较表明，它与藏语的远近关系已经远远超出了中国境内藏语 3 大方言之间的差异程度，应该认为是一个不同于藏语但属于藏语支的一个独立语言。著作出版后，引起一些不同意见。认为白马语和藏语的特点接近，特别是它的语音和词汇，应该属于藏语康方言。该文提出一些新的证据，进一步讨论白马语的归属问题。同时结合中国多民族、多语言的实际情况，对如何区分语言和方言的界限、语言的底层问题等发表了一些看法。

白文 赵衍荪撰，载《中国民族古文字》，天津古籍出版社 1987 年。

南诏、大理国通行汉文。但是在南诏末期，白族民间就开始利用汉字记录白语，创造了一种用增损汉字笔画构成的白文。史载白文统行于元初，清初国鼎根据杨载写的昆明筇竹寺塔碑，说元初雄辩法师"解僰人之言为书，其书盛传，习者益众。"直到现在，白文仍在部分白族群众中使用。新中国成立后曾在白族地区搜集到很多白文著作。现存白文文献的最古记录，见于樊绰《蛮书》卷二《高黎贡山谣》和《说郛·玉溪编事》所收《骠信和清平官星四节唱和诗》。学者认为这些都是用汉字记录白语的古白文。白文记录白语的方式有数种：用汉字直接写白语中的汉语借词；采用同义或近义的汉字表达白语；使用与今天的白语音义相差甚远的汉字。现代的白文还创造了一种用汉字合体书写的、分别表示白语语词含义和读音的文字。

白文《山花碑》释读 徐琳撰，载《民族语文》1980 年第 3 期。

该文对明代白族诗人杨先生在云南省大理县作邑乡庆同庄圣源寺内撰写的白文《山花碑》进行释读。碑名的全称是《词记山花——咏苍洱境》，碑的正文共有 520 字，分 13 行，每行 14 字；其中第 9 行为 41 字，因为表示尊称关系"朝"字抬高一格，末行就只有 39 字。用三七、一五（即头三句各七字，末一句为五字）的白族传统的民间诗歌形式写成。碑的内容分为两部分，第一部分描写苍山洱海之间的自然美景、名胜古迹、上、下两关的雄伟形势，可谓是诗中有画，画中有诗。第二部分写诗人自己对人生的看法，最后以事物瞬息万变，一切皆空的思想作为归结。《山花碑》一直被称为白文碑，它是用汉字以及在汉字的基础上拟制的少数新的表音表意字撰写的。碑上表达白语的方法有 4 种。该文对碑文作了汉语翻译。作者对碑文中的若干词语提出了作者的看法。

《白语本祖祭文》释读 杨应新撰，载《民族语文》1992 年第 6 期。

该文释读了白族白文文献《白语本祖祭文》，认为这篇祭文是一篇用汉字写白语读白音解白义的"白文"活化石。该篇祭文书写的是白语南部方言（即大理方言），正文共 128 字，其中：汉字白解读白义的 68 字，占总字数的 49.2%，汉字白读解汉义的 65 字占 50.8%。作者以大理喜洲白语将《白语本祖祭文》用国际音标标音并直译出来。认为大理白族在日常交际和书写白文时，喜欢使用汉语借词，传统习惯上有一种心理状态，认为借用汉语词多的人文化水平高，在文章中插入汉语借词，以此显示自己的"文采"这一特点在《白语本祖祭文》中亦有表现。

白语促声考 陈康撰，载《中央民族学院学报》1992 年第 5 期。

该文从白语促声调的形成和发展方面探讨白语的系属特性。白语共有 8 个声调，5 个舒声调和 3 个促声调，促甲调、促乙调，促丙调。两三千年前始，白、汉两种语言频繁接触，汉语中大量入声词借入白语，白语底层中的这个彝语支紧甲调与汉语清声母入声词融合，塞音韵尾丢失，元音发生变化与紧喉，保留彝语支紧甲调特征，混合成白语中的"促甲调"词，白语中紧甲调词丢失。白汉语言频繁接触后。白语中的这个彝语支紧乙调底层与汉语浊声母入声词混合成白语的"促乙调"词。白语中原紧乙调词丢失。借入白语的汉语阳平声词，鼻音和元音韵尾丢失，元音发生变化和紧喉，产生一个新的紧调类——促丙调。该文认为白语不属彝语支，也不是汉语的一种方言，而是具有其原始彝语底层和汉语成分融合了的一种混合语。这种融合是深层次的、系统上的。白语的促声调就是其中一种属于声调系统融合的产物。

白语的词汇 赵衍荪撰，载《云南民族语文》1988 年第 2 期。

在白语的词汇、语音、语法三大基本体系中，音、义统一的词汇体系占有很重要的地位，只有首先对白语词汇结构的一般情况和白语词汇因受汉语长期影响而有很大变化的情况有所了解，才能对白语的整体有较透彻的认识。该文主要就白语的构词情况及其同音、同义、方言词两个方面展开介绍。按照词素的分布情况和结构情况，白语词汇可分为单纯词和合成词两类。和汉语词汇一样，白语单纯词又可分为单音节单纯词，多音节单纯词两种；合成词可分为附加式、复合式、重叠式三种，其中还可以分为更细的组词方式，该文运用大量的白语词汇一一加以解释说明。同音、同义、方言语部分，该文分别解释其含义之后，也大量地举例说明。总的说来，白语因词汇中单音节词根比较少，多音节的词大多数是在单音节词根的基础上，按照一定的构词方式构成的，少数固有词汇至今在白语词汇系统中仍占重要地位。

白语的词汇（续） 㴎川撰，载《云南民族语文》1988 年第 2 期。

根据各地白语之间的某些特点，语文工作者把白语分为三个方言：剑川方言、大理方言、碧江方言。这三个方言之间的语音差别较大，词汇差别较小，语法基本一致。该文仅就白语各方言词汇的语音差别、词汇差异以及白语汉语借词三方面加以探讨。通过举例分析研究，该文认为在方言语音方面，碧江方言有"舌尖后音"和"小舌音"，和剑川、大理两方言的"舌尖前音"和"舌根音"有对应关系；碧江方言有浊塞音和浊塞擦音，和剑川、大理两方言的清塞音、清塞擦音相对应；碧江方言的一部分 [u] 前面的"舌面音" [tɕ]、[tɕh]

和剑川、大理两方言的双唇音相对应。在方言词汇方面，剑川、大理两方言都用音译的方式直接吸收汉语借词，但碧江方言至今还往往用白语词汇材料，模仿汉语表达的概念，意译新词术语。对于白语中的汉语借词，该文从读音、汉语借词的方式和结构等方面加以举例说明，充分体现了汉语借词在白语中所占的比重和重要地位。该文是《云南民族语文》1988年第2期《白语词汇》的方言后续部分，全文旨在介绍白语词汇的特点，以增进人们对白语的了解。

白语的系属问题 赵衍荪撰，载《民族语文研究文集》，青海民族出版社1982年。

该文以词源比较讨论白语系属归类问题。白语的系属主要有以下观点：汉语方言或白语和汉语同一系属说；独立语组说；独立语言说；彝、白混合语或藏缅与汉语混合语说；属孟吉蔑语系说；白语最古成分是藏缅语说；属彝语支说。该文认为白语属彝语支说，理由是：（1）白语与彝语支语言有100个以上同源词（从304个同源词中选出），其中还有共同借自汉语和藏语的词；（2）白、彝语基数词比较反映的同源现象；（3）白、彝语语音对应现象；（4）白、彝语共同语音特征；（5）汉语文献与历史中反映的现象；（6）语法结构的一致性，如语序、人称代词、声调、助词等；派生词方面，白、彝某些附加成分具有同一性。白、彝语在语音、词汇、语法三方面的某些对应现象和同源关系是清楚的，白语至今保存着许多反映彝语支语言的特点的同源成分语法构造，说明白语发展到今天还没有产生被汉语或其他语言所代替，脱出彝语支语言的范围，成为汉语方言或另一支独立的语言的质的变化。

白语否定式动词 段伶撰，载《云南民族语文》1994年第2期。

否定动词本身具有对行为、动作、能愿等的否定意义。否定式动词和与之相对的一般动作都是单音节词。否定式动词和与之相对的一般动词，二者的语音发生交替现象。形成肯定式或否定式的形态变化。语音交替主要表现在韵母元音方面，并且有着规律。否定式动词具有一般动词的语法特征，与一般动词所不同的是，在一般语境中不受否定副词的修饰限制。只是由于各种方言土语中保留这类词的情况不同和强调语气的不同，使用方式上有些差异。在有相应否定动词的地方，直接用否定动词；没有相应否定动词的地方仍用一般动词和否定副词结合的形式。在有的方言中，把否定动词的否定意义作为一般的语气使用，强调否定的语气时再加上否定副词。有的方言否定动词和否定副词修饰动词的结构并存并用。有的方言一般只用否定动词。否定动词既可单独使用，也可与否定副词结合使用。

白语鹤庆土语和大理土语在语音上的异同 张汝兰撰，载《云南民族语文》1996年第4期。

该文从语音的角度对白语鹤庆土语和大理土语进行了比较研究，详细列举了它们彼此间在声母、韵母及声调上存在的差异。为了说明二者在这三方面的异同，作者对声母的语音分布、自由变读、卷舌化程度；对韵母的松紧程度、鼻化现象、儿化现象；对声调中的变读情况等作了举例说明。作者最后指出，白语鹤庆土语和大理土语分属于两个不同的方言，弄清楚它们之间的联系和区别，有助于对白语的全面了解和认识。当然，要全面弄清楚它们之间的关系，光研究有限的语言学材料是远远不够的，还应当结合历史、民俗等诸多材料进行综合研究。

白语——汉语、藏缅语混合型语言概述 李绍尼撰，载《白族文化研究》2001年4月第1版；民族出版社2002年。

白语的系属问题，中外学者著文争论有百年之久，不同观点有十数种之多，至今尚无定论。作者仅提供一个概述，以表述"白语"为"汉语、藏缅语混合型语言"的观点。该文从简述了当代白语音位几乎与当代大理汉话音位全同之后从"一、混合语音表现"、"二、混合词汇表现"、"三、混合语法表现"及当代"四、白语语法基本特征"加以概述。维西白语仍保存古代汉语的照母和群母的发音部位；将古代汉语带 p/t/k 入声韵变读为相应的紧喉韵母；古汉语的长短鼻韵尾词汇借入在白语大理方言中后，鼻韵尾被全部取消，但在借入剑川方言中后却全部简化为一个鼻化现象。在现代白语里还残留有古代苗瑶语族和壮侗语族的底层词汇，也还保存有不少的古藏缅语的底层词汇，但百分之七八十是古今汉语词汇，并且以古汉语的单音节为主。在 1800 个白语基本词汇中，白语固有词只有 250 余个，只占 20% 左右。至今白语已如汉语大量使用主—谓—宾结构，但少数句式仍然使用藏缅语言的主—宾—谓结构。完全体现了"白语"为"汉语、藏缅语混合型语言"的特征。

白语基数词与汉语、藏缅语关系初探
李绍尼撰，载《中央民族学院学报》1992 年第 1 期。

该文章讨论了十个白语基数词的音节形式与汉语藏缅语族语言的关系。白语十个基数词的音节形式——声韵调的构成，说明了白语受汉语影响的程度要远远超越受藏缅语影响的程度。白语在历史上，受汉语北方官话的影响，也受西南官话中滇西汉话的影响。元以后又受吴、闽、粤方言的影响，特别是吴方言的苏州、南京、上海话的影响，尤为明显。因此，基数词极为典型地反映出汉语、藏缅语的混合语言状态。这种混合语言现象是与白族所经历的社会变革、民族融合、语言融合历史相一致的。通过比较可知：（1）凡是白语与彝语支语言声母部位一致的数词都与汉语声母同部位。（2）"一、四、七、八、九"五个数词与汉语声母一致而与彝语支语言不同。（3）"二、六"既与汉语有别，也不同于彝语支，是白语固有词汇。由此可见，白语数词是典型的汉语、藏缅语的混合语词。

白语剑川方言与大理方言语序比较 习之撰，载《云南民族语文》1988 年第 3 期。

白语剑川、碧江、大理三个方言之间，语法基本一致，词汇绝大部分相同，只是语音差别较大。不过由于长期以来各方言所处的语言环境大不相同，其语言要素的发展方面出现了某些差异和发展不平衡现象。该文就剑川、大理两方言的语序作一初步的比较研究，在指出它们的相同点的同时，着重谈谈其不同之处，并就这种差异产生的缘由，提出一些看法和见解。该文通过大量的举例对比研究，认为大理方言和剑川方言的基本语序相同，但具体到宾语位置的时候，大理方言的宾语位置都是固定的，只能放在谓语后面。而剑川方言则不然，它可根据其宾语是表示人或物，或句式是否定句疑问句等情况，将宾语放在谓语前或主谓之前等变化。对于剑川方言与大理方言之间的差异，该文认为其基本原因是受地缘关系的制约以及由此而受到汉语影响的大小不同而造成的。

白族文字方案（草案） 云南省少数民族语文指导工作委员会撰，载《云南民族语文》1992 年第 4 期。

《白族文字方案》（草案）共由二大部分组成。在这篇文章中还有云南省少数民族语文指导工作委员会的按语。第一部分为前言，介绍了云南省白族的人口及其分布以及白语的相关情况，白族文字方案中的白文接近剑川方言区的白语，该方案是云南民语委根据大理州政府的委托和其他各地白族群众学习本民族文字的迫切要求而提出的文字方案。在前言后附有大理、剑川白语辅音、元音对照表。第二部分为方案正文，此方案共有 10 条。其中第一至第七条是关于白文字的文字形式、读音、结构等。第八、九两条是关于白文的书写。方案指出，拼写白语时词暂不连写，而是按音节写，白文一般都用小写字母书写，大写字母一般只用于少数场合。第十条是关于标点符号。白语标点符号及数字的用法和汉语拼音方案相同。最后附有白文样品文。

百越地名及其文化蕴意 李锦芳撰，载《中央民族学院学报》1995 年第 1 期。

该文注释了古籍中十余类百越地名，讨论了百越地名的文化蕴意以及百越语言类型问题。百越语言类型方面，文章认为，百越语与现代壮侗语的密切关系是学界公认的，壮侗语与南岛语的密切关系也得到认同，但壮侗语属单音节词根型语言，南岛语属多音节黏着型语言。百越语属哪种类型呢？考诸文献，百越人名多为单、双音节，但也有三音节的，如"诸稽郢"，地名上看，百越地名以双音节为主，少数为单音节，多音节的也有。这说明百越语词以单音节为主，由此可以设想，三四千年前百越祖语为多音节黏着型，南迁部分保留至今（形成南岛语）。但两千年前的百越语可能受汉语强烈影响，其语言类型已基本上向词根型转换，但当时可能还保留一些黏着型语言因素。总之，百越语在汉语巨大冲击下发生了根本变化，其性质当为词根型。

百越族称源流新探 李锦芳撰，载《云南民族学院学报》1997 年第 2 期。

"越"作为族称历史久远，商代即已出现，因其支系较多，战国末年又被称作"百越"。从历史文献看，对百越及其后世的称谓除了越，常见的还有夷、夷越、蛮夷、瓯及俚僚等数十种，对于这些族称的来源、含义历来有不同说法。该文结合历史、民族学、语言学材料对百越各种族称进行分类，阐释其来源及蕴意。百越早期的族称夷、越及后来出现的一些族称是百越及其后世民族自称 djai 的译写。

百越族系人名释要 李锦芳撰，载《民族研究》1995 年第 3 期。

百越的活动时间大致为从春秋至两汉。百越语言与华夏语言大相径庭。若从汉语出发，文献所载诸多百越族名、国名、地名、人名颇难理解，甚至引起望文生义。历代学者多以百越地名、人名、族名中常见的冠首字于、余、夫等当作无意义的"语发声"。百越人名结构有如下特点：(1) 无姓氏；(2) 文献所见百越人名多为本名或号或"号＋名"；(3) 百越人名多为双音节和单音节式，少数为三音节以上，后一种为胶着型语言特征的残留。文献中的百越人名是用汉字译音的方式记录下来的，所以我们可以构拟这些记音用字的古音，然后与现代侗台语及原始台语的拟音形式进行比较，寻求百越人名的含义。百越人名冠首字常见的只有数种，大多仍能与侗台语联系上，我们可以运用语言学方法，结合历史学、民族学材料，顺藤摸瓜地探求其含义。该文分析解释了无（毋）、夫冠首，诸、朱、周冠首，都、多冠首，祝、烛、鹿、译、余冠首以及句（勾）、姑、柯、居冠首的五类人名。

摆省苗语音系及其语音特点 姬安龙撰，载《贵州民族研究》1997 年第 4 期。

摆省苗语属川黔滇方言，但与该方言其他次方言、土语比较，在语音上又有较独特的地方。该文就摆省苗语音系及其语音特点作初步分析。摆省苗语的音系：共有 52 个声母、15 个韵母、6 个声调。摆省苗语的语音特点主要表现为：(1) 没有卷舌音，这是黔东方言较为突出的特点；(2) 有一套较完整的鼻冠音声母，这是较典型的川黔滇方言的特点；(3) 有小舌音 q、qh、Nq、Nqh；(4) 有 pl、plh、mpl-mplh、tl、tlh 和 ml 复辅音声母，这属川黔滇方言的语音特点；(5) 塞音、擦音、塞擦音、鼻音及由边音和塞音组合的复辅音声母等有送气和不送气两套。（6）擦音 f、l、s、cc 有清与浊的对应；（7）声母 f、fh 和韵母 l 用来拼写汉语借词；（8）有鼻化韵母；（9）摆省苗语 8 个调类中，2、8 调合并，5、7 调合并，合并调值均为高平调；（10）擦音、塞擦音能与高元音相拼；（11）语音和谐现象较为普遍。语音和谐，改变前面一音节的元音，使其与后面一音带的元音相同，这是语音变化的一种形式。

呗耄·彝文·文献 王正贤撰，载《彝语文集》，贵州民族出版社 1993 年。

彝文系彝族语言的书写符号，彝文文献乃彝族先民有历史价值的图书文物，呗耄为彝族及其先民的知识分子，对彝文和彝文文献作出了不朽贡献。呗耄在彝族社会历史上，最大的贡献是不断丰富和发展彝文及彝文文献。他们为彝族，同时也是为中华民族创造了极为丰富宝贵的文化遗产。彝文是彝族古代先民在其社会生活和生产实践中创造的，是彝族古代先民集体智慧的结晶。彝族古代先民中的呗耄，对搜集、整理、研究和发展彝文有功，被视为彝文的创造者，成为彝文字圣，是彝族古代先民智慧的象征。彝文文献的出现和彝文的创造一样，是彝族古代先民进入文明社会的标志。彝文文献是研究我国彝族古代先民的经济、文化和政治的第一手资料，也是研究我国西南古代其他民族的经济、文化和政治的重要资料。彝文文献是中华民族文化宝库的重要组成部分。彝文文献的产生，始于彝族自母系社会向父系社会过渡的历史时期，在彝族奴隶社会初期已较为完备。目前，民间大量的重要彝文文献需要我们去搜集、整理和翻译。

半个世纪的维吾尔族民间谚语研究综述 王德怀撰，载《民族文学研究》2007 年第 4 期。

该文综述了半个世纪来（1957—2006）我国学者对维吾尔族民间谚语的收集出版、研究、翻译情况。通过这些总结，可以看到我国学者近半个世纪来，在维吾尔民间谚语研究中所取得的重大成就，使国内外学术界同行能较全面地了解我国学者在这一非物质口头文化遗产的收集整理和研究领域中所取得的成果。

帮助少数民族创立，改进和改革文字工作的情况和问题 傅懋勣撰，载《傅懋勣先生民族语文论集》，中国社会科学出版社 1995 年。

（一）调查研究应该采取什么步骤？——关于这个问题，正确的做法是使重点调查和普遍调查适当地结合起来。这就是先在这个民族的聚居区选一个地点，就语音、词汇、语法各方言进行相当深入的调研究。如果这个民族的分布很广，有几个大聚居区，也可同时进行几个点的重点调查。（二）怎样划分方言？——我们从前划分方言，过分地依靠语音，对于词汇的语法没有予以足够的重视。由于各种语言的具体情况不同，我们在划分方言的时候，主要依据哪些方面的特点也往往不同。（三）怎样选择基础方言和标准音？选择基础方言的标准主要有两个：一个是语言的普遍性，一个是经济、政治和文化上的发展情况。标准音应该选择经济、政治集中和文化比较发达地方的语音。（四）怎样进行下一步的研究工作？——选定了基础方言的标准音，就应该对基础方言和标准音的内部以及它们和主要方言的异同做深入研究，然后拟订文字方案。

保安语的演变轨迹 陈乃雄撰，载《民族语文》1990 年第 3 期；1990 年第 4 期。

保安语属蒙古语族。使用人口 1 万人左右。不同地区的保安语有相当大的差别，反映不同历史时期、不同环境烙下的不同层次的印记。突厥语词是最早层次的借词，各地都有，包括宗教用语和生活用语。藏语借词在青海同仁约占词汇总量的一半，其积累过程至少有 400 多条。其中既有实词也有量词，甚至借入了表示序数的前缀。汉语借词在甘肃临夏干河滩占词汇总量的 58.11%，而且产生了谐音假借转义词。大量汉语虚词的借入使这里的保安语正在从黏着型向词根型演变。突厥语、藏语和汉语的影响使保安语的语言系统发生变化，元音和谐律已经消亡。文章用三页半篇幅分四组介绍了保安语与蒙古书面语之间在元音上错综复杂的对应情况。指出过去的文献只罗列最主要的对应关系，基本不涉及对语言演变的不规则进程起重要作用的特殊现象。该文对研究语言接触、演化有参考价值。

保安语和撒拉语里的确定与非确定语气
刘照雄、林莲云撰，载《民族语文》1980年第3期。

在蒙古语族和突厥语族的一些现代语言里，前者如保安语，后者如撒拉语，要求在陈述式动词充当谓语的句子里，或者在体词和助动词构成谓语的句子里，区分确定与非确定语气。这个范畴在体词谓语句里用语音形式不同的成对互补的助动词表达。在保安语里 i 组助动词表示确定语气，a/o 组助动词表示非确定语气。在撒拉语里助动词有四对，其中 idar, emesdar, var, joxdar 表示确定语气，ira, emesa, vara, joxa 表示非确定语气。确定语气表达说话人的直接经验、亲身经历、主观决定和意愿。非确定语气表达非自身的经验、经历和出乎本人意料或意愿的事态，以及表达转述的语气。这个范畴在过去的著作中或者被忽视，或者解释得不确切，或者被处理成"时制"。在普通语言学和语法理论著作中，对这个范畴也都没有专门的论述。

保安语中的藏语借词 华侃撰，载《西北民族学院学报》1992年第3期。

保安语同仁方言中藏借词最多，约占 42.6%，其次是保安大墩话，约占 17.3%，其中大多是一般词汇。从词性来看，既有实词又有虚词。实词名词居多，动词、形容词、副词、数词次之。多属早期借词，新借的极少。藏借词特点如下：从借用形式分析，藏借词绝大多数为音译，来自藏语安多方言，有小部分借词与藏语语音完全一致；音译加保安语的表意成分，即在藏语成分后加固有词素来说明；半音译半意译；藏借词的词义特点，多数借词与原词完全相当或接近，有小部分在使用时发生了变化；藏借词在构词方面的特点，动词及少量名词、形容词进入保安语后，缀接保安语后缀 kae 可作动词使用，少数借词具有派生能力；藏借词必须服从保安语的各项语法规则，如数范畴、格范畴、领属范畴等。

报京侗语代词的词缀 mjin^6 石林撰，载《民族语文》1985年第4期。

报京侗语的代词有一个领属词缀 mjin^6，在侗语的其他方言里是不存在的，人称代词修饰名词的时候，mjin^6 加在名词与人称代词之间。mjin^6 没有具体的词汇意义，在侗语其他方言中也没有与之对应的同源词。从分布上看，mjin^6 的组合能力有限，只有人称代词，疑问代词作名词修饰语时必须出现于代词之前，其他情况下只有语调领属关系时才出现。就功能而言，mjin^6 类似汉语表示领属性的词缀的 1，它与"的 1"一样，可以和代词修饰语一起单独回答问题。从各方言的比较来看，mjin^6 的作用与毛南语的 tu^6 接近，它们附着在其他词的前面，只与词发生关系，总是处于领属性修饰语之前，功能与汉语的"的 1"相当。由于汉语语法的影响，报京侗语引入了来自汉语"的"的 tj，它功能与 mjin^6 类似，但位于修饰语之后，并不能完全取代 mjin^6。

卑南语中缀和后缀的语义 石德富撰，载《民族语文》2006年第1期。

卑南语词绝大多数为多音节派生词，缀加，重叠和缀加重叠合用是其派生的主要手段。卑南语中缀只有 -em- 和 -in- 两个，并且分别与前缀 me- 和 ni- 互补分布：前者缀加于以塞音（含擦音 s）开头的词根，后者缀加于以流音和鼻音开头的词根。中缀 -em-（含前缀 me-）附加在动词根上，使动词根变成表行为的动词，具有行为、主动、一般体等语义特征和词根意义的叠加整合。-in- 是一个表被动的动词词缀和名称化词缀，具有及物、被动、完成体/经历体、名物化等语义特征，构词能力强，能附加在动词根、慕声拟态词根、形容词根和名词根上，使这些词根变成表被动的动词或动名词。

名词化后缀只有一个：-an-；它的构词能力很强，能附加在名词根、指示代词根、动词根和形容词根上，使这些词根变成各种名词。它具有类化/抽象化、名词性、时间、处所/地方、工具、方法、方式/样子等语义特征。被动后缀有 6 个：-an-、-aw-、-aj-、-anaj-、-u- 和 -i-。-u- 和 -i- 出现在祈使句里；-an-、-aw-、-aj- 和 -anaj 出现在陈述句。

北京大学语言专修科追怀　　常家洪撰，载《南大语言学》第三编，商务印书馆，2008 年。

1952 年，为了推进汉字改革和为少数民族创制文字等工作，中国科学院语言研究所向教育部申请在北京大学临时设立语言专修科，培养一批汉语方言、语言规划以及少数民族语言研究方面的专门人才。该文回顾了这个空前绝后的两年制专修班的设置、课程以及该班同学毕业以后的去向。还介绍了为这个班讲课的老师有罗常培、费孝通、唐兰、高名凯、俞敏、袁家骅、金鹏、王均、王辅世等。

北京图书馆回鹘文《阿毗达磨俱舍论》残卷研究　　张铁山撰，载《民族语文》1994 年第 2 期。

此为首次刊布的残卷，现藏北图。原件为写本，梵荚式。据目前所知，除北图外，《俱舍论》残卷的收藏者尚有：（1）瑞典斯德哥尔摩氏族学博物馆；（2）日本京都有邻馆；（3）甘肃省博物馆。回鹘文《俱舍论》系译自玄奘的汉文本，但译者不详。回鹘文译文过分拘泥于汉文，基本上是逐字翻译，因而译文显得死板，并且译文中有多处修改痕迹。关于回鹘文译文的翻译年代，白济康义和耿世民先生都认为是在公元 14 世纪初至中期。此文对所研究残卷作了拉丁转写，重新作了汉文翻译，翻译依回鹘文，与汉文原文不完全相同。附汉文原文不完全相同。对残卷回鹘文，汉文原文，以及对这两种文字的汉语相互关系等方面，作了若干注释。

北京现存满语杂记　　张嘉鼎撰，载《满语研究》1989 年第 2 期。

北京香山健锐营一带北京话中的满语词。（1）塌山＜tashan，"差错、虚假"；（2）阿勒巴图＜albatu，"粗蠢、村俗、粗鄙、陋"；（3）巴沙＜basa，"工钱、手工钱"；（4）包诺人 bono，"雹子"；（5）麻虎＜mah，"鬼脸子、遮面戏玩者"；（6）巴克什＜baksi，"儒者、学者、读书人、先生的尊称，前辈贤哲之辞"；（7）猫＜moo，"树木"；（8）马鹿＜malu，"长颈鹿"；（9）罗比＜lobi，"馋鬼"；（10）狼口＜langlangseme，"大口大口地吃"；（11）妈妈＜mama，"祖母或年纪大的老太太"；（12）扎布＜jabu，"回答、答应"；（13）扎鲁＜jalu，"溢、满"；（14）巴图鲁＜baturu，"勇士豪杰、勇敢的小伙子"；（15）缸儿塔＜galada，"翼长"；（16）夸儿搭＜kuwaranida，"营长"；（17）拨硕库＜boshoku，"领催"；（18）瓦单＜wadan，"绸布单"；（19）奶奶＜nainai，"母亲"；（20）哈拉巴＜halba，"肩胛骨"；（21）温普人 unpu，"山楂"；（22）巴哈＜baha，"得了"；（23）麻沙＜maa，"柄勺、马勺"；（24）毛绰＜moco，"言能拙笨、迟钝"；（25）哈拉＜hala，"姓"；（26）摸摸＜meme，"奶"；（27）恨得＜hendumbi，"说"；（28）拉拉＜lala，"终尾、末尾"；（29）尼马哈＜nimaha，"鱼"；（30）苏拉＜sula，"闲散"。

北京香山满语底层之透视　　赵杰撰，载《中央民族学院学报》1993 年第 1 期。

北玉泉山对面山下的娘娘府一带,是清朝京旗外三营一个旗兵营房,为健锐营八旗驻地。健锐营话最突出的特点是杂有大量满语。有三种:一是满语固有词,如与清代满文音义基本相同和小有不同的满语词、女真语词;二是满汉融合词;三是借用古汉语词素创造的满语词。另外的火器营和海淀近郊,语言特点也同健锐营。满族人带有满语底层的满式汉语,从北京内城到西郊已连成了一片。历史上,由于北方阿尔泰语的影响,汉语北京话已不像其他南方汉语方言那样。作为现代汉语普通话基础的北京话,实际上是汉语和阿尔泰诸语接触的产物,是满汉语言融合的结果。这说明满语对现代北京话产生过深刻的影响。

本话中的阿尔泰语言成分遗存 陈乃雄撰,载《中国语言学报》1995年第6期。

我国布朗族内有一些自称"本人"的居民,他们主要分布云南省山地区施甸县境内。有学者认为,"现居于施甸的濮满人是本地的土著民族和元朝南征云南时的辽族耶律阿保机的后裔两部分人融合而成"。在作者记录的1326条本话词语中,有100多条似乎属于蒙古语族语言,被学者认为源出契丹的达斡尔族的语言。作者将这些词与东部裕固语、土族语、东乡语、保安语和蒙古语作了比较,发现有:(1)减音或增音现象。包括词首音节脱落,词首辅音脱落,词首元音脱落,词末音节脱落,词末辅音脱落,词中元音脱落和增音现象。(2)语音对应现象。包括辅音对应和元音对应。(3)语音换位现象。该文认为,"本话"很可能是契丹族来到云南,借用了当地土著濮人之一的语言而又融入自身固有的某些词语成分,逐渐发展演变而成的一种语言。

毕苏语的方言划分和方言比较 徐世璇撰,载《民族语文》1997年第4期。

毕苏语是藏缅语族缅彝语群的一种跨境语言,分布在中国、泰国及缅甸同老挝交界的边境地区。毕苏语可以划分为3个方言:中国境内的澜勐方言,泰国境内的淮帕方言和达考方言。在澜勐方言和淮帕方言内部又分别为2个土语。毕苏语3个方言之间,以及各方言中土语之间的差异,主要表现在词汇上,其次表现在语音上,语法的差别比较小。产生词汇差异的原因主要有以下三种:(1)词形和词义关系不对等。(2)构词的方式不同。(3)由于借用外来词而形成的差异。在语音方面,总的来说,澜勐方言的音系比淮帕方言简单,声母和韵母比较少。达考方言的一个突出特点是带塞音韵尾的韵母比另外两个方言多。从语法上看,各方言在语法结构类型、语法范畴和语法手段上都具有很强的一致性,不同之处主要在:人称代词的表现形式,以及量词和数词系统方面。

毕苏语的"体"、"时"系统——兼论缅彝语言的有关问题 徐世璇撰,载《民族语文》2000年第3期。

该论文对毕苏语的"体"、"时"表达系统进行了系统全面的分析描写,在此基础上对缅彝语言在"体"、"时"表达上的有关问题进行讨论。毕苏语中有将行体,现行体,进行体,续行体,已行体,曾行体共六种体,由谓语动词或形容词后面的成音节语法成分作标记,形成体范畴,其特点是:(1)"体"的表达不是构成句子的必要条件;(2)体标记同谓语中心词的关系非常密切,紧跟在谓语动词之后,并且经常受动词的同化影响发生音变;(3)有些体标记可以同时出现,组成复合体标记,如进行体标记和续行体标记结合,表示正在进行之中的动作和状态还将连续不断地持续下去。毕苏语对"时"的观察和表述相对简单,大体上分为将来、现在、过去三种概念,以现在时为主,将来时和过去时的表现十分粗略,所看重的是现有的既成事实,而不是动作本身发生的时间;"时"的表达采用词汇手段,没有独立的语法标志。因此不是一个语法范畴，而属于词汇范畴。在分析毕苏语例证的基础之上，进一步对缅彝语言中体的表现形式、在语法构成和表达上重"体"轻"时"的倾向、体范畴的强制性等相关问题进行讨论，以探寻其共同特点和基本规律。

毕苏语方言的形成和语言的接触影响

徐世璇撰，载《民族语文》1998年第3期。

属于汉藏语系藏缅语族缅彝语群的毕苏语，内部分为澜沧、淮帕、达考3个方言，毕苏语方言的形成同它的分布有密切关系。毕苏语在中国、泰国、缅甸和老挝交界的边境地区跨境分布，主要分布区在地域上互不相连，相互之间没有或者极少交往。这种基本隔绝的状况导致各地的毕苏语出现了较大的差异，形成不同的方言。毕苏语方言的形成主要与外部语言的影响和自身的演变有关。引起毕苏语方言差异的最根本的原因是泰/傣语对毕苏语的接触影响。接触关系对语言的影响是多层次的，这种多层性一方面表现为对语言不同层面的影响；另一方面表现在词汇、语义、语音、语法各个方面。接触关系对语言的影响有双向作用。语言接触影响有不同的表现形式。语言接触影响的结果具有两维性，即在纵向和横向两个方面改变语言的时空关系。

毕苏语在历史比较中的地位和意义

徐世璇撰，载《民族语文》1997年第2期。

该论文对毕苏语在藏缅语言、特别是缅彝语言中的系属地位和演变特点进行研究。论文采用历史比较和计量统计的方法，分别从语音、词汇、语法几个方面对毕苏语同缅彝语言的亲疏关系进行分析。首先从语音入手，寻求毕苏语同缅彝语言的对应规律，从而确定一批同源词，并通过语音对应规律，分析缅彝语言的历史语音演变过程；然后对毕苏语和其他缅彝语言的同源词进行计量统计，展示毕苏语同其他缅彝语言在词汇上的异同程度和亲疏关系；最后从人称代词系统和量词系统出发，分析毕苏语在缅彝语言语法发展进程中的位置。认为：（1）属于汉藏语系藏缅语族缅彝语群的毕苏语，在符合缅彝语群主要历史演变趋势的同时，表现出自己的演变流向和层次，为缅彝语言的历史比较研究提供了新的视角；（2）毕苏语同缅彝语群中的缅、彝这两个主要语支之间存在错综复杂的关系，体现了它们之间的内在联系，在历史比较中具有特别的地位和意义。

毕苏语中的傣语借词

徐世璇撰，载《民族语文》1995年第5期。

该论文对毕苏语词汇系统中的傣语词进行分析，并以此为例论述了以借词为重要特征的语言接触关系对语言发展变化的影响结果。该论文采用共时描写的方法，从语音，构词，词源，对词汇、语义系统的影响等方面进行全面系统的分析。一方面傣语借词进入毕苏语后，在语音形式和构词方式上虽有一部分保持原形，但绝大多数发生了程度不同的变化，表明借词进入新的语言后必然按照这种语言的结构系统进行各种调整，以符合其规律和特点，成为这种语言的组成部分；另一方面毕苏语在接受较大量傣语借词的同时也受到深层的影响，影响结果既表现在语言系统的变化上，最明显的是词汇、语义系统的变化，其次是语音、语法系统的变化，又表现为语言内部空间关系的改变，即由于借词影响的程度不同而形成不同的方言土语。

毕苏语中的联合音变现象

徐世璇撰，载《云南民族语文》1997年第2期。

毕苏语是近几十年来新发现的、分布于中国、泰国、缅甸、老挝等国边境地区的一种跨境语言，是汉藏语系藏缅语族缅彝语群毕索分支中的重要代表。该文接着对毕苏语中的联合音变现象进行分析描写，认为毕苏语联合音变具有多层性、同一性、明显的倾向性和较强的规律性等四大特点，并对表现在构词、词组结构、语流这三个不同层次的音变现象进行了系统详尽的分析论述。构词音变基本上发生在实语素和实语素结合构成的复合词中，都是后面语素受前面语素的影响而发生的顺同化，以变调为主，有少数改变声母的现象。结构音变主要表现在有几类词在同其他词结合时所发生的省略现象，省略的成分大多是意义较虚的构词词缀，词缀省略后由表主要意义的词根同其他词结合，组成的短语有双音化倾向。语流音变以变调为主，集中表现在几种情况或几类词上，条件很明确，有较强的规律性。

毕僳语的历史梗概 布莱德雷撰，载《民族语文》1989 年第 4 期。

该文主要描写分布在泰国北部 4 个村子中的毕僳语。毕僳语属藏缅语族缅彝语亚族彝语支毕僳语分支，在泰国和中国大约有 1000 人，但说毕僳语的已不多了，实际上毕僳语是一种正在死亡的语言。文中描述了毕僳语有 30 个单辅音声母，11 个复辅音声母。有 7 个对立的元音，有塞音与鼻音韵尾。有高平、中平、低降 3 个声调。句子以动词结尾，名词短语有许多修饰成分，关系分句、物主、指示词等置于中心名词外，其他词很少有形态变化，但动词能被各种成分修饰，之前能加否定成分或否定命令成分，之后又派生情态成分。方言有达考方言、帕达恩方言、怀冲普方言，方言之间有细微的语音差别。毕僳语语音保留了许多原始彝语的形式，如塞音韵尾-p、-t、-k 和鼻音韵尾-m、-n、-ng。毕僳语词汇中有许多台语借词，大多数是名词、数词和量词。

变调在凉山彝语中的语法作用 沙马打各撰，载《民族语文》2006 年第 5 期。

凉山彝语中有人称代词和动词通过变调改变语法关系的特殊语法现象。人称代词与中平调动词结合时，代词为中平调时表主谓关系，代词为次高调时则变为宾动关系。表主谓关系的动词由低降调（本调）变为次高调时变为宾动关系。

辨析名动结构复合词问题 青格乐图撰，载《民族语文》2000 年第 2 期。

蒙古语复合词问题比较复杂，其中"名＋动结构"复合词的辨认较为突出。关于复合词，过去的一些语法著述的一个明显弊端就是先提出理论框架，然后套几个典型例子来自圆其说，而总是回避中间性的问题和其他具体复合词的问题。近年来我们从蒙古语信息处理的角度出发，应用计算语言学的理论与方法来辨析处理蒙古语复合词，在方法上突破了传统模式，在理论上初步澄清了一些长期存在的问题。

标话里的撮口元音及其系列韵母 林伦伦撰，载《民族语文》2010 年第 1 期。

广东怀集县永固标话里有 y、ø、œ 三个圆唇撮口元音及其系列韵母。该文把这些特殊的韵母与其他侗台语族语言以及标话周边汉语方言进行比较，表明这些韵母并非来源于原始侗台语，而是受粤语的影响而产生的。全文分五节：一、标人和标话；二、怀集永固标话中的撮口元音系列韵母；三、怀集永固标话撮口元音系列韵母与其他侗台语的比较；四、怀集永固标话中的撮口元音韵母与怀集粤语下坊话的比较；五、小结。作者认为，借词的直接借用，是直接习得圆唇撮口元音的重要原因。

标话中的古汉语借词 林伦伦撰，载《民族语文》2007 年第 6 期。

广东怀集县的标话与汉语有长期的接触关系。长期与壮侗其他民族语言隔离，标话中存在不少上古、中古层次的汉语借词。该文根据侗台语古汉语资料，考证其中的一部分。作者举列出 14 个词："要、特（雄性）、潭、得、胀、舷、狭、拾、凭、笼、胫、轭、屦、儿"。这些词可以帮助我们了解"标话"从侗台语分化以后在语音上发生的一些变化。

标敏瑶语汉借词的韵尾特点 赵敏兰撰，载《民族语文》2011年第6期。

标敏瑶语是瑶语四大方言之一，从地域上看，该方言正好处在湘南、桂北土话和官话双方言区（土话和官话）里。过去，瑶语研究者们比较瑶语四大方言——勉、金门、标敏、藻敏方言时，都没有联系当地的汉语方言，所以四者之间的某些特点谈不透，比如汉借词韵尾的特点，标敏瑶语有与众不同的特色，体现在双唇鼻音尾消失，部分鼻音韵尾脱落以及部分元音韵尾脱落，通过比较，这些特点均受周边汉语方言影响而致，因此语言接触的影响在瑶语研究中不容忽视。

标语与壮侗语族语言的比较 张均如撰，载《民族语文》1989年第6期。

分布在广东省怀集一带的有七八万人使用的标语，内部一般能通话。标语的声母简化，复辅音、先喉塞音、浊塞音和擦音、清鼻音都已消失，韵母突出的特点是低元音高化、唇化。虽受汉语影响较大，但仍保留相当数量的民族固有词，其中与壮侗语言同源的词超过半数。在这些同源词中，语音面貌变化虽大，但对应规律已基本理清，双方调类一致的词占多数，不一致的词也大都理出脉络。在同源词中与侗水、壮泰两语支同源的词较多，与黎语支同源的词较少。在单个语言对比中，标语单独与侗水支拉珈语同源的词最多。语法方面，名词性修饰词组的修饰成分（尤其是代词充当的修饰成分）虽有前移到中心成分之前的趋势，但整个语法体系仍与壮侗语言大体一致。从壮泰、侗水两语支来看，标语与侗水支的拉珈语最近，因此标语应属壮侗语族侗水语支的一种少数民族语言。

骠国王号"朱波"、"突罗朱"考释 王敬骝撰，载《云南民族语文》1996年第2期。

该作者借助历史学、民族学的知识，指出在考释骠语时，首先应该注意利用缅语的材料，其次还要注意利用越语族（亦即孟—高棉语族）和夷语族（亦即壮侗语族）的材料。只有借助上述材料，才能使我们的考释取信于人。按照上述考释思路，作者通过缅语（借助陈孺性的《模范缅华大辞典》和北京大学东方语言文学系缅甸语教研室编的《缅汉词典》）、越语、傣语（泰语）在义音上的类同，指出"朱波"是"僰人之主"的意思；"突罗朱"是"中国或中国人之主"的意思。作者还指出，骠国古称"朱波"，到唐代其势力扩张到《骠国传》所述的广大范围时，才自号"突罗朱"。"朱波"是按越语放语言的语序说的。从原称"朱波"到改称"突罗朱"，反映了我国古代骠（白）势力在西南地区的发展；从语言研究的角度看来，它也反映了羌语族语言对骠（白）语影响的加深和扩大。

骠缅语文关系浅析 计莲芳撰，载《民族语文》1996年第6期。

骠族是一千余年前生活在缅甸本土上的主体民族，由考古发现的古骠文句了解到骠语是一种与缅语十分相近的已消亡的藏缅语。该文从词汇、语音、语法三方面将骠缅两种语言进行分析比较，认为骠语对缅语的发展演变有极大影响。从骠缅文字的声调符号对比及对古缅文的分析来看，骠文与缅文的古音几乎完全相同，只是一些辅音在现代缅语中发生了规则性的音变。古缅语中留有许多与骠语对应的语音现象。骠文中是否有8个声调，现在无法推测，但它起码有高低调，高调中还不能分得更多些。而缅文中，高调和低调在创立文字之初就应该有了。高调中已经分出高降和高平两个调。骠语的消亡反映了亲属语言在同一个群体中互相影响的巨大作用。骠缅语之间融合的过程也许在战争打击之前就已开始了。

"别离"一词在汉语台语里的对应　邢公畹撰，载《民族语文》1983年第4期。

　　汉语"别离"一词可以跟泰语 phlat⁸-phla:k⁸ "别离"对应。泰语"别离"还可以说作 phra:k⁸，李方桂把这个字的原始台语声母构拟为 *br-，证以藏语 kha-bral "别离"，bje "分离"的说法，可见李氏的构拟是合理的。对照台语、藏语的复辅音声母 br-，pl-等说法，我们有理由设想：汉语"别离"这个词在前上古音时期原是一个字——*cbliag；后来这个字分化成两个音节——*cbjiagcljiag，到上古音时期，前一音节的-g 尾受后随的舌尖音 l-的影响发生逆同化，变为-t，同时，后一音节的-ia 异化为-i-，这样就成为上古的 *bjiat-cljig。汉语"别"字的本义是"分解骨肉"，跟泰语 pɔ:k⁷-lɔ:k⁸ "剥皮"义近，但这个词有汉语"剥落"（pok-lak）一词跟它对应。不过泰语 pɔ:k⁷-lɔ:k⁸ 之义重在"剥"，汉语 pok-lak 之义重在"落"。看来汉语和台语里的这个词也是一个带复辅音 *pr/l-的词的分化形式。藏语 bral－brul "叶落，果落"可以为证。

濒危语言热　徐世璇撰，载《中国语言生活状况报告·上编》，商务印书馆2006年。

　　该论文共分为中国濒危语言概况、形成研究热点、2005年研究新进展、研究前景预测、政策建议五章，对当前学术界极为关注和重视的濒危语言热点问题进行全面系统的阐述。该论文以丰富的资料为基础，对我国当前濒危的少数民族语言和汉语方言的情况做了以点带面的概述；回顾了我国在濒危语言研究领域逐步进展的历程；从政府领导的重要讲话、有关学术会议、重大课题、主要成果四个方面，着重详述了濒危语言研究领域在2005年取得的新进展；对濒危语言的研究前景进行预测，提出濒危语言研究的长期性、濒危语言文献记录理论和方法论的发展、重视濒危语言问题的普遍意义和现实意义；最后从立法、语言规划和语言政策三个方面提出当前亟需的切实可行的对策性建议。

濒危语言问题研究综述　徐世璇、廖乔婧撰，载《当代语言学》2003年第2期。

　　该文从语言濒危现象调查和前景预测、语言濒危的类型和层级、语言衰亡原因等方面，对国外相关的研究进行综述，全面地反映了国际濒危语言研究的新动态。随着经济全球化进程的加速，语言的大规模衰退乃至消失已经成为当代全球性的普遍现象，也成为国际语言学界日益关注的问题。"濒危语言"的概念自20世纪70年代提出之后，在短短的十几年中迅速成为语言学研究的新热点，围绕具体语言的调查分析和普遍性规律的理论探讨这两个方面展开了热烈的讨论。论文通过大量的最新信息对20世纪90年代以来国际学术界和公众社会对濒危语言研究日益关注和重视的进程作了详细介绍；运用具体的统计数据对世界上具体语言的衰退和消亡总况进行全面描述；从语言是人类历史的博物馆、人类文化知识的重要组成部分、语言需要多样性几个方面阐述语言的价值和语言消失的后果；对语言濒危的类型和层级及其相关的研究观点和理论进行综合分析；对当今语言衰退消失的原因进行探讨，并介绍了国外对濒危语言现象的态度和所做的工作。国外学术界的这些研究动态和理论为我国的相关研究和工作提供了十分必要和重要的参考和借鉴。

博尔塔拉蒙古自治州的多语现象　魏萃一撰，载《民族语文》1988年第4期。

　　该文考察了新疆博州蒙、哈、维、汉、回等民族间存在着的双语、多语现象。语言转换的几种模式：一、随对话角色转换；二、随话题转换；三、随感情变化而转换。多语、双语人活跃的领域：一、服务性及商业部门；二、政府及行政部门；三、文化娱乐领域。语言习得效果分析：第一，习得语言效果的差异与学习者的动机有关。具有实用动机者，学习其他语言更有效果。第二，语言的中介语性质愈强,在交际中的实用功能愈大,对学习者的诱导力也随之增强。第三,民族语言平等的政策,保障了语言学习的自愿性,因而习得的效果显著。文章指出,新的社会条件促进了双语、多语人的增多,但该族在全民中仍然是少数,因而这并不意味着这个地区有双语化的前景。与此同时,蒙古语文的教育和使用也迅速恢复与发展了。该文有双语、多语转换的例证,有博州蒙古医院人员、州宾馆服务员、州外事室等使用双语、多语的有关统计数字。

博罗畲语概述 毛宗武、蒙朝吉撰,载《民族语文》1982年第1期。

文章从语音、词汇、语法三个方面来描述广东博罗畲语,并探讨其系属。畲语的声母鼻韵母多,有部分与苗语来源不同的鼻冠闭塞音,有少数腭化、唇化音;古入声韵已脱落塞音韵尾,音长不受韵尾制约,与舒声韵无异,现有带塞音韵尾的入声韵都是近代汉语借词;声调系统相当于汉语的平、上、去、入各分阴阳。作者参照汉语传统的语法体系来划分词类和分析句子。其特点:少数形容词作修饰语时后置,有基数、计位、计月、计日四套使用范围不同的数词。在系属问题上,侧重于词汇,作者将畲语跟苗瑶、壮侗语进行共时比较,以43个常用的固有词为例,同源比率苗语为98%,瑶语为58%,壮侗语为0.4%。这个数据反映出畲语跟苗瑶语的关系要比跟壮侗语的关系亲密得多,特别是跟苗语支的炯奈语更加接近,在43个词中同源率为100%。该文全面地介绍畲语,在国内外尚属首次。

不同的语言文字,同样的教学效果 覃祥周撰,载:《广西民族报》(壮文版)2002年7月24日和2002年8月7日。

该论文是作者对中师生进行壮文翻译小说《荷花淀》教学的体会文章。文章分为四个部分。第一部分是引言。引言中作者提到,《荷花淀》是现代著名作家孙犁的短篇小说代表作,是一篇令人百看不厌的传世佳作。广西壮族自治区教育厅把《荷花淀》翻译成壮文,作为区内四所民族师范学校的试用教材。该作者先后教了五届中师学生学习《荷花淀》壮译文,在教学中体会到,尽管语言文字和原来作品不一样,但是,因为翻译得好,加上壮语具有独特的表达方式,所以,用壮文进行教学,同样可以收到理想的效果。第二部分介绍作者进行壮汉两种语言文字对比,优化教学环节,激发学生学习的兴趣。第三部分是介绍作者如何引导学生采用壮语思维来理解《荷花淀》中简洁传神的对话。第四部分是教学总结。运用民族语言文字来教授著名作家的作品,使师生们有许多重要的发现。这篇小说是用壮文翻译过来的,用壮语来授课,通俗易懂,生动有趣,有特色又有亲切感,贴近壮族学生的生活,教学效果非常理想。

布干语和俫语关系初探 李锦芳撰,载《语言研究》1997年第1期。

布干人和俫人具有诸多的历史文化共性,数百年前他们由贵州迁入广西、云南,而更早的时候他们可能居住孟—高棉人集中的滇南、滇西南或邻近的东南亚地区。布干语元音松紧对立,有5个声调,附加前缀及音节内部屈折是其重要的构词手段,它属SOV型语言,修饰成分在中心语以后。布干语和俫语的声母、韵母对应整齐,声调对应不明显,两者核心词同源率为55.9%,语法特征也大同小异。布干语和俫语是目前所知的两种最为接近的孟—高棉语言。从一些方面看,布干语比俫语更具孟—高棉语言特征,如鼻冠音声母更多,音节内部屈折构词的例子更多,动词有自动和使动之别,数量短语作修饰成分时放在名词之后,等等。但毫无疑问,布干语、俫语是目前所知最具有密切关系的语言,它们应属孟—高棉语族的同一语支。

布朗语关双话声调初探 刘岩撰，载《民族语文》1997年第2期。

布朗语关双话声调正处于发展阶段。布朗语属孟—高棉语族佤—德昂语支，与同一语支元音有松紧对立的佤语和有长短对立的德昂语相比，它的特点是有比较完善的声调系统。关双话有4个声调：高平、全降、低升、低降。由于这4个调出现的频率和条件不同。所以很难找到声韵母完全相同而以声调为唯一区别性特征的4个词，以声调区别意义的两个、三个一组的例词比较多。关双话大多数音节都有固定的声调，但有一部分音节存在变读现象。有一点值得提及的是，关双话的声调虽有些不稳定，但其功能除了区别词汇意义，有少量还能区别语法意义，主要是区别动词和名词。关双话的4个声调与佤语岩帅话元音的松紧、韵尾的舒促有密切的关系。总的来讲，关双话声调起源受内部因素和外部因素的影响，内部因素是主导的，外部因素的影响是次要的。

ısbukun 布农语基本词缀的语义分析 曾思奇撰，载《语言暨语言学》专刊外编之五《百川汇海：李壬癸先生七秩寿庆论文集》，"中央"研究院语言学研究所出版，2006年10月。

主要内容：（1）词缀结构类型及特点。该文依据以布农语记录整理的神话、传说集成《走过时空的月亮》（林青春、李文甦、林圣贤，晨星出版社，1998年，台中）提供的数据统计，布农语常用词缀共166种。其中单纯缀83种，复合缀83种。从结构类型及其所占比例，"前加类"的单纯缀有74种（比例44.58%）；以"前加"为主体的复合缀（含前前加、前后加）有81种（比例48.80%），其他结构的词缀（中加、后加、中后加）仅9种。可见，"前加"结构的词缀数量上占绝对优势，其涵盖面几达100%。因此，从构词的意义上说，布农语是一种前缀性语言；（2）单纯缀的结构与语义分析。单纯缀多为单音节结构，语义范畴包括附加词义、附加语法意义以及附加词义和语法意义兼具3种类型，以构词构形兼具类型为主。单纯缀多数为结构派生词，少数为结构派生词根；（3）复合缀的结构与语义分析。复合缀以单纯缀两重复合为多，组合模式常见：ma- + 其他词缀；pa- + 其他词缀；is- + 其他词缀；前（中）词缀 + -an。复合缀是主要结构语义比较复杂的派生词。

布央语辅音韵尾演变初探 李锦芳撰，载《中国民族语言论丛（2）》，云南民族出版社1997年。

在仡央语言中，布央语的辅音韵尾较整齐，但也处在不断发展的过程中。该文通过对布央语东、西两个方言四个土语的比较分析，发现各地布央语的辅音韵尾在发展中又走在鼻音韵尾之前，韵尾变化的方式有三个特点：（1）鼻音韵尾和塞音韵尾的发展相互关联，-ng 的演化较快，相应部位的-k 变化也较突出；-m、-n 很少失落，相同部位的-p、-t 也很少失落；（2）辅音韵尾的演变与元音、声调有一定联系。长元音后的辅音尾易失落，短元音后的相对稳定；（3）各地布央语辅音韵尾的发展关不是同步的，有的地方变化小，有的地方变化大，那些土语还出现了-ʔ 韵尾。总的来说，鼻音韵尾的演变以-m、-ng 较为突出，塞音韵尾的演变主要从-k 开始。从与亲属语言的比较来看，布央语辅音韵尾的发展是语言内部的自我调节，与语言接触无关。

布央语前缀 李锦芳撰，载《语言研究》1998年第2期。

布央语是侗台语族仡央语支中的一个支语言。布央语前缀最多，使用频率最高，构词能力最强。布央语前缀分为两类。该文主要讨论没有具体意义，广泛用作各类名词或动词、形容词或用作某一词类的前缀的构成、分布、作用及其来源和发展。布央语前缀都是单音节，音节构成多为CVT声母，多为q、ʔ、t、p、m、l，韵母多为a，声调为轻声，慢读为平调。前缀主要分布在名、动词和形容词中。少量代词、数词也带前缀,前缀主要作用是充当构词虚词素,补充构词音节的不足,避免出现太多的同音异义词。布央语东部方言内部前缀有同源迹象,东、西方言之间则未发现。前缀的来源有两种:(1)有的可能是早期双音节词的头一音节的继承;(2)作为浊声母清化或者 r 声母消失的补偿物。前缀的发展有三个特点:(1)基本词汇前缀最保守,变化较慢;(2)各词类中名词前缀发展相对缓慢,数词、形容词前缀又先于动词消失;(3)前缀的语音形式在不断发展。

布依文同音词例析 吴启禄撰,载《布依语文集》,贵州民族出版社 1993 年。

布依文是布依语的书写符号系统,同音词很丰富。该文从三个方面分别举例简析布依文同音词的特点。一、从义项方面看:(1)有的同音词(或音节),其义项没有任何联系,纯属偶然同音;(2)有的同音词(或音节),其义项有关联,是由某义项或转移、或扩大、或引申而来的,是兼有同音同义两重性的词(音节);(3)在布依同音词(音节)中,纯属于上述两类的并不多见,更多的是上述两者兼而有之的。即:在某一个同音词(音节)的各义项之间,有的义项有关联,有的义项没有联系。二、从音节方面看:(1)单音节同音词;(2)双音节同音词;(3)在布依文的同音词中,众多的是一个音节既有单音节同音项,又与复合词或固定结构中的某一个音节组成同音项的;(4)布依文的同音词(音节),有的只是复合词、固定结构中的一个音节同音。三、从来源方面看:布依文的同音词(音节),绝大部分是布依族共同体成员在长期操用布依语的历程中约定俗成地用同样的语音表达不同的概念而成的;但也有少数是原来不同音的词(音节),按照正字法规范来拼写而形成的。

布依语"tai^5(从)+ 处所词(或词组)"易位的规律 曹广衢撰,载《民族语文》1986 年第 4 期。

该文讨论了布依语一个介宾结构"tai(从)+ 处所词(或词组)"(用"tai^5—"表示)在句子中的易位规律,认为介宾结构"tai—"能易位的句式有三类:(1)前后有两个动词性成分(D1 D2),D2 是补充说明 D1 行为动作趋向的。易位的格式是:D1 + tai^5… + D2tai^5… + D1D2。(2)前、后有两个动词性成分(D1 D2),D2 带上方位词(F)补充 D1 动作的方位。易位的格式是:D1 + tai^5… + D2F→tai^5…D1 + D2F。(3)前后有三个动词性成分(D1 D2 D3),D3 是补充说明 D2 行为动作的趋向,D1 带上宾语(B)的。易位的格式是:D1B + tai^5… + D2 + D3→tai^5… + D3→tai^5… + D1B + D2 + D3。而不能易位的句式有 2 类:(1)只有一个动词性成分(D),格式是:tai5… + D。(2)前后有三个动词性成分(D1 D2 D3),D3 是补充说明 D2 行为动作的方位的,D1 D2 表示先后进行的两种动作,格式是:D1 + tai^5… + D2 + D3。

布依语处置式的来源及其发展 周国炎撰,载《中央民族大学学报》1999 年第 3 期。

处置式是现代布依语中的一种句型结构。它有两个来源,一是由连动结构中的一个动词虚化后演变而来;一是借自汉语的"把"字句。该文在分析了大量第一手资料的基础上,对布依语处置式的结构类型进行了描述,并通过对"把"字句历史发展过程的比较分析,对这种句式的来源进行了初步探讨。进而指出:一个民族的文化的内涵只有通过该民族的语言才能得以准确地表达。布依族吸收了汉文化,为了能准确、全面地反映出来,不仅要用汉语的词汇。同时还要借用汉语的语音形式和语法构造。文章所述的"pa"(把)字句式就是其中之一。随着汉、布依两个民族的交往不断加深,布依族人民汉文化程度的不断提高,"pa"(把)字句式将会更多地取代布依族固有的"au1(iu^3)"字提宾句式，这是布依语语法发展的必然趋势。

布依语代词的特点 吴启禄撰，载《贵州民族语文研究集》，贵州民族出版社 1993 年。

布依语的代词，除与汉语相同的"人称代词"、"指示代词"、"疑问代词"外，还有一个"泛指代词"。布依语的人称代词同样有第一人称、第二人称和第三人称，也有单复数，复数时汉语加后缀"们"，布依语的则加在前边。由于布依语第三人称的单、复数是用同一个词，又无男性、女性和第三性之别，其具体词义和单、复数只能根据上下文才能确认。布依语的指示代词有 3 个，一般只能作定语，不能单独作主语、宾语，这是有别于汉语的另一特点。布依语主要的疑问代词有两个，它们的使用范围广，派生能力强，而且这两个单音节的疑问代词都能独立成问句。代词修饰语的语序是布依语的重大特点，与汉语的差异很大。布依语人称代词和指示代词作定语时，只能在中心词后；在多层的复杂定语中，指示代词只能在这个语段的最后；疑问代词作定语，多数在中心词后，有的在中心词前；由指示代词、疑问代词与其他词组成的复合词作状语时，有的在中心词前，有的在后。

布依语的 dai^{31} 和汉语的"得" 曹广衢撰，载《语言研究》1982 年第 2 期。

布依语的 dai^{31} 和汉语的"得"的历史演变极其相似，现状也相仿。但布依语助词 dai^{31} 和汉语助词"得"的形成有它们自己的内部规律。布依语用 dai^{31}，汉语用"得"的句子格式，主要有以下三种：（1）用作动词，表示"获得"，这是本义。（2）用作助词，放在动词前面表示"动作的情况"（dai^{31} 仍然有"获得"的意味，只是获得的不是东西，而是动作）。（3）放在动词后面：①表示"可能"，作补语用；②连接表示程度的补语，如：这条路直得很；③表示动作已完成，如：我住得一年了。如果说布依语 dai^{31} 的语法功能是受汉语影响，还找不到证据，只能从布依语内部找原因。表示"动作已完成"的助词 dai^{31} 是由于省略了宾语，如：卖猪得十文——卖了十文。表示"可能"的助词 dai^{31} 是由于前置于宾语形成的，如：吃得酒了（能喝酒了）。上述两种助词虽然渠道不同却出现了同一结构形式，产生了歧义，如：吃得酒了——吃了酒。

布依语的塞音韵尾 徐扬、王伟撰，载《贵州民族研究》1983 年第 3 期。

布依语里 -p、-t、-k 三个塞音韵尾是不破裂的，它们跟作声母的 p、t、k 在音质上不同。该文讨论作韵尾的 -p、-t、-k 的分布和消失情况。该文使用《布依语调查报告》中记录的贵州 27 个县，40 个点的 1200 多个语词作为讨论和探索的材料。-p、-t、-k 分布的情况：带 -p 的词共有 50 个，40 个点中有 35 个点有韵尾 -p，占全部调查点的 87.5%。带 -t 的词 73 个，39 个点都有 -t 韵尾，占全部调查点的 97.5%。带 -k 尾的词 81 个，有 -k 韵尾的 28 个点，占 70%。作者观察到 -k 韵尾每个词的音节结构及每个词在 40 个点的分布况，失落 -k 尾的音节它的主要元音绝大多数是长元音，短元音后进的 -k 不易脱落，这是音理的因素造成的。从变化迹象看，-t 尾、-p 尾都有一些词在部分地区变为 -k 尾，而 -k 尾则较多地变作 -ʔ 尾，更多的是失落。作者认为 -t、-p 变 -k，并不说明 -k 尾的影响扩大，恰恰相反，从布依语塞音韵尾的分合变化中，透露出 -t 尾、-p 尾可能通过 -k 尾作为中继站，最终趋向消失。

布依语动词 au^1 的用法 罗儒林撰，载《贵州民族语文研究集》，贵州民族出版社 1993 年。

该文以望谟县复兴镇布依语为例，阐述了布依语动词 au^1 的用法。au^1 在现代布依语口语中的用法，主要有以下几种类型：（1）作纯粹的动词用，有两种意义，作普通的动词用，与汉语中"要、拿"这两个动词的本来意义相当；作"娶、嫁、取"等动词用。（2）不是纯粹的动词，但仍可以认为是作动词，用法已不是明显地表示动作，而带有"欲求"的意思，可译为汉语的"要"。（3）带宾语但不表示动词，相当于一个介词，与其宾语一起只表示某种动作的方式或所拿的材料与工具，在句子中必定有另一动词作主要的谓语，可译为汉语的"拿"、"用"等。（4）表示处置，即把动词后的宾语提到动词前面，再在前面加 au¹，这后面的动词就表示对其前面的名词处置的形式，可译为汉语的"把"或"将"。（5）还可以作为构成新词或短语的要素而被应用着。

布依语动词和趋向补语有关的语序问题
曹广衢撰，载《贵州民族研究》1988年第1期。

该文详细描写了布依语中趋向补语既可以在动词之后，也可以在宾语之后，宾语和趋向动词之间存在相互制约的关系。文章还对比了布依语和汉语不同的结构特点：汉语作动词的趋向动词有：上、下、进、出、回、过、开、起、来、去。布依语则少了上、下、进、出、回、过。不能出现来、去、进来、出去。布依语没有此限制，而且出现频率很高。宾语是一般宾语时，趋向动词在布依语中只有"出"，汉语可以是"上、下、进、出、回、过、开、起"。此外，加入否定词"不"、加"到"、加"了"，两种语言的趋向动词都有不同的位置和限制。

布依语动词虚化例 吴启禄撰，载《民族语文》1996年第1期。

该文以贵州望谟布依语动词 au²⁴ "拿"、li³¹ "有"、jiu³⁵ "在"、ço³³ "放置"、dai³¹ "得到"、kuə³³ "做"、pan¹¹ "成"等为例，说明布依语动词虚化的一般情况。文章将布依语动词的虚化分为词义虚化和词性虚化两种。词义虚化表现为动词虚化后失去原有的具体词义。词性虚化使实词性的动词成为副词、助词、连词等虚词，甚至成为合成词的词缀。例如，ʔau²⁴ 的基本义是"拿"、"取"、"要"，它的虚化用法有：（1）用在动词前当能愿动词；（2）虚化为介词，组成介宾结构，作主要动词的状语；（3）虚化作连词，在复句中起关联作用；（4）词义虚化，只用在主要动词后表示意向。文章的结尾分析了布依语动词引起虚化的原因，认为当句子中有多个动词时属于次要地位的动词往往成为虚化的对象，有的动词由于扩大的义项而导致词性的虚化，一些构词能力特别强的动词如 pan¹¹ 和 kuə³³ 可虚化为词缀，出现在句首的动词易虚化为发语词。

布依语多义词浅谈 王伟撰，载《布依语文集》，贵州民族出版社1993年。

语言中的词在开始时一般都是单义的，后来人们随着社会的实践和思维的发展，常利用现成的词给有关的新事物、新认识命名，同时又继续使用原词的意义，因而就产生了多义词。多义词几个意义的地位并不是并列的和相等的，其中至少有一个意义是基本的和比较常用的，其他有关的意义是由这个意义直接或间接发展和转化来的，前者叫基本义，后者叫作转义，而转义又有引申义和比喻义两种。布依语的多义词，除了具有与其他语言多义词的共同特征处，还有自己的一些特点。主要表现在下列两个方面：（1）用同一个词表示几个密切相关的事物；（2）有一部分关系密切的词"一身兼两职"。多义词的作用有：（1）丰富词汇；（2）用作修辞的手段。多义词在具体运用中，依靠上下文和语言环境来明确其意义，一般不会发生歧义和影响交际。区分同音词和多义词，最普遍采用的标准是看现时的词义有无联系，词义有联系的是多义词，词义无联系的是同音词。

布依语"反话"概述与剖析 伍德斌撰，载《布依语文集》，贵州民族出版社1993年。

布依语"反话"是存在于部分布依族地区的一种有趣的语言现象，该文对此现象作了扼要介绍，并对其语音变化规律进行了归纳和分析。布依族使用的"反话",从表面看好像是"反语",但其实不是。从它的形成看,是对现成的语句进行变形,从而形成"反话",即以现成的词或语句作基本材料,然后依一定的规律把这一基本材料变成一组新的语音组合体。"反话"既是一种语言现象,同时又包含着一种语音变化技巧,而且这种变化不是明显变化,而是一种潜在的变化,语义没有改变。目前"反话"最多的可能是第三土语区,主要指中部地区的镇宁、关岭、六枝等县。该文以第三土语中的"反话"作实例进行了剖析。"反话"的基本规律是对现成的词和语句,在保持其声母、声调不变的情况下,将第一个音节的韵母与第二个韵母相互转换,就形成"反话"。两个或两个以上不同韵纯洁的语素、词或语句都可以变成"反话";经形成的"反话"音节与原句相同;叠词和韵母完全相同的语素、词或语句不能变成"反话"。

布依语辅音韵尾变化特征 龙海燕撰,载《民族语文》2011年第1期。

布依语辅音韵尾的变化在地域上呈阶梯状渐变的特点,同部位的韵尾在变化中存在某种协调性和带动性。其变化的顺序是:-k最先变,其后依次是-p、-m、-t、-n和-ŋ几乎不变。变化的路径大致是:-k > -ʔ > -ø;-p > -t > -k > -ʔ > -ø;-m > -ŋ;-t > -k > -ʔ > -ø。全文分五节:一、布依语辅音韵尾的共时差异;二、布依语辅音韵尾演变的阶梯性;三、布依语辅音韵尾的变化路径;四、布依语辅音韵尾变化的先后及其内在协调性;五、布依语辅音韵尾变化的共性和个性。

布依语后附成分的结构特点 王哈·阿·雍容撰,载《布依语文集》,贵州民族出版社1993年。

布依族语言中,名词、动词、形容词的后面有丰富的附加成分。这些后附成分本身没有实在的意义,只有跟它们前面的中心词结合起来才能体现出它的意义,使语言更加生动,语味更加强烈、浓郁。布依语后附成分的结构形式多种多样,有些后附成分是几类中心词所共有的,有些后附成分则是一个中心词所专有的,有些中心词又有几个甚至十几个后附成分。布依语后附成分虽然丰富多彩,但它并不是臆造出来的,它们的结构是有规律的、有特点的。其结构形式主要有以下几种:(1)单音式,就是中心词后面只附加一个音节。单音式又可分为三种类型;(2)叠音式,就是后附加成分的两个或四个音节双双重叠。叠音式也可分为三种类型;(3)交叉式,即后附成分的四个音节中,第一音节与第三音节相同,声调也一样。按第二音节与第四音节的配合情况,可分为两种类型;(4)随和式,即四音格词组,前三个音节是中心词,后一个音节是附加成分。可分为四种类型;(5)双尾式,中心词后边两个黏得比较紧密的附加音节。

布依语量词概略 吴启禄撰,载《贵州民族研究》1983年第3期。

该文介述布依语真丰话的主要特点,以示布依语量词之一斑。一、布依语量词与汉藏语系语言类同之处:除多数量专用量词外,有一些是名词,动词兼用的,布依语的个别形容词也可兼用。量词可以重叠。量词有的分事物类别的作用,不同的量词用于不同类的事物。量词和数词组成数量词组充当句子和各种成分。二、布依语的量词只有单音节单纯词。有些量词虚化为名词的前加成分。三、布依语有些名词表示名量、动量时要分别使用不同的量词。四、布依语的量词在句中有代替名词的功能,代替名词在句中作主语、谓语、宾语。代替名词重复连用(重复的量词间要加连接词)。作动词的状语。代替名词作修饰词组的中心词。五、ka:i^5(个)、pai^1(次下)、tu^2(只)的特殊用法。六、量词的省略。亲属称谓的名词表示具体数量时、已指明性别的动物表示数量时,用向数词

ki³lai¹（多少）发问时，量词可以省略。现代布依语中的量词是后起的，不用量词的句式，正是古代布依语不用量词的特点的残存遗迹。

布依语罗甸话数词初探　王惠良撰，载《贵州民族研究》1987年第1期。

该文对罗甸布依话数词进行探讨。布依话基本的数词有零、十、百、千、万等。计数采用"十进法"。十、百、千、万……百万等称级位词素。复合数词由两个以上的"个位数"和"级位词素"组合起来的。组合中存在特定的关系，个位数在级位词素之前是相乘的关系，个位数在级位词素之后是相加的关系，级位词素前后有个位数的，则是相乘、相加同时并存的关系。复合数词可以"级位数"为单位进行分解，还可进行"部位性分解"，即"首"—"尾"两部分或"首"—"中"—"尾"三个部分。"首部数"包括首数及其后面紧接的几个级位数的数目；"尾部数"包括尾数及其前面紧接的几个级位数的数目。个位数的级位词素，常借用量词（个）来表示，在合成数词中不用。十、百、千、万在作级位词素时，在合成数词中有些可省略；有些则不能省略。作者用许多实例对数词"一"ndeeul与idt的区别；数词"二"soong¹与nyih的区别；数词零的用法；合成词的几种省略方式；概数的几种表示方式，以及数词"半"作了详尽的阐述。

布依语数词"一"研究　吴启禄撰，载《贵州民族研究》1984年第3期。

该文通过与同语族和汉语异同的比较，来探讨布依语数词"一"的用法特点。布依语表示数目"一"的数词有it⁷和deu¹两个。it⁷主要用作序数，它与级位数词素组成合成数词时，既能作序数又能作基数，都能省代这个级位数词素相应的下一个级位数。这一功能同样适用于十进位的度量衡级位，这一功能同样适用于十进位的度量衡级位，其位置在级位数词素之后。deu¹只能作基数，它和级位数词素组成合成数词时，也只作基数。其位置都在这个语段的最末。deu¹还有一个特点，它只在单说或词组单独使用时才出现，在很多场合下它不出现或可省略。有两种类型：（1）在语言习惯上不能补出来，称为"逻辑省略"；（2）可说可不说，可以补出来，称为"习惯省略"。这个特点同样适用于十进位的度量衡级位。布依语数词"一"的这对同义词，用法差别之大，分工之明确，反映了这对同义词是源远流长的，这可从它们与同族语言的比较中得到证明。它们与汉语也有某些近似之处。布依语数词"一"有两个系统，而古代、现代汉语都只有"一"一个词，这是布依语有别于汉语的重要特点之一。

布依语五个代表点的语音比较　王伟撰，载《布依语文集》，贵州民族出版社1993年。

布依语属于汉藏语系壮侗（侗泰）语族壮傣（台）语支。布依语内部没有方言的差别，分为黔南、黔中、黔西三个土语。布依语三个土语之间，黔南土语与黔中土语的语音比较接近，黔西土语的语音与黔南、黔中两个土语的差别比较大些，但都有一定的对应规律。三个土语的语音，都各有一些特点，其中黔西土语的特点较多。该文中，黔南土语以望谟县望汉话为代表，黔中土语以龙里县羊场话为代表，黔西土语以普安县普安话、水域特区办罗家寨话、四川宁南县宁南话为代表，分别说明它们的语音特点，并作了一些比较，可大致看出三个土语主要的语音特点以及它们之间的对应关系；也可大致看出语音发展变化的趋势。各个代表点语音的演变是不平衡的，有的声母保留较多早期的特点，而韵母和声调却发生了很大的变化（如罗家寨话），有的则韵母、声调保留较多早期的特点，而声母却变化较大（如望谟话、羊场话）。所有这些，除受语音发展规律的制约外，与不同地区的语言环境、交通条件、外界影响等因索，都有着密切的关系。

布依语新词的创造方法 王邦容撰，载《民族语文论集》，贵州民族出版社1998年。

随着布依文的推行发展，布依文已经不只局限于边远山区，也已用于科技生活。因此布依语固有词已经不能满足于人们在从事这些领域工作中使用的需要。布依语新词的创造方法主要从直意法、象形法、解释法、修饰法这四个方面来进行。由于汉语是中国共同的族际语。因而，中国各少数民族的语言受汉语影响较大，各民族人民在创造本民族语词时自然多以汉语词为样式。象形法创造新词时，要把象形物固定下来，不能随时随地改变，造成一词多音的混乱现象。解释法用布依语词根（bux）作为前加词素，创造一系列表示从事某种行业的人的新词。还有布依语词根 xaangh 作前加词素，创造一系列表示有一定技能的人的新词；用 hoongs 作前加词素创造新词。修饰法就是用某个特定词根修饰其他词素，组合成为新词。创词要本着通俗易懂的原则，这样才能被接受。

布依语形容词初探 罗儒林撰，载《贵州民族语文研究集》，贵州民族出版社1993年。

该文依据望谟县复兴镇布依话的语言资料，对布依语的形容词作了分析。布依语形容词根据其语义和句法特点，可分性质形容词和状态形容词。性质形容词是形容词词类范畴的基本形式，其语义特点是单纯表示事物的性质，具有明显的区别作用；状态形容词的语义特点是有鲜明的描绘性，在语言表达效果上较之于性质形容词有更浓厚的修辞特色。布依语形容词的语法特点主要有：单音节形容词一般可以重叠，重叠后表示程度加深；双音节形容词也能重叠，在表达效果上也加深了修辞色彩，形容词有比较级，形容词有"体"的范畴；形容词有"式"的范畴；形容词可以修饰名词和量词，位置在名词和量词的后面，次序与汉语刚好相反；形容词可以接受副词的修饰。布依语形容词在句子中的作用主要有：可以作谓语；可以作定语；可以作状语；可以作补语。

布依语谚语的思想内容和语言特点 王伟撰，载《民族语文研究》，四川民族出版社1983年。

该文主要根据流行在布依族居住地区的谚语进行思想内容和语言特点方面的分析。从布依语谚语分析可以看出，谚语的内容和形式都与一般词组不同，不仅是一种表达概念，充当某种句子成分的语言材料，而且具有特定含义、表达比较完整和比较定型的语句。它和成语、格言等同一类型的语言单位也不尽相同，谚语是劳动人民的口头创作，群众智慧的结晶，结构比较灵活，可以独立成句，内容也丰富多彩，比较全面和广泛。谚语多半采用偶句的结构形式和比喻的修辞手法，比较形象、生动、而且合辙押韵、音调和谐，琅琅上口。比如，（布依语从略）"饱者不知饿者饥，牛虻不知黄牛瘦"。全文用例数百个，并全部用国际音标记音，语料丰富。文后附布依语音位系统表。

布依语与泰国语的语音的比较研究 伍文义撰，载《贵州民族研究》1999年第1期。

该文从语言学角度，较全面地论述了泰语和中国布依语的语音特点、对应关系及其语音的发展趋势。通过对比研究，泰语与中国布依语的语音颇有相似之处，元音和单辅音相同率较高，复合辅音相似率较少。（1）声母方面。都有一些清浊对应的声母，这些声母都受声调制约。泰语中一些送气的唇化音声母，在布依语里送气音已经脱落，只保留了唇化音声母，布依语还保留了双唇浊塞音 ʔb 和舌间浊塞音 ʔd 唇擦音的清浊与半圆浊唇音，泰语和布依语都存在对应关系。h 和 r 也有类似情况，泰语的 h 有时也与布依语的 z 和 s 相对应。（2）韵母方面。元音韵母的相同率较高，也有一些变化和对应。从韵母比较情况看，泰语中的单元音在布依语里已复音化。（3）声调方面。泰语的 1 调对应于布依语的 2 调；2 调对应于 5 调；5 调对应于 1 调。

布依族古籍《古谢经》的语言特点　伍琪凯梦撰，载《贵州民族语文研究集》，贵州民族出版社 1993 年。

《古谢经》是一部在口语的基础上发展而成的流传在贵州省镇宁布依族苗族自治县扁担山一带的布依族古祭祀经诗。经文中有一些独特的语言特色，对口语的发展有一定的影响，而口语也从中吸收了一些有用的成分。该文对《古谢经》的语言特点作了探讨。《古谢经》中的词汇包括现代口语尚使用的词和诗歌语言特有的词。诗歌词多是单音节单纯词，多音节单纯词和合成词占的比例较少。此外，诗歌词中还包含有一些现代口语中已不使用的较古老的词。《古谢经》的句型结构总的说来较整齐，诗句从内容到形式较讲究上下章节、段落、句式之间的对应。《古谢经》的句法结构与现代口语大致相同，但也有不同之处，如《古谢经》中数词"一"置于量词之前，代词修饰名词时放在名词之前，形容词修饰名词时置于被修饰词之前，省略、句式的重叠等，都与口语有差别之处。

布依族古籍中的方块布依字　吴启禄撰，载《中国民族古文字研究》（第三辑），天津古籍出版社 1991 年。

一、方块布依字的产生。布依族地处贵州内地，没有接触国外和其他民族的拼音文字，加上早就"男知读书"（汉方），于是直接借用汉字和自造一些类似汉字的方块字——总称为"方块布依字"，也称"布依字"、"土俗字"，以此来记录布依语，乃是当时历史条件下解决布依族没有文字的困难的唯一有效的办法。二、方块布依字的内容。（1）借汉布依字：各地方块布依字中绝大部分是借用现成汉字记录的布依语的，这些字姑且称为"借汉布依字"。（2）自造布依字：在各地布依族的古籍资料中，还普遍可见一些自造的方块布依字（结构、形式均类似汉字）。（3）画图或符号：在布依族的古籍资料中，有个别处用图画或符号记录布依语。三、方块布依字的特点。（1）局部性：由于社会历史条件的原因，广大布依族人民长期生活在水深火热之中，他们基本上被剥夺了学习汉文汉字的权利。（2）一致性：布依语内部相当一致，同源词比率很高，其中有的词（音节）一些地区读音相同或相近，各地用同一个方块布依字来记。

布依族摩经古词研究　周国炎撰，载《贵州民族研究》1995 年第 2 期。

该文以贵州贞丰兴北镇布依族村寨的经文为依据，对经文中用现代布依语口语中所没有或罕见的古词进行分析研究。布依族摩经是一种韵文体裁的，以口头或准书面形式在布依族祭司集团中流传的宗教经典。摩经语言与现代布依语口语的差异主要体现在词汇上。用近 3000 个词进行统计分析，并与现布依语口语词汇进行比较，发现摩经词汇中约 1/3 是口语中所没有或使用频率较低的。这些词的来源：一是古代布依语词在摩经中的保留；二是地域间进行摩经交流的结果。通过对部分摩经古词的分析研究，作者认为：（1）一部分词曾出现在摩经所在的布依语口语中，随着它们所表示的事物的变化，它们也就失去了存在的价值，因而便从口语中消失。绝少部分可以从汉文文籍中找到依据。（2）相当一部分词，尤其是联绵词是首创摩经的祭司们因需要而自创的，一小部分可能在一定范围内作为口语词，而大多数存于摩经。（3）少数词由于摩经交流而从外地流入的，存于磨经而未成为口语词。

布依族摩经中非口语词的电脑统计分析　周国炎撰，载《电脑辅助汉藏语词汇和语音研究》，中国藏学出版社 1996 年。

摩经是布依族丧葬仪式上使用的一种宗教经

典，在布依族聚居地区均有。该文所使用的材料来自贵州省贞丰县兴北镇一个布依族村寨的摩经。这套摩经共20部54卷，电脑统计共102887行，可谓卷帙浩繁。据专家研究，布依族摩经大约在唐代始成名型，明清之间开始出现用汉语方块字记音的"经书"，发展至今已有一千多年的历史。作为宗教经典，摩经具有一定的神秘性，其内容是神圣的，传授者和师承者都不得根据自己的意愿任意改动，因此，经历了一千多年至今仍保持着不少古老的布依语词汇，这些词中的绝大部分在今天的口语中已经消失，有些虽仍存在但已发生了语义的转移，或只在祭祀等庄重的场合中使用。该文试图通过对经文中这些词（笔者称它们为非口语词）进行电脑统计分析，初步探讨它们所反映出的布依族古代社会的历史、文化以及区域间的交往和民族关系等。

布依族文字及其社会职能 周国炎撰，载《布依语文集》，贵州民族出版社1993年。

布依族有自己的语言——布依语，历史上，布依族没有创造出与本民族语言结构相一致的文字体系。但各地民间流传着一种以汉字为基础的方块文字，人称"布依字"或"土俗字"。这种"方块布依字"只是一种并不十分完善的注音符号，但它作为一定历史时期的产物，对布依族古代文化的传承、对我们今天研究布依族的历史、宗教、文化以及早期布依语的某些词汇、语法现象等都发挥了它应有的职能。20世纪50年代中期，有关专家对布依语进行了全面系统的调查和研究，制订并通过第一套布依族拼音文字方案。80年代初先后进行了两次修改，最后于1985年拟订了现行的布依族文字方案。布依文是建立在现代布依语基础之上的一种文字体系，它的社会职能主要表现在以下几个方面：（1）辅助教育职能，促进布依、汉双语文教学；（2）信息传播职能，促进本民族的社会发展；（3）文化传承职能，采用新创的布依族文字将流传在民间的布依族文化遗产记录下来，有利于继承和发扬，也有利于各民族文化的交流。

布依族谚语的修辞手法 王邦容撰，载《民族语文论集》，贵州民族出版社1998年。

该文通过对布依族谚语修辞手法的分析，来欣赏布依族谚语的浓郁的趣味，逼真的语言、强烈的艺术性。布依族谚语是布依族语言的一种表达方式，它是艺术化和定型化了的布依族口头语言，在结构、格律、修辞等各方面都有别具一格的特色。它主要有七种修辞手法：（1）陈述。即对事物进行直接说明，不拐弯抹角，也就是开门见山。（2）夸张。从表面上看起来不符合事实，即说过了头。（3）比喻。说话人用形象、具体、生动的一种事物来说明和比较另一事物。比喻一般分为明喻、暗喻、借喻、引喻、讽喻五种形式。（4）对照。把两种事物相互对立成同一事物的对立方面，并举出来，使之形成鲜明的对比。（5）对偶。也称对仗。（6）排比。用结构相同或相似、意义相近或相关、语气一致的一串语句排列起来。（7）比拟、把物拟作人或把人拟作物叫比拟。实际上许多谚语具有多重修辞手法，更增强了布依族谚语的感人效果。

部分匈奴语词之复原考释——再探匈奴人语言所属 乌其拉图撰，载《内蒙古大学学报》1999年第4期。

复原考释所选择的都是属于汉字音与按汉语拟音能够读通读懂和汉文史籍中有明确释义的一些单词、词组和短语。《秘史》和鄂尔浑碑铭是最重要的参照系。6—8世纪的鄂尔浑碑铭语言和13世纪的《秘史》语言是不能交流的两种语言。文章复原考释的单词、词组和短语基本上都属于蒙古语的习惯用法。语音、语义上都与《秘史》语言十分近似。出现的语法现象与中世纪和现代蒙古语基本上是一致的。我们把这些复原考释的单词、词组和短语与鄂尔浑碑铭加以比较，就可以看出，匈奴时代的蒙古语和突厥语也是不能交流的两种语言。据汉文史籍的记载，匈奴国应包括阿尔泰语系诸语族部落、汉藏语系和印欧语系的部分人。我们现在所说的匈奴人语言所属，只不过是匈奴国的民族学生主体罢了。从这个意义上说匈奴人操的是蒙古语族语言。

仓央嘉措情歌析句 余世忠撰，载《青海民族学院学报》1987年第3期。

文章以《仓央嘉措情歌》为例讨论了藏语句法结构。笔者认为藏语是一种尚未出现宾语这类句子成分的语言。由于虚词的存在和作用，藏语语序可以相对自由，同一个句子模式，可以有多种语序变式，不影响基本的"施"、"受"、"与"的意义，这是藏语的一个语言事实。古老的藏语语法《三十颂与添性颂》非常重视句子成分中虚词的有无与不同，但不把语序放在决定性的地位上，基本符合语序相对自由的藏语的语言特征，因而其历史功绩是不可抹杀的。而"主宾谓语序"说，不论在语序上，还是在词数、语法关系数、词性、结构类型等方面都不符合藏语特点，妨害了藏语语法的研究。并且，由此滋生的"多音节动词"说、"动名词"说、"动词附加成分"说、"多N递接"说等臆度的说法，不但无法填补上述重大漏洞，也越来越背离藏语的语言特点。

沧源佤族自治县的地名有些什么特点——沧源地名研究之一 王敬骝撰，载《云南民族语文》1994年第1期。

沧源佤族自治县是一个以佤族为主的多民族聚居县。全县10多万农村人口中，佤族占90%左右，除了佤族，还有傣族、汉族、拉祜族、彝族等民族。在这样一个多民族共居地区，其地名颇有特点。从各民族的历史和地理分布情况来看，其特点表现为：全县多数地理实体都有佤族的叫法；傣族地名主要在坝区；除此，过去的行政单位"圈"、"保"所在地，一般都还有傣语的叫法，而且，过去还往往通行傣语的叫法；汉语地名主要在茂隆银厂所在地附近；其他民族语的地名限于其住地附近。从语言方面来看，该县的地名的特点有：（1）一地多名，即同一地名实体，各民族有各民族的叫法。（2）多地一名。这里是由于各民族对于地理实体的命名，通常有一定的规律，或因地理特征、地形地貌、自然景观命名，或因地方出产命名，地理特征或地方出产相同的地方，叫法自然也会一样。（3）译写随便。以上这些特点，有些是我省其他边疆县一些多民族共居地区所共同的。

茶称"槚"、"皋卢"语源考 李锦芳撰，载《古汉语研究》2005年第3期。

"茶"在上古、中古的名称分别为"槚"、"葭"、"皋卢"，可能是历史上不同时期对南方少数民族语言"茶"一词的译写，而不是汉语的固有词。该文以文献材料为依据，证之以现代南方诸民族语言群最新语料，指出"茶"的早期名称"槚"、"葭"、"皋卢"，来自古代南方百越（侗台）语。

察哈台维吾尔文及其主要文献 阿布都鲁甫撰，载《民族语文》2006年4期。

主要内容：书写、记录察哈台维吾尔语的文字称作察哈台维吾尔文，简称察哈台维文。察哈台维文是用阿拉伯字母书写的古代维吾尔文，即由《突厥语大词典》用的文字演变而来的。察哈台维文共有32个字母。其中，28个字母是从阿拉伯语字母表中照搬过来的，4个是从波斯语字母表中借过来的。察哈台维文的书写法和阿拉伯语和现代维吾尔语一样，是从右往左横写。每个字母一般有词头，词中，词尾和单写等四种形式。该文作者根据自己30多年的细心研究，把该文字最完整的字母表展示在世人面前。

察哈台维文中，除了32个字母以外，还有10种辅助符号表示长短元音和辅音。使用时间长达近六个世纪的察哈台维吾尔语时代，是来自阿拉伯语，波斯语的借词和原有的维吾尔语词汇相互影响和相互接受的过程。这个时期的维吾尔人在伊斯兰宗教信仰和生活习俗等诸方面的影响下，接受了不少阿拉伯语词汇，短语以及宗教礼仪所需要的固定句子等。甚至把使用辅助符号表示短元音和重叠音的文字表达习惯也接受过来了。这样，在维吾尔语词汇运用中，出现了阿拉伯—波斯语词法和维语词法并用的局面。辅助符号的运用在察哈台维文中具有自己的特点。掌握好这些特点和用法，为整理与研究察哈台维文手抄本文献，带来极大的便利。在我国维吾尔族古典文献宝库里，用察哈台维吾尔文书写的文献数量最多。这些文献在内容上，包括语言、文学、历史、哲学、民间艺术、医药学、天文、宗教、民俗等方面。在该文中，作者将自己认为有价值的，比较重要的 17 部大部头文献分为"散文体文献"和"诗歌体文献"两大类，按文献名，收藏地点，作者及其生平，文献内容及其价值这个循序，进行了简明扼要的说明。

察合台文和察合台文献 安瓦尔·巴依图尔撰，载《中国民族古文字研究》，天津古籍出版社 1987 年。

13 世纪以后，居住在现天山南北和中亚地区操突厥语族语言的部族和部落，广泛使用一种在阿拉伯语和波斯语影响下形成的书面语言。根据文献记载，这种语言被称为"突厥语"或"喀什噶尔语"。这种语言最先是在察合台及其后裔统治的地区形成的，所以又称为"察合台语。察合台文是从原来以阿拉伯字母为基础的哈喀尼亚文演变而成的。共有 32 个字母。察合台文从右往左横写。字母分单写、词首、词中、词末四种形式。察合台及其后裔统治时期，是突厥诸族文化兴旺发达的时期。这个时期出现了许多闻名于世的科学家、文学家、历史学家和宗教学家。他们继承前期维吾尔人和突厥其他诸族的文献著作和口头文字的传统，吸收阿拉伯、波斯伊斯兰文化的精华，写出了大量著作，奠定了丰富的察合台文献体系的基础。如名著《福乐智慧》、《突厥语大词典》、《哲人之歌》、《科学之钥匙》、《真理之入门》等，都是察合台文献中的珍品。

察合台文历史文献《热夏提王传》（片断）注译——兼论"阿克苏"地名的来源及含义 牛汝辰、牛汝极撰，载《新疆大学学报》1987 年第 4 期。

该文对察合台文历史文献《热夏提王传》的片断进行了注译，并考察了"阿克苏"地名的来源及含义。《热夏提王传》的作者是毛拉·穆罕默德·铁木耳，写于回历 1234 年（公历 1818 年）。该文献片断叙述的主要内容是 14 世纪中叶风沙埋没解特克（ketek）城，当时的城市建筑，以及阿克苏地名的来源等历史事件。作者在写此书时曾参考了米尔扎·马黑麻·海答尔的《热西德史》，亦称《拉失德史》。《热夏提王传》新疆有几处收藏的手抄本，该文所据的本子是图尔迪·艾合买德所编《察合台语》（新疆大学油印本，1980）中的察合台文原文模拟（pp. 121 – 123）。该文正文分说明、文献转写、注释和译文四部分。关于"阿克苏"地名的来源及其含义，作者认为，该名称出现于公元 15 世纪左右，"阿克苏"（aqsu）不是由 aq"白"+ su "水"构成，而是源于动词 aq-"流"+ su（第三人称所使式词尾），意为"让它流"。

《察合台语手册》引言 雅诺斯·艾克曼撰，载《阿尔泰语文学论文选译》，中国社会科学院民族所语言室 1980 年。

该文是雅诺斯·艾克曼《察合台语手册》一书引言部分的汉译，原文为英文。察合台语在中亚突厥语发展中的作用恰似拉丁语在现代罗曼语发展中的作用。察合台语属突厥语族的中亚语组，是从 15 世纪到 20 世纪初使用的古典书面语。在现代突厥语中，乌兹别克语和维吾尔语与它的关系最为密切。"察合台"这个词是从成吉思汗次子的名字察合台来的，作为帝国的官称特别是从都哇汗时期开始使用的。萨莫依洛维奇只用"察合台语"代表15—20世纪中亚突厥书面语。却普如侣把察合台语分为以下几个时期：早期察合台语（13—14世纪）；古典前察合台语（15世纪前半叶）；古典察合台语（15世纪后半叶）；古典察合台语的继续（16世纪）；衰亡（17—19世纪）。该文作者把察合台语分为以下明期：（1）古典前期（15世纪至1465年那瓦伊的第一部诗集的编写）；（2）古典时期（1465—1600）；（3）古典后期（1600—1921）。

察合台语语音 叶必钧撰，载《喀什师范学院学报》1982年第1期。

一、元音。察合台语有9个短元音，5个长元音。根据舌位的前后可分为后元音、前元音；根据唇的圆展可分为圆唇元音、非圆唇元音；根据口腔开合可分为：开元音、半开元音、闭元音。察合台语所有的元音都可以出现在词首或第一个音节，半开元音只出现在第一个音节，它不出现在第二个音节或以后的音节。察合台语和其他突厥语一样也具有元音和谐的特征。它一般可分成颚和谐、唇和谐两大类。察合台语常常在名词后加以元音起首的后缀时，名词中第二个音节的元音要脱落。二、辅音。可以分为清辅音和浊辅音；根据发音部位可以分为双唇音、唇齿音、齿音、舌面前音、舌面中音、舌面后音和喉音。根据发音方法可以分为闭塞音、摩擦音、塞擦音、流音、鼻音和半元音。察合台语不允许辅音丛出现在词首。两个辅音可以在词腰和词尾，三个辅音只能在元音之间。

察合台语中模仿波斯语的主从复合句句式研究 巴拉提·热吉甫撰，载《突厥语言与文化研究（第二辑）》，中央民族大学出版社1997年。

察合台语的主从复合句几乎都是模仿波斯语的。根据从句的作用，可以把主从复合句分为五类：（1）定语主从复合句。波斯语——"（被修饰语）ki +（定语从句）"；察合台语——"（被修饰语）kim/ki +（定语从句）"。（2）宾语主从复合句。波斯语——"（主句）+ ki +（宾语从句）"；察合台语——"（主句）+ ki/kim +（宾语从句）"（3）主语主从复合句。波斯语——"（主句）ki +（从句）"；察合台语——"（主句）ki/kim +（主语从句）"。（4）谓语主从复合句。波斯语——"（主语）ki +（谓语从句）"；察合台语——"（主句）ki/kim +（谓语从句）。（5）状语主从复合句。察合台语主要有——时间状语主从复合句；地点状语从复合句；原因状语主从复合句；目的主从复合句；转折主从复合句；条件主从复合句；程度主从复合句；比较主从复合句。

常见古藏文的标点符号 斯洛撰，载《青海民族学院学报》1985年第3期。

文章介绍了常见的藏文书面语中的标点符号及其用法。藏文书面语中的标点符号有一个产生和发展过程。（1）分字点。为藏文字与字之间的分字点，分字点只能用在字与字之间，不用于字首和字尾，这是基本规律，但也有例外，即字外点，用在ng字之后，楔形号之前。其作用在于避免ng加上楔形号后复为b字。（2）楔形号也叫长点。其中单楔形号主要用于句末，也用于词、词组之后，起顿号，逗号和句号作用。藏文无专门的问号和感叹号，一个句子的语调全靠文字表述，所以也用楔形号。藏文文法还规定外腿字可以代替楔形号，如k、g、vq。双楔形号为音节号，一是用于篇末，表示文章或全书的终结；一是用于诗词的句末。此外，藏文中还有四楔形号、叠宝号、蛇形号、起头号、敬重号、指示号、相同号、注释连线、虚缺号等。

朝汉语码转换句的附着语素和形态变化限制 金钟太撰，载《延边大学学报》1999年第1期。

朝汉语码转换现象是延边朝鲜族自治州地区朝

汉民族的社会行活中普遍存在的一种语言接触现象。该文从朝鲜语和汉语中存在的两种表达形态，即指称形态和陈述形态以及指称形态和陈述形态相互转化的角度探讨了朝汉句内语码转换的句法限制，指出在朝汉语码转换句中各类词和词组等要表现其陈述形态、指称形态及其返两种形态中的互相转化，是受一定的句法条件制约的，并指出在朝汉语码转换句中汉语体词和体词性词语后附加朝鲜语表示"格"等的词尾，谓词和谓词性成分后面附加朝鲜语陈述形态标志"hada"以及"-meun, -n (-eun), -l (eul), -deon"和"-m, -gi"等陈述形态转化为指称形态的标志是增强汉语体词、体词性词语、谓词、谓词性词语在朝汉语码转换句中的功能负荷量的一种句法限制。语言变异现象应该是我国语言研究的重点课题。

朝鲜翻译韵书中所反映的近代汉语/-m/尾韵消失的年代 金基石撰，载《延边大学学报》1997年第4期。

中古汉语的-m尾韵在北方话里的消失，是近代汉语区别于古代汉语的显著特点之一。对于它的演变年代至今没有定论。该文通过朝鲜韵书中所反映的对音标记，指出-m尾韵早在《四声通变》(1455)时代已经消失（"右音"变为-n），到《翻译老乞大朴通事》(16世纪初)时期连"左音"也变为-n韵尾，其中，只有"怎""甚"两个字直到《伍论全备记谚解》(1721)还保持着-m韵尾。总之，-m尾韵早在《四声通考》(1445)时代以前已在北方话中开始消失。到《翻译老乞大朴通事》时代（16世纪初）完全变为-n韵尾，"怎""甚"两字（包括"俺"字）因逆向同化作用间或标作-m韵尾，但这绝不是当时学者们缺乏语音知识所致，而是反映了谚解书编纂者如实反映现实音的努力，因此可以说是"例外之中有规律"的现象。

朝鲜文字的变迁 宣德五撰，载《中国民族古文字研究》，天津古籍出版社1987年。

朝鲜文是一种音素文字，创制于15世纪，当时称"训民正音"，现在有人据此把它叫做正音文字。在朝鲜文创制以前，朝鲜人使用汉字。汉文是汉族的书面语，朝鲜族用它作为自己的书面语，不能达到言文一致。为了解决这个问题，他们在使用汉文的过程中创造了一种借用汉字音义来标记朝鲜语的书面形式，叫做"吏读"。"吏读"最突出的标志有二：一是组词成句时服从朝鲜语的词序。二是实词进入句子时后附表示语法意义的附加成分，这些语法成分也是借用汉字来标记。这样，朝鲜民族就迫切希望创造出一种能精确标记口语的本民族文字，以便在百姓中推广。经过众多学者的共同深入研究，在1444年1月创制了《训民正音》。《训民正音》共有正式字母28个，其中辅音字母17个，元音字母11个。《训民正音》吸收了汉语音韵学的理论，除把辅音按发音部位分为牙、舌、唇、齿、喉外，还分出清浊字母。

朝鲜语单句和复句的区分 崔允甲撰，载《民族语文》1982年第4期。

该文讨论了朝鲜语单复句划分的标准问题。作者认为应根据朝鲜句子结构的特点，确立划分单句复句的标准，而传统按句子有几个主谓结构来区分不符合朝鲜语句法特点。作者指出朝鲜语字句分主题部和叙述部，也有的只有叙述部。主题部的中心成分是主题语，应和主语区别开来。主语只是叙述部分的一个成分，它和宾语一样，仅补充叙述部的中心成分（谓语）叙述的内容。主题语和整个叙述部发生关系，而主语只和一个谓语发生关系。谓语可带主语，也可不带。不应把带主语的主谓结构看作高一级的单位，即复句中的分句，而把不带主语的谓语看作低一级的单位即句子成分。因此朝鲜语不能根据主谓结构的数目区分单复句。该文强调朝鲜语句法特点是整个句子以谓语为中心，不论句子有无主题部，也不论叙述部中的谓语带不带主语，都要以句子的中心——谓语为区分单复句的标准。

朝鲜语的构词附加成分-k　金淳培撰，载《民族语文》1990年第5期。

该文指出研究现代朝鲜语的学者们一般认为，出现在一些词根后的-k，不是构词附加成分，而是词根的一部分。笔者则认为，出现在词根后的-k与其他构词附加成分的功能基本相同，尽管在现代朝鲜语里能产不高，但依旧有一批词是带有-k构词附加成分的。文章列举了动词、形容词、名词、副词词根以及附加成分-m、-n、-r后，带有后加构词成分-k的六类例词。并说明-k与-kak、-k与ki、-k与-ng、-k与h变格体词的关系。文章最后用朝鲜语里的-k与维吾尔语-q/-k进行了比较。指出它们不仅在语音上，而且在功能上也基本相同。文章的结论是：朝鲜语一部分词里存在的古老的构词附加成分-k，分布于多种词类中，并演化出几种形式。对这一构词附加成分的分析，对于探索其他附加成分的构造与来源，还是非常有用的。

朝鲜语的跨境变异　崔宰宇撰，载《跨境语言研究》，中央民族学院出版社1993年。

在考察朝鲜语的变异现象时，人们首先会注意到两个不同侧面的差异，即南北差异和内外差异。所谓南北差异，指的两个中心，两种规范，即平壤实行平壤的规范，汉城实现汉城的规范。我国实行的规范，很大程度上参照平壤规范来制定的。朝鲜语在我国的变化是：使用汉字词多一些；使用不合规范的汉字词不少，这种重复引进没有必要；直接模仿汉语发音的借词增多，其中可取的是极小部分；在有一定汉语基础的人中间，开始出现了模仿汉语句式说朝鲜话的倾向。以上属于内外差异范畴。汉语的影响和双语环境的存在，是产生这些变化和变异的外部条件。从朝鲜语的角度看，来自汉语的借鉴和引进，须符合朝鲜语自身的内部发展规律。一般来讲，直接使用汉语来源的语汇，或自造新的汉字词，已被朝鲜语汉字读音体系所解决。另外，朝鲜语中南北差异的逐步解决，将对我国朝鲜语的发展，产生良好的影响。

朝鲜语的起源　朴炳采撰，载《民族语文研究情报资料集》，中国社会科学院民族所语言室1983年第1期。

该文论述了朝鲜语的起源问题。朝鲜语的起源和朝鲜民族的起源有着密不可分的关系，它以朝鲜民族所使用的朝鲜语为研究对象。因此，它是实际的、经验性的。自从兰司铁首次把朝鲜语列入阿尔泰语系后，许多学者对朝鲜语在阿尔泰语系中的地位及朝鲜语从原始共同语中分化出来的时间等问题提出了各种假说。但从书经、诗经以及后汉书等古文献来看，朝鲜民族起源的檀君朝鲜与大禹治水有关，与夏或殷商也有交往。因此，从事农耕和游牧的檀君朝鲜的在冰川期以后气温急剧下降时，一部分南下到朝鲜半岛的东南部，另一部分以满洲北部为活动中心。古代朝鲜语可以分为以高句丽语为代表的北方夫馀系统的语言和新罗语为代表的南方韩系语言两种。现代朝鲜语主要继承了以庆州为中心的新罗语。随着10世纪高丽王朝建立，开城中部的京畿话变成中央语，并形成今天的国语。

朝鲜语的深层结构　高永根撰，载《民族语文研究情报资料集》，中国社会科学院民族所语言室1983年第1期。

该文运用转换生成语法论述了朝鲜语的深层结构。认识深层结构对于阐述朝鲜语传统语法具有重要意义：首先有利于立体地掌握句子的生成过程；第二，能从结构上更容易解释多义性句子的意义；第三，使人们有可能对表面上看起来不规则的东西作出规律性的解释；第四，能较容易识别语言单位，有助于系统地掌握语言结构。在转换生成语法的指引下，朝鲜语在句法结构的诸多方面有了新的发掘，一些普通的语法现象有了新的解释，特别是在否定法、二重主格、被动使动法、关系冠形化、补语子句化、接续化、文体法等句法结构研究上取得了相当大的成就。语言符号和别的符号体系不同，它具有复杂的性质，正是根据这一点，转换生成语法发展了自己的理论，但是，如果采取"语言符号和别的符号体系是一致的"这种立场，那么有关语言结构的观点可能会发生变化，而深层结构和转换的概念也要从根本上加以重新考虑。

朝鲜语的系属 李基文撰，载《阿尔泰语文学论文选译》，中国社会科学院民族所语言室1980年。

19世纪20世纪之交，关于朝鲜语系属问题曾提出过许多假说，有的把它与乌拉尔—阿尔泰语系、日本语、汉语、虾夷语、达罗毗荼语甚至印欧语系联系起来考虑，其中最有力的是乌拉尔—阿尔泰语系说及朝日语言同系说。在乌拉尔—阿尔泰语系分为两个语系后，前者又发展为阿尔泰语系说。朝鲜语与阿尔泰各语言的共同特征是：有元音和谐；词首辅音群受到限制；有语法的黏着性；不用元音交替和辅音交替表示语法范畴；无关系代词及接续词；有副动词。除此之外，每个特征也明显的一致。阿尔泰共同原始语的元音体系的特点是前后两个元音系列的对立，朝鲜语古代及中世语也具有这种特点。此外，两者在词汇方面也显示出明显一致，但数词一致很少。这种差异可能产生于分化后。朝鲜语和阿尔泰语的亲缘关系是毫无疑义的。

朝鲜语的语言学特点 李相亿撰，载《民族语文研究情报资料集》，中国社会科学院民族所语言室1985年第6期。

该文论述了朝鲜语的语言学特点。朝鲜语是依靠添加黏附成分的方法表示语法关系，因而属于黏着语。但是，只靠这种把地球上的语言分成几大类型的方法，还不能说充分认识了每个语言的特点。另外，朝鲜语言虽然和其他阿尔泰语系的语言一样，有下述一些特点，然而这并不仅仅是朝鲜语才具有的特点：（1）有元音和谐；（2）词首的辅音受到限制；（3）没有元音交替；（4）没有辅音交替；（5）接头词很少，词从词根开始；（6）没有关系代名词和原始的接续词；（7）动名词很多，并且很重要；（8）有副动词。这些特点虽然是朝鲜语的一部分，但还不是全部。首先，朝鲜语的词汇里有54%的汉字词。固有词和汉字词还可以结合在一起使用。汉字词的影响从音韵学的角度改变了朝鲜语的特点。其次，从语法上来看，朝鲜语可以说是派生及曲折的附加成分很丰富的黏着语。

朝鲜语动词的某些附加成分 许东振撰，载《民族语文》1992年第3期。

文章认为切分朝鲜语词根前后的附加成分的界限是明确的，但对加在动词词根后，主要表示使动和被动的-i、-hi、li、-ki、-u、-ku、-tshu等的语法功能问题，学者们的意见不尽相同。文章首先提出了分歧的焦点：一种意见认为加在动词词根后的-i等是表示语法意义的构形词尾，加在形容词后的则是构词的后缀。另一种意见则不提语法范畴，只在动词种类中列举主动词、使动词和被动词，并说明使动词和被动词是借助于后缀-i等体现的。文章分析了-i等的语法功能，列举了归属于词尾和归属于后缀的难处。认为对具有双重功能的-i等附加成分既要肯定它的后缀功能，又不要否定它的语态词尾功能，认为否定-i等语态词尾的地位是不合适的。动词词根后的-i等的体系是不完整的，是这些形态的语法化过程发展不完善造成的。把它们看作朝鲜语语法形态中的一种特殊类型，较为妥当。

朝鲜语汉字词的分布情况 李庸周撰，载《民族语文研究情报资料集》，中国社会科学院民族所语言室1985年第5期。

该文探讨了朝鲜语中汉字词的分布情况。该文选择文教部发布的词汇调查报告作为调查的对象，汉字词的分布则以 1956 年发行的《朝鲜语词汇使用频率调查》为基础进行调查。调查步骤如下：一、区分汉字词和非汉字词，并从中抽出汉字词。二、抽出的汉字词从下面几个角度进行分类并考虑其分布情况：（1）按词类加以分类；（2）按构词充分的种类加以分类；（3）将所得出的结果同《大词典》和《小词典》的分类结果进行比较。通过调查分析可以发现，汉字词和非汉字词的分布在《大词典》和《小词典》中的比例相差无几，而文教部调查结果较之约增加了 17%。这种情况表明，汉字词的数量跟非汉字词特别是固有词的比例之差逐渐增大。汉字词的词类分布情况大致按如下顺序排列：名词、动词、形容词、副词、冠词、数词、代词、叹词、其他类。根据使用频率考察的结果是：无论是汉字词还是非汉字词，低频率词占绝对优势。汉字词在高频率词里占劣势。从构词成分的种类看，汉字词大部分集中在 C 型和 CK 型中。

朝鲜语汉字词构词方式举要　宣德五撰，载《民族语文研究新探》，四川民族出版社，1992 年。

该文首先简要地论述了汉字词在朝鲜语中的历史地位和积极作用，论证了研究汉字词构词法的必要性，然后运用层次分析法依次分析了多素词中复合词和派生词的构词方式。在复合词中，首先分析了两个汉字词根间的语法结构关系，在此基础上，进而分析了由三个以上语素组合而成的复杂的复合词的层次结构和语法关系。最后该文指出，朝鲜语汉字词的产生和发展受古汉文的影响极大，因此书面性是朝鲜语汉字词明显的特点，汉语文言词的构词方式比较容易为朝鲜语吸收，而口语词的构词方式（如"香喷喷"、"糊里糊涂"之类）就不容易进入朝鲜语。

朝鲜语汉字词和汉源词　李得春撰，载《民族语文》2007 年第 5 期。

朝鲜语汉字词的历史已有数千年。无论上古、中古、近代还是现代，凡是从汉语引进来的都称为汉源词。来自汉语书面语的借词，成为汉字词，来自汉语口语的成为外来词。韩国汉字词从起源上大致可分为中国汉字词、日本汉字词、韩国汉字词三类。一、中国汉字词一部分已经国有化，在韩国人的意识中，被认为是固有词，而不是借词；二、日本汉字词占相当的比重，使用范围很广；三、有一部分词，是韩国自产汉字词，如"美货（美元）"、"日货（日元）"、"韩货（韩币）"。有些由韩国特有字和汉字结合构成的。

朝鲜语和汉语词汇对比　张兴权撰，载《中央民族学院学报》1984 年第 2 期。

朝鲜语和汉语分属不同的语系，由于它们在长期的历史发展过程中互相有联系，早已形成了"借用"语言的特殊关系。一、汉语从朝鲜语中吸收了一些语词。二、朝鲜语从汉语中借用了大量词语。包括借入一些音借词、汉字词。朝鲜语中汉字词并不都是跟有关汉语词对等的，有不少词的词义不同，若将汉语词逐字对译，有时词义会相差很大。朝鲜语中汉字词同汉语比较，在一些词语搭配上是有差别的。语言中有些个别词或词组按其词素意义不合乎逻辑，但确已成为现代语言中的社会习惯说法，因此要按约定俗成的原则加以处理。要根据上下文最后确定词义。汉语是带受事宾语的动词译成朝鲜语汉字词后，不一定都是及物动词。

朝鲜语和蒙古语的关系　洪起文撰，载《阿尔泰语文学论文选译》（续集），中国社会科学院民族所语言室，1982 年。

朝鲜语有不少官职名、职称名来自蒙古语，如"达鲁花赤"、"必闍赤"等。词汇的借用为数不少，但在语法上，自进入有史时期以来，未发现有什么借用关系。14 世纪以后，朝鲜创制了训民正音，其正音文字的制定受到了蒙古语的影响。朝鲜语和蒙古语的亲缘关系，不少人把朝鲜语和阿尔泰各语言联系起来，认为朝鲜语和蒙古语有亲缘关系。朝鲜语与阿尔泰语言是否有共同特征，现在还不能断言，但从词汇角度看，朝鲜语和蒙古语之间还未发现有什么同源词汇。朝鲜语和蒙古语的亲缘关系，要使这一问题得到完满的解决，今后还需进行更细致的工作。

朝鲜语基本词汇和词汇的构成中固有词汇和汉语词汇的关系 洪起文撰，载《少数民族语文论集（第一集）》，中华书局1988年。

（一）固有词汇和汉语词汇的区别及其区别的本质。朝鲜语的词汇可以分成两种：一种是固有词汇，另一种是汉语词汇。所谓汉语词汇，即指类似"人民 inmin"、"国家 kukka"等用汉字组成的词而言，固有词汇是指类似"saram 人民"、"nara 国家"等不是用汉字组成的词而言。（二）汉语词汇的发生和发展的历史过程。（1）使朝鲜汉字音形成一个独立的系统；（2）使汉文的特殊的诵读法有可能成立，同时并使它具有自己的发展历史。（三）新汉语词汇的使用过程。14世纪的时候，木花最初进入朝鲜，这个时候，朝鲜已经学会制造火药的方法，正因为在这以前，固有词汇里没有相当于这些的词，因此就采用像"木花"或者"火药"这样的汉语词。（四）汉语词汇的演变过程。语音演变的情况：在古朝鲜语中，一个词儿内的所有的音节一定有元音和谐律在那里起作用。随着这个现象，很久以前使用过的汉语词汇，就不得不根据上述的朝鲜语的规律而使元音起了变化。

朝鲜语教育面临的问题及解决途径 李得春撰，载《民族语文》1998年第4期。

时代的进步在给民族教育创造诸多有利条件的同时，也带来了一些新的问题。其中最主要的是新产生了一批朝鲜语语盲和文盲。语盲是因没有朝鲜语语境而产生，文盲是因没有朝鲜族学校而产生。这与朝鲜族人口的大流动有密切的关系。我国的改革开放是一次社会大变革。在这一变革中，朝鲜族社会出现了从边疆地区到发达地区，从农村到城市，从东北到关内，从国内到国外的人口流动。人口流动使其子女只能进汉族学校求学，他们必然会成为朝鲜语语盲。产生语盲文盲的另一原因是朝鲜族学生上汉族学校的人数逐年增加。解决途径：（1）应在朝鲜族人口流入较多的城市设立课外朝鲜语学校。（2）人口流失较多的乡村应在比以前更大的地域范围内设立朝鲜语教育中心。（3）抓好学龄前的朝鲜语教育，杜绝幼年期丧失母语的现象。（4）加强朝汉双语教育。

朝鲜语句法结构分析 宣德五撰，载《民族语文研究文集》，青海民族出版社1982年。

该文对朝鲜语各种句子成分的构成及句子的层次结构进行了分析，并根据各类句子结构的不同特点，对句子进行分类。作者对朝鲜语单句复句的划分提出了自己的见解。认为单句在结构上的特征表现为由主语、谓语、补语、定语、状语等成分构成，其主语和谓语是句子的主要成分。一个单句可以由一个主语和一个谓语构成一次表述关系，也可以由一个主语（或两个及两个以上的主语，即复主语）与两个或两个以上的谓语（即复谓语）构成一次表述关系。复句和单句在构造上的区别在于：单句是以句子成分为建筑材料构成的，而复句是以单句为建筑材料构成的。单句和单句通过一定的语法手段互相连接起来，它们彼此间仍保持相对的独立性，组成两次或两次以上的表述关系，这种句子就是复句，复句可划分为并列复句和主从复句两种类型。

朝鲜语句子结构分析 宣德五撰，载《民族语文研究文集》，青海人民出版社1982年。

该文首先运用层次分析的方法分析了同形异义的句子，指出分析句子必须从语法——逻辑关系出发，把句子的形式和内容结合起来分析。文章分析了各种结构的词组，阐述了单、复句的不同结构，论述了包孕句的结构特点，最后根据上述不同的结构，对句子进行了分类。

朝鲜语六镇话的方言特点　宣德五、赵习撰，载《民族语文》1986年第5期。

该文根据1982年中国朝鲜语普查工作队在东北各地记录的朝鲜语方言材料，提出朝鲜语六镇话可以独立为一个方言的依据。文章描述了朝鲜语东北方言（六镇地区庆兴话）的语音系统，对其与中北方言、西北方言在语音上的异同做了比较。举例说明六镇话保留了与元音 i 相结合的舌尖塞音和舌根塞音不变读为腭塞擦音；保留了 i 前的词首辅音 n，汉字词来母字的词首辅音 r 在 i 前面也读 n；中古朝鲜语中的 β 和 z 读作 b 和 s。这些现象与中北方言和西北方言各有异同。辅音 t、t′、n、s 能出现在半元音 j 前，则与这两个方言都不相同。在语法方面，六镇话有自己特有的黏附成分，如敬阶终止形黏附成分 kkwani、kkwaeni 等。此外六镇话还有一批独具特色的方言词。据此，该文得出朝鲜语六镇话应确立为一个独立方言的结论。

朝鲜语特异结构词浅析　金淳培撰，载《民族语文》1988年第5期。

朝鲜语中有一批结构较为特殊的词，这些词基本上都是声态副词和叹词。文章认为这些词可以称为特异结构词，并据此对朝鲜语中部分声态副词做了细微的分析，把这些特异结构词归纳为四种结构形式。A类，［vhc］chc，即前一部分能单独使用或解释，如 arrak-tarrak，花花绿绿；B类，vhc［chc］，即后一部分能够单独使用或解释，如 urssuk-purssu 坑坑洼洼；C类，［vhc］、［chc］，即前后两部分都能单独使用，如 umur-tsumur 支支吾吾；D类，［chcchc］，即不可再分析，如 osontoson 亲切、和睦的样子。A、B两类括号外的成分是谐音成分。文章认为朝鲜语的谐音词只是残留现象，为数不多，已失去了能产性。最基本的结构形式是A类。作者还以突厥语族、蒙古语族以及满—通古斯语的谐音词为例，与朝鲜语做了简单的比较。

朝鲜语谓词连体形的语法范畴浅析　宣德五撰，载《中国民族语言论文集》，四川民族出版社1986年。

朝鲜语谓词连体形所表示的语法范畴尚有一些问题没有得到解决。朝鲜和中国朝鲜语工作者都认为它们表示时制范畴，即四类连体形黏附成分分别表示现在时、过去时、将来时和过去持续时。但这种观点未能把连体形所表示的语法意义和谓语时制的意义区别开来。为解决这一问题，一些朝鲜语语法著作提出了相对时制的理论，认为谓词连体形所表示的时制与谓语时制不同。谓语时制是以说话时间为基准，确定现在、过去和将来。谓词连体形的时制则不是以说话时间为基准，而是以后面谓语所表示的动作、状态发生的时间为准，与之同时发生的是现在时，在它以前发生的是过去时，在它以后发生的是将来时。作者认为，与其把朝鲜语谓词连体形所表示的语法意义归结为时制范畴，不如归结为体的范畴。因为"体"表示某个动作、状态或性质处于何种状况。这样，就可以将朝鲜语4类谓词连体形黏附成分分别称为进行体、完成体、将行体和过去持续体。

朝鲜语音位学　马丁撰，载《民族语文研究情报资料集》，中国社会科学院民族所语言室1984年第3期。

该文通过发音成分、听觉特征和区别性对这三条途径分析了朝鲜语的音位。朝鲜标准语共有16个区别性发音成分：2个音高成分，5个元音成分，9个辅音成分。这些成分出现在四种序列类型中：同宽的、重叠的、连续的和中断的。该文使用五个音位分类标准，其结果也适用于听觉的和区别性对立的分析。除音高外，适用于其他成分的音位分类标准是：（1）成分或成分丛的同宽序列被认为是一个音位；（2）一个重叠的或连续的序列被认为多于一个音位；（3）一个中断序列被认为包括有停顿音位。运用这些标准的一个例外是对同宽序列的处理。当这一序列与重叠序列处于自由变异时；（4）如果这样一个序列的自由变异仅限于一定的环境，该序列则被认为是一个音位；（5）如果它不受此限制，则该序列被认为是两个音位。通过分析可以看出，按发音分析得出的音位类别，似乎是最令人满意的。形态音位学的结构和音位的历史发展都说明，从发音分析得来的音位类别比其他分析所得到的更为有用。

朝鲜语语法形式的意义特征　金淳培撰，载《民族语文》1986年第3期。

该文针对有人提出朝鲜语语法成分表示多种语法意义，因而有多义性的看法，讨论了朝鲜语语法形式的单义性和多义性问题。作者认为，形素是语法范畴的标志。作为黏着语的朝鲜语，其语法形态虽然在不同语言环境里，在一定范围内表现出多项意义，但这些义项均属同时表达多种语法范畴。因此朝鲜语的形素是单义而非多义，不应混淆语法范畴和它在一定范围内所概括的多项语法意义之间的界限。针对终止形黏附成分同时表达多种语法范畴问题，作者强调应从共时和历时的结合上来分析语言现象。从历史演变的观点来看，现在的终止形黏附成分是可以再切分的。作者运用23例说明了切分开的各个形素仍只表示一种语法范畴。该文论证了朝鲜语语法形态在特定语言环境里只表示一种语法范畴，因而其意义特征是单义性而非多义性。

朝鲜语中北方言的特点　宣德五撰，载《民族语文》1996年第5期。

朝鲜语中北方言在我国主要分布在吉林省延边朝鲜族自治州和黑龙江省牡丹江地区，是我国朝鲜语分布面积最广、使用人口最多的方言。该文通过与书面标准语进行比较，全面系统地描述中北方言在语音、语法、词汇等方面所具有的方言特点。中北方言明川话无论是在元音系统方面，还是在语音结构和语音变化方面，都与书面标准语存在着差异，同时，比起现代书面语来，中北方言也较多地保留了古音。在语法方面，与书面语相比，虽属同一个黏附成分，但在具体接缀法上存在着一定的差异；虽与书面语是同一个黏附成分，但语音结构上有所不同，可以说是同一个黏附成分在不同方言里的语音变体；书面语中没有而为中北方言明川话所特有的黏附成分。中北方言明川话在词汇方面与书面语相同的（包括方言略有不同的）词占大多数，不同的方言词只是少数。

朝鲜语中的汉字词　陈植藩撰，载《中国语文》1964年第5期。

汉字词指的是朝鲜语中由汉语词素构成，而按朝鲜语传统的汉字音韵读写的词。（1）汉字词的特点。书面性是汉字词的一个显著特点；与书面性相应的特点是汉字词的规范性。（2）朝鲜语的汉字读音。汉字音是指现代朝鲜书面语规范的汉字字音。朝鲜语的汉字音和汉语的读音自古就不相同，加上历史上各自的变化，现代朝鲜语和现代汉语北方话在汉字的读音上有相当大的距离。朝鲜语的汉字音系统基本上保存了中古时期汉语的语音特点。（3）汉字词和朝鲜语固有成分的关系。一般地说，固有词表示的意义范围较广，汉字词表示的范围较窄；固有词表示具体意义，汉字词表示抽象意义；固有词表示基本概念，汉字词表示带有附加色彩的特殊概念；固有词一般多为普通名词；汉字词则多用作专门术语。

朝鲜语中的上古汉语借词　潘悟云撰，载《民族语文》2006年第1期。

上古汉语带复辅音声母的词，借到朝鲜语中往往折成两个音节，而且后一个音节在弱化的过程中失去韵母，与前一个音节结合成一个闭音节。该文分两节：一、朝鲜语音史中的两个重要现象。指出朝鲜语没有起始复辅音；朝鲜语最后一个音节的韵母弱化失落。二、朝鲜语中的上古汉语借词。文章通过"丝、麦、马、力"等词的讨论，探讨朝鲜语中上古汉语借词的追踪方法及古代东亚民族的文化接触。

朝鲜族学校汉语文教学问题 崔吉元撰，载《中国少数民族语言文字使用和发展问题》，中国藏学出版社1993年。

汉语文教学在新中国成立后成为朝鲜族学校教育中的重要组成部分。朝汉双语教学改革问题成为教学改革的重点，而在朝鲜族的聚居区，汉语教学改革成为突出重点，社会对汉语文教学改革的要求迫切，以下讨论具体问题。现有的汉语教师队伍，培养一批汉族汉语老师同样很重要。改革现有教材：（1）应使教材建立在朝汉两种语言文化对比基础上，否则，没有针对性，不能解决难点；（2）低年级教材应自编；（3）对基础知识应深入研究，而且要合理地安排。难点要突出。如语音——汉语是有声调的语言，掌握声调很难，掌握它在语境中的变调更难。朝汉语的音位系统不同，其结合关系也不同，拼音和发音部分应注意。当然还有汉字，词汇，语法；（4）多做练习题。另外，汉语文课是实践性质的课程，教学应围绕着说、写、听、读的能力进行。

朝语情态问题研究 毕玉德撰，载《语言工程》，清华大学出版社1997年。

文章从格文法观点出发，探讨朝鲜语情态概念及其分类问题，对朝鲜语情态做了大量的分析，并给出了较为详细的说明。朝语中有些形态主要由一部分词尾加上一些不完全词（辅助词）构成，这些辅助词已经失去了原来的词汇意义。从其表达的语法概念出发，可称为"语法素"。朝语的情态概念中，大部分是由这样的形态来表达完成的。因此，朝语的情态素是由虚词（词尾）以及一部分虚词化的词（辅助词）来表达的。朝语的情态部分直接附着在谓词词干后，从朝语句子的结构角度看属于依存部，而依存部又分为本体依存部和终结依存部，其构成及顺序如下：本体依存部，体＋样式＋否定＋尊称；终结依存部，时称＋尊称＋传达＋语气（叙法）。总之，情态是一种综合性的和多角度的范畴，与语义，语用范畴密切联系。

潮汕方言和泰语的双向借词及其演变发展 林伦伦撰，载《民族语文》2006年第2期。

数百年来，汉语潮汕话与泰语有密切的接触关系。泰语借用了很多潮汕方言词，泰国的潮汕话也借用了不少泰语词。该文介绍两地（国）文化经济的交流背景，扼要介绍双方的词汇借用情况及借词的变化和流向潮州本地的现象。全文分三节：一、潮汕与泰国的社会经济文化交流的背景；二、双向借词分类简述；三、双向借词的变异和发展。

沉积在壮语中的"社会投影"——论壮族习俗特点 吴超强撰，载《云南民族语文》1993年第2期。

该文从壮语词汇探索广西壮族的习俗风尚，即通过壮语词汇反映壮族的生活生产习俗、称谓习俗和文化特点。例如称谓习俗。壮语 $luŋ^{31}$，是对伯父、舅父（母之兄）、姑父（父姐之夫）、姨丈（母姐之夫）的相同称呼；pa^{55}是对伯母、舅母（母兄之妻）、姑母（父之姐）、姨母（母之姐）的相同称呼。这些相同称呼，反映古代壮族曾经经历过的血缘婚制遗留下来的痕迹。因为原始社会的血缘婚制是以辈分划分婚姻，同辈互为婚配，近亲成员男女之间相互通婚的婚姻制度。在这种情况下，伯父与舅父、姑丈、姨丈；伯母与舅母、姑母、姨母，他们自然同一称谓。这就反映了壮族同辈亲属用同一称谓的习俗特点。艾思奇在《认识论和思想方法论》中说："一切名词都是现实世界客观事物的反映。""血缘婚制"虽然早已消失，但反映"血缘婚制"思想观念的词汇却还遗存。由于词汇的沿传年代久远，现在人们已意识不到其概念的渊源含义。但从语源学细致研究，人们常常可以从保存在语汇库中的旧日遗下的概念推断出这种概念所反映的社会现象来。这就是我们所说的沉积在壮语中的"社会投影"。

陈巴尔虎土语的格附加成分-sa： 包祥撰，载《论文与纪念文集》，内蒙古大学出版社1997年。

1980年夏秋之际，为适应培养硕士研究生和科学研究工作需要，内蒙古大学蒙古语文研究所组织8名教师和12名在读研究生分成7个组对国内蒙古语族语言和方言进行为期4个月的田野调查工作。蒙古语巴尔虎土主调查组由包祥和武达讲师（察哈尔人）、吉仁尼格在读研究生（乌拉特人）组成。其于七月初进入调查点开展工作。八月初的一天，调查组全体成员在住地整理调查资料和卡片时，有一个小伙子说了一句语三人都听不懂，请他重说一遍，并做了记录和录音。意思是清楚了，但进一步做语法分析，又出现了问题：两个词第一个外形和读音完全相同的附加成分-sa：显然就是在蒙古语鄂尔多斯等地口语，而第二个-sa：是形态相同而意义完全不同的东西。对比分析得出两点结论：（1）意义相同；（2）形态不同。陈巴尔虎土语的-sa：已以有了顺应元音和谐规律而派生出的-sa：，-sac，-so：等形式。

重叠方式在安多藏语中的运用 仁增旺姆撰，载《西北民族学院学报》1987年第4期。

该文讨论安多藏语中动词、名词、形容词、代词和象声词的重叠格式及其语法意义。重叠方式是指利用词根的重叠来表示一定语法意义的方式。动词有AA、AABB、ABAB等6种重叠方式，AA式过去时动词重叠后加nas表动作重复和持久，加la表动作或状态持续等。AABB式是将同义或反义AA式重叠经再次重叠后构成，用作名词性词组。AB-AB式将动词与时态助词gin构成的vgin形式重叠后形成，表反复或经常进行的动作行为。形容词有6种重叠形式，AA式可表比较，或共用一个词缀po表示程度加深。有许多本来是AA式的重叠构成AAAA式，表示程度加深；ABAB式是双音节形容词重叠后形成，也表程度加深；其他还有AABB式，AAmaA式等。名词有AA式和ABAB式，表时间、方位的名词重叠后可做副词。ABAB式将原具体事物概括化。代词只有AA式，泛指是总体事物。象声词有多种重叠方式。全文用例近百个。认为重叠方式是安多口语中重要的语法手段。

初论维吾尔语的结构 程试撰，载《新疆大学学报》1981年第4期。

分三种结构：（1）语音结构。维吾尔语的语音组成部分由音段和超音段两种语音结构组成。音段结构是指对维吾尔语口语中实际存在的语音音位的描述与分析。音段结构的最小单位是区别性特征。维吾尔语共有8个元音和24个辅音。如果把具有代表性的区别性特征的条件变体也作为音段来计算，那么维吾尔语共有38个音段音位，其中11个简单元音，27个辅音。超音段音位主要体现在维吾尔语的词、短语、句子当中的语调系统上，由音强、音高、语音的间歇和语调轮廓四个方面组成。（2）语义结构。一般说来，语义结构决定语法结构和语音结构，任何语句的表达都要按语义结构的要求在语法结构和语音结构上进行适当的调整。（3）语法结构。维吾尔语的语法结构包括词法结构和句法结构。粘着体的各种结构形式构成了维吾尔语词法结构的基础；表达句法结构的语法手段主要是词序、虚词、构形形态、语调等。

《楚辞》"女须"与彝语 $mo^{21}nyi^{55}$

陈士林撰，载《民族语文》1991年第2期。

该文联系彝语的 $mo^{21}nyi^{55}$ 对《楚辞——离骚》"女须之婵媛兮，申申其詈余"中的"女须"一词进行考证。文章指出，"女须"问题一直为《楚辞》研究者所瞩目，但时至今日如何理解还是个谜。从各种注本和论文看，关于女须的解释大体上分为两类。第一类：女字，楚女之通称；须者长女之称，女伴中之长者，女之有才智者。这一类解释无语言、历史以及民俗学方面的根据，女须与婵媛之解释互为前提，离开楚史、楚语和楚俗的综合研究都难以解决。《楚辞》的巫与灵同流而异派，而灵与女须为一派。彝语 $mo^{21}nyi^{55}$ 的 mo^{21} 相当于女的"女"，也相当于"灵女"的女，其词根的音义 nyi^{55} 相当于"灵女"的"灵"（声母 l、n、ny 交替互变）。证以"婵媛"为《方言》"日单口亘"之假借，则"女须"即凉山之 $mo^{21}nyi^{55}$ 无疑。有关词语用例约50例。

楚辞"兮"字说

陈士林撰，载《民族语文》1992年第4期。

该文联系凉山彝语语气助词 cci^{33} 分析研究《楚辞》中的"兮"字。文章首先分析"兮"字在《诗经》及先秦文献中使用的情况。"兮"字是楚骚的形式特点和民族特征之一。彝族先民据说来自古代的楚国。通过彝语对应材料的研究，可能给"兮"字的正确理解提供有价值的启示。（1）彝语语气助词 cci^{33} 用在句末和句中，与《屈赋》"兮"字的位置基本相同。与凉山 cci^{33} 有关联作用，与《九歌》句中的"兮"也兼有关联作用。（2）彝语 cci^{33} 有冀盼愿望、命令祈使、感叹、夸饰等意义，"兮"字也有类似用法。彝语修辞色彩的来历，可能是动词 cci^{33}（关心、拔除妖邪、诅咒）和名词 cci^{33}（生牲）的派生物。楚声、南音与巫风、神典之具体结合，可能是产生以用"兮"为特点的骚体形式特征的基础。（3）兮上古读 *rrie，中古音 *rriei。凉山的 cci^{33}，引吭高歌时有 zzi^{55}，与汉语兮音近。汉、彝语词用例70余例。

楚瓦什—突厥诸语言的一种新分类法

塔拉提·铁肯文、李增祥撰，载《语言与翻译》1992年第1期。

楚瓦什—突厥诸语言为今天居住在西起波罗的海沿岸，东抵鄂霍次克海沿岸，北到北冰洋沿岸，南达波斯湾这一广阔地区的人们所使用。从19世纪中叶到今天为了对楚瓦什—突厥诸语言进行分类，曾有过许多尝试，然而，没有哪一种分类是完整和令人满意的。对楚瓦什—突厥诸语言的分类所作的一种最新的尝试是由尼古拉·鲍培所作。鲍培正确地称这些语言为"楚瓦什—突厥语"，并将之分为6组。鲍培遵循普里将察克的设想，又进一步把克普恰克语组分为4个次语组。上述分类法都有一些方法上的缺陷，因而都是不完全的，也是不能令人满意的。为了对楚瓦什—突厥诸语言进行分类，笔者采用了以下语音 r/z 对应、a 音系的演变等等。并依据所制定的6条语音准则，将楚瓦什—突厥诸语言分为12个语组。并根据其语音特征再细分。

楚语和苗语词汇音义对照举隅

田玉隆、丰城撰，载《贵州民族研究》1983年第3期。

作者从《左传》、杨雄《輶轩使者绝代语释别国方言》秦晋方言以及《"郢"解》录出楚语总计127条与苗语东部方言逐一对比研究，来探讨楚语和苗语的关系，本文仅列举35条作为例证。楚语读音主要依据郭璞的注释，其次是《广韵》、《唐韵》，还参阅了《方言》疏证，和周祖谟《方言校笺及通检》。该文所说楚语和苗语相同，指的是一个词的读音和词义相同相近，不是指声韵母和声调的等同。作者在对比研究中发现扬雄《方言》现存楚语约200条，有110条与苗语东部方言相同或近似，占《方言》中整个楚语的53%强。从扬雄《方言》等著作中，可以明显看出楚语与苗语东部方言相同的比例最高，说明东部方言的苗族与楚王室的楚族关系最为密切。苗语东部方言和楚语不仅许多词汇的词义和读音相同，而且在语法和组词等方面也是相同的。现存楚语共有多少，其中与苗语相同的又有多少，全面情况有待进一步研究。

川西北藏区格什扎话音系分析 德泰·多尔者撰，载《云南民族语文》1995 年第 1 期。

格什扎话主要分布在甘孜州丹巴县、道孚县、炉霍县、新龙县和阿坝藏族羌族自治州的金川县和壤塘县，使用人数约有 5 万人。该音言的音系共有辅音、元音、声调和音节结构四部分组成。其中有单辅音、二合辅音、三合辅音等声母。单辅音声母各有 41 个。二合辅音声母各有 232 个。格什扎话中除了二合辅音声以外，仍保留着 23 个三合辅音。个别三合辅音声母与二合辅音声母可自由变读，其义完全相同。在格什扎话中单元音韵母有 10 个，卷舌元音韵母 7 个，复元音韵母 7 个，元音与辅音韵尾构成的复合韵母 14 个。从目前的研究来看，格什扎话中还未发现完全靠声调来区别词汇意义的，但声调与长元音兼有一些语法方面的作用。每个音节都有一定的声调，但有些随意性较大，因人因速度快慢而异。格什扎话的音节结构主要有 13 种类型。

从巴尔蒂话看古藏语语音 黄布凡撰，载《中央民族大学学报》1994 年第 4 期。

巴尔蒂话是巴基斯坦北部地区巴尔蒂斯坦 91%的居民所操的语言。国外学者一般视它为藏语西部方言。将巴尔蒂话与藏文作比较，可以看出巴尔蒂话较之于我国任何一个藏语方言都更接近于藏文所反映的古藏语语音结构。它的语音保存的古老成分较多，有的语音现象还反映了藏文规范前甚至创制前的某些语音特征。巴尔蒂话语音之所以保留了那么多古老成分，这与社会因素有关。9 世纪末吐蕃王朝崩溃后，巴尔蒂就脱离了吐蕃的羁绊，断绝了与我国藏族社会的联系，地理上又与我国藏区隔绝遥远，我国藏语三大方言的影响未能扩及那里，在语言上处于相对封闭状态。从《巴尔蒂语语音读本》中所列的 929 个例词来看，藏语只有 415 个，英语借词 19 个，其他 495 个词成分不明，但语音成分和结构多数与藏语相同。可见巴尔蒂话虽在词汇发展上有开放性，但在语音的发展上有保守性。

从比较句看布依语与汉语的内在联系 王国宇、王伟撰，载《汉语与少数民族语言关系研究》，中央民族学院出版社 1990 年。

（一）布依语比较句的词性结构。（1）体 1 + P + 体 2 式。体 1 代表比较成分，体 2 代表被比较成分，P 代表比较的结果，主要由形容词构成。例：我比你年纪大。（2）体 1 + P + 比 + 体 2 式。（3）体 1 + 比 + 体 2 + P 式。例：我的眼睛比你的眼睛亮。（4）体 1 + 否定词 + 比 + 体 2 + P 式。例：你不比我胖。（二）布依语比较句与闽南方言。（1）布依语：体 1 + P + 体 2 式。闽南话：甲 – A – 乙式。这类比较句不仅二者的句式相同，词性结构也是相同的。（2）布依语：体 1 + P + 体 2 式。闽南话：甲 – A – 比 – 乙式。（3）布依语：体 1 + 比 + 体 2 + P 式。闽南话：甲 – 并 – 乙 – A 式。（4）布依语：体 1 + 否定词 + 比 + 体 2 + P 式。闽南话：甲 – 否定词 + 并 – 乙 – A 式。（5）布依语：体 1 + P + 体 2 + 疑问词式。闽南话：甲 – A – 乙 – 疑问词式。（三）亲属语言的内在联系与文化因素，通过布依语与闽南方言的比较，不仅反映了两者在结构上的一致性，而且还说明了其共性远在先秦时代就有了。

从布依语的方音对比研究考察布依语声母和声调相互制约的关系 赞用明撰，载《贵州民族研究》1984 年第 9 期。

汉藏语系语言的声母同声调有密切的关系。一般是清声母出现在阴类调上，浊声母出现在阳类调上。可是从《布依语调查报告》一书的材料来看，清声母出现在阳类调、浊声母出现在阴类调上的现象也大量存在。作者利用方音对比研究,对这一问题作了解释。分析了水城田坎话所有声母哪些拼阴类调,哪些拼阳类调。从方音的对比研究,可以看出早期布依语的声母都有清、浊对立两套,后来随着语音的演变,有些丢失了前冠清音,如 b、d、m、n、ŋ、l 丢失前面的 ʔ,但声调仍属阴类,而保留下的声母属浊音或次浊音,调类似应属阳类而未入阳类。这就是古声母对声调制约的关系。此外,像擦单、塞擦音在早期也是分清浊的,清化以后表现为这些声母出现在阴、阳两种调类上。阳类调的原是浊声母,阴类调的原是清声母。

从布依语的汉语借词考察汉语调值的变化 曹广衢撰,载《贵州民族研究》1983 年第 3 期。

(1)布依语中的汉语借词,从语音特点上看,粗略地划分为两类:一类是早期借词,另一类是现代借词。这两类借词由于借入时间的先后不同,声调上的区别是相当明显的。现代汉语借词与当地汉语一样,出现四个或五个调类。汉语的阴平、阳平、上声、去声、入声等调类,布依语各地分别读作与汉语相同或相近的调值,调类并不一致,这是因为各地都按当地汉语调值直接吸收的缘故。(2)布依语、汉语里几个声类、韵类的对应关系。从声类看,汉语滂、并两母在早期和现代借词中无区别,一般读作 p。汉语奉母,在早期借词中大多读作 f。从韵类看,汉语之韵,在早期借词中有的读作 uu,有的读作 i,在现代借词中有的读作 i,有的读作 I。

从布依语的汉语借词探讨贵阳汉语阴平调值的历史变化 赞用明撰,载《贵州大学学报》1985 年。

早期贵阳汉语阴平调值已无法查考。但从这一地区的二类借词读作布依语的第三调的情况来判断,贵阳汉语阴平的调值在近数百年中有过变化。从听感来体会,调值的差别比声母、韵母的差别要明显一些。因为贵阳汉语的调值在历史上有过变化,所以这一地区的布依语以自己的调值去适应汉语借词的调值,结果从调类的角度看,布依语相配的情况就出现了差异。云南、贵州和四川等省的汉语统称西南官话。它的形式,上限是 1381 年即洪武十四年,在这以前,布依族早已定居贵州了。如《元史》地理志上说,布依族很久以前就居住在栖求(今贵州长顺县)一带地方;清代的史籍中也提到独山地区的布依族是"自古土著之人"。我们认为二类借词来自数百年前的贵阳汉语,跟别的汉语方言没有什么关系,这跟史书上的记载是吻合的。

从持阻段的时长看朝、汉两种语言塞音的差异 俞春喜撰,载《现代语音学论文集》,金城出版社 1999 年。

朝鲜语和汉语都有相同位置上的塞音,但朝鲜语塞音以不送气松音、不送气紧音、送气音的三个系列音形成对立,而汉语则是不送气音、送气音两个系列音形成对立。文章利用声学实验对比分析了朝、汉两种语言塞音的持阻段时长,证明在词首朝鲜语不送气松音并非与汉语不送气塞音相近,与汉语不送气塞音相近的是朝鲜语不送气紧音。该文测量的声学参量是朝、汉两种语言的塞音持阻段时长。结论:(1)在测定词首位置塞音持阻段时,在它前面加摩擦音 s-就能证确测定持阻段;(2)持阻段时长是区别朝鲜语不送气松音和不送气紧音的声学特征。(3)朝鲜语塞音中齿龈音的持阻段最长,汉语的双唇音持阻段最长。(4)紧音的长持阻段是发音部位紧张的必需条件,汉语也一样,但发音方法上不受松音和紧音的限制而自由发音。

从词的结构、搭配和词义转变谈突厥语言史的研究 董文义撰,载《西北民族学院学报》1991 年第 4 期。

该文以土耳其语和维吾尔语为例,从对词的结构、搭配和词义转变的分析中探讨了突厥语言史的研究问题。（1）词的结构特点差异。突厥结构词、构形词尾和词缀最多的词类是名词、动词、数词，其次是形容词和副词。土耳其语和维吾尔语这些词类的词尾的差异主要表现为这个语言已消失，那个语言尚保留的词尾；土耳其语中有严密的和谐律的词尾，而在维吾尔语中已经变成较简单的和谐律的词尾。（2）词的结合搭配特点差异主要表现为，有的结合搭配说明在突厥语言的历史发展过程中，两个语言的分流变化状况不同，结果导致词的搭配方式不同；有些同义同源词在两种语言中的使用范围有较大差异。（3）词义转变特点的差异表现为，维吾尔语中的某些单义词在土耳其语中变为多义词；原有词加词尾后，在土耳其语中变为多义词；两种语言中有同音但不同义的词。

从词汇比较看西夏语与藏缅语族羌语支的关系　孙宏开撰，载《民族语文》1991年第2期。

西夏语属藏缅语族。本世纪初，美国学者劳费尔首先提出它属于彝语支以来，得到国内外学者的普遍赞同。该文通过西夏语与藏缅语族的藏语支、羌语支、彝语支、景颇语支、缅语支中部分语言中的800个左右常用词的比较，列出了不同层次的同源词，其中西夏语与藏缅语族大部分语言都同源的有90多个，约占词汇比较总数的11%，说明西夏语属于藏缅语族是没有问题的。西夏语与彝语支、羌语支都同源的词有130多个，占词汇比较总数的16%左右。西夏语只和羌语支同源的词有120个左右，占15%左右。西夏语只和彝语支同源的词约有30多个，占4%左右。至于西夏语和其他语支的同源词则更少，由此可以得出结论：西夏语词汇上最接近羌语支，其次才是彝语支。结合西夏语在语法上也非常接近羌语支，因此作者认为，西夏语应该属于藏缅语族羌语支，它的地位应在羌语支的南支和北支之间的一个联系语言。

从词汇上看台湾原住民族语言与黎语的关系　欧阳觉亚、郑贻青合撰。载《寻根》杂志2004年第2期。

台湾原住民高山族各种语言属南岛语系。国际上有些学者认为汉藏语系壮侗语族与南岛语系的印度尼西亚语族有渊源关系。黎语以及壮侗语与南岛语一些语言的关系还是明显的。文中列出31个词（猪、熊、头虱、月亮、水、火、孩子、眼睛、腿、屁、屎、肩膀、田、芝麻、船、箭、吃、落、洗衣、哭、飞、死、深、黑、你、你们、我、这、二、十、五），其中台湾的卑南语、阿眉斯语分别有20个和19个词与黎语壮语相同。邵语有15个，鲁凯、布农、萨斯特、耶眉、排湾都在11个以上。而泰耶尔、赛斯特、邹、沙阿鲁阿、卡那卡那布与黎语壮语相同的都比较少。通过对比，作者得出如下的判断：（1）从材料可以推出，在远古时期，台湾原住民族跟黎族或壮族有过密切的接触，可能使用过相同语言的不同方言，由于分离过于久远，以至于整个语言面貌变得面目全非了。（2）台湾原住民族语言与黎语相同的词都与壮语相同。说明台湾原住民族还在大陆的时候，其语言与黎语或壮语尚未分化，都使用着古越语或不同的方言。台湾原住民族离开大陆后，黎语与壮语逐渐分化，词汇也各自创新，因此，黎语与壮语不同的词，与台湾原住民族语言也不同。（3）从词汇异同程度看，台湾原住民族语言跟黎语分离的年代要比黎语与壮语分离的时间长许多许多。（4）从台湾原住民族语言的差异程度来看他们不是在同一个时候到达台湾的。北部和中部山区的泰耶尔人、邹人、卡那卡那布人、沙阿鲁阿人到台湾最早，东部的阿眉斯人、卑南人来台湾的时间比较晚。（5）他们到台湾的路线，西来的、南来的都有。不管从西面来还是从南面来，都是从大陆渡海而来。

从词源关系看藏缅语名量词演变的历史层次　戴庆厦、蒋颖撰，载北京大学《语言学论丛》总 34 辑。

文章的论证证明，通过词源比较确定名量词的产生层次是可行的。藏缅语是名量词发达的语言，名量词出现的层次大致是：先有非标准度量衡量和集体量词，这是原始藏缅语最古老的量词，然后才有个体量词。个体量词中，反响型量词出现最早，它是个体量词丰富发展的中介，起到了承上启下的作用。此后才有性状量词、类别量词、通用量词，这几类量词的出现，是藏缅语量词丰富发展的突变。量词不发达的语言，也是最先出现非标准度量衡量词和集体量词，没有反响型量词，而且性状、类别量词数量也不多，个体量词通常可用可不用。标准度量衡量词大多数语言都是近代通过语言接触后才产生的。名量词演变的历史层次，反映了藏缅人对量的认知的逐步深化。

从傣语表"洗"的词看词义的抽象　虎月放撰，载《民族语文》1991 年第 1 期。

该文从傣语表"洗"的词入手，探讨了词义的抽象问题。德宏傣语表"洗"的词有 tuk⁷"洗（头）"、suk⁸"洗（脸、手、脚、菜）"、la：ng⁴"洗（衣物）"、fon¹"洗（碗）"、a：p⁹"洗或刷（锅）"、a：p⁹"洗（澡）"等。有的语言学家认为，先进民族的语言概括性强，而落后民族的语言概括性弱。针对这一观点，文章认为"并非完全如此"，因为人的记忆和语言的可代码性有关，不同的语言对同一客观事物的可代码性可能是不同的，人们对语言中可以用单词去标志的事物容易记住，对那些不用词去标志而只能用词组或描述性的句子加以说明的事物则不容易记住。比如汉语对"雪"的可代码性低于爱斯基摩语，对"雨"的可代码性低于日语。同理，现代汉语对"洗"的可代码性低于傣语。

从地名看温州的移民　盛爱萍、王建华撰，载《民族语文》2005 年第 4 期。

温州地处浙江南部，春秋战国时期居住着剪发文身的"瓯越之民"，魏晋之后闽方言人分布于此，唐以后又有畲族的移民，这些不同语言的使用者都留下他们的地名。经过漫长的岁月，形成了温州历史文化的一个重要特征，即移民文化。文章分三节：一、古瓯越语的遗存；二、畲语地名；三、闽客地名。人们可以在这些地名中考察和印证人口迁徙的历史，印证民族间接触和融合的历史。

从电脑统计结果看白语语音特点　戴庆厦、赵富芬撰，载《电脑辅助汉藏语词汇和语音研究》，中国藏学出版社 1996 年。

该文使用电脑统计方法分析白语的语音（包括音节特征、韵母特征、声调特征、声母特征等），并将其与藏缅语族其他亲属语言进行比较。统计比较的结果表明，白语的语音特征既有与亲属语言相同的特点，又有一些显著的不同特点，如松紧的来源、声调的分化等。白语比较接近哈尼语，与景颇语相比，差异略大。白语虽接近于哈尼语，但有一些特征，特别是一些深层结构特点不同于哈尼语。因此，如果从这个统计结果上看，白语在藏缅语中应列为与哈尼语、景颇语平行的独立语支，其位置稍接近于彝语支。当然，确定一个语言的系属，光以语音为标准是不够的，还应考虑词汇、语法以及其他方面的因素，全面衡量。该文作者只是想从语音统计上为白语系属的划分提供一个方面的依据。

从动词与名词格的关系谈维语动词的分类　米娜瓦尔·艾比布拉撰，载《民族语文》1995 年第 2 期。

该文根据维吾尔语动词与带各种格的名词的组合能力、组合关系将动词分为自足动词和要求格的动词。根据动词的语义特征及构词形式又分成若干小类。维吾尔语动词的分类原则为：（1）从动词与名词的组合中区分不同性质的动词；（2）动词分类的层次性和多面性；（3）多义动词的义项同名词各格的关系。自足动词是不需要同带格的名词性成分组合来充实所要表达的内容，其本身就能完整地表达主体的动作、变化状态等，并能独立地同表达主体的名词组成短语或句子的动词。可分为：（1）不涉外动词；（2）包括固定客体意义的动词；（3）交互动词。要求名词格的动词表示某一主体的行为动作、心理活动、生理状态，它直接作用、影响、涉及另一些带格的名词性成分，如果这些名词性成分不存在，动词的语义就不完整、不清楚，甚至在句中不能独立运用。可分为：（1）要求单项格的动词，包括宾格、向格、位格、从格；（2）要求双向格的动词，包括宾格—向格、宾格—从格、从格—向格。

从侗台语看上古汉语高元音问题 韦景云撰，载《中央民族大学学报·增刊·壮侗学研究》1997年。

上古汉语有无高元音，文章从音韵结构和上古汉语极为近似的侗台语入后，认为上古汉语存在高元音。古人认为上古汉语没有低元音 a，今人认为没有高元音 i/u。这都是各走极端，其根本原因就是把"之"部拟定为央元音之故。作者通与侗台语的比较，认为"之"部应构拟为 ɯ。壮语邕北土语把汉语的-u 尾在汉借词中读为-uu 尾。侗台语内部的固有词也存在 i 和 ɯ、u 和 ɯ 对应的情况。从语音类型学角度看，历代语音学家对上古汉语阴、阳、入三种韵尾配合的拟音一直存在某种结构上的缺陷，把"之"拟为 ɯ 就填补了这一空白：-i、-m、-p；-u、-n、-t；[-ɯ]、-ŋ、-k。

从侗族构词看侗族的文化 潘永荣撰，载《贵州民族研究》1998 年第 2 期。

（1）从侗族亲属称谓的构词看侗族的文化。侗族亲属称谓丰富多彩，语义特征错综复杂。侗族亲属称谓长三辈以上和晚三辈以下的宗亲与外亲同称，这反映出侗族社会母权制特征在文机制上的文化痕迹。（2）从抽象词的构主理来看侗族的文化。比如，侗语对"洗"的概念表达非常多，施动对象不同则构词不同，却没有确定一个总的要领性构词。这些是由于其民族所处的自然环境以及生活方式，生产习俗等异造成的，而不是语言本身所限。（3）从形象词的构成看侗族构词的联想及其有关文化。在侗语里有些词很容易能够引起人们对现实中某种形象的联想。例如，侗称"向日葵"为"米太阳"，称"木耳"为"鼠耳菌"。（4）从自然现象和方位构词看侗族初民社会对自然现象的揣测与方位观念。例如：侗语把"虹"称为"龙吃水"，并在"龙吃水"时忌喝水、挑水、忌用手指它。

从对比角度看维吾尔语副动词多谓项结构 许伊娜撰，载《语言与翻译》1998 年第 2 期。

维吾尔语中的副动词在句法构造中具有重要功能，由动词词干结合副动词形式语缀构成，属动词范畴。在句中，位于动词谓语之前或后，表示动词谓语的行为方式或特征、时间、目的、原因、条件等，是主要行为的补充，是谓项成分。通过对比分析，该文认为：（1）维语副词以形态标志区别于汉语的动词和动词结构。汉语中相应的动词和动词结构以语序加某种辅助词的手段。（2）维语副动词多谓项结构在汉语中相应的表达可分为单句或复句，单句用动词或动词结构连续排列的方式表示，而复句中副动词用分句的动词谓语表示。

从动词与名词格的关系谈维语动词的分类 米娜瓦尔·艾比布拉撰，载《民族语文》1995 年第 2 期。

根据动词的语义特征及构词形式又分成若干小类。维吾尔语动词的分类原则为：（1）从动词与名词的组合中区分不同性质的动词；（2）动词分类的层次性和多面性；（3）多义动词的义项同名词各格的关系。自足动词是不需要同带格的名词性成分组合来充实所要表达的内容，其本身就能完整地表达主体的动作、变化状态等，并能独立地同表达主体的名词组成短语或句子的动词。可分为：（1）不涉外动词；（2）包括固定客体意义的动词；（3）交互动词。

从方言比较看豪尼话的语音特征　王尔松撰，载《民族语文论集》中国社会科学出版社，1981年3月出版。

　　文章从语音方面论述哈尼语两个方言的特征。哈雅方言绿春县大寨话的塞音、塞擦音和擦音都分清、浊两类，而豪白方言墨江县水癸话的塞音、塞擦音只有清音没有浊音，只有擦音分清浊。大寨话的浊塞音和浊塞擦音在豪尼话里都读清音，大寨话不送气的清塞音和清塞擦音则一律读成送气的清塞音和清塞擦音。大寨话的元音各分松紧，而豪尼话的元音只有一部分分松紧，有些紧元音的松紧对立已分化为不同的元音。哈尼语七第话的塞音、塞擦音也分清、浊，但浊音只出现在紧元音音节，不出现在松元音音节，表明浊的塞音和塞擦音已出现局部消失的现象。伴随这种现象出现的是，原来不送气的清塞音和清擦音，可以自由变读为送气音。七第话的这种语音现象，显示了清音和浊音从对立到不对立的演变过程。这三种话在塞音和塞擦音上的特征，反映了哈尼话清浊音发展的三个不同阶段，即绿春话古些，清浊对立；七第话处于过渡阶段，浊音开始消失。豪尼话变得快些，浊音已消失。浊声母清化、紧元音松化是豪尼话语音发展的两个重要特征。

从方音比较看古侗语中的喉复辅音声母　龙耀宏撰，载《侗语文集》，贵州民族出版社1993年。

　　文章第一部分提及以前学者认为侗水语支有复辅音。由于侗语经历了简化合并的过程，对复辅音声母的构拟有困难。从方音对应以及从与台支其他语言对比可看出侗语古复辅音消失留下的遗迹。另外，介绍一些学者的观点认为侗台语那些双音单纯词的声母与复辅音有关，如"鸡胲"高坝读 $tap^7 lap^7$，石洞老人仍读 $tlap^7$，邦寨读 tap^7，说明声母经历了双音—复辅音—单音的过程。第二部分列出来源于 *kl/r、*khl/r（*gl、*ghl）的例字共55个，并列出侗语其他方言及侗台语其他语言的情况。第三部分对上述例子进行分类，第一种侗语可以构拟为复辅音声母的；第二种在亲属语言为复辅音声母的；第三种原始台语已被构拟为复辅音声母的。宋代以后侗语复辅音消失。宋史的"仡伶"指侗族，自称 kam 或 tjam，就是复辅音 kl 声母的记录。

从附加成分看僮语的词类　王泽宏撰，载《中国语文》1957年第1期。

　　该文从附加成分来探讨僮语的词类。在汉藏语系语言里，有一些语言如僮语词形变化比较缺乏，在词类的划分上产生困难。关于僮语词类划分的标准，作者的意见是，可以根据各类词所固有的附加成分，划出名词、动词、形容词。名词（指飞禽走兽虫鱼、植物名称）前面都要加"tu^{33}"或"ko^{33}"，加上去之后，在词汇意义上和语法功能上都不起什么变化。动词后面可以加原来动词的声母作附加音节的声母，再加"ɯ"作韵母所构成的音节，声调是高平。加上去之后，在语法功能上起一些变化，带有"随便"的意思。形容词的后面可以加上附加成分，有加一个音节和加两个音节的，加一个音节互为双声，加两个重叠音节的，加上去以后，表示事物性质及状态程度的加深。总之，可以根据这些附加成分，作为划分词类的主要标准，为僮语划分词类开辟一条道路。

从复辅音声母的对应看仡佬语和侗台诸语言的发生学关系　李锦芳撰，载《民族语文》1997年第3期。

　　对仡佬语的亲属问题至今仍有不同见解。仡佬语声母丰富,古代声类保存较多,其中复辅音声母较丰富,大部分复辅音声母字与侗台语言具有对应关系,我们认为仡佬、侗台语言这一部分字具有同源关系而且是建立在语音对应基础上的同源关系,从而从一个方面论证仡佬、侗台语言具有发生学关系。我们认为仡佬语可与布央、普标、拉哈、拉基、木佬语组成一个较松散的侗台语族属下的"仡央语支",仡佬语复辅音声母字同时与其他仡央语言和台、侗水、黎语支等侗台语言对应。仡佬语与布央等语言的发生学关系还没有得到充分论证,该文将同时寻求仡佬语复辅音声母字和"仡央语言"及其他侗台语言的对应关系,以期在证明仡佬语与壮、侗、黎等语言具有发生学关系的同时也说明仡央语支虽不如台、侗水、黎三支内部关系那么密切,但也具有较紧密的联系。

从姑姨舅类称谓看海南语言间的相互影响 刘剑三撰,载《民族语文》2010年第2期。

汉语的伯、叔、姑、舅、姨等称谓,早在汉代以前就已经定型。父之姐妹、母之兄弟和母之姐妹不分长幼。而现今海南各汉语方言中这种称谓系统却发生了很大变异。各汉语方言既不注重父系母系之分,也不注重血缘关系和婚姻关系之分,只区分长幼和男女。这些称谓特点与普通话大相径庭,却与岛上的少数民族语言如出一辙。这种趋同应该是语言接触和影响的结果。黎族最早定居海南,临高人比闽语人或其他汉人早到海南,因此汉语各方言的人处于弱势的地位。长期接触中接受少数民族语言的称谓习惯,自然就产生一些与北方汉人不同的称谓。

从古歌谣中的地名探溯拉祜族先民迁徙路线 张蓉兰撰,载《民族语文》1994年第4期。

该文用社会语言学的理论和方法,对拉祜族古歌谣和传说中的一些地名进行研究和考证,从而为澄清拉祜族先民的发祥地、族源及迁徙路线提供了语言学依据。文章首先对拉祜族古歌谣和传说中的9个地名连起来考察,从而证明了拉祜族先民古代从北向南迁移的路线。文章认为拉祜族古歌谣和传说中的 mi^{31}(地)ni^{33}(红)tɔ^{31}(坝子)qho^{53}(上),地名的意思是"黄(或红)土高原",即现在甘肃交界的河湟一带。河湟地区就是拉祜族先民的发祥地。从地名分布的脉络看,拉祜族先民是在古代从青海进入四川,再从四川进入云南两次迁徙的。这两次迁徙分别从三条路线进入。这种分析与亲属语言的比较和历史资料相吻合。

从广东方言中体察语言的交流和发展
岑麒祥撰,载《中国语文》1993年第4期。

该文章分四节:一、广东方言的类别和历史背景。二、广东方言和壮语的关系。三、北方汉语对广东方言的影响。四、广东方言的特点和词汇的发展。该文是岑麒祥先生有关汉语与少数民族语言互相关系的文章。第一节把粤语即广府话分为:粤海系、台开系、高雷系、钦廉系4个小系。把客家话分为嘉惠系、北江系、粤南系3个小系,把闽语(福老话)分为潮汕系、琼崖系两个小系。文章谈到广东方言之所以有这么多分支,主要是由于民族迁徙和混杂的结果。广东西部中部和南路一带的原始土著与壮侗语族同属一系属,被南来的汉人同化后,与汉人分不开了。他们所操的语言就成了现在的广府话。第二节谈到土著语言受到汉语的影响而起了变化,现在的广东方言无论从哪一方面来看,都已经是属于汉语系统了。但古代的越语在现代的广东方言中留下了一些"底层"。文章列出广东方言中的古越语底层。如在语音方面,壮语的语音系统与粤语很近似,广东西部和"四邑"有一个舌尖边清擦音,广西各地都有这个音;古代汉语的明、泥、疑、来等浊声母,只能跟阳类调相配,但口语的 m、n、ŋ、l 等声母除了跟阳类调相配之外,还可以跟阴类调相配。这一特点与壮侗语相同,很可能是古越语的遗迹。广州话一些方言词与壮语相同。在语法上，广州话也有一些是古越语的遗迹。另外广东有许多地名都冠以"那""六""禄"，这也是古越语的遗留。第三节谈北方汉语对广东方言的影响。由于北方汉人不断南下和文字的影响，使广东方言保持与北方汉语在词汇上的共同性，所以与北方汉语的距离不算太大。第四节谈广东方言的特点，广东方言有一些保留汉语的古词，有部分新创词，有一些外来词。

从哈尼语方言亲属称谓比较看哈尼族婚姻家庭形态的演变 王尔松撰，载《彝缅语研究》，四川民族出版社 1997 年。

该文通过哈尼语三个方言点亲属称谓的分析，并结合历史文化进行横向和纵向考察，论述了哈尼族古代婚姻家庭形态及其演变。哈尼语亲属称谓词语反映了哈尼族古老的亲属关系。兄弟、姐妹、夫妻等称谓的不同形式比较能说明古代哈尼族曾有过血缘群婚制的血缘婚姻和血缘家庭。朗格和话不分性别的通性称谓表明经历了漫长的血缘群婚的历史阶段，而父母辈称谓区分长、幼，表明即使在群婚制下，也有一定的婚姻规范。绿春话不同语音形式的夫妻称谓和表示群体范畴的称谓，反映了集体联姻及其相庆家庭的特征。"生身父亲"概念的出现表明群婚已向对偶婚过渡。全文亲属称谓表 3 个，占全文 1/4，用例 100 条/个。文章系统地分析了哈尼族亲属称谓与婚姻家庭形态，指出哈尼族亲属称谓反映了古代社会极复杂的社会关系。

从汉借词看侗台语的送气声母 曾晓渝撰，载《民族语文》2009 年第 2 期。

该文在比较高田壮语、三江侗语、三洞水语里不同历史层次汉语借词声母特点的基础上，观察分析壮、侗、水语里送气声母的表现差异，说明语言接触对语音演变所起的作用。全文分四节：一、高田壮语里中古汉借词声母特点；二、三江侗语里汉语借词的声母特点；三、三洞水语里汉语借词的声母特点；四、从汉借词读音分析壮、侗、水语里送气声母的发展。文后的结语说，通过比较中古汉语与壮、侗、水语里汉借词相关声母对应关系的差异，可以认为侗台语言送气声母的产生时间是参差不齐的。水语最早产生送气塞音，侗语次之，北部壮语最晚。

从汉台语言的数词是否同源说起 梁敏、张均如撰，载《民族语文》2004 年第 2 期。

该作者指出人们往往把壮、泰、侗、水诸语言的数词与汉语数词基本相同的情况作为汉台同源的例证，认为数词是人类语言中最基本的概念，很少互相借用，而且彼此的数词声、韵、调的对应很整齐，肯定是同源词。但作者认为侗台两语支的语言可能是例外。并认为在距今四五千年前，黎族先民迁往海南岛前，侗台诸语言的数词还没有产生，数词是他们分离之后才各自产生的，所以黎、仡央语支跟壮傣、侗水语支的数词不同。而壮、傣、侗、水诸语言的数词刚萌芽的时候就接触到汉语数词系统，就直接吸收到自己的语言里来了。所以，壮、傣、侗、水语言的数词不是汉台同源词。

从汉语量词的发展看壮侗语"数、量、名结构"的词序变化 覃晓航撰，载《广西民族学院学报》1988 年第 1 期。

汉藏语系的量词是后起的。汉语和壮侗语族语言最早都无量词，计数时是数词直接和名词组合。名词在前，数词在后，即：鸡一、牛二、猪三。约在先秦时汉语和壮侗语言都产生了量词，有了"名、数、量结构"，即：马三匹、鱼五条、猪一只。现在傣、泰、老挝语还保留这种结构的词序。汉朝以后，汉语变成了"数、量、名"的词序，即：一只鸡、两头羊、三匹马。多数壮侗语族语言也变成了这种词序。作者认为这是受汉语影响的结果。汉文化对南方诸民族的影响是从东往西扩展的。东南、中南壮侗诸语言较之于西南语言最早受到汉语的影响，其数量词组置于名词之前最早形成。傣等语言处于南方最西端、地域偏远，受汉语影响较晚，因此"名、数、量"的原始词得以保留。

从核心词分布看汉语和侗台语的语源关系　陈保亚撰，载《民族语文》1995年第5期。

该文通过考察斯瓦迪什200核心词在印欧语及汉语各方言中的分布情况，发现基本词汇甚至核心词都是可以借用的，而且能形成语音对应规律；而且语言接触是有阶的，越是核心的词汇受到冲击的量越小，时间越晚。作者据此把核心词分为前100词集和后100词集两个不同的阶。在语言接触中，前100词集的关系词比例低于后100词集，在语言分化中则正好相反。据此分析侗台语以及汉—侗台语的关系词分布情况，根据统计材料，侗台语内部各语言间的关系词都是前100词集高于后100词集，因此断定侗台语群诸语言确实存在亲属关系；而侗台语群每个语言和汉语的关系词都是前100词集低于后100词集，所以应当承认汉语和侗台语的密切关系是接触关系。鉴于汉语和侗台语有大量关系词，作者认为汉台语之间的关系是语言联盟关系。该文详细罗列了200核心词中的汉台关系词，后面附了分阶后的200核心词。文章提出了判断语源关系的一种新方法。

从金代的金银牌探讨女真大小字　和希格撰，载《内蒙古大学学报》1984年第3期。

1972年冬，在河北省承德附近发现了金银牌各一面；1975年在黑龙江省伊春大丰遗址发现了一面与承德式样相同的金牌；1976年，在苏联赛加古城遗址发现一面女真字银牌，考证这些出土的金银牌的年代及其相互关系，特别是研究契丹大小字和女真大小字等问题有着重大意义。(1) 自汉代的竹使符到宋的"敕走马银牌"，后者是从前者继承、发展而来的。这对于探讨辽金符牌创造了极为有利的条件。(2) 辽代没有金牌，只有银牌。(3) 关于金银牌上文字的探讨。可以认定金银牌上的文字是契丹小字，其义既不可能是"宜速"，也不会是"准敕急递"、"急速走递"，而应是"走马"。因为根据契丹小字的解读方法，两个契丹字一般能表达两个汉字，很难包括"急速走递""准敕急递"这样的四个汉字。(4) 金银牌对女真大小字问题的启示。女真小字是熙宗天眷元年（1138年）正月颁布的；皇统五年又有初用小字的记载。第二次铸牌当颁布女真小字的七年之后，为初用女真小字的两个月之前。所以，牌上的字是熙宗颁布的御制女真小字无疑。

从库库门恰克语与蒙古语元音比较看蒙古语语音史的一些问题　确精扎布撰，载《民族语文》1985年第2期。

库库门恰克语与图佤语有密切关系，不仅有古突厥语的特点，而且还保存着相当古的蒙古语的一些特点。库库门恰克语的词汇约有40%同蒙古语有关。作者从短元音、长元音、复合元音、元音和谐律四个方面对库库门恰克语和蒙古语的书面语、察哈尔、巴林、科尔沁、卫拉特等方言土语进行了比较，构拟了语音演变过程。指出，库库门恰克语在非第一音节里短元音仍然能区别意义。在与现代口语长元音对应的蒙古书面语"音组"里，两个元音之间的 rr/g、b、y 和库库门恰克语的喉壁清擦音对应。与蒙古书面语长元音音组（前后两个不同条件下）相比较，库库门恰克语的相应情况比较复杂。在库库门恰克语里，与蒙古书面语的复合元音音组对应的有元音加辅音 zz 的音节，可能反映了蒙古文所标记的实际读音。从库库门恰克语里的 eozz 推断，蒙古书面语里必有过 oyi 这种音组。

从拉布古孜的《圣人传》看突厥语的语音变化　买提热依木·沙依提撰，载《民族语文》1996年第3期。

该文以拉布古孜于 1310 年写成的《拉布古孜圣人传》为依据，与喀喇汗王朝的两部重要著作《突厥语词典》、《福乐智慧》以及《鄂尔浑碑文献》中相应的词语作比较，说明其语音变化。这些变化有：元音的交替，包括非圆唇元音的圆唇化、圆唇元音的非圆唇化；辅音的交替；语音的脱落，有分元音的脱落和辅音的脱落。该文实例较多，约占 4000 字。在结论部分，作者根据上述实例，总结了突厥语族某些语言语音变化的主要特点共 13 项。例如：词缀中的语音比词干中的语音易发生变化；构形词缀比构词词缀易发生音变；重读音节中的语音因受增加词缀而重音随之后移的影响而发生音变；词干中最后的收尾辅音容易受影响而发生音变；出现在两个元音之间的辅音易受影响而变为浊音；使用频率低的语音易发生音变，等等。

从黎语词汇看黎族社会的发展 赞用明撰，载《中央民族大学学报》1995 年第 5 期

语言是人类生存的必要条件，是一个民族赖以存在和发展的不可缺少的工具，它记载着社会的变化和历史文化的情况，从语言的词汇中，我们可以看到社会发展的概貌。本文通过对一些基本词汇的比较，探讨了黎族迁居海南岛前，与早期侗泰语诸民族的一些社会文化背景。语族同源词，是同语族的人们的分化之前就产生并共同使用的词汇；分化后，这些词汇在语音上或继续保留原来的特点，或改变了其中的某一成分，但其变化是有规律的。通过比较，可以看出它们之间的共同来源。由于同源词在语言的词汇体系中出现最早，并且保留在分化后的亲属语言里。它们与使用该语言的民族的日常生活有着密切的关系。毫无疑问，对这些"语言化石"的探讨，将有助于我们了解使用这一语言的民族早期社会的面貌或更前时期的状况。

从《满达词典》看达斡尔语的语音脱落现象 恩和巴图撰，载《内蒙古大学学报》1994 年第 2 期。

《满达词典》即《满汉达呼尔合璧词典》，是一部分类词典，共分 36 类，收词约 3000 条，借用满文字母拼写而成，完成于清光绪十八年（1892 年）。《满达词典》同现代达斡尔语口语进行比较，变化最为明显的是一些词有语音脱落现象。（1）元音的脱落。有的词第二音节的元音完全脱落，有的第二音节的元音读音不清，而在现代口语中已脱落。词中音节末短元音和词末短元音的脱落现象在 19 世纪已普遍存在，但并不彻底。（2）辅音的脱落。颤音 r 脱落，词中音节首的 w、h 经常脱落，词中的 ng 和词末的 n 常常脱落。（3）音节的脱落。在一些词中发现有整个音节甚至两个音节的脱落情况。有些音节不是简单地直接脱落，而是伴随着种种语音变化而发生的。

从满文文献看满语的形动词 佟永功撰，载《中央民族学院学报》1985 年第 3 期。

满语形动词的形态变化丰富、语法功能比较复杂。在语法功能方面，兼有动词和形容词的特征。作为动词的特征，可以通过格的附加成分与前面的词发生关系，构成各种结构；作为形容词的特征，不仅可以直接作修饰语，而且与它前面的词所构成的各种结构，又可以与其后面的体词共同构成修饰结构，充当句子成分。形动词的构成特征是：（1）在动词词干上接缀-r、-rə、-ro 构成现在—将来时形动词；（2）在动词词干上接缀-xa、-qa、-xə、kə、-xo、-qo 构成过去时形动词。（3）在动词词干上接缀附加成分-raqɔ 构成现在—将来时否定形式的形动词；在动词过去时后接缀附加成分-q 构成过去时否定形式的形动词。（4）在动词现在—将来时和过去时后附加 ələ 或-la、-lə 构成形动词。（5）无语法变化的动词 aqɔ 作形动词。（6）少量以附加成分-mə 结尾的副动词也可以作形动词用。

从《蒙古秘史》语言看东乡语 余志鸿

撰，载《民族语文》1994 年第 1 期。

东乡语与 13 世纪的《蒙古秘史》的语言比较，在语言和语法上十分相似。东乡语处在西北汉语方言包围之中，明显受其影响，出现一种混合倾向。作者对词汇进行比较后认为：数词十以下都与《秘史》一样，人体词语、亲属称谓差别也不大，人称代词相当一致。从语法看，东乡语的语序和后置词系统与《秘史》也是一致的。只是在东乡语里语法的形位变化大大简化了。格标志独立成为一个黏附词位，一般不参加与词根融合的变化。在时、体、态方面也都保留了不少《秘史》时代的古老形式。另一方面，东乡语又相当程度地被汉化，如数词十以上完全是汉语借词。判断句出现 SVOV 这种句式，是受了汉语强力冲击造成的。由于借用大量汉语虚词，在一定程度上加速了东乡语结构演变的进程。

从蒙古语卫拉特方言长元音看蒙古语元音的发展　呼格吉勒图撰，载《民族语文》2004 年第 5 期。

该文通过书面蒙古语、托忒蒙古文书面语和现代蒙古语卫拉特方言的语音比较，初步研究了蒙古语卫拉特方言长元音的部分来源和蒙古语短元音、长元音及复合元音的历史发展。文章分三节：一、早期蒙古语短元音在卫拉特方言中的发展；二、早期蒙古语长元音在卫拉特方言中的发展；三、早期蒙古语复合元音在卫拉特方言中的发展。

从苗语词汇看苗族古代文化　李炳泽撰，载《贵州民族研究》1987 年第 3 期。

该文从苗语三个方言的同源词来考察苗族古代文化。(1) 关于芦笙文化。"芦笙"一词在苗语各方言中是同源词，"吹"芦笙的"吹"与"吹"火的"吹"不同。根据《文献通考》所载说，"唐九部夷乐有葫芦笙。宋朝至道初西南蕃诸入贡吹瓢笙"，像是承认芦笙文化自创而非移植。(2) 织纺文化。以"织纺"为主题和关系范围时，苗语中的同源词有"布、纺车、线、梭子、织（布）、裹照布、麻、裙子、洗（纺织品）"。汉文献的记载可作旁证，这些都说明书苗族很早就掌握了织纺工艺。(3) 植稻文化。从苗语有关植稻的同源词〔"稻子、糯（米）、谷穗、秧"〕中可以看出苗族很早就掌握了植稻技术，参加了水稻文化的创造活动。(4) 蜡染工艺。蜡染工艺用料主要是蜡和蓝靛，苗语三方言对它们有一样的称呼。黔东苗族地区汉传的一首长诗"蜡染歌"，叙述了对蜡染工艺的发明、改进、完善过程以及对蜡染美的欣赏。这些都说明苗族先民很早掌握蜡染印染技术。(5) 竹编工艺。反映竹文化的同源词有"筷子、篾条、斗笠、偏（竹器）"等。

从苗语看古代苗族历史文化的痕迹　曹翠云撰，载《中央民族学院学报》1982 年第 1 期。

主要内容：一、从"枫树"同"祖先"看蚩尤的痕迹。黔东苗语中有句常说的隐语："一棵枫树"就是指"一个祖先"，原来《山海经》说"黄帝杀蚩尤，……弃其桎梏，变为枫木"。二、从苗族自称和"过鼓社节"看三苗的痕迹。苗族自称 [mhu^{33}]。古书载"昔尧以天下让舜，三苗之君非之，帝杀之"。苗民逃隐深山，后又出现"髳"、"髦"、"蒙"，其音与"mhu^{33}"很近。苗语称"过年"为"吃年"；称"过节"为"吃节"，突出"吃"。《左传》有注"贪财为饕，贪食为餮，即三苗也。"三、从亲属称谓看群婚制痕迹。苗语称"伯伯"为"大父亲"，称"叔叔"为"小父亲"；称"伯母"为"大妈"，称"婶婶"、"姨母"和"继母"为"小妈"。四、从先女后男的称呼看母系社会的痕迹。如称"父母"为"母父"，称"男女"为"女男"。五、从称"锣"为"鼓"，称"杀鸡"为"打鸡"看石器时代的痕迹。这说明苗族社会曾经过没有铜铁的石器时代。六、从一年分春、秋两季和夏历十月过苗年看商周时代的痕迹。我国商周时代一年只有春、秋两季；夏历十月为年终,苗族十月过年,证明苗族经历了商周时代。七、从称"江"、"河"为"水"看远古痕迹。苗语称"江"、"河"为水,符合我国远古时期称"江"、"河"为"水"的习俗。八、从使用古音和地支看上古痕迹。苗语"虹"说[ɣuŋ²],一行菜的"行"说[ɣuŋ¹]保存古匣母的读音;地支"午"说[ŋo²]保存古疑母的读音;"未"说[mi⁶]保存古明母的读音。从以上8个语言方面的痕迹,不难看出今天的苗族在我国上古甚至远古的母系社会、石器时代早就存在了,三苗、蚩尤是他们的祖先,而不是有专家所说的今天的苗族是唐宋时期才有的,与三苗、蚩尤无关系。

从苗语看古汉语的状词——兼释"行道迟迟"、"夏屋渠渠"等语文 曹翠云撰,载《贵州民族研究》1984年第3期。

该文以贵州凯里养蒿话为依据,对照苗语探讨古汉语的状词,并试释古语中几个解释分歧的问题。苗语中有专门用来描绘事物的性质和状态的词,通常位于动词和形容词之后作状语,称这类词为状词。动词和形容词后带名词时,状词位于名词之后。类似苗语的这种语言格式,在古汉语《诗注》、《楚辞》中也存在。很可能是远古汉语的一种残存现象。古汉语中存在的这类叠字或双声叠韵的字词,它不同于汉语的副词和形容词,它们经常居于谓宾结构之后,说明它们不是动词或形容词的词尾,而是一类独立的词。根据这类词的意义和作用,作者认为这是古代汉语的一类状词。该文通过对照苗语,对古汉语的某些解释有分歧的词语,有的作了新的解释,有的阐明了赞同某种解释。参照苗语的"动名状"格式,解释了古汉语:行道迟迟、采蘩祁祁、雨雪霏霏中的迟迟、祁祁、霏霏分别是"行、采、雨"的后状语。

从苗语看苗族历史和起源的痕迹 曹翠云撰,载《贵州民族研究》1983年第3期。

该文以贵州凯里养蒿的苗语为依据,对苗族的历史和起源问题发表粗浅的看法。苗语中的清化音和复辅音现象,一方面证明汉语中曾有过复辅音和清化音的古音;另一方面反过来证明这种保持古音的语言的苗族人民的历史悠久。苗语亲属称谓反映了古老社会群婚制向对偶制过渡前的历史痕迹。如称"父母"为"母亲"、称"妻子"为"住者"。苗语的 niang¹ 是"住、在、有、妻子、嫂嫂和媳妇"的同义词。这说明早期社会里,由群婚制改为对偶制时,是把男子嫁到女方家去,因此,妻子是住者。苗族的起源有东来说、南来说、西来说、北来说以及南方土著说。该文章从苗语本身来探索苗族起源的痕迹,作为研究苗族起源的参数。苗族称"褥子"为"垫在下面的被子"、称"棉衣"为"被子衣"、称"窗子"为"房子洞"、称"虹"为"喝水的笼"、称"月食"为"蟾蜍吃月亮"、称南方产物(蛇、蛙、鱼、牛、笙、竹子和笋子、稻、米饭、船、塘、河、江)用固有词语,这都说明苗族是我国南方的古老民族之一。起源于我国南方的洞庭彭蠡之间。这和古潭州、岳州一带曾建立"三苗国"之论是相印证的。

从苗语语音演变看上古汉语浊塞音送气与否 石如全撰,载《中央民族学院学报》1987年第2期。

该文以苗语中部方言养蒿话,东部方言的吉卫话、寨阳话和默戎话的对比材料,同古汉语作比较,探讨上古汉语浊塞音送气与否。不送气浊塞音在东部方言都保存了浊音,而吉卫是浊塞音的,到养蒿有的变成同部位清塞音和擦音。送气浊塞音演变复杂,吉卫话保存苗语的古音,而养蒿话变为清塞音和擦音,寨阳话是浊塞音,默戎话全部变为送气清塞音。文章采用类推法,根据苗汉语之间存在极为相似的发展趋势,对汉语作分析研究。列举8个例词看苗汉语的关系。汉语的声韵调以《广韵》为准,苗语读音以现代为准。通过对比,8个例中,前三个词，汉语启示这类词是从送气浊塞音演变而来，后五个词，汉语虽不是全部却有一例表明是从上古不送气的浊塞音而来，而苗语完全证实了这一点。文章又以《广韵》中有相当数量的形同而音不同的字和《切韵》中出现的一些一字多切的现象，说明上古汉语的浊塞音存在着送气与不送气两套。

从纳西族图画文字看纳西族的某些民族学特点 傅懋勣撰，载《民族语文论集》，贵州民族出版社1998年。

1981年3月作者在为日本东京亚非语言文化研究所写《纳西族图画文字〈白蝙蝠取经记〉研究》上册的时候，曾在序言中提出纳西族东巴文经典实际上是用两种文字写成的。一种是一个字表示一个音节的象形文字，这是几十年前，由于受到纳西族自己的音节文字的影响而形成的，用这种文字写的经书很少。另一种是用图画文字写的，用这种文字写成的经书很多。该文是根据图画文字经书中的文字资料，举几个例子来说作者的观点。（1）关于人类来源的传说中有一种是卵生说。（2）关于阴阳12月的来源《白蝙蝠取经记》第80节和第81节的图画文字的经文。（3）关于自然界、天、地、日、月等出现的看法——在图画文字的写本经书中，对天地、日月、恒星、行星、山谷、河沟的出现，有一种很有意思的看法。比如天和地出现，有一种很有意思的看法。比如天和地出现以前，先出现天的影、地的影、天地之影的影。（4）文字结构反映民族历史问题。

从南部土家语的特殊构词看语言接触的深层影响 徐世璇撰，载《东方语言学》第二辑，上海教育出版社，2007年。

土家语长期以来受汉语汉文化持续不断的影响，结构系统发生了很大的变化。南部土家语中不仅汉语借词多，而且还影响到构词规律，形成了一些新的独具特点的构词方式。该文根据田野调查的语料对一些同汉语相关的特殊词汇及其构成方式进行分析，提出受汉语影响形成了土汉混合、借汉重组、喻义仿造、移音联义等特殊的构词方式，通过这些方式构成的新词同汉语词在结构形式、语义来源、构词理据或者音义联系等方面存在着或明显或潜在的密切关系，体现了汉语对土家语词汇的深层影响。该文以此为基础进一步分析语言生成方式的形成和发展同语言接触及社会文化影响的密切联系，探讨语言接触的多样性和长期密切的接触对语言系统形成的深层影响。结合语言使用情况和文献资料的分析，提出土家语同汉语接触的特点是：以汉语文学校教育为重要途径，以精通汉文化的知识分子为强劲中介，以众多的双语人为广泛基础，以深厚的汉文化影响为社会背景。这种接触关系为独特的构词方式提供了必要的形成条件，而通过独特构词方式生成的大量带有汉语色彩的新词，又促进土家语词汇系统进一步向汉语趋同。

从《南风》的几首译诗谈起 许士仁撰，载《云南民族语文》2000年第1期。

本文对《南风》——"民族文字之花"栏目发表的有关苗诗汉译和汉诗苗译的部分译作，作了比较深入的分析和研究，认为其中既有比较成功的佳作，也有不少粗糙乃至误译的作品。特提出自己的一些看法和意见：（1）在内容上，译者必须坚持"忠实于原作"的原则，切不可"以创代译"或"随意增减"。（2）在形式上，译者必须熟悉苗汉诗歌的一般特点——前者押调，后者押韵。也就是说：苗诗汉译的译文（汉文）应当押上相应的韵律；汉诗苗译的译文（苗文）应押上相应的声调。（3）在方法上，译者要善于理解和运用"直译"和"意译"相结合的方法，切忌"一对一"的"直译法"或"漫无边际"的"意译法"，尽量使自己的译作，既忠实于原作的思想内容，又具有苗、汉诗歌各自的风格和韵味。（4）为要达到上述目的，译者必须加强对苗文和汉文（特别是苗诗和汉诗）的学习，以提高自己的业务能力，才能得心应手，顺利完成自己所要完成的翻译任务。

从女真语到满洲语 金基方撰，载《满语研究》1990年。

满语的历史分为四个时期：（1）12世纪以前，女真共同体形成之前；（2）12—16世纪，女真语言文字行使阶段；（3）公元17—19世纪，满族语言文字行使阶段；（4）公元20世纪辛亥革命以后。该文分两方面论述：一、16世纪的满语。历史上，肃慎、挹娄、勿吉中的大部分是构成金代女真共同体的主要来源。金代女真语，是以女真方言为基础发展起来的民族共同语。明代女真语是以海西女真所持方言为主的语言。海西女真和建州女真的语言同满语支语言的关系近；野人女真的语言同通古斯语支语言的关系近。女真语与满语在语法结构上基本一致，其区别主要体现在词汇和语音方面。女真语与满语完全相同的词约占全部词汇量的百分之七十。二、满语及其方言。清代的满语当是以建州方言为基础方言的民族共同语。满语的历史发展脉络大致为：（1）金代女真语——以黑龙江地区的女真方言为基础方言；（2）明代女真语——以吉林地区的海西女真方言为基础方言；（3）清代满语——以建州女真方言为基础方言；（4）现代满语——以黑龙江方言和锡伯方言为代表。

从青海民族语地名透视民族关系 席元麟撰，载《青海民族研究》1999年第1期。

地名是一自然的地理实体的名称，具有稳定性。在青海这个自古就是一个多民族的地区，许多民族都用自己的语言命名了其所活动地区的地名，有些地名沿用至今，甚至出现一个自然地理实体拥有几个不同民族语命名的名称，通过这个民族文化载体即可透视民族关系。如循化县的贺隆堡、贺庄、河南县的荷日恒等，从这些地名中以可以看出历代民族迁徙及其关系的大概缩影。"霍尔"是隋唐时古羌、吐蕃对北方阿尔泰系诸民族的统称，后来又具体称吐谷浑、蒙古，近现代确指称土族。从元代开始又有大量蒙古诸部徙居青海高原，同藏族等发生直接联系，于是藏族称蒙古人为"索布"或"索乎"，在他们的居住地相应地出现了如互助县的"索卜"、"索卜沟"、甘德县的"索乎"等，带有蒙古人居住痕迹的地名。现在这些地方均为藏族和土族居住，原蒙古人或融合、或已迁居。

从认知角度看汉维语空间隐喻 李遐撰，载《语言与翻译》2009年第3期。

空间隐喻把一些空间关系和性状投射到非空间的关系和性状上，能使抽象和未知的概念具体和熟知。文章主要以汉维语中表示"上、下""前、后"等概念为例，探讨了汉维语的空间隐喻，比较了汉维语方位词喻指时间、范围、条件、数量、等级等的异同，说明空间隐喻是语言的普遍现象之一。

从少数民族语看上古汉语的后状语和后定语 曹翠云撰，载《中央民族大学学报》1999年第1期。

主要内容：研究汉语史的专家不少，他们的著作也很多，但很少见关于后状语和后定语的论述。根据十多种汉藏语系的语言比较研究，认为上古汉语应有后状语和后定语。一、关于后状语：属于汉藏语系的苗、瑶、壮、傣、侗、水、仫佬、毛南、黎、京、藏、珞巴、错那门巴、仓洛门巴等少数民族语言，都存在或多或少后状语，上古汉语中也存在：鸣啾啾、鸣唧唧、芳菲菲、纷容容……；还有凿冰冲冲、海汝淳淳、白石皓皓、忧心忡忡……；还有鸣玉鸾之啾啾、高余冠之岌岌等。这些后面的双音词都应该是从后面装饰最前面的动词或形容词的，因此都是后状语。二、关于后定语：少数民族语言中有后定语的更多。如：苗、瑶、壮、布依、傣、侗、水、仫佬、毛南、黎、藏、仓洛门巴、错那门巴、羌、彝、纳西、载、拉祜、珞巴、京、仫佬、佤、布朗等语言中也存在有后定语；上古汉语中也有这类现象：不过在远古或上古时期。如：甲骨卜辞和《尚书》等古籍中有（一）数词作后定语的有：（获）鹿一百六十二等。（二）数量词组作后定语的有：羌百羌、马五十匹等。（三）其他词或词组作后定语的有：贞：告于祖庚。癸亥卜、王贞：余从侯专、八月。帝尧曰放勋。帝高阳之苗裔兮等。望瑶台之偃蹇兮；冠切云之崔嵬。上古汉语的后定语，有时还出现在个别句子中。如：复为羽声慷慨。但到今天已全部前移了。

从社会语言学的角度看三亚回族的回辉话 郑贻青撰，载海南黎族苗族自治州《民族研究》（内部刊物）1986年第2期。

三亚回族，最早一批人从东南亚移民海南至今已有一千年的历史，最晚一批也有5百多年的历史。他们最初的居住地比较分散，后来大部分人集中在三亚羊栏的回辉村和回新村，分散居住的有些已改变了民族成分，有的已改变了部分生活习惯和宗教信仰，但集中居住的仍然保留其生活习惯和宗教信仰，更重要的是保留他们原来的语言。文章从多方面分析他们为什么能保留其语言。分张分析说，第一，他们是在不同时间多次从东南亚而来。每次来的人都带着原来的语言。第二，他们居住比较集中，原来居住其他地方的也纷纷向三亚附近集中。他们被限定在一定的范围内活动。第三，他们跟全国其他地区的回族情况不一样，附近居住着黎族和汉族，而汉族人使用着几种汉语方言。有的讲迈话，有的使用军话，有的使用海南话，也有部分人使用粤语，回辉话吸收汉语借词都不是从这些汉语方言借用的，而是来自一种近似军话的古官话。使用这种话的人多为政府官员、教师、商人等外来人口。回族人也使用这种官话来读书读报读文件。跟不同方言的人交往时，根据对象而使用不用的汉语方言。海南话现在在海南岛到处都通行，但在过去三亚地区还不算很通行，他们有时使用迈话，有时使用海南话，有时使用军话，甚至使用黎语。没有一个强大的外来语言影响着他们。他们还是以使用自己的回辉话为主，没有形成双重语言制。而加上宗教的影响也是一个因素。

从声调的阴阳看傣语芒市话 l、m 的历史来源 虎月放撰，载《中央民族学院学报》1999年第1期。

该文通过傣语德宏方言芒市话与西双版纳方言、泰语、壮语、水语等语言的比较，揭示它们之间的语音多项对应关系，以说明声调阴阳与声母清浊的关系和芒市话声母 l、m 历史来源的多样性。在傣语里，芒市话和西双版纳方言的差别主要表现在语音和词汇上。西双版纳方言的声母分高低两组，高音组正好与壮侗语的奇数调（阴调类）相符，低音组与壮侗语偶数调（阳调类）相合。据考证，高音组声母由古清声母演变而来，低音组声母由古浊声母演变而来。从词汇对应来看，高音组的 hl、hn、hm 等在芒市话里的对应声母是奇数调的 l 和 t；低音组的 l、n 和 m 的对应声母是偶数调的 l 和 m。所以，芒市话的 l、m 是由不同性质（清浊）的声母合并而来的。声母合并了，但声调不混，l、m 仍有阴调类和阳调类之分。阴调类 l 和 m 来源于古清声母，阳调类的 l 和 m 来源于古浊声母。

从《突厥语词典》看喀喇汗王朝的文字 陈宗振撰，载《中国民族古文字研究》，津古籍出版社1987年。

维吾尔族人民使用过多种文字，主要的有突厥文、回鹘文和以阿拉伯字母为基础的文字。《突厥语词典》是同叙事长诗《福乐智慧》齐名的喀喇汗王朝的名著。它是喀喇汗王朝时期的代表性文献之一，是于11世纪70年代在巴格达问世的一部很有价值的巨著。它是由喀什噶尔的突厥语言学家马合木德·喀什噶里编写的。《突厥语词典》是为了适应阿拉伯人学习突厥语的需要而编写的。因此，词条、例句和所引用的诗歌、谚语等均是突厥语，而注释则是阿拉伯语。《突厥语词典》的材料说明，当时的许多单词、短句同突厥文献、回鹘文献中的相同或十分接近，只是文字形式不同。总之，喀喇汗王朝时期的文字是以阿拉伯文字母为基础并加以改造后基本上能表达突厥各方言的拼音文字。但它与后来的"察合台文"、清代的"老维文"均不相同。

从《突厥语词典》看维吾尔语辅音的变化 赵明鸣撰，载《新疆师范大学学报》1998年第1期。

作者将《突厥语词典》（以下简称"词典"）有关辅音与现代维语的辅音在词的不同位置形成的不同的对应关系进行了归纳。在这些对应关系中，可以发现某些规律，如词首、词间的 b→p；词首、词间、词末的 d→t；词首、词间的 t→d；词间、词末的 g→k，n→ng，ng→n 等。同时，《词典》的许多不同位置的辅音发生音变后都可以演变为现代维语的舌面浊擦音 j，例如：tsh d g 等。它表明处于现代维语有关词的不同位置的 j 在辅音的历史发展中有着不同的来源。同样，现代维语的双唇浊擦音 w 也与《词典》b p 和 f v 的发展变化有关，不过这种演变与双唇音和唇齿音的演变有直接关系。辅音的脱落和增音也是维语辅音发展史中重要的音变现象。在对《词典》和现代维语的辅音进行比较的同时，对现代维语和现代突厥语诸语言的辅音进行共时比较研究有助于说明维语辅音系统发展演变的特征。

从《突厥语词典》看维吾尔语元音的历史演变 赵明鸣撰，载《民族语文》1997年第6期。

该文认为，维吾尔的次高类元音在历史演变中占有重要地位。第一音节的 ae、a 发生高化移动式音变的主要条件是第二音节的高类元音对其产生强烈的拉动作用。第二音节的高类元音发生低化、次低化移动式音变的主要条件是第一音节的次高、次低和低类元音对其产生强烈的拉动作用。这两种音变类型可以归结为元音的顺同化和逆同化作用。因此，又可以认为，从维吾尔语元音在双音节词中演变的历时性来看，同化在元音和谐模式中起了重要作用。对维吾尔语历史音变的研究严格限制于双音节词内，根据对《词典》205个双音节词的分析，建立了导致元音和谐模式发生变化的公式。

从《突厥语大词典》看维吾尔语 r 音的演变 陈世明撰，载《新疆大学学报》1985年第4期。

维吾尔语的历史音变：（1）动词陈述式将来时词尾中 r 音的脱落及演变。十一世纪的维吾尔语中，表示动词陈述式将来时为 -ir/-ɛr/-yr/-ɛr/-ar/-ur/-r；在现代维吾尔语中 r 已脱落并演变为 -i/-ɛ/-y。（2）r 变 j。《突厥语大词典》中某些名词或形容词附加 -a/-ɛr 后成为动词；在现代维语中 r 变 j，成为 -aj/-ɛj/-j。（3）r 变 z。这种现象在使动态语法成分的变化中表现得突出，如 -qur > -quz、-gyr > -gyz。（4）r 变 l。这种音变主要发生在词中。（5）r 音的换位。如 tɛtry > tɛtyr、jigrɛmɛk > jirginmɛk 等。（6）r 音的脱落。词中的 r 音脱落情况不尽相同。在象声词中，处于任何位置上的 r 基本直都没有脱落；单音节和多音节词末尾的 r 很少发生脱落；单音节词和多音节词中处于词中的 r 在发展过程中往往较多地发生脱落，这种现象具有普通的规律性。

从《突厥语大词典》看喀喇汗王朝的文字 陈宗振撰，载《喀什师范学院学报》1984年第1、第2期。

喀喇国大约建于10世纪末，1213年灭于西辽。《突厥主大辞典》所用的这种文字估计不是随喀喇汗国的灭亡而消失。而是演变为十四世纪以后的"察合台文"。到18、19世纪，又演变为清代的老维文。这种文字与后面两个时期的文字相比，还有一些明显的差别。总之，察合台汗国出现于喀喇汗王朝之后，喀喇汗王朝时期的文字是以阿拉伯字母为基础，经改造后，基本上能充当突厥各方言的拼音文字。但它与后来的"察合台文"、清代的"老维文"均不相同。特别是"察合台文"抉择映的误音，包括大量的阿拉伯、波斯主借这在突厥民族，包括维吾尔语文的分期上应占有突出地位。因此，我们不能将喀喇王朝时期和察合台汗同时期以扣的文字称为"察合台文"。称之为"喀喇汗为文式""阿拉伯字母式的突厥文"均可。

从土尔克话的演变看语言的融合 程试、胡毅撰，载《语言与翻译》1990年第2期。

土尔克人最早是从苏联乌孜别克共和国安集延和撒乌尔干一带迁来的，具体年代已不可考。当调查他们的语言情况时，才发现除了极个别的词和维吾语不相同外，其余几乎和维吾尔语言完全一样。然而，时隔30年，这种曾引起学者们广泛注意的语言竟然已经荡然无存了。刚从安集迁来的土尔克人，不跟周围的人发生交往是不可能的。于是，就遇到了语言不通的问题。他们只有采用学习对方语言的办法，由开始不会说，到说上一二句，之后慢慢地比较熟练。而他们原先的语言——土尔克话则退居二线了。他们的下一代则成了新一代的双语人。这样连续几代的繁衍、发展、演变，土尔克话的使用范围越来越小，而第二语言使用的范围则越来越大。语言的融合有两种途径，一是自然同化，一是强制同化。自然同化符合历史发展的潮流，是人心所向，因此必然成功。

从吐蕃文献中的错别字或异体字看藏语某些语音的演变 《Certain Phonetic Changes in Tibetan in the Light of Variantand Erroneous Spellings in Old Tibetan Documents of the Royal period》，Che Qian 车谦撰，载 *Lingistics of the Tibeto - Burman Area*，Volume 13：1 – Spring 1990（美国《藏缅地区语言学》13卷2期1990年春季）。

（1）声母的送气与不送气 现代拉萨话中声母 kra、tra、pra→［tʂa⁵⁵］、khra、phra→［tʂha⁵⁵］，然而文献中把 khral（差役）写作 kral，phrag dog（嫉妒）写作 vprag dog，phra mo（细小）写成 pra mo 等看，把声母中的 kha、pha 都写成 ka、pa，再一次说明吐蕃时期藏语的清塞音、塞擦音送气和不送气还不是两音独立的音位。

（2）声母的清浊 文献中把 bkav khrims（法律）写作 bkav grims，bran（奴隶）写作 pran，vdren（引导、运送）写成 vtren 等，其中，把声母里的 kha、ba、da 写作 ga、pa、ta，可以推测出当时声母的清浊分得已经不太清楚，即浊声母已经有了清化的迹象。

（3）关于卷舌音 现代拉萨话里带 ra 的复辅音声母已经演变为卷舌的单辅音声母。文献中把 vgran（比较）写作 vdran，vgrul（行走、旅行、流通）写作 vdrul 等，说明其中的 gra 的发音与 dra 相同，是否可以得出当时带 ra 的复辅音声母已有演变成卷舌的迹象。

（4）关于基字 ba 的前加字是 da 时的演变 现代拉萨语基字 ba 的前加字是 ba 时不再发［b］而演变为［w］音。文献把 stangs dpyal（伉俪）的 dpyal 拼作 dbyal，dpyong dkyigs（绞死）的 dpyong 写作 dbyong 等看，说明吐蕃时声母 dap 和 dba 发音相同，证明当时（db-）仍读〔b-〕，尚未演变成〔w-〕。（db-）至迟到元朝（公元1279—1368）时已经读〔w-〕了，因为元朝称西藏为"乌斯藏"，它就是 dbus gtsang（卫藏）的译音，其中 dbus 中的声母（db-）已经变成〔w-〕就是证明。

（5）关于 zla（月）的演变 现代拉萨藏语里六个能带下加字 la 的音节 kal、bla、sla、gla、rla、zla 中只有 zla 的声母演变为〔d〕，其他的均读作〔l〕。但是在吐蕃文献中把 dpyid zla vbring po（仲春）和 dgun zla ra wa（孟冬）中的 zla 都误写成

sla，然而在另一个词 gnyi zla（正字儿应作 nyi zla）（白月）中仍写作 zla。据此说明当时（zla）尚未演化为〔da〕，仍与 kla、bla、sla、gla、rla 一样发〔la〕音。

从佤语中的傣语借词看古傣语声母　尹巧云撰，载《民族语文》2010 年第 6 期。

许多地区的佤族自古以来就和傣族毗邻或者交错杂居，两种语言互相影响。历史上傣族在经济文化上占有绝对优势，傣语成为强势语言，很多佤族人兼通傣语，大量的傣语借词进入佤语中。古傣语的许多特点在现代傣语里已经消失，但从佤语里的傣语借词可以看出，在佤语从古傣语借入的时代，复辅音声母、清鼻音声母等在傣语里还没有消失。全文分两部分：一、从借词看古傣语的复辅音。作者列举了 6 个词作为例证。二、从借词看古傣语的清化鼻音和边音。作者列举了 3 个例证。

从外来词的分布特点看布努语的发展
田刚撰，载《中央民族学院学报》1989 年第 4 期。

该文从外来词的分布特点，探讨布努语今后的发展趋势。外来语进入一种语言之中，必然引起这种语言在语音、语法上的某些变化，从而影响语言的发展。布努语中有数量很多的外来词，它们在布努语中呈现出分布不平衡状况：代表不同事物的名称不同，外来词的比重不一样；不同地域，外来词的多少不同；文化程度不同的人其语库中的外来词比重不同；外来词出现的频率也不一样；不同年龄的人，外来词的比重不同；交际内容不同，外来词的比重也不同。外来词对布努语的影响：（1）丰富的词汇，增强了表达和交际能力；（2）带进了一些新的声母和韵母；使布努语的声母和韵母系统改变了原来的面貌；（3）取代了部分固有词；（4）增加了新的结构。布努语修饰语的词的词序"中心语+修饰语"结构被打破，而完全采用汉语"修饰语+中心语"的模式。以上这些都意味着布努语已脱离了原来的发展，向着一个新的方向迈进了。

从维吾尔语副动词的功能特征看突厥语副动词范畴　许伊娜撰，载《民族语文》1997 年第 4 期。

突厥语"副动词"这一术语来自俄语。副动词或副动词结构在突厥语句子中形式上是无人称标志的句子成分，但有时其结构内容又相当于单句。突厥语副动词主要有以下特征：（1）副动词形式数量多。（2）表达的副动词行为与主要动词行为之间语义关系的范围广。（3）句法构造的可能性大。此外，突厥语中的副动词作为第二级谓项成分与俄语中副动词概念的质的区别在于：突厥诸语的副动词在句中可以拥有自己的主体——主语配价。维吾尔语副动词在动词体系中与形动词、动名词一样与限定动词相对立，它有以下典型特征：（1）从范畴特征看，维吾尔语副动词是动词的非限定形式，在功能上不能终结句子。（2）从形态方面看，它是动词的非人称不可变形式。（3）从语义功能看，维吾尔语副动词永远标志着行为，并且是对其他动词表示的主要行为的补充。

从《西番译语》看藏语安多方言辅音韵尾的演化　孙伯君撰，载《民族语文》1997 年第 6 期。

草创于公元 7 世纪的藏文在历史上曾经历过三次"厘定"，其中最重要的第二次厘定距今已有 11 个世纪。在这期间，藏语口语发生了很变化。为了给 15 世纪前后的藏语安多方言辅音韵尾的演化提供实证，我们利用明代编集的翻译手册《西番译语》。吐蕃时代的藏文共有 10 个单辅音韵尾和 7 个复辅音韵尾。藏语安多方言辅音韵尾演化的第一步骤是 -nd、-rd、-ld 的脱落，因为在《西番译语》中根本未出现这三个复辅音韵尾的拼写形式。安多方言辅音韵尾演化的第二步骤是塞音韵尾 -b、-d、-g 的清化，完成时间最晚在 15 世纪初期。藏语安多方言辅音韵尾演化的第三阶段是-s 和-l 的脱落。纵观《西番译语》中 740 年藏文词的对音, 韵尾-s 无论是单用还是作为再后加字,无一例外都用汉字"思"与之对音,可见 15 世纪初安多方言的-s 韵尾并没有脱落迹象。

从西夏语看中古浊音送气与否 张竹梅撰,载《西北第二民族学院学报》1996 年第 2 期。

中古汉语声母"并""定""群""从""床"等是浊音,但其发音时是否伴随送气现象,在学界则有两派完全相反的意见,一派拟音为不送气的 b、d、g、dz、dʐ 等, 一派拟音为送气的 b'、d'、g'、dzʻ、dʐʻ 等。该文试图为后一派提供补充证据。文章收集分析了西夏字书《番汉合时掌中珠》里的全部与汉语浊声母有关的西夏文—汉文对音,指出《掌中珠》中汉语字词的全浊音声母字往往和次清音声母字用同一个西夏字注音,也就是在西夏人的听力中,汉语的全浊声母字类同次清音。文章认为《掌中珠》中汉语字词的全浊声母是存在的,西夏人从理论上知道汉语全浊音和清音有区别,但很难分清楚汉语的全浊音和送气音究竟有什么不同,在他们听来都差不多,姑且同样标之,因此从夏汉对音中来考察的话,中古汉语的全浊音声母应该是送气的。

从现代哈萨克语词的构成看原始突厥语词汇的特点 吴宏伟撰,载《语言研究》1994 年第 1 期。

该文分三个部分论述:一、原始突厥语词汇的主体——单音节词;二、原始突厥语和古代突厥语的 FY(辅音+元音)形式;三、几个古老的构词与构形附加成分。该文的结论为:(1)在原始语言时期曾有过一个以单音节词为主的时期。现代突厥语族语言不少多音节词是在原始语言单音节词的基础上发展起来的。(2)原始突语词汇结构的发展对元音和谐律的形成产生过巨大的影响;元音和谐律并不是一开始就存在。(3)原始语中有大量同音词和多义词,主要是靠在词尾添加各种辅音词缀来区别意义,元音相对并不显得特别重要。(4)原始突厥语也有一词多类现象。(5)重音是在向多音节词过渡中产生和发展的。这些只是初步推论,它们还远远不能反映原始突厥语词结构的特点和突厥语族语言派生词结构的发展过程,很多东西还有待于进一步研究。

从现代哈萨克语看突厥语动词条件式的发展过程 王远新撰,载《新疆大学学报》1982 年第 4 期。

(1)现代哈萨克语的动词条件式。由动词词根(词干)加构形附加成分-sa/-sɛ 构成。(2)突厥语动词条件式发展的几个阶段。古代突厥碑铭文献时期——原始时期的动词条件式由-sar/-sɛr 构成, 其否定形式为-masar/-mesɛr, 在不同的上下文中条件式有表示时间的意义;回鹘文献时期——分化时期的动词条件式由-sar/-saer 和-sa/-sɛ 构成, 否定式的构成同前一时期,但此间句法、词汇手段并存,都表示条件式的人称,说明动词条件式在人称表现形式上出现了分化,同时这一时期文献中的条件式使用得很广泛;黑汗王朝时期——完整定型时期的动词条件式由-sa/-sɛ 构成, 其否定形式为-masa/-mɛsɛ, 用领属性人称词缀表示人称占绝对优势是这一时期的特点, 同时-sa/-sɛ 形式已完全取代了-sar/-sɛr 形式, 在所有文献中所出现的条件式构形附加成分已是清一色的-sa/-sɛ, 说明其在这一时期已完全定型,直到现代哈萨克语,都没有发生更大的变化。

从现代苗瑶语的共时差异看苗族与瑶族的历史分化 毛振林撰,载《贵州民族研究》1988 年第 3 期。

该文从现代苗瑶语的共时差异的角度,就苗族和瑶族集团何时分化问题进行尝试性的探讨。首先，现代苗瑶语声韵母的差异：苗语声母较多，保留了较多的古鼻冠音声母、小舌音声母和复辅音声母；瑶语保留了较多的韵母。瑶语韵母的数量为苗语韵母的四倍以上。元音有长短对立，这说明苗族与瑶族分化是较早的。其次，现代苗瑶语的构词形式差异：苗语保留一套构词词头，而瑶语中已全部消失了。再次，现代苗瑶语韵尾的差异：苗语消失塞音尾和双唇鼻音尾，瑶语完整地保留着。最后，数词的共时差异，瑶语有两套数词，一套是本民族固有词，另一套是汉语借词；苗语只有一套本民族固有词，它与瑶语固有数词"一至十"同源。从数词的差异可以看出苗瑶语发展到"十"这个阶段之后就分化了，部落分化也在这时候。该文用汉语数词的发展作旁证。汉民族在殷商时期已有了"百、千、万"等的概念。所以作者认为苗瑶民族分化也应当是在这段时间或稍后些。又通过苗瑶族的历史得到了印证。文章推出苗瑶族分化时期是在夏商时代。

从现代佤语的方音对应看古代佤语的辅音系统　周植志撰，载《语言研究》1983年第1期。

　　该文用佤语三个方言语音比较讨论佤语古代辅音系统。佤语的辅音与元音松紧有密切关系，有些辅音能接紧和松元音，有些只能按紧元音，而且各个方言接松紧元音的辅音也不一样。经过比较和构拟看出，古代佤语的单辅音比现代方言都多，古代佤语没有松紧两套元音。现代佤语有清喉擦音 h，后面只能接紧元音，可设想浊的喉擦音 h 后面只能接松元音，这就使古代佤语元音不必再分松紧，元音数目就减少了。从古代佤语到现代佤语可以列出 13 条语音演变公式，而构拟出来的古代音辅音共 52 个。巴饶克和阿佤两个方言各有 16 个复辅音，佤方言有 12 个复辅音。共同特点是只有双唇舌根塞音能够和流音 l 和 r 结合成复辅音。古代佤语的复辅音和现代的阿佤、巴饶克两方言的复辅音十分相近。

从岩画到东巴象形字　杨正文撰，载《思想战线》1998年第10期。

　　该文仅从东巴象形文的产生、发展到变异的历史轨迹作初步研究。一、东巴象形字之母本东巴象形字的产生年代，论者看法不一，甚至相距甚远。文中论述各家的说法。该文认为证明明东巴象形文字产生于什么年代，岩画是一大证据。初步调查以渣日为中心的中甸县左岩画群，现已查明的有渣日村之硝厂洛、花吉足、恒多洛、白云湾和洛吉乡的木胜土行政村之岩布洛、居日岩布洛、雷打牛子等七处岩群。综上所述，可以初步断定岩画是东巴象形字的母本、东巴象形字从母本中脱胎而出，成为东巴文化的载体并流传至今。二、东巴象形字产生之年代。综上所述，可以初步推断渣日、本胜土岩画产生于距今 2 万年至 1 万年，而东巴象形字则产生于公元前 3000—前 1000 年左右。经过大约 1000 多年的学习使用，不断补充和改进，至公元 7 世纪，最终形成了一套成熟的象形文字。

从谚语的不同译文看翻译的不全等性　王德怀撰，载《语言与翻译》2002年第4期。

　　不同的民族有不同的长期积累而形成的文化历史传统，这凝聚在它们的载体——语言中就必然各有其特性，并自成体系，这种特性及其体系信息在语言翻译转换中难以全部都对应地表现出来。一种语言中的信息不能全部地一个不漏地在另一种语言中表现出来，这就叫翻译的不全等性。该文仅以维语谚语的汉译为例，剖析这一命题，并从认识这一翻译的不全等性而尽可能较全面地把握译文信息的对应性。

从瑶语论证上古汉语复辅音问题　邓方贵、盘承乾撰，载《汉语与少数民族语言关系研究》，中央民族学院出版社 1990 年。

现代瑶语尚保存复辅音的有标敏方言和金门方言。我们用瑶语的 pl、phl、bl 和 kl、khl、gl 两套复辅音声母与汉语一部分邦、滂、并和见、溪、群以及知、彻、澄三母中一部分澄母字进行了比较，所用例字不但数量可观，而且也是具有说服力的。很多瑶语复辅音声母字都跟汉语有对应关系，明显地反映了上古汉语复辅的存在。复辅音是汉藏语系语言中一个普遍现象。汉语是汉藏语系中最大的一个语族，如果说古时候唯独它一家没有复辅音，这无论从类型学或发生学上来讲都是很难解释通的。汉语是汉藏系诸语言中发展得最快的民族语言之一，它在语音演变上走在汉藏语系其他民族语言的前列是理所当然的。现代汉语没有复辅音不等于古代汉语也不存在复辅音。通过比较可以看出，复音声母在上古汉语里不但存在，而且种类也是繁多的。

从一个词的转写看阙特勤碑的解读 阿西木·图尔迪撰，载《中国民族古文字研究》（第三辑），天津古籍出版社 1991 年。

（1）第 1 号词的转写。马洛夫在《古代突厥语文献》一书的第 19 页将阙特勤碑第一段第二行的第 1 号词转写成 опуртым。对此，还没有一个人提出过质疑。从原文看来，第 1 号词由五个字母组成，而在转写时则加上了两个字母。这种方法并不是马洛夫的发明。1893 年，丹麦的古突厥学家汤姆森解读阙特勤碑时，就采用过这种方法。根据我的分析，古突厥文的每一个辅音字母都有名称。在各个碑文中，凡是用来构成辅音字母名称的元音字母都是省略的，可是在转写时，必须加上那些省略的元音字母。这就是古突厥文献的转写原则。（2）第 3 号句子的俄译文。在阙特勤碑的俄文版中，第 3 号句子被译成了 янынчесеп（еацарство），意思是"我现在坐上了（皇位）"。从表面上看，好像没有什么问题，可是实际并非如此。（3）第 3 号句子的正确译文。把古突厥语译成俄语，还不如把它直接译成维语或其他当代突厥语好，因为后者就是前者的发展。

从一些词法形态看康家话与保安语的关系 陈乃雄撰，载《论文与纪念文集》，内蒙古大学出版社 1997 年。

《青海民族研究》近年来连续发表了多篇关于康家话的文章。它们是吴承义的《康杨回族乡沙力木村回族讲土语及其由来的调查报告》（1990.4，以下简称《报告》）、韩建业的《初谈康家话语音系统及词汇的构成》（1992.1，以下简称《初谈》）《康家回族话语探析》（1994.3，以下简称《主语探析》、李克郁的《蒙古语族康杨回族语语音特点》（1993.2，以下简称《语音特点》）、席元麟的《康家回族话的词汇特点》（1995.2，以下简称《词汇特点》。这些文章向读者提供了过去鲜为人知的关于康家话（也叫康杨话）的重要信息，都认为康家话属于蒙古语族，从而拓宽了蒙古语族语言研究领域。康家话与保安语在语法方面的关系要比蒙古语族的其他语言更加接近一些。笔者参照历史传说和语言特点，曾在《保安语及其方言土语》一文的"附记"中设想"康杨三屯居民系从同仁县迁来的信奉伊斯兰教保安语者之后"，指出：拿固有词的读音来说，康家话有跟东乡语更接近的，有跟土族语更接近的，有跟东部裕固语更接近的，但更多的词还是跟保安语更加接近。

从一组动作词的比较看民族语言同民族认知的关系 黄行撰，载《民族语文》1993 年第 3 期。

语言作为人类最重要的认知工具直接承载着不同民族的认知系统。词汇对于认识活动不仅具有命名意义，还具有分类意义；因此通过不同语言词汇语文系统的比较，可以明显观察到不同民族认知的共性和差异。该文选择了一组人类基本生活动作——着上和去下人体服饰的动作词做了一项 21 种民族语言和方言的调查，以表明不同语言通过使用这组动词的数量差异和语义成分构成差异所反映的不同民族认知范畴分类差异和概念特征构成差异。分析结论：一是任何两个民族的语言和认知都不存在完全等值的词义和概念，各民族是按照特定的自然文化环境形成、习得和变异自己的语言和认知系统；二是认知主体和认知对象的物质同一性决定了人类文化、认识和语言具有相对普遍性，而不像语言相对论解释的是毫无共性和完全任意的。该文还特别运用主位（emic）和客位（etic）的方法解释民族认知系统的同一和差异。

从彝语看《诗经》上的几个量词 陈士林撰，载《中国民族语言论文集》，四川民族出版社 1986 年。

文章采用彝语、周代金文和有关训诂材料等互相印证对《诗经》"廛、亿、囷、秭"4 个量词作讨论。（1）廛，上古属定母，义类似现在"禾堆"，凉山彝语量词 $du_{}^{33}$ 义为露天粮堆，$du_{}^{33}$ 与廛音近（双声）义同；（2）囷，颇像今天的"囤"，在地上用竹篾、荆条、稻草等编成的圆形粮仓，毛传说"圆者为"。凉山彝语 dzu^{55} 是量词，dzu^{33} 是名词，"（一）囤"义；（3）亿，古汉语原是一个数词，引申为"特多"、"盈满"义，上古音属影母，职部，入声。"亿"的本字与"石"有关，与石音近（职铎旁转），义同。亿可视为石的通假字，今凉山彝语量词 zi^{33}，其义为"（一）担"，而"石"为古禅母开口三等字（*zi）；凉山彝语量词 zi^{33} 可能就是石（亿）的分化形式；（4）秭，用作量词义为禾（zi）。今凉山彝语称刈稻盈把（禾＜zi＞）为 tsi^{55}，称刈稻聚把而成的大（zi）为 tsi^{33}，tsi^{55} 与音近（双声）义同，可视为凉山彝语的分化形式。

从语法看苗语和汉语的密切关系 张永祥、曹翠云撰，载《中央民族学院学报》1984 年第 1 期。

该文以贵州凯里县凯棠苗话为依据，从语法角度探讨苗语和汉语的关系。文章从苗语和汉语语法的八个相同相似之点，用实例作对比研究。总体来看，苗语和汉语的形态都不发达，词序也都是表示语法意义的主要手段，苗语和汉语都是主—动—宾词序。上古汉语中，当代词作宾语时，宾语放在动词的前面，这可能是原始时代汉语的一种正常现象，原始苗语是否也有这类特征呢？值得今后探索。苗语所有的一些语法现象（如后定语、后状语、大类名前置形名结构和判断句不用判断词等），今天看来，它们虽然和现代汉语不同，但和古汉语极为相似。语法是语言三大要素（语音、词汇、语法）中发展变化最慢的。既然，苗语语法和古代汉语存在有如此之多的相似之点，加之词汇、语音也有一定的对应关系。这充分说明早在上古时期，苗语和汉语的关系十分密切。

从语言角度看傣、泰民族的发展脉络及其文化上的渊源 罗美珍撰，载《民族语文》1992 年第 6 期。

首先，作者在现今侗—台诸族许多自称中追溯出一个称为 $djai^2$ 的古部落群体。我国古籍上出现的"夷"、"俚"即为 $djai^2$ 的译音。$djai^2$ 包含现今的傣、泰、布依、黎诸族。其自称的音变程式如下：$dai^2 \rightarrow tjai^2 \rightarrow tai^2$（傣）；$thjai^2 \rightarrow thai^2$（泰）；*$djai^2$ $lhai^1$（$tlhai^1$，$tçai^1$）（黎），$\rightarrow dzzai^4$（jai^4）（布依）。其次，作者认为与傣、泰、布依、黎四种语言现今同源的基本词汇，反映出四者共有过以家族为系统的原始村庄的稻作文化，而傣、泰、布依 3 种语言相同和黎语不同的词汇，表明进入到贵州以后共有过更高一层的文化：食物、房屋、耕作都更为先进；血缘关系更加复杂。傣、泰语相同与其他语言不同的词汇则表明两者共有的文化又高了一层：能织布、铸锅、造车，建立了封建领主制，共同受到小乘佛教的影响。

从语言接触看白语的系属问题
罗自群撰，载《中央民族大学学报》2011年第5期。

该文从语言接触的角度论述了对白语系属问题的认识。认为白语的归属应该根据其来源来定，白语可以成为藏缅语族之下的一个独立的语支——白语支。在考察白语这样语言接触程度比较深刻、受汉语影响比较大的语言的系属关系时，应提高语法成分所占的比重。与语音、词汇相比而言，语法上的变化应该更加缓慢一些，因为语法是语言的结构规律，在一定程度上反映了人的思维模式，而人的内在的、隐性的思维模式是难以被改变的。在语言接触程度比较深刻的白语中，同样保留着最后残存的固有的语法成分，我们应该努力发现并抓住这些"蛛丝马迹"——它们是判定语言系属关系的最有力的证据之一。白语是研究语言接触的一个非常典型的个案，借助白语，可以发现，在语言接触达到一定程度时，会引起语序的变化；在语序方面发生的最大变化是大语序的大调整、大变化（从SOV到SVO），目前所谓的"特殊"语序（SOV或OSV），其实是白语口语中保留至今的固有形式——早期的大语序；大语序的变化又会领先于其他小语序的变化；而在众多的小语序中，有些方面变得比较快，有些方面又变得比较慢；固有形式和借用形式还并存并用。

从语言接触看朝鲜族的语言使用和朝鲜语的共时变异
张兴权撰，载《民族语文》1994年第5期。

该文从语言接触的角度，描述了我国朝鲜语的单语生活状况和多语生活状况。单语生活状况大致包括：（1）双言并用，即在正式场合使用标准方言，在非正式场合使用地域方言。（2）方言混用，非延边地区的朝鲜族的用语向延边方言靠拢，交际中夹杂延边方言词。（3）境外借用，为了表示特殊的语感或某种新鲜感，借用韩国词，甚或韩式汉字词。多语生活状况包括：（1）词语借贷，从汉语、英语、日语、俄语等语言种吸收新词术语。（2）双语并用，聚居区中城镇双语者较多，农村双语者较少，散杂居地区中，双语者普遍较多。（3）语言转用，主要发生在散杂居地区年青一代身上。（4）语言混用，即说话用一种语言交际时，中间插用另一语言的某些成分。（5）语言干扰，因受其他语言的影响而产生的不合乎本族语规范的现象。

从语言看苗汉民族的历史渊源
李锦平撰，载《黔东南社会科学》1992年第1期。

许多文献记载和民俗资料表明，炎黄时期的"九黎"、尧舜时期的"三苗"、商周时期"荆蛮"都包括了苗族先民。苗、汉两民族久远的密切关系，从语言上也可窥见一斑。该文从同源词、借词、构词方式、语法等方面来讨论苗汉民族的历史渊源。（1）苗语汉语的"bud"和"卜"、"dat"和"旦"、"hsongt"和"送"、"jid"和"已"、"lil"和"里"、"ongt"和"瓮"、"wil"和"余"、"yis"和"邑"等同源词是有力的佐证。（2）苗语中的音译词如"gofjab"（国家），音译加意译加苗语词素如"vob bob cad"（菠菜）等；汉语里的苗语借词"阿"（Ab）、"凯里"（kad linx）是苗语的音译等。苗汉语词的互相借用是苗汉人民长期接触和交往的佐证之一。（3）构词方式苗汉语一样。双音节的单纯词都有双声叠韵、非双声叠韵几种。复合式合成词都有联合、修饰、支配等因型；附加式合成词都有前缀式和后缀式。（4）苗语与现代汉语语法上的相同或相似之点很多，与古代汉语相比，则相同或相似之点就更多。如词性的变换，定语后置。

从语言看文化
周兴渤撰，载《云南民族语文》1990年第4期。

语言是文化的载体，是文化的重要组成部分。文化的产生和发展语言是关键，促使语言更加丰富和细密同样要依靠文化的发展，二者是相辅相成的。云南是我国少数民族科类最多的省区。各民族的社会历史，被人们称为"一部活的社会发展史。"人们可以从语言的折射中，了解和发现色彩纷呈的社会文化，该文就民族语言与民族文化的几个主要方面，对语言与文化的关系进行粗略的探讨。(1) 从民族语地名看各民族历史的足迹。地名是特殊的地理符号，它可以被看成人类历史的脚步。运用民族语可以有助于揭开古往今来，沧桑变迁的历史之谜，能使人窥见历史上民族分布的范围、迁徙的路线以及民族心理、风俗习惯等。(2) 从民族语可以了解各民族的图腾、姓氏、命名与宗教信仰。(3) 从亲属称谓可以追溯民族的婚姻习俗。(4) 从民族词语可以看出民族心理和文化交流的情况。通过大量的举例分析论述，不难看出语言与文化之间密不可分的关系。该文的目的，旨在强调民族语言对于我们研究民族历史文化是十分重要的，绝不能忽视对民族语言的研究。

从语言论证南诏室的族属问题 马学良、朱崇先撰，载《云南民族学院学报》1990 年第 1 期。

唐代在云南大理一带建立的南诏王国，其王室族属在史学界有不同的意见，有傣族说、藏缅族说、白族说和彝族说。文章以南诏王国的官职机构和职位名称和云南武定彝语对应，有力地证明南诏王室是彝族之说，并认为王室发祥于蒙舍川，即今大理自治州的巍山县（旧称蒙化）。和彝语对应的职务名称如（汉语—南诏语—彝语）：兵曹—幕曹 $ma^{55}tsh\mathsf{o}^{33}$ 军务司，户曹—琮曹 $dzv^{11}tsh\mathsf{o}^{33}$ 户籍司，引曹—引曹 $je^{11}tsh\mathsf{o}^{33}$ 宾客司，刑曹—法曹 $fo^{33}tsh\mathsf{o}^{33}$ 政法司，工曹—厥曹 $nt\mathfrak{c}hi^{22}tsh\mathsf{o}^{33}$ 工业司，仓曹—巨曹 $t\mathfrak{c}y^{55}tsh\mathsf{o}^{33}$ 仓储司，主兵—幕爽 $ma^{55}sz^{11}$ 军官、元帅，总三省—督爽 $tw^{22}sz^{22}$ 统领或统管，酋望 $t\mathfrak{c}hu^{33}\gamma w\mathsf{o}^{33}$ 长老或大夫。

从语言上看傣、泰、壮的族源和迁徙问题 罗美珍撰，载《民族研究》1981 年第 6 期。

该文运用语言材料论证傣、泰、壮三族有共同的起源，都源于我国两广的百越。傣、泰族从广西出发沿黔、滇直达老挝、越南和泰国。三种语言的语音和语法结构特征相同。在语音方面，声母简单，韵母复杂，元音在韵尾前分长短，声母分舒声和促声。在语法方面，量词丰富，修饰或限制成分在被修饰或被限制的成分之后。在 2000 个常用词中 3 种语言相同的词有 500 个，而傣、泰语相同的词有 1500 个。这表明傣、泰族撤离两广和壮族分离时还没有分化。傣、泰族的分化是比较晚的。百越族群的语言原属于多音节的马来语，后来在汉、藏人强大的文化影响下，语言变得和汉藏语言有同源关系。现今的傣、泰、壮语和汉语是单音节语音，原始马来语一些语言成分作为残存现象留在了 3 种语言中。

从语言使用情况看海南岛苗族的族属问题 盘金祥撰，载《云南民族语文》1998 年第 2 期。

海南岛苗族在自称、语言、文化、习俗、姓氏上均与云南省瑶族蓝靛支系具有很大的共同点，相互来往频繁，但在 50 年代民族识别时被定为苗族。海南岛的苗族原先自称为"门"（意即人）这与散民在云南、广西、越南、老挝等地的蓝靛瑶的自称是一样的。由于有关专家、学者用汉字标注海南所谓苗族的自称——"门"为"苗"，因而被定为苗族。作者将海南苗族的门语同云南蓝靛瑶的门语进行比较，发现二者之间存在严整的对应关系，应属瑶语支的同一方言。语言是区别民族成分的重要标志之一。海南苗族操持的语言实际上是瑶语，从历史上亦可找到许多颇具说服力的证据证明海南苗族实际上是瑶族。过去由于条件的限制，岛上苗族很难有机会与内地同胞来往，但随着改革开放的深入，岛上苗族与内地瑶族同胞来往越来越频繁，认同趋势越来越明显，而与苗族的关系反而疏远了。关于海南苗族的族源问题，应作进一步研究，予以正确的划定。

从语言探索高山族与古越人的渊源关系

陈康、王德温撰，载《中央民族学院学报》1988年第6期。

该文从语言角度探讨高山族与古越人的渊源关系。高山族语言有不少共同的基本核心词，通过比较，发现彼此有节缩、失落、增生、转移等语言演变现象。（1）节缩是多音节演变为单音节的一个主要手段，例如"水、我、头、叶子、路"，这说明高山语的两个音节节缩为壮侗语族语言一个音节或一个复合元音音节。（2）失落分为前、中、后一音节失落、重叠音节成单音节。例如"眼睛、死、熊、火、这、鼻子、手、牙、肥、心、来、天（太阳）、船、油"等。（3）增生。高山语两音节壮侗语族语言受汉语影响失落前一个音节，后个音节增加鼻音尾。例如"灰尘、肥（油膘）"。（4）转移。壮侗语族语言受汉语重唇变轻唇的影响，同源词中有一部分声母双唇塞辅音变成唇齿擦音。例如"火、牙、灰尘、叶子"。这些同源词证实了台湾高山族祖先与古越人有历史上的渊源关系。从语言上推测，现在高山族中有来自祖国大陆的古越人后裔。探索高山族和古越人的渊源关系可参考《越人歌》。

从语言探索纳西族与古羌人的渊源关系

李英撰，载《纳西族研究论文集》，民族出版社1992年出版。

针对纳西族族源研究中的几种说法，作者在文章里提出："我认为一个民族的形成，不可能是单一条件的，在其发展过程中，一定存在着各种不同集团经济文化的交流和血统上的融合；然而，也不能排除这样一个规律，即民族都是以某一种或某些人们共同体为主体，而在历史上发生、发展而形成的。因此，对于纳西族族源问题的探讨、研究，就是对其产生的人们共同体基础的探讨。"作者认为纳西民族的主体是古羌人的后裔。故文章的目的是通过语言的比较研究以及某些语言现象，从一个侧面为纳西族与古羌人以及藏缅各民族间有一定的渊源关系的论点提供证据。文章从三个方面论述：（1）羌语及纳西语；（2）白狼语与纳西语；（3）牛羌与摩沙。在羌语和纳西语的对比研究中，除了在24个例词中，找出了语音之间的对应关系而外，还特别对"桥"这一词汇进行了语言文化的分析。

从语言探寻新疆文化

牛汝极撰，载《新疆大学学报》1998年第3期。

古代新疆不仅有突厥、回鹘、吐蕃、汉、蒙古等民族，还有操印欧语、伊朗语、闪含语的民族在此生存过，三大文明古国、三大语系、三大宗教都曾在此汇合，对新疆古今众多语言文字的充分认识是揭开世界文化奥秘的钥匙。从地名中可以看到一些新疆古代民族的情况。有的地名随民族的迁徙而被用在了迁徙地。新疆的汉族移民杂居在操突厥语的民族之中，突厥语的重音落在最后一个音节上，因此新疆汉语方言中的普遍现象就是轻音不轻。作者认为整个欧亚大陆在语言结构类型方面都是一个连续体，例如藏语在地域上处于汉藏语和阿尔泰语之间，因此在词汇和语音方面与汉藏语系有关，而在句法方面更像阿尔泰语。一部中华民族的文化史某种意义上就是各民族语言的交汇史，维吾尔语词汇中大量汉语借词，如 sangun "将军"、maekkae "墨"等，伊朗语借词 sazan "教义"、kawal "驮马"等，随伊朗斯兰教的传入，又出现了大量阿拉伯语和波斯语词。而从新疆古代民族语言中表示方位与颜色等词的词义演变进程可明了其文化进展的大体面貌。

从语言推论壮侗语族与南岛语系的史前文化关系

邓晓华撰，载《语言研究》1992年第1期。

该文列举了十一个方面壮侗语和南岛语有同源

关系的，反映原始南岛人文化的基本词。包括：
(1) 干栏文化：梯、柱、下楼动作；(2) 航海与滨水而居：船、水、河（渡）；(3) 稻米农业生活：米、稻、糠、田、栽种、种子；(4) 生产工具、渔猎与畜牧生活：镰刀、斧、弓、箭、锯子、鱼、虾、蟹、穿山甲、青蛙、螺蛳、畜圈、猪；(5) 村庄定居：村、房屋、子女、家（堡）；(6) 针线补衣、编织技术：棉花（布）、苎麻、织布、篱笆；(7) 计数计时方式与代词系统：五（乎）、天、太阳、阳光、我、你、这、那；宗教信仰与动植物：龙、梦、蛇、叶、笋等；(9) 生活环境、生活习俗：肉、生、路、泉、洗衣等；(10) 嚼酒木鼓、猎首文化：醉、嚼、酒、鼓、死；(11) 利用纤维：绳、搓、簸箕。作者最后作结语说：壮侗语族的先民是原南岛人。在公元前3000年前后，龙山形成期的文化有力地波及南方，导致南岛语系在中国大陆地区绝迹。

从语言现象结合人文情况探索民族史例
严学宭撰，载《少数民族语文论集》（第一集），中华书局1988年。

海南苗族的语言属于汉藏语系苗瑶语族的一支，全岛苗族都操一种苗语。据调查，他们之间没有一个音位的差别，只有个别语音在发音部位和发音方法上有些细微的差异，互相间来往都用自己的语言，但与四邻的黎族、汉族来往，以及小学进行教学，都用海南汉语；因而一般的成年男人和部分妇女、小孩都能操用海南汉语。海南苗语在语音上的特点是：韵母多，声母少，韵母和声调各分长短；有 m，n，ng，p，t，k 等辅音的韵尾；有塞音和边音相结全的复辅音，但出现的次数不多，正趋于分化过程中。从海南岛苗族的人文材料结合语言材料，可以说明以下问题：(1) 海南岛的苗族是从大陆移住到海南的，不是海南的土著民族。(2) 海南岛苗族从大陆移住海南是屯垦性质，其时代距离现在不过几百年左右。(3) 海南岛苗族可能是从大陆两广钦州百色专区那一带迁来的，因为语言跟随那一带的蓝靛瑶完全相同，仅为方音之差，同时风习上也基本上一致。

从语言学角度谈"白兰"——词的含义
才仁巴力撰，载《青海民族研究》1999年第1期。

"白兰"的正确读音应该是［baraan］，用汉文音译就成为"巴兰"，那么"巴"为什么变成了"白"呢？"巴"的实际读音在不同的词的音节结构和语言环境中的人发音时，是有变化的，在蒙古语族语言中发"巴"音时，其元音［a］的舌位有可能受周围的影响由低向高、发生前化，变为［ae］音，用汉文标记就成了"白"。另外，对汉族文人来讲，"巴兰"不仅不符合发音说话习惯，也不符合组词的一般规律。"巴兰"两字在汉文中没有任何意思，而"白兰"不仅符合汉族发音习惯，也符合汉族造词组词的一般心理特征。如：白兰瓜、白兰地等。"白兰"在阿尔泰语系诸蒙古语族诸语言中是黑色的意思。蒙古语中"喀拉"和"白兰"是同义词。吐谷浑时代叫"白兰山"的这个山，到了元代开始称为"喀拉山"、"巴颜喀拉山"。因此，"白兰"是"喀拉"的同义词，同指一个物体——"巴颜喀拉山"。

从语言学角度探讨仡央语族群的历史来源 李锦芳撰，载《云南民族学院学报》2000年3月第17卷。

仡央语支是侗台语族属下的一支新设立的语支，包括仡佬、木佬、拉基、布央、普标、拉哈等语言，使用仡央语言的"仡央语族群"分布在黔滇桂及越南北部地区，该文通过比较古籍文献资料，认为仡央语言与古代百越语关系密切，现代"仡央语族群"来源于古代百越。又通过与台（壮傣）、侗水、黎三支侗台语言比较，发现仡央语言与黎、临高、侗水等现代并无接触往来的语言具有许多独特的共同成分，从而确定"仡央语族群"是古代岭南一支百越人的后裔。

从语言学解释哈尼族的族称　李泽然撰,载《中央民族大学学报》2005年第3期。

哈尼族过去没有统一的族称,但有哈尼、豪尼、和尼、雅尼、碧约、卡多等多种支系自称,其中以自称哈尼的人数最多。见于汉文史籍中的历史名称有和夷、和蛮、和泥、窝泥、阿泥、哈泥等等。哈尼族族称的研究,近几十年来,大家都比较关心。但哈尼族的族称"哈尼"是什么意思,目前学术界有不同的看法或理解,各自从不同的角度做了探讨。该文从语言学的角度,通过对"哈尼"一词的语义分析和描写,并追溯其他有亲属关系的民族如彝族、纳西族、怒族等族族称的语义的同源关系,探讨了哈尼族的族称。学术界对"哈尼"的不同解释。诸家对哈尼族族称"哈尼"的意思,归纳起来主要有以下几种。对"哈"有两种解释:一种认为"哈"是"山或半山坡"的意思。持这种观点的大多依据汉文史籍的记载。谈到"和蛮"(哈尼)名称的由来时,樊绰《蛮书》卷五说:"石和城,乌蛮谓之土山坡陀者,谓此州城及大和城俱在陂陀山上故也。"卷八说:"谷谓之浪,山谓之和,山顶谓之葱路。"则所谓"和蛮",指的是分布在半山区即"陂陀山上"的民族。也就是说"和蛮"(哈尼)是居住"半山"的民族。"和"意为半山坡。持这种观点的不少。另一种认为"哈"是作为构成飞禽虎豹名称的词素,表示这类名称的类别。对"尼",大家的看法比较一致,认为是"人"的意思。但有的也认为"尼"最初可能还有"女性"的含义,是"女性、人"的意思。对"哈尼"的语言学解释。(1)对xa^{31}"哈"的解释。在哈尼语里,哈尼族自称xa^{31}ni^{31}"哈尼"是合成词,其中,xa^{31}"哈"是名词性前缀,加在各种名词性语素前,构成名词。xa^{31}"哈"没有具体的意思,但表示某些类别的事物。它与动物、植物、有机物、表人物及亲属、一些地名等名词性语素结合构成双音节或四音节名词。至于xa^{31}的来源,通过与同语支其他亲属语言比较发现,没有共同来源,不是语支共同语的留存特征,而是哈尼语自身的产物。(2)对ni^{31}"尼"的解释。我认为,ni^{31}"尼"不是"人"的意思。在哈尼语里,"人"是叫tsho^{55},在其他方言里如西双版纳格朗和的雅尼方言、墨江水癸的豪尼方言、墨江菜园的碧约方言等,都不是ni^{31}。与tsho^{55}"人"有关的词组也和ni^{31}"尼"没有关系。可以认为ni^{31}"尼"是纯粹的族称。

从语音看柯尔克孜语的特点　叶少钧撰,载《喀什师范学院学报》1996年第4期。

现代柯尔克孜语的语音:(1)元音。与其他突厥语族语言的元音系统相比,柯尔克孜语除有8个一般元音外,还有6个第二性长元音;元音和谐在突厥语族诸语中保持得较为严整。在名词的构形词缀中,复数词缀有许多语音变体,属格词缀则有12种。动词的构形词缀比名词多。根据柯尔克孜语唇状元音和谐严密的特点,一般都为 φ、o 的变体。柯尔克孜语中不存在元音弱化的现象。(2)辅音。现代柯尔克孜语辅音的变化对于语法形式上的变化同样起着重要作用。许多词在附加构形词缀时,除与词中的元音和谐外,还要兼顾辅音的和谐,即按照收尾的辅音的清浊,结合的词缀也不同,于是就产生了许多变体,这是柯尔克孜语的又一特点。柯尔克孜语中不允许词首出现复辅音,r、l、j、p不出现于词首。

从语音看罗布方言的特点　高士杰撰,载《新疆大学学报》1985年第2期。

罗布方言以新疆尉犁县东河滩话为代表。(1)唇状和谐非常严整。在罗布方言中,无论是宽圆唇元音还是窄圆唇元音,都有严整的和谐规律。例如,宽圆唇元音可以出现在词任何音节中,即使在名词的构形附加成分如复数附加成分位格中,动词的构形附加成分如直陈现在未完成式、或然式、祈使式、假定式、疑问式、否定式中,以及在动名形动词和副动词中都有宽圆唇音的出现。（2）元音 a、ε 不变为 e、i。现代维吾尔文学语言中这种极为常见的音变现象，在这方面，罗布方言保留了古代维吾尔语的特点，不论在词干或词的语法形式中都不发生这种音变现象。（3）辅音同化十分普遍。构形附加成分中的 l 同化为 z、t、s，d、t 同化为 z、s 等。

从语音特点和词义生成看仡佬语与苗语的关系 张济民撰，载《贵州民族研究》1984 年第 3 期。

该文拟从仡佬语的语音和词汇的某个侧面看仡佬语和苗语的关系。文章以贵州毕节大南山的苗语与普定仡佬语进行对比。从声韵母对比中，韵母几乎完全相同。鼻音的和擦音的复杂化正是仡佬语和苗语内在的共同的重要特征。仡佬语的低声调一般都带有浊音的色彩，这一点与苗语各方言、土语情况很相似。苗语西部方言带鼻冠音的词，在中部方言变成鼻音时，仡佬语也是鼻音；在中部方言变成纯塞音或纯塞擦音时，仡佬语乃是鼻音，但有些词也多是纯塞音或纯塞擦音；在中部方言丢掉塞音和塞擦音变成纯鼻音时，仡佬语变成与苗语西部方言相对当的纯塞音或纯塞擦音。上述一系列语音上的严整对应规则，正说明它们在词汇上的同源关系。从仡佬语和苗语共同有的借词中，可以观察到这两种语言在吸收汉语词汇方面的共同特点。文章指出从词义生成的两种类型里（扩散型的词义表达方式和收缩型的词义表达方式）。可以清楚地看到仡佬语和苗语在这两类词义表达方式上有很大的一致性。所以仡佬语与苗语的关系密切。

从语音特点探讨哈尼语中汉语借词的规范 何炳坤撰，载《云南民族语文》1988 年第 2 期。

该文主要是探讨哈尼语中汉语借词的语音特点，以此来协助研究哈尼语的语音变化规律和制定汉语借词的书写规范。对于哈尼语中汉语借词的语音特点，作者认为其受制于两大因素：一是受邻近汉语的影响；二是哈尼语语音自身的变化规律。作者通过将哈尼文标准音点绿春大寨话与滇南重镇建水话相比较，认为哈尼语汉语借词明显地带有建水话的某些语音特点，哈尼语汉语借词的语音一直处于变化状态，因此其语音变化规律和书写规范都难以确定。经过语音分析，作者认为哈尼语汉语借词应以绿春大寨语音作为记音标准；哈尼文汉语借词中有关声、韵、调的具体处理意见等，作者希望以此来规范哈尼语汉语借词的书写规范，结束哈尼文汉语借词语音混乱、哈尼文难以统一的混乱现象，以推进哈尼文的发展。

从语音演变看壮侗语言与汉、藏缅、苗瑶语言的关系 罗美珍撰，载《彝缅语研究》四川民族出版社 1997 年。

文章列举出壮侗语言与汉、藏缅、苗瑶语言有关系的 20 几个基本词，从语音演变的过程来考察它们之间的深层关系。第一类词是有汉字对应而各语族都有关系的词，包手括"脚/腿，（兽）角，咬，雏/怕，局/弯曲，掘，骑，屎，父/祖父，羽分/飞，沸"；第二类是无汉字对应的，有"鼻涕/鼻子，叶/菜，指甲/蹄，爪/脚，咳/呕，背/携带，辣椒/辣；旋转/甩，离去，张开/裂开，膝/肘"。根据每条词与汉语对应的词声韵母演变程式，可知：（1）这些词反映了一种古老的语言关系，其古老程度在汉藏语分化之前，否则不能说明为什么这些语言在语音发展演变上如此相似。（2）从声母发音部位及韵母常不带或带何种韵尾大格局来看，这些声韵母发展变化的途径基本上是固定的，说明壮侗在与汉藏其他语言发生关系时其语音结构已与汉藏语言相同，如果是多音节南岛语借入汉藏的词，就不可能按汉藏相同或相似的语音演变规律来变化，所以应把它们视为汉藏同源词。

从云南汉语方言阳声韵的演变看少数民族语言对汉语的影响 薛才德撰,载《思想战线》1992年第4期。

云南汉语方言的阳声韵变化速度比其他方言快。本文从演变的轨迹中寻找问题的答案。云南汉语方言的阳声韵有三种类型：(1)鼻音尾；(2)鼻化韵；(3)口元音韵。作者将云南境内汉语的阳声韵变化情况排列出来,发现阳声韵变化速度最快的地方都集中在洱海及其周围地区。由此得出结论,这是受没有鼻音韵尾的白语、彝语、哈尼语的影响结果,其途径就是双语人将各自的语音色彩带进了所说的第二种语言中。

从藏缅语看壮侗语与汉语的关系 戴庆厦撰,载《汉语与少数民族语言关系研究》,中央民族学院出版社1990年。

词汇是构成语言的基础,词源关系最能反映语言亲属关系的特点。藏缅与汉语的词源关系,存在一些不同于壮侗语与汉语之间的特点。主要有：(1)在最基本古老的词里,有一些词藏缅语与汉语有共同来源,而壮侗语则与汉语无关系,能够明显看出是异源词。(2)同样在这些最基本、最古老的词里,有一些壮侗语与印尼语有明显的渊源关系,而藏缅语则无,其中有的与汉语同源。(3)在另一层次非最古老的词里,有许多词藏缅语与汉语没有同源关系,而壮侗语与汉语则是关系词,与上古音接近。(4)有一些词,藏缅语、壮侗语与汉语都有关系,藏语与汉语的关系一般认为是同源词,而壮侗语与汉语的关系是同源词还是借词则难以确定。从语音、语法的现状上看,壮语与汉语的共同点比较多,而藏缅语则与汉语差别较大。通过分析,可以这样认识：藏缅语与汉语,貌异而源近；壮侗语与汉语,貌似而源远。

从藏缅语、孟—高棉语看亚洲语言声调的起源和演变 戴庆厦、刘岩撰,载《中国民族语言论丛(2)》,云南民族出版社1997年。

文章通过对藏缅语族和孟—高棉语族语言的声调比较和分析讨论亚洲语言声调起源及演变特点。亚洲语言的声调在起源上是多源的,这个事实已由许多研究案例所证实,如藏语,嘉戎语,壮侗语,苗瑶语,越南语,德昂语,佤语等。亚洲语言声调起源的特点是：(1)发展不平衡,分无调型,萌芽型,不发达型和发达型,声调产生和发展要经历多次分化进入发达型；(2)从无声调到有声调都要经过固定音高阶段,固定音高脱离了音高的随意状态,形成比较稳定的语感,并逐步承担别义功能；(3)声调是语音变化的补偿手段,与声韵系统变化相关；(4)声调依附于音质音位,其别义功能较小；(5)舒声韵声调分化比促声韵多；(6)声调分化的条件有韵尾舒促,声母清浊,元音松紧等,舒促分化在先的较多；(7)韵尾舒促变化往往引起声调变化；(8)清擦音韵尾音节声调分化有特殊性。声调产生动力主要是内在机制。文章认为声调研究是个难度很大的课题,要把声调放在整个语言结构中考察,结合文献材料,语言比较乃至利用生理、物理手段做进一步探讨。

从藏缅语同源词看藏缅族群的史前文化 黄布凡撰,载《民族语文》1998年第5期。

藏缅语同源词是产生年代很早、为藏缅族群的先民共同使用并在多数语言中保存至今的词,这些词在一定程度上反映了藏缅族群的史前文化。考古学家与历史学家将黄河上游地区的史前文化遗存与西羌、氐羌、羌戎等族群相联系,并视这些族群为藏缅语族民族的先民。藏缅族群的先民在未分化前和分化初期当使用共同的原始藏缅语,这一时间跨度大致为距今5000—3000年。在多数藏缅语中保留至今的同源的核心词,当是在这一阶段共同使用过的词,其中有关文化的词与黄河上游等地区的古文化遗存自然也就具有互相参照、证明的作用了。作者从210个藏缅语同源词中选出了与文化有关的词74个,通过这些词与古文化遗存的对照，揭示了藏缅族群的史前文化。这是语言学与考古学、历史学、民族学相结合探讨史前史的尝试。

从藏缅语族语言反观汉语的被动句 戴庆厦、李洁撰，《云南师范大学学报》2006年第3期。

文章通过藏缅语与汉语的比较，反观汉语被动句的如下特点：汉语与亲属语言藏缅语在被动表述上没有共同来源；汉语被动表述有不同于其他语言的类型学特点；"被"字是构成汉语被动句的关键要素，也是汉语被动句的特色。

从壮侗语族同源词看语音的稳定和发展
李敬忠撰，载《贵州民族研究》1985年第4期。

该文从壮侗语族同源词来探讨语音的稳定和发展。该文把跟本语族所有语言都有渊源关系的词称为"语族同源词"；把只跟本语族一种或几种语言有渊源关系的词称为"语支同源词"；把跟汉语及其他语言有渊源关系的词称为"台汉同源词"。台汉同源词比较难于认别，存在如何划清同源词和古代借的界限问题。严学先生提出"语音相似、词义相通和形态相符而非相同的语词"是同源词、不符合这三条准则的就是借词。文章对"同源词"的概念作了相对范围的限制，即限于音近义通的基本词。音义完全相同或基本相同的非基本词大都是借词。作者正是按照这两条准则来识别台汉同源词的。同源词属基本词汇范畴。基本词汇的稳固性主要通过语音形式来体现。语音的"稳固性"对维系语言的职能，反映语言的面貌有着十分重要的作用。但语言内部也存在着有规律的演变。根据同源词的比较结果发现声母变得最快，韵母变得最慢，尤其是有-p、-k收尾的和有-m、-n、-ng收尾的"阳声韵"韵尾变得最慢。韵母演变，主要元音先变，韵尾后变。

从壮语亲属称谓看原始壮人普那路亚婚的特点 尚东撰，载《中央民族大学学报·增刊·壮侗学研究》1997年。

该文对壮语方言土语中所存在的亲属称谓进行分析比较，探求出壮人原始婚姻的形态。在壮语的一些土语（如贵县东龙、来宾五山、武宣通挽等地）中至今保留"父"、"叔"混称，"母"、"婶"混称；有些地方则"伯父"、"父"、"叔"混称；"伯母"、"母"、"婶"混称；"媳妇"、"弟媳"混称。其混称层次如下：a：u^1——伯父、父亲、叔父；liu^2——伯母、母亲、婶；$kong^2$——祖父之兄、祖父、祖父之弟；pu^2——祖父之兄妻、祖母、祖父之弟妻。这种"兄弟混称、诸妻同谓"的表达方式清楚地体现了普那路亚婚制度（民族学家摩尔根所揭示的印第安—易洛魁人的婚姻形态），即兄弟集团和姐妹集团之间的婚配关系。壮人曾经历过"兄弟共妻"的婚姻形态。"兄"和"弟"有血缘关系，但兄、弟之妻不一定有血缘关系。"母"和"母之姐妹"不混称。这种"兄弟共妻"比"姑舅表婚"显然有了很大进步。

从"左"、"右"看汉维文化差异 丁鹏撰，载《语言与翻译》1998年第2期。

该文以"左"、"右"为例，探讨了汉维两个民族的文化差异。"左"、"右"是一对方位词。地理上汉民族古代以东为左，以西为右。在表示方位意义时，汉维两种语言没有差异。维吾尔语中以ong为"右"，sol表示"左"。汉语在表达中以左为尊，而维吾尔语的表达却以右为尊。汉民族传统文化中是以男为尊、女为卑的，语言的表达上便是"男左女右"；维吾尔族人则不同，他们以右为尊，维吾尔语在左右的排序上不同于汉语，而是右（ong）、左（sol）相继。在维吾尔语中，凡与ong"右"有关的语词，在句中一般都表示正面、积极的意义。这种观念可能与维吾尔族信仰伊斯兰教有关。

从 gcig 谈起——关于古藏语声母中清塞音、塞擦音送气和不送气问题 车谦撰，载《民族语文》1981 年第 2 期。

gcig 是藏语的基数词"一"。现代藏语的"一"作定语，除了在"千""万"前可以 chig 外，修饰其他的整数词、名词时没有 chig 的读法。该文就 gcig 基数词以《敦煌古藏文历史文书》为依据，探讨了古藏语声母中清塞音、塞擦音送气不送气的问题。在该手卷中，"一"有 gcig，cig，gchig，chig 四种写法。整个清塞音和塞擦音声母送气和不送气在许多词语上都不对立。例如：pa→pha，ta→tha，ca→cha，tsa→tsha，ka→kha. 作者认为，直到 9 世纪上半叶，古藏语的清塞音和塞擦音有送气和不送气两套，但它们并不区别意义，没有形成两套不同的音位，故出现自由变读的现象。藏文创制了送气和不送气两套字母，推测可能是受其他文字的影响所致。现代藏语双音节的第二音节仍存在交替的现象，这正是吐蕃时期清塞音和塞擦音送气和不送气自由交替的一种有条件的保留。因为现代藏语声母中清声母送气与不送气是两个不同音位。

从 mo 一词看壮族经诗的书证作用 蒙元耀撰，载《云南民族语文》1996 年第 1 期。

作者认为《布洛陀经诗》的出版给壮语词汇研究提供了极大的便利条件。随后作者指出研究一个词的目的意义需要搜集大量的例句，而且所收的例句必须充分体现该词目的各种用法。对一个词目的各种用法作反复对比甄别，然后才能准确地概括义项，恰当地下定义说明。释义的质量取决于材料的价值，而经典古籍历经时代考验，其语言材料一般带有权威性。因而我们在研究壮语词汇时，有必要从经典古籍中找材料，以便使壮语词汇的释义更加准确、完备。作者以 mo 一词为例，指出 mo 一词在《壮语词汇》中所开列的词义是不尽完善的。作者通过对《布洛陀经诗》的研究，指出 mo 一词的词义远非"念咒，喃喃"就能完全包容，通过参考《布洛陀经诗》，作者认为 mo 的词义有：①经文，经诗，咒语；②巫师，巫公；③法事，道场，宗教仪式；④念咒，诵经；⑤喃喃，自言自语；⑥数落，责备，批评等义。当然，作者认为这些或许不是 mo 的全部义项，但是可以说明经诗在词汇研究中的作用。

村语动词的虚化和体标记 符昌忠撰，载《民族语文》2006 年第 6 期。

村语中有一些表示各种语法意义的虚词是从动词虚化而来的，多处于虚实兼用的阶段，有的还进一步发展成为语法成分。其中有几个由汉语借入的动词如"着"、"了"、"过"等，目前已可分别作为持续体和完成体的标记。文章以村语来自动词持续体和完成体的标记为例讨论了这一语言现象。

村语汉语借词及其对村语词汇的影响 符昌忠撰，载《海南师范学院学报》（哲学社会科学版）2005 年第 6 期。

村语从汉语吸收了大量的借词，按借入时间的不同，汉语借词可以分为老借词和新借词，从语音的对应层面来看，可以把村语的汉语借词粗略地分为古代借词、近现代借词和方言借词，这些汉语借词进入村语后不仅大大地丰富了村语的词汇库。同时也对村语的词汇结构、构词方式产生了深刻的影响，使之发生了一定程度的变化，在构词上，这几类借词呈现出不同的特点：古代（老）借词多是以单音节词为单位借入的，早已与村语原有的词水乳交融，全部都已进入村语的基本词汇系统，并且有了作为语素构造新词的能力。在构造新词的时候一般都遵从村语的构词规则。

村语与黎语词汇差异的成因初探 符昌忠撰，载《广西民族学院学报》（哲学社会科学版）2005 年第 3 期。

村语和黎语虽同属一个语支，但词汇差异却高达50%以上，其原因是多方面的：村语从原始母语分化出去之后，社会环境和语言环境的变化是造成村语和黎语词汇差异的社会因素。具体来说，造成村语和黎语词汇差异的直接原因主要有：（1）在语源词（共同语或民族语）层次上，是底层语词和特有词的大量使用；（2）在借词层次上，是借词取代固有词以及借词语源的不同或者借入的途径不同；（3）在现代特有词和借词层次上，是借词和新造词的交错使用，共存并用，新造词的造词语素或造词方法的不同。当然除了这些主要原因外，还因为黎语内部支系间方言语音本身就有些差别，就其所吸收的汉语方言而言，不同的支系吸收汉语借词的语源和途径也有所不同。这个现象自新中国成立后已基本统一到通过海南话这个途径来吸收借词。个别方言通过军话和儋州话吸收的借词有的也改用海南话来读，出现了整个民族语言借词读音的统一现象。随着普通话普及程度的不断提高，村语和黎语与汉语的关系将日趋密切，村语和黎语的词汇差异将呈缩小的趋势。

村语与黎语声调比较 符昌忠撰，载《广东技术师范学院学报》2003年1期。

村语的声调在同语族的语言中属于较多的一类，有它自己的特色，在与同语族诸语言的比较中，它与黎语的对应是最为整齐的，这说明了现代村语的声调主要是从原始黎语支发展而来的，至于个别调类与黎语没有明显的对应关系，那是村语从原始黎语支分离出来后独自发展的结果。

村语中的汉语借词 符昌忠撰，载《西南民族大学学报》（哲学社会科学版）2005年第6期。

村语与黎语同属一个语支，但与黎语比较，它的汉语借词较黎语多得多。通过对村语词汇的统计和对村语中汉语借词的分析来看，有如下特点：历史久远、来源多、词汇量大、覆盖面广、常用词多，分布层面很广，几乎所有的词类都借用了汉语词。除了有不少早期汉语借词外，还有一套汉字读书音。早期的汉语借词和晚近的汉语借词，其语音形式都呈现出较为古老汉语的特色，包括现代汉语词汇的借词，这是村语中汉语借词的特色中的一大特色。村语的汉语借词与海南岛上的几种汉语方言读音有一定的差别，村读汉词音和村读汉字音来源不同，村读汉词音来自古老的南方汉语方言，村读汉字音则来自比较古老的一种北方汉语方言。汉语借词进入村语的途径和方式：（1）村语族群中来源于汉族的那部分人所使用的汉语底层语。（2）历代官府施政和办学传播汉文化所用的语言。（3）通过民间经济、文化交流而从岛内不同的汉语方言借入。

达斡尔方言的亚文化特征 丁石庆撰，载《内蒙古社会科学》1994年第5期。

该文首先对达斡尔族方言划分上存在的分歧进行了对比分析，并在此基础之上认为应将由于各种原因造成的不同地区居住的达斡尔族语言上的差异视为方言之间的差异。根据达斡尔族主要居住区域可将达斡尔语方言划分为布特哈、齐齐哈尔、海拉尔、新疆四个方言。各方言体现了不同的亚文化特征：布特哈方言由于在历史上曾受到满语的强烈影响，并在一定的历史时期存在过满达双语现象，它在一定程度上吸收了满语成分和满语的一些表现形式，以此有别于其他达斡尔方言。其体现了满族文化影响的痕迹和满达文化交融的亚文化特征。齐齐哈尔方言区的达斡尔族较早受到汉族文化的影响，并在多方面较早地接受了汉文化的成分，而在语言使用上汉语影响尤其深刻，具体表现在齐齐哈尔方言中吸收了大量的汉语借词或汉语表现形式，并在很大范围内普遍形成了达汉双语现象，由此而形成了与其他达斡尔语方言所不同的特点，体现了汉族文化影响的痕迹和达汉文化交融的亚文化特征。海拉尔方言区的达斡尔族主要受蒙古族草原文化的影响，反映了达蒙文化交融的亚文化特征。新疆方言反映了突厥民族文化影响的痕迹和达斡尔族文化与突厥民族文化交融的亚文化特征。

达斡尔语词的领属性范畴

欧南·乌珠尔撰，载《民族语文研究》，四川民族出版社1983年。

阿尔泰语系各语言里，大部分语言的体词都有领属性范畴，该文讨论达斡尔语领属范畴语法现象。达斡尔语领属范畴有单复数三个人称和反身领属变化，其附加成分除反身领属性以外，都是由领格人称代词变来。一般来说，体词的领属性范畴和格的范畴不同，它不表示广泛的语法关系，只用来说明该词所代表的人、事物及其性质、特征或行为等为谁或何物所有，然而在达语里，领属性范畴的意义不只表示从属与部分关系，同时还在逻辑上表示领属关系的强调与不强调，语气上的客气或尊重等意义。反身领属性范畴，主要用来表示该词所代表的人或事物，是属于句中施事或受事者自己所有、与施事或受事者自己有关的问题。文章还讨论了领属性体词在句中伴随各格的功用作句子的各种成分现象。

达斡尔语的亲属称谓

仲素纯撰，载《语言研究》1985年第1期。

达斡尔语亲属称谓词可分为三组。第一组是近亲，也就是夫妻、父母、子女、兄弟、姐妹等词，还包括自己配偶的父母。第二组是胞兄弟姐妹以外的堂兄弟姐妹，以及他们的父母子女和配偶，此外还有自己配偶的兄弟姐妹。这一组的范围只限于比自己上一辈的、和自己平辈的、比自己下一辈的。第三组是辈数更高或更低的，或关系更远的。第二组亲属称谓体现了词汇和词义的一个严密系统，这一组称谓数量很多，从系统上说包括96处，分五层：辈分；亲属关系的由来和性质；长幼，男女，配偶。从达斡尔语亲属称谓的特点中可以看出男性中心社会的反映和女性社会中心的反映。前者包含着一些晚近发展出来的词素；后者包含着一些远古遗留下来的词素。文中附有"达斡尔语从堂姑舅表及配偶关系形成的亲履称谓系统表"等5个表。

达斡尔语的谓语人称范畴

拿木四来撰，载《民族语文》1981年第2期。

该文通过对达斡尔语谓语人称的描写，揭示了其谓语人称范畴广泛使用的一个重要特征。达斡尔语谓语人称范畴分为第一、二人数单复数，即第一人称单数-bi:，复数-ba:，-da:，第二人称单数-shi:，复数-ta:/-to:/-te:，第三人称则用其他附加成分代替，即单数不接附加成分，复数则接加名词的复数附加成分-sul。谓语人称范畴主要用于动词谓语的同时还可附加在做谓语的其他词类上。达斡尔语动词时间式里-wɛi和-wɛ:表示时间和人称双重语法意义。

达斡尔语的元音和谐

仲素纯撰，载《民族语文》1980年第4期。

该文通过达斡尔语材料与蒙古语书面语比较，揭示了达斡尔语元音和谐特征。该文指出，达斡尔语基本元音18个（不包括借词元音），可分阳性、阴性、中性三类，其在词中的位置可分第一音节和非第一音节两层。出现在第一音节时有9个阳性元音、6个阴性元音、3个中性元音；出现在非第一音节时有7个阳性元音、2个阴性元音、9个中性元音。文章认为，中性元音多，说明达斡尔语元音和谐不严整。与蒙古语比较，达斡尔语元音和谐较复杂，松散，尤其是唇状和谐现象在达斡尔语里没有得到充分发展。

达斡尔语方言问题研究综析

丁石庆撰，载《内蒙古师范大学学报》1993年第1期。

该作者认为，无论从语言结构上的分歧、语言功能的差异，还是从居住环境上的不同、文化上的变异等方面来看，达斡尔语确实存在着方言分歧。

依据达斡尔族人口分布格局并结合达斡尔族亚文化群体的历史发展、文化演变以及语言现状把达斡尔语划分为布特哈、齐齐哈尔、海拉尔和新疆四个方言是比较切合实际的切分法。从各方言的发展历史看,可以把它们之间的相互关系大致勾勒为:布特哈和齐齐哈尔这两个方言是达斡尔语的基础方言,而海拉尔(由齐齐哈尔方言派生)、新疆(由布特哈方言派生)这两个方言则是在前两个原生方言的基础上演变而成的衍生方言。

达斡尔语方言语音对应及变异现象初探 丁石庆撰,载《中国民族语言论丛(1)》,中央民族大学出版社1996年。

达斡尔语可划分为"布特哈"、"齐齐哈尔"、"新疆"和"海拉尔"四个方言。作者在对达斡尔语各方言的元音系统和辅音系统以及重音、元音和谐律等其他语音现象进行比较之后,得出的结论认为:(1)达斡尔语各方言保持了较多的固有特征和一致性。(2)各方言间个别语音的对应现象可以分为历时的和共时的两种情况。历时的语音对应现象反映了17世纪中叶前达斡尔语的原有特征。(3)各方言由于各种原因都程度不同地发生了语音变异现象。各方言间所反映的历时变异现象具有一定的共性,是达斡尔语未分化前受满—通古斯语的影响及通过满—通古斯语间接地受汉语影响的结果;共时变异则各具个性,与各方言受邻近语言影响的程度密切相关。(4)布特哈方言是达斡尔语各方言中保留固有特点较多,受其他语言影响较小的一个方言。

达斡尔语名词的领属附加成分 拿木四来撰,载《民族语文研究文集》,青海民族出版社1982年。

达斡尔语加在名词和形容词、数词、形动词后面的两种领属附加成分——反身领属和人称领属,有自己的特点。该文所用材料依据的是达斡尔语布特哈方言纳文土语。(1)反身领属。其附加成分是-aː/-ə/-o/-e/-jaː/-jə,附加在名词后表示某一事物属于"自己"。"自己"既指说话人,也指听话人或第三者,要依句子的上下文而定。反身领属附加成分还可以出现在某些形容词、数词、代词、动词以及后置词后边。(2)人称领属。其附加成分分第一、二、三人称,又分单数和复数。第一人称和复数领属附加成分为-min/-maːn/-naːn。其中,-min为单数形式;-maːn为复数排除形式,-naːn为复数包括形式。第二人称领属附加成分的-iːn既表单数,又表复数;-iːnaːn只表复数。

达斡尔语名词语法成分的重叠 丁石庆撰,载《中央民族学院学报》1989年第6期。

达斡尔语名词语法成分的重叠形式主要有:(1)"数"语法成分的重叠(复数附加成分A1 = -sul,A2 = -nur、A3 = -r)——名词 + A2 + A1;名词 + A3 + A1;名词 + A3 + A2;名词 + A3 + A2 + A1。(2)"格"语法成分的重叠——名词 + 属格 + 位与格;名词 + 属格 + 宾格;名词 + 属格 + 从格;名词 + 属格 + 工具格;名词 + 属格 + 共同格;名词 + 共同格 + 位与格;名词 + 共同格 + 宾格;名词 + 共同格 + 从格;名词 + 共同格 + 工具格。重叠的意义:(1)"数"语法成分重叠基本上不引起语法意义的变化;(2)"格"语法成分的重叠赋予被重叠的名词以不同的语法意义,表示该名词在句子中与其他词之间的多重语关系。重叠的基础:(1)名词语法成分的重叠现象是在一定的范围内发生的;(2)受语言习惯的影响和语言环境的制约;(3)严格地依序相接而成;(4)从性质和类型来看,主要表现为同类同义语法成分的重叠和同类异义语法成分的重叠;(5)越靠近名词词根的,和名词的关系也越密切,因此也越接近于某种构词黏附成分的性质和特点。

达斡尔语与蒙古书面语语音比较 何日莫奇撰,《黑龙江民族丛刊》1991 年第 4 期。

（1）元音。蒙古书面语有 a、ɛ、i、e、u、o 六个短元音。达斡尔语有 a:、ae:、e:、i:、o:、u: 六个长元音,并且可以出现在词的任何音节上,蒙古书面语没有长元音。现代蒙古语的长元音是书面语两个元音间的辅音脱落后形成的。达斡尔语的长元音与蒙古书面语相应的元音加辅音加元音对应。达斡尔语有 ai、au、oi 三个复元音,与蒙古书面语相应的元音加辅音加元音对应。（2）辅音。达斡尔语与蒙古书面语的对应如下：n-ng、l、ng-m、n、l-r、n、t（s）、m-l、p、r-s（t）、g、p、sh-si、s、t-tsh。单辅音与已脱落的辅音的对应。达斡尔语和蒙古书面语之间只有 x-（ ）、w-（ ）、j-（ ）三组对应,这是古音脱落过程中不同时期的记录。已脱落的辅音与单辅音的对应。达斡尔语中已脱落的辅音与蒙古书面语非第一音节的 j 和 r 相对应。此外,达斡尔语中有腭化和唇化辅音,而蒙古书面语中则没有。

达斡尔语与蒙古语异同比较——兼论达斡尔语的系属 巴达荣成撰,载《民族语文》1988 年第 6 期。

该文主要讨论了达斡尔语与蒙古语的异同和达斡尔语系属问题。文章认为达斡尔语与蒙古语在语音、词汇和语法方面共同点较多,但也存在一些不同点。较独特的不同点有：在语音方面达斡尔语的复合元音最丰富齐全,词中的 g、b 在达斡尔语里变为 r；在词汇方面达斡尔语保留蒙古语词首辅音 x,有些复合词在达斡尔语合成一个词,达斡尔语还有一些与蒙古语不同的词等；在语法方面保留了古代蒙古语第三人称代词 in、a:n 和第一人称代词复数形式 ba:,此外达斡尔语还有 -sul、-dzhə: r、-li、-tshen、-r 等名词复数形式。通过比较文章认为达斡尔语与蒙古语有语音对应规律,与蒙古语最接近,而不与满——通古斯语近,尤其是在词汇和语法方面有根本的差别。文章的结论是达斡尔语属蒙古语族语言,而不属于国外一些学者所说的满——通古斯语族。

达斡尔族亲属称谓试析 丁石庆撰,载《中国民族语言论丛（2）》,云南民族出版社 1997 年。

（1）亲属称谓系统。斡尔族的亲属称谓可表述由"我（或自己）"向上下各数 4 代,共计 9 代人的亲属关系,包括与父系直系及旁系、母系直系及旁系和妻方亲属等有关的亲属称谓。（2）亲属称谓的特点。达斡尔族亲属称谓词共有 155 个。其中,描写式称谓 128 个,分类式称谓 27 个。单式语素 33 个,复式语素 114 个。固有的亲属称谓 112 个,外来语称谓 43 个。复式亲属称谓大多以核心家庭成员的称谓为基础构成。（3）亲属称谓所反映的亲属关系及婚姻形式。达斡尔族亲属称谓的显著特点是多分性；父系嫡亲称谓对父辈以下的称谓比较完备；宗亲称谓大多由单式语素构成；有显著的父系特征；严格区分血亲与姻亲；姑表亲内部有尊卑之分；辈分级别之间界限分明；一部分兼指姑表亲和舅表亲的亲属称谓反映了早期婚姻制度中的姑舅表婚俗和历史上曾存在过从妻居婚姻形式。

大理州白语方音 段伶撰,载《云南民族语文》1997 年第 1 期。

该作者于 1990—1992 年间,先后在大理州白族聚居的县市乡镇选取了 11 个白语方音点进行了实地调查。根据调查材料,作者初步绘出了主要方音的分布地图。该文开始简要介绍了大理州白语各地方音的种类、发音及分布。接着以声母、韵母、声调三个方面论述方音情况。综合各地的白语声母,其有 55 个,分为 10 类。表面上看,白语声母较多,但各地的实际声母不多。各地相同的声母只有双唇音、唇齿音、舌尖前音、舌尖中音、舌面前音、舌面后音、喉音及不送气擦音。韵母总共有 56 个,分为 4 类。韵母同声母一样，表面上数量多，实际上分处于不同地区。白语声调类型较少，按本质属性划分的声调，共有 6 个。这 6 个声调各地多少参差不齐。

大理白族自治州少数民族语言使用情况概述 姜竹仪撰，载《中国少数民族语言使用情况》，中国藏学出版社 1994 年。

大理白族自治州于 1965 年 11 月 22 日成立，自治州首府大理市。全州辖 12 个县（市、自治县），其中民族乡 133 个。自治州位于云南省西北部，东连楚雄彝族自治州，南与思茅、临沧地区，西接保山地区和怒江了僳僳族自治州，北与丽江地区接壤。总面积 28356 平方公里。1984 年统计，自治州地区总人口 2781427 人，其中农村人口占总人口的 92.1%，城市人口占 7.9%，州内除了白族和汉族以外，还居住着彝、回、傈僳、苗、纳西等民族。自治州的白族有 885089 人（1984 年），白族自称"白"、"白子"、"白尼"。白语是白族人民的主要交际工具。白语属汉藏系藏缅语族彝语支。白语分南方言（大理方言）中部方言（剑川方言）、北部方言（碧江方言）。该文介绍了民族语言使用情况抽样调查情况，大理白族自治州 1981 年成立广播事业局。30 年来办了许多报刊和杂志都用汉文。大理州在历史上有"文献名邦"之称。新中国成立前，白族没有自己完备的文字。在很早以前南诏国，大理国等包括白族在内的地方政权早已采用汉文，并利用汉字的读音、训读汉字，自造新字和借入汉语词等方法来表达白语，过去称为"白文"。用它来记录白族文献的手抄本和民族的艺术唱本。新中国成立后采用拉丁字母系统的拼音文字方案。以白语中部方言为基础方言，以白族人民聚居的，语言代表性较大的剑川县金华镇的语音为标准音，同时适当地照顾其他两个方言的语音。该方案制定于 1958 年，由于种种原因，未能试验推行。

大坪江勉话边音和边擦音来源 郑宗泽撰，载《民族语文》1990 年第 5 期。

大坪江勉话边音 l 和边擦音 lh 都可出现于阴、阳调类中，l 与瑶语支、苗语支语言的 l 对应，lh 与 l、hl、lh 对应，说明大坪江的 l、lh 来源于古勉语 *l、*hl。但大坪江勉话的 l、lh 还对应于勉语标敏话的 l、lh 金门话的 g、藻敏话的 l、dz、h、ʔ、v。说明勉话的 l、lh 还来源于古勉话的 *gl、ngkl、ngkl，论据有五：一、金门话、藻敏话的舌根音同勉话、标敏话的舌根音（包括古舌根音演变来的舌面音）对应；二、金门话的腭话舌根音大多同标敏话保留的舌根复辅音对应；三、金门话有些非腭化的塞音也与标敏话的复辅音声母以及标敏话、勉话源于古勉语复辅音、舌面音对应；四、金门话、勉话、藻敏话阴类调的浊闭塞音声母字，有许多与苗语的鼻冠清闭塞音对应；五、金门话、勉话、标敏话部分阳类调浊闭塞音与苗语的阳类调鼻冠闭塞音对应。勉话及标敏话读 l、lh 声母的字部分与汉语有相同或相似之处；一些构拟为舌根复辅音的字与壮侗语族语言有渊源关系。

《大清全书》研究 季永海撰，载《满语研究》1991 年第 1 期。

《大清全书》是清代一部大型满汉辞书。(1)《大清全书》成书于康熙二十二年（1683），是在满文创制 80 余年后才产生的。(2) 作者沈启亮，字弘照，汉族，娄东人。在浙闽当过兵，退伍后到北京，向满族老师学习满文，历经数年完成《大清全书》。现存《大清全书》有康熙二十二年的京都宛羽斋刻本、康熙五十二年（1713）的三义堂重刻本和康熙五十二年尊古堂书坊发兑的三义堂藏版的重刻本共 3 个版本。全书十卷，按十二字头排列，收词 1 万余条。第一卷前有作者的汉文序言、凡例和总目。正文中的满文部分是满语语词和由这些词组成的专有名词、词组以及动词的形态变化。汉文部分多采用对译或对译辅以解释的方法，少数汉语中无对应词的,则采用音译或解释的方法。
(3)《大清全书》的特点。不同于十二字头排列顺序;所收的词条不同;对一些常见词而学习者又不易分辨者多作用法说明;收有大量的口语。

大庸古彝文铜镜刍议　李敬忠撰,载《广东民族学院学报》1984年第1期。

"铜镜",于1976年夏天,在湖南大庸县永定镇南正街从一位名叫秦九妹的老妇人手中所得。"铜镜"直径7厘米,一面光滑,一面刻有两圈文字(阴文)。外圈21字,内圈14字,中间一字,共计36字。经考证这些字为古彝文的一种,经辨认外圈9字义为"西天南天东天念源星";内圈10字义为"蛇来南天往呗来湖争"。作者认为:"铜镜"可能是类似"照妖镜"之类的法具,是明代甚至明代以前的产物。"铜镜"上的古彝文与文献记载的"韪书"有密切关系,为此文章又提出了有关土家族与彝族的历史渊源问题。作者考察"铜镜"为土家族田氏所藏,据《田氏族谱》的线索,田氏始祖田承满北宋时从四川迁来,而彝族主要聚居四川迁来,而彝族主要聚居四川,这样,"铜镜"本身就可以证明土家族与彝族确有渊源关系。但如果田承满是汉族,那么说明田承满定居之后,其子孙被土家族的先人同化。他在四川时得到这面古彝文"铜镜",带来湖南后便成为传家之物。

《大元肃州路也可达鲁花赤世袭之碑》译释　耿世民撰,载《向达先生纪念论文集》,1986)。

用汉文、回鹘文两种文字写成。据考证,此碑立于元顺帝至正二十一年(1364),现存甘肃酒泉市文化馆。内容为记述元代肃州党向(西夏)族一个门阀世家的活动。但引人注意的是,民族文字不使用西夏文而使用回鹘文回鹘语。此点说明在14－15世纪时,回鹘文回鹘语实际成为我国西北地区的通用语文。

dolda(达勒达)辨析　李克郁撰,载《青海民族研究》1999年第1期。

达勒达本东北方之夷,唐元和后阴山,汉文史籍中讹写为鞑靼或达达。后来达勒达这个名称推广到更广阔的北方草原上,凡操蒙古语落、部族通称为达勒达。又以达勒达接受汉文化的深浅分为白达勒达、黑达勒达,生达勒达。迄至今日,土族自称察罕蒙古尔(白蒙古、白达勒达),蒙、藏民族称土族为达勒达,土族虽源于达勒达,而且主干是达勒达,但从蒙古帝国崩溃以后,河湟流域的达勒达人与其他达勒达人完全失去了经济、文化的联系,走上了一个独特的发展道路,久而久之,形成了一个独具特点新民族。明朝以后来到青海的汉人,把这些世居河湟的达勒达人称作土达子、达子、土达,后简称达民、土民、土人。新中国成立后,定名为土族。蒙藏族至今对土族有他自己的习惯称呼,而且每一种称呼都直接与土族的来源和构成紧密地联系在一起。

傣、泰词汇比较　罗美珍撰,载《民族语文》1988年第2期。

该文将西双版纳傣语和曼谷泰语的词汇作了全面比较,得出的结论是:在2002个常用的单音节词中两者有1287个同源(其中语音相同的有639个;语音对应的有594个,并列出语音对应条例),占了单音节比较词的63.7%。此外还有1689个半同源的合成词和26个同源的多音节单纯词。由此可知两种语言的接近程度。文章列举了两者的差异并分析了造成两种语言不同源词的情况和原因:(1)借词的借源不同:傣借西南汉语,泰借华侨的闽南或客家话和英语、巴利语。(2)构词词素和构词方式不同。(3)有些同源词的构词能力在两种语言中有大有小。社会条件和语言环境不同是两种语言发生差异的根本原因。

傣汉双语教学研究 杨光远、陈锡周、郜卫宁、王康撰，载《云南少数民族双语教学研究》，云南民族出版社 1995 年。

傣族居于云南，人口 102 万人（1900 年）。傣语属于汉藏语系壮侗语族壮傣语支，云南境内的傣语可分为德宏方言和西双版纳方言。傣文是一种来源于巴利文的拼音文字，云南省境内使用的傣文有四类，即德宏傣文（傣纳文）、西双版纳傣文（傣仂文）、金平傣文、傣绷文。德宏和西双版纳州自 50 年代就开始探索切合实际的双语教学途径，希望通过双语教学对本州的发展起到积极的作用。傣族学生学习普通话主要困难在语音方面，他们不仅要克服母语语音上的障碍，还要受到本地汉语方言的影响。在傣汉双语教学上，必须依靠教师认真钻研普通话的教学规律，使用科学的训练方法，及早抓住学生年纪小，记忆力强的有利因素，引导他们反复练习，及时巩固。教师要总结学生易错的发音，如儿化、轻声等，让学生多练多记，培养他们学习的积极主动性，让学生养成主动记字的习惯。

傣拉话的语音特点 喻翠容撰，载《民族语文》1990 年第 1 期。

该文讨论了傣拉话的音类特点，作者并对一些声类的演变，提出了自己的见解。文章首先介绍了傣拉话的语音系统，进而采用傣拉话语音与傣语其他方言，土语语音比较的方式，揭示傣拉话音类分合，变化规律及其与傣语其他方言，土语语音之间严整的对应关系。从而也展现出傣拉话语音特点：（1）声母系统中，有一套傣语其他方言，土语中都没有的腭化声母，有 kh 和 x，有 ts 和 tsh；（2）韵母系统，由于一些韵类合并和 k 韵尾脱落，其数目已逐渐减少；（3）声调系统，四声各分阴阳，共 8 个声调。8 个声调跟傣语其他方言，土语声调比较，没有再分化。文章最后从今溯古探讨傣拉话声类的历史来源。傣拉话和傣语其他方言，土语用例以及其他语言，方言用例，占全文篇幅 52%。通过讨论，为傣拉话被确定为独立土语。提供了语音依据。为傣语语音史研究提供了一些有益的线索。也为亲属语言间语音比较研究提供了一种新语言材料。

傣拉话里的一些音变现象 喻翠容撰，载《民族语文》1986 年第 2 期。

该文就傣拉话现代口语，讨论其音变现象。伴随归纳出傣拉话常见语流音变有：音节弱化；变调；减音。（1）音节弱化，元音弱化后多读 a 或 ac，少数读 u，韵母如带韵尾，韵尾均失落；腭化声母的腭化成分同时丢失；其声调失去原来的调值，读得平而短促，并且调值不固定，根据实际读音高低，有 44、33、22 三种调。（2）变调，部分量词受数词"（一）"修饰时，声调产生变化：①1 调→3 调；②4 调→3 调；③5 调→2 调；④2 调→6 调。部分促声调量词受"（一）"修饰时，促声韵韵尾变为舒声韵韵尾或脱落，其声调变化符合变调规则。变调特点是：低调变低调，高调变高调；（3）减音，两个单音节词连读时减掉前后音节中部分因素，再由剩下的音素组合为一个新音节。这个新音节包含了两个单音节词的词汇意义。傣拉话词语和其他不同自称傣族使用的傣话词语用例，分别占全文篇幅的 27% 和 19%。文章揭示了傣拉话三种语流音变规律。

傣泰语量词运用特点比较 玉康撰，载《云南民族语言文学论文集》，云南民族出版社 1990 年。

西双版纳傣语与泰语是关系密切的亲属语言，这两种语言的量词十分丰富，对量词的叫法相同相近，用法上也大同小异，但由于历史的、环境等各种因素，在量词的运用上也出现了语音和声调的差异。该文通过对傣泰量词的运用特点作比较分析，来揭示其共同点和差异。大量的名量词都是语音相同、用法相同、只是在语法顺序上稍有差别。还有一部分量词的语音已发生变异，但词义相同。另一部分量词的名称相同，但使用范围不同，这也存在两种情况；一种是名称一样，但傣语的用途比泰语广；另一种是名称一样，但泰语的用途比傣语广。还有一种情况是量词有别，但含义相同。最后一种情况是量词不同，但语法相同，这类量词主要表现在度量衡和专用动量词上。该文对这两种语言中的量词的比较研究，旨在让大家更加了解这两种语言在历史上的渊源关系。

傣文文献《谷魂》与傣族的宗教信仰
虎月放撰，《中国民族古文字研究》（第四辑）天津古籍出版社 1996 年。

《谷魂》反映的是，以谷魂为代表的原始宗教势力同以佛祖为代表的佛教势力的斗争。从中折射出了佛教传入傣族地区的初期情况。（1）佛祖的栖身之地佛寺的金碧辉煌，堂皇富丽，众神仙及世人的纷纷朝拜，说明佛教在当时已有相当势力，已占有很高地位，但谷魂"傲然挺立"，不躬身拜佛，又意味着佛教在傣族地区并未取得决定性胜利，外来佛教遭到了本土原始宗教的强烈抵制。（2）围绕着"谁的功德更深广，谁是三界之王"的问题，谷魂同佛祖展开了针锋相对的舌战，佛祖最终承认谷魂至高无上，是神圣、主宰的一切。谷魂以胜利者的形象出现，表明了民以食为本的思想，充分体现了傣族把稻谷神圣化，并加以崇拜的文化心态。（3）既宣传佛祖的无所不能，又流露出佛祖依附谷魂，这正是傣族理想与现实相矛盾的写照。（4）威势盖人的天帝神，一方面带着8万神仙下凡拜佛，教人们"若有美味香甜的食品，要先双手托来献佛。另一方面又当众宣布威信的高广，福业的伟大。

傣文渊源及其近亲文字　张公瑾撰，载《中国民族古文字研究》（第三辑），天津古籍出版社 1991 年。

我国傣族在不同地区使用四种形体不同的民族文字，这四种文字叫西双版纳傣文（又叫傣仂文）、德宏傣文（又叫傣哪文）、傣绷文和金平傣文（又叫傣端文）。这四种傣文都属于印度字母体系，探讨傣文来源，就要从印度文字说起。孟文是现今缅甸领土上的古老民族孟族所使用文字，缅文即从孟文演化而来。缅甸掸文与我国的傣绷文（实为同一种文字）又从缅文演化而来，因此字母形式大体一致。只是缅文字母还保留着巴利文双组字母的特点（即一个音用两个字母表示），而掸文和泰绷文已简化为一音一字，故字母数目已大量减少。德宏傣文（傣哪文）在形式上是一种富于独创性的文字，它与傣绷文极为接近。西双版纳老傣文（傣仂文）还有3种极为接近的文字，即傣痕文（通行于缅甸景栋）、兰纳文（泰文清迈一带的老文字）和老挝经文。金平傣文与越南的土族文字大同小异。我国元、明、清三代的"华夷译语"中，保存了丰富的古代傣文资料。

傣语长短元音和辅音韵尾的变化　罗美珍撰，载《民族语文》1984 年第 6 期。

长短元音对立以及有-m、-n、-ng、-p、-t、-k辅音尾是侗—泰语族语言的语音特点。历史上有过丰富的阶段，后来这些特点有些语言或方言趋于简化或消失。作者通过傣语方言和傣文的比较研究，揭示出长短元音和辅音尾的变化规律，对汉藏语言研究具有参考价值。（1）13世纪傣文创制时期。9个元音在元音尾和辅音尾之前都分长短。现代方言中，版纳、德宏和金平傣话只保留 a 分长短；武定傣语以不同音值的元音取代长短 a 的对立；绿春傣语长短 a 的对立完全消失。（2）三个鼻辅音尾，-m 最先脱落或并入-n，最后保留的是-ng 尾。（3）塞音尾-k 在长元音后面最易脱落或变为-ʔ 尾；武定傣语的-p 尾并入-t 尾，短元音后面的塞音尾变为-ng 尾；绿春傣语的塞音尾全部脱落变为高、后元音尾。这些是塞音尾脱落的发展方向。

傣语德宏方言中动词和形容词的后附形式 张公谨撰，载《民族语文》1979 年第 2 期。

该文首次分析了傣语德宏方言中动词和形容词后附形式的构成、性质、意义和语音特点。动词的后附形式是用原动词主要元音的语音交替构成的：原动词的主要元音是 ɿ、e、o、u、rr、ia 时，后附音节的元音只能是 a 或 a:；原动词的主要元音是 a 或 a: 时，后附音节的元音只能是 i。加上附加音节表示动作短促，迅速或逐渐减弱。形容词的后附成分都是两个音节；后附成分与形容词本身没有语音上的联系；同样的后附成分可以出现在意义近似的若干形容词后面。加上后附成分使形容词的意义更加明确、生动，更加细微地限制事物的性质或状态的程度。动词和形容词后面不同的后附成分有助于区分出哪些是动词，哪些是形容词。

傣语的称谓法 罗美珍撰，《民族语文》1989 年第 5 期。

该文系西双版纳傣族社会历史情况，详细描写了傣语的两种称谓法：指称称谓法和呼名称谓法及其发展变化情况。过去的傣族社会等级森严，人们无论在正规的交际还是亲昵的交谈中，随时都要选用不同的称谓词以示彼此地位或辈分的高低；僧俗的差别；年龄的大小和关系的亲疏等。新中国成立后，人与人之间的关系发生了根本变化，一些称谓词的内容和使用对象相应地发生了变化。指称称谓法使用人称代词，有崇敬称、尊称、自负称、通称、鄙称、亲密称、谦称等之分。呼名称谓法使用名词，有人名、亲属称谓和职位名称。各种称谓都表现了不同的等级、身份。人名有乳名、佛名、还俗名、从孩名等。佛名有七个等级；职位名称有十品。

傣语的短元音化现象分析 薄文泽撰，载《语言研究》1994 年第 1 期。

该文通过泰语、老傣文、现代傣语的比较从理论上阐释了傣语短元音高化的现象，从而补充了赵瑛的文章"论西双版纳傣文元音 a、ae 的音变问题。"在傣、泰语中，一对长短对立的元音，其短元音的舌位总是偏高一些。即：音的时间长短，伴随着舌位的低、高。一旦元音的长短对立作为区别性特征消失后，处于伴随特征的舌位高低就成了区别性特征。如：现代傣语的 ε、i、u 已不分长短。其中有一部分是与泰语的短元音 a、e、o 相对应：泰语短元音 a、i、o 分别对应于傣语的 ε（在舌音后，-n、-t 尾前）、i、u。泰语的短 e 早在老傣文时代就变成了 i，但仅限于在鼻音韵尾的音节中，一直没有波及塞音尾音节。而泰语的短元音 o、a 在傣语中变为 u、ε 要晚一些。o 变为 u 先只在鼻韵尾音节，变化以后向塞音尾音节扩散。a 变为 ε 是同时在舌音声母、鼻音和塞音韵尾音节发生的。

傣语的双音并列式复合词 喻翠容撰，载《民族语文论文集》，中央民族学院出版社 1993 年。

现代傣语（文中例子以允景洪话为代表）中复合词日益增多，这是词汇发展的明显趋势。其中以并列式构成复合词是最能产的一种方式。并列式复合词多由两个单音节语素并列而成，也可由两个双音节语素并列构成，或由 4 个不同的单音节语素并列构成，有时这 4 个语素内部前后两组并列，两组之间结构关系必然相同。从语义结构上看，双音并列式复合词有相同或相近意义并列、同类意义并列、相反意义并列三种。两个语素在结构上平行，在意义上有些是平等并列，合成后的双音词意义跟两个语素意义之和基本相等；有的是不等并列，复合词的意义偏重于某一语素、不等于两语素意义之和。从构成上来看，并列复合词的结构固定，不能调换次序，调换了就没有意义，只有少数可以颠倒内部次序。

傣语动词的情貌系统 喻翠容撰，载《语言研究》1985 年第 2 期。

傣语的动词进入句子时需要跟上某种情貌（体）的助词，这些助词组成一个系统，表示动词的一套语法意义，包括动作是否开始，是否完成或处于动作的什么过程等。动词的貌分为：（1）未完成貌。表示已经开始还未结束的动作、行为或状态。用从动词虚化来的 ju^5（住）表示。（2）完成貌。表示动作已经完成、行为已经终了或状态已经出现，用 lɛu^4（了）、hən^5 表示。（3）经历貌。表示曾经经历过的动作或行为，用从动词虚化来的 hoot^8（到）thuung^1（到达）表示。（4）进行貌。表示动作正在进行或行为正在发生之中，用 tuuk^8 表示。（5）持续貌。表示动作在绵延的过程中或呈持续状态，有从动词虚化来的 vai^4（留）表示。（6）未开始貌。表示动作尚未开始或状态尚未出现，用 bau^5…tac^6 表示。（7）将开始貌。表示动作即将开始或发生。在动词前加 di^5、dizh^7 表示。（8）试开始貌。表示动作试行或短暂，用 du^1 表示。形容词也可跟貌词结合，其意义和动词相仿。

傣语动词的虚化 罗美珍撰，载《民族语文》1990 年第 3 期。

西双版纳傣语中有一些表示各种语法意义的虚词是从动词虚化而来的。这些虚化动词多数和汉语有关系。该文分析了 vai^3（放置，留）、ju^5（住、在）、lɛu^4（了）、au^1（要、拿）、se^1（失）、sai^5（塞、施加）、huɯ^3（给）、kap^7（合、夹）、dai^3（得）9 个动词虚化以后的意义和作用，揭示其不同的语法功能。文章最后概括了三个问题：（1）动词的虚化与思维发展需要表达更细微、更准确有关。（2）动词虚化以后起什么语法作用与该虚词在句子中所处的位置有关。（3）同一类别的虚词在语法意义上有细微差别，这与该虚词各自和原来的动词在意义上不保持一定的联系有关。和汉语在语音和意义上对应的虚化动词，其词义和用法都发生了较大的变化。

傣语动词 ʔau^6 的来源和用法 张公瑾撰，载《傣族文化研究》，云南民族出版社 1988 年。

傣语中的动词 ʔau^6 相当于汉语的"要、拿、用、把、将、取、娶、嫁"等，但在某些特殊的语言环境中范围很大。另外也不能说 ʔau^6 概括了汉语中这些词的全部用法。该词是汉语借词的可能性不大，因为这个词不仅在很早年代以前为傣汉语所共同拥有，而且也是侗傣语各语言所共有的。因此它可能是一个同源词。这个词的傣语口语中有以下用法：（1）作纯粹的动词用表示"娶妻"、"嫁丈夫"，即"娶、嫁"。此外，还有"拿"的意思。（2）不作为纯粹的动词用，带有"欲求"的意思，相当于汉语的"要"。（3）相当于一个介词，带宾语但不表示动作。（4）虚化成一个动词的语尾，用在表示可以拿取的或可以由主观努力得到的那些动词的后面，表面上很像是这个动词的补足语，但有没有它，对意义上都不会有大的影响。（5）可作构词语素用。

傣语干支考原 王敬骝撰，载《中国语言学报》1995 年第 6 期。

傣语中有汉族农历干支的名称，其中有一些读音和汉语颇为近似，有一些则很难看出傣、汉之间的语音对应关系。作者通过对比汉、傣、越南语的干支名称，认为傣语的干支名称是从越南语借入的，其借入时间应为汉末三国以后，中唐以前。这一研究给汉语与南方华夏文化圈内各民族语的关系提出了应予注意的新思考。作者对比傣和越南语的干支名称，看到有借音的、易字（同音字）借音的、易字（同义字）借音的三种相同的借汉语形式，并逐一分析了每个名称傣、越语相对应之处。我国南方曾是夷、蛮、越、濮……之地，在长期频繁接触中，语言的"趋同"现象明显。作者认为把语言和文化结合起来研究是一条非常宽广的新路。

傣语 tsa:ng³³ "匠人"的动词化过程　薄文泽撰，载《民族语文》1997 年第 6 期。

傣语 tsa:ng³³ 的发展经历了"名词'匠人'——动词'擅长'——能愿动词'能、会'"的过程。在亲属语言中，泰、壮语里"匠人"一词也有发展为动词的趋势，只是由于语言中其他因素的干扰，这些发展才被中断。从历史上看，各语言的能愿动词都是后起的，它们之间没有也不可能有同源关系。从语法发展的客观规律来说，语言表达的缜密化要求使得新的表达方法的出现成为必然，而傣语里 tsa:ng³³ "匠人"的用法和判断式的语法特点使得 tsa:ng³³ 的动词化成为可能，而这种可能在语言演变过程中成为现实，取决于其他语言现象的推动，如判断式的发展变化方式就促进了 tsa:ng³³ 的动词化过程，泰语 tsha:ng⁴¹ 的分布方式表明它是一个动词化过程受到干扰被迫中断的现成例子，这一干扰又是 pen³³ 与 ke:ng²² 在语法和语义上发展变化导致的自然结果。

傣语近义联用法　郭玉萍撰，载《云南民族语文》1991 年第 4 期。

傣语近义联用指的是近义词或近义成分（词、词组、固定词组之间的近义）联合起来运用。其结构自由灵活，它们运用的近义除词与词的近义外，还应用文学修辞上的近义。近义联用是为韵律和谐，易于朗颂而运用的修辞手法。它是傣语用词法上的一大特色，也是傣族文学语言优美的一个表现手法。近义联用是为避免单音节词的多义性以及单音节词、词组的语意不足，也为增加表达效果，音节的押韵和谐，其结构都是并重的，共同表示一个整体概念。作者以音节的多少来介绍近义联用法的，举了三个音节、五个音节、七个音节的例子。近义联用在傣族文学语言中起着修饰作用。近义联用避免了单音节词语的孤单和意思的不足。满足了内容表达上和形式结构上的需要，便作品所修饰的事物形象更能栩栩如生地跃然词间，为作品增添了不少色彩。

傣语两种方言词汇差异的历史文化背景　张公谨撰，载《民族语文》1988 年第 5 期。

该文联系傣语的历史文化背景考察西双版纳和德宏两个傣语方言词汇方面的异同。文章认为，傣语两种方言的形成主要是在唐宋以后，因此，早期生活词汇在两个方言中大体上相同，或者在语音上大多能找到对应关系。有些同源词如"叶子"，在允景洪话为 bai⁵⁵，芒市话为 maɯ³³ 听觉差异很大，但实际上 b 和 m、ai 和 aɯ 对应，很明显是同源词。而两个方言在词汇上的差异则反映着特定的历史文化特点，表现在四个方面：(1) 生活方式复杂化反映出来的词汇差异。比如，在两种方言中，"衣服"和"裙子"的叫法完全相同，前者为 sγ³³，后者为 sin³，但"裤子"却不同。因为裤子是后来才有的。(2) 文化娱乐活动方面的词汇差异。比如，"歌"、"舞"正式称为一种文化活动形式，是较晚的事，所以两种方言叫法不同，而"鼓"起源很早，其通称在傣语的两个方言中是一样的。(3) 私有制和等级制度产生之后出现的词汇差异。比如，第一人称单数，在西双版纳方言中，地位高贵者对老百姓自称 hau²，表示鄙视对方则自称 ku¹ 或 kau¹，表关系亲密时自称 ha²，表谦卑时用 xa³，最谦卑的说法用 xoi³ 等等，而德宏方言却只有一个 kau⁶。(4) 外来借词的差异。比如"和尚"，西双版纳方言叫 pha⁶，德宏方言叫 sa:ngI5。

傣语名词修饰语的基本语序　张公瑾撰，载《傣族文化研究》，云南民族出版社 1988 年。

由于名词的修饰语可以是一个单纯的词，也可以是一个或几个复杂的词组，同时，对于表示领属关系的名词和代词，由于在性质上与一般修饰语有共通之处，在语序上也与其他修饰语有共同点，所以也包括到名词修饰语的范围。全文论述了以下几个问题：(1) 名词单纯性修饰语的一般次序；

(2) 名词组合性修饰语的位置与结构助词 ʔăn⁶ 的运用；(3) 组合性修饰语与单纯性修饰语联合应用时的问题；(4) 以名词作中心语的修饰词组作修饰语时的特殊情况；(5) 一个名词带两个组合性修饰语的问题；(6) 与名词修饰语有关的两个结构助词 ʔăn⁶ 与 haeng⁵。傣语名词单纯修饰语的一般次序是修饰语族在中心语之后，一般的实词都可以放在名词之后作为名词的修饰语。

傣语亲属称谓变体 周庆生撰，载《民族语文》1994 年第 4 期。

在国内外亲属称谓语用变体的研究中，系统描述一种语言亲属称谓的十几种用法的论著尚不多见。该文作者在 1987—1994 年间，三次赴云南省西双版纳地区，调查核对当地傣语亲属称谓的用法。主要合作人有 23 位，平均年龄 60.5 岁，分别来自该州二县一市 6 个调查点的各个阶层。作者发现，由于使用者双方存在着社会阶层、心理、宗教、交谈目的、方式和场合等方面的差异，傣语亲属称谓在使用中表现出 13 种语用变体。该文系统描述了傣语亲属称谓这 13 种变体的定义和用法，它们是引称、对称、排行称、释称、从佛称、还俗称、从妻称、从夫称、从孩称、父母称、亲称、泛称和等级称。其中，释称、从佛称、还俗称、父母称、亲称和等级称这些概念和术语系首次提出。

傣语泰语成语比较 刘晓东撰，载《云南民族语言文学论文集》，云南民族出版社 1990 年。

成语是一种相沿习使用的特殊的固词组。本文从傣语、泰语成语的思想内容、构成形式入手对这两种语言的成语进行比较，发现了很大的一致性，从而证明这两个民族有着久远的亲密关系，这两种语言是亲属语言。从内容上看，傣、泰成语的内容所反映的生活面基本一致，表现出文化沉淀的共同性；从形式上看，傣、泰成语的词的选择和语法构造基本一致，在韵律特征上也反映出较大的一致性。虽然随着社会历史的发展，由于各种因素，傣、泰成语在内容和形式上也存在有不少差异，但是它们的构词法、提炼语言的方式仍旧是一致的，这两个民族的历史渊源关系在语言中得以充分的体现。该文对傣语泰语成语所做的比较分析，旨在让大家更加了解这两种语言在历史上的同源关系，这两个民族在历史上同属于一个民族；认识到这一点，无论对这两个民族的人学习对方的语言，还是两个民族间的友好往来，都是有好处的。

傣语泰语动词谓语句中"时"和"体"的范畴 杨光远撰，载《云南民族语言文学论文集》，云南民族出版社 1990 年。

傣语、泰语是关系非常密切的亲属语言，它们的动词表示"时"、"体"的范畴都是借助虚词来表示的。该文以西双版纳傣语和德宏傣语、泰语以书面语为例，通过对这类虚词用法的比较，来探讨它们之间的特点和规律。关于"时"的范畴，该文对将来时、过去时两个时态进行了详细说明。关于"体"的范畴，从完成体，进行体入手进行分析。文章最后从疑问句的疑问词来看动词的范畴，分别列举了用虚词来表示一般疑问句、判断式问句、动作完成与否的疑问句的用法。总之，傣语、泰语在借助虚词来表示动词的"时"、"体"范畴时，既有共同点，又存在差异；存有共同点，是因为这两种语言是由同一个原始基础语衍化而来的；存在差异是因为随着社会的发展，由于地理的、文化的、经济的等各种因素的影响，两种语言逐渐产生了差异。该文对傣泰语动词谓语句中"时"、"体"范畴的分析研究，旨在让大家更加了解这两种语言在历史上的渊源关系。

傣语形象词语初探 岩温龙撰，载《傣族文化研究论文集》云南民族出版社 2007 年 10 月。

傣语形象词语，是傣族人民长期对生活、事物发展规律的体察、概括而成的。其语言精练、生动、形象、幽默和通俗。它的意义具有整体性，它的结构又有凝固性，其词语搭配又得当，是傣语里的精华之一。它不仅反映了傣族人民居住的自然风貌、社会历史、风尚习俗、或是心理状态，而且有着深刻的傣族文化底蕴，富含哲理。往往寥寥数语，就把人和事物刻画得栩栩如生，读之如见其人，如谋其面，妙不可言。我们可以借助先辈们运用形象词语的这种巧妙手法，来丰富我们的词汇，增强语言的表现力。

傣语谚语的翻译 刘晓东撰，载《民族语文翻译研究》，云南民族出版社 1994 年。

谚语是傣语的精华。傣语谚语反映的内容极为广博，它把自然环境、风物、特产、习俗巧妙而自然地融于其中。它广泛地运用于傣语的文学作品和日常口语中，涉及了傣族社会生活的各个层面。因此，要做到恰如其分地翻译傣语，掌握好谚语的用法和译法显得尤为重要。傣语谚语汉译，要做到形意皆备，两全其美，就必须透彻地理解傣语谚语的深层内涵，充分把握形式与内容的相互关系，采用多种翻译方法，才能达到最佳效果。该文作者给读者提供了五种翻译方法：对译法、直译法、意译法、套译法、直译与意译相结合。无论采取何种译法，傣语谚语汉译要遵循以下几个原则：必须忠实、通顺、易懂；尽可能地保持形式与内容的统一；尽可能保留谚语中的民族特色，地方色彩、修辞特点和韵律类。只有这样，才能较好地再现原文的意境，更深一层地领会傣族文化。

傣语与国境外的近亲语言 张公谨撰，载《跨境语言研究》，中央民族学院出版社 1993 年。

作者将国内的两种傣语方言和国外的掸语（在缅甸）、泰语、老挝语作了全面的比较，揭示出他们彼此之间在语音、词汇、语法方面的异同。语音：声母分为有无 b、d 和有无 r 各两组。老挝语的 ny，在其他语言都变为 j。五种语言的元音系统基本一致，但西傣、泰、老挝的单元音皆分长短，德傣和掸语仅 a 带韵尾才分长短；两种傣及掸语中的一些单元音和二合元音在泰、老挝语中相应变为二合和三合的复元音。国内傣语有 6 个声调，泰、老、掸语只有 5 个声调。词汇：有相当数量的同源词和共同借自巴利语、梵语的借词，但有因借源不同和创词成分的不同造成相异的词语，也有因为同一借源的词在意义上发生了变化而不对当。语法：语法大同小异。差别较大之处表现在人称代词的系统不同，西傣和泰语比较复杂，其余较为简单。泰语的构词词缀较复杂，西傣有一些，但不多。傣语说"书本一"，泰语说"书一本。"泰语有表示客气的语助词，并且分男性用和女性用，其他语言没有。

傣语指示词和汉语"者"字关系探源
张公谨撰，载《民族语文》1983 年第 4 期。

该文通过傣语和上古汉语的比较研究，认为傣语的指示词 ni⁶（这）和 nan⁶（那）和古汉语的"者"字有同源关系。在语音上两者有对应关系：上古汉语的舌尖塞音有一部分与傣语里同部位的鼻音 n 相对应，如：鸟，端母 *t，傣语 nok⁸；朝（夕），端母 *t，傣语 nai¹；动，定母 *d，傣语 nɯŋ¹；指，章母 *t，傣语 nɛ¹；者，章母 *t 傣语 ni⁶，nan⁶。在语法上两者用法一致：修饰结构的中心词皆在前，修饰语在后，指示词 ni⁶ nan "者"字置于整个修饰语之后，既有指示作用，又作隔语助词。为什么指示词会充当隔语助词？作者认为指示词具有半虚半实的性质，而隔语助词在概念上完全是虚的，两者性质有相似之处。文章用了 18 条上古汉文例证和 8 条傣文例证来说明问题。

傣语中的助词"了" 张振华撰，载《云南民族学院学报》1991 年第 2 期。

该文对德宏傣语中的 hau⁴、he（相当于汉语的"了"）的语法作用作了分析、描写。hau⁴ 在动词后面：（1）表示动作完成，与其组合的动词是不能带时态助词（着）的结束性动词，如："我忘记了（hau⁴）"、"他爹死了（hau⁴）"。（2）表示情况有变化或说明有新情况，与其组合的动词是可带时态助词（着）的非结束性动词或本身已具持续性的动词，如："孩子哭了（hau⁴）"、"妹妹怕了（hau⁴）"、"肚子痛了（hau⁴）"。he¹是个特殊虚字，只能用在连谓句中第一个动词的后面，表示完成前一个动作后再做另一个动作，如："客人吃了（he¹）饭才走"、"他们削了（he¹）竹子编篮子"。he¹和au⁶组合构成"把字句"，表示处置，au⁶在句首，he¹在句末，如："把（au⁶）被子叠好he¹"。he¹用在祈使句末表示祈使语气，如："去闩上门he¹"、"罐里水已经开了（hau⁴），倒出来吧（he¹）"。

傣族的文字的文献 张公瑾撰，载《傣族文化研究》，云南民族出版社1988年。

新中国成立前，傣族在不同地区使用着四种不同形体的拼音文字——傣仂文（西双版纳傣文）、傣纳文（德宏傣文）、傣绷文、金平傣文。这四种文字均从梵文字母脱化而来，自左向右横书，行序自上而下。新中国成立后改进的傣文亦称新傣文，新中国成立前的傣文称为老傣文。老傣文文献的内容非常广泛，几乎包罗万象，大约可划分为以下八类：（1）政治历史类。包括史书和各个时期的政府文牍、节日祝文、宣誓文等。（2）法律道德类，即用老傣文保存下来的封建法规。（3）宗教经典类。其中数量最大的是佛教经典。（4）天文历法类。（5）农田水利类。傣族很早就掌握了水稻栽培技术，同时也相应地发展了水利灌溉事业。（6）科技语文类。包括数字、医药、军事、语文等。（7）迷信占卜类。迷信反映人们的自然观和社会观，并保存着一定历史时期的社会情况。（8）文学唱词类。文末附有傣文文献要目。

傣族的文字和文献 张公瑾撰，载《中国民族古文字研究》，天津古籍出版社1987年。

傣族的语言属汉藏语系壮侗语族壮傣语支。国内傣族在历史上使用过四种不同形式的文字，即傣绷文、傣哪文、金平傣文和傣仂文。在四种傣文中，保存文献最丰富的是傣仂文，其次是傣哪文。西双版纳一带使用傣仂文大约已经有一千年左右的历史。现存西双版纳编年史《泐史》始记于南宋淳熙七年（1180），是一部最早的傣文史书。过去傣族地区每村都有佛寺，每个佛寺都保存有大量的贝叶经，因此，用傣仂文刻写的贝叶经典数量很大。傣文资料数量最大的首推佛教经典。最有史料价值的老傣文文献，主要是两类：一类是史书，另一类是各个时期的政府文牍。西双版纳一带的傣文贝叶经十分引人注目。由于几百年来傣族人笃信佛教，以献经为有福气，故这种贝叶（一种热带植物）经典在当地到处可见，保留文献也极为丰富，是我国民族文化遗产中一宗极为宝贵的财富。

傣族佛经"八万四千部"质疑 石梓撰，载《云南民族语文》1988年第3期。

傣族佛经有"八万四千部"之意（傣语称为"别闷系版夯"），经过对傣语量词进行探源后，笔者发现这"八万四千部"中的"部"的说法有几处疑点值得商榷：一、关于傣族对"书"的量词习惯叫法问题。西双版纳傣族对"书"的量词传统叫法一般称部为"戛"，卷为"朴"，本、册为"挪"等；二、关于"夯"的词源问题。"夯"一词系来源于巴利语一词，意为"部分、篇、章、段、节等"。对于"夯"一词在傣族佛经的应用问题，专家认为"夯"之应用有二：一是佛经"语录式"的警句、戒条等称为"夯"；二是延用于计量单位。从所列出的资料例证分析，"夯"的意义始终限于"章、节、段、句、条"等范围，从未表示"部"之意；三、关于"八万四千偈颂"的来源问题。据查阅有关资料分析研究，认为傣族佛经"别闷系版夯"并不等于"八万四千部"，而应当是"八万四千偈颂"。该文经过调查考证得出结论，旨在纠正人们对傣族佛经的误解，增进人们对傣族佛经文化的认识。

傣族人名的等级结构与社会功能 周庆生撰，载《民族语文》1998 年第 2 期。

该文运用"结构—功能"的分析方法，系统描绘了 15 世纪至 20 世纪中叶，西双版纳傣族不同社会等级使用的较为典型的人名系统，着重分析了该系统的乳名、从佛名、还俗名和官名的结构形式、文化内涵和社会功能，揭示出傣族社会等级制度对人名的制约作用。傣族成员一生当中，人名的多次更换是跟人生各个重要生活阶段的变化相适应的，幼年时期多用乳名，青少年时期多用以佛名和还俗名，成年时期多用父母名或官名。人名随着生活阶段的变化而变化，但等级却始终固定在一定的位置之中。人名已成为社会等级的一个标志，通过人名，即可判明一个人的社会地位。因此，傣族的人名制度对于巩固傣族封建领主制的社会秩序具有重要意义。等级命名已成为傣族人名制度中的一个本质特征。此外，文章还论证了傣族官名在贵族与平民百姓之间存在的差异。

傣族族称"tai^2"来源于越人的"越"字 张公瑾撰，载《汉语与少数民族语言关系研究》，中央民族学院出版社 1990 年。

该文认为，通过语音演变规律的考察，tai^2 字有可能来源于古越人的"越"字。"越"字在上古为匣母月部字，其语音面貌与现代傣语的 tai^2 已相去甚远，但历史比较法最基本的要求还是语音的有规律的对应，而不是语音外貌的近似，"越"与"tai^2"正好具备一定程度的这种历史对应。傣语中还有一个 kai^1，意思是远远的"远"，"远"在上古汉语中属匣母元部，其韵尾-n 与"月"母韵尾-t 也属同一部位，为阳入对转，它在傣语中演化为 ai，同样是由于阴阳对转的规律制约所致。tai^2 的声母"t"与上古汉语匣母字也有一种对应关系。上古汉语中的匣母字在傣语中一部分变为 t，一部分变为 k。t 与 k 也有一种语音转换关系。因此说，在上古时代，汉语"越"字与傣语 tai^2 字读音相同，后来"越"字在汉语中演变为现在汉语"yue"，而"yi-wat"在傣语中变成"tai^2"了。

傣族族源问题的语言学依据 张公瑾撰，载《傣族文化研究》，云南民族出版社 1988 年。

该文讨论了傣族等民族的族源问题。（1）关于傣族语言的系属问题。我国学者的大多数认为壮侗语族或侗泰语族属汉藏语系；而国外一些学者将其归入南岛语系或与印尼语、孟—高棉语等语言，将其一起称为原始南方语。本来，语言系属与族源问题并不存在必然的同一性，但就壮侗语族各民族来说，没有任何材料说明他们的祖先曾经有过改换自己语言的事实。（2）关于壮侗、藏缅和汉族古老宇宙观念的一致性。通过对"日子"、"太阳"和"眼睛"的比较研究，文章认为，我国汉、壮侗、藏缅诸民族在最早宇宙观念上存在一致性。这个共同的认识，汉族记载在自己的文献中，藏缅语族的一些民族保存在神话里，壮侗语族各民族则残存在自己的语言里。壮侗语族所保留的语言事实，是汉藏语系各民族这种宇宙观念一致的证据。

丹寨县高寨水语的语音特点 夏永良撰，载《贵州民族语文研究》，贵州民族出版社 1994 年。

丹寨高寨水族自称 ai^{33}sui^{33}，语言属汉藏语系壮侗语族侗水语支水语第三方言。他们都会讲本族话。在日常生活、劳动生产、开会、亲友交往中，都用水语作为主要的交际工具和思维工具。高寨水语语音系统中声母有 64 个、韵母 70 个、有 6 个舒声调和 4 个促声调。语音特点是：声母简化，高寨水语带先喉塞音成分全部消失，这是水语声母系统中一大突出特点。这种变化与水语第三方言的代表点潘洞水语相同，榕江县的部分水语也有类似情况。高寨水语韵母中带韵尾的 i、u、o 韵是带有过渡音的长韵，即：iə-、uə-、oə，它们的实际音值是 [iə-、uə-、oə-]。在声调上，疑问句句末尾词素变调是水语第三方言在声调方面一个重要特征。结论是：高寨水语属汉藏语系，不属水语第一方言。由以可以断定，丹寨县的水族是从三都水族自治县的九阡等地经都习市王司区潘洞一带迁徙而至丹寨定居的。

儋州方言中的侗台语词 符昌忠撰，载《民族语文》2005 年第 3 期。

儋州方言的口语中有许多词很难找到相应的汉字，但却有一部分在现代侗台语（古百越语）中可找到与其语义相当、语音相同或相近的词。现代儋州方言中与侗台语有关系的词无疑是两种语言接触结果的遗存。

道孚语 黄布凡撰，载《藏缅语十五种》，北京燕山出版社 1991 年。

道孚语是四川省甘孜州道孚、丹巴、炉霍、新龙等县和阿坝州金川、马尔康、壤塘等县部分藏族居民所说的一种语言。该文对该语言语音、词汇、语法作了简要介绍。道孚语有单辅音声母 49 个，复辅音声母 251 个，其中三合复辅音声母 34 个，韵母 58 个，其中带辅音韵尾韵母 35 个。道孚语中有较多的词与藏语和嘉戎语相同或相近。在 2200 个常用词中，道孚语与嘉戎语相同或相近的词 470 个，占比较词数的 21%，道孚语与藏语相同相近的词 863 个，可能同源的 378 个，占 17%。构词上，亲属称谓词大多有词头 a，有表示雌雄对立的词缀；形容词的叠音词较多，ABB 和 AABB 式很丰富；动词以单音节词根的居多，动词语素加在名词性语素后构成复合动词。语法方面较复杂，其中动词有趋向、语态、动词向和体、式等范畴。语序为主—宾—谓。

道孚语语音和动词形态变化 黄布凡撰，载《民族语文》1990 年第 5 期。

文章根据调查材料介绍了道孚语的语音系统和动词形态变化。道孚语也有人称霍尔语或尔龚语，是四川甘孜藏族自治州道孚、丹巴、炉霍、新龙等县和阿坝藏族羌族自治州金川、马尔康、壤塘等县部分藏族居民所说的一种语言。道孚语单辅音声母 49 个，二合复辅音声母 217 个，三合复辅音 34 个，除含鼻音、边音、颤音和 v 的复辅音声母外，其余复辅音音素的配合都是清配清，浊配浊。做前置辅音的都是续音，做后置辅音的只有 -v、-r、-l、-j 等，有 7 个辅音韵尾。单元音韵母 18 个，复元音韵母 5 个，带辅音尾韵母 35 个。没有声调。动词有趋向范畴，用趋向前缀表示；有自动态和使动态交替；有人称和数范畴，变化规则按动词"向"的不同而不同；有体和语气范畴，如已行体、将行体、进行体等五种，一般语气，方察语气和亲察语气等；有式范畴，如命令、祈使、禁止、否定、疑问等。

德昂语广卡话声调的实验研究 刘岩（与杨波合作），载《民族语文》2006 年 2 期。

主要内容：用语音实验的方法，根据函数计算数据对德昂语广卡话声调的分布和特征进行描写。该文是对以前历史比较研究结果的实验验证，也揭示了一些新现象。如广卡话曲折调、降调的低频部分是不带喉塞音的紧喉嗓音特征，以长元音丢失为声调产生主要原因之一的曲折调调长却是三个调中最短的等。文中对广卡话的紧喉嗓音特征进行了详细描写，并与汉语方言进行类型学比较，还对紧喉嗓音在广卡话声调系统中的功能性起因和发展趋势作出设想。

德宏傣文改进回顾与展望 周耀文撰，载《云南民族语文》1993 年第 3 期。

德宏傣文，又称傣哪文，是云南傣族的一种方言文字。由于德宏傣文的字母采用于缅文字母，而傣语和缅语是不同的语族语言，语音差别较大，借用的缅文字母不能完全表达傣文的音系，所以它不能适应傣文进学校，不能适应新中国成立后傣族社会主义文化教育事业的发展。中华人民共和国成立后，对它进行了多次改进。1953 年做了第一次改进。1956 年完成第二次改进。1963 年在第二次改进方案的基础上做了一些补充修改，除了声调恢复使用 1956 年的声调字母外，其他修改、补充的声母、韵母，在 30 多年的教学和使用实践中都已被肯定下来。从总的情况总的效果来看，《德宏傣文稿改进方案》是可行的，是成功的。虽然，它修订的次数多了一些，反复较大，但每修订一次都前进了一步，提高了一步。德宏傣文改进得到德宏傣族人民的欢迎，现已在小学双语教育、扫盲教育、出版物等方面广泛使用，已取得了显著效果。今后应在实践中进一步研究和改进，使它更加完善。

德宏傣语四音格词的结构形式及其特点

龚锦文撰，《民族语文》1992 年第 2 期。

四音格词是傣语的特点之一。它是由四个音节构成的固定词组，当作一个单位来使用，表达一个概念，在语言实际运用中使用频率高。该文对德宏傣语的四音格结构、构词上词素的搭配以及在语音上的押韵，押调特点作了分析。一、四音格词的结构形式词素之间的关系大都是并立的。但并立情况有所不同，有：(1) 单音节并立式；(2) 双音节并立式；(3) 叠音词并立式；(4) 词头加动词或形容词构成的名词并立式；(5) 主谓结构并立式；(6) 谓宾结构并立式；(7) 修饰结构并立式；(8) 动补结构并立式；(9) 数量结构并立式；(10) 代量结构并立式。此外还有复杂主谓式、复杂谓宾式。二、四音格词的押韵特点：(1) 同韵调相押；(2) 同韵相押；(3) 元音交替组合：a 变 i、a；a 变 i；i 变 a、e；e、ɛ、u、o、ɯ、ɤ、变 a、i 等

德宏傣语文翻译的历史与现状

刘晓东撰，载《云南民族语文》1993 年第 3 期。

傣语翻译事业是伴随南传上座部佛教的传入而开始的。相当一段时期，佛教经典的翻译空前繁荣。1910 年傣族历史上第一批专业剧团组成后，大量的汉族京滇剧目被译成傣语。此外，这一时期还翻译了几部优秀的汉文小说。可以说历史上，傣族以佛经和文学作品翻译为主，这些翻译的作品为傣族文化注入了新鲜的血液。新中国成立后，傣语翻译事业进入了一个新的历史时期。具体表现在以下三个方面：第一，翻译队伍的壮大。据不完全统计，在电台、德宏剧团结报社、史志办、电影公司等单位，从事翻译工作的人员近 50 人。第二，翻译领域的扩充。现今，傣语文的翻译包括政治、经济、法律、医学、文学等诸多方面。第三，翻译传播了傣族文化。新中国成立以来，文化工作者不断地挖掘、收集、整理傣族优秀的文化遗产，并通过翻译的渠道向外传播。总之，翻译与傣族的文化有着密切的关系。翻译事业与傣族社会的进步、发展、繁荣息息相通，并为中傣民族文化的繁发展作出了积极的贡献。

德宏傣语形容词的后附部分

刘江撰，载《云南民族语文》1990 年第 1 期。

德宏傣语形容词后加成分的形式复杂多样，使用频繁，是傣族人民较好的语言表达形式之一。德宏傣语形容词的后附成分，从它的附加意义和作用看可分为两类，该文仅就这两类后附成分加以探讨。(1) 后加成分。德宏傣语形容词的后加成分是由一些不能独立运用、不能单独充当句子成分的音节构成，本身没有意义，但与前面的形容词结合后能产生出一种附加意义和作用。该文分别对后加成分的表达作用，附加意义的社会性和主观成分，构成后加成分的几种格式，形容词本义和后加成分的关系等方面加以分析说明，以加深对后加成分的理解。(2) 辅助成分。辅助成分是附加成分的组成部

分，紧跟在后加成分之后，其作用是加强后加成分所表示的意义，使合成形容词的意义更加明确。该文对德宏傣族形容词后附部分的两种类型的分析探讨，旨在介绍傣族语言的丰富繁杂情况，使读者对我国民族语言状况有更深一层的了解。

德宏傣语异体诗初探 方峰群撰，载《云南民族语文》1992年第3期。

德宏傣族的诗歌，如以长短标准来分，可分为叙事诗体与民歌体。每种歌体都有其各自的格律特点。德宏傣族除了上述的一般格律诗歌以外，还有几种鲜为人知的傣族诗歌异体诗。这些异体诗包括：喊宾哏（折回诗）、喊怀贯（句首诗）、喊兰多（首尾相连诗）。（1）喊宾哏。它与汉语回文诗基本相同，正反读都可表达意思，而且表达出傣诗含蓄的内涵，这层意思往往由个人去体会，其结果又是肯定的否定，这也是傣族折回诗的耐人寻味之处。（2）喊怀贯。这种诗从形式上看与汉语的嵌文诗相同，就是有意地在每句诗的开头嵌上一个必要的词，这个词是每句诗中不可分割的组成部分，用每句诗的第一个词又可组成一句简要的话，如果孤立地看每句诗，不易发觉，一经点破才恍然大悟，使人感到构思精巧。（3）喊兰多。这种诗体近似汉语的藏头诗，喊兰多的特点是用诗的首尾相连构成一诗。

德宏傣族念诵体诗歌格律初探 刀承华撰，载《云南民族语文》1997年第3期。

该文分析、论述了德宏傣语念诵体诗歌的句式结构、押韵方式和使用声调的格式等问题。在句式结构上，这种诗歌有四句为一首的诗歌，也有五句以上的诗歌，但句数一般在二十句以内；德宏傣族念诵体诗歌没有固定的字数要求，就是同一首诗歌的各句的字数也不完全相等。在押韵方式上有：上下两句相押式、前后句子皆押式、前后句首尾相押式、句内押韵。在使用声调的格式上，德宏傣语有6个声调，德宏傣语念诵体诗歌的节奏和声律美主要是由这6个声调的交替使用形成的。四句为一首的念诵体诗歌最常见的使用声调的格式有四种，比较复杂多变；五句以上为一首的念诵体诗歌，除了上、下两句相押韵的以外，其余的都没有固定地使用声调的格式，只是六个声调适当叉开，交替使用，比较灵活、活泼。

德宏老傣文（傣纳文）文献及分类 方峰群撰，载《云南民族语文》1993年第3期。

傣族文献资料内容丰富，几乎是包罗万象。作者将多年来进行民族间文学调查和古籍研究中所接触的书目加以分类，它们是：（1）历史类：傣纳文献中有较高史料价值的部分，包括土司世系家谱、地方史、历史事件等。（2）佛经类：这类经书的特点是文中夹杂有不少巴利文，要有很高的学识和懂得巴利语，才能讲解经文内容。（3）道德类：傣族传统教育中的种种道德说教。（4）文学唱词类：傣族民间文学的主体，有叙事长诗、阿銮故事、一般故事传说和包括医药、历法、语言、占卜等门类的书。其中阿銮故事占有很大数量，据说有550部之多。故事的中心思想，是宣扬佛教的轮回思想，符合小乘佛教的教义。"阿銮"故事对德宏地区傣族人民的思想感情，宗教生活和风俗习惯都有很大影响。

"德乌"概说 南喀诺布撰，载《西藏民族学院学报》1989年第4期。

"德乌"（ˑdevu）这一古代藏语词可能是从象雄语中借来的，也可能已成了象雄和藏语所共同的词语。这一词语有这样的用法，即"ˑdevu-ming"指开锁的工具，该词又是二十八室宿中的"大火"的另一种名称。藏族史家还把它看成谜语一类的东西。而所谓"ˑdevu"的真正含义肯定要比这些深奥得多、广泛得多，这从古代大王的名字中频频出现"ˑdevu"就能看出了。所谓"ˑdevu"，其最为关键最为重要的还在于它是指今人所说的卦或卜卦这类东西的滥觞，即古代苯教传说中最为盛行的所谓"ɪdevu-vphrul"。它是古代的占卜苯的一种占卜门类。"ɪdevu"一词最为博阔深奥的含义，只能通过意会来表达。"ɪdevu"的另一个很特殊的作用，便是古代人有什么极为重要秘密的事可以以此来彼此通达。

滇川黔桂《彝文字典》、《彝文字集》序 马立三撰，载《云南民族语言文学论文集》，云南民族出版社1990年。

该序着重介绍了《彝文字典》、《彝文字集》编纂的原因、经过，以及编纂工作的不易与不足之处等内容。这篇序以彝族文字的起源入手，说明了彝族文字历史悠久，同时也指出彝族文献浩如烟海，它们是研究彝族历史文化的宝贵资料；但是由于历史的、经济的、地理的等各种原因，彝语形成了六大方言，而且还出现了"书不同文"的现象，这种情况不利于民族内部的交往，也不利于对彝族历史文化的整体研究。因此，为了统一彝文以及研究工作的深入，滇川黔桂四省区彝文协作组组织编写了这两部工具书。工作人员经过五年时间多方面调查研究、收集资料、翻译整理，终于于1996年3月出版了这两部工具书，这篇序的最后，在对广大工作者的辛勤工作给予肯定与感谢的同时，也指出了这两部工具书的不足之处，以期求得广大读者的谅解。

滇川黔桂彝文字集 由滇川黔桂彝文协组组织彝语文专家、学者共同整理编译，云南民族出版社、四川民族出版社、贵州民族出版社2004年。

本书广泛收集四省（区）彝文古籍文献中的单字，按各地音位系统和同音字分组排列，注明其义项，汇编成集，分云南禄劝武定卷、云南宣威卷、云南红河玉溪卷、云南石林卷、云南弥勒卷、贵州卷、广西卷、四川卷共8卷，共收录彝文单字87000多个。

点苍山洱海考释 徐琳撰，载《民族语文》1986年第6期。

白语属汉藏语系藏缅语族彝语支。它从汉语中吸收了很多借词，在表达古地名时都是用汉字注白语的译音词。该文以白语为基础，对"点苍山"，"洱海"这两个山河名称作探讨。点苍山，属云岭山脉，南起下关市的斜阳峰，北至邓川县的云弄峰。在东晋、唐、元代的文献中有"熊仓山"、"玷仓山"（点苍山）的提法。但它们是否指同一个山，尚未得到可靠的结论。作者分析认为，白语按意译、音译和汉语借词的方式将熊苍山译成玷苍山。洱海，古称叶榆泽，发源于洱源县罢谷山，流至上关集合成河，到下关出市，入漾濞江，再汇入澜沧江。历史文献记载洱海的古称有：叶榆泽、耳河、洱河、贰河等。汉语的"叶"音是白语"下、下面"的意思。"榆"音是白语"水"的意思。白语方言土语的差别也反映在汉字的不同译音上，例如，同是一个"下"用了叶、耳、洱、贰等字。

东巴教与东巴文 《中国民族古文字研究》（第三辑），天津古籍出版社1991年。

东巴教是古代纳西族人民信仰的一种民族宗教。东巴文是古代纳西族人民创制和使用的一种民族古文字。东巴文产生于何时何地？学术界主要有以下几种观点：（1）李霖灿认为东巴文产生年代"最早不能过唐，最晚也在明成化之前"。又认为，"么些象形文的发源地不应该是在丽江而应该是在无量河边"。（2）董作宾认为，东巴文"是麦琮创造的"，即产生于13世纪。（3）洛克认为，这种象形字在丽江本地发明是可以相信的，即产生于唐以后的丽江。（4）方国瑜认为，公元11世纪中叶"已有纳西文字写经书之说，可以近信"。（5）和志武认为，"纳西象形文的产生和应用，约在公元7世纪唐初"。（6）林向肖认为，"迁徙到无量河一带产生东巴文字的发生时代要比宋代早得多"。东巴经的出现,既是东巴教作为成熟的民族宗教的标志,也是东巴文发展成一种文字的体系的重要标志。

东巴图画文字的产生和运用　和宝林撰,载《云南民族学院学报》1988 年第 4 期。

该文通过东巴古籍材料,对东巴图画文字的产生和运用进行探讨。纳西族称东巴图画文字为"森究鲁究",有的学者译作"木石之标记","即见木画木,见石画石"。作者认为正确的译文应为"木石上的痕迹"或"木石上的标记"。前一种译法是说图画文字的造字方法和特点,后一种译法是说这种文字早期的载体。因为木石在东巴教中代表祭祀的对象,东巴们叫做"祭木祭石"。比如,木本和白石代表神祇,黑的代表鬼。后发展成东巴教中的"可标",纳西语"划开的木片"的意思,在木片上画上各种形象以作标志。随着木牌的不断使用,木牌上的图画渐渐成为一种约定俗成的符号,在这种图画符号的基础上书写了东巴经书后,这些图画符号才成为东巴图画文字。关于用图画文字书写东巴经书的年代问题,一些学者认为,在 11 世纪中叶(宋任宗)已用象形文字来写经书了。作者认为,东巴古籍大多反映氏族内部的事务和战争,在唐朝以前东巴们已用图画文字书写经书了。

东巴文　杨甲荣撰,载《中国民族古文字》,天津古籍出版社 1987 年。

东巴文是纳西族使用的文字之一。纳西族的东巴文是以象形和符号为基础的文字,主要是纳西族的东巴教教徒东巴们书写经书使用的,有大量东巴经流传于世。中华人民共和国成立前,在偏僻的山区民间也还用它记账和通信。一般认为公元 11 世纪中叶就已经使用东巴文写经。这种文字长期以来掌握在东巴教巫师手中书写经书。后来纳西族同汉族交往日益频繁,大量接受了汉族文化,并以汉字为书面交际工具,东巴文字的使用范围更受限制,未能适应社会发展而发展,近千年来一直停留在原始的阶段。东巴文字总数有 1300 个左右,东巴文字的基本部分是独体象形字。独体象形字特征鲜明,容易认识。东巴文的同音假借字是文字进一步发展的表现,不过为数不多。东巴文字结构松散,图像不稳定,常常是一个象形字左向右向,朝上朝下不拘。东巴经对研究人类认识发展史很有价值。

东巴文化研究的新拓展　杨世光撰,载《云南民族学院学报》1988 年第 3 期。

纳西族早在唐宋前后就创造了自己独特的文化——东巴文化。它有迄今世界上仅存的一种形象文字。千百年来,东巴(意为智者)们,在用东巴文传承教义的同时,著书立说,写下了多达一千多种、上千万字的东巴经典。百余年来,国内外学者对东巴文化的研究一直在进行着。鉴于东巴文化研究态势的新发展,云南人民出版社编辑出版了《东巴文化论文集》(简称"论集")。《论集》对如下内容作了讨论和评述。(1)东巴教的起源、形态和特点。(2)东巴的组成和地位。(3)东巴文字的创始和发展。(4)纳西族远古社会形态的发展、由北向南的迁徙路线。(5)纳西族的哲学观念,宇宙结构、人类的来源、世界万物变化说和对称观。(6)纳西族东巴对天文学认识和应用。(7)东巴文学作品是东巴文化最为璀璨的部分。(8)东巴绘画是纳西族古绘画最有代表性的艺术遗产。(9)80 年代提出的东巴舞蹈研究,专家认为《东巴》舞谱不仅是纳西族的瑰宝,也是中华民族的瑰宝。(10)东巴文化与其他民族特别是释、道、儒的关系。

东巴形声字的类别和性质　喻遂生撰,载《中央民族学院学报》1992 年第 4 期。

纳西东巴文是一种较原始的文字,但其中已有相当数量的形声字。文章讨论了东巴形声字的类别和性质。注音式形声字是在原来的象形字末字上加注声符而成,去掉声符后表意功能不变,所以它们都有与形声字对立的非形声形式。拼合式形声字由声符和形符拼合而成,形符只表义类,不直接表示语素。与注音式的区别在于:去掉声符,形符不能表示形声字所表示的词语。意合式形声字都表示一个多语素的语词,其声符和形符都是象形字,它们以其本义或引申义各自独立地表示一个语素的音和义,然后合起来表示一个合成词或词组。合璧式形声字由象形字和假借字合璧而成。象形字作了形符,以其本义或引申义表示一部分语素,假借字作声符,以其假借义表示另一部分语素,然后合起来表示一个合成词或词组。

东北黑河地方满语的一个特色——朝鲜语、满语比较研究的一份报告 河野六郎撰,载《民族语文研究情报资料集》,中国社会科学院民族所语言室1988年第10期。

该文探讨了朝鲜语和满语的关系。朝鲜语究竟是哪个系属的语言,至今还没有定论。朝鲜语和北方语言的关系,已对它们普遍的特性及单个单词的类似有所论述,认为它们同属乌拉尔·阿尔泰语系乃至阿尔泰语系,但朝鲜语属于这一语系的假定尚未奠定牢固的基础。笔者将朝鲜语和满语进行比较,主要目的是探索这两个语言在系属上有无关系。该文通过分析大五家子满语方言,作者考察了满语的清音位于浊音之间时浊化的倾向,并论述了朝鲜语也存在着同样的现象。这种现象是语音同化作用的一个例子,并无特异之处。用这个现象来推论两个语言的同系属关系,未免轻率。然而同系属的语言从共同的根基出发,分化以后也向着相同的方向发展,这是常见的现象。如此上溯上去,也可以解释为从共同的基础语言里继承了这一倾向的结果。

东北柯尔克孜语语音概述 胡振华撰,载《民族语文研究》,四川民族出版社1983年。

我国柯尔克孜族共11万人,其中600多人分布在东北黑龙江富裕县。由于长期与蒙古族居住在一起,并互相通婚,语言受蒙古语较大影响。富裕县柯尔克孜语的语音系统是:8个基本元音,8个长元音:a、e、ə、i、o、e、u、v及对应的长元音。21个辅音音位是:b、p、m、d、t、n、l、r、s、z、j、q、x、zh、y、g、k、ng、G、h、R。音节结构有Y、Y+F、F+Y、Y+F+F、F+Y+F、F+Y+F+F。重音多落在词的最后一个音节上,词形变化时,重音带移动位置。元音和谐不只表现在词的附加成分和词干的元音中间,也表现在词干本身各个音节中的元音中间,但元音和谐和圆唇和谐不太严格,主要是前元音与前元音,后元音与后元音和谐。富裕县柯尔克孜语与新疆柯尔克孜语相比有许多不同的特点。全文举例上百个。

东部裕固语动词的"体"范畴 保朝鲁撰,载《内蒙古大学学报》1991年第4期。

与蒙古语相比较,东部裕固语在体的特征方面特别显著,动词在很多情况下都带有体的特征。作为同语族语言的东部裕固语,其动词体范畴与蒙古语有着相同特点,属于同一系统。东部裕固语常用的综合法体是动词的"完成体"和"进行体"形式,这些形式是独特的,几乎都与蒙古语不一致。从使用频率上说,完成体是一种特别常用的体形式。完成体有三种形式:(1)-Ga;d-/-a;d-为复合后缀,由联合副动词形式加辅助动词ood-(>-d-)构成。(2)-tshoor-可能由并列副动词形式接辅助动词ooroo-(>oor-)复合而成。(3)-dzhige-。进行体后缀为-dla/-tla。完成体-Ga;d-/-a;d和-tshoor-表示不由主观决定的客观行为或被看作客观现象的行为;-dzhige-表示行为与行为主体的主观意志。除此而外,东部裕固语中还有ooGoor-、aclge-/-ige、su-、ood-等4种形式的分析体,并表示多各种不同的语法意义。

东干语的形成和发展 A. M. 列舍托夫撰，载《双语教学与研究（第一辑）》，中央民族大学出版社 1998 年。

回族的后裔东干人大多是 19 世纪七八十年代迁徙到苏联中亚和哈萨克斯坦地区的，他们主要使用汉语北方方言的甘肃和陕西土语。"东干语"这一术语只是在上世纪 20 年代才开始出现在俄罗斯学术文献中，并被列为一种少数民族语言。能够和东干语比较的唯一语言是汉语北方方言。这两种语音的比较非常有益。它们之间的差别绝不只局限在词语方面——东干语中存在大量突厥语词，十月革命之后，俄语借词的渗透更为深入；它还涉及东干人的语法系统。因此，不充分的理由不把苏联东干人的语言看作汉语的一个方言变体，而看作质的方面不同的独立的语音实体。东干人并没有把自己的语音跟汉语混为一谈，而是把它看作独立的语言。在苏联东干人的语言中，虽然迄今还表现出与以前迁徙地的汉语方言和土语的许多特点，但不能不把已经进入汉藏语系的新的独立语言的形成看作语言发展的主流。

东干语系列学术论文 海峰撰。

这一系列学术论文共有四篇，每篇均有独立的学术观点，合起来又形成对中亚东干语言文化研究的一个系列成果，主要从双语学角度、语言学研究的价值角度、语言发展角度、民族名称角度论述了东干族语言文化的特点。各篇主要观点如下：

（1）《中亚东干族的双语化进程及其民族语言观的形成》一文分三节，主要分析了东干族的双语化进程，指出这一进程分为三个时期：①过境初期到卫国战争前夕的单语时期；②卫国战争期间到 70 年代的双语过渡时期；③80 年代至今的双语发展完善时期；文章还分析了东干族双语化进程中的母语丢失现象及其东干族民族语言观的形成。尤其是针对东干族民族语言观的形成这一特殊语言心理现象，归纳出了东干族语言使用的"两个唯一性"和"两个特殊性"。这些分析都具有独到之处。

（2）《论东干语的发展》一文主要论述了在历史发展过程中东干语和汉语的区别，并讨论了新形势下东干语的存在状态和发展前景。尤其是针对"东干语应当如何在新的条件下保存和发展"这一命题，指出"对于作为像孤岛一样存在的东干语，它的保存和发展必然会受到强势语言的影响和抑制。因此应当对它的发展持格外的关注态度"，提出丰富和发展东干语可以从以下三个方面着眼：第一，吸收中亚各民族语言的新词新语；第二，吸收汉语普通话的新词新语；第三，在青少年中提倡学习汉语等措施。这一篇文章对东干语发展的关注使得东干语言的研究不仅注意到了它的现状，更对未来提出了作者个人的一些预测和考虑。

（3）《"东干"来自"屯垦"》一文是针对东干族的民族名称来源撰写的一篇短文，提出"东干"一词来自"屯垦"，产生于清乾隆年间对新疆的屯垦实边政策后，是汉语词汇在突厥语族语言中的变异形式。提出这一观点的论据基于三个方面：一、历史政策；二、史料中"东干"一词出现的时间；三、词语发音和命名特点。本篇文章虽然不长，但"东干"来自"屯垦"的学术观点在东干学领域尚属第一次提出，对"东干"一词的含义学界历来解释众多，但作者这一观点却完全是个人首次发表的，在本领域的研究中具有一定的影响，增添了新的学术观点。

（4）《中亚东干语的语言学价值》一文分六个小节，阐述了东干语在语言研究领域，例如在研究汉语西北方言、研究汉语发展史、研究语言间的影响等方面所蕴含的巨大价值，并分析了研究东干语的社会意义。文章通过对一些语言材料的例举和语言现象的分析，提出这样一些论点：①东干语是研究西北方言的绝好参照物；②东干语是研究近代汉语的宝贵资料；③东干语是研究语言间相互影响现象的绝好范例；④东干语是研究回族语言文化的宝贵资料；⑤研究东干语能够加强中国和俄罗斯及中亚之间的学术联系；⑥研究东干语能够对其自身的发展提供帮助。这些观点的提出对人们认识作为中亚汉语方言"孤岛"的东干语有着很大的帮助和启发，对人们进一步审视中亚东干语的价值提供了可靠的参考和依据。该文也是第一次从语言学价值角度来分析了这一独特语言现象。

东汉以前的姜语和西羌语　　俞敏撰，载《民族语文》1991 年第 1 期。

该文认为春秋战国齐人（姜人）的语言和藏语（羌）极像。作者从齐人著作《公羊传》及郑玄、何休等齐人经学家的话里搜集到后汉以上的齐语，将其和藏语文进行比较，探索两者的同源关系。文章论证了两者的：（1）语音，《齐风》韵的特点：i，e 元音后面的-ng 变为-n；藏文动词"取"len-pa，将来式 blang-pa，也是-ng 变-n。（2）虚字，其、之、所、与、以已、焉、若、者、是都能和藏文对应。（3）词类，名词动用。（4）向心词组。（5）定语在中心词之后。（6）主谓词组作谓语。以上（3）—（6）语法现象两者都相同。最后文章列出齐语和藏语对应词 108 条。

东南亚语言中的塞边音　　欧德里古尔撰，载《民族语文研究情报资料集》，中国社会科学院民族所语言室 1984 年第 4 期。

该文通过撒尼彝语和苗瑶语族的一些语言材料，讨论了塞边音存在的必要条件。塞边音是塞擦音音位，舌尖塞音伴随一个松弛的边音。这些音位结构上的条件是：一方面要有舌尖擦音，另一方面要有一个清的边擦音。把撒尼彝语的塞边音和临近的诸方言以及同语族的各语言进行比较，就能发现两种对应关系：一是和彝语其他方言如阿细话的齿音相对应；二是和缅语及越南边境地区的哈尼语的唇音相对应。因此，有理由认为，撒尼彝语的塞边音来自古代的复辅音——双唇音＋流音，而且这些复辅音的范围比现在要广；它们在阿细语里丢失了塞擦性，它们的范围在今天的撒尼彝语里缩小了。通过分析可以看出：只在苗瑶西部方言和瑶族布努语中保存着齿塞边音，这两种语言具有塞边音存在的必要条件；在苗语中部方言，古代的清擦音在语音上变送气，有一个让塞擦音过渡到擦音的空格。

东乡语的元音和谐现状探讨　　布和撰，载《民族语文》1983 年第 4 期。

东乡语的元音和谐不严密，在蒙古语族语言中具有一定的独特性。学术界有一种观点认为东乡语存在元音和谐现象，另有一种观点认为除一些构词或构形附加成分的用法，或许可以看作元音和谐的残存现象外，不存在元音和谐。此文作者认为东乡语有一部分构词附加成分有三个或两个变体，使用时同词根中的元音和谐。东乡语的 a 是阳性元音，ac，o 是阴性元音，i，u 是中性元音。构形附加成分基本上只有一种固定的语言形式，不反映元音和谐现象。作者挑选了 610 个多音节非派生词，对元音的共处频率作了统计。认为：东乡语的元音和谐带有残存性质，仅限于一部分派生词及固有的非派生词，构形附加成分及借词基本上不存在元音和谐；有较多的例外；中性元音所占比重较大；在有中性元音相隔条件下，阳性元音与阴性可以在一个词里出现；复元音跟单元音一样分为三类。

东乡语的元音和谐现状探析　　布和撰，载《东乡语论集》，甘肃民族出版社 1988 年。

东乡语的元音和谐在阿尔泰语系诸语言中具有一定的独特性。作者指出：（1）东乡语的元音和谐是局部的语音现象，有残存的性质。其特点是，元音和谐仅限于一定的范围，在一部分派生词干及固有的非派生词干范围内元音和谐比较明显；元音和谐规则不十分严格，有较多的例外现象；中性元音所占比重较大，并且有自己的特点。（2）局部性的元音和谐的规律是一般为阳—阳、阴—阴各自和谐，中性元音可以和任何元音和谐。在同一个词干的相邻两个音节里，阳性元音与阴性元音一般不能直接共处。（3）同蒙古书面语比较，东乡语的元音和谐虽有许多不同特点，但是其中有些现象则又是与东乡语和现代蒙古语的某些土语或同语系某些语言相同。

东乡语人称代词　那顺巴雅尔撰，载《蒙古语言文字》1983年第1期。

作者在该文里指出东乡语与蒙古语人称代词有如下的不同：（1）东乡语人称代词不仅在词语的表现形式上与蒙古语人称代词不同，更重要的是在所表达的意义、使用范围、形态变化以及句法关系上也都不同；（2）东乡语的人称代词必须由其他名词或助词配合方能构成谓语；（3）东乡语的造格只与名词连用；（4）东乡语的人称代词有交替现象，第一人称代词复数形式可以泛指单数第一人称和第二人称，它们所表达的意义则由其语境叙述者的主观态度而定；（5）东乡语的人称代词来源于指示代词。实际上，这类词的研究就是有关蒙古语发展史方面的问题。

东乡语实词及其形态　孙竹撰，载《蒙古语族语言研究》，内蒙古大学出版社1996年。

东乡语的实词及其形态变化是东乡语语法体系的重要组成部分。名词、形容词、数词、时位词和代词（动词性代词除外）五个词类属于体词。它们有着重要的共同点，在形态构造上都有格和反身的变化；在句法功能上都可以做主语、谓语、宾语和定语；不过由于词汇意义的制约，名词和代词做主语的时候多，形容词和数词做定语的时候多。时位词还不同于其他体词，虽然有格和反身等形态变化，但是不完全；时位词主要做状语和定语，有时做谓语。与体词相对的词是动词。动词在形态构造上有式、时、态等变化，另有两种特殊形式，即：形动词和副动词。一般动词在句法功能上通常是做谓语。名词、形容词、数词、时位词、代词和动词都有着具体的实在的意义和各种形态变化，并且都可以单独地充当句子成分，所以把这些词类统称为实词。东乡语是黏着类型语言。对于实词的形态的探讨，是想把东乡语的词形变化的规律有所介绍，简略说明同一个词的构形方法（至于广义形态所包括的构词方法，该文不加论述）。

东乡语同《蒙古秘史》的语音对应　包力高撰，载《论文与纪念文集》，内蒙古大学出版社1997年。

东乡语同《蒙古秘史》相比较，在语音方面有如下主要特征。（1）东乡语同《蒙古秘史》的语音系统，除一些特殊音位外，大体上是一致的。它们之间有着严整的对应关系，固有词多数音位是一对一的关系，但是，也有东乡语的两个以上的音位对应于《蒙古秘史》的一个音位，或《蒙古秘史》的数个音位对应于东乡语的一个音位的情况（详见《语音对应表》）。（2）东乡语的词重音一般落在最后一个音节的元音上。非第一节元音总是清晰的，其读音没有发生类似现代蒙古语的清化、弱化现象。（3）东乡语非第一音节的元音 ac，未像现代蒙古语那样转变为其他元音。仍保持着与《蒙古秘史》等中世纪蒙古语相一致的面貌。（4）东乡语中只有两个圆唇元音 o，u，其中 o 对应于《蒙古秘史》的元音 o 及其相应的音组，u 对应于《蒙古秘史》的元音 u、ü 及相应的音组。《蒙古秘史》中用一个汉字《斡》标词了 o 与 ŏ，用一个《兀》（及其相关的汉字）标记了 u、ü。由此可以看出，至少在字面上东乡语与《蒙古秘史》的圆唇元音是一致的。

侗傣语的基数词　蒙斯牧撰，载《云南民族语文》1991年第1期。

在壮侗语族里，除了黎语有一套本民族自己的基数词外，壮傣语支和侗水语支各语言的基数词基本上借自汉语。文章通过列举分析数词"一"、

"二"在壮傣、侗水两个语支不同的语音形式，总结出壮傣语支和侗水语支借了古汉语数词，并保存有自己的固有词"一"。并进一步得出壮傣语支和侗水语支语言也和黎语一样，有过自己的一套数词，直到借入古汉语数词以后才放弃的。从黎语和壮傣语支的固有词"一"有两种并存的语音形式，可以窥探出造成这种语言现象的文化背景，古越人在同汉民族打交道的过程中，逐渐学会借用其一整套数词和商业用语。而黎族距祖国大陆较远，受中原文化的影响较晚较弱，因而保留其一套数词，而其他侗傣诸民的祖先，因为与汉民族交往过密，只留下少数词。至于他们在借入古汉语数词后保存一个固有数词"一"，是因为"一"字在很多场合下不出现或可以省略。由此文章得出侗傣语支原有自己的基数词。

侗傣语概论 李方桂撰，载《汉藏语系语言学论文选译》，中国社会科学院民族所语言室1980年。

该文主要由引言、汉藏语系总论、侗台语族、侗台语音韵比较表四部分组成。引言主要对中国流行语言作总体划分并将其归纳为五大语系，汉藏语系即为其最重要的组成部分。汉藏语系总论介绍了汉藏系语言流行的地域、特点及其四个主要的语族，重点分析了侗台语族及其来历、与汉语族的关系、分布，以及与其他语族的关系。侗台语族包括台语群和侗水语群。台语群又可分为三个主要语支。水、侗语也包括很多方言。作者认为侗水语肯定跟台语有亲属关系，但有很多不同之点，形成不同的一个语群。接下来作者进一步分析台语、侗水语及它们之间的关系。最后作者分析了两个语群之间的分歧，共有6条。水语侗台语在浊塞音方面的不同。声母、鼻音声母、送气塞音、舌根音、声母后的半元音等方面水语和壮语都有不同。作者还指出这篇论文对原始台语元音体系的构拟其基础仅仅是西南台语。

侗傣语族中表示汉族的名称探源 曹广衢撰，载《贵州民族研究》1986年第4期。

该文对侗傣语族中表示汉族的名称进行探源。文章分析了侗傣语族中表示"汉族"名称的各种说法。（1）黎语的 mo:i^{53}，词源不明；（2）壮语的 pou^{42}kun^{24}、毛难语的 ai^{42}cin^{42}、仫佬语的 mu^{11}ca:ng^{53} kwən^{42}中的 kun^{24}、cin^{42}、kwən^{42}都分别和汉语的"军"的古音有对应关系。（3）布依语的 pu^{31}ha^{55}、傣语的 ho^{13}或 xe^{11}、侗语的 ka^{31}和水语的 ai^{33}ka^{42}，有人认为 ka^{55}、ho^{13}或 xe^{11}、ka^{31}、ka^{42}可能是汉语"客"的借词，称汉族为"客家"。作者认为这种说法不能成立。文章根据《广韵》"官"的切语，壮侗语和汉语可能有对应关系。汉语的陌韵：布依语 e：傣语 aek：侗语、水语 ek 是对应的大路。可见上述第3组表示汉族名称同汉语"客"无关。文章又以汉族古代自称"夏"与侗傣语族作对比研究，寻找对应关系的线索。通过比较可看出：（1）布依语 ha^{5}壮语的 ha:k^7：临高话 hak^7 形成声韵调对应关系壮语的 ka:k^7 和临高话 nak^7（官）可能是"夏"转化来的；（2）汉语古音 ray：声傣语 ho^{3}可能对应；（3）侗语的 ka^{32}与水语 ka^{42}同源，水语的 ka^{42}等字与汉语"夏"等字声、韵、调可能有对应关系。侗傣语族中汉族名称都借自汉族上古（先秦）的自称。

侗水、泰壮两语支单元音的对应 喻世长、喻翠容《语言研究》1987年第1期。

元音有长短对立是侗泰语族各语言都具有的特点。但元音系统中共有多少个元音音位，其中形成长短对立的共有几对，各个语言的现代口语不很一致。该文在100个对应词的基础上把7种语言之间单元音的异同情况作了介绍。共有12个元音音类。每个音类在某种语言出现什么样的具体读音都罗列了出来。两种语言之间有一对多，也有多对一的情况。文章分别介绍了6对长短音对立的情况并列有对应词：

(1) 长 aa 和短 a；(2) 长 ee 对短 e；(3) 长 oo 对短 o；(4) 长 ii 对短 i；(5) 长 uu 对短 u；(6) 长 ɯ 对短 u。此外，还作了 7 种语言元音系统格局的比较，元音长短对立在 7 种语言中保持情况的比较。元音长短对立，泰壮语文变化慢些，侗水语文变化快些。最后作者指出：元音的对应关系更带有根本性。如果元音之间找不出规律性的关系，即使辅音和声调有对应，也还不能确定是同源词。

侗水语"斗笠"一词的来源 龙耀宏撰，载《民族语文》1995 年第 2 期。

该文谈侗水语"斗笠"tǝm¹~tim¹一词的来源。古书上的"笠"即斗笠，"竹登"即今之雨伞。如《急就篇》注：大而有把，手执以行谓之竹登，小而无把，首戴以行谓之笠。作者认为"竹登"与"笠"应该是古吴越语。如《乐府诗集》卷八七《越谣歌》云："君乘车，我戴笠，他日相逢下车辑；君担竹登，我跨马，他日相逢为君下。"现在浙江温岭话称"斗笠"为竹登 teon³³（阴平），相当于其他地区的"笠"。据此，作者认为，侗水语的 tacm′-tim¹，是戴在头上的雨具，声调也是阴平调，侗水语的 tǝm¹ 即是现今吴方言中的 teon³³，它来源于吴越语的 *tǝng。因为在汉语和侗水语里，鼻音韵尾的-m 和-ŋ 常常是交替出现的。如"风"，广州为 fong¹，侗 lǝm²，水 zum¹，仫佬 lǝm²，毛南 lǝm¹；"种"，广州 tsong⁵，侗 lǝm¹，水 dam¹，仫佬 hrram¹，毛南 djam¹，"春"，广州 tsong¹，侗 tǝm¹，水 tam¹，仫佬 tshong⁵。

侗水语关于汉语"官"的称呼来源于楚语"莫敖"考 龙耀宏撰，载《民族语文》1991 年第 4 期。

该文用历史文献对侗水语关于汉语"官"的称呼来源于楚语"莫敖"作了考证。侗水语支语言关于汉语"官"的称呼分别为：mung⁴（侗），ɣung³（仫佬），bung⁴（毛南），ʔbung³（水），可以构拟为 ʔm/bung。作者通过比较研究，肯定它不是汉语借词，而是来源于春秋战国时期的楚语"莫敖"。作者考查了先秦史籍中，在记述楚国的历史事件时，常常出现"莫敖"一词，有"盼冒"，"梦冒"等不同写法。这些词全部是用来称呼楚国的君子或王子的。又考"莫敖"、"盼冒"、"梦冒"等诸语，皆为先秦之汉语记楚音，根据反切方法"莫敖"应为 mo。"盼"明母文韵，"梦"并母文韵，两字可通。"冒"（mu）明母幽韵，"盼冒"应为 mu 冒，mo^与 mu 双声，宵幽两部可通，"莫敖"与"盼冒"实为一物，皆为"冒"字的音读。"冒"初指头冠，后来引申成了"官位"的代称。考侗水语支语言关于汉语"官"之称，也与楚语之"莫敖"、"盼冒"有极大关系，它们的语音相同，词义相通。侗水语的 ʔm/bung "官"来源于 mau "帽"，mau 来源于"都幕"，而"都幕"等于"酋长"。这与楚语的"莫敖"起源于"冒"，"冒"又等于"酋长"是一致的。

侗水语言词首辅音的构拟 雅洪托夫撰，载《民族语文研究情报资料集》，中国社会科学院民族所语言室 1988 年第 10 集。

该文构拟了侗水语言的词首辅音系统。侗水语群中有水语、莫语、佯黄语和侗语。它们彼此间的区别不比台语言的小。由于侗水语的不同变化，产生了现代的侗—水语群诸语言。这种语言早在大约 1500—2000 年以前就存在了，因为大约在这个时候从汉语中借来的词可以认为起源于一个共同的侗水语形式。侗水语言中原来的声调系统和台语言、苗瑶语言、越南语和汉语中的一样，三个基本声调加"入声"——带有收尾非鼻化辅音的音节的声调。这些声调中的每一个都以侗水语中词首辅音（声母）的清浊为转移而分为两个声调——高的和低的。通过对大量的语言材料的分析和比较可以看出，侗水语的词首辅音按构成部位可以构拟五种类型，具有四类响音、五类塞音和三类擦音的辅音系统。但是这一些还不是这个辅音系统的全部内容。

侗水语语音几何学：升降曲线、边缘和二态现象
艾杰瑞、杨权撰，载《民族语文》1994 年第 2 期。

萨丕尔认为，每一种语言演变都有一套区别于其他语言的具有独特方式的自然素质。考查侗语和水语的变异表明：假如侗水语言具有一个使语言发生变化的普遍倾向的话，那就是音节的双重景象。原始的状态在现代侗水语里已经消失，该文利用侗语 23 个点，水语 9 个点的材料，证明侗水语中保持这种二态现象为地理变异来源。从占语的情况看，双音节融合为单音节是从左边瓦解，使其变成一个声调的或重音的音节。侗语中双音节的和单音节的区别在声母的变异（比如"血"）中显示出来，而其声调则由第一个音节决定。侗语和水语中声调和声母变异的许多非连续性可以用词根分成单音节的或双音节的特性，即二态现象来解释。在这些双音节形式中，出现于第二音经的有-w-、-l-、-r-、-j-和各种中介鼻音。音丛引起的千变万化的形式和非音丛形式单调的一致性形成鲜明的对比。

侗台语分化年代探析
石林撰，载《贵州民族研究》1997 年第 2 期。

语言年代学是以亲属语言中基本词汇的保留率的多少来推算其分化年代的。作者利用西方学者斯瓦迪什提出的百词表，统计出黎语和侗台语的同源词占 31%，推算出黎语和侗台语分化的年代大约在 3000 年前的商周时代。侗水语和壮泰语的同源词占 56%，两者分化的年代大约在 1500 年前的唐代，而临高话和侗水语的同源词占 63%，其分化年代大约在 1000 年前的唐末前后。作者认为临高话和侗水语的原始关系比较近。迁至海南岛以后和壮族接触频繁，因此在上千个常用词汇中临高话和台语支的同源词要多于和侗水语的同源词。作者最后指出：根据基本词根语素的保留率进行纯数学的测算，无法顾及各种复杂的社会条件，这种推算法有一定的局限性。其次语言年代学所使用的百词表有一个弱点，不能反映不同民族的语言特点，翻译时很难找到等义词，影响推算的准确性。

侗台语复辅音声母的来源及演变
倪大白撰，载《民族语文》1996 年第 3 期。

文章通过 30 多个侗台语为复辅音声母的词与南岛语言比较，发现侗台语的复辅音与许多南岛语的原始形式有着极密切的联系。文内列出"雷、石山、烧、菜、末梢、芋头、分离、箧、沸、卖、眼、死、香、瞎、房子、断、蚱蜢、晒"等 18 个词，侗台语都是由 p 或 ph 带上 l 或 r 组成的复辅音声母，这些词在早期南岛语中都是由 b 或 p 为第一音素，由 l 或 r 为第二音素声母构成的词。而"月亮、胆、花、踢、鸟、口水、睁（眼）、吞、星星、鸡距、种、蜘蛛、鼓、臼、近、关、头、盐、蛋"等 19 个复辅音声母的词，大部分是由南岛语的多音节演变来的。说明南岛语言或方言，丢掉了第一个音节的元音，两个音节合为一个，成为复辅音。由此证明：侗台语确实经历了从多音节、无声调的黏着型转变为单音节、有声调的词根孤立型的过程。

侗台语和南亚语的语源关系——兼说古代越、濮的族源关系
陈保亚撰，载《云南民族学院学报》1997 年第 1 期。

侗台语和南亚语之间有很多语音对应的关系词。该文将 200 核心词按照稳定程度分析，发现越是核心的词集，侗台语和南亚语的关系词越少，由此断定侗台语和南亚语的关系词是接触造成的，两者不是同源关系而是联盟关系。在斯瓦迪士的 100 核心词中，南亚语（佤、布朗）和侗台语的关系词最多的只有 9 个；在 200 个核心词中有 13 个。呈上升趋势。越是外围的词集关系词越多。表明这是接触关系而不是同源关系。作者在文章最后说到：侗

台民族是古越人的后裔；而孟—高棉民族是古濮人的后裔。古越人和濮人在华南、西南长期共处，有了许多共同的文化因子，如：住干栏式房屋、文身。如果根据核心词的有阶分布承认侗台语和孟—高棉语不同源，则古越人和濮人也应该不同源，而是一种联盟关系，或称"孟—台语言文化联盟"。

侗台语声调的起源 倪大白撰，载《中央民族学院学报》1991年第4期。

文章通过印尼语与壮侗语比较讨论侗台语声调的起源。声调是侗台语语言结构的重要特征之一，在整个音节中跟声母、韵母密不可分。侗台语诸语言的声调起源最初是怎么产生的，目前似乎还没有人论证。李方桂晚年在他的巨著"A Handbook of Comparative Tai"中曾经提出，声母的喉音特征"带音、送气和喉塞音是声调分化的主要因素。"这对于说明侗台语诸语言声调的现状不仅言之成理，而且对后来的研究者大有启迪。然而对侗台语的声调究竟从何而来，一向治学严谨的李氏没有作主观的臆测。这几年来，笔者在调查中发现回语声调的产生是在多音节词简化为单音节的过程中，作为补偿手段出现的，下一步分化则由浊声母变清，韵尾辅音去留和韵尾辅音性质等几种因素决定不同的声调。

侗台语族带前置喉塞音的声母 邢凯撰，《民族语文》1999年第1期。

所谓"前置喉塞音"实际是"前置辅音"的一种，此外还有带前置鼻冠音以及其他前置辅音的。该文以实例说明汉语和侗台语带前置喉塞音的声母，无论在性质、起源和历史演变上都有高度的相似性，有很多细节上的相符，这是很难用语言影响来解释的。侗台语族带前置喉塞音的声类在现代语言中有的还保持，有的发生了各种变化，可以归纳为9种类型，如：浊音前保持、丢失 ʔ-变纯浊音、变相应鼻音、变相应带先喉塞音的鼻音、变舌尖前通音、变浊擦音、变相应清塞音、丢失主要辅音只保留 ʔ-、变舌面塞音或塞擦音。前置鼻冠音声母发音分两段，带前置喉塞音的辅音是两个部位同时发生封闭，属复合塞音，即复辅音。立足多元语音学现代侗台语族存在前置辅音系统。原始台语有5个与纯浊塞音对立的带前置喉塞音的声母（还有其他前置辅音）；原始侗台语有22个与纯浊塞音对立的带前置喉塞音声母，还有18个带前置鼻冠音的声母，此外还有其他前置辅音。前置喉塞音可能是古代某些前置辅音的痕迹。中古汉语存在前置辅音。某些现代汉语方言存在带先喉塞音的声母，而且具有6种与侗台语类似的类型，二者在种类、性质、演变途径上都极为一致。南汇 *ʔ-可能是从上古 *ʔg-变来（上古有 *ʔb-、*ʔd-、*ʔg-、*sd-），晋方言有带前置鼻冠音的声母，上古汉语可能也有。布依语 ʔdʐ-经分析可能是来自 *ʔdj-（原始侗台语只有 *ʔb-、*ʔd-）。正如侗台语一样，上古汉语或前上古汉语也可能存在一个复杂的前置辅音系统。

侗台语族亲属关系漫谈 杨汉基撰，载《侗语文集》，贵州民族出版社1996年。

侗台语族的系属语言约有几十种，大部分语民分布在我国西南省（区）及东南的海岛屿，有的分布在东南亚的老挝、越南、泰国、缅甸境内等地区。侗台语族国际上习惯分为三个语支，即壮傣语支、侗水语支和黎语支。侗台语言的发展历史，也和其他语言一样，都是遵循从民族语言发展到部落语言，从部落语言发展到部族语言，从部族语言发展到民族语言这一基本规律的。从一个原始侗台语言或方言发展为壮语、傣语、布依、侗语、水语、毛南语、黎语等各个独立语言的过程，也就是侗台语的形成过程。侗台语族各民族系古代百越民族的后裔，秦朝对百越主要聚居区的征服活动，使百越处于缓慢地分化为不同民族的形成过程之中，因而未能形成统一的民族语言文字。从分布地域范围来说，部分地区与国外中印半岛各国北部相连接，加之百越自身移动幅度大，互不统属，各自为政。这是未能形成统一文字的另外原因。

侗台语族轻唇音的产生和发展　张均如撰，载《民族语文》1995年第1期。

原始侗台语与汉语一致，古无清唇音，即唇齿音。侗台语族唇齿音的产生与本语族复辅音单音化、浊的口辅音清化、某些闭塞辅音变为间隙辅音的演变规律是符合的。本语族现在的唇齿音是在各语支、语言、甚至是某些方言、土语分离之后各自从原始侗台语的唇化辅音，如＊pw、＊bw、＊plw、＊mw、＊mw、＊γw等声母演变来的，即第一个辅音与其唇化成分-w-相互影响产生异化作用所致。唇齿音的发生和发展在各语支、语言甚至方言中并不同步，台语支的产生比侗水语支要早，其中以f声母比较普遍地出现于单双数调字中的傣、泰、老挝等语言和壮语邕北、右江土语更早一些；侗水语支中，水、拉珈语似乎比较早，毛南次之，佯黄、锦、莫、标几种语言较迟，侗语（多数地区）最迟，在固有词中，至今仍然没有唇齿音f。

侗台语族舌根音与唇音的对应　黄泉熙撰，载《中央民族学院学报》1992年第3期。

文章通过侗台语族诸语言比较说明舌根音与唇音对应现象产生的原因。在侗台语族里，舌根音与唇音的对应相当明显，反映了这两类声母的对应词在历史上有渊源关系。那么这两类声母的对应关系，是从共同侗台语里平行发展来的呢？拟或是共同侗台语分化后语音演变引起的？作者认为，共同侗台语时期，唇音和舌根音之间不可能存在对应关系，而是共同侗台语分化后语音演变造成的。第一，由舌根音＋唇化音组成的唇化舌根音声母，演变时，某些语言舌根音丢失，原来的唇化音充当主要声母角色，与未丢失舌根音语言形成对应关系；第二，有些语言用唇声母代替原舌根声母；第三，早期侗台语的舌根音＋唇音所组成的复辅音声母分

化或演变形成对立形式。

侗台语族送气清塞音声母的产生和发展　梁敏、张均如撰，载《民族语文》1993年第5期。

有的学者认为送气清塞音声母是原始台语固有的，也有人认为侗台语言的送气声母是受汉语影响而产生的，该文根据侗台语族15种语言、22个代表点，语言材料对比研究之后认为：原始侗台语和原始台语都没有送气清塞音声母。目前多数语言中的送气清塞音声母是多源的，是各语支，甚至各语言、方言分离之后，由于原始侗台语某些声母类别，如带前置辅音x-、s-的声母和部分以-w、-l、-r为第二音素的复辅音声母以及浊音声母等的一些语音特征在各语言、方言中所起的作用不同而各自产生的。正因为同一语音特征在各语言中的影响不同，有些变成送气声母，有些不送气。所以，送气声母在各地的对应比较参差复杂。总的来说，台语支念送气声母的词比侗水语支多一些，而在台语支中，泰语、老挝语念送气声母的比其他语言更多一些。文章使用与送气声母有关的例词约占全文的三分之一。该文对侗台语族送气清塞音声母产生与发展的研究有重大的突破。

侗台语族属关系漫谈　杨汉基撰，载《彝语文集》1993年。

该文分三部分：一、侗台语的亲属语言约有几十种，大部分分布在我国西南省（区）及东南沿海岛屿，东南亚的老挝、越南、泰国、缅甸境内，分三个语支。侗台语族的共同点是：（1）有声调，其中侗语声调数目最多。（2）单音节，音节分声母、韵母、声调三部分。（3）语法上采用语序手段，无明显的变格、变位。二、社会发展是语言发展的动力。随着时间的推移，在不同地域分化为不同的语言，从一个原始侗台语发展为壮、傣、布依、侗、水、毛南、黎等各个独立语言的过程也就是"侗台语"的形成过程。三、侗台语族先民统一语言文字

侗泰语与南岛语的历时比较研究 蒙斯牧撰，载《贵州民族研究》1995年第2期。

文章认为南岛语有三个发展阶段，印尼语代表第一阶段，雷德（占）语代表第二阶段，回辉语代表第三阶段。侗泰语像回辉语一样，也是从南岛语发展而来，处在南岛语的第三阶段。作者总结出几条侗泰语从南岛语演化来的音复规律：（1）印尼语多音节词的前音节→雷德话弱化为 e 或 a→侗泰语失落，变为单音节。（2）印尼语多音节词的前音节→雷德话弱化为 k-或 h-，与后音节组成复辅音→侗泰语简化为单辅音。（3）印尼语多音节词在雷德话和侗泰语都失落前音节或后音节。（4）印尼语的多音节词分裂、前后音节都保存在雷德话和侗泰语中。（5）印尼语的某些双音节词在雷德话中保留，侗泰语变为单音节。声调来源：黎语高平调来源于南岛语清声母和带-p、-t、-k 音节；低平调来源于浊声母；高降调来源于清声母及带-m、-ng 尾的音节。

侗语半浊声母的历史演变 王德温撰，载《贵州民族研究》1984年第3期。

侗语有15个声调，9个舒声调，6个促声调。舒声调中的2、4、6和促声调中的8、10为双数阳声调；舒声调中的1、1'、3、3'、5、5'和促声调中的7、7'、9、9'为单数阴声调。双数阳声调调值一般比同类调中单数阴声调调值低。推测双数阳声调的词声母古音是带声的浊声母或半浊声母，单数阴声调的词声母古音是不带声的清声母。但侗语中有许多半浊声母的词却是单数阴声调，通过同语支亲属语言同源词的比较，我们可以发现这些词半浊声母的演变踪迹。一些侗语单数阴声调半浊声母的词在同语支的亲属语言如仫佬语、水语、瑶族拉珈语、毛难语、黎语、壮语、布依语体现为清擦音、前喉塞音和送气音等，推测这是侗水语声类 *mh-、*nh-、*lh-、*m-、*n-、*l-在这些语言中的反映形式，在侗语中，这些单数阴声调半浊声母的词清擦音、前喉塞音和送气音等都已丢失，清化的特征只是在声调上反映出来。

侗语并列四音格结构初探 朱柏仁撰，载《贵州民族研究》1984年第3期。

该文对侗语并列四音格结构作初步分析。四个音节用甲、乙、丙、丁代替，甲、乙、丙、丁各为一词组。两个词组的构成方式，分修饰、支配、补充、主谓、重叠五式。（1）修饰式＋修饰式。修饰词素在前的，ABCD 式中的 A、C 和 B、D 都是反义、近义或相关联的两个词；ABAC 式中 B、C 是意义相关或相近的词。ABCB 式中 A 与 C 意义上关联。修饰词素在后的，ABCD 式中的 A 与 C 是意义相近、相同、相反或关联名词，B 与 D 是形容词和名词。ABCD 式中 A 是名词，B、C 是意义相近或相反的形容词、代名。（2）支配式＋支配式。ABAC 式中 A 是动词，B、C 是意义相反、相近或关联的名词。ABCD 式中的 A、C 是动词，B、C 是意义相同、相反相近或关联的名词。（3）补充式＋补充式。ABCD 式中 A 是动词，B、C 是意义相反或关联的动词、数词或形容词。（4）主谓式＋主谓式。ABCD 式中 A、C 是关联的名词，B、D 是动词和形容词；ABAC 式中 A 是名词，B、C 是意义相近或相反的动词或形容词；ABCD 中 A、C 是关联的名词，B 是动词或形容词。（5）重叠式＋重叠式。格式只有 AABB 式。AB 是动词或形容词等。

侗语词的结构形式 郑国乔、杨权撰，载《贵州民族研究》1984年第3期。

该文对侗语词的结构形式进行分析研究。侗语的词从意义和结构分析，有单纯词和合成词两大类。单纯词都是非派生词，它只包含一个有意义的成分，大多数是一个音节构成，也有两个音节构成。单音单纯词是侗语词汇的基本部分，多音单纯词有双声叠韵叠音等形式。合成词由几个有意义的成分组成。表示词的基本意义的成分为实词素，表示词的附加意义的部分与虚词素。合成词有两种形式：合成式——实词素与实词素结合；附加式——实词素与虚词素结合。每种形式又按词素的结合关系，分为联合式、修饰式、支配式、补充式、附加式五类。作者对单纯词和合成词中的每小类都举例作详细分析。

侗语代词分析　石林撰，载《民族语文》1986年第5期。

高坝侗语的体词性代词不能像名词一样受形容词和数量词组的修饰，但可以作其他体词性成分的修饰语。其中，人称代词作修饰语时，位于被修饰语之前，有单数、复数、双数的区别，没有格位的区分；指示代词作修饰语时位于被修饰语之后，并且大多单用。指示代词在主语、宾语位置上都只用来指物，不能用来指人。近指代词在一定组合条件下发生音变。一系列谓词性指示代词可以代替动词、形容词、副词充当谓语、主语、状语、补语和定语。体词性疑问代词有三个：一个专指人，一个专指物，一个既可指地方又可指人（在前面加不同的量词以示区别），可以充当主语、宾语、定语；谓词性疑问代词可以充当谓语、状语。

侗语的变音变调现象　石林撰，载《民族语文》1983年第5期。

高坝侗语的连读音变，既存在于数词、量词中，也发生于名词、动词、代词中，有些连读不仅有声母的变化，还伴有调的变化。该文对变音变调现象进行考察后认为，侗语的变音变调现象有以下几种：（1）量词受"一"、"十"修饰时，声母发生变化，有些量词声调也发生变化；（2）数词三、四、六、七、八、九在"十"后时声母发生变化；（3）有些名词与其他名词词素组成双音词时，声母发生变化，表工具的名词用作动词时要变音，变调。指示代词连读时也要变音。连读后，声母都变为 wjsz 或 rr（个别变为 lj 或 ny）规律如下：kw、p、ʔ、m→w；t、n、ny、h、lj→sz、ny、t、cc→j、ʔ、h、k→rr、tj→lj、k→ny、n→ʔ。发生调变的都是阴调，一般的规律是由阴调变为次阴调。该文还讨论了侗语量词的音变现象属于"数"变化的论点，认为从实际变化情况看，这类变化与"数"范畴无关。

侗语的声调分裂和浊呼气音变异　艾杰瑞撰，载《民族语文研究情报资料集》，中国社会科学院民族所语言室1987年第9期。

该文分析了侗语的声调分裂和浊呼气音变异现象。侗语的声调大概经历过两次两分法而不是一次三分法。年代学上的早期是一个声调发展的时期，侗语像大多数壮侗语族语言那样发展着。这种分开是一种声调起源上的分裂。侗语继承了一系列原始"送气"后，第二次声调分裂开始创造了一套新的超音质对照。这种第二次变化正像声调大分裂那样，在某些辅音类别后面导致了元音音调降低，但又不像声调大分裂那样使声母辅音下降的特征并不是丢失，而是以其他声母的特征代替。另外一些有利于说明第二次变化的证明是来自亲属语言中明显的声调分裂形式。当侗语声母"送气"辅音后面出现很大程度分裂的同时，在水语和莫语中也找到了这种分裂。在声调发生之前，侗族居住地的中南部原始浊呼气辅音开始变化。靠近变化起源地的那些方言，浊呼气声母辅音在降低元音音调之前就变了。在东部、北部和西部地区，直到降低音调的过程完成以后才受到影响。

侗语地名的得名、结构和汉译　石林撰，载《贵州民族研究》1996年第2期。

一、侗语地名结构。（1）大多数是双音节，也有一部分是单音节和多音节。（2）一般由通名加专名构成，通名在前，专名在后，如：寨王（王寨）、塘沙（沙塘）。通名多由名词充当，个别的由方位词充当。充当专名的有名词、方位词、形容词、数词等。二、侗语地名的得名。通名大都是有意义的，表示自然地理特征；有一部分是人文地理特征，如：寨、场、苗……还有一些是人体各部位名称，如：头、口、耳，专名有以动物为名的，如坪牛（平途）；口狗（狗冲外）；有以物产为名的，如坪炭、坪金；有以地理位置为名的，如寨高。三、侗语地名的汉译。同音不同译——一个侗族地名有两个不同的汉语音译，如：二高坝、高扒。同译不同音——用一个汉语地名翻译两个侗语地名。半音半意——一半用侗语地名读音找相近汉字的读音，另一半根据侗语意义翻译。

侗语复辅音声母考　石林撰，载《侗台语比较研究》，天津古籍出版社 1997 年。

侗语分为南北两个方言，两个方言在语音上有较大的差异。据笔者对 2500 余个基本字的比较，同源字占 53% 左右，非同源字约占 47%；其中声、韵、调完全相同的不过 35%。侗语是一种没有自己文字的语言，使我们不能从历史上去考证它是否存在过复辅音声母。侗语的方言比较研究也仅显示了其声母的差异，并不能说明其历史上是否有过复辅音声母。我们从侗语与亲属语的比较研究中发现了这样一种现象，当台语表现为单辅音声母时，侗语南北方言的声母往往能与台语的声母对应，而当台语表现为复辅音声母时，侗语的声母往往有参差的现象。作者认为，这一现象可认为是古复辅音声母存留的痕迹。作者通过一些例证的分析比较，得出侗语复辅音声母现在虽然消失了，但是古侗语可能存在过复辅音声母的结论；而与亲属语复辅音声母对应的侗语的部分颚化声母、唇化声母以及声母的参差现象，是复辅音声母留下的痕迹。

侗语和仡佬语的语音比较研究——兼谈侗族同仡佬族的历史关系　龙耀宏撰，载《贵州民族研究》1992 年第 4 期。

该文试图通过对侗语同仡佬语语音比较，来揭示它们之间关系，为仡佬语系属研究、为侗史研究，特别是侗与僚的关系问题提供参考。文章列举 300 个例子，对侗语、仡佬语和苗语进行语音系统的比较。从比较中可看出仡佬语同侗的密切关系。仡佬语的特殊声母 mp-、nt-、ngk-分别与侗语 m-或 p-、n-、k-对应；仡佬语复辅音较完整，与侗语有严整的对应关系，但这些同苗语不对应。这说明仡佬语与苗没有发生学上的关系，只是语音面貌上的相似而已。作者认为这些鼻冠音是苗语扩散的结果。仡佬语无鼻音韵尾-m 和塞音韵尾-p、-t、-k，但在同有关语言的对应中能看出这些韵尾消失后留下的某些遗迹。仡佬语尽管受苗语的影响极大，但始终保存有大量的本民族基本词汇，它们与侗台语族有渊源关系。这是作者判断仡佬语同侗台语族同源的一个重要依据。从历史上看，侗族和仡佬族都起源于魏晋时期的僚人，宋代之后侗族与仡佬族才开始从僚人中分离出来。关于仡佬语的系属，作者认为仡佬语归为侗台语族的一个独立语支——仡佬语支。

侗语和老挝文声调对应关系分析　李钊祥撰，载《民族语文》1985 年第 1 期。

本文以广西龙胜县平等乡的侗语与老挝语文字系统加以对比。列出一个声调对应表：侗语的 1、1'、2 调分别与老挝无调号的中、高、低辅音的舒声调相对应；侗语的 3、3'、4 调分别与老挝文第 2 调的中、高、低辅音的舒声调相对应；侗语的 5、5'、6 调分别与老挝文第 1 调的中、高、低辅音的舒声调相对应；侗语的 7、7'、8 调分别与老挝文短元音促声调的中、高、低辅音的促声调相对应；侗语的 9、9'、10 调分别与老挝文长元音的中、高、低辅音的促声调对应。作者认为，在创造文字时老挝文三组辅音的读音是不同的，中组字属清声母，高组字属清送气，低组字属浊声母。后来语音发生变化，低组的 12 个浊辅音变为送气清辅音，与高组的 12 个字母读音完全一样，为了避免同音字，声调就发生变化。作者还指出，现代侗语的声调系统是由原始侗台语演变而来，由原来的 4 个调演变为 15 个调，是声调分化的最大范围值，变化语言的声调系统不可能超过 15 个调。

侗语和老挝语的声母比较研究 李钊祥撰，《民族语文》1986 年第 2 期。

文章以广西龙胜县平等乡侗语和老挝文书面语（转写）为依据，对侗语和老挝语声母进行比较。全文分四节：（一）侗语和老挝语声母的异同；（二）侗语和老挝语的对应例子，共举例字 405 个；（三）侗语和老挝语声母比较分析，并推拟了对应声母；（四）结语，概括了侗语和老挝语声母系统的共同点，这两种语言的声母系统，不论是结构，还是数目，都比较一致。但也有些声母之间的差异较大。最后列出对应声母表。结论是：现代侗语和老挝语演变趋势是声母系统简化，表现为单纯声母的清浊消失；塞音向清化方向演变；除塞音外的其他声母，也不分清浊或是否带鼻冠音等；唇化声母仅有 kw，khw 两个。声母减化，必将引起声调增加，以区别声韵相同的音节。侗语和老挝语用例占全文篇幅 61%。撰此文的目的，只望有更多学者重视侗台语内部的比较研究。

侗语和佯僙语的一个语序变化 薄文泽撰，载《民族语文》1997 年第 3 期。

侗语里名词的修饰语通常都在名词的后面，但侗语和佯僙语中表示动物性别的词在修饰名词时却位于名词的前面，这些词作量词的修饰语时也依然位于被修饰语的后面，出现这种分布差异的主要原因是充当修饰语的成分在语法和语义上具有非谓形容词的性质。尽管这一变化没有在语言中继续扩散，但突出了这些词语的特殊性。同时表明，向心结构的中心语与修饰语结合的紧密程度是决定语序变化先后的重要因素。同样性质的修饰语，由复杂成分充当的比由简单成分充当的语序变化快，而以量词为中心的向心结构，参与这一语序变化的则很少或根本没有。可以说，同样性质的向心结构，由名词充当中心语的比由量词充当中心语的语序变化快。由此可以看出来，在侗台语中，简单的修饰语与其中心成分之间的结构关系比复杂的修饰语与其中心成分之间的结构关系紧密，因而具有比较大的稳固性。

侗语 m-、n-声母的声调分布与侗台语原始声母 m-、n-的类别 石林撰，载《侗台语比较研究》，天津古籍出版社 1997 年。

侗语与台、水语的亲属关系已为国内外语言学家所承认。在语言方面，侗语既与亲属语有很多相一致的地方，也有一些不同之处。就声母来说，亲属语所出现的浊塞音声母、前喉塞音声母和清化鼻音声母，侗语的绝大多数方言都没有。侗语的 m、n 声母大都能与台、水语的 m、n 声母对应，但也有参差的情况。作者通过分析比较，得出结论：侗语的 m、n 声母分别来自 m-、ʔm-、ʔb-和 n-、ʔn-、dl/r-等原始声母。水语至今仍然保留着这三套鼻音声母，侗语这三套鼻音声母的区别虽已消失，但在声调分布上得到了补偿。因而，我们可以推想原始侗台语可能存在过这三套鼻音声母。

侗语声调 郑国乔撰，载《贵州民族研究》1983 年第 3 期。

该文就侗语的声调，特别是声母对声调的制约关系作概括的阐述。侗语声调的排列次序和调类名称，作者按照汉语音韵学上对汉语四声的排列和命名。侗语的声调系：一类是具有 6 个舒声调和 4 个促声调（称甲型）。各地声调之间分合规律严整，是以声母的送气与否和促声韵元音长短为条件。各地侗语的声母系统也有两类，正好与声调系统的两类相当。侗语的阴调在乙型地区因声母的送气与否而分别成为两个不同声调——全阴调和次阴调。甲型地区带不送气音声母的音节成为全阴调，带送气声母的音节成为次阴调。依照声母和声调的制约关系推测，侗语阳调类的声母应是从古浊声类演变来的，阴类调的古声类应有全清和次清两类。鼻音声母较明显地反映了这种迹象。侗语声调的发展和汉语四声的演变相似，都曾以声母为条件而分化。侗语声调分化是由于不同性质声母的音高差别的音理原因引起的。入声调的变化将可能造成侗语声调方音对应中的复杂关系。

侗语声调的共时表现和历时演变 石林撰，《民族语文》1991年第5期。

该文统计了侗语声调格局，分析了声母送气不送气，清浊及元音长短对声调演变的影响，认为侗语是世界上声调最多的语言，舒声调和促声调加起来最多有15个，其调型丰富复杂，按出现频率排列，依次是平调、升调、降调、曲调。不同调类中，平声调字最多，入声调字最少，阴调字多，阳调字少。由于侗语方言至少有8个声调，作者认为侗语从台语分裂出来时就有了8个声调的格局，侗语声调前后经历了三次分化，第一次分化时声母清浊对立消失使4个调各分为二，第二次分化是入声调因元音长短不同各分为二，此次变化从阴入开始扩散到阳入；第三次分化使送气声母字与不送气声母字声调分化，此次变化从阴平调开始扩散到其他阴调，不涉及阳调。第三次分化主要发生在侗语的西、北、东部地区，中南部地区至今几乎没有此类分化。

侗语声调的区别性特征 石林撰，载《民族语文》1992年第3期。

1967年王士元开始用区别性特征的理论来研究声调，并首次提出声调只有7个区别性特征，即曲，高，央，中，升，降，凸。这7个区别性特征是建立在13个调形基础之上的。该文用区别性特征理论分析了侗语方言的声调，发现尽管侗语各方言有5平，4升，3降，2凹，1凸15个调形，这一理论依然适用。由于侗语的升调多达4个，降调多达3个，因此，在升调中要加入"中"和"央"两个区别性特征，在降调中要加入"中"的区别性特征，才能使其互相区别并与其他调型区别开来。从侗语方言来看，升调具有很强的方言特色，同一方言各地声调的区别性特征也相同或相近，不同方言的声调区别特征也有差别，因此，研究声调的区别性特征对方言土语的划分也很有参考价值。

侗语探究 杨汉基撰，载《黔东南社会科学》1999年1期。

主要内容：（1）侗语使用状况；（2）侗话演变发展现象；（3）汉语对侗话的影响；（4）侗话的发展趋势。随着社会主义的向前发展，随着侗、汉民族联系的加深和普遍化，侗族语民，特别是北部方言区的语民会双语的人将日益增多。但从现实来看，这种共同成分的增加仍然是地区性的。因此，如果在使地区性的相同成分的增加发展成为侗语的完全统一，其可能性将是很小的。在今后的发展过程中，侗语自身的音位系统仍将沿着历史上的演变规律，继续简化自身的语音结构。在这当然是一个漫长的历史过程。不难理解一个民族不管会说几种语言，对本民族语言他总不会忘掉的。同时，由于民族感和习惯势力的作用，对民族内部一般还是用本民族自己的语言进行交际。尽管他们会说多种语言也如此。另外，由于民族语言中的基本词汇和语法结构的稳固性，对语言融合具有一定的抗拒性作用。所以侗语在哪个时候不管比今天更加接近汉语，但它仍然不失其为侗语。因此说：民族语言的作用，将要延续到民族存在的最后一天，民族语言发展史上的双语时期将是相当长的一个历史过程。

侗语音系发展趋势论述　（原文英文题目为 Developmental tendencies in Kamphonology），周琦英、杨通银撰，载于由艾杰瑞（Jerold A. Edmondson）和苏大卫（David B. Solnit）合编的《台语支意外的卡岱语比较研究》，美国暑期语言学院和得克萨斯州立大学阿灵顿校区联合出版系列第 86 号，1988 年。

该文系统论述了侗语在音系学上所具有的声调复杂分化，声母和韵母简化合并的特征及其具体实现途径，在和同语族语支语言的对比中，清晰地勾勒出作为代表侗台语一个发展趋向的侗语，其声韵的简化如何在声调上得到了代偿。侗语和其他相关语言一开始声调的分化都和声母的清浊有直接的关系，即"清高浊低"原则，从而导致由原始的四声变为八调；但侗语中的第二次分化则是以声母的送气与否为条件，在奇数（高）调中进一步分列，在各地方言土语里有 6 种情形，分别以天柱石洞、榕江章鲁、通道坪坦、锦屏大同、从江贯洞、融水寨怀为代表。在闭音节中，元音的长短也影响到声调的变化，从而导致新的调值的出现。和水语的七十多个声母相比，侗语的二十几个经过了相当程度的简化，主要有四个途径：一是送气声母的分化引起这些声母和不送气声母的合并；二是浊声母的消失；三是鼻音声母的合并；四是喉塞音的弱化和退出。元音长短对立的简化和消失也有细致的讨论。侗语的韵尾相对比较稳定，但 -k 逐渐消失，/-n-ŋ/ 有合并的情况。

侗语与侗族研究　石林撰，载《侗台语比较研究》天津古籍出版社 1997 年。

侗语是侗族最重要的社会特征和社会交际工具，侗语同侗族一起诞生、发展、繁荣，侗语的历史同侗族的历史一样久近。因此，可以说侗语是侗族历史的镜子，是进行侗族研究的宝藏和信息库。侗语词汇中"水稻、田、稻秧、水牛、猪、狗、鸭、房屋、门、柱子"等与壮傣语支中的这些词汇的同源关系，使我们能推断侗族有悠久的种稻文化、驯养动物和"干栏"文化的历史。从而证明侗族与壮、傣族的渊源关系。语言是历史的镜子，侗语中的一些古地各和侗族民间传说、民谣、能给我们研究侗族历史提供线索和依据。语言是文学的媒介，文学家实质上是艺术化了的语言。每个民族的文学都是用其民族语言表现出的。如果我们不懂得侗语，不懂得侗语的结构，我们就无法对侗族文学进行研究。研究侗族民歌尤其要懂得和熟悉侗语，否则就无法认识侗族民歌的韵律特色和形式美。

侗语语法概要　王德温撰，载《侗语文集》，贵州民族出版社 1993 年。

侗语是一种分析性的语言，没有明显的词类形态标志。因此划分词类的主要依据是词的组合能力和充当句子成分的能力。侗语的词分为实词和虚词两大类。实词包括名词、动词、形容词、量词、代词、副词、数词和声貌词。虚词包括介词、连词、助词和叹词。实词还可分为体词和谓词。词组按其结构可分为主谓、动宾、偏正、联合、补充、连动、兼语、同位和固定词组 9 类。句子成分可分为主语、谓语、宾语、定语、状语、补语六种成分。主语由名词、代词、动词、形容词、量词和某些词组或的字结构等充当。谓语由动词、形容词、名词、数量词、序数词及主谓词组等充当。句子的基本类型：以谓语的性质做标准，可以分成名词谓语句、形容词谓语句，动词谓语句、主谓谓语句；以句子成分做标准，可以分成单句和复句两大类。单句可分成主谓句、无主句、独词句和省略句；复句又可分为联合复句和偏正复句。

侗语在东亚语音比较研究中的重要地位　石林撰，载《侗台语比较研究》，天津古籍出版社 1997 年。

侗语是侗水语支中使用人口最多，语音又很具特色很有代表性的语言。侗语是世界上声调最多的语言，锦屏秀洞话，融水大荣话的升调有 4 个，3 个升调的地方就更多，降调 3 外的有黎平岩洞、水口，三江独洞平等，通道播阳、团头、流源等地；凹调最多的是榕江章鲁、黎平永从、锦屏秀洞和启蒙；凸调没有超过一有的。侗语又是世界声调语言中声调发展得最快的语言。东亚语言的声调一般只经历了两次分化：辅音韵尾-h 和-s 的消失用声调的产生来补偿，而产生了 4 个声调。而侗台语的声调已脱离了这一阶段。由于声母清浊对立的消失以声调的发展来做补偿，声调由 4 个发展成 8 个，中古汉语的声调即达到这一阶段，以后又由于入声调中长短元音对立的消失，入声调又分化为四个声调，形成了 10 个声调的格局。总之，侗语平调、拱调的分布都是世界声调语言中最为丰富的，侗语声调的发展也是世界声调语言中最快的，只有侗语的声调才先后发生了三次完全的变化。

侗族的三大文化瑰宝 石林撰，载《侗台语比较研究》，天津古籍出版社 1997 年。

侗族有自己历史悠久的、丰富多彩的民族文化。鼓楼风雨桥、侗族大歌、侗语声调是侗族民族文化中的三大瑰宝。侗族人民都希望能把自己寨子的鼓楼建得高大漂亮一些，这是侗寨鼓楼赖以发展的原因，是侗族的政治、经济、文化的中心。侗族鼓楼为塔式建筑，最多有 17 层，逐层按比例收缩，塔尖置葫芦宝顶。风雨桥把中国民间传统的穿斗式、抬梁式、井干式三种木结构建筑工艺融为一体。侗族大歌是侗族最有影响最有音乐价值的民间歌曲，属于复调音乐，有很高的音乐价值。迄今为止侗语可以说是世界声调语言中声调最多、调型最丰富复杂、发展变化最快的语言，经历了四个发展阶段。辅音韵尾的丢失由声调的产生来补偿而产生 34 声调，因声母清浊对立的消失，而以声调的发展来作为补偿，声调由 4 个变为 8 个；由于入声韵中长短元音对立的消失又以声调的发展来作为补偿，

声调由 8 个发展为 10 个；由于声母送气与不送气对立的消失，又以声调的发展为补偿，声调由 10 个发展为 15 个。

侗族、侗水族和侗台族的自称及其演变 石林撰，载《侗台语比较研究》，天津古籍出版社 1997 年。

侗族是一个自称相当一致的民族，大多数地方叫 kam 或 kem。由于方言土语的差异，各地侗族的自称也有些不同的变化。各地不同的自称都是按一定的语言演变规律变来的。各地侗族自称声母和韵母虽然发生了对应性的变化，但声调没有发生变化，都是 1 调。侗族自称的由来至今仍然是个谜。Klam 是侗水族的原始自称，以后由于居住的分散或其他原因，这个共同的原始自称，有的保留了下来，有的保留在其他民族之中，有的改换成了新的民族自称。侗族的自称 kam 是从原始侗水族的称 klam 演变来的，镇近的 ten 和新晃等的 teng 代表了侗族自称的发展方向。侗台族的原始自称是 dai。这一古老的自称还保留在壮族等一部分民族的自称中和苗族对侗水族的他称中，当侗水族从原始侗台族分化出不久以后，其自称改为 klam 这一自称现还保留在仫佬族中。现在侗族、锦家的自称和莫家、人的他称 kam 或 tam 也基本上保留了这一自称。

侗族亲属之间的原始称谓 陈维刚撰，载《广西民族学院学报》1985 年第 2 期。

《侗族简史》指出，侗族原始氏族制社会瓦解之后，越过奴隶制社会，于隋唐时期已进入封建制社会，但现实生活中却还保留着原始母系氏族社会的族外群婚制血缘亲属的若干称谓。如夫妻双方对彼此的父母的称呼，比自己父母年纪大的妻父叫"聋"（liongh），年纪轻的叫"竹"（juc），即大舅小舅；比自己父母大的妻母叫"粑"（bas），年轻的妻母叫"固"（ul），即大姑小姑。舅姑对外甥内侄都称为"辣款"（lagxkuanp），弟妹对兄姐、兄

妻、姐夫，男性的叫"柴"（jaix），女性的叫"埋"（maix），即长兄大姐。这些原始的称谓实际上是侗族母系氏族社会发展阶段族外群婚制的遗存。可知侗族同其他许多民族一样，都经历了漫长的原始母系氏族制社会发展阶段，亲属的原始称谓作为语言中的基本词汇变化是极为缓慢的，所以直到现在还有痕迹可寻。

都安壮语的屈折形态 李旭练撰，载《民族语文》2008年第2期。

都安壮语分布在广西河池地区，是壮语北部方言桂北土语的一种地方话。都安壮语的屈折形态包含着古代壮语和现代壮语形态上的特点。分声母的屈折和韵母的屈折两类。声母屈折表示自动和使动的对立：luːt⁹"脱落"，tuːt⁹（脱衣）；lom⁵（坍塌），tom⁵（弄塌）；ɕam¹（下沉），dam¹（潜）。韵母的元音变化表示较小的一类：kwa⁶（半月锄），kwe⁶（小半月锄）；kwa¹（瓜，南瓜），kwe¹（丝瓜）；ŋa¹（大树枝），ŋe¹（小树枝）；vaŋ⁵（缺大口），viŋ⁵（缺小口）。声调的变化表示自动或使动：θan²（发抖），θan⁵（抖动）。

都安壮语 teːŋ¹ 字句初探 李旭练撰，载《中国民族语言论丛（2）》，云南民族出版社1997年。

都安壮语用在被动句中表示被动意义的词有两个：teːŋ¹ 和 ngaːi⁶，一般只用 teːŋ¹；汉文水平高的人用 ngaːi⁶（借自汉语）。teːŋ¹ 在句子中表示被动，主要有下列4种方式：（1）用作介词，引进施事表示被动；（2）用作介词，把动词涉及对象提列动词之前，施事主语之后，表示动作的发生是不情愿的；（3）用于动词前，施事主语之后表示施事者所做的事是不情愿的。（4）用作动词，充当谓语、形成含补动意义的主动句。teːŋ¹ 字结构一般有三种形式：（1）teːŋ¹＋施事＋动词；2）teːŋ¹＋受事＋动词；（3）teːŋ¹＋宾语。这些结构在句中一般充当谓语，但作为结构，在一定条件下也可以充当主语、宾语、定语、状语或补语。

都安壮语句法结构的同类包含现象 李旭练、蓝利国撰，载《中央民族大学学报·增刊·壮侗学研究》1997年。

句法结构的同类包含现象，指的是在实词与此同时实词性词语组合成语法结构中，大的句法结构包含着和它性质相同的小句法结构的语法现象。都安壮语句法结构的同类包含现象有主谓、定中、状中、述宾、述补、连动、递系等7种。句法结构可分一级前项（A）、一级后项（B）；二级前项（A1）、二级后项（B1）和三级前项（A2）、三级后项（B2）。根据结构项叠架情况，可抽象为三种形式：（1）式为A项叠架，（2）式为B项叠架、（3）式为A、B两项的双重叠架，但都安壮语的句法结构并无如此整齐的叠架。文章对七种结构的同类包含现象分别作了分析并举例论证：（1）主谓结构有三类；（2）定中结构有三类；（3）状中结构只有（2）式；（4）述宾结构有两类；（5）述补结构有三类；（6）连动结构有三类；（7）递系结构只有（2）式无（1）式和（3）式。

都安壮语趋向动词 ʔoːk⁷ 的介词化过程 李旭练撰，载《民族语文》1998年第5期。

都安壮语趋向动词 ʔoːk⁷ 的基本意义是"出"，它附着在其他动词之后，跟其他动词一起构成复合动词，表示向外部实施某种动作，与 tau³"来"、pai¹"去"结合可构成合成趋向动词 ʔoːk⁷tau³"出来"、ʔoːk⁷pai¹"出去"，当合成趋向动词 ʔoːk⁷tau³"出来"、ʔoːk⁷pai¹"出去"中间插入宾语的时候，ʔoːk⁷ 开始虚化为介词，这时的介词结构只能修饰趋向动词 tau³"来"和 pai"去"。进一步虚化后，ʔoːk⁷ 即和修饰其他动词用来表示处所、方向、时间和范围的起点，相当于现代汉语的"从、自从"。其介词化过程可表述为 ʔoːk⁷"出"→ʔoːk⁷tau³"出来"、ʔoː

k⁷pai¹ "出去" → ʔo:k⁷...tau³ "从...来"、ʔo:k⁷...pai¹ "从...去"、ʔo:k⁷...ʔdang² "从...到"。这一过程大致代表了壮侗语部分语言趋向动词"出"的演变规律，而另一部语言在趋向动词"出"还没有虚化为介词之前就已经从汉语借用了相应的介词，宾结构的类型跟汉语更加接近。

都安壮语形容词性相对比较句研究 李旭练撰，载《民族语文》1998年第3期。

都安壮语形容词性相对比较句的句型和现代汉语比较，差别较大，但跟古代汉语比较，二者在句型上基本一致。在初始阶段，二者的句型是一致的，即表示事物及其性状或程度相同的比较句句型都是"甲+形+比较词+乙"，表示事物及其性状或程度不同的比较句句型都是"甲+形+乙"。后来，两种语言的发展过程中，一方面保持原句型，另一方面根据各自交际的需要发展或借用新的句型，从而形成了现在二者在比较句句型上既有差别又有联系的局面。将都安壮语和现代汉语比较事物及其性状或程度相同的句子进行比较就会发现，二者差别较大，然而追根溯源，两者仍如出一辙，只是后来两种语言朝着不同的方向发展而产生了差异。都安壮语形容词的位置一直置于比较结构之前。汉语比较句的演变方式是：甲+形+比较词+乙→甲+比较词+乙+形→甲+跟+乙+一样+形。

都匀市坝固苗话语音系统 罗成金、李刚撰，载《民族语文论集》，贵州民族出版社1998年。

境内苗语语音，虽然村与村之间略有不同，但是可以互相通话。该地苗语与黔东方言标准音点的语法相同，但语音和词汇有一定的差别，不能完全通话。该文通过对辅音、元音、声调的细分，认识了苗话语音系统。把朵寨苗话有32个辅音，其中单辅音28个，塞擦复辅音4个。该文相应地给出例词。坝固镇把朵寨苗语的元音有28个，其中单元音7个，复元音21个。文中也对表做出相应地解释并给出例词。坝固把朵寨苗语共有8个声调。有5个平调，即中平、高平、次高平、次低平和低平。有两个降调，即中降和高降，有一个升调，即低升。文中也相应地列出全部声调表，并相应地对它进行了说明。如：苗语现代汉语借用词的声调是当地汉语语音的声调。声调1、2、3、4、5、6、7、8的实际调值为33、55、44、22、31、13、11、53。这套苗话语音系统，为黔南苗语的研究提供了参考理论。

独龙语的弱化音节 戴庆厦、刘菊黄撰，载《云南民族学院学报》1987年。

文章以云南省贡山县木力王话为例，对独龙语弱化音节的现状及其来源等进行初步的分析。首先分析了弱化音节的读音特点。并指出独龙语的弱化音节，从其性质和所起的作用看，可分为两类。一类是起构词、构形作用的，另一类是双音节单纯的前一音节，不起构词、构形作用。此外，还有一个起配音作用。然后将独龙语同景颇、藏等亲属语言进行比较，以便进一步了解弱化音节的性质及其来源。最后探讨了独龙语弱化音节的来源。认为只少有两个：一是由非弱化音节发展而来的；二是复辅声母分化的结果。还指出独龙语的弱化音节存在逐步消失的发展趋势。这种趋势具体表现在：许多弱化音节与后一非弱化音节的结合出现松动，弱化音节在词组和句子中可加可不加。

独龙语等部分藏缅语动词人称前加成分的来源探索 刘菊黄撰，载《语言研究》1994年第2期。

独龙语动词前加成分 nuu-（以下简称 n-）表示第二人称（包括单、双和复数）。就独龙语内部比较来看，n-似乎是来源于第二人称代词 na "你"。然而，在比较了藏缅语其他语言后，就会发现第二人称前加成分与第二人称代词同源的现象并不普遍。该文列举了独龙等部分藏缅语言材料，试图说明动词的祈使式与第二人称有密切的关系。（1）独龙语的祈使式。独龙语木力王方言和独龙语龙拉方言。以上两种方言的功能主要体现在表示人称范畴，原有的表示祈使语气的功能退居于次要地位。（2）史兴语、僜（达让）语的祈使式。在一些祈使式中，尚保存着动词第二人称的附加成分，兼表祈使式。（3）羌语的祈使式表示法有多种，让人感兴趣的是前加成分 kuac 和 tac。（4）动词第二人称形式来源的设想。

独龙语动词研究 刘菊黄撰，载《语言研究》1988 年第 1 期。

独龙语属汉藏语系藏缅语族。主要分布在云南省贡山县独龙江流域。独龙语动词语法范畴很丰富，主要有人称、数、态、式、体、方向等。表达语法意义的手段主要有三种：一是外部屈折，即在动词前后附加成分；二是内部屈折；三是加虚词。其中，以外部屈折和加虚词表语法意义的较多，有时，也可以同时并用不同语法手段表示某一语法意义。在独龙语的实际运用中，一个动词往往可以同时带有多个附加成分，综合表达几种语法意义。独龙语动词语法形式动词词根聚合的特点，是由动词具有丰富的语法形式的特性决定的，同时与动词居于句子末尾这一特定位置分不开。由于独龙语动词语法范畴丰富，这些众多的语法形式在由动词来表现时，自然容易采用聚合形式，而另一方面，动词居于句子末尾同时又为这种聚合形式提供了有利条件，使聚合体的大小，即动词所加的附加成分的多少有较大的自由。

独龙语动词语法形式的历史演变探索 刘菊黄撰，载《中央民族学院学报》1988 年第 2 期。

该文以独龙语木力王话为依据，通过独龙语不同要素以及方言、亲属语言间的比较，对几种动词语法形式的历史演变作探讨，独龙语动词人称、数形式是后起的现象，用动词前后附加成分表示，这些附加成分与人称代词有关，它是由部分人称代词经过长期发展演变的。动词取人称代词的简缩、弱化形式做表达人称数的语法形式。通过与亲属语言的比较，得到启发，动词人称数形式主要来源于人称代词。其发展总趋势从繁到简，这一点独龙语与藏缅语动词人称数形式的整体发展是一致的。动词表方向的语法意义是在动词后加方向助词，方向助词来源于语义相关的动词虚化而成。动词使动意义的表达方式，使用最普遍的外部屈折形式，即在动词前加附加成分 sɯ^{31}。使动形式的形成，经历了由内部屈折到外部屈折的过程，就是由复辅音与单辅音交替表示动词使动与自动，发展为附加成分表使动。独龙语语音特点使它不便于以内部屈折表达自动、使动的语法意义。

独龙语个体量词的发生和发展 杨将领撰，载《民族语文》2011 年第 6 期。

该文运用词汇比较和语言内部拟测的方法，对独龙语个体量词的产生、发展规律作探讨。全文分三节：一、独龙语个体量词的种类；二、个体量词与名词、动词的关系；三、个体量词的产生和发展机制。作者总结说，独龙语个体量词的产生和发展的规律是：（1）个体量词和反响型量词在使用上各有所宜，语法、语用方面互补分工。这个特点正是反响型量词向个体量词过渡阶段的特征。（2）独龙语的个体量词来源于充当反响型量词的可数的部分名词，部分反响型量词能否转变为个体量词，受部分名词的性状、对事物特征的概括程度等制约。

独龙语木力王话的长短元音 戴庆厦、刘菊黄撰，载《中央民族大学学报》1986 年。

该文章揭示独龙语木力王话长短元音的性质、特点及变化规律。指出次长元音和短元音只在词汇上构成对立，而长元音则只出现在句子的形态变化上，主要是与动词的人称、数以及区分一般式和强调式有密切关系。认为长元音的性质实际上是一种形态音位，并且是一种半独立的形态音位。其作用有二：一是在语法上表示某些人称、数和强调式；二是位于句尾的动词元音变长对整个句子的语音节奏起平衡和协调的作用。此外，文章还对长元音的来源做了初步探讨，认为其可能来源于音节合并及句子的首尾对称和谐的模式。

独龙语声调研究 刘菊黄撰，载《中央民族学院学报》1989年第5期。

该文以怒江贡山木力王独龙语为依据，探讨独龙语声调的特点。独龙语声调颇具特色，对独龙语声调现状及性质的探索，将有益于整个藏缅语族声调的历史发展的研究。独龙语声调特点：一、声调数量少。带塞音尾的音节只有一个调53；不带塞音尾的音节有三个调，即高平55、高降51和低降31。低降只出现在双音节或多音节的前一弱化音节或变调中。二、调值不稳定。可自由变读，其意义不变。双音节词的前一弱化音节可变读为高平调；高平调与高降调之间也可自由变读。音节连读有6种变调。按独龙语词汇前轻后重的语音结构区分变调和变读。三、区别性功能不大。独龙语词汇意义的区别主要是依靠声母韵母的变化，不超过词汇总数的3%。声调区别语法意义的功能，主要出现在动词某些人称、数意义的变化上。文章认为独龙语声调的特点与独龙语声韵系统复杂及多音节性密切相关。与亲属语言比较，声调无规律可循。所以独龙语声调是独立发展起来的，处于发展的初级阶段。

独山话的塞音韵尾 李方桂撰，载《汉藏语系语言学论文选译》，中国社会科学院民族所语言室1980年期。

独山是贵州省南部说好几种北支台语方言的一个县份。各种台语都完好地保存着塞音韵尾。独山话保存下来的没有明显发音变化的辅音韵尾就是一个在短韵腹和长韵腹后面的唇塞音-p。独山话中，长短韵腹之后也保存着舌尖塞音韵尾，但它的发音变成了卷舌塞音。把独山语同古代汉语和台语中的其他语言进行比较，其中台语舌根塞音韵尾K在独山话里，根据它前面元音的不同，有的消失了，有的元音化了，产生了一些音节，这些音节与原来没塞音韵尾的音节混同起来了。独山话有6个声调，用数字的组合来标记，数字1、2、3、4、5、6。6个声调是：13是从低到中的一个升调，31是从中到低的一个降调，35是从中到高的一个升调，54是从高到次高的一个降调，44是一个中调，212是一个降升调。这6个声调来源于原始台语声调A1、A2、B1、B2、C1、C2。

读彝语的紧调类 纪嘉发撰，载《民族语文》1989年第4期。

该文较全面地论述了彝语南部方言的元音和声调问题的处理。彝语南部方言墨江彝语里的松紧元音明显对立。例如：mo^{55} "竹子"、to^{55} "千"、lo^{55} "钻"、mo^{55} "高"、to^{55} "垛"、lo^{55} "叠"。上述例词，若不用松紧元音处理，就必须增加声调，否则就无法区分词义。用松紧元音处理，可以不增加元音，也不增加声调，若用增加声调的方法，彝语南部方言的声调从原来的3个就变成6个。根据彝语南部方言语言材料比较研究，各点都有一个32短调，它是从33调的高度往下降到22调的高度，这个声调的特点是受紧元音的影响，声音很短促，我们把它称为32短调（22调），列为21调的变体。文章用大量语言材料论证了彝语南部方言各土语，无论是从声调还是元音分析，在32调里都不构成松紧元音对立，只出现在紧元音后面。该文主张把32调归并到21调里。因为21调里没有紧元音，归并后21调里的紧元音其实际声调为32调。这样彝语南部方言的声调就只有55、33、21 3个声调。

对阿尔泰理论不利的实例　克劳森撰，载《民族语文研究情报资料集》，中国社会科学院民族所语言室1984年第4期。

该文讨论了阿尔泰理论问题，并提出了对阿尔泰理论不利的实例。学术界对蒙古语、突厥语和满—通古斯语是否有亲缘关系，一直有分歧。在史前考古学里，当有可能确定一个使用特定语言的特定种族集团时，通常能够证明，那个种族集团存在的年代比那种语言最古老的文物可以推定的年代早得多。8世纪以前的突厥语文物和12世纪以前的蒙古语文物主要是其他语言著作里的个别词，只能利用它们来确定某些部落在某个时期说哪种语言。但可以得到的证据往往是不明确的，以至于由它引起的问题比它能解决的问题还多。现有的证据确实证明，突厥部落和蒙古部落在12世纪以前很久就有密切的接触。因此，即使这两种语言没有共同语，但通过使用这些语言的部落之间这种长期密切的接触，也会产生许多两种语言共同的词。但实际情况不同：把突厥语早期文献的词表跟"秘史"的词表比较，发现除个别词外，基本词毫不相同。这两种语言的共同词是从12世纪以后才开始增多的。

对回鹘文佛教文献中夹写汉字现象的一些认识　张铁山撰，载《突厥语言与文化研究》（第二辑），中央民族大学出版社1997年。

在回鹘文佛教文献中，回鹘文中时常夹写汉字。从目前国内外已刊布的回鹘文文献看，夹写汉字的现象只出现于佛教文献，而且出现于正文中，多为译自汉文的佛教文献，如《阿毗达磨俱舍论》、《俱舍论实义疏》、《阿毗达磨顺正理论》、《入阿毗达磨论注释书》、《俱舍论颂疏》、《说心性经》等近数十种文献。其夹写形式主要有：先写汉字，后写回鹘文译文；夹定的汉字是回鹘文译文中不可缺少的；译者补加的汉字。回鹘文佛教文献中夹写汉字现象的出现表明：（1）汉语对回鹘语的影响由来已久。从现存回鹘文佛经文献大都译自汉文这一事实可以看出，回鹘佛教曾受到中原佛教的影响，回鹘语也曾受到汉语的极大影响，在各种文献中可以找到大量汉语借词。（2）古西域有使用汉语文基础。汉朝统一西域后，各地普遍使用汉字汉文。（3）中原佛教对回鹘人的影响是一个重要原因。

对京剧《请清兵》中汉音满语唱词的释译　印丽雅撰，载《中国民族古文字研究》（第四辑），天津古籍出版社1999年。

满族与汉语历史上交往和接触很多，在诸多方面形成了民族间的相互交流和渗透，促进了共同的发展和繁荣。在文化方面的表现是突出的。清中期四大徽班进京，形成了京剧。在京剧的发展中渗入了很多满族文化的成分，其中之一就是京剧中增加满语唱词。据说在民国初年不少与满族、女真族有关的戏中都有满语的唱词，如现在仍演出的《挑滑车》中的金兀术曾有一段满语唱词，流传至今只保留了"巴图鲁"（英勇）一词。20世纪30年代尚小云先生主办的荣春社曾将康熙时由曹寅编写的传奇《吴三桂请清兵》改编为京剧，名为《铁冠图》。其中《请清兵》一折中，有一位读旨官用满语宣读了一段谕旨。这段唱词中的满语是用汉字注音记录下来，流传至今。这段唱词字虽不多，却记录了具有历史意义的京剧满语唱词。这段唱词写的字虽是汉字，但只识汉字不懂满文的人却不知其意；即使懂得满文的人，也不容易弄明白其含意。因为，该唱词是用汉字字音记录的满文音，没有标点，不知哪几个汉字组成一个满语词。

对科右中旗夜巡牌阿拉伯字母文字的读释意见　蔡美彪撰，载《民族语文》1995年第3期。

照那斯图先生认为扬州圆牌与科右中旗夜巡牌阿拉伯字母文字均为察合台文，主要是依据对科右中旗牌面文字的辨识。依据《考释》附刊的科右中旗夜巡牌拓本，审视阿拉伯字的最后一字，似是b， r, t, 3 母。t 母因在圆牌边缘, 故位置稍偏。察合台文不甚重视元音区别。

波斯略去标注元音的音点, 也有常见的通例。我意此词很可能是波斯语的 barat。近代波斯语中第二音级为长元音 a, 有谕旨、命令等义。当可用以称谓令牌。这一拟释如能成立, 此牌的阿拉伯字应是波斯文的"夜巡牌", 与牌面其余 4 种文字的含义是一致的。

对科右中旗夜巡牌阿拉伯字母文字读释的意见 阿西木·图尔迪撰, 载《民族语文》1995 年第 3 期。

该作者认为, 科右中旗夜巡牌阿拉伯字母文字有 4 个词的见解是符合事实的。但是, 把第一个词读成 amir "亲王"是有些疑问的; 把第三个词读成 gast "巡视", 第四个词读成"官员或伯克", 缺乏足够的根据。科右中旗夜巡牌阿拉伯字母文字的第一个词是 la'b, 这是波斯语种的阿拉伯语借词, 表示"游逛、巡逻"等意思。第二个词是 shab, 波斯语, 表示"夜间、晚间"的意思。第三个词是 kas, 波斯语, 表示"人"的意思。第四个词是 bi, 是汉语"牌"字的音译。这样一来, 上述 4 个词的直译是"巡夜人牌", 意译是"夜巡人员牌"。

对科右中旗夜巡牌阿拉伯字母文字的读释意见 刘迎胜撰, 载《民族语文》1995 年第 3 期。

雅森博士认为察合台文共有 4 个词, 他转写为 amirsabgastbag。我仔细观看此铭文, 确是 4 个词。其中第二第三词最清楚, 雅森释读是正确的。第二个词有两个字母 sb, 即 sab, 意为"夜晚"。此字见于《回回馆杂字》的四夷馆本"通用门补", 序号 968 词"shab, 舍卜, 夜"。第三个词有三个字母 kst。这个词 kst 即 gst。其中第一个字母 g 上缺失一斜撇而成为 k。其第二字母 s 之上缺失三个音点而成为 s。gst 即 gast, 意为"行走", 是动词 gastan "断尾不定式"。sabgast 合在一起意为"夜行"。最后一个词根很清楚, 较易辨认, 其 4 个字母 bɪrh, 应读作 paɪza, 即波斯语中的元代汉语"牌子"的借词。第一个词肯定不是 amɪr, 我认为共有 6 个字母 asmaht, 就读作 asma-kht。意为"字"。这 6 个字母合在一起, 意为"天字"。

对李方桂《中国的语言和方言》一文的评论 马提索夫撰, 载《民族语文研究情报资料集》, 中国社会科学院民族所语言室 1985 年第 6 期。

该文对李方桂先生《中国的语言和方言》一文进行了评论。《中国语言学报》重新刊登了李方桂的《中国的语言和方言》一文。该文对汉语各方言的内部分类无疑是正确的, 李氏对侗台诸语言的论点也可以认为是具有充分权威的——对侗水诸语言的研究, 和首先建立了侗台语群, 无疑是李方桂先生的光辉研究成果。然而, 30 年来的研究成果, 特别是谢飞和白保罗的成就, 已经使李氏对藏缅语族的内部分类显得十分陈旧了。而更糟糕的是他恢复了那个无所不包的印支语群, 李氏大致是根据语音学和形态学的特征, 把汉语、藏缅语以及侗台语、苗瑶语都糅合到这个语群里去了。在现代, 通过新的实地调查, 已经可以得到精确的材料, 同时, 普通语言学理论的洞察力正透过这个一度曾是高度奥秘的领域。我们将逐渐处于这样一种地位, 可以对这个地区的诸语言在结构上相类似的三种类型中进行判断: (1) 哪一些是由发生学关系而产生的; (2) 哪一些是由扩散或借贷而产生的; (3) 哪一些是平行发展而产生的。

对南亚语系人称代词的历史研究 宾努撰, 载《民族语文研究情报资料集》, 中国社会科学院民族所语言室 1987 年第 8 期。

该文探讨了南亚语系人称代词的历史发展过程。南亚语系人称代词历史考察的范围至今还很有限，特别是从事这个题目的专门研究还没有过。该文通过分析比较可以得出如下结论：（1）南亚语系的语言大多数人称代词是属于共同的，是一个来源：原始南亚语。一个重要的新情况是有争论的语言拿哈里语的人称代词虽然与其他语族的人称代词有显著的差别，但仍然能归在南亚语系里面。（2）人称代词的证据不能使人们这样认为，7个语族的任何一个对别的任何语族有明显的特殊关系。较大的集团如拿哈里—门达—尼科巴，尼科巴—卡西之类不能从这一部分的事实中作出假定。（3）拿哈里语和尼科巴语并不能在南亚语群中构成一个超越的语族，但这也不能排除这种可能性，它们可能有过至今我们所想到的密切的联系。这个问题的解决，可以说是南亚语系语言学家面临的一个极为急迫的任务。

对水族新文字的几点看法　韦学纯撰，载《云南民族语文》1992年第4期。

水族新文字是1957年用拉丁字母制的一套水族文字符号，后来未推广使用。水族新文字的字母由26个拉丁字母组成，有69个声母，54个韵母。水语共有8个声调，包括6个舒声调和2个促声调。为了学习水语和汉语的方便，作者认为有必要对现有水族新文字进行一些必要的修改，使它更科学更实用。（1）字母的读法最好按汉语拼音字母的读法。（2）若对水文声母用字作一些调整，其效果会更好。（3）为了充分利用现有字母，减少声调用字。（4）对声调字母作适当的调整。水族新文字的学习有利于汉语拼音的学习。水族现在很落后，要发展，要早日实现现代化，我们就得尽力支持、扶持水族新文字，让它尽快走向成熟，让水族早日走上先进民族之林。否则在水族地区党的方针政策就不能有效及时地贯彻执行，水族的民族文化很难记录下来。

对我国突厥语文工作的建议　胡振华撰，载《语言与翻译》1989年第2期。

一、尽可能统一以阿拉伯字母为基础的维吾尔、哈萨克文、柯尔克孜文中同一音位的字母形式。为了便于相互学习语文，便于印刷排版，便于使用共同的打字机及电子计算机的键盘，我认为应尽可能地统一那些在这三种语言中音位相同的字母形式。二、尽快组织人力整理50年代调查的我国诸突厥方言调查材料，出版多卷的调查报告集，绘制我国突厥语族语言方言地图。这一工作的完成，将是我国突厥语工作者对世界突厥语言学的一大贡献。三、开办进修班研究班，培养柯尔孜语、撒拉语、裕固语、乌孜别克语、塔塔尔语、图佤语及东北柯尔克孜语的研究人才。四、紧急抢救东北柯尔克孜语。黑龙江省富裕县有700多柯尔克孜人，由于长期与其他民族杂居在一起，一些中年以下的柯尔克孜人已不会讲当地的柯尔克孜语了。这种语言材料应当尽快地抢救下来。

对语言类型变化的一些看法　梁敏撰，载《民族语文》1995年第6期。

该文用几种语言的例子说明语言的类型是可以转化的。以多音节词为主，没有声调的语言可以变为以单音节为主的，有声调的语言，反之亦然。过去学者们认为屈折语言表示性、数、格、体、式、态的成分式最稳定的，不易扩散。事实证明这些成分也是可以改变的。通过这些例子和分析，作者提出下列看法：（1）产生类型变化的语言大都受到使用人口更多，文化和生产比较发达，在当地占主导地位的民族语言的强大影响。（2）无声调语言通过语言接触而变成声调语言的应具备下面两个条件：①与声调语言有非常密切的接触，多数人甚至已成为双语者。②自己的母语正处在急剧变化或简化阶段，需要用声调作为某些辅音、元音或韵尾的消失作补偿手段的。如果是声调消失的语言，则需要增加词头、词尾或某些附加成分作为补偿。（3）屈折类型语言表示性、数、格、体、式、态等范畴的附加成分也是可以产生或借用的。（4）语言类型学特征对语言系属的划分有一定的参考作用，但把它们作为唯一的或主要的标准就容易误入歧途。基本词汇的异同才是语言系属划分的可靠保证。

对"主谓短语和谓主短语"一文的异议

裔妍撰，载《语言与翻译》1992年第1期。

《语言与翻译》汉文版，1991年第1期刊载的《主谓短语和谓主短语》一文，对汉语法的研究提出了新颖观点，很受启发。然而，对有些观点，尚难完全苟同。（一）语序分析法可以否定吗？"现代汉语是分析性语言，词形变化极少，词序和虚词十分重要，是表达语法意义的重要手段"。正是因为汉语的词形变化极少，所以才需要靠一个词在句子中的语序来确定它做什么成分。一个词在主语的位置上是主语，在宾语的位置上或许就成为宾语了。例："经历。"他的经历很曲折（作主语）。这是他的经历（作宾语）。（二）分析句子和分析短语的标准不一致吗？作者认为，既然汉语的短语和句子几乎没有什么区别，那么分析的标准就应该一致。如果把"来了一个人"作为句子来分析，而把"我知道来了一个人"中的"来了一个人"却看成"谓主短语"，这样就会带来语法分析上的混乱。

对壮语量词研究中几个论点的商榷

晋风撰，载《中南民族学院学报》1982年第2期。

有关壮语量词在语法中的作用还没有取得一致看法，作者在以下三个方面谈了他个人的见解：（1）壮词量词不起词头作用。ko^1（棵）min^2（棉）"木棉树"这一结构是一种词组，ko^1可独立运用，如ha^1（五）ko^1（棵）。也可代替名词。量词还有数量的意义，如$ko^1 min^2$有"一棵木棉树"的意思。（2）不具备构词词干作用。如$pou^4 ta^3 çam^3$"炊事员"不是合成词，而是词组。量词伴有数词"一"的意义，上例应是"一位炊事员"（或那位炊事员）的意思。（3）壮语体词结构的中心是名词而不是量词。壮语的共名在前，专名在后不适用于量名组合。如tu^2（只）mui^1（熊）中标示"熊"的概念是mui^1而不是tu^2（只），名词mui^1是中心成分，量词tu^2是从属成分。量词的意义是空泛的，其意义只有依赖名词才能体现。因此，在量名组合中名词是绝对的中心，量词是从属于名词的。

敦煌《藏汉对照词语》残卷考辨订误

黄布凡撰，载《民族语文》1984年第5期。

该文对出自敦煌千佛洞词语残卷作了考辨订误。这两卷共有不同对照词语175条。1948年托马斯、翟理斯合撰的《一种藏汉词语手卷》一文，用拉丁文转写藏文，解读了汉语词语166条，缺译9条，解读谬误很多。1968年李盖蒂的《藏文书写的敦煌汉藏词句考译》，引用藏汉文资料对托、翟文中的24条释读和1条缺释作了纠正和补充。李氏的新释是可以被接受的。作者将新解读的20条补充在1983年写的《敦煌写卷〈藏汉对照词语〉再考释》内，共对托、翟文中的61条解读作了订正，原缺释的8条解读7条，合计68条，写成本文。汉语词语的解读是否正确，作者认为：（1）要看汉语词语的意义是否与藏语词语相合，检验时，不要把每对对照词语的意义都看成是绝对的、精确地相等的，对于语文不相当的词语，要对它的语境作出尽可能合理的解释；（2）用《切韵》《广韵》《唐五代西北方音》《千字文》《大乘中宗见解》《般若波罗蜜多心经》的对音方式来检验汉语词语的语音是否与藏语译汉音相合。这两卷材料对藏语史合汉语史的研究有一定价值。

敦煌本《瑜伽师地论·菩萨地》藏汉对照考诠校录

王尧、陈践撰，载《青海民族学院学报》1986年第2期。

在敦煌呈现的蕃文书中有一批专门为所谓狭义的语言学研究服务的资料，是用藏文逐字译注汉音本的或汉藏对音本的佛经和文学作品，早已为藏学界和语音学界所重视。作者在对与此有关的 6 个卷号情况作了简单介绍后，着重介了敦煌本《瑜伽师地论·菩萨地》。"瑜伽师地论"可译为瑜伽行地论。汉文本为玄译于贞观二十年，百卷，明标"弥勒菩萨说"。藏文译本则称为"无著造"。对于这各种分歧，于是产生了新说：无著升天，听弥勒菩萨说法，归而记之，乃有此论。这本书是大乘佛教瑜伽行派和汉地法相宗所依据的根本论书。玄奘早年就十分重视法相之学，西游印度，求取该书，并全文进行翻译，共分为：本地分、摄决择分、摄释分、摄异门分、摄事分五部分。藏文本为无垢支与智军等人合译。全文最后列出了《瑜伽师地论·菩萨地》汉藏对照词汇。

敦煌出土回鹘文献介绍 耿世民撰，载《语言与翻译》1989 年第 2 期。

敦煌千佛洞出土的回鹘语文献可分为两大组。一组为所谓藏经洞出土；另一组似为第 464、465 等元代洞窟出土。敦煌出土的回鹘文献几乎都流落到了国外，只有很少几件残文保存在我国敦煌文物研究所和兰州甘肃博物馆。除几种册子式的元代文献外，藏经洞出土的 50 件文献原则上应属于公元 11 世纪初以前。从文字种类分，可分为 4 种。其中一件《摩尼教徒忏悔词》是用摩尼字母写成，2—3 件用藏文字母写成，4 件用古代突厥文字母写成，其余用回鹘文写成。从内容上分类，19 件为世俗文书，13 件为佛教、摩尼教和未能确定性质的宗教文献。4 件为官方文书、诗歌片断、杂记等内容。属于 11 世纪以后的回鹘文文献，大部分为元代的东西，约有十六七种，其中重要的有《俱舍沿安慧实义疏》、《佛教诗歌集》等作。（待续）

敦煌出土回鹘文献介绍（续） 耿世民撰，载《语言与翻译》1989 年第 3 期。

回鹘文写本《金光明最胜王经》为俄国突厥学家乌洛夫 1910 年在甘肃酒泉文殊沟所得，共 397 叶（794 面），现存苏联科学院东方学研究所圣彼得堡支所，另外两叶（四面）为瑞典考古学家别尔格曼于 1927—1935 年于甘肃所得，现在斯德哥尔摩民族学博物馆。纸质粗厚，呈黄褐色，保存良好。写本宽 60.5 厘米，高 23 厘米，每面平均写 22—25 行。字体为回鹘文楷书体，语言古朴流畅。此经译自唐义净的 10 卷汉文本。译者为胜光萨里。此写本特别重要，一直是世界突厥语学家们的研究对象。回鹘文叙事诗《常啼和法上的故事》。现存巴黎国家图书馆，共 30 叶（60 面），册子形式，大小为 25×18 厘米。纸质薄细。封皮为厚纸。叶数用汉字书写，每页写 15—19 行。字体为回鹘文草体，其间常夹写汉字封皮，正文首尾都盖有佛像印证。据字体判断当属元代写本。回鹘文本似译作汉文本。有很高的文学价值。

敦煌出土回鹘文献介绍（续二） 耿世民撰，载《语言与翻译》1989 年第 4 期。

回鹘文秘宗文献《吉祥轮律仪》残卷。现存伦敦大英图书馆，为书册形式。无封皮，共 63 叶（126 面），1430 行，无叶码，纸质粗厚，呈黄褐色，保存良好无残叶。写本字体为回鹘文半楷书体，清晰可读。译自藏文。内容属于密宗大师纳罗巴传承的《吉祥轮律仪 sri-cakrasamvara》方面的著作。回鹘文韵文体《观音经相应譬喻谭》。现存伦敦大英图书馆。写本共 15 叶，346 行，多处夹写汉字，写本大小、纸质、文字字体都与《实义疏》相同。从字体判断，写体应属元代，在回鹘文学史上具有重要学术价值。回鹘文《善恶两王子故事》残卷，现存巴黎国家图书馆，由 20 张长条纸对折成 40 张，高约 14 厘米，宽约 11 厘米，中间用皮绳穿起的册子形式。两面书写，每面 7—8 行，共 80 页。纸质粗厚，呈灰褐色。字体为半草体早期回鹘文。字体似属 10 世纪左右。

敦煌出土回鹘文献介绍（续三） 耿世

民撰，载《语言与翻译》1990年第1期。

七、回鹘文《俱舍论颂注》残卷，现存伦敦大英图书馆，册子形式，共38叶，其中叶34a为此残卷，字体为回鹘文草体，文中夹写汉字。八、回鹘文《说心性经》，现存伦敦大英图书馆，为册子形式，共38叶，其中叶2a－16b为本经，纸质细薄保存良好，字体为回鹘文草体。九、回鹘文佛教部派残卷，为册子形式，共38叶，其中37b－38a两面为本残卷，大小、纸质、字体与《说心性经》相同。十、回鹘文佛教诗歌集，为册子形式，共38叶，其中叶1a、17a－33b为佛教诗歌，是迄今发现的最重要的回鹘佛教诗歌集。十一、回鹘文《阿毗达摩俱舍论安慧实义疏》，由于写本太草，加之文义深奥，至今无全面深入的研究论著问世。十二、回鹘文《阿昆达摩顺正理论》节本残卷，译自玄奘的汉文译本。十三、回鹘文残信，为写给一位回鹘佛教徒的书信。十四、回鹘文《妙法莲花玄赞》残卷，译自窥基的汉文本，属元代。

敦煌出土回鹘文献介绍（续四） 耿世民撰，载《语言与翻译》1990年第1期。

十五、回鹘文《阿毗达摩俱舍论》残卷，共17叶，贝叶形式，纸质硬厚呈褐色，用回鹘文楷书体写成，文中夹汉字，译自玄奘的汉文译本。十六、回鹘文《阿含经》残卷，共16叶，其中属于中阿含片的8叶，贝叶形式，用回鹘文草体写成，属于杂阿含经的3叶，属于别译杂阿含经的4叶，属于增阿含经的一叶。十七、回鹘文《大方广圆觉修多罗了义经》注释本残卷，共4页，为贝叶形式，用回鹘文楷体写成。十八、回鹘文《入阿毗达摩论注释》，共7叶，分别为贝叶形式或册子散叶，字体分别为回鹘文楷书体或草书体。十九、古代突厥文格言残篇，共6残片，写在用过的汉文文书之背面，内容为格言警句。二十、217窟回鹘文巴思巴文题词，为写在佛像头部两则的回鹘文字，旁边写有一句巴思巴文回鹘语。二十一、古代突厥语摩尼教《忏悔词》，这是敦煌藏书洞出土的古代突厥文写本中唯一用摩尼文字母书写的文献。

敦煌出土回鹘文献介绍（续五） 耿世民撰，载《语言与翻译》1990年第3期。

廿二、古代突厥文军事文书，现存伦敦大英图书馆，用古代突厥文记录在一张大小15×9.25厘米的纸的北背面的上半部，共12行。廿三、藏文字母古突厥语佛教教理问答，现存巴黎国家图书馆，为用藏文行书无头字体拼写古代突厥语的佛教文献，共44行，廿四、回鹘文《天地八阳神咒经》，现存伦敦大英图书馆，字体为回鹘文写经体，共466行。写本似属10世纪，为出土回鹘文佛经中比较完整的一部。廿五、回鹘文《重修文殊寺碑》，现存酒泉西南15公里文殊沟，碑高124厘米，宽74厘米，正面为汉文，共26行；北面为回鹘文，也是26行。碑石立于1326年。廿六、回鹘文《高昌王世勋碑》，现存武威市文化馆，现只存下半段，碑文用汉文和回鹘文书写。廿七、回鹘文《肃州也可达鲁花赤碑》，现存酒泉市文化馆，碑文用汉文和回鹘文书写。廿八、回鹘文木刻本八十华严断简。纸质厚硬，呈褐黄色，似为元化刻本。

敦煌古藏文本《般若心经》研究 褚俊杰撰，载《中国民族古文字研究》（第三辑），天津古籍出版社1991年。

该书未从佛学角度对敦煌古藏文《般若心经》作全面解读或疏义，而是先对伯希和编号藏文写卷中的《心经》及其他文本的《心经》作些描述，然后选择以 P. tib. 484 为代表的敦煌古藏文略本《心经》中的一部分语词同藏文《大藏经》本（以下简称"藏经本"）、梵文本、汉文本中相应的语词作语义比较，以期以这部重要佛典的翻译问题获得一些认识。一、根据拉露目录，以下卷号的 P. tib 写卷为《般若心经》：P. tib. 87、101、448—196、1051、1264—1282。笔者根据这一线索查阅了所有这些卷号的 P. tib. 写卷，得到以下信息：（1）绝大部分是略本《心经》，其中 P. tib. 448 为藏文音译汉文《心经》，其余为藏文翻译本。（2）有几个写卷后面有发愿文。（3）这些写卷中绝大部分是完整的，首题和尾题俱全。二、在这一节中，我们对藏经本、梵本和汉文《心经》作一番简略考察。（1）藏文《大藏经》中所收录的《般若心经》都是广本，全名为《薄伽梵母般若波罗蜜多心经》。（2）略本《般若心经》的梵文本现在只有日本法隆寺中保留着。

敦煌古藏文写卷《乘法九九表》的初步研究　华侃撰，载《西北民族学院学报》1985年第3期。

现藏于巴黎国家图书馆的敦煌藏文写卷 P. T. 1256 号，除个别字迹稍有模糊外，大部分都清晰可认。这是一篇用藏文音译汉字的材料，内容是乘法九九表，原文全是藏文，无标题，未署抄写人姓名。全文横书，共八行，它的次序是以"九九八十一"开始，到"一一如一"终结，与现今汉族的惯用顺序恰巧相反，但与现在部分藏族地区民间的语法相同。从藏文的书写上看，这一手卷可能成于吐蕃中期或晚期。

这也从一个侧面反映出汉、藏两个民族相互学习，思想文化交流之早和渊源之深。敦煌遗书中，这些藏译汉音或藏释汉语的材料，对研究八、九世纪的藏汉语言文字有重要参考价值。P. T. 1256 号卷子，接近汉语口语语音，这些材料提供了字音的实际或接近实际读法的依据。对研究当时西北地区汉语口语的语音能起到一些补充新材料的作用。

敦煌古藏文语义的解释　山口瑞凤撰，载《青海民族学院学报》1986年第1期。

1940年巴黎出版的《吐蕃古藏文历史文书》是根据伯希和（Pelliot）与斯坦因（Stein）的收藏资料中有关西藏古代史的记载编撰的。大致可分为两个部分：第一部分是从松赞干布王的晚年起，到墀松德赞王在位初期的逐年记录。我们称之为《编年记》。第二部分有：吐蕃王国成立以前在该国境内割据的各小国国名一览、吐蕃王室从其远祖起到9世纪中叶止之音的王统表等。姑可称为《年代记》。近年来在对《编年史》、《年代记》的译文研究中，出现了一些错误的新解释。《年代记》存在的问题是在弃苏农赞（即松赞干布）一代讨伐象雄的记载的开头部分，对于象雄的说明。作者根据该书中多条资料的语法结构、敬语以及写作人的立场等，否定了 P. 伯希和、A. W. 麦克唐讷夫人和 G. 乌瑞等译"ldebu"为藏王的意思，而确定为"在同类许多事物中指出其一"的意义。

敦煌吐蕃官号"节儿"考　王尧撰，载《民族语文》1989年第4期。

该文对敦煌石室藏、汉文遗书中常出现的，属于吐蕃占领时期敦煌地区（包括瓜、沙、河、湟一线）的重要官号之一的"节儿"（rtse-rje）一词作了考证。作者根据敦煌汉文文书、藏文文书学上的排比、考察和求证，并与现代藏语的地名、词典中有关词条参照比较，弄清了这个语词的准确含义以及在语法上的来源和发展，并作出了结论。（1）节儿是藏语 rtse-rje 的对音。（2）为当时一域一地的守官有沙洲节儿、西州节儿和于阗节儿等。（3）其来源与吐蕃人官府设在山头上，修筑堡寨有关。（4）"节"又截取了汉语"节度使"的部分意义。

敦煌吐蕃汉藏对音中的声母对比　周季文、谢后芳，《贤者新宴》第5期，上海古籍出版社。

该文分三部分。一、引言——简要介绍了对敦煌文献中"对音本"和"译音本"研究的历史和成果。作者在前人研究的基础上，经过努力，扩充材料，进行识读、转写、比定、注音与注出处，分别制作了《汉—藏古今字音对照表》和《藏—汉古今字音对照表》，作为《敦煌吐蕃汉藏对音字汇》的主体。该文希望用其中的《藏—汉古今字音对照表》，通过对比，归纳出吐蕃时代敦煌藏语的声母系统来。作为正在编撰中的《敦煌吐蕃汉藏对音研究》的一部分。二、对比——藏及汉的单字对比工作，在《藏—汉古今字音对照表》的制作中已经完成。因为用来对比的不是单一材料，而是由不同时期来自不同地区操不同语言或方言的不同人分别制成的多种材料，所以出现一个藏音对多个汉音、对音规律不止一个的现象，不能归纳成一个单一系统。该文将出现例字最多的选为代表，归纳出一个有代表性的系统。三、结论——经过以上的分析对比，将有代表性的对音音值，定为"推断音值"，其余的对音音值定为"可能音值"。由推断音值组成的声母系统，就是该文所希望的结果。

峨村布央语语音系统及其特点 李锦芳撰，载《云南民族语文》1999年第1期。

作者对云南富宁县峨村布央语的语音系统进行了描写。峨村话的语音特点总的说来是声母比较简单，韵母比较复杂，声调比较发达。作者又将峨村话与其他布央语、仡央语以及侗台语进行比较，也从侗台、仡央语言语音发展历史的角度出发，总结了峨村布央语的十三个语音特征。为了更清楚地说明这些特点，对于比较复杂的，作者还引用了许多的词例来作证，说明峨村布央语在声母、韵母、声调三方面有自己的独特风格；最突出的就是峨村布央语没有送气音声母，在所有的仡央语言中，这是独一无二的。所以就形成了峨村布央语在仡央语言中甚至是侗台语族语言的历史比较中占有特殊的地位。有些学者曾经对峨村话音系作了介绍，有些学者曾在文章中使用过其语言材料，等等。该文作者是首位公开发表文章对峨村话进行专门描述的学者。

鄂尔多斯方言语音特点 哈斯额尔敦撰，载《民族语文论集》，中国社会科学出版社，1981年3月。

该书包括以下内容：一、短元音，有ɑ、e、i、ɔ、ɷ、ø、ʉ等7个短元音，其中ø、e和第一个音节中的i、ɷ与其他方言、土语有差别。二、长元音，有与短元音相适应的a:、e:、i:、ɔ:、ɷ:、ø:、ʉ:7个长元音，同时阐述了这些长元音与蒙古书面语言的主要对应关系与其他方言、土语之间的某些差异现象。三、二合元音，有ɑʊ、ɔʊ、iʊ、ʉʊ、ʉʊ等下降（前响）二合元音。四、元音和谐律，有阳性、阴性和谐律，但是元音的唇形和谐律不严格，即在第一个音节中有非圆唇元音的词的后续音节中可以遇到圆唇元音，这种现象与蒙古书面语言基本一致。五、重音和弱化元音，在鄂尔多斯方言中也有重音和弱化元音，但是第一个音节之后的短元音基本上都保存着，发音也比较清晰。六、辅音，有p、pʻ、m、w、t、tʻ、s、n、r、l、tʃ、tʃʻ、s、j、k、kʻ、ɣ、x、ŋ等硬辅音和nj、lj、rj、mj、wj、tj、tjʻ、kj、xj等腭化辅音，其中kʻ和ɣ与其他方言、土语有差别；词首的送气辅音tʻ、tʃʻ、x受后面的送气辅音tʻ、tʃʻ、x、s、ʃ的影响，则变为不送气辅音，这种现象与察哈尔土语相同。

《鄂尔浑突厥语语法》绪论 塔·铁肯撰，载《民族语文研究情报资料集》中国社会科学院民族所语言室1985年第6期。

该文是《鄂尔浑突厥语语法》的绪论，介绍了古代突厥文、古代突厥语的特点以及鄂尔浑突厥语的研究情况。"鄂尔浑突厥语"这一术语是指古代突厥语的一种方言，这种方言起初为公元八世纪上半叶居住在蒙古的突厥人所使用，中国人称他们为"突厥"。鄂尔浑突厥文是古代突厥方言的自然延续，并一直为居住在这一地区的人们所使用，它是流传下来的最古老的突厥方言的文字记载。古突厥语的研究起始于19世纪最后十年，丹麦学者汤姆森成功地解读了鄂尔浑和叶尼塞碑铭所使用的文字，在突厥学家中引起了很大的轰动。俄国学者拉德洛夫、马洛夫、芬兰学者 J. R. 兰司铁、土耳其学者 N. 阿希姆都作了重要的研究。对词汇和语法的研究，随着各碑铭初版的发表，很多国家也发表了许多关于鄂尔浑突厥语的论著。拉德洛夫首先简要描述了古代突厥语的构词法。卡勒·格伦贝赫的博士论文《突厥语言》是一篇论述突厥语语法结构方面极为有价值的、具有指导性的论文。

鄂尔浑—叶尼塞碑铭的语言学研究 阿不都热西提·亚库甫撰，载《新疆大学学报》1999年第 3 期。

关于鄂尔浑—叶尼塞碑铭研究的许多方面，多年前耿世民教授作过比较详细的介绍。该文仅就国内外学术界关于鄂尔浑—叶尼塞碑铭语言学研究的历史、成果及最新动态进行比较全面的介绍和分析。一、开拓阶段：19 世纪末至 20 世纪 40 年代。鄂尔浑—叶尼塞碑文的语言学研究开始较早，最早由俄国学者拉德洛晚发表了关于研究鄂尔浑文献语言形态问题的研究成果。两年后他写出了关一部系统的古代突厥语语法——《古代突厥语语法纲要》。几乎与拉德洛夫同时，丹麦语言学家汤姆森发表了关于鄂尔浑文献主音、语法研究的三篇重要论文。这一时期的研究可称为开拓阶段。二、发展阶段：20 世纪 40 年代至 80 年代。1941 年德国冯加班的名著《古代突厥语语法》出版，该书的出版标志着研究进入了新阶段。三、提高队段：近几年的研究。最近在鄂尔浑—叶尼塞文的文字学研究方面，出现了突破性研究成果。

鄂伦春地名简志 胡增益撰，载《清风明月八十载——庆贺王均先生八十诞辰语言学论文集》，吉林人民出版社，2002 年。

鄂伦春人多少代以来游猎在大小兴安岭。狩猎、采集野生植物是鄂伦春人的主要生产方式，而所有这些活动都要有地名，因此就形成了不少鄂伦春语的地名，其中不少是有含义的。这些地名不仅说明这些地方曾是鄂伦春人活动的区域，同时也反映了鄂伦春人生产和人文的特点，为这些地名形成的历史提供了资料。该文分析了 27 个地名，在分析这些地名时，还举出该地名在满—通古斯语族其他语言中与其语音、语义相同的词，也就是有同源关系的词，证实这些地名源自鄂伦春语而不是其他民族的语言。其地名特点是先有河名，后有地名，即有人定居以后，才根据河名取地名。另外，鄂伦春语地名以单纯词居多，合成词较少。从词的形态结构分析，一部分地名是由词根黏合构词的附加成分而构成的。

鄂伦春语词汇述略 李树兰撰，载《民族语文论集》，中国社会科学出版社，1981 年。

鄂伦春语中有大量反映游猎生活气息的词汇和种类繁多的构词附加成分。鄂伦春语里有一批在语音、词义方面与阿尔泰语系诸语言十分相近的词，或者说是同该语系有关语言共有的词。鄂伦春语里有相当多的词与满—通古斯语族诸语言十分相近。在鄂伦春语中还可以看到一些成对的词，它们在语音上有交替关系，在意义上有对偶关系。鄂伦春语的词按结构可分为单纯词、派生词和复合词三种。在词根或词干后接缀派生新词，在鄂伦春语中是主要的构词方法。构词附加成分有四五十种之多。复合词又可分为联合式、修饰式、补充式和表述式 4 种。鄂伦春语里还有相当多分别来自汉语、蒙古语、达斡尔语的借词，其中以汉语借词居多。从汉语借词时，一般采用音译、半音半译和音译加注 3 种方式。

鄂伦春语的元音和谐 李兵撰，载《民族语文》1992 年第 6 期。

鄂伦春语元音分短元音和长元音。这些短元音和长元音之间有严格的元音和谐规律。该文中提出鄂伦春语元音和谐有紧元音和松元音的对立，i 和 ii 是中性元音，双重元音有层次性，附加成分内部以及附加成分和词干之间的圆唇和谐有相对自主性等基本语音特征。另外还讲到元音和谐功能在于保证词作为语义单位和语法单位的完整和独立性。从鄂伦春语的情况看，元音和谐不属于同化范畴，而是一个独立的音系范畴。文章中主要从鄂伦春语元音和谐的基本格局和元音和谐不属于同化范畴两个方面探讨鄂伦春语元音和谐的基本情况。

鄂温克语的后置词 朝克撰，载《民族语文》1986 年第 6 期。

鄂温克语后置词无论在形成结构，还是在用法上都比较复杂。它作为虚词的一类依附于实词后面，主要指实词所表达的事物的领属、因果、目的、限制、空间、时间等关系或事物的某种行为状态等。文章指出鄂温克语后置词结构特征有非派生性和派生性两种。非派生性后置词运用范围较广，表达的语法意义也比较复杂。而且常有一词多个表达的多重意义的现象。例如，DZHAARıNG 既指目的关系，也指因果关系。派生后置词一般是在名词、代词、动词、副词等词根后面接缀构成新词的成分构成的。派生后置词在数量上要比非派生后置词多。文章中根据鄂温克语后置词与实词结合的实例及所表现的语法功能，将后置词体系分为时间、方向、方式、目的、原因、假定—让步、比较、限定、程度等九个范畴进行了全面、细致的论述。

鄂温克语助词结构 朝克撰，载《中央民族学院学报》1992 年第 4 期。

鄂温克语里有一些黏着性较强、独立性较差、依附在词或词组后面，在句子中起着语法关系的助词。该文将助词分泛指助词、疑问助词、意愿助词、强调助词和判断助词五类来进行讨论。（1）泛指助词一般出现在名词、代词、形容词和数词之后，协助前面的词表示泛指意义。（2）疑问助词一般出现在名词、代词、形容词、数词、形动词及一些词组之后，表示疑问意义。（3）意愿助词一般出现于名词、代词、形容词、数词、形动词及某些词组之后，表示说话人对某一事物所产生的主观愿望，相当于汉语的"也罢"。（4）强调助词一般出现于名词、代词、形容词、数词、形动词及词组后，对前面的词或词组所表示的事物起强调作用。（5）判断助词一般出现在名词、代词、数词、形容词、形动词及词组后，对前面的事物进行判断。

鄂温克族自治旗双语教育初探 包瑞斌撰，载《民族教育研究》1995 年第 4 期。

鄂温克族自治旗是以鄂温克行使自治，蒙古、达斡尔族、汉族、满族等 20 个兄弟民族共同聚居之地。该地区是牧区，多以蒙古语作为各民族间交际的中介语，但是各少数民族逐渐学会汉语，汉语已成为各民族最大的"族际共同语"。该区学校教育从建旗起采取"蒙汉分校"或"蒙汉分班"形式开展双语教学。这种形式正在各级学校中得到贯彻，并深受各少数民族群众的欢迎。几十年的实践证明，充分利用双语双文作为媒介，不仅能够使各少数民族人民迅速正确地了解党和国家的方针政策，也有极其浓厚的民族感情，使之迅速成为发展各民族经济文化事业的有力工具。近年来，全旗语言关系发生了重大变化，总趋势是操蒙古语的人逐渐减少，操汉语的人逐渐增加，人们普遍认识到掌握双语的紧迫感。双语教育加快了牧区扫盲工作，极大地推动了牧区文化教育的发展，也极大地冲击了传统的"学文化无用"的愚昧观念，为科技兴牧奠定了基础，促进了牧区商品经济的发展。

恩话：一种新发现的外围侗台语 黄万马撰，载《云南民族语文》1999 年第 1 期。

该文介绍的是一种新发现的外围侗台语即恩话。恩族是分布在越南高平省的一个少数民族，这个少数民族的来源还未明了。恩话与拉哈、拉瓜、仡佬、拉基、布央和黎语有联系，说恩话的人为数不多。目前，大多数学者都认为外围语恩话在一个更高层次上与侗台语有密切关系，但是还不能确定卡岱（台—卡岱）语六种语言是否有分支。恩话有几个特征能明确无误地显示它与外围侗台语群体的所属关系，但是，恩话与其他六种已经发现的外围侗台语的任何一种所有的共同词汇不到50%。恩话的词汇能够根据"格德经表"来排列，这是一个重大的发现。恩话不是台语，只是侗台语的一种外围语，它还有大量无法发现出处的词汇。该文只是初步分析，还有待进一步的了解。这是一个有许多令人迷惑不解的地方的语言，这些悬而未决的困惑是研究人员不断探索、不断前进的新动力。

尔苏（多续）话简介 孙宏开撰，载《语言研究》1982年第2期。

尔苏语是八十年代初期新发现的语言，语言以自称而得名，主要分布在四川省凉山彝族自治州、甘孜藏族自治州和与雅安地区相邻的若干县里。使用人口2万左右。大部分人与彝族杂居，部分人和汉族杂居，少数地区与藏族杂居。分东部、中部和西部3个方言，方言内部差别很大。华夷译语的西番译中有一种被称为"多续"的译语，记录的就是尔苏语的中部方言。文章核对了十多个译语汉字注音和尔苏语中部方言现在的读音，几乎完全一致。文章以东部方言甘洛县玉田区则洛张为代表，较详细地介绍了尔苏语音、语法和词汇的特点，文章认为，经过初步分析研究，尔苏语的语音结构尽管和彝语支有相近的地方，但综合起来分析，它更多地接近羌语支语言，因此，作者认为，把尔苏语放在羌语支比彝语支更合适一些。

尔苏巴沙图画文字 孙宏开撰，载《民族语文》1982年第6期。

1981年，作者在四川甘洛县调查少数民族语言时，在这一带发现了一种类似图画的经书。这种经书为当地业余宗教活动者沙巴所拥有，于是作者收集了部分文献，向沙巴们请教，并记录了部分文字的解读。据作者初步了解，这种文字经书不多，总共6、7种，所包含的图画200多种，如果每一种图画算一个文字，沙巴文仅200多个。经调查研究，沙巴们对这种文字的历史众说纷纭，这种文字有相对固定的笔画，但无固定的笔顺和行款，用不同颜色表示意义，文字和语言之间无一对一的对应关系。沙巴们开展宗教活动时诵读。文章举出若干例证，对这种文字的性质、内容进行了初步讨论。并认为，沙巴图画文字是刚从图画中脱胎出来的文字，是表形文字发展过程中的初级阶段，它对于研究文字起源有重要的理论意义。

20世纪初期滇东北苗语方言区的苗文 李德芳撰，载《贵州民族研究》1981年第2期。

该文介绍了20世纪初滇东北苗语方言区的苗文。滇东北苗语方言区的苗文，是1906—1913年间，英国基督教传教士柏格里为传播基督教义而创制的。他以石门坎地区大花苗的发音为标准，初制了一套拼音文字。这套文字，形状似方块汉字，每个音节由一个大字母（汉字的部头）和一个小字母（罗马字母）组成，大字母是声母构成音节的主体，小字母是韵母和声母一起相拼，声调则分别以字母加在大字母的上方，右上角，右侧，右下角，教会在苗族中办了苗文学习班，用苗文翻译了《圣经》和《圣主赞歌》。从1906年创制一直到1956年新苗文改革，柏格里等创制的苗文一直流传和使用了近50年。这套文字有易认、易写、易学的特点，缺点是没有照顾到这一方言中许多重要的语音和声调特点；没有表示特殊音位的字母；表达声调的方法不完善；同一字母表达两个或三个语音，不好辨认，书写和印刷上有难以克服的缺点。这套文字为提高苗族人民的文化，作出了一定的贡献。

20世纪的汉藏语系语言研究 孙宏开撰，

载《中国民族研究年鉴》民族出版社2001年。

该文应中国民族研究年鉴编辑部约稿而作。20世纪80年代以来，国内汉藏语系历史比较研究在继承了前辈研究的基础上，进入了一个新高潮，以1982年在北京召开的第15届国际汉藏语言与语言学会议为标志，以讨论汉藏语系的内涵和外延为议题，开展了汉藏语研究从理论到方法的热烈讨论。进入90年代，又以在南开大学召开的汉藏语系历史比较研究的理论和方法为议题的研讨会，将国内汉藏语系研究推向了一个新的起点。该文大体总结了20世纪汉藏语系研究取得的主要成果，主要表现在汉藏语系语言的研究队伍在发展壮大；出现了许多新的成果，尤其是多部博士学位论文出版；连续多次在国内召开了国际汉藏语会议；国家社会科学基金立项开展汉藏语系同源词研究；国际合作开展汉藏语系历史比较研究取得成果；为汉藏语系历史比较研究服务的数据库建设启动；这些都标志着二十世纪中国汉藏语系语言研究取得了可喜的进展。文章也指出了汉藏语系研究存在的问题。

二十世纪的中国朝鲜语研究 宣德五撰，载《二十世纪的中国少数民族语言研究》，书海出版社，1998年。

文章首先分草创期（1949—1959）、停滞期（1960—1975）、繁荣期（1976—1998）概述了新中国成立五十年来的朝鲜语研究概况，然后分各个分支学科综述了语言学各领域所取得的具体成就，最后展望了我国朝鲜语研究发展的趋势，指出了努力方向。

二十世纪的中国少数民族语言文字研究 孙宏开撰，载刘坚主编《二十世纪的中国语言学》，北京大学出版社，1998年。

北京大学出版社于20世纪末，拟从整个语言学科的角度，对20世纪语言学做一个简要的回顾与总结。该文应北京大学出版社和主编时任语言研究所所长刘坚之约，对民族语言这个分支学科作一简要的回顾和总结。文章一开头简要叙述了20世纪前50年少数民族语言调查研究取得的进展，然后分5个方面，介绍了少数民族语言取得的成果。一、少数民族语言田野调查研究。文章介绍了根据不同目的和要求在不同的历史时期开展的田野调查所取得的成就，尤其重点介绍了20世纪50年代大调查的经过和取得的成就。二、少数民族描写语言学的研究。分整体描写和专题两大部分介绍。专题描写又分语音描写、词汇描写和语法描写进行了介绍。三、少数民族比较语言学的研究。围绕3个领域介绍了少数民族语言的谱系分类研究；语系、语族、语支的构拟和特点研究；各语言的历史演变研究。四、少数民族应用语言学的研究。介绍了少数民族语言规划研究；少数民族语言的教学研究；少数民族语言信息处理研究；少数民族语言的翻译研究；五、少数民族古文字古文献研究。此外还简要介绍了少数民族语言学科新发展的一些分支学科，如社会语言学、文化语言学、实验语音学等。

二十世纪西夏语言研究 孙宏开、聂鸿音撰，载杜建录主编《二十世纪西夏学》，宁夏人民出版社，2004年。

该文分语音、语法、词汇、其他四个部分，讨论了20世纪西夏语言研究取得的成果。在语音一节，文章认为20世纪西夏语音研究取得了可喜的进步，其中声母研究意见比较一致，韵母和声调研究仍然存在很大分歧。语法研究有整体研究和专题研究，也取得了可喜的进步。尤其是专题研究，揭示了西夏语与羌语支的许多共同特点。词汇研究主要集中在词典的编纂，对于词汇来源的研究，主要集中在借词，西夏语中的借词主要来源于汉语和藏语。文章最后讨论了两个西夏语研究中的重大问题，就是西夏语的谱系归属问题，将西夏语由原来的彝语支改为羌语支的观点基本上得到了西夏语学界的肯定。另一个问题是西夏语研究的方法论问题，认为西夏语言研究除了采用内部拟测法外，还应该结合外部构拟，并希望21世纪能够在两者结合方面走出西夏语言研究的新路子来。

20世纪中国民族语言学的回顾与展望——在中国民族语言学会第七届年会上的发言 孙宏开撰，载《语言与翻译》1998年第4期。

（1）田野调查是少数民族语言研究的基础。新中国成立初至1955年，这一阶段的调查研究基本上处于摸情况、搞试点、取经验的阶段。1955年后，开展了大规模的少数民族语言调查工作，摸清了我国少数民族主要语言的分布、使用人口和使用状况、结构特点等；了解了语言和文字的关系，对无文字的民族，了解了本民族对文字问题的意见。（2）少数民族描写语言学的研究。60年代，《中国语文》发表了17种语言的概略介绍。1979年，《民族语文》创刊，先后发表语言概况介绍104篇。1978—1987年，出版民族语言简志57本。20世纪初至90年代中期，国内各刊物、文集共发表描写性论文4000多篇，并有一大批专著出版。（3）少数民族历史比较语言学的研究主要围绕语言系属的谱系分类，语系、语族、语支的构拟和特点，各语言的历史演变这三个方面进行研究。（4）少数民族应用语言学和社会语言学的研究。（5）少数民族古文字古文献研究取得了丰硕成果。（6）新时期的主要任务是：记录、保存使用人口越来越少的语言资料。

20世纪中国民族语言学的回顾与展望 孙宏开撰，载《语言与翻译》1998年第4期。

该文为1998年作者在新疆召开的中国民族语言学会第7届年会上的大会报告。报告在回顾了新中国成立以来少数民族语言学科取得的巨大成果以后，在展望新时期少数民族语言研究方面提出4点建议：第一，要注意记录、保存和抢救使用人口越来越少的语言资料。文章分析了我国的语言状况，指出许多语言处在消亡的边缘，因此我们必须在该语言消亡前用各种手段把它记录下来，保存起来，这是语言工作者义不容辞的责任，否则将愧对我们的子孙后代。第二，加强民族语文总体的和各分支学科的理论研究。民族语文说到底是为国家两个文明建设服务的，民族语文工作者应该研究适合我国语言特点、正确地解释我国语言现象、从实践中来并能够很好指导民族语文实践的理论。第三，重视与国际语言学的接轨。我国的两大语系——汉藏语系和阿尔泰语系都是跨国界分布的，在国外都有较强的研究力量。我们要加强国际交流和国际合作，逐步缩短与国际语言学界的差距，力争在新的世纪里把这两个语系的研究中心逐步转移到中国来，这是我国民族语文工作者肩负的重要历史使命。第四，要重视语言信息处理工作。语言作为人类最重要的信息载体，将会对社会生产力产生巨大的影响。语言知识的积累、应用，将进一步促进科学技术的发展和进步，作为民族语文工作者，我们要迎头赶上，为科学技术的进步贡献我们的聪明才智。

二十世纪中国语言学的理论总结——简评马学良等主编的《普通语言学》 孙宏开撰，载《语言教学与研究》1999年第2期。

该文实际上是一篇书评，对马学良等主编的《普通语言学》一书做出的评论。有关与少数民族语言研究相关的普通语言学的著作先前有一部，也是马学良主编的由华中工学院出版社1981年出版的《语言学概论》。这两部著作都是集体编著的理论性著作，但只有主编是同一个人。前者是20世纪50年代以来中央民族学院普通语言学教研室的教材，后者则是作者个人根据长期从事少数民族语言研究的一些心得体会，概括后上升到理论上所做的理论总结，不乏许多闪光点。文章对一些值得肯定的内容进行了简要叙述，对这部专著的总体价值做了充分的肯定。但是书评也明确指出由于该书没有很好地统稿，出现不少错漏现象，不同章节之间不一致的观点比比皆是，作者的个人色彩到处都是。

发展中的柯尔克孜语文工作　胡振华撰，载《语言与翻译》1992年第3期。

柯尔克孜族是我国古老的民族，有自己的语言，属阿尔泰语系突厥语族。1981年，新疆维吾尔自治区民族语文工作委员会为了加强柯尔克孜语文工作，建立了柯尔克孜语文组。该组成立以来，积极开展工作，调整了柯尔克孜文字母表的顺序，编出了《柯尔克孜文正字法》、《柯尔克孜文正字词典》和《柯尔克孜语新词术语》等，并赴部分柯尔克孜族地区进行了语言调查。1982年，又创办了柯尔克孜文的文学刊物《新疆柯尔克孜文学》。这个刊物对我国柯尔克孜作家文学的发展起了很大的推动作用。在柯尔克孜文已正式地广泛使用的情况下，新疆人民广播电台于1982年增设了柯尔克孜广播组，每天两次用柯尔克孜语向全新疆进行播音。1983年，新疆克孜勒苏柯尔克孜文出版社正式成立。为了适应柯尔克孜语文工作发展的需要，近几年也注意了柯尔克孜语文干部的培养。

《番汉合时掌中珠》校补　吴峰云撰，载《中国民族古文字研究》，天津古籍出版社1987年。

《掌中珠》为党项人骨勒茂才所纂，成书于西夏仁宗乾祐二十一年（公元1190年）。全书共37页，每页两面，每面三行，每行一般有五个词或三个短句，从右至左分为四列：第一列为西夏字的汉字注音；第二列为西夏词或短句；第三列为其汉译，第四列则为汉译字的西夏读音。《掌中珠》乃是党项人与汉人相互学习对方语言、文字所用的启蒙书。《掌中珠》一书以天、地、人分为三大类。收录近千常用词，因而也为研究西夏社会提供了珍贵的材料。《掌中珠》原本现藏苏联，迄今未见全部公诸于世，实为遗憾。鉴于我国流传的《掌中珠》一书，乃传抄刻印，错误甚多，颇有详加校订之必要。校补《掌中珠》主要依据苏联刊布的西夏文字典《文海》、《音同》和国内收藏的西夏、元代刊刻的西夏文佛经、碑刻等资料，为篇幅所限，不能一一列出，一般只列举一两种文献做根据。

翻译谚语的四项原则　王德怀撰，载《语言与翻译》2000年第3期。

该文提出翻译谚语的四项原则，即语义对应原则，保留文化原则，语用选词原则，美学原则，欲纠正当前维吾尔谚语汉译中的某些错译、误译现象。

反身领属范畴在锡伯语中的补偿手段　李树兰撰，载《民族语文》1989年第3期。

锡伯语属于有领属范畴的语言，但与同语族的鄂温克、鄂伦春、赫哲语相比，又缺乏反身领属的表现形式。该文以翔实的材料揭示了锡伯语在语言交际中，表达这一语法范畴的两种形式，一是用领属形式的反身代词 bɛi（自己）、bɛis bɛite（许多人自己）的领格形式，来说明人或物属（施事者）自己所有；二是在词干和附加成分之间插入辅音-ng-，-ng-的作用是强调词干指称的事物所具有的领属关系，-ng-可以接缀在带有人称领属附加成分的反身代词的后面，这种用法更表现出-ng-强调领属关系的作用；从-ng-和格的关系上，-ng-可以出现在领格、离格、方向格、造—联合格等形式的词后，强调是"他自己的"。根据分析，把带-ng-的句子归纳为三种类型以表示反身领属范畴的补偿形式。从-ng-所表现的作用，在一定的语言环境中，它可以表述语言所缺少的反身领属范畴的语法意义，因此，我们把它看作反身领属在锡伯语中的一种补偿手段，颇具新意。

方块白文的历史发展和现状　王锋撰，载《中国民族古文字研究》（第四辑），天津古籍出版社，1996年。

方块白文的使用现状。方块白文从南诏后期产生以来，至今已有一千年的发展历史了。一千多年来，它一直在白族民间使用，直到现在依然如此。（1）白文流传地区和白文作品。方块白文在大理市、洱源县、剑川县、云龙县等白族聚居地区都有流传，但主要是在农村地区，城镇居民很少使用。大体上看，掌握白文者多是中年以上并有一定文化程度的农村男子。其中很大一部分是白族民间艺人，他们多有代代传承的白文曲本、歌唱本等，掌握方块白文无太大困难。另外一部分人是在参加白族民间男性宗教组织洞经会的活动时，耳濡目染，也能掌握方块白文，但主要用白文给群众写祭文等。此外，由于白文大本曲曲本、民歌唱词在群众中传抄，一些群众对方块白文也较为熟悉。（2）方块白文书写白语的方法。①音读汉字。就是读汉语的音，表示白语的意义。②训读汉字。就是根据汉字的意义，读白语音。③直接用汉字书写白语中音、义全借的汉语借词。④自创"白字"。

方块壮字　张元生撰，载《中国民族古文字》，天津古籍出版社，1987年。

在壮文拼音文字创制之前，历史上广西壮族地区民间流行着一种方块汉字，有人称这种文字为"方块字"，也有人称为"土字"或"土俗字"。壮族人民称它为 Sawndip（生字）。一般认为壮族人民至少在唐代就已经仿照汉字创造了这种方块文字，方块壮字已经有一千多年的历史了。崒、邑、峒是方块壮字常用字，它是用来记录壮语地名读音的。方块汉字流行于民间，它主要用来记录壮歌，民间故事传说、巫经和地名等。有些地区用方块壮字来编写壮剧。壮族一些有名的故事传说也都有方块壮字的手抄本。方块壮字到底有多少个字，从来没有人认真统计过。但可以肯定，方块壮字是不能满足记录壮语的需要的，所以方块壮字总是和汉字混合使用。壮族民间用方块壮字抄写的山歌、故事本，有一半以上是用汉字来表达的。

方块壮字的产生及其作用　黄革撰，载《广西民族学院学报·哲学社会科学版》1983年第2期。

在广西壮族地区，有一种文字很像汉字，但读音不照汉字来读，叫方块字。这种字主要用来记录山歌。一、方块壮字的产生。上林县有一块石碑，立于唐朝，这碑文是用方块壮字来刻写，说明方块壮字最迟在唐朝就有了。二、方块壮字的作用。方块壮字主要用来记录壮族山歌。这些古歌本流传到今天。现在一些地方的剧团、文艺队和歌手还用方块壮字来编歌、写剧本。三、方块壮字的结构，分五种情况。（1）借汉字的音。（2）照壮语读音（即训读——摘引者）。（3）音意结合，前后结合、上下结合、内外结合，一音一意。（4）汉字前面加偏旁。（5）另造新字。四、方块壮字的缺陷。最大的缺陷是各地有各地的用法，各人有各人的用法，没有统一的规范。一个地方的歌本别的地方读不出来，这是方块壮字的局限性。在今后一段时期内，方块壮字仍然有它的作用。

方言文化与藏戏剧种系统的划分　刘凯撰，载《中央民族学院学报》1990年第1期。

该文讨论了藏戏剧种和流派的划分问题，认为以方言作为藏戏划分的标准较为合理。藏族分布在西藏、四川、青海、甘肃、云南五个省、自治区。约在元代就形成了卫藏、西康、安多三大方言区域，三个地区的藏族文化也形成各自的地方特色，这种地方文化特色对藏戏剧种艺术特色形成影响，藏族地区各类藏戏都源于西藏藏戏，经过演变，其形式和内容均发生较大变化，有些还已经消亡和失传。现今的藏戏可划分为卫藏方言藏戏系统、康方言藏戏系统和安多方言藏戏系统，分属这三个藏戏系统的藏戏剧种为：白面具藏戏、蓝面具藏戏、德格藏戏、昌都藏戏、康巴藏戏、黄南藏戏、华热藏戏、甘南藏戏。卫藏地区藏戏以面具的白、蓝两种不同颜色区分流派，现将流派确定为剧种。康方言和安多方言藏戏没有足以表示其特征的词汇的习惯称谓，就冠以地名如昌都藏戏、德格藏戏、甘南藏戏等。

方言研究的几点经验——介绍《朝鲜语方言调查报告》 喻世长撰，载《朝鲜学论文集》，北京大学出版社，1987年。

该文就《朝鲜语方言调查报告》一书，对方言研究应该达到的一些要求作了较为详细的论述。（1）一种语言的方言，既有相同的一面，又有相异的一面，方言研究要使读者既看到同，又看到异。（2）在方言研究中把书面语的书写形式和自己记录的各个方言口语材料放在一起进行比较往往给工作带来很大的方便，故要善于利用书面语的作用。（3）当语言经历了分化过程以后，就会由原来一致的语音形式分别演变为几种不同的语音形式，所以在方言研究中要善于运用历史比较法，并为它注入新材料。（4）运用方言地理学的原理，绘制方言地图，探讨方言的划分。（5）在方言研究中既可以受到语言描写的锻炼，又可以受到历史比较的锻炼，在单点调查和多点调查中不断提高揭示语言系统的能力。《朝鲜语方言调查报告》一书就是贯彻了这种要求而成的。

"风曰孛缆"考 应琳撰，载《民族语文》1980年第2期。

在宋朝孙穆所著的《鸡林类事》中用汉字记的词汇里，其中"风"曰"孛缆"。林语堂在《古有复辅音说》一文中将"风"构拟为blam。作者列出了阿尔泰语相关的词：维吾尔语boran，朝鲜语param，蒙古语pooroo；n（雨），邻近阿尔泰语的伊朗语baran（雨），英语buran（西伯利亚东北部草原和中亚的冬季夹冰雪、夏季夹热沙的风暴，突厥语借词），认为"孛缆"与其说和汉语相近，不如说和阿尔泰语相同。

佛经文字与经典傣文 刘岩撰，载《云南民族语文》1994年第2期。

孟人接受印度文化和宗教，用南印度文拼写孟语，形成孟文。经典傣文则从孟文衍化而成。傣泐文（经典傣文）字母表与国际通用的转写巴利语的拉丁字母的排列顺序完全相当。经典傣文创制的初始是用来抄写巴利佛经的，其中有巴利三藏圣典，各种有关佛经的单行本，适合各种层次阅读的高、中、低档次的念诵、佛经选编等。佛教传播者为傣族设计的这一套文字具有双重的职能，第一种职能是通过巴利语（41个字母）去研读佛经，宣传佛教教义，传播佛教文化，博若瀚海的佛教经典、古代印度科学技术、文学艺术大量地被吸收引进；第二种职能是通过傣泐文（56个字母）的学习，使傣族的口语言变为书面语言（文学语言），这对于社会进步、生产力的发展是一个最有力的推动。傣泐文的创制是傣族文化史的一次历史性的飞跃。它是传播佛教文化的桥梁。佛教文化的传入和大普及，有力地促进了傣族社会经济文化的发展。

《福乐智慧》语言的语音系统试析 阿不都热西提·亚库甫撰，载《耿世民先生70寿辰纪念文集》，民族出版社，1999年。

《福乐智慧》是维吾尔族诗人玉素甫·哈斯·阿吉甫的一部长篇诗作。该诗的语言与其同年代的《突厥语大词典》的语言基本代表了中世纪喀喇汗王朝维吾尔族语言特点。对这两部著作语言特点的描写是认识中世纪喀喇汗王朝维吾尔语言面貌的关键，是研究维吾尔语言发展史的基础。一、元音。（1）元音的分类：在《福乐智慧》语言中共有9个元音。9个元音音素按舌位的前后、开口度的大小和嘴唇的圆展情况可作如下分类：按舌位的前后分类；按开口度的大小分类；按嘴唇的圆展分类。（2）元音的分布：可出现在词的任何一个位置，即在词首、词腰和词末；能够出现在词首和词腰，但不出现在词末。（3）元音的和谐。在《福乐智慧》语言中，元音和谐主要表现为部位和谐，与鄂尔浑文献相比唇状和谐也显得比较重要。（二）辅音。（1）辅音及其分类：在《福乐智慧》语言中共有 26 个辅音。（2）辅音的分布："b."主要出现在词首，在借词中才可出现在词腰和词末。

《福乐智慧》中的阿拉伯—波斯语借词及其对维吾尔语文的影响
陈宗振撰，载《突厥语言与文化研究》（第二辑），中央民族大学出版社 1997 年。

《福乐智慧》成书于回历 462 年（公元 1069/1070 年）。这部著作在语言文字方面也反映了伊斯兰文化的影响，除三种抄本中较早的纳曼干抄本、开罗抄本采用阿拉伯字母式的文字外，最突出的就是许多阿拉伯—波斯语借词的出现。它们在维吾尔文字的发展过程中具有深远的影响。作者认为，由于《福乐智慧》当时受到社会上伊斯兰文化的深刻影响而采用了近 400 个阿拉伯—波斯语借词，而对其语音、语法也有相当广泛深刻的影响。现代维吾尔语中"f"音位的确立，音节尾复辅音的增加，元音和谐的重大变化，词的前加成分及派生词、复合词的产生，新的句型的出现等，均反映了这些借词的影响。文末附有阿拉伯—波斯字母与本文对照表和《福乐智慧》中的阿拉伯—波斯语借词表。

复辅音音类 *pl、*kl 在侗台语中的演变
韦景云撰，载《云南民族语文》1997 年第 3 期。

该文以壮语头塘话为基础，对复辅音声类 *pl、*kl 在侗台语各语言中的分布情况进行比较，探求这两个复辅音声类向单辅音分化演变的途径。文章举例证明：*pl 在侗台语的演变过程都经历了腭化辅音阶段；台语支和侗水语支的一部分演变成双唇音的单辅音声类；侗水语支的一部分和黎语支则基本上在向舌音发展，并产生了发音方法和发音部位上的变化。同时，文章指出：*kl 在侗台语里的演变进程是不平衡的，并存在着交叉发展演变的现象。第一，当台语支的壮语仍保留其较古的语音形式 *kl 声类时，其他语言的演变方向比较单一，一般在经过腭化辅音阶段后，腭化音自然脱落，从而向舌根音辅音声类演变；第二，侗水语支的仫佬仍保留 *kl 声类的腭化或唇化辅音，虽然都朝着舌音性质的单辅音声类简化，但各自的发音方法和发音部位因语支的不同而产生差异。

富裕满语和锡伯语
李树兰、仲谦撰，载《语言与翻译》1992 年第 4 期。

满语、锡伯语同属于满—通古斯语族满语支。1985 年初夏，作者为了进一步研究锡伯语的有关问题以及满语的演变情况，来到了黑龙江省富裕县三家子屯调查满语口语，从中得到了不少有益的资料。下面我们通过对该地方满语的语音变化和语法结构的一些特点与锡伯语口语的一些方面进行比较。满文有六个元音，这与锡伯语口语元音的数目是一致的。富裕满语里，元音"v"出现得比较多，在锡伯语中，元音"v"除了出现得较多，在锡伯语中，元音"v"除了出现在一部分借词中外，本民族语词中也有。富裕满语元音和谐律已不明显，而锡伯语口语元音和谐律依然有规律可循。富裕满语辅音有 29 个，锡伯语口语的辅音音位也是 29 个，在语法方面，名词有数、格的语法范畴，在名词后接缀附加成分"-sa"表示复数，锡伯语复数附加成分用得最多的是"-s"，此外还使用"-tes"。

嘎裂化：哈尼语紧元音
朱晓农、周学文撰，载《民族语文》2008 年第 4 期。

该文基于对哈尼语 100 对松紧对立词的声学分析，从松紧元音的声谱图表现，到谐波斜率、信噪比（HNR）等多角度作了定量分析，从而证实了如下结论：哈尼语元音的松紧对立源自发声态的区别。松元音是常态元音，紧元音是嘎裂声元音。分四节：一、哈尼语中松紧元音对立；二、常态浊声和嘎裂声的发声态区别；三、松紧元音的语图区

别；四、实验程序；五、结果和讨论；六、结语。从语音学、统计学的意义上证明了哈尼语的"松"元音是常态浊声的元音，"紧"元音为嘎裂声化的元音。

嘎卓语 戴庆厦撰，载《藏缅语十五种》，北京燕山出版社，1991年。

嘎卓语是云南蒙古族使用的语言。主要分布在滇南通海县，人口四千余。七百年前这部分蒙古族南迁定居后早已转用汉藏语系藏缅语族彝语支语言，形成颇具特点的嘎卓语。嘎卓语声母24个，单元音和复元音韵母分别是8个和9个，声调8个，分高平、次高平、中平、高升、中升、曲折、高降、低降。词汇上汉语借词很多。语法上，名词最大特点是后面可加起补充作用的量词，表示名词的类别、性状、数量。人称代词只有单数和多数，没有双数。动词无人称、数的范畴，但有态的范畴，分自动态与使动态，用屈折式和分析式表示。基本语序是主宾谓。嘎卓语与汉藏语系藏缅语族彝语支语言比较接近，二者具有相当数量同源词以及基本语法特点相同，语音上有严整对应关系。但嘎卓语与彝语仍有许多差别，加上在族别上异于彝族，因而应该把嘎卓语看成一种独立的语言，属彝语支。

"干栏"语源小考 李锦芳撰，载《广西民族研究》1999年第4期。

"干栏"系侗台语民族传统楼居建筑，汉名"干栏"一词最早出现于西晋张华《博物志》，该书指出西南地区僚人"依树积木，以居其上，名曰干栏"。从侗台语族的台、侗水、黎、仡央4个语支语言材料比较看，"干栏"一名应系译自原始侗台语房子（干栏房）一词，是个音译词，最早不是对壮、侗等侗台语族的台、侗水语支语言"房子（干栏）"的译写，而是对西南地区仡央语支"房子（干栏）"一词的译写，也就是说"干栏"译自古侗台语，但直接语源在百越后裔僚人所操的"仡央语支"，而非壮、侗等语言（虽然壮、侗等"房子"一词与仡央语支同源，但仍以仡央语支读音与汉语"干栏"最为吻合）。

甘南夏河、玛曲藏语中复辅音声母比较 华侃撰，载《西北民族学院学报》1984年第4期。

文章讨论藏语安多方言内部的异同和特点。通过牧区话和农区语以及半农半牧区话比较，可以看出复辅音繁简程度很不相同，牧区语的复辅音数目近于单辅音的一倍，半农牧区只占单辅音数的2/3。结合关系上，前置辅音同基本辅音的清浊必定一致，前置辅音 n 和 h 跟基本辅音的配合情况也一致，n 的发音部位受基本辅音的制约。从藏文来看，牧区话的前置音 p 来源于藏文前置音 b 和带下加字的基字 b，如 ptsse < bre "升"。前置音 m 和 n 来源复杂，形式多样，主要来自古藏语前置音 m 和 h。前置音 h 来源于古藏语 g、d 和 r、l 的读音上的合并产生。综上所述，不论是牧区话或半农牧区话，简化的趋向是共同的，但简化的方式稍有不同。牧区话中，上加字、前加字读音上完全脱落是很少的，只处于合并或弱化过程中。半农牧区话里脱落和合并两者兼有，脱落的比重似乎还相当大。

甘青藏区双语的使用和发展 安世兴撰，载《中国少数民族语言文字使用和发展问题》，中国藏学出版社，1993年。

甘、青藏区与内地汉区接壤，由此产生了本地区共同使用的语言（藏语、汉语），出现了双语现象。通过抽样调查发现，甘、青地区藏族聚居区，不论是农区或牧区，凡能用双语交际的人，多数是在一定条件下通过有计划的学习掌握第二语言（汉语）的。这种语言环境的变化，促使一部分人掌握和运用双语交际。在民族杂居区、特别是在操某种民族语言的人口占多数的情况下，这种语言通常就成了该地区公共场合进行交际的共同语言，也自然成为本地区其他民族的第二语言。当然，交通和地理环境的不同，对民族地区人们掌握和使用双语也有不同的影响。如青海省的果洛藏族自治州，人们从事单一畜牧业劳动，与外地人交往不多，掌握第二语言的人就少。总之，甘、青藏的双语使用，主要是城镇和杂居区。从双语的发展看，也只能是城镇和杂居区，聚居区（特别是牧区）的双语发展，在现阶段不可能有太大的变化。

甘青地区突厥蒙古诸语言的区域特征

钟进文撰，载《民族语文》1997 年第 4 期。

甘肃和青海交界的河湟地区和河西走廊居住着东乡、土、保安、撒拉和裕固（东西）5 个人口较少的民族。这些独有民族的语言分别属于阿尔泰语系突厥语族和蒙古语族。这 6 种语言与汉语接触最频繁、最广泛，所以，受汉语的影响也最大。这种影响不仅表现在语言结构方面，也表现在使用功能方面。分布在新疆的突厥语族都没有复元音，而撒拉语和西部裕固语中不仅出现了复元音，而且由于吸收汉语借词，增加了一些专拼汉语借词的复元音。元音和谐是阿尔泰语系语言的一大特点，但是，甘青地区的这 6 种语言，由于与其他语系语言接触，元音和谐已遭到不同程度的破坏。此外，西部裕固语和撒拉语也没有浊的塞音和塞擦音。6 种语言在词汇方面的共同特点是吸收了大量的外来词，尤其是汉语词。此外，在语法和语音方面也形成了一些新的特点。

甘肃青海地区文化生态多样性的保护、传承和利用

孙宏开撰，载《生态文明与绿色长征》，中国环境科学出版社，2011 年。

该文为 2010 年 8 月应北京大学和甘肃省政府邀请在兰州举行的第二届中国生态文明高级论坛上的主旨讲演稿。该文认为，黄河中上游的陕甘青地区是中华民族的摇篮，又是历史上多民族多文化交融、汇合的地区，留下了大量历史文化遗迹，值得进一步挖掘、传承、利用和开发。从生产和生活形态来看，这个地区是农耕文化和游牧文化接触和共生的地带，或者说游牧转农耕；或者说半游牧半农耕……从各民族语言形态来看，这一带是汉藏语系和阿尔泰语系接触的核心地带，形成了许多奇特的多民族的语言和文化现象，留下了一件件难解谜团。从宗教形态来看，这里是佛教文化和伊斯兰文化的传播地，这些对当地的风土人情、建筑、商贸等都带来一定的影响。从历史考古遗存来看，这里出土了多个早期文化遗址，著名的有马家窑文化遗址、张家川文化遗址等，还有许多历史事件。从革命传统文化来看，这里有许多长征遗址。总之在甘肃、青海这一带有太多、太多的历史文化的沉积，这个地区是文化多样性最凸显的地区之一。我们要认识到文化资源的重要性，下大力气去开发和挖掘。

高山族阿眉斯人的亲属基本称谓析

曾思奇撰，载《中央民族学院学报》1990 年第 1 期。

该文主要通过亲属基本称谓的初步分析，借以探讨阿眉斯人古代社会及婚姻制度的若干特点。阿眉斯人的亲属称谓，以马来制为基础，兼容图兰制的主要特点，进而产生描述式的雏形，是一种适应自己的社会及婚姻制度发展需要而创制的亲属制度。阿眉斯人亲属基本称谓仅 14 项，但它概括了血亲与姻亲的所有亲属关系，从语音结构分析，直接称谓大部分是传统的二音节结构，词汇形态与人名词同类，而且具有人名词的衍生性，即冠以词头 tshi-表示引称；冠以词头 tsha-表示群体范畴。可见，阿眉斯人的亲属基本称谓是同古代血缘家族有渊源关系的基本词汇。14 项基本称谓反映了阿眉斯人亲属称谓体系的性别、长幼、辈分、直旁、单互称和数等范畴。

高山族布农语语素-an 的构词功能

李文苏撰，载《民族语文》1990 年第 4 期。

台湾高山族布农语属于南岛语系印度尼西亚语

族。该文主要描述在布农语的构词体系中一个具有很强的构词功能的语素-an。在布农语的词汇中,有许多基本词都是以-an 语素结尾的,并在名词、动词、形容词、代词等后面接缀-an,就能派生出大都表示事物、部位、时间、处所、地点等概念的新词。文章又罗列了十六个以-an 语素结尾的词语语音结构模式,并列举了 75 个词来说明这些词构词模式,充实、丰富了该民族语言的词汇系统。此外,布农人在计算人数、丈量土地、地基、度量事物的长度等方面,也利用语素-an 来构成新词术语。文章认为,布农人的语言有它自己的一套构词方式和丰富的词语,以-an 语素构成新词,仅仅是一种语言现象,它体现了布农人表示事物概念的一种构词模式。对布农语-an 语素的构词功能研究也许对研究台湾高山族语言或印度尼西亚语族诸语会有某些参考意义。

"高夷"考辨 刘子敏撰,载《延边大学学报》1996 年第 4 期。

一、高夷"流动说"辨。持"流动说"的学者认为,高夷是古东夷族的一支,东北夷与东部沿海一带的东夷虽有联系,但毕竟是一回事,说高夷是高辛氏的后裔,恐怕是没有什么切实根据的。说高骊文名取文于国王喜欢骊马(高大的黑马),也是穿凿之说,附会之证,史载高句丽国王喜欢骑"果下马",这是一种矮马。二、"高夷"即"稿离"辨。持此说的学者认为史籍中的稿离"音近句丽,当即古元高夷,亦即后汉书元高句丽",笔者认为,古高句丽与高夷是有密切关系的,但"高句丽"、"高夷"同"稿离"并不相涉。在提到高夷这一古族时,常常有人说它是貊族或秽貊族的一支,从而认为高句丽族是来源于秽貊。笔者认为这种看法是片面的。高夷自远古时期就应是生活于浑江流域的独立古族,高夷在战国晚期已被纳入了辽东部。

稿件编辑中的壮语方言词 覃祥周撰,载《三月三》(壮文版)2005 年第 1 期。

该文分为四个部分。第一部分引言。以党和政府的政策为依据,提出壮文报刊存在的意义,揭示了壮文作者使用方言词的必然性,并提出了壮语方言词的使用恰当与否会影响壮文报刊生存和质量的见解。第二部分阐述了壮文作者在撰稿中使用方言词的原因:(1)由于受方言土语的影响,来自各土语区的作者很难在短期内适应标准语的运用,所以,在写作过程中就必然使用方言词。(2)壮文初学者在没有掌握好标准语的情况下投稿也会大量使用方言词。(3)有的壮文作者图方便,不愿查阅词典而直接使用方言词。(4)缺乏有关标准语词和方言词对比的壮文工具书,导致壮文作者分不清哪一个是标准语词,哪一个是方言词,只好胡用。(5)壮文读物太少,读者阅读不到更多规范性的作品,这也直接影响到壮文作者措辞的规范性。第三部分涉及了对待方言词稿件的态度问题。作为编辑人员,对方言词稿件的态度应采取耐心、细致、决不冷眼相待的态度。第四部分是全文的精髓,作者在这一部分中总结出五种处理稿件方言词的方法:(1)一律不用方言词,全文改用标准语词。(2)适当保留一些方言词。使作品带有地方特色。(3)保留方言词,其后用括号标出标准语词。(4)照用方言词,但用标准语词进行解释。(5)合理使用方言词。概言之,上述五种方法是处理壮语方言词稿件的有效准则。

哥隆语与黎语亲属称谓差异的文化背景 符昌忠撰,载"国立"政治大学《民族学报》2007年第 26 期。

哥隆语和黎语同源,其亲属称谓应有不少相同或相似之处,但由于哥隆、黎两个族群分离已有两千多年之久,虽然同在海南岛这个热带海岛上休养生息,地理环境相同,但在社会经济发展不平衡、民族交往与民族融合程度不同导致民族文化发生变异等因素的影响下,哥隆语、黎语的亲属称谓又有所不同，特别是哥隆语的亲属称谓呈现出多元的面貌。语言是文化的载体，因此，透过哥隆语、黎语亲属称谓之差异层面，我们从中可以窥见哥隆、黎两个族群民族文化的个性特征。

歌圩壮称的语言民族学探讨　蒙光撰，载《民族研究》1988 年第 3 期。

文章第一部分谈前人对壮族歌圩的介绍和研究的简略情况。第二部分把壮语对歌圩的称呼，分为四类：（1）文化生态景观。大多数歌圩的壮义是"上岩洞对歌"。（2）民歌方言异称。指出大多数"歌圩"为 haufwen，少数叫 hanghsei。（3）商业经济贸易。有些与商业贸易有关，如 haihaw（开圩）。（4）间以他义代称，如称"青蛙歌圩"、"请月亮姑娘"等。第三部分通过各类歌圩的壮称，借助语言民族学可窥见其深层底蕴。（1）生殖崇拜，据传说壮族创世女神妹洛甲的女阴是一个大岩洞，人们从岩洞里出来。歌圩叫"上岩洞对歌"与对女性生殖崇拜有联系。（2）穴居遗俗，歌圩中的岩洞揭示先民"以岩穴为居止"。（3）图腾崇拜，歌圩壮称为"青蛙歌圩"，隐含了远古以青蛙为图腾之一。（4）早期商业，称"开圩日"、"蓝靛圩"等表明还含有经济功能。（5）地理隐喻，称歌圩地点为"上洞"、"去山坡"、"去田峒"，说明歌圩都在野外男女相谑，属农耕稻作文化。

仡佬语的系属　贺嘉善撰，载《民族语文》1982 年第 2 期。

仡佬语过去调查研究得比较少。本文作者曾于 1953 年与陈其光、陈书田在贵州各地调查过 13 个县的仡佬语，1987 年又单独调查了广西隆林各族自治县的仡佬语。前后共调查了 28 个点。曾写过《仡佬语概况》一文，并且发表。仡佬语明显地不属于藏缅语族，它与壮侗、苗瑶语族都有近似之处。虽与壮侗语族在语音上有对应关系，但声调相差较大。文章把仡佬语与壮、侗、黎、苗、瑶进行比较，在近 600 个根词中，发现仡佬语跟壮语相同的词占 45%，跟侗语相同的占 40%，跟黎语相同的占 39%，苗 15%，瑶 16%。跟壮侗语族相同的比率大于跟苗瑶语族的比率。但语法特点与壮侗语族三个语支相差较大。应该自成一个语支。

仡佬语动词谓语句的否定形式　贺嘉善撰，载《民族语文研究文集》，青海民族出版社，1982 年第 1 期。

仡佬语对动作行为的否定，是在句子末尾加一个否定词表示的。否定词 a33 "不"在陈述句、祈使句、疑问句都可以使用；另一个否定词 mpa31 "尚未"只用于陈述句和疑问句。仡佬语这种否定方式同大多数汉藏语系的语言不同，但在壮语靖西话中，也存在一种"否定词 + 动词 + 否定语气词"构成的否定形式，与此类似。作者据此推测，仡佬语这种表达否定的方式具有重要意义，它可能是古代否定形式的遗存，也可能是由古代否定方式发展而来的。仡佬语动词谓语句否定形式的研究，对亲属语言的研究有重要价值。

仡佬族母语的发展趋势以及应对仡佬族母语危机的基本措施　周国炎撰，载《贵州民族研究》2005 年第 1 期。

仡佬族母语很早就是一种濒危语言。明末清初，甚至更早些时候，黔北、川南一带的仡佬族先民就已经放弃了本民族语言而转用汉语。清朝中期以后，湘西、黔东各县的仡佬族也相继转用了汉语。20 世纪以后，多数地区也相继成了兼通汉语和本民族语言的双语地区。到了 20 世纪中期，仅有一万余人掌握本民族语。到了 20 世纪末，这种情况已发展为多数仡佬族村寨只有几位年逾花甲的老年人掌握母语。根据仡佬族母语使用现象及双语类型，作者把仡佬族母语的生态状况划分为三个级别，即母语完好保存的 A 级、部分人继续使用母语的 B 级和母语已经基本丧失交际功能的 C 级。总体上，仡佬语的发展趋势可概括为 A 级生态中的仡佬语尚有很大的发展潜力，只要得到有效的保护，是完全有可能长期存在和发展下去的。而 B 级生态和 C 级生态环境中的仡佬族母语均已处于濒危状态，消亡只是时间问题，对此，作者提出了四条相应措施，分别是：弘扬仡佬族优秀传统文化，把那些目前仍完好保存母语的村寨开发为旅游村，在有条件的地区尝试性地做一些"母语复兴"工作，大力开展对仡佬语材料的调查和保护工作。

仡央语群的系属问题　梁敏撰，载《民族语文》1990 年第 6 期。

仡央语群包括在我国滇、桂、黔三省（区）交界地区和越南北部使用人数不多的一些语言，如仡佬、拉基、普标、布央、木佬和拉哈等语言。中外学者对它们的系属曾有过一些不同的看法。该文从仡央诸语言与侗台、苗瑶等语言基本词汇异同，语音特点和这些人群来源的传说等方面，对它们的亲疏关系作了比较研究，认为仡央语群与苗瑶语族的关系较远，例如与苗瑶的同源词仅为 6.12%—10.61%，与瑶语同源的仅为 0.72%—7.11%。而仡佬诸语言与侗台诸语言的关系比较接近，同源词一般都在 25% 左右。但比起侗、台两语支之间的关系（同源词一般都在 44% 以上）却又显得比较疏远，所以作者认为仡央语群可以作为与侗台语族平行的另一个语族，而在侗台语族和仡央语族之上设立一个"百越超语族"。（后来，在作者与张均如合作编写的《侗台语族概论》一书中，为了避免使用"超语族"这个术语，并减少一个层次，把仡央语群作为"壮侗语族"中与台语支、黎语支关系较疏远的一个新语支，称之为"仡央语支"。）

仡央语言和彝语的接触关系　李锦芳撰，载《民族语文》2011 年第 1 期。

仡央语言历史上曾受到彝语的影响，该文通过比较仡央、侗台和彝缅语言，分析了仡央语言中的彝语成分，主要包括名词、动词和形容词、数词以及人称代词几方面的借词。文章首次较全面地揭示了仡央语言和彝语的历史关系，有助于识别仡央语言的外来借词和其他侗台语言的同源词，从一个独特的方面推动侗台语言的历史比较研究。

格木语形态词法浅说　颜其香撰，载《云南民族语文》1994 年 1 月第 4 期。

格木语的元音没有松紧之分，但有长短之别。长短对立只出现在单元音带辅音尾和部分复合元音音节里。格木语有 47 个辅音群。音节由辅音和元音组成。每个音节首由一个辅音或一个以上的辅音组成，一般不超过三个辅音。格木语的形态构词方式，可分为附加法和内部屈折法两种形式。格木语的名词、动词、形容词等实词都得配置有一定的词缀，主要在作为代表基本词汇部分的词根上增加前缀和后缀这样的语法成分，即构成新词的成分。不过，派生出的新词与原有词（词根）所表示的词汇意义有关联，而且它与其所派生出的原词在形式上与意义上总是成双成对地并存于词汇里。内部屈折法也是格木语的另一种构词手段之一。主要有：以元音的屈折变化区分人称代词的双数、多数以及单数；一些使动态动词词首冠上词部位清化鼻冠音后，便变成了自动态动词；个别动词以首辅音的增减，区分"态"的语法范畴。格木语形态构词法很有特点，中缀尤以为甚。

格木语元音的长短与松紧、声调的关系　颜其香、周植志撰，载《民族语文论文集》，中央民族学院出版社，1993 年。

格木语元音分长短，不分松紧，也没有区别意义的声调，但其元音长短与其他语言的元音松紧、声调高低有关。格木语有 10 个单元音，带辅音尾时各分长短，有些复合元音也有长短对立。与老挝的格木语北部方言比较，我国格木语以清音为首辅音的长短元音音节，与老挝格木语北部方言的高调长短元音相对应，以浊音为首辅音的长短元音音节则与老挝格木语北部方言的低调长短元音对应。那么为什么呢？这应从其他亲属语言中的非音质要素的关系中找到答案。我国的佤语有元音松紧对立、布朗语有声调，佤语的松元音与格木语长短元音、老挝北部方言低调对应，佤语紧元音与格木语长短元音、老挝北部方言高调对应；布朗语高调与格木语长短元音对应，低调与长元音对应，中平调与短元音对应。这表明语言是否有声调、有松紧或长短元音并不说明它们间的发生学关系。

格萨尔是语言艺术的巨大宝库 马进武撰，载《格萨尔学刊》1988年。

《格萨尔》的语言艺术特色：（1）论及政治、经济、文化、历史、天文、地理、宗教、医药、建筑、艺术、民俗、风情等方面所涌现的词汇，非常丰富。（2）广泛运用声音、形象、色泽、动态、情态的各种摹拟词，以增强语言的形象性、真实性和感染力，引人入胜。（3）巧用各种各样的修辞手法，使语言表达得准确、鲜明、生动有力、脍炙人口。（4）把大量的谚语、成语、格言等有机地镶嵌在长篇的叙事歌咏上，琳琅满目，既吸引读者，手不释卷，又说理透彻，使人心服。

各地壮歌的比较 黄革撰，载《广西民族学院学报》1988年第1期。

各地壮歌各有特点，该文将不同地域的壮歌从形式到内容进行比较。一、南北壮歌形式诸因素比较。（1）体裁：北部方言区以散歌、组歌、勒脚歌和长诗最普遍，尤以勒脚歌最为特殊，最为人民所喜爱。北部的长诗多，如创世史诗《布洛陀》、《六甲》，英雄史诗《莫一大王》，叙事长诗《达备之歌》、《达稳之歌》，等等。有的译成汉文，有的散落在民间，是方块壮字手抄本。南部方言主要是排歌，长诗很少。没有组歌和勒脚歌。（2）语言形式：北部方言以五言偶数句歌为最普遍，称为

"欢"，南部基本上没有五言歌，奇数句，七言排歌，称"诗"。（3）韵律：北部方言韵律严谨，多押脚腰韵；南部歌韵律灵活自由。二、南北壮歌内容比较。北部歌内容多，叙事、农事、苦情、风俗、伦理、祭祀、爱情均有。南部歌伦理、风俗、祭祀少见。三、南北方言内部土语区壮歌比较。桂中、桂东、桂北以散歌和勒脚歌为主。

共同缅彝语声母类别探索 李永燧撰，载《民族语文》1996年第1期。

该文对缅彝语支二十多种语言或方言进行观察和比较，从发音方法这个角度探讨共同缅彝语声母的类别。文章首先把缅彝语的声母区分为闭塞音和连续音两个大类。现代缅彝语言闭塞音声母有分不送气清音、送气清音和浊音三套的，有分不送气清音和送气清音两套的。语言间的对应关系为四类：（1）不送气清音——不送气清音（或送气清音）；（2）送气清音——送气清音（一致关系）；（3）浊音——浊音（一清语言的不送气清音），浊语言之间的一致关系，清音与浊音语言之间为相反关系；（4）浊音——不送气或送气清音（含浊语言）/浊音。这四类对应是对共同缅彝语声母四分的根据，以双唇塞音为例，可构拟为 *p、*ph、*b、*bh 4类。连续音声母的对应也成4个格局，以边音声母为例，可构拟作 *l、*lh、*l、*lh 等。该文提出的声母四分法，不同于马提索夫等人构拟辅音前缀以为区分不同声类的办法。例字70余例。

构词法在词汇发展中的作用 诺尔金撰，载《蒙古语言文学》1981年第1期。

该文只谈论蒙古语的构词法问题。蒙古语的构词形式很丰富，对词汇的丰富和发展起着很重要的作用。但是也不能把这当成词汇学研究的对象。有人把构词作为词汇学的范围，是由于没有意识到它的抽象性。无论是词根还是后缀，都具有抽象性。由它们构成的词干虽然能够承担词汇意义，但也有

其抽象的语法意义。派生词的结构并不确定该词的词汇意义，而是确定承担的词汇意义的范围。构词后缀具有多功能性和语义的抽象性。

构建我国多民族语言和谐的几个理论问题　戴庆厦撰，载《中央民族大学学报》2008年第2期。

文章指出语言和谐是社会和谐的组成部分，是指不同的语言在一个社会里能够和谐共处，互补互利，在和谐中各尽其责，在和谐中发展。构建语言和谐是解决我国语言关系的最佳途径。语言互补是构建语言和谐的重要途径。构建语言和谐必须继续坚持《宪法》所规定的"各民族都有使用和发展自己的语言文字的自由"；必须重视新时期民族语言问题的理论研究；必须抓好语言国情调查。

构造新词的重要手段　努尔哈毕撰，载《语言与翻译》1992年第3期。

构造新词的原则中，尽可能从本民族语言实际出发这一条，只是一个概述，如果再进一步分析，就会寻觅到各种各样的造词方法，其中，附加构词词缀派生新词则是最主要的手段，这也是构造新词时尽可能从本民族语言实际出发的最佳途径。因为，哈萨克语属黏着语，所以要丰富语汇，词缀自然而然就是其主要媒介了。构造新词时，我们若能把母语的自然规律放在首位，注重于词缀派生法，我们就会拥有取之不尽的资源。哈萨克语除具有丰富的词汇外，还有系统的构词词缀，因此，哈萨克语在表意方面绝不会处于贫乏可怜的境地。在用词缀构词时，词根意义一定要明确。所附词缀的总含意应与所造词语相符。部分词义明确的借词词根也可以构成一定术语。因为，随着时间的变迁和使用的频繁，借词也会在一个民族的词汇中获得一席之地。

"沽茶""黑国""沙·锡尼"考释　王敬骝撰，载《民族语文》1990年第6期。

该文用语词材料考释古籍"沽茶""黑国""沙·锡尼"三个名词的原意及其语源。一、问题：（1）沽茶见《百夷传》，指的不是茶叶，那么是什么呢？（2）黑国见《岛夷志略》，"乌爹"的一种土产。一说是稻米。不妥。（3）沙·锡尼见《中国伊朗编》，描写为一种药材，但未知是何植物。二、考释：（1）沽茶为"孩儿茶"，略称"儿茶"。据《百夷传》中的一个小注和《本草纲目》"乌爹泥"条所注。"儿茶"土著称kut或kutch（来自泰米尔语katha），即沽茶。（2）黑国即沽茶、谷茶（国与沽、谷音近），亦即"乌爹泥"。（3）沙·锡尼是波斯语"儿茶"的对音（源于缅语，波斯音义兼译）。总之，上述三个名词都是指"儿茶"。它是中、缅、老、泰边境上一些少数民族古代的发明。该文引证《百夷传》、《夷岛志略》、《云南图经志书》、《西南夷风土记》、《海录》、《本草纲目》、《广东新语》、《亚洲百科全书》等；例字援引涉及梵、泰卢固、傣、孟、缅、波斯等语言。

古白语贝币名和量词的遗存　徐琳、傅京起撰，载《民族语文》2004年第6期。

该文根据唐以来几种汉语古籍的记载，比较白语中有关贝币的名称和量词，认为今白语的这些有关名称是古白语的遗存。文章分四节：一、历史背景；二、白语对"钱币"有两个不同的称呼；三、白语里贝币的计量词；四、余论。

古代汉文文献中"匈奴"等名称的回鹘语译名　雅森·吾守尔撰，载《民族语文》2006年第1期。

该文根据汉文《大慈恩寺三藏法师传》及其10世纪回鹘文译本，对汉文原文和回鹘文译文内容进行对比，就回鹘文译者对汉文文献中的"匈奴"等古代民族及地理名称的理解作初步探讨。全文分三节：一、汉文《玄奘传》中有关北方民族的记载；

二、回鹘文《玄奘传》相应译文；三、回鹘文《玄奘传》中的"匈奴"等术语译文的初步分析。

古代羌人和现代羌语支族群的关系 孙宏开撰，载《西南民族大学学报》2011年第1期。

羌人是藏缅语族人群的先民，羌族是古代羌人中秦汉以后定居在岷江上游的一支，该文从藏缅语族羌语支内部语言的远近关系，对分布在藏彝走廊操羌、普米、嘉戎、纳木依、史兴、扎巴、贵琼、木雅、尔苏、却隅、尔龚、拉坞戎等12种语言（包括已经消亡的语言——西夏语）的居民，从语言学角度进行历史渊源的初步探索。文章分4个部分：1. 古代羌人和现代羌族。讨论了从原始藏缅语族到现代羌语支语言之间的历史渊源关系和羌语支语言使用者的历史文化特点。2. 羌语支语言的调查研究。回顾了羌语支从初步论证到成为国际汉藏语研究界的一个热点的发展过程。3. 羌语支语言的一些特点。梳理了羌语支语言语音、词汇和语法的一些典型共同特点。4. 羌语支在藏缅语族中的历史地位。针对国内外各种不同观点，讨论了羌语支在藏缅语族中的历史地位。

古代新疆多语种双语的流向 张洋撰，载《中央民族大学学报》2003年第2期。

主要内容：一、两汉至南北朝——多元交汇的语言格局及汉藏、印欧双语的明显优势。（1）汉人成批入驻——汉藏语系占了一席之地。（2）不同系属语言的交汇共存——族际婚姻、翻译活动及形形色色的政治、经济活动促成了双语人群的成批产生及扩大。（3）汉、印双语的优势。二、隋唐宋——短期过渡的三足鼎立及震荡倾斜的双语流向。（1）突厥语异军突起——短期过渡的三足鼎立。9世纪中叶，操突厥语言的民族在政治、经济、人口上有明显优势。这使得新疆的语言格局发生了变化。那就是突厥语异军突起并迅速发展，而印欧系语言则有所衰落。于是，新疆出现了汉藏、印欧、阿尔泰三大语系短暂的三分天下的过渡局面。（2）铁勒化及震荡倾斜的双语流向。10世纪中期，政治的优势，经济的发展，文化的繁荣，人口的增多，加上统治者的语言所起的表率作用，这种种因素交叉相叠，使突厥语在多种语言间长期交流、浸润、渗透的互动及激烈的交叉碰撞角逐中日渐壮大了。而汉印、汉阿、印阿双语的平衡，也在交流震荡的互动过程中逐渐倾斜。印阿双语因大部分融为一种语言——突厥语，而日益萎缩，汉印双语也相应地加入汉阿双语的行列中去。汉阿双语的势力逐渐强大起来，终于占据了新疆双语的头把交椅。三、元明清——澎湃激荡的汉阿双语及纵横交错的双语网络。元明清代，特别是清代，以汉、维语为代表的汉阿双语已是汹涌澎湃，势不可当。围绕着这个主流，各种双语，多语的支流、细流、河汊也涓涓不息，各展异彩。它们共同织成了新疆语系纵横、语种交错、形式多样、复杂纷繁的双语网络。

古代鄯善、于阗地区佉卢文字资料综考

马雍撰，载《中国民族古文字研究》，天津古籍出版社，1987年。

通常所谓"佉卢文"只是一种文字符号，"佉卢"二字是"佉卢虱吒"一词的简称，该词来源于梵文。佉卢文字是由音节字母组成的，书写方式是由右向左横书，字母不连写；字与字之间无间隔，亦无标点符号。这种文字在古代曾使用于印度西北部、巴基斯坦、阿富汗、苏联境内的乌兹别克、塔吉克、土库曼等地以及我国新疆昆仑山北麓的古于阗、鄯善一带。就目前所知，佉卢文字所书写的资料年代最早者属公元前三世纪。最晚者约属公元后四至五世纪，前后流行了七百年左右。佉卢文字所书写的语言属印度语支中的西北俗语。西北俗语包括各种方言，佉卢文字所表达的方言因地而异，虽然基本语法相同，但也有许多明显的差别。由于使用的时间久、地域广，在字形方面不免发生一些变化。但是，并没有从佉卢文字演变成任何其他文字。

古代突厥文 耿世民撰,载《中国民族古文字研究》,天津古籍出版社1987年。

古代突厥文为我国历史上曾活动于蒙古草原的突厥汗国（552—744年）和回纥（后称回鹘）汗国（744—840年）使用的文字。古代突厥文是一种音素、音节混合型文字。它由38—40个符号组成。其中4个表示元音,其余表示辅音。在许多情况下,元音常不写出。字行一般从右到左横写。词与词一般用两点（:）分开,有时词组也写成一个词。关于古代突厥文的起源,有各种意见。以1893年首次解读出这种文字的丹麦汤姆森的理论最为有力。即38个字母中有23个来自阿拉美文,通过中亚伊兰系民族传入突厥,并使之适应突厥语的语音特点。关于古代突厥文最初使用的时间、地点问题尚无结论。1971年,有人研究了1956年在蒙古人民共和国内发现的用粟特文、粟特语写成的碑文。据研究,此碑属于陀钵可汗统治的末期,即6世纪80年代初。说明当时古代突厥文尚未用来书写突厥语。

古代突厥文《翁金碑》译注 李经纬撰,载《喀什师范学院学报》1987年第3期。

《翁金碑》是俄国学者雅德林来夫于1891年在蒙古人民共和国翁金河附近发现的。此碑的主要内容分别刻写在碑的正面和右面。正面八行,右面四行,我们称之为主碑,在古碑碑文的上方还刻有七行短文,我们称之为副碑。另外,在另一面上还刻有一独行碑文,说明此碑为谁人之纪念石。关于此碑的主人公和建立的时间问题,意见有分歧。拉德洛夫认为此碑是为纪念颉跌利施可汗及其可敦伊利毗伽可汗而制,立于公元690—693年间。后德国学者麻夸特提出此碑为颉跌利施可汗之弟默啜可汗之碑。G.克劳逊认同这一观点。根据我们对此碑的研究认为此碑约建于730年。从碑文中提供的年代及主人公死于"龙年七月"等线索推论,此碑约建立于主人公死（728年）后一二年。现根据马洛夫刊出的《翁金碑》照片,参考拉德洛夫和塔拉·提肯的刊本,将《翁金碑》转写译注出来。

古代突厥文献中的 bɛrk 及其演变 陈宗振撰,载《中国民族古文字研究》（第三辑）,天津古籍出版社,1991年。

在回鹘文的《金光明经》、《善恶两王子的故事》、《乌古斯可汗的传说》以及阿拉伯字母的喀喇汗王朝时期的巨著《福乐智慧》、《突厥语词典》和《真理的入门》等古代突厥文献中,多次出现过 baek 一词或其变体 baek。因为它是个多义词,又能构成许多词义不同的派生词,近千年来,在现代的某些突厥语族语言中,语音和词义又发生了一些变化,所以人们不易察觉它们相互之间的联系。通过对其古今音、义的分析,我们可以很明显地看出它们的来龙去脉,从而加深对这个词及由其演变出来的许多派生词的理解。（1）bɛk 来自 bɛR。在大约一千年前喀喇王朝时期的突厥语中,bɛrk 已有一个 r 音脱落的变体 baek,它们二者并用,词义相同。（2）bɛrk 和 bɛk 的词义。Bɛrk 的变体 bɛk,词义与 bɛrk 基本相同,但在比《突厥语词典》较晚的文献中,词义有了新的发展。（3）bɛrk,bɛk 的派生词。古代突厥文献中还有一些由它们构成的派生词,其词义也与 bɛrk,bɛk 有关联。

古代突厥语和现代维吾尔语副词的初步比较研究 迪丽达尔撰,载《耿世民先生70寿辰纪念文集》,民族出版社,1999年。

副词是维吾尔语的一个特殊词类。通过古代突厥语副词的演变过程与现代维吾尔语副词进行比较,不仅能够了解副词的发展、演变过程,而且也能够了解古代突厥语词汇的发展,语音的变化以及语法的演变。古代突厥语的副词,根据结构可分为两类：词根副词和派生副词。一、词根副词：结构为一个语素的,或者由某个词的某种语法形式固定下来的副词。二、派生副词:由两个或两个以上的语素组合而成。派生副词根据其形式又可分为两类:(1)语法形式发生变化而构成的派生副词;(2)通过组词的方式而构成的副词。三、方式副词:表示动作所进行的方式以及动作在何种情况、何种方法下进行。四、程度副词:表示动作的程度、性质。现代维吾尔语是从古代突厥语发展变化而形成的。在它的发展过程中,其语音、词汇和语法等经过不断的发展变化而得以规范化。古代突厥语的副词由单语素、双语素和三个语素构成,在现代维吾尔语中双语素、多语素构成的副词中占多数。

古代突厥语言与现代维吾尔语名词格比较研究 布海拉·阿不来提撰,载《耿世民先生70寿辰纪念文集》,民族出版社,1995年。

维吾尔语在漫长的历史发展过程中,其语音、词汇和语法都发生了很大变化。该文拟将鄂尔浑—叶尼塞碑铭语言、回鹘文碑铭和文献中的名词格同现代维吾尔语的名词格进行比较研究,以求寻找维吾尔词名词格的历史发展轨迹。古代突厥语名词的格有8种:主格、属格、与格、向格、宾格、位格、从格、工具格。现代维吾尔语的名词格有6种:主格、属格、向格、宾格、位格、从格。(1)主格。带有主格的名词在句中作谓语时,在古代突厥语言和现代维吾尔语中,既有相同点,也有区别。在古代突厥语中,谓语后跟有判断词,这与现代维吾尔语中谓语后附加判断词的形式不同,但它们在句中作用却是相同的。(2)属格。附加成分:在古代突厥语中,属格的附加成分有两套;在现代维吾尔语中,属格附加成分仅存有一个。(3)向格。古代突厥语的向格和与格形式虽然不相同,但其作用却基本相同,都在句中作状语,与动词或动词词组配合使用。

古代维吾尔人的语言和文字 耿世民撰,载《少数民族语文论集》(第1集),中华书局,1988年。

维吾尔人在不同的历史时期中,使用过许多不同的文字。现在我们来把主要文字形式分别地谈一谈。(1)突厥如尼文是一种音节和字母混合式的文字,不是纯粹的音节文字,也不是纯粹的字母文字。这种文字的源出尚没有得到最后解决。(2)回鹘文是一支索格底文(或叫做粟特文)的近亲[索格底人为古代居住在中亚一带的操一种中古波斯语(或伊朗)东部方言文化高度发展的部族],是古代维吾尔人使用最多的一种文字。(3)波罗米文原出自印度字母,在笔画略加改变以后用于中亚的梵文文献中。现在我们再谈古代维吾尔语的基本特点。(1)语音方面:从许多情况看来,如存在着头韵的诗歌和像"qapqara"(漆黑)这样的词的组合形式,以第一音节为准则的元音谐和律,最后还有亲属语言蒙古语存在着重音位于词的第一音节等的现象,可以推知古代维吾尔语的重音可能落在词的第一音节上。(2)语法方面:在古代维吾尔语里,尚有一个工具格。

古代维吾尔文学语言的形成及其发展 乌铁库尔撰,载《新疆社会科学》1981年第1期。

《乌古斯传》是维吾尔人民的最古老的文学遗产之一,是自古以来,在维吾尔人民中代代相传、不断补充的英雄史诗。《阿利甫——艾尔·同嘎》史诗见于11世纪伟大的维吾尔学者玛合穆德·喀什噶里的《突厥语大辞典》。已知的历史资料表明,维吾尔人自公元2世纪起就有了文字,自四、五世纪起就有了书面文学,曾使用"鄂尔浑"文字,有《暾欲谷碑》、《阙特勤碑》、《毗伽可汗碑》等碑铭文学作品。后来,维吾尔人使用了回鹘文,并创作有《福乐智慧》等文学作品,并翻译了大量文学作品和佛教经典。作者在结论中认为,维吾尔文学语言开始形成于古代维吾尔文学的英雄史诗时代,在鄂尔浑碑铭时代的书面文学中，获得了比较完整的表现形式；至高昌维吾尔汗国和喀喇汗王朝时期，成为突厥语族许多部族人民的共同的文学语言。

古代维吾尔语的构词系统及其实用价值
帕丽达·阿木提撰，载《耿世民先生 70 寿辰纪念文集》民族出版社，1999 年。

几十年来，随着社会的发展，维吾尔语依靠借词、构词等手段，表达了众多的新事物、新概念，其词汇得到了极大的丰富和完善。但另一方面，据我们观察，也存在以下一些与其内在特点规律相违拗的问题。（1）未能充分利用维吾尔语的派生构词功能，过多地使用了外语借词；（2）搁置维吾尔语本身词缀不用，而去借外语的同一功能的词缀；（3）重叠使用有相同功能的词缀；（4）未能充分发掘利用维吾尔语中固有的词语，而是草率地生翻硬译，致使许多新词术语既欠科学性，又含混不清；（5）一些名称翻译得不够准确、简练。解决以上问题的途径之一，是尽可能多地通过利用维吾尔语固有的构词词缀派生新词来表达新概念。系统地整理现代维吾尔语的构词词缀，挖掘古代维吾尔语的构词词缀，古代维吾尔语里，派生词主要是通过附加法和复合法构成的，其中附加法更为有效、更为系统。

古代维吾尔语佛教原始剧本《弥勒会见记》（哈密写本）研究 耿世民撰，载《中国突厥语研究论文集》，民族出版社，1991 年。

《弥勒会见记》是公元 8—9 世纪用古代维吾尔语写成的一部长达二十七幕的原始剧本，它是我国维吾尔族的第一部文字作品，同时也是我国各民族最早的剧本，在我国文化史上占有非常重要的地位。原写本于 1959 年在新疆哈密古代遗址出土，现藏于新疆维吾尔自治区博物馆，迄今国内尚未有人进行系统的研究。该文论述该剧产生的时代背景和内容结构。根据第一幕末尾处的跋文可知，该文献名为 maitrisimit，即《弥勒会见证》。它先是圣月菩萨大师根据印度语原本改为古代焉耆语，后又由智护法师从古代焉耆语翻译成突厥语。此书现存的几个写本字体都是一种比较古老的所谓写经体。作者认为《弥勒会见记》是一种原始剧本。

古代文献中藏缅语词拾零 黄树先撰，载《民族语文》1994 年第 5 期。

作者对古汉语中的"觱篥"、"［绗］和纰"、"骊［骟］"三个词语进行了词源学方面的考证。其中"觱篥"一词最早见于《说文》，把它解释为一种羌人使用的乐器。以后不少文献对此不断有所记载。作者从词义和读音考证，认为它与藏缅语族有密切关系，是来自藏缅语的一个借词。"［绗］和纰"在《说文》中记载为氐人使用的一种杂色布。作者引用部分彝缅语族语言如浪速语、载瓦语、彝语、哈尼语、拉祜语、白语中的"布"进行比较，发现它们之间有明显的语音近似性，因此作者认为，这两个词与今彝缅语相合，当是来源于藏缅语族彝缅语支的借词。"［骟］"一词文献记载与马有关，由于学术界对马的考证众说纷纭，作者在引用了各家的说法后提出，藏缅语族语言的马，有不同来源，汉语的这个词与目前藏语的说法比较接近。

古代藏语方音差别与正字法 张济川撰，载《民族语文》1996 年第 3 期。

该文从（1）书面语复辅音 sr、sl-、zl 的读音；（2）lh-、w-和 m-的读音；（3）某词的读音这三个方面，把藏文与藏语现代方言相比较来说明古代藏语存在方言差别。关于藏文正字法的基础是哪一个地方的语音的问题，作者研究的结果认为，藏文正字法肯定不是完全依据拉萨语音制订的，因为复辅音 sr-、zl-以及某些词中的声母 my-都不反映藏文创制之时拉萨的读音，有些词的写法也与当时拉萨读音不合。所以藏语书面语的正字法应该说从一开始就是超方言的，一方面，它在很大程度上反映了当时各个地方共同的语音面貌；另一方面，它又不能全面地反映任何一个地方藏语的语音面貌。其原因是：（1）创制藏文之时各地语音差别不大；（2）还没有形成一个权威性的地方方言；（3）8、9世纪翻译佛经的译师们来自各地，遇到各地读音不一致时，只能协商妥协，不能只根据一个地方的读音书写，所以藏语书面语从一开始就有不同的方言成分。

古汉语"风"字确实有过像"㴉缆"的音 俞敏撰，载《民族语文》1982年第5期。

该文不同意十八世纪朝鲜音韵学家黄胤锡在其文集《颐斋遗稿》中所说的"㴉缆"一词源于梵语："风曰波岚"。也不同意黄有福、崔虎城《"㴉缆"语源考》中的观点："㴉缆"是中古朝鲜语的固有词。作者认为"风"在古汉语里有"㴉缆"的音，后汉时念作plam。理由有二：（1）"风"字在古汉语里有两个方音：《释名、释天》说"兖豫司冀横口合唇言之，风，记也。青徐言风，是反口开唇推气言之，风，放也"。（2）后汉译佛经用"枫摩"对梵文brahma用"须枫"对梵文subrahma。枫、风是同音字，证明后汉人"风"字的音和"㴉缆"完全相像。作者认为朝鲜语借入了汉语的"风"p'ung，也有可能借入了另一个方音的"㴉缆"plam。

古汉越语研究的初步成果 王禄撰，载《民族语文研究情报资料集》，中国社会科学院民族所语言室1986年第7期。

该文通过对汉语和越南语的比较分析，探讨了古汉越语的音韵系统。古汉越语是指中唐以前零星输入越南语的汉语成分，区别于晚唐有系统地输入越南语的汉越语和越化了的汉越语。分为古汉越语、汉越语、越化汉越语三类。汉语和越南语的历史语音是确定古汉越语、汉越语和越化汉越语的根据。经初步确定，有401个词为古汉越语，其中属声母的116个，属韵母的210个，属声调的75个。与王力列出的113个词相比，多了288个。剔除重复的场合，最后确定了332个词是古汉越语。从理论上说，语言的任何单位都可以互相借用，然而许多语言的实际状况说明词汇单位的借用要比语法单位容易得多，而在词汇单位中，借用名词或动词更容易些。从古汉越语研究的结果来看，在古汉越语的332个词中，名词158个，占47.5%；动词142个，占42.8%；形容词29个，占8.7%；副词2个，介词1个。

古今维吾尔语语音初探 叶少钧撰，载《喀什师范学院学报》1983年第1期。

该文就古代维吾尔语语音和现代维吾尔语语音的异同分元音、辅音、语音脱落、增音、换位、音节结构、重音等七个部分进行了论述。通过研究古今维吾尔语语音的异同，可以发现现代维吾尔语语音体系是古代维吾尔语语音体系长时期历史发展的结果。所有这些变化都是逐渐的，在长时间内发生的，某些旧形式的残迹直到今天仍然存在。研究古代维吾尔语语音的异同能使我们更深刻地探究出某些语音现象的由来，更全面、更深刻地认识这些语音形式，尤其是那些用现代维吾尔语语音学的规则不能解释的形式。例如，古代维吾尔语以d/g结尾的词或词缀到现代维吾尔语大部分清化为q/k。这种音变现象，可以在时间、地域、条件上找出它的特殊原因。因此，我们可以得出结论说在古代维吾尔语到现代维吾尔语的历史音变中有浊音清化的趋势。

《古兰经》的中古突厥语译本及其语音、词汇特点 李增祥撰，载《中国突厥语研究论文集》，民族出版社，1991年。

该文主要介绍用突厥语阿拉伯文字翻译的《古兰经》，以及《古兰经》的中古突厥语译本的语音及词汇特点。用中古突厥语翻译的《古兰经》目前世界上共发现有六种抄本，大都属于12—16世纪。它们是为不同地区的操突厥方言的人们所译，这六种抄本的语言存在着一定程度的差别。分为两种类型：一是用不同文字逐字直译的隔行对照本；二是带有类似注释和故事性说明的直译本。这六种抄本收藏于土耳其、英国、乌兹别克斯坦和俄罗斯。其语音特点表现为：有9个元音，有元音和谐律，元音的变化保持了古代突厥语和回鹘语的特点；有25个辅音，在文字上用31个字母和两个符号表示，辅音变化特点更接近于古代突厥语。词汇方面的特点是：有相当一部分阿拉伯、波斯语借词；固有词的语音特征更接近于我国的维吾尔语，以及哈萨克语。

古僚人语词今论 张济民《民族语文》1990年第2期。

古代僚人是不是今天仡佬族的先民？古僚人是属于濮人集团，还是属于百越集团？这是历史学界和民族学界长期争论的重大问题。该文从语言方面佐证一下某些民族学上的问题。文章以现代仡佬语方言材料论证古籍中用汉字记载的僚人语言的若干语词。这些语词从时间上看，包括了从汉魏到明清一千七八百年的历程；从地域上看既有对黔、川、湘僚人生活的描述，也有对岭南僚人的记载；从记录这些语词的作者看，有史学家、文学家和政治家，还有民族学家。从另一角度看，古代僚人分布很广，人口也不少，其语言必然有方言土语的差别。对这些古僚人语词的论证，初步落实了一个重要的判断：古僚人是今天我国仡佬族（包括贵州木佬人和云南拉基人）的先民。古代濮人——僚人有自己独立的语言，它就是今天仡佬语群中仡佬语、木佬语、拉基语和羿人语的母体。

古苗瑶语鼻冠闭塞音声母在现代方言中反映形式的类型 陈其光撰，载《民族语文》1984年第5期。

现代苗瑶语的一些方言有鼻冠闭塞音声母，它们与闭塞音声母成对出现；闭塞音是鼻冠闭塞音声母的主要成分，决定着声母的性质，鼻音不起作用；鼻冠闭塞音声母的鼻音与闭塞音的发音部位相同。为方便，鼻冠闭塞音声母中的鼻音、清闭塞音、浊闭塞音、清送气音、浊送气音分别用N、T、O、H、VH表示，于是全清、次清、全浊、全清浊送气、全浊送气鼻冠闭塞音声母闭塞音声类为NT、NTH、ND、NTVH、NOVH。经比较分析，古苗瑶语鼻冠闭塞音声母在现代方言中反映形式的类型有16种。

古苗瑶语鼻音声母在现代苗语方言中的演变 张琨撰，载《民族语文》1995年第4期。

文章就王辅世先生《苗语古音构拟》所列鼻音声母字材料观察古苗瑶语鼻音声母字在9个现代苗语方言、次方言的代表点：养蒿、腊乙坪、大南山、石门坎、摆托、甲定、绞坨、野鸡、枫香的演变情形。《苗语古音构拟》拟测的带 *-n、*-ng 韵尾的韵类，除养蒿、腊乙坪、大南山没有两读、三读。作者认为有两方面的原因：一方面古苗瑶语鼻音声母字在苗语方言中，因为鼻音声母的异化作用，使古阳声韵韵母去掉鼻音韵尾或鼻化作用，把韵母读成阴声韵。另一方面，古苗瑶语鼻音声母字在苗语方言中，因为鼻音声母的同化作用，使古阴声韵韵母添上鼻音韵尾或鼻化作用，把韵母读成阳声韵。进行这两种变化的细节，要等到把古苗瑶语的韵母系统研究清楚后，才能看清，可能用古苗瑶语不同的元音韵尾来解释。

古苗语声类和韵类在贵州安顺大山脚苗话的反映形式 刘援朝撰，载《语言研究》1990年第1期。

大山脚苗话属于苗语黔滇方言川黔滇次方言，但它是川黔滇次方言中一种比较特殊的地方话。大山脚话有声母 36 个，韵母 25 个，声调有 8 个调类，但只有 7 个调值。该文主要叙述苗语古声类和韵类在大山脚话的反映形式，不讨论古调类在大山脚话的演变。这是因为古苗语平、上、去、入 4 个声调在今日大山脚话各分阴阳，演变为 8 个音调，十分简单。该文从声母和韵母两方面探讨了大山脚话由古音演变为今音的情况。从中可以看出其声韵母与古苗语的声韵类相比，有了大规模的简化。现代苗语各方言的韵母一般比古苗语的韵类少，大山脚话并不特殊。但大山脚话声母仅为古苗语声类的 27.5%，这在苗语川黔滇方言中是很罕见的。我们认为声母的这种简化是由于大山脚一带的苗族与汉族频繁接触，他们的语言受到汉语的较大影响，而汉语的声母比较简单，这显然是受汉语影响。

古苗语声母 *mbr 在黔东方言的演变

王春德撰，载《民族语文》1992 年第 1 期。

文章以王辅世先生构拟的古苗语 *mbr 声类为依据，分析其在苗语黔东方言的演变。*mbr 在苗语川黔滇方言有的语言点浊连续音消失，保留鼻冠闭塞音，闭塞音清化，有的语言点的浊连续音变为 l 或 sz 或 j，保留完整的鼻冠闭塞音，只是闭塞音清化。*mbr 在苗语湘西方言，闭塞音消失，浊连续音变为 sz，形成鼻音与浊连续音构成的复辅音 msz。*mbr 在苗语黔东方言的演变，总体上看经历了三个过程：一、消失闭塞音保留鼻音和浊连续音，*m 变为 n，*r 变为 z，而成 nz；二、nz 分化，有的语言点读 n，有的语言点读 z，有的语言点部分例词读 n，部分例词读 z；三、分化出来的 n，由于老年人与青年人的发音差异，演变为 ny。

古突厥文来源新探

芒·牧林撰，1999。

古突厥文是突厥民族使用于公元 6、7 世纪留下来的一种音素文字。一百多年来，对其来源众说纷纭。多数学者依据古突厥文与北欧流行的"如尼文"（Runis）相似，认为二者同源或源于马印等。内蒙古著名考古学家盖山林首次提出古突厥文源于北方岩画符号的创见。笔者将古突厥文与匈奴文相比较研究，提出古突厥文源于匈奴文的新见解。理由是：古突厥文的 40 个基本符号中，38 个与匈奴文相同，而且多数符号的读音也一致；匈奴文产生于公元 1 世纪之前，后演变为北欧流行的"如尼文"；古突厥文产生于公元 7 世纪前后，可见两者之间有传承关系。

古维语借用印度语词的各种渠道

庄垣内正弘撰，载《民族语文研究情报资料集》，中国社会科学院民族所语言室 1987 年第 8 期。

该文论述了古维语借用印度语词的各种渠道问题。大多数维吾尔语文献是佛典译文。佛教术语，有的是把原著语言译成维语，而普遍使用的却是借用外语的形式。这些借词，有的来源于汉语、吐火罗语、粟特语、藏语、蒙语等，但绝大多数则来源于印度。然而，这并不意味着大部分维语佛典是直接从印度语翻译过来的，而是通过汉语、吐火罗语、藏语和粟特语重译而成的。尽管来源于印度语的借词，经过了多种语言的重译过程，但原则上常常以统一的形式出现。这些现象，意味着借词形式是在佛教传播到维吾尔语的初期进入维吾尔语中，并固定、普及了的。长期以来，维语学者们一直认为，来源于印度的借词直接借用了梵语的形式。但是，古维语和梵语，由于文字组织和语音系统的不同，存在着形式上的差异。由此可以提出：维语中的借词并不是单纯地反映古代梵语的，而是通过吐火罗语和粟特语作为媒介语转来的。

古文献中的汉藏语前缀 *a-

黄树先撰，载《民族语文》1997 年第 6 期。

现代汉藏语系的许多语言都有前缀 *a-。然而，对这个前缀的起源，学术界并无一致的看法。这主要是因为汉藏语系的多数语言缺少古老的文献。该文拟就古代汉语中的材料来讨论古代民族语言中的

前缀 *a-。（1）乌翅。东汉文献中记载有西部古羌人的这个词。"脯四［月廷］，有干肉"。"干肉，牲体之脯也，如今凉州乌翅矣"。（2）阿阳。"阳、予也"。阳 * riang。（3）於菟，"於音乌"。"乌"是古楚语前缀 * a-。（4）乌号。"射者，乌号之弓"。"乌"、"於"都是古楚语的前缀 * a-。（5）阿谷，古楚国地名。（6）阿社。（7）阿漠、阿段、阿夷、阿等。古代僚人对男子、女子的称呼。（8）於陵。齐国地名。（9）阿侬。古代吴人称我为阿侬。此外还有乌程、乌伤、乌赖树、於（于）越、于遮，等等。从这些材料里看出，前缀 * a-，古代汉语文献用"阿"、"乌"、"於""于"等汉字标记。字虽不同，音却无殊。

古吴越地名中的侗台语成分 郑张尚芳撰，载《民族语文》1990 年第 6 期。

该文指出学术界承认侗台语各族的先民与古百越人有关，但从语言上说明两者的关系还不多。从《春秋左传》、《汉书》中发现一些古吴越地名，具有侗台语的特征。（1）"盱眙"，《左传》襄公五年："仲孙蔑，卫孙林父会吴于善道。"善道即今江苏盱眙县。"善道"是古吴越语地名的译意，原音善说"伊（泰 di）"，道说"绶（侗语 khwaen1′）"。照侗台语语法，名词修饰成分后置，"好路"的语序应为"道路好"，"善道"原语应作"绶伊"，秦代改名为"盱台"（后变为盱眙）。虽然"绶伊""盱眙"用字不同，但可看出原来是同一词语，词的意义、词序全符合侗台语的说法。（2）"夫椒"。《左传》哀公元年："吴王夫差败越于夫椒"，"夫"，古音 * pa（王力拟 * pia），此音跟侗台语"石山"相当。"夫椒"即"椒山"。（3）余暨。《汉书·地理志》"余暨"，注"吴王阖闾弟夫暨之所邑"。这里"余"有地的意思。"余"古音 * la→ja，侗水语称地为 ja⁵、ʔrra，泰文"畲地" * rai⁶。"余暨"即"夫暨的封地"。

古藏文 kog（gog）yul 为俱位考 王小甫撰，载《民族语文》1992 年第 6 期。

藏文 kogyul 是敦煌所出古藏文历史书《大事记年》中的一个地名。长期以来，学界对该地名的确定众说纷纭，莫衷一是。该文利用汉藏对音材料、出土文书和文献史料，从语音、地理和史实三方面考证：古藏文的 kogyul 等于 gog。kogyul 就是汉文史料中的俱位（今巴基斯坦北部马斯土季一带）。俱位，《广韵》音 kiujwi，"俱"字又音 giu，俱位两字韵母均为合口三等，与 kogyul 和 gog 正好相应。在连读中，后一音节的声母成了前一音节的韵尾，后一音节成零声母。这一读音与 kogyul 的读音相吻合。可以肯定 kogyul 与俱位译写的是同一地名。《大事记年》中对同一地名采用了不同写法，可以视为藏文初创时期正字法尚不严格的反映。俱位一名不见于初唐之前，这个名称的后半部为藏语地理通名 yul "地区"，可见它的产生与吐蕃的兴起与征服有关。这一地名的考订反映了中国藏族在历史上的地理分布。同时驳正了国外个别学者的错误认识。

古藏文写本反映的几种语音变化 王青山撰，载《青海民族学院学报》1988 年第 4 期。

该文讨论了古藏文中语音的变化现象。同一音节内两个相连的辅音内，前一辅音受后一辅音影响，在发音部位上变得与后辅音一致，如 vphro > mphro。两个相连的音节内，前一音节韵尾受后音节声母影响，发音部位变得与其一致，lhagma > lhabma。双音节词音节连续时第二音节强辅音弱化，semscan > semsshan。rtse > se。音节连读还有增音现象，sengge > sengvge, mthemo > mthemmo 和减音现象，rkanglag > rkalag。古藏文写本中的异文别字所反映的那几种语音变化，基本上仍然保留在安多藏语中。据此推断，那些异文别字不是笔误或错字，而是记录了当时的语音变化。古藏语时期，字母与读音之间一定比现在具有更多的一致性。传统的拼法下面，往往掩盖着一些音变现象。那些别文异字给我们透露了那个时期语音上的种种变化的信息，使我们有可能更多地了解那个时期的语音情况。

古藏文札记　王青山撰，载《青海民族学院学报》1982年第1期。

该文用吐蕃时期古藏文与现代藏文比较考察了二者之间异同并提出古藏文的特殊形式。（1）反写 i 元音。这个写法在古文献中与正写 i 交替使用，很难认为是两个独立的音位。另外 kh 字母未使用现在的长腿形式，v 字母上则比现代多一个新月形小钩。（2）结构上的不同有：后加字写在基字下边，重后加字写在后加字下边，以 o 代替后加字 m 写在基字上边，前加字写在基字上边。（3）藏文文法规定凡没有后加字的词一定要在后边加上一个 v 字母，文献大多符合该规定，但也有不加 v 的情况。（4）藏文有一套严格按字性的拼写规则，然而早期文献不完全遵循该规则，如阳性前加字与中性基字拼合规则。（5）拼法混乱的现象：后加字 d 与 n 互换，复声母简化与未简化并存，xogstsal 与 stsal，基字互换并存，gun 与 kun，等等。标点符号中也有许多后世没有的形式。全文用例200个，占1/3篇幅。

古藏语动词的形态　黄布凡撰，载《民族语文》1981年第3期。

文章讨论了古藏语动词的语法范畴和语法形态问题。文章指出及物与不及物、自主与不自主、使动与自动这几种范畴不是平行的、截然分开的，而是互相交错的。所调查337条动词都可划入前两种范畴，只有部分（177）动词划入使动与自动范畴。动词形态变化方式受语法范畴和语音拼合规律的制约。不及物和及物不自主动词45条，分为8类变化方式，如第一类无前置辅音 vh，舌尖音尾，一律三时同形。及物兼自主动词92条，分14类变化方式，绝大多数变化是有规律的，如第一类非双唇音基辅音、前置辅音为 r、l、s 的，未来时和过去时声母加前缀 b-。使动与自动动词的对比中发现 s、r、g、d、b 等是表示使动意义的前缀，其中 s 最多（82个）。动词用例约占全文1/3。文章探索出古藏语有严整变化规律的动词将近占动词总词数的一半，其余动词的不规则变化也能看出一些局部的条件。

古藏语复辅音韵尾中 d 的演变　罗秉芬撰，载《民族语文》1991年第3期。

该文章通过观察一篇古藏文手卷讨论古藏语复辅音韵尾中 d 的演变。古藏文复辅音韵尾有-gs，-ngs、-bs、-ms 和-nd、-rd、-ld 两类。在9世纪的正字法字，复辅音韵尾 d 被明文取消。然而敦煌古藏文手卷中还有些零星的-d 韵尾存在，该手卷为六世纪末至七世纪初的，保留复辅音韵尾 d 较多，共49个，-nd 20个，-rd 17个，-ld 12个。但往往相应的同一个词又有不带复辅音韵尾 d 的。如 gdond 25次，gdon 36次（邪魔）。带与不带复辅音韵尾-d 的并行存在，而且没有词义上的差别，说明-d 已经可有可无，处于消亡的过程之中，敦煌文献中带-d 的已不多，有些文献完全没有-d 的现象，这说明10世纪末叶（指敦煌千佛洞封洞时间）藏语复辅音韵尾-d 逐步脱落，以致消失的事实。现代藏语拉萨话中个别词声调上有些怪异，如 vthon 作自动词（出发）读高平调，作他动词（露出）读高降调，就是因为古代有差别，vthon-vthond。复辅音韵尾-d 的演变过程是由浊音变清音，逐渐演变为喉塞音，最后脱落消失。

古藏语里有复合元音吗？　车谦撰，载《中央民族学院学报》1984年第3期。

该文对古藏语里是否有复合元音进行考证。作者在敦煌石窟发现的古藏文历史文书中存在写作复合元音的许多词语。《敦煌本吐蕃历史文书》中大量出现"oe"复合元音，还有一处写作长元音"ee"。经作者对出现"oe"的句子的分析，"oe"在句中所起作用有两种：第一种作用是在最后一个音节以元音"o"收尾的词语上加元音"e",构成"…oe"作后面词语的定语,相当于藏文的结构助词"-vi"。第二种作用是,表示自主及物动词动作的发出者,相当于藏文文法中所说的施动者格"-s"。《敦煌本吐蕃历史文书》中,也有很多是在最后一个音节以元音"o"收尾的词语后加"-s"表示施动者的。在该卷两个例句中看到"ee"和"vi"在句子中所起的文法作用相同,都是加在动词词尾"pa"的上面和后面,构成名词性词语作定语放在中心语的前面。《敦煌本吐蕃历史文书》中出现"oe、ee",反映了当时的口语,"oe、ee"与-vi、-s 并用说明当时的书面语还没有统一的规范。据推算"oe、ee"大致出现在七世纪下半叶之后。"oe、ee"是由原来的"-vi、-s"发展出来的。

古藏语塞音韵尾读音初探 张济川撰,载《民族语文》1982 年第 6 期。

该文拟就古藏语塞音 b、d、g 的读音演变进行初步的探讨。古藏语有"自主虚词"和"不自主虚词"两类。前一类虚词形式上没有变化,后一类虚词形式多数情况是根据前字收尾辅音的发音方法而变化,少数情况根据前字收尾辅音的发音部位而变化。传统文法著作中的"性同"和"易读"之说,未能完全准确地反映实际情况。通过口语与书面语的比较,根据古代藏语的辅音韵尾在康、卫藏和安多三大方言中脱落和留存的情况,推想藏语辅音韵尾 g、d、b、s 读清音,其他韵尾读浊音。但有些现象显示 g、d、b 三个塞音韵尾更早可能都是带音的,不带音的读法是后来才发展的。作者查阅了吐蕃赞普赤松德赞时期和赤德松赞时期德碑文和铜钟铭文,确认藏语三个塞音韵尾大约是在八世纪末九世纪初由浊变清的。复辅音韵尾中的 d 原来也是带音的,它可能与单塞音韵尾同时或更早一点也由浊变清,而且不久就喉音化甚至脱落。

古藏语作格助词在现代方言中的表现
周毛草撰,载《民族语文》2011 年第 2 期。

作格助词表行为动作的施动者,以及动作所用的工具、采取的方式、动作的原因和物质的材料等。及物动词谓语句的主语要加作格,不及物动词谓语句的主语用通格。该文讨论藏语安多方言玛曲话、康方言德格话、卫藏方言日喀则话和书面语中藏语作格助词的形式及特点。全文分三节:一、语音形式;二、主要语法功能;三、有关作格助词来源的一点思考。最后作者谈到,藏语作格助词的来源是由领属格助词的五种形式后加 s 构成,还是 s 的发展,就目前所掌握的材料尚不宜下定论,有待进一步深入探讨。

古壮字及其文献 梁庭望撰,载《中国民族古文字研究》(第三辑),天津古籍出版社,1991 年。

一、关于古壮字的产生。古壮字从产生到发展经历了三个阶段:(1) 至迟到西周,壮族祖先已经开始探索创造文字,西周到秦统一岭南之前,为古壮字萌芽期。(2) 古壮字的形成阶段在隋唐,其肇端为秦汉。(3) 宋元明清,是壮字的发展阶段。二、古壮字体系。汉文的传入和壮字的传播,在壮族中形成了两个文字体系。一是汉文体系,流行于官府衙门、官方文牍、府州县学及上层首领中,为上层社会所垄断。另一体系是古壮字体系,为民间歌手、歌师、歌王、宗教师及黎庶所使用。经过两千多年的发展,古壮字广泛渗透到普通壮民的生活之中,并留下了丰富的文献。到现在为止,广西民间文艺家协会、文山州文化部门、广西及文山州各县文化馆收到的少量民间长诗、壮剧剧本和说唱本子有 2000 多册。碑碣、讼牒、契约、乡约目前尚无人收集。三、古壮字文献的价值及社会功能。古壮字文献是壮汉文化交流的桥梁,普通壮民的武器。它所负载的是真正的民族情状,对研究壮族历史文化有很高价值。

古壮字中的"古无轻唇音"遗迹及其成因 郑作广撰,载《广西大学学报》1996年第1期。

该文对古壮字中的"古无轻唇音"遗迹及其成因作了探讨,认为古壮字中的"古无轻唇音"遗迹正是古汉语唇音分化前在古壮字中遗留下来的印记,从"古无轻唇音"在古壮字的投影和折射中,我们可以窥视到古汉语唇音分化前的历史状况,轻唇读如重唇音现象是客观存在的。作者把保存有"古无轻唇音"的那部分古壮字的形成发展推断为两个历史层次:(1)唐末宋初前,即唇音未完全分化前,古壮字直接移用当时进入壮语地域的轻唇读如重唇音的汉字。(2)唐末宋初后,即唇音分化后,古壮字移用当时遗存于广西汉语方言中的轻唇读如重唇音的汉字。

关于八思巴文的元音′o(‥)、′u(‥)、′e(.) 贾拉森撰,载《内蒙古大学学报》1989年第2期。

′o(‥)、′u(‥)、′e(.)三个元音在单独构成音节或出现在词首时,在元音符号的上方要加上学者们叫作"零声母"和"′"—a,写成′o(‥)、′u(‥)、′e(.)。上述三个字母的写法和其余元音不同,是在"′"字母上附加元音符号而构成的。这是什么缘故呢?蒙古文字学界一般认为,独立构成音节或出现在词首的元音字母,是在该元音前加写一个字头符或零声母而构成。有关字母′e(.)的来源问题,作者认为不是来自i,而是藏文字母e的倒写,并提出了5条理由。作者强调,研究八思巴文的元音的时候,首先必须区分元音字母本身和它的府号的界限,从而明确所谓字头符或零声母本来是独立字母的一个笔画结构。再探讨字母笔画结构中有的元音为什么包含的问题,并在梵文元音字母的写法中找到对应的形式。同时根据梵语语言的著作,解释该形式的来历。

关于白语大理方言元音的一点异议 奚寿鼎撰,载《云南民族语文》1993年第2期。

大理方言是白语的三大方言之一,它既是白语最主要的方言之一,也是白语研究的重点。对它作进一步的深入研究,可以推动白语研究向前发展。从迄今公开发表的文章看,一般认为大理方言有20个元音(其中有8个单元音,12个复元音),也有认为只有18个的。根据作者对其母语的了解和分析,认为白语大理方言的元音还有进一步研究的必要。音素中有单元音ɔ和复元音iɔ;有复元音ue,没有ui;有单元音y。许多材料都说au是用于拼写现代汉语借词,在白语固有词中没有这个前响复元音。其实不然,大理方言里的au过去曾普遍存在于众多音节中,只是受白语元音单元音化规律的影响而逐渐向oo靠拢,直至变为oo,以致今天的词汇里以au为韵母的音节极少见。关于这一点,今天许多以ɔ为韵母的音节尾还略带有u音,但有无u音都不影响词义即为证。而且,现实语言生活中还有少数以au为韵母的例词。

关于白语系属的探讨 杨品亮撰,载《中央民族学院学报》1989年第6期。

该文对白语系属作探讨。该文对白语属汉藏语系藏缅语族彝语支的说法的判断之所以有问题,是由于白语研究中的"汉化论"者没有从语言发展规律论证问题,无视唐代以后白语和汉语的差异不是缩小而是增大的事实,简单地把白语和汉语拥有大量的共同词汇归结为"汉化",这是对白语问题研究的贻误。作者在长期研究中,发现白语词汇约有半数以上的词汇语音词义都基本上与汉语相同,约有12%的保留古汉语的读音,35%属于古华夏语或古汉语的范畴。还有极少的楚语和其他民族的借词,从史料和白语现状的分析中得出白语和汉语同源的结论。异流的8个特点说明白语和汉语只是亲属语言,白语已形成为一种独立的民族语言。综上所述,结论:白语和汉语之间是同源异流的关系,是最密切的亲属语言；当今的白语是在古楚语的基础上演化而来的；白语不属彝语支而应独立为白语支。

关于白族的方块文字 徐琳撰，载《云南民族语文》1997 年第 2 期。

该文的前言简要介绍了白族的分布和语言使用情况。接着介绍了白族的文字。白族采用汉文为官方使用的书面语，而且汉文造诣相当高，而民间流传汉字型方块白文。白文的结构有四种：（1）音读汉字，利用汉字的音读白语同义词的义；（2）直接借用汉字，跟汉字的形、音、义一致；还保留入声调类；（3）自造新字，其中有少数会意字，多数是形声字。用两个汉字组成合体字，有左右并列和上下结合两种，一半用于表音，一半用于表意。文章举出四例白文注音、解读和翻译，介绍了白文的韵律。最后，文章回顾了白文研究。自 30 年代末，考古学者在苍山洱海周围发掘出南诏有字瓦开始，40 年代初又有学者公布一批白文碑刻、新中国成立以后白文逐渐引起人们的重视。

关于标记在朝鲜谚解书中的近代汉语舌尖元音 李得春撰，载《民族语文》1997 年第 3 期。

该文通过朝鲜李王朝时期《洪武正韵译训》等汉朝对译韵书和《翻译朴通事》等谚文翻译书中的朝鲜文标音资料的对比和分析，研讨属于现代汉语舌尖元音的汉字及同类止摄开口三等日母字在当时的实际音位，考察近代汉语舌尖元音化的部分过程。（1）止摄齿头四等字。比较四等字的韵母与《译训》及其他谚解，会发现左右音与正俗音关系跟《凡例》的正俗音条是一致的。换言之，《译训》的正音跟谚解书中的右音一样，俗音跟左音一样。（2）止摄正齿三等字。三等字中，《译训》与《翻译朴通事》及其他谚解书相一致的只有俗音中的"Δ"。（3）止摄正齿二等字。二等字与三等字的"审、禅"母字相同。（4）止摄舌上音三等字与入声字。舌尖元音的形成与谚文表音。在《汉语语音史》中，王力先生认为舌尖前元音形成于唐末或五代时期，且其后并无什么变化。

关于濒危语言问题 孙宏开撰，2000 年 10 月中国民族语言学会和《民族语文》杂志社在北京联合关于濒危语言问题专题学术讨论会上宣读的论文，载《语言教学与研究》2001 年第 1 期。

虽然濒危语言问题在国际上于 20 世纪 80 年代就已经成为热点问题，但是在国内公开以濒危语言为题开展讨论尚属首次，因此，该文是国内公开讨论濒危语言问题的开端。文章分 3 个部分：（1）濒危语言问题是一个全球性问题。文章介绍了国际上有关濒危语言问题讨论的一些背景，说明濒危语言问题是全球化条件下出现的一个新问题，还介绍了联合国教科文组织有关濒危语言问题所开展的一些活动。（2）我国的语言状况和保存濒危语言资料的必要性和紧迫性。这一节讨论了语言除了作为交际工具的职能外，还有许多其他职能，如作为文化载体的职能，作为知识积累工具的职能，语言资源作为发展语言学的基本条件，语言作为各族群标记的职能，等等。（3）对策和建议。1）成立全国性保护濒危语言工作机构，争取国家投入一部分资金和人力开展濒危语言的保护和资料的抢救工作。2）根据轻重缓急的需要，陆续调查和刊布濒危语言资料。3）为每一种弱势语言制订一套拼音字母，教会本民族对此问题有兴趣的知识分子，作为记录和保存该民族语言的工具，争取在一定程度上延缓濒危语言的衰亡。4）设立抢救和保存濒危语言的基金，开展相关的舆论宣传，争取国际、国内的资金赞助，推动此项事业的健康发展。

关于沧源佤族自治县的几个民族语地名 魏其祥撰，载《云南民族语文》1988 年第 2 期。

《云南民族语文》1987 年第 3 期上有一篇《浅

谈佤汉与译中借词处理问题》，文中提到沧源佤族自治县的一些民族语地名，解释似乎有误。该文将一些与之不同的看法与意见提出来，与读者商讨。该文认为沧源佤族自治县的"岩帅"、"班驮"、"驾科"、"南腊"、"海牙"、"翁不老"、"曼阳"、"忙摆"、"帕结"、"戛朵"等地名均是佤语地名，上述汉语写法都是根据佤语叫法音译的。该文认为以上地名除"翁不老"是德昂语地名外，其余都是傣族地名。该文通过大量的实地调查与语音分析，认为那几个傣语命名的地方在历史上属傣族土司管辖，当地大多数地名都是以傣语命名，其汉语译音是根据傣语而不是根据佤语音译的。对于"翁不老"这个地名，本文通过当地多个民族语分析比较，再结合当地的地理情况与社会历史调查情况证实，"翁不老"为德昂语地名，而不是上文所说的佤语地名。

关于朝鲜语汉字词的几个问题 宣德五撰，载《民族语文》1992年第1期。

该文论述了朝鲜语汉字词在使用过程中的三个现实问题。一、汉字词的地位和作用。据《大词典》（韩国韩文学会）所收词条的统计，汉字词占53.02%。汉字词分布于各个词类，尤以名词动词为多。当前还在利用汉字语素构成新汉字词。由此作者认为汉字词与固有词同为朝鲜语词汇系统的根干，与固有词在语义上、修饰上、构词上形成了相辅相成的关系，有深厚的社会和文化基础，其积极作用应充分肯定。二、研究汉字词构词法的必要性。作者举例指出朝鲜语汉字词构词规律有不同于固有词和现代汉语构词法的特点，对其进行研究对今后构造新汉字词有现实的指导意义。三、汉字词的标记法。作者认为，考虑到文字的群众性和社会性，目前社会上通用的规范书面语以不夹用汉字为宜，但有必要进行朝鲜语汉字和汉字词教育。上述问题的正确解决有助于朝鲜语规范和健康发展。

关于朝鲜语里的汉语借词 李得春撰，载《延边大学学报》1986年第2期。

作者认为来源于汉语的词可分为音义借入、以汉字的朝鲜读音借入和仿译三种。（1）近代音译汉语借词在演变过程中可分为沿用至今的、音译词被汉字的朝鲜音替代的、音借词被固有词或新的汉字词替代的和作为独立的词不沿用不替代的共4种。（2）近代汉语辅音被借到朝鲜语里表现出明显的对应规律。如16世纪朝鲜语已没有轻唇音，汉语的f改换成p；引进音节首含有l的汉语词时，用r或n替代；在朝鲜语固有词和汉字读音里从无齿音分化，近代汉语中的所有齿音借到朝鲜语里都合并成ts类；近代汉语声母zh借到朝鲜语里表现为zh、ts、"零"三种不同的音位；入声韵在近代汉语已消失，但-m、-p、-t、-k晚一些，而朝鲜语里则保留了包括入声韵在内的所有收尾辅音。在元音方面，表现近代汉语的《中原音韵》元音与中世纪朝鲜语元音在整个数目上相比，汉语多于朝鲜语。汉语共有46个韵母，其中元音音素有26个，比朝鲜语少1个单元音、多4个三合元音，朝鲜语由此发生近代汉语借词的增减现象。（3）研究朝鲜语中的近代汉语借词，除语音对应关系外，还要研究它被吸收到朝鲜语后的变化情况。

关于《成吉思汗碑铭》的研究 敖力布撰，载《西北民族学院学报》1981年第1期。

《成吉思汗碑铭》指刻有五行古体蒙古文，约有一庹长的一方花岗岩石碑，有学者将其称为《成吉思汗碑铭》，或《成吉思汗石碑》和《也孙格·蒇儿干的光明碑》等。此碑立于1225年。碑高202厘米、宽740厘米、厚22厘米，上刻21个古体蒙文词。该碑被发现后，曾有俄国、蒙古国、苏联等国学者进行解读考释。1980年，我国学者赛熙亚乐在《蒙古语文》第3期上撰文对此作了报道，称"此碑发现于贝加尔湖东侧尼布楚区乌鲁伦古河附近之皇帝遗址中"。该文作者通过考证，对该碑文重新进行了解读并标音。其相应的汉文释录如下：成吉思汗征服了撒尔塔兀勒百姓，蒙古国之那颜们欢宴于布哈·苏赤海时，也孙格·洪古图尔远至三百三十五庹处射箭以中。

关于创制少数民族文字问题的几点反思

道布撰，载《三月三·民族语文论坛专集》，2001 年。

文章共分八段。第一段讲述国家宪法赋予各氏族有使用和发展自己的语言文字的自由，同时提出国家推广全国通用的普通话。这既体现了各民族之间平等、也体现了中国是统一的多民族大家庭，把语言文字的多样性和统一性很好地结合起来。第二段回顾党和国家的语言文字政策，早在 1951 年就提出帮助尚无文字的民族创立文字，帮助文字不完备的民族逐渐充实其文字。从 1956 年开始至 1957 年，为壮、布依、彝、苗、哈尼、傈僳、纳西、侗、佤、黎等 10 个民族设计了文字方案。后来还为景颇族的载瓦支系和土族制定了文字方案。除黎文方案和彝文方案在试验后没有继续推行之外，其余各种文字仍处在试验推行阶段。第三段谈社会上人们对新创文字的看法，有两种相反的意见，一是由于社会发展较快，民族地区懂汉语汉文的人迅速增加，民族地区不必使用民族文字。二是有人急于大面积地推行新创文字，要像传统文字那样，全面使用新创文字。第四段谈如何看待少数民族语言文字的功能问题。作者提出，不但要看文字的交际功能，还要看到它具有不可忽视的象征功能、文化功能和教育功能。不能因为它的交际功能有局限性就忽视它的象征功能所蕴含的社会意义和政治意义。第五段和第六段谈各新创文字的民族及其语言的使用状况和汉语文的使用状况。第七段谈学习苏联经验的问题。主要是谈选择基础方言和标准音点的问题。由于中国各民族的具体情况不同，完全按照苏联的经验行事，往往事与愿违。第八段谈到过去碉多年，由于社会变化大，新创文字在动荡的社会中受到影响，试验推行工作时起时伏，以致延缓了文字成熟和发展的时机。

关于"COL"一词的音、义可否译为汉语的"敕勒"或"川"的问题

阿尔丁夫撰，载《内蒙古大学学报》1993 年第 1 期。

该文认为：（1）南北朝时期，单音节的"突厥语"词"COL"不能"译音"为双音节"敕勒"，只能"译音"为单音节的"川"，因为汉语"川"字当时尚无作平野、平原讲的义项；因而"敕勒川"也不可能是"重译词"；（2）鲜卑族所到之处常以"川"名地，其中的"川"字不是河流、水道的意思，而是"COL"一词的"译音"，意思是草原、荒野或"野、川、草原"；（3）汉语"川"字作平原、平野讲的义项，来源于鲜卑语，即古蒙古语 COL 一词。因此"COL"一词不可能义译为汉语的"川"，不可能音译为"敕勒"，"COL"一词不可能是突厥语词。

关于东南方言的"底层"研究

李如龙撰，载《民族语文》2005 年第 5 期。

作者认为东南汉语方言的一些词，在"古百越语"里可以找到读音相近、语义相同的说法。东南汉语方言中的先喉塞音、精清读 t、th 和透定读为 h，是早年受壮侗语影响的不同程度的留存。这些底层现象应该是上古到中古之间先后形成的。文章分四部分，第一部分列出闽语里存在的与"古百越语"（今壮侗语）音义相近或相同的词。第二部分讨论先喉塞声母问题和精组字读 t、th 的问题和透定读 h 的问题。

关于侗台语的否定句语序

李锦芳、吴雅萍撰，载《民族语文》2008 年第 2 期。

现代侗台语否定句依否定成分的位置，有三种语序：一、V + Neg 型（谓词后型）否定成分置于谓词之后的句末；二、Neg + V + Neg 型（谓词前后

双重否定型）谓词前后两个否定成分语义强弱相当；三、Neg + V 型（谓词前型）现代侗台语大部分语言属于这一类。

关于尔苏沙巴文字的讨论（英文）　孙宏开、梅西亚撰，载波兰《波兹南语言学和东方学研究》第 5 卷，2003 年。

自 20 世纪 80 年代初在四川凉山彝族自治州甘洛一带讲尔苏语的地区发现一种比纳西东巴文还要原始的文字——尔苏沙巴文字以来，学术界发表了一些讨论沙巴文字的文章，其中有解读沙巴文献的文章，有讨论文字性质的文章等，引起了语言学界尤其是古文字学界的重视。波兰波兹南大学东亚语言学系有一批探究老彝文、纳西东巴文的专家学者，在多次来华调查研究的过程中，也对尔苏沙巴文字产生了浓厚的兴趣，提出首先要在波兰介绍这种文字，该文就是在这样的背景下产生的。文章首先介绍了尔苏沙巴文字发现的经过，然后介绍了沙巴文字的特点、性质和在民间流传的情况，也介绍了中国一些比较文字学家周有光、聂鸿音、王元鹿等人对沙巴文研究及其学术价值的评价，最后将沙巴文与彝文、纳西东巴文做了初步的比较。

关于 20 世纪 50 年代的民族语言调查　孙宏开撰，载《中国民族研究年鉴》，民族出版社，2000 年。

该文应中国民族研究年鉴编辑部约稿而作，共一组文章，回顾了 50 年代社会历史和民族语言大调查的经过。文章认为，从 1956 年开始到 1958 年大体结束的少数民族语言调查，是一次贯彻党的民族政策特别是民族语文政策的一次大行动，也是少数民族语言研究史上的一次大行动，投入人力之多、花费经费数额之高、取得成绩之丰富，是可以载入少数民族语言研究史册的大事件，也是有史以来少数民族语言研究领域可以大书特书的壮举。民族语文工作者为了完成这项巨大工程，冒着极大的风险，经历了千辛万苦，有的甚至献出了年轻的生命。但不幸的是，在大调查的后期，"左"的思想路线严重地干扰了大调查的进行，以至于大调查形成虎头蛇尾的局面。作者参加了这次大调查的部分准备工作，并自始至终参加了这次大调查的实践。文章认为回顾并记录这次大调查的背景和实况，对于总结民族语言学科的发展历程，对于更好地开展少数民族语言的调查研究都是有益的。文章分 5 部分：1. 大调查的背景；2. 大调查的准备；3. 大调查的经过；4. 大调查的主要收获；5. 余论。

关于翻译借词　李作应撰，载《民族教苑》第 2 期，1991 年 8 月。

语言之间既要翻译，语言的互相渗透是不可避免的。壮语中的新老汉语借词已占生活用语的 30%—40%。（1）老借词。壮语中的老借词不是照搬照抄，而是经过改造，纳入壮语的语音系统和语序，一经借用便成为壮语的组成部分，有的独立运用，有的和民族词结合使用。如 baihdoeng（东方）、gyaranz（家庭）、guangqlangh（宽广）等。（2）新借词。壮语中这部分借词基本上按照西南官话借入，壮语没有塞擦音和送气音，一律转为擦音 c。借词应处理好如下几个问题：①既不反对借入语词，又不一味借用。②在壮语词汇中，有民族词、老借词、新借词独立使用和并存并用的局面，在翻译的不同意境中，遣词措字游刃有余，是有裨益的，应该成为壮语发展的方向。③为了避免借词上的混乱状态，必须规定几条切实可行的规范原则。如必须是为群众所普遍了解的；是全国各族人民一致通用的名称、专门术语，政治经济哲学等科学名词；借用过来仍不易理解的要简明注释；要按照壮语的语音系统借入；壮语的动词、形容词非常丰富，一般可以不用借外来词。

关于古代突厥语中的元音"ï"　毛拉尼亚孜撰，载《耿世民先生 70 寿辰纪念文集》，民族出版社，1999年。

在古代突厥语文献语言的语音系统中存在的ɪ[w]这一后高元音在性质上不是独立的一个音位性音系单位，而是一个为了适应跟其前后出现的不同的语音环境，也就是为了适应跟其前后具有不同发音特点的音素在发音上"和谐"的需要而出现的变体。它只是i/i这个音位在几种不同的语音环境中出现的几种变体之一，是一个音质性发音单位，而不是一个音位性音系单位。如果以前所认为的ɪ[w]这一后高元音音素也是一个独立的音位的观点站不住脚的话，那么，在古代突厥语里仅有7个元音音位，而不是8个或9个。那么，探究这个问题有必要吗？我们的回答：是肯定的。我觉得如果这个问题弄清楚了，至少在对现代维吾尔语的语音系统进行研究的领域里一直困扰人们的一大难题，即现代维吾尔语的语言系统中所存在的"元音弱化"及其产生根源问题会解决大半。

关于国内现代蒙古语的方言划分问题

孙竹撰，载《青海民族学院学报》1981年第2期。

该文对我国现代蒙古语的方言划分问题作了分析。我国境内的蒙古族，主要分布在内蒙古、辽宁、吉林、黑龙江、甘肃、宁夏、青海、河北和新疆等地，绝大部分地区的蒙古族人民都使用蒙古语。蒙古语方言异同的主要特征表现为：（1）方言差别不大，各地区之间语言的一致性、共同性是主要的；（2）方言差异现象，以两种形式对峙的占大多数，三种或四种形式对峙的比较少；（3）如果把蒙古语的方言土语的分布与行政区划、尤其是早年的行政区划作对比，就会发现彼此吻合的地方很多。划分蒙古语方言应将语音、语法和词汇结合起来。蒙古语可划分为内蒙古和卫拉特两个方言。其中，内蒙古方言中又包含巴尔虎布利亚特次方言，以及科尔沁、喀喇沁、昭乌达、锡（锡林郭勒盟）察（乌兰察布盟）、乌（昭乌达盟克什克腾旗）、鄂尔多斯和巴彦淖尔6个土语。该论文在第三部分对上述方言、土语的主要特征从语音、语法和词汇方面进行了描写。

关于国外那乃人的语言　苏尼克撰，载《民族语文研究情报资料集》，中国社会科学院民族所语言室1988年第10期。

该文概述了生活在中国的那乃人（赫哲族）的语言。赫哲语方言可以分为两个基本方言：（1）黑龙江中游方言（包括萨卡奇—阿梁土语、乃欣土语、鲍隆土语、朱恩土语、加林土语）；（2）黑龙江上游方言（包括松花江土语、乌苏里江土语、黑龙江右岸土语、毕京土语、库尔—乌尔米土语）。赫哲语的语音系统同苏联黑龙江的那乃人所说土语的语音系统没有很大的差别，其主要差别不是在音位系统方面，而是在词里音与音之间所有可能的结合以及音与音的组合方面。在语法方面，赫哲语的形态特点同那乃语的其他土语也没有很大的区别。文后为了说明赫哲语词汇方面的特点，作者按意义或形态学特征分类列举了一些最常用的词（如基数词、地点和时间副词、动物名称、身体部位名称、衣服名称、家具名称、最常用的形容词、最常用的动词）和话语样品。

关于哈尼文清浊音的处理问题　李永燧撰，载《云南民族语文》1987年第2期。

该文主要是就哈尼文中的汉语借词的清浊音变化问题加以分析研究。作者经过大量的实地调查研究证实，哈尼族的浊音发声时声带轻微颤动，具有清音的某些品格，能与汉语的清音相通，因此哈尼语中的现代汉语借词的读音就具有二重性。对于把哈尼语主音分为不送气清音、送气清音和浊音的三套制声母字母区分法，以及另一种认为哈尼语的浊音在退化，汉语清音声母的借入，加速了浊音消失的进程，浊音等于清音的两套制分法，作者认为二者各有利弊，并加以分析说明，认为如果不折不扣地推行大寨标准音，并把汉语借音理想化（标准的双语型），采用三套制有优越性，但如果要照顾方言，则三套制声母就难以推广了；两套制的方法可以照顾各地方言，但在具体的教学过程中有一定困难。该文是作者就哈尼文清浊音变化问题的探讨，旨在提出其中存在的优弊，以促进哈尼文教学研究的发展。

关于哈萨克辅音与维吾尔辅音 贾那尔别克·阿赛吾坎撰，载《语言与翻译》1987年第3期。

哈语和维语都有24个辅音。两种语言都有清辅音和浊辅音。（1）维、哈语辅音在词语中的不同使用。哈语词前面出现的字母"ol"，在维语里脱落。维语词的末尾出现的字母"ol"，在哈语里一般改用"W"。另外一个明显的差别，就是维语在音节末尾或中间出现的辅音"X"哈语里则用"S"代之。有些词哈语里用辅音"W"，维语则要用"X"。维语和哈语区别最明显的辅音就是"j"和"y"，"j"多用于词首，可算是哈语语音的本身特点。（2）关于维、哈语辅音的音变问题。一般情况下，附加成分的前辅音能同化词根末辅音，同样，词根的末辅音也能同化附加成分的前辅立场。同化关系可分为顺同化和逆同化。在连接词缀时，词缀的前辅音同词根的末辅音要一致，叫顺同化。联结词缀时，词缀的第一个辅音影响词根的末辅音，叫逆同化。

关于哈萨克语宾格词尾的显性形式和隐性形式 张定京撰，载《语言与翻译》1995年第4期。

关于宾格词尾的显性和隐性形式的使用问题，学术界大体有两种观点：一是将其与"有定无定"理论相联系；二是认为哈语中没有专门表示有定无定意义的形式语法标志。在对这两种形式的使用情况做系统整理时，首先要弄清使用场合。哈语中有可能充当宾语的词类有名词、名物化形容词、代词、数词、形动词和名动词。其中，形容词、数词、代词、形动词、名动词作宾语时必须缀显宾尾，只名词有可能缀接隐宾尾。作者认为，虽然任何时候哈语句子的宾语均由行为的客体充当，但客体并不完全相同，可分为"区别性客体"和处置性客体两大类。前者作宾语时必须缀接隐宾语，而后者作宾语时必须缀接显宾语，这种划分方法可称之为"处置说"。"处置说"与"有定无定说"有密切的联系。

关于哈萨克语的"ma形式" 丁石庆撰，载《语言与翻译》1989年第1期。

广泛存在于现代哈萨克语口语中的类指现象，实质上是一种语法现象，ma形式是这种语法现象的语法形式，而"类指"意义则是该类语法现象所共同包含的语法意义。ma形式由基础部分和变体部分结合而成。其中，词根或词干作为基础部分是该形式的核心，变体部分则作为依附形式受到基础部分在形式和内容方面的制约，两个部分共同组成了一个完整的统一体。ma形式的语法意义具有概括性、模糊性、向心性和修辞性，它们处于相互依存、彼此制约和补充的关系之中。其中概括性是基础，其他三个意义特征均建立在该基础之上，因此，它是ma形式的主要特征。与其他语言形式相比，ma形式有其十分显著的特点，表现在其变体部分没有固定的语音模式、整体的意义富有弹性，在实际运用中还具有某种修辞作用等方面。

关于哈萨克语的方言问题 坎南·恰力甫汗撰，载《语言与翻译》1986年第3期。

作者对现代哈萨克语方言的划分问题提出了一些看法。（1）以氏族结构、部落制度、自然环境、历史变迁为基础，哈萨克语的方言分为四种较为合适。（2）根据我国哈萨克部落的居住情况，可划分为东北方言区和西部伊犁方言区。东北方言区包括克烈、乃蛮、瓦克等部落，集中居住在伊犁哈萨顾自治州的阿勒泰地区、塔城地区和伊犁地区刻扎依部落居住比较集中的新源县，博州的温泉县、精河县，昌吉州的玛纳斯、呼图、壁、阜康、米泉、吉木萨尔、奇台、木垒等县，以及甘肃、青海省的阿克塞县、阿勒腾齐克县等。西部伊犁方言区包括特克斯、察布查尔、霍城、伊宁、巩留、昭苏等县。两种方言表现的差异在语音方面为，东北方言 ng 后的 d 与西北方言的 l 替换；词首 d 与 t 替换；西部伊犁方言中 bul、ol 的 l 一般脱落，l 结尾的动词变成形动词过去时，l 多数脱落。两种方言在词汇上也有一些差别。

关于哈萨克语复合词的结构 成燕燕、马坎撰，载《中央民族学院学报·语言文学增刊3》1986年第3期。

哈萨克语的"复合词"，有的是由两个词根按一定的语法关系组合而成的；有的是由一个词根重叠而构成的；也有的是两个词根结合时，发生了语音变化紧缩而成的。两个词根词素都在现代哈萨克中有意义的复合词有联合关系、偏正关系、动宾关系和主谓关系4种类型。一个词根词素有意义，另一个词根词素的意义已消失的复合词是指"谐音词"。两个词根词素的意义都消失了的复合词源于借词，这些借词现已不再借用，其意义也消失了。如 murap "管水的官"是由 mur "官"和 ab "水"构成的。这两个词现已不借用。murap 就成了两个词根都失去意义这一类型的复合词了。从复合词的两个词根词素的结合方式来分析，还可以把复合词划分为"组合词"、"紧缩词"和"重叠词"3种。

关于哈萨克语中的汉语借词 巴合提努尔·达尔坎拜撰，载《语言与翻译》1985年第3期。

哈萨克语中的汉语借词情况：(1) 哈萨克语历史上就因与汉语的接触而借用汉语词。从7—8世纪的《阙特勒碑》、《毗伽可汗碑》，以及11世纪的《突厥语大词典》中可以发现不少汉语借词，如 dudu "都督"，imjiw "珍珠"，sang "仓"、bul "帛"等；15—16世纪的《高昌馆杂字》中有汉语借词；18世纪中期至新中国成立前，哈萨克语借用了汉语大量的日常生活用语词。新中国成立后，汉语新借词按使用范围可分为生活、政治、行政、农业、教育、文学艺术、度量衡，以及政党、集团名称等方面。(2) 借词方法有音借、仿译、音译加解释等。(3) 有些借词的发音要按哈语的语音规则进行改造，如 c-s、n-ng、uo-o、ua-a、y-j、t-d 等。(4) 借用汉语词时意义有所变化。一是只用汉语借词的一种意义，二是只用汉语词的某一义项。(5) 借用后的有些汉语词，其后缀接哈语构词附加成分，可以派生出新词。

关于哈萨克语助动词 卡毕·托合塔尔撰，载《语言与翻译》1989年第4期。

在中小学哈语教学中，出现把助动词当成主要动词，并把它作为句子的一个成分的现象。在哈萨克语中，动作行为有时由几个词的复合体来表示。复合动词中的单独动词，其意义不都是相同的。其中有些是表主要意义的主要动词，而加在主要动词或体词后边，赋予它们附加意义的部分则是助动词。助动词在句子中不能单独使用，不能单独充当句子成分。哈萨克语助动词分为两类：专门助动词和引申助动词。对于主要动词和助动词的区分，最主要的是看它们表达什么意义。如果在句子中表示主语的动作行为，则是主要动词；反之，若是给句子中表示主语之动作行为的主要动词赋予附加意义，则为助动词。无论是专门助动词还是引申助动词，它们在句子中都不能单独充当句子成分，而只能附加在主要动词或体词之后构成词组即复合动词，在句子中充当一个成分。

关于"汉语对我国少数民族语言影响"研究的几个问题 喻世长撰，载《中国语文》

1961 年第 12 期。

该文探讨汉语对少数民族语言影响的特点，并对怎样进行语言影响研究等问题发表意见。认为语言的影响区别于语言的融合、混合、同化等，它是在平等和互相丰富的基础上进行的。汉语的影响可分三个等级：第一级吸收汉语借词，其读音和构词格式以适应民族语原有特点为主。第二级吸收更多的汉语借词，其读音和构词格式不完全适应民族语原有特点，汉语的某些语音补充到民族语语音系统中，汉语的某些构词格式、词序、虚词、句子格式也补充到民族语中去，与民族语原有形式并用。第三级汉语借词大量增加，汉语的语音、语法特点影响民族语，某些语音、语法特点向与汉语相似的方向转变。指出民族语与汉语的关系，汉语的核心作用以及其对民族语的影响，是历史地形成的。语言影响的研究，不应该离开原有的语言结构，孤立地观察。历史比较研究有必要与语言互相影响的研究结合起来。

关于汉语和侗台语的介音问题 邢凯撰，《民族语文》2000 年第 2 期。

该文从中古汉语带介音的语词和侗台语对应的关系字出发，参考上古汉语、原始侗台语构拟，推测前上古的语音状况。为了对汉语和侗台语的语音结构进行比较，文章对介音作了一个严格的界定。现代侗台语族语言没有介音，现代汉语方言有的介音丰富，有的介音不发达，也有根本没有介音的。中古汉语有-i-、-u-两个单纯介音，和一个复合介音-jw-。上古汉语没有合口介音，只有 * -j-、 * -r-两个介音。李方桂和梁敏构拟的原始台语和原始侗台语都有 * -ɪ-［短元音］、* -ǔ-、* -ǔ̯-三个介音。带有这些介音的词项有一部分和汉语的介音或后置辅音存在对应关系。该文归纳出 11 条语音对应规律（27 个例字）。在此基础上，作了一些推测。现代藏缅语族的介音都是后产生的，元音韵尾也是后产生的。原始藏缅语是一种单元音语。郑张尚芳认为上古汉语声母结构复杂，无声调、无介音，单元音分长短，与原始藏缅语非常类似。目前的原始台语、原始侗台语面貌要晚近得多。该文对 11 个对应条例及其例字进行分析，结论是，汉语和侗台语的介音也是后生的，元音韵尾也都是从其他语音要素转化来的。介音的实质是韵母起始的弱读高元音，原始侗台语和某些汉语方言中存在对立的重读高元音。带介音的字和重读元音、复合元音字的对立既是强弱也是音质的对比。声调则是字音高低升降的对比，这些都是相互配合音律差异。这些差异的产生都是和汉藏系语言语音格局发展的总趋势密切相关的。

关于汉语南岛语的发生学关系问题—L. 沙加尔《汉语南岛语同源论》述评补正 邢公畹撰，载《民族语文》1991 年第 3 期。

文章同意法国学者沙加尔在《汉语南岛语同源论》中提出的观点，即南岛语与汉语有密切的发生学关系。作者转述了沙加尔的论证，即汉语的"字"对应于原始南岛语词的末一音节；汉语开音节字的平上去三调分别和原始南岛语的零尾、-q尾、-s尾对应；声母方面，汉语浊塞音和原始南岛语浊塞音对应，汉语清塞音和原始南岛语清塞音对应；汉语送气与不送气对立，对应于原始南岛语的单纯塞音和辅音群的对立；上古汉语介音-r-和-j-可以用中缀解释。文章认为沙加尔找出了许多很严格对应的例子，包括不少基本词汇。为此文章在沙氏的对比词项下写出汉语词源学的补正，并附注李方桂的古汉语拟音。对不同意的词项也写出不同意的理由。文章还认为东亚大陆和东南亚及南太平洋区域语言可构成一个汉藏泰澳语系或称作华澳语系。

关于汉藏语系语言的分类问题 戴庆厦、傅爱兰撰，载《云南民族学院学报》1996 年第 2 期。

该文回顾了一个世纪以来汉藏语分类的研究历

程，认为汉藏语分类问题，未能解决是因为汉藏语的复杂性造成的。对传统的历史比较语言学，应根据新的语言事实、新的研究成果赋予它更充实、更实用的内容。认为汉藏语的亲属关系，除了"同源同流"外，还有"异源同流""同源异流"等不同类型，对其分类要避免"单一化""理想化"。并认为解决汉藏语的分类问题，要多做从下到上的比较，把基础打得厚实些。

关于汉藏语语法比较研究的一些理论方法问题 戴庆厦撰，载《中央民族大学学报》2002年第2期。

文章指出汉藏语系语法比较研究的重要性表现在：为汉藏语的历史比较提供证据；为语言类型学研究提供材料；为语言教学提供理论方法上的依据。当前要加强单一语言（或方言）的微观语法描写，建立供汉藏语比较研究的语料库，研究汉藏语比较研究的理论和方法。

关于汉字的多语言适用性 清格尔泰撰，载《语言文字论集》，内蒙古大学出版社，1997年。

（1）我们应认识到汉字不只是属于中国，也不只属于汉族人，而属于汉字文化圈的各国各地区的共同文化财富。有一位韩国学者建议以"东方文字"作为汉字的国际名称。其基本精神是有道理的。（2）如果有关国家和地区认识到汉字是汉字文化圈的共同财富，那么他们在对汉字采取一些改进措施时，最好是多互相协商，谨慎行事。世界变得越来越小，作为重要交际工具的汉字，起码在汉字文化圈内应该是共同性越来越大，特殊性越来越小，这是符合共同利益的。（3）汉字的简化是历史地形成的，发展方向是对的。但由于过去各自单独进行，互相间出现了一些差异。这应引起相互间的关注。如何做到字形简化，使用方便，又比较符合汉字的传统，是个共同研究的课题。（4）为了适应目前的电脑时代，为了迎接即将来临的信息社会，如何使汉字适应新的科技发展，使科技与汉字相辅相成，也是汉字文化圈所面临的共同任务。

关于汉藏语分类研究的回顾与存在问题 孙宏开撰，载《民族语文》1998年第3期。

文章简要回顾了自19世纪以来，有关汉藏语系分类问题上的几种主要观点，归纳了3种主要分类意见及其代表人物，说明了他们之间的分歧焦点。作者肯定了近几年我国学者在汉藏语系研究方面取得了不小的成就，与此同时，文章还提出解决这一问题的几点思路，认为：第一，在作语言分类研究时，不仅要注意语言分化的一面，也要同时研究由于接触而相互接近的一面。只有把这两方面的证据都搞得确凿了，我们的论证才有可能建立在比较牢固的基础上。构拟原始共同语，不管它是哪个层次的，应该排除由于接触而带来的干扰因素；但对于语言分类研究，一定要重视由于语言接触而引起语言演变的各种因素。第二，研究语言的分类，离不开使用这种语言的人的历史。要注意历史学、人类学、考古学等方面的材料，特别注意发掘史前时期的考古材料、人类迁徙的材料、体质人类学方面的材料等，这些材料有时往往能向我们提供语言分化、语言接触的许多证据。第三，要把同源关系建立在共同语的构拟基础上。既要有同源词的构拟，也要有语法范畴及其语法形式的构拟。共同语的构拟尽管是一种假设，但它的语音一定是人类发音器官有可能发出的自然声音；构拟不是某一语言集团所有语音现象的堆砌，要注意它的系统性，不要把语言历史演变过程中出现的过渡语音形式当作原始形式；构拟的形式一定能够解释该语言集团一切成员中所具有的语音现象，包括它的演变途径和演变方式。第四，同源词比较中的择词问题：首先应该考虑择词的时代背景，不要把语系分化以后出现的事物放到论证语系共同语中去；其次，要避免用"拉郎配"式地把毫无关系的词硬凑在一起，也要避免把由于时间跨度久远而语音上变得面目全非的词抛在一边。

关于汉藏语系里的代词化现象——一个语法化的实例 孙宏开撰，载《东方语言学》，上海教育出版社，2008年。

汉藏语系语言里有代词化现象，这一点似乎国内外语言学界已经没有什么争议。早在19世纪末《印度语言调查》的作者，已经将喜马拉雅一带的藏缅语族语言分成代词化语言和非代词化语言。20世纪40年代，罗常培先生在调查云南省的独龙语时，也发现了比较典型的代词化现象。但是哪些语言里有代词化现象，哪些语法特点算代词化现象，特别是一些语言里代词化现象的遗存，因为它已经缺乏系统性，有的甚至是一些蛛丝马迹，因此算不算代词化现象，不同的学者有不同的看法。该文拟根据个人掌握的资料，对汉藏语系语言里的代词化现象做一个概括性的介绍、分析和解释，主要涉及动词的人称范畴和名词的人称领属范畴。这两个范畴的构成都是将人称代词的一部分经过语法化以后作为词缀，加在动词的前后或做名词的词头表示人称一致关系。文章还认为，现在保存在汉藏语系里的亲属称谓前面的"阿"词头，就是原始汉藏语系第一人称的残存形式。

关于回鹘文文献中名词的数范畴 米叶沙尔·拜祖拉撰，载《语言与翻译》1995年第3期。

名词的数范畴表示名词所反映的客观对象在数量上的特征。回鹘文文献中的数分为单数和复数；在词干后的附加成分排列中，数范畴附加成分是排在第一位的。（1）数范畴的表示形式；名词单数用零形式表示，不加任何附加成分；构成名词复数形式的手段有词尾变化——"名+LAR/LER"和内部屈折——用词根内部的语音变化，即-n、-t来表示复数。（2）词干最后音节与复数附加成分之间存在着各种对应形式的元音和谐。（3）文献中，如名词前有"很多、所有"等表示数量的修饰词时，名词为复数形式，复数附加成分不能省略；几个名词在句中作同等成分，且又表示复数时，每个名词都是复数形式，前面名词的复数附加成分不能省略。（4）在文献中，基数词作名词的定语时，名词一般是复数形式；约数词+名词，名词同样是复数形式；bir+名词或iki+名词表示双数（-双）时，名词是单数；基数词+量词+名词时，名词是单数。（5）名词复数形式的意义主要表示种类多、表示尊敬、表示一个以上的数量和表示约数。

关于"混合语"之我见 陈宗振撰，载《中国民族语言论丛（2）》，云南民族出版社，1997年。

该文就"艾努语"的性质问题进行了分析。（1）"艾努语"是不是与维语有本质差别的另一种语言？根据已发表的所谓"艾努语"的语音、词汇、语法材料，仅以1200个特有词作为主要依据，而没有较多的语法构造方面的差别，不能说它是一种与维语不同的另一种语言。（2）"艾努语"是否"混合语"？"艾努语"既不是"克里奥耳艾努语"，也不是"克里奥耳维吾尔语"。（3）所谓"艾努语"与维吾尔语究竟是什么关系？"艾努语"应被视为维吾尔语和田方言中艾努人这个社会集团使用的一种社团方言。（4）"艾努语"不是"混合语"；而五屯话是混合语，但为汉语的"异体方言"。两者都不是斯大林所说的"第三种语言"，不能作为批驳斯大林论点的有力证据。（5）"混合语"是"新的第三种语言"的基础吗？不对某种语言是经过"混合语"阶段发展而形成的"新的第三种语言"的过程进行详细而缜密的研究，而得出的简单结论是没有说服力的。

关于混入汉字中的契丹大字"[幺ム]"的读音 刘凤翥撰，载《民族语文》1979年第4期。

"[幺ム]"字的字音和字义关系着对辽、金、元三朝的军制、官制和户制的理解。因此，中外知名的史学家，如日本的箭内亘、羽田亨和中国的王国维、陈述、朱子方、谷霁光、罗继祖（笔名谮士）等人均曾讨论过"[幺厶]"、"[幺厶]"二字何为正字，何为别字以及"[幺厶]"原本是契丹字还是汉字的问题。该文从介绍分析诸家之说入手，利用新出土的契丹大字《北大王墓志》，并参照女真字的研究成果以及邵远平所著《续宏简录》的记载，认为契丹大字中的"[幺厶]"乃是参照汉字"幼"或"幺"创制而成，其读音也近似于汉字"杳"或"幼"的读音。契丹大字创制于辽神册五年（920）。在此之前的汉字字书典籍中无"[幺厶]"字，在此之后的辽、金、元史籍中才有此字。因此，作者主张汉籍中的此字乃是混入的契丹大字。文章还释出了契丹大字中的"蛇"。

关于基础方言标准音问题 清格尔泰撰，载《语言文字论集》，内蒙古大学出版社，1997年。

1962年，《内蒙古自治区蒙古语文工作暂行条例》表明，蒙古语文工作上了一个新台阶。（1）蒙古语的规范工作应在长期书面语规范传统的基础上，充分考虑新中国成立后各地交往的频繁、文化教育事业的发展、各地方言逐渐向书面语靠拢、书面语本身也逐渐接近口语等情况来进行。（2）为使蒙古语在语音上规范，以"正巴语音"即正蓝旗、巴林右旗地区所包括的语音为标准音。在这一地区内，语音上若干细小的差异，根据蒙古语发展趋势，各地口语普遍性和现行书面语相一致等原则规定取舍标准。（3）进行词汇和语法规范，主要是以普遍性和顺应语言的内部发展规律为原则。对普遍性大的或者有生命力的要积极吸收在书面语中加以规范。语法方面应以活的语言为主，并对书面传统中好的东西加以继承，应该把历史的选择和有计划地规范结合起来。（4）语言的规范，是一个广泛的社会工作，需要各方面通力合作。有关业务领导部门要有计划、有步骤地采取措施推广标准音。

关于记录和翻译少数民族民间文学的几点意见 傅懋勣撰，载《傅懋勣先生民族语文论集》，中国社会科学出版社，1995年。

少数民族语言的民间文学作品的形式是多种多样的。一般有诗歌、长篇叙事诗、故事传说、神话、童话、儿歌、寓言、格言、谚语、笑话、谜语等，有些民族还有说唱，如：藏族的《格萨尔王传》、苗族的《嘎百福歌》、白族的《大木曲》；有些民族还有戏曲或戏剧，如：藏戏、蒙古戏、壮戏。傣族有《十二马》，彝族也有《阿佐分家》。根据以上情况，作者建议采录、翻译少数民族民间文学的同志，对有拼音文字的民族要学会他们的文字或者学会记录那种语言的音标；对没有拼音文字的民族，要学会记录那种语言的音标，在这里应该指出，有些民族的文字和口语的距离较大，同时在方言复杂的情况下，用本族文字去记录，会遇到一定困难；可是对任何语言的民间文学来说，只要会一套相应的音标。即使不会民族文字，也能完全准确地进行记录。从这个意义上来考虑，音标的效用比民族文字的效用更大。为了同懂民族文字而不懂音标的同志共同研究方便，最好也会民族文字。

关于嘉戎语的声调问题 林向荣撰，载《中央民族学院学报》1989年第5期。

该文以嘉戎语东部方言代表点的卓克基话为主，就存在的一些特殊的现象，对声调问题作一些探讨。卓克基话的单音节词里，共有两个调型，一为平调44，一为降调53。在带有词类标志性的前缀的双音节词里，第一音节为低平22，同声韵的词，要靠词根声调来区分它的词义，其调值：一为高平44，一为高降53。第一音节的低平22，没有在一般词中出现。在3000多个嘉戎语词中用声调来区分词义的共有十多对。西部方言二岗理话有17对，西北部方言革登话有32对。声调在嘉戎语中也起一点区分语法意义的作用。如卓克基话，第二、三人称动词词根前的现在时时态前缀和过去时时态在语音上完全相同时，靠前缀的声调区分。西部方言二岗理话的声调也有类似的语法作用。从以上迹象来看，作者推想：这些声调不是本语所固有的，而是受外界影响产生的，广大人民不习惯使用它。另一方面，它的另一种符合自己语言特点和习惯的语言成分（复辅音、辅音尾、复辅音尾、清浊对立音尾）发展起来了，这一现象阻碍了声调的发展。

关于句法结构分析——根据蒙古语材料 清格尔泰撰，载《内蒙古大学学报》1986年第2期。

一、基本想法和做法。（1）"词组成分"可以给句子成分和直接成分搭上桥。（2）词组成分与词类既有关系，又有区别。（3）词组成分与句子成分同样既有关系，又有区别。（4）词组作为词的结合，都有其内部关系和对外关系。（5）表示词组的内部关系（以及对外关系）的形式，有词序、词法形态、虚词等。（6）复杂结构的相互关系的层次可以用一些符号表示。二、蒙古语词组类别。（1）体述关系；（2）定体关系；（3）宾述关系；（4）状述关系；（5）联合关系；（6）辅助关系。三、蒙古语句子类别。（1）句子一般由主语、谓语部分组成；（2）主语和谓语可各由一个词汇单位组成单层句；（3）主语和谓语或其中的一个由词组构成，可构成二层句；（4）主语和谓语或其中的一个由词组构成，而且其中一个词组的成分也由词组构成时，就构成三层句；（5）依此类推；（6）句子由单层向多层扩展时，采取词组不断扩展的途径；（7）一个完整的句子结构既有结束形式，又有句子语调；（8）一个句子里包含两套以上的体述结构或句子形式，且互不构成句子成分时，称之为复合句。四、分析句子的步骤。可采用从大到小、从小到大，或者交替使用两者的办法。

关于句子的基本变体 巴扎尔拉格查撰，载《民族语文研究情报资料集》，中国社会科学院民族所语言室1985年第6期。

该文探讨了蒙古语句子的基本变体问题。在发某个语音的过程中，会出现各种各样的变化。与此同时，句子也有许多变化。从不变化的角度即抽象地来研究句子的叫深层结构，而从变化的角度即具体地研究句子的叫表层结构。句子不同，其意义完全不同。将句子向外作比较，主要意义不同的独立句子可以称作深层结构、核心句、母句，而把该核心句在不变其主要意义的情况下，稍加变化，向里作比较，称之为表层结构、非核心句、变体句、派生句。尽管语流中出现的各种变体句都是句子，但该句子的意义同实际情况比较起来，核心句的基本变体有如下特点：（1）由主语或该动作的主体和谓语或该主体的动作两者组成；（2）主语通常用主格形式表示，谓语用现在时形式表示。从大量的例句中可以看出，蒙古语的核心句（基本变体）主语的语义单位表示有生命的或无生命的物体，用无转义的词单位来表示，主语的语法单位是主格形式，谓语的语义单位是表示及物的还是不及物的动作，用无转义的词单位来表示，语法单位是动词现在时形式。

关于科右中旗夜巡牌阿拉伯字字母文字释读的再讨论 郝苏民、刘文性撰，载《民族语文》1996年第3期。

科右中旗夜巡牌上共有四个词。第二个词是sab"夜、夜间"，第三个词是gast"行走"。关于第一个词笔者不同意读作LAB的意见；对刘迎胜将第一部分读作ASMAKHT的意见就表示怀疑；"第一个字是az，第二字是jahat，两个字合起来是一个意思，为'为了'"，对这种读法就有疑点；读作a-mir，有两个明显的疑点。笔者认为第一个词由A、R、S、A、X组成，读ARSAX，义为"夜巡者"。第4个词是由b、t、r组成，当读作patar，义为"护身符、牌符"。笔者以为科右中旗夜巡牌上的波斯文用音标转写出来应为"ARSADSABGASTPAR-AT",译成汉语为"夜巡者(在)夜间通行(的)牌符"。

关于侗语的系属问题 梁敏撰,载《广西民族研究》1990 年第 3 期。

该文提出了侗语属于南亚语系孟—高棉语族的观点。认为从类型学的观点来看,侗语跟壮侗语族诸语言比较接近:(1)侗语除单纯声母和腭化、唇化声母外,还有带鼻冠音的浊塞音声母 mb、nd。(2)带韵尾时,部分元音有长短对立的现象。(3)有 i、u、m、n、ng、p、t、k 八个韵尾。多数元音都可以跟这些韵尾结合。(4)所有音节都由声母、韵母两部分结合而成,每个音节都有一个固定的、具有区别词义作用的声调。(5)词汇中,单音词和双音词居优势,没有性、数、格、体、式、态等形态变化。(6)语法关系主要靠语序和虚词表示。主要语序是:主语在谓语前面,宾语、补语在动词谓语后面;以名词、量词为中心的修饰词组,修饰成分一般在中心词之后。文章的结论是:侗语已基本完成了从南亚语类型向壮侗语类型的过渡,与南亚诸语言共同的语词也逐渐减少,而增加了自己独有的语词,并从周围的语言吸收了部分借词和语法手段而形成了侗语目前的面貌。尽管如此,从发生学的观点来看,侗语属于南亚语系是很明显的。

关于满语领造格词缀和蒙古语领属格词缀宾格词缀的比较 哈斯巴特尔撰,载《满语研究》1993 年第 2 期。

满语领造格词缀与蒙古语领属格词缀和宾格词缀的语法意义和语音形式存在着相同点。在语音形式方面,满语的领造词缀-i(-ni)来源于更早期的 *-in;蒙古语的领属格词缀-yin、-iin、-un、-n、-u 和宾格词缀-yı、-yi、-ı、-i 来源于更早期的 *-ın、*-in。满语中的 *-in 现已消失,它与蒙古语有同源关系。在语法意义方面,满语的领造格词缀主要表达领属意义,行为客体意义,工具、材料等意义,共同行为者或行为对象的意义。蒙古语的领属格词缀和宾格词缀主要分别表达领属意义和行为客体意义;有时表达工具、材料等意义;有时表达共同行业者或行为对象的意义等。在表达意义方面,这两种语言的上述词缀互相一致,所不同的是,蒙古语中上述后两种意义已经完全消失,它们的痕迹只保留在中世纪蒙古语中,但是在满语中这些意义依然保留着。

关于蒙古尔语中的主观语气与客观语气

清格尔泰撰,载《语言文字论集》,内蒙古大学出版社、1997 年。

蒙古尔语具有许多与蒙古语不同的特点。表示谓语的助动词(i:或 a)的变换使用,就属于蒙古尔语的一个显著特点。在蒙古尔语中动词性谓语也好,静词性谓语也好,很多都有一个助动词 i:或 a 来协助。这里 i:或 a 起一种类似系词的作用。关于 i-a 的对立,或者说关于 i-a 的存在,从 30 年代初莫斯铁尔写蒙古尔语语法时就已发现,但在当时未弄清其意义。50 年代中期调查蒙古语族语言时,搜集了不少有关这个问题的材料,但关于它的意义也没有完全解决。后来我们在 1980 年调查蒙古尔语的过程中,继续注意观察这个问题,并进行一些讨论。现在把我们的意见提出来,以供进一步探讨。从 50 年代中期以来,对于这个现象的语法意义提出了种种不同的看法,主要有:(1)表示人称差别,具体说 i:表示第一人称动词,a 表示第二、三人称动词;(2)表示肯定式与不定式;(3)表示确定语气与非确定语气;(4)我们根据蒙古尔语的情况倾向于认为:它协助其他词构成谓语的同时,还附加语气意义。

关于蒙古语词的结构类型 白音朝克图撰,载《内蒙古大学学报》哲学社会科学(蒙文版),2005 年第 1 期。

该文作者把蒙古语词的结构类型分为黏着型结构的词和分析型结构的词，并对后一种又分了若干类型。一、黏着型结构的词。该文对黏着型结构的词的分析在定义、提法等方面有一些新观点。如作者把词根分为单纯词根（没有具体意义不能独立运用的构成新词的原始基础语音成分）和词干词根（有具体意义、能独立运用的原始基础语音成分）。对词干（分原始词干和派生词干）和词缀（分构词词缀和构形词缀）等的分析与其他学者的观点基本一致。二、蒙古语的分析型结构的词中有很多孤立词根、孤立音节（或音节群）和孤立词干，对这些孤立成分，在学术界有"模拟词""前置词""后置词"（或后附词）、"助词"等不同的解释。对这种解释作者持有不同观点，并对上述各类"词"进行具体地分类描述。（1）孤立词根词：①重复式孤立词根词；②复合式孤立词根词（有单纯复合式孤立词根词和混合式孤立词根词之分）。（2）孤立音节（或音节群）词：①重复式孤立音节词；②复合式孤立音节词（有单纯孤立音节词和混合孤立音节词之分）。（3）孤立词干词：①重复式孤立词干词；②复合式孤立词干词（有单纯孤立词干词和混合孤立词干词之分）。（4）复合词：①分析型复合词；②黏着型复合词。（5）重叠词等。

关于蒙古语的词重音　白音朝克图撰，载《内蒙古大学学报》哲学社会科学（蒙文版），1987年第4期。

关于现代蒙古语的词重音问题，作者介绍了认为词重音在词末音节上、认为词重音落在长元音和复元音上、认为词重音是自由重音、认为词重音在词首音节上等不同观点。作者也表示支持词重音在词首音节的观点。关于古代蒙古词重音的问题，作者介绍了认为词重音在词的首音节上、认为词重音在词的末一个音节上、认为古代蒙古语的词重音起初在词末音节上、后变成自由重音、到中世纪时重音前移到词首音节上等观点。作者认为，古代蒙古语的词重音仍在词首音节上。关于词的次重音问题，作者介绍了认为词的第二音节上有次重音、认为在长元音上有次重音、认为形成长元音的复音节后一个音节元音上有个重音等多种不同观点，并认为蒙古语的词没有次重音。关于词重音的音质问题，很多学者认为，蒙古语的重音是力重音。作者认为，蒙古语没有力重音，蒙古语词的首音节元音的音色清晰、音质稳定，但词的首音节元音上没有附加的发力的语音音素。所以现代蒙古语的词重音与力重音比较而言只保留音色特点的、低沉的重音。古代蒙古语词的首音节上可能有过力重音。关于词重音的作用问题，有些人认为，古代蒙古语的词重音曾有过表义作用。但绝大多数人认为，蒙古语的词重音一直没有表义作用，该文作者支持"蒙古语词重音没有表义作用"的观点。

关于蒙古语的某些构词后缀　葆录撰，载《民族语文》1981年第3期。

该文介绍的构词后缀一般是从前未提到过的，或者以往虽然提到过但需作补充的。作者提出了"跨类后缀"的概念，即某些后缀具有双重功能，跨静词、动词两大类。在列举了派生名词、形容词和名词——形容词的各种词缀后，作者着重讨论了有一部分词它们既可以是静词，又可以是动词。在一般语法书中看不到有关这方面的论述。兰司铁虽然注意到这一问题，但是没有举出任何实例。该文作者搜集到近五十对这样的词。虽然不排除有个别偶然巧合的可能，但就整体来说，成对词相互间在概念上，构成上的必然联系是毋庸置疑的。因此，构词法除复合法、派生法还有转类法。成对词来源上孰先孰后的问题可以在亲属语言中找到例证，如西喇裕固语 teBeb 变动词要加后缀-le，不在接转类，可见静词在先。最后作者对跨类后缀作了分析，分出甲、乙两种。

关于蒙古语的音节问题　呼和撰，载《民族语文》1998年第4期。

文章根据语音实验数据对蒙古语口语的音节类型、音节界限、语音的有声单位和抽象单位的区别与联系进行了讨论。一、音节类型统计结果：（1）一个音节中可以容纳 1—6 个音，非词首不出现以元音开头的音节。（2）词首音节的类型最多，共出现 17 种类型，其中出现频率最高的是 CV 音节，其次是 CVC 音节；词中音节中出现频率最高的是 CVC 音节，其次是 CV 音节；词尾音节中出现频率最高的是 CVCV 音节，其次是 CVC 和 CV 音节。蒙古语的各类音节中 CV、CVC、CVCV 为较活跃的音节。二、音节的界限问题。C1、C2、C3 为浊辅音时的各音节谷和音节谷总平均值都相对强于 C1、C2、C3 为清辅音时的各音节谷和音节谷总平均值。三、语言的有声单位和抽象单位。蒙古语口语可分为 22 种音节类型，6 个音节位。蒙古语里没有重音，只有使语言产生节律美的韵律特征。

关于蒙古语复合词的界说 贾晞儒撰，载《民族语文》1997年第5期。

（1）关于词序分析法。蒙古语是一种黏着型的语言。一个词可以有好几个词缀，每一个词缀只表示一个语法意义。但是，蒙古语在组词造句方面也有着比较严格的词序要求，即按照句法规则组成一定的复合词、词组和句子时，其组成成分之间的顺序一般不能随意变动。（2）关于复合词的语义级。在复合词这个框架里，一般说来，后面的那个组成部分在语义方面是结构中心。当它们被用于句子之中要发生形态变化的话，就只表现在后面的那个组成部分上面。蒙古语复合词内部各组成成分之间的联系状况可分为三个层次：①语义联系是融合性的。②语义组合关系与语法结构关系基本一致。③是一种组合关系。（3）语法形式相同与语法单位的同一性问题。复合词和词组有许多是同形结构，这种相同性就造成复合词和词组的定界困难。形式是否固定，关键在于语义的结合特点和语义联系的紧密程度。

关于蒙古语和满语某些复数词缀 哈斯巴特尔撰，载《内蒙古大学学报》1991年第3期。

蒙古语复数词缀-t 和在它基础上派生的复数词缀以及蒙古语族语言有关复数词缀具有同源关系，在词源上是从构词词缀-tan、ten 虚化发展而来的。-t 词缀的出现频率很高，可以接缀于以辅音结尾的词干后，也可接缀于以元音结尾的词干后。-t 是原有的复数词缀，-s 是-t 出现于元音之后的变体形式，出现于元音之后的 t 演变为 s 的现象可以证明这一点。满语中的复数词缀有-ta、-te、-sai、-sei、-sa、-se、-si、-so，可以将其划分为-ta、-te、-sa、-sei 和-sa、-se、-si、-so 三种类型，它们主要接用在表达人的名词后，表示"……等"的复数意义，在少数情况下也接缀于动物名词或非动物名词后，常以-sa、-se 的词缀形式出现。满语上述复数词缀是从早期形式-tan、ten 发展演化而来的。通过比较，作者认为两种语言的复数词缀具有发生学关系，它们的早期共同形式是 * -tan、 * ten。

关于蒙古语和土耳其语中的构词附加成分 武·呼格吉勒图撰，载《论文与纪念文集》，内蒙古大学出版社，1997 年。

（一）在书面蒙古语中有一个构词附加成分-lir/-lig，在现代蒙古语口语中按着元音和谐律表现为-lag/-lacg/-log/-log，附加在名词或形容词词干后面构成新的名词或形容词。（二）现代土耳其语中，也有一个类似于蒙古语附加成分-lir/-lig 的构词附加成分-lrk/-lik/-luk/-lk。该附加成分可以根据元音和谐律将上述四种变体附加在名词或形容词词干后面，构成新的名词，但不构成形容词。（三）从前述描写中我们可以发现：（1）蒙古语的-lir/-lig 附加成分和土耳其语中的-lrk/-lik/-lk 附加成分都有从名词或形容词构成名词的功能；（2）此外，蒙古语中还有从名词或形容构成形容词的功能，但在土耳其语中却不具有此种功能。（四）关于蒙古语构词附加成分-lir/-lig 和土耳其语的-lrk/-lik/-lk 的关系及其起源问题，兰司铁和波普等阿泰学者认为，具有同源关系；克劳森和埃文·霍夫德豪根等学者认为，是蒙古语借自突厥语；巴斯卡科夫和葛玛丽对蒙古语和突厥语的该附加成分做了比较，只称作"有很大的共同点"。

关于蒙古语史上"i 转折"的有关问题

栗林均撰，载《民族语文研究情报资料集》，中国社会科学院民族所语言室1985年第5期。

该文探讨了蒙古语史上的"i 转折"的几个问题。兰司铁在《蒙古旧书面语和乌尔格方言的比较语音学》中强调指出的"i 转折"现象也是乌尔格方言当中一个重要的语音变化之一。也就是说，在蒙古旧书面语中，第一个音节里具有元音 i 的词，若在乌尔格方言中同一个词由于受后续音节的其他元音的渗透，使第一音节的元音 i 转变为另一种元音的现象。但是，蒙古音韵史上的"i 转折"现象，还存在着许多例外的"不规则"问题。过去的研究者不是对每个方言的转折现象进行实际调查之后才制定出元音 i 转折的对应图式，而是把同预先制定好的分类原理相一致的语音现象归为"规则性"，而把不一致的归为"例外"。在解决这个问题的时候，最重要的是首先尽可能系统地调查和分清每个方言里"i 的转折"现象的实际情况。对蒙古语史来说，主要的问题是要超越单个方言的框框，去追溯远古时期各方言间共有的一部分"转折"现象。

关于蒙古语外来词词汇规范问题

芒·牧林撰，载《内蒙古师范大学学报》1984年第1期。

蒙古语外来词的规范化原则问题。一、与蒙古语固有词重叠的外来词不再保留。对已经进入蒙古语的外来词，除保留那些蒙古语固有词汇中没有可表达该事物、概念的词或等义词外，要舍弃那些与蒙古语词词义等同的重叠词。二、在不同语言来源的同义外来词中，只选留一种。（1）要保留国际通用词；（2）国内外语种要适当区别对待；（3）社会上通行的原则。三、遵循"约定俗成"的原则。四、用蒙古语词取代的原则。从蒙古语词汇体系中将那些早已被蒙古语词取代的外来词清理出去。五、对同一个词在蒙古语中变成两个以上的不同名词者，要持兼收并蓄的原则。六、直接从原词加工吸收的原则。对于同一个外来词的直接吸收形式和间接吸收形式并存的现象，应保留前者而舍弃后者。七、通过语言实践再选择的原则。把那些目前一时难以确定取舍的外来词先保留下来，经过一个时期的实践后再作选择较为妥当。

关于蒙古语文研究中的"中性"之说

白音朝克图撰，载《内蒙古大学学报》哲学社会科学（蒙文版），2005年第5期。

作者详细介绍了国内外学者对蒙古语文研究中的"中性"称谓的各种解释，并阐明了作者的不同观点。（1）一些人把蒙古语（含书面语）语音的"阳性"和"阴性"同音势的强弱相提并论。认为"中性"元音的音势处于强音和弱音中间。作者认为，从字面上理解蒙古语的"阳性"和"阴性"两个名称与音势的"强"和"弱"的名称基本一致。但蒙古语的"阳性"元音和"阴性"元音音质没有强弱的差别。所谓的"中性"元音，有的归"阳性"元音，有的归"阴性"元音，所以，"中性"元音音质处于强弱中间的说法也是错误的。（2）一些人想用舌面位置的不同来解释"中性"元音与"阳性"元音和"阴性"元音的不同。认为"阳性"元音属舌面后，"阴性"元音属舌面中，"中性"元音属舌面前。实际上这种解释也说不通，因为舌面后既有"阳性"元音，又有"阴性"元音，舌面前也既有"阳性"元音、又有"阴性"元音。（3）在蒙古语的研究中，人们认识到蒙古语元音的"阳性"和"阴性"特点不是超语音学现象，在用音的强弱和舌面前后解释不通"阳性"和"阴性"

的情况下，一些学者提出，蒙古语的"阳性"和"阴性"与发音器官某些部位肌肉的松紧（含舌的状态）有关。而坚持蒙古语中有"中性"元音的人认为，发"中性"元音时，发音器官肌肉既不太紧也不太松。作者认为，这种推断的说法也不宜采纳。（4）文字学家和语法学家根据"i"等字（或元音）在词中既与阳性元音结合，也与阴性元音结合为由，称"i"等元音为"中性"元音。作者认为，蒙古语（含书面语）元音和谐律是识别蒙古语元音性质的最好的一个办法。但鉴别元音性质时，既看元音在非首音节与其他元音的关系，也看相关元音本身的音质有无变化；既看元音在非首音节与其他元音的结合，也看相关元音在词首音节时影响、选择和确定后续音节元音的情况；在书面语中，既看文字符号，也看符号所表示的音质区别。按这个原则，从蒙古语（含书面语）的元音和谐角度说蒙古语（含书面语）的元音只能分为阳性元音和阴性元音两类，不存在两者之间的所谓"中性"元音。在词的非首音节一些阳性元音与阴性元音结合，一些阴性元音与阳性元音结合是正常现象。这是与语言或方言的元音和谐律不够严紧和严格有关。该文认为，创制（或启用）蒙古文及其前期的古代蒙古语的阳性"ï"[1]和阴性"i"一直保留到现代蒙古语（含书面语和一些土语）中。

关于蒙古语族"格附加成分"的问题
王鹏林撰，载《民族语文》1983年第1期。

作者提出蒙古语族语言的格范畴，是"附加成分"还是"助词"的问题。首先考察了波布罗夫尼科夫从词的语法变化着眼划分出静词、动词、助词三大类的依据。作者认为"格附加成分"可以跟短语发生语法关系，不好被看成单词的形态成分。"格附加成分"是后置词。它和静词的关系不是相互依赖、密不可分的，而是有可分性和游离性，两者之间可以被别的东西隔开。"格附加成分"既跟单个词又跟短语发生语法关系。作者还对F. H. 巴克等区分"格附加成分"和后置词的三条标准一一作了评论，指出：不能独立于名词或代词之外而存在的东西不光是"格附加成分"，还有后置词和其他助词；以元音和谐原则划分"格附加成分"也是靠不住的标准；用重音作标准也欠妥当，重音不能成为确定词的界限的本质特征。

关于蒙古族动词词组问题的思考 特图克撰，载《民族语文》1998年第6期。

一、蒙古语句子动词性成分的相对时间和绝对时间。述语或动词性成分的最重要特征是其时间性，蒙古语动词的时间性体现在相对时间和绝对时间两个方面。相对时间是指动词所表示的行动、状态和变化，有一个随时间展开的内部过程，绝对时间是指一个动词所表示的行动、状态、变化是否实现为外部世界时间流逝过程中的一个事件，这里包括过去时、现在时和将来时。二、蒙古语陈述式动词与形动词、副动词之间的联系。这种联系主要表现在以下几个方面：（1）在语法时间上有对立统一关系。（2）形动词相对时间在一定条件下可转化为绝对时间。（3）时间的一维性对并列谓语形式的制约。三、动词体述结构和动词主谓结构，体述结构和主谓结构的相似点是，语义结构相似，都由一个表述构成。可是，体述关系范围广，主谓关系只是它的一部分。

关于蒙古族语言虚词 包联群撰，载《内蒙古大学学报》1997年第6期。

该文通过相互对比描写了蒙古语族语言的虚词体系，探讨了蒙古语族语言某些虚词的来源及其他们之间的相互关系，并对各亲属语言与蒙古语同源的特点和各亲属语言虚词借词的特点进行了阐述。各亲属语言的固有虚词与蒙古语在语音上完全相同的只占少数，大部分不是在语音上或在词义上存在着差异。各亲属语言由于周围环境、历史等方面的原因，借用虚词也很有特色；有些借入的词并不是简单地套用,而是结合起来共同表达一个意义;有些是根据该语言的内部规律被重新组织,适应了该语言的特点;有些被借入的虚词接缀了固有的附加成分后在语音面貌或词义上都不同程度地适应了该语言的规律而成为其组成部分。全文分诸亲属语言虚词的演变特点和对亲属语言某些虚词来源的推测两大部分。

关于苗文规范化的几个问题 田深泥撰,载《中南民族学院学报》1992年第4期。

该文就苗文读音、书写、新老汉语借词规范化等问题谈了看法。一、读音规范化。苗语三大方言的苗文基本符合苗语规律,具有科学性、可行性和实用性。文字的统一,首先是读音的统一。方言文字运用的统一,为我们提供了科学的经验,先方言内部统一,再通过多方式的交流,以书刊、广播、电台等形式来互相沟通、吸收、渗透、融合,达到完全统一。二、书定规范化。(1)大小写。起段文章的、应用文的、诗歌句的第1个字母大写;人名、地名、专用名词、文章大标题、路标等全文大写。(2)移行。单音节词把整个音节移下,双音节以上,以音节为排字单位,排满后在音节后加一横线。(3)缩写。采取声母中间打点连接下音节。(4)标点符号。三、借词规范化。汉借词已经融合于民族语言中,已变成自己的语言,就须按本民族文字要求去描写,新借词应按文字书写有关规定去书写。新借词的读音,以西南官话来记录汉借词,这样做就有相当一部分词汇在三大方言里通行,为苗文的统一提供了有利条件。

关于民族语文的学习使用问题 清格尔泰撰,载《语言文字论集》,内蒙古大学出版社,1997年。

一、一般性认识。作者认为,自治区领导机关1953年的有关蒙古语文工作的指示和1962年提出的有关蒙古语文工作的条例是正确的。简要说来就是:在内蒙古地区,学习方面蒙汉语兼通,使用方面蒙汉语通行。二、关于群众性初等教育。内蒙古自治区采取在充分发挥民族语文作用前提下,鼓励想进一步提高文化的人走向蒙汉兼通的道路,显然是正确的,是符合广大群众的利益和民族文化教育事业发展的利益的。三、关于各级学校的语文教育。(1)小学阶段:日常用蒙语的地区各课都以蒙古语文授课为主。其中语文课程,从适当年级开始(如二、三年级)加授汉语语文。(2)初中阶段:语文类课程中蒙、汉、外三种语文,大约各占1/3。(3)高中阶段:语文类课程中,外语文占一半,蒙汉语文加起来占一半。四、关于干部中的蒙古语文学习、使用问题。要求大致可以分为:(1)会话;(2)初等(小学毕业)水平;(3)中等(初中毕业)水平;(4)高等(高中毕业)水平;(5)专业(大专蒙古语文专业毕业)水平。

关于纳西语的松紧元音问题——兼论彝缅语语音历史演变的研究方法 戴庆厦撰,载《民族语文》1993年第1期。

文章就纳西语有无松紧元音及怎样认识彝缅语语音的历史演变两个问题,与杨焕典《从纳西语的紧松元音对立看汉藏语系语音发展轨迹》一文商榷。文章列举纳西语七个点的记音,证明纳西语的元音没有松紧对立,只有松元音,没有紧元音。认为杨文中所列的紧元音,其实际音质大都是acr。文章又认为,杨文提出的"汉藏语系语音发展的历史轨迹很可能是先有紧松元音的对立,即用这种区别词义,接着紧元音逐步消失,然后才有促声韵和鼻尾韵的出现……"是不成立的。一是认为杨文没有任何语言事实做根据。二是杨文唯一的论据是经济文化发展的快慢决定语言发展的快慢,把汉藏语诸亲属语言的特征按经济文化发展的快慢排个次序,然后断定谁先谁后,是不可取的。因为社会发展与语言发展并非同步,语言上的变化并非都能从社会上找到原因。文章重申了彝语支松紧元音韵母的对立来自舒促对立的观点。

关于纳西族图画文字和音节文字的几个写本中一处正文的校订问题　傅懋勣撰,载《民族语文》1984年第4期。

文章对纳西族图画文字写本《白蝙蝠取经记》中原文77节已讲到"蛙的膀胱走向北边,产生了水的方向"且与纳西族以五行配方向的传说相符,到78节末尾又出现"长子产生了南方,长女产生了北方"的叙述,重视重复的问题,参照美国哈佛大学藏本和作者收集到的有关八方、八门的资料,参照对比,认为第78节末尾的字组"长子产生了南方,长女产生了北方"撤下来,校订后当用"蛙的长子产生了东南龙座,长女产生了东北牛座"来代替。作者又参照哥巴文《白蝙蝠取经记》写本,认为两种写本都存在需要校订的问题。

关于"女书"研究中的几个问题——与谢志民同志商榷　高彦鸣撰,载《中央民族大学学报》1995年第2期。

文章对"女书"研究中存在的问题加以讨论,文章认为"女书"起源、族属研究中存在自相矛盾的论述,如认为"女书"是一种汉文,属汉字支系,又认为"女书"是古代越人文字的孑遗,或楚文字、巴文字的论断。有人根据"女书"中的刀字提出"至迟在春秋战国之前,女书系文字就已在或齐、或燕、或齐、燕、赵近邻的某一地区流传了",实际,从历史、文字、考古民俗诸多方面考察,这个立论是难以成立的。关于"女书"字词中遗留的百越语底层和文化底层,也存在问题。第一,把江永上江圩土语词汇中普遍通行于群众口语的语言现象说成是女书中特有的百越语底层;第二,在谈百越底层问题时,必须区分清楚究竟是百越语和汉语之间的同源词还是百越词语的固有词;第三,还应该区分究竟是本民族固有词还是某一地区某一时代的借用词。另外,对女字的注音也有问题,同一个字常常被注成几个不同的读音,让人无所适从。

关于女真大小字的问题　道尔吉撰,载《内蒙古大学学报》1980年第4期。

作者对女真大小字的问题提出了自己的看法:(1)女真文字的产生。女真文字是在契丹文字的基础上产生的。(2)关于女真大字问题。完颜希尹所撰女真大字是依仿汉字楷书字体,因袭契丹大字制度,在契丹大字的基础上,通过借用、改笔等方法,制成若干个能够表达女真语意义的词字,而这些词字所代表的音值是不固定的,有的代表一个音节,有的代表几个音节,这正体现了多音节语言的特点。女真大字的典型形式在女真数词中完整地保留下来了。(3)关于女真小字问题。女真小字是在女真大字基础上制成的表意表音相结合的文字。其书写形式仿照了契丹小字的叠写形式。实际上,女真小字是意字向音字转化的过渡形式。(4)现存女真文字是大字还是小字。现存的女真文字,似应为改变了原来女真小字书写形式的女真小字。它是大定年间正式定形、定音、定义,形成较为完备的、能够适应女真语言特点的文字体系。总之,女真大小字之间没有根本的区别。

关于诺苏——有感于戴文的商榷　李永燧撰,载《云南民族语文》1994年第2期。

文章认为,藏缅语群体中有的民族(支系)以黑得名,有的则以白得名,这是可信的。族称上以黑得名与尚黑有关,以白得名的与白字有联系。在哲理上说黑与白互相对立和互相区别,但并不等于说以黑得名的民族(支系)排斥以白得名的,只不过是在族名上相对称和区别罢了。对待民族心理不宜简单化。一个民族对颜色的爱好是广泛的,不能认为尚黑或尚白的民族必定排斥其他颜色。当然,由于某种习俗或迷信对颜色有偏见,这是有的。看来以颜色立族名与民族心理有某些联系,要做具体分析。该文的目的在于,从语言的角度说明诺苏以黑得名，即以"诺"字来看黑字。同理可以推断，纳苏、纳西、纳木义等族称中的"纳"字，聂苏中的"聂"字以及怒苏中的"怒"字也都是来自黑字。另外一些族名来自白字，如普米、尔苏、吕苏等族称中的"普""尔""吕"等都是白的意思。黑与白相反相成。

关于契丹小字的几个问题　即实撰，载《民族语文》1986年第3期。

该文就三个契丹原字的拟音问题与王弘力进行了商榷。首先讨论了王弘力拟音为［wan］的原字。通过分析后认为王弘力所举《辽史》中的"瓦里"、"算"、"滑里"、"洼"四个语词很难成为哪个契丹原字音［wan］的证据。王弘力解读为人名"团石"的意见不符合原字音值。人名"管仲"的解读虽是对的，但应修正一个原字的笔画。王弘力解读为"攒涂"的契丹小字应为"北别"。其次讨论王弘力拟音为［as］的原字，此原字应该为［guracs］，本意为"兽"。契丹语中的"虎"本意为"兽皇"而非"可汗们"。最后讨论王弘力拟音为［tan］的原字。王弘力拟音为［joutan］并释义为"再"的契丹小字应释为"崩"、"颓"。王弘力解读为"历七朝焉"四个契丹小字的释义不能成立。因此难以说明拟音为［tan］的原字拟音是否对。

关于羌族双语问题的讨论——兼论汉语对羌语的影响　孙宏开撰（英文），载美国《藏缅区域语言学》第25卷第2期，2003年。

该文分4个部分讨论了羌族双语制的形成过程和羌语受汉语影响的情况。文章从分析羌族在双语制条件下母语受到的影响中可以清楚地看到，汉语对羌语的影响面是很大的，影响的深度已涉及语言的本质部分。但这种影响是不平衡的。第一，从地域上看，有的地区影响大，有的地区影响小。第二，从内容上看，词汇上影响大，语音、语法影响小。从影响的结构层次来分析，首先是词汇，吸收的早期借词都适应了羌语的特点。通过大量吸收汉语借词，进而在语音上发生影响。值得注意的是，新出现的语音现象有的是羌语尚未消化的结果，有些已经进入羌语的底层结构，成为影响羌语语音发展变化的重要因素。语法上的影响目前仍处在表层，由于羌族没有书面语，一些复杂的句型能否在口语中永远保持下去，尚待时间的考验。文章分析了羌族双语制的形成过程和形成的现实，认为在我国多民族的国家中仅仅是一种模式，这种模式有一定的典型性。因为汉语、汉文作为我国各民族的中介语，不管接受与否，各民族都有可能出现一部分双语人。但是，许多民族语言由于所处的社会条件不同，历史发展的过程不同，语言发展变化和语言使用的模式不一定相同。羌族双语制的分析和研究，为我们在不同的历史条件下提供了一个语言演变、语言关系、语言运用的具体例证。

关于少数民族创制文字的若干问题　马学良撰，载《民族语言教学文集》，四川民族出版社，1988年。

解决民族语言文字问题必须从实际出发，充分注意少数民族使用语言文字的特点和学习语言的规律。我们认为，凡有本族语文的民族，应该先努力学好民族语文，让各民族的语言文字得到充分的使用和发展，在学好民族语文的基础上，根据自愿的原则，进一步选学汉语文。这样才有利于民族团结，才符合学习语言的客观规律，才能迅速发展少数民族的文化科学事业。至于一些现在只有语言没有文字的民族，他们使用文字的问题应如何解决，是创制新文字还是采用其他民族的文字呢？必须按照实际情况，慎重处理。有的民族由于方言分歧较大，短时期还不能共同使用一种统一的文字，可否先创制"方言文字"在不同方言地区使用，逐步过渡到文字的统一？这些都是摆在我们民族语文工作者面前比较复杂的问题，必须进行调查研究，充分听取本族人民群众的意见，根据不同的情况采取不同的解决办法。

关于少数民族语言中新词术语的问题

傅懋勣撰，载《中国语文》1957年第10期。

本文根据新中国成立8年来的情况，讨论民族语言的新词术语问题。指出当前的缺点：（1）有些词义不恰当；（2）同一意义用词不一致；（3）有些词义不好懂；（4）新词术语的数目还不能适应需要。产生缺点的原因：有些语文工作者在创制和借贷语词时走了两个极端，没深挖本族语汇和群众借词使用情况；没有系统、比较全面地研究新词术语。提出建立新词术语五项原则：（1）利用固有词或早期借词和语法成分来创制：予以新义；用构词规则创新词；参考汉语或其他语言的语义译作新词。（2）从汉语或其他语言音译过来：按借入民族群众的读音来写；完全按照借出语音来写；或者既根据本族语音也适当照顾借出语音。（3）构词成分次序不同，可按本族语规则或完全音译汉语。（4）一个民族使用几种文字，新词术语就尽可能求得一致。（5）两个国家的民族使用相同文字，新词术语能一致的一致，但不勉强。该文有北方和南方新老民族文字例证。

关于少数民族语言中新词术语问题的几点意见

傅懋勣撰，载《傅懋勣先生民族语文论集》，中国社会科学出版社，1995年。

关于怎样解决少数民族语言中的新词术语问题，文章认为：首先从汉语借入，适当地运用民族语言中可以发展的有生命力的东西，正确地制订新词。从外国语中借用我们所需要的和运用的成分。在创造和借入两个方面，有些语言在这方面发展得多一些，有些语言则在另一方面发展得多一些，必须根据各民族语言的具体情况，把这两个方面很好地结合起来。一般来说，创造新词术语有3种主要方式：（1）用单词或不能独立使用的根词结合成复合词；（2）在词根上加构词附加成分；（3）用单词构成词组。究竟在什么情况下使用什么方式和较多地使用什么方式，以及在第（1）种和第（3）种方式中用不用附加成分或助词，都要根据具体语言的情况来处理。新词术语基本上是属于词汇和词组的范畴的，但词语音、语法、语义、语言风格以及民族的社会历史和文化传统等方面，也有密切的联系。

关于释读契丹小字的几点意见

胡振华撰，载《中央民族学院学报》1978年第3期。

契丹语是我国历史上契丹人的语言。属于阿尔泰语系，比较接近蒙古语族的一种语言。契丹人有过两种文字，一种为大字，一种为小字。契丹小字是一种以音节、音素符号为主，夹有词符的混合体文字。释读契丹小字应注意以下几个问题：（1）在确定用来音译汉语借词的某些契丹小字原字的音质时，既要注意把这些汉语借词拟成汉语的中古音，也要注意运用与契丹语有亲属语言关系的语言中音译汉语借词时的语音代替规律来确定契丹小字中某些原字的音质。（2）要注意从契丹小字的造字上找出释读原字音质的线索。现在大多数研究契丹小字的学者认为，契丹小字主要是仿照汉字的"偏旁部首"制成的，所谓参照回鹘文也只是参照了回鹘文的表音方法。回鹘文究竟在多大程度上影响过契丹小字呢？我们认为，吸收回鹘文的表音方法是主要的，但也不排除吸收过回鹘文的字形。可能不是吸收的回鹘文全部字母，而是吸收了某些字母的单写或连写形式。（3）契丹小字中字形极为相近又表示相同的语音的，应当看作异体字。

关于书面语的非首音节圆唇元音

白音朝克图撰，载《内蒙古大学学报》哲学社会科学（蒙文版），1981年。

该文是针对"蒙古书面语的 o [ɔ] 和 Ö [o] 不出现于词的非首音节"的传统观点而撰写的。由"o、Ö 两个元音出现于非首音节的情况"和"书面语词的非首音节中可出现 o、Ö 两个元音的规则"两个部分构成。一、o、Ö 两个元音出现于非首音节的情况。(1) 1269 年创制的八思巴字的资料中，o 和 Ö 出现于词的非首音节中。(2) 蒙古书面语的正字法表明，o 和 Ö 可出现于词的非首音节。(3) 蒙古书面语的词非首音节圆唇元音同化其词首音节元音的情况表明，蒙古书面语的词非首音节既有 o，也有 Ö。(4) 一些蒙古文词典和论著对蒙古语的词注音的情况表明蒙古语非首音节既有 o，也有 Ö 出现。(5) 在语文教学中，蒙古书面语一些词的书面读音情况也表明词非首音节既有 o 的读音，也有 Ö 的读音。二、书面语词的非首音节出现 o、Ö 两个元音的规则。蒙古语书面语是非首音节的圆唇元音之间彼此没有区别的标志。该文根据蒙古书面语阳性词和阴性词的区别，首先区分了阳性圆唇元音和阴性圆唇元音。然后根据书面语非首音节阳性圆唇元音的口语读音，同化其他元音情况（主要是同化前一个音节元音）和语文教学中的读音习惯，界定了 o [ɔ] 和 u [ʋ] 的读音，根据同样的办法区分了书面语非首音节阴性圆唇元音 Ö [o] 和 ü [u]。这样，在书面语非首音节区分四个圆唇元音和 o、Ö 两个元音的出现均遵循一定的规则。

关于数量词中间插入形容词的作用　宋维锜撰，载《语言与翻译》1990 年第 4 期。

汉语数量词中间插入形容词的语法现象可分为"N（数词）A（形容词）M（量词）"和"NAAM"两种格式，其功能是在句中充当定语和补语。但是，在译成维语时则要用"ANM""NM - A""AN - M""A - NM""N - AM""- NAM"以及"A + HaemANM"等七种形式分别进行表达，其功能是在句中作定语、状语或谓语。从语法功能上看，只有作定语这一点是相同的；从词语搭配上看，不与度量衡数量词搭配亦是相同的；而从形式上则无一相同之处。由此可见，汉、维两种语言在这一语法现象上差异是很大的，为什么会存在如此大的差异呢？我认为主要是与维语的量词比较贫乏、对量词要求不严格和没有补语成分有关。这就要求我们从事维、汉两种语言翻译和双语教学工作的同志要吃透原文含义，准确地把握译文词语搭配规律，在忠实原文的前提下进行创造性的翻译和教学工作。

关于泰语声调区别性特征的一个新方案

孟宁撰，载《民族语文研究情报资料集》，中国社会科学院民族所语言室 1987 年第 9 期。

该文探讨了泰语声调区别性特征问题，提出了一个解释声调现象的新方案。目前对声调现象的处理不外将它作为超音段成分、音段成分或自主音段成分三种不同的方法。声调区别性特征的一个基本问题是拱型声调的问题。语言学家对拱型声调的描写还不一致，即到底是把它看作不可分析的单位而用拱度特征说明，还是将其看作可切分的单位而作为平调的序列来描写。迄今，对建立一套具有普遍意义的声调区别性特征已经提出了各种建议，但是这些建议都未能达到预期效果，因为它们无法解释全世界所有声调语言的声调现象。作者认为，泰语的声调现象只需用两个声调区别性特征即能恰当地说明，而这两个区别性特征则在生成音系学框架中的同一个层级制约上起作用。由于在泰语声调描写中使用了层级制约的原则，我们至少填补了某些人留下的空白，他们忽视了基本表示法中应该包括拱型调，因为使用一套与泰语 5 个声调的声学特征相应的简明准确的声调区别性特征，拱型调是可以表述的。

关于突厥语语言的辅助名词　张定京撰，载《中国民族语言论丛（1）》中央民族大学出版社，1996 年。

该文对突厥语族语言的辅助名词进行了分析：(1) 在突厥语言研究史上，早已把表示方位概念的名词和助词（虚词）相联系称为辅助名词。(2) 不同突厥语言中辅助名词的成员大同小异。(3) 如果辅助名词确实能补充说明格的意义，可以说它们已经虚化了。从理论上说，空间概念和空间关系是两个概念。在突厥语言中，前者由词汇成分表达，后者由语法成分表达。辅助名词能补充说明格的意义之说，混淆了空间方位意义和空间关系。（4）突厥语言的辅助名词说，是与俄罗斯学者的研究相联系的，并且是以俄语的观点来看待突厥语的。（5）突厥语言中的"辅助名词"表达相对的空间方位意义，通常要先缀接领属性人称词尾才能使用，可以直接或间接格的形式在句中充当各种句子成分。结论是，突厥语中表达方位概念的这一组词首先应属于实词，应归为名词的一个附类，即"方位名词"。

关于突厥语族一些语言部分词首辅音演变的几个问题 吴宏伟撰，载《民族语文》1992年第5期。

文章讨论了突厥语族一些语言部分词首辅音的浊化问题和原始突厥词首的 *h 在一些语言中留下的痕迹。作者根据各音位聚合群内音位在词中不同位置分部的特点以及一些具体语言材料的比较分析，认为在原始突厥语中 *p-可以出现在词首，*p-的浊化是词首清塞音浊化的开始。词首送气清塞音的演变在突厥语族中表现为两个主要的发展方向：一是在一些语言中表现为清音 t、k、q 浊化为 d、g、rr（或 G）；二是在西部裕固语和撒拉语等数语言中则表现为清塞音从送气音向不送气音的过渡，即 t'>t、k'>k 和 q'>q。文章讨论的另一个问题是图瓦语紧喉元音和西部裕固语带擦元音的关系问题，作者肯定了这两者之间在来源上的联系，指出至少在部分词中它们可能和原始突厥语词首的 *h有关。

关于突厥语族语言元音和谐性质问题的探讨 吴宏伟撰，载《语言与翻译》1991年第1期。

元音和谐是突厥语族语言一条十分重要的规律。它不仅仅是语音现象，也是词的构成、语法形式变化所必须遵守的规则，因此，对它的研究在突厥语族语言研究领域占有十分重要的地位。作者通过比较分析叶尼塞文献语言和现代柯尔克孜语的变化，认为历史上元音和谐的发展和同化之间有密切关系，但不能就因此说元音和谐等于同化，更不能用同化来概括元音和谐的整个历史发展过程和突厥语族现代语言元音和谐的一般特点。通过对突厥语族语言元音和谐中的舌位和谐与唇状和谐以及古代文献语言材料的分析，认为无论是过去，还是现在，以共时的角度看元音和谐，它是突厥语族语言语词各音节元音的搭配规律，但从历时的角度看，一些语言中部分唇状和谐模式的出现则是元音同化的结果。

关于佤语词序问题 颜其香撰，载《语言研究》1987年第1期。

佤语的句子分为云谓关系（有谓语）句和表述关系（有表语）句两类。前者包括"表述者"和"主题"两部分。该文要讨论的主要是云谓关系句里面的主体和云谓者的词序问题。佤语两个名词可以连接在一起，而两个形容词或两个动词不能这样连接。名词、动词、形容词可以互相连接的方式共有五种：（1）名+名。后者是限定者，前者是被限定者。（2）名+形。这样的结构可以表示两种关系，一是限定关系，二是云谓关系。（3）形+名。组成云谓关系，前面为云谓者，后面是云谓的主体。（4）动+名。这样的结构可以表示两种关系，第一是承受关系，第二是云谓关系。（5）名+动。一是表示限定关系，二是云谓关系。通过分析，可以看到佤语的云谓结构的两种不同词序，并不是完全可以互换，也不是绝对地平行并存的了。

关于维吾尔语的 R-V 结构 高莉琴撰，载《语言与翻译》1985年第3期。

该文分析了维吾尔语的 R-V 结构。R 代表由"-P"构成的不定式动词，V 代表定式动词。如果在 R-V 结构前加上主语，则可以构成一个完整的句子。大多数 R-V 结构由两个语素组成，少数由三个或三个以上的语素组成。R-V 结构由两个直接成分组成，不能像并列结构那样向外无限延伸，它总是双成分性质的，而不是多成分性质的。三个或三个以上的语素也是封闭性的，只是层次不断增加了。R 之中可能包括 R-V 结构，V 中也可能包括 R-V 结构。因此，无论 R-V 结构中有多少个语素，其直接成分只有两个，即 R 和 V。通过组合和变换分析，文章认为，R-V 结构有 A、B、C 三组相同的线性组合形式，但彼此间却有着本质的区别。其中，A 组是疏状短语，语义重点在 V；B 组是分析形式的"体"，语义重点是 R；C 组是两个表述，其中一个表述是深层结构里的嵌入句。

关于维吾尔语的宾语问题　万世丰撰，载《喀什师范学院学报》1992 年第 1 期。

维吾尔语的宾语问题。有人认为维语的宾语可分为直接宾语（及物宾语）和间接宾语（不及物宾语）。分歧的焦点主要在间接宾语方面，例如有人认为是表示动作的间接对象，用从格、向格、时位格或后置词结构表示；有人认为是带向格、从格或时位格的宾语；也有人认为凡在静词后接缀与格附加成分，表示补充或说明动作的间接对象的都是间接宾语。有些看法是明显受俄语和汉语语法研究影响的结果。通过分析，文章认为后置词结构不能充当宾语。"间接宾语"说的实质是抛开维语的形态，看重意义。间接宾语和状语难分，给语言研究、翻译和教学带来诸多不便。维语的状语是修饰或说明动词谓语或形容词谓语的，表达情态方式、时间、目的、原因、处所等多种意义。因此，应把"间接宾语"归为状语。这样分类，才符合维语语法的结构规律。

关于维吾尔语的语素　高莉琴撰，载《语言与翻译》1986 年第 1 期。

维吾尔语的语素可分为自由语素、黏着语素和正在虚化的语素三大类。（1）自由语素，即能单用的语素。包括能单独成句的——能单独说的和不能单独说的。自由语素都是能够单独成词的语素。能单独说的是实词，否则为虚词。（2）黏着语素，即不能单用的语素，它们必须同别的语素组成词，或附着在词干之后表示语法意义。前者可称之为语缀，后者为语尾。黏着语素包括语缀——前缀、后缀、语尾。黏着语素除以上形式之外，还有一种情态语素。（3）类语缀和类语尾，即正在虚化的语素。维语里除了典型的语缀和语尾之外，还有一些单说是词，在一定条件的组合中又完全或部分地失去词汇意义而起语尾或语缀的作用，如 bol-、qil- 等。确定一个语素是不是缀，首先要看它在语义上的虚化程度，其次要看它的能产程度，而两者往往又是互相联系的。

关于维吾尔语的重音、声调问题　徐思益、高莉琴撰，载《语言与翻译》1992 年第 3 期。

（一）维吾尔语的重音与声调。（1）共同的维语腔调。①常用汉语在公开场合讲话的人。②常会发生一些规律性的错误，比如说翘舌音发不好等。③常发生一些无规律性可寻的错误。这三类人虽然文化程度不等，但是，有一个共同特点：说话带维族腔调。（2）把汉语的轻声字读成降调。维吾尔语的重音是音高重声，不是音强重声。维吾尔语是重音语言，但并不是没声调，只是声调比较简单，而且不起区别语义的作用（其实维语的重音也不起区别语义的作用）。（二）维吾尔语声调对学习汉语的影响。维吾尔人说汉语因母语声调的印迹而影响到汉语声调，这就是维吾尔人说汉语具有维族腔调的根本原因。为什么对维吾尔语的研究一贯只讲重音，而不谈声调呢？因为重音是维吾尔词的划界的必要条件，而声调没有这种功能，所以就成了次要信息。

关于维吾尔语名词"格"的范畴 哈米提·铁木尔撰,载《语言与翻译》1986年第3期。

该文对维吾尔语名词的格范畴提出了分析格的问题。传统语法认为,维语名词的格范畴由主格、属格、向格、宾格、位格和从格组成,但维语语言实际表明,名词的格范畴不只限于这六种,以下四种名词语法形式应归属于格范畴:D₁K₁/T₁K₁ "时空格"、G₁QE/K₁QE "界限格"、DEK/TEK "比况格"、QE(Q₁L₁K)"比量格"。其理由为:(1)这四种形式与其他六种形式中,都表示"格"意义。(2)在附加的位置方面也与其他六种格附加成分完全相同。这四种附加成分不是造词,而是变词附加成分,与其他六种格形式相同,都属于综合形式的格。此外,维语中还有四种分析性的格:(1)工具方式格——"零格名词+B₁LEN";(2)手段材料格——"零格名词+ARQ₁L₁K";(3)原因目的格——"零格名词+UQUN";(4)涉及范围格——"零格名词+TOGR₁L₁K/HEQQ₁DE/TOGR₁S₁DA"。文章还分别分析了这四种分析性的格表示的具体语义。

关于维吾尔语中的早期汉语借词的探讨 陈宗振撰,载《民族语文研究文集》,青海民族出版社,1982年。

根据中外学者对古代突厥、回鹘文献中的汉语借词的研究成果,指出这类借词保存着中古汉语的语音特点,并有一些对应规律。例如,有入声字的塞音韵和收-m的鼻音韵尾,"见、溪、群"等声母的字以g、k或q开头,"端、定"等声母的字以t开头,少数"宕摄"的字鼻音韵尾消失,等等。据此,作者对其中保存至今的manta(包子<馒头)、qap(袋、套<甲)、bɛg(伯克、官员<伯)等词从语音、词义及文化根源方面作了进一步的论证,并指出另一些有类似特点的早期汉语借词,其中有些在《突厥语词典》、《五体清文鉴》等古代辞书上出现过,有些存在于现代口语中,但明显反映封建时代生活及汉族语言、习俗。例如:kɛŋ(宽)、sin(身)、sir(漆)、gujpi(贵妃)、beʃi(饺子<扁食)、toqan(驮筐)等。最后作者提出,研究词源不仅要根据语音、词义,还必须结合有关民族的历史和文化,结合语言的历史、现状和发展规律去研究;关于如何看待维吾尔语中的汉语借词的问题也提出了一些建议。

关于维语的宾语、补语和状语 穆罕迈德·沙迪克撰,载《语言与翻译》1986年第1期。

维吾尔语句子成分中的宾语、补语和状语,传统语法认为,维吾尔语的句子成分有主语、谓语、宾语、定语和状语,而没有补语。通过分析和论证,文章为维吾尔语的宾语、补语和状语重新下了定义。宾语——是在所及对象之后连接宾格附加成分来表示。补语——凡在句中做谓语的不及物动词所要连接的必然对象,并补充说明动词表示的动作内容和成分称为补语。其语法形式是在必然连接的对象之后连接该动词所要求的向格、从格、位格附加成分和起格作用的后置词来表示。状语——凡在句中客观地指出行动的方向,它所发生的起点、地点、原因、时间以及实现的方式等成分称为状语。其语法形式是用副动词、形容词、向格、从格、位格附加成分或后置词等来表示。

关于维语中的词类活用问题 张敬仪撰,载《西北民族学院学报》1988年第3期。

该文通过实例讨论了维吾尔语中的词类活用问题。在维吾尔语中,有一些词经常具有甲类词的语法特点,只是在某种情况下为了达到修辞目的,临时用作乙类词。从意义上来说,活用的词都是既保留了甲类词的意义,又临时增加了乙类词的意义。从形式上来说,活用的词主要是在句法结构(词组或句子)里表现出来的。维吾尔语中能活用常见词类有以下3种:(1)名词活用为量词。(2)数词活用为名词。这时,数词都和名词一样,具有人称、格等语法范畴,在句子中起名词和句法作用,可充当主语、定语、谓语、宾语和状语等。(3)形容词活用为名词。这时的形容词同名词一样具有人称、格、数的变化。

关于文化语言学的几个理论问题 张公谨撰,载《民族语文》1992年第6期。

该文就语言的文化性质和语言的文化价值,文化语言学的学科性质,方法论和学科的客观基础五个方面作了扼要的阐述。作者认为语言作为社会现象,语言本身就是文化,语言是文化现象,第一,因为它是人类文明的成果之一;第二,文化作为人类的创造活动和知识的积累,其最基本的特性是习得性;第三,语言作为符号体系,属人类所特有的第二信号系统;第四,语言是文化的凝聚体,是文化总体的组成部分;第五,文化的发展水平与语言的丰富和准确程度是平行对应的。语言系统中凝聚着所有的文化成果,保存着一切文化信息,通过语言了解和认识,分析各种文化现象,进而探索文化史的未知状况,是语言的文化价值所在。文章认为文化语言学与以往语言学的渊源关系,体现在对各方面成果的广泛吸收和利用上。因此,在方法论上必须遵守多元互补,死活并重,古今兼顾,科际整合的基本的研究原则。作者最后认为文化是一个民族对特定环境适应能力的积累,而文化语言学具有十分具体的应用价值。

关于我国拉丁字母文字和拼音方案的字体——纪念《汉语拼音方案》颁布50周年 周耀文撰,载《民族语文》2008年第3期。

主要内容:(1)强调纪念《汉语拼音方案》颁布、推行50周年的重大意义:《汉语拼音方案》制定成功是中华民族文化建设中的一件大事,是汉民族共同语发展进程中的一个里程碑。它标志着汉民族共同语开始从"官话"(官吏的话、北方话)转变为"普通话"(全国人民通用话),从历代"书同文"、"文不同音"的超方言文字走进现代"文同音"、"语同音"的新的发展阶段。它必将大大地促进祖国各民族共同语的统一进程。(2)阐述20世纪50年代政府帮助南方少数民族依据国务院发布的《关于少数民族文字方案中设计字母的几项原则》,共同以《汉语拼音方案》的26个罗马体拉丁字母和表音体系为共同基础而创制的14种拼音文字方案是正确的,它有利于我国各族人民互相学习语言文字。(3)用较大的篇幅介绍了人民出版社编审林穗芳先生写的《正本清源,促进汉语拼音字符体式在出版物上应用的规范化》(《出版科学》2006年第2期)和《汉语拼音字符体式的应用要符合规范》(《中国编辑》2008年第1期)两篇文章的论点。林穗芳指出,根据1958年第一届人民代表大会第五次会议通过的《汉语拼音方案》(下简称《方案》)原件和此后中央教育部门公布的《汉语拼音正词法基本规则》、《普通话异读词审音表》、《简化字总表》等都用笔画分粗细、带有衬线的罗马体(Roman)Aa、Bb、Cc、Dd、Ee、Ff、Gg……而不是自1971年("文革"期间)起先后被《新华字典》、《现代汉语词典》等辞书出版部门篡改为笔画不分粗细、没有衬线的哥特体(Gothic)Aa、Bb、Cc、Dd、Ee、Ff、Gg……林穗芳认为,把《方案》的标准体罗马体改为哥特体是不合规范的,也是违背国际上绝大多数国家(如英、美、法、意、德、越南等)都使用罗马体的潮流的。因为哥特体的ɑ容易与o、d、q混淆;而罗马体小写的a、g形象特殊,容易识别,不会与其他字母混淆,易于阅读。周耀文持林穗芳的观点,认为林穗芳这两篇文章促进了《汉语拼音字母体式规范化》,是纪念《汉语拼音方案》颁布50周年最有意义的文章。该文的目的在于呼吁还《汉语拼音方案》字符体式的本来面目,提出今后编纂汉文字典、词典(包括小学生字典)都应该用a、g式罗马体注音,而不能再把ɑ、g式哥特体当作《汉语拼音方案》的标准字体,实现汉语拼音字符规范化。

关于我国蒙古语基础方言和标准音问题
哈斯额尔敦、那仁巴图撰，载《内蒙古师范学院学报》，1977年第1期，1978年第1期（汉文）。

由以下三个部分组成：（一）确定民族共同语（文学语言）及其基础方言和标准音的必要性，为确定我国蒙古语基础方言和标准音所进行的工作，应重新商榷和研究过去所确定的"以正蓝旗——巴林右旗语音为标准音"的缘由；（二）世界主要民族共同语的形成过程以及不能以两种土语作标准音的原因；（三）建议以察哈尔土语作标准音，并提出以察哈尔土语作标准音的以下五种理由：（1）察哈尔土语在语音、语法和词汇方面特殊性少，普遍性多；（2）在语言实践中察哈尔土语是我国蒙古语方言土语中影响最大、威信最高的土语；（3）从地理位置方面看，察哈尔土语地区位于我国蒙古族聚居地区的中间地带；（4）如从今后文字改革方向看，察哈尔土语具有诸多优点；（5）从文化教育方面看，察哈尔土语地区是蒙古族文化、教育较发达的地区。

关于我国维吾尔文、蒙古文和朝鲜文中汉语借词的拼写法问题 傅懋勣撰，载《傅懋勣先生民族语文论集》，中国社会科学出版社，1995年。

作者认为要解决文字中汉语借词拼写法问题，必须考虑语音的区分和词义的表达，靠拢汉语拼音方案的方向，现行文字和群众口语的基础。区别分化是指汉语一个音位分为几个音位的问题。汉语音位借到维吾尔语、蒙古语和朝鲜语这3种语言中产生这种分化的情况最多。复元音简化为单元音是指两个音位结合成的音组转化为一个音位的情况。在不同的语言特别是语音结构相差较大的语言中间，是经常出现的，在汉语跟蒙语、维语、朝鲜语3种语言之间，主要表现为汉语的复元音在借词时转化为单元音。字形相当和语音相当的问题，是指在字母形式相同或相近的文字中间，互相吸收借词时，都存在字形靠拢和字音靠拢的问题。汉语借词是否接受借入语言的语法变化，应根据人民群众的口语实际来处理。在口语里不变的词就不变，在口语里变化的就得变化。汉语借词的拼写法在兄弟民族文字中，是一个很重要很复杂的问题，需要进行更为细致深入的调查研究和讨论。

关于我国藏缅语的系属分类 戴庆厦、傅爱兰、刘菊黄撰，载《藏缅语新论》，中央民族大学出版社，1994年。

文章在国内外藏缅语系属分类意见基础上对藏缅语分类提出一些看法。藏缅的特点：（1）语种数量多；（2）语族内部发展不平衡；（3）语言关系复杂；（4）有古文字、古文献材料的语言较少。关于藏缅语分类国内外已有一些，如李方桂、白保罗、西田龙雄等。确定系属分类的标准是核心问题。首先是层次性和层次划分，如缅、彝两语支发展比藏语支块，并列就不妥，因此增加缅彝语支与藏语文并列，其下再分缅语组和彝语组。划分标准也应按层次不同而不同。语言的影响也可能造成语言的质变，分类时也应考虑。作者认为藏缅语可分为语族—语群—语支—语组—语言5个层次，具体是藏缅语族分北部和南部语群，北部分为嘉戎—独龙语支下又分嘉戎语组、羌语组、独龙语组；南部语群分缅彝语支，下分缅语组、怒语组、彝语组，另外还有白语支和土家语支。文章对该分类作了详细的语音、词汇、语法划分原则的说明。

关于我国藏缅语族系属的分类问题 戴庆厦、刘菊黄、傅爱兰合写，载《云南民族学院学报》1989年第3期。

文章根据现有的语言材料和研究成果，在总结国内外藏缅语系属分类意见的基础，提出我国藏缅语的分类表，并阐述其中的一些理论问题，如分类层次、分类标准等。

关于五屯话 陈乃雄撰,载《内蒙古大学学报》1987 年第 3 期。

五屯人聚居于青海省黄南藏族自治州同仁县,使用着一种长期受到藏语或许还有保安语强烈影响的以汉语为基础发展变化而来逐步具有了独特内部规律的语言,在五屯话的词汇中,汉语词占绝对优势。根据五千个词的记音材料统计,汉语词占 55% 强。多数汉语词与汉语发音大体相同,少数汉语词语音有明显的变化。藏语词占五屯话词语的 29% 弱。汉藏通用和汉藏混合的词共约占 10%。另外 6% 是目前尚不能十分肯定其来源的语词。五屯话的语序严格地遵循谓语在句末,宾语在动词之前这样一条规则。虚化了的存在动词、判断动词在五屯话里使用得特别频繁。语音方面,五屯话拥有八个舌面元音、两个舌尖元音、十三个复元音、三十三个单辅音和二十个复辅音。复辅音参加构成的词除极个别的系汉语来源词外,几乎全是源于藏语。这些复辅音还有一个显著的特点是只出现在音节首。

关于西部裕固语系动词的"口气" 陈宗振撰,载《西北民族研究》1998 年第 2 期。

西部裕固语系动词的"口气"问题。(1)"语气"、"口气"与系动词。西部裕固语的动词陈述式各个时态,都有"直陈语气"和"询问语气",每种语气都有肯定和否定两种形式。动词陈述式各个时态还有"确切口气"与"普通口气"之分。"确切口气"具有强调动作、行为、变化的确切性的语法意义;"普通口气"则不强调这种确切性。"语气"和"口气"是互不相同的语法范畴。系动词是联系主语与谓语,表明主语是什么事物、有什么属性或其动作、状态、变化并有特殊形式的动词,有 er、dro 两种基本形式。(2)系动词的各种形式、意义及其口气。er 表"确切口气"的"是";dro 表"普通口气"的"是"。(3)系动词用于静词之后的口气。用 er、jer、mer、ber 的为"确切口气";用 dro、dracm 的为"普通口气"。(4)系动词兼表"对"、"有"时的口气。bar(有)、joq(没有)不加 er(确实是)是确切口气的"有"、"没有";只说 dro,不说 bardro,也是普通口气的"有"。(5)系动词用于其他动词之后口气。er、dro 还可以与动词的一些形式,主要是一些副动词、形动词等组合起来,表示陈述式各种时的各种口气。即 er 等表示确切口气,dro 等表示普通口气。

关于西部裕固语谓语结构的一种古代类型 巴斯卡科夫撰,载《民族语文研究情报资料集》,中国社会科学院民族所语言室 1987 年第 8 集。

该文论述了西部裕固语谓语结构中的一种古代类型。该文所说的西部裕固语动词的词形变化是指:(1)由动词词干、副动词附加成分和助动词或动词词干、副动词附加成分和谓语性附加成分构成的现在时;(2)由动词词干、副动词附加成分和单、复数所有人称的谓语性附加成分构成的过去一定时;(3)由动词词干、有副动词附加成分的助动词"说"的附加成分和助动词"走"构成的打算将来时。在西部裕固语动词的一些人称形式中保留着古代的和语音比较完整的音位结构的痕迹。这些音位是合成的独立成分——词的语法化结果,并构成谓语的古代结构。这种结构是由于(1)以形动词表示的动词词干和(2)以具有抽象意义的词(名词"东西""物品"或代词"某人""那个""他")表示的体词性成分组成的,带有起限定语作用的综合形动词和带有起限定语作用的分析形词等。

关于西夏语鼻韵尾问题 李范文撰,载《民族语文》1982 年第 2 期。

《考古学报》1977 年第 1 期发表了史金波等合写的《明代西夏文经卷合石幢初探》一文,认为西夏时代一些带鼻韵尾的字到明代失落了鼻韵尾，本文对此表示反对意见，作者认为故宫的明代西夏文经卷和保定的明代西夏文石幢上的译音资料正好说明西夏语原来就没有鼻韵尾，或者仅有半鼻音。《番汉合时掌中珠》里有一批西夏字既可以与带鼻韵尾的汉字对音，又可以与不带鼻韵尾的汉字对音，作者认为这是西夏字对不上汉字音所致，要解决这个矛盾，只有假借或创造，把原来不是鼻韵尾的字给它鼻韵化。文中举出40条例证，说明用于佛经咒语对音的西夏字在西夏时代就是不带鼻韵尾的，此外作者还据汉藏合璧的《西夏黑水建桥敕碑》和现代的木雅语推断西夏人的语言中已没有ng韵尾，他们在借用外族语言中带ng韵尾的音节时总是把ng省略掉的。

关于西夏语的词头 ʔa 马忠建撰，载《中央民族学院学报》1995年第1期。

文章分析了西夏语中广泛使用的词头 ʔa 的现象，得出以下结论。（1）西夏语词头 ʔa 是语法意义、语法功能和历史渊源各异的三种词头的综合体。（2）词头 ʔa-1 只有构形功能。它可以作趋向前缀，加在动词上表示向上方的运动趋向。在语音结构上，趋向前缀 ʔa-1 跟羌语支不少语言表示"上游方"的趋向前缀明显同源。另外，作为西夏语趋向前缀之一，ʔa-1 的语法功能也像羌语支语言的趋向前缀那样，已经部分地转移为兼表已行体的前缀。（3）ʔa-1 的另一种构形功能，是作为疑问词头加在动词、判断词、能愿意词或形容词之前，构成疑问形式。作为疑问词头，其跟藏缅语族许多语言乃至古代汉语疑问词头同出一源。（4）词头 ʔa-2 只具有构词功能，仅仅可以作为构词词头加在长辈或同辈年长亲属称谓之前，同藏语支和羌语支的构词词头接近。

关于西夏语发生学分类问题 孙宏开撰，载《国家图书馆学刊·西夏研究专号》2002年增刊。

关于西夏语的发生学分类问题，自美籍德人劳费尔（Berthold Laufer）于1916年提出西夏语属汉藏语系藏缅语族西（Si）—倮（Lo）—么（Mo）语支（即彝语支）以来，这个学术观点一直统治了学术界近一个世纪。20世纪60年代初，经过专题研究，在藏缅语族里建立羌语支的学术观点初步确立。随着时间的推移，一些学术论文中对藏缅语族语言开展专题研究的过程中涉及西夏语的问题时，已经有许多论文涉及西夏语的一些特点，例如关于西夏语动词的人称范畴问题、西夏语动词的互动范畴问题、西夏语量词的用法问题、西夏语动词的趋向范畴问题等都感到西夏语与羌语支语言接近。作者1981年在银川召开的首次西夏学术讨论会上，提出了对西夏语归属问题的怀疑。该文就是比较集中讨论西夏语支属问题的一篇文章。分1. 西夏语发生学分类研究的由来；2. 西夏语和羌语支语言在语法上的共同点；3. 西夏语和羌语支语言在词汇上的共同点；4. 西夏语和羌语支语言在语音上的明显对应；5. 西夏语在羌语支中的谱系地位等五个部分全面论述了西夏语应属于羌语支的理由。

关于西夏语声母中的复辅音问题 孙宏开撰，载《庆祝王均八十诞辰语言学论文集》，吉林人民出版社，2002年。

西夏语声母系统里是否有复辅音，一直是西夏语研究者有争议的问题之一，过去，由于西夏语被归入了彝语支，因此，西夏语语音系统的拟测，首先想到的是彝语支语言的语音特点。近10多年来，随着藏缅语族语言研究的深入，随着羌语支语言在藏缅语族语言里地位的确立，随着西夏语各种语言特点的进一步被揭示，因此，西夏语语音系统的拟测，提出了一些新的看法。西夏语里是否有复辅音的问题，就是在这样的背景下提出来的。国际、国内许多研究西夏语的专家在西夏语是否有复辅音的问题上，形成了两种决然相反的观点。一种认为有，另一种认为没有。俄罗斯西夏语学者苏敏、科恰诺夫，日本的西田龙雄，我国的黄振华等认为有，我国台湾地区的龚煌城、大陆的李范文、聂鸿音等则认为没有。认为没有复辅音观点的学者，连西夏语里是否有带鼻冠音的塞音和塞擦音都加以否认。作者是主张西夏语里有鼻冠音和塞音、塞擦音结合而成的复辅音的，而且还主张西夏语的鼻冠音不仅和浊塞音、浊塞擦音相结合，还和清送气的塞音、塞擦音相结合。不仅如此，我们还主张西夏语里还有一定数量的其他类型的复辅音。文章分1. 起因；2. 背景；3. 证据；4. 讨论等四个部分，并构拟了西夏语中的复辅音。

关于西夏主体民族起源的语文学思考
聂鸿音撰，载《宁夏社会科学》1996 年第 5 期。

围绕西夏主体民族起源的讨论是 20 世纪西夏史研究的热点之一，汉文史料中彼此矛盾的记载把问题引向了复杂，该文试图通过分析西夏语中有关民族称谓的词语来给这场讨论补充语文学的资料。文章分三个部分。第一部分指出"党项"只是外民族对一个特定地理区域的叫法，而和具体的民族名称无关，西夏也不称自己为"羌"，西夏文献中的"羌"仅用来指吐蕃人。第二部分探索西夏人的自称，指出西夏人可能由两个主要人群组成：一个自称为"番"，读若 minya，义为"黑人"；另一个自称为"勒尼"读若 lhedzzi，义为"红脸"，这恰与西夏文献中反复出现的"黑头"、"东西"两个部族名称相应。第三部分考释了汉文和西夏文史料里的一些古词语，指出这些词语都距羌系民族较近而距阿尔泰系民族较远。从而假定西夏人主要是由西部地区一些藏缅部族融合而成的。

关于锡伯文字母 奇车山撰，载《语言与翻译》1992 年第 1 期。

锡伯族自归附清朝后就开始使用满文。1947 年经过修改后的满文，成为锡伯族使用的法定文字。锡伯文属于拼音文字。1947 年确定的锡伯文没有确定字母表。那时的锡伯文课文是以音节形成，也就是以俗称的"十二字头"来编写的。锡伯文的"十二字头"都是可以分析的，是由一个（元音）或两个以上的字母按不同的结合方式构成的。锡伯文字母跟其他拼音文字比较显得复杂。1989 年新疆语委编写的《现代锡伯语文语音正字法》规定，锡伯文字母有三十九个，字形变化 105 种。其中元音字母 5 个，辅母 24 个，特定字 10 个。所谓的"特别字"是用来拼写外来语的特殊字。作者认为锡伯文有 37 个字母，字母形体变化有两种：一是音节首，音节末的变化；二是词末的变化，辅音只有音节首音节末形体，没有"词中"形体。

关于锡伯语的地位问题 胡增益撰，载《锡伯族研究》，新疆人民出版社，1990 年。

根据对锡伯语地位的不同看法，作者提出了自己的观点。文章用具体事例说明在划分语言和方言时，听得懂、听不懂，也就是语言结构的异同，往往不能作为划分语言和方言的依据。因此语言和方言的界限，有时需要更多地从社会因素去考虑。在我国少数民族语言中，语言与方言的界限既要考虑语言结构异同的因素，但更多的则要根据社会情况和民族政策来考虑。文章认为，新疆锡伯族同东北地区的锡伯族、满族在地域上分开了，在语言上各自独立发展。锡伯语是我国少数民族语言中的一种语言，在国家出版物中都使用锡伯语的名称，说明锡伯语的独立地位已经确立。从语言史的角度讲，原来是某个语言的方言，由于在地域上分开了，社会情况有了改变，可能逐渐发展成独立语言。因此把锡伯语看成一个独立语言是符合实际的。但是从历史上看，可以把锡伯族说的语言叫作满语的方言，就像满语也可以称为女真语的一个方言一样。把锡伯语看成一个独立的语言，并不是否定和满语的历史联系。

关于现代维吾尔语的-mu 李经纬与靳尚怡合撰，载《新疆大学学报》1979年第2期。

由于长期以来一些现代维吾尔语语法著作既把现代维吾尔语中的－mu字叫做助词（或者称之为语气词、小品词），又用"附加成分"这一术语来描写它，这就使－mu字的性质显得很模糊。该文作者采用描写语言学的方法和区分同音语素的原则，通过大量的语料的分析发现现代维吾尔语中的-mu字是可以跟很多词类的词结合的语素，而附加成分则是只能跟一定的词类结合的语素。同时-mu字具有末级性，即它永远处于词的末尾，它的后面不能再接加其他语素，而附加成分之后还可以再接加其他语素。该文作者根据上述两个差别认定：现代维吾尔语中的－mu字不是附加成分，而是助词。并且根据区分同音语素的原则，把－mu字分为－mu（甲）和－mu（乙），前者被定性为"表示疑问的－mu"，后者被定性为"表示承接意义的－mu"，并且列举了-mu字所表示的六种意义。该文在如何判定现代维吾尔语语素的性质和区分同音语素方面做了可贵的尝试。

关于现代维语语法上的一些问题 哈帕尔·木海买提撰，载《喀什师范学院学报》1993年第2期。

一、格位的定义。格位是在句中表示名词以及代替名词的词在句中的功能的语法形式。二、主格的定义。在句中表示名词（或代替名词的词）做主语、谓语，有时做定语的格位，叫作主格。主格没有格位附加成分。三、属格的定义。属格表示带有人称附加成分的词所表达的事物是属于自己的。属格名词和带有属格的代替名词的其他词，在句中常做表示领有意义的定语，有时也可根据其位置做谓语。四、宾语定义。接受句中动词发出的动作，充实句子谓语所表达的思想的格，叫作宾格。宾格名词和代替名词的其他词，可在句中做宾语。五、从格的定义。从格表示句中动词所表达动作的起点，表示行为动作的手段或原因的事物，充实句中谓语所表达的思想。六、向格的定义。表示句子谓语所表达的动作趋向和目标，或者充实句子的非动词谓语所表达的思想。

关于新词术语问题 清格尔泰撰，载《语言文字论集》，内蒙古大学出版社，1997年。

一、关于名词术语的统一和创造问题。（1）蒙语里有的要用蒙语，蒙语里没有但能拿蒙语创造的用蒙语创造。（2）用蒙语创造的时候，一定要按蒙语的词的变化规律，充分利用它的词尾变化。（3）语言与人们的生产、生活以及其他各个方面的活动都有直接联系。（4）口语里现在少用或不用的文言词，也应批判地加以采用。（5）蒙语蒙文上原来没有，而且也不能以蒙语来表达其含义者，可用外来语，主要是汉语和俄语、吸收外来语应适应蒙语规律。二、关于外来语与混合语的问题。吸收原则：（1）不破坏蒙语的结构。适应蒙语的规律。（2）过去吸收现在已经深入群众，并已适应了蒙语的规律的汉语词应肯定下来，并解决它的书面化问题。（3）比较高深的学术用语、专门技术用语，用蒙语表达有困难的，可从俄文吸收。三、关于汉语借词是总趋势的问题。1962年《内蒙古自治区蒙古语文工作暂行例》制定新词术语的原则是：以蒙古语基本词汇为基础，根据蒙古语构词法创制新词。

关于玄中寺八思巴字蒙古语圣旨碑刻 照那斯图撰，载《民族语文》1986年第6期。

玄中寺在山西交城县石壁山（历史上又称"龙山"），创建于北魏延兴二年（472年），称"石壁玄中寺"，元代改为"永宁禅寺"，今名玄中寺。碑刻上节八思巴字蒙古语，下节汉语白话译文。这是元朝皇帝颁给该寺住持安僧录的护敕。该圣旨引述先帝圣旨时只提到成吉思汗一人，这意味着该圣旨的颁发皇帝是元世祖忽必烈。圣旨颁发时间为"牛儿年正月二十五日"，地点为大都。这个牛儿年究竟公元哪一年，国外学者的意见共涉及 1265/1277/1289/1301。笔者根据忽必烈同类圣旨引述前帝圣旨通例，该圣旨颁发的时间、地点，以及八思巴字颁行时间（1269 年），考订玄中寺圣旨的牛儿年可能是 1277（丁丑）或 1289（己丑），而最可能是前者。该文对原文进行拉丁转写，并附原白话译文和今译，还有拓本照片。

关于彝文古籍的翻译问题　马学良、巴莫阿依撰，载《云南民族语文》1986 年第 1 期。

丰富的彝文文献记录了彝族人民的物质文化生活、精神生活及其历史发展过程，开展彝文古籍的翻译整理工作，对继承和发扬彝族文化，丰富中华民族文化之宝库有重要的意义。彝文古籍文献有自己形成和积聚的特点，在翻译时，要求彝文翻译工作者具备如下几方面的知识：（1）校勘学的知识。（2）语言学的知识，即文字、音韵、训诂学的知识。此外，还要对两种文化有深刻的理解，对两种语言文字有娴熟运用的能力，即要对原文语言文字及其内容有深入了解，要有使用两种语言的人民的风俗习惯和文化传统的知识，要有很好的语言表达能力。彝文古籍的翻译采用四行对译法，即彝文旧文为第一行，国际音标注音为第二行，用汉字逐字对照直译为第三行，用汉文译意为第四行。在翻译中，还应当包括必要的注释，最好做到既保持彝族的情调，又使读者理解其意，不致误解。

关于彝语次高调的文字设制问题——完善《彝文规范方案》的一点意见　洛边木果撰，载《西昌师范高等专科学校学报》2001 年第 2 期。

该文首先运用数据论证人们学习和使用彝文时，难以把握彝语次高调（44 调，有的人写为 34 调）的字，大量的学生作业和书刊错别字统计表明，85% 以上的彝文错别字都出在次高调字之上。作者认为，这个原因主要是由次高调文字设制的不合理造成的，即这个次高调不像其余 3 个调（55 调，33 调，21 调）一样一个个地设制其文字，而是用一个符号"⌒"加在 33 调（有 3 个则加在 21 调）之上表示。这样缺乏固定性而带有一定的随意性，在构字原则和方法上也与其他 3 个调没有统一性，不利于记忆和运用。文章充分论证了次高调不单独设字的不合理性，提出彝语次高调应当与其他 3 个调一样一个个地单独设制其文字，使之在设制方法上一致化，并使彝文手写体字数（819）与彝文铅字和计算机彝文字库的字数（1165 个）一致。文章也提出了具体的次高调文字设制方案和措施。该文针对性和现实性强，在彝语言文字规范理论建设方面有重要意义。

关于彝语专有名词汉译的思考　安尚育撰，载《贵州民族语文研究集》，贵州民族出版社，1993 年。

专有名词翻译中出现各种不同译名的现象是各民族、各语种翻译工作中必然碰到的问题。该文对彝语专有名词汉译中出现的问题进行了分析，并对专有名词的汉译提出了建议，彝语由于历史、地理等多方面的原因，方音差别较大，支系繁多，专有名词汉译译名不统一、不规范的现象时有所见。这种现象严重影响到对彝族政治、经济、历史、文化、文学、艺术等的研究。译名混乱，容易产生误解、歧义，甚至导致错误，给研究者带来不便。专有名词译名混乱不仅在一定程度上影响了彝文古籍汉译的可信赖程度，而且还会有损彝文古籍翻译整理的严肃性、科学性。为此，彝语专有名词的汉译译名应统一规范，各省区的学者应就这一问题达成共识；应尽量使用已有译名；要提倡约定俗成的原则，从众从俗；要提倡从实际出发的原则，照顾实际生活中已约定俗成的情况，必须坚持大多数彝语专有名词汉译译名的统一规范。

关于又一西藏元代圆牌　照那斯图撰，载

《民族语文论文集》，中央民族学院出版社，1993年。

该元代圆牌系元代八思巴蒙古字圆牌，现存于西藏自治区的一个寺院中。圆牌文字的制字原料为金质。牌体为铁制、圆形，通高15.5厘米，（不包括佩戴圆环，佩戴圆环高低有变形），文字牌面呈正圆，其直径为11.6厘米。牌体的上部铸有虎头纹样，顶部附有佩戴圆环。文字牌面的正、反两面都有凸出的周边。牌面文字周围画有两条圈线。牌面正面为字形笔画凸出的正文，反面为字形正文凸出的字背；正、反两面凸出的字形表面呈黄色，为金质。文字周围两条圈线也以金作，直接画在铁体上。牌面文字是在留有空当的铁体上嵌入的。从以上制作方法看，牌面文字并非全金，只是正背表面镀金而成。牌面文字是八思巴字，音译蒙古语，共5行，行款自左往右。其汉义是："靠长生天的气力，皇帝圣旨，谁若不从，即要问罪！"该圆牌是按皇帝之命执行军务大急的使者佩戴的取信于驿站的标志。

关于语言比较研究的几点思考 道布撰，载《民族语文》1997年第3期。

国内学术界对中国语言的分类，自李方桂先生发表《语言与方言》（1937年）以来，到罗常培先生在《人民日报》上发表《国内少数民族语言文字概况》（1954年），一直到今天，可以说一脉相承。汉藏语系、阿尔泰语系这两大语系的源流，仍然是悬而未决的难题。科学的任务就是探索和认识研究对象的形态、结构、性质和运动规律。起源和演化，这是我们在语言比较研究中一直在求解的根本问题。就语言本身来看，它的起源与发展，就在于具体语言的结构单位和功能单位的组合规则的发展、变化。任何一种活的语言都是开放的、远离平衡态的系统，不断与环境进行物质和能量交换，并且受环境的制约。语言的演化既有规则运动，也有随机运动。我们对语言的演化只能进行有限的观测和描述。时至今日，我们已经有条件综合利用史学、考古学、人类学的研究成果，不拘一格地深入研究语言问题，我相信，经过几代人努力，我国的语言比较研究一定会大有进展。

关于语言接触引发的演变 吴福祥撰，载《民族语文》2007年第2期。

语言演变有"内部因素导致的演变"和"语言接触引发的演变"两种基本类型。后一类演变近年来受到历史语言学家普遍关注，成为历史语言学的一个重要研究领域。该文作者基于托马森（Thomason）的研究框架，综述和讨论接触引发的语言演变相关的几个问题。全文分七节：一、什么是接触引发的语言演变；二、接触引发的演变可能给受语系统带来哪些后果；三、接触引发的演变有哪些类型；四、如何预测接触性演变的程度和种类；五、接触引发的语言演变有哪些机制；六、怎样识别和判定接触引发的语言演变现象；七、托马森的框架有哪些不足。

关于语义学比较法 邢凯撰，《语言科学》2005年第1期。

该文是2003年10月作者访问香港科技大学时的讨论发言稿。该文给出了语义学比较法的定义：利用两种以上具有共同文化源头的语言之间的深层语义对应，确定同源词的方法。介绍了语义学比较法的提出，深层对应的内涵，操作程序，举出部分公式和15个具体的对应例证。语义科学是语义学比较法的理论基础，该文对语义的本质给予了明确的定义。指出音义矛盾是语言系统的主要矛盾。该文以汉语的单音词或"字"为材料，从中归纳出12种音义结合关系。对"近音"、"近义"给予了明确的标准。如果把这12种音义关系的研究扩大到两种语言之间，这就是语义学比较法。两种语言这种音义关系一一相符，就可以证明它们的同源关系。举例中8、12、14三例是汉台语同族词对应，同族词是从共同语中继承下来的，不可能借贷。最后论证了语义学比较法的理论基础。系统的深层语义对应是两种语言音义关系网（语词相对位置关系）的符合，丁邦新称"网络对应"，并认为是有说服力的。借词不可能形成网络对应。语义学比较法并不是以寻找少数深层对应式为满足，它的根本目的是要证明两种语言词汇——语义系统的全部符合。凡是能够进入深层语义对应式的语词，大体上都是同源词。语义学比较法是鉴定同源词的有效方法：汉台语之间的系统深层语义对应是它们历史同源关系的逻辑实证。

关于语义学比较法的讨论　邢凯撰，《语言研究》2003年第5期。

该文实际是《语义学比较法》第三章的缩减。语义学比较法提出后学术界提出了一些批评、质疑和建议。作者从中归纳出九个问题，进行讨论。对该方法进一步从理论上进行论证。（1）关于近音问题。（2）关于近义问题。不应把一般引申作为深层对应例证。（3）对语义学比较法普遍的一个怀疑是："同音异义字可以一起借入另一个语言。"作者认为这和"借词能否形成深层对应"是性质不同的两回事。理论上不能否定借词"混入"对应式的可能，但必然概率极低。事实上，迄今为止并未发现这方面准确的例证。批评者提出的证据实际都不是借词，而是同源词。（4）关于偶合。作者认为无论语音还是语义比较对此问题都可以忽略不计。有人提出"燕"、"咽"两个义项英语也是同音词（swallow），所以"偶合"也可以造成深层对应。作者说此例汉、英两语，语音形式不对应，批评无效。（5）日本、朝鲜、越南语中古汉语借词可以形成很多深层对应。作者说既然是借词就不能进入深层对应式，其后写不出早期共同语形式。（6）关于古文献和方言材料的使用。（7）评无界有阶说。此节发表时删除。作者认为此说不能成立。（8）语音比较法和语义比较法的关系。（9）关于语义学比较法的缺陷。

关于元音和辅音和谐的描写　西奥多·M.莱特纳撰，载《民族语文研究参考资料》，中国社会科学院民族所语言室1977年第1期。

有元音（或辅音）和谐的语言，在详细说明一个词内的元音（或辅音）时，要赋予一种界限。例如：芬兰语，用一个词的元音或者都是钝（后）的，或者都是锐（前）的来表示它的元音和谐：ulk0a"从外边"。而hyvaayota"晚安"。西北喀勒特语据说有辅音和谐，一个词的辅音或者都是尖锐（腭化）的，或者都是平（非腭化）的：kunlardan"从白天"而kunlardan"从仆人们那儿"。描写元音（辅音）和谐的两种不同的方法，已被较早的调查者提出：一种方法把元音和谐看作同化，而另一种方法把元音和谐看作表示词根词素的固有性质。在这篇文章里我们将要检查这两种描写法，并将说明把和谐看作同化的形式描写是不适当的。因为古典（16世纪前）蒙古语有严整的元音和辅音和谐，我们的讨论将以这个语言为限，虽然两种描写法在像芬兰语或土耳其语一类语言中也是通行和适用的。但在那些语言里和谐有点儿被伴随的其他现象弄得暧昧了。在古典蒙古语里，一个词里面的元音或者都是钝的，或者都是锐的。

关于元音和谐　清格尔泰撰，载《中国语言学报》1982年第1期。

该文分析了元音和谐律问题。作者认为，传统蒙古语法所说的阴性元音和阳性元音的区分在内蒙古察哈尔土语里实际上是元音松紧的对立，在卫拉特方言里是由舌位的前后不同决定的，在科尔沁土语里则是由舌位的高低不同决定的。此外，文章还分析了元音唇形和谐的序列性及依附元音的性质。文章通过对阿尔泰语系和芬兰—乌戈尔语系一些语言的比较指出，元音和谐律具有下列特性：（1）求同性。一个词里各个音节的元音，在其前、后、松、紧的属性方面要求一致。（2）限制性。哪些元音可以共处，哪些元音不能共处是一种限制。

(3) 序列性。甲乙元音可以共处在一个词里，但只允许甲—乙序列，不允许乙—甲序列。（4）制约性。前边音节元音，如词干元音决定附加成分元音，独立元音决定依附元音。

关于云南蒙古族卡卓语的形成 和即仁撰，载《民族语文》1998 年第 4 期。

卡卓语是一种层次复杂的语言，语音上同白族接近，基本词汇和基本语法结构又与彝语有不少相同之处。在语音方面卡卓语在声母方面与白语大理方言的声母特点完全相同。在词汇方面卡卓语和白语、彝语有许多相同的基本词汇。在语法方面卡卓语的基本语序与彝语基本一致。卡卓语的形成有两个方面的原因：第一，蒙古军进入云南后，首先与白族杂居、通婚；后来又与彝族杂居、通婚。前一种情况，由于当地白族的逐渐汉化而结束；后一种情况，则因蒙古族与彝族长期杂居和相邻而居的关系。第二，明代禁止使用"胡语"（即蒙古人和色目人的语言），从而加速了明朝境内蒙古人和色目人的汉化。总的来说，自元明以来，一直保持蒙古族成分的只有通海县自称"卡卓"的这部分蒙古族了。

关于藏族历代翻译家梵译藏若干问题之研究 才旦夏茸撰，载《西北民族学院学报》1985 年第 3 期。

一、藏文的韵、声母依据梵文的韵、声母增减而制定。梵文的字母分声母和韵母两类。一般公认，韵母为 16 个，声母为 34 个，声母和韵母共有 50 个。藏王松赞干布在位时，大臣图米桑布札创造藏文，他从梵文的 16 个韵母中取出 4 个，并依次命名，称作藏文四元音。并在对梵文的 34 个声母进行增删后，确定了藏文的 30 个声母。二、如何用制定的字母拼写藏语字、词。藏文借鉴《文法五章》、《构词章法》等梵文古典语言学理论著述的章节，建立了一套完整的语法理论体系。藏文可构词的单字数目 4060 多个。藏文具有基字、前加字、后加字、又加字和上下加字的完整规则。词有原生词和派生词两类。三、翻译上产生意译、直译、音译的问题。（1）与梵文的意思一致，译成的藏文亦能清楚地理解原义，采用意译；（2）藏文直接翻译梵文字的意思。（3）照梵文原样转写。

关于中国少数民族濒危语言语音语料库的设计 刘岩撰，载《中央民族大学学报》2006 年第 4 期。

主要内容：建立中国少数民族濒危语言语音语料库的目的在于使濒于消失的少数民族语言的声音永久而系统地保存下来，并能使国内外语言学习、研究者方便地进行大规模语音资料的查询、检索和统计。语料库的特点和作用、工作步骤及建库过程中遇到的难点与汉语或非濒危语言语音数据库有所不同。

关于中国少数民族语言和谐社会建设的一些思考 孙宏开撰，载《构建多语和谐的社会语言生活》，《民族出版社》，2009 年。日文稿载日本《语言多样性的新视角》，日本东京三元社，藤井久美子译，2010 年。

中国是一个多民族、多语言的国家。根据资料表明，已经确认的语言有 134 种，分属汉藏语、阿尔泰语、南岛语、南亚语和印欧语，此外还有若干种混合语。进入 21 世纪以来，中国政府提出了深入贯彻落实科学发展观，继续解放思想，坚持改革开放，推动科学发展观，促进社会和谐，为夺取全面建设小康社会新胜利而奋斗的目标。这是新的一个历史时期建设国家的一个重要方略。语言作为非物质文化遗产的重要内容之一，在当前全球经济一体化、市场经济不断发展和完善的过程中，其中许多族群的语言功能逐渐衰退，走向濒危。现在，国家非常重视少数民族语言的抢救和保护，这是我们开展工作的有力支持和保障，我们应该遵照国家的指示，积极开展工作，运用现代科技等一切手段，维护他们的生命力，延缓他们走向衰亡的进程。在少数民族地区，建设和谐语言生活的目标，就是要逐步做到在推广通用语言的学习过程中，多种语言和谐共存。文章分7个部分：(1) 建设和谐语言生活的可能性；(2) 欧洲萨米人的语言生活状况以及发展变化；(3) 建设和谐语言生活的必要性；(4) 建立和谐语言社会的法律保障；(5) 建立和谐语言社会的若干基本内容；(6) 建立和谐语言社会需要各方面通力合作；(7) 时代赋予我们的神圣使命。

关于壮语量词的词头化　覃晓航撰，载《民族语文》2005年第3期。

壮语的量词比较丰富，一些量词"词头化"之后，失去表示事物单位的意义。量词在发展过程中分化出两类，一类仍是量词，另一类则虚化为词头。几乎所有的量词都能脱离数词而独立位于名词之前。这引导壮语量词向泛指某一类事物的词头的方向转化，由于它已经失去表示事物单位的意义和作为修饰成分的语法功能，不再属于量词范畴，最终变成前加成分。

广东闽方言中若干台语关系词　林伦伦撰，载《民族语文》1990年第3期。

该文讨论广东闽方言中若干台语关系词。该文将广东闽方言与现代壮侗语族语言作比较，找出它们相同或相近的词语，以证明它们的关系。人类学、考古学和历史学的研究已经证明，现在广东大地上，秦汉之前还是百越的领地，这里通行的是台语。当中原汉人进入广东后，汉语有过一个很长的跟土著语同时使用的混合过程。因而不可避免发生语言成分互相吸收的现象。尤以词语更为突出。现代广东闽方言中存在的与台语有关系的词就是两种语言接触结果的遗存。该文列举12个例子加以分析。从意义上看，大部分还保留原词的词义，但有的词意义已有所演变。如雷州话的［pi］是"哨子"，黎语原来指"笛子"。壮侗语的［um］是"抱"，潮汕话的［ong］不是一般的"抱"，而仅指抱小孩哄其入睡。在结构上，这些词大部分在广东闽方言中还用作词儿，但有些只用来作构词语素，如"pa毛""pa浪"中的"pa"。

广南县本甘语初探　武自立撰，载《云南民族语文》1992年第4期。

本甘语是云南省文山川境内自称"本甘"，他称花族或花倮倮人说的一种语言。该语言由语音、词汇、语法等部分组成。语音包括声母、韵母、声调、音节结构几部分。声母共有35个，其中单辅音声母25个，复辅音声母10个。韵母共有60个，分单元音韵、复合元音韵、带韵尾的韵母和鼻化元音韵母。声调有4个：55调、33调、13调、31调。关于音节结构，每个音节都有固定的声调，其结构形式有14种。本甘语的词汇比较丰富，借词比例相对来说不算大。词汇中单音节词和双音节词占绝大多数，多音节的单纯词比较少。本甘语的词可以分为单纯词和合成词两类。构词方式有派生和复合两种，以复合为主。本甘语也有借词的现象，主要从当地汉语带入，借词中有早期借词与近期借词之分。本甘语的语法主要反映在词类、句子成分、句子类型上。语类可以分为名词、动词、形容词、数词、量词、代词、副词、助词、连词和叹词十类。句子成分可分为主、谓、宾、定、状和补语。句子类型分单句和复句。

广西侗语语音说异　黄佩兴撰，载《广西民族研究》1997年第2期。

该文以三江、龙胜、融水为代表，试将其语音进行比较分析。三江侗语有50个声母，非塞音声母有送气和不送气之分，它们之中有部分构成意义对立，有部分属于互补分布。韵母有27个。i、o、u与塞音韵尾结合时，出现在9、10调上，念长音，出现在第7或7、8调上，念短音。声调10个。该文将三江侗语与龙胜、融水侗语作比较，通过比较，揭示了它们之间存在的一些对应情况。从声韵与声调配合比较来看，龙胜、三江、融水侗语的塞声母分送气和不送气两套、送气出现在单数调上，不送气在单、双数调上都出现。除融水外，龙胜、三江的非塞音声母也有送气和不送气之分，送气出现在单数调，不送气音出现在所有调类上。喉塞音声母ʔ只出现在双数调和不送气单数调上，龙胜、融水、三江侗语韵母分舒声韵和塞声韵。声调也分舒声调和塞声调。舒声韵与舒声调1、1'、2、3、4、5、5'、6调相配合，塞声韵等塞声调的7、7'、8、9、10调相配。总之，龙胜与三江在语音上的一致性最大，它们与融水的差异则相对要大一些。

广西龙胜勉语的语音变异 黄行撰，载《民族语文》1990年第1期。

该文是用语言的社会变异方法对广西龙胜县勉语音变现象的研究。被调查的说话人是从当地9000名瑶族人中随机抽取的100人，并考虑了性别、年龄、文化程度、职业、地区、掌握语言情况的分布。龙胜勉语共时音变表现为8个参项，作者据此设计了包含这些变项的185个词对100位说话人进行了实际发音的记录，并对调查结果做了各变项的变异率和说话人不同社会分组音变差异的显著度检验的统计。统计结果表明：（1）未变形式的频率仍重于变异形式，但变异形式因和年龄相关，可能代表今后的发展趋势。（2）变项有等级顺序。（3）变项有语音属性的顺序。（4）年龄组、地区组、文化程度组音变异差别显著，性别组、职业组间差别不显著。根据瑶族社会发展趋势预测，不稳定的、非主流的变异形式有可能取代未变的形式。这项研究可以通过一项个案研究证明词汇扩散理论和微观社会语言学通过共时变异预示历时变化理论的有效性。

广西陆西村壮族私塾所读汉字音 谢建猷撰，载《民族语文》1991年第1期。

文章介绍广西武鸣县两江乡陆西村老一辈人所读的汉字音。发音人谢振安，壮族，当时80岁。据作者介绍，陆西村壮语属壮语北部方言邕北土语，与壮文标准音略有不同。有声母25个，但ʔb、ʔd、pr、kr、mr等5个声母不出现汉字音；有78个韵母，其中的 am、eu、en、ep、øi、øm、øn、øŋ、øp、øt、o、om、op、u:i、um、up、ɯ:i、ɯ:n、ɯ:ŋ、ɯp、ɯ:t、ɯ:k 等22个韵母不出现汉字音。有8个声调〔促声调第7调35（长）、55（短）算作一个调〕。文章第一部分是同音字汇，以韵母为纲，不同声母的字按 p、m、f、w……次序排列，同韵同声不同调的字按调次先后排列。第二部分为声、韵、调特点概述，与《广韵》比较。第三部分为声调，平、上、去、入各分阴阳，入声分3个调。汉字音的9个声调和陆西壮语的调值相同。陆西村壮语连读有变调，但汉字音不变调。作者认为，陆西汉字读音基本上保留着《广韵》平、上、去、入的格局。这种读音源于何时何地的汉语方言，有待另文分析。

广西那坡荣屯"土瑶"语言及其系属 毛宗武撰，载《广西民族研究》1990年第3期。

文章介绍了自称"耶容"的荣屯"土瑶"的语言结构，并与仡佬、壮侗、苗瑶进行了共时比较。耶容话韵母多，声母少。韵母有 m、n、ŋ、p、t、k 等辅音韵尾，元音分长短；声母无浊塞音、清化音，唇化腭化音比较少，舌根和小舌塞音对立。说耶容话的人分散在汉族壮族之间，汉语借词比较多，壮语也有一些。语法方面，形容词、指示代词、名词和第一人称代词修饰名词时在后，方位词修饰名词时在前，否定副词修饰整个谓语，置于句末。除借词外，耶容话里还有不少跟仡佬、壮侗、苗瑶诸语言相同、相近或交错异同的词语，文章举了37个例词说明耶容与仡佬最亲近，壮侗次之，苗瑶更次之。接着又举了52个例词阐述耶容话与贵州安顺和广西隆林的木基、三冲仡佬话都有明显的语音对应，但声调对应复杂。文章认为耶容话与仫佬语相近、相同的词语比较多，语音对应也明显，特别是否定副词置于句末这一特点与仫佬语完全相同。看来，他们的"底层"语言属仫佬语系统，问题不大。

广西平话对当地壮侗语族语言的影响

张均如撰，载《民族语文》1988年第3期。

平话是自秦汉以至唐宋历代南迁的汉人所说的汉语在湖南、广西等地与当地壮侗语族诸语言长期交融演变而成的一种独立的汉语方言。在白话、客家话、官话进入广西之前的漫长岁月里，平话是广西各民族之间的主要交际语及文教用语。因此平话对壮侗语诸语言的影响相当大，表现在：（1）壮侗诸语言从古平话中陆续吸收了不少借词，而且距平话区越近借词越多。这些老借词早已扎根于这些语言里，并随着各民族语言的发展而发展了。（2）某些民族语言中形成的老借词读音系统，即读书音的形成也是平话影响的结果。知识分子可以按当地读书音念信件、书报和契约，群众喜欢听。桂北的仫佬人和部分地区的侗人还经常用来编唱山歌呢！那时的文教用语当然也是古平话，师生代代相传，这种读书音保留至今。（3）一些地区的少数民族如平地瑶和部分红瑶由民族语与平话并用的双语制过渡到目前只说平话的单语制。但明清以后，平话的社会功能逐渐被白话、官话所替代，于是平话的影响大减。

广西平话中的壮语借词

张均如撰，载《语言研究》1987年第1期。

文章通过比较广西平话与壮语的语音讨论平话中的汉语借词现象。平话是广西的一种汉语方言，讲平话的汉人与壮族人民交错聚居，交往频繁，所以平话与壮语关系密切。平话中壮语借词的一般情况和特点有：（1）平话中的壮语借词都是日常生活用语；（2）被借的词在布依、傣和泰、老挝、掸语中都存在；（3）借词虽在同语族其他一些语言里也有，但不能断定借自台语或来自侗泰语，理由是汉人南迁进入广西始于秦汉，盛于唐宋，那时侗泰语、台语已分化成各种不同语言，二是壮族先民人口分布广，通常平话中借词只能借自壮语；（4）平语中借词与壮语中相应的词之间还能看出某些明显的语音对应关系；（5）平话内部来自各地壮语的借词虽有差别，但调类是相同的；（6）平话中借词与壮语原来的词义是相同的；（7）平话中个别词是借词还是固有词颇难断定。总之，平话是历代持续以中原南迁进入广西各地的汉人说的话，受到壮族先民语言影响形成的一种古汉语方言，又发展为今天的平话。

广西五色话——一种发生质变的侗泰语言

罗美珍撰，载《民族语文》1998年第2期。

五色话集中分布在广西融水苗族自治县永乐乡的19个村寨和三防乡的一个村寨。说这种话的约有5000人。该话因其杂有多种语言成分而被人称为"五色话"。大量材料表明五色话受到汉语非常深刻的渗透：语音方面因吸收了大量汉语借词而增加了二十几个汉语的声韵母；声调的调类、调值以及变调规律都基本和汉语相同。词汇方面，在最为稳定的核心词层，汉语渗进去近34%，基本词层渗进一半多，而在806个常用的单音节比较词中，侗泰语词只占1/3，汉语几乎占2/3。虚词等都和汉语趋同。这种情况是说明五色话在很大程度上改变了其侗泰语的原有性质，而沿着汉语的方向演变。五色话在历史上曾经是侗泰语壮泰语支的一种独立语言，由于大量覆盖的汉语表层，使得既难于将它继续归入侗泰语族，又不能看作汉语的一种方言。

广西中南部地区壮语中的老借词源于汉语古"平话"考

张均如撰，载《语言研究》1982年第1期。

文章讨论壮语中汉语老借词的语音和来源情况。壮语老借词的读音形式是相当稳定的语音系统，支配着所有汉语借词的读音。声调方面，壮语8个调类都出现汉语借词，1至8调分别与汉语阴阳上去相对应，有严整规律；声母方面，壮语古浊声母已清化，借词中古全浊声母一般读相应不送气清音。壮语塞擦音少，汉语精、庄、章、知、清、初、昌、彻、大多不区分，壮语中有双唇和唇齿音，借词中的轻、重唇音区分清楚。韵母方面，汉语借词的韵尾大都保留古汉语韵尾特点，借词的元音反映出古代汉语韵摄区分内、外转的某些痕迹，壮语一般没有介音，古汉语的等、开合在借词中多反映在元音上。广西通行的汉语有"官话、白话、平话、客家话"四种，其中"平话"历史悠久，语音面貌与壮语借词最相近。作者提出11条语音特征比较壮语中汉语老借词与平话和白话三者比较说明其中异同。

广西中南部地区壮语中新借词读音的发展

张均如撰，载《民族语文》1995年第3期。

作者在《广西中南部地区壮语中的老借词源于"古平话"考》一文中，介绍过桂中南地区壮语由于长期从古平话中吸收借词，并已形成了一套老借词读音系统。如上林、邕宁等县的壮人就沿用这种读书音来读书报、信件等。当地壮人听起来倍感亲切，都认为这是壮话。这些地区吸收新词术语时，也按照这种老借词读音系统来拼读，如"如果"读为saɯ2ku3。该文着重谈该地区新借词读音的发展趋向：（1）这种读音系统通用范围在缩小。如武鸣、崇左等县的新借词主要从西南官话吸收，但这里还能找到按老借词读音吸收的一些新借词。可见这些县过去也属于这种老借词读音范围之内。（2）中南部现有的地区也出现了新老读音并存和由老借词读音系统转为按西南官话吸收新词的现象。这表明壮语中新借词读音向官话读音转化是明显的趋势。该文建议：今后壮文书刊中，一般应按西南官话吸收新借词，不用或少用按老借词读音系统拼写的办法。

规范彝文理论实践价值评估

周庆生撰，载《民族语文》1993年第4期。

该文从宏观社会语言学的视角，论证四川凉山规范彝文的成功实践对中国少数民族文字改革理论的突破和发展，同时论证规范彝文对其他传统民族文字改进或改革所产生的影响。20世纪50年代以来，字母形式拉丁化是我国少数民族文字创制和改革理论中的一项基本原则。该原则强调文字的国际性、大众性、科学性和可教育性的特性。规范彝文产生的理论可以概括为：民族化为主，拉丁化为辅的原则，取老彝文之长补新彝文之短，实现民族化跟拉丁化的优化组合，在少数民族文字改革理论中，树立起一面新旗帜。规范彝文获得国务院批准后，对于新疆恢复使用阿拉伯字母的维吾尔文和哈萨克文，对于云南西双版纳州恢复使用老傣文，均产生了直接或间接的影响。90年代清格尔泰提出的汉字化夹拼音化的设想，似乎又提供了一种新的思路或选择。

规范彝文在凉山彝族地区的巨大作用

武自立撰，载《中国少数民族语言文字使用和发展问题》，中国藏学出版社，1993年。

凉山彝族主要说彝语北部方言。北部方言又分南部和北部两个次方言。南部次方言包括布拖、会理两个土语，约18万人。北部次方言包括圣乍、义诺、田坝三个土语，约110万人。方言、次方言和土语之间差别不大。凉山彝族原有一种古老的音节文字，用这种文字留传下不少有关彝族历史、医药等文献资料，但若用在教学或使用上都存在一定困难。1974年制订了以喜德彝语为依据的《凉山彝文规范方案》规范出819个音节符号。并在彝族聚居的部分全日制小学或民族中学开始教学试验。通过试验，否定了直接学习汉语文——"直接过渡"比彝、汉双语文学习好得多的论调。人为地以汉语作彝族学生的"母语"，造成语言和文字脱节，而以彝语作母语，一年级学生基本上可以脱盲。在彝文教学方面：中、小学有计划地恢复了彝语教学；在彝文扫盲方面：用彝文扫除文盲的有344857人，脱盲率达68.89%。在彝文报纸杂志和读物方面，1978年已正式出版了《凉山报》（彝文版）。最高发行量为10000份。

贵阳花溪甲定苗语的前加成分 乐赛月撰，载《民族语文》1979年第3期。

甲定苗话属苗语川黔滇方言惠水次方言北部土语。甲定苗话有相当多的带前加成分的合成词。前加成分具有单音与词根同韵的语音特点，其形式有qv13、qv31、kv13、kv55、pv31、ŋkv13、ŋkv31、lv31、tv13、shv13等。v代表任何韵母，q可以与苗语全部韵母结合，p就很少。qv13出现频率高，而kv13、kv55、ŋkv13、ŋkv31、pv31则很低。该文分述这些前加成分的作用，认为前加成分是区别实词词类所运用的一种形态，有些前加成分是名词中区别不同事物类别所运用的一种形态，有个别的前加成分则是动词中区别不同动作状态所运用的一种形态。通过与苗语其他方言、土语前加成分的比较，从具有相同的作用和语音上的明显对应关系，可以断言，甲定苗语的这种前加成分是从古苗语沿袭而来的，并不是方言分化之后才产生的，而与词根韵母同韵现象不是在苗语方言分化之前产生的，而是惠水次方言北部土语区在某一时期产生的。这种现象是语音上发生同化而形成的，这是由土语内部发展规律所决定的。该文论证了古苗语前加成分的演变过程。

贵州安顺大山脚苗话声韵母的来源 刘援朝撰，《民族语文》1990年第1期。

文章正文分三部分。引言介绍了大山脚苗话的使用情况及对其声调处理的说明。（1）古苗语声韵类概观，简要阐明了从1976年到1989年古苗声韵类的构拟和修正过程，在这个过程中，古苗语的声类构拟了129个，韵类构拟了30个。（2）大山脚苗话声母的来源，根据1989年王辅世先生构拟的129个声类，探讨了大山脚苗话36个声母的来源，为解释声母mj、tlh的来源，拟测了 *ʔmr、*qhl或qhsh，使苗语的古声类扩充到131个。（3）大山脚苗话韵母的来源，依1989年王辅世先生拟测的30个韵类，探讨了大山脚苗话16个韵母的来源。经探讨，文章认为大山脚苗话的声、韵母都有了很大的简化，声母的简化最为突出，表现为：古鼻冠闭塞音声类来源的声母，鼻音消失，保留闭塞音；古小舌音声类全部喉化，清鼻音声类浊化；古舌尖后闭塞音声类全部舌尖前化。

贵州安顺大山脚苗话音系及方言归属问题 刘援朝撰，载《民族语文》1991年第4期。

文章首先对大山脚苗话的音系进行了描写。按音位标音原则，由6个声母，25个韵母，其中有9个用于拼写现代汉语借词，8个调类7个调值。声母方面，大山脚苗话没有鼻冠闭塞音声母，古鼻冠闭塞音声类一律消失鼻音，保留闭塞音，古小舌音声类喉化，使喉塞音成为声母而具有音位价值，清鼻音浊化，无舌尖后音声母。大山脚苗话的声母是苗语一种特殊的类型。声调上，第8调调值为12，与第4调调值11近，为区别标作13，第6、7调调值同为33，为区别第7调标作44。关于大山脚苗话的方言归属，作者认为划分方言不能单纯根据语音差别，还应当考虑词汇的异同，若只考虑语音差别，大山脚苗话的声母较特殊，可自成一个方言，但从词汇上看，则应该归为苗语川黔滇方言川黔滇次方言的第三土语。

贵州汉语中的民族语言成分 李炳泽撰，载《汉语与少数民族语言关系概论》，中央民族学院出版社，1992年。

贵州省及其周围地区，自古以来是一个多民族地区。而近百年来，随着汉族的大量流入，苗族、布依族、侗族掌握汉语的人逐渐增多，对汉语产生了一些影响，形成底层现象。该文对贵州汉语中的民族语词汇、语音底层作了介绍。词汇底层如：莽简、嘎老、鬼师（巫师）、pa⁴（腿）a⁴（那）、ha¹（随便拿别人的东西）、laŋ¹（皮、肚子）、ma¹（肥胖）、lia³（舔）、phai³（庹，两臂伸长的长度）、au²maŋ¹（吃饭）、ləu¹（偷）、pha¹（软）。语音底层的山摄合口韵的变读，在黔南汉语变为ɯn，黔东南不同地区有 ue、yɛ、yə、ye 和 on 多读。ɯn 与布依语有关，ue 与黔东苗语有关，on 与侗语有关。在贵州大部分地区，假摄开口韵以及曾、梗、山摄开口韵大多发 e，而在黔南有 ɛ、ɯ 两读，其中假摄为 ɯ。在贵州，只有布依语才有 ɯ、ɯn、ɯŋ 等韵母。仡佬族由于分散，大部分被汉族和其他民族同化，至今贵州汉语中有不少仡佬语底层。

贵州境内苗语方言土语再认识 鲜松奎撰，载《语言研究》1996 年第 2 期。

苗族分布在贵州、云南、湖南、四川、广西、湖北、海南等省区，有 387 万多人。贵州是苗族分布的重点省份。苗族分东部、中部、西部三大方言，在贵州省内都有分布。各方言区的人根本不能通话，不同土语的人通话也比较困难，苗语内部差别之大、复杂之极是国内之首。作者根据语音方面的声母差别、声母与声调的关系、韵母的差别以及词汇的差别将贵州省内的苗语分为：（1）东部方言：有东部土语和西部土语。（2）中部方言：有东部、南部、西部、北部、中部五个土语。（3）西部方言：分方言、次方言和土语三个层次。次方言有川黔滇次方言、麻山次方言和罗泊河次方言。川黔滇次方言内有 15 个土语；麻山次方言内有 4 个土语；罗泊河次方言内有 2 个土语。共计 21 个土语。1956 年对苗语进行普查时，对苗语方言的划分有过意见。作者对中部和西部方言的次方言和土语的划分发表了个人意见。

贵州荔波的甲姆话 倪大白撰，载《中央民族学院学报·语言文学增刊 3》1986 年。

该文分析的荔波的甲姆话是第一次公开问世。这些材料对侗水语支乃至整个侗中语族语言的比较研究将会有一定的启发。甲姆话声平有单辅音和腭化、唇化辅音，后两类有日渐简化的趋向。清塞音、鼻音、边音和 j 有送气和不送气两套。b、d、dj、g 发音时带有ʔ -前音。tj、tj'、dj 带有轻微摩擦。韵母有单元音 6 个，单独成韵都是长元音，e、o 没有短韵与之对立。复元音 10 个，由主要元音和作韵尾单元音 -i、-u 构成。带辅音韵尾韵母 49 个，作韵尾的辅音有鼻音 -m、-n、-ŋ 和塞音 -p、-t、-k。声调有 6 个。根据侗台语族的处理方法，-p、-t、-k 收尾出现的 34 调和 44 调是第七调（34 长调，44 短调），42 调不分长短。词汇有单纯和复合两类。合成的方法：一是派生，一是复合。甲姆话的形态很少。人称代词的单数一、二人称跟结构助词结合，表示物主关系时，使用增音手段。根据词与词的结合能力。语法功能并参照词义可分为名、动、形、数、量、代、副、介、连、助等词类。短语分联合、动宾、修饰、后补、主谓 5 种。句子结构与汉语及侗台语基本一致。

贵州木佬语与仡佬语的关系 张济民撰，载《贵州民族研究》1990 年第 1 期。

该文对贵州的木佬语与仡佬语的关系进行比较研究。一、对木佬语作了概说。木佬语有 26 个声母，无紧喉声母，塞音和塞擦音的吐气成分不发达。韵母有 17 个，ɿ 是 i 的变体，只有 ŋ 韵尾，n 韵尾是 ŋ 的变体。声调有 5 个。单音节词占多数，分单纯词和合成词两类。合成词分不带虚词素和带虚词素两类。领属性后定语由人称代词充当，构成以名词为中心的词组，在句中作主语，后面如果出现结构助词 ti³³（的）则其结构不再是主语，而变成前定语。ta³³ 具有名词和指代助词的双重性。它永远置于句首，受人称代词修饰组成固定的结构作主语或定语。程度副词有 6 个，它们都用来修饰形容词，其位置在中心词的前面。否定副词"不"是 a 的，当它们修饰中心词时其位置在后面，但龙里寨木佬语否定副词 a55 其位置处于中心词前面。二、从词汇、词义生成、语法结构和语言发展等方面对木佬语与仡佬语作了全面比较。得出结论是：木佬语与仡佬语关系很近，同属一个语族。

贵州榕江八开摆赖苗语语音概述　李珏伟撰，载《贵州民族研究》1984 年第 3 期。

该文对贵州榕江八开摆赖苗语作简单介绍。摆赖苗语属黔东方言南语土语。它与凯里一带苗语相比，语法相同；声调都是 8 个，调类都相同，调值不完全相同；声母少于韵母。摆赖苗语有声母 26 个。无复辅音，无送气清边音 lh1，无清化鼻音和擦音，鼻音 ng 可自成音节，z 用于拼写汉语借词。韵母有 35 个，其中 in、an、ua、uai、uan、un、yan 专用于拼写汉语借词。有 i 介音的韵母较多，另外还有 u、y 介音的韵母。韵母可以自成音节，当自成音节时，前加喉塞音，但它不区分音位。无 p、t、k、m 韵尾。声调有 8 个，有 4 个平调、有 2 个升调，有两个降调。

贵州三都苗语语音系统及其与苗语中部方言标准音的对应规律　杨昌盛撰，载《西南民族学院学报》1999 年第 5 期。

该文所称"三都苗语"不是一个独立的语种，而是以三都县交梨乡新联村苗话语音为代音的通行于整个三都苗族地区的一种土语。这种土语与贵州省锦屏县偶里音系、都匀市把垛音系和广西融水县振民音系联系较为密切，而与作为中部方言标准音的凯里养嵩音系差别较大，在三都新联音系中，共有声母 25 个，其中专用于拼读汉语借词的 3 个；共有韵母 35 个，其中专用于拼读汉语借词的 9 个；共有声调 8 个，无汉语借词专用声词。由于三都音系与养嵩音系的差别比与中部方言其他任何一个土语音系的差别都大。三都苗族要学会一口流利的养崇苗话，付出的努力甚至比学会一口流利的汉语普通话所付出的努力还要大。但是，作为苗族情感、文化的载体，汉语远远不如作为中部方言标准语的差嵩苗话和苗文，因此掌握养嵩标准语非常重要。作者对三者音系与养嵩音系对应规律作了表述。

贵州省东南部苗语语音初步比较　马学良撰，载《民族语言教学文集》，四川民族出版社，1988 年。

一、绪论。苗族是我国少数民族中人数较多的民族，他们的语言属于汉藏语系的苗瑶语支。居住在贵州、湖南、四川、云南、广东、广西等省份，人口 250 余万。其中以贵州为最多，人口 140 余万；在国外：越南、缅甸、泰国等地也有很多苗族居住。苗族人民对于文字的要求是非常迫切的。1955 年初，中央民族学院苗语实习组离开苗族地区时，苗族同胞赠给他们一面没有写字的锦旗，等他们把苗文创造出来，再把情意写上去，这一事说明苗族人民迫切希望自己文字早日出现。二、语音系统的情况。（1）从发音部位来分析，辅音可分为唇音、舌尖前音、舌面前音、舌根音、小舌音及喉音。（2）从发音方法上分析，都可以分为塞音、鼻音、边音、摩擦音、塞擦音。（3）塞音、塞擦音、摩擦的清的唇音、舌尖音、舌面音在大部分地区都分不吐气和吐气的两套音位。（4）双唇、舌尖前、舌面前的鼻音在大部分地区都有一套清化的鼻音，它与不清化的鼻音成对立的音位。

贵州省独山县新民苗语的方言归属　李云兵撰，载《中国民族语言论丛（2）》，云南民族出版社，1997 年。

贵州独山县的新民、翁桥、上道等乡的苗族自称 to22mo35，使用的苗语属苗语川黔滇方言，但以前未确定其次方言归属问题。从语音上看，新民苗语具有川黔滇方言的一般语音共性，即鼻冠塞音声母能出现于阴、阳两类调的音节中,从比较看,它既有与某些次方言相同或相近的语音特点,同时也有自己的特点。声母方面,与甲桐苗语相同或相近的特点最多,与重安江次方言相同或接近的特点次之,贵阳次方言又次之。韵母方面,与甲桐苗语相同或相近的特点也最多的。因此,新民苗语应属于甲桐次方言的范畴,但也有自己的特点,应看作甲桐次方言的一个土语。新民苗语与甲桐苗语共有一些特殊词汇,表明二者之间确有密切关系。独山新民在平塘甲桐之东,这种土语叫甲桐次方言东部土语。

贵州省望谟县油迈瑶族所操语言的归属问题 李云兵撰,载《语言研究》1997年第2期。

该文通过比较和阐述发现,油迈话的语音特点中,声母上,凡与布努语相同或相近的,也与苗语川黔滇方言相同或相近。据此,可以把油迈话放在布努语系统中作为布努语的一个方言,也可以把它列入苗语系统作为苗语川黔滇方言某个次方言的一个土语。从韵母上看,虽然油迈话与布努语有一些共同特点,这些特点,苗语同样具有,而它与苗语所具有的一些共同特点,布努语则不具备。因此,把油迈话放在苗语系统中作为苗语川黔滇方言甲桐次方言的一个土语比较合适。对词汇虽只作了一些比较,但是不难看出,油迈话的词汇向苗语系统的词汇靠拢,而且有些词与苗语川黔滇方言甲桐次方言的土语的词构成区域词汇圈。从自称看,操布努语的瑶族,在称谓中都有用表"人"的称谓兼作自称。油迈的瑶族在称谓上与苗语系统民族自称相同,也是把油迈话列入苗语系统的理由之一。

贵州威宁苗语的方位词 王辅世、王德光撰,载《民族语文》1982年第4期。

该文对威宁苗语方位词的性质、分类以及应用范围进行分析研究。作者认为威宁苗语表示方位的词是一个独立的词类,不是名词的附类,分前置、后置、中置和指示四种。前置方位词有 vɦai^{21} "那儿、这儿"、bɦi^{21} "坡上那儿" 等12个,不能单独作句子成分,居于修饰它的名词或名词性词组的前面;后置方位词有 a^{55} ʂa^{55} "上面"、i^{55} tha^{11} "前面" 等8个,能单独作句子成分,在名词或名词性的修饰词组中作中心语,居于后面;中置方位词有 ndlo^{53} "里面"、ndɦie^{35} "正面、表面" 等9个,能单独作句子成分,在名词前受名词修饰,若名词带量词则在量词、名词之间;指示方位词主要指示高、低、远、近等方位的地点,有 vɦai^{35} "较远的那儿、那"、bɦi^{35} "山坡高处的那儿、那" 等13个。在修饰词组中作修饰语,居于最后,与前置方位词在语音上大都有联系。该文用118个例句叙述苗语方位词。

贵州威宁苗语的声调 王辅世、王德光撰,载《中国民族语言论文集》,四川民族出版社,1986年。

贵州威宁石门坎苗话的声调在整个苗语里非常特殊。石门坎苗语共有六个调值,即55、35、53、33、31、11。而古苗语四声八类与这六个调值对应复杂:阴平55、阳平55、阴上55、阳上33/11、阴去33、阳去53/31、阴入11、阳入53/31。其中阳上、阳去、阳入的两个调值词性不同,前边调值是名词性的,后边调值都是非名词性的。上述各调中,调值相同的不同调类依然不能合并,因为(1)阳平和阴上、阳去名和阳入名的音节,声母发音方法相同,但变调规则不同;(2)其他调值相同的不同调类的音节,声母发音方法不同、变调规则也不同。所以石门坎话的调类有阴平、阳平、阴上、阳上名、阳上非名、阴去、阳去名、阳去非名、阴入、阳入名、阳入非名等11个。古苗语清声母上声字在石门坎话中有一部分读阳去调,这是历史上连续变调的结果。石门坎苗话变调很丰富,该文列主要变调规则。

贵州威宁苗语的状词　王辅世、王德光撰，载《语言研究》1983年第2期。

文章全面讨论了贵州威宁苗语的状词语音语法特点。威宁苗语动词、形容词后面经常附带有一些音节，表示动词动作的状态、速度、声音和形容词性质的状态。这些后附音节就是状词。状词虽主要修辞动词和形容词；但是后置且有形态变化，因此不同于副词。状词有单音节的和双音节的。有3个助词可加在状词前表示小，加强和减弱等附加意义。绝大多数状词除本形外还有一个变形，本形表示动作或性质是规则的，变形则表不规则和复杂多变，状词变形规则按单音节和双音节增加音节和变调。状词分六类，第1类主要修饰形容词并且不需要联系助词，第2、3类主要修饰不及物动词；第4类主要修饰及物动词，并需要联系助词，第5类不修饰动词和形容词，本身表示一种动作状态，在句中当表语，但必须有助词介于主语和表语之间。以上5类都有形态变化。第6类没有形态变化，和动宾或形补词组构成固定词组。文后列出主要状词表及状词修饰的动词和形容词。

贵州瑶麓瑶语音位系统　李玉伟撰，载《贵州民族研究》1983年第3期。

该文用描写手法对贵州瑶麓瑶语音位系统作了简略介绍。瑶麓瑶语有声母44个，特点是送气声母出现在单数调，有鼻冠音、清边音 lh 和送气清边音 lh′，还有清化鼻音 m 和 n，送气成分比较重，与苗语的情况相似。C 声母出现频率很低，ts′多用来拼汉语借词。韵母有37个，特点是元音不分长短，没有 p、t、k、m 韵尾，只有 n、ng 韵尾。ng 可自成音节。元音都可自成音节，前面常有喉塞音。带 i、u 介音的韵母，占整个韵母的一半。in、ian、ing、en、uan、yn 用于拼写汉语借词。声调有7个，带喉塞音的词，多数出现在第一调类中。瑶麓瑶语和苗语在语音方面有较多的共同点。

贵州瑶族的语言　张济民、徐志森、李珏伟撰，载《贵州民族研究》1983年第3期。

该文从民族语言学研究的角度，对贵州的瑶族的语言状况作了考察。根据居住集中、语言完整以及某种特殊性，选择了荔波瑶山、荔波瑶鹿、荔波茂兰、黎平滚懂、从江岑杜、榕江塔石六个调查点的瑶语材料，从语音系统构词方式和语法特征两方面进行对比分析研究。通过对六个瑶语点材料的分析、研究，作者认为贵州瑶族讲的语言可以分为两个支派。从江、榕江的瑶语应是瑶语系统的语言，荔波、黎平的瑶语应属苗语系统的语言。从江岑杜与榕江塔石可以通话，应是一个方言，语音上，塔石瑶语更趋于简化，如 lh 都变成 h，m、n、ny 都已归并为 m、n、ng，辅音韵尾 p、t、k 趋于消失。它们在语音上还有一定差别，应属同一方言的两个土语。黎平滚懂瑶语与荔波三种瑶语属同支，但词汇、语音差别大，它们应属不同的两个方言，荔波三个瑶语之间共同性很多，是同一方言的不同土语，贵州的瑶族是多语制，瑶语是村寨和家庭的主要交际工具。出外办事、赶场等活动，经常要用布依语、侗语和汉语作为交际工具。

贵州彝语几种语法范畴简述　柳运超、罗德超撰，载《彝语文集》，贵州民族出版社，1993年。

彝语分六大方言，各方言之间或同一方言内部的各土语之间，由于地理环境的不同和历史文化发展不平衡，在语音、词汇、语法和修辞方面都存在差异。属东部方言的贵州彝语主要有乌撒、水西、盘县三个土语。该文简述了贵州彝语三个土语里存在的几种语法范畴，为彝语研究者提供贵州方面的材料。这几种语法范畴主要有：数的范畴、格的范畴、语态的范畴、体制的范畴、方位的范畴、语式的范畴等六种范畴。在彝语里只有人称代词有数的范畴，并且各土语区的对立情况也不太一样，盘县土语的人称代词有单数和复数的对立，乌撒、水西土语却有单数、双数和复数的对立。水西土语人称代词的格位已消失,盘县和乌撒土语都有格位变化,但变化的情况有所差异。盘县土语的人称代词有主格、宾格和属格;乌撒土语只有主格和宾格两种格位对立。在彝语里,有的动词有以通过声母的清浊变化来表示自动态和使动态。一般情况下自动态的动词,声母都是浊音,使动态的动词,声母都是清音。

贵州紫云界牌苗语的语音特点和方言归属 王辅世、刘援朝撰,载《语言研究》1993年第1期。

界牌苗语有许多语音特点。该文试图通过平面描写和与古苗语声韵类的比较,揭示这种苗语的语音演变,并与贵阳次方言的北部土语代表点贵阳青岩的苗语、南部土语的代表点紫云团坡的苗语,西南土语的代表点安顺市汪家山的苗语进行比较,来说明界牌苗语属于贵阳次方言并自成一个土语的理由。界牌苗语有声母65个,其特征:古全浊声类的反映形式的清音,个别的为浊擦音。古舌尖后音声类的反映形式舌位前移。古苗语唇舌音声类在界牌苗语的反映形式与青岩、团坡、汪家山苗语互有异同。界牌苗语的韵母特征:古苗语韵类的合并。古苗语 in、ing、an、on、oon 五个韵类的反映形式丢失了鼻音韵尾。声调特征:界牌苗语固有词的声调阳平、阳去合并,阴上、阴入合并,阳上、阳入合并,共有五个调值。既有贵阳次方言的特点,也有其他土语的特点,可称为中南土语。

贵州紫云水井坪苗语和望谟新寨的连读变调 鲜松奎撰,载《民族语文》1990年第3期。

文章介绍了贵州紫云水井坪苗语和望谟新寨苗语的声调有平上去入各分阴阳共8个调类,依次为1、2、3、4、5、6、7、8。1、3、5、7又因声母在其他次方言分不送气和送气,而分为 a,b 两类。连读变调只发生在阴平调（1a 调和 1b 调）和阳平调（2 调）的音节之后。水井坪苗语的变调规则有3类7项21条。新寨苗语的变调规则有3类6项18条,还有发生在非阴平调和非阳平调音节之后的特殊变调。作者还指出变调影响声母和韵母的改变从而造成本方言内部语音的差别。水井坪苗语连读变调时,变调影响部分韵母的改变。新寨苗语连读变调时,变调影响声母的送气与否。当2调或4调变6调时,带鼻冠音的塞音、塞擦音、塞边音和擦音 s 等声母变送气声母,当6调变6'调（变调）时,送气声母变不送气声母。

国内少数民族语言文字概况 傅懋勣撰,载《傅懋勣先生民族语文论集》,中国社会科学出版社,1995年。

少数民族语言的系属。根据我们现有关于我国少数民族语言的知识,除了几种系属尚未确定的语言外,可把现有的民族语言分为4个语系、9个语族、19个语支:(一)汉藏语系。汉藏语系的少数民族语言主要分布在我国西南、中南和西藏地方。其中只有藏语向北伸展到青海、甘肃两省。我国境内属汉藏语系的语言,可分3个语族。(二)阿尔泰语系。阿尔泰语系的语言在我国境内主要分布在西北、东北和内蒙古。朝鲜语的系属至今没有定论。这一系的语言又可分为3个语族。(三)南亚语系。我国属于南亚语系的语言,有孟—高棉语族,主要分布在云南省的思茅、缅宁和保山地区。又可分2个语支。(四)印欧语系。在我国境内说印欧系语言的人最少。只有在新疆有两种语言:(1)斯拉夫语族东斯拉夫语支的俄罗斯;(2)伊朗语族的塔吉克语。除此之外,还有些语言,如:西藏东南部的珞瑜地区的"珞巴"、新疆南部的"坎巨提"、四川北部的理番一带的"博罗子"……因为作者没做过调查,该文暂不列入。

国外苗瑶语研究介绍 乐赛月撰,载《民族语文》1996年第3期。

一、国外苗瑶族的分布。国外的苗族和瑶族主要分布在越南、老挝、泰国和缅甸。苗族使用的语言与我国苗语川黔滇方言相同；瑶族使用的语言与我国自称"勉"的瑶族使用的语言基本相同。二、国外苗瑶语言研究作者和刊物名称简介。国外研究苗瑶语言的主要学者有维亚尔、马伯乐、萨维那、埃斯基罗尔、欧德里古尔、唐纳、张琨、珀内尔、斯特雷克等。论著刊登在如《美国东方学杂志》、《通报》（巴黎）、《巴黎远东法语学校学报》、《语言》（美国）、《英国伦敦大学东方和非洲研究院学报》、《藏缅语区语言学杂志》（美国）等有声誉的刊物上。三、国外苗瑶语言研究。（1）苗瑶语言音韵系统的研究。如张琨的《苗瑶语声调问题》证实苗瑶语在历史上是8个调，提出阴阳调之假说，又在《原始苗语的声母》（1976）为原始苗语构拟了全套声母。唐纳的《原始苗瑶语构拟中的问题》研究了原始苗瑶语元音和韵母的某些问题。还有斯特雷克《金门语会晒方言的声调》（1990）等。（2）苗瑶语言的系属研究。如白保罗《再论汉藏语系》（1976）指出苗瑶语言与汉藏语系有对应的一些词，没有发生学关系，都算作早期借词。这一观点在《苗瑶语言和藏缅语言的早期借词关系》中有详细论述。张琨的《苗瑶语藏缅语和汉语的鼻冠音塞音声母——是扩散的结果呢，还是发生学关系的证据呢？》似乎是对白保罗的观点有力的抨击。（3）苗瑶语族中未分类语群的归属研究。如白保罗《苗瑶语之谜那峨语》表明那峨语是苗瑶语而不是"另一种语言"，其结论与博尼法西相反。斯特雷克在《评〈苗瑶语之谜那峨语〉》同意白保罗把它作为苗瑶语族的第四个语支的见解。

国外瑶族使用瑶语的情况 盘承乾撰，载《跨境语言研究》，中央民族学院出版社，1993年。

瑶族外迁距今已有五六百年的历史。现有自称为"勉"和"金门"的瑶族。"勉"在海内外人口最多，其语言都能相通。国外瑶语的特点是：至今仍较好地保留着古瑶语的语音、词汇和语法的一些特点。在语音上还保留着鼻音［-m］、［-n］、［-ŋ］和塞音［-p］、［-t］、［-k］收层以及长短韵的对立。在语法上，中外瑶语都有变调构词的方式；合成词都有两种不同的修饰方式，一种修饰成分在前，被修饰成分在后，或反之；保留着ABA式的构词形式；保留两套基数词。即十位数之前用一套，十位数之后用另一套。另外，国外瑶语存在着多国的借词层。在越南、老挝和缅甸的瑶语除借自明清时期的汉语外，还分别向所在国的通用语借词，这就存在两个国家借词层。在泰国的瑶语中，则有中国、老挝和泰国的三个借词层。而在美国、法国和加拿大的瑶语中，则有四个不同国家的借词层。

哈汉语元音音位对比 范道远撰，载《语言与翻译》1992年第3期。

（一）该文对比方法运用的基础和原则：（1）该文采用对照研究的方法。（2）该文以音位理论为基础进行对比，尽量选用现有语音材料。（3）对比研究时，着重于哈、汉语音位系统的相异之处。（二）哈汉语元音音位对比。（1）哈萨克语元音音位。哈萨克语共有9个元音音位。（2）汉语普通话的元音音位。汉语元音音位有8个。（3）哈汉语元音音音对比。①哈汉语元音音系统的一般差异，主要表现在舌尖元音、卷舌元音和前元音音位上，以及短元音、复合元音音位、圆唇元音、央元音音位、音位体系、音位变体等9方面。②哈汉语元音音位的可对比性与具体差异。对应相似的元音音位。哈语的后圆唇元音音位u和汉语的圆唇元音音位u。哈汉语中i不同，一个是央元音，一个是前元音。

哈拉与莫昆：达斡尔族父系家族社会的再现 丁石庆撰，载《中央民族大学学报》2004年第6期。

达斡尔人自古以来在居住上依山傍水，不仅创造了适应这种特定环境的物质文化，同时也创造了适应这种环境的制度文化。达斡尔族的哈拉与莫昆的名称主要来源于达斡尔族世居地黑龙江上中游一带祖先曾居地的山川地名，体现了达斡尔人对所处的特定的自然环境的适应，而在此基础之上形成的氏族组织形式、婚姻制度、亲属关系、居住形式，以及由此演化而成的姓名制度等一系列氏族社会秩序，其源流关系大致可表述为山川地名—哈拉、莫昆氏族名称—居住格局、婚姻参照系—亲属制度—父系姓氏—传统制度文化。因此，达斡尔族的哈拉、莫昆名称的历史演变轨迹实际上也反映了达斡尔族制度文化的演变轨迹。该文认为：达斡尔族的哈拉、莫昆名称作为一种语言文化符号，具有多重文化功能，依其历史演化进程依次似为：1.居住地域性标志；2.氏族标志；3.血缘关系标志以及确立婚姻关系的参照系；4.姓氏；5.民族标志；6.文化符号等。这种由语言符号逐渐演化至文化符号的历程充分地揭示了达斡尔族制度文化的形成、演化及其与外来文化交融的轨迹。

哈密本回鹘文《弥勒会见记》第二品研究 耿世民撰，载美国《哈佛大学突厥学报》1980。

回鹘文《弥勒会见记》（以下简称《会见记》）是目前发现的最重要的古代维吾尔语文献之一。汉文大藏经中有多种关于弥勒的经文，但内容都与新疆塔里木盆地出土的各种语文的本子有所不同。《会见记》内容为关于未来佛弥勒的事迹。在现存汉文《大藏经》中有关于讲述弥勒生平事迹的若干个本子，但内容与回鹘文本不同。据本书《会见记》，早在释迦牟尼佛在世时弥勒已诞生，并被佛指定为继承人。《会见记》似为一种古代戏剧形式，因为它的古代焉耆语本本身就叫做"戏剧"。回鹘文本每章前都标明故事发生的场地，章末有概括其内容的章名。共由28章组成，即由一章"序"和27章正文组成。德国葛玛丽（von Gabain）教授认为《会见记》是在回鹘人所谓的新日时向佛教信徒们演唱的剧本。《会见记》虽性质上基本为小乘作品，但已见大乘的影响。这里信徒们追求的不仅是阿罗汉，而且也是菩萨理想。希望将来弥勒下生到人世时，能聆听他的教导，会见未来佛，从而成道并得到解救。回鹘文本《会见记》由28幕/品组成。其中第二品题为"弥勒菩萨出家成道"，内容主要讲：弥勒生于南印度一位高贵的婆罗门家，自幼聪明过人，从师于婆罗门跋多利。跋多利听说佛已得道，但因自己年事已高，不能亲自去佛处聆听教导，于是委托以其弟子弥勒为首的十六弟子去中印度摩揭陀（Magadha）国孤绝山（Pāsānaka）去见释迦牟尼佛，并告诉他们佛的长相（所谓三十二大人相）。于是弥勒等人带着全城百姓的祝福，开始了长途跋涉。他们在到达佛所在的地方后，根据其师所说佛身体上的特征及其智慧，马上认出了佛。尊者佛回答了他们心中的疑问，并向其说法。弟子们都获不同程度的果报。于是弥勒受戒成为佛的弟子。最后弟子们决定派潘吉卡回去向跋多利师父报信。

据德国本，回鹘文《弥勒会见记》可能译成于9—10世纪，而哈密本则抄成于1067年。哈密本《会见记》1959年在哈密天山区一个叫铁木尔图地方的遗址中偶然为一牧羊人发现，共293叶（586面），字体为正规的写经体，形式为古代回鹘文佛经常用的梵箧（pustaka）型。每叶在第7和第9行之间画有直径为4.6厘米的圆圈，圆心留有直径为0.5厘米的穿绳小孔。捐施人名为鞠·塔石·乙甘·都督。

哈密本回鹘文《弥勒三弥底经》初探 李经纬撰，载《喀什师范学院学报》1982年第1期。

一、跋尾。该文所转译的十篇跋尾说明了三个问题：（1）哈密本回鹘文《弥勒三弥底经》至少有二十五卷；（2）这部经的总名称叫《弥勒三弥底经》，但它的每一卷各是一个完整的故事，而且自立经名；（3）这部经记述了弥勒的"下生"、"得道"、"成佛"、"转法轮"等重要事件。二、写经人留言。哈密本回鹘文《弥勒三弥底经》许多卷章的末尾还有写经人的留言，这些留言的内容类同。留言说明：塔什·依甘不是具体写经人，而是让人写经的人或称写经的发起人。具体写经人是耶曲雅·萨利等人。三、献词。哈密本回鹘文《弥勒三弥底经》有一个长篇的献词。献词表明：这部经先是由佛教大师圣月从梵文制成吐火罗文本。又有一位吐火罗佛教大师把它译成了回鹘文，翻译年代当是9—11世纪。该经对研究古代维吾尔人的语言和文化有重要意义。

哈密本回鹘文《弥勒三弥底经》第二卷研究 李经纬撰，载《民族语文研究文集》，青海民族出版社，1982年。

哈密本回鹘文《弥勒三弥底经》是1955年在我国新疆哈密发现的，原件现藏新疆维吾尔自治区博物馆。该经源于梵文，直接译自"吐火罗文"（焉耆—龟兹文），没有汉译本，《大藏经》未收。该经写在黄褐色的厚纸上。每叶经片高21厘米，宽47.5厘米，每页有经文30行（第三卷每面引行），两面有字，竖写，行款从左至右。经中回鹘字母的书写特点是：（1）某些词开头的a写作ε；（2）某些词第一音节中的a或省而不书；（3）a位于词尾和k（g）之后时写作k；（4）某些附加成分，甚至个别词中i有时写作a；（5）gh前加两点表示q，gh与x同形；（6）s与sh同形，z后加两点表示z；（7）n前不加点；（8）y与w同形；（9）d与t虽有两个字母但常混用。该经是在9—11世纪间由吐火罗佛教大师prtanrakshit从所谓的吐火罗文（焉耆—龟兹文）译成回鹘文的。

哈密本回鹘文《弥勒三弥底经》首品残卷研究 李经纬撰，载《民族语文》1985年第4期。

该文从语言研究角度对哈密本回鹘文《弥勒三弥底经》首品残卷进行汉译和考释。作者首先指出，为区别早年葛玛丽教授研究和刊布的一些同名回鹘文佛经残叶，本残卷沿用冯家升教授自1962年根据该经出土地点的定名。后在季羡林先生多次指导下，经吐火罗文A本《弥勒会见记剧本》残卷的印证、补充，哈密本回鹘文《弥勒三弥底经》首品四叶残片得以通读。作者介绍这四叶残片的大意主要是叙述释迦牟尼佛下生、出家、成佛和初转法轮的经过，这四叶经对于研究释迦牟尼的生平有一定参考价值。该文主要研究其中的二叶—15叶正面、背面，16页正面、背面。作者用拉丁字母转写了这四面、每面30行的回鹘文文献原文，每行并列附有汉文译文，最后对这两叶回鹘文残片进行考释，共有释条39条。作者认为，该回鹘文文献的考释和汉译，为研究古代维吾尔人的语言和文化提供了一些新材料。

哈尼文和模糊语言学 李永燧撰，载《云南民族语文》1991年第2期。

文章认为哈尼文作为新中国成立后创制的一种新文字，它在推行中受到多种因素的制约，其中文字方案是否合理、恰当是推行工作能否顺利进行的根本性问题。文章就哈尼文的文字方案存在的问题提出了自己的观点。作者认为哈尼文的标准音和汉语借音还需作进一步的加工。哈尼文推行了多年，但大寨标准音的地位之所以没有真正确立，是因为哈尼文标准音还存在一定的模糊性，对此需对标准音进行某些模糊处理，以利文字的推行。文章认为，要确认哈尼文的模糊度，应该从它的清音和浊音；送气和不送气音；舌叶混合音和舌尖音；鼻尾和非鼻尾音这几个方面来考虑。作者认为这些音在读音上不断严格要求，可以以模糊学的态度来对待。文章最后还提出了几点建议供读者参考，作者认为这些年推行哈尼文的实际经验，可以为运用模糊学提供最可靠的例证,至此 1984 年起推行的现行哈尼文方案,确实可以用这种方法处理。

哈尼文字方案中的音位理论问题 段贶乐撰,载《云南民族语文》1987 年第 2 期。

该文主要是就哈尼文字方案中汉语借词是否应纳入哈尼语音位系统这个问题进行探讨。作者通过大量的举例证明,汉语借词是哈尼词汇的组成部分,它不断从社会主义政治制度、经济建设和科学文化各方面充实和完善哈尼语言的词汇。这些借词在使用过程中接受哈族语词汇的体系,是哈尼语文词汇中不可分割的部分。作者认为在归纳哈尼文音位系统时不能排除汉语借词语音,借词的语音也同样是哈尼语语音的一部分,排除它们也就自然地破坏了语音系统的完整性。同时作者认为现行哈尼文的音位系统排除了部分汉语借词的音位,使哈尼文字在表达和使用上比较混乱,而使用 1958 年哈尼文(即包含汉语借词音位),就可以解决这一问题。该文旨在分析强调汉语借词在哈尼文字中的重要作用,以期修改现行哈尼文字所存在的问题。

哈尼语的"来、去" 戴庆厦、李泽然撰,载《民族语文》2000 年第 5 期。

哈尼语的"来、去"是动词中使用频率较高的一组词,而且其语法特点丰富,变化复杂。"来"有 3 个词,即 ji^{33}、la^{55}、la^{33},"去"也有三个词,即 li^{33}、ji^{55}、xe^{55}。该文以云南省绿春县老马村的哈尼话为例,对"来"、"去"的语法、语义、语音特征进行综合分析。一、"来、去"的语义特征:哈尼语的"来、去"是表示"由此及彼"或"由彼及此"的带方向性的动作行为。"来"表示"从别的地方到说话人或主语所在的地方";"去"表示"离开说话人或主语的所在地到别的地方",二者方向相反,构成方向对立。由于哈尼族大多居住在山区,那里山连山、水连水,地势高低不平,所以哈尼语"来"、"去"的起点又因地势的高低、河流的上下而区分。二、"来、去"与动词组合的结构:"来、去"与其他动词组合时,能组成 3 种结构:连动结构、动补结构、述宾结构。但由于"来、去"及与其结合的动词在语义、语音上有不同的特点,因而在搭配上,在语义生成上存在多种复杂的现象。

总之,"来、去"是哈尼语动词中使用频率较高而且语法特点比较丰富的一组词。由"来、去"与别的动词组成的词组结构,通过变调及语义关系的制约,能表达多种多样复杂的意义。揭示"来、去"的特点是研究哈尼语动词和谓语的一个重要内容。与汉语的"来、去"相比,二者既有共同点,又有差异。认清哈尼语"来、去"的特点,对研究汉语以及藏缅语的动词具有一定的参考价值。

哈尼语"$khuu^{31}\,ma^{33}$"刍议 卢云春撰,载《云南民族语文》1996 年第 1 期。

作者指出,在哈尼语中"儿媳"与"母狗"的读音是一样的,都是 $khuu^{31}\,ma^{33}$。于是有些人便将这两词联系起来考察哈尼族对待儿媳的态度。有些人认为狗是主人的奴仆,因此把"儿媳"叫做 $khuu^{31}\,ma^{33}$ 是对妇女的一种歧视。而有些人则从民俗学、词义来源出发,认为把"儿媳"叫做 $khuu^{31}\,ma^{33}$ 是对妇女的尊重与重视,对此作者还列举出几种理由。然而,作者认为凭"儿媳"与"母狗"读音相同而来推测妇女的地位,看似有理,实际则不然。作者指出:"儿媳"与"母狗"都称 $khuu^{31}\,ma^{33}$ 没有什么天然的联系,是语言发展演变过程中的偶然巧合。对此,作者考察了哈尼语中哈尼次方言与雅尼次方言对"狗"、"母狗"和"儿媳"的称谓,得出两个次方言中存在差异:在雅尼次方言中,"母狗"和"儿媳"的读音不同,而在哈尼次方言中,二者的读音又是相同的。不仅如此,作者还考察了拉祜语、彝语中对"儿媳"的读音,指出在这两种语言中"儿媳"也称为 $khuu^{31}\,ma^{33}$,但无母狗之意。而在哈尼语中则有"儿媳"与"母狗"之义。据此分析印证了作者观点。

哈尼语存在动词初探 白碧波撰，载《民族语文》1991 年第 5 期。

该文根据绿春县大寨哈尼话对表示存在意义的动词进行探讨。存在动词可分为三类：（1）"有"字类。表示"有"、"在"等概念，反映事物的存在。（2）一部分不及物动词，可以表示事物的存在。（3）名词的叠音部分用作动词，表示存在的。文章分类举例说明存在动词的用法。按照事物的性质和存在的不同情况，使用不同的存在动词，如 dʑa^{33} "有"，排斥称人及其他生物名词，限于表示一般事物的存在；dʑo^{55} "有"，则限于表示人及其他生物的存在。同一事物使用不同的存在动词时，所表示的存在特定的句式里，分别表示人或物以一定的姿态存在着。植物名词以及表示某些生理现象或特征的名词，末尾一个音节的叠音形式用做动词，也可以用来表示相关的植物或相关现象的存在。哈尼语词语用例约 90 余例。

哈尼语的 a 音节 傅爱兰、李泽然撰，载《中央民族大学学报》1995 年第 6 期。

哈尼语音节的特点，以双音节词占多数，而且词汇中有不少以 a 音节组成的词。a 音节在词中有多种属性，具有多种不同的功用和意义。对 a 音节的特点进行微观分析，有助于认识哈尼语的构词特点、语素特点，是研究哈尼语必不可少的子课题。该文以云南省绿春县老马村的哈尼语为例，分析、研究 a 音节的特点。a 音节主要出现在双音节词的第一音节上。此外，还出现在多音节词的第一、第三音节上。a 音节在名词中，大多出现在表示亲属称谓、人体器官、动物、植物、方位等名词上。a 音节在词中有多种不同的作用，因而可分为不同的类型。从 a 音节本身有无意义这一角度大致可分两类，一类是能分析出意义的，另一类是分析不出意义的。a 音节在哈尼语里是一个使用频率很高的音节，而且在亲属语言里也能找到相似点，因此，对 a 音节的科学认识，是哈尼语研究不可缺少的课题。对 a 音节的研究，要从语音、语义、语法几方面综合考虑，以往的粗线条描写、表层分析已不足以认识 a 音节的特征。

哈尼语的宾语助词 李泽然撰，载《语言研究》2005 年第 3 期。

哈尼语的宾语助词有 jo^{55}、a^{55} 和 le^{55} 三个，其中 a^{55} 既表宾语，又表处所；le^{55} 只表长宾语。哈尼语并不是所有的宾语都要带宾语助词，宾语是否带助词与宾语的生命度（生性）、主语和宾语之间的关系、谓语动词的性质（或语义）、句型及句子的长度等有密切关系。过去在哈尼语研究中，对哈尼语的宾语助词未做过系统的研究。该文以云南绿春县老马村的哈尼话为例，对宾语助词出现的条件和使用规律进行分析和描写。一是宾语是否带助词 jo^{55} 与宾语的生命度有关。哈尼语的宾语可依其生命度的高低或有无可分为三级：一级为人，其语法标记性最强；二级为动物，语法标记性较弱；三级为人或动物以外的事物或客体，其标记性弱。二是宾语是否带助词与主语和宾语的语义性质有关。宾语带不带助词，虽然主要与宾语生命度的高低或有无生性有关，但有时不同的主语也影响到宾语是否带助词。三是宾语是否带助词与谓语动词的关系。与谓语动词也有一定关系。这类谓语动词主要是表示心理活动的动词，心理活动的动词作谓语时，宾语要带助词。四是宾语是否带助词与什么样的句式或句型有关。（1）在双宾语句中，一般要带宾语助词。双宾语句的两个宾语，宾语助词一般附在间接宾语之后。（2）在复指句中，复指成分（代词）或复指短语做宾语时，宾语后面一般要带助词。

哈尼语的并列复合名词 戴庆厦、李泽然撰，载《中国哈尼学》（第一辑），云南民族出版社，2000 年。

并列复合名词是哈尼语里使用频率较高、特点较丰富的一类名词。该文以云南省绿春县老马话为例,在收集、分析218个并列复合名词的基础上,从语义、语法功能、构词词序等几方面,对并列复合名词的特点进行共时分析、描写。一、并列复合名词的基本特点 从结构上看,并列复合名词是由两个相对、相关的名词以并列关系合成的。大多是四音节的,也有少量是双音节的。从意义上看,并列复合名词主要表示名词的类别意义,即不表示一个个具体事物的意义,而是表示一类事物的意义。从语法特点上看,并列复合名词也不同于其他名词。二、并列复合词词素的词序 并列复合词是由相对、相关的两个词素组成的。制约哈尼语并列复合词词序的条件是语音、语义两个原则。复合词中有的词按语音条件排列先后,有的词按语义条件排列先后,形成两个不同的系统。语音原则是指元音舌位的高低,即元音舌位低的音节在后,元音舌位高的音节在前。语义原则比较复杂,主要是按事物的习惯顺序或本族人认为的主次顺序等决定词序。三、并列复合名词的语义组合。并列复合名词的构词成分的语义关系有:语义相同或相近的两个名词并列、属于同类的两个名词并列、语义相反、相对的两个名词并列、大类名词和小类名词的并列等。

哈尼语的名词性前缀 傅爱兰、李泽然撰,载《中央民族大学学报》1996年语言文化增刊。

像同语支即缅彝语支其他亲属语言一样,哈尼语双音节名词部分由词根语素加前缀组合而成。这些前缀中,使用比较广泛、比较典型的有三个:a、xa、jo。三者在性质、形成条件、功能诸方面既有共同点,也有不同点。对这三个名词性前缀的特点进行微观分析、比较,不仅有助于科学地认识哈尼语的构词特点和语素特点,也有助于进一步了解哈尼语语音演变、音节类型变化的规律,是哈尼语语音、词汇、语法诸方面的一个重要课题。该文以云南省绿春县老马村的哈尼话为例,分析三个前缀的特点。

a主要出现在31调上,其次是55调。除了少量出现在副词、代词、形容词、连词上外,绝大多数出现在名词上,所以,它属于名词的一个词缀。从组合形式上看,a可以与大量表动物、植物、亲属人物、人体器官、天文地理、方位时间等的词根语素组合成名词。从功能上看,它还可以加在名词性、动词性、形容词性和量词性语素前构成名词。xa作为名词前缀,只加在各种名词性语素前,构成名词,不能加在别的词性的语素前,具有结合功能上的局限性。jo主要加在名词性、动词性、形容词性语素前构成名词。

从a、xa、jo三者的性质、出现频率及功能等方面加以比较。从性质上看,三者具有基本的共同性,都是名词性前缀。从出现频率及功能来看,三者不大一样。其中,a出现频率最高,jo次之,xa较少。a具有很强的构词作用,同时也兼具构形、配音功能;jo具有较强的构形作用,也具有一定的构词、配音功能;xa则只具有构词作用和配音作用,不具备构形功能。

哈尼语的 ne 李泽然撰,载《中央民族大学学报》2003年第4期。

哈尼语的ne在哈尼语里使用频率高,而且在语法功能上具有多层次性的特点,反映了哈尼语虚词演变的不同层次。从ne的特点分析中可以认识哈尼语语法演变的特点。在使用上ne可以作为结构助词使用。这时ne大多出现在状谓结构中,起组织状谓结构的作用。主要用法有以下几种:(1)出现在工具名词状语后面,表示动作行为是用这种工具完成的。相当于汉语的"用""拿"。(2)出现在处所名词状语的后面,表示动作行为是在这个处所进行或开始的。相当于汉语的"在""从""在……上"。(3)出现在动物名词、人称名词或人称代词的后面,表示这个动作是由此完成的,含有被动的意义。相当于汉语的"由""被""用""拿"等。

（4）出现在方位名词状语的后面，表示动作行为是在这一方位点进行或开始的。相当于汉语的"从""由""在"。（5）出现在时间名词状语的后面，表示动作行为是从这一时刻进行或开始的。相当于汉语的"从"。（6）出现在数词状语的后面，表示动作行为从这一数量开始的。相当于汉语的"从"。ne 也可以作为后缀使用。这时既可以作副词后缀，也可以作形容词后缀。还可以作连词的后缀。

可以说，哈尼语的 ne 具有多功能的特点。它既当结构助词用，又当后缀使用。当结构助词用的，又有多种不同的功能；当后缀用的，又有多种不同的性质。助词与后缀在语法中是两个不同的单位，ne 既当助词用，又当后缀用，说明语法单位的多功能性。现代哈尼语是一种分析型较强的语言，其主要的语法手段是词序和虚词，虚词的多功能性反映了分析性语言的一种特点。ne 的功能究竟是先有后缀特征，还是先有助词特征？如果认为古代藏缅语是黏着型的，后来逐渐往分析型演变，则可认为哈尼语的 ne 是先有后缀，后来后缀逐渐分离出来，成为结构助词。

哈尼语的述宾结构——兼与汉语比较 李泽然撰，载《汉语与少数民族语言语法比较》，民族出版社，2006 年。

在哈尼语的研究中，虽然对述宾结构也涉及过，但没有进行系统的研究，也没有跟汉语的述宾结构进行过比较。该文以云南绿春县老马村的哈尼话为例，对哈尼语述宾结构的类型作探讨，对宾语助词出现的条件进行描写，并且还与汉语的述宾结构进行比较。

一、哈尼语述宾结构的类型：（1）从语义上分，可以把哈尼语宾语和述语动词之间的语义关系分为受事宾语、对象宾语、施事宾语、结果宾语、致使宾语、原因宾语、目的宾语、等同宾语、同源宾语、比较宾语、转成宾语、协同宾语等 12 类。（2）从宾语是否带助词来分，可以把述宾结构分为带宾语助词和不带宾语助词的述宾结构两类。

二、与汉语的述宾结构比较：（1）从语序上看，由于汉语和哈尼语都属于分析性强的语言，缺少形态变化，因而主要靠语序和虚词表示各种句法关系，语序比较固定。但是，哈尼语和汉语述宾结构的语序是有差别的。（2）从谓语对宾语的选择关系或宾语的类别上看，汉语的宾语类别较多，哈尼语的宾语类别虽然没有汉语多，但也不少，其中，受事宾语最多，其他类别的也有。但是，汉语的工具宾语、材料宾语、处所宾语、方式宾语和时间宾语等在哈尼语中几乎都是状语，与动词构成状谓结构。（3）从语法标记上看，哈尼语述宾结构的宾语是有标记的，汉语的宾语是没有标记的。

哈尼语调查的新进展 李永燧撰，载《中央民族学院学报》1999 年第 3 期。

文章介绍了哈尼语几个方言的主要特点，并讨论了有关划分哈尼语方言的一些问题。介绍的方言是云南景洪县达话和阿克话。侧重于词汇的异同，并参考语音方面的特点，可以把哈尼、爱尼、豪尼划为一个方言，在这个方言内部再区分这三个次方言。语音是方言的重要特征，但在划分方言时宜放在较低层次去考虑，例如在划分土语或次方言时多注意语音的异同情况。语音上的分歧是错综复杂的，过去认为豪白方言的一个主要特征是没有浊音，实际上哈尼次方言内部甲寅和浪杂两个土语也没有浊音。豪白方言紧元音消失得突出一些，但这种现象也见于别的方言土语。所以，划分哈尼语方言似乎以侧重词汇的异同较为稳妥。

哈尼语动词的体和貌 李泽然撰，载《语言研究》2004 年第 2 期。

对动词的体和貌是否对立这个问题，目前还没有取得一致的认识。该文以云南绿春县老马村的哈尼话为例，对哈尼语动词体和貌的语法范畴做系统的分析和描写。

一、哈尼语的体和貌存在对立：所谓"体"（aspect）是指动作或事件在某一时间段所进行的进程或状态，它表示过程，强调动作的时间是线性铺展的；所谓"貌"是指动作或事件的具体表现方式，它表示非过程，强调动作的时间是立体存在的。根据这个理解，哈尼语动词的体和貌的对立不仅反映在语法意义的不同上，而且还有各自不同的语法形式和语法标志。

二、哈尼语的体：哈尼语动词的体有已行体、现行体和进行体等。（1）已行体：表示动作已经完成、变化已经发生，或者某种现象或状态已经出现。（2）现行体：表示当前的状态，表达的范围比较广，包括陈述一般性的事实，描绘当前的情况或者存在着的事情。（3）进行体：表示动作行为正在进行之中，不在乎是怎么开始或结束的。

三、哈尼语的貌：哈尼语动词的貌有完成貌、起始貌、进行貌、趋向貌、经历貌、附着貌、尝试貌、常行貌、重行貌和结果貌等。（1）完成貌：表示动作已完成，分为完成保留貌、完成消失貌和完成另行貌等。（2）起始貌：起始貌表示动作或状况开始，也表示变化的开始并将继续下去。但是侧重点是表示开始，不在乎动作状态开始以后的情况。（3）进行貌：表示动作在进行之中。分为进行状态貌、进行终止貌、进行伴随貌等。（4）趋向貌：表示动作行为或某种状态即将（或逐渐）发生，用虚化了的动词"来、去"来表示。由于趋向貌有正反两个不同的方向，所以又分为正趋向貌和反趋向貌。（5）经历貌：表示曾经进行过某种动作，或者曾经亲身经历过某种事情。经历貌由体助词接在动词之后表达，表示动作或事情已经结束。（6）附着貌：表示动作对宾语存在附着关系，强调动作是附着在某一客体上，相当于现代汉语的"着"。（7）尝试貌：表示动作尝试的貌范畴。（8）常行貌：表示动作或变化是经常性的。（9）重行貌：表示动作的重复进行或状态的重复发生。用重叠动词的方式来表示。其中，单音节动词整体重叠，双音节动词只重叠后一音节。这种结构中动词引致的结果多少有点消极、负面的意味。（10）结果貌：表示动作或历程有了结果。正在进行或持续的动作或历程是还没有得到结果的。反之，结果貌则表示动作或历程有所获得。

哈尼语动物名词的语义分析 傅爱兰、李泽然撰，载《中国民族语言论丛（1）》，中央民族大学出版社，1996年。

文章通过义素、义位的分析及语义组合的描写全面揭示哈尼语动物名词的语义特征。哈尼语动物名词的义素有单式语素和复式语素两种，单式语素是基本的，比较丰富；复式语素是在单式语素基础上构成的。单式语素的7个主要义素是野生、栖处、食肉、飞、角、蹄、趾。复式语素一类是不含附加义的动物名词，一类是含附加义的动物名词，最常见的附加义有性别、大小、颜色、总称等。义位分析上，动物名词大多有本义和引申义、比喻义等，如"乌鸦"引申义为"黑的木炭"。动物名词语义组合构词能力较强，可与形容词、动词、量词等语素组合。具体有与前加成分组合，与表性别、大小、颜色、居住，用处的语素组合。动物名词相互组合构成并列复合词，如虎豹。动物名词与量词组合不需加数词，与形容词组合含大小、颜色等类别义，与动词组合使语义搭配分得很细微。文末有关于动物名词认识的全面总结。

哈尼语和汉语关系字初探 王尔松撰，载《民族语文》1990年第6期。

该文从哈尼语词汇中抽出一部分词，就韵母、声调、声母几个方面和古代汉语作比较。在还不能确认这些词是哈尼语和汉语的同源词还是借词之前，管它叫"哈尼语和汉语关系字"。先讨论哈尼语的元音和上古汉语韵部的对应关系。文章分别列出上古汉语鱼、侯、幽、之、脂、祭、歌、东、阳等韵部在哈尼语中的读法。哈尼语的声调和古代汉语四声的对应关系：从大多数字看来，55 调和古代汉语平声对应，如 so⁵⁵ "香"，31 调和古代汉语上、去、入声对应，上声如 xa³¹ "苦"，去声如 dɔ³¹ "钝"，入声如 xɔ³¹ "壳"，韵母为紧元音，读松元音的如 ba³¹ "薄"。声母的对应关系，从总的格局来说很近似。如哈尼语的清辅音和汉语的清辅音对应；清辅音带送气和汉语清辅音带送气对应；浊辅音和浊辅音对应；等等。哈尼语和汉语对应的例字 60 余个。该文讨论的"关系字"，可为哈尼语和汉语的比较研究和历史研究提供参考。

哈尼语结构助词研究　李批然撰，载《中央民族大学学报》1994 年第 3 期。

哈尼语的结构助词是附在词或词组之后的起结构作用的虚词，主要表示其前面的或后面的词或词组在句中充当什么样的句子成分。从语法功能上来看，哈尼语的结构助词可分为主语助词、宾语助词、定语助词、状语助词和补语助词。其中补语助词和定语助词的使用情况较简单，状语助词不仅数量多，且使用情况相当复杂。哈尼语语法主要是属于分析型的，它没有严格意义的形态变化，因而探讨哈尼语结构助词对于研究哈尼族语法将会起到积极作用。哈尼语结构助词的数量比较丰富，使用情况复杂。这一相当的丰富性和复杂性，恰好弥补了哈尼语形态不发达的缺陷。从现有的材料上看，我们暂不能说明哈尼语结构助词的来源问题，但与同语支的结构助词比较来看，哈尼语结构助词的产生至少要晚于哈尼语从同语支分化成为独立的语言之时。

哈尼语名词的双音节化　李泽然撰，载《中国民族语言论丛（2）》，云南民族出版社，1997 年。

文章分析哈尼语名词双音节化的情况。哈尼语名词中双音节占大多数，在统计的 796 个名词中，双音节的 606 个，占 76%。哈尼语双音节名词的构成及产生有如下多种情况：（1）单纯式双音节名词；（2）加各种前缀的双音节名词，组与词根结合不紧密，有 a-、xa-、jo- 三个。（3）两个词根结合构成的复合式双音节名词，内部又可分为并列式、修饰式、支配式、附注式、动补式五种。（4）双音节汉语借词。（5）人名双音节化。（6）地名双音节化。（7）三音节词或词组逐步双音节化。（8）四音节词或词组双音节化，主要有两种形式，一种是两个双音节词缩减为一个双音节词；另一种是由重叠成分的四音节词缩减为双音节词。

哈尼语名、量动词的同源现象研究　李永燧撰，载《民族语文》1990 年第 3 期。

该文讨论哈尼语名、量和动词的同源现象，并描写与之相关的短语形式。同源现象指 A（名）和 a（量动）语法功能不同，但语音相同，语义有联系，显示它们同一来源，并且往往处在同一短语之中。A-a 是单音名词与量/动同源的形式，（x）A（x）-a 见于复音名词（x 表非同源语素）。a-a1 量动同源。（1）名量同源：名词以其自身（复音词为其中一个音节）为计量单位。a 为 A 的反身量词。（2）名动同源，xA 名词中 A 为名语素，与 A 同源的 a 为表动语素；或者 A 为动语素，与 a 同出一源；或者 A 为形容语素，a 表示性质状态的变化。Ax 名词，A 和 a 同为动语素。名动同源短语和名量动三者同源的短语，有主谓结构和动宾结构两种形式。哈尼语词语用例约 160 例。傈僳、汉等 9 种语言可用以对比的 20 余例。本文较早详尽地描写了哈尼语这一颇具特色的同源现象。

哈尼语亲属称谓的语义分析　段贶乐撰，载《云南民族语文》1992 年第 3 期。

语义可分为义素、义位和语义场几个层次。该文试从这几个层次对哈尼语亲属称谓的语义特征进行初步分析。一、亲属称谓的义素分析。义素是语义带有区别性特征的最小构成成分，也叫语义成分。哈尼语的亲属称谓词除排行之外共有 51 个，其义素可分成 8 种即：辈分、称谓人性别、亲疏等。只要用辈分、称谓人性别、亲疏和称呼场所这四个义素成分做区别性特征，就可区别开哈尼语常用的 52 个亲属称谓中的多数词。用上述 4 种义素成分还不能区别开的少数几组词，需再加长幼、呼方性别、词源和称谓人婚否等 4 种义素成分来区别。除此之外有的词还应加别的义素成分才能区别，可加古词和现代词义素成分来区别。因此，我们将前四种义素成分称作主要义素成分；将后四种义素成分和"古词与现代词"义素成分叫次要义素成分。二、亲属称谓的义位网络。义位由义素构成，是语言中的最小语义单位。哈尼语的大多数亲属称谓都是多义位的，亲属称谓也是这样，是哈尼语各语义场中义位容量最大的类词，很有特点。

哈尼语亲属称谓的语义分析（续） 段贶乐撰，载《云南民族语文》1992 年第 4 期。

哈尼语亲属称谓具有多义位的特点。在哈尼语所有语义场中，亲属称谓语义场的义位网络是最密的，它有下列特点。特点 1—3 在上文中已叙述。第四点为从称谓人性别上看，亲属称谓的义位网络分两种类型即单性型和双性型。从辈分、长幼、呼方性别看，大多数词的义位具有独特性。哈尼语亲属称谓的语义组合主要是加前缀，或用亲属称谓的语素组合，或用加有关其他语素等方法组合而成。在哈尼语的语义体系中，亲属称谓语义词的总和已构成一个独立的语义场，即亲属称谓语义场。这个语义场有下列特点：（1）亲属称谓的语义范畴具有多样性。（2）亲属称谓语义场的义位网络是哈尼语各语义场中最密集的。（3）构词是表示亲属称谓不同类别语义范畴的主要手段。（4）哈尼语亲属称谓具有开放性，容易受外来词的影响，主要吸收汉语词。

哈尼语文学语言的双音节化 李泽然撰，载《中央民族大学学报》2001 年第 1 期。

这里所说的文学语言是指哈尼人吟唱传统诗歌时所使用的语言。哈尼族的传统诗歌主要包括酒歌、山歌和祭祀丧葬歌三大类。其中，山歌也叫情歌，不能在村寨内唱。祭祀丧葬歌则专门由祭师——摩批吟诵。酒歌在过年过节或全家人聚在一起高兴时，生有儿子的中老年人都可以吟唱。这些文学语言与现代口语有密切的联系，但又不完全相同，它是在口语的基础上发展起来的，经过千百年的锤炼，形成了自己的特点。文学语言反过来对现代口语的发展有一定的影响，口语从传统诗歌语言中不断吸收有用的成分来丰富自己。文学语言与口语相互作用，相互影响。文学语言里单音节词较多，且这些单音节词在口语里往往使用双音节词，文学语言语词在口语里双音节化的趋向很明显：一、文学语言中单纯词的双音节化。（1）文学语言是单音节古词，而现代口语是另外一个双音节词。（2）文学语言是单音节词，而现代口语是双音节词。（3）单音节形容词或动词大多能重叠构成双音节文学词。二、文学语言中复合词的双音节化。（1）并列式。文学语言用词是在四音节口语词的基础上缩减为双音节词。（2）修饰式。口语里是复合式四音节词，而文学语言里却缩减为双音节词。（3）宾动式。它主要是口语里的三音节词在文学语言里缩减为双音节词。三、文学语言的特殊双音节化。（1）加前缀的文学语言双音节词。（2）四音节文学语词缩减为双音节口语词。

哈尼语形容词的生动形式 李永燧撰，载《民族语文》1986 年第 4 期。

该文讨论哈尼语形容词生动形式的构成及其在句中的功能，并与亲属语言相关的语法形式做比较。文章依次论述（1）哈尼语形容词生动形式：形容词添加某些成分，使其表达的意义生动化。（2）生动形式的构成，有形容词自身重叠、加后加成分和重叠后加成分等三类。有 AA 和 Apha^{33}A；

AB 和 ABpha33 B；ABBma33 和 ABBza31 等形式。（3）生动形式的功能：没有词素功能，不能用来构成新词。一般不受别的词修饰。可以充当句子各种成分。生动形式做谓语和做后定语在形式上相同，但移位、扩展和扩展后移位有所不同。（4）哈尼语形容词生动形式与彝、纳西、白、普米、独龙、景颇、羌、木雅、扎巴、波拉、嘉戎等语言中相关的形式的比较，有同有异；指出其与藏语的"级"不同。哈尼词语用例约130条，其他语言用例60余条。该文首次对哈尼语形容词生动形式进行描写和比较。

哈尼语形容词修饰名词的语序 李泽然撰，载《民族语文》2003年第2期。

哈尼语形容词修饰名词构成的定中结构有两种语序：一是"名+形"式，定语在中心语之后。这是使用最多的一种形式；另一种是"形+名"式，定语在中心语之前。这两种语序组成的结构，在语义和语法上各有自己的特点。该文以云南省绿春县老马村的哈尼话为材料，通过对两种语序的分析对比，探讨语序形式与语法结构之间的关系。

一、两种不同语序的结构形式：（1）"名+形"式。由"名+形"构成的定中结构，它们之间结合较紧。这种形式既可构成复合词，又可构成词组甚至短语，均由一个名词和一个形容词构成。（2）"形+名"式。与"名+形"式相比，在"形+名"式的定中结构里，音节数量灵活，多少均可，也不出现音节的缩减。其主要定语成分可以是一个，也可以是一个以上。

二、两种语序的不同特点：由"名+形"和"形+名"两种语序构成的定中结构，各有其制约条件。制约条件既有语法方面，又有语义方面。（1）两种语序的组合成分之间结合的松紧不同。"名+形"结合较紧，不能插入别的成分；而"形+名"结合较松，能插入别的成分。（2）"名+形"式中，大多是两个音节或四个音节的，有双数节律要求，有时还出现音节缩减的现象；而"形+名"式不受音节多少的限制，大多在三音节以上，没有节律的要求，也不出现音节缩减。（3）"名+形"式不加结构助词 ɣ33 "的"，若加上就变为主谓结构；而"形+名"式则大多都加结构助词 ɣ33 "的"。ɣ33 "的"是"形+名"式的重要标志。（4）"名+形"式中的形容词定语，一般只有一个，不能再添加另外的成分；而"形+名"式可根据语用的需要扩展，或加用作状语、补语性的程度副词，或加构成并列关系、修饰关系的形容词，或重叠形容词等。（5）在语义关系上，"名+形"式的语义焦点在核心名词上，而"形+名"则在形容词上。因此，语用表达时，若需突出事物的属性，即焦点或重心在形容词上时，多用"形+名"式；而要强调事物整体，即突出名词中心语或整个短语时，则用"名+形"式。

哈尼语元音的松紧 胡坦、戴庆厦撰，载《中国语文》1964年第1期。

文章以哈尼语为中心，通过方言和亲属语言的比较，探讨松紧元音的现状及其来源。从方言比较中看到：（1）哈尼语某些方言有紧元音变松现象；（2）紧变松后，在某些方面还保留紧元音的一些特征；（3）原来松紧对立的，有的变为舌位高低；（4）一般说，高元音和舌尖前元音比较稳固，保存松紧元音的差别；（5）松紧元音对声母的演变有一定的影响。从跟亲属语言的比较中看到：（1）景颇语支的松紧元音和彝语支的松紧元音有着不同的来源；（2）彝语支的紧元音韵母常常同藏语中以-g、-d、-b结尾的促声韵对应；（3）彝语支的松元音韵母常常同藏语的开音节或以响辅音（-m、-n、-ng、-r、-l等）结尾的舒声韵对应。文章推想，古代彝语支大约也曾有过辅音韵尾，韵母也有舒促之别。后来由于开音节化的倾向，辅音韵尾纷纷脱落，闭音节陆续变成了开音节。辅音韵尾脱落后，原为舒声韵的元音转为松元音，原为促声韵的元音转化为紧元音,形成了松紧元音的对立。

哈尼语中的货币史痕迹 段贶乐撰,载《云南民族语文》1994年第4期。

哈尼族历史上货币的使用情况没有确切的文字记载,只在13世纪中叶的汉文文献《云南志略》中提到窖藏贝币的情况。然而,语言是历史的忠实记录者,我们可以从对哈尼语词的分析中看到一些哈尼族货币的痕迹。(1)传统的诗歌里"牲畜"与"钱"等同,可见在哈尼族的历史上"牲畜"曾充当过货币。(2)哈尼族生活中作为装饰品、占卜和祭祀用的"海贝",至今在哈尼族的丧葬习俗中还在使用。"海贝"是供死者在阴间使用的钱,说明哈尼族曾流行过贝币。(3)哈尼族"白""银"和"钱"三词同音,说明哈尼族历史上用"银"作过货币,进入流通,形成了"钱"的概念,并沿用至今。(4)从哈尼语中仍能找到云南历史上曾使用过银锭、马蹄银和铜钱几种货币的痕迹。(5)从哈尼语表示货币单位的量词中,可以看出它历史上使用过金属货币"银园""铜圆"之类。显然,哈尼族史上使用货币的情况为:牲畜—贝币—金属货币。银有银砣和马蹄银两种,圆有大洋和半开两种。

哈尼语中汉语借词的历史层次 Sagart, L、徐世璇撰,载《中国语文》2002年第1期。

论文依据语音对应关系,参考语义类别及文化、历史的证据,对哈尼语中从不同历史时期借进的汉语借词进行历史层次分析,提出哈尼语的汉借词分为现代层、近代层、古代层三大层次,现代层和近代层中又各分两个次级层,并且对各层次的历史时代进行了推断。每个层次中工整的语音对应规律以及构词特点和语义类别,不仅为借词的历史层次提供了可靠的证据,同时显示了哈尼语和当地汉语方言在不同历史时期的语音特点和演变轨迹。

作者通过哈尼语中汉借词历史层次研究,提出并实践了借词分层的方法论原则。不同年代的借词同被借语言中的借源词有不同的语音对应规律,因此通过语音对应可以分出借词的历史层次。论文提出了寻找和确定借词对应规律所依据的一致原则:(1)在一个单音节借词中,声母、韵母、声调的对应都处于同一个层次;(2)在一个整体借进的多音节借词中,所有音节的声母、韵母、声调对应都处于同一个层次;(3)在有多层语音对应的情况下,只有最低一层的对应规律、亦即最古的对应规律有可能是同源词的发生学关系,在此之上的所有层次都是接触的结果。借词历史分层的原则和方法对区分同源词和借词这一历史比较研究的焦点问题进行了卓有成效的探讨。

哈尼族称初探 王尔松撰,载《中央民族学院学报》1978年第4期。

"哈尼"是个复合词,两个音节都有意义。第一音节"哈"源于飞禽虎豹名称,表示动物类别的意思,反映了古代哈尼人对人与自然界动物的密切关系的认识。哈尼族用与飞禽虎豹意义有关的词来称呼自己的民族,这是与古代哈尼人以动物命名世系的特点相联系的。例如墨江水癸大寨王开发父子连名谱系的第九世纪豪木初、元阳麻栗寨李黑诸谱系的第二十一世系浩然初,"豪木""浩然"是鹌鹑,"初"是人,意即鹌鹑人,把人和鹌鹑联系在一起。用鹌鹑命名世系,当是氏族社会遗留的痕迹,说明哈尼族的祖先曾以鹌鹑鸟为氏族的名称,即氏族的徽号。不仅如此,在哈尼族的神话传说中还反映了人与虎豹的密切关系。哈尼人说:人"是虎日生的。"还有些地方的哈尼人有同姓不同宗的说法,如同是姓李的,有豹子李、豺狼李、熊李。各地哈尼话的虎、豹、熊等均为双音节词,而其第一音节读"哈"或"豪"。不论是人生于虎日,或者说豹子李、豺狼李、熊李,都反映了古人关于人与飞禽虎豹的密切关系的观点。正是基于这种认识,哈尼人的祖先才以表示飞禽虎豹类别的"哈"作自称的开头。第二音节"尼"表示"人"的意思。前述哈尼族名称见于汉文史籍记载"阿泥"一名，也反映在哈尼族的口传史中。在神话故事《砍不倒的大青树》里讲："比罗库拖阿比，尼罗海蒿阿尼"（阿比人六千，哈尼人八百），其中的"尼"即"阿尼"，指哈尼人自己。在哈尼语里"阿"是前缀，"尼"是词根，代表哈尼人自己，表示了"人"的概念。哈尼族的祖先把"尼"这个基本的自称单位放在源出于飞禽虎豹名称"哈"之后，以区别于飞禽虎豹，区别于其他事物，组成"哈尼"这个自称称谓，流传下来，成为今天的"哈尼人"或"哈尼族"的族称。

哈尼族纪年与节日 王尔松撰，载《第五届国际哈尼/阿卡文化学术讨论会论文集》，云南民族出版社，2007年。

哈尼族的纪年与节日、农业生产密切相连，按照哈尼族纪年法，一年分12个月，每月都是30天，一年360天，另有几天过年，十月为每年的岁首，全年为三季，每季都是四个月，在哈尼语中三个季节分别叫作嘈嘎、奥都、耶涡。哈尼族还有一年分四季说，每季三个月，其季节与月份的搭配与农历冬、春、夏、秋四季相同。三季说和四季说均以冬季起始。月份名称古今不同，季节和古记月份的含义反映了自然物候和农事节令。哈尼族用12生肖纪日，以虎为首，而其计算日子的属相与汉族农历相同，如汉历正月初一是虎日，哈尼纪日也同为虎日。哈尼族传统节日，主要有六月节、十月年、七月新米节和春季里祭祀"神树"——宗教性的节日。节日活动各地大同小异。哈尼族最崇敬"神树"，认为"神树"是哈尼人的保护神，要定期举行隆重的祭祀活动。介绍墨江哈尼族自治县水癸大寨哈尼人的"神树"节及其节日活动。水癸大寨有四个"神树林"：阿皮夫玛——祖神树、奥操路——太阳神树、夫玛——寨神树、啊啰——山崖神树。其中如夫玛——寨神，相传寨神是位女神。"神树"的含义以及祭司的男扮女装，人们祈求丰收等表现形式，留下了原始社会哈尼先民的思想内涵。

哈萨克人"东西南北"概念的形式和发展 王远新撰，载《新疆大学学报》1987年第4期。

该文通过对现代哈萨克语"东、西、南、北"的构词和词义分析，通过与古代突厥语以及与现代诸亲属语言的比较，探讨哈萨克人"东、西、南、北"方位概念的形成和发展。（1）现代哈萨克语的"东"由"太阳"与派生词"出"组合而成的复合词，原意为"太阳升起的地方"；"西"是由"太阳"与"落"组合而成的复合词，原意为"太阳降落的地方"；"南"是由"右、正确、正面"与"tystik"组合而成的复合词，原意为"右边（正面）半边"；"北"是由"左"与"tystik"组合而成的复合词，原意为"左边半边"。"东、西、南、北"概念中，以"东西"为轴、以"东"为正面，"南、北"以"南"为正面。（2）通过对比可以认为8—9世纪突厥人表示抽象意义的"东、西、南、北"的词尚未固定；他们根据太阳来判断方位；以"东、西"为轴，"东"为"前、前方"，"西"为"后、后方"，面"东"而立，"右边"属"南方"，"左边"属"北方"。（3）现代的哈萨克族、柯尔克孜族、塔塔尔族在"东、西、南、北"概念的表达上，继承了古代突厥人的表达法。

哈萨克人和吉尔吉斯人是如何称呼老人的 劳德·基尔陶塔斯撰，载《民族语文研究情报资料集》，中国社会科学院民族所语言室1986年第7期。

该文探讨了哈萨克人和吉尔吉斯人对老人的称呼形式。同所有的突厥民族一样，哈萨克和吉尔吉斯族也有这样的风俗习惯，年轻人像称呼自己家里长辈那样来称呼其他老年人，表示对长者的尊敬。哈萨克和吉尔吉斯族的称呼形式主要有：（1）哈萨克族对父、母亲的称呼方式是多种多样的。称呼父亲或母亲的名称都可以直接或间接地使用。(2) 吉尔吉斯人对年长的家庭成员的称呼方式比较贫乏，并且在意义上有所区别。(3) 对年长的非亲属长辈的称呼，哈萨克、吉尔吉斯这两种语言中都有共同的词语。(4) 哈萨克和吉尔吉斯在称呼上有共同特点，当称呼一位尊敬的长辈时，可以在缩略了的姓名后加上对长辈的称呼词语。这种称呼在相当大的程度上表达了对被称呼者负有某种义务。该文所探讨的只是关于整个突厥民族在称呼方面的一篇历史比较论文。其他民族头衔和称呼形式随着时间的推移逐渐发生变化。

哈萨克语宾表句试探 成燕燕撰，载《民族语文》1997年第3期。

哈萨克语中有一类特殊的语言现象，它的主要特点是句子的宾语永远带宾格，其后总是带有一个以主格形式出现的词语。该词语与带宾格的词语在语义关系和语法关系上十分密切，对于该词语的认识，语法界尚未取得共识。文章通过对这一语言现象进行分析，用排除法论证了它不是句子的主语、谓语、状语、宾语、补语和宾语的补语；也不是引语。它与宾语有陈述与被陈述的关系，是宾语的表语。总之，哈萨克语中带宾格的宾语和动词之间以主格形式出现的词语，总是对带宾格的宾语加以判断和说明，因此，是宾语的表语。它与作谓语的动词虽然无直接联系，但是，却受动词谓语的制约。宾语带不带表语，完全取决于作谓语的动词。因为在哈萨克语中只有一部分动词的宾语需带表语，因而这种句型是一种特殊句型。

哈萨克语重叠手段 张定京撰，载《中央民族大学学报》2003年第3期。

重叠在现代哈萨克语中是一种语法手段，也是构词手段。普适性是区别构形和构词重叠手段的重要依据。哈萨克语的重叠分为完全重叠、变音重叠和借助形态的重叠3大类。详细描写13种构词重叠的具体形式和意义，以及15种构形重叠形式和意义。从词类角度看，实词均有重叠现象，其中静词重叠大都既可构词又可构形，副词重叠只有构词，而动词、量词、感叹词重叠只能构词，且动词重叠只能以借助形态的方式进行。无论何种重叠，基本意义都是"量的增加"（或程度的加深），在这一点上完全重叠尤为典型。

哈萨克语的离合词 成燕燕撰，载《中国民族语言论丛（1）》，中央民族大学出版社，1996年。

在哈萨克语的词汇中，有一类由体词语素和动词语素复合而成的复合动词，构成这些词的语素间结合得不太紧密，中间可加入其他成分。两个语素结合起来是一个词，分开时，看起来又像短语。离合词和短语、复合动词、复合词相比较，是一类特殊的词。其特点为：(1) 它是动宾结构的复合动词中特殊的一类，不同于其他结构关系的复合动词。(2) 离合词的结构松散，可分可合。但"合"是基本式，"分"是为了表达上的需要，且分中有合。"分"是有条件的。不论中间是否插入其他成分，它的基本格式总是不会改变的。(3) 离合词不同于短语。它的两个语素结合后可以产生新词义。

哈萨克语的切口 师忠孝撰，载《语言与翻译》1987年第2期。

哈萨克民间有一种隐语，叫 ɛjik，用于需要对在场的第三者保密的场合。这种隐语类似汉语的"切口"，该文暂译作"切口"。哈语切口极有规律而又给人以变幻莫测的感觉，十分有趣。哈语切口按其构成可分两类：（一）换位式。本式靠词中音节前后位置的简单调换构成，遇有单音节词，则调换其中音素的位置，并在因换位而不好发音前，按元音和谐率加元音 e/ɪ 或/u/ [u]。（二）嵌音式。本式采用在音节中嵌入别的音，把正常话语中的每一个音节中嵌入别的音，把正常话语中的每一个音节都变成两个音节的方法构成。具体嵌法可归纳为以下几条：(为简便起见，我们用 c 代表任一辅音，用 v 代表任一元音，用 Q 代表任一嵌入辅音)(1) 词的第一音节如果是闭音节，则按元音和谐率加 Qe 或 Qi。如果是开音节，则加 Qe/Qi 或 Qey/iQy。(2) 词的其余音节的变化。(3) 单音节词经两次嵌入，凑成 3 个音节。

哈萨克语动词的体刍议 黄中祥撰，载《新疆大学学报》1991 年第 1 期。

哈萨克语动词体的构成方式是分析形式，具体构成是主要动词词干＋副动词词尾＋助动词。(1) 完成体。表示动作的结束，强调形为完成。(2) 持续体。表示动作的过程，强调行为的经常性和持续性。(3) 能动体。表示行为动作进行的可能性，强调动作执行者执行动作的能力。(4) 反身体。表示动作趋向于本身的行为，强调主体是行为动作的承受者。(5) 给予体。表示动作趋向于别人的行为，强调所进行的动作行为是为了他人。(6) 尝试体。表示为了试探而进行的行为，强调动作的尝试性。(7) 起始体。表示动作的开始，强调行为的起始性。(8) 突然体。表示动作的突然性，强调行为的意外性。(9) 即近体。表示动作将近发生，但未发生，强调行为动作的幸免性。

哈萨克语动词"时"的语法范畴 张定京撰，载《耿世民先生 70 寿辰纪念文集》，民族出版社，1999 年。

(1) 时，一般以说话时间为准，分为现在时、过去时、将来时三种。国内外哈萨克语语法著作已对哈萨克语的时做了不少研究。现存问题，一是覆盖面不够大，一些语言事实没有得到解释，且现有的论述有时欠准确；二是有把时与其他语法范畴（如式）糅合到一起的现象；三是时究竟指什么，是指意义、形式，还是意义与形式的综合体，概念不是很明确。(2) 语法范畴的描写可按两条途径进行，一是从形式入手，一是从意义入手。(3) 该文的写作根据以下观点：动词时的语法范畴是通过一定的语法形式表达出来的种种时间意义的总和。即是说，时是指语法意义而不是语法形式，也不是意义与形式的结合体。(4) 哈萨克语表达动词时间意义的语法手段有三种。(5) 哈萨克语动词时语法范畴体系在该文中一般有两个层级（个别二级类别中还有三级类别），在第一层级上分为现在时、过去时、将来时三类，它们又各自包括数目不等的下位类别。

哈萨克语对锡伯语的影响 安成山撰，载《语言与翻译》1997 年第 2 期。

新疆维吾尔自治区境内的锡伯族大多居住在北疆地区，除察布查尔锡伯自治县的 18000 余锡伯族人外，乌鲁木齐、伊宁、塔城、霍城、巩留、尼勒克、新源等市县也散居着 10000 余锡伯人。北疆地区也是哈萨克族的主要居住区。在哈萨克人口较为集中的区域生活的锡伯族人，其生活习俗、语言文化都不同程度地受到哈萨克族的影响，并反映在当地锡伯族人的日常生活中。居住在北疆的锡伯族人大部分会说哈萨克语，有的甚至以哈萨克语为第一交际语。哈萨克语对锡伯语的影响表现在语音上，是易将锡语与哈语中相近的元音音位混淆，说出哈语调的锡语来；词汇方面，锡伯语中的哈语借词非常有限，这主要是指书面语，但口语中的哈语借词则较多。语法方面，哈语对锡伯语的影响，如名词的造-联合格词缀"-maq"与动词的正在进行词缀"-tut, tutu"在口语中广泛使用，这充分反映了语言影响的作用。

哈萨克语对新疆达斡尔语语音的影响 丁石庆撰，载《语言与翻译》1991 年第 4 期。

达斡尔语属阿尔泰语系蒙古语族，其内部分为布特哈、齐齐哈尔、海拉尔和新疆四个方言。新疆境内的达斡尔族大多居住在塔城一带，该文主要依据塔城达斡尔族口语材料。塔城是哈萨克族地区，达斡尔族同哈萨克族在广泛接触与交往过程中，哈萨克族及其文化从多方面强烈地影响了达斡尔族。在语言中，新疆斡达尔族大量借用哈萨克语词汇，并在此基础上，形成了普遍的双语现象，致使一些哈萨克语言特点或规则逐渐渗透并移植到新疆达斡尔语中来。作者从新疆达斡尔语的几个语音特点来说明哈萨克语所产生的影响。这些特点是：一部分后元音 a、o 的前化趋势；长元音的短化趋势，与新疆达斡尔族经常兼用无长短元音对立的哈萨克语所产生的影响不无关系；小舌音的产生及其演变；腭化辅音的趋于消失；重音的趋于后移；等等。

哈萨克语格的演变 吴宏伟撰，载《中国突厥语研究论文集》，民族出版社，1991 年。

哈萨克语格的演变过程和特点：（1）突厥汗国时期文献语言中的格。主格没有形态变化，在句子中作主语。领格的意义和功能与现代哈萨克语没有多少差别，表示名词与其他词之间的领属关系，与格表示名词与动词的关系，可以表示动作所及的方向、目的、对象，还可以表示时间、地点等。宾格表示动作所及的对象，在句子中作宾语。位从格表示方位、处所、行为发生的时间。工具格表示行为凭借的工具和行为的方式、状况、时间等。（2）回鹘汗国与喀喇汗王朝文献语言中格的演变。领格出现了两种新的变体形式；有的文献中位格有向格的意义；从格使用得更加广泛；新宾格形式与旧宾格形式并用。（3）察合台汗国时期哈萨克语格形统的形成。古老的宾格附加成分已为新的宾格形式所取代；新的助格附加成分-pen/-men/-ben 彻底取代古代工具格附加成分-n、-in 等。（4）现代哈萨克语的格——主格、领格、向格、宾格、位格、从格、助格。

哈萨克语惯用语简析 李绍年撰，载《语言与翻译》1989 年第 2 期。

构成哈萨克语言美的一个重要有机组成部分，那就是"惯用语"了。哈萨克语语词，以结构的灵活性、意义表达的多样性、语义内容的含蓄性、引申语义的幽默性见长。这些特点突出地体现在哈萨克语的惯用语上。哈萨克语惯用语是一种定型的词组。既然是一种词组，它就具有词组的语法结构特点。其主要结构类型有：偏正结构类型、动宾结构类型、动状结构类型、主谓结构类型。哈萨克语惯用语，它的逻辑形式多是复杂的概念，而不是完整的判断和推理，它的含义则耐人寻味，它的直接意义往往并非它的真实含义，它的真实含义是难以用它的表层所指去进行语义集中和逻辑推测的，而是孕育在它的深层含义之中。惯用语都是劳动人民创造出来的，流传于人民的口语中，它多以比喻形式出现。哈萨克语惯用语有一部分属解释性的，另有一部分是从旧社会流传至今仍在使用。

哈萨克语句法结构的转换机制 张定京撰，载《中央民族大学学报》2007 年第 3 期。

从组合能力看，突厥语言中，句子一般不与外部其他词语组合发生结构关系，具有封闭性，而词组则可与其他词语组成更大的结构，具有开放性；从组合特点看，名词性、动词性、形容词性词组的组合能力（功能）各不相同。因此，在需要使句子与其他结构组合时，或需要一种句法结构具备另一种句法结构的组合功能时，就需要对特定的句法结构的功能进行转换。文章首次对哈萨克语的句法结构转换机制做分析研究，指出哈萨克语句法结构的转换有结构简化与功能转换两大类。简化包括主谓结构的简化和领属性定中结构的简化两类三种，主要依靠主谓一致、领属性定中一致和专职简化附加成分-niki 来实现。

哈萨克语用来转换句法结构的语法手段有以下几种。在句法结构功能的转换机制中，动词的双功能（动名、形动、副动）词尾、结构助词 ekendik

"……这一情况"、特殊动词 bol-"是、成为"、特殊动词 de-"说"等 4 种手段形成完整的转换手段系统，分别在"动转静"、"静句转名"、"静转动"和"句转句子成分"中发挥作用。

哈萨克语句子中的补语成分 张定京撰，载《语言与翻译》1990 年第 4 期。

哈萨克语句子中存在着一种不属于原有的主、谓、宾、定、状语五种句子成分中任何一种的成分。根据它与动词性直接成分之间的结构关系，我们将它定为补语。补语表示行为动作的结果。哈萨克语中并不是每个动词都能带补语，它们的数量很有限，局限于"说、成为、使成为、算作、以为、称为、推举、评比"等意义的动词。这类动词约有 16 个。在能带补语的 16 个动词中，de-、bol-、et-、qəl-四者可以说是四个基本动词。哈语句中有一些词语，按说与其前面的词语之间有补动关系，但由于长期的演变它只表示语气意义了。因此，它们之前的词语在析句时就不作为补语处理了。

哈萨克语名词的第八种格 张定京撰，载《中央民族大学学报》2005 年第 4 期。

传统哈萨克语语法学论著一向认为哈萨克语名词有 7 种格，即主格、属格、向格、宾格、从格、位格、助格，-daj/-dej/-taj/-tej 附加成分是构词词缀。该文则提出该附加成分是哈萨克语的第 8 种格词尾。作者归纳了传统语法认为-daj/-dej/-taj/-tej 词尾是构词词缀的理由，分析了其作为构词词缀无法克服的缺陷，即它可缀接在无限多的名词和名词性词组上，形成无限多的结果。从普适性及其确定构形词尾身份中的关键作用和原理、构形附加成分后产生结果的数量和长度，以及构词词缀和构形词尾的缀接顺序等方面来分析构词词缀和构形词尾的区别标准，得出普适性是判断一个附加成分是构词词缀还是构形词尾的关键性标准，具有普适性意味着是构形词尾，否则只能是构词词缀。因为，普适性是语法成分抽象性的最直接和准确的代表和体现。而-daj/-dej/-taj/-tej 能够缀接在整类名词性词语之后，具有普适性，这表明它只能属于构形词尾。根据其表达比喻义的功能为其定名"比拟格"词尾，对此词尾的 7 大类用法做了详细描写，并表明不排除哈萨克语中存在更多格的种类的可能，关键是对语言事实做充分的描写研究和分析。

哈萨克语名词第二人称领属附加成分的历史发展 陈晓云撰，载《民族语文》1998 年第 5 期。

人称领属附加成分是突厥语族语言名词重要的语法范畴之一。与突厥语族诸语言相同，哈萨克语的名词人称领属附加成分与人称代词具有密切的关系。通过对哈萨克语名词第二人称领属附加成分历史发展的探讨，可以得出如下结论：（1）第二人称领属附加成分与第二人称代词的发展演变密切相关。-ngəz 和-larəngəz 分别作为名词第二人称领属附加成分单复数的尊称形式始见于 12—13 世纪。-ngəz 是从 7 世纪以后的复数普称形式出现应在 15 世纪以后，是-larəngəz 这一形式类化的结果。（2）与哈萨克语的动词谓语人称相比较，名词第二人称单复数尊称形式的领属附加成分-laracng 和-laracngacz 的形成可能与-lar 不规则地前置于-əng/əngəz 有关，其结果导致现代哈萨克语的名词缀接这两种附加成分时，从形式上看不出单复数的区别。

哈萨克语土耳其语并列复合词词素顺序的特点 王远新撰，载《民族语文》1996 年第 6 期。

从复合词词素顺序的角度看，哈萨克语和土耳其语并列复合词的构成均有一定规律可循，其中哈萨克语并列复合词的构成以受语义规则制约为主，同时受语音规则制约，词源规则基本不起作用。土耳其语并列复合词的构成以受语音规则和词源规则制约为主，同时受语义规则制约，在语音规则和词源规则中,以语音规则为主,其次才是词源规则。从语音角度看,由于哈萨克语和土耳其语并列复合词是由不同词素构成的(同一词根词素重叠构成的并列复合词除外),因而在复合词内部,两个词素之间不受严式语音和谐规律(包括元音和谐和辅音和谐规律)制约。由于派生新词新义的需要和词义发展的结果,哈萨克语和土耳其语的复合词可以进一步发展为相应的紧缩词或合成词。因此,作者认为并列复合词的研究有助于进一步认识两种语言结构上的一些特点。

哈萨克语土耳其语辅音对应特点——兼论语音对应与语言影响的关系 王远新撰,载《民族语文》1994年第6期。

文章介绍了哈萨克语和土耳其语辅音的对应情况,讨论了语音对应与语言影响的关系。作者认为,在这两种语言中分别保留了古代突厥语不同方言的特点以及后来分化演变的特点是造成辅音间复杂对应和传承关系的主要因素。在语言发展内因和语言影响交互作用下,共时语流音变有可能发展成历时语音演变的公式,而共时条件下的一些语音变体也有可能在历时演变中取得独立音位的资格。在分析亲属语言语音对应特点时,既要以固有词为主要依据,又要考虑语言影响与语音演变之间的复杂关系。

哈萨克语维吾尔语音位的比较——兼谈两种语言音位系统的发展 吴宏伟撰,载《民族语文》1994年第4期。

文中通过哈萨克语和维吾尔语音位的比较,探讨了两种语言元音和辅音的特点。元音的不同主要表现为根据舌位,哈语分为前元音和后元音,维语则分前、中、后三种;哈萨克语实际发音为央元音,但在分类中算作前元音,维语的ie实际发音为前元音,但在分类时却属中性元音。在辅音方面,维语比哈语多了一个音位zh而哈语则比维语多一个v。文章还根据古代突厥文献材料论述了两种语言音位系统的发展。元音方面:(1)古代语言元音ə与i的对立在维语中消失,合并为一个音位;(2)从古代到现代,哈语增加了一个X,维语增加了一个e;(3)哈语e和维语ɛ均来自古代突厥语元音a,而且它们分别继承了a的不同变体e和ɛ;(4)维语中性元音i和e的出现使词语中前后元音的对立在一定程度上受到了影响。辅音方面:(1)古代文献有8个辅音使用两个不同的符号以适应不同的前后元音,哈语和维语没有;(2)古代语言有少数辅音在词中的出现受到元音和谐的制约,维语这种规律受到一定破坏,哈语保持完好;(3)由于大量借词,维哈语出现不少以r起首的词;(4)一些辅音在两种语言词中形成对应关系。

哈萨克语文艺语言与正音标准 赞用明撰,载《语言与翻译》1991年第4期。

哈萨克文学语言的共同文字标准和言语标准是整个哈萨克语言文化不可分割的两个组成部分。它们在发展哈萨克语言文化,形成、丰富、完善文学语言等方面具有特殊意义。哈萨克语的发音标准不同于内部方言差别较大的汉语和其他兄弟民族语言的发音标准。哈萨克语正音法方面存在的问题主要是:发音方面,不区分词语变体中的主要变体同口语或地方土语中的变体;对古词语的谐音规律不够重视;对外来词各自音译;随便移动重音位置;不按句调要求来读句子和句子成分。为了按哈萨克语语言规律妥当地解决这一问题,作者谈了重音、停顿和语调三个方面,这是文艺语言领域中的三个主要的纲目。重音与停顿是语言表达中的重要因素,句调则直接与这两个因素配合,而且不能把它们三个相互分割开来。若能掌握好文艺语言的这三个要点,就能读好新闻报道、文章和作品。

哈萨克语虚词类别问题 张定京撰,载《民族语文》2003年第1期。

除传统的格助词、连接助词、语气助词三种虚词，哈萨克语中还有助动词、时间助词、结构助词三种虚词。关于甄定虚词的标准，传统语法认为虚词不表达词汇意义只表达语法意义，不独立充当句子成分，一般没有形态变化，没有构词能力。但实际上哈萨克语一些虚词由实词语法化为虚词的进程尚未彻底结束，还带有实词的一些痕迹，如一部分语气助词还具有人称—数的形态变化，不过它们的意义是被改造过的，表达总括性的抽象意义。所谓"辅助名词"（yst"上"、ast"下"等）"已经虚化，与格有机地融合在一起，起着使格的意义精确化的作用"的说法是不成立的，那是将俄语的前置词强套在突厥语言"辅助名词"上的结果。这些词是方位名词，本身的意义目前并未改变，也未虚化。哈萨克语所谓"情态词"是由语气牵头汇聚的一群杂烩，并不是按词类划分原则分出的词类。哈萨克语中主语与静词谓语是直接由一致方式来连接的，不需要系动词来维系，维吾尔语中所谓"系动词"实际都是实义动词和语气助词。助动词已语法化为虚词，放在实词中作为动词的一个下位类型不合适，应纳入虚词的范畴。另 edi "表过去时意义"、ekendik "起将静词谓语句转换为名词性词组的转换工具作用"二者只表达语法作用，又无法归入其他虚词类别中，只好各自另立一类。

哈萨克语言与民族文化 李绍年撰，载《语言与翻译》1992 年第 4 期。

文化与语言是人类社会发展的双胞胎，二者是随人类社会的起始，随人类社会的发展而发展。（一）宗教信仰与语言，哈萨克族在历史上信仰过的宗教不少，有景教、萨满教、佛教、伊斯兰教。就拿伊斯兰教说，伊斯兰教的《古兰经》是用阿拉伯文写的，因此，在传教与诵经过程中，哈萨克语借用了大量阿拉伯与波斯语词，有的一直沿用到现在。有不少伊斯兰教的宗教词语，已渗入哈萨克族的生活中。（二）畜牧经济与语言。哈萨克的畜牧词语，以及与畜牧经济有关词语组成的用语。其数量相当丰富，结构特别形象，内容十分动人。（三）地域环境与语言。与经济生产相适应的地域环境所构成的包括居住、饮食、生活习俗在内的地域文化是哈萨克畜牧文化的一个重要组成部分。（四）习俗文化与语言。

哈萨克语中词的重叠 陈晓云撰，载《民族语文》1988 年第 3 期。

文章对现代哈萨克语名词、形容词、代词、动词和摹拟词在实际运用中存在的重叠现象从构词方式、语义色彩和语法功能等方面进行了探讨。作者通过分析，总结出哈萨克语现象的四个特点：①哈萨克语词的重叠模式有 7 种，即 A-A、AB-A、A-AB、A-ABB、AB-AB、A-A′、A′-A。这里面既有构词的，也有构形的。其中 A-A 式是基本模式，分布最广。其余程度不同地散见于各类词中。②A-A 式一般不改变原词的词性，其余 6 类有的重叠后改变词性，有的不改变词性。③各类词中重叠模式的多少与该词类的数量，能产性都有密切的联系。④能够重叠的大部分是单纯词。

哈萨克族的人名 托乎塔森·巴特尔汗撰，载《语言与翻译》1993 年第 1 期。

哈萨克人名的特点有：与哈萨克人民的基本职业——畜牧业相关，如波塔"幼驼"、吐耶拜"骆驼"等；与自然现象有关，如布尔兰拜"风"、涛拜"山"；与珍禽异兽或家畜有关，如吐勒科拜"孤狸"、喀尔勒尕什"燕子"；与奇珍异宝有关，如阿勒腾"金子"、米尔吾尔提"珍珠"；植物名称，如热依汗"紫素"、科孜尔勒达克"郁金香"；以水果名起名，如阿娜尔汗"石榴"、吾孜木汗"葡萄"；依据血统关系起名，如吐甘拜"亲属"、吉岩拜"外甥"；与山水地名有关，如库勒加别克"伊宁"、叶尔特斯"额尔齐斯河"；与家中用具有关，如塔巴克拜"盘子"、恰拉"木碗"；以食品名取名,如阿依然拜"酸奶"、苏特拜"奶汗"。此外,文章还对小孩命名的变化趋势进行分析。

哈萨克族人名试析 木哈什·阿买提撰,载《语言与翻译》1991年第1期。

哈萨克人命名传统的形式、发展及其特点是与社会发展各个不同阶段的原始宗教信仰、风俗习惯有着直接联系的。从多方面对比加以探讨可以发现,它与历史学、民俗学等学科紧密地结合在一起。哈萨克人民用本民族语言要素命名的传统形成于古代,这种传统是与自己的游牧生活以及各个历史时期的宗教信仰联系在一起。与其他突厥语民族相比,哈萨克族给人命名的方式方法丰富多彩,给人命名时几乎不受任何限制,与自然现象、畜牧业、动植物、山水、地名、品德、性格等有关的词都可以作人名。哈萨克人名的构成方式有独体型和合成型,合成型的人名又有无缀式和有缀式两种方式。以哈萨克本民族语词汇命名是哈萨克人命名习惯的主流。与阿拉伯—波斯语借词构成的人名相比其生命要强,意义要明确,读起来上口,听起来悦耳,给人以舒畅的感觉。

海南村话的数词 符昌忠撰,载《民族语文》1997年第3期。

海南村语的数词大致分基数词、序数词、概数、倍数和分数五类。(1)基数词。基数词可分为单纯基数词和复合基数词。①单纯基数词有一至十、百、千、万、亿。其中"一"至"六"是固有词,与黎语的数词有同源关系。"七"以上为早期汉语借词,与汉语中古音近似。海南村话的单纯基数词,"一、二、四、五、六"各有两个说法。"三"有三个说法,都能用于计数,但是具体用法有所不同。②复合基数词由两个或两个以上单纯基数词按照一定的规则组合而成,表示"十"以上的数目。(2)序数词。村话序数词分次第序数、时间序数和排行序数。(3)概数。村话常用的概数有以下几种。①用"约"放在数词之前或在"十、百、千、万"及在某些量词之后加"零、余"表示。②用"一"至"九"中的任何相邻的两个数加上相应的量词表示。(4)倍数。直接用汉语的"倍"表示。(5)分数。用"一半"来表示。

海南岛"村话"构词特点初探 符昌忠撰,载《广东民族学院学报》1986年第1期。

"村话"人自称"村人",又称为 mo^{35}"汉人"。文章主要描写村话的构词特点,在一些地方与黎语进行比较。村话的词分单纯词和合成词两类。单纯词分单音节和多音节两种。合成词分不带附加成分的和带附加成分的两种,前附加成分比较多,计有10种,后附加成分只有两种。在谈到借词时,作者指出村话的汉语借词主要从书面语(官话)借入,与黎语从海南话借入不同。村话在构词上与黎语有几点不相同。(1)村话有主谓式的构词方式,黎语根本没有,如"心肠坏",村话 tem^{21}le:k^{33}(心坏),黎语 re:k^{7}nga:n^1(坏肝);(2)动宾式的词,村话只构成动词,黎语可构成动词或名词;(3)表示时间的前附加成分,村话用 si^{42}、a^{21}、hau^{55}分别表示过去或现在、过去将来,而黎语一律用 ɯ。村话与黎语有50.8%左右的相同词,说明村话不是黎语,属壮侗语族的一种语言。

海南岛村话系属问题 欧阳觉亚、符镇南撰,载《民族语文》1988年第1期。

该文把自称为汉族的"村人"的语言——村话与黎语进行比较,首次正式确认这个语言的地位。作者从语音、语法和词汇三方面与黎语进行比较。找出二者的对应关系。在语法方面,村话因受到汉语的影响而与黎语有一定的差别。在词汇方面,在1630个及1768个词的两次比较中,村话与黎语同源的词约为31.5%,与壮傣语支同源的约为20%,与侗水同源的约为18.9%,与黎语最为接近。但它属黎语的一个方言,还是独立的语言要看它与黎语各方言的关系。黎语各方言之间除了加茂方言之外，词汇相同的百分比都在 70% 以上。加茂方言与另外各方言词汇相同的百分比平均为 40% 左右，语音对应也比较复杂，但考虑到黎族有统一的自称和比较一致的文化特征，可以认为同属一个语言。村话与黎语各方言词汇的差别大于加茂方言与其他方言的差别，黎语内部非常一致的词如天、地、铁、田、狗、鱼、树、甘薯、棉花等，村话却使用了特有的词。村人缺少一个与黎族相同的自称，因此，把它列入黎语支作为一个独立的语言。

海南岛几种语言的声调　欧德里古尔撰，载《民族语文》1984 年第 4 期。

该文的作者根据欧阳觉亚、郑贻青 80 年代初以来发表的文章《海南岛崖县回族的回辉话》以及《黎语简志》并参考 1906 年的《占—法词典》，1971 年《占—越—法词典》等著作，通过海南占语（回辉话）声调与大陆占语（东南亚的占语）语音的比较，找到海南占语现有 8 个声调调值（即中平、低平、中升、高降、高平、高升、低降、中降）的来源。作者还指出，海南岛占语的中降调和低降调后面出现喉塞音-ʔ 是受汉语地方话影响的结果。它与 ng 变-k, -n 变-t 的过程是平行的（实际是 -k- > kŋg, -n > tn——摘者注）。另外，文章利用黎语保定话和同什话的比较，指出黎语 3 个声调的系统最为古老，同什话的 6 个声调是由 3 声调分化而成。声调的分化是由一套强浊音清化造成的。作者指出，由于先喉塞音化的-b、-d 的存在，说明黎语的方言都没有保留浊塞音。

海南岛苗族的语言及其系属　卢诒常撰，载《民族语文》1987 年第 3 期。

文章描述了语音、词汇和语法，并与苗语、瑶语进行比较探索其系属。海南苗族语言声母少，韵母多。有 pl、phl、bl 和 tl、thl、dl 两套塞边复辅音，b、d 与 ʔb、ʔd 对立，还有一些腭化、唇化音。元音分长短，有-m、-n、-ŋ、-p、-t、-k 韵尾，少数塞音韵尾已脱落。声调系统相当于汉语的平、上、去、入各分阴阳，阴平、阴入又以古全清、古次清而分化为两个调值。作者参照传统的汉语语法体系划分词类和分析句子。其特点：形容词作修饰语一般后置；第一人称代词复数有排除和包括式；数词有两套，"十"以上为汉语借词，"十"以下为固有词。文章用 20 个常用词反映出海南苗跟瑶、苗的亲疏关系，然后与广西防城金门瑶话进行了比较，得出 55 条对应规律，构词方式也基本相同。作者认为他们虽不叫瑶族，但其语言却属于瑶语支。该文全面地介绍海南苗族语言，在国内外尚属首次。

海南岛三亚回族语言的系属　倪大白撰，载《民族语文》1988 年第 2 期。

文章描写的是海南岛海南黎族苗族自治州三亚市近郊羊栏区回新乡，回辉乡回族使用的语言。据史书及地方志记载，三亚回族约在十世纪的宋朝到十五世纪的明朝，分批由海路从越南的占城迁来。三亚回族语言既不是汉语，也不是黎语、苗语、村话、临高话，而是一种以单音节为主，有声调的独立语言。文章以大量篇幅列举了将近三百个基本词和印度尼西亚语作了词源比较，并从中找出对应规律。结论是：三亚回族语言与印度尼西亚语有密切的亲缘关系，但从类型看属词根语（孤立语）。于是作者认为：三亚回族语言应称作"南岛—汉藏语"，或"马来—汉语（Malay-Sino）"。"南岛，马来"指语系（Falnily），而"汉藏"指体系（System）。三亚回族语言的发现，对于整个侗台语的研究可能具有不可忽视的深远意义。

海南岛西海岸的"村话"　符镇南撰，载《民族语文》1983 年第 4 期。

该文简要介绍海南岛西海岸昌感县一带的"村话"。语音方面，声母 20 个，韵母 111 个，舒声调和促声调各五个。合成词的构词方式有并列式、修饰式、动宾式、补充式和附加式，其中以修饰式和附加式较为常见。语序特点，修饰语一般在中心词之后，但数量词组和指量词组作修饰语时，要在中心词之前。村话与黎语的关系：在语音上声母和韵母都有一定的对应关系。构词的方法村话与黎语也有共同的特点，如被修饰语素都在前面，通称在前，专称在后。村话和黎语一样，表示领有的助词放在领有者之前。判断句一般都不用判断动词。修饰语和被修饰语的语序，村话和黎语也一样。拿333个词比较，黎语与村话相同的词占50.8%。从村话固有语言特点和它与黎语的异同程度看，它无疑属于壮侗语族的一个语言。至于它属哪个语支有待研究。该文村话词语用例约200余例，黎语约20例。

海南岛崖县的回族及其语言 郑贻青撰，载《民族研究》1981年第6期。

1956年作者及同事们调查黎语时，发现那里的回族使用着一种独特的语言，当时只做了简单的记录，没有认真的调查。1981年4月，作者和欧阳觉亚两人专程到海南崖县（今三亚市）羊栏公社（今凤凰镇）回辉大队，调查了回辉村的回辉话，收集了有关资料。经过寻查海南当地的《琼州府志》《崖州志》等历史文献，发现崖县的回族是"宋元间，因乱挈家驾舟而来"，说明他们是数百年前从东南亚过来的移民。文章初步介绍了这种语言的概况和使用情况，分析他们之所以直到今天仍然保留着语言的原因，是由于他们居住集中，村内没有外族人杂居，人们实行民族内部通婚，在村内都用回辉话交际，而附近的黎族和汉族人口都不多，对他们的影响不大。这是他们能够保留其语言的外部条件。关于回辉话的归属问题，由于当时没有掌握东南亚占族等语言的材料，只把它与附近的壮侗语族语言比较，发现它们之间有不少相同或近似的地方，初步认为它属于汉藏语系的一种语言，接近壮侗语族，但还要和南亚、南岛两个语系的语言进行比较，才能得出最后结论。（后来在《再谈回辉话的地位问题》，民族语文1986年第6期，有明确的结论：它与占语支的拉德语既有亲缘关系，又是各具特色的两种不同的语言。）

海南岛崖县回族的回辉话 欧阳觉亚、郑贻青撰，载《民族语文》1983年第1期。

文章是根据1981年实地调查所得材料写成的、首次系统地介绍回辉话的著作。回辉话通行于海南岛崖县（今三亚市）羊栏公社回辉大队（今回辉村和回新村），当时使用人口3700余人。该文介绍回辉话有19个声母、57个韵母和5个舒声调。作者从类型上把国内的汉藏语系一些语言与之比较，有如下一些特点：（1）回辉话基本上是单音节语言，几乎每个音节都有一定的意义；（2）每个音节都有一定的声调，声调有区别词义的作用。（3）词没有曲折变化，缺少表示语法意义的附加成分，词与词的语法关系靠虚词和词序来表示；（4）声母简单，韵母复杂，有-n、-ŋ、-t、-k、-ʔ五个辅音韵尾；（5）元音分长短；（6）ʔb、ʔd带喉塞音；（7）有一定数量的量词；（8）有一套独特的数词；（9）有一套区别于国内其他语言的词汇；（10）句子基本语序是：主谓宾（补），中心词——定语，状语——中心词。据此，作者认为回辉话在类型上与壮侗语比较相似。但由于没有把它与南亚语或南岛语进行比较，它的系属问题尚有待进一步探讨。

海南临高话 张星、马英撰，载《中央民族学院学报》1983年第1期。

该文对海南临高话作初步综合分析研究。临高话有声母17个，韵母82个，声调7个，其中4个舒声调，3个塞声调。词分单纯词和合成词两类。语法关系主要靠词序和虚词来表示。某些普通名词有近似于形态的构词成分，是构词的附加成分。临高话的词，按其意义及语法特点，分为名词、动词、形容词、数词、量词、代词、副词、象声词、助词、介词和连词等 11 类。海南各地临高话大同小异，语音因地略异，仅异在土语之间。临高话与壮侗语族中的壮傣、侗和黎等语言对比，在语音、词汇和语法诸方面有许多共同点，它与壮语傣语关系甚为接近，特别是基本词汇，有一大批同源词。语法方面，均用语序和虚词表达语法意义和语法关系。句子的基本语序是：主语—谓语—宾语。它与壮语的关系甚近，超过同语族及同语支中其他语言。通过比较，文章认为临高话属壮侗语族壮傣语支，是壮语的一个方言。

海南临高话中的汉语借词 刘剑三撰，载《中央民族大学学报》1994 年第 2 期。

一、借词的覆盖范围。临高话汉语借词原覆盖面很广，各种词类都有一批基本词借自汉语，尤以名词为最多，几乎涉及一切领域，而以亲属称谓、食物器具、住家穿着、身体部位、方位时令和动植物名称为最多且最常。其次是动词，动词借词以口和手的动作为最多，另外有关烹饪、心理活动的词也大部分来自汉语，第三是形容词借词，虽比动词少一些，但数量也很可观。此外数词、量词、副词、连词也有一大部分来自汉语。二、借词的时间层次。最早可追溯到先秦时期，根据汉语史的一般分期方法，时间上可分为上古（先秦两汉时期）、中古（六朝到唐宋时期）、近古（元明清时期）和现代（五四运动以后）四个时期。三、借词的渠道。源于历代迁居临高的汉人、政府传播中原文化所用的语言、源于临高木偶戏、源于岛内各种汉语方言。

海南三亚回族多语现象分析 郑贻青撰，载《民族研究》1996 年第 4 期。

海南三亚回族所处的羊栏乡（今改凤凰镇）是个多民族多语种使用的地区。这里的回族人口相对比较少，为了生存的需要，人口少的人群要学习掌握人口多的人群的语言，这是普遍规律。三亚回辉村的回族普遍都掌握一两种非母语。这里除了有回辉话以外，还有海南话、迈话、广州话（蛋民的白话）、儋州话、军话、普通话等。12 岁以上的人一般都掌握三种以上的语言或方言。据 1984 年在当地的抽样调查，在 76 名被调查者当中，掌握海南话的人最多，90% 左右的人懂或略懂；中年人约有 50% 的人掌握迈话；有 22% 的人懂黎语，多为老年人，有 72% 的人掌握普通话，青壮年较多。儋州话、军话、广州话只有少数人掌握。从性别来分析，男子多数掌握 3—4 种话，女子多数掌握 3—5 种话，女子略多于男子。这是因为女子多外出做小买卖，而男子多在家种菜、捕鱼。从年龄来分析，13—17 岁多数只掌握母语和普通话，17—45 岁除学会普通话以外，还掌握海南话，有的学会迈话或军话，甚至略懂黎语和儋州话。年纪越大的人懂的话越多。从不同的文化程度来分析，高中程度的人掌握的语言最多，掌握语言的多少不决定其文化程度的高低，主要是年龄的因素。

海西蒙古语的特点 贾晞儒撰，载《民族语文研究文集》，青海民族出版社，1982 年。

海西蒙古语与现代蒙古书面语及其他方言相比较，有一些特殊现象。语音方面：与书面语的 ə、o、u 相对应的元音在海西蒙古语里分别读作 [ə]、[ø]、[y]；没有前响复合元音，一般是以前化长元音或一般长元音与书面语前响复合元音相对应；明显存在 g、k、h 等 3 个并存的辅音，并有各自出现的条件；书面语的元音 ɔ→a，辅音 s→ts，tsh→t，g→h，m→ng，g→b 和 b→m 同时发生在一个词上。语法方面：名词的多数形式与书面语有差异，主格名词保留古代的 [n] 词尾；人称代词与书面语及其他方言有一些不同之处；人称代词与书面语及其他方言有一些不同之处；人称代词既可作主语，又可同时出现于谓语之后，表肯定语气；动词有向对方表示提醒、催促的"谨慎式"；谓语动词的否定形式由 [es] 加动词陈述式构成。词汇方面：有不少与书面语不同的词语;有反映宗教和生活内容的藏语借词。

海西蒙古语方言词结构特点拾零 贾晞儒撰,载《民族语文》1998年第4期。

青海省海西蒙古语在构词方式方面主要有以下特点:(1)改变中性词的词形,构成表示尊敬意义的对应词。(2)变一般词为特指词,赋予其一定的感情色彩而与表示同一意义的中性词相对应。(3)加缀附加成分,改变原词义,赋予以"珍爱"的感情色彩。(4)自造词。(5)借代词。部分词是以藏语或周边地区其他民族语言中借来的,表示敬重而有别于本民族语言里固有的一般语词。(6)通过语音重叠式构形重叠造成语音和谐。(7)在构词成分中通过语音的和谐,烘托出新的词义。(8)词义的扩大和缩小。将现代蒙古语中的某些词变为多义词或专称词,使之具有明显的方言特色。(9)从生活、生产实践中寻找各种事物的相似性,构成表达新义的复合词。(10)用引申联想的方法构成复合词。(11)两个或两个以上的构词语素结合在一起,形成一种具象专指称某一事物。

汉布介词提宾句式对比研究 周国炎撰,载《汉语与少数民族语言关系研究》,中央民族学院出版社,1990年。

众所周知,在所有SOV型语言中,主动句主要采用的是"施动者+动词+受动者"这一句型结构。但在现代汉语中,主动句还有另一种表达方式,而且使用也相当普遍,那就是以介词"把"将受动者提到谓语动词之前的"把"字提宾句式。汉语的这一句式在布依语中有两种情况:一部分只能用"施动者+动词+受动者"这一结构;一部分则可以采用介词提宾句式,这类句式中的绝大部分同时也可以转换成相应的"施动者+动词+受动者"句式。该文以布依语标准音点(望谟话)以及笔者母语(贞丰布依语)的语言材料和汉语普通话的材料为主,对汉、布两种语言中的介词提宾句式进行对比分析,指出它们在结构和意义上的相似和相异之处,并参照汉语"把"字提宾句式的产生及发展情况,通过对布依族丧葬经文中的ʔau(要)字句结构形式进行分析,探讨布依语介词提宾句式的来源。

汉朝语亲属称谓词对比 安英姬撰,载《延边大学学报》1985年第2期。

汉语和朝鲜语的亲属称谓词的比较,涉及的亲属词只限于上至祖父、下至孙子这中间五代。一、朝鲜语亲属的词的汉字词和固有词。(1)从汉语亲属词中借用来的;(2)借用汉字创造的;(3)朝鲜语中固有的;(4)由汉字和朝鲜语固有词构成的。二、旁系亲属关系的表示法。汉语旁系亲属词用"亲、表、堂"三个语素来加以区分不同系统的亲属关系。朝鲜语亲属词用前附相当于汉语的"亲""堂""姑从""姨从"和"外从"等五个语素或语素群来表示不同的旁系亲属。汉语和朝鲜语旁系亲属词都有"亲"与"非亲"和"堂"与"非堂"的区别,但汉语中与"堂"对立的是"表",而朝鲜语与"堂"对立的却是"姑从"、"姨从"和"外从"。汉语的"表"包含"姑表、姨表、舅表",而朝鲜语直接将"姑从、姨从、外从"三个系统分开表示。三、朝鲜语亲属关系的"寸数计算法"。四、汉朝语亲属词的语义特征。对两种语言的兄弟姐妹的配偶、丈夫妻子的兄弟姐妹和兄弟姐妹的子女共4组亲属词义特征的异同作了比较。

汉韩语言接触对韩语语音发展的影响 申东月撰,载《民族语文》2005年第5期。

汉语与韩语的长期接触使韩语的发展起了很大的作用。不管是语音、语法、词汇等方面,汉语都影响了韩语的发展演变。中世纪韩语书面语中产生声调对立,进而使现代韩语产生了长短元音的对立。文章第一节,中世纪韩语书面语中产生声调的原因。单音节的汉语进入韩语后，产生大量的同音字，自然有声调的功能要求。后来随着送气音不送气音对立的形成，使声调的对立紊乱，最终声调走向消失。第二节，中世纪韩语的声调与现代韩语长短音之关系。文章认为，中世纪韩语声调消失后，韩语语音系统中产生了长音这种超音段音位。

《汉回合璧》研究　陈宗振撰，载《民族语文》1989年第5期。

该文介绍了清光绪六年（1880年）孙寿昶所编汉维对照词汇集的基本情况和具体内容，并对其中语音与文字的关系、某些较特殊的词及书中维、汉文的书写、翻译、解说等错误或不当之处进行了分析研究。作者认为当时的维语已有8个元音，其中包括e，23个辅音，其中没有f；元音的表示法缺乏统一的规范，有些辅音字母的用法也与现今不同；汉字注音反映了维语口语与文字的差异，如a、ε及b的弱化，r的脱落等，并且已开始在文字上有所反映；少数词与现代维吾尔标准语不同，但都与古代突厥文献或方言土语中的词相近。此文后一部分约28千字，主要是1065个汉字、汉字注维语读音、解说及维文的国际音标转写，作者以（ ）补充了原书未写或经过改写的字母，对其中340多个词，以［ ］作了较具体的注解。作者认为，此书是现代维语产生前夕的语言文字材料中有一定研究价值的文献。

汉借词与苗语固有词的语义变化　石德富撰，载《民族语文》2003年第5期。

文章先提出了鉴别同源词与汉语借词的方法，然后介绍了汉语借词的冲击使黔东苗语与之语义相关的固有词发生了连锁变化。某候选词虽然在某语言点没有，但是在其他大多数语言点有，并且能从中理清对应关系的词，就被认为是固有词；某候选词如果只出现在某个语言点，且跟汉语有语言对应关系，就被认为是汉语借词。文章发现，汉语借词冲击着苗语黔东方言含有同样意义的固有词，使固有词的意义发生转移或引申等变化，这些转移或引申出的新义有时又冲击着苗语的另一个与之同义的固有词，使第二个甚至第三个固有词的意义也发生变化。

汉拉祜翻译中的语序变换　张雨江撰，载《民族语文翻译研究》，云南民族出版社，1994年。

在实际翻译工作中，除了掌握两种语言的词汇，我们还要熟悉两种语言的语法，语序是语法的重要内容。汉语、拉祜语的语序并不完全相同，突出表现在四个方面：宾语与谓语的位置关系；定语和中心语的位置关系；状语和中心语的位置关系；补语和中心语的位置关系。任何一个民族的语言的语序是由长期的语言习惯约定俗成的，因此，在翻译工作中要充分考虑到语序问题。就汉、拉祜翻译而言，要注意谓语、宾语位置的变换、双宾语位置的变换、状语位置的变换、补语位置的变换。只有按照拉祜语的语序习惯重新安排，才能让拉祜族读者更好地把握原汉文的思想内容，学习汉族先进的科学文化知识。因此，我们在进行汉、拉祜的翻译时，不可忽视语序问题。

汉蒙语犬鹿两种动物名称及其相关词古今音义演变记录考　芒·牧林撰，此文作为《犬鹿说概要》（寻根篇）一书的附录，内蒙古教育出版社，2007年。

犬鹿两种动物是蒙古人种诞生之初，最早（旧石器时代末、距今2万—1.5万年前）驯育的第一代家畜，从而他们彼此称之为"养犬人"和"养鹿人"。当他们进入氏族社会时，"犬""鹿"二称便转化为氏族名称"犬氏"和"鹿氏"或"犬鹿氏"、"鹿犬氏"。从此，"犬""鹿"二称及其合称作为蒙古人种后裔——中华民族各成员祖先的氏族、部落和民族名称传承至今。"犬""鹿"二称在久远（上万年）的传承过程中，由于受人们语音演变规律和词汇发展规律的制约，衍生出了许多相关词。

经对汉蒙语"犬""鹿"两种动物名称及其相关词古今音义演变记录的考察，我们得到如下信息：第一，"犬""鹿"二称在一万多年的传承过程中，因受语音演变规律和词发展规律（即"音变义转"、"义转字异"），在汉语里其变体分别为70余个和40多个；在蒙古语里其变体分别为近20种。第二，从"犬""鹿"二称的变体中，我们发现许多词被直接传承为汉蒙民族先民的氏族、部落名称和姓氏名称。如在汉语中有"獂""犴""犹""蛮""狗""狂""猗""吒奴"（后改为"狼"氏）和"麃""鹿"等姓氏和氏族名称。在蒙古语里有"kiyan""negus""ĉinus""oor""buha""nahu""bete""hor"等姓氏和氏族名称。第三，从"犬""鹿"二称读音演变记录中，看到汉蒙语语音演变规律。首先看到词首辅音（声母）的演变轨迹：

（1）喉声（小舌音）发展为舌根音系统：q→k→k'→g→h→γ-；

（2）舌根音转化为舌音和舌尖音：g→h→y→j-；

（3）舌根音转化为舌音和舌齿音：h→s→sh→d→t→ĉ→ch→q-；

（4）舌根音转化为鼻音和边音：k→g→ng→h→l 或 n→r→；

（5）舌根音转化为唇音：h→p'→p→b→f-；

（6）舌根音转化零声母：h→γ→ŋ→o→（a→e→i→w-……）；

其次是看到元音（韵母）的演变轨迹：

（1）单元音由后位向前移动，由高位转化元音：a→ɑ→ə→e→i-；

（2）单音转化为复合元音：a→e→i→ao→ai→、ua-等；

（3）展元音转化为圆唇音：a→e→o→、u-。

再次，看到辅音韵尾的发展轨迹：

由原始母语的-n、-ng 和 *-k、*-g 转化为 *-γ、-s、-d、-r、t、-m、-b、-l 等；

（4）词尾辅音脱落为元音音韵：

-n：-k 等脱落为-a、-e、-i 和复合元音韵尾-ai、-ei、-ao 等。

对汉蒙语"犬""鹿"二称及其相关词的古今音义演变记录系统考察的结果，为研究汉蒙、阿尔泰语系亲缘关系的探索和探查中华民族各成员姓氏文化声源、词源提供了有力的佐证。

汉、苗、瑶语第三人称代词的来源 曹翠云撰，《民族语文》1988年第5期。

该文探讨了汉语和苗、瑶语第三人称代词的来源及其演变过程。文章引古籍证实上古时期汉语没有第三人称代词，后来的第三人称代词"之"和"其"，是由近指代词相当于"这"的"之"和特指代词相当于"那种、那样"的"其"发展演变而来。到了中古时期，"之""其"为"伊""渠""他"所替代。上古也有"他"，但作无定代词"别的"讲，中古以后才发展成今天的第三人称代词。苗、瑶语无表达古音的老文字，文章通过方言共时比较，作者认为苗语黔东方言、川黔滇方言、布努语和瑶语勉方言、标敏方言的"他"读作 nen^2、ne^4、ni^4 和 nin^2、nin^2，都是由名词"人"发展演变而来。苗语湘西方言第三人称代词有 puu^4 和 wu^3，puu^4 源于无定代词"别人"，wu^3 源于指示代词"那"，今日瑶语勉方言的"那"，仍然为 wo^3。这与汉语"他"的发展极其相似。该文讨论汉、苗、瑶第三人称代词的源流。

汉苗语言里几类词的语法特点比较 贺又宁撰，载《贵州民族学院学报》1994年第3期。

该文对汉苗语实词的语法特点进行比较。通过比较可见：一、名词其句法结合形式不尽相同，语序排列汉语是名词在前，动词、形容词在后，其间不用虚词，位置有定；苗语有些名词的位置不固定，它可在修饰语后或前。二、量词在分类、功能意义、句法结合形式上基本一致。主要差别：（1）苗语的物量词可一词多用，汉语量词的专用性较强；（2）苗语量词能单独放在名词前，对名词起分类作用。汉语量词须和数词一起构成数量词组才能充当修饰名词的句子成分。苗语中还有能起褒贬作用的特殊量。三、形容词的差异在词类界定范围上，汉语的面宽数量多，凡表性质、状态的词都是形容词。苗语形容词主要表性质的、表状态的词一律谓"状词"。在词法结合形式及功能意义上，副词"很"修饰形容词时，汉语放在形容词前，苗语放在后。汉语的形容词不能带宾语，修饰动词时放在前边。苗语形容词能带宾语，修饰动词时放在后边。形态变化汉语是音节重叠，苗语具有汉语没有的增音屈折变化。

汉苗语语义学比较法试探研究　邢公畹撰，载《民族语文》1995年第6期。

语义学比较法是以"语义·语音"为比较内容的历史语言学研究法，不同于印欧语以"形态·语音"为比较内容。汉藏语比较研究中仅凭单层的音义对应，不能排除借贷的可能性。汉藏语里的一个字可以不止一个意义，这些意义有的有引申关系（近义），有的没有（异义），这样就可以利用这些"同音异义"字来建立方法论。两个语言一个"同音字"组，能够相互符合，不能说是巧合或借用。但语义学比较法也有局限性，（1）一种语言中的同音字组不一定能在另一种语言中找出对应字组。（2）被比较的语言不一定有文字或古词典。作者强调三个以上语族的语言里，都能找到同一个字的对应关系，就足以说明它们的同源关系了。同时他又说，能列出三种以上语言的同音异义字组的对应式，那是最"上乘"的。该文用汉苗语比较作试探，以王辅世《苗语古音构拟》中的 $*a$、$*ɑ$ 两韵字（共59个）为材料，查出37例可以和汉、侗台、藏缅对应，虽然有些字的对应还不够整齐，但足以说明用语义学比较法对苗语和其他汉藏系语言进行比较是完全可行的。汉台语音韵格局很近似，导致工作上的简易。和苗语比较，汉语声母少、韵母多，苗语相反，特别是没有塞音尾，没有 -m 韵尾，有的根本没有鼻音尾。汉台苗语都是四声八调，这是极值得注意的。该文分两节进行比较。第3节同音异义字比较，提出两个公式，包括同（近）音异义型。第4节是同义、近义字比较。

《汉清文鉴》简论　崔宰宇撰，载《民族语文》1997年第5期。

《汉清文鉴》是200多年前朝鲜国家翻译机关"司译院"刊行的满文、汉文、朝鲜文3种文字对照的分类词典。它的蓝本是乾隆三十六年（1771）十二月刊行的"满汉两体"的《御制增订清文鉴》。《汉清文鉴》共15卷，正编14卷，分36部、292类、565则，收词13249条，其中"副词条"909条。这里的词条是指满文词条。从词条的具体分布来看，《汉清文鉴》正编各"部"之间相差甚大。全书36个部，可分大、中、小三个类型。《汉清文鉴》在编排体例上区别于蓝本的主要特征是：它的行款采用从右到左的直排形式。一般的词条由四段组成。有些特殊的词条是满文转写：（1）首著满文下附汉注；（2）首著满文下附朝注；（3）附加在满文释义之后的满文"副词条"。《汉清文鉴》的汉字用量累计35000多字（部分未统计），其汉语语音属清前期。

汉台关系词的相对有阶分析　陈保亚撰，载《民族语文》1997年第2期。

作者在《从核心词分布看汉语和侗台语的语源关系》中，根据接触的有阶性把核心词分成第100词集和第200词集两个不同的阶。作者又进一步考察了汉语和侗台语古代关系词的分布，发现第100词集的关系词远远少于第200词集的关系词，由此，我们认为侗台语和汉语有同源关系。由于侗台语和汉语之间出现大量的有严格语音对应的古代关系词，用语言联盟解释这种密切接触关系比较合理。该文在关系词有序对应规则表的基础上，提出并表述了基本词汇范围内关系词相对有阶分析的原则和方法。基本思路是把关系词按普遍对应程度的高低分成高阶关系词和低阶关系词，考察关系词在高、低阶中的分布，其中包括直接有阶分布、剩余有阶分布，结果发现汉台语的关系词是高阶的比例低于低阶，而台侗水黎之间的关系词是高阶的比例高于低阶。

汉台关系词双向相对有阶分析　陈保亚撰，载《语言研究》1998年第2期。

文章根据普遍对应原则对台语和汉语的关系词作双向分阶分析，观察其分布情况。作者根据基本词汇的分布宽窄、使用频率、构词能力等分出高阶词和低阶词。一个有关系的词在汉语中是低阶词，在台语中则可能是高阶词，相反地，在汉语中是高阶词，在台语中有可能是低阶词。文章用441个词作了统计：汉高、台高的有106个；汉高、台低的有314个，共计420个。汉低、台高的有12个；汉低、台低的有9个，共计21个。作者将这些数字进行卡方分布计算，汉高、台高一栏中实际出现的关系词数目和期望出现的关系词数目的差值是负数。但是壮傣语支和侗水语支之间的关系词都是相反的情况，差值是正数30。这表明壮侗两语支是亲属关系，而汉台两语还没有融合，只能看作语言联盟。文章最后附有汉台关系词韵母有序对应规则表和音位排序表。

汉台语比较研究中的深层对应　邢公畹撰，载《民族语文》1993年第5期。

这是作者汉台语比较研究中最重要的一篇论文。1983年《语言论集》中提出一个比较研究的新概念——同源体系：如果汉台两语不仅是在某一个字上可以对应，而是在某一组对应字上存在种种复杂的音义关联，这种现象他称作"同源体系"。但这个概念很模糊。后来他终于悟出，这实际上是一种区别于印欧语"形态学比较法"的"语义学比较法"。由此在形态学、音韵学两个原则之外又提出了历史比较法的第三个原则——语义学原则，即"深层对应比较法"。此后作者使用这种方法提出了300余组深层对应例证，从而确证了汉、台两语的发生学关系，推进了汉藏语系的逻辑实证。文章首先指出印欧语历史比较法不仅仅是依靠单层的语词对应，更重要的是依靠语法形态上的对应。但汉藏语几乎没有什么语法形态上的特点。汉藏语可以使用一种新的方法证明同源关系。文章初步归纳出深层对应的三种类型：A、同形异义，B、同义异形，C、同义而形略有差异。从文中实例可以细分出"近音异义"、"近（异）音同义"等11种类型。全文论证了19组具体的深层对应例证，每个例证下都有文献考证及其他说明。最后强调了动用古文献的重要性以及说"有"易、说"无"难的科研规律。

汉台语关系研究综述　覃晓航撰，载《贵州民族研究》1992年第1期。

文章概括介绍了几十年来对台语系属问题的四种观点：（1）汉藏语系论。认为汉语和台语是从一个母语发展来的。持这一观点的有德国的斯克纳（18世纪60年代）、孔好古、丹麦的吴克德，美国的李方桂，中国的邢公畹、张元生等。（2）澳—泰语系论。认为台语和南岛语才有真正发生学上的关系，和汉语只是借贷关系。持这一观点的有美国本尼迪克特、马提索夫。（3）汉、台语各有不同的源。承认台语与南岛语有原始关系，但经过语言影响，台语改变了流向，和汉语合为一流，因此应归入汉藏语系。持这一观点的有戴庆厦、罗美珍。（4）台语和南岛语有发生学上的关系，是从南岛语演化而来，但语言已转换了类型，可称为"马来—支那语"体系。持这一观点的有倪大白。各种观点都提出了证据和理论。真理有待于进一步认识。

汉台语构词法的一个比较研究——大名冠小名 邢公畹撰，载《国文月刊》1949年第77期。收入李方桂《台语比较手册》"文献选目"。

该文是讨论汉、台语构词法的。现代汉语用两个词素构造的偏正式复合词有两类方式，A、前一成分限制后一成分，如"干粮"，可称限制性复合词。B、前一成分是小名（具体名），后一成分是大名（类名），如"松树"，可称作"小名冠大名"，也可称选择性复合词。这里包含了一个词素前后顺序问题。台语中的次序和汉语是相反的。如表示"泪"这个意义的词，直译汉语是"水眼"。B类选择关系的复合词也是一样，如"芒果"，泰语说成"果芒"。文章举出大量动植物名称来说明。汉语、台语都有"大名""小名"的构词法，但汉语是先出小名，后出大名；台语是先出大名，后出小名，即"大名冠小名"。汉、台两语用选择法造成的复合词，跟用限制法造成的复合词，各自的词序是相同的，如汉语"干粮""松树"，可以合并为一个语法范畴。构词法属于语法，两种语言语法上的共性是它们发生学关系重要的证据。那么汉、台这两种相反的构词顺序，只能说明它们没有亲属关系。文章搜寻了大量上古文献，发现一个很重要的现象：虽然"干粮"式的复合词，少有倒置；但"松树"式的复合词却存在大量倒置现象："鸟乌""草介""虫蝗""舟虚"……现代不同的语法性质，推到上古变成了相同的——大名冠小名。这说明汉、台两语深刻的内在联系。

汉台语舌根音声母字深层对应例证 邢公畹撰，载《民族语文》1995年第1期。

该文是继1993年《汉台语比较研究中的深层对应》重要论文后，以舌根音声母字为观测点，对语义学比较法的深入论证。单层对应只能说明同源关系的可能性，两个以上（多层）同音字组的对应叫"深层对应"，其间的同源关系大体可以肯定。此外，词典中的一词多义，各义项之间有的有引申关系（这里还可以包括同源而形略异的不同的词），有的没有引申关系，这些义项如果汉台两语也能有对应关系，也属于深层对应。该文使用三个公式概括：A、同音异义，B、近（同）音异义，C、近音异义。A式例证包括很多所谓一词多义（多义词），可以多到五层，如"屎—拉屎""旧—古代的"等。以后作者接受聂鸿音意见，把自然引申的例子取消，只保留特殊引申和看不出引申关系的义项，如"右—助手""稻谷—东西"等。每个例证下都有音韵、训诂的详尽考证。部分例证下列出上古韵部和台语韵母的松散对应，以保证左右两语对应。B式例证如"头—挽发""盐—卤"等。C式例证如"秧—家、厨""句—镰刀"等。全文总共举出34例深层对应。结论指出，印欧语比较法可称为"形态学比较法"，其古代语文学重点在语法，古汉语语文学重点在名学和训诂，汉藏语历史比较可以使用语义学比较法。

汉维动词时态的比较 张敬仪撰，载《西北民族学院学报》1981年第4期。

汉维两种语言的时态系统对比：（1）在叙述一个动作的句子里，"了"如用作"现在完成"，则相当于维语动词的"现在时"；如作"过去完成"，则相当于维语动词的"一般过去时"。在叙述两个顺序动作的句子里，如作"过去"的时间，"了"表示"过去完成"，相当于维语的"过去完成时"；如作"未来"的时间，"了"表示未来完成，相当于维语动词的"形动词过去时"。（2）"过"用在动词后表示动作的经历，一般相当于维语的"形动词过去时"；用来表示过去有过的经历，仍相当于维语的"形动词过去时"；用来表示将要有的经历，相当于维语的"形动词过去时+dinkejin"。（3）"着"，在维语中既表示时，又表示态。"着、了、过"表"时"时，汉语完全借助时间词，维语主要靠动词"现在、过去、将来"的形态变化来表示；表"态"

时，维语不仅有 3 种不同时间形式，而且还有"一般、进行、完成" 3 种状态形式，并可由此构成 9 种不同时态形式。

汉维疑问句对比 金妙若、王正民撰，载《语言与翻译》1990 年第 2 期。

一、是非问句。汉语的是非问句同维语的疑问语气词句有对应关系，但相互也存在着一定差异。这类是非问句的语气都集中到句后的那个疑问短语上，所以译为维语是对必须有疑问短语语气的恰如其分的表达。二、特指问句。从以疑问代词发问而构成问句这一基本特征来看，大体对应维语的疑问代词构成的疑问句，即除了在句子表达方式方面存在着或多或少的差异外，在以疑问代词发问及其对应的各类疑问代词的语法功能等方面，汉维语基本上是相同的。三、选择问句。汉语将两个或几个询问项目并列起来，要求对方选择其中一项回答的问句称选择问句。按其特征可以列入维语中用疑问语气词构成的疑问句的范畴。四、反复问句。反复问句译为维语时，一般不以肯定和否定并列的形式表示，而是通过疑问语气词、疑问句的肯定或否定形式发问的。汉语问句中的"难道"，维语含在句子语气中。

汉维语比较句对照分析 丁文楼撰，载《语言与翻译》1989 年第 2 期。

一、用"比"的比较句。这是比较句中常见的一种。这类句子又有两种情况：（一）用介词"比"的比较句。汉语中用介词"比"的比较句，维语则是用在比较成分后加从格附加成分 din/tin 的句型。汉语介词"比"和维语从格附加成分 din/tin 的用法、意义在很多情况下基本对应，可以对译。不同的是它们各自在句中的位置不同。汉语的"比"总是放在比较成分的前边，维语的 din/tin 则是加在比较成分的后边。（二）用动词"比"的比较句。这类比较句较为简单，维语一般用与动词"比"对应的词直译。二、用"有""没有"的比较句。在维语中这类比较句是在比较成分上加 tack/dack 来表示。三、用"跟……一样"的比较句。维语中介词"跟"用方向格表示，即被比较事物加方向格。四、其他比较句。如"……越来越……""与其……不如……"这样的比较句，维语中的表达和汉语相似。

汉维语对比研究的若干问题 靳尚怡撰，载《语言与翻译》1989 年第 2 期。

该文以维汉语的对比研究为例，就语言对比研究过程中遇到的一些基本理论和实际问题进行了探索。文章分四个标题进行，即（1）"对比研究"正名。该题针对在对比研究刚兴起时期，人们常混用"对比研究"和"比较研究"这两个用语的情况进行了研究。该文作者认为：因为这两种研究的对象不同、目的不同、范围不同，所以应该把无亲属关系的语言之间的比较研究定名为"对比研究"，而把有亲属关系的语言之间的比较研究称为"比较研究"；（2）对比研究与静态描写研究之间的关系。该文通过维汉语对比研究的实例得出结论：语言的对比研究与所对比的两种语言各自的静态描写研究的关系是：后者是前者的基础，前者可以使后者的研究更加深入细致；（3）并列对比和偏正对比。所谓"并列对比"就是指所对比的两种语言的所有的有关材料不分目的语与工作语，进行对等的对比，从而揭示其异同现象的研究。由于任何两种语言的各种词或语法形式的语义域很少是相等的，多半是语义交错的。所以，不是任何情况下都能进行并列对比的。所谓"偏正对比"，首先要确定"目的语"与"工作语"。"目的语"是对比研究的主要对象，是"正"，跟它有关的语言现象的全部意义和用法都应列为对比的对象。"工作语"为"偏"，只是把其中跟"目的语"相吻合的义项和用法列为对比的对象；（4）微观对比和宏观对比。所谓"微观对比"是指单就两种语言结构本身进行的对比。但是单纯进行语言结构本身的对比还是不够的，还必须联系使用该语言的民族的文化传统、风俗习惯等多方面的因素，从社会语言学、心理语言学的角度进行对比，可称之为"宏观对比"。该文还列举了一些宏观对比研究的实例。

汉语、百越语类型相似探析 蒙斯牧撰，载《云南民族语文》1998年第1期。

文章认为，探讨壮侗语，必须解决两个问题：一、要解释百越语（壮侗语）和南岛语的关系词；二、要解释百越语和汉语的关系词。作者认为，百越语与南岛语有约330个关系词是同源性质，从来源上看，应划入南岛语系。但由于传统构拟的局限性，对百越语的古音构拟还不能把它与古南岛语很好地衔接起来。百越语与汉语约有560个关系词，这是历史发展中，汉语词逐渐进入百越诸语造成的。早在秦、汉时期，汉语就有许多词被借入越语，大大丰富了越语词汇。在并存的固有词与借词（汉语词）中，发生了借词排挤固有词的情况，使部分固有词只遗存于古籍中。到了近代，壮侗诸语更是从现代汉语中借入了大量有关政治、经济、文化和科学技术等方面的新词。因而百越语与汉语的关系词不是同源词，却容易找到两者的语音对应规律。文章从历史文化背景入手，说明由于越汉杂居以及汉语对百越诸语的巨大影响，使得百越语在类型上趋近于非亲属的汉语，而与亲属语——马来诸语大相径庭。

汉语、傣语同源的基本动作词 刘叔新撰，载《粤语壮傣语问题——附语法、语义、词汇问题研讨》，商务印书馆，2006年。

论文认为，发掘或确定汉语和侗台语的同源词，要满足作为必要出发点的两个基本条件：其一是，所面对的词，义同近或相关，音近似或类近。其二，所面对的汉语词，主要应属于地域上与侗台语邻近而与汉语母体自古一直远隔开，并与傣语、泰语分隔最远的粤方言；所面对的侗台语词，须有属于傣语或泰语的。进一步，还要满足另一基本条件，就是所考察的词在语音方面的差异符合语音历时分化的规律。考察和确定要取得肯定性的结果，还须满足充足条件的要求：（1）所面对的粤语关系词（字），出现在汉语上古或中古文献中，或可在现代其他多种大方言里见到；（2）论定为同源的词中，侗台语方面的须兼具傣语、泰语的词，或至少有多种不同地域傣语的词；（3）所比较的词应是基本词汇中最稳固的、最不易以外来词替换的基本词。论文按照基本条件和充足条件的要求，只以基本动作词为考察对象，以粤语广州话为汉语的主要代表，以景谷傣词、西双版纳傣词、德宏傣词、金平傣词为傣词的代表，发掘出39组汉傣同源基本动作词；其中27组是同源的，12组是极可能同源的。

汉语的被动句与维语的被动语态 潘振宇撰，载《语言与翻译》1992年第4期。

（一）意义上的被动句。汉语里，表示受事者受到某种动作的影响时，大多用意义上的被动句。即受事者作主语，位于动词谓语之前。例：宿舍打扫干净了。有些含有及物动词的主谓谓语句，同时也是意义上的被动句。例：你的申请厂长已经批准了。"是……的"句中也有一部分表示被动意义。例：钢铁是怎样炼成的。（二）"被"字句。"被"后的"施事"加上了括号，表示施事有时出现，有时不出现。例：他被选为劳动模范了。此句中没有出现施事，译成维语也是被动句，同意义上的被动句译法一样。维语动词有语态形式，其被动意义是由被动语态形式表现出来的，汉语动词没有语态形式，单个动词无所谓主动意义或被动意义。主语是谓语动词受动者这种被动关系是通过句法手段、语义结构表现出来的。这是两种语言的基本差别之一。

汉语、侗台语和东南亚诸语言先喉塞音对比研究 陈忠敏撰，载《语言研究》1989年第1期。

文章对汉语方言、侗台语和东南亚诸语言的先喉塞音的种类、性质及演变途径作了全面探讨。汉语方言、壮语和越南语的先喉塞音有五个特征：有明显的喉塞音成分，有轻微的缩气动作，伴有鼻音色彩，喉头明显下沉，声带振动，是真浊音。虽然先喉塞音在各种语言演变中的情况不同，但不管是汉语方言还是东南亚其他语种，ʔd 演变为 m/b，演变为 n/l/d 是多数。先喉塞音的演变取决于哪个特征起主要作用，就朝哪个方向转变。如发先喉塞音时，喉头下沉，口腔气压的减低有可能使软腭下降，容易发生鼻音色彩，鼻音色彩起主要作用时就会变为鼻音。先喉塞音本身各种特征只是音变的可能性条件，到底向哪个方向变换和不同方言或语言的音系结构有关。

汉语侗台语语源联系举例 董为光撰，载《语言研究》1984年第2期。

文章以十个汉语和侗台语词例证论述汉语和侗台语语源的联系。进行基本词汇比较是确定语言亲缘关系的必要程序，参与比较的基本词语在其语言的词汇系统中也许并不是孤立地存在：在漫长的历史发展中或许可以发现它的源流和族系。（1）在比较词语的选择方面，可以更好地用汉语丰富的语言资料；（2）在对应词的原始形式的构拟方面，有同族词互相参证、补充，语词的原始音、义形式当较容易追索，所得结论也更接近真实。该文选择的十组词如下：（1）古汉语表示水势上涌的词；（2）汉语表黑色、阴暗的词；（3）汉语表坑洞、陷落义的词；（4）汉语表眨眼动作的词；（5）汉语表圆转义的词；（6）汉语表劈分义的词；（7）汉语表示雾的词族；（8）汉语虎字；（9）汉语胳膊等词；（10）原始台语的"号叫"等词。从以上十组词中可以看出汉语和侗台语有许多深层的语源上的关联。

汉语独龙语述补结构比较 杨将领撰，载《汉语与少数民族语言语法比较》，民族出版社，2006年。

该文把独龙语和现代汉语的述补结构加以比较，并论述两种语言述补结构在形式和意义上的共性和差异性。汉语的述补结构一般被认为是谓语的一种结构形式，由述语和补语共同组成谓语。在述补结构方面，独龙语有一个特殊的补语标志——结构助词 tɑʔ[31]，它加在某种非主语、非宾语或非状语的句子成分后，表示动作的结果，以及动作与时间、空间的关系。分黏合式述补结构的比较和组合式述补结构的比较两节来谈。从所比较的材料来看，两种语言的述补结构，不仅语法手段、语法形式不同，所表示"述补"意义也有很大的差别。汉语"补语"是补语还是状语，有时候要审视具体语境。

汉语对朝鲜语的影响 崔宰宇撰，载《汉语与少数民族语言关系概论》，中央民族学院出版社，1992年。

朝鲜语的系属关系尚无定论，但一般认为属阿尔泰语系。朝鲜语是一种黏着语，有元音和谐现象，用附加在词后的词尾表示格、数、态、时、式、尊称、阶称等语法范畴，语序上主语在前谓语在后，宾语在前动词在后等。在朝鲜语的发展过程中，汉语对朝鲜语产生了很大影响，特别是汉字和汉字词在丰富朝鲜语的词汇方面起了很大作用。这种影响源远流长，大致可以分三个阶段。（1）在很长一段时间里，汉语是朝鲜族的书面语。这种书面语，是和朝鲜族自己的口语相脱节的。（2）吏读的产生与使用，当归功于汉字（吏读是从7世纪新罗时代起用到20世纪初李朝末年的一种汉语朝鲜语混合文字）。（3）自从训民正音创制以后，一直到如今的现代朝鲜语，汉语仍然给朝鲜语以直接或间接的影响。从语音方面看，无论是元音还是辅音，朝鲜语的汉字读音既保留着汉语的痕迹,也保留着汉语中业已消失的一些语音现象。

汉语对高山语的影响 曾思奇撰,载《汉语与少数民族语言关系概论》,中央民族学院出版社,1992年。

汉语对高山族语言的影响,主要表现为借词,即高山语向汉语借词。高山语中的闽南话词有其独特特点。(1) 闽南话借词语音特点:台湾的闽南话声韵调系统比较复杂,共有声母14个、韵母77个、声调7个。①借词的音系被简化。主要表现为:辅音中的送气音变成不送气音,浊的塞音、塞擦音在有的语言中变成清音。复元音一般分解为单元音,分属不同的音节。②借词失去原有声调,多音节词失去声调的同时,获得重音。③词义一般全借,还有扩大、缩小和转移等情况。(2) 借词语法方面的特点:①构词。闽南话借词构词上的重要特点是:可以附加词缀或重叠,构成大量的新词,这是原来语言所不具备的派生功能。②句法。闽南话词语借入高山语后,从缺乏形态变化变成有丰富的形态;句法手段从语序与虚词的窠臼摆脱出来,通过自身的形态及结构助词的帮助表示语法功能。最明显的例子是动词的时态变化。

汉语对哈萨克语的影响 木哈什撰,载《语言与翻译》1989年第3期。

我国哈萨克族人民在漫长的历史时期同汉族人民共同生活,共同战斗,在经济、文化等方面建立了密切的联系,并在语言上产生了有益的影响。汉语在我国已成为各民族交往中必不可少的共同交际工具,而且在国际上也是重要的语言之一。汉语的另一个突出特点是灵敏度强,善于把外语中的术语译成本民族语言而加以运用,也能创造出许多符合本民族语言规则的新术界。汉语的这两个特点直接影响到我国哈萨克语。新中国成立以后,马列主义经典著作、毛泽东选集、党的每个历史时期的方针、政策、路线以及科学技术等都通过翻译纳入了哈萨克文字语言。同时,还逐渐形成了我国哈萨克语区别于苏联哈萨克语的地方性特点。接受外语的一些表达方法,同本民族语言的发展规律并不矛盾,相反会更加增强本民族语言的灵敏度,丰富本民族语言的表达方法。

汉语对满—通古斯语的影响 季永海撰,载《汉语与少数民族语言关系概论》,中央民族学院出版社,1992年。

中国境内的满—通古斯语族语言共有五种,即满语、锡伯语、赫哲语、鄂伦春语和鄂温克语。该文就词汇、语音、语法三个方面受汉语的影响作了叙述。词汇方面有老借词(早期借词)和新借词(近期借词)两类。借入方式主要是音译、半音半义译、音译加注、音译加附加成分四种。语音方面主要是由于引进大量汉语借词,其结果导致了原有语音的变化:一是引进新的音位,二是增加了一些音位(专门用来拼写借词)。在语法方面,五种语言由于与汉语接触的时间、广度、深度等因素的差异,所受汉语影响程度的大小也不同。在满—通古斯族语言中,满语和鄂温克语受汉语影响最大,其主要特点是引进了汉语的判断动词"是"。满语书面语中,判断动词分别用 oci 或 inu,或二者合用,这可能是受汉语影响所致,更多的是不用判断动词,这大约是阿尔泰语系诸语言的共同点。

汉语对蒙古语族语言的影响 丁石庆撰,载《汉语与少数民族语言关系概论》,中央民族学院出版社,1992年。

蒙古语族属阿尔泰语系。现代蒙古语族各语言都受到了汉语的影响。该文从词汇、语音、语法三个方面做了论述。词汇方面,各语言由于历史、文化、分布环境及人口数量等诸因素的不同,其影响程度造成的借词数量也不同。语言方面的影响主要表现在增加了某些原来没有的音位或音位组合形式。像 i、y 等单元音和 ya、ye 等复合元音是蒙古语族中原来没有而现在某些语言已经出现并相对稳定。关于语法方面，蒙古语族受汉语的影响，主要表现在各语言都吸收了若干汉语虚词，有的语言因此增加了一些词类。最普遍的是各语言都使用汉语的"是"或"不是"构成判断句式。对蒙古语族语言使用功能方面的影响，主要表现为汉语和蒙古语族各语言交叉使用，在社会功能方面相辅相成、相互补偿，共同构成了蒙古语族的语言交际网络系统。

汉语对少数民族语言的影响 傅爱兰撰，载《汉语与少数民族语言关系概论》，中央民族学院出版社，1992年。

该文主要介绍了汉语在词汇、语音、语法方面对藏语的影响。藏语中老借词数量少、范围窄，新借词数量多、范围宽。借词的比重，随地区和人口、年龄、文化素质、职业的不同而变化，汉语借词的方式有音译式、半音半意译式、意译式、音译加注式、借词后加附加成分式。关于汉语对嘎卓语的影响主要在韵母上。从词汇上看，嘎卓越语中汉语借词量大、分布广。不仅各类实词中有汉语借词，而且虚词中也有借汉语的。从语法上看，汉语对嘎卓越语的影响体现在虚词的大量借用上。嘎卓词固有的虚词很少。文章还对汉语对白语的影响作了介绍，白语中的汉语借词分为老借词和新借词两类。据统计，在1800个词汇中，汉语借词1550个，占86.1%。汉语语音对白语的语音也产生了一定影响，增加了 f 音位鼻化韵。白语产生两个新的声调，即42调和35调等。在语法方面，如词组的构成、虚词的功能、词序的先后，各种句型特征都与汉语的借入、受汉语的影响有关。

汉语对突厥语的影响 张铁山撰，载《汉语与少民族语言关系概论》，中央民族学院出版社，1992年。

突厥语族是突厥诸民族所使用的语言，属阿尔泰语系。（1）汉语对突厥语族词汇的影响。汉语对突厥语族语言的影响主要表现在词汇上，即突厥语族语言中存在着大量的汉语借词。这些汉语借词从借入的时间来看，可以分为早期汉语借词和近期汉语借词。突厥语族语言中的早期汉语借词大多是名词，而动词很少。到了近现代，突厥语族各语言随着民族接触的日益增多、社会影响的不断加强，又吸收了大量的汉语借词。近期汉语借词在突厥语族各语言中分布范围十分广泛，既有日常用语，也有政治、经济、文化、科技方面的术语。从词类上看，以名词、量词为最多，还有形容词、动词、副词、助词等。（2）汉语对突厥语族语音的影响。①随着汉语借词的借入，增加了一些原来没有的音位。②突厥语族各语言因吸收汉语借词而增加了一些复合元音。③突厥语族各语言的音节结构也随之增加了一些类型。

汉语对我国少数民族语言接触性影响的类型分析 徐世璇撰，载《庆祝〈中国语文〉创刊50周年学术论文集》，商务印书馆，2004年。

汉语对少数民族语言的接触性影响是我国普遍存在的一种重要的语言现象。该文引用具体例证，从语言结构和使用状况两方面对这种影响进行分析，提出汉语对我国少数民族语言的影响在程度、力度、时间和形式等方面各不相同，从而形成了以下三种影响类型，不同的类型对受影响的语言产生截然不同的结果。（1）浸润型影响，两种语言在社会交际中的使用处于功能互补的基本稳定状态，在较长时期的共处中互相接触，民族语言逐渐吸收汉语的一些成分和表现形式，并按照自身的结构规律对这些外来成分进行改造，同固有成分融为一体，成为有机的组成部分。这种吸收和更新丰富了语言的表现手段，增强了语言的表现力，使语言能够适应不断发展的社会交际的需求。（2）渗透型影响，外部语言的影响侵蚀了固有的结构系统，破坏了原来的特点和规律,使之发生质的改变。渗透型影响同浸润型影响的差别在于,借进的新成分和新的表现手段不是服从语言固有的规律和特点,同原有成分融为一体,而是保持本来的面貌,逐渐渗透到被影响语言的深层结构中,将原来的语言面貌侵蚀得面目全非。渗透影响的深浅程度与相接触的两种语言的实力强弱相关,汉语对少数民族语言渗透到一定的深度,将使这种语言或因系统消解无法承载交际职能而被汉语所取代,或因基本性质和整体面貌发生根本性的变化,形成一种同汉语相混合的新的语言。(3) 冲击型影响,强势语言在较短的时间内对弱势语言发生力度相当大的强烈影响,这种影响常常对弱势语言的留存形成很大的威胁。由于使用人口、经济水平、文化基础等社会人文背景综合形成的语言实力存在较大的强弱差距,处于弱势的少数民族语言,尤其是一些使用人口较少、过去同外界很少接触的语言,一旦改变封闭状态进入汉语的大环境中,往往受到汉语强烈的冲击,有可能急速衰退,甚至面对濒临消亡的危险。

汉语对壮侗语的影响 李锦芳撰,载《汉语与少数民族语言关系概论》,中央民族学院出版社,1992 年。

该文从语言结构的几个方面分析汉语对壮侗语言的影响。关于壮侗语族诸语言中能较明显地辨析出的汉语借词的仍为数不少。一般来说,常用词汇中汉语借词比例达 20% 左右。各语言中的汉语借词可分为老借词和新借词两类。老借词读音近似上古、中古汉语,新借词在读音上近似所借的汉语方言。汉语借词的构词方式分为:"借词 + 固有词"式或"固有词 + 借词"式;"整序"式、本语词注释式。从汉语借词读音特点及新老借词关系看,老借词一般顺应壮侗语族语言语音特点,借词则常超越本民族固有语音框架,直接按汉语读音吸收。受汉语的影响,诸语言中心词的修饰语逐渐前移,许多本来只可后置或多用于后边的词类,或词组出现

了前移的趋向,还有"动宾补"句式语序的发展。疑问句式的发展,判断句式的发展,名词、量词、动词重叠式的发展。

汉语伏羌话使动词、使动助词中的彝缅语"底层" 王天佐撰,载《彝缅语研究》第 1 期,四川民族出版社,1997 年。

文章讨论甘肃省甘谷县汉语伏羌话使动动词形式中的彝缅语底层现象。伏羌话有动词自动词和使动词的区别。这种语法范畴使用两种语法形式,一是屈折式,通过元音交替、声母交替和松紧声调交替表示自动和使动。另一种形式是分析式,在自动词上加表示使动意义的助词表示使动。动词前加使动助词 too^{212}、suu^{53}、$tsac^{53}$、ko^{55},动词后加使动助词 xa^{55}。经比较分析,伏语动词的使动范畴特点与彝缅语的特点相同,尤与彝语支语言接近。不仅表示的语法意义、使用的语法形式相同或相类似,甚至于连表现这种语法形式的前、后附加成分的读音也相同或近似,有明显的对应关系。伏羌话用松紧声调交替,紧调表使动的形式是彝缅语用松紧元音交替,紧元音表使动态的底层现象的反映形式。全文举例 100 多个。文章认为伏羌话使动态动词反映出的这种语法、语音现象对探索彝缅语的紧元音与使动态动词之间的演变轨迹有启示作用。

汉语"哥"字借入佯僙语所引起的变化 薄文泽撰,载《民族语文》1996 年第 6 期。

贵州省平塘县卡蒲佯僙语里指称"兄长"的是个汉语借词,读作哥。这个词借入佯僙语以后,在佯僙的亲属称谓系统里引起了一系列的变化,使得佯僙语的亲属称谓系统与同语族的其他语言有所不同,这些变化都发生在和平辈亲属称谓有关的词语中;因此,该文考察"哥"字借入佯僙语后引起的变化,范围限于平辈亲属称谓这个小系统中的有关语词,目的是探讨借词在语言演变中可能起的作用。"哥"字借进佯僙语引起平辈亲属称谓的语义

系统发生变化，导致了"姐"字的借入，衍生了一系列表示亲属称谓集合的复合词，改变了原有亲属称谓系统简明、对称的特点，使佯僙语的各个亲属称谓处于互不对称的局面，在亲属称谓的语义结构中留下了空格，增加了这个系统的不稳定性。为了说明佯僙语的这些变化，在讨论时用侗台语其他语言的材料作为比较。

汉语和侗台语里的-m、-ng 的交替现象
邢公畹撰，载《民族语文》1986 年第 4 期。

该文指出侗台语族诸语言例收-m 尾的字跟汉语中古通宕江摄的字能发生可以对比的关系，少数汉语咸摄字跟侗台语的-ng 尾字也发生可以对比的关系。汉语本身和侗台语本身就出现了-m、-ng 交替现象。作者选取 30 个词项，按照《说文》《切韵》的解释，这些字在上古文献例的用法，列出汉字的上古音、中古音以及现代广州的说法，然后列出壮泰侗水诸语的对比词。30 个词项依次为：抱（拥）、种、尝、忘、水（汤）、抬（扛）、香、煮、糠、锋、渡（杭）、弯腰（躬）、疮、春、嗅、瞒（蒙）、孔（窟窿）、痒、苋、瘦（脔）、腌、饱、坛（瓮）、喊、蚺（蟒）、孵（伏）、虎、风、头发、犯。如"抱（拥）"这个词项，汉语上古音——中古音——广州音为：*cʔjung > *cʔjwong > jong³，泰 ʔum³、傣 ʔum³、龙州 ʔum³、侗 ʔum³、水 ʔngaem³，汉语收-ng，侗台语收-m。又如"种"，汉语为：*tjung > tjwong > tsong⁵，泰 dam¹、傣 som³、龙州（壮）dam¹、侗 ljəmz。都证明汉语的-ng 与侗台语的-m 有交替关系。

汉语和南岛语有发生学关系吗 李壬癸撰，载《云南民族语文》1997 年第 1 期。

近几年国内外一些学者（以康拉德、吴克德及后来的沙加尔为代表）正在积极论证"汉澳语系"假说，有一定影响。该文认为：他们所辨认的同源词语义对应松散；这些"同源词"也很少属于基本词汇范畴的；南岛语词根多为双音节，沙加尔只拿第 2 音节与汉语比较；被引用的南岛语同源词许多是较晚的形式（如西马来—玻利尼西亚语），而一些汉语词也是引自《广韵》《集韵》等晚期文献；沙加尔所列举的联系汉藏语系和南岛语的形态学证据只是信手拈来，证据不足；汉语和南岛语的一些语音现象是不可以比较的。基于上述意见，该文认为"汉澳语系"论者的论证工作存在着方法论上的问题。该文由此列举出南岛语、汉藏语常用词做了一些对比。其中很难发现二者有什么联系。故作者认为汉语和南岛语无发生学关系。

汉语和台语 李方桂撰，载《民族语文研究情报资料集》，中国社会科学院民族所语言室 1984 年第 4 期。

该文探讨了一批现今被认为与汉语有关的台语词项。原始语言的词汇可以挑选那些广泛分布在不同语言和方言里的词来建立。采用这种方法可以肯定这些词在原始语言中是存在的。但也可能有些词并不是在原始语言，而是在近期才得到广泛分布，而有一些仅存在于一两个偏僻方言中的孤立的形式却可能是古语的残迹。能用这种方法找出来的存在于原始语言的词项，也还有可能是从某一来源借入另一语言的借词。作者在对龙州话和武鸣话这两种广西台语方言中的汉语借词的研究里，区分了两类词：一类在不同的台语中有整齐的对应，而与汉语读音表现出音韵上的分歧；另一类词在台语中不一致，而与汉语读音表现出音韵上的一致性。有些学者认为汉语和台语间的关系是借贷关系，作者认为这个问题似乎应当不带偏见地去考察一下。这并不是要否认台语跟其他语系如南岛语系或南亚语系的亲属关系，只不过是为考虑汉台关系提供一些材料。

汉语和泰语是不是亲属语言 巴苹·诺玛迈韦奔撰，载《民族语文研究情报资料集》，中国社会科学院民族所语言室 1984 年第 4 期。

该文通过分析汉泰语的词汇和研究这两个语言间的对应关系，认为它们在某种程度上是同源的。从词汇的对应来看，对汉语跟泰语的关系可以有不同的见解：一个是汉泰同源论，一个是借贷关系说。对这两种语言研究得越多，越发觉得这两大假说都有道理。对于汉泰关系的解释来看不止一种。有一些字，对应中有种种不规则现象，凭现有的对原始台语或上古汉语的知识还解释不清楚，但我们认为汉语和台语在很早某个时期是属于同一语系的。有人认为，有把握的汉语形式跟台语形式并无共同词根，并以此推论说这两种语言属于不同的语系。通过对一些词的分析表明，除了有一批表示身体部位的词汇相同外，还有大量名词和动词是共同的。这些汉语和台语词的亲属关系不可能全属偶合。这表明，它们不是借词，而是从相同的词根演化而来的同源词。

汉语和藏缅语的一种是非问句　竞成撰，《民族语文》1988 年第 2 期。

该文探讨了汉语和藏缅语的一种是非疑问句是否存在同源关系。在藏缅语中构成这种疑问句是在动词前添加一附加成分，其语音形式在不同语言里分别为 [ɛ]、[a]、[ə]、[ma]、[gɯ]。这些可视为同一语法成分的不同变体。在汉语中也有加在动前表示疑问的附加成分："阿-""可-""还""莫"。它们所具有的 [o]、[m-]、[k-] 的语音形式与藏缅语的相应成分是一致的，应当看作同源。在探讨"阿"字句、"可"字句的来源时，作者认为唯一可考虑的线索就是古汉语里的"其"字句。卜辞中"其"长字句的用法虽不完全相同，但确有相通之处。再从语音看，由"其"演变到"可"并不是没有可能，因此提出以下假设：其→可→还→莫/阿。

汉语和藏缅语土地词的同源关系　宋金兰撰，载《云南民族语文》1994 年第 3 期。

汉语和藏缅语土地词的原始形式是同一的。通过对形式各异的土地词语音分析，可以粗略地勾勒出它们演变的基本轨迹。其声母方面的音变大致可概括为复辅音音素的脱落、变异、分化；声母辅音的腭化；词根声母附和前缀等几种方式。其韵母方面的音变可概括为元音的高化、交替；元音舌的前移、后移、附加韵尾（后缀）等几种方式。总而观之，这些土地词的语音形式虽然林林总总，但是它们都与共同汉藏语中土地词的词根有着直接或间接的语音联系。汉语和藏缅语的土地词在各自的语言里构成了由七组同族词组成的一个词族系统，对这两个词族系统加以归纳整理，再放在一起进行全面比较；便可清晰地看出它们之间存在严整的、成系统的语音对应关系，因此，我们有理由认为汉语和藏缅语的土地词具有同源关系。

汉语和藏缅语住所词的同源关系　宋金兰撰，载《民族语文》1994 年第 1 期。

文章运用词族比较法对汉语和藏缅语的住所词进行整体比较。汉语和藏缅语的住所词源于洞穴词和土地词。作者首先构拟了住所词在共同汉藏语中的原始形式，然而按住所词的声母形式分为 k-（g-）（宫、巷、户、家）、l-（r-）（弄、牖、窬、庐、里）、d-(t-)（屯、窦、宅）、s-（h-）（向、舍）、b-（p-）（房、坊、桄）五组。以原始形式作参照系，以汉语住所词为经线，来讨论汉语藏缅语的同族关系和同源关系。文章对这些住所词音变模式和语音对应关系做了探讨。k-组在全部住所词中占的比重较大，其余四组相当一部分是由 k-组派生的，与洞穴词、土地词的关系是间接的。文章指出，汉语和藏缅语的住所词可结成若干词族，构成与洞穴词、土地词相关的两大系统。这两个系统间存在着完整的成系统的语音对应关系，有共同的基本词根和大致相同的音变模式。结论是汉语和藏缅的住所词是同源词。作者认为先建立词族后进行比较是汉藏系语言同源词研究的一个值得注意的方法。

汉语和藏语的词汇结构以及形态的比较

金鹏撰，载《民族语文》1986年第3期。

该文以藏语卫藏拉萨话为主的口语作例证，与汉语作类型学上的比较研究。分别列举分析了今、古词汇结构的比较和形态的比较。以先分后综、层层深入的方法揭示了汉藏语词汇的结构和形态的性质、特征及历史演变。认为，汉藏语单音节词少，多音节的合成词多；汉藏语在词、语法上都有形态，它们的黏着成分有成词的、构词的、构成临时词为句子结构服务的三类，虽在现代语中大量出现，但有些黏着成分历史悠久；藏语的黏着形态伴随屈折形态的衰亡而产生，汉语则尚待研究。文章通过比较、借鉴、印证，认为要用历史发展的观点看待汉藏语的性质、结构和特点，类型学的比较也应考虑历史时代问题。并认为，汉藏语在发生学上至今未做出确切的证明，可能是两个语言在历史阶段上相距过远，汉语非拼音文字，同源词研究困难较大的缘故。该文对语法研究有重要参考价值。

汉语和壮侗语的密切关系及历史文化背景

蒙斯牧撰，载《民族语文》1998年第4期。

一、壮侗语与南岛语的关系词以及传统构拟法的局限性。由于三亚回辉语和壮侗语有共同的源头——古南岛语，而雷德语是古南岛语发展成为三亚回辉语不可逾越的过渡形式，就给予我们启发：壮侗语也有类似雷德语的过渡形式。事实上，用雷德语可以衔接南岛语和壮语的大多数同源词。二、汉语和壮侗语的关系词。我们在汉语和壮侗语中发现了560个关系词，比南岛语和壮侗语的同源词还多。汉语和壮侗语关系词极多，调类又能串通起来，这就使得壮侗语与汉语的关系十分密切，超过了汉语和藏缅语的关系。三、壮侗语在类型上趋近汉语的历史文化背景。共同的地理环境（越汉杂居），共同的历史文化条件，促使古越语发生了巨变而趋近于非亲属的汉语，远离了相距遥远的亲属语——马来诸语。在百越语已发生巨变，近于汉语的今天，还能捕捉到一点壮侗语发展道路的踪影已算幸运了。

汉语河州话与藏语的句子结构比较

仁增旺姆撰，载《民族语文》1991年第1期。

该文作者通过对自己所熟知的藏语安多夏河话和汉语临夏韩家集话句子结构的对比分析，认为藏语对河州话产生历史影响的可能性非常大。从历史学角度看，首先给予了一定的奠基。再从语言学角度看，采用近半篇幅之多的语言材料，除从结构形式上进行比较外，着重以一些关键性语法手段（如格助词、语气助词、语序等）为焦点，从其表现形式、出现环境或条件及所表达的语法功能和意义逐一作了较深层的比较分析，对汉语河州话是否由藏语的句子结构和汉语的语音、词汇合成的新的语言混合体问题，从语言发生学的角度，作者认为河州话产生的基础是藏、汉两种语言，而阿尔泰语系语言与河州话句子结构的相似，则属于类型学的问题。文章对此问题的探讨，从一些语法形式的语音表现及其系统的相似性或一致性，及其所表示的基本意义，由表到里作了进一步阐明。

汉语介词在维语中的对比表达

陆宗毓撰，载《语言与翻译》1989年第3期。

一、介词的意义及种类。用在名词、代词或名词性词组及动词、动词性词组前面，组成介词词组，用以修饰动词、形容词，这种词就是介词。常用的介词有表示时间、处所、原因、方式、比较、范围、对象、排除等几种。二、汉语介词词组在维语中的对应表达特点。（1）用变格后缀表示。包括：用从格后缀、向格方位后缀、位格后缀、宾格后缀、两种以上变格后缀表示。（2）某些介词，在维语中用名词、代词、动名词、形容词后加后置词来表达。包括：单纯用后置词表达、用后置词或变格后缀的方式表示、以副动词表示等几种。三、介词与动词的区分。可以加"着、了、过"时态助词，在句中作谓语，译成维吾尔语又有对应的动词可以表达的是动词，否则是介词。四、介词词组的主要句法功能及维语对应表达。维语中一般以状语或宾语形式出现，其位置通常在动词谓语前。

汉语类词的起源和发展 王连清博士学位论文（英文），美国俄亥俄州立大学研究生院，1994年。北京图书馆有收藏。

文章共分六章。第一章前言，阐述该论文研究的理论是认知语言学的分类理论。这种理论认为，一个范畴的成员不一定具有这个范畴的所有特征，而只是具备其若干特征。一个范畴的成员有典型成员和非典型成员之分。第二章首先回顾了学术界对各种语言中的类词（classifier）研究概况，指出类词不只是汉藏语系的语言有，其他周围的语言，像南亚语系和南岛语系，也普遍使用类词。但是在其他语系的语言中不存在我们定义的类词。尽管对名词进行分类是人类语言的共性，但我们所定义的类词语言中大部分有上百个类词，大多根据事物的形状对事物进行分类，两者不能同日而语。相反，衡量事物数量的量词（measure words）则是全世界所有的语言都有的。因此，如果把类词划在量词之下就抹杀了类词和量词的本质特征，也就抹杀了类词语言和非类词语言的类型学区别特征。第三章论述汉语类词的起源。作者认为，汉语的量词起源早于类词。汉语的类词是从量词发展来的。甲骨文中的"朋"和"珏"分别是由两个"贝"和"玉"组成的，是名词，也是量词。甲骨文的研究表明它后来有类词的分类功能，即专门用在"人、羌、臣"等，但是甲骨文中的其他名词没有这个功能，可见它是类词的萌芽。金文中这种由量词转变而来的类词略有增加，但仍然太少，没有形成系统的词类。该章提出的类词萌芽于甲骨文和金文的观点及对语料的分析前人没有提及。第四章讨论汉语类词的发展。作者认为，类词作为一个词类，在汉朝有很大的发展，但真正形成一个词类是在魏晋南北朝时期。第五章主要是针对西方一些学者关于汉语的类词是借用古泰语的看法，用该文的研究成果论述汉语的类词是固有的，不是借用。第六章是结论。除了对本论文的结论作简要的概括以外，作者提出该研究存在的问题。例如，学术界对甲骨文的研究有待深入，可能有新的结论；还有，该文提出的类词和量词的辨认标准，即能否插入"的"，究竟是何时开始的，尚待研究，因为它涉及类词和量词分开的时间。

汉语类词发展的语义和社会动力 王连清撰，载《第26届汉藏语系语言和语言学年会论文集》1993年，日本大阪。

该文针对美国学者罗伯特·琼斯1970年发表的关于汉语类词来源于古泰语的观点，提出不同的看法，认为汉语类词是汉语本身固有的，并阐述了汉语类词起源的两种动力。第一是语义发展的需要。汉语的量词出现比较早，为了避免在衡量事物时候产生的歧义，类词就应运而生了。这些量词都是从名词演变而来，而其中的一部分，慢慢就担负起将名词分类的作用，演变为类词了。例如，"匹"是名词，是金文中用得最广泛的量词，后来发展为专门用于马或同类动物的类词了，和用于布匹等的量词"匹"在语义上完全分道扬镳了。第二是社会发展的动力。语义发展的动力可以解释为什么汉语需要类词，但是不能解释为什么汉语类词到魏晋南北朝时期才真正发展为一个单独的词类，而为什么不是更早一些。社会发展的动力表现在两个方面。一是最基本的跟社会活动关系最密切的物品，像"人、马、玉、贝壳"等，首先需要类词；二是类词的数量从先秦的7个，汉朝的50多个，到魏晋南北朝时期时发展到100多个，跟这些时代社会物质日益丰富，因而对名词的分类越显必要是相对应的。

汉语苗瑶语同源词例证　陈其光撰，载《民族语文》1981年第2期。

苗瑶语的系属问题，目前有不同的看法。文章作者为探讨汉语苗瑶语的关系，做了词汇上的一些比较。比较的结果如下：汉语苗瑶语韵母有对应的：歌部＊ar（过破搓）、元部＊an（营懒炭）、祭部＊at（辣滑渴）、叶部＊ap（狭夹插接）、谈部＊am（甘蓝担）、鱼部1＊ag（马补下价瓜父）、鱼部2＊ag（鸹故苎）、鱼部3＊ag（路卤鱼）、鱼部4＊ag（索客）、阳部＊ang（黄广）、幽部＊agw（早守臼）、脂部＊id（梨利）、支部＊ig（鸡骑）、侯部＊uk（斗豆啄）、东部＊ung（筒送栋龙）。汉语苗瑶语声母有对应的：＊k（汉）：＊q（苗瑶）（下同）（鸡甘故）、＊k：Nq（鸹价夹菅）、＊kh：qh（客儿）、＊g：＊NG（下狭）、＊k：＊ql（颈狗）、＊k-w：＊qlw（过瓜广）、g-w：Glw（滑黄）、＊g-j：（骑臼）、＊t：＊nt（斗中）、＊l-j：＊r（梨利龙力）、＊l：ngg（蓝懒）、＊l：＊mbr（辣绿）、＊p-j：＊mp（沸粉）。声调上，汉语苗瑶语大致对应，不对应的有的有条件，有的有待研究。在以上的对应中，过菅苎滑辣等24个词的声、韵、调汉语苗瑶语都对应；破搓炭渴插等16个词的韵、调两项对应；孔狗中力粉沸等6个词的声、调两项对应；苎父卤路鱼豆颈绿等8个词只有声或韵一项对应。

汉语南岛语声母的对应　邢公畹撰，载《民族语文》1991年第4期。

该篇是《关于汉语南岛语的发生学关系问题》的续篇。共4节。给出YN词内辅音（共27个）。第1节浊音与送气。1.1节，YN的浊塞音对应汉语上古音：＊b-、＊d-、＊ɖ-、＊g-（共12例，不同意2例）。1.2节，YN＊p-、＊t-、＊k-、＊q-对应汉语中古p-、t-、k-、ʔ-［喉塞音］（6例，不同意3例）。1.3节，YN清塞音声母前有另一辅音（以x-代表），汉语以送气清塞音对应：YN：＊xp-、＊xt-、＊xk-：对应汉语＊ph-、＊th-、＊kh-（10例，不同意3例）。1.4节，YN带鼻增音词与汉语送气塞音对应（7例，不同意1例）。1.5节，YN带鼻增音词与汉语不送气塞音对应（4例，不同意1例）。第2节唇音，2.1节YN＊m-与上古＊m-对应（4例）。2.2节YN＊w-和上古＊w-对应（7例，不同意1例）。第3节舌尖音。YN＊t-、＊d-和上古＊t-、＊th-、＊d-对应（见4.1）。YN＊s-和汉语中古音＊s-对应（3例，不同意1例）。YN＊s-对应汉语中古＊ts-～＊tsh-（4例，不同意1例）；YN＊z-对应中古dz-（6例，不同意1例）；3.2YN＊l-对应上古＊d-、dr-、＊r-（5例）。YN＊l-对应上古＊r-（6例）；YN＊l-对应中古dʐ-（2例）。第4节卷舌塞音和擦音。4.1节，YN＊ɖ-对应上古＊dr-（2例）。4.2节，YN＊ɖ-对应上古＊dr-（4例）。4.3节，YN＊ʈ-［舌尖后清塞音］对应上古＊tr-～＊thr-（2例）。4.4节，YN＊r-对应上古＊l-、＊thl-、＊gl-（7例）。

汉语南岛语声母及韵尾辅音的对应　邢公畹撰，载《民族语文》1991年第5期。

该文是沙加尔论文补正的第三篇。第1节，汉语、原始南岛语（YN）舌面音声母的对应（李方桂未构拟上古舌面音），1.1节沙氏举了3例，均不成立。1.2节，YN＊ɲ-：上古（＊ɲ-）＊nj-（4例）。作者论娘日归日说。1.3节，YN＊y-：上古＊j-（3例）。第2节舌根音，2.1节，YN＊k-：上古＊k（h）-，（10例，不同意3例）。2.2节，YN＊g-：上古＊g-，（6例，不同意1例）。2.3节，YN＊ɣ-：上古＊ɣ-（5例）。2.4节，YN＊ŋ-：上古＊ŋ-，（7例，不同意2例）。第三节舌根后音，3.1节YN＊q-：上古＊ʔ-（4例）。3.2节YN＊h-：上古＊x-，仅1例，不成立。第4节韵尾辅音，4.1节，YN＊－ay：上古脂部（＊ei）-id（5例）。4.2节，YN＊－aw：上古宵部（＊-aw）＊-agw（6例，不同意1例）。4.3节YN＊－am：上古谈部（＊-am）

(5 例，不同意 1 例)。4.4 节，YN＊－ap：上古叶部（＊-ap）(2 例)。4.5 节，YN＊－an：上古元部（＊-an）(4 例)。4.6 节 YN＊－al、-ar：上古元部（＊-an）(5 例)。4.7 节 YN＊－at：上古月部（＊-at）(4 例)。4.8 节 YN＊-aŋ：上古阳部（＊-aŋ）(4 例)。4.9 节 YN＊－ak：上古铎部（＊-ak）(5 例)。4.10 节 YN＊-aɣ：上古歌部（＊-aɣ）＊-ar (3 例，不同意 1 例)。4.11 节，YN＊-ʔ：上古（＊-0）＊-g、＊-d (5 例，不同意 1 例)。第 5 节结语，肯定沙加尔论文，也指出不足之处。

汉语南岛语声母的对应——沙加尔《汉语南岛语同源论》述评补正 邢公畹撰，载《民族语文》1991 年第 4 期。

文章是《关于汉语南岛语的发生关系问题》(《民族语文》1991.3) 的续篇。该文分析汉语和南岛语的声母对应情况，主要有浊音声母与送气音声母、唇音声母、舌尖音声母、卷舌塞音和摩擦音声母。沙氏认为，由于汉语上古文献里的押韵证据和声母没有关系，所以一般都认为声母是汉语上古音构拟中最弱的部分。最可取的办法是把原始南岛语直接和汉语中古音比较。文章还指出，沙氏没有阐明的现象，即古无轻唇音是原始南岛语、侗傣语和汉语共有的现象。

汉语南岛语声母及韵尾辅音的对应——L.沙加尔《汉语南岛语同源词论》述评补正 邢公畹撰，载《民族语文》1991 年第 5 期。

文章是作者《关于汉语南岛语的发生学关系问题》的第三篇述评。该文分析汉语和南岛语的舌面音声母、舌根音声母和舌根后音声母的对应，以及韵尾辅音的对应。全文讨论的对应例证上百个。文章认为：(1) 沙氏用许多例子证明汉语的"字"是和南岛语的末一音节对应的观点是可信的。(2) 沙氏用原始南岛语-o、-q、-s 三尾分别与上古汉语-o (后变平)、-ʔ (后变上)、-h (后变去) 三尾对应，绝大部分例字说得过去。(3) 沙氏列举的声母例证，绝大部分也都可以跟汉语对应。(4) 韵尾辅音方面沙氏也举了不少例字说明汉语与南岛语可以对应。总而言之，从沙加尔先生所举的而我们又能同意的例证看，已经可以说明汉语和南岛语的发生学关系了。

汉语判断词"是"对村语判断式的影响
符昌忠撰，载《中南民族大学学报》2003 年第 1 期。

村语属于壮侗语族黎语支的一个独立语言，它除了具有两个与黎语同源的判断词外，还有一个借自汉语的"是"。该文通过考察汉语词"是"借入村语前后对村语判断句式的影响，并与同语族其他语言的比较后认为：两种语言的相互接触与借贷，强势语言不仅可以改变弱势语言的固有语言法结构特征，还可以改变弱势语言的固有词性，使其弱化，甚至取而代之。

汉语拼音方案为兄弟民族文字的字母设计奠定了共同的基础 傅懋勣撰，载《傅懋勣先生民族语文论集》，中国社会科学出版社，1995 年。

汉语拼音方案为兄弟民族文字的字母设计奠定了共同的基础。(一) 汉族人口约占全国人口的94%。中华人民共和国成立以来，各兄弟民族都乐意和汉族团结互助，以便于共同发展。因此，在少数民族文字的创制过程中，兄弟民族经常提出使自己文字的字母和汉语拼音方案的字母尽量取得一致的愿望。(二) 汉语已经逐渐地成为我国各民族共同的交际语，各兄弟民族都主张在自己的民族学校里加强汉语文教学。如果本民族文字的字母和汉语拼音方案的字母一致，在两种语文的教学上，就能彼此参照，互相结合，既节省脑力，也节省时间。(三) 这次公布的汉语拼音方案使用了国际通用的26 个拉丁系统的字母，既照顾到这些字母较普遍的读音，也照顾到我国文字拉丁化运动的传统的汉语的特点；同时，也尽可能考虑了我国兄弟民族语言的一般情况。这就使兄弟民族设计字母的时候，容易和汉语拼音方案取得一致。

汉语拼音方案与少数民族文字的创制

孙宏开撰，载《语文现代化和汉语拼音方案》，语文出版社，2004 年。

该文为 2001 年 12 月在北京召开的语文现代化与汉语拼音方案国际学术研讨会上宣读的论文，分四个部分：（1）为少数民族创制文字是国家的基本国策。介绍了新中国成立以后到 1958 年为少数民族创制和改进文字的基本政策、工作经过和取得的成就。（2）关于少数民族新创文字的字母形式问题。主要介绍了少数民族创制和改革文字在字母形式上与汉语拼音方案的关系，着重介绍了制订关于少数民族文字方案中设计字母的五项原则的经过以及它的理论意义和实际意义。（3）少数民族文字的字母形式与汉语拼音方案的比较。主要比较了少数民族文字在处理汉语中没有的语音时采取的 4 项变通原则。（4）主要的经验教训。文章认为，创制少数民族文字与汉语拼音方案在字母形式和读音上取得一致，有利于各民族互相之间的沟通与团结；有利于少数民族儿童在掌握了本民族的语言文字以后，进一步学习汉语文；有利于在少数民族地区的外族干部和群众学习当地的少数民族语文；有利于书写、排版、印刷和现代化办公设备的使用；更有利于少数民族地区的双语教学以及不同民族之间的相互沟通等，这方面的好处已经在实践中得到充分的证明。

汉语拼音方案与我国少数民族新创立的拼音文字方案

周耀文撰，载《语文建设》，1988 年第 4 期。

该文总结了 20 世纪 50 年代我国帮助少数民族创制、改革文字，贯彻国务院 1957 年制定的《关于少数民族文字方案中设计字母的几项原则》的一些经验。作者认为：从总体上看，20 世纪 50 年代我国帮助少数民族创制的十多种文字方案，它们使用的字母体式和表音系统与《汉语拼音方案》基本上是一致的。例如共同使用拉丁字母罗马体，字母数量都不超过 26 个；但也存在一些问题。（1）有些民族文字的字母名称与汉语拼音字母的名称读音不一致，各少数民族新创文字的字母名称是不是要与汉语拼音方案一致，还是用英文字母名称读音。（2）有些民族语言有而普通话没有的音，民族文字用与汉语借词有对应关系的声母、韵母来表示，以致造成同形异音，影响了正确地互相学习语言。（3）少数民族语言中有两个发音相近而对立的音位，其中一个与普通话同音，但这个同音的音位，却使用与普通话拼音不同的字母，以致造成同形异音。汉语汉文是我国各民族之间的共同交际工具——族际语，我们在制订民族文字方案时，应该把各民族文字方案的表音系统与汉语拼音方案的表音系统综合起来，作为一个整体（汇通方案）来考虑，使它们不至于出现上述同音异形或同形异音情况。这样，我们制订出来的民族文字方案才能适应本族地区的民—汉双语文教学关系，促进该民族文化教育事业的发展。

汉语上古音在六世纪朝鲜汉字音中的遗存

李得春撰，载《民族语文》1985 年第 5 期。

该文以代表 16 世纪语音的《训蒙字会》为依据，探索朝鲜汉字音中尚遗存着的汉语上古音。作者从三个方面考察了这一现象：（1）列举《字会》中各摄读端组和知组声母的汉字 212 个，据其所用训民正音所注的汉字读音，两组的声母都读作 [t]、[t']。由此认为《切韵》声母分舌头（端组）、舌上（知组），而 16 世纪朝鲜汉字音不分舌头、舌上，表明当时朝鲜汉字音仍保持着汉语上古音舌头舌上不分的面貌。（2）运用了《切韵》章组声母的 8 个汉字在朝鲜汉字里仍读舌音，证实了当时朝鲜汉字音如钱大昕的"古人多舌音,后代多变齿音,不独知彻澄三母为然"的说法。(3)举出喻母四等字2个,训蒙字会音仍读舌音;反映早期朝鲜音的吏读音中,"喻"的声母也读作[t]。结论是16世纪朝鲜汉字音中遗存有汉语上古音。这一事实反映了16世纪朝鲜汉字音比《切韵》系统更近似于上古汉语。

汉语"是"在壮语中的同源词 陆天桥撰,载《中央民族学院学报》1989年第1期。

该文拟通过壮汉语"是"的历史分析,探讨它们的同源关系。先秦时期,汉语的"是"作为代词用作宾语时,置于动词之前。汉语名词作宾语放在动词前时,在名词和动词之间插入一个"是"字,当作前面宾语的复指成分。后来"宾语+是+动词"的结构在现代汉语中已经不存在,但壮语至今仍保留着"是+动词"的结构形式。壮语的 tuuk^8(是)与古汉语的代词、现代汉语的系动词"是"字有同源关系。可从古汉语和现代壮语的对应中得到佐证。上古的"持"和"特"字与"提"和"是"字的古声面貌非常相近,"提"与"持"上古关系密切。"持"与"特"古音是舌根塞音尾,依此类推,"提""是"的上古音也是舌根塞音韵尾。就此看来,壮语的 tuuk^8(是)、tuuk^7(投、来)、tauɯ^2(持、拿)、tak^8(量词、词头),显然是"是、提、持、特"的同源词。通过对这些词在意义上的对应关系进行逐一的分析,可以看到壮语不同程度地保留了一些古义。壮语 tuuk^8 源自古代的前置于动词的指示代词。从壮语 tuuk^8 的介词及连系动词的用法看壮汉语的关系在秦汉时期已很密切了。

汉语、台语和苗瑶语 唐纳撰,载《民族语文研究情报资料集》,中国社会科学院民族所语言室1985年第6期。

该文探讨了古汉语、原始台语和原始苗瑶语声调系统的一致性以及通过比较上古音位最大数目的不同特征来表示母语特性的方法。通过比较研究可以发现,不仅单音节、声调以及单辅音系统的一般特征对于中古汉语、共同台语、共同苗瑶语来说是共同的,而且特殊的特征也是共同的,例如平上去入的声调系统和声母区分为两个系列,其中一个系列有送气的区别,另一个系列与浊音有关而且没有送气的区别。可是这三个语族在每个系列中的特征数目不同,汉语的特征最少,苗瑶语的特征最复杂。这三个相近的语族拥有这么多的共同的语音特征似乎完全不可能是巧合的结果。这种明显的一致性暗示了这三个语族各自的母语有过长期的接触和互相影响过程,可能在同一时期大量汉语借词借入台语和苗瑶语。可以推断这个接触时期是从4世纪开始到共同台语和共同苗瑶语分裂为止。

汉语通用类词的历史及方言变体 王连清撰,载《第20届北美汉语语言学年会论文集》。本文讨论汉语的通用类词的历史和方言变体。

在现代汉语里,通用类词是"个",但是在历史上并不完全是"个"。例如,在魏晋南北朝时期汉语类词第一次形成一个单独的词类的时候,通用类词是"枚"而不是"个"。在二十五史里,"个"(包括"个、個、箇")只出现了68次,而"枚"用了394次。但是情况在变化,在"元曲"里,"枚"只用了39次,而"个"却用了1039次。在现代汉语一些方言中,通用方言也有不是"个"的。例如,在现代闽南方言的海南话里,最通用的是魏晋南北朝时期通用的"枚"(涂良军,2005)。赣方言的通城话以及湘方言的长沙话的通用类词都是"隻"而不是"个"。根据罗昕如(2000),"现代汉语800词"中的439种事物中,长沙话有235种用"隻"。此外,广州方言(黎伟杰,1991)和上述这几个方言都有一个共同的特点:都有跟通用类词不相上下的"次通用类词"的存在,例如"头、粒、隻"等。上面提到的历史上和方言中的通用类词和次通用类词有一个共同的特点:它们都是来源于与人类本身的发展息息相关的事物，而对这些通用类词的研究有可能为揭示有关语言的类词起源以及是否有谱系上的关系提供可靠的例证。

汉语、维语动词谓语句之异同 苗焕德撰，载《西北民族学院学报》1988年第4期。

汉语、维吾尔语动词谓语句的特点：（1）相同点。语序相同——汉维语动词谓语句都是主语在前、谓语在后；都有一般句式和特殊句式（即有一般单纯动谓句和复杂动谓句）；都有主谓式、主谓宾式、双宾式、连动式、状心式动谓句；都有主动句和被动句等。（2）不同点。维语动谓句中，谓语动词有变位形式，汉语动词没有变位形式，而是通过其他词的配合，才能表示各种意义；维语动谓句中主谓之间在"人称""数"等方面有一致关系，而汉语则没有；汉维语中带宾语的动谓句，其宾语位置不同——汉语宾语在动谓后，而维语宾语则在动谓前；汉维语中的特殊动谓句（复杂动谓句）各不相同；汉维动谓句的否定式亦不相同——汉语动词前加否定副词表示，而维语则在动词词干附加表示否定意义的构形语素；汉维动谓句的疑问形式不尽相同——汉语有是非问和选择问两种，而维语主要通过动词词干附加疑问语气词表示。

汉语文和南方民族文字功能互补初探 梁庭望撰，载《中央民族学院学报增刊》，1990年。

文章首先指出，汉族是我国的主体民族，先进民族，汉文已经在实际生活中成为各民族的共同交际工具，在社会生活中发挥巨大的作用。但如果认为汉文在少数民族中也能发挥与汉族地区一样的作用，这是以偏概全、以点带面、以国家机关活动代广大群众日常生活活动的观点。汉文在南方各少数民族中的使用的特点：一是层次性，二是点线性，三是渐进性。由此而在民族地区形成汉文真空及半真空地带和层次，必须采取填补的措施。那么，应当用什么来填补呢？除了民族文字，别无他法。在汉文功能达不到或难以发挥作用的层次和领域，正是民族文字可以大显身手的地方。结论是：一、汉语文对南方各少数民族社会的发展有重要的作用，不可忽视；二、在肯定汉文作用的同时，又应当看到它的局限性。它并不是毫无限制地能在民族地区的城乡和各种层次发生作用的，存在文字真空地带；三、因此，在南方民族地区，汉文和民族文字有不可替代的功能互补作用。在民族文字功能达不到的地方，充分发挥汉文的功能；在汉文功能达不到的地方，充分发挥民族文字的功能。功能互补可以填补各族文字的真空，提高群众的素质，防止文化生态的进一步失调，从而更好地调动各族的主体，改变各自的面貌，使我国的现代化建设事业从东部到西部，从内地到边疆，协调发展。

汉语文献中的几个藏缅语词试释 黄树先撰，载《语言研究》1991年第1期。

文章借助汉藏比较《语言研究》成果，对汉语文献中的几个词进行解释。通过分析比较，认为古籍中的"缉""鸟翅""余鸟""鼠突"是古老的藏缅语词。"缉"最早见于东汉许慎的《说文解字》："'缉'，蜀细布也。"此字与藏缅语藏语支的"布"十分吻合。鸟翅，东汉文献《仪礼·士虞礼》"脯四肢，有干肉"，郑玄注曰"干肉，牲体之脯也，如今凉州鸟翅矣。鸟翅在藏缅语是"肉"之意。鸟鼠同穴，其中的鸟应是"鼠突"，其中的鼠应该是"余鸟"。此正与藏文的地麻雀 ʔabrta 对应。此种地麻雀盛产于康藏高原，常与一种无尾地鼠同穴而居。

汉语、乌兹别克语常用单句对比研究 王德怀撰，乌兹别克斯坦国立塔什干大学出版社，2007年。

乌兹别克语有系统的形态标记体系，汉语有灵活的语义句法表达方式。该文从简单主谓句对比，复杂动词谓语对比，汉语特有句在乌语中的对应，问句对比及比较句对比等五个方面用符号标记法进行了分析比较，从而指出了这两种语言在语序、虚词、构形词缀等方面主要语法特征的异同。

汉语影、么、鱼、喻的八思巴字译音

杨耐思撰，载《中国民族古文字研究》，天津古籍出版社，1987年。

"影、么、鱼、喻"是指13、14世纪出现的声母系统中的四个声类。这四个声类在《切韵》里属于影、云、以，在等韵36个字母里属于影、喻，《蒙古字韵·字母》的汉字标目同等韵36个字母，而八思巴字标目仍是四类。从语音史的角度来看，这种现象似乎反映出声母的分化。《切韵》和等韵36个字母的"影"，在八思巴字译音里分化为"影、么"，一类分二类。《切韵》的"云、以"，等韵的"喻"，在八思巴字译音里作"鱼、喻"，跟《切韵》完全相合，即鱼＝云，喻＝以。关于八思巴字汉语的这四个声类的分类和构拟，我们应该把握住两条基本原则：一是考订八思巴字汉语音韵必须跟同期的其他的汉语音韵资料相结合；二是必须采用音位归纳的方法。总之，八思巴字汉语的这四个声类，从表面现象来看，声母在分化，而实际上是归并，一归"清"，一归"浊"。

汉语与哈萨克语比较方式的异同

成燕燕撰，载《语言与翻译》1990年第3期。

(1) 比较形式特征的对比。汉语的比较方式主要是通过介宾结构和形容词、动词谓语相结合表示的。哈萨克语的比较方式主要通过后置结构、格的附加成分及形容词等手段表示的。(2) 比较句类型的对比。①在性状、程度、数量等方面相同或相等的两种事物比较的对比。这种句型，汉语与哈萨克语是基本对应的。汉语用"A 有 B + 形容词"表示同等事物，哈萨克语用"词尾 + day/dey"表示。②表示经比较两种或两种以上事物在性状、程度、数量等方面不相同。汉语有三种表示方式，哈萨克语有五种表示方式。上述各种方式虽然都表示两事物不同，但在表示事物性状程度的差别上，在表达说话人的感情、态度上又有许多不同。(3) 比较句省略情况的对比。汉语省略中心语的句子，必须在前句有明确的交代，否则不能省略的。

汉语与哈萨克语的语序（上）

张定京撰，载《语言与翻译》2004年第4期（下）；《语言与翻译》2005年第1期。

语序可形成语法结构、表达语法意义，是与形态、虚词、重叠、语调等并列的一种重要的语法手段。但在不同语言中，语序承担的表意份额各不相同，其重要性和在语法系统中的地位也不尽一致。提出广义的语序包括词序（词类的排列顺序）、狭义语序（句法成分的排列顺序）、逻辑语序［不同身份名词（相对动词来说的）的排列顺序］三类。逻辑语序是缺乏形态的语言所特需的语序类别。

词序在汉语中可成就主谓、动宾、偏正、中补、联合等所有基本句法结构，而在哈萨克语中则限于联合和定中、状中结构的某些类型以及补中结构；在汉语中词序的变化可改变多种句法结构，而在哈萨克语中不能单靠词序变化来改变任何句法结构。

狭义的语序是调整语气（强调点）的重要手段，在汉语和哈萨克语中均广泛起作用，但具体的形式与表意功能不尽相同。在正态语序中，汉语与哈萨克语的不同是宾语相对于动词的位置，汉语在后，哈萨克语在前。变态语序可归纳为两大类：句法成分的前置和后置。汉语与哈萨克语各自有诸多不同的特点，但共同遵循的一条规律是：在正常移动范围内，句法成分位置越靠前越趋向于已知的话题，越不受强调；反之，位置越靠后越被突出和强调。但物极必反，超出正常范围，越靠前越被强调，越靠后越不被强调。

汉语与拉祜语的语气句型比较

魏芳琼撰，载《云南民族语文》1993年第1期。

汉语和拉祜语的语气句型通常分为陈述句、疑问句、感叹句、祈使句四种。汉语、拉祜语陈述句的结构特点基本相同，但语序、表达方式和句尾语气助词不同；疑问句的结构形式、大框架是一致的，但具体的句型却不尽相同，例如拉祜语的动词谓语句中的宾语要置于动词之前；用疑问代词表示疑问的句式，拉祜语在句末须加疑问助词，而汉语则可加可不加；拉祜语有些反形式疑问句末也需加疑问助词。就感叹句而言，汉语可用或不用叹词表示感叹，而拉祜语则必须加叹词。汉语、拉祜语的祈使句式有些是相同的，例如都有不加语气助词和加语气助词的句式；也有不同的，如有些句子末尾汉语可用或不用语气助词，而拉祜语需用；拉祜语可用句中谓语动词的声调屈折变化来表达语气等。总之，汉语和拉祜语的语气句型有相同的方面，也有不同的方面。

汉语与蒙古语语音比较 哈斯额尔敦撰，载《中央民族大学学报》1999年第4期。

蒙古语把语音分为元音和辅音；汉语把一个音节（或字）分为声母和韵母。汉语的音节都有声调；蒙古语没有声调，而有重音和弱化元音。蒙古语有元音和谐律。汉语和蒙古语有不同结构的音节和不同的音节特点，有不同的语音变化规律。汉语的声母是一个音节的开头部分。声母都是辅音，但是有些辅音不作声母。汉语有21个声母、22个辅音。现代蒙古语有16个辅音。汉语的韵母是一个音节的后部分，即声母以后的其余部分。韵母主要是元音，但是有些韵母由元音和辅音构成。所以韵母的范围比元音大一些。汉语的韵母分为单韵母、特殊韵母、复韵母和鼻韵母。现代蒙古语的元音分为短元音、复合元音和长元音。汉语的单韵母和蒙古语的短元音相对应。汉语的特殊韵母，蒙古语没有对应的元音。汉语有复韵母，蒙古语有复合元音。汉语的鼻韵母蒙古语分解为元音和辅音。

汉语与苗瑶语的亲属关系 李炳泽撰，载《汉语与少数民族语言关系概论》，中央民族学院出版社，1992年。

该文就苗瑶语系属的争论及汉藏语系统的主要论据作了介绍。苗瑶语包括苗族使用的苗语，瑶族使用的瑶语和布努语、畲族使用的畲语、对于苗瑶语的系属问题，从19世纪以来就一直争论不休。有人认为它与孟—高棉语、汉藏语、澳泰语等语系（族）有谱系关系。持苗瑶语属汉藏语系观点的学者大多认为苗瑶语与汉语有一批为数不少的同源词。这些同源词有明显的语音对应规律。此外，语法方面也有不少共同之处。苗瑶语和汉语的现代平面在语音上相差较大。但其历时的语音对应仍可找到一些。苗瑶语和汉语在语法方面有许多共同之处，如SVO句型、缺乏形态变化、词序和虚词是表达语法意义的主要手段，都有表示事物类别的量词，有表示动作、性质的细微区别的状词。苗瑶语和汉语之间的关系，如果从藏缅语和苗瑶语方面来探讨，可能会得出较为科学的结论。

汉语与壮侗的亲属关系 覃晓航撰，载《汉语与少数民族语言关系概论》，中央民族学院出版社，1992年。

18世纪60年代，德国学者斯克纳在他的《暹逻语和汉语》一书中指出汉语官话、福建话和暹逻话之间存在着关系词。德国学者孔好古对汉台语的关系又作了进一步的研究。认为汉语和侗台语有亲属关系。孔好古的观点得到了法国学者马伯乐和丹麦学者吴克德的赞同。其中马伯乐还提出了三国以前的汉语跟原始语有密切关系的具体看法。中国学者接受并继承了"同源说"的观点。他们苦心孤诣，矢志不渝，以大量的汉台语古音构拟以及两种语言现状和历史的比较，为"同源说"提供了可靠佐证。在这方面，赫然出众的应首推李方桂和邢公畹。最近几年，持"同源说"者中出现一种新颖的见解：汉台语的亲属关系不是先天性的，而是后天性的。代表这一新见解的主要学者是戴庄原和罗美珍。美国的本尼迪克特认为：侗台语与汉语对应的词如数词、身体部分、动词名称的共同词根等都不是同源词而是借词。只有侗台语和印尼语有对应的词"才是真正的基本对应词"。

汉语与壮语同源的和搬借的亲属称谓
刘叔新撰，载《中国语言学的新拓展——庆祝王士元教授六十五岁华诞》，石锋、潘悟云编，香港城市大学出版社，1999年。

该文在观察和分析鉴别中，以广州话为主要代表，以连山壮语和武鸣壮语为壮语的主要观察分析对象，以作者于《粤语壮语关系词的分类问题及类别例释》一文提出的、推断同源词的依据情况为据，加上选择基本亲属关系这个条件，发掘出4组同源的或基本上能肯定是同源的亲属称谓——连壮 bo^6、武壮 po^6、汉"爸"、"爸爸"、"父"、"父亲"；连壮 $mjiɛ^6$、武壮 me^6、汉"妈"、"妈妈"、"母"、"母亲"；连壮 pu^6、汉"夫"、"丈夫"；武壮 $luɯk^8kuɯi^2$、连壮 $lik^9kɔi^2$、汉"女婿"、"婿"。若面对的亲属称谓还以一致或相近、相关的意义和接近的语音形式，在包括泰语或傣语在内的其他大部分壮侗语中出现，但历史文献不能证明汉语相应称谓自古有之，而它们又只用于粤语（或再加上客家话、闽语），那么可据以确定粤语三个亲属称谓是来自壮语——"老豆"（指父亲）、"心布"（指儿媳）、"仔㜁"（指母子）。若不普遍存在于壮侗语，而且不见于泰语、傣语，却有古文献可证明是汉语古来固有的成分，就可据以确定出壮语几组/个来自汉语的亲属称谓：连壮、武壮的 $kuŋ^3$、$kuŋ^5$（指祖父）；连壮的 lu3 [指哥哥；来自粤"（大）佬"]；武壮、龙州壮的 sau^3、$ɬau^3$（指嫂子）；等等。

汉语遇蟹止效流摄的一些字在侗台语里的对应 邢公畹撰，该文曾在1982年第十五届国际汉藏语和语言学会议上发表，后收入《语言论集》。

文首总说五摄中跟侗台语对应的字，汉台两语常常主要元音或韵尾是-i、-u或相近的音，部分侗台语对应字有 - t、-k 尾，可以和上古汉语-d、-g 尾对应。该文以此为据，观察汉台两语的对应规律。材料分为四组：（1）汉语（广州），（2）侗语（南、北），（3）水语、毛南、仫佬，（4）龙州、剥隘、泰语。全部例字统摄于上古鱼侯之脂佳微祭宵幽九个韵部。分9节讨论。程序是先把每部的若干例字做成一个对照表，然后按字分小节。每小节先给出汉语上古音及发展到广州音的演替程式，文献考证，侗台语形式，有关的其他字，部分字还给出了侗台语甚至原始汉台语的构拟，以及发展到现代汉语、台语的演替。结语部分提出了一个方法论上的重要新概念——原始同源体系。如"要"、"腰"两字（或更多）同族，"取"、"娶"两字（或更多）同族。这不仅仅是汉台语单个词的对应（相同、相似），而是汉台两语之间整套词源体系的对应。这对证明发生学关系是有决定性力量的。这正是语义学比较法的肇始萌发。

汉语源流设想 陈其光撰，载《民族语文》1996年第5期。

作者认为汉族的前身夏族是在新石器时代的晚期，由羌、夷、蛮等集团中的一部分人，在黄河中下游经过长期的联合斗争融合而成的，商、周是夏的继承和发展，并不是不同的民族。汉语的前身雅言（夏言）是吸收古羌语（藏缅语前身）、古夷语（侗台语前身）、古蛮语（苗瑶语前身）的成分混合而成的，所以汉语的语源是多元的，而不是一元的。汉族是多元一体的中华民族的主体，它不断融合其他民族的成员，吸收其他民族的优秀文化发展自己，并给其他民族以巨大影响。汉藏语系是聚合型的语系。汉语是它的纽带，也是它的主体，它形成以后，在历史上融合了多种语言，并给其他语言以巨大的影响，从而造成了它与藏缅语、苗瑶语、侗台语等既部分同源，又有多层影响的复杂关系。

汉语粤方言里的古越语成分 欧阳觉亚撰，载《语言文字学论文集——庆祝王力先生学术活动五十周年》，知识出版社，1989年。

此文是作者于1981年在福建厦门召开的汉语方言学会成立大会暨第一次学术讨论会上所提交的学术论文的基础上扩充而成。作者从所研究的南方少数民族语言和粤方言里发现，彼此存在许多类似的地方。经过比较，无论语音、词汇和语法上，壮侗语族语言和粤方言存在着一种非常密切的关系。这种关系既不同于借用亦非同源，而是一种"底层"的关系。作者强调，语言底层必须有一个"民族底层"，如果说，粤方言有一个民族底层的话，那就是粤方言人群里有一个百越人的底层。即原来居住在广东中、西部地区的土著，在汉族强大的影响下自然同化于汉族之中，而他们的语言也逐渐消失了。在他们转用汉语的过程中，免不了把他们原来语言中的某些特点或表达习惯作为残存成分保留在粤语里。从史书上看，百越民族就是现今壮侗语族诸民族的祖先。因此，在谈论古越族语言在粤方言里的遗留成分时，可以拿壮侗语族语言与粤方言进行比较。所有现代粤方言与汉语各方言不同而与壮侗语相同的成分都有可能是古越语在粤方言的遗留成分。文章首先从语音上分析，现代广州话 m、n、ŋ 声母出现在阴类调的字（词），都可能是古越语的底层，因为汉语的明、泥、来、疑母的字都不出现在阴类调。而壮侗语言这些声母可以同时出现在阴阳两类调上。粤西某些地方有ɬ或θ母（来源于中古心母的字），这也应该属古越语底层。在词汇上，有一批粤方言词与壮侗语族诸语言相同，如这、拾、屎、田鸡、掐（捏）、盖（动作）、涮、小母鸡、踩、不、泡儿、鞭打、傻笨、糠心、欺负、插入、乳房、爬、跨、痒等。在语法上，最明显的是广州话的副词"先"的位置，广州话"先"字要用在动词之后，与汉语不同，如"你去先"（你先去），"你食完饭先啦"（你先吃完饭吧）。再一个明显的例子是量词的用法，广州话的量词经常单独用在名词之前，如"本书真好睇"（这本书真好看），这和现今的壮语非常一致。

汉语藏缅语人称代词探源 李永燧撰，载《中国语言学报》1994年卷二。

该文试图通过上古汉语与藏缅语人称代词和人称词缀的比较，探索它们在发生学上的关系。首先指出汉语藏缅语人称代词历史发展的共同点：第三人称代词是后起的，同源关系限于第一、二人称代词；各人称代词复数的语法形式也是后起的。上溯汉藏语人称范畴的同源关系，主要抓住单数第一、二人称代词的线索。上古"吾"、"汝"在语音上分别与藏缅语第一、二人称代词对应。这些人称代词作主语（主格）和定语（所有格），其在句中的位置汉语和藏缅语相同。人称代词宾语的位置，藏缅语在动词的前边；汉语则有在动词前和动词后两种不同格式的变迁，这两种格式与藏缅语也有渊源关系。论证了藏缅语第一、二人称词缀与汉语相应的代词同源。认为人称代词是人称范畴各个形式历史地抽象化的成果。全文有上古汉语以及藏、缅、彝、巴、载瓦、哈尼、嘉戎、羌、景颇、纳西、普米、独龙、怒、白、西夏等20多种语言数百个词语和句子的例证。

汉语、壮语结构不同的比较 吴超强撰，载《广西民族学院学报》1984年第4期。

汉语和壮语在结构上有许多相同的地方，也有许多差别。该文在词的结构、词组结构、句子结构三方面作汉壮语不同的比较。在词的结构和词组结构不同的比较两节里，汉壮语不同的突出点是偏正式合成词的结构及偏正词组的结构。汉语名词的修饰成分在名词之前，壮语刚好相反，如广西人、学校的房子、秋天的云、里面的灯、喝的水、新中国、我哥哥、这本书、哪天、学生读的书、读书的人等，被修饰的名词，壮语都在前面，与汉语正相反。在句子结构不同的比较里指出语汉壮不同的是动词谓语带宾语和补语时，汉语是：谓—补—宾、谓—补—宾—补，壮语只用谓—宾—补的格式。汉语如果宾语提前，则要有介词"把"，如"把鞋穿起来"，壮语只能说："穿鞋起来"。另一不同点是带双宾语的句子，壮语是动—指人宾—指物宾、动—指物宾—动—指人宾两式均可。

汉语"子、儿"和台语助词 luk 试释

邢公畹撰，该文的写作时间为 1941—1942 年，最初发表于《边疆人文》第 1 卷，第 1 期，1943 年 9 月。

文后附言："本文初稿成后，承李方桂先生阅过，并指出错误多处。"李先生把该文收入他的重要著作《台语比较手册》的《文献选目》中。该文是汉、台语比较语法的一个研究。汉、台语中有两个十分相当的虚字，即汉语的名词后缀"子"（*tsjəgx）、"儿"（*nrwjig）和台语的助词 luk8（子、儿）。这两个对应的形式无论从语音、意义和用法上都有很多类似。作者使用上古汉语文献和方言材料进行论证。"子"为舌尖音声母，闭舌根音韵尾。这和 luk8 的发声、收声部位都相同。"子"词族的义界大致是"幼小"、"子女"、"开始"、"生长"等。宋代以后又有"产生"、"附属"、"颗粒"等义。动词加"子"可变名词。"儿"表示"小"、"卑下"义。汉语方言用法参差，以安庆话为例分两大类。A、成为新词，表职业、宗教；体貌；或从动词、形容词变来。B、意义不变，表亲属名称；器物、动物、肢体。"儿"和"子"在功能上几乎是一样的东西。作者用亲手调查过的六种台语加上龙州、莫话和泰语，说明 luk8 在构词法上和汉语"子"、"儿"是一样的。从意义上都有子孙、小孩儿、物产、所出、附属、卑下、小动物、植物、晚辈、人体部位、器物等意义。举出 9 组台语语词，其中 7 组是和汉语"子"、"儿"对应的。可见台语 luk8 和汉语"子"、"儿"在语法功能上是一样的东西，加于动词上使之变为名词，汉、台两语也是共同的。最后论证汉、台两语词序的差异，指出"子"前置的语序在上古文献中同样存在：子规、子鸡、子目、子虚；人名：子路、子贡……

汉越语的音韵特点

[越] 严翠恒撰，载《民族语文》2006 年第 5 期。

汉字都有越南汉字读音，有汉代音、唐代音。汉代音大致是王力所说的古汉越语，唐代音大致就是王力所说的汉越语。文章分两节：一、汉越语声母的特点；二、汉越语韵母的特点。在声母的特点一节里列出了 13 个特点，在韵母的特点一节里列出了 12 个特点。

汉越语研究概述

桥本万太郎撰，载《民族语文研究情报资料集》，中国社会科学院民族所语言室 1983 年第 2 期。

该文对 20 世纪以来有关汉越语的研究进行了检查和估价。朝鲜语、日本语和越南语借用了汉语的大量词汇，同时也接受了汉字和汉字的读音。这种连同文字一起借用的大量文化词汇叫做"汉借语"。汉鲜语、汉日语和汉越语中的借词是成批的，其读音反映了或多或少和现代汉语以前语言相同的语音系统。在"汉借语"的三种语言里，汉越语有着独特的价值：首先，它是有声调的语言，所以它按照自己的方式，系统地接受了汉语的古声调系统；其次，由于越南人发明用"俗字"去记录自己的语言，可以看到某一很古阶段的汉语语音系统。对越南语里的汉借词的研究有许多不同方法：第一种方法是对汉语来源的越南语词进行词源研究；第二种方法是按照汉语音韵学的类目给越南语中的汉借词分类；第三种方法是系统地检查越南语是怎样采用汉语借词的，并通过检查，确定不同借用时期的越南语语音特点。

汉藏、阿尔泰语系共同的母语——亚细亚语系（或犬鹿氏语系） 芒·牧林撰，此文于2003年1月在哈尔滨"中国首届国际语言学学术研讨会"上宣读。

作者在《试探汉藏、阿尔泰语系亲缘关系》一文中，提出把中国境内及北亚、中亚地区语言划分为"汉藏"、"阿尔泰"两个语系可能是一种"误会"，从而提出变更为"华夏语系"或"亚细亚语系"的建议。该文对汉藏、满、蒙、突厥、日本和朝鲜语在词汇、语音和语法诸方面存在诸多共性成分以及语源上它们同属蒙古人犬鹿氏共同语的后裔等情况为依据，提出了将其名称改称为"汉藏、阿尔泰语系共同母语亚细亚语系"（或最近改称"犬鹿氏语系"）的建议。

汉藏比较与训诂学——《诗经·大雅·生民》训诂举隅 施向东撰，载《天津大学学报》2002年第1期。

汉语训诂学是一门古老的学问，近年来传统方法正在复兴，而新方法也层出不穷。将汉藏比较用于训诂学，对早期汉语文献的解读是一条新路。据史载，周的先民生活在邰、豳，与西戎杂居。而姜姓的羌人与周人世代通婚，周先民的语言，与羌的语言具有千丝万缕的联系，这已经成为汉语史研究者的共识。《大雅·生民》是周人关于周族起源和祖先崇拜的最重要的诗篇，尽管可能定稿于后，但是其传说一定发源极早。其中包含的语料对于汉藏比较具有极大的价值。该文试就《生民》一诗中若干词语进行训释，其中有些看法与传统训诂学的结论是一致的，可谓殊途同归，有些看法对旧说有所判别和补充，也有一些看法则向传统说法提出了挑战。

汉藏比较中的历史层次与借词问题 施向东撰，载《语言科学》2007年第10期。

汉藏语言之间的比较所涉及的理论问题和具体操作上的问题中，历史层次的问题可以说是一个非常关键的问题。历史层次和历史年代是相关的，但又绝对不能等同起来的两个标度。历史层次是按历史年代的先后有序地层叠起来的。在同一个历史年代亲属语言之间可能处在不同的历史层次上，而在不同的历史年代亲属语言之间可能处在相同的历史层次上。这是由语言发展的不平衡性造成的。亲属语言在分离以后又互相接触造成的借词，是可以依据不同历史层次的特征加以鉴别，从而剥离出来的。在同一种语言中，语言单位各要素的历史层次可以是相对独立的，一个音节的前置音和核心部分可能处在不同的历史层次上；一个复合词的一个音节可能是借词，另一个音节是自源词，等等。该文尝试对上述命题加以具体的论述并举出切实的例证。

汉藏定语比较研究 车谦撰，载《中央民族大学学报》1996年第2期。

定语的作用是修饰或限制主语和宾语。汉藏两种语言的定语，其作用都是如此。在定语的构成方面，汉语、藏语基本一致，都主要由名词语、形容词语、代词、数量词语等担任，均可以表示人或事物的性质、状态、所属、时间、地点、数量等。和汉语显著不同的是藏语的动词语作定语时，必须加上一个适当的后缀。关于定语的位置。汉语不论是什么词语充当定语，其位置都在被修饰或限制的中心语之前。而藏语定语则分为前置定语和后置定语两种。汉语的定语和中心语之间，有的需要助词"的"来组合，有的则不需要。藏语的前置定语通常都要在后面附一个相当于汉语助词"的"的属格助词。只有专有名固定词组或定语跟中心语结合得比较紧的时候，才可以省略其间的属格助词。汉语的多层定语比藏语复杂，但两者都是按逻辑意义关系排列的，两种语言的次序也是相同的。

汉藏同源字谱稿 俞敏撰，载《民族语文》

1989 年第 1 期。

该文稿完成于 1948 年，其中的一小部分曾以《汉藏韵轨》之名作为《汉语的"其"跟藏语的 gii》（《燕京学报》第 37 期）一文的附录。这个字谱分五栏：（1）藏文拼法和简单释义；（2）相应的古汉语词；（3）王力先生给古汉语拟的音，以郭锡良《汉字古音手册》为准；（4）藏文透露的古汉语音（即上古音可能有的面貌）；（5）经籍里用例。字谱按上古韵分 20 部：第 1 部之，第 2 部幽，第 3 部宵（无字），第 4 部侯，第 5 部鱼，第 6 部歌，第 7 部支，第 8 部脂，第 9 部微，第 10 部祭，第 11 部职，第 12 部沃，第 13 部药（无字），第 14 部屋，第 15 部铎，第 16 部锡，第 17 部质，第 18 部术，第 19 部月，第 20 部盍。每一部如藏文分不同类的又按藏文分若干类，如第 4 部侯分 Ardo 类、Bdhu 类，第 8 部脂又分 Abii 类、Bme 类、Caphir 类、Dtsher 类、Eskyil 类、Fskas 类、Gghis 类、Hblkres 类等。全文共列出 326 个同源字。

汉藏同源字谱稿（续） 俞敏撰，载《民族语文》1989 年第 2 期。

该文是"汉藏同源字谱稿"的续篇。作者将藏语文和汉文古籍中出现的相应的字排在一起论证两者的同源关系。文章按汉语古音的韵母编排，列出缉、合、蒸、东、阳、耕、真、谆、元、侵、覃、谈等韵部的对应词近 300 条。如：缉部 A 类藏文 grib 山背，遮光，汉字禽 xiaep，《易·系辞》"其静也禽"藏文 adzib 吸、汁，汉字汁《说文》"汁，液也"；合部 A 类藏文 skyob 救，汉字急 kiaep《诗·常棣》"兄弟急难"，《汉书·地理志》"敢于急人"；耕部 A 类藏文 kyan 直，汉字径 kieng《论语》"行不由径"，《尔雅释水》"直波为径"。

汉藏系语言及其民族史前情况试析 邢公畹撰，载《语言研究》1984 年第 2 期。

文章从汉藏民族史前文化讨论汉藏系语言的发生学关系。中国北方史前时期的河南龙山文化是仰韶文化吸收了与古东夷族有关的山东龙山文化所形成的新文化，其后又吸收了其他地区性文化。文化上的融合反映了部族上和语言上的融合。当甲骨文出现时，汉语的雏形已出现，周王朝雅言的出现说明汉语已定型。一部分东夷人在甲骨文通行前向南方和西南方迁徙，他们的语言后来发展为侗台语族。汉语形成后，一部分说汉语的人逐渐向南方迁徙，约在唐宗时代先后到达福建与广东。汉语和藏族有关的古民族在远古从华北平原向西南方向迁徙，并且在漫长的迁徙过程中他们的语言发展为藏语族。苗瑶族史前时期居住于长江下游地区，曾经联合很多部落北上与炎帝族、黄帝族作战。失败后，退回江淮荆州，并向西南方和南方迁徙。其迁移方向与侗台、藏缅各族相同。有几个词可以作为以上讨论的强证：封与埋葬，虹与龙。

汉藏语"冰雪"类词的音变及关系溯源
江荻撰，载《民族语文》2007 年第 6 期。

该文依据音变规则及冰雪类词语的地理分布特征要素初步构拟了藏缅语"冰、雪、霜、雹"的声母形式，并评价了目前"冰、雪、霜、雹"的汉藏语构拟。分三节：一、藏缅语；二、藏缅语以及古汉语的声母构拟；三、小结。作者指出，近年来为什么提出好几种历史语言学方法呢，实际上是历史比较法运用到汉藏语的时候，操作有一定困难，寻找同源词困难，为什么我们不退而求其次，从同源词的局部，如辅音声母着手，情况也许有转机。

汉藏语词汇数据库检索系统的价值和功能 孙宏开、江荻撰，载《汉藏语学报》第 3 期，商务印书馆，2008 年。

"汉藏语词汇数据库检索系统"原名"汉藏语同源词数据检索系统"，前期是国家社会科学基金项目和香港科技大学合作项目《汉藏语同源词研究》课题的核心内容之一，原课题 1999 年立项，2003—2004 年分别在北京和香港结项。后期得到教育部信息处理资助，同时纳入中国社会科学院与荷兰皇家科学院合作项目，采集了一定数量喜马拉雅南麓的藏缅语族语言资料。整个课题的资源采集工作主要由孙宏开负责，软件设计由江荻负责。自该系统成功开发以及社会应用以来，已经引起了国际国内语言学界的关注。该文主要介绍该系统的学术价值和应用功能。分四个部分介绍：（1）"汉藏语词汇数据检索系统"构建的背景和价值；（2）"汉藏语词汇数据检索系统"所包含的数据内容；（3）"汉藏语词汇数据检索系统"的基本功能；（4）"汉藏语同源词数据检索系统"正在扩容和完善等。

汉藏语唇辅音与半元音 w 的交替 施向东撰，载《语言研究》2006 年第 2 期。

有学者将上古汉语中存在唇音声母字与晓母字通转的现象，与现代汉语方言中声母 h 与 f 交替的现象相比较，重新提出了古有轻唇音的问题。该文认为，上古汉语中唇音声母字与晓母字的通转的现象反映了汉藏语中唇辅音与半元音 w 的交替，与现代汉语方言中 h 与 f 交替的现象是完全不同的两回事。我们认为，在上古汉语中重唇音声母和晓母的交替，是汉藏语中唇辅音与半元音 w 的交替这一现象的反映。汉藏语中唇辅音处在前置辅音之后时可能会变成 w 介音，这也就是上古汉语中一些重唇音声母字和晓母合口字通转的实质。此外，处在音节其他位置上的唇辅音也可能与半元音 w 发生交替，比如一些音节末尾的 -p/-m 与 -w 交替，就形成了上古音幽宵两部与侵谈缉盍四部的通转。

汉藏语的几种变调 陈其光撰，载《贵州民族研究》1984 年第 3 期。

作者在文章中列举了连读变调、轻声、字变调、补偿变调、类推变调、格律变调几种变调的实例。着重对补偿变调、类推变调和格律变调提供了一些汉语方言和民族语方言的材料，对变调的作用也提出看法。补偿变调实际是对被省字的一种补偿。字被省去后，其声调保持在另一个音节上。类推变调是因语言里某些字表示的意义属于同一范畴，形成类聚。这些字本来是声调不同，在语流中变得相同。如"我""你""他"，其中"我""你"是上声，"他"是平声。在客家和粤方言中，因类推的作用，"我""你"都读平声。格律变调是在某种文体内，根据格律，要求一定部位的字具有一定的声调。当语义的选择与声调要求有矛盾时，服从语义，改变字调。格律变调多发生在歌谣押调不押韵的语言中。关于变调的作用作者列出 14 种。如：造成同音词语、区别同音词语、造成异读词语、反映声母的性质、引起字调转类、突破原有音位系统、区别词义、语法关系等。

汉藏语的名词后缀 *-n 金理新撰，载《民族语文》1998 年第 1 期。

从藏语的发展趋势来看，后缀由繁到简、由多到少。就现有的藏语材料来看，古藏语还有 -n 辅音后缀。藏语后缀 -n 的形态功能是把动词变为名词，即后缀 -n 是名词的标记。藏语的 -n 是一个名词后缀，但在藏语中的构词功能已相当弱了。上古汉语后缀 -n 也具有把动词变为名词的形态功能，由此可见，藏汉两种语言的后缀 -n 在形态功能上是一致的。后缀 -n 在藏语中仅是一些残迹，因而汉语的后缀 -n 与藏语的后缀 -n 在具体的词上并不一致。汉藏语与南岛语同源。南岛语属黏着语，它有极为复杂的词缀。词缀可以分为前缀、中缀、后缀。其中后缀 -an 用途相当广泛，而形态功能也最多。汉藏语的 -n 是一个名词后缀，而南岛语的后缀 -an 同样具有名词后缀的形态功能。可见，汉藏语的后缀 -n 与南岛语的后缀 -an 不仅从语音角度而且从形态功能角度两者都是可比的，我们认为两者有着共同的来源。

汉藏语的数词　吴安其撰，载《民族语文》2006 年第 2 期。

汉语与藏缅语的数词有同源关系，侗台语族的黎语和仡央语的基本数词与南岛语系的古马来—他加洛语有关。壮傣、侗水语的基本数词借自中古及中古以后的汉语。苗瑶语的数词有＊p-和＊g-两类，后一类与藏缅语数词有密切关系。文章分五节：一、汉语的数词；二、藏缅语的数词；三、侗台语的数词；四、苗瑶语的数词；五、汉藏语数词的比较和构拟。最后将所构拟出的数词列表，汉、藏缅、苗瑶各构拟了自 1 至 10 的形式，而侗台语则只有 1—2 的构拟形式。

汉藏语的"岁、越"，"缳（旋）、圜"及相关问题　梅祖麟撰，载《中国语文》1992 年第 5 期。

该文探讨"岁"、"越"的关系，以这两字的拟音进行修订，并联系"远"、"园"这对字讨论上古汉语的复声母，此外还讨论上古汉语的形态以及王力的上古音问题。首先论证了"岁，越也"，两字同源；其与藏文 skyod-pa "行走、逾越、时间之逝去"也同源。介绍了龚煌城的见解，进而提出"岁"的拟音应修正为＊skwrjats > sjwai° ~ 藏＊skryods > skyod；"越"为＊swrjat > jwat ~ 藏′grod。"远"、"园"都以"环"为声符，基本义是"圆"，两字同源；与藏语词族′khor、skhor、skyor、or、sor（圆、远返、回转）等也同源。证明了"远"＊swrj- > zjw-其音变与"岁"skwrj- > sjw-平行。认为上古汉语有＊s-名谓化词头和-＊s 名词化词尾。王力的上古音没有＊s-词头和-＊s 词尾，不适于做汉藏语比较研究，也不能解释上古构词法的一些基本现象。

汉藏语、南亚语和南岛语———个更大的语言联盟　潘悟云撰，载《云南民族语文》1995 年第 1 期。

很多学者对于汉语和侗台语、侗台语和南亚语之间的亲缘关系都作出过不少的探讨，作者以此为据，认为如邢公畹提出的汉澳语系或郑张尚芳提出的华澳语系都是一种新的语言分类，也就是把传统的汉藏语与南亚、南岛语都包括在一起。作者就这个问题从以下 3 个方面进行详细阐述：（1）几点语音说明，包括郑张尚芳构拟的汉语上古音的韵母系统、次要音节和前加音在这些语言中的情况。（2）"稻"和"苏"二词的发生学意义，分析论述了稻和半的历史及在一些语气中的名称、语音异同，通过求同存异找到它们的同源亲缘关系。认为"稻、苏"是由于它们的分布与名称跟华澳各族在远古的迁移大有关系，要确定华澳系各语的发生学上的关系，还必须比较相当数量的基本词汇。（3）汉语、侗台语、南岛语的同源词比较。作者列举了人的某些身体器官及一些动物名称、动词等在这些语言上的名称，以及它们彼此之间的对应关系，都证实了它们是有同源关系的。

汉藏语声调探源　陈其光撰，《民族语文》1994 年第 6 期。

文章根据汉语、苗语并列成分中声调的排列顺序讨论汉藏语声调的起源。汉语和苗语的并列结构，声调上按平—平/上/去/入，上—上/去/入，去—去/入，入—入排列，也就是前字与后字的声调关系是有顺序的。并列成分之间没有组合关系限制就会选比较适合停顿的声调做后字，比较宜于延长的声调做前字。汉语和苗语四声可构拟为平、升、降、促 4 种调型，4 种调型的衔接必须按此顺序，而不能相反。作者认为声调产生于辅音韵尾，理由是：苗语入声字都没有辅音韵尾，而勉语、汉语、侗台语有，显然入声从塞音韵尾来的；去声字韵尾在苗勉语里与平上声字无区别，但根据汉藏语构拟和傣语、佤语等可认为来自清擦音；根据藏语等可知上声字韵尾是-vh、-l、-r，因此上声从浊流音演变而来；平声字来源于无阻通音（零韵尾或带鼻韵尾）。以上四类通、流、擦、塞韵尾的变化产生了平、升、降、促四类声调。产生的顺序是流音韵尾消失，平上声调对立，然后擦尾消失，代之以去声，最后塞尾消失。

汉藏语使动和完成体前缀的残存与同源的动词词根 吴安其撰，载《民族语文》1997年第6期。

汉藏语在形态类型上不同于印欧语。汉藏语是主题—陈述型的语言，名词没有印欧语类的格形式。形态主要表现在动词上。汉语、侗台语和苗瑶语可能在上古时期已分别成为以分析形态为主的语言，这些语言残存的非分析态可表明它们与藏缅语有共同的原始形态。汉语的内部构拟和汉藏语的比较表明，汉、藏缅、侗台和苗瑶语中分布有古老的使动前缀 *S-、*K-、*P-（*b-）和完成体前缀 *b-和*g-（*G-）这些语言中与这些前缀结合的一些词根有同源关系。汉语、藏缅语、侗台语、苗瑶语中的使动前缀 *S-、*P-的存在说明它们应来自原始共同语。完成体前缀 *b-也广泛地分布于汉、藏缅和侗台语中，完成体前缀 *g-（*G-）可在汉、藏缅和苗瑶语中寻找残存的踪迹，原始汉藏语动词有完成体。汉藏诸语有发生学关系。

汉藏语同源词数据库检索系统 江荻撰，载《汉藏语同源词研究（三）》，广西民族出版社，2004年。

"汉藏语同源词数据检索系统"是中华社科基金（99BYY020）和香港研究资助局资助（HKUST6097/00H）的《汉藏语同源词研究》课题核心内容之一，课题主持人为香港科技大学人文社会科学学院丁邦新教授和中国社会科学院中国少数民族语言研究中心孙宏开教授。该数据库软件系统由江荻设计和开发，目前已开发两个版本及网络版本。2004年度获得"中华社科基金成果鉴定优秀成果"称号。

该数据检索系统共收集国内外最重要的汉藏语言或方言130个，包括汉语方言。李方桂、高本汉等学者的中上古汉语构拟系统、民族语言100余个。另外还有汉语与民族语言对照词典12部。该系统具有如下检索功能。（1）语义类别检索：系统设置的14大类40余个小类语义分类基本包括了人类对世界知识的表述内容。（2）词条检索功能：词条检索包括汉语、英语以及民族语言的词条。（3）组合检索：组合检索包括以下可组合项目：①声母，韵母，声调任意两项或多项的组合检索；②任选音节进行检索控制（如第一音节，第二音节，第三音节，第四音节，第一、二音节，第一、三音节等）；③任选词性、词级、词源、语义类别进行检索控制；④单语言检索与多语言检索。在以上检索方式之上，该系统设置了单语言检索与多语言检索入口。这两种检索方式是依据不同的研究目的设定的。单语言检索指以一种语言作为主检索语言，以该语言的各种属性作为输入条件进行检索，而其他所选语言可以作为对照语言伴随输出。这种检索方式特别有利于进行语言比较研究，甚至可以直接从显示屏幕上观察和分析不同语言之间的关系。多语言检索对全部选定语言进行符合检索条件的操作，因此凡是不符合检索条件的词语会过滤掉，没有符合条件的词语的语言也会过滤掉，因此这项检索适合精细查找语言资料使用。（4）检索结果输出：本系统检索结果有两种基本输出方法。①屏幕显示输出，便于研究者反复操作、观察、比较。②屏幕输出数据按照中英文或者民族语言或者语言名称对词条重新排序。③以读写方式导入 Microsoft Excel 电子表格中，并进行备份或打印。④系统提供表单打印方式。该系统为用户提供了关于汉藏语言以及所收录语言较为全面的系统背景介绍和语言背景介绍，同时还为每个语言提供了音系介绍。这些背景材料都可以通过快捷菜单随时浏览。除此之外，系统还具有如下基本功能：系统管理员可对语言基本数据进行校验、修改和代码管理、用户管理、日志管理以及备份/恢复系统数据，事务处理，等等。

汉藏语系重叠形式的分析模式 刘丹青撰，载《语言研究》1988年第1期。

文章提出一套综合性分析模式来讨论汉藏语言的重叠形式现象。重叠是一种抽象的语言手段，其作用是使某个语言形式重复出现。重叠形式有十个方面。（1）基础形式：语音重叠、语素重叠和语段重叠；（2）新增形式与基础形式的相同度：完全重叠和变形重叠；（3）生成过程的次数：一次生成和多次生成；（4）重叠手段的运用次数：单一重叠、反复重叠和复杂重叠；（5）重叠与其他手段的结合：单纯重叠和综合重叠；（6）新增形式的数量：等量重叠和超量重叠；（7）重叠手段的作用范围：整体重叠和部分重叠；（8）基础形式的完整性：完整重叠和分数重叠；（9）基础形式和新增形式的相对位置：无向重叠、顺向重叠和逆向重叠；（10）重叠和并列的关系：真性重叠和准重叠。以上分析模式是一套二分制特征，每一分析角度基本上都是一对区别性特征，较常见的看作无标记，较特殊的看作有标记。文中附十大模式的标记列有表格，并对十类模式举例说明。

汉藏语系的二维语音 陈其光撰，载《语言研究》1998年第1期。

一、什么是二维语音。"维"是几何学和空间理论的基本概念。把它引进语言学是为了更好地说明一些语音的性质。甲维包括辅音和元音。它们按成音先后排列成线，所以又叫线性语音。乙维包括变嗓音、气嗓音、半嗓音，这些音不单独占时间而与甲维语音同现，而且往往跨越几个音段，所以又称为题片段或非线性语音。二、声道的调音作用。所谓调音作用是气流或音流通过声门以后在声道的某一部位受到阻碍以后继续前进，被所经过的声道调节而成各种各样的辅音。三、声门的发音机制。喉部肌肉牵动所连接的甲状软骨等使声门发生各种形式的开闭，从而形成呼吸和各种类型的发音。声门分音声门和气声门，两者的分闭可形成6种配置，对呼吸和发音起不同的作用。四、乙维语音不仅与主要元音同现，还贯穿于韵母的各个部分。五、二维语音从一维语音发展而来，乙是甲的补偿。

汉藏语系的"铁"QHLEKS字 张琨撰，载《汉藏语系语言学论文选译》，中国社会科学院民族所语言室1980年。

该文提出了一个汉藏语同源词"铁"字，并试图弄清这个词从原始汉藏语到各个不同语族的原始形式和它们的一些后辈语言的过程。这篇论文提出了汉藏语系所有四个语族——侗台、苗瑶、汉、藏缅诸语中"铁"字的共同来源的主张。在侗台语中"铁"字都表明有一个构拟为 *xlek 的原始形式。苗瑶语里与"铁"字的声母的对应相同的还有表示"绳子""月亮""年长、大"这几个意义的词。单单在汉语内部证据的基础上，我们给"铁"字构拟为 *thiet。在汉语里，唇塞者在发音部位上被l同化了，正如在"铁"字中软腭音所表现的那样。在藏缅语里有两个表示"铁"这个意义的词，一个为s，意思可能是"刀"，另一个为ltsags。在原始汉藏语中"铁"字有一个软腭音声母，它已在侗台语里被证实，并且用它解释了这个字在苗瑶语的反映形式里的后元音。从以上的分析可以看出"铁"字有一个软腭塞音的韵尾［-k-］这一点似乎已没什么疑问了。

汉藏语系的"针"字 张琨撰，载《汉藏语系语言学论文选译》，中国社会科学院民族所语言室1980年。

这篇文章由引言、汉语和侗台语、苗瑶语、藏缅语和结论5个部分组成。引言指出了该文的写作目的是想着重研究"针"这个词，看看是否能在汉藏语系诸语言中建立起同源关系。古汉语"针"字已构拟为 kjim（与 qjim "金"相对立）。在侗台诸语言中，"针"字和"姜"字、"升"字的声母是相同的，这与苗瑶语方言类似。瑶语诸方言里"针"和"姜"两个词都具有相同的齿塞擦音或擦音声母，而苗语诸方言却具有不同的声母和调类。在很多藏缅语的方言里，"缝、针、立、家"等词都保存了唇辅音韵尾。基于以上的分析作者认为：在汉藏语系中，还没有提出过其他的像"针"这样的似乎很有理由判断为同源词的词，然而，要断定"针"确是同源词或者只不过是借词还为时过早。一定要在我们对其他可能的同源词进行更加深入的研究，以及对汉藏语系各具体语言的历史做了大量工作以后才能得出最后定论。

汉藏语系管见 曲延芳撰，载《云南民族语文》1996年第3期。

文章首先指出汉藏语系研究取得长足的进步与发展，特别盛赞中国研究者在这方面的成就。但作者也指出其中的不足。作者认为，对于从事语言比较研究的人来说，要均衡地、充分地看待"树木"和"森林"。作者指出，只要提出新的语言材料，就要从各个不同的角度分析、研究它，并加以比较语言学的解释。按照这一思想，作者根据武自立先生在《云南富宁末昂语初探》一文中所提供的"新材料"，对彝语、傈僳语、拉祜语、哈尼语、白马语、羌语、普米语、独龙语等诸多语言进行语音、词汇间异同的比较，其间大量借助民族历史学、民族地理学的知识来为语言研究提供有力证据。作者还借助卡比语、克钦语、卡姆语及部分缅语、载瓦语等中国学者所不熟知的语言分析来丰富和充实汉藏语系的研究。作者还就许多有重要研究价值但现在无人问津的问题作了初步的研究，并大胆地提出一些新的研究课题。

汉藏语系和澳—泰语 帕依洛斯撰，载《民族语文研究情报资料集》，中国社会科学院民族所语言室1987年第8期。

该文论述了汉藏语系和澳—泰语之间的联系。在考虑澳—泰语时，有两组现象需要说明：（1）原始台语是最年轻的原始母语，它与上古汉语几乎是同一个时期的；（2）在台语系的各个语支和语言中明显地存在大量的汉语借词。台语系的各语支在不同时期以不同的方式与汉语发生联系。根据该文所列举的材料，可以作这样的设想：汉藏原始母语在分化前的一段时间内就已经跟澳—泰语（南岛原始母语）的一个语支发生联系了，这种联系在这些原始母语分化之后还延续了一段时间。这足以说明南岛语—上古汉语是平行发展的。这些语言语词的借用过程并不是单向的，借词可以同时渗透到两个语系中去。汉藏语和原始台语之间没有任何联系。原始台语只是在我们今天这个时代里，它的各个语支才受到汉语的影响，以后在汉语、缅语以及汉藏语系的其他语言中又偶尔出现一些原始台语借词。

汉藏语系假设——中国语言学界的"哥德巴赫"猜想 孙宏开撰，载《云南学术探索》2009年第3期。

汉藏语系主要涉及汉语、藏缅语、苗瑶语、侗台语、南岛语、南亚语等6个语言集团。包括数百种类型各异、千姿百态的语言，仅在中国境内就有百种以上。虽然经过各国语言学家的长期努力，目前已经陆陆续续、深浅不同地掌握了这些语言的特点，但是它们各自的演变脉络还不清楚，许许多多大小不同的语言群体之间的共性和特性还很不清楚，各语言之间、各语言群体之间的远近关系也很不清楚，至于整个语系的特点和演变脉络更是难以把握。中国是汉藏语系语言分布的故乡，首先把自己家里的家底搞明白，弄清楚，是开展汉藏语系研究最起码的条件。汉藏语系语言主要分布在中国，此外周边西起巴基斯坦、尼泊尔，经过不丹、印度，往东到缅甸、泰国、老挝、柬埔寨、孟加拉国直至东面的越南等10多个国家也有分布，但使用人口、语言和方言的复杂性、尤其是汉语的历史文献和各种方言都分布在中国境内，中国学者理应对汉藏语系研究做出自己应有的贡献，拥有更多的发言权。文章介绍了当前汉藏语系研究的许多难点以及解决撰写难点的途径和方法。

汉藏语系里的一个疑问语素　孙宏开撰，载《庆祝〈中国语文〉创刊 50 周年学术论文集》，商务印书馆，2004 年。

在部分汉藏语系语言或方言里，保留了一个使用得比较广泛且历史比较悠久的表示疑问的一组同源语素。它既可以单独使用，也可和名词、量词、形容词、虚词等结合，构成疑问代词，它还可以加在动词、形容词谓语前面，表示疑问。这个疑问语素在历史演变的过程中，不断分化，不断重新组合，虽然它们彼此之间目前已经面目全非，但我们通过重建，大体可以拟测出它们的原始形式。下面拟通过对目前残存在汉语方言和部分少数民族语言里这些疑问语素的意义、用法等特点的分析，结合少数民族语言的历史文献，讨论这组疑问语素的历史来源、演变过程，并拟测它们的原始形式，以建构这些语言的同源关系。文章讨论了汉语中的"何""可""阿"等在历史文献中的作用；然后讨论了汉语"何""可""阿"等在亲属语言中的对应，列举了 70 多种包括喜马拉雅南麓藏缅语族语言的疑问代词"谁""什么""那里""多少"等都是用与汉语有同源关系的语素构成的。文章构拟了这个同源语素的语音形式，而且与英语中的 wh-构成的疑问词族做了类型学上的比较。

汉藏语系历史类型学研究中的一些问题　孙宏开撰，载《语言研究》2011 年第 1 期。

为了探讨或寻找论证汉藏语系各语族的语言哪些可能有同源关系，我们提出汉藏语系历史类型学的命题，这是根据我们长期开展汉藏语系各具体语言历史演变的脉络中悟出的道理，也就是语言的类型也不是一成不变的，有一些亲缘关系（包括一些差异很大的方言）很密切的语言，其类型在一定的历史阶段发生了改变，有时候甚至变得面目全非。相反，一些不一定有亲缘关系的语言，或者亲缘关系很远的语言，由于分布地域的接近，其类型特点往往会向同一个方向靠拢，这就是语言结构类型的区域趋同。该文要讨论的主题是前者。即有同源关系的语言，在长期历史演变的过程中，其语音、语法、词汇结构发生了巨大的变化，但是从其变化过程和脉络中可以发现它们原来的面貌是基本上一样的，或者是相同的。汉藏语系历史类型学的命题由音节结构类型、语法结构类型、语序类型和语义分化和改变的历史演变等许多专题研究所组成。通过我们的研究，如果我们把它们语音结构演变的脉络搞清楚了，把各种语言的类型转换的过程和原因弄清楚了，把各种语法范畴的语法化过程弄清楚了，不同方言、语言、语支、语族不管是平行发展也好，共同创新也好，由于语言接触引起的区域趋同演变也好，构拟不同层次的汉藏语系语言各类特点（包括同源词和形态标记）或总体特点也就有了一个方向，有了一个主心骨，构拟原始形式也就是顺理成章的事情了。这是该文讨论主旨。

汉藏语系上古音歌侯幽宵四部同源字考：读柯蔚南《汉藏语词汇比较手册》札记（续2）　邢公畹撰，载《民族语文》1998 年第 6 期。

该文为《汉藏语系上古音之支脂鱼四部同源字考》的再续篇。写作目的仍在指出美国学者白保罗建立的排斥侗台苗瑶语的汉藏语系的假说不可信。文章就上古音歌侯幽宵四部举出 19 例，都是一些基本词。包括人的称谓 3 例：婆婆、舅舅、朋友；人体部位 3 例：头、口、乳房；自然事物 6 例：沙、石头、盐、雾、鸠、猫头鹰；数词 1 例：九；交通工具 2 例：船、木排；日常行为 4 例：居住、呼喊、舀（水）、煎炒。从这些基本词的对应中可以看出汉、藏缅、侗台、苗瑶各语之间的同源关系。例：

[婆]字,柯氏举其对应缅文:ac-bhwa"祖母"。作者认为还有一些藏缅语也可以和汉语"婆"相对应:"祖母"尔龚 a-pu,札巴 a^{55}pho^{33},尔苏 a^{33}wa^{55}。有些侗水语"祖母"仫佬 pwa^2,毛南 pa^2,拉珈 pa^6。

汉藏语系上古音侵谈两部同源字考——读柯蔚南《汉藏语词汇比较手册》札记(续) 邢公畹撰,载《民族语文》1998年第5期。

该文为《汉藏语系上古音之支脂鱼四部同源字考》的续篇。写作目的仍在指出美国学者白保罗所建立的排斥侗台苗瑶语的汉藏语系的假说是不可信的。苗瑶语"三"的调类和汉语、侗台语一致。瑶语"含"的说法和汉、藏、侗台的说法是相对应的。大部分侗台语"心"的说法可以和汉语、藏语对应。瑶语"心"的说法也是和汉语、藏语对应的。侗台语各方言"喝"的说法能和汉语"饮"相对应的比藏缅语各方言还要多一些。"浸泡"一词,汉、侗台语说法的声调完全一致。瑶语"睡着"一词和汉语"寝"字也有同源关系。"想"字广州口语、瑶语、侗台语都是阴上调。"檐"字汉语和苗瑶语这个词的说法都是阴平调。苗瑶语"甜"的说法和汉语"甘"字同源,这个字的说法,汉语和苗瑶语都是非曲直阴平调。从以上词的对应上可以看出汉、藏缅、侗台、苗瑶各语之间的同源关系。

汉藏语系上古音之支脂鱼四部同源字考——读柯蔚南《汉藏语词汇比较手册》札记 邢公畹撰,载《民族语文》1998年第4期。

美国学者柯蔚南在白保罗氏理论基础上,引用了许多补充学说,构拟了不包含侗台苗瑶语的汉藏语原始形式,写出了《汉藏语词汇比较手册》一书。藏缅各方言之间的对应关系极为复杂,参差不齐,从而使柯氏所据以构拟汉藏语的原始形式的基础至少有一半是脆弱的,特别是白保罗所假定的汉藏语系把侗台语、苗瑶语排除在外,这种假定是不可信的。我们说柯氏所构拟的汉藏语原始形式的可信程度很低,并不等于说他所列举的语词对应关系全不可信。这种从排列出来的语言事实上表现出来的对应关系,常常不必假手于构拟就可以看出它的同源关系来。文章就上古音之支脂鱼四部举出28例,都是一些基本语词,包括常见事物11例,亲属称谓3例,动词4例,性质词5例,代词2例,数词3例,论证了汉、藏缅、侗台、苗瑶各语之间的同源关系。这些语言事实证明了白氏之说不可信。

汉藏语系属研究的文化人类学方法综论 江荻撰,载《民族研究》1999年第4期。

文章从语言文化人类学角度讨论了汉藏语系属分类中的理论和方法论问题。全文分4章。一、汉藏语言分类现状。汉藏语言系属分类所涉及的问题,特别是一些核心问题,包括以下几方面:(1)汉藏系众多语言和语言历史变异现象的描写尚未完善,而精细化和深层次的描写更为缺乏;(2)反映语言历史面貌的民族语言文字文献的久远程度及非音素性质于研究工作难如人意;(3)不同地域、不同民族的人民的历史和文化等文化人类学要素还未系统地引入语言研究范畴;(4)基于印欧语的历史比较法在中国及东南亚等地的普适性问题。二、"东南亚文化流"和文化人类学。中华文明起源是多元的还是单一的,这个问题确实对语言系属分类有很大影响。反映为李方桂提出的传统汉藏语分类;本尼迪克特提出的奥泰语分类;沙加尔、邢公畹、郑张尚芳和潘悟云提出的华澳大语系。三、"远程构拟法"与语言远缘关系。语言观指导人们的语言研究方法,人类文化学宏观概念与历史语言学的细微比较构拟发生冲突。四、汉藏语分类的羁绊与非谱系树观。汉藏语系属分类研究的困难导致非谱系树观念的产生,形成一种很可能成为未来汉藏语历史语言学的新方向的趋势。

汉藏语系研究和中国考古学 邢公畹撰，载《民族语文》1996年第4期。

文章认为要探索汉藏语的起源和演变就必须探索中国原始社会的情况。中国文明是一个整体，但它的起源和组成却是多元的。龙山时代各个区域性文化群体在经济上都有发展社会生产力的要求，在文化上都有以汉藏语为代表的文化传统和共同心理状态、生活方式，这是彼此联合统一的内因。龙山时代庙底沟二期文化与当时其他各文化之间的强烈交互作用，可以称为"华夏化"运动，伴随发生的还有"夏语化"运动。"华夏化"运动是华夏文化与其他文化之间的交互运动，三代以后，几乎浸润全国；而"夏语化"运动则是单向地以夏方言为标准音的运动，远离中原的方言区域对此有一定的抗拒性，所以仍然独立发展为侗台、苗瑶等语。至于形成藏缅语的方言，由于在铜石并用时代的早期就已经从原始汉藏语中分出，不受夏语化影响。总之，从新石器文化开始到铜石并用时代早期，汉藏语已经形成，大约1500年后，慢慢形成许多原始汉藏语方言，然后分化发展至今。

汉藏语系研究历史沿革 孙宏开、江荻（执笔）撰，载《汉藏语同源词研究》第1辑，广西民族出版社，2000年。

汉藏语言的系属分类研究已有近200年的历史，但迄今为止，学者们仍然为如何分类而争论不休。该文尝试从汉藏语言系属分类的源流和发展的角度对19世纪和20世纪这两百年来的学术研究作详尽的论述和归纳。文章的编排体例以时间为顺序，从19世纪汉藏语观念发祥到20世纪上半叶汉藏语分类格局初成；20世纪50年代到90年代系属论争，一直到21世纪对系属分类未来发展的展望，以时间为经，以汉藏语观念的形成和系属分类的发展为纬，全面评述了每一个历史时期重要的观点、争论、代表人物和他们对这一项研究的贡献。文章的内容突出了以下几方面的特色：一、在体例安排上，文章的重心集中在20世纪的100年，分成三个历史时期：上半叶，格局初成时期；50—70年代：系属变革时期；80—90年代，系属论争时期。其中，80—90年代系属论争时期，又分成上、中、下三篇，这种编排体例足以彰显这100年在汉藏语系属分类的发展进程中所占据的重要历史地位。二、文章以系属划分的三大流派为主线：一派是李方桂的类型学观点，依据语言之间的类型特征共性，把汉藏语系划分成汉语族、侗台语族、苗瑶语族和藏缅语族四个语族；一派是本尼迪克特发生学观点，依据同源词之间语音对应关系把侗台语和苗瑶语从汉藏语系里分化出来，与南岛语建立澳泰语系，第三派是国内的邢公畹、郑张尚芳和潘悟云提出的在汉藏语系、南岛语系和南亚语系的上位建立华澳大语系的观念，综观了各个历史时期各个流派的主要代表人物、主要著作、主要观点和各个历史时期争论的焦点问题。三、文章把论争的焦点集中在侗台语的归属和它与汉语、南岛语的亲源关系上，通过侗台语这座桥梁，看汉语、侗台语、南岛语之间是发生关系还是接触关系，以此来验证三大流派基本观点的优势与不足。围绕这一焦点论题，作者重点介绍了国内和国际的重要汉藏语言学者在20世纪一百年的重要成就，并对他们在侗台语归属上的交锋做了评述。四、文章详尽地论述了汉藏语系属划分的方法论问题，其中包括声调的起源和发展问题，复辅音的类型和演变问题，同源词和借词鉴别的新方法，比较择词和比较词表的问题，并紧紧围绕着发生学同源词的判定标准，重点讨论了核心词表的确定和择词以及同源词和借词的鉴定方法，针对历史比较语言学系属划分谱系树模式的局限性，介绍了20世纪代表性学者的创新方法，如高本汉和严学宭的同族词法，邢公畹的深层语义对应法，陈保亚的核心词阶曲线判定法，以此来突出汉藏语系和印欧语系在系属划分方法上存在着根本的差异。五、在全面介绍各个时期各家各派对东亚、东南亚和南太平洋语言分类的基础上，文章给出了20世纪末两种汉藏语系属分类的最终框架：一种是美国马提索夫的汉藏语分类，反映了西方学者关于汉藏语系属分类研究水平和成果；一种是中国孙宏开等的分类，保持了李方桂的分类体系，同时吸收了各方面最新研究的成果，并收入了近年确定的新发现语言。同时，文章排列出20世纪初到20世纪末著名汉藏语学者对藏缅语所进行的分类，彼此对照，以此来说明研究者的观点的不同。六、文章能够站在汉藏语系的高度来透视汉语史的研究，挖掘出目前汉语史的研究中存在两个问题：一个是只利用本语言的文献材料进行内部构拟，另一个是认为从上古到中古《切韵》时期这1700年汉语是直线发展的，没有方言的分化。解决这些问题的途径就在于利用汉藏语已有的研究成果来进行历史比较，开阔研究的视野，这对于汉语的古音研究，尤其是上古音的构拟，是非常重要的。这是一篇综述性的文章，也是目前国内介绍汉藏语系属分类研究成果的集大成者，所选取的材料都是国内和国际最权威和最前沿的学术成果，时间跨度大，从19世纪初叶到20世纪末叶，再跨越到21世纪，每一阶段条分缕析，观点集中，有述有评；重视理论和方法相结合，突出有争议性的问题，让读者能够深入地了解这一研究领域历史发展脉络，透彻地掌握前沿的观点，同时，对于未来需要解决的问题和发展的方向都能了然于胸。

汉藏语系语言鼻音韵尾的发展演变　石林撰，载《民族语文》1996年第6期。

作者认为辅音韵尾是汉藏语系语言所具有的共同特征，并对各语族语言韵尾出现频率、韵尾结构特点、演变规律和发展方向进行了研究。从语音原理、地域特征和语言接触等方面探讨了引起汉藏语鼻音韵尾发展演变的内外因素。汉藏系语言鼻音韵尾发展演变的共同规律和共同特征是：（1）鼻音韵尾演变的渐变性。鼻音韵尾的丢失由一个到二个、三个到元音鼻化，直至彻底脱落。（2）在三个鼻音韵尾中-m尾最易丢失（藏缅语例外），-ng尾最为保守（但长沙等-n尾最保守）。（3）鼻音韵尾是音节构成的合理部分，每个鼻音韵尾都具有辨义功能。至今在汉藏语系语言中尚未发现鼻音韵尾彻底丢失的语言，至少还有鼻化元音或紧元音坚守着鼻音韵尾这一阵地。汉藏语系语言鼻音韵尾的发展演变是其语音内部声、韵、调相互影响和自我调整的必然结果。

汉藏语系语言的分类　谢飞撰，载《汉藏语系语言学论文选译》，中国社会科学院民族所语言室1980年。

该文首先提出把汉藏语系语言分为东部的汉暹语族和西部的藏缅语族是错误的概念。然后作者进一步分析了原因并提出了自己的分类：汉藏语系的主要语族有：汉、台、藏、缅、巴尔、克伦。汉语族包括普通话区、吴语区、闽语区、粤语区等。台语族又分为南部、北部、西北部等部分。藏、缅、巴尔、克伦也都包括相应的语区、语支和语言单位。在该文的结论部分作者进一步对科诺的分类进行批判。作者认为科诺只进行现代藏语方言词汇的比较，没有用一种认真的方法找出语音的对等公式来，因此他的分类工作没有广泛的比较工作基础。在碰到极大的语音变化时，科诺多半会误入歧途。在那嘎诸语言里，科诺把西库基语区和卢胡帕语支搞混了，并且把米基尔语分错了类，他把米基尔语列入他的那嘎—库基语群，只能增加这个语群的混乱。还有关于戎话的分类问题等错误。最后作者论述了汉藏语以外的亲属关系。文后附有《汉藏语系语言分类》语言名称译名对照表。

汉藏语系语言的亲属关系　傅爱兰撰，载《汉语与少数民族语言关系概论》，中央民族学院出版社，1992年。

该文就汉语和藏缅语共时特征，从语言、词汇、语法三方面对汉语和藏缅语的亲缘关系作了科学的探讨。语音：汉语和藏缅语在声母清浊、复辅音、韵尾等方面都有一些共同特征和相同的发展规律。词汇：由于汉语和藏缅语分化已久，词汇上的语音对应关系零散，语音对应的条件已不易确定。所以，给确定同源词带来重重障碍，但二者之间在一些基本词汇上有某种"亲密的关系"，人们"心照不宣"地认同二者的亲缘关系。语法：在语法上，汉语和藏缅语有一些共同点，但也有一些不同点。有些不同点反映了各自所处的发展阶段的不同。具有内在的承接关系。也许可以作为同源的证据。汉语和藏缅语族语言大多以虚词和语序作为表达意义的主要手段，但也不同程度地保留一些形态变化，尤其是藏缅语族某些语言，有比较丰富的形态变化，除使用语音屈折外，还大量使用附加成分来表达各种语法意义。

汉藏语系语言的系属问题 倪大白撰，载《中国语言学报》1995 年第 6 期。

文章第一、二部分略述确定语言间亲缘关系的准则和目前东西方对侗台语族诸语言亲属问题的不同看法。认为有必要区别"类型特征"和"谱系特征"。第三部分用菲律宾语、马来语、台湾高山语言、海南岛三亚回族语言等南岛语系印度尼西亚语族中几个主要语言，跟侗台语诸语言的部分基本词汇对照。材料表明这些语言中的部分基本词汇面貌非常一致，即使其中有一些发生了变化，脉胳也很分明。第四部分以侗台语的声调跟菲律宾主体语言他加禄语（Tagalog）的重音作比较，发现两者之间有一定的关系，声调是由重音演变来的。第五部分小结，提出从词汇材料和声调来源看，侗台语与南岛语确实同出一源。因此侗台语不宜称"汉藏语系"语言，应正名为"汉藏语型"的语言，简称为"汉藏语"。

汉藏语系语言对于加深汉语研究的作用 马学良撰，载《民族语文研究》，四川民族出版社，1983 年。

汉藏语系语言对于研究汉语特别是古汉语有重要的启发作用。语音方面，不少语言的元音有长短的分别，壮侗语族中壮语、傣语、布依语、侗语等长元音现象普遍，汉语个别方言元音也分长短，瑶语也有这种现象，藏缅语言也有这种现象，但长短不是音位要素。可以设想在汉语发展某个阶段，元音长短也跟汉藏语系其他语言一样组成了长短的系统，后来，长短逐渐消失成为遗迹，残存在现代方言之中。汉藏语系的语言材料不仅对汉语的语音研究有所参证，对于汉语语法和词源同样有证补作用。如西双版纳傣语的指示词有近指 $nī^6$ 和远指 $nǎn^6$，分别相当于现代汉语"这"和"那"。傣语指示词在词组和句子中所处的位置及其隔语作用这些语法特点，它们与古代汉语指示词的读音和用法的某些形式有一种对应关系。

汉藏语系语言放置义类持续标记的比较研究 罗自群撰，中央民族大学中国语言文学专业博士后研究工作报告，2006 年 12 月。

该报告经过对所收集到的中国境内汉藏语系 50 多种民族语言的比较，发现这些语言中的持续标记与现代汉语方言"著"类持续标记，无论是在语义上、还是在语音、用法上，都存在明显的对应关系。认为这种对应关系不可能是同源关系或偶合造成的，而是这些民族语言在不同时期、从不同的汉语方言中借入的，是千百年来语言接触造成的借用关系，都与中古汉语附着义、放置义的"著"有关。通过对这些借入的汉语持续标记在语音、用法、借入方式、分布等不同表现的分析，结合历史上的地缘关系以及与之有关的人口迁徙等因素，梳理它们在藏缅、苗瑶、壮侗三个语族中不同的历史层次。该报告探讨汉语虚词借入民族语言的途径和方式，并借助它们在民族语言中语音、语法等方面的表现，反观汉语"著"类持续标记演变的历史轨迹，从而在更大的范围、更高的层面上考察一个实词演变成为虚词的语法化全过程。该报告也是在过去汉语持续标记研究的基础上，打破语种的界限，从汉藏语系语言的高度，考察民族语言对汉语持续标记的借用情况，从语言接触的角度重新认识汉语和少数民族语言的关系。

汉藏语系语言研究中的若干问题——访李方桂先生 孙宏开、吴涌涛根据录音整理，载香港《中国语言学集刊》2007年第2卷第1期。

1986年5月下旬，作者受中国社会科学院派遣赴加拿大渥太华出席联合国教科文组织举行的国际语言规划学术讨论会。会后，应加州大学伯克莱分校语言学系马蒂索夫教授邀请，去该校语言学系进行短暂访问。6月3日下午，李方桂先生夫妇在他们的住处奥克兰公寓设家宴款待。当晚李先生应作者的请求，回答了汉藏语系语言研究中的许多问题。席间，罗仁地博士和陈宁萍博士在场，陈宁萍博士录了音。该文是根据录音整理而成。讨论的问题先后涉及汉藏语系的量词问题、复辅音问题、韵尾问题、构拟方法问题、动词趋向范畴问题、人称范畴问题、小舌音问题、声调的起源问题、侗台语和苗瑶语与汉语是否有亲缘关系问题、塞擦音问题、松紧元音问题、混合语问题、开合口问题等。

汉藏语系中词素词干的某些问题：初探 西田龙雄撰，载《民族语文研究情报资料集》，中国社会科学院民族所语言室1987年第9期。

该文探讨了汉藏语系语言中词素词干早期形式的程序。汉藏语系语言的比较研究一直存在着许多有待解决的问题。在语言的历史比较研究中，其研究的目的是要建立语言的发生学关系，建立汉藏语系语言共同词干的早期形式的程序，是需要我们完成的任务之一。上古汉语和原始藏缅语词汇的共同词干是有关系的，它们之间的发生学关系是相当紧密的，这使我们有可能在上古汉语形式的基础上来考虑原始藏缅语的早期形式。如果能成功地找到一类边缘的同源词组的相似例子，那么就能建立一种有规则的对应关系。关于汉藏语系语言的研究，应该很好地利用汉语材料，因为汉语有着最悠久的历史和最丰富的词汇，而且汉语的音韵系统的一般演变情况为我们所熟悉。尽管台语被限于只记下像13世纪那样近期的语言，但是共同台语和中古汉语之间的对应关系的建立有可能推断出上古台语的形式。

汉藏语系诸语言关于动物量词"头"的来源 龙耀宏撰，载《贵州民族研究》1998年第3期。

该文从比较语言学的角度，对泛用动物量词的来源问题进行探讨。量词是汉藏语系语言的重要特征之一。在现代汉语最常用的动物类别量词中的"个""头"有泛用现象。与现代汉语相比，藏缅语、苗瑶语、壮侗语等语言中都有一个泛用于动物的类别量词，意义相当于汉语的"头、个、只、匹、条、尾、口"等，语音面貌则与"头"相同或相近。文章从语音形式分析，藏缅语可构拟为 $*du/?$。苗瑶语的对应整齐，可构拟为 $*dung$。壮侗语的对应也整齐，可构拟为 $*du/ng$。根据汉藏语系诸语言动物的泛用类别词"头"的语音对应情况来看，它们同出一源的迹象十分明显。可以给这个词拟定一个原始共同语 $*du/ng$。文章对"头"的来源作考证。据考汉语用"头"作动物计量单位，最早出现于汉代。在汉语中找不到它确切的来源。文章提出从另外角度来考虑问题。结果在壮侗语中发现这个类别量词与有关词在语音上的相似性和语义上的联通关系，这种关系有理由认为汉藏语言动物泛用类别量词来源于原始台语的可能性。

汉藏语选择问句的历史演变及类型分布 宋金兰撰，载《民族语文》1996年第1期。

文章指出汉藏语的选择问句大体上分为两种类型，一种是"A-part，B-part"，part，代表疑问语气词，在这类句式中，疑问信息是由语气词负载的，选择关系则被隐含在语义层面中。这种句式的前身是"pref-A，pref-B"，pref，代表疑问式前缀。认为"A-part，B-part"中的疑问语气词是由"pref-A，pref-B"中的疑问式前缀演变来的。汉藏语的另一种选择问句是"A-conj-B"，conj 代表选择连词。这两类选择问句虽然在句法形式上存在着明显的差异，但两者之间却有着不可分割的历史联系，"A-part，B-part"是"A-conj-B"产生的先决条件，后者是由前者演变来的。文章认为汉藏语选择问句历史演变的总趋势是由"A-part，B-part"句式过渡到"A-conj-B"句式，但这种演变在汉藏系诸语言里并不是同步进行的，大体上表现为由南向北的地域性推移。

汉藏语言闭/开元音的交替　浦立本撰，载《民族语文研究情报资料集》，中国社会科学院民族所语言室 1988 年第 10 期。

该文探讨了汉藏语系语言闭/开型元音的交替情况。北京话的大部分音节可以按成对的闭/开元音进行排列，每一对都具有相同的节首辅音、中间半元音以及韵尾辅音和半元音。作者认为，在古汉语和现代北京话之间元音结构的基本闭/开型中有明显的连续性，即使在现代语言中有某些另外的复杂情况，那么这种情况无疑地可归结于在这个时期发生的韵尾辅音的极大变化。书面缅语的元音核心与此类似，也能被减为一对闭/开元音，而且这一对元音产生一个与藏语相对应的单一类型。因此，从总体上看，似乎很可能这对闭/开元音实际上反映了汉藏语言原始的语音结构。尽管汉藏语言学的许多原始情况使得它难以获得在印欧语言中可能获得的同级分析，但是，在现在人们能够为闭/开元音交替还与"外向/内向"的对立相关联的假设，列举出一个良好的实例。汉藏语言中元音交替最明显之处是在藏语的动词里。

汉藏语言的共性和类型　瞿霭堂、劲松撰，载《民族语文》1998 年第 4 期。

该文是一篇以汉藏语言为资料的研究语言共性和类型学的理论文章。首先研究了共性和类型的定义和内涵，再从普遍性和局域性确定共性和类型的范围；从转换性和本体性定义共性和类型的性质；从历时性和共时性确定共性和类型的时间属性；从共性的参项确立共性的指标和类型的标准；从综合性和标志性说明参项的包容属性；从绝对性和倾向性说明参项的分布属性；从动态性和静态性说明参项的变化属性；最后，根据以上对共性和类型的理论构架，提出确立汉藏语言共性和类型的语音和语法参项，从理论上解释了这些参项的特点和性质，阐述了汉藏语言的共性和类型特征。该文是为建立汉藏语言类型学所做的理论研究，是对共性和类型学理论的一种反思，是为建立一种科学类型学理论的尝试。

汉藏语言的派生构词方式分析　徐世璇撰，载《民族语文》1999 年第 4 期。

通过附加词缀的派生手段构成新词，是大多数汉藏语言重要的构词方式之一。论文从基本特点和普遍共性两个方面进行阐述。系统分析了汉藏语言派生构词方式在区分类别的功能、抽象泛化的意义、灵活易变的结构、派生类型的差异、晚近的发展这五个方面所具有的基本特点。提出这五个方面表现出来的基本倾向显示了汉藏语言派生构词以下的主要共性：（1）大量兼类词缀的存在使其不能成为词类的确定性标志，类属功能不完全不充分的特点表明派生构词方式不是一种合格称职的形态手段；（2）在汉藏语言派生构词中发挥重要作用的，不是只起形态标志作用的典型词缀，而是意义不完全虚化的类词缀。以语法作用为主的典型词缀形式不稳定，同词根的结合有较大的离变性，而有一定词汇意义的类词缀其形式更稳定，同词根的结合也更紧密；（3）派生构词现象的发展趋势和词缀消失、产生的变化表明，派生构词的语法功能同表义功能密切依存，一定的词义负载量在某种程度上是词缀生存发展的重要条件。汉藏语言中的派生构词虽然在不同语言中的具体表现复杂多样，但在类型特征上具有共通的相似之处：对于在造句层面缺乏形态变化的汉藏语言来说，存在于构词层面的形态变化是形态手段的突出表现，但其着重点仍然倾向于词汇意义的构成和表达，而不是语法意义的表现。在典型词根语的汉藏语言中，词的语法身份主要通过词在句子结构中的关系体现，而不依赖于词形变化来显示，因此纯粹的形态构词手段不可能得到完全充分的发展。

汉藏语言的声调　瞿霭堂撰，载《民族语文》1993年第6期、1994年第1期连载。

汉藏语言的声调是世界声调语言中的一种独特的类型。这与汉藏语言单音节表义属性的特点有密切关系。该文讨论三个问题：第一，汉藏语言声调的性质、功能、结构、特点和类型；第二，汉藏语言声调的起源和发展，即声调的系统发生和个体发生；第三，汉藏语言声调的语音特征和音系学的关系，即声调在音系学中的地位、作用和处理方法。该文概括了汉藏语言声调的九种特性（多类性、单音节性、辨义性、对比性、多型性、多层性、羡余性、协变性和多元性）；从声调的普遍属性、自然属性和功能属性、声调与声韵母的共时和历时密切关系解释声调的系统发生和个体发生的机理和轨迹；深入解释了声调的系统发生和个体发生的自然基础和社会基础；从而建立了声调三种基本结构（自主结构、不自主结构和半自主结构）；确立了汉藏语言声调发展演变的两种途径（分化和合并）和两种手段（创新和调整），并全面解释了这两种途径和手段的关系；研究了声调系统"通过扩大变异、增强对比和转换功能实现的"发生机理；概括

了确立声调在音系学中地位的五种选择原则（音系格局、比较需要、历史来源、发展趋势、语音感知），并从元音长短、塞音韵尾、元音松紧、辅音清浊和音节强弱等方面探讨了这些原则在确立具体声调的音系学地位时的实践意义和理论价值。该文是为了建立汉藏语言声调学而做的理论研究，同时也是对一般声调学的补充和推进。

汉藏语言的形态　瞿霭堂撰，载《民族语文》1988年第4期。

形态作为一种语法手段，是人类自然语言的常见语法方式。汉藏语言不多使用形态手段，却也不乏使用的语言，尤其是藏缅语言。该文全面介绍汉藏语言形态的形式、方式、结构和功能，以及它在语法系统中的地位和意义。提出汉藏语言形态的六个主要特征（音节性、单义性、局限性、共生性、后置性和离散性）；按三种方式（屈折法、附加法和重叠法）论述各种语言的词类使用形态手段的性质、结构、方式和功能；将形态分为三种结构（对应、对比和关联）和三种基本表达方式（自主表达法、比较表达法和相关表达法），完善形态表达方式的科学分类，摆脱将形态作为一种语法手段的研究局限性，从表达系统的结构及其基本方法将形态的具体研究提高到在更高层次上反映其发展和演变的研究；最后在理论上探讨了形态与非形态、屈折变化和减缩变化的判别标准和方法；研究了词的形态化、形态的词化、形态的简化等汉藏语言形态发展和演变的重要理论性和规律性问题。该文是为建立汉藏语言形态学所做的理论研究，彰显欧亚语言在形态上的共性和个性，以期建立一种新的形态学框架。

汉藏语言的语音屈折构词现象　徐世璇撰，载《民族语文》1996年第3期。

该文对汉藏语言中广泛存在的语音屈折构词方式和由此产生的同族词现象进行分析，探求普遍规

律和特点。该文采用共时对比的方法，得出汉藏语言同族词的 3 种主要语音变异形式和 7 种词义关系类别，提出各种汉藏语言的同族词既有共同的规律，又存在各自的个性特征。在此基础上进一步论证语音屈折构词现象同汉藏语言音节结构紧密、具有较强的稳定性和独立性，语法手段以分析形式为主，缺乏词形变化等语言结构的本质特点有密切关系；这一构词现象属于历史范畴，它产生于特定的历史阶段，与当时的音节结构特点和语言历史演变进程密切相关。全文引用汉语、藏语、壮语、苗语等 10 种汉藏语言的例词共约 470 个。对汉藏语言语音屈折现象的探讨，有助于进一步认识汉藏语言的结构特点，和语音、词汇、语义、语法几方面的有机联系，提高同源词识别率，正确确定亲属语言词汇和构词上的同源基础。

汉藏语言的虚词　瞿霭堂撰，载《民族语文》1995 年第 6 期。

该文论证了真正表征汉藏语言语法结构的是作为语法标记的特定的虚词系统。论述了语法结构的虚词化是人类语言发展变化的一条重要而具有普遍意义的途径。从虚词使用上的灵活性，功能上的统摄性，形式、语义和功能上的独立性，更高层次的抽象性和转换、移植的便捷性等方面在理论上说明了虚词作为一种语法标记在人类自然语言中的重要性。文章概括了汉藏语言虚词的四种普遍特性（语义上的理据性、形式上的两面性、功能上的多元性和发生上的多源性）；深入讨论了汉藏语言中标记主语、宾语、定语、状语和补语的虚词的性质、形式、种类和功能，同时讨论了出现在谓语中的虚词、与句子有关的虚词和起整合作用的虚词等，全面描写了出现在汉藏语言中的虚词；最后，从理论上探讨了虚词与实词的界限，虚词与形态的界限，实词语法化等理论问题。该文是为建立汉藏语言虚词学所做的理论研究，是对"形态中心论"的一种逆向理论反思。

汉藏语言的音系学　瞿霭堂撰，载《民族语文》1996 年第 5 期。

该文从介绍音系学的发生和发展的历史及其研究内容和范围开始，进一步介绍了汉藏语言音系学的特点及其对音系学的理论贡献（纵横交错、动静相关的多层次立体研究，音段和超音段的相关性研究，音位、音组、音节和音联相结合的多层次分析法）；从理论和方法上探讨了音素分析法和声韵调分析法，音素音位和语素位，区别特征、语音特征和语音结构的层级性，音位分析的多元性等汉藏语言音系学中的重要问题。该文是为建立汉藏语言音系学所做的理论研究，也是对一般音系学的理论拓展和实践验证。

汉藏语言的韵母研究　罗美珍撰，载《民族语文论文集》，中央民族学院出版社，1993 年。

文章通过数十种汉藏语言材料的比较论述汉藏语言韵母的结构、类型、特点以及演变的规律和方式。结构和类型上，韵母分为单韵母，即只由一个元音构成。包括鼻化、舌、唇齿、松紧元音。复韵母包括介音、韵尾在内的二合、三合和四合几种。韵母的特点有（1）独立性，即独立的表意功能；（2）向心性，即各音素依附中心元音；（3）限制性，如依附音素的类别有限；（4）融合性，即多音素有时融合为单一音素；（5）关联性，即韵母变化与声母、声调相关。汉藏语韵母系统的演变的趋势是简化，量由多到少，结构由繁到简，演变规律有长短元音变化、松紧元音变化、辅音韵尾变化、复合元音韵的变化。韵母演变的方式有 6 种：同音，指古今保持一致；变异，指元音或韵尾发生变异；分化，指一个韵母分化成几个韵母；合并，指一些韵母与另一些相同；转化，指对立的韵母转化为其他形式的对立；转移，指元音推移变化。文章举例 100 多个。涉及多种语言和方言，资料丰富翔实。

汉藏语言历史比较研究的新课题 瞿霭堂撰，载《中国社会科学》1985年第5期。

作者根据我国汉藏语研究的情况，从五个方面进行了论述，提出了自己的看法。在汉藏语系框架分类上，作者认为应视具体语言的不同而作具体的分类，不能拘泥于语系、语族、语支三分法。苗—瑶、壮—侗和藏—缅不是一个平面上的东西。在语言融合方面，作者主张区分替换与融合的不同并提出了三种替换模式。在底层问题上，作者分析了底层的特点及其对语言发展规律的影响。在发生学与类型学分类上，作者认为根据新的类型学标准，可以把两种分类法结合起来互相补充。亲属语言之间所具有的典型特征基本上是同类型的。这种反映共同来源的典型性、稳定性特征具有识别系属的功能，可以和发生学分类相吻合，对发生学分类起补充、验证的作用。目前需要确定汉藏语言的类型特征。

汉藏语言声调起源研究中的几个理论问题 瞿霭堂撰，载《民族语文》1999年第2期。

该文是针对徐通锵先生《声母语音特征的变化和声调起源》一文所提出的一些有关声调起源研究中的理论问题所做的探讨。在声调存在和发生、发展的语音基础方面，以充分的事实否定了徐文所提出的作为声调产生充足条件的1+1+1的音节模式；在声调发生和发展的机制方面，以语言事实否定了所谓的美国最新理论，即"音响顺序原则"，从而否定了徐文所提出的音响与语音特征转化的必然关系，以及把音响定义为"音量"的错误观点；从理论和实践上论述了声调发生和发展的原因和途径，否定了徐文所提出的声调起源于声母特征转化的"一元论"，论证了声调起源的多元复杂因素；在声调起源研究的方法方面，坚持历史比较的方法，否定了徐文声调起源研究中结构分析和声母发生的唯一性和与韵母无关等错误观点，建立了使用历史比较法研究声调起源的标准流程。该文是通过语言事实，从理论上对一些声调起源研究的错误观点进行了批评，阐述了汉藏语言声调发生、发展的语音基础、原因、机制、途径和研究方法。

汉藏语言声调研究的回顾与展望 李锦芳撰，载《西藏民族学院学报》1993年第2期。

这是一篇对汉藏语言声调研究作全面回顾和展望的文章，提供的信息量大。主要对七八十年代以来中外学者在汉藏语言声调研究领域中所取得的成就进行归纳并加以评估。分以下几个方面：声调起源的时间。共同汉藏母语尚未有声调。汉语与壮侗、苗瑶三个语族的声调有同源关系。汉语和壮侗语言在三千年前有平、上、入三声。藏语的声调产生约在9—12世纪，而缅甸语出现声调是在数百年前。声调发生的机制。音节简化是汉藏语言产生声调的共同前提。产生声调的因素多种多样：声母清浊对立的消失；韵尾失落与元音松紧作用；元音长短与辅音韵尾的作用；韵尾失落。影响声调发展的因素。汉藏语言的声调产生了多层次分化现象。影响分化的因素有声母的清浊、送气与不送气、元音长短、韵尾脱落、变调、表达语法意义和语言影响等。

汉藏语言谓词PXP重叠式 薛才德撰，载《民族语文》1997年第3期。

该文PXP重叠式的谓词P，形式可以是单音节的，也可以是多音节的；X前后的两个P，形式必须相同；X表示处于两个P之间的一个成分。PXP重叠式往往用来表示谓词程度的加深。例如汉语湖北恩施话：香 te^{55} 香→"很香"，喜欢 te^{55} 喜欢→"很喜欢"。云南汉语的许多地方语中，都存在着谓词PXP重叠式。也许有人会说这是受少数民族语言的影响，我们不能排除这种可能性。但是，除了西南官话外，还有一些汉语方言有谓词PXP重叠式。汉语方言的谓词PXP重叠式很可能是有共同来源的。带有谓词PXP重叠式的这些语言（包括汉语）

除独龙语外，谓词一般都缺少形态变化。而谓词形态变化丰富的语言，如藏语、羌语等，都没有谓词 PXP 重叠式。PXP 重叠式中的 X 在不同语言中的不同表现形式很可能是语言平行发展的一种结果。

汉藏语言系属研究中的几个问题　盖兴之撰，载《民族语文论文集》，中央民族学院出版社，1993 年。

该文从哲学思想上的倾向、历史主义原则、比较方法的运用三个方面论述了汉藏语言系属研究中的问题。语言学家的语言系属表带有哲学思想倾向由来已久，19 世纪施莱赫尔在构拟原始印欧语语音体系时有着黑格尔哲学思想的烙印，白保罗教授在汉藏语言系属分类中讲中心，也曲折地反映了西方哲学中心主义的思想，结论都难免违背语言的事实。系属分类应该坚持历史发展的观点，用纯语言结构的标准去划分，既取消了语言的社会性质，也不完全符合语言发展的不平衡规律。历史比较法要借鉴，语音规律是确定语言系属的重要依据，但更要创新，要尊重汉藏语言事实，从探索建立松散的有弹性的语音对应规律开始，逐步达到确立严格的语音对应规律。并以彝缅语言 p 类、t（ts）类、k 类的相互对应为列举了 3 组例词。

汉藏语研究 40 年——写在第 40 届国际汉藏语会议召开之际　孙宏开撰，载戴昭铭主编《汉藏语研究四十年》，黑龙江大学出版社，2010 年。本文的主旨又以"汉藏语研究方法之我见"为题，刊载在《语言科学》2007 年第 6 期上。

该文为作者 2007 年 9 月在黑龙江大学召开的第 40 届国际汉藏语言及语言学会议上的开幕词。文章回顾了自 1968 年首届汉藏语会议在美国召开以来，国际汉藏语研究队伍不断壮大，总体研究和专题研究不断深入，头绪越来越复杂，发现的问题也越来越多。文章对近十年来，在国际汉藏语研究界就方法论探索方面出现的不同观点的争议发表了自己的看法。文章说，由于汉藏语系历史比较研究涉及的语言多，问题复杂，再加上起步晚，难度大，在学术观点和方法论方面出现不同意见是正常的现象。但是不同学术观点的学者之间，境内外学者之间，老年学者和青年学者之间要互相尊重。既要敢于坚持真理，又要勇于修正错误。提倡重事实、重证据、重理论创新、重科学态度。即使出现了学术观点分歧，也要心平气和地进行讨论，从对方的观点中吸收合理的成分，不应该将学术观点的分歧带入人际关系。

汉藏语研究中的一些问题　孙宏开撰，载《语言科学》第 1 期，2006 年。

该文是作者在厦门大学召开的第 38 届国际汉藏语言与语言学会议开幕式上的讲话，应语言科学杂志要求，修改后公开发表。文章认为，汉藏语系主要分布在东南亚次大陆，有数百种类型各异、千姿百态的语言，虽然经过各国语言学家的长期努力，我们陆陆续续、深浅不同地掌握了这些语言的特点，但是它的外延和内涵都还有许多争议；它们各自的演变脉络还不清楚，许许多多大小不同的语言群体之间的共性和特性还很不清楚，各语言之间、各语言群体之间的远近关系也很不清楚，至于整个语系的特点和演变脉络更是难以把握。文章就汉藏语系语音、语法、词汇等方面有待进一步深入探讨的热点问题，举例性地提出了一些，供与会者参考。

汉藏语语音实验研究及其理论贡献　李锦芳撰，载《电脑辅助汉藏语词汇和语音研究》，中国藏学出版社，1996 年。

该文着重介绍近年来兴起的对汉语以外的汉藏语系语言语音实验研究的情况，并总结其理论贡献。文章从"声调实验研究"、"辅音实验研究"、"元音实验研究"三个方面介绍有关课题的研究情况，总结这些研究的理论价值，如发现新的元音音质类型，元音音区划分的缜密化、合理化、声调标识法的新探索，对浊送气辅音的进一步认识，等等。汉藏语的语音实验研究，发现和描述了一些新的语言现象，或者补充、修正了前人之说，或者证实了某些理论主张，这些都有力地推动了汉藏语言语音研究的发展，丰富了普遍语言学理论的内容。如：李绍尼、艾杰瑞（1990、1992）对白语的实验分析，使学术界首次认识了"声门混合挤擦音"这种新的音。汉藏语系大多数语言只是从音系学上进行探讨，还有待于我们从语音实验的角度去认识，去研究，以促进其他汉藏语言研究领域的发展。

汉藏语中两个性质不同的 *-g 韵尾 金理新撰，载《民族语文》1998年第6期。

文章通过汉藏同源比较分析，认为藏语的-g韵尾分为原生韵尾和派生韵尾。由于藏语以-g收尾的词语中的-g有一部分来自派生韵尾 *-g，所以藏语中一些以-g收尾的词语在更早的时期应该存在一个不以 *-g 收尾的对拟体；而一些不以-g收尾的词语在更早的时期应该存在一个以 *-g 收尾的对拟体。上古汉语以 *-g 收尾的入声音字和藏语不以-g收尾的语词同源对应，实质上是跟藏语以 *-g 收尾的对拟体同源对应，或者相反。结论：原始汉藏语中存在原生韵尾与派生韵尾。其中原生韵尾汉藏两种语言都得以完整保存，而派生韵尾汉藏两种语言对它的保留却不一致。由于汉藏两种语言对原始汉藏派生韵尾的继承不一致，结果造成汉藏同源对应中-g等韵尾的处理上参差不一。

汉壮语的体词向心结构 袁家骅撰，载《民族语文》1979年第2期。

该文以汉语和壮语描写语法为根据，运用泛时的结构类型学原理，对这两种语言的体词组合进行分析，显示出这些语言在体词结构方面存在共同的和不同的特征，有助于语言间的历史比较研究。以数、量、名三类词组成的基本形式，汉藏语系诸语言大概有以下四种排列次序：（1）数+量+名（有汉、壮、侗、水、黎、苗）；（2）名+数+量（有汉、泰、傣、傈僳）；（3）名+量+数（有泰、傣、藏）；（4）量+名+数（有壮）。以第一种通行区域最广，第二种次之。汉语的量和名可能给别的成分隔开，壮语和苗语的量和名经常紧挨在一起，这形式称"量名组合体"。在壮语里"量名组合体"是词组还是合成词，在语感上很难判别。在"我那两朵大红花"这一复杂词组里，我们原意把量名组合体（壮语 so：ngtu3va1ding1bk7kou1han4 中的 tu3va1）作为核心。由于壮语语法长期受汉语语法的影响，壮族知识分子用汉语语法体系来看待这个问题是可以理解的，也是可以纠正的。

汉字侗文与方块侗字 赵丽明撰，载《中国民族古文字研究》（第三辑），天津古籍出版社，1991年。

侗族原来没有自己本民族的正式文字，在漫长的时期内，汉字曾经是记录、传达侗语的书写符号。至今所知最早的侗族文献是明末清初的，如：《绥宁县志》记载的明万历三年（1575）的《尝民册示》、1985年从江九洞搜集的明末的《东书少鬼》、通道杨锡先生保存的乾隆五年（1740）的手写本《古款本》等。现在侗乡还经常可以看到用汉字记录的侗语《侗族通书》《侗族款词》以及歌本、历书、农书、药书、族谱、家谱等各种侗书的辗转抄本，这样就形成一种特殊的书面语——汉字侗文。（1）汉字侗文。在湘、桂、黔一带侗乡的侗款和唱本中，采用汉字记录款词和侗歌的常见方法有两种：借汉字的音（音读侗义）和借汉字的义（训读侗音）。转借法则是分两步假借。第一步借汉字义训读侗音；第二步借侗语同（近）音词表义。（2）方块侗字。作者从目前所看到的有限材料中，收集到100多个自制方块侗字，分别见于古老的侗款和民歌唱本中，而且在桂北、湘南以及附近的贵州地区，这些字几乎都是通用的。

汉字和汉语与朝鲜半岛语言的关系

[韩] 张辉女撰，载《民族语文》2002 年第 5 期。

朝鲜语里有大量的汉语借词，朝鲜语的汉字音是反映汉语的上古、中古还是近代语音？当前有几种不同的说法：5 世纪说、7—8 世纪说、10 世纪说，还有上古、中古和近代叠置说。该文作者同意上古、中古和近代叠置说。

汉字型哈尼字

王尔松撰，载《哈尼族文化研究》，中央民族大学出版社，1994 年。

20 世纪 50 年代以前，哈尼族没有与自己语言相适应的文字。哈尼族中一些通汉语的知识分子，曾用汉字记录过哈尼语。用汉字记录哈尼语的主要方式有二：一、用跟哈尼语词读音相同或相近的汉字直接记录哈尼语，例如用"不妈"记录 pɯ⁵⁵mɔ³³"太阳"，用"莪"记录 u³¹"天"，用"妹"记录"mɛ⁵⁵""地"。二、用汉字再造字来记录哈尼语词义，这种再造字要按字形改读哈尼语音。例如用"月"字外加圆圈的"⊙月"记录 pɔ³³¹ɔ³³"月亮"，用"鱼"字右边加"阝"记录 ŋɔ³¹sɔ³¹"鱼"。上述用借音改意和自造新字而形成的汉字型哈尼字，在保存哈尼族口传历史与文化方面起过一定的作用。

汉字与朝鲜的吏读字

朱松植撰，载《延边大学学报》1987 年第 4 期。

朝鲜的吏读字，指的是古代朝鲜人模仿中国汉字的结构方式，自行创造的文字体系。吏读字在朝鲜有多种不同的称谓，如俗字、自造汉字、固有汉字和国字等。鉴于音训借用法的演变过程，似乎可以认为它的创制要晚于汉字的传入之时。现在能见到的最早的吏读字，大概要数标记朝鲜三国时代的人名、地名和官职名上的一些方块字了。吏读字的数量有认为 100 多的，也有认为 200 多甚至 500 多的。吏读字的创制原则及其主要特点表现为：1. 形声造字法；2. 会意造字法；3. 合音造字法。除此之外，朝鲜在汉字的用字方法上还有"俗音字"和"俗义字"。这里所说的"俗"是特指朝鲜之"俗"，而汉字的这种用法，广义地讲是属于假借范畴。

汉字在朝鲜半岛

周四川撰，载《朝鲜学论文集》，北京大学出版社，1987 年。

汉字作为一种语言的载体，对历史上使用过、且现在仍在使用汉字的日本与朝鲜，为其创造独具特色的民族文化作出了巨大贡献。该文从多方面、多角度对汉字在朝鲜半岛的应用情况作了阐述。汉字在朝鲜半岛曾被废弃，朝鲜、韩国的语文政策使汉字的使用受到了限制。但是，经过 40 多年的实践检验，认为韩国的拼音文字"专用法案"的负面影响多于正面效益，而消除这些负面影响的途径就是加强汉字的教学。朝鲜语词汇中占 60% 的汉字词，已形成了庞大的词汇群。在学术、文化等专业领域的学术用语，大多数由汉字词构成。在韩国，要求废除拼音文字"专用法案"，恢复拼音文字与汉字并用文体的呼声再度响起。在朝鲜半岛，应重新估计汉字的科学价值，拼音文字与汉字各适其位，各自保留其特点，相辅相成，在并用的过程中扬长避短，以保留朝鲜语言文字的特征。

汉族和哈萨克族亲属的称谓

李贺宾、夏汗哈孜撰，载《语言与翻译》1989 年第 3 期。

哈萨克族的生活习惯和风俗人情有不少和汉族是不同的，这些不同的习俗，有的就直接牵涉到辈数和称谓问题。哈萨克族的称谓，有的和汉族相同，有的比汉族还要详尽明确，可是有些称谓就显得有点模糊或不易搞懂。汉语中伯伯或叔叔的儿子互称为"堂兄、堂弟"，哈萨克族则不是如此，他们都各有自己的称谓。除此之外，两个民族也都有自己的称呼习惯。如汉语中"妹妹"这一称谓，凡比哥哥或姐姐年龄小的女性皆可称之为"妹妹"，而哈萨克族则不是这样。哈萨克族姐姐和哥哥称呼妹妹各不相同。另外，哈萨克族姐姐和姑姑是一个称谓，这在汉语里是行不通的。哈萨克族由于居住的地域环境和民族杂居情况各不相同，所以在亲属称谓上有地域性差别。但总的亲属称谓基本上是一致的。为了便于大家了解汉族和哈萨克族的亲属称谓，作者编撰了汉族和哈萨克族的亲属称谓对照。

豪尼话的元音同化作用 王尔松撰，载《民族语文研究》，四川民族出版社，1983年。

哈尼语豪尼话的元音同化与元音的松紧有密切关系。当两个相邻的音节连读时，后一个音节的紧类元音影响前一个音节的松类元音，使松类元音转化为相应的紧类元音，产生后退同化。这种后退同化可分为双音节词内部的和词与词之间的两种。按照豪尼话松紧元音与声调配合关系，紧类元音只出现在33和21两个调上，但a可出现在55调上。如前音节是a元音，后音节是紧类元音，ɔ与a相对，前音节是ɔ元音，后音节是松类元音。有不少双音节词前后音节的元音从表面上看是同类，实则是同化的结果。豪尼话的元音同化是以松紧元音转化的形式表现出来的，其中又以55调和31调上的松类元音ɔ转化为紧类元音a最为常见，也最有规律。紧元音a可以出现在55调上，但必定出现在双音节词中，而且一般出现在前音节，要求后音节是紧类元音。说明55调上的a是前后两音节连读发生后退同化的结果。

河南登封少林寺出土的回鹘式蒙古文和八思巴字圣旨碑考释 道布、照那斯图撰，载《民族语文》1993年第5-6期。

1979—1982年，少林寺整修院落时发现四通埋在土中的大碑。此碑一面刻有回鹘式蒙古文和八思巴字，另一面刻有汉文。圣旨共四道：蒙哥汗于1254年颁给少林寺长老的圣旨、忽必烈汗于1268年委托肃长老为河南府路众和尚提领的圣旨、元仁宗爱育黎拔力八达于1312年颁给河南府少林寺、空相寺、宝庄寺、天庆寺、维摩寺长老、提点、监寺为首和尚的圣旨。在一件文物上同时保存着蒙古族使用过的两种文字，并且从时间上反映出这两种文字的嬗替情况，此碑当属首例。作者考证了圣旨的时间，对原文作了拉丁字母转写，用现代汉语进行了翻译，并且就有关的词语、写法、人物作了详细的注释。文章还就这道圣旨碑的学术价值作了论述。发表后引起学术界的重视。

河西吐蕃文书中的"钵阐布" 黄文焕撰，载《中国民族古文字研究》，天津古籍出版社，1987年。

"钵阐布"又作"钵挚逋""钵单布"等，在中唐汉藏文史籍中都指一种重要人物。《新唐书·吐蕃传》说："钵阐布"是参与吐蕃重大政事的僧人。在河西吐蕃文书中吐蕃职臣之间的往来信件里也提供了相当明确的答案。钵阐布是吐蕃语"大僧人"的汉字音译转写。"阐布"是吐蕃语"大"，"钵"字是"僧人"，一般来说，凡僧人都可以使用这种称谓，但一加"阐布"（大），就指参与吐蕃大政、有显赫权势，甚至受赞普委托主持政事的最高级僧人，意义也就完全不同了。这个特定称谓的使用，最早不过799年，最迟不过836年。其间赞普曾经两传，一是墀德松赞，于799—815年在位，两年后，即817年，其子墀祖德赞登位，执政至836年。贝吉云丹虽是这两朝重臣。但那时的云丹未必是特定意义的钵阐布。当时还有另一人具有与他相同的名位，此人即娘·丁厄增。

《河西译语》中的阿尔泰语言成分 陈乃雄撰，载《中国语言学报》1982年第1期。

《河西译语》是一种新发现的译语资料。收于清代抄本《译语》之中，包括17门类255个条目。其中"人事门"中有"河西国：倘吾的"一条，因此有人认为它记录的是明代河西地区属于汉藏语系的党项语，并用西夏语、藏语和凉山彝语与其进行比较，但是初步能够找到的一些关系的词语，总共不足全部条目的 1/5。大部分词语来源不详。从阿尔泰语言的角度来考察这部书，发现有一些词语与蒙古语、维吾尔语和哈萨克语同源或读音相近。此外有些语法现象也与阿尔泰语言中残留的古老形式吻合。作者认为《河西译语》所记录的语言本属阿尔泰语系的可能性更大一些。其底层很可能就是一种阿尔泰语言。

河州话的声调重音 陈其光撰，载《中国语言学报》1999 年第 9 期。

甘肃临夏、东乡、积石山，青海民和、循化、同仁一带自称河州。那里的汉族、回族、东乡族、保安族、土族、撒拉族用河州话互相沟通。河州话的词主要来自汉语，少数来自阿拉伯语、伊朗语。主要语序是 SOV，用附加成分表示变格，量词简单，这些是阿尔泰语的特征。单音节词的声调有辨义功能，但是调类少，只有 3 个，音高趋中，彼此差别不大。多音节词内的不同声调已基本上转化为轻重差别。作者把河州话里单音节词用音高区别意义，多音节词用高强区别意义的语音现象称为声调重音。从总的语言结构看，河州话的词是汉语的，语法是阿尔泰语的，具有明显的混合性质。从语音系统看，声韵母是汉语的，单音节词用音高区别意义，多音节词用音节的强弱区别意义，这是声调语言汉语与轻重音语言阿尔泰语混合后的产物。

核心关系词的分布与语源关系的判定——从汉台（侗台）语源关系说起 陈保亚撰，载《中国语言学论丛第 1 集》，北京语言大学出版社，1997 年。

谱系树模式确定语言系属关系的依据是语音对应关系词。文章通过比较认为同一时间和空间语言接触也可在基本词汇甚至核心词中形成有严格语音对应的关系词。语音对应规律不足以区分同源语言中最早时间层面的借词。不过，语言接触是有阶的，越是核心词受影响越小，受影响时间最晚，把核心词分成两个 100 的词集形成 2 个阶，在语言接触中，第 100 词集的关系词低于第 200 词集的关系词，在语言分化中情况正好相反。考察汉语和侗台语的古代关系词分布发现，第 100 词集的关系词远远低于第 200 词集的关系词，由此文章认为侗台语和汉语没有同源关系。由于侗台语和汉语之间存在大量有严格语音对应的古代关系词，用语言联盟解释这种接触关系比较合理。

赫哲语的形态特征与满语的影响 津曲敏郎撰，载《满语研究》1993 年第 2 期。

通古斯诸语中，一般把中国境内的赫哲语视为那乃语方言。赫哲语或多或少受满语影响的事实虽然已被许多研究者所认定，但在语法上产生的一些反映还尚未具体讨论。文章对赫哲语和那乃语的名词、代词、形容词、动词等进行了比较，分析其异同点。结论认为，这些不同点大部分是由于受满语影响而引起赫哲语的变化。当然那乃语也有产生变化的方面。即使在赫哲语的变化内，也有与满语毫无关联的一些因素。赫哲语跟那乃语在某些方面产生的不同现象，是基于把赫哲语跟满语相同的诸特征作为事实的，并且是从两种语言所接触到的原因去自然考虑到的。实际上，赫哲语在词汇方面借用满语是非常明显的事实，在音韵方面也受到不少影响，这些影响波及语法方面。

赫哲语使用现状的调查与分析 何日莫奇、吴宝柱撰，载《民族语文》2004 年第 4 期。

赫哲族人口为 4640 人（2000 年），黑龙江赫哲族有 3759 人，主要居住在佳木斯市。赫哲人转用汉语的情况，55 岁以上的人还能用本民族语言进行交际，55 岁以下至 40 岁的人只能听懂或说一些简单的话语，30 岁以下的对本民族语知之甚少的占 69% 以上，只有 5%—6% 的人能用赫哲语交谈。能用赫哲语交谈的多在农村乡镇，即街津口村、八岔村、绕河镇、佳木斯市。作者预计，随着少数高龄使用者的故去，赫哲语作为辅助交际工具的作用将逐步消失。

黑龙江富裕县的柯尔克孜族及其语言特点 胡振华撰，载《中央民族学院学报》1983年第2期。

黑龙江省富裕县柯尔克孜语与新疆柯尔克孜语差别较大，不应看作新疆柯尔克孜语的一种方言，而是单独的一种突厥语。语音：有16个元音音位。其中有8个基本元音，8个长元音。有21个辅音音位。有元音和谐，但圆唇元音和谐不太严格。元音有前进、后退同化，辅音有后退同化和弱化现象。重音多落在词的最后一个音节上，在词形变化时，重音常移动位置。语法：名词有数、谓语人称、从属人称和格等语法范畴。形容词分性质和关系形容词，并有"级"的变化。代词分人称、指示、物主、疑问、反身、不定代词。人称代词中无第二人称尊称形式。反身代词由单词bos加从属人称附加成分构成。数词分数量、次第、集体、约量、数词。动词有式、时、人称、数、态等语法范畴，有助动词、副动词和形动词。词汇：没有阿拉伯、波斯语借词，多突厥语固有词，亦有不少蒙古语借词。据初步分析，富裕柯语是与俄罗斯的哈卡斯语"x"方言较接近的一种突厥语。

黑龙江满语概说 季永海撰，载《北方民族》1991年第1期。

满族经历了从单语（满语）向双语（满语、汉语）和由双语向单语（汉语）的两个过渡阶段。满族转用汉语大体可分为最早转用、第二转用、第三转用和目前正在转用四种情况。黑满族、满语指的是清代黑龙江省的满族、满语。现代黑龙江满语可分为黑河市大五家子满语、富裕县三家子满语和泰来县大兴满语三个土语区。大兴满语使用频率低、三家子满语保存最好、大五家子满语向汉语的过渡时间较晚。黑龙江满语与清代满语差别主要表现为：在词汇上现代满语中的固有词已大大减少，汉语借词大大增加；语音上现代满语的音位体系比清代满语大大简化了。由于发生上述变化，现代满语要表达比较深刻的思想，已经是比较困难的了。

横县壮语AbA形容词重叠式的语义构成及语法功能 李锦芳撰，载《中央民族学院学报》1995年第6期。

文章介绍了广西横县壮语的音韵特点及AbA重叠式的语义构成和语法功能，最后探寻这种重叠式的来源。横县壮语可通过AbA重叠式的中缀b的语音变化把任何一个中性形容词扩展成褒、贬、中性三种语义范畴，扩展方式是中缀b的6种形式交替。语法上，AbA重叠式不能接受副词的修饰，相当于一个词组，能充当谓语、定语、状语和补语。壮侗语言往往通过丰富的后缀来调节形容词和动词的表达功能，有时还带有一定的褒贬色彩，能表示一定的程度差异。横县壮语形容词的AbA式是在Ab、Abb等基础上发展而成的，它正逐步取代原有的Ab、Abb式地位。AbA式的性质与其他壮侗语言的形容词Ab、Abb式等生动形式相当，其地位和作用也相当。全文举例词近百个，包括两个重叠形容词表。

红瑶历史语言及其他 范宏贵、陈维刚撰，载《中央民族学院学报》1991年第1期。

文章介绍了瑶族的一支红瑶的历史语言等情况。瑶族的关系很复杂，其中一支俗称红瑶。语言比其他社会现象更有稳定性，朝代不断更迭，但语言很少变化，一般在数百年内基本不变，可以借助语言资料追溯红瑶的原始居住地。红瑶讲两种话：龙胜泗水乡、马堤乡一带讲平话；平乡金坑一带红瑶讲的是山话，但唱瑶歌时却用平话，韵律、腔调与平话相同。从162个基本词的比较来看，马堤红瑶所说的平话与金坑所说的山话虽然不同，但基本可以交谈。从语言来考察,红瑶应是从广东迁徙来的,据韦姓红瑶说,他们祖先是壮族,从广东迁移到广西,现在韦姓人家不再讲壮语而讲红瑶话,自己也认为是红瑶人,民族成分报的是瑶族。红瑶人与长辈或客人交谈要用敬语。

喉音考 潘悟云撰,载《民族语文》1997年第5期。

汉藏语系一些保留早期语音特征较多的语言中还有小舌韵位的辅音,并且互相之间有一定的对应关系。这些事实使人猜想,原始汉藏语也许有小舌音的存在。该文的目的,就是论述上古汉语确实存在小舌音,到中古变作喉音影、晓、匣、云。(1)影母。①高本汉把影母的中古音和上古音都拟作ʔ-。②ʔ-广泛存在于现代汉藏语中,通过比较发现它原来往往是＊q-。③影母字在亲属语中的同源词形式往往是＊q-。④汉代的借词是一项重要的证据。⑤影母在上古是＊q-,自然与＊k-之类的音非常接近。(2)云母和匣母。在高本汉的中古音系中,匣母是γ-,群母是g-,云母是j-。从这以后,对高氏的拟音有不少异议。至少有一部分匣母字在上古是塞音。中古的群母和云母都只有三等,匣母则只有一二四等,相互的配合安排是一个难点。(3)晓母。古代文献中所反映的晓母与溪母之间的关系。实际上就是＊qh-与＊kh-间的关系。

后期蒙文沿革概述 双福撰,载《中国民族古文字研究》(第三辑),天津古籍出版社,1991年。

后期蒙文在各个不同阶段的各式各样的书写特点:(1)无点眼之外别无其他主要特点。具有这类特点的文献有:明末1602—1607年蒙译《甘珠尔经》(写本)和清初于1720年刻印的《甘珠尔经》,1749年刻印的蒙译《丹珠尔经》,1636—1644年蒙译辽金元三史等,这类作品很多。(2)无点眼,并区分辅音字t和d,包括基本上以原来标记t、d辅音的词首形式和非词首形式分别表示音节首辅音t和d。属于这类的文献有:1686年《阿萨拉克齐史》《北斗七星经》等,这类作品大都属于17世纪后半叶。(3)音节末辅音位x(阳性)上加两点。这是沿袭前期蒙文带点传统的正统书写形式。具有这类特点的文献有:1725年官布扎布著《恒河之流》、1774—1775年拉西彭斯克著《水晶珠》(写本)。(4)非词首条件的音节辅音x加两点并用卧式字表示词首d。这类作品大约属于17世纪,非常罕见,作者见到的只有一种,即五世达赖著《珍珠项链》的蒙译文。(5)词尾辅音-s。这类文献有:17世纪初叶的《阿拉坦汗传》。

湖南通道侗族诗歌中的汉语平话借词
杨锡撰,载《民族语文》1993年第6期。

侗族有一种集群歌唱,称"耶"。耶歌的歌词中大量使用汉语词,这些汉语词不是西南官话,也不是湘方言,而是来自一种与汉语平话相近似的侗族读书音。湖南通道的平话保留了一些-m、-p、-t、-k韵尾,侗族耶歌在说到十二地支物候属相时都使用汉语借词,而不用侗语词。除耶歌外,其他侗歌和口语,也间或出现古平话借词,当地人称"古人话"或"老人话",这些借词使用有两种情况,一种是歌词押韵的需要,一种是使歌词具有严肃文雅的风格。该文列有当地平话音系和平话中的一些特殊词语。当地平话和侗话一样,1、3、5调因声母送气不送气各分为二。

"互补"与"竞争":语言接触中的杠杆
戴庆厦、袁焱撰,载《语言文字应用》2002年第1期。

该文以阿昌语的语言接触为例,提出"互补和竞争是语言接触的杠杆"的论点,并分析互补和竞争在阿昌语语言接触中的种种表现及其演变规律。阿昌语的语言互补,表现在使用功能和表达功能两个方面。在语言接触中,阿昌语主要受汉语和傣语两种语言影响。阿昌语早期受傣语影响的词多是与日常生活有密切关系的词,其中很大一部分是表示具体概念的词。阿昌语受汉语的影响主要表现在大量涉及政治、制度、管理等方面的词和表示新事物、新概念、新思想的汉语借词被阿昌语吸收。在阿昌语与汉语、傣语的接触过程中,"竞争"既表现在语言使用功能的分配上,又表现在语言表达功能的选择上。语言功能竞争,主要表现在语言功能的分配上。包括母语和兼用语的功能分配,以及不同兼用语的功能分配(如果有一个以上兼用语的话)。语言表达能力的竞争,在词汇上的反映比较明显,阿昌语词汇的使用既有维护母语坚持使用本语词汇的一面,又有吸收外来词汇丰富自己的词汇系统的一面。当外来词汇与本族词汇发生重叠时,二者就会出现竞争。竞争在未定胜负前,其表现是出现"两用"现象。"两用"是暂时的,经过一番较量,或者本语词让位于外来词,或者外来词被排斥出去。

华南一些语言的清浊对转 陈其光撰,载《民族语文》1991年第6期。

我国南方的一些汉语方言和苗瑶、侗—台诸语言的声母在演变过程中存在由浊变清和由清变浊的现象。作者归纳出这种清浊对转的类型;分析了清浊对转的原因并指出其发展趋势。声母由浊变清有四个类型。由清变浊有9个类型。造成清浊对转的主要原因是:(1)受音节内其他音的影响:如,受鼻韵尾影响,金华汤溪话一些清塞音 p、t 声母由于隔音同化变为浊鼻音 m、n。(2)复辅音简化的结果。(3)其他声类的吸引。(4)其他语言的影响。作者指出清浊对转有主次之分,其中浊阻音清化和清续音浊化是主流;清阻音浊化和浊续音清化是支流。随着普通话的推广,主流将进一步加强,支流将逐渐削弱。一些受侗台语影响将清音 p、t 变为浊音 b、d 的语言将会回归到 p、t。

《华夷译语》(汉蒙译语)研究 哈斯额尔敦撰,载《内蒙古师范大学学报》1987年第1期。

藏、汉、蒙文对照《华夷译语》版本和抄本主要有:《涵芬楼秘籍》第四卷中的汉文《华夷译语》("涵本")共上下两册,由跋、序、凡例、汉蒙译语和诏敕书书状十二首等组成,于明洪武二十三年(1389)火源洁翻译,译语分17类,845个词;北京图书馆藏汉蒙文(回鹘蒙文)对照《华夷译语》分17类,838个词;四卷手抄本《华夷译语》其第一卷与北京图书馆藏同,第二卷和第四卷半卷(此半卷附订于第二卷)是汉、畏兀儿译语,第三卷和第四卷半卷是汉、蒙文译语,第四卷中还有一些汉、女真译语,第三卷分17类,314个词,第四卷分3类,402个词。据现有资料看,《华夷译语》最早的版本是汉文本,没有蒙文,而蒙、汉文版本和手抄本中的蒙文是后人(可能是明朝人)所加的。该文主要对《华夷译语》中与现代蒙古语不相同的一些词,做了简要分析。

《华夷译语》的蒙古语词首 黄宗鉴撰,《民族语文》1993年第4期。

该文对《华夷译语》(甲种本)词典中的蒙古语词首辅音 h 与相应的文献资料作了比较研究。文章认为《华夷译语》中词首辅音 h 在现代蒙古语中已消失。《穆卡蒂玛特—阿勒—阿达布辞典》中词首 h 既有脱落又有保存的两种情况。《蒙古秘史》、八思巴文献及《蒙古译语》等资料中都保留词首 h。中古时期编纂的汉蒙词典《登坛必究》《蓟门防御考》《卢龙塞略》中的词首辅音 h 都未脱落。手抄本汉蒙词典《蒙古译语》(1821—1850)中词首 h 均已脱落。《华夷译语》中的词首 h 与蒙古语族的某些语言中保留词首 h、x 及 f 比较之后,作者认为蒙古—突厥共同语语音演变过程:$*p > \phi \sim f > h > \emptyset$(零)中,词首辅音 h,大概属于第三阶段。

《华夷译语》研究　张双福撰，载《内蒙古社会科学》1994年第5期。

该文文中所提《华夷译语》即指蒙古语，主要内容有：（1）《华夷译语考》。诸种版本可分为两支：一是以北京图书馆馆藏珍本及其转抄本《华夷译语（甲册）》为代表的珍本支；另一支是以收于涵芬楼秘籍第四辑的《华夷译语（上册）》为代表的改本支。（2）《续增华夷译语》析疑。《华夷译语》的丙、丁两册原实为完整一册，原名即《续增华夷译语》，成书年代为永乐五年。（3）《华夷译语》蒙古语标音汉字考。以当时汉语中原雅音的语音系统标记蒙古语语音时显然不够，应区分汉字原本读音和替代读音。（4）《华夷译语》蒙古语元音系统。有7个元音音位，复元音系统尚未形成，长元音形成经过了三个阶段，元音同化与现代蒙古语相同。（5）中世纪本部蒙古语辅音系统。有15个基本音位和12个音位变体。（6）《华夷译语》蒙古语词汇回鹘式蒙文还原。将《华夷译语》中844个蒙古语词按蒙文字序排列，进行了回鹘式蒙文转写，基本上纠正了以往蒙文还原中的各种错误。

回鹘式蒙古文　道布撰，载《中国民族古文字研究》，天津古籍出版社，1987年。

从现在史料来看，蒙古族最初借用汉字和回鹘字母来拼写自己的语音。后来的一些史料很少提到用汉字拼写蒙古语的情况，倒是常常指出蒙古族使用回鹘字母拼写自己的语音。13世纪中，欧洲天主教教士关于蒙古族最初使用文字的情况也有报道。中外史料证明，1204年以后蒙古族开始使用以回鹘字母为基础的竖写拼音文字。这种文字就是后来所说的回鹘式蒙古文。回鹘字母来源于粟特字母。至于蒙古族最初采用回鹘字母拼写蒙古语时使用多少个字母，至今尚未发现直接的记载。回顾回鹘式蒙古文的使用在公元1269年以后一段时间里曾经受到限制。回鹘式蒙古文经过元、明两代，到17世纪初发展成为两个支派。一支是现在通行于我国蒙古族大部分地区的蒙古文，一支是只在新疆蒙古族中使用的托忒蒙古文。回鹘式蒙古文文献原件传世者不多。今存回鹘式蒙古文文献有写本、刻本、碑铭、印文、符版等几大类。

回鹘式蒙古文《云南王藏位碑》考释　道布撰，载《中国社会科学》1981年第3期。

该文对回鹘式蒙古文《云南王藏经碑》进行了考释。该碑保存于云南省昆明市西郊玉案山筇竹寺，为元代石碑。碑高四尺五寸，宽二尺五寸。正面刻有元仁宗爱育黎拔力八达于延祐三年（1316）颁给筇竹寺住持玄坚和尚的圣旨。圣旨用汉文写成。石碑背面刻有云南王阿鲁于元惠宗至元六年（1340）颁给筇竹寺的令旨。令旨用回鹘式蒙古文写成。令旨上方有八思巴字碑额，镌"云南王藏经碑"六字。从20世纪20年代起，此碑已为外人所知。作者在参考国外学者有关研究报告的基础上，对该碑和有关史料做了进一步探讨。正文分蒙古语原文的拉丁字转写及其汉语译文、词语简释、原文字母形式和拼写规则的特点三部分。

回鹘式蒙古文研究概况　道布撰，载《中国民族古文字研究》，天津古籍出版社，1987年。

公元1204年，成吉思汗征服蛮部以后，开始使用回鹘字母拼写蒙古语。后人把这种文字称作回鹘式蒙古文。回鹘式蒙古文本身的发展，大体上可以划分为两个阶段。前一个阶段，回鹘式蒙古文字母的笔画结构、基本拼写规则、书写体势都同回鹘文相似。后一个阶段，回鹘式蒙古文发展为两个支源，一支是通常所说的蒙古文，一支是托忒文。回鹘式蒙古文是一种拼音文字，字母有元音、辅音之分。用回鹘式蒙古文写成的文献，以原件形态保存下来的不多，大大小小不过几十种。其中包括写本、刻本、碑铭、印文、符牌等。文献数量虽然不算多，但是具有很高的学术价值。对回鹘式蒙古文及其文献的研究，国外学术界比我国学者着手早一些。从 19 世纪 20 年代起，欧洲学者已经开始接触回鹘式蒙古文文献。我国从 50 年代起就有人开始搜集、整理、研究这项工作，已取得一定成果。

回鹘式蒙古文只必帖木儿大王令旨释读

道布撰，载《民族语文》1998 年第 2 期。

该文作者对元代忽必烈汗时期的一件回鹘式蒙古文碑铭进行了研究，除碑铭拓片照片外，还向读者提供了回鹘式蒙古文摹写本和拉丁转写本、现代汉语译文和详细的注释。只必帖木儿大王令旨的回鹘式蒙古文原文共 23 行。行款从左到右，竖写。头两行是表示祝颂的套语，都顶格写。第三行是标题"只必帖木儿大王令旨"，写得略低一些。第 4、5、6 三行是令旨的上款，列举遵行令旨的有关人员，降到很低的位置才起笔，每行都空出 2/3 的地方。从第 7 行到第 20 行，都顶格写，但是遇到"圣旨"这个词就抬头另起一行，然后接着往下写。第 21 行到第 23 行是令旨的下款，写的是颁发令旨的时间和地点。只必帖木儿大王令旨的汉文译文和附记是用"元代白话"写成的。共 25 行。从第 1 行到第 21 行是全旨全文。第 22 行到第 25 行是附记。行款从右到左，竖写。

回鹘文 耿世民撰，载《中国民族古文字研究》，天津古籍出版社，1987 年。

回鹘一名为我国史籍上对唐代时期游牧在漠北蒙古高原一带古代维吾尔族的称呼。9 世纪中期，回鹘汗国（744—840 年）在黠戛斯人的攻击下灭亡。在高昌回鹘王国时期（850—1250 年），回鹘文逐渐取代了漠北时期使用的古代突厥文。用这种文字记录、创作和翻译了许多作品。回鹘书面语有了进一步的发展，成为当时新疆和中亚地区广泛通行的语文之一。到了公元 14、15 世纪，随着伊斯兰教的传入，回鹘文逐渐废弃不用，而代之以阿拉伯字母的文字。伊斯兰教传入新疆后，各种属于非伊斯兰教的古代新疆民族文学的文献，其中包括回鹘文文献曾遭到大量毁坏。所以，目前保存下来的回鹘文文献不多，且多为宗教内容（佛教、摩尼教）方面的东西。20 世纪初以来，由于在南疆各地进行考古发掘，有一些文献出土。通过对出土的回鹘文文献的研究，了解了回鹘王国的社会、经济和文化情况。

回鹘文《阿毗达摩俱舍论》残卷研究

耿世民撰，载《民族语文》1987 年第 1 期。

该文刊布、研究了回鹘文佛教典籍《阿毗达摩俱舍论》第八卷第七叶。该文原件存于甘肃省博物馆。作者于 1980 年见到原件照片，后偶读日本百济康义氏《回鹘文译本〈阿毗达摩俱舍论〉初探》一文而得知该写本的确定名称。作者介绍：《俱舍论》乃为印度佛教大师世亲（Vasubandhu）所著，是汉文本的玄奘译本，称为新译，由《分别界品》、《分别世品》等八品构成。该文研究的残叶属第三品《分别世品》，译者汉文水平很高，并精通佛学，尚通梵文。关于回鹘文写本的翻译年代，作者同意百济康义氏的公元 14 世纪初到中期之说。其他残叶分别保存于瑞典斯德哥尔摩民族学博物馆和日本京都邻馆。作者依次对第八卷第七叶一面 64 行的回鹘文写本进行拉丁字母转写和汉文翻译，认为原文字体为后期回鹘文楷书体。文后附有依据《频伽精舍本》的汉文原文和 56 条注释。作者认为回鹘文《俱舍论》及其注释的翻译和传布标志着回鹘佛教发展的新阶段，对研究回鹘佛教文化和书面语具有重要意义。

回鹘文《八十华严残经研究》 耿世民撰，载《民族语文》1986 年第 3 期。

该文研究了佛教典籍《八十华严》回鹘文木刻本残卷。文章第一部分说明，公元 9—13 世纪佛教在维吾尔族中的鼎盛时期，许多佛教典籍被译成源于粟特文的回鹘文。19 世纪末到 20 世纪初，南疆各地的考古发掘和甘肃敦煌千佛洞藏经洞的发现，部分回鹘文残卷得以问世。华严经全名大方广佛华严经，汉文本共有三译：六十（卷）、八十（卷）、四十（卷）华严。1911 年我国拉德洛夫发表《普贤行愿品》残叶，1953 年日本羽田享发表《突厥语华严经断简》及 1965 年土耳其拉西德—阿拉特出版的《古代突厥诗歌》一书部分内容，都属四十华严。

《八十华严》现存只有九叶残文照片，1983 年由日本百济康义和小田寺典刊布。文章第二部分研究现存于甘肃敦煌千佛洞敦煌文物研究遗书研究室的八十华严第十四卷的四面回鹘文木刻体残篇。作者对四面残片（每面 13 行）进行拉丁字母转写和汉译、后附汉文原文，随后对四面的 23 处作了注释。

回鹘文《金光明经》第八品研究 张铁山撰，载《新疆大学学报》1990 年第 2 期。

回鹘文《金光明经》的全称为《金光明最胜王经》。据目前所知，其最完整的本子为一手抄本。1910 年由俄国人马洛夫在我国甘肃酒泉附近的文殊沟所得，现藏列宁格勒苏联科学院东方学研究所手稿部。另有两叶为瑞典考古学家 F. 伯尔格曼于 1927—1935 年参加西北科学考察团时在甘肃所得，现存斯德哥尔摩民族学博物馆。此外，德国考古队在新疆也发现有此经的残卷，现藏柏林德意志民主共和国古代历史和考古学中心研究所吐鲁番写本部。回鹘文《金光明经》的译者为古代维吾尔族著名学者古萨里，翻译年代不详。该文正文部分为回鹘文《金光明经》第八品金胜陀罗品的拉丁字母转写、汉译文、汉文原文、注释及该文的引文注释、主要参考文献。

回鹘文《金光明最胜王经》第九卷长者流水品研究 耿世民撰，载《突厥语言与文化研究》，中央民族大学出版社，1996 年。

回鹘文《金光明最胜王经》（简称《金光明经》）最完整的本子为 1910 年俄国马洛夫在我国甘肃酒泉附近的裕固族地区所得，共 397 叶，现存苏联科学院东方研究所列宁格勒分所。回鹘文本《金光明经》从汉文译成（汉文译者为唐义净）。译者为公元 10 世纪维吾尔族著名学者别失八里人僧古萨里。此经甘肃抄本写于清朝康熙二十六年（1687），抄经者数人，抄经地点为敦煌。由于此书的重要价值，长期以来一直是世界突厥学家们研究的主要对象。《金光明经》是研究我国古代维吾尔族语言和宗教（佛教）的重要基本材料之一。该文为该书第二十五品（27-30 叶）长者流水的拉丁字母（维吾尔新文字）转写、汉译文和简单注释。

回鹘文《金光明最胜王经》第三十品研究 阿力肯·阿吾哈力撰，载《耿世民先生七十寿辰纪念文集》，民族出版社，1999 年。

1910 年 5 月，俄国学者马洛夫在中国甘肃等地考察时，在位于酒泉附近的文殊沟一带获得一写本突厥语回鹘文《金光明最胜王经》（以下简称《金光明经》）。原件存于俄国科学院圣彼得堡分院东方学研究所手稿部。另外，在斯德哥尔摩民族学博物馆和原柏林古代历史和考古学研究所藏有该文献及一种文字的残卷，柏林残卷据说为木刻本。回鹘文《金光明经》译自唐义净的汉文译本。回鹘人皈依佛教以后，在创建佛教寺院和佛教艺术的同时，也用回鹘语文翻译了大量佛教典籍。最初，他们似乎仿效中亚地区邻近的一些民族语言，如吐火罗语翻译佛经，后来逐渐由梵文直译。与中原汉王朝的联系不断增加以后，又开始从汉文翻译大量佛教经典。由于保存下来的这类译经文献为断简残卷，一般没有注明翻译年代，因此对它们的译出时间只能作大致推测。

回鹘文摩尼教寺院文书初释 耿世民撰，载《考古学报》1978 年第 4 期。

此重要回鹘文摩尼教寺院经济文为 20 世纪 30 年代我国著名考古学家黄文弼教授在吐鲁番地区进

行考古发掘时所得，其不太清楚的图版发表在 1954 年出版的《吐鲁番考古记》一书中。70 年代德国维吾尔学家 Peter Zieme 根据《吐鲁番考古记》刊布的照片，释读出一些字句，并强调指出希望中国的突厥学家能根据原件进行进一步的研究。该文作者经过多方查找，在 1977 年找到原件后，基本上释读出文书中的全部 125 行文字，原件现存于北京历史博物馆。文书为卷子形式，前面部分残缺，只存 125 行。现存部分中有些地方残损过甚，致使几处文义无法了解。文书上并盖有汉字篆文红色方印十一处。印文为：大福大回鹘国中书省门下颉于迦思诸宰相之宝印。这点证明该文书得到官方的认可，具有权威性。

这件文书是当时高昌地区回鹘官府以官方文件的形式（上面盖有十一处回鹘官印）颁发给摩尼教寺院的，文书规定了摩尼教寺院占有的土地和享有的种种特权。这件文书反映出当时摩尼教寺院对依附农户的惊人剥削。例如一处规定寺院的依附农户每年要向寺院缴纳九百六十石小麦、八十四石芝麻、二十四石豆子、三十六石小米。另一处规定要向寺院缴纳的租子竟高达四千一百二十五个"官布"。此外，还要向寺院缴纳棉花、苇子、甜瓜等物。除大量的实物和货币地租外，文书还提到寺院中有许多做无偿劳役的杂工。文章分：（1）摩尼教及其在古代维吾尔人及新疆塔里木盆地的传播；（2）对原件外观的描述；（3）125 行回鹘文的拉丁字母的转写及汉译文；（4）注释；（5）词汇表；（6）全部较清晰的图版。

回鹘文《牟羽可汗入教记》残片释译

牛汝极撰，载《语言与翻译》1987 年第 2 期。

回鹘文是维吾尔族在公元 9 至 14、15 世纪使用的一种文字。回纥牟羽可汗，亦称登里可汗，名移地健，英武可汗子。助唐平安庆绪、史朝义之乱，收复洛阳，平定河平。唐封为"英义建功可汗"。在 759—780 年后期接受了摩尼教。这一回鹘文献记述的就是牟羽可汗如何把摩尼教定为国教的经过。牟羽可汗选择摩尼教而不选择其他宗教为国教，主要是由于回鹘助唐平乱后，依靠粟特人发展商业经济，因而在宗教信仰上也不得不受到备奉摩尼教的粟特人左右。回鹘文《牟羽可汗入教记》最早刊布在柏林出版社的《突厥吐鲁番文献》第二卷中。残损处刊布者都已填补。刊布者认为这可能是一篇带有宗教性质的书信，而不可能是一件文学作品。原文可能很长，刊布者所选的是其中简短而又十分重要的一个完整片段。作者把它译为汉文并附注释。

回鹘文《圣救度佛母二十一种礼赞经》残卷研究

耿世民撰，载《民族语文》1990 年第 3 期。

文章研究了佛典密宗文献《圣救度佛母二十一种礼赞经》回鹘文，译者似为回鹘著名学者新疆别失八里人安藏。《圣救度佛母二十一种礼赞经》为绘有救度佛母图像及其化身像之密宗文献，图像具有明显的西藏佛像特点。救度佛母指多罗菩萨，梵文 tara，藏文 sgrol-ma，有眼睛之意，所以有时又称为妙目睛菩萨。作者先用拉丁字母转写了德国考古队所得该文献回鹘文残文第一赞和第五赞，并列附有原汉文译文。接着作者对现存于北京的该文献回鹘文木刻残卷 14、15、17、18、19、20、21t 赞及后面部分结语进行了拉丁字母转写、汉文翻译，随后附有该密宗文献汉文原文、对回鹘文部分的 65 条注释，文末附有回鹘文、汉文词汇对照表和回鹘文《圣救度佛母二十一种礼赞经》第五、六页图版。

回鹘文《土都木萨里修寺碑》考释

耿世民撰，载《世界宗教研究》1981 年第 1 期。

据说此碑在吐鲁番地区的吐峪沟发现。现只有拓片传世，原碑已不知去向。碑文现存 25 行回鹘文。根据"土都木萨里"一名，该人应为寺院中的僧人（撒里 < säli < 梵文 acarya "法师"），他捐施

钱物修建被毁的寺院。此外，在转功德部分的文字中，提到一些官职和人名，对研究回鹘高昌王国的历史、制度具有意义。

回鹘文《玄奘传》第七卷研究

耿世民撰，载《民族语文》1979 年第 4 期。

文章对回鹘文《大唐大慈恩寺三藏法师传》，简称《玄奘传》写本进行研究。文章首先指出，回鹘文为我国新疆维吾尔族于公元 8—15 世纪使用的源于古代粟特文的一种文字，高昌回鹘王国时期（850—1250 年）逐渐取代了漠北时期使用的古代突厥文。由新疆别夫八里人僧古萨里翻译为回鹘文的《玄奘传》是研究西域和印度古代历史、文化、地理、文化方面的珍贵资料，德国学者冯加班、我国冯家升先生及俄国和苏联学者都对该写本的翻译年代和文献作过重要研究。作者根据该文献回鹘文德字体特点和字母替换情况推测该书翻译于 9—12 世纪，对现存于我国的回鹘文《玄奘传》第七卷开头部分的四叶（八面：每叶分 a、b 两部分，每部分为 27 行）进行研究，先附上《玄奘传》汉文原文，后对回鹘文译本进行拉丁字母转写和汉文翻译，每面后面附有注释。

回鹘文《玄奘传》及其译者胜光法师

耿世民撰，载《中央民族学院学报》1990 年第 6 期。

回鹘文《玄奘传》写本于 1930 年前后在新疆南疆一带出土。写本残卷现有部分共 394 叶，788 面。其中 248 叶现存北京图书馆，123 叶现存法国魁梅博物馆，23 叶现存苏联科学院东方研究所列宁格勒分所。保存在北京图书馆的部分于 1951 年正式影印出版。回鹘文《玄奘传》是一千多年前为我国古代维吾尔族的一位学者翻译为古代维吾尔语的，除《玄奘传》外，他尚从汉文翻译了著名的大乘佛教典籍《金光明最胜王经》。除汉语外，他还懂梵文或当时仍在使用的古代龟兹—焉耆文。回鹘文《玄奘传》翻译的年代目前尚无一致意见，但应在元代以前。

回鹘文《玄奘传》中的汉字古音

聂鸿音撰，载《民族语文》1998 年第 6 期。

本文试图采用传统的"番汉对音法"通过回鹘文《玄奘传》中音译的汉语词来探索 11 世纪西北汉语方言的音韵概貌。位于中国西北地区的 9—10 世纪的敦煌方言、12 世纪的黑水城（西夏）方言应该和 11 世纪的新疆方言属于同一系统，并且基本上表现为直线的发展。该文为了保持译音时代的同一性，参照土古舍娃的一部分意见把少量老借词剔除在外，主要据《玄奘传》译者本人音译的词语来进行研究。这些音译词的最大价值在于清楚地反映了古汉语辅音韵尾的演化过程，即古阳声韵的演化始于 -ng 的脱落，古入声韵的演化始于 -t 和 -k 的弱化，这和我们此前通过汉语现代方言得到的印象迥异。另外，汉语的见、溪、疑、晓、匣五个声母在回鹘文中依韵母的洪细分为 q-、k- 两类，这也可引发我们对古汉语声母腭化现象的某些思考。

回鹘文《亦都护高昌王世勋碑研究》

耿世民撰，载《考古学报》1980 年第 4 期。

回鹘文《亦都护高昌王世勋碑》（下称《世勋碑》）于 1933 年前后在甘肃省武威县北 30 里石碑沟一带出土。现仅存下半段，高 1.8 米、宽 1.62 米。碑文用汉文和回鹘文书写。由于碑文民族文字部分有些地方过于漫漶不清，致使多处文义无法了解，但其整个内容基本是清楚的。《世勋碑》为 13 世纪末 14 世纪初高昌王被迫东迁甘肃永昌后留下的重要碑刻，用回鹘文和汉文写成。汉文部分最早见于元朝人虞集的《道园学古录》，之后如《元文类》《陇右金石录》《武威县志》等书也有著录。1964 年黄文弼先生对此碑的汉文部分进行了复原和校勘。《世勋碑》为研究古代维吾尔族，特别是元代高昌回鹘王国时期维吾尔族的历史、文化和语言文字提供了重要材料，具有很大的学术价值。此碑的回鹘文部分迄今尚未见国内外学者研究过。通过研究，我们认为它至少有下列几个方面的意义：（1）历史方面此碑回鹘文部分虽在主要内容上与汉文部分一致，但对某些事件的描述比汉文部分要细致具体。再如碑文谈到纽林的斤嗣位为亦都护的具体时间为猴年（即戊申，1308年），以及他使用三品银质官印等，也都不见于碑文的汉文部分。有些史实与汉文部分的记述有异，等等。（2）文化史方面伊斯兰教传入新疆后，出于宗教上的偏见，曾给以佛教为基础的高昌回鹘文化以致命的打击，各种属于非伊斯兰教的古代文献被大量焚毁，致使我们对曾存在4个多世纪之久、一度达到很高水平的高昌回鹘文化知之甚少。通过此碑的回鹘文部分，我们知道碑文的民族文字部分出自元代维吾尔族著名学者和诗人巎巎的笔下。（3）语文学方面为研究古代维吾尔语文提供了新的宝贵材料。文学方面，全文用押头韵的四行诗文体写成，这需要很高的文学技巧；语言学方面，如古代维吾尔族的 qadghu "忧愁"这里变成 qayghu。再考虑到其他属于同一时期的回鹘文文献（如《高昌译语》等），从而使我们对古代维语元音间或音节尾的古音 d 过渡到近代维语的 y 的年代问题，能确定一个大致的时限，即在13、14世纪时期。此外，碑文中尚有一些不见于其他古代维语文献的语词，为研究元代北方汉语音韵提供了材料。文章由导言、拉丁字母转写、汉译文、注释、词汇表和图版六部分组成。文末并附有全文押头韵的四行诗图表。

回鹘文文献二种 伊斯拉菲尔·玉苏甫撰，载《中国民族古文字研究》（第四辑），天津古籍出版社，1996年。

一、佛教文献为回鹘文《大般涅槃经》的一张残叶（两面均有字），70年代末发现于吐鲁番木头沟，尺寸为23厘米×19厘米，纸为褐黄色，纸质较厚硬，每面上下均留有用红色细线画成的相等的空隙，文字用黑色从左至右竖写在红色横线之间。从回鹘文《大般涅槃经》的残叶上，我们得知此经是先从梵文译成汉文，然后自汉文译成回鹘文的。作者根据回鹘文原文内容，查阅汉文《大藏经·涅槃部》，在昙无忏所译北本卷第一寿命品第一结尾和慧观等南本卷第一序品第一的结尾找到了汉文原文"举手捶胸悲号啼哭支节战动不能自持身诸毛孔流血洒地"。这件回鹘文《大般涅槃经》残叶上书写的文字，虽然字体较大、工整美观、易读，但是，有三对字母交替使用的现象。因此，作者认为，它是属13世纪或之后的传教文献残叶。二、社会经济文献为一件完整的领钱收据，属契约文书类，1969年出土于高昌古城内，尺寸为26.1厘米×18.3厘米，纸为淡黄色，纸质较粗薄，单面书有7行字，其中回鹘文6行，汉文1行（两个字）。

回鹘文文献语言的数量词 李经纬撰，载《语言与翻译》1990年第4期。

回鹘文文献语言的数词具有不同于其他静词的意义和构词形式，根据其意义和结构可以把它们区分为：基数词、序数词、集合数词、分配数词、约数词和特殊数词。（1）基数词。基数词又分为基本基数词和组合基数词。能单独表示事物数量的数词称之为基本基数词；由两个或两个以上的基本基数词组合而成的基数词叫组合基数词。其各词之间的关系有：相加关系、相乘关系和包含关系及多重关系。基数词的功能：位于名词之前作修饰限定语；单独或接加人称、数、格等附加成分在句子中充当各种成分。（2）序数词。在基数词之后接加附加成分-nq/-ing/-inq/-unq/等构成序数词。其功能是：按顺序列举事物，在句首作独立语，在中心词前作修饰语。（3）集合数词是基数词后加-aghu等构成的。（4）分配数词是在基数词后加-ar/-rar等构成的。（5）约数词是在基数词后加 artukh、-qa等构成的。

回鹘文文献语言的数量词（续） 李经纬

撰，载《语言与翻译》1991 年第 1 期。

回鹘文文献语言常用干支纪年，历法中也引用建除十二辰定日之吉凶。干支实际上表示一种顺序关系，又直接音译自汉语，建除十二辰与干支纪年法有密切关系。回鹘文献语言主要采用十二兽纪年。回鹘文献语言的量词可分为名量词和动量词两类。从意义角度看，可以把回鹘文文献语言的量词区分为"定量词"和"不定量词"；从来源上看，可以把回鹘文文献语言的量词区分为"专用量词"和"借用量词"两类。"专用量词"是指专作量词用的词，"借用量词"是指原本不是量词，临时从名词等其他词类借来表量词意义的词；从功能角度看，可以把回鹘文文献语言的量词区分为"单义量词"和"多义量词"；从词的结构角度分析，把回鹘文文献语言的量词区分为根量词、派生量词和合成量词三类。

回鹘文文献语言语音系统概述 李经纬

撰，载《语言与翻译》1989 年第 1 期。

（1）元音。回鹘文文献语言里有 8 个一般元音音位，即 a、ac、ii、ı、o、u、θ、ú。有些学者认为，回鹘文文献语言中还存在一个元音 e；可能存在长元音。随着汉语、印度语等外来词语的吸收，也出现了复元音或连缀两个元音的事实。回鹘文文献语言具有明显的元音和谐现象，元音和谐的性质有两类：部位和谐、唇和谐。回鹘文文献语言的某些双音节词，在接加附加成分派生新词或发生语法变化时，常有第二音节的元音脱落的现象。（2）辅音。回鹘文文献语言有 19 个辅音音位，加上 3 个可能存在于外来语中的辅音，共计 22 个辅音。回鹘文文献语言有少数几个辅音不能出现在同一个词的结构中，接加附加成分时也恪守这一规律，这就是辅音的和谐。（3）音节结构。若用 Y 代表元音，用 F 代表辅音，可分为以下 6 种类型：Y、FY、YF、YFF、FYF、FYFF。（4）重音。重音在词的最后一个音节。

回鹘文献语言复合词的构成及其特点

张铁山撰，载《耿世民先生 70 寿辰纪念文集》，民族出版社 1999 年。

（1）联合式。回鹘文献语言的联合式复合词又可根据两个词根在词中的意义分为两种。一种是由两个意义相同或相近的词根按照一定的顺序联合而成。（2）偏正式。回鹘文献语言的偏正式复合词，由一个中心词根与一个修饰词根组合而成，其中以中心词根为"正"，以修饰词根为"偏"，两个词根形成偏正结构。（3）支配式。回鹘文献语言的支配式复合词，由一个名词词根和一个动词词根组合而成，其中，动词词根是支配者，名词词根是被支配者。这种复合词的内部结构颇似句法上的动宾关系，所不同的是句法上的这种关系构成动宾词组，而在构词法上它只构成一个复合词。（4）主谓式。主谓式复合词由一个类似"主语"的词根和一个类似"谓语"的词根组合而成，前者多为名词，后者多为动词，二者间的关系，颇似主语和谓语的关系。故称之为主谓式复合词。（5）重叠式。重叠式复合词是由一个词根反复重叠而构成。这种复合词在回鹘文文献中较为常见。

回鹘文献语言和喀喇汗王朝文献语言

郑婕撰，载《喀什师范学院学报》1997 年第 2 期。

古代维吾尔人曾并行使用过两种书面语言：回鹘文献语言和喀喇汗王朝文献语言。回鹘文献语言是通行于高昌回鹘汗国的书面文学语言，又称北部回鹘语；喀喇汗王朝文献语言则是以喀什噶尔为中心的通行于喀喇汗王朝的书面文献语言，又称南部回鹘语。两种文献语言在通行范围上虽然有南北之分，但其基本的特点是相同的，并没有十分明显的差异。但由于两个王朝长期的宗教对立，使得彼此的语言交流时常中断，加之受不同语言和文化的影响，南北两地的回鹘书面语又不可避免地产生了差异。该文通过对早期回鹘文献《弥勒会见记》、《金光明经》《突厥语词典》《福乐智慧》等语言资料的分析，对南、北回鹘语在语音、语法、词汇方面的差异进行了较为详尽的阐述。由于有丰富的语言资料，论述较为精要，基本上概括了两种语言的主要差异。

回鹘文《增壹阿含经》残卷研究 张铁山撰，载《民族语文》1997年第2期。

《阿含经》为早期佛教基本经典的汇集，一般认为，此经基本内容在佛教第一次结集时就已被确定，至部派佛教形成的前后被系统整理，约公元前1世纪时写成文字。其主要内容论述四谛、八正道、十二因缘、五蕴、四禅及善恶因果报应、生死轮回等小乘佛教的基本教义。该文研究、刊布的回鹘文《增壹阿含经》残卷，出自敦煌，现藏北京图书馆。原件为写本，梵英式，存一叶两面。作者在对此叶回鹘文残卷的原文进行拉丁字母转写、汉译和注释的基础上，通过与国外收藏的同经残卷的比较，认为：（1）该叶回鹘文残卷系译自汉文本。译者似为tisimtubaxsi。（2）《增壹阿含经》有不同的回鹘文译本，因为本叶五卷的译文系全译，而国外刊布的为选译或节译。（3）版本也不同。（4）该回鹘文《增壹阿含经》的成书年代应在13—14世纪。

回辉话的前缀 李炳泽，载《语言研究》1995年第2期。

这篇短文只谈一个问题，就是海南三亚回族的回辉话尽管经历了由多音节向单音节、无声调向有声调的变化，但有部分词仍然没有丢失第1音节，这个第1音节是由原来不同的语音形式变得趋于一致，给人一种是"前缀"的感觉。回辉话部分词保持多音节的残存形式，前缀的语音功能大于意义功能。从回辉话一些词与拉德语或印尼语的比较中，可以看出回辉话（前）的第1音节是由拉德语或印尼语（后）不同的形式变来的。如狗 $a^{11}sau^{33}$/asao，老鼠 $a^{11}ku^{55}$/kkuih，蚂蟥 $a^{11}ta^{55}$/etah，蚂蚁 $a^{11}than^{11}$/hdam。回辉话已经把多音节的第1个音节变成"前缀"了。

回辉话的性质特点再探讨 曾晓渝、尹世玮撰，载《民族语文》2011年第3期。

作者对三亚回辉话的性质特点进行重新考察，通过100个核心词和成篇语料在语音、词汇、语法构成成分分析和数据统计，认为回辉话是由占语与汉语、黎语等长期深度接触而融合形成的一种特殊语言，已蜕变了南岛语的基本类型特点。全文分四节：一、引言；二、回辉话特点分析；三、回辉话的形成机制及其性质讨论；四、结语。作者最后的结论是：将回辉话归属于南岛语尚缺乏充足的理由，它是一种特殊的语言。

回辉话中的汉语借词及汉字读音 郑贻青撰，载《民族语文》1995年第5期。

三亚羊栏镇（今改为凤凰镇）回辉村的回族人所使用的语言是南岛语系占语群中的一个成员，它的汉语借词和汉字读音与海南岛上的几种汉语方言有一定的差别。回辉话中的汉语借词和汉字读音是当地回族人来到海南岛以后逐渐借用吸收的。这套借词的读音是从哪个汉语方言吸收的？离这里最近的有迈话（一种近似粤语的土话）、儋州话（其读书音为北方话）、海南话（闽南方言）、军话（一种西南官话）、广州话（渔民的疍家话）等。从所比较的材料来看，这几种汉语方言似乎都不是回辉话借词的来源。因为回辉话的借词读音既近似北方方言，又保留促声韵尾。总的来看，这种话与军话或儋州话比较接近，但又不完全相同，与海南话、疍家话、迈话都比较远。而军话和儋州话读书音属北方话系统。所以说，回辉话的汉语借词和汉字读书音应该是一种北方话。该文作者分析，当年回族人来到海南以后，所接触的除了上述的各种方言以外，还接触到当时的官话，这种官话是当时官员、商贾以及文教人员所使用的一种"正音"，回族人学习汉语汉文就是用这种正音。他们代代相传，一直到现在仍然使用着，就像活化石一样保存至今。

回辉语揭示的语言接触感染机制 江荻撰，载《民族语文》2010 年第 6 期。

该文以海南三亚市回辉话为例讨论回辉话在语言接触中类型转化的现象，指出回辉话从多音节型无声调语言转变为单音节型声调语言，是一种称为语言感染的机制导致的。全文分五节：一、问题的提出；二、三亚方言岛语言状况；三、回辉话中汉语借词的来源及性质；四、语言感染假设作为语言接触引发的语言变化阐释机制；五、结语。

回族话及其文化特征探析 赵相如撰，载《语言与翻译》1992 年第 1 期。

由于回民散居全国，居住分散并与汉族杂居，特别是汉人成分在回族中日益增多，因此深受汉文化的影响，在明以后就习惯于以汉语作为本民族的共同语言，但在宗教生活和本民族内部的相互交往中，还保留着不少阿拉伯语、波斯语词汇和有别于汉语的各种习惯语、特殊的语法结构，以及在使用汉语阐述或讲解伊斯兰教义时所使用的"经堂语"和阿拉伯语、波斯语的意译词汇等语言特征。回族通用汉语，但在其话语中包含着许多阿拉伯和波斯语词汇，其中尤以阿拉伯语成分占绝大多数，从而形成一种以汉语为主干，又保留着一定数量阿拉伯语和波斯语成分的特点。回族话中保留的上述阿拉伯语和波斯语词汇，其中虽不乏宗教用语，但这些宗教用语与回族人民的日常生活和特殊的风俗习惯息息相关，并且早已与汉族水乳交融，成为回族语言不可或缺的重要组成部分。

回族话及其文化特征探析（续） 赵相如撰，载《语言与翻译》1992 年第 2 期。

回族话中使用的"经堂语"或专为回族使用的汉语词汇。所谓"经堂语"系指回族和通用汉语的中国穆斯林进行伊斯兰教经堂教育的专门用语。在"经堂语"中出现的一些专为回族使用的词汇，构成了回族话及其文化的又一显著特征。例如：真主、教门、洗大净、洗小净、出幼、割礼、盖头、礼拜帽、唐瓶、回奉、口唤等。回族话中忌用的某些汉语词。由于回族的宗教信仰和风俗习惯与汉族不同，致使在回族话中忌讳使用某些汉语词。我国回族在丧葬习俗方面，使用着一整套与汉族截然不同的专门用语。这些专用术语，实际上也是为了代替忌用的某些汉语词的。回族在亲属称谓上的语言文化特征。在家庭称谓上，回族对直系亲属有尊卑辈序之分，一般与汉族同，但有些称谓与汉族有别。

基诺语句子的语气 盖兴之撰，载《民族语文》1987 年第 2 期。

在彝语支语言中，基诺语句子的语气变化别具特点。它以不同的形态变化手段区分了基诺语句型类别的形式标志。根据动词、形容词、代词词根的屈折变化可以分为 7 种语气，即直陈、疑问、肯定、否定、请求、命令、感叹等语气。基诺语句子语气的表达方式有五种：（1）用词的内部屈折手段；（2）词的重叠；（3）句尾加语气助词；（4）变调与语气助词并用；（5）代词的语气变格。用声调屈折表示句子的语气是基诺语的一个特点，比如 42 调变 44 调表示疑问和否定语气，42 调变 35 调表示肯定语气，42 调与元音同时屈折变为 55 调表示感叹语气。补远方言第二人称代词 nɤ^{31}，变读 13 调表示肯定语气，变读 53 调表示命令语气，变读 31 调表示祈使语气。基诺语用词的内部屈折手段表示句子的语气变化是基诺语语法历史演变过程中的遗存现象，分布零散，没有严整的体系。但是它丰富了藏缅语言历史语法学研究和彝语支语言类型学研究。

基于维语中心语驱动句法分析器的结构及其实现 玉缚·艾白都拉撰，载《语言工程》，清华大学出版社，1997年。

文章论述了中心语驱动文法的维语句法分析器结构，以及维语词法、句法自动分析试验系统的实现方法。根据维语句法特点修改和扩充 HPSG 文法并将扩充后的文法应用到维语句法描述和分析中。文中详细介绍了维语的句法（The Syntax of Uighur Structurt）分析方法，中心驱动文法的维语句法结构。例如，机器词典的构造、维语句法树的定义、句法范畴属性和规则、语义层次结构的定义以及分析器的性能和几种句型的描述和分析过程。

几篇关于中国图瓦语研究的论文 耿世民撰，关于中国图瓦语共五篇论文，全用英文写成，发表在国外有关突厥学的专门刊物上。它们是：Materials of the Tuvinian Language in China（1）、（2）、（3）、（4）、（5），分别刊于 De Dunhuang a Istanbul, Homage a J. Hamilton, 2001（从敦煌到斯坦布尔——哈米勒屯教授八十寿辰纪念论文集），Acta Orientalia Academiae Scientiarum Hung. Vol. 53（1-2）（匈牙利科学院东方学报），Central Asiatic Journal（中亚学报），Vol. 50/12006，Turk dilleri arastirmalari（突厥语研究），cilt11，2001，ıstanbul，Turkoloji Dergisi（突厥学杂志），ciltXVı，1. Sayi 2003, Ankara。

中国图瓦语是新疆阿尔泰地区一部分蒙古族说的一种突厥语。20 世纪 50 年代（1956 年），当时在中国工作的苏联蒙古学家托达耶娃教授在乌鲁木齐说，在阿尔泰地区有一部分蒙古人说一种不知名的语言，希望在调查哈萨克语时给予注意。1956 年 10 月下旬当作者完成哈萨克语的调查任务后，冒着危险（主要是棕熊出没无常）进入布尔津县北部山区图瓦人居住的哈那斯、和木二地。经过几天的调查，根据记录的话语材料，作者判断它是一种非常古老的突厥语，在某些语言特点方面尚约处于唐代突厥语的发展水平。作者于 1957 年写了一篇题为《新发现的图瓦语情况介绍》报道发表在《民族语言调查通讯》上。上述五篇文章主要是刊布各种文体的话语材料（对话、民间故事、诗歌、格言谚语等）。现在学界已经普遍采纳我国这种语言的名称。

记阿侬语——对一个逐渐衰亡语言的跟踪观察 孙宏开撰，载《中国语文》1999 年第 5 期。

该文应《中国语文》杂志之约为纪念罗常培先生诞辰 100 周年而作。1942 年，罗常培先生曾在云南调查过怒族的语言，为后来研究这一带的语言打下了坚实的基础，作者作为罗先生的学生，曾聆听过他的语音学等课程，受到他许多的教诲，终身难忘，因此撰文纪念罗先生的百年华诞。文章介绍了作者自 1960 年以来，每隔数年，共 7 次深入中缅边境的怒族支系阿侬语分布地区实地调查研究该语言的具体情况，在取得大量第一手资料的基础上，比较了历次调查研究的资料，总结出一套阿侬语走向濒危过程的各种表现。文章认为，一种语言在自身衰亡的过程中，由于受周围语言影响，语言本身急速发生变化，这一方面的情况除了表现在语言使用情况的改变外，往往也反映在语言结构本身。文章用较大篇幅分析比较语音、词汇和语法上语言结构衰变的具体内容。文章最后认为，在国家改革开放，发展社会主义市场经济，人们交往日益频繁的今天，在广播、电视、电话等大众传媒十分发达的今天，语言作为人们的交际和交流思想和传递信息的工具，一些弱势语言由于不能承担这种功能而陆续丧失其交际作用，被强势语言所替代，这是不以人们主观意志为转移的客观规律。我们只有实施正确的语言规划，采取一定措施，延缓语言衰亡的速度，却不可能完全阻止一种弱势语言陆续消失的进程。

嘉戎语的方言——方言划分和语言识别 瞿霭堂撰，载《民族语文》1995 年第 4 期和第 5 期。

嘉戎语的方言研究涉及语言识别和方言划分两方面的问题，对汉藏语言的语言识别、方言划分和系属研究都有重要的价值。该文通过语音、语法和词汇三方面的深入比较，将嘉戎语分为东部、北部和西部三个方言。从理论上提出语言接触是方言的本质属性，方言是语言接触形成的新观点；在语言识别和方言划分上提出必须以结构标准为主的观点，并提出以数量化、综合性和弹性度作为确立标准的原则，以加强语言识别和方言划分的科学性；在嘉戎语方言划分中，根据差别大、发展不平衡的特点，提出"方言链"的新概念，再参考历史、文化、政治等因素，将中寨、上寨、旦巴和格什札等话识别为嘉戎语的西部方言，而不是独立的语言，符合汉藏语言方言差别大、发展不平衡的格局，科学地确定了川西北部分藏缅语言的类属。该文不仅以充分的语言事实进行了嘉戎语方言的划分，并从理论上重新认识了方言的概念和属性，识别语言和划分方言的标准，对汉藏语言的识别和方言划分具有理论的意义和价值。

嘉戎语动词的人称范畴 瞿霭堂撰，载《民族语文》1983年第4期。

嘉戎语和藏缅语族许多语言一样，动词有人称范畴，它通过句中动词所加的前缀或（和）后缀。表示主语或（和）宾语的人称和数，而其中人称和数往往还同人称代词有关。文章在人称范畴的构成一节，以嘉戎语东部方言为例，较详细地介绍了人称范畴与主语（单主语和复合主语）的一致关系和兼表主语——宾语人称和数的情况。在人称范畴的演变一节，作者比较了嘉戎语3个方言在人称范畴使用、特点和内容方面的异同，认为嘉戎语人称范畴的演变经过了由繁到简的历史演变过程，文章通过东部方言与其他两个方言的比较，详细地讨论了西部方言的简化过程和步骤以及北部方言的演变情况。文章还认为，从保留动词人称范畴的完整性来说，嘉戎语犹如藏缅语族语言的一块活"化石"，对嘉戎语动词人称范畴的研究，有助于对藏语支共同语以及动词人称范畴已经简化和消失的各亲属语言的研究。

嘉戎语构词法研究 林向荣撰，载《民族语文》1983年第3期。

作者以自己的母语为对象，研究并介绍了嘉戎语里词汇结构的主要特点和丰富语言词汇的主要方法——构词法。作者认为，嘉戎语是一个形态变化十分丰富的语言。它在构词方面使用了许多词缀，其中包括前缀、中缀和后缀，这些词给构成的新词增添了新的词汇意义。因此构词中的派生法成了这个语言构词上的一大特点，也是最能产的一种构词类型。文章以大量的例证为依据，着重讨论了名词、动词、形容词的构成方式，分析了派生构词的各种模式，同时也对各类词缀的作用做了细致的分析，如名词词根加前缀后构成动词的、形容词加词缀构成动词的、副词加词缀构成动词的等。文章还举例分析了复合构词的特点和方式，认为这也是一种能产的构词模式。嘉戎语新词的产生主要依靠这两种方式。当然也不排除其他方式，如重叠构词、拟声词等。

嘉戎语历史音韵研究（上） 蓓蒂·谢芙茨、张昆撰，载《民族语文研究情报资料集》，中国社会科学院民族所语言室1984年第4期。

该文探讨了嘉戎语的历史音韵问题。在讨论一些嘉戎语的历史音韵问题时，重点放在藏语上。其原因：一是藏语显然与嘉戎语关系密切；二是在不依靠嘉戎语的情况下对藏语已作了较深入的研究。因此，该文所谓的藏嘉共同语只是一种用来说明这两种语言特点的构拟。在嘉戎语的比较研究中，适当地使用藏语，将其作为比较的出发点，是极有意义的。如藏语里虽然丢失了一些韵尾，但保留在藏文中的却比任何其他藏缅语多。以藏嘉元音对应来说，就极为有用。辅音有影响元音前化、后化、低化和高化的作用，理应比以往藏缅语研究给予更多的注意。由于据以构拟的都是一些大部或全部丢失韵尾的语言，于是不得不假定一部分与带辅音韵尾的同源词相应的元音对应，这部分元音对应的词原来应是带韵尾的。嘉戎语保留了一些韵尾，使得我们能看到部分藏嘉元音差异的来源。

嘉戎语马尔康话中的藏语借词　林向荣撰，载《民族语文》1990年第5期。

该文探讨了嘉戎语中藏语借词的各种借入方式、读音变化、同源词和借词区别，它们的派生能力以及借词在嘉戎语中的变化和发展趋势。嘉戎语与藏语的亲属关系较密切，藏语借词所占比例较大。有些藏语借词与固有词词义完全相当，并与固有词并用。固有词派生能力强，借词派生能力弱。作者从这两个方面来区别同源词和借词。嘉戎语借入藏语词的方式是多种多样的。名词的借入有直接、加词缀和复合借入三种。动词借入的方法极其结构方式有：（1）藏借动词词根前加本语，不定式动词前缀 ka-或 ka-，构成不定式自主动词；加 kac 构成不自主动词。（2）借入复合动词，后带 [brgiab]、[bjed]、[btang] 的须换上或加上本语动词 [-ka-pa]、[-ka-lat]、[-ka-ta] 等派生新词。（3）在词根前加本语构词前缀 [kamac-]、[kac-rac]、[kacrac] 等构成动词。形容词借入方式有原形借入，并发生一定音变；去掉形容词原有的后缀，在词根前加本语形容词前缀 [kac-]。作者认为藏语借词正在逐步趋向减少，有些词将由汉语借词所替代。

嘉戎语梭磨话有没有声调　戴庆厦、严木初撰，载《语言研究》1991年第2期。

文章认为梭磨每个音节都有固定的声调。所谓"固定"有两个意思：一是除部分音节在连音中发生有规律的变调外，每个音节的声调读音都不能随意改变。二是指每个音节的声调读音在不同时间、不同场合、不同人中大体保持一致；没有发现可高可低的现象。不同的声调在梭磨话里具有区别意义的功能。这种功能包括两种情况：一是以声调为唯一的或主要的区别性特征。主要出现在双音节词上。还有一种与其他音素一起负担起区别意义的功能。有的与不同的声调一起。有的与不同的韵母一起，声调只担负区别意义的部分功能。梭磨话虽然已经产生了声调，但声调的发展还很不充分，就其水平来说，只处于声调发展的初级阶段。梭磨话从无声调到有声调，这大约与梭磨话复杂的声韵母系统出现简化趋势以及多音节词开始出现单音节化有关。

嘉戎语与藏语的若干语法差异　林向荣撰，载《中国民族语言论文集》，四川民族出版社，1986年。

文章讨论藏语和嘉戎语语法上的差异问题。该文从7个方面讨论：（1）名词从属范畴，嘉戎语用前缀手段表达，属词法形态手段，藏语用助词，属句法手段。（2）动词人称范畴，嘉戎语加上前后缀表示三个人称、三种数，藏语无人称范畴。（3）动词的方位范畴，嘉戎语方位分近指、远指和极远三级，分垂直、河流、山路三种方向，表达方式上可把方位词加在动词前，也可用方位前缀，藏语只有第一种。（4）动词时态范畴，嘉戎语在动词前加前缀，藏语在动词后加助词，还有词根屈折变化。（5）动词的式动词的式，藏语用命令形式，嘉戎语在动词上加前后缀。（6）动词的态，嘉戎语有使动态、反身态和互动态，藏语只有使动态。藏语使动态用声母辅音交替表示，也可用分析形式动词后加 tccu^{53} 表示，嘉戎语主要用加前缀和中缀表示各种态；（7）数量范畴，藏语主要加助词 tsho^{53} 表示复数，嘉戎语加 nyE 表示。文章认为嘉戎语和藏语语法比较有助于语言教学和规划。

嘉戎语在藏缅语族语言中的历史地位　孙宏开撰，载林英津等编辑《汉藏语研究：龚煌城先生七秩寿庆论文集》，台湾"中央研究院语言研究所"，2004年。

嘉戎语作为藏缅语族中的一个非常有个性的语言，早在20世纪40年代就已经被学术界所了解，但他在藏缅语族中的地位如何，究竟与哪些语言接近，一直是藏缅语族语言研究者关注而又没有完全解决的问题。文章针对学术界存在的4种主要观点提出，嘉戎语应属汉藏语系藏缅语族羌语支，并从5个方面做了全面论证。第一部分文章梳理了自20世纪30年代以来，有关嘉戎语分类的一些主要观点及其分类依据。第二、三、四3个部分分别从语音、词汇和语法等方面列举例证讨论了嘉戎语应该归入羌语支的理由。最后文章认为，语言历史渊源关系的远近，除了考察他们的语言特点以外，当然这是主要的，还要研究使用该语言人群的历史渊源关系和语言接触关系，分辨出哪些是原始遗存的共同特点，哪些是接触形成的相似特点，把亲缘关系的远近建立在比较牢固的基础之上。嘉戎语之所以是羌语支语言中的一个成员，除了一些本质的语言特点与羌语支一致外，还因为他们是两汉以后定居在岷江上游羌族的支系之一"嘉良夷"的后裔。

嘉戎语藏语借词的时空特征　劲松、瞿霭堂撰，载《民族语文》2009年第2期。

该文讨论嘉戎语卓克基、梭磨、白湾等方言土语中的藏语借词，以期对语言接触研究有所推动。讨论的内容涉及词汇借贷的范围、程度、供、受语的性质和关系等方面的研究。嘉戎语是藏族除了使用藏语外，使用人口最多的一种语言。分布在四川的阿坝藏族羌族自治州、甘孜藏族自治州和雅安地区。该文主要着眼于区别借词与同源词的方法、借词的时间和空间特征。全文分三节：一、藏语借词的识别和类别；二、藏语借词的时间特征；三、藏语借词的空间特征。文后的余论有较详细的论述。

甲骨文、纳西东巴文的合文和形声字的起源　喻遂生撰，载《中央民族学院学报》1990年第1期。

文章从甲骨文与纳西文的文字形成和比较两方面讨论了形声字的起源。合文是造字的方式，如"羽日"两字的合文后来就变成"日羽"字，但甲骨文中的合文虽然结构体貌似单音字，但始终没有合为一字。东巴文中由象形字所组成的合文，只是两个独立表音表义的字在书写上的组合，它们合起来表示一个多语素的词或词组，但两部分没有形声的分工，所以不是形声字。在东巴文中没有找到两个象形字通过合文变成形声字的例证。文章的结论是：（1）合文是文字刚从图画脱胎出来作图画式平面排列的书写方式的遗留。（2）随着文字制度的成熟和完善，合文逐渐解体分书，而不是凝固成一个合本字。（3）合文和形声字的起源没有什么直接的关系。形声字的起源应从其他方面探索。

兼语式在维吾尔语中的表达形式　苗焕德撰，载《语言与翻译》1987年第1期。

总体来说，兼语式在维语中主要用"动宾结构"表示；兼语常以宾语表示，有时也用主语表示。（一）使令式兼语句的表示方法。（1）兼语式第一个谓语是"使、叫、令、让"等，第二个谓语也是动词时，维语则只用一个使动动词或复合动词表示，兼语用（直接宾语或间接宾语）来表示。（2）第一个动词是"使"等，第二个动词谓语带有宾格时，维语则用复合式谓语（动宾式）表示。（3）第一个谓语是"使"等，第二个谓语是表示心理活动的动词，维语通过由相对应的第二个动词构成的一个使动态动词或复合动词谓语表示。（4）第一谓语是"使"等，第二个谓语是形容词时，维语中仍用一个使动语态的动词来表示。（二）认定式兼语句的表示法：总的来说，认定式兼语句的表达形式与使令式基本相同，不同的是动词部分。

柬埔寨语与佤语的构词形态　陈国庆撰，载《民族语文》2000年第6期。

柬埔寨语的构词形态主要是通过加词缀的黏着形式来表达，佤语则用屈折、分析手段来表现。该文通过对这两种语言在构词形态上的不同表现手段的比较，揭示了孟—高棉语族语言构词形态的历史演变脉络是由黏着性手段向屈折、分析性形式过渡的，从而为进一步论证语言的亲属关系提供了佐证。文章分别介绍了柬埔寨语构词形态和佤语词的构词形态。然后把柬埔寨语与佤语构词形态加以比较。在结语里说，柬埔寨语的构词形态主要采用附加黏着性的词缀来表现；佤语则结合自身的语言实际，其构词或构形形态一般是屈折和分析的语法形式。大体能看出原始孟—高棉语族语言构词形态的历史演变脉络，即是由黏着性形式向屈折性和分析性形式过渡的。

简论调类的发展　韦庆稳撰，载《中央民族学院学报》1986年第3期。

该文从四个方面探讨舒声的调类。一、声调的可能来源。由于增加调类比增加音值音位有很大的优越性，所以单音节语言当声母发展到一定限度时，声调的产生是不可避免。二、调类数与声母的关系。调类数与声母数具有相反的趋势，即调类越多声母越少。这种现象作如下解释：（1）每个调类发展阶段，在声母系统中都有某一喉部成分，把全部声母分为两类，因而在调类分化时，又成为决定这两类声母在新调类中再分配的标准，它在调类分化前有区别辅音音位和词义的作用，在调类分化时有再分配声母的作用。（2）喉部成分限制每一个有分化的调类，一般是一分为二。声调产生之前，它已产生并按照一定方式分布在声母系统里。三、调类型发展的阶段性。用公式计算求得调类发展的五个阶段，并举出各阶段的一些实例。声调从无到有，调类从少到多，可以找到不少史实。四、推导调类场的方法。用各层遗迹推导各个相应的调类场。用 n（x [i] -x [y]）[z]）公式推导得前一调类场，用2n（x-x [i] +x [y]）[z] 推导出将要发生的新 [z+1] 及在新场的遗迹。

简论凉山彝语附加式构词法　朱建新撰，载《民族语文》1986年第2期。

附加式构词法是凉山彝语最能产的构词手段，其附加成分有词头和词尾，它们都表示一定的语法意义，并能确定词性。加词头构成的词有名词、代词、形容词、副词和叹词。词头有（1）a^{55}，表示"亲密"。（2）o^{33}，表示舅舅、姑父、岳父、公公的亲密关系。（3）bo^{33}，表示姑母、舅母、岳母、婆婆的亲属关系。（4）mu^{33}，对男性表示尊敬。（5）a^{33}，表示"更高程度"。加词尾构成的词有名词和代词：（1）zɯ^{33}，指小和亲昵。（2）tɕi^{21}在动词、形容词和名词后，构成名词。（3）nyo^{21}，表示抽象的处所。（4）lu^{33}表示事物的类别。（5）dɯ^{33}表示抽象的处所。（6）dʑu^{34}表示抽象事物的状况、内容、性质、量度的名词。（7）thE^{33}表示事物存在的状态、方式、方法的名词。（8）du^{33}，加在动词或形容词后，构成名词。（9）mo^{21}加在动词和名词后，构成各种名词，表示有某种专长的人或"大"和"亲昵"。（10）si^{33}，表示有某种职能或权力的人。

简论苗族文化对语言的影响　李锦平撰，载《云南民族语文》1999年第1期。

苗族语言是苗族文化的重要载体，又是受文化影响的有声符号系统。该文用黔东方言苗语作为凭据，分别从以下几个方面简论了苗族文化对苗语言的影响：第一是稻作文化对语言的影响。稻作文化在苗文化中占据重要地位，稻作文化的词汇丰富而细密。第二是饮食文化对语言的影响。苗族饮食文化因地域、支系的不同而呈多样性，但是其共同特点大多包括喜爱吃酸辣、糯食等，这些方面的词汇在其语言中也多有反映。第三是宗教文化对语言的影响。苗族人民多信仰原始宗教，主要包括崇拜鬼神、祖先、自然物和人造物几个方面。这样也产生了众多的苗族宗教文化词汇，这些词汇都是在苗族宗教文化背景下产生发展起来的。第四是芦笙铜鼓文化对语言的影响，苗族语中有关芦笙铜鼓及其文化的词汇在苗语言中也数不胜数。总而言之，苗族各方面的文化都对苗语言产生了十分明显的影响，对苗族语言进行分析研究，从而可以更好地探索苗族的历史和文化。

简论台语中一些借自汉语的数词　易家乐撰，载《民族语文研究情报资料集》，中国社会科学院民族所语言室 1985 年第 5 期。

本文论述了台语中一些借自汉语的数词的来源。在大多数台语里，现在残存着两套特殊的数词，它们是用来表示兄弟姐妹的长幼的。在掸语、昆语中，还保留着"亲属排行"系统，而在暹罗语中，亲属排行系统已经废弃。表示"男性老大"的词，在掸语和暹罗语中可能经过和"女性老二"平行的语义演变。男性排行从"二"开始是借自汉语，通常的台语数词多少也和汉语有关，但是却以一种不同的方式表现出来。地支名称大约是在公元 600 年中古汉语时期以前从汉语借用的，假如借得更迟一点的话，那是通过一个上古型的汉语方言借的，因为这些地支名称保留了中古汉语中已消失了的上古汉语的特征。同时，亲属排行的平行发展表示它们是同样古老的借词。表示"女性老六"的词通常是一个有"中音"声母和"塞"音韵尾的音节的声调。这说明是一种古老的女性构词形式，那是在带有"塞"音韵尾的词还没有根据声母的类型分裂成若干调类的时候。

简论现代锡伯语口语和书面语的相异性

苏承志撰，载《语言与翻译》1995 年第 3 期。

现代锡伯语口语中有很多汉、维吾尔、哈萨克、俄罗斯等语言的借词，其中汉语借词最多。学校的双语制和双语家庭的增加，使锡伯语口语越来越趋向于汉化，口语和书面语之间也有了一定的距离。锡伯族使用汉语交际的进一步普及，导致了锡伯语口语的社会变异年龄越小，固有词汇的使用量越小，汉语词汇的使用率越高。这显示出锡伯语口语在年龄段上的相异性。现代锡伯语口语和书面语的相异性主要表现在以下两个方面：（1）功能不同；（2）特点不同。锡伯语口语和书面语的根本区别，在于是否真正反映了口头语言的实际发展情况。很明显，锡伯语书面语由于人为的原因和社会环境的影响，与口语有了一段距离，而且书面语远远落后于口语。口语中汉语新词术语的大量借用，使口语中出现了夹汉夹锡的现象，而书面语则保持着原始状况。

简论藏族文学名著《萨迦格言》的思想意义　马进武撰，载《西北民族学院学报》1989 年第 1 期。

《萨迦格言》是藏族著名学者、社会活动家萨迦班智达贡噶坚参的杰作，它既有民主、进步的思想内容，又有朴实、清新的艺术风格，是一部"智慧和力量的教科书"，是藏族优秀文学遗产中的一颗闪闪发光的瑰宝，它在藏族文学史上占有重要的地位，问世 700 余年来，不仅在藏族人民群众中广为流传，而且在国内其他民族和国际上都产生了深远的影响。该书由 457 首哲理诗组成，主要思想内容如下。（1）反映了真实的生活。（2）体现了进步的政治倾向。（3）具有追求民主、自由的启蒙思想。（4）揭露假恶丑，颂扬真善美。（5）尊重知识，尊重人才。（6）提倡学习，鼓励进步。全文收入《中国古籍丛书》。

简述裕固族族称和突厥语地名的关系

钟进文撰，载《语言与翻译》1992 年第 1 期。

裕固族是我国历史悠久的少数民族之一，聚居在甘肃省境内。裕固族在汉文史籍中，有"黄头回鹘"（宋代）、"撒里畏兀"、"萨里辉和尔"（元代）、"撒里畏兀尔"（明代）、"锡喇伟古儿"、"黄番"、"西喇古尔黄番"、"黑黄番"（清代）等不同的名称。历史上的种种称谓意味着该民族实体的形成是复杂的。该文主要综述用突厥语地名知识解释裕固族族称的几种观点。（1）"撒里"是"喀喇沙尔"（即今新疆焉耆）说。持这种观点的主要是岑仲勉教授。（2）"撒里"为"疏勒"说。（3）"撒里"即"干河滩"，"黄头"即"黄沙之头"说。（4）"黄头""撒里"为色楞格河说。作者认为，裕固族族称和突厥语地名有关系，但要想进一步探讨，必须和裕固自身文化紧密联系起来。如果仅从汉文史书记载或笼统地从突厥语普遍语言现象中寻找根据是不可考的。

简谈苗族双语文化 石宗仁撰，载《中南民族学院学报》1990年第1期。

苗族是信仰多神教的民族，因而使苗族文化被人称为苗巫文化。由于苗族几千年来与汉族交往和杂居，出现了宗教的语言载体的变化，除了原生态的苗语宗教外，还相继出现了苗语、汉语混合传播的宗教和汉语宗教。苗族是以信仰祖先为中心的多神崇拜。苗族民间文学的双语现象相当普遍。从微观上，有作品本身用双语混合传承；从宏观上，有地域性的双语传承。在苗族聚居区，母语民间文学仍然是传承的主要形式，但双语现象已大量出现，苗汉杂居区、汉化程度高的苗区，则以非母语传承即汉语传承为主要形式。苗族的姓氏，当今已发展到普遍使用非母语姓氏即汉语姓氏与双语姓氏并存的时期。但苗族的姓氏，如吴姓、田姓等与汉族姓氏或其他民族姓氏的内涵是不同的。苗族地区有许多双语地名，双语地名中的汉名，有的是以次生态命名，有的则是苗语地名的译意而成汉语地名。

《剑川白文考》商榷 杨适夫撰，载《云南民族语文》1993年第4期。

文章认为，《剑川白文考》作者赵式铭先生，从"我之所谓土语者，无一不通于典故"这一论点出发，至"终夜不寐"，以寻求"几无一字无来历者"的经典论据，有意无意地脱离白语实际，堕入烦琐的探赜索隐里，以致注释不准确，间有错误，归纳起来有六方面：（1）从经典故训出发，不符合白语实际。如："正月曰陬月，二月曰如月"，"母鸡曰牝鸡"，"山箐曰箐"之类，大都以经典释白语，与白语实际不无出入。（2）误量词为名语。如"桥曰河桥"、"梳曰疏比"，赵先生误把量词"桥""比"当作名词。（3）在白语词汇中是无此说法的。如"田埂曰陌"，在白语词汇中尚无先例。（4）有些条目，似系误解。如"头曰头皮"等。（5）以甲话甲，作用不大。如"雨晴曰（歹生）。（歹生）即晴字也，白文音近星"便是，白语称"晴"与所谓"星"字音不牟。（6）以偏概全。如"早曰朝"……，"朝"字在汉语里是多义词，但在白语里只用它"早上"这一意义，而"早"在白语里意义较广泛。

剑川白语音质和音调类型 李绍尼、〔美〕艾杰瑞撰，载《中央民族学报》1990年第5期。

1987年，美国语言学家艾杰瑞教授在中央民族大学讲学期间决定与李绍尼一同起用各种电脑语音实验仪器合作研究白语。该文是白语研究历史上首次起用现代化的电脑仪器测试白语各种音质，又经对比分析后发表的一篇"电脑语音实验报告"。在我国，民族语言的研究是最薄弱的一环。就汉语研究而言，通常也是习惯于用我国著名语言学家赵元任开创的"五度标调法"来研究和测度各汉语方言土语的声调系统的。研究少数民族语言的语言学家也习惯套用"五度标调法"同汉语比较后揣测估计有声调的民族语言声调的高低和屈折后进行调值标示的。但是对白语的各种音质进行电脑录音分析后得知：白语的声调不完全由词汇音节的音高决定的，它与喉部各种发音生理结构功能、不同的辅音和元音的性质及其相互制约有很大的关系。经过实验与分析，首次认知白语有普通音、紧音（即紧喉音）、挤音（即后来更确切认定的"声门混合紧擦音"）、气化音共4种特殊音质。除了紧擦音质不与鼻化音相结合外，其余3种音质皆可与鼻化音、紧喉音相互结合在同一个音节上，构成多音质混合音节形式。由此，白语已经构成了15种音节形态。按传统音调说法，白语以调类型划分，有平、升、降3种调型，但平调类中又分高平和中平两种。但每一种音质与其他音质相结合后的音节所引起的高音的重大变化，它们又演变出相互区别词义的8种音调系统。这在汉语和藏缅族语言中是极其少见的。故仅凭音高定调的"五度标调法"已经不能适应白语的标调方式了。这便是该文最有价值之处。

剑川石窟"阿央白"释名　王敬骝撰，载《云南民族语文》1994年第3期。

大理白族自治州剑川县石钟寺石窟第八窟正中莲座上的供奉造像，人称"阿央白"。一般认为，这是一具女性生殖器像，是古代当地居民对女性生殖器崇拜的反映。文章认为，"阿央"一语源于南诏、大理国时代的白蛮语。而白蛮语"阿央白"一语与缅语（骠语）有关。其中"白"字，白语"女性生殖器"[pi^{44}]应是缅语[pap→pa?5]"阴户"、"开裂"一字的对译，跟羌语族语言此词的读音接近；"阿央白"一词，是缅语词"尊神""尊者、至尊""保护神"的对译。从词义来说，"阿央白"为供奉于佛莲座上的石刻造像，而学者们一般有认为它是当地古代对女性生殖器崇拜的反映，称之为"尊神"，为"尊者、至尊""保护神"；自然是最恰当不过了。另外，从语音来说，也是对合的。可以说，"阿央白"是一个古白语词，与巴利语的缅语词"尊神"有因缘。

杰出的阿尔泰语言学家兰司铁　少英撰，载《民族语文研究情报资料集》，中国社会科学院民族所语言室1983年第1期。

该文介绍了阿尔泰语言学家兰司铁的生平事迹及其主要论著。兰司铁，芬兰人，生于1873年，卒于1950年。1906年执教于赫尔辛基大学，任副教授。长期从事教学和语言调查研究。先后讲授过突厥—蒙古共同语形态学、蒙古—突厥语历史语言学、通古斯语、突厥—蒙古诸语言的历史语音学、阿尔泰语系的基本特征、朝鲜语等课程。1917年获阿尔泰语言学特约教授荣誉称号。1919年作为芬兰驻日本的代办被派往东京，1930年结束其外交官活动。1930年重新执教于赫尔辛基大学。兰氏从1907年发表其第一部阿尔泰语言学著作《论阿尔泰语言中的数词》开始，一直致力于阿尔泰语言学的著述工作，直至生命的最后一刻。其代表作主要有：《蒙古—突厥语动词干构成》《论蒙古—突厥语音史》《论朝鲜语》《诸阿尔泰语言中的否定词、词义学研究》《阿尔泰语和日语的比较》《阿尔泰语与其他语系的关系》《朝鲜语词源学研究》《阿尔泰语言学导论》。

解放后景颇族姓名的发展特点　何勒崩撰，载《云南民族语文》1996年第2期。

作为文化范畴的姓名的存在与发展总是同本民族的社会历史发展密切相关，景颇族也不例外。由于汉族和景颇族在历史上就有非常密切的关系，两个民族在经济、文化方面相互交流，景颇族姓名就吸收了部分汉姓作为自己的姓。新中国成立后，汉族和景颇族的交往得到空前的发展，使景颇族姓名中出现了同汉族姓名混合使用的情况。就作者看来，现在景颇族姓名存在着"景姓景名""汉姓景名"和"汉姓汉名"三种类型。就"景姓景名"而言，这一类型姓名在景颇族聚居区较多，在部分干部中也有少量存在。而后两种类型姓名则在景颇族与汉族杂居的地区较多，尤以干部、知识分子居多。作者还指出，后两种类型姓名大部分是读书后取的。取这两种类型名字，一个是个人意愿；一个是老师经常叫错而另取。景颇族姓名的变化，充分反映了汉族和景颇族之间相互学习、和睦相处的民族关系。

介绍两份八思巴字文献　松儒布撰，载《中国民族古文字研究》（第三辑），天津古籍出版社，1991年。

A、1277年忽必烈皇帝圣旨。原件高56厘米，宽232厘米，其八思巴字的行款是从左方起向右，由上而下直写的，共29行315个音节字，原件上盖有"御前之宝"四个字的印章三整方。此件系元朝皇帝赐予西藏荣地——神医森格巴拉大师的护敕，它所宣谕的对象是元朝的军官、军人、城市达鲁花赤和官人，以使来往的使臣，责令他们保护其寺院的权益。在这类文献中，颁发者从来不署自己的名号，因此后人不能从圣旨中直接得知颁发者是谁。然而，从这类文献惯用的体例中可以推定出来。原件中，前任皇帝名号的列述为成吉思汗——皇帝（指窝阔台），这里所列最后一个前任皇帝是窝阔台，由此可知，这道圣旨的颁发者是窝阔台之后的接任者元朝忽必烈皇帝。B、1301年完译笃皇帝圣旨。原件高58厘米，宽220厘米，其写的共31行334个音节字，原件上盖有"御前之宝"四个字的印章三整方。此件系元朝皇帝赐予西藏贡戈伦地区——以散都市森格为首的众多塔日尼奇德的护敕。

介绍一种古代朝鲜语资料——《朝鲜馆译语》　黄有福撰，载《中国民族古文字研究》，天津古籍出版社，1987年。

我国古籍中保存的朝鲜语资料主要有《鸡林类事》和《朝鲜馆译语》两种。12世纪初，宋人孙穆所著的《鸡林类事》，用汉字音译的方法记录了356条当时的高丽语词，是研究中古朝鲜语的重要资料。《朝鲜馆译语》则是明代会同馆编纂的汉—朝又译书，亦称《华夷译语·朝鲜馆译语》。《朝鲜馆译语》共收词597条，分天文、地理、时令、花木、鸟兽、宫室、器用、人物、人事、身体、衣服、声色、珍宝、饮食、文史、数目、干支、卦名、通用等19门。每一词条竖写三栏，一栏为汉语词；一栏为朝鲜语词，用汉字标音；一栏为汉语的朝鲜语式读音，用汉字转写。鉴于《朝鲜馆译语》有助于研究中古朝鲜语及明代汉语音韵，今据四种传本比勘校订，并与《鸡林类事》、《八纮译史·朝鲜译语》对照给每一词条拟出了拉丁字母的转写。

"戎书"集说　芒·牧林撰，载《中国民族古文字研究》（第四辑），天津古籍出版社，1996年。

这一组"戎书"字符是作者从盖山林《阴山岩画》一书中辨认集录的。该书对阴山岩画中的文字符号做了较为客观而慎重的分析，为进一步研究它开拓了广阔的场景。作者就阴山岩画中的符号性质、民族属性及其渊源——即与我国龙山文化、红山文化、大汶口文化、仰韶文化陶文及殷商以前的金石文的亲缘关系问题，做了一些简要补充。（1）阴山岩画中的文字符号，与北欧、苏联、蒙古国和内蒙古等地所搜集到"戎书"符号，是同属一个系统的产物。经比较，阴山岩画中的115个符号中，有100个与上述地区发现的"戎书"字符完全相同。（2）阴山岩画中的符号，是匈奴人及其祖先猃狁山戎、戎狄、蛮人所创造使用的古代文化遗产，也是匈奴人的文字符号。（3）阴山岩画和乌兰察布岩画，是同属一个地区、同时代、同民族系统的作品，因此，它们中文字符号也是统一体系的符号。（4）阴山（乌兰察布内）地区岩画字符，很可能与内蒙古东部地区红山文化陶文（石棚山陶文）有某种内在联系。

借词的形式判别标准——以苗瑶语中的汉语借词为例　金理新撰，载《民族语文》2008年第5期。

该文试图从形式入手，根据苗瑶语诸方言汉语借词的语音对应关系，寻找汉藏语系语言区分借词和同源词的方法。全文分五节：一、语音对应与语音演变；二、借词和同源词的语音对应关系；三、借词分布的不均匀性；四、借词语音形式的"易容"；五、结语。作者认为，单就一个语言或一种方言而言，判断借词可能会有一些困难，但对一个语族或语支来说，判断借词却是比较容易的。语音对应关系是确定借词的必要条件。

锦话谓词的重言形式 崔建新撰，载《语言研究》1989 年第 1 期。

贵州的锦话属于侗泰语族侗水语支。锦话的谓词（形容词和动词）不能重叠，但有十分丰富的后附音节，用以表达客观事物的形象性、程度的差异性、说话人的感情色彩以及具体动作的生动性等。作者把谓词后面带有后附音节的称作"重言形式"。形容词的重言形式有 AB、ACAB、ABC、ABB 四种（A 代表形容词，B、C 表示后附音节）。其中 ABC、ABB 两种形式数量很少。后附音节和形容词之间的语音有一定的关系，有双声、叠韵或鼻、口音相对。这种重言形式和形容词一样可在句子中作谓语、补语、定语，也可作主语、宾语。动词的重言形式有 XF、XFF、XFF（1）三种形式（X 代表动词，F 代表后附音节，F 多是 X 的变式，用替换主要元音这种内部屈折来变化）。谓词重言形式是划分词类的重要依据之一。它对侗泰语族语言的历史比较研究有参考价值，对探讨古音特点和语音变化也有帮助。

近代朝鲜文献中的汉朝对音转写问题 李得春撰，载《民族语文》2001 年第 2 期。

明清时期，朝鲜王朝的学者们编撰了各种类型的汉朝文对译韵书以及汉语会话读本。这些文献对书中出现的每个汉字都用谚文字母标注了华音。这些异常珍贵的资料，对明清汉语音韵研究具有很大的价值。朝文字母是字母文字，能准确地给汉字注音。该文探讨谚文注音转写成国际音标时需要注意的几个问题，列出了谚文字母与国际音标以及传统的 31 个字母的声韵对应音值，同时解释了正音、俗音、今俗音、左音、右音等术语。

近代汉语唇音合口问题与朝鲜对音文献的谚文注音 金基石撰，载《延边大学学报》1999 年第 2 期。

《切韵》的唇音不分开合，《中原音韵》里的唇音是否存在开合区别是一个值得探讨的问题。一般认为《中原音韵》19 个韵部中，含有开合对立的共有 10 个：江阳、齐微、皆来、真文、先天、寒山、歌戈、家麻、车遮、庚青。这些韵里的唇音字，由于《中原音韵》既没有反切也没有表明音值，各家的处理除细音置于开口完全一致外，对洪音置开置合意见很不一致。虽然《中源音韵》在音位上没有开合口的对立，但在实际音值中仍然存在开口与合口的区别；14—15 世纪汉语音中，《中源音韵》的桓欢韵唇音字确实存在过 [u] 介音；近代汉语声母后的 [u] 介音是一个过渡音，它是在声母的展唇性和尖后元音变为前元音的过程中消失掉的。而这个变化大约是在《翻译老乞大·朴通事》（16 世纪初）以前发生和完成的。

近十年来藏缅语言语法、词汇研究的主要成果 王远新撰，载《西藏民族学院学报》1990 年第 2 期。

文章综述了近十年来藏缅语言的语法、词汇研究成果：（1）动词研究。动词有态范畴（自动、使动、互动和被动）、趋向范畴（不同支系的语言在趋向范畴方面表现出来的一致性和差异性与语支的划分有密切的联系）、人称范畴（以人称代词记事启事的简缩形式作动词的附加成分表示）和屈折形态（由声母、韵母或声调的屈折表现出来）。（2）句法研究。句子以动词为核心，位于句尾。分是字句、有字句、动字句。（3）词汇研究。文章指出词汇研究是藏缅语言的薄弱环节。研究较多的是四音格，还有藏语的敬语。有人认为藏语可以建立一个以助词为中心，形态为辅助的表述框架。词序也应是重要内容之一。

进一步完善规范彝文方案，促进彝族地区文化经济发展 孙宏开撰，载《西南民族大学学报》2008年第12期。

该文为2000年9月在云南石林第三届国际彝学学术讨论会上宣读的论文。文章认为，自新中国成立以来，彝语文工作在曲曲折折、风风雨雨中走过了50多个春秋，广大彝族干部群众，包括老一辈民族语文工作者，倾注了大量的心血。彝文如何推广到整个彝族地区使用的问题自1980年国务院批准推行规范彝文以来，就成了摆在民族语文工作者面前的一个迫切需要解决而又十分困难的问题。20多年来，广大彝族人民、彝族语文工作者和全国民族语文工作者一道，绞尽脑汁寻找各种合理的方案，而且投入了一定的人力、物力和财力，设计了一些方案，有的方案还进行了一些试验，似乎都没有取得比较理想的效果。该文就如何完善规范彝文的必要性和可能性以及如何进一步完善规范彝文提出一些新的思路。文章最后认为，21世纪已经到来，规范彝文的推行和使用应该上一个新的台阶，这是双语教学的需要，是保存民族文化的需要，是整个彝族社会物质文明和精神文明建设的需要，一句话，是时代的需要。

京语和越南语的比较研究 王连清，硕士学位论文，中国社会科学院研究生院，1981年。

该论文根据作者两次对生活在中越边境中国京族的语言，以及当时大批涌入中国境内的越南难民的越南方言的实地调查结果，结合越南语的发展历史，在对京语和越南语进行平面比较的基础上，探讨了京语的"混杂语"特征。该论文认为，生活在中国境内的京族由于500多年来受到中国汉语粤方言（钦州话）的影响，居民大都使用两种语言，而年轻一代的语言已经是一种典型的"混合语"。这种语言的特点是，大批借用汉语方言的词汇甚至语法的出现。由于越南语历史上就借用了大量汉语词汇，因此出现了不同时代不同层次的借词；在语音上也引入粤方言的语音，因而产生了新的音位；在语法上，主要特点是修饰语在中心词之前和之后两种现象并存，采用何种语序往往取决于借用词汇的时代。论文附有100多页的京语的词汇表，为从社会语言学、历史语言学等角度进一步研究京语提供了宝贵的语料。

京族双语制考察纪实 程方撰，载《民族语文》1982年第6期。

该文是作者对广西防城京族地区双语制考察的纪实。京族使用语言状况分两种类型：甲型称早期型，京族通用汉语，少数60岁以上老人尚懂京语但不常用；乙型称晚期型，京族并用京、汉两种语言，60岁以下的老人和7岁以下儿童仍以讲京语为主。分析了这两类地区在地理交通、学校教育、宗教信仰和政治生活等方面的状况，指出双语制的成因和进程，描述了语言影响和语言底层的一些情况。主要的体会有：（1）一个民族在一定的历史和语言条件下可以转操另一种语言，并留下原有语言的底层。如京族甲型地区的语言。（2）由本族语言转操另一民族语言要经过双语制的发展过程。如京族乙型地区的语言。（3）转操另一种民族语言，是政治、经济、文化诸社会因素起决定性作用。该文引证防城县京族双语地点有竹山、谭吉、江龙（以上甲型）、山心、万尾、巫头（以上乙型）等六处。语言影响例证包括语音、语法、词汇共13项。

景洪布下的语言：桑孔语 李永燧撰，载《云南民族语文》1992年第3期。

作者认为桑孔语是一个独立的语言，属藏缅语族缅彝语群彝语文。目前使用桑孔语的人虽不多，但桑孔语在缅彝语言中占有一定的地位，探讨这一语群的发展规律也就具有重要意义。一、关于桑孔语的语音特点主要有以下几点：有带鼻冠音的浊塞音；有小舌塞音声母；有鼻韵韵尾音；有塞音韵尾音；桑孔语和缅彝其他语言有明显的语音对应关系。二、词汇特点。在词汇上，桑孔语与缅彝语言有一定数量的同源词。早期借词多借自傣语，近期汉语借词增多。三、语法特点。桑孔语虚词和语序是重要的语法手段，形态变化较少。其语法特点主要有：在名词后边加特定的字母表示复数；名词有自身量词；中心名词可以带定语和后定语；动词的时态可用助词表示；动词谓语句语尾助词区别人称；用助词表示祈使；动词短语，动词前边可以带宾语和状语，后边可以带补语；表示变化的形容词谓语句，语尾助词的人称同动词谓语句；形容词重叠或带后缀增添色彩，使其表达的意义生动化；等等。

景洪汉语谓词的一个后附成分与傣语的关系 薛才德撰，载《民族语文》1994年第3期。

景洪汉语里有一种"谓词+kɤ⁵³ni⁵³"的形式用来表示程度加深。该文认为景洪汉语谓词的后附成分"kɤ⁵³ni⁵³"来源于傣语的语气词kən³⁵ni³³。而谓词+kɤ⁵³ni⁵³的格式来源于傣语的"谓词+程度副词+kɤ⁵³ni⁵³"格式。傣语的kən³⁵niʔ³³只表语气，景洪汉语的kɤ⁵³ni⁵³既表语气也表程度加深。作者认为景洪汉语根据自己的语法规则将傣语程度副词的功能移到了kɤ⁵³ni⁵³上而使其兼有表语气和程度加深两重作用。作者做了社会语言学调查。谓词+kɤ⁵³ni⁵³的格式大都使用在家庭成员或亲朋好友之间的交谈中。女性比男性使用率高；年龄小的比年龄大的高；中小学文化程度的比大学文化程度的高；工人农民比干部高；会说傣语的比不会说傣语的高；中学生使用人数高达89%。材料证明景洪汉语的"谓词+kɤ⁵³ni⁵³"是受傣语影响的结果。

景颇语并列结构复合词的元音和谐 戴庆厦撰，载《民族语文》1986年第5期。

文章用大量语料（约占文章篇幅2/3）分析说明：景颇语并列复合词词素的顺序与语义关系不大，而与元音舌位高低搭配的元音和谐有关。文章列表指出景颇语的五个基本元音在并列结构复合词中的和谐情况。还用例说明这种元音和谐不仅制约并列复合词词素的顺序，还是并列复合词区别于非并列复合词、并列词组的语法形式之一。认为它是一种表示构词结构关系的"形态"，而且这种形态在并列结构词组和并列复句上已有所"扩散"。文章认为：元音和谐是语言节奏的组成部分。节奏是景颇语语音中尚未完全认识的一个特征，它包括音节数目的搭配、声母交替、押韵、元音和谐、声调配合、音节强弱结合等多种手段。节奏的存在不仅影响整个语音系统的变化，而且还影响语义、语法的变化。弄清元音和谐的特点，有助于我们认识语言的节奏。

景颇语传统诗歌的语言特点 戴庆厦、岳相昆撰，载《藏缅语族语言研究》，云南民族出版社，1990年。

该文指出景颇族传统诗歌的语言与口语不完全相同，其中还蕴藏着一些古代语言的特点。文章从构词、句法、词的搭配等方面分析传统诗歌的语言特点。

景颇语词的双音节化对语法的影响 戴庆厦撰，载《民族语文》1997年第5期。

（1）景颇语词的双音节化。从现代景颇语词的音节数量分布状况上可以看到景颇语的词在总体上双音节词占多数，而且双音节化出现在大部分词类上。该文分析了双音节化对语法的影响，包括抑制某些词类的形成、改变构词方式、出现实词虚化、扩大动词的分析形式、大量出现句尾词等。双音节词的来源有二：一是来自古代藏缅语的带复辅音声母的单音节词；二是来自复合词构词法。(2) 词的双音节化对语法的影响。①词的双音节化抑制某些词类的发展，其中比较明显的是抑制个体量词的发展。②词的双音节化使得景颇语的构词方式增加了。其一，使得一部分单纯词变为合成词，分出了词根和假前缀。其二，在合成词中增加了"半实半虚语素+词根"的构词格式。其三，为词的构成增加了新方式。词的双音节化使得动词使动态的分析式和加前缀的屈折式有了较大的发展。句尾词作为一个单独的词类大量出现，也与词的双音节化有关。

景颇语单纯词在构词中的变异　戴庆厦撰，载《民族语文》1995年第4期。

文章对景颇语单纯词在构词中出现变异的现象进行了分析、概括。先举例分析了语音变异的几种形式（有韵母、声母变化，音节简化等），指出变异存在逐步扩散的特点。因为有的语素的变异形式有多种，如"路"有 lam^{33}、num^{33}、mau^{31}、n^{31} 四种，反映了音变是逐渐扩散的，有的变、有的没变。然后用例分析了语义变异的类别（有语素语义虚化、构成的复合词增加了新义或改变了原义等），以及制约语义变异的条件。文章最后论述了变异与景颇语语音特点（词的双音节化倾向、双音节词的前轻后重节律以及不同音节形式聚合为相同、相近的形式）的相互制约的关系，以及变异对合成词结构系统的影响。指出单纯词的虚化带来了怎样辨认语素性质的问题，即辨认语素应如何处理共时与历时的关系，怎样处理语感与理性分析的关系。

景颇语的"宾动"结构　戴庆厦撰，载《藏缅语族语言研究》(二)，云南民族出版社，1998年。

该文具体分析了景颇语宾动结构的语法形式和语法意义。认为确定景颇语句中哪个是宾语，主要是根据语法形式，而语法意义只能作参考。景颇语确定句子成分的语法形式主要是句尾词、结构助词、语序，其中前两者是主要的。若发生矛盾，则应坚持以前两者为准。文章还分析了句尾词、结构助词为什么能成为确定句子成分的主要依据。

景颇语的重叠式　徐悉艰撰，载《民族语文》1990年第3期。

文章在具体分析景颇语各类词重叠特点的基础上，指出重叠是景颇语的一种重要语法手段。景颇语的重叠有构词、构形作用，分布广泛（13种词类中有11种能重叠），使用频率高。文章将11类词根据重叠特点的异同，归为五类：体词类（名词、代词）、谓词类（动词、形容词）、数量词类、半实半虚词类（副词、助动词、状态词）和虚词类（助词、连词）。用占全文篇幅2/3的语料说明各类词的重叠方式、功能和所表达的语法意义和作用。指出重叠方式的不同类型与语音特点（音节的多少）、语法作用有关。而重叠式所表示的语法意义、语法作用与词性、重叠式在句中充当什么句子成分有关。如数词的重叠方式是单音节词全部重叠，多音节词或合成数词只重叠后一音节。

景颇语的否定范畴　戴庆厦撰，载《语言暨语言学》专刊外编之六（丁邦新先生七秩寿庆论文集·上册）。

该文主要分析、描写景颇语否定范畴的共时特征，包括语音、语法、语义、语用等方面的特征；比较了否定词 $khum^{31}$ "勿、别、不要"和 n^{55} "不、没"语法特点的异同及其互补关系；并通过与亲属语言比较，认为否定词 n^{55} "不、没"经历了浅度语法化的历史演变。

景颇语的话题　戴庆厦撰，载《语言研究》2001年第1期。

文章认为，景颇语是一个具有话题结构的语

言。话题不同于主语，话题结构也不同于句子成分。二者自成系统，各有标志，各有作用，在句中结为一体使用。景颇语话题的特点，是由其语法类型特点——以分析型为主但又有屈折型特点决定的。

景颇语的结构助词　徐悉艰撰，载《民族语文研究新探》，四川民族出版社，1992年。

文章主要分析了景颇语结构助词的作用、类别、性质等问题，并与亲属语言作比较，观察了景颇语结构助词在来源上的特点。结构助词是藏缅语的一个重要特征，也是景颇语的一个重要特征，结构助词在语法体系中占有重要地位，它跟语法的形态变化以及语序的特点在来源上和现状上都有密切关系。弄清景颇语结构助词的特点，不仅有助于我们弄清藏缅语的语法特点，而且也能帮助我们认识藏缅语语法演变规律。

景颇语的结构助词"的"　戴庆厦撰，载《语言教学与研究》1998年第4期。

该文对景颇语三个结构助词"的"的共时特征进行了分析。认为三者各有自己的语法形式和语法意义，构成互补。"的"是构成修饰性短语的重要标志，除了具有语法功能外，还包含一定的实词语义内容。文章还通过与亲属语言比较，认为景颇语的"的"在亲属语言里找不到同源词，有可能是后来产生的。景颇语"的"的多样性与其语法形式由屈折型向分析型过渡密切相关。

景颇语的句尾词　戴庆厦、岳相昆撰，载《民族语言研究文集》，云南民族出版社，1990年。

该文指出景颇语的句尾词种类多，用法复杂，很有特点。文章全面分析了景颇语句尾词所表示的语法意义及语法形式；认为句尾词既有分析特点又有屈折特点，是藏缅语族许多语言所没有的；而且认为句尾词由动词的附加成分发展而来，综合表示多种语法意义，是景颇语语法形式聚合性的反映，是景颇语语法从屈折形式向分析形式发展过程中出现的一种过渡形式。

景颇语的量词　徐悉艰撰，载《民族语文》1987年第5期。

文章分析景颇语量词的分类、语法特征、量词与数量词组的重叠。指出景颇语名量词根据来源和性质可分为专用、兼用和借用三类。专用量词又分单纯和合成两类。合成量词的组成方式主要有7种。兼用量词主要与名词、动词兼用。借用量词主要借自汉、傣、缅和英等语言。动量词只有2个。文章用例分析了景颇语量词的主要语法特征是：计算可数名词的个体单位的数量时，大多数可以不用量词，名词可直接与数词结合。只有计算度量衡、货币、集体、体积、器容量、时间、动作行为等单位时需用量词。数词、疑问代词一般在名量词的后面，动量词的前面。量词、数量词组除少数外，均能重叠使用，重叠式的有意义与其充当句子的什么成分密切相关。充当主语时，表强调或"有些"义；充当宾语时，表"每、各"义；充当状语时，表"逐次"义。

景颇语的前缀　徐悉艰撰，载《中国民族语言论文集》，四川民族出版社，1986年。

文章讨论景颇语前缀的性质、作用和来源。景颇语前缀本身无独立的词汇意义，其作用是在词根前增加或改变词根意义，构成新词；同时也起构形作用，表示某种语法意义或改变词根的词性。构词时，前缀可加在表示时间单位的量词前，可加在形容词词根前以及用在属于第一人称或直称的亲属称谓各词前构成属于第三人称或泛称的亲属称谓名词。构词时也有只充当构词形态标志不给词根增添附加意义的情况，但对词根义有扩大或缩小或关联作用。构形前缀有5类。（1）在自动词、形容词前构成使动词的前缀。（2）用在动词、形容词前构成意义相同的名词。(3) 用在状态词或名词前构成相关动词。(4) 用在名词、状态词前构成形容词。(5) 用在形容词和数动词前构成副词和状态词。景颇语中还有一种半前缀,即该语素还有一定意义,正处在虚化转为前缀过程中。其中部分是由复合词前一词素而来,一部分是从双音节单纯词分离而来。文章揭示了景颇语丰富的前缀现象。

景颇语的弱化音节 肖家成撰,《民族语文》1979 年第 4 期。

文章指出弱化音节是景颇语语音的一大特点,对其形式和功能作了初步探讨。指出有"辅音 + 弱化元音 + 轻声调"和"自成音节的鼻音 + 轻声调"两种结构形式。并分析了弱化元音和自成音节的鼻音的实际音值是随着它前或后的辅音发音部位的不同而变化。还用例说明了弱化音节的结构特点和其在功能上的四种情况:即不表达任何意义的纯语音弱化;借词的语音弱化,其中一部分借入后不仅发生弱化,还消失了原意;弱化音节表达语法意义;弱化音节表达词汇意义,如弱化音节 la^{31} 与数量、时间词结合时,表示"一"。文章最后探讨了弱化过程中发生的语音变化。认为从语音上看弱化很可能来自非弱化,从非弱化向弱化方向发展,是景颇语某些语音演变的一种趋势。弱化与非弱化并行并用的现象可说明是发展中的过渡现象。

景颇语的声调 戴庆厦、岳相昆撰,载《中央民族学院学报》1985 年第 3 期。

该文以云南盈江铜壁关话为依据,对景颇语声调的特点进行初步分析。景颇语有高平 55、中平 33、低降 31、全降 51 四个调。高平调有个 45 变调,出现在松元音同不送气的塞音、塞擦音和鼻音、边音、浊擦音结合的音节上。全降调出现在亲属称谓名词、指示代词、语气助词、判断动词等单音节词上,大多出现在变调上。舒声韵在四个调上都出现,而促声韵只出现在高平和低降调上。出现在弱化音节上的声调都读轻声。声调在景颇语里主要起区别词汇意义的作用。景颇语变调现象较丰富。其主要特点是:(1) 变调属"词内型",即变调大多出现在合成词内。由于变调不出现在词组内部词与词之间,所以变调与否具有区别词与词组的作用。(2) 变调与否或怎样变常常受音节是否弱化、韵母是否带鼻音韵尾、是否带塞音韵尾的影响。(3) 变调有三种形式,一是前一音节变,二是后一音节变,三是前后两音节都变。(4) 变调常常伴随韵母的变化。元音松紧互变,舒声韵变促声韵,尾变为 -t 尾。

景颇语的实词虚化 戴庆厦撰,载《中央民族大学学报》1996 年第 4 期。

景颇语的实词虚化,到目前为止,已发现有以下一些:名词在复合词中虚化;名词虚化为量词;人称代词虚化为句尾词;动词虚化为句尾词;动词虚化为助动词;一般动词虚化为泛指动词;古语素在复合词中虚化。从以上实词虚化的各种现象中,可以理出以下一些规律和认识:从词类上看,实词能虚化的,只有名词、动词、代词三类。名词虚化的,主要出现在复合词中,其位置多在前一语素上。人称代词的虚化,只限于第一、二人称单数。动词虚化的,大量虚化为助动词。从语义上看,实词虚化程度不一。虚化程度最高的是人称代词、动词虚化为句尾词。引起实词虚化的因素主要有:为了扩大语法成分、语音的变化。总的来看实词虚化是为了扩大语音表达功能,调整表达词汇意义和语法意义的比例。附带说一点,景颇语除了实词能虚化外,个别副词也出现虚化。

景颇语的使动范畴 徐悉艰撰,载《民族语文》1984 年第 1 期。

文章分析了景颇语使动范畴的形式和意义。举例说明在景颇语中不是所有的动词都具有自动和使动两个对立语态,有三类动词不能用使动态表示。

指出景颇语使动范畴的语法形式有屈折和分析两类，其中以屈折式较为丰富。屈折式又分加词头式和语音交替式两种，又以加词头为主。并用例说明大量带有词头的使动词与自动词相对立，有一部分使动词与形容词相对立，还有少数使动词与名词、副词对立。语音交替式只在少数词中保存。文章通过与亲属语言比较，看到少数使动词与其他亲属语言有同源关系，说明它们是残存现象。分析式是在自动词后加动词 $sha^{31}ngun$ 构成使动式，分析式比屈折式用得广泛。文章最后用例说明两种形式在语法意义和语法作用上不完全相同。其主要区别是：用屈折式的句子主语是"致使"行为的；而分析式的句子主语是"致使"客体去完成的。

景颇语的述补结构　戴庆厦、黎意撰，载《民族语文》2004 年第 6 期。

该文通过景颇语述补结构的共时分析以及与藏缅语亲属语言的比较，主要分析、描写景颇语述补结构的主要特征，并论述它在藏缅语中所处的地位，试图进一步揭示景颇语述补结构的类型学特征。该文认为：景颇语的述补结构具有能产生、黏着性、无标记性的特点；补语还具有语法化的特点，其中，助动词语法化的程度最高。景颇语中的多数补语是后来发展的，在亲属语言中找不到共同来源。

景颇语的四音格词　徐悉艰撰，载《民族语文论集》，中国社会科学出版社，1981 年。

该文从语音结构、构词特点和语法功能三方面研究景颇语四音格词。四音格词是一类由四个音节按照一定规律搭配起来的词。从语音上看，四音格词按语音和谐的要求搭配，有叠音、双声、叠韵等。叠音指音节完全相同，双声指两个音节声母相同，叠韵指两个音节韵母相同，双声和叠韵主要出现在 2 和 4 音节的关系上。如 $kin^{31}sin^{33}kin^{31}jin^{33}$（晕头转向）。构词特点上有三类，一类联绵四音格，一类复合四音格，一类是由单纯词（一个或两个）加陪衬的音节组成。其中第三类数量最多。如联绵四音格，$thau^{33}li^{33}thau^{33}la^{33}$（妥善地）；复合四音格，$nam^{31}pu^{31}nam^{31}pan^{33}$（各种花），$a^{31}phu^{33}a^{31}khing^{33}$（臭烘烘）。具体还可分为多种小类。单纯词加陪衬音四音格，$thing^{31}pu^{31}thing^{31}pjen^{31}$（左邻右舍）。语法上，四音格只有名词、动词、形容词、副词 4 类。但与同类词相比，语法上有自己的特点。全文举例 200 多个，占篇幅 50% 左右。文章对景颇语四音格的描写较全面，语料丰富。

景颇语的同族词　徐悉艰撰，载《民族语文论文集》，中央民族学院出版社，1993 年。

该文从语音和语义上讨论景颇语同族词的特点。同族词是指语言相近，意义关联的一族词。景颇语同族词语音上有声母、韵母、声调不同的情况。声母不同表现为送气与不送气音对应，腭化音与卷舌代音对应，如 $pjak^{31}$（破裂）、$phjak^{31}$（垮）、$phjan^{31}$（解开）、$phzhan^{31}$（松脱）。韵母不同有韵尾对应、不同元音对应等，如 tam^{31}（宽）、tan^{31}（平原）。声调不同，如 lam^{33}（路）、lam^{31}（层）。景颇语组成同族词的大多是表示动作的动词和表示性质状态的状态词，其次是形容词、名词等。其中动词与动词、动词与名词、动词与状态词以及状态词与状词构成的词组最多。如 poi^{33}（失魂）、$phoi^{31}$（褪色）、na^{31}（听见）、na^{33}（耳）。

景颇语的语音变化规律　金学良撰，该论文属 2001 年 10 月第三十四届国际汉藏语言暨语言学会议论文，收录于由甄朝党主编的《民族理论与民族发展》，云南民族出版社，2006 年。

该文对景颇语语音变化规律作了全面的专题分析和研究论述，该文对学习和了解景颇语语音的理论知识，以及对不断提升景颇语语音研究有重要学术价值。

景颇语动词与藏缅语语法范畴　戴庆厦、吴和得撰，载《中央民族大学学报》1994年第3期。

景颇语动词词根大多是单音节的，景颇语动词本身虽有形态变化但不甚丰富，形态变化的形式主要是前缀，还有少量内部屈折形式，无后缀。表示谓语的语法意义主要靠动词后面的助动词和句尾词。景颇语动词语法范畴、语法形式的丰富程度在藏缅语族诸语言中处于中间状态。景颇语动词的语法特点，有一些在亲属语言里能找到对应关系，似有共同来源。共同来源主要有两个：表示使动意义的前缀有同源关系；表示动词人称、数，藏缅语话多语言有动词人称代词化现象，而且在第一、二人称单数形式上有同源关系。景颇语动词的屈折变化已不及北部语群语言丰富，分析形式成为主要形式。景颇语表示动词语法意义的语法形式已出现简化的趋势，主要表现在表示人称、数的句尾词已区分不甚严格，使用数量逐渐减少。人称、数的简化，在藏缅语的一些亲属语言里也能见到。

景颇语方位词"里、处"的虚实两重性——兼论景颇语语法分析中的"跨性"原则　戴庆厦撰，载《民族语文》1998年第6期。

该文通过具体实例论述了景颇语的"里、处"既有方位词属性，又有结构助词属性，原是实词，后来又兼有虚词的特点，成为既是实词又是虚词的"两栖词"。景颇语方位词出现虚化，其条件主要有二：一是它大多出现在状语与中心语之间，这种位置容易使它兼有表示语法结构关系的功能。二是它主要居于名词、代词之后，不论在语法结构或语义结构上都处于从属地位，这就容易使它出现虚化。揭示景颇语"里、处"的虚实两重性，对我们认识语言现象以及语言研究方法会有一些新的启示。由于语言现象存在"两栖"特征，因而在观察、分析语言观象的方法上就不能绝对化，而应采取"跨性"原则。所谓"跨性"原则，就是要承认有许多语言现象是跨类的，因而不能用"单一"的眼光去看待每一种语言现象。在分析方法上必须是多元的。

景颇语复合名词的特殊类　方柄翰撰，载《民族语文》1990年第5期。

文章提出并论述了景颇语名词中的特殊名词。用语料述明这类特殊名词既是名词，又不完全具备一般名词的语法特征，而具有名词和形容词的双重性质（主要表现在语法功能和组合关系方面，即它在偏正词组中的语序相当于形容词在偏正词组中的语序）。文章又用大量语料述明这类名词的构成与其他名词不同，它的前缀是在相关的使动词前缀的基础上通过声调变异构成的，并揭示了这种声调变异的规律，即使动词前缀的声调（变调值）都相当于 -2，变为特殊名词时前缀提高调值为 -3 或 -5，例如 $tsh\varepsilon^2 pha^{31}$ 使薄，$tsh\varepsilon^5 pha^{51}$ 薄的。文章还论述了构成此类特殊名词的某些词根的语流变调规律以及阐述了构成这类特殊名词的三个前缀 $tsh\varepsilon2-$、$sh\varepsilon2-$、$s\varepsilon2$ 在某种条件下的替换关系问题。

景颇语"给"字句的类型学特征　戴庆厦、邱月撰，载《中国语言学》第一辑，山东教育出版社，2008年。

文章通过景颇语"给"字句的共时微观分析，以及与亲属语言的比较，探讨了景颇语"给"字句的类型特征。认为：OV型语序决定了"给"和其他动词连用时具有较高的紧密度，容易出现语法化，语法化存在不同层次；在语义上，同一形式隐含多个义项，包含着"给$_1$""给$_2$""给$_3$"不同的下位概念，而且还有多个近义的同族词；在词源上，景颇语的"给"与藏缅语的亲属语言、汉语没有同源关系，而藏缅的部分亲属语言则与汉语的"畀"有同源关系，可从初步认为景颇语的"给"字是后来自己创新的。

景颇语句尾词形成的结构机制　戴庆厦撰,载《中央民族大学学报》2003年第2期。

文章指出现代景颇语句尾词具有两大特点,即表示代词化的语法形式与动词分离,演变为独立的虚词。代词化的语法形式与表示语气的语法形式结合在一起,这是景颇语自身的语法类型由黏着型向分析型演变的产物,是动词形态脱落、双音节化和合音等形态韵律变化的结果。现代景颇语句尾词出现简化的趋势,是由景颇语分析特点的进一步加强引起的。

景颇语两个语音特点的统计分析　戴庆厦、杨春燕撰,载《民族语文》1994年第5期。

文章运用语音的电脑统计法,对景颇语语音的两个主要特征——松紧元音和弱化音节进行量的分析,旨在证明过去已取得的论点的正确性和补充过去没有发现的规律。统计的对象是1983年出版的《景汉词典》。其工作程序是先把词典中的词和固定词组条目输入计算机,建立了含有15245条记录的景颇语数据库。然后用DBASE语言编写统计处理程序,建立了音节数据库、声韵调数据库、词的音节树分类数据库等三类基本数据库。文章所使用的统计数字和图表15份都是从这几个数据库中提取的。分析结果除了证实过去研究中所取得的一些正确结论外,还进一步揭示了一些尚未被认识的特点和规律,如松紧元音在语音结构中的地位和功能、声韵调组成弱化音节的特点、弱化音节与调类的关系等。文章认为语音的电脑统计对认识语音特点是有效的、科学的。

景颇语量词的产生和发展　徐悉艰撰,载《中央民族学院学报》1990年第2期。

文章通过对景颇语量词现状的分析以及与亲属语言的比较,探讨景颇语量词的产生与发展。景颇语量词大部分是用本族语言材料构造的,其手段有三:(1)取名词当量词,量词的意义与名词属性、形状特点有关;(2)用本族语言材料构成复合专用量词,包括词根加词头;(3)临时借用表示量词,借用其他语言的量词,被借的语言有汉语、傣语、缅语等。其中以度量衡占多数。景颇语属于本族语言固有的、完全虚化了的量词,数量不多。大部分量词还程度不同地保留了原名词的词汇意义。名量词与数词、名词的结合有多种格式,使用范围各有不同。现代景颇语的数词、数量词对于名词中心词的位置以后置为主要格式。这点与先秦时代的古汉语是一致的。全文用例80余例,附藏缅语16种语言量词表格一个。

景颇语名词的类称范畴　戴庆厦撰,载《民族语文》1999年第6期。

文章指出景颇语名词存在个称名词和类称名词的对立,二者构成类称范畴。类称范畴是景颇语名词的重要特征之一,不仅具有语义特征,而且还存在形态特征。文章先分析了类称范畴的现状,指出其语法形式、语义内容和语法功能等方面的特征,然后分析了其形成的内部条件和外部条件。

景颇语亲属称谓的语义分析　戴庆厦撰,载《民族语文》1991年第1期。

文章运用语义层次的分析法,剖析景颇语亲属称谓的语义特征。分四部分:(1)分析称谓义素成分。把称谓分为单式和复式,单式是最基本的,只有28个,又从这28个中提取义素成分如辈分、性别、亲疏、长幼、呼方性别等作为区别性特征,又分为主次两类,并且列表加以说明。(2)称谓的义位网络。文章举例说明称谓具有多义位特点,义位少的有二三个,多的二十多个。并阐述了义位聚合成义位网络具有的五个特点。如在亲疏关系上,多数词都能容纳亲疏关系不同的义位,既有血亲又有姻亲,血亲内既有宗亲又有外亲。(3)称谓的语义结合。文章举例说明亲疏称谓名词构词能力弱,还具有不同于其他名词的六个特点。如某些表示姻亲的称谓，可与表示先后次序的方位词结合表先后。
(4) 分析了称谓语义场，具有丰富性、封闭性和社会性等特点。

景颇语使动范畴的结构系统和历史演变

戴庆厦撰，载《藏缅语族语言研究》(二)，云南民族出版社，1998年。

该文运用系统论和认识论的观点和方法，分析景颇语使动范畴的结构系统，揭示其结构层次及不同的功能。还通过亲属语言比较，分析使动范畴产生的先后及演变规律，论述使动范畴历史演变与语音、语义的相互制约关系。

景颇语书面语的形成和发展　　金学良撰。

主要研究了"景颇语书面语产生的时间和背景"、"景颇语书面的特点"、"怎样处理'标准音与非标准音'的关系"、"景颇语书面语的发展"等问题。该文认为，景颇族使用文字的时间不长，只有100多年的时间，但毕竟有了"百年"历史，应当总结经验，使之更加完善，成为书面语发展的"新标准"。同时还指出，景颇语的"书面语"已逐步走向成熟。它是顺应语言发展要求的，"书面语"这个标准的建立，很好地解决了方言和地区差别所带来的一些语言文字使用问题。

景颇语双音节词的音节聚合　　戴庆厦撰，载《语言研究》1993年第1期。

文章对景颇语双音节词聚合的现状、来源及其性质进行分析。指出双音节词在景颇语词汇系统中占相当比例，约有一半以上，景颇语双音节词有一个不同于其他亲属语言的重要特点，就是它的前一音节往往有聚合形式，即一种语音形式能表示众多的意义。文章认为景颇语双音节词的音节聚合是语音简化的一种现象，即用较少的语音形式（音节）表示较多的意义，这是景颇语语音简化的内容之一，也是语音类化的一种模式。

景颇语四音格词产生的机制及其类型学特征　　戴庆厦、孙艳撰，载《中国语文》2005年第5期。

文章在梳理、描写景颇语四音格词共时特征的基础上，探讨景颇语四音格词的性质及其类型学特征。认为语音和谐和并列的结构关系是景颇语四音格词的主要特征，双音节化的韵律机制为大量产生四音格词提供了基本模式。还通过与汉语的比较，进一步认识景颇语四音格词的特点，认为景颇语的四音格词与汉语无发生学关系，其共性属类型学特征。

景颇语谓语人称标记的多选择性　　戴庆厦撰，载《中国语文》2008年第5期。

文章通过景颇语句尾词的语义、语法特点的分析，试图说明景颇语谓语的人称标记与主语之间不是简单的"一对一"的关系，而是为了增强、扩大句子的语言表达功能而生成的一种语义、语法手段，具有多选择性、多功能性质的特点。

景颇语谓语人称标记的多选择性　　戴庆厦撰，载《中国语文》2008年第5期。

文章通过景颇语句尾词的语义、语法特点的分析，试图说明景颇语谓语的人称标记与主语之间不是简单的"一对一"的关系，而是为了增强、扩大句子的语言表达功能而生成的一种语义、语法手段，具有多选择性、多功能性质的特点。

景颇语中一种特殊的状述结构　　徐悉艰撰，载《语言研究》1982年第2期。

文章讨论景颇语中由状态词和述词组成的修饰关系结构，称为状述结构。状态词在景颇语中数量很多，而述词只有5个，它们在语法上具有动词的基本特点，意义则比较抽象，具体意义要依赖状态词和具体语言环境决定。状述结构主要充当谓语、状语和定语，但不是任何一个状述结构都能充当这三种成分，这要由状述结构中的述词来决定。状态词具有区别于其他词类的构词特征、词义特征和句法特征，如构词上派生能力强。单音状态词大多由动词、形容词引申转化而来，意义就与原词义密切相关，双音状态词前后音节语音和谐，有双声叠韵现象。状态词在词义、构词、句法上都不同于副词。如副词没有派生能力，能修饰一般动词，状态词派生能力强，只能修饰述词。述词具有动词的主要特点，但又不同。述词受状态词修饰，一般动词不能，述词受某些指示代词限制，一般动词不能。述词可看作动词中特殊的一个小类。

景颇语助动词形成的途径及条件 戴庆厦撰，载《藏缅语族语言研究》（二），云南民族出版社，1998年。

文章分三部分探讨了景颇语助动词的形成问题。首先从语法功能、语义差别的角度论证了助动词在景颇语是一个独立的词类。然后探讨了助动词形成的具体途径，指出它是通过动词虚化、状态词转化、拟声、构词等手段而形成的，并指出动词虚化为助动词的语义条件和语义变化以及由此形成的虚化链。最后从理论上分析了助动词形成的各种相关条件，指出助动词的形成是与景颇语处于由黏着型语言向分析型语言过渡、出现实词虚化、双音节化等趋势密切相关。

景颇族各支系亲属称谓比较研究 肖家成撰，载《民族语文》1988年第1期。

文章从语言学的角度对景颇族四个支系的亲属称谓词进行比较研究。分三部分进行。（1）本称谓的语源比较。文章比较各支系的174个称谓词，结果是同源的占17%，非同源的占42%。（2）基本称谓结构比较。文章将称谓分血亲平辈、长辈、晚辈称谓、丈人称姑爷的称谓、姻亲平辈、长辈、晚辈称谓7类，从称谓、语言、语意和范畴四方面对7类进行结构分析，指出在四个支系的基本称谓中，其结构体系除少数外都是比较严整而有规律的。（3）派生称谓的结构比较。说明引称形式是派生亲属称谓的主要形式，它的构成进一步分析认识了三个特殊问题。如丈人种、姑爷种问题。文章最后指出仅从民族学角度研究亲属称谓是不够的，从语言学角度进行研究，对揭示其结构、特点可能更为重要。

景颇族民歌格律 桑仁撰，载《少数民族诗歌格律》，西藏人民出版社，1986年。

景颇族民歌，脍炙人口，它节奏感强，有较强震撼力、声乐美，具有山地民族奔放高亢的充沛感情。景颇语属汉藏语系藏缅语族景颇语支，以声调区分词义，韵母较多，所以景颇民歌非常讲究声韵与声调的和谐。其民歌按内容分有劳动生产歌、习俗歌、情歌和新民歌。歌体曲调与内容千百年来已形成了固定曲调，可分为十类歌体。（1）恩准（n^{31} tsun^{31}）是最常见的一种情歌调式。（2）耶鲁（joi^{31} lu^{33}）是妇女舂米时的劳动歌。（3）舍温（ʃa^{31} ŋon^{33}）是对唱情歌的一种形式。（4）欧热（o^{55} ʒa^{51}）是每逢重大节日，千万人合唱曲调。（5）勒嘎（la^{31}ka^{31}）是习俗歌曲调，是喜庆日子唱的一种民歌调。（6）崩央（puŋ^{31} jaŋ^{33}）又称"格崩木占"，为丧葬歌调。（7）洞撒（tum^{31}sa^{33}）是景颇族古老祭祀歌调。（8）斋瓦（tsai^{31}wa^{31}）是最大祭祀活动时唱的祭祀歌调。（9）曼勒洛（mam^{31} la^{33} lo^{33}）是祭祀谷魂仪式唱的曲调。（10）玛舍尤（ma^{31}sa^{31}jup^{55}）是儿童催眠曲调。

景颇族民歌有自己非常独特的风格，表现于歌曲曲调的格律特点，表现于：一、句首对仗；二、歌尾讲究押韵；三、押调，同音节相同；四、歌词使用四音格联绵词。

靖西方块壮字试析 郑贻青撰，载《民族语文》1988年第4期。

文章对广西靖西县现今仍在使用的方块壮字进行分析。靖西、德保等县民间木偶戏和民歌唱本仍使用这种方块壮字，甚至在译制电影时也使用。据作者分析，靖西方块壮字包括两部分，一是直接借用汉字，一是自造字。借用汉字又分：（1）只借音，不借义的；（2）借用汉字字义的（即训读字）；（3）借用汉字的音和义的三种。自造字又分：（1）合体字，又分音义合体和意义合体；（2）形声字；（3）类型声字；（4）其他。从用字的比例来看，直接借用汉字的（借用汉字的音和义）最多，自造字相对较少。自造字中以合体字居多，形声字较少。作者认为，由于方块壮字反映了当地壮话，并能记录传统和口头文学，人们对它有一定的感情，所以能一直沿用至今。但由于方块壮字有它的局限性：字形复杂，笔画多，字的音符不能准确反映壮语语音，加上各地用法不一，没有规范。要掌握它，必须越过汉字这一关。因此，它只能在局部范围内使用。

靖西壮话亲属称谓探究 郑贻青撰，载《民族语文》1994年第6期。

文章着重分析研究靖西县壮语亲属称谓的特点，介绍父系直系及旁系，母系直系及旁系，加上妻方亲属、祖母方亲属及干亲等，包括130多个亲属关系。作者谈到亲属称谓的一般特点时指出：（1）有37个称谓用于两位或两位以上的亲属。（2）一个称谓词同时用于上下两代的有 $la:n^1$（孙、侄）、$po:i^4$（妻子、儿媳）、khi^1（丈夫、女婿）三个。（3）一个称谓同时用于血亲和姻亲两方面的，如 me^6mou^4（姑母、姨母、伯母、舅母）、pho^1mou^4（姨婆、伯祖母、舅祖母）等。（4）父亲和母系亲属称谓区别较明显。（5）父母辈亲属，年龄幼于父母的，父系和母系有区别，年龄长于父母的，父系和母系相同。（6）一些称谓，汉语称谓代替了父系原有称谓，但母系基本上保留原有称谓。此外还介绍引称和对称、对称和自称、尊称和谦称的区别。

文章强调对称和自称的特点：一般不用"你""我"这两个代词，而是用亲属关系称谓来称呼。甚至非亲属关系的称呼也仿照亲属关系的称呼，并尽量抬高对方的辈分。

境内外哈萨克语的初步比较 王远新撰，载《跨境语言研究》，中央民族学院出版社，1993年。

我国哈萨克族主要与维吾尔、汉等民族接触较多，其中维吾尔语和汉语对哈萨克语影响较大。哈萨克斯坦的哈萨克语在语言结构诸方面已深受俄语影响，从而与中国哈萨克语形成了一些差异。由于俄语及哈俄双语的使用等缘故，哈萨克斯坦的哈萨克族的口语在重音和语调上形成了一些特点，与中国哈萨克语的口语有了明显的差别。在语言结构的深处，在一些传统的表达式上，在反映传统文化的内容等方面，中外哈萨克语基本相同，其差异主要反映在近期的发展上。而在近期的发展中，词汇的差异不甚明显，并且没有形成规律性的差异；在语音方面，中外哈萨克语至少有几方面的共同演变趋势。词重音后移，因不同时期外来词的成批借入而出现了一些新的音位；小舌清、浊擦音和喉门清擦音使用频率逐渐减少、元音舌位相应前移的趋势；由词首 dzh-、j 并存并用，逐渐分化为 dzh-组语言，从而与 dzh-组语言形成词首辅音 dzh-、j 的对应。

炯奈话在苗瑶语族中的特殊地位 陈其光撰，载《中央民族学院学报·语言文学增刊3》1986年。

该文以炯奈话与布努语、畲语作比较，来弄清炯奈话在苗瑶语中的地位。炯奈话以龙华话为例，畲语以下水话为例，勉语以龙定话为例，布努语以异合话为例。通过比较可以看出，炯奈话在塞音韵尾、两套基数词、借汉基数词变形、名词做前定语、量词单独修饰名词不能位于句首、部分词义扩大或缩小等方面与龙定勉语和下水村的畲语一致，即与瑶语支一致，在鼻冠闭塞音声母、指示词做定语、部分词又缩小、方位词位于名词前等方面与弄合的布努语一致即与苗语支一致。在相比的 582 个常用固有词根中，龙华炯奈话与下水畲语同源的有 318 个，占比较总数的 54.5%；与弄合布努语同源的只有 305 个，占 52.4%。当同源词数接近时，还应考虑语音、语法的差异及其演变规律。作者认为，从语音、词汇、语法各方面看炯奈话与苗语支和瑶语支都有许多相同或一致的地方，似乎与瑶语支更近一点。因此，把炯奈话划为布努话的一个方言还值得进一步考虑。作者认为炯奈话位于两语支之间，稍靠近瑶语支一点。

炯奈语的方言划分问题　李云兵撰，载《民族语文》1998 年第 1 期。

炯奈语是新发现的语言之一。文章首先介绍了广西壮族自治区金秀瑶族自治县长垌乡龙华村和六巷乡六巷村炯奈语的语音系统。然后对其语音、词汇和语法进行了比较研究。通过比较，可以看到炯奈语的龙华话六巷话，无论是语音、词汇，还是语法都有或多或少的差异。从研究的角度看，龙华炯奈话和六巷炯奈话的主要差异在于语音。词汇的差异是因为他们所居住的地区不同，对一些不同事物的用词不同或放弃原来相同的词而换用另一个不同的词；对一些基本词汇的不同，可以用同样的理由来解释，也可以认为它们本身就有不同的来源。语法的差异只是地方话的小小差异，不成什么问题。从总体上看，炯奈语不分方言，是不符合实际的。所以，作者把炯奈语划分为长垌方言和六巷方言，这两个方言的差别没有苗族方言的差别那么大。

鸠摩罗什译经对回鹘佛教的影响初探
伊斯拉菲尔·玉苏甫撰，载《耿世民先生 70 寿辰纪念文集》，民族出版社，1999 年。

鸠摩罗什（公元 344—413），略称"罗什"或"什"，中国佛教四大译经家之首。据《出三藏记集》卷一四、《高僧传》卷二等载，父籍天竺，生于西域龟兹国（其母为龟兹国王之妹），初学小乘，后改学大乘。后秦弘始三年（401），后秦王姚兴请罗什入长安西明阁及逍遥园，待以国师之礼。自弘始三年至十一年的 8 年，罗什与弟子译出《大品般若经》《法华经》《阿弥陀经》《中论》《百论》《十二门论》等诸多经论。罗什所译经论，义皆圆通，影响很大。回鹘人全面接受佛教，是在公元 9 世纪中期西迁以后。漠北回鹘到达新疆后，回鹘人（主要指西洲回鹘）逐渐地全面信仰了佛教。在高昌回鹘汗国时期，高僧们从梵文、吐火罗文（AB 两种）、汉文、藏文等，特别是从汉文中翻译了许多佛经。从目前所知道的出土回鹘文佛教文献来看，至少大藏经中的经、论两部分的主要著作都已先后被译成回鹘文。回鹘文佛典主要为大乘教的文献，如《金光明经》译自汉文。但间有小乘教的文献，如《弥勒会风证》，译自吐火罗文 A。

九十二名彝语发音人的声门阻抗信号研究　陈嘉猷、孔江平撰，载《现代语音学论文集》，金城出版社，1999 年。

该文通过声门阻抗信号研究了 92 个讲彝语的彝族的发声情况，这些发声人的年纪为 20—25 岁，其中 46 个为男声，46 个为女声，都讲标准的四川凉山彝语。基本参数有三个，它们是基频、开商和速度商。这些参数是用 KAY 公司生产的 4300 B 中的选件 EGG. EXE 从 EGG 信号中提取。样本是持续元音［a］，每次发 3 秒，每人发两遍。统计结果显示：(1) 彝语男女嗓音的主要区别是基频，男声大约为 147 Hz，女声大约为 255 Hz。(2) 男女嗓音另一个大的差别是速度商。男声速度商平均为 335，女声速度商平均为 193。(3) 最有意思的结果是开商，男声开商平均为 61.5，女声开商平均为 56.5。其差别为 5。男女平均为 59。即彝语发声时开相大于闭相。和蒙古语这种非声调语言相比，开商显得很有意义，因为蒙古语男女开商的平均值是完全相同的。

"喀什噶尔语"初探 吐尔逊·阿尤甫撰，载《耿世民先生70寿辰纪念文集》，民族出版社，1999年。

我们探讨了12世纪末和13世纪初的玉格乃克人艾合买提的劝诫诗《真理的入门》语言（即"喀什噶尔语"）和生活在11世纪的玉素甫·哈·哈吉甫的《福乐智慧》语言（即哈卡尼亚语），以及"哈卡尼亚语"和摩尼教、佛教回鹘文献语言（以10世纪前后别失八里的僧古萨里都统的著作为代表）主要的语音和语法结构、词汇特点等方面具有的主要共同点。从这些作者所处的地理位置讲：一是在东部突厥部落的区域内生活和创作的（僧古萨里）；二是在西南部突厥部落区域生活和创作的（玉素甫·哈斯·哈吉甫）；三是在西部突厥部落区域生活和创作的（艾合买提·玉格乃克）。虽然如此，但他们没有受当时生活区域方言的限制，而是用共同的文学语言创作出自己的作品。我们这里所探讨的"喀什噶尔语"，实际上就是"突厥—回鹘语""哈卡尼亚语""突厥语"等在15世纪西部突厥部落范围内的一种称谓。《真理的入们》不是用乌古散—克普恰克方言写成的，而是用当时的喀什尔文学语言写成。

开创民族语文工作的新局面 孙宏开撰，载《民族语文》2002年第6期。

该文为作者2002年在内蒙古大学召开的中国民族语言学会第八届年会上的讲话。分为：（1）加强少数民族语言田野调查和描写研究；（2）做好少数民族语言比较研究；（3）重视语言应用研究；（4）进一步做好民族古文字、古文献的研究；（5）做好民族语文研究工作的几个认识问题。文章特别强调了要处理好对语言事实的描写与解释的关系；处理好继承传统和创新的关系；处理好引进、借鉴境外语言学理论包括汉语研究理论和发扬本土特色的关系。最后文章特别强调了学风问题。文章认为，民族语言学科与其他学科一样，也受到不良风气的污染，每个人首先要自己端正学风，还要提高警惕，与不良学风作斗争，不让有剽窃、抄袭以及违背学风的著作、文章在我们的出版社、编辑部、审稿人手里漏掉，还民族语言界一个良好的学术环境。

开展汉藏语同源词研究，确立汉语与藏缅语亲缘关系 孙宏开撰，载中国社会科学院《学术动态》2003年第20期。

该文为1999—2004年开展的与香港科技大学合作项目以及国家社会科学基金项目《汉藏语同源词研究》的中期检查报告。文章介绍了开展这项研究的历史背景，项目开展的情况，项目进行过程中遇到的问题，以及这些问题是如何解决的，文章还报道了项目已经取得的初步成果等。文章认为，汉藏语系内部，汉语与藏缅语族的同源关系已经得到国际、国内大多数汉藏语研究专家学者的赞同，有大量同源词可以为证。但是汉语与苗瑶语、侗台语的亲缘关系则存在分歧，汉语与南岛语的同源关系虽然有一些证据，也有少数学者支持这一学术观点，但是仍然显得证据不足，有待于进一步研究。文章还讨论了进一步开展汉藏语系历史比较研究需要注意的一些问题。

凯棠苗语的诗词格律 陈其光撰，载《民族语文论集》，中国社会科学出版社，1981年。

贵州凯里县的凯棠苗族有丰富的口头文学，诗歌和理词的格律非常严整。苗歌一般以五言为主，每引最后一字韵母不一定相同，但声调一定相同，可称为押调。押调有两种：逐句押和隔句互押。隔句押是单数句押一个调，双数句押一个调；逐句押则每句都押同一调。在押调的苗歌中，句末的字必须押，而句中其他各字，也力求句句一致。在长歌中也可以换调。有时需要押调而又不能在句末安排合适的字，可以把其他调的字声调改变，达到押调，这可以称类推变调。而句子内相邻的字则力求声调不同，这是错调。理词的格律与歌词不同，理词是骈体的，通篇基本上两句一联，上下联字数相等，对仗，每联字数不等，但必须上下对仗。对仗要素有四：上下联句法结构相同；相对成分的词性相同；相对成分词义相同、相似或相反；相对字声调必须不同。有时，句末的相对字声调相同，念诵时下联的字声调必须改变。

康家回族话语法探析 韩建业撰，载《青海民族学院学报》1994年第3期。

康家回族话的单词，按照语法意义、形态标志和句法功能，可以划分为实词类、虚词类和叹词、模仿词四大类。实词中的名词、形容词、数词和代词又可组成一体词与表示动作或状态的动词相对立。实词具有确切的词汇意义，可以脱离上下文独立使用，有数、格、领属、人称及时、态、式等语法范畴的变化，可以借构词附加成分构成新词。虚词只表示词与词或句与句之间的多种语法关系或者赋予词、句以不同的感情色彩。叹词表示感叹等感情色彩，模仿词表示各种声音和形象，通过一定的附加成分可以构成名词和动词。康家回族话的词组主要包括：修饰关系、支配关系、复指关系、并列关系等四种语法关系。句子成分分为主要成分（包括主语和谓语）和次要成分（包括宾语、定语和状语）。句子类型按语气可划分为直陈句、疑问句和感叹句三种。按结构可分为单句和复句。

柯尔克孜语言文字史简述 依布拉音·艾沙撰，载《语言与翻译》1990年第2期。

柯尔克孜族是古老的突厥民族之一，它在公元前200年以前就有了。突厥民族最早生活在阿尔泰山森林里，以狩猎为生。大约到了公元6世纪，他们的语言就与蒙古语截然有别了。公元前的柯尔克孜语不仅具备现代柯尔克孜语的特点，而且同自己聚居的其他突厥民族的语言互相渗透。这一点可以从当时留下的文献中查找出来。有关古代的叶尼塞文献语言和现代柯尔克孜语是否完全衔接的问题，目前尚无明确证据。公元2世纪前半叶，蒙古人闯入中亚和西亚，原来操突厥语的一部分民族集中在天山乃至捷特苏，和当地民族一起组成了柯尔克孜族的最早祖先。由于生活不安定，也就谈不上使用文字了。从公元6世纪到7世纪中叶，他们仍然使用鄂尔浑—叶尼塞文字。此后鄂尔浑—叶尼塞文字也不再使用，而只是以口头形式将其文化代代相传。19世纪后半叶至今他们使用阿拉伯文字。

柯尔克孜语渊源 艾·日·杰尼舍夫撰，载《语言与翻译》1992年第3期。

语言学资料是证明柯尔克孜作为中亚最古老民族之一的一个佐证。柯尔克孜语渊源也很明显地证明了这一点。对于古柯尔克孜语我们可以得出下列初步结论：（1）属于一种方言形式的古柯尔克孜民间口语，属于"3"语言。与其同源的语言有黑龙江富裕县柯尔克孜的语言、裕固族的语言以及哈卡斯等突厥部族的语言。（2）古柯尔克孜语在现代柯尔克孜语的形成中起决定性作用。（3）研究柯尔克孜语发展历史的专家们必须重视柯尔克孜族历史中的三个重要阶段，即叶尼基—鄂尔浑时期（XI—XII世纪），阿尔泰时期（XIII—XIV世纪），天山时期（XV—XVI世纪）。（4）古柯尔克孜语在其演化和发展过程中受唇化影响较为明显，这主要是阿尔泰时期所受的影响。（5）古柯尔克孜语还要与《玛纳斯》史诗中的语言进行比较研究。

柯尔克孜语中的"elek"的初探 胡毅撰，载《喀什师范学院学报》1998年第2期。

"elek"是形动词后缀，它与不完全动词"elek"只是柯尔克孜语中的语言同形现象。"elek"的发展经过了三个阶段。第一阶段，附加后缀"elek"的形动词所表达的意义是"将要进行（某一动作）"；第二阶段所表达的意义是"将在进行，但还没有进行（某一动作）"；第三阶段所表达的意义是"没有进行（某一动作）"。随着时间的进一步发展，"elek"的意义也进一步变化，"将要进行的"意义全部消失，只剩下了"（还）没有进行"的意义，肯定意义消失，否定意义保留。柯尔克孜语中的"elek"（指列入动词否定范畴中的"eleek"）不是不完全动词"e"的过去时形式，而构成形动词的后缀。它是由后缀-gelek（或其变体）演变而来的，在书面形式上采用了与动词词根分写的形式。"elek"表示的否定意义并不是原来就有的，是通过逻辑推理产生的。

柯尔克孜语中的元音和谐——兼论元音和谐不等于同化作用 胡振华撰，载《中央民族学院学报》1981年第1期。

属于阿尔泰语系突厥语族的柯尔克孜语，在元音和谐方面是比较典型的一种语言。柯尔克孜语有14个元音音位，其中8个基本元音和6个长元音。在双音节词词根上的元音和谐共有展唇前元音和谐、展唇后元音和谐、圆唇前元音和谐、圆唇后元音和谐4种模式。这清楚地表明，柯尔克孜语词根各个音节中的元时搭配是有规律的。这一规律也同样表现在词根之后加上附加成分时的元音搭配上。究竟什么是元音和谐，国内外学术界都普遍认为，元音和谐是元音的前进同化作用。实际上，元音和谐和语音的同化作用是语言学中的两个概念。同化作用是指语言中两个邻近的不相同或不相似的音，在连读时，由于互相影响，使这两个音变得相同或相似，元音和谐则不是一种语音变化，而是黏着语类型语言在语音结构上，确切地说，是在词的各音节中的元音搭配上所有存在着的一种"模式"。元音和谐不等于同化作用。

柯尔克孜族称含义考 董文义撰，载《民族语文》1982年第3期。

该文主要就新疆柯尔克孜族族称的含义进行了考证。作者首先指出汉文史籍中"鬲昆"、"坚昆"和"黠戛斯"这些名称是柯尔克孜族称变化过程 K₁R₁K→K₁R₁KAZ→K₁R₁K₁Z 的不同音译形式。一些学者认为其词源来自"四十个一百"，还有观点认为它是"四十"与复数词尾 UZ 的结合。作者认为这几种解释都不够确切可信，从而运用突厥民俗学、古代中亚赛西安人民俗学和突厥语言资料对这一族称的确切含义进行考证。作者用11个突厥民俗学材料语句证明 K₁R₁K 的确切含义是"四十"，但还有引申意义，表示"甚大，威武"等。这一点在赛西安人与突厥诸民族中是一致的。作者引证 ₁Z 是由 AZ 演变，其含义在突厥语大词典中是"善，美，锦绣"等意义。所以，柯尔克孜一词的象征性或引申的意义是"威武为善"，₁Z 也不是复数词尾，而是由独立词演化而成的一个附加成分。

科尔力格蒙古语音位系统分析 纳·才仁巴力撰，发表于《青海民族学院学报》1985年第1期。

该文由六个部分构成：一、元音；二、辅音；三、音节；四、元音和谐律；五、重音；六、语音变化。该文着重对青海海西州德令哈地区的宗务隆、戈壁、怀头他拉、郭力木、蓄集等五个蒙古族乡蒙古语作了田野调查，在收集了大量的语言材料的基础上，经过分析研究，最后归纳出了该地区蒙古语的音位系统并进行了描写，着重对与现代蒙古语不同的音位特点进行分析，提出"元音和谐"在此方言中的主要特点是"a（与 a 相对应，e 与 e（相对应，i 与 i（相对应，o（与 o 相对应，u（与 u 相对应，ø 与 o（相对应，y（与 u（相对应。其中 a（有（的一个变体，舌面前展音 e、i（和舌面前元音 ø、y（四个元音比对应的现代蒙古语的四个元音前化现象突出而且比对应的现代蒙古语高半度，舌后元音 o（和 u（两个音虽然前化现象不太明显，但比现代蒙古语高半度。"这项研究成果对研究青海蒙古语和在青海蒙古族地区推广蒙古语标准音、规范语言文字都有重要的现实意义和理论意义。

柯坪维语研究 相立波撰，载《民族语文》1998年第1期。

柯坪维语是和田方言的一个土语，不属于中心方言。一、语音。（1）元音。柯坪话的元音音位与标准语相同，有i、e、ɛ、a、o、u、ø、y等8个元音音位。柯坪维语中个别元音还有另外一个变体——带擦元音，即在元音后附有短促的清擦音。这三个带擦音是ah、oh、øh。它们常出现在中老年人的口语里。柯坪维语元音有一个特点，即标准语的低、后元音在柯坪语里往往变成高、前元音。（2）辅音。柯坪维语中有23个辅音音位。标准语里一些清辅音在柯坪话里大都读成相应的浊辅音。此外，柯坪话还有增加w、x、n、r等音的现象。二、语法。柯坪维语和标准语的语法结构基本相同，特殊的语法形式不多。由于元音和谐律的特点，柯坪话的一些语法后缀跟南疆某些方言、土语相同。三、词汇。柯坪维语的固有词包括与突厥语族各亲属语言同出一源的词，以及大量具有本地语言特色的土语词。

科尔沁土语词汇简论 查干哈达撰，载《民族语文论集》，中国社会科学出版社，1981年。

该文以哲里木盟科尔沁左翼后旗的口语材料为依据，论述科尔沁土语词汇各方面的特点。科尔沁土语词汇与共同语词汇的差别，可以从词义、词的用法和词的语音形式等各个方面来观察，差别情况按性质又可分为4种：（1）根据与共同语语音相同或不同的规律来断定为有共同来源，但词义彼此不同或有出入的。（2）在共同语里有成套的词义词，而在科尔沁土语里则用单一的或区别意义不够细密的方言色彩的词来代替。（3）科尔沁土语在表达某些和共同语相同的概念时，不使用共同语词，而使用科尔沁土语特有的方言语词，这种方言语词每个词类都有。（4）词的语音类别。但这种差别不是蒙古语各个方言之间常见的语音对应，而是科尔沁土语读音比较特殊，同其他方言或共同语比较时不容易找出对应规律。

科尔沁土语的形成和发展 涛高撰，载《内蒙古民族师范学院学报》1986年第2期。

（1）科尔沁土语的形成。13世纪初，蒙古诸部落中尚无科尔沁部，也没有过科尔沁土语，但蒙古社会上已经出现了同科尔沁部有关的"豁儿"和"豁儿臣人"。科尔沁部形成初期尚无特定地区，他们的口语没有分化为土语。直到15世纪初（1425年），科尔沁部有了更大的独立发展，与其他地区的蒙古语有了明显的差异，逐步形成一种土语。（2）科尔沁土语的发展。清代科尔沁部势力比较大，成为蒙古民族政治上的中心，为科尔沁土语的迅速发展创造了社会条件。（3）科尔沁土语的分布。现在的科尔沁土语地区有内蒙古哲里木盟的科左中旗、科左后旗、奈曼旗和库伦旗的部分、扎鲁特旗和通辽县的部分；兴安盟的科右中旗、科右前旗和扎赉特旗等地。

科尔沁土语元音和谐律的特点 查干撰，载《民族语文》1979年第4期。

该文以口语与书面语对比的方式研究了蒙古语科尔沁土语元音和谐律的特点。正文开始就指出科尔沁土语的短元音在词中出现的位置不同于书面语，即通常出现在词的第一个音节里，因此本土语的短元音只能在第一音节里与后续音节里的长元音或复元音和谐。如：xashaːnaːs从栅栏，oshxuɛː不去。作者认为本土语的元音只决定第二个音节里的元音，并不决定所有后续音节里的元音。如：olxuɛːghaːn把未得到的，dzzuːtɛghaːs从东边。二是弱化元音ə只出现在非第一音节里，不受前后音节里出现的元音的影响。如：sabəx筷子，rəldaː

n 竞赛。该文虽然简短，但提出了与以往学者不同的观点，获得了一些同行的赞同。

克伦语 戴庆厦撰，载《藏缅语十五种》，北京燕山出版社，1991年。

克伦语是缅甸克伦族使用的语言。克伦族约280万人。文章介绍离仰光市较近的克伦语德鲁宫话。德鲁宫话声母34个，其中复辅音声母10个，单元音韵母16个，复元音韵母4个，带塞音尾韵母12个，声调3个，分别是高平55，中平33，低降31。词汇上，有一定数量借词，主要来自缅语。语法上，名词没有表示性、数、格的形态变化，主要靠加具有实词意义的后附成分表示这些意义。人称代词分单数，双数和多数，用不同的词表示，有主格、领格的形态变化。动词有时、人称、态的语法范畴，主要靠前加成分及助词表示。形容词可以重叠，表示形容程度加深。形容词与动词差别主要是形容词一般可重叠，动词不能重叠；形容词可加 a^{31} 构成名词，动词不能。语序方面，多种句子成分出现时，语序一般是：地点状语或时间状语＋（定语）＋主语＋（定语）＋方式状语＋谓语＋宾语＋补语。

克洛森关于阿尔泰语学的著作 A. M. 谢尔巴克撰，载《民族语文研究参考资料》，中国社会科学院民族所语言室1977年第1期。

克洛森是老一辈的英国突厥语学家和蒙古语学家。他的关于阿尔泰语学的著作从引用的不同材料中，特别是从古代的原文、历史纪事和词典中，得出结论：共同蒙古语和共同突厥语词汇的基本成分是不同的；它们所具有的相同成分或类似成分（在《蒙古秘史》中约有50个，在1389年的汉语—蒙古语词典《华夷译语》中，总共846个词里约有200个）乃是借用的结果，后者的发生是由于突厥部落和蒙古部落自4—5世纪开始的长期接触。因为突厥人在文化方面比蒙古人处在更高的发展阶段，于是主要是蒙古人向突厥人借用；而相反方面的借用过程进行得比较缓慢，它的痕迹只是在个别的突厥语中显著，如在雅库特语和图瓦语里；其次，在阿尔泰语和哈卡斯语里；再次，是在吉尔吉斯语和哈萨克语里。目前，关于阿尔泰语学各种问题的著作有千余种，但是，阿尔泰诸语言在起源上有亲属关系的问题，却仍然没有得到解决。

克蔑语概况 陈国庆撰，载《民族语文》2003年第2期。

使用克蔑语的人自称为"曼咪人"，分布于云南西双版纳州景洪镇小曼咪村、大曼咪村、江头曼咪村，嘎东乡的曼咪村，勐养镇的三家村等地。使用人口约1000人。克蔑语在语音、词汇、语法上保留了孟—高棉语言一些共同特征，应属孟—高棉语族的语言，但语音结构简单，有声调，部分语音分长短，有较多的傣语借词。部分基本词同克木语、布朗语、佤语有同源关系。

克木语初探 李道勇撰。

云南西双版纳民族识别遗留问题之一。1976年和1978年，作者两次到西双版纳勐腊景洪实地考察，写出《克木语初探》参加中央民族学院1979年科学讨论会笔会。《勐腊的克木人概略》和《我国克木语的一些语音特征》的发表，引起国内学术界的重视。"插满"人自称"克木"（kmhmuʔ），是"人、人们"的意思。分布在西双版纳勐腊和景洪两个县，前者有10个自然村，后者有3个自然村，当时，共2300人。此外，克木人还较多地分布在老挝、越南、泰国、缅甸和柬埔寨北部山区。克木人有自己的语言，说起话来不断地弹舌头，非常动听。克木语的元音长短对立，有些克木话有声调。该文以勐腊克木寨崩索话为例进行介绍。克木话有34个辅音：p ph b m m̥ ʔm f w s t th d n n̥ ʔn l ʔl r r̥ c ch j ɲ ɲ̥ ʑ k kh g ŋ ŋ̥ ʔ h。以上的辅音都可以作声母，其中部分辅音可以作韵尾。它们是-

p、-t、-k、-m、-n、-ŋ、-l、-r、-h、-s。元音有 10 个：i e ɛ a ɔ o ɯ ɤ ɨ。克木语以单音节词根为载体，通过前缀、中缀和形态来派生新词，是克木语定位于中国孟—高棉语族克木语支的重要特征。比如 caŋ"苦"，pr caŋ"苦胆"；gaay"返回、折返"，pr gaay"反话"；paŋ"开、打开"（被动），m paŋ"敞开"（自动）。词序一般是：主语—谓语—宾语。

客赣方言中的侗台语词 刘泽民撰，载《民族语文》2004 年第 5 期。

客赣方言与侗台语关系词可区分为三类：侗台底层词、汉侗台同源词和汉台借词。该文对客赣方言中 15 组与侗台语有对应关系的词进行梳理。列出稠、扔、洗涮、傻、潜水、弯、稀泥、水坝、嘴唇、梯子、盖（被子）、张开、葫芦、乳房、擤鼻涕等 15 个词。逐一进行对比说明。

《孔雀胆》中的阿盖公主诗考释 王敬骝撰，载《中央民族大学学报》1995 年第 5 期。

一、诗中用汉字写的民族语是何种民族语。作者认为此诗中所杂的民族语应是当地通用的白语。这还可以从当地历史上亦有过此类形式的诗得到证明。二、如何考释这种民族语。我们考释古白语，应该首先着眼藏缅语，由于缅语又比藏语有着更亲近的关系，因而也就具有比藏语更为重要的参考价值。作者对这首诗中的用汉字写的民族语进行了考释。通过考释可以看出，此诗原注大都不确、不当，它不可能是当地懂白语的人所为；而且从"踏里彩"《滇载记》原译作"路里彩"，又"内屏"《大里府志》或作"肉〔辇〕"，无论如何不该推衍出"锦被""骆驼背"之类注释。因此，它也不大可能是杨慎或其他接触过原译文的人所为。据此，我们认为它是由对白语了解不多的大理人所为。

苦聪话概况 李洁、张伟撰，载《民族语文》2003 年第 1 期。

"苦聪"（山人）是苦聪人的自称，他们是拉祜族的一个支系。我国现在有苦聪人近 3 万人，主要分布在云南省哀牢山和无量山一带的高山地区，此外在江城、孟连，以及西双版纳地区勐腊也有分布。云南省镇源县有苦聪人 13000 人；云南省金平县西南部居住着 6000 多苦聪人；云南省新平县居住有 4000 多苦聪人。在 2001 年的实地调查中发现，云南省金平的苦聪话与拉祜西方言相近，应属拉祜西方言。而新平县的苦聪话与拉祜纳、拉祜西两大拉祜方言相比则独具特色。所以，在文中提及"苦聪话"时特指新平县苦聪话。该文从语音、词汇、语法，附加苦聪话核心词表等几方面介绍苦聪话。目的在于为苦聪话和拉祜纳、拉祜西两大方言亲属关系提供参考依据。

跨国苗语比较研究 熊玉有撰，载《跨境语言研究》，中央民族学院出版社，1993 年。

为揭示苗语在国外与国内之间的差别，该文对分布于国外的川黔滇苗语和国内"青苗"的语言材料作了比较研究。在语音比较方面，声母：国内苗语共有 51 个，国外苗语共有 55 个。差别：（1）国内苗语有声母 w，而国外没有。（2）国外苗语有声母 ml，而国内没有。（3）国外苗语有舌尖后塞音声母 t、th、nth，而国内苗语没有。韵母：国内苗语有 22 个，有专拼现代汉语借词的韵母，国外苗语没有。声调：国内苗语与国外苗语的声调情况是一致的，二者的调类与调值都相同。词汇：国内和国外苗语的词汇大部分是相同的，差别主要在一些借词、创词和变化了的固有词。在语法比较方面，词法：词的某些结构类型发展主要有修饰结构，主谓结构、重叠结构的不一致。词类的发展变化不同，主要有人称代词、数词、副词、量词、动词、疑词、语气词、助词、连词。句法：国内苗语与国外苗语的句法差异，就是二者的语序存在一些不同，在复句及某些特殊句中也有表现。

跨境维吾尔语词汇之异同及其历史文化背景　喻捷撰，载《跨境语言研究》，中央民族学院出版社，1993年。

维吾尔语在其形成和发展过程中受到过汉语、印欧语系某些古代语言、藏语、波斯语、俄语等语言的影响。这就决定了新疆维语与苏联维语在词汇方面有大量相同的本族语词和相同的借词。相异之处在于俄语对苏联维语的影响远比对新疆维语的影响大；汉语特别是现代汉语对新疆维语的影响是直接而深远的；维吾尔语自身的发展规律对语言影响的制约程度在新疆维语中表现得更为明显和强烈。这些差异主要表现在：（1）语音方面的差异分为语言影响造成的差异；语言影响与语言规范造成的差异。（2）词义方面的差异。包括：词义有所不同；词义的区分与词的搭配不同；词的本义与词义扩大情况不同。（3）音义兼有的差异。（4）使用不同来源的词。如：苏联维语中使用较早的汉语借词；苏联维语中保留较多的阿拉伯语、波斯语借词，其中包括一些虚词。（5）不同的表达方式。

跨境语言研究——川黔滇苗语国内与国外的比较　熊玉有撰，载《跨境语言研究》，中央民族学院出版社，1993年。

我们选用云南文山和红河一带被称为"青苗"的苗族语言材料与老挝、泰国及西方国家也被称为"青苗"的材料进行语音（声、韵、调）、词汇（借词、创词、固有词）、语法（词法、句法）三个方面比较研究发现：从声、韵、调三个方面看，国内苗语与国外苗语声调一致，声母和韵母有所不同，这主要是由于国内苗语受汉语影响增加了个别声母和一些韵母。而国外苗语则多保留了一些苗语语音的原有状况。在词汇方面，大部分是相同的，差别主要在某些借词、创新词和变化了的固有词。如：借词。过去在相同条件下由相同语言借进的借词，现在其中有的已经有了差别。表现在：语音的不同；国内主要借自汉语，国外借自老挝语、泰语和英语。在语法方面也有不少差异。如在句法上，二者的语序存在一些不同。总之，两者之间以词汇差别最大。这些差别是各自受不同语言等多种因素的影响造成的，二者都有趋同于所在国家主体民族语言的一面，也有各自保持其特点的一面。国外苗语词汇比较丰富，语法形式也多样。

拉布故孜的《圣人传》及其研究　买提热依木·沙依提撰，载《突厥语言与文化研究》，中央民族大学出版社，1996年。

《圣人传》是公元1310年成书于中西一带的一部名著。作者为拉布故孜，生卒年代不详。自14世纪至20世纪初，《拉布故孜〈圣人传〉》一直不断地为人们所传抄，至今有多种抄本。不同抄本由于前后经历了若干世纪的时间，在流传过程中出现了语言上的差异，表现于语音、词汇、语法等多方面，如语音交替、古代突厥语词和阿拉伯语、波斯语词的交替、语法形态和形式上的变化等。根据不同抄本抄写的时间及其在语言上表现出的特点，可将其分为两大类：一类属中古突厥语文本；一类属察合台语文本。前者的语言更接近哈拉汗王朝的哈卡尼西语的语言特点，抄写的时间为14—16世纪；后者抄于17—20世纪，即把早期抄本中的语言察合台语化，这类抄本在我国新疆地区流传最广，影响也最为深远。19世纪末，阿拉木图、塔什干和喀山等地还出版有该书的铅印本。

拉祜西亲属称谓词初探　王正华撰，载《云南民族学院学报》1997年第2期。

该文首次全面系统地介绍拉祜西的亲属称谓词，从语言学角度对亲属称谓的语言结构和词源作了初步探讨，认为：（1）"两性"（男女）亲属称谓源于拉祜先民对动植物两性的认识。父母、男女的许多称谓词都与"公母"有渊源关系。（2）亲属称谓中可以看到拉祜族婚姻发展演变的轨迹，婚姻观念和婚姻习俗等的文化现象，如：ko^{33}表示

"哥"，虽为汉借词，但拉祜人把 ko³³ 看作同根相连的甘蔗。兄弟的后代禁止通婚。u³³ tsz³⁵ 原意是"竹节"，外联而内相隔，被用来称作"舅父"。舅表、姨表兄弟姐妹之间可以通婚。xo³³ 是两家儿女婚配后家长们的相互称谓，也是"哭"的意思。旧时无论女儿出嫁或儿子上门都有"哭"的习俗。因此把"亲家"说成"哭爸哭妈"。又如：女婿的称谓 ma³⁵ 源于"号"，被女方"号中"之意。（3）亲属称谓中有些与彝语支语言或汉语有同源关系，有的源于佤语、布朗语。这些是拉祜族亲属称谓得以发展的重要原因。

拉祜语的比较句 张雨江撰，载《云南民族语文》1993 年第 1 期。

拉祜语的比较句较常见的有五种，即差比句、等比句、约比句、比较句的否定形工、比较句的疑问形式。差比句是拉祜语各种比较方式中最为常见的一种。常由副词 kɛ³⁵/a³³ kɛ³⁵（更）、a³³ tɕj³⁵（稍微、较）和 qhe³³ ma⁵³ + 动/形或 qhe³³ tɕɛ³³ ma⁵³ + 动/形构成，表示差等比较。等比句常由形容词"qha³³ shv³¹"（一样/一般）、比况助词"qhe³³/qhe³³ le⁵³/（如同、似的、像……一样）、qha33（一般、一样）和"qhe³³/tshɔ¹/qhe³³……tshɔ³³"（这么/有/有……这么）构成，表示同等比较。约比句常在等比句中加"a³¹ la³¹/a³¹ la³¹ qhe³³"（差不多）构成。比较句的否定形式通常是在肯定的比较句中加否定副词 ma⁵³（不、没）而构成。比较句的疑问形式一般有是非问、选择问和特指问三种，其格式各不相同，通常是非问在句末加语气助词 la⁵³/le³³/a⁵³（吗）；选择问在句中加连词"ma⁵³ xe⁵⁴/ɛ³³ qo³³"（还是、或是），句末加语气助词 la⁵³（呢）；特指问用疑问代词，句末加语气助词 le³³。

拉祜语的并列结构复合词 李洁撰，载《民族语文》2000 年第 4 期。

拉祜语是藏缅语族彝语支的语言。并列复合词是拉祜语中颇具特点的一类词。该文在收集、整理拉祜语 315 个并列复合词的基础上，从结构、语序、语义、语法功能等方面对拉祜语并列复合词的特点进行分析。从音节数量上看，拉祜语并列复合词有两个音节的、三个音节的和四个音节的之分，且以四音节的、两音节的居多。拉祜语的并列复合词内部构成有"名+名"、"名+名+名+名"、"名+形+名+形"、"动+动+动+动"、"动+副+动+副"、"形+形"、"形+形+形+形"、"数+数"等 8 大类，其中以名词性词素的并列、形容词性词素的并列居多。从内部语义搭配关系上看，主要有"同义复合"、"相关复合"、"反义复合"、"类称复合"四大类。拉祜语并列复合词的词序主要受语音因素的制约，同时也受语义等音素的影响。

拉祜语的反响型量词 李洁撰，载《汉藏语系量词研究》，中央民族大学出版社，2005 年。

反响型量词是拉祜语量词系统中数量丰富而又颇具特点的一类，在量词的产生、发展的过程中具有重要的地位，对现代拉祜语量词格局的形成起着关键性的作用。反响型量词又称"专用量词""反身量词""拷贝型量词"。该文采用穷尽式的统计和系统分析的方法，对拉祜语反响型量词的性质、特点及其产生原因、发展趋势等进行了初步分析，旨在为汉藏语的量词研究提供一些参考。该文的语料取自云南省思茅地区澜沧县勐朗坝的拉祜纳方言。拉祜语的反响型量词具有出现频率高、单音节性、专用性、强制性、开放性、语法性等特点。

语法性是拉祜语反响型量词的本质属性。语法、认知是使反响型量词得以产生的重要因素。"名+数+量"语序格式为反响型量词的发展提供了语法框架和方向。反响型量词是量词语言法化步骤在初期阶段的一种表现形式，是拉祜语个体量词丰富发展的一个重要途径，也是早期量词的一个重要类别。拉祜语反响型量词在拉祜语量词的产生、发展过程中具有极其重要的地位。拉祜语反响型量词是从其所修饰的名词全部或部分复制而来,是较原始的个体量词,也是拉祜语早期量词的一个重要类别,反映了拉祜语量词体系形成过程中初期阶段的一些特点。不同类别的量词分工不同,但彼此之间存在着竞争,反响型量词自身的表意局限性使得一部分反响型量词在量词格局形成、发展过程中有可能演变为类别、性状量词或被泛指量词取代。拉祜语的反响型量词约占个体量词总数的19.9%。而哈尼语里有着比拉祜语更为丰富的反响型量词,并且大多数哈尼语个体名词都能转用为相应的反响型量词。现今彝语里的反响型量词则很少见,只有少数双音节复合名词有"重复该名词最后一个音节做量词"的用法。由于各语言内部机制及发展过程中所处的客观条件不同,所以才使得各语言的反响型量词在数量、发展速度以及特点上存在一定差异,这是语言发展的不平衡性所致。反响型量词与"个体名量词是否发达"有直接的关系,大多数量词发达型语言都有反响型量词。从藏缅语族语言的共时情况来看,拉祜语、哈尼语、傈僳语、纳西语、基诺语、缅语等大多数量词发达型语言都有反响型量词。景颇语、藏语等语言,其量词的发展尚处于萌芽阶段,个体量词也就没有进一步丰富、发展的需求,其没有反响型量词也就毋庸置疑了。因此从这个意义上说,反响型量词是量词发达型语言的类型学特征之一。

拉祜语的紧元音 金有景撰,载《民族语文》1988年第3期。

该文分两部分对拉祜语紧元音作探讨。一,基本情况:拉祜语有屈折、非屈折紧元音两类。对非屈折紧元音,有从元音角度和从声调角度的不同处理方法。屈折元音出现频率较低,它出现在动词的"使动范畴"和人称代词、名词的变格形式中。常弘恩和马提索夫论及拉祜语动词的"使动范畴"时指出:自动词、使动词的区别,一般用语音交替变异的方法表示。作者认为拉祜语真正的"自动:使动"范畴是以"松紧元音"交替为屈折手段的,但也有少量以声韵调交替为屈折手段的"自动:使动"词。还存在"一层使动"与"二层使动"关系的特殊的"自动:使动"词。人称代词和名词尚有变格的残存形式,主格读松元音,宾格、领格读紧元音,但它们的出现是有条件的。二,从语音学、音位学方面说明两类紧元音的发音特点与松元音、声调的关系,屈折紧元音对声调读法的影响,两类紧元音的历史来源问题。作者还认为严格来讲,真正的紧元音是屈折紧元音,非屈折紧元音不称为紧元音也许更合适。

拉祜语的类被动句——兼与汉语被动表述对比 李洁撰,载戴庆厦主编《汉语和少数民族语言语法比较》,民族出版社,2006年。

汉语"被动句"的提法是受英语被动语态的影响而产生的。汉语有作为独立语法范畴的"被动式句型";而拉祜语则没有印欧语的被动态,也没有以"被"字作为被动标记的"被"字句。但并不是说拉祜语中就没有与汉语被动句相对译的句型。汉语有被动句,并且以"被"字等作为专门的词汇标记。拉祜语有与汉语被动句相对译的句型,但二者又相区别。拉祜语的被动义表达主要依赖语序和受事格助词,其被动表述手段不同于汉语。拉祜语存在"受事+施事+动词"语序的句型,并且也能表示"被动"义,只不过这种"被动"义较之汉语显得较弱。基于此,把拉祜语对应于汉语被动句的这一句型称之为"类被动句"。该文从共时角度对汉语和拉祜语被动句的特点、性质进行初步的比较和剖析。拉祜语以云南省思茅地区澜沧拉祜族自治县勐朗坝的拉祜纳方言为代表点。

汉语、拉祜语被动句在形式标记、语义、语用、性质等方面有着各自不同的特征。(1)被动句语法标记的属性不同。(2)拉祜语被动句的语义特征所涵盖的范围比汉语窄,多用于表示"遭受"义、"消极"义。(3)在结构类型的划分上,汉语和拉祜语的被动句都可以在基式的基础上根据各种其他附加成分的有无划分为多种类别。（4）汉语被动句的句法成分较为复杂，被动句句首除了受事之外还可以是别的语义结构，如表示处所、工具、结果、对象、方式、时间、目的等语义成分。而拉祜语被动句的主语语义所辖范围较窄，以受事为主。（5）汉语被动句"被"字后的施事不必说、不强调的情况下可以不出现。但拉祜语被动句则以出现施事的用法居多。汉语被动句动词后的宾语语义关系复杂。拉祜语被动句谓语动词也能带宾语，但语义类型相对简单。

拉祜语的语气助词 肖淑琼、张蓉兰撰，载《云南民族语文》1993年第1期。

该文讨论拉祜的语气助词在不同句型中的多种用法。有的语气词各种句型都可以用，有的则仅限于某一种句型中使用。但不论是哪一种，其关键在人称的变化上。同一语气词，在不同的人称中，有不同的使用方法，有时可以用变调方法来表示，也可以用前后所带不同成分的副词或衬词表示。有的语气词在三种人称代词上都可以用，有的则只限定用于某一种人称代词上。有的是动词的时、体词兼作语气词，以表示动作进行的状态，又可以表达出不同的语境和语气，也有的本身是结构助词同时又是兼语气助词，但其位置是处于句子的最末尾。归纳起来主要有三个方面的特点：（1）在人称上的变化：①不同人称使用不同的语气词。②不同人称的句型中，由于人称的不同决定着语气词声调的变化。③不同人称的动词，会产生外部屈折式的变化。（2）在时间上的变化：动词用词形的变化或内部屈折式（音位变化）来表现过去时、现在时、未来时等。（3）在语气上的变化。

拉祜语动词的后加成分浅析 王正华撰，载《云南民族语文》1993年第1期。

拉祜语的动词是实词中最复杂的词类，它往往带有后加成分，而这些后加成分又能不同程度地增加或改变动词的词汇意义和语法意义。其形式主要表现为：-ve 可以附加在表示心理活动、动作行为、判断、可能、意愿等动词后面；-al 用于能愿动词和表示心理活动的动词后面；-a 用于趋向、动作、判断等动词后面；-əed、-aweed 用于表示存在、心理活动、判断等动词后面；-aw 可用于所有动词后面；-ni、-ha、-hani、-pid、-zi、-la、-e 可用于动作动词和趋向动词后面。

察哈台维吾尔文及其文献研究 阿布都鲁甫撰，载《民族语文》2006年第4期。

书写、记录察哈台维吾尔语的文字称作察哈台维吾尔文，简称察哈台维文。察哈台维文是用阿拉伯字母书写的古代维吾尔文，即由《突厥语大词典》用的文字演变而来的。察哈台维文共有36个字母。其中，28个字母是从阿拉伯语字母表中照搬过来的。察哈台维文的书写法和阿拉伯语及现代维吾尔语一样，都是从右往左横写。每个字母一般有词头、词中、词尾和单写等四种形式。该文作者根据自己30多年的细心研究，把该文字最完整的字母表展示在世人面前。

察哈台维文中，除了36个字母以外，还有10种辅助符号表示长短元音和辅音。使用时间长达近6个世纪的察哈台维吾尔语时代，是来自阿拉伯语、波斯语的借词和原有的维吾尔语词汇相互影响和相互接受的过程。这个时期的维吾尔人在伊斯兰宗教信仰和生活习俗等诸方面的影响下，接受了不少阿拉伯语词汇、短语以及宗教礼仪所需要的固定句子等。甚至把使用辅助符号表示短元音和重叠音的文字表达习惯也接受过来了。在我国维吾尔族古典文献宝库里，用察哈台维吾尔文书写的文献数量最多。这些文献在内容上，包括语言、文学、历史、哲学、民间艺术、医药学、天文、宗教、民俗等方面。在该文里，作者将自己认为有价值的、比较重要的17部大部头文献分为"散文体文献"和"诗歌体文献"两大类，按文献名、收藏地点、作者及其生平、文献内容及其价值这个顺序，进行了简明扼要地论述。

拉祜语动词的语法范畴 张蓉兰撰，载《民族语文》1987年第2期。

动词体、态、式的变化，在多数彝语支语言中都存在，但各个语言的表现形式和方法则有自己的特点。彝语支语言的一些语法现象，展现出语言的发展变化的不同历史过程。拉祜语动词语法形式的变化较为复杂，除具有彝语支语言某些共有语法特点外，也表现出自己所独具的特点。该文对拉祜语动词的语法范畴及其特点作了综述。拉祜语动词有7种体的变化，即将行体、即行体、起始体、进行体、已行体、曾行体、完成体。每种体都由一个或两个专门的时态助词表示。动词态的语法范畴有三种：自动态、使动态和互动态。自动态和使动态用动词词根屈折（声母屈折、元音屈折）变化方法表达，也有用加附加成分的方法表达。互动态在动词后加 da^{21} 表示。动词的式分析求式和命令式。祈求式在动词后加 $pi^{53}tsi^{33}$ 表示。命令式分两类：一类语气缓和，在动词后加助词 mae^{31} 的方式构成；一类口气较强硬，用声调的变化来表示。

拉祜语和载瓦语语音比较 扎拉撰，载《云南民族语言文学论文集》，云南民族出版社，1990年。

拉祜语和载瓦语同属于汉藏语系藏缅语族，是关系密切的亲属语言，但由于历史的、经济的、地理的等因素，语言不断分化，二者又分属于不同的语支，前者属于彝语支，后者属于缅语支，因此这两种语言之间既存在许多相同点，又存在许多差异。该文是从语音入手，来分析这两种语言在语音方面的异同的。作者从声母、韵母、声调、音节结构4个方面进行了比较研究，发现了这两种语言有许多相同之处的同时，又各有特点，例如拉祜语在发展和进化过程中形成声母多于韵母、声调多达7个的现象，而载瓦语的韵母多于声母，声调只有3个。要想全面了解拉祜语和载瓦语的异同之外，还得从词汇、语法方面进行比较，作者在语音方面的研究，只能起个抛砖引玉的作用。比较两种语言的异同也有助于我们认识、研究使用这两种语言的民族在文化、历史、经济等方面的异同，该文的研究以期为更深入地研究这两个民族打下基础。

拉祜语简单句句型研究 张雨江撰，载《云南民族语言文学论文集》，云南民族出版社，1990年。

句型研究是研究一门语言必不可少的部分。该文收集了大量的语言资料，依据句型分类的原则，对拉祜语简单句句型作了初步概括，建立了初步的句型系统。该文把简单句分成主谓句、无主句、独词句三大类。首先依照谓语的性质，将主谓谓语句、动词谓语句这几个句型分别予以了研究，另外还分析了主谓句中的疑问句、比较句。然后简要分析研究了无主句、独词句。该文从句型研究的角度探讨拉祜语言的表达问题，旨在推动双语教学，帮助外族人学习拉祜语，规范拉祜语，以及推动民族语文翻译事业的发展。带动民族地区经济文化的发展。作者认为，虽然该文存在诸多不足，但是经过分析归纳建立起的这个初步句型体系，对于拉祜语和藏缅语的语法研究，将会产生积极作用，为语法研究提供新鲜材料、丰富语言理论。

拉祜语苦聪话的若干特点 孙剑艺撰，载《云南民族语文》1993年第1期。

苦聪话是拉祜语的一个方言，其语音、词汇、词法有许多特点。就音素而言，它的特点是：促调不促与2、7两调变读5、6调；存在卷舌声母和鼻尾韵母；有元音高化和元音鼻化现象。且跟声调有关系。词汇具有较为原始、古老的特点。苦聪话里没有反映剥削和等级的词，表达思想、情感等的抽象词语极少，甚至连"高兴""爱""恨"之类的词也没有。语法方面，苦聪话有反身量词和反身动词；形容词的后缀音节的韵母与该词末音节的韵母相同；形容词能以变调的方式表示程度加深，构成"比较级"；结构助词（rr）ssi[7]（rr 是 a 的高化变体）用在形容词、动词或动宾词组的后面，使之成为名词前面的定词，或使之名物化；苦聪话没有主格助词，只有一具宾格助词 loo[7]，并且不是所有情况下都加 loo[7]，只有方向性动词和动作性强的动词的宾语才必须加上宾格助词。

拉祜语没有紧喉元音　盖兴之撰，载《云南民族语文》1996 年第 1 期。

紧喉元音是彝缅语言元音系统的一个重要特征，尤其是在彝语支的语言里分布得更为广泛。那么拉祜语是否原先存在紧喉元音呢？在这个问题上各方家著书立说，提出自己的见解。作者在分析和总结前人研究的基础上，得出拉祜语不存在紧喉元音的结论。文章首先列举并评述了关于处理拉祜语紧喉元音的四种方法，然后针对金有景所提出的非屈折紧元音与屈折紧元音之说进行分析，得出非屈折紧元音、屈折松元音是松元音，屈折紧元音是紧元音，直接用松元音、紧元音来写会明白易懂，况且从音位学的观点来看，音位有区别词义和语法意义的功能，没有必要把紧元音分成屈折紧元音和非屈折紧元音。作者通过举例说明了屈折紧元音是松元音，并没有喉头紧缩的特征。所谓的紧，是动词在命令句、感叹句中的重读读音，并非是喉头紧缩形成的紧元音。文章的第三部分从拉祜语降调音节分析出发，得出了拉祜语没有紧喉元音的结论。

拉祜语文字方案中的若干问题　J.A. 马提索夫撰，载《民族语文》1984 年第 3 期。

该文对拉祜语三种文字方案的优缺点作如下分述：第一种是在 1930 年前后，由一些美国传教士创制的一种传教文字。这个方案辅音分得过细，有 10 个多余的辅音符号；元音又分得不够细，有 10 个单元音，缺陷是没有设立元音 uh；如实标出全部 7 个声调，但过于麻烦。第二种方案是该作者于六七十年代在泰国实地调查和研究基础上制订的。此方案如实反映拉祜语的辅音音位，有 3 个罗马字的变体；元音系统在音位归纳上是正确的，但有 4 个在普通打字机上没有的符号；在元音上放置附加符号表示声调。此方案适合于科研或技术上的运用，但印刷太复杂。第三种文字方案是中国于 50 年代设计的。辅音系统的字母选得好，采用一般罗马字母，不另增加符号，但设置 5 个多余的辅音符号；元音系统不能区分两个非低的央元音 i 和 ac；最大特点是选用几个辅音字母置于元音后表示声调，其缺点是不能区分低降调和低平调。作者认为第三种方案有可能成为最实用的文字系统，但必须改正两个缺陷。

拉祜语新词术语译法浅谈　彭志清撰，载《云南民族语文》1993 年第 1 期。

新词术语的翻译是拉祜语编译工作的一大难题。对处理新词术语，我们逐步形成了这样一个指导思想，即以民族语言文字的丰富和发展为前提，注重吸收诗词中和群众口语中的精华，以灵活使用挖、创、借的方式，来处理编译工作中所遇到的新词术语问题。挖：就是把存在于群众口语中和古老语词中的，以及诗歌用语中的词语挖掘出来，把其原义加以引申，或赋予新的词义。这类新词往往易于理解，便于接受，更富有新生命力，更受群众欢迎。这种方式，在处理新词术语的范畴中，占有很大的比重。创：就是把本民族语言中的一些单词组合成新的词组，词义不仅被引申，而且含义更广、更深，具有一定的生命力。这种创造新词的方法，是编译人员习惯使用的一种方法，也是创造新词的主要源泉。借：就是借用其他民族的语言。借词形式有：音义全借式；半音半意译式；继续使用原有的借词；专有名词的译法和汉语缩写名词的译法等。

拉祜语颜色词的文化内涵
张伟撰，载《云南师范大学学报》2007年第5期。

语言是一种社会现象。语言的社会属性决定了它作为一种最重要的交际工具而服务于整个社会的功能。就颜色词而言，它也离不开其所赖以存在的社会和使用它的民族全体。因此，社会生活和生产实践就决定了人们选择颜色词的取向。由于颜色词的产生与使用总是与一定的民族及其历史联系的，所以人们总是按照自己的思维定式和价值尺度去描摹事物的颜色，赋予词以自己民族的文化内涵。该文就拉祜族颜色词结构的特点和文化内涵进行探析。

拉祜语语法化研究
张雨江撰，载《民族语文》2007年第2期。

语法化通常是指实词转化为虚词或语法功能成分的现象，是实词虚化为语法成分或进一步成为语法标记的过程。该文就拉祜语语法化及其机制说明拉祜语语法化的特点。拉祜语语法化包括名词、代词、形容词等虚化为词缀、动词虚化为助词等现象。全文分两节：一、实词虚化；二、语法化的机制分析。

拉祜族谚语浅谈
张雨江撰，载《云南民族语言文学论文集》，云南民族出版社，1990年。

谚语是劳动人民在长期的生产生活中不断提炼总结出来的短小凝练、寓意深刻的语句，它可以折射出一个国家、一个民族或一个团体的社会历史、传统文化、经济生活等内容。该文通过对拉祜族谚语的研究，经过深层次剖析，揭示出谚语中所沉淀的有关拉祜族的社会发展、风俗习惯、生产生活、与别的民族的关系等内容。该文从拉祜族谚语的内容和形式入手进行分析，指出其内容有总结生产经验的、讽劝性的、训诫性的，形式上则对其句数、音节数、对仗、押韵等方面都予以了说明。同时还指出拉祜族的有些谚语，无论是内容还是形式都与汉族谚语相近相同，这说明这两个民族在历史上有着友好交往的关系。拉祜族谚语有着鲜明的民族特色、丰富的思想内容，以及一些带有规律性的东西，因此分析研究拉祜族谚语，有助于我们认识拉祜族人民的文化与智慧。

拉基语
梁敏撰，载《云南民族语文》1989年第4期。

拉基人分布在我国云南省文山州马关县南部的向个乡和与之毗邻的越南北部地区。在历史上，拉基人有自己的语言，现今，在国内只有一小部分人会说拉基语了，他们分布在马关县的金厂镇。该文以金厂镇中寨村的花拉基话为研究对象，从语音、词汇、语法、与其他语言的关系等几个方面，介绍了拉基语的特点。在语音上，主要从声、韵、调上分别进行了分析说明。在语法上，举例分析了其语序，例如主语在谓语之前，宾语在动词谓语之后等。在词汇上，简要分析了同音词、名词、数词、量词、动词、形容词、助词。在拉基语与其他语言的关系上，主要分析了拉基语与彝语、仡佬语、普标语、黎语、壮语、侗语等的关系。语言是识别一个民族的标志之一，50年代初的人口普查，将拉基人归为彝族，而拉基语与彝语相同的地方不是很明显，作者认为拉基人是否为彝族，尚有待进一步研究，该文对拉基语情况的简要介绍，只能起个抛砖引玉的作用。

拉基语的系属问题
林少棉撰，载《语言研究》1991年第2期。

拉基人主要分布在越南的河宣省，有8000多人，中国境内也有一千来人，分布在云南的马关县。拉基人兼通壮语和汉语，也兼懂傣语、彝语、苗语。拉基语的系属，王辅世在百科全书里的"仡佬语支"里提到"属于这个语支的语言在国内只有仡佬语。在国外，越南北部的拉绋语也属此语支"。即属汉藏语系。美国人本尼迪克特认为"黎—拉嘉语支和拉绋—仡佬语支合在一起构成加岱语系"。1989 年该文作者在云南调查了拉基语，把它与普标语、仡佬语、黎语、壮语进行比较，拉基语与普标语、仡佬语同源词分别占 73.80% 和 75.39%，而与黎语、壮语相同的词占 52.34% 和 42.85%。还从语音、语法、词汇三方面分别与普标、仡佬、黎、壮等语言进行比较，得出结论：拉基语属汉藏语系壮侗语族仡佬语支。

拉基语与仡佬语的关系 张济民撰，载《民族语文》1992 年第 3 期。

拉基语分布在云南马关、河口等县，使用人口不到一千。该文简要介绍了拉基语的语音、词汇、语法结构，马关拉基语有 28 个声母，无浊塞音，有小舌音；韵母 32 个，无促声韵；声调 5 个。词汇以多音词为主，语法上否定副词位于句尾。与仡佬语比较，同源词有 36%—43%，属于同一语群。文中列举了 340 个比较词汇以说明这两种语言的同源关系。从民族自称上看，拉基自称与仡佬族同源，与古代的"僚"有必然的联系。拉基的民族习惯也与仡佬族相近，甚至姓氏分布上都一致。因此可以断定，拉基人和仡佬族在历史上曾经居住于同一地区，有过密切的经济文化联系。两种语言关系密切，应属同一语族；但这一语族既不是壮侗，也不是苗瑶。

拉珈语的鼻化韵 张均如撰，载《民族语文》1992 年第 3 期。

拉珈语是广西金秀瑶族自治县茶山瑶族所说的语言，属于壮侗语族侗水语支。该语言有成系统的鼻化韵，这是本语族罕见的。在 130 个韵母中，鼻化韵就有 50 个，但所包括的字数较少。鼻化韵的鼻化作用贯穿整个音节。发音时，口腔和鼻腔都做好了通气的准备。拉珈语鼻化韵的产生和发展：（1）开始时可能是个别的一些清鼻音声母字，其主要元音由于声母发音方法的影响使之变成鼻化韵的，这是同化现象。（2）鼻音声母字的韵母变成鼻化韵，它原来的声母由鼻音变为口音，如"雪"nui′变为 cai′，这是声母异化的结果。因为口元音变为鼻化韵，音节强度减弱，声母由鼻音变为口音，以此来弥补音节的强度。在变化中，韵尾一般仍明显地保留着。（3）一些元音已鼻化的词能波及与之音节结构相同或相近的词，也变成了鼻化韵，这可以说是一种语音类化现象。

拉珈语汉借词层次分析 蓝庆元撰，载《民族语文》2005 年第 6 期。

拉珈人自称 $lak^8 kja^3$，是"住在山上的人"的意思，民族成分是瑶族。拉珈语属汉藏语系侗台语族侗水语支。拉珈语中众多的汉语借词是在不同历史时期借入的。汉语借词可分现代层、近代层、中古层和上古层。现代借词是从西南官话金秀话和桂林话借入，近代借词有两个层次：广府片粤语层为清朝末年陆续借入，勾漏片粤语层为明朝以后陆续借入，中古借词来自一种未知的古代南方汉语方言，上古层次可能是借词，也可能是汉语、侗台语同源词。

拉萨话元音的和谐 张琨、贝蒂·谢芙茨撰，载《民族语文研究情报资料集》，中国社会科学院民族所语言室 1983 年第 1 期。

该文讨论了拉萨话的元音和谐现象。元音和谐可视为连读音变现象。拉萨话的元音和谐可分为两类：（1）发生于构词单位内部，有辅音间隔；（2）发生于构词单位外部，即超出构词单位的界限。有辅音间隔的内部连续读音变并不能使用于全部构词单位。形容词、动词及其词缀的和谐规律是舌位上升，名词及其词缀以及通常无后缀构成的复合词亦为舌位上升的规律，但复合名词第一音节偶尔也出现舌位下降的情况。无辅音间隔的内部连读音变可分为两小类。元音的连续音变与声调有依存关系。由于部分形式标志不出现，造成构词单位和句法序列界限不清，主要有三种情况：第一种情况是任意的和谐（舌位上升），它超出了构词单位和句法序列的界限；第二种是示题标志一般在高元音后舌位上升，声调也发生连续变化；第三种是声调交替而元音不和谐，特别是在高元音之前舌位不上升。

拉萨话主语添加 byed sgra 初探 车谦撰，载《西南民族学院学报》1991年第12卷第1期。英文："A Preliminary Discussion of Subject Marking (byed – sgra) in Lhasa Tibetan", Che Qian, 载 "Lingitics of The Tibeto – Burman Area", Volume 15：1 – Spring 1992（美国《藏缅地区语言学》十五卷一期，1992年春季）。

主要内容：拉萨话句子的主语后面加不加表主动的格助词 byed sgra 是一个相当复杂、很难掌握的问题。作者通过比较丰富的材料作长期的研究，发现它要受到动词自主不自主、及物不及物这两对语法范畴的制约，并总结出四条规律。

一、自主、及物动词：自主、及物动词作谓语，主语在下述八种情况下要加 byed sgra。（1）当宾语提到主语前时。（2）带双宾语时。（3）当动词是动宾关系的合成动词时。（4）自主、及物动词发出后结果尚存时。（5）这种动词加 byung、song、shag、vdug、yovo red 表状态或结果时。（6）在引用话语时。（7）la don 结构作补语时。（8）表示动作来自工具、材料时。除此以外，简短的日常用语、主语都不加 byed sgra，强调主语时则要补加。

根据上述情况，作者认为：（1）藏语的格助词 byed sgra 既然是表示动作的施动者，那么谓语是自主、及物动词时，主语是应该加的。（2）拉萨话的日常用语由于结构简单、句子短小，在不产生歧义情况下可不加（除了上述八种情况），这是拉萨口语的一种简略形式。（3）是否强调主语至关重要，强调时要补出。（4）拉萨现代书面语句子较复杂，要求结构严谨，故自主、及物动词作谓语、主语一般都加了 byed sgra。

二、自主、不及物动词作谓语时不加 byed sgra，只是在强调主语、动词表"去"时才加。

三、不自主、及物动词作谓语，主语都要加 byed sgra。

四、不自主、不及物动词作谓语，在主语后面通常情况下不加，只有当强调主语或动作产生结果或呈现某种状态时才加。

拉萨藏语的句法结构 谢广华撰，载《民族语文》1985年第6期。

文章从藏语句子的基本模式和连接与扩展两个方面作了探讨。基本句式是指经常在语言中出现并且以最低限度词类组合的句式。1. 是字句（判断句），以判断动词作谓语，有 N1 + N2 + V、N + A + V、N1 + N2 + A + V 三种形式。2. 有字句，以存在动词作谓语 N1 + N2 + V、N + A + V、N1 + N2 + A + V 三种基本形式。断字句（现象句）以表示现象、状态的不自主动词作谓语，有 N + V、N1 + N2 + V 两种基本形式。3. 作字句（动作句）以表示动作、行为的自主动词作谓语动词，有 N + V、N1 + N2 + V、N1 + N2 + N3 + V 等几种基本结构形式。连接与扩展指在一个完整的句子中，主要谓语动词同其他动词的连接以及各个句子成分的扩展。谓语部分就要采取动名词或其他形式在句中相互连接，与主要动词相区别。连接时用连词 nas、bjas、la、dang 等。句子扩展是指由词扩展成短语或句子。

拉萨藏语中几种动词句式的分析 胡坦撰，载《民族语文》1984年第1期。

文章以动词为纲讨论了藏语中的几种主要句式。藏语动词句有三大类："是"字句、"有"字句和动词句。三类句型的共同特点是动词位于句尾，名词一律在动词前，另一个特点是名词语在句中都带有一定的格,用以表达名词语在句中的各种语法功能。表示不同语义关系,如施动、受动、工具、处所等的名词与动词关系时,藏动要加格助词表示。动词与名词的关系还可以用"向"的概念表示,一个动词能跟几个名词发生联系就称几向动词。单向动词句是 NV 型。又分为自主式,N 能控制 V,不自主式,N 不能控制 V,其中格助词使用有规律。双向动词句 N1 + N2 + V 型,大多为 SOV 句式。同样也分为自主式和不自主式,还可按动词语义性质分为自主式和不自主式,还可按动词语义性质分为小类,其中原格或主格、宾格等的用法十分复杂。三向动词涉及三方面的人和事物,是 N1 + N2 + N3 + V 型。三个 N 在句中各有不同语法功能,格助词也各不相同。最典型的是"给"字句,如"牧民给马饮水"。三向动词是自主动词,构成句式多种。

侾话简况 黄才贞撰,载《中央民族学院学报》1983 年第 2 期。

该文对隆林常么侾话作简要介绍,以它同壮侗语族作比较,探讨其系属问题。侾话有声母 46 个,韵母 61 个,单元音韵母和二合元音(除 ei 外)中主要元音都是长元音,韵尾辅音-m、-n、-ng 和-p、-t、-k 前的元音一般都有长短区别。有 6 个舒声调和 2 个促声调,与汉语平上去入各分阴阳的八个调类相当。老借词已适应侾话的语音系统,同时也保留古汉语的音韵特点,有些可作词根构成新词。新借词读音与西南官话读音基本一致。按词的结构分单纯词和合成词,按词义分为 11 大类。词组有 5 种形式。句子成分有主语、谓语、宾语、补语、定语、状语。句子类型有单句和复句。分陈述句、疑问句、祈使句和感叹句四种语气。侾语具备壮侗语族的各特点:声母较简单,韵母较复杂,有前喉塞音浊塞音声母;元音分长短,有辅音韵尾,修饰式的合成词是中心成分在前,修饰成分在后;名词形容词修饰名词或量词,一般在后;助词在主要动词前;句子基本语序为主语—谓语—宾语。但词汇、语法方面有一些重要差别。因此,侾话具备在壮侗语族中独自成为一个语支的条件。

侾话元音的短长 梁敏撰,载《语言研究》1984 年第 2 期。

该文仅介绍和讨论侾话元音的长短和有关问题。文章分析,侾语的音元音韵都是长的。a 有长的、半长的和短的,三者互相对立。作者对 a 这种对立现象,采用美制 662B 型语图仪进行了声学分析。选测了有元音韵尾的、鼻音韵尾的、塞音韵尾的三组。经测量和计算,从音节、韵尾、元音的长度来看由长元音构成的音节比短元音构成的音节长,而半长元音构成的音节伸缩性较大;韵尾的长度规律性也不强;元音的长度是依次递减,它们之间的差距有明显的数量,可见元音长度的不同是关键性的区别特征。但在正常谈话速度的语流中,元音的长短并不那么清晰和严格。长短元音对立在不同人之间也有差异,这说明侾语元音长短对立现象目前正处在逐渐衰变简化的过程中。关于元音长短和音节长短的关系,作者认为,由长元音和短元音构成的音节,其长度并不相等;韵尾对整个音节长短调节和补偿作用是很有限的,不可靠的。

兰司铁与阿尔泰语言学 本蒂·阿尔托撰,载《民族语文研究情报资料集》,中国社会科学院民族所语言室 1983 年第 1 期。

该文介绍了兰司铁关于阿尔泰语言发生学的主要理论和观点。长期以来,学术界对阿尔泰语言在发生学上是否存在亲缘关系一直有争议。兰司铁是承认阿尔泰诸语言有亲缘关系的学者之一。他在广泛学习和研究蒙古语、突厥语、朝鲜语和日语的基础上,对"阿尔泰语言的数词""萨莫耶德语—阿尔泰的关系""蒙古语唇擦音的历史""蒙古—突厥语言的动词词干的干构成法""突厥—蒙古语语音规律""蒙古—突厥语语音史""蒙古—突厥语的词首清唇音""论楚瓦什语的地位问题""论朝鲜语""阿尔泰语言的否定""阿尔泰语言的腭化""朝鲜语的名词性后置词""阿尔泰语言和日语的比较""朝鲜语词源研究"等涉及阿尔泰诸语言的语音、词汇、语法问题,进行了专题研究,进而根据语音对应规律、词语对应和结构上相似,提出包括朝鲜语、日语在内的阿尔泰诸语言有共同来源。

浪沧侗语与标准语的语音对应规律 吴美莲撰,载《侗语文集》,贵州民族出版社,1996年。

浪沧侗语属南部方言第二土语,其语音与标准音点的章鲁话有较大的差别,音系还是比较古的。浪沧侗语的声调比标准音简单,仅6个舒声母,4个促声调,其调值也不尽相同,除第6调类相同外,其他都有区别:浪沧侗语的1、3、5调没有分出送气调,其调值也有很大差别,浪沧的3调调值相当于标准音第1调的送气声调(次阴调)35调,第4调调值相当于标准音的第2调11,第2调稍有些上扬。浪沧侗语的声母是比较复杂的,其特点是几乎所有声母都分送气、不送气两套,并且大都有腭化现象,还保持有两个小舌音声母q、q'。浪沧语和标准语声母的不同是各自在发展过程中受不同因素影响的结果。前者因声调阴阳合并,而使声母分化为不送气和送气两套;相反,后者则因声调的阴阳分化而导致送气声母的消失。浪沧侗语的韵母,跟标准音没有大的差别,总共有50个。

浪速话初探 戴庆厦、徐悉艰撰,载《语言研究》1983年第2期。

浪速话是景颇族浪速支系人民操用的一种语言。和藏缅语族其他语言相对比,浪速话有自己的特点,在比较研究中很有价值。文章以云南省潞西县三台山允贝寨的浪速话为依据,从语音、词汇、语法三个方面介绍浪速话的基本情况。

老缅语 张蓉兰撰,载于云南省民语委与世界少数民族语文研究院联合编辑的《云南特殊语言研究》,云南民族出版社出版,2004年。

该文作者曾对云南澜沧县、西盟县、孟连县境内自称"估巴",外民族称其为"老缅人"的语言进行了调查,在文中主要是以澜沧境内的"老缅人"语言为例,从语音、词汇、语法特点进行分析,确定其语言与拉祜语无关。尽管老缅人与拉祜、彝等民族杂居,语言上、生活习俗上有较多的影响,但这些影响都掩盖不了其语言上古老的原貌,在居住上和生活习惯上也还保留着一些独立性,显示出其语言发展变化的缓慢性与稳固性。因此,对于当地一些人把"老缅人"归入拉祜族,认为是拉祜族的一个支系或一个方言。该文认为这种做法欠妥当,因为从人类学的角度来考虑,很明显的"老缅人"的脸型和身形都与拉祜族不同,何况在语言中带有很明显的辅音韵尾,拉祜语是没有辅音韵尾的。因此,该文可以肯定地说"老缅人"不是拉祜族。

老人、穷人、黑人:藏缅语构词格例释——兼与戴文商榷 李永燧撰,载《云南民族语文》1997年第1期。

该文以"老""穷""黑"等形容字为例证,从语法、语义和语用三个层面简要说明藏缅语形+名构词格的合理性。在语法上,戴庆厦的有关文章认为某些语言的"老"字既是形容词又是动词,或者离开句子不入任何一类,否定形+名构词格的合理性。作者认为合成词的构成重在意合,词素的词性主要以意义归类。在语义上,戴文与作者分歧有(以"穷"为例):(1)哈尼语 za^{31} 有"人"义,又有"子"义(可引申出"小"义)。戴文对词末的 za^{31} 只取"子/小人"一种意义。(2)姑且照戴文对 tsh^{31}(穷)za^{31}(小人)的理解来分析,其构词格就是"形+名";戴文认为"穷"是名词,作者认为,词的转类不宜滥用。在语用上,以"黑"为例。戴文引《西南彝志》说形容词修饰 su^{33}（包括"黑"在内），均在 su^{33} 之后。作者认为，su^{33} na^{33} 是指皮肤为黑色的真正意义的"黑人"，而 na^{33} su^{33} 则是凉山彝族的自称，指的是以"黑"为标志的一人。

勒期语的长短元音——藏缅语形态发展中的一种语音补偿手段 戴庆厦撰，载日本《东亚语言和历史》1982 年。

该文对勒期语长短元音的特点进行共时和历时分析。在共时上，分析了长短元音的对立只出现在动词、形容词上，受句法条件的制约，并具体描述了其出现的条件及音变规律。在历时上，指出勒期语长元音的出现是适应谓语丢失附加成分而出现的一种语音补偿手段，即与谓语的形态由繁到简的变化密切相关。

雷山苗语对汉语的反渗透 李炳泽撰，载《汉语与少数民族语言关系研究》，中央民族学院出版社，1990 年。

该文材料主要取自贵州省黔东南苗族侗族自治州的雷山县。据我们观察，苗族说的汉语有些现象是母语干扰造成的。苗族能大胆地使用汉语，除了交际的需要外，还因为苗语和汉语均为单音语素语言，大部分单音节词的意义也基本相同，主要表现在词汇、语义和语法上。例如：雷山汉语有些词的构词素不同于其他地区的汉语，而组成的结构却与苗语相同，但只出现在一定的语境中。雷山汉语中有一个读音为 hen 的词，放在动词、名词之前，表示"在某方面有能力"。其功能和意义与黔东苗语的"有能力"相同。在雷山汉语中有"形容词＋名词/量词"这样的结构。在语法方面，最明显的是副词位于动词之后。

类词"条"的语义研究 (A Semantic Study of Classifier Tiao) 王连清、戴浩一撰，载《美国汉语教师学会会刊》1990 年。

本文应用认知语言学的观点分析传统的汉语"量词"，认为汉语的量词实际上是两种作用完全不同的词类。一个是"量词"，专门用来衡量事物的"量"；另一个是"类词"，专门用来根据事物的外形及其他相关特征将事物分类。文章分析了类词"条"的成员，认为事物的外形是类词分类的基本依据，但人们还常常应用"延伸""比喻"等手段去包括跟"条"状有关的事物。类词的分类功能可以从同表示"长"这一形状的不同的三个类词"条、根、枝"的进一步分类看得更清楚。"条"多用于较柔软或可以弯曲的长条物品，"根"用于立体感强的长条物品，而"枝"用于看上去比较硬的长形物品。

文章的研究理论是"原型理论"（prototype theory），它能够准确地揭示汉语类词的本质特征，也能回答将汉语的传统的"量词"分成"类词"（像"条、根、枝"等）和"量词"（像"斤、尺、盒"等）以后产生的问题，例如跨类或重叠（overlap）等。文章认为类词和量词的典型成员和边缘成员之间是渐进过渡（gradation）的关系。

类汉文字初探 陈丁昆撰，载《云南民族语文》1992 年第 2 期。

在我国古代有许多民族，其文字是仿照汉字造字的，按汉字的结构规律，通过对汉字进行增减或重新组合的方法，创造了本民族的文字，来记录自己的语言，文字学界把这类文字称为"类汉文字"。该文主要探讨了类汉文字的产生、结构和消亡。作者认为，类汉文字是汉文化影响的直接产物，也是汉族和少数民族文化交融的结晶；类汉文字在形体上与汉字相仿，在文字构成规律上与汉字相同。根据类汉文字与汉文字的形体比较，类汉文字可以分作三种类型即变通型、自造型、重构型等。类汉文字产生以后，在记录、整理本民族文化及与异文化的交流方面起到了积极作用。但随着汉文化影响的增强,大部分类汉文字都先后被历史所淘汰。究其原因主要有:语言的消亡使文字丧失了依存的基础;方言差别阻碍了文字的传播;汉字抑制了类汉文字的社会功能。

《类林》西夏文译本和西夏语研究 史金波撰,载《民族语文》1989年第6期。

该文介绍了《类林》西夏文译本的概况及其对于西夏语研究的价值。《类林》是一部唐代类书,汉文原本已佚,其西夏文译本尚存,通过西夏译本和另一种金代增补本《类林杂说》的对校可以复原唐代原本的基本面貌。文章叙述了复原的过程和结果,并附有原书五十篇的目录。作者在翻译《类林》的过程中了解到一批前所未知的西夏字音和字义,从而对过去西夏文专家没有解决的部分难点和解释失误之处分别作了补充和纠正,其涉及字音方面7则、字义方面15则、构语法方面6则、汉语借词方面4则、语法助词方面7则,每则例子均伴有语文学分析、文献证据和供对照的西夏原字。其中有些译例已由苏联学者克平在《类林——已佚汉文类书的西夏译本》一书中指出(但说解采用俄文),本文以汉文做出精确对评,颇利学者使用。

黎文四十年 文明英撰,载《海南民族研究》(二)《越过山顶的铜锣声》,云南民族出版社,2006年。

主要观点,阐述了黎族人民从没有文字到有文字。有了文字之后,海南黎族苗族自治州语文研究指导委员会制订了一个宏伟的规划,"黎族苗族自治州1957—1961年推行黎文工作规划(草案)"。这个规划包括了编写课本、培养师资、黎文推行机构、推行人员、推行步骤,争取在第二个5年计划的头3年内(1958—1960年),基本完成黎族青、壮年的扫盲工作,希望在第二个5年计划内,黎族苗族自治州广大黎族人民能初步做到语言相通、多数人识字,机关学校普遍使用黎语和黎文。按照"黎文的宏伟规划",海南黎族苗族语文研究指导委员会于1957年4月,分别在通什干校、番茅社、乐东县抱由镇保定村和白沙县牙叉镇进行黎文试点教学;同年7月,在海南黎族苗族自治州民族语文学校开课,1958年9月、1983年9月、1985年9月和1993年9月在中央民族学院分别开办本科黎语班、黎文选修班、黎族语言文学大专班和攻读黎族语言文化硕士研究生班等,包括业余学习在内,共计培养出200余人。又依据"黎文的宏伟规划",海南黎族苗族自治州黎族苗族语文研究指导委员会和中国科学院少数民族语言调查第一工作队海南分队共同合作,于1957年至1958年7月,完成了《黎语农民课本》的编写工作,1958年5月31日,编辑、油印《黎语简明词典》,作为学员学习的工具书。1958年下半年至"文化大革命"结束后,欧阳觉亚和郑贻青出版了《黎语简志》《黎语调查研究》和《黎汉词典》等,出色地完成了原黎族苗族语文研究指导委员会和工作组未果的任务,使黎语和黎文的研究工作及教学工作得以正常展开。之后,各类图书、报纸、刊物,凡涉及黎族语言文化方面内容的,都能见到黎文的影迹。如中央民族大学民族博物馆和北京市海淀区民族宗教侨务办公室共同举办的《民族文化进社区专题展》,在介绍黎族文化时说:"有本民族语言和新创制的文字。"

黎语的避讳辞格浅谈 杨少强撰,载《广东民族学院学报》1992年第3期。

该文从作用和手段两方面对黎语的避讳辞格加以论述。文章认为,在黎语中,避讳辞格运用得十分巧妙,一般是用来表达不祥、不雅、不尊和不便明白说出来的内容,避讳的语词,在具体运用时,又往往依语言环境、交际双方关系、年龄等的差异而有所不同,避讳的词语具有浓郁的地方特色,不少还往往夹有迷信色彩,这不仅对语言研究,而且对民俗学研究都是饶有趣味的。一、避讳的作用。(1)认为不祥、不快而讳;(2)认为不雅、不礼而讳；（3）认为不尊而讳。二、避讳的手段。（1）用于本意相关的语词来代替；（2）用做某事时或某事发生时常发出或表现出来的动作神态来代替本意；（3）用与要表达的物的某些特征相类似或人们对该物的评语来代替本意；（4）利用词义或语义的模糊，表达不便或者不愿意说出的具体的语词；（5）用女性的自称 hou⁵³"我"以及女性的口吻来代替本意；（6）用表示尊称的词来修饰人名，表示敬意；（7）用表示人已不复存在的词来修饰死者或存者的名，带有敬意和怀念；（8）用与本意功能作用相同或相似的他物代替本意。

黎语的方言岛——那斗话 符镇南撰，载《民族语文》1990 年第 4 期。

该文介绍海南省东方黎族自治县罗带乡的月村和新龙镇的那斗村共 2500 余人（报作汉族）所使用的一种非汉语土话。他们自称"来话"（thɛn¹¹ lai¹¹）。经调查研究，这种话是黎语受到汉语的影响而起了变化的一个特殊方言。月村和那斗村处在两种汉语（军话和海南话）的包围之中。生活习惯受到汉族的影响，语言大大简化了。那斗话有 3 个舒声调，两个促声调。有 26 个声母，有 a、ɛ、e、i、o、u 等 7 个元音，不分长短，辅音韵尾只有 -n、-ŋ、-ʔ 三个。黎语的 -p、-t、-k 韵尾，那斗话全合并为 -ʔ。在词汇方面，在常用的基本词当中（340 个词）与黎语相同的平均为 74% 左右，这个比率高于黎语加茂方言与黎语其他方言词汇相同的比率。在语法方面名词的修饰语可以在名词之后，也可在名词之前（加一个 ni¹¹ "的"），指示代词修饰名词时，只能在前。从整体看，那斗话比较接近黎语的美孚方言，但不同于美孚方言。由于受汉语影响大，可以作五个方言之外的一个方言岛。

黎语的新增语序 文明英撰，载《汉语与少数民族语言关系研究》，中央民族学院出版社，1990 年。

由于历史上黎族人民长期跟汉族人民接触，在接触的过程中，各方面都受到汉族的强大影响。因此，在语言方面，句子的语序也不可避免地发生了变化。比较明显的有修饰与被修饰语的语序、动宾词组带补语的语序、疑问句的语序等。一、修饰词组语序的变化。（1）数量词也可以放在被修饰的名词后面。（2）指代词和数量词共同修饰名词时，数量词居中，指代词在前，名词在后。（3）名词修饰名词时，修饰语在前，被修饰语在后。二、动宾补结构语序的变化。"动 + 宾 + 补"是黎语固有的语序，但是，受汉语的影响，又增添和汉语一样的"动补宾"语序。三、疑问句语序的变化。黎语表示疑问原有三种格式：动词 + 否定副词；动词 + 连词 + 否定副词；动词 + 连词 + 否定副词 + 动词。现新增加了一种与汉语相同的格式：动词 + 否定副词 + 动词。

黎语的形补词组 郑贻青撰，载《民族语文》1984 年第 1 期。

黎语的形补词组指的是"形容词—名词"一类的结构，从意义关系上看，前面的形容词不是修饰限制后面的名词，而是说明该名词的状况，后面的名词说明前面那个形容词所指的对象或范围，二者结合得很紧。当它单独使用的时候，就是一个无主句。如 long¹（大）hwoːt⁷（风）"风大"，lai¹（远）kuːn¹（路）"路远"，sen̩¹（好）muːn³（稻子）"稻子长得好"。这种格式，乍一看来，好像是修饰词组，但实际上，前面的形容词不起修饰作用，而是词组的中心，后面的名词起补充的作用。这种形补词组还可以在句子中用作谓语，如 kok⁷ gaˑ¹ soːiˑ¹ thoːng³ "咱们国家人口众多"。黎语还有一类"形—名"格式的词组，但后面的名词是修饰前面的形容词的，有"像……一样"的意思。如 long¹（大）dui³（水牛）"大如水牛"，beːng¹（宽）laːng³（海）"宽如海"。名词不是补充前面的形容词，不属于这一类的形补词组。

黎语方言声调的对应问题　刘援朝撰，载《语言科学》2004年第4期；《黎语方言的语音交替现象》，载《语言科学》2006年第5期。

黎语和壮语、傣语、水语等同属壮侗语族，它们有一些同源词，语法形态也接近，可是从研究的深度来说，黎语却比较弱，这是因为在研究其他壮侗语的一些方法应用在黎语研究中是比较困难。比较突出的是黎语声调研究。大陆壮侗语的调类和汉语的调类关系密切，一般可以仿照汉语声调的命名方式来给壮侗语的调类命名，但黎语就不行。不论和汉语还是壮侗语的关系词比较，调类都显得很杂乱，很难理出个完整的头绪。但是黎语的调类却有一个奇特的现象，即舒声调以1调为主，促声调以7调为主，其余各调的字都没有这两类的字数多。可以从这方面着手来解决黎语声调的问题。作者提出一个观点：黎语的声调是从两个基元声调中经过分化产生的。作者把这个基元声调称为母调类——因为它可以蕴含着其他的调类，而从母调类中产生的调类称子调类。在《黎语方言声调的对应问题》一文中，根据这个观点，分析了黎语方言各个调类产生的经过，从而解决了黎语调类问题。解决了调类问题，接着要考虑黎语方言声韵母对应问题。黎语方言声韵母对应比较复杂，尤其是加入了加茂方言后，对应规律显得很杂乱。但加茂方言往往保留着一些比较古老的成分，将加茂方言考虑在内，可以比较全面地认识黎语的演变过程。通过十个黎语方言点的对比，我们可以感觉到古黎语是一个有着多种复辅音声母和多种复合韵尾的语言，有些近似今日的南亚语。在演变过程中被逐渐简化，并由此产生出声调。在黎语各方言中，由于加茂方言保留了比较多的古老成分，和其他黎语方言差别较大，不一致的地方很多，演变规律又比较独特，所以作者认为，从语言研究的角度，最好把加茂方言看作一种独立的语言，不要合并在黎语方言中，这样对黎语研究是有好处的。

黎语方言数词表示法　文明英撰，载《中央民族学院学报》1984年第3期。

文章综合分析黎语各方言数词的特点和用法。分三部分：(1) 基数词。黎语各方言都有一套共同的基数词，但在语音上形工各不相同。从1可以数到9999，"万"是汉语借词。"一"有两种说法，以侾方言为例，tsɯ² 只用在十、百、千、万或量词之前，tsheuu³ 用来数数或用在万、千、百、十之后。没有"零"这个词，有些方言借用汉语"零"。"十"除了 fu：t⁷ 之外，还有一个 pun¹，实际上是"十个"的意思，它不再加量词即可与名词组合，如 tsɯ²（一）pun1（十个）khai¹（鸡）（十只鸡）。(2) 序数词。黎语没有序数词，要表示时，①用基数词表示，tsɯ¹（一）hom¹（个）thun¹（话）（一个问题～第一个问题）。有时直接借用海南话的"第" doi³ 表示，doi³（第）ɬau³（二）dui²（队）（第二队）。②兄弟姐妹排行性别词头 pha³ 和 pai³ 加数词或 luŋ¹（大）、thom¹（中间）、tshut̠⁷（尾）表示"大"、"中"（老二至老末的任何一个）、"小"、"末尾"，如 pha³fu³（老三）、pha³thom¹（次子）、pai³tshut̠⁷（小妹）。(3) 概数词。一般用相邻的两个数词（二至九中的两个数词），也可以用三个数字相邻的方法表示，如"二三四个"等。

黎语方言形成原因摭谈　银题撰，载《中央民族学院学报》1993年第5期。

文章论述了黎语存在着的复杂的方言土语差别，与古代黎族氏族、部落群体的分裂或聚合是紧密相关的。从黎族的历史看，造成黎语方言复杂的原因归纳起来，无非是以下几种因素。(1) 人口散布。历史上黎族人民随人口增加而扩大了居住面，但是地域之间人们交往较少，有时到了彼此隔绝的地步。(2) 地理环境的影响。黎族大多居住在山区和丘陵地带，交通不方便影响人们的相互交往，造成语言地方差异。(3) 集体迁徙。黎族方言复杂性与人口流动迁徙密切相关。从海南岛地名看，黎族在大陆已经由原始共同体分割为不同支系之后才逐步迁居海南岛。不同支系是在不同时间迁居海南岛的，说明黎族人口的迁徙是形成黎语方言差异的重要原因。（4）和异族接触，不同部落，部族或民族的互相交往导致语言互相影响，如黎语各地方言不同程度地受汉语的影响。

黎语侾（音"哈"）方言保定话的 hou^{53} 和 de^{11} 文明英撰，载《民族语文研究》，四川民族出版社，1984 年。

该文主要内容和观点是：黎语侾方言保定话的 hou^{53} 和 de^{11}，都是第一人称单数代词。但在使用方面，略有差别。大致有如下几种情况：一、妇女们爱用 hou^{53}，指的是妇女对妇女、妇女对男人对话时用，以表示妇女们自己的谦称和对对话者的尊敬。但如果长辈对小辈、父母对子女及媳妇、兄嫂对弟妇、姐姐对弟妹生气时，则可用 hou^{53} ç。倒过来，如果妹妹对姐姐、弟妇对兄嫂、子女对父母生气时，不能用 de^{11}，而仍然用 hou^{53}。二、直系亲属和旁系亲属之间男性对女性对话时爱用 hou^{53}。但男性对男性对话时，则可用 hou^{53}，也可用 de^{11}。不过，小辈对长辈用 hou^{53} 的较多。三、亲家之间男性对男性、男性对女性对话时，常用 hou^{53}。四、主人对客人，客人对主人对话时的自称，不管是男性对女性，还是女性对男性，男性对男性，女性对女性均可用 hou^{53}，以表示尊敬。五、在被问到 a^{11} ra^{11}（谁）时，一般都用 hou^{53} 来回答。但在回答人家的问题时，如果表示有点不耐烦时则用 de^{11} 而不用 hou^{53}。六、恋歌中，男方为了追求女方，赢得女方的喜欢，往往都自称 hou^{53} 而不称 de^{11}。七、凡是粗鲁的话或侮辱性的话，一般都用 de^{11}。八、hou^{53} 和 de^{11} 除了上述的几种用法外，社会上一般的同志间的使用，现在就不那么严格了，用 hou^{53} 或用 de^{11} 可由对话者自由选择。九、总的来说，女性普遍用 hou^{53}，男性用 de^{11} 要比用 hou^{53} 多些。

黎语塞音韵尾的演变 苑中树撰，载《中央民族学院学报》1990 年第 2 期。

文章讨论了黎语塞音韵尾的分布及历史演变规律。文章首先列出四个方言语音表说明塞音韵尾的共时分布。然后论述其演变。黎语那斗话周围分布着不同的汉语方言，形成黎语方言岛，语音受汉语强烈影响，发生巨大变化，p、t、k 韵尾全部消失，其中部分演变为喉塞音。相反，侾方言保定话受的影响较少，比较完整地保留了 p、t、k 韵尾，而且没有喉塞尾。黎语演变规律有：（1）逆向演变，即从发音部位靠后的 k 开始，然后波及发音部位靠前的 p 和 t。（2）顺向推移，黎语塞音韵尾的演变趋向一般是沿着发音部位由前向后推移，直至消失。（3）由长及短，指变化从长韵开始，然后扩展到短韵。从 p、t、k 的分布可以看到，长韵消失的比较多，短韵相对稳定，尤其 k 尾更明显，长韵的 k 尾几乎都移到喉塞音，而短韵都比较完整保留 k 尾。

黎语声调刍议 罗美珍撰，载《民族语文》1986 年第 3 期。

文章首先提出，将一种语言中出现的声调进行定类有两种方法：一种是关系归类，即定类时考虑到相关的亲属语言；另一种是独立归类，即不考虑亲属语言的情况，只根据本语言的音变规律和方言情况定调类。作者将《黎语调查研究》一书所描写的黎语声调和侗—台语言的声调进行比较，认为黎语的声调具有两种性质：一种是同源词的声调类别反映的是发生学上的"亲缘"关系。这种性质的调只表现在不分阴阳的平、上、入（即 1、3、7）三调上；另一种是非同源词的声调类别反映的是后来独自发展的声调（即 2、5、6、8、9 诸调和侗—台语没有关系；而 4 调是从 1 调分化出来的）。由此可以得知：三千多年前黎语还在大陆时，侗—台语只有不分阴、阳的平、上、入三声，而去声是后来发展的。这从一个侧面证实了汉语音韵学家的意见：古无去声说。文章用了百条例证。

黎语虚词的语法功能 文明英撰，载《中央民族学院学报》1993 年第 2 期。

文章讨论了黎语保定话虚词的语法作用和功能。保定语的虚词有副词、连词、介词、助词、语气词和象声词六类，一般都有抽象的词义，如表范围、表语气强调或转折、否定等。但有些虚词单独出现是没有意义的，只能放在某些词素之前构成新词，或放在句子中与邻近词发生关系，才有词的意义或语法意义。如 ʔɯ¹¹、pɯ⁵³、kɯ⁵⁵、tsɯ⁵⁵ 四个音节。这四个音节分别附加在名词、形容词、动词词素前面，构成名词、形容词、动词、副词和象声词。它们的语法功能，除了作为词缀（主要是前缀）与有关的词素组合成新词外，还在句子中担负一定的重量。如 ʔɯ¹¹ 既可放在代词、动词和形容词之前组成修饰语词组（即定语）修饰、限制名词，又可分别放在动词、形容词之前使之名词化，在句中充当主语和宾语。

黎语与同语族诸语言的声调对应 文明英撰，载《中央民族学院学报》1989 年第 5 期。

该文通过黎语声调与同语族各语言声调的比较，考察它们之间的对应关系，探讨其共同的起源。黎语杞方言通什话有 6 个舒声调，3 个促声调，方言保完村话只有 3 个舒声调，3 个促声调。该文以杞方言为代表。通过声调的对应表，看到其对应最明显的是 A 类调（平声）和 D 类调（入声），可以认为黎语在历史上与同语族其他语言存在着两个明显的共同声调，即 A 类调和 D 类调。解释为黎语在历史上可能是在壮傣侗水语支在完成了 A 类调 D 类调以及初步分化出 B 类调和 C 类调后才分离的。壮侗语族声调的进一步分化，每类调分化各分阴阳。黎语只有杞方言通什土语完成了这个分化。黎语与同语族其他语言一样，声调与声母关系是互相制约的。壮侗语族语言有阴类调和阳类调的互相转换，黎语也存在明显的阴阳调互相转换问题。这种转换是黎语和同语族语言同一调类在历史上留下的痕迹。

黎语志强话亲属称谓的变化 张雷撰，载《民族语文》2009 年第 4 期。

黎语志强话是黎语哈方言罗活土语的一个次土语。志强话依据家庭情况的变化称谓发生变化。该文描写这种十分特殊的亲属称谓的变化，并分析起缘及构词特点。文章着重介绍亲属称谓的变化。其中分晚辈对长辈的称谓（对母亲的称谓、对父亲的称谓、妻子对丈夫的父母及兄姐的称谓）、长辈对晚辈的称谓（公婆对儿媳的称谓、岳父母对女婿的称谓）。一个重要的特点是，只要人事有了变动，如生育的子女数有了变化，配偶生死变化，子女生死变化等都要改变其称谓。

黎族的亲属称谓和人名 郑贻青撰，载《民族语文》1980 年第 3 期。

该文分两部分，第一部分介绍黎族亲属称谓的特点，第二部分介绍黎族的人名。亲属称谓的主要特点是：（1）晚辈对父母辈的称呼，长于父母的与幼于父母的往往不同。即伯父与叔父，大姑与小姑，大舅与小舅，大姨与小姨的称呼不同。（2）长辈对晚辈的称呼因长辈性别不同而异，如祖父称孙子与祖母称孙子不同，伯父、伯母称侄子不同，叔父与叔母称侄子也不同。（3）叔伯的子女一律以兄弟姐妹相称，但伯父的子女不论年龄多大，一律被称为兄、姐，叔父的子女一律被称为弟弟妹妹。黎族的人名有乳名、本民族名和汉名。黎族姓名只有一个音节，同一"姓"的人用相同的声母。黎"姓"相同的人之间不能通婚，但汉族姓相同的人则可以通婚。过去古书上有所谓"婚姻不避同姓"的记载，是因为他们只知黎族有汉姓，不知黎族有黎"姓"的缘故。

李方桂　王均撰，载《民族语文研究情报资料集》，中国社会科学院民族所语言室 1987 年第 8 期。

该文介绍了著名语言学家李方桂教授的生平及主要论著。李方桂原籍山西省昔阳县，1902 年 8 月 20 日生于广州。1915 年进北京师范大学附中学习，1919 年毕业，同年进清华学校医预科学习，1924 年毕业，同年考取公费赴美国学习，入密歇根大学医预科。由于攻读拉丁文、德文，在英语语言学教师摩尔的影响下，他对语言学产生了浓厚的兴趣，大三改读语言学。1926 年至 1928 年，他三年之中连获三个学位：1926 年获密歇根大学学士学位，1927 年或芝加哥大学硕士学位，1928 年获芝加哥大学语言学博士学位，当年仅 26 岁。李方桂是当代国际著名的语言学家，中国语言科学的奠基人之一，我国少数民族语言研究的开拓者，他在美洲印第安语、古藏语、中国音韵学和侗台语历史比较语言学方面的研究成就是举世闻名的。其代表作有：《上古音研究》《汉藏系语言研究》《水语研究》等。

李方桂先生的印地安语研究　戴庆厦、汪锋撰，载《语言研究》2007 年第 27 卷第 4 期。

文章介绍了李方桂先生的印第安语研究，通过李先生早期的求学背景、印第安语田野调查过程、在印第安语研究领域的重要贡献，来了解李方桂先生学术思想的发源，并探讨了其印第安语研究与后来一些重要学术贡献之间的联系。

李方桂先生谈语言研究　王启龙、邓小咏译，载《中央民族大学学报》1994 年第 6 期。

作者主要是运用印欧历史比较语言学方法去研究不同系属的语言。其中主要的是美洲印第安诸语言，其次是汉语，再次就是傣语支语言。由于这些不同的语言结构不同，必须采用不同的方法。但是一般来说，与印欧比较语言学的理论原则还是相同的。方法论的不同主要是取决于的研究的语言材料的种类的不同。材料不同，方法以及如何运用语言材料也会有所区别。作者摸索过不同系属的语言。最早我对古汉语感兴趣。后来开始改进方法，利用更多的材料，30 年代作者也搞过一点藏语研究，曾写过一篇小文谈某前缀音对藏语辅音的影响。此后，作者开始研究台语。作者首先从收集台语方言材料入手进行研究，在收集了许许多多方言材料之后，开始比较自己收集的材料及他人的材料，它们构成了《台语比较手册》的基本材料。

李树侗话辅音尾的演变规律　黄勇撰，载《民族语文》1995 年第 2 期。

元音分长短、有 -m、-n、-ŋ、-p、-t、-k 等辅音韵尾是侗傣语族的重要特征之一。但湖南新晃李树的侗语不仅元音已无长短区别，塞音韵尾和双唇音音尾也都已丢失。具体演变情况如下：-m 尾因元音不同而分别并入 -n、-ŋ 尾；-p 尾长元音 ə: 后 -i，其他元音后面并入鼻音尾 -n；-k 尾全部无条件失落；-t 尾因元音、声调不同，一部分演变为 -n，一部分失落；-m、-p 尾的变化一般还伴有元音的变化。比较汉、侗语，无论从历时音韵概貌，还是从共时音韵表现来看，汉、侗语辅音韵尾的表现情况极为相似。李树侗话韵尾的变化，一方面有其内部原因，即语音内部声、韵、调相互影响、自我调整的结果。另一方面地区性特征和当地汉语西南官话的影响也是不可忽视的因素。

理性与民族古籍翻译　樊敏撰，载《贵州少数民族古籍研究》之一，贵州民族出版社，2001 年

主要内容：民族古籍翻译是一种创造性地运用语言的艺术活动，同时也是对社会生活、历史发展的一种审美认识。理性在翻译中客观存在，理性的译文才能启人以思、晓人以理。如果说感情给译文以生命，那么维系生命的灵魂就是思想。思想在民

族古籍翻译中的作用主要体现在译者对感情的把握上，体现在选择、控制、深化感情三个方面。在此作者提出，民族古籍翻译工作者，包括从事翻译的同志，在翻译中应该注重理性的思考与认识；才能确保译文与原文在思想内容上的一致性。

历史比较法是建立语言史的有效工具
邢凯撰，载《民族语文》1997年第4期。

1995年和1996年连续召开了两次民族语言学"理论和方法"研讨会。一次在南开大学，一次在中央民族大学。该文是在第二次会议上宣读的论文。针对当时在语言学界存在的怀疑、否定和歪曲历史比较法的情绪，尤其是白保罗排除侗台、苗瑶语的汉藏语系学说。日本桥本万太郎彻底否定历史比较法，提出"语言地理类型学"。此外还有语言同盟说等与历史比较法对抗的学说。该文分五节，第一节重申了历史比较法的基本原则，对语音对应规律、古音构拟等基本概念做了明确界说。指出应用该方法在汉藏语研究中取得的巨大成绩，特别是李方桂的研究工作。白保罗的研究有开拓思路的作用，但在方法论上不足取，指出其在9个方面的严重缺陷。斯瓦迪士核心词比较法的失当，重申历史比较法的系统原则。对"例外"和"细节"的解释可以体现语音规律高度的严整性。形态学比较法是科学的，但汉藏语系语言没有什么语法形态上的特点，可以使用语义学比较法，这是汉藏语系研究中历史比较法的新发展。第二节讨论语言影响问题，批判了所谓"混合语"学说（汉语、侗台语都是混合语）。第三节批判了桥本万太郎的语言地理类型学，指出其内在矛盾，尤其是他对历史比较法的否定是站不住脚的。第四节从科学方法论高度论证，"比较"是许多自然科学和社会科学普遍采用的方法，历史比较法在19—20世纪的科学发展中起了重大作用。第五节回顾和展望了汉藏语系的研究。

历史比较法与汉藏语研究　陈忠敏撰，载《民族语文》2009年第1期。

历史比较法在印欧语的历史研究中取得了巨大的成功，把这种方法运用于其他语言的历史研究中也取得了相当满意的效果。历史比较法的基本原则不仅适合于印欧语历史研究，也适合包括汉藏语在内的其他语言的历史研究。该文结合印欧语、汉藏语来讨论历史比较法的基本内容和历史比较法的理论基础及缺陷。全文分三节：一、印欧语早期的历史比较；二、历史比较法的内容；三、历史比较法的理论基础及其缺陷。

历史比较法与声调研究　李永燧撰，载《民族语文》2003年第2期。

从已知的语言事实看，声调的产生和发展变化可分几个阶段。应用历史比较法于声调的研究，可上推祖调和声调的起源，下推今调和方言的声调系统，揭示声调产生和发展变化的历史规律。说声调不能用来进行历史比较的说法是错误的。作者反对以"响度说"来解释声调的起源，认为它可能对声调起源于声母辅音所做出的某些解释外，不能解释汉语四声的起源。并认为声调的起源是多元的，排除多元论是不可取的。该文分以下四节：一、声调属历史范畴；二、调类：历史比较研究的成果；三、历史比较法：上推祖调和下推今调；四、关于声调起源问题之争。

历史上的氐族和川甘地区的白马人——白马人族属初探　孙宏开撰，载《民族研究》1980年第3期。

该文从语言、历史、人文、宗教等方面，简要介绍了分布在四川绵阳地区的平武县、阿坝藏族羌族自治州的松潘县和甘肃省武都地区的文县白马人的情况。为当时开展的白马人的民族识别提供一些线索。白马人现族属为藏族，通过白马语和藏语的比较，发现它们在语音、语法和词汇上都有明显的差别，这种差别远远大于中国境内藏语3个方言之间的差别，同时，再参照白马人的历史来源，目前保存着深层文化特征，与藏族有明显的差别。此外，白马人现在居住地区，正好是历史上氐族分布的核心地区，再加上目前白马人的一些特点与《魏略》《西戎传》中关于氐族的记载非常接近。因此，作者认为，川甘地区的这支白马人，很可能是历史上氐族的后裔，而且，很可能是历史上"白马氐"的后裔。

历史上新疆少数民族与汉族文化互动探讨 赵江民撰，载《中南民族大学学报》2011年第1期。

自秦汉以来，伴随着中原汉人践迹新疆，汉文化和少数民族文化就以多种方式接触和碰撞，这种频繁的文化互动强化了少数民族与汉族（以下简称民汉）的文化认同，密切了民汉关系，促进了新疆经济文化的发展，巩固了统一的多民族国家。基于这样的历史事实，主要从语言的角度探讨了文化在物质和精神层面的历时互动，加强了统一多民族国家的认同和中华民族多元一体文化的认识。

丽江纳西族自治县少数民族语言使用情况概述 姜竹仪撰，载《中国少数民族语言使用情况》，中国藏学出版社，1994年。

丽江纳西族自治县成立于1961年4月。自治县政府设在丽江县坝区中部的大研镇。该镇是丽江地区行政公署所在地，是全地区政治、经济、文化的中心。大研镇是一座历史悠久的古城。近年来国内外游客日益增多。丽江县是纳西族的集中聚居区，县内还居住着白、傈僳、汉、普米、彝、苗、藏等民族。全县总人口为291940余人（1982年）。县内有纳西族167066人，占全县总人口的57.3%。纳西县分为14个区，一个县辖镇，下辖132个乡（其中民族乡35个），四个区辖镇。丽江县是云南藏区（中甸藏族自治州）到大理、昆明及滇南一带的交通中心。大研镇的企事业单位工作干部和居住在那里的各民族人民一般操汉话，机关内民族干部谈论工作用纳西语，其他不同民族干部都会听一些纳西语，同时也会用汉语。与纳西族居住在一起的少数民族如藏、白等民族，除会说汉语外都会说纳西语，在家庭日常生活、集市贸易中的纳西族用纳西语，其他民族内部交往时用本民族语，学校教师上课时，低年级用纳西语辅助教学，高年级用汉语教课。全县纳西族主要使用纳西语，其次使用汉语，山区和高寒山区的纳西族懂汉语、汉文的人很少，均使用纳西语，一般纳西族学习汉语、汉文比较困难。纳西族原有两种古老的文字（即东巴文和哥巴文）。新中国成立后党和政府帮助纳西族创制了拉丁字母形式的纳西拼音文字方案（草案）。

傈汉拟声词的比较与翻译 盖兴之、胡玉英撰，载《民族语文翻译研究》，云南民族出版社，1994年。

在傈汉对译过程中，会经常遇到拟声词。这类词在语言中运用频繁，尤其是在傈僳语中，它们不仅丰富了傈僳语言的词汇，同时还起着积极的语法作用和修辞作用。因此，要搞好傈汉翻译就要注意傈汉两种语言中拟声词的使用特点，对比它们的异同。找出它们间的转换规律和翻译方法。作者对傈汉语言中拟声词的结构、语法修辞作用进行了分析与比较，并结合实例，让读者更好地掌握拟声词的用法。在实际的汉傈对译过程中，特别是有关拟声词的翻译中，有三种翻译方法：对等翻译、转换翻译和省略翻译。每一种翻译方法的运用都列举了许多实例。掌握了这三种基本的翻译方法，将有助于提高文字表现力，更好地体现两种语言的文体风格，尤其是民族语文作者的艺术风格，从而更好地促进傈汉翻译的发展。

傈汉语构词法比较 李教昌撰，载《云南民族语言文学论文集》，云南民族出版社，1990年。

该文从构词法的角度，对傈汉语的构词法进行了初步的比较分析，找出傈汉语构词法的相似性和差异性，并在这两种语言的词汇、语法不同体系特点的深层分析中，进一步挖掘这些相似性和差异性得以产生的根本原因。作者先从"前缀""后缀"两方面，对傈汉语附加法构词的不同特点进行了比较分析；然后对它们的句法构词（主谓式、动宾式、偏正式、并列式、后补式）进行比较，分析出这两种语言的复合词词法的异同性；最后对傈汉语的重叠法构词进行了比较。通过上述比较分析，大致看到了傈汉语构词法的异同性，也反映出不同民族的文化、思维与语言的差异，掌握了这些差异，可以更好地为在民族地区推行双语教学服务，让傈僳族人民在保持自己本民族语言的同时，学习、运用好汉语；深入分析研究这些异同产生的根本原因，有助于我们认识这两个民族各自的历史、文化、发展现状等方面的内容。

傈僳语比较研究（上） ［日］西田龙雄撰，载《民族语文研究情报资料集》，中国社会科学院民族所语言室1987年第9期。

该文是西田龙雄著《傈僳语研究》的姊妹篇，在对《傈僳语研究》进行补充的同时，与同系语言进行了比较研究。作者曾从两个方面对语言进行了比较研究。对大致推断出来的共同形态体系与作为对象的语言体系或作为对象的两种以上语言体系的相互关系，看作连续的两个或更多的发展阶段，对它们之间存在着的对立关系进行了考察，然后列举了有代表性的三种类型。这种考察，可以说是以历时的观点进行的考察。与此相反，现在有一种观点以来自共同形态的两种以上语言的相互关系为重点。这种关系可以从各个方面进行探讨，根据作为对象的语言的特定形态在其他亲属语言里是否有所分布，以及能否查出它们在共同态里的相同形式，可以分成三种形式：1. 同源形式；2. 异源形式；3. 同源异词干形式。在语言比较研究中，作为最重要的证明力强大的研究对象，一般采用这当中的同源形式。

傈僳语比较研究 西田龙雄撰，载《民族语文研究情报资料集》，中国社会科学院民族所语言室1988年第10期。

该文通过大量的语言材料比较分析，探讨了傈僳语异源词的元音系统。傈僳语是缅语以及阿卡语、毕傈语、拉祜语的同系统语言。该文追求精细的对应规律，为的是推断傈僳语的形式究竟同其他语言的哪些形式对应，并可以从其他语言的对应形式断定傈僳语的历史，从而进一步用这种对应方法决定傈僳语在这一群语言里应占何种位置。此外，也将通过发现同源形式和建立音位对应规则，说明傈僳语同其近亲语言的关系。对于原始罗罗—缅语的分类，作者分为：（1）原始缅语（包括缅语、马鲁语、勒期语、载瓦语）；（2）原始毕傈、阿卡语（包括阿卡语、毕傈语、蒲诺语依语）；（3）原始傈僳、拉祜语（包括傈僳语、拉祜语）；（4）原始罗罗语（包括尼语、阿细语、诺苏语、哈尼语）。

傈僳语词汇研究 盖兴之撰，载《民族学报》1983年总第3期。

该文从词义（含多义词、同义词、反义词、同音词）、造词法、词汇的类型（含基本词汇、方言词汇、新词、熟语、词的文体分类）方面做了全面的描写。造词法是重点，共有五种：（1）词法造词法（有附缀式、重叠式、转类式）；（2）词序造词法（有并列、偏正、主谓、动宾、动补5式）；（3）辞格造词法：用修辞手段造词，有比喻式、对比式。比喻式如 tɕhi^{55} lɛ^{42} "光"（tɕhi^{55} "脚"、lɛ^{42} "手"），用伸开的人的手脚比喻太阳四射的光芒。对比式是同傈僳族上阳下阴的观点造成的上下相对的词，如"棺材盖"位于上称"gu^{31} phu^{44}"，"棺材底"位于下称"gu^{31} ma^{44}"，gu^{31} 意为"棺材"、phu^{44} 意为"公"、ma^{44} 意为"母"；（4）摹声造词法；（5）综合式造词法：分词法综合式、词序综合式、词法—词序综合式、摹声—词序综合式、辞格—词序综合式。此外还通过对汉代《白狼歌》、唐代白蛮语、乌蛮语词的分析建立了傈僳语词汇与古代氐羌语的联系。

傈僳语多义词的理解与翻译　阿约·然丁冉撰，载《民族语文翻译研究》，云南民族出版社，1994年。

每一种民族语言随着历史的发展会形成一个庞大的语言体系，其词义繁多是显而易见的。傈僳语也不例外。因此，在实际翻译中要准确把握傈僳语多义词在各种语境的含义至关重要。傈僳语言中的多义词，主要由单音节词和双音节词充当，其中，单音节词充当多义词为最多。傈僳语多义词的基本特点有：多解、多变和多功能。我们知道具体的语言环境决定词义的增义或转化，因此我们要想理解傈僳语多义词，首先应该从具体语境入手，准确把握每个词义。同时，也要按照傈僳语特定的用词习惯和语言规律。在傈僳语翻译过程中，对多义词的运用，应注意：要仔细分析原文句子的内容和句子各成分之间的关系；要详细考虑所使用的多义词的社会效果。简言之，理解就是对原文的学习，是由表及里，精通原文，翻译则是对原文的准确反映，对傈僳语多义词的理解与翻译也是这样。

傈僳语名词前缀刍议　李中功、胡贵撰，载《云南民族语文》1992年第2期。

傈僳语名词前缀有a、ji或e。不论近亲或者远亲，在称谓的名称前面，一般都带上（a）这个前缀，例如在兄弟或姐妹排行次序的称呼上。在一部分表示动物名称、植物名称、工具名称的名词甚至疑问代词前面也带前缀（a）。在词干前面带上前缀音，一方面，它作为名词的标志，表达了更具体的固定的含义，丰富了词汇；另一方面它也是傈僳族民族心理状态的反映。在傈僳语的口语里，名词前面加（ji）的前缀，同样可以改用e，词汇意义不变。但在习惯上一般用（ji），有的方言也用（e）。在名词前面，都可以加上（ji）或者（e）的高平调作前缀。凡是名词加上了这个前缀以后，该名词的范围缩小，由泛指转化为专指。作者认为这在傈僳语中是一种普遍的规律，也可能算作一种形态。

傈僳语数词的构成和用法　木玉璋撰，载《中央民族学院学报》1993年第4期。

文章介绍了云南省怒江傈僳语数词的构成和音变规则。傈僳语的数词是由基数词、序数词、倍数词、分数词、疑问数词等构成。基数词与其他数词连用时，有一定的音变规则。基数词与位数词结合时语音上发生了一定的变化，其主要特征为辅音和声调的变化。傈僳语中有松、紧元音，它与声调有明显的对应关系，出现在第3、5调中的元音均为紧元音。傈僳语基数词和位数词结合成十位、百位、千位、万位等合成数词的时候，其中部分数词在语音上发生变化。连续变调的基本规律是，凡与33调或44调的词结合时，"三、四、九"读变调。与其他声调的词相拼时则没有发现变调现象，都读原调。全文用例200条，占全文1/2的篇幅，各类数词都举例予以说明。

傈僳语、载瓦语动词"态"的语法范畴比较　胡玉英撰，载《云南民族语言文学论文集》，云南民族出版社，1990年。

傈僳语、载瓦语同属汉藏语系藏缅语族，是关系密切的亲属语言。该文通过对这两种语言动词"态"的语法范畴进行比较分析，看到古代傈僳语曾经历过丰富的形态变化，而载瓦语的表示动词"态"的语法范畴的四种语法手段再现了傈僳语演变的整个过程。傈僳语动词"态"的语法形式有两种：屈折形式和后加动词"让""派"表示使动，而前者是傈僳语语法历史演变过程中的一种"残余"。作者通过对傈僳语、载瓦语使动态语法形式的比较，证明了傈僳语的屈折—分析—后加动词的发展过程。该文的比较是从横的方面对不同语言事实的描写，来论证语法形式的演变过程，提醒人们注意"残余现象"的研究，这对于认识藏缅语言动词态的语法范畴的历史发展具有重要的意义。语言的演变是一个渐变的过程，有些语言演变得较快，有些语言则演变得相对慢一些，保留原始语言特点也就相对多一些，因此在研究某一语言的语法范畴时，可以与其亲属语言相比，从而得出结论。

傈僳族音节文字及其文献　木玉璋撰，载《中国民族古文字研究》（第三辑），天津古籍出版社，1991年。

一、引言。20世纪初，在傈僳族居住的地区出现了三种不同类型的文字。其中从拉丁字母变来的傈僳文称为老傈僳文，从滇东北苗文字母变来的傈僳文为禄劝傈僳文，在澜沧江上游维西县城西北地区流行的傈僳文称为傈僳族音节文字。傈僳族音节文字的创造者是云南省维西傈僳族自治县叶枝乡的傈僳族农民汪忍波（1900—1965）。汪忍波用音节文字编写了《傈僳语课本》（亦称《傈僳文字典》），其中共有1330个字，除去重复出现的，则有918个字。他把这些字编写成大致押韵、长短不一的291句歌谣，凡来学的抄给他们每人一本。二、音节文字的造字法及结构特点。（1）象形和会意字；（2）派生字；（3）假借、形训字；（4）按音造字；（5）按词造字。三、音节文字文献及其内容。（1）写在白棉纸上的，高13厘米，宽14厘米。①《傈僳识字课本》（即音节文字系谱，或称《傈僳文字典》歌谣传291句），6册。②《汪忍波自传》，散文，4册。（2）《故事会》或称《合订本》，包括《创世纪》《占卜书》，散文，1册。

连山壮语元音系统与粤语的近似　刘叔新撰，载《广东民族学院学报》1995年第2期。

该文对连山壮语元音系统与粤语的近似做了探索。认为连山壮语元音系统与粤语的近似首先表现在二者元音音位的一致上。连山壮语共有9个元音音位。粤语广州话的元音音位与连山壮语完全相同，也是9个。同时，在元音音位具有哪些音位变体方面，连山壮语基本上也和粤语一致，即ɔ、œ、u、ɛ、i五个元音音位出现变体的情况，二者几乎相同。文章的结论是：连山壮语的元音系统同粤语广州话如此近似，不可能是一种偶然现象。因为元音系统是语言整个声音物质外壳的基本材料和必要框架，它的组成单位和组织结构作为语言形式的重要因素，常常扎入了语音、词汇和语法这几个层面之中，特别是在词语范围内有极广的覆盖面。两种很不相同的、不能为各自的使用者用来彼此交谈的语言，是绝难分别自然"长出"相似的元音系统来的。因而，连山壮语元音系统近似于粤语广州话的事实，肯定有着深层的历史原因，很有进行历史探索或历史比较研究的价值。

联邦德国著名语言学家葛玛丽教授简介　王秀珍撰，载《民族语文研究情报资料集》，中国社会科学院民族所语言室1986年第7期。

该文介绍了德国著名语言学家葛玛丽教授的生平及主要论著。葛玛丽，又译冯加班，1901年生。1920年在哈韦尔河畔的勃兰登堡中学毕业。以后，在柏林向奥托·弗朗克和威廉·班格学习汉学和突厥民族的比较语言学，并跟随回鹘文文献的著名注释家缪勒研读汉文和回鹘文的佛教经典。1926年被授予博士学位。自1925年起，她是研究实习员，以后是柏林科学院的特邀成员，在那里她刊布了回鹘文的抄本。从1934年起在柏林大学讲授突厥学。从1949年起任汉堡大学教授直至1966年退休。1931年曾在中国住了一年。1935—1937年在土耳其安卡拉大学任汉学教授。1962—1963年在日本东京大学和京都大学讲授中亚文化和古突厥学。1982年应邀在北京、乌鲁木齐作学术报告并考察了吐鲁番。其代表作有：《古代突厥语语法》、《吐鲁番突厥语文献》（1—7、9—10）、《高昌回鹘王国》等。

联绵词的一个重要来源——复辅音声母的分立 徐振邦撰，载《社会科学战线》1997年第5期。

许多关于汉藏系诸语言间词汇对比研究的文章里，最多的是揭示了汉语单音词与其他语言的同源关系，也有少量的复合词、联绵词与诸语言的对此研究，作者从中摘出八组词例证明了汉语联绵词来自上古单音词复辅音声母分立。（1）上古汉语有声母格局为＊p-1-式，语义核心为"分离"的联绵词群。（2）上古汉语有声母格局为＊tsh-1-式，语义核心为"青色"的联绵词群。（3）有一些和头有关的联绵词。（4）古代有声母格局为＊-d-式，语义核心为"昏暗不明"的一组联绵词。（5）上古汉语有声母格局为＊k-1-式，语义核心为"圆"圆转"弯曲"的联绵词族。（6）有一些词声母格局为＊p-1-，语义和"风"有关。（7）上古有两个表示水势上涌的联绵词。（8）坎＊kamdam 指坑穴、深坑，是联绵词。

凉山规范彝文使用问题研究 陈士林撰，载《中国少数民族语言文字使用和发展问题》，中国藏学出版社，1993年。

凉山规范彝文自1976年开始试行、1981年正式推行以来，帮助凉山彝族70多万人脱离了文盲状态，同时带动了科学文化、业余教育、出版、电影、广播事业等的发展。在整理规范工作中有几点经验可供参考。如凉山规范彝文以"圣乍"话为基础方言，以喜德语音为标准音。标准音的每个音节都必须有固写的彝字或符号代表。在规范彝文教学和使用方面存在两个问题，一是回生复音问题，二是书写效率问题。近年来，要求彝文"超方言"的呼声很高，但是阻碍彝文超方言的因素是：在语言方面是各方言彝语词汇和语音的差异，在文字方面是同源字少，各省区字形、字音的差异很大。为此在宏观方面应注意：同源字的研究；凉山规范彝文的基础方言、标准音；新词术语的规范和学好《注音符号》。另外，为了统一，近年来关于四省区联合规范的呼声高，要求"书同文"。还拟订了一种彝文字母的拼音文字，是一种"表意、表音"相结合的新尝试。

凉山民族教育与双语教育体系 木乃热哈撰，载《双语教学与研究》（第一辑），中央民族大学出版社，1998年。

新中国成立以来，凉山教育虽然取得了可喜的成绩，但与内地的教育差距仍很大，特别是民族教育方面的差距更大，主要表现在：经济基础和自然环境制约着民族教育的发展，教师数量少、质量低、队伍不稳等。其原因较复杂，但最主要的是未遵循民族教育规律来办事。目前，凉山彝族地区的民族教育有3种模式：单纯的汉语文教学、单纯彝语文教学和彝汉双语文教学。凉山大多数彝族地区中、小学实行汉语文和彝语文同时使用的双语教学；根据语音环境、群众意愿和办学条件采取开设彝语课和举办彝文中小学两类模式，初中毕业和高中毕业阶段两类模式根据语言转化和学生意愿进行相互渗透以拓宽升学和就业的渠道；小学以乡规划，初中以县规划，高中以州规划，大专以省规划；从20世纪80年代到21世纪初的大约20年内分为恢复探索，初步"通车"两次接轨的三个阶段，从而建成具有凉山特色的双语教育体系。需要进一步解决的是：建立健全双语师资队伍、教材建设问题和基础教育与高等教育的衔接。

凉山彝语的泛指和特指 陈士林撰，载《民族语文》1989年第2期。

该文探讨凉山彝语泛指和特指的语法形式。作者首先指出，凉山彝语利用量词和指示代词限定名词和动词构成表示泛指和特指的分析形态，具有鲜明的民族特色。量词除作单位词外，还有泛指或特指的用法。这种用法的量词与英语冠词比较，同异互见。凉山彝语用作冠词的量词可以命名为"后置冠词"。泛指形式有（1）名+名量；（2）名形名量；（3）名动量动；（4）指示前缀 ko^{33} + 动词词根。以上形式中的名量词或动量词是泛指冠词。特指形式有（1）名名量（变调）+ su^{33}；（2）名形名量（变调）+ 助词 su^{33}；（3）名动量（变调）+ 助词 su^{33}；（4）指示词 ko^{33} + 动词。以上形式的名量词或动量词变调后构成特指冠词。彝语词语用例120 余例。用以比较的汉、壮词语10 余例。该文着重分析了彝语泛指和特指与量词的关系。

凉山彝语的结构助词 su^{33}——兼论实词虚化的层次性 戴庆厦、胡素华撰，载《中国语言学的新拓展》，香港城市大学出版社，1999 年。

该文指出 su^{33} 在凉山彝语里是一个使用频率较高的虚词。以往的研究认为 su^{33} 有两种功能：一是作定语标志；二是使动词、形容词名物化。该文章通过各种句型的具体分析和亲属语言、方言的比较，认为：（1）su^{33} 主要是一个表示句子成分主语和宾语的结构助词，在句中主要起语法作用。（2）su^{33} 源自实词，后来出现了虚化。但在不同的语境中虚化程度出现了三个不同的层次，构成了一个虚化链。（3）实词虚化的不同层次不仅表现在语义层次上，还出现在语法功能上。

凉山彝语的体词状语助词——兼论彝语词类中有无介词类问题 戴庆厦、胡素华撰，载《语言研究》1998 年第 1 期。

文章对凉山彝语的体词状语助词的基本特征做了分析。认为体词状语助词一部分来自动词，但已失去动词的主要特征，已演变为连接状语和中心语的虚词；在语法功能上，具有多功能特点；根据语义和语法功能的不同，体助词可分为五类。文章根据体助词的来源、主要特征、功能以及划分词类的系统性，认为过去彝语语法研究中将体助词看成是介词值得商榷，并思考了彝语语法研究如何摆脱汉语语法框架的影响，建立适合彝语特点的语法体系的问题。

凉山彝语的主动句和被动句 李民撰，载《西南民族学院学报》1984 年第 1 期。

凉山彝语有主动句和被动句，有两种构成形式：（一）屈折形式，有一部分主动句和被动句的构成是由形态变化来实现的，可分甲、乙两式。甲式为由单音节动词低降调和次高调的交替构成主动句和被动句，谓语是次高调动词的为主动句；谓语是低降调动词的为被动句。乙式为由代词（或名词）的中平调和次高调的交替构成主动句和被动句，紧接在谓语动词前的代词或名词是次高调时为主动句；代词或名词是中平调时为被动句。（二）分析形式，可分丙、丁、戊、己四式。丙式为用介词 gep 和后面的动词构成被动句。丁式为用虚化动词 shu、sip、tip 构成被动句。戊式为动词后面带补语，前面远接动词的主语变为动作行为的承受者，近接动词的名词（或代词）变为动作行为的施动者。己式为其他一些既没有表示被动的词语，又没有补语的被动句，这些句子句首的主语往往是只能接受支配而无支配能力的事物充任，或者是由于某种缘故故意将它们提到句首主语位置上来。

凉山彝语动词、形容词的重叠 李民撰，载《中央民族学院学报》1982 年第 2 期。

该文对凉山彝语动词、形容词的重叠做探讨。彝语动词和形容词的重叠式不仅语法意义十分丰富，而且形式也多种多样。1. 动词重叠式：（1）重叠表示疑问，重叠形式：单音节词全部重叠，多音节词后一音节重叠，四音节骈俪词前后两对各重叠后一音节。这种重叠式的动词一般是句中的主要动词。重叠式还伴随着变调。（2）重叠表示量的增加。这种方式动词多数是单音节词，它们是谓语的主要词。但是，它与表示疑问的"（1）"式有所不同。2. 形容词重叠式：（1）重叠也可以表示疑问，重叠形式与动词"（1）"式相同。（2）重叠有加重或减轻意义的作用。重叠形式是单音节全部重叠，多音节重叠后一音节。（3）重叠表示动作的连续。（4）重叠形式与前面"kha^{33}（所）"结合后含有扩大范围和"级"的提高的意义。（5）重叠后表示"级"的提高，相当于增加了汉语"最"的意义。

凉山彝语复辅音声母探源　朱文旭撰，载《民族语文》1989年第3期。

　　该文通过分音词探讨古彝语复辅音声母问题。文章认为，汉藏语系若干语言的分音词，其声母来源于复辅音声母的分解。结合汉语或其他同系属语言的比较，可能是探索古彝语复辅音问题的一个途径。该文主要讨论唇、舌、齿、牙四组的分音词其后一音节的辅音为l，r及其变形的。演化形式假定为AB--＞A-＋B-。（1）唇音分音词。凉山有mb-，但还有不少与＊pl/r-、＊phl/r-、bl/r-、ml/r-分化有关的分音词。（2）舌音分音词。凉山有nd-，但有不少与＊tl/r-、＊thl/r-、＊tshl/r、＊dl/r-、＊nl/r-、＊ndl/r-分化有关的分音词。（3）齿音分音词。凉山有与＊tsl/r-、＊tshl/r-、＊dzl/r-、＊sl/r-有关的分音词。（4）牙音分音词。凉山有与＊kl/r-、＊khl/r-、gl/r-、＊ngl/r-有关的分音词。凉山彝语词语用例约140例，用来对比的藏缅语以及壮侗、苗瑶等语言的用例数例以至数十例不等。

凉山彝语及其文化因素　朱文旭撰，载《民族语文》1992年第6期。

　　作者以社会语言的视角，从语言与文化的角度探讨了凉山彝语与有关文化因素方面的问题。并就彝语与文化因素现象与个别民族的语言与文化因素现象进行了一定范围内的类型比较。文章通过对凉山彝语中描写与火有关的词汇，如ndi^{55}"自燃"，ti^{55}"人为地燃烧"等比较丰富细腻的语言特点的分析和凉山彝语词汇中反映动物方面的词分得比较细的语言特点的描写和研究认为凉山彝语中与火有关的词汇比较丰富细腻，同彝族历史上的"刀耕火种"等生产条件有关外，更主要与彝族火崇拜现象有关。而彝语词汇中反映动物方面的词分得较细是彝族先民畜牧、狩猎文化生活背景的反映。凉山彝语修饰词中通常用动物来喻事的语言修辞特点，也是彝族牧猎文化特点在语言中的表现。文中还就彝族牧猎文化特点对语言民族的语言与文化因素现象进行了一定范围内的类型比较。并认为语言与民族特定的历史、经济、文化、生活、风俗习惯、地理环境等因素有着密切的关系，了解和弄清这些关系，是学习和研究语言的必要的前提。

凉山彝语句子的语气及表达方式　陈康撰，载《民族语文》1996年第2期。

　　语气，也称"式"，是表达说话人谈及情况时所持态度的方式。藏缅语族语言中句子的"语气"是古老的语法范畴，各种语气表达方式至今仍保存在藏、羌、缅、景颇等语支的语言中。以加语气助词在动词、形容词等谓词根上加词缀、词根的重叠、韵母的屈折、声调的变化等方式表达陈述、疑问、否定、命令、祈使、推断、拟测、估计、商酌等不同语气。彝语支语言结构已渐趋孤立型，助词的使用已成为语法范畴的主要表现形式，句子的语气也往往在句末加语气助词表达。但彝语支语言至今也还保留着由谓词根加词缀、重叠等表达"语气"的方式。凉山彝语的句子有丰富的句末语气助词，又有在谓词根前或中间加词头、词嵌，以及词根重叠或部分重叠等标志，表示否定、禁止、疑问、任择、直陈、愿望、怀疑、警告、祈使、兼动等语气。

凉山彝语量词的变调　李民撰，载《西南民族学院学报》1982年第4期。

　　凉山彝语圣乍话有四个声调：高平调（55）、次高调（34）、中平调（33）、低降调（21）。彝语量词的变调主要是受前面数词声调的影响，与数词以外的其他词类结合时,一般不发生变调。变调的情况大致为:低降调量词一般不变调,但与整数数词 ci "十"、hxa "百"、dur "千"结合时,由低降调变为次高调。中平调量词一般也不变调,只有量词与后面的 su 组成"特指式"时,以及量词重叠与后面的 su 组成"序数"时,由中平调变为次高调。高平调量词有多种方式的变调,部分量词和数词结合时,数词为低降调的,量词为高平调;数词为中平调的,量词变中平调;数词为高平调的,量词变低降调,如:bbut "张"、jot "块"等。部分高平调量词和数词结合时,数词为低降、次高、高平调时,量词变中平调;数词为中平调以及在其他语境中时,量词仍为高平调,如:ho^{55} "夜"、lo^{55} "下"等。少数高平调量词在任何语境下都不变调,如:vit "次"、yat "种"、bbot "队"。

凉山彝语名词的特点 英树人撰,载《西南民族学院学报》1982 年第 3 期。

名词的语法特征为:(1)能后加量词来个别指示事物。名词一般不表个别事物,而表示一类事物,当要指示一类事物中的个别事物时,就须在名词后加上量词或数量词。在专有名词和其他表示唯一事物的名词后,量词失掉了对名词个别指示的意义,而具有强调这些名词的意义。为数相当多的量词对名词有分类的意义。(2)谓语名词可以加语气系词 nge 来加强语气。(3)名词一般不与副词组合,但在特定场合也可以和少数几个副词组合。四、名词很少重叠使用。名词的功用为:(1)作主语和宾语,这是名词的基本功能。(2)独立地用作谓语。名词谓语总是对主语进行判断;可以后加语气系词 nge 来加强语气。(3)名词也可作定语和状语。名词用作定语时总是表示"属于谁的"或者是"什么做的",位于中心语之前,不需加任何辅助成分。时间名词可以独立地用作状语,其他名词与介词一起才可以用作状语。

凉山彝语奴隶社会姓氏词的词源结构与等级分化 朱文旭《民族语文》1987 年第 1 期。

该文探讨彝族地区姓氏词及其与社会等级的关系。上古彝族社会有 $ndz\gamma^{33}$、mo^{21}、pi^{33}、$k\mathrm{ə}^{55}$、$dz_{\downarrow}o^{21}$($dz_{\downarrow}i^{33}$、phu^{33})等。近代依次分为 $ndz\gamma^{33}$、$n\mathrm{ɔ}^{33}$、$t\mathrm{ɕ}hu^{33}$、$ka^{33}\mathrm{ɕ}\gamma^{33}$($\mathrm{ȿ}^{33}$)4 个等级。姓氏词源结构:(1)$ndz\gamma^{33}$,土司。$ndz\gamma^{33}$ 姓氏词有 4 种形式。(2)mo^{21} 兼管军事者,后转义为"牧"(法也)。mo^{21} 姓氏词有两种形式。(3)pi^{33},彝族文化知识较多者。pi^{33} 姓氏词有两种形式。(4)$k\mathrm{ə}^{55}$,匠人,以职业作姓氏,其结构形式有两种。(5)$dz_{\downarrow}o^{21}$,本义为"凡人",白彝。(6)$dz_{\downarrow}o^{21}$ 与等级分化:$ndz\gamma^{33}$ 除个别保留土司地位外,其余缀以 $ndz\gamma^{33}$ 的均降为白彝。$ndz\gamma^{33}$ 与 $n\mathrm{ɔ}^{33}$ 之间相互吞并,导致土司下降为白彝,部分白彝上升为土司。$n\mathrm{ɔ}^{33}$,后期形成的贵族。$n\mathrm{ɔ}^{33}$ 姓氏词有 8 种形式。后期 $ndz\gamma^{21}$、$dz\gamma^{33}$、$t\mathrm{ɕ}e^{33}$、phu^{33}、$t\mathrm{ɕ}hu^{33}$ 通属白彝一个等级。$dz_{\downarrow}o^{21}$ 姓氏词有 9 种形式。

凉山彝语骈俪词调律探讨 巫达撰,载《民族语文》1995 年第 2 期。

该文对凉山彝语四音骈俪词的韵律语调进行切分分析研究,指出骈俪词实际由两个调构成,前调承担前两个音节,后调承担后两个调,称为双音节调。双音节调指两个单音节调组合的连读变调,它的调型是两个原调型相连的序列,是在原调型的基础上紧缩,变调而成的。如:ma^{55}(教)+ mo^{21}(师)→$mamo^{51}$ "老师"。彝语单音节组合成双音节调时有 13 种组合方式,双音节调在四音骈俪词上有 49 种组合方式,这些组合体现了骈俪词的调律特征,文中列举 98 个骈俪词,用以说明其调律特征。用例所占文章篇幅约为 60%。该文首次运用语音学中的"超音段"理论,对彝语骈俪词语流进行切分,并指出彝语语流中音段和韵律音高成分不是一对一的。

凉山彝语亲属称谓的序数词素及其民族学意义　瓦尔巫达撰，载《中央民族学院学报》1992年第1期。

文章着重研究凉山彝语亲属称谓制度中一套特殊而又严整的表示亲属间大小顺序的"序数词"，目的是为研究古代彝族先民的婚姻形态和社会结构提供一些材料依据，为研究彝族原始婚姻史提供一丝线索。彝语数词系统中没有序数词的概念。但是，在彝族亲属称谓词中，却有一套十分特殊的表示亲属间大小顺序的"序数词"。这套序数词不能用于一般数词，也不能用于其他事物的大小顺序上，它们只表示亲属间的大小顺序。用固定顺序词表示亲属间大小顺序的现象，在汉藏语系各语言中已不存在或保存不完整。古代汉语曾用"伯仲叔季"表示兄弟间的大小顺序，其义是固定的，但现在已不使用。彝语亲属称谓的特殊序数词包含五个固定的词素：zi^{33}、$ɬe^{33}$、ka^{55}、dzl^{55}、$ŋo^{21}$，这五个词素严格地表示从老大到老五的顺序。只要在这五个词素前加上亲属称谓的基本词根，便形成这一词根辈亲属间的大小顺序。

凉山彝语四音词词素意义的搭配　陈康撰，载《中国民族语言论文集》1986年。

汉藏语系多数语言的词汇中都有四音词，四音词除了在词素的结构上有别于其他词外，在句中出现时有其独特的风格、色彩和情调，这些特征是通过四个音节词素意义巧妙地搭配表露出来，起到其他词所达不到的表达效果，所以人们创造它，运用它，发展它，形成了一套丰富的四音词词汇。该文对凉山彝语四音词词素意义的搭配做初步探讨。凉山彝语四音词结构最普遍、最常见的是ABAC型和ABCB型，文中从ABAC型的BC搭配和ABCB型的AC搭配中进行词义分析，探索ABAC型中BC和A的词义关系，ABCB型中AC和B的词义关系，然后研讨搭配后四音词词义的形成。ABAC型词汇中，词素B和C在意义上是相辅相成，成对地进入四音词ABAC型模式，对A起着从属、修饰、陈述、涉及、补充等作用。B和C在意义上的搭配大致有近类词配对、对类词配对、异类词配对、同类词配对四种方式。ABCB型词汇中，A和C在意义上的搭配大致有近类词配对、对类词配对，此外是双音节词拆开三种方式。A和C在意义上也是相辅相成的，成对地进入四音词ABCB型模式，A和C搭配成对与B发生领属关系、修饰关系、主谓关系、宾动关系、动补关系。于是，构成四音词的意义加以扩大、缩小、引申、转移等。

凉山彝语松紧元音的声学研究　孔江平撰，载《彝缅语研究》，四川民族出版社，1997年。

文章通过对彝语的声学分析确定彝语松紧元音在音质上的差别以及音差别对松紧的性质的影响。实验利用语调仪和声门波分析仪等设备证明：(1) 彝语五对松紧元音的音质高低都不相同，松音比紧音的声门波松紧要高。从整体看，最低的松元音也比最高的紧元音高。(2) 彝语的紧元音后部要比前部（均指功率谱测量时发音靠后的时程）紧。(3) 彝语的松紧元音不仅声带的紧张程度不同，而且咽腔的大小和舌根的位置也不同，紧音是挤喉音，声带紧张，松音是正常元音；紧音的舌根靠前，咽腔扩大，松音的舌根不靠前，咽腔较小。因此，彝语的紧元音是一种由声带和舌根及咽腔的共同机制产生的综合性紧元音发声类型。在音系学上，彝语的音质应分为嗓音音质和调音音质两个层次。(4) 在研究方法上，有效的方法是采用第一共振峰幅值减速第一谐波幅值，第二共振峰幅值减第一谐波幅值和第二共振峰幅值减第一共振峰幅值的综合方法。全文共有图表各3幅。实验的语言学意义在于从嗓音差异的角度认识音质的不同。

凉山彝语外来词语音概说　马明撰，载《民族研究论文选（2）》，四川民族出版社，1992年。

通过对凉山彝语外来词语音的比较发现：（1）汉语原词的辅音借入凉山彝语后，辅音一般与汉语相当，无变化。（2）有些音节（或整个词）改变了辅音。（3）个别词借入彝语后，汉语原词的边音变为舌面中鼻音"ny"。（4）汉语属于半辅音的，借入彝语中有些变为唇齿音"v"。（5）汉语原词中元音自成音节的，借入彝语后，有些加上了辅音。（6）汉语原词的松元音，借入彝语后有些变为紧喉元音。（7）汉语二合、三合复元音，借入彝语后，均变为单元音。汉彝两种语言，基调都是四个，但是调值不同。外来词很早就进入彝语中了，有些不统一现象早已存在。因此，有必要对外来词语音进行规范。该文认为可分几步走：（1）解决辅音的规范问题。（2）解决元音的对应问题。（3）解决声调的对当问题。以单独外来词按照调值对当、以词组外来词按变调以后习惯书写。

凉山彝语形容词词缀分析 木乃热哈撰，载《中央民族大学学报》1994年第1期。

一、前缀。彝语形容词词缀分为前缀和后缀两类，前缀不甚丰富，其附加意义也较抽象，往往只反映一定的义类或意义范畴。常用的前缀是 a 和 i。（1）a 置于表颜色的单音节形容词词性语素前，构成双音形容词，表示其性状。（2）a 置于表示性状的单音节形容词词性语素前，构成双音节形容词。（3）置 a 和 i 于表性状的单音节形容词词性语素前，a、i 交替使用构成反义词。二、后缀。在彝语形容词里，词干加后缀构成的方式比词干加前缀词的方式更为丰富。它可以是一个词干和一个后缀，也可以是一个词干和几个后缀，有的是用于反映不同的客观对象，有的是用来表示不同的意义范畴和主观评价意义。词干与后缀音节的搭配关系有的固定，有的则不固定，后缀音节所表示的意义也往往有所不同。带前缀的形容词词干可以嵌入程度副词等其他成分。

凉山彝语中的汉语借词 朱文旭撰，载《民族语文》1992年第4期。

没有一种语言没有借词，因为没有一个民族是孤立的。一种语言与另一种语言接触交往之际，某些本民族没有的新概念和新事物的名称往往同时借入，并融于本民族语言中，成为本民族语言中别具特色的词。（1）凉山彝语中的近代汉语借词：包谷→po ku，玉米→i mu 等。（2）凉山彝语中的汉语借词变音情况。凉山彝语汉借词有的借入彝语后声母和韵母有所变异。如声母辅音对应亦较复杂：①古汉语浊辅音声母在彝语中读浊复辅音声母。②古汉语浊辅音声母在彝语中读清辅音声母。③古汉语清辅音声母在彝语中读浊复辅音声母或浊辅音声母。（3）凉山彝语固有词与借词的关系。①一义多词。②异化。③省声。④合成。凉山彝语早期的汉语借词比例不大，约占20%，今天的凉山彝族社会语言中呈现两种趋势：老人说当地彝语，青年人彝汉语并用。

凉山彝族的社会结构在语言中的某些反映 傅懋勣撰，载《傅懋勣先生民族语文论集》，中国社会科学出版社，1995年。

语言中亲属称谓，反映社会上亲属和非亲属的差别，反映亲属内部血缘的亲疏和姻亲制度，反映直系亲属和旁系亲属，反映父方亲属和母方亲属，反映辈分的尊卑和同辈亲属年龄的差别，反映各类亲属的性别。在一定程度上也反映社会发展的情况。现在就凉山彝语亲属称谓所反映的亲属制度的某些特征，提出一些初步看法：（一）同胞兄弟姐妹之间，称者和被称者性别的同异影响称谓。个别相同的，即在兄弟之间或姐妹之间，长幼之间有不同的名称。性别不同的，即在兄弟和姐妹之间，不分长幼，姐妹对兄弟，兄弟对姐和妹都只有一个名称。（二）姑表、舅表兄弟姐妹之间，没有同性相称和异性相称的区别，一律只分性别，不分长幼。只有统称兄弟和统称姐妹的两种名称。（三）姨表兄弟姐妹的称谓具有自己独特的特点。首先要说明的是男或女对姨表兄弟、男子对姨表姐妹的称谓，都和姑表、舅表类似，既没有体现出互称者性别的异同，也没有体现出互称者长幼的差别。

凉山彝族奴隶社会姓氏词的词源结构与等级分化

朱文旭撰，载《民族语文》1987 年第 1 期。

彝族姓氏中双音节姓氏很大部分是以"吉"作为前缀例如"吉克""吉史"；以"吉"作为后缀例如"达吉""黑吉"。它的词义问题从来没有人探讨，该文从社会语言学角度阐释了千百年来流行于彝族民间姓氏中存在的前缀和后缀的词素的词义和结构。实际上它反映了彝族奴隶社会的等级姓氏。"吉"义为"奴隶、百姓"。

凉山彝族人名的构成及其演变

贾巴乌靖撰，载《云南民族语文》1994 年第 2 期。

在凉山彝族的人名结构和发展演变中，以方位名称为人名是最基本和原始的命名方式，也是凉山彝族亲属称谓关系的基础。随着凉山彝族社会的不断发展，许多被人们所认识和接受的事物，不断地渗入彝族的文化领域，通过一定的形式展示彝族社会的发展过程。从人名这一传统文化领域，我们也可以看到凉山彝族所经历的社会发展阶段。"民族"是社会发展到一定阶段的产物。同样，人名这一称谓也是在社会发展的特定条件下产生的，它在不同时期表现出不同的特点。以金银来作人名说明了彝族社会早已进入了铁器时代；而以权力及仆人作人名则表明了彝族社会已进入奴隶制社会的鼎盛时期；汉名汉姓的出现则表明新中国成立和社会主义制度在凉山彝族地区确立以后，尤其是党的十一届三中全会以来，彝族受汉文化的影响巨大，逐步步入现代文明新时代。可以说彝族人名的结构给我们粗线条地勾勒出了彝族社会发展的基本轮廓，它是一部活生生的彝族社会发展简史。

凉山彝族双语教学态度的调查研究

黄行撰，载《民族语文》1990 年第 6 期。

该文运用社会心理学的观点和方法，在问卷设计中把构成态度的认知部分和行为部分相对分离开，就凉山彝族自治州人们对彝、汉双语教学的态度进行抽样调查。调查材料的定性分析和部分个案访问结果表明，人们对双语教学的态度并不一致，主要表现在态度的感情倾向和认知倾向都比较一致，即充分肯定双语教育的重要性，但行为倾向则存在着分歧，即双语教学是先学彝语文还是双语文同时学习，以及选择以彝语文为主还是以汉语文为主的双语制学校（凉山州实际实行以彝语文为主、以汉语文为主的双语学校和基本上用汉语教学三种体制的学校）。造成人们双语教学行为态度矛盾的原因和凉山州彝、汉两种语文的社会地位和作用有关，也和当地政府对彝语文的重视程度有关。为了保证凉山州双语教学的顺利进行，应适当提高彝语文的社会地位，加强彝语文的使用功能。

凉山彝族自治州的双语教育

曲木铁西撰，载《民族教育研究》1999 年第 2 期。

双语教育是一种以两种语言作为教学用语的教育系统。这种教育系统首先让学生学习母语，以使主要教学用语同学生的语言基础及当地社会的语言环境相吻合。该文首先回顾了凉山彝族自治州实行双语教育的历史，指出了"文化大革命"给凉山彝区的教育造成了严重影响。接着论述了凉山双语教育对凉山教育的影响。实行双语教育后凉山教育初见成效，凉山双语教育的发展是决定凉山能否普及基础教育的关键。作者把凉山自治州的双语教育体制进行了精练的概括：两类模式、两次分流、两次接轨，二十年分三步走。以期尽快建成具有凉山特色的完善的彝族教育双语教学体制。凉山双语教学体制不能落入"应试教育"的窠臼。在文章中作者还论述了凉山双语教育体制中的教材建设问题、师资建设问题,以及凉山双语教育的科学研究和评估。

凉州会盟前后的历史人物述略——纪念萨班与阔端凉州会谈　马进武撰,载《西北民族大学学报》2005年第1期。

萨班、阔端、八思巴等人,他们都是我国民族历史上的优秀人物,他们共同的特点是,学识渊博,具有远见卓识,能从大局出发,为中国的统一大业做出过重大贡献。尤其是八思巴,在其叔父过世后,和弟弟恰那多吉合力扶持忽必烈政权于危难之中。在治理西藏过程中,他革故纳新,建政立制,安定了西藏地区。八思巴不仅创制了新蒙古文字,而且任元朝国师,培养了一批高官、专家、学者,其独特的贡献大大促进了元代政治、经济文化的发展。

两代人之间的语音变化　梁敏撰,载《民族语文》1987年第3期。

过去,学者们都认为某些语言的变化是一个日积月累,需要比较长时间才能完成的过程。作者从自己的经验中认识到:这个变化过程也可以在两代人之间(二三十年,这在语言发展的历史中,只不过是一瞬间而已)完成。作者以自己的母语邕宁壮语和马关傣语为例说明了这些情况。在邕宁县(现为南宁市郊区)下楞村在作者同辈或上一辈人的口语中都有 pl、phl、kl、khl、ml、hl 等复辅音声母,而在比作者小二三十岁的人的口语中都变成了相应的单辅音声母 p、ph、k、kh、m、l;马关县大坝乡傣语甚至在同一村子、同一年龄的不同人之间,在 a 元音是否有长短对立这个问题上的表现也有所不同。文章得出以下结论:(1)有些语音演变的过程可以在两代人之间完成。(2)某个音类的变化,在同代人之间也可能有先有后。(3)对某些正在演变的音类,同一个村子的人,不论在他的口语中是否已发生变化,这些音类的区别特征对他们来说都已失去区别音位的作用。这种"无差别感"阶段是语音演变的必经阶段。

两广粤语与壮语的种种关系　欧阳觉亚撰,载《民族语文》1995年第6期。

两广地区是粤语通行的地区。从广东中部开始向西,到广西南宁,沿右江向西,直到百色市,由南宁向南直到北海都通行粤语。这个广大的粤语区在古代是越族即现今的壮侗语族诸民族的故地。由于汉族的南下,居住在广东中部、西部和广西东南部的古越族先后被同化于当地汉族之中。广州话到现在还存在一些古越语的"底层"成分。而广西在地理上更加接近壮族,南宁白话(粤语)的壮语成分比广州话更多。在词汇方面,南宁白话里有的壮语词而广州话却没有,如:$liŋ^5$(斜坡,壮 $liŋ^5$)、pan^5(旋转,壮 pan^5)、lan^4(溢,壮 ron^4)、$hɛn^4$(啃,壮 hen^4)、$muŋ^1$(松软,壮 $boŋ^1$)等。在语法上,南宁白话有时使用近似壮语的语法,如:今天热多(南宁)/$ŋon^4\ nai^4\ nit^7\ laːi^1$(壮:今天热多)。从这可看出,南宁白话的壮语成分要比广州话多。这是因为南宁接近壮语区,壮族人经常从四乡进入南宁,也把他们的语言特点带来的缘故。该文最后分析,南宁跟广州话相同的古越语成分可以看作越语的底层成分,但只有南宁白话才用的壮语成分,可以不必看作古越语成分,因为这些成分是比较晚近才从壮语里吸收过来的。

两件回鹘文买卖奴隶文书的考释　耿世民撰,载《民族语文论集》,中国社会科学出版社,1981年。

重新考释的两件回鹘文书系我国元代回鹘地区买卖奴隶的契约,是1953年西北文物考察队在新疆吐鲁番地区发现的。1960年,我国历史学家冯家升教授曾发表文章研究考释了第一件文书;1958年,冯家升和苏联捷尼舍夫发表了研究考释第二件文书的文章。因这两件文书系回鹘文草书体较难辨认等原因，两篇文章在转写和译文方面还存在一些错误。冯捷二氏关于第二件文书的文章发表后，日本山田信夫、匈牙利李盖提曾分别撰文指出转写和译文中的一些错误。作者认为，第一件契约冯氏除在转写和译文上有一些错误外，尚漏掉了背面一行字；而第二件文书仍有一些错误未经山田氏、李氏指出，一些原本可以认出的重要语词也未能认出，为此有必要对这两件文书进行新的考释。文中有对这两件文书的新的拉丁字母转写、汉译文和考释，并附词汇表、语法成分表。

两件回鹘文家产分配文书研究　李经纬撰，载《阿尔泰学论丛（第一辑）》，新疆大学出版社，1994年。

两件回鹘文文书，第一件首经俄国拉德洛夫译释，连同原件图版一并刊布于1928年由马洛夫编订出版的拉德洛夫遗著《回鹘文文献集》。该文书出土于新疆维吾尔自治区吐鲁番地区，原件现收藏于苏联科学院东方研究所列宁格勒分部。另一件的图版刊布于我国著名考古学家黄文弼先生的《吐鲁番考古记》。该文书是黄文弼先生于1928年及1930年随前西北科学考察团在新疆吐鲁番搜集到的，原件现收藏于北京中国历史博物馆，主要研究者有日本学者梅村坦的《中国历史博物馆〈吐鲁番考古记〉所收回鹘文古文献过眼录》，该文作者在编辑《回鹘文社会经济文书选注》时，曾因第一件文书横断残损不易断句；后一件文书语句艰涩，又无清晰图版可资参证，故未收于其中。

列宁格勒藏本西夏文词书残叶考　聂鸿音撰，载《民族语文》1990年第1期。

列宁格勒藏有几叶残损极为严重的西夏词典，编号为124，版心节题旧译"要集"，西田龙雄在1983年刊布了其中的绝大部分内容。本文对西田的释读作了如下修正：原译"丈鼓"当作"杖鼓"，原译"导鼓"当作"［革兆］鼓"，原译"架鼓"当作"建鼓"，原译"棋琴"当作"绮琴"，前三则修正有《宋史》为证，后一则修正有几句古诗为证。文章还对旧译书题"要集"二字进行了重新检讨，作者认为这两个西夏字实当译为"纂要"，并指出汉文古文献中曾有过晋陆机、戴逯，南朝颜延之、梁元帝萧绎分头编成的以"纂要"为题的字书多种，这些书至今虽已亡佚，但从后人零星的辑佚本来看，其体例实与西夏文的这份词书残叶极为近似，这说明西夏人编写这部词典时一定集中参考了某种汉文《纂要》，其书名也是直接从汉文翻译过来的，并非本人杜撰。

林县宝严寺两道八思巴字蒙古语圣旨　照那斯图、胡海帆撰，载《民族语文》1996年第3期。

林县宝严寺有两座八思巴字蒙古语圣旨碑。一为元成宗完者笃于狗儿年（1298）所颁。现两座碑都已不在原地，只有北京大学一家存其拓片。狗儿年圣旨碑拓片高154厘米，宽81厘米。碑阴阳两面刻，正面三截。八思巴字圣旨原文在中段，下段是它的汉译。上段是鸡儿年圣旨的白话汉译，它的原文未见记载。牛儿年圣旨碑拓片高142厘米，宽81厘米。碑阴阳两面刻。正面二截，上截为八思巴字蒙古语原文，下截为其白话汉译。在这两份圣旨碑拓片袋中各有一张单拓的碑额，上刻汉字正书"圣旨"（双勾体）。但两者不仅风格没有差别，石花裂纹也完全一致，说明是从同一个碑额拓下来的。文章对两道圣旨分别作了拉丁转写、汉字旁注和注释，还附了现代汉语译文。

临高汉语借词的一字多音现象　刘剑三撰，载《民族语文》2006年第2期。

临高语中的汉语借词很多，在单音节词中，汉语借词接近半数。汉语借词的多音现象除历史层次不同外，还有来自汉语不同方言等因素。文章将新老借词读法与字音在中古汉语音系中的地位加以比较，说明它们之间的对应关系。该文分四节：一、不同历史层次的一字多音现象；二、来源不同的借词；三、不同读音的表义功能；四、借词读音比较。无论新老借词，都与中古声母有着很整齐的对应关系。新老借词的音系有着明显的差异，很容易判定哪是老借词音或新借词音。

临高话澄迈土语的变调 马加林撰，载《中央民族学院学报·语言文学增刊3》1986年。

该文以临高话澄迈土语为例，对其变调规律以及变调同语法的关系，做初步的探讨。该文只谈两个音节的变调，大致可分为一般变调和特殊变调。（1）一般变调，它的规律是：前一音节变调，后一音节不变。变调的格式是阴平变阳平、阳平变阳上、阳上变阴上。阴入变调后产生一个新的不能独立使用的阴入派调。阴上、去声和阳入在一般情况下都不变调。变调只出现在动宾结构和偏正结构上。（2）特殊变调：①量词与 ha^{21}（一）组合时，量词是舒声调（去声除外），变为去声，量词是促声调，阳入变阴入调，阴入调不变。②数词 tam^{35}（三）和 ŋa^{13}（五）跟量词结合时，tam^{35} 和 ŋa^{13} 都变为去声。如量词是去声，也要变为阴平。tam^{35} 和 ŋa^{13} 跟数词"十、百、千、万"相结合，也变为去声。③表示概数的两个相连数词两个音节都变为去声。④doŋ^{35}（到）与其他词结合时，居前音节变为去声。⑤阴平调音节重叠时，前音节变为去声。临高话有些变调能表示不同的语法关系：主谓结构通过变调变为偏正结构；通过变调区别泛指和特指。

临高话简介 梁敏撰，载《语言研究》1981年第1期。

文章对临高话的语音、语法、词汇等作了全面描写。临高话是海南岛临高县的一种语言。属汉藏语系侗泰语族壮泰语支。临高话声母有17个，韵母由7个元音与9个韵尾构成共82个，声调是4个舒声调和2个促声调。构词上单纯词以单音节居多，派生词由一个或两个具有意义的实词素加上词头、词尾构成，合成词由实词素组合构成。词类及语法上，除少量构词附加成分，没有构形附加成分，语法关系主要由词序和虚词表示。有名词、动词等9类实词，介词、连词、助词三类虚词。名词一般不能重叠，动词和形容词都有重叠形式。基本语序是"主—谓—宾"。以动词和形容词为中心的词组，修饰成分都在中心词前面，以名词为中心的词组，修饰成分大多放在中心词后面，个别放在前面，还有部分可前可后。文章最后介绍了各地临高话的异同以及临话与侗泰语族各语言的关系。

临高话及其清唇塞音浊化问题 文明英等撰，载《民族语文研究》，四川民族出版社，1984年。

主要内容和观点是："临高话"指居住于临高、儋州、澄迈和海口市郊部分地区50多万人口所讲的话。这种话，《琼山县志》称为"黎话"。海南汉族称之为"黎话"，是因为这种话有21%的词汇与黎语同源。但《琼山县志》指出："西江黎语似广西梧州等土音。"根据作者两次对该话的调查分析，认为它属于汉藏语系壮泰语族壮傣语支的语言。它与同语族诸语言比较，有着许多共同点。但也有自己的特点，如浊塞音声母[b]，没有与之相对的[p]声母，这在同语族诸语言中是罕见的现象。究竟[p]声母是消失了还是原来就没有呢？经过粗浅的探讨，认为"临高话"原来就没有[p]声母。它的[b]声母有一部分与同语族诸语言的[b]声母有同源关系，有一部分与同语族的[p]、[v]和[f]声母有对应关系，与汉语古音的"帮"母也有对应关系。那么，"临高话"清唇塞音声母[p]向浊唇塞音声母[b]演变的原因是什么呢？就声母、韵母和声调三要素的比较、分析，可以认为，它跟声调有一定的关系。例如"临高话"的声母[b]

跟同语族其他语言的声母［b］或［p］有对应关系时，它们的声调一般总是表现为单数调；汉语古音的"帮"母在"临高话"里变为浊唇塞音声母［b］后，也表现在单数调上；而双数调则多在声母［f］、［v］跟壮语等的［p］声母对应时出现（也偶有个别在［b］声母中出现）。另外，汉语古音的"并"母，在"临高话"的清音声母［p］向浊音声母［b］演变是受声调制约的。

临高话 kə³ 的作用及其来历 文明英等撰，载《民族语文论丛》（第一辑）1984 年 5 月。

主要内容和观点是：临高话的 kə³ 在句子或短语中，常附在名词、人称代词、动词、形容词、副词和指示词之后，具有连接修饰成分与被修饰成分，使动词、形容词名物化和不定量量词三种作用。（1）连接修饰成分与被修饰成分。如 kə³ 附在名词或人称代词之后时，修饰成分与被修饰成分的关系，往往是领属性的。其表现的形式有两种，一种是，表领有的成分在前，表隶属的成分在后。例如：老王 kə³ 书（老王的书）。另一种是，表隶属的成分在前，表领属的成分在后。例如：书老王 kə³（老王的书）。如果 kə³ 附在动词或形容词之后，修饰成分和被修饰成分的关系往往是限制性的。其表现形式也有两种，一种是表限制的成分在前，被限制的成分在后。例如：飞 kə³ 鸟（飞的鸟）。另一种是，被限制的成分在前，表限制的成分在后。例如：鸟飞 kə³（飞的鸟）。当 kə³ 附在副词、重叠形容词或动宾词组之后时，修饰成分与被修饰成分的关系则是描写性的。其表现形式只有一种，即描写的成分在前，表描写的成分在后。例如：偷偷 kə³ 推他（偷偷地推他）。（2）kə³ 附在动词或形容词之后，使动词、形容词名物化。例如：跑 kə³（跑的）。（3）kə³ 置于指示词后，一般具有不定量量词"些"的作用。例如：那 kə³ 鸡（那些鸡）。以上三种类型中，第一类的 kə³ 相当于汉语的"的"和"地"；第二类的 kə³ 只相当于汉语的"的"；第三类的 kə³ 相当于汉语的"些"。kə³ 与名词、人称代词、动词和形容词等组成的结构，具有名词功能的特点。在句子中可以作主语、宾语和定语。临高话的 kə³ 音节结构不是壮侗语族语言原有的结构形式，也不是临高话固有的语法规律，而是受汉语影响而产生的一种后起的结构形式。

临高语借词、读书音的来源及语言相互影响 张均如撰，载《民族语文》1997 年第 1 期。

临高语属侗台语族台语支，分布在海南岛北部的临高、琼山、澄迈、儋县及海口市郊等地。临高语从汉语吸收不少借词，这些借词大致可分为早期借词和近期借词两类。临高语中早期借词主要的语音特点是：（1）声母。①汉语古全清塞音声母 p、t 在临高语的早期借词变成略带先喉塞音的浊塞音，与临高语固有的 ʔb、ʔd 声母音值相同。②由于临高语无送气音，对汉语的古次清声母 ph、th、kh、tsh 分别念作擦音 f、h、x、s。③古全浊声母大多数字与次清声母一样，也分别变为 f、h、x、s。（2）韵母。①借词中的假摄三等字读 ia 和 e 韵母。②在带韵尾的韵摄中，外转各摄一、二等字，主要元音大部分是 a-，有少数二等字与壮、侗语一致，主要元音是 e-。近期借词是近代、现代吸收的。从数量看，也比早期借词多得多。

柳江壮话的后附加音节 韦星朗撰，载《民族语文研究》，四川民族出版社，1983 年。

壮语中的名词、量词、动词、形容词后面有丰富的附加音节，这些音节本身没有什么意义，但与前面的主体词结合时就能表示出具体意义，使壮语更加丰富和生动。如 hjiu' pa⁶nyi⁵（笑眯眯的），hen³lem⁵lem⁵（黄澄澄）。后附音节可以表示数量、声音、形貌、程度、语气等意思，与主体词在声韵调上有协调搭配的方式，语法上还有改变词性，连接语气的作用。后附加成分的性质可看作词的一部分，因为后附加音节单独存在时没有意义，只有与主体词结合才有意义，而且后附加音节对每类词来说都没有一个共同的规律，哪些词后该带后附加音节，或哪些词后面该附加哪些具体音节都没有共同的规律，如果不把后附加音节看作一个具体词的组成部分并把它连同主体词作为一个词，就很难掌握和理解了。

柳州壮语地名考释 洪波撰，载《广西民族研究》1995年第2期。

自古以来，柳州一直是壮族聚居地，保留有大量的壮语地名。由于这些地名皆用汉字来标壮音，使人难以了解其由来和本义，甚至做出背离原意的解释。文章运用语言学和地名学的方法，选择较有代表性的"百朋""鸡喇""洛沟""拉堡"等四个壮语地名进行考释，意在辨正有一条河从峡谷中穿流而过。因该河段盛产辣锥鱼，两者相合，故得其名。"洛沟"也为壮语地名。"洛"是壮语lueg的谐音，意为"山谷"；"沟"是gaeu的谐音，意为"藤"。"洛沟"就是长满青藤的山谷。"拉堡"乃壮语名称，"拉"是壮语lueg的谐音，意为"下方"；"堡"是壮语bu的近音，意为"土坡"。"拉堡"是位于岭或坡下的地方，与"根堡"相对而言。

龙山县土家族双语情况调查 谢志民撰，载《中南民族学院学报》1986年第3期。

龙山县总人口为404841人，其中土家族居民为182125人，占全县人口总数的44.99%，现在仍使用土家语的居民有67000多人，为保留民族母语人口最多、最为集中的地区。在这些人口中大多能兼操汉语，因而又是土家语和汉语的双语典型区。根据语言使用上的主次差别，作者把土家族双语区分为土、汉双语区和汉、土双语区。在汉、土双语区虽然有相当一部分人能操土家语，但主要交际手段是汉语。在土、汉双语区由于机关、学校、交易市场的存在，附近土家族居民受汉语影响较大，因而形成了在土、汉双语区里的汉语点。在他沙公社调查到的材料，反映出当地的土家族居民绝大部分人都能操自己的母语，大部分人兼能讲当地的汉语土话，但不同年龄层、文化层、职业层和性别层的人口，对母语和汉语理解的深浅、运用的准确程度，以及使用的频率互有差别。由此显示出各自的特点，形成不同的语言使用层。

龙州壮语的元音交替 谢志民撰，载《语言研究》1983年第2期。

文章讨论广西龙州壮语元音交替构词的现象。龙州壮语元音交替只出现在量词、动词和形容词中。如 dik^7nam^4（一小滴水），dak^7nam^4（一大滴水）就是量词元音交替表示大小意义。动词附加成分元音交替可分二级式、三级式或四级式，如 hu^1（笑）有 $hu^1hi^5hi^5$（连续小声笑）、$hu^1he^5he^5$（连续稍大声笑）、$hu^1ha^5hi^5$（连续大声笑）。形容词与动词一样，词根元音交替很少，主要是附加成分元音交替。龙州壮语有6个元音，元音交替随元音开口度大小和前后表示不同的程度级意义。顺序是 $i<e<a<o<u<ɯ$。龙州壮语的元音交替是一种构词手段，通过交替中元音的特殊表义方式——一定的元音表示一定的程度意义，这种音义之间有规则的对应关系构成在程度意义上各不相同的一组一组的词群。文章举出53个词的多种形式。作者认为一定的元音有规则地与一定意义相对应这种语言现象值得进一步认识和研究。

"芦笙"语源考 陈其光撰，载《中央民族学院学报》1981年第3期。

该文利用汉语的文献资料，考证苗语"芦笙"的语源。芦笙的苗语读音，养蒿是 ki^{55}，先进是 qen^{31}，石门坎是 $Ghɯ^{35}$，高坡是 qin^{55}，复员是 $kwjaŋ^{55}$。关于苗语"芦笙"的古音，王辅世的结论是，这个字属"蜗"母"人"韵，可构成 $*Gwjen$。文章认为汉语的"兼"字或"廉"字与苗语的

*Gwjen 有关。从谐声字看"蒹"字与"蕉"的声母相同，上古是复辅音 *kl-或 *ql-，这同苗语 *Gwj 近似。"蒹"字和"蕉"字从"兼"得声，"兼"字上古属谈部开口四等，有双唇鼻尾，其音值是 *-iam。古代的双唇鼻尾发生了变化，有的变成舌尖鼻音、舌根鼻音。*Gwjen 在现在各方言的实际读音正是这样。所以苗语和汉语韵母是一致的。至于声调，都属于平调，也是一致的。*kliam 和 *Gwjen 是汉语和苗语的上古读音、声母、韵母、声调都有对应关系。语义上指的是同一种植物"蒹"。苗族用"蒹"做乐器，*Gwjen 现在才成了乐器的名称。所以 *kliam 和 *Gwjen 的关系不是借用，而是同源的可能性很大。从语原来看 *Gwjen 译作"蒹笙"似乎更适合一些。

泸溪县达勒寨苗语中的异源词　张济民撰，载《民族语文论文集》，中央民族学院出版社，1993 年。

从历代文献记载来看，湘西泸溪县一带本是仡佬族先民分布的地区，直至清代中期，该地区仡佬人还普遍用母语交际。但现在泸溪县唯一的少数民族语言是苗语。1988 年作者调查了达勒寨苗语，发现这里的苗语与东部方言的花垣苗语更接近，但也有不少与仡佬语同源的词。该文列举了与其他苗语方言、仡佬语都同源的词和与其他苗语方言、仡佬语都不同源的词，列举了与苗语各方言不同源而与仡佬语同源的词并进行了分析，认为仡佬人在掌握了苗语后，逐渐放弃了母语，但把仡佬语一些词汇和构词成分带进了苗语。文章举了一些例子，表明达勒寨苗语中存在由苗语词素和仡佬语词素结合构成的复合词。从清代人写的《苗防备览》中我们知道，仡佬人说的语言中仡佬语成分和苗语成分混杂在一起，可见语言交融的记录是复杂的。文章列有达勒寨苗语的音系和 30 多个异源词。

吕苏语　黄布凡撰，载《藏缅语十五种》，北京燕山出版社，1991 年。

吕苏语分布于四川省甘孜藏族自治州九龙县和凉山彝族自治州冕宁等县。吕苏语单辅音声母 58 个，复辅音声母 20 个，单元音韵母 21 个，复元音韵母 13 个，带辅音韵尾韵母 4 个。声调 4 个，调值分别是 53、35、31、33。词汇上固有词多，借词少，构词方式以派生法、重叠法、合成法最为能产。名词有数的范畴，加不同后缀分别表示双数和复数，人称代词也分单、双、复数。动词有趋向、体和语气、语态、式等语法范畴。趋向前缀有五个，有些与动词词根结合不紧，中间可加表趋向的格助词，体包括将行体、进行体、完成体、已行体、经验体，主要用句尾助词表示。动词名物化用后缀加在原形动词后构成名词。形容词有级范畴，分普通级、比较级和最高级，比较级和最高级用前缀表示。格助词有属格、作格、于格、从格、比格、为格等。基本语序是主宾谓。

略论白语的系属问题　周耀文撰，载《思想战线》1978 年第 3 期。

该文就语系属的分类问题提出个人的看法。作者认为"白语属汉语支"的看法是错误的。本文现择白语与汉语的语法、词汇的主要差别作分析比较，白语至今仍保留着不少藏缅语族原有的语法特征，使它有别于汉语。白语词汇中有 60% 的汉语借词，因借入的时代较早，保留古音较多，借入后适应了白语的语言系统，受白语语言变化规律的制约，它们的语言面貌已与现代当地汉语有很大差别。由此可见，把白语划入汉语支或汉语方言是不符合白语历史、也不符合现代白语的语言实际的。从历史上看，白语同现代藏缅语族中的其他语言一样，都是从藏缅语族的古语氐羌语分化发展而成的，保留着现代藏缅语族语言某些共同的语言特征，所以把它归入藏缅语族；从现代语言实际来看，它不仅与藏缅语族中的藏语支、羌语支、景颇语还有很大差别，而且与彝语支也有很大差别，尤其是语法结构和基本词汇。因此,作者认为白语不能归入彝语支,而应该列为藏缅的语族中的一个单一语支——白语支。

略论侗族谜语的比拟手法 刘汝才撰,载《侗语文集》,贵州民族出版社,1996年。

侗族谜语有它独特的民族风格和民族特色。侗族人民最善于运用比喻和拟人这两种手法,不仅在民歌和谚语等其他民间韵文作品里如此,而且在谜语里这两种手法特别多用,并运用得十分准确、形象逼真。所谓比喻,就是制谜者利用两种事物之间相似的某些特征或特点具有相同或相近的性质互比。借以使谜面造成生动的形象,给人留下深刻的印象,使猜谜者容易理解。侗族人民喜欢用与他们日常生活中密切相关或他们所见到的为他们十分熟悉的事物作比;还善于用他们所熟悉的历史传说人物作比。所谓拟人,就是人以外的东西(事物),不管是有生命还是无生命的,都赋予它们以人的性格思想或行为,运用这种手法制谜面,能把本来难以描述的东西,人们不熟悉的事物描绘得栩栩如生、活灵活现,既使猜谜者易理解,发挥其联想,同时还增强了艺术感染力。

略论古代民族语文中的 * A-前缀 黄树先撰,载《语言研究》1998年第2期。

本文就有代表性的带 * A-前缀的民族语文词,对其产生及其作用做一点说明。古代民族语文中 * A-前缀的功能有两个:(1)用在名词前面,以 * A-开头词有动物词、植物词、器物词、歌曲词、人名词、地名词。(2)用在代词前面,如阿阳、阿侬。在现在藏缅语中,形容词、副词前面也有这个 A-前缀。汉语文献显示,古代汉语的形容词、副词前有丰富的 * A-前缀。关于汉藏语条 * A-前缀的起源,学术界有不同的看法。归纳起来有两种看法:一种认为这个 * A 前缀起源很早。另一种认为这个前缀是后起的,并非古已有之。文章认为,汉藏语系的这个 * A-前缀是相当古老的在汉藏语未分化之前,这个前缀就已存在了。古代汉语中丰富的 * A-前缀,也可作为 * A-前缀是古已有之的佐证。阿尔泰语也有 * A-前缀,它和汉藏语中的前缀 * A-也有一定的联系。如果这个假设成立的话,可以为这两个语系同源提供一个语言上的证据。

略论蒙古语静词谓语是否以格形式出现的问题 德力格尔玛撰,载《中国民族语言论丛(2)》,云南民族出版社,1997年。

在蒙古语言学论著中,论述静词谓语的特性及格的句法作用时基本观点是一致的,均认为名词谓语以主格、属格和同格形式出现。这种传统的观点在蒙古语言学界被长期沿用下来。对这一问题,著名语言学家舍·罗布桑旺丹在他后期的文章中曾明确指出,变格的名词不能出现在句末。该文基于舍·罗布桑旺丹的观点,对蒙古语静词谓语的特性及格的句法作用加以分析,并从三个方面论证蒙古语静词谓语不能以格形式出现这一观点的合理性:(1)格是非结束形式,所以不能出现于句末;(2)静词谓语的语法形式不表达格的意义;(3)谓语的修饰成分不等于谓语本身。结论为:静词充当谓语时,不是以主格形式出现,而是以词干形式出现,并在其后可以接续助动词和语气词来表达其述谓性。

略论纳西族对其周边民族的称呼 和即仁撰,载《云南民族语文》1995年第2期。

纳西族是历史悠久的民族,长期生息在雅砻江和金河江流域的藏彝走廊地区,所以,纳西族对与其长期交往的汉族、藏族、普米族、白族、彝族和傈僳族都有专门的称谓。本文对汉族、藏族、普米族和白族的族称在纳西语中特定称谓的结构和含义作初步的分析和探讨。(1)对汉语为 $xa^{33}pa^{31}$,并与彝语支语言对汉族的称呼进行比较,从构词词素的含义进行分析,得出了四种类型的称谓。(2)对藏族的称谓在不同地区有不同的纳西语称谓，称为 gv³³dzɯ³¹ 或 ŋv³³ndzɯ³¹ 等。（3）对普米族的称谓为 bə³³（巴）或 be³³zo³³（巴苴），还比较了其他各族对普米族的称谓，分析了"巴苴"这个称谓是源于纳西语而非普米族自称的两个原因。（4）白族自称为"白子""白伙""白尼"等，都为"白族""白人"之意。另外还有几个不同的他称。纳西语称白族为"le³³bv³³"，即有"白虎"之义。

略论《契丹文字的解读方法》 于宝林撰，载《中国民族古文字研究》，天津古籍出版社，1987年。

在契丹字研究中，有一种学说，主张依据蒙古语音、比照突厥字母来解读契丹字，我们称之为"契丹字仿突厥字母"说。这个学说的代表人物是日本的村山七郎。其代表作是《契丹文字的解读方法》（以下简称《方法》）。村山七郎构拟契丹字音值的做法，总结起来是分四个步骤进行的：（1）利用罗福成解出的契丹字义。（2）对照蒙古语找出字音。（3）再到突厥字母中去寻找同音的字形。（4）最后经过调整，确定契丹原字的音值。作者认为，这种将契丹字比附突厥字的作法经不住实践的检验。综观已发现的契丹字文献，楷书和行书体主要用于志文和一般文章的书写，篆书只见刻于志盖、印章等。村山七郎为了与突厥字拉关系，往往用篆书体进行比较，这是不妥当的。但是，结合当时的时代背景，历史地看待这篇文章，作者认为该文在契丹字研究史上还是占有一定地位的。

略论《契丹语研究》及其相关问题 于宝林撰，载《中国民族古文字研究》（第四辑），天津古籍出版社，1996年。

契丹文字的释读是世所公认的难题之一。迄今为止，对契丹文字研究贡献较大的除中国学者外，当推中国邻邦日本。1898年著名学者白鸟库吉即发表了《契丹、女真、西夏文字考》（载《史学杂志》第9编第11、12号）。在日本诸研究者中，山路广明先生是一位很值得重视和研究的人物。文章主要围绕他的重要著作《契丹语研究》展开。（1）《契丹语研究》是作者第一部契丹文字研究专著。（2）山路广明解读契丹文字的基本方法自提出后始终坚持未变，这种方法在该书中得到充分的展示。（3）讨论山路广明契丹字研究的是非得失必须首先要把握住他的基本解读思路和解读方法。他的解读方法可以概括为一句话，用他自己的话说："契丹文字汉字基本学说"。

略论水书与二十八宿 王国宇撰，载《中国民族古文字研究》（第三辑），天津古籍出版社，1991年。

水书是水族的一种古文字，它主要用于民间水历纪日和节庆婚丧择吉避凶。在水族人民日常生活中，水书的影响相当广泛，其中受制约最大的要算丧葬、婚嫁和营造三个方面。如丧葬从入殓、停棺、出殡、下土安葬和"开控"的追悼活动，每一细小的环节都要按照水书的条文去选择吉日，以利趋吉避凶。水书中不仅有天干地支，而且还有二十八宿。水族人运用天干地支相配，排成六十甲子以纪年，再以二十八宿代表二十八日，周而复始。每一个"六十甲子"为一元，共分七元，正好二十八宿与六十甲子配完。水书对二十八宿的命名与汉语不同，它不是就形状起名字，而是根据不同的情况命名的。（1）根据汉字的读"凌晨"，在水语中找出音同或音近的动物名称来命名。（2）根据万物有灵和自然崇拜的机会，对某些自然现象和自然动物加以神化，作为崇拜的对象并借以为星宿命名。尤其对龙、蛟和某些动物的崇拜，不仅与星宿紧密相连，而且还作为吉祥的象征。

略论维吾尔成语 赵淑秀、张鸿义撰，载《语言与翻译》1989年第3期。

维吾尔成语是维吾尔民族共同语的一个组成部

分，是活跃在口头上和书面上的惯用语。从表现手法上看，它具有鲜明、具体、生动的形象特点。这种形象是固定的，不仅不能用相近或相似的形象代替，而且也不能用相当的同义词去变更其中的成分。否则，就不是成语了。从修辞构造规律上看，它主要用比喻、借代、夸张、摹状、比拟、对照、直描等方式构成，这是运用形象思维创造成语的语言内部的法则。成语不同于一般语言，形象思维与修辞构造是它的基础，因而不能用简单的语法规则去解释。从成语产生的外部条件来看，它的形成与自然地理、风土人情、宗教习俗、民族心理、文献典籍、传说故事等有着密切的关系。维吾尔成语也不同于一般交际中使用的语言，它富有音乐性，具有匀称齐整、和谐抑扬、节省蕴涵等语言美。

略论彝语北部方言基数词 fu^{55} 的由来 和即仁撰，载《云南民族语文》1988 年第 3 期。

彝语属汉藏语系藏缅语族彝语支，有六个方言，且方言之间由于语音、词汇上的差异大，一般不能相互通话，但从 1—10 的基数词来看，除了彝语北部方言的基数词"六" fu^{55} 的发音与其他五个彝语方言和彝语支诸语言的发音不同外，其余九个基数词虽发音上不尽相同，但仍可看出它们之间有同源关系。该文拟就彝语北部方言中的基数词 fu^{55} "六"的来源问题，从语文和历史的角度，加以探讨研究。从彝语方言和同语族诸语言的对比中，可以看出彝语北部方言的基数词"六"与白语的发音基本相同。从语言的角度将这一现象加以分析，发现基数词"六"在白语的三个方言中均说作 fy，说明 fy 是白语本身固有的基本词汇；而基数词"六"在彝语的六个方言中，只发现在彝语北部方言中读作 fu^{55}。其次，从历史的角度来看，以西昌为中心的凉山彝族自治州境内，历史上确有为数不少的白族居民，后慢慢融入彝族当中。经过大量的调查研究判断，今天彝语北部方言中的基数词"六"的发音是以白族先民为中介，逐步从白语渗透到彝语中去的。该文通过对彝语北部方言基数词六的研究探讨，旨在说明历史上白族曾部分从云南昭通迁移到四川凉山，白语对彝语北部方言产生过影响。

略论藏文 gi 字的演变 文国根撰，载《中国民族语言论文集》，四川民族出版社，1986 年。

文章讨论藏语属声字 gi 及其变体的用法和历史变化情况。gi 在现代藏语中的使用书面语与口语差别很大，书面使用是按传统字形分别变体。历史上的使用在文法书中有严格要求，但实际使用并不严格，如《敦煌本吐蕃历史文书·大年记年》中出现 388 个属声字，未按音接法原则的有 130 处之多。古代属声字的演变受到语音演变的影响并以书面形式反映出来。其中以腭化影响为主。从敦煌出土的《汉藏对照千字文残卷》及部分现代方言来看，都能证明这种变化。所以变体 gyi 是 gi 受前高元音影响产生 hi 则是 gi 在无韵尾音节后受元音直接影响，g 弱化进而喉音化的结果：gi-rri-hi。yi 和 hi 读音相似，是后世文人为了作诗添足诗行字数的需要而借用上去的。文中列出尾声字使用表和方言读音表 5 个，列举 300 例，包括古代文献例。文后列出属声字 gi 的演变图。文章重点论述了书面形式 gi 及其变体与语音演变的关系。

略论藏语辅音韵尾的几个问题 格勒撰，载《民族语文》1985 年第 1 期。

文章讨论古藏文辅音韵尾的读音及演变问题。古代的藏语有丰富的辅音韵尾，不但有单辅音韵尾，而且还有复辅音韵尾。这些韵尾在古藏语里都要发音。1. 历代汉藏人名和地名对音材料反映这些读音特点。如元代西藏地名 dbus 译作"乌思"，s 与藏文韵尾-s 对音。2. 现代藏语安多方言较多地保持着早期藏语的语音面貌。古藏语中的辅音韵尾在现代藏语各方言中有很大变化，各方言变化不尽相同，但总的情况可归纳为：1. 古藏语辅音韵尾在现代方言中总的趋势是向简化和脱落方向发展。2.

古藏语辅音韵尾的简化和脱落大体有两种形式：第一，复辅音韵尾简化为单辅音韵尾；第二，单辅音韵尾中的浊声韵尾（除-r、-l、-m、-n、-ng外）清化，塞音韵尾变为喉塞音。古藏语辅音韵尾的简化和脱落还引起一些新的语音现象。古舌尖音韵尾脱落导致长元音产生，古鼻音韵尾脱落引起元音鼻化，另外韵尾脱落还产生了新元音 y、ae 等。韵尾变化引起另一重要现象是声调的再分化。

略论藏语拉萨话轻声的性质——兼谈轻声与句法结构的关系 王会根撰，载《中央民族学院学报》1985 年第 4 期。

该文试就藏语拉萨话轻声的性质，以及轻声与句法结构的关系作初步分析。拉萨话轻声分为语调轻声和结构轻声两类。语调轻声有语调重音相对立，表示不同语气，对句子结构无影响，能放在句首。一类"动助词"也归入语调轻声。结构轻声属语言的结构关系，没有重音与它相对立，一般放于句末，结构轻声完全失去了它原来声调的调值，读得很轻很短。轻声和非轻声对意义或结构有较大影响。结构轻声性质是轻而短，常常影响韵母弱化，与前面带声调音节构成一个语言单位。结构轻声主要出现在非语素音节、词素、词组和句子之后。一、二类是词中的轻声，它对显示构词法和某些构形法有一定的积极作用，部分轻声还能区别词义和词性。三、四、五类是句法结构问题，除轻声音节前为单词句之外，它们的语音层次和语法层次不一样。轻声不仅能显示句子结构成分之间的关系，而且对分析语法结构的层次有着很大帮助。一些语法成分，如"gi、la、nas、las"等。它们之所以轻声，正是同语法结构的层次有关。

略论壮侗语的送气塞音声母 郑国乔撰，载《中央民族大学学报·增刊·壮侗学研究》1997 年。

该文讨论壮侗语的送气塞音声母。古壮侗语有没有送气塞音声母，在壮侗语学界存在着不同的看法。作者认为古壮侗语没有送气塞音声母。根据有二：（1）从有送气塞音声母的壮侗语族其他语言或方言的对应看，这一类声母都不太相当。表现出送气塞音声母是各语言分析之后独自发展来的迹象。（2）考虑汉语对这些语言的影响。再从侗水语支的比较来看，古侗水语的声母系统呈"浊、次浊、清"的三配格局，现代的送气塞音是别的古声类发展起来的。汉语的次清声母字侗水语都读送气塞音或清擦音，很规则；布依语第三土语盘县、水城话中，现代汉语借词里送气塞音声母均念送气音；壮语南部方言的龙州话中，汉语的滂、透、溪都读送气塞音，但属清母"t"却读不送气塞音。根据以上分析，作者的感受是，布依语第三土语的送气塞音是从对等的不送气塞音变来的。其变化与声调有关。其他语言的送气塞音与古复辅音声母演化有关。

略释维吾尔语构词附加成分 热外都拉撰，载《新疆大学学报》1984 年第 2 期。

维吾尔语构词附加成分有前加和后加两种：前加成分由波斯语进入维吾尔语；后加成分多为维吾尔语自身特有，其中也包括部分由波斯语进入维吾尔语的使用频率很高的构词附加成分。维吾尔语构词附加成分有两种功能：一是由同一种构词附加成分构成隶属不同语法类别的词或由不同构词附加成分构成同一类别的词；二是可以直接缀加在外语（包括汉语）借词后构成新词。包括：（1）构成名词的主要包括缀接在名词、动词和形容词之后的附加成分。（2）构成动词的主要有缀接在动词、名词、代词、形容词、数词和象声词后构词的附加成分。（3）构成形容词主要有缀接在形容词、名词、动词之后的构词附加成分。维吾尔语的构词附加成分中，多数是从古代维吾尔语沿用遗留下来的，有些具有很高的能产性。维吾尔语的构词附加成分还有一个明显的特征就是递加法，它们可以层层递加构成词义连绵的新词。

略说汉维语的指示代词 郭志刚撰,载《语言与翻译》1996年第3期。

汉语的指示代词主要有两个:"这"表示近指,"那"表示远指。维语的指示代词主要有BU、XU、U,也有指远近之分。汉语的近指代词"这"可指"现在",也可指"过去";既指近又可指远。与"那"结合的时间词只能表达"过去"的概念,不能表达"现在"的概念。"那"只能指远。维语的近指代词一般不能用来指过去发生的事,除非需要特别强调。远指代词U专指"过去",复指代词XU既可指"过去",也可指"现在""将来"。汉语指示代词及其组合词的绝对使用率高于维语。汉语近指代词和远指代词出现率为3:1,维语近指代词和远指代词的出现率为2.4:1。因此,汉语近指代词使用率要高于维语。与此同时,汉语远指代词的使用率也高于维语。

略说现代汉语与现代维语名词的数 张鸿义撰,载《语言与翻译》1985年第1期。

对于现代汉语和现代维语名词的数范畴。一般认为,汉语的词只在指明"属人"的时候,才有单多数之分(人,人们);维语名词的原形就是名词的单数形式,而名词的复数形式则是在名词词干上分别结合LAR/LER附加成分构成。但是,通过观察汉维语名词"数"的语法事实,可以发现两种语言名词"数"的表现手段与本质特征并不像一般语法书中所说的那样。文章认为,现代维语名词"数"的语法范畴是用词干的零形式和缀以附加成分LAR/LER的语法手段表现的;而现代汉语除指称人的名词用"零形式"和加词尾"们"的语法手段表示外,其他的多以词汇手段表达。两种语言表现手段与方式是"同"少"异"多。

略谈《突厥语词典》及其研究中几个问题——兼谈词典汉文译名的确定 校仲彝撰,载《语言与翻译》1985年第2期。

《突厥语词典》是一部用阿拉伯语注释突厥语的解释词典,成书于11世纪70年代,作者为我国喀什噶尔(今"喀什")突厥语言学家马赫穆德·喀什噶尔,是其晚年客居塞尔拉苏丹国都城——巴格达期间编纂成的。1914年,《词典》的传世孤本——1260年抄本,在土耳其伊斯坦布尔被发现。《词典》约包含7500词条,内容极为广泛,为了解中世纪我国"西域"地区乃至中亚地区的社会、经济、历史、文学状况,提供了大量珍贵资料。在国外已有土耳其和苏联分别出版的土耳其文和乌兹别克文版的《突厥语词典》,我国1984年也已出齐三卷本维吾尔文版的,《突厥语词典》维文版的汉译工作业已完成。目前,我国在《突厥语词典》研究中存在的主要问题是:工作起步晚;研究人员素质较差;资料,特别是外语研究资料少;国内外学术交流不畅通等。

略谈安多藏语中的象声词 敏生智撰,载《青海民族学院学报》1987年第3期。

文章讨论了安多藏语象声词的类别、构成及民族特征。语言中凡是以模拟事物或动作的声音而构成的词均称为象声词或拟声词。象声词的作用主要是能够渲染文字中的音响,增加声势动态的描绘,不仅是一种构词手段,并且是一种重要修辞手段。安多藏语象声词分两大类,一是只模仿事物的声音而不代表发声物本身,如模仿风声;二是各种感叹词,代表各种不同感情的声音,如表惊讶的aha。象声调的构成主要是两字相连叠音。在不同民族语言里,不同民族的人们都以自己的民族情感摸拟各种不同的声音,所以表达声响的词也带有这个民族自己的特色。在汉藏翻译中既要忠实于原意又能结合民族特点。随着社会的发展,象声词也不断创新,因为象声词来源于客观世界的各种声音。从这个意义上讲,语言和翻译工作者可以根据不同的新的声音创造出相应的象声词以表达新生客观事物的音响。

略谈古代突厥语中的外来词 范耀祖撰，载《语言与翻译》1991 年第 1 期。

在古代突厥文献中，汉语借词为数甚广，有些词语明显属汉语词，有些词的来源并非汉语，但从词的语音和语义上看，还是从汉语中吸收后成为突厥人使用和交际的语言，保留于古代突厥文献中流传至今。还有些语词虽属佛学用语，来源于梵文，但是，是在汉语吸收梵文以后，突厥语由汉语中再吸收进来，并非从梵文中直接吸收。但也有由梵文直接吸收而来的。从古代突厥文献中的佛教术语来看，有些佛经的文献中尚有一些不属于汉文和梵文，而是来自粟特文，即粟特人传播摩尼教时早就使用的，以至后来信奉佛教随之而延续下来的语言。这些外来语随着突厥人宗教信仰的改变，尽管在当时佛教昌盛时期盛行了几百年之久，也必然随着宗教文化的发展，而逐渐失去了生命力，大多被取而代之。古代突厥语也吸收了阿拉伯、波斯以及欧洲等语言的词语。

略谈规则与例外 胡坦撰，载《民族语文》1993 年第 4 期。

藏语 a 元音在双唇塞音韵尾 p 前变读作央元音 ə。如 rəp^{11} ta^{52}（漫画）。但有例外，条件是在复合词第一音节里不变读，如 sap^{55} ta^{52}（地主）。原因是：（1）p 韵尾是第二音节古代复辅音的残留，对元音 a 不起作用；（2）其他方言和古代文字能证明第二音节复辅音残留痕迹。如藏文 bdag（所有），反之，第一音节单读无 p 尾，sa^{54}（土地）。元音 a、o、u 与 ə、ø、y 在喉塞音前和鼻化音、长音中相互对立，但在韵尾 p、m、r 前只出现后元音 a、o、u，分布上不对称。原因是历史上元音在舌尖辅音韵尾前前化，随着辅音韵尾脱落而形成独立的音位，并与有相似变化的非舌尖辅音韵尾前未变化的元音对立，同时，无韵尾音节和 p、m 之前的后元音未前化，产生不对称。文章列举拉萨藏语、其他方言和藏文例共约百例。文章强调了把发现规律和研究例外当作相辅相成的事，认为"今日之例外可能是昨日之通则，甲地之例外也可能是乙地之通则"。

略谈汉历干支纪时的藏文翻译问题 刘宝银撰，载《青海民族学院学报》1985 年第 4 期。

翻译汉历干支纪时的词或句，首先得明白什么是汉历干支纪时的问题。汉历的干支纪时法把一日分为十二时辰，分别用十二支替代。一个时辰等于 2 小时。规定晚上 11 点，即 23 点至次日晨 1 点为子时；1—3 点为丑时；3—5 点为寅时；5—7 点为卯时；7—9 点为辰时；9—11 点为巳时；11—13 点为午时；13—15 点为未时；15—17 点为申时；17—19 点为酉时；19—21 点为戌时；22—23 点为亥时。每个时段内，又分为初刻和后刻。例如 11—12 点称午初；12—13 点称午后。而初刻后刻又各有 4 刻，即每小时有 4 刻，每刻 15 分。当我们对汉历干支纪时法有了解之后，再来了解一下藏文中有没有与汉历相应的说法。藏文中有和汉历的干支、时辰、时段的相应说法，藏历中分一昼夜为十二时辰，也有十二时段的相应名称。翻译时，把两者对应达到"等值"即可。

略谈汉语中的突厥语借词 喻捷撰，载《中央民族大学学报》1994 年第 2 期。

一、汉语中突厥语借词的概貌。《汉语外来词词典》共收录突厥语借词 105 个，涉及面很广，其分类统计如下：宗教词 9 个；官司职 6 个；称谓 21 个；生活用品 11 个；食物 6 个；生产设施和工具 2 个；动植物 5 个；珠宝首饰 3 个；货币、度量衡单位 3 个；处所 3 个；其他物品 3 个；神话、传说 4 个；体育、音乐、舞蹈 20 个；民族节日 4 个；问候语 2 个；数词、形容词 3 个。二、汉语吸收突厥语借词的方式。译音，将突厥语词的语音和意义一起借入。以这种方式吸收的突厥语借词共 85 个，占总数的82%。译音加表意成分，突厥语译音词后加一个汉语词。以这种方式吸收借词12个。半音译半意译，以此方式吸收借词2个。三、汉语中突厥语介词的文化内涵。历史上突厥民族与汉民族有着很深的音乐文化交流。仅来自突厥语的乐器名称借词就有15个之多。

略谈蒙古语文 孙竹撰，载《蒙古语族语言研究》，内蒙古大学出版社，1996年。

（一）蒙古语是黏着类型的语言，它与突厥语族诸语言和满洲—通古斯语族诸语言出于同一祖语，属于阿尔泰语系。它们之间有着一些同源的语言成分或特征。蒙古语和我国土族、达斡尔族、东乡族、保安族语言及裕固族一部分居民所讲的话——西喇裕固尔语都是蒙古语族语言，它们之间的关系更为亲密，不仅有着相当数量的同源词，而且在语法结构和语音系统上，有着较严整的对应关系和共同性。（二）蒙古语是一个多音节的语言，在词汇中虽然有一些词是单音节的，但是总的看绝大多数的词是多音节的。蒙古语的词根结构比较简单，派生词构造就比较复杂，一般多是四五个音节。从现代蒙语的发展趋势看，由于词的非第一音节中的元音弱化进而失落或者处于两个元音间的辅音消失，造成某些多音节词向单音节词演变的情况。蒙古人民在其历史进程中与亚洲和欧洲及中近东的各族人民有过不同程度的联系，使得蒙古语里渗进了各种来源的借词。

略谈苗族的语言与文化 曹翠云、姬安龙撰，载《贵州民族研究》1991年第3期。

文章结合实例分两个部分论证了苗族的语言与文化。（1）从苗语词汇可看出苗族的历史文化痕迹。苗族先民经过了一段漫长的原始社会时期，包括原始族群、母系氏族社会、父系氏族社会到部落联盟的发展阶段。苗语的"门"与汉语的"窦"的联系；黔东苗语 nga^2 有"猎物"和"肉"两意；"父母"、"夫妻"等词，女性名词在男性名词前；湘西苗语把"大河"叫作"雌河"，以雌为大；以及黔东苗语父子连名的取名方式等可作上述的强证，这些语词都是苗族先民在原始社会阶段的历史与文化在苗语中所留下的痕迹。从苗族亲属称谓进行推理和分析，可以了解苗族的婚姻制。"嫂子、妻妇、儿媳"用同一称呼，这是原始社会群婚阶段的语言遗留；从"伯父（比父亲大）、叔父（比父亲小）"、"伯母（比母亲大）叔母（比母亲小）"的构词说明苗族历史的某一时期曾有一夫多妻制的婚姻形式。从造词心理的过程可窥见一个民族的文化状况。（2）从苗语看苗族纺织业与商品经济的发展状况。文章用"布、衣服、裹腿"同源的三例说明早在方言分化前纺织业已在苗族中兴起。苗语中"集市买、卖钱""尺、亩、升"等词说明，历史上商品经济发展较为缓慢而落后。

略谈苗族文字的历史发展——兼补《国外苗族的文字》一文 熊玉有撰，载《云南民族语文》1992年第4期。

该文拟对苗族文字的历史发展作一探索和分析，以为解决有关的一些问题提供一定的帮助。根据现有的关于苗族文字的材料，可将苗族文字的历史分作三个阶段。第一阶段为有关苗族文字的历史传说和文献，即为古代的苗文字，或者说是苗文字的萌芽时期。第二阶段为近现代国内外的苗族文字。有史可查的苗族文字，是到了近代以后。清末民初时期，在湖南湘西的苗族地区出现了几种方块苗文，主要用来记录和创作诗歌。中国沦为半殖民地半封建社会以后，外国传教士又创制了柏格里苗文和旁海苗文两种。在国外，近现代也出现了记写苗语的苗文。近现代苗语的文字形式有的属类汉字，有的属拼音苗文，每一种又可细分为不同的种类。第三阶段为当代国内外的苗族文字。在国内，由于新中国的法律规定少数民族有发展和使用本民族语言文字的权利，为苗族文字的规范和发展创造了有利的条件，同时国外苗族的文字也获得了极大的发展。作者希望苗文能促进苗族发展。

论阿尔泰语一些动词词干附加成分 波普撰，载《民族语文研究情报资料集》，中国社会科学院民族所语言室 1987 年第 8 期。

该文探讨了阿尔泰语系中一些动词词干附加成分的共同性。阿尔泰语的亲缘关系已被一些研究者所怀疑，有关语言的共同词被他们追溯到相互间的借用，在更多情况下是来自突厥语的借词。至今对阿尔泰语比较语言学的研究大多致力于语音和谐，极少从事形态对应研究。这表明了阿尔泰语理论研究的弱点，因为词汇比较和语音和谐不能足以最终和无可争辩地说明有关语言之间的亲缘关系，涉及词汇从理论上可以看作借词，而借词不取决于要借用的语言是否在借用前对有关概念有无自己的词汇。来自一种阿尔泰语的任何语词都可能被借入另一种阿尔泰语中。尽管在借词理论上还存在较困难的情况，有些研究者把共同词看作借词，并把蒙古语里的借词看作大多来自突厥语，但没有说明哪些突厥语是恢复古老形式的承担者，同时也没说明蒙古语何时从突厥语里借用了有关的旧形式。

论阿尔泰诸语言的亲缘关系问题及解决这一问题的方法 安德列耶夫·苏尼克撰，载《民族语文研究情报资料集》，中国社会科学院民族所语言室 1983 年第 1 期。

该文论述了阿尔泰诸语言的亲缘关系问题及解决这一问题的方法。长期以来，学术界对阿尔泰语言的亲缘关系问题一直有争论：以兰司铁、波普为代表的阿尔泰语系赞同者根据词语的语音对应规律和结构上的相似，认为阿尔泰诸语言有亲缘关系；以科特维奇为代表的阿尔泰语系反对者认为，阿尔泰诸语言由相互影响、词语借用造成类型上的相似，并无亲缘关系。解决阿尔泰语系的共同起源问题有两种方法：其一是以语系在发生学上的亲缘关系为依据的历史比较法；其二是不承认这些有亲缘关系，或认为无足够的论据来证明有这种关系的历史类型法。在对词汇进行历史比较研究时，不仅需要语义直接对应，而且词源联系、词义范围和构词模式也很重要。为了确定语言间的亲缘关系，必须充分清查它们的词汇材料，同时在外形方面要遵守严格的语言规律，而在含义方面则要依据可能的意义上的交互作用。

论阿富汗境内蒙古语族和突厥语族的语言及方言 李盖提撰，载《民族语文研究情报资料集》，中国社会科学院民族所语言室 1983 年第 2 期。

该文介绍了阿富汗境内蒙古语族和突厥语族的语言及方言。阿富汗境内的突厥诸语言出现得比较晚。从语言学分类的观点看，阿富汗境内的突厥语族诸语言有三种类型：克普恰克语、奥古兹语及土耳其语，它们都在一定程度上伊朗化了。这些突厥语族语言与阿富汗境外的相关语言和方言有着密切关系，但对这些语言和方言以前没有从语言学的角度进行过研究，直到 30 年代后半期才出版了第一部材料，此外，还出版过一部阿富汗境内突厥语族语言分类综合手册。阿富汗境内的蒙古语或蒙古各方言，比突厥语族语言出现得更晚，它们出现于蒙古人入侵的时代。对于阿富汗境内的蒙古语，长期以来众说纷纭：某些人把讲蒙古语的盟部都算作蒙古人，另一些人将可萨部落认为是蒙古人，一些人则把蒙古语说成是莫卡尔人或莫戈勒人的语言。对阿富汗境内蒙古语言的研究开始于 1838 年。

论《澳泰语》中的泰语例证 格德尼撰，载《民族语文研究情报资料集》，中国社会科学院民族所语言室 1986 年第 7 期。

该文对白保罗《澳泰语：语言和文化》一书中有关泰语的例证进行了检查。从以下几个标题对白保罗的泰语材料进行检查：（1）书目；（2）其他的论点；（3）考古学；（4）对声调的阉割；（5）意义；（6）同源词；（7）原始主义的简化论；（8）多头的词根；（9）封为贵族的私生子身份；（10）外来的入侵者；（11）不顾一切的手段；（12）构拟。通过对白保罗泰语材料的仔细考察，作者觉得他的材料更不可信了。特别是当白保罗描写一个来源或者他从现代语言引用一个词时，没有专门的现代形式，只写出它的原始泰语构拟形式，所以有时在研究现代形式时也是不够精彩而且靠不住。当然，这本书以作者的勤奋探求和他的大胆想象而给人留下深刻的印象。他的这两个品质对我们进一步了解东南亚语言史前史，无论在过去以及将来都是必不可少的。

论八思巴字 照那斯图撰，载《民族语文》1980年第1期。

八思巴字至元六年（1269）颁行，最初的名称为"蒙古新字"，不久改成"蒙古字"。用来"译写一切文字"。现有八思巴字资料证明，当年用八思巴字译写的语言有蒙古语、汉语、藏语、梵语、维吾尔语等多种语言文字。字母有41个。对个别语音用双字母。书写法原则有两种：一是语音学原则，一是传统原则，译写不同语言分别使用。八思巴字是拼音文字，而且是音素文字。八思巴字没有表示元音a的专门字母，a用元音字母的零形式表示。八思巴字有字头符、连接等专门的书写符号。它的书写单位是音节，自左往右竖写，没有标点符号。字体主要有楷体和篆体。八思巴字随着元朝的灭亡而逐渐被废弃，它的正字法，对每个具体译写的对象而言，都不完全适合，这是它消亡的内部原因。

论白土壮语中的"ka:i⁵" 韦家武撰，载《广西民族学院学报》1992年。

文章就白土壮语中ka:i⁵的语法功能和语法意义、属性及其渊源作尝试性的探微和考察。指出，当限定语是数量词、普通名词、代词，或中心语是含有指示代词的体词性词组时，限定性结构习惯上不用ka:i⁵作联结的媒介。而动词、单音节形容词、单音节重叠形容词作限定语，以及表示对作限定语的名词强调时，用ka:i⁵作联结的媒介。ka:i⁵可以放在实词或词组之后，构成"ka:i⁵字结构"，使整个结构形成一个相对独立的格式，表达一个相对完整的意义。ka:i⁵字还可以放在动词作谓语的叙述句句末，表示一定的语句，具有不同的语气作用和语气意义。ka:i⁵的属性应归入助词。ka:i⁵的语法功能和语法意义与汉语助词"的"有许多相同或相似之处，但它们没有任何亲缘关系。汉语粤方言、客家方言的kɛ⁵，语音、语法功能都与白土壮语的ka:i⁵极度相似，但是它们没有亲缘关系。白土壮语中的ka:i⁵不是借自古汉语的＊ka:i或现代汉语粤方言、客家方言的kɛ⁵。相反，古汉语的＊ka:i来自古越语，现代汉语粤方言、客家方言的kɛ⁵是由古越语的＊ka:i发展而来。ka:i⁵是壮语本身固有的，它源于古越语。

论白语的"声门混合紧擦音" 李绍尼撰，载《民族语文》1992年第4期。

该文是作者同美国语言学家艾杰瑞（Jerry Edmondson）教授用新的实验仪和FFT快速傅立叶变换计算方法Apple Macintosh苹果牌512K型电脑，仔细对白语进行分析，发现云南剑川白语有四种音质类型：一是普通音（modal），包括鼻化音（nasal）；二是紧音（tense）；三是气嗓音（breathy）；四是"声门混合挤擦音"。作者对"声门混合挤擦音"出现的条件和构成原理提出研究报告。法国人Dell曾出版了描写白语大理方言的专著，但没有描述"声门混合挤擦音"的语言现象。曾有学者认为它是"紧音"，标调值为21度。作者认为它不是紧音，调值应标为42度，并指出这种特殊音质所表现的特点有六方面。经过电脑的测试，确认了"声门混合挤擦音"的提法。作者对"声门混合挤擦音"音理构成作了表述,指出从喉头声带生理机构物理特性分析,与松元音、紧元音相比,"声门混合挤擦音"有五方面的特点。最后,作者认为白语的"声门混合挤擦音"在生理上有真假声带的混合,在物理上有擦音和挤音的混合,故名曰"声门混合挤擦音"。

论白语地名"昆明"和"大理" 杨应新撰,载《云南民族语文》1994年第2期。

白语称"昆明"为"日差"或"史差",意即"第二城"。昆明城是广德二年(公元764年)南诏国的风伽异建筑。蒙归义政建阳苴城的时间为唐开元二十五年(公元737年),比昆明城早27年。而其建筑就更早了。再者,当时的政治中心是大理,大理的阳苴城是国都,故然为"第一城",昆明城自然被称为"第二城"。白语称"大理"为"代乃"或"国很"。"代乃"就是汉语的"大礼""大理"的意思。"国很"即"国都"之意,这是剑川县白族对大理的叫法。因为他们居住地离大理比较偏远,而历史上,几百年南诏、大理国长期以现在的大理市为国都,而且城市建设方面也具有相当规模,所以,对于他们来说,视大理为"国内""国都"是很自然的了。民族语地名,是民族历史文化的活化石,丰富多彩的白语地名,含有很大的信息量,发展变化缓慢,具有多学科的学术价值。

论濒危语言的文献记录 徐世璇撰,载《当代语言学》2007年第1期。

语言文献典藏(Language Documentation)是语言学中正在形成的一个新领域。随着全球范围语言记录工作的持续进展以及在此基础上的不断总结和探索,针对记录和保存濒危语言资料的需要,新的理论原则和具有较高现代科技含量的方法论逐渐形成并趋于成熟。与通常以不同分支学科的研究为主要目的的语言调查不同,语言文献记录以严重衰退乃至濒临消亡的语言为对象,所注重的是真实详尽地反映这些语言的完整面貌,所要求的是将其记录下来作为人类文明共同遗产长期保存和共享。随着对濒危语言现象的重视和记录濒危语言资料工作的开展,世界各地很多语言学家都在进行语言文献记录的实践,这些实践经验和在此基础上不断总结形成的理论原则和方法论,同以往的语言调查和资料记录存在很大的差别,这些不同既体现在理论原则和基本方法上所具有的特殊性,也表现为在具体工作中同以往语言调查所存在的种种差异。该文从记录研究目的、调查研究对象、记录研究内容等多方面系统论述了濒危语言文献典藏的特点,提出整体性、可理解性、持久性的典藏要求,综合化、数字化的记录方法,并且阐述了文献典藏理论和方法在留存语言资料和文化遗产方面所具有的现实意义,在推进和拓展语言学研究方法方面的学术价值。

论濒危语言问题的普遍意义 徐世璇撰,载《人类语言学在中国——中国首届人类语言学国际学术研讨会论文集》,黑龙江人民出版社,2006年。

濒危语言问题仅仅关系到现在面临消亡的那部分语言吗?对于语言学界和社会公众、对于多数人语言群体,濒危语言问题有什么普遍性的意义呢?该文对此进行论证,提出了值得所有语言群体借鉴的传承传统语言文化的问题,和在现代社会倡导双语、重视人文生态环境保护的重要性。濒危语言现象所引发的问题,同经济全球化趋势中如何继承优秀的传统文化、保护语言文化多样性有密切的联系,是当代社会各个国家和族群在现代化进程中所面临的共同问题,具有重要的人文意义,应该引起全社会的广泛重视。

该文首先分析了具体的濒危语言、濒危语言现象、濒危语言问题三个概念的不同含义和内涵的不同层次,从具体语言的存亡和社会普遍的文化意识,通用语和地方语的关系,口语形式和语言的文化内涵这三个方面,提出濒危语言问题对全社会具有的普遍性意义。认为：（1）对待濒危语言的态度，不仅仅是对一种具体语言关心与否的问题，而是是否尊重人类文明成果的问题，是公众文化意识强弱的反映，是社会文明程度的一个标志。（2）现代社会中通用语和地方语相辅相成、缺一不可，充分认识运用双语的优越性，大力倡导双语道路，是在现代社会保持语言文化多样性的一条兼而得之的最佳途径。（3）口语形式和语言内涵的消长变化有时不完全一致，使用人数众多的大语言也有可能存在语言质量下降、文化内涵流失的情况，只有语言群体自身致力于语言使用水平的提高和文化内涵的传承，才能够使本族语言健康地发展。

论濒危语言资料的记录和保存　徐世璇撰，载《广西民族大学学报》2006年第5期。

濒危语言调查和语言资料的记录保存是语言学家当前面临的一项新任务，是语言学研究中具有时代特点的一个新领域。该文从任务的提出和实施、濒危语言调查、记录、留存及其语言学意义等方面进行论述，对濒危语言资料记录的特点、方法、目的、要求等做了理论性的阐释。调查抢记濒危语言资料，建立语言档案或语言数据库，尽可能及时完整地保存即将消失的人类文明遗产，是语言学家专业职责范围内迫在眉睫的紧要任务，近十几年来国际语言学界从多方面采取积极措施，越来越多的语言学家投入记录保存濒危语言资料的工作之中，采用文献和音像等多种形式记录保存濒危语言资料。

濒危语言的使用功能和结构系统已严重衰退，使用领域受限，社会功能退化；通行区域缩小，使用人数减少；固有规律混乱，结构系统消解，对于这种语言的记录是为了长久保存语言资料。语言的特点和语言记录的特殊性质使得濒危语言资料的调查和保存同一般的语言调查相比有其独特性，具体体现在选择调查合作者、调查地点、记录内容的要求更高，获取和整理语料的难度更大；语料记录的目的、内容和方法、资料留存的方法都有具体明确的要求。在积累语料、拓展研究理论和方法、扩展研究内容等方面，对于语言学的发展具有直接的促进作用。

论察合台文　李森撰，载《语言与翻译》1989年第2期。

对察合台语的定义，学者们尚无一致的看法，还是个不明确的术语。察合台文使用28—32个字母。在表达音节结构上有下述特点：纯属阿拉伯—波斯语源的词，其音节构成依阿拉伯—波斯文正字法拼写。阿拉伯—波斯语的词语所连接的维吾尔语后缀以及维吾尔语固有的词语，其音节构成依维吾尔语正字法拼写。有一部分维吾尔语固有的词语，受阿拉伯—波斯文正字法及回鹘文书写传统影响，其音节仅由辅音构成。语音和谐在文字上只反映在圆唇元音的作用而出现音变现象。某些古语词收尾的音仍保留其字母的原形。现代维吾尔语文是察合台语的延续，同察合台文有密切的关系。察合台文具有早期书面语传统的文学语言的超方言性。察合台语文的主要特点在于保留了12世纪以前的回鹘文书面语的传统，并渗入了相当一部分阿拉伯—波斯语源的词语。

论察哈台维吾尔语与当时维吾尔口语的关系　阿布都鲁甫撰，载《新疆大学学报》（维吾尔文）1989年第1期；《民族语文》杂志1992年第4期。

关于察哈台维吾尔语，大多数专家学者认为，古代维吾尔文学语言是察哈台维语的基础；察哈台维语的语音和语法是在古代维吾尔语的基础上发展形成的，只是在词汇方面借用了大量阿拉伯—波斯语词汇和一些表达方式而已。这些观点都是有充分根据的。但与此同时，也有一部分人认为，察哈台维吾尔语是"脱离口语的书面语言，毛拉们的语言，宫廷语言"。作者在该文中对这个问题提出自己如下的反驳见解："察哈台维吾尔语是脱离口语

论察哈台语中的第二十五个辅音"◇"
[ʔ] 阿布都鲁甫撰，载《新疆大学学报》（维吾尔文）1990年第4期；汉文版1991年第1期。

现代维吾尔语有24个辅音，而察哈台维吾尔语则有25个辅音。这第25个辅音就是"◇"[ʔ]音。这是使用了长达近6个世纪的察哈台维吾尔语时期，维吾尔语与阿拉伯语相互影响的结果。本文对察哈台维吾尔语中出现并能够普及的辅音"◇"[ʔ]以及后来其脱落或者演变成别的语音的原因做出如下解释：第一，察哈台维吾尔语时期，阿拉伯语借词中的eyn、elf和hemze三个字母都发过[ʔ]音。在长期使用过程中，由于该音发音时不顺口，使得这个辅音渐渐脱落了。正因为在当时它确实存在过，后来才脱落的，所以这个辅音原来所属的短元音音节，因为它脱落而变成了长元音音节。第二，在维吾尔语语音学中，在发音时不容易发清楚或者说话时不怎么顺口的那些音，渐渐地被容易发音或者对方能听清楚的语音所代替。维吾尔语的这一传统的语音特点对察哈台语中的辅音[ʔ]也产生了作用。这就是说，察哈台语中的[ʔ]音在现代维语的有些词中已演变为y音。第三，[ʔ]这个辅音并不是维吾尔人发不了的音，也不是在维语中从来就没有过这个音。第四，现代维吾尔人当中，在宣读古兰经、《圣训》（hedis）以及察哈台维文手抄本时，将带静符（sɑːkin）的eyn、elf、hemze字母仍然发成辅音[ʔ]者大有人在。

论次清声母在汉语上古音系里的音类地位
曾晓渝撰，载《中国语文》2007年第1期；《人大复印资料·语言文字学》2007年第5期全文转载。

文章从语言类型学的视角，通过对上古汉语音系构拟的理据的检讨分析，进而对上古汉语次清声母的构拟依据提出质疑。具体理由是：（1）现代世界语言的塞音分类格局以二分型为主，而二分型语言中又以清、浊对立的为主，中国语言的塞音分类格局亦然；（2）原始藏缅语、原始侗台语主要是清、浊声母的对立；（3）根据各家的古音构拟，中古汉语次清声母大多源于上古的清流鼻音、带前缀声母、复辅音等；（4）上古汉语经典文献中的"声变构词"主要是清、浊声母的变换；因此该文设想：先秦汉语音系里的次清声母尚不具备独立音类地位，汉语塞音声母的分类格局经历了上古清、浊二分（平衡）→中古全清、全浊、次清三分（不平衡）→近代官话全清、次清二分（平衡）的演变过程。不过，上古至中古汉语次清声母产生分化的条件还需要我们进一步深入研究。

论达斡尔、鄂温克、鄂伦春族人名与语言文化变迁及接触关系
朝克撰，载《黑龙江民族丛刊》1998年第4期。

文章以东北的达斡尔、鄂温克、鄂伦春为例，说明人名在不同时期的使用与当时社会条件有关。达斡尔人是最早从事农耕的民族，他们人名以与农业有关的居多。鄂温克和鄂伦春以狩猎和自然环境相关的居多。从17世纪30年代起，这三个民族受满族语言文化的影响，开始出现满语的人名。17世纪中叶，藏传佛教在东北发展，藏语人名非常流行。18世纪30年代，迁徙到内蒙古的达斡尔族和鄂温克族使用蒙古语人名的逐年增加。19世纪中叶，鄂伦春族和鄂温克族接触俄罗斯东正教，有相当一部分人使用俄文人名。这三个民族接受汉文化比较早，尤以达斡尔族最早，常见的有用达斡尔姓氏加上汉语人名。20世纪初，农区的达斡尔族、鄂温克族出现不用自己姓氏，全用汉名的情况。到了"文化大革命"期间，不少学生采用汉语人名。除此之外，在20世纪30年代日占时期，许多学生被迫改用日语名字。

论达斡尔语中的满语借词 丁石庆撰，载《满语研究》1990年第1期。

达斡尔语中的满语借词主要分布在政治、经济、文化教育、行政设置、官吏名称、兵器、宗教迷信、植物花草、动物、牲畜、鸟虫、节气、月份、亲属称谓、社会组织、生活等各个方面。满语借词以音译方式为主，并且发生了语音和语义方面的变化。文章在结论中认为：一、达斡尔族的传统文化结构中具有吸收与消化外来文化的机制。二、达斡尔语借用满语词汇的历史大致分为三个阶段：（1）17世纪初期。满、达两个民族开始发生直接接触。（2）17世纪中期至17世纪80年代。满、达两个民族在经济领域发生密切交往，满语的许多经济词语进入达斡尔语。（3）17世纪80年代至19世纪末。满达两个民族发生了全面而广泛的接触和交往。这一时期，满语极其强烈地影响了达斡尔语。三、满语词汇目前已作为一种底层语言保留在达斡尔语中，而满族文化也作为一种底层文化融合于达斡尔族传统文化之中。

论达斡尔族母语文化的物质层次 丁石庆撰，载《民族语文》1994年第3期。

该文简要论述了达斡尔族母语文化的表层——物质层次所反映的达斡尔族物质文化的主要特征。作者认为达斡尔族语言文化包括母语文化、双语（包括多语）文化和非母语文化三个子系统。根据史学界研究成果，作者确认达斡尔族17世纪前已是从事多种经营的定居民族并奠定了较高的经济文化基础，用达斡尔词汇系统中反映渔业（54个词语）、狩猎业（58个词语）、畜牧业（124个词语）农业（47个词语）、服饰文化（8个词语）、饮食文化（21个词语）等大量词汇论证了达斡尔族是历来保持以农业为主并重视多种经营经济生产模式的民族，在这种基础上其衣食住行等生活方式有多元性，这为达斡尔族积极吸收外来文化的文化品格的形式奠定了良好的物质基础。共用300多词汇实例反映了达斡尔族物质文化的主要特征。

论达斡尔族语言——兼谈达斡尔与蒙古语的某些异同 孙竹撰，载《蒙古语族语言研究》，内蒙古大学出版社，1996年。

达斡尔语属于黏着类型语言。由于达斡尔语既和蒙古语族诸语言，特别是蒙古语有许多相同的语言成分和特征，又和满—通古斯语族诸语言有某些同源成分或语词借用，因此，关于达斡尔语的系属问题，过去曾经有过不同的看法。有人主张达斡尔语是蒙古语族的一种语言或蒙古语方言，也有人主张达斡尔语属于满—通古斯语族。经过几十年来的中外学者不断研究，尤其是我国语言学工作者对达斡尔语进行了普遍深入的调查，从比较语言学的观点断定，达斡尔语是蒙古语族的一种语言。这不仅是因为达斡尔语与蒙古语有同源的、在语音或意义上有一定变化的词，占调查所搜集的全部词汇的60%以上，而且也因为在语法的主要方面，体词的"格"、动词的"时"，语序和语音系统上，都和蒙古语族语言有着较严整的对应关系和较多的共同性。

论大理白语和凉山彝语的异同点 杨应新撰，载《彝缅语研究》，四川民族出版社，1997年。

文章从比较白语和彝语角度讨论白语的系属问题。从白语与彝语辅音、元音、音节以及声调比较中看出二者的音位系统差别较大，如声调中21调在彝语属松调类，白语为紧调，彝语只有4个声调，白语的声调多到8个。词汇上，1018个词中相近的词有459个，占45.1%，但从严看，去除近现代汉语借词，则只有130个，占总数12.8%，完全有对应规律的只有13个。从数词、词的音节数以及亲属称谓词看，白语和彝语各自所具的特点是很明显的。语法上虽词序、虚词、量词等十分相似，但白语还有一些特点是彝语及彝语支语言不具备的，彝语主—宾—谓，白语主—谓—宾，形容词作定语置于中心词前后也不同。总之，从语言类型角度看，白语和彝语存在重大差别。结合白彝两族的历史情况分析，可以认为二者在两千年前就开始分化，所以白语是汉藏语系藏缅语族中和彝语支平行的一个语言，将其列为一个独立的语支即白语支似乎更妥当。

论德宏傣语的修饰结构　克原秀撰，载《民族学研究》1992年第1期。

此文以大量材料揭示了德宏傣语名词、动词、形容词修饰语的语序问题。一、名词的修饰语。名词的修饰语都放在名词之后；亲属称谓名词互相修饰时，中间要加 ti^8，如：父 ti^6 父（父亲的父亲）。指示代词要通过量词才能限制名词。两个形容词修饰名词时，表性质的紧接名词之后，接着才是表状态的形容词。动词修饰名词时，一般中间要加 an^1，如：菜 an^1 吃（吃的菜）。各类词修饰名词时有固定的次序：名词中心语＋名词（表性质）＋形容词＋代词或名词（表领属）＋数词（"二"以上）＋量词＋指示词（或数词"一"）。二、动词的修饰语。助动词修饰动词在动词之前。副词修饰动词时有前置和后置两种形式；否定副词（不）、单音范围副词（只）、表动作尚未发生的时间名词都放在动词之前，其余都在动词之后。三、形容词修饰语的大致情况和动词修饰语相同。

论调类在汉台语比较研究上的重要性
邢公畹撰，载《中国语文》1962年第1期。

李方桂《台语比较手册》收入"文献选目"。这是作者在汉台语比较方面重要的一篇文章。梅耶认为汉藏语和印欧语有根本不同的特点：单音节：多音节；有形态：无形态，所以历史比较法不适合汉藏语研究。作者认为固然不成字的形态单位在现代汉藏语里是不丰富的，但两者最根本的差异在于印欧语比较的基本单位是"词"，而汉藏语是"字"。除字义外，"字"有声、韵、调。声调体系（调类）是比印欧语多出来的东西，在比较研究方法论上跟印欧语的形态有同等的价值（后来作者改变了这个看法）。作者不完全同意李方桂在《龙州土语》中所定的借词标准，因为该文只是研究台语的特殊面貌，而本文是研究汉语和台语的关系。《龙州土语》借词表中存在复杂的情况。作者把龙州借字分三类，认为第1类（调类和汉语一致的）可能是同源词，而2、3类是真借词，因为它们大致服从所借语言的调值。在目前的条件下把汉、台两语调类的规则对应找出来，对汉台语语音学比较是关键的一步。论文列出一个12页的"汉台语调类对应表"，这个对应表用一系列汉台语关系字清楚地说明，汉、台两语的调类存在严整的对应规律。从表中也可以看到调类的对应不是孤立的，而是在声母、韵母对应的前提下。

论侗台语辅音韵尾的发展　石林撰，载《侗台语比较研究》，天津古籍出版社，1997年。

侗台语族包括台语、侗水语和黎语三个语支。在漫长的历史长河中，傣语、壮语、布依语、侗语和黎语里的部分方言的辅音韵尾不同程度地发生了变化。其发展变化的具体情形虽然不尽相同，但它们在发展中有着一些共同特点：（1）侗台语族的鼻音韵尾在发展变化过程中-m尾最易失落，-n尾次之，-ŋ尾比较保守。只有文山黑末话的-ŋ尾已经失落。（2）侗台语族诸语言的塞音韵尾在发展变化过程中，-k尾最容易丢失，-p尾次之，-t尾比较保守。（3）凡-m尾已经丢失的，-p尾也同时丢失，即两个闭口韵尾同时丢失。（4）塞音韵尾的失落与元音的长短有很大关系。有的塞音韵尾在长元音后容易丢失，但在短元音后却保留了下来。在声调方面，就共时表现而言，侗台语族的入声韵没有特殊的调值，也就是说入声韵没有单独成为一个声调。

论侗语声调的发展及其在侗歌中的特点
杨权撰，载《中央民族学院学报》1992年第

3期。

文章讨论了侗语声调分化发展的过程。侗语分南北两大方言,从声调看,大体可分为三个类型。六个舒声调四个促声调地区,七个舒声调四个促声调地区,九个舒声调六个促声调地区。侗语声调与声母的性质和发音方法有着密切的关系,历史上由于声母清浊使得声调发生分化,单数调又因声母的送气与否而发生第二次声调分化。双数调在各方言中具有相当完整的一致性,"清高浊低律"可以准确地推测和阐释各方言中的双数调词汇,但单数调词汇情况复杂,用清高浊低律无法做出满意解释。它们的不一致是由于原始母语中的前辅音引起的。有证据表明,这类词前置辅音并不是根词的一部分,而是一种独立成分。它们对声调分化有影响。第二次声调分化是从北部和西部侗语开始的,逐步扩散到周边,变化一般从第1调诱发的。促声调的分化也从北部开始、早于第二次声调分化,促声调的分化始于高调类。

论侗语形容词 石林撰,载《贵州民族研究》1985年第4期。

该文对侗语的形容词作了详尽的论述。作者把侗语中凡是能放入"$cci^5 + X + zhau^4$"或"$tji^4 + M + X$"公式中的词都认为是形容词。侗语的形容词大都是单音节词,合成形容词不多。单音节形容词一般不能单独充当谓语,带了语气词或宾语就能充当谓语。侗语形容词具有生动式特点,它是由形容词加语缀构成。加上语缀的形容词词汇意义和语法功能与原式形容词都不尽相同。形容词都是非谓形容词,而形容词的生动式是谓语形容词。在句子里形容词只能充当句子的定语、补语和状语;而形容词的生动式只能充当谓语。形容词生动式有 AB 式、ABB 式和 ABC 式三种。生动式包含着说者的感情色彩和量多面广的作用。侗语形容词能重叠,有 AA 和 AABB 两式。AA 重叠式只能充当句子的定语、状语和补语,AABB 重叠式主要充当状语。侗语形容词与动词具有很多相同特点,都能带宾语,一部分动词也具有生动式,但区别在于动词能进入"$taci^2 + M + D + kacn$"公式,形容词不能进入。

论多重文字现象 徐世璇撰,载《民族语文》1993年第3期。

该文对我国十多种语言中同时存在,或在一定时期内同时使用两种或两种以上、最多达到五种文字的多重文字的文字系统之间的差异、产生原因、并存类型、发展趋势和应采取的态度、措施等内容。提出多重文字之间的差异表现为四种情况,产生原因也有四种:民间自发产生和科学创制的文字并存,由于社会不同需要而分别产生几种文字,因方言差异而产生不同的方言文字,由于文字改革而出现两种文字;多种文字并存在使用中有互补型和重合型,它们的法律地位和社会威望也有不同类别的差异。文章认为多重文字的发展趋势主要由并存类型所决定,有的是暂时现象,有的将在相当长的时期内保持并发展。对于多重文字应以提高各民族文化教育水平为目的,以社会需求为依据,遵从文字发展的客观规律,分类指导或分阶段确定不同的态度和政策。

论俄语对中外哈萨克语的影响 丁石庆撰,载《跨境语言研究》,中央民族学院出版社,1993年。

俄罗斯文化以绝对优势影响境内其他少数民族。俄语也因此而推广普及,成为各少数民族兼用的族际语。因此,哈萨克斯坦哈萨克语中的俄语借词约占2000条。由于长期借用俄语词汇,哈萨克语语音受俄语影响出现一些变化,出现了一些新的元音搭配形式,冲破了固有的元音和谐律,但对语法的影响不显著。我国哈萨克语中俄语借词1000余条。大多数俄语借词均为单义词,即使借用的是多义词,也只取其主要义项。但是口语读音上有增音、替代仍保持哈萨克语固有重音特点。这些俄语借词的使用，给我国哈萨克语增加了词汇量，丰富了现代哈萨克语的表现力；增加或正在增加一些新的音位等。以上说明俄语对哈萨克斯坦哈萨克语和我国哈萨克语都产生了一定影响，主要基于以下几个条件：语言发展的需求；对俄罗斯文化的认同；语言内部要求统一和规范机制的制约。

论鄂温克语的动词　朝克撰，载《内蒙古师范大学学报》1986年第2期。

鄂温克语动词的语法特征：（1）态。鄂温克语动词有主动态、被动态、使动态、互动态和共同态等5种态形式。（2）体。包括完成体、进行体、未进行体、执行体、延续体、多次体、一次体、反复体、固定体、中断体、愿望体和未完成体等12种。（3）陈述式。分为现在时、现在将来时和过去时等。（4）祈使式。分为祈求式和命令式两种。（5）假定式。（6）副动词。分目的副动词、条件副动词、因果副动词、界限副动词、立刻副动词、紧随副动词、让步副动词、联合副动词和并进副动词等9种。（7）形动词。有现在时形动词、现在将来时形动词和过去时形动词3种形式。

论鄂温克语句子结构　朝克撰，载《满语研究》1989年第2期。

鄂温克语的句子主要由主语、谓语、宾语、补语、定语和状语等构成。其中主语和谓语是句子的主要成分，主语在前、谓语在后。（1）主语。主语可以由后缀各种附加成分的名词、代词、形容词、数词和形动词以及词组充当。名词作主语时，往往以主格形式出现；代词作主语的主要有人称代词和指示代词，反身代词和疑问代词也可以充当主语；形容词作主语时，往往以主格形式出现；数词作主语时，其后要使用助动词；形动词作主语时，其后一般要使用助动词；并列词组也可以充当主语。（2）谓语。包括陈述式谓语、副动词谓语、助动词谓语、名词谓语、形容词谓语、代词谓语、数词谓语、副词谓语，动词祈使式谓语里最为常见的是命令式和祈求式。（3）宾语。包括名词宾语、代词宾语、形容词宾语、数词宾语、形动词宾语；词组作宾语时，由表述、限定、并列、支配和修饰等词组作宾语的现象较多。（4）补语。有名词、代词形容词、数词和形动词补语等；词组作补语时，主要有并列、支配、修饰和限定等词组构成的补语。（5）状语。有行为、时间、地点、数量、目的、条件、程度和范围等8种状语。（6）定语。有名词、人称代词、形容词、形动词、数词和词组定语6种。

论方言——兼谈傣语方言的划分　罗美珍撰，载《民族语文》1993年第3期。

普通语言学给方言下的定义一般是"方言是一种语言的地方变体"，"方言是对全民共同语而言的，两者构成一种主次关系"。作者认为这个定义仅从语言结构本身出发，只看到方言的地域性和共时性。作者根据民族语言的情况对方言作了新的解释，认为方言是一种语言在时空上的变异产物。它是一种语言的支裔。方言具有地域和群体两重性质，而群体性是方言的本质所在。划分方言必须从群体入手结合语言变异情况来进行。根据这个原则，作者认为傣语和泰语虽然同源的基本词比较多，但两国人民长期生活在不同的国度，文化词多不同源，已形成不同的群体，应看作两种语言。在傣语内部，除了西双版纳和德宏方言外，作者还划分出金平和红金两个方言，并提供了划分这四个方言的人文、词汇、语音方面的证据。

论古白文的书写符号系统及其文字属性

王锋撰，载《大理学院学报》2004年第2期。

白文书写符号系统的构成及其历史发展，都表明古白文有着内在的书写和造字规律，是一种十分典型的汉字系文字，具有独特的文化价值。白文又称方块白文，是白族在历史上仿照汉字创制的一种民族文字,历史上称"僰文",形成于大理国时期,至今已有一千年的历史。对于白文有两种看法,一是认为白族没有文字,所谓白文是一种汉字记白音的现象。一种认为白族有文字,是有别于汉文的民族文字。学术界认为白文是有悠久历史的民族文字,但发展不够完善。白文书写符号有四个类型:一、汉字假借。二、汉字仿造字。三、汉字省略字。四、汉字变体字。

论古白文的夭折对白族文化发展的影响

马曜撰,载《云南民族语文》1989年第3期。

白族是一个有着悠久历史的民族,白族人民在长期的历史发展过程中创造了光辉灿烂的文化;早在南诏时期,白族先民就创造了自己的文字——"白文",明朝以后,由于中央王朝推行汉化政策,"白文"逐渐消亡。"白文"的消亡,在白族传统文化发展上产生了语言与文字断裂的现象,这一断裂极大地妨碍了民族文化教育事业的发展,也不利于白族地区的经济发展。白族与汉族从战国晚期开始就有了接触,汉文化对白族的发展和进步起了重大作用,但是这种接触是在封建王朝的民族压迫政策下进行的,因此不能不造成白族文化发展传承上的断裂,损害了白族文化发展的连续性,所以迅速创制和推行白文,成为实现白族地区四个现代化的当务之急。该文通过介绍白文的创制、发展、消亡的经过,以及它的消亡对白族文化发展的影响,旨在让大家认识到帮助少数民族使用和发展自己语言文字的重要性,只有做好这个工作才能保持和弘扬少数民族文化,推动民族地区经济发展。

论古代佤语的元音系统

周植志、颜其香撰,载《语言研究》1985年第1期。

该文用佤语三个方言语言比较讨论佤语古代的元音系统。从列举的三个方言的元音表中,可看出它们既有差异性又有共同性。最突出的差别是阿佤方言元音无松紧对立,而巴铙克方言和佤方言有松紧对立。主要共同性则在于复元音的组成上。撇开元音松紧的对立,观察到三个方言的单元音的一致性。根据这一点为古代佤语构拟了9个单元音。单元音后面都可以接-i、-u、-ɯ,前面可以接i-、u-、ɯ-,构成24个复元音,单元音复元音总计33个。这些元音后都可以出现-m、-n、-ŋ、-p、-t、-k、-ʔ、-h八个辅音。依照古代方言佤语的元音次序,逐一讨论古代33个元音在现代方言中的读法,以及方言之间形成的元音对应规律,把古代佤语元音和每个方言现在的元音读音的演变及对应关系,从五个方面做了一些综合性的补充说明。全文列举约200例,例词丰富。

论古越族在现代汉语闽南方言中的投影

严学宭撰,载《中南民族学院学报》1983年第1期。

文章首先根据史料论证瑶族是古越族的一支。然后将瑶语和闽南语进行比较,得出以下结论:古越族在现代汉语闽南方言的投影是从瑶语和闽南方言有些基本词读音的近亲相似和声、韵、调的共同演变趋向看出来,特别是调类相对应看得出来。其意义和声韵的相似,无论其为同源词或古借词,都反映两者有过一度融合的历史关系,然后逐渐扩散,随地而异形成今天共时变异的现象,而各有其音变规则,从而可观察出其未变、变化中和已变的不同层次的读音。作者列出98个瑶和闽南方言对应词用以说明问题。

论哈萨克语的量词

努尔尕布尔·苏里唐夏尔甫撰,载《语言与翻译》1985年第3期。

(1)量词的构成。所有的计量单位都属量词的范围,包括表示长度、面积、体积、容量等。表示限定事物性质的或与某事物有关的名词可作为量词;表示器皿的名词都可作量词;表时间的名词可作量词。固定量词包括单一型和复合型的量词。(2)量词的构成方式。通过在动词词根上加构词附加成分—M/EM/-₁M、-R/-AR/-ER 构成；在一些名词后加构词附加成分-DEK/-D₁K/-LEK/-L₁K 构成；静词和动词构成的量词的连用，并且静词修饰其后的量词而构成复合量词；量词重叠构成合成词结构的量词。（3）量词可分为专用和借用量词。（4）大多数情况下，量词总是和数词搭配使用，有些则可省量词。（5）在句子中作定语是量词的主要句法功能。此外，在形容词谓语前可作状语；有时在句子中可作谓语；在某些情况下可作句子主语。

论韩国语、满语元音和谐律松化的共性

赵杰撰，载《中国民族语言论丛（2）》，云南民族出版社，1997 年。

韩国语和满语共处在一个地理接壤的地区，两种语言都先后经历了相同的发展变化的道路。从文献资料看，同治、光绪以后的满语文元音和谐律松化，现代满语元音和谐律近于解体。朝鲜语的元音和谐自 15 世纪后半叶起开始动摇，到了近代朝鲜语（17—19 世纪的朝鲜语）则完全陷于混乱。从韩国语、满语单词内和词与词之间构词的元音和谐比较中可以发现，两种语言元音和谐律松化和解体的音变路径相似，而且引起两种语言元音和谐律变化的原因也基本相同。两种语言各自的语词却都在由长音节向短音节简化，复元音增加的趋势使得元音和谐律管辖的音节范围逐渐缩小。两种语言都是不断借用汉字音且又深受汉语影响的语言。

论"汉台苗语"调类的分化和再分化

邢公畹撰，载《语言研究》2003 年第 1 期。

这是作者生前最后一篇论文。1962 年发表《论调类在汉台语比较研究上的重要性》，该文是 40 年后写的专门讨论声调的文章，把苗瑶语加入，站在更高的理论水平上，论述了汉语、侗台语、苗瑶语同一的四声系统及其相同、相似的分化、再分化过程，说明原始"汉台苗语"是存在的。考古学铜石并用时代早期，藏缅语从原始汉藏语中分离后，汉台苗语形成统一的四声系统。藏缅语是非字调语。铜石并用晚期，原始汉语从汉台苗语中分离，侗台、苗瑶语也在相同、相近时期分离。以声母清浊为条件四声分化为八调。三语族是在四声，而不是八调时期分离。举《诗经》例说明，上古汉语无声调的说法是不可信的。四声分化后以声母送气、元音长短为条件引起声调的再分化。文章论述了汉台语现代调类形式，比较了汉台两语原始声调的分化和再分化，第 5 部分论述了苗瑶语族现代调类式及以全清、次清为条件的再分化（情况与泰语相同）。比较瑶族梁子话和广州话调类分化再分化（表）。该文 5.3 节举出具体调类对应的同源词，说明两语的同源关系。阴平 16 例，阳平 3 例；阴上 12 例，阳上 4 例；阴去 9 例，阳去 9 例；阴入 18 例，阳入 8 例（部分阴阳对应）。最后讨论"汉台苗语"声调的产生，提出一种简易可行的声调起源说——除入声韵尾外，-ʔ[喉塞音]尾产生上声；-h 尾产生去声。

论汉台语关系字的研究　邢公畹撰，载《民族语文》1989 年第 1 期。

提要说明写作缘由，以傣雅语 -a 和 aːi、ai 韵字（参考版纳、德宏和泰语）同汉语广州音、上古音比较，初步整理出对应规则。动用了汉语上古文献，遵循李方桂《汉台语考》的思路和方法，提出了汉台语关系字研究的理论框架。第 1 节概述了傣雅语词汇，分两个层次，（1）借词；（2）现代借词以外的词，4233 个词里有现代汉语借词 765 个。第 2、3 两节是该文的主体。第 2 节讨论傣雅 -a 韵字。分 3 小节：（1）跟上古鱼部对应的字（17 个）；（2）歌部（9 个）；（3）之部（5 个）。第 3 节，傣雅 - aːi、-ai 韵字。分 8 小节：（1）跟上古之部对应的字（10 个）；（2）微部（5 个）；（3）脂部（8 个）；（4）佳部（5 个）；（5）屋部（3 个）；（6）宵部（3 个）；（7）鱼部（4 个）；（8）阳部（3 个）。总共分析了 72 个同源字，从中可以看到比较严格的对应规律。以举字数最多的 2.1 节（台语-a 韵）为例，对应广州-u（有 5 个字）；广州-ou，北京-u（有 4 个字）；广州-a，北京-a（3 个）；广州 œ，北京-u（2 个）。此外还归纳了部分声母对应规律。该文实际是《汉台语比较手册》的框架，作者认为提出了一些规律性的东西。

论汉维语的回环修辞格 刘珉撰，载《语言与翻译》1992 年第 4 期。

（一）什么是回环。利用相同或相似的词语、词组或句子，前后相接，回环往复，反映两种事物不同的含义及其相互关系的修辞方式称回环。例：语言的美，美的语言。（二）回环辞格的形式。从形式上大致可分四种：单回环、双回环、换词四环、增减词四环。（三）回环的修辞意义及其应用。（1）用于表明两种事物或两种情况相互依存。（2）用于表明两种事物或两种情况相互对立。（3）用于夹叙夹议可抒发感情。（四）汉维语回环辞格的结构。（1）严式：上句和下句完全由同样的词语构成，顺读或反读，形式都很整齐。（2）宽式：上句和下句中间穿插进别的词语或四环句本身略有变更，形式不很工整。（五）汉维语回环辞格的异同。（1）汉语的四环多为主—谓—宾型。维语通常为主—宾—谓式。（2）汉语词素多为单个的字。维语是以词为单位。（3）维语词不能像汉语词那样首尾衔接。

论汉语第一人称代词的发展和蒙古语对它的影响 李作南撰，载《内蒙古大学学报》1993 年第 4 期。

在上古，汉语里常用的第一人称代词有"吾、我、余、予"等几个。在宋元时期的白话文里，第一人称代词除"我"之外，常用的还有"俺"和"咱"。"俺"是"我们"的合音字，"咱"是"自家"的合音字，"咱们"的合音字为"口昝"（咱）。它们都既可表复数，也可表单数。"我们"和"咱们"在宋元之前并没有什么区别，但后来却发生了重要变化：它们都只表复数而不再表单数（特殊用法除外）；"我们"成为排除式，"咱"或"咱们"成为包括式，是在元时受当时蒙古语的强烈影响逐渐形成和发展起来的。因为在古代蒙古语中，人称代词的第一人称有表单数的 bi，有表复数排除式的 ba，还有表复数包括式的 bida。汉语第一人称代词复数包括式和排除式的形成，在《蒙古秘史》的蒙汉对译中得到了最为明确的反映。汉语的"们"原先的主要作用是"指括"，而并不专表复数。"们"转为专表复数的语法成分，也是在蒙古语的影响下逐步完成的。

论汉语及壮侗语族诸语言中的单位词 张公瑾撰，载《傣族文化研究》，云南民族出版社，1988 年。

（1）单位词的意义、来源及其发展趋势。单位词在意义上表示某一种事物的单位。汉语的单位词大多是从名词发展而来，一部分则从动词转用而来；壮侗语族诸语言的单位词从本名词而来的居多。单位词的发展趋势是分工越来越精密化。（2）单位词有替代作用、联系作用、区别作用、规定作用和构词作用。（3）单位词具有关系连词的职能，可以充当替代词。（4）单位词可以演化为关系连词和替代词。（5）汉语中单位词与关系连词及替代词的关系表现为，单位词与关系连词的关系很密切，而关系连词又与替代词的关系很密切。（6）汉语中单位词的性质与名称问题。现代汉语中的单位词，实际上也具有关系连词与替代词的性质。

论汉语台语"关系字"的研究 邢公畹撰，载《民族语文》1989 年第 1 期。

台语是指壮侗语族壮傣语支诸语言。台语里有许多字跟汉语同一词项的字在音韵上相合或相对应。但目前要确定这些字是汉语借字还是台语原有的字还有困难，现在一律称为"关系字"。该文以傣雅语-a 韵和、-ai、-a：i 韵的字为分析对象，来论证汉语台语之间关系字研究的重要性。台语词形主要引证傣雅（tai2ja5），同时也列出西双版纳和德宏傣语及泰语（曼谷）作参照。泰语后注出原始台语声母拟音。构拟的声调用数字标在字的右上角。论证方法是，先找出汉语可以用来对应的字，再用广州话的说法，通过汉语中古音和上古音（用李方桂构拟形式）跟傣雅语（参照原始台语构拟形式）进行比较。汉语台语用例占全文篇幅78%。通过该文对部分汉语台语"关系字"的分析，就已经可以看出汉语台语亲缘关系的线索了。

论汉语文对朝鲜语文发展的历史影响

宣德五撰，载《中国语言学报》1995 年第 5 期。

朝鲜语文在历史发展过程中受到汉语文的深刻影响。汉字早在公元前后即已传入朝鲜。后来创制的朝鲜文音素字母形体结构酷似汉字的笔画，拼写时，以音节为单位，组成方块形。由于长期使用汉字，在朝鲜语词汇构成中逐步形成庞大的汉字体系。而汉语借词在其中占有中心地位，并且随借入的历史时期和来源的不同分成不同层次。汉字词和固有词在词义的表达上或修辞色彩、搭配关系上有所分工，形成了相辅相成的关系。通过汉字词体系的形成，朝鲜语在语音、语法上也受到汉语的一定影响，如朝鲜送气辅音的产生、元音和谐的衰退、复合式的汉字词里动宾、动补结构的出现、谓词 hata 虚化等就是具体体现。这些影响总的来说是积极的，并未破坏朝鲜语言的系统，而是在朝鲜语内部发展规律允许的范围内起作用，但也不可否认在局部、在个别的方面突破了朝鲜语固有的特点。

论汉语在哈尼语发展中的影响

段贶乐撰，载《中央民族学院学报》1989 年第 4 期。

该文以云南绿春县规东哈尼语为例，探讨汉语对哈尼语的影响。哈尼语借入的汉语借词，不同时期有不同的特点。老借词数量少，范围窄，而新借词数量多，范围广。借词的读音一般都符合哈尼语的规律和语音发展趋势。汉语词组有当作一个词整个借入的，也有作词组借入的。借入形式有引申词义、意译、音译加注、译音 4 种。汉语对哈尼语的影响主要表现在词汇方面。有名词术语、序数词和百分数词、副词、连词、介词、语气助词。新借词中存在与本族语词并存的现象。因借入汉语增加了四个辅音音位和两个元音音位，如 tj、thj、lj、f、ue、ua。出现 p、t、k、ts.、tç 声母与松元音拼合的音节，造成 p、t、k、tç、ts 分别与 ph、th、kh、tçh、tsh 相对立的状况，使原来的 5 个音位增加到 10 个音位。增加一个 24 调和一条新的变调规律。语法形式上的变化是修饰结构、四字格重叠式和动宾结构引入哈尼语。同样，哈尼语对借入的汉语借词从语音、语序和构词方式上加以改造使汉语借词哈尼语化。

论汉语中的蒙古语借词"胡同"

照那斯图撰，载《民族语文》1991 年第 6 期。

据张清常考证，汉语中出现"胡同"最早追溯到元代；他发现有关胡同的语源记载见于沈榜《宛署杂记》："胡同于元人语。"该文提供一些新资料为这一说进一步论证。（1）在藏蒙对照的《译解月光辞典》里对"井"作出了"大街"的解释；（2）明人茅元仪所辑《武备志》译语里收有"井"，译音是"苦都四"。这个译语后所引《蓟门防御考》中又有"井"，但其注音确与《武备志》同，竟然是"忽洞"，在语音结构上与"胡同"简直没有多少差别了；（3）事实上，"忽洞""胡同"等这种"井"的最早译音形式至今在内蒙古广大地区还有大量保留。如果把这三点与张清常的考察成果综合在一起，对"胡同"的语源和语义有足够的理由作出明确的结论，汉语的"胡同"就是来自蒙古语的"水井"。

论汉藏语系的"路" 黄泉熙撰，载《广西民族学院学报》1989年第1期。

文章认为汉藏语言的"路"一词是汉藏同源词，其声母是kl，构拟为 * klang。作者首先从汉字的偕声偏旁入手，论证了古汉语存在 kl 复辅音。如：同是用"各"作声旁的字现今读成两组音："烙、赂、骆"是 l 声母；"格、骼"是 k 声母。而同属于 l 声母的字"路、蓝"其声旁"各"是 l 母，"柬"和监是 k 母。由此可知这些字都来源于古时的 kl 声母。接着作者论证藏缅语言的"路"也是来源于 kl。在第三节里，作者从苗瑶、壮侗两个语族内部的比较得出 kl 的演变程式 * kl—kj—tɕ（j）／k。最后作者下结语说像"路"这种在汉语、藏缅、苗瑶、壮侗一致对应的词，不可能是借的，只能看作有共同的来源。

论汉藏语系语言塞音韵尾的发展演变
石林、黄勇撰，载《民族语文》1997年第6期。

辅音韵尾的发展变化是汉藏语系语言一个突出的演变特征。该文对汉藏语系语言所共有的塞音韵尾的结构特点、演变规律和发展方向进行研究，并从语音原理、地域特征和语言接触等方面探讨其发展演变的原因。（1）侗台语塞音韵尾的演变。从13世纪傣文文献和现在侗台语族国内诸语言的共时音韵面貌可以推断，它们在分化为不同的语言以前，也就是原始侗台语时期已具有整套塞音韵尾。①武定、缘春、金平和石屏的傣语塞音韵尾有了明显的变化。②壮语的大多数方言至今仍然完整地保留着塞韵尾。③布依语的大部分地区仍保留着整齐的塞音韵尾，有些方言发生了变化。（2）藏缅语塞音韵尾的演变。总体上看，在藏缅语族塞音韵尾的发展中，-k 尾最易丢失，-p 尾较稳固。（3）汉语塞音韵尾的演变。其演变并没有普遍适用的模式，各方言往往有自己独特的演变过程。

论汉藏语言的共性和类型 瞿霭堂撰，载《民族语文》1998年第4期。

该文对语言共性和类型研究进行再认识，选择新视角，研究新方法，倡导历史类型学。并根据汉藏语言的特点，选择塞擦音、声调、音节、虚词、形态、重叠、序位、异素等特征，加以参数化，作为语音和语法的综合参项，从共时角度研究和促进了汉藏语言类型学的建立。文章从语音、语法两个方面为汉藏语言选择综合倾向的参项。参项反映了汉藏语言整体的共性和类别性，而且具有描写的意义，能在一定程度上反映出汉藏语言的主要结构面貌，体现了语言共性和类型研究的一种设想，严格来说，无论在理论和方法上都带有实验的性质。汉藏语言共性和类型的研究刚刚开始，需要通过更加广泛的比较，进行多视角、多方位和多层次的研究，并与其他语言学的分类研究结合起来，从而建立科学的汉藏语言类型学。

论汉藏语言的声调 瞿霭堂撰，载《民族语文》1993年第6期。

文章对汉藏语言声调进行综合性研究，主要讨论三方面问题：第一，汉藏语言声调的性质、功能、结构、特点和类型；第二，汉藏语言声调的起源和发展，即声调的系统发生和个性发生；第三，汉藏语言声调的语音特征和音系学特征的关系，即声调在音系学中的地位、作用和处理方法。并提出汉藏语言声调有两个系统、三个层面、九个特点和功能转换的发生机制等新见解。汉藏语言的声调的特点是：多类性、羡余性、协变性、多元性。关于声调的发生与发展，汉藏语言的音节由声母和韵母的语音单位构成，声韵母的发展演变与声调的对应是研究声调系统发生的基点，如藏语声调的发生与声母清浊的关系、彝缅语言声调发生与韵尾和元音长短、松紧的关系。汉藏共同语没有声调，汉藏语言的声调是作为语音演变补偿手段的一种产物，是一种次生的语音要素。

论汉藏语言的声调（续） 瞿霭堂撰，载《民族语文》1994 年第 1 期。

此文是论汉藏语言声调的续篇。作者就如何确定声调的独立性和语言价值，在共生态声调的诸多因素中如何确定声调的地位提出了自己的见解。研究汉藏语言的声调既要研究声调的结构，也要研究声调的功能。两者密切相关，后者的研究要以前者为基础，前者研究要以后者为导向。声调作为单纯的音高特征是与音节共生的一种节律现象，作为自然状态的声调是有声语言所共有的。无声调的语言或声调功能小的语言都有一种固定的习惯音高（或习惯调）。如果把这也看作声调语言，就是混淆了自然状态的声调和语言状态的声调。声调语言的声调发生既是语音的变异，更主要的是功能的转化，即语音特征向区别特征转化。因此在确定声调的价值时必须考虑声调的功能和作用，像嘉戎语这种作用小而负担轻的声调只能是一种"临界声调"。文章最后提出 5 项是汉藏语言的声调在音系学中的选择标准。

论汉藏语言的形态 瞿霭堂撰，载《民族语文》1988 年第 4 期。

此文对汉藏语言的形态作了全面的探讨和概括。作者认为汉藏语言并不缺乏形态，而是形态丰富的现象在各语言中分布不平衡：汉、苗——瑶、壮侗诸语形态不丰富，多为构词形态；藏缅语言形态丰富，尤以藏语支为最。文章分析了汉藏语言形态的构成具有 6 个特点：音节性（形态成分大多是成音节的）、单义性（一个形态手段只表示一种语法意义）、局限性（形态手段的使用受到限制）、共生性（形态手段不具备独立的语法表达功能）、后置性（形态成分以在词根后面为主）、离散性（形态成分与词根结合得比较松）。作者列举了许多实例说明汉藏语言和印欧语一样充分使用了音素平面上的屈折法、音节平面上的附加法和词平面上的补充法、超词或句法平面上的重叠法作为形态手段。最后探讨了一些理论和实际问题：从概念上认清形态结构和表达之间的关系；区分内部形态与外部形态；形态与非形态；屈折变化与减缩变化；形态发生和发展的线索等。

论汉藏语言的音系学 瞿霭堂撰，载《民族语文》1996 年第 5 期。

音系学是语音学科中一门发展迅速的新兴学科。汉藏语言有语音功能性研究的优良传统，在理论和方法上对音系学的建立和发展都做出了重要贡献。该文从讨论音系学的基本理论和评介现代音系学入手，对汉藏语言的音系研究从理论和方法上进行综合的探讨。总结了汉藏语言音系学研究的特点，从研究原则、声调研究和声韵调分析法等三个方面阐述了汉藏语言音系学研究的贡献，并讨论了音素分析法和声韵调分析法、音素音位、区别特征、语音特征和语音结构的层级性、音位分析的多元性等汉藏语言音系学研究中的重要理论和方法问题，提出汉藏语言系统的五个结构和功能层次，及其相应的音元、音素、音组、音节和音联等结构单位和元位、音位、声位、韵位、节位和联位等功能单位的新见解。

论回鹘文 李森撰，载《语言与翻译》1990 年第 3 期。

回鹘文是古代回鹘使用的音素文字。亦称"回纥文"。从唐代至明代主要流行于今新疆吐鲁番盆地和中亚楚河流域。回鹘文是根据粟特文创制的。公元初在波斯—阿米拉文基础上产生的粟特文是回鹘文的基础。回鹘二字始用于唐贞元四年。回鹘文一直使用至 17 世纪。回鹘文因年代不同，各时期字母的数目也不尽相同。一般地说，不同时代的回鹘文字母最少约为 18 个，最多达 23 个。回鹘文中，5 个元音字母表示 8 个元音。字体分木刻印刷体与书写体两种，书写体又分为楷书与草书。楷书用于经典，草书用于一般文书。行款起初由右向左横写，后改为从左往右竖写。历史上，回鹘文对周围兄弟民族的文化发展有过很大影响。元代回鹘文为蒙古族所采用，形成后来的蒙古文。回鹘文在古代维吾尔人采用阿拉伯字母以前，使用很广，保存下来的文献较多，包括宗教文献、文学作品、行政公文。

论回鹘文献语言和突厥碑铭文献语言的差异 郑婕撰，载《西北民族学院学报》1997年第4期。

回鹘文献语言和突厥碑铭文献语言的差异分析：（1）语音差异。碑铭语言中的鼻化音nj在文献语言中变为舌面浊擦辅音j、b>m、b>w、d<j、r>0、g>0。（2）词汇差异。由于回鹘西迁后皈依佛教，文献语言中出现了许多梵语借词和西域当地民族语言的词汇；文献语言中的亲属称谓词变得丰富。（3）语法差异主要有：碑铭语言中名词用集合数形式表示的复数-z、-s、-n等为复数形式-lar；第二人称复数领属形式被-ngizlaer取代；-ning成为常见的属格形式；宾格-n只附加于带第三人称属词尾的名词后，-ni已开始大量使用；与格发展为-qa、-nga、-qaru；疑问代词可以起代词的作用；不再使用-tuz/-tyz这种形式的使动态；开始使用-qan过去时形动词形式；-pan/-paen副动词形式为-p替代；条件式-sar/saer中的r脱落，其后附简缩的人称形式；复数第二人称祈使式后附加-lar；陈述式时态形式开始借助-lar来表示主谓间的数一致关系。

论回辉话声调的形成与发展 郑贻青撰，载《民族语文》1996年第3期。

该文论述回辉话怎样由一个无声调的语言发展为一个有声调的语言的主客观因素。从与占语支语言的比较来看，回辉话最早没有声调，只有两类音调：浊塞音声母的音节读低平，其他声母的音节读中平。由于学习汉语文，汉语的四个声调，回辉话用两个调来区分。在促声韵方面，也因声母的清浊而分成高降和中升两个促声调。另外，由于-h尾的脱落产生一个高平调；-p、-t、-k、-ʔ的脱落又产生了中升、高降两个舒声调。最后又由于元音的长短，从中平调里分化出两个降调：浊声母读低降（21），其他声母读中降（32）。这样回辉话形成了7个舒声调，2个促声调。作者认为，由于回辉话有两类不同声母的音节，使它产生中平、低平两个音调，又由于辅音韵尾的脱落和元音的长短，产生另外几个声调。这都是它的内在原因。另外，在地区趋同力量的作用下，使它的声调具有某种特色（如下降调带喉塞音等）。

论解决我国语言民族问题的模式：双语制 刘吉昌撰，载《贵州民族研究》1998年第2期。

在我国这样一个多民族国家中，政治、经济和文化的统一发展要求一种统一的族际语言，以便于各民族交往联系，共同发展。各少数民族有自己的语言，民族的政治、经济、文化的发展要求民族语言的发展。从各民族人口及其分布特征、民族关系、社会经济文化发展的需要、双语现象等诸方面看，在我国实行双语制不仅有其必然性，而且有其可能性。实行双语制要求民族地区的少数民族学习汉语文，汉族学习少数民族语文。文章从民族人口聚居程度；方言、文字、族系意识；汉语熟悉程度等几个方面，分析了我国民族语言文字的复杂情况，决定我国双语制的两种类型：北方民汉兼通式双语制和南方民汉过渡式双语制。实行双语制，对民族发展和社会发展，实现民族语言平等，增强各民族人民的团结，巩固和发展国家的统一，增强其内聚力等都有现实的意义。双语制是解决我国语言民族问题的模式。

论景颇话和载瓦话的关系 戴庆厦撰，载《思想战线》1981年第4期。

文章认为景颇话和载瓦话是景颇族各支系中使

用人数最多的两种话，它们之间互相不能通话。对这两种话是否是一个语言的问题语言学界曾有过不同的意见。如何科学地认识这两种话之间的关系，不仅对语言学研究有一定的意义，而且对于研究景颇族的社会历史、民族形成都有一定的参考价值。文章通过二者的相互比较以及与亲属语言的比较，指出景颇话和载瓦话的共同点大多也是同语族相近亲属语言的共同点，这些共同点只能说明它们之间有亲属关系，不足以说明它们是同一语言的不同方言。而差异方面则涉及语言结构的基础部分，其程度超过了同相近亲属语言的差异，应属于不同语言的性质。两者是两种分属于不同语支的独立语言，并进一步考察了二者由于相互影响而出现的相同成分共同增长的发展趋势。

论景颇语和载瓦语的关系 戴庆厦撰，载《云南民族语文》1991 年第 3 期。

景颇语和载瓦语是一种语言还是两种语言，学术界曾有过不同的看法。如何科学地认识景颇语和载瓦语之间的关系，是汉藏语系语言研究工作中一个亟待解决的问题。文章的作者通过对景颇语和载瓦语的对比研究，特别是和同语族其他亲属语言的比较研究，认为景颇语和载瓦语是两种不同的语言。景颇语和载瓦语之间的差异性，决定它们是两种不同的语言，它们之间的差异主要表现在基本词汇上，以及在语音对应关系上。在基本词汇上，它们之间的同源词少，异源词则大大超过了同源词；在语音对应关系上，两种语言的语音对应规律很不严整。但载瓦语同其他亲属语言相对比，在基本词汇上，与其他语言的同源词较其与景颇语的同源词多，语音对应也较为整齐。而景颇语与载瓦语的共同点大多是同语族相近亲属语言的共同点，又能说明它们之间有亲属关系，说明它们是两种语言。文章还进一步考了察二者因相互影响而出现的共同增长的发展趋势。

论景颇语和载瓦语的关系 傅良臣撰，载《云南民族学院学报》1988 年第 1 期。

文章从语音、语法、词汇几个方面论述景颇语和载瓦语的共同性和差异性。又将两语言与亲属语言进行比较，经归纳分析后指出景颇语和载瓦语的共同点大多也是和同语族相近亲属语言的共同点。而这些共同点只能说明它们之间有亲属关系，却不能说明它们之间是同亲属语言的不同方言。然而它们的差异方面则涉及语言结构的基础部分，其程度超过了相近亲属语言的差异，应属于不同语言的性质。

论景颇族的支系语言 戴庆厦撰，载《民族研究》1987 年第 3 期。

文章指出景颇族内分五大支系，不同支系都有自己的语言。不同的支系有什么特点，相互间存在什么关系，是该文所研究的问题。文章先介绍景颇族不同支系使用语言的情况，以及这些语言的系属分类。然后具体分析支系语言的使用存在稳固性、兼用性两个主要特点，其中的兼用性特点反映景颇族在形成统一民族后的进一步融合。最后分析了景颇族支系语言的发展问题，认为这种发展主要表现在语言兼用和语言转用的现象日益增多、语言影响的范围日益扩大两个方面；并认为景颇族支系语言的统一不可能通过语言影响来实现，而语言转用则是统一景颇族语言的必经途径。并指出研究景颇族支系语言使用特点的目的是探讨一个使用多种语言的民族，社会的因素是怎样影响不同语言的使用和发展的。

论"跨境语言" 戴庆厦、傅爱兰撰，载《跨境语言研究》，中央民族学院出版社，1993 年。

在我国 55 个少数民族中，使用语言属于跨境语言的民族有蒙古、藏、维吾尔等 30 个民族。这些民族所使用的跨境语言有的只跨两个国家，有的则跨好几个国家；使用人口数不一，有的是境内比境外多，有的是境外比境内多；大多数跨境语言名称一致，而少数则不一致。研究跨境语言对研究跨境民族的族源有重要意义。另外跨境语言的变异来自两个方面，一是变异的性质如同方言、土语的差异，二是由于社会环境不同而造成的变异。分为词汇变异、语法变异、语音变异及语言风格的变异。这些变异中尤以词汇上表现最为明显。其中最突出的是由于所相邻的主体民族不同或接受文化影响的民族不同，借词的来源出现不同的特点。如跨境的景颇语在新词术语的借用上，中国景颇语借用汉语，而缅甸景颇语多借用缅语、英语。同样使用的文字也会像语言一样出现不同程度的变异。另外跨境文字的相互关系往往呈现出同一性和差异性。二者制约文字形成和发展，又根据文字的内外部的条件调节对文字的影响。

论拉祜语四音格的构成及作用
刘劲荣撰，载《云南民族语言文学论文集》，云南民族出版社，1990年。

拉祜语中存在着大量的四音格词汇，它们不仅广泛运用于日常生活中，也大量出现在古诗歌词等文学作品中，起着不可替代的重大作用。该文分析论述了拉祜语四音格词的构成及其作用，旨在让广大读者了解掌握拉祜语四音格词的构成、特点、作用，领略其独特魅力，更准确地学习或研究拉祜语。拉祜语四音格的构成，主要从语音结构、构词方式上分别予以了分析论述；其作用主要是从四音格在拉祜族原始宗教和古诗歌等文学作品中、在拉祜族翻译用语及日常用语中所起的作用加以论述的。拉祜语四音格词从某独的称词方式、使用方法和作用，丰富了拉祜语词汇，增强了表达能力，使拉祜语显得更加灵活、生动、形象，因此研究拉祜语的四音格词有助于我们全面认识研究拉祜语词汇；另外，由于四音格词广泛运用于送葬、叫魂、驱鬼、祈福等活动和祭祀用语中，因此它也是拉祜族文学史、民族学、语言学、美学和历史学等多种学科研究的不可多得的宝贵资料。

论量词的功能与演变——汉语景颇语量词比较
戴庆厦、蒋颖撰，载《藏缅语族语言研究》（四）。

该文通过景颇语与汉语的共时比较，论述汉藏语量词的功能与演变。认为景颇语与汉语量词的异同属于类型学性质；二者在发展上处于不同层次；其语序的不同制约量词的产生、演变不同特点。

论龙果夫的《八思巴字和古官话》
赞用明撰，载《青海民族学院学报》1995年第1期。

苏联龙果夫教授发表的《八思巴字和古官话》，应用八思巴文的汉字对音来研究元代汉语的音韵系统，把八思巴文跟汉语音韵史的研究联系起来了。龙氏对于元代汉语音韵的构拟起了很大的作用。这篇文章所发现的要点就是"在舌根声母后头［ei］［i］"两音的区别和声母的不同。龙氏所构拟的"古官话"声母共有35类。这35类"古官话"的声母照八思巴对音实际只有31类，照组二等庄、初、崇、生的分立是龙氏根据古汉语声类所构拟的。关于古汉语和"古官话"声类最显著的不同共有5点。从八思巴对音考证出来的元代汉语声类，也和汉语音韵史上许多地方相合。龙氏忽视八思巴对音，仍然把庄、初、崇、生拟作 ts、ts'、dz'、s，这是全无根据的。《中原音韵》的声系正齿音的二三等是不分的。不单八思巴对音二三等共用一个字母，就是《洪武正韵》也没有把庄、初、崇、生分立。

论满语的复合谓语、副动词做状语及连动式
江桥撰，载《满语研究》1986年第1期。

满语中的复合谓语、副动词做状语和连动式尽管不是十分复杂的句子成分，但由于它们在形态上基本相同，都是去掉动词词尾-mbi，在其词干上加-me 或-fi，能带宾语，所以不易区分，常常影响对句

子意义的理解。该文将复合谓语的概念范围缩小到复合动词做谓语、副动词做状语定在副动词修饰动词做谓语的范围中。复合谓语和副动词做状语的区别在于复合谓语中的动词之间结合紧密，不能插入任何成分；而副动词与它所修饰的动词之间可以插入其他成分；动词的词尾只能是-me，而不是-fi；副动词的词尾却是-fi、-me 都有。复合动词谓语和连动式的区别在于：前者是主语发出的一个动作；后者是一个主语发出的几个动作。副动词修饰动词是主语发出的一个动作；连动式是一个主语发出的几个动作。

论满语的元音和谐——兼论元音和谐不同于语音同化 李永海撰，载《民族语文研究》，四川民族出版社，1983 年。

文章主要描写了满语的元音和谐现象。元音和谐是阿尔泰语系语族的语言中所共有的特征，有的比较严整，有的不太严整。满—通古斯语族中的满语有元音和谐，但不太严整。就词根与词干内部的元音和谐构词附加成分与语法附加成分的元音和谐对比来看，前者比较严整，后者不太严整。满语中的元音和谐有以下几个主要特点：（1）词根和词干内部的元音是比较严整的，只有少数不严整；（2）阳性词和阴性词中都有唇状和谐，但不太严整；（3）构词附加成分和语法附加成分的元音和谐不严整，尤其是由中性元音构成的阴性词的附加成分更为复杂一些；（4）有些构词附加成分和语法附加成分是固定不变的，没有元音和谐；（5）在附加构词和语法附加成分时，词根和词干后有辅音 n 的，多数要脱落。

论满语动词 se-"说"与维吾尔语动词 dɛ-"说"在功能上的共同性 力提甫·托乎提撰，载《突厥语言与文化研究》，中央民族大学出版社，1996 年。

满语 se-"说"和维吾尔语 dɛ-"说"在功能上有共同性，两者可能有共同来源。（1）形态上的相似。作为动词，两种语言的"说"都按各自动词变化系统的规律发生词形变化，主要表现方式为：完成副动词、未完成副动词、完成形动词、未完成形动词、名词化、条件式、让步副动词、命令式、愿望式、祈使式（一）、（二），这种变形具有共同性。（2）功能上的相似性。主要表现为：表示最基本的词汇意义"说"；满语 se-的未完成副动词形式和维吾尔语 dɛ-的完成副动词形式都可作为引语标志，这是它们最重要的功能之一；在一个引语后面出现时，其后出现的不是一个交际动词，或者任何动词都不出现；都可用来表示某种特殊事物的名称；其前出现一个愿望式动词时，两者在各自语言里都表示一种愿望或决定。因为这两个词有共同的来源。

论满语动词的形态变化 王庆丰撰，载《满语研究》1987 年第 1 期。

该文主要对满语动词常用的一些基本形态变化作了初步归纳和分析。（1）态。主动态的形态标志为"零"；使动态为-bu；被动态为-bu；相互态为/-nu/-ndu/；共同态为/-nu、-ca、-ce、-co/；方向态为/-na、-ne、-no/-nji/等。（2）体。进行体为-me bi；完成体为/-ha bihe/-habihebi/等；未完成体为/hai、hai、hoi/等。（3）式。陈述式肯定形式是用动词原形-mbi 表现，将来时用/-ha、-he、-ho/等表过去时，用/-raku、-haku/等表否定形式；祈使式志愿式为-ki；祈使式命令式为词根形式，/-o、-so、-jo、-fu/等，/-ki、-rao、-cina/等；祈使式允许式为/-ki-ni semi/；疑问式为/-o、-kun/等。（4）副动形式。并列副动为-me；紧接副动为-fi；条件副动为-ci；让步副动为-cibe；连续副动为/-hai、-hei、-hoi/等。（5）形动形式。其形态标志有/-ha、-he、-ho/等。（6）动名形式。其形态标志为/-ra、re、ro/等。（7）否定形式。未完成体否定形式的标志为/-raku/-rakungge/；完成体否定形式的标志为/-kaku、keku/等。

论满语判断句 沈原撰，载《满语研究》1989年第1期。

满语的判断句没有判断词。肯定判断句的基本表现形式为：主语部分+谓语部分；否定判断句的基本形式为：主语+谓语+否定副词waka。肯定判断句有六种表现形式：（1）由主语部分和谓语部分构成，中间没有任何词；（2）主语部分+谓语部分+inu、be等；（3）主语部分+oci+谓语部分；（4）主语部分+oci+谓语部分+inu；（5）主语部分+seci+谓语部分；（6）谓语部分是"名词+动词ombi"的结构。否定判断句有两种句子表现形式：（1）主语部分+谓语部分+否定副词waka；（2）主语部分+oci+谓语部分+否定副词waka。满语的判断句有以下四个特点：（1）从谓语的性质来看，判断句中的谓语都是由名词、名词性词组，或动名词词组来充当的；（2）从结构上看，判断句一般由主语和谓语两部分构成；（3）如果主语是人称代词（或有人称代词的并列词组）、指示代词，则主语后面往往不加serengge、oci等词；（4）谓语前如有inu"也"、geli"又"、gemu"都"、yala"诚然"、yargiyan i"确定"、uthai"即"、teni"才"等副词，则主语后一般不加serengge、oci等词。

论满语形动词和动名词 清裔撰，载《满语研究》1991年第2期。

（1）形动词。现在—将来时在动词词干后分别接缀ra、re、ro；过去时在动词词干后分别接缀ha、he、ho、ka、ke、ko；现在—将来时否定式是在动词词干上接缀raku；过去时否定式是在动词词干上分别接缀haku、heku、hoku等。此外，还有以le、me结尾的特殊形动词。形动词可以接受副词和副动词的修饰，还可以通过一定的格助词与前面有关词形成各种句子结构，并在句子中充当定语成分。（2）动名词。其构成方式有两种：一种是由形动词构成；一种是在第一种构成形式的后面接缀ngge，即rangge、rengge、rongge、hangge、hengge、hongge、rakungge、hakungge、hekungge等。由于两种不同形态的动名词在句子中的语法作用不同，亦可将第一种称为短尾动名词，将第二种称为长尾动名词。短尾动名词在句子中只能用来充当宾语或补语；长尾动名词则可充当句子的主语、谓语和直接宾语等。

论蒙古语外来词拼写规则 芒·牧林撰，载《民族语文研究文集》，青海民族出版社，1982年。

作者探讨了《蒙古秘史》问世以来，蒙古语吸收改造外来词的基本经验，比较系统地总结了蒙古语外来词的拼写规律：（1）依据蒙古语与外来词的语音对应规律处理；（2）按照蒙古语语音和谐律处理；（3）按照蒙古语音节构成规则处理；（4）外来词的重音用长元音处理；（5）对辅音[r]起头的词的处理——在其前加适当元音，以顺应蒙古语的习惯；（6）词首辅音[f]、[h]、[n]的脱落；（7）词尾[ng]辅音脱落；（8）舍弃词尾辅音后边的短元音；（9）词形和读音上与蒙古语原词区别处理——调换某一符号或某一读音，使它们从形式上或读音上有所区别；（10）将复杂、难写、难读的外来词简化处理。将外来词加工拼写成"蒙语化"将有利于蒙古语文的规范和丰富发展。

论蒙古语言文字的历史作用 舍那木吉拉撰，载《民族语文》1991年第1期。

该文着重论述了我国蒙古语言文字的历史地位和作用。文章首先从蒙古语言的使用人口、分布特点、文字历史以及党的民族政策和语文政策等各个角度出发，探讨它的社会交际功能。其次论述了蒙古语言文字对于蒙古民族智力开发的历史作用。认为在我国蒙古民族中开发智力、提高民族文化素质，蒙古语言文字有着其他语言文字不可替代的作用。再次论述蒙古语言文字对于民族之间交流思想感情和促进民族团结的历史作用。文章认为，蒙古语言文字将在相当长的历史时期继续繁荣发展，为蒙古民族的政治、经济和文化的发展发挥历史性作用。文章最后指出，在民族语言文字工作中，要注意防止发生两种错误倾向：一是客观条件允许办的而不办；二是客观条件不允许办的也要办。这两种做法都不利于民族语言文字的使用和发展，不利于民族团结。

论蒙古诸语言中长元音的音位变体　桑席耶夫撰，载《民族语文研究情报资料集》，中国社会科学院民族所语言室1984年第3期。

该文探讨了蒙古诸语言中长元音的音位变体。在蒙古诸语言中，长元音按其音长区分为超长元音、长元音、短元音和弱化元音，这些在音位学上已阐释清楚了，但对于蒙古语元音的这种四分法在语流的孤段结构系统方面的意义，尚未进行过研究。蒙古诸语言中的长元音在发音时不可能没有声调的提高，而超长元音和短元音却相反地在发音时不可能有声调的提高。超长元音和长元音是同一个音位的音位变体，它与同一个短元音音位的短音音位的变体和弱化音位变体相并立的情况是一样的。因此，读长元音时提高声调是因其所处的位置决定的，而并非为了与超长元音相区别而由音位效能造成的。弱化元音的音值完全取决于前面音节中非弱化元音的音值。在蒙古诸语言中，元音的四分法，第一类和第二类元音是长元音音位的变体，而第三类和第四类则是短元音音位的变体。

论蒙古族的文字　孙竹撰，载《蒙古语族语言研究》，内蒙古大学出版社，1996年。

（1）现行蒙古文。现行的蒙古文已有700多年的历史，随着语言的发展变化，经过前人多次地改进，已经成为相当定型化的拼音文字。蒙文是从阿拉美字母到粟特字母、到畏兀儿字母，再到蒙古字母，递相演变出来的一种文字。现在的蒙文字母表是由31个字母组成的，其中包括7个元音；24个辅音字母中的最后7个是专门用来拼写借词的。蒙文字母没有大写和小写的区别，只有手写体和印刷体之分，两者的形式大体上是一致的。蒙文是以词为单位拼写的，字母的笔画比较简便、易于书写。中华人民共和国成立以后，随着政治、经济、文教、新闻出版事业的发展，蒙古语文的使用范围相应的扩大，在学习使用当中对蒙古文又进一步地加以改进，把表示某些语法范畴的附加成分和一部分词的旧写法改为口语化写法。（2）蒙古族在历史上曾使用过的文字。1240年成书的《元朝秘史》，现在可以见到的是用汉字注音书写形式流传下来的。

论孟—高棉语与侗台语的"村寨""姓氏""家"的同源关系　王敬骝、陈相木撰，载《民族语文》1982年第3期。

该文对孟—高语与侗台语的"村寨""姓氏""家"这三个词的关系作了探讨，为探求孟—高棉语与侗台语的这些词之间的同源关系，作者换上另一些词，或者，把其中的有些词另外排列分为九组加以比较，发现在语音上存在着明显的对应规律。作者再把九组语音上有对应规律的词，按它们现在的词义分成两类。第一类：1. 祖父、祖先—氏族、姓；2. 氏族、姓—姓化；村寨—姓化；家，住宅—家、住宅；3. 竹筒；姓氏—家族，瓢；竹筒—竹筒；4. 葫芦。出—洞；第二类：5. 耕地—村寨；6. 田；地方—丛林；栅栏—村寨；7. 耕作或放牧范围—周围、附近—村寨；8. 村寨—院、馆；9. 仓禀—家、住宅。从词义上的关联和演变加以分析。通过分析，发现上述列出的这些词，不但在语音上存在着严整的对应规律，而且，在词义上也是对当的。这样的一些词，显然可以肯定为同源词。

论缅彝语的称代范畴　李永燧撰，载《中国语言学报》1995年卷七。

该文初步考察了缅彝语群 10 多种语言的人称代词和指示代词，描述它们的基本特征，探讨它们在发生学上的关系。证明了第一、二人称代词各语言同源，并可上溯到原始藏缅语以至原始汉藏语。第三人称代词后起，来源不同。人称代词的表数形式有词根屈折变化的，但多是添加表数后缀，来源也不同。人称代词格形态变化主要见于单数人称，但也往往同复数人称一样兼同格助词，语序也起作用。格助词来源不一，早期无格形态变化。关于人称助词，指出桑孔语第一人称语尾助词与西夏语很相像，与景颇语也有相同之处。傈僳、拉祜、基诺、哈尼的陈述语气助词在语音上与第一人称代词有一定的联系，疑其有渊源关系，首次指出所谓代词化现象在缅彝语中的反映。缅彝语指示代词除指示远近外，还有位置、方向性特征。有的语言第三人称代词与远指的指示代词重合。全文有缅、彝、阿昌、载瓦、哈尼、傈僳等 12 种语言有关词语用例。

论苗瑶语名词范畴化手段的类型 李云兵撰，载《民族语文》2007 年第 1 期。

名词范畴化是名词范畴的特征化。苗瑶语量词属数词分类词，具有类别词的功能，前缀属词汇性分类成分，具有类名词的特征。苗瑶语量词、前缀是名词范畴化手段的两种类型。全文分四节：一、苗瑶语名词分类范畴的类型；二、词汇性分类成分与名词范畴化；三、数词分类词与名词范畴化；四、结语。

论苗语方言现状及其形成 曹翠云撰，载《中央民族学院学报》1989 年第 3 期。

该文讨论苗语各方言的主要相同点和不同点以及黔东方言的形成。苗语各方言在语音、词汇和语法上存在着很多的相同点，这说明三个方言是由一个共同的语言分化而成的。各方言的主要不同点使黔东与其他两个方言差别较大，湘西与川黔也有差别，故形成三大方言。文章从语言内部的发展规律和外部的客观影响探讨黔东方言的形成。内部演变规律是鼻冠音、复辅音的消失，以及词义的演变。外部的客观影响是黔东方言增添了 rr 声母；黔东方言有一套送气擦音；黔东苗语无连读变调现象；黔东苗语部分词与其他语言通用。与汉壮侗语通用的例子举了 22 个。还列举了 20 个例词，这些词既不和湘西、川黔滇方言相同，也不和汉语相近，它们有的和壮语或布依语相近，但与侗语相近似，甚至相同的更多。可见苗语黔东方言的形成与壮侗语族语言，特别是与侗语有较密切的关系。

论民俗语言 马学良、李耀宗撰，载《中央民族大学学报》1994 年第 5 期。

语言学的理论和方法，对研究民俗学有启发作用，如组成语言的词组，有自由词组、固定词组，前者可以自由变换组合成分，后者组合关系不变。同样，各地民俗中的送寒衣、中秋节、春节等，通过语言表现民俗内涵，一般都有一个或几个以不同的传统故事为根据的固定词组，不能增减变换。如果变换了，内涵也就不同了。其他如语言学中的分类、历史比较语言学，以及语源的考证等科学方法，对民俗学的分类、比较民俗学、语俗考源等都有重要的参考价值。反之，研究一个民族的语言也离不开民俗。语言与民俗的关系如影随形，密不可分，而且语言的生命力比民俗更长，很多古代的民俗不见于后世，但从古籍记载的民间口语中仍可窥其端倪。语言与民俗的交互作用，可以有相得益彰的效果，因而语言民俗学学科的建立是很有必要的。

论民族文化与民族语言文字的特殊关系——兼谈族际文化差异与融合现象 杨汉基撰，载《甘肃民族研究》第 1 期。

主要内容：（1）民族文字内涵及定义；（2）民族文化与民族语言；（3）民族文化与民族文字；

(4) 民族文化差异及影响。综上所述，作者试图从民族文化广义和狭义的内涵，以及民族文化与民族语言、文字在历史发展过程中，以及各民族之间文化交往相互发生、发展的特殊关系，作了粗浅的勾画与探讨。

论民族语言与民族史研究　吴一文撰，载《贵州民族研究》1992年第1期。

作者认为民族语言的材料对于研究民族的源流、民族关系史、民族起义斗争史、民族社会组织、民族迁徙等方面的研究有很大的帮助。黔东苗族称汉族为Fab，即为"华"的音译，而川黔滇苗族称汉族为Fua，可能是"夏"的译音，由此可以窥见华夏族与苗族先民关系之久远。在杨雄《方言》中，约200条的梵语有110条和湘西苗语相同或相近，占53%。在我国汉文古文献中保留有一些用汉字记音的少数民族语资料，很值得在研究民族史时重视，如《白狼歌》记录的是彝语支语言；《越人歌》记录的是壮侗语言。民族语言的地名会留下历史痕迹，对民族的迁徙、社会组织情况、起义斗争都有很大帮助。如：贵州台江县台浓乡有个地名苗语称"汉寨坝子"。雍正年间清王朝曾在该地驻重兵建城堡。台盘乡有个地名音译苗语的说法"掌麻你"意即"杀牛坪"。咸丰五年，张秀眉曾在该地杀牛饮血起义。

论某些突厥和蒙古语共同词的转义发展　沙格达洛夫撰，载《民族语文研究情报资料集》，中国社会科学院民族所语言室1983年第2期。

该文论述了某些突厥语和蒙古语共同词的转义发展问题。在亲属语言里，本文和转义相同的词往往比在非亲属语言里要多得多，虽然在突厥语和蒙古语中，绝大多数共同词，如亲属称谓、家畜和野生动物、鸟类、植物、树木、食品、衣物、器皿、劳动工具等名称，转义现象是有限的，但也有一些词的转义是相同的。这些相同并非是由于从一个语言借入另一个语言的缘故，而是因为这些词的转义是根据同一规律发展形成的，因为突厥语和蒙古语存在固有的亲缘关系。可以推测，现今操突厥语和蒙古语的祖先，在远古的某个时候大概曾共同经历了很长一段历史时间，正是在那个时候形成了反映周围世界的共同习惯传统，从而也就使基本词的转义在以后获得了相同的发展。因此，作为支持阿尔泰假说的论据，首先应当提出语法上的类似，其次是语音上的有规律的对应和古词汇某些类别词的相同，同时，也应重视阿尔泰诸语言词义发展的特殊性。

论纳西语的音位系统　杨焕典撰，载日本国立亚非语言文化研究所 *Computational Analyses of Asian and African Languages* No, 22 March, 1984.

该文的发音人系作者本人，纳西族，在纳西语标准点所在地丽江大研镇长大，能操纯正的纳西语。该文系统地论述了纳西语的音位系统。第一次提出纳西语中有紧松元音的区别。同时指出有大量的鼻化韵母存在的事实。

论纳西语动词的使动范畴　木仕华撰，载《中国民族语言论丛（2）》，云南民族出版社，1997年。

文章对纳西语使动范畴的语法手段和语法意义作了分析，并考察了它的属性及发展态势。纳西语使动范畴的语音交替形式有6种，主要是声母清浊，送气与否以及鼻冠音的对立。与彝语比较，清浊声母变换形式对应严整，但纳西语没有彝语的松紧元音交替形式。与藏语相比，使动词与自动词也存在清浊、送气与否的对应，藏语中复辅音词根表示使动，单辅音的表示自动与纳西语的清声母表使动、浊声母表自动的交替相对应，也同纳西语中声调的清高浊低相对应。声母清浊交替是纳西语动词使动范畴中区分使动词和自动词的较主要的形式。但绝大多数使动词的构成主要是采用分析形式或同时兼用语音交替和分析形式两种方式共同表示。分析形式由及物或不及物动词＋使动动词构成。纳西语现正处在逐渐脱离形态手段转向分析形式的转型期，故在纳西语中有屈折与分析呈并立共存和兼用的现象。文章采用历史比较方法分析纳西语而提出藏缅语使动形态的走向。

论纳西语动词的语法化 木仕华撰，载《民族语文》2003年第5期。

语法化指语言中意义实在的动词转化为意义虚化、表示语法功能的成分这样一种过程或现象。语法化是纳西语诸多语法标记产出的主要途径，也是语言类型发生转型的动因之一。文中列举了纳西语的"来""去"共有八个读音充当体标记，用在动词和宾语之后表现动词的体和情态。

论"女书"文字体系的性质 谢志民撰，载《中南民族学院学报》1990年第4期。

该文主要通过对"女书"字符的造字法和用字法的分析，探讨"女书"文字体系的性质。"女书"字符的造字法有象形、会意、组合、变体四种方式。象形字依物体外形的特征构成；会意字依相关事物之间的特定联系构成。字符与语义有直接联系，见字明义，属会意字。组合字由两个在意义上没有关联的单体字符构成；变体字在单体字符基础上增加笔画以构成新字。字符与音义均无直接联系，属记号字。组合字和变体字中有一部分字符结构体里的构件有不同程度的表音作用。但这不是必然的语音联系，而是一种偶合现象，仍属记号字。再从用字法看，"女书"一字字符，标示一种音节的一个词或多个同音词，分为单音单义字、单音多义字、多音多义字、同音字。单音多义字类同汉文中的"借字"。单音单义字除象形字和会意字外，其余字符与音义都没有直接的联系，均属记号音节字。根据上述的分析，作者认为"女书"字符所表现的不属表音字的特征，而是记号字的特征，把"女书"看作表音的音节文字是错误的。文末附女书字表。

论拼音壮文声调的教学 莫克利撰，载《广西民族报》"民语论坛"总第2483—2488期。

拼音壮文声调的教学，仅仅教调值、调号和调类是不够的，还应该三项结合起来进行教学，再与本地方言的声调进行对比教学，还要与普通话的声调进行对比教学。（1）拼音壮文声调的教学，首先应该进行调值的教学；其次是调类的教学；再次是调号的教学；（2）调号、调类、调值三者结合起来进行教学。（3）拼音壮文的声调与本地壮语方言进行对比教学。（4）拼音壮文的声调与汉语普通话的声调进行对比教学。

论普米、羌、白、土家、缅等族和巴人、僰人、骠人自称的原始意义为"白人"——兼及彝、纳西等族自称"诺苏"、"纳西"之意为"黑人"及其起源 普学旺撰，载《云南民族语文》1996年第2期。

该文首先从对普米、羌、白、土家、缅等族和巴人、僰人、骠人历史发展沿革及民俗特征的对比中得出结论，即普米、羌、白、土家、缅等族和巴人、僰人、骠人具有共同的历史渊源，他们都是古羌族之群裔，并且一致崇尚白色。然后作者借助语言学这一研究工具，考察各民族对本民族的称谓异同，按语言学发展规律得出普米、羌、白、土族、缅等族和巴人、僰人、骠人自称的原始意义均为"白人"的结论。随后作者通过引用经典记录和实地考察，认为彝、纳西等族自称的"诺苏"、"纳西"其意均为"黑人"。从文化学的角度考察研究"黑人"与"白人"的起源问题，可以发现黑色崇拜起源于女性生殖崇拜，并盛行于古羌部族母系时代，其文化底蕴是女性的代名词，是古羌母系文化的特征；而白色崇拜起源于男性精元崇拜，是父系文化的表征，是男性的代名词。

论普米族语言功能的发展及其文化教育对策
陈卫东撰，载《中央民族大学学报》1996年第3期。

普米族是我国西南地区人口较少的一个民族，主要分布在滇西、川西南一带。该文拟以普米族最集中的云南省兰坪白族普米族自治县获得的语言、社会材料为主要依据，简要概括普米语的社会功能，就其今后语言功能的发展前景及文化教育对策提一点看法。普米语社会功能主要特点是：广泛性——在日常生活中广泛使用。开放性——兼语现象普遍，呈开放性特征。不平衡性——部分人不会本民族语言，转用其他民族语言。没有文字，并无创造统一文字的要求，愿意直接学习汉语文。普米语社会功能的发展前景。普米语的社会功能在短期内不会有较大削弱，普米族部分地区使用汉语情况将有较大变化。文化教育对策：普米族不需要创造自己的文字，可以直接学习汉语文。充分发挥普米语的社会功能。努力发展文化教育。

论契丹语中汉语借词的音系基础
聂鸿音撰，载《民族语文》1988年第2期。

该文的目的是借助契丹小字中的汉语借词确定汉语——契丹语的对音体系，并证明这些汉语借词的音系基础是以汴洛为中心的一种古代汉语北方方言。文章对契丹小字中汉语借词的认定以清格尔泰等合著的《契丹小字研究》（1985年）为基础。通过对汉语借词中169个汉字和《辽史——国语解》中80多条译音词语的声母共有15个：p、m、v、s、t、n、l、tʃ、ʃ、ʒ、k、x.、ŋ、q、ø，其中ʒ和汉语的日母对应，q兼与汉语的喉音和牙音对应。另外，汉语声母f、ts、ts′是契丹语所没有的，契丹人习惯用p和s来翻译它们。在韵母方面，作者认为契丹小字所记录的汉语方言中仅保留着中古时代的鼻韵尾，而全部失落了中古时代的塞音韵尾。这些语音特点与宋代《皇极经世书》中所记的汴洛方言大致一致，而与同时代的回鹘、党项方言不同。

论羌语代词的"格"
刘光坤撰，载《民族语文》1987年第4期。

文章以羌语南部方言桃坪话为例，论述了代词的格主要分布在人称代词、代替人的疑问代词和泛指代词3个领域及来源。这3类代词的格在内容上虽有差别，但语法意义、形式都有相类似的地方。在句中使用时，语音都有一些变化，有的声母有变化，有的韵母有变化，有的声调还发生变化。文章认为羌语代词格范畴与其他藏缅语族语言比，虽然有较丰富的表现形式，但已是一种不完整的残存形式。羌语桃坪话代词的（主格、宾格、领格、施动格）4种形式，在历史发展过程中，并不处在同一层次上。经过比较后发现人称代词的主格和宾格处在最原始的层次。领格和施动格处在最低层次，它们是在语法形式的历史演变过程中受结构助词的影响逐渐发展起来的。施动格在使用方面或者音变方面表现出更多的灵活性，从泛指代词施动格来看，它是在主格形式的基础上发展起来的，而且语言环境有一定程度的不确定性，更显得它在各类格形式中处在表层地位。

论羌语动词的人称范畴
刘光坤撰，载《民族语文》1999年第1期。

动词人称范畴是羌语的一个重要的语法特点，它与数、式、时态、趋向等语法范畴都有密切的关系。构成羌语人称范畴的主要方式是将人称代词的元音或辅音的一部分作词缀，放在动词的前面或后面，并与主语保持一致关系，在一定条件下还与宾语、主语的定语等保持一致关系。文章以羌语北部方言麻窝话为例，首先介绍了动词人称范畴的主要特点，分析了动词人称范畴不同数、不同时态的主要表达方式，揭示了表达人称范畴的词缀不仅与主语发生一致关系，还与宾语、间接宾语、定语等发生一致关系。同时文章还比较了麻窝话与羌语其他方言在人称一致关系方面在表达方式方面的异同，文章认为，藏缅语族多数语言是将人称代词的辅音作词缀，但是羌语则用人称代词的元音作词缀，这个特点的揭示，一定程度上丰富了藏缅语族语言人称一致关系的表达方式。文章还认为，由于羌语动词人称范畴与人称代词有密切关系，它来源于人称代词的语法化，因此，他与其他藏缅语族语言明显有起源上的一致性，这一特点的揭示为整个藏缅语族语言人称范畴的研究提供了新鲜的资料。

论羌语声调的产生和发展 刘光坤撰，载《民族语文》1998年第2期。

羌语声调是后起的一种语音现象，它的历史并不悠久，直到现在，羌语北部方言仍然没有声调，但是却有重音。北部方言的重音与南部方言的声调在某些方面有类似的地方。羌语声调的产生从方言同源词的对应中可以分析出，是与韵尾的脱落和消失、复辅音的简化和消失有密切关系的，少数地区已经出现声母清浊对声调分化的影响，值得进行深入的研究。羌语声调发展不平衡，即使声调在语音系统中作用最大的地区，它们在构词和构形两个方面都起作用，总体来说，用声调区别词义的同音词数量并不大。羌语声调的产生与亲属语言中声调的起因有共性，但也有其特殊性的一面。现在比较难以确定的是，羌语声调第一次分化是韵尾脱落的作用，还是辅音简化的作用，或者二者兼而有之。羌语声调的产生和发展是羌语语音系统自身调节的产物，但汉语的影响是羌语声调产生和发展的催化剂。

论羌族双语制——兼谈汉语对羌语的影响 孙宏开撰，载《民族语文》1988年第4期。

羌族社会较早就形成了双语社会，文章回顾了羌族形成汉、羌双语制社会的地理条件、历史进程、社会原因和对语言结构带来的影响。据史料记载，早在殷商时期羌族就与汉族有了交往，其后各个不同历史阶段，都有这两个民族接触的历史记载。文章分析了羌族双语制形成的第一阶段是单语向双语过渡阶段，在明末清初，约有20%左右双语人；第二阶段是双语制形成阶段，时间在清中叶，有80%—90%双语人。文章还分析了形成双语制的主客观原因；第一，是历代统治阶级推行歧视和压迫少数民族政策的结果。第二，羌汉两族人民长期友好交往；第三，羌语方言土语差别大，羌族内部用羌语交际有困难。文章认为，羌族双语制的形成，从客观上讲，对羌族社会经济的发展和文化素质的提高有一定的积极意义。

论日语同突厥语的相同点 海木都拉·阿不都热合曼撰，载《语言与翻译》1992年第4期。

该文仅以突厥语卡尔鲁克语支的维吾尔语、克普恰克语支的哈萨克语以及乌古斯语支的土耳其语中的共同点，同日语进行试探性对比。（一）词汇方面。表示概念所使用的方法和手段。①利用分析法造词。②基本动词在句子里被作为助动词，其基本动词词义则抽象化。③根词重叠法。这种重叠法往往出现在形容词上。（二）形态学方面。（1）格和数词意义的附加成分（助词）。日语和突厥语都在词干后加各种附加成分以表示各种语法意义和关系。（2）系动词。该系动词同静词结合表示陈述意义。（3）动词附加成分。①动词时态方面的共同性。②日语的助词"te"同突厥语中的副动词附加成分的作用一致。（4）语气词。（三）句法方面。日语句子成分的顺序和突厥语完全一致，主语在句首，谓语在句末，定语在被修饰语的前面，状、宾语在谓语前。

论弱势语言生存的基本要素 周国炎撰，载《广西民族大学学报》（哲学社会科学版）2006年第5期。

语言是一种特殊的文化现象，对社会环境有着强烈的依附性。固定的使用人群，使用者内部的认同感和共同的文化基础，语言社区的相对稳定性，同一区域内不同的语言使用者群体之间相互理解和尊重是弱势语言赖以生存的基本要素。聚居的使用群体可以保持语言结构的稳定性，同一种语言使用者群体的居住地如果很分散，则会加速语言内部结构的变异和分化。内部认同感指的是使用同一语言的人们相互之间承认对方是自己群体的一分子，这种认同感一旦建立起来，一方面将有利于因地域阻隔而出现变异的弱势语言重新朝着统一的方向发展，另一方面也将有助于弱势语言的使用者群体树立起维护母语，将母语发扬光大的信心。共同的文化基础有利于缩小语言内部的差异，使母语朝着统一的方向发展，从而壮大母语在多语共存的社会文化环境中的竞争实力。社会的平衡、稳定发展，必然带来语言文化的平衡发展，弱势语言只有在平衡发展的状态下才能得到维护和生存。不同语言使用群体间互相理解才能够营造出一个良好、和谐的社会文化环境。这样的环境才有利于各种语言和文化沿着自己固有的轨迹发展，也有利于不同语言文化之间的协同发展。

论三江侗语里的中古汉语借词 曾晓渝撰，载《民族语文》2006 年第 4 期；《人大复印资料·语言文字学》2007 年第 1 期全文转载。

文章要点如下：（一）广西三江侗语里的汉语借词约占常用词的 26%。这些汉借词中，中古汉借词的比例最大，约占 70%。三江侗语的中古汉借词内部又可以分为早期和晚期两个层次。（二）三江侗语汉借词的中古层次存在清塞音声母送气与不送气的自由变体。根据不同层次汉语借词的语音特点，可以透视三江侗语自身的历史语音特点：中古有全浊塞音，清塞音存在送气/不送气自由变体，后来浊音清化变为不送气清塞音，导致清塞音送气与不送气对立，并产生送气调。（三）针对有学者认为三江侗语的中古汉语借自当地的六甲话，文章提出不同看法：由于三江侗语的中古汉语借词与六甲话声调格局不同，且二者在邻摄、邻韵的一、二等分合上也存在差异，再者六甲话是宋代以后迁徙至三江县的汉族移民的方言，所以，三江侗语里中古汉语借词的来源应是当地早于六甲话的一种权威性汉语方言。

论声调的起源和声调的发生机制 江荻撰，载《民族语文》1998 年第 5 期。

文章以述评方式对声调起源的各种观点作出评析，指出学者们对声调起源问题的讨论是围绕音段展开的，包括声母辅音、韵母元音、韵尾辅音等，产生了各种不同学说。主要有：元音音质影响声调说，如松紧说、长短说、固有音高说；声母辅音类型影响声调说，如清浊说、复辅音说、送气说；韵尾辅音影响声调发生说（韵尾说）。文章认为音段特征表现的声调或音高变化现象是很自然的，但声调的变化本质却不是（某个）音段或音段特征所使然。文章认为声调产生的根本因素在于声门状态，各种音段或特征都只是声门状态的表征。因此，只有结合声门状态的诸种表征来讨论声调的产生机制才能解决声调的起源问题。为此，作者从嗓音发声角度，提出自主与不自主调控型嗓音机制理论，该理论的核心是：人类嗓音发声特征的变迁是声调起源的根本原因和内在因素，而与不同嗓音造成的音高相联系的成系统的音段或音段特征的变化则是促成声调产生的必要外因条件。对于产生言语的主体（人）来说，嗓音发声型特征或音素是不能自主调控的，与之相对的调音型特征或音素则能自主调控。这种机制形成的二元对立要素（浊与清、紧与松等）构成音高上成系统的差别，并通过不同的音段音素或音段特征表征出来，即语言声调。

论声调起源的初始特征 刘岩撰（与戴庆厦合作），载《艺文述林》（语言学卷），上海文艺出版社，1999 年。

声调起源问题一直是尚未攻克的难题。对声调初始特征的研究,不仅能够帮助我们认识声调起源的最初状况,而且对声调进一步演变的条件和特性也给予启示。该文根据亚洲语言的声调特征,讨论了声调、音高与语义的关系,声调产生的原因以及产生、演变的条件。认为,非声调语言中的音高也有着部分的辨义功能;强调声调研究要重视语感的研究。在语言发展中,词的单音节化和声韵系统的简化促使声调产生,同时,区域性、类型性的外部条件也是不容忽视的影响力。在声调产生之初,由于不同语言结构特点不同,产生声调的基础、时间不相同,所依据的初始条件也是多元的。而声调分化的条件,也基本是与初始条件相当,只是不同语言选择的具体条件和顺序有所不同。

论双语与双文化 王远新撰,载《双语教学与研究》(第一辑),中央民族大学出版社,1998年。

语音和文化有着密切的关系,它们之间既有共性又有差异,二者并不存在一对一的对应关系,该文讨论的是双语与文化的关系数。在民族交往和民族融合过程中,一个民族在接受、采纳了另一个民族以及这种语音所代表的文化特征的同时,仍然保留着本民族固有的语音以及这种语音所代表的文化特征,便会产生双语与双文化现象。双语人的语码转换实质上是文化代码的转换。双语教育既是两种语言的教育,也是两种文化的教育。语音的使用以及文化都不是中性的,它们不仅渗透到个人的学校生活和社会生活中,而且影响着学生的个性和思维方式,而思维方式又决定了他们的行为和态度。在文化方面,应当主要通过平等交流的方式进行人们自愿接受的"文化移植";在语言方面,应当实行一种人们普遍接受而不是硬性规定的双语制。

论双语与双语教学 马学良撰,载《民族语文》1986年第6期。

作者提出,在我国一个民族使用另一种民族语言,是双语,使用另一种方言,也可算作双语,为了有所区别,也可称作"双言"。我国民族地区的双语可分为四类:(1)少数民族熟悉本族语言并兼通汉语;(2)少数民族熟悉本族语又兼通另一少数民族语言;(3)住在少数民族地区的汉族兼用汉语和少数民族语言;(4)少数民族兼通本族语和本民族的另一种语言,主要出现在一个民族使用两种或多种语言的地区。对比两种语言在语音、词汇和语法结构方面的差异性和相似性,将有助于对少数民族进行双语教学,特别是有助于少数民族的汉语教学。另外,作者还论证了"母语是教育的最好手段",掌握民族文字的少数民族儿童,不仅有助于学习汉语文,而且有助于学习外语。贵州和云南开展的双语教学实验,证明了以上的诸多论点。

论"死译"与"活译" 王德怀撰,载《西北民族大学学报》2005年第1期。

维吾尔谚语的语义结构灵活、独特,用词炼句巧妙、精当,审美情趣和修辞逻辑的民族形式独具特色。翻译它时,只为保留形式而词当句对地翻译,往往或只能译出谚语的词句的表层义、虚假义、词典义,或在表达上会不符合译语规范而造成死译。要想译对、译好谚语,就要研究掌握两种语言在语义结构、表达方式、逻辑思维、修辞特征、形象美感等方面的异同后,以"信"为本,兼顾"达、雅",灵活处理形貌,再现原谚语词句的深层义、真实义、语境义,尽量发挥译语的表现力,灵活表达,服务好译文读者。

论台湾南岛语言的语流音变 陈康撰,载《台湾南岛民族母语研讨会论文集》(台北),1994年5月。

研究台湾南岛语言的发展,主要任务是探索其演变的规律。该文重点研讨台湾南岛语言的语音演变规律。语音的变化是潜于语流中各种"音素"的渐变，这种变化是变体性的、过渡性的，不影响整个语音系统。但音素变化是语音系统中的一种功能，是音系变化的中介，可发展成为"音位"的突变，这种变化会使音位之间的关系发生变化，旧音位的消失，新音位的产生，音位突变使整个语音系统发生某种程度的变化。于是，从音素渐变至音位突变，从语流音变至音系音变，构成了语言的语音发展史。

论台语及其发生学分类法中的地位 伊万诺娃撰，载《汉藏语系语言学论文选译》，中国社会科学院民族所语言室1980年。

居住在中国南部各省、越南、老挝、泰国、缅甸和印度阿萨姆邦的许多民族可以联合成一个操台语的民族群或台民族群。台语在历史上形成了西北、东北、南部三个语群。在泰国说台语的2200余万人。泰国中部的泰族说暹罗语或中部泰语，南部居民的语言同中部接近。泰国各学校的教学在全国都用暹罗语进行。关于台语言在发生学分类法中的地位，作者认为：各种台族在自己居住的地区被说不同语系——汉藏语系、孟—高棉语系、马来—波利尼西亚语系语言的民族所包围。以及诸语言与台语的关系在很大程度上有赖于确定台语在语言分类法中的地位。接下来作者具体论述了台语和汉藏语系、台语和孟—高棉语、台语和马来—波利尼西亚语系的关系并认为：台民族的祖先按其起源属于包括现代印度尼西亚和孟—高棉诸民族的祖先在内的人种集团与汉藏语系语言各民族没有关系，但是从太古的时候就开始接触了，而且这些接触在这一些和另一些民族的语言和文化中留下了痕迹。

论台语量词在汉语南方方言中的底层遗存 游汝杰撰，载《民族语文》1982年第2期。

该文试用底层语言理论、历史比较法和字间组织分析法，比较研究汉台语量词，力图说明台语量词及其语法作用在汉语南方方言（吴、闽、粤方言）中留下了底层遗存。并为解决汉语量词作为一个词类的历史来源提供一些材料和线索。通过汉台语量词的比较研究，结语是：（1）汉台语泛指物量词和动量词等的语音面貌相似。汉语及其方言中的量词个、摆、稿、行、奇等在汉语本身找不到来源，但是它们的语音却跟台语接近，它们是残留在南方方言中的台语底层量词。有理由认为汉语泛指量词"个"是来源于古台语的。（2）台语量词语法作用（包括指示、替代、联系、构词、陪伴、帮助、计数），前五种比较完整地保留在潮州话、广州话和温州话中，零星地残留在福州话和厦门话中，它们反映了台语语法在汉语南方方言中的底层遗留。（3）台语量词的语法作用之一——用作名词词头，曾在周秦时代广泛使用于南方方言。台语 li + 名这种结构模式在汉语南方方言中留下底层遗存。（4）汉台语中与量词有关的结构模式先起于台语，后起于汉语。

论台语声母 ʔb、ʔd 的演变 陈忠敏撰，载《民族语文》1991年第4期。

文章对洪波的《台语声母 ʔb、ʔd 的变异》一文所涉及的问题作深入的讨论。（1）关于 ʔb、ʔd 演变的原因。《变异》一文认为"ʔd、ʔd 在原始台语里与 *b、*d 构成对立均衡，*b、*d 先于 ʔb、ʔd 消失，将 ʔb、ʔd 置于结构不平衡状态，从而造成 ʔb、ʔd 的变异趋势。"作者探讨了台语和汉语南方方言 ʔb、ʔd 的演变，认为 ʔb、ʔd 跟 b、d 不存在互相依存的关系。（2）关于 ʔb、ʔd 变异音位的选择。《变异》一文认为"台语各方言都不选择本方言所没有的音位作 ʔb、ʔd 的变异形式"。作者认为无论在台语还是在汉语南方方言里都存在相反情况。例如"薄"，泰语 ʔba:ŋ^1，壮语 ʔba:ŋ^1，傣西 ba:ŋ^1，"骂"，泰语 da:^{5}，壮语 ʔda^5，傣西 da^5。（3）关于 ʔb、ʔd 变异的痕迹。《变异》一文认为：

"台语里 ʔb、ʔd 变异及引起次生变化，所以它们的消失是无声无息的。"作者认为它们的消失在台语和汉语南方方言里都留有痕迹。ʔb、ʔd 跟声调配列上有清声母的特征，只和阴调类相配。台语许多语言的 ʔb、ʔd 演变为 m、n、l 仍可按声调的阴阳把与来自原始台语的 *m、*n、*l 区别开来。

论通古斯—满语的词干和词尾的类型

O. N. 苏尼克撰，载《民族语文研究参考资料》中国社会科学院民族所语言室 1977 年第 1 期。

在不同的通古斯—满语中，随着词的词素在词的形成和变化时所发生的语音过程，词干和词尾分为几个语言类别或类型。在一些语言中（满书面语，某些无文字的那乃语方言），这样的语音类型数目不多（2—4 个）。而在通古斯—满语族另一些语言里，例如：埃文基语、埃文语、乌德语、那乃语的某些方言，研究者确立了 2—4 种类型的变格和 4—8 种类型的变位。动词词干和静词词干一样，按它的最初的（词根的）词素分为两类：地道的动词干和来自名词的动词词干。这些词干中的一些词干称作原始的（"非派生的"，"词根的"）动词词干；另一些则称为从生的（"派生的"，"非词根的"）动词词干。第一动词词干（地道的动词、形动词、副动词）不同形式的共同词干就是这样的；第二动词词干的特殊变体是介于不仅拥有形式方面的意义，而且也拥有一定的实在的（"动词的"）意义的后缀构成的。副动词的某些形式是终结动词在形态结构方面最简单的形式。

论通古斯语言元音和谐的语言学基础

李兵撰，载《民族语文》1998 年第 3 期。

文章对鄂伦春语白银纳方言、拉穆特语奥拉方言、鄂温克语海拉尔方言这三个典型的通古斯元音系统分别从发音生理机制、声道形状和声学特征等三个方面进行了分析。鄂温克语海拉尔方言元音和谐的语音学基础是舌根后缩。基于这一认识，作者进一步假设大多数通古斯语言的元音和谐系统都属于舌根后缩型。作为发生学上有联系的语言，通古斯语言最重要的音系特征之一在于这些语言元音系统在元音的数量和某个元音的音值方面可能有所不同，但这些元音系统的基本模式是相同的。确定舌根后缩为主要发音生理机制不仅为确定通古斯语言元音和谐系统的和谐特征提供了语音学依据，而且使对通古斯语言元音系统的结构分析变得简单明了：通古斯元音系统仅区分高元音和低元音。

论突厥文

李森撰，载《语言与翻译》1991 年第 1 期。

突厥文是 7—10 世纪突厥、回鹘和黠戛斯等族使用的音节文字。此文字的文献，发现于中国新疆、甘肃等地，及今蒙古人民共和国、苏联西伯利亚和中亚地区。近世其碑铭发现于蒙古高原鄂尔浑河及西伯利亚叶尼塞河流域，故也有"鄂尔浑—叶尼塞"文之称。各地发现的突厥文碑铭与手写体文献使用的字母数字不尽相同。有些字母形体多样。一般地说，突厥文由 38—40 个字母组成。其中 23 个源于阿拉米文，其余来自突厥人使用的氏族或部族标志及一些表意符号。但历史上突厥人何时何地接触阿拉米文使之成为突厥文的原型，尚无从考据。突厥文的文献内容包括历史、传记、墓志铭、宗教文书、行政文件等。自发现以来，东西方一些国家的学者都进行了研究。碑文的释读，扩大了突厥语族语言文字史及文学史研究的领域。

论《突厥语词典》中的树木名称

邓浩撰，载《中央民族大学学报》1997 年第 5 期。

该文对《突厥语词典》中出现的表示"树、活树、木头、死树"；"白杨、杨树"；"柳树"；"白桦"；"柏树"；"檀香树"等树木的名称进行了详尽分析。《突厥语词典》中的这些树木名称绝大部分是突厥语自身固有的。在现代大多数突厥语中，《突厥语词典》中的树木名称还保留着。另一方面，《突厥语词典》中的部分树木名称还借用了其他非突厥系语言。树木名称是突厥语最古的词汇群之一。古代突厥语民族曾长期信奉萨满教，而萨满教崇拜的一个重要对象就是"树木"。在古代突厥语民族中就曾有过树木崇拜。"树"作为一种崇拜物曾是古代维吾尔族的图腾。

论《突厥语大词典》中的主要文学语言——哈喀尼亚语 依布拉伊木·穆铁意撰，载《中国突厥语研究论文集》，民族出版社，1991年。

根据麻赫默德·喀什噶里的分析，9—10世纪的乌古斯语和克普恰克语在许多方面是相似的，而与哈喀尼亚突厥人（维吾尔人）的语言在语音及语法特征方面存在着差别。说明乌古斯—克普恰克部落的语言与哈喀尼亚人的语言，在很早以前就已经开始分化，形成了突厥语的两大支系，也就是形成了卡尔鲁克—维吾尔语共同体和乌古斯—克普恰克语共同体。哈喀尼亚文学语又称喀喇汗王朝时代的维吾尔语，是在回鹘语传统的基础上，受伊斯兰教的影响而形成的，属卡尔鲁克—维吾尔语组，居于西突厥语和东突厥语共同体之间。在卡尔鲁克—维吾尔语组的诸语言中，现代维吾尔语（特别是它的喀什、和田方言）算是最接近哈喀尼亚语的。

论突厥语的动名词句法 艾娃·扎托、约翰逊撰，载《民族语文研究情报资料集》，中国社会科学院民族所语言室1988年第11期。

该文从语义、句法关系等角度论述了突厥语的动名词句法。通过分析研究，作者认为在突厥语中动名词谓语结构表现出的特点——独立的句子成分，在欧洲一些语言中的减缩子句中也有所遗存。它们的主要功能是用作操纵坐标谓语关系的修饰性状语。它们的内容趋向于与后者的内容密切相关。这种相互之间的联系就像某个相互参照的标识物或是存在于它们之间某些组成成分中的所有格关系那样一目了然。我们发现某些起弱化主语作用（即非支配作用）的动词子句，即被动的和非宾语不及物动词，在第三种类型的结构方面是很典型的。显而易见，独立的句法结构也趋向于有类似的限定情况。希望通过进一步的研究，能够在该文谈论内容的基础上，对这些原则的本质、语言特点及跨语言学等方面的研究能有更为深入的认识。

论突厥语和蒙古语里复合动词的构成问题 加尼耶夫撰，载《民族语文研究情报资料集》，中国社会科学院民族所语言室1984年第3期。

该文探讨了突厥语和蒙古语中复合动词的构成问题。在各突厥语和蒙古语里利用复合法构成动词是一种能产的动词构成法，而复合动词的构成，很久以来就已引起了学者们的注意，但很多突厥语和蒙古语的研究者认为，复合动词不是构词法的结果，而是体的意义的表现手段。有时两个动词的随意结合会冒充复合动词。之所以会出现这种情况，是因为缺少一个能把复合动词跟外部与它相似的动词复合形式以及动词的自由结合形式区分开来的统一标志。蒙古语和突厥语的复合动词首先在本身所补充的词汇意义上就不同于单纯动词，因此与单纯动词相比较，所有的复合动词都是新词；由于复合动词是由单纯动词构成的，所以它们属于构词体系，而不属于词形变化体系。复合动词是符合词的整体定形原则的，它不仅在某一种形态标志上跟与它在外形上相似的自由动词组合不同，而且在所有的标志上都不相同，而这些标志的总和则又可以构成复合动词。

论突厥语族语言的长元音 吴宏伟撰，载

《民族语文》1996年第3期。

文章介绍了突厥语族语言长元音的研究历史和学者们在这一问题上的主要观点，探讨了突厥语族古突厥文献中第一性长元音是存在的，文献中长元音的多少和文献年代的早晚也有很大的关系。年代久远的文献比年代较晚的文献出现的长元音要多，也比现代一些语言的长元音要多。也就是说，第一性长元音在早期、中期和晚期文献以至现代语言中是逐渐减少的。至于第二性长元音，这在突厥语族不少语言中都有。从古代文献以及和其他语族语言的比较中可以明显看出其来源，主要来自语音组合体的紧缩及其演变。长元音是突厥语族语言历史比较语音学领域一个十分重要而复杂的问题，对这一问题的探讨有助于推动我国古代突厥文献长元音问题研究的开展。

论突厥语族语言的元音系统 李增祥撰，载《中央民族学院学报·语言文学增刊3》1986年第3期。

根据不同时期的文献资料，可以推测：元音在现代突厥语族语言中所表现出的规律性在原始突厥语言中，或进一步说在原始阿尔泰语言中就已存在。分析突厥语族语言的元音音位可以清楚地看出，有8个元音音位，并分为前列和后列元音两大组，又可分为圆唇和非圆唇元音两大类。该文主要讨论了：（1）元音和谐问题。前元音和后元音、圆唇元音和非圆唇元音之间的对立构成元音和谐的基础。（2）长元音问题。在一些语言如柯尔克孜、土库曼、阿尔泰等语言中存在长元音，其中既有第一性长元音，也有第二性长元音。（3）元音e的问题。古代的e位于词根的首音节时，常与i交替，但叶尼塞碑铭中有表示e的专门符号。（4）元音的"不稳定性"。主要指开的圆唇元音和闭的圆唇元音之间的交替。（5）个别语言中元音所特有的一些问题。

论土家语"大"的特点 田德生撰，载《西南民族学院学报》1986年5月。

以土家语形容词"大"为例，解剖了这一类词的构词方式和语法特征。从音节的角度看，"大"有单音节的、双音节的、三音节的和四音节的。四个音节的为数最多，它们都是通过同一词根的各种变化，表达各种细微差别和语法上的不同作用。

论维吾尔语体助动词的功能 力提甫·托乎提撰，载《民族语文》2009年第1期。

维吾尔语动词的体非常发达，有不少专门用来表示各种体的助动词。动词的体可以通过某些附加成分表达，但在更多情况下则是通过专门的体助动词来表达。该文探讨维吾尔语中较活跃的20个体助动词所表达的体意义，并试图用特定的名称归纳出每个体助动词所表达的体意义。全文分三节：一、引言；二、体助动词；三、结语。

论维吾尔谚语的汉译 马俊民撰，载《新疆民族语文翻译研究》，新疆人民出版社，1991年。

维吾尔族谚语译成汉语时，要考虑到民族特点和语言特点，力求忠实于原文的内容，再现原文的形式，使内容和形式在译文中辩证地统一起来。该文谈论维吾尔谚语在没有上下文时翻译的一些方法和技巧。（1）正确理解是正确翻译的前提。许多维语谚语是在长期的历史过程中形成的，有其约定俗成的特殊含义，在没有上下文的情况下，更要细心体会，仔细琢磨。（2）为了准确地表达思想内容，在翻译时允许改变某些词语，进行适当的变通。（3）有一些维语谚语，比喻意义较隐晦，翻译时要点明含义。（4）谚语语言形式的特色是富于音韵美、节奏感和对偶，翻译时注意译文的押韵对偶。由于维汉两种语言从词汇、语法到表达方式，相同的方面少，相异的方面多，翻译时可直译就直译，可意译就意译，有些则需直译和意译相互结合起来。但无论怎样，都要译得准确传神，易于理解。

论维吾尔语的成语 阿不都萨拉木·阿巴斯撰，载《民族语文研究文集》，青海民族出版社，1982年。

（1）维吾尔语的成语必须是在语言中长期习用并得到公认的；必须要有固定的结构形式与组成部分；具有特定的含义；在结构上作为一个词来使用。（2）维吾尔语中一部分成语是通过由对某一件事情的简要描述进而取得讥讽、嘲笑色彩而产生引申意义的；有一部分成语是通过对事物动作的比喻和形象描写而产生的；有些成语是通过其内部个别词的引申意义或隐喻意义构成的；有些成语来自神话、传说、民间故事、歌谣、寓言；有些成语是由人们当时对世界和事物的认识，以及在宗教教义信条的基础上演绎而来的。（3）维吾尔语成语的种类有表示人的个性、癖好、名望的；表示精神状态和抽象概念的；表示岁月时间的；委婉语的习惯语；表示愿望和赞赏意义；与宗教迷信有关，包括祝福祷告、诅咒、发誓等用词。至于由鄙俗的语词构成的成语，仅在口语中使用。

论维吾尔语的拟声词 麦·阿巴斯撰，载《语言与翻译》1987年第3期。

拟声词的运用。（1）拟声词，无论是在文学艺术作品中还是在口头文学中担负着表达各种题材的简洁语意以及人或物的各种形象和声音的重要任务，而且以它的特色能把形象感受活生生地展现在人们的眼前。（2）拟声词在有些情况下也还可以转义运用。（3）拟声调在"儿语"中的作用也是很大的。拟声词的语音结构：（1）拟声词大多是由译音或双音节构成的闭音节词。（2）绝大多数拟声词辅音音位在词首，而以元音音位在词首的比较少，不常见。（3）有些对偶拟声词根的第一个音节里的元音，在重复的部分会发生语音的变化。（4）在语句中拟声词具有独特的语（气）调。拟声调的种类。按照拟声词的意义大致可分为三大类：（1）声音拟声；（2）状态拟声；（3）感觉拟声。拟声词的属类。按照拟声词固有的意义和语法特点，应归属独立词之列。

论维吾尔语的形态 力提甫·托乎提撰，载《突厥语言与文化研究》（第二辑），中央民族大学出版社，1997年。

该文对维吾尔语的形态进行了初步分析，并对形态分析中存在的一些问题提出了自己的看法。从狭义的形态出发，维吾尔语的构形形态有三种：（1）内部形态，即运用附加成分的形态。（2）外部形态，即分析形态或补助词形态。一是补助词的运用，二是词的重叠。（3）零形态。这三种形态尽管都是构形形态，但在分析中应对其区别对待。因为在把各语言分析为不同的类型时，所根据的主要是该语言的内部形态，还是以词的外部形态为主。维吾尔语既然有内部形态，又有外部形态，那么维吾尔语属于什么类型的语言呢？

论维吾尔语的语素 方晓华撰，载《喀什师范学院学报》1990年第1期。

维吾尔语语素的组合，往往受到语音协调的制约，出现元音或辅音的对应变化，形成语素的不同变体。维吾尔语语素中的同音现象多半是由于语音的偶合或借词的进入而造成的，也有一些是语义分化和语音变化的结果。维吾尔语复合语素中的各语素有些可单用，有自己的意义，但在结构和意义上都失去了独立性，不能看作两个语素。维吾尔语词根是词中带有基本词汇意义的语素，是派生同根词的基础，也是全部词的词形变化系统的组织中心。构词词缀按其在词中的位置又分前缀、中缀、后缀；构形词缀构成词形变化系统。其语法意义一是指词的自身范畴意义，二是指词与词之间的关系意义。

论维吾尔语动词 tur-在语音和语法功能上的发展　力提甫·托乎提撰，载《民族语文》1997 年第 2 期。

现代维吾尔语有不少表示生活中基本动作的动词在保留其主动词功能的同时又起着助动词的作用，表示各种语体、时态和关系判断等。其中最活跃的是动词 tur-。动词 tur-有"站、站起来、站住、停留、居住"等意义。该文着重讨论的不是它的基本意义和功能，而是它在长期历史演变过程中所经历的语音变化以及与其相关的语法功能。通过对维吾尔语的动词 tur-的语音和语法功能演变的历时研究，说明该动词在古代突厥语（9 世纪之前）、喀拉汗语（10—13 世纪）、察哈台语（13—19 世纪）和现代维语等时期不同历史阶段在语音特征上表现为主动词、助动词、附着词尾、词缀；在功能上又表现为原词、体助词和时态、语气标志等 9 种不同成分。这种历时研究对现代维吾尔语语法体系的共时研究具有重要的意义。

论维吾尔语动词的体的范畴　方晓华撰，载《喀什师范学院学报》1987 年第 3 期。

维吾尔语动词是以副动词—助动词这种形式来表示体的意义，构成体的语法范畴，除此而外不存在其他的构体形式。体的分类应是语法意义的分类。如果只按副动词形式来分类，就会出现不伦不类的现象，因为体的意义并不是副动词带来的。用完成、未完成的概念来归纳体的意义，显然是不适用于突厥语（包括维吾尔语）的。当然，也不能以助动词为标准，每一个助动词列为一类，这样的分类不是体的分类，而是助动词的分类。根据形式和意义相结合的原则，可将维吾尔语动词的体归纳为下列六种：（1）持续体。表示持续、反复多次性的动作。（2）试动体。表示尝试进行的动作或者是一次性的动作。（3）起始体。表示开始进行的动作。（4）目的体。表示含有预期目的的动作。（5）强化体。表示动作程度的加剧、急速而猛烈地进行。（6）完成体。表示动作的结束完成或一次性、突然性、彻底性。

论维吾尔语名词格的体系的形式　艾合买提江·艾斯开力撰，载《语言与翻译》1987 年第 2 期。

该文认为，以维吾尔语是综合语，又是分析语的这一特点为基础，从名词的格和变格方法出发，维语名词不仅以纯普通形式的格来发生变格，而且还用复合格和复杂格的形式发生变格。但是，无论如何，格的数量超不过 12 种，但是，若以维语实际为基础的话，在当前情况下，还有能说格的数字比这个要少得多。还不能说仅有纯普通形式，而复合的甚至复杂形式的重叠没有。这样，维语的格的范畴，不能狭义地解释，用纯构形附加成分来限制它。维语格范畴体系，除构形附加成分以外，要注意到用后置动词、词和格的组合表示它，树立起关于名词体系的完整的一个解释。总之，把格进行分类时，必须按其在句中的作用来划分。只有这样，才能使句子分析大限度简易化，这样，对充分理解它的层次也是很有帮助的。

论维吾尔语语气助词的性质和作用　阿米娜·里提甫撰，载《语言与翻译》1987 年第 2 期。

语言助词不是实词，也不是附加成分，而是虚词，它的性质在句子中可以明显地看出来。（1）语气助词"mu/ma/a"的使用范围很广。①对话中与谓语连用，表示疑问语气。②在句末用，加重反问语气。③同谓语以外的其他句子成分连用，表示强调的语气。（2）语气助词"qu"。①对话中出现在谓语的位置上，表示疑问语气。②同谓语以外的其他句子成分连用，以引起对方对所强调的语句的注意。③用在条件式、祈使式动词构成的谓语后，表示愿望和请求。④同由副动词构成的状语连用，表示强调的原因。（3）语气助词"ku"。①用在谓语之后，表示说话者提醒对方。②同谓语以外的句子成分连用，表示让步。（4）语气助词"/a"。①与谓语以外的句子连用，限制与动作有关的人或事。②与由副动词构成的状语连用，表示一个动作发生后，紧接着发生另一个动作。

论维吾尔语中的长元音 阿布都鲁甫撰，载《新疆大学学报》（维吾尔文）1982年第3期。

该论文首次提出并系统地论述了现代维吾尔语中的长元音及其有关的问题。11世纪著名维吾尔族语言学家麻赫穆德·喀什噶尔在他的名著《突厥语大辞典》中，记述过古代维吾尔语词汇中也有元音长短之分的问题。比如，我们从大词典第一卷107—112页的所有词条中可以清楚地看到，麻赫穆德为短元音[a]只用了一个带开口符的elif（丨）；为表示长元音[a:]他却用了带开口符的两个elf（丨丨）。但是，当代有关维吾尔语语音学的著作都闭口不谈或者忽略了这个问题。该文作者学习阿拉伯语、波斯语，尤其是开始研究察哈台维吾尔语以后，在把察哈台维吾尔语和现代维吾尔语结合起来研究的过程中，发现现代维吾尔语中的元音和阿拉伯语的元音一样是有长短之分的。但维吾尔语的长元音有自己的特点。比如，在维吾尔语语音学中有一个特点，就是在维吾尔语词汇中的一些不容易发清楚的语音在一定的语音环境里往往脱落。这些已脱落的语音原来属短元音音节，脱落后要变成长元音音节。例如：（古代／现代）otkerme /otke:me（筛子，大筛子）；karnay /ka:nay（气管，喇叭）；hermen / ha:man（谷场，麦场）；ehmed /e:met（男人名，艾买提）；sehwen /se:wen（通过，过失）。

该论文用大量的例子阐明了维吾尔语中的长元音的存在，形成过程以及它的特点。这个学术观点正得到越来越多人的认可。实际上，现代维吾尔语中的元音确有长短之分，而且这些元音的长短也能起到区别语义的作用。如：atfa（树杈），a:tfa（姐姐）；moma（奶奶），mo:ma（馒头）；xuda（上帝），xu:da（胡达——人名）。

论维吾尔语中的名词性词语 艾日肯·阿不都热衣木撰，载《喀什师范学院学报》1989年第1期。

该文对维吾尔语的名词性词语在句子中的语法功能作了分析。（1）形容词。在句中分别同名词的数、领属、格位附加成分发生变化之后，起被修饰的名词的作用。（2）数词。基数词／序数词加领属附加成分后，起被修饰说明的名词的作用；基数词加第二人称领属附加成分，再接缀复数附加成分，起名词的作用；基数词／序数词加领属附加成分，再接缀名词的格附加成分，起被修饰说明的名词的作用；集合数词加名词的格附加成分，作名词使用。（3）代词。有些代词加名词领属、数、格附加成分后，起名词的作用。（4）量词。数量词组同第三人称领属附加成分、格附加成分结合，起名词的作用。（5）摹拟词。同数、领属、格附加成分结合后，起名词的作用。（6）副词。部分方位和时间副词同领属、格附加成分结合，起名词的作用。（7）情态词。部分情态词同格附加成分结合，起名词的作用。（8）动名词。同领属、数、格附加成分结合，起名词的作用。（9）形动词。同领属、格附加成分结合，起名词的作用。

论维语中的 Q₁L₁K 沈利德撰，载《语言与翻译》1998年第1期。

该文讨论了维吾尔语语素 Q₁L₁K 的性质问题。学术界一般认为，Q₁L₁K 是一个语素。它附加在名词后，可构成表示社会上某一行业、某种职业、工作、行为或某种主义的名称的名词；附加在形容词后，可构成表示抽象状态概念的名词。这种观点值得推敲。用层次分析法对附加在名词后的 Q₁L₁K 进行分析、检验可以发现，它可以出现在 BEL₁KQ₁L₁K "渔业"等词中，并且具有大致相同的意义，表明它不是一个语素。在另一种情况下，如果将其分解为 Q₁ 和 L₁K，就可以认为它是一种语法组合形式。其中，L₁K 是一种表示某种行业的语素，而 Q₁ 则是表示从事某种行业的人的语素，但并非完全如此。结论为：维语中附加在名词后的 Q₁L₁K 既不是语素，也不是语法组合形式，而是包含了 Q₁ 和 L₁K 两个语素的语言片段。

论文学和语言学的凝合——历代文论的启示 严学宭撰，载《中南民族学院学报》1988年第1期。

新中国成立以来，文学的教学着重从社会、历史的角度来探讨文字作品的主题和作家的倾向。这固然是必要的，但对文学作品的语言形式往往缺乏深入细致的研究和分析；而纯粹的语言学虽然对语言形式做了大量杰出的研究和分析，但又往往忽略这种语言形式所表现的社会内容和所达到的艺术效果。现在要探索一条新路子。运用语言学的理论和方法对文学作品的语言风格作探精求微的分析，并观察阅读效果；又从语言形式和阅读效果的互相联系中研究和分析。这就要跨越几个领域，需要综合运用语言学（包括社会语言学、心理语言学）、语法修辞、文体和文艺批评等方面的知识，分析研究文学和语言学研究的差别和交叉关系，通过实例对比，建立一套完整的理论体系。

论文字系统的科学性——对文字创制改革的理论思考 徐世璇撰，载《民族语文》1994年第4期。

文章在总结新创文字经验教训的基础上，对文字系统的科学性进行较为深入的理论探讨，提出了评价、检验文字系统科学性的统一标准和增强文字科学性的几个重要方面。论文根据文字的基本性质和社会交际职能，提出文字系统的科学性应以简洁明确为原则，实用需要为标准，一种文字无论属于何种文字制度、类型、体系，只要它在使用中简洁明确，在适应语言特点和社会发展、满足交际需要的程度上达到最佳值，它就是科学的。文字系统的科学性具体涉及以下几方面：文字制度的选择应针对具体语言的结构特点，结合民族文化背景，历史传统等因素探求多种途径考虑；文字形体的采纳应处理好简易性和区别性，通用性和民族性的辩证关系；文字系统的构建应从文字的动态特性出发，处理好系统内部多层多维关系的规定性和灵活度、互补性和羡余度等矛盾。文字系统科学性的思考对于建立文字理论体系是十分必要的。

论我国蒙古族语言 孙竹撰，载《蒙古语族语言研究》，内蒙古大学出版社，1996年。

（一）蒙古语的分布与同系属语言的关系。我国境内的蒙古族，主要分布在内蒙古自治区、辽宁、吉林、黑龙江、新疆、甘肃、青海等省。此外，在宁夏、河北、河南、四川、云南、北京等省、区、市，也有少数聚居或散居的蒙古族。绝大部分地区的蒙古族人民都使用着本民族的语言。（二）蒙古语的主要特征。蒙古语的主要特征，归纳起来有这样一些：蒙古语是黏着型语言。黏着的实质在于，实词词干上都可以接缀附加成分。每个附加成分都表示一种确定的构词手段和语法意义，一般的是构词的在前，构形的在后。（三）学者们对蒙古语方言的分类。（1）俄国蒙古语学者阿·德·鲁德涅夫1908年在蒙古语方言的分类研究工作中，把所有的蒙古语言分为东部、北部、西部三大部分。（2）苏联科学院院士伯·雅·弗拉季米尔佐夫在1929年出版的《蒙古书面语与喀尔喀方言比较语法》的导论中，把蒙古现代的方言土语分为东、西两支。

论乌依勒塔语保留的词首辅音　朝克撰，载《民族语文》1996 年第 1 期。

日本乌依勒塔语是属于阿尔泰语系满—通古斯语族语言。该文根据日本通古斯语专家池上二郎在 80—90 年代出版的乌依勒塔语话语材料及调查报告，将乌依勒塔语跟鄂温克语和鄂伦春语进行了比较研究。文中指出通过比较发现乌依勒塔语里保留着相当数量的古音成分，尤其在词首这种现象表现得十分突出。乌依勒塔语内出现的那些词首古音在鄂温克语和鄂伦春语中早已消失。例如，乌依勒塔语的 panan "影子"、xoldon "侧边"、sinakta "毛"、nanuu "脂肪"等被鄂伦春语和鄂温克语分别发音作 anan/anang、oldon/oldong、inaxta/ingatta、amu/amu 等。作者在文中用相当有说服力和准确的实例论证了乌依勒塔语词首保留的 p、k、x、ng、j、d、s、n 等辅音。同时指出这些被保留的辅音主要出现在由短元音或舌尖辅音，或是短元音与舌根辅音相结合的语音结构前面。

论西部裕固语的带擦元音　陈宗振撰，载《民族语文》1986 年第 2 期。

该文根据西部裕固语中的 500 多个含有带擦元音的词，对 ah、ach 等 6 种附有短促多变的擦音成分的特殊元音作了多方面的描写。作者认为带擦元音的擦音成分有可变性、移动性，并在少数词中，元音是否带擦音成分具有区别词义的作用；带擦元音虽然较多地出现于词的某些位置和某些辅音前后，但不是绝对的，因此不能说它是基本元音在一定语音环境中的变体；擦音成分 h 与另一个辅音音位有实质上的差别，因为辅音音位 h 不能像擦音成分那样与元音自由地交换位置；与古今突厥语、蒙古语相比较，带擦元音多与亲属语言对当词的普通元音对应；少数词中的擦音成分可能是由辅音演变来的，而且有的还是与蒙古语族的古音 h，即原始突厥语 h 有联系的。总之，作者认为带擦元音是西部裕固语的一大特点，它的来源可以肯定不是单一的而是比较复杂的。

论西双版纳傣文的音变现象——元音 a、ε 的变化问题　赵瑛撰，载《民族学研究》1992 年第 1 期。

西双版纳傣语的口语里，傣文的带有韵尾后，要变读。作者通过与德宏傣文、泰文的比较，发现这一音变现象只出现在西双版纳傣语口语中。发生这种音变的主要是声母大都为塞音、塞擦音和擦音；韵尾绝大多数为舌尖音 -n、-t，韵尾为 -m、-p 的音变字例不多；而韵尾是 -ŋ、-k 的，通常不会发生这种音变。可见这种音变受到声母、韵尾的制约。

论锡伯语文的形成与发展　李树兰撰，载《民族语文研究新探》，四川民族出版社，1992 年。

该文分五个部分介绍新疆地区锡伯族使用的语言文字情况。（1）锡伯族早期使用的语言。从 16、17 世纪文献的记载可以略知一二，即锡伯族当时使用的语言是"语言近满洲"、"……文字与满洲小有异同……"，因此可以推测，16、17 世纪锡伯族讲的语言是和满语差别不大的一种话，很可能是女真语的另一个方言。（2）锡伯族转用满语满文，从历史文献上看，在元至明末清初年间，锡伯族一直处在蒙古族统治下，蒙古语也为锡伯族所掌握，后于康熙三十八年（1699）直接在清政府的管辖下，因此锡伯族普遍掌握了满语满文，并进而作为自己的语言文字来使用了。（3）锡伯族一部分人的西迁，促使锡伯语文的发展。1764 年部分锡伯族官兵及其家属 3000 余人西迁新疆伊犁。这个历史事件，对新疆锡伯族产生了极大的影响，促进了其语言文字的发展。（4）锡伯语文在形成和发展中表现出来的特点。这种特点和变化可归纳为 6 个方面。如人为进行的改革，口语对书面语的影响，社会发展带给语言的新因素等。（5）新中国成立后锡伯语文的使用和发展。1955 年新疆人民出版社创办了锡伯文出版小组，成立了锡伯文课本编辑组，有了锡伯文报纸等。

论锡伯语助动词 李树兰撰，载《民族语文》1988 年第 6 期。

该文是以锡伯语助动词的材料为基础，对助动词的性质、使用特点以及使用的范围和界限作了研究。助动词是一个辅助性的动词，它和动词一样具有充当谓语的功能和作谓语的专门形式，如式、时、人称等，但助动词又和动词不同，它是一种虚化了的动词，失去了本身的词汇意义，更多是表示语法意义，因此助动词不能像动词那样单独作谓语，也不能像动词那样要求宾格和补语，它只能和具有实在意义的词结合起来作谓语。锡伯语助动词最典型的用法是只表示语法意义，即谓语的式、时。文章同时提出了哪些词是助动词，哪些词不应该看成助动词，如一些动词词形相同，但表示"体"的意义，应该看作助动词，而有些动词同其他词共同作谓语，但要求一定的格形式，这类词则不能看成助动词等，根据这些认识，锡伯语助动词可以分为两类，一类是表示纯粹语法意义的，一类是表示情貌意义的。

论夏尔巴话与藏语的关系 瞿霭堂撰，载《藏学研究论丛（4）》，西藏人民出版社，1992 年。

夏尔巴话是我国藏族中一部分自称夏尔巴的人使用的地方话。该文通过国内夏尔巴话与藏语和国外夏尔巴话语音、词汇、语法介绍我国夏尔巴话与藏语的关系。夏尔巴话与周围的藏语有一定的差别，特别是在词汇和语法表达形式上。但从整体来说，还是属于卫藏方言。夏尔巴话是卫藏方言一个独立的土语——夏尔巴土语与前藏土语、后藏土语、阿里土语并立。樟木话虽然在词汇上和一些语音特点上接近夏尔巴话，但从语音和语法的主要特点看，应属于后藏土语。如果把国外的藏语也考虑进去，那么除尼泊尔东部和印度大吉岭地区的夏尔巴话外，至少锡金藏语也应属于夏尔巴土语。夏尔巴话有些特点与卫藏方言不同，而与康方言和安多方言接近。如有浊音，调值系统与康方言极为相似，保留一部分与康方言、安多方言相同的词和语法表达形式等。

论现代汉藏语系词素音位变换的作用 严学宭撰，载《中南民族学院学报》1985 年第 3 期。

词素音位变换的现象在汉藏系语言中或多或少能够看到。它是词汇发展过程中一种构词或构形的手段。由同一本源的词根所构成的同族词就是通过声母、元音或声调的变换而派生大量单音节新词的。如囟 sjacn "头会脑盖"、思 sjacg "思虑"、心 sjacm "古人误为思维器"，三者同一词根，义也同源，变换韵尾产生新词。作者归纳出汉藏语言构词构形音位变换模式有两大类型：一、变换。即用辅音声母、元音和辅音尾的变换来表示不同的语义是共同具有的主要特征。二、增添。即在词根或词尾的基础上增添成音节的词头或词尾（前加或后加成分）。从变换和增添两种类型对比来看，它们之间的发展具有不同的层次。从汉藏语系总的发展历程看，外部屈折性的增添附加成分出现较早，而内部屈折性的变换音位出现较晚。

论现代蒙古语的格 占巴拉苏荣撰，载《民族语文研究情报资料集》，中国社会科学院民族所语言室 1985 年第 6 期。

该文论述了现代蒙古语的格附加成分。应该从语言的各种角度全面细致地研究现代蒙古语格附加成分。（1）从词法角度分析格附加成分。既然把蒙古语格附加成分看作后缀词素，就不能把它们纳入构词词缀的范畴。应该把词的形式和词的变化规则放在语法范畴内加以研究，而把构词后缀放在词法范畴内研究。（2）从句法角度分析格附加成分。每种语言都是通过词法层内不同性质的助词和词素来表示句法关系的，蒙古语是通过词的形式表示句法关系。格附加成分不是词法研究的对象，而是句法关系中研究的问题。一种词的形式进入句子时具有几种功能，只有在分析句法关系时才能搞清楚。（3）从语义学的角度分析格附加成分。根附加成分有主要意义，还有几种引申意义。（4）现代蒙古语格附加成分中发生的某些词法变化。有的附加成分失去了形素性质，而有了词素功能。有的蒙古语后置词正在变成根附加成分。

论现代维吾尔格关系　张玉萍撰，载《新疆大学学报》1999年第3期。

该文借鉴了菲尔墨的格语法和格鲁伯的题元关系理论，将格的语法看作根据体词和动词分析义句的一种见解，重点分析体词在义句中的功能。体词在义句中的功能是从体词与动词的组合关系中体现出来的，体词在义句中有多种不同的功能，这些不同的功能被称为不同的格。（1）施事。施事格表示由动词所确定的动作能察觉到典型的、有生命的动作发动者。（2）客体格。这一概念最好应限于由动词确定的动作或状态所影响的事物。（3）与格。与格也称目标可格，它表示由动词确定的动作或状态所影响的有生物。（4）工具格。工具格是施事借以引起动作、状态结果的某种因素，一般为无生命的客体。（5）来源格。来源格是人或事物移动、变化的出发点。（6）方位格。方位格表示由动词确定的动作或状态的处所和空间方向。（7）时间格。时间格表示行为、状态发生或延续的时间。

论现代维吾尔语 a，ε 变为 e，i 的音变现象及其原因　阿布都鲁甫撰，载《喀什葛尔师范学院学报》1994年第4期；《民族语文》1995年第1期；土耳其 Türk Dünyası 杂志 2002 年第3期，安卡拉。

主要内容：现代维吾尔语中由 a、ε 元音构成的单音节名词，其后加上 i、si、ix 等附加成分，则该词中的 a、ε 音均变成 e；而多音节词加上述附加成分之后，其最后一个音节中的元音 a、ε 音则变成 i 音。突厥语学界把这种音变称作"维吾尔语的元音弱化现象"。该文作者则认为这不是弱化现象而是个明显的音变现象。这种音变现象在现代诸突厥语中，只有维吾尔语是独具一格的。作者认为，a、ε 变为 e、i 的音变现象发生的原因有以下四个。

一、a、ε 短元音在一定的语言环境中变成 e、i 是由于维吾尔族人的主重音的发音与其他突厥诸语不同而引起的。

在喀喇汗王朝时期，操突厥语的所有民族对词语中的主重音和次重音的发音法都是相同的。但是，随着时间的推移，这种情况发生了变化，在维吾尔族人的主重音中，形成了一种改变力和同化力。最后，这种改变力和同化力导致了维吾尔语在一定的语言环境里 a、ε 变为 e、i 的音变现象的发生而且相当普及。

二、元音 e 的出现为 a、ε 短元音发生变化提供了必要的语音条件。

三、维吾尔语固有元音 ī 的消失迫使 a、ε 短元音在一定的语言环境里发生 e、i 音变。

四、维吾尔语口语中存在的主重音改变力，是 a、ε 发生音变的重要因素之一。论文作者认为，a、ε 在一定的语言环境里变成 e、i 的现象首先发生于维吾尔语口语。在长期的交际过程中，口语中形成了突出主重音音节并迫使前音节中的元音与主重音音节中的元音完全和谐的语言特点。这一特点后来逐渐影响到文学语言，最后导致文学语言中 a、ε 变为 e、i，这种音变现象的扩散并普及。

论现代维吾尔语的成语　哈立克·沙克撰，载《新疆大学学报》1980年第4期。

维吾尔语成语是由两个或两个以上的词构成的固定词组，无论在口语中还是在书面语中都作为一个整体使用，相当于一个词的作用。根据构成成语各词间的结合程度的不同，维吾尔语的成语可分为融合性成语、联合性成语和接合性成语三类。融合性成语的特点是：从意义上看，是一个不可分解的整体；有些成语在构成方面留下了语言发展的痕迹，即有些词的古义仅仅在成语中有所保留；构成成语的名词失去了意义的独立性，语法关系也是固定的，所以不能再划句子成分。联合性成语的特点是：整体意义相当于各词意义的总和；构成成语的动词表示转义；构成成语各词间的语法关系清楚，不再划分句子成分。接合性成语的特点是：主要表示转义；具有强烈的修辞效果；各词之间的语法关系虽然十分清楚，但在句法方面都不能自由组合；构成成语的各词结合得不紧密。

论现代维吾尔语方言及民族文学语言及基础方言和标准音 阿米娜·阿帕努娃撰，载《民族语文》1980年第2期。

该文认为巴斯卡科夫等国外学者对维语方言的划分不是建立在对维语所有方言土语进行充分调查研究的基础上，所以结论并不十分恰当。作者依据我国50年代进行的方言普查，认为维语可分为中心区方言、罗布方言与和田方言。中心区方言遍及伊犁、吐鲁番、哈密、阿克苏、喀什等地区，操这个方言的居民占维吾尔人口的80%，它是文学语言的基础方言。作者从语音、词汇、语法方面举例说明了3个方言的异同，并指出各方言的差异主要是语音上的，彼此交谈并不产生特别的困难。这一部分实例较多，大约7000个。作者还认为，乌鲁木齐语音已经成为现代维吾尔文学语言的标准音。数十年来，乌鲁木齐作为新疆的政治、经济、文化中心，加上文化教育事业的发展，各种宣传工具的影响，乌鲁木齐青壮年的口语已与书面语结合在一起了。

论现代维吾尔语量词 阿布都克里木·巴克撰，载《语言与翻译》1989年第1期。

维吾尔语中表示事物及其行为的直接修饰词和词组叫做量词。一、原量词与派生量词。原量词本来就是表示量的词，不属于其他词类，是被专门用于表达量的词。派生量词，它本来不是量词，只是依附于名词或动词，与数词组合而构成量词。这种词，一经与数词组合之后，就可以表示事物及其行为的数量。派生量词又分为两种，一种是来源于名词的量词，另一种是来源于动词的量词。二、量词的分类。量词可以分为两类：一类是表达事物量的叫做物量词；另一类是表达事物行为量的叫动量词。三、量词的用途。一部分量词被用来表示事物的长度；一部分表示事物的重量，一部分表示事物的体积，另一部分表达事物的单位、个数。四、量词的语法特征。作为量词的基本要素的词不能单独表达量的概念；具有专门构成量词的附加成分；量词在句子中依附于名词和动词；量词当名词用时起谓语作用。

论现代维吾尔语语素的语音 邓浩撰，载《喀什师范学院学报》1989年第3期。

（1）词的结构中各种语素的语音特点。首音节可以出现全部8个元音，非首音节只出现a、ae、i、u、y 5个元音；固有的元音和谐已明显减弱。24个辅音均可以出现于词根语素中，辅音音位在词根的第一音节一般不重叠，词末重叠也较少。单音节和双音节构成的词根语素居多。构词语素分前附和后附两种。后附语素可分为与静词词根组合、只改变词义不改变词性的和结合于词根语素后改变词义、词性的两大类。（2）语素在词中组合过程中的语音变异。词的结构中的语素组合基本上是词根语素和附加语素的组合，同时在组合中均有不同形式的语音变异。（3）现代维语语素音位系统。语素音位一般出现于语素末尾（主要是词根语素末尾）或具有若干语音变体的附加语素中，分元音语素音位和辅音语素音位两种，在一定条件下产生变体。

论现代维吾尔语中的同音词　阿尔斯兰·阿不都拉撰，载《语言与翻译》1986年第2期。

该文主要讨论了现代维吾尔语同音词的产生和由来、同音词和多义词的区别问题。（1）同音词是由于词的构词形式趋于一致而出现的；词义分化出现了一部分同义词——派生同音词，语义引申同音词；借用外来语产生的同音词。（2）同音词和多义词的区别。无论同音词还是多义词，它们都是以相同的语音形式表达多种不同意义的语言现象。其性质具有某些共同性。其各自所独有的特点是：多义词的一个词具有不同的几种意义，而同音词则是表达不同意义的几个词共有一种语音形式。因此，多义词的多种意义之间有明显的联系。这些意义是从一个主要意义扩展出来并具有共同的基础。同音词却相反，它们虽有相同的结构，但由于在意义上没有必然的联系，所以不具有共同的基础。

论湘西苗语名词的类别范畴　易先培撰，载《中国语文》1961年第3期。

该文从描写语言学的角度来研究湘西苗语名词的类别范畴，力图从苗语的现状出发进行描写。湘西苗语的绝大部分名词都有一种特殊的类别范畴。表达这种类别范畴的语法意义和语法形式是一个固定形式的虚化音节，冠在名词等实词或词根的前边，结合成统一的语言结构整体。按其不同性质可分以下五类：（1）理智抽象、静物范畴。这种范畴用虚化音节表示，按其性质分为无名物化性能的（下分七小类）和有名物化性能的（下分四小类）。（2）动物范畴。这种范畴用虚化音节 to^{35} 表示出来，一般表示动物的名称。按不同性质可分五小类。（3）长辈亲属关系范畴。用虚化音节 a^{35} 表示出来。（4）晚辈亲属关系范畴。这种范畴用虚化音节 te^{35} 表示出来。（5）质态范畴。这种范畴用虚化音节 ma^{31} 表示出来。按其不同结合关系，可分两小类，文章对这种言语结构为名词的结论作了论证。文章指出，湘西苗语固有词语中的名词，都具有这种特殊的类别范畴，它与客观的逻辑范畴有密切的关系。

论谐声　陈其光撰，载《中国民族语言论文集》，四川民族出版社，1993年。

谐声是一种造字方法。不仅汉人用这个方法造了大量形声字，许多少数民族和国家，如日本、朝鲜、越南也用这个方法造了许多记录本族语言的谐声仿汉字。该文分析了简化汉字中的谐声字（文中称为新形声字）256个，探讨了汉字与声符的关系。认为，在造形声字时，声韵调都起作用，其中韵母最重要，其次是声母，声调则比较次要，声母、韵母不同的那部分，也必有一些主要特征相同或相近。形声字声符与全字的关系，声母、韵母的相同、相近比例都相当高，因此，利用形声字归纳声母和韵母有相当高的可靠性，而归纳声调可靠性就不大。文章对256个字与其声符的声、韵、调，部分字的韵头、韵腹、韵尾或发音部位、发音方法都进行了对比分析。

论新疆的双语制　方晓华撰，载《新疆师范大学学报》1998年第4期。

双语制指一个国家或地区依据相关的法律政策而制定实施的语言制度或语言政策。虽然双语制与双语现象有着密切关系，但二者所指不同。双语现象是指个人或群体使用两种或两种以上语言的社会现象，它是制定双语制的重要依据；双语制是政府在社会领域和教育领域对语言使用的一种政策规定或法律规定，它可以指导并大大促进社会双语现象的发展。双语制可以分为国家双语制和地区双语制。新疆作为中国的一个民族自治区，依据国家的法律和民族政策，实施双语制，即使用当地自治民族的语言，同时也使用全国通用的汉语，属于地区双语制。新疆的双语制根据我国的宪法、民族区域自治法等一系列法律而制定出来的。该文阐述了新疆地区实施双语制的社会基础和政策法律依据，新疆双语制的基本内容和特点，指出了双语教育是实施双语制的基本保证，展望了新疆双语制发展的前景。

论新疆的维吾尔语方言　捷尼舍夫撰，载《喀什师范学院学报》1983年第1期。

维吾尔语有三个方言：（1）西北方言（或称中心方言）有以下标志：I音位及其变体；元音的逆和谐；treip和tomur型；barimaen型第一人称未来时形式；baridn和kilidu型第三人称未来时形式。中心方言是由在地域上同大片居民点相一致的土语组成的，这些土语的标志是辅音j和r的变换情况不同。中心方言包括：吐鲁番话、库车话、阿克苏话、喀什话、莎车话以及伊力、哈密、焉耆和库尔勒土语。中心方言跨地辽阔，包括自治区的整个西北部，该方言的域界东达群克南至皮山。（2）南方方言（或称和田方言）。南方方言分布在自治区最南端的长条地带，有或多或少的一致性。其域界是西起皮山，东至诺羌。（3）东部方言（或称罗布诺尔方言）。罗布诺尔方言的分布域界是南到诺羌，北到群克。与罗布泊地区的东部方言基本上是一致的。

论新疆汉语方言的维吾尔语借词　张洋撰，载《新疆师范大学学报》1998年第2期。

新疆汉语方言中的维语借词，新疆汉语方言中的维语借词以音译词、意译词、维汉合璧的词三种为多。（1）音译词。音译词是按照维语读音直接译成汉语的词。这类词比较多。（2）意译或引申意借词，有些维语直译成汉语也是有意义的，但与汉语普通话相去甚远。新疆汉语方言中常常采用这种直译词的本义或引申义。（3）维汉合璧的词，有些维语的音译加汉语素可构成新词或词组。这类词不多，但使用率较高。维语借词的特点，年代久远，内容丰富，覆盖面大，使用率高，借入词类和借入方式多样。一般来说，一种语言外来词以名词为多。新疆汉语方言中的维吾尔语气借词除了大量名词外，还有不少动词、形容词、副词、甚至叹词，南疆有的地区还借入语气词。维语词的借入方式也比较多，有音译词、意译词、维汉合璧的词或词组三种，其中音译词占绝大多数。

论谚语的"显影法"翻译　王德怀撰，载《语言与翻译》2003年第2期。

有丰富深层含义的谚语是内容和形式的结晶统一体，翻译它时，只用双语词典中的对应词翻译，就像照完相后只是交给了顾客（译文读者）一张"底片"，这样，顾客是不满意的，交给顾客（译文读者）一张"照片"，就得用显影翻译法。该文从显现原文中隐伏着而译文读者不了解、不熟悉的谚语的词语含义显现出来，把原文中特定语境下暂借的语用义"洗印"出来，把原文中省略的文化背景"潜影"、"显出影像来"三个方面进行了显影法翻译。这样就交给了顾客（译文读者）一张满意的"照片"。

论瑶族拉珈语的系属　刘保元撰，载《中央民族学院学报》1988年第5期。

该文对瑶族拉珈语是否是壮侗语族侗水语支的一种语言从几个方面进行探讨。从拉珈语与壮侗语族存有许多共同特点来看，拉珈语属汉藏语支壮侗语族的一种语言是无疑的。语言词汇是一个语言的根本标志，它的亲疏，是确定一个语言系属最重要的依据。作者以《壮侗语族语言简志》附录955个常用词与拉珈语作比较。看出拉珈语与黎语支较疏，与壮傣、侗水两语支关系大体相同，也就是说，拉珈语既接近侗水语支，亦接近壮傣语支。拉珈语和勉语、布努语也有一定内在联系。语音系统跟属瑶语支的勉语相似，语法跟属苗语支的布努语基本相同。拉珈语具有自己的语音特点，是壮侗语族其他语言所没有的，归纳起来有10个方面，这是拉珈语区别于其他语言的一种标志。通过上述比较，作者认为拉珈语不应划入侗水语支，它是介于壮傣语支和侗水语支之间的一个独立语支。

论一个民族使用多种文字 祁德川撰,载《云南民族语文》1994年第3期。

云南是多民族、多语言、多文字的省份,各民族语言文字使用情况比较复杂。有些民族只有一种文字,有些民族则使用多种文字。一个民族产生多种文字是有其原因和社会背景的,有的是不同宗教的传播所致,有的是缺乏交往所致,有的是因民族内部存在语言或方言差异所致,有的是文字改革而新老文字共存所致。一个语言相通的民族使用多种文字会带来诸多不利:(1)会造成人力、物力、财力上的重复浪费;(2)不利于学校开展双语教学和社会扫盲工作;(3)不利于发展和繁荣民族文化教育事业;(4)不利于提高民族语言文字的威信;(5)不利于编译出版图书。要解决这个弊端,就要确立具有一定代表性的标准语,重新确定选择文字方案的标准,重视推行工作,围绕文字方案对教学用书、科普读物、历史古籍文献和宗教经典以及其他读物的编译出版工作统一规划,并制定相应的法规,加强民族语文的管理。

论彝汉语文的同源关系 陈英撰,载《彝语文集》,贵州民族出版社,1993年。

彝语和汉语同属汉藏语系,彝文和汉文的渊源同出于刻划文字;同样可分笔画部首;同样循着象形、指事、会意的造字规律和转注、假借的用字方法,仅由于彝文后期发展缓慢,以致形声未形成系统而已。该文从贵州彝文古籍和常用语中选出1942个字分析,其中彝、汉语文读音、意义相同或相近者315字,占总字数的16.13%。文中列举了:(1)彝文[he^{21}]"房屋",像洞穴门口所设栅栏形。汉字"穴"为形声字,从"宀"、"八"声,但汉语"八"不和"穴"的读音相谐,彝语读"八"为[hi^{13}],正谐其音,可见汉语文"穴"、"八"和彝语文是两对同源词。(2)彝文[tṣa^{33}]"笮(竹绳)",像绳索缠柱形,与汉语文"笮"和"占"是同源词。(3)彝文[nɯ^{55}]"夷",像一张弩。彝族自称"nɯ^{55} su^{33}",指发明和使用弓弩之人。汉字"弩"属"n"声纽,其音、义与彝族称谓有渊源关系。(4)十二地支中的"鼠、牛、虎、兔、龙、蛇、马、犬"和基数词二、三、四、五、七、八、九等彝汉都有同源关系。

论彝文的类型及其超方言问题 丁椿寿撰,载《贵州民族研究》1981年第1期。

关于彝文的类型及其超方言问题,现有两种说法:一说彝文是表音的单音节文字,不是超方言的;一说彝文是表意的单音节文字,是超方言的。文章主张后一说,认为彝文和汉文属同源,在造字方法方面和汉字又有许多相同或相近之点,彝文中不但有借用的汉字,仿汉字的仿造字,而且造字方法的基本特点又是以"部首"为主导,彝文其实是属于表意类型的文字,而不是什么表音类型的文字。彝文和汉文相同,也是超方言的,它之所以没有能够形成和发展为今日彝族广大人民所公认的超方言文字是由于历史的种种原因使彝文受到了压抑,彝语现在没有成为全彝族人民通用的普通话,是由于没有超方言彝文的推动所致。为了使现有彝文能够成为超方言文字,只有四省(区)联合规范,必须无偏见地将各省原有彝文认真整理并加以规范,以确定它的标准音和基语言来统一"字形""字音""字义",并采取"书文"的做法,困难是完全可以克服的。

论彝文与现行规范彝文的使用 丁椿寿撰,载《贵州民族研究》1988年第4期。

古彝文和现行规范彝文同是彝族人民的文字,古彝文属表意类型,现行规范彝文属表音类型,二者的性质、作用都不相同,但彼此关系密切。古彝文是现行规范彝文产生的基础,现行规范彝文是古彝文发展演变的产物。大量的彝文古籍是用古彝文记录下来的,要阅读、翻译、研究彝文古籍,继承彝族文化遗产，非懂古彝文不可。从当前我国社会发展的形势看，要消除地区间的隔阂，打破彝语、彝文的地域观念，追求彝民族进一步的团结合作，从而促进彝族地区教育的普及和文化科学事业的发展和提高，就需要一个可供彝族全民交际的共同语和通用文字，现行规范彝文的推行实践表明以凉山彝语为基础，以喜德彝语语音为标准音建立起来的规范语言为依据，从古彝文中规范出来的规范彝文作为全体彝族的共同语和通用文字是适宜的。

论彝文造字法 黄建明撰，载《中国民族古文字研究》（第三辑），天津古籍出版社，1991年。

一、象形造字法。（1）具体象形造字法。具体象形造字法造出的彝文字有明显的图画痕迹，它还保留着图画的某些特征，是彝文体系中比较接近画的一部分文字，它是表具体事物的，所以字也像事物之形，人们见到字形就大概知道表什么物，指什么形。（2）抽象象形造字法。二、指意造字法。（1）抽象指意造字法。这类指意造字法，用不同代表具体事物的抽象线条来表示某一义类，在此符号上以笔画的有无和多少来表示不同事物概念。（2）原文上加指意符号造字法。这种造字法可用原有象形文字符号造字，也可在"约定俗成"的符号上附加指事物符号。（3）合体指意造字法。这一形式的指意造字法是以一个独体字作为主体结构，再附加一个独体字作指事符号进行构字。三、变体造字法。（1）转位变体造字法。转位变体造字法是通过转位的手法转换文字角度来区别于原有文字字形。表示新的音、义。（2）增、减笔画变体造字法：是对一个文字增加或减少笔画，使之变成与原文有别的字形来表示新的音、义。

论彝文之创立与发展 李家祥撰，载《贵州民族研究》1992年第4期。

关于彝文创立的时代问题，可以彝族记代史推算。从勿阿纳上至密阿迭计23代，每代平均26—27年，约为598年，亦为春秋中叶。再从勿阿纳上至希慕遮计51代，约1326年，亦相当于殷商中期。从殷商中期到现在又过去了3000余年，因此从彝文的原始刻划符号起到现在，已经有了7000—8000年的发展史。关于怎样理解彝文与甲骨文部分字形相似的问题，是由两个民族之具体原始图画的相同或相似自然形成的。表示抽象概念或复杂事物的字体同形或似形是彝汉处于相同思维发展阶段的产物。文章从同义字用不同造字法看彝文的独创性，彝文中，形声字极少，许多汉字为形声的字，而彝文则为象形或会意字，说明绝大多数彝文都产生于汉字形之前，没有受到汉文影响，也没有对汉字进行摹仿。关于彝族借用"六书"造字的说法，文章认为"六书"造字法并非汉字所独有，实为一切表意文字的造字规律，也是人类思维共性的表现。

论彝语、白语的音质和勺状会厌肌带的关系 〔加〕艾杰瑞、艾思麟，李绍尼、〔美〕吉米·哈里森、拉玛兹屋撰，载《民族语文》2000年第6期。

在20世纪90年代初期，国际上的少数语音学家才兴起使用价格非常昂贵的微型喉头观察镜电视摄像仪器直接观察喉头内声带与人类语言发声运动状态及其相互关系，试图从生理上解析喉腔结构与语言的各种不同发音有着密切的关系。在此之前，各国的语音学家们虽然也用了诸如声学材料功率谱与声门气流材料反滤波或电声门图对声带的作用与功能进行了多种途径的分析，但是毕竟肉眼观察不到处于喉腔深部快速移动的各种发音器官的运动状态和变化过程。所作的分析总是把握不大。在中国用高级的喉头电子观察仪器直接观察喉头中的各种发声状态也是一片空白。从1998年至1999年，中、美、加三国语言学家艾杰瑞、艾思麟和中国的彝、白族语言学家拉玛兹屋和李绍尼作为本民族母语发音人在美国和加拿大用电子喉头仪直接作了各种音质的发音录像，后集体合作观察研究分析了彝、白语各种特殊音质成因与喉头中勺状会厌肌带的运动状态关系并进行了细心的描述，并于当年在美国召开的第 29 届国际汉藏语言学术讨论大会上作了电视演示和报告。各国语言学家在世界上首次看到了人类喉头中真、假声带和勺状会厌肌带颤动发音和自由缩放功能的状态，这使语言学家们兴奋不已。

论彝语支声调系统的发生与裂变 陈康撰，载《民族语文》1997 年第 1 期。

彝语支是藏缅语族中一支较具鲜明特色的语言群体，与缅语支接近。从彝语支语言的语音系统看，主要特征是：（1）声母单辅音化，分清浊；（2）韵母单元音化，分紧松；（3）有稳固的声调系统。彝语支语言的语音系统反映了藏缅语语音发展的一个历史阶段。汉藏语系原始藏缅语保存着大量的复辅音或具有辅音前缀的声母和辅音韵尾，藏缅语声调是后来发生的。彝语支的语言历史上经历过复辅音声母并合成单辅音，韵母韵尾脱落成单元音，声调的发生与裂变构成稳固的声调系统，语音的再协调与平衡的演变。在这些系列音变中最为突出的是声调的发生与裂变。其中，韵尾的脱落指鼻韵尾和塞韵尾的脱落。同时，彝语支声调的发生、松调和紧调形成后，随之因声母的清浊而出现裂变。文章最后论述了纳西语、基诺语、怒苏语、嘎卓语的声调系统。

论语言的变异与回归——以藏语音系演变为例 黄行撰，载《中国民族语言论丛（2）》，云南民族出版社，1997 年。

本文把语言结构从简单向复杂的繁化过程称作变异，从复杂向简单的简化过程称作回归。通过对藏语古今音系演变的实例分析，证明语言结构的繁化或变异使系统产生了许多空位，实际上是增加了系统的有序值，降低了熵值，可以提高系统的信噪比，更有效地传输信息，变异一般是从无标记项到有标记项的变化。语音变异的主要制约条件是响度原则和异化原则。语言结构的简化或回归使系统变位按一定的等级和顺序递减，实际上是降低了系统的有序度，增加了熵值，反映了现代语言追求经济性，减少羡余度的倾向，回归是从有标记项到无标记项的变化。音系回归的模型有清化、同化、弛化、中和、耦化、移位、脱落等。由于古代语言的常规变化为主要演变方式，因此表现为熵值降低的繁化—变异倾向；而以非常规变化为主要演变方式的现代语言则表现为熵值增加的简化—回归倾向。

论语言的接触性衰变——以毕苏语的跟踪调查分析为例 徐世璇撰，载《语言科学》2003 年第 5 期。

语言的相互接触，是语言之间、尤其是现代社会的语言之间普遍存在的一种语言关系。这种关系可能对语言造成结果完全不同的两种影响。论文通过对毕苏语的跟踪调查，以所获得的语言使用人口统计数据和语音、词汇、语法材料为例，对毕苏语近十年的变化进行剖析，论证毕苏语在同汉语接触的过程中，在语言使用和结构系统两方面所发生的衰退。毕苏语近十年来的变化显示了语言接触性衰变的一般性特征，以这一实例的分析为基础，论文进一步阐述语言接触性衰变的普遍性规律，提出在语言使用和结构系统两方面的衰退异变具体表现在以下四个方面：使用人数减少，使用者平均年龄升高，语言的使用范围缩小、包括语言的通行范围缩小和使用范畴减少，语言的结构系统退化。这四个方面密切相关、互相影响，尽管在不同的语言中不同方面的突出程度和明显表现可能有所差异，四个方面的衰变程度常常不完全均衡，存在着主次轻重的区别，但是一种语言只要发生了本质上的衰退性变化，那么在使用者、使用功能和结构系统这几方面的退化趋势必然是一致的。

论语言的相互影响与融合 李敬忠撰，载《语言演变论》，广州出版社，2007 年。

该文从语言学理论角度，研究、考察、分析、综合了世界许多语言具体事实，尤其是我国众多语言的具体事实，指出语言相互影响与融合都有一定原则和条件。在不同的社会历史条件下，语言融合的方式各不相同。在"一般社会历史条件"下，语言融合的方式主要是"兼并融合"。但在"特殊的社会历史条件"下，语言的融合则主要通过"掺糅融合"的方式进行。条件不同，结果也各异。"兼并融合"的结果，是一种语言战胜另一种语言。"掺糅融合"的结果，则有可能产生"新的第三种语言"。从而修正了斯大林"两种语言的融合，不可能产生什么新的第三种语言"的论断。明确提出"在特殊的社会历史条件下，两种语言融合完全可以产生新的第三种语言"的新观点、新理论。

论语言的声韵调分析方法 瞿霭堂撰，载《语言论文集》1985 年第 8 期。

声韵调分析法是分析汉语音韵的传统方法，如果从反切算起，已有 1500 多年的历史。后来，随着《语言研究》范围的扩大，这种方法也使用于汉藏《语言研究》。该文根据汉藏语言的研究实践，提出一种声韵调分析的程序和方法。对语言进行声韵调分析，实际包括两个层次：声调是从音节中抽象出来的属于整个音节，而不属于音节中哪个音素，因此有一个音节就有一个声调。声母、韵母是音节内部的语言分析，是对音节内部语言单位的划分。对汉藏语言的语音作声韵调的分析并非虚拟和任意的，而是客观上存在这些语音单位，然后把它们分离出来。汉藏语言的音节分为声母和韵母两部分，是取决于汉藏语言音节结构的特征。首先，是汉藏语言单音节的独立表义功能；其次，是汉藏语言音节结构的齐整性。该文提出这种汉藏语言的声韵调分析方法，并从结构、功能和历史特点说明分析的依据，在分析基本方法的同时，择要讨论一些涉及声韵调分析的问题。

论语言关系 戴庆厦撰，载《民族研究》1990 年第 2 期。

文章论述与语言关系有关的几个问题。一、语言关系的概念及研究内容。二、我国语言关系的基本特点。包括：（一）我国的语言关系有着悠久的历史，各民族语言的发展都受语言关系的制约，具有普遍性。（二）从总体上看，我国语言关系是双向的，相互的。即不管什么语言，它既能影响别的语言，也会受别的语言影响；这个民族能兼用那个民族的语言，那个民族也可能兼用这个民族的语言；小民族可能转用大民族的语言，大民族也可能转用小民族的语言。（三）制约语言关系的因素是多方面的，有人口多少、分布特点、社会发展水平、民族关系、文化、民族心理、宗教等。其中人口多少是主要的，常常是决定的因素。（四）新中国成立后，汉语在我国语言关系中的地位进一步显示其重要作用。

论语言规律的齐一性 邢凯撰，载《南开语言学刊》第四辑，庆祝邢公畹先生九十华诞专号，2004 年 6 月。

喻世长先生说，只要严格地遵守语音对应规律，比较研究就能立于不败之地。"齐一性"是严格遵守客观规律的自然科学表述。作者发表《历史比较法是建立语言史的可靠方法》一文后，见到一些使用历史比较法进行汉藏语比较研究的著作，例如［美国］柯蔚南、［韩国］全广镇的研究，以及国内很多学者的研究。感到有必要再次强调历史比较法的基本原则——必须严格遵守语音规律，所谓"齐一"就是严格。19 世纪印欧语比较研究的新时期（1870 年以后）整个就是论证"语音规律无例外"这个主题。无一例外就是整齐划一。该文举出 1876 年维纳尔的重音转移定律进行说明。李方桂的《台语比较手册》是使用历史比较法进行汉藏语系比较研究的典范。该文抽取书中声母、元音对应规律各 6 条，详尽介绍李先生怎样处理"例外"（1：多），寻求"齐一"（1∶1），使人体会到语音规律高度的严整性。第三节列举了全广镇《汉藏语同源词综探》书中的8组32条声母对应规律，指出其中的混乱。例如一个汉语声母可以对应22—27个藏文声母，依据这种"对应"是根本无从"构拟"的。又把全氏的元音对应研究综合为两个表，其混乱也是显然的。古藏文的五个元音（除i外），都可以和汉语的全部（7个）或大部（6个）元音或复合元音对应。结语部分从理论高度分析了这种做法的错误所在。指出进行严格逻辑推理，寻求"齐一"的绝对必要。亲属语言的历史比较之所以能够达到"齐一"，就是因为它们都是从一个统一的共同语演变而来的。

论语言接触 罗美珍撰，载《云南民族语文》1998年第1期。

语言接触是一种很普遍的社会现象，不同语言接触的结果通常导致语言替换或语言融合。文章指出，操不同语言的群体频繁交往后，强势群体（经济、文化、人口等占优势）的语言会逐渐取代弱势群体的语言。这是一个渐变的过程，双语是转换的必然过渡，并且被替换语言会在替换语言中留下某些痕迹（即底层），从而形成替换语言的一种变体。例如广东人说普通话总带有广东腔。语言的影响具有双向性。两种语言在接触过程中，语音、词汇、语法都会受到对方语言的渗透和影响。这种影响如果在结构上由一方向另一方渗透，渗入深层以后，受影响的语言就会发生质变，形成一种既有甲又有乙的成分，但是非甲非乙的新语言。文章以广西融水的"五色话"为例，说明了这一语言融合现象。

论语言结构分布的普遍性和有序性 黄行撰，载《语文研究》1997年第2期。

跨语言研究促进了语言共性的研究。语言共性主要表现在语言结构的标记规则、等级规则、优选规则等制约规则方面。语言共性即语言普遍性，是指语言离散的结构和范畴是一个连续体，结构项目和特征在连续体中是普遍联系的。例如根据语音类型可以把语言分为音素型语言和音节型语言，二者的区别实际为一种互补的和可以互相转化的关系。语法上的有形态语言和无形态语言表面看似无关，实际也是处于语法形态由虚到实，并受相同条件制约的连续体中。语言有序性指语言结构分布上的秩序和等级的规律性。例如语音单位的分布位置受组合制约条件控制，受制约条件约束越少的音素越可能在表层结构中出现，反之则相反，这在苗语复辅音声母的构成中可以证实。语法形态结构亦然，各语法范畴中对立的语法意义，都有有标记和无标记的区别，越是无标记的语法意义分布越自由，反之则不自由。语言结构的普遍性和有序性的形成机制主要是为了适应语言系统的信息承载功能。

论语言融合——兼评斯大林的语言融合观 周耀文撰，载《民族研究》1995年第6期；《云南民族语文》1996年第3期。

语言融合是语言发展中的一个重要方面，正确地认识不同民族语言之间的发展关系、融合关系和融合方式，是国家对参加制定语言政策者和贯彻国家语言政策的民族语文工作者、民族教育工作者的一个基本要求。作者在前言中指出斯大林的语言融合观在一定程度上促进了我国语言学的健康发展，但也存在着不足的地方。作者认为，语言融合的含义应当包括不同语言（或方言）的转用、融合和不同语言的混合。语言转用就是语言数量上的减少（一种消亡，一种胜利），语言使用上的统一，即不是不同语言成分上的融合。语言融合是指人口稀少、语言社会交际功能较小、社会经济文化不发达的民族的语言同人口较多、语言社会交际功能较大、经济文化较发达的民族的语言逐步融合，以至合二为一。语言混合是产生民族语言融合过程中的一种必然现象。世界语言的融合也有其发展规律。

论语言学和民族学的结合与发展 戴庆厦、王远新撰,载《中南民族学院学报》1988年第1期。

文章认为研究语言学与民族学结合的条件和历史,探索这两个学科相互结合的必然性和重要性,有助于我们预测今后的发展趋势。首先,对语言学与民族学的结合历史进行分析,认为语言学与民族学的结合,开始于20世纪上半叶,经历了一段复杂的发展过程。二者的结合是由两个学科本身的特点及其发展趋势决定的。其次论述了我国对语言和民族的相互关系的认识也经历过一个不断深化的过程,语言学和民族学也由各自独立发展到相互接近,进而出现交叉发展的局面。指出从思想史上看,人们认识语言和民族的关系早已出现。在我国古代,人们通过不断实践和认识上的进步,已觉察到语言同社会、民族、自然环境等的关系。新中国成立后,随着民族学和语言学研究的深入,一些学者试图将二者结合起来研究,开辟新的领域,解决过去由于单科研究不能解决的某些问题。二者结合后实际上产生了两种不同的学科:一种是从民族研究语言;另一种是从语言研究民族。

论"语言研究"的泛时观念 陈保亚撰,载《思想战线》1991年第1期。

历史上"语言研究"一直存在着历时与共时的二元对立,彼此互不沟通。18、19世纪在欧洲兴起的历史比较语言学把历时研究方法看成"语言研究"的唯一方法,孤立地解释语言要素的演变。后来索绪尔提出了共时语言系统理论,为结构主义语言学奠定了基础。但是索绪尔把历史和共时对立起来,两者互不问津。然而,没有一种纯共时的描写完整地揭示出一种语言的结构,也没有一种真正说明语言要素演变的原则是纯历时的。作者认为共时着历时。共时只是一个相对概念。共时语言系统不可能是瞬时的语言系统,它有一定的时间跨度。先秦汉语就跨越了数百年以上。系统不是断面而是构建于共时之中。要素的历时变化不是孤立的,它是受共时结构约束变化的。因此作者认为应转向泛时语言学,把历时和共时有机结合起来。研究共时系统的同时参考历时因素;研究历时演变时以共时结构为基础。这一重要观念的转变,也必将影响到对人类文化系统的重新认识。

论语言演化对初始条件的敏感依赖性 江荻撰,载《中国民族语言论丛(2)》,云南民族出版社,1997年。

该文设想采用一种新的看待事物演化的观点,即非线性的语言观来解释语言系统的微观演化过程,并通过几类历史音变模型(弛化、耦化、熵化、特征投射和合一作用)来讨论非线性演化的方式及构拟的可能性。特别地,该文还以微观例证"铁""月亮""四"几个汉藏语词来探讨演化的系统状态,如平衡和远离平衡,演化的初始条件,诱发演化的要素,演化的方向和演化的程度等演化机制,揭示出演化对初始条件的敏感依赖性及相关的重要现象。具体说,该文揭示了为什么在整个汉藏语言中唯有藏语"月亮"的声母读作塞音或塞擦音的根本原因,给出了其声母演化的主体图景:zl→zd/zdz→rd(ld)/rdz(ldz)→sd/sdz→d/dz。另外,该文对系统涨落在临界点的突变以及演化的分岔都作出了解释。在此基础上,我们科学地推测了"月亮"等声母演化的初始状态,也就是构拟原始母语的形式,并认为这种方法的构拟是具有科学方法论意义上的语音考古。

论语音对应关系中音值差异悬殊的成因 江荻撰,载《民族语文》1996年第6期。

该文围绕汉藏语几类复辅音声母的演化过程来讨论历史上的音变方式和音变规律。并通过语音的非线性音变微观过程的刻画,建立熵变和特征投射音变模型。文章建立一种描述语音微观运动的抽象动态系统概念,即状态空间概念。将语音气流产生和发音器官的运动抽象成语音物质运动过程的状态空间变动，以点或动点指称语音气流，以轨迹称说气流的运动，以空间位置（位）代替发音部位。这样，每个音都归结为点或动点，随着时间渐进，追踪点的状态空间位置和刻画点的轨迹就能获得关于微观状态的语音演化或语音变迁的真实过程。文章认为汉藏语的复辅音声母在历史中主要呈现复杂演化方式，并以具体实例建立了熵化音变模型，即把复杂系统内由构成元素相关作用导致的某些元素熵值增大、属性失稳而变化的音变称为熵变。如 sl 在前后不同音素失稳变化过程后产生的 l、lh、d、ts、dz、tcc 等现象。另一个历史音变模型称为特征投射，指复杂音素的组合中某些元素将自身特征转移到其他音素上的现象，如藏语 my--＞mny，sl--＞slh/lh 等现象。同时语音演化往往是随机的。因此，复杂性和随机性是语音演变中必须把握的两个关键因素。文章认为，非线性历史音变模型的建立和非线性方法的处理是识别同源词的新方向。

论越语（一） 王敬骝撰，载《云南民族语文》1997 年第 2 期。

1997 年第 2 期摘录了该文的第一部分。越人是我国和南亚、东南亚地区最古老的人们共同体之一，它的裔胄包括仡佬、高棉等多种民族，他们的语言组成越语族，属于华夏语系。文章从"越"与"濮"的关系认为它们同属于孟—高棉语族即越语族，进而分析了越语族与中华民族及其语言的关系。作者认为汉语是由古越语、夷语、羌语以及其他有关人们共同体所使用的语言融合而成的。作者就语言研究的角度对"夷""越"亦即"华""夏"的问题分析后认为，夷、夏之争实即夷、越之争，而夷人为我国东方古代最重要的人们共同体，越人是我国南方古代最主要的人们共同体，这一争斗延续至周、秦，这些进一步证明了越语族亦即孟高棉语族或南亚语系民族，与中华民族关系密切，越语亦即孟高棉语或南亚语，与汉语以及华夏语关系密切。

论藏缅语的反响型名量词 戴庆厦、蒋颖撰，载《中央民族大学学报》2005 年第 2 期。

文章指出反响型量词是研究量词的关键。其特点可归纳为以下三点。一是具有能产性。二是语法功能超过语义功能。三是具有中介性。反响型量词在发展中从"语音语法"模式走向"语义语法"模式。

论藏缅语的语法形式 孙宏开撰，《民族语文》1996 年第 2 期。

藏缅语族语言里有丰富的语法范畴和语法形式，构成了藏缅语十分复杂的语法体系。正确认识和分析藏缅语族中的语法形式，对于建立藏缅语族具体语言的语法体系有十分密切的关系。基于这个原因，作者以几种较典型的藏缅语为例，讨论了藏缅语中的黏着形式、屈折形式、分析形式和重叠形式。其中屈折和重叠两种形式比较容易认识，比较难的是如何区别成音节的黏附形式和分析形式之间的界限。文章就这个问题提出了 5 条区分的原则，它们是：第一，来源不同，分析形式一般来自实词虚化；第二，与词根结合较松；第三，黏附形式表示单一语法意义，分析形式表示综合语法意义；第四，分析形式可以加在词组后面；第五，分析形式一般是成音节的。文章还讨论了不同语法形式之间的互相转化问题。

论藏缅语动词的使动语法范畴 孙宏开撰，载《民族语文》1998 年第 6 期。

在藏缅语族语言中，多数语言动词有使动范畴。它在不同语言中所处的地位有一定的差别。在使动形式的表达方式方面，不同的语言存在不小的差别。有的语言用黏附性前缀表达；有的语言用屈折性后缀表达；有的语言用动词词根的屈折变化的方式表达；有的语言则在动词的前面或后面加虚化动词式助词来表达。在用动词词根屈折变化方式表达使动范畴的语言里，有的则用韵母屈折变化的方式表达，也有的用声调的屈折变化的方式表达。有的语言里多种表达方式并存，但在使用时有所侧重。使动形式所存在的各类语音状态存在着广泛的历史联系，它们是同一种语法形式经过长期的历史演变后独自发展的结果。其历史演变过程为黏着→屈折→分析。文章还指出：使动语法形式属于"态"语法范畴，在部分语言里存在着双重使动现象。

论藏缅语言同源语素的分布 李永燧撰，载《中国语言学报》1995年卷六。

该文通过比较法探讨藏缅语言同源语素分布的形式及其对语素义历史演变的影响。首先指出，以词为单位的比较判定合成词的同源关系没有一个理想的准则可以遵循，而以语素（词素）为单位的比较方便操作。语素分成词语素和非成词语素，前者是自由语素，后者是非自由语素，都可以是同源语素的反映形式。一部分词有强成分和弱成分，以一定的形式反映同源语素的存在。还有词素的序位和结构关系如偏正、云谓、述宾等，也反映同源语素存在和分布的形式。同源语素的分布可归纳为：（1）自由分布；（2）条件分布；（3）综合分布等3个基本类型，每个类型又有多个分布形式。同源语素的分布与历史语义学有一定的关系。同源语素义的历史变化如扩大、缩小、引申与转移等，往往与其在有关语言中的分布形式有联系。该文考察了藏缅语30多种语言50多个点的词汇。约用例300个。

论藏缅语语法结构类型的历史演变（上、下） 孙宏开撰，载《民族语文》1992年第5、6期。

作者通过对藏缅语族的文献和数十种语言资料的比较，发现这个语族语法结构类型上存在着十分明显的差异。文章对差异的性质和状况用实例作了较为细致的分析，指出这种差异反映了一个历史演变过程：黏着型—屈折型（不十分典型）—分析型。文章分析了一些重要语法形式从黏着型向屈折型演变的途径和方式，论证了分析型语法成分的来源和发展趋势。文章认为：原始藏缅语为黏着型语言，它与现在多数藏缅语已经变成分析型语言之间存在一个演变链。文章还指出，语言类型的历史演变是不平衡的，有密切亲缘关系的语言也可能在类型上存在较大的差异。当一种语言处在类型演变过程中时，往往有多种语法类型并存。藏缅语语法结构类型的历史演变与语音系统的演变有密切的关系，但有其特定的条件和环境，这并不意味着一切黏着型语言都必须经过黏着—屈折—分析这一公式。文章还批驳了语言类型优劣论。文章分两期连载。

论藏缅语中的反身代词 孙宏开撰，载《民族语文》1993年第6期。

反身代词在藏缅语中是一种后起的语言现象，是在人称代词的基础上形成的。文章以藏缅语族10多种语言为例，分析了他们的构成形式有4种：第一，用重叠人称代词；第二，在代词后面加黏附性后缀；第三，在人称代词后面加虚词；第四，用独立的词表示。文章指出，有的语言兼有两种或两种以上的形式并存，但在使用上有所分工。文章进一步分析了部分藏缅语中反身代词是在人称代词的领格或宾格的基础上形成的，与英语反身代词第一、第二人称用领格人称代词，第三人称用宾格人称代词再加后缀-self构成反身代词的类型非常相似。文章在分析了四种类型反身代词的构成和使用特点后指出，其中重叠形式最古老，其后是黏附形式，随着语法类型的演变，逐渐发展成为分析形式，最后形成独立的词。文章还提到少数语言用第一和第二单数的合成构成反身代词的特例。

论藏缅语中动词的命令式 孙宏开撰，载《民族语文》1997年第6期。

该文简要讨论了藏缅语中动词命令式的表现形

式以及它和时态、趋向、人称等语法形式之间的关系。藏缅语里，动词的命令式大体有 4 种基本表现形式：在动词前面加前缀表示、在动词后面加后缀表示、用动词词根的屈折变化的表示、用零形态表示。从这些具体表现形式可以看出，命令式和时态、趋向、人称等语法范畴及其语法形式有密切关系。动词命令式与动词的其他语法范畴和形式在具体语言的语法体系里互相依存、互相影响、互相渗透、互相融合，但通过排比、筛选和剥离，它的意义和形式是可以确立的。文章分析了命令式与人称的关系后认为，藏缅语族许多语言里的命令式与人称的关系是不容否定的客观事实。我们看到，在藏缅语族语言里，有时甚至在一个语言的方言里，人称、时态、命令等语法形式经常发生转化。文章最后认为，藏语支语言残存的命令式语法形式中隐含着原始藏缅语的人称标记。

论藏缅语中动词的使动范畴 孙宏开撰，载《民族语文》1998 年第 6 期，英文稿载美国《藏缅区域语言学》第 22 卷第 1 期。

该文为在瑞典隆德召开的第 31 届国际汉藏语会议上宣读的论文。文章认为在藏缅语族语言中，多数语言动词有使动范畴。但它在不同语言中，所处的地位有一定的差别。有的语言在语法体系中占重要地位，表示使动的语法形式十分活跃；有的语言使动语法形式虽然存在，但已经不很活跃；有的语言仅仅残存着使动形式的一点痕迹；有的语言，动词中使动形式已经销声匿迹。在使动形式的表达方式方面，不同的语言里，也存在不小的差别。有的语言用黏附性前缀表达；有的语言用屈折性后缀表达；有的语言用动词词根的屈折变化的方式表达；有的语言则在动词的前面或后面加虚化动词或助词等方式表达。在用动词词根屈折变化方式表达使动范畴的语言里，有的用声母清浊交替的屈折变化方式表达，有的则用韵母屈折变化的方式表达，也有的用声调的屈折变化的方式表达。也有的语言里多种表达方式并存，在使用时有所侧重。以往讨论动词使动语法范畴的文章很多，但多数是研究某一具体语言的使动形式，综合研究藏缅语使动语法范畴的文章不多。该文根据藏缅语族各语言里使动语法范畴存在的繁杂的语法形式，揭示出使动形式所存在的各类语音状态存在着广泛的历史联系，它们是同一种语法形式经过长期的历史演变后独自发展的结果。文章最后还讨论了与使动语法范畴相关的 5 个问题。

论藏缅语族中的羌语支语言 孙宏开撰，1999 年 11 月在台北召开的汉藏语系藏缅语族羌语支语言及语言学研讨会论文，载台湾《语言暨语言学》2001 年第 2 卷，第 1 期。

藏缅语族中的羌语支，由于它在汉藏语系藏缅语族的历史比较研究中的特殊地位，主要表现在它保留了藏缅语族许多古老的特点，如部分语言声调未产生；复辅音十分丰富；有大量表示语法范畴的前缀和后缀等。20 世纪 80 年代以来，羌语支的特点陆续被国内外学者所重视。羌语支是仅仅分布在中国的一个语言集团。文章从 4 个方面讨论了羌语支问题：1. 羌语支语言的调查研究。文章认为，经过长期调查研究，羌语支应该包括羌、普米、嘉戎、纳木依、史兴、扎巴、贵琼、木雅、尔苏、却隅、尔龚、拉坞戎等 12 种活着的语言和西夏——一种已经死亡的文献语言。自 1962 年作者首次提出在藏缅语族中建立羌语支以来，经过几十年的反复论证，羌语支在国内外已经基本上形成共识。文章列出了 13 种语言远近关系的矩阵图。2. 羌语支语言的一些特点。文章在与藏缅语族一些语言比较后，介绍了羌语支语音、语法和词汇的一些特点。3. 羌语支语言形成的历史背景。文章从历史、考古和典型文化特征等方面，讨论了羌语支语言使用者区别于周边其他族群的差异以及形成的依据。4. 羌语支在藏缅语族中的地位。文章在介绍了国内外藏缅语族分类的一些主要观点后，提出了自己的分类观点。而且认为,羌语支语言在词汇上接近彝语支,语法上接近景颇语支。

论藏文 共确降措撰,载《西藏研究》1997年第3期。

文章从藏文产生、特点、演变、字体、正字各个方面对藏文进行了分析和评价。作者认为藏文字体是仿照古印度梵文创制的,但不是盲目无原则地全盘照搬,而是经过改造、筛选、整理加工的创造性借鉴。藏文的特点是使用音—文字表述某一事物,是音素型拼音文字。藏文的结构指由字母构成音节的形式,包括基字、前置字、后置字、上置字和下置字等。藏文随着语音的变化有一定变化,但与语言保持整齐的对应关系。藏文字体主要有无头字或草体字与有头字或楷体字两大类,标点符号也颇具特色。藏文历史上曾作过三次较大的文字规范工作,正字法的推行使书面藏语持久不变。藏文有大量历代经典文献,在藏族文化史中占有重要地位。

论藏文字母 Ba 和 Wa——藏文字母的起源及其历史的探讨 乌瑞撰,载《民族语文研究情报资料集》,中国社会科学院民族所语言室1985年第5期。

该文探讨了藏文字母的起源和历史问题。虽然关于藏文字母的起源问题屡经讨论,但至今仍有不少问题没搞清楚。作者结合古字体学与语音学的研究来阐述两个很有争议的藏文字母 ba 和 wa 的起源与历史。对于藏文字体起源地点,现在还只能确立这样一个事实:即藏文字体不大可能是来源于尼泊尔,倒更可能是来源于摩揭陀或西印度。经考证,藏文字母 ba 是借自印度字母 ba,而 wa 是借用 va。但是作者对那些著作的原文进行了比较,证明其中的一些片段是增补的字句,是后来学者的注释;那些片段或是列举端美三菩提从印度字母借来并由他自己制定的字母,或是推定这些字母的数目。作者研究了藏文字母表的组成成分和字母顺序的改变,证明藏文字母表在最初不会是由30个字母组成,并且字母表目前的字母顺序是逐渐发展的结果。

论藏语比较句 胡坦撰,载《民族语文》1985年第5期。

文章讨论了藏语比较句式的方方面面的问题。从方式上看,藏语比较句有明比和暗比,前者把描述和比较对象都说出来,后者省去比较的对象;单项、双项和多项比较,即用来比较的事物可以只有一件,也可多件。多项事物相比取其"最",说明某事物在某项特点上最强或最差。从内容上看,可比异同和高下,前类多用随同格,后类多用比较格。不同方言中比人和比物使用不同的格标记。结构上,同样的意思可以用繁简不同的方式表达,反映语气和侧重点不同。藏语各方言中的差异,比较形式也不一样。二物相比的句子(甲比乙好)包含四个成分,两个名词项分别代表描写对象和比较对象,标记标明两个名词项中哪一个是比较的标准,形容词项表明比较的属性及其优劣。这个句式在方言中就会有语序、标记、形容词、否定和疑问各方面的异同。全文举例200句左右,占全文篇幅1/3。文章认为藏语中还有写进式比较句、异同式比较句,对比句、极比句可作进一步讨论。

论藏语的结构助词 谢广华撰,载《中央民族学院学报》1983年第3期。

该文试图考察藏语结构助词的历史音变,对不自成音节的助词做出解释,并对其语法功能及其用法进行探讨。藏语结构助词有的有两种语音形式,一种自成音节,另一种不自成音节,它与词或短语的末一音节合并,产生相应的语音变化。有两种语音形式的结构助词,采用哪种形式是有条件的,主要看词和短语末一个音节是否有辅音韵尾。结构助词 $ʔi^{131}$ ra^{13} 在拉萨话中早已不单独存在,但在敦煌古藏文文献中能够找到大量的例证，基本上可以重现它们自成音节的本来面目。《敦煌本吐蕃历史文书》中结构助词 ?i^{131} 自成音节，单独书写的形式大量地频繁出现。结构助词在拉萨话中不自成音节，在古藏文文献中亦没有发现单独书写的例证。有一些古代为双音节现在紧缩为单音节的词可以作为推测结构助词 ra^{13} 从双音节合并为单音节的旁证。藏语的结构助词既是句子成分——主语谓语，也是句子成分的成分——宾语、定语、状语的标志，它是语法结构的一个重要组成部分。其语法功能是双重或多重的。

论藏语动词 周季文，《中国藏学》2002 年第 2 期、第 4 期（续）。

该文分 10 部分从不同角度将藏语书面语动词分为自主动词、不自主动词、结果动词、能否动词、形动词、及物动词、述说动词、不及物动词、情感动词、超越动词、自动动词、使动动词、互动动词、变化动词、判断动词、存在动词、领有动词、丰匮动词、趋向动词、致使动词、助词、结构动词等 22 类。这种类别不是全在同一层次上互相平行，而是互相交叉的。这些不同的类别是根据动词作谓语时与其他句子成分的制约关系不同来决定的，类别的名称则是根据动词的意义而定的，有的定得不一定恰当，重要的是它显示的动词作谓语时与其他句子成分的制约关系。弄清动词作谓语时与其他句子成分的制约关系，就懂得哪些类动词作谓语时哪些句子成分要起哪些变化，最普遍的是加不加助词和加什么助词。以制约主语为例，及物、使动、致使、述说、能否动词作谓语，主语要加 kyis 类助词；领有动词作主语，主语要加 la 类助词；不及物、情感、超越、趋向、判断、存在、丰匮、形动动词作谓语，主语不加助词。其余类推。

论藏语动词的三大特征及变化规律 马进武撰，载《西北民族学院学报》1990 年第 1 期。

藏语动词有时间、地点、条件三大特征，时间特征指动词的时态变化，地点特征指动词在句子成分中所处的位置，条件特征指动词产生的条件。藏语动词三时一式的字形变化是有规律的，使动词都有命令式，受动词都无命令式，自动词用于人类的都有命令式，不能用于人类的都无命令式，动词时态最主要的标志是前加字中的阳性字表过去时，阴性字表现在时，中性字表未来时，命令式除字形固定以外无前加字。藏语动词在句子的主要成分中所占的位置不同而形态各异，其不同形态充分体现在藏语语法的主体事物与客体事物两大体系中，简言之，主体事物包括主语即工作者，次要主语即工具、方法等，涉事述语即付出的劳力这三项内容，客体事物包括对象宾语如工地，涉事宾语如原料，承事述语即产生的效果这三项内容。动词主要主语和次要主语都用现在时，涉事述语按使动词的时态用，动词用于客体事物中的对象宾语和涉事宾语都用未来时使动词，承事述语用受动词。明确掌握了藏语动词动态、时态、形态的内部变化规律及相互之间的对应变化规律就等于获得了藏语词汇的"半壁江山"。

论藏语拉萨口语动词的特点与语法结构的关系 金鹏撰，载《民族语文》1979 年第 3 期。

该文以现代藏语拉萨口语为材料，以动词为焦点，着重对它的特点与语法结构的关系从"动词的特点""动词特点与特陈式、泛陈式、时态和体的关系""动词特点与判断式、推断式、推测式的关系""动词的自主、不自主与使动结构的关系"及"动词名物化与句子结构的关系"等五个方面分别展开论述。从语法结构的角度，分析归纳了现代拉萨口语动词的特点，以及对它的时态、体、式等语法范畴在句中的体现与表达方式作了较全面的描述、深层的分析，并结合语境，较详尽、具体地阐明了拉萨口语动词在特定大语法结构中所表现的特定的语用效果，以及对句子结构的一定影响。通过一定量的实例对比分析，作者进一步认为，动词的特点与语法结构的关系是现代拉萨口语语法的重要组成部分，也是形成现代藏语语法体系的重要构成因素。

论藏语声调高低分化的嗓音机制 江荻撰，载《汉语及少数民族语言语音学研讨会论文集》，香港城市大学出版社，1998年。

文章研究藏语声调产生过程中不同类型声母导致声调高低分化的机制。提出语音声源中存在自主与不自主调控型嗓音机制，该机制决定了声调产生时音节的音高性质。（1）语音史作为语音分析的背景。藏语"清高浊低"和"高繁低简"等声母与声调关系的规则可以借鉴为语音实验的过程分析模型。（2）不同类型次浊声母语图分析，对藏语中无声调方言的道孚话进行实验，发现不同次浊音声母有不同音高类型，这是产生藏语声调高低分化的基础。（3）嗓音声源的自主与不自主调控属性，对于元音，发音者通过调节声带紧张度和/或声门上下压力改变基频 F0 值，获得不同的音高。这是自主调控型嗓音声源。然而对于浊辅音声源来说，浊辅音声带振动是辅音的一种协同过程；浊辅音声带起振时声门的压力差较小，频率较低，浊辅音声源时程短暂和缺乏共鸣腔。所以，浊辅音可视为非自主调控型嗓音声源。（4）制约浊声母音高的多元性因素，影响浊辅音音高的因素，主要有受喉肌（vct）半自主性制约产生的起始性短暂声带振动，声带振动频率受限在较低水平；其次是声道受阻前，声门处未形成强压差（Ps），声源激励处在不完全的自主控制状态，导致单位时间内声带振动次数较少；再次是声源持续的时间短暂。

论藏语中的敬语 北村甫撰，载《民族语文研究情报资料集》，中国社会科学院民族所语言室 1983 年第 2 期。

该文讨论了拉萨藏语里的敬语形式和用法。藏语中敬语的形式和用法是各式各样的，如藏语书面语中的敬语随着作品风格和时代的变化而不同，现代藏语口语中的敬语因方言而异。拉萨藏语具有名词、动词、形容词、副词等各种词类的敬语形式，其应用因语体而不同。西藏人使用敬语还随着社会阶段和职业的不同而有所不同。在拉萨话中，当讲话者考虑听话者或第三者比自己的社会地位高时，必须从一组具有同一词汇意义与语法意义的形式中选择一个形式来表达，此外，则选择另一个形式。前者为敬语形式，后者为普遍形式。影响说话者选择敬语的社会等级意识是以传统的藏族社会结构为基础的。除了数词和连词以外，其他各种词类有敬语形式。拉萨藏语中的敬语，根据其用法可以分为若干类。藏语中的敬语具有如下形态学特征：（1）一些属于词汇基本部分的名词、动词、形容词的敬语形式具有不同于普通形式的敬语词干；（2）敬语词干加在普通形式之前，起着敬语标志的作用。

论造词方式的分析 徐世璇撰，载《云南民族语文》1999 年第 2 期。

该文用汉藏语言中的汉语、毕苏语、彝语、藏语、拉祜语、纳西语等为例介绍了由语音类型、语义类型、形态类型和结构类型形成的四种基本的造词方式以及在其基础上形成的造词类型的综合性和层次性。各种不同的造词方式在不同的历史时代对词汇发展起的作用各有不同。不同的词产生的历史层次的非统一性说明了各种造词方式对词汇的发展所起的作用又是错综复杂的。全面深入地认识不同的造词现象和造词方式有助于我们更好地认识语言的本质特点及其发展演变的趋势，作者认为对造词方式的分析研究在语言结构研究中的应用还有待进一步的加强。作者通过对造词方式研究所取得的成就和研究的不足之处相比较来分析不同的造词方式；还能透过现象看本质，归纳出概括性总结。

论中国的双语制 余惠邦撰，载《西南民族学院学报》（哲学社会科学版）1997年第5期，中国人民大学复印报刊资料，《民族研究》1998年第1期转载。

这是作者提交给第三十届国际汉藏语会议的论文。该文论述的双语制指的是一个国家或地区实行的语言制度或语言政策。包括三个问题：一、中国实行双语制的依据。（1）语言使用现状；（2）理论依据；（3）法律依据，如《中华人民共和国宪法》《中华人民共和国民族区域自治法》和少数民族自治地方制订的语言文字工作条例、法规等。二、中国双语制的基本内容。中国的双语制主要适用于少数民族地区，特点是地区双语制或多语制，主要类型是民（少数民族语言）汉（汉语）双语制。三、中国双语制的发展前景。（1）民族地区教育双语制的形成和发展，将培养出越来越多兼通民汉语文的双语人才；（2）随着中国改革开放的深入和经济、文化的发展，汉英双语教学和民、汉、英三语教学将成为中国教育双语制的一种新形式。（3）中国双语制的稳定发展有赖于国家政治安定、经济繁荣、民族团结，而双语制的实施又会进一步促进国家的政治安定、经济繁荣和民族团结。

论壮侗语对粤语的影响 李锦芳撰，载《贵州民族研究》1990年第4期。

该文从语音、词汇、语法三个方面将壮侗语对粤语的影响作较具体探讨。一、语音。粤语的语音既保留了古代汉语语音的特点又具备某些壮侗语音特质的新和谐体。粤语声调的发展在壮侗语语音规则影响下依声母清浊分成阴阳八大调类，阴入又分两个调值，阳入也分两个调值，这在汉语方言群中很罕见。粤语口语中有大批的词是m、n、ŋ、l四个声母与阴调相配。它们可能来自壮侗语。粤语古心母字演化成lh（广州话仍读s），它是受壮侗语影响的结果，壮侗语有lh，汉语老借词也读lh。壮侗语无塞擦音，汉语老借词的塞擦音字都读塞音或擦音。这种读法影响了粤语，致使部分古塞擦音字演化成塞音、擦音字。由于受壮侗语的影响，精母字演变成t之后，排斥原先t的端母字，使其向ʔd发展，然后变成现代的d。壮侗语元音长短对立的特点影响了粤语韵母系统的发展，它的介音的消失与元音a分长短相辅相成。二、词汇。粤语有不少在古汉语中无记载，但在壮侗语里存在与之语音对立、语义相当的词。三、语法。粤语受壮侗语影响产生了特殊句法。

论壮文方案 陈竹林撰，载《中国少数民族语言文字使用和发展问题》，中国藏学出版社，1993年。

壮文方案是中华人民共和国成立初期的产物。因为壮族地区需要有与壮语相适应的文字，从1952年起就考虑这个问题。1955年元月，设计方案已出台，但学界对此众说纷纭，主要有以下几个方面。（1）设计一个统一的文字方案，还是设计方言文字。之所以产生这个问题，是在调查中发现语言在各地的变化比较复杂，不论是声母、韵母乃至声调，都有不同程度的差异。（2）关于壮文标准音点的选定问题。最后选定武鸣作为壮文的标准音点。（3）壮文字母的设计和使用。从1980年开始，壮文恢复推行8年，在以下两个方面起到了很好的作用：（1）对于建立壮语南北方言都能接受的书面共同语起到一定的作用。（2）由壮文方案加以规范的壮族标准语，在开发壮族儿童智力方面显示了优越性。但仍存在一些有待解决的问题，如何把普查成果，尤其是语音成果充分运用于教材教学上，使之条理化、系统化，同时调查和研究方言，以利文字规范。

论壮文与民族智力的开发 陆瑞昌撰，载《民族教育研究》1990年第4期。

由于壮语是壮族人们彼此之间交际达到相互了解的最重要的工具，它显示和体现了壮族人民的创造力量，是壮族的全部精神财富的宝库。文章以百色地区为例分析了壮族人民的生活状况，以及教育状况，即百色地区与先进地区的差距仍然在拉大。教育的落后反过来又导致了经济的落后。作者发现导致教育落后的原因主要是不顾文化差异和具体民族特点的统一要求，从民族教育内部的条件上阻碍了教育的发展。认为要得到发展民族教育的可行根据，还需研究各少数民族的不同文化历史背景，及在这一背景中儿童心理发展的水平及特点。广西恢复推行壮文近20年来，壮族人民的文化素质得到了提高，建立了民族教育系统，并且积累了很多宝贵经验：以壮语为主，以汉语为辅，充分发挥母语优势之后，过渡到壮、汉双语掌握，当壮、汉双语能力形成时，就是壮族儿童智力发展的最佳时期。也阐述了壮文作为斗争武器的这一观点。

论壮语的量词 韦庆稳撰，《民族语文研究文集》，青海民族出版社，1982年。

该文用结构分析的方法研究壮语量词。壮语量词有自己的特点：（1）它是能受指示词和数词修饰的体词；（2）常用的大部分量词都是单音，一般能AA重叠，表示"每一"；（3）量词一般不修饰量词；（4）不能单独回答问题；（5）能受动词、形容词修饰。分类上，量词可以分为一般量词、跨类量词、不能重叠的量词，能作状语、补语的专用量词和重叠式能受指示词修饰的方位量词。量词与名词结合组成修饰词组，其中心语是量词。因为：（1）修饰词组的语法功能总是等于其中心语的语法功能，量名结构的功能与量词一致而不同于名词；（2）壮语体词性修饰词组的一般语序是"中心语+定语"；（3）把量词看作名词定语与壮语语法体系不合；（4）在特指问句及其答句中，量词处于被修饰地位，名词处于修饰地位；（5）量词的作用相当于通称；（6）量名结构可以代入量词检验公式；（7）对壮语量词的错误分析是照搬汉语造成的。

论壮语量词及其在文字上的处理 谢志民撰，载《中南民族学院学报》1985年第3期。

壮语的量词是一个重要的词类，在量名结构中有人把量词看作名词的词头，有人把量词看作量名结构的中心语。作者认为量词是修饰名词的独立的词。在谈到壮语量词在组合中的作用时，指出量词有表数作用，如 duz（只）mou（猪）"一只猪"，也有指示作用，如 duz（只）vaiz（水牛）gou（我）"我的那头水牛"。在具体语境里，名量词可以代替词名作主语、宾语，如 boux（位）ndaem（种）go（棵）"一人种一棵"。把名量结构中的量词看作词头之所以错误是因为量词都能独立运用；把名量结构里的量词看作中心语，之所以错误是不考虑结构成分之间的关系，硬把不相干的语序规则套在量名结构上，如 cawj（煮）rek（锅）haeux（饭）he（一）"煮一锅饭"与 cawj 直接发生语义关系的是名词，不是量词。可见，在量名结构中，作中心语的应是名词而不是量词。在谈到在文字上的处理时，主张量词与名词分写。

论壮语中壮汉语言成分的并用和壮文的选择 韦星朗撰，载《中央民族大学学报·增刊·壮侗学研究》，1997年。

根据作者的观察和所掌握的材料，文章认为壮语的方言、土语不是向拼音文字的标准音集中，而是分别向汉语靠拢，形成了壮语中壮汉语言成分的并用现象：（1）语言方面：由于壮语大量借用汉语的词汇，出现了壮语过去没有的音；词汇方面已达到有一个壮语词就有一个汉语借词的程度；（2）语法方面：有些语序和汉语相同，还吸收了一些汉语的虚词。根据这种情况，作者认为壮族应选择与汉族相同的文字符号——方块字，这样才有利于两个民族的交流，更有利于壮族的发展，因为汉族的政治、经济、科学文化发达，文字古老优越，反映的科学文化知识丰富。壮族地区的科技信息几乎都是汉文信息。壮文形式和汉文形式相同，壮族就能很快学会汉字,有利于壮族走上富裕的道路。

论族群互动中的语言接触 罗美珍撰,载《语言研究》2000年第3期。

一、探索今后人类语言演变的方向将是一项具有超前意识的课题。可以为制定和执行好语文政策提供理论依据。根据我国的情况,族群的互动有三种情况:(1)邻界接触;(2)移民迁入;(3)远距离的经济、文化交流。这三种情况都会使语言接触发生复杂的现象,产生三种后果:(1)某个群体的语言最后为另一个群体的语言所替换;(2)语言在结构上互相渗透、扩散,各自丰富、发展;(3)在结构上发生混合或融合,最后产生一种质变语言。文章对这三种后果从理论上作了阐述和区分。二、作者认为语言替换不是语言结构融合的结果,而是语言使用功能的衰竭。凡是不能适应客观环境和发展的物种或语言都会被自然淘汰。语言替换实际是自然趋同的结果,它是弱势群体为了自身生存和发展的需要,自觉向先进于自己或人口众多的群体学习、靠拢的举动。三、语言影响、语言结构向外扩散或渗透有深有浅。文章把表层的渗透看作是语言影响,深层的渗透看作语言融合。四、文章区分出语言混杂和语言混合、融合。语言混杂是指接触双方在通晓了对方一些语词和结构的情况下,彼此交际时尽量使用对方的语言成分从而达到共识,即甲以掌握不好的乙语,乙以掌握不好的甲语互相交流。两者所说的话都既有甲语成分,也有乙语成分。这就是一种双语混杂的讲话方式,多在贸易交流中出现,还没有成为某个群体的母语,一般称为"洋泾浜语"。混合语或语言融合体是指一种语言对另一种语言长久的深层渗透,使这种语言在语音、词汇、语法方面都失去原有特征,结构发生质的变化,从而形成一种新的体系并成为某个群体的母语,一般称为"克里奥语"。语言质变的主要表现为语音结构和音变规律趋同;基本词汇引进或替换;表达语法意义的形式和结构改变。最后文章剖析了几种质变的语言。该文2005年获得中国社会科学院离退休人员优秀科研成果二等奖。

罗泊河苗语的音韵特点 李永燧撰,载《民族语文》1987年第4期。

该文介绍罗泊河苗语的语音系统,并讨论它在苗瑶语音韵学中的地位和作用。音系列出声母97个,韵母9个,声调3个(借音在外)。罗泊河保存较多的古音成分,在苗瑶语音韵学中占有不可忽视的地位。(1)苗瑶语古有全清、次清和浊音三类不同性质的声母,如罗泊河所反映。(2)苗瑶语古调有4声,如罗泊河所暗示;后因声母的清浊各分阴阳,阴阳调的再分化,有的与声母性质有关(如宗地,洞头寨),有的与词性有关(如石门坎),有的与习惯性变读有关(如布努)。(3)苗瑶语音韵学的一大特色是声母全面地区分为二清一浊,其中鼻音、边音和擦音也各分三套,如罗泊河所反映:ʔm、mh、m、ʔl、lh、l、ʔz、ɕ、ʑ等,每类依次为全清、次清、浊音。本篇各音类例字共140余个,除罗泊河外还涉及苗语其他方言以及勉、布努、畲等语言。该文通过罗泊河方音论述了苗瑶语音韵学的主要特点。

罗常培先生对少数民族语言文字研究的贡献 孙宏开撰,载《中国语文》2009年第4期。

该文为中国社会科学院语言研究所纪念罗常培先生诞辰110周年暨罗常培文集出版座谈会上的发言。文章回忆了罗常培先生在民族语文研究方面的贡献。主要是:1.用现代语言学方法,实地调查了多个少数民族语言。2.为中国语言谱系分类建立了理论框架。3.关心少数民族文字的创制、使用和发展。包括:(1)成立民族语言文字指导委员会;(2)培养民族语文研究骨干;(3)成立少数民族语言研究所;(4)制订民族语文12年远景规划和5年计划;(5)创制和改进民族文字;(6)创建了新中国成立以后语言学发展的第一个黄金时代。4.推动了民族识别和语言识别工作。5. 开拓了社会语言学和文化语言学的新领域。6. 倡导开展汉藏语系语言比较研究。7. 关心境外与我国相关的少数民族语言关系研究。8. 重视汉语和少数民族语言的结合研究。文章最后说：在今天，我们重温罗常培先生在语言学理论方面的许多重要的闪光思想，倍感亲切。我们应该在理论和实践的结合、当前与长远的结合、汉语与少数民族语言的结合、中西的结合、古今的结合等诸多方面狠下工夫，做出无愧于老一辈语言学家对我们的殷切期望。

罗甸里王村布依语后附成分结构特点 王哈·阿雍容撰，载《贵州民族研究》1988年第3期。

该文讨论罗甸里王村布依语后附成分的结构特点。罗甸里王村布依语的名词、动词、形容词的后面有丰富的附加成分。它们本身没有实在的意义，只有与前面的中心词结合才体现出它的意义，使语言更加生动。后附成分的结构形式有：一、单音式。分三种类型：（1）形容词使用此形式，后附音节的声母与中心词声母相同；（2）仅动词使用此式，其声母与中心词的声母相同，韵母m，声调53调。韵母变为此时，声调为11调。（3）仅形容词使用此式，后附音节的声韵调与中心词的声韵调无关。二、叠音式。分三种类型：（1）AA式，名词、动词、形容词都能用此式，后附成分的第一音节韵母变a，声调为11调；（2）AABB式，仅限于动词使用，后附成分的四音节，声母相同，两两重叠，声调相同或全部声调相同；（3）ABAB式，仅限于动词使用此式，隔音重叠，声调相同。三、交叉式。中心词只能是动词，第一、第三音节相同，第二、四音节有4种配合情况。四、随和式。即四音格词组。动词形容词都能用此式，后附的两个音节中的前一音节韵母为a，声调为11调。

逻辑运用在藏汉翻译中的重要地位 贺文宣撰，载《西北民族学院学报》1995年第1期。

该文是作者针对我国藏汉翻译界在翻译过程中存在着不重视运用逻辑分析和逻辑判断而导致误译现象普遍、逻辑错误偏多的这一严重现象，提醒人们应全面重视它，注意纠正它，而撰写的一篇学术论文。其理论性、针对性和实用性都很强，学术价值较高。曾在第二次全国藏语文翻译学术讨论会暨第一次西藏自治区翻译学术讨论会大会宣读，得到藏汉翻译界广泛赞同与认可。全文分三个部分：逻辑与翻译的关系；藏汉翻译中常用的几种思维基本形式；逻辑思维在藏汉翻译上的实际运用。

一、逻辑与翻译的关系。要认识逻辑与翻译的关系，首先要认清逻辑与创作的关系。我们翻译的每一篇原文，都是作者按照一定的思维形式和方法创作出来的。这个创作过程既是运用语言的过程，又是运用思维的过程，所以创作与逻辑二者之间的关系密不可分。作为翻译，也是这样，整个翻译过程，既是运用语言的过程，也是运用思维的过程，而且还是运用原文与译文两种语言思维的过程，翻译与逻辑之间的关系也是密不可分的。所以，在藏汉翻译中必须充分运用逻辑思维，译文才不会出现逻辑性错误。

二、藏汉翻译中常用的几种思维基本形式。一般情况下，在藏汉翻译中必须运用概念、判断和推理这几种思维基本形式，译文只有概念准确、判断恰当、推理正确，才不会出现误译。

三、逻辑思维在藏汉翻译上的实际运用。藏汉翻译实践中出现的无数误译，证明运用逻辑思维可使译文在这几方面不会出现错误：一可译准原文中的基本概念；二可译准原文中某些复杂的语法关系；三可译准原文正确的逻辑关系；四可译准原文修辞效果；五可辩识和发现原文中的笔误；六可发现和纠正原文中存在的某些逻辑错误；七可检查译文中的某些逻辑错误。

罗罗—缅语言比较研究中的问题 ［日］西田龙雄撰，载《民族语文研究情报资料集》，中国社会科学院民族所语言室1983年第1期。

该文论述了罗罗—缅语言比较研究中的几个问题。1967年罗宾斯·伯灵出版了《原始罗罗—缅语》一书。该文通过对该书的批判，讨论与罗罗—缅语言比较研究有关的以下几个问题：（1）罗罗系语言与缅系语言。罗罗系语言在辅音体系中有清浊音系的对立，通常是CV类型的音节，元音后不带尾辅音，而缅语有元音与末尾辅音的结合，形成CVC类型。这两种语言的特征互相补充，可得出共同态的形式。（2）伯灵的构思与作者的构思。伯灵选择傈僳语、拉祜语、阿卡语作为罗罗语族的三种代表型。然而，这三种语言在罗罗系语言中并不是主流，不把彝语作为研究对象，就不能进行罗罗语比较研究。原始罗罗—缅语的共同形式，必须囊括缅语系、阿卡语系、罗罗语系、麽些语系、西夏、白语、俅怒语的性质。（3）关于共同形式—VC假定的问题。伯灵构拟的原始罗罗—缅语的—VC形是不完整的体系。

罗平多依布依语语音及其特点　王伟撰，载《云南民族语文》1991年第4期。

布依语内部语法、词汇基本一致，语音对应也比较整齐，没有方言差别，根据语音的差异和部分语词的不同，分为黔南、黔中、黔西三个土语，也称第一、第二、第三土语。从语音特点和词汇异同的情况看，多依布依话属于黔南土语，但兼具黔中土语和黔西土语的一些特点。该文从语音系统、声韵调配合关系和语音变化以及语音特点三个方面对多依布依语语音的一般情况做了介绍。多依布依语共有31个声母、70个韵母和8个调类，要了解多依布依语的语音特点，必须先了解黔南、黔中和黔西三个土语的语音特点。多依布依语的语音特点和这三个土语的语音特点相比较，和黔南土语的共同点要多一些，但也有一些与黔中土语和黔西土语的特点相同。另外，由于云南布依族聚居区罗平与壮族地区接近，多依布依语还具有壮语的某些特点。

锣锅底纳木依语　刘辉强撰，载《语言研究》1992年第2期。

纳木依被定为藏族，但语言和藏语不同。新中国成立前说这种语言的人被泛称为"西番"。文章介绍了四川凉山彝族自治州冕宁县里庄区联合乡锣锅底纳木依语的语音、语法和词汇三方面的情况。（1）语音。单辅音声母有41个，复辅音声母3个、三合辅音一个。单元韵母有14个、复合元音韵母12个，带鼻音韵尾两个。（2）语法。文章介绍了名词、代词、数词、量词、形容词、动词和助词7类。名词的复数加附加成分ho^{53}；人称代词单数有主格、宾格之分，用韵母和声调变化表示。动词的时间在动词后用加附加成分表示。动词有自动和使动态两种，使动态在自动态动词后加附加成分$ş^{53}$。形容词作修饰语时，在中心词之前。助词有领属、趋向、施动、工具、比较、处所。使用"主—宾—谓"语序。（3）词汇。纳木依语居民和汉、彝、普米、尔苏、纳西、藏等居民长期杂居，口语中出现很多借词，以汉借词居多。

马赫穆德·喀什噶里与比较语言学　乌买尔·达吾提撰，载《新疆大学学报》2011年第3期。

文章简要讨论了学术界对马赫穆德·喀什噶里在比较语言学方面的相关评价，在此基础上通过分析马氏在比较语言学领域中率先采用比较研究的方法，以及其首次找出了语音对应、确定语言间的亲属关系等方面的理论贡献，以求进一步佐证马氏是比较语言学的奠基人的观点。

玛多藏语的声调　王双成撰，载《民族语文》2011年第3期。

藏语的声调一直以来备受国内外学者关注，是语言学研究的一个重要课题。在声调研究中藏语是绝佳的研究对象，因为三大方言中卫藏、康巴方言都已经发展出了 2—4 个不等的声调，而没有声调则是安多方言最显著的特点之一。

处在安多方言和康方言过渡地带的玛多话已经发展出高、低两个具有音位价值的声调，虽然玛多话还有来自复辅音的全浊声母和较多的辅音韵尾，声调还处在萌芽状态，不太稳定，但这对于研究藏语声调的产生、分化原因仍具有重要的意义。

该文在田野调查的基础上，结合试验语音学的理论和方法，对玛多藏语的声调做了实验研究。分析玛多的音系结构，其声母系统接近康方言，只有 14 个复辅音，古藏语的浊声母也都清化；玛多藏语的韵母系统则和安多方言基本一致，但玛多藏语已经具有音位价值的高、低两个声调，而邻近的兴海、同德等方言有较多的复辅音声母，至今还未产生声调，由此可知"清高浊低"的习惯调最终上升为具有辨义功能的声调是以辅音清浊对立的消失、复辅音的简化为前提的。

其次，对于藏语声调的分化问题，也有不同的看法，胡坦先生认为由声母引起的高低分化在先，由韵尾引起的长短分化在后，是第二次分化。冯蒸先生则认为由韵尾引起的分化在先，由声母引起的高低分化在后。通过玛多藏语声调的实验研究显示声母引起的高低分化在先，由韵尾引起的长短分化在后。因为玛多藏语的韵尾还非常丰富，其辅音韵尾甚至比邻近的兴海、同德等安多方言牧区话还多出一个［t］（兴海、同德等土语中来自古藏语的-d、-l 两个韵尾已经合并），［t］、［l］泾渭分明，这在一定程度上说明声调的再次分化是以韵尾的进一步脱落为前提的。

"蛮"为古代壮族族称考 李连进撰，载《民族语文》1994 年第 4 期。

文章从历史文献、壮族风俗习惯等诸方面综合考证认为，"蛮"为壮族先民自称，后来逐渐成为我国南方少数民族的通称。如《宋史·蛮夷传·抚水州》记载："广西所部二十五郡，三方临溪洞，与蛮、瑶、黎、蜑杂处。"与瑶、黎等并称的"蛮"当时应在广西西部边邻地域，即壮族"板"冠首字地名密集的地方。"板"ʔbaːn 在今壮口语里读 ʔbaːn、baːn、maːn，意为"村子"，但口语里，还保留族称之义。文献中记载的有关蛮人二次葬习俗与现在壮族中保留的丧俗一样。此外喜欢赤脚、爱穿深青色衣服等都是壮族的习俗。

"蛮"语义以及文化现象 朱文旭撰，载《西南民族学院学报》1999 年第 4 期。

"蛮"历史上是对南方少数民族的贬称，如"倮蛮（彝族）"、"苗蛮（苗族）"。文章认为，"蛮"其实是南方民族藏缅语言中的"人"之义，比如早期的记载"昆明"的"明"、"普米"的"米"和彝族"撒梅"人的"梅"都是"人"的意思，"南蛮"就是南人。藏缅语"米"（人）与汉语的"民"都是异音同义表示"人"。许慎《说文解字》："蛮，南蛮蛇种。""蛮"的起源可能与蛇图腾有关。南蛮是以蛇为图腾崇拜的民族。蛇为原生图腾又演化成了龙。而龙是氐羌民族最早的图腾。据此可以说，"蛮"就是藏缅语"人"的早期记载。

满汉合璧文献中的北京土语词 李树兰撰，载《中国语言学报》2004 年第 11 期。

本文从《清文启蒙》《清文指要》《续清文指要》《庸言知旨》几部作品中摘出近 300 个清代北京土语词，并对其作了一些分析和研究。首先作者介绍了满文创制的时间虽然晚于契丹文、女真文以及蒙古文，但文字却发挥了巨大的作用。在满文创制后的 16 年就开始撰写了传世巨著——《满文老档》，这在文字史上是不多见的。作者根据满文文献的原作有没有汉文相配，分为两种情况：（一）没有汉文对照的。如《满文老档》《御制清文鉴》（除词目外）以及成千上万件满文文书档案。（二）有汉文对照的有三种情况。①与满原作相对照的汉文是文言文的，如《满州实录》。②与满文原作相对照的汉文一部分是口语词的，如《清文总汇》。③与满文相对照的汉语是口语的如《满汉成语对待》。本文通过对《清文启蒙》等几部作品摘出的清代北京土语词加以研究，对研究北京话来说是个新颖的材料。文章从几个方面介绍了满汉合璧文献里的北京土语词的情况。其一，已消失的口语词，如"小饭"，从文献的上下文看，指的是"早餐"，"空饭"，指只有饭而很少菜或没有菜的饭，等等。其二，汉语词和满语词之间是意译的。如"黑早"指的是"蒙蒙亮"。"不打蹬儿"意思是"说的熟练，不打磕绊"等。其三，满式汉语词，如"大片飘飘雪"意思是大片雪等。该文只就词汇讲了一些，事实上满语对汉语的影响在语音、语法方面也有或多或少的影响，因此满语对汉语的影响的研究还需要同行们继续关注。

满蒙语数词的比较　额尔顿巴根撰，载《满语研究》1992年第1期。

蒙古语和满语一至十、十一至十九和二十以上的数词，从数词的比较看，蒙古语与满语的一至十数词具有不同的起源。十一至十九，满语除继承了女真语的十一（表示月份才用）、十二、十五外，其他都变成了复合数词；蒙古语的十一至十九全为复合数词；女真语的十三至十八与蒙古语的三至八具有整齐的语音对应关系，表明它们在起源上具有一定的联系，可以推知女真语的十三至十八是以蒙古语的三至八为基础构成的新词。在二十以上的数词中，满语和女真语都具有语音对应规律；女真语的二十、三十、四十及千和万都直接借自蒙古语；其余数词蒙古语和女真语是按各自语音特点构成的。本文结论为：（1）古阿尔泰语分化为楚瓦什—突厥语统一体和蒙古—通古斯统一体后，蒙古—满洲—通古斯统一体还存在了一段时期。从其分化之时还没有产生"数"的概念以及以后数词的相互借用来看，蒙满民族间相互交往、相互影响以及语言的相互借贷关系发生得很早。（2）自古以来，满蒙民族在生产、生活中相互交往是很频繁的，尤其是满蒙民族世居毗邻，民族关系更为密切。（3）在古代蒙古语时期及中古蒙古语时期，蒙古语曾强烈地影响了女真语。

满—通古斯语族语言研究　胡增益撰，载《二十世纪的中国少数民族语言研究》，书海出版社，1998年。

《满—通古斯语族语言研究》是《二十世纪的中国少数民族语言研究》（戴庆厦主编）中的一篇，该篇有它相对的独立性。该文在简略地叙述了早期和国外的研究以后，把重点放在叙述、评价20世纪满—通古斯语族语言的研究。作者把这个时期的研究划分为"现代满—通古斯语言研究的起步（从辛亥革命后至20年代末期开始）"、"满—通古斯语言学的初步形成（从中华人民共和国成立后50年代开始）"和"满—通古斯语言学的发展（从80年代中期开始）"三个阶段。文章首先对每个阶段的时代背景和研究状况做了概括性的说明，然后对每个阶段出现的代表性的著作进行了介绍和分析并对一些作品做了简评。文章涉及70多位研究者，近140部著述。对于"满—通古斯语言学的发展"这一阶段着笔较多，从语言描写研究、语言的历史和比较研究以及语言与社会关系的研究分别加以叙述，每个专题下面还分若干小题。文章还有一节专门介绍台湾的满语文研究和它所占有的地位。最后是小结和展望。作者对20世纪满—通古斯语言研究的成绩和不足做了概括性的总结，对今后满—通古斯语言研究提出了需加以重视的几个方面。

满—通古斯语言与萨满文化论略　赵阿平撰，载《民族语文》1996年第1期。

文章通过人类文化语言学、民俗语言学的理论和方法，对满—通古斯语言与萨满文化的关系、内涵及其特征进行研究的基础上提出了满—通古斯语言、文化相互渗透、相互影响的密切关系。并认为满族及其先民具有悠久的历史文化，因此，其语言文化、思维观念和风俗习惯等对通古斯诸族产生过诸多影响。文章从自然崇拜——宇宙初象观念在语言中的印迹、动物崇拜——物质生存意识在语言中的反映、祖先崇拜——主观生命意识在语言中的影响、萨满祭祀——人神相通观念在语言中的表述4个方面进行分析。图腾标志动植物名称与其民族祖先称呼相一致等现象能够说明语言文化的内涵。

满—通古斯语言语法范畴中的确定/非确定意义 李树兰撰，载《民族语文》1988年第4期。

在满—通古斯语言中存在确定/非确定的语法范畴，它的表现形式，除使用常见的指示代词表达外，在相当范围内用词形变化的手段来实现。在满—通古斯语里，区分确定/非确定意义的，各个语言有所不同，但以锡伯语表现得最为充分。确定/非确定的语法意义表现为说话人对动作所及的对象是特指的还是泛指的，在方向格中表现为说话人对动作进行的方向是肯定的还是不肯定的，在领属范畴中表现为说话人对事物的指定还是不指定的，在陈述式中表现为说话人对动作、状态是亲知的还是非亲知的。确定/非确定的语法意义是跨越词类界线的，它既可以出现在名词类的语法范畴里，也可以出现在动词类的语法范畴里。满—通古斯语存在确定/非确定语气范畴，在以前是没有人研究过的，而在阿尔泰语言中，属于蒙古语族的一些语言里，在动词陈述中都有用不同的附加成分或语法形式来表达确定/非确定语气，因此本文所分析的现象与观点，可能有助于阿尔泰语言问题的研究。

满—通古斯语族语言中的对称形式 胡增益撰，载《中国民族语言论丛（2）》，云南民族出版社，1997年。

满—通古斯语族语言，对称的心理对语言规则的形成产生影响。其主要表现为：（1）语音形式的对称，即音节数目、音节结构类型的对称。（2）语音—语义的对称，即两个或两个以上的词在语音和语义上都对称。其中，语音构成的规律为元音是可变符，辅音是不变符；元辅音都是可变符。在语义的对称中，以性别对称的对偶词比较多。（3）构词上的语义对称，即一些派生词所具有的语义或语义的一部分同根词的语义形式对称。（4）语法范畴的对称。语法范畴中单数/复数、现在时/过去时/将来时这样的对称，在绝大多数语言中都存在，但是在满—通古斯语族语言的语法范畴中还有一些在其他语言中不一定有的对称。例如，在名词格里有宾格/不定宾格、方向格/不定方向格的对称；在动词陈述式中有亲知/非亲知的对称；在祈使式中有即行祈使式和迟延形式的对称等。（5）句法结构中的对称，如动补结构、主谓结构、领属结构中的对称等。

满文的历史贡献 胡增益撰，载《满学研究》第三辑，民族出版社，1996年。

由于在清代满族具有特殊的地位，因而满文也相应地成为"国书"，与汉文并用，是行使国家权力的文字之一。在中国第一历史档案馆现仍保存150余万件用满文单一文字书写的文件档案，此外还在一些省、市、自治区有一些属于各自地方的档案，有的档案还流散在国外。可见满文在当时作为"国书"广泛使用的情况，因此满文是一个具有很大历史贡献的文字。作者认为，从语言学角度讲，满文的历史贡献首先是记录了满语。如果没有满文，在目前满语已经消失的情况下，人们就不会知道满语是什么样子。其次满文丰富和发展了回鹘文的字母形式，还为满—通古斯语族语言研究准备了丰富的材料。文章从满文对我国部分北方民族的文化发展、解释若干在某些语言已经消失了的词语、对中国音韵学研究的影响等方面，说明了满文的贡献。用满文书写的大量历史档案和文献，其中一些对校正和增补同样内容的汉文资料或填补汉文文献的空白起了至关重要的作用。还有部分语言文字方面的文献为研究满语史、满语语音史提供了不可多得的材料，也可以利用它们研究满族的文化及其演变。甚至有的译自汉籍的满文译作，成了国外翻译该汉文作品的原本。

满文文献及其研究概况　富丽撰，载《中国民族古文字研究》，天津古籍出版社，1987年。

满文文献数量巨大，内容丰富，在清代历史文献中占有重要地位。满文文献可以与汉文文献互相补充，相互印证。1599年，满洲部族首领努尔哈赤命文士额尔德尼·噶盖来用蒙古文字母创制了满文。这就是无圈点满文或称老满文。1632年，天聪汗皇太极命文士达海对老满文修改，并颁布了新满文十二字头，规范了字母形式，较准确地区别了原来不能区分开的语音，还增加了一套拼写字母，这称为新满文。满文文献包括哲学、伦理、文学、音乐、历史、地理、医学、数学、水利、宗教等方面各类书籍，共计820余部。1918年，金梁等十人将《满文老档》译成汉文。北京图书馆编辑并油印了满文图书联合目录。历史研究者根据满文文献还开展了对清史和满族史的研究，写出了很多论文和著作。中国台湾也存有一批满文文献。

满文音节字母的音素分析　王庆丰撰，载《满族历史与文化》论文集。

清一代用满文记录的大量档案和典籍，至今仍保存比较完整的据统计有上百万件之多，如果把它们翻译整理出来，需要百年以上的时间，如用电脑来解决又能合乎国际标准化的要求必须将满文的音节进行音素分析，这样就会遇到很多困难。为此，作者所采取的方法是把那些不规则的、复杂而特殊的音节字母在结构上做了研究、分析，找到了解决难点的依据。

满文元音之汉字注音　江桥撰，载《满语研究》2005年第1期。

满文作为清朝国文，曾被众多其他符号所标注。这种标注，不仅向我们展示了满文的读音，同时亦提供了多种文字读音互鉴的条件。从现存文献看，在清朝时期为满文标音的符号主要有四种：汉字、蒙文、谚文和拉丁文转写。最权威的文献是清乾隆年间的《御制满珠蒙古汉字三合切音清文鉴》，朝鲜时期的《汉清文鉴》为我们提供了本土外语言的注音；而近代意义上的转写（transliteration）则以英文本《满语语法》（A Manchu Grammar Texts）（1892）中所用符号最为通行。

清人以汉字标注满文读音，是语言环境使然。官修正本者，起自《御制增订清文鉴》。而后的《满珠蒙古汉字三合切音清文鉴》又补入蒙古字音，"每国语一句，必兼列蒙古语一句，汉语一句，以明其义。又以蒙古字、汉字各对国语之音，以定其声。汉字之音不具，则三合以取之，蒙古之音不具，则分各种读法、写法、收法以取之，经纬贯穿，至精密而至明显，循文伏读，无不一览了然"。其标音方法之精准，为其他同类文献所无法比拟。更有甚者，其蒙文亦以满文、汉文标音，汉文亦以满文、蒙文标音，实现了三体语音的互见。

本文依据乾隆朝修成的《御制满珠蒙古汉字三合切音清文鉴》，对清代中期满文词语1.9万余条的转写汉字注音进行整理，其中包括选取原始文本，校勘、考订等，制成"满文元音读音之汉字对照表"，归纳出注音原则，将注音汉字的古今音进行了对照分析，对有清一代满文汉字注音的方法进行了介绍，为研究清代满、汉文读音规律打下了坚实的基础。

满文藻饰词研究　李树兰撰，载《中国民族古文字研究》（第三辑），天津古籍出版社，1991年。

"藻饰词"这个术语是本文从藏文中移植来的。藏文藻饰词是语言中原有的一些词的同义词又叫做异名或别称。例如："玉盘"是"月亮"的异名和别称，"云牙"是"山"的别称。但是，应当说明的是，藻饰词只是移植来的术语，和藏文藻饰词的内涵并不完全一样。藻饰词是复合词的一种，就像一般复合词所具有的特点那样，藻饰词有现成的固定形式，不可能在交际过程中随意造出来。藻饰词的词义类型是比喻义或借代义。不少的复合词，它的词义可以从组成它的词素义直接表示出来。满文藻饰词构成的形式和手段有：一、比喻式：（1）形状相似；（2）颜色相似；（3）感觉或印象相似。二、比况式，是由充当比拟的词素和作为事物通名的词素共同构成的。三、描写式，是由充当描写的词素与作为事物通名的词素共同构成的。通过描写使词所指称的事物特点突出出来，而这个特点是客观事物所具有的。

满语"白"同汉语副词"白"的借贷关系　胡增益撰，载《中国语言学报》第五期，商务印书馆，1995年。

作者在这篇文章中通过具体的词来讨论词语借用中的复杂情况。文中谈到满语的 baibi、bai"白"同汉语副词的"白白""白"在语音上相似，同《金瓶梅词话》《儿女英雄传》等早期白话作品里的"白"在意义上近似，甚至一样。文章认为满语的 baibi、bai 来自汉语。"白"借入满语后，产生了新的语义，汉语又从满语回借了这个"白"字，造成了复杂的借贷关系。文章使用了 16 种满文资料、满—通古斯语口语材料以及有关的汉文资料。文章从满译汉的角度考察了 baibi、bai 和"白""白白"的关系，又从汉译满的角度考察了上述词的关系，从而得出结论。文章认为"白白""白"和 baibi、bai 的错综的关系，属于词语借贷中的回流现象或辗转反借现象。

满语的 bai 和早期白话作品"白"的词义研究　胡增益撰，载《中国语文》1989 年第 5 期。

该文通过研究满语 bai 这个词的词义来解释早期白话作品《红楼梦》《儿女英雄传》中的副词"白"。在上述作品中，"白"的某些用法，在现代汉语中已经消失，读起来很费解，在学术界成了一个困窘的问题。因此《红楼梦》有的版本把"白"字改了，甚至删掉了。满语的 bai 同汉语的"白"在意义上有联系，在来源上有关系。可以通过对 bai 的词义研究，弄清楚上述作品"白"让人费解的意思。文章通过对满文文献中 bai 的研究，分析出十几个义项，其中对译为汉语"白"的也有八九个。用这些意思能恰当地解释《红楼梦》等作品里的"白"，从而解决了学术界对"白"理解上的长期存疑。

满语动词 zhafambi 的词义分析　李树兰撰，载《满学研究》第三辑。

在满文文献中，动词 zhafambi 是个出现频率比较高的多义词。它有二十几个义项，但其中必然有一个或几个义项是反映该词最基本、最本质的词义的；通过这一基本意义的长期使用，而扩展出除基本词义之外的一些意义，这种衍生出的词义，同基本词义之间存在着一定的联系，本文就是对 zhafambi 一词的基本义及其转义加以分析。文章首先介绍了 zhafambi 的本义是：（1）抓、拿、揪，（2）举、端。表现的基本意义都是"手"的动作。而其他义项所表示的意思都是与手有关的最基本的动作。锡伯语在 zhafambi 一词的使用上也有新的义项。其次介绍了 zhafambi 的派生义，文章指出，词的派生义，一般都是从词的本义、直义发展出来的，它的特点是对事物或现象的间接反映，是从本义、直义经过中介而扩展出来的。并介绍了从词的本义派生出新义常见的三种方法，即引申、比喻和转义。文章的第三部分介绍了 zhafmbi 的派生词。作者认为

zhafambi 既是一个多义词,也是一个能产的词根,zhafa-的派生词,就目前掌握的资料来看有十几个,派生的词有动词、名词、形容词,并且都一一举例说明。在研究中使我们对 zhafambi 的词义有了更深一步的理解。

满语和锡伯语元音系统结构的历时比较

李兵撰,载《新疆师范大学学报》1998 年第 4 期。

根据 Ramsty（1987）的观点,在满族—通古斯语族中,清代满语发展得最为迅速。如果我们接受 Ramsty 的观点,我们可得出这样的结论:在满族—通古斯语言里,锡伯语元音系统发展最为迅速。这一结论是经过比较现代满语言各方言（包括锡伯语）后得出的。虽然黑龙江省现代满语诸方言同清代满语相比,元音系统方面已经有较大的差别,但仍然没有达到锡伯语的发展阶段。通过各方言的比较可以看出,现代满语元音系统演变的趋势是:（1）由二维向结构变为三维向结构;（2）低后元音前化;（3）前元音圆唇化。这三种演变过程在锡伯语已基本完成。此外,从元音和谐方面看,锡伯语已经出现了 y 定向式和 u 定向式唇状和谐。其中 y 定向式是其他方言所没有的,而 u 定向式在其他方言里也远不如锡伯语那么系统。

满语教学研究中的文化因素问题

赵阿平撰,载《中央民族大学学报》1994 年第 4 期。

满语作为满族文化的产物,在语音、语法、语义、词汇等诸方面自然带有不同于其他民族语言的特征。因此,我们在进行满语教学与研究中,必须对满语形式与使用的文化背景进行分析,对满语所表现的文化内涵进行阐释。在满语教学与研究中,关于元音和谐与语法变化的问题有许多非规律现象尚未探讨清楚,仅从音韵学与语法规则方面进行分析研究,很难得出合理的解释。需要分析阐释的文化因素内容包括:思维文化,即由思维方式而形成的,如满语构词的方式、语义结构、句法结构的特点等;心态文化,即民族心理和社会意识渗透于文化之中,如价值观念的表达等习俗文化即贯穿于日常生活和交际活动中由习俗而形成的如称谓、礼节等;历史文化,即由特殊历史发展和积累所造成的;传统文化,即体现一定文化内容的定型习惯语,如俗语成语、谚语等。

满语口语联系动词 guu-

恩和巴图撰,载《民族语文》1997 年第 3 期。

如同蒙古语族语言一样,满—通古斯语族语言里也存在着一个由实义动词逐渐向虚义动词演变而成的所谓联系动词。这种联系动词在满语书面语里是 sembi,在口语里是 guu-。联系动词通常表示"说"的实义,也可以表示作为联系动词的种种语法意义,在实际语言中很复杂。通过研究,我们可以看出满语口语联系动词有以下两个特点:（1）满语口语的联系动词的语音形式与蒙古语和蒙古语族其他一些语言方言的联系动词相同。（2）满语口语联系动词的各种形态变化较之书面语联系动词少得多。联系动词的又一个主要特点是在句中起联系作用的时候,它本身可以有适应于句子结构的各种形态变化,几乎具备了实义动词各种形态变化的能力。但是,在满语口语中,联系动词主要是以副动词并列形式和陈述式动词现在—将来时形式出现的。

满语水体通名音变研究

黄锡惠撰,载《民族语文》1995 年第 1 期。

文章结合满语诸多历史资料里出现的有关江、河、溪、湖、泉等水体地名的语音演变进行了探讨。其中主要谈论了"毕拉"（bira,满语中指"河"）和"窝莫"（omo,满语中指"湖"）的语音变化。以及该变音进入专名后对地名词源、语义译释的影响。他指出"毕拉"变音为"密"。所以"密"在水体地名中有独立含义。从其内涵上讲,带有"密"字的水体地名皆见于河流名称。例如，哈达密河（也称哈达河）、敖来密河等。这些跟金代：毛/密水；明代：莫温/河；清代：们/河、毛尔/毕拉、毛尔/毕有关系。其音变过程为毕拉—毕—密。故此，满语河名中的密系由"毕拉"演变而来，义为"河"。另外，满语水体地名中的"窝莫"常常被说成"莫"，又经元音高化而变音为"木"。像洼轰木、浑洼木、富达木等水体名称中的"木"都是如此，均属"窝莫"的变音形式。"窝莫"在满语中指"湖"。本文对上述两个水体名称从语音演化规则的角度作了必要的考证。

满语缩合词研究　胡增益撰，载《民族语文》2004年第3期。

缩合词是由两个或三个词，利用紧缩合并的方法构成的。把这两个或三个词称作缩合词的母词。满语的缩合词有600多个，多为奇兽、异鸟、奇花、异木的名称。本文根据《满德词典》里的材料进行研究，取名为"缩合词"。缩合词主要是由两个母词缩合而成，也有由两个母词和附加成分缩合而成，少数由三个词缩合而成。就语源来说，大部分由本族语词缩合而成，也有由汉语词和本族的语词缩略而成或汉语词同汉语词紧缩而成的。文中还研究缩合词的语音构成、缩合词的语义构成的多种情况。

满语音节拼读现象和复合元音的产生　刘景宪、赵阿平撰，载《民族语文》1997年第5期。

首先有必要讨论一下满语"十二字头"与音节的关系。满语"十二字头"是指满语音节的结构形式。如"第一字头"的131个字，实际上是131个音节。因此，"十二字头"是研究满语音节和复合元音的重要依据。本文用C表示辅音音素，用V表示元音音素。满语开音节有11种结构形式，其中最小的开音节由一个音素构成，最大的开音节由6种音素构成。例如由单个音素构成的V型开音节、拼读时保留V型音节结构；由两个音素构成的CV型开音节，拼读时同样保留CV型音节结构；由两个元音音素构成的VV型音节，拼读时结构不变；而由3个元音音素构成的VVV型开音节，拼读时音变为V型音节结构；等等。满语闭音节的语音结构类型有7种，最小的是由两个音素构成单音节，最大的是由6个音素构成双音节，其结构类型与开音节的结构类型十分相近。

满语与锡伯语关系刍议　昌盛撰，载《中央民族学院学报》1991年第1期。

满语在其发展过程中经历了古代满语、近代满语和现代满语几个历史发展阶段。据考证，在满洲历史上最早产生的满语历史文献开始于12世纪，这是满洲书面语的开端。从此至努尔哈赤统一满洲各氏族部落止，经过金、元、明几个朝代，满洲各氏族部落一直使用女真语及女真文，这是女真语时期。从满语发展的整个过程看，女真语是满语发展的第一阶段，可谓古代满语。近代满语是在古代满语基础上综合各地方言而逐渐形成的。锡伯语是"新满语"的继续和发展，而锡伯文是满文的继续和发展。满语仍以活的语言形式继续存在，这是锡伯语时期，是满语发展的第三阶段，可谓现代满语。综上所述，满语和锡伯语是同一种语言的两个不同发展阶段，前者保留了中世纪语言的特点，后者体现了现代语言的特点。

满语语料标注的研究　卿来云、张虹、程大鲲、徐魁撰，载《中国少数民族语文现代化文集》，民族出版社，1999年。

语料标准对语言处理，尤其对少数民族语言很有必要。在面向数据或基于语料的句法分析中，语料库句法知识一般采用短语结构来表示。因为短语结构比较简单，对于语料库来说可读性比较好，容易转换成语法树。我们采用短语结构来描述语料库的语法信息。语义的形式比描述具有很大的任意性，我们能够定义一个较好的模型理论和在该领域内足以表达句子的意义和相关的表层构成即可。采用基于谓词框架的语义网格来标注语料库，根据这个来形式化描述，可以方便地抽取各种用户需要的知识。同时现有的自然语言分析系统的结果可以按这个形式化描述的形式存储起来，作为宝贵的语料库知识源。考虑到语言学家一般对计算机处理自然语言机制不太了解，系统还提供了一个方便语言学家标注语料的语料标注浏览器。考虑到用户的需求，系统加入许多新技术后表现的新特性：支持批量预处理，支持工作流方式标注，支持 www 方式标注。

满语元音的演变 乌拉熙春撰，载《民族语文》1990 年第 4 期。

本文以清代形成的满语书面语为基本参照系，比较现代黑龙江满语、嫩江满语、锡伯语元音之间的对应关系。从（1）满语元音的基本特点、书面语和口语元音的主要差别；（2）满语元音的演变类型；（3）满语元音的演变规律；（4）满语元音的演变原因 4 个方面系统而较全面地探讨了满语书面语和口语之间元音的差别。并从历史语音学和结构语音学的角度对不同元音的变化进行了科学归类，同时指出了元音前化、鼻化、脱落三种重要的变化规律。另外还从元音、辅音、重音 3 个方面讲到满语元音产生演变的主要原因。文中还列举了满语书面语元音和口语元音在第一音节的对应表和满语每一个元音的前化介音的大致分布表。总之，这是以清代满语书面语为据，分析了同源词的元音对应关系，从而试图通过满语的历史演变来分析其共时规律。

满语支语言的松紧元音 乌拉熙春撰，载《民族语文》1995 年第 2 期。

满—通古斯诸语言内元音的紧松现象历来被认为只存在于通古斯语支。作者通过对现代满语和锡伯语的语音分析后发现，在满语口语和锡伯语中也不同程度的存在着松紧元音对立的痕迹，但所表现出来的形式没有通古斯语支语言那么整齐。并指出这些语言中松紧元音的对立特征在音节首辅音是送气擦音时尤为明显；紧元音的松化主要来自重音、辅音和元音变异三个方面的影响，同时紧元音的松化现象还根据不同方言有不同程度的表现，相比之下，在黑龙江满语口语内该语音现象被保留得比较好。例如，"手指"黑龙江满语口语称 songNo、嫩江满语口语称 ssmrru、锡伯语说 shmxun、满语书面语称 simhun 等。本文还用了 5 个不同的表格说明满—通古斯诸语言松紧元音对立现象、女真语前后区分以及现在满语口语和锡伯语新出现的前后元音差别等。但作者认为在满语支语言内松紧只作为元音的附加特征。

满语支语言中的过渡音 乌拉熙春撰，载《民族语文》1997 年第 1 期。

所谓过渡音，指的是首音节元音周围出现的伴随现象。过渡音的来源有两种：（1）来自相邻音节的语音；（2）来自原始长元音的分裂。本文所论及的属于第一种来源的过渡音。通过考察，可以明了以下几个问题：（1）不同语言和方言中的过渡音所处发展阶段不同，从总体趋势看，女真语处于过渡音发展的初级阶段；赫哲语和满语书面语为中期阶段；现代满语诸方言为过渡音发展阶段。（2）不同过渡音的发展速度不同。可以充当过渡音的是满语支语言的 5 个基本元音：a、ə、i、o、u，其中 i 发展速度最快。（3）不同过渡音的发展方式不同。过渡音的发展方式分为：转移和扩张。（4）满语支音词首唇化辅音较腭化辅音少的原因。这是由过渡音 u 和过渡音 ə 的性质所决定的。（5）过渡音产生的原因。第一种来源的过渡音的产生大约与词重音有直接的关系。

满语支语言中的送气清擦音 马学良撰，

载《民族语文》1993 年第 6 期。

　　主要通过对满语和锡伯语语音的比较研究，论述了满—通古斯语族满语支中存在的 5 个清擦音音位。文中提到清擦音送气是满语支语言中的有价值的语音现象，这些音与汉藏语系的擦音送气不太一样，它没有浊擦音送气，只有清擦音送气；满语支语言并非没有擦音的清浊对立，而是这种对立只存在于非词首部分，由于词首音节是词基干部分，所以易于保存其较古特征。满语支的 f、s、ş、sh、x 等 5 个清擦音送气强度以发音部位距离口腔外的远近呈递减趋势。文章最后讲到作为阿尔泰语系中的语音现象之一的送气清擦音，无疑是跟亲属语言的相关语音现象具有渊源关系，但是否满语支语言潴留下了这样一种属于阿尔泰语系共同历史音变的残余，还是属于满语支语言独特的语音现象的问题，还需要有更多的论据来验证。

满语中的格位范畴　季永海、刘景宪撰，载《中央民族学院学报》1983 年第 3 期。

　　满语共有 8 个格：主格、生格、与格、对格、位格、造格、从格和经格。主格无格附加成分，主要作主、谓语。生格又叫属格、所有格，表示领属关系，附加成分是 i、ni，作定语。与格又叫向格，附加成分是 de、ci，作补语。对格又叫宾格、客体格，附加成分为 be，作宾语。位格的附加成分是 de，作状语。造格亦称工具格，附加成分是 i、be，作状语。经格的附加成分是 be，作状语。从格的附加成分是 ci、deri，作补语。满语的格位范畴在表现形式上有以下三个特点：（1）格的附加成分有两种连缀法，即专有名词、词尾有辅音 n、ng 时，以及借词、附加成分，一般独立放在后边；普通名词通常接缀在后边，有时亦可独立放在后边。（2）词后有复数附加成分时，格附加成分须加在复数附加成分之后，不能前置。（3）格是表示语法意义的附加成分，而不是构词附加成分。格位范畴在语法功能方面主要有两个特点：（1）格的附加成分是体词与其他词类发生联系的媒介。生格表示修饰和限制，不能和动词直接联系，其余格均可。（2）格是句子成分的标志，且较稳定。

满语中的《蒙古秘史》词汇　额尔登泰撰，载《民族语文研究文集》，青海民族出版社，1982 年。

　　本文从《蒙古秘史》中选取 160 条古蒙古语词汇与满语进行比较研究。从有关词语看，《蒙古秘史》中吸收了突厥语词，而《蒙古秘史》的词语后来又为满语所吸收。（1）汉字注音的蒙古语词及其汉译均采自《蒙古秘史》，其后的阿拉伯数字表示《蒙古秘史》的节次。（2）满语词和以满文注音的蒙古语词，采自《御制满蒙文鉴》，释义原为满文，由作者作了汉译。（3）突厥语词汇引自拉德洛夫的《突厥语方言词典》和波普的《木卡迪玛特·阿勒阿塔布词典》。文中所列每条词下均加作者按语。附录部分列有：现代蒙古语中已经消失而保留在满语中的蒙古语词汇；满语中有关野兽、家畜及牧业、狩猎方面的借词；满语中借用的蒙语动词；部分借词的语音对照；满、蒙、突厥 3 个民族通用的词汇。

满语中的名词化手段和语言经济原则　胡增益撰，载《语言与翻译》1989 年第 1 期。

　　本文所谈的名词化是指一个词黏带 ningge（类似于汉语的"的"）以后，产生的语法性质和语法功能的变化。一、ningge 的分布以及和词分写连写的规律。ningge 的附着面很广，除了不附着在虚词后面以外，名词、方位词、形容词、数词、代词（代名词、代形容词）、动词（形动词）、状词后面都可以黏带 ningge。ningge 附在代词、数词、动词后与词连写；附在名词、方位词、形容词、状词后主要与词分写；如果 ningge 附在领格词干后，多与词连写。二、ningge 的语法性质和功能。ningge 附在名词/代词后同附在形容词后、附在动词后表现的语法功能和语法意义有相同的一面，也有不完全相同的一面。附在形容词、方位词、数词、状词、动词后，ningge 有使这些词名词化的作用。这些词既具备了名词的语法性质和功能又保持了这些词原有的语法特点。

满语中的名词化手段和语言经济原则
（续）　胡增益撰，载《语言与翻译》1989 年第 2 期。

关于 ningge 语法性质和功能的讨论。ningge 是一种构形附加成分，附在形容词、动词、方位词、数词、状词后使这些词名词化。ningge 黏附在词后可以替代由该词作修饰词和中心语组成的名词短语，从而省去中心语。由于 ningge 附在词后有替代名词短语的功能，反过来说，名词短语可以用词黏合 ningge 来替代。由于替代名词短语省减中心语涉及句法范畴，因此作为词法研究的对象，可以把 ningge 简称为名词化附加成分。四、ningge 在运用中所体现的语言经济原则。ningge 作为名词化手段能把复杂的表现方式简化，动词、形容词等只需黏带 ningge 就可以用在名词的意义上，从而免去使用更多的语法手段。带 ningge 的词有替代功能，可以代替短语，甚至比较复杂的短语。可以说 ningge 的运用是语言经济原则的一个表现。

满语中指人名词的复数范畴和表达法
季永海撰，载《民族语文》1982 年第 3 期。

满语有数范畴，并有自己的特点，文章中以清代出版的满文书籍和满文文书档案为依据，讨论了满语中指人名词的复数范畴以及表达法。其中表示复数的附加成分有 -sa、-ta、-so、-sɛ、-tɛ、-si、-ri 等。像附加成分 -sa、-ta、-so、-sɛ、-tɛ 是根据元音和谐规律分别接缀于不同指人名词词干后面。例如 ampan "大臣" →ampansa "大臣们"、irkɛn "百姓" →irkɛnsɛ "百姓们" 等。而附加成分 -si、-ri 是属于固定性后缀。例如，xaxa "男人" →xaxasi "男人们"、xɛxɛ "女人" →xɛxɛsi "女人们" 等。文章结尾时提出，只有指人名词才有数范畴，而且多数情况是使用有元音和谐现象的 -sa、-ta、-sɛ、-tɛ 等附加成分，使用 -si、-ri 等附加成分的现象较少。尤其是 -ri 的使用率很低。再者，由 -n、-ŋ 以及元音 i 或音节 -lɛ、-lo 结尾的词后面接缀复数附加成分时，这时辅音、元音及音节均产生脱落现象。本文论证了满语复数后缀的使用范畴及特征。

满语助词的初探
金启孮、乌拉熙春撰，载《内蒙古大学学报》1982 年第 1 期。

满语助词所接续的对象是名词、形容词、代名词、数词和动名词，还有一部分后置词也可以后接助词。助词的语法功能：（1）i 的一般用法：表示属格、主格、造格。（2）ni 的一般用法：表示属格、主格、造格。（3）de 的一般用法：表示与格、造格。（4）be 的一般用法：表示对格、从格、主格。（5）ci 的一般用法：表示从格、与格。（6）deri 的一般用法：表示从格，deri 所续接的部分在句子中作状语。从格助词 ci、deri 和 be 的用法辨异。在表示动作行为始发的起点方面，be 最常用，deri 次之，ci 没有。在表示动作行为经过的场所，后续移动性不及物动词方面，三个助词都可出现，其中 ci 与 deri 基本相似，be 与 deri 有细微差别：be 表示的地点性、目的性强；deri 表示的方向性、趋向性强；be 一般直接后接谓语动词；deri 的谓语动词一般要求一个表示地点的补语。

满族转用汉语的历程与特点
季永海撰，载《民族语文》1993 年第 6 期。

本文运用丰富的文献资料阐述了满族 1644 年入关后语言使用的演变过程。作者认为，满族入关之前，满族社区中的绝大多数成员均使用满语。到 1720 年前后，满族由单一满语过渡到满汉双语。19 世纪后半叶，满族开始由使用满汉双语向仅用汉语过渡。到清朝后期，满族总体上已转用汉语，不能使用满语。满族入关,由大聚居转化为小聚居,形成了与汉民族大杂居的格局,在政治、经济、文化上血肉相连,从而加速了语言使用的转化。最先转用汉语的是全国各地的八旗驻防人员(东北、北京、内蒙古等地除外),其次主要是京旗人员,再次是东北三省和内蒙古的八旗驻防,目前正由满汉双语过渡的只剩黑龙江部分县、市的少数村民。满族最终转用汉语是历史潮流的选择,是他们自身利益的需要,也是其分散杂居的必然结果,满族贵族无法逆转这个历史的潮流。

漫谈朝鲜语和满语的共同成分 李得春撰,载《延边大学学报》1981年第1—2期。

女真人的后裔——满族建立清王朝后,朝鲜语对满洲语尤为重视。从19世纪60年代开始,两个民族的接触和两种语言的互相交流更加频繁起来。可以认为以女真语为基础的满洲语对朝鲜语的影响是毋庸置疑的。但是,朝满两种语言中有大量义音相同或相近的词。这类词在朝鲜语中历史悠久,且大部分都是基本词汇,难以定为借词,但是否为同源成分,尚无可靠材料。作者在结论中认为,研究满语和朝鲜语中的共同成分,对于朝鲜语系属问题的研究具有重要意义。此外,两种语言的语法形态也有相类似的现象。

漫谈维吾尔诗歌传统及其翻译 张世荣撰,载《新疆民族语文翻译研究》,新疆人民出版社,1991年。

在维吾尔文学多种多样的体裁中,诗歌居于主要地位,纵观维吾尔文学史,除少数散文作品外,几乎全部是诗歌。本文介绍了维吾尔文学史上不同时期的较有影响的诗歌作品,阐述了维吾尔诗歌的传统及发展情况,分析了维吾尔诗歌中最常见的几种形式。对维吾尔诗歌的翻译问题作了深入浅出的论述。维吾尔诗歌中最常见的形式有:格则勒、麦丝乃维、柔巴依、卡色达、穆海麦斯、木司台合扎德、木外谢合、吐尤克、木来拜。在维吾尔诗歌的翻译中,最常见的问题是译者对原文理解不够,使译文无论在字义上还是在意境上都脱离了原文,失去了原文独特的意蕴。要译好一个民族的诗歌作品,必须对那个民族的诗歌传统、诗歌形式、音乐规律以及文化历史、风俗习惯、宗教信仰、心理特征等有一个概括的了解。在翻译一首诗时,则应该准确掌握这首诗的文字风格,只有这样,才能译出好的作品来。

漫谈维吾尔语熟语的汉译 王启撰,载《语言与翻译》1992年第3期。

维吾尔语熟语是非常丰富的,其种类包括谚语、成语、警句、格言、俗语、谜语、歇后语和习语等。目前收集出版发表的,除个别成语专集外,其余多以谚语成语混合集为主。编译维汉熟语集子时,在每一条维吾尔语熟语后面先用汉语注明其字面含义,再加上汉语的对应词,是一个再好不过的办法。维吾尔熟语与汉语熟语互相对译时,其译文原文不一定非要谚语对谚语,成语对成语,或者歇后语对歇后语,而是可以互相交叉。这样做,并不会损害原文的"神"与"风俗"。维吾尔语熟语中的个别词有互相调换的现象,可以互相调换的多为同义词或意义相近的词。有些词的格、时、式也有变化,但并不损害其本质含义。维吾尔语熟语译成汉语时,根据文章或讲话人和听话人等具体对象,可以使用汉语方言熟语对译。

漫谈维吾尔语熟语的汉译(续) 王启撰,载《语言与翻译》1992年第4期。

某一个客观概念,在维汉两种语言中各用两个或两个以上的熟语表达,尽管这些熟语所表达的概念是相同的,但由于在翻译实践中,受某种特定语境的影响,就必须有选择地使用。在翻译实践中,依据熟语的不同类型,可以采取不同的翻译方法。有些维吾尔熟语,可按其词面含义,在几乎不作任何加工或词语增减的情况下，译成汉语的对应熟语；有些维吾尔熟语的部分词面含义，可直译成汉语的对应熟语，而另外部分词面含义虽不对应，但其内涵意义却与汉语的对应熟语的部分词的词面含义相同，这类熟语也可采用"直译"法。熟语的词面含义具有引申或转义特征的，不能照词面含义直译，必须意译。一个熟语是由前半部和后半部组成时，在翻译实践中，根据原语与译语熟语所处的语境，可以从简翻译，不一定要全部译出来。

漫谈西双版纳傣文的产生与完善 岩温龙撰，载《汉藏语言研究》，民族出版社，2006年。

西双版纳傣文的产生经过了以下不同阶段：一是以物表意；二是以象形文字表意；三是以数字表意，之后，南传上座部佛教传入西双版纳傣族地区，在上述基础上创建了傣文。可以说，西双版纳傣文是通过"渐变"的方式才得以定型规范化以及完善的。我们认为，西双版纳傣文的产生具体年代应该是3世纪，完善于5世纪中叶，之后，它被僧俗广泛用于书写文告、书信、翻译和注释佛经，编写故事传说，创作诗歌或文学作品，记录历史和天文历法书籍等各个方面，并逐渐在西双版纳傣族地区得到普及。

芒市地区使用民族语言情况的普查报告

德宏州语委撰，载《云南民族语文》1990年第4期。

为认真贯彻执行党的民族语文政策和严肃国家有关民族语文的法制、法规，掌握州府所在地的民族语言使用情况，德宏州语委于1989年8月对芒市地区使用民族语文情况作了全面、深入、细致的摸底普查，本文即是这次普查的一份报告。文中对这次普查的结果作了详细的汇报，对芒市地区使用民族语文所取得的成绩（主要在文艺和教育方面）作了充分肯定，对其中存在问题也加以披露。针对这次普查情况，德宏州语委提出了以下几点意见：

（1）语言文字在人类社会中占有极其重要的地位，忽视少数民族语言文字，就是对少数民族本身的忽视，对于目前芒市部分单位和个人认为民族语文无关紧要的思想，必须纠正。（2）提倡"从芒市做起，从我做起，从党政首脑机关做起，所有单位、人员一起上、广泛使用民族语文"，为全州城乡各民族作出表率。（3）为芒市各行业的匾牌、行文、票据及一切宣传品在1990年内实现民族语文化，语委优先承担辅助工作。（4）要求在芒市所有单位近期内进行一次民族语文使用情况的自查自纠活动，总结经验，写出典型材料。这份普查报告，旨在汇报芒市民族语文工作的开展情况，总结经验教训，以推动德宏州民族工作的发展。

莽村考察 李道勇撰，载《中央民族学院学报》1993年第1期。

云南金平勐拉乡南部中越边境高山的"插满"人，是1960年云南红河哈尼族彝族自治州对民族识别时尚未识别民族成分的人群。1980年春和1989年冬作者先后两次在中越边境实地考察，并对他们的语言进行研究。莽人自称"莽"（maŋ），有"山地居民和耳聪的人"的意思。"插满"或"差满"是当地的哈尼语、傣语称莽人的汉字译音。他们的村落分布在金平中越边境海拔1400米以上的山区。有四个自然村，南科新寨、平和中寨、平和下寨和雷公打牛。1980年有300多人，1990年有515人。莽语不是克木语，也不是佤语、德昂语，但有些接近布朗语中的某些土语。同中国莽人语言习俗近似的村落，还分布在越南西部山区，越南政府公布的54个民族中，莽人被列入其中。莽人崇拜自然，以水鸟、蛇、斑鸠、麂子为姓，汉语译作姓陈、姓龙、姓盘、姓刀，是当地社区约定俗成的汉文翻译。莽人有自己的语言，没有文字。莽人的语言是莽人村寨内部或莽人村寨之间的交流工具。初步考察，其语言特征如下：1. 辅音23个：p ʔp b t k d g c (z) j m ʔm n ɳ ŋ ɣ ʔl v θ (tθ) s z

ʔz ɣ h。辅音都可以作声母，其中部分辅音可以兼作尾辅音，部分辅音可以作前缀，派生构成以根词为核心的词。2. 元音有 13 个：i e ɛ a ɔ c u o ɯ ɤ u ɸ ə，元音 ə 大多出现在弱化音节中。3. 声调 4 个：高平、升调、降调、低平。韵尾对升调有影响。4. 词序，以中心词为核心，定语在前，状语部分在前，部分在后。语序是：主语—谓语—宾语。

美国著名语言学家伯令教授简介 众志撰，中国社会科学院民族所语言室，载《民族语文研究情报资料集》1986 年第 7 期。

该文介绍了美国著名语言学家伯令的生平及主要论著。伯令教授 1926 年生于美国明尼苏达州的明尼阿波利斯。1950 年获耶鲁大学文学学士。1953 年秋季、1954 年夏季和 1957 年春季在哈佛大学攻读研究生，兼任教学工作。1958 年获哈佛大学人类学博士。1957—1959 年任宾夕法尼亚大学人类学系讲师。1959 年 7 月—1960 年 6 月任缅甸仰光大学社会学和人类学系客座讲师。1959—1963 年任宾夕法尼亚大学人类学系助理教授。1963—1966 年任密执安大学人类学副教授兼南亚和东南亚研究中心副教授。1966—1968 年为美国国家科学基金会人类学顾问小组成员。1966 年起任密执安大学人类学教授兼南亚和东南亚研究中心副教授。1980—1983 年任密执安大学人类学系主任。其代表作有：《加罗语语法》《原始藏缅语》《缅甸的语言和教育》《拉祜语音韵学中的一个问题》《萨尔语》等。

美国著名语言学家博特曼教授简介 众志撰，中国社会科学院民族所语言室，载《民族语文研究情报资料集》1985 年第 5 期。

该文介绍了美国著名语言学家博特曼教授的生平及主要论著。博特曼教授，汉名包拟古，1913 年生于美国芝加哥。1950 年在耶鲁大学获得文学博士学位。1962 年任康奈尔大学现代语言和语言学系副教授，1964 年晋升为教授。1979 年退休。博特曼教授从 1950 年以来，一直从事汉藏语言研究，尤其擅长汉语（方言）的研究（历史、描写和比较，特别对福建闽话的研究）。他除了担负教授语言学和汉语任务外，还参加研究藏缅语和汉语的科研项目。他曾两次来中国进行学术访问和做实地调查。他还去过印度、尼泊尔和缅甸等国进行学术考察。博特曼教授的主要论著有：《释名的语言学研究——声母和辅音丛》《福建厦门话》《汉语官话》《汉语历史语言学》《原始汉语和汉藏语言：建立亲缘关系的性质的资料》等。

门巴语数词构成方法和使用方法 陆绍尊撰，载《语言研究》1984 年第 1 期。

该文介绍的是错那门巴语的数词构成及使用方法。(1) 基数词和藏缅语言对应，但五和九在词根前有前缀，成了双音节。其他藏缅语是单音节。(2) "20"，门巴语有单独的词 $kha^{55}li^{33}$。这是一个计算单位。从 30～90 用这个单位数词来组合。30 是"二十"十（20 + 10）；33 是"二十"十三（20 + 10 + 3）。(3) 从 40～100，二十进位法中的"20"用 $chɛʔ^{43}$（一克的重量，20ng）代替：40 是"二十"二（两个二十），43 是"二十"二三，50 是"二十"二十（两个二十加十）；60 是"二十"三（三个二十）；70 是"二十"三十（三个二十加十）；80 是"二十"四（四个二十）；90 是"二十"四十（四个二十加十）；100 是"二十"五（五个二十）。门巴语的数词可直接和名词组合，放在名词之后。数量词组在句中可作各种句子成分。

萌芽期量词的类型学特征——景颇语量词的个案研究 戴庆厦、蒋颖撰，载 2004 年台湾"中央研究院"语言学研究所《语言暨语言学》专刊外编之四。

文章通过对景颇语量词多层面、多角度的分析和穷尽性的统计，以及与亲属语言的比较，确认景颇语量词处于萌芽期，研究了制约景颇语量词产生、发展的认知条件和语言机制，进而探讨了量词萌芽阶段的类型学特征。认为双音化韵律和"名+量+数"语序，是景颇语量词处于萌芽期并区别于量词发达型语言的类型学特征，而且前者蕴含了后者。

蒙古尔语（土族语）动词特点——以表示语气的 i：～a 助动词的对立为中心 清格尔泰撰，载《内蒙古大学学报》1981年第2期。

蒙古尔语与蒙古语是蒙古语族语言中具有典型意义的两个语言。蒙古尔语动词变化体系与蒙古语很接近。其总的特点是：动词词干有态和体的变化，动词词尾有式的变化，有形动词变化，有副动词变化，动词后接用助动词以表示语法意义。蒙古尔语动词有进行体和完成体。作者认为，如果把 i：～a 的对立看作主观语气与客观语气的对应，那么这两种语气的具体内容如下：（1）主观语气表示：把自身的行为作为主观行为来介绍或叙述；在对方或他人行为上附加主观想象、主观决定的意义，或附加"自己最清楚"的意义；在疑问句里，问对方主观意思或其主观行为。（2）客观语气表示：把自身行为的客观的行动、客观的情况来叙述；把对方或他人的行为作为客观事物、客观情况来叙述。此外，文章还讨论了助动词 i：～a 的来源问题。

蒙古哈萨克语同源词 巴·巴孜尔汗撰，载《语言与翻译》1989年第1期。

就蒙、哈语词汇的比例来讲，如果去除哈语基本词汇里的阿拉伯、波斯等外来语借词，去除蒙语基本词汇里的梵、吐蕃、汉语等外来语借词，可以肯定蒙、哈语词汇里只剩些中性的原始词属本语。换言之，两个语言的基本词汇几乎所有根词、语音结构、形态、语意方面都是那样的吻合。总而言之，现在的蒙、哈语词汇有60%是相符的。分析同源词，结构是这样的：CV 结构的词干110个；VC 结构的词干120个，再加上构词附加成分可以构成2000多个词。VCV 结构的词根可以构成3900个词。CVC 结构的词干可以构成10000多个词。CVC 结构的构词词根可以构成2000多个词。蒙古书面语的所有构词附加成分在语音结构方面、语意方面跟哈萨克语是百分之百符合的。这些都证明蒙古语与哈萨克语是亲属语。

《蒙古秘史》汉字音译本底本与八思巴字的关系问题 照那斯图撰，载《民族语文》1988年第6期。

《蒙古秘史》汉字音译译本底本的文种，本文支持不是八思巴文的观点。文章指出，《蒙古秘史》汉字音译本和八思巴文献的共同点，不一定能成为前者的底本为八思巴文的立论。如《蒙古秘史》汉字音译本有词首 h- 这一点能不能证明它的底本是八思巴文呢？不能，因为可以有别的解释：从回鹘式蒙古文译写时，因为回鹘式蒙古文没有相应的字母表示它，必须按实际口语注音，这样就把当时蒙古语各个方言普遍存在的词首辅音 h- 表示出来。对于《蒙古秘史》汉字音译本的其他与回鹘式蒙古文不同，而八思巴文献相同的那些特点，很多都可以做出这种解释。因此，简单地用共同点立论，不是有说服力的、过硬的办法。相反，汉字音译本和八思巴字蒙古语文献两者之间的不同点，则能有力地反证汉字音译本底本不是八思巴文。作者用十条事实说明了这点。

《蒙古秘史》与土族语语音比较——a 元音比较 李美玲、李永翎撰，载《青海民族研究》1999年第1期。

蒙古语和土族语各自经历了自身独特的主音发展史。我们回过头来把土族语和《蒙古秘史》语作一番比较时，它们的历史渊源关系很明显。仅从 a 元音在中世纪蒙古语中的面貌和现今土族语中的状态就可见一斑。a元音在土族语和中世纪蒙古语中的对应和一致是主要的方面，无论在词首、词中，还是在词尾。那些在现代蒙古语中大都消失的词尾短元音a在土族语中仍旧保留着，在现代蒙古语甚至在《蒙古秘史》中丢失的词首辅音x，在土族语中仍旧保留着。至于土族语与中世纪蒙古语之间的差别，主要是因土族语重音的位置不同而造成的。土族语的重音在词尾，部分词首第一音节a元音逐渐脱落，致使词首形成了复辅音，词尾a元音后的部分鼻辅音的丢失使词尾更加响亮有力，词尾的重音也使一些词尾短元音变成长元音而显得格外清晰动听。

蒙古亲属语言的祈使式动词 陈乃雄撰，载《民族语文研究文集》，青海民族出版社，1982年。

蒙古语、土族语、保安语、东部裕固语、东乡语和达斡尔语在表达说话人命令对方进行某个行为或动作，以及说话人允许第三者进行某个行为或动作时，采用的方式颇为一致。本文在前人对蒙古语祈使式动词描写和比较研究的基础上，作了进一步探索，并从形态和意义两个方面揭示了蒙古语族语言的祈使式动词与某些助动词、副动词、形动词之间的关系，将蒙古亲属语言表祈使式意义的语法范畴列表为：（1）接缀附加成分构成的祈使形式——第一人称意愿，第一人称希望；第二人称命令，第二人称希望，第二人称要求，第二人称号召；第三人称允许，第三人称祝愿、希望。第三人称希望。（2）与副动词、形动词等有关的祈使形式——表示顾虑关切，表示不满，表示希望，表示推迟。（3）用语气词表达祈使意义。

蒙古书面语 罗布桑旺丹撰，中国社会科学院民族所语言室，载《民族语文研究情报资料集》1984年第3期。

蒙古人长期广泛使用的文字有旧蒙文、八思巴字、托忒蒙文和斯拉夫蒙文，其中使用年代最久的是旧蒙文。尽管这些文字的字形各自不同，书写情况也互有区别，但其差异程度还未达到成为不同语言的地步，仍然是同一种语言和同一种书面语的不同分支。产生口语和书面语差异的原因是它们的结构各自不同：口语的基本材料是语音和由语音构成的语素，而书面语的基本材料则是字母和用字母表示的词素。其次，按照年代，口语可分为古代蒙古语、中世纪蒙古语和现代蒙古语三种。书面语主要反映了古代蒙古语，并且将其反映的形式带给了现代蒙古语。如果说口语吸收了异族语言的个别词汇的话，那么，书面语不仅吸收了异族语言的个别词汇，而且译入了他们大量的文学作品。蒙古人使用过的各种文字之间虽有差别，但这种差别主要表现在语音和总词汇中，而语法和基本词汇中的差别却很小，它没有超出同一种语言的范围，是同一蒙古语的各种书面语。

蒙古书面语的历史分期 哈斯额尔敦撰，载《民族语文》1992年第3期。

本文以蒙古书面语言材料为依据，把蒙古书面语言（也包括口语）的历史发展分为古代和现代两个阶段。古代：未知时期（蒙古书面语言的基础方言时期及以前时期）—16世纪末，其中又分为古代前期（未知时期—12世纪末）和古代后期或中世纪（13—16世纪末）。现代：17世纪至今，其中又分为现代前期（17世纪—20世纪30年代）和现代后期或当代（20世纪40年代至今）。介绍了各个时期的文字、语音、语法、词汇方面的主要特征。本文提到的文献资料有：《成吉思汗石》（1220—1225年）、蒙古文《孝经》（1307年）、蒙古文《华夷译语》（14世纪末或15世纪初）、《蒙哥汗碑文》（1257年）、《高昌馆课》（16世纪初）、《伊儿汗书信》、《入菩提行疏》。本文为当前相关的科研及教学提供了较全面、系统的资料和理论依据。

蒙古书面语元音间未脱落的辅音 ɣ～g

包力高撰，载《民族语文》1985 年第 1 期。

本文通过对阿尔泰亲属语言的比较研究，认为蒙古书面语元音间的 ɣ～g 等辅音出现脱落与不脱落的区别，是由于它们来自不同的辅音以及这些辅音的不同演变导致的。二者在蒙古书面语的书写形式上虽然相同，但脱落的 ɣ～g 等是由共同蒙古语或古代蒙古语的辅音 *p 演变而来的。而未脱落的 ɣ～g 等是由古代蒙古语或中世纪蒙古语辅音 q～k 演变而来的。所以，现代蒙古语中来自上述 q～k 的 ɣ～g，同来自古代蒙古语辅音 *p 并且在现代蒙古语中已经脱落的 ɣ～g 有着不同的来源。

蒙古—突厥共同语中的一个词首清唇音

兰司铁撰，中国社会科学院民族所语言室载《民族语文研究情报资料集》1985 年第 5 期。

本文探讨了阿尔泰语系共同语中词首清唇音 p-的演变发展过程。对于突厥语和蒙古语来说，词首清唇音是陌生的。通过大量的词汇分析表明，蒙古语的清唇音在最初文献里就已经消失了，或者说至少它的极少的一些唇音特点已消失了。蒙古语和突厥语词首 p-音的消失是前蒙古语和突厥语 *p→ *f→ *h→0 语音演变的结果。这些演变在时间上可能很早，而且在突厥语里大概比在蒙古语更早。当时的这种演变在通古斯语区要晚几百年。由此可以看出，阿尔泰语言在漫长的岁月里都曾有过清唇音 p-或跟它近似的清音。这个音在前蒙古语和前突厥语中是按照上述语音演变规律逐渐演变消失的。这些语言包括通古斯语在内都有一个常见的普遍的语音演变规律，这个规律在亚美尼亚语、爱尔兰语、匈牙利语、日耳曼语里都可以观察到。

蒙古、突厥、满—通古斯三个语族共有词的探讨

金炳哲撰，载《民族语文》1990 年第 4 期。

利用《五体清文鉴》中鞍辔类、套备马匹类的 17 组满语、蒙古语、维吾尔语共有词，讨论蒙古、突厥、满—通古斯三个语族是否有同源关系。为了寻找更深层次的一致性，作者通过同根词（包括动词、名词、形容词在内的"链"）的对比来考察，证明这 17 组共有词不会是借用，而是同源。指出在蒙古语与满—通古斯语之间，比蒙古语与突厥语之间，有更多的共同成分，而蒙古语与突厥语之间的共同成分又多于满—通古斯语与突厥语之间的共同成分。作者不企图从这 17 组例词中得出有普遍意义的结论，但是认为通过若干组同根词的对比是可以区别哪些词是同源，哪些词是借用的。文章列了两张对照表展示维吾尔文、蒙古文和满文的拉丁转写法。

蒙古文的擦音 h 和零声母

包力高撰，载《民族语文》1994 年第 3 期。

蒙古文有无擦音 h 和零声母的问题，迄今尚无定论。作者认为回鹘式蒙古文词冠符号标记了喉擦音 h 及包括零声母在内的各种变体。蒙古文书写法经过搠思吉斡节儿改进，省略了字母之前的词冠符号，a 与 e 在书面上有了区别。回鹘式蒙古文词冠符号同八思巴字的词首 h 相对应。八思巴字词中的 h 出现在词首表示零声母，同词首的 h 及蒙古文词冠符号相对应。蒙古文词冠符号同汉文音译《蒙古秘史》《华夷译语》中以 h 起首的汉字相对应。蒙古文词冠符号同阿拉伯字蒙古语文献的词首 h 相对应。h 不仅出现于词首，还出现在词中。在一部分词里保留着变体 h、w 等。众所周知，回鹘式蒙古文同八思巴字在书面形式上有明显的区别。原因有：文字体系不同；字母数量、表音功能及繁简程度不同；回鹘式蒙古文有些字母改变了读音；等等。

蒙古文中的同形词

陈乃雄撰，载《民族语文论集》，中国社会科学出版社，1981 年。

蒙古文里有大量书写形式相同，但读音和意义

不相同的词，即词形异读异义词，简称同形词。其形成原因主要有以下几点：（1）借入的古回纥体的字母表是用较少的字母形式代表了较多的实际语音的。（2）蒙古文里表示长元音时往往采取在某些元音后书写 gha、ge 等单音节的办法，与按字面发音的同一形式构成了同形。（3）有些字母的结合形式有时有一形多读的情况。（4）有些本来并不同形的词干或词根，在形态变化过程中处于特殊场合时变成同形。（5）有些词在接缀附加成分时，同另一个单词的固有形式变成了同形。（6）一些辅音相同或同形异读的动词以不定式出现时，因元音和谐律的关系，阴阳分得很清楚。但以词根形式出现，或在词根后按形式体不分阴阳的附加成分时，就变成了同形词。（7）因两个单词连写构成的合成词同原有的另一个词在形式上巧合而造成同形词。（8）有一些外来的音译词，与蒙古语中的固有词同形。（9）有些异体字恰好与另一些词的固有书写形式相同。

蒙古语巴林土语的复辅音、过渡性元音和音节结构　道布撰，载《民族语文研究文集》，青海民族出版社，1982年。

巴林土语的复辅音按结构可分为二合的和三合的两大类。二合的复辅音一共有 63 种组合。三合复辅音由舌尖音构成。全部三合的复辅音都能自成音节，有 18 种组合。多音节词的第一个音节以后，常有过渡性元音出现，音色比较晦暗，与原来蒙古文里存在过的第一音节以后的短元音并无对当关系。过渡性元音的出现、移动、消失、重现的规律是现代口语中一项重要的语音结合规律，是在词的后续音节中元音脱落后，与复辅音同时形成并且互相补充的新起的语音现象。词的第一音节和后续音节，从构成成分上看，是有区别的。能作词的第一音节的有：（1）短元音或长元音；（2）"声母"加各种元音；（3）短元音或长元音加单辅音"韵尾"；（4）短元音或长元音加复辅音"韵尾"；（5）"声母"加短元音或长元音再加单辅音"韵尾"；（6）"声母"加短元音或长元音再加复辅音"韵尾"。能作词的后续音节的有：（1）"声母"加长元音或复元音；（2）"声母"加长元音再加单辅音"韵尾"；（3）"声母"加长元音再加复辅音"韵尾"；（4）"声母"加过渡性元音再加单辅音"韵尾"；（5）"声母"加过渡性元音再加复辅音"韵尾"；（6）"韵化"复辅音或"韵化"长辅音。

蒙古语巴林土语递进式副动词　斯钦朝克图撰，载《民族语文》1990 年第 1 期。

文章发现并揭示了一组蒙古语巴林土语递进式副动词附加成分：-xsamaːn/ -xsəməːn/-xsomoːn/-xsomoːn -nsamaːn/-nsəməːn/-nsomoːn -nsomoːn -msamaːn/-msəməːn/-msomoːn/-msomoːn，并对其结构、功能、来源进行研究。通过对阿鲁科尔沁土语和科尔沁土语递进式副动词附加成分以及蒙古语相关形动词、副动词、蒙古文献资料比较研究，解释了它的结构和演变规律。文章认为巴林土语递进式附加成分-samaːn…、-nsamaːn…、-msamaːn…是由形动词附加成分-x（<-qu/-kv），-n，-mtusum（递进式后置词）＋反身领属附加成分-aːn…（<-iy-an/-iyen）复合而成，即-qu/-kv -n -m + tusum + -iyan/-iyen > xsamaːn…-nsamaːn…-msamaːn。

蒙古语并列复句分析　特图克撰，载《民族语文》1982 年第 1 期。

蒙古语并列复句是怎样组合的，有哪些特点？学者们的看法有三种。一是各分句之间有并列关系，分句可以是单部句或双部句，用单纯连接副动词、连接词、语调来联结，有并列、递进、选择、区分、综合分离五种语义结构。二是几个简单句相互平等组合在一起，语义上构成一个统一体。有因果、对立、并列、联合、分离等关系意义。三是几个简单句的并列组合，特点是各个简单句中谓语形式的特殊性。作者认为并列复句的基本规则表现在联结方式及其意义上：1. 单纯连接副动词构成的联结方式。2. 连接词和关联语词构成的联结方式。3. 用语序构成的联结方式，分别举例作了分析，并指出了各种联结方式的结构特点。

蒙古语并列结构的语义关系

贾晞儒撰，载《民族语文》1983年第4期。

作者认为，蒙古语的并列结构在语法关系上处于平等地位，但是在语义结构上却要复杂得多。只有在语义上是等立的、平行的，词序才可以变动。凡是在语义上表现出主次、轻重、大小、高低等语义序列，有主观性的一面，就不能轻易改动词序。客观事物之间的内在联系和发展变化规律，反映到语言的并列结构中来，决定并列结构中词语的顺序。作者通过对例句的分析，归纳出蒙古语并列结构的特点：1. 同一个并列结构中的词语，基本上属于同一个词类；2. 在同一个并列结构中的词语，内部构造基本上是一致的；3. 并列结构内部的各个词语，其语音结构中的音节数量和语音轻重的间隔，也基本上是一致的。作者指出，蒙古语并列结构的语义关系有四种表达方式：1. 零形式；2. 标点符号；3. 连接词；4. 动词形态变化。

蒙古语察哈尔方音与书面语语音的比较

孙竹撰，载《民族语文》1983年第2期。

讨论以正蓝旗为代表的察哈尔方言与蒙古书面语的语音对应规律。元音部分，比较了书面语和正蓝旗口语的七个基本元音 ɑ、ə、i、ɔ、ʊ、o、u，阳性元音 I，前化短元音 ɛ、œ，长元音以及同长元音有关的几种变化，前响复元音和后响复元音。辅音部分，比较了辅音音位的异同，指出正蓝旗有4个腭化辅音，研究了弱化辅音的规律。比较了语音组合的情况，对复辅音和长辅音的形成，书面语和口语音节结构的异同，口语中元音失落、音节减少等问题也都作了分析。作者指出，由于口语中元音失落，引起了词的音节数减少，改变了辅音在音节中的地位，产生复辅音，增加了同音词，出现增音现象等一系列语音变化。

蒙古语察哈尔土语的前送气辅音

哈斯其木格撰，载《民族语文》2009年第1期。

语音实验表明蒙古语词中和词末 th、tʃh 等送气辅音的送气乱纹不会出现在冲直条之后，而前移附着到辅音前的元音尾上。送气辅音持阻空白段前（元音尾部）出现 40~60ms 的气化或清化音段，可以认为这是送气前移现象。这是察哈尔土语的一种协同发音现象，并不会造成音位对立，前送气辅音是后送气辅音的条件变体。全文分三节：引言；前送气辅音研究；讨论。

蒙古语察哈尔土语的元音和辅音

那德木德撰，载《民族语文》1986年第5期。

首先对察哈尔土语的范围作了界定。关于元音，对七个阳性短元音一一作了描写，指出阳性元音的共同特点是舌头微微后缩，咽部紧张，音色响亮。在描写四个阴性短元音时涉及了腭化辅音出现在阴性词里的例子。指出短元音 y 没有相应的长元音。复合元音一般都是以窄元音开头，以不圆唇元音收尾。前面的圆唇元音发音短促，并带有前化性质，后面的元音发音较长。关于辅音，对辅音的音位变体描写得较细致，附带也谈到了腭化、清化现象。指出，年纪大的人在 s 音后出现 t、s、x 等辅音时，s 的发音如 dz。作者用 dʒ、tʃ、ʃ 来记录舌叶音。j 不是舌面中擦音，与 i 近似。词尾的 ŋ，一般情况下发音不完全，它前面的元音带有鼻化性质。作者还列举了出现在借词里的九个外来辅音。此文对蒙古语察哈尔土语的语音描写是准确的，是研究现代蒙古语标准音问题的好材料。

蒙古语察哈尔土语的辅音结合问题

那德木德撰，载《西北民族学院学报》1984年第4期。

在察哈尔土语中，一般在两种条件下才可形成复辅音：（1）在一个音节中出现的两个辅音的发音部位相同或相近时可以形成复辅音；（2）一个音节中出现的两个辅音的后一个辅音是清辅音，该辅音发音较重而改前一辅音清化时形成复辅音。如 n 在其后出现同一部位的塞音或擦音 d、t、tsh、dzh、l、s、sh 等时，可形成复辅音；m 之后出现 t、d、tsh、dzh、s、sh 等辅音时便构成复辅音；r 之后如出现 x、sh、s 等辅音时，由于受其影响而 r 发生清化，但 rs 有时却为接受之音，不能成为复辅音；l 在发音过程中处于持阻阶段时，与 t、d、tsh、dzh 等辅音的成阻构成复辅音；d 后出现 dzh、tsh、t 等辅音时，常可构成一种不稳定的复辅音。l、m、g、w、r、n 等辅音常发生腭化现象，其后出现 t、d、tsh、dzh、x、sh、s 等辅音而构成一种复辅音。在察哈尔土语中，经常可以碰到长辅音。有的长辅音如 bb 具有区别意义的作用。

蒙古语长元音的形成和发展　包力高撰，载《蒙古语文》1983 年第 6 期和 1984 年第 1 期（连载）。

该文通过对阿尔泰语言的比较研究，证明了蒙古书面语元音间（即现代蒙古文的长元音音组）现已脱落的辅音 ɣ、g、y、b 等，在早期蒙古语或蒙古书面语原来的基础方言中是存在的。同时论述了这些辅音演变、脱落的一般规律：其两边的短元音最后变成一个长元音。

《蒙古语词和朝鲜语词的比较》中的朝鲜语词　李得春撰，载《民族语文》1994 年第 6 期。

哈斯巴特尔的《蒙古语词和朝鲜语词的比较》（载《民族语文》1993 年第 4、5 期），有不少例词比较根据不足，有些地方牵强附会。朝鲜语中的汉语借词不可能与蒙古语词有同源关系。由于不了解朝鲜文字母的正确读法，转写时发生了错误。有的词，没有弄清楚词义就进行比较，也是不对的。有的词来自日本语，有的词来自英语，都不应该当成朝鲜语固有词进行比较。蒙古语的 aci "孙子、孙女、侄儿、侄女" 不应与朝鲜语的 atɯr（儿子）比较，应该与 aki "小孩、婴儿" 比较。朝鲜语中，源于汉语的词很多，所以，研究朝鲜语的系属问题，首先要分辨清楚，把汉字词排除在外。

蒙古语词重音问题　呼和撰，载《民族语文》2007 年第 4 期。

该文讨论两个问题：（1）排除语义、句法、语用、语境等方面的干扰，归纳总结音长、音高和音强等诸多要素在现代蒙古语（标准音）单词中（固定语境）的分布模式，探讨节奏模式与词类型之间的关系问题；（2）用"参数判定法"确定蒙古语词重音的位置和性质问题，澄清一百多年来有关蒙古语词重音问题上的争论，为蒙古语教学、科研以及言语声学工程提供科学的节奏模式和声学参考数据。本研究对蒙古语族语言乃至整个阿尔泰语言的韵律研究具有参考价值。文末有 5 点结论。作者认为，从类型学的角度看，蒙古语词重音属自由重音，而不是固定重音。但与其他语言（如俄语、英语）的自由重音有所不同。因为它既没有词汇意义，也没有形态学意义；它不完全是自由的。它的位置与词的类型（长、短元音的分布）有着密切的关系。文中附插图 20 幅。

蒙古语、达斡尔语、东乡语的数范畴比较　孙竹撰，载《民族语文》1987 年第 6 期。

文章列举了蒙古语较常用的 5 种、达斡尔语的 4 种、东乡语的 3 种复数附加成分，并将其与中世纪蒙古语、蒙古语某些方言土语以及突厥、满—通古斯某些语言的复数附加成分进行比较，认为：蒙古、达斡尔、东乡语数范畴分不定数和复数两种形式。中世纪蒙古语、现代蒙古语规范形式和方言形式、达斡尔语、东乡语的复数附加成分共有 21 种，其中相同或基本相同的只有 7 种，不相同的有 14 种。不相同的形式从语音上看，很难分析其起源上的共性与联系。东乡语的复数附加成分-la 虽与大多数蒙古语族语言不同，但却和保安语、突厥语族语言相似，其相似不大可能是语言影响的结果。达斡尔语复数标志-sul 以及-tseen、-r 比起同语族语言，在起源上、类型上更接近于满—通古斯语族某些语言。从上述情况看，作者认为，桑席耶夫关于蒙古语族诸语言及其方言的复数标志都一样的论断，没有充分根据。

蒙古语的词末舌尖鼻辅音　保朝鲁撰，载《内蒙古大学学报》1998 年第 3 期。

本文就蒙古语的词末舌尖鼻辅音 n 的性质进行了分析。处于元音之前和处于词腰位置音节末尾的 n 亦如此，始终保持其本来面目，而结尾音 n 则由于其本身的语音特色与所处位置的特点，可以形成一种不易名状的特殊的鼻化音。文章认为，现代蒙古语词末位置上有两种舌尖鼻辅音。（1）音位 n。它有双重性特征：依附性——常常依附于其前面的元音。使其本鼻化，此为"n 的缩约"；独立性——适应形态变化和后续语音状况，完全脱离开元音而复原为辅音 n。（2）有破裂的（有除阻的）n，用符号表示。此辅音是历史发展中形成的新音位，也是一种语音缩约现象，它与闭合音 n 音位有明显区别。分立性是它的重要特征——不使前面元音鼻化，不与后续词首音（b、m、g）发生同化，在词腰也能分立。多音节词词末常与变体 n 相交替。有一种方音性的 n > 为本来的 n 的音品。

蒙古语的复辅音问题　哈斯其木格撰，载《民族语文》2006 年第 3 期。

蒙古语书面语中极少有复辅音，但口语中却很多。本文作者认为，蒙古语的复辅音可以分为音节内的复辅音和音节间的辅音串。音节内的复辅音包括音节末的复辅音，其组合规律比较严整。全文分四节：蒙古语复辅音研究现状；研究方法；实验结果；结论。作者认为，蒙古语音节内复辅音的组合规律比较严整，音节末复辅音中出现在前列位置的只有浊音和擦音，出现在后列位置的只有擦音、塞音和塞擦音。

蒙古语的元音和谐与元音音位对立的综合　道布撰，载《民族语文》1994 年第 2 期。

从音系学原理出发，把音位理论的一些基本原则用到比音段音位更高的层次上，就会看到在元音和谐律作用下，蒙古语中有些元音音位之间的区别性趋于同一，出现元音音位对立的中和现象。蒙古语元音音位的区别特征，有的属舌体特征，有的属唇状特征，有的属发音方法特征，有的属韵律特征。蒙古语元音和谐以紧松对立为基础。作者选出几对单词，它们除去在紧松这个区别性特征上不同外，其余都是相同的，论证了后续音节中的元音松紧只具有伴随的性质，变成多余特征。这样就使紧松对立的两套元音音位在多音节词的后续音节里失去了对立性质。作者指出，蒙古文字母的运用，有不少同超音位概念吻合的地方。音位对立的中和以及超音位的概念虽然属于理论上的抽象，但是有其实在的内容，有实用价值，同人们的心里感觉一致。

蒙古语的状态词　特图克撰，载《民族语文》1980 年第 1 期。

本文探讨了蒙古语部分词的词类归属问题。作者将这类词看作一种独立的词类——状态词。蒙古语状态词有词义、词法和句法三个方面的特点。根据词义和语法特点，将状态词分为三种：表示事物变化的，如"断、折"，在句子中只能修饰及物动词；表示行为的，如："摇摇晃晃地"，在句子中修饰不及物动词；表示声音的，如"当当"，在句子中修饰及物动词或不及物动词。词法特点是状态词具有独特的构词附加成分，状态词在句子中可以重叠形式出现。按状态词的结构分为原本状态词，不能分离成词根和附加成分；复合状态词，由意义相近的两个词结合的；派生状态词，由七种相近的两个词结合成的。句法特点是状态词在句子中主要作状语，有时可以作谓语或定语。本文对学术界划分蒙古语词类问题，有一定的参考价值。

蒙古语动词"态"语缀探析 道布撰，载《民族语文》2007年第5期。

蒙古语动词"态"范畴，内容比较复杂，各种"态"语缀的分布不平衡，使用范围有大有小，使用层次也不一样，"语法化"程度也有差别。需要寻找一种新的"叙事方式"把它的"本色"如实地描写出来。全文分四节：各种"态"语缀的分布；各种"态"语缀的"语法化"程度；各种"态"语缀的使用层次；余论。

蒙古语鄂尔多斯土语第一音节短元音声学分析 查娜撰，载《内蒙古大学学报》（人文社会科学版）第32卷增刊，2000年6月。

本文用实验语音学的声学分析法分析了蒙古语鄂尔多斯土语第一音节短元音的声学特征，并把测定的结果与察哈尔土语和巴林土语的第一音节短元音作了比较。认为：鄂尔多斯土语中的［A］是低中央元音；［e］是次高前元音；［i］是最高前音；［I］是次高前元音；［ɔ］是正中后元音；［ʊ］是高中后元音；［ʋ］还有个变体，记作［ʋ˧］，是次高后元音；［θ］是次高央元音；［ʉ］是最高央元音；［ɛ］是高中前元音；［æ］是［ʊ］的变体，是低中前元音。通过比较还认为：鄂尔多斯土语的［ɛ］［θ］［ʉ］三个元音，在舌位前后方面，比察哈尔土语和巴林土语相应的元音要靠前许多。

蒙古语鄂尔多斯土语元音声学分析（硕士学位论文） 查娜撰，2001年5月。

本文基于前人的研究成果，用实验语音学的声学分析法对蒙古语鄂尔多斯土语元音进行了分析。主要以第一音节短元音、非第一音节短元音、弱短元音、长元音、第一音节长元音与短元音之间的关系、第一音节长元音与非第一音节长元音之间的关系、复合元音、重音、元音和谐等几个方面对蒙古语鄂尔多斯土语元音进行了分析，并把测定的结果与用传统方法研究的结果作比较，必要时与巴林土语、察哈尔土语、科尔沁土语元音的声学分析结果作了比较。

蒙古语复合词的语法属性描述 青格乐图撰，载《内蒙古师范大学学报》2003年第4期。

本文以分类法和属性描述的方法，对蒙古语复合词的语法属性进行详细的描述，使复合词的各种语法属性更加具体化、条理化，作为语法属性字段附在每一个词语后面，以便为研究电子版蒙古语复合词语法信息词典提供理论依据。

蒙古语口语疑问句句型 玉荣撰，载《内蒙古大学学报》2005年6期。

选出蒙古语口语语料库中出现的817条疑问句，分析了句子结构，归纳出句型。其中双部疑问句和简略疑问句出现的多，频率最高的出现290次，只出现一次的句型也不少，因此得知蒙古语疑问句句型种类多。根据语料库材料，共出现25类句型。

蒙古语复合词的语义结构分析 贾晞儒撰，载《民族语文》1987年第2期。

本文探讨蒙古语复合词的词义构成方式和词义构成的基本特点。文章对蒙古语复合词的语义结构从五个方面进行探讨：1. 类比组合，即在同一个构词语素的意义基础上，以类比的方式同其他构词语素合成复合词的词义。以xara"黑的"为例分析五种系列类比。2. 比喻合成，即用甲乙两个事物的名称所代表的事物作为形象比喻，组成标志另一种新事物的名词。3. 反义合成，即相反意义的两个单纯词联合构成新词,有两个条件:复合词中的两个单纯词不能再作独立词,只能用作词素;两个反义词素必须在某一个语义成分上相反。4. 谐音烘托,以语音重叠的方式构成的复合词,增加新义。5. 语义重合,两个意义相同或相近的词素结合成的。蒙古语复合词词义构成的基本特点是词素结合形式的不变性和复合词义整体上的不可分割性。本文的分析较为全面、深入,引起了相关学者的注意。

蒙古语复合词语义结构再析 贾晞儒撰,载《青海民族学院学报》1987年第4期。

蒙古语复合词在句法结构形式上是散性的、可以分析的,而在语义上又是完整的、不可分割的,有些甚至无法从句法分析上去理解它的实际意义,因此,可将其形容为"形散意合"。蒙古语复合词存在着内在的语义关系:(1)规定关系。两个或两个以上的构词语素发生结构关系,构成复合词时,在语义结构内部形成一种规定关系,使语义更加凝聚和集中,成为一种单一的、不可分离的意义整体。(2)互补关系。两个或两个以上的构词语素相结合构成复合词时,在语义关系上互相补充、互相重合或互相渗透,而最终融为一体,形成一个新的词义。复合词不同于单纯词,表现为其指称意义要广泛得多。此外,较之单纯词、复合词的指称意义还具有比喻的性质,有比喻意义。蒙古语复合词词义是一个语义多边关系的统一体。

蒙古语—哈萨克语的并行词 沙雷巴耶夫撰,载中国社会科学院民族所语言室《民族语文研究情报资料集》1984年第4期。

本文通过讨论蒙古语和哈萨克语中的并行词,证明阿尔泰语系理论的正确性。蒙古语和哈萨克语的并行词可分为下列几组:(1)保存在蒙古语和哈萨克语文学语言里的;(2)存在于哈萨克语文学语言和蒙古语土语中的;(3)存在于蒙古语文学语言和哈萨克语土语中的;(4)保存在两种比较语言的土语中的。在分属上述各组的词中,既有物质上共同的,看来是固有的成分,又有明显的借词。通过大量的蒙古语和哈萨克语的并行词的分析,完全有理由认为突厥—蒙古语具有亲缘关系。如果再加上根据其他阿尔泰语言揭示出的共同成分,那么,共同成分的数量将会更加巨大。它们的数目是如此之多,使人不得不赞同突厥语与蒙古语有亲缘关系这种观点的人的意见。而严格否定这些语言的亲缘关系的研究者应该首先驳倒这里列举的全部事实,并做出某种解释,而不是用借词或偶然的巧合来加以推诿。

蒙古语和藏语某些格形式比较 贾拉森撰,载《内蒙古大学学报》1999年第1期。

文章对蒙古语和藏语的三种格的语音形式做了比较,指出它们的相似之处,并把相似点归结为形式、典型语音成分、内部种类、结构、意义五个方面。(1)形式相似:如蒙古书面语的与位格形式tu/du和藏语业格形式tudu相似。(2)格形式中的典型语音相似:如蒙古语族语言和藏语须属格式中的i音;蒙古语界限格和藏语出处格形式中的s音。(3)一个格形式的内部种类相似:蒙古语与位格有tu/du和tur/dur等带r的形式以及-a/e三类形式,藏语业格等三个格有su、ru、tu、du和音节末尾的r以及na、la三类形式。(4)结构相似:蒙古语界线格形式是由与位格形式a/e上加接ss而构成,藏语出处格形式也是业格形式na、la加s而构成。(5)意义相似:用来比较的蒙藏语相应的三对格的意义基本上是相同的。文章是对跨语系语言相似的语法形态进行比较的初步尝试。

蒙古语和梵语、印地语之间所存在的相似关系 拉·维拉撰,载中国社会科学院民族所语言室《民族语文研究情报资料集》1984年第4期。

本文论述了蒙古语和梵语、印地语之间的一些相似现象。蒙古语和梵语、印地语之间的相似现象主要有：(1) 蒙古文字母表中有 7 个元音，用这些元音可组成七行音节；与此类似，印地文也有 7 个元音，也有七行音节。(2) 古典蒙古语嘎里克字母表中元音和辅音的排列与印地文中元音和辅音的排列相对应。(3) 蒙古语、梵语和印地语中都没有定冠词。(4) 蒙古语和梵语各有 7 个格。蒙古语中的与格也起方位格的作用，但在梵语和印地语中，这两个格是分开的。大体来说，蒙古语的离格用法与梵语和印地语一样。(5) 蒙古语和印地语、梵语之间，在句法方面，很明显有相当引人注目的相似之处，这是出于共同的思维方式的缘故。(6) 词汇方面，有许多由一方借自另一方的借词。在 13—14 世纪蒙古向外扩张时期，蒙古语的许多词通过中央亚细亚进入印度，一直传到了喜马拉雅山的尼泊尔王国。

蒙古语和满语中同源词的基本词素的对应关系 米吉德道尔基撰，载中国社会科学院民族所语言室《民族语文研究情报资料集》1988 年第 10 期。

本文论述了蒙古语和满语中的一些同源词在语音结构方面所产生的变化以及这些变化的语音的对应关系。源于同一的词素在蒙古文献和满文资料中反映的形式是有所异同的。这主要取决于这两种语言语音的各自不同的发展。语言的表现形式——语音，在发展过程中由于相互影响，有的失掉原有的面貌发生一些变化，有的甚至消失了。我们只要仔细观察蒙古语和满语的那些同源词，就会发现除了一些语音上完全相同的词以外，绝大部分词在语音上产生了一定的分歧，但这些语音分歧也有比较系统的对应关系。作者通过对蒙古语和满语中一些同源词语音，如是否丢失词首辅音、辅音的对应、完整保留或失去某一个音节或一个音等语音结构上所产生变化的分析，可以看出两种语言的词汇在语音上有着严格的对应关系。

蒙古语和维吾尔语词义比较 金·巴音巴特尔撰，载《内蒙古师范大学学报》1993 年第 1 期。

《维汉词典》中有 700 多条蒙、维共同词。其中名词居多，有 400 多条，动词有 140 多条，形容词有 90 多条，副词 20 多条，代词、数词 10 多条。作者对这种现象做出两种可能的解释：(1) 这些词连同其全部意义和使用习惯被整个地从一种语言借到了另一种语言；(2) 这两种语言起源于同一母语或具有共同的底层。但认为后一种解释更加合理。在《维汉词典》中，还可以发现维语中的许多谚语在素材和表现手段、结构方式及意义上都和蒙语常用的一些谚语非常相似，其中有些谚语类似于互相直译。作者在结论中认为，现在的维吾尔族和蒙古族在过去的某个时代曾经有过非常密切的关系和不同寻常的共同经历。

蒙古语句法研究 喻世长撰，载《中国语言学报》1995 年第 5 期。

该文讨论了蒙古语句法研究的方法问题。分三部分：(1) 阐述方法的原理；(2) 给出 38 个句子的树形图，并指明句法和词类、句法和形态的呼应关系；(3) 句法结构关系层次分析法的普遍性和实用性。该文提出了一种句子分析法，并用古代蒙古书面语作了具体验证。这种方法注重层次分析，但是不受句子成分概念的束缚；使用树形图并且要求在图上把每一个结构所体现的关系名目书写出来。建立这种方法的目的在于加重句法研究中语法意义的作用，使句子模式的分析在一个封闭系统之内具有高度的概括性。就蒙古语来说，作者所提出的这一套分析句子的方法是为了达到两个实用目的。其一是写出以句法为重点或以句法为中心的蒙古语语法。这丝毫不意味着应该减轻形态学的研究。其二是写出蒙—汉或汉—蒙对比语法。

蒙古语句子结构分析　道布撰，载《民族语文》1979年第2期。

文章探讨了比独词句长的各种句子的结构，对蒙古语句法的一些主要范畴谈了个人的看法。从结构关系看，复句有并列、偏正、包孕、引语、混合五种类型。单句的内部结构同复句中大句、主句、引语、分句、小句的内部结构原则上是一样的。句子成分有中心成分和扩展成分两大类。句子的中心成分是谓语。扩展成分同谓语相联系，受谓语的支配和制约。扩展成分有状语、补语、主语三种。句子成分有修饰、连动、并列、复指、复合五种结构。分析结构关系复杂的句子要弄清楚结构关系的层次。句型是由谓语的语法类别决定的。从动词的及物不及物着眼，有主动句与被动句的分别。静词作谓语的句型有判断句、无主语的名词谓语句、带位格补语的名词谓语句、名词谓语存在句、形容词谓语句等。此外，还有模拟词作谓语的句型。

蒙古语科尔沁土语的人称代词　查干哈达撰，载《民族语文》1992年第5期。

论文描写了蒙古语科尔沁土语的人称代词及其各种形态变化，与此同时还分析了特定形态变化后的语义变化。如代词加附加成分-d 或-x 后词义发生变化。文章分第一、第二、第三人称代词三部分。通过分析指出该土语人称代词与其他土语所不同的3个主要特点：1. 第一人称代词词干 nɛmɛɛ-的词干形式独特，使用范围广，不仅用于宾格，而且也用于位格、离格、造格和随格。在书面语和其他土语里它只用于宾格，而且 nɛmɛ-本身就是带有宾格的形式。2. 第二人称代词复数除了 tan-外还有 tadən"你们"，没有尊称形式"您"。3. 第三人称代词有起首辅音 m 和不带辅音 m 两种形式，词义相同，而带 m 的使用率较高。此外，文章还认为，第一人称代词复数形式 bidən 和 mən-的区别在于，前者既用于主格，也用于间接格，后者只用于间接格等。

蒙古语科尔沁土语的形容词　查干哈达撰，载《民族语文》1982年第6期。

文章介绍了蒙古语科尔沁土语形容词的级范畴和数、格、领属范畴。对表示比较级的四种附加成分，分别举例说明了用法。对表示最高级的临时副词的构成方法和用法也都举例加以说明。并且指出，形容词可以前面加表示最高级的临时副词，同时后面还可以带比较级附加成分，表示亲切、温和的意味。科尔沁土语有不少借自汉语的形容词。其最高级有两种表示法，一种同固有词一样，使用临时副词，另一种是重叠法。对重叠法的结构举例作了说明。作者指出，在形容词跟名词跨类情况下可以带格和领属附加成分。当偏正词组的中心词被省略，只剩下形容词时，原来接在名词后面的附加成分可以直接接在形容词后面。关于从汉语借入的形容词，作者认为在一般场合多用借词，在郑重场合多用固有词。有些借词使用频率很高，有些完全取代了固有词。

蒙古语口语中的词首辅音弱化现象　道布撰，载《民族语文》1981年第1期。

中国境内的蒙古语，在北纬46°以南，东经107°到119°这个范围内，口语中有一系列引人注目的词首辅音弱化现象。词首辅音弱化是指位于词首的强辅音在一定条件下，被发音部位相同或相近的较弱的辅音所替换。由于有词首辅音弱化现象的口语原本就有弱辅音存在，所以，有词首辅音弱化现象的口语比没有这种现象的口语在弱辅音总的分布上是显然不同的。作者根据伊盟札萨克话、锡盟东苏尼特话、正蓝旗话、昭盟翁牛特话的材料，归纳出词首辅音弱化的两个公式。公式Ⅰ：GaS…←Xas…，公式Ⅱ：GarS…←XarS…。把两个公式加起来，就概括了词首辅音弱化的全部条件。词首辅音弱化也有零星的例外。作者指出了四种不同的例外情况。此文对蒙古语语音的共时比较研究和语音描写的形式化有一定贡献。

蒙古语名词的单数形式 焦其戴·吉仁尼格撰，载《民族语文》1987年第2期。

文章通过古今蒙古语的比较，分析出现代蒙古语名词具有复数附加成分相对应的部分单数附加成分，即-n、-r、-l、-i、-sun/-sün。这些附加成分具有构词和构形双重功能。其中-l来源于古代蒙古语名词复数附加成分，但后来受到另一个复数附加成分-d的排挤逐渐失去复数意义，从而成为现代蒙古语的单数形式。而古代蒙古语的复数形式-n与现代蒙古语单数附加成分-n的用法不同，在蒙古语复数附加成分-n只用于与人有关的名词之后，而单数的-n用于其他各种名词之后。文章认为，过去一些蒙古语法学家们所说的有些词根接加附加成分时"脱落"的部分就是该文所阐述的名词单数附加成分。

蒙古语/r/辅音的声学分析 呼和撰，载《内蒙古大学学报》1996年第6期。

用声学分析、统计分析等方法对蒙古语/r/辅音进行了分析。全文分引言、实验分析方法、结果、结论和后记五个部分论述。结论为：现代蒙古语的/r/辅音不但有[ɾ]、[λ]、[r]三个变体，而且主要（典型）变体不是颤音[r]，而是闪音[ɾ]。[ɾ]是舌尖闪音，出现在词中音节首，也可以出现在音节尾和词尾；[λ]是舌尖清擦音，词中音节首一般只出现在-λx-等固定音节中，主要出现在词中音节尾，词尾也一般只在词尾音节有长元音的多音节词词末出现；[r]是舌尖颤音，词中音节首一般只出现在-rl-等固定音节中，词中音节尾和词尾中的出现条件与[ɾ]音相同。这三个变体中，[ɾ]的分布范围广而均，出现频率也高，具有一定的普遍性和代表性，具备了作主要（典型）变体的条件，因此用[ɾ]来标记现代蒙古语/r/辅音更为符合实际。

蒙古语塞音q、k的历史演变 清格尔泰撰，载《民族语文》1985年第3期。

在中期蒙古语文献里有q和k-g，现代蒙古语里有X、G和k-g，而在蒙古语族有些语言里相应的辅音更多。《蒙古秘史》把书面语的q、rr一律记为q。八思巴字文献也标记为一个音。说明当时q、rr曾经是一个音。k与g情况同q与G近似，但有不同。在《蒙古秘史》中q与G还没有分化，但k与G已经开始分化。作者把q、k的演变按词首、词中、词末分别考察后，认为蒙古语中q与G原来是不分的，是一个音。k与g的情况类似，只是分化得比较早一些，在中期蒙古语文献里已经能看到分化的一些情况。从蒙古语族各种语言的对比分析看，q（x）与rr（G）、k（x）与g分别处于有规律的对应关系中，也显示它们是从一个音位分化演变来的。此文对研究蒙古语语音演变有示范意义。

蒙古语五种牲畜名称语义分析 斯钦朝克图撰，载《民族语文》1994年第1期。

文章运用结构语义学的理论和方法，系统描写和分析了蒙古语五畜名称的语义特征。论文有以下特点：（1）把蒙古语五畜名称界定为一个具有层次的语义场。（2）首次把84个书面蒙古语五畜名称的义素成分按其区别特征分割为体状（大/小）、蹄状（奇/偶）、峰（有/无）、毛状（卷/不卷）、性别（公、母）、阉割（阉割/未阉割）、年龄7种。（3）以五畜的繁殖、阉割为界限，较科学地界定了蒙古语五畜名称的基本概念，对各不相同的名称给出了较合理的定位，把一些语义界限模糊的名称分为广义和狭义两类。（4）从人类文化学角度分析了五畜名称的特点。如保留古代蒙古语性范畴痕迹；保留本民族固有词；具有丰富的语义范畴，如俗称、雅称、一般称、小称等；构成鲜明民族特色的语义场；具有民族文化心理特点的语义，如有些名称的指称范围与其他民族不同，分热性嘴牲畜和冷性嘴牲畜，行为动作的尊称与马有关等。

蒙古语音变构词法探讨 布和撰，载《内蒙古大学学报》1999年第4期。

本文对蒙古语通过音变方式构成单纯词和复合词的现象进行了分析和探讨。作者将这种语言现象看作蒙古语的一种构词手段，并对它的形成过程及其特点提出了个人见解，认为：语根音变作为一种构词和语法手段，早在古代蒙古语时代已经存在；同一个词在不同方言中的变体同时并存过程中产生了细微的词义差别；原有的一个多义词通过音变构成一对同族词，同时词义也产生了分化。总之，蒙古语音变构词现象的形成过程和表现方式比较复杂，从大量的词汇材料看，这种构词现象是客观存在的，并不是个别现象或偶合的事情。应该指出的是，蒙古语音变构词法的一个不利因素是可操作性不强，它不像词根加后缀构成派生词那样来源关系一清二楚。因此在断定词族词时，必须在语音规律和词义相近或相关上严格限制。总之，对蒙古语音变构词法进行研究是一项十分有意义的工作。

蒙古语与英语时态表达方式比较 韩波撰，载《内蒙古语言学会第二次学术讨论会论文集》，内蒙古教育出版社，1996年。

蒙古语与英语差别很大，很少有相同的地方，蒙古族学生在学习英语时感到困难很大，往往受到来自母语的干扰。作者认为要把这种外语学习中的消极因素转化为推动外语学习的积极因素，最有效的办法是对两种语言的异同进行细致的对比研究，从而增加学习外语的积极因素，尽量避免和克服消极因素。文章从蒙古语与英语动词时态的角度比较了蒙古语与英语的区别。蒙古语的陈述式一般可分过去时、现在时、将来时三个时态，而英语有十六个时态。通过比较可以看出，蒙古语的过去时可表达英语中的一般过去时、现在完成时和过去完成时所表达的概念。蒙古语的将来时与现在时表达形式相同，只能依据上下文推断是否为将来时。蒙古语词尾-la、-le表示行为的开始和结束，与之对应的英语时态有以下几种：一般将来时、现在进行时、现在完成时、过去完成时等。蒙古族学生学英语时如果了解这些异同，有利于提高学习效率。

蒙古语元音固有音调初探 呼和撰，载《现代语音学论文集》，金城出版社，1999年。

文章用声学分析、统计分析等方法，对蒙古语元音固有音调和固有音长进行了初步研究。探索了它们与舌位高低之间的关系问题。蒙古语没有区别意义的声调和词重音。但有固有的、约定俗成的、使言语产生节律美的声调模式。蒙古语单词声调模式的非区别性特征给韵律特征研究带来一定的难度。研究蒙古语单词声调模式必须从元音固有音调入手，元音固有音调是单词声调模式乃至整个韵律特征研究的基础。实验数据是对4位发音人所发的432个词或音节进行实验分析，统计归纳后得到的。结论：蒙古语元音的固有音调、固有音长与其舌位高低之间有着较为密切的联系，即随着舌位高度的提高，其固有音调相对上升、固有音长相对变短，高元音比低元音具有较高的基频和较短的音长。

蒙古语中的逆构形方法 道布撰，载《民族语文》1999年第1期。

逆构形是一种非常规的方法，跟常规的添加词缀的方法相比，操作方向相反。文章分析了《蒙古秘史》中的逆构形宾格形式和现代蒙古书面语中通过逆构形方法产生新词的问题，并且从混沌学的角度作出了解释，为历史比较研究提出了新的思路。作者考察了《蒙古秘史》中16个以-n结尾的可变词干的名词，它们都既有常规的宾格式，又有逆构形的宾格形式。常规的是在后面加后缀-i，而逆构形的宾格形式不但不加后缀-i，还要去掉词干末尾原有的-n。现代蒙古语里有一批以-n结尾的形容词或名词，可以通过逆构形的方法，把词末-n去掉，构成一个与这个词相对应的、语义范围比较窄的词。用这种逆构形方法派生出来了一批新词，语法上，转换了一批词的词类，使现代蒙古语的一批词在语义上和功能上产生了分化，进入了新的有序状态。

蒙古语中的吸气音 容舟撰，载《民族语文》1980年第1期。

本文根据蒙古语口语材料，首次提出了蒙古语中存在吸气音的问题。作者认为蒙古语口语中至少有四个吸气音：s < 表示因外伤引起的轻微疼痛；ts < 表示不耐烦或不满意，如果重叠使用，则表示称赞或羡慕；x < 表示别人说话时自己正在用心听；h < 表示发现某种惨相时的惊骇。并指出这些吸气音都能自成音节，分别构成不同的叹词。本文为蒙古语的深入研究提供了一个新的线索。

蒙古语中的谐音词组 倪申源撰，载《东方研究论文集》，北京大学出版社，1987年。

现代蒙古语中广泛使用以谐音的方法产生的词组。蒙语用谐音方法产生的词组数量多，范围广，既有名词、形容词，也有动词、副词；其结构比较复杂，也可用元音和谐的方法构成，还可用变换谐音词开头的辅音或对应的阴性和阳性元音构成。这一类词可统称为"谐音词组"。蒙语谐音词组可分四类。第1类，构成谐音词组的是两个实词；第2类，一个是实词，可独立使用，另一个是按照这个实词的音和谐派生出来的，非实词，无独立意义；第3类，谐音词组为固定词组，两个词不能分开，不能单独使用；第4类，一部分拟声词。结构上，蒙语构成的谐音词组的两个词大多为单音节或双音节词。语义上，蒙语谐音词组大部分是副词，主要作状语，既保留原义，又增加修辞色彩。

蒙古语中俄语借词初探 郭守祥撰，载《内蒙古大学学报》1988年第1期。

蒙古人民共和国蒙古语中的俄语借词。据统计，1978年北京出版的《蒙汉简明词典》中约收进了1200多个俄语借词，占收词总量的3.5%。近几年，蒙古国报纸杂志上还不断出现新的俄语借词，大致可分为以下几类：（1）长度和重量单位；（2）货币单位；（3）交通工具；（4）动植物；（5）食物与饮料；（6）服装与鞋帽；（7）商品；（8）工矿企业与文化生活设施；（9）疾病与药品；（10）化学元素；（11）无线电技术术语；（12）体育运动与设备；（13）武器弹药与军衔；（14）专业技术人员职称；（15）政治术语。此外，本文还详细分析了蒙古语从俄语中借词的方法。

蒙古语中梵语借词的有关问题 查娜撰，载《内蒙古社会科学》（蒙文）1999年第2期。

主要内容：本文阐述了蒙古语中梵语借词的字符问题，并探讨了蒙古语中梵语借词如何遵循蒙古语规律的问题。

蒙古语中突厥语词的构拟 G. D. 桑席耶夫撰，载《民族语文研究》，四川民族出版社，1977年第1期。

在一定情况下，蒙古语中源于突厥语的词保留着可以用形态分析法考察出来的部分，如果是突厥语的派生词即可用此法加以鉴别。用这个方法，我们查出了来自突厥语的蒙古语词 Keseg（部分、块），它是从动词词干 kas-（一切）起源的，这个词干在蒙古语里原来没有，但蒙古语有 qasu-（减少、缩短）。同样地，在突厥语里 qurut 这个词来源于动词词干 qur-（弄干），这个词干在蒙古语里也没有。有大量的词是突厥语族语言和蒙古语族语言共同的，它们的来源很难确定，但大多数情况它们显然是突厥语族语言固有的。就是说，它们是非派生词或者是现代已无法做词素分割的那些词。在一定的情况下，蒙古语中源于突厥语的词都处理作突厥语的地方方言，就是说，确定那些不出现在蒙古语族所有语言和方言的突厥语的词源于哪个特定的突厥语方言是不困难的。例如：蒙古语族中卡梅克语中特有的源于突厥语的词 ayu（熊），等等。

蒙古语中 *uvra 和 *uge 的元音缩合现象

栗林均撰，载《民族语文研究情报资料集》，中国社会科学院民族所语言室，1987 年第 9 期。

本文探讨了蒙古语中的一种元音缩合现象。很早以前学者们就对同现代蒙古口语的长元音相对立的、书面语特有的正字法寄予了极大关注。长期以来对这一语音现象的解释是：在蒙古书面语中表示"派生长元音"的语音现象。蒙古书面语的 VvrV、VgV 等连音形式在现代蒙古语里表现为长元音的现象，一直被认为元音间的辅音是弱化后消失了，结果剩下的两个元音经过两次派生合并成为一个长元音。通过对符拉基米尔佐夫、波普、汤姆森等人的观点的分析，本文作者认为，同元音缩合现象有关的是共同起源于现代诸方言的最初语音状态，无论是蒙古书面语所反映的形式，还是假定为中期东部蒙古语所反映的形式，如果把这种语音变化假定是位于第一音节的元音和后续音节里产生的语音变化，那么就能够把元音缩合现象和"i 的转折"现象作为规则性的语音变化来掌握。

蒙古语族保安语陈述式动词的确定与非确定语气

刘照雄撰，载《中国语文》1981 年第 3 期。

陈述式动词的确定语气表达说话人的直接经验、亲身经历、主观决定和意愿；非确定语气则表达说话人的非亲身的经验、经历和出乎本人意料或意愿的事态，以及表达转述的语气。正文内容有：（1）体词谓语句的确定与非确定语气；（2）动词谓语句的确定与非确定语气。在体词谓语句里，用句法功能相同、语音形式不同、成对互补的助动词来表达。这类助动词在保安语里，是体词谓语句必不可少的组成部分。在动词谓语句里，有些时、体形式用副动词或形动词和助动词组成，这种谓语的确定与非确定语气靠不同形式的助动词来区分和表达；单纯的陈述式动词时制的确定与非确定语气，则用不同的附加成分来区分和表达。

蒙古语族的"宾格附加成分"考察——根据达斡尔语的材料

王鹏林撰，载《内蒙古师范大学学报》1983 年第 4 期。

蒙古语族的"宾格附加成分"是可以分析作助词的。它在语法功能上有自己的特色，与"格"概念有着原则的区别。"宾格附加成分"是句法标志，是句子直接补语的标志，用来提示、确定和加强直接补语，既带有后置词的性质，又带有语气助词的性质，因此又可称其为提示助词。蒙古语族句子的直接补语不带"宾格附加成分"的现象很普遍，这是因为人们没有把"宾格附加成分"同作为词法单位的词联系起来，而是同作为句法单位的直接补语的表达效果紧紧地联系起来了。在句法结构中，"宾格附加成分"的提示能力越强，对句法结构层次的影响就越大，对句子语义的改变能力也就越强。在蒙古语族的句子中处于所谓"词干"形式的直接补语就是词本身（代词除外）。它们在这种场合接受"宾格附加成分"的可能性往往是由它们被提示、被强调和被确定的必要性来制约的。直接补语的确定性和具体性越明显，它接受"宾格附加成分"的可能性就越大。

蒙古语族甘青语言的假定式附加成分与突厥语族语言的比较

孟和达来撰，载《西北民族学院学报》1999 年第 1 期。

通过共时比较和历时比较，可以发现：蒙古语族土族、东乡、保安、东部裕固等语言的假定式附加成分虽然与同语族的蒙古语相比显示出较大的差异，但是这些形式却与突厥语言的假定式（或条件式）附加成分之间有着惊人的相似。从形式特征上看，蒙古语族甘青语言的假定式附加成分跟突厥语族语言的假定式（或条件式）附加成分属于同一类型。值得注意的是，属于不同语族的数种语言在假定式或条件式上显示出如此明显、整齐的一致关系，绝不是一种巧合，这一现象背后可能隐藏着深层的历史关系。从地理分布上看，土族、东乡、保安、东部裕固等语言大体分布于蒙古语族语言区域的西边。在历史上，这些语言和突厥语族一些语言毗邻相处。它们之间可能发生过深刻、频繁的接触，其结果致使一些相同或相似的语言成分或特征出现于同一区域不同语言之中。

蒙古语族和突厥语族关系词的词阶分布分析 孟和达来、黄行撰，载《民族语文》1997年第1期。

阿尔泰语系各语族之间的谱系关系学术界历来有分歧，分歧的症结在于对有对应关系的词汇及语法形态是同源还是借用的不同看法。本文运用陈保亚的词阶分布理论考察蒙古语族和突厥语族内部及语族之间的语言关系。第一部分从语言标记性角度论证了核心词词阶划分的内在依据，指出高词阶的词多为无标记和社会化程度低的词，因此相对稳定，低阶词则相反。第二部分统计描述了这两个语族关系词的分布，发现蒙古语族语言和大部分突厥语族语言内部一阶词一律显著高于二阶词，表明它们确为同源关系；但突厥语族的少数语言和蒙古与各突厥语两个词阶之间没有显著差异，按词阶分布理论，不能证明这些没有词阶分布差异的语言之间有何种关系。第三部分讨论了有阶分布和无阶分布的关系，认为关系词在词汇中的分布可以是有阶的，也可以是无阶的，词阶分布理论对证明有阶分布的语言关系有效，但不能说明词汇无阶分布的语言是同源关系还是接触关系，因此词阶分布理论在证明语言关系的有效性上并不是自足的。

蒙古语族语言的词汇 陈乃雄撰，载《内蒙古大学学报》1988年第1期。

达斡尔语、东部裕固语、土族语、东乡语、保安语的词汇都由本族语词和不同来源的借词构成。本族语词还包括派生词和合成词。作者将20世纪50年代中和80年代初两次调查时所得词汇构成进行了统计比较，认为与蒙古语共性最大的并不是过去人们曾经认为的达斡尔语或东部裕固语，而是土族语。东部裕固语名列第二，达斡尔语第三，东乡语和保安语分别名列第四和第五。与此同时，蒙古语族诸语言的固有词之间还具有许多错综复杂的差异：（1）亲属语言里保留着中世纪蒙古语里曾经使用过而现代蒙古语里已经不再使用的一些古老的语词；（2）亲属语言里某些词还保留着蒙古语古老的读法；（3）拿亲属语言的某些词同蒙古语相比，可以发现有增音和减音现象；（4）语音转化；（5）语音换位；（6）词义变化；（7）词合流；（8）词分化；（9）词分工；（10）词复合。

蒙古语族语言中的音势结构 清格尔泰撰，载《民族语文》1989年第1期。

蒙古语族语言的辅音根据发音时气流的强弱分为强、中、弱三类。在一个词里，第一音节首的辅音和第二音节首的辅音之间，在强弱的配置上有一定规律。这些内容虽然在一些著作中点点滴滴介绍过，但没有作为规律阐述过。作者首先在蒙古语的书面语、巴林土语、察哈尔土语之间进行了比较，指出巴林土语的强—强结构对应于察哈尔土语的中—强结构。在蒙古语与土语之间进行比较，蒙古语的强—强型和土族语的强—中型相对应。两者的关系正好相反。其他结构都是一致的。作者认为，音势结构规律是语言发音趋势、发音习惯逐渐演变的结果。学术上的意义在于不能不考虑音势结构规律而孤立地、个别地去研究有关辅音的对应关系。这就对语言的历史比较研究提出了一个具有创见的问题。

蒙古诸语言的"*i 的转变" 服部四郎撰，载《民族语文研究情报资料集》，中国社会科学院民族所语言室，1984年第3期。

本文探讨了蒙古诸语言的"＊i 的转变"问题。"＊i 的转变"是指，第一音节的＊i 在后续音节元音的影响下被同化。栗林均氏围绕这一现象，曾发表了一系列论文，其贡献是：（1）在对蒙古书面语和蒙古人民共和国的蒙古语（即喀尔喀方言）广泛进行比较的基础上，弄清了"在第二音节＊a 或＊u 时"，把诸前辈学者单纯地当作"＊i 的转变"的东西，应当分为"不完全转变"和"完全转变"的两类问题。（2）进而把有关的词例尽可能都收集起来加以研究，把它们归纳为"不完全转变"的例词和"完全转变"的例词两类。栗林均氏认为，"完全转变"在时代上反映了较古的语音演变，而"不完全转变"则反映了稍晚时代的语音变化。但他没有说明为什么会产生这种差异。对此，作者通过对鄂尔多斯语中的例子、构拟的祖语形式、《元朝秘史》和《华夷译语》的语音状态的分析，认为这些差异是由于语音、音韵条件的差异而产生的。

《蒙古字韵》单字校勘补正　忌浮撰，载《民族语文》1994 年第 2 期。

本文讨论的《蒙古字韵》校勘内容，限于单字，不涉及标注的八思巴文。用《新刊韵略》去校订《蒙古字韵》的单字，势如破竹，比用《韵会》直截了当得多了。事实上，照那斯图、杨耐思和花登正宏三位师友的校订，绝大多数是正确的。不过，他们行文不得不绕弯子。如果墨守《韵会》，有时还会出现下面两种现象：一是已知某字误，二是用《韵会》强引校订，结果未必准确。作者不揣冒昧，就师友们校勘中出现的两种现象，试做一些讨论，就教于师友和同好。共校 26 条。此外，三位师友失校之处尚有多处。作者曾做补遗，得二百余条，以《〈蒙古字韵〉校勘补遗》为题，发表在《内蒙古大学学报》1992 年第 3 期上。

蒙古族族称 < monggol > 考　芒·牧林撰，载《蒙古语言文学》（蒙文，1995 年第 1 期）和《内蒙古社会科学》（汉文版，1994 年第 3 期）。

关于蒙古族族称 < monggol > 一词的来源，经众人多年的考释，始终停留在从现代蒙古语范围内寻找对应词。作者认为它是由人称代词"man"的原始形式构成的名称。作者认为 < monggol > 一称与蒙古族的历史源流同时起用，而由氏族部落名称演化为民族祖先名称，已有绵延数千年的历史。它是源于蒙古人种人称代词"我"（man）的复数形式，即"mangud"（转化为 monggol）——"我们"，汉籍文献音译作"蛮""北蛮""莽汗"（山）、"莫纳"（山）和"蒙古"等的原始蒙古语名称。

蒙汉语词根对照　乌力吉布仁撰，载《内蒙古语言学会第二次学术讨论会论文集》，内蒙古教育出版社，1996 年。

通过探讨，作者发现古蒙古语词根与古汉语某些词或词根在语音、语义各方面是能够对应或基本能够对应的。作者在文中举了很多例子来论述以上的观点，这些例子有"日""< 牛市 >""仆""备""吠""峰""头"（发现了蒙古语名词复数形式"-d"也与汉语虚词"头"对应）、"兑""后""犊""径""盍""合""气""食"，等等，并说明如此的对应关系在蒙汉语语料中远远多于所举的例子，据初步统计有近千条。可以作出推断：某些古汉语词或词根与蒙古语词或词根渊源关系相同。不过，要让人心悦诚服地接受这一说法，还需要做出大量的语料和细致的研究。这些词语的对应关系，都是十分有意义的现象。至少它们可以说明的一点是，蒙古语与汉语在数千年之前就已经有着密不可分的关系了。

蒙汉语语序比较　云晓撰，载《内蒙古民族师范学院学报》1988 年第 2 期。

（1）蒙汉语的基本语序。汉语句子的基本语序一般是"主—谓—宾"的格式。定语、状语和补语分别在主、宾、谓的前面和后面。蒙古语的基本语序是"主—宾—谓"。定语和状语分别在主、宾和谓语的前面。（2）汉语的"谓宾"语序在蒙古语中的主要表示方法：相当于"宾谓"、"主谓"、"状谓"。但是，汉语的"是"作谓语，形成"谓宾"语序译成蒙古语时，蒙汉语的语序却是一致的。（3）汉语的"谓补"语序在蒙古语中的主要表示方法：相当于"谓语"、"状谓"和"主谓"。（4）汉语的"谓补宾"语序在蒙古语中的主要表示方法：相当于"宾谓"。（5）汉语的"谓宾"语序在蒙古语中的主要表示方法：相当于"宾谓"、"宾状谓"。（6）汉语的"谓补宾补"语序在蒙古语中的主要表示方法：相当于"状谓"和"主谓"。

《蒙语老乞大》叙略 道布撰，载《民族语文论文集》，中央民族学院出版社，1993年。

《蒙语老乞大》是以汉语《老乞大》为蓝本，略加删节翻译成蒙古语的。《蒙语老乞大》的第一个木刻本是李最大于1741年刊印的；第二个木刻本是李亿成于1776年修订的；第三个木刻本是方孝彦于1790年刊印的。《蒙语老乞大》共8卷，176页，1200余句。每页蒙古文7行。每行蒙古文的右侧用朝鲜训民正音字母（又称谚文）逐字注音。每句蒙古语下面有朝鲜语译文。朝鲜语译文排成双行，用训民正音字母书写，但夹用少量汉字。全书由60余个自然段组成。每段各有一个主题。对照汉、蒙两种文本的《老乞大》可以看出，《蒙语老乞大》删去了汉文本的若干语句，主要是一些物品名称、亲属称谓之类的名词，以及少量在上下文中起衔接作用的关联词语。从语文学角度看，《蒙语老乞大》的突出特点是蒙古文写法的口语化。这部著作还把许多语法形式的写法也口语化了。

蒙语名词变格在汉语中的表现形式 额·萨仁撰，载《内蒙古民族师院学报》1994年第4期。

（1）蒙语的"名词变格"在汉语里的表现形式。在词组和句子中，蒙语的名词总是以某种"格"的形式出现，表示名词和其他词之间的语法关系，并且反映该名词在词组和句子中的作用。蒙古语的名词共有主格、所属格、把字格、给在格、用让格、由从格和共有格7种格形式。蒙古语名词的格在汉语中通过不同的语法形式来表示。（2）蒙语"名词变格"与汉语的内在联系。主格形式可以与汉语的施事主语、受事主语等进行对比，也可以与汉语的"从性质、状态方面被谓语加以描述、判断和说明"的主语进行对比。其他六格同样可与汉语相应的句法关系进行对比。作者认为，汉语的主谓关系在蒙语里可以通过"主格"体现，具有所属关系的定语和中心词通过"所属格"相连，直接宾语和谓语的关系通过"把字格"体现，间接宾语和谓语的关系通过"给在格、用让格、由从格"或"共有格"体现，状语和谓语的关系通过"给在格、用让格、由从格"体现。

蒙元时期宫廷文书的印章文字 照那斯图撰，载《民族语文》1997年第3期。

我们这里所说的蒙元时期宫廷文书主要指以蒙古文书写的皇帝圣旨、皇太后懿旨、诸王令旨和帝师法旨。留传至今的原始文献或碑刻表明，这些宫廷文书都盖有相应的印章。这些印章的文字有汉文、回鹘式蒙古文和八思巴文三种。这三种文字的使用时间和场合不同。回鹘式蒙古文印只见于蒙古贵由汗1246年文书，这是历史上最早的蒙古文印，也是迄今所发现蒙元时期的唯一的蒙古文御玺。在整个蒙元时期，汉字九叠篆和译写汉语的八思巴字九叠篆，是官印文字的主要文种，两者并存，相辅相成，分别在不同范围内使用：元朝皇帝和皇太后印一直使用汉文，伊尔汗国几代汗印也用汉文；帝师和国师印一律用八思巴字；诸王印或是汉文，或是八思巴文；从中书省到地方各种官署的官职印，除少数为汉字外，以八思巴字译写汉语者占绝大多数。

孟—高棉语人称代词的形态特征　陈国庆撰，载《民族语文》2005年第5期。

孟—高棉语包括佤语、布朗语、德昂语、克木语、克蔑语、布兴语。本文对现代孟—高棉诸语言人称代词的形式进行分析，指出其形态变化的语法手段主要是语音屈折，有人称、数、性等语法范畴。第一节，孟—高棉语人称代词形态变化的语法手段。第二节，孟—高棉语人称代词形态变化的历史来源。

弥勒彝族民歌的分类及韵律特色　龙珊撰，载《云南民族语言文学论文集》，云南民族出版社，1990年。

彝族人能歌善舞，彝族民歌丰富多彩，本文以弥勒彝族民歌为例，介绍彝族民歌的分类及其韵律特色。彝族民歌由于各具地方特色，不易分类，但大体上仍可分为叙事歌、山歌、情歌、舞蹈歌、儿歌五大类，各类民歌各具特点，独树一帜。彝族民歌不仅内容丰富，而且在运用声、韵、调和语法结构中由于受彝语特点的影响，其格律也带上了鲜明的民族特点。从结构形体上看，民歌的段数无严格限制，主要有一段体、三段体和多段体。句数多为四、六、八句，句子以五言为主，兼有三、六、七言等。其押韵规则有别于汉族民歌，押韵情况比较复杂，正是这种情况，形成了弥勒彝族先民歌的独特风格。本文对弥勒彝族民歌的分析研究，旨在让广大读者了解弥勒彝族民歌的分类与韵律特色，领略其独特的艺术魅力；由于民歌中沉淀有一个民族的传统文化、发展历史、风土人情等内容，因此对弥勒彝族民歌的研究，也有助于我们全面认识、了解彝族。

米必苏语初探　李永燧撰，载《民族语文》1991年第2期。

本文简要介绍米必苏语语音、词汇和语法特点，并和亲属语言作初步比较。米必苏语主要分布在云南省勐海、澜沧等地，自称 mbi^{31} su$^{55-22}$ "米必苏"。人口约有6000人，泰、缅等国境内也有分布。作者以勐海老品寨话描写了米必苏语的声母（31个）、韵母（58个）和声调（3个，另有变调和借调），介绍了构词法。语法方面，简要介绍名词、动词、代词等几个主要词类和句子结构的基本特点。米必苏语属彝语支。与缅彝语群其他语言比较，米必苏语一个突出的特点是有带鼻冠音的浊塞音声母，分别与其他语言的鼻音声母对应。单纯浊音声母已消失。有少量带辅音韵尾的韵母。词汇上，与缅彝语群其他语言同源的分别在25%～36%之间。米必苏语词语用例约270例，用以比较的彝、缅、藏、傣等词语数十例。本文首次描写国内米必苏语（或称米苏、毕苏语）。

勉语全浊声母与阴类调　郑宗泽撰，载广西瑶族研究学会编《瑶族研究论文集》。

本文6000字，根据瑶族勉语浊塞音和浊塞擦音声母与阴类调相结合的情况，指出这是来源于古苗瑶语的鼻冠音清塞音和清塞擦音声类，所以其声调属阴类调。但它们之所以读作浊音是受鼻冠音的影响所致。这一过程完成后，鼻冠音逐渐消失，剩下浊塞音和浊塞擦音，声调没有变化，它们仍然出现在阴类调上，所以形成了现在浊塞音和浊塞擦音声母出现在阴类调上的特殊现象。

勉语中的壮侗语借词　赵敏兰撰，载《汉藏语学报》2008年第2期。

苗瑶语研究专家均认为勉语中的借词主要来自汉语，也不否认有来自壮侗语的借词，但对后者研究甚少。通过比较研究，该文发现了一批前人没有注意到的壮侗语借词，其中源自动词的借词为多（61个），其次为源自名词和形容词的借词（分别为36个和14个）。对勉语中壮侗语借词的分析研究，拓展了学界对壮侗语勉语接触的认识，同时也有助于推动原始苗瑶语构拟工作的开展。

缅甸语中的弱化音节 汪大年撰，载《东方研究论文集》，北京大学出版社，1987 年。

文章全面讨论了缅甸语中的弱化音节现象。缅甸语的弱化音节包括三方面内容：（1）除少数送气音外，其他辅音作声母时都变浊，实际音高变弱；（2）韵母（包括单元音或复合元音）都变成央元音；（3）都变成轻声调。但弱化音节与声母和声调关系不大，只与韵母密切相关。另外，弱化现象还与词的内部结构、词义以及词与词的语法关系有关。

缅甸语弱化音节的作用是：（1）语音的简化作用，这是语言的共性；（2）弱化音节的构词作用，例如动词部分音节弱化变为名词；（3）语法作用，如疑问句中问时间、人物或数量时疑问代词都弱化；（4）弱化是音节合并的前提，也是历史上辅音韵尾产生的一个条件。作者认为从弱化音节的产生和变化现象中可以看到缅甸语音的历史演变的一个侧面。

缅彝语的结构助词 戴庆厦撰，载《语言研究》1989 年第 2 期。

文章讨论缅彝语结构助词的基本特点和来源。缅彝语的结构助词数量不多，一般在 10 个左右。结构助词在缅彝语里自成一个独立的系统，其中各个助词在组织句法中各自分担不同的作用。在语音形式上，结构助词大多是单音节的，具有稳定特点的固定音节。其功能是指明各类实词在句中充当什么成分，以及同别的实词共同组成什么结构。从用途上缅彝语结构助词大致可分五类：主语助词、宾语助词、定语助词、状语助词和补语助词。缅彝语的结构助词是后起的，大多是在古藏缅语分化为不同的语支后才逐渐出现的。所以缅彝语诸语言结构助词大多是不同源的。藏缅语语法的普遍现象是形态变化丰富的，结构助词不丰富；形态变化不丰富的，结构助词则丰富。这种现象使我们联想到结构助词的产生、发展与形态变化存在特点的承接关系。一种可能的推论是：缅彝语的结构助词是随着形态变化的简化、脱落而逐渐产生与发展的，是以一种新的语法形式与语法手段代替原有的形态变化。

缅彝语调类：历史比较法的运用 李永燧撰，载《民族语文》1996 年第 5 期。

缅彝语声调的起源和发展变化受声母的清浊、送气不送气，以及韵母元音的长短、松紧、辅音韵尾的制约。声调不宜简单地看待其对应关系，还必须历史地联系声母和韵母的状况才能找出其发展变化的规律，缅彝语调类的科学概念才能建立起来。该文结合比较法对缅彝语四个祖调及其子调和次子调进行了解释，并描述其在 20 多种语言或方言中的反映形式。作者的观点是，原始藏缅语没有声调，它的一个支流发展到缅彝语阶段就有了声调，即原始缅彝语是一个有声调的语言。通过比较研究可以建立缅彝语调类系统。声母的清浊是制约缅彝语声调发展的一个因素，不是声调产生的原因。但辅音韵尾对声调的影响是显而易见的。古缅彝语四类辅音韵尾影响四个声调的产生。文末附缅彝语 24 个点声调对照一览表。

缅彝语几种音类的演变 徐世璇撰，载《民族语文》1991 年第 3 期。

论文分析探讨缅彝语言中几种重要音类的历史演变源流。论文采用历史比较法，通过几种缅彝语言中有关的语音对应规律，分别对缅彝共同语中的复辅音声类、小舌音声类、鼻音韵尾韵类追本溯源，寻求其原始形式和演变轨迹，认为缅彝共同语中基本辅音为双唇音和舌根音的复辅音声母分别有 *pl、*bl、*ml 和 *kl、*gl、*ŋl 两大类，两大类都各自经历过合流的过程，最终由 pj、bj、mj、kj、gj、ngj 分化为现在的 p、b、m、k、g、ŋ 和 tɕ、dʑ、ɲ 三类声母；缅彝共同语中的小舌音两套声母；缅彝共同语的鼻音韵尾韵类在演变过程中通过类化、脱落和鼻化等途径逐步简化为单元音韵母。论文以哈尼语木达话和缅文反映的早期缅语为主要例证，分别用例 70 例；载瓦语、阿昌语、怒语、基诺语、彝语、拉祜语、傈僳语、纳西语各自引用 50 例左右。

缅彝语：一种声调祖语 李永燧撰，载《民族语文》2008 年第 3 期。

文章论述缅彝语是原始藏缅语分流发展成为声调语言的一个语支。其声调起源与音节尾音相联系。缅彝语源于藏缅语音节末尾的语音，经过长时期的历史演变，逐渐形成自己的平气音-ø，送气音-h，煞气音-ʔ，以及塞音-p、-t、-k 和擦音-s 等 4 类音节尾音。这些音节尾音在古缅语碑文中有所反映，并与后来的声调有对应关系。古碑文提供了拟测缅彝语声调起源的线索。这 4 类音节尾音的消失和功能转换，形成 A、B、C、D 四个祖调，组成共同缅彝语声调系统。声调的发展，有的语言因古声母的清浊分出阴调和阳调，有的语言因入声韵母元音的长短分出长入调和短入调，有的语言兼有这两种声调分化的形式。因古清声母或浊声母的送气音影响，有阴阳调转换而产生阴阳调同现的特殊现象，见于同一音类或语言间的对应关系。声调语言必定在声调上反映自己的亲缘关系。缅彝语调类原则可以区分是否本语支语言。不入缅彝语调类规律的声调语言（如白语、土家语）和其他非声调语言，不属缅彝语支语言。藏缅语言的谱系分类宜参考声调原则。缅彝语既然是一种声调祖语并分出多个语言，它作为藏缅语族中一个独立的语支——缅彝语支就有了理由。我们说的缅语（分）支和彝语（分）支，是指缅彝语这个语支的分支，与一些人的说法有所不同。

缅彝语言入声研究 李永燧撰，载《中国语言学报》1995 年卷五。

本文探讨缅彝语言入声的来源及其发展变化的规律。缅彝语入声的特点，除收塞音-p、-t、-k 的字外，还有收擦音-s 的。这些韵尾从古藏缅语演变来，形成缅彝语的入声，它在声调系统中有着自己独特的地位。入声的反映形式：表现为一个声调，同时带有塞尾（或紧音），如仰光、阿昌、怒苏；入声一分为二，有载瓦和哈尼两个基本类型。前者因古声母清浊声调分高低，后者声调的高低与声母的清浊无关。有的语言如纳西、基诺、米必苏入声消失或基本消失了。根据入声的各种反映形式进行讨论：（1）提出阴阳入声假说，如哈尼、彝、傈僳、拉祜、基诺、米必苏等语言所反映。（2）入声发展的阶段性大致为 c（塞尾）—ʔ（整合为喉塞音）—v（紧元音）以至消失。从调值看哈尼、彝、傈僳、拉祜、纳西、基诺、米必苏等 10 种语言入声字的例证。

缅彝语言塞擦音声母初探 徐世璇撰，载《民族语文》1995 年第 3 期。

论文对缅彝语言中塞擦音声母系统的共时特点和历时演变源流进行分析，认为现代缅彝语言塞擦音声母的整体格局是语音历时演变的结果。论文严格遵循历史比较法的原则找出同源词对应规律，由此论证塞擦音声母系统演变发展的三条主要线索：一部分同藏缅语塞擦音有明显的源流关系，是早期塞擦音声母的留存；一部分塞擦音在演变过程中同擦音具有密切的关系；绝大部分塞擦音来源于复辅音，是复辅音声母逐步简化的最后形式。缅彝语言塞擦音声母的共时面貌同历时演变之间存在着有机的联系，现代塞擦音声母主要由舌尖前音和舌面音两部分组成，其中舌尖前音主要同早期的塞擦音相对应，而舌面塞擦音，包括舌面前、舌面中和舌叶音大都来源于复辅音。

缅彝语言声调比较研究 李永燧撰，载《民族语文》1992 年第 6 期。

本文对缅彝语 10 多种语言的声调进行比较研究，探讨缅彝语的声调系统及其源流。文章首先考察本语群声调分布的大致情形，原有语词一般有三四个声调，但也有多至五六个的，七个以上的极少见。进行比较时要考虑到归纳调位方法的多能性，以便能客观地对待语言间的声调对应关系。比较的程序，先把所有的声调区分为舒松和紧促两大类，然后再分成若干小类进行比较。从宏观上把握并进行粗线条比较分析，可把声调和其对应关系区分为四类，并可提出古有 A、B、C、D 四声的假说。四声因声母的清浊和元音长短以及辅音韵尾的制约发生分化。通过与缅甸古碑文的比较，探讨了缅彝语声调的起源。作者根据所建立的调类进行归类。缅、彝等 17 种语言或方言的例字约 380 字。本文为建立缅彝语调类提供了一个方案。

缅彝语言体范畴研究　徐世璇撰，载《中国语言学报》2001 年第 10 期。

在缅彝语言的研究中，对于体（aspect）这一动词范畴的描写和探讨极为有限。可是实际存在的语言事实表明，缅彝语言中不仅存在着表示体的语法范畴，而且在体的表现形式、构成特点、形成演变过程等方面，都具有自己的特点，这些特点是由分析型语言通过词序和虚词共同表示语法意义这一基本性质决定的，它体现了一些实词在性质和功能发生虚化、逐渐转化为语法成分，并且最终形成语法范畴的过程中，具有普遍意义的一些规律。

论文通过彝语、傈僳语、拉祜语、基诺语、怒苏语、毕苏语、纳西语、缅语、阿昌语等多种语言的综合分析，分别从体的表现形式、体的复合、体的类别等共时特点，和体标记的来源、历史来源同体的类别和构成的内在联系等方面进行剖析，提出缅彝语言的体存在着动貌和情貌两种不同的类别，两种类别的体可以复合，形成体范畴的复合功能和多种层次。这种共时特点是由体范畴的历史性质决定的，分别来源于动词语法化和语法成分的两类体标记，其性质、功能和在句中的语序不同，经过长期的演变，在共同组成表示体范畴语法意义的同时，仍然保留了各自的内在潜质，使缅彝语言的体范畴具有类别差异和复合功能的特点。

缅彝语语素比较研究　李永燧撰，载《民族语文》1994 年第 3 期。

本文采取语素比较的方式探讨缅彝语词汇的同源关系。文章首先讨论比较法，认为选择语素为比较单位，实际操作和确认同源关系都有方便之处，优胜于以词或词根为单位的比较。作者拿 800 个左右的语素在缅、彝等 12 种语言间两两进行比较。缅彝语群内部，同源语素占比较语素总数的 20%～48%。缅语支内部同源语素在 30%～40%。彝语支内部一般在 25%～35%，但南部的哈尼、米必苏、桑孔等语言同源的多些，最多的达 48%。纳西语与其他语言同源的比率最低。根据同源语素在词中的结构功能及其在语言或方言间的对应关系，其分布形式有自由分布、条件分布和综合分布三类。同源语素有共同来源的语素义，但同源语素的不同分布形式往往反映语素义在不同语言或方言中的差异，有扩大、缩小、引申和转移等历史演变。缅、彝等 12 种语言用例约 120 例。缅彝语语素专题比较研究，本文尚属首次。

缅彝语支初探　盖兴之撰，载《民族学报》1982 年第 2 期。

本文围绕景颇语支、缅语支、彝语支为缅彝语支的立论分五部分进行说明论证。重点有四：一是景颇语的系属；二是白语的系属；三是缅彝语支语言的结构特征；四是语音对应规律是汉藏语言系属分类的基础。论文首先以语音对应作为分析问题的出发点，并以缅彝语言的舌根音、舌尖音、双唇音三类声母转换规律解释白语、景颇语语音演变的事实。分析了关于白语系属分类的九种意见，详细地解释景颇语、白语归属缅彝语支的条件。同时辩驳了英国人戴维斯白语属孟吉蔑语系，美国人白保罗教授白语属澳泰语系、景颇语为藏缅语族中心语言的观点。其次还着重进行了景颇语、白语与缅彝语言的语法比较，涉及形态、语序、主次等方面。再是根据音韵和意义的对应，列举了景颇语、白语与缅彝语言的同源词100例。

缅语词"乌底巴udi-bhva"的白语训读

段炳昌撰，载《民族语文》1992年第4期。

缅语"乌底巴"一词，法国汉学家伯希和记为udi-bhva。关于这个词的来源和意义，有不同的说法。第一种说法，伯希和认为udi-bhva是日东王之意，是源于印度的名号。第二种说法认为udi-bhva指汉武帝。第三种说法，"乌底巴"缅语的意思是"同蛋所生"，也就是"同母所生"。作者认为缅语中的"乌底巴"是来源于白语的一个借词，意思是"皇帝"，而且指的就是南诏大理国的皇帝。白语的读音与"乌底巴"的读音基本一致，每个音节都有明显的对应关系，可明确地解释"乌底巴"的意思。南诏王的称号在缅语中往往与指"中国"的"乾陀罗逻阇"并用。"乾陀罗逻阇"即南诏大理国。南诏大理国曾对缅甸一带有过重大影响，因而这个词传到了缅甸。综上所述，我们说缅语"乌底巴"是个借词，最有可能于大理国段思廉时期传入缅甸。

缅语中的藏缅语对应词辨析

计莲芳撰，载《民族语文》1992年第4期。

近年来我国学术界对藏缅语的研究有很大进展。20世纪90年代初出版的《藏缅语语音和词汇》与《藏缅语族语言词汇》为研究藏缅语词汇提供了极好的素材。其中缅语大多数词与其他藏缅语是对应的。但也有个别词可能不对应，有的词素在现代缅语中只起搭配作用，却在亲属语言中作为主要词素保留或部分地保留了原义。亲属语言中的基本词汇是否对应是研究同源关系的关键。本文所提供的缅语词汇只从语音、词形的相近论其亲疏。但可为词义的历史演变和同源关系的识别提供参考。从列出的10组词汇中可见某些缅语词汇与亲属语言在语音和词义上的分化现象。一些较老的缅语词渐渐被一些新词所替代。这些新词的产生有的是由于外来影响，有的是由于其自身发展变化的结果。从仍保留下来的某些语音中可发现不少是亲属语言的同源词，对探索语言的亲缘关系和历史演变有一定参考价值。

苗汉"形后名"序列同形异构说

罗安源撰，载《民族语文论文集》，中央民族学院出版社，1993年。

序列指在词语搭配中词类或句法成分的线性排列，即词类或句法成分在语句中所占的位置。苗语和汉语都有一类"形后名"序列。汉语的"形后名"序列，是"形容词定语→名词被定语"序列，如"红布"，或"形容词述语→名词宾语"序列，如"红眼""黑心"。苗语的"形后名"序列，通常是"谓语→主语"序列。对苗语"形后名"序列的内部结构关系，有三种看法，即"被补语→补语"说、"支配语→被支配语"说和"前谓语→后主语"说。文章比较了古汉语形容词活用的情况，认为苗语"形后名"的"形后名宾"和"形后名补"说都不够完善。"形后名"在苗语里作谓语时，功能和汉语的主谓谓语相似，可称为"谓主谓语""谓主结构"的提法，符合苗语使用者的语感。"什么情况出自什么事物"，因此是成立的。

苗汉定语的比较

李志慧撰，载《中央民族学院学报》1986年第1期。

本文对苗汉语定语做一比较。苗语和汉语的定语可分为两类。一类以名词为中心词的，另一类以量词为中心词的。（1）以名词为中心词的定语，又分一般性定语、领属性定语和同一性定语。一般性定语，作定语的有数量词、指示词、时间名词、处所词、形容词或其他词类。领属性定语，作定语的只能是名词或代词。同一性定语，定语和中心词之间是"同一关系"。（2）以量词为中心词的定语，作定语的有数词、指示词、序数词。苗汉两种语言的定语，从对比的例子看出，苗语用于定语的结构助词 nang^{42} 与汉语"的"字有许多相似点。但苗语定语的一些格式受汉语影响。定语和中心词的位置有较大差别。汉语定语在中心词前，苗语定语有前定语、后定语、前后定语三个类型。后置定语是苗语的一个重要特点，是汉语所没有的。苗语中心词同时有前定语和后定语，都和汉语前定语对应。古汉语的数量词可以是后置定语，这是苗语所没有的。苗语形容词和动词作名词的后定语和主谓结构同形。可用语尾助词鉴别这类同形结构。

苗汉构词法初步比较 张永祥、曹翠云撰，载《民族语文研究》，四川民族出版社，1983年。

文章以黔东方言的贵州凯里县养蒿苗语为依据，将苗语构词法和汉语普通话做一初步比较研究。单音节和多音节单纯词在苗、汉语言中数目最多。合成词由两个以上词素构成，包括基本成分和基本成分构成，基本成分与附加成分构成，苗汉语都能形成联合式、修饰式等格式，构成的词有名词、谓词、指示词等。由附加成分和基本成分构成的，苗语主要带前加成分（词头），汉语既有带前加成分的，也有带后加成分的。苗语前加成分一般不能脱落，但当名词作宾语或被修饰时，部分词头省略。汉语合成词中更多的带词尾。苗语和汉语的构词法都是多种多样的。它们既有共同点，也有不同点，有必要深入研究。

苗汉同源字谱 陈其光撰，载《汉语与少数民族语言关系研究》，中央民族学院出版社，1990年。

汉语与苗语的同源字，经张琨、陈其光、李永燧、王辅世等人撰文探讨，共辨认出了129个。辨认苗汉同源字有三方面的困难：（1）语义方面。有的字义有所改变，有的内涵变浅或加深，等等。（2）语音方面。有的方言有复辅音声母，有的没有。有的保存了鼻音，有的没有。在汉语里，不论阳调阴调，一般都失去了鼻音，保存了口音。（3）理论方面。同源字和古借字缺少区分的标准。作者经过进一步比较，又辨认出了一百多个同源字。本文将新认出的和以前诸家认出的同源字统一编成字谱。字谱分三部分：字义对照表、声母对应表、韵母对应表。本文只载第一部分。字义对照表中每组同源字除序码外，一般分四栏。第一栏为汉字的上古音，然后列汉字。第二栏列苗语黔东方言养蒿话的现代读音、苗语汉义。第三栏列苗语湘西方言腊乙坪话的现代读音、苗语汉义。第四栏列苗语川黔滇方言大南山话的现代读音、苗语汉义。

苗汉补语比较 李志慧撰，载《中央民族学院学报》1987年第5期。

本文以贵州庐山舟溪乡苗话为依据，对苗汉两种语言的补语做一比较。"前状后补"是汉语语法学的一条通用的法则。苗语也可以运用这个法则。也就是说，补语在句子中的位置，苗汉语是一致的。说明行为的动作或事物变化的时间和空间时，汉语用补语表示，苗语则用状语表示。动词和形容词带补语组成动补结构和形补结构。动补结构：苗汉语的动词形容词、趋向动词或数量词可直接作动词的补语。动词形容词作补语，带宾语时，苗汉语位置不一样。苗语宾语可变位，汉语则可以变为"把字句"把宾语放在动词、形容词前。趋向动词作补语，带宾语时，汉语是宾语放在趋向动词前，苗语用连动式表示。形补结构：苗汉语的副词、动词和形容词可作形容词的补语。汉语的数量词也可作补语，苗语的数量词只能作状语。苗语名词用在形容词后边，补充说明有关性状产生的原因，这是苗语形补结构的一个特点。苗语的补语及有带结构助词的格式，汉语则可分带"得"和不带"得"两类。汉语介宾结构可作补语，苗语是宾语或状语。

苗汉语"相"字的用法——兼释《孔雀东南飞》的"相"字
张永祥、曹翠云撰,载《中央民族学院学报·语言文学增刊3》1986年第3期。

本文用对比的方法,对苗汉语"相"字的用法作了探讨。黔东苗语当"相"讲的 cci^5 在现代苗语中是个副词,意为"互相"。当 cci^5 虚化成词头之后,它就失去了"互相"的含义。汉语古今"相"字用法和含义有些不同。现代汉语的"相"大体和苗语相同,但是古代汉语的"相"字不仅可以作副词(互相)和构词成分(词头)用,而且在很多时候是作人称代词用,用来指代第一、第二、第三人称。在词汇意义上,"相"比一般人称代词(第一人称的吾、我、卯、余、予、台、朕;第二人称的汝、若、乃、尔等)意义和用法要多,但在语法功能上,"相"不及上述代词的作用多,即"相"不能作句子中的主语和定语,只能作动词之前的宾语。随着时代的发展,古代汉语逐步消失宾语前置的现象,这个专作前置宾语用的"相"字,也就渐渐失去了它的指代作用,而只作副词和词头了。

苗汉语气情态的初步比较
许高翔撰,载《苗语文集》,贵州民族出版社,1993年。

语气是指话语根据交际目的的不同而表达出来的句子的不同口气,属语法范畴。汉语的语气一般包括陈述语气、疑问语气、祈使语气和感叹语气四种情态,以及因语气情态的不同所选用的不同句式、语调和语词。黔东苗语也存在上述四种语气情态,但在句式、语调和语词的选用上自有特点。汉语常用陈述句式、疑问句式、祈使句式和感叹句式分别表达与之相对应的语气情态。这一点黔东苗语和汉语基本相同。汉语用升调表示疑问,用降调表示其余三种语气情态。而黔东苗语的语调和语气情态没有直接联系,句子的语调取决于语句最后一个音节的声调:如果语句最后一个音节为升调则该句语调为升调,如果最后一个音节是降调则全句语调用降调,如果是平调还得考虑前一个音节的声调。汉语与黔东苗语的语气助词大体是一致对应的。但汉语用"请、对、求"等动词表示祈使语气,黔东苗语全用 dlak(请)表示。

苗文中汉语借词的拼法问题
王辅世撰,载《中国语文》1957年第5期。

文章对苗文中汉语借词的拼写的两种意见——在苗文中用北京音拼写汉语借词;应当让各方言区的苗族用自己固有的音位拼写当地的汉语作了介绍。作者赞同后一种意见。理由:(1)苗语各方言中有许多古代汉语借词,这些词以往已变成苗族自己的词了。像苗语这样已经含有一部分几乎变作基本词汇的汉语借词的语言,在谈到汉语借词的拼法时,就不能从新借、旧借,新名词、旧名词上来区分而允许有两套拼写法存在。因这样做会给少数民族制造学习文字的困难。(2)从苗文方案和汉语拼音方案的正字法来看,也说明汉语借词不能用北京音拼。苗文方案规定每个音节都有标声调的字母,居于每个音节的最后。汉语拼音方案没有表示声调的字母。如果苗语借用汉语方案拼写北京音,那苗文就有两套正字法,学起来很麻烦。作者还指出苗语各方言的声调字母不是标调值的,而是按调类定的。作者体会到凡受汉语影响深借汉词多的民族语言,处理汉语借词都不能直接借北京话。否则就会把自己的音位系统打乱。

苗瑶民族的自称及其演变
石德富撰,载《民族语文》2004年第6期。

苗瑶民族的原始自称为 *mranA"人",汉文献记作"蛮",后来苗族和一些说苗语支语言瑶族的自称为 *mranA *mroA"穿透纹布的人,文明人"。使用勉语的瑶族和部分布努瑶仍沿用原始自称 *mranA 的现代反映形式,部分苗语支瑶族和黔东方言苗族仍然使用自称 *mranA *mroA 的反映形式,除了黔东方言,其他方言的苗族自称仅保留 *mroA 的反映形式，且语义发生了变化。学界有人把 *mranA 和 *mroA 相混淆，看成是一个同源词，文章指出了这种看法是错误的，应该看成是两个来源不同的语素或词。

苗瑶语鼻闭塞音声母的构拟问题　陈其光撰，载《民族语文》1998 年第 3 期。

广西金秀长垌乡龙华村的炯奈语跟苗语、布努语、巴哼语一样，有许多鼻闭塞音声母。这些声母在苗语里也是鼻闭塞音，对应很有规律，古音应构拟为鼻闭塞音。在苗瑶语里，鼻音变成口语的很少，而这些字的声母，现在绝大多数是口音，所以构拟的范围应进一步缩小为边音一类。多祝的声母表里没有边音，只有鼻音。古苗瑶语边音声母，在其他地方读作边音的，多祝都变成了鼻音。瑶语支许多方言都有浊闭塞音声母，但是没有鼻闭塞音声母，苗语、布努语、炯奈语里的鼻闭塞音声母一般反映为浊闭塞音声母。从龙华的舌面浊塞音（或鼻闭塞音）、多祝的鼻音、瑶语支方言的边音或浊闭塞音来看，都应构拟为连接续音中的边音一类，而不应构拟为闭塞音中的鼻闭塞音一类。其中的浊音字多数与汉语的"来、母、三"等字有同源关系。

苗瑶语鼻音韵尾的演变　陈其光撰，载《民族语文》1988 年第 6 期。

本文用 11 个点的材料来探讨苗瑶语鼻音韵尾的古代类型，可分为合并、合并分化、交错和消失 4 类，有 -m、-n、-ŋ 三个鼻音韵尾，现正趋于消失，一般是 -m 先并入 -n，-n 又并入 -ŋ，-ŋ 再转为元音的鼻化，最后消失。鼻音韵尾的转化与消失受内部和外部条件的制约。内部：（1）前高元音后的 -ŋ 变为 -n，后低元音的 -n 变为 -ŋ；（2）圆唇元音或圆唇辅音音节的 -n 和 -ŋ 易同化为 -m；（3）长元音和短元音的鼻音韵尾，长的变为 -n，脱落较早，较多，短的变为 -m 或 -ŋ，脱落较晚，较少。外部：分别受粤方言和侗台语（勉语有 -m、-n、-ŋ）、西南官话（苗语，布努语有 -n、-ŋ）、湘南土语（湘南勉语只有 -ŋ）、湘方言（湘西苗语有丰富的鼻化韵）、彝语（滇东北苗语没有鼻音韵尾）的包围或影响。本文论述了苗瑶语鼻音韵尾演变和消失过程。

苗瑶语的非分析形态及其类型学意义　李云兵撰，载《民族语文》2006 年第 2 期。

本文在归纳苗瑶诸非分析形态的基础上讨论其类型学上的意义：苗瑶诸语的重叠式、附加词缀形态结构类型与前置词的和谐，与领属定语前置于名词，形容词、指示词后置于名词，比较基准后置于形容词，关系从句后置于名词等参项和谐。全文分四节：一、语音的屈折变化；二、重叠；三、附加词缀；四、苗瑶语非分析形态的类型学意义。

苗瑶语的系属问题初探　王辅世撰，载《民族语文》1986 年第 1 期。

本文述评历年来国外有关苗瑶语系属问题的各种意见并用实际例证说明苗瑶语应属于汉藏语系。文章针对戴维斯确定苗瑶语系属的 35 个词一一加以评议，然后对白保罗的《澳台：语言文化》一书提出意见，尤其是对白氏的一个条目包括几个意义、语音有关联的词，一个词分见于几个条目，把各个条目中各种语言材料各取一点特征，摆在一起算是构拟古音的方法和汉语向澳台语借词，以后澳台语又借回的说法不能同意。作者列了一个词表，对 79 个苗瑶语与汉语读音非常相近的词，从语音对应上逐一作了分析，阐明是苗瑶语和汉语的同源词，不能简单地像白氏那样把它当作借词。文章认为除了有相当数量的同源词外，还应注意语音、语法、词汇在类型学上与汉语相同、相似的特征，这些共同的部分有助于说明苗瑶语和汉语同属于汉藏语系。本文从词汇上论证苗瑶语属于汉藏语系。

苗瑶语辅音前缀的音节化和实词化及其变体研究　李炳泽撰，载《中央民族大学学报》

1994 年第 5 期。

首先，苗瑶语的辅音前缀音节化和实词化在各语言、方言的反映。1. q-（事物的）部位、部分。这个前缀与名词结合，表示名词指称的事物是某一事物的某一部分。2. p-与此前缀结合的名词，都指突出部分，或成团状的东西。3. t-这个前缀与表示动作、植物等"有生命类"名词结合。4. ʂ-加在动词之前，表示"相互"的意义。5. tɕ-动词、形容词与这些前缀结合之后的意义多指"非一下子"就完成的动作、状态。6. k-与这个前缀结合的名词都指"虫类"。7. c-为方位、时间前缀。其次，前缀的变体。我们在苗瑶语中发现一些前缀除了正常的语音形式之外，还有少数属于正常语音形式之外的变体。这些变体可以分为"完全变体"和"零星变体"两种。完全变体指一个辅音前缀现在的音节语音形式与应该形成的形式不同；零星变体指一个辅音前缀在音节化过程中没有变成统一的形式，而与词根同化并凝固。

苗瑶语"母亲"源流考 石德富撰，载《民族语文》2010 年第 4 期。

现代苗瑶语承载"母亲"义主要有三个系列。*mripD"人、动植物之母"是原始形式，后来在一些语言或方言土语中分化为"人之母"和"动植物之母"，*mripD 的反映形式只承载其中之一，另外的意义则由另有来源的其他形式来承载。*maC 的本义为"母系社会里的世系"，但它的现代反映形式在一些苗瑶语的语言或方言土语中已转移来承载"母亲"义。后起的 *ʔmjaikD 原来只承载"动植物之母"义，后来又扩散到"母亲"义。

苗瑶语"妻"、"夫"源流考 石德富撰，载《语言科学》2011 年第 3 期。

该文从历史语言学和人类语言学的角度对苗瑶语中"丈夫"和"妻子"这两个亲属称谓的源流进行考察。该文发现在现代苗瑶语中承载"妻子"义和"丈夫"义的形式具有多源性、兼载性和共存性特点，进而认为在原始苗瑶语时期尚无现代意义上的"妻子"和"丈夫"概念。随着苗瑶民族及其各个支系分开了，他们各自的社会发展方向和程度存在差异，加之所接触的族群不同，致使各自的婚姻形式和家庭结构发生了变化，与之相应，亲属称谓系统也发生了变化。文章通过分析认为，是社会因素与语用因素一起导致了承载"妻子"义和"丈夫"义的形式产生了以上的特点。

苗瑶语前缀 陈其光撰，载《民族语文》1993 年第 1 期。

本文采用综合分析的方法对苗瑶语的前缀进行平面剖析。文章以 25 个方言点的材料作为分析的基础，前缀的声母都是塞音，比较多的是舌根 [k]、小舌 [q] 和声门 [ʔ] 音，其次是双唇 [p] 和舌尖中 [t] 音；韵母全是单元音，舌位多趋于中央；声调基本上是轻读，多是平调和降调，升调很少；带前缀的词都是实词，以名词为主，有些形容词、动词也带前缀。前缀的读音不太稳定，有的声母 p-b-m、韵母 e-ə、声调 33－44－22 都可以自由变读。作者认为前缀不仅作为某一类词的标志，同时还有区别词和词义的功能。前缀分布面与音位系统的繁简有密切的关系，往往是声、韵、调数量少的语言则带前缀的词多。随着语音的演变、阴阳调的分化、变调以及组词、造句等，前缀已逐渐趋于消失。本文着重阐明前缀的性质、作用和消失的因素。

苗瑶语入声的发展 陈其光撰，载《民族语文》1979 年第 1 期。

古苗瑶语的音节分为舒声、入声两类。舒声字的韵母对声调的发展没有影响，入声字的韵母与声调有密切的关系。苗语入声字无塞尾。苗瑶语入声字的对应有四种：（1）瑶语有塞音韵尾，苗语、瑶语都是入声；（2）瑶语无塞音韵尾，瑶语、苗语皆入声；（3）瑶语无塞音并为入声，苗语为去声；（4）瑶语无塞尾，有的方言为入声，有的为去声，苗语为去声。瑶语入声字韵母的长短引起声调的分化，特别是瑶语金门方言，阴入字因古声母的全清、次清分两个调，又因韵母的长短各分两个调，阳入字因韵母的长短分两个调，故入声字有6个调值。瑶语有的方言因塞尾和元音长短对立的消失，长、短入合并，声调亦不作区别，这类入声字称中入。

苗瑶语声调问题 李云兵撰，载《语言暨语言学》第4卷第4期，2003年9月。

该文讨论苗瑶语声调的分化合并和裂变问题。声调分化分为线性和非线性两种。线性分化有四个层次。声调分化的原因有四种：古声母的清与浊；古声母的全清与次清；入声韵韵母元音长与短的对立；古声母鼻冠闭塞音与非鼻冠闭塞音性质的差异。声调合并的原因有两种：入声韵尾的全部消失，使整个入声调调类系统并入舒声调调类系统；入声韵韵尾脱落，特别是 *-k 的脱落，使入声调调类并入舒声调调类。声调裂变的原因有三种：连读变调及变调后名词前缀脱落，调类转移；连读变调及变调后名词前缀脱落，调类不转移，但声调区别词汇意义和词汇语法意义；句法结构和语义特征要求类推变读。苗瑶语声调的线性分化指整个系统按语音规律全部分化。苗瑶语声调的非线性分化，是由于声母的语音发音性质不同，分化出不同的声调。

苗瑶语藏缅语汉语的鼻冠塞音声母——是扩散的结果呢，还是发生学关系的证据呢？ 张谢蓓蒂、张琨撰，载《汉藏语系语言学论文选译》，中国社会科学院民族所语言室，1980年。

苗瑶语中鼻冠塞音的反映形式包括：鼻冠清的和浊的塞音，由鼻冠音和塞音合并而成的单纯的鼻音，与鼻冠清塞音相对应的浊塞音，以及在一些方言中看不出鼻冠音迹象的单纯的塞音。在藏缅语中达到塞音反映形式的基本类型为鼻冠清的和浊的塞音、鼻音、与清的鼻冠塞音相对应的浊塞音，以及零声母。最后的类型是南部羌语方言所特有的，可以有不同的解释。藏缅语又包括藏语、各种戎语、彝语支的语言以及西夏语和南部羌语。在这些不同的语言中，鼻冠塞音的具体反映形式是不同的，有各自的特点。在汉语中特别是古汉语中曾有过鼻冠塞音，古汉语既保留了这些塞音的鼻音和塞音合并的单纯鼻音的反映形式，也保留了这些塞音被前面的鼻音浊化了的浊塞音的反映形式。作者认为虽然他已经观察了苗瑶语、藏缅语和汉语中的鼻冠塞音的某些共同的发展，但还没有解决在词法分析和语言分类的相当基本的一些问题。

苗瑶语浊声母的演变 陈其光撰，载《语言研究》1985年第2期。

文章用15个点的语料比较后指出，古苗瑶语的声母系统由清浊两大类声母组成，声调系统由平、上、去、入4个声调组成。声母中的浊声母在现代方言里只有少数地方完整地保持着，多数地方已不同程度地清化，但清化的主要是塞音和塞擦音，鼻音、边音、擦音不清化。浊音清化时，从音节的声调类别观察，各调的实际音值往往不一样，有的完全变成了清音，有的仍是浊音，有的是清音带浊流。15个点的古浊声母中，平声字读清音的最多，其次入声，再次上声，去声最少。据此可以推断，浊声母清化是不同步的，最早清化的是平声字，其次入声，再次上声，去声最晚。文章还从调值的高低观察了它与声母清浊的关系。根据清声母产生高调，浊声母产生低调的一般原理，文章统计了91个点的调值。为了统计不同调型（平、升、降、曲）调值的高低，作者把一个调值的起始音高、终止音高、转折音高化为一个平均值，如55调是（5+5）÷2=5，35调是（3+5）÷2=4，51调是（5+1）÷2=3，214调是（2+1+4）÷

3＝2.33。统计结果是阳平最高（3.37），阳入次之（2.83），阳上第3（2.42），阳去最低（2.37）。这也反映平声字的浊声母最早清化，其次入声，再次上声，最后去声，与调类反映的清化顺序完全一致。用调值高低推断不同调类浊声母清化的先后是本文首创。

苗瑶语族特点概要 曹翠云撰，载《中国少数民族语言》1984年11月。

首先，苗瑶语族语言的特点：（1）苗瑶语族语言的音节一般由声母、韵母和声调构成。塞音和塞擦音都有送气和不送气之分，苗语黔东方言的清擦音也有送气和不送气之分（s、sh、ç、çh等）。除畲语外，鼻音和边音都有清浊之分（m̥、m、l̥、l）。（2）除勉语外，韵母较简单，鼻音韵尾只有n、ŋ。（3）一般有八个声调，入声字不论有无塞音韵尾，都有单独调值，声调和声母有制约关系，除苗语黔东方言外，有连读变调现象。（4）词根加附加成分构成新词时主要是前缀。（5）都有丰富的量词。（6）形容词作后定语。（7）人称代词表领有作前定语。（8）词序和虚词是表示语法意义的主要手段；语序为主—谓—宾。其次，苗语支语言（苗语和布努语）的共同特点：（1）除苗语黔东方言外有复辅音。（2）除布努语外有小舌音声母。（3）单音节词居多，四音格词语丰富。（4）数词有双数（我俩）。（5）量词可单独和名词等组合（个人）。（6）指示词、名词、动词和形容词作定语时，位置在中心语之后。最后，瑶语支语言（勉语和畲语）的共同特点：（1）无小舌音声母。（2）有塞音韵尾（-t、-k）。（3）构词成分有前缀和后缀。（4）基数词有两套（分固有和借入）。（5）有"第一、第二"之类的序数词。（6）指示词或指量结构作定语和名词作修饰性定语时，位置都在中心语之前。

苗瑶语族语言词汇研究综述 王远新撰，载《云南民族语文》1992年第3期。

苗瑶语族语言的调查研究始于19世纪末20世纪初。至20世纪40年代，著名语言学家赵元任、李方桂、张琨等运用描写语言学的方法，开展了苗瑶诸语言的科学调查研究，后来很多学者加以深入。总体来看，词汇研究是苗瑶语族语言结构研究中一个比较薄弱的环节。本文简要介绍了在构词法和四音格、族称、借词及特殊词语的研究方面所做的工作。关于瑶语构词法研究的论文主要有盘承乾、邓方贵的《瑶语构词法中的几个问题》；对苗语构词法研究的有王春德等，他的研究同时也涉及四音格问题。关于族称研究，使用苗瑶语族语言的苗、瑶、畲族是我国南方历史悠久的民族，在长期的历史发展过程中，由于种种原因，各自又分化出大小不同的支系，并逐渐形成了一些相同、相近或不同的自称。按各种不同自称的语音特点可归纳为"勉""布努""拉珈""优念"四大系统。关于借词及特殊词语是指向汉语借词和隐语。前者的研究已经深入，后者的研究才刚刚起步。

苗瑶语族语言的几种调变 陈其光撰，载《民族语文》1989年第5期。

文章对苗瑶语族语言的几种调变现象及原因进行了论述。在介绍了苗瑶语族声调的四种主要类型后，文章阐明调变不同于普通的类别不乱的声调分化、合并，也不同于变调，调变是指有声调的语言里一些字脱离原有的调类而转入另一调类。文章通过实例对比列举了7种调变情况：（1）全清鼻冠闭塞音字变阳调；（2）长入变去；（3）类推调变；（4）变调巩固为调变；（5）同音分化调变；（6）复辅音的不同分化引起调变；（7）适应语音组合规律调变。苗瑶语的调变虽然有多种类型，但文章认为它并不一定有普遍意义。调变这种比较特殊的语音演变现象，文章总结其成因或条件是声调在发展过程中，少数字受语音或语义的制约语音发生新的类化后形成的异化。文章对调变的原因或条件的揭示，有利于同源词的辨认和语音对应关系的寻找。

苗语（湘西方言）的"谓—主"结构

罗安源撰，载《语言研究》1983年第1期。

文章从句法结构上分析苗语（湘西方言）的谓—主结构。词序是汉藏语言的重要语法手段。苗语中主语和谓语的位置有：主—谓和谓—主两种。在谓—主结构中充当谓语的都是表示性质的形容词，主语则由名词或量词充当。与这种结构类似的有动宾结构、限制结构和偏正结构，应予区分。虽然形容词在名词之前，但形容词前有谓冠词 ma^{31}，使整个结构的性质改变成偏正结构。总之，如果是单独表示性质的形容词放在名词之前，则必定是谓—主结构，如果是带有前缀或谓冠词的形容词放在名词之前则不是谓—主结构。另外，苗语形容词+名词形式中，如果一部分表性质的形容词转为及物动词而带宾语，则视为动宾结构。

苗语补充调查中的新收获

王辅世撰，载《民族语文》1989年第2期。

文章是作者于1987年到贵州做苗语补充调查得到的新收获的总结。作者在对安顺市东郊的大山脚、西郊的汪家山，安顺县新场乡的长树，紫云县城关镇的团坡、盖排，平塘县甲桐乡的上林等村寨苗语材料的记录、分析、比较中，谈了以下6个新收获：（1）发现古苗语鼻冠闭塞音声类反映形式的新类型，即完全丢失鼻冠音的类型。同时指出划分苗语方言不应只根据语音特点，还应兼顾词汇异同及与其他方言使用人口数量对比关系。（2）发现过去认为属于舌尖中边音声类 *ʔl、*lh、*l 的字有的应当分别属于舌尖后边音声类长 *ʔl、*lh、*l。（3）增加了一个唇舌擦音声类 *wl。（4）把过去构拟为 *ʔr、*rh、*r 的三个舌尖后擦音声类改为构拟为 *ʔrw、*rwh、*rw 的唇舌擦音声类。（5）发现作"天"讲的字不是属于 *nd 声类的字。（6）古苗语有舌面后音声类 *c、*ch、*ɟ、*ŋc、*ŋch、*ŋɟ。

苗语川黔滇次方言的状词

李云兵撰，载《民族语文》1995年第4期。

苗语川黔滇次方言的动词、形容词后面经常附有一些音节，这些音节是一类特立的词，叫作状词。状词都在动词、形容词后面作修饰语。状词依音节结构分单音节和多音节两类。单音节状词根据它的声、韵、调与被它修饰的词的声、韵、调的关系，分随从型和非随从型。随从型又分随声、随韵、随调。多音节状词可分为同声多音节状词、同韵多音节状词、同调多音节状词和异音多音节状词。根据状词表达的词汇意义和语法意义，分为情貌状词、速度状词、声音状词、性状状词、颜色状词、气味状词、感觉状词。多音节状词有元音和谐，它以元音的舌位高低为依据（如果是复合元音韵母，和谐时以后一元音为准），居前的元音要比居后的元音舌位低或相同，这是一种广义的元音和谐。

苗语川黔滇方言的名词前加成分

李云兵撰，载《民族语文》1992年第3期。

苗语川黔滇次方言带前加成分的名词不多，但名词的前加成分却比较丰富。据统计有 pau^{43}、qa^{43}、a^{43}、to^{43}、qo^{43}、ko^{44}、so^{43}、khou^{43}、na^{24}、po^{31}、tou^{43}、qhua^{44}、ni^{33}、tsi^{21}、ku^{13} 等15个。文章逐一描写了它们的来源、用法及与名词词根构成复合词所表达的语义和感情色彩。经描写、分析认为，苗语川黔滇次方言的名词前加成分不同于西方语言的前加成分，西方语言的前加成分不能省略，苗语川黔滇方言的名词前加成分大部分可以省略，与其说前加成分是名词的标志，不如说是为加强意义和附加感情色彩的标志。

苗语川黔滇方言的指示词

张济民撰，载《贵州民族研究》1987年第4期。

本文就苗语川黔滇方言的指示词进行了探讨。作者依据苗语指示词数量多，分为不同特点的类别，又与方位词关系密切等特点把指示词作为一个独定的词类。方位词分位置和地形方位词两类。前者指的较空泛，后者指的较实在。一般指示词有 nad（这）——表示近指的，khed、id、ok（那）——表示远指的。地形指示词有 puat、dons（那）两个，它们都是远指。地形指示词与一般指示词在应用上有相同之点，也有不同之点。它们除"指示"的性质外，还具有表示"方位"的性质。nad 还具有时间名词的性质。khed 方位词性能更为明显。它能修饰量词，也能接受一般指示词的修饰。puat 和 dous 的方位词性能表示地势的高低。指示词的语法特点是它可以修饰方位词；一般指示词可以修饰量词，其位置都在方位词、量词后边。只有 puat 在方位词前。指示词的构词功能最普遍的是与表处所的名词构成方位词结构。文章还指出 cuat、nax、jenf（每）与指示词不同却与数词相同，故把它们列入数词类，其功能是代替数词。

苗语川黔滇方言的指示词 puat　杨勤盛撰，载《贵州民族语文研究集》，贵州民族出版社，1993 年。

指示词和方位词是苗语研究者分别针对不同方言土语提出的新词类。作为新词类，专家学者们对此研究得不多，对词类这个家族中个别成员的认识也不太清楚。本文对苗语川黔滇方言的指示词 puat 的具体用法作了分析。由于苗语川黔滇方言的指示词的分类至今还未求得一致，对 puat 的类别的归类也各不相同。（1）当它修饰地形方位词时，作地形指示词用。意义相当于现代汉语的"那"。（2）当它修饰一般方位词强调距离时，作距离指示词用，意义相当于现代汉语的"那"。（3）当它修饰由方位指示词和距离指示词构成的方位词结构时，作方位指示词用，意义仍相当于现代汉语的"那"。（4）当它由准量和指示词构成的量指结构时，用来指明那些被追述的人或事物，意义仍相当于现代汉语的"那"。（5）当它冠在地方名词之前时，它不仅指明了"那儿"，也暗指了"那儿"距说话人的距离。

苗语的情状量词初探　吴平撰，载《贵州民族研究》1983 年第 3 期。

本文就苗语的情状量词作初步探索。苗语情状量词有 $thong^8$、qei、go^2、mi^8、qai^3、lhu^4、ma^4、po^1"个"。它们具有相当浓烈的感情色彩和对某种状态的夸张。情状量词与普通个体量词有许多相同的用法。这些相同点使它们成为个体量词的一部分。（1）用于名词之前，表示名词的单数。（2）受数词的限制，位置中数词之后。（3）受指示词、动词、形容词及其他词组的限制，其位置在限制的词语之前。（4）与名词词头 $qa1$ 结合，变成名词。（5）重叠后表示"每一"的意思。情状量词的特点，主要表现在通用性或称灵活性上。苗语量词与名词的配搭使用，有一定的关系，一般是不能互换使用。但是情状量词多数都可以互相替换而表示单位的概念不变。不过情状量词这种灵活性只能适用于个体量词，而不能适用于群体量词、度衡量词和兼用量词。

苗语的形态及其语义语法范畴　李云兵撰，载《民族语文》2003 年第 3 期。

苗语诸方言的名词、代词、指示词、数词、量词、动词、形容词、状词往往有形态变化。变化的手段包括语音屈折、重叠和附加前加成分三种。全文分三节：第一，语音屈折形式及其语义语法范畴，见于量词、代词和指示词；第二，重叠形式及其语义语法范畴，见于名词、动词、形容词和状词；第三，附加前加成分的形态形式及其语义语法范畴，见于数词、量词、动词和形容词。

苗语方位词的归类问题　张济民撰，载《贵州民族研究》1998 年第 1 期。

方位词的归类是苗语语法体系研究中还没有解

决的问题之一。在语法特征上，方位词与名词有很大的不同，把二者混同在一起，既表述不清方位词的特点，也影响对名词特征的阐明，把方位词作为一个独立的词类处理，符合语言的实际，同时对苗语实词中如代词、数量词、形容词、指示词等的表述也很有好处。(1) 方位词的类别和组合。根据不同的语法特点，方位词可以分为两小类：一般方位词和地形方位词。(2) 方位词的语法特点。方位词与名词相同，可以接受名词的修饰；方位词与名词的不同之点是不能与名词的词头结合；不受数量结构的修饰；不受代词的修饰；不受形容词的修饰；可以与指示词相结合。(3) 方位词应是一个独立的词类。苗语方位词与名词分家以后，对苗语中其他词类特点的表述更方便、更精确。

苗语方言比较研究中寻找同源词的问题
李炳泽撰，载《贵州民族研究》1988 年第 3 期。
　　本文从王辅世《苗语方言声韵母比较》一文，发现养蒿话的一些缺例而引起了对苗语方言比较研究中寻找同源词问题的思考。(1) 存在于土语中的同源词。文章认为在进行词汇比较时，同源词的寻找还要放眼于与某一语点相近的土语。从其他土语和北部土语其他语中就可以找到许多养蒿话里没有的苗语同源词。文章列举 11 例说明这一情况。(2) 隐藏在合成词中的同源词。存在于合成词中的同源词在某一方言的口语中已经不能独立使用，成了"化石语素"，加上有些词发生音变，难辨其原义，经过比较，从合成词中可以找到不少同源词。文章列举 5 个例词加以说明。(3) 词义有伸缩的同源词。作者认为语音有对应规律，词义相关，虽有伸缩转移，但却是同源词。对《苗语方言声韵母比较》中养蒿话的缺例，作者按古苗语声类韵类声调在养蒿话的对应形式再按音寻义找到"脚"、"纺车"、"薅"、"阁楼"、"肝"、"钉"、"直"、"泼"、"年"、"斗笠"、"平"等 12 个同源词。文章又对《苗语方言声韵母比较》中应收同源词但未收的补充了"沸"、"蚂蚁"、"哭"、"簸"、"削"、"蓝靛草"、"泡"等 9 例。

苗语方言划分问题　　王辅世撰，载《民族语文》1983 年第 5 期。
　　文章综述苗语历次划分方言的问题，并对比说明三大方言的主要依据是语音上的差别。湘西方言有属阴类调带鼻冠音的清闭塞音声母，属阳类调带鼻冠音的浊闭塞音声类，闭塞音丢失保留鼻音，阳上（含阳入）、阳去调的音节带浊送气成分；黔东方言属阴类调带鼻冠音的清闭塞音声类，丢失鼻音保留闭塞音，属阳类调带鼻冠音的浊闭塞音声类，丢失闭塞音保留鼻音，阳上和阳去调的音节带有轻微和较重的浊送气成分；川黔滇方言除一两个次方言只有带鼻冠音的清声母外，基本上都保留了清的和浊的带鼻冠音的闭塞音声母，阳上、阳去调的音节带浊送气成分。川黔滇方言还可分为川黔滇、滇东北、贵阳、惠水、麻山、罗泊河、重安江七个次方言，次方言间语音、词汇差别都相当大。本文用 32 个语音对照表反映出苗语方言和次方言的问题。

苗语方言同源词：两千年前的文化交流
李炳泽撰，载《云南民族语文》1997 年第 2 期。
　　文章认为，现在的苗语方言在古代曾经是几种语言。文章接着指出，苗语方言间 45% 左右的"同源词"是古代几种语言相互借贷以及同时受到另外几种语言影响的结果。正是因为它们在词汇上的相互借贷使这几种语言产生共性。而古人频繁的迁徙使这种一体化运动没有机会进行下去。秦汉前后"武陵蛮"及其分布地区是这几种语言互相接触的最后机会，之后由于分散迁徙使它们分道扬镳。原来它们之间因为文化而出现的借词，则反映了两千年前的文化交流情况。文章从两千年前苗族社会生活的如下九个层面进一步举例分析了苗语同源词的情况：精神与信仰、文化娱乐、医药、饮食、生产经济、服饰及其制作、家居建筑、婚姻、私有制和阶级。最后作者为了便于读者查阅，特地在文后加上了"词源"词汇附录。

苗语古音构拟问题 王辅世撰，载《民族语文》1988年第2期。

文章作者指出，构拟古苗语的声母时，必须要注意到三种情况：第一是苗语语音的系统性。任何一种语言的语音，都不是杂乱无章的，总有一个系统，古苗语的声母也必定是有系统的，构拟时要注意系统性；第二是要尽力做到使构拟的音能够体现方言的语音特点，比如，如果一个声类在各方言点的现实读音，有的是唇音，有的是舌音，那么构拟的古声母既要有唇音的标志，又要有舌音的标志；第三种情况是重视个别方言点独有的语音特点。因为古音可能只保留在某个点上。在看到个别点的发音特殊，而这种特殊的音又说明语音上的某种规律时，就应当认为个别点的读音是古代的读音或接近古代的读音。构拟苗语古声韵时，首先要找出古声类和韵类并把其例字排在一起，一般的语音规律无例外，但有时有的方言点同一声类或韵类的字有两种以上的读音，多数情况下是由声母所接韵母不同或韵母接声母不同或出现在不同声调的音节引起，这就可看作变体，可是有的找不出原因，这时有两种情况：一是那个声、韵类在那个点发生了特殊变化，二是声、韵母不合对应规律的字根本不属于那个声类或韵类。依此，作者分析了1979年文章的第5，25，43，52，65，66，67声类和第4，5，8，9，10韵类并依系统和综合性构拟了古苗语韵类音值。

苗语规范化与苗文问题 顾维君撰，载《苗语文集》，贵州民族出版社，1993年。

苗文是新创立的拉丁化拼音文字，在多年来的推广中显示了较大的优越性。但苗文目前拼写的还不是完全规范化的语言，因此字形尚未固定下来。要使苗文最终达到广义的规范化，即在文字推行以前，基础方言中原有的那些共同词汇就已应先达到规范。但目前苗文的规范还只是狭义的。对于那些已经规范了的语词，要确认和维护下来。其次，要维护标准语音的地位，推广和扩大标准音的影响。苗文的最后定形和完善，主要依靠标准音对苗语的逐步规范来实现。但要注意区分"标准音"和"标准词"两个概念，不能因为某些词的发音不是标准音点的语音就不承认它们是基础方言的规范化语词。语言的规范化就是对基础方言以及外来的语词进行规范，最后在文字中固定下来。拼音文字的一大优点是文字同语言具有一致性，然而随着语言的发展丰富，又势必和语言发生脱节，这是苗语文规范化中应注意的问题。

苗语汉借词浅析 田逢春撰，载《云南民族语文》1988年第2期。

语言随社会的发展而发展，国与国之间，民族与民族之间，随着政治、经济、文化的交流，语言就会出现借词，使本族语词汇更加丰富。苗汉两个民族的交往由来已久，苗语中有不少汉借词。本文试以苗语湘方言为依据，分析苗语汉借词的情况及正字问题。苗语汉借词具有时代特征，早期汉借词较少，而且受苗语内部规律的改造；中期汉借词突破了苗语某些语音规律，直接把原音借入；近期汉借词的读音，一般与当地汉语发音相同。现代苗语汉借词的情况，因为苗汉交流的密切而变得更为复杂，主要有六种情况：（1）汉借词是"借其所有，补其所无"；（2）汉借词与固有词"平起平坐"；（3）汉借词与固有词"平分秋色"；（4）固有词被汉借词取而代之；（5）汉语的某些音位，逐渐成为苗语的新音位；（6）词义发生变化。而对于苗文汉借字正字问题，本文认为必须走群众路线，科学系统地制定出它的正字法，作为规范的依据，使苗文中汉借字的拼写形式，逐步趋于完善。

苗语汉语语序浅较 贺又宁撰，载《贵州民族学院学报》1998 年第 4 期。

本文从句子及短语的角度，对苗语汉语语序排列进行比较。从句子成分的排列组合上看，两种语言主要成分的安排是一致的，都是"主—谓—宾"的语序。在修饰、限制、补充、说明成分安排上有所区别，汉语中六大成分的基本语序是：（定）—主—（状）—谓—（补）—（定）—宾。汉语中的定语、状语，在苗语里有的在中心语前，相当一部分则在中心语后。从短语的排列上看，苗语与汉语短语语序排列的区别仍然体现在"偏正结构"上。偏正短语分"定中短语"、"状中短语"两种。苗语里能作后置的定语的词类在短语组合理仍然放在中心词之后，如 jux Vib 桥石头（石头桥）。汉语短语中亦有这种结构组合。苗语中形容词、动词以及部分词组后置的短语在汉语中可能会与"主谓短语"混淆，如：dub hvid 书新（新书）。"状中偏正短语"，如 vut niux wxt 漂亮很（很漂亮），这种形式和汉语语序排列不同。还有一种差别最大的短语结构，它在汉语中是"主谓短语"，而苗语的排列组合则变成了"形宾短语"，如 xok mais 红脸（脸红）。两种语言合成词的语序与短语有一致性。

苗语和汉语语音变化的相同点 曹翠云撰，载《民族语文》1991 年第 3 期。

主要内容：一、声母：（一）关于复辅音：苗语东西两方言还有复辅音；上古汉语对照瑶语标敏话，也发现有复辅音。（二）关于鼻冠音：苗语东西两方言都有鼻冠音；上古汉语对照今厦门和潮州话，也发现有鼻冠音。（三）关于小舌音：今苗语三方言都有小舌音；上古汉语见溪二母与苗语黔东方言小舌音对应，说明古汉语也有小舌音。二、韵母：（一）关于鼻音韵尾：古苗语有-m、-n、-ŋ 韵尾，今苗语只有广西融水尧告话还存有-m、-n、-ŋ 韵尾，其余只有-n、-ŋ 了；古汉语有-m、-n、-ŋ 韵尾，今汉语只有广东和福建某些土语有-m、-n、-ŋ 韵尾，其余大部分地区也只剩-n、-ŋ 了。（二）关于塞音韵尾：古苗瑶语有-p、-t、-k 尾。1. -p 尾的演变：今苗瑶语只有龙胜、睦边话还有-p 尾；2. -t 尾的演变：今苗语也只有瑶语龙胜、睦边话还有-t 尾；3. -k 尾的演变：今苗瑶语也只有瑶语龙胜、睦边话还保存个别词的-k 尾，其余-p、-t、-k 全消失了。古代汉语有-p、-t、-k 尾，但现代汉语只有广州、梅县和厦门等地的话保存了-p、-t、-k 塞音韵尾；潮州话只保存了-p、-k 和-ʔ 尾；南昌话只保存了-t 和-k 尾；苏州、合肥、扬州、福州以及山西太原话也都由塞音演变成了喉塞音-ʔ 了，其余全消失了。三、声调方面：无论苗语或汉语在古代都有四个声调（平、上、去、入），后来各自分化成阴阳两类，而成阴平、阳平、阴上、阳上、阴去、阳去、阴入、阳入八个调，苗、汉语声调的发展演变又是完全相同的。从语音和语法的特点看苗语和汉语的相同点确实很多，说明苗语和汉语存在很密切的关系，不容否认。

苗语吉卫话 qo^{35} 的语法特点 龙杰撰，载《贵州民族研究》1988 年第 4 期。

本文分析了苗语吉卫话 qo^{35} 的语法特点。吉卫话 qo^{35} 为虚词素，无词汇意义，只有语法意义。文章就 qo^{35} 的构词特点和语法意义作了如下分析：qo^{35} 加在基本词素前构成合成词。（1）表示某些农具、家具和各种生活用品名称；（2）表示人体或其他动物的某些部位；（3）表示人的性别、姓氏和民族；（4）表示动物雌雄；（5）表示某些与植物或和植物有关的事物；（6）表示方位；（7）表示处所；（8）表示自然界某些事物。表示 1、3、5、8 时 qo^{35} 可加可不加，表示 2、4、6、7 时 qo^{35} 非加不可。实词前加 qo^{35}，其词义、词性都有变化。某些名词前加 qo^{35} 构成具有新的概念名词；qo^{35} 加在某些动词前构成名词，qo^{35} 加在某些形容词前，构成概数名词；量词前加 qo^{35}，构成名词。在数词 mi^{42} 前加 qo^{35} 构成概数词。这类词在句中能当定语、状语和补语。以 qo^{35} 组成的四音格表示一个事物的，属名词，能用为主语和宾语；表示两种事物名称的都是名词，充当主语和宾语；两个形容词前加 qo³⁵，重叠后构成名词；表时间概数。qo³⁵ 与叹词结合，结构独具一格，表加强语气。

苗语句法成分的可移动性　罗安源撰，载《民族语文》1987 年第 3 期。

语言的句法成分在句子中的位置不能随便变动或根本不能变动，苗语湘西方言句法成分中的主、谓、宾、定、状语 5 个成分都可前后移动，这种现象称句法成分的可移动性。主—谓结构主要由动词充当谓语，谓—主结构主要由形容词充当谓语，部分动词亦可做前谓语。如 tçu⁴²（叫）qwɯ⁴⁴（狗）"狗叫"。谓—宾结构较为普遍，而宾—谓结构多出现于成语中。如 nya³¹（兽）tçaŋ⁵³（狩）mzɯ³³（鱼）tçaŋ⁵³ "打猎捕鱼"。定—被定（偏正结构）由数量词、方位词充当前定语，被定—定（正偏结构）多由形容词、动词、名词充当后定语，形容词、动词做前定语时，前加冠词 ma³¹，后助词 naŋ⁴⁴，数量词、名词也可作前定语，如 te⁵⁴（碗）a⁴⁴（一）le³⁵（个）"碗一个"，co⁴⁴（篓）lhje⁵³（饭）"饭碗"，表排行的词既可作前定语亦可作后定语。状—被状结构由苗语固有范围副词、借汉语副词充当，被状—状结构由苗语固有程度副词、借汉语副词充当。形容词可作前状语也可作后状语，但形容词前须加冠词 tçi⁴⁴。补语总在谓语之后，构成谓—补结构，而不能构成补—谓结构。

苗语历史语言学的最新成果——《苗语古音构拟》述评　李云兵撰，载《民族语文》1995 年第 6 期。

文章分三部分阐述了王辅世先生的《苗语古音构拟》的价值、理论方法和存在的问题。苗语历史语言学从张琨先生的《苗瑶语声调问题》到王辅世先生的《苗语古音构拟》，经历了近半个世纪的探索，终于取得了丰硕的成果。《苗语古音构拟》开国内苗瑶语历史语言学研究之先河，材料充分、系统性强，自成体系，代表了国内外苗语历史语言学研究的最新成果和最高水平，是一部集大成之力作。《苗语古音构拟》充分利用了共时语言学的方法，广泛运用互补分布原则、系统性原则和历史语言学的类推法，苗语声、韵的制约关系和连读变调理论也用于解释对应关系中的例外现象。但是，由于语言材料的限制，一些声、韵类的例字和同源词以及一些用类推法构拟的声类还有待进一步的研究。

苗语名词修饰物量词和名词补足形容词浅析　王春德撰，载《中国民族语言论文集》，四川民族出版社，1986 年。

苗语的物量词虽然经常和数词或数词词组组成的修饰词组置于名词的前面，也有物量词单独置于名词前面的用法。从苗语的实际来看，物量词都是名词性的，它与名词连用，其关系应该是名词修饰物量词。在此基础上，数词与物量词组成的修饰词组与名词连用，其关系也是名词修饰由数词与物量词组成的词组。苗语的形容词后面常接名词，如"臭腥"表示"有腥味"，"深水"表示"水深"，这类词归属于补足关系的词组，即由名词补足形容词，表明形容词所形容的具体对象。物量词和名词情况相同，它在形容词后面时，与形容词的关系也是补足的关系。

苗语偏正式合成词中心位置的新特点　张元奇撰，载《云南民族语文》1997 年第 2 期。

该文介绍了苗语合成词中心成分的新特点。苗语中有很多由两个基本成分构成的合成词。名词修饰名词表示事物的类属，形容词修饰名词表示事物的状态，其中心词的位置都在前，这种情况恰恰与汉语相反，这是苗语固有的构词法。但现在受汉语影响，产生了一些新名词，开始是考虑与汉语同类词协调统一，结果便约定俗成，产生了"修饰成分+中心成分"的构词法,即中心成分的位置有所变化。这是一种新的苗语现象。作者提出,苗语词汇在长期的使用和发展中形成了自己的规律,随着与其他民族交往的日益加深,苗语受其他民族语言的影响,在语音、构词、表述形式等方面发生了一些微妙的变化。最后本文认为这种现象对我们民族工作者在进行新词术语挖、创、借时有所启示。

苗语黔东方言的系词 [ti¹³] 曹翠云撰,载《民族语文》1981年第3期。

主要内容:苗语黔东方言中有个作系词用的 [ti¹³](是),但它在判断句中又不常用,经常处在可有可无的地位。是不是苗语最初没有系词呢?如果没有,后来它是从哪来的呢? 一、古苗语最初没有系词 [ti¹³]:(一)有些判断句完全不用系词。如:tɛ¹¹(只)noŋ³⁵(这)tɛ¹¹(只)ka¹³(鸭)(这只是鸭子)。(二)有的可用可不用系词。如:tɛ¹¹(个)noŋ³⁵(这)vi¹¹(我)tsɛ³⁵(家)pə³⁵(哥)(这个是我哥哥)。(三)有的要用系词。如:vi¹¹(我)ti¹³(是)tɛ¹¹(个)nɛ⁵⁵(人)ɛ⁵⁵(做)qə³³(活路)(我是个干活的人)。二、苗语的 [ti¹³] 就是汉语的"是":(一)苗语13调是第6调去声字,同汉语"是"去声。(二)苗语 [ti¹³] 韵母为 [i];汉语"是"承纸切,属纸韵开口三等。(三)苗语 [ti¹³] 声母 [t] 是不送气的清塞音 [t]。张琨先生指出苗语双数调是由浊声母消失而来,即 [t] 来源于 [d];无论声韵调苗语的 [ti¹³] 和汉语的"是"来源相同。三、苗语用系词 [ti¹³] 大约不到一千年。(一)汉语的"是"从汉代起才由指示词变为系词;(二)汉语的"是"从晚唐到宋才由全浊上声变为去声;(三)古禅母字"是"是由定母演变为禅母,今天汉语方言仍有说 [t] 的。足见苗语 [ti¹³](是)来源于中古或近古汉语。

苗语黔东方言清鼻音声类的口音化 王春德撰,载《民族语文》1984年第3期。

文章叙述了苗语黔东方言北部土语区清鼻音声类口音化的演变过程。作者对贵州台江县岩寨、平寨、展里上寨三个村60岁以上的老年人、50—60岁的中年人和50岁以下的青年人进行了口音化的考察,清鼻音声类口音化发生于不同的年龄段,村寨间的发展也不平衡,老年人保持着原有的清鼻音,中青年人倾向口音化。古苗语 *m̥、*m̥ʐ、*m̥r、*n̥、*ŋ̊等声类,在这三个村的老年人读作 m̥、mhj、n̥、ŋ̊h,中青年人分别读作 ph、fh、th、tjh、h 和 pjh、fhj、xh,而展里上寨与岩寨、平寨不同,只有少数中青年人口音化,大部分中青年人和老年人一样读作清鼻音。文章共用15个例子,采用对比方式结合不同年龄、不同村寨的微观音变来分析清鼻音声类的演变形式及其扩散影响,并认为口音化始于50~60年前。本文通过考察证实了清鼻音向口音化演变的过程和时间。

苗语声母和声调中的几个问题 李永燧、陈克炯、陈其光撰,载《苗族研究论丛》,贵州民族出版社,1998年。

本文就古苗语声母和声调等问题作了说明。古苗语声母可以分成全清声母、次清声母和独声母三类。声调有 A、B、C、D 四类。(1)声调演变情况,有些地区声调没有分化;有些地区因为古声母的清浊声调分为阴阳两类;有些地区因古声母的全清与次清,阴调又分化为子、丑两类(8个),加上阳调(4个)共12个;有些地区因全清鼻冠闭塞音声母字与其他清声母字不同调,阴调分化为甲、乙两类(8个),加上阳调(4个)共12个。(2)声母演变的几个主要现象:有些地区声母保存古全清、次清、浊音的分类;声调不分阴阳,每一种声母字的声调都没有限制,都可以有各种调。有些地区声母分为两类,一类是由古浊音和古全清音合并起来,一类是由古次清音来的。古清鼻冠闭塞音声母,古次清鼻冠闭塞音声母,常常去掉鼻冠音,保存闭塞成分,出现在阴调字中。古浊鼻冠闭塞音则相反，常常丢掉闭塞成分，成为鼻音声母，出现在阳调中。苗语声母和声调的关系是非常密切的。

苗语台江话的语音及其发展趋势

姬安龙撰，载《民族语文》1995年第5期。

文章简要介绍了属苗语黔东方言北部土语的台江话的声韵调情况及演变趋势。文章运用举例、对比等方法首先对按语音差别而划分的台江话8个方音中的台拱方音的声、韵、调作了较详细的说明，其次对排羊、革一、后哨、施洞、革东、南宫、交包等另外7个方音各自的语音特点也作了介绍。在台江话语音的发展变化上，文章注意到了台江话语音老年人与儿童在发音上的区别以及语音同化、略音等现象，对汉语借词的语音也作了分析。最后总结了台江话语音发展趋势：（1）由繁到简。表现为送气鼻音声母、送气边音声母、鼻音韵尾都在逐渐消失。（2）由少到多。由于受汉语和其他方音影响，方音音位在原有音位基础上有所增加。（3）由分化到统一。由于人们交往的增多及民族文字的推行，台江话各方音呈由分化逐渐走向统一的趋势。

苗语西部方言次方言及土语的划分（一）

鲜松奎撰，载《云南民族语文》1997年第1期。

方言、次方言及土语的划分主要是根据语音的差异。苗语有三大方言：东部方言、中部方言和西部方言。三大方言里，西部方言内部差别最大，可划分三个级差，即：方言—次方言—土语。西部方言有三个次方言，主要是根据鼻冠音声母的类型及声调类型，其中川黔滇次方言最复杂，土语多、分布广。土语的划分也与苗族支系相关，因此，土语的名称绝大多数以支系名称来命名，该次方言划分为十五个土语，麻山次方言划分为四个土语，罗泊河次方言划分为两个土语，两个次方言中的土语名称以方位来命名，以免与川黔滇次方言中的土语名称混淆。次方言和土语的划分，主要是根据语音的差别。

苗语西部方言次方言及土语的划分（二）

鲜松奎撰，载《云南民族语文》1997年第2期。

苗语西部方言川黔滇次方言十五个土语中五个土语的语音特点。一、川黔滇土语：声类中的簸母、吹母、肺母、鼻母、甑母、车母、匠母、眨母、清母、量母，该土语都读作舌尖后音；韵类中的拍韵、搓韵、耙韵，该土语读作uo，歪梳苗土语读作ɑ；该土语有连读变调现象。二、歪梳苗土语：灶母、千母、早母、糙母、爪母、插母、中母、裹母、摘母、笑母、门母、浑母、甑母、车母、匠母、清母、量母都读作舌尖前音。三、大花苗土语：声类中的四母、抚母、片母、叶母、毛母、魂母、舌母，该土语读作舌复辅音；阳调类声母都读作浊音或浊送气音；声类中的簸母、鼻母，部分调读作双唇音；双数调变单数调。四、小花苗土语：阴平调的声母读清闭塞音，阳去调的声母读浊闭塞音等。五、白苗一土语：没有带鼻音韵尾的韵母等。

苗语西部方言次方言及土语的划分（三）

鲜松奎撰，载《云南民族语文》1997第3期。

白苗二土语的特点有：声类中的灶母、千母、早母、糙母读作 tɕ、s、ȵtɕ、ȵtɕ'。素苗土语的特点有：声类中的爪母、插母、笛母、中母、裹母、摘母读作腭化舌尖塞音；韵类中的拍韵读作i，搓韵、耙韵读作u等等。花苗土语的特点有：声类中的千母、车母读作舌尖前清擦音，韵类中的拍韵、搓韵、耙韵读作o，地韵读作a等。青苗土语声类中的笑母、门母读作塞边音，滴母、襤母读作鼻冠塞边音等。青苗二土语的特点有：声类中的狗母、桃母都读作小舌塞音等。坝苗土语的特点有：没有鼻冠音声母等。高坡苗土语的特点有：韵类中的搓韵、粑韵读作 u，拍韵读作 a 等。雅（昔匀）苗土语的特点有：声类中的灶母、钱母、甑母、匠母，该土语读作 s，千母、车母读作 s'，早母、瘦母、眨母读作 z，糙母、清母读作 ns' 等。打铁苗土语的特点有：声类中的灶母、钱母该土语读作 ts，甑母、匠母读作 tɕ，声类中的千母读作 s，车母、穿母读作 ɕ 等。

苗语西部方言次方言及土语的划分（四） 鲜松奎撰，载《云南民族语文》1997 年第 4 期。

（僰）家土语的特点有：声类中的灶母、钱母、甑母、匠母读作 s 等。麻山次方言有四个土语。中部土语的特点有：声类中的鸡母、客母、叫母读作 h 等。西部土语的特点有：韵类中的拍韵、搓韵、粑韵读作 o 等。北部土语的特点有：鸡母等声类读作 h，韵类中的疮韵读作 o 等。东南土语的特点有：鼻冠音声母类型特殊，鼻冠音不是鼻音而是喉塞音。罗泊河次方言有两个土语：东部土语和西部土语。东部土语的语音特点有：鼻音、边音声母有全清、次清（清化）、次浊，塞音、塞擦音、塞边音各声母有全清、全浊的分类，全清与全浊声母的发音部位相同或相近，但发音方法不同等。西部土语的语音特点有：鼻音、边音声母有全清、次清、次浊之类，西部土语与东部土语调类的调值差别很大等。

苗语湘西方言的词头 tɕi^{44} 向日征撰，载《民族语文》1980 年第 3 期。

文章以湖南湘西花垣县吉卫苗话为依据，对词头 tɕi^{44} 的组合能力和语法作用做了初步分析和研究。苗语湘西方言里有一些带 tɕi^{44} 的动词和形容词。tɕi^{44} 本身不具备词汇意义，它和实词结合后构成具有特定意义和用法的动词或形容词。tɕi^{44} 和动词词根结合，构成表示相互动作、表示延续动作的动词。例如：pə^{31} 打，tɕi^{44}pə^{31} 对打；tu^{33} 沉，tɕi^{44}tu^{33} 沉淀。tɕi^{44} 和形容词词根相结合，构成的形容词在句中作谓语、状语、补语（例句省略）。tɕi^{44} 和形容词词根相结合还能构成及物动词。这类动词在意义上与词根有关系，但也不是形容词词根原来的意义。例如：mẓei^{42} 亮 tɕi^{42} 照。在湘西苗语中，词头 tɕi^{44} 的构词能力很强，是湘西苗语动词和形容词的一个重要的标志。

苗语形态初探 石怀信撰，载《贵州民族研究》1987 年第 1 期。

本文对湘西苗语的形态进行探讨。本文认为苗语有形态。苗语的形态是在构造新词时所增添的那些只表示语法意义，而无词汇意义的词缀。这些词缀就是苗语的形态。词缀不能独立存在，它是词的有机组成部分。苗语名词有 5 个前缀，即 qo^{35}、ta^{35}、a^{44}、te^{35}、pi^{44}。文章分别叙述它们的用法结构语法意义。凡是表示人的亲属关系、族别、性别、姓氏、职业和事物的种类名称的前面加词缀 qo^{35}；凡是动物名称之前加前缀 ta^{35}；凡是亲属称谓的名词前加前缀 a^{44}；凡是表示小辈以及人格化的小生物在这些名称之前都加前缀 te^{35}；凡是具有固体状以及颗粒状之物的名称前加词缀 pi^{44}。苗语动词和形容词有 tɕi^{44} 和 ma^{31} 两个前缀。tɕi^{44} 与动词结合构成新词，表示行为者双方"相互……"之意；tɕi^{44} 与形容词结合构成新词，它表示颜色相映之态。ma^{31} 与动词结合构成新词，代替所指的某种东西；ma^{31} 与形容词构成新词，说明某物的性质。上述分析说明，苗语有形态，是广义的构词法形态。对此问题的探讨，对苗语词类划分，苗文词连写、词典编纂等有帮助。

苗语语音研究中理论和实践的结合 王辅世撰，载《民族语文》1987 年第 1 期。

本文叙述苗语声调理论在实践中逐步完善的过程。文章肯定张琨在《苗瑶语声调问题》中所建立的 8 个声调的理论指导了苗语普查工作。通过实践作者认为有 4 点可以充实苗瑶语声调理论。（1）以贵州福泉县野鸡坡苗话为例，古苗语不是 8 个调类而是平、上、去、入 4 个调类。现代苗语具有 8 个调的地方话是在 4 个调类的基础上，因古声母清浊的不同而分化为 4 个阴调和 4 个阳调。（2）以贵州紫云县宗地苗话为例，古苗语声母受全清、次清的影响，阴平、阴上、阴去、阴入再次分化为两个调值。（3）以湖南泸溪县洞头苗话为例，古苗语阴平、阴去受带鼻冠的不送气闭塞音的影响，调值一分为二。（4）以贵州威宁县石门坎苗话为例，由于名词和量词与其他词类不同，阳上、阳去、阳入各分化为两个调值，声母也有纯浊音和送气浊音的区别。本文通过实践，发展了苗瑶语声调理论。

苗语中的汉语借词　应琳撰，载《中国语文》1962 年第 5 期。

本文对苗语中的汉语借词作了一些初步介绍。苗语借词分早期、现代借词两类。早期借词大部是单音节词，以名词居多，还有动词、形容词。这些词都已成为苗语各方言所共有的基本词。文章将这一类借词与切韵音系相比，可看出声调基本上是按平、上、去、入四声借入苗语不同调类，又按声母的清浊再分两类。声母和韵母的对应情况错综复杂，表示这些借词是从不同时代的古汉语中吸收的。早期借词的调类、声母与声调的制约关系、连读变调规律、词化特点都和苗语词相同。现代借词基本上是以苗语的声韵调表达西南官话的语音。文章列出养蒿、腊乙坪、大南山三个点的现代借词的声韵调和现代汉语声韵调的对应表，可以看出借用汉语语音的情况。借词对苗语的影响是多方面的。现代借词除给苗语增加了相当的韵母和少数声母外，还使苗语声母和声调的制约关系有了新的变化，使原有的变调规律发生了例外。另外苗语的送气音声母可能受早期借词影响而增加。借词本身丰富了苗语的词汇，又给语法增加了若干新的表现方法。

苗语状词词组使用情况初探　严素铭撰，载《苗语文集》，贵州民族出版社，1997 年。

本文就苗语状词与动词或形容词的各种组合在句子里的使用情况分别举例加以说明。苗语状词与动词和形容词可以组合成四种词组，即动状词组、动名状词组、形状词组、形名状词组。它们在句中的使用情况，总起来看，其共同点是都能单独作谓语，除形状词组外，都能作前状语；动名状词组和形名状词组都可作无主句，且大多都能变主谓句。不同点是动状词组和动名状词组可作复杂谓语的构成成分，形状词组与形名状词组则不能；形状词组与形名状词组可作主语，动状词组与动名状词组则不能。形状词组和形名状词组能作补语，动状词组不能作补语而动名状词组又能作补语；动名状词组可作后定语，形名状词组不能作后定语，形状词组能作后定语，而动状词组却不能作后定语，表现出状词与动词、状词与形容词组合中交叉的复杂现象。

苗语状词在苗族情歌中的抒情功能　李义明撰，载《贵州民族语文研究集》，贵州民族出版社，1993 年。

苗族情歌的抒情除了有其生活给予的滋生土壤外，众多的苗族"诗人"们在抒情的表现手法上的独具匠心也功不可没。应用状词来"状难状之景，达难达之情"便是一种手法。本文用苗族情歌中生动的例子，来阐述状词在苗族情歌中的抒情功能。苗语状词在语法功能上主要是修饰动词和形容词，它不仅能表示各种状态，而且还能表示某种状态的各种情形，甚至很多地方带有感情色彩。当状词运用到情歌中的时候，所描写的性状更加突出，景物更加具体形象，感情更加细腻生动、深沉和浓烈，具有独特的抒情功能。苗语状词在各类歌谣中被普遍运用，而在抒情性较为强烈的思念歌、分离歌、苦情歌等这类情歌中更为常见。状词的运用，使得情歌在表达意境上更加细腻、具体、形象、生动，使客观景物和人物的感情完美而和谐地统一，达到"诗与景谐"、情景交融的艺术效果。

苗族瑶族畲族的"人"字试析 蒙朝吉撰，载《民族语文》1987年第6期。

本文对苗族瑶族畲族的"人"字作了分析。"人"字在瑶族勉语里读 $mjen^{21}$（2），在瑶族布努语、苗语和畲语里分别读 no^{13}（2）、$\underset{\sim}{m}fiɯ^{35}$（2）、$ne^{53}$（2）。过去有人把勉语的 $mjen^{21}$（2）说是"蛮"字的音转或"蛮"字是 $mjen^{21}$（2）字的音转，把布努语的 no^{13}（2）说是"奴"字的音转。作者认为这种说法缺乏科学依据。其理由是：（1）今天苗族、瑶族和畲族的"人"字，都是由古苗瑶畲共同的"人"字分化发展而来的。（2）苗瑶畲古代语言中共同的"人"按一般情理应比"蛮"、"奴"字出现得早，认为 $mjen^{21}$（2）和 no^{13}（2）是"蛮"、"奴"的音转，这是不合逻辑的推理。（3）也不符合历史事实。（4）把带对自己有侮辱或贬意的他称"蛮"当作"人"字作自称，这是不可思议的。（5）"蛮"和 $mjen^{21}$（2）读音不同，词义更不一样。作者拿苗瑶畲的"人"与脚印的"印"语音对应作例子，来证明苗瑶畲的"人"是一个古老的同源词。同时，跟汉语的"人"字，声母发音部位相近，有的还保持一致的读音，调类上汉语的阳平与苗瑶畲壮侗等语言的第二调对应。

民家话的系统 牧野巽撰，载《云南民族语文》1991年第1期。

僰人是现代民家族的祖先，而不是平常所说的傣族，因为他们使用的语言完全不同于傣族，而他们与白人，与唐代的白蛮却有一定的联系，可以说，唐代的白蛮、僰夷、白人是指同一类人。作者认为民家话与以前的南诏话、大理话是同一种语言，从广义上说是属于汉藏语系藏缅语族，它在大体上保持了其古老的面目，民家族作为旧大理国的中心民族，民家话在该地方比傣语具更高的地位，它与傣语有某些类似之处，且有可能受傣语的影响，但其反向影响是比较小的，因此，认为民家是使用傣语的民族，即民家语也就是傣话的论点是不成立的。民家话在过去是占主体地位的语族，具有很多小语族，但现在很难把它归入别的语族。从语序音韵来说，它与汉语极相似，但与傣语、越南语等完全不同，从语音的音韵构造来说，与傣语、瑶语等也不尽相同，由此可以见民家话与傣语亲属关系之深浅。

民族古文字研究中的一个颇为引人关注的问题 平伦员撰，载《中国民族古文字研究》（第四辑），天津古籍出版社，1996年。

一般认为，文字起源于原始图画，最初的文字形态是图画文字，而在我国的民族古文字中尚存有纳西东巴文和尔苏沙巴文，在文字形态学上则是属于图画文字范畴，我们从中可以考察人们从图画到文字的思维渐进过程，这是金文、甲骨文所不能代替的。然而，这种形态虽然古老，而时代并非遥远。在中国这块土地上，最初的文字是如何的呢？民族古文字研究者也不约而同地将视点落在这些刻画符号上。这些刻画符号除出土器物上有为数不少的发现外（高明在《古陶文汇编》一书中收有2600多条），在近年我国南北发现的大面积岩画中也存有不少，而这些岩画大多存在于现今的少数民族居住地区。对于这些刻画符号，有民族古文字学者对其进行部分的收集、整理，以及初步的探讨，从而向学术界提出一些有价值的问题。这些符号，发现得越来越多，然而，对其进行收集与整理的工作尚不尽如人意。因而，我们认为，如要对其展开研究，首先要做好扎实的资料收集和整理工作。

民族识别中的语言学问题 盖兴之撰，载《民族语言文化论集》，云南大学出版社，2001年。

本文是作者十多年民族识别的经验总结，具有创新性。文章阐述了语言学与民族识别的关系和语言学在民族识别中的作用。着重介绍了语言识别的内容、标准、方法和语言识别的调查。强调编制调查大纲，列举了民族识别语言调查材料的范围，撰写调查报告的内容，并以基诺人族体识别中的语言调查为例作了说明。此外还介绍了与民族识别相关的语言学知识和调查语言的基本技能，特别提出了语言学知识的综合运用，比如民族语人名、地名译音汉字的选择，汉文典籍相关史料的分析运用等。同时提出了要重视从民间文学中探寻被识别民族的共同文化上的共同心理素质、民族的历史和族源、宗教信仰以及家族社会制度。

民族文化的语言透视　刘宝俊撰，载《中南民族学院学报》1990年第1期。

语言既是文化的组成要素，又是文化的表现形式，因此通过语言可以透视出民族文化。语言与文化的密切关系，主要体现在语言的词汇上。因为：（1）词汇的分布密度直接显示民族文化环境，某一语言在某一词汇场中词汇分布的密度越高，就说明这个词汇场中所指代的对象与使用这种语言的民族越有密切关系。（2）词汇的早期意义是历史文化的沉积。在很多少数民族语言中不同辈分的亲属往往使用一个词，可用来分析论证早期家族形态。（3）合成词词素的分解是各种文化现象的重要手段。（4）底层词是民族历史的古老化石。最容易保存的底层词是地名。从一些地名上可以探索早先少数民族定居和迁徙的痕迹。（5）词义的隐喻方式是洞察民族心理状态、认识水平和思维轨迹的窗口。一个民族隐喻式的命名对另一民族来说往往感到新奇甚至不可理喻，这是形成文化差异的重要原因。（6）借词是各民族文化交流的重要证据，语言的输出同文化的辐射能力成正比。

民族文字与汉字　清格尔泰撰，载《语言文字论集》，内蒙古大学出版社，1997年。

我国少数民族的实际情况是一般居住比较分散，很多都跨地区、跨省区，社会发展程度不完全一样，方言差别较大。各民族各地区通晓语文的程度虽不一致，但汉语文影响都很大。无论他们创制语言文字与否，都有学习汉语文的问题。汉字是个义音文字，各地有不同的读法。为了推广普通话语音，有汉语拼音方案这样一套辅助字母。需要创制文字的少数民族是否可以采用"汉字加拉丁字母"的方法解决民族文字问题呢？"汉字加拉丁字母"是个简略说法。它包含的意思是从汉字中借用一两千表达实义的字，如：一、二、三、年、月、日、天、地、人、牛、马、羊、金、银、铁、树、草、花等基本汉字，以民族语言的读法来读表达语法意义的附加成分，以及一些特殊词，则直接用拉丁字母书写（也可用一些不常用或中性的汉字来表达）。语序当然用民族语言的习惯。这样，形式上是汉字加拉丁拼音字母（或常用汉字加一些特殊汉字），内容则是表示民族语言的民族文字。

民族姓名的语言制约因素析要　纳日碧力戈撰，载《民族语文》1990年第4期。

本文简要讨论民族语言对民族姓名的制约情况。民族姓名的形式反映民族语言的特点，它的内容则反映民族社会的特点。民族姓名的形式主要包括语音、语法和语义3个方面。一、姓名受语音的制约，不同民族的语音特点影响不同民族姓名的选择及其特点。如汉语属声调语言，存在大量谐音词，取名时应有所避免。蒙古语有元音和谐规律，人名多朗朗上口。二、姓名的语法制约。亲子连名制中亲名前连还是后连，相当于特定民族语言中名词性修饰语与被修饰中心词的关系，其形式为"某某之子"或"子某某的"偏正结构，即取决于该语言的构词形式。三、姓名受语义制约。姓名语义分三个层次：基本词义、组合意义和象征意义。基本词义和组合意义（基本语义）与象征意义（社会语义）并立，它们之间的关系常常发生变化，对命名行为有制约作用。本文语音、语法例证各 10 余例，语义例证 30 余例。

民族语第二语言教学中的词汇教学研究——以布依语第二语言教学为个案　周国炎、孙华、申建梅撰，载《民族教育研究》2011 年第 5 期。

民族语第二语言教学指的是以我国少数民族语言作为教学目标语，以母语为非目标语的语言学习者为教学对象的零起点语言教学。民族语第二语言教学在民族语言研究人才培养过程中具有非常重要的意义。民族语第二语言教学中的词汇教学与母语教学和外语教学有相同点，也有不同的地方。与外语教学和对外汉语教学一样，民族语第二语言教学也可以分为初、中、高三个阶段。不同阶段有各自的教学目标和任务。在民族语第二语言教学中，从词汇角度入手进行文化导入，有利于学生加深对词汇的理解，同时了解不同民族文化的差异。该文在布依语第二语言教学实践的基础上，对词汇教学中的基本词汇和一般词汇的教学、词汇结构教学、词汇语义教学、词汇搭配教学、成语和谚语的教学等几个方面进行了阐述，并对民族语第二语言教学的方法进行了初步的探讨，提出了合理安排各阶段的词汇教学、在教学中充分利用对比分析的方法、词汇教学中的文化导入等相应的教学建议。我国民族语言众多，语言结构类型复杂多样，文化背景也存在差异，因此，词汇教学的内容也会有所不同。但教学方法大致相同。该文希望在教学方法上提供一些借鉴和参考。

民族语文工作的辉煌成就　傅懋勣撰，载《傅懋勣先生民族语文论集》，中国社会科学出版社，1995 年。

（一）帮助少数民族创制、改革文字。从 1956 年起，普遍展开帮助少数民族创制、改革文字的工作。到 1958 年 8 月，已经帮助壮、布依、苗、彝、侗、哈尼、傈僳、佤、黎和纳西 10 个民族创制拼音文字，帮助傣、拉祜和景颇 3 个民族改进了文字。（二）民族文字书籍刊物编译出版和民族语言在广播、电影、戏剧中使用。据不完全统计，从 1952—1958 年，用蒙古、藏、维吾尔、壮、布依、苗、朝鲜、彝、黎、傣、哈萨克、锡伯、傈僳、景颇、拉祜、佤、哈尼、柯尔克孜 18 个民族的文字出版的图书 9058 种，共 9735.3 万册。现在已经有蒙古、藏、维吾尔、哈萨克、朝鲜、壮、彝 7 种语言的电影。（三）培养少数民族语文干部。1951 年中国科学院语言研究所开办了一个培养民族语文研究干部的夜校并在北京大学设立一个语文专修科，指定其中一部分学生以民族语文为专业。最重要的是在这年成立了中央民族学院。在学院里首先设立了 8 个民族语言的 18 个班，于 1952 年正式设置了语文系。

民族语文研究如何面对新形势下的机遇与挑战　孙宏开撰，载《西南民族大学学报》2006 年第 12 期。

本文为作者在成都西南民族大学召开的中国民族语言学会第 9 届年会上的开幕词，应学报主编之约，会后刊登在该校学报上。此次发言讲了 6 个问题：1. 关于语言文字的国情调查问题。2. 关于濒危语言问题。3. 关于汉藏语系、阿尔泰语系的深入论证问题。4. 关于建立大型的中国少数民族语言资源库问题。5. 关于建立和谐的语言社会问题。6. 关于少数民族语言立法问题。发言最后说，为了中国民族语言学会领导班子的年轻化，根据民政部的规定，作者已经于当年 3 月向中国社会科学院民族所领导提出了辞去中国民族语言学会会长职务的请求，而且已经得到批准。因此，这次发言，就算是一个民族语文工作战线的老兵的临别赠言吧。（本文附记：会议于 2006 年 10 月 14—16 日在成都西南民族大学举行。四川省副省长，四川省教育厅厅长，四川民委主任以及西南民族大学党委书记、校长、副校长等领导出席了开幕式。在本次会议上，中国社会科学院民族所黄行副所长被选举为中国民族语言学会会长，孙宏开被理事会选举为名誉会长。）

民族语文与民族传统文化 樊敏撰，载《民族语文论集》，贵州民族出版社，1998年。

本文主要通过民族语文的发展为民族传统文化的记载提供了可能性，以及对记载民族传统文化的必要性分析，肯定了民族语文的发展可以保护民族传统文化。本民族语言是入门教育和取得成功的关键，对于维持一个土著集团的文化，本民族语教育是最好的向导和工具。优秀的民族传统文化与民族观凝聚力相辅相成、同步发展。民族传统文化是民族凝聚力形成并发挥作用的必要基础和思想内核，是增强并推动民族凝聚力不断更新的精神力量、维系民族凝聚力的重要精神纽带。只有用本民族的文字，才能忠实地记录反映本民族文化的真实面目，才能更好地把民族的优秀传统文化发扬光大。民族语文是民族发展进步的象征。民族文化用本民族的文字记录后，才能真实精确地表达。也才能准确地传送信息，使其他民族了解自己，从而树立自信心、自豪感，树立社会责任感，自觉为发展民族地区的经济做贡献。

民族语言计算语言学的学科领域及学科目标 黄行、江荻撰，载《中国少数民族语文现代化文集》，民族出版社，1999年。

计算语言学是由语言学和计算机科学结合形成的一门交叉学科，它一方面是把计算机作为语言研究的工具；另一方面是面向工程的计算机语言文字处理应用研究。计算语言学基础研究涵盖各种库和语文信息处理的算法与模型，包括语文信息性能研究、自然语言理解，建立包含句法、语义、语用规则的知识库、大规模真实文本语料库等基本内容。计算语言学应用研究的重点是自然语言处理，目前建立适应我国《民族语文》信息处理基础平台的问题还有许多技术性工作尚待展开，此外还有机器翻译、文字文献自动处理等应用系统的研制。开发研究是在基础应用研究的基础上形成商品化产业化的信息化产品，如翻译机、自动标引机、电子词典、检索系统、专家系统等，这方面及语文的开发已有初步成果，少数《民族语文》的开发相对落后。目前各发达国家都把本《民族语文》信息处理作为发展的重点方向，计算语言学是语文信息处理研究与开发的基础学科，没有基础研究的支持，难以真正实现语言信息处理等语文现代化目标。

民族语言文字研究30年 孙宏开撰，载揣振宇主编《中国民族学30年》，中国社会科学出版社，2008年。

为总结改革开放30年来哲学社会科学取得的巨大成就，中国社会科学院布置各学科撰写学科发展概况，本文就是应邀完成的对民族语言文字学科30年来取得成果的初步总结。文章对本学科的各分支的发展做了概括性的介绍，大体分为少数民族语言调查，少数民族语言描写研究，少数民族语言历史比较研究，少数民族语言应用研究包括语言规划研究、语言信息处理和标准化研究、语言翻译研究、双语教学研究等，少数民族语言领域计算机语言学和实验语音学研究，民族古文字古文献整理和研究，少数民族语言理论和方法论研究等方面。

民族语言学的某些理论问题——读《民族语文散论》札记 孙竹、秦楠撰，载《民族语文》1990年第5期。

文章就民族与语言的关系、民族语言与民族文化的关系、民族语言的现状与发展、语言与方言的划分、语言兼用和语言转用、民族文字的作用、有语言无文字的少数民族是创制还是选用文字等问题，展开广泛讨论。文章指出，语言是构成民族的一个最基本、最明显的特征。民族感情、民族意识、民族心理基本上是建立在民族语言的基础之上的。关于语言与文化，语言本身属于文化的范畴，民族语言是民族文化的载体和体现，是民族文化的最基本要素。民族语言关系是民族语言发展的一个重要因素。关系本身就意味着一种接触，一种影响，势必会引起某种变化。就我国目前情况来看，在发展和巩固自己本族语的同时，兼通作为族际语的第二语言——汉语，是语言发展的一种趋势。文章对民族语言学的其他涉及问题也展开了讨论。

民族语言研究与汉语研究 金有景撰，载《民族语文》1983年第6期。

为开创语言学研究新局面，作者提出民族语言研究和汉语研究应该互相吸收养料，互相促进，共同繁荣的办法。文章先谈汉语研究怎样从民族语言研究当中吸收养料的问题。试从音韵学研究、方言学研究、构词法研究举例说明汉语应与民族语言研究挂钩，从中吸取养料，寻求某些疑难问题的答案。一、音韵学研究。作者列举上古阴声韵的辅音尾问题；上古阴声韵的浊塞音-b、-d、-g尾问题；中古汉语浊塞音，浊塞擦音是否送气问题，用壮侗、苗瑶两语族语言作比较，都得到严密的论证和圆满的解决。二、方言学研究。用义乌方言为例，说明汉语的越语、闽语、粤语和壮侗、苗瑶两语族语言的关系密切，它们之间有共同的底层。三、构词法研究。不少重要的构词特点只从普通话本身已不易看清楚，可是先看越、闽、粤等方言，再看壮侗、苗瑶语情况就清楚了。如数词，"一"字和"三十一"中的"一"字，读音不同，从构词法角度看，是两类不同的"一"，没有同一性。

民族之间的语言交流 阿不都玛纳甫·艾别吾撰，载《语言与翻译》1993年第2期。

本文以1954年蒙古国乌兰巴托出版的《蒙哈词典》（1万词条），分析了蒙、哈两种语言中词根相同、意义相近的200多个关系词。例如：蒙—哈"金子"alt、altan-alten，"石榴"anar-anar，"猎手"anix-angxe，"村落"ayl-awel，"荞子"aseran-guy-aserande等。两种语言中基本相同的词可以分成以下几类：（1）日常生活词汇，如"妯娌"蒙古语absan、absa-ajin，哈语abesen-ajen等。（2）植物、金属等名称，如"苹果"aliym-alma，"金钢石"almas-almas等。（3）动物名称，如"虎"bares-bares，"鹰"burkit-burkit等。（4）与颜色有关的词，如"黄"xar-sare，"杂色"alaz-ala等。（5）与牲畜年岁有关的词，如"公牛"buka-buka等。蒙、哈语中的这些关系词表明，蒙古族和哈萨克族人民在历史上曾有过密切的语言接触和社会政治、经济制度的交往。

闽方言和苗、壮、傣、藏诸语言的动词特式重叠 李如龙撰，载《民族语文》1984年第1期。

文章描述了汉语的闽方言和苗、壮、傣、藏诸语言中存在一种大同小异的单音动词的形态变化。这种形态变化就是在单音动词的前面或后面加上一个和动词同声、同调而韵母有异音节，并可按一定格式进行重叠，以此表示动作的某些情态——随意性、短暂性或反复性等。可能这是汉藏语系诸语言的一种同源现象。动词特式重叠有单叠式和双叠式。1. 多数语言具有双音节的单叠式（aAA或Aa）和四音节的双叠式（aAA，aaAA，aAaA）。2. 单叠式是一种准重叠式。准重叠音节与单音动词双声、同调，韵母受动词干的声、韵母制约而采用固定的形式。3. 准重叠式音节不能单用，没有独立意义。4. 这种特式重叠的动词一般只能作谓语，不能再带宾语。5. 表达的语法意义是动作的随意性。文章用例近百条。

闽语和儋州话历史上的接触 刘泽民撰，载《民族语文》2007年第4期。

儋州话是海南北部儋州（过去叫儋县）的一种汉语方言。儋州人使用两种语音系统：一种是文读，另一种是白话音。据作者研究，儋州话的文读源于明清时代的南方系统的官话，与闽语有较大的差别。全文分四节：一、海南汉语方言声母的共同特点；二、内爆音的来源问题；三、海南汉语与临高语声母系统和借词系统的比较；四、对海南岛历史上相关语言接触情况的推测与分析。文章末涉及儋州话的口语，即对儋州白话地位的分析。

闽语中的少数民族语言成分　李炳泽撰，载《汉语与少数民族语言关系概论》，中央民族学院出版社，1992年。

本文介绍了闽语中词汇和语法方面少数民族语言成分。闽语中这些词不是来源于汉语本身，而是来源于古越人的语言，如：舔口水、看一下、袖子、扔、闭眼等。把闽语语法和汉语其他方言语法及壮侗族语言语法进行比较研究，可以看出它的某些特殊语法规则很难解释为是古汉语的继承，而可能是像粤语一样，受古越人的影响产生的。如：量词单独修饰名词、状语后置、比较句谓语提前等都是受古越人的影响而产生的。今天闽语中有些语言现象在汉语中找不到其对应形式，而与苗瑶族有关系。闽语中的苗瑶底层，在闽语中有些词汇有音无字，这些词汇与苗瑶语有关系。在语法上，闽语的名词性偏正式合成的中心成分在修饰成分之前，这一点与苗瑶语同。在句法上，闽语的"程度副词＋形容词＋量词"形式中，量词作形容词的补语，和瑶语同。

明代汉文回鹘文分类词汇集《高昌馆杂字》　胡振华、黄润华撰，载《民族语文》1983年第3期。

文章分六个部分介绍并研究明代的一部汉文回鹘文分类词汇集《高昌馆杂字》（以下简称《杂字》）。文章首先介绍，明代洪武年间开始编撰民族语文的文献和辞书。永乐五年，明王朝开设四夷馆，鞑靼、女真、回回、白夷、高昌等各馆编出民族语言与汉语对照的分类词汇《杂字》。现存于北京的有四种不同版本的《杂字》，本文标示了明抄本《高昌馆杂字》词汇的排列和分类方式，分析了其中的回鹘文字母特点：a与ɛ、i与ɤ及j用一字母表示；语音特点：元音部位和谐较严密，唇状和谐不够严密，词干和词尾有辅音d；语法特点：有属格-ning和宾格-nɤ，基数词与现代维语基本相同；词汇特点：保留古突厥语词和汉语、蒙古语借词，阿拉伯语借词少。文章最后部分指出，通过《杂字》，可以研究当时的汉语情况和不同时期民族名称的译法和含义，因此，《高昌馆杂字》的学术价值不仅局限在语言文学方面。

明代彝文金石文献中所见的彝族宗教信仰　马学良撰，载《民族语言教学文集》，四川民族出版社，1988年。

现存彝文文献，最早见于明代的石刻和金文。1981年，贵州省大方县文化馆文物组的同志在县城关小学内发现明代成化年间罗甸水西的铜钟一口，（以下简称《成化钟》），钟面有彝文和汉文，彝、汉文字均注明该钟铸于成化二十一年（1485）乙巳岁四月十五日丙寅吉旦，较已发现的云南禄劝县明嘉靖十二年（1533）刻的彝、汉两种文字的《镌字崖》早48年，较贵州大定县（今大方县）明嘉靖二十五年（1546）安民土司彝、汉对照的《新修千岁衢碑论》早61年，是今存最早的刻有彝、汉文字的古钟了。在罗甸水西地区还有著名的《水西大渡河建石桥记》（以下简称《石桥记》），明嘉靖二十年（1541）立，是记载罗甸水西彝族历史的一篇重要文献，全文1900余字，是迄今所见的最长的明代彝文碑铭。上述彝文文献，是研究彝族社会历史、宗教、语言文字的重要资料。彝族是西南民族中少数有文字的民族之一，文献资料丰富，为研究西南诸民族文化史提供了重要史料。

明清两代满语满文使用情况考 滕绍箴撰，载《民族语文》1986年第2期。

本文根据史料，就明清两代满族人民在与其他民族的交往中，在语言文字方面发生的重大变化加以考析。一、沿革：（1）明代女真语言文字沿袭自金代女真，至明代晚期其文字最后散佚，遂有满文之创制。（2）明隆庆万历年间，女真文不见于史。清太祖满文创制初期，蒙古语文在一段时期内几乎取代了女真文。（3）后金成立，清太祖、太宗集中各族人口东征西讨，以致女真、蒙古、汉、朝鲜等语言文字在我国东北地区交汇。（4）满文创于万历二十七年。满文的创制是民族文化汇合的结果。二、清初提倡学习汉语文，翻译汉籍，培养人才。三、满文经过三个发展阶段：满族官兵普遍熟习满语满文（1644—1746）；满族官兵大半不习满语满文（1746—约1810）；满语满文渐致废弃（1840年以后）。在将近300年的时间内，满族人民已转用汉语文。其最主要原因是社会条件的变迁。本文引证《满族简史》及有关清代历史文献20多种。

明清时期朝鲜韵书中的晓精组字 金基石撰，载《民族语文》1998年第2期。

现代汉语舌面音 tɕ、tɕh、ɕ 是唯一一组《中原音韵》（1324）里所没有的辅音，因此可以说它是现代汉语音系的重要特征之一。国外学者安世铉通过《老乞大谚解》（1676）的考察，认为那个时期"见晓组字母处于腭化的过滤阶段"，而"精组字母一部完成腭化，一部处于过渡阶段"。朝鲜的历代韵书中，保留着朝鲜几代学者对中国明清时期汉语音的谚文标音，因此这些资料对中国近代汉语音韵的演变过程具有重要的参考及旁证价值。从近代汉语音韵史的角度，发掘和整理朝鲜韵书中反映的近代汉语腭化的进程，可以弥补中国近代汉语音韵资料的欠缺。本文以《中原音韵》（1324）音系为起点，以各个时期代表性的朝鲜韵书为旁证，探索近代汉语的腭化过程。本文指出：朝鲜韵书《汉清文鉴》（1776）到《重刊老乞大谚解》（1795）时期是近代汉语实现腭化的过渡期。

谟汉定语比较 符昌忠撰，载《广东民族学院学报》1995年第3期。

谟语（即村语）和汉语同属于汉藏语系，但分属不同的语族。它们中的定语用法有同有异。谟语和汉语的定语，根据其中心词的性质可以分为两类。一类是以名词为中心词的，另一类是以量词为中心词的。以名词为中心词的定语，即定语修饰名词。从定语的性质看，又可以分为一般性定语、领属性定语和同一性定语三种。谟语以量词为中心词的定语，即定语修饰量词，数词和指示词能修饰量词，有时形容词也能修饰量词。谟语和汉语的定语，从结构成分看即定语和中心词的位置来看，谟语和汉语有同有异，可以归纳为下面三个基本类型：谟语：1. 前置定语—中心词；2. 中心词—后置定语；3. 可前置可后置定语。汉语：前置定语—中心词。谟语最为突出的特点是有后置定语，即修饰成分在中心词之后。这是它与现代汉语区别最明显的特征。

谟话修饰语探微 符昌忠撰，载《广东民族学院学报》1989年第2期。

海南谟话（即村语）的修饰语与壮侗语族语言一样，位于中心语之后。该文主要探讨名词的修饰语问题。分五部分：（1）名词的单词修饰语，一般在名词之后，但时间名词和个别量词作修饰语可在前。（2）名词的词组修饰语，数量词组在前，指量词组可前可后。（3）动词、形容词的前置与后置修饰词，分多种情况，否定副词和程度副词修饰语在前，副词和形容词作修饰语，可前可后。（4）指量词在多重修饰语中的特殊作用，着重介绍指量词在名词的多重修饰语中的作用。指量词在不同的位置有不同的意义。（5）某些句子成分与修饰成分的关系及其位置，指动词带宾语及补语（结果补语和数量补语）时的词序。其格式是：动＋宾＋补（程度补＋数量补），数量结构修饰语要放在宾语和结果补语之后，如"人家打死五只鸡"说成"人家＋打＋鸡＋死＋五只"。

摩尼文简介　李经纬撰，载《语言与翻译》1993年第3期。

早在漠北时期，维吾尔人就信奉了摩尼教，西迁到天山南北之初仍信奉过一段时期。摩尼文是维吾尔人主要在摩尼教范围内使用的一种文字。在用摩尼文书写的文献中，最著名的是《摩尼教徒忏悔词》。该文献有两种，一是格留威切里于1907年在我国吐鲁番亦都护古城发现并收藏于柏林博物馆，即柏林抄本。该抄本共118行，1910年由勒克柯释读并刊布。另一种是斯坦因于1907年在我国敦煌莫高窟发现并收藏于伦敦大英博物馆，即伦敦抄本。该抄本凡338行，由勒克柯1911年研究刊布。此外，还有一个用回鹘文字母写成的本子，是迪牙阔夫于1908年8月15日得自吐鲁番。上述三个文本以伦敦本最全，柏林本最残。但只有柏林本有该文献的开头部分；只有回鹘文本有结尾部分，三者可相互补充。文章对柏林本第一页A·B两面的摩尼文文献进行了原文转写，附有汉译文，并介绍了摩尼文的主要书写规则。

摩梭话a或ə音节浅说　杨振洪撰，载《云南民族语文》1997年第3期。

本文以作者家乡宁蒗县永宁乡阿布瓦村的摩梭土语为代表，对摩梭话中a或ə音节的类型、功能、性质作简要论述。文章先介绍了a或ə音节的类型，分为二类：前a（或ə）音节的功能有：构词、构形、配音。构词功能即利用a或ə加在名词词根前，有时也可加在动词、形容词、副词词根前，以构成新词；构形功能主要体现在改变词性、表示语法范畴两方面；配音功能主要指，在摩梭话中ə主要加在名词、动词、形容词前，配成双音节词，在这种情况下，有的词义不发生变化，有的则改变了原来的词义。文章最后介绍了摩梭话a或ə音节的性质，a或ə是两个涉及语音结构系统内各个层次的语素，是一个多功能的聚合体。同时，文章指出，双音节化是产生a或ə音节的性质，a或ə是两个涉及语音结构系统内各个层次的语素，是一个多功能的聚合体。同时，文章指出，双音节化是产生a或ə音节的重要条件，双音节化总是伴随着"前轻后重"节律模式，且它的语言特性成为该模式的最佳选择对象。

摩梭话元音的松紧　杨振洪撰，载《云南民族语文》1991年第2期。

文章对分布于我国云南省的宁蒗彝族自治县，四川省的木里、盐源、盐边等，以及云南永胜县的獐子旦、维西傈僳自治县的其宗、丽江纳西族自治县的海龙和奉科等地的摩梭人做了一番深入细致的调查、分析。作者认为，依据语音和词汇的差异，摩梭话可分为永宁坝、北渠坝、瓜别三个方言。摩梭话是摩梭人的主要交流工具，但摩梭人大多聚居在川滇交界处，与外界交往少，彼此之间也少有来往，通话有一定的困难。由于"一山不同族"的客观存在，使摩梭人在词汇方面与邻近民族存在互相借用的现象，也使有些学者认为摩梭话的紧元音是从邻近民族的语言里借来的。作者通过一个事例认为，摩梭话里更多的紧元音出现在摩梭话固有的词汇里，而借词是少数。文章认为摩梭语中的紧元音与松元音在发音上有明显的不同，这与声母和声调有很大的关系，文章最后还列举了数词与量词组合时元音的松紧情况，最后判断该语言的紧元音正逐步消失。

"摩些"与"纳木依"语源考　和即仁撰，载《民族语文》1991年第5期。

本文试图从历史和语言的角度探索史籍记载中

的"摩些"族称及其与"纳木依"人自称的关系。一、见于史志的摩些、磨些、末些、么些、摩梭,都是纳西族先民称谓的同音歧译。对"摩些"这个族称有三种不同看法,作者认为摩些即是摩沙,确属纳西族的先民,但不同意摩沙即为"羌族"的看法。二、"摩些"与"纳木依"的语源:纳西族各地有纳、纳汝、纳恒、纳西(占大多数)4种自称,其本族称都是纳,而汝、恒、西都是人或族的意思。纳本义是黑(尚黑习俗)。摩沙这个族称与纳木依人的自称在语源上有联系。"纳母"可能是纳西族原始部落时期的一位女始祖的名字(意为"黑氏女子")。纳木依人的自称,"纳"意为黑,"木"意为女人,而"依"为儿子或后裔的意思。纳西语和纳木依语有不少同源词,语法结构比较接近,可能同出一个原始母语。

莫戈勒语概要 布和撰,载《论文与纪念文集》,内蒙古大学出版社,1997年。

莫戈勒人主要居住在阿富汗的赫拉特省及其邻近省份。莫戈勒人的历史渊源,一般认为他们是元代驻守伊朗的蒙古军后裔。据魏弥贤(Mweiers)推测,莫戈勒人大约有3000人。莫戈勒族大多数人已转用波斯语或塔吉克语,只有少数老年人还会讲莫戈勒语。莫戈勒人与操同语族其他语言和方言的居民完全断绝联系,长期处在异族语言包围的环境中,因而莫戈勒语一方面保存了中世纪蒙古语的某些特征;另一方面受到波斯、塔吉克等异族语言的强烈影响,特别是吸收了大量的波斯语借词,借词在词汇中占一半以上。关于莫戈勒语的最初消息是英国陆军中尉利奇(R. leech)于1838年在印度发表文章中报道的,其后芬兰的兰司铁、匈牙利的李盖提、日本的岩村忍、美国的舒尔曼及德国的海希格和魏弥贤等学者分别在20世纪初和20世纪30年代、50年代、70年代对莫戈勒语进行调查,先后发表了莫戈勒语的有关材料和论著。其中材料最新、最丰富而且比较可靠的当推魏弥贤和海希格于1972—1976年出版的莫戈勒语研究著作。

莫话浊塞音声母b-,d-的演变和语言的自然补偿现象 倪大白撰,载《民族语文》1984年第5期。

贵州荔波县甲良方村的莫话中有两套浊塞音,一套是先喉塞音的ʔb,ʔd,另一套是纯浊塞音b,d(带有轻微的鼻冠音)。但是在该县的阳凤乡的两个点各有不同的变化。新场大队两套声母完全合并成一套,而大利大队ʔb和b的区别仍然存在,ʔd和d则合并了。如"年"方村读be^1,大利读be^1,新场读ʔbe^1;"瞎"方村ʔbət^7,大利ʔbət^7,新场ʔbət^7;"旱地"方村ʔda:i^5,大利ʔdja:i^5,新场ʔda:i^5。从时间上看,方村保存两套系统。应为最古老,大利处在过渡形式,新场变化最快。作者指出,方村的莫家人居住集中,语言较纯,保留原来形式;大利是山村,比新场偏僻,只变了舌尖那一套;新场是公社所在地,是小集市场所,人员流动较大,变得就快。至于大利、新场两个点为什么变成腭化音ʔdj,作者认为这是一种自然的补偿手段。

木尔吐克方言 木·哈斯木撰,载《语言与翻译》1991年第2期。

木尔吐克方言是现代维吾尔文学语言中心方言区的一部分。搞清这一部分方言在语音、词汇、语法方面的特征,特别是搞清它的语音特征,对现代维吾尔语的描述能力,无疑是具有重要意义的。本文通过与文学语言的对比,认为木尔吐克方言的音位与文学语言的音位基本相同;木尔吐克方言的元音和谐是很严谨的,这种现象表现在舌位和唇和谐方面;在辅音方面,木尔吐克方言有逆同化现象和转换现象。因此,通过与文学语言的对比,弄清木尔吐克方言的特征,可以为文学语言的规范化和确定其发音标准提供参考资料;在文学语言的规范化方面,总结方言与文学语言发音标准的区别,特别是总结规律性的语音现象，在地方学校的教学工作中采用和推广文学标准语言，编写方言词典等方面，都具有重要的意义。

《木氏宦谱》记译东巴经纳西远祖世系谱的几个读音问题　李静生撰，载《丽江第二届国际东巴文化艺术节学术讨论会论文集》。

文章主要内容：《木氏宦谱》是明朝正德年间木公所做。他记译了纳西族祭天仪式《崇般绍》一书中从"草古天能古"（即天生人蛋）到"高来秋"（今译作高勒趣）一段作为先祖叶古年以上十一代的远祖世系。作者认为"宦谱"所译的纳西远祖世系是我们至今所知的最早的一份汉译纳西东巴经资料，翻译中采用了音译和意译结合的方法。文章首先对翻译中的意译词和音译字进行了梳理，认为意译词可以一目了然，而音译字的汉语读音与今天东巴的纳西语读音对照则不能一一对应，而且似乎还相去甚远。作者认为这是古今读音的问题。文章着重对音译的五个对不上音者"俸"、"羡"、"比"、"于"、"伴"与《广韵》所记之音以及郭锡良先生的拟音进行比较分析，读音极为相近。所以作者认为即便到了明代，在像丽江这样偏僻的民族地区，在传授和学习汉语的人中，还保留着一些古音。

木雅语　黄布凡撰，载《藏缅语十五种》，北京燕山出版社，1991年。

木雅语是我国四川省西南部贡嘎山周围藏族居民使用的一种语言。人数约一万人。木雅语一般在家庭或村内使用，对外交际用藏语或汉语。木雅语单辅音声母42个，复辅音声母7个。单元音韵母27个，有松、紧元音区分，复元音韵母16个。声调5个，调值分别是高降53、中升24、高平55、中平33、全升15。词汇上，部分词带词头和词尾，如亲属词带 a 词头，指小词带 tɕue 词尾。方位词极丰富，不同义类的词用不同方位词，空间和水流的上下还分近指和远指。人称代词分单、双、复数，用不同后缀表示。基本基数词有固有词一套和藏语借词一套。语法范畴主要有方向、人称、数、体、语气、式、态、自主与不自主等。如方向包括六种方向前缀，体分未完成体与完成体，态分自动态与使动态，用动词方向前缀的元音交替表示。形容词大部分为双音节，叠音词与双声词特别丰富，级范畴分普通级、较高级和最高级。基本语序是主—宾—谓。全文用例数百个。

那溪瑶语与侗语的关系　龙明耀撰，载《贵州民族研究》1984年第3期。

本文在介绍那溪瑶语音系的同时，把侗语和茶山瑶语列在一起对比，来探讨那溪瑶语与侗语的关系。那溪瑶语有声母32个，塞音和塞擦音不分清浊，有送气和不送气两套。有腭化、唇化声母和自成音节的 ŋ，f 是借词。韵母有26个，分单、复两类。只有 a 在-n 前分长短。6个声调全是舒声调。从上述简介中可看出那溪瑶语同瑶语四大系统（盘古、西山、平地、茶山）差别很大，但比较接近茶山瑶语系统。本文从语音、词汇、语法与侗语（榕江）作了初步比较。那溪瑶语比侗语多了 ts、ts'、tj、tj'、kj、kj'、ŋ 7个声母，但侗语北部方言除 ŋ 外，其余6个声母也是有的。26个韵母都是舒声韵。Ai 并入 a 韵，au 并入 aŋ 韵，a 只在-n 前分长短，除这些外，都与侗语接近或相同。促声调的字分别并入调类相同的舒声调，这种对应的规则与侗语一样。本文举58例基本词汇和5种相同的语法现象供专家学者们研究。

纳汉双语教学研究　盖兴之、姚兆丰、陈典红撰，载《云南少数民族双语教学研究》，云南民族出版社，1995年。

云南纳西族共约26万多人，主要居住在丽江、维西、中甸、宁蒗四县。纳西语属汉藏语系藏缅语族彝语支。纳西族有三种文字，一种是象形文字东巴文，一种是音节文字哥巴文，一种是拼音文字纳西文。丽江纳汉双语教学班是试点型的，其做法是：纳西文学前班（1—4年级），纳汉双语文教学（5—6年级），单一汉语文教学。但由于缺少科学的双语教材，双语教学显示不出显著的双语教育的优势，没有取得令人信服的效果。由于纳西族地区大多兼用汉语交际，语言的交际功能更多地促使人们考虑采取直接使用全国通用的汉文学校的教育方式，而对双语教育持观望态度。在这样的地区开展双语教育，一是要符合科学规律，要把握语言规律，二是要有一套科学的实用的教材和素质较高的师资。本文还对纳西语的语音系统作了介绍，对纳汉双语文教学提出了建议。

纳木依语支属研究　拉玛兹喔撰，载《民族语文》1994年第1期。

纳木依语是分布在四川凉山彝族自治州境内的一种语言。在此文发表以前，学术界通常把它放在藏缅语族羌语支里，本文作者通过实地调查研究，并与藏缅语族一些语言如羌语支的羌语、纳西语、傈僳语、拉祜语、哈尼语，景颇语支的景颇语，缅语支的载瓦语，藏语支的藏语等进行比较后认为，纳木依语与纳西语最接近，应属于彝语支。文章列举了语音、语法和词汇比较的情况。从语音比较看，纳木依语无羌语支语言普遍存在的小舌音，也无塞擦音分4套等特点，倒具有彝语支语言一些特殊语音现象，如颤唇现象、协发现象等。从词法比较看，纳木依语与彝语支的同源词大大高于羌语支。从语法比较看，纳木依语同彝语支语言一样无羌语支语言普遍具有的那些语法范畴，表达语法意义也不大用形态手段，语法特点更近似彝语支而远于羌语支。

纳木兹语　黄布凡撰，载《藏缅语十五种》，北京燕山出版社，1991年。

纳木兹语分布在四川省甘孜藏族自治州九龙县、凉山彝族自治州冕宁县、西昌附近的大桥公社及木里藏族自治县等地。纳木兹语单辅音声母43个，复辅音声母22个，单元音韵母19个，复元音韵母15个，带辅音尾韵母4个，声调4个，调值分别是高平55，高降53，中升35，中降31。四个声调对立区别意义的情况很少，多数为两两对立。词汇上复音词为多，其中多数以单音节词根加附加成分构成的派生词和单音节语素复合而成的合成词，叠音词的数量也比较多。语法上，名词有数范畴，用复数附加成分表示，人称代词分单、双和多数。形容词有级范畴，用比较级和最高级前缀表示。动词有趋向、体、态、式等语法范畴。趋向范畴用前缀表示，体范畴有将行体、即行体、续行体、进行体、已行体、完成体、经验体7种，一般都是加语尾助词表示。基本语序是主—宾—谓。

纳苏彝语形容词的变式类型　普忠良撰，载《云南民族语文》1998年第1期。

本文主要对纳苏彝语形容词的重叠式、词缀式、四音格式进行了描述分析。重叠是纳苏彝语形容词构成的主要方式，可分为单音节单重、单音节多重、双音节部分单重、双音节完全双重、附加叠音词尾五种重叠方式，主要用于表达程度的加深或减弱。词缀式通过前后词缀的重叠构成。纳苏彝语形容词在词义上具有"原级"、"加深级"和"最高级"的区别，通常以词缀式和重叠式两种构词形式来表示。词缀式可用于单音节或双音节形容词的等级比较，而重叠式只能用于单音节形容词的等级比较。四音格式是指纳苏彝语中部分单音节形容词以核心词的形式出现，通过前后附加陪衬音和垫音及其声母间的屈折对应、元音和谐等有规律的语音变化构成的四音格式形容词。这三种构词方式是纳苏彝语形容词的主要变化形式。

纳西东巴经中的 $tsho^{31}$ "人"和 lv^{33} "牧奴"　和志武撰，载《彝缅语研究》，四川民族出版社，1997年。

文章考证纳西族东巴经中两个词"人"和"牧奴"的来源。纳西语口语和经文中"人"分别是 ci^{33} 和 $tsho^{31}$ 或 dzi^{33}。与藏缅语比较发现与彝语支语言同源，与其他语言差别较大。藏、羌、景颇语支语言的"人"均为鼻音声母 m，不过这个情况在东巴经中尚有遗存：mv^{33}（人）。mv^{33} 可能与古藏缅语"母亲"（m）一词有关。东巴经中"母"为 me^{33}，"女"为 mi^{55}，"人"为 mv 或 mu，血缘婚时"妻"为 mv，夫为 nɯ；对偶婚时女为 mi^{33}，夫为 lv^{31}，夫妻合称 $mi^{33}lv^{31}$，妻在前夫在后，因此"人"的演变是 me（母）→mv（人）→dzi→tsho→çi。lv^{33} 是从 $tsho^{31}$（人）中分化出来指纳西族古代社会专门从事放牧的人。与早期 $nɯ^{31}$（弟兄、夫）及后期 lv^{31}（夫）有语音演变联系。东巴强 lv^{33} 是与 $tsho^{31}$（人、牧主）对立的牧奴。牧奴一词与动词放牧同形不同调，其他巫师、祭司职业与职业行为的词也可证此观点，放牧一词与许多藏缅语同源也是证明。文章强调了利用典籍材料和结合历史人文资料的研究方法。

纳西东巴文计数习俗中所见的原始思维
王元鹿撰，载《中国民族古文字研究》（第三辑），天津古籍出版社，1991年。

本文对一个无论在语言、文字方面还是在民俗、文化方面都具显著特色的民族——我国西南的纳西族——的计数习俗进行考查，并进而指出其背后的种种原始思维特征。日本已故著名语言学家桥本万太郎曾说过："中国的纳西族身居云南深山，地处偏僻的长江源头。"他们既不畜牧，也不发生大规模通商，而可以用自己的语言一直数到 99 999.999，只是到"亿"或"兆"，才借用汉语。不过本文则重在依据纳西族数词的使用和数字构成，去探寻与该民族思维特征中的较为原始的那个底层上的东西。（1）从数字的使用看思维的飞跃。纳西族所使用的一种较为原始的文字——东巴文字，其数字"一"至"九"。"一"至"九"的东巴文数字当是一群指事实。可以说，这样的文字，以抽象的形体来表示"数目"的概念，已经显示出纳西人对数的抽象能力了。（2）从东巴文字看"三"的特殊地位。在纳西族的神话、传说和宗教活动中，"三"这个数字的地位特别显赫。

纳西东巴文与甲骨文的比较研究 李静生撰，载《云南社会科学》1982年第6期。

本文从文字学的角度，对这两种文字作了一些初步比较研究，通过对二者的字形结构、假借情况、书写行款等方面的异同比较，试图证明东巴文字尚处于图画文字的阶段，并试图探索甲骨文字中未识之字。文中假定，汉字发展的安阳甲骨文，已经经历了文字图画——图画文字——表音象形文字这样三个阶段的话，那么，很明显，东巴文字还只处于第二阶段，这一点在文中比较，将得到证实。（1）东巴文字和甲骨文字的概貌叙述。（2）两种文字象形系统的比较。象形系统包括独体象形字和合体象形字两大类。通过比较二者都用依类象形法。两种文字创始取法相类，所以独体象形字从形到义多有相似者，尤其是一部分合体象形字也是形相类，意相同。（3）两种文字形声系统的比较。（4）两种文字借假系统的比较。（5）比较考证"⦅⦅"字本义考，分析汉古文字"册"字的演变，不论形体作何种变化都包含着"围"、"栅"的初义。由"围"和"栅"扩大而为今天的"域"或"国"。由此便可以得到证明：东巴字"ko^{55}"（栅）与甲骨文"册"形相似，义相同。

《纳西东巴文与甲骨文的比较研究》质疑 喻遂生撰，载《云南社会科学》1983年第4期。

本文认为，《纳西东巴文与甲骨文的比较研究》中关于字音发展由繁变简的结论颇为可疑。提出几点看法与专家讨论。（1）东巴合体象形字和甲骨文会意字所记录（或表示）的语音单位的大小并不完全相同。古汉语是以单音节为主，甲骨文会意字不管由几部分构成，都只记录了一个单音节语素即一个单音节词。东巴合体字则不同，它往往记录由几个语素构成的合成词，其读音则由这几个语素的读音加合而成。（2）东巴合体字的字音不能简单地说是逐步简化的。纳西语的语音变化是复杂的，一方面，在语流中有音节的缩减；另一方面在东巴经中，也有一些词原来是一个音节的，但在现代口语里已经发展为两个音节，使之更加精确完善和富于表现力。（3）甲骨文字音不可能是多音节的。甲骨文会意字是由几部分的形体和相互关系体现某词的意义，而这个字就读这个词的音；其意义不是几部分意义的简单相加，其读音就更不是几部分的音的连续。（4）"连读成语"的会意字是后起的文字现象。

纳西东巴文与藏文的关系 木仕华撰，载《民族语文》2001年第5期。

纳西东巴文中的若干藏文字母、元音符号以及藏文文献中常用的字段标记符进入东巴文后发生了变异，并出现了切音标音法，还派生出一批与藏文字母及元音符号相关的字符，丰富了东巴文字体系。本文的研究还为探讨东巴文的形字和音字的产生先后次序的讨论提供了若干佐证。作者认为，藏文字母同时出现于东巴图画——象形字和哥巴音节文字中，其中少量与形字结合派生出新的字体，成为东巴文造字法中又一新的模式。

纳西东巴文与字的异读和纳汉文字的比较研究 喻遂生撰，载《云南民族学院学报》1990年第1期。

纳西东巴字异读的现象比较普遍。有些从事纳汉文字比较研究的学者认为，汉字会意字的最初读音，可能是有几个形会合便读几个音节，后来逐渐向单音节转化。本文作者经过对纳西东巴字异读的全面考察，提出不同的看法。作者首先将东巴字异读分为四类：（1）古今异读。东巴经由于历代口耳相传，保留了较多的古音。（2）方言异读。现行的几部东巴字，都按一地方言音系记音，相互比较，异读较多。（3）借词异读。有的异读是由于本族词和借词并存所致。（4）构词异读。由于各种读法所包含的语素或构词方式的不同而造成的。可分为三个小类。由于构词异读含有相同语素而音节又有多少之异，很容易给人一种语音简化的感觉，导致比较研究的失误。本文最后指出，东巴字异读所表现出的原性质，对于汉古文字研究，是很有启发意义的。

纳西东巴文字与汉字不同源流说 王元鹿撰，载《云南民族学院学报》1987年第1期。

本文试从几个不同的角度来讨论东巴文字创制和发展中是否受到汉字启发影响的问题。对于此问题的看法曾经有两种相反的观点，一种认为汉族的文字与纳西东巴文字之间有着亲属关系或某种关系。另一种认为东巴文字是独立发展的文字系统。作者认同后一种观点，并从三个方面来论证。（1）神话和传说所提供的证据。东巴经中的有关记载和纳西族民间的有关传说，无一例外地认为东巴文字是独立创制的一种文字。（2）与其他民族古文字的对比。东巴文字同汉字和其他文字跟汉字同一系统的民族古文字相比有着极大的差异，这也说明了东巴文字是独立创制和发展的。（3）与哥巴文字的对比。与哥巴文字对比，东巴文字的特性也证明了它是独立创制且在长时期里独立发展的一种文字。本文的讨论，证实了纳西东巴文字不是汉字系统的文字。

纳西古文字研究 和即仁撰，载《云南民族语文》1998年第1期。

纳西族文化历史悠久，有四种记录本民族语言的古老文字，即象形文（又称东巴文）、哥巴文、阮可文和玛丽玛萨文。据推断，纳西象形文是脱胎于刻画符号和记事图画的一种原始表意文字。哥巴文是音节文字，"哥巴"意为"弟子"，从这一含义上判断，这种文字当为后世东巴弟子所创造。而阮可文和玛丽玛萨文则是来源于象形文字的两种变体文字。这些文字的创始地，据前人的研究成果和现有资料，并按文字产生的一般规律推测，可能是创始于无量河下游。至于象形文的创始年代，有学者认为大约在唐末宋初。东巴经、《木氏宦谱》及地方志中虽有相关记载，但都缺乏根据，不能作为定论。象形文字从结构上看，既有连环画式的图画文字，也有一字一音的象形文字，且字符多同音假借，不尽为本义。所以作者认为，象形文字是正处于由图画文字（语段文字）向象形文字（音节文字）演进的一种比较原始的表意文字。象形文字的造字方法主要通过自身变化和附加变化两种方法来实现。

纳西文图书概述 郑卫东撰，载《云南民族语文》1998年第2期。

纳西文图书分为拼音文字图书和象形文字图书两类。纳西拼音文字图书主要有：（1）教材类图书，是配合双语文教学和方便纳西族群众学习纳西拼音文字而创作编撰的图书。（2）文学类图书，便于弘扬民族文化，引导纳西族群众的学习兴趣和提高纳西文知识水平。（3）科普类图书，对纳西族群众的科学种植、发展生产起到很好的推动作用。（4）文化教育类图书，主要有《纳西语基础语法》、《纳汉会话》、《民族知识简明读本》。（5）政治类图书，有《云南省丽江纳西族自治县自治条例》、《十五大报告》。此外还有工具类图书。纳西象形文图书主要就是东巴经典籍，是专供东巴经师使用的图书。典籍的内容涵盖了神话传说、轶事杂记、天文地理、医药、念经规程等各个方面。据统计，流传于民间的东巴典籍约有500种，共计二三万册以上，这些典籍是了解、认识和研究纳西族社会历史、传统文化和对外交往的百科全书，并得到国际学术界的重视。

纳西文字、汉字的形声字比较 刘又辛撰，载《中央民族学院学报》1993年第1期。

东巴文字通称纳西象形文字，大约产生于公元11~12世纪，比起汉字来是很年轻的文字。但以文字发展阶段看则是比较原始的文字。纳西东巴文的形声字多数是加注音符而成的早期形声字，是在象形字、会意字上加注表音成分而成。与甲骨文相比有如下特点：（1）两者都有相当数量形声字；（2）东巴文中注音形声字特别多，注音字是表形字演变为形声字的初级阶段；（3）甲骨文已脱离注音的作用，成为与之有关联事物的类符。如甲骨文中以"水"为形符的形声字共有30多个。东巴文字中与水有关的形声字却没有。可见，甲骨文形声字已趋成熟，形符不是直接描绘事物的形象，而是表示事物的类别或关联词。形声字在甲骨文中约占20%。商代这些形声字奠定了汉字最终发展成形声字为主体的汉字体系的基础，东巴文字没有继续向这类形声字方向发展。

纳西语的几种构词方式 姜竹仪撰，载《民族语文论集》，中国社会科学出版社，1981年。

文章讨论了纳西语合成词的构词方式。纳西语的构词语素可分为基本词素和辅助词素。合成词的构成有三种。（1）不同基本词素结合；（2）同一基本词素重叠结合；（3）基本词素加辅助词素。关于第一种，又可按内部结构分联合式、修饰式、支配式和表达式。联合式是用各词素或动词素或性状概念的反义词素并列结合词。如 zo^{33} mi^{55}（儿女），pho^{31} noe^{33}（逃避），ka^{33} khua^{21}（好坏）。修饰式是中心词素与修饰词素结合，如 ku^{33} fv^{33}（头发）。支配式是动作概念词素支配人或事物概念词素，如 xa^{33} me^{33}（讨饭、乞丐）。表述式是 nyi^{33} me^{33} thv^{33}（太阳出，即"东方"），miac^{31} do^{31}（眼睛见，即天亮）。关于第二种，基本词素多为形容词，如 $xo^{33}lo^{55}$（光滑），$xo^{33}lo^{55}xo^{33}lo^{55}$（光滑滑的）。共有 AABB 式、ABAB 式、aAaB 式、AaBa 式等多种。关于第三种，又分为带前加成分的合成词和带后加成分的合成词两类。

纳西语的数量词 马忠义撰，载《云南民族语文》1988 年第 1 期。

本文主要是作者以他所学和记录整理的材料为依据，以举例解释说明的形式，对纳西语中的数词、序数词、量词的种类、特点加以分析说明。作者认为纳西语中的数词有基数词和由基数词组成的复合数词两类，以及表示次序先后的序数词，对于它们的性质和分类，作者在文中一一举例说明。对于纳西语中数词的特点，作者认为主要有两个，一是纳西语中的数词一般地说是不能重叠使用的；二是纳西语中的数词必须与量词结合成数量词组后才能使用，只有数词而无量词的句子，一般说是没有的。对于纳西语中量词的分类，作者认为根据其功用和性质，可分为名量词和动量词两类。而对于具体的名量词，作者还分为专用于人的量词，专用于动物的量词等并一一加以说明；纳西词中的动量词目前发现的仅有 zuu（次）。对于纳西语量词的特点，作者认为主要有 5 个，即名量词在句中的词序与汉语不同；量词一般用在数词和指示代词后面，不能单独使用，不能重叠；动量词的用法与汉语也不同；数量词组在句中可作主语、谓语、宾语、定语；数量词可受副词的修饰。

纳西语东部和西部方言语法异同概述 姜竹仪撰，载《民族语文》1993 年第 4 期。

本文介绍纳西语东部和西部两个方言语法方面的异同点。第一部分叙述名词和数量词、动词的情态、助词等方面的共同之处。第二部分叙述名词转为动词、动宾结构的助词、单音节形容词表示程度加深的方式、动词词根的重叠形式、称谓称呼、人称代词单复数构成情况、趋向动词的时态、存在动词、数量词、指示代词与量词构成的词组、几个副词的不同用法、表示比较的助词、人称代词与名词的组合等方面的差异。经过对比之后，虽然两个方言的语法有些差异，但可以说基本上是一致的，这也是纳西语划分为两个方言的依据之一。更重要的是语音和词汇是划分方言的重要依据。纳西语两个方言分布在不同地区，受周围不同民族语言的影响，而在语法结构上虽有一些差异，但从整体来看，两个方言的语音、词汇、语法的差异，还没有构成两种语言的区别。

纳西语辅音的声学分析 杨鉴撰，载《民族语文》1998 年第 5 期。

本文以纳西语西部方言的丽江坝土语和大研镇土语为对象，利用数字语音信号处理方法分析了纳西语辅音的主要声学参量，为纳西语语音合成和进一步的研究提供了依据。通过统计分析，本实验除获得纳西语辅音的声学参量外，还得出了以下几点结论：（1）声学分析结果表明，纳西语中那些与汉语普通话相同的辅音，其声学参量大体上类似于汉语普通话的测量结果。（2）辅音音长主要与发音方式有关。其基本规律是，塞擦音长于塞音，擦音长于塞擦音，送气音明显长于不送气音，清辅音略长于浊辅音，鼻冠浊音长于纯浊音。（3）纳西语的音节可归纳为 3 种结构：V、CV 和 CnCV。（4）声学分析表明，舌面辅音与央元音、低元音相拼时，中间都有介音。这一点类似于汉语普通话，舌面辅音只与齐齿呼、撮口呼韵母相拼，而不与开口呼、合口呼韵母相拼。

纳西语话语材料 姜竹仪撰，载《民族语文》1988 年第 6 期。

这篇话语材料的内容是从纳西族古老神话故事翻译整理出来的。它一方面可以从长篇故事里了解纳西的语音、语法结构，另一方面可以了解老虎的来历以及老虎和乌鸦的关系。

纳西语几种粮食作物名称考释 和即仁撰，载《云南民族语文》1996年第3期。

作者认为，对反映本民族游牧和农耕生活方面词汇的考释与研究，是对本民族历史研究的补充。作者对纳西族农作物中的玉米、大麦和小麦的名称进行考释。就玉米而言，作者根据纳西语中玉米的读音与汉语中对"御麦"（玉米的最早称法）的读音进行比较及对玉米在我国的种植传播史进行研究，否定了纳西族民间传说中有关玉米的来源之说，肯定了纳西族的玉米 $kha^{31}dze^{31}$ 是从汉语中"御麦"一词直译而来的。关于大麦，作者发现纳西语 $mu^{33}dze^{33}$（大麦）是由汉语借词"麰"和纳西语固有词 dze^{33}（麦）两个音节组合而成。就小麦来说，作者从历史和语言角度的分析，认为纳西语中 $na^{31}dze^{33}$（小麦）的 na^{31} 可视为古汉语中"麰"字的变读。作者对纳西、傈僳、彝、哈尼语的农作物词汇进行了比较，得出彝语支诸语言对草、青稞、大麦、小麦和饭的称谓上存在明显的历史渊源关系，形成"同源异流"的特点。

纳西语玛莎话 马忠义撰，载《云南民族语文》1991年第4期。

云南迪庆藏族自治州维西傈僳族自治县五区的 $xe^{33}ni^{31}$（海尼）和 $kho^{33}na^{31}$（柯那）两个大队，居住着两千多自称为 $ma^{33}sa^{33}xi^{53}$ 的纳西族人，也就是当地群众所说的玛莎人，据说玛莎话与丽江纳西话有些相似，两者之间能互相通话，但玛莎话与永宁摩梭话无法沟通，只有约百分之三四十的话能听懂。该文对玛莎话进行了深入细致的分析和介绍。归纳出玛莎话共有32个声母，17个韵母，5个声调，且在发音时，会发生一定的音变。玛莎话的发音有一定的规则可循，其声调较纳西语各土语多了一个调，总的说玛莎话中高平调出现的频率较低。文章还从语法方面对玛莎话作了详细的分析，归纳出玛莎话的词按其意义和语法特点，可分为：名词、动词、形容词、数词、量词、代词、副词、连词、助词和叹词10类。作者还逐一介绍了这些词的用法并举多例以证其观点。

纳西语玛莎话（续） 马忠义撰，载《云南民族语文》1992年第2期。

本文描述了纳西语玛莎话中的代词、副词、连词、动词、叹词的形式及其用法；玛莎话句子的主要成分及玛莎话中的单句和复句。玛莎话中的代词，可分为人称、反身、指示、疑问四类，人称代词又有单、复数的区分。副词不能重叠，主要用来修饰动词和形容词，位于动词和形容词之前。连词分联合连词和主从连词两类，前者用于衔接两个词、词组和句子，后者用以连接主从复句。助词分为结构助词、语气助词、情貌助词三类。叹词是表示感情的词，多出现在句首。玛莎话句子的主要成分是主语和谓语，次要成分是宾语、状语和补语。主语在谓语前，宾语在主谓之间，定语位于主、宾之后，状语在谓语前。玛莎话中的句子按结构可分为单句和复句，复句又可按分句之间的关系划分为联合复句和主从复句两类。

纳西语"纳母"一词的由来——兼论"纳木依"人的历史渊源 和即仁撰，《云南民族语文》1987年第1期。

本文主要是考证纳西语中"纳母"一词的由来，以及"纳木依"人的历史渊源等问题。认为纳西族在历史上有三大古俗特点：一是崇尚黑色；二是崇拜虎图腾；三是实行过母权制。而在纳西语中，"黑"叫"纳"，"虎"叫"拉"，"女"叫"母"或"命"。因此"纳母"一词当是"纳西族女子"之意，很可能是纳西族先民在原始部落时期的一位妇女的名字。而对于"纳木依"人的历史渊源，作者通过对"纳母"一词的分析，以及将"纳木依"话的基本词汇和语法结构与纳西语对比研究，发现"纳木依"话与纳西语基本词汇中有不少同源词，并且语序基本一致，认为纳西语和纳木依语在历史上同源于一个原始母语，同时作者又从历史、习俗等多方考证，认为纳西族先民与"纳木依"人之间在历史上同属一支，"纳木依"人是纳西族先民融合于西番后形成的一个种族，"纳木依"即是"纳木的后裔"，与纳西族支系的"纳日"人之间存在着非同一般的历史渊源关系。

纳西语西部方言音位系统中的几个问题 姜竹仪撰，载《民族语文》1985年第2期。

该文是答杨焕典同志对《民族语文》1980年第3期《纳西语概况》一文提出的不同意见。作者认为，《纳西语概况》一文不是全面介绍纳西语，是根据纳西语西部方言丽江坝话材料来介绍的。杨文介绍的是大研镇话的音位系统，与《纳西语概况》介绍的是同一方言的两种不同的话。西部方言分大研镇话、丽江坝话、宝山州话，说这个方言的人占纳西族总人口的3/4。杨文关于鼻浊和纯浊声母问题，作者认为大研镇话的纯浊和鼻浊声母不对立，在丽江坝话和宝山州话里是两套对立的音位。三种话的韵母系统中都有舌尖韵母 i、ʅ，都没有发现有松紧对立现象，杨文把舌面声母 tɕ、tɕh 等与韵母 ar 相拼的是 i，把声母 ts、tsh 等与韵母相拼的是 i，同时认为大研镇话有鼻化 ang，但杨文没有提供鼻化的 ã 和 a 的对立情况。文章认为丽江话和大研镇话的读音虽有若干差异，但在方言内部是最接近的两种话。

纳西语形容词的重叠形式 杨焕典撰，载《语言研究》1984年第2期。

文章讨论纳西语形容词构形方式和重叠形式。纳西语形容词重叠形式丰富，就其语法形式和语法意义的不同，大致可分为构形的和构词的两种。构形重叠的变化复杂，构词重叠的变化简单。形容词的原形表示事物的某种性质，经过变化成为程度加深、生动性增强的形式。这种语法手段主要是用来表述形容词的性状范畴在质和量方面的变化。形容词重叠式共有11种类型。这11种类型都在重叠的结构类型和语音特征方面有差异，在基式和重叠式的语法功能方面有差异。下面列出这些形式变化：1. A11—A：24A11，2. A33—A：33 - 35A33，3. A55—A：55A55，4. A55—A55A：24，5. A11A33—A11A：33 - 55A11A33，6. A33A11—A33A：24A33A11，7. A33B11—A33A33B33B11，8. A33B11—A33B：24A33B11，9. A33B33—A33B33 - 55A33B33，10. A33B33—A11B：11A55B33，11. A55A33—A：55A33 - 55A55A33。重叠式都表示程度加深，运用叠音手段改变语音形式，包括音质音变和音长来表示语法意义。

纳西语异根动词 lɯ^{33}（来）和 mbɯ^{33}（去） 杨焕典撰，载《中国民族语言论文集》，四川民族出版社，1986年。

文章描写纳西语"来"和"去"两个动词在使用中的异根形式。纳西语表示"来"的动词有4种形式：lɯ^{33}、lu^{33}、lə^{11}、tshi^{11}，表示"去"的动词形式有6种：mbɯ^{33}、mbə^{11}、hɯ^{33}、hə^{11}、khɯ^{55}、fa^{33}。变化的方式是元音交替、辅音替换、元音和声调替换、辅音元音变换，声调不变。这些变化无规律，所以称为异根。各种异根形式出现的环境往往不一样，经常要跟助词 le^{33} 结合。lɯ^{33} 所表示的"来"，从时间上说发生在将来，以说话的时点为界线，那么 lɯ^{33} 这个动作还未发生，所以从时体说，lɯ^{33} 属于将来时未完成体。tshi^{11} 表示已经完成以及经常发生的事，lu^{33} 用于命令句，表示未然。mbɯ^{33} 表示将来时未完成体。khɯ^{55} 表示过去时完成体。lə^{11} 和 mbə^{11}，hə^{11} 属于礼貌体，在客气、尊敬的场合用。fa^{33} 多用于命令句，表示将来时未完成体。

纳西语月份名称的结构及其来源 和即仁撰，载《民族语文》1994年第4期。

文章讨论了纳西语两个方言月份名称的使用情况后,认为东部方言的月份名称比西部方言的月份名称古老,至今还保留着一些月份名称的原型。并认为"月"只作一般的计时单位时,在纳西语两个方言里只用表示"月亮"的第一个音节,即只用 xe^{33} 或 lhe^{33} 这样的结构形式。文章分析了纳西语两个方言月份的名称,认为永宁话除"腊月"是由汉语借词加本语词词素"月"构成外,其他月份名称都是由固有词词素构成;丽江话"二月"、"四月"、"五月"、"六月"、"七月"、"八月"、"九月"、"十月"、"冬月"9 个月份名称也是由固有词词素构成,其中表示"二月"的 xe^{31} $ndʐə^{33}$ 是 xe^{31} $ndʐy^{31}$ 的变读。xe^{31} 意为"神",指丽江纳西族的保护神(即本主)三朵 [sa^{33} do^{33}], $ndʐy^{33}$ 意为"诞生",xe^{31} 和 $ndʐy^{31}$ 连起来的意思则是"三朵诞生的月份"。

纳西语中的数量词 杨焕典撰,载《民族语文》1983 年第 4 期。

文章以纳西语西部方言区丽江大研镇话为代表对纳西语的数量词进行了描述,总结出纳西语数量词的特点有:1. 反响类型,构成这种反响类型的主要是物量词中的区别性量词。2. 形变类型,纳西语的数词和数量结构有丰富的词形变化,但变化的情况极不平衡。如数词的形式变化集中在一、二、三、十,而四、五、六、八变化很小,七、九则不变。但数词一旦跟量词结合,除七、九外,一般都发生词形变化。同时,量词也发生变化。文章认为纳西语数量词的作用有两种:一是计算作用,二是区别、修饰作用。数词偏重于计算,量词偏重于区别、修饰,但二者又常常是结合在一起的。文章还认为纳西语的数量词从句法功能看,在句子中大量是充当定语、主语、宾语等作用。而且数量词还受副词修饰,也能充当谓语。

纳西语助词浅析 和即仁撰,载《云南民族语文》1999 年第 2 期。

纳西语的助词是帮助词、词组或句子起语法作用或表示各种语气的一类虚词。纳西语的助词数量少但是出现的频率很高。由于纳西语的助词表示语法意义,所以它的作用在句子里有多种多样。纳西语助词的特征是一般没有实在意义而只有语法作用,另外是附着性很强。纳西语助词主要有三类:第一是时态助词,一般依附在动词的后面表示时态;第二是结构助词,位于某个实词或词组之后表示前者或后者是属于某一种句子成分的实词或词组;第三是语气助词,位于句末表示各种语气,分为表示陈述语气的助词、疑问语气的助词、祈使语气的助词、引述语气的助词和感叹语气的助词。关于纳西语的助词,作者还有一些有待后人共同探讨的悬而未决的问题,并把几位学者对这些有分歧的问题的观点也陈述了出来,供大家共同研讨。

纳西族的象形文字 姜竹仪撰,载《中国民族古文字研究》,天津古籍出版社,1987 年。

纳西族象形文字是比较古老和原始的文字,现已停止使用。这种文字为纳西族的东巴教的巫师所掌握,他们用它来书写经典、符咒,所以,纳西族又称它为"东巴文"或"东巴经"。象形文字产生的年代大约在纳西族社会所处的奴隶社会末期,迄今已有一千多年。纳西族象形文字约有一千个左右,每个字没有统一的读音,它们的读音都是由各地区的东巴按该地区的方音读。用象形文字写成的《东巴经》,按内容可分为八个大类。大类的经书数目多至一百多本,少至二十多本。除此之外,还有历史传说、诗歌、格言、天文、地理、医药、风俗等方面的文献。现有用象形文字写成的经卷约有五百卷左右。象形文字笔画简单、形象粗略,还不能说它是一种成熟文字,它还处在由图画向文字过渡的阶段。

纳西族东巴经语言试析 和志武撰,载《语言研究》1983 年第 1 期。

本文就语音、词汇、语法三个方面对东巴经语言的特点，作一简要概述。从东巴经的语言材料中可以看出：东巴经语言的音位系统基本上和西部方言现代口语相一致；纳西语古今音节的若干陈迹；用东巴经语言能分析印证纳西族不同自称的读音和含义，从而得出结论，纳西语东部方言自称 naszee 与西部方言的自称 naszo 相同。东巴经里保留了大量古语古词，则和不同方言及同语支语言有着对应关系。还存在古词与现代口语词并存并用的现象。有不少古汉语借词在东巴经中有充分的反映。构词方面东巴经与现代口语大体上共同，但也有它自己独特的地方，如附加法、合成法、词义演变和修辞等重要特点。东巴经语言中语法的一些特殊表示法，也可在亲属语言中寻找到历史的同源关系。因此，东巴经的语言材料，不仅对纳西语的深入研究是必不可少的，而且对于藏彝语族亲属语言的历史比较研究来说，也是一份珍贵的资料。

纳西族古老的文字　姜竹仪撰，载《中华文明史》第七卷，河北教育出版社，1994 年。

东巴文是纳西族的比较古老的象形表意文字，$to^{33}mba^{31}$ 是纳西语的音译，意为占卜念经者。东巴是从事纳西族传统宗教活动并能通晓经文的经师。纳西族叫这种文字是（森究鲁究）"木迹石迹"，意为木石记号，最初是见树记树，见石记石，也就是见物画其形的象形文字。东巴用东巴文写下了大量经书。东巴文源于图画，创始很早，从经典内容看，当时纳西族社会处在奴隶社会末期，领主经济开始形成（宋、元时期），迄今约一千多年，东巴文产生的确切年代没有记载，东巴文的使用范围窄，除了东巴掌握外，还有一些地区使用东巴文记事、记账、写信、记民歌故事、写便条和写对联等。东巴文的结构是以象形符号为基础，字数约 1300 多个，每个字都没有统一读音，各地区东巴用当地的方音读，不同地区写下经典的内容大体一致，经书的形制长约八寸至一尺，宽约两寸五分左右。东巴经内容有分 12 类，有分 18 类，也有分 8 大类。东巴文笔画简单、形象粗略、字数有限，没有发展为成熟文字。东巴文造字方法有：象形、会意、合体、形声、指事、转义和假借等。象形字是把事物的简单形象画出来，在此基础上增加其他象形符号，就可以派生新字。用象形字本身的变化表示不同的意思，还可以在象形字上增加附加符号，来表示各种意思。东巴文经典大量反映东巴教，纳西族社会、历史、经济、文化以及记录人类社会各种事物的起源和神、鬼怪的故事。东巴经内容丰富，是当今世界上少有的珍贵资料。东巴文经典及文献约有 2 万册，国内外均有收藏，关于东巴文的研究论著，国内外著名学者及本民族学者所述颇多。

纳西族古文字概况　和志武撰，载《中国民族古文字研究》，天津古籍出版社，1987 年。

纳西族约有 26 万人，其中，丽江纳西族自治县是主要聚居区，纳西文就流行于以丽江为中心的金沙江以西地区各县。纳西文有两种：一种是象形文字，比较古老，属于表意文字，被纳西族巫师东巴们所占有，所以社会上称之为"东巴文"。结合纳西族社会历史发展来看，纳西象形文字的产生和应用，约在公元 7 世纪的唐代，即纳西族进入奴隶社会以后；纳西族的另一种文字为音节文字，类似彝文。纳西语称为"哥巴"，意为"弟子"，说明这种文字为后世东巴弟子们所使用。其创始年代一般认为比象形文字为晚。用纳西文写下的古代典籍和资料，主要是纳西族东巴教徒们使用的大量东巴经。其所以珍贵，是因为它现在还活在纳西族社会中。就目前所知，国内外东巴经藏书合起来已有两万册左右。近百年来，国内外一些学者长途跋涉，为调查收集和研究纳西文做出了贡献。

纳西族古文字概论　和志武撰，载《云南社会科学》1982 年第 5 期。

1. 文字的创始。纳西文字有两种。一为象形文，是一种比较古老的文字符号；另一种文字为标音的音字，类似彝文，纳西语称为"哥巴"，意为"弟子"，说明这种文字为后世东巴弟子们所创制使用。2. 文字的构造及书写特征。该文字的构造是属于图画文字和表意文字的一种原始象形文字。象形文的构造特点和书写方法，分为四个方面，即象形符号为基础，音标符号，附加符号和字形变化表意法。哥巴文是一种音标的音节文字，其特点是一个字代表一个音节，笔画简单，比象形文字进了一大步。3. 东巴经典籍。该经书各研究者有不同的分类方法，本文初步把东巴经分为8大类，453册的分类书目。4. 文字变体及派生的经书。一般认为今日流行于丽江、中甸、维西等县纳西族西部方言地区的象形文字东巴经属白地系统，也叫白地派。受纳西东巴文化的影响而产生的文字变体和少数经书，则被称为"白寒经"，此派也有人称之"白寒派"。

纳西族图画文字和象形文字的区别 傅懋勣撰，载《民族语文》1982年第1期。

文章以纳西族的东巴文经书的例句论证了过去都认为是用象形文字（汉语称东巴文）和音节文字（汉语称哥巴文）书写的经书的象形文字，实际上包括两种文字，其中一种类似连环画的文字，应该称为图画文字，绝大多数东巴文经书是用这种文字写的。另一种是一个字表示一个音节，但绝大多数字形结构来源于象形表意的成分，应当仍称象形文字，东巴文经书只有很小的一部分是用这种文字写的。文章从研究《白蝙蝠取经记》中总结出东巴文经书的图画文字和象形文字的区别特征：（1）图画文字尚未形成固定的书写行款，而象形文字已形成固定的书写行款。（2）图画文字在经文中是只表意不表音的字，而象形文字每个字只表示一个音节。（3）图画文字可利用几个形象合成字组，这种字组内部各成分间有相互依赖的关系，而象形文字字和字之间不发生形体上的互相依赖关系，每个字都是独立的。（4）图画文字不是把读的经文中使用的语词都写出来，而象形文字则是将经文中的全部音节都写出来。

纳西族文化汉译问题浅议 和建国撰，载《云南民族语文》1991年第2期。

纳西文化是中华民族文化宝库中一颗璀璨的明珠，但是纳西文化的汉译工作有许多不尽如人意的地方，作为纳西族成员之一的作者，既为本民族文化的辉煌成果而骄傲，又痛惜纳西文化的汉译工作不尽如人意，文章就此问题发表了作者的意见。作者认为，纳西文化的汉译工作对于深入研究纳西文化，促进民族文化交流，弘扬民族文化意义深远。但是如何既能符合汉语的表述方式，又能尽量保持纳西语的语体风格和原作的艺术感染力，颇费译者心思。目前，一些译文值得商榷，甚至有的译注还曲解了原意，有的其意尚明，但缺少文采，也有的译著蹩脚难懂，不能很好地表达原文。文章说，译文的好坏关乎译文的艺术效果，更影响原文的艺术价值，因此，应该认真对待翻译工作，争取在忠实于原文的前提下合乎译文语言的语法规则和文采特点，兼顾原文和译文的语言美，这样才能发挥其应有的艺术感染力。

纳西族象形文字的分布与传播问题新探 朱宝田撰，载《云南社会科学》1984年第3期。

本文根据考古新发现和实地调查材料，对木里、丽江两地区的象形文字作了比较研究，认为中外学者对木里地区无象形文字的结论是不符合实际的。纳西象形文字的使用范围应该扩大到金沙江上游的木里、永宁等地，其传播可能是由南到北。新中国成立后许多学者的研究结果表明，对文字的分布与传播的结论都完全一致，木里、永宁地区无象形文字结论应该说是没有多大问题了。经过对纳西族的东巴和东巴经进行初步调查，发现这一地区东北无纳西文字的结论难以成立。将玉石文字与丽江象形文字列表比较研究，结论是中外学者关于木里地区纳西族无象形文字的结论是不符合实际的。纳西象形文字的使用范围应该扩大到金沙江上游的木里、永宁等地。另一结论是纳西文字的传播并非自北向南，而可能是由南而北传播的。

纳西族象形文字《二十八宿值日星占图》研究 李国文撰，载《云南民族大学学报》（哲学社会科学版）2006年第5期。

纳西族原始象形文字本身包含着纳西语、古纳西语。古代纳西族用象形文字记录的一切文化内容都必须从语言入手方能破译。象形文字记录文化内容领域繁多，关于古代纳西族的占卜——其中用天上二十八星宿进行占卜属重要内容之一。本文利用在民间调查所得的一张象形文字合页图表，对其中所记录的内容作了破译和研究。研究步骤分为：（1）展示和解剖象形文字二十八宿原图和结构；（2）释读和解析象形文字二十八宿包含的纳西读语和星名；（3）分析二十八宿与日、月时间配置法；（4）提出科学识别研究"象形文字二十八宿值日星占图"星名的几个必备条件。文中通过对象形文字所记录的二十八宿占卜图的翻译和分析，揭示出此图式所包含的古代纳西族二十八宿名称，用二十八宿配日、月时间以占卜吉凶以及其中所包含的天文历法等神秘文化内容。

纳西东巴字、汉古文字中的"转意字"和殷商古音研究 赞用明撰，载《中央民族大学学报》1994年第4期。

在纳西东巴字中有一种用一个字形记录几个意义有某种联系而语音完全没有关系的词语的现象。方国瑜先生称这种现象为"一字数义"，和志武先生称这种字为"转意字"。了解和研究这种字，对于我们认识、解释汉古文字中的某些同字异词现象和进行殷古音研究，有重要意义。转意字大致可分为七类：专名→通名、物品→物质、气候→季节、事物→性质、事物→动作、动作→结果、其他。转意字和假借字、同源字有同有异。转意字在东巴经典中有一定的能产性和灵活性。汉古文字中也有少量转意字。近世学者黄侃、沈兼士先生较早地注意到了这一问题。黄先生提出了"一字或有数音"、"同形异字"的观点。沈先生则称之为"义通换用"。近年来朱德熙、裘锡圭、王元鹿先生都曾论及"转意字"问题。裘、王二先生并已开始将东巴字和汉古文字进行比较研究。

南岛语与百越诸语的关系 倪大白撰，载《民族语文》1994年第3期。

文章根据考古发现和人文史研究的成就简要介绍了南太平洋一带的马来—玻利尼西亚人与中国古代百越人的历史联系。南太平洋地区的新石器时代文化与中国东南沿海地区的面貌有很多一致性，有段石锛、肩石斧、几何印纹陶器等，此外他们的传统文化有捕鱼、造船、文身等习俗，说明与中国古代越人有共同文化渊源。文中以菲律宾语、马来语、傣语、侗语、水语、黎语、佯僙语、莫话、甲姆话、拉基话、仫佬语、村话等侗台语的近百个基本词作比较，从中能看到一些词源的成分。文章把重点放在列举具体语言材料上。结论是：从考古资料、人文史和语言材料的对比结果可以证实侗台语与南岛语同出一源。

南方汉语古越语底层问题新探 龚群虎撰，载《民族语文》2001年第3期。

南方汉语里的"古越语底层"有不同类型的情况。以"底层词"为例，有的是分布在南方而汉籍无查的；有的是南方汉语形式跟今天侗台语等兄弟民族语言相似，但可以证明汉越同源或早期互借的；有的则是多方面都像汉语固有词，但也可以从"底层词"角度解释的，讨论"底层"时应加以区别。

南方汉语中的古南岛语成分　邓晓华撰，载《民族语文》1994年第3期。

文章根据考古学研究表明台湾新石器文化与中国大陆的东南沿海"存在相似之处"，属共同文化系统。台湾原南岛人是新石器时代由中国大陆东南沿海迁移出去的，进而由台湾迁至南洋诸岛。推测，居住在大陆东南沿海的北侗语族先民——古越人操的是南岛语，原南岛语的老家是古百越文化区。文章列举了印尼、阿眉斯、排湾、布嫩、回辉等南岛语；壮、布依、泰、傣、侗、黎等壮侗语；福州、厦门、莆田、建瓯、永安、漳州等地汉语的"风、雷、腿、火、肉、杀、穿山甲、哨笛、坂、多、舌头、蟑螂、蛇、砍"14个词作比较，说明这些词是汉—南岛同源词，其语音形式将会改变许多已被语言学家接受的汉语上古音构拟形式，并认为南方汉语的形成是中原文化区与南文化区长期交互作用的结果。

南方民族语言处所介词短语位置的演变和变异　吴福祥撰，载《民族语文》2008年第6期。

本文从接触语言学和语言类型学角度论证南方民族语言（侗台、苗瑶、南亚及南岛）处所介词短语和主要动词的固有语序是V-PP，而部分语言出现的PP-V模式则是与汉语接触引发的V-PP→PP-V演变的产物。全文分五节：1. 引言；2. 南方民族语言处所介词短语和主要动词语序的演变和变异；3. 判定接触性语法演变的参数；4. 演变的机制；5. 结语。

南方民族语言的名词分类词和数词分类词　步连增撰，载《民族语文》2011年第1期。

壮侗、苗瑶、藏缅语族不少语言中存在名词分类词和数词分类词，二者在语法、语义等方面存在较大差别。分类词强弱程度不尽相同，从地域上看形成了一个以壮侗语族为中心，依次经苗瑶、藏缅逐渐向外递减扩散的同心圈结构。全文分五节：1. 量名结构；2. 数量结构；3. 量名结构与数量结构的差异；4. 类型学视野下的南方民族语言量词再审视；5. 南方民族语内部分类词的强弱度。

南方语言正反问句的来源　吴福祥撰，载《民族语文》2008年第1期。

中国南方很多民族语言跟汉语一样，拥有"A-not-A"型极性问句。本文作者认为，这些语言里的"A-not-A"疑问构式源于汉语"VP不VP"正反问句的扩散，是一种典型的语言接触引发的语言演变。演变的动因是这些民族语言社团中受过教育的双语或多语人群，其第一语言与汉语标准语的密切接触，演变的机制是"构式复制"。全文分四节：1. 南方民族语言中"A-not-A"问句的分布；2. 南方少数民族语言中"A-not-A"问句的来源；3. 接触模式与演变机制；4. 结束语。

南华寺藏元代八思巴文蒙古语圣旨的复原与考释　照那斯图撰，载《中国语言学报》1995年第1期。

南华寺藏元代八思巴字蒙古语裱装本文献一卷。仔细观察裱装本，可以看出第1行至第30行与第31行至第58行两部分无论行距宽窄、墨色深浅、字的大小、字的疏密都不相同。可见裱装本显然是把性质相近的两个独立的文件糅合在一起了。如果把31行至41行移至42行至58行之后，但这时28行的文义完全顺畅，而且第58行上方的印文"之宝"二字也正好与第31行、32行之间的印文"御前"二字吻合。根据这些，我们作出如下判断：裱装本包含两件文书。甲件的内容是宣谕军官、士兵、城子达鲁花赤和官员以及来往使臣，责令他们保护曹溪宝林山南华禅寺所属各路寺院的权益。乙件的内容是宣谕宣慰司和廉访司的官员、军官、士兵、城子达鲁花赤及来往使臣，责令他们保护圆觉寺的权益。本文考订了该文献的颁布年代。最后把两件文书分别加以翻译和考释。

南亚诸语言的形态结构 霍尔迈撰，载《民族语文研究情报资料集》，中国社会科学院民族所语言室，1984年。

本文探讨了南亚诸语言的形态结构问题。"南亚语"包括下列几组语言：（1）汉藏诸语言；（2）印度门达—桑塔里语群的语言和印度以东的孟—高棉语群的语言；（3）奥斯特罗尼西亚语族的语言。从语音系统、词干的形式、屈折等形态结构对上述语言进行分析，是非常重要的。在语音上，南亚诸语言的语言演变，在不同的复杂的语言中可以找出一种最接近于早期阶段的语言。例如，就语言演变趋势来说，通常是越长的形式越原始，所以单音节语言根本不可能代表语言的原始状态，单音节性无疑代表了机械发展的最后一个阶段。在词的结构上，南亚语系的北方语群中的单音节词的原始形式没有保留下来。在汉语和藏语中，可以通过跟古汉语构拟形式或藏语书面形式的比较，观察到词形的全面简化。南亚语言一直被认为是非屈折语，但在许多语言中存在着屈折形态。总之，没有任何一种语言的类型是真正纯粹的，而且不可能在任何语言类型之间划出泾渭分明的界线，也不可能作出不重叠的分类。

南诏、大理国"骠信""摩诃罗嵯"名号探源 徐琳撰，载《民族语文》1996年第5期。

本文从白、彝、纳西、傈僳诸语言以及缅甸语中找出有关语词（包括文献、碑刻），进行比较，对其读音、词序以及有关的史料进行考证，认为"骠信"不是缅语的"骠王"，而是白语意的"白祖、白王"；用民族语言来翻译"摩诃罗嵯"得出的结论是：它既不是印度梵语的"大王"，也不是梵语的"摩诃迦罗"、毕语的"大黑天神"，而是白语意的"蒙家或蒙姓虎氏族"。从语音上分析，"摩诃罗嵯"的语源来自白语。作者经过语音调查得出："[白票]信"和"摩诃罗嵯"都是音译的白蛮语。我们可以认为南诏以汉文为书面语，以语音最正的白蛮语为共同交际语。"骠信"不但适用于南诏，同样也适用于大理国；"摩诃罗嵯"这个名号则是表示南诏蒙家虎氏族（或图腾）标志。

南诏、大理民家的语言 牧野巽、叶正渤泽撰，载《云南民族语文》1990年第2期。

本文是作者对南诏、大理的民家语言的调查研究论文。全文分四部分：1. 关于那马语和南诏、大理汉字的读音。那马人是分布在比大理更向西北，从澜沧江右岸、小维西到永昌附近的被分成白那马和黑那马的居民，由于古代受摩梭头人统治，所以风俗迥异，语言也残留着古老的形态。民家指现在主要居住在大理及昆明一带的平原上，从事农业、商业及手工业的平民，以及学者、官吏，在语言方面几乎汉化的民族。民家的语言由于受历史地理环境的影响，已融入了汉字读音。2. 元代李京《云南志略》上的云南话同现代民家话的比较。通过《云南志略》中词汇同现代民家话、那马话的比较可以看出元代云南话一方面同现代民家话、那马话相联系，另一方面又同唐代南诏话相联系。可以说它成了连接其中的最重要的一环。3.《蛮书》中的白蛮话和民家话。作者通过大量的文献研究和语音比较，认为在《蛮书》里含有白蛮话，同现代民家话确实构成了一个系列的系缘语。4.《蛮书》里的东爨话和现代民家话。本文通过以上对比研究，旨在探讨南诏、大理民家的语言渊源及其特征，以及同周围民族语的关系问题。

南诏骠信与清平官赵叔达星回节唱和诗考释 王敬骝撰，载《云南民族语文》1993年第3期。

南诏君臣星回节唱和诗中杂用的民族语为白蛮语。由于唐代的蛮源于秦、汉时的羌僰，在羌语族中，缅语不仅有能反映其古音面貌的拼音文字，而且缅境之骠人亦即白蛮，后融合于缅族；又，僰人亦即越人，在越语族中，越南语同样有着历史悠久的文字；因此，本文以缅语为主，辅以越南语，并参考其他有关民族语言，尚能考得此诗中杂用白蛮语词的本来音义，本文的考释不但为研究白蛮语开了一条新路，文中还涉及我国民族研究和语言研究许多方面的问题，对于这些问题，作者也都提出了自己的看法。

喃字对古壮字的影响　韦树关撰，载《民族语文》2011年第1期。

古壮字是壮族的传统文字，是在汉字基础上发展形成的一种类汉字的文字。有的古壮字所记录的词语，在壮语中十分罕见。有的形声字，声符的读音与字音相去甚远。有的借汉字，读音也与壮语中汉语借词的读音有很大的不同。如果放在类汉字的大背景下，就会豁然开朗。这些现象，是借用越南喃字造字符号的结果。文章分两部分：1．喃字对古壮字影响的表现；2．喃字影响古壮字的途径。作者认为，古岱字、古侬字吸收了喃字之后，桂越边境的壮族再从古岱字、古侬字中转借了部分喃字，形成了古壮字中有一定数量的喃字的情形。

内蒙古汉语方言词汇说略　张万有撰，载《内蒙古语言学会第二次学术讨论会论文集》，内蒙古教育出版社，1996年。

内蒙古汉语方言词汇同普通话词汇相比较而言，二者存在着一定差异。本文主要从词义、构词和来源三个方面讨论内蒙古方言与普通话词汇之间的差别，以揭示方言词汇的特点。从词义差别上看，有：1．同义异名，主要是指同一个概念，内蒙古方言和普通话分别用不同的词来表示。2．同名异义，主要是指同一个词，内蒙古方言和普通话分别表示不同的概念。这有完全不同和部分不同两种情况。从构词上看，两者主要是音节多少、字序变化、语素成分和重叠词等方面的差别。从词的来源上看，主要差别有：（1）古语词的继承，内蒙古方言中有些特殊词是从古语词中继承下来的。如："仰尘"、"水筲"等。（2）外来词的吸收。内蒙古方言里，除了具有普通话中许多共同的外来词之外，还从蒙语、满语和俄语中吸收了不少特有的外来词。（3）方言词的创造。内蒙古方言中的一些特殊词语，是为了适应当地人民的生活和生理需求，反映当地特殊的自然环境、风俗习惯而创造的。如："炕头、炕梢、炕沿儿"等。

内蒙古科右中旗元代夜巡牌考释——兼论扬州等处发现的夜巡牌　照那斯图撰，载《民族语文》1994年第4期。

此牌出现地是内蒙古科右中旗杜尔基苏木乌兰化戈查色音化艾里（村）以东1.5公里处。元国书——八思巴字、回鹘式蒙古文、察合台文、藏文和汉文。前三种在正面，后两种在背面。正面正中竖行八思巴字译写的是蒙古语，义为"巡牌"。其左边的回鹘式蒙古文的意义与八思巴字同。其右边的察合台文，义为"巡夜之官"。背面中心外圈左半圈为藏文，意思为"夜巡牌"。中心外圈右半周为汉字："天字拾二号夜巡牌"。这个夜巡牌，是迄今所见所有元代各种牌符中使用文种最多的一个。在一枚小小的牌面上并用五种不同文字实在引人注目。为什么在夜巡牌上使用如此多种文字，除了为让更多的人了解其内容外，是否还有社会政治原因，有待深入探讨。

内蒙古西部方言中古代白话词汇选释　卢芸生撰，载《内蒙古语言学会第二次学术讨论会论文集》，内蒙古教育出版社，1996年。

古代白话词汇亦称俗语词，它大体上是指唐宋后流行于俗文学作品中的特殊语词。古代白话是在北方话口语基础上形成的。内蒙古西部方言属于北方言，它是古代秦方言和河朔方言的直接承受者。本文选择了一些词语,来加以诠释。(1)不刺(不俫)。这是个衬字,助词。在西部方言中,它有两个义项:①"不+了"、"+"在此表示动词,有时还加上动作的宾语。②"要不"、"要不然",表示对前面提到的情况的假设的否定。(2)决撇(厥撒)。此词在方言中最基本的意义是"察觉"。(3)剔腾(踢腾、踢蹋)。在方言中,它有两个义项:①挥霍糟蹋。②清退人员或处理货物。(4)敦。在北方话里指有意地、使劲地往下放东西。(5)谝(骗、撒)。在方言中意为巧言夸口、吹牛撒谎。(6)时节。此词除有节令、季节之意,又是时间名词,相当于"时候"、"时期"。(7)待要。意为"想要"、"正打算"。此词前可加"不"字,意为不想。(8)扎挣(折证)。其基本意义是"用力支撑",北方话中有"勉强支持"意。(9)省。有"明白"、"知道""懂得"等意。"省"字常写作"醒"字。

尼苏彝语塞边音在方言和亲属语言中的对应
刘应珍、武自立撰,载《民族语文》1997年第3期。

尼苏普是彝族内部一个小支系的名称。尼苏彝语最大的特点是辅音多元音少,元音松紧对立。3个声调,每个声调都出现松紧元音。在尼苏彝语中至今还保留一套完整的 tl、tlh、dl、ndlh 塞边音。我们将其与彝语内部各方言土语、彝语支诸语言、缅语支语言、苗语和瑶族布努话等语言进行比较,发现它们之间有明显的对应关系。特别是与苗语、瑶语的比较,不仅发音十分接近,而且有一批同源词。这样的对应情况,绝不是巧合,更不像是借贷关系,很可能是古老的语音形式。被这些民族共同继承下来,日长月久,不断发生变化,有的方言或语言逐渐合并于单声母(单辅音),有的合并于同部位或相应的声母(辅音)里面去了。在这里,我们只提供塞边音在彝语内部及同其他语言之间对应的一些情况,也许对研究语音的演变或今后构拟古音会有所帮助。

宁蒗普米族的兼语现象及产生缘由
曹新富撰,载《云南民族语文》1994年第3期。

宁蒗县有普米族8595人(1990)。除普米语外,宁蒗普米族几乎都能听会讲汉语,同时也兼用周围邻近其他兄弟民族的语言。大致情况有:讲本民族语言的有7501人,占全县普米族总人口的87%;兼用摩梭语的有3105人,占36%;兼用彝语的有1631人,占19%;兼用傈僳语的有128人,占15%;兼用藏语的有17人,占0.13%。宁蒗县普米族兼语现象在毗邻的12个兄弟民族中是相当突出的。究其原因,主要有以下几点:(1)居住比较分散,每个普米族村落的附近都有若干个其他民族村落,这就为学习其他民族语言提供了便利的地理条件;(2)自然环境因素使各民族的人都有着共同的或群体的认同感,这是兼用他族语言的心理基础;(3)宁蒗县的主体民族是彝族;(4)历史上的姻缘、分布上的混居及风俗习惯等方面的影响,造成永宁及周围地区的普米人都会说摩梭话;(5)信仰喇嘛教,一些人会讲藏语。

农业历干支和藏缅语数词比较研究
自文清撰,载《云南民族语文》1996年第1期。

本文从我国各民族干支纪日制度源流的考察及农业历干支和彝族十二兽历的起源作了古文字和语音的比较研究,探讨农业历干支和十二兽历在读音源流和古文字源流之间存在某种渊源关系。经过比较研究之后,作者认为农历干支是古藏缅语数词,与古汉语数词语音的谐音具对应关系,从而可以使汉学界难以弄清楚的问题得以迎刃而解;并认为甲骨文和古彝文同源于西安半坡类型古文字,从古文字的起源和天文历法发明创造来看,先秦中原文化的东西源头中,西羌源头是先秦中原文化的主体。文章最后指出,语言文字的发展历史是比较复杂的,我们只有依靠考古学、历史学、民族学、文化传播学和历史文献资料的研究整理,进行综合性比较研究才能弄清语言文字发展历史的全貌;一切研究应本着弘扬民族文化,加强民族团结为宗旨,不搞狭隘民族主义,在正确对待历史事实的前提下,各民族语的历史文化可以进行多学科的对比研究。

怒苏语的卷舌化声母 傅爱兰撰,载《语言研究》1995年第2期。

怒苏语有比较丰富的卷舌化声母。这套声母对怒苏语语音结构的研究以及原始藏缅语语音系统的构拟都有一定的价值。文章从分析怒苏语卷舌化声母的共时特征入手,通过与亲属语言的语音比较,探索了这套声母的历史来源、演变规律及可能的发展趋势。一、共时特征描写。怒苏语有12个卷舌声母,分布在双唇、唇齿、舌面后等发音部位上;除塞音外,在擦音、鼻音上也有分布。三个方言中保留卷舌化声母的情况是不平衡的。二、与亲属语言的比较。1. 彝语组没有卷舌化声母,以非卷舌化或腭化声母与怒苏语的卷舌化声母对应。2. 缅语组的阿冒语有卷舌化声母,载瓦语有腭化声母,两者与怒苏语的卷舌化声母对应。3. 羌、嘉戎、景颇、独龙、道孚等语言有Cr/Csz/Cπ复辅音声母,能和怒苏语的卷舌化声母对应。三、来源及发展趋势。怒苏语的Cr大多来源于原始藏缅语中带r的复辅音,它使得部分词未双音节化,而且在藏缅语中具有中介的特点。

怒语 傅爱兰撰,载《藏缅语十五种》,北京燕山出版社,1991年。

怒语是怒族使用的语言。在我国,怒族主要分布在云南省怒江傈僳族自治州贡山、福贡、碧江、兰坪四县,人口约23000人。怒语声母55个,单元音韵母32个,复元音韵母29个,带辅音尾韵母2个,声调4个,分别是高平55,高降53,中平33,低降31。词汇上名词双音节词居多,其他词类以单音节为主。语法上,名词没有性、数、格等语法范畴,人称代词有单数、双数、多数的区别。动词有体、态、式、人称、数等语法范畴,主要用谓语助词语法手段表示,用谓语助词表示时往往是人称、数、式、体综合在一起。动词的态有自动、使动、互动等区别,表达手段有语音交替和附加成分两种。基本语序为主—宾—谓。怒语可归入藏缅语族,然后在缅彝语支下平列三个语组:缅语组、彝语组和怒语组。

怒语(怒苏)系属研究 傅爱兰撰,载《语言研究》1989年第1期。

文章通过怒语与其他藏缅语的比较讨论怒语的系属地位问题。藏缅语族语种丰富,从基本特点看可分为两类:一类形态相对发达,音节结构比较复杂,如藏语、嘉戎语、羌语等;另一类形态不太发达,音节结构比较简单,如彝语、哈尼语、缅语等。从地理分布看,前一类语言一般在后一类语言的北部,称为北部语言和南部语言,怒语接近南部语言。怒语和缅、彝语支的关系不是隶属关系而是平行或并列关系,构成缅彝语支,包括缅、彝、怒三个语组,其中怒语组介于缅语组和彝语组之间。怒语属于无历史文献的语言,方法是从分析怒语的共时特征入手,透视怒语的历时演变特点及其与其他语言演变的异同,从而确定怒语与其他语言在来源上的亲属关系。在认识怒语与其他语言关系时,应该看到它们之间在共同特征异同和历时演变快慢两方面都不是非此即彼的,而具有一定的过渡。怒语某些特点上同彝,另一些特点上同缅,从整体上看能认识怒语的特殊地位。

怒语声调研究 傅爱兰撰,载《彝缅语研究》,四川民族出版社,1997年。

文章对云南碧江县怒语作了共时描写和历时分析。怒语声母55个,声调4个。53调出现在紧元音韵,其他调出现在松元音韵。怒语紧调与彝缅语紧元音或促声韵对应,但没有大的分化,原因是声韵母及松紧元音对立完整，制约了紧调的分化。松调 55 对应彝缅语的松元音音节或舒声韵音节，声母大多为浊声母，所以 55 调的形成与浊声母有关；松调 33 也对应彝缅语松元音或舒声韵，但主要出现在清声母；松调 31 出现频率很低，与彝缅语的对应规律也比较零散，但仍然是以松元音或舒声韵对应为主流，只是声母清浊来源和分化方面尚看不出明显条件。总之，怒语声调在彝缅语共同语阶段便依韵尾舒促分为两大类，它们有共同来源，另外，怒语紧松调发展不平衡，松调发展快，分化为三个调，形成一紧三松格局，而松调分化与声母清浊有关，似乎倾向"浊高清低"规律，其中有些复杂变化还与复辅音有关。全文用例 28 组 300 条例，涉及多种彝缅语，占全文篇幅三分之一强。文章对怒语声调来源和分化的分析有助于人们了解藏缅语的演变过程。

"女书"词汇中的百越语底层 谢志民撰，载《民族语文》1991 年第 2 期。

文章以《江永"女书"之谜》为语言材料，拟以"女书"和壮语、布依语、傣语等百越语的后裔以及古汉语中相关语词进行对比，探讨其来源，并根据"女书"流传区的人文历史状况，探讨这种语言现象的性质。通过对比，作者认为"女书"中的他媳妇是挑洞娘干曲字为百越语源词；鹰筒房鱼为百越语源词素；孙儿和侄儿、孙女和侄女同一称谓、同辈男女同一称谓，说口渴为颈干、颈渴为具有百越语特色。作者从当地人文历史中探索，在公元前 111 年江永县的居民的主体部分当是百越民族的一支——杨越人。它们在接受汉文化过程中，由单一地使用百越语转为百越语—汉语双语式，再由双语式逐渐转变为使用汉语的单语式。一部分词汇成分和语法结构形式掺入在当地汉语中，并保存了下来。这就是"女书"中存在与壮侗语族语言相同的词汇成分的历史原因。这些相关的语词，应是当地土著越人融合于汉族之后，在当地汉语中遗留下来的百越语言底层成分。

"女书"是一种与甲骨文有密切关系的商代古文字的孑遗和演变 谢志民撰，《中央民族学院学报》1991 年第 6 期。

文章讨论了湖南江永县一种自成体系的汉文异形字，称为"女书"。认为根据"女书"保留的古文字特点，"女书"字符和甲金文字之间的类同与规律性对应现象，论证"女书"系文字至迟在殷商时代就已经存在。文章考证内容包括：古老的硬笔式风格；早期文字的创制特点，如象形和会意；字符结构形式的不统一，如未经规范的民间流传性，假借字的广泛应用；"女书"与甲金文字符之间单体类同现象；等等。综上，"女书"系文字显然是商代一种古文字的孑遗。它在历史上曾经与甲金文字在同一时代使用过，并接受了甲金文字的强大影响，因而吸收了不少源自甲金文的借字，其中有部分字符和商代甲骨文字有直接的渊源关系。全文用例 200 余个，附"女书"及甲金文字例表的字数百个。

"女书"语法结构中的百越语底层 谢志民撰，载《民族语文》1992 年第 4 期。

本文通过"女书"中的特殊语法现象与壮语语法规则对比，阐述"女书"中特殊语法现象的历史渊源。"女书"的基本语序与汉语大多相同，修饰成分位于中心词之前，然而在一部分修饰结构中，其修饰成分在中心词之前，与壮语类同。这种语序倒置现象可以出现在以名词、动词和形容词为中心的修饰结构中。"女书"的部分量词可以单独与相应的名词组合，可以单独作词组的中心成分，作句子的主语或谓语，能与壮语的同类结构进行对比。"女书"的人称代词第一人称复数排除式和包括式的构成来自壮侗语族的影响。作者认为这些特殊语法手段和语法范畴当来自古代百越语。江永县春秋前为杨越地，由于汉文化的强大影响，土著越人逐渐接受了汉文化，百越语也渐次为汉语所替代，一部分语词掺合在汉语中保存下来，成为"女书"词汇中的百越语底层。一部分语法规则也随着语言的交互影响和替代而进入汉语。这就形成"女书"中存在两种互相对立的语法规则。后附"女书"字表。

"女书"之源不在楷书——"女书"源流考之一
谢志民撰，载《中南民族学院学报》1991年第3期。

本文就"女书"源出楷书之说，从"女书"来源的传说、"女书"源出楷书的两种观点、"女书"并非楷体的变体、"女书"与楷书没有直接的渊源关系、楷书时代的江永地区不可能产生"女书"文字等五个方面，用历史文献和实例来考证"女书"之源不在楷书。文章指出论定"女书"源出楷书的第一点失误在于，论述者仅仅从表象上观察到"女书"与楷书之间存在一部分字形类同现象，没有认识到两者之间的根本差别。第二点失误在于，没有认真研究这些源自楷书的字符在"女书"文字中所发生的变化。第三点失误在于，论述者没有把文字的创制和流传与历史的可能性联系起来。通过考察作者认为：（1）"女书"字无论在笔形、笔势、笔序、结构、形体和字符语言功能方面均与楷书相去甚远，字符结构上无对应规律。（2）来自楷书的字符，进入"女书"之后均必须服从"女书"字符体系的特点。（3）这在楷书进入江永之前，"女书"一系文字早在江永县流传已成为传统文字了。在楷书的影响下，吸收了部分楷体字符并按照自身的规律予以改造，于是形成了今天所见的"女书"楷书化现象。

"女书"中的百越文化遗存
谢志民撰，载《中国民族古文字研究》（第三辑），天津古籍出版社，1991年。

江永"女书"是在湖南省江永县上江圩乡及其近邻一带汉族妇女中流传的一种汉文异形字。因为它仅在当地妇女中流传，故称"女书"。（1）"刻"字构造中显示的越人文身习俗。文身是百越人普遍的习俗。这种习俗，从三代一直沿袭下来，直到20世纪仍在越人的部分后裔中流行。越人的文身，从图案看，有虫、花卉、葫芦、鸟兽；从文身部位看，有面部、胸部、手部、背部、足部、私部；从文身性别看，有男性，也有女性。而琉球（台湾）人、海南黎族，这两支百越的后裔则仅施之于女性，"女书"中所反映的文身习俗也属于这一类型。（2）"阑"字形体表现的越人"干阑"结构。"干阑（栏）"式建筑在"女书"中也得到了反映。（3）"烧田"的词义演变所反映的"火耕水耨"及其发展。古代百越人创造的"火耕水耨"及其发展。古代百越人创造的"火耕水耨"耕作法，在"女书"中叫做"烧田"。（4）"酒"字结构说明越人最早酿的酒是米酒。"女书"中的"酒"，是个会意字，字符结构体的上方，是"米"字，下方是个"水"字，煮发酵后的米饭所出的蒸馏水，叫做酒。

"女真"与契丹小字"山"
周建奇撰，载《内蒙古大学学报》1994年第4期。

"女真"族称的由来及其含义在学界一直众说纷纭，远无定论，本文结合汉文文献和蒙古满洲语言对其进行历史语言的考察。文章指出，契丹小字"山"可能具有"山、金、土或黄"的含义，因此它与契丹语"女古"、"袅罗个"相同，其读音近似于蒙古语 niringu、nirugu、nirogu 或 niragun（背脊、山脊、山脉），义亦相近。蒙古语 nirugu（n）的一种布里亚特语变体 nurgan 按满语可读作 nujan，逼近"女真"的读音，还与"柔然"或"如者"的古音相近，亦与女真史上的一个重要地区"奴儿干"同音。女真之名或由黑龙江上游的柔然或如者带至下游的奴儿干地区，或由奴儿干的变体女真（*nujan）而来。女真非该民族之自称，其自称大概是朱里真、朱先或主儿扯。女真非朱里真、朱先、主儿扯之异译，最初的女真不专指朱里真或朱先，还包括吉列迷、赫哲等民族。

女真 文颜华撰，载《中国民族古文字》，天津古籍出版社，1987年。

史载女真初无文字，及破辽俘契丹、汉人，始通契丹、汉字。建立金朝后，太祖阿骨打即命完颜希尹创女真字。迄今所见女真文字文献确有大小字两种，而以大字者居多。传世女真大字有字书、碑刻、墓石、铜印、铜镜、佛塔题记等；传世女真小字则仅见两符牌。关于女真文字的记述最早见于宋人周密的《癸辛杂识》。但是研究女真文字实始于清代学者刘师陆，见所著《女真字碑考》。外国人研究女真文字则始于伟烈亚力（1815—1887）所著《女真语古代碑铭》。20世纪的女真文研究则以中日两国学者为主，杰出的学者有罗福成、山路广明、金光平、金启孮。此外匈牙利、朝鲜、澳大利亚等国亦有学者从事女真文研究。女真文字因有女真字书——《女真译语》传世，研究较为便利，学者亦多从研究《女真译语》入手。明代所编《女真译语》有数种抄本，多已散失国外。现在常用的《女真译语》是夏德藏本。

女真文字研究概况 金启孮撰，载《中国民族古文字研究》，天津古籍出版社，1987年。

女真文字是中国古文字的一种，创制于12世纪，在国内部分地区推广、使用达五个世纪之久。女真文字是金太祖阿骨打天辅三年（1119）以契丹、汉字为基础，加、减或变化其笔画制成的。女真文字的解读和研究，已有150年的历史了。第一个时期（1829—1923）是从刘师陆开始注意《进士碑》到1923年罗福成研究考证《进士碑》以前的一个时期。这个时期的特点，主要是整理资料和介绍资料。第二个时期（1924—1948）是从利用《女真译语》正式解读《进士碑》开始，展开了对前一时期中发现出来的各种石刻的解读。同时，对《女真译语》及有关资料的研究也大有进展。第三个时期（1949—1980）的特点：（1）涌现出一批新生力量（中、日、朝、美等国）。（2）不同的学术观点展开争鸣。（3）提出了一些新的问题也解决了一些长期议论不决的问题。

女真语言的原始材料 清濑义三郎则府撰，载《民族语文研究情报资料集》，中国社会科学院民族所语言室，1987年第8期。

本文是《女真语言文字研究》（日本法律文化社，1977）的第一章，介绍了女真语言的原始材料。女真语是12世纪初建立金朝并统治中国北部一百多年的女真民族的语言。女真语是最早的通古斯语言，它在原始记录中有现存材料。女真文有两种文字，即女真大字和女真小字。一般说来，在大多数现存的历史材料中出现的女真字是小字。女真字的材料不能认为是缺乏的。它们大多数可分为两种，即碑文和文献。（1）碑文和题跋。至今发现的女真字碑有：《大金得胜陀颂碑》、《奥屯良弼饯饮碑》、《女真进士题名碑》、《柳河半截山摩崖》、《杨树林山顶摩崖》、《高丽北青城串山摩崖》、《高丽庆源碑》、《永宁寺碑》、《查干鄂博碑》等。还有一些诸如在印章或镜子背面的题铭。至今共发现了三枚印章和两面镜子。（2）《华夷译语》。

女真语与满语关系浅议 金启孮、乌拉熙春撰，载《民族语文》1994年第1期。

文章通过对女真语金代碑文、永乐《女真译语》、会通馆《女真译语》等历史文献文字跟满语书面语和现代满语口语进行比较研究，指出女真语应该分为金代女真语、明初女真语、明代中期女真语三个部分。这三个部分的语言材料无论是词汇、语音、还是在语法方面都存在某种程度的差异。造成这种差异的因素不只是跟不同年代和不同时间有关，同时还关系到一个不同地域的问题。它所反映的是女真语在不同历史阶段的发展状态和速度，而且也反映了女真语口语和书面语、方言和方言间产生的异同点。另外，还指出跟女真语资料中所表现出来的诸多形态结构比较接近的是现代黑龙江地区的满语口语，而满语书面语中女真语本来具有的有关词缀经过时间和地域的演变早已不见了踪迹。女真语原有的一些音在满语书面语或口语中已产生了不同程度的变化。本文论证了女真语和满语的关系。

女真语与蒙古语 波普撰，载《民族语文研究情报资料集》，中国社会科学院民族所语言室，1986年第7期。

本文论述了女真语与蒙古语的关系。女真语是与满语非常接近的一种语言，既可看作满语的较古老形式，也可看作与古满语非常接近的一种方言。女真语中的蒙古语成分可以分为两类：一类由不反映语言发展的任何特殊时期特征的词组成；另一类女真语中的蒙古语借词是具有代表语言史特殊阶段特征的词。大量的例子证实，女真语曾处于蒙古语的影响之下——既在古代蒙古语时期也在中古蒙古语时期。难怪满语这个女真语的后继形式或女真语最直接的亲缘形式仍具有很多古老的和新的蒙古语借词。然而使人吃惊的是，蒙古语中却没有可以被确认为是取自女真语的借词。这说明借词的原因不是借入语言的人们在政治和文化上的不发达。本文重点从六个方面讨论了女真语中的蒙古语借词。从讨论中可以得出如下结论：女真语是研究蒙古语言史的一个重要材料来源，因为它保留了大量的古代蒙古语形式。另外，蒙古语资料也可用于构拟女真语和满—通古斯语的形式。

女真制字方法论——兼与日本山路广明氏商榷 金光平、金启孮撰，载《内蒙古大学学报》1980年第4期。

山路广明在《女真字制字研究》中归纳了10种女真字制字方法。作者认为：(1) 山路氏把女真制字的路径想得过于复杂。(2) 山路氏认为每一个女真字都是用汉字为"基字"，增减或改变笔画而成，忽略了还有一部分女真字是以契丹字为"基字"增减或改变笔画而制定的。(3) 山路氏认为每一个女真字的制成都与汉字意译有关，忽略了有许多女真字只采用了"基字"的读音，与意义毫无关系。经过研究，作者认为女真字的构造，是由以下三条径路而来的：(1) 以汉字为"基字"或取其意义，或取其读音，增减或改变其笔画而制成女真字。(2) 以契丹字为"基字"，或取其意义，或取其读音，增减或改换笔画而制成女真字。(3) 以既制成的女真字为"基字"增减或改变其笔画，制成与原字意义有关联或读音相类似的新女真字。选择"基字"取材的情况可能是：(1) 以汉字为"基字"取材于汉文楷字、行草，宋元俗字（包括敦煌异体字）；(2) 以契丹字为"基字"取材于锦西萧墓式契丹字、庆陵式契丹字；(3) 以女真字为"基字"取材于既制成的女真字。这样，就可以将女真字归纳为六种制字方法。

女真字构制初探 蔡美彪撰，载《内蒙古大学学报》1984年第2期。

女真字的构制，分单音借词汉字的改制、多音节词汇音节字的构制、基本词汇汉字借字的改制、契丹字的沿用和改革4个部分来讨论。其要点可归结为：(1) 依仿汉字和契丹字构制的女真字，基本上是以一个方体字表示一个女真语音节而构成的音节文字。(2) 女真字依据汉字字形改制的方法是：依据若干汉语单音借词的汉字，增减笔画制成表示这一音节的女真字，作为女真语同一音节的表示字取缀成词；依据若干常用词汇的同义汉字，增减笔画制成表示某一多音节词汇第一音节的女真字作为女真语同一音节的表示字取缀成词；依据少数基本词汇的同义汉字，稍加增损，制成表示女真语同一词汇的专用字，夹用于音节字连缀的词汇之间。(3) 女真字依仿契丹字的构制方法为：沿用或改制契丹单字，作为女真语一个音节的表示字；沿用或改制表示常用词汇的契丹字，作为女真语同一词汇的表示字。

女字的造字法和用字法　陈其光撰，载《语言研究》1994年第2期。

女字是世界上迄今所见唯一的女性专用文字，通行于湖南江永上江圩一带。这种文字书写的当地汉语与周围的湘、粤、客、赣、西南官话都有明显差别。使用这种文字的有平地瑶妇女，也有汉族妇女。20世纪50年代初尚有一百多人使用，现在则只有几位老人了。女字的总数有两千多个，是从楷体汉字变化来的，分基字、派生字、双体字三类。基字是将汉字改变字向，改变笔形，增减笔画，合并或分解笔画，改变笔画的位置、方向、长度而成。派生字是在基字的不同的位置上加区别符号。双体字是重写基字。其用字法相当于汉字假借的同音替代、变音借代、异源同音互代，有相当于转让的同义转代和作为修辞手段的变形转代。女字虽是从楷体汉字变形而来，但字形和性质都与汉字迥然不同，它是汉字的一个分支。文章后面附有文中所举例字288个。

"诺苏"为"黑族"义质疑——兼论从语言研究民族的方法论问题　戴庆厦撰，载《中央民族学院学报》1993年第3期。

文章认为彝族族称"诺苏"的"诺"不是"黑"义，而是纯粹的族名，并由此兼论从语言研究民族的方法论问题。文章从历史文献记载，亲属语言比较，彝语语序、彝族社会等级、彝族社会心理各方面考察论证了该命题。并提出使用语言材料研究民族的原则。（1）正确记音，记音使用的符号最好是国际音标，而不要使用汉字记音。（2）正确的语义分析，要区分同音词和多义词的界线，多义词和近义词的界线。同音词之间无语义上的联系，多义词有本义和引申义之分。（3）要有语音对应规律作后盾，单个词研究容易陷入孤证，或容易把偶合当成内部联系。用语音对应规律来证明某一词的语言对应绝非偶然。（4）语言事实与文化历史相互补充印证。全文用例近百个。

OV型藏缅语连动结构的类型学特征　戴庆厦撰，载《汉语学报》2008年第2期。

文章通过对藏缅语的分析、比较，认为连动结构是藏缅语句法结构中的一个独立的单位，它能够大面积地存在是由OV型语序内部机制决定的。文章还认为藏缅语连动结构的词序先后与认知特点有关，但无绝对的蕴涵关系。

排湾语动词的情貌与时制　陈康撰，载《语言暨语言学》专刊外编之五，"中研院"语言学研究所（台北），2006年。

排湾语是分布在台湾岛南端大武山脉地带排湾族所使用的一种南岛语。人口约55000人。排湾语动词在句中主要作谓语，有情貌（aspect）和时制（tense）语法范畴。根据动词的不同变化形式，视其是否插入中加成分，可把动词分成插入和非插入两大类。情貌有常貌、进行貌、一般完成貌、过去完成貌、被动态常貌、被动态进行貌、被动态过去完成貌，构成方式有词根本形或加-əm-、-aŋa、na-⋯-aŋa，-ən，-in-⋯-aŋa，词根重叠等形式。时制有现在将来时、过去时、被动态过去时，构成方式有词根本形或加-əm-、na-、-in-等形式表示。

排湾语动词的时态及其语法范畴　曾思奇撰，载《中央民族学院学报》1988年第5期。

本文以台湾屏东县来义乡话为依据，探讨排湾语动词的时态及其语法范畴。文章从形态入手，考察动词时态。排湾语动词有三种类型：（1）无任何形态标志的非派生词；（2）前缀+词根；（3）中缀-acm-/-acn-+词根。前两类称为"非插入类"，为甲类，甲类中的及物动词包括主动态和被动态，不及物只有主动态。后一类叫"插入类",称乙类,乙类均为及物动词,包括两种语态。被动态的形式由词根后加被动态词缀-can/-an/-in。两种语态的基本形式是现在时一般体。动词有时体、态等语法范畴,除进行体用重叠式外,其他均用附加"时态"词缀表示。排湾语通过特定词缀表示时态化,同时表达具体而明确的语法意义。主动态和被动态在句法功能上的本质区别在于,前者要求主语是施动者,后者要求主语是受动者。在被动态动词谓语句里,动作行为属施动者"领有",以"领格"形式出现。还有语气助词 anga 和动词的搭配,表示"了、完毕"等语气;表状态的动词前加 ma-的形态特征;malap、malang 特殊的时态变化等。

盘县特区坪地彝语语音浅探 陈富智撰,载《贵州民族研究》1987年第2期。

坪地区地处盘北山区,东面和南面与盘县特区的普古区和鸡场坪区为邻,北面与水城特区的龙场、法耳两个区相连,西面与云南省宣威县接壤。全区彝族7897人,自称 ne^{55}su^{33}phu^{55},都会说彝语。坪地彝语声母有42个,韵母有24个。其中单韵母 ae 和复韵母都用于拼汉语借词。声调有4个:高平调(55),中平调(33),低升调(13),低降调(21)。低降调接在中平调后面时读作中平调,低降调接在低升调后面时读作高平调,低降调接在高平调和低降调后面时不变调。

盘县彝语音位系统简述 柳远超撰,载《彝语文集》,贵州民族出版社,1993年。

贵州彝语属于东部方言,其内部又分盘县次方言和滇黔次方言。操盘县次方言的人有20万人左右,与滇黔次方言比较,盘县次方言的主要特点是,声调较为复杂,有6个声调(东部方言一般只有4个声调);没有卷舌辅音,而有卷舌元音;除少部分外来词外,没有复韵母等。本文以人口最集中的盘县普古区淤泥乡为标准音点,把盘县、方县的音位系统归纳出来,为有关方面和彝语研究者提供对比研究资料。彝语盘县次方言共有36个声母,韵母共10个,声调有6个,其音节构成形式有两种:辅音+元音+声调和元音+声调两种。彝语盘县次方言的音变主要有变调、减音、合音、同化几种。彝语盘县次方言的变调比较频繁,动词和形容词重叠不表示疑问时要变调;有的词在语流中脱落掉一个声母或声调;有的词在语流中几个音节合为一个音节;有的词前后音互相影响而发生同化现象。

拼音白文夹汉字的历史因由与在当代社会使用的科学依据 李绍尼撰,载《汉字的应用与传播》(99汉字应用与传播国际学术研究会论文集),华语教学出版社,2000年。

本文分:一、拼音文字与国情民情相结合的喜忧得失;二、拼音白文夹汉字符合白汉混合语言的历史由来和构成形态;三、讨论几个问题:(一)白族完全使用拼音白文行不行?(二)完全使用汉字行不行?四、"拼音白文夹汉字"对形成白语共同语起到"催化剂"作用;五、民族学家和语言学家对"拼音白文夹汉字"的评价;六、小结。本文的要点是:实验证明,白语拼音文字方案是科学的书写文字方案,但白族的汉语文知识分子和民众不乐意接受它。因为千百年来,在中国大地上,白族人民只习惯于看到和自己也习用了的一种汉文汉字,它在使白族社会进步上取得了较大的影响。但至今大理和怒江地区95%以上的白族还在使用白语或白、汉双语。这是社会现实。白语原来是以古藏缅语为原始母语,但在长期与汉族社会与文化的融合中吸收了百分之七八十的古今汉语,连语法也发生了重大的变化,但语音和音质还保存了大量古白语特色,仍然是一种独立的语言结构。故纯粹使用汉字不能完全记录白语,同样,完全使用拉丁型拼音文字,那过长的拼式且失去汉文化背景的字形也不受大多数白族人的欢迎。作者经过十多年系列的研究和比较以及进行了大量成功的电脑写作和社会应用后，提出了"拼音白文夹汉字"的书写形式，已得到不少民族学家和语言学家的鼓励和支持。实际上，作者所倡导的书写形式已在部分学者的社会书信中流行开来。其实，这条道路，对凡有汉字圈文化基础的少数民族文字都是可以考虑和实用的。

平话、粤语与壮语"给"义的词　覃晓航撰，载《民族语文》2007年第5期。

本文分别讨论平话、粤语和壮语"给予"义词的来源，证明语言接触可以引起某一成分辗转融合渗透。全文分三节：1. 平话、粤语"给"的来源；2. 壮语"给予"义词的来源；3. 余论。作者指出，壮语"给"就是来自汉语的"与"，后来又带入了现代平话和粤语。

评《土族语中的藏语借词与古代藏语方言的演变》　米勒撰，载《民族语文研究情报资料集》，中国社会科学院民族所语言室，1986年第7期。

本文对《土族语中的藏语借词与古代藏语方言的演变》一书的正文和注释进行了评述。藏语曾是包括土族人在内的所有蒙古人的宗教语言，特别是保留在土族语里的大批藏语借词形式留下了深刻的痕迹。罗纳塔斯的这部专著，对藏语历史语言学研究是一个较大的贡献。但书中也存在许多问题。文章围绕这些问题展开，分两部分：（1）对正文的评述；（2）对注释的评述。在第一部分中，作者重点对如下七个问题进行了探讨：（1）原始藏语同一语素的不同方言反映形式表示不同元音的交替阶段。（2）核心音之前的 u 音的偶尔出现。（3）构成土族语基础的紧缩形式。（4）作为土族语借词基础的藏语形式的元音和谐同化现象。（5）词素分界中的某些问题需要进一步考虑。（6）藏语合成结构中的不送气音及其浊化。（7）音位理论和术语中的问题。在第二部分中，作者对原书注释中存在的问题进行了探讨，其中重点讨论了藏语书面语的历史分期问题。

评阿尔泰语系词汇比较研究　波普撰，载《民族语文研究情报资料集》，中国社会科学院民族所语言室，1985年第5期。

本文是对《阿尔泰语比较词汇学》（列宁格勒，1972）的书评。阿尔泰语拥有一大批共同词，其中有很多是从一种阿尔泰语借入另一种阿尔泰语的，但很多词是出自一个共同的来源。一种阿尔泰语取自另一种阿尔泰语的借词的存在，从来也没有被否认过。但是，阿尔泰语系的所有共同词并不全是借词。在大部分情况下，借词和同源词是彼此有区别的，区别的标准是语音对应。比较词汇学的目的是确立在起源上互有关系的语言的同源词汇的问题，而达到这一目标的最短途径则是研究像亲属称谓、人体各部分的名称、动物名称等这样一些词的整个语义群。文中对清齐乌斯的《关于阿尔泰亲属称谓的词源》、科列斯尼科娃的《阿尔泰语中人体各部位的名称》、诺维科娃的《与动物界有关的通古斯满洲语词汇中的外语成分》、德米特里耶娃的《突厥以及其他阿尔泰语中的植物名称》、康斯坦丁诺娃的《与住宅有关的通古斯满洲语词汇》等论文进行了充分的补正。

评奥斯丁·黑尔著《藏缅语言研究》　西田龙雄撰，载《民族语文研究情报资料集》，中国社会科学院民族所语言室，1987年第8期。

本文对奥斯丁·黑尔著《藏缅语言研究》一书进行了评述。奥斯丁·黑尔是一位在对尼泊尔地区的语言调查工作中做出很大贡献的著名研究者，尤其是作为《尼泊尔某些语言的短、句子和话语型》一书的编著者而出名。《藏缅语言研究》汇集了多年的研究成果，可称得上是一本展望学术界有指导性的著作，但本书存在着不少的问题：（1）藏缅语族语言的分类问题。本书的作者就藏缅语族所有语言,列举了以往提出过的分类,并指出那些语言的相互关系。这一点是很有价值的。但对有些语言的分类还存在着一些错误。(2)本书的文献目录中列举了丰富的著作和论文,但需要补充修改的地方也不少。这些不足主要有:只有作者名和书名,缺乏其他信息;应指出再版,册数问题,版数问题,作者名、书名的问题等。

评布莱德雷的《原始彝语支》 瑟古德撰,载《民族语文研究情报资料集》,中国社会科学院民族所语言室,1988年第10期。

该著作通过共同语拉祜语与来自其他彝语材料的比较,构拟了原始彝语支语言。作者对东南亚地区语言有着比较深入的了解,在进行历时方法论部分中表现出了作者社会语言学方面雄厚的功底。作者在进行了广泛野外调查的基础上,对东南亚地区的七种不同语言材料进行了细致、透彻、有价值的探讨,构拟出的词的原形几乎有900个。论著中提出了对原始彝语支语言在较大语群中的地位的全面看法。他精辟的分析大大增加了人们对东南亚语言的了解,现有借词词表对比较工作是无比珍贵的。他对借词趋向性的分析,不仅有助于对文化领域最近体系的澄清,而且为了解东南亚早期历史的各个部分做出极大的贡献。尽管布莱德雷没有得出任何原则性的论据,但他的基本次级分类法是基本正确的。他对彝语的语音革新及其分布的许多敏锐观察表明,这一材料基础对原则性的次语族分类是可借鉴的。

评福赫伯著《契丹语考》 道尔弗撰,载《民族语文研究情报资料集》,中国社会科学院民族所语言室,1985年第6期。

本文对福赫伯著《契丹语考》一文中的阿尔泰语、特别是关于通古斯语成分的问题进行了评述。文中对如下词语进行了探讨:(1)"阿干"根本不是阿尔泰语词。(2)"莫贺"与古代突厥语不能对应。(3)"纥真"并不限于满语和女真语,而见于许多通古斯语。(4)在确定部族名称的含义时,最好是要做到论点合乎逻辑而不相违背。(5)不能像福赫特那样构拟"迭鲁敌烈"。(6)"别古"构拟为古突厥语不能成立。(7)"乙不哥"来自蒙古语。(8)"拽剌"考定为满语更为恰当。(9)"褥斡么"的构拟不能令人满意。(10)"忒俚骞"可能是突厥语词。(11)"褥斡么"不一定是女真语。(12)"掠胡奥"不是满语。(13)"赤实得本"出自原始通古斯语。(14)"斡突碗"的含义值得怀疑。(15)"斡突碗"不是突厥语和蒙古语的对应。(16)"监母"来自突厥语,等等。

评格德尼著《论澳—泰语中的泰语例证》 白保罗撰,载《民族语文研究情报资料集》,中国社会科学院民族所语言室,1987年第9期。

作者在文中对格德尼教授所著的《论澳—泰语中的泰语例证》一文进行了评论。格德尼教授与作者是三十多年的好友,但格德尼教授对作者的澳泰语假设的确实性一直持怀疑的态度,并且对作者近年来忙于证实的某些澳泰语词根是否有复辅音声母也表示怀疑。格德尼教授提出了许多公认为次要的问题,但带着使人震惊的附加语:原始主义的简化论;多头的词根;高贵的劣等货;外来的入侵者;不顾一切的手段;平调的阉割等等。格德尼指出的借词被一个或另一个理由怀疑,因而应被排除在外,但是所有的情况对《澳泰语》词根有其他的证据,甚至可以用格德尼教授的改正来提高比较的价值。格德尼教授对《澳泰语》原文的详细检查,暴露了许多错误,《澳泰语》再版时将要改正。但作者欣赏格德尼教授对《澳泰语》所下的工夫,和对它提供的极好的支持。

评介西田龙雄西夏文研究专著四种 史金波撰,载《民族语文》1985年第2期。

本文介绍日本汉藏语言学家西田龙雄的科研历程和四种西夏文研究著作——《西夏语的研究》、《西夏文字（解读的过程）》、《西夏文华严经》和《西夏语韵图〈五音切韵〉的研究》。文章对西田龙雄的西夏语文研究成果给予高度评价，同时也指出了其中的一些不足之处，这些不足主要有三个方面：一、西田将西夏文分解，归纳出329种文字要素，对一些要素还概括出有意义的部首，本文作者认为西夏文字主要是由合成法构成的，并不是由偏旁部首拼加而成；二、西田未能够用系联法对《文海》中西夏字的反切进行系统的整理，这导致他所拟的喉音、舌齿音声母有的和西夏音韵书籍记载不相一致；三、西田在解释、翻译西夏文词语时有一些失误，在研究西夏文译经分期时误把西夏文佛经卷首皇帝题款中的惠宗秉常和崇宗乾顺名号弄颠倒了。

评李方桂的《台语比较手册》 琼斯文撰，载《民族语文研究情报资料集》，中国社会科学院民族所语言室，1986年第7期。

本文是对李方桂《台语比较手册》一书的评述。李方桂的这部著作包括一个全面的介绍，有关原始台语声调系统、辅音系统和元音系统的章节，附录部分提供了例词和有关的书目索引。由于手册中不可能处理所有的材料，李氏选择了能反映现代语音发展一般趋势的三种方言作为例证，这三种语言是：标准泰语、龙州土语和博缀土语——每种语言代表它所划分三个语支的一个语支。为原始台语构拟的基本体系——四个声调和两种系列的开首辅音——中支语言最直接地反映了为原始台语构拟基本体系，它的第二系列清辅音，在所有北支和西南支语言有许多关系已经重新组合，特别是第一开首辅音系列已按不同的方式进行再分类，这种再分类原因仍然是台语比较中的一个很有兴趣和不引人注目的方面。除了少数例外，所有的方言都发展了一个"新"的浊闭塞音系列。本书可以说是台语研究的一座里程碑。

评析汉藏对照词汇的负面影响 马进武撰，载《西藏研究》2005年第3期。

如今的中小学藏语（翻译）教材，藏文报纸、公文等中，往往出现不少"生词"，究其来源，一般都来自《汉藏对照词汇》。"工欲善其事，必先利其器"，要从各方面充分运用藏语文，就必须要有涵盖面广，准确、明晰的藏语工具书，像《汉藏对照词汇》这样问题成堆的词书，就不能做工具书，只能参考而已，其负面影响很大，已成为导致藏语庸俗化的腐蚀剂，已逐渐形成翻译界的藏语和广大僧俗群众的藏语向两极分化的分水岭。其主要症结有六：一是怕漏掉一个字的意思，不是按词翻译，而是按词的音节逐一翻译，"照猫画虎"，成了"四不像"。二是不知某个词藏语怎么说，就采取诠释法，用拐弯抹角的一句话，含糊其辞。三是不知藏语动词的三大特征，随便乱译，甚至创造了一种"三联式动词"，代替藏语动词的各种用法，造成了语言的混乱现象。四是抹杀了构词功能很强的多种多样的藏语后缀，把带不带后缀的词，混为一谈，导致概念模糊，有的后缀又随便更换，产生歧义。五是不懂藏语构词本身所具有的声律、韵律组成的音乐美，东拼西凑，胡乱组合藏译词，语气不顺，拮屈聱牙。六是两种语言的语序不同，一般说来，汉语的顺句是藏语的逆句，藏语的顺句是汉语的逆句，不管哪种语言中，顺句总是占句子类型的主要地位。译者只顾汉语语序直译，违背了藏语语序及词语结构规律导致了文理不通的弊端。

剖析汉译藏中八股式的严重弊病 马进武撰，载《西北民族学院学报》2000年第3期。

翻译队伍中，绝大部分同志，藏汉语水平不高，不求意义对等，却求字面对等，以为一字不漏按汉语语序翻译，才能保证原文之"信"。不同的语言有不同的民族特点，这样生搬硬套，严重地破坏了藏语的构词造句规律，逐渐形成一种八股式的翻译文风。一是"三联式",藏语动词除后缀外都是一个音节,遇到汉语的双音节动词,就译为两个动词,合成两个音节,不成动词,再加一个助动词,这样三个动词糅在一起,不能表达一个动词的确切概念,只能是滥竽充数。二是"混合式",藏语动词有使动态、受动态、自动态三种类型,分工明确,但对汉语双音节动词,仍用"三联式"的译法,把两种类型的动词混合在一起,不知所云。三是"脚注式",把藏语的动宾词组误解为名词,再加一个动词做脚注,语义重复,成为病句。四是"临摹式",不用藏语现成的词,却临摹汉语的构词法"照葫芦画瓢",译成概念不清的东西。五是"改革式",从古至今一直沿用的不少词和汉语在字面上不能对等时,就以为不科学,按汉语词语进行改造,弄巧成拙,制造语言的垃圾。约定俗成的词儿,谁也没有改动或更换的权力,这是起码的常识。六是"模糊式",由于掌握藏语词汇贫乏,遇到一些不常用的词,感到棘手,牵强附会,胡编乱造,成为笑柄。七是"代替式",有些词义有点相似,就不顾其本质或细微的差别和不同用法,用一个词包办代替好几个词,模糊具体含义。八是"罗列式",译文往往一个词,罗列好几个相近的甚至似是而非的词,令人产生错觉。"翻译是再创作",要解决翻译中的疑难问题,就翻译论翻译,只能解决一些零碎性的问题,只有认真学习,充实和提高语言学知识,明确掌握汉藏语各自的构词造句规律及二者的共性和个性,才能保证译文质量。这篇论文受到社会上广泛的好评,被选入多部国内、国际大型理论文集中。

蒲姑国的族属 郑宗泽撰,1.5 万字,载《民族研究》2004 年第 6 期。

本文根据苗瑶语与汉语的语音材料和相关记载,认为《尚书》、《左传》记载的居住在古九州之一青州的"蒲姑氏",是瑶族的先民,说勉语标敏方言东山土语。瑶族民族自称 bjau2min2,bjau2 源于 6 蒲 6,min2 作 6 人 6 讲,意思是 6 蒲人 6,也就是 6 蒲姑人 6。另外,作者认为 6 蛮 6 是瑶、苗、畲始祖 *qa^A *mwjnuːn^A 氏族部落名称 *mwjnuːn^A 的译音,也是瑶、苗、畲的先民。"蒲姑"亦即 qaAmwjnuːn^A 的译音。"蛮"也是夷人,是夷人中的一部分,所以古亦称"蛮夷"。"蒲姑氏"实际也是"蛮夷",也是自称为 *qaAmwjnuːn^A 的夷人。有的史书说,古代夷人大多融入华夏族,但是没有融入华夏族的这一部分夷人去向都没有提到,《蒲姑国的族属》作了回答。另外"淮夷""徐夷"等一部分夷人的去向也值得探讨。

《普度明太祖长卷图》等四段回鹘蒙古文考释 哈斯额尔敦撰,载《民族语文》,2007 年第 1 期。

内容包括:一、《普度明太祖长卷图》及其研究概况,介绍了收藏在西藏博物馆的该长卷图的状况、内容和研究概况。二、长卷图第四段回鹘蒙古文考释及汉文和转写——该长卷图回鹘蒙古文说明共 22 段,76 行,约 1500 个词,其中第四段有 1 行,29 个词(不包括后缀);考释了第四段 10 个词,并有其汉文和拉丁音标转写、国际音标转写、现代蒙古文转写。

普米语动词的趋向范畴 傅爱兰、和向东撰,载《中国民族语言论丛(2)》,云南民族出版社,1997 年。

文章描写普米语的趋向范畴的语法形式和意义,并进行定量统计和定性分析。普米语的趋向意义主要通过前缀表示,常见的前缀有 7 种,表"上方,下方,离心,向心,向外,向内,不定向"。在 720 个常用动词中,不能加趋向前缀的 32 个,这是存在动词、判断动词和情态动词,能加 7 个趋向前缀的 109 个,这些动词其实具有不定向特点,如"去、飞"。只能加一个前缀的动词有 380 个,占动词绝大多数,往往是有明确指向的动词,如"索取，叫喊"。能加 2—4 个趋向前缀的，具有一定方向性，但不特指。表"下方"的前缀出现频率最高，是山地民族生活环境特点的反映。与亲属语言相比，同普米语动词趋向前缀在语音、语义上相近的语言是羌语、木雅语、嘉戎语、尔苏语。文章的定量定性分析使人们对普米语趋向前缀及范畴有全面的了解。

普米语动词的语法范畴 陈绍尊撰，载《云南民族语文》1996 年第 4 期。

本文以云南省丽江地区宁蒗彝族自治县新营盘乡普米语为代表，从动词有人称、数、时间、趋向、语态、式等来探讨普米语动词的语法范畴。根据作者的考察，普米语动词的人称分为第一人称和第二人称、第三人称；数分为单数和多数；时间分为将来时、现在时和过去时；动词的趋向有从下往上、从上往下、说话者面对的方向、向着说话者的方面，从里向外或从左到右、从外向里或从右到左及表示不定方向七类；动词的语态有自动态、使动态和交互态等范畴；动词的式有陈述、命令、祈使、禁止、疑问和否定等几种。作者在探讨普米语动词的语法范畴时使用了大量的例句，说明这些语法范畴主要是以添加附加成分和词根内部屈折、重叠等手段来表示的。同时，作者将普米语动词的语法范畴同语族的诸语言进行了比较，指出普米语所具有的某些特殊语法范畴。

普米语复辅音初探 傅爱兰撰，载《中国民族语言论丛（1）》，中央民族大学出版社，1996 年。

文章认为原始藏缅语复辅音构拟不理想与具体语言复辅音的研究不深入有关，因此从复辅音共时分布、特点的基础上探讨普米语复辅音的来源及发展。研究复辅音的两个角度：（1）声母系统中复辅音如何与单辅音声母相互对立、制约；（2）复辅音如何从单辅音系统抽取辅音构成不同类型复辅音，各自的分布及频率。普米语共 68 个声母，复辅音 23 个。从材料看，单辅音组合成复辅音的规律有：同部位或相近部位擦音加上塞或塞擦音；双唇塞音、浊鼻音加浊擦音。历史演变上，普米语复辅音有两个特点：一是发展速度不同于羌语支其他语言，只保留两类；其二，第二类发展慢，大多出现在基本的常用的词上。将普米语复辅音与跨语支的藏语、彝缅语支的载瓦语和怒苏语比较，可以发现大多数词有语音对应。普米语复辅音也存在复辅音发展的共同规律，经历过复辅音脱落、分化、融合和换位等过程。

普米语判断动词和存在动词的特点和用法 陆绍尊撰，载《云南民族语文》1993 年第 3 期。

本文介绍云南省丽江地区宁蒗彝族自治县新营盘乡普米语（该文中间称新营盘土语）的判断动词和存在动词的特点和用法。判断动词 dac12 "是"在句子中主要充当谓语，具有人称和数的区别，以内部屈折的手段表达。而表示人称和数的词形变化要与句子中主语（包括人称代词和称人名词）取得一致，如果主语是单数时，判断动词要使用单数形式；主语是多数时，判断动词相应使用复数形式。判断动词词形变化的特点：单数第一、第二、第三人称代词是以不同的口元音韵母来表示，多数则以不同的鼻化元音韵母来表达。新营盘土语存在动词共有 bo（~）^{55}、zeo^{55}、dia（~）u^{55}、kuei^{53}、ta^{55}、ṣə^{13}等 6 个，都是表示"有"或"在"的意义。其中除了 ṣə^{13}以外，其余都不能添加后加成分。它们在人们日常生活用语都限于一定的范围，不能随意互换使用。如果使用错了就会引起误解。

普米族的姓名结构及其来源探讨 严汝娴撰，载《民族语文》1993 年第 1 期。

本文从姓的起源、姓的分衍、姓起源于母系制时代、母子（女）连名与父子连名 4 个方面对普米族的姓名结构及其来源问题作了分析和探讨。作者认为普米族最早的姓来自 $sa^2 v^2 bu^3 pa^2 go^3$ "美丽的花瓶山", $phə^2 mi^2 sui^3 mu^2 go^3$ "威武的豹子山", $γo^1 mi^2 sua^2 ga^1 go^3$ "叉舌的红虎山", $tso^3 sa^2 pa^2 a^2 go^3$ "秋季的黄花山"这 4 个部落（即用山作某某部落名称）的名称。4 个部落形成 4 个姓，随子孙的分衍，又在原来姓之下分出若干姓，分出的姓，对内则用部落姓，对外往往借用汉语。并认为普米族的姓起源于母系制时代，并按"女子称姓"传递。认为普米族既可以母子（女）连名，又可以父子（女）连名，其原因在于历史发展不平衡及受周围盛行母系制的摩梭人的影响（即与之交错杂居）。认为普米族老人给孩子起名，多用动物名字命名与普米族崇拜有关。认为普米族的正式命名多与方位及属相相关。命名方式以方位命名同属相结合。文章认为普米族汉姓加上民族名的学名结构是民族间经济文化交流日益频繁的自然结果，借用汉姓已成为普米族姓和名形成及发展的一大趋势。

普米族与汗归文 张磊撰，载《中央民族学院学报》1993 年第 2 期。

文章介绍了普米族的一种特殊文字。普米族的"汗归"，相当于汉族中的和尚；汗归文，亦可以叫做"汗归的专用文字"，实际上，它是由 33 个字母组成的藏文。据考证，它的创制时间是在公元 7 世纪前，由一种古老的象形藏文组成，大多用于记录苯教。后经改进压缩成 30 个字母，另加四个辅音，逐渐形成今天普米族的汗归文。汗归文的书写分为印版体，大草、小草、速写。汗归文书写方法各异，但读音都是以西康（康巴）区域语音为标准音。汗归文一般用作通信、记录、抄经及法事等场合。以后藏族的佛教、苯教逐渐传入滇西北的小凉山地区，这种变异文字日渐被当地的普米族中的汗归所使用、接受并流传，以至于演变为汗归教。元朝政教开始分离，"汗归"职责演变成节日集会、婚嫁民俗的司礼，之后，日趋衰落。现在，对这一弥足珍贵的历史遗产应加以抢救。

契丹大字"X"读音 刘凤翥撰，载《民族语文》1992 年第 1 期。

作者对自己在以往契丹大字的"岁"字的读音没有解决为原引，认为为了探讨其读音，必须到契丹小字去找出路，因为契丹大字和小字都是记录契丹语的，契丹小字是拼音文字，其读音比较容易推求。一旦把契丹小字中"岁"字的读音推求出来，同是记录契丹语的契丹大字中的"岁"字的读音必然与契丹小字中的"岁"字的读音相同，按此思路，结合《萧仲恭墓志》和《故耶律氏铭石》中的记载，对契丹大字"X"的读音作了考订，得出契丹小字"年岁"的"岁"和"岁数"的"岁"等同于契丹大字"X"，它们的读音均为 [ouan] 的结论。

契丹大字《耶律昌允墓志铭》之研究 刘凤翥、王云龙撰，载《燕京学报》新第 17 期。北京大学出版社，2004 年。

由于作者熟悉辽代职官，利用兰陵郡夫人汉字墓志提供的耶律昌允的职事官的线索，再利用职事官与散官和阶、勋、爵、封邑以及宪衔的配套关系，一举把契丹大字耶律昌允墓志的前四行全部解读了出来："建雄军节度使，晋、慈、隰、汾等州观察处置等使，崇禄大夫、检校太师、左千牛卫上将军、使持节晋州诸军事、晋州刺史，知涿州军州事，兼管内巡检、安抚、屯田、权农等使，御史大夫、上柱国、漆水县开国公，食邑七千五百户、食实封七百五十户耶律观音太师之墓志"。还释出了"皇帝之同胞之弟"、"第三子孩邻"、"政事令"、"令公之长子留隐·海里"、"五院"、"黄龙府之事"、"都监"、"兴中府"、"中京"、"东京之同知"、"佛山"、"丹国（东丹国号）"、"敕葬使大理卿大公鼎、敕祭发引使太常少卿"等词语或词组。文章还附有契丹大字音值构拟表，为 189 个契丹大字构拟了音值。把契丹大字的解读水平提高到一个崭新的阶段。

契丹大字与传世的女真文字　和希格撰，载《内蒙古大学学报》1984年第3期。

契丹文字是我国北方古代民族中较早创造的文字之一。本文所说的契丹大字即指锦西萧墓式的文字。契丹语与女真语同属阿尔泰语系，而契丹字与女真字又有着承袭关系。契丹大字是增损汉字笔画制成的。契丹大字是表意文字，故数量很多。女真字的创造受契丹字的影响很大，两者对照很容易看出契丹大字和女真字的承受关系。其中有些译音字在契丹大字和女真字中也是字形相近的。但应注意的是，有些契丹大字字形虽然与女真字字形相近而意义也相同，但读音应是契丹语。所以要掌握契丹大字的读音靠女真语是不行的，而应该参考契丹小字同一语词的读音和史籍中记载的契丹语。女真字中的表意文字是大字，表音文字是小字的提法是能够成立的。所以，传世的女真文字是表意和表音文字相结合的文字体系，也就是说女真大字和女真小字混杂在一起的文字体系。这大概是"熙宗亦制女真字，与希尹所制字俱行用"的真实所在。

契丹大字中的纪年考释　刘凤翥撰，载《民族语文》1982年第3期。

本文对契丹大字《故太师铭石记》、《北大王墓志》、《萧孝忠墓志》三个墓志中尚未释出的几个纪年作了解读释别。重点征引阎万章、侯雪谅、贾敬颜、陈述等人的考释成果，经考订认为所释的纪年中，年数的干支与月数干支都与《辽史》记载相符合，互相之间也不矛盾。但日数的干支有的与《辽史》记载相符，有的不太相符，在汉文碑刻中的日期干支有与《辽史》不一致的地方，所以契丹文大字资料中日期的干支与《辽史》有不一致之处的应予允可。

契丹大字中若干官名和地名之解读　刘凤翥撰，载《民族语文》1996年第4期。

本文通过与女真字进行比较，并利用对契丹大字已有的解读成果释出了一系列契丹大字州名、官名、人名、封号。文章共分六个部分。序说部分中，作者说明，20世纪50年代至90年代是契丹大字解读的探索性阶段，伴随有契丹大字和汉文两种文种的墓志出土，仅解出一些年号、干支、年月日、数目字等；以1991年中日联合首届契丹文字学术研讨会为始点，解读工作进入第二阶段，释出一些人名、地名、官名和动词。文章的第二、第三部分中，作者根据丰田五郎对契丹大字"奴"的解读成果释出了"内"以及"云内二州"，并以此为突破口解读出"衙内"、"祖父"和一些州名和官名。第四、第五部分，作者又根据丰田五郎对"家"的解读而释出"静江军"、"夫人"等人名和动词"封"，进而解读了一系列封号。小结部分，作者认为，上列解读，使契丹大字的解读进入拟音新阶段，可明确契丹大字基本上是音节拼音文字，契丹语单词多为多音节，属黏着语的性质。

契丹文　贾敬颜撰，载《中国民族古文字》，天津古籍出版社，1987年。

契丹字有两种，即大字和小字。大字是增减汉字笔画而成的。传说大字的数目达到"数千"。契丹小字为迭剌所造，是受回鹘语文启示，在改进大字和利用大字的基础上形成的，它是以少量的符号表达完备的内容，可能由于这个原因，所以又被称作"小简字"。契丹大字最少也在一千以上，而书上说竟有"数千"；契丹小字则除掉国袭大字而来表示一个完整意思的单体字以外，完全作音符用的"原字"，有人统计为378个。小字来源于大字，而大字脱胎于汉字，下沿袭为女真字。利用汉字和女真字作线索，把握两次，突破中间，然后在辨认大字形、音、义的基础上，再进一步去认识小字。研究契丹字不同于研究女真字、西夏字，更不同于研究突厥字、回鹘字、蒙古字，那些"死文字"不但有与它们相关的一种乃至几种活的语言可以参考，契丹字则没有参考依据，因此给研究工作带来困难，研究契丹字须凭借契丹字文构。文中列举了数十项文物。

契丹文《萧袍鲁墓志铭》考释 阎万章撰，载《民族语文》1988 年第 3 期。

本文对 1965 年在辽宁省法库县柏家沟发现的一座辽墓内出土的《萧袍鲁墓志铭》进行了考释。关于该墓，已有冯永谦的《辽宁法库前山辽萧袍鲁墓》一文发表于 1987 年第七期《考古》，但文中未提及志盖背面所刻契丹字志文。作者认为该文字与锦西西孤山辽萧孝忠墓出土的契丹字是同类的，属契丹大字，而以前认为上属契丹字为契丹小字可能是不正确的。随后作者对文后附录的《萧袍鲁墓志铭》共 321 个契丹字进行考释，还附有释文和写法不同的契丹字。作者详细地举证考释该墓志 15 行刻有"年、月、日"等十个契丹字，应释为"大安马六年三月十九日"；第一行末二字，似应释作"志"或"铭"，"铭"字前的四个契丹字第一至第三字似应释作"墓志"，志文第五行有可以释为汉文"十九"、第十行有可释为"守太子太傅"的契丹字。作者认为，这些还未被人们所知的契丹大字新资料摹写发表出来，可供同行共同探讨，定能取得新的进展。

契丹文字解读的新进展 西田龙雄撰，载《民族语文研究情报资料集》，中国社会科学院民族所语言室，1984 年第 4 期。

本文介绍了 1981 年以前世界各国研究契丹文的最新进展情况。10—12 世纪，契丹族在中国北部建立了契丹王朝。建国十几年后，于神册五年（920），始创契丹大字。契丹大字是参照汉字而制成的表意文字，对于表记契丹语多音节的单词和各种各样的词缀多有不便。于是数年之后，太祖之弟迭剌从回鹘那里学习了一种表记法，创制了表音文字的契丹小字。现在被认定的原字为 378 个，但其中也包含有异体字。契丹文字的解读已经达到了用确实的根据给予特定的原字以一定的音值的阶段，应该说这是应给予高度评价的成果。与此同时，还弄明白了在此不可解的文字背后，出乎预料的这么多的汉语混入契丹语中被记录下来。契丹大字资料虽出土了一些，但还很少，期待着尚未发表的《耶律延宁墓志》和《北大王墓志》等资料的公开发表以及新科研成果的出现。

契丹小字道宗哀册篆盖的解读 刘凤翥撰，载《民族研究》1984 年第 5 期。

本文是对辽道宗哀册篆盖上 36 个篆体契丹原字的解读。国内外学者研究这块篆盖已有半个世纪，其中"把篆体原字恢复为楷体原字的问题"以及"把分开的原字组合成单词的问题"经王静如、罗福成、村山七郎、即实等人的先后研究已获解决，现在仅仅剩下了一个解读问题。本文对即实在《契丹国号解》中提出篆盖文字"契丹国"即是"大中国"的观点进行质疑，作者通过对契丹小字多种资料的反复比勘指出即实的猜测是不能自圆其说的。并且利用寻找契丹小字替换词和寻找契丹原字音值的方法将道宗哀册篆盖文字释为 13 个词，汉译作"大中央哈喇契丹仁圣大孝文皇帝哀册文"。作者在此前发表的《契丹小字解读再探》一文中涉及过这一问题。本文又进行补充论证，认为这样的释读不论从音值的构拟还是字义的考释方面都没有互相抵牾的地方。

契丹小字复数符号探索 高路加撰，载《内蒙古大学学报》1988 年第 2 期。

学术界一般认为契丹语属阿尔泰语系蒙古语族。就现有材料来看，契丹语在词汇和语法上最近似于蒙古语族这种说法还是比较可信的。这样，无论是在考释契丹小字词语，还是在探索契丹小字中表示语法意义的符号时，和蒙古语族语言进行比较就成了必不可缺的手段。当然，蒙古语族的各语言、方言之间存在着许多共同规律，也存在着各种差异。正因为如此，在利用相关性蒙古语族的语言知识来研究契丹语言文字时，就不能要求只有和蒙古语完全相符才有意义，只要存在着相似之处就可以沿着这个方向去大胆探索。本文即按这种认识对契丹小字中表示复数附加成分的 6 个符号作了初步探讨。结论认为，这 6 个符号位于静词末尾时均为契丹小字中表示复数附加成分的符号，并分别相当于蒙古语族复数附加成分的-s、-t (-d)、-ud 等。

契丹小字解读新探 孙伯君撰，载《民族语文》2010 年第 5 期。

契丹文字全面的研究始于 20 世纪 70 年代中期。迄今为止学者已经拆解了一些原字，拟定了某些文字符号的读音，但真正得到确证的不到十之二三。学界在利用《郎君行记》解析契丹小字的音值时，忽略了碑文语言事实的考察。本文认为金朝王室成员使用契丹字记录的当是女真语，并利用女真语对《郎君行记》中的部分契丹字重新解读，比照女真字的用法，尝试对部分契丹小字原字的音值和语法意义进行重新解释。

契丹小字墓志研究 王弘力撰，载《民族语文》1986 年第 4 期。

契丹小字使用的历史较大字为长。契丹小字文献材料如哀册、墓志、行记亦甚多，故研究契丹两种文字，契丹小字较易深入。本文对已发表的契丹小字墓志：阜新县出土之《许杰墓志》，翁牛特旗出土之《故耶律氏铭石》，兴隆县出土之《萧仲恭墓志》和义县出土之所谓《萧令公墓志》中的部帐、姓氏、子嗣等试析了百余词例，同时也谈及契丹小字缀字结构的重要特征，契丹语和蒙古语的部分语音对应规律以及一些突厥语借词等。分墓主、契丹、汗、序、年号、生卒、葬、爵官、账房、院、数目、干支、子嗣、伯仲等内容序列作了一一考释。

契丹小字中的动词附加成分 清格尔泰撰，载《民族语文》1992 年第 2 期。

本文作者以 20 世纪 70 年代对契丹小字的研究为基础，利用新发现的较为丰富的契丹小字资料，对契丹语的动词附加成分重新进行了排比研究并提出了修正、补充意见。文中首先举出了甲、乙两类原字，说明在 70 年代编写《契丹小字研究》时，利用可察觉的元音和谐现象，推断出这些契丹小字的音值。后面又利用《内蒙古大学学报》1991 年第 1 期登载的《耶律仁先墓志》中的资料，选出其中变化形式达 10 个左右的 32 个词干及其变化形式进行举例分析，观察到契丹语动词附加成分有三类，这同具有元音和谐律的蒙古语相同，从而证实过去对契丹语有元音和谐律的推断是正确的。第一类和第二类附加成分总体上是对立的。作者举出大量例证对契丹小字中的动词词干（及物和不及物，态），动词陈述式过去时、形动词时、副动词（分离副动词）等动词附加成分进行了对比、核实、订正。

契丹小字中之契丹 王弘力撰，载《民族语文》1987 年第 1 期。

契丹小字中哪一个字是"契丹"？"契丹"一词的含义是什么？在契丹小字 350 余原字破读过半的今日，"契丹"一词的字形音义应该加以澄清。最近的议论集中在《道宗哀册篆盖》前面四个词如何解读。一种意见认为前三词为"契丹国"，末词为附加成分；另一种意见认为四词依序为"伟大"、"中央"、"哈喇"、"契丹"，文章认为末词不是附加成分，应为"契丹的"。附加成分无论多少皆与词干连书，绝无单独构成一个小字的现象。《宣懿皇后哀册》第 11 行第 8 字亦为"契丹"，音 xit-en，相当于蒙古语［ideten］"壮士、英豪"。"契丹"

一词保存在突厥文《阙特勤碑》中，译音为 kytay，并无"大段、大中"的语音痕迹。显然，"契丹"是一个独立词，并非由"大、中"合成的词。《道宗哀册篆盖》第 3 词音"虎斯"，义为"有力"、"强盛"。

契丹小字字源举偶 即实撰，载《民族语文》1982 年第 3 期。

本文认为组成契丹小字的原字都是依据汉字创制而成。创制的方法除了"增损"之外，还有移植、截取、改形、转制、组合，等等。本文讨论的所有原字作者都提出了其源出的汉字，并认为原字的音或义应与其源出汉字有关系。文章认为契丹小字道宗皇帝哀册篆盖的第一个原字为表意字，源于汉字"兀"，为"契丹"的"契"，义为"大"，第二、第三、第四原字组成一个单词，即"契丹"的"丹"，义为"中"。第五、第六两个原字组成一个单词，义为"国"。三个词连起来即为"契丹国"亦即"大中国"。还附另外一些原字根据其源出的汉字构拟了音值，并对由它们组成的单词也均一一构拟了音值。例如契丹小字"虎"读 [xankəs]，"辛"的原意为"白"、读 [tsh'aga]，"蛇"读 [mɔgo] 或 [mugai]，"圣"读 [mɔːsun]，等等。

契丹姓氏耶律音义新探 高路加撰，载《内蒙古大学学报》1988 年第 4 期。

该文对契丹姓氏耶律的音义作了新的考释，认为王静如、清格尔泰、刘凤翥等将契丹小字《辽道宗皇帝哀册》、《辽宣懿皇后哀册》和《故耶律区铭石》的撰者之姓氏考释为"耶律"是很有道理的。耶律本为契丹语的译音。陈述曾列举耶律在《金史》等史籍中有"移剌、剌、押剌、亦剌、邪律、移剌答、耶罗多"等多种不同译法。作者认为，姓氏耶律来源于部名迭剌，而部名迭剌则来源于山名拽剌，对陈述"姓氏耶律来源于部名迭剌"之说作了进一步论证。契丹语耶律（移剌、迭烈）以 -t 结尾。耶律（移剌）在契丹语中的发音为 yila'ut，意为"胜利"。"火"是契丹小字中的一种复数附加成分。"火"—"大"的音值为 [t]，创制契丹小字时选用"火"这种形状是参考了汉字"大"的读音。

契丹语考 福赫伯撰，载《民族语文研究情报资料集》，中国社会科学院民族所语言室，1985 年第 5 期。

本文对契丹语中的部分词语进行了考证。由于缺乏连贯可读的文献，目前还不能明了契丹语的语法和句法，而只是认识一些偶然得到的词语。对于这些词语，前人做了许多考证，指出了它们的词源，有的是来源于突厥语、蒙古语和通古斯语的借词，有的来源于汉语。经过分析考证，证明渤海、步摇冠、部落、酪粥、乳粥等五个词来源于汉语。此外，对来源于突厥语、蒙古语、通古斯语、满语的 30 个词语进行了考证，纠正了前人研究中的一些错误。对于契丹语词语的考证方法，门格斯曾提出，用汉文转写的非汉语词语有表意的作用，但这样的意译法一般是极少见的。作者认为，真正名副其实的意译在任何时候都只是例外。因为根据考察，汉文史籍中散见的外族语言材料，尤其是元代的材料，乃是数以千计的汉字音译人名和术语，很少有真正的译意字。

契丹语数词及契丹小字拼读法 清格尔泰撰，载《内蒙古大学学报》1997 年第 4 期。

本文说明了有关契丹语文的三个问题。一、《契丹国志》中的一个古老传说载有"乃呵"、"呵"、"昼里昏呵"三个皇帝名，过去人们一直猜测它们的意思与数词有关，本文借助与蒙古语的对比指出应释之为"头颅"、"猪"和"二十只羊"，因而讨论数词时可以不受其影响。二、契丹基数词与序数词的写法不同，对基数词的读音学界历来有不同意见，本文通过对序数词构成成分的分析和拼读来拟测基数词的读音，基数词的写法和序数词词干的写法多数都不一样，作者认为可能是由于序数词的词尾（语法成分）需要有连结元音所致。三、建议根据契丹小字原字的分类和元音和谐规律来探索契丹词语的拼读法，即注意分别契丹原字中的阳性元音和阴性元音，在一部分辅音字母和音节字母中也有阳性、阴性的区别，拼读出的契丹词语当与和谐律相符。

契丹字研究概况 刘凤翥、于宝林撰，载《中国民族古文字研究》，天津古籍出版社，1987年。

契丹是我国古代北方游牧民族之一。唐代末年，契丹首领耶律阿保机统一各部，进而建立了几乎与五代和北宋相始终的契丹王朝。契丹王朝建立后，曾参照汉字先后创制两种不同类型的文字：契丹大字和契丹小字。这是我国东北少数民族创制文字的先声。契丹字对后来的女真字的创制产生过影响。契丹字行用于我国北方近三百年，直到明清时代，逐渐成为了无人认识的死文字。契丹文字有大、小字两种类型，这两种资料均陆续有所出土和发现。不论是契丹大字还是契丹小字，当前研究的重点应是认字，即考释字义和推求读音。契丹大字由于资料较少，不是拼音字，解读难度更大。在国外，直至1963年，日本丰田五郎才发表了一篇题为《契丹隶字考》的研究契丹大字的文章。至于契丹小字的研究，比起契丹大字来深入得多。半个世纪以来，大体有较明显的三个阶段。

乾隆朝"钦定新清语"探析 佟永功、关嘉禄撰，载《中国民族古文字研究》（第四辑），天津古籍出版社，1996年。

辽宁省档案馆藏盛京内务府档案（包括稿档和册档两部分）中有乾隆年间形成的"钦定新清语"文件110余件。在这些文件中，经过"钦定"的"新清语"达1700余件。这些"钦定新清语"对研究满语文的历史地位及其发展具有重要学术价值，特作如下探析。一、盛京内务府档案中何以有"钦定新清语"的文件。盛京内务府作为管理盛京地区皇室及宫廷事务的特设机构。管辖着一大批上三旗包衣人丁。这些人丁虽是皇帝的奴仆，身份和地位低下，但作为旗人仍是皇帝和清政府倚重的对象。在皇帝看来，"国语（满语在清代又称作'国语'或'清语'）骑射"是满族立国兴邦的根本。无论如何不能遗忘，因此，凡有关"钦定新清语"的文件均行文盛京内务府，令传达给上三旗包衣人丁知晓。这就是为什么盛京内务府档案中存有"钦定新清语"文件的原因。二、"钦定新清语"的主要内容。（1）将满语文中的大量音译汉语借词改为意译汉语借词；（2）指出意译汉语借词中的问题并予纠正；（3）谕令刊刻《对音字式》，规范满语文中某些音位的对译汉字。

黔东苗语帮系三等汉借字的形式 石德富撰，载《民族语文》2008年第4期。

本文讨论帮组三等汉借词在黔东苗语的不同表现形式，说明上古汉语重组三等韵有 *-r-介音。材料还显示轻唇韵与重纽四等韵的介音只是发音部位相同，但发音方式有异。全文分五节：一、帮组三等借字在黔东苗语的表现形式；二、固有声母fh-和f-的来源和相关拟音；三、固有声母ts-、tsh-和z-的来源和相关拟音；四、上古汉语三等唇音字的声母结构与苗语的对应形式；五、余论。

黔东苗语词的重叠 李炳泽撰，载《贵州民族研究》1984年第3期。

本文对黔东苗语词的重叠作了一些探讨。黔东苗语能重叠的词有名词、动词、形容词、量词、状词和方位词。词的重叠都只表示语法意义，即起构形作用。（1）两个单音名词A、B重叠成AABB式，表示许多的A和B同时出现或存在；形容词后的名词重叠，用来补足形容词，使所表示的状态更为形象具体。(2) 单音动词重叠后表示"×着×着"的意思；两个不同的动词连用后重叠。"动词+状词"的重叠，表示动态有规律地不断重复；动词记带表示手段或工具的宾语后的重叠，表示动作的反复和程度加重。(3) 量词重叠后表示"每一"的意思，在"动词+数词 ib (-) +量词（重叠）+指示词"句型的重叠，只强调量已达到了某种程度。(4) 形容词重叠表示程度的加强；形容词与趋向动词组合成词重叠，表示事物的性状向某一方面不断变化。(5) 状词重叠表示声音或状态的持续或重复。(6) 方位词中意义相对的单音词 A、B 重叠成 AABB 式，表示 A、B 所涉及的范围。

黔东苗语的并列四字格 潘元恩、曹翠云撰，载《少数民族语文论集（第一集）》，中华书局，1988年。

我们在学习和研究黔苗语的时候，发现有很多的并列四字格（以下简称四字格）。它们的构造可以归纳出很多种类型。现在就我们所了解的分别举例说明一下。第一类："动—名—动—名"。公式：ABAC，又分两种情形：(1) B 和 C 是同义词或双音节词；(2) B 和 C 意义有联系。第二类："形—名—形—名"。这一类可以用两个公式表示。公式一：ABAC，又有两种情形：B 和 C 是同义词，也能结合成为双音词。公式二：ABCD，这一类 A 和 C 意义有联系，B 和 D 意义也有联系。第三类："名—形—名—形"。公式：ABCD，AC 意义有联系，BD 意义也有联系。第四类："名—名—名—名"。这一类用两个公式表示。公式一：AABB，A 和 B 的意义有联系。公式二：ABAC，B 和 C 的意义有联系。第五类："动—动—动—动"。这一类也可以用两个公式表示。公式一：AABB，A 和 B 意义有联系。公式二：ABAC，B 一定是 mug-33，C 一定是 lo-22。

黔东苗语的量词 栋金撰，载《苗语文集》，贵州民族出版社，1993年。

本文对黔东苗语的量词作了概况式的描述。黔东苗语的量词具有显著的特点。它分为名量词和动量词两类，两类中又各包括若干小类。作者对每小类按其功能案例加以说明。文章指出黔东苗语量词具有很强的组合能力。量词能直接与数词结合，组成数量结构。数词为主语量词的中心语。数量结构均可后带名词宾语。专用名量词能与名词结合，组成量名结构。量词为定语，名词为中心语。量词与指示词结合，组成量指结构，指示词为定语，量词为中心语。部分量词与动词或动名结构，组成量动结构，与形容词结合，组成形量结构。个别名量词与个别动词结合，组成动量结构。部分名量词与形容词或形名结构结合，组成量形结构。多数量词带词头 ghab、xuk 后，表示概量。多数量词可重叠。量词只有 laix、laib、dail 可以单独充当句子的主语和宾语。量词结构充当句子成分的，作主语、谓语、宾语和定语。作定语，位置在主语和宾语之前。只有"ghab+量词"表示名词时，位置在主语或宾语之后。

黔东苗语的量名结构 张永祥、曹翠云撰，载《中央民族大学学报》1996年第2期。

黔东苗语有很多量词，这是藏语系诸语音的共同点之一。但是，在量词与其他词搭配使用方面，却存在着苗语和汉语相同相异的地方。文章以贵州黔东南苗族侗族自治州凯里市挂丁乡养蒿村的苗语为依据，介绍对量名结构的看法。苗语的量词保存有较多的名词特征。如：普遍能作中心语，有的还能作句子的主语或宾语，还能前加标志名词特征的词头 qa^{33}，而直接作名词用……这就不难看出苗语的量词，可能最早是由名词发展演变而来。因人们认为苗语中大量存在量名格式，其中的量词丝毫没有实词虚化成为前加成分，但也不是被饰代词，而是一类名词性很强、又具有量词特征的词。如：能重叠表示"每一 X"，能与名词组合成量名结构的量词，量名格式是词组，是苗语中最常见的中心语在前，修饰语在后的正偏结构。

黔东苗语的谓词 张永祥撰，载《贵州民族研究》1984年第3期。

本文试以贵州凯里养蒿苗语为依据，对苗语谓词作一番探讨，并和汉语作比较。苗语谓词分四小类：谓1——动词；谓2——形容词，谓3——判断词，谓4—助动词。动词和形容词是谓词中的主要部分。其语法功能：能作谓语，是苗汉语共同特点。能作定语，苗语谓1、谓2都可以修饰名词或量词，而汉语的动词和形容词不能直接修饰量词，能作补语，苗汉相同。能受否定副词 ax（不）修饰，苗汉语全同。能受程度副词 bongt wat 的补充。能后带疑问词 gheix xid（什么）表示提问，但汉语的形容词不能这样提问。能受状词修饰，现代汉语没有后带状词的现象。能重叠。AABB 式苗汉语基本一致，但汉语还有 ABAB 式，苗语没有。苗语还有 AAjisA 式，汉语没有。能后带体词。谓1后带名词和代词，谓2后带名词、量词或代词，这是苗语的一大特点。部分谓词能变形，单音节谓1、谓2都可以变形，规律是（谓词声母＋u＋谓词声母）＋谓词，增加"乱"的含义。这类谓词又可按 ABAdat 的格式变形。部分谓词受 hsat（最）修饰。谓1受谓4修饰。作者认为谓体结构内部是种广义的谓宾关系。

黔东苗语的谓2—体结构 张永祥、曹翠云撰，载《语言研究》1984年第2期。

本文试以贵州黔东养蒿苗语为依据，对苗语的谓2—体结构作简要的论述。文章论述苗语动词和形容词在句法功能上有许多共同点，把动词称为第一类谓词，形容词为第2类谓词，名词、量词和代词合称为体词。谓1和体词结合为谓1—体结构，类似通常说的动—宾结构，谓2也可和体词合为谓2—体结构，这里的体词是谓2所描述的对象，或是指谓2出现的原因等。谓2—体结构是黔东苗语语法中一个突出的特点。谓2—体结构在句中主要功能是充当谓语。它的主语可以是名词或名词性词组等。谓2—体结构的其他语特点是：能受它前、后的状语修饰；能受补语补充；可作补语；能修饰量词或名词；可以构成无主句。含有谓2—体结构的句子与含有动宾结构的句子的相似性，主要表现为：动宾结构的"宾"和谓2—体结构的"体"，都可以提到句首；动宾结构的"宾"和谓2—体结构的"体"，它们后面都可出现补语。它们之间差异性较少。

黔东苗语的一小类动词 李炳泽撰，载《苗语文集》，贵州民族出版社，1993年。

本文对黔东苗语的一小类动词加以研究。黔东苗语中有一小类动词，它们有一些特点与一般动词不同。如 fangk "揍、擂、打"的宾语大多指工具；不能重叠变形；意义尽管不确定，但有"猛烈"地这一要素；所有这一小类动词之间大多可以替换。从结合能力和意义获得，这类动词与名词结合最多，结合后名词表示"进行动作所使用的工具"；与少部分动词结合后，使动词有"猛地……"的意义。与数量词结合，量词在这由名词兼任，数词表示动作次数，由名词兼任的量词表示工具，如果量词是动量词，则与数词一道，表示动作进行的数量，与"量名"结构结合，"量名"结构表示工具。这类动词在句中的地位，可作状语，在谓语之前，这类动词与工具名词、数量词结合后作状语，表示进行动作凭借的工具、次数等；作谓语，用介词 diot（在、于）连接宾语。

黔东苗语的语音特点与诗歌格律 石德富撰，载《民族文学研究》2005年第2期。

该文根据黔东苗语的语音特点，对苗语诗歌的节奏、押调、声调名称与押调的确定、押韵等有关诗歌格律方面进行探讨，进而探索苗语的语音特点与诗歌格律的关系。声调协和（上下诗句的每个音节的声调相同）是黔东苗语诗歌的最突出的特点。文章发现黔东苗语的声调的调值与音乐上的五声音阶自然吻合，从而揭示了黔东苗语诗歌要求声调协和的秘密和音乐之美。由于苗语的声调名称已经在民间出现，从而使确定和检测押调模式成为可操作的行为。正是苗语的这些语音特点促成并同时制约了苗语诗歌格律的各种特点。

黔东苗语的指示词系统 石德富撰，载《语言研究》2007年第1期。

黔东苗语指示词分为定指指示词和疑问指示词。定指指示词分为5级："近指"no:3（这）、"对指"nen³（那）、"中指"mo:3（那）、"远指"ε¹（那）和"非呈现指"i³（那）。疑问指示词只有tei⁶（哪，何）一个。指示词的指示是以说话人为基点，以听话人为对方而形成空间、时间和语篇上的坐标指示体系，指示词的语义具有主观性和想象性。"近指"是以说话者为指示中心和出发点；"对指"主要是以听话者（对方）为指示中心；"中指"是指位于说话者和听话者之间并能看见的；"远指"是指位于说话者和听话者范围以外并能看见的；"非呈现指"是指说话者和听话者共享的，又是排外的知识或经验信息。

黔东苗语的状词 雷桂珍撰，载《苗语文集》，贵州民族出版社，1993年。

本文从三个方面介绍黔东苗语的状词。苗语的状词连接在动词和形容词之后，表示情状、速度、颜色、味道、声音等。（1）单音节和双音节状词。单音节状词大多表示速度的快慢和声音。双音节状词大多表示情状。（2）状词的语音特点。双音节状词都叠韵；个别是双声；少数既不是叠韵的，也不是双声的；一些表示速度、情貌、声音的状词（包括单音节和双音节）可以重叠。（3）状词的语法功能。状词修饰动词、形容词时，都在动词和形容词之后，少数状词可以用在dax（来）、mongl（去）等动词之前；如果形容词受名词补充，再需状词修饰时，状词则放在名词之后。状词还能表示某一状态的各种情况，甚至带有感情色彩。有的状词既能修饰动词，也能修饰形容词。状词与副词都能修饰动词和形容词，但位置不同，副词在动词和形容词之前，而且不能重叠。因此，作者认为状词应自成一个词类，不能将其并入副词，也不能作动词和形容词的附加成分。

黔东苗语动词的体范畴系统 石德富撰，载《中央民族大学学报》2003年第3期。

本文以鱼粮村苗话为材料，对黔东苗语的体范畴进行探讨和描写。苗语的体范畴可分为"完成体"、"非完成体"和"混合体"三大范畴。完成体又可以细分为已始体、已行体、持续体、经历体。已行体再分为一般已行体和过去已行体。非完成体包括进行体、将行体、先行体和一般体。混合体有完成体同进行体混合而成的完成进行体和完成体跟将行体混合而成的即行体。

黔东苗语介词形成初探 李炳泽撰，载《中国民族语言论丛（2）》，云南民族出版社，1997年。

黔东苗语的介词是从动词变化来的，有的介词同时还有动词的意义。zza⁶作为动词，出现于动词及"zza⁶＋名"结构中表示"不好"的意义。zzi⁵作为动词最初的意思是"播种"，后起的意义是"敷，治疗；投毒""起名，命名""穿，戴""（安装器具）捕猎"等，最后发展成了表示方向和位置的介词。to⁶/nei⁶意为"跟随"，变成介词后表示比较、对象、方式、方向等。文章还分析了tei³、cchang⁵、pi²、kang⁴/tshong⁸、pang⁶等介词的形式和出现过程。从中可以看出这些介词有的是从固有动词发展而来的，有些是从其他语言借入的，有些动词甚至是借入苗语以后才发展出介词意义来。

黔东苗语声母和声调关系的统计分析

李炳泽撰，载《电脑辅助汉藏语词汇和语音研究》，中国藏学出版社，1996年。

现代有声调的语言，在更早的时期，大都不常具有区别特征的声调。当这些语言开始出现有区别意义的"声调"时，这些"声调"只在比较少的词（音节）中对立。当这些语言的声调功能普遍发达之后，各类声调在音节中的分布是否大致相等呢？本文以黔东苗语为对象，用电脑进行统计分析，探讨这个问题。通过统计得知，现代黔东苗语中的阴平和阳平、阴上和阳上、阴去和阳去、阴入和阳入四类声调的音节数基本接近。我们认为，这种格局在古代产生平、上、去、入四个声调的时候可能就已经形成。另外，现代的黔东苗语中声母为不送气的塞音、塞擦音和擦音的阴调音节数与阳调音节数以及声母为送气的塞音、塞擦音、擦音的阳调音节数三者大致相等。由此推论古苗语声母为全清、浊和次清的音节数也大致相等。

黔东苗语形容词在词类中的地位

石德富、陈雪玉撰，载《中央民族大学学报》2011年第1期。

在对黔东苗语动词和形容词的体范畴和貌范畴、作谓语和定语的自由度以及名物化手段等方面进行比较之后，该文发现黔东苗语形容词和动词在形态和句法特征方面没有本质的差别，它们互相容纳，并不排斥，可以合并为一类，称之为谓词。但是形容词具有非自主性、量度性和持续性等语义特征，和非自主动词、心理动词、状态动词具有共性又有差异。苗语谓词体系是一个连续体，自主的动态及物动词是这个连续体中的典型成员，处在连续体的一端，形容词是边缘成员，处在另一端，中间是心理动词、存在动词、状态动词、关系动词等一些过渡成员。因此，苗语的主要词类格局是体词和谓词两大类，苗语应该属于形—动不分类型的语言。

黔东苗语韵母变化中的声母制约因素

山鹰撰，载《苗语文集》，贵州民族出版社，1993年。

黔东苗语各土语的声母和调类基本上是一致的，并保持着整齐的对应关系；而韵母则与此相反，韵母的分化、对应情况十分复杂。现代黔东苗语各土语的不同，主要就是由于韵母的这种分化和对应关系的不同造成的。因此，苗语标准音养蒿话的每个韵母在不同的方言、土语中都具有不同的对应形式。制约韵母变化的一个重要因素就是声母在各个土语中不同的配合规律，声母的变化直接制约着韵母的变化与对应。以养蒿话［əu］在白午话中的分化为例：在 t、th、n、l、ts、sh、ng、q、qh 和 hs 等声母环境中，养蒿话［əu］在白午话中变成了［au］；而在 p、ph、f、fh、v、tɕ、tɕh、z、ɕ、ɕh、k、ɣ 和 xh 的声母环境中则变成了［u］。声母的发音方法（如清浊对立、塞音和擦音的不同）以及声母的发音部位（发音嘴唇形状）的变化制约和决定了韵母在另一种方言中的不同变化。

黔东苗语［z］声母的演变

胡晓东撰，载《苗语文集》，贵州民族出版社，1993年。

在黔东苗语文字文案中，一直以来把［z］认为是为了便于拼写汉语借词而增加的。实际上，［z］声母本来就存在于苗语黔东方言的一些次方言和土语之中，并且与其他土语的声母［n］具有同源关系，二者之间存在密切的对应关系。本文从苗语［z］声母历史演变的角度对其来源进行考证。根据有关苗语各方言的口语材料和论著可知［z］在苗语黔东方言的历史相当久远，现在黔东苗语中相互对应的［z］与［n］均来源于原始苗语的复辅音声母［mbr］的发展分化。而［mbr］据考证则又是从原始苗瑶语的鼻冠塞音 N-br- 发展而来的。文中引证了大量翔实的语料予以证明。最后总结出一个演变规律，用公式可表示为：* N-br→ * mbr→nz→n/z，进而得出结论：黔东苗语声母［z］是其语言内部自身发展分化的结果。

黔东苗语中复合元音化，音节结构和"高舌位性"特征 斯特列克撰，载《民族语文》1987年第4期。

本文对黔东苗语中一些元音和复合元音依前面的辅音而互补分配作了探讨。结尾辅音 n 在前（中）元音后，ng 在后（低）元音后，是互补分配。按发音部位对立提出 SPE 特征，设立 i、ɛ、ɯ、a、u、ɔ 底层元音系统。并指出从这些底层元音形式达到表层元音形式须有三个表层体现规则。用复合元音化规则：［＋高舌位性，－圆唇性，＋元音性］→［－高舌位性］/［－高舌位－元音性］－［＋高舌位性－圆唇性＋元音性］来说明在舌尖音，小舌音后可写作/ii/和/ɯɯ/（表长元音）的高元音使第一个音段下降。作者检验了王辅世的词汇材料后，提出未讨论过的第二互补性。［i］出现在前腭音和软腭音的后面，但不出现在舌尖音和小舌音后，而［ɪ］具有与此相反的分布，它们都出现在唇音后。但不出现在舌尖音和小舌音后，而［ɛ］具有与此相反的分布，他们都出现在唇音后。其规则：［－高舌位性，－后舌位性，＋元音性］→［＋高舌位性］/［＋高舌位性，－元音性］。提出［i］的底层音位是/ɛɛ/，而在别处可能是/ii/。这说明黔东苗语有由/ɛɛ/变［i］的现象。指出"＋高舌位性"唇音和"－高舌位性"唇音是互补分布，高低受元音的同化。

黔东苗语中新出现的音变现象 燕宝撰，载《民族语文》1994年第1期。

本文对黔东苗语中新出现的音变现象作了分析。作者在教学中对苗语中部方言区各土语的学员调查发现，苗语音位系统中有些声母和韵母已经或正在发生变化。总起来说有三种类型：一，部分清化和送气声母的词在土语间发生裂变，一分为二。如："太阳"，n̥hɛ33→hɛ33、nɛ33。这类音变尚未最后定型，年代并不太长。凯棠苗话还有舌边浊送气音变清送气音；舌面浊塞音 d 变鼻音 n；韵母 u 变 ɛ 的音变。二，部分词的声母失去清化和送气音。如"说"m̥ha44→ma44。这类音变已定型，音变的年代相对久远。三，小舌音变喉塞音，即 q 变 ʔ。如"鸡"qei33→ʔei33。观察苗语音位系统的变化，可以看出，其特点是发音由难变易。由于借词的影响，介音 u 和元音 ao、ou 在苗语音位系统中占据了席位。

黔东苗语助词述略 严素铭撰，载《贵州民族学院学报》1991年第4期。

本文以黔东苗语养蒿话为代表，对苗语助词的语法特点加以分析。助词是一种起辅助作用的虚词，它附在其他词或词组后边，表示某种附加语法意义：黔东苗语的助词分结构助词、时态助词和语气助词。（1）结构助词有两个：bangf（的）和 gid（得）。"的"用在名词、代词或者词组后作限制成分，其辅助作用是帮助前边的词或词组、限制说明后边的词或词组的所属和所限，作后边名词或词组的前定语，与汉字"的"用法相同。表示事物的性质、状态修饰性定语，作后定语时不用"的"。"得"附在动词、形容词后是动词、形容词的补语。（2）时态助词有4个：yangx（了）表完成的情貌；dail（了）表将要或可能完成的情貌；yel（了）表动作不能完成；dit（上、着）表示动作应该进行或持续。（3）语气助词常用的有4类：haib（吧、呢、吗）表陈述语气和疑问语气；hak（就是、真的）表示肯定语气；hot 表不肯定或委婉的语气；yad（吧），leif（啊、哩），mangf（嘛），都表示祈使语气，nend（呢）表疑问语气；ab（啊）、ofl（啊）都表示感叹语气。

黔东苗语状词初探 曹翠云撰，载《中国语文》1961年第4期。

本文以贵州凯里凯棠的语音为依据对黔东苗语状词进行探讨。苗语动词和形容词之后常带有一种音节，作者认为应把这种音节单独划为一类词，命名为状词。理由是这种音节和动词、形容词结合得不很紧密，能被别的词或词组隔开；有的可以单独作谓语；有的可以重叠以表示行为的连续；有的可以接在一个以上的动词或形容词的后面，表示相近甚至相同的概念；这种音节都有比较具体的词汇意义；它们和动词、形容词组合的词序，也合于苗语固有的修饰语与被修饰语组合的词序。状词的特点有以下五点：（1）叠韵叠调；（2）经常修饰有关的动词或形容词；（3）表示行为连续时状词可以重叠；（4）词义非常精细；（5）如果动词或形容词带有宾语，则状词在宾语之后。状词的种类从各种不同的角度来看，状词可分单音节与多音节两类；从重叠的特点看，分能重叠的与不能重叠的。从功能看，分能作谓语的与不能作谓语的两类。从描绘功能看，分表示声音的和性状的两类。

黔东南苗语侗语对汉语语音的影响 金美撰，载《贵州民族研究》1998年第1期。

本文结合黔东南史实，运用黔东南汉语方言和苗侗语的语言材料进行声母、韵母、声韵配合关系及声调等四个方面的综合对比，以较为系统严密的论证和客观理性的阐释，导出了黔东南苗侗语对当地汉语方言具有深刻影响的结论，拓展了汉语与少数民族语言相互之间语言影响关系的研究视角。（1）黔东语和黔南语在声母方面与苗侗语影响在关系的语音事实主要有三点表现：舌尖中浊鼻n和边音l、唇齿浊擦音v和古假摄章组字。（2）黔南话韵母系统受苗侗语影响的两大表征，一是辅音韵尾的多寡和古咸山两摄舒声字韵尾的开闭，二是古止摄开口三等日母字的特异音值。（3）苗侗语对汉语声韵配合关系的不同影响，在声母f与韵母的拼合这一点上有所体现。（4）侗语还有个最显著的语音特征就是调类、调值异常丰富，有调值24个，苗语只有6个。

黔东养蒿苗语的状词 严素铭撰，《贵州民族研究》1987年第3期。

本文对黔东养蒿苗语的意义和作用作了描述。苗语的状词是颇具有特色的一类词，而且十分丰富。（1）状词所表示的各种状态。状词表示行为、事物的情貌、速度、颜色、味道、声响等。单音节状词多数表示动作快，或表示声响。（2）词的组词特点。状词主要是附着在动词和形容词之后，不能单独运用。如果动词、形容词后带宾语，那么状词在宾语之后。有少数状词可用在动词前，直接修饰动词。（3）状词在语音上的特点。双音节状词都是叠韵的。叠韵只要求两个音节的韵母和声调相同，摹拟声响的双音节状词，两个音节不仅叠韵，而且声母也相同。（4）词在造句上的作用。状词附在动词、形容词后，修饰动词和形容词，作动词和形容词的状语。少数状词可作动词用在名词前，组成动宾词组作状语。从状词与动词和形容词的关系上看，或从它本身的含义来领会，它应独自成为一个词类——状词，而不应该作为动词和形容词的附加成分看待。

黔西南州布依—汉双语消长的成因分析 周国炎撰，载《贵州民族学院学报》（哲学社会科学版）2011年第1期。

贵州省黔西南布依族苗族自治州位于该省西南部，这里分布有汉、布依、苗、仡佬、瑶、回等民族，其中布依族是州内人口最多的少数民族。布依—汉双语是黔西南布依族苗族自治州布依族地区广泛存在的语言使用现象。可分为布依族母语强势型、汉语强势型和布依族母语濒危型三种类型。布依—汉双语消长的成因主要有4个方面。一是汉族迁入造成民族杂居，从而产生双语现象。二是社会经济和文化的发展，影响社会的开放程度，在相对开放的社会环境中，人们对外界不同文化会采取不同态度，这种态度对特定环境中语言使用的发展往往会产生重大的影响。三是双语教育的发展，对两种语言的使用都会起到积极的推动作用，从而形成双语的消长局面。而内部人员外出务工也是重要原因。由于远离母语环境，外出务工人员的汉语水平不断提高而母语水平会下降。在未来一段时期内，布依族母语和汉语在黔西南地区不同双语类型中将出现不同的发展趋势。

黔西县铁石苗语语音研究 李云兵撰，载《民族语文》1993年第6期。

贵州省黔西县铁石、铁盔等地自称 tac^{33}mju^{44} 苗族的语言，属苗语川黔滇方言，但20世纪50年代划分方言时没有确定它属于哪个次方言，为此，文章对这种苗语的语音系统、来源及其特点进行了描述。铁石苗语有54个声母，有1个专拼汉语借词，有22个韵母，有7个专拼汉语借词，有8个调类5个调值，第2、第8调合并，第4、第6调合并，第5、第7调合并。铁石苗语语音的来源主要依据王辅世先生1989年构拟的古声类、韵类的音值进行探讨。文章作者指出，有的例字的声类、韵类归属应该调整，如"我们"、"满"不属＊p而属＊psz，"雪"不属＊mp而属＊mpsz，"扇子"不属＊mbr而属＊mbsz，"藤子"属＊mr而不属＊m，"沟"不属＊aŋ而属＊oŋ。铁石苗语的语音特点与苗语川黔滇方言、贵阳次方言非常接近，如＊pr组声类的反映形式为腭化唇音（接个别韵母时不腭化），没有舌尖后塞擦音、擦音，＊ql、＊q组声类反映为l，＊qlw、＊Glw反映为小舌音。从语音上看，铁石苗语属贵阳次方言，＊ql、＊q反映为l区别于贵阳次方言的南部、西南部土语，＊an、＊on、＊eŋ、＊aŋ、＊oŋ、＊əŋ 铁石苗语读阴声韵，贵阳次方言北部土语为阳声韵，故铁石苗语属苗语川黔滇方言贵阳次方言，又区别于贵阳次方言南部、西南部、北部土语，自成土语称西北土语。

黔中八寨布依语的送气声母 伍强力、辛维撰，载《云南民族语文》1997年第4期。

文章首先介绍了黔中八寨布依族语言的文化生态环境。内部交往使用布依语，与其他民族交流少等社会环境使八寨布依语自然形成一个小"方音岛"，为语言的传承发展提供了条件，并使其内部保留了较强的一致性。文章接着叙述了八寨布依语有关送气声母词汇发音调查情况，得出如下结论：八寨布依语的送气声母是客观存在的，但是随着民族间交流的影响，某些变化为不送气声母的又因汉语的类化作用而恢复了送气声母。文章最后进行了布依语送气声母问题及其他侗台语与八寨布依语送气声母词汇比较。作者指出，布依语与其他百越民族有共同的语言文化特征，布依语与其他侗台语一样也有送气声母，送气声母词汇之间一样也有一一对应关系。

浅论白族文字 赵衍荪撰，载《云南民族语文》1989年第3期。

白族是一个有着悠久历史的民族，白族人民在长期的历史发展过程中创造了优秀的文化，早在南诏时期，白族先民就创制了自己本民族的文字，只是到了明代，由于统治者推行民族同化政策，白文逐渐消亡。本文从是否应重创白族拼音文字谈起，驳斥了反对创制白族文字的意见，分析了他们之所以不主张创制白族文字的原因，提出要不要创造拼音文字，主要取决于本民族经济文化的现状和客观形势发展的需要这一观点。然后，作者根据用白文写成的佛家经典、古白文文物等宝贵资料，论证了历史上确实存在古白文；其次简要介绍了古白文表达白语的方式。文章最后从历时、共时两个角度，阐述了白文在不同时期、不同地区的差异。本文对白族文字的讨论，旨在让大家对白族文字有一个大致的了解，珍视白族人民创造的这份珍贵的历史文化遗产。

浅论侗语词汇与汉语词汇的异同　　朱慧珍撰，载《广西民族大学学报》1982年第3期。

侗语的词汇与汉语比较，与古汉语相同的较多而与现代汉语有较大的差异。因为侗语与古汉语都以单音词为主。但汉语是由单音词向复音词发展，到现代汉语以复音词占优势。侗语中的绝大部分单音词一直沿用至今，单音词仍占优势。侗语没有词头词尾，也不用近义词构成复音词。侗语只有少量的偏正结构的合成词。借用大量的汉语新生事物词汇和政治的词汇，这使侗语增加大量的双音词。侗语一词多义与古汉语近似。侗语"弟、妹"两个词相同。"米、谷、饭"三个词相同。"痛"也可以表示"病"和"痛恨"。文章最后一节提到侗语偏正结构的名词和名词性词组，其修饰成分置于主要成分之后，这一点与汉语正相反。如汉语的"鸡肉"，侗语叫"肉鸡"。这种所谓"倒装"现象仅限于名词性词组和偏正结构的名词，其他类的词和词组无此现象。

浅论哈萨克语词类中的"xelaw"　　黄中祥撰，载《语言与翻译》1990年第3期。

"xelaw"在哈萨克语中是一种词类的名称，它既相当于其他语言中的虚词，因为它包括后置词、连接词、语气词属于虚词。它又不相当于虚词，因为它没有把所有的虚词都包括进去。后置词、连接词、语气词是有差异的。主要表现在：句法功能、形态变化、来源及语音等方面。尤其在句法功能方面差别较大，然而词类的划分恰恰主要是依靠句法功能的。因此，作者认为把哈萨克语中的本应单独成词类的后置词、连接词和语气词归纳成一类词是不合适的，不符合划分词类的标准。语气的分类越细，研究得就越透彻，越深刻。哈萨克语至今还用一个"助词"（xelaw）来概括相互间有区别的三个词类，怎能不使哈萨克语的深入研究和使用受影响呢？因此，作者认为"助词"中的后置助词、连接助词和语气助词应独立成为词类。

浅论民汉双语词典的雅俗及其他　　欧亨元撰，载《贵州双语教学论文集》，贵州民族出版社，1989年。

民族语文辞书的编译、出版，是民族文化兴旺发达的象征，也是振兴、繁荣中华文化不可缺少的重要内容。评论一部双语词典，应从多角度去考虑。雅与俗是相对的。雅者，莫过于收词深广，编译精细；俗者，无非粗糙、简单。尽管通称双语，但有主次之分，前者属编，后者为译；雅俗之谓，仅指译文而言。因此，在双语词典里，词与词的对译，要求译文的准确，就更显得突出。民语词典在以标准音为主导和兼收并蓄本族语的同时还有外来音译词、新借词等，都应统一规范。民汉双语辞典，是以民族语文为主进行编纂的词典，具有强烈的民族特征，所以，它必须是全族性的而不是某一方言土语。词汇的汇集必须根据语言实际，遵照语言的发展规律。民语词典，实际上是民汉或汉民对译的双语词典。单以民语编纂词典，尚不具备条件。所以应注意译文的水准，也就是词与词对译或互译的准确性。

浅论清代满族改操汉语问题——兼谈满汉民族关系　　王会银撰，载《中央民族学院学报》1991年第4期。

满族原有自己的语言——满语，属阿尔泰语系满—通古斯语族满语支。满族人民之所以放弃本族固有的语言，改用汉语，是由于社会的、历史的种种因素决定的：（1）语言转变的最重要的因素是人口的变迁，居住状况是研究民族关系和语言关系的重要方面；（2）经济文化交流的日益密切是语言转变的重要纽带；（3）不同民族通婚、血缘混合，对文化交流的语言转变起着重要作用。满族人民放弃本民族语言，改用汉语，是经历了一个较长时期的复杂的演变过程的。这个过程大致是：满语

（单语）→满汉双语→汉语（单语）。满汉双语阶段包括：从以满语为主，夹杂某些汉语，到以汉语为主，夹杂某些满语。满族成员改用汉语，没有任何强加的因素，是顺着历史发展趋势的。因为清王朝操满语的统治者是满族，而使用汉语的汉族人民是被统治者。满语的消失，是通过满族人民自愿选择来实现的。

浅论锡伯语重音现象及其规律　郭庆撰，载《语言与翻译》1996年第4期。

自美国学者杰瑞·诺尔曼1974年在《锡伯语词法概论》一文中首次提出"锡伯语的词重音有规则"的观点以来，国内学者又提出两种不同的见解：一是锡伯语有微弱着力的重音；二是锡伯语的重音大都落在词尾音节上。本文认为，锡伯语的重音是通过变化音强、音长或音高的方法，在包含不止一个音节的音位序列（词、词组或句子）中突出其中某一个音节（词、词组）的语音材料。锡伯语重音分词重音和语句重音。在一个双音节或有两个以上音节的单词中，有一个音节比其他音节要念得用力些，这就是锡伯语的词重音。词重音又可分为固定重音和不固定重音。不固定重音有区别意义的作用。在句子中将某一个词的发音读得比其他词的发音突出些是锡伯语的语句重音。语句重音又分逻辑重音和表情重音。锡伯语的重音规律为：动词的重音一般在词尾-mbi上；以n结尾的词，重音在n前一个音节的元音上；以r结尾的模拟词，重音在r前一个音节的元音上；以i结尾的词，重音在词尾音节上。

浅论壮欢押韵　黄史山撰，载《广西民族学院学报》1988年第4期。

壮欢（壮歌）源远流长，汉代刘向《说苑》载《越人歌》就有壮欢的雏形。清李调元《粤风》有两卷壮欢。壮欢十分注意押韵与平仄。本文第一部分，五言、七言体。五言四行体第一、二行押脚腰韵，第二、三行押脚韵，第三、四行押脚腰韵。腰韵可移动。七言三行体在行末押脚韵，七言四行体只押脚韵，与汉诗七绝一样，在押脚腰韵的，跟五言四行体一样。第二部分，长短句。又分五三五体，从五言四行体发展而来，在第一、三行之后加上三字句。第三部分，四六言体，与汉文的骈文相同，以四字六字为对偶。第四部分，勒脚体，有七言八行勒脚，由二首四行体组成，五言十二行勒脚体，由三段四行体组成。第五部分，排欢体，把任何一种欢体扩展到十句以上，就成为排欢体。排欢的言数灵活多样，把壮欢多种句式、各种押韵法集于一身。

浅述西双版纳傣语的四音格词　剑达腊西撰，载《云南民族语文》1988年第1期。

西双版纳傣语四音格词在西双版纳傣族日常口语中使用非常广泛，其形式的搭配和结构是多种多样的，它是傣语中的一个重要组成部分。四音格词在句子中的作用相当于一个复合词，其结构格式主要有：动宾并列式、动补并列式、主谓并列式、单词并列式等。本文主要从音节和词意上对傣语四音格词进行分析。四音格词可分为音节互相重叠式、音节交替重复式、中间音节相押韵、音节间不相重叠不相押韵等四种类型。按照词义的搭配傣语四音格词分九种类型：（1）四音格词中，有的音节虽然有意义，但只起辅助作用；（2）各个音节组合后，产生出新意的复合词，构成四音格词；（3）组合成四音格词的音节中的每个音节都有意义；（4）两个音节的单纯词构成四音格词；（5）由两个单音的单纯词重叠构成四音格词；（6）由两个意义相同、相近或相关的词音并列构成的四音格词；（7）表示数量的四音格词；（8）双音节复合词交错组合构成的四音格词；（9）同义词的双音节的单纯词组合而成的四音格词。

浅谈八排瑶语变调问题　房亚水撰，载

《广西民族学院学报》1988年第1期。

本文对八排瑶语变调问题进行了初步探讨。八排瑶语属勉语藻敏方言，它有8个声调，其中5个舒声调，3个入声调，还有2个专为变调服务的9、10调。7、8调属入声调，只出现在带-p、-t尾的入声字里。-p、-t尾消失，不带-p、-t尾的第7、8调分别并入第1、6调。声调变化只发生在舒声调里。变调规律：（1）第2调字后接音节时变为第9调，如后接音节为第2调时，则变为第1调。（2）第3调后接音节时变为第10调；名词后接形容词、名词时变为第1调。（3）第5调字后接音节时变第1调或第6调。（4）第1、第6调字后接音节时变为第9调，如后接音节是第2调则不变调。双音节形式的人称代词的第一音节变为第10调。声调变化有两种不同性质：（1）变调与音节间能加入其他成分，称之连读变调，它只出现在第2、第3调里。这种现象很可能是声调系统内部的一种和谐，是在方言形成过程中调值的演变而产生的变调现象。（2）变调与音节间不能插入其他成分，称之结构变调，它只出现在第1、第6调里，其发展趋势在日趋消失。

浅谈渤海国的语言文字　金在善撰，载《中央民族大学学报》1996年第6期。

渤海国是一个由粟末（靺鞨）、高丽人所建立的政权。据《旧唐书》载，"靺鞨""俗无文字"，《新唐书》载，"靺鞨"无书契，诸史书记渤海有文字、书契，而无文字的［靺鞨］族如何建立渤海国后就有文字呢？不难想到当高丽灭亡后，长时间留居营州期间学会了汉字。1930年，在渤海国遗址所出土的陶瓦上，有异于汉字的文字，这些字目前无法读音解义，因此有些学者认为渤海国曾创造过属于本民族的文字。据《旧唐书》载，渤海风俗与高句丽及契丹同，颇有文字及书记。《金史》记"渤海，有文字、制度"。此外，《渤海国记》、《新唐书》等史书也有同样记载。这里的"有文字"可能性有二：一为汉字，二为渤海文字《江谈抄第五诗事》等文献反映，渤海国使用的语音的确是渤海国民族语言。

浅谈"察哈台语"研究中的一些问题　热·加里撰，载《语言与翻译》1987年第4期。

"察哈台语"这一名称是与历史有关的一个传统名称。它的使用范围（就地理位置而言）是比较广的。在察哈台汗国时代就出现了这个名称。多少个世纪以来，在我们的古典著作和外国语言学家的研究著作中，一直都是这样沿用下来的。近几年以来，在新疆维吾尔自治区陆续发现并出版了过去一些作家用"察哈台语"写的大量优秀作品的珍贵手稿。年轻的语言学家们感到，有必要对"察哈台语"开展广泛的研究。在这一方面，最重要的问题就是在研究"察哈台语"或者编写某些教材时，不应当盲目地追随外国突厥语学家的观点。诚然，现代维吾尔语与"察哈台语"是有区别的，但是，这个区别并不很大。这个区别就在于"察哈台语"中阿拉伯语和波斯语的成分比较多。总之，"察哈台语"是以词法原则为基础的一种语言，而现代维吾尔文学语言则是以语音原则为基础的。

浅谈朝鲜语的黏附成分 {a}　金淳培撰，载《民族语文》1984年第4期。

本文通过对黏附成分 {a} 的语法功能分析，探讨如何划清词和词组的界限问题。作者认为，黏附成分是构形词素，只表语法意义，附加在词根上的词序也不同，其格式是"前缀＋词根后缀粘＝词"。现有人未指明条件，就认为 {a} 像构词词素那样可以出现在合成词或派生词的中间，这就模糊了词和词组的界限。作者约用30个语例，通过对"实词根（动、形）＋{a}＋虚词根（辅助动词）"的分析，指出这种结构与以纯词根合成的词有语义差别。同时指出，如把 {a} 后面的成分看成后缀，会出现"词根＋粘＋后缀＋粘＝词"甚至

"前缀 + 后缀 + 粘 = 词"的畸形结构，不合朝鲜语结构规律。因此 {a} 后面的成分是辅助动词，它和前一词根构成的语言单位是词组，而非合成词。本文提出了含有构形词素的语言单位如何区分词和词组的问题，值得探讨。

浅谈德宏傣语中的借词 李梦燕撰，载《云南民族语文》1989 年第 4 期。

傣族是一个有着悠久历史的民族，德宏傣文已有几百年的历史。随着社会的发展，民族之间的交往越来越密切，各民族语言势必也会受到外民族语言的影响；德宏傣文就是这样，傣语中出现了不少外来词。本文的主要内容就是对德宏傣语中的借词作了简单分析。文章首先分析了傣语中的早期汉语借词，指出这类借词服从于德宏傣语的语音、语法规律，且多为单音节词。接着分析了傣语中的现代汉语借词，对这类词的吸收方式：全音译、音译汉语词加本民族语言的通名，分别予以了说明。最后分析了傣语中的外语借词，这类词主要是从巴利语、缅语中借入。文章最后还针对傣族使用西双版纳傣文和德宏傣文两种文字的情况，提出在处理新词术语时，最好取得一致的建议。本文对德宏傣语的借词的简单分析，希望对德宏傣语新词术语的规范工作有所帮助，丰富和发展德宏傣语。

浅谈独龙语语支归属问题 祁德川撰，载《三月三》（少数民族语文）民族语文专号（十）2007 年 6 月，总第 134 期。

独龙语属汉藏语系藏缅语族，语支归属问题至今尚无定论。独龙语处在单一的民族语区，四周高山耸立，沿途艰险，对外交往很不方便。历史上这一地区，长期处于封闭状态，独龙语受外来影响小，语言发展较缓慢。因此，独龙语语音、语法、词汇等特点有较大的稳固性。有关语言学家将独龙语分成独龙江方言、怒江方言两个，分布在贡山县独龙江乡的独龙族约有 5000 人使用独龙江方言，分布在贡山县丙中洛乡和迪庆藏族自治州维西县以及西藏自治区察隅县察瓦龙一带独龙族约有 800 人使用怒江方言。两个方言之间有一定的差别，但一般都能交际。根据一些资料显示，独龙族和景颇族之间从古至今关系极为密切。根据同语族中的景颇语支景颇语，缅语支景颇族载瓦语、阿昌语，彝语支彝语、哈尼语、傈僳语、纳西语比较，独龙语与景颇语在语音上，在词汇上，在语法上多多少少都显示出一致性。因此，把独龙语归于汉藏语系藏缅语族景颇语支。

浅谈"方块壮字" 陆瑛撰，载《三月三》1984 年第 2 期，同年 12 月入编广西民族出版社出版的《壮文论文集》一书。

作者的观点与主要内容是：（1）"方块壮字"的产生。为适应壮族地区政治、经济和文化艺术发展的需要，人们曾用汉字记录、创作民歌，进而根据壮语音义而扩展到仿汉字"六书"的一些造字方法，造出了一种壮族"土俗字"，即"方块壮字"，成为壮族文化发展的产物出现在社会上。（2）"方块壮字"的构造。大体有下列几种形式：①假借字，即借用同音或近音的汉字来表示壮语的意思；②形声字，是一种"意符"与"声符"并用的造字法；③会意字，是集合两个以上的汉字以表示壮语的一个意义；④借汉字，即从汉语吸收到壮语里来，表示壮语的意义；⑤自造字，是利用汉字偏旁或取其一部分而构成一个以表示壮语某一特定意义的字。（3）"方块壮字"的历史作用。主要是用以记录、创作文学作品，记载壮族地区的地名、称谓等，发展和丰富壮族的文学遗产。这篇论文是作者在调查掌握了大量"方块壮字"民歌材料基础上的理论概括，为后来参加编纂《古壮字字典》提供了理论依据和第一手材料。

浅谈哈萨克民歌的格律及其译配 师忠孝撰，载《语言与翻译》1987 年第 3 期。

哈萨克民歌有严整的格律。最常见的每段四行，每行十一个音节，内分三个音步：一个三音节音步，两个四音节音步。哈萨克民歌，就形式而论，并不是我们通常通过汉语译文所见到的自由诗，而是严整的格律诗。它一般包括主歌和副歌。主歌绝大多数属俗歌体，每段四行，每行十一个音节。特别值得注意的是，哈萨克民歌特别讲究韵脚的优美，押韵之处往往两个音节，甚至三个、四个音节同时相押。如何在汉语译文中再现少数民族民歌的格律：（1）把握音步。民歌歌词的节奏总是同曲调的旋律和节奏紧密结合，互相适应。（2）关于音步末尾的轻声字。（3）衬音的处理。较多的使用衬音是民歌的特色。（4）歌词中如果有部分反复的，译配中也应照样反复，不宜用拉长的句子挤掉。（5）音译词的译配。音译词的译配应使其在演唱的实际效果上尽量接近原文的发音。

浅谈哈萨克语词的理据 成燕燕撰，载《耿世民先生70寿辰纪念文集》，民族出版社，1999年。

一、哈萨克语词的理据的类型。（1）模拟型。这一类的词语音和语义基本上与事物的本来性质相似，多为拟声词、拟形词或摹声命名的词。（2）约定型。这一类的词的语音和语义与事物的本质没有内在的联系，只是根据本民族的习惯、思维方式及特定的视角看事物，约定俗成地用一定的声音代表一定的意义。（3）结合型。这种类型的词的理据，有摹拟型的特点，也有约定型的特点，即词的命名既和事物本身的现象有关，又和人们对事物的认识有关，所以把它叫做结合型。（4）中介型。这种词常以原始词的名称作中介命名。即以原始词为词根，加上构词附加成分构成与词根的意义有关的新词，哈萨克语是黏着语，这种词较多。二、哈萨克语词的理据的发展。（1）由具体向抽象，由显性向隐性发展。这种发展趋势常表现在词的多义化的引申意义中。（2）向有理据的方向发展。随着各民族间的交流的加强，外来借词的数目日趋增加。

浅谈哈萨克语的词类 努尔哈比·苏丹夏尔甫撰，载《语言与翻译》1991年第2期。

词类是从词的语法角度给词予以分类。从语法角度进行分类，词与词的句法关系占重要地位。这一点，对作为单词本身在不介入句法结构的前提下进行研究就可以明显地区别开来。根据词形和词意从句法关系的角度进行语法归类，这是语法中识别词类的关键。词类的发展形式是历史发展的必然结果。词类有它稳定的一面，也有不稳定的一面，其不稳定性本身与民族语言的发展过程有着密切的联系，而且，它是在固定的语法规律基础上形成的。从这一角度讲，哈萨克语的词汇根据语法特征和语义特征，由原来的抽象语法结构变为具体的名词、形容词、数词、代词、量词、摹拟词、副词、动词、助词、叹词。从宏观上，对这十种词类根据语法和语义性质可归为体词、虚词、叹词。这三大类又可根据自身的语法特征和语义特征分为若干分支。

浅谈哈萨克语动名词 丁石庆撰，载《语言与翻译》1987年第2期。

动名词的一般特点：（1）构成。动名词的构成是比较简单的。它是由动词词根（或词干）+w 或 +ew/iw 而构成。（2）词义。动名词词义和动词的词义有密切的联系。但二者之间还是有区别的。一般来说，动词词义比较具体，而动名词词义则比较抽象。（3）形态变化。动名词在形态变化方面有双重性。即既有名词形态变化的特征，如变数、格、发生领属人称变化等，也有动词的部分特征，如支配客体、要求格等。动名的发展：（1）词义转化引起词性变化。（2）与其他词结合构成固定的句子格式。综上所述，我们对哈萨克语中的动名词得到如下几方面的认识：（1）动名词扩大了哈萨克语词的能量，它使所有的动词都能以简洁的动名词形式获得动词和名词两种词类的变化特征，沟通了动词与名词之间的联系。（2）动名词增加了哈萨克语词的容量。（3）动名词在句中和某些词结合构成了哈萨克语的特殊的固定句式，从而大大简化了语句。

浅谈哈萨克语量词问题　韩南·夏里福汗撰，载《语言与翻译》1989 年第 4 期。

一、哈萨克语中是否有量词。哈萨克语中确有量词范畴存在，而且可以作为一个独立的词类划分出来。这是根据哈萨克语的实际情况得出的结论，在语法范畴内否定量词的存在是毫无根据的。二、哈萨克语量词的特点。（1）量词在句子中与形容词、数词一样能发挥作用。（2）哈萨克语中常用的不少量词是由其他词类转成的。（3）词根后加各种附加成分来构成量词，是哈萨克语量词的一个独有特点。（4）哈语的部分量词有时可以省略，但有些则不能省略。三、哈语量词的分类。（1）物量词。表示事物单位的量词叫物量词。哈语的物量词还可分为专用量词、转义量词、派生量词和复合量词四类。（2）动量词。表示动作单位的量词叫做动量词、哈萨克语中的动量词可分为专用动量词和借用动量词两类。哈萨克语中的复合量词主要是通过翻译各种汉文书籍而进入哈萨克语的。

浅谈汉语、维吾尔语定语的异同　魏生儒撰，载《语言与翻译》1987 年第 1 期。

（1）定语。无论是汉语的或维吾尔语的定语，都是名词性中心语的附加成分。不同之处是汉语的定语是主语、宾语的附加成分。而维语的定语不仅可以作主语、宾语的附加成分，还可以作名词性谓语的附加成分，起修饰作用。（2）定主的分类。汉语中的定语视其在句子中的作用一般可分为修饰性和限制性两大类。维语的"定语可视其与被修饰语之间的关系分偏正性关系定语和领属性关系定语两大类"。前者一般由形、数、代、名等词充当的。后者在句子中表示事物的所属，多由名词或名词性词组充当的。（3）哪些词语可作句中的定语。汉语中"一般实词和短语都可以作定语"。而在维语中，除了实词和短语外，由于复杂的语言形态的变化，因此，还有形动词、动名词、后置词结构、维语中的副词等可作句子的定语。（4）定语在句子中的位置。一般在名词性中心语之前。

浅谈景颇语与载瓦语句尾词的语法范畴　祁德川撰，载《云南民族语文》1991 年第 3 期。

景颇语和载瓦语是景颇语的主要使用语言。文章旨在分析两种语言的句尾词和语法范畴，找出两者的共同点和不同点，为两种语言的文字走向统一探寻一条道路。因为句尾词作为表达语法意义的特殊的虚词，具有表明句式、加强语势的特殊作用。通过对两种语言句尾词的分析，可以看出，两种语言句尾词所起的语法功能，多数是一致的，都综合体现谓语的"式""体""数"和动作方向的范畴。而它们之间的不同主要表现为景颇的句尾词数量较多，且每个句尾词都有自己固定的语法意义，不能互相通用，用法较为复杂，而载瓦语就没那么复杂。另外，景颇语和句尾词可以准确无误地表示出主语、宾语的人称，载瓦语则不能。目前，景颇语的句尾词在口语和文字上已得到丰富和发展，且出现简化趋势，而载瓦语句尾词在书面语上并能得到规范，且有个别受外民族语影响并出现借词。

浅谈傈僳语词的构成　胡玉英撰，载《云南民族语言文学论文集》，云南民族出版社，1990 年。

傈僳语属藏缅语族彝语支语言。本文简要介绍了傈僳语词的构成。首先区分了词和语素，指出词是最小的能独立运用的造句单位，而语素是构词单位，并举了傈僳语的例子进一步说明。然后举例说明傈僳语中的单纯词，单纯词又分为单音节和多音节词两大类。再介绍了合成词,以及其构词方法:派生法与合成法;派生法有附缀式、重叠式、转类式3种,合成法有并列式、偏正式、主谓式、动宾式、动补式5种,作者分别举例予以说明。通过对傈僳语词的构成的概述,旨在让广大读者了解掌握傈僳语词的构成情况以及规律,以便于更容易地学习,研究傈僳语,并为更深入地研究傈僳语,乃至全面地研究傈僳族打下了基础。同时本文的研究方法,即在研究民族语言词的构成时,可以采用汉语在分析词的构成时所采用的方法,供广大读者借鉴、指正。

浅谈凉山彝语的偏正词组 张余蓉撰,载《西南民族学院学术论文集》,西南民族学院出版社,1981年。

一、以名词为中心的偏正词组。(1)名词、人称代词修饰、限制名词时,在中心词之前,组合时一般只依靠词序,不需要虚词帮助。(2)动词修饰、限制名词时,在中心词之前,组合时要依靠词序和虚词。(3)形容词、数词、指示代词修饰、限制名词时,在中心词之后,组合时,有的只依靠词序,有的要依靠虚词。二、以动词为中心的偏正词组。(1)副词、形容词、动词,时间、方位名词与动量结合修饰限制动词时,在中心词之前;组合时,有的只依靠词序,有的则要同时依靠词序和虚词。(2)助动词和部分副词修饰、限制动词时,在中心词之后;有时两个意义相同的副词连用,一个在中心词之前,一个在中心词之后。三、以形容词为中心的偏正词组。(1)副词修饰形容词时,一般在中心词之前;组合时,有的只依靠词序,有的则要依靠词序和虚词。(2)否定副词修饰时,主要靠词序。

从地名看温州的移民 盛爱萍、王建华撰,载《民族语文》2005年第4期。

温州地处浙江南部,春秋战国时期居住着剪发文身的"瓯越之民",魏晋之后闽方言人分布于此,唐以后又有畲族的移民,这些不同语言的使用者都留下他们的地名。经过漫长的岁月,形成了温州历史文化的一个重要特征,即移民文化。文章分三节:一、古瓯越语的遗存;二、畲语地名;三、闽客地名。人们可以在这些地名中考察和印证人口迁徙的历史,印证民族间接触和融合的历史。

浅谈凉山彝语的语法化现象 唐黎明撰,载《民族语文》2005年第1期。

语法化包括短语词汇化和实词虚化两种情况。所谓语法化是指名词、动词等开放性实词衍化为介词、助词、副词等封闭词类,但虚词可以衍化为构词语素。语法化是一个渐变的过程,新形式产生以后,旧形式不会马上消失,几种形式可以并存一段时间。文章主要讨论凉山彝语中比较常见的语法化现象:实义构词语素语法化为词缀;实词虚化为语法功能词。分三节:一、语法化中产生的词缀;二、词的语法化;三、语法范畴的语法化。

浅谈凉山彝语六种修辞方式 赵洪泽、米武作撰,载《西南民族学院学报》1985年第1期。

文章对凉山彝语六种修辞方式:比喻、借代、比拟、夸张、对照、衬托进行初探。一、比喻,有明喻、暗喻、借喻和引喻。运用时注意:(1)比喻的本体和喻体是不同的事物,本质不同,但又有相似点;(2)考虑彝族的语言习惯;(3)贴切生动;(4)创新。二、借代,有:(1)用人或事物的特征来代替本体事物名称;(2)用专有名称代替本体事物的普通称号;(3)具体代抽象;(4)部分代整体。三、比拟,有拟人与拟物。四、夸张,有夸大的夸张和缩小的夸张,不用其他修辞方式直接地夸大或缩小事实,叫直接夸张;通过比喻、借代、拟人等修辞方式夸张,叫间接夸张。五、对照,把两个不同的事物,或两个不同的方面,放在一起比较,形成鲜明的对比,以增强表达效果。六、衬托，有旁衬和反衬，旁衬用和主要事物相类似的事物作陪衬，使主要的事物鲜明突出。反衬用主要事物相反的事物陪衬，以突出主要事物。

浅谈蒙古语族动词的特点及句法功能

刘照雄撰，载《语言研究》1982 年第 2 期。

（1）动词的形态归类。根据在句子里的功能和出现的位置，可以把蒙古语族语言动词的各种形式归并为三大类：终结形、连接形和多能形。（2）动词终结形的语法范畴与功能。终结形的动词在蒙古语诸语言里主要以祈使式和陈述形式充当句子里的谓语成分。属于祈使形式的各种形态和意义，在蒙古语族语言里一般不超过四五种。陈述形式是和时制范畴结合在一起，分为过去、现在和将来三类形态标志。（3）从判断动词和存在动词转化来的助动词及其功能。判断动词和存在动词出现在其他动词形式之后时，失去本身的词汇意义，成为表达另一个动词语法意义的辅助手段，即转化为助动词。（4）词序与谓语在句子里的位置。词序为被支配词在支配词前；限定词在被限定词前；被说明的词在说明词前。谓语后置，即在句末这个特点是最重要的。

浅谈苗语词汇中的文化迹象

姬安龙撰，载《苗语文集》，贵州民族出版社，1993 年。

本文从苗语部分词汇中探索苗族过去某些文化迹象。从苗语关于"季节、季风"的词汇特点；"稻"与"酒"的同源，"东方"与"下游"、"西方"与"上游"意义上联系的分析，认为苗族是南方的土著民族，历史上曾生活在长江中下游一带，后来由于其他原因才迁徙至今贵州、湖南、四川、云南等山区一带。从黔东苗语看，反映社会基层组织的词汇有 tçang³（家族集体）、fang¹（地方）和 rrang⁴（村寨）。一个 tçcong³ 共有一个祭祖的 nie⁴（鼓）。tçcang³nie⁴ 是苗族最基本的社会组织，各鼓社均有自己的民主议事制度，苗族正是在这样的社会基层组织下，使自己长期生存下来。从苗语的"太阳"和"日子"两个词义以及与农业生产有关的词汇，如：表示"砍、种、收获、浇"等动作的词，可以看出苗族是一个典型的农耕型民族。从现在仍保留着的一些反映民族矛盾的词语，通过分析可以看出苗族与别的民族在历史上的关系。通过对苗语借词的研究（例案 21 个例子，以及十二地支纪年、日和时），可窥见苗族与汉民族在历史上文化传播及文化交流的状况。

浅谈苗语和汉语的密切关系

李锦平撰，载《贵州民族语文研究集》，贵州民族出版社，1993 年。

苗语和汉语同属汉藏语系，但两种语言又有各自的发展道路，形成了许多不相同的特征，本文从同源词、构词方式、语法、借词几个方面来阐述了苗语和汉语的关系。苗语和汉语有许多同源词。在构词方式上，苗语和汉语一样，也分单纯词和合成词两大类，其合成词都分复合式和附加式两类，复合式都有联合、修饰、支配等类型，附加式都是既有前缀式的，又有后缀式的。在语法上，苗语语法与现代汉语语法有许多相同或相似之处，其与古汉语语法的相同式或相似之处就更多，词类活用、定语后置、名词用作副词等，两种语言都很相似。此外，苗、汉语词语的互相借用，是苗、汉人民长期接触和交往的佐证之一，苗语中的汉语借词的类型，有音义全借的，有音译加意译的，也有新创的。同时，汉语里也有苗语借词，主要是直接音译苗语人名和地名。汉语是苗语借词的类型，以音译为主，也有音义合译等其他类型的。

浅谈民族语新词术语的翻译

李振邦撰，载《民族语文翻译研究》，云南民族出版社。

自十一届三中全会以来，云南省的民族语文工作获得了较快的恢复和发展。随着社会的发展，各民族在政治、经济、文化的交流日益频繁,新事物、新概念层出不穷,各民族语言出现了一大批新词术语。为了提高翻译质量,促进各民族的文化交流,搞好新词术语的规范和翻译是十分必要的。我们在解决新词术语的问题时,可以采用"创、借、挖"三种手段。"创"就是以本民族的语言材料和构词法,采用意译法创造新词术语;"借"就是音译或部分音译外来语的词汇,"挖"就是变换本民族固有词来表达新概念。处理新词术语要从民族语言的实际出发,既要注意民族特点,也要重视科学性和实用性。翻译民族语新词术语要坚持明确、简练、易懂的原则,有效地为本民族语言的丰富和发展服务。

浅谈民族语新词术语的规范 李振邦撰,载《云南民族语文》1987年第2期。

本文主要就云南省在解决民族语新词术语方面所提出的规范和原则展开分析议论,在充分肯定了该规范和原则的基础上,介绍了他们在实际制定新词术语时所遵循的三个原则,即凡是本民族语言里能够确切表达意义的,则以本民族的语言材料和构词法,采用意译法创造新词术语;音译或部分音译外来语的词汇;在本民族原有语言里找现成的词来表达新概念。作者通过大量的语言调查研究分析,充分证实了这三个原则的科学性和可行性,认为在实践过程中,创造新词术语还应做到三个坚持,即:创造新词术语要求坚持明确、简练、易懂;新词术语应坚持归口统一,相对稳定的原则;新词术语要求坚持标准化、规范化的原则。本文旨在介绍云南省在创造民族语新词术语方面的经验,以促进云南民族语言工作的发展,推动云南民族文化事业建设的进程。

浅谈黔东苗语修辞 李锦平撰,载《苗语文集》,贵州民族出版社,1993年。

正如任何一种语言都注意选择最恰当的语言形式来加强表达效果一样,黔东苗语也十分讲求修辞。黔东苗语的修辞,首先要求恰当地选用词语。选词时要仔细辨析同义词的异同、深入体会词语的感情色彩、注意词语的相互配合及在诗歌中注意选用同义词使其押调。其次要注意词序的调整和句式的选用,如改变句子成分或分句的位置以取得特殊的表达效果,根据所表达的意思的需要恰当地运用长句和短句。黔东苗语的修辞手法十分丰富,常见的有比喻、暗喻、借喻、引喻、夸张、对照、对偶、排比、反复、借代、比拟、婉曲等十几种修辞法,引用的例证有苗族诗歌、谚语、熟语、神语、寓言、山歌等生动活泼的语言实例。这些修辞手法并不是孤立存在的,在一个语言片断里,几种修辞手法可以连续使用或交织使用,如排比和反复、婉曲和借代就交织在一起,使表达效果更好。

浅谈塔城地区语言的相互影响 李绍年撰,载《民族语文》1988年第5期。

本文讨论新疆伊犁哈萨克自治州塔城地区主体民族语言——哈萨克语和其他民族语随着时代的变迁、社会的发展所产生的变化。语言的使用情况可分为三个阶段:(1)新中国成立以前:主要语言是哈语,社会上俄语也较流行,汉语再次之。(2)新中国成立到60年代初:主要使用哈语,维语和汉语也使用得比较多。(3)60年代初至现在,主要语言是哈语,汉语逐渐成为社会主要使用的另一种语言。语言的影响:新中国成立前塔城的哈语吸收了不少俄语词汇,其中生活常用词比较多。从新中国成立到60年代初,哈语由原来主要吸收俄语词汇转为吸收汉语和其他亲属语言的词汇。60年代后更是大量地吸收汉语及其他亲属语言的词汇。另外,塔城一带的汉人不仅学会了哈语,汉语也借用了大量哈语词汇。汉语过去也有俄语借词。蒙古族也会讲或能听懂哈语。本文哈萨克语中的俄语借词、汉语借词各十余例;

汉语中的哈语或俄语借词约十余例。

浅谈维吾尔语的宾语 苗东霞撰,载《中央民族学院学报》1991年第6期。

维吾尔语语法学界对维吾尔语宾语（尤其是间接宾语）的看法一直存在着争议。有些人偏重于语法意义,把凡与动作有关的成分都往往看作间接宾语。把缀有向格、从格、时位格的静词以及由后置词与静词构成的后置结构当作间接宾语的观点是受俄语的影响,而与维吾尔语不符。维吾尔语宾格的语法形式-ni只表示动作所涉及的对象。划分维吾尔宾语应采取意义标准、形态标准和功能标准,即不具备支配能力的动词不能要求宾格；虽受动词支配,但不处于宾格意义之中的不应称为宾语（或间接宾语）；后置词结构不能充当宾语。维吾尔语的后置词往往要求其前面的实词常有除宾格以外的其他格的形态标志,将后置结构处理为间接宾语是不科学的。维吾尔语中不具备宾语特点的间接宾语应归入状语。本文结论认为,把缀有向格、时位格、从格词尾的静词以及由后置词与静词构成的后置结构统一成状语不会发生宾、状难分的情况,且更易于人们去掌握。

浅谈维译汉中的正反表达 郭志刚撰,载《语言与翻译》1990年第4期。

维汉语中,由于词的使用范围、使用习惯表达形式和修辞特点不一样,同一事物或意思表达的方式也不同。有时用肯定的语气,有时用否定的语气；有时从正面角度叙述,有时从反面角度表达,翻译时,原文是肯定语气,译文有时则用否定语气来表达；原文是从正面角度叙述的,译文有时则习惯从反面角度来表达。在翻译中,不注意这一点,只拘泥于原文,单纯追求其语法形式,不仅会影响语言的完美性,还会影响对原文内容的正确表达,甚至产生歧义,以至歪曲原文内容。因此,译者必须选用符合译文语言的表达方式来表现原作的内容。翻译中词的正反表达主要有三种方式：从反面着笔处理原文的肯定语气；从反面着笔处理原文的否定语气；双重否定。翻译中词的正反表达,是使译文流畅、简洁、易懂的重要手段之一。也是翻译人员必须掌握的技巧之一。

浅谈彝语韵尾的脱落 陈康撰,载《彝语研究》1989年第3期。

综观彝缅语,乃至追溯到藏缅语,在语音发展演变的历史长河中,发现原始藏缅语,彝缅语的所有韵尾,在彝语,甚至在彝语支语言中都脱落了,这种脱落不是简单的失去,伴随着韵母元音口腔的开合、舌位的前后、唇形的圆展等方面都经历了不同程度的变化。本文从彝语探讨推测：一、鼻音韵尾脱落,口腔开合度缩小；二、鼻音韵尾脱落,唇形由圆变展；三、塞音韵尾脱落,喉头紧缩,口腔缩小；四、塞音韵尾脱落,唇形由圆变展。

浅谈藏语文 罗桑旦增撰,载《藏学研究第9期》,民族出版社,1997年。

文章叙述了藏语文的创制和历史以及作用。多数可信的藏文史料都一致认为藏文首创于公元7世纪。创制人是土米·桑布札。土米创制藏文后翻译了二十一部显密经典,成为西藏最早的藏文佛经。8世纪初,吐蕃赞普赤松德赞时期就开始了大规模译经。佛教在西藏的发展必须依靠藏语文,离开藏语文也就失去了它的根基。到了佛教后弘期,即10世纪以后,当时西藏首创教派的领袖人物几乎都是掌握多种文字的翻译家。如藏传佛教噶举派的鼻祖马尔巴译师、萨迦五祖。现代,为了迎接未来,使藏语文不断向前发展,应做到以下两点：（1）必须继承和发展藏族传统文化,但绝不能停留在传统文化上；（2）必须加强翻译工作。现代科技文化的发展和藏语文的发展是相辅相成的。现代科技文化给藏语文的发展提供了广阔的前景,藏语文的发展也能够有力推动现代科技的发展。因此有必要做好翻译工作，翻译大量现代科技文化才有利藏语及文化的发展。

浅谈藏语形容词的语法范畴 王青山撰，载《民族语文研究新探》，四川民族出版社，1992 年。

文章以藏语方言中形容词的不同形式讨论形容词的语法范畴。藏语形容词的词形变化可表示不同的语法意义。拉萨藏语用词尾 pa 和 cchos 表学比较级和最高级，德格话用 ba、拉卜楞话用 se 表示比较级，没有最高级，青海天峻话没有级的语法范畴。青海玉树藏语中形容词词尾有阴阳性的区别，并与名词表示一致，如 bu spyang po（机灵的男孩），bu mo spyang mo（机灵的女孩）。这种分性的语法现象在古藏文文献中也有，如《敦煌古藏文历史文书》，如 khu mang po rdsze（库莽布支），yum mang mo rdsze（母莽冒支）。玉树称文乡还有形容词表程度的现象，如 jang po 轻，jang mo 很轻，mo 表示程度很高，但没有比较级的概念。文章比较了三个方言点的形容词情况，发现：（1）越封闭的地方保留古语成分越多，如阴阳对立；（2）形容词语法范畴是变化的，不同发展阶段有不同范畴；（3）现代方言中各种不同的形容词语法范畴是历史演变的结果。

浅谈壮译汉的翻译技巧——读《犬怨》汉译文有感 吴超强撰，载《广西民族报》1992 年 12 月 5 日，总第 1891 期。

本文论述从壮文译成汉文的翻译技巧。壮文文学作品《Vah'ienq Mahenj》（《黄狗的怨言》），发表在《三月三》（壮文版）1990 年第 3 期。它的汉译文《犬怨》，发表在《民族文学》1991 年第 4 期，汉译者李从式。从事壮文翻译工作的人们，一般来说，认为从汉文翻译成壮文比较容易，但从壮文翻译成汉文就比较难。《犬怨》这篇汉译文译得很好，译得很成功。《犬怨》译者翻译的绝妙手法，其一，在翻译过程中不拘壮文原文字面和结构形式，而是通过增减词语的处理，使汉译文简洁精炼，条理清晰，行文流畅，没有重复累赘、诘屈聱牙、晦涩难懂的现象，确切而忠实地表达原文的意思。其二，善于意译。即保持原文内容而不必保全与原文语言结构相对应的表达方式。根据原文意境，用较概括、较含蓄的汉语词汇翻译原文，使汉译文简明凝练，含蓄深邃，达意传神，避免直译平淡无味，无风格色彩，无感染力的弊病。其三，译者娴熟运用汉语语体风格，如在汉译文中用了"吃一堑，长一智"、"早知如此，何必当初"、"老泪纵横"、"残枝败叶"等语词，使译文有声有色，有神有味，显现新颖、形象、生动。这篇是上乘之作，对壮族读者来说，不仅对如何提高壮译汉的翻译水平大有借鉴，而且译者字斟句酌、精雕细刻的严谨译风，更是值得读者学习。

浅谈壮语量词的作用 吴超强撰，载《三月三·少数民族语文》2005 年第 6 期。

本文内容：（1）壮语量词具有表量作用。表量时要与数词组合为数量词组才能把成千上万的客观事物的单位计算出来，数词也要与量词组合才能把千姿百态的客观事物变成可数的事物。（2）量词可单独修饰名词，使抽象事物具体化、形象化，并能体现事物的效用、价值。如 kuːk^{35} tiːk^{33} kuːk^{35} tiːk^{33}，çoːn^{35} tiːk^{33} çoːn^{35} kim^{24}（国土国土，寸土寸金）。量词 çoːn^{35}（寸）修饰名词 tiːk^{33}（土）、kim^{24}（黄金）。说明了尊重国家领土尊严，维护国家领土完整的重要性。说得生动含蓄。（2）壮语量词放在名词前面作词头，就具有区分事物的类别、性别的功能。如表示人，用量词 pou^{42}（个）作词头，如 pou^{42} vun^{31}（人；人类）；表示动物，用量词 tu^{31}（只）作词头 tu^{31} mou^{24}（猪）。量词又有区分同音词词义的作用，如 pja^{24} 是个同音词，表示"石山"和"鱼"的意思。运用时，在它前面加量词 koŋ^{35}（座）、tu^{31}（只）分别成为 koŋ^{35} pja^{24}（石山）、tu^{31}

pja²⁴（鱼）。其意义区分得很清楚明白，不会产生混淆。量词还有跨类移用的用法，如要说明人的某种不良行为时，可用动物量词 tu³¹（只）移用去修饰人物名词，表示贬义，能产生幽默、风趣的语言效果。

浅谈壮语描声绘色的表意功能　潘源洞撰，载于《三月三》杂志，1997 年 6 月。

文章着重阐述壮语中的动词、形容词后面都能带上附加音节，它们带上相关的描声绘色的附加音节后，原来的意思就有加强减弱、变美变丑或增加某些修辞色彩。这些描声绘色的词语，在壮语中极其丰富，表意十分确切、生动、形象。文中着重说明，这些描声绘色的附加音节都是模仿自然现象——声音、形象色彩的。在交际中，人们适当地用上它，不仅使人听了之后，明晰清楚，还能增添某种特殊的表达效果。文章内容分两部分：（1）动词的附加音节，一般是叠音。前面的单音动词作词根，后面带描声绘色的附加音节（两个或四个音节），这些音节，原来没有什么明确的意义，但一旦与它相应的词根结合以后，就能生动形象地表达出各种不同的意义或分辨出各种词义的细微差别。如：raemj 砍，用刀斧把东西断开的一种动作。raemjndakndak 用大刀大力地砍；raemjgebgeb 用小工具有气无力地慢砍；gwnngapngap 大人大口大口地慢吃；gwnngebngeb 小孩一小口一小口地勉强吃。（2）形容词的后附加音节，也都是叠音，这些形容词，主要是对形态的描绘。同一个单音形容词，加上不同的附加音节，就能使原来的形容词在意义上发生某种变化。如 hoengz 红；hoengzswgswg 一片通红，鲜艳好看；bizboemxboemx 指人过度肥胖，臃肿难看。

浅谈壮语定语后置的历史成因　黄迪健、黄庆印撰，载《广西民族学院学报》1990 年第 1 期。

壮语属汉藏语系汉台语群壮侗语支。它的语序跟汉语相同，但定语都是后置的，这一情况和汉语定语前置恰好相反。汉藏系各语支如藏语、彝语、泰语、侗语、壮语、苗语、瑶语、黎语等都是后置，"红花"都说"花红"，"白马"都说"马白"。我们再把这种语言现象跟广州方言、客家方言、闽南方言，江西赣方言等一起来考虑，就可以推断，汉藏语系在未分化成甲骨文和其他语支以前，它的定语很可能都是后置，还没有前置。是汉藏语系本身所固有的，后来随着社会的发展，语言也在发展，分化为汉甲骨文的继承了汉藏语系的定语后置向定语前置过渡，分化为壮侗语支的继承了汉藏语系的定语后置，但受着政治经济发展水平的约束发展缓慢，为人们世世代代沿用一直到今天。这就是壮语定语后置的历史根源。

浅析《白狼歌》的语言系属——白狼语与彝语对比研究　普学旺撰，载《云南民族语文》1989 年第 4 期。

《白狼歌》在西南地区广为流传，它是最早用少数民族语言与汉语对译的文献。关于《白狼歌》的语言系属问题，中外学者一直争论不休。本文主要从白狼部落的图腾、《白狼歌》中的语言与彝族图腾、彝语进行对比研究，以求阐述《白狼歌》的语言系属问题。白狼部落的图腾与彝族的图腾相同，都以虎为图腾；《白狼歌》中的白狼语语音、词汇与今天的彝语语音、词汇相同或相近之处很多；此外，白狼语语序与彝语语序相同。通过比较分析后，我们可以看到，白狼部落虽然是彝语支民族的先民部落群中的一个部落，与彝语支各民族语言的关系密切，但《白狼歌》与今彝语的关系则更为密切，它是将汉文诗歌对句或对字译为彝语后献给朝廷的一首翻译诗，《白狼歌》的语言属汉藏语系藏缅语族彝语支语言。

浅析哈萨克人名的变迁　杨伯撰，载《语言与翻译》1991 年第 3 期。

哈萨克族的人名，内容相当丰富。哈萨克族是一个"马背上的民族"，他们随水草而居，随水草而息，随水草而作，也是随水草而命名。相当一部分哈萨克人名都与自然环境、畜牧业和动物有关。如：Suwbay. Tawbay 等。其次，哈萨克族特别崇尚英雄和自己敬重的人。因此有的以英雄的名字命名，有的则以最尊贵的客人的名字命名，有的还以接生婆的名字命名。另外，如果在转场途中生了孩子，那么所到之地名、到地的时间、母亲所乘骑的牲畜的名称，都可能成为新生儿的名字。当然在命名时，选词范围不仅只局限于畜牧业，也涉及文化、教育、医学、天文等各个领域。文章把将近一个世纪以来哈萨克族的人名收集在一起，再分成几个年龄段进行比较研究。六七十岁年龄组的人名里，除了选用与哈萨克人民生活有关的名词外，都带有一个词缀。四五十岁的人名里，也带有一些词缀，但词根发生了很大变化。四十岁以下的人名里，带有"han. bay. kaley"词缀的人名数量明显减少，词根的选用也大有不同。

浅析黎语中的汉语借词及黎汉相同词
郑贻青撰，载《民族语文论文集——庆祝马学良先生八十寿辰文集》，中央民族学院出版社，1993年。

黎语中的汉语借词因不同的谈话内容而有较大的差别。日常生活，如家庭内的谈话、村内的交际，使用汉语借词很少，干部开会、传达文件等则大量使用汉语借词。前者为4%～5%左右，后者高达30%甚至更多。作者利用已有材料统计，在基本词和常用词里，借词有10%左右。如果加上新借词，有15%～17%左右。黎语有一些词与当地的汉语海南话相同，如笔、玻璃、茶、车、尺子、灯、斗、肥皂、学、剑、假、斤、镰刀、桥、乡、竹排等，二者语音很接近。但有些词语音相差很大。这些借词就不能认为是从海南话借入的了。如钱、秤、缸、两、兵、铜、命、桌子、姜等，黎语与现代海南话不同。这可能是黎语借自较早的汉语。有些词，黎语与海南话或广州话相同或近似，在汉语里找不到它们的来源，这些词是黎语的固有词还是外来词很难断定。如"傻"这个词，黎语与海南话都用近似"昂"这个音，临高话、广州话、壮侗语也多用近似这个音。因此，海南话和广州话这个音显然是来源于早期的侗台语（或称古越语）而不是来自海南话。类似这样的例字还有：按、八哥、蟹螯、铜圆。另外黎语还有一些词与广州话同而与海南话不同。如：拾、这、点头、捏、跨、砸、狗咬、踩、蠓蠓、唠叨、塞、瘦小、煮、生育、插、烫等。这些词大部分是侗台语的共同词，广州话保留下来了（即粤方言的古越语底层词）。

浅析凉山彝语与日语中的动词特性 杨玲撰，载《西南民族学院学报》1997年第6期。

本文通过凉山彝语和日本语中动词特性的比较分析，找出两者之间的异同，有利于学习彝语的日本语。（1）彝语动词分及物与不及物；日语动词的自动词和他动词还可细分为：完全自动、不完全自动、完全他动、不完全他动。（2）彝语动词分自动词和使动词，以声母清浊交替来表示自动和使动。日语动词其词尾因语法需要会发生变化。有五类变化。（3）彝语动词的语法特征：可受副词、形容词、部分名词和代词修饰，受动词、形容词补充；动词重叠表示疑问；动词后可带时态助词表情态、时态；部分动词和代词结合，动词是低降调的为主谓关系，次高调的为宾动关系。日语动词有六种形态：未然、连用、终止、连体、修定、命气。有五种语态：主动、被动、使动、可能、敬语，日语动词还有时态。两种语言的动词都可根据能否带宾语分为自动和他动；语法上都可充当句中的谓语、状语、定语，只是所要求的条件不同。

浅析现代锡伯语元音音变 安成山撰，载《新疆大学学报》1993年第3期。

该文根据语音学音变理论，归纳分析了锡伯语书面语词中的元音在口语发音中的音变现象。（1）元音弱化是元音在非重读音节中音质上的变化。在口语词的非重读音节中的 u、i 易弱化轻读，或者变成央元音 ə。（2）元音弱化导致元音脱落。这与语流流速的加快和词重音的前移有密切关系。主要有词末元音脱落；重音前段导致后几个轻读音节脱落；重音前移首音节，词干元音脱落；重音落在第二音节上，词末元音脱落；书面语中不少汉语借词在口语中服从锡伯语口语的发音习惯，词末元音脱落，进一步简化成单音节词。（3）元音和谐律是书面语构词的根本手段，它有一般规则和特殊规则之分。（4）异化作用是根据变化的结果而言的。元音音变受各种因素的制约，同时又影响辅音和音节。

浅析越语修饰成分的两个问题　曾人科撰，载《广西民族学院学报》1986 年第 1 期。

文章分析了越南语修饰成分的两个问题：1. 修饰成分与中心词的意念关系：（1）形容词作定语时是修饰与被修饰关系；（2）代词作定语有两种情况：人称代词表示领有；指示代词表示限定。（3）名词作定语，它同中心词的关系较复杂：定语是修饰性的；定语是限定性的；定语是领有性的；定语是同一性的。（4）动词作定语一般是限定性的。（5）数量词作定语也属限定性的。介词结构作定语主要是根据介词的性质来确定它同中心词的关系。2. 修饰成分的复杂化。主要表现为多次的修饰成分同它们的中心词之间的错综复杂的关系：（1）偏正词组和中心词之间有：并加、分加、递加三种关系。（2）多种复杂的偏正词组交织在一起的有：两种关系的交错和三种关系的交错。

浅析云南永胜彝族他留人的姓氏命名法——兼谈人名的语言文化背景问题　陈卫东撰，载《云南民族语文》1993 年第 3 期。

云南永胜彝族他留人现行的人名形式主要是姓+名，每一个他留姓一般都有一定的意义，并通过某种途径译成了汉姓。现主要的汉姓有：兰、段、杨、熊、罗、邱、王、海、陈等。这些姓氏的含义不外乎是动物（如羊、熊），植物（如断树干）、生产生活用具（如箩筐）和一些自然景观（如海、烟）等。说明它是由能代表该民族群体特征或来源的某个自然物或者以日常生产生活中与人关系密切的事物来命名姓氏的。他留人的命名法较有特点，与相邻民族人名的语言结构有很大的差异。它们主要有按男女两个系统的长幼次序命名和根据孩子出生时家庭中最长者的年龄命名两种，此外，还有实行以子名亲制的。本文认为：人名的取定和使用与社会的经济、政治、语言、文化、宗教、心理等有广泛的联系，在一定程度上客观地反映着这个民族群体的一些文化特征。人名结构在一定意义上还能反映民族的价值观和思维模式。

浅析中世纪蒙古语形式　斯勤巴特尔撰，载《内蒙古大学学报》1993 年第 4 期。

在中世纪蒙古语文献中常见到一种具有否定意义的形式。如何解释词性和结构，是蒙古语言学界多年来悬而未决诸多问题之一。兰司铁、鲍培等人认为它是否定语气词后续疑问语气词构成的。照那斯图认为它是动词词干加形动词将来时附加成分的形动词。本文通过分析得出的结论为：中世纪蒙古语中有两种不同结构，即否定语气词后续疑问语气词的和动词词干接形动词将来的形式这两种表现为同一个形式，是学术界出现两种不同观点的原因所在。过去国内外学者把它解释为否定—疑问语气词，虽然有其正确的一面，但却忽略了以相同的语音形式出现的形动词的存在。照那斯图首先发现在中世纪蒙古语中存着将来时形动词，是对中世纪蒙古语研究所做出的一个不小的贡献。但是把所有的都认作形动词，似乎有些片面。

浅议哈萨克语音位"Y"和"W" 沙阿提别克·阿斯勒拜撰,载《语言与翻译》1992年第4期。

从20世纪50年代开始,关于"Y、W"两个音位,国内一直有争议。1985年,马马尔汗·阿斯力先生在《浅谈哈萨克字母表的设计》一文中,提出了"Y"和"W"渊源属辅音范畴。作者认为,"马马尔汗先生的"能够单独发出或读出长音的音叫元音,'Y、W'不能够单独发出或读出长音,所以都是辅音,"这一看法是正确的。马马尔汗先生认为"Y"和"W"是辅音的第二个依据是"按照哈萨克语的规律,在以元音结尾的词后要加第三人称领属附加成分 se. si,在以辅音结尾的词后要加第三人称领属附加成分 e. i"。根据这一规律来衡量,"W"和"Y"属辅音范畴。作者认为"Y、W"是辅音的第三个依据应该是"在哈萨克语古语词中元音不能并列出现或按先后序列发音",这是哈语的发音规律。但是,Y和W可以与u、e、i音并列出现。

浅议蒙汉语音质位的比较 文英撰,载《西北民族学院学报》1999年第1期。

一、元音音位。蒙语元音音位有8个,汉语元音音位有10个。两种语言的元音虽然在数量上接近,但发音上区别较大,蒙汉元音音位里有4组元音在发音方法、发音部位上基本相同。e、er、i 等元音是汉语有而蒙语没有的元音。蒙语前化元音存在写法和读法不一致的现象。蒙语有 er、e(ou)等4个借词元音。蒙语的复合元音和汉语的复合元音相比较,汉语的复合元音在数量上较多。不能习惯性地把汉语的复合元音读成蒙语的长元音。二、辅音。蒙语基本辅音位有17个,汉语基本辅音位有22个,蒙语还有10个借词辅音。关于[w]辅音,蒙语语法学界看法尚不一致。蒙语和汉语中有10个辅音发音方法、发音部位都相同。有差别的辅音音位有[l]和[I]。蒙语有5个汉语所没有的辅音;而汉语的11个辅音又是蒙语所没有的。蒙语的复辅音是汉语中所没有的。

浅议维吾尔语的所谓"格附加成分"之类属 艾山江·穆哈买提撰,载《语言与翻译》1990年第3期。

维吾尔语的所谓"格附加成分"属于"格助词"。(1)我们说"格附加成分"是格助词,是因为它们首先是词。它们是最小的、能够自由运用的语言单位,因为它们虽然不能单独成句或独立充当句子成分,但它们在句中起语法作用。它虽然不能单说,但也不是一个词的一部分。(2)上述语言单位,从它们所属的词类来看是属于格助词。格助词是附属词的一种,附属词的主要特点是:不表示实际意义,不能单独使用,只是依附在独立词之后表示各种语法意义或增添某种语气色彩。格助词除了具有附属的上述特点外,还具有主要表示词与词之间的语法关系的特点。(3)把附着在名词后的表示该词与其他词之间的语法关系的语言单位叫作格助词,这在同一类型的其他语言中不乏实例。需要指出的是,格助词与附加成分一样,同所依附的独立词连写,不能把名词后面的格助词变化看作名词形变化。

浅议现代哈萨克语动词的"体"范畴 朱玛泰撰,载《中央民族大学学报》1996年第3期。

现代哈萨克语的动词有复杂的形态变化。除人称和数的变化外,在句子里动词还有8种变化形式。过去,研究者一般认为这8种形式有的是动词的过去时形式,有的是副动词形式,而有的则分别为过去时、将来时和长久过去时形动词形式。在现代哈萨克语里,动词具有表示完成体和未完成体的一定的语音形式,而谓语动词都没有表示"时"的特定的语音形式,只能通过句子里表示时间的词来体现动作的"时间"。哈萨克语属于黏着语,语法意义是用构形附加成分来表示的；用词汇手段来表示语法意义的现象，不应被认为它们可以构成一种语法范畴，即现代哈萨克语的动词没有严格意义的"时"范畴，而有"体"范畴。现代哈萨克语谓语动词具有"体"的范畴，包括完成体、未完成体和进行体，并且有特定的附加语素作为表示"体"语法意义的语法形式。谓语动词没有特定的表示"时"语法意义的语法形式。

羌缅语群刍议　李永燧撰，载《民族语文》1998年第1期。

本文根据有关人文背景和语言特点，提出了羌缅语的概念。文章对以缅语为轴心的各个语言进行了年代统计比较，其结果支持缅彝等语言为一个语支和羌缅彝等语言为一个语群的观点，支持羌缅语群与景颇语（语支/语群）的分离早于其与藏语（语支/语群）分离的观点。文章的第三部分从语音和语法方面论述了羌缅语群的特点。指出：羌缅语许多语言的动词人称范畴都已不复存在，有的可能从分析式经过黏着式才逐渐消失，有的可能从分析式就逐渐衰弱以致完全失落了。作者在文章的第四部分论述了羌缅语的谱系地位。文章认为：羌缅语是原始藏缅语分流发展过程中一定历史时期内一个支派的语言形式。羌缅语是处于藏缅语族下位、羌语支和缅彝语支上位的一个语群。共同羌缅语是古羌人一个历史时期的语言。这些语言的同源关系深刻地反映在同源词上。

羌夏—澳越语言文化联盟　陈保亚撰，载《云南民族学院学报》1993年第3期。

我国古代存在南北两个显赫的文化集团——华夏和百越，后来发展为现代的汉文化集团和壮侗文化集团。这两个集团有无文化上的同源关系，作者认为文化人类学和体质人类学的研究都未能解决这一问题，只有诉诸语言学。作者认为通过基本词汇的等级可以观察到语言（也即文化）的发生问题。基本词汇在衰变过程中是分等级的，有些基本词汇比较稳固，不易变化，不易借入；有些基本词汇则容易变化，容易借用。在两种语言之间如果不易变化的核心基本词汇的对应超过其他等级的基本词汇的对应，则两者有发生学上的同源关系，否则就只是接触的联盟关系。作者要用这一方法论证壮侗语群和南岛文化集团有同源关系，是从一个原始的语言文化集团发展来的，称为澳越语言文化集团。羌夏集团是从古代西北的炎黄部族发展来的，其中向东扩散的形成华夏，向西南迁移的形成氐羌，演化为现今的藏缅语族。这两支统称为羌夏语言文化集团。新石器时代羌夏文化集团和澳越文化集团开始密切接触。其文化联盟最显著的一致性特征就是语言结构的一致性和思维类型的一致性，形成东方文化核心。

羌语代词的"格"　刘光坤撰，载《民族语文》1987年第4期。

羌语的人称代词、疑问代词、泛指代词都有"格"的语法范畴。这里指的格，是指这些词类在句子里充当不同语法角色的时候，声母、韵母或声调会发生一定的屈折变化。文章分别举例说明了各类代词在充当不同角色时屈折变化的具体形式、内容和用法。其中人称代词主要有主格、领格和宾格；疑问代词和泛指代词有主格、领格和施动格。人称代词格的表达方式主要是声母和韵母的屈折变化，疑问代词和泛指代词格的表达方式主要是韵母和声调的屈折变化。文章还讨论了羌语代词格范畴的来源。通过与格助词的比较，发现代词的语音屈折变化是来源于各类代词与格助词长期连用，格助词逐渐与代词融为一体，使代词词根语音发生音变，最后逐步固化为不同的语音形式。文章最后还与部分羌语支和彝语支语言进行了比较，发现部分藏缅语族语言里代词的格变化都有相类似的共同演变方式，从而确定了代词格的语法形式与格助词的密切关系。

羌语的体范畴 黄布凡撰，载《民族语文》2002 年第 2 期。

羌语的体范畴是指由相应的语法形式所表示的与动作行为进行的阶段、时间和状态有关的语法意义。羌语的体范畴是一个复杂的系统，下分 3 个子系统，即：时体（以语境中提供的时间为参照点，划分动作行为进行的不同阶段，区分进行、将行、已行等体），情体（以说话时间为参照点，表示动作行为进行的不同阶段距离说话时间较近或表示新情况的出现，区分始行、即行、方行和变化等体），状体（表示动作行为的进行有重复、曾经经历、经常、持续等状态，区分重行、曾行、常行、续行等体）。从语义上看，羌语的体分 3 个层级 11 类。表现这些体的语法手段有附加词缀（前缀或后缀）、重叠、加辅助动词等。有些体用一种语法成分表示，有些体用几种语法成分结合表示。不同类别的体标志有些可交叉集合于同一个动词谓语上，综合表示几种体的意义。本文通过对羌语体范畴的描写和分析，展示汉藏语体范畴中的一种内容和形式都复杂的类型。

羌语动词的前缀 黄成龙撰，载《民族语文》1997 年第 2 期。

藏缅语族的部分语言有比较丰富的语法范畴和形式。羌语就是这样的语言。它的时、体、态、式、趋向等语法范畴都是在动词词根前、后加不同的附加成分表示。本文以羌语北部方言雅都土语荣红话为例，就羌语动词前缀的形式、意义以及它的语法功能进行讨论。荣红话动词有 12 个前缀，以语言形式看这些前缀都是成音节的，多数由一个辅音和一个元音组合而成，个别的由一个元音构成。这些前缀黏附在动词词根前面时，表示一种或综合表示几种语法意义。从语法功能看，荣红语动词的前缀黏附在动词词根之前表示动词的趋向、时、体、态、式等语法意义。荣红话虽然只有 12 个前缀，但是在语言环境里，由于前缀与动词词根之间发生元音和谐，每一个前缀都有 6 种形式，12 个前缀应该有 72 种形式。此外，在羌语中，一个动词往往同时带有几个前缀和后缀，综合表达几种语法意义。

羌语动词的趋向范畴 孙宏开撰，载《民族语文》1981 年第 1 期。

羌语中，动词有丰富的语法范畴，动词的趋向范畴就是其中之一。文章用大量的实例分析了羌语动词趋向的语法意义，构成方式和使用特点是：在动词前面用不同词缀表示行为动作朝着特定的方向进行。羌语中有 9 个趋向前缀，分别表示行为动作向下、向上、向水源方、向下游方、向靠山方、向靠水方、向心方、离心方、向反方。文章分析了趋向前缀的来源，可能与方位名词有关。文章还讨论了趋向范畴与其他语法范畴特别是动词的时态、命令式之间的关系，因为这 3 种语法意义都是用动词前缀来表达，它们在语法形式的使用方面既有联系，又有区别。文章最后比较了羌、嘉戎、普米这三个羌语支语言动词趋向范畴的异同后认为，这 3 种语言动词的趋向范畴有共同的来源，是羌语支语言的一个重要特点。

羌语辅音韵尾研究 刘光坤撰，载《民族语文》1984 年第 4 期。

文章从羌语北部方言 44 个辅音韵尾中总结出羌语与汉藏语系语言语音演变的某些趋势恰恰相反，并认为：（1）从发生学观点看，羌语的辅音韵尾大多数都不是藏缅语中固有的而是后起的语音现象。（2）羌语辅音韵尾的产生，是由羌语语音结构本身决定的。（3）如果说藏语借词进入羌语以前，羌语的辅音韵尾已多半脱落了的话，那么带大量辅音韵尾的藏语借词进入羌语以后，就减缓了羌语辅音韵尾脱落的进程，因此，藏语借词对羌语辅音韵尾的保存和发展起到了不可低估的作用。(4) 从地域角度看,藏缅语语族语言中凡接近汉语区的,辅音韵尾脱落的进程就快,羌语方言中也有类似的情况,南部方言接近汉语区,辅音韵尾已完全丢失,北部方言接近安多藏语方言区,固有的丢失了,但又新发展了一批。从羌语辅音韵尾演变的情况告诉我们,语言的变化,除语言的内部规律起作用外,地区性特征及语言的内部规律起作用时,地区性特征及语言间相互影响也是不可忽视的重要因素。

羌语复辅音研究 刘光坤撰,载《民族语文》1997 年第 4 期。

羌语中有丰富的复辅音。但总体来说,呈简化和消失趋势。(1) 羌语复辅音的结构。羌语复辅音一般只有二合,没有三合的。类型有二:一种是前置辅音加基本辅音构成(甲类),一种是基本辅音加后置辅音构成(乙类)。(2) 复辅音的演变趋势和演变方式。甲类复辅音的主要演变方式为脱落,乙类复辅音演变的主要内容是合并。(3) 讨论。本文所讨论的内容并不是羌语复辅音演变规律的全部。羌语复辅音的演变方式,虽然主要是脱落和合并,但也不乏替代和分化的例证。羌语复辅音演变的主要趋势是简化和消失,基本上是北部方言的复辅音,到南部方言部分地区大都变成了单辅音。此外,通过比较,还可以清楚地看出南北方言复辅音和塞擦音之间的对应关系。羌语中复辅音的演变规律是复杂的。它在演变过程中涉及语音的方方面面,这里不一一赘述。

羌语普查纪实 孙宏开撰,载揣振宇主编《伟大的起点——新中国民族大调查纪念文集》,中国社会科学出版社,2007 年。

文章分 5 个部分介绍了 1956—1960 年对羌语开展大调查的经过。1. 准备工作。这一节介绍了从接受调查任务,经过千辛万苦到达调查点的经历。2. 试点调查。为了开展羌语大调查,需要准备一份调查大纲,调查组在北部黑水和南部汶川、理县各选 2 个点,进行试点调查,初步调查资料编入羌语调查大纲。3. 培训调查人员。此段介绍了 1957 年 3 月至 7 月在成都西南民族学院开办的语言调查培训班,对调查队员进行专业培训的教学情况。4. 羌语普查顺利进行。这一节介绍了羌语普查分为 4 个调查组,分别到黑水、茂县、汶川、理县等地开展调查的具体过程和取得的成绩。5. 后续工作。大规模调查结束后,部分调查队成员对大调查资料逐点实地进行补充核对,并完成研究所提出的多项任务。

羌语曲谷话音素 刘辉强撰,载《民族研究论文选(2)》,四川民族出版社,1992 年。

本文就曲谷的声母、韵母以及音素的结合情况作了介绍。曲谷话里的 49 个复辅音声母,它们的结构是二合的。这些复辅音可分为两类,第一类是辅音前加一前置辅音构成。作前置辅音的全是擦音,除 ss、m 外,与基辅音的结合都是清音配清音、浊音配浊音,这类复辅音有 41 个。第二类是在塞音、鼻音、半元音后加擦音、边音或塞音构成,这类复辅音有 8 个。曲谷话韵母中的复合元音韵母可分为两类,一类是二合的,一类是三合的。带辅音韵尾的韵母曲谷话的辅音韵尾有 29 个辅音,它们与元音结合构成 228 个带辅音尾的韵母。这些辅尾可以与单元音结合,也可以与前有介音的元音结合,共有 188 个单辅音韵尾,40 多个复辅音韵尾。在曲谷话里,音节可分为声母和韵母两个部分。由于声母可以是单辅音成辅音、韵母可以是单元音、复合元单或带辅音的韵尾,所以从音素在音节中的地位看,其结合形式有 15 种。

羌语形容词研究 黄成龙撰,载《语言研究》1994 年第 2 期。

(1) 形容词的类别。根据语法特点和语义范畴,形容词可分为性质形容词和状态形容词两类。

(2) 形容词的词法特点。羌语形容词作谓语时，与动词一样，有人称、数、时、体、态、式等语法范畴，这些语法范畴都是用元音的屈折变化和添加附加成分来表示。(3) 形容词的句法功能。在名中可充当主语、谓语、宾语、定语和状语。综上所述，羌语形容词的词法比较复杂，句法比较简单。形容词作谓语时，其语法形式与动词基本相同，但是，由于形容词受词义的制约，故并不是所有的形容词都有这些语法范畴，有的只有一种语法范畴，有的有几种语法范畴，有的却一种语法范畴也没有。除此之外，形容词还可以重叠，重叠后表示几种语法意义，这是形容词区别于动词的一个比较重要的语法标志。形容词在句法方面也有一些其他词类所没有的特点。

羌语音节弱化现象 黄成龙撰，载《民族语文》1998 年第 3 期。

音节弱化是羌语北部方言的一个很重要的语音现象。弱化的对象有的是复合词的一个词素，有的是加了附加成分后的词根。一、音节弱化的特点。羌语荣红话音节弱化具有自身的特点，从发音特征上看，音节弱化时除发音轻而短外，还有一个明显的特点就是元音清化或脱落。二、双音节和多音节词中的弱化。带有 u 元音的音节弱化较多。带有 uə 元音的音节在多音节词中弱化的比较少。早中期汉语借词发生弱化现象；但新借词无论是北部方言，还是在南部方言一般不发生弱化现象，要读出元音。三、构词中的弱化，荣红话在构词中音节弱化的现象较普遍，主要出现在名词、数词及数量词组中，从汉语借来的量词若符合羌语语音演变规律，也发生弱化现象。四、构形中的音节弱化。构形中音节的弱化主要出现在动词和形容词词根上。五、影响音节弱化的因素有读音轻重、快慢；元音性质和韵尾。

羌语音位系统分析刍议 黄成龙撰，载《民族语文》1995 年第 1 期。

文章从羌语语言特点出发，分别用声、韵、调分析法和元、辅音分析法对羌语音系进行分析，认为用声、韵、调分析弊大于利，而用元辅音分析利大于弊，用元、辅音分析法整理出来的羌语音系比较精确、简洁，较客观地反映了羌语的语音特点，用它来涉及文字方案，比较经济、合理，教起来方便，学起来容易，用起来不难，记起来简单。用声、韵、调分析法整理出来的音系比较复杂、繁琐。作者主张用元、辅音分析法分析羌语音系。

羌语语音演变中排斥鼻音的趋势 黄布凡撰，载《民族语文》1987 年第 5 期。

文章通过羌语方言和藏缅语亲属语言的比较推断：(1) 前置音 *s 后的鼻音 *n 和 *m 在羌语北部方言中都口音化了，在南部方言中一部分还保留鼻音性质，一部分也口音化了，而这种口音化的时间不会早于 10 世纪。(2) 藏缅语中鼻冠音保留的最全的是木雅语，其次是扎坝语和藏文，贵琼、道孚、嘉戎等语言的鼻冠音只保留在部分词根中。其他语言虽然在这些比较的词根中没有鼻冠音，但也不同程度地留下了古鼻冠音的痕迹，羌语也不例外，在古时曾有过鼻冠音，它的鼻冠音是后来脱落的。以上推断都说明了羌语都曾有过排斥鼻音的趋势。同时文章也讨论了现代羌语不论南北方言都有一套鼻音韵尾，但绝大部分词根的鼻音韵尾是后起的，检查羌语与那些尚保留有鼻音韵尾的藏缅语相对应的同源词根，可以看出羌语大部分古鼻音韵尾已丢失。古鼻音韵尾的丢失虽从表面上看也是一种排斥鼻音的表现，但它同前面所说的 *s 后面的鼻音口音化和鼻冠音的脱落这两种现象，在推动音变的趋势和阶段上都有所不同。

羌语支在汉藏语系中的历史地位 孙宏开撰，载《云南民族大学学报》2011 年第 6 期。

本文为 2010 年 6 月在台湾召开的 21 世纪汉藏语理论研讨会上的发言。文章的主旨大体可以用下图来表达：

藏缅语族 {
- 藏—喜马拉雅语群 { 藏语支；喜马拉雅语支（东支、中支、西支）}
- 博多—那嘎—钦语群 { 库基—钦语支；那嘎语支；博多—嘎若语支 }
- 羌—景颇语群 { 景颇语支；羌语支（南支、北支）}
- 彝—缅语群 { 彝语支（东支、西支、北支）；缅语支 }
- 克伦语群——克伦语支
}

羌语中的长辅音　刘光坤撰，载《民族语文》1986 年第 4 期。

文章从 100 多个有区别词义的例词中总结出羌语北部方言有长辅音，这种长辅音在塞音、塞擦音、鼻音、边音、半元音中都有出现。长辅音的发音特点，与普通辅音相比，成阻、除阻相同，主要是延长持阻阶段的时间。长辅音的出现伴随有一定的条件，凡是出现长辅音的音节，都与过去时的前加成分相联系。羌语长辅音的产生从来源看，主要是由于双声词在形态变化中第一音节元音脱落的结果。由于这种元音韵母的脱落扩展到构词领域，因此有些复合词中也出现长辅音。构词中一部分是由于双声词出现的长辅音；另外也有一部分复合词中的辅音，来源于某一后缀、助词或词素，它们在构词过程中发生弱化，其韵母脱落，只剩下辅音，并与后面音节的声母相结合，形成长辅音。文章认为羌语方言中出现的长辅音对立，是语音演变过程中的一种过渡现象，它可能逐步被短元音所代替。但是这种语音现象，既不能忽视它的作用，也不能否认它在语音分析上应有的地位。从理论上讲，羌语中客观存在的这一语音事实，也许它应该在中国少数民族语言理论研究上占有一席之地。

羌语中的藏语借词　刘光坤撰，载《民族语文》1981 年第 3 期。

羌语南部方言受汉语影响大，北部方言受藏语影响深。文章以羌语北部方言麻窝话的常用词为基本研究对象，在收集的 3500 个常用词中，找出 100 多个藏语借词进行分析和研究。由于使用羌语北部方言的居民大多数是藏族，因此文章首先讨论了为什么这些词是借词，分析了羌语中藏语借词的 3 个明显标志。文章根据藏文结构进一步分析了藏语借词的读音状况，指出藏文的 5 个前加字和 3 个上加字在羌语中大部分仍然发音，但语音上有一定变化，基本上都变成复辅音的前置辅音，藏文的 3 个下加字在羌语中也发音，基本上变成复辅音的后置辅音。藏文的后加字则变成辅音韵尾。文章还分析了羌语中藏语借词的词义和词形的变化，包括词义的扩大和缩小，词义的转化等，文章还讨论了借词的派生能力等问题。

羌语浊音变辅音声母的声学特征　董颖红撰，载《中国少数民族语文现代化文集》，民族出版社，1999 年。

本文用语音实验方法分析羌语荣红话的浊音双辅音声母，提取了其中部分声学数据，确定了部分声学特征。根据声学分析结果，可将羌语荣红话浊音复辅音分为 4 组。第 1 组，浊音前置音与浊音阻塞音结构；第 2 组，浊音前置音与浊擦音结构；第 3 组，浊音前置音与鼻音结构；第 4 组，浊音前置音与边音结构。归纳羌语浊音复辅音的特点，主要有：浊音前置音大多伴随相关部位元音特征，不过这种元音特征时长较短，而且不清楚，可以认为是前置浊辅音在调音状态下的一种自然共生现象，或者说是前置辅音的协同发音现象；舌尖和舌面浊擦音作为前置与基本辅音之间有断层，而小舌浊擦音则与基本辅音紧密叠置；前置音与基本辅音之间不是简单的线性关系；羌语荣红话没有声调，无论是浊音单辅音还是高辅音声母，其音高均处在 120～190 之间。浊音前置音的音高值均低于基本辅音的音高值。强度方面，浊音前置音也普遍低于基本辅音。

羌族拼音文字与羌语曲谷话的关系 刘辉强撰，载《民族研究论文选（2）》，四川民族出版社，1992 年。

　　羌语属汉藏语系藏缅语羌语支。本文就羌族拼音文字与羌语曲谷话的关系阐述了作者的观点。拼音文字的设计，必须用一种话（方言或土语）作为依据。经过调查研究和对有代表性的音点反复讨论协商后，羌族的广大干部、知识分子和各地区、各方面的代表人士一致同意选北部方言里的曲谷土语作为设计拼音文字的基础，因为曲谷土语说的人多。羌族语音保留得比较完整，语音的辐射面较宽，能兼顾羌语南部方言和北部地区。在选择曲谷土语作为标准音点、作为设计语音文字基础的同时，还学习和借鉴了国内其他少数民族创制拼音文字的经验和教训。曲谷话是指茂县赤不苏区曲谷乡的羌族居民所操的羌话。曲谷土语是指分布在茂县谷乡、雅都乡、围城乡、洼底乡、白溪乡等地的羌语。因为这些地区羌族居民所操的羌语，基本上是一致的，互相都能听懂，分歧极小。

《切韵》纯四等韵的主要元音 马学良撰，载《中国语文》1962 年第 12 期。

　　该文对汉语《切韵》纯四等韵主要元音的拟音，提出自己的主张。首先指出前人和时贤的拟音从 i 到中元音 e, o, ɛ 一直到低元音 a，都有人主张；有无 i 介音也是一个争论的焦点。本文提出与诸家不同的假设，认为纯四等韵主要元音是长元音 iː-。这可以解释纯四等韵在现代方言中所具特征的来由：因 iː-所带过渡音逐渐扩张，有的方言成了 ie，有的方言成了 iɛ 或 ia，从而产生了从 i—a 各类元音。e, ɛ, a 原来都是过渡音，介音 i 是由原来的主要元音 iː-变来的。拟测为 iː-，可以说明纯四等韵的历史演变，也可以解释韵图列等的一些现象。韵图以元音舌位稍高的纯四等韵列在四等，以舌位稍低的几个短 i-韵列在三等，合"弘""细"的说法；还可解释纯四等韵跟它相配的在等韵原来一长一短。从《切韵》韵目次第及其所反映的当时汉语韵母系统来看，纯四等韵主要元音是 iː-这一假设也是合理的。本文用例除汉语外还有壮侗、苗瑶等语言。

《切韵》重纽三四等字的朝鲜读音 聂鸿音撰，载《民族语文》1984 年第 3 期。

　　本文探寻《切韵》重纽三四等字当时朝鲜读音与汉语上古韵部的对应关系。《切韵》的某些重纽有不同的上古来源，已由章太炎在《国故论衡》中指出。20 世纪 40 年代中外汉语音韵学界亦开展过一次关于重纽的讨论，其间虽曾有人引用朝鲜汉字音为证，但皆零星而不成系统，且未注意朝鲜汉字音与上古汉语的关系。本文沿用高本汉的音韵学研究方法，利用 126 个小韵的朝鲜汉字音与《切韵》中带重纽的支祭真仙宵侵盐七个韵相对比，发现凡是朝鲜音与《切韵》分类不合的地方都可以在上古汉语中找到根据。例如在支韵开口帮滂并三母的重纽中，朝鲜音为 phi 的字都是三等，来自上古歌部，朝鲜音为 pi 的字多是四等，来自上古支部，等等。本文作者由此认为朝鲜汉字读音比《切韵》更加近似于上古汉语，至少在重纽问题上是这样的。

青海环海区藏语的动词重叠式 王青山撰，载《民族语文研究文集》，青海民族出版社，1982 年。

　　文章描写了藏语青海牧区话的动词重叠现象。藏语环海区天峻话动词重叠有四类，不带后缀的重叠式是动词重叠，不带后缀，用 AA 表示。带后缀的重叠式，附加意义因后缀而不同，Ani Ani 式，表示动作即将发生；Aki Aki 式，重叠动词与后面未重叠动词同时进行的状态；Am aA 式，重叠动词间嵌进一个中缀 ma，表动作刚刚过去。重叠式的轻重读音是很重要的，AA 式中前轻后重常使动词具有比喻义，如 spyang ltogs gi za za "如饿狼吃食"。AAko 式表示与动作有关的全部事物，如 zas zas bo abras "吃的尽是大米"。AAW 式这类前轻后重的重叠式表示动作是连续不断的，如 bovu bzung bzung nga bsdad la "一直持枪待着"。当 AAW 读升调时，表示该动词与后边句子成分意义是推论性因果关系，如 vthung vthung nga bzi ni bzig vthung "既喝就喝他个一醉方休"。文章重心在于说明重叠是重要语法现象，轻重读音会引起重叠形式不同的附加意义。

青海蒙古族及其方言特点 巴依斯哈力撰，这是巴依斯哈力为《蒙古语青海方言辞典》作的《序》。

文章略述青海蒙古族是由成吉思汗时期、北元俺答汗时期（十六世纪中后期）、卫拉特固始汗时期（明末清初）三期三批蒙古部落移居青海而成的历史缘由。第三批蒙古人雄踞青藏高原时，统治青藏高原长达百余年。史称这是蒙古人自元朝之后第二次统一青藏高原，为祖国统一做出了不朽的贡献。作者认为正是由于这种政治和社会地位，青海蒙古语以旺盛的生命力在远离母语文化环境的特殊条件下，创作了大量的具有青藏高原地域特色的青海蒙古族民间文学，其中有藏语言和藏文化成分的青海蒙古族民间文学，这种民间文学是蒙古族和藏族人民的民间交往或蒙古族宗教人士将藏族的某些语言成分和民间文学以口传形式传播于广大蒙古族群众之中，并同卫拉人原始民间文学相依存共发展。而这正是青海蒙古语发展至今的一个原始动力和存在形式。作者认为民间口语和民间文学语才是一个方言的两个主要方面或完整的存在形式。本文正是以此为原始材料，概要地论述青海蒙古语语音、语法、词汇方面的三大特征。这是作者对青海蒙古语的一次理性认识，也是作者在编撰《蒙古语青海方言辞典》过程中的一次感悟。文中还特地介绍了青海蒙古语中现存的部分古代词汇和构词特点及其构词附加成分。这些词语在现代蒙古语口语和书面语中已经没有了踪影，而在《蒙古秘史》和青海蒙古语中却可以找得到原形！

清抄明代《河西译语》再释 黄振华撰，载《中国民族古文字研究》（第四辑），天津古籍出版社，1996 年。

清代藏书家袁迁［木寿］（寿皆）贞节堂抄明代《译语》自发现以来，迄今已有 20 余年。所收五种译语和八思巴字百家姓，以所谓《河西译》最引人注目，仅见几篇文章泛泛探讨。然则《河西译语》的重要价值，绝不仅仅限于语言学方面的比较研究，这是包含在《河西译语》中的语词，至少分属于汉藏语、印欧语和阿尔泰语三个语言基层，甚至还可能有内含语（如阿拉伯语、犹太语）基层。因此，分析研究其中的语言词汇系属，必将有助于阐明我国河西地区在元明时期的民族逐渐聚合和民族共同体逐渐形成的过程。尤其是在 1227 年西夏亡于成吉思汗之后，西域人民大量涌入河西地区，经过几百年的杂居，才融合成现在的回族。《河西译语》反映的诸民族语言比例，这是任何其他史料所不载的，也是《河西译语》的真正价值所在。作者在《清抄明代〈河西译语〉试释》一文中着重以波斯语分析比较《河西译语》某些语词，及部分汉语、阿拉伯语甚至犹太语。

清代"达呼尔文"的历史文化价值 丁石庆撰，载《黑龙江民族丛刊》2001 年第 3 期。

本文探讨了达斡尔族曾使用的一种在满文字母基础上形成的借源文字——"达呼尔文"，并认为这种文字拉开了达斡尔语—满语双语教育的帷幕，为达斡尔族培养了一批又一批双语双文化人。文章概括了"达呼尔文"的主要文化功能及作用：

（1）"达呼尔文"的使用使达斡尔族从此结束了无文字的历史，使达斡尔文化可部分地通过文字形式来沿袭、发展，从而大大地降低了母语文化传承过程中的失真度。（2）通过"达呼尔文"及其教育方式为提高整个民族的文化素质打下了一个坚实的基础。（3）"达呼尔文"促进了达斡尔语的进一步规范和健康发展。（4）"达呼尔文"为收集、记录、保留达斡尔文化遗产方面奠定了良好的基础。（5）"达呼尔文"为达斡尔书面文学（作家文学）的出现奠定了基础。（6）"达呼尔文"构筑了达斡尔文化与满汉文化之间的桥梁。（7）"达呼尔文"反映了达斡尔人对满文的认同及对满族文化的认同态度。

清代达斡尔人使用的文字——达呼尔文
恩和巴图撰，载《内蒙古语言学会第二次学术讨论会论文集》，内蒙古教育出版社，1996年。

近年来的研究发现达斡尔族人民从清代以来就使用着一种带有辅助性质的文字，即达呼尔文，它是借用满文字母来拼成达斡尔语，而且达斡尔族人们还可以用这种文字来进行文学创作活动。介绍了第一位用"达呼尔文"进行系统创作活动的达斡尔族著名作家和诗人昌芝田先生，介绍他的文学创作的伟大成就，称赞他是地道的"呼伦贝尔文士"和"文学宗师"，认为他的功绩除了他的文学创作之外，还包括他开创了使用"达呼尔文"进行文学创作活动的先河。作者也简介了其他使用"达呼尔文"进行创作的著名读者玛孟起（玛玛格奇）、钦同普（乌尔恭博），等。以及用"达呼尔文"编纂的词书，如《满洲达呼尔文词汇》、《满汉达呼尔合璧辞典》等。随着历史的发展，达斡尔族人更加注重继承保留民族文化遗产的工作，并举了好些例子来说明对此作出贡献的一些比较著名的达斡尔族知识分子的事迹。通过对满文字母的"达呼尔文"使用情况的概述，认为给予"达呼尔文"这个称呼是言之有理的。

qo^{35}在苗语中的地位和作用 石如金撰，载《中央民族学院学报·语言文学增刊》，1986年。

本文对qo^{35}在苗语中的地位和作用进行探讨。在湘西苗语中存在着一批依附在词根前面的东西，作者称为前加成分。前加成分属形态范畴，是构词法的核心，qo^{35}是其中最重要的数词素、形容词素、动词素等相结合组成名词，有些名词单独使用时，qo^{35}不能省去，但在句中充当宾语，或者前面接数量词时，qo^{35}非省不可。qo^{35}与量词素结合成名词以后，不论单读还是在句中使用都不能省去。qo^{35}与动词素结合，动词失去了动词的性质而变成名词。单独使用时qo^{35}不能省，但在句子中如果前面直接与数量词相连时，qo^{35}只能与位数词和序数词中的"第一"和"最后"这两个词素相结合。qo^{35}与部分形容词素结合组成名词以后，不论单说还是在句中使用，qo^{35}都不能省去。qo^{35}还可用所组成的词组成名词性的平行并列的四音格，其意义比原来意义相加大得多。大多是泛指。

区分借词层次的语音系联方法 黄行、胡鸿雁撰，载《民族语文》2004年第5期。

语言之间长期接触会导致语言之间存在来自不同年代或不同方言的借词。词义相同的借词如果有不同语音形式，应属于不同的层次。本文用水语汉借词的一个小群本，介绍用声韵调互相系联分析有语音分歧的借词层次的方法。举例中的"钢、工、宫、劫、结、金、平"字在水语里都有两种或两种以上的读音，说明这些借词不处在同一年代层次。由于上古的借词的数量很少，用系联的方法划分中古以前的层次很困难。

"曲谷"初探 陈定怀撰，载《彝语文集》，贵州民族出版社，1993年。

彝族情歌分白话、闪唱、彼葩达、走谷、曲谷等五类。曲谷就是有音乐的情歌，这类情歌全是彝语五言三段式，一歌一曲，婉转动听。彝族情歌中，溯源最古，流传最广的，首推曲谷。曲谷是彝族传统社会中的男女青年沟通感情的媒介，传情达意的工具。曲谷是彝族民间文学中一朵开不败的奇葩，它在彝族民间不断流传、发展、完善，形成了独特的风格，其严整的结构，委婉含蓄的表达方式，在民间文学百花园中是少见的。彝族曲谷的起源与古原始宗教有关，原初的曲谷，在对歌的过程中，有一套完整的程序，更可显示出其自身的宗教色彩。曲谷作为彝族的特产，有其任何一种文学形式也不能代替的特色。最早的五言，出自彝族的艳诗中，这艳诗就是曲谷。"曲谷"里全是严整的五言，不仅全部曲谷是五言，而且整个彝族古文学都与五言有不解之缘。所以作者认为，五言诗的起源应为彝族的"曲谷"。

佉卢文 马雍撰，载《中国民族古文字》，天津古籍出版社，1987年。

通常所谓"佉卢文"只是一种文字符号，用这种文字所书写的语言并不称为"佉卢语"。佉卢文字是由音节字母组成的，书写方式是由右向左横书。这种文字在古代曾使用于印度西北部、巴基斯坦、阿富汗、乌兹别克、塔吉克、土库曼以及我国新疆古于阗、鄯善一带，所书写的资料年代最早者是公元前三世纪，最晚的属四一五世纪，所书写的语言属印度语系的西北俗语。1874年英国人在喀什噶子等地搜刮了不少文物，其中有两枚铜钱，面为不文，另一面为佉卢文字。十九世纪俄国人在此地所搜集的文物中也有不少佉卢文字资料。新中国成立以来，新疆博物馆、甘肃博馆所藏的佉卢文书合计在百件以上。中国历晚博物馆收藏一件刻有几个佉卢字母的石块，据说出自洛阳。1980年新疆社会科学院考古研究所在楼兰遗址又发现了两件佉卢文字资料。新疆所出佉卢文字资料分属古代于阗王国和鄯鄯王国，研究人员对这些文书的年代进行了研究。

全球化时代多民族地区的语言竞争与语言和谐 张梅撰，载《中央民族大学学报》2011年第4期。

"语言和谐"应从多角度加以理解：在法律地位上，各种语言无论其所属民族大小，一律平等；在语言使用上，各民族语言根据其功能大小，"各守其位，各司其职"；在语言态度上，操不同母语的人在不同的语境和需要下讲不同的语言，能够得到本族成员和他族成员的认可；在语言发展中，各民族语言彼此兼容，互为补充。但语言和谐不是语言平衡，不是语言平均主义。在多民族国家或地区，语言竞争是必然的，只要处理得当，语言关系就会在竞争与和谐的有序轮回间健康发展。语言关系和谐要通过语言与人、社会、文化、民族的关系和谐来实现。

"犬鹿氏"语言发展历史分期问题 芒·牧林撰。2007年10月，"中国首届汉藏、阿尔泰语系语言关系学术研讨会"上宣读。

根据蒙古利亚人种的诞生和形成原始氏族犬鹿氏并分化、迁徙、发展为亚洲地区的上百个民族，将其语言命名为汉藏、阿尔泰语系的事实的基础上提出了如下分期意见：一、太古时期——距今5万~3万年前，是犬鹿氏语言形成时期；二、远古时期——距今1.5万~7千年前，犬鹿氏语言分化为南北两大分支阶段；三、上古时期——距今7000~4000年前犬鹿氏南北两大分支的语言进一步分化为上百个民族语言的早期阶段；四、中古时期——距今4000~2000年前，"犬鹿氏"后裔的各民族语言各自独立发展，在词汇、语音和语法等方面产生了一些分歧，形成了各具特色的不同民族语言；五、近现代时期——距今2000年至20世纪，各民族的语言分别形成现代民族语言。

却域语 王天习撰，载《藏缅语十五种》，北京燕山出版社，1991年。

却域语是四川省甘孜藏族自治州新龙、雅江、理塘三县交界地区藏民使用的一种语言。却域语单辅音声母50个，复辅音声母114个；单元音韵母10个，复元音韵母25个；有三个声调，调值分别是55、13、31，轻声音高约33。语法方面，名词有复数形式，指人名词还有双数形式；人称代词有单、双、复三种形式，反身代词只有单数形式；数词和量词不可分离，即使是平时数数，也必须带上量词；重叠式形容词较多是却域语形容词特点之一，部分形容词带叠音后缀，后缀不同，意义上也有所不同；动词有人称和数的区分范畴；体分已行、现行、将行三种；表示各种语气的式还有疑问、使令、禁止、否定等；格助词可表领属、施事、受事和方位等；句法上基本语序为主宾谓。领属性定语和指代词作定语都在中心语前，形容词、数量词组作定语一般在中心语后。

确定汉藏语同源的几个原则　黄行撰，载《民族语文》2001年第4期。

本文根据现有研究成果讨论几个汉藏语比较研究中隐性的原则问题。语音对应规律的概率论原则，同源词的语值变异和集合原则，构拟的非线性原则和构拟无标记项优先原则。语料库语言学的比较研究中如果设定这些处理原则，就有可能提高比较研究的解释力。分四部分：一、语音对应规律的概率论原则；二、同源词的语值变异和集合原则；三、构拟的非线性原则；四、构拟无标记项优先原则。

确定维吾尔语助动词的依据和标准　叶少钧撰，载《喀什师范学院学报》1982年第2期。

现代维吾尔语中的助动词是一个很复杂的问题。同样一个助动词，有的人把它看作补语，有的人把它看作表示动词的语法形式，还有的人把动词er-看作助动词，分歧如此之大，问题究竟在哪儿？我们认为问题在于确定助动词的依据和标准是什么？这是必须解决的先决条件，不找到其论据，不树立标准，问题是无法解决的。过去那种从两个动词出发，根据唯一的标准（即两个动词的组合）即确定助动词，缺点是很多的。在实践中，它解决不了现代维吾尔语中的实际问题，确定助动词是会碰到困难，或者竟是不可能的。如果采取这唯一的标准去确定助动词，那么科学的语法体系是不容易建立起来的。确定助动词的依据和标准必须从结构、关系和意义去考虑。与以-qili/-gili结尾的副动词结合起来的助动词；与以-p或-ə结尾的副动词结合的助动词，这两类可以用作助动词。

人称代词"我"源流考——汉藏、阿尔泰语系同源词例证　芒·牧林撰，2002年中国民族语言学会第七届年会上宣读。

作者在《试探汉藏、阿尔泰语系亲缘关系》一文中，用斯瓦迪什的一百词核心词表，对汉、藏、蒙、满、突厥五种语言同义词的读音作比较研究，得知其同源比例分别达到50%～90%以上的事实。但因篇幅所限，对它们的语音对译情形未作详细交代。现拟选人、犬、鹿、天、日、吃、击、看和我、你、黑、好等若干词，对它们在各民族语言间作纵横深入比较考查，求证它们是否为同源词。本文就第一人称代词"我"在汉、藏、蒙、满、突厥五种语言里的声源和词源分别详考，并作相互比较，展示出它们之间深层对应关系，从而证明这五个民族语言是从它们的原始祖先——蒙古人种的犬鹿氏的共同母语传承下来的亲属语言。

认知语言学视角下的新疆少数民族学生汉语介词习得　李遐撰，载《中央民族大学学报》2006年第4期。

在新疆诸多少数民族语言中，没有介词这一词类，介词向来是新疆少数民族学生汉语学习中的难点。我们在调查的基础上，从认知语言学的角度探究新疆少数民族学生汉语介词习得问题，以有标记与无标记、总括扫描与次第扫描等概念为切入点，以认知为最终的解释，以期对学生的一些偏误现象做出合理的概括和解释。

日本著名蒙古学家——文学博士小泽重男教授简介　呼格吉勒图撰，载《民族语文研究情报资料集》，中国社会科学院民族所语言室，1984 年第 4 期。

本文介绍了日本著名蒙古学家小泽重男教授生平及其主要研究成果。小泽重男 1926 年生于日本东京。1947 年毕业于东京外国语大学蒙古语科。自 1951 年一直在该校任教。主要从事阿尔泰系语言的研究，尤其擅长于蒙古语族诸语言（方言）的研究。他不仅专心研究中世纪蒙古语文献《元朝秘史》的语言，而且还致力于现代蒙古语的研究。另外还从事八思巴文以及用阿拉伯文记述的蒙古语的研究。在蒙古语言研究方面，他写有 30 多篇论文，著书 10 多部。另外，他还对日本语与蒙古语进行比较研究，写过数篇论文和 3 部著作。他多次来我国进行学术访问，尤其是 1984 年，在访问期间，通过双方协商，中国蒙古语文学会与日本蒙古语文学会建立了学术交流关系。他还在日本报纸杂志上撰文介绍我国蒙古学成就，为世界蒙古学界学术交流和提高，作出了重要贡献。

日本著名语言学家桥本万太郎　众志撰，载《民族语文研究情报资料集》，中国社会科学院民族所语言室，1987 年第 9 期。

本文介绍了日本东京外国语大学桥本万太郎教授的生平及主要论著。桥本万太郎 1932 年 11 月 26 日生于日本横滨。1951—1955 年在日本东京大学获中国语言和文学学士学位，其论文题目为《复杂的句法结构》。1955—1957 年在东京大学研究生院获东京大学中国语言和文学硕士学位，其论文题目为《七个汉语北方方言的描写和比较研究》。1957 年获东京大学中国语言和文学候补文学博士，1965 年获俄亥俄州立大学语言学哲学博士，其论文题目为《中古汉语的音韵学》。现任日本东京外国语大学亚非语言和文化研究所教授。桥本万太郎先生精通日语、汉语和英语，还能阅读法语和俄语。他的主要论著有：《语言地理类型学》、《八思巴文与汉语》、《中古汉语音韵学》、《现代语言学：语言学研究的第一线》、《汉民族和汉人的社会》、《东南亚语言发生学关系，扩散和类型的相似性》、《苏俄的中国语言研究》等。

日语和维语中动词作助词的运用　海·阿不都热合曼撰，载《语言与翻译》1990 年第 2 期。

从词法构成来看，日语和维语都属综合语（黏着语）。在日语和维吾尔语中，实义动词和助动词所表达的意义以及它们在句子中的作用是完全一致的。实义动词在句子中除表示实际意义外，还能独立充当句子成分，作谓语。助动词没有具体的意义，只是补充说明实义动词，在句子中不能独立充当谓语。除此之外，日语和维吾尔语中还有一类日常生活中常用的实义动词，这类词在句子中可以作主导动词；可以附着在主要动词后与主要动词一起构成复合动词；可以使原词汇意义抽象化，补充说明主要动词的意义并赋予主要动词各种色彩。语法、语音、词汇在语言发展中是稳定的，而句法则更稳定。实义动词作助动词恰好属于句法范畴。从这一点来看，日语和维语中动词造句方面的共同点，可以说明原始日语和原始突厥语本来是由同一种语言发展而来的。

日语后置词"GANIO"同蒙古语格附加成分相比较　格·占巴拉苏荣撰，载《民族语文研究情报资料集》，中国社会科学院民族所语言室，1985 年第 6 期。

本文论述了日语后置词"GANIO"和蒙古语附加成分两种语素的结构特点，并指出了它们在语义上的异同。作者指出，文中的后置词里只包含 10

个词素缩写为 GANIO。它们分别与蒙古语中的主格、位格、宾格、领格、造格、共同格、从格、方向格相对应。作者提出的论点是在词素层上有必要把蒙古语格附加成分与日语后置词区别开来。这种看法的依据是：蒙古语附加成分和日语后置词尽管在句法功能方面相同，但是构成蒙古语格附加成分的词素有顺序性，先后次序是严格的，它是黏附词素，日语后置词是自由词素。再是蒙古语格附加成分要进行元音和谐，在隔距顺同化作用下发生的语音变体比较丰富，而日语的后置词没有语音变体，现代日语整体上不存在元音和谐现象。所以，日语后置词和蒙古语格附加成分在词素层上是不相同的，日语的后置词在词的行列里是自由词素，而蒙古语格附加成分则是黏附词素。

榕江侗话的语音 郑国乔撰，载《贵州民族研究》1985 年第 2 期。

本文阐明章鲁侗话的音位系统。章鲁话有 20 个辅音音位，都可作声母，声母有两类，一类是塞音声母 p、t、k、ʔ、pj、k、w，各有部位的送气塞音声母；一类是鼻音、边音和擦音，无送气和不送气区别。m、n、ŋ、p、t、k 可作韵尾。有 7 个元音音位，每个元音音位包含一个到三个变体。在舌面前音或腭化声母之后，或在韵尾 i、n、t 之前，元音的舌位比其他环境要靠前一点或偏高一点，7 个元音和 8 个韵尾结合的韵母有 52 个。罗章话有 9 个舒声调和 6 个促声调，可分为 8 类（6 类舒声，2 类促声）。单数为阴调，双数为阳调。单数调由声母送气与否分为两类，出现不送气声母的调为全阴调，出现送气声母的为次阴调。塞音尾韵母的调类受他元音的长短的制约。现代汉语借词的声调按西南官话搭配在自己调值相当的调类里。声母对于青年人和老年人的发音有差异；韵母只增加 [1]。本文对榕江县各地的侗话（第一、第二土话）从声母、声调、声母对庆和韵母对应概况作了分析比较，从中看出侗语语音历史演变的某些现象。

榕江高同苗语语音初探 夏勇良撰，载《贵州民族研究》1984 年第 3 期。

本文对高同苗语语音作了简要介绍，同时就高同苗语与养蒿苗语语音和词汇的异同做些探讨。高同苗语有声母 26 个。无清化鼻音和清擦音声母；送气声母不发达；鼻音 m 可自成音节；舌尖中音 n 和韵母 i 相拼时，实际音值为 nyi。韵母 32 个，其中 12 个都用来拼读汉语借词。有舌根鼻韵尾 ŋ；元音可自成音节，当自成音节时，前加喉塞音；但它不区分音位；带 i、u 介音的韵母较多，声调 8 个。塞音和塞擦音送气的声母只能出现在 1、3、5、7 单数调中，其他声母能出现在 8 个调里。高同苗语音节结构形式有三种：声母 + 韵母 + 声调；韵母 + 声调；m + 声调。通过两地苗语的音系和词汇比较可以看出：高同苗语声母比养蒿苗语声母少两个清化鼻音 m、n 和四个清擦送气的 f'、s'、lh'、ç'，这些声母分别与高同苗语的 m、n 和 f'、s'、l'（或 lh）、ç'相对应。两地苗语韵母的主要差别表现在汉语借词上。声调对照中，第 2 至第 7 调的调值各异，但均有严格的对应规律。词汇比较中两地苗语的同源词占多数。

融合与文化——中国阿尔泰语系源流概说 吴维撰，载《北方论丛》1989 年第 5 期。

阿尔泰语系包括突厥、蒙古和满—通古斯三个语族，属黏着语，在形态学上有着明显的共性。阿尔泰语系语言的发祥地是阿尔泰山脉的南北麓，而中国阿尔泰语系诸语言的故乡也是在阿尔泰山。各语族、各语支具有相应的亲属关系。共同的地域是语言融合的条件，各族人有共同的心理素质。各语言要素的对应现象如语音对应现象、语言黏着现象、元音和谐现象和宾语前置现象等说明阿尔泰诸语言同出一源。现代阿尔泰语言是从古代阿尔泰语言共同继承下来的，但这种继承是有很大变化的。阿尔泰语系诸语言也吸收了许多外来成分，但并未因此而失掉本语系的共性和各语族语言的特征。阿尔泰语系诸语族语言同出一源。

若干契丹大字的解读及其他　刘凤翥撰，载台北《汉学研究》1993 年第 11 卷第 1 期。

这是作者于 1991 年 5 月 17 日在日本京都"中日联合首届契丹文字国际学术研讨会"会上发表的论文。解读契丹大字的工作起始于 1957 年，从那时直至 20 世纪 80 年代中期的 30 年间，解读契丹大字的工作一直没有多大起色，仅仅释出少数几个年号、干支和个位数词的单词。此文通过对比汉字和契丹大字两种文字的《北大王墓志铭》，终于解读了契丹大字中的"岁"字，进而解读了一系列的岁数和"六十"、"七十"、"三十"、"四十"等十位数词以及"七"、"四"、"八"等个位数词。此文还从解读实践中对契丹大字的性质有了更明确的认识。认识到大部分契丹大字是一个字就是一个单词，有的一个字的单词是单音节，也有的一个字的单词是多音节。这种一个字的单词可视为表意字。除此之外，契丹大字还有一部分表音文字。

若干契丹小字的解读　刘凤翥撰，载《民族语文》1987 年第 1 期。

当前契丹小字的研究重点是解读，即释出每个单词的字义和构拟每个原字的读音。新解读的契丹小字应照顾到前后文中已被解读并被公认的契丹小字的文意连贯，达到一通百通的境界，并尽可能地用其亲属语言加以验证。本文根据上述原则，从《大金皇弟都统经略郎君行记》（以下简称《郎君行记》）入手对若干契丹小字进行了解读。首先解读出读音为［wai］、其义为"事"的契丹小字，因而解读出契丹小字中的"翰林"原意为"掌管文字之事"，"都统"的原意为"掌管旗鼓"，进而解读出《郎君行记》中的一句契丹小字"向以疆场无事"。通过对契丹小字"昔"解读，从而新构拟出一个音［la］的原字音值。还释出了契丹小字"像"、"龙颜"、"今上"、"复来"、"善日"等语词。文章还对以前作者自己的一些不妥当的释法如误释为"可敦"的语词作了修正。

《萨迦格言》和《丹珠尔》中格言诗的关系　谢后芳撰，载《中央民族学院学报》1991 年第 4 期。

本文将藏族著名学者萨班·贡嘎坚赞的名著《萨迦格言》和《丹珠尔》中的 7 部印度格言译诗进行了全面的对比研究，认为《萨迦格言》是在学习、研究和借鉴印度格言诗的基础上创作出来的藏族自己的第一部格言诗集。他仅吸收了印度格言诗的某些内容（从对比中发现约有 90 来首内容与印度格言诗相同或相似），经过增删、修改或换喻，使原有格言诗更加明白生动。其余绝大部分内容都是萨班根据自己的见解和生活经验创作出来的。他的格言诗内容丰富，比喻生动贴切，语言优美通俗，具有鲜明的藏族特色。在格律上，他学习和继承并广泛运用了藏族古代大译师们所创造的四句七言的译诗传统。在表现手法上也吸收了印度格言诗采用的比喻、对比、直陈等手法。在结构上分章归类，使格言诗的内容集中，主题鲜明突出。《萨迦格言》开辟了藏族格言诗的新路，为格言诗这种文学式样在藏族地区的发展作出了贡献，影响极大，在如何学习和借鉴外来文学，丰富和发展本民族文学方面，树立了一个光辉的范例。

撒拉语词汇概述　林莲云、韩建业撰，载《民族语文研究文集》，青海民族出版社，1982 年。

与突厥语族其他语言相比，撒拉语的词汇特点是：在单纯词中，双音节词多于单音节词，多音节词较少。词汇可分为固有词和借词。固有词与亲属语言的差异除表现在词义和语音方面外，还保留了一些在其他亲属语言里已经消失或不常用的较古老的词。由于撒拉族居住的地区与汉、回、藏等民族相互毗邻，并与他们在政治、经济、文化方面发生密切接触，撒拉语吸收了不少来自汉语、藏语、蒙古语、阿拉伯语和波斯语的借词。但是，与同语族的维吾尔语、哈萨克语、柯尔克孜语比较，撒拉语吸收的汉语借词较多，所采用的方式多为音译、半音译或半音译半意译、音译借词加固有的构词附加成分、音译借词加固有词的通称或固有词的通称加音译借词组成的词。撒拉语的构词方式一般有派生法和合成法两种，而以派生法为主。词的派生是在词根后接缀构词附加成分构成新词，并且通常只接缀一个构词附加成分。

撒拉语的语音特点 林莲云撰，载《民族语文》1986年第6期。

本文主要讨论了撒拉语的语音特点和在语音方面与亲属语言的关系。作者先指出撒拉语8个基本元音 i、e、ə、a、o、ø、u、y 的普遍清化现象及主要原因——受前后送气清塞音、清擦音或擦音的影响等五种元音特点，又描写了13种辅音的语音特点，如塞音和塞擦音无浊音、分送气和不送气的两套：b-p, d-t, g-k, G-q；词首辅音 j 与哈萨克语的 dzh，音节末或词中音节首的 j 与西部裕固语的 z 相对应等。其次作者举例说明了元音和谐与语音变化现象，指出撒拉语元音和谐主要以舌位和谐为主，语音变化有同化、弱化、增音、减音等现象，与亲属语言比较，有语音脱落现象。文中用大量撒拉语词汇（277个例词）与其他突厥语词（其中哈、维、西部裕固、柯、古突厥语共214个词例）进行比较，说明语音系统演变有语音之间相互制约和影响的内在原因，也有语言接触引起的语音系统变异的外在原因。

撒拉语谚语简析 克里木撰，载《语言与翻译》1996年第4期。

撒拉语谚语内容丰富，指事广泛。每条谚语都是日常生活中经常发生和经常遇到的事情，包含着深刻的哲理，成为广大人民所喜闻乐见的民间口头文学。其主要内容包括：时政类、事理类、修养类、社交类、生产与生活类、家庭婚姻类、迷信宗教类七类。撒拉语谚语语言简练、形象生动，句式整齐、音韵和谐。从结构上讲，有单句的、双句的，甚至是多句的；从修辞方法上讲，有夸张、比喻、对比、谐音等主要特点。撒拉语谚语除具有经验性、哲理性、阶级性、时代性外，在形式上具有口语性、精练性、艺术性、民族性；从使用上看具有实践性、群众性、讽劝性、训诫性。它在社会生活中除具有比较语更强的传播功能外，还发挥着重要的教育作用。

撒拉语裕固语分类问题质疑 林莲云撰，载《民族语文》1979年第3期。

本文运用突厥语语音对比的方法，针对撒拉语和裕固语、突厥语中的分类问题，提出了自己的推论。文章中作者首先介绍了巴斯卡科夫、马洛夫、捷尼舍夫等突厥学家对突厥语进行分类的方法，简短地阐述了撒拉族和裕固族的历史。其次，从语音方面，用撒、裕、维、哈、柯和突厥语词源及词典中的一百多词例进行对比，说明了撒拉语和裕固语在突厥语中的地位。作者具体从四点作了对比和分析：（1）词中的 z (*d) 是否变为 j（撒拉语为 j，裕固语至今保留 z）；（2）辅音音位清浊的分化；（3）撒拉语的特殊音变现象；（4）裕固语的特点。最后，作者认为，撒拉语的前身同回鹘语没有直接关系，不应算是维吾尔语的一个方言，它是来自撒马尔罕一带原突厥居民的一种语言。裕固语与维吾尔语都来自中古回鹘语，由于区域隔离，同中古突厥文献语言保持不少共同点（或对应）。因此，作者不支持把裕固语同维吾尔语划分为不同语支的意见。

撒尼彝语的声调变换 毕云鼎撰，载《云南民族语文》1991年第4期。

撒尼彝语属彝语东南部方言，声调按调值分五个，按调类归并为三个调。撒尼彝语中的动词、形容词、数词、代词因语法、词义变化或受其后面读音的影响而产生声调变换现象，即声母、韵母不变，而声调可以变换。该文对撒尼彝语的声调变换现象进行分析、探讨并概括其基本规律。第一种是撒尼彝语中的部分动词、形容词、数词因语法变化而产生声调变换。动词表示自动态时其声调为一种，当动词表示使动态时其声调又变为另外一种。形容词中主要介绍了"多"、"大"、"高"、"长"、"重"等的声调变换。当形容词表示程度，重叠或重叠后中间加否定副词"不"表示疑问时，其声调为一种，而用在疑问句以问数目，用在比较性的句子里，表示相当程度时，其声调又变换为一种。第二种是撒尼彝语中词义变化也能引起声调变换。第一人称"我"在表示单复数时就有两种不同的声调。第三种是受语音影响而声调变换，这主要是数词和单数人称代词。

撒尼彝语60年的音变　孔祥卿撰，载《民族语文》2002年第4期。

马学良教授曾于1940年调查了撒尼彝语，《撒尼彝语研究》于1951年由商务印书馆出版。60年后，本文作者重返昔日马先生调查撒尼语的地方——云南路南县（今改石林县）黑泥村（今改老海宜村）调查撒尼彝语，发现了很多变化。声母、声调变化较小，韵母的变化是由于相近元音的合并，造成元音数量减少，但正在产生鼻化韵，有可能导致其固有音韵系统格局的改变。

撒尼语趋向动词初探　毕云鼎撰，载《云南民族语文》1994年第3期。

撒尼语趋向动词本身原来都是动词，但是，当它们附着在动词、形容词的后面表示行为、动作趋向的时候，就失去了动词的含义，并同被附着的动词、形容词一起充当句子的成分，构成趋向合成谓语。撒尼趋向动词可分为三类。它的使用规则为：（1）用在动词、形容词之后。（2）合成趋向动词附着在动词、形容词之后时，前面的趋向动词重复表示疑问。（3）附着在否定副词之后，一起充当趋向合成谓语。（4）附着在前面有否定副词的动词、形容词充当趋向谓语之后，并同被附着的词一起充当趋向合成谓语时，趋向动词可以放在动词、形容词后或放在否定副词后。（5）用在动词、形容词之后，能愿动词之前。（6）合成趋向谓语中有宾语时，趋向动词附着在动词后面。（7）趋向动词附着在动词与结构助词"得"组成的合成谓语时，趋向动词在动词后、助词"得"之前。（8）用在动词、形容词后，否定副词"不"之前。（9）当作动作的处所的补语时，可以紧连动词之后，也可以放在句子的末尾。

赛德克语动词命令式的协和音变　陈康撰，载《民族语文》2001年第5期。

赛德克语是台湾的一种南岛语，分布于台湾南投县仁爱乡南丰、互助、春阳、亲爱、精英、合作等村，及花莲县秀林、万荣两个乡，使用人口约14000人。赛德克语是南岛语系印度尼西亚语族语言，属黏着型。赛德克语动词构成命令式时辅音、元音以及重音等发生的音变为语流音变，本文称为"协合音变"。赛德克语动词有一般式和命令式。一般式为动词词根或加前缀mu-、中缀-um-构成，重音落在倒数第二个音节上；命令式为动词词根加后缀-i构成，重音移至最后一个音节上。一部分动词命令式音素辅音、元音间发生一系列变动，重新协调组合，形成词语协合音变，协合方式大致可分为：元音的强化和弱化；元音的低化和高化；减音；词尾辅音发音部位变化；词尾辅音发音方法变化；增音。从音变的性质和内容看，重音的移动和后缀高、前元音-i的添加是语流音变的直接动因。

三岛京语和河内京语语音初步比较　王连清撰，载《语言研究》1984年第2期。

本文对广西防城三岛京语与河内京语语音作了初步比较，有些地方和越南语的其他方言做了一些对照。通过比较，文章认为三岛京语有很特殊的地方。(1) 声母。越南文写作 d、hi、r 的声母，北圻（河内）一律读作 [z]，三岛京语却和中圻南部方言一样，把 d、hi 读作 [j]，把 r 读作 [sz]；越南文既可写作 tr，也可写作 gi 的声母，三岛京语读作 [j]，这又和中圻南部方言一致。三岛京语把越南文写作 s 的声母读作 [tʰ]，写作 tr 声母读作 [t]，韵尾 -ŋ、-tj 的消失等都是越南语其他方言中罕见的。(2) 韵母。韵母的主要不同点之一是三岛京语中一部分带 -u- 介音的韵母在和舌尖音相拼时，介音一律丢失了，这点和中圻南部、南圻的语音很相像。(3) 声调。三岛京语和中圻南部方言一样都只有 5 个调，把问声和跌声合并了。上面这些语音特点也和南圻方言的语音特点相像，但南圻方言的一些其他特点如越南文写作 v 的声母大都读 [j]，写作 tr、s 的声母分别读 [tʂ] 和 [ʂ]，在三岛京语里没发现。总的看来，三岛京语同越南中圻南部方言比较接近。

三洞水语的音系　夏勇良、姚福祥撰，《贵州民族研究》1994 年第 3 期。

本文仅就三洞水语（即第一方言）作简要介绍。三洞水语有 71 个辅音音位，包括 18 个腭化辅音和 10 个唇化辅音音位。元音音位中带鼻韵尾的词和带塞韵尾的词占主要部分，这是三洞水语元音的重要特点。单元音有 7 个，单独作元音时都是长元音。二合元音有 48 个。i、e、a、o、u 都具有与其他元音组合和辅音韵尾 -m、-n、-ŋ、-p、-t、-k 结合的功能，在带韵尾的元音中只有 a 分长短。有六个舒声调，即第 1、第 6 调，和四个促声调，即第 7、第 8 调（各分长短）。从声调系统看，没有调类分化、合并或转化现象，无连续变调；有轻声现象。三洞水语中的汉语老借词已进入水语词汇领域，它们具有派生新词的能力，按本民族语言的构

词方式构成新词。从北京话与三洞水语汉语借词的调类、调值对照中可以清楚看到：北京话的阴平、阳平、上声、去声、中古入声分别与三洞水语汉语借词的 3、4、6、1、2 调类相对应。

三江侗语中古汉语借词　曾晓渝撰，载《民族语文》2006 年第 4 期。

广西三江侗语汉借词可区分为中古和近现代两大层次。从中古汉语借词的读音，可以了解三江侗语送气声母发展的历史，以及第 3 调和第 6 调的分合情况等。全文分三节：一、三江侗语和汉语音系；二、三江侗语里汉语借词的历史层次；三、中古汉语借词有关问题讨论。通过分析，作者认为六甲话、土拐话在声调格局、韵类分合这些深层语音特点上与三江侗语中古汉语借词不一致，六甲话、土拐话大概在宋代之后才进入三江地区。三江侗语中古汉借词的借源应是当时桂北地区的一种权威汉语方言，而不是六甲话。

三论台语的系属问题　罗美珍撰，载《民族语文》1994 年第 6 期。

此文联系我国历史进一步阐述作者对台语系属问题的见解：整个华夏文化和文明融合了夏、周、羌、东夷、南蛮诸族的成分。台语（侗—台语）是一种留在大陆的原始南岛语融入或转换为汉藏母语后发展来的。至今南岛、侗—台、苗—瑶、汉藏还保留一致对应的词，如：毁/火；岜/岩石；窟窿/洞、沟、坑、窗；雾；风；肺；脚；腿；蹄/指甲、爪、脚板；屎；父/祖父，哥哥；鸟；蜂；把/背，携带；掘/挖等。作者用斯瓦迪士的二百词表将傣语和汉藏语、南岛语进行比较，列出两个比较结果的同源词数字：一百核心词内：汉藏澳泰占 25%，侗—台和汉藏占 50%，侗台和南岛占 23%。另一百词内汉藏澳泰占 14%，侗台和汉藏占 50%，侗台和南岛占 13%。两个图示数字表明侗—台语和南岛语的关系已脱落。最后作者还列出 17 条例证。

三论《突厥语词典》中保留在西部裕固语里的一些古老词语　陈宗振撰，载《民族语文》2009 年第 2 期。

本文讨论西部裕固语中保留的《突厥语词典》的古词。全文分四节：一、基本相同的词；二、词义有变化的词；三、比维语更接近于古代的词；四、变化较大的词。本文论述了 59 个词，加上 1992 年和 1993 年发表的两篇论文共论述了词典中保留在西部裕固语里的 130 多个古老词语。说明西部裕固语保存古代成分较多的语言特点。

桑孔语初探　李永燧撰，载《语言研究》1992 年第 1 期。

桑孔语分布在云南西双版纳傣族自治州景洪县小街乡曼汪湾、曼扎罕丙、八长回显等村寨及勐龙镇班飘布寨等地。人口不足二千人。他们被傣族称为"布下人"，自称为"桑孔"被归入哈尼族。此语言在缅彝语言中占有一定地位。一、语音。古浊音声母已演变为清音并制约着送气清音声母的分布格局的变动，即由原来的清浊对立转换为清音送气与不送气的对立。有带鼻冠音的声母和双唇腭化音声母，还有小舌塞音声母。单元音分松紧两类。有塞音韵尾 -p、-t、-k 和鼻音韵尾 -m、-n、-ng。塞音尾除保留原有一些字的塞尾外，多从傣语借入。鼻音尾的格局与彝语不同，与缅语接近。二、语法。形态变化较少。文章系统分析了桑孔语的词类：名词、动词、形容词、数词、量词、代词、助词的语法功能及句子结构。非主谓句和主谓句。三、词汇。分单纯词、复合词、同源词、借词分别介绍。借词中以傣语、汉语居多。后附有一千条词例。

桑席耶夫教授生平简介　清格尔泰撰，载《民族语文研究情报资料集》，中国社会科学院民族所语言室，1983 年第 2 期。

本文介绍了苏联著名蒙古学家桑席耶夫教授的生平和研究成果。桑席耶夫 1902 年生于沙俄的伊尔库茨克边区一个布里亚特蒙古族农民家庭，卒于 1982 年。1928 年毕业于列宁格勒东方学院，1948 年获语文学博士学位。1935 年晋升为教授。桑氏一生曾数次荣获苏联勋章和奖章，出版有 100 多种著作，内容涉及民族学、民俗学、民间文学、语言学等学科，主要成就是在蒙古诸语言的研究方面。他不仅研究蒙古书面语，而且还研究了蒙古语的不少方言，研究了布里亚特语和卡尔梅克语。此外他还从事蒙古语族与突厥语族、满—通古斯语的关系的研究。桑氏在全面研究这些语言和方言的同时，并对某些问题做了深入的研究。对于蒙古语语音的研究就是他深入探索的一个领域，这方面的成果集中反映在《蒙古语比较语法》（上册）中。在蒙古语语法研究方面，他对动词的研究，成绩比较突出。《蒙古语比较语法》（下册）可以说是他研究动词的专著，集中反映了他在蒙古语动词研究上取得的成果。

瑟古德教授简介　众志撰，载《民族语文研究情报资料集》，中国社会科学院民族所语言室，1985 年第 6 期。

本文介绍了美国汉藏学专家瑟古德教授的生平及主要论著。瑟古德 1946 年生于加拿大温哥华。1968 年毕业于美国加利福尼亚圣何塞州立学院，获学士学位。1972 年获美国加利福尼亚圣何塞州立大学硕士。1976 年获加利福尼亚大学语言学博士。1975 年起任美国弗雷斯诺加利福尼亚州立大学语言学副教授。自 1974 年起一直担任加利福尼亚州立大学语言学系主办的《藏缅语区语言学杂志》编辑。1977 年秋季至 1980 年、1981 年秋季至 1982 年秋季曾两次担任《加利福尼亚语言学通讯》的编辑。其主要研究范围是东南亚语言学和应用语言学。代表作主要有：《倮倮—缅语的韵律》、《缅语历史形态学》、《倮倮语和原始倮倮—缅语》、《缅语动词形态的词干和范畴：组织原则》、《辅音、发音类型和音高》、《阿卡语例证系统的历史发展》、《藏缅语言的代名词，代词化和次级分类》等。

上古汉语名词词头 * g-说略 陈克炯撰，载《中南民族学院学报》1983年第2期。

本文拟从古代书面语言材料，对王力"上古名词的前面往往有类似词头的附加成分"的论见作了补述。作者列举了《尔雅》、《方言》等古籍中的有关"杞"的15个例子，指出：（1）同一个词有单呼、双呼两种形式，词义一样；（2）双呼的冠音音节无实在意义，可省去，第二个音节能单独使用，不能省掉。冠首字形无定，往往随该词所标志的客观事物的类别而写法不同。作者还列举了一些有关人名地名的材料。结论是：古汉语名词词头 * g-同汉藏语系诸语言的名词词头 g-、k-、ʔ-等有着语音相近、形态相符和构词类型相同的共同特征。

上古汉语与壮语对比研究 吴超强撰，载《三月三·少数民族语文》2007年第6期（民族语文研究专号）。

本文内容：（1）词语对比。从北京大学王力教授的《诗经韵读》一书中给《诗经》构拟的汉语上古音中，择取72个例字（词）跟现代壮语对比分析，这些例字（词）都与壮语词语音近义同。其次，将部分声母、韵母、词序结构对比，壮语与上古汉语也有相同之处。（2）壮语与上古汉语有着密切关系。表现在：语音方面，有着共同的特点，两者都有双唇浊音 b、舌尖浊音 d、舌面鼻音 ȵ 和舌根鼻音 ŋ 的声母；两者都有一套-m、-n、-ŋ 鼻音韵尾和一套-p、-t、-k 塞音韵尾的韵母相对应。在词汇方面，有一批音相近义相同的词语。在语法方面，也有很多相同的词序结构形式。这些说明壮语与汉语有着共同来源的语言因素或是同源关系。壮语与汉语之间存在着"类型上十分一致，同源词非常丰富"的关系，足以证明壮语属于汉藏语系。（3）从壮语与汉语之互相借词的情况来看，充分说明壮、汉民族之间的亲密来往和壮、汉族文化交流，从先秦时期已经开始。从《诗经》的汉语上古音中，可寻觅到上古汉语在声母、韵母方面演变的踪迹。此外，还探讨到壮族的方块壮字最早产生的时间可追溯到先秦时期的《诗经》。

上古缅歌——《白狼歌》的全文解读（一、二） 郑张尚芳撰，载《民族语文》1993年第1—2期。

《白狼歌》记录于东汉，全文44句，每句4字，共176字。20世纪初，即有学者对此文献进行研究，一致的意见是认为这个文献记录的是藏缅语族的语言，但他与哪个语言最接近，则众说纷纭，有的持彝语说（丁文江等），有的持纳西语说（方国瑜等），有的持嘉戎语说（马长寿等），有的持普米语说（陈宗祥等），也有持缅语支说（马学良等）的。作者对《白狼歌》176个字逐个与藏缅语族语言进行对照，比较了其中的141字，除了23个汉语借词，在剩下的118字中有115字可以和缅甸语对得上。因此作者认为白狼语是一种古缅语。作者除了从语言关系进行考证外，还进一步研究了白狼人和缅甸人的历史关系，认为白狼人原在四川汶山、松州一带，在吐蕃强大压力下，一部分族群南迁后陆续入缅。因此，他们的语言关系接近也就毫不奇怪了。

《尚书》四篇古藏文译文的初步研究 黄布凡撰，载《语言研究》1981年第1期。

文章通过四篇《尚书》古藏文译文研究古藏语的历史面貌。1978年巴黎影印的《巴黎国家图书馆藏藏文文献选集》第一集中，有《尚书·周书》中四篇古藏文译文，藏文原件是敦煌石室手卷，是《尚书》古文本的译文。包括"泰誓中第二，泰誓下第三，牧誓第四，武成第五"。《尚书》四篇古藏文译文的书写法及语音面貌具有一般吐蕃文献所具有的那些特点：保留 i 元音的书写形式；若干含 m

声母的字保留 j 后置辅音；同一个字送气与不送气的字母自由变换，用缩体字，保留若干在后期藏文文献中已消失了的字母组合体，如 sts、gsts、sh、brlh 等，保留再后加字 d，估计是"文字改革"后的产物，即 9 世纪中叶后。译文对日期的翻译可反映藏历的发展变化情况，译文的翻译技巧和风格也有重要价值，译文人名地名的译音词对拟测汉字中古音能补充新材料。文章用 27 个版面，占全文的 90%，刊布藏文转写及汉译文，并加上注解，对以后研究有很大帮助。

少数民族创制文字在字母设计上和汉语拼音方案求同存异　傅懋勣撰，载《民族语文》1983 年第 1 期。

文章主要论述了汉语拼音方案对少数民族创制文字工作的促进作用。结合新中国成立以来帮助十几个民族创制文字的实践经验，认为汉语拼音方案的公布实施，不仅有利于汉族学习汉语文，同时也利于兄弟民族创制文字的字母表的定案。懂汉语拼音方案的汉族和掌握新创文字的兄弟民族，容易互相学习语言。文章认为在为少数民族创制文字的工作中，本族语言和汉语相同相近的音，尽可能用汉语拼音方案里相当的字母表示，这是"求同"。"求同"不是把原来不同的音看成相同的音，或者用相同的字母表示不同的音，而是把在实际语言里本来相同相近的音，尽可能在文字上也用相同的字母表示，"存异"是汉语标准里没有而民族语言标准音里有的音位，必须在文字方案里规定表示的方法，合二为一即民族文字与汉语拼音方案求同存异原则。

少数民族底层语地名浅议　陈丁昆撰，载《云南民族语文》1994 年第 4 期。

底层语地名的形成与一定的历史事实有着不可分割的联系，是相关民族语言、历史文化、居住环境的忠实记录。首先，底层语地名是语言融合过程在地名上留下的痕迹，是不同语言融合的间接反映。其次，底层语地名虽经过漫长的历史演变，但仍与同语支、同语族的亲属语言在语音、词义或语法上存在着一定的共同性，这表现在：（1）底层语地名继承原语特点，反映在其语音、语义上就是与现存亲属语言中相应的词或词素具有一定的对应关系，或语音相似语义相通，或语音相同语义相近。（2）一组或几组相关底层语地名在邻近的地域或一定的区域里构成具有相同或相近语言特点的同类型地名。底层语地名作为历史的产物，作为一个民族古词语的遗留，对民族历史、语言关系研究方面的价值显而易见，因此，我们不能把底层语地名单纯地视为仅是地名学的研究对象，它对语言学、历史学、民族学、考古学等学科也有同等重要的意义，应引起广泛的重视。

少数民族文字中汉语借词问题　王辅世撰，载《中国语文》1958 年第 7 期。

有一些民族语文工作者不赞成在本民族文字中出现汉语借词，不愿意借用汉语的新词术语，要用本族的词根创造。文章认为在世界上没有"纯"的语言。文化发达的语言如英、俄、日等都不是"纯"语，都有很多借词。用本族词根创造新词，若创造得不恰当，则容易使群众误解，如"经济"一词，据说有人创成"珍珠玛瑙加羊毛"，但"经济"的内容不限于此，它还包括财政、贸易、工业与国计民生有关的一切项目。像这种情况倒不如直接借用汉语。关于汉语借词的拼写法问题，作者主张：现代汉语借词，如果民族语的音位系统和汉语拼音方案差别不大的，最好用汉语拼音方案拼写。这样可以增加祖国各民族语的共同成分，有助于民族间的团结和文化交流。一个创制了几种文字的民族，汉语借词按汉语拼音方案拼写便于几种文字的统一。

少数民族文字中借词的语音标准和标调问题　马学良、王均撰，载《中国语文》1959 年第 5 期。

文章就有关少数民族文字中借词正字法的两个问题——借词的语音标准和标调问题提出一些初步看法。关于借词的语音标准问题，老借词跟本民族"固有的"语词没有什么区别，在文字上应跟本族语词同样处理。新借词的拼写问题有三种情况：（1）当地汉语方言属普通话系统，本民族语音系统跟汉语音系没有太大分歧，群众懂汉语的多，就可根据汉语拼音方案用普通话语音来拼写新借词。（2）本民族语音系统跟汉语相差较远，群众懂汉语的少，就可参照本民族的发音习惯和语音结构规律做适当的处理，不要求全照汉语拼音方案来拼写。（3）当地为汉语方言非官话区，借词拼写法的处理要看普通话推广的程度如何。关于借词的标调问题，过去规定汉语新借词一律不标调号，但这样做的结果又产生了读音上、理解上、辨词上、掌握标准上的种种困难。

少数民族学生汉语学习若干元认知策略调查分析 王阿舒撰，载《西南民族大学学报》2006 年 9 月。

本文在问卷调查的基础上，对少数民族学生在汉语学习过程中若干元认知策略，即制订计划策略、选择性注意策略以及调节策略进行了调查分析。结果表明，多数学生在不同程度上运用着这三种元认知策略，而且选择性注意策略运用得最为普遍。

少数民族谚语汉译三题——《中国谚语集成》译编手记 李耀宗撰，载《中央民族大学学报》1995 年第 5 期。

翻译，难不过诗，严不过谚。谚，曾被称作"浓缩的哲理诗"。它有诗的博蕴、意境和神韵，而表达却比诗更简约、更凝练。故此，它既有译谚之"严"，严兼译诗之"难"。据《中国谚语集成》编纂总方案要求，所有入书的汉译少数民族谚语，均须恪守科学性、全面性、代表性原则，力奔"信、达、雅"。少数民族谚语的汉译方法，同其他文体、其他语种的翻译一样，大体可分"转达"、"表达"和"转达又表达"三种。少数民族谚语的汉译，通常应有如下规范：一、少数民族谚语的汉语译文应仍为谚语，不可误译作同义或近义的其他文体。诸如成语、俗语之类。二、难译谚条，须千方百计译出其原作表达原貌，切忌动辄搬用现成汉谚。三、谚内所用少数民族特殊物象，须尽量保留，不可改用他物。四、汉语译文须尽量酷似汉谚，言简意赅。五、少数民族语言中本为异文变体的谚条，须逐条照译。

少数民族语地名研究对发展语言学的意义 牛汝辰、牛汝极撰，载《西南民族学院学报》1987 年第 3 期。

双语地区各分为下列几种情况：（1）一个地方有两个相互间毫无关系的名称。例如新疆境内有 87 个市县，约有 37 个市县有两个共存的名称。（2）一种语言的地名是对另一种语言地名的音译或节译。（3）一种语言的地名在接受语中，由于语音的变化，变得毫无含义或原意难寻。这种情况在少数民族地区，特别是历史上多民族活动频繁地区都能找到，这些今天看来已无意义的地名仍保持着旺盛的生命力。（4）重复地名，即在非本族语地名（专名+通名结构）后又重复了前面的通名。这是因为不同的语言在长期接触时，为区别不同的地位类型，便加上了一个本族语的通名。雅鲁藏布江，藏布为藏语的"江"，后又重复了汉语的"江"。（5）混合语地名，即一地名的专名，或居民地名是两种语言的语词构成的。如青海的峨堡大南山，"大南山"为汉语，"峨堡"为蒙古语，意为（宗教性）石堆。这有助于对混合语的研究。

少数民族语言对汉语的影响 李锦芳撰，载《汉语与少数民族语言关系概论》，中央民族学院出版社，1992年。

本文主要就少数民族语言对粤语的影响作了详细的介绍。粤语声调的发展可能与壮侗语声调影响有关。值得注意的是粤语阴入、阳入的分化也是与主要元音长短有关。粤语的入声调的三声或四声分化与壮侗语关系十分密切。声母部分粤语口语中有大批的词是 m、n、ŋ、l 四个声母与阴调相配。壮侗语族语言这四个声母与阴调、阳调都可以相配组词。粤语口语中部分声母为 m、n、ŋ、l 念阴调的词在壮侗语当中也存在与之音、义对等的语词，二者应同源于古壮侗语。壮侗语可能影响了粤语致使其部分古塞擦音字演化成塞音字、擦音字。清塞音声母字浊化、韵母介音消失与元音 a 分长短的现象。粤语中，来自古壮语的词多为动词、形容词及部分亚热带地区特有的动植物名称，使用频率很高。从粤语的语法系统可以看到其中一些特殊的规则，这是千百年汉越语言交融的产物，和壮侗语相似的语法现象。

少数民族语言田野调查　孙宏开撰，载文池主编《在清华听讲座》（第一辑），中国社会科学出版社，2001年。

本文是在清华大学的演讲录，具体演讲时间已不详，大概在1999年的秋天，经过听讲同学根据录音整理，由演讲者核定后发表在清华演讲录里。此次演讲的内容一共有以下几个问题：（1）少数民族语言文字概况；（2）少数民族语言田野调查的意义；（3）少数民族语言田野调查的分类；（4）少数民族语言田野调查的内容及其基本过程；（5）少数民族语言田野调查的方法和注意的事项；（6）我从事少数民族语言调查的一些主要经历；（7）我当前开展的一些工作。文章由王然、陈超群整理。

少数民族语言文字在社会主义初级阶段的地位和作用　禹岩撰，载《民族语文》1989年第2期。

多民族、多语言、多文字是我国基本国情的一个特点。在法律上保障少数民族语言文字与汉语文享有平等的地位，是实行民族平等和语言平等的重要标志。与语言一致的文字是少数民族进步的阶梯。少数民族语言文字的繁荣发展与少数民族学习汉语文是相辅相成、并行不悖的。文章从少数民族语言文字的多样性和使用情况的复杂性，正确认识少数民族语言文字在社会主义初级阶段的地位，充分发挥少数民族语言文字在社会主义初级阶段的作用等各方面，讨论了从学校教育、社会扫盲、培养干部、发展经济和文化等方面使用少数民族语言文字的必要性，并且就少数民族文字工作中一些重要问题发表了看法。文章认为，要坚定不移地贯彻和执行党和国家的方针政策，同时也要冲破僵化思想的束缚，在作法上要放宽搞活，充分发挥少数民族语言文字在社会主义初级阶段的地位和作用。

少数民族语言研究的现状与发展　黄行撰，载《中国语言学现状与展望》，外语教学与研究出版社，1996年。

本文是国家语委规划和展望我国语言学研究少数民族语言学科的研究报告。第一部分从学科性质和对象、研究的历史和阶段、研究机构和队伍三个方面介绍了学科研究的一般情况。第二部分是学科研究的成就和问题，内容涉及民族语言研究的理论方法、语言识别和方言划分问题、共时描写研究、历史比较研究、社会语言学研究、应用语言学研究、翻译工作和新词术语规范化和古文字文献整理研究等学科构成的主要方面，比较全面地介绍了近十几年来开展的课题，刊布的成果，并指出了其中需要解决的若干问题。第三部分是对我国少数民族语言研究发展前景的展望，认为通过语言发生机制研究语言的谱系分类问题、通过语言功能机制研究语言的类型和共性问题及通过语言接触机制研究语言的地域特征问题仍将是学科研究理论框架的三个主要层面。而语言实地调查和描写研究是学科的基础。此外兼有基础理论和对策应用研究特点的社会语言学和基于自然科学方法手段的实验语音学和计算语言学也将会有较大的发展。

畲语和客家话 陈其光撰，载《语言论文集》，1985年。

畲语属汉藏语系苗瑶语族瑶语支。苗瑶语所属各语言（或方言）都受了汉语的影响，其中瑶语支受的影响比较大，而畲语更突出一些。因此畲语里有些现象与其他苗瑶语不同，或与大多数苗瑶语方言不同，而与汉语客家话一致。本文以广东增城下水村畲语为例，举出畲语与客家话类似的一些现象，如畲语现在没有鼻闭塞音声母，客家话也没有鼻闭塞音声母，古浊闭塞音声母在畲语和客家话里都变成了送气清音，畲语表示动物性别是雌雄有别，雄性还区别兽类和禽类，客家话对此也是一样，等等。畲语和客家话分属于汉藏语系的不同语族，亲属关系是比较远的。但现在的畲语，除了有自己的基本词汇外，音位系统与客家话很相似，语法结构也几乎跟客家话一样了。作者认为，民族杂居、语言接触是语言结构接近的原因之一。客家话对畲语的影响，不仅表现为外来成分的增加，而且表现为固有成分的改变。客家话不仅深刻影响了畲语的结构，使它变得与客家话非常相近，而且逐渐占领了畲语的使用范围。

畲语在苗瑶语族中的地位 陈其光撰，载《语言研究》1984年第1期。

文章通过比较畲语与其他苗瑶语族语言的语法和语音演变过程以及畲族的历史迁徙来论证畲语在苗瑶语中系属地位。畲语在名词、量词、指示词互相结合时的语序是定语在中心语前；畲语指示字词只有近指和远指，没有中指；畲语有两套基数词。以上情况畲语与勉语基本相同而与苗语不同。语音，共同苗瑶语浊闭塞音声母在苗语中仍为浊音，在勉语和畲语中是清音或送气清音；共同苗瑶浊鼻音加浊闭塞音声母在现代苗语仍保留鼻音成分，勉畲语中则单浊闭塞音；共同苗瑶语带喉塞边音声母在苗语中是边音，勉畲语中是鼻音；苗语中没有塞音韵尾，而勉畲语中保留 p-、t-、-k 尾。根据以上分析可知畲语和勉语接近，构成瑶语支，苗语则与布努语构成苗语支。从历史上看，畲的名称宋代已出现，但明清以来几乎所有的有关著作都是瑶畲并提，或把畲视为瑶的一支。没有人提畲与苗的关系，可见畲是从瑶而不是从苗分化而来。全面论述畲与勉语相近而与苗相远的事实。

畲语属苗语支补证 蒙朝吉撰，载《民族语文》1993年第2期。

文章拟从词汇和语音就畲语的语支归属问题再作探讨，提供更多的例证。一、词汇的比较。作者从畲、布努、苗和勉语的常用基本词中选出150多个作抽样调查比较。结果是：畲与苗语支同源的有124个，占比数的79%，与瑶语支同源的有74个，占比数的47%。畲与勉同源的词，跟苗语支也同源。二、语音和语法上的证据。名词前带附加成分是苗语支的特点之一。畲语有一批名词仍保留着这个特点，其中有一些与苗语支同源。苗瑶语有成队的语音相同意义不同的词，畲语也有这类词，只与苗语支保持着整齐的声、韵、调的同步变化。苗语支与畲语一样元音不分长短，没有塞音和双唇鼻韵尾。而瑶语支则不同。古苗瑶语带鼻冠音的声母畲语和苗语都变为清塞音或清塞擦音，而勉语读浊塞音或浊塞擦音。基数词组成合成方式畲语、苗语支基本一致，瑶语支有明显差别。所以作者认为畲语应属于苗语支语言。

畲族说的客家话中的古语成分 陈书田撰，载《民族语文》1985年第3期。

闽东畲族使用的汉语客家方言中保存着一些古语成分。文章分两点说明：一是畲族所说客家话中保存的古音有：（1）《切韵》非敷奉母，仍读如帮滂并母；（2）《切韵》从、崇、船三母的部分字，仍保持不混；（3）畲族所说客家话的部分字还有知、端组"类隔"的读法；（4）畲族所说客家话仍有《切韵》云母尚未从匣母分划出来的残迹；（5）畲族所说客家话中，蟹摄唇音一、二等字的开合有别。二是畲族所说客家话中保存的古语词，如，tsu⁴³ 粟、lau²² 楼、hɑu³¹ 皓、hung²² 行、phu²¹ 缚、hung²² ［土赟］、tshɒ³³ 瘗、tshœi³³ 炊、θiu²² 泗。

社会语言学与中国民族史研究 张公瑾撰，载《语言论文集》，1985 年。

社会语言学是 20 世纪 60 年代以来发展起来的新学科，是语言学的一个分科。这个学科的任务是研究语言和社会的关系及其相互影响，研究语言的发展和社会的发展之间的紧密联系。应用社会语言学的方法研究我国少数民族的社会历史，不仅可以为社会语言学开辟广阔的研究领域，而且能够为我国民族史的研究提供许多一般史料所难以得到的重要论据，因此，这是一项十分有意义的工作。一般地说，对一个民族的历史，时代越早或者情况越模糊，语言的论证价值就越大。在这个方面，社会语言学有充分的可能做出自己独特的贡献。我国民族史的研究，有很多问题要用语言来论证。我国各民族的语言事实，也有很多要用社会历史来解释。本文用了四个方面的典型材料，来说明语言和历史（各民族的社会史和思想史）互相论证的意义：（1）古老宇宙观念的遗存；（2）研究民族起源的依据；（3）重大历史事实的佐证；（4）民族间文化交流的反映。

声调的形成与语言的变化 西田龙雄撰，载《民族语文研究情报资料集》，中国社会科学院民族所语言室，1984 年第 3 期。

本文通过对汉藏语系语言的分析，论述了声调的形成与语言的变化间的关系。各种语言所具有的声调系统，是它们随着共同母语形态的一定变化规律，朝着相似的变化方向发展，在其变化过程中形成的。而其变化的方向就是母语自身所包含的特点。经过比较研究，藏缅语言有四种调类，其构成条件很清楚。与其去追究为什么无声调语言要变成有声调语言，倒不如把重点放在探求无声调语言变成有声调语言的过程上，最后求得有关的特定语言或语言群是经过了怎样的发展阶段，才从无声调转变成有声调的。在汉语、台语、越语和藏语中，声调发展过程是非常不同的。其中最重要的有两大原因：一是声母的清浊的特点，二是韵尾性质的不同，这样才产生出各种声调。声调系统与语言的变化有着不可分割的密切关系。虽然有少数例外，但有极强的规律性。在这些语言的比较研究中，声调的比较不但不能放弃，并且在证明其亲属关系方面，将发挥决定性的作用。

声调起源研究的论证方法 瞿霭堂撰，载《民族语文》2002 年第 3 期。

作者对声调的发生、发展的原因和演变机理提出自己的理论。他提出的"协合说"、"辅音持阻紧张度转移说"、"特征转移和功能转移同时不同步"、"初始声调产生时，对立声调的语音特征同步转移"对汉藏语言声调起源作出了解释。进一步论证了历史问题必须历史地解决，从方法论的角度讨论了历史语言学的主要目标和根本任务。对学界某些主张提出辩驳。

声调与音节的相互制约关系 欧阳觉亚撰，载《中国语文》1979 年第 5 期。

汉藏语系壮侗语族大多数语言和粤语里，一个由声母加韵母再加声调是个有意义的结合体。声母加韵母与声调之间存在着相互制约的关系。该文从汉藏语系壮侗语族中的壮语、布依语和广州话等选出一些例子，论述声调与音节之间的关系以及与此有关的问题。文章分三节：（1）声调与音节的关系。（2）声调与韵母的关系。（3）声调与元音的关系。在第一节里作者强调,在舒声韵里,声调的长短与音节的长短是一致的。因此,在同一个声调里,不同的音节其长度应该是一致的。任何一个舒声韵的音节,用不同的声调来念,其长短往往不同,但是同一个声调的不同字音,其长短几乎一样。可见,长短这一属性首先属于声调。由此可见,音节的长短完全决定于声调的长短,离开了声调,音节的长短就没有标准了。在第二节里,谈论声调与韵母的关系,由于声调的长短是固定的,而韵母的构成有各种不同的音素,元音有长有短,在遇到长元音的音节,韵尾就要变得短些,遇到短元音的音节,韵尾就变得长些。如汉语普通话的"很"和"喊",前者的元音比较短,其韵尾-n 就变得长,后者的元音比较长,其韵尾-n 就变得短。整个音节的长度基本相同。但在塞音韵尾的音节里,由于塞音不能调节长短,所以音节的长度完全靠元音来体现。如广州话的"北"pak^{5}和"百"pa:k^{33},前者是短调,后者是长调。虽然都属于阴入调,由于元音的长短不同,就分化为一短一长两个调值。这种情况在壮语和布依语里非常普遍。在第三节里,谈声调与元音的关系,促声调的音节,因元音长短不同就起分化,如壮语的"肝"tap^{5}和"塔"ta:p^{35},前一音节为短元音,调值为短高平(习惯叫 7 短调),后一音节为长元音,调值为长高升(习惯叫 7 长调)。有的语言或方言,由于元音的长短逐渐消失,但调值仍然保留不变,这就使该语言或方言的促声调增加了一个调值,即分化出一个声调来。

声调语言的分布与对应 黄行撰,载《中国民族语言学研究》,社会科学文献出版社,2008 年。

声调是东亚语言分布比较广泛的语音特征,汉藏语系的汉、侗台、苗瑶、藏缅语族语言均有声调,南亚语系的越南语和一些孟—高棉语族语言的方言以及南岛语系的回辉话因受声调语言的影响也产生了声调。这些语言的声调系统之间有的可以严格对应,有的独立发生而与其他语言不对应。关于侗台语、苗瑶语和汉语的声调对应曾有不同的解释,该文通过越南语和回辉话产生机制认为侗台语、苗瑶语和汉语的声调对应反映的是语言接触关系,而不是语言发生学关系。分四段论述:(1)声调语言状况和形成机制。指出汉语、侗台语、苗瑶语以及藏语彝缅语声调的形成与南亚语不同。(2)声调的对应关系。指出侗台语、苗瑶语和汉语有整齐的对应。但与藏缅语的声调没有发生学的关系。(3)声调对应关系的解释。有几种解释,同源关系的解释,类型学的解释,语言接触出现借贷而产生对应关系的解释。(4)声调对应现象的讨论。从对应情况可以看出,侗台语、苗瑶语与汉语声调的对应反映了汉语四声八调形成以后的事。

声调在音位系统中的地位 李永燧撰,载《中国语文》1960 年第 2 期。

本文讨论如何处理声调在音位系统中的地位。文章针对当时两种根本不同的主张:(1)把声调看作独立的音位,称声调音位或调位,与辅音音位(或声母)、元音音位(或韵母)并列。(2)把声调和元音结合在一起,认为声调是区分元音音位的成分(间或区别辅音音位),每个元音出现几个声调就分成几个元音音位。作者的主张属前者,不赞同后者。指出古人把声调称"四声",作为音韵学的一个独立项目;虽然古人还不懂得音位学理论,但根据声调的功能作出的这种抽象是正确的。以为声调作为独立的音位,"脱离了语言的生理、物理基础,带着直观的性质,忽视了科学的抽象,忽视了声调区别意义的社会功能,也未注意到声调是作为一个独立范畴演变的。文章把声调与元音的长短松紧相对比,与音重相对比,指出声调作为独立音位的意义。例证除汉语外,涉及壮语、布依语、苗语等。

声母语音特征的变化和声调的起源　徐通锵撰，载《民族语文》1998 年第 1 期。

声调的产生和发展受一种共同的音变原理支配，与响度的分布原则有关。音节结构以元音所充任的音核为核心，其前的音素响度渐次加强，标记性语音特征的消失或变化会使其发音的音量转化为超音段的声调，导致声调的起源；其后的音素响度渐次减弱，语音特征的消失或变化会改变韵母本身的结构，但不会对声调的起源产生直接影响。声调是单音节语一种普遍类型特征。它的起源问题的讨论大多着眼于韵尾的消失和变化。根据音节结构的响度变化原则和汉语方言的声母变化对声调发展的制约作用，我们认为制约声调起源的关键因素是声母位置上辅音语音特征的变化，韵尾的消失和变化对声调的起源和发展一般不会产生直接的影响。说去声起源于-s 尾的消失、上声起源于喉塞音韵尾的消失，没有什么根据，经不起语言事实的检验。

《盛京满文旧档》及其特点　关孝廉撰，载《中国民族古文字研究》（第三辑），天津古籍出版社，1991 年。

一、《逃人档》。经查考后发现，《逃人档》内凡标有"写"字样的各件均载入《满文老档》，写有"不要"字样的各件，概未收入。可以推断编写《满文老档》时曾用过该项档案，上述带有指示性的文字，乃是史官选材时决定取舍的标记。据统计已编入《满文老档》的仅有 22 件，其余 143 件，概未收入。这就说明这些史实自其形成从未公布于世。进而又证明《逃人档》较《满文老档》翔实、原始、可靠。二、清军战报。（1）《满文木牌》，是清初以木牌为书写材料形成的满文档案。1935 年，北平故宫博物院文献馆整理清内阁大库档案时发现木牌 26 支，用高丽线包裹，内分四束，上用满文记事，遂命名为《满文木牌》。1979 年，北京故宫博物院明清档案部（今中国第一历史档案馆）清理内阁杂档时又发现木牌二支。三、盛京五部档案。现存清入关前盛京吏、户、礼、兵、刑五部档案，共有 109 件。每件档案记录史事少则一件，多则数十件。档案均用新旧字体交替的半圈点满文直行墨写，书法楷正，体现了满文字过渡阶段的特征。

诗歌翻译琐谈　李作应撰，载《民族教苑》1996 年第 5 期。

主要内容：（1）译事难，译诗更难。（2）要认识诗和民歌。诗是人类社会生活的反映，它在各种文学体裁中是更多的重感情和神韵的作品。它具有浓烈的感情，丰富的想象，凝练的语言，生动的形象，鲜明的节奏和比喻、夸张的艺术特色。（3）原作是诗，译文也应该是诗，译出诗的意旨和特色。可以改变外壳形式，但是原作的主题思想和艺术特色必须保留。（4）译诗重神似而不重形似。上乘的译诗多是形神兼得，但是各民族间存在文化的、心理的和语言的各个方面的差异，使译品和原诗在神形方面总是有所得失的时候，在取舍过程中应重视神似而不是形似。（5）学会变韵。诗歌的押韵结构形式不尽相同，汉诗与壮歌不一样，壮歌的押腰脚韵是可读可唱的，一旦不押韵就唱不下去，因此译者必须把握押韵点，学会变韵换韵。（6）"钻进去，跳出来"。译好一首诗的工夫就是要"钻进去"，理解原诗的神韵，捕捉住诗眼、诗魂和感情信息，"统摄原意"，然后"跳出来"，另铸新辞进行再创造。

《诗经》特殊语句像苗语——兼释"明星煌煌""明星皙皙"等　曹翠云撰，载《中央民族大学学报》2002 年第 6 期。

主要内容：《诗经》中有 70 多个特殊语句，很多古汉语专家解释得众说纷纭，莫衷一是。我们参照苗语，能作很通顺的译解。如：一、"动名状"格式（状语修饰最前面的动词）苗语：ŋi^5（看）tu^3（书）pu^1-tɕu^1（聚精会神状）聚精会神地看书。《诗经》：采蘩祁祁（《豳风·七月》），慢慢地采摘白蒿。(蘩：白蒿。祁祁：从从容容，慢慢地) 二、"形名状"格式 (状语修饰最前面的形容词)。苗语：ço⁷ (红) maŋ⁴ (脸) ki¹-li¹ (桃红状) 脸色红艳艳的。(好看)《诗经》：明星煌煌 (《陈风·东门之杨》)，星儿亮晶晶。(明：明亮；煌煌：明亮状)《诗经》：明星晢晢 (《陈风·东门之杨》)，星儿亮晶晶。("晢晢"同"煌煌")

对上面两句的"明星"，陈子展等认为是启明星；祝敏彻等认为是长庚星。郭璞注："太白星也，晨见东方为启明，昏见西方为太白。"根据上文的时间是"昏以为期"，即以黄昏为期限。陈子展等先生认为"明星"是晨见的"启明星"，因此把此诗误解为"悲诗"，甚至斥责为"淫诗"。我们根据苗语"形名状"格式及其修饰规则，认为"明星"非启明星，"明星煌煌"、"明星晢晢"都是"星儿亮晶晶"的意思。说明此诗是一首很美丽的爱情诗。由此可见，我们在解读古诗文时，应多参看一下少数民族相同或相似的语言格式。

诗经"中"字倒置问题 邢公畹撰，这篇文章是作者在"中研院"从李方桂读研究生时完成的，时间大约是1942年，文成后得到李先生赞许。1944年3月发表在南开大学《边疆人文》杂志1卷3、4期合刊上。1947年作了修改，又发表于上海《大公报·文史周刊》第36期。

和现代汉语句法比较，《诗经》里的很多"中"字有倒置现象，如"施于中林"(林中)，"中心养养"(心中)。但以下三种情况不在讨论之列：A、地名，B、独立实词，C、做谓词。除此之外所有《诗经》中的"中"字句都是倒置的。对这种现象作者不赞成以下说法：A、叶韵，B、修辞手法，C、并非倒置，如"中林"解作"中间的林子"。列举《诗经》做方位词的中字句17组。有人认为这只是古人句法中一种无规则的参差现象，如"室于怒，市于色"。章太炎认为，这种倒置是一种未尽涤除的草昧未开之世的句法。作者赞同这种说

法。汉语中语序是极其重要的，如VO；但古籍中却存在OV句法："帝式之恶"。而藏缅语族OV却是正常语序。上古文献甚至甲骨文中存在大量数词在被限制名词之后的例证。而侗傣语族正是经常把数词"一"放在被限制词之后。台语龙州话："一只鸭子在田中"(汉译)，直译却是"只鸭在中田"。李方桂《龙州土语》中有大量类似的句法，如：中笱，中房……(共12例)。结论是：这种"倒置"现象是汉语和侗台语在原始汉台语中血缘关系的痕迹。

施甸"本人"语言否定副词"i" 那顺乌日图撰，载《内蒙古社会科学》1992年第3期。

"本人"不是独立的民族，它是汉语称谓，是云南德宏傣族景颇族自治州一带的土著居民。当地汉族也有称他们为"蒲满"的，这带有歧视色彩，所以一般不用。其自称有叫u的，u为"人"之意。施甸本人有6000余人。"本人"的语言被认为属于孟—高棉语系，与佤、布朗、德昂等语言有亲属关系。施甸的"本人"有家谱和墓碑。阿姓和蒋姓人口居多，他们自认为是契丹后裔。家谱和墓碑上都记载其祖先是契丹人，辽太祖阿保机的代。"本人"的否定副词i (或waci) 有"不"、"不(知)"、"不(好)"、"不(有)"的意义，和布朗、佤、德昂语不构成同源关系。中世纪蒙古语中表示"存在"的动词b同时也表示否定、禁止的意义，在语义上和"本人"的否定副词同源。至于语音形式的关联，可以认为是 *bi→wi～i 或 ooi～i，这在保安、东乡、莫戈勒语是这么演变的。

释契丹语"迤逦免"和"乙林免" 刘凤翥撰，载《沈阳师范学院学报》1980年第1期。

文章考释清楚辽代汉字碑刻中的"迤逦免"、"乙林免"和"乙里娩"等均为音译的契丹语借词。其含义是已婚女人的封号。只有丈夫的爵位被封为王的时候，才有可能获得这种封号，其本

义相当于"王妃"。

十八岔傈僳话音位系统研究 余德芬撰，载《云南民族学院学报》1998 年第 3 期。

本文从辅音、元音、声调、音节结构等方面对十八岔傈僳话音位系统作了详尽的分析，说明傈僳语方音的分歧和差别。十八岔傈僳话是傈语怒江方言的一个土语，语音上有较大的特点。傈僳话有 38 个辅音，无复辅音，有鼻韵尾 ŋ，辅音不单独成音节，有鼻辅音自成音节现象。喉音 h 只和鼻化元音韵母相拼，舌尖中音和元音 ɛ 等拼时，变读为齿尖音。有单元音 10 个，鼻化元音 13 个，复元音 7 个。元音分松紧，紧元音只出现在 42 和 44 两调。单元音和鼻化元音自成音节时，前面带喉塞音。鼻化元音与 h 以外辅音相拼时，带有舌根鼻音 ŋ。有 6 个声调。声调不仅具有区别词汇意义的功能，同时还具有区别语法意义的功能。用声调屈折表示亲属称谓词的所有格，一律变读作 35 调。对长辈直称时，33、44 调变 51 调，对平等直称时，都变 35 调。音节由辅音、元音、声调构成。辅音自成音节 m、n、ȵ、ŋ。鼻音后接词的起首辅音为双唇音时读作自成音节的 m^{31}，为舌尖前、舌尖中、喉音时，读作自成音节的 n^{31}，为舌尖后、舌面前时，读作自成音节的 $ȵ^{31}$，为舌根音时，读作自成音节的 $ŋ^{31}$。

十二、十三世纪藏语（卫藏话）声母探讨 黄布凡撰，载《民族语文》1983 年第 3 期。

文章根据有关藏文拼读法和正字法的三篇藏文文献材料并参考现代方言读音讨论 12—13 世纪卫藏话声母情况。根据文献材料看，"卫"和"藏"两地话发展不平衡，古代卫话朝现代卫藏方言发展的速度比藏话快。12、13 世纪卫话声母情况大致如下：(1) 前置辅音 s，r，b，d，g 在清塞音、塞擦音前已脱落，在浊塞音、塞擦音及次浊音前可能合并为一个或脱落，v，m 在送气清塞音、塞擦音前可能合并变为清化鼻音 nh 或脱落，在浊塞音、塞擦音前合并为与基辅音同部位的鼻音；l 一部分人读为与基辅音同部位的鼻音；在词首音节时，一部分人已不发音。(2) 后置辅音：j 同双唇基辅音合并为一个舌面音；r 同双唇、舌间、舌根等基辅音合并为一个卷舌塞擦音；w 在 r，l，d 等基辅音后脱落。(3) 基辅音：不带前置辅音的浊塞音、塞擦音、擦音声母已清化；带前置辅音的浊塞音、塞擦音、擦音仍读浊音。"藏"话的前置辅音尚未脱落，但部分合并，带后置辅音 r 的复辅音声母尚未变成单辅音。

《十三世纪前的突厥语词源词典》绪言 杰拉德·克劳森撰，载《民族语文研究情报资料集》，中国社会科学院民族所语言室，1983 年第 2 期。

《十三世纪前的突厥语词源词典》（牛津大学出版社，1972）运用了现存的全部文献资料并参证了大量的现代突厥语言的材料，是一部建立在系统占有材料、经过深入研究基础上的词源词典。作者在绪言里对词典的编排方法、采用的资料、突厥语言的特点作了详细的说明。本词典的所有单词分成 14 类，每一类又分成若干小类：各类的第一个小类均是以开元音结尾的单音节词；确定第一类里其余小类顺序的方法是：如果有第二个辅音，根据第一、第二个辅音定顺序，如果有词末元音，就改为根据第一个辅音和词末元音定顺序；确定其他各类里其余小类顺序的方法是：如有第三个辅音，根据第二和第三个辅音确定，有词末元音，则根据第二个辅音和词末元音确定顺序。本词典引用的著作主要有古代文献、中世纪文献、现代语言著作。

十四世纪蒙古语里的突厥成分 克劳森撰，载《民族语文研究情报资料集》，中国社会科学院民族所语言室，1983 年第 1 期。

本文通过考证成书于十四世纪的《华夷译语》中的部分词语，再次论述了突厥语和蒙古语没有亲缘关系。《华夷译语》成书于1389年，分为两部分：一个分类词表和一个短文集，全部用汉字标音。第一部分包括846个词目，编成17门，每一门专门列出和一个特定题目有关的词或属于一个特定类别的词。在这846个词目中，有32个既不是纯蒙古语，也不是纯突厥语；另有123个有突厥语译文；剩余的691个蒙古语单词里有一些词后来在一种或多种突厥语里被当作借词使用了。因而两种语言共用的词几乎占全部词汇的20%，如果考虑到后来由突厥语借入的词，这个比例就更高了。因此，突厥语和蒙古语没有亲缘关系，并且有多种方法识别两种语言中共用的词是相互借入的，其中最可靠的方法是年代法。15世纪以前的蒙古语里的突厥借词可分为8世纪以前、8—12世纪之间、13—14世纪期间三个时期，而《华夷译语》中收录的词目正是蒙古第三个时期借自突厥语的成分。

十五世纪以前朝鲜语敬语表现形式的考察　廉光虎撰，载《民族语文》1998年第1期。

朝鲜语敬语表现形式主要体现在词汇和语法两个方面。下面我们分历史时期来考察十五世纪以前朝鲜语敬语的表现形式。一、三国时期的敬语表现形式。三周时期的敬语形式主要表现在反映尊敬对象的名词之中。这些名词大部分是官名。三国时期官名后边有一个后缀 kan/han，这与"成吉思汗"的"汗"有没有某种联系，目前尚无定论。但是，它确是表示大官的意思。另外，虽然有些词现在已变为后缀，但在三国时期是表示尊敬的褒义词。二、新罗乡歌和高丽乡歌中的敬语表现形式。乡歌中所出现的主要是与社会制度、家庭关系、佛教等有关的汉字词，如"郎、君、臣、父"等。三、吏读文献中的敬语表现形式。吏读中出现的敬语表现如下：尊敬主体词尾"赐"。尊敬客体词尾"白"。尊敬命令式词尾的表现形式，在吏读文中找不到例子。它出现在宋朝人孙穆记录高丽语的《鸡林类事》一文中。

石屏傣话的韵尾　李钊祥撰，载《中国民族语言论文集》，四川民族出版社，1986年。

原始傣语里有 *-i、*-u、*-ɯ、*-p、*-t、*-k、*-m、*-n、*-ŋ 九个韵尾，在现代傣语大部分方言及其亲属语言里如泰语、老挝语里，除 *-ɯ 韵尾在一些语言里发生了某些变化外，其他八个韵尾都没有发生变化。但是，云南石屏县冒盒公社马鞍山大队范白寨的傣话韵尾比较特殊。辅音韵尾只有-ŋ 变化不大，-m、-n、-p、-t、-k 和元音韵尾-ɯ 一般都消失了。

实词虚化与维吾尔语语法结构的演变　王红梅撰，载《语言与翻译》1999年第2期。

实词虚化是维吾尔语的重要特点之一，尤其在动词体系中，实词虚化表现得非常突出，甚至对维吾尔语语法结构产生了一定影响。现代维语中，由于句法与表达的需要，一部分独立动词半虚化成助动词，其词义抽象化，语法功能减弱；还有少数独立动词已经完全虚化了，词义高度抽象化，仅表示语法意义，从而逐渐演变成附加成分。因此，在独立动词虚化的过程中，一方面促使助动词从独立动词中分化出来；另一方面也影响到维吾尔语语法结构的演变。它促使现代维吾尔语由分析性形态向综合性形态发展。情貌助动词与系动词尽管都是由独立动词虚化而来，但两者所表示的语法意义却稍有差别。前者表示动作的内在特征或与动作发生相关的情貌概念；后者则表示与动词谓语形式相关的体范畴式范畴。

史实与奇想："纳西"和"么些"名称的历史缘起　勃克曼撰，载《彝缅语研究》，四川民族出版社，1997年。

文章讨论了云南西北部纳西族族称的历史问题。"么些"一词在公元864年的《蛮书》中已出现，而"摩沙"则在公元四世纪中叶的《华阳国志》就有记载。"么些"的意思是"牧人"。"纳西"一词作为该民族的自称在中国史料中没有出现，意思是"黑人"。西方学者洛克把"么"和"些"看作两个独立的群体，不可信。杰克逊推测纳西族分化为西黑东白两支也没有具体证据。洛克认为东部的纳西人自称为"么些"，当代中国学者也断定"么些"是与外地人谈话的自称。在一个地区里到处都使用"黑"来作部落自称现象说明"么"是"黑"的意思。"纳"也是"黑"的意思，长期使用的过程使形容词"黑"名词化了，是"黑者"义。摩沙/么些是一个自称的早期音译，我们今天所说的"纳西"很可能一直同其他两个被广泛接受的名称一道使用，它应该是摩沙/么些的同源词，意思就是"黑人"。

史兴语　黄布凡撰，载《藏缅语十五种》，北京燕山出版社，1991年。

史兴语是四川省凉山州木里藏族自治县部分藏族居民所说的一种语言。人口1800人左右。史兴话只在家庭和村内使用，外出交际时使用汉语和普米语或藏语嘎米话。史兴语单辅音声母43个，复辅音声母6个，单元音韵母23个，复元音韵母15个，声调4个，调值分别是高平55，高降53，中升35，中平33。语法上，名词无数的范畴。人称代词有单数、双数、复数之分，用不同后缀区分，另还有"群体"（指属于一个群体之内的多数）后缀，与前三种不同。单数人称代词有格的变化，分主格、宾格和领格，以辅音、元音、声调屈折表示。动词有趋向、体、语气、态范畴，以附加成分，内部屈折和助词等手段表示。体分将行体、即行体、进行体、已行体、完成体、经验体等6种，已行体分一般语气和亲验语气。形容词无级的范畴。基本语序是主宾谓。

试论阿哲彝语词头 A-　王成友撰，载《民族语文》1994年第5期。

在阿哲彝语里，词头A-主要使用于名词、形容词、副词、代词和叹词中。文章以云南省弥勒县五山乡中寨村的阿哲彝语为代表，对词头A-作简要论述。一、用于名词，词头A-在名词里主要和单音节结合，构成人名、亲属称谓、家族名称、身体部位名称和一些动植物名称等。二、用于形容词词根前。三、用于副词，有表程度、时间、频率、方式等。四、用于人称代词、疑问代词和指示代词。五、用于叹词，表示宠爱和加强语气。词头A-在阿哲彝语里实际使用的主要是3个，一个是中平调A33，主要用于名词、形容词、副词、代词和感叹词里；另一个是高平调A55，主要用于一些专有名词里；再一个是低降调A21，主要用于疑问代词里。

试论八思巴字的冠 h 韵母　张卫东撰，载《民族语文》1983年第6期。

在《蒙古字韵》里，冠h韵母出现于二庚-hing，三阳-nang、四支-hi、六佳-hij、七真-hin、十一尤-hiw、十三侵-him等七个开口韵。就是说，《蒙古字韵》中的冠h韵母分布于当时（元代）应该读洪音韵的位置上。换句话说，冠h韵母就是洪音韵，-h就是洪音韵的标志。冠h韵母跟非冠-h韵母的对立就是洪音韵跟细音韵的对立。冠h韵母就是跟本韵内部非冠h韵母细音韵相对应的洪音韵：二庚-hing：-ing = əng：-ing、三阳-hang：-ang（三等）= ang：-iang、四支-hi：-I = -I, -I：-I、六佳-hij：= ij = εj/-ej：-iεj/-iej、七真-hin：-in = εn：-in、十一尤-hiw：-iw = əw：-iw、十三侵-hin：-in = əm：-im。

试论高昌回鹘王国时期回鹘文文献语言词汇的发展变化　赵永红撰，载《突厥语言与文化研究（第二辑）》，中央民族大学出版社，1997年。

与突厥碑铭时期文献语言的词汇相比，高昌回鹘王国时期回鹘文文献语言的词汇无论在数量上还是在内容上都更加丰富、更加复杂多样。（1）词语更加丰富。关于农业生产的词语大量增加；生产的发展促使商业贸易用词的大量产生；社会分工的进一步发展反映在新出现的各种行业称谓中；语言表达形式多样化；表示抽象意义的词语日益完善。（2）词汇结构复杂化。大量复合词的产生是这一时期词汇发展变化的又一个显著特点。根据其结构特征，可分为以下几类：联合式复合词——由词根重叠构成、由两个意义相同或相关的词复合而成、在词根上加缀构成；偏正式复合词；支配式复合词。（3）外来文化的影响和借词。这一时期回鹘人在与各民族的交往过程中吸收的一些外来词主要有粟特语、汉语和梵语借词，其特点是音译、派生、仿译等。

试论古代维吾尔语中的动词"ER" 买提热依木·沙依提撰，载《语言与翻译》1986年第4期。

该文分析了古代维吾尔语动词 ER 的语义和语法功能，并同现代维语进行了比较。（1）ER-是实义动词，具有独立的词汇意义和实义动词的一切语法特征，是构词的基础。ER-具有下列词汇意义：表"存在、有、在"等；表示"去、到、转达"；表示"过去、经过"；含有"举行、完成、结束"等意义。其语法特征为：有态的范畴，表示基本态和使动态；有肯定—否定范畴；可以副动词形式出现；可以形动词形式出现；可以动名词形式出现；有时态变化；有人称变化；有式的变化。（2）ER-是助动词。可以判断系统词、过程系词，表示体的意义、表示过去时的概念。（3）ER-与源于 ER-的现代维语的 IDI、IKEN 等判断系词并不完全相同，主要表现为 IDI、IKEN 没有完整的词汇意义，不能作独立的句子成分，不能构成新词等。

试论哈萨克谚语结构形式 赛乃亚、迟文杰撰，载《语言与翻译》1989年第3期。

一、句式结构的多样性。哈萨克谚语的句式多种多样，不拘一格。一般常见的有单行句式、双行句式、三行句式和四行句式。（一）单行句式。单行句式在哈萨克谚语中占有一定比例。其语言通俗明了，喻事言理直率，结构形式简单，主要是主谓式和宾谓式。（二）双行句式。这是哈萨克谚语中最常见、最普遍的句式。它的主要结构是主谓、宾谓以及省略形式。（三）三行句式。三行句式在哈萨克谚语中所占的比例甚少。一般采用主谓式、宾谓式的结构形式。（四）四行句式的谚语也占有相当的比例，它一般是双行句式的扩张，有些具有歌谣的性质，音乐性很强。二、节奏和韵律的特征。哈萨克谚语每行十一个音节以下时分为两个音步，中间停顿一次。每行十一个音节以上的分为三个音步，停顿两次。哈萨克双行以上句式的谚语都讲究押韵，其最主要的形式是押尾韵，此外还有押头尾韵、押头韵和隔行韵。

试论哈萨克语的后置词范畴 武金峰撰，载《伊犁师范学院学报》1993年第4期。

该文对哈萨克语的后置词进行了比较系统的分析。（1）关于后置词的概念。后置词是用在名词、代词或名词性短语之后，通过一定的格形式来表现这些被支配的词或短语与句中其他词或短语之间的各种语法关系的一种虚词。它一般没有词形变化，没有独立的词汇意义，只是与它前面所支配的带有一定格位形式的词或短语一起组成后置词短语才能表达一个完整的意思，来充当句子成分或从句。（2）后置词来自静词、动词、副词和古突厥语。（3）按所支配的格的要求可分为支配主格、向格、从格和助格的后置词；按意义可分为表示时空，方式、方法、依据，目的，原因，方向，关系，比喻，排除和比较等八类。（4）后置词的语法功能主要有：个别后置词与其他词结合构成派生词或词组；后置词短语充当句子成分或从句。哈萨克语的后置词大都是由实词变化发展而来，独立应用时没有实在意义，只有同其他词结合时才表现出一定的语法意义。

试论汉语在纳西语丰富发展中的作用

和志武撰，载《中国语文》1961 年第 7 期。

汉语在纳西语丰富发展中的作用，分词汇、语法、语音三方面。词汇方面：在新中国成立前的不同社会历史时期里，虽有按本族语言结构形式吸收邻近兄弟民族语词，但主要是吸收汉语借词。汉借词有借音加注、半借、全借（音译）等方式，以全借为主。基本上都按纳西语的语言形式和发音习惯。汉语借词较多的是名词，也有动词、形容词、数量词、虚词。新中国成立后由于社会历史变革，生产技术革新等，大量的、成批的吸收汉语新借词，促进纳西语词汇的更加丰富发展，同时也加速了纳西语词汇的新陈代谢。语法方面：首先表现在纳西语构词形式的多样性，如附加形式有前加的和后加的。其次是增加新的修饰关系和结构关系。如"形＋名"的复合词、"数量词＋名词"的新结构形式、"动＋名"的复合词或词组以及"主—谓—宾"的语序。语音方面：汉语对纳西语发展的影响，表现在语音方面最突出现象是复合元音的增多。另外产生了低声调。低声调的出现对纳西语语法的变化和发展起了重要的作用。

试论汉语中的国内民族语借词

余朝晖撰，载《云南民族学院学报》1987 年第 2 期。

自古至今汉语受到国内兄弟民族语言的不同影响，借用了他们的语词。这些吸收进来的语词主要有三种类型：1. 音译的借词：分单音节、双音节和多音节，如：站（借蒙古）、勐（借傣）；戈壁（借蒙古）、哈达（借藏）、毕摩（借彝）、阿訇（借维吾尔）；金达莱（借朝鲜）、萨其马（借满）、西双版纳（借傣）。2. 音译加意译的借词：（1）义类语素在后的偏正合成词，如：哈密瓜（借维吾尔）、房（借傣）、雅鲁藏布江（借藏）；（2）义类语素在前的偏正合成词，如：老味涛（借傣）、赶摆（借傣）。3. 半音译半义译的借词，如：糌粑（借藏）、乌兰牧骑（借蒙古）、阿肯弹唱（借哈萨克）。作者认为：（1）外借词不应包括义译词，如"蒙古包"、"象脚鼓"是用汉语自己的词汇材料和构词法创造出来的新词。（2）音译借词应以北京语音为标准译音。（3）按名从主人的原则译音。（4）必须统一借词的汉字书写形式，如：采用"萨其马"不用"萨奇马、杀其马"；采用"冬不拉"，不用"东不拉、冬布拉"。

试论近代哈萨克语的一些演变

史铸美撰，载《民族语文》1986 年第 4 期。

作者主要通过哈萨克伟大诗人阿拜（1845—1904）著作的语言材料和我国现代哈萨克书面语进行比较来研究哈萨克语近百年在语音、语法和词汇方面的演变情况。语音方面主要表现为小舌浊擦音 γ，小舌清擦音 x 和喉门清擦音 h 使用频率减少；元音相应前移；语音和谐不断严谨。语法方面主要表现为一些附加成分形式的消失、变化以及语法意义的改变或某些词的句法功能发生了变化。和前者相比，认为词汇方面的变化最明显，主要表现为阿拉伯—波斯语借词、俄语借词以及汉语借词的成批借入和替换以及出现大批用哈萨克语固有的构词手段产生的反映新事物新观念的词。作者把这种变化归为语音在不影响语音情况下的简易化；语法的严谨化和规范化；词汇方面一般词语的新老交替多元化。

试论柯尔克孜语的语音特点

斯拉依·阿赫马特撰，载《喀什师范学院学报》1990 年第 2 期。

柯尔克孜语的语音特点。一、元音系统。有 14 个元音音位，其中 8 个为基本元音，除 ə、i 外还有 6 个相应的长元音。柯尔克孜语的长元音为第二性长元音，其来源有两个：（1）有些古代突厥语的词由于两个元音之间的辅音 k、g 的消失，造成其前后元音的合并、同化而成为一个长元音；（2）有些古代突厥语的词由于词尾辅音 k、g 的脱落，后面的元音逐渐演化为长元音。长元音能区别词义、充当词缀。在元音和谐方面，柯尔克孜语元音的舌位和谐和唇状和谐都很严整。二、辅音系统。有 p、t、tsh、x、f、q、k、sh、s、b、dzh、n、gh、g、ŋ、l、m、d、r、z、j、v 辅音音位，其中 f、v、x 只出现于借词中。辅音和谐的基本规律是清、浊辅音词尾的词分别附加相应的清、浊辅音起首的附加成分。三、语音变化。r、l、k、j、ŋ 等不出现于词首；g、b、d、dzh、k 不出现于词尾；l 不在同一词里并列出现；g、k 只与 j、e、y 等相拼，gh、q 只与 a、ə、o、u 相拼；辅音同化有前进同化和后退同化。

试论凉山彝语词头 a-　朱建新撰，载《民族语文》1984 年第 6 期。

凉山彝语词头 a-主要使用于名词、指示代词、形容词、副词和叹词，本身无实在的词汇意义，只表示附加的意义色彩。一、用于名词前，构成人名、亲属称谓、家族名称、身体部位名称、家具名称和一些与人有一定联系的动植物名称，表示一种"亲密"的意义色彩。二、加在词根 di^{55} 或 dzi^{33} 前表示"远指"。三、用于单音节形容词词根前表示程度高。四、用于副词前，起加强语气作用和表示远时意义。五、出现在叹词里表示宠爱和高度加强语气的作用。至于 a-的历史来源，凉山彝语表示宠爱意义的 a^{55} 和表示高度加强语气的 a^{33} 是在不同的语言环境下产生并且一开始就各自表达了独立意义色彩的不同成分。同时，凉山彝语亲属称谓和其他专有名词中的前加成分 a^{55}-与汉藏语系有些语言中的亲属称谓和专有名词里的前加成分 a-可能具有同源关系，也可能有共同来源，那就是由母亲对婴孩表示宠爱感情的天然语音 a^{55} 以及因异常情况而发，具有高度加强感叹意义的天然语音 a^{33} 发展起来的。

试论满语语义与文化　赵阿平撰，载《民族语文》1993 年第 5 期。

本文以清代康熙年间《清文鉴》、乾隆年间《五体清文鉴》及光绪年间《清文总汇》为依据，并参照其他有关史籍，阐释满语语词与生态文化之间的关系。满族先民居住在山脉与江河之间，对大山千姿百态的观察和认识非常细微，指称大山各种形态的语词有 70 多个，描绘江河水流形态的词语有 130 多个。满族先民生活地的冰雪季节达九个月以上，满语中表述冰冻、冰化及各种雪态的词语有 60 余个。狩猎在满族先民的经济生活中占主导地位，满族先民四季出猎，各个季节的猎物和出猎形式皆有专名。《清文鉴》中载录的狩猎工具打牲器具有 87 种。满族信奉萨满教，幻化创造了诸多神名，如人化神、自然神、天神、天后神、九神、福神、猎神、山路神等等。关于祭祀活动的词语也非常丰富，涉及祭品、祭器、跳神用具、各种祭祀仪式等。

试论蒙古文的起源　永前扎布撰，载《内蒙古民族师院学报》1990 年第 1 期。

蒙古文是借用回鹘文字母（又称畏兀字）创制的，故称"回鹘蒙文"。蒙古何时借用回鹘文创制回鹘蒙文，历来众说纷纭。其中被认为具有可靠依据的一种意见认为，蒙古自公元 1204 年成吉思汗征服乃蛮部、俘获塔塔统阿开始借用回鹘文记录蒙古语而创制回鹘蒙文。作者认为，成吉思汗当时并非直接借用回鹘文，而是演用了乃蛮部业已创制并使用的回鹘蒙文。作者的结论为，《元史·塔塔统阿传》关于成吉思汗"命教太子诸王以畏兀字书国言"的记载，并不是说成吉思汗借用回鹘文，而是说其将乃蛮部的回鹘蒙文作为官方文字，使用于整个蒙古。乃蛮部采用回鹘文记录蒙古语创制回鹘蒙古文，则早在 10 世纪 50—70 年代之间。

试论蒙古文字的内聚力　贾晞儒撰，载

《青海民族研究》1999年第2期。

蒙古文字具有极强的内涵包孕力和表现力，它所给我们的不仅仅是一种语言的书写符号的功能，它同时表达着一种精神、一种神韵、一种美学思想，它具有极强的艺术魅力和审美价值。因此，我们说蒙古文字是蒙古民族的一种精神象征、一种艺术的表象。概而言之，它有以下几个特点：豪放奔腾的气魄；行云流水的酣畅；浩瀚无际的放达；刚柔并举的特质。蒙古文字从幼稚走向成熟，乃至发展到了今天已成为现代科学文化的载体，是和蒙古族形成、发展的历史紧密地联系在一起的。蒙古文字以其稳定、简明、竖线型的民族性特点，获得了蒙古族人民在心理上的强烈认同，并对蒙古族的心理产生了巨大的内聚作用，这种内聚作用最明显的表现，就是维持了蒙古族语言文字上的统一，已成为蒙古族人民从过去走向现代和未来的桥梁。

试论蒙古语和汉语的特点　额尔敦昌撰，载《内蒙古民族师院学报》1987年第4期。

本文从对比语言学的角度出发介绍了蒙古语和汉语的特点。(1) 语音。汉语音节的传统分析法是把音节分成声母和韵母两部分；而蒙古语则把音节分成辅音和元音两个部分。声母、韵母和辅音、元音的区别是从不同角度分析音节的结果。现代汉语的音节结构中元音占绝对优势；蒙古语有元音和谐律及某些辅音和谐律的特点。汉语音节中有声调；蒙古语词中有重音。(2) 现代汉语的词汇中，双音节词占绝大多数，次之是单音节词和复音节词占绝大多数，实词有形态变化。(3) 语法。汉语的句式通常为主—谓—宾；蒙古语则为主—宾—谓，没有补语。在句子中起关联作用的虚词是汉语的一大特点；蒙古语句子结构中名词类有格、数、领属等语法范畴，动词则有式、形动、副动、体态等语法范畴，句子中的语法关系主要通过形态变化来表现。

试论蒙古语数词"一"的起源　哈斯巴特尔撰，载《民族语文》1995年第4期。

本文从历史发展的角度，比较分析了蒙古语数词 nigen "一"的起源及其发展。认为 nigen "一"来源于满语 *emv + -ken，演变过程是 *emvken→ *nemvken→ *nemiken→neyiken→niken→nig。蒙古语数词 nigen 在词源上同满语 emu 和鄂温克语 emun "一"具有同源关系。数词"一"曾有过两个发展阶段：(1) *emvn→(2) *emvn + -ken。满语的 emu 和鄂温克语的 emun 反映了 (1) 阶段，蒙古语 nigen 和锡伯语 emken、赫哲语 əmken 反映了 (2) 阶段。*emvn 来源于母亲 eme 一词。

试论蒙古语谓语动词的几个问题　贾晞儒撰，载《论文与纪念文集》，内蒙古大学出版社，1997年。

(1) 谓语动词在句子中的作用与地位。在蒙古语语法体系中，谓语是句子的中心，它决定着句子的性质和类型，而动词在句子中作为谓语，句子的其他成分，无论是必有成分还是所有成分，都必须以谓语动词为中心，通过各种语法形式和语义关系，显示出它们和谓语动词种种不同的关系来。(2) 谓语动词的"态"后缀。本节只讨论"态"后缀的作用、特点。不过，为便于问题的讨论，我们在此还得简略地说明一下"态"、"体"、"式"等后缀之接加关系。在动词词干接加后缀成分，是有着严格的层次性和序列性的，不得随意颠倒。即在同一个动词词干上同时接加"态"、"体"、"式"等后缀时，必须遵守"态—体—式"的结构层次和序列原则。(3) 动词的支配成分。动词的支配成分在句子中主要体现为主语、直接宾语、间接宾语等。在句子中，动词支配成分的多少，与"态"后缀的接加与否以及接加哪一种"态"后缀等都有着直接的关系。

试论缅彝语言的谱系分类　盖兴之撰，载《民族语文研究文集》，青海民族出版社，1982年。

文章从同源词、语音对应规律等方面讨论将彝语支、缅语支、景颇语支合为缅彝语支的问题。李方桂与本尼迪克特分类的焦点集中在白语和景颇语。白语数词"六"与缅彝语言明显对应，还有一些词与藏语是词源词；白语人称代词变格系统与缅彝语一致；景颇语归属缅彝语的根据有二：历史人文资料和语言特点类似，认为景颇语是中心语言不符合语言事实。缅彝语言的特点可分为一般特征和保守特征，前者如有声调，元音分松紧，有腭化辅音，多音节趋势等，保守特征如有复辅音，复元音，辅音韵尾和塞音、塞擦音的全浊声母，有表达"人称"、"数"、"体"语法范畴的语尾助词，有表达"态"的语法范畴的前缀，还有用词的内部屈折表达名词、人称代词的格位范畴和动词的使动态。文章认为在一个语系的内部，对语族、语支的分类应该采取大体相近的标准。

试论纳西象形文字的特点——兼论原始图画字、象形文字和表意文字的区别 和志武撰，载《云南社会科学》1981年第3期。

本文讨论的问题，纳西象形文字，从语言的角度看，到底是属于什么发展阶段的文字，是原始的图画字？还是到了象形文字阶段的文字？或者是发展到了表意文字阶段的文字？这种文字固有的特点是什么？一、纳西象形文字也是一种以象形符号为基础的文字符号体系。经作者的研究，认为：纳西形象文字是一种介乎图画字和表意文字之间的象形文字符号体系。二、本文从纳西象形文字同原始图画文字和表义文字（甲骨文和金文）对比的角度，将纳西象形文字的构造和应用特点归纳为四个方面：（1）象形符号为基础。（2）发展了标音符号。（3）附加符号和字形变化表意法。（4）省略词语书写法。三、本文最后指出，纳西象形文字是处于原始图画字和表意文字中间的一种象形文字。属于一种过渡性的古文字，对于这种文字进一步深入研究，特别是同古汉字作比较研究，可供研究人类原始形象文字和表意文字的参考，而且对于丰富语言文字学以至研究人类文化史等方面，都有重要的意义。

试论纳西语在藏缅语族中的历史地位 孙宏开撰，1999年10月在丽江召开的纳西东巴国际学术讨论会上宣读的论文，载《语言研究》2001年第1期。

文章试图从纳西语的基本特点出发，讨论它在藏缅语族总体特征中的历史地位。文章首先介绍了20世纪以来，国内外语言学界对纳西语历史地位的讨论情况，特别是近半个世纪以来学术界有关此问题的各种意见，认为他在藏缅语族彝语支里是一个不太合拍的语言。然后从纳西语和藏缅语族的一些重要语言常用词的比较，看纳西语在藏缅语族中的历史地位。其次从一些重要的语音现象的比较看纳西语在藏缅语族语言中的历史地位。再次从一些重要的语法现象的比较看纳西语和藏缅语族语言的远近关系，最后讨论纳西语在藏缅语族中的历史地位。作者认为，纳西语是兼有羌语支和彝语支一些重要特点的语言，其中有一些重要特点与羌语支语言接近。文章还认为对纳西语历史地位的讨论，有助于进一步认识藏缅语族语言的历史演变规律，解释藏缅语族语言中一些目前尚未解决的难题。文章还讨论了由纳西语历史地位的讨论所引起的历史比较语言学研究中的一些值得思考的理论问题。

试论"邛笼"文化与羌语支语言 孙宏开撰，载《民族研究》1986年第2期。

"邛笼"一词始见于《后汉书》中的《南蛮西南夷传》，该书在描写川西少数民族的居住情况时，有这样一段记载："众皆依山居止，累石为室，高者至十余丈为邛笼。"这类记载连绵不断，一直到明请时期。历史学界认为，邛笼建筑和羌族有关。文章作者认为，邛笼不仅与羌族有关，而全与使用羌语支语言的居民都有关系。文章提出的主要证据是：第一，所有羌语支语言分布地区都有邛笼的建筑；第二，使用羌语支语言的居民对邛笼有特殊的感情，把它视为自己的文化特征；第三，所有羌语支语言里对邛笼的称呼，基本上是一致的，有的虽然读音上有一点区别，但那是同一名称在不同地区的读音变体，它们之间有明显的对应关系，文章还拟测了邛笼一词在羌语支语言中的原始形式；还从语言和历史等不同的角度，简要论述了操羌语支语言居民的共同特点。

试论畲语的系属问题 毛宗武、蒙朝吉撰，载《中国语言学报》1984年第2期。

文章从词汇方面探讨畲语在苗瑶语族中的地位。作者首先选用23个同源词和头十位数词放在一起，不难看出畲语跟苗瑶语族语言有发生学上的关系，接着又用了苗瑶两个语支自成体系的18个例词进一步阐明畲语跟苗语支语言尤其是与炯奈语的关系密切。其次以炯奈语、勉语代表苗语、瑶语同畲语进行共时比较，在6个塞音声母，5个标准元音的韵母和6个基本调类的对应条例中反映出畲、炯对应简明，畲、勉对应繁杂，从语音对应的简繁证实了畲语接近属苗语支的炯奈语。然后又从修饰结构的词序来探讨畲语在两个语支之间的亲疏。不可否认，畲语跟瑶语支相同的多一些，但也存在着一些交错异同的现象。最后作者认为：类型学与发生学之间有一定的联系，但不能把结构上的相同看成发生学上的亲近。可以肯定古畲语跟苗瑶语族诸语言同属一种共同基础语，在长期发展过程中受汉语的影响出现同源异流和异流交错的复杂现象也是正常的。看来，畲语属汉藏语系苗瑶语族苗语支是比较合适的。

试论十四—二十世纪初维吾尔语的特点（一） 赞用明撰，载《喀什师范学院学报》1998年第3期。

一、语音。这时期维吾尔语单音节词干中的元音a、ε和多音节词最后音节中的a、ε，在其后附加词缀，a.，ε不弱化。元音和谐一般分为腭和谐和唇和谐两大类。辅音的音变有八种类型。二、词汇。这时期的维吾尔语使用了现代维吾尔语已不使用的一些古词语；借用了许多阿拉伯语、波斯语的词语，因而出现了许多同义词；一些词和现代维吾尔语在语音上有所不同；许多动词的概念是由两个词素并列表达的。三、语法。根据词的形态、句法及语义的特点，这时期的词可以分为以下八种词类：名词、形容词、数词、代词、副词、动词、后置词、连词。前四类有一个共同的特征：有数、人称、格的语法范畴，动词有式、时、态、人称、数等语法范畴，副词没有形态变化，但有词汇意义，其他两类没有形态变化，都是虚词。

试论十四—二十世纪初维吾尔语的特点（二） 叶少钧撰，载《喀什师范学院学报》1998年第4期。

1. 动词。这时期维吾尔语的动名词、形动词、副词和现代维吾尔语基本上是一样的。它们之间的差别只是使用的词缀上有些不同。这时期的动名词使用"maq/-mek"，以"sh"结尾的动名词很少遇到。这个时期维吾尔语的形动词用-ur/-yr。2. 副词。构成副词没有专门的词缀，词的来源大概是名词和代词或形动词形式陈旧的、格的形式。许多阿拉伯语和波斯语词也可用作副词。副词的固有功能是修饰动词、形容词和其他的副词，它们表示地点、时间或方式。3. 后置词。后置词是词和词构成短语后分隔开的词，这些词也用来表示不能用格缀表示的那些意义。后置词有规律地和主格、向格或从格一起用。后置词支配名词的主格、大部分代词的属格。后置词还支配向格和从格。4. 连词。连词分为并列连词和从属连词两类。有时从属连词加在陈述句或谓语的前面可以做原因从句。

试论十一世纪维吾尔语词的构成——学习《突厥语大辞典》 叶少钧撰，载《喀什师范学院学报》1985年。

维吾尔语按其语言的语法形态和特点是属于最有代表性的黏着语范例，也就是说，它的绝大部分语法形式是利用词根加具有语法意义的语缀来实现的。这个基本特点是古今维吾尔语语法所共有的，是维吾尔语语法稳固性的最突出的一种表现。根据《突厥语大辞典》提供的资料来分析十一世纪维吾尔语的词的结构，我们可以发现两种情况：一种是单纯词（即由一个语素构成的词），一种是合成词（即由两个或两个以上语素构成的词）。合成词的构成又可以分为两种：一种是由词根和词根语素构成的，一种是由词根素和附加语素——词缀构成的。这两种构词方法不仅在古代维吾尔语中，而且在现代维吾尔语中使用得都相当广泛，尤其是词根语素加词缀构成新词的方法，研究十一世纪维吾尔语语法的目的，是为了深刻地认识现代维吾尔语。

试论十一世纪维吾尔语的语言特点——学习《突厥语大辞典》　叶少钧撰，载《喀什师范学院学报》1984年第1、2期。

一、语音的发展，从八世纪到十一世纪，维吾尔语经过三百多年的时间，在语音方面基本上继承了八世纪碑石中语言的主要主音特点。如：严整的元音和谐规律；嵌音-n-；在带有 a，ə 的单音节词和最后音节带有 a，ə 的多音节词后附加词缀时，a，ə 不弱化；在有些双音节名词后附加领司人称词缀时，第二音节中的元音要脱落。二、语法的发展，从八世纪到十一世纪这个历史发展过程中，古代维吾尔语的语法特点基本上保留下来了，没有多大的变化。三、词汇的发展。语言中的词汇是语言三要素中最活跃的部分，它几乎处在经常变动中，随着社会的发展，人们对客观事物认识的深化，古代维吾尔语的词汇也在不断的发展。这种词汇的发展主要表现在下列三个方面：新词的产生；旧词的消失；词义的演变。

试论他留语的归属问题　刘应珍撰，载《云南民族语文》1990年第4期。

他留人自称 tha^{31} lu^{55} su^{33}，他称"他留"，主要分布在云南丽江地区的永胜和华坪两县交界处。他留人有自己的语言，从他留语的语音、词汇、语法结构上分析，可以看到它和分布在四周的彝语、纳西语、傈僳语有许多共同之外，本文仅就他留语的归属问题作些论述。他留语音系有34个辅音，34个元音，5个声调，从它的音系特点来看，他留语和汉语任何方言都不相同，不能归属于汉语，本文将他留语与彝、纳西、傈僳、白、土家语比较，发现他留语在辅音、元音、声调、词汇、语序、语法结构等方面都与彝词有相同或相似之处，因此认为他留语还是和彝语西部方言接近，从语言角度上分析，把他留语归属在彝语支内彝语中是可以的。

试论台语的系属问题　罗美珍撰，载《民族语文》1983年第2期。

台语（即侗台语族）属于什么语系，国际语言学界有不同的观点。传统认为属于汉藏语系，美国学者本尼迪克特则认为台语和印尼语才有真正发生学上的关系。作者联系历史，分析语言情况提出了自己的看法，认为操台语的人是留在大陆的具有马来血统的"百越"后裔。原先操原始马来语，后来在汉藏人的强大影响下改用了汉藏母语。原始马来语只是作为一种残存现象或"底层"在地区性的汉藏母语中保留下来。台语是在汉藏母语基础上演变，发生的。作者主要从语言的结构类型、深层的词汇和构词论证了上述结论：台语变成了单音节语言，产生了声调，音变规律和汉藏语言相同。和汉藏语言有许多同源词，这些同源词有以下特点：（1）台语保留了上古语音；（2）在音义上台语和古汉字相同；（3）台语和汉语、苗瑶、藏缅语言一致对应。台语和汉语有共同的虚词和四音格形式。

试论洮迭藏语的语音特点及其形成的历史渊源
杨士宏撰,载《西北民族学院学报》1983年第1期。

通过洮迭藏语的语音方面跟康藏方言的德格话和拉萨话的分析对比,可以看出它们的音有许多共同的特点。另外通过现行藏语书面语来比较洮迭藏语,可以认定他们大部分是在七世纪到八世纪初的一段时间内随军东迁居于此地的。从而作者认为洮迭之藏族是历只上东迁吐蕃的遗种,所以在藏语上才有像今天这么多的共同点存在于"康藏"、"洮迭"的藏语之中。洮迭之藏语族语言,接近康藏方言两者之间,是以声调来区别词意的语言,语言是最可靠的考古资料,据语言的特点及历史的事实,洮迭藏族来源于西藏,是约在七世纪末到八世纪初东迁于此地的随军蕃民发展到后期他们自然形成一种社会团体,一直到明朝分封赐姓,建立世袭统治,所以至令仍然保存着康藏方言的特点。

试论突厥语族语言连接词的发展
王远新撰,载《语言与翻译》1986年第1期。

除西部裕固语、撒拉语外,现代突厥诸语言大都有较丰富的连接词。突厥语连接词的最初出现,与连接类型副句的发展相联系,原始突厥语中没有连接词。另一方面它的发展与语言相互影响密切相关。在鄂尔浑—叶尼塞文献中,连接词尚不发达,词与词、句与句的连接关系靠词形变化来维系,即采用综合性手段表示。在早期回鹘文献中,这种情况没有发生多大变化。随着伊斯兰教的传入,在受到伊斯兰教影响的回鹘文献中连接词和连接手段的使用情况发生了较明显的变化。由于阿拉伯—波斯语的渗入、影响,借入不少连接词。根据受伊斯兰教影响的程度可以把现代突厥诸语言中的连接词按丰富程度分为三级:土耳其语、维吾尔语连词比较发达,属第一级;哈萨克语、柯尔克孜语次之,属第二级;撒拉语、西部裕固语连词很少,其至基本没有。

试论突厥语族诸语音后置词的形成与发展
李树辉撰,载《语言与翻译》1991年第3期。

本文从分析突厥语族语言名法结构的共时特点与历时发展演进的过程入手,探讨了后置词产生的条件、构成方式及发展趋势,认为限定—被限定结构与宾语前谓主结构的句法结构形式是该语族(系)语音最古老也是最基本的句法结构形式,同时也是后置词赖以产生并不断丰富、发展的条件和基础。突厥语族语言"递加—包裹式"句法结构形式正是充分体现其黏着特点的独特的句法结构形式。突厥语族诸语音的后置词源于静词和动词两大类别,而尤以后者的数量为多。从现代诸语言来看,源于静词的后置词即可表达静词和谓词之间的语法关系,亦可表达静词和静词之间的语法关系,而源于动词的后置词则主要是表达静词和谓语之间的语法关系。这两类后置词的形成都与原始句法结构密切相关。

试论推行民族文字的基本原则
梁庭望撰,载《语言关系与语言工作》,天津古籍出版社,1990年。

本文分为三部分:第一部分,"一条重要的方针"。指出"各民族都可以自由使用和发展自己的语言文字,这是载入庄严的宪法的重要方针。如何对待少数民族语言文字,历来是两种民族观的试金石之一"。"在宪法的保障之下,民族文字的推行、创制、研究获得了它的春天。"但在民族文字问题上,"左"的思想远未肃清,"在语言文字上的空想大同,必然会造成民族文化生态平衡的失调,从而影响民族地区的四化建设。"第二部分,"语言转用状况是发展民族文字的客观依据"。指出语言转用的情况是受下列因素制约的:"第一、受聚居程度的制约。""第二,受地理状况的制约。""第三、受语言使用状况制约。""第四,受民族心理的制约。""第五,受商品经济发展状况的制约。""从以上五点可以看出，实现一个民族的语言转用不是一件轻而易举的事情，它要经过数十年、上百年乃至几百年的漫长历史。""一般来讲，在没有实现转用汉语的少数民族中，如果不发展自己的民族文字，不通过自己的文字去吸收现代科学技术，他们与先进民族的差距只能越拉越大，是极难赶上先进民族的。"第三部分是"处理好语言关系是民族繁荣的重要条件之一"。是否需要推行民族文字，要考虑人口聚居、地理位置、语言使用、经济效益和自愿五条原则。在发展民族文字时，应当区别如下三种情况：第一、全转用区。一般不必再创制或推行民族文字。第二，半转用区。这种地区两种文字齐上，可以使人们有两个科学信息渠道，信息四通八达，利于迅速发展。第三，未转用区。应大力推行民族文字。并在民族文字教育体系的各级学校中开设汉语文课程，使学生掌握一定的汉语文。

试论维吾尔文字发展的特点 牛汝极撰，载《中央民族学院学报》1988年第6期。

维吾尔文字演变的特点大体分为两种类型：（1）在某一种文字体系内部不断发展、逐步完善。如维吾尔族自接受阿拉伯文后，经过了哈卡尼亚文、察合台文、老维吾尔文和现代维吾尔文的不同发展阶段，其间虽经历了约9个世纪，但并未发生整个文字结构和体系的变更，而仅是字母和符号的增减及完善。这种文字的演变称之为"字体的变化"；（2）某个民族由使用某种文字，后来改用略加修正的其他民族的文字。维吾尔族在历史上曾使用多种文字，如在漠北时期使用过突厥文、粟特文等，西迁后除继续使用过一段时间的上述两种文字外，还使用过回鹘文、摩尼文、叙利亚文、婆罗米文、汉文、古藏文、阿拉伯文等。这种文字演变称之为"文字的变更"。维吾尔文字发展的特点具体表现为：（1）维吾尔文字的使用和改换与维吾尔族的社会发展、政治经济状况息息相关；（2）多种文字的同时并用；（3）文字使用在地域分布上往往不平衡；（4）在最初使用时往往生硬照搬，但后来逐渐使文字适应了语言的发展。

试论维吾尔语的"名·名"结构 王国兴撰，载《语言与翻译》1987年第1期。

维吾尔语的"名·名"结构是指由名词性语素与名词性语素结合构成的复合词，或是由名词与名词结合构成的名词短语。在维吾尔语里，"名·名"结构大量地存在着，它们在数量上并不少于"形·名"结构。从表面上看，似乎都是"名+名"，没有什么区别。实际上，无论从构词法的角度，或是从内部修饰意义来看，都是各不相同的。维吾尔语的"名·名"结构可以根据词类型的不同分为两大类：语义类型和句法类型。在语义类型里，由于内部修饰义的不同，又分为三类：（1）a从状态方面修饰b；（2）a从性质方面修饰b；（3）a从质料方面修饰b。在句法类型里，由于内部修饰语的不同，又分为六类：（1）领属关系；（2）a是b生长、生活或出产的地点；（3）a是b制动的工具；（4）a指示b的用途；（5）a是b产生的原因；（6）a是b发生的时间。

试论维吾尔语名词的数及其历史演变 牛汝极撰，载《语言与翻译》1992年第1期。

现代维吾尔文学语言的数范畴，有单、复数之分。在现代维吾尔语罗布方言中，名词复数词尾根据词干元音和词干结尾辅音的不同，有-/ar，-tar，-sar，-zar等十五种形式。在现代突厥诸语言中，复数词尾还存在着一些差别，其数目也不一致。我们认为，维吾尔文学语言与其方言及现代突厥诸语言在名词数方面表现出了许多差异性，这大体反映了维吾尔语的历史发展。关于维吾尔语的历史分期问题，学术界还没有统一的看法，参照多数人的观点，暂作以下划分： （1）共用阿尔泰语时期。（2）古代突厥语——维吾尔语时期。（3）中古维吾尔语时期。（4）近代维吾尔语时期。（5）现代维吾尔语时期。结论：（1）语言发展的不平衡性使得原来相近的语言现象表现出差异。（2）在中古、近代及现代，名词复数形式的唯一能产手段是通过-/ar/-ir 表示的。（3）在语言发展史上，名词复数词尾彼此间并非没有联系。

试论维吾尔语书面语的发展　耿世民撰，载《中国语文》1963 年第 4 期。

在 7—8 世纪的鄂尔浑时期，用维吾尔语写成的第一批文献产生了，文字是用在此以前已为突厥人使用的鄂尔浑如尼文。这一时期维吾尔语书面语使用的范围还有很大的局限性。从语言特点看，它与稍前的东突厥汗国时代的文献如《阙特勤碑》等的语言基本上没有什么差别。

在 9—13 世纪的时期中，南疆地区形成了维吾尔两大文化、文学中心，即北部的吐鲁番（包括天山北的别失八里）和南部的喀什，产生了大量的书面文献。这一时期维吾尔语书面语使用的范围比前期扩大了，语法结构和词汇也大大发展和丰富了。这一时期书面语的另一个特点是，多种文字系统同时并用。13—15 世纪，从中古维吾尔书面语过渡到近代维吾尔书面语的过程发生在这一时期，现代维吾尔书面语的主要结构系统在此时期确定。从 16 世纪开始，维吾尔文学及书面语又经历了一个新的繁荣、发展的阶段。

试论维吾尔语中的助动词　赵相如撰，载《民族语文》1987 年第 1 期。

通过对维吾尔语的助动词的结构、功能、意义及用法等特征的初步分析，把助动词的特性简略地概括为以下几类：（1）维吾尔语里，由表达动词主要词汇意义的副动词（实词）和词义虚化的助动词组合而成的复合动词，助动词的作用虽然能给副动词形式的主要动词赋予一定的"体"的意义，但不是"体"。（2）由此看来，助动词的意义是抽象的。各个助动词所表达的情态意义或抽象化的程度是迥然不同的，并且所表达的语法意义也是非常复杂的。（3）从句法关系上看，助动词与副动词的组合不是句法上的关系，助动词离开前者便不能在句子中存在。（4）助动词的主要作用既然是给副动词形式的动词增添某些附加意义或情态色彩，所以去掉助动词也就是去掉了附加意义，而并不损伤句子的完整性和句子所表达的基本意义。

试论维吾尔族语的"ikaen"　郑婕撰，载《语言与翻译》1990 年第 2 期。

"ikaen"是现代维吾尔语中使用频率较高的语素之一。处在不同词类之后的 ikaen，它的语法动能是不同的。无论处在静词，还是处在动词之后的 ikaen，仍属于动词一类。然而，从组合关系、类聚关系及其所表示意义的差异性来看，应该把它当做两种性质不同的动词看待，即"表谓连系动词"和"情态动词"。据此，作者提出以下看法：（1）同一种意义，在同一种语言中可能会使用不同的语法形式和词性不同的词以及其他一些语法手段来体现。（2）辅助形式的词一般是同一定词类相联系的，"表谓连系动词"一般附加于静词之后，而"情态动词"则附加于动词之后。（3）维语中具有同样语音结构的某些语素处在词性不同的词之后，其表达的功能和意义的程度也是不同的。（4）同 ikaen 一类，但不能单独使用的表语法意义的语素，同一定的语类结合之后，应将它们视为一个语义单位。

试论我国的双语现象　孙宏开撰，载《民族研究》1983 年第 6 期。

本文从我国的双语现象的实际情况出发，从 3 个方面讨论了我国的双语现象和存在的问题。文章一开头作者就认为，所谓的双语现象，系指个人或某个语言集团在不同的场合交替使用两种或两种以上语言的情况。然后文章分双语研究的重要意义、我国民族地区双语使用的情况和问题、双语接触等方面简要论述了我国的双语现象。文章对我国的双语现象进行了初步分类。文章在双语接触一节对由于语言接触而引起的语言相互影响、语言同化和语言融合三者之间的关系提出了个人的看法。文章认为，从我国的客观实际出发，研究并正确认识我国早已存在的双语现象，不断为国家制定较完善的语言政策提供情况和依据，准确地分析双语使用的现实和使用中存在的问题，为提高双语教学质量，发展民族地区的文化教育事业不断地总结经验，客观地、科学地估计双语关系的发展前景，是民族语文工作者义不容辞的责任。

试论我国社会主义初级阶段民族语文与汉语文的使用和发展关系 周耀文撰，载《民族语文》1989年第4期。

本文的主要论点是：我国是一个以汉族为主体民族，以汉语（普通话）汉文为全国通用语文的多民族多语言文字的社会主义国家；我国宪法规定："各民族都有使用和发展自己的语言文字的自由"，"国家推广全国通用的普通话"，这是我们国家的基本语言政策；如何贯彻落实这两项政策，必须从我国当前所处的社会主义初级阶段的社会实际出发，从各个自治区、州、县的民族语言使用实际出发。我国当前的社会实际是什么？作者提出以下几点。（一）我国疆域辽阔，各地区各民族社会发展不平衡，制约着汉语方言和各民族语言的使用和发展，汉语方言和各少数民族语言在各自的区域里，仍将继续使用发展，仍将是现阶段的主要交际工具。（二）我国多民族、多语种、多文字的客观现实和我们国家的社会主义性质以及党的民族平等、语言平等的政策，要求我们必须正视现实，认真贯彻党的民族语言政策，遵循语言文字的客观发展规律，尊重语言文字的客观社会功能，重视使用和发展民族语文。（三）我国各自治区、自治州、自治县、旗人口多少不同，分布情况不同（聚居或杂居），在历史上受汉语汉文的影响程度不同，因而各民族地区的语言使用情况就很不相同。作者把我国少数民族地区少数民族语言使用情况分成4种类型：（1）本民族单语使用区——属这类地区的人口约占全国少数民族总人口的25%。（2）民·汉双语发展区——属这类地区的人口约占全国总人口的33%。（3）民·汉双语兼用区——属这类地区的人口约占全国总人口的15%。（4）转用汉语区——转用汉语的少数民族人口约占全国少数民族人口的27%。作者认为，我国各民族地区的语言使用情况和各级学校的教学语言和使用层次差别很大，所以，我们在使用发展民族语文中，在处理各级学校的教学语言，建立双语文教学体制时，都必须从本地区的语言使用实际出发。在当前，在不通汉语又有本民族文字的地区，我们既要打破汉文单语教学体制（主要是南方），克服忽视民族语文在普及教育中的作用的偏向，也要防止过高地估计民族语文的社会功能，过高地扩大民族语文在学校中的使用层次的做法。我们要坚持双语文教学的方针，坚持有先有后、有主有次、逐步过渡的原则。既要重视民族语文的作用，也要重视汉语文的作用，既要看到当前，又要看到未来。这样，就能正确地处理本地区各类学校的教学语言，正确地处理本地区民族语文与汉语文的使用和发展关系，就能迅速地促进民族语文和民族教育的发展，促进民族语文和汉语文的共同发展。

试论我国突厥语的特点 魏萃一撰，载《民族语文》1983年第5期。

本文介绍了我国维吾尔语、哈萨克语、新疆柯尔克孜语、东北柯尔克孜语、撒拉语、西部裕固语、图瓦语、乌孜别克语、塔塔尔语在语音、语法、词汇方面的特点以及从社会影响方面阐述一些语言特点形成的因素。在简略介绍各民族历史后，作者论述了9种语言在元音音位、词里的元音和谐、元音和辅音的配合，语法上的黏着语特征和词序、同源词和借词等方面的异同，并指出，各种语言的特点具有不同发展时期的特征，所谓最古的语言里又保存着最新的现象；9种语言的词序固定不变，与汉藏语系一些语言不同，可见语言内部结构的稳定性在不同语系的语言里可能不一致。文章最后部分论述了处于双语制中的6种语言均在语言的各方面受到其他语言的影响；语言接触给维、哈、柯语的影响主要表现在词汇的发展丰富上，但因此也就产生了大量借词带来的语音和语法影响。

试论现代维吾尔语的成语 哈立克·沙克撰，载《新疆大学学报》1980年第4期。

维吾尔语成语是由两个或两个以上的词构成的固定词组。固定词组分为两类：表示一个概念的非形象性词组；部分或全部转义的形象性词组。成语不但在结构上是固定的，同时意义上也是统一的。根据构成成语各词间的结合程度的不同，维吾尔语的成语可以分为三类。（1）溶合性成语。其整个结构是固定的，不能变换。从意义上看，是一个不可分解的整体；构成成语的各词失去意义的独立性，语法也是固定的；有些成分反映了语言发展的痕迹。（2）联合性成语。其特点表现为：意义相当于各个词意义的总和，但它的组成是固定的；构成成语的动词表示转义；各词间的语法关系清楚，作为一个整体不再划分句子成分。（3）接合性成语。其特点为：主要表示转义，动词所表示的意义与原义完全不同；具有强烈的形象性和感染力，用比喻、夸张的手法，增加修辞效果；语法关系十分清楚；各词结合得不太紧密，其中可以加词，可以换位，也可以用另一个同义词代替。

试论现代维吾尔语方言词的类型及其对划分方言的意义 李经纬撰，载《语言与翻译》1986年第三期。

本文由三部分组成：（1）方言词的概念。作者把方言词定义为"跟文学语言（或称标准语）不同，使用时有区域限制，或者说有方言等线的词叫方言词"。（2）现代维吾尔语方言词的范例。作者列举出五类（七种）类型的方言词的实例，即：同一事物不同名称的、词根相同造词附加成分不同的、复合词中部分词素不同的（再分为：偏正结构的复合词中限定成分不同的、偏正结构的复合词中被限定成分不同的和词根叠韵词中叠韵部分不同的三种）、标准语中的词与方言里的同一词的词义宽窄不同的、标准语中的词与方言里的词互换了词义的。（3）方言词对划分维吾尔语方言的意义。作者通过27个调查点在语音、语法、词汇方面不同特点的比较，针对仅以单一的语音标准划分维吾尔语方言的传统方法提出了"在一定条件下，方言词不但应该作为划分方言的依据，而且能够作为划分方言的依据"的论断。

试论现代维语中的同音词 阿尔斯兰·阿不都拉撰，载《新疆大学学报》1982年第4期。

维吾尔语同音词产生的途径主要有：（1）词音词形的耦合；（2）词的语音演变；（3）新词语的创制；（4）词的语义分化；（5）借词。同音词在现代维吾尔语中具有积极作用和消极作用。尽量减少维吾尔语中没有修辞作用的不必要的同音词，并尽量不使用有可能造成误解的同音词是非常有必要的。其方法如下：（1）在某个语言片断中，若某个同音词毫无修辞作用，并有造成混乱的可能性，可由与其同义的词或词组代替这个同音词。（2）以维吾尔语正字法规则，通过在写法上区别而减少同音词。例如，根据需要将一些同音同形的词从音形上加以区分，对一些同音词的发音和书写形式进行改革；根据借词原音书写的规则，将一些同音词在语音上分开等。

试论小说翻译中对话美的再现 史震天撰，载《民族作家》1998年第2期。

小说翻译的成功与否，关键在于是否能将原文的三个要素——人物、情节、环境"完好无损地从一种语言移注到另一种语言中去"（张今），而人物对话的翻译成功与否则很大程度上决定着这个移注过程是否完好无损。一、对话美的艺术效果：（1）对话美能达到塑造人物形象的艺术效果。（2）对话美能达到描述客观环境的艺术效果。（3）对话美能达到推动情节发展的艺术效果。二、翻译实践过程中如何再现对话美：文学翻译的实践过程一般分为理解和表达两个阶段。理解时，要力求做到译者对原作艺术意境的主观认识同原作中客观存在的艺术意境相一致；表达时，也要力求做到译文中再现的艺术意境同译者心目中的原作艺术意境相一致。理解过程，应特别注意以下三点：（1）领悟艺术手法与主题思想之间的关系；（2）准确把握语言艺术与艺术效果之间的关系；（3）语言分析与逻辑分析相结合。表达过程：（1）再现原文对话的内容；（2）再现原文对话的形式美。三、对话美能否得到再现，（1）译文不能绝对再现原文的对话美；（2）相对地再现原文的对话美是可以实现的。

试论新形势下海西蒙古族的语言观念 贾晞儒撰，载《民族语文》1997年第1期。

青海省海西蒙古族藏族自治州是以蒙古族、藏族为主体的民族自治地方。改革开放以来，当地的语言文化观念也在发生新的变化，其中最突出的是，（1）由单一的语言（母语）向双语、多语转化的趋时心理日益增强。（2）由消极维护语言的封闭心理，向积极吸收外来语词，丰富和发展本民族语言的开放心理转化。（3）由被动接触向主动交往的心理趋势转化。尽管如此，由于个人生活、生产条件不同，以及社会地位职业的差异，对语言的需求也不尽相同，并由此而表现出不同的语言观念和态度。在我们调查中，多数人的语言态度是以"为我所用"的主观需要而决定的，也就是说以"需要"作为对某种语言的价值评价。出现这种变化的原因主要是：经济、文化交流的客观需求；文化背景发生着变化；人口数量和民族杂居、分布状况，对语言的使用心理和态度也有较大的影响等等。

试论彝文"书同文"的问题 马学良撰，载《民族语言教学文集》，四川民族出版社，1988年。

现存彝文文献，仅可上溯至明代的刻本和碑铭，如：明成化二十一年贵州罗甸水西的铜钟（以下简称《成化钟》），钟面有彝汉铭文；石刻有云南禄劝县明嘉靖十二年《镌字崖》；贵州罗甸水西地区明嘉靖二十五年的《新修千岁衢碑记》和明万历二十年的《水西大渡河建石桥记》（以下简称《建桥记》）。这几块石刻都镌有彝汉两种文字。刻本则有《华夷译语》和《劝善经》等。从上列的金石铭刻的彝文来看，笔画简化，挺拔秀丽，象形文字减少。表意字和同音假借字增多。而且字数繁多，如《建桥记》彝文碑文详细地叙述罗甸水西彝族祖代以来的历史，长达1922字，《劝善经》全书2万余字，是从汉文《太上感应篇》译成彝文，而加以解说的（传谓明代凤诏土司刻印的）。时至今日，若要彝文为各彝区共同的文化工具，彝文"书同文"的问题，也必须早日解决。解决的办法：（1）从现存较古的彝文碑铭中文字，如：明代《成化钟》、《建桥记》，辑录排列；（2）搜集较古的木刻本、手抄本和现存清代手抄本，也辑录下来。

试论彝语鼻浊音的演变 刘应珍撰，载《贵州民族研究》1988年第2期。

彝语的鼻浊音属复辅音类型，在浊塞音、浊塞擦音前加同部位鼻音 m、n、ng 等构成 mb、nd、ng 等二合鼻复辅音，这组音主要出现在诺苏、纳苏、尼苏、勒苏彝语音系中，在云南滇东北一带略吐气。85%带鼻浊音的词是单音节动词，这与动词的特点，语法功能和形态变化有一定关系。从词义上辨析，以鼻浊为词根构成的亲词，其中有一半并不是基本词汇。在语音结合频率上鼻浊音受很大限制，构词数量比纯浊音少得多。鼻浊音的演变规律是鼻浊简化为纯浊，再简化为清音。在方言里常见的有鼻浊音与鼻浊音；鼻浊音与纯浊音；鼻浊音、纯浊音、清音；鼻浊音与后加边复辅音对应。鼻浊音的演变、丢失对元音分裂、对立调型的形成也有一定的影响。发展趋势为有鼻浊音的方言一部分词汇会循序保持不变，一部分词汇要分化，有的变成另外辅音；有的丢失鼻音，其他保持不变；有的元音、声调发生音变。另一种情况是方言内尽量平衡和对应，方言间各不相干。

试论彝语次高调产生的原因 拉玛兹幄撰，《民族语文》1991年第5期。

四川喜德彝语有4个声调：高平调55，次高平调44，中平调33和低降调21。高平调、中平调和低降调是原始彝语支调类发展到现代彝语声调的反映形式，次高调的产生晚于其他三个声调，其功能主要用来表示语法意义，是中平调和低降调在语流中调形长期异化的结果。两个中平调的音节组成的词或词组，第一个音节的中平调后退异化，变为次高调；中平调和低降调在一起相互影响，第二个音节的低降调前进异化为次高调。次高调在一些音节中初步固定了调形，逐渐地具有调位价值，起辨义作用，成为一个新的调位。次高调不仅能区分词汇意义，而且能表示一定的语法意义。在由人称代词或"人"这一名词与施动动词组成的主谓结构中，把动词或人称代词或"人"的本调读作次高调就会产生主谓结构变成宾动结构，施动意义变为受动意义的语法关系。声调异化产生新的调位说，为彝语支语言声调产生发展理论增添了新的内容。

试论彝语名量词的起源层次 曲木铁西撰，载《民族语文》1994年第2期；《彝缅语研究》，四川民族出版社，1997年。

文章首先简要探讨彝语义诺话名量词的特点及其结构系统，名量词可分为单位量词和类别量词，单位量词分长短、容量、重量；类别性量词分个体量词和集合量词。然后从亲属语言的比较和名量词系统的语义层次看彝语名量词的起源层次。文章认为：最早产生的是利用人体部位来表示"长短"的单位量词 lwi^{33}"庹"、tɕhu^{33}"拃"等；其次产生的是"集合"类的 dzwɿ^{33}（副、对）；产生了这些量词以后，在彝语中形成了一种"名词+数词+量词"的组合模式，但当时没有表示"个体"的名量词，因而只好借用人周围事物名词来补足这个组合模式。由于社会发展的需要，这些用来替代和补足"名词+数词+量词"组合模式中的事物名词，久而久之就逐渐虚化成为"个体"量词；利用容器制品来表示的量词是后来才产生的。但这4个发展层次是不是很整齐，却很难说，这里只是一种大致的划分。

试论中古突厥语的 turur 在现代维吾尔语中的变体 陈宗振撰，载《民族语文》2000年第4期。

古突厥文文献中的系动词 ɛr-（是）有 ɛrti（曾经是）、ɛrintʃ（感到是、可能是）等形式，其差别在于是否表明事物的确切性。在中古维吾尔文献中，ɛrintʃ 逐渐少用，词义和语法作用与其相当的 turur（是，有，存在）逐渐增多。在察合台文文献中，尤其是晚期文献中，虽然仍有 turur，但多已演变为 tur 或 dur，其用法已与现代维吾尔语近似。在现代维吾尔语中，turur 又因语音变化而缩减成多种变体，它们是：（1）作为静词谓语句的系动词 dur/tur，例如，dʒahangirlik uruʃ demɛktur；（2）变为有疑惑口气的疑问句或陈述句末尾的 du（r）/tu（r），例如，bu tʃaj dur；（3）变为动词现在未来时所谓"第三人称附加成分"-du 或某些方言里的-tu，例如，baʃlajdu 或 baʃlaytu；（4）变为组成不定代词的成分-du（r）/-tu（r），例如，kimdur；（5）变为未来时形动词附加成分中的-di，例如，baridiɣan；（6）变为用于第一、第二人称并带有疑惑口气的各种动词形式中的附加成分-di/-ti，例如，baramdimɛn。它们均有不强调事物确切性，或表示不了解事物发展过程甚至带有疑惑态度的口气，从而与来自 är- 的表示确切性判断或陈述的 idim、idi、(i) mɛn、(i) sɛn 等形成语法意义相互对立的结构。在哈萨克语、柯尔克孜语、西部裕固语等亲属语言中也都有 turur 的各种变体。它们都是音义互相对应和根源相同的。

试论中国哈萨克语方言的划分　耿世民撰，载《民族语文》2005 年第 6 期。

本文是经过 20 世纪 50 年代几年的田野调查，在分析大量记录材料的基础上撰写的带有结论性的论文。在语言历史的研究工作中，如能将方言材料和古代文献及亲属语言的材料很好地结合起来，将会给我们许多宝贵的启示。有的时候正是方言里保存了该语言的古老词语或语法形式。如在哈萨克一些方言中以 bigiz 代替文学语言中的 biz "锥子"。按照突厥语言文字中辅音 m、b 的转换规律，这个词应是其他突厥语中的 migiz～mügiz "兽角" 一词的变体。由此不难推知最早锥子是用骨角制成的。方言的研究也有助于我们了解哈萨克文学语言与诸方言土语之间的关系，从而可以更好地促进其健康的发展。

根据调查材料，可以把我国哈萨克语初步划为两个方言，即东北方言和西南方言。东北方言包括的地区较广，人口也较多，它在我国哈萨克文学语言的形成和发展过程中过去和现在都起着主导作用。属于这个方言区的有伊犁哈萨克自治州的阿尔泰专区、塔城专区、新源和尼勒克两直属县以及自治州境外的布尔塔拉蒙古自治州、乌鲁木齐县、木垒哈萨克自治县、巴里坤哈萨克自治县、甘肃省阿克赛哈萨克自治县等地。属于西南方言的有自治州的特克斯、察布查尔、霍城、伊宁、绥定等直属县。值得注意的是我国哈萨克语方言的差别与部落结构有密切关系。属于东北方言的有克列依 (Kerey)、乃蛮 (Nayman) 及黑宰 (Qyzay) 三个主要部落。属于西南方言的有阿勒班 (Alban)、苏万 (Suwan) 两个部落。在伊犁各直属县（如伊宁、察布查尔）经常可以碰到这种情况，黑宰与阿勒班两部落的人虽然居住一个县内（但一般说各有其一定的居住区），但在语言方面的某些差别表现得很明显。

试论中国境内藏缅语的谱系分类　孙宏开撰，载《云南民族语文》1990 年第 2 期。

中国境内藏缅语族语言，经过近几年识别鉴定，确定为独立的语言，已经有近四十种，除个别语言的地位尚未确定以及少数边远地区的语种尚未查清外，应该说，绝大多数语言都征集了较丰富的资料，多数语言已发表过介绍性的概况。本文试图简要介绍中国境内藏缅语的概况并对它们的谱系分类提出初步意见。对于中国境内藏缅语族语言的分类，以前曾有五种意见，本文就这五种意见分别加以分析说明，认为各有利弊，欠完善，根据近几年的调查，在中国境内新发现了一些藏缅语族语言，加上以往确定的共有 38 种，经过对材料的初步分析研究，参考已经分布的各种材料和研究成果，它们分属于 5 个不同的语支。即藏语支、羌语支、彝语支、缅语支、景颇语支。本文分别对这几个语支及其包括的若干语言都作了简要分析介绍，并就语言谱系分类提出几个问题加以探讨，以期能找到更为科学的方式，促进民族语言研究事业的发展。

试论中泰两国瑶语的词汇差异　赵敏兰、马骏撰，载《暨南学报》2008 年第 1 期。

泰国瑶族源自五岭地区的湖南、广西、广东，在脱离母体后，泰国瑶语发生了变化。在词汇构成方面，两地瑶语的差异主要体现在：泰国瑶语较多地保留了民族固有词和文化习俗词，而国内瑶语有些固有词已不见于口语，仅存留在歌谣里，大量的文化习俗词也逐渐消失；泰国瑶语中的借词除共有的老汉语借词外，还有泰语以及其他东南亚语言借词，国内瑶语则限于汉语西南官话借词；泰国瑶语新词的借用方式倾向于半音译半意译，国内瑶语则更多地直接搬用；泰国瑶语有一些新创词，创词方式也多用固有词素和语序，国内瑶语则很少有新创词。

试论中泰两国瑶语在语法上的差异 赵敏兰撰，载《广西师范大学学报》2006年第1期。

瑶族是跨境民族，瑶语因此存在着跨境的差异。中国和泰国的瑶语在语法上的差异主要体现在：在构词法上，泰国瑶语喜用ABA式和正偏式构词，比中国瑶语更多地保留了瑶语固有的特性；两者的差异还反映在某些词类上，如泰国瑶语有名词AA式重叠，拥有一些富于特色的虚词；在句法上，泰国瑶语采用一些特殊的语气词构成疑问句，判断句有新的判断标志，差比句类型单一，这是有别于中国瑶语的特点。泰国瑶语在语法上体现的存古性以及与瑶语标敏方言和桂北土话的某些联系，说明深入开展中泰瑶语及瑶语和汉语方言比较研究的重要性。

试论壮侗语族语言的送气音声母消失问题 黄泉熙撰，载《广西民族学院学报》1998年第1期。

壮侗语族由壮傣、侗水和黎语三个语支组成。如果以有无送气音声母作为划分的依据，我们可以把壮侗语族诸语言分成两个不同类型的音位体系。即壮语北部方言、布依语、临高话以及锦屏侗语等语言或方言的音系没有送气音声母，而其他壮侗语的语言都存在送气音声母和不送气音声母的对立。本文通过对有关壮侗语同源词进行比较研究后，认为早期侗壮语进而应有送气音声母，共同壮侗语分化后，因语言发展不平衡性的影响，各语言在演变过程中速度有快有慢，一些语言的送气音声母较早地弱化以至消失了，代之以不送气音声母，而有些语言在向不送气音声母演变的同时，还继续保留部分送气音声母，由此造成了同一语族内部不同语支之间，甚至是同一语地群众的同源词声母存在送气与不送气的对应，总的变化趋势则仍是向不送气方向发展看。

试释李唐皇室以"哥"称父的原因及"哥"、"姐"等词与阿尔泰诸语言的关系 陈宗振撰，载《语言研究》2001年第2期。

汉语"兄、弟、姊、妹"是历史悠久的固有词，而"哥"、"姐"等词来自匈奴、鲜卑等古代北方"胡族"的语言。其原词义与汉语"兄""姊"不完全相同，即不限于称同辈；又因其与现代汉族不同的"还子制度""夫兄弟婚""收继婚"等家庭、婚姻制度和习俗，其"阿干""阿哥"（aqan、aqa）、"阿姐"（adi、edʒe）等词又可用于称父母。近现代以哈萨克语为典型的我国突厥语及阿尔泰语系诸语言的亲属称谓，不同程度地保留着古代语言、习俗的影响或遗迹。所以，我国汉文史籍记载的北齐、唐、宋皇室以"哥"称父，以"姐"、"姊"称母的现象，并不是孤立的"家法如是"、偶然的"临时移用"或特殊的"表示亲热"，而是代表北方汉族中存在的阿尔泰诸语言和习俗的影响。这是魏、晋、南北朝以来我国北方各民族大融合的历史在语言上的反映。至今汉族客家人中和山西文水、浙江武义等地方言土语中的类似情况，大约都是北方汉族曾经受到"胡族"语言、习俗影响并扩散到南、北方局部地保存至今的例证。"爹""䶒""娭毑"等词也是在阿尔泰诸语言影响下出现的，而且，"爹""䶒"与阿尔泰诸语言中也表示"年长男亲属"的另一些词（ata，etʃi、adʒa等）同源，"娭毑"与表示"年长女亲属"的词（adi、edʒe）同源。这几个词中，"爹"使用得较为普遍；"䶒"多用于唐、宋；"娭毑"现用于方言。由于汉族封建社会的礼法讲究区分亲属辈分，最后，"哥"、"姐"被定位于同辈间使用；"爹"、"父者"、"娭毑"被定位于称呼长辈。这是汉族强大的封建势力及其传统文化对外来语言、习俗影响加以限制的结果。汉语也吸收了许多少数民族语言借词，即使是最常用的亲属称谓，不仅借用，甚至经过长期演变，其使用频率、使用度还会大大超过固有词。"哥""姐"等词的历史就是有力的例证。

试释西部裕固语中关于服饰的某些词语

陈宗振撰，载《民族语文》1998年第5期。

西部裕固语中关于服饰服装和饰物的词语有的是突厥语固有词，但也有不少是借词，特别是汉语借词。这些借词多数是与汉语很相近而较易为人们辨明的。但是，有些词因为裕固族没有本族文字，语言没有统一的规范，加以语音变化较多，导致同一个词的发音多种多样，甚至与原状相去甚远，使人们不易辨明其词源或其原来的读音和词义。在学习、研究西部裕固语的过程中，经过与古代突厥文献语言及突厥语族现代语言中相应的词或与汉语等兄弟民族语言某些词的比较，使我们对其中一部分词语的词源或原词的构成及其音、义有了更进一步的认识，从而也加深了对有关习俗的理解。本文对西部裕固族中关于服饰的习俗用语作了解释，对其来源或构成、原因或原义提出了自己的见解，为研究突厥语族诸语言或民族学、民俗文化的学者们提供了参考。

试述凉山彝族自称诺苏的来历

武自立撰，载《云南民族语文》1995年第1期。

作者认为"诺苏"是古代彝族先民中两个民族部落的族称"糯（诺）"和"叟（苏）"融合演变发展而来的凉山彝族自称，不是"黑"和"人"的组合，也不是"彝族自古尚黑而得族名"。认为将它解释为"糯（诺）"是"黑"、"叟"是"人"（黑人）是不恰当的。为了弄清它们的真正含义，作者认为必须从"糯（诺）"的由来和"叟（苏）"的出现以及两者的融合，以及学者对它们的错误解释等方面去探索。作者认为，古彝文书、印章和碑铭以"糯（诺）"来表示彝族自称或族称，而与"糯（诺）"同时出现的彝族他称在汉文史志中称为"夷"，"叟（苏）"的自称与他称都是"叟（苏）"。通过考据"糯（诺）"与"叟（苏）"融合的历史详细情况，说明历史上有过"糯"和"叟"的两个部族，后来它们联合成为更大的部落联盟。从此，"糯"和"叟"统称"糯叟/诺苏"，这就是"糯叟/诺苏"的融合，也是它们的真正含义，关于以往学者的错误解释，作者分析了其原因，提出了自己的看法。

试谈德宏傣语动词的构成和分类

韩黔玉撰，载《云南民族语文》1989年第1期。

德宏傣语属于汉藏语系壮侗语族壮傣语支。从词汇方面来讲，德宏傣语的词汇是比较丰富的，从不同的角度以不同的标准可将它归成许多类。本文就德宏傣语动词的构成和分类来谈一点看法。傣语动词是表示人和事物的动作、行为、心理动态及发展变化的词类，其动词构成包括单纯动词和合成动词两种形式。单纯动词只包含两个有意义的由单音节（两个和两个以上的音节）构成的合成动词。合成动词中又分为联合式、偏正式、述宾式、主谓式四种类型。动词可分为及物动词和不及物动词，及物动词后边可以带一个表示承受动作的名词，称为宾语。不及物动词不能带这样的名词，但是可以带跟它发生别的关系的名词，一般也叫作宾语。本文就这些动词的构成和分类一一加以举例说明，旨在介绍德宏傣语的动词特点，增进人们对傣语词汇的了解。

试谈哈萨克语词类的分化

王远新撰，载《新疆大学学报》1983年第4期。

词类分化是哈萨克语语法发展的一个特点。一、从量词和形容词的发展看词类的分化。从名词中分化出来做量词使用的情形主要表现为取其事物名称的一部分以及某些具有代表性的特征充当计算事物的单位；以事物被载容的物体作为计算单位使用；由时间名词分化出表示动作历程的时间单位。形容词与名词有着同样的性质，也是从名词中逐渐分化出来的，一系列非派生形容词可以互相修饰以及被名词所修饰的现象也能说明这一点。二、从实词转化为虚词看词类的分化。哈萨克语中有不少虚词来源于实词，表现比较突出的词类是后置词和语气词（情态词）。三、从实词向虚词、虚词向附加成分的过渡看词类的分化。哈萨克语中有些词类具有明显的过渡性质，表现比较突出的是语助词具有从虚词过渡到附加成分的性质，辅助词具有从实词过渡到虚词的性质。哈萨克语词类的分化，实质上是语法上的进一步完善化、系统化。

试谈汉维语的运动动词以及同处所—方位词语的组合　陆秉庸撰，载《语言与翻译》1987年第4期。

汉语运动词的功能要比维语的复杂得多。（一）运动动词。这里所说的运动动词包括两个组成部分：（1）表示自身移动的移动动词。（2）表示趋向的趋向动词。汉语的移动动词和趋向动词之间的这种区别，导致它们两者在跟处所—方位词语的组合上带有不同的形式。而维语中不存在这种区别，因之也不存在不同的组合形式。（二）趋向动词同处所—方位词语的组合。汉语的趋向动词一般分为简单趋向动词和复合趋向动词。（三）移动动词跟处所—方位词语的组合。其组合形式有三种：（1）借助介词和处所—方位词语组成的介词短语作状语，这种组合形式跟维语是一样的。（2）有些移动动词可以后带"向、往"等介词组成"动介短语"作谓语，后接处所—方位补语。（3）移动动词后带趋向动词连成动补结构的组合动词，然后再接处所—方位补语。

试谈汉语维吾尔语量词的异同　刘宝顺撰，载《新疆大学学报》1989年第3期。

一、量词省略情况之比较。（1）个体量词与数词、名词连用时汉语一般不能省略个体量词，而维语则经常省略或根本不用。（2）集合量词与数词、名词连用时，汉维语都不能省略。（3）物量词与数词、名词组合起来连用，重在形容性时，两种语言一般使用常例；重在计数时，两种语言多用变例，但维语亦常略去量词。（4）指示代词和名词连用，指示代词重在指示时，两种语言不必用量词。（5）汉维语表示度量衡大小单位的量词都有连续性。二、从语法形式方面比较。（1）词序之异同。动量词与数词、动词连用时，汉语动量词作补语；维语作状语。（2）搭配关系（规定性）即汉维语量词不能与名词任意搭配。（3）汉语单音节量词可以重叠，表示"每一个"；维语只有数词与名词结合时中间必加量词时，才能重叠，表示"每一个"。三、借用量词情况之比较。（1）借用名词作物量词。（2）借用动词作物量词，维语无。（3）借用名词作动量词。

试谈句子的特殊成分——提示成分的汉译维　杨新亭撰，载《语言与翻译》1989年第2期。

一、将非修饰语改成修饰语的翻译法。叙述一事物时，先在句子前头提出一个总说成分，二者之间用逗号或冒号分开的叫总分式提示成分。译成维语，一般多采用将分说成分改成修饰语放在总说成分之前的翻译方法。二、省译法。同指一个事物，一个用在句首，不属于主语或谓语的组成部分，另一个用在句中，用代词指代，作句子的一个成分，二者之间用逗号分开的就叫称代式提示成分。译成维语，一般多采用将放在句首的提示成分，改放在句中的代词位置上，原代词省译的方法。三、直译法。两个或两个以上的词或词组重叠在一起同指一个事物，同做一个句子成分的就叫重叠式提示成分。此种成分的后一部分的开头往往用指示代词或数词等表示，二者之间一般不停顿。译成维语，多采用汉语顺序直接翻译的方法。

试谈柳江壮族民歌的押韵规则
韦日高撰，载《广西民族学院学报》1988年第1期。

壮族民歌（欢）要求韵经常更换，平仄声的互相押韵。在壮语的平仄划分一节里，作者认为柳江一带几个县的第五、第六调属平声，其余为仄声。在壮族民歌的押韵规则里，作者指出壮歌用的是押腰脚韵，一般诗歌不能一个韵押到底。文章还举了5首民歌说明平仄可以互押。在壮族民歌平仄互押的特点中，强调在同韵和近韵的平仄声互相押韵，作为壮歌的一个特征（如果把壮语的第一、第二调作为平声，其余的声调作为仄声，则不会出现平仄互押的现象——摘引者注）。作者最后介绍五言八句壮歌的格式特点，要求重唱两次，构成在声音和感情上回环的美。八句的排列次序是：1、2、3、4、5、6→1、2→7、8→3、4。充分显示壮歌的独特风格，附壮歌一首：（原为壮文）tong² toi⁶ kwa⁵ la³ bja¹，bak⁷ du³ wa¹ bu⁵ lu⁴. ham⁵ sou¹ tong⁶ ta⁶ ku⁶，sou¹ mi² pu⁴ ha² çang²。

试谈仫佬语中的 hu³
银云忠撰，载《中央民族大学学报》1999年第2期。

战国少数民族之一的仫佬族，主要聚居在广西的罗城仫佬族自治县境内。仫佬人使用的民族语言是仫佬话。仫佬语只有语言而无文字。仫佬话的词汇，大致可分为两类：一类为仫佬族常用的本族语，一类为借汉语词。在借汉语词中又分为两种：一种是来自古汉语经过加工基本上和仫佬语变化相一致的，几乎看不出原来发音特征的词，暂称为甲类借词；另一种是未经加工与汉语中南方官话——柳州话相近或者相一致的词，暂称为乙类借词。hu³ 的意思是稻米，它属于本族语。在和其他词搭配后可以组成表示名词、动词以及其他相关的词语。这些词汇，除了本民族语固有的词语以外，也有一些甲类借词和乙类借词。从词的结构上看，仫佬语中名词的修饰成分所置的位置一般与汉语词的结构恰恰相反，修饰成分通常置于名词之后，乙类借词的构成与汉语一致。

试谈撒拉语谐音词
马成俊撰，载《语言与翻译》1990年第2期。

谐音词是整个阿尔泰语系诸语言所具有的一种相当活跃而又能产的构词形式。撒拉语作为阿尔泰语系突厥语族的一个语种，谐音词是其构词形式的一个重要组成部分。除名词外，凡被借用的其他语系语言的名词，也都可以谐音。撒拉语不仅名词、形容词有谐音现象，而且在一定的语言环境中，部分动词、代词、副词和叹词也有谐音现象，这些谐音词并非都泛指某类事物，也不都是表示"等等"这样的意义。各类词构成的谐音词都有它特殊的语法意义和作用。撒拉语由部分动词、副词和叹词所构成的谐音词并非都表示名物意义。通过对形容词的研究，发现形容词的谐音词和有的代词有名物意义，而动词、部分代词、副词和叹词的谐音词几乎都没有名物意义。其实，这一点也许就是撒拉语有别于其他亲属语言的特征之一。

试谈社会变化对语言使用的影响——以环江县毛南族为例
郑贻青撰，载《民族语文新探》，四川民族出版社，1992年10月。

广西环江毛南族自治县的毛南族人口有3.79万人。该县壮族人口最多，毛南族次之。从最近情况看，当地的壮语和汉语对毛南族的影响较大。由于毛南族和壮族有着密切的关系，许多人都兼通当地壮语，中老年人都兼通壮语这一事实，说明上一代的毛南人普遍使用毛南—壮双语的。毛南族使用壮—毛南双语的人增多，甚至部分青壮年转用了壮语，唱山歌也用壮语，只略懂毛南语。毛南语受壮语影响比较突出的是声调调值与壮语的趋同，而与关系本来很密切的同属一个语支水语的调值大相径庭。不难想象，这是毛南语受壮语影响的结果。原因是：（1）毛南族与壮族毗邻而居，壮语为当地各民族的交际用语。（2）毛南族地区的干部、小学教师多为壮族。（3）毛南族与壮族通婚的较多，双语家庭多。人们普遍掌握壮—毛南双语。（4）公社化时期，上南乡毛南族与壮族同属一个公社，彼此关系密切，上南乡的毛南族人，不论老少都学会壮语。年轻人有的甚至不懂毛南语。由于汉语的影响不断加大，壮语的使用呈下降趋势，毛南—壮双语逐渐变成毛南—汉双语的模式。这与社会环境的变化有密切关系。20世纪50年代以前，县里汉族人口少，而壮族人口却占了绝对多数，60年代以后，汉族人口不断增加，毛南族把汉语作为母语以外的主要语言，壮语退为次一位，所以就成了老年人以毛南—壮双语为主，年轻人以毛南—汉双语为主。

试谈彝文古籍翻译中词语的规范 周德才撰，载《民族语文翻译研究》，云南民族出版社，1994年。

彝族人民在漫长的历史发展进程中，创造了无比辉煌灿烂的彝族文化，为后人留下了浩如烟海的彝文古籍。这些古籍是中华民族大家庭的共同财富，引起国内外民族学专家学者们的极大关注。随着彝文古籍翻译工作的广泛开展，随之也出现了一些亟待解决的问题。目前，在彝文古籍汉译中，对一些历史人名、神名、地名等的书写不统一的现象较为突出，不仅给研究彝族历史文化的专家学者带来不便，同时，也一定程度阻碍和影响了彝族历史文化的宣传和介绍。因此，统一规范地名、人名、神名等这些词语势在必行，这不仅有利于彝族传统文化的宣传、研究、介绍，同时对于增强民族凝聚力，进一步促进民族团结都具有重要的现实意义，为后人研究彝族历史文化提供方便。

试谈云南民汉双语文教学类型及形式 祁德川撰，载《民族教育研究》（双月刊）2003年10月第5期（总第58期）。

云南各少数民族由于历史文化背景不同，语言文化各异，教育发展不平衡，加之地理位置、居住条件、风俗习惯、宗教信仰、民族传统价值观念等存在差异，双语文教学呈现出不同目的、层次、规格的教学形式。作者归纳出了现行的民汉双语文教学类型有双语单文型、汉主民辅型、民主汉辅型。教学模式上又分为先民后汉型、民汉同步型、先汉后民型和民文突击型，以及单语单文教学、双语单文教学和双语双文教学等。该论文提出了应制定教学大纲，并使其逐步规范化。

试谈藏文的创制问题——从敦煌手卷 P. T. 1047 谈起 罗秉芬撰，载《藏学研究论丛（4）》，西藏人民出版社，1992年。

近年来，有关藏文的渊源问题引起了国内外学者的注意。藏学界的后起之秀，青年藏学家才让太对"藏文创于七世纪，以梵文天成体为蓝本"的观点持否定态度。本文作者对藏文的创制问题根据敦煌古藏文写卷 P. T. 1047 号，提出了自己的看法，认为 P. T. 1047 中的第八段卜辞确是南木日伦赞的大相琼保·邦色苏政问卜时的记录。也就是说这段辞卜文字在松赞干布之前形成。从这个手卷看，长达四百多行，表达的意思又很完整，说明这时的文字已经相当成熟了。作者认为：藏文产生在松赞干布之前，吐弥桑布扎如果确有其人，而且确实去天竺学习过梵文，那么他的功劳在于按梵文的字体厘定过藏文的字体和某些正字法，他不是藏文的创造人，藏文制定的历史也不仅一千三百多年，而是久远得多，至于创于何时，尚有待进一步从考古发掘中去寻找答案。

试谈藏语及物动词与宾语的关系——对宾语加不加 [la sgra] 问题的一点看法 马月华撰，载《西南民族学院学术论文集》，西南民族学院，1981年。

本文对宾语加不加 [la sgra] 问题做了论述。

受动宾语和涉事宾语是藏语语法的特点之一。是受动宾语还是涉事宾语的区别是十分重要的。宾语加不加〔la sgra〕的问题，主要仍取决于动词与宾语的关系，对单纯动词来说是这样，对合成动词也是这样用。我们可以对合成动词进行分析。但是通过对它的分析，看到起决定作用的仍然是动词词根；仍然是动词与宾词的意义关系决定宾语的性质；仍然是受动宾语就须加〔la sgra〕；涉事宾语则不加，这条基本规律在起着作用。另外，也可能有少部分动词使用界限仍然不清，就需要结合上下文、语言环境、表达习惯，以及汉、藏语的相互交流和影响等问题作具体、细致的分析才能确定。分析合成动词的结构是构词法的问题，探讨宾语加不加结构助词是句法问题。把这两个不同层次放在一起讨论，容易使问题变得更复杂。

试谈壮语地名用字问题 郑贻青撰，载《云南民族语文》1995年第1期。

作者利用1998年由广西民族出版社出版的《广西壮语地名选集》，研究靖西县境内的地名。靖西县的地名多以壮语来命名，书面上大部分的地名是用通用的汉字书写的。因此，一个地名往往有壮语和汉语两个读音。向知识分子打听地名，可以用汉语读音，但在农村必须用壮语读音。作者从书里选出一百个靖西县地名，都是通名加专名的格式。前面的"通名"，其用字归纳起来有如下这些，括号里的字词是该读音的意思：那（田）、大（河）、弄（土岭）、   （平坝）、陇（平坝）、龙（平坝）、念（水）、坡（土坡）、凌（溶洞）、玲（水潭）、龙（水潭）、灵（水潭）、巴（嘴巴）、岜（石山）、百（嘴巴）、布（泉）、古（棵）、枯（棵）、果（棵）、怀（水牛）、吞（石头）、足（训读字，角落）、荷（茅草）、多（下面）、个（角落）、农（树林）、叫（山坳）、富（男性词头）、泗（老虎）、渠（水坑）、伏（那边）、南（水）、峒（一带）、发（天）、曼（村寨）、马（马）等，上面的字绝大部分是用汉字的音来表示的。本地人看了这些地名用字，一般都知道是什么意思，就会读出其他音来。

试谈僮语语法中的新词序 曹广衢撰，载《中国语文》1959年第5期。

本文就僮语里修饰关系的次序问题来论证语法的变化和发展。僮语里有修饰关系的词或词组，各成分之间的次序有：被修饰成分+修饰成分（称僮式）；修饰成分+被修饰成分（称汉式）。文章利用僮语各方言土语材料，探讨了僮语中汉式的起源和发展的痕迹以及产生的条件。所有修饰关系词分为四个类型（z代表僮语固有语言成分，H代表借汉的语言成分）：①zz；②zH；③Hz；④HH。得出以下结论：（1）僮式作为僮语的特点表现得不稳固，不是一成不变。（2）新的语法规律产生和发展是逐渐的、长期的语法新质和新结构要素的积累。（3）HH汉在较早时期就已萌芽，到现在才肯定下来。（4）僮汉两式并存没有给僮语基本语法带来混乱，改变了僮语的特点，它们有严整的规律，它丰富了僮语的基本语法规律。（5）语法发展有它内部的发展规律。

试探汉藏、阿尔泰语系亲缘关系 芒·牧林撰，载《蒙古语言文学》（蒙文版，第3期），汉文发表在《欧亚学刊》（2005）。

此文写于1997年，在第九届中国语言学会年会上宣读，本文提出并论证汉藏、阿尔泰两个语系语言之间在发生学上有历史渊源关系假说，由五个部分组成。作者在研究蒙古语词源过程中，积累了汉蒙音近义同的"谐音词"2000余条，发现汉蒙语之间语音、词汇和语法等方面有一定联系的事实，从而进一步探索汉藏、阿尔泰语系的亲缘关系。历经二十余年的深入研究，提出了它们之间可能存在历史渊源关系的创见。通过斯瓦迪士修证百词表，对汉、藏、蒙、满、突厥五种语言同义词读音的比较考查,得知它们之间的同源比例是:汉、蒙94%;汉、满87%;汉、藏65%;藏、蒙66%等很高的同源比例,由此得知它们之间可能存在亲缘关系。作者建议将"汉藏"、"阿尔泰"两个语系可合并为一个语系,可命名为"蒙古利亚语系"、"亚细亚语系"、"犬鹿氏语系"等三个新名称。

试探闽方言中的壮侗语底层 赵加撰,载《汉语与少数民族语言关系研究》,中央民族学院出版社,1990年。

本文着重探讨词汇方面的底层遗存。闽方言中有大量的词很难找到相应的汉语。但是如果把这些词与壮侗语族语言的词汇相比较,却可以找到许多语音相近、语义相符的词。这只能解释为这些词是古代越人遗留下来的语言成分。这些词被闽方言吸收以后,当按闽方言的语音演变规律发生变化。而闽方言本身有某些方面,尤其是声母系统方面,直接继承了汉语上古音系统的特点。因此,这类词根据汉语古音和方言的语音演变规律,大部分都可以同壮侗语族语言的词汇作历史语音比较,有少部分因材料还不全面,只能与壮侗语族语言词汇作共时比较。本文讨论的闽方言中的一些词,基本上都是有音无字,或者只有方言字,很难从汉语本身找到它们的来源,但却可以从壮侗语族语言中找到相应的词。因此,有理由认为这些词是闽方言吸收的古越语,是壮侗语的底层词。

试探闽方言中的壮侗语底层——论百越民族史研究的几个问题 赵加撰,载《贵州民族研究》1991年第1期。

文章认为,闽方言中有大量的词很难找到相应的汉字,从字典辞书上查找方言本字,也只能解决一部分。但如果把这些词与壮侗语族语言中有的词汇相比较,却可以找到许多语音相近、语义相符的词。这只能解释为这些词是古代越人遗留下来的语词,系壮语的底层词。这些词进入闽方言以后,有的可能按闽方言的语音演变规律发生变化,有的就不一定了。另外,闽方言本身有某些方面,尤其是声母系统方面,直接继承了汉语上古音系统的特点。因此,一部分底层词根据汉语语音和闽方言的语音演变规律,可以同壮侗语的词汇作历史语音比较;另一部分底层词则只能与壮侗语的相应的词作共时比较。文章重点讨论了闽方言中的一些词,这些词基本上都是有音无字,或者只有方言字,很难从汉语本身找到它们的来源,但却在壮侗语中找到相应的词。

试析巴塘藏语中的几个结构助词——兼谈人称代词的音变现象 王青山撰,载《青海民族学院学报》1994年第4期。

本文所谈巴塘话中的几个结构助词,全都可以在传统藏语文法中找到它的源头,即属藏文文法属格、施格、于格、宾格、从格等助词的语法范畴。所不同之处仅在于语法形式的变化。与古藏语相比,现代藏语中这几个结构助词的语法形式是简化了。藏语格助词的简化方式,主要是语法形式数目的减少或消失,这一点巴塘话也不例外。与其他方言土语相比,在格助词语法形式的简化上,巴塘话的特点主要表现在音节合并带来的语音变化上。音节合并规律是藏语语法中固有的一条规律。它体现在藏文文法的添接规则中,也存在于现代藏语各方言土语中。而音节合并带来的语音变化及语法形式的变化,却是巴塘话的一个特点。极富土语色彩的语音和语法形式的一些变异现象在语流中高频率地出现,是形成巴塘话与其他方言不同的重要特点之一。

试析哈萨克语的与格 成燕燕撰,载《中国突厥语研究论文集》,民族出版社,1991年。

学术界一般认为,与格和动词有关,可表示动作的方向、目的、时间、处所、对象;还可表示物品的价格；带与格的词在句中主要作状语和宾语。带与格的词还与其他词类有结构关系，还可和其他词构成词组来共同充当句子的一个成分。（1）带与格的词与其他词的关系——与趋向动词、非趋向动词、要求双宾语的动词、强制态动词和无人称句的动词谓语有关；与形容词有关；与后置词有关；与一些体词性语气词有关；与整个句子有关。（2）与格表示的意义——表示动作的方向和动作、行为的接受者；表示动作、行为的处所；表示动作、行为的目的；表示人、事物、行为之间的关系；表示时间；表示达到某一价格或年龄；表示原因；表示依据；表示行为动作的方式，凭借的条件；表示动作关涉的事物或范围；表示开始进行某一动作。（3）带与格的词在句子中的语法功能——除可作宾语、状语外，还可与有关的词组成具有交配关系的词组，充当主语、定语、宾语和状语，但不能作谓语。

试析哈萨克语数词"bir" 陈晓云撰，载《语言与翻译》1989年第4期。

哈萨克语数词 bir 本身是一个基数词。但在语言的实际应用中，它除了表示数词的基本意义外，还可以与其他词类结合，赋予词组、句子以相当丰富的内容，运用范围比较广泛。一、数词"bir"的构词功能。数词 bir 作为一个基本语素，其义项是单一的。但在构词过程中，它可以与名词、形容词结合构成一个新的复合词；与构词附加成分结合，构成新词，与构形附加成分结合构成新词。二、bir 在成语、谚语中的运用。成语、谚语在哈萨克语中占有十分重要的地位。而 bir 又是成语、谚语中经常出现的数词之一。它在这些固定的搭配模式中，有着不可替代的作用。三、数词 bir 在句子中的功能。数词 bir 进入句子后，表现出相当活跃的特点。它可以与不同的词类结合，修饰、限制句子的主要成分。比如：同名量词结合，组成一个表示事物的量的结构，在句子中作定语。

试析拉祜族语动词谓语句中"体"、"态"、"式"的范畴 张伟撰，载《汉藏语言研究》2006年。

动词谓语句中的"体"、"态"、"式"的表达形式在彝语支语言中是普遍存在的。但是，各个语言所表达的形式和方法各有特点，特别是动词"态"的语法范畴中的动词使动和自动的语法现象各有自己的显著特征，有的语言以屈折形式变化为主、有的则以分析形式为主、有的则两者兼有。本文就拉祜语动词谓语句中的"体"、"态"、"式"的分析，找出拉祜语和其他藏缅语言动词谓语句中的"体"、"态"、"式"不同点。这对研究藏缅语言动词的语法范畴有一定意义。

试析黔东苗语词的结构 王秀盈撰，载《贵州民族研究》1984年第3期。

本文对黔东苗语词的结构进行分析。苗语黔东方言词的结构可分为单纯词和合成词。单音节的单纯词生命力最强，是苗族人民用来创造新词的基本词素。多音节单纯词中有一部分双声同调或叠韵同调的单纯词如 qut qat（痒）、dlub ghongl dongl（白生生）。合成词由两个以上词素构成，其构词形式有联合式、偏正式、动宾式、动补式、主谓式、辅助式等。在辅助式合成词中，辅助词素与实词素的结合有其自身的规律性，不得随意搭配。名词性实词素大都能与辅助词素结合构成辅助式合成词。非名词性实词素，如果与辅助词素结合，亦转化成名词的辅助式合成词。辅助词素中，ghab 是最常见最活跃的。ghab 与动词素结合后，构成一般性名词；与方位词素结合构成方位性名词；与量词素结合构成合成词，有强调数量的含意。量词作辅助词素常见的有 laib（个）、dail（只、个）、diangb（把、根）、jox（条）、jil（只）等。这些辅助词至少与实词素相结合时，有一定的习惯用法，不得随意搭配。

试析西夏语表"五色"的词 聂鸿音撰，载《民族语文》1991年第3期。

西夏语中有二十多个颜色词，本文从词源和词义两方面讨论了其中与"五色"（青、黄、赤、白、黑）有关的16个词。这16个词可按使用的条件分为四组。第一组词在西夏文献中最为常见，且与藏缅语族的语言有明显的同源关系，可以认为是党项语的固有词。第二组词与珞巴语和僜语有某种对应关系，估计是从夏藏边境上的某个古代藏语方言借入的。第三、第四组词是西夏人新造的词语，它们在意义上有别于第一、第二组词，文章指出西夏人有时是通过改变声调以派生出新词来的。例如西夏语的"黄"即可通过改变声调的手段成为"金黄"，犹如白语碧江方言的 tçha～44（蓝）改变声调后变成了 tçha～42（绿）。文章最终认为，西夏语各组颜色词之间的区别既有词义方面的，又有词源方面的，它们的对应是语言历史演化和当地民族交融的综合反映。

试析现代维语中的自复动词 杨新亭撰，载《语言与翻译》1992年第3期。

何谓自复动词，现代维语动词是有态的变化的，即有：主动态、被动态、使动态、自复态、互交共同态五种。所谓动词的自复态，就是施动者发出的动作只及于本身而不及于他人或他物的一种动词形式。自复动词的特征：（1）由于自复动词表示的行为动作只及于本身，所以，它表示的行为动作就不以谁或什么为对象。（2）现代维语中的动词是具有支配格能力的。及物动词能支配宾格，不及物动词则根据动词本身特点，分别能支配向格、从格、位格、所属格或要求联连一个起格作用的后置词。由于自复动词表示的行为动作只及于本身，所以它就不具备支配格的能力。（3）自复动词和不及物动词一样具有使动态变化。所不同的是，自复动词一旦变为使动态，就由不以谁或什么为对象，由不具有支配格能力而变为能支配宾格能力的及物动词。

试析彝语语法中的几个问题 马学良撰，载《民族语文》1989年第1期。

文章分两部分：一、词类问题。1941年作者把撒尼彝语依照词在句中的形式，意义及其功能分成五类：1. 名词：1）实词，2）代词，3）量词。2. 谓词（含动词、形容词）。3. 数词。4. 助词。5. 感叹词。名词分单音段实词与复合音段实词。谓词也分单音的与复合音的两种形式，因为它具有语法的特点。动词和形容词统称为谓词，这是由于这两类词在句子中不管在位置上和用法上都处于同等情况。助词和谓词用对比法就知道二者的区别。二、释 kv^{33}。这是迄今无定论的彝语语法现象。撒尼彝语中 kv^{33} 与谓词结合表达使动意义的分析形式，kv^{33} 是否为古彝语仅存的一种使动式前缀，其后发展为其他形式，值得探讨。在同系属语言比较研究中，kv^{33} 是考证古代彝语演变的一块珍贵的语言化石。

试析藏语ABB型词的义位特点 胡书津撰，载《民族语文》1990年第2期。

藏语ABB型词的应用，是藏语的一个显著特点。本文对藏语ABB作了分析。指出ABB型词义位包括表概念即表抽象类别的基本语义和表形象、情感的附加意义。A多数是形容词词根，少数是动词和名词。A能独立使用，BB多数也能单独使用。极少数ABB型有相对的AABB型，A一般不能重叠，能重叠的很少。BB重叠后缀变为BC，构成ABC，C的声母是B的韵尾，产生同化，C的韵母多为［E］。A表概念的基本语义，A与BB构成ABB型的词反映的是具有形象或表现情感的性质、状态或者行为状况。BB跟A主体部分的关系是向心的，ABB型词的附加义，有的是表形象、情感的性质、特点，程度的加深或减弱；有的表示指称对象一种附加褒贬义等。作者还指出ABB型是汉藏语系诸语言的一种常见共同现象，有相似或相近的构词格式和词义位特点，故推想他们在发生学上很可能有其渊源关系。本文也想为研究汉藏语系亲属语言的同源关系提供一点线索。

试行中的土族文字 李克郁撰，载《中国少数民族语言文字使用和发展问题》，中国藏学出版社，1993年。

土语文字创制于1979年末，在土族文字问题上，对以下六个问题的认识是正确的。这六个问题包括：民族语文是民族的一个重要特征，语言文字平等的重要标志；土族人口15万余人，有自己独立的语言；土族文学应以拉丁字母化的汉语拼音字母为其字母形式等。建立《土文方案》是以互助方言为基础方言，以互助方言的东沟语音为标准音制定的。土文字母的数目及书写与汉音拼音字母完全一致。由于土族文字是创新文字，其正字法遵循音位原则、形态学设计照顾历史原则。从1979年底到1988年底，在推广土文方面作了以下几件事：第一，举办学习班，培训土文工作者；第二，开展农村业余扫盲，把文字送到群众手中；第三，小学低年级加授土文；第四，译制土语电影；第五，试办土语广播节目；第六，编辑教科书和通俗读物，创办民族文字刊物。

释"阿銮"——傣语词考释之一 王敬骝撰，载《云南民族语言文学论文集》，云南民族出版社，1990年。

"阿銮"的故事是一篇叙事长诗，在傣族地区广泛流传。关于"阿銮"一词有诸多解释，作者认为这些解释都不确切，应该从这个故事的来源和佛教传入的路线这两个方面来考虑。"阿銮"是一外来词，阿銮故事源于佛本生故事。傣族人信仰小乘佛教，大量的资料证明小乘佛教主要是由缅甸传入的。通过比较分析，可以看出傣族阿銮故事中的"阿銮"是缅语"阿隆"一词的音译。"阿隆"是"阿隆刀"在佛本生故事中的简称，这一词的意义为"佛之胚子或遗体"，即汉传佛教的"菩萨"。综上所述，作者认为傣族阿銮故事中的"阿銮"应该解释成"菩萨"。傣族与汉族交往已久，傣族的居住区与越南、泰国、缅甸等相邻，在日常生活中，语言之间也相互影响，傣语中有不少外来词，其中某些外来词的意义已不明显。本文是对这类词进行考释的其中一例，若是相似的情况，也可借鉴本文所提供的方法进行考证。

释"鼎" 王敬骝撰，载《民族语文》1992年第3期。

本文考释宋、元之际我国对外贸易中一种重要货品"鼎"是什么。一说我国过去出口的所谓鼎，皆指一种灶，除铁制者外，尚有铜制者。而"鼎"为马来语之省音。作者认为：（1）《岛夷志略》等书所说之"鼎"，其名称应是我国固有的叫法。（2）此"鼎"即我国南方以至东南亚许多民族至今尚广泛使用的三足支锅器具，当地汉语称"三脚"。（3）此三脚支锅器具，在越南语和佤、壮、傣等民族语言中的叫法，乃《礼记·月令》、《郑注》所见"灶胫"之"胫"的对音。（4）在古汉语中鼎可读为胫。后来鼎、胫所指有所变化。（5）由于鼎、胫原为同源异形词，所以在一些汉语方言或少数民族语言中，实为炊具的鼎锅或鼎，可以称为胫，而实为器具的"三脚"或胫，也可以称为鼎。本文引证《说文》、《礼记》、《岛夷志略》、《论语》、《广雅》、《尔雅》、《淮南》等书，引用佤语、布朗语、傣语（西傣、德傣）、越南语有关词语例证。

释"鹅阙" 王育弘撰，载《云南民族语文》1998年第2期。

一千多年前，在我国西南的南诏辖区内，有一道在当时颇享盛名的民族风味菜，叫"鹅阙"。［唐］樊绰撰的《蛮书》和［宋］欧阳修、宋祁撰的《新唐书·南蛮传》对此均有记载，但文字略有不同。《蛮书》的记述为："取生鹅治如脍法,方寸切之,和生胡瓜及椒、楪和之,谓之'鹅阙',土俗以为上味。"《新唐书·南蛮传》的记述为："脍鱼寸,以胡瓜、椒、薤和之,号'鹅阙'。"作者通过考释,旨在说明:(1)《蛮书》的"鹅阙"即《新唐书·南蛮传》的"鱼阙",前者的"鹅"是音译,后者的"鱼"是意译。(2)白蛮语的"鹅",即汉语的"鱼",两种语言中的此词,都是来自古羌语;白蛮语的"阙",即汉语的"脍",两种语言中的此词都来自古越语。从"鹅阙"或"鱼脍"的论证中,可以看到白语和汉语十分相似。(3)"鹅阙"是用南诏"俗字"写的古白语,南诏"俗字"即流传至今的"方块白文"。(4)本文的考释再次检验了王敬骝教授提出的古白语考证法,说明它是有效的,可行的;而且还为他提出的白语形成说、汉语形成说以及他的"华夏语系"说,提供了一个颇有意思的例证。

释"黄"——汉语词考源之一　王敬骝撰,载《云南民族语文》1996年第4期。

文章首先从古文字研究、词源研究的角度及汉语和少数民族语言在表示颜色异同的对比中,得出《说文》对于"黄"字的说解,无论是形,还是义,都不合此字或者说明此词本来面貌的结论;随后作者凭着对佤语和孟—高棉族语言的多年研究,认定夏代的雅语当是越语,而且汉语中不少表示颜色的词与越语有关,或者说是来自古越语,于是便有了汉语中的"黄"也一定跟越语有关的猜测。为了证明这一点,作者从义和音的角度进行了分析,比较了越语族诸族语音的异同,并对部分越语同汉语的同源关系进行考察,引用大量具有权威性的结论说明了汉语中"黄"的来源。最后,作者认为汉语中"黄"与越语中的"豆蔻"一词有关,从而印证了作者所认为的汉语中的颜色音"黄"来自古越语的说法。文章还评价了《说文》在研究我国古代语言文字中的重要性。

释"苏"、"荏"——汉语词考源之一

王敬骝撰,载《云南民族语文》1993年第2期。

本文是一篇汉语词源考证。认为:汉语中的"苏"、"荏"指的是同类植物。"苏"这个词来自我国古代东部越人、夷人的语言,但是,由于古越语、夷语的"苏"与古羌语的"鱼"、"吾"同音,因此,表示"苏"这个词的字,即"苏"、" "、" ",是以古羌中的"鱼"、"吾"为声符造成的。"荏"这个词来自我国古代西部羌人的语言,但是,由于古羌语的"荏"与古越语、夷语的"任"同音,因此,表示"荏"这个词的字,即"荏",是以古越语、夷语中的"任"为声符造成的。这种情况,不但说明中华民族本是多民族融合的共同体,而且也为关于汉语形成的学说提供了一个颇有说服力的反证。

书面藏语词组结构类型分析　仁青措撰,载《西南民族学院学报》1997年第1期。

文章讨论了藏语各类词组的结构类型。词组是实词和实词与虚词按照一定的方式组织起来的。联合词组由两个或几个部分组成,各构成部分之间是平等相连的,包括名词性、动词性和形容词性联合词组。一般要有连接词关联。主谓词组由被陈述和陈述部分组成,构成主谓关系。偏正词组的两部分之间有修饰、限制关系,包括前偏后正和前正后偏两种。述宾词组的前一部分表示动作、行为所关涉的对象或动作、行为的方向、终点,后一部分表示动作或行为。述补词组由表动作或性状与补充说明结果、状态的两部分组成,一般补语位置在述语之前。大多数述补词组带有 la 类格助词。连谓词组由两个动词性成分组成,结构上动词之间加上 nas、la 或 te 连接词。方位词组由名词加方位词构成。文章认为藏语虚词是掌握词组的关键。

书面藏语的熵值及相关问题　江荻撰,载

《1998 中文信息处理国际会议论文集》，清华大学出版社，1998 年。

本文以 20 余万字文本语料对现代书面藏语（不包括古代藏语和梵音藏文）作了小规模信息熵估算，计算出一阶熵（只考虑字符的概率）和二阶熵熵值（既考虑字符概率又考虑符号间依赖关系）以及藏语的多余度。本样本一阶熵为 3.9913 比特/符号，二阶熵为 1.2531 比特/符号。与西方语言比较，书面藏语的条件熵极小，有序度高，多余度很大。这是由藏语自身严格的结构所造成的。按照香农信息量理论，信号所负载的信息量不依赖于信号本身，而是与可供选择的信号数目成正比例。因此，可选符号越多，信息量就越大。例如，藏文给出 r_yal，那么能考虑的词只可能是 rkyal "泗、游"，rgyal "络腮胡"。信息量十分小；如果给出 br_yal，则只有唯一的 brgyal "晕倒，昏迷"；反之，如果给出 b_，则可选择的词就太多了，所含信息量极大。这就是字符间的制约。按马尔柯夫信源理论，任何时刻信源符号发生的概率只与前面已经发生的数个符号有关。也就是说，前面符号概率（xi）已知时，后面符号（yj）出现的概率就称为以前面符号出现为条件的条件概率 P（yj／xi），计算后随符号的熵就是计算后随符号的条件熵。

书面藏语连词 Zhing 的用法　胡书津撰，载《民族语文》1983 年第 2 期。

本文探讨了 zhing 在书面藏语中所起的关联作用。zhing 按传统文法属于不自主虚词范畴，它有三个词形变体形式：zhing、cing、shing。zhing 可以连接词与词（动词或形容词）、词组与词组、小句与小句。连接的两项从语法意义和形式上看，有下列几种情况：1. 连接并列关系的词或词组；2. 连接并列关系的小句或句子；3. 连接表对比关系的小句；4. 表示后面小句是解释、分析或补充前一小句的理由、情况；5. 连接语意相承的动作或事情，表示承接关系；6. 连接语意上有轻重之别的递进关系小句；7. 连接语意对立的成分；8. 连接事理上前后相因的成分或与表承上式结果的关联词语连用表因果关系；9. 与表假设关系的关联词语连用，表示假设与结论或结果关系；10. 与表条件关系的关联词语连用，表示条件与结果的关系；11. 连词 zhing 的特殊用法——表修饰关系。作者认为 zhing 是一个具有多种结合能力的连词，它在形成书面藏语复句类型方面起了较大作用。

书面藏语名词构词法浅析　胡书津撰，载《藏学研究论丛（2）》，西藏人民出版社，1990 年。

本文就现代藏语名词的构成方法，谈了自己的看法。名词结构包括单纯词、合成词。构成单纯词有单音节的单纯词、多音节的单纯词。合成词分两类，一类是实语素加构词词缀，另一类是实语素加实语素。藏语中的名词复合式一般可分为：联合型、偏正型、述宾型、主谓型、承接型五种类型。在名词敬语结构中，藏语的名词、代词、动词和形容词里都有一部分通常称作"敬语"的词，过去和现在都被广泛地应用于书面语和口语中。名词敬语形式概括起来，大体有两种表示方法，一种是敬语形式使用不同于相应的普通形式一般词的敬语语素，另一种是以普通形式名词前添加一个与它有关的敬语语素使该词起着敬语标志作用，以构成与普通形式相应的敬语形式。在借词进入藏语的过程，并不是单纯加以借用的过程，藏语借词主要采用全借、半借、全借加注或借词后加后缀等方式。

书面藏语排序的数学模型及算法　江荻、康才畯撰，载《计算机学报》2004 年第 4 期。

该文基于中国国家标准及 ISO 藏文编码字符集的研究成果，提出书面藏语字词的排序涉及藏字结构序、构造级和字符序概念，是不同于中文、英文序性而性质独特的一种排序。该文由六个部分组成。第一部分指出该文的研究对象、研究背景与研究方向。第二部分讨论了藏语的结构序和构造级。

作者认为，结构序、构造级和字符序是决定书面藏语排序的根本性因素，而且相互交织出现在整个排序过程中，因此藏语的排序具有自身的独特性。文章把书面藏语的结构序和构造级综合起来的结构位置排序分析为四种结构形态，并指出基本的排序方法是从构造级最低的位置开始，各个结构位置逐一顺序交替变换字符，每当下一级位置的字符轮换完毕，则进入下一级位置，直到最终遍历每一个位置，排序转入下一级结构形态，并重复以上字符变换过程。第三部分给出了藏语排序的数学模型。第四部分讨论字符序及其赋值。作者认为，由于计算机藏文字符本身不具备编码顺序，为此有必要给每个具体字符赋值，赋值的方法采用数值作为字符的代码，其中既要考虑字符的结构位置，还要考虑字符序和字符的数量。第五部分讨论藏语排序的算法。作者认为藏语排序的计算机算法可分为4步来完成：（1）确定藏字的位长及基本辅音位；（2）确定基本辅音位的层高；（3）确定单个藏字的序值；（4）在每个藏字的序值确定后，将其序值存入数据表。最后文章指出，虽然书面藏语系统的传统序性包含了糅合结构序、构造级、字符序等诸多因素在内的复杂关系，但却反映出藏文自身的逻辑性，不仅科学有效，且已为广大使用者所接受。另外，按照笛卡儿乘积方式描述藏语排序规则，获得的是藏字所可能的排序结构。然而，语言文字的发展总是具有很大程度的随机性，语言词汇的丰富程度也与具体语言群体的社会发展相关联，因此，现实存在的藏字结构必然只是一定量离散元素所构成的集合，仅仅是笛卡儿乘积方式描述藏语排序结构的一个子集。因此，根据现有藏字构造的排序表必定存在着编码数值上的不连续性，这也正反映了语言文字随机性发展中所导致的离散特性。该项研究依据上述算法已经实现了对藏语字词的排序，排序结果符合现行藏语词典的排序，是一种结构简单而又切实可行的排序算法。

熟语的翻译　格拉吉丁·欧斯满撰，载《语言与翻译》1987年第1期。

在汉语中把定型的词组或句子称为熟语。汉语的熟语包括有成语、俗语、谚语、格言和歇后语等。熟语是在劳动过程中产生的。它具有浓厚的人民性。从熟语的外部结构我们就不难发现它有以下特点：（1）熟语是语言的主要修辞手段。由于熟语是各种修辞手段的集中表现，所以，它就是语言的核心和结晶。（2）熟语是语言中用各种手法所形成的独立因素。它经常以一个短的词语或短句的形式在句子中充当其某一个成分。翻译熟语可采取以下几种方法：（1）直译法。译文必须在不违背语言规律和正确理解的前提下，保持原文熟语的比喻形象和民族色彩。（2）对等翻译法。在有利于表达原文思想，而又不会与原文段句发生矛盾的前提下，也可以采用哈萨克语中与其对等的词。（3）意译法。根据上下文的含义，采取保存原文思想内容完整性的译法。（4）缩译法。当然，这并非所有的成语、谚语都可缩译。缩译是有它一定的规则和方法的。

数词与苗歌　刘锋撰，载《苗语文集》，贵州民族出版社，1993年。

"兴"是诗歌中常用的修辞方式，是指先言他物以引起所咏之事。"兴"可用于发端，即只借他物起兴，意义不必和下文相关；也用来作比，所比之物与下文有关。苗族诗歌（歌曲）中的"兴"一般都是起发端的作用，以数词作"兴"成为苗歌的一个重要特征。作"兴"发端的数词只在苗歌的声律方面起作用，具体讲第一是为了押调或起调，第二是换调的需要，第三是诗歌艺术性的要求，数词可使诗歌数番换调从而达到诗歌艺术性的要求，数词可使诗歌数番换调从而使诗歌的押调在整齐中有参差、平静中有变化，增强了艺术效果。汉语诗歌以数词为"兴"的现象不如苗语那么普遍，主要原因是两种语言里各自数词的特点不同。汉语数词只有6个韵，远不如30多个韵母提供的韵多。苗歌要求押 8 个调，光数词就有 5 个调（b、t、s、f、x）可押，再加上 jangd、nangl 和变调等灵活变通的方法，在 8 个调里用数词押调实在是绰绰有余了。

双语教学是少数民族发展教育的有效途径　王均撰，载《云南民族语文》1989 年第 2 期。

双语教学就是解决少数民族教学用语，从而使民族教育能确收实效的公认好办法，是少数民族发展教育的有效途径。本文就这一问题展开探讨，认为现在没有人反对双语教学，但是对双语教学却有不同的理解。一种理解是"双语教学"不一定是"双文教学"。在教学活动中，比方说在民族地区（有文字的除外）用汉语作一般的教学用语，仅在必要时使用民族语言讲解，这就算是以一种语言为主的双语教学了。另一种观点认为上述方法只能是以母语为辅助手段的单语教学。真正称得上双语教学的，是从学生的母语入手，先把孩子的心扉打开，诱发儿童的学习兴趣，再在他们初步掌握母语文的基础上，逐步增加第二语言即汉语的教学。这就需要一种传统的或新创的民族文字。本文认为国家民族语言文字自由平等的政策，就是指尊重民族"自愿自择"的民族意愿，不得强加，双语教学应讲求实效，符合民族的习惯和利益。本文对双语教学问题的探讨，旨在推进民族地区的教育事业，强调双语教学的重要意义和作用。

双语教育中的学习迁移现象　黄行撰，载《双语教学与研究（第一辑）》，中央民族大学出版社，1998 年。

学习迁移指学生先有的学习经验对以后的学习产生影响及其将所学的知识应用于实践的心理活动过程。我国少数民族实行的双语教育有两种不同的意义和目的。为此语言的学习迁移也有两种表现形式。一种表现在母语和第三语言结构上的相互影响；另一种即人们通常所说的语言之间的文化移入或涵化问题。另外，在双语教育中牵涉到语言学习中的一些迁移现象。如果两种语言结构相近，学习者利用母语知识较易学会目的语，属于学习中的正向迁移；而两种语言结构差别较大时，则产生语言学习中的负向迁移现象。应看到，双语教育是极其复杂的心理过程和社会行为，用现有的学习迁移理论来解释学习过程中语言之间的相互影响是有一定的局限性。同样，我们很难说哪个方向的迁移是积极的还是消极的。对语言地区的变体不应有任何偏见，解决的方式是在这样的地区积极地实行双语制和双方言制。

双语类型及我国双语研究综析　丁石庆撰，载《西南民族学院学报》1993 年第 3 期。

我国的双语现象由于各民族的历史、经济、文化发展、人口分布格局、人口数量等诸因素的不同而呈现出复杂多样的特点，其基本类型如下：（1）从双语分布范围上可分为全民型和局部型。（2）从兼用何种语言上可分为民兼汉型、汉兼民型。此外，还有一种比较特殊的类型，指使用两种或两种以上语言的民族中有一部分成员兼通本族的另一种语言。（3）从双语使用的熟练程度上可分为双语熟练型、母语熟练型，第二语言熟练型。（4）从掌握的语言种类上可分为双语型、多语型。（5）从是否掌握文字上可分为双语口语型、双语单文型、双语双文型。（6）从双语使用的时间上可分为历时型、共时型、断裂型。（7）从双语使用功能上可分为并列型。我国对双语问题的研究始于 20 世纪 20 年代初，近些年我国双语问题研究主要围绕着双语使用情况的调查研究和双语教学问题的调查和研究。

双语问题与濒危语言保护　孙宏开撰，本文是 2000 年 7 月在中国少数民族双语教学研究会第 9 届学术讨论会暨首届国际双语教学研讨会上宣读的论文，后载于该会议文集《双语教学与研究》第三辑，中央民族大学出版社，2001 年。

文章分 3 个部分：1. 首先介绍了国际濒危语言的理论、方法和形势，列出了世界上 6700 多种语言使用人口的状况，其中 100 人以内有 488 种，100～1000 人的有 1096 种，1000～1 万人的有 1664 种，1 万～10 万人有 1363 种，10 万～百万人的有 616 种，百万以上的有 269 种，最近已经死亡的语言有 234 种。文章还列出了使用人口在亿人以上有 9 种。2. 分析了我国的语言形势，列出类似的比较数字。我国百人以下的语言 7 种，百人至千人的语言 15 种，千人至万人的语言 41 种，万人至十万人的语言 34 种，十万至百万人的语言 17 种，百万至千万的语言 10 种，千万以上的语言 2 种，最近已经消亡的语言 2 种。3. 以阿侬语为例，分析了濒危语言走向濒危的过程、表现、原因和结果，讨论了保护濒危语言的必要性和如何采取措施保护濒危语言。

双语现象对母语的影响　安继武撰，载《新疆教育学院学报》，1981 年。

该文论述新疆维吾尔语—汉语双语现象的出现，是在长期的历史发展过程中逐渐形成的。特别是新中国成立以来，随着政治、经济、文化的发展，这种现象就更为普遍。维吾尔语吸收汉语借词，历史比较悠久，早期维吾尔语中的汉语借词，除名词之外，还有一些动词。维吾尔语借入的汉语动词，一般都是单音节词，而且还要加上维吾尔语固有的由静词构成动词的附加成分。这种语言现象在现代维吾尔语中，特别在维汉双语人的口语中，不断出现。早期的维吾尔语没有借用汉语双音节动词的现象。但在现代维吾尔语中，特别是在操维汉双语的人中出现了这种现象。

双语研究中的"双言"问题　马学良撰，载《云南民族语文》1989 年第 2 期。

我国是一个多民族多语言的国家，除汉语外，55 个少数民族的语言，都有方言或土语的差异。面对这种情况，研究双语问题，就不能不重视方言的问题了。如汉语标准语和 7 个方言间的差异及使用情况不同，这种差异就叫作"双言现象"。本文仅就双语研究中的"双言"问题展开探讨，提出一些看法和意见。本文认为，双言现象是双语现象低一层的产物，它在许多方面同于双语现象，它归属于双语现象的意义范畴，并非与双语现象对立而存在的语言事实。双言现象跟双语同样悠久，可以持续若干世纪，我们在双语教学研究中必须重视双言的研究，找出双言的发展规律，早日实现民族共同语的形成。本文指出，汉语与民族语对比研究，对比教学是双语问题的研究；方言与方言的对比研究是双言问题的研究，这二者是相辅相成，不可偏废的。本文对双语研究中"双言"问题的探讨，旨在强调"双言"研究的作用与意义，以促进我国民族语言研究事业的发展。

双语制与民族教育　李森撰，载《语言与翻译》1990 年第 2 期。

根据新疆各民族的不同情况，对学校教育中的双语问题，应采用不同的办法加以解决。一、在民族自治地方可按需要对双语教学提出不同要求。（1）民族自治地方在县一级、州一级和区（省）一级培养人才各有不同的需要。（2）有语言而无文字的民族，可根据本民族自愿自择的原则采用同一语族的一种语言。二、双语制与双语教学。可以考虑在教学中采取两种双轨制。一种是汉语—民族语双轨教学；另一种是外国语—汉语双轨制。为了搞好外语教学，在高中阶段可采取文理分科的办法。理科强化汉语并增设外语；文科强化本民族语文及汉语文的教学。三、关于新疆地区高等学校的外国语教学。大学本科可设置公共外语课和专业外语课。对研究生的录取分数不能长期照顾下去。四、双语制与成人教育及干部培训。各职工教育部门，均可设置双语课。

水书传承的探析　樊敏撰，载《黔南民族古籍》第四集，黔南州民族宗教事务局古籍办公室编，2006年。

水书是目前世界上稀有地、完整地、活态地保存并应用至今的水族古老文字。本文针对水书面临的断代消亡危机，重申了水书的性质及学术文化价值，总结了20多年来水书抢救和传承的成就，陈述了目前水书的传承现状和困惑，阐明了水书传承的优势，最后对水书的传承提出了建设性意见，认为水书的传承应该是在传统基础上的发展和创新。

水书的学术文化价值初探 樊敏撰，载国家民委全国少数民族古籍整理研究室编《民族古籍》，2006年第2期。

"水书"是水族先民创制的一种独具一格的雏形文字，它是水族民间知识、民间文化的综合记录与反映，涉及天文历法、原始信仰、伦理道德、生产生活等诸多方面的内容，主要流传于西南地区的水族聚居地。本文对水书的学术文化价值进行了有益的探讨，阐明了水书是具有民族性、历史性、社会性、宗教性、丰富性、包容性、延续性、广泛性和民间性等特色的民族文化。

《水书》古文字探析 雷广正撰，载《贵州民族研究》1990年第3期。

本文对《水书》古文字进行探析。文章分析了水书古文字的结构与特点。一、象形文字；二、以指事造字；三、会意字；四、象形会意与指事相结合组成一个字；五、专用形体字；六、借用字。水书在水族原始宗教意识形态中，占有极为重要的地位和作用。水书集水族原始宗教之大成。水书古文字及其内容是古"百越"民族集团及其后裔中精神文化记录最古最早的例证。作者从水书和文字字形结构及其已知内容分析得出如下认识和结论。(1)水书古文字形结构与殷商甲骨文相同或相似50余字。这说明水书古文字与甲骨文的渊源密切。(2)新的考古资料证明，早在7000年前南方古"百越"民族的稻作文化与北方的粟作文化之间的交流与互相影响。(3)水族民间世代相传"勒虽的来历"的佐证。(4)由于水族的社会历史条件的限制，水书仅限于水族原始宗教性的巫术文化而流传至今。(5)水书古文字吸收了道教的基本理论天干地支、五行术和某些礼仪礼规及道符等。水书《正七》本与《象吉通通书》基本一致即是明证。

《水书》中的干支初探 刘日荣撰，载《中央民族大学学报》1994年第6期。

水书是水族人民的文化遗产，历史悠久。因受社会各种因素制约，过去只限于巫师在占卜、择日、看风水以及巫术活动中使用。《水语简志》载"约有一百多个字"。《水族简史》说水书有四百多个单字。水书中的干支字使用频率最高；是其核心组成部分。水历采用干支纪时法、与汉族夏历基本一致。水族人民生辰八字的推算跟汉人的习惯算法无异。水历的干支使用情况基本上与汉历相同，即以十天干配十二地支共六十数为一个周期。水历与汉历的差异在于月建上，水历建戌，即以戌月为岁首；汉历建寅，即以寅月为岁首。水字的单字很少，可是能编成分门别类的水书手写本，言简意明，可以诵读。所以水字的功能相当大，往往一个字在不同语言环境中读音不同，其意也有别。水书中的干支部是古代汉语借词，其读音与汉语中古音比较接近。

水书评述 刘日荣撰，载《中央民族大学学报》1995年第6期。

"泐"是水语音译，意思是"水书"或"水字"。水书作为水族文化遗产，可谓源远流长，作为民俗文化的一种，它又用于占卜、择日和召神活动。水书的形成、发展过程，与水族的形成、发展有着极密切的联系，因此，对水书的研究，是探索水族源流、迁徙、宗教信仰的突破口，也是研究水族的语言、诗歌、婚丧习俗等的重要材料。水书约有四百多个字，由于没有统一的刻版，均系手写抄录而传下来，一字多形在所难免，有些字变异较大，可分古体、今体和异体。水书的字形结构可分为象形字、仿汉字（指事与意会）、假借、移植、以新换旧五类。水书的分类较为复杂，就其吉凶而言可分为两大类；从使用范围也分两大类；从用途可分为五类。水书的书写格式，都是从右往左，由上而下书写，行款上书时间，下写兆象。水书采用的历法是干支纪时法。

水书研究——兼论水书中的汉语借词
刘日荣撰，载《汉语与少数民族语言关系研究》，中央民族学院出版社，1990年。

水族古文字叫水字或水书。水字约400多个。因字数有限，未发展为通用文字，仅作为巫师择日、召神、占卜的工具。（1）水字的结构与属性。水字结构参考"六书"理论，大致可分为象形、指事、会意、假借、移植、以新换旧六类。（2）水书与甲骨文有若干姻缘关系，还不如说水书是水族先民仿汉字形体结构而创造的一种形意文字。（3）水书中的汉语借词。我们从水书的读音分析，发现它所记录的不仅仅是水语，而绝大多数是汉语。这说明，在那个时期，汉语已在水族地区广泛通行，于是水语中借入了那么多汉语词。（4）水书形成的时期。经分析，水书的产生时代，应在十二世纪至十四世纪。

水书与一份水书样品的释读　王国宇撰，载《民族语文》1987年第6期。

水书是水族的一种古文字。本文对水书作了详细的介绍。水字字形分古体字、今体字和秘写字。古文字分六类：一、类似古体汉字；二、类似变体汉字；三、象形字；四、简化象形字；五、假借字；六、指事字。水书有"普通水书"和"秘传水书"二类，"普通水书用于出行、丧葬、婚嫁、动土等"，秘传水书"用于放鬼、拒鬼、收鬼等"。作者对李方桂先生的《水语研究》中水书样品材料作了注音和释义，还就其中的某些字与西田龙雄教授进行了商榷。西田龙雄在《水文字历的释译》一文中认为水语样品材料中的（48）（作者将水字用数字代表附图于文末）是"旬"字，（49）、（50）视作太阳的字形，（51）释译为"日次"的"次"，（52）释译为"秋"，（56）当成"土"字。而作者认为（48）是"时"字，读 si^2，（49）、（50）是指标日月星宿十二宫的罗盘，读 o^4，（51）是假借字，是金、木、水、火、土的"土"，读 hum^5，（53）、（54）、（55）三个"秋"字形与（52）符号无关，（56）是"二"字，读 nyi^6。作者还指出西田龙雄没有注意到的两个字，一是（57）"田"字读 γa^5，一个是（58）"日"字读 $nyit^8$。

水文字历的释译　西田龙雄撰，载《民族语文研究情报资料集》，中国社会科学院民族所语言室，1983年第2期。

本文释译了水书两种抄本的有关内容。《水话研究》中曾刊登过一页水书样品材料。著者仅识别出其中的十二地支和数字。另一水书抄本复印件，共26张，每张书写8行，每行写22字，从右往左竖写，原件藏大英博物馆。抄本末尾写有标题。将大英博物馆所藏抄本中能认定出的十二地支和十天干等字与《都匀县志稿》的字形及《水话研究》中刊登的水书文字加以对照，可以看出：水语的十二地支、十天干作为单词，表示其词义的字形虽然经过了改造，但仍能看得出来是汉语借词。通过推断和研究，大英博物馆所藏抄本的标题可以释译为《吉日凶历》，它是以十二地支来计算年月的历法。《吉日凶历》抄本中的象形文字与仫西文字、罗罗文字有密切关系。此外，这本水书抄本说明：在某时期，四川、贵州、云南境内曾有过一系列字形相似的象形字，并已超越记录语言的性质范围；由巫师代代相传的水书，成为我们今天推断文字历史的重要依据之一。

水语的句末语气词 韦学纯撰，载《民族语文》2011 年第 4 期。

水语的语气词主要用在句末表示陈述、疑问、祈使、感叹等语气。本文以贵州三都水族自治县苗草村水语为例，对语气词的主要表达功能及基本用法进行描写和分析。归纳和总结水语句末语气词的基本特点。全文分三节：一、陈述句的句末语气词；二、疑问句的句末语气词；三、祈使句的句末语气词。

水语的声调别义 倪大白撰，载《民族语文》1982 年第 6 期。

文章以贵州荔波县瑶庆乡水语为例。文章中讨论的"声调别义"不是指声调区别基本义，而是指区别词的派生义或附加意义。水语声调别义现象有：变调区别词性。（1）名—动 kəm^6 "锅盖"，kəm^5 "盖"；（2）名—形 qom^6 "掌心"，qom^2 "凹"；（3）动—形 lo^6 "掉，脱落"，lo^3 "秃"。变调区别附加意义。（1）名—名 jan^1 "埂"，jan^5 "坎"；（2）动—动：A）自动—使动 ləm^6 "踩"，ləm^4 "陷"；B）内向—外向 xən^3 "捞"；xən^5 "推"；C）正—反 tang^4 "停止"，tang^5 "开始"；D）强—弱 tsam^4 "用力按"，tsam^6 "轻轻按"；E）声调区别基本义 san^1 "淋（菜）"，san^5 "洒（水）"。（3）形—形 tjit^7 "痛"，tjit^8 "痒"。变调伴随声母交替。（1）声母送气与不送气 ka:i^6 "钉耙"，kha:i^5 "耙"。（2）声母清与浊 fang^2 "边，沿"，vang^5 "坎，岸"。变调伴随韵母交替。（1）同部位韵尾交替 çem^3 "继续"，çep^7 "接"。（2）元音长短交替 tau^6 "燃烧"，ta:u^5 "烧"。另外，声母送气与不送气、清与浊、韵母中元音长短都有别义作用。

水语动词的语法范畴浅析 潘永行撰，载《贵州民族语文研究集》，贵州民族出版社，1993 年。

水语动词语法形式的变化较为复杂，它除了具有汉藏语系壮侗语族侗水语支语言所共有的语法现象外，还有自己独具的特点。动词体、态、式的变化在水族语言中都存在。动词使动范畴有的以屈折形式变化为主，有的则以分析形式为主，有的则是两者兼有。本文以贵州三都水族自治县三洞乡水语为代表，对水语动词的语法范畴及其特点作了分析。水语的动词大致有五种体的变化，即将行体、起始体、进行体、已行体、完成体，每种体都由一个或几个专门的时态助词连缀加以表示。水语动词有态的语法范畴，有自动态、使动态和互动态三种。水语动词的式分为两种：一种是祈求式，一种是命令式。水语动词的语法范畴，都是由在前或后添加附加成分来表示的，其语法形式是复杂、变化的。无论从共时语言学或是历时语言学的角度看，水语在音节结构、声调系统和语法等方面都具有自己的特点。

水语附加成分浅谈 王国宇撰，载《贵州民族研究》1984 年第 3 期。

本文就水语合成词中附加成分的方式和特点作一介绍。水语合成词中附加成分有三种。（1）前加成分 pi^2、ni^4、tak^8、la:k^8、ta^5、tam^3 + 名词词素，分别表示复数、阴性、阳性、可爱、"过半"之意；pi^2 + 人称代词词素或指示代词词素表示复数；tam^3 + 量词词素表示"约数"；tik^7、so^1 + 数词词素，表示序数；tu^3 + 动词词素，表示"共同"之意；he^4 + 量词词素的重叠，表示"每"的意思；lo^6 + pi^2 或 ta^5 + pi^2 + 名词词素或代词词素，表加强；lo^6 + ta^5 + pi^2 + 名词词素或代词词素，表加强。（2）中加成分只有 he^4。he^4 后的词素是前词素的重复，表示"每、一片"的意思。（3）后加成分是单音节的，有名词词素加后加成分 tak^8 表动物雄性，动词词素加后加成分 ljeu^2 表行为的完成；后加成分与词根声母、声调相同，利用元音长短的不同表示动作带有"试探"之意。形容词词素加后加成分表示程度的加深，后加成分与词根的声母或者韵母相同。后加成分是双音节的，有的是一个音节的重叠，有的是两个不同的音节，都表示事物的性状。

水语名词和名词短语的基本结构分析

韦学纯撰，载《风采论坛》第 8 期，中国文化出版社，2007 年。

作者认为，水语名词的基本结构为并列结构、偏正结构、主谓结构和动宾结构。名词短语的基本语序为：基数词＋量词＋名词（中心语）＋名词/形容词/动词/序数词/"的"字结构＋人称代词＋指示代词。文章分为概述、水语名词的内部构成形式、简单名词短语语序、水语中的"的"字结构、复杂名词短语语序五项来论述。

水语中一类句法同形结构的生成分析

倪大白撰，载《贵州民族研究》1983 年第 3 期。

本文对水语中一类句法同形结构作了生成分析。水语中的"（名＋动）"、"（动＋名）"、"（名＋形）"的短语都有两种解释，叫做双义结构。文章指出传统语法和结构语法对这一类结构的两种语法关系都未能作合理的解释。其原因是传统语法和结构语法对语言结构的分析只及于表层。事实上，这一类短语的多义性质在表层上，虽然显示不出来，但在深层既是主谓结构又是修饰结构。文章把这种短语的深层结构加以形式化，并标示推导过程。作者认为语言中有句法上同形的多义结构，说明语言的表层结构和深层结构是一种客观存在。通过对水语中这一类多义结构的分析，证明乔姆斯基关于深层结构的理论，不是语言学家标新立异的主观臆造，而是一种语言的现实关系的反映。因此应该承认，深层结构和表层结构的区分，至少使语言中的句法同形结构找到了形式说明的依据。

水城彝语音位系统浅析——兼谈其语属

陈世军撰，载《彝语文集》，贵州民族出版社，1993 年。

水城彝语，属于彝语东部方言的黔西北次方言。本文作者通过对水城县五舍区舍戛、甘棠、海坪三个彝族乡的实地调查，对彝语语音的音位系统作了大致的归纳。水城彝语共有 40 个辅音（声母），元音（韵母）22 个，其中单元音 12 个，复元音 10 个。水城彝语有 4 个声调，其音节的构成形式有 5 种，开音节占绝对优势。连读音变在水城彝语的变化现象有变调、脱落、轻声等。通过对水城彝语音位系统的分析，作者认为，水城彝语的特点已决定了它应为一个土语，因为水城彝语与贵州彝语的水西土语、乌撒土语、乌蒙土语以及盘北土语都相通又不尽相同。对上述各土语的一些特点它都有但又不全有，都能与之对话却又不全同。所以，水城彝语一直没有正名是不对的。但要将水城彝语划归上述任何一个土语也是不科学的，真正科学的态度则应该是把水城彝语划成一个单独的土语。

水族文字新探　曾晓渝、孙易撰，载《民族语文》2004 年第 4 期。

作者首先对"水书"和"水字"作了界定，把水族巫师用以记录占卜的文字符号称"水字"，把用这些字写成的书册称"水书"。贵州荔波县档案馆收藏的水书有 1424 本。有年代说明的水书 1327 本，大部分为清朝或民国时产生。最早的是明代洪武年间的木刻印刷本，最晚的是 20 世纪 80 年代中期成书的。本文的第二节谈水字特点分析，作者统计，水字总共有 1200 多个。异体字很多，除去异体字，共有 480 多个字。自造字较多，汉借字较少，但使用频率较高。关于水书水字的来源，有三点：一是自源说；二是他源说；三是自源与他源结合说。

水族文字与《水书》　陈昌槐撰，载《中央民族学院学报》1991 年第 3 期。

文章描写和分析了水族使用的文字及其书写的《水书》。水族文字的造字年代不清楚，有相当一部分源于汉字形体或借用汉字，有一部分是汉字的反写。水族文字的特点：（1）象形，根据动物植物、自然现象、生活用具、人体器官等形体造字。（2）指文，用以指明某种意思，多用在方位上，也有用来说明某种现象的。（3）会意，用两个以上的符号或定型字连在一起组成一个字。（4）假借，借用已有的字来表示某个同音词。（5）象形、会意与指事结合，用象形、指事与会意三种造字方法结合起来造字。水族文字中还有一些专用形体，包括"星象专用形体，卜辞专用形体，记时专用形体，兵书专用形体等"。水族文字的形体变异有两类，一是书写变异，一是造字方法不同的变异。文章最后介绍了用水族文字书写的《水书》。全文附图两幅和一个水族文字一览表。

说傣语的 ma² （来）和 pai¹ （去） 喻翠容撰，载《语言研究》1984 年第 1 期。

文章通过傣语"来"、"去"两个动词的用法讨论它们语法和语义上的特点。傣语"来"（ma²）和"去"（pai¹）作为主要动词意义是具体的，因此可以接表示体范畴的各种助词。后面接另一动词虽语义上更重要，但语法上是"来、去"的状语。傣语"来"和"去"作状语修饰动词或形容词的情况更普遍。此时，"来、去"可表示动词持续动作的方向，或加重语气作用。有些动词后既可以跟"来"也可以跟"去"，但有些则只能跟其中一种，这与动词自身意义有关。"来、去"还可以修饰趋向动词 xau³（进入），pɔk⁸（返回）等，作趋向动词的状语。有时，"来、去"与趋向动词结合一起充当其他动词的状语。结语中补充了"来、去"语法上较特殊的用法意义及与汉语作了比较。

说后缀-cila/-cile 道布撰，载《民族语文》1991 年第 6 期。

本文对蒙古语的构词后缀-cila/-cile 的使用范围、接缀时产生的语音变化、有关的语法问题进行了探讨。这是一个相当活跃的后缀，在早期的文献中就已出现。在现代书面语中它是一个能产型的后缀。主要用在名词后面构成动词。其次是用在形容词后面。用在数词后面的很少，用在时位词后面的也很少，用在代词上只限于指示代词，用在后置词上的有一例。这个后缀还可以用在动词后面，比较常见的形式是接在形动词后面。接在词干末尾带-n 的形容词后面时，-n 变成-b，但是有少数形容词末尾的-n 失落，不变-b。在名词后面加后缀-cila/-cile 构成的动词，及物的占多数，但是有一部分是不及物的。在形容词后面加这个后缀构成的动词，绝大多数是及物的。从语法上看，代词和后置词加这个后缀构成的词一般是承上启下的关联词语。这个后缀加在形动词后面时实际上是加在整个形动词短语后面的。

说"鸟"字的前上古音 邢公畹撰，载《民族语文》1982 年第 3 期。

前上古汉字"鸟"是什么声母？作者认为为了避讳"鸟"与"屌"同音，在上古就将"鸟"字读作"泥" n 母，不读作"端" t 母了。其音变程式为：niəgw（前上古）→tiəgw（上古），tieu（上古）←niːu⁴ 鸟雀（广州），tiːu³ 男阴（广州）。证据 1：除闽方言外，大多数方言都是"泥了"切。证据 2：《诗经》中出现有关鸟雀的词：栗留、鹎留、离留都是来母，与泥母同属次浊，与端母无关。证据 3：鸟字与尿字有词源学上的关系。"鸟"、"尿"都有塞音尾，属鼻音声母。证据 4：鸟、尿、男阴三词跟侗台语比较，侗台语"鸟"字的说法多数为泥母 [n]。而侗语章鲁话除了 ljəi³ 之外，还有 nyəu³ 的说法，这也证明上古汉语的"鸟"字有"男阴"一义。证据 5：苗语各方言的"鸟"字声母大体都是 n-。声调都相同于汉语的"尿"字。但从瑶语来看，"鸟"字古苗语是入声字。

说"诺苏" 李永燧撰，载《民族语文论文集》，中央民族学院出版社，1993年。

文章从藏缅语构词和语音现象讨论彝族自称"诺苏"的历史含义。"诺苏"作为彝族自称，其中"苏"表示"人"的意思。"苏"不能单独成词，用"苏"构成的词有"老人、木匠、外地人"等，"苏"字用在词末，有虚化为后缀的趋势，在亲属语言如傈僳语、怒语、尔苏语、米必苏语中都能证实"苏"为"人"义，相当于汉语的"者"。"诺"字在彝语及亲属语言中有多种音变形式，但都有"黑"义。有人认为"诺"作为形容语素应在名词语素"苏"的后面，但实际上从傈僳语、哈尼语、纳西语、拉祜语等多种语言来看，形容语素在前的现象也是正常的。汉藏语以至藏缅语曾经有过"形+名"和"名+形"两种格式，现在"名+形"为普遍格式，"形+名"是残留格式。"诺"一旦取得族称义，尽管来源于"黑"，但又不等于"黑"，它是一个群体的语言标志。一个群体以"诺"为名与尚黑有关，但不过是以当时的群体心理为背景，得名后或有改变，对此应持历史观点。从不同角度对彝族自称进行论证。

说"日"字——非汉民族借用汉字的早期证据 聂鸿音撰，载《中国民族古文字研究》（第四辑），天津古籍出版社，1996年。

在亚洲历史上，非汉民族大规模地借用汉字是在南北朝至宋的八百年间，汉字不但进入了契丹、女真、朝鲜、日本和越南，也进入了白、壮、苗、瑶、侗、水等一大批少数民族先民居住的地区，成为这些民族记载语言的重要工具。在南北朝之前，由于文献记载的缺乏，我们对非汉民族借用汉字的情况几乎一无所知。事实上，非汉民族借用汉字来记录自己的语言，这很可能从西汉以前就开始了，"日"字便是一个有趣的例子。武帝有一个著名的大臣叫金日磾，这个人名历来习惯念作 jīn mìdī。学界已知"日"的汉语上古音是 miet，它的声母 n 在古汉语里几乎不可能和 m 构成音转关系，因此，我们想到，这个读 mi 的"日"所记录的必然不是汉语。金日磾本为匈奴休屠王太子，武帝时归汉。其实际生活区域都在陕西和甘肃河西走廊一带。当时臣属于匈奴的羌人也大批地居住在陇西。西汉时期这一带羌族文化势力比匈奴文化势力是有过之而无不及，所以，金日磾的名字来源于羌语而不来源于匈奴语。

说 sembi——满语释词札记 胡增益撰，载《民族语文》1979年第4期。

该文对满语中使用频率高、用法活的称说动词 sembi（基本词义为"说"）从作为动词到演化为虚词的不同用法做了分析和研究。指出 sembi 一个重要的语法功能是充当引语的标志。文中列举分析了 sembi 充当引语标志时的各种使用情况，并认为 sembi 及其语法形式又可作为虚词使用，应该把这样的语法形式看作是一个词，分别归属于不同的词类。把称说动词 sembi 作为一个专题研究的对象，在学术界还是第一篇，对满语以外其他语言称说动词的研究也起到了抛砖引玉的作用。

说"深层对应" 邢公畹论文，载《民族语文》2002年第6期。

《中国语文》2000年第6期发表了丁邦新《汉藏系语言研究法的检讨》一文，对"深层对应说"提出批评。作者当即写了一篇答辩文章，该文未能发表，以至2002年聂鸿音仍用丁氏的理由在《民族语文》发文，批评"深层对应"说。于是作者把旧稿修改补充，回答质疑。先回答丁：（1）丁说，同音词可以一起借入另一个语言。如西南官话"墨、麦、脉"三字借入德宏傣语都读 mɤ^{31}。作者说这是后起现象。"墨"德宏傣语常用形式为：mɯk^8（固有词），而丁氏已经承认了这个形式不是借词，其他两个字也不是。（2）丁引用作者1999年书中的两个例子，批评邢氏的深层对应比较法违背了"必须严格遵守语音对应规律"的要求。丁问，泰语 khau⁴（猫头鹰）究竟对应汉语的哪个形式？作者申明，这两个形式均出自李方桂。至于究竟对哪个？目前还不能回答，因为这必须寻找细致的语音对应规律，而深层对应的方法并不能用来寻找语音对应规律。（3）丁说，英语用一个 swallow 表示"燕""咽"两个意义，汉语也用同音的"燕""咽"表达相同的意思。这正好合于语义学比较法。作者陈述了语义学比较法的要求，而丁氏缺少了关键性的项目。Swallow 和"燕"、"咽"，只要把音写出来，就可以看清楚，它们根本不对应。丁的第二个反驳例子，词义解释就不确切。对聂的回答：（1）朝鲜、日本、越南语的汉语中古借词中可以整理出非常多的深层对应。作者由此悟出，自己过去所定的公式不足具，应在现代音后加 *Arc（上古音）和 *pri（早期音）。然后指出聂的反驳例子缺 *pri 一项。（2）对于"屎—拉屎"组，聂的批评是对的，应把明显的自然引申项目排除。第三节就丁给出的基本数词进行论证。丁不能肯定是否是借词。作者对其中五个义项，找出了它们各自的深层对应式，从而证明了语义学比较法的用处。本文特别强调了"语义学比较法"和"语音学比较法"的区别。

说"铁" 竟成撰，载《民族语文》1992年第4期。

文章根据张琨先生提出的"铁"这个词在藏缅语中有 A、B 两个形式，A 式以硬腭擦音为声母和"内"的声母一样，即 š 或 sy，B 式以藏语 ltçagšltšags 为代表，用满—通古斯语、汉语、印第安文图语、蒙古—突厥语言的例词论证了 A 式与满—通古斯语的密切关系，B 式和汉语、印第安文图语有关。同时，还假定与蒙古—突厥诸语言的关系。作者认为这种密切关系反映了前语系时期（一万多年前）东北亚地区人类语言的情况。

丝绸之路上的语言接触和文化扩散 孙宏开撰，载《西北民族研究》2009年第3期。

古丝绸之路有多条，通常认为有北方丝绸之路、南方丝绸之路、海上丝绸之路等。它所包括的含义非常丰富，值得研究的问题也很多，如历史、人类迁徙、战争、商品交换、语言接触等。本文就两条丝绸之路上（南方和北方）的所留下来的语言、文献等蛛丝马迹的信息，以及尚未解开的历史、考古等谜团，来看语言接触和文化扩散的一些情况。近一个世纪以来发掘的语言事实和文献表明，在古丝绸之路上，仍然有许多没有完全揭开的历史谜团，仍然有许多复杂的语言现象值得进一步研究。以已经观察到的一些语言、文字、文献和考古方面的例证来看，丝绸之路在历史上是民族迁徙的一条大通道，有从西域来去的各族群在这里贸易，乃至繁衍生息，它既是伊斯兰族群的交流通道，又是阿尔泰语系语言的核心地区，也是汉藏语系尤其是藏缅语族各族群的发源地，我们从语言接触和许多语言事实可以看到许多未解读的蛛丝马迹，这些有待于深入研究的课题，是语言学、考古学、历史学、人类学乃至地理学、社会学等的重要研究课题。

四封9—10世纪的回鹘文书信译考 牛汝极撰，载《新疆大学学报》1989年第2期。

本文对9—10世纪的四封回鹘文书信进行了翻译和考释。（1）哈米尔顿编号21（原编号 Or. 8212-120）。此文献原件规格为30厘米×19.5厘米，全文16行。从这封书信来看，此信是写于肃州并交给在沙州的弟弟 isxaq。（2）哈米尔顿编号24（原编号 Or. 8212-179）。此文献原件规格为30厘米×15.5厘米。这是一位名叫 lawxan tshigtshi 写给 El Almish 达干的书信。信中提到了细布、毛布、立机（古时的一种立式织布机）、颜料和碗等物。（3）哈米尔顿编号25（原编号 Or. 8212 – 180）。文献原件规格为30厘米×18厘米，共14行。此为一位名叫 Yegan kol Tarqan bag 的人写给法师的信。虽然信中没有交待写信人的地址，但从信中的内容可以看出，写信人离沙州不远，或就在沙州。（4）哈米尔顿编号26（原编号 Pelliot Ouigour 12）。文献原件有12行回鹘文。有三处盖有印章（私人的）。书信中提到了117件耳环、军官 Maxa 和地名 Qamil（哈密）。正文有每封书信的原文转写、注释和汉译文。

松桃苗语词的形态　罗安源撰，载《中国民族语言论文集》，四川民族出版社，1986年第1期。

苗语形态没有很强的系统性，但比较汉藏语系大多数语言又有其特点。本文研究松桃苗语的形态。松桃苗语的个别名词和量词有"少数"和"多数"的区别，一至三"为少数"，四以上为"多数"，"多数"和"少数"用不同的词根表示。形容词有三种形态：一是重叠，包括一次性重叠和三次性重叠（后者伴有变调）；二是嵌音重叠；三是加上前加成分构成动词。动词中，有一些带前加成分 $tçi^{44}$ 的动词，其词根也不能独立运用，可以屈折重叠，单音节动词则可以通过前加 $tçi^4$ 变为相同动词。状词从语音上看一般采取叠音的方式，有单叠音和双叠音两类，动状词包括这两类，而形状词则只有单叠音的。每个形容词拥有一个或几个专用单叠音状词。通用单叠音状词也可以放在任何一个形容词之后起补充说明作用。可以推测，状词的形态是苗语历史上形态变化的一种遗迹。

宋代岭南文献中的侗台语词　戴忠沛撰，载《民族语文》2006年第3期。

宋代岭南文献比较著名的有范成大的《桂海虞衡志》和周去非的《岭外代答》。本文作者在前人的基础上，从宋代岭南文献中抽出侗台语词的汉字对音，找出音义相合的词语。共找出14个词。其中的"萎（咱们）、米囊（母亲）、低（外祖母）、报崖（应为根崖，吃饭）、麻阑（房屋，家）、大（姐）、父（男子）、侬（我）、仆（小儿）"，今天壮语各地仍普遍使用。

SOV 语言宾格标记的考察　罗天华撰，载《民族语文》2007年第4期。

SOV 语言即"主—宾—谓"语序的语言。绝大多数 SOV 语言都有格标记，其功能主要是区别施事与受事关系。根据施受关系的显豁程度，本文探讨了宾格标记的隐现规律。文章还讨论了 SOV 语言的替换性语序问题，认为替换的动因主要来自语用和语义两方面。文章还指出 SOV 语言向 SVO 转变可能有两个原因：格标记销蚀及 VO 优势。全文分四节：一、SOV 语言对格标记的需求；二、格标记和 SOV 语言的替换性语序；三、SOV 语言宾格标记的隐现；四、SOV 语言格标记的销蚀及其初步解释。

苏联的回族及其语言文字　胡振华撰，载《语言与翻译》1990年第3期。

一、苏联的回族。人口为7万人，主要分布在柯尔克孜、哈萨克、乌孜别克等加盟共和国。苏联的回族过去自称为"老回回""中原人"，现在也自称为"回族"。中亚其他民族称他们为"东甘"。这一名称已成为苏联回族在俄文中的正式民族名称。现在苏联的东甘族多是十九世纪下半叶我国西北回民起义失败后迁入俄境的回族后裔。苏联回族不仅保存了自己的语言、习俗，而且在政治、经济、文化诸方面都得到了很大的发展，其人口也增加了约七倍。二、苏联回族的语言文字。苏联的回族说汉语的甘肃话和陕西话，并能说当地民族语，有不少人同时会讲俄语。其标准音为甘肃话语音。苏联回族话在词汇上保存了大量的阿拉伯语、波斯语词汇，并吸收了少量的突厥语族语言和俄语借词。苏联回族从我国带去了用阿拉伯字母拼写自己口语的传统。1953年改用斯拉夫字母。

苏联民族语文发展的情况和解决民族文字问题 傅懋勣撰,载《傅懋勣先生民族语文论集》,中国社会科学出版社,1995年。

(一)怎样使各民族都用了适用的文字。现在苏联全国有100多个民族,不论人口多少,不论聚居、散居或杂居,都有了对自己适用的文字。这样一件艰巨的工作是经过以下4种方式完成的。(1)保留并发展原有适用的文字,有的改进了个别字母和正字法。首先在1917—1918年改进了俄罗斯文,删去了4个字母,改进了正字法。(2)原有文字是不能满足现代社会需要的,进行了彻底的文字改革。1922—1930年九年间,原来是阿拉伯字母的,蒙古字母的,犹太字母的,叙利亚字母的近20种文字都进行了拉丁化。(3)原来没有文字而需要代表本族语言的文字,创制文字。(4)自己创制文字对民族发展不利的,采用其他民族文字。(二)设计字母工作中的问题。(1)各民族的字母形式,应该尽可能地和主体民族文字也就是俄文字母取得一致。(2)民族语言和俄语相同的语音,应该尽可能用相同的字母表达。(3)字母排列最好按照国际惯例的次序。

苏联突厥语言学六十年 巴斯卡科夫、列维茨卡娅、捷尼舍夫、加吉耶娃等撰,载《民族语文研究情报资料集》,中国社会科学院民族所语言室,1988年第11期。

本文介绍了20世纪20—80年代苏联突厥语言学所取得的巨大成就。从20年代初,各地都建立了从历史、民族和语言方面研究边区的协会。喀山鞑靼学学会和阿塞拜疆考察和研究协会在突厥学中留下了最明显的痕迹。自20年代末至30年代初,在各操突厥语民族共和国和州都建立了综合的文化研究所。30年代末至40年代初在这些研究所的基础上成立了苏联科学院的一些基地和分院,而后来成立了各共和国科学院,在各操突厥语共和国科学院内都有突厥学专业的研究所。苏联的突厥学研究自1918年至1934年是集中在列宁格勒:首先在人类学和民族学博物馆的拉德洛夫小组;亚洲博物馆东方学委员会;突厥学研究室;苏联部落成分研究委员会,而后来在东方学研究所。列宁格勒的东方学家在提出和解决科学问题以及培养科研干部方面起了重大的作用。苏联突厥语言学在其发展的60年中,无论在理论方面,还是在实践方面,都取得了巨大的成就和宝贵的经验。

粟特文 黄振华撰,载《中国民族古文字》,天津古籍出版社,1987年。

据语音学家研究,粟特语属于印欧语系伊朗语族东伊朗语支,曾用粟特文、摩尼文、舒利亚文三种文字书写。后两种文字用于书写摩尼教、基督教文献。现存伊朗语与粟特语最相近者为雅格诺布语,操使此种语言的人口约有一万人。粟特文出自波斯时期的阿拉美文字草书,只有十九个音节字母,是一种没有标明元音的音节文字,只用弱辅音母兼表元音。在景教文字的影响下,粟特语也按其在词中位置的不同而改变写法。迄今所发现的最古粟特铭文属于公元2—3世纪。粟特文的发现始于德国的格伦威德尔和勒柯克。现存粟特文文献主要有宗教文献、社会经济文书、钱文、印章、碑刻、壁画题记、书简等项。我国境内发现者多为佛教经典,有助于研究佛教在中亚的传播。法国所藏粟特文佛教经典的研究者主要是高梯奥。粟特文佛典多译自汉文,亦有少量译自梵文和龟兹文。文中列出了现在粟特文佛典及其主要研究著作。

他留话概况 周德才撰,载《民族语文》2002年第2期。

他留话是云南丽江永胜、华坪他留人使用的一种方言,使用人口一万余人。作者曾于2001年8、9月赴他留山进行实地调查。他留话内部语言一致,自称"他鲁苏",旧时被称为"他鲁人",今统一称

"他留人"。本文所反映的是云南丽江永胜县六德乡双河村的他留话。其特点是：一、语音方面，有声母46个，其中35个单辅音，腭化辅音4个，清化鼻音、边音4个，鼻音、边音带前后塞的辅音3个，有3个声调。二、词汇方面，大部分的基本词与巍山彝语、花傈僳语有同源关系。三、语法方面，他留话是SOV型语言，即宾语在谓语之前。助词在语句里非常重要，分结构助词、时态助词、语气助词等。

他留人铎系文图符研究 王海滨撰，载《民族语文》2011年第6期。

云南丽江永胜县彝族支系他留人祭师在丧葬礼仪上使用的一套图案符号。本文释读了他留人铎系文图符，认为他留人铎系文图符的属性是一种早期的宗教性图画文字。全文分两部分：一、他留人铎系文图及其释读；二、他留人铎系文图符的属性。作者认为，虽然他留人铎系文图符还没有发育成为成熟的文字，但作为早期的宗教性图画文字，向我们提供了一份珍贵的文字起源的事物资料，它在我国各民族文字发展史上应该占有一定的地位。

塔城地区哈萨克语探析 黄中祥撰，载《语言与翻译》1996年第2期。

塔城地区六县一市的哈萨克语基本一致，只是在语音上乌苏县和沙湾县哈萨克语元音γ的发音部位略靠前，元音i的发音部位略靠后。在语法上，上述两县哈语的名词复数词尾-dar和-tar可通用，助格词尾有-men和-menen两种形式，而塔城市、裕民县、额敏县、托里县及和丰县则一般不使用泛指人词Kylli。在词汇上，乌苏、沙湾两县哈语中维语借词较多。塔城地区哈语分两个地域片——东南和西北片。东南片包括乌苏、沙湾，西北片包括塔城市和裕民、额敏、托里、和丰四县。塔城地区哈萨克语与文学语言相比也有细微差别：元音和谐完整，辅音和谐较松弛；没有构成动词愿望式的-gei/-qoj/-kej及ijgi这两套附加成分；畜牧业词汇较丰富，并有一定数量的维吾尔语、俄语、汉语和塔塔尔语借词。

塔城地区维吾尔语的语音特点 塔依尔·塔希巴也夫撰，载《语言与翻译》1989年第4期。

塔城地区维吾尔族由于同其他兄弟民族杂居共处，互相影响，在词的发音上和使用上逐渐形成了自己的特点。它与书面语存在以下几方面的区别：（1）元音的变化。①元音ə出现在辅音k的后面，口语中就会变成e。②元音o出现在辅音r之前，有时会变成u。（2）辅音的变化。①出现在元音a后面的d，有时变成t。②元音o、u和a、ac后面的辅音q软化为x。③辅音r出现在词的第一个音节上时变成z。④q出现在元音a、u、e的后面则变成k。（3）塔城维吾尔语中没有语音脱落现象。（4）增音。塔城地区的维吾尔族，其口语由于受哈萨克语、乌孜别克语、塔塔尔语的影响较深，词中增加颤音的现象比较显著。（5）音节的弱化。在南疆各地口语中弱化的音，塔城话中要尽量发出来或者基本不弱化。今后一段时期，塔城维吾尔语的上述特点还会继续发展。

塔吉克语的名词与格功能 高尔锵撰，载《民族语文》1987年第5期。

格的不同形式由置于名词词干之前或之后的附加成分表现出来。这些附加成分虽不是用内部屈变化的方式，但也是以词法的形式表明其结构，称为词的一个部分并和词有不可分割的联系。塔吉克语名词有4个格，除主格为名词原形外，还有属格、与格、宾格（全称为旁格）。其中，属格的语法形式是-an；与格是-ir或-ri，-ir，一般用于辅音结尾的名词之后，-ri用于元音之后；宾格是a-。本文重点讨论名词的与格功能。与格形式词的语法作用基本上可以概括为：1. 在名词组中与格形式词补明名词；2. 在动词词组中与格形式词补明宾词。与格词一般是在宾词之后，也有在宾词之前的情况。但不论与格词的位置在名词之后还是在前，都具有"补充说明"名词的语义，由这两者结合的关系是名词和续词的接续关系。塔吉克语中的接续关系词组，续词可以是与格形式也可以不是与格形式。在动词（变化形式）为核心的词组中，与格词既可补明宾格名词也可补明形容词、判断动词。

塔吉克语动词语态特点　高尔锵撰，载《民族语文》1990 年第 2 期。

塔吉克语动词语态的形成广泛地利用构词、构形以及造句的方法。与主动语态对应的有使动语态和被动语态。行为动词语态在结构关系上与行为主体格位对应、人称一致；限定动词的变化形式表现出与句中主格名词具有的句法联系。语法形式和语法意义相结合是认识动词形态的基础。动词语态在句子结构中的使用与动词的性能区别也有一定的关系。由于动词包括纯粹判断与行为判断两个基本类别，它们的性能各有带与不带补充词的区别，因此可以利用动词性能的区别特征作为分辨句子不同结构类型的依据。归纳对塔吉克语动词语态的认识，有以下几点可供参考：（1）语义关系是动词形式特征以外又一规定语态的要素；（2）使动语态主要通过构词法的途径，在动词原形词干或未过时词干基础上增添构词后缀（或称接尾词）而成；（3）被动语义主要利用造词法的手段，即改变动词的性能与建立被动的语义结构来实现。

塔吉克语基本句型分析　高尔锵撰，载《民族语文》1986 年第 1 期。

塔吉克语主语一般在句子的前部，谓语在句子的后部。具体做法是把主语核心词（及有关修饰词）与它后面的话语截断，把谓语核心词（及有关修饰词）与它前面的话语截断。如有插入语应将其划归同一个句子。插语虽不如主语、谓语那样关系一致，但也是表达单位的一种成分，它包括主语、谓语以外的所有"游离"形式。塔吉克语的基本句型可以按照谓语动词的内部结构和外部关系的不同特点分为三种：（1）主语—谓语。其中，主语可由名词、代词、数词和动词原形充当；谓语使用不带宾语的定式动词。（2）主语—宾语—谓语。其中，谓语用带宾格的定式动词或役使动词。（3）主语—补语—谓语。其中，谓语用带补语的系动词。

塔吉克语句子结构　高尔锵撰，载《语言与翻译》1991 年第 4 期。

塔吉克语的句子是作为基本话语单位独立使用的（从句是句子的复合用法，这与句子的"独立"之说没有矛盾）。说出来的话既不是以词为基本表达单位，也不是以词组为基本表达单位。塔吉克语句子框架的形成以主语和谓语为支柱，用词的组合作脉络分布。句子作为话语的独立表达单位，包含着孤立的结构单元。主语部分以主格（主导的、非依从的格式）各词为核心，称为主词。谓语部分以限定（变位的，变形的定式）动词为核心，称为动词。说话人关心的是怎样用话语表达意思，听话人注意的是何以按规格表达。语言的句子犹如某种有机结构体。有结构就有关系。由形态、序列体现的语法形式和由结构关系制约的语法意义总是紧密结合着的。语法工作者的一个重要课题是在所研究的语言材料的形式和意义方面取得真实的协调与平衡。

塔吉克语句子结构（续）　高尔锵撰，载《语言与翻译》1992 年第 1 期。

分析塔吉克语句子是一个全过程：按不同句子单元，先有各词依词组关系串联，逐层推移，取得单元核心词。从一个单元出现第一个名词起，人们无法断定这个名词是不是主格，要从结构关系上去认识。如果被观察的词属于一个词组，则直到这个词组不能继续向后组连为止，只标志这个单元结束，仍然未知句中的主格词。接着对另一个单元进行"扫描",这样持续触及限定动词才可确知主格词是哪一个。分析句子只是在明确主格名词和限定动词的结构关系以后,整个过程才告结束。从分析塔吉克语句得到的认识为:分析句子应该为完整句;要分析的不完全句应该可以还原为完全句;分析完全句的主语、谓语核心词之间的关系,语法结构是基础,语法形式和语法意义的协调一致是依据;插语不是句子本体,只有相对的独立性。插语在与句子本体的结构关系上处于孤立地位,别无与词或词组不同的句法特点。

塔吉克语句子谓语分析 高尔锵撰,载《新疆大学学报》1986年第4期。

句法关系表现为谓语核心词与主语核心词人称一致,格位对应。人称一致是说主语人称的身份在谓语动词上可能出现的反映。格位对应的是指主语作为谓语判断的发出判断词对判断词形成的支配关系。谓语核心词是有人称、时、体形式变化的定式动词。按照谓语词组中附属词与定式动词的关系大致可分为疏状和补充两类。疏状关系包括名词说明动词、形容词修饰动作、副词疏状动词、语气词强调动词等。补充关系由动词带补词而成。及物动词的补词用前缀 a 作为标记,也常有不用这个标记的情形。联系动词可带由各种词类充当的补词。按照动词带不带和带什么样的补词,塔吉克语句型有不及物动词句、及物动词句、联系动词句这三种以单一动词为谓语核心词的基本分类。它们概略说明该语言的谓语主要结构特点。

台佤关系词的相对有阶分析 陈保亚撰,《语言研究》1997年第1期。

侗台语(国内又称壮侗语)和南亚语的语源关系引人关注。这两大语言集团是中国西南地区和东南亚地区很重要的语言集团。限于篇幅,本文选择侗台语中最有代表性的台语和国内孟—高棉语中最有代表性的佤语来作比较。所比较的孟—高棉语的每一种语言和侗台语的每一种语言的关系词,都是第一阶少于第二阶,即越是外围的核心词,关系词的数量越多;越是内在的核心词,关系词的数量越少。本文在基本词语音对应的范围内,尽可能多地找出除了418个有严格语音对应的台佤关系词,同时讨论了确定关系词严格语音对应的完全对应原则。然后从比较的台语本身入手,提出并表述了相对有阶分析的原则和方法。基本思路是按照关系词在台语三大语群中分布范围的宽窄分出高、低阶关系词,结果发现佤语和台语的高阶关系词低于低阶关系词,由此断定台佤关系是密切的接触关系。

台湾卑南语 陈荣福撰,载《中央民族学院学报》1992年第6期。

文章介绍了台湾卑南语的语音、词汇、语法的基本情况,卑南语属南岛语系印度尼西亚语族,主要分布在台湾台东县卑南乡。卑南语有单辅音20个,均不送气,其中 ts 和 h 用来记录外来语借词。单元音4个,即 i、u、ɛ、a,均可作词首、中尾音。卑南语以语音组合构成音节,每音节含一个元音,最长是5音节词。两个以上音节的词,最后音节有重音,词后如有形态成分,重音相应后移,词汇包括派生词与非派生词,派生词即原形词,非派生词通过前加、中加、后加词缀构词,还有重叠结构词。借词主要来自闽南话与日本语。卑南语与阿眉斯族人使用的阿眉斯语同属台湾南岛语的排湾语团。

台湾高山族的阿眉斯语 何汝芬撰,载《语言研究》1981年第1期。

文章以语音、构词、句法多方面描写了台湾高山族的阿眉斯语。阿眉斯语属南岛语系印度尼西亚语族,分布在台湾东部莲花县东部和台东县东北部,人口8万人。语音上有17个辅音音位和4个元音音位。音节结构有4种:元音,辅音+元音,元音+辅音,辅音+元音+辅音,重音一般落在最后音节上。构词以派生为主，词根上可有前加、中加、后加成分。词根重叠可构成重叠词，并可再加前后加成分。中加成分极少。词类可分成冠词、名词、代词、数词、形容词、动词、副词、介词、连词、助词、叹词十一类。冠词分主、属、宾三格，加在普通名词前，指示出名词充当的句子成分，人名专有名词有主格、属格和宾格形态标志。人称代词也有数和格区别。动词有态、体、式等语法范畴，形式上是以加不同的附加成分或助词作标志。句法方面基本语序是"谓—主"、"动—宾"。

台湾高山族泰耶尔语概况 陈康撰，载《民族语文》1985年第5期。

文章描述分布在台湾北部山地，北港溪和大浊水溪以北，台北、桃园、新竹、苗栗、台中和宜兰等县山区的泰耶尔语，人口4万余人。泰耶尔语属南岛语系印度尼西亚语族台湾泰耶尔语团，分赛考利克和泽敖利两个方言。重音在最后一个音节上。词的前加成分有 kɛ-，kinɛ，lɛkɜ-，等，中加成分有 -ɛm-，-ɛn-，后加成分有-an。名词有主格、属格、宾格。动词有"主动态"、"被动态"、"陈述式"、"祈使式"、"现在时"、"过去时"、"将来时"。句子成分有主语、谓语、宾语、定语、状语。谓语往往位于句首，主语在后，宾语在主语之后，定语和状语有的在中心语前，有的在后。

台湾高山族语言 戴安·伊塞多撰，载《民族语文研究情报资料集》，中国社会科学院民族所语言室，1984年第3期。

本文详细介绍了台湾高山族的语言。台湾的高山族语言越来越引起人们的重视，其分类问题一直是讨论的关键。仁木川把高山族语言分成阿泰耶尔语团、邹语团、希农语团、阿眉语团四个语团。作者将高山族语言分成三个语团。对原始高山族语言的构拟在原则上有待于引证另外的证据，但目前似乎只有少数原始南岛语的语音成分不能从高山族语言材料中构拟，因此，从高山族语言中构拟出全部原始南岛语的语音成分，这就证明原始南岛语的首次分化是在台湾。但这又不太可能，因为原始南岛语很可能是热带地区的一种语言，而台湾最后冰河期的结束对原始南岛语来说似乎是太晚了。也可以假定是起源于台湾，向热带的地区发展的。高山族语言资料的作用还没有充分被人们认识，出版的论著不多，其中小川尚义和浅井惠伦编写的《台湾高砂族传说集》是研究高山族语言的巨著。

台湾南岛语言的舟船同源词 李壬癸撰，载《民族语文》1992年第2期。

遍布在太平洋和印度洋2万多个岛屿上的南岛语系，许多学者认为操这些语言的民族是7千年前来自亚洲大陆东南沿海一带。他们扩散到这么广大的海洋地区，最初必定拥有优良的航海技能和舟船工具。但是一般认为台湾南岛语言没有保存古南岛语的舟船同源词。是航海技术等到从台湾继续迁徙后才开始发展的，还是台湾南岛语言丢失了舟船词汇？作者举出5个词汇来证明台湾南岛语确实有关于航海技术和舟船的同源词。"漂流"qan'ud'、"转方向"haliq 两词与航海有关。"独木舟"bangkaʔ、"帆"-layang 和"船、独木舟"qabang 三个同源词都是舟船工具。这些词见于台湾本岛、菲律宾群岛以及巴丹群岛。本文所提供的证据可以说明：台湾地区和其他地区并没有显著的不同，只不过较早地失去舟船的文化，因此有关舟船的同源词较少。

台湾突厥语研究综述 王远新撰，载《语言与翻译》1989年第1期。

台湾的突厥语研究始于20世纪50年代初。其主要特点是，语言研究具有浓厚的人文色彩，语言研究多与民族的社会、历史、文化研究密切结合。因而，其研究词源考证、语义诠释者多，语言结构描述者少。主要学者有刘义棠、林恩显、阿不都拉、唐屹、陈庆隆、黄启辉、毕长朴、林冠群、李静桂等。专著主要由台北市有关书局印行，论文则主要发表在《边政研究所年报》、《"中央研究院"语言研究所集刊》、《"国立"台湾大学学报》、《中国边政》等杂志上。一、语言结构的描写研究。由于客观因素的制约，很少有专门从事语言结构描写研究的，多是其他人文学科的研究者兼搞语言学。主要论著有刘义棠的《维吾尔语文研究》等。二、词源考证与语义诠释研究。这方面是台湾语言研究的所长。研究多在族称、官号、地名等专有名词及借词等领域进行。还介绍了台湾的文字与古文献研究。

台语-am、-ap 韵里的汉语"关系字"研究 邢公畹撰，载《民族语文》1990 年第 2 期。

文章以傣雅语为中心，以傣（西）、傣（德）和曼谷泰语为参照来证明台语的-am（-aːm）韵和-ap（-aːp）韵里的许多词项与广州话里的这些词项有可比关系。作者通过古代文献的查找和上古音构拟形式的检验，进行推勘。即先列出同一词项的台语四种说法及李方桂所拟原始台语声母，再从汉语找出可以对应的"字"，写出它的上古音、中古音和广州话的说法。文章所分析的台语-am（-aːm）韵的例字 30 个，-ap（-aːp）韵的例字 24 个。通过分析作者提出台语-am（-aːm）韵的汉语"关系字"主要在汉语上古音侵、谈两部，23 个字，广州话分别归入-am、-aːm、-iːm 三韵。7 个字在汉语上古音中、阳、东三部，呈 m、ng 交替现象，广州话分别归入 ɔng、-ang、œːng、-ong 四韵。台语-ap（-aːp）韵的汉语"关系字"主要在汉语上古音缉、叶两部，18 个字，广州话归入-aːp、-ap、-iːp 三韵；6 个字在汉语上古音觉、药、职、屋四部，呈 -p、-k 交替，广州话归入-ok、-œk、-ek 三韵。作者认为如果把汉台两语的这些"关系字"全部解释为"借贷关系"，是不能令人信服的。

台语-an 韵里的汉语"关系字"研究 邢公畹撰，载《语言研究》1991 年第 1 期。

本文所分析的台语-an（包括-aːn）韵的例字共 60 个。台语-an（-aːn）韵里跟汉语有可比的关系字集中在上古元、文、真三部。这三部字在广州话分别归入-aːn、-yːn、-ɔːn、-uːn、-iːn、-an、-oen 七韵。属上古元部的，在广州话里都是长元音韵，共 41 个字，其中 15 个字是-aːn 韵，（如：搓〈绳〉、纺〈纱〉、播〈种〉、蕃〈种子〉、懒等）；属于上古音文部的，在广州话里共 16 个字，其中 11 个字是-an 韵（如：甜、分、粉、魂等），其余 5 个字有短元音的，也有长元音的；属于上古音真部的只有 3 个字，在广州话里其元音也是有长有短。这些关系学的研究，有助于汉台两语有无亲缘关系问题的探索。这些汉语、台语"关系字"中有一些跟藏语的-ng 尾字有-n、-ng 交替现象。也有一些跟藏语的-r 尾所有对应。如：扁担，汉语 kan（竿），台语 kaːn², 藏文 mkhar（杖）。

台语-ok 韵是汉台语比较的关键 邢公畹撰，载《民族语文》1992 年第 6 期。

本文从台语-ok 韵的词中选出 38 个词项分别与汉语上古的药部、锋部、屋部、觉部、之部、幽部进行比较。作者认为：（1）台语的 ok 韵与汉语上古音药部有关系的字有"雀（爵）、酌、草弱、跃、月暴、搦" 6 个，广州音归 ɔːk、œːk 两韵；（2）与上古锋部有关系的字有"恶、索、缚、顷、额、榨、白" 7 个，广州音归 ɔːk、aːk 两韵；（3）与上古屋部有关系的字有"涿、壳、剥（篾）、剥、卟、浊、触" 7 个，广州音归 œk、ɔːk、ok 三韵；（4）与上古觉部有关的字有"六、熟、掬、抽（轴）" 4 个，广州音归入 ok 韵；（5）与上古之部有关系的字有"子、埋、坯（花）、有（生、出）、聋、煤（鼻屎）" 6 个，广州音归 au、aːu、iːu、ou 四韵。由此说明，台语的 ok 韵是汉台语比较的关键韵。

台语长短元音探源一得 罗美珍撰，载《语言论文集》，1985 年。

汉藏语系各语族语言都有元音分长短的现象。不过，各语族元音分长短的情况不同，就数量来说，台语（即壮侗语族）最多，就其语言作用来说，也是台语中的作用最大。解决台语长短元音来源问题之所以困难，一是台语没有古老文字可供比较；二是现代台语元音都分长短。由此可见，通过近亲语言的比较已无法探求台语长短元音的来源。作者用印尼语与台语有关系的词，亦即残存在台语中的早期共同马来语词进行比较，发现一些值得注意的情况。根据这些比较的结果，作者认为可以作出一些假设和推想：台语的长短元音是从多音节变为单音节的过程中作为一种补偿现象而产生的。元音分长短，首先发生于闭音节。在一定条件下（元音相同，音节重叠）经过减缩的音节的元音变长，与不减缩（而是脱落）的音节的短元音形成对立。其后，开音节的元音在已形成的语言格局内必然要自动归类，由于开音节的单元音韵母作为自然感觉原来就比闭音节的元音长些，自然就归入长元音。

台语的齿音复辅音 李方桂撰，载《民族语文研究情报资料集》，中国社会科学院民族所语言室，1987年第8期。

本文探讨了台语的齿音复辅音的发展过程并对其进行了构拟。在历史比较研究中，并非所有复辅音都能在现代语言中得到证实，特别是齿音复辅音更是如此。就唇音或喉音复辅音，即后边跟随一个流音的唇辅音或喉辅音来说，少数语言至少还保留着一些复辅音，但就齿音复辅音来说，任何现代语言都难以保留这一类复辅音。石家语是唯一具有齿音复辅音的一种语言，然而这些复辅音大部分似乎不能再返回到原始台语的齿音复辅音，而是喉音复辅音。因而齿音复辅音的构拟远比其他复辅音的构拟困难得多。但通过暹罗语、阿霍姆语、武鸣话、石家语等语言材料的分析和比较，可以构拟出齿音复辅音。这些齿音复辅音和其他复辅音组成原始台语的一个完整的系列，其中某些复辅音一直被保留在现代的语言里。这样构拟出的齿音复辅音只能说是假定的和试探性的，因为在现代语言中很难发现这一类复辅音。

台语"给"的用法 杨光远撰，载《民族语文》2006年第6期。

该文通过对傣、泰、壮、布依等台语支语言的"给予"义动词以及相关问题进行分析研究，"给予"义的动词的用法，研究"给予"义动词的语音表现形式。论文指出：表示"给予"义的动词在同语支语言的用法均有能表示"给予"的意义，在语音上也显示出很大的一致性。从共时的用法中可以看出表示"给予"义的动词的历时的一致性。

台语 tɕ-、s- 组声母的字和汉语的深层对应 邢公畹撰，载《语言学论丛》1993年第7期，后收入《邢公畹语言学论文集》。

本文是对语义学比较法的扩充举证。以台语 tɕ-、s- 类声母为观测点。汉台两语对应的同音字组叫深层对应。西洋古代语文学有语法一学，这是由印欧语内部的原因决定的；中国古代语文学重点在名学和训诂，这也是由汉藏语内部的原因决定的。所以汉藏系诸语言的比较应采用查寻深层对应体系的方法。以两个公式概括，A、同音异义型；B、近音异义型。举例中涉及更多类型。（1）台语 *tɕ-：汉语 *ts- 共2例，如"雀—爵"组。除书证和方言举证外，下列上古药韵与泰语 -ɔːk［开 o，长］韵的松散对应。（2）台语 *tɕ-、*tɕh、*dʑ-、*s-：汉语 *ts-、*tsh、*s-、*r-；共8例，如"盏—羼"、"字—母水牛"等。（3）台语 *tɕ-、*s-：汉语 *t-、*d-、*ts-、*s-；共7例，如"执—栖息"、"捉—啄"等。（4）台语 *dʑ-［舌面前浊塞擦音］：汉语 *d-、*t-、*th-、*ts-、*dz-、*s-；共6例，如"嚛—试探"、"酒曲—信任"等。（5）台语 *dʑ-［舌面前浊塞擦音］：汉语 *kr-、*kh-；共2例，如"孔、洞—途径"等。

（6）台语 *tɕ-（*tɕh-）：汉语 *k-、*g-、*kh-；共 6 例，如"钳—记忆"、"欠—砍"等。
（7）台语 *s-：汉语 *s-；共 5 例，如"嫂—跨步"、"编织—米"等。（8）台语 *s-：汉语 *t-、*th-、*d-、*ts-、*tsh-、*hr-；共 9 例，如"肠—穿戴"、"声—占卜"等。（9）台语 *z-：汉语 *s-、*ts-、*tsh-、*d-、*th-、*kr-；共 4 例，如"行舟奏节木—淘（米）"、"沙—左边"等。

台语、加岱语和印度尼西亚语——东南亚的一个新的联盟 本尼迪克特撰，载《汉藏语系语言学论文选译》，中国社会科学院民族所语言室，1980 年。

本文首先提出文章论点的两个基础及本文的目的是对印度尼西亚语亲属语言的复杂问题提出一个全面的解决办法。其亲属语系主要包括台语和加岱语。加岱语系包括海南岛的黎语各方言，中国中南部的仡佬语和中国与东京交界地区的拉嘉语、拉绨语，加岱诸语言很少被人类学家、语言学家注意。接下来作者介绍了加岱语形态学和音韵学上的特点，并指出与其说加岱语接近于印尼语，不如说更接近台语，而加岱语的词汇成分既有印尼语明显的印痕，也有同样深的台语的印痕。数词和零散的名词、代名词以及形容词与印尼语近似，其余与台语近似，所以作者认为"台语、加岱语和印尼语合起来构成一个单一的语言复合体，加岱语是这三位一体的'过渡成员'"。许多双音节词根在台语和加岱语中都简化为单音节词根，两种语言都体现了完整的声调系统，都抛弃了原来的添加附加成分的构形手段，但到处都保留了许多基本词汇的标志。作者又从不同的方面论述了这个语言复合体。

台语和汉语的平行虚化现象及其成因 洪波撰，载《中国民族语言论丛（2）》，云南民族出版社，1997 年。

所谓虚化，是指词汇单位在使用过程中由于某种因素的影响逐渐失去其原有的意义和语法功能，获得一种新的语法意义和语法功能，最终使其语法性质发生根本变化的过程。平行虚化指的是两个或两个以上的词汇单位出现方向相同的虚化。平行虚化在汉语里相当普遍。比较台语的虚词产生过程，发现其实词虚化过程有许多是和汉语平行的。在汉语和台语的实词虚化过程中，句法因素和语义因素都起着决定性作用。这说明汉语和台语词汇单位发生虚化的机制是基本一致的。但是汉语和台语的平行虚化现象如此广泛还有更深一层的原因，就是汉语和台语句法语义结构的广泛同构性。

台语声母 ʔb、ʔd 的变异 洪波撰，载《民族语文》1991 年第 1 期。

本文对台语声母 ʔb、ʔd 的变异，从变异产生的原因、方向、过程作了一些分析和解释。现代台语有不少方言仍保留 ʔb 和 ʔd。有的是从原始台语中继承下来的，有的则从别的声母变来的，如临高话，ʔb、ʔd 分别从 p、t 变来的。变异是由于系统结构的不平衡而引起的。ʔb、ʔd 分别是与 b、d 构成对立，构成一个稳定结构，但原始台语向现代台语发展过程中，b、d［g］由于受声调的影响而消失，该声母与清塞音合并，打破了这个稳定结构，从而使 ʔb、ʔd 处于孤立不平衡状态，这样，ʔb、ʔd 的变异趋势就形成了。ʔb、ʔd 的变异在各方言中是有规律的，而不是出自偶然，ʔb 变为 m 或 v，ʔd 变为 l、n、z。它们的演变方向与 b、d 截然不同。ʔb、ʔd 在不同方言中选择变异形式取决于各方言社团的约定俗成。其变异过程是通过词汇扩散方式进行的。以龙州壮话为例，发现首先在主要元音的词汇中扩散。最后作者提出语言演变的现代类型来弥补研究语言历史情况的方法上的局限，从而获得真实的或接近真实的语言历史演变过程和源流情况。

台语受事成分的语序分布及相关因素

洪波撰，载《中央民族大学学报·增刊·壮侗学研究》，1997年。

本文从语义句法的角度考察台语受事成分的语序分布情况并探讨受事成分相对于谓项的各种语序分布形式的原因。（1）受事成分是表示动作行为处置对象的句法成分。从形式上有三条标准可鉴别：1）谓项由及物动词充当。2）含有受事成分的句子可以表现为被动句，把受事成分换到话题位置。3）含有受事成分的句子可以表现为"处置式"，受事成分用介词引介和标记。（2）有时一个句子中有两个受事成分，两者之间是整体与部分的关系。受事成分与谓项的组合形式有五种。从相对于谓项的语序分布角度看，可以概括为三种类型：a: w＋s, b: s＋w, c: s＋w＋s（w = 谓项，s = 受事成分）。a型的使用频率最高。其根据因素是受到逻辑时间顺序原则的认知原则的制约，而b、c型是在a型分布的基础上产生的，是a型分布移位的结果。这种移位与语用、历史变化及汉语影响都有联系，语用因素是根本因素。

台语中的重叠法

莫列夫撰，载《民族语文研究情报资料集》，中国社会科学院民族所语言室，1987年第9期。

本文探讨了台语言重叠词的构成法。在台语言中，现在有各种单音节词素的组合：词汇—语法性质相同的词素组合；词汇—语法性质不同的词素组合。重叠词也是词素的组合。这种组合的特点是它们由相同的成分组成。在这种情况下，如果两个组成成分完全相符，这种重叠组合叫做完全重叠词，而如果各组成成分大体相同，只是某一部分有差别，这样的词素组合是不完全的或发生音变的重叠词。在台语言中，受完全重叠的首先是性质形容词、副词及少数动词和名词。形容词和副词的重叠具有性质、特性或特征程度适当加强的意义。动词的重叠表示由动词所表现的动作的强烈性、持续性和重复性。名词的重叠表示复数的意义，而这种复数按照上下文可以作为集合多数、倍增多数、区分多数或分配多数的标志表现出来。根据许多特性，完全重叠词与其他词是有区别的。

泰语的指示词——兼谈侗台语指示词的调查与定性

薄文泽撰，载《民族语文》2006年第6期。

本文讨论泰语两套分布上有互补关系指示词功能上的差别，根据现有的材料推测，在侗台语其他语言中，指示词的这一类的差别原本可能也存在。全文分五节：一、泰语的指示词；二、泰语指示词的分类；三、指示词的共同特点；四、指示代词和指示形容词在用法上出现交叉的原因；五、侗台语族其他语言中指示代词的状况：两类指示词区分的意义。

泰语方言学研究

易家乐撰，载《民族语文研究情报资料集》，中国社会科学院民族所语言室，1984年第3期。

本文探讨了泰语各方言，并对古泰语进行了构拟。泰语各方言包括：（1）掸语。分布在缅甸掸邦和南云南以及泰国西北的一些村庄，具有一些与北部泰语共同的语音特点，与中部泰语差别大于北部泰语与中部泰语的差别。（2）北部泰语。包括通行在泰国境内兰那地区的爱语，通行在缅甸联邦掸邦东部地区的昆语以及通行在中国云南省西双版纳境内的仂语。（3）东部泰语。通行于老挝境内以及毗连老挝的泰国东部袋形地带。（4）中部泰语。通行于湄南河周围北至程逸的泰国中部平原。（5）南部泰语。使用于马来半岛的暹罗地区。它是泰国境内最保守的一种方言。构拟古泰语，必须分为几个阶段。蓝玛堪亨时代（13世纪）的暹罗语是古暹罗语。古暹罗语的构拟根据两个主要材料：①固有的文字形式（包括老借词的译音）；②现代方言。古暹罗语是今天中部泰语的直系祖先。

泰语里的汉语借词"是" 薄文泽撰，载《民族语文》2008年第1期。

泰语里的"是"，表示判断的动词有两个，一个是 pen², 一个是借自汉语的 tɕhai³。汉语 是 借入台语不早于晚唐，台语里的分布表明它是在台语分化为三个分支以后，西南支进一步分化以前。本文不同意把 tɕhai³ 看作台语共同词的观点。全文分三节：一、泰语的 tɕhai³ 是汉语借词；二、泰语 tɕhai³ 的分布和历史；三、汉语 是 借入泰语的历史年代。

泰语中的潮州语借词 傅增有撰，载《东方研究论文集》，北京大学出版社，1987年。

文章讨论泰语中汉语潮州话借词的传入途径、借用形式、借词的使用范围以及借词的语音语义各方面现象。汉语借词传入泰国的途径主要有三个，泰国使者商人带回，华侨传入，文学作品影响。借用形式可分为全借和半借两大类，全借词保持原来的意义和语音，泰语中绝大部分汉语借词采取此方式，如 kuua¹ "瓜"。半借是汉语词汇加上泰语固有词构成多音节汉语借词。泰语所借用的潮州话词语，不但书写形式发生了根本的变化，语音也发生了变化，有的语义上也发生了变化。总之它已被泰语彻底地改造了。因此，泰语潮州话借词已成为泰语词汇系统中不可分割的一部分。当然，泰语潮州语借词又有别于泰语本族词或其他借词，这就是它和汉语潮州话的渊源关系，和中国事务有千丝万缕的联系。

谈阿眉斯语的基数概念 曾思奇、李文甡撰，中央民族大学少数民族语言文学学院编《中国民族语言论丛》（1），中央民族大学出版社，1996年10月。

本文就阿眉斯语基数概念的种类、构成及渊源作一分析比较，说明基数词只有表示1到10数字的一种，除此以外的基数概念用句法结构表示，其形成历史显然比前者晚。主要内容：（1）1到10的基数词分析。没有"零"的概念，单位数词常见十、百、千、万。基数词包括计算有生命的人和动物以及计算无生命的物两套，带有远古狩猎生产方式与次生态泛灵论影响的痕迹；（2）1到10以外的数字的结构方式，包括：短语、基数词+短语、基数词+句子、短语+短语、短语+句子、短语+短语+短语、短语+短语+句子等，大都仅有语言学参考意义；（3）"十进位"序列计算法，即按十进位序列将百位基数有规律地排列，然后从序列的坐标中找出需要的基数，具有经济和快速的特点。这是阿眉斯人在实践中摸索和创造出来的计算方式，可能是原始渔猎、农耕文化进步和发展的产物。

谈《仓央嘉措情歌》的汉译 周季文撰，载《民族语文》1985年第1期。

本文拟从《仓央嘉措及其情歌研究·资料汇编》中选择部分例子，指出整理的材料中存在的一些问题。作者认为整理者没有清除分首、改错这两种翻译过程特有的障碍；在增译主语或不增译主语的问题上取舍不同，使译文显得五花八门；有的译文丢掉了原文的修辞特色，有的没有照顾到藏语的语法结构。统观各家译文有两种倾向：一种侧重语言学的角度；一种偏重于文学的角度。从效果上看前者达不到介绍藏族文学的目的，后者降低藏族文学的艺术水平。作者认为翻译不能离开标准，要以内容忠实、语言通顺为必要条件，以风格相当作为充分条件，把语言学和文学结合起来。翻译过程要正确把握原文，以对词的理解和表达为重要基础，注重语法结构，并要保持原作品的格律、语法、修饰三方面的艺术特色。

谈白语标准音问题 马曜撰，载《云南民族语文》1991年第1期。

关于创制白族文字的问题，新中国成立初期人们看法不一。当时一些人认为，白族在云南少数民族中较为先进，且接受汉文化较早，并在接受汉文化的同时，传授给周边少数民族，因而白族没有必要另创文字。近年来，经过白族知识分子的努力，并且在云南剑川县首次推行白族教育，实践证明，白文是社会扫盲和提高小学教学质量的好工具，尤其在不通汉语的白族地区，更具深远的意义。作者认为，在剑川推行的白文工作的经验对整个大理州都是适用的，但大理州白语还分很多方言，每个方言土语之间存在着一定的差别。为了在全州范围内顺利推行白文，作者建议：可在剑川推行白汉双语教学和白文扫盲的基础上，选择南部方言区洱源县的右所为标准音点。为了白族地区能够更快的发展，有必要创制白族文字，因为白族地区不会讲汉语的人还相当多，推行白文，对提高人民素质，弘扬民族文化意义重大。

谈表音文字同口语的关系　徐世璇撰，载《云南民族语文》1994年第4期。

表音文字的突出特点是同语音发生直接的联系，能够较准确地反映口语实际，便于人们学习和运用。因此绝大多数新创文字都采用这一先进的文字制度，拼音文字建立在音位系统的基础上，能够运用很有限的字母有效地表现语音面貌，简洁明确，学用便利，具有较强的科学性。然而，表音文字同语音的关系并不是绝对的，拼音文字对口语的反映不应该要求、也不可能达到——相对的精确程度。因为，文字作为一种书写工具，要求简洁明确，便于使用，并且具有一定的稳定性和通用性，这决定了文字只能通过符号有限、相对简洁的系统来反映存在着时空差异，极为纷繁复杂的口语，二者之间虽然关系密切，但又需要有一定的灵活度、不可能——相对严密吻合。但是文字系统同口语的关系又不能过于松散，以致影响文字的使用效能，违背表音文字的表音特征。恰当地运用互补原则可以使文字系统既简洁又明确。正确认识表音文字同语音之间既直接联系，又存在着一定灵活的辩证关系，对于新创文字工作具有重要的实践意义。

谈哈萨克语助动词"E"　王立增撰，载《语言与翻译》1990年第1期。

助动词"E"源于古代突厥语的"ER"，而"EDI""EKEN""EMES"和"EMIS-EMIS"都是由"E"加上不同附加成分构成的。其中值得我们注意的是："EDI""EKEN""EMES"都是由词根"E"加上时态附加成分构成的，而缺乏其他变化。这自然使我们产生这样的思考：既然"E"是动词，按照动词的一般性，它不应只限于上述几种形式。那么在现代哈萨克语中是否还有由"E"构成的其他形式呢？事实证明：有。哈萨克语中助动词"E"的本义为"是"，它有"EMEY""EDI""EKEN""EMES""EMIX"等时态形式；有强制形式"ET"；"EMIX"重叠后构成副词；"EMIX"在现代哈萨克语中以不完全形式 MIX 或其变体 MIS/MES 出现，本义已趋消失，成了语气词。另外，作者认为维吾尔语中的"IDI""IKEN"，柯尔克孜语中的"ELE"等词也是由突厥语的"ER"演变而来的。

谈哈语中动名词的归属　吐肯·艾米热撰，载《语言与翻译》1998年第3期。

一般传统观点将哈萨克语中的动名词作为动词的不定式。很显然，动词并不表示动作的名称，只表示动作本身；而"动名词"或"不定式动词"并不表示动作本身，只表示动作的名称。动词的语法范畴包括词汇范畴和语法范畴，但动名词不属于这一范畴，而隶属于动词的特殊类型。这是因为不定式动词从总体上看并不表示动作本身；其词汇意义接近于名词；其语法属性像名词一样具有名词的语法变化规律的句法功能。通过比较分析，并与不同语言中同类现象进行共时比较，对哈萨克语传统语法提出质疑，认为应将哈萨克语中的动名词归属于名词，而不是归属于动词范畴，因为动名词具有名词的语法功能——有人称、数、格的变化。

谈海南谟话的归属 李敬忠撰，载《广东民族学院学报》1989年第1期。

海南操谟话（村语）的人感到其语言有许多跟黎语相同或近似，但认为自己决不是黎族，自己也不是讲汉语的汉人。在没有自己民族称谓的情况下，对外称自己所讲的话为"村话"，他们普遍自称汉族。从历史的侧面充分印证了讲谟话人的祖先确是"外来人"。讲谟话的人就是人们所称为的"熟黎"。从谟话与壮侗语族诸语言的比较来看，在2402个词里发现与黎语相同、相近似而有对应关系的词有1026个，占42.4%。谟话声韵与黎语对应比较严整，跟黎语亲近程度超过同语族的其他语言。在语法方面和黎语一样许多单纯词都带有固定的词头（前缀）。在词汇方面，如数词，与黎语关系也密切，黎语有从零到十、百、千的数词，谟话自一至六的数词与黎语相同。在结论里作者认为谟话是汉藏语系壮侗语族黎话支的一种独立语言，它与黎语最亲近，关系最密切。

谈景颇语言文字特征及其作用 石锐撰，载《云南民族语言文学论文集》，云南民族出版社，1990年。

景颇族是古代居住在我国青藏高原的氐羌族的后裔的一部分。景颇语是随着民族的形成而产生的，而景颇文的产生比语言晚得多。本文首先从语言的兼用性、语音、语法等方面概述了景颇语的特点。然后简要介绍了景颇文的特点。再介绍了景颇文的创制经过以及推行经过。最后阐述了景颇语言文字对教育、经济、精神文明、弘扬优秀传统民族文化所起的重大作用。本文旨在通过介绍景颇语言文字的特征，以及它们在社会发展中所起的不可替代的重大作用，让广大学者更加重视研究民族语言文字，使民族语言文字为本民族的发展发挥出更大的作用；同时也指出，景颇族人民在学习、运用好本民族语言文字的同时，也要加强学习汉语汉文，还要积极提供学习外语的条件，只有这样，才能适应"开放型"经济发展的需要，才能提高全民族的整体素质，促进景颇族社会经济、文化的发展繁荣。

谈历史上的撒拉文——土尔克文 依布拉·克里木撰，载《语言与翻译》1989年第3期。

所谓"土尔克文"，是用阿拉伯、波斯文字母为基础拼写撒拉语的一种拼音文字。根据现有材料，19世纪时，"土尔克文"在撒拉族群人中不仅用于宗教方面注释经文、翻译经典，而且已成为社会通信、书写契约、纪事立传、著书立说的应用文字而被一部分人所掌握。至今，在撒拉族群众中还保留着一些用这种文字书写的有关历史、文学、宗教等方面的文献。青海民族学院民族研究所收藏的《土尔克菲杂依力》及作者转录的《朝觐途记》、《历代帝王年表》就是用这种文字拼写撒拉语写成的。撒拉族在采用"土尔克文"拼写撒拉语时，借用了阿拉伯文的全部字母及使用方法，并且借用了部分音变符号，后来又从波斯文中借用了三个字母，形成了由32个字母组成的土尔克——撒拉文，并在长期的使用过程中，逐渐适应了撒拉语的语音规律。

谈满文字母的达斡尔文 恩和巴图撰，载《民族语文》1994年第2期。

满文字母的达斡尔文是一种借用满文字母来书写达斡尔语的文字，产生于18、19世纪。经过一百多年的实践，到19世纪末该文字的拼写法已基本规律化。满文字母的达斡尔文对于创立达斡尔族书面文学及达斡尔文学语言起过较大作用，对于提高达斡尔族文化水平及民族素质都产生过应有的影响。本文中分5个段落较具体地谈论了满文字母的达斡尔文产生的历史背景和原因，阐述了满文字母的达斡尔文在当时的历史条件下所起到的作用以及产生的重要价值，同时还指出了满文字母的达斡尔文在达斡尔族中得到推广和使用的主要因素和情况。还专门对《满汉达呼尔合璧词典》《敖拉昌兴诗歌集》《达斡尔族传统诗歌集》等流传至今的达斡尔文文献资料的手抄本作了简要介绍和科学评价。

谈蒙古语的汉语借词在语音方面的特点 斯勒巴特尔撰，载《内蒙古语言学会第二次学术讨论会论文集》，内蒙古教育出版社，1996年。

蒙古语在其形成、发展和演变的过程中从周围的其他语言中吸收了为数众多的借词，从而丰富和发展了自己的词汇。综观蒙古语的汉语借词，它们在语音、词义等方面均有不少特点。所以本文探讨的是蒙古语汉语借词在语音方面表现出的一些特点，目的是解释语音方面的特点，并不涉及有关例词的借入途径和来龙去脉。蒙古语双语借词在语音方面的特点主要表现为：（1）保留着中古汉语的某些语音特点，它们在语音形成方面与现代汉语语音系统相差较远。（2）反映了汉语方言土语的某些语音特点，并且介绍了一些比较典型的例子，发现这是一个很值得研究的问题，也说明了蒙古语汉语借词是多渠道的。（3）发生了增添、脱落、转化等语音变化，即在一些开音节词的词末增添音素，或在一些闭音节词的词末增添音节；而语音脱落现象在词首、词中和词末都出现；蒙古语汉语借词中的语音转化现象十分普遍，包括元音转化和辅音转化两种形式。

谈苗语"仡"的构词功能与特点 石宗仁撰，载《贵州民族研究》1996年第3期。

苗语构词功能特点之一，表现在许多苗语冠词在构词中的作用。本文拟就对苗语"仡"构词功能和特点，作一归纳与阐述，并寻求其规律性。苗语"仡"冠词构成的词汇有六类：（1）"仡"冠词人体部位名词；（2）"仡"冠词之民族学类名词；（3）"仡"冠词植物类名词；（4）"仡"冠词动物类名词；（5）"仡"冠词用具类名词；（6）"仡"冠词地质类名词。还有"仡"作四音格构词的双冠复踏音。"仡"作冠词用，与动物类、用具类等类别的中心词素组合时，"仡"均无具体含义，但隐含有类的意思。当"仡"作冠词与人体各部位、地质特质、植物的中心词素组合名词时，"仡"虽无具体意义，但均有一个共同存在的根，即人体与地表。它们内涵的异性却相连在一个共同实体上。"仡"作民族学类名词冠词时，不仅表姓代类别，而且含有"老"的含义。"仡"冠词作四音格双冠复踏音节时，增强了"仡"的构词功能，强化了人文要素的感情色彩，具有鲜明的爱称、亲称、尊称与敬称之义。研究苗语"仡"等冠词的构词特点，对研究苗族历史具有重要作用。

谈苗语川黔滇方言小哨口语中的量词 罗兴贵撰，载《贵州民族研究》1990年第2期。

本文就苗语川黔滇方言毕节小哨口语中的量词作了一些探讨。小哨苗语中的量词可分为物量词和动量词两大类。物量词往往同数词结合，修饰名词或少数单音节的形容词；动量词往往与数词结合，作动词的补语。在个体物量词里用得最广泛的是"个"。小哨苗语中的 lo^{35}（个）一般加在表圆形的、坨形的或圆而中空的物体名词前面。to^{11}（个）一般加在表动植物名词前面。这两个量词还经常接受指示词的修饰。部分名词可以借作名量词使用，这类名词通常都是具有"容量""承受能力"的名词。在口语中，有些动词和名词可借作动量词使用。动词被借作动量词使用，通常是重复前面的一个动词。有的动量词跟数词结合后，可以修饰名词。还有 te^{51}（些）受指示词 na^{55}（这）、o^{44}（那）等的修饰，也能单独修饰名词，但不能接受数词的修饰。$ts'a^{44}$（些）则与 te^{51}（些）相反，它不能受指示词修饰，也不能单独修饰名词，但却能受数词（一的修饰。mpau⁵⁵（群）只用在动物名词的计量上，能单独修饰名词，也能受指示词、数词（一）的修饰。

谈苗语湘西话四音格中的同声谐韵　石如金撰，载《民族语文研究》，四川民族出版社，1983 年。

文章讨论苗语湘西话四音格的同声谐韵现象。苗语四音格指四个音节组成的成语、短语、习惯语或词组。同声谐韵在苗语四音格中有整体类和附加类两种。整体类是四个音节都不能独立自由运用的，包括 ABCD 式，如 qei⁴⁴shei⁴⁴qɛ⁴⁴shɛ⁵⁴（熟睡后呼吸均匀貌），ABAB 式，如 wen³¹ka⁵⁴wen³¹ka⁵⁴（雷鸣电闪，大雨阵阵进行貌），AACC 式，如 ka⁴⁴ka⁴⁴kung⁵⁴kung⁵⁴（爬动、起身动作貌），以上三种均呈语音和谐的同声谐韵状态。附加类指四音格里有一个或两个音节有词法意义或语法作用，其他音节是附加其中的。又分为 ABAD 式，在单音动词 D 之前冠上前加成分，成 AD，然后再在复音动词 AD 前运用同声谐韵法冠上 AB 即成。ABAD 式，在单音形容词后带附加成分，然后用同声谐韵方法组合。如 qwe³⁵tei⁴⁴qwe³⁵ta⁴⁴（黑咕隆咚）。同声谐韵四音格是富于表达力的语言形式。

谈拼音文字的声调表示法　周耀文撰，载《中国语文》1965 年第 4 期。

有声调语言拼音文字的声调要不要表示，如何表示，这是一个很有争议的问题。有人主张表示，有人主张不表示。主张表示者认为：声调有区分词义的功能，在文字上必须表示；不然，便不能区分同音词，不能正确地表达语言。主张不表示者认为：声调虽然有区分词义的功能，但它不是独立的音位，凡是不能自成音位的音势、音高等，在文字中都可以不表示，而可以通过其赖以寄托的音素与音素之间和词与词之间的相互表义关系显示出来。在表示方法上也有不同意见。有人主张用附加符号放在字的上边或后边表示，例如汉语拼音的 mā 妈，má 麻，mǎ 马，mà 骂；有人则主张用专用的字母表示，例如 mal 妈，mah 麻，mav 马，maq 骂（l、h、v、q 分别表示阴平、阳平、上声、去声）。为了吸取教训，本文介绍了我国国内曾经使用过的国语罗马字拼音和好几种少数民族文字的声调表示法，以资比较。通过比较和实践，作者认为以使用附加符号放在音节的主要元音的上头（像汉语拼音的声调表示法一样）最好。它的优点主要是：把声调符号放在音节的主要元音上头能显示出声调的音高，有利于阅读；其次是能节省篇幅。

谈水语全浊声母 b 和 d 的来源　倪大白撰，载《民族语文》1980 年第 2 期。

文章以贵州荔波县瑶庆乡水语为依据，探讨水语 b, d 声母的来源。水语有 ʔb, ʔd 和 b, d 两套浊塞音声母，这两套声母在水语中都只跟单数调结合。ʔb, ʔd 只和单数调结合，跟壮侗语族诸语言中的 ʔb, ʔd 一致。水语纯浊声母 b, d 也只和单数调结合，这跟同语族诸语言中纯浊声母只出现于双数调，显然不同。文章用水语 b, d 分别与同语族诸语言中有关的声母比较，结果是水语 b, d 大部分词和同语族语言中的 p, t 对应；另一部分词跟边音、擦音声母对应。由此表明水语的 b, d 跟带-l-，-r-的复辅音有关。并确证了﹡mp。文章最后根据壮侗语族诸语言中一些声母的对应以及声母和声调配合关系，构拟了 ʔmp, mhp/mph, ﹡pr/（pl）, ﹡phl, ﹡tr, ﹡thr, ﹡tl/（thl）声母。结论是水语的 b, d 只出现于单数调是原始台语中几个复辅音声母分化演变的结果。

谈谈阿尔泰语系的词类问题　桑席耶夫撰，载《民族语文研究情报资料集》，中国社会科学院民族所语言室，1984 年第 4 期。

本文探讨了阿尔泰语系各语言的词类问题。阿尔泰语系的词类可以说已在某种程度上初步确定下来了，但对于像基本静词的范畴也没有统一的看法。而关于蒙古语族、突厥语族和满—通古斯语族中的基本静词词类问题，正是阿尔泰学家之间所存在的主要分歧之一。阿尔泰学者中关于"名词—形容词"这方面的争论，主要在于把句法概念和词法概念混淆了，而且这种争论是同将阿尔泰语相应的词翻译成俄语有关。在阿尔泰语系中，性质副词或行为方式副词应该划为一组专门的词，它们只表示行为的特征，因此，在与其他词搭配时它们作动词的修饰词用，在句中作行为方式状语。词类应当既从语义学，也从语法学方面来研究和确定。详细地研究阿尔泰语系的语法结构可以深入了解这些语言曾经逐步经历过的和正在发生着的变化过程。但为了认清这些过程和变化，首先需要清楚究竟是什么发生变化，以及这些变化的来龙去脉。

谈谈白语的系属问题 和即仁撰，载《彝缅语研究》，四川民族出版社，1997年。

文章通过白语和汉语、彝语支语言的比较研究，并根据自秦汉以来白族先民的历史情况讨论白语的系属问题。关于白语的系属，从19世纪末起有5种主要观点：泰语说，孟—高棉语说，汉语方言说，夷汉混合说，藏缅语族白语支说。从语音、词汇、语法与汉语和彝语支语言比较得到三个事实：语音系统与汉语接近，与彝语支语言差异较大；词汇上与汉语同源的占比较词数60.28%，与彝语和纳西语分别只占6.47%和5.39%；语法结构情况有待进一步探讨。历史上有大量汉人及氐叟人先后融合于白族先民的事实，因此，从发生学的观点看，白语是藏缅语族语言中分而未化的一种语言，以语言相互影响和语言融合的观点来分析，白语又是与汉语融而未合的一种特殊语言。结论是：既不能把白语当作汉语的一种方言，也不宜把它简单地归入彝语支，应该是藏缅语族中与彝语支并列的一个语支——白语支。

谈谈大丰壮语的几个特别的词语（Gangjgangj Geij Cih Daegbied Vahcuengh Dafungh） 莫克利撰，载《三月三》1999年第6期。

主要内容：广西上林县大丰壮语有几个特别的词语，那就是 Gvan、baz、ae、mbwk、daeg（ndwiq）、dah。这几个词语与壮语标准语的"dax"的用法差不多，不同的是，"dax"置于名词前面起词头作用，是一种语法现象。而 Gvan、baz、ae、mbwk、daeg（ndwiq）、dah 不仅是一种语法现象，而且在其中还具有实在意义。（1）置于名词前面当作词头，能够区分出男女性别，年纪大概是哪一辈分等。Gvan，专指老年男性，其辈分应为祖父辈以上。baz，专指老年女性，其辈分应为祖母辈以上。ae，一般指已经娶妻了的男性，其辈分应为儿子辈。mbwk，一般指已经出嫁了的女性，其辈分应为儿子辈。daeg（ndwiq），一般指青少年男性，其辈分应为孙子辈。dah 一般指青少年女性，其辈分应为孙子辈。（2）两个词语重叠，表达"每个"或者"许多"。（3）这些词语单独使用时，可以当作代词"他（她）"，可以在句子中充当主语、定语或者表语。（4）在这些词语前面加"lwg"，这些词语的意义有变化，变成贬义。（5）ae 和 daeg（ndwiq）、mbwk 和 dah 有时可以通用。

谈谈傣语中的修饰语问题 方伯龙撰，载《民族语文研究》，四川民族出版社，1983年。

傣语中的修饰语一般都是在中心语的后边，特别是作为名词的修饰语更是这样。名词中心语在前，修饰语在后，这是壮侗语族诸语言的共同特点。文章的讨论涉及名词的单词修饰语问题；名词的词组修饰语问题；指量结构作修饰语的问题；动词、形容词的前置和后置修饰语问题；修饰成分同某些句子成分的关系及其位置问题；关于名词修饰语现象较普遍的是修饰语后置。关于动词、形容词修饰语，主要有副词、能愿动词和介词结构。表示否定的副词在修饰、限制动词和形容词时其位置在前面，表示程度的副词一般在后面，介词结构在前或在后都有，不影响意义表达。

谈谈侗文的规范 郑国乔撰，载《侗语文集》，贵州民族出版社，1996年。

侗文的规范不应该片面强调标准音，而应采取较宽松和灵活的办法。大体的想法是：与标准音点同源的词完全用标准音拼写；方言词作为丰富词汇的手段可以吸收到标准语中来，字形上尽可能遵循语音对应规律规范。词汇的异歧在侗语内部并不很突出。据《侗语方言调查汇报》统计，同源词，南部方言内部平均达93%。北部方言内部平均达80%，南北方言之间平均达71.7%。方言词的比例不大。同源词是侗族书面标准语形成的核心。但由于方音变化，这些词各地读音不同，甚至差别很大，如果不加以规范，都各自按当地话拼写，必然造成字形的不一致，影响交际。这是造成侗文不统一的主要障碍。因此必须进行规范，要求按照《侗文方案》规定的标准音书写，只要这部分同源词的字形得到固定，侗文就能趋于统一。

谈谈古藏文词汇拼写法 王青山撰，载《民族语文》1981年第4期。

该文综述了古藏文词汇的拼写法，并与藏文传统文法中拼写规则进行比较。指出，在9世纪前后，由于语言的演变，词的读法和写法已产生了距离。由于没有统一的拼写法规则，人们或者按照当时的读音来拼写，或者根据传统拼写法来书写，造成古藏文词汇拼法的分歧。公元826—827年曾进行过一次以词汇规范化为中心内容的文字改革，在词汇方面确立了规范，制订了新的拼写法，但在逐步实行的过程中，新拼法和习惯拼法并存并用，混乱现象仍然不可避免。

谈谈汉藏系语言的音位类 江荻撰，载《中央民族大学学报》1996年第1期。

音位是一种关于语音系统的单位的理论概念。假如要描写一种语言的语音系统，那是要从音位着手的。有一种看法是：语言里的音位不一定是简单的元音音位和辅音音位，最典型的现象是汉藏系语言的声母和韵母，这两个单位经常不是单一的辅音和元音。作者认为：音位不一定只有元音、辅音这样的类别。就汉藏语系语言来说，更合理的音位类别可能是声母和韵母（以及声调）这类单位。事实证明，声母、韵母和声调都是可感知和识别的语音单位。中华民族几千年的历史上这几种东西拼来拼去的现象屡见不鲜，叠韵、双声、押韵、反切、声训、反语等可谓五花八门。罗常培先生许多年以前就曾说到："自近代语音学法，而后分析语素，可用音标以济汉字之穷；解决积疑可资实验以补听官司之缺；举凡声韵现象，皆可据生理物理讲明。从兹致力，庶凡实事求是，信而有征矣。"

谈谈回族人民常用的一些词语 胡振华撰，载《语言与翻译》1989年第3期。

（1）大量的非汉语词，它们多为阿拉伯语、波斯语词。例如，阿拉伯语有：du-wa < duwa 祈祷；li-bu-li-si < iblis 魔鬼；ru-hair < run 灵魂；ha-di-si < xadis 圣训；dui-ya < duniya 世界；ar-lin < a：lim 学者等。波斯语有：a-si-mar < asman 天；duo-si-ti < dost 朋友，du-shi-man < dushman 敌人；bing-da < bamdat 晨礼；di-ge-er < diger 晡礼，hu-fu-tan < xuftan 宵礼；shu-mi < shum 不吉利的等。这些词的词义有的保持原有语言中的词义，有的则有了某些改变。各地回族在使用这一类词时，读音不尽相同，都带有当地汉语地方话的特点。（2）专为回族使用的一批汉语词。例如：教门—宗教信仰；油香—油饼；开学—阿訇应聘任职；口唤—许诺；拿散—施舍；口到—尝；无常—死；发送—送殡等。这类词全由汉语材料构成，但与汉语词义不同，这些词应视为回族人民使用汉语过程中的创造。

谈谈柯尔克孜族名的汉字音译——"柯尔克孜" 胡振华撰,载《语言与翻译》1990年第1期。

柯尔克孜族是一个古老的民族,现在居住在中国、苏联、阿富汗、土耳其境内。不论住在哪一个国家的柯尔克孜族都自称为"柯尔克孜"〔qacrghacz〕。在不同的历史时期,"柯尔克孜"这一氏族名称曾用不同的汉字来音译。曾先后被写作"鬲昆"、"坚昆"、"纥骨"、"辖戛斯"、"吉利吉斯"等。新中国成立后,政府正式宣布使用"柯尔克孜"这一族名。我国的不少同志在翻译国外的柯尔克孜族的族名时,习惯上多采用"吉尔吉斯"这四个字来音译。这种译法也是忠实于原文读音的。这样的两种译名,就使一个"柯尔克孜"族名被译成"柯尔克孜"、"吉尔吉斯"两个民族名称了。有人认为这是为了区别国内外的柯尔克孜族名,也有人认为这已是约定俗成的习惯译法了,不必再统一。上述两种观点都是错误的。"柯尔克孜"、"吉尔吉斯"的两种译名在汉文中应统一为"柯尔克孜"。

谈谈傈僳语中的词头 a- 木玉璋撰,载《民族语文》1982年第2期。

本文叙述傈僳语中词头a-可以在名词、疑问代词,部分形容词和感叹词的前面表示一定的附加意义。(1)词头a-加在名词前面,其中绝大多数是亲属称谓名词和熟知的动物、日常生活用具、食物、自然物质的名称等。加上词头a-后,有表示亲昵或尊敬之意。文中分别举例说明。(2)词头a-加在形容词的前面,构成疑问。当词头a-加在重叠的词干前面,则不再表示疑问,只表示性质程度的加深。(3)部分疑问代词需要带词头a-。感叹词比较普遍地在词的前面使用词头a-。用在不同词素前面的词头a-,其附加意义有一定的区别。文中叙述了与傈僳语相邻的独龙语、怒语、纳西语、白语中,以及藏缅语族语言中的藏、嘉戎、普米、木雅语中词头a-的使用情况都有类似。美籍德人劳弗尔在研究文章中说:"我很倾向于把它看作是一个原始的,自然的,感情的天然语音,很像我们的感叹词ah,有没有呼唤语气都行。"

谈谈苗文中的几个问题 王春德撰,载《贵州民族研究》1984年第3期。

本文就苗文中出现的几个问题作些研讨。一、标准音问题。文章认为四种苗文的标准音,相对来说选择得还是可以的,这是根据苗语的方言土语很复杂而言的。推行苗文采用两种办法。凡是语音与标准音一致或较近的地方可以直接学习标准音,凡是语音与标准音有一定差异直接学习标准音有困难的地方,开始教苗文时不妨用一定时间先教本地语音,后再教标准音。二、规范化问题。(1)语音规范包括苗语的语音规范和借词语音规范。苗语语音都得按规范了的标准音的语音拼写和读音。借词语音如黔东苗文的汉语借词中的音译词,基本上可按汉语西南官话区的贵阳话的声母、韵母借入,其声调按养蒿苗族发当地汉话的声调标。(2)词汇规范:是对某些表示意思太多的同音词、代表性不广的或标准音点没有的词进行规范。(3)标点符号规范。苗文的标点符号除逗号、顿号和分号都用",",以及句号用"."之外,其余的均与汉文用的标点符号相同。不用";"表示分号,不用"。"表句号,以免与苗文声母j和韵母o混淆。

谈谈苗语构词法 王春德撰,载《民族语文论集》,中国社会科学出版社,1981年。

苗语各个方言词的构成方式基本一致,本文就黔东方言北部土语作了一些初步介绍。苗语的单纯词主要是单音节的,少部分是多音节的,多音节单纯词在语音上多双声式叠韵,不双声不叠韵的也有。合成词在构成上有两种,一种是由基本成分和基本成分构成的,有联合式、修饰式、支配式、补足式（补足成分是名词性或动词性的）；一种由附加成分和基本成分构成，一般由附加成分 tai^{33}、tçi^{33}、çɛu^{13}、qa^{55} 和 qa^{33} 加在基本成分之前，构成合成词，这样构成的合成词都是名词。此外，苗语中还有大量的联合式四音格，其中有的是词，有的是词组，从结构上可以分类为：AABB 式、ABAC 式、ABCD 式，其中每类因组成成分不同，都可以再分为若干种。苗语中的汉语借词也不少，有的是直接借入的，有的是按音译加注方式借入的。

谈谈苗语中几个特殊的数词 罗兴贵撰，载《贵州民族语文研究集》，贵州民族出版社，1993 年。

苗语中有一类比较特殊的数词"半"、"每"、"ib"，本文就这类特殊的数词，谈了其在语言中的使用情况。"一半"在苗语中的构词方式是分析型的形式，它在与表示不同单位的量词结合时，均有自己不同的表现形式，cqik 主要与表重量、年份、月份、时、分、秒、长度或条状等的量词结合；dangs 只与表"日""夜"的量词结合，daos 可与 caik 替用；ndrangb 修饰动词，修饰时前面要加数词 ib；ndangt 与表示度、容量的名量词结合。"每"是指全体中的任何一个或一组，其在现代苗语口语中也是分析型的形式，一个是 cuat，一个是 nax，caat 几乎和所有的量词都能结合，结合后均表示"每"、"全部"等意；nax 只能与表时间的量词和表助词的量词结合。"一"在苗语中也属于分析型的形式，表现为"ib"和"dab"两种。ib 能与 douf 连在一起使用修饰动词和与名词结合，表示"满"等意思。dab 用于量词 dol、lenx 的前面，表示"仅仅，只一个"的意思。

谈谈书面藏语关联词语的两个问题 胡书津撰，载《云南民族学院学术论文集》，1981 年。

本文作者从两个方面阐述了对藏语关联词语的看法。充当书面藏语的关联词语的主要是连词，也有几个能起关联作用的副词和结构助词以及作用与它相当的词语。关于关联词在复句中的作用，一是多数复句中小句之间的关系一定要用关联词语才能辨析意义，去掉关联词语，分句间就联系不起来。二是表示小句之间的不同关系，要用不同的关联词语。三是一个复句包含小句较多，关系比较复杂，不用关联词语就不能把各种关系清晰地表达出来。四是同一个关联词语有时也可以表示不同的关系。五是一个复句用了关联词语表示一种关系，不用关联词语就表示另一种关系。六是关联词的搭配，前后要相呼应，比较固定，不能弄错。关联词语向两头的扩展，作者认为：关联词语的句子不一定是复句，因为关联词语除了连接小句之外，还可以向两头扩展——一头包括词与词，词组与词组，另一头包括句子和句子甚至段落。

谈谈维吾尔语词缀"qə"的功能 宋志孝撰，载《语言与翻译》1989 年第 1 期。

一、"qə"是黏着语素，不能单独使用，必须附着在别的词后面，构成新词，或者是附着在词干之后，变更词性，表示某种语法意义。"qə"附加在名词性词干之后，可以构成名词、形容词和副词。二、"qə"加在形容词词干后构成形容词、副词。其主要含义是"……式的"。形容词加"qə"之后词性并无变化，但意义却存在某些细微差别，尤其在具体的语言环境中，表达某种感情色彩更加突出，这种形容词在句子中主要作状语和定语。三、"qə"加在代词词干后构成代词。加与不加，词性无变化，但所表达的词义和感情色彩是不同的。四、在数量词后加"qə"构成数词、量词。在数词上加"qə"表示概数，在一些量词之后加"qə"构成名词、名词性词组，还可以构成各种状语词组。

谈谈维吾尔语的主观评价形式 方晓华撰，载《语言与翻译》1987 年第 1 期。

学过俄语的人都知道，俄语的名词有一种主观评价形式，表示说话人对名词所指事物的某种主观感情或指大指小的评价。观察维语，发现维语的名词也有类似的现象，通过一些词缀来表示说话人对事物的爱憎感情或对事物大小的评价。名词的主观评价形式不是构词现象，它没有改革原词的词汇意义，也不改变原词的词性，只赋予原词一定的感情色彩或指小意义，而这种指小意义也不构成事物的质的区别，所以它没有构成新词。因为名词的主观评价形式含有较强的感情色彩，所以通常用于口语或反映口语特点的文艺作品中，加强修辞色彩，而严谨的科技语体和公文语体中则很少使用。构成维语名词的主观评价形式的词缀有下列几种：（1）指小词缀。（2）表敬称词缀。结合在人的姓名后表示尊敬的意思，是一种敬称。（3）表爱词缀。用于表示对自己亲近的人的称呼。（4）表单词缀。

谈谈维吾尔语外来词 热外都拉·海木都拉撰，载《语言与翻译》1990年第3期。

外来语词在维吾尔语词汇成分中所占比例各不相同。《现代维吾尔文学语言正字词典》中，根词和派生词共有三万个，其中外来语根词有5030个，占16％。在这些外来语根词中，阿拉伯语和波斯语词有3255个，占65％；俄罗斯语词和其他欧洲语词有1499个，占30％；汉语借词有270个，占5％。（1）阿拉伯借词。阿拉伯语词的借入与伊斯兰教的传播有直接关系。它对维吾尔语的影响虽然很大，但丝毫没有影响到维吾尔语的语法结构和词汇基础。（2）波斯语借词。古代波斯人曾与维吾尔人有过直接交往，因而维吾尔语中有不少波斯语借词。（3）汉语借词。汉语借词在维吾尔语中的影响相当深广，它遍及社会生活的各个方面。（4）俄语借词和其他欧洲语借词。欧洲语借词都是通过俄语转借的。从俄语、欧洲语借入的多是名词。

谈谈我国民族语言的数量词 罗美珍撰，载《民族语文》1996年第2期。

文章综合比较研究我国民族语言的数量词结构，探讨了以下四个问题：（1）数词反映了原始文化的遗留，如原始数概念的残存；用手指、脚趾记数的五进制、十进制以及十进位的累计法。（2）文化影响和数词的借用——基数词一般保留固有词，高位数词借自受高文化影响的语言。固有数词和借用数词各有各的使用范围。（3）数词和发生学的关系——确立印欧语系时，数词是重要的证据。但是我国民族语言的数词不能作为确定阿尔泰语系或汉藏语系的证据，只能用来确证语族或语支内部发生学关系。（4）量词的产生——汉、侗傣、苗瑶诸语言的量词丰富。侗—傣、苗—瑶语言的量词来源于冠在名词前面的性状标志，如：动物类冠以 to^1（傣语）、$tə^{11}$（苗语）：$to^1 kai^5$（鸡）；$tə^{11} qei^{33}$（鸡），$kai^5 sa:m^1 to^1$（鸡三只）。汉语的量词来源于名词后面的性状标志，如：布匹、船只、纸张、耳朵等。

谈谈在苗语方言声韵母比较中的几点体会 王辅世撰，载《语言研究》1981年第1期。

文章阐述苗语声韵母研究中进行归类的经验。作者曾撰写《苗语的声类和韵类》，发表在《民族语文》1980年第2期，涉及9个方言调查点。归类经验是：（1）古苗语具有某一意义的词在现代方言中词义扩大、缩小或转变；（2）把声母表和韵母表结合起来可以预测所缺同源字的声母、韵母和声调，这很像化学元素周期表在未发现某个元素之前的情况；（3）方言语音比较过程中可以纠正记录材料的错误；（4）通过方言语音比较，可以看出同一古声类或古韵类在现代不同方言中的反映形式；（5）通过苗语方言语音比较，可以看出，一种语言中各方言语音的对应关系是非常严整的。但并不是说没有例外，对于不合对应规则的，应当研究其不合的理由，直到能够把不符合对应规则的情况完全令人信服地解释，把符合对应规则但因出现环境不同而有不同反映形式的道理讲清楚。

谈谈壮语地名的用字问题 郑贻青撰，载《云南民族语文》1995年第1期。

在壮族聚居区内有许多用壮语命名的地名。壮语地名中的每一个音节都有一定的意义，过去多用方块壮字来书写。另外各地还有许多特殊的用字在本地农村使用。由于与汉族的交流日渐增多，这些方块壮字渐渐地被一些同音字或近音字代替了。在用字方面，各地虽然有相同的，但也有不同的。如表示"大"这个音，有"隆、龙"等字。这种差异一方面说明各地用字还没有完全规范化，另一方面说明地名用字已从使用特殊的自造方块壮字转到使用现成的通用汉字了。这些地名整个地借用汉字来表示壮语意义，已不是方块壮字。但民间用字中，有的只借汉字的音，有的只借用汉字的字义，也有既借用汉语的音又借用汉语的字义的，这些被部分地借用汉字可以认为是方块壮字的一部分。随着社会的向前发展，壮汉两个民族交往的日益频繁，地名的用字将会逐渐汉化。即不仅在用字上，以通用汉字代替自造的方块壮字，而且在读音上也将普通话化。

谈谈壮族民间谚语的正确运用 陆瑛撰，这是作者编写《壮族民间谚语初探》一书中的十个章节之一。1985年5月刊载于《广西民族研究》第5辑。

其论点和主要内容是：一、要把握住壮族民间谚语的时代性与科学性。每一条谚语都有其产生的时代背景，反映一定历史时期的特点并为其服务，这是壮族民间谚语的时代性。同时，壮族民间谚语是壮族劳动群众进行生产斗争、社会实践和科学实验的总结与概括，反映了事物发展的客观规律，这又是它的科学性。二、必须全面理解壮族民间谚语的含义。首先要理解其含义的一般性与特殊性；其次要全面理解壮族民间谚语的褒贬感情色彩；最后对于大量陈述事情本身的中性的壮族民间谚语，尤须确切理解。三、正确运用壮族民间谚语的精华。谚语和语言一样，都是人类的交际工具，为了更好地发挥其社会功能，在实际运用中还必须注意做到如下四点：表达上的准确性、观点上的鲜明性、比喻上的生动性和运用上的灵活性。

谈天聪五年《设立六部档》 季永海、白立元撰，载《中国民族古文字研究》（第三辑），天津古籍出版社，1991年。

清代初期设立六部（吏、户、礼、兵、刑、工）在入关前的清太宗天聪五年（1631）七月，然而，在清代官修以及私撰的史书中，记载却颇不统一。台湾"中研院"历史语言研究所的李光涛和李学智于1973年编著《明清档案存真选辑》第二集中，收有一件极为珍贵的老满文档案——《设立六部档》，并影印了档案原文，共七张图版。这件满文档案的公布，使人们一目了然地看清了清初设立六部的史实，纠正了史籍中的错误，有极高的史料价值。《满文老档》起于明万历三十五年（1607），止于崇祯九年，即清太宗崇德元年（1636），文献出自多人之手，其早期的老满文，很难辨识。《设立六部档》虽然也是老满文，但是产生于老满文改进的前一年，而且出自一人之手，书写较为规范，克服了早期老满文的缺点。其文字有以下几个特点：（1）字母与音节形式基本统一；（2）主体字形基本上定型；（3）易于辨识。达海改进满文重要的一个手段，是在字母和音节形式上增加了圈点等符号，区别了原来不能够区别的音位和音节。

谈维吾尔语名姓问题 努尔木合买地·杜列提撰，载《语言与翻译》1989年第2期。

维吾尔人的名姓，同维吾尔族的社会历史发展以及宗教信仰有着密切关系。我们的祖先在信奉拜火教、摩尼教、佛教的年代里，以及信奉伊斯兰教以后，都是以自己认为是神圣之物的名字作为自己的名字的。古维吾尔史诗《乌古斯传》中就有海、月亮、太阳、星星等名字。不论是维吾尔语名字，还是基督教、伊斯兰教的专名，都有其内在的意义和强大的稳定性，既不能随便更换自己的名字，也不能强制一个人使用自己不愿使用的名字。现在已经有人意识到了采用阿拉伯语词作为名字，懂得其意义的不多这一问题。他们开始用母字中具有时代性和民族特性和民族特点的词语作名字，如：幸福、胜利、希望之花等。历史上维吾尔人曾经使用过传统的姓，后来由于种种原因被丢弃了。可能是由于历史上的战争、屠杀、胜败等原因而"隐姓埋名"了。

谈我国蒙古语西部方言研究中的几个问题 嘎尔迪撰，载《甘肃民族研究》1989年第1期。

（1）关于我国蒙古语西部方言的命名问题。西部方言区是蒙古族历史上称为"斡亦剌惕"蒙古部落居住的地方，中外学者大都把我国的蒙古语西部方言称之为"卫拉特方言"或"卫拉特语"。这种命名法不大适合实际情况，应称其为西部方言较为确切。（2）关于我国蒙古语西部方言的 [i] [oe] 元音。确精扎布1959年所写的《卫拉特方言的音位系统》一文中把我国蒙古语西部方言的 i 元音确认为中性元音，比较准确地反映了该方言的普遍现象。从西部方言使用人口最多的巴州土尔扈特土语的情况看，I 元音与 i 元音都是中性元音，但不能说其是什么性质的中性元音。因为，巴州土尔扈特土语的元音在阳性词与阴性词中都能结合。（3）关于划分土语区的设想。蒙古语的西部方言应该划分为两大土语区：一是新疆土语区；二是青海、甘肃土语区。因为这两个地区的蒙古语在语音、词汇和文字等方面都各有自己的一些特征。

唐古特语表示动作方向的范畴 克平撰，载《语言研究》1984年第2期。

唐古特语（西夏语）有7个完成体动词前缀和6个希求式动词前缀，它们的起源都和表示动作在空间的方向有关，可以按发音的近似分成7组，分别表示"向上"、"向下"、"向近处"、"向远处"、"趋向说话者"、"离开说话者"和"无方向"。这些前缀只跟一定的动词群结合，其动作方向标记的作用只能从与其结合的动词中看出来，说明这作用正在逐渐消失。文章通过把西夏语的上述前缀和现代藏缅语进行比较，认为现代藏缅语表示动作方向的范畴有各种不同的方式，西夏语的动作方向范畴与普米语、羌语和嘉戎语属于同一类，只是西夏语在发展上比现代藏缅诸语言走得更远，因为它的动作方向范畴变成了体和式的范畴。普米语、羌语和嘉戎语很可能也会按照西夏语的模式发展，最终是失去表动作趋向的本意而转变为表动作完成的标记。

天宝宫八思巴字蒙古语圣旨碑 照那斯图、道布撰，载《民族语文》1984年第6期。

天宝宫是道教中真大道教一派的著名宫观，位于许昌县西北25公里处的石故镇附近。这座庙宇大约创于宋代，明代重修。圣旨碑刻有八思巴字原文外还有汉文译本。系元顺帝妥懽帖睦尔于至元二年（1336）颁发给天宝宫提点王清贵的圣旨。以往，研究八思巴字的各种著述均未收录此碑。此文对原文作了拉丁转写和汉语旁注，还附原汉语白话译文和今译，并作了24条注释。注释中包括史学方面的考证，如"7）"指出：王清贵担任天宝宫住持，到1336年至少已有十年的历史。泰定三年虎儿年（1326）三月十五日泰定帝也孙铁木儿曾经给天宝宫颁发圣旨，称这位明真广德大师提点王清贵为"天宝宫里住持"。在天宝宫现存刻有这件圣旨德碑石，还有对原文残缺的弥补和误刻的勘正。

天峻藏语复辅音的特殊现象 王青山撰，载《青海民族学院学报》1994年第3期。

安多藏语存在着许多的复辅音，而天峻藏语里存在的复辅音现象与其他地区藏语复辅音现象有明显的区别，有不同于其他方言的特点和规律。本文从天峻藏语复辅音的语音形式出发，分析前置辅音的发音特点，论述前置辅音的由来。现代天峻藏语中的前置辅音来自古藏语前置辅音。天峻藏语的一个重要特点是具有一套自身规律的复辅音。复辅音特点的关键在于发音。现代天峻藏语复辅音有一套前置辅音系列，这套系列音主要是靠语音的转化和继承形成的。词单说时，前置辅音被发送得比较清晰；词连说时，前置辅音有一套邻接连说细则，在一个连说音对中，只发一个邻接音的约占74%，两个邻接音依次都发的约占24%。发一个邻接音比发两个邻接音轻便，在保持单说清晰的基础上，向着只发一个邻接音的方向发展是天峻藏语复辅音特点的主流。

通古斯—满语 O. N. 苏尼克撰，载《民族语文研究参考资料》，中国社会科学院民族所语言室，1977年第1期。

通古斯—满语的亲属关系是由于他们起源的共同性而形成的，这种亲属关系表现在语言结构的各个方面和语言结构的所有要素——它们的语音、语法、词汇上。通古斯—满语语言学分类的问题很早就和通古斯—满部族和部落人种志学分类的问题联系着、交错着，有时甚至混淆起来。人种志学的传统（在通古斯—满和远东其他部族方面是由仁连克院士奠定的）虽然在人种起源的建立方面也要依据语言的材料（其中还有其他材料），但究竟不能和语言学的分类有同等的意义。语言学的分类首先是建筑在语言材料的特征上，并考虑到历史—人文以及某些其他的材料，没有后者就不能理解和分清被分类语言的相互关系。关于通古斯—满语及其方言：关于通古斯—满语族语言的一般分类问题和个别语言方言的组成、这些方言的特点、它们相互的关系、它们的分类等问题紧密地联系着。活的通古斯—满语方言相当大的差别是和这些民族不同集团长期在地域上的和经济上的隔离联系着的。

通古斯语 池上二良撰，载《民族语文研究情报资料集》，中国社会科学院民族所语言室，1985年第6期。

本文全面地介绍了通古斯语的方言、语言史、文字、语音、语法、词汇等各方面的特点。本文所说的通古斯语是指一般通古斯人所固有的语言。因此，库页岛的奥罗克族的语言以及曾建立过清朝的满族的满语也包括在内。通古斯人分布的地域很广，东起堪察加、库页岛，西至叶尼塞河流域的西伯利亚东部，往南扩展至满洲。另外也分布在新疆等地。由于地方不同，部族各异，形成了许多方言。历史上真正确定为通古斯语的就是女真语。其次是满语。通古斯语中有文字的历来只有女真语和满语，其他通古斯语方言则无文字。通古斯语在语音、词汇、语法上除了具有阿尔泰语系的一些共同特点之外，还有自己的独特之处。关于语系，通古斯语和蒙古语及突厥语有着亲缘关系，一般认为是同一系属。为了弄清通古斯语在系属上居于什么样的地位，必须对通古斯语和它有关的各语言进行进一步的比较研究。

通古斯语 津曲敏郎撰，载《民族语文研究情报资料集》，中国社会科学院民族所语言室，1988年第11期。

本文分方言、语音、名词和代名词、动词、句子结构特征和词汇等6部分介绍了通古斯语。通古斯语同突厥语、蒙古语一起构成了阿尔泰语系诸语言。通古斯语可分为如下各个方言：第一语群，包括埃文基语、埃文语、索伦语、涅基达尔语；第二语群，包括乌德盖语、奥洛奇语；第三语群，包括纳乃语、鄂伦春语、卫鲁特语；第四语群，包括满洲语、女真语。在语音上，有元音和谐律，但少数词里也有例外。在结构形态上，单词的形态结构原则上是黏着形式。在名词、动词等词干后面接附加成分构成新词干，或由词干后面接附加成分表示各种语法功能。动词在动词词干后面接各种不同词缀表示各种各样的语法范畴，有命令形、定动词形、形动词形、副动词形等形式。在词汇上，外来文化用语方面的固有词很少，所以常常从其他语言中借用，其中较多的是俄语借词。

同异之争：语言社会学和社会语言学

刘援朝撰，载《语文建设》1999年第3~4期。

作为一个曾在社会学界工作多年，而今又在语言学界工作的人，有义务对今日语言学界热捧社会语言学发表些看法。作者觉得，语言学界并不了解社会学，总把非结构语言学之外的有关的语言现象当作社会语言学的对象，并且还自认为这样做的话，语言学研究就面对了现实。实际上这是大错。社会语言学是国际社会学会专业委员会认定的几百个社会学分支学科中的一个。但是从社会学界的现实情况来看，几乎没有人关注社会语言学。不管社会语言学定义为结合着社会学来研究语言，还是借用社会学的理论和方法来研究语言现象，社会语言学家总认为社会语言学和社会学有些关系。实际上从社会语言学搞的那一套东西来看，它与社会学根本不沾边，与其把它叫做社会语言学，还不如把它叫做索绪尔称呼的"外部语言学"，或从社会语言学研究的主要特点来看称为语言政策学或政治语言学——因为今日社会语言学讨论的问题多数可以名之为语言政策研究。至于社会语言学中最有社会学性质的所谓的社会集团语言，在社会语言学产生之前的语言理论中早就有所论述，它的名字就叫做"社团语言"或"阶级习惯语"。今日的社会语言学没有自己独特的理论体系，研究对象杂乱庞杂，所引为自豪的就是仿照社会学借用一些统计分析和多变量分析。但是仅有一些新方法而没有适合自身特点的新的理论，这样的新学科是没有根基的。而且更重要的是，社会学看待语言是另一种眼光，和今日的社会语言学大相径庭。

社会学研究的是社会事实，社会事实是一种客观实在，只有这样才能成为社会学研究的对象。语言虽然是一种社会现象，但语言却不是一种实体，它抓不着看不见。而不是实体的事实很难进入社会学的研究领域。从严格的角度来说，语言要和社会学研究结合，必须有一种中介，将两者联系起来，这样才好把对象转为可以被研究的实体。这种中介其实索绪尔早就做了，这就是索绪尔一直主张的语言研究要在社会心理的基础上进行的理论，而这也就是为什么今日社会学家对索绪尔理论充满兴趣，而对所谓的社会语言学不屑一顾的道理。

社会学界关注语言还有另一个视角，就是从语言的功用出发进行的研究。这种研究更多的是受到所谓"后现代"理论的启发，而后现代理论是非常关注语言的研究。当今哲学家认为，以前的各种哲学概念的争论全是徒劳的，最基本的是没有把这些概念的表达形式——语言搞清楚。他们认为，只要搞清楚语言，一切争论就迎刃而解了。所以，语言研究成了当代哲学最时髦的研究对象，几乎所有的新哲学，没有一个不谈语言的。社会学当然也不能例外。不过他们和哲学家不同，他们还得结合着社会现实来分析。社会学家认为，当今时代已经是后工业时代。和工业时代不一样，后工业时代更讲究服务和交流。而这些都离不开沟通。而担当沟通大任的唯有语言。当代社会学正是在这个角度对语言的沟通作用进行了研究，产生出一系列新的社会学理论流派。因此作者觉得，现在的社会语言学既不和学术界思潮相配合，也不仔细研究别的学科的理论创新，这样发展下去是很危险的。

同源词比较词表的选词范围和标准——以藏缅语同源词比较词表的制订为例 黄布凡撰,载《民族语文》1997年第4期。

（1）以往所用比较词表的缺陷。以往比较亲属语言的同源词时,在选择比较词上,常见有两种做法：一种是比较1500~2000个左右的常用词,这一范围和数量比较大；另一种是以斯瓦迪什的百词表或二百词表作为比较基础,这一范围和数量又过小。（2）比较词表的选词标准。①在某一比较范围内多数语言具有音义相同或相近词根的词。②符合某一比较语群单位原始时期及分化时期历史文化背景的词。③尽可能挖掘同族词,将同族词编入同一词项。④排除共同的借词。⑤如是为了鉴别某语言的族属或支属问题,则在比较词表内要加收不同族属或支属互有特色的词项。（3）藏缅语族同源词比较词表。从《藏缅语族语言词汇》1822个常用词中选取多数语言词根音、义相同或相近的基本词,按藏、羌、景颇、缅、彝5个语支看其分布情况。经精选,共得300个核心词。

突厥民族数观念、计数方式的发展变化与突厥原始文化 王远新撰,载《中央民族学院学报》1992年第6期。

根据个位数词词源诠释可以推测,原始突厥人1~9的个位数名称及其序列并非一次形成,可能分为4个阶段逐步形成。最初用来表示"数"的词可能只有一、二、三。后来,数的概念逐渐发展到五（手、手腕、手臂）,这是突厥人手指计数的一个重要阶段。第三步发展到七。第四步发展到九。十位数词的发展大致经历了10到50、70和90三个阶段。在一些突厥语中,大概在稍晚时期,新的十位数系统逐渐形成,即2~9的每个个位数词与10组成相乘关系,构成20~90的十位数词。从最早的突厥碑铭语言可知,当时突厥人曾使用两种计数方式。一种是先表低位数,后表高位数；第二种则先表高位数,后表低位数,中间用artuqac（多、余）连接。鄂尔浑碑文语言时期,一式二式并用,一式使用几率高于二式,叶尼塞碑文语言和回鹘文献语言时期亦如此,但二式采用没有artuqac连接的简化形式。在以后的喀喇汗朝和察合台时期的文献中基本只有二式中的简式,不见一式。在现代诸突厥语中,只有西部裕固语部分保留了一式,即从11~29之间的表达方式,雅库特人计算年龄时亦有所保存,而其他突厥语一般都以二式中的简式代替了一式和二式中的繁式。

突厥文 陈宗振撰,载《中国民族古文字》,天津古籍出版社,1987年。

"突厥"一词为我国西北部古代民族的名称,但有广义和狭义之别。狭义专指公元六至八世纪在我国北方和西北建立突厥汗国的突厥族；广义包括突厥、铁勒各部落。汉语"突厥"源出于突厥语的族名"turk"。"突厥文"指的是古代突厥民族使用一种拼音文字。到十九世纪末,人们不仅不能解读这些碑文,而且弄不清它们是属于什么民族。1889年,俄国考古学会东西伯利亚分会组织的以雅德林采夫为首的蒙古考古队发现了《阙特勤碑》和《毗伽可汗碑》。突厥文通常是从右向左书写,每个词之后用两点隔开。突厥文文献主要是一些碑铭,除了《阙特勤碑》《毗伽可汗碑》和《翁金碑》之外,还有《塔拉斯碑》《暾欲谷碑》等。突厥文文献的另一部分是写本,主要的是斯坦因在敦煌千佛洞发现的《占卜书》和新疆米兰出土的军事文件。突厥文献首先由汤姆森读解成功。后又有许多国家的学者对突厥文献做了多方面的研究。

《突厥语词典》与现代哈萨克语的关系 尼合迈德·蒙加尼撰,载《新疆社会科学》1981年第1期。

本文通过比较研究,探讨了11世纪的《突厥语词典》与现代哈萨克语的关系问题。在语音方面,《突厥语词典》里的k、g,在克普恰克语组的哈萨克语、柯尔克孜语、塔塔尔语中变为 w，j 变为现代哈萨克语的 dzh，tsh 变 sh。《突厥语词典》中记录的许多名词、形容词、数词、代词都与哈萨克语的情况大致相同，只是与现代语言在语音上稍有差异。此外，一些词在形态、词义和使用范围上与现代哈萨克语存在差别。有些词，其形式上虽然相同，但词语义并不一样。《突厥语词典》中还有一些在现代哈萨克语中广泛使用而在突厥语族的其他语言中不用或者很少使用的一些词。《突厥语词典》中的许多语法现象亦与现代哈萨克语语法相同，如名词格范畴中的属格、宾格、向格、位格、从格等，名词附加成分等。形容词附加成分，代词附加成分，动词附加成分等。作者在结论中认为《突厥语词典》是研究突厥语族诸语言的重要文献，也是研究哈萨克语的重要文献。

《突厥语词典》中保留在西部裕固语里的一些古老词语 陈宗振撰，载《民族语文》1992 年第 1 期。

11 世纪喀喇汗王朝的《突厥语词典》收录了现今我国新疆、中亚各地突厥各部语言的词汇，裕固族先民"黄头回鹘"当时居住在于阗以东，其语言可能与喀喇汗王朝突厥语基本一致。在西部裕固语词汇中可以发现一些不同于现代维吾尔语而早已出现于《突厥语词典》中的古老词语。其中包括：(1) 基本相同的词，例如：haja（手掌）、erdəne（珍宝）、bedʒin（猴子）、suɣun（鹿）；(2) 词义有变化的词，例如：belek（"礼物"，引申为"布哈达、喜庆、吉兆"）、johrt（"房屋遗迹"，西部裕固语为"帐房基"引申为"家庭、门庭、牧场"）、Guzə（"下面、往下"引申为"北，往北"）、bala（"雏"，西部裕固语为"鸡蛋"，分化出 mula 表示"孩子"）；(3) 比维吾尔语更接近古代词义的词，例如：saGahldərəq（"系帽带"，维语对应词为"牲畜兜口"）、bezək（"大"，维语为"伟大"）、yəp（"线"和"绳子"，维语为"线"）；(4) 语音有差别而词义有联系的词，例如：jurtʃ（"小舅子"，西部裕固语为 johrtdʑi "小叔子"）、jɛh，jɛmu（对、好？对吗、好吗？西部裕固语为 ja，jam，词义相同）、burɣuy（"牛角号"，西部裕固语为 bra "海螺"、"海螺号"）。本文提到的都是静词，作者另有《再论〈突厥语词典〉中保留在西部裕固语里的一些古老词语》论述此类动词。

突厥语词汇——语义的分化和整化 K. M. 莫萨也夫撰，载《喀什师范学院学报》1986 年第 2 期。

突厥语词汇——语义的分化和整化是与语组和个别语言的词汇形成过程及其发展的主要来源紧密联系的。现代突厥语各语组每一个词汇的组成都有自己的主要来源：①共同突厥语的基本词汇和派生词；②非突厥语的基本词汇和派生词。这些基本词汇的比重按个别语组和语言而变动。必须特别指出，在词汇和语义上不完全吻合可以成为来源共同性的标志。其中不少的吻合反映了邻近地域之间各种突厥语历史相互作用的结果。在不同的突厥语组成亚语组里许多词汇的吻合部分起源于共同突厥语时代，而部分是这些语组彼此之间以及和其他突厥语组比较晚的密切接触的结果。现代诸突厥语有许多彼此不同的词。在突厥语中许多类似亲属关系的词也在按照一定地域分化。因此，在突厥语词汇中出现了反映他们历史上相互关系的两种类型的词：整化和分化。

《突厥语大词典》简介 塔伊尔江撰，载《语言与翻译》1987 年第 2 期。

马赫穆德·喀什噶里的巨著《突厥语大词典》（以下简称《大词典》）一、二、三卷，已由新疆人民出版社公开出版发行。《大词典》共三卷，有将近 8000 条词条，每条词都有简要而确切的释文。其内容：(1) 比较详细地介绍了 80 多个突厥部落和部族，提供了有关他们的历史和民族志学的宝贵资料。(2)《大词典》中，绘出一幅"圆形地图"，指明了突厥诸部落的分布地带、喀喇汗王朝当时的领域以及喀喇汗王朝与邻国的界线。(3)《大词典》引用了大约242部各种题材的文艺作品片断，200多条各种内容的谚语、典故、箴言以作句例。(4)《大词典》中有农作物、花卉、昆虫的名称，有不少医药方面的知识。有政权结构，统治阶层和官衔职称的词汇，还有关于历法和天文学的知识。

《突厥语大词典》诠释四题　李树辉撰，载《喀什师范学院学报》1998年第3期。

在翻检学习《突厥语大词典》（以下简称《词典》）的过程中，发现某些词条的转写或维吾尔文翻译不尽如人意。此外，对于个别词条，某些引用者在汉译时亦多有谬误。遂撷取较重要的几条，一并加以讨论。一、dzhintsh'g-jintsh'y的转写及其相关问题。《词典》维吾尔文译本两种转写不相一致，dzhintsh'y又作tsh'intsh'y明显有误。以笔者之见，dzhintsh'g当以转写为dzhindzhu为妥；同理，jintsh'y亦应转写为jintsh'u；而tsh'intsh'y当系转写错误。二、nak'之转写—汉译。《词典》卷一，将原语词nak'jili译为laehaen jili（鲨鱼年），也系一明显转写错误。该词应转写为nag，本义为龙。三、xulin之汉译——胡绫。《词典》将xulin释为"由秦地运来的一种彩色绸布"。xulin其实是胡绫之音译。《词典》的汉译工作正在进行，以笔者之见，汉译时最好能以土耳其学者克里斯里特刊面的铅印本为底本，以其他译本为参考。

《突厥语大词典》无形心意民俗管窥　廖泽余撰，载《西域研究》2007年第3期。

该文对《突厥语大词典》中无形心意民俗（即民众精神文化）的词条进行了分类探讨，其中包括民间知识、民间信仰、宗教、迷信，以及民众的伦理观、道德观等，兼及部分口承民俗——传说和谚语，是利用语言学和文本民俗学挖掘维吾尔人非物质文化遗产的一次尝试。

突厥语对汉语的影响　喻捷撰，载《汉语与少数民族语言关系概论》，中央民族学院出版社，1992年。

本文从突厥语对汉语的影响方面做了介绍。突厥语对新疆汉语有突出的影响。表现在词汇方面影响主要有借词形式。表现在语言功能方面的影响，一是历史上的语言融合现象，是通过双语逐步过渡实现的；二是特殊的混合型言语形式，在交往的过程中，汉族和少数民族说的话中夹杂着对方语言借词和混合型词，句子按对方语言习惯组织词序，语调也向对方靠拢。突厥语对甘肃地区汉语也有很大影响。汉语是没有形态变化的语言，无所谓格范畴。但在河州话中却存在着类似格范畴的现象，这就是说名词在句中的作用是通过黏着后附语素的方法来表示的。突厥语对青海汉语的影响，青海汉语中的介词"哈"用在名词、代词之后，起着将宾语提前的作用，与汉语普通话介词"把""向""对"的语法作用相当。青海汉语介词"哈"的用法与阿尔泰语系诸语形容词、动词用作名词时，后客体（宾格）作宾语的用法相一致。

突厥语对新疆汉语的影响　喻捷撰，载《中国民族语言论丛（1）》，中央民族大学出版社，1996年。

新疆的突厥语有维吾尔语、哈萨克语、柯尔克孜语、乌孜别克语、塔塔尔语和图瓦语。这些语言与新疆地区的汉语有着直接接触的关系。汉族生活在突厥民族文化的氛围中，使得新疆汉语直接从突厥语中吸收了不少借词。这些借词涉及社会生活的各个领域，词的内涵为突厥民族与汉族所共同理解，是共同的社会生活中所必需的。例如宗教方面：阿訇、乃孜尔、乃麻孜；官职方面：伯克；称呼方面：阿大、阿克撒；生活用品：古古提裕袢；饮食：馕；工具：砍砍；文艺体育方面：买西热甫、达甫等。汉语吸收突厥语借词一般采用译音、译音加表意成分、半译音半译意三种方式。突厥语对新疆汉语的影响伴随着汉语对突厥语的影响从古延续至今。新疆汉语以多种方式吸收突厥语言中的词，并形成特殊的混合语言现象，各民族之间的频繁交往使新疆汉语中出现了一些变异。

突厥语格语素新论 李树辉撰，载《语言与翻译》1990年第3期。

所谓普通语言学的格理论不能确切反映以后附着为主要特点的突厥语及整个阿尔泰语系语言中这一语法范畴的本质特点。阿尔泰语言学中有关格的理论，必须建立在对该语系诸语言进行深入细致研究的基础之一。黏着语的格范畴，不是通过词形变化的手段来体现，而是通过附加格助词的形式来体现的。或者说，静词本身并不具有格的意义，格的意义是在进入句法结构后，通过黏附在静词或静词性结构体之后的格助词来体现的。格助词作为一类虚词，由于在口头言语交际中具有与前词连读的特点，因而在书写上亦与前词连写。这正是作为第二性的文字准确记录语言的体现，也是该类型语言黏着特点的体现。新的格理论的建立和格助词概念的确立，对于确定某一具体语言中格的种类、数量，以及在词法研究和句法研究方面，都会起到积极作用。

《突厥语和蒙古语研究》一书的序言 克劳森撰，载《民族语文研究情报资料集》，中国社会科学院民族所语言室，1986年第7期。

本文是《突厥语和蒙古语研究》（伦敦，1962）一书的序言，主要介绍了克劳森学习和研究突厥语、蒙古语的经历和体会。克劳森开始爱好突厥语的时候是15岁，但在以后的四五十年里，由于公务的繁忙，没有多少时间专心研究突厥语。当在1951年退休时，他决心把自己的有生之年献给突厥语言史。按时间顺序讲，他最先得到的教益是：在各种突厥语词典里，有许多其实根本就不存在的想当然的突厥语词。得到的第二点教益是：在大多数中世纪和近代突厥语里，尤其是在东北语组、中北语组的语言以及察合台语里，蒙古语借词的比例大大高于迄今所猜想的比例。第三点教益是：所能构拟的最早的那种突厥语，据估计是8世纪以前的口语，而流传到我们手里的最早的突厥语遗物是8世纪的文物，那种语言的年代比文物的年代早，无论就语音的一般特点来说，还是就可以用作词头的语音来说，尤其是后者，那种语言的语音结构都比迄今所认为的语言语音结构严密得多。

突厥语蒙古语词汇与畜牧业文化的联系 阿拉腾奥其尔撰，载《民族语文》1990年第5期。

本文通过突厥语、蒙古语的畜牧业词汇探讨语言与文化的联系。文章首先指出突厥、蒙古诸民族大多从事畜牧业生产，其畜牧经济生活源远流长，形成的畜牧业文化在语言上有它的反映形式。一、在畜牧业词汇中，各类牲畜以及畜牧业生产、生活的词大多除其概括统称意义外，还有自己单独的名称、活动范围和搭配特点，分工精细，系统完整。由于马在突厥、蒙古民族的生活中起着极其重要的作用，从而导致了突厥、蒙古语中有关马的词汇的丰富性和系统性。二、饮食方面的词汇，也反映他们的畜牧业文化。他们的饮食大多是从牲畜有关的原料中调制出来的。拿奶来说，种类极其繁多，每一种奶制品各有各的名称。淡食指未加奶或肉汁的饮料或食品（不宜招待客人）。三、畜牧经济技术的发展过程，马的驯化和使用具有重要意义。可以说各式各样的马具名称从一个侧面反映了当时畜牧经济技术发展的水平。

突厥语特点 冯·加班撰，载《民族语文研究情报资料集》，中国社会科学院民族所语言室，1987年第9期。

本文详细地论述了突厥语族语言的特点。突厥语和蒙古语、通古斯语同属阿尔泰语系。实际上突厥语同蒙古语除了通过无数的借用外，还通过一定的原始亲缘关系而联系起来；它与通古斯语的关系还没真正明确。突厥语的特点主要有：在语音上，突厥语以其简明和语音和谐为特点。词根是单音节，或除第一音节外最多包含一个开音节。词根里用辅音替换元音，没有辅音重叠。重音不是固定在确定的音节，而是各自不同。重音通过一个音节元音的音量来加强。在词法上，所有突厥语词都以词干为基础，或是名词词干，或是动词词干。名词词干和动词词干也可通过各种附加成分组成扩大的名词词干或动词词干，因而产生四个构成词干的要素。名词有格附加成分。动词有时、体、态、式及副动词、形动词等范畴。在句法上，词序起一定的语法作用。修饰词在被修饰词的前边。从句不发达，只有条件从句自古以来就在运用。

突厥语言条件式的演变　埃·捷尼舍夫撰，载《喀什师范学院学报》1982年第1期。

突厥语言条件式发展的道路是十分曲折的。在鄂尔浑—叶尼塞文献中条件式是用无人称标志的-sar/-sār来表示的。到了回鹘文时期形成了由构形成分-sar/-sār和人称标志—谓语性附加成分组成的完整的条件式的词形变化。在这一时期的最后阶段附加成分末尾的-r脱落，完整形式只见于一定的上下文中。在喀喇汗—维吾尔时期条件式出现了另一种变体：构形成分-sa/sā + 从属性附加成分，完全形式的-sar/sār只进入一定的结构当中。在其后阶段条件意义就只固定在竞争形式之一的-sa/-sā + 从属性附加成分这一形式上，完全形式-sar/sār则完全消失了。在花剌子模范围内的碑铭中以及克普恰克和老土耳其文献中，-sa/sā + 从属性附加成分的条件形式占优势。最后，在察合台文献中，-sa/; -sā + 从属性附加成分成为条件形式唯一的形式到达其形成的终点，并与现代形式相吻合。

突厥语中的-sa条件式形式及其在现代维吾尔语中的句法功能　许伊娜撰，载《民族语文》1998年第4期。

突厥语语法学中所确定的"条件式"形式-sa是突厥语族语言所共有的。文章具体分析了条件形式-sa/-sə在现代维吾尔语中的句法、语义功能特征：（1）在带条件形式的多谓项结构句中，条件是以更宽泛的意义上来讲的，它还带有假设、让步、时间等情态意义。（2）从突厥语族语言的-sa形式在句中所表达的语义关系来看，它表达条件关系、但也可表达时间语义，-sa表示条件还是时间，在很大程度上与主句行为的现实性和可信度有关。（3）从结构上分析，带-sa/-sə形式多谓项结构句既可由单主语句构成，也可由多主语句构成。（4）带-sa/-sə动词表示的是主要行为完成的前提条件和现实情景，它与全句主要行为构成相应的语义关系和相对的逻辑时间关系。（5）-sa/-sə在多谓项结构句中表达复杂的条件语义关系。（6）-sa/-sə形式还可运用于其他句法结构要素中，失去其条件语义执行其他语义功能。

突厥语中的包括式/排除式范畴　门格斯撰，载《民族语文研究情报资料集》，中国社会科学院民族所语言室，1984年第4期。

本文探讨了突厥语族语言的包括式和排除式语法范畴。阿尔泰语系中的包括式和排除式范畴是波普于1927年研究通古斯语时首次提出来的。后来在蒙古语族、突厥语族语言里都发现了这种形式，但在突厥语言中，它们只散存于命令式第一人称复数形式中。由于它们在一些南西伯利亚突厥语中带有典型的双重形式，致使一些学者将其当作双数，而突厥语中根本没有双数。在突厥语言中，包括式和排除式的范畴不论是在代词变格还是代词变位（命令式除外）都没有保存下来。其残余在回鹘语、察合台语、现代维吾尔语和雅库特语中都有。在哈卡斯语和土瓦语中也有这种形式。基于包括式和排除式在突厥诸语言中如此广泛地传播，可以认为，在古代和远古突厥时代，它们已是整个突厥语的特点，而不是由于受到突厥毗邻的蒙古、通古斯语较晚的影响而致。

突厥语族语言的词重音问题　吴宏伟撰，载《民族语文》1995年第5期。

文章介绍了突厥语族词重音研究的历史、现状以及不同的流派和观点。在词重音起源问题上，作者认为突厥语族的词重音不是原来就有的，而是来自一种更加原始的语音现象。这种原始的语音现象和大多数语言中已经消失的第一性长元音有关。根据是：（1）一些现代语言材料已经说明词重音和元音的长短有密切的关系；（2）突厥语族大多数语言的词重音是力重音，而音强和音长往往又有关系；（3）原始突厥语的长元音和词义没有直接的联系，否则不会在多数语言中消失。根据作者的推论，原始突厥语词重音特点及其演变情况大致如下：早期原始突厥语的词重音只是单音节词中长元音的伴随成分；在中期和晚期原始突厥语时期，重读成分开始脱离逐渐消失的长元音；在单音节词中元音仍保留着重读的特点，而在多音节词中则演变成重音并随着后续音节的增加移至最后一个音节；原始突厥语的词重音是力重音；原始突厥语的词重音基本上不区别意义；在晚期原始突厥语的后期，在多音节词上开始出现次重音。

突厥语族语言的分类　吴宏伟撰，载《语言与翻译》1992年第1期。

对突厥语族语言有不同的分类方法。按照各语言在元音和谐类型上的特点作为标准，突厥语族语言可以分为四个语支。A语支：这是全语族中语言数量最多的一个语支。这个语支元音和谐的特点是除有部位和谐外，还有局部的唇状和谐。主要表现为四个圆唇元音中只有两个窄元音可以出现在非词首音节。B语支：这个语支语言元音和谐的主要特点是宽窄圆唇元音都可以出现在非词首音节。在三个语组中这些宽窄圆唇元音在语法成分中出现的情况各有所不同，因此词干末最后一个音节的元音和语法成分元音的和谐也就互有区别。C语支：这一语支语言元音和谐的主要特点是窄唇元音不出现在非词首音节，而宽圆唇元音则可以出现在非词首音节。D语支：该语支只有楚瓦什一种语言。这里只指其标准语和下部方言。和其他三个语支的语言不同，这种语言的元音和谐只有部位和谐，而无唇状和谐。

突厥语族语言的后置词与词类分化　王远新撰，载《民族语文》1987年第5期。

本文认为突厥语族语言后置词很发达，它的发展循着"实词—虚词—（半虚化—全虚化）—附加成分"这一过程演变。不过，由于多语言发展不平衡，有些还有较明显的实词意义。后置词主要有两个来源，一是来自动词、副动词；一是来自静词。如从固有词或借词的角度看，也有源于固有词和借自其他语言的两种情况，例如，土耳其语中就有来自阿拉伯语的后置词。文章较详细地论证了哈萨克语中的后置词 yshin（为了）及古今突厥语的 birlae（和……一起）的来源。作者认为，yshin 来源于静词，可以和主格、领格形式相搭配，anae yshin, aerdaemin yshin, 中的-nae, -in 形式不是领格的紧缩（变体）形式。birlae 这一后置词来自副动词 birlae／birilae，＜biril-＜动词 bir+i+＜数词 bir（一）。这一部分约占5000字。

突厥语族语言的领属范畴　吴宏伟撰，载《民族语文》1998年第4期。

在突厥语族传统语法中，领属是名词重要的语法范畴。在这篇论文中"领属"这个概念和传统语法中的"领属"概念有所不同。它包括了传统语法中所谓的领格附加成分和领属人称附加成分，前者称其为"领有",后者称其为"从属",两者一起构成一个完整的语法范畴,我们称之为领属范畴。在过去的有关突厥语的语法书中,由于受俄语的影响,都无一例外地把领有附加成分归入格的范畴,作者认为这是不妥当的。原因在于,由于两者之间的关系表现为前者所表示的事物对后者所表示的事物的占有和支配,所以在实际运用中这两者之间的关系非常密切,前后相互呼应,二者互为补充,组成了一个整体,构成了一个完整的范畴。这和俄语名词的领格有着明显的不同。因此,不能也不应该把它们分开而归入到不同的语法范畴中去。

突厥语族语言历史比较研究举要 李增祥撰,载《突厥语言与文化研究(第二辑)》,中央民族大学出版社,1997年。

进行突厥语族语言历史比较研究时,只有依据一定方式方法进行才能取得预期的效果。(1)从语言是一种社会现象这一基本原则出发,在对语言进行历史比较研究时,绝不应当忽视语言与社会的关系。(2)一定要充分考虑语言自身的内部发展和演变的规律。(3)要严格遵循年代学的规律。越是距离现代语言久远的文献语言,与现代语言之间的各种关系越加隐秘,因此在对亲属语言进行历史比较时,对所占有的材料,如不严格按照年代学的规律进行,则不可能正确地揭示出语言演变的规律。(4)要照顾语言间在谱系关系方面的亲疏。(5)要把语音、语法、词汇学的材料作为比较的基础,即所依据的是历史的和现时的语言材料。(6)最好使用那些经自己亲手调查而得到的第一手现代语言材料。(7)历史语言材料一般都是根据文献资料转写而来的死语言材料,进行历史比较时最好不要使用国际音标。

突厥语族语言十位数基数词词源诠释
王远新撰,载《语言与翻译》1990年第4期。

关于 on"十"的来源,学者们众说纷纭,莫衷一是。Y. 东杜科夫认为,布里亚特语数词三十、四十、五十的最后一个音节起源于突厥语的数词 on "十"。C. K. 凯涅斯巴耶夫则指出:如果突厥语中的 on 这个词是借来的,那么,这种借用是由突厥各部族的土语来完成的,在这些土语中经常使用 on 这个词。"二十"的来源与蒙古语"二、一双"有密切的关系。关于 otuz"三十"的词源,目前尚无令人满意的解释。"四十"khərəkh 一词在民间创作中常表示"多数、大数"等。"五十"elli,多数学者认为它与表示"手"的名词有词源学上的联系。"六十"、"七十"分别由个位基数词 altə、jiti + 词素 -məs/-mis 组成。"八十""九十"的词源比较清楚,分别由 səkiz 和 toqəz + on 组成。从上面的词源诠释中可以看到:on(十)、jigirmi(二十)两个词在词的构成上没有什么共同性。

突厥语族语言双音节词中元音的相互适应与相互排斥 吴宏伟撰,载《语言与翻译》1993年第1期。

突厥语族中多数语言的一般元音的数目有 8~9个,按传统的分类方法可以分为以下几类:按舌位的不同可分为前元音和后元音;按唇状圆展的不同可分为圆唇元音和展唇元音;按开口度宽窄的不同可以分为宽元音和窄元音。文章在参考切尔卡斯基《突厥语的元音系统与元音和谐》一书中分析方法的基础上,以几何图表的形式归纳出不同语言元音和谐所适应的各种和谐模式,从中可以观察和解释和谐中元音的相互适应与相互排斥现象。通过大量分析和比较,文章在结论中指出:事实表明,突厥语族诸语言元音的搭配不是任意的,而是有条件的。正是这种在搭配过程中表现出的相互适应与相互排斥的关系构成了突厥语族语言元音和谐的基础。

突厥语族语言序数词的历史发展 王远新撰,载《中央民族大学学报》1995年第4期。

古代各期序数词的主要特点。（1）在古代时期即公元8世纪的突厥碑铭语言中，"第一"、"第二"、"第六"没有出现。（2）在所列举的中古时期即9世纪到15、16世纪的翻译作品中，"第一"既保留了古代时期的表示法，同时又出现了新的表示法。中古时期的序数词在宗教和非宗教文献中没有明显差异。（3）近古即15—20世纪初的察合台文献时期，"第一"的构成既有用波斯语借词加与格的方式，亦有用 burun 加与格的方式构成。现代突厥诸语言序数词的特点。大多数现代突厥语言序数词的构成保留了古代各时期序数词的特点，但有各种语音变体，因而通过文献语言的考察可以部分地看出它们之间的关系和发展脉络。现代语言或方言程度不同地保存了较之最古书面语还要古老的语言特点，需要通过亲属语言和方言的比较才能将其构拟出来。

突厥语族语言与格类型比较研究 赵明鸣撰，载《民族语文》1993年第2期。

与格在突厥语名词的格范畴中是一个来源和结构特征都很复杂的体系，它表示行为动作的趋向、目的以及行为、状态发生或存在的范围、界线等。本文根据与格的语音特征和形态特征，从普通名词、领属性名词和人称代词（单数）的变格3个方面对突厥语族语言的与格进行了比较分析，认为与格的分布主要有3大类型：即-a/-e, -ʁa/-qa/-gɛ/-kɛ 及其前两大类型的混合体。在普通名词中，与格的变化类型主要有-a/-e, -ja/-je ~ -na/-ne（< -ja/-je），-ɣa/-ʁa/-qa/-ka/-ke/-kɛ/-ga/-ge/gɛ 和-a/-e/-ə ~ -ga/-ge/-ka/-ke，3种。在领属性名词中，与格的变化比较复杂。根据它的分布情况，可将其分为两种类型。一是-ʁa/-qa/-gɛ/-kɛ；另一类是-a/-e, -ʁa/-qa/-gɛ/-kɛ, -n-a/-e/-ə, -n-ʁa/-qa/-gɛ/-kɛ，这要视每个人称的单复数而定。人称代词（单数）的与格变化有-a, -ɣa 和-ɣan 两大类。通过比较可以看出，与格的变体形式既受语音变化的制约，又受形态变化的制约，即使在同一语言内部亦如此。

突厥语族语言元音和谐的类型 吴宏伟撰，载《语言研究》1991年第2期。

突厥语族语言绝大多数都可以概括为8个元音，将其用一至八个数码来代表；各种附加成分中的元音可概括为一、二为B，五、六为D，三、四为F，七、八为H，一、二、五、六为C，三、四、七、八为G。哈萨克语书面语的元音和谐律可概括为B/F/B+F，其中又有三个变式；土耳其语为B/G/B+C，也有三个变式；哈卡斯口语为B/G1/（B+G1），有两个变式；柯尔克孜语为C1/G/C1+G，有三个变式；阿尔泰语为C2/G/F/H，有四个变式；哈萨克口语为C-/G/C-+G，有三个变式；巴什基尔语为B/F半/B+F半+C半，有三个变式。在这七种类型中，楚瓦什语，诺盖书面语、鞑靼书面语，卡拉卡尔帕克书面语、哈卡斯书面语为第一类型；阿塞拜语、图佤语、库梅克语、绍尔语、卡拉依木语、丘里木—土尔克语、克里米亚鞑靼语、巴拉滨鞑靼语、卡拉恰耶—巴尔卡尔语、西部裕固语、塔塔尔语、撒拉语为第二类型；乌孜别克语为第三类型；柯尔克孜语为第四类型。

突厥语族语言元音和谐与附加成分元音并存——分立现象的关系 吴宏伟撰，载《语言与翻译》1989年第3期。

附加成分元音的并存是指不是同一类的元音出现在同一种附加成分的几个不同变体里；元音的分立则是指不是同一类的元音不出现在同一种附加成分几个不同的变体里。一种语言附加成分元音并存与分立的情况如何，和这种语言元音的分类、元音之间的相互关系以及元音和谐和类型有着极为密切的联系。而具体的词在构成新词或进行某种形态变化时怎样遵循元音和谐又取决于有关构词和构形附加成分元音的并存与分立情况。也就是说附加成分有几种变体可供词来选译。元音和谐与附加成分元音的这种相互关系充分体现在突厥语族具有不同元音和谐类型的语言中。和元音的相互关系相适应，在语词中表现出来的元音和谐是突厥语族语言十分重要的语言现象。按元音和谐律的要求，突厥语族语言附加成分必须有相应的元音变体来适应这种要求。

突厥诸语言的元音和谐 塔兰特·毛汉撰，载《语言与翻译》1990 年第 1 期。

在突厥语族语言中，元音和谐的现象普遍存在。元音和谐的基本规律是：词的各音节中的元音的一致性，或者同是前元音或同是后元音；或同是圆唇元音，或同是非圆唇元音。元音的和谐是在语言发展的长期历史中形成的。但是，这种共同特征在各语言里保留的程度却不尽相同。有的比较严整，有的不太严整，每种语言的元音和谐都有自己的特点。总的来说，突厥语言的元音和谐都是在部位和谐加唇状和谐的基础上实现的。柯尔克孜、图瓦语保留着严整的部位和谐及唇状和谐；哈萨克语保留了严整的元音部位和谐，但唇状和谐已不那么严整了。维吾尔、塔塔尔、乌孜别克等语言的元音和谐和上述三种语言比较起来则显得更为松弛；撒拉语和裕固语的元音和谐主要表现在部位和谐上，唇状和谐很松弛，在元音排序方面已趋于破坏或不稳定。

突厥诸语言语音组合比较研究 塔兰特·突孜德阔夫撰，载《喀什师范学院学报》1990 年第 3 期。

该文主要以列表的方式对中国境内维吾尔语、哈萨克语、柯尔克孜语、乌孜别克语、塔塔尔语、撒拉语、西部裕固语等突厥诸语言的语音组合关系进行了比较研究。（1）复合元音。复合元音的使用频率相对来说比较低，除撒拉语和西部裕固语外，其余 6 种语言中的复合元音只出现于外来借词中。（2）辅音丛。主要有两个辅音的连缀，固有词中不存在三个辅音的连缀，撒拉语中没有辅音丛。出现于音节开头的主要有 pl、pr、fr、dr、tr、kl、kr、st、sp、gr 等；出现于音节末尾的主要有 nt、nk、ntsh、ld、lk、lt、lq、kt、jt、jx、st、rt、rk、rsh、rs、ft、xs、xt 等。（3）音节。突厥诸语言共有的音节结构类型，主要有 V、VC、CV、CVC、VCC 和 CVCC 6 种；V、VC、CV、CVC 在突厥诸语言中都存在，其中 CVC 为最普遍的音节类型。西部裕固语因复合元音和复辅音较多，所以音节结构类型较复杂，如有 CCV、CVVCC、CCVC 等类型的音节，为固有词特有，但出现频率很低。

土耳其语、维吾尔语、哈萨克语对照词汇 格拉吉丁·欧斯满撰，载《语言与翻译》1989 年第 1 期。

我国是突厥语的发源地，具有学习与研究突厥语的广阔天地。阿尔泰语系突厥语族包括三个语支，即：奥古兹语支、葛逻禄语支和克普恰克语支。各个语支又分出若干民族语言。如：奥古兹语支主要有土耳其语、土库曼语、阿塞拜疆语等；葛逻禄语支有乌孜别克语、维吾尔语、撒拉语等；克普恰克语支有哈萨克语、柯尔克孜语、塔塔尔语、巴什基里亚语等。我国突厥语族全语言中没有属奥古兹语支的。但是归属葛逻禄和克普恰克语支的语言则相当多。根据我国广大突厥语研究人员以及广大突厥语学习者的需要，为了更进一步促进各民族间的文化交流，作者把各语支的主要语言，如代表奥古兹语支的土耳其语，代表葛逻禄语支的维吾尔语，代表克普恰克语支的哈萨克语的一些词汇专门选出并进行对比。

土家语的空间指代系统 徐世璇撰，载《民族语文》2011 年第 6 期。

土家语的空间指代系统运用不同的语法形式，从距离远近和范围大、小两个维度分别指示空间方位，并且形成包括多层级差的序列，从而能够准确精细地进行定位和指代。论文在对指代系统进行详细描写的基础上，分析其语法特点，揭示了语音屈折的形态手段在方位指代系统中的重要作用。作者最后指出，指示代词以内部屈折的形态手段和附加前缀或后缀的派生手段作为主要的构词方式，是土家语中形态构词最为集中的一个词类。

土家语的判断句　叶德书撰，载《民族语文》2006年第4期。

土家语的肯定判断句有隐性判断和显性判断两种。隐性判断的特点是不出现判断标志。显性判断则有明显的判断标志（判断词）。分两类：一、肯定判断；二、肯定与否定判断词的对应两节详述。作者认为，过去他们提出"土家语中无判断词"有片面性。有学者说"现代土家口语里的判断动词是从汉语里吸收"也不符合土家语的语言事实。

土家语的形容词　何天贞撰，载《贵州民族研究》1984年第3期。

本文对土家语的形容词作了概略介绍。土家语形容词分性质和状态两类。性质形容词是形容词词类范畴的基本形式，状态形容词是性质形容词的生动化形式。它以性质形容词为词根，经派生、扩展、重叠而成，语言表达效果上有浓厚的修饰色彩。有带后缀、形容词重叠、带迭音后缀三种情况。形容词的语法特点：（1）重叠表示程度加深。（2）形容词有比较级，原级由形容词零形式表示；加深级由重叠式表示；最高级由形容词原助词 thai^{35}（没有）、x^{55}（太）构成。形容词体的范畴有将行体和完成体两种。将行体第一种由形容词需形式韵母加非音节语素［l］构成，多音节词［l］加在最后一个音节的韵母上。第二种由形容词加助词 po^{11} la^{11} xu^{55} 构成。完成体第一种是形容词零形式加助词 liau^{55}，第二种加 po^{11} la^{11} 构成。形容词"式"的范畴有陈述式、否定式、疑问式和可能式。形容词的句法功能是在句中充当谓语，还可作定语、状语和补语。

土家语的形态　张军撰，载《民族语文》2008年第2期。

本文讨论了土家语的三种形态现象：将行体的后缀-l、人称代词的格的声调屈折变化、否定成分声母送气与不送气的交替。作者认为，人称代词的变调是人称代词的格屈折的残存，而两种不同类型的否定成分是藏缅语声母送气与不送气的交替在土家语中的表现。全文分四节：一、将行体后缀-l；二、人称代词的格的变调；三、否定成分的不送气与送气的交替；四、小结。

土家语的语流音变　叶德书、彭秀模撰，载《吉首大学学报》1985年第3期。

本文就声、韵、调及音节对土家语的语流音变作分析。音变有同化、异化、增音、减音、脱落和替换多种现象。一、声母的音变有脱落和替换形式。最明显的是［z］、［r］和［tsh］的脱落。如［z］，前是高降调，声母为s或ts与l相拼时和前一音节为高降调，其元音为a时，［z］出现脱落。有的声母可替换，其词义不变。如p与ian相拼，调值为高升调时，p可由tɕ替换。双音节词中有的声母同u、l、a、e结合时，如与u结合时，p→m、t→s、th→kh；与i结合时，th→s等。二、韵母的音变有同化、替换、增加、减少、弱化和异化。形容词由本形变将行体时，产生韵母替换，如e→ai、o→uai。也有增加i、ei的。动词由本形变将行体、完成体时分别增加i、ei和u。弱化是有些元音处于非重读位置，则失去本来的音值。减音是弱化的结果。动词本形韵母o，将行在后面加-i或oi时，就异化成uai。声调音变，二字组、三字组的变调有弱化、同化和异化。音节的变化表现在弱化、脱离和合并诸方面。语流音变既丰富又具有独特规律性。

土家语动词的情貌　陈康、彭秀模、叶德书撰，载《民族语文》1983年第6期。

文章阐述了土家语动词十七种情貌。一般常态的有：将行貌，加后缀-i；欲行貌，加助词 xu^{21}；将欲行貌，加后缀-i 和助词 xu^{21}；将起始貌，加后缀-i 和助词 $tau^{55}xu^{21}$；几近起始貌，加助词 $ti^{21}xu^{21}$。行为、动作发生中的有：起始貌，加助词 $tau^{55}xu^{21}$；已起始貌，加助词 $la^{55}xu^{21}$；持续貌，加助词 la^{55}；不断进行貌，加助词 $la^{55}ie^{55}$；将完成貌，加助词 $tɕi^{35}xu^{21}$。行为、动作终止之后的有：完成貌，加后缀-u；已完成貌，加助词 $tɕii^{35}liau^{55}$；完成离心貌，加助词 $a^{55}tiu^{55}$；完成向心貌，加助词 $a^{55}tiu^{55}$；曾行貌，加助词 lie^{55}；经验貌，加助词 $po^{55}la^{55}$。当句子中出现两个动词时，后一个动词带有情貌。

土家语动词的"体"及其语素变异 何天贞撰，载《中南民族学院学报》1987年第2期。

本文以湖南龙山县靛房乡的土家语为依据，讨论动词的"体"及其语素变异。土家语动词有4种"体"，16种"貌"，它们分属于相应的时段。情貌助词是"体"的主要语法手段。它们属于自由语素。如 xu^{22}（表拟行貌）、la^{55}（表进行貌）、lu^{22}（表方过貌）、$liau^{55}$（表完成貌）、$xu^{22}la^{22}$（表即行貌）、$tau^{22}xu^{55}$（表将始貌）、$a^{55}ti^{55}xu^{55}$（表起始貌）、$la^{55}nie^{55}$（表持续貌）、$tɕi^{35}xu^{22}$（表将完成貌）、$po^{55}la^{55}$（表固定貌）、$po^{55}ɕi^{55}$（表久已完成貌）。文章分别介绍了"体"和"貌"的范畴及其表示方法。土家语的语素（自由语素、黏着语素）单说和进入句子连读时语音形式不同，同一语素在句子里常变读或异读为一个或几个语素变体，而其词汇、语法意义不变。完成体完成貌和将行体将行貌的语法结构中就有语音和语法的变异。变异中存在着一种语法结构合并为一个音节，一个音节包含两三个语素而无法切分的特殊现象。通过时变异规律的讨论，认为现代土家语完成体的语素变体 au^{55} 和将行体的非音节语素 i，原是自由语素，经过变异，扩散到整个动词词类，成为动词体的形态学手段。

土家语动词将行体形态音位的变化 陈康撰，载《民族语文》1982年第1期。

本文描述土家语的动词在表示动作将要进行时在动词本形元音后面加附加成分-i，构成将行体。i 是形态音位，永远加在元音的后面，当动词有鼻音韵尾时，它是中加成分。但它在不同的元音后面使元音发生脱落、低化、半鼻化、异化等语音变化。文章列举了9个例词说明形态音位-i 在韵母 ie 后元音脱落成 ei，在 ɯe 后脱落成 ɯi，在 I 后脱落成 i；在 i 后元音低化 I；在韵母 ung 后元音半鼻化成 ui~；在韵母 o 后元音异化成 ue。动词将行体在土家语中是个严谨而活跃的语法范畴，对形态音位表示形式变化的研究可为构拟藏缅语族原始形态提供线索。

土家语/汉语消长趋势 罗安源撰，载《民族语文》1989年第4期。

300多年以来，土家族地区并用土家语和汉语，至今大部分土家族地区选用汉语，逐步放弃使用土家语，已造成了难以避免的土家语的"濒危"趋势。到21世纪中叶，土家族地区很有可能基本不用土家语。

土家语句子中的选择性语流变调 徐世璇、鲁美艳撰，载《语言科学》2005年第6期。

土家语句子中的语流变调现象十分丰富，本文通过对大量语言材料的详细描写，分别从发生变调的语音条件和成分类别进行分析，归纳了句子语流变调的规律，提出土家语句子中的语流变调不是纯语音性质的，而是具有选择性的特点，即在同样的语音环境中，语流变调现象不是强制性的，发生变调的成分除了音节之间声调的相互影响之外，更主要的是语法的原因，同其词义和在句中的语法位置和功能有密切联系。句子中的语流变调主要发生在本调为高平调的副词、介词、助词和量词中，当这些词出现在作为句子表述重心的动词、形容词、名词或数词的后面时，同前面的实词结合得十分紧密，在语法关系中处于从属地位，在语音表现上属于非重心形式，发音弱而不稳定，因此在句子语流中受顺同化影响发生变化。变调还反映出词义虚化和泛化的现象，语义由实到虚，同相关实词的结合关系不断扩大，语法功能随之改变，语音形式也失去稳定性，从而发生语流变调。

论文在对发生变调的成分进行详细描写的基础上，对变调的语音规律、发生变调的语音条件、语法类别进行归纳，对引起变调的语法依据和语法意义进行论证，指出语音形式同语法系统、句子的表述需要具有密不可分的内在联系。选择性变调既是一种语音现象，又是一种语法现象，认识这一现象有助于正确判断句子中语法成分的语法类别和功能，观察一些成分的语法化过程，为深入认识语法成分的来源和功能、正确分析句子结构关系提供语音形式的证据。

土家语三音格形容词的语音结构和义位特征　叶德书撰，载《民族语文》1995年第6期。

本文对土家语三音格形容词的语音结构和义位特征进行了分析与描述。指出其语音结构分为基本式和变式两大类。基本式有五种：（1）AAB式；（2）AA′B式（A′与A音素相同，声调不同）；（3）ABB式；（4）A′BB式；（5）ABC式。变式有3种：（1）基本式的重叠；（2）基本式加叠音后缀；（3）三音格变四音联绵词。又指出其义位特征表现在构词和表达两个方面：（1）构词上的义位特征，如，有些反映人或事的好坏、美丑的词。其正面，词根为第一个音节，其反面，词根为第一、第二个音节。（2）表达上的义素特征，如，词根表示事物的本质特征，附加成分表示这些事物所呈现的情态或程度。本文用例极为丰富，所占篇幅约四分之三强，有说服力地论述了土家语三音格形容词的语音结构和义位特征。

土家语四音格分析　田德生撰，载《民族语文》1986年3期。

本文着重探讨了土家语的"四音格"构词方式。土家语四音格可分为固定的和附加的两大类，附加类又可分为重叠型、衬音型和混合型三种。凡单音节、双音节词包括汉语借词，都可按上述三种方式构成几个或数十个，甚至数百个四音格词。构词能力之强，组合方式之多，语义之细腻，在藏缅语族中甚为少见，这是土家语显著的特点之一。

土家语形容词的"级"　舒志武撰，载《语言研究》1994年第2期。

同许多民族语言一样，土家语形容词也有"级"的语法范畴，而且有自己独特的表达方式。（1）土家语形容词分四级，即原级、较高级、更高级和最高级。原级用形容词原形，表示人或事物的一般性质和状态。较高级用形容词原形后加"noe"表示。更高级用重叠形容词原形，中间插入"le"来表示。最高级是排除任何其他可能性下的绝对判断，用形容词原形后加"cci^{21} thai^{35}"来表示。（2）为了加深程度或加强直观形象，土家语形容词还可以在后面加上附着音节。这些附着音节离开前面的形容词就没有独立的意思，所以不妨看成是形容词的词尾。（3）形容词与动词的关系比较密切，有时甚至难以区分。在土家语中，不妨用"级"和时态加以区别。动词没有"级"的语法范畴，而形容词有。土家语动词有"时""体"的语法范畴。

土家语语音的接触性演变　徐世璇撰，载《民族语文》2010年第5期。

土家语是汉藏语系藏缅语族语言，语支归属未定。土家语发生学关系不易确定，主要是因为土家语和汉语长期密切地接触，受到汉语的深入影响，系统上发生了较大的变化。土家语两个方言之间的差异显示了汉语影响在土家语语音演变中的重要作用，汉语借词语音通过等值对应、非等值对应、等类对应、非等类对应多种方式影响土家语语音系统的演变，或者触发新的变化，促进语言的历史演变；或者固化原有的特征，延缓语言的演变进程。既改变语言历史演变的进程和时间层次，又改变语言内部的空间关系，扩大或缩小方言之间的差异。语言接触所产生的影响具有双向性，即使是语言活力和功能相差悬殊的两种语言，也可能在接触过程中互相影响而引发外源性的演变，从而形成区域性的统一特征。然而，功能强弱不等的两种语言在趋同变化的过程中不仅变化程度很不相同，而且方式也不一样。劣势语言主要受借词的影响；优势语言则可能在双语状态中或语言转用发生后受底层影响而引起特征逆迁移，无论是借词影响还是底层影响都有一个竞争的过程，可能产生不同的结果。

土家织锦"四十八钩"的文化创意——兼与"女阴"论者商榷 叶德书撰，载《湖北民族学院学报》2008年第2期。

本文详尽地介绍了土家织锦的纹样——"八钩"的文化创制及其发展演变到"四十八钩"的历程，提出土家织锦"四十八钩"，是土家织女以土家秉性为核心，祈福为目的，以野生植物钩藤为素材，以土家婚俗为依托，以几何图形为形式，按"以心融物，物我相融"的艺术规律精心创制的艺术珍品，集中表现了土家辩证地认识、处理天、地、人、神、物等万象之间"必变"与"适变"的对立统一（天人合一、大发大旺）的人生理念，是土家独特的"《周易》"；从民族学、民俗学、工艺学等多层面、多角度批判了向渊泉等先生的"女阴"论和种种讹传，使土家织锦"四十八钩"的艺术价值得到正本清源。

土家族为"僰人"说 朱文旭撰，载《中南民族大学学报》2005年第4期。

有学者认为土家族来源于"巴"人。汉文史志记载巴人和蜀人都是汉族先民。一般后人都把他们的文化记作"巴蜀文化"。土家族来源与"巴"人无关。土家族族称"比际卡""比兹卡""比兹刹"。"僰"古音为并母，k辅音韵尾。土家族的族称"比际"、"比兹"就是"僰"字。"僰"上古并纽职部，中古并母德韵。k辅音韵尾。"僰"与"白"在汉文史志中时常混用。"僰人"与后来出现的"白蛮"有关。"白"上古并纽铎部，中古并母陌韵，k辅音韵尾。"僰"的古音就是"比际"，后一音节"际""兹"是k韵尾变成了一个音节。"卡"其实就是汉语"客"的借音。因为土家族先民从四川宜宾、贵州毕节搬迁到川东地区、湘西地区以后，被当地人认为是"客人"。居住一段时间以后，苗瑶其他民族又称他们为"土蛮""土人"或"土家"。

土瓦人和土瓦语 董文义撰，载《伊犁师范学院学报》1985年第1期。

土瓦人居住在我国新疆北部阿勒泰专区布尔津县、哈巴河县、富蕴县和阿勒泰县，多数人从事畜牧业，少数从事农业和狩猎业。我国土瓦人在古代的居住区域和族属问题史籍中多有记载，如"北海（今贝加尔湖）南则都波"，"回鹘其先匈奴也，俗多乘高轮车，亦号高车，或者敕勒，讹为铁勒，其部落曰袁纥、薛延陀、契苾那、都播、骨利干"等。土瓦语属阿尔泰语系突厥语族维吾尔—突厥语支。土瓦语有8个基本元音，元音分长短对应，并区别词义，这一点同于柯尔克孜语。有ah、oh、eh三个紧喉元音，但只存在于以t结尾的单音节词中。辅音与突厥语族其他语言相同，没有任何特殊现象。土瓦语的词汇中有本民族的基本词汇；也有相当数量的蒙古语词汇和少量的汉语借词；阿拉伯语和波斯语借词很少；有少量通过哈萨克语和蒙古语借入的俄语词。

土族语的亲属称谓 吴宏伟撰，载《民族语文》1997 年第 1 期。

土族语的亲属称谓系统包括祖父母及以上辈、父母辈、平辈、儿女辈和孙儿女辈。（1）祖父母及祖父母以上辈。在土族语的亲属称谓中，表示祖父母辈的称谓主要有三个。男性用 aːde，女性用 nene 或 aːne。（2）父母辈。在父母辈的亲属称谓中，父亲及其兄弟都使用 aːba 一词。如需要加以区别，则在前面加上 sgə 或 mula。（3）平辈。土族的亲属称谓中，自己的兄弟姐妹都有各自的称呼。在土族语亲属称谓中，有两个修饰词用得比较多，一是 sgə，"大的"，二是 mula，"小的"。（4）儿女辈。一是 kacu 除有"儿子"之义外，还有"男孩"的意思。另一个词是 ɕtɕun，有女儿、女孩、姑娘等意思。（5）孙儿女辈和重孙儿女辈。从构成上看，现在表示孙儿女辈的词主要是由汉语借词 sunzi 或 vesun 两词加上 kəu 或者 ɕtɕun 构成。而非血缘关系的亲属称谓中，则包括有婚姻关系的亲属称谓和由于继、养、干关系的建立而出现的称谓。

土族语中的藏语借词 华侃撰，载《西北民族研究》1994 年第 1 期。

土族语中的藏语借词某些特点。（1）全音译词。土族语里的藏语借词绝大多数为全音译，这是吸收藏语词的主要方式。有少量藏借词的语音跟藏语（指现代安多藏语）差不多完全一致，而更多是语音不全相同，声韵略有差异，但往往存在着一定的对应关系。（2）音译加土族语的表意成分，即在借用的藏语成分上又加固有词素构成合成词。（3）藏语借词使用上的一些特点。表示同一事物或概念的藏借词和汉借词共存并用；词义完全相当的固有词和藏借词并行使用。藏借词在词义方面多数与藏语原词相当或接近，有一小部分在使用中发生了变化（引申或替换），部分藏借词的词义范围有所扩大。（4）藏借词在构词上必须服从土族语的语法规则。土族语从藏语直接借入的动词不多，一般也不像名词那样可直接借入使用。若借入藏语名词作动词用时，要在借词后加上固有的动词构词附加成分，同时要根据藏借词的元音缀接含有相应元音的构词附加成分，其中以 -la 为最常用。

吐蕃工布摩崖碑考释 常凤云撰，载《中国民族古文字研究》，天津古籍出版社，1987 年。

吐蕃工布摩崖碑，在今西藏自治区林芝县境内。摩崖碑坐北朝南，略偏东，面临雅鲁藏布江，为唐代藏族建立的吐蕃王朝时期所刻楷书古藏文，字体清晰工整，保存完好，距今已有 1180 余年的历史。本文将摩崖碑全文转写、注释，译为汉文，并对这一碑刻在古藏文、古文献方面的重要价值作了一些初步探讨。在校译考释过程中，参阅了由法国国家图书馆影印出版的《伯希和藏古藏文文献选集》以及有关的汉、藏文献史籍。吐蕃工布摩崖碑书写的款式，在迄今已知传世的古藏文文献中，唯一保存了完整的吐蕃王朝时期诏敕盟誓的原来规格。此碑题、文、段落层次分明，均用字头符标出，特于当时的赞普名字，均写成大字体，为此碑独有的风格。藏文的书写符号，在摩崖碑中，保存了古藏文的书写特征。此碑是吐蕃赞普墀德松赞为重申上一代赞普之盟誓，续证前盟，镌于崖石上的盟书誓文。

吐蕃时期藏语声母的几个问题 车谦撰，载《民族语文》1986 年第 2 期。

文章讨论了 9 世纪以前古藏语声母前置辅音脱落或交替的情况，以及其与基本辅音的关系。文章认为：（1）前置辅音在清辅音前普遍脱落，如 gtshig→tshig（字），而在浊辅音前则表现为交替，如 dbang→gbang（须有），交替类型有 g 与 b、d 与 vh、d 与 g、m 与 vh。（2）上置辅音既有脱落，也有交替，如 mji→rmji（人），spur→pur（遗体）。（3）下置辅音 r 有脱落的倾向，如 bros→bos（逃跑），srong→sung（遵守）。另外，前置辅音与上置辅音也出现交替，如 dpon→spon（官吏），spyan→vhpjan（眼睛、敬）。笔者试图说明：公元七世纪创制的藏文。反映了这一时期及其以前的口语语音，也就是说那时的口语存在着藏文前置辅音、上置辅音、下置辅音和基辅音构成的各种复辅音声母。但是，大约到了八—九世纪时，前置辅音、上置辅音出现了交替现象，有些已经脱落，部分下置辅音也有脱落的迹象。可以肯定藏语声母简化趋势是从吐蕃王朝中期或后期开始的。

吐蕃文献叙录 王尧撰，载《中国民族古文字研究》，天津古籍出版社，1987 年。

本文着重介绍藏族古代文献，也可称之为"吐蕃文献"。吐蕃时期的文献可分为四大类：（1）佛教典籍。在赤松德赞（755—797）任赞普时期，组织了大规模的译场，延请了一批佛教学者参加翻译工作，当时的桑耶寺三座殿堂分别存放译出的经文。并且编出目录，如《秦浦目录》、《庞塘目录》和《登迦目录》，号称三大目录，就《登迦目录》来看，所收经论约六七百种，分为二十七门。如：大乘经类、大经类、小乘经类、论、密咒续等。（2）敦煌写卷。敦煌遗书中，除了大量的汉字写卷以外，还有若干民族文字，其中又以西藏文文献比重最大，内容最丰富。但大部分于 20 世纪初被英、法等国的文化侵略者劫运海外。（3）金石铭刻。吐蕃时期王朝官方为会盟、纪功、述德、祭祀、颁赏等需要，树立石碑或铸造铜钟，上面镌刻文辞。如：桑耶寺碑、恩兰·达扎路恭纪功碑等。（4）竹木简牍。

吐蕃文献学导言 王尧撰，载《民族语文研究文集》，青海民族出版社，1982 年。

文章以吐蕃时期的文献来阐述建立吐蕃文献学的主题。文章首先将藏文文献分为 5 个时期。（1）上古时期，指公元六世纪以前，但只能构拟出它的面貌；（2）中古时期，公元 7 世纪至 9 世纪吐蕃时期文献；（3）近古时期，10 世纪至 12 世纪；（4）近代时期，13 世纪至 19 世纪末；（5）现代时期，20 世纪初以来。文章重点讨论中古时期。该期的文献有三类：（1）藏文手卷写本，大部分出自敦煌石室。这批手本有 2000 卷以上，其中《敦煌本吐鲁番历史文书》（巴黎出版）极为重要；（2）吐蕃简牍，约 500 支；（3）金石铭刻，其中包括著名的唐蕃会盟碑。吐蕃藏文文献使我们了解到吐蕃时期的社会性质、历史概貌和宗教影响，也使我们看到当时藏语的语音面貌和语音演变情况。文章作为导言具有进入古藏文研究的导向作用。

吐火罗文 A 中的三十二相 季羡林撰，载《民族语文》1982 年第 4 期。

本文对 1975 年在新疆焉耆发现的吐火罗文 A 本残卷中选出三十二相这一段加以研究，同时与汉文、回鹘文、梵文等译本对比，主要从语言学的角度讨论三十二相（三十二相是指印度古代流传的大人物 ma hapuru 特异的生理现象），将新发现的《新博本》为正文作比勘研究。认为三十二相的顺序和内容在不同传本中并不完全相同，但在分歧中仍似有规律可循，归纳起来大体上可以分为两组：一组从足开始，一直到肉髻或眉间白毫；一组从肉髻开始，一直到足，吐火罗文本和回鹘文本分属两组。研究表明吐火罗文 A 中的《弥勒会见记》不可能是回鹘文同书所依据的原本。

吐火罗语 菲利普·鲍尔迪撰，载《语言与翻译》1987 年第 2 期。

吐火罗语即焉耆—龟兹文，二十世纪初发现于新疆库车、焉耆和吐鲁番等地市，是一种古老的民族文字。（1）吐火罗语方言。吐火罗语在印欧语的研究中非常重要是有很多原因的。首先是它有明确的方言划分。方言 A 为吐鲁番方言，方言 B 叫作库车方言。（2）吐火罗语的影响。吐火罗语对我们了解印欧语语言方面的最大贡献是在所谓喉辅音的论述中，它固定了很多假说，以及在动词形态变化中澄清了有关母语中元音交替的若干点。（3）吐火罗语 A 主要结构的梗概。1）音位学。①元音。吐火罗语 A 有三角元音系统，在非中央元音中具有功能性长度特征。②辅音。吐语的辅音细则中最显著的方面是浊塞音 b、d、g 跟送气辅音 bh、dh、gh 一样，被淘汰了。2）形态学。吐语名词有典型的三种性：阳性、阴性和中性。3）句法。由于精制了基本格和次要格的静词屈折变化系统，吐语最高级词序的句法功能包含在"格的功能"范畴里。

吐鲁番出土的五件回鹘文文书　库尔班·外力撰，载《中国民族古文字研究》，天津古籍出版社，1987 年。

1976 年初，新疆吐鲁番文物保管所的工作人员在伯孜克里克千佛洞遗址的维修工作中发现了一卷回鹘文文书。该文刊布的五件文书便是其中的一种。这五件文书内容相同，都是摊派草料令。其中的两件在出土时已经粘连，并且残缺不全。各件纸张大小基本相同，高约十二公分、宽约八公分。这批文书现藏于吐鲁番地区文物保管所。这五件文书是用回鹘文草体墨写的。根据它的字母拼写特点，即 o 与 u 区别不严，z 与 s 和 g 与 gh 有交替使用的现象，另外，在和这五件文书同时出土的其他文书中有元代货币"宝钞"一词，这样就完全可以确定它是元代的遗物。这五件文书是以上级命令下级去执行的口气写的。从这五件文书可以看出当时是一个粮草不足的年份。文书形式的年代可能是 1289 年或者此后的某一个牛年。这五件文书正是元朝在新疆地区的政府机构通过宗教的神权来行使其行政法权的实物见证。

吐鲁番世居汉族汉语变异调查研究　赵江民撰，载《云南师范大学学报》2011 年第 2 期。

主要内容：以社会语言学变异理论为指导，通过概率抽样实地考察，使用定量分析的方法，对吐鲁番世居汉族汉语变异进行了统计分析，并从语音、词汇、语法三个层面探讨了吐鲁番世居汉族的汉语变异情况，研究发现吐鲁番世居汉族的汉语变异具有明显的少数民族语言影响的痕迹。

妥懽帖睦尔皇虎年圣旨　照那斯图撰，载《论文与纪念文集》，内蒙古大学出版社，1997 年。

这是一道八思巴字蒙古语圣旨原件。纸本（业已裱装），高 58.6 厘米，宽 273 厘米，八思巴字正体墨书 45 行。上面盖有汉字九叠篆"御旨（前）之宝"四字朱印四处。圣旨末纪年并用年号和十二生肖："至正二十二年虎年"，因此该圣旨明确无疑为元顺帝妥懽帖睦尔于公元 1362 年所颁。圣旨原件现存西藏自治区档案馆。这道圣旨与以往所发现八思巴字蒙古语圣旨不同，不是维护宗教权益的护敕，而是一份委任状，任命一位名叫云丹坚赞的人为朵甘思宣慰司下属奔不招讨司的招讨使。迄今，内容与此相同的圣旨仅发现两份，这是其中之一（另一份是也孙铁木儿皇帝任命斡节儿坚赞为也是朵甘思所属亦思麻儿甘军民万户府万户的龙年圣旨）。这一历史文献有力地证明，在元代西藏地区完全处于中央政府的有效管辖之下，清楚地反映了自元以来西藏是祖国不可分割的一部分。这道圣旨的另一个显著特点是，文中出现了不少藏语地名，所列宣旨的对象涉及好些地方军政机关和长官，这为朵甘思研究增添了很有价值的新资料。

瓦乡话属辨　刘自齐撰，载《中南民族学院学报》1987 年第 2 期。

该文对王辅世关于"瓦乡话是汉语的一种方言"的观点，通过类比的方法，结合湘西苗语与瓦乡话的若干共同点发表了不同看法。（1）苗语中有很多和汉语普通话的读音相同或相近的基本词，王氏认定苗语是一种少数民族语言，而瓦乡话也有同样情况的基本词却要断其为汉语的一种方言，不能不使人有点费解。（2）湘西苗语和中古汉语的语音关系经考察发现，有些词的读音本身就是中古汉语的读音，有些词其声母与现代汉语完全相同，有些词其韵母与现代汉语普通话基本一致。把苗语看作是一种少数民族语言，为何要把"有相当多的词读音和普通话差别较大"的瓦乡话判为汉语的方言呢？（3）苗语和瓦乡话一样，是一种"有相当多的词是古汉语词"的语言，既然苗语是少数民族语言，为什么要把瓦乡话说成是汉语方言呢？（4）以上类比外证能得到认可，那么瓦乡话是属于苗语东部方言的次方言。瓦乡话和苗语统称为"乡话"，它们本是同宗同族语言。瓦乡话与湘西苗语声韵调有着科学的对应关系。作者认为瓦乡话就是苗语。

佤语"安占"与汉语"闍黎"同源考

王敬骝撰，载《云南民族语文》1989 年第 2 期。

在沧源、耿马等县一些佤族村寨中，无论是信仰何种宗教，有一种头人职位，佤语叫 an jan，汉语音译作"安占"。头人"安占"的工作，总是与宗教活动有关的，一般是在举行宗教活动时，主持和协助搞些祭礼仪式。"安占"一词的本义是什么，它与汉语"闍黎"之间有何关系？本文仅对这一问题加以考证。汉语"闍黎"这个词，在五代王定保所写的《唐摭言》卷七中提及过，《现代汉语词典》将其解释为"高僧"；1979 年版《辞海》对它的解释是"佛教名词，梵文 Acarya 的音译，意译'轨范师'"。通过梵语、泰语、佤语的语音对比分析研究，以及泰语、佤语同梵语的相互影响关系，考证出梵语的 Atcha-rya 或 Acarya 原为婆罗门教弟子对师之称，后为佛教沿用；泰语的［ʔ al tsanl］原是佛教对"轨范师"的称呼，借入佤语后，则为佛教以及其他宗教所袭用。因此，佤语的"安占"与汉语的"闍黎"都是源于梵文的 Atcha-rya 或 Acarya。虽然两者之间的演变情况不一样，但通过本文的对比分析，凭借现代语言学的理论和方法，还是识别出这对同源词之间的关系。

佤语巴饶方言与阿佤方言比较研究

陈相木、赵福和、赵岩社撰，载《云南民族语言文学论文集》，云南民族出版社，1990 年。

佤语分为巴饶方言、阿佤方言和佤方言。这三种方言在语音、词汇、语法上既有共同点，也存在差异，彼此间不能通话。佤文是以饶方言为基础方言，以岩帅话的语音为标准音设计的。目前，阿佤方言区推行佤文有困难，影响民族文字的推行和双语教学。针对这一实际困难，本文从巴饶方言岩师话语音与阿佤方言英窝话语音进行比较，找出两种方言在语音上的相同点和差异点，并进而揭示其对应规律，据此提出用同一佤文方案拼写阿佤方言的方法，帮助阿佤方言区的人学习掌握佤文。文章首先简要介绍了两个方言的语音系统；然后从声母、韵母、辅音韵尾、松紧、音节结构等方面进行比较研究；经过比较后，找出了两种方言的实际语音差异，最后提出了在《佤文方案》内解决阿佤方言特有音的办法。实践证明，用《佤文方案》拼写阿佤方言是可行的，能促进阿佤方言区民族文字的推行和双语教学，有利于该地区改革开放和民族文化建设的发展。

佤语的介词

王育弘撰，载《云南民族语文》1994 年第 2 期。

佤语的介词，就其所介词语表示的意思，可以分为表时间的、表处所的、表因缘的、表方法的等类。表时间的有表示一个确定的时间、时间的起点、经历的时间和时间的终点。表处所的有表示一个确定的地点、来的地点和到的地点。表因缘的有表原因、目的和对象。表方法的有表示所用之工具或手段，表示凭依之物，表示所依的反面，表示偕同的人或事和表示比较等。可以做介词宾语的词语有名词、代词、动词、形容词、数量词等实词。介词结构在句子中的作用，是对谓语所表示的动作或性状，作些补充说明。但也有一些介词结构可以放在名词之后，作定语。佤语的介词有活用现象，其表现为介词宾语的省略和介词单用作定语。一般情况下，介词后面要求有宾语，然而有些介词，当出现在"前面已经提到"或"不言而喻的"的情况中，其后面宾语可省略。另外，一些表时间或处所的介词可以直接放在名词之后单用作定语。

佤语的前置音 赵岩社撰，载《中央民族大学学报》2001年第4期。

论文认为，在中国孟—高棉语族语言中，佤语前置音的现状、变化、来源等特征具有一定的代表性；在词的结构中起构词、构形的作用，与亲属语言比较没有严格的对应规律，其变化分简化、脱落、合并、衍化为两个音节构成联绵词几种。其来源一是由非弱化音节发展而来，二是复辅音声母分化的结果。佤语的前置音有逐步消失的趋势。

佤语的数词、量词和数量词组 黄同元撰，载《云南民族语文》1991年第2期。

佤语的数词可分为基数词、序数词、倍数、分数和概数。基数词分为两种，一种是佤语原有的，另一种是借傣语的。这两种基数词可能单独或混合使用，但各有其使用范围。佤语序数的表示方法，一般不需要在数量词组之外加另外的成分，只用词序表示。量词加数词就构成了序数，在佤语中的倍数是用son"份"表示，其具体表示方法是数词+son。佤语的分数，同样用son"份"来表示，用基数词加上son"份"构成分母和分子，概数在佤语中一般有三种构成形式。佤语中的量词分为名量词和动量词。名量词表示度量衡单位。作者着重介绍了数量词组的用法。数量词组的语法功能是：在句中作定语、状语、补语等成分，在有的情况下也可作主语、宾语和表语。数量词的语法功能，作者逐个地举例说明，特别详细清楚。

佤语的音节 赵岩社撰，载《云南民族语言文学论文集》，云南民族出版社，1990年。

佤语属南亚语系孟—高棉语族。佤语的音节有一般音节和附加音节两大类，本文对佤语一般音节的结构，以及附加音节的现状、变化及其来源作了初步分析。作者将一般音节的结构归纳为16种，对每一种结构都进行了举例说明。对附加音节的现状，分析了发音特征、性质作用、与亲属语言的对应关系等；在变化上，有简化、脱落、合并、衍化四种变化；在来源上，一是由非弱化音节发展而来，二是复辅音声母分化而成。最后还分析了佤语的音节规律，从模式、规则、对构词的影响等几个方面分别加以阐述。文章最后还指出，佤语的一般音节具有较简单一定的形式，附加音节存在逐步消失的发展趋势。研究佤语的音节是研究佤语的基础，尤其是研究音节配合规律，可以帮助我们从一个新的角度认识佤语的一些现象，解决一些以往没有解决的问题。

佤语动词的时貌系统 颜其香、周植志撰，载《云南民族语文》1994年第1期。

佤语动词没有时态变化形式，但出现在句子里作谓语表示某种动作、行为时，却有一套时貌系统。它是由一整套附着在动词之前或之后或前后的虚词来表示的。这个系统的虚词共有25个。有的用在动词前面，有的用在动词后面，表示动作、行为出现在什么时候，以及时间的长短、持续状况等。这些词有的还可以分别出现在动词的前后，互相呼应，使表示动作、行为发生的时貌更为强调肯定、明确。有的虚词分别表示过去、现在、将来，组成一套时间情况系统，但有的各有其实词的意义。这些虚词之所谓"时貌系统"，理由有三：（1）它们都是虚词；（2）普遍修饰某个动词；（3）动词进入句子时，除了上下文已经表示动作、行为的时间、情貌，不需要再伴随这一套虚词来表达以外，它总是要从其中选用一个或两个这样的虚词伴随自己一同进入句子。即有了这种虚词的帮助，动词进入句子就有了一个明确的时间和情貌。

佤语量词来源初探 刘岩撰，载《中国民族语言论丛（2）》，云南民族出版社，1997年。

佤语的量词比较丰富，有近200个。可分为名量词和动量词两大类。名量词的数量，种类数多，语义区分细，语法特点丰富，又分为单位量词和个体量词。动量词不仅数量少，语法特点也简单。佤语量词的来源多样，相当一部分是从其他词类转化而来的，有些量词直接从语义相关的名词、动词转化而来，语音上不发生变化；有些从动词转化而来的量词在语音上也发生变化，变化的主要方式是声母辅音的清浊交替和单复交替。由于佤语在历史上长期与其他语言接触，从汉语、傣语中借用了许多量词，还有一些量词和藏缅语族语言有关系。从方言和亲属语言的比较来看，佤语量词产生得比较早，且有层次性，促使佤语量词产生的原动力是语义的需要，其产生过程中音律和词序规则共同发生作用。总起来看，佤语量词目前处于虽然有了相当发展却仍不很发达的阶段。

佤语骈俪语的语言特点 赵岩社撰，载《云南民族语文》1998年第2期。

骈俪语是佤族在歌谣、谚语、格言、祝辞、咒语、故事、传说以至口语中，广泛使用的一种语言形式。它是在口语的基础上发展起来的。作者认为，骈俪语跟口语既有密切联系，又不完全相同，具有自己的语言特色。从构词特点上看，由于骈俪语讲究字数工整、押韵、声韵和谐，因此构词比现代口语灵活、自由，有些词在现代口语里不能结合，在骈俪语中可以结合。从词的搭配特点看，骈俪语十分注意词性义类的对仗和词义搭配。从句法特点上看，骈俪语的句子长短不一，长的达9字，短的只有4字。由于骈俪语要求押韵、字数工整，因此往往可以省略主语或宾语，也可以交换修饰词的位置。从韵律上看，包括押韵、声母和谐、具有节奏感。从修辞上看，骈俪语大量运用了比喻、比拟、借代、衬托、夸张、双关、对偶等修辞手法。总之，使用骈俪语可以使言辞优美、生动和富于表现力，了解和掌握其语言特点，有助于更好地学习和运用佤语，也有助于全面深入地进行研究。

佤语数词的构成和特点 颜其香撰，载《中国民族语言论文集》，四川民族出版社，1986年。

佤语有两套数词，一套是固有的，一套是借自傣语的。其中，1至29都使用佤语数词，30至99使用借傣数词，千位数词有百，千是固有词，万、十万、百万则借用傣语词。数词+量词构成的数量词组，修饰名词时一般位于名词之后，在前则表示"每……"的意思。佤语复合数词与量词配合时，量词居于十位数与个位数之间，借傣数词与量词组合时，量词位于最后。佤语表示序数的方法最常用的是数词加在量词后边。文章在比较了佤语各方言和傣语（德宏）的数词后认为，佤语1～29数词各方言对应整齐，30～99则是各方言分别借入的，阿佤方言中连这些数词也是固有词。从其使用情况来看，佤语本来有自己的30以上的数词，这些数词至今还保留在阿佤方言中，而巴饶克方言和佤方言则借用了傣语的数词，把自己原有的数词丢失了。

佤语细允话声调起源初探 周植志撰，载《民族语文》1988年第3期。

细允话是佤语阿佤方言的一个土语。本文就细允话声调的起源作初步探讨。细允话有19个辅音，没有浊塞音、塞擦音，12个复辅音，9个单元音，10个复合元音。元音没有松紧的对立，但有用声调区别词义的特点。共有3个声调。作者以阿瓦方言有代表性的马散话的词汇与细允话进行排比，发现他们在语音上有严整的对应关系。从中看出马散话的辅音在细允话里的语音演变，与声调的形成有密切关系。马散话的送气或不送气的浊塞音、浊塞擦音、清化鼻音在细允话都起变化。但这些还不足以说明细允话声调产生的原因。作者扩大比较范围，将细允话与佤语有松紧元音对立的语言进行比较，发现声调的形成与松紧元音演变也有密切的关系，其语音对应也是很严整的。还可以从布朗语得到旁证。细允话声调形成之前就已出现。作者认为细允话的声调一开始是同元音松紧并存并用，在发展过程中被声调所代替。其声调的对立可能是从松紧对立演变而成的。

佤语修辞研究（三） 赵岩社撰，载《云南民族语文》1996年第1期。

本文讨论了佤语中存在的比喻、比拟、借代、摹状、衬托、设问、反问、引用、夸张、对比、反语、警句、双关和对偶十四种修辞手法。并对每种修辞手法中存在的不同结构形式进行了细分。作者认为，比喻这种修辞手法在佤语文学中有七种形式，即明喻、暗喻、代喻、讽喻、引喻、博喻、反喻；比拟有拟人和拟物两种形式；借代有形象代替、特殊代替、具体替代抽象、部分替代全部四种方式；衬托有旁衬和反衬两种形式；设问有自问自答和问而不答两种形式；反问有肯定和否定反问两种形式；引用有明引和暗引两种形式；夸张有夸大、夸小和超前夸张三种形式；对比有两体对比和一体两面对比两种；反问有正作反和以反作正两种；双关有谐音双关和语义双关两种；对偶有正对、反对和串对三种；等等。对于每种结构，作者均举例予以说明。

佤语修辞研究（四） 赵岩社撰，载《云南民族语文》1996年第2期。

本文研究了佤族文学中的排比、层递、反复、回环、顶真等修辞手法。作者认为在佤语文学中，排比有词的排比、词组的排比和句子的排比3种形式；层递有递升和递降两种形式；反复有连续反复和间隔反复两种形式；回环有相依相成式和相排相拒式两种。作者用大量例句来说明这些修辞手法的运用使得佤族文学更富美感。作者指出，佤族文学中存在诸多修辞格，并不意味着它们都是孤立地存在于语言中，有时为了表达的需要，在一句话或一个语言片断中使用多种修辞格，是十分常见的，它们表现为融合式和兼用式两种手法。这种多种修辞格的综合运用，使修辞效果更加突出明显。

佤语"烟草"语源考 肖玉芬撰，载《民族语文》1994年第4期。

本文通过与泰语和越南语的对比研究，对佤语"烟草"语源作了考查。佤语"烟草""烟"叫sup或suk。作者分析与佤语sup或suk联系得上的只有泰语的ja，sup，"香烟"和越南语的thuok"烟草"、"药"。就泰语的ja、sup来说，它与佤语的sup读音比较接近，从泰语与佤语语音对应来看，并无关系。因泰语的清辅音声母，奇数调到佤语中应是"紧音"，而sup是松音，所以不合常规。suk或sup与越南语thuok[7]有关。佤族地区与越南邻近，两地两族人民关系密切，历史上早有互相交往并有文化交流，我国佤族地区的烟草经由越南传入。在语音上，越语的th是个舌尖后音，在转译汉语时，它不但用来对译中古汉语的"透"母——现代汉语的[th]，而且用来对译中古汉语的"清""申""神""禅"诸母——现代汉语的tʂh、tʂh、tɕh、ʂ等声母。佤语没有舌尖后音，越语的这类音到佤语中成了s。越语这个词为第7调，即阴入调，佤语为紧音，这符合奇数调对紧音、偶数调对松音这个"常规"。佤语的suk应来源于越语的thuok[7]。而佤语的sup，可能受英法传教士的语言影响所致。

佤语与佤语方言 周植志撰，载《云南民族语文》1994年第2期。

佤语原被称为"佧佤语"或"卡瓦语"，1962年改称为"佤语"至今。它由巴饶克、佤、阿佤三个方言组成。这三个方言的分布情况大致与佤族的自称和地理分布相当。巴饶克和阿佤两个方言辅音比较复杂，佤方言辅音比较简单；阿佤方言元音不分松紧，其他两方言元音有松紧。词汇方面，三个方言存在互不相同的词；巴饶克和阿佤两方言有用语音交替构造新词或区分词类的情况，而佤方言没有这种情况；在吸收外来语中，佤方言的借词方式，除了全借、半借半译外，还有用一种谐音或半谐音半意译的方式来借汉语的词汇。三方言的语法基本相同，但各有一些属于自己的特点。指示代词修饰名词时，巴饶克和佤两方言只能在名词的后面，阿佤方言则在名词前后都用上指示代词。佤方言形容词作定语时，可以重叠，而其他两方言，则不能。巴饶克和阿佤方言在疑问句里，谓语一般在主语前面，佤方言的疑问则是主语—谓语—或宾语形式。国外佤语，基本上分属巴饶克方言和阿佤方言。

佤语语音比较中的几个问题 周植志撰，载《云南民族语文》1992 年第 3 期。

本文在对佤语描写的基础上，利用历史比较语言学的方法和理论依据对现代佤语语言事实进行比较研究，从现代佤语的方言对应得到佤语的历史再现，即构拟了原始佤语的语音系统。这个系统包括构拟的古代佤语辅音和元音。现代佤语分阿佤、巴饶克、佤三个方言。这三个方言的辅音和元音的特点有所不同。阿佤方言的元音系统中没有松紧元音对立；巴饶克方言和佤方言有松紧元音对立。这是作者对现代佤语语音特点所持的观点。在认识佤语音特点，掌握比较丰富语料的基础上，认真排比，以便找出对应规律的严整性。通过对现代佤语演变中的对应规律进行比较及基本词汇进行细致的对比，找出这三个方言之间的语音对应规律。在佤语方言对应比较过程中，除一般的、正常的语音对应规律外，有时也会碰到记音上的错误等情况。最后作者强调要注意语言和社会的关系。

佤语寨名的一般规律及其特点 冯嘉曙撰，载《云南民族语文》1994 年第 1 期。

佤语寨名的命名方式很多，概括起来，有五个方面的规律及特点。（1）以所在地的地理特征命名。这是最常见的一种给寨子命名方式，它以村寨所在地或附近的山川河流、地质地貌给寨子取名。如"永得绕"即落水洞寨。因该地有落水洞而得名。（2）以周围自然景观、人文景观和动植物命名。如"永和"即森林寨，因寨子周围森林茂密而得名。（3）根据民间传说命名的。如"永卜外"即豹子回头寨。传说过去豹子经过此地时总要回头一顾，因此得名。（4）根据社会活动或有特殊意义命名。如"永得本"即砖瓦窑寨。因寨子所在地以前是烧砖瓦的地方而得名。（5）以创立村寨者的名字或寨子头人的名字命名。如"永高"因该寨由一位名高的人创建而得名。这些村寨的命名方式从不同的侧面或多或少地反映了佤族的历史、文化、生产活动和生存环境。这些奇特、有趣、富有特殊含义和民族特色的寨名，也为我们进一步研究佤族文化提供了丰富的活素材。

佤语中的傣语和汉语借词 赵富荣、蓝庆元撰，载《民族语文》2005 年第 4 期。

由于佤族长期与附近的傣族、拉祜族、汉族交往，部分佤族人学会傣语、拉祜语和汉语，吸收了相当数量的傣语借词，如"稻秧、米、犁、筛子、缸、船、寡妇、女婿、力气、尝、打桩、浸泡、扔、淡、矮、冷、富有"等。古汉语借词通过傣语借入，如"耙、帽子、灵魂、筷子、铜、匠人、秤、早、拿"等。

佤语中的主语和谓语的语序 肖则贡撰，载《民族语文》1981 年第 2 期。

文章简略地讨论了佤语的主语和谓语的语序问题。作者指出佤语的主语和谓语，两者不论何者在前或在后，其意义基本不变。例如：1. Gon nyom ah lai，小孩读书。2. Ah gon nyomlai，小孩读书。1 是主语—谓语形式，2 是谓语—主语形式。语序在这里虽不影响基本意义，但却有它不同的作用。言者要让听者注意或重视，就使用谓语—主语形式，如果是一般地陈述，就使用主语—谓语。并列的陈述句里，多使用主语—谓语—宾语形式。如果是强调主语，就把主语放在前面，如果强调谓语，就把谓语放在前面，这是佤语的一个突出的特点。

佤族口头文学作品中杂用外来语的情况研究 肖玉芬、王敬骝撰，载《云南民族语文》1992 年第 4 期。

在佤族的民歌、民谚、祝辞和民间故事等口头文学作品中，存在着一种颇为奇特的语言现象，即杂用外来语。这些外来语主要为傣语，其次为缅语、汉语，再次则有孟语、越南语、布朗语、德昂语等。佤族的口头文学作品，按体裁来分，约略可以分为两类：韵文和散文。民歌、民谚、祝辞等属于前者，民间故事等属于后者。据作者研究，在不同的文学体裁中，外来语作用略有不同。散文中杂用外来语，主要见于以下两种情况：篇名和人名；插叙或夹白。具有修辞方面的需要。韵文中杂用外来语，除了修辞方面的需要——这跟散文一样；还有韵律方面的需要，这不同于散文。通过以上的介绍和分析，作者认为：佤族口头文学作品中的这种杂用外来语的现象，是这个民族的审美心理在语言使用方面的反映，是这个民族的审美观对语言使用发生影响的结果。

佤族姓名说略 鲍光祥撰，载《云南民族语文》1997 年第 2 期。

本文简要介绍了佤族姓名的由来、意义、起名的方法及其特点。佤族有本民族的姓氏，佤族社会最初可能是聚族而居，一个民族就是一个村寨，因此，寨名也就成了佤族的姓，佤族的一些大姓，大都是寨名。随着人口的增多，有些氏族成员从大寨迁出，另外建立了小寨以及避免近亲结婚，在同姓的不同家支之间加以区别的原因，又出现了一些小姓；也有一些地方的小姓是按这个家支祖先所担任的头人职务称呼的。接着本文介绍了佤族的名。佤族的名字包括两部分，第一部分是排行，男女有别，第二部分是小名，通常取生日的佤语天干或地支名为名，也有取美好、吉利或是故意取一些丑的字眼为名的。佤族也有吸收汉族的姓氏、名字的现象。

完者笃皇帝马年圣旨年代的重新考订
照那斯图撰，载《民族语文》1995 年第 3 期。

完者笃皇帝马年圣旨首次公布于《八思巴字和蒙古语文献 Ⅱ文献汇集》（1991），当时根据碑文拓片文字本身特征，将马年拟作大德十年即 1306 年丙午。但于 1992 年 8 月作者与日本学者松川节同去考察原碑所在地，得知碑刻圣旨原文全貌至今保存完好，还有汉文译本和有助于认定圣旨确切年代的一条记载："大德三年七月住持妙光寂……立名"。这表明圣旨的马年必早于大德三年。据马年圣旨引述前帝圣旨体例，圣旨的颁发者无疑是元成宗铁穆耳即完者笃。查有关中国历史年表的著作，一般把元成宗执政年代标作 1295 年乙未。但实际上他继位的确年时间是至元三十一年（1294）四月甲午（日）（《元史》，中华书局版，第 381 页）。因此，平谷马年六月的圣旨当属完者笃继位后第二个月所颁。

王静如先生对契丹文字研究的学术贡献
刘凤翥撰，载《民族研究》1991 年第 6 期。

这是在我国研究契丹文字的先驱者王静如逝世后发表的一篇悼念文章。王静如生前共写过三篇研究契丹文字的论文，即《辽道宗及宣懿皇后契丹国字哀册初释》（1933）、《契丹国字再释》（1935）和《兴隆出土金代墓志铭解》（1973）。其中为后人称道的观点有：指出契丹字的实际创制者是突吕不和耶律鲁不古而非史籍记载的辽太祖,指出解读契丹小字应据音节推求,而不应像解读西夏字那样以字义推求,提出"原字"的概念并解开了契丹人以原字"自左而右渐及下行"拼写契丹词语的规则,首次释出了道宗和宣懿皇后哀册的题目和其中的一些纪年并指出契丹文中有表示文法的尾音变化。本文赞扬了王静如在国难当头的情况下表现出的民族自尊心和勇于攀登的大无畏精神。文末附有一个契丹字表,列出了王静如正确释出的契丹小字词语75则。

望谟布依语音变　吴定川撰,载《贵州民族语文研究集》,贵州民族出版社,1993年。

望谟布依语的音变主要有减音、变调和合音三种情况。减音,在连续发音时减少了单独发音时存在的音素。减音也称为语音脱落。在望谟布依语中,减音又有两种情况,即声母脱落和韵尾脱落。声母脱落是在说话时,两个音节连续发音,后一个音节的声母脱落了,声母脱落现象一般出现在舌面后清擦音声母和声门不送气清塞音声母。韵尾脱落包括辅音韵尾脱落和元音韵尾脱落。辅音韵尾脱落是两个音节连续发音时,前一个音节的辅音韵尾消失脱落;元音韵尾脱落是两个音节连续发音时,元音韵尾脱落。变调,是两个音节在连续发音时,后一个音节的声调发生变化。变调在布依语中多出现在重叠连续的四音格固定结构,合音是两个音节连读时,两个音节合化为一个音节。望谟布依语的这三种音变在口语交谈中出现频率高,而且运用得较为普遍。

威宁苗语动词形容词的形态变化　王辅世、王德光撰,载《中国语言学报》1997年第8卷。

本文用大量的实例对威宁苗语动词形容词的形态变化作了详尽的分析。文章指出,威宁苗语的动词形容词有形态变化,它们一般都是单音节的,形态变化的方式相同。动词和形容词的本形是肯定形,在本形前面加一个音节构成双音节词是变形,叫做不肯定定形。所加音节的声母和本形的声母相同,如果本形的声母是带鼻冠音的送气闭塞音声母,则去掉浊送气成分,浊闭塞音仍写作浊闭塞音,但实际发音是清闭塞音,如果本形的声母是浊送气连读音,则去掉浊送气成分,只保留浊连读音;所加音节的韵母由本形的韵母决定,如果本形的韵母是 a、ai、i、ie,则所加音节的韵母是 u,如果本形的韵母是 o、y 或 au、ey,则所加音节的韵母是 i 或 u,但以 i 为常用;所加音节的声调是第1调,调值55。肯定形表示动作或性状是肯定的,不肯定形表示动作随便,不认真,性状不稳定,不确切,减弱或加强等。

威宁苗语古调值构拟　刘援朝撰,载《中央民族学院学报》1993年第3期。

文章采用语言内部拟测法,根据苗语滇东北次方言的标准音点贵州威宁石门坎苗语本调与变调之间的关系,并参考苗语滇东北次方言其他土语的情况,初步构拟出其发生变调前的古调值。分别是阴平44,阳平24,阴上55,阳上13,阴去33,阳去31,阴入22-11,阳入43。滇东北次方言各地古调值演变主要特点是:(1)各方言点的本调与古调值相差不多。威宁以北的滇东北苗语,由于异化和同化的广泛运用,调值变化较之他处大。(2)五个方言点声调调值歧异之处并不明显,但调值不同仍影响变调不同。(3)入声在各个方言点表现形式各不相同。有的调值上合并了,在声母上分开;有的虽声韵调全一律,但变调规律却有所不同。从调值上看,古调值中入声是独立的。总之,苗语各方言点的调值系统一方面是各自独立发展的,另一方面也与其他方言的调值系统有着内在的联系。

为什么要懂得壮语　芭妮·衮叻瓦尼撰,载《广西民族学院学报》1988年第1期。

本文是芭妮·衮叻瓦尼主编的《壮——中国境内的泰族》第一章语言部分。作者说，在泰国知道壮族的人不多。若从基本词汇来说，泰壮相通的范围就大些，如从眼、嘴、颈、狗、鸡、鱼、水、雨等词来看，泰壮之间相似的程度足以使双方相互认得出。一旦用到句子里去彼此不尽相同。壮语的非汉借词往往是台语族诸语言所共有的同源词。作者从《壮汉对照常用词汇》中得到如下收益：（1）对解释某些泰语词义有帮助；（2）对了解研究壮族人民的思想信仰和生活有帮助；（3）为探索语言的发展变化过程提供依据。最后提出建议：（1）对泰族起源的研究，壮族曾用过许多名称，广西各族的称呼值得探究；（2）壮语两代人之间的语言变异；（3）对壮族地名、植物名的研究；（4）对壮族运用汉字的方法（方块壮字）的研究、并要懂得壮语。

维、汉语被动句的对比研究　张国云撰，载《语言与翻译》1998年第4期。

（1）维吾尔语动词的被动语态通过一定的形态变化，表示语法主语是原动作的受事，其构成是在动词词干后附加被动语态构形附加成分。（2）现代汉语的被动句一般分为"被"字句和无标记被动句。无标记被动句从形式上看与主动句并无区别，其特点集中表现在主语上，施事一般不出现，如出现则通常是在受事和谓语动词之间出现。（3）维、汉语被动句的相同点主要有：主语表受事，主谓之间是受事与行为动作的关系；施事结合一定的形态变化或辅助词，在句中作状语。（4）维、汉语被动句的差异主要表现为：维语用形态表示被动，汉语大部分靠意念表达，少部分靠词汇表达；维语被动句中充当主语的是名词或代词，汉语除此之外还用表处所的语词、表时间的词语及主谓结构等充当；汉语被动句中，动词后可出现宾语，而维语中是绝对不能出现的。

维汉亲属称谓对比研究　颜秀萍撰，载《西北民族研究》1994年第2期。

（1）维汉亲属称谓的分类。维语亲属称谓有书面语和口语的差异，有地域之分，有直称、间称和描述式三种形式。辈分对维吾尔族来说并不十分严格，但有一定的年龄层次：祖父母辈及兄弟姊妹；兄弟姊妹、表兄弟姊妹；儿女、侄、甥儿女等；孙儿女、孙侄等。汉语对亲属称谓的主要区分在辈分上及血亲与姻亲、直系与旁系、母系与父系的区分上。（2）差异与特点。维汉亲属称谓的差异主要表现在：分类系属不同。汉语的亲属称谓属二分旁系型，即把旁系的亲属称谓也划分为二，但和直系的亲属称谓又有区别；维语的亲属称谓属C型世辈型，即按年龄层次来划分，同一年龄层次的同性别者用同一称呼，这应是最古老的一种称谓形式。维语亲属称谓具有开放性，汉语亲属称谓具有闭锁性。此外，亲属称谓的开放性和闭锁性除与称谓词的量有关外，还与称谓词的构成有关。

维汉语对比研究的若干问题　靳尚怡撰，载《语言与翻译》1989年第2期。

一、"对比研究"正名。一般地说"比较研究"和"对比研究"有以下几个方面的不同：研究对象不同、研究目的不同、研究范围不同。所谓的"维汉语比较研究"、"英汉比较语法"等用语中的"比较"一词以采用"对比"为当。二、对比研究与静态描写研究之关系。语言的对比研究与所对比的两种语言各自的静态描写研究的关系是：后者是前者的基础，前者可以促使后者更加深入细致。三、并列对比和偏正对比。"并列对比"和"偏正对比"是语言对比研究的两种方式，在具体进行两种语言的对比研究时，往往需要两种方式配合使用，不能绝对化。四、微观对比和宏观对比。所谓"微观对比"是单就两种语言结构本身进行的对比。超出纯语言结构本身的维汉语对比，属于"宏观对比"。

与"微观研究"相比,这种宏观对比研究现在开展得还不够,需要大力倡导。

维汉语使动语态的翻译对比 马维汉撰,载《语言与翻译》1990年第1期。

从宏观上看,汉语无形态变化成分的约束,词与词之间以意相合,语法范畴往往隐含在语言的结构体里面,因此语态界限比较模糊;维语有形态变化成分的制约,词与词之间以词形变化相组合,语法范畴常常显现在语言的结构体里面,因此语态界限比较分明。但从微观上看,无论是汉语还是维语,表示使动语态的语法形式都是多种多样的,并不局限于一般教科书所讲的只有形态标志的范围之内。语言的实践证明:形态使动式和意会使动式,在汉维语中都是配合使用、交叉出现的。这样就给人以内容显豁、语言畅达明快之感。翻译实践也证明:汉语的任何一种使动态形式,维语可以有两种或两种以上的对译形式,反之亦然。这就给译者提供了更大的选择余地,无论是汉译维还是维译汉,可以根据原语句子的题旨和语境,从译语中自由地选取贴切的表达形式,以提高译文的质量。

维吾尔佛教文献 耿世民撰,2001年应土耳其"新土耳其出版中心"的邀请,为该中心组织出版的大型系列丛书《突厥人民》(*The Turks*)撰写(英文 *Uighur Buddhist Literature*)。

此文由四部分组成:(1)佛教及其基本教义;(2)佛教在印度境外和新疆的传播;(3)维吾尔佛教文献的发现和研究历史;(4)现存古代维吾尔语主要文献。考虑到现在大多数操突厥语的民族都信仰伊斯兰教,对佛教不了解,所以有必要对佛教的产生及其基本教义进行介绍。至于谈到佛教在新疆塔里木盆地传播的时间和历史更是一门国际性的学问。在这一节中,根据藏文和汉文史籍材料,作者提出早在公元前二世纪,佛教已传入新疆南部的和田地区的观点。第三节主要是介绍近百年来新疆考古和多种古代语文发现及研究情况,这里重点是介绍古代突厥语文献发现和研究情况。第四节,也是此文的重点部分,较详细地介绍现存古代维吾尔语佛教文献。它们是:(1)经部:介绍了34部佛经;(2)律部:介绍了2部;(3)论部:介绍了9部;(4)其他:介绍了《玄奘传》及《慈悲道场忏法》;(5)秘宗文献:介绍了9种;(6)医学文献:介绍了一种。这些残存的古代维吾尔语佛教文献,比起汉文及藏文大藏经来,简直是小巫见大巫,但我们要知道,从伊斯兰教于公元十世纪传入南疆的喀什算起,至今已有一千多年的历史。这期间有多少宝贵的文献毁于战乱和人为的破坏!就是这一小部分文献还是经过几代世界各国突厥学家艰苦努力研究的结果。

维吾尔哈萨克语中的四十和七反映的文化特征 黄中祥撰,载《新疆大学学报》1995年第2期。

维吾尔、哈萨克等民族特别宠爱"四十",视之为"天数",是数目的最大极限。《突厥语大词典》中以"四十"组成的谚语处处可见,如"四十年贫富能拉平"(三十年河东、三十年河西)等,《乌古斯可汗的传说》就有这样的描写:"母亲使之吮吸胶乳,……;四十日之后,他身体高大,两脚能行,到处玩耍……"维、哈等民族常以"四十"为限度来判断和衡量事物多寡,超过"四十"多,否则为寡。用"四十"构成的成语、谚语也很多。以《古兰经》为标志的阿拉伯文化对维、哈等民族影响极大,其中多处出现的"七"这个数字就对维、哈等民族的数目概念产生了一定的影响。几乎与伊斯兰教传入中国的同时写成的《突厥语大词典》也引用了数字"七",例如"七层天"等。宗教给"七"赋予了神秘的色彩,使维、哈语产生了许多以"七"组成的词语。如维语的"七层天"(九霄云外)、哈语的"七个夜"(子夜)等。

维吾尔口语中的弱化辅音　米海力撰,载《喀什师范学院学报》1997年第3期。

在维吾尔口语中辅音的弱化现象非常丰富。本文把普通语音学理论和维吾尔语的实际相结合,并通过对一些第一手材料的分析和研究,比较系统、清楚地说明了维吾尔口语中的弱化辅音以及其产生的主要原因。在维吾尔语中,辅音的清浊是根据发音时声带的颤动与否来区分的,发音时由较弱的气流产生的浊辅音也可以叫作弱辅音,发音时由较强的气流所产生的清辅音也可以叫作强辅音。由强辅音变弱辅音就叫作弱化辅音,在维吾尔口语中,弱化辅音的出现无非有两个条件,其一是同化,其二是异化。发生辅音同化的原因是,当两个不相同的或不相似的音连起来发的时候,两个音由于互相影响适应变为相同或相似的音。发生异化作用的原因是,当两个或更多的相同或相似的音连起来发的时候,为了避免重复,其中一个音变得和其他的音不相同或不相似。

维吾尔人名争议　王怀林撰,载《语言与翻译》1989年第1期。

维吾尔人的名字同其民族一样颇具特色。维吾尔人没有专一的姓,一般以名为姓。全名包括名和父母名两部分,书写时,本名在前,父母名在后,一般在正式场合都使用全名。书面上,本名有时也可以缩写;非正式场合,一般都省去父名,直呼本名。维吾尔人的名字都是由具有一定含义的单词或词组构成。根据该词语产生的时代,维吾尔人的名字大致可以划分为三大类:(1)信奉伊斯兰教之前的人名。这一时期的维吾尔人名基本上都是维吾尔语中的固有词语。(2)信奉伊斯兰教之后的人名。随着伊斯兰教在维吾尔人中的传播及其影响的扩大,阿拉伯语和波斯语大量进入维吾尔语中。因而,源于阿拉伯语和波斯语的名字逐渐取代了源于维吾尔语的名字。(3)现代维吾尔人名。新中国成立后,维吾尔人开始用一些与时代相宜,带有新生活色彩的词语为孩子命名。维吾人的名都有一定的含义且涉及方面很广。

维吾尔人说汉语的语音特点　高莉琴撰,载《语言与翻译》1990年第3期。

汉、维语无论是元音还是辅音都有一部分是相同的,维吾尔人说汉语时凡是维语和汉语相同或相近的音发得就比较正确,凡是汉语中有而维吾尔语中没有的音,发音就比较困难,总是通过各种途径用维吾尔语中的某些音去代替。汉语中的b、d、g和p、t、k都是清塞音,区别在于送气与不送气,维吾尔人往往把清塞音读成浊塞音。维吾尔语中没有翘舌音zh、ch、sh、r和c这几个音,常用维吾尔语中的j、q、x、r、q代替,造成"张"、"江"不分,"师"、"西"不分现象。维吾尔语元音中没有汉语中的e、er,凡遇到e音,读成维语的e音,不造成听力和发音上的困难,r单独念时可正确读出来,作为儿化韵时往往读不出来。维语没有复元音,所以往往把复元音单化,丢掉韵头i、u,丢掉韵腹e,韵头i辅音化成y,韵尾辅音化。维吾尔语是一种没有声调、只有重音的语言,因此说汉语最难掌握的就是音调。

维吾尔书面语的发展变化及其原因　吐尔逊·阿尤甫撰,载《突厥语言与文化研究(第二辑)》,中央民族大学出版社,1997年。

维吾尔语的历史变化主要体现在:(1)语音方面——浊音清化、清音浊化、元音弱化、展唇元音圆唇化、元音音位合并、部分辅音特有的位置发生泛化、增加新的音位、语音脱落等。(2)词汇方面——许多外来借词取代固有词并在词汇系统中占有重要地位;词汇系统发生变化。(3)语法方面——构词和构形附加成分有了一定的调整,多种变体形式逐渐减少,并规范化;表示相同或相近语法意义的构形附加成分有了更加明确的分工;一些构形附加成分逐渐消失,其语法意义由别的附加成分或虚词取代；动词谓语人称和数的变化规范化；一部分构词附加成分的功能发生变化；大量的复合动词由外来静词和维吾尔语助动词构成；两位以上（不包括个位为零的两位数）基数词和序数词的构成发生变化；部分旧的语法形式消失，新的语法形式产生；句型，特别是复合句句型越来越丰富。维吾尔书面语发展变化的原因可以归结为四点：（1）语言内部发展规律所致；（2）与其他亲属语的影响有关；（3）与非亲属语的影响有关；（4）与语言文字的规范有关。

维吾尔文字历史演变原因考 牛汝极撰，载《新疆大学学报》1990年第1期。

维吾尔族在历史上曾先后使用过突厥文、粟特文、摩尼文、回鹘文、叙利亚文、婆罗米文、阿拉伯文等。该文结合民族发展史，从文字发展的内因及宗教的、经济的和政治因素的影响几个方面，对维吾尔文字历史演变的原因做了研究。作者认为，研究文字的发展史及其演变的原因，必须首先考察当时当地的社会状况。文字本身的内在特点，对文字发展的作用是十分重要的。文字和语言相结合的过程就是文字的发展过程。语言对文字的影响以及文字对语言的影响都是不容忽视的。在维吾尔文字发展史上，宗教的因素对文字的影响是较为强烈的，其次还有经济因素的影响。政治的因素在古代虽然也起过一定的作用，但就世界范围来看，其影响主要在近代较为突出。维吾尔文字史在世界文字史中具有重要意义。世界上几乎没有几个民族能像维吾尔族那样，在历史上改用过如此众多的文字体系。

维吾尔文字母变体的类型分析——兼谈哈萨克文和柯尔克孜文 阿西木·图尔迪撰，载《民族语文》1993年第2期。

本文通过对现行维吾尔语字母变体类型的具体分析，指出了至今为止学术界惯用的"词首""词中""词末""首写式""连写式""尾写式""从头连形式""从中连形式""从后连形式"等术语的不科学之处，并提出了"单立式""后连式""双连式""前连式"等新的术语。这是涉及各类学校的语文教科书甚至新疆维吾尔自治区人民政府的有关文件用语。维、哈、柯这三个文种都是非常相似的。因此，在维吾尔文字母变体类型分析上所使用的新术语也仍然适合于哈萨克文和柯尔克孜文。本文公开发表后，不但是在科教界而且是在党政机关也都引起了一定的反响。目前，科技界和教育界都开始用这个新术语。

维吾尔文字学发凡 牛汝极撰，载《语言与翻译》1995年第3期。

该文探讨了开展维吾尔文字学研究的有关问题。（1）建立维吾尔语文字学研究的意义：总结维吾尔文字史的经验教训，认识维吾尔文演变的原因，对现行维吾尔文字的制定、改进和完善有直接的影响；进行深入的文字学研究是时代的要求；一个民族的文字反映了该民族的文化。（2）维吾尔文字学的内容大致包括：研究维吾尔文字的起源、产生、发展、更替和完善；研究现代维吾尔文字的性质、特点和范围，文字与语言的相互联系；研究维吾尔文字在形、音和量诸方面的特点；研究维吾尔现行文字在学习、阅读、书写、使用等方面的情况；研究现代维吾尔文字的标准化、拉丁化等问题；研究现代维吾尔文字的教学；研究现代维吾尔文字学的信息处理等。（3）维吾尔文字学的研究方法可综合采用静态研究、动态研究、比较研究、统计研究等方法。

维吾尔新词术语规范断想 刘珉撰，载《语言与翻译》1989年第4期。

目前，维吾尔语语言文字在用词和书写上存在着严重的不规范现象，与当今社会对信息传递媒介的要求很不相称。因此，必须要在加速本民族语言合理因素增长的基础上进行规范。界定语言规范和创制新词术语的准则为：一要通俗易懂；二要前后一致，各家统一；三要确切精练。在遵循三条准则的前提下应着重解决好单一性、精确性、科学性、合理性的问题。所谓单一性是说专业术语最好只具有一个含义，只表概念不含感情色彩。所谓精确性是指，各学科确定的专业术语要以精确表意为原则。所谓科学性是说，不论新词、引进词、仿词、赋予新意的旧词，都要符合维语的构词传统，符合维语的发展规律。所谓合理是指，语言随着社会的发展而变化，因此，稳定性与变动性的对立统一在于变化与创新过程中的合理性上。

维吾尔谚语的汉译研究评述 王德怀撰，载《语言与翻译》2008 年第 1 期。

本文对半个世纪以来我国维吾尔族谚语的译文刊布情况进行了介绍，对维吾尔谚语汉译的翻译理论研究情况进行了简要的点评式叙述。总结过去，以期对今后的发展有所借鉴。

维吾尔谚语与维吾尔文化 高莉琴撰，《语言与翻译》1989 年第 4 期。

维吾尔谚语中有大量的与游牧业有关的马、牛、羊、驼等语汇，从中不难看出维吾尔人早已从事并发展牧业了，许多谚语中都存有维吾尔人牧业文化所留下的痕迹。农谚在维吾尔谚语中占了相当重要的地位，说明了维吾尔人历代从事农业耕作，保持着古老的农业文明。在维吾尔谚语里与宗教有关的谚语也不少，从中我们不难看出维吾尔人民很久以来就笃信伊斯兰教。维吾尔谚语中有不少带有朴素的辩证法思想、含有深刻哲理的谚语，这说明维吾尔族已是一个相当文明的民族。许多谚语反映出维吾尔人爱祖国、爱家乡，崇尚团结勇敢，鄙视胆小怯懦、投降卖国。除此而外，维吾尔传统文化还强调人的社会性，强调社会对于个人的约束，强调人与人之间的互相关心，互相团结，朋友之间要忠诚，这一点在哈萨克谚语中也有充分的表现。

维吾尔语 bilɛn 一词的变体分析 阿西木·图尔迪撰，载《新疆大学学报》1999 年第 3 期。

维吾尔语的 bilɛn 是一个边词，其意义相当或近似于汉语中的"和""与""跟"等连接词。维吾尔语的 bilɛn 在口语中的表现形式共有 12 种，bilɛn 的各种变体都不能出现在书面语中。bilɛn 一词的几种表现形式，我们可以分为两种不同类型。一种是词首变化，如：bilɛn 一词的起首音 b 变成 p 或 w；另一种是词末音的变化，如 bilɛn 一词的末尾音 n 变成 m，ng 以及 j。bilɛn 一词共有几种口语表现形式。其中 bilɛn 本身可以认定为形态音位，而其余 11 种形式，则可看成为 bilɛn 一词的条件变体。实际上，bilɛn 的出现频率比起 wilɛ 要高得多。可是我们认定的形态音位是 bilɛn 而不是 wilɛ，这主要与人们早就约定俗成的习惯有关。在文献语音中，往往出现 ilɛn 一词，意思和 bilɛn 相同。可以看出，bilɛn 一词就是从 ilɛn 发展而来的。

维吾尔语 bywi 一词的源流 魏萃一撰，载《民族语文》1984 年第 4 期。

本文认为 bywi（女教士、女巫）来自古代突厥语常作可汗尊号的 bogy（圣明、英明，或音译卜古、牟羽）。突厥蒙古诸族原信萨满教，首领、巫师曾经集于一身，这是 bogy 作为尊号的缘由。改信其他宗教后，bogy 虽不作尊号，但仍有哲人、智者等意义。因巫术活动长期以其他教徒的面目出现，某些突厥语以 bogy、bygy 表巫术。维语则以来自 bogy 的 bywi 表伊斯兰教、苏菲教、依禅教派的女教士，她们常为人祈祷或占卜、驱病。波斯语的 bowae（女巫）也来自 bogy，并分化出 bibi（贵妇、主妇），再被中古突厥语吸收，故土耳其语（巫术）与 bibi（年长妇女）为两个词；现代维语 bywi 还可表人名中女性的标志及对妇女的尊称。蒙古语表女巫的 boo 也有来自突厥语之说，她们的活动形式与 bywi 是近似的。这些词有其古老社会信仰的背景，并反映了各民族间在宗教信仰上的密切联系。

维吾尔语词的语义和语境　赞用明撰，载《喀什师范学院学报》1998 年第 2 期。

一、从"一词多义"谈语义词与语境的关系。"一词多义"或称"词的多义性"，顾名思义，就是指同一个词有几个不同的意义。一词多义，就其概念而论，纯粹是共时性的，然而它包含了历时性的结果，词在社会发展和演变过程中获得新义，并保留其最初的意义。无论是汉语还是维吾尔语，现实语境和上下文在解决一词多义所造成的歧义现象中都起到了重要的作用。二、从"同音异义"和"同形异义"谈语义与语境的关系。维吾尔语和汉语中有众多的同音词，这一事实要求我们不能把某些词、词组乃至句子和片段孤立起来去理解，必须而且只有结合具体的语言环境才能准确地把握它们的含义。三、从"同义性"现象探讨意义词与语境的关系。对维吾尔语中复杂的同义性现象，必须也只有结合具体的环境和场合、具体的人或事才能把同义词区别开来，达到正确使用语词的目的。

维吾尔语词汇的发展及其规范化问题　魏萃一撰，载《中央民族学院学报》1978 年第 3 期。

（1）新词产生的特点和方式。20 世纪三四十年代，维文出版物里出现的许多新词都是俄语借词，并且也有一些汉语借词，这反映了苏联十月革命的影响和中国共产党人在新时期的革命活动。新中国成立后，新词中的汉语借词多，同时新词往往先在书面语中采用，并且逐步规范化。从古代文献来看，维语制订新词的手段历来就有创制和借用两种。创制主要采用过两种方法：一是利用维语丰富的附加成分加在词根的后面，构成新词；一是用两个词合成新词。八世纪的突厥茹尼文献以及九一十三世纪的回鹘文献里都可以看到许多用这两种方法创制的新词。（2）词义的发展。由于新事物、新概念的产生，维语中许多词有了新的含义，这是现代维语词汇发展的一个重要方面。（3）维语词汇在发展中的规范化问题。这里包括等义词和术语中多义词的规范两个内容。当前词汇发展中亟待规范的问题是：一种概念用不同的词或词组表达；有些并用的词在用法上有分化，但在意义上没有分化。此外，还有方言词的规范问题。

维吾尔语的结构类型学特征及其语法分析问题　方晓华撰，载《喀什师范学院学报》1989 年第 2 期。

维语的结构类型学特征主要表现为：（1）构词词缀的多功能性。一个构词词缀可以加在属于不同词类的词根上，构成同一类词；一部分构词词缀加在同一类词的词根上，可以构成不同类的词；（2）词形变化词缀的多功能性。维语中构成一类词的语法范畴的一种形式并不限于该类词专用，在表示相同语法意义时，其他词类的词也一样可以使用；一种语法形式可以表示数种语法意义，可以分别属于不同的语法范畴；可以用来表示词与词之间的不同关系，使一类词与不同类的词发生关系，在句中充当各种句法成分。维语的词类与句法成分之间不存在一一对应关系。动词和其他词类不同，其词根（包括派生词）是不能单独在句中使用的（作祈使式用只是一种借用，动词的词根本身并不表示祈使意义），所以动词出现在句子中间时，须添加一定的词形变化词缀，出现的位置不同，充当的句子成分不一样，添加的词缀也不一样。

维吾尔语的内爆音　王文敏、陈忠敏撰，载《民族语文》2011 年第 6 期。

维吾尔语有内爆音，通过语音分析得出：（1）词首浊塞音有三种自由变体即内爆音、一般浊音、清不送气塞音，其中一般浊音的比重极少。元音间的浊塞音有两种变体内爆音和一般浊音,其中内爆音比重极少;(2)Pcquirer 测得词首内爆音的口压等于或大于大气压,因此负口压不是判断内爆音的必要条件;(3)内爆音早就存在,目前正处于自由变体阶段。全文分四节:一、引言;二、发现内爆音;三、内爆音的实验语音分析;四、讨论。最后作者说,我们的研究显示有部分发音人词首浊塞音已部分清化,甚至全部清化。其原因一方面可能是省力原则,另一方面可能与汉语接触有很大关系。

维吾尔语的特殊词素 陈宗振撰,载《民族语文》2010 年第 1 期。

本文认为,维吾尔语中的谐音成分、变音成分、古语成分、外来成分,以及某些来源不明的成分,作为一种特殊词素,都具有构词的功能,它们应该在研究中得到重视。全文分六节:一、关于谐音成分;二、关于变音成分;三、关于古语成分;四、关于外来成分;五、关于不明成分;六、几点认识,主要对上述五种成分的解释。

维吾尔语的语音构词法 黄晓琴撰,载《语言与翻译》1999 年第 3 期。

从语音角度分析维语构词,原来语法构词法中的派生词、合成词(复合词)都属于语音构词法中的加合构词法;运用词根内部语音替换构词的方法是非加合法;谐声词则是非加合法与加合法套用的结果。文章还对谐声词的构成进行了详细的分析。由于多年来对维语构词法研究都是从形态、结构等语法角度入手,造成了对谐声词的解释不力和分类困难。由于语音构词法把维语最主要的派生和合成构词法都笼统地归入一种加合法,不太具体,最好能二者结合,以取长补短。

维吾尔语动词陈述语气的语法形式 喻捷撰,载《民族语文》1989 年第 6 期。

现代维吾尔语动词的陈述语气属于语气语法范畴。动词中用词缀和虚词表示陈述语气。前者成为综合型形式,后者成为分析型形式。动词陈述语气的语法形式按其来源可分为综合型、分析型→综合型、分析型三类。词缀大多由虚词 ɛr-和 tur-演化而来。陈述语气中大量综合型形式是由分析型形式发展而来的。分析型形式早在古代突厥语时期就与综合型形式并存,到察合台语时期得到了进一步丰富和发展。在现代维吾尔语中,分析型形式和综合型形式共同构成完整的动词陈述语气系统,表示直陈语气、间陈语气、转述语气和或然语气。直陈语气的分析形式由"形动词/目的动词/位格动名词 + idi"构成。间陈语气的分析形式由"形动词/目的动词 + ikaen"构成。转述语气的分析形式由"形动词/目的动词 + ikaenmish"构成。或然语气的分析形式由"形动词/目的动词 + bolRidi"以及"简单过去时动词 + bolRaj"构成。陈述语气的分析型形式和综合型形式有同等的语法功能,两者互为补充。

维吾尔语动词的被动态 陆秉庸撰,载《语言与翻译》1992 年第 4 期。

(一)主动态和被动态。态是说明动词谓语和主语的关系的。现代维吾尔语动词态的形态比较丰富。在态的系统中,被动态并不是单一地与主动态并存,而是存在于与其他诸态的相互联系之中。(二)及物动词和被动态。维语的及物动词要求的宾语一般带有宾格词尾-ni,不及物动词就不能这样要求。但是,不论及物与否,它们所表示的动作与动作主体之间的关系是一致的,即动作主体与动作之间是主动的关系。(三)及物动词的类型。(1)自身及物动词。(2)派生及物动词。(3)双重及物动词。(四)被动态的构成形式。被动态都是在及物动词后加上被动构形词缀-n/ -l 构成。(五)复合动词中的被动态形式。复合动词仅指由两个完全动词构成的复合体。一类是固定的复合动词，由两个基本动词组成不可分割的整体。第二类是基本动词和助动词都是及物被动词缀皆加在助动词的后面。

维吾尔语动词功能研究 高莉琴撰，载《民族语文》2008年第1期。

维吾尔语动词的构词—构形语素具有构成动名词、形动词和副动词的多种功能。过去时形动词有另一种功能，即构成动词的经历体。全文分三节：一、动名词；二、形动词；三、副动词。

维吾尔语动词祈使式形式的来源及其发展 邓浩撰，载《民族语文》1996年第6期。

现代维吾尔语的祈使式是将祈使形式和人称形式合而为一的，但从历时的角度看，二者却是可分的。这就是说，在维吾尔语的发展过程中，祈使式的形式是明显简缩了，其简缩的形式有两种：一是人称形式，另一种是祈使形式。简缩的结果使现代维吾尔语的祈使式内部失去了整齐的系统性，从而造成了祈使形式和人称形式合为一体的现状。从语义表达上来看，现代维吾尔语祈使式三个人称数的结合方式有五种类型，其中第四种类型严格地说是一种包括式而难以传达出排除式的意味来，但在早期维吾尔语中却有包括式和排除式的区别。发展到现代维吾尔语，则只剩下包括形式了，排除式形式的语义只能借助于一定的语境才能传达出来。从祈使式第二人称形式来看，现代维吾尔语的语义则是发展得更丰富、更细致了。

维吾尔语短语结构分析 张玉萍撰，载《民族语文》1998年第5期。

维吾尔语两个以上的词按照一定的语法关系和语义关系组成的单位叫短语。维吾尔语的短语包括实词和实词的组合，以及实词与虚词的组合。（1）短语的层次与同形结构。同形结构是不同的短语处在同一形式中，而非同一个短语。所谓同一形式，是指短语所包含的词相同，词的顺序相同。维语同形结构短语有同形异构短语和同形同构异义短语两种。（2）短语结构、模式、类型。同模和同构是两个概念，同模未必同构，结构类型是指在某一特定的方面相似的一组结构。（3）同构短语。同构短语包括狭义同构、广义同构和异类同构三种。（4）维语短语的结构类型。1）向心结构短语。包括：并列型结构短语；修饰型结构短语；动宾结构短语。2）离心结构短语。离心结构短语又包括主谓式结构短语、引导式结构短语和系连式结构短语。

维吾尔语复合词新探 陈世明撰，载《新疆大学学报》1984年第3期。

一、复合词的构成方法。（1）由词组演变而成。维吾尔语中，词组的词与词之间的句法关系都有可变性特点。在语言发展的过程中，有些词组的词与词之间的句法关系逐渐弱化，各个词失去了分别表达词汇意义的特点，整个词组逐渐地获得一个单一的、完整的意义，变成了一个不可分割的结构，从而演变成复合词。（2）由词组词化而成，可以词化成复合词的词组主要是动宾词组。（3）根据一定的语法规则构成。根据句子的结构关系，可以把复合词分成联合式、偏正式、支配式和主谓式四种类型。二、复合词的基本特征。（1）两个词素都在彼此的结合中互相影响，二者相辅相成、浑然一体。（2）词汇意义的完整性也表现在它的结构形式的完整性上。（3）都具有一定的词类属性及与词类属性相应的语法特征。（4）只有一个重音。（5）具有连续派生性特点，即复合词仍然可以充当句子成分。三、复合词的书写形式。（1）连写的复合词。（2）分写的复合词。

维吾尔语副词级的范畴 艾尔肯·巴拉提撰，载《语言与翻译》1990年第4期。

表示行为动作的某种特征相互进行比较，并使这些特征相互区别的语法范畴，就叫做副词级的范畴。维吾尔语中副词和形容词的关系极为密切，在产生、形成方面相互间很接近。它们在句子中可以相互替代。副词和形容词还有一个共同的特点，就是它们都表示行为动作或事物性质的一般特征，在句子中都是回答如何、怎样等问语。可见，副词和形容词的关系和联系是非常密切的。因为副词级的范畴和形容词级的范畴是以形式来表达的，但是，需要注意的一点是，副词虽然具有同形容词一样的级的差异和级的形式，然而形容词的级与副词的级在性质特征和意义上是有区别的，就是说形容词级的范畴主要是表示名词和其他事物特征的话，那么，副词级的范畴则是表示行为动作特征的级，对此绝不能混为一谈。副词级的范畴可分为基本级、比较级、最高级和表爱级。

维吾尔语句子类型分析　方晓华撰，载《民族语文》1997年第5期。

根据维语的特点，以下列标准来划分句型。（1）维语是有形态变化的语言，词与词的结合及其句法关系都是显形的，划分句型宜以结构要素为主，语义要素为辅。（2）维语的句法结构特征和陈述时全句信息中心的后置特征决定了其谓语在全句的核心地位，以谓语为中心来确立维语单句的句型是符合维语的特点的。（3）句型成分是指构成一种句型的必要成分，它分为核心成分和核心成分加连带成分两种，由核心成分决定其上位句型，连带成分决定其下位句型。（4）维语句子的最大特点是具有语气。维语的句法结构特征使其句型成分都朝着一个方向铺陈，即向着核心词的前面扩展。不同的句型成分和核心词，支配能力不同，接受限定、修饰的范围也不同。根据核心词的支配能力与接受能力，我们把句型的扩展成分分为动词扩展成分、形容词扩展成分、名词扩展成分和全句修饰成分。

维吾尔语句子主要成分的关系　高尔锵撰，载《民族语文》1992年第4期。

维吾尔语句子由句素构成。句素在句中定为两截：一截以主格名词为核心词，另一截以限定动词为核心词。名截核心词由名词或作名词用的别类词充当。名截核心词虽然不一定是名词，然而该词的名物性却是做核心词的先决条件。一个词如果不表示名物就不可能做名截核心词。名截核心词又必须是主格名词亦即起主导作用的词。动截核心词由动词或作动词用的别类词充当。维语中动截核心词一般是动词，因为该词的判断性是作核心词的先决条件。一个词如果不能表示判断就不可能作动截核心词。动截核心词又必须是限定动词亦即有人称、时、态等变化的词。句子的特征就是在主词和动词结构关系上的平衡制约而形成的。句子的主体是名截和动截。句子的附体是插截。插截如果包含一个以上成分就有主要词与从属词的差别，但没有句子那样的主词与动词的对应关系。插截中名词没有主导性，动词没有限定性，所以是由非句规格的词或词组构成。

维吾尔语口语倒装句初探　亚热·艾拜都拉撰，载《语言与翻译》1998年第2期。

倒装句是维吾尔语口语中特有的一种句法现象，具有下列特点：（1）语句重音在前置部分上，后移部分轻读。（2）语义重心一般在前置部分上，即后移部分不能成为强调的对象。（3）被倒置的两个成分可以复位。复位后，除了修辞意义外，句子的基本内容不变。（4）句末语气词不在后移部分之后出现，而是紧跟在前置部分之后。（5）修辞效果强于原句。维吾尔语口语中句子成分的倒装现象多出现于疑问句、祈使句和感叹句中。在口语中，主语、谓语、宾语、定语和状语等句子成分之间都有倒装现象。主要有：主语和谓语的倒装。主语倒装时，定语与主语一起置于谓语之后，有时复句中各分句的共同主语倒装在最后一个分句的谓语之后。

谓语和宾语的倒装，修饰语也位于谓语之后。状语和谓语的倒装，即状语在谓语之后，谓语在状语之前。

维吾尔语口语里的长短元音 阿西木、米海力撰，载《民族语文》1986年第3期。

本文以大量的口语材料为依据，提出了维吾尔语元音的长短问题。作者认为，维吾尔语的八个元音都有长短之分，而这种长短往往还具有区别词义的功能。如：atsh 是木杈而 aːtsha 是姐姐；fiɛrɛ 是马蜂而 fiɛːrɛ 是锯；tʃirik 是腐败而 tʃiːrik 是士兵；top 是群而 toːp 是球；quruq 是干而 quːruq 是尾巴；tyryk 是突厥而 tyːryk 是桂子等。本文通过严密的科学分析，指出了长元音和重读元音之间，同样短元音和轻读元音之间都有一定的联系但并不是一回事儿。作者认为，从物理学的角度来看，元音的长短是由声带振动的持续时间来决定。可是元音的轻重则完全是由振动声带的气流压力的大小来决定。本文认为，产生长元音无非有三个原因：一是减音；二是借词；三是音节的分化。

维吾尔语罗布话名词的领格和宾格 米海力撰，载《民族语文》1991年第4期。

本文以自己调查得来的第一手方言材料为依据，讨论了维吾尔语罗布话的领格和宾格，其特点是：1）这两个格的形态标志完全相同；2）其附加成分的语音形式目前有33种之多。本文对罗布话的上述特征进行了分析，并与维吾尔书面语，古代鄂尔浑——叶尼塞碑铭语言，同语族的库梅克语，乌孜别克语的纳曼干土语，卡拉查伊—巴尔卡尔语和我国新疆伊犁乌孜别克语；阿尔泰语系的蒙古语进行了比较。作者认为：1）用同样的附加成分来表示领格和宾格的现象，是原始共同语的痕迹。2）罗布话名词的领格和宾格除了有过用-I的阶段外，在古代的某一个时期还曾有过用-ni的阶段。3）罗布话名词领格和宾格附加成分的多种语音形式都是-ni在不同的语音条件下的顺同化和元音和谐的结果。4）在这33种语音形式中，-ni是形态音位，其余都是它的变体。 {-ni}→[-pi、-pu、-py；-mi、-mu、-my；-zi、-zu、-zy；-si、-su、-sy；-ti、-tu、-ty；-nu、-ny；-li、-lu、-ly；-dzi；-tsi、-tsu、-tsy；-ki、-ku、-ky；-ngi、-ngu、-ngy；-qi、-qu]。最后分析了罗布话名词领格和宾格附加成分语音形式多样化的原因和发展趋势。

维吾尔语罗布话名词复数形式分析 米海力撰，载《民族语文》1984年第1期。

本文以自己调查得来的第一手方言材料为依据，通过与同语族的乌孜别克语、维吾尔书面语、塔塔尔语、裕固语、巴什基尔语、柯尔克孜语6种语言进行比较，找出了这些语言名词复数附加成分语音形式之间的内在联系和区别。作者认为：1. 维吾尔语罗布话名词复数附加成分的多样化是与词干元音的结构和词干尾音的不同有关。2. 维吾尔语罗布话名词复数附加成分的语音形式虽有16种之多，但它们所表示的语法意义都一样，因此从这16种语音形式中可以抽出一个-lar，定为形态音位，其余的语音形式，可以看成这个形态音位的变体。如：/-lar/→ [-lɛr, -lor, -lœr, -zar, -zɛr, -zor, -zœr, -sar, -sɛr, -sor, -sœr, -tar, -tɛr, -tor, -tœr]。

维吾尔语名词的格及其分类 马维合、李玉梅撰，载《喀什师范学院学报》1999年第2期。

现代维吾尔语加在名词上的构词词缀的特点是：（1）词缀有选择性，一般只能加在有限的名词上，而不能加在所有名词上。（2）词缀只加在词根上，一般不能加在名词的复数词尾或人称词尾之后。（3）词缀加在名词上，构成一个具有稳定词汇意义的新词。格词尾应具有的特点是：1）是一个附加成分，而不是一个词；2）可加在所有名词上，而不是部分名词上。（4）不但可加在名词词根上，也可随意加在其复数、领属人称形式上，即与传统各格有交替的可能。（5）附加在名词上，在句中体现一定的语法意义，而该名词的词汇意义并不发生变化。现代维吾尔语名词共有10个格：主谓格、宾格、领属格、位标格、向格、时位格、从格、终界格、形似格和量似格。根据其语法功能特点，将它们分为主谓格、宾格、定格、状格和定状格五类。

维吾尔语谓语人称范畴初探 邓浩、郑婕撰，载《喀什师范学院学报》1987年第1期。

维语谓语人称从历史的观点看，它不能直接附着于动词词根或词干之后，必须加接于具有静词性功能的词后表示和主语的人称一致关系。同样，谓语人称也不能说是直接可以附着于名词之后，它们之间也是原有一个具有动静词性质的语素，只不过在历史的长河中隐没罢了。维语中只有动静词，更确切地说，只有形动词具有谓语人称的变化，维语所有的谓语变化形式可能都起源于形动词形式。动静词附加成分作为一种表示语法范畴的形式在谓语中大量的使用可以间接反映出在原始突厥语中静词在语句中广泛起着谓语的作用，动、名词尚未完全分离但已出现分化的情形。从古代动静词后并不一定要求结合人称形式和现代维语谓语中人称可有可无的现状来看，维语谓语人称形式有进一步简化的可能。总之，在维语谓语结构中，动静词起着举足轻重的作用。

维吾尔语问候语的文化审视 骆惠珍撰，载《新疆师范大学学报》1998年第1期。

维吾尔族是一个重礼节、讲礼貌的民族，路上遇到人，不管认识与否，都要互相致礼；熟识的人还要热情握手，互致问候。每个民族都有自己的问候语，这些问候语有着某些共同点：数量极少，简练固定常用。问候语"是各不同语言社群的长期的历史传统的产物，密切地联系于该社群的其他文化因素"。维吾尔语最普遍的祝安问候语源自阿拉伯语，这一问候语是随伊斯兰教的传入而进入维吾尔语的。一个民族的发展与宗教有着密切的关系，维吾尔文化带有鲜明的伊斯兰文化色彩，这一问候语长时间广泛地被使用便是明证。把平安与否作为问候的一项重要内容，是维吾尔语问候语独具特色之处。一种民族语言的词汇史就是该民族的文化史、民族史。王朝频更，战火不断，维吾尔人过着动荡不安的生活，渴望和平成了人民的美好愿望。问候平安是人民祈求安定，希望和平的显现。

维吾尔语乌鲁木齐话流行新词语的特点 乌买尔·达吾提撰，载《民族语文》2011年第5期。

本文从方言学和社会语言学角度，以乌鲁木齐维吾尔族青少年流行语为例，对20世纪80年代以来维吾尔语乌鲁木齐话流行新词语的种类、意义、特点及来源等进行初步的阐述。

维吾尔语形动词和日语形容动词的对比分析 热依汗·吾守尔撰，载《新疆大学学报》1999年第2期。

一、两种语言关于形（容）动词的定义，维吾尔语形动词是动词兼具形容词语法特征和语法功能的一种形式。日语中的形容动词在意义上类似形容词，在活用方法上近似动词。它们的相同之处在于都兼有动词和形容词性质的特点；不同点是维吾尔语是动词兼形容词，而日语是形容词兼动词。二、维吾尔语形动词的语法特征。（1）维吾尔语形动词具有动词的语态、时态、肯定与否定等语法形式。（2）维吾尔语形动词根据动词的时态变化其构成方法可分为三种。三、形动词的意义和用法，主要有：形动词可起形容词作用。在句中作定语；起名词作用，表示人或事等。四、日语形容动词的语法特征。（1）也和维吾尔语中的形动词一样有时态、肯定和否定的语法形式。（2）日语形容动词的构成。有像动词一样的语用变化，词尾变化没有命令形和未然形。（3）日语形容动词的语法功能及特点。可作定语、状语、谓语。

维吾尔语谚语 dzhinning qaesti shaptulda 文化渊源探析　李树辉撰,载《喀什师范学院学报》1997年第1期。

这句维吾尔语谚语全句的字面意思为"鬼无意图（或仇）在桃子（或桃树、桃木）上",汉语通常意译为"醉翁之意不在酒"或"项庄舞剑,意在沛公"。这一谚语是如何产生的？"鬼"和"桃子"（或"桃树""桃木"）之间究竟有着什么样的文化联系？这些问题,从维吾尔语文化的角度很难做出合乎情理的解释,本文从汉文化的角度加以剖析,揭示出了其丰富的文化底蕴。作者认为这一谚语是在汉民族道教文化的基础之上产生的,其字面意义也就是最初的意义,是道教文化观念的反映。高昌居民维吾尔化后,虽逐渐放弃了汉语而改说维吾尔语,但其根深蒂固的传统文化并未彻底改变或消失,只不过是改用了维吾尔语来表达相关的文化观念罢了。由于对异教文化的排斥和疏远,谚语中反映的道教观念的最初意义逐渐淡化,而其比喻意义作为语用意义被保留下来并沿用至今。

维吾尔语与汉语的相互影响与渗透　喻捷撰,载《语言与翻译》1991年第4期。

汉族是我国的主体民族,维吾尔族与汉族的关系源远流长。伴随着改革开放,商品经济的发展,两个民族建立起"两个离不开"的新型的民族关系。维吾尔语与汉语之间没有亲属关系,是两种不同类型的语言,但自古以来,维汉两种语言就相互接触,接触产生的影响是双向的,既有汉语对维语的影响,又有维语对汉语的影响,只是影响的程度有所不同；影响的方面既包括对语言结构的影响,也包括对语言功能的影响。近代和现代,随着维吾尔族与汉族之间的交往日益加深,维吾尔语与汉语的接触也更为密切。不少有关政治、经济、文化、科技、社会生活方面的汉语借词吸收到维吾尔语中。今天,维吾尔族汉语意识明显增强,这是新的时代,新型的民族关系发展的必然结果,是一种可贵的新势头,它有助于维吾尔族自身的发展,有利于新疆的"四化"进程,对维护社会主义祖国的统一也具有深远的影响。

维吾尔语语法研究中的若干问题　哈米提撰,载《中央民族学院学报》1986年第1期。

（1）对动词陈述式的分析很不全面,很不统一。维吾尔语的实际说明,动词的陈述式是一个内容十分丰富、且又十分复杂的语法范畴,其语法形式已达35种。（2）对动词"式"范畴的分析不够全面。（3）对动词的带时态意义的动名词形式的分析不正确。（4）名词性词语同系词结合后构成的结构应被视为名词性词语的判断形式。（5）数词接加名词的领属附加成分后可以起有确定数字的人称代词的作用。（6）词类的划分中也存在一些值得研究的问题。（7）通过名词、形容词和某些动词形式的重叠来表示语法意义的情况相当多。（8）某些句法关系尚未搞清楚。（9）从句的分析中存在的问题比较严重。（10）各种不完全动词除了参与构成动词的各种陈述式的时态形式外,还可跟名词性的词语结合,构成表示各种陈述式意义的谓语。（11）在助动词的语法作用方面分歧很大。（12）关于名词格的体系和与此相关的后置词的语法作用问题的辩论正在进行,但有些原则问题必须解决。（13）复合词与词组的区别问题还没有得到圆满的解决。（14）有些研究,只重视语法体系,而不重视组成这一体系的单位,即具体的语法现象的意义和用法的阐述。

维吾尔语语流音变现象说略　宁志孝撰,载《语言与翻译》1991年第3期。

本文以维吾尔文学语言中的书面语和口语以及一些方言土语为依据探讨维吾尔语的几种语流音变现象。常见的现象有：语音脱落,音节脱落,语音异化，组合词中的语音脱落，语流中的语音脱落，语境中语音的自然脱落，句末音变，句末增音和语音换位。由分析可以看出：由于维吾尔语口语具有和书面语不同的特点，所以语流音变现象就更多，更普遍；维吾尔语方言土语虽不那么规范，但这是由于历史地理环境诸因素形成的，所以方言土语中语流音变现象是合乎语言发展规律的；法国语言学家马丁内认为人有一种自然的惰性，所以要求在语言活动中尽量使用较少的、省力的或较大普遍性的语言单位，以减少力量的消耗。这是出现异化、减音等语流音变现象的原因；法国语言学家房德里耶斯认为，音系内各音系有强弱之分，它们之间存在着支配与抵抗的斗争。这就使得相邻的音素之间往往互相影响，互相制约，形成各种语流音变现象。

维吾尔语中的空语类 高莉琴撰，载《新疆大学学报》2004年第3期。

空语类（empty categories）是乔姆斯基1980年提出的一种新的语言理论，是"管辖和约束理论"（以下简称"管约论"）的核心内容。提出空语类的基础是语言中确实存在着这样一种语类——它们只有句法和语义的作用，却没有语音内容。以汉语的兼语句为例，"老师教学生做作业"，第二个动词之前应当有一个施事，但根据题元准则"每个主目必须，而且只许，充当一个题元"，"学生"一词已经做了前一个动词："教"的受事，不可能再充当后面动词"做"的施事，这里就出现了一个具有"施事"句法功能，而没有语音序列的"空位"。又如英语句"[e] to learn English is difficult."其中[e]也是一个空语类。空语类的经典理论是建立在对英语、西班牙语等语言的研究基础之上的。20世纪80年代至今，各国学者探讨过世界许多语言的空范畴现象，包括意大利语、法语、日语、汉语等，证明了虚范畴是确实存在的，至于各种语言里虚范畴的种类和性质则各有不同的看法。本文运用"管约论"理论，对维吾尔语这种小语种进行初步的探索，说明空语类在维吾尔语中是存在的，而且乔姆斯基在1981年和1982年提出的四种虚范畴，在维吾尔语里也都存在。从另一个方面证明了虚范畴理论的普遍意义。

维吾尔语中的古代汉语借词——从语言看历史上维汉人民的密切联系 赵相如撰，载《语言与翻译》1986年第2期。

该文对维吾尔语中的古代汉语借词作了考证。下属25个维语词应属上古或中古时期的汉语借词：1. AY-A "爱惜" ＜爱；2. KIQIK "小"，KI ＜ "季"；3. QONG "大" ＜ "奘"；4. QING-GIR "弯曲的"，QING/QIY ＜ "弯曲的"，QING/QIY ＜ "顷"；5. TIK "直的"，＜ "直"；6. TOQ-U "织" ＜ "织/祝"；7. KIMHAP "锦" ＜ "锦合（缎）"；8. ＜ YAM-A "缝补" ＜ "纫"；9. YENG "袖子" ＜ "衽"；10. YEM-LE "粘" ＜ "黏"；11. ＜YAN-"燃"＜"然"；12. TAM— "滴"＜"点"；13. QAM-A "关押"＜"槛"；14. QIN-IK "锻炼"＜"甄"；15. QON- "住宿"＜"困"；16. DENG-SE "掂量" ＜ "掂"；17. TANG "旦，不知道，捆" ＜ "旦，瞠，滕"；18. BAG "捆（量）" ＜ "缚"；19. SAP "纯正" ＜ "十"；20. KOT-ER "揭、抬" ＜ "揭"；21. JIK "多" ＜ "积"；22. SOK "小米"＜"粟"；23. QEK "签，限度，边" ＜ "拆，则，侧"；24. SAN "数目" ＜ "算"；25. QAZ- "掘、挖" ＜ "掘"。

维吾尔语中的汉语借词 朱志宁撰，载《中国语文》1965年第5期。

维吾尔族人民同汉族人民长期以来就建立了密切的关系。从维吾尔族的文献语言看，汉语借词早在7—8世纪的突厥碑铭文献中就已出现。新中国成立后，维吾尔语吸收汉语借词的特点主要表现为：成批地、广泛地吸收；建立专业术语在大多数情况下是以汉语借词为基础的；借词中表达抽象意义的语词，比重大大增加了；书面语言在吸收汉语借词方面起着促进作用。汉语借词就其类别而言，名词占绝大多数；在其他词类中间，以动词和量词为多。汉语借词促进了维吾尔语词汇的发展。此外，汉语借词在其他方面同样发挥了重要作用，即：（1）汉语借词的进入使得维吾尔语的表达功能更为准确、更为精密；（2）汉语借词的进入使得维吾尔语的表达更加简练；（3）汉语借词丰富了维吾尔语的语音系统。研究维吾尔语中的汉语影响，有助于我们进一步了解维汉两族人民在社会生活各方面的历史关系和语言关系。

维吾尔族某些禁忌及其民族文化特征

闫丽萍撰，载《语言与翻译》1999年第1期。

维吾尔族禁忌包括饮食方面的禁忌、衣饰方面的禁忌、生活起居与礼仪方面的禁忌、有关苍天的禁忌和语言禁忌。例如，禁食猪肉，视狗、驴、骡为"污秽之物"，斋月期间白天禁饮水、吃食物；室外活动中男子必须戴帽子，女子必须戴头巾；住宅大门一般禁朝西开；吃饭时忌随便拨弄盘中食物；不许向天空吐唾沫；长辈称晚辈一般不能直呼其名等等。维吾尔族禁忌的文化特色主要有：（1）反映出禁忌与宗教生活的密切关系；（2）反映出维吾尔族的道德风尚、价值观念与传统礼仪；（3）反映出某些禁忌随着时代的发展而发生了变化。总之，维吾尔族禁忌作为一种民俗的、社会的、心理的现象，处在一种不断演变的过程之中，而那些经得起历史与科学筛选和验证的某些传统禁忌将会被继承和改造。

维吾尔族人名的含义
赵世杰撰，载《语言与翻译》1989年第2期。

男子人名的含义：Adil 阿迪里：公道的、公正的；Alim 阿里木：学者、科学家；Arslan 阿尔斯兰：狮子；Almas 阿勒玛斯：钻石；Baki 巴克：永久的、永恒的；Barat 巴拉提：回历八月；Burhan 包尔汉：上帝、证据；Dawamət 达瓦买提：继续；Diyar 迪亚尔：祖国、故乡；Salam 斯拉木：和平；Imin 伊明：和平、平安；Ilham 伊里哈木：灵感；Jelil 吉利力：光明的；Muhtar 穆合塔尔：自由的，独立的；Pida 皮达：自愿的，忘我的；等等。女子人名的含义：Adalət 阿达莱蒂：公平、正义；Aynur 阿依努尔：月光；Anar 阿娜尔：石榴；Bahar：春天；Dilbər 迪里拜尔：美女；Dildar 迪丽达尔：心上人；Gachər 古罕尔：珍宝；Maclikac 麦丽开：公主；Zibu 孜芭：美女、苗条的；Nigar 尼格尔：情人、意中人；Niyact 尼叶蒂：心、贞节；Koxən 茹仙：明亮的、开朗的；等等。

维吾尔族学生汉语介词遗漏现象分析

王阿舒撰，载《语言与翻译》2006年第2期。

本文的主要内容是：维吾尔族学生使用汉语介词时常常出现遗漏介词的偏误。通过对一些常用介词的偏误分析，我们认为母语的干扰是产生这一偏误的主要原因，建议汉语教学中利用母语语法中的"格"概念，减少学生理解中概念转换的困难，消除学生介词使用的隔膜感，同时将介词的隐省规则明晰化，使学生领悟汉语的弹性特点。

维吾尔族学生学习汉语声调偏误的实验研究
刘岩撰（与李玲、倪娜、范丽君、陈华琴合作），载《语言与翻译》2006年第2期。

维吾尔族学习汉语普通话，声调偏误是一个突出的问题。本文运用语音实验和量化统计的方法，对"民考民"的维吾尔族学生汉语声调偏误的性质、类型、声学表现、难易顺序等进行考察。文中综合基频数据和语感两个方面将维吾尔族学生的汉语声调表现分为完全正确、完全错误、缺陷错误三类；按实验统计结果将发音人分为三组，以动态眼光来了解不同程度学生的错误特点。提出维吾尔族学生学习汉语声调从易到难的顺序应该是：阴平、去声、阳平、上声。上声的问题最突出，不仅有音高的问题，还有音强的问题等。最后提出相应的教学对策。

维语被动句子的逻辑主语　张国云撰，载《新疆大学学报》1999年第3期。

维语被动句是指谓语是由被动语态动词充当的句子。被动句中的逻辑主语是动作的施事在句中作状语。被动主态的选用在大多数情况下出于下列原因：（1）不知道主动主语是谁或难以说出是谁；（2）主动主语在上、下文中不言而喻；（3）由于某种特殊原因而回避表明主动主语；（4）即使主动主语被表达出来了，但如果对被动主语的兴趣大于对主动主语的兴趣，仍多用被动语态；（5）被动语态可促进两个句子的衔接。维语被动句中逻辑主语出现的形式不仅有施事加后置词"taeripidin"这种情况，而且还有施事加格这种形式，维语被动句中的逻辑主语在汉语中有以下几种表达形式：（1）维语被动句中的逻辑主语转换为汉语被动句中带"被"的状语；（2）转换成汉语中的主语；（3）表现为汉语无标记被动句中的注主语；（4）表现为汉语的宾语；（5）由汉语兼语句中的兼语表示；（6）由"由+施事"表示。

维语多词词组结构关系及其层次系列
高尔锵撰，载《中央民族大学学报》1994年第5期。

一、关于词组的内涵。词组是由实词作为成分形成的有首要与次要之分，因而涵盖某个结构意义并且可以扩展为层次系列的组合。二、词组非句法结构。词组的非句法结构性质归因于词组内部是词组合的关系，而句子内部是名词与动词对称的关系。三、词组句子使用对比。以句法变化形式表现人称一致、语态对当意义，照此运作的结构是句子；以词法组合形式表现词与词有层次的概念意义，各类词依次排列的结构是词组。四、关于词组类别。词组类别是借由词组中次要成分对首要成分词法关系反映的语义结构差异而得出的。维语词组成分分为释明关系、补充关系、强调关系。五、多词词组——多成分的词组形式。多词词组与两词词组的差别仅在于随着成分的增加而关系扩大，两者结构的性质并无不同。多词词组中成分之间的关系在两词词组中一样存在。

维语结构类型学特征及其语法分析问题
方晓华撰，载《喀什师范学院学报》1989年第2期，续篇载于《语言与翻译》1993年第2期。

这两篇论文力图排除传统的受印欧语系语法研究的影响，立足于维吾尔语言事实，分析归纳属于维语特有的结构类型学特征。前一篇主要是论证语素层面（词缀）的结构类型学特征，后一篇主要论证词的组合和句的组合方面的结构类型学特征。

文章第一次提出维语构词词缀具有多功能性：（1）一个词缀可以添加在属于不同词类的词根上，构成同一类词，如词缀la/le可以添加在名词、动词、形容词、副词、数量词和拟声词后构成动词；（2）一个词缀也可以添加在同一类词的词根上，构成不同类的词，如词缀ma/me加在动词后构成名词、形容词等。

维语构形词缀也具有多功能性：（1）一个构形词缀不专属于某一类词，可以添加在不同词类的词根上，表示相同的语法意义，如lar/ler是表示复数意义的词缀，它可以加在名词后、人称代词后、动词后区别单数与复数。（2）一种构形词缀有时可以表示多种语法范畴，如动词的词缀di，既表示过去时，又表示直陈语气、第三人称、肯定形式。（3）构形词缀可以用来表示词与词之间的不同关系，使一类词与其他各类词发生关系，在句中充当各种句法成分。因此维语的词类也和汉语一样，与句法成分之间不存在一一对应关系。

维语名词人称范畴　杨承兴撰，载《喀什师范学院学报》1981年第1期。

维语名词的人称范畴具有一整套完整的语法形式。这套语法形式，首先分出人称和数。第一人称，即自称，单数指说话人，复数指以说话人为代表的集体。第二人称，即对称，单数指听话人，复数指以听话人为代表的集体。此外，皆为第三人称，即他称。第三人称无单复数之分。名词人称作为一种语法手段，是以它自身的人称意义附着于实词之后去表示该词与他词之间的人称一致联系的。以名词人称为语法手段能组成领属人称一致联系、主谓人称一致联系、复指人称一致联系及限定人称一致联系等四称人称一致联系的结构。名词人称还具有表示时间作用、指称意义、构词作用。以名词人称作为语法联系手段的四种不同结构，有的能省去其中的某一项而仍能体现原有的关系意义，有的则不能。这主要是由各不同结构自身的形式特点及语言交际环境决定的。

维语语法手段小议 陈瑜撰，载《语言与翻译》1992年第2期。

对于维吾尔语语法手段，人们常易拘泥于形态语法手段的认识和了解，而忽视和淡忘了另一种在维语中普遍存在并具有不容轻视的意义和作用的语法手段——非形态语法手段。维语形态变化丰富，所以，形态变化就成为重要的语法手段。然而，词序、虚词和结构关系这些语法手段也穿插在其中发挥作用。形态语法手段与非形态语法手段的穿插重叠呈现出这样的特点：在形态丰富的词类中，便以形态变化为主要语法手段，但也并不排斥适量地运用词序、结构关系等非语法手段。在形态少或没有形态的词类中，词序、结构关系、虚词这样相对灵活、自由的词便大量出现。这种情况在规范化的书面语中尤为突出。由于语言表达方式和途径的多样性，在实际运用时，维语在形态语法手段和非形态语法手段两者中，书面语倾向于选择前者，口语则略倾向于选择后者。

维语自然语言理解及处理研究的应用成果 吾守尔·斯拉木、毛居德·祖农撰，载《计算语言学文集》，清华大学出版社，1999年。

本文主要介绍了维吾尔语自然语言理解及处理研究领域的一些重要应用成果，主要包括维语语音识别，维语语法识别，及维语句法分析的自动处理，维语文语转换等方面的应用。论述了中心语驱动文法的维语句法分析器结构，维语词法句法分析实验系统的实现方法及语音合成技术等。根据维语完全语法树的定义，维语句子的主语分析模块的分析方法与维语句子的谓语分析模块的分析方法完全一样。分析程序包括四步：查询句子中的谓语；查询句子中的主语，并使用合法性条件检查；对句子的连贯成分进行合法性条件检查，包括局部树、子范畴属性值与语法规则主范畴和子范畴对应范畴属性值是否一致，然后对局部树依次进行规则匹配，依据语法规则中所指定的需要进行合一的范畴属性检查局部树对应范畴属性间是否满足合一条件；句子的主语部分和谓语部分连接在一起形成一个完整的句子。

维族学生汉语学习中的断句偏误现象研究 康健撰，载《喀什师范学院学报》2006年第5期。

研究第二语言教学，离不开中介语理论的指导。在汉语教学中，我们经常会遇到中介语现象。维族学生在阅读时由于断词错误出现的理解偏误就很有代表性。维吾尔族学生在学习汉语时，常常出现断句错误和理解错误，主要是由于汉语书面语言的特殊书写形式造成的。因为汉语书面语是一个个的词组成句子的，也就是说书面汉语是一个个等距离的汉字构成篇章的。从书写形式上看，以左右行形式为主，兼用上下行。由于汉语书面语是以字为单位，等距离线性排列的，所以人们在阅读过程中，有时会出现由于对词语的判认或划分不当而引起误解的情况，也就是我们说的破读。维族学生的母语为拼音文字，拼音文字与汉字在书写方面最大的区别就是实行分词连写，一个词由一个或几个音节组成，词和词之间必须有间隔，所以即使是一个没有学过拼音文字的人，看到一句话也能分出哪个是词，一个句子里有几个词。由于汉语书面语与维族学生母语的书面语存在着这种巨大的差异，所以维族学生在学习汉语时由于分不清词而出现破读句子引起误解或歧义的现象就屡见不鲜了。具体说来，造成维族学生断句偏误的原因有这样几个方面：（1）重音停顿不同造成理解偏误；（2）因不熟悉汉族人名或外国音译地名而发生理解上的错误；（3）有些词的末尾恰好是后一个词的打头字，学生也往往读错理解错；（4）多音字造成误读误解；（5）由于行文转行造成断句错误和理解错误。

避免断句错误的教学对策：（1）讲清词义；（2）重视范读和领读；（3）教会学生根据上、下文猜测词义；（4）通过做一些有关标点符号的文字游戏训练学生的断句能力。

卫藏方言的新土语——记最近发现的巴松话 瞿霭堂、共确、益西、结昂撰，载《民族语文》1989年第3期。

作者在西藏工布江达县实地调查，发现与藏语和非藏语均不通话的巴松话。本文采用与卫藏方言4种土语比较方式，全面介绍巴松话的特点，并进行比较研究，确认语言的归属。通过比较，作者认为巴松话在语音、词汇、语法上都与藏语基本相同，它属于卫藏方言。由于巴松话的词汇差异（不同词达23%，有6%的非同源词），加上语音上声母送气和不送气的变异、cc的分化、韵母a，uu的创新、*-r、*-l韵尾读-ʔ的变异、高低声调的变异，以及语法上的简化和少数虚词的差异，所以巴松话只能确定为独立的巴松土语。作者指出卫藏方言词汇间差异的不平衡性，反映了土语形成的不同过程。巴松话有6%的分属于核心语词的非同源词，虽然存在一个异体的词汇底层。通过与非藏语比较，发现与门巴语接近，这表明巴松语原是使用一种可能与门巴语接近的语言，受卫藏方言影响，换用语言的结果，只是保留了一个非藏语的词汇底层。因此，识别语言时不能忽视这种影响和现象。

为建设汉藏语系大厦添砖加瓦 孙宏开撰，载中国社会科学院老专家协会编《我在现场——亲历改革开放30年》，社会科学文献出版社，2009年。

汉藏语系假设是一个"历史"概念，是一桩公案，一个学术热点。在18世纪国际历史比较语言学发展起来以后，首先对印欧语系的论证取得了一定的成功，与此同时，由西方语言学家提出汉藏语系假设。是指分布在中国南方以及相邻的东南亚人群使用的数百种语言，有可能在历史上同出一源，是6000—8000年前同一母语分化的结果。但是，对这个假设从提出到开始系统论证，虽然经过了10多代语言学家的艰苦努力，有数十个国家的专家学者前赴后继地开展研究，发表的专著及论文已不计其数。但对汉藏语系的内涵和外延至今仍然众说纷纭，莫衷一是。本文分六个部分：（1）背景；（2）中国学者对汉藏语系研究应该有更多的发言权；（3）做好打基础工作；（4）组织队伍攻关；（5）"请进来，走出去"；（6）寄希望于21世纪。文章最后提出，在我国，汉藏语系有80多种语言，是中国语言学研究的一个重要组成部分，改革开放以来的30多年，汉藏语系具体的语言研究虽然取得了一定的进步，但语言结构的研究、语言运用的研究、语言接触的研究、语言关系的研究、语言学科与相关学科关系的研究等，还有许多问题没有解决，我们的研究工作还不能完全适应社会对我们的需求。我们期望，在未来的30年里，通过汉藏语系语言研究界数辈学者的共同努力，团结协作，汉藏语系的假设能够逐步形成共识。

《文海》韵的内部区别
聂鸿音撰，载《民族语文》1998年第1期。

《文海》现存平声诸韵中反切上字完全相同的纽共有72组，它们明显可以分成两类：一类我们称之为"重韵"；另一类称之为"重纽"。其区别表现在以下四个方面：（1）每组重韵的反切字都不能系联为一类，而重纽的反切下字则可以系联。（2）每组重韵大都不相邻排列，而重纽则相邻排列。（3）每组重韵在旧刻本《音同》中一律也是重韵，而重纽则被列为一个同音字组。（4）每组重韵的对音汉字都有显著的区别特征，而每组重纽的对音汉字则是同音的。总之一句话：无论是在西夏人还是在现代人看来，重韵之间的区别都比重纽之间的区别明显得多。《文海》韵实际上应再划分为两个以上的"小韵类"。重韵来自西夏编者对中原汉文韵书体例的模仿，明显表现为"开合"或者"洪细"的对立；重纽则是西夏语自身声调演化的反映，西夏语音构拟应正确地表现这两种规律性的区别。

文山阿扎话初探
武自立撰，载《云南民族语文》1996年第2期。

作者认为阿扎话是彝族中自称"阿扎普"或"阿扎"、他称"筒箕普"或"平头普"人说的一种话。虽然阿扎话属于彝语或彝语支的一种语言，但它的语音、词汇和语法同彝语或彝语支诸语言差别很大。进一步研究阿扎话将对彝语或彝语支语音比较，了解彝语或彝语支诸语言内部语音变化规律或研究这一地区的少数民族语言有较高的价值。对此，作者介绍了文山县高登新寨阿扎话的语音和词汇。就阿扎话的语音来说，作者从阿扎话存在的声母、韵母、声调及音节结构四个方面来考察，并就这一地区存在的"特殊发音"作出说明。就阿扎话的词汇而言，作者通过考察阿扎话词汇的一般特点、词汇分类、词的构成方式和借词情况来说明阿扎话词汇中存在的"特殊性"。

文山阿扎话初探（续）
武自立撰，载《云南民族语文》1996年第3期。

本文对文山阿扎话的词类和句法进行了分析。作者认为文山阿扎话的词可分为名词、动词、形容词、数词、量词、代词、副词、助词、介词、连词和叹词等十一类。作者专门探讨了文山阿扎话中名词、动词和形容词的特殊表示方法及特殊功能，对数词、量词、代词、副词、助词、介词、连词和叹词又进行了分类。作者认为在文山阿扎话中，数词有基数词、序数词和概数词三类；量词有名量词和动量词两类；代词有人称代词、指示代词、反身代词和疑问代词四类；副词有程度副词、范围副词、时间副词和否定副词四类；助词有结构助词、表体助词和语气助词三类；介词有表处所、表时间、表状态、表排除等几类。文章的第二部分对文山阿扎话句子中的语序和复句结构作了分析。作者认为，文山阿扎话句子的基本语序是主—宾—谓，复句有并列句和偏正句两类。

文学翻译应遵循美学原则
史震天撰，载《语言与翻译》1999年第1期。

现实美的创造是贯穿在人类生命活动中的一个重要内容，它与物质文明和精神文明有着十分密切的关系。文学翻译是创造性的思维活动，它不能不遵循美学内部原则。一、局部美和整体美的统一。思果先生曾经告诫人们："切不可译字，要译意、译情、译气势、译作者用心之处。"因为将一个词、一个句子同全句和全书割裂开来，孤立地去处理，无论从局部来看多么优美，多么贴切，但它破坏了整体的和谐统一，将不能准确地把握原作的思想、意境，也就无法完成移注原作艺术效果的任务。二、"形似"和"神似"的统一。"形似"和"神似"是中国传统绘画艺术中的美学原则，它辩证地阐明形式与内容的关系。傅雷曾指出："以效果而论，翻译应该像临画一样，所求的不在'形似'而在'神似'。"形神兼备是文学翻译的最高标准。然而由于原文和译文之间异多同少，完完全全的形神兼备很难做到。笔者认为：应该从实际出发，具体情况具体分析，努力追求"形似"与"神似"的统一。三、文学美和音韵美的统一。从事文学翻译工作，应该有作家艺术家的审美修养，对语言的音调节奏，抑扬顿挫应该十分敏感，在下笔前后应该特别注意音韵美，以求做到文学美和音韵美的统一。研究美学原则，对指导文学作品的翻译具有十分重要的理论意义和实践意义。

文学翻译中的社会语言学问题 史震天撰，载《新疆大学学报》1993年第1期。

社会语言学是联系各种社会因素研究语言的一门学科，而文学是社会生活在作家头脑中反映的产物。社会生活中所发生的一切经常可以在文学作品中找得到反映，同样社会因素对语言的影响也经常可以在文学作品中得到体现，当我们研究文学翻译的艺术本质时不可避免地要涉及社会语言学方面的诸多问题。因此，将社会语言学的理论运用到文学翻译技巧的研究中去对提高文学译作的质量必然大有裨益。一、社会差距，职业和教育程度等因素。"言为心声"，每个人的言语本色是有自己的身份、经历、职业、文化教养、思想性格等一系列自我因素在语言运用上综合体现出来的，同时还因处境、心情等临时因素影响而增添一些不改变本色的新色调。这就是文艺学上所说的，人物语言的个性化。译文语言必须力求与原文语言在风格上保持一致。二、双语因素。"双语现象是指同一言语集体中存在两种语言（包括两种以上语言的多语现象），该集体根据社会环境在相应的交际范围内交替使用。两种语言为统一的言语集体服务，在功能上相互补充，构成统一的社会交际体系。"（王德春）我国是一个统一的多民族的国家，新疆是实行民族区域自治的地区，在各民族的相互交往中各种语言接触现象大量存在，这种现象必然要反映到文学作品中去，特别是当代作品中不同民族的人物相互对话时，这种特点就更为明显，因此，译者必须认真对待，在译文中再现这种特点。

我对藏语支语言特点的初步认识 孙宏开撰，载《南开语言学学刊》第4辑《庆祝邢公畹先生九十华诞专号》，南开大学出版社，2004年。

藏语支是根据语言亲缘关系远近进行发生学分类而组成的一个语言群体，属汉藏语系藏缅语族。自20世纪80年代以来，《辞海》、《中国大百科全书》以及一些研究著作或论文中，都出现了不同层次的谱系分类的意见和论证，但意见非常分歧，对藏语支语言特点的叙述，也与事实相去甚远。藏语支语言主要分布在中国以及与中国接壤的印度、不丹、尼泊尔、巴基斯坦等国家。在中国，藏语支包括4种语言：藏语、门巴语、仓洛语、白马语。其中除了白马语仅仅分布在中国以外，其他语言都跨境而居。藏语除了中国有分布以外，还分布在印度、不丹、尼泊尔、巴基斯坦。仓洛语还分布在印度和不丹境内。门巴语在不丹境内也有少量分布。境外的藏语支语言比境内的数量多，情况复杂。中国境内的藏语支语言主要分布在西藏自治区及青海、甘肃、四川、云南等省的部分地区，使用人口约550万。其中藏语、白马语是藏族使用的语言，门巴语、仓洛语都是门巴族使用的语言。这几种语言除了藏语有7世纪创制的拼音文字外，其他几种语言都没有文字。文章还对藏语支的语音特点、语法特点和词汇特点进行了较为系统的梳理。

我国部分藏缅语名词的人称领属范畴 孙宏开撰，载《中央民族学院学报》1984年第1期。

本文首次较全面地讨论了藏缅语族语言里名词的人称领属范畴。构成这个范畴的语法形式是在亲属称谓或其他名词前面，加由人称代词缩减来的词头，表示人称领有。一般来说，加了人称领属词头以后，该名词仍然可以再加相应的人称代词作定语。文章比较了我国部分藏缅语族语言如独龙语、怒苏语、尔苏语、达让语、嘉戎语里人称领属词头的各种具体形式，认为它们之间有明显起源上的共同性。文章还讨论了两个与人称领属词头有密切关系的问题，第一个是：加在亲属称谓名词前面的词头"阿"，如汉语方言里"阿哥""阿姐"中的"阿"，包括现在汉藏语系里许多语言存在的这一现象，很可能是历史上第一人称亲属称谓词头的遗留；第二个是：亲属称谓词头与动词的人称范畴有密切的关系，它们共同的来源是人称代词的缩减形式，因此，它们也有起源上的共同性。

我国朝鲜文和韩国 Hangul 的比较　金镇容撰，载《文字比较研究散论》，中央民族学院出版社，1993 年。

1945 年，由于朝鲜半岛南北两分和中国朝鲜族法律上获得中国国籍，本是同种文字的我国朝鲜文和韩国的 Hangul 逐步走上了各自发展的道路。因此两者之间既存在共同成分，也有不同的变化。本文特别从信息处理的视角着眼，比较两者的差异。朝鲜文和 Hangul 既是音素字又是音节字。所以对比两者的音素字与音节字的异同成为本文的重点。本文通过对音素字的音素字形、音素排列顺序和区位码的比较；以及对包括文字级别、文字结构、文字要素、文字读音、区位码等属性的音节字属性的分析比较，不仅为完善乃至统一这一同种文字的编码提供依据，而且为我国国内朝文信息处理方面也提供有力的研究基础。虽然朝鲜文和 Hangul 字母的不同字母顺序有调整必要，也要注意不要硬套某种理论把字母改得面目全非以适应时代的需要。

我国发现的西夏文字典《音同》残篇的整理复原与考释　岳邦湖、陈炳应撰，载《中国民族古文字研究》，天津古籍出版社，1987 年。

《音同》是按照每个字的声母分类的西夏文字典。全书共分九类——重唇音一品，轻唇音二品，舌头音三品，舌上音四品，牙音五品，齿头音六品，正齿音七品，喉音八品，单风音九品。《音同》有六千多个西夏字，迄今所知各种西夏文字典以其字数为最多。《音同》还提供了许多西夏常用词汇，是研究西夏语音的重要材料。我国发现的《音同》残篇经整理复原后，共有八面，分属原书的五页，其中舌头音占七面、舌上音四品和牙音共占一面多。虽然我国发现的《音同》残篇页数不多，却是迄今我国仅有的一份，又是第二版本，价值更高。同第一版本比较，第二版本使同音组和字音、字义更精确。两种版本显示的差别为研究某些西夏字的音韵提供了重要线索。当然，《音同》第二版本也还有不够精确之处，如残篇第一页最后一行的同音组三个字，声、韵、调都不同。

我国汉藏语系语言元音的长短　马学良、罗季光撰，载《中国语文》，1962 年。

文章把现代汉泰、苗瑶语族语言中元音长短的情况作一简单的综合性报道，附带谈了藏缅语族语言中与元音长短有关的现象。（1）元音的长短是指主要元音的长短，长元音韵中主要元音长而韵尾短，短元音韵中主要元音短而韵尾长，松紧和轻重也不一样。（2）元音的长短跟舌位的高低有关联。在高元音韵母里，长元音的舌位比短的要高；长的中元音舌位比短的中元音舌位低；最低的长元音舌位比最低的短元音舌位要低。（3）长元音往往带过渡音，短元音有的也带过渡音。（4）声调跟声母有密切关系，跟元音的长短也互相制约。（5）各语言的每个元音所组成的韵母，在历史上是长短成对儿的，对立的。（6）长短音在方言中的变异可概括为两条规律：长元音由高变低；短的高元音变低，短的低元音变高。（7）长短音发展趋势是长短消失，韵母系统简化。（8）藏语拉萨话元音的长短跟声调紧密结合，正处在转化为声调的过程中。以上所述，是汉藏语系语言元音长短的"风格"。

我国跨境语言的文字 李炳泽撰,载《跨境语言研究》,中央民族学院出版社,1993年。

我国是一个多民族国家,许多民族是跨境民族并且使用不同的文字,有的则在一国有文字而在另一国没有文字。由于使用这些语言、文字的民族所在国的人口比例、分布以及语文政策不同,跨境语言的文字也会出现一些差异。造成差异的原因主要是:(1)文字改革。跨境民族原来使用相同的文字,后来由于国界两边进行文字改革而形成差异。(2)文字转用。放弃原来使用的文字,改用其他民族的文字。(3)文字的创制。即原来没有文字,后来出现不同的文字。影响跨境语言的文字产生差异的两种主要因素是:语文政策的不同,以及人口和分布的不同。如苏联的哈萨克文、维吾尔文先改用拉丁字母,后来改用俄文字母。在中国也一度改为拉丁字母(1964—1982),后来又恢复使用阿拉伯字母。

我国傈僳语标准音与泰国傈僳语的语音比较 陈嘉瑛撰,载《跨境语言研究》,中央民族学院出版社,1993年。

我国傈僳族有574856人,在服饰和部分风俗习惯上,具有不同特色,但在语言上,彼此都可以通话。福贡傈僳话是我国傈僳族的标准语,碧江县双美戛瓦基以北子冷阿达以南的语音为创制新文字的标准音。泰国傈僳族25051人,第一次出现在泰国北部的清莱省。泰国傈僳族的语言和我国境内的傈僳语言情况差不多,虽然分布比较分散,但各地傈僳族都能通话。从音韵系统看,泰国傈僳语与我国傈僳语标准音似乎有显著的不同。声母方面,福贡话塞擦音声母和擦音声母有 ts、tsh、dz、s、z 和 tɕ、tɕh 三套,而泰国傈僳语只有两套。韵母方面泰国傈僳语有单元音韵母10个。福贡傈僳语只有7个。复合元音韵母,两种傈僳语都有 ia 和 ua,但我国标准音比泰国多一个 io。在声调上两者都有四个声调。福贡话55、35、33、31,泰国33、51与福贡话对应,13 对 35,53 对 55。总之两者大部分音位是相互对应的,虽然部分词语存在着语音上的差异,但有清楚的条理可循。

我国蒙古语诸方言土语的语音对应规律 孙竹撰,载《青海民族学院学报》1985年第4期。

(1)元音的对应。包括阳性元音的舌位移至前元音的变化;o 与 ø、u 与 y、ə 与 e 的对应;复合元音与长元音的对应;圆唇元音的合并与复音化的问题;关于元音 i 的音变;元音的失落和保留。(2)辅音的对应。包括 tsh、ts、z 的对应和 tsh'、sh、ts'、s 的对应等;腭化与非腭化辅音;辅音的增减和换位;察哈尔内部的辅音对应。最后,作者将蒙古语的地域音变概括为两大类。一、音位的变化和增加:(1)元音 i 失落的同时,使其前面的元音发音部位前移和出现腭化辅音;(2)阴性元音的舌位移至前元音;(3)复元音变为长元音;(4)单元音复音化;(5)元音的失落和保留;(6)强辅音弱化;(7)s、t'、h、x 的方音对应;(8)k、q 的方音对应和 x、k 的方音对应。二、音位的分合:(1)o 与 u 的分合;(2)元音后的 n 与 ng 的分合;(3)tsh、ts、z 的分合和 tsh'、sh、ts'、s 的分合。

我国蒙古语族语言的语音对应 刘照雄撰,载《民族语文》1984年第6期。

文章根据1981年至1983年陆续发表的蒙古东乡、土族、达斡尔、保安、东部裕固六种语言简志附录里的词汇材料,参照各部简志描述的语音系统,按照语音的历史演变趋势,排比了数百条单词,找出我国蒙古语族六种亲属语言在语音上的主要对应关系。文章分元音的对应(1~19项),辅音的对应(20~32项),语音变化(33~36项)三个部分。文章的第33项讨论了现代蒙古语已经消失的,而在其他亲属语言里是 p,x,f,h 的词首辅音的对应情况。认为该词首辅音在现代蒙古语为零（失落）；达斡尔语为 x，东部裕固语为 h，t，土族语为 x，f，东乡语为 x，f，h，保安语为 h，f，x。文章总结说，以上 36 项 121 栏基本上概括出我国蒙古语族 6 种语言的语音对应关系。凡属具有相同来源的，词义对合的词语，他们之间的一致关系可从已列出的语音对应得到说明。

我国蒙古语族语言研究概况 陈乃雄撰，载《民族语文》1987 年第 4 期。

本文介绍了我国学者研究蒙古语族蒙古语、达斡尔语、东乡语、土族语、保安语、东部裕固语的情况。文章采用以论著分类的方法，把中国蒙古语族语言研究概括为语法专著、词典、语音、词法、方言土语、比较研究、古文字文献研究、修辞和翻译研究等几个方面，并列出有关论著的作者、题目、出版单位与期刊，给读者提供了具体的信息。对于一些较重要的和较有影响的代表性论著进行重点评述。文章指出，四十年来我国蒙古语族语言研究逐步得到发展。在掌握丰富的第一手资料的基础上，由比较单纯的语音、语法、词汇研究已逐渐扩展到语言科学的各个分支学科，研究的广度和深度都已大大超过过去，某些方面的研究已取得令国内外学术界瞩目的成果。本文较系统、全面地展示了中国蒙古语族语言研究领域所取得的成就。

我国民族古文字研究的新阶段 史金波撰，载《中国民族古文字》，天津古籍出版社，1987 年。

中国民族古文字研究形成了百花齐放，初步繁荣的局面。具体有以下表现：（1）文种范围和研究内容不断扩大。1980 年在承德召开的"中国民族古文字"第一次学术讨论会上，就有从事十六个文种的研究人员参加。（2）重要文献资料的整理有较大进展。我国民族古文字种类较多，有大量的民族古文字文献被保存下来。这些文献内容丰富，学术价值较高，文献整理进步较大。（3）专题研究不断深入。一些研究人员写出了具有相当水平的专著。我国契丹小字的研究取得了可喜的进展。（4）新的文献资料陆续发现。新疆地区近些年先后出土了佉卢文、粟特文、于阗文、突厥文等文献。近年在东北、内蒙古、河北等地先后出土了有价值的契丹文墓志以及牌、印等。八思巴字的印、牌陆续有所发现。（5）少数民族出身的研究人员成果突出。（6）中国民族古文字研究会的成立促进了民族古文字研究工作的进展。今年应大力加强资料工作。选择适当的专题，深入进行研究，加强联系和协作。

我国民族民间隐语浅论 石林撰，载《云南民族语文》1994 年第 4 期。

特殊的社会环境和特殊的需要，决定了民族隐语的必然存在。我国民族民间隐语大多是语音型隐语，即民间反语，也有的是词汇类隐语。其构造方法大致有四种形式：（1）以原来相邻的两个音节的韵母互相交换而构成；（2）在原音节前或后增加一个新的音节，所增音节的声母是固定的，韵母、声调与原音节相同；（3）将原音节的声母去掉，以两个固定的声母 l- 和 S- 去与原音节的韵母相拼，而变为两个音节；（4）把原音节拆开，在其声母后加上一个固定的韵母 -y，在其韵母前加上一个固定的声母 S-，从而组成两个音节，其声调与原音节相同。民族民间隐语发生交换、变化的是原音节的声母和韵母，而声调始终未发生变化，反语的声调始终保持与原音节一致。各民族民间反语类同，可能与语言语音的结构模式相同有关。

我国民族语言关系状态的系统分析 黄行撰，载《语言与翻译》1997 年第 3 期。

本文从系统的角度和方法分析讨论了我国现行民族语言关系问题。语言关系主要由语言功能和语言权利的实际状态构成。语言关系状态理论上可以有稳定态和非稳定态两种类型，而实际的语言关系主要是兆稳定态，其中又可以分为四种类型，对汉语发展有利，对民族语发展有利，对汉语和民族语发展都有利，对汉语和民族语发展都不利。我国目前语言关系基本上处于第一种类型状态。汉语和民族语关系没有理顺的原因有认识上的问题、政策法规的问题和具体管理工作方面的问题。要解决这些问题，促进民族语言关系的良性发展，首先应该实事求是地分析和把握现实语言关系的种种微观状态，在管理工作中贯彻从实际出发、分类指导的原则；其次应该对各种语言实际可以实现的语言功能和语言权利做出合理的评估；最后在语言政策和语言规划方面给予理性的干预和指导，其中加强法制建设和行政手段对民族语文工作的制约和管理是当前民族语文工作中最关键的问题。

我国民族语言研究事业的繁荣与发展

黄行撰，载《民族研究》1998年第5期。

本文是对1979年党的十一届三中全会以来我国民族语言学科的回顾及发展的综述。20世纪50年代是学科的开创期，此间做了大量语言普查、创制与改进民族文字、制定学科研究规划的基础性工作。1958年到1978年间，受"左"的指导思想和政治运动的影响，学科发展停滞。党的十一届三中全会拨乱反正，此后20年间，民族语言研究全面振兴和发展。改革开放初期，重新调整和形成了新时期的民族语文观，重点在于强调社会主义时期是民族语文的繁荣发展时期，正确认识民族语文的地位和作用问题，制定民族语文规划应采取实事求是、分类指导的原则。在研究理论和方法建设方面坚持基础理论研究和现实对策研究相结合、基础应用和开发研究并重。在具体研究领域上，以实地调查和描写研究为基础，在历史比较、语言类型和语言接触方面有了不同程度的突破。20年来调查刊布的研究结果大大超过以往任何时期。另外还开辟了以语言规划为中心内容的民族语言社会语言学、基于自然科学方法手段的实验语音学、计算语言学等新的学科领域。在目前市场经济体制的新形势下，民族语言的社会功能和语言关系发生了较大的变化，学科研究内涵和学科规划目标也应该因此做必要的结构性调查。

我国南亚语系诸语言纪略

李道勇撰，载《民族研究论文集（5）》，民族出版社，1985年。

本文对我国南亚语系诸语言，根据现有国内外的资料，进行了初步分类。南亚语系诸语言的进一步分类、国内外学者意见并不完全一致。一方面这些民族分布的地区辽阔、交通不便、国家众多、情况复杂；另一方面，对这些民族至今还缺乏历史学、语言学、民族学和考古学等方面的综合考察。但是，近百年来，东方和西方的学者们发表了许多论文与一些专著。生活在我国云南省西南部北回归线以南的山区或半山区的佤族、布朗族、崩龙族和克木人、莽人、户人等的语言均属南亚语系孟—高棉语族的语言。使用这些语言的人数大约近40万。研究我国南亚语系诸语言可以帮助加深诸民族历史的研究，而且更为重要的是通过语言及其历史、社会、经济、文化、司法、艺术和宗教等方面的综合研究，为进一步探讨南亚地区古居民的出现与活动领域有着重大的科学意义。

我国南亚语系诸语言特征初探

李道勇撰，载《中央民族学院学报》1985年第4期。

本文对我国南亚语系诸语言（佤、布朗、崩龙、克木、户、莽）的共同特征，进行初步的探讨。上述诸语辅音和元音都比较丰富，辅音的清浊、单复和送气与非送气、清化与非清化、辅音前喉塞音的增减，元音的松紧、元音的长短以及声调等在上述语言中，有区分语义的作用，或有区别语法的功能。辅音可作声母，也可作韵尾，在上述语言中见到的韵尾有-p、-t、-c、-k、-m、-n、-ng、-h、-l、-lh、-s、-r等。声调的出现使得有的方言和土语的辅音韵尾减少脱落。通过词缀（前缀、中缀、后缀）以及词缀音素成分派生新词是上述诸语的重要构词手段。人称代词有数的范畴，指示代词有空间的范畴。我国南亚语系诸语使用两套数词。一套是本民族语的，几乎是同源词。另一套是通用在高棉语、泰语、老语和我国壮语、傣语等语言中的数词。上述诸语语序一般是主语—谓语—宾语。但是，佤语语序是谓语—主语、谓语—主语—宾语。上述这些共同特征，一方面，显示出这些语言的发展和变化，另一方面，显示出这些民族一定程度的历史渊源关系。

我国少数民族标准语发展中的几个主要问题　傅懋勣撰，载《傅懋勣先生民族语文论集》，中国社会科学出版社，1995年。

（一）民族标准语的丰富。（1）增加了大量新词术语——在这一方面表现得最为显著。这些新词术语主要是社会政治、科学技术和文化艺术方面的，也有一般生活中使用的新词。（2）增加了新的音位和音节——这主要是通过汉语借词进入兄弟民族语言的。（3）增加新的词组、句子结构和语法成分——这是属于语法方面的丰富。（4）文体多样化。（二）民族标准语的规范。（1）语音——要明确标准语里有哪些辅音，哪些元音以及这些辅音元音的基本读音和它们拼合在一起时的读音变化。（2）词汇——在这儿我们必须把同义词和等义词分开。（3）语法——在语法构造的规范方面，要区别两种情况：一种是表达同一个语法范畴的不同手段，只要广大人民群众这样用，就不能人为地取消其中的一些手段，应该并存并用；另一种是混乱和模棱两可的现象。（4）书写——在标准语中管理书写的规则就是正字法。根据正字法可以决定哪个字的写法是对的，哪个字的写法是错的。

我国少数民族人名的结构及其语言文化背景　石林撰，载《侗台语比较研究》，天津古籍出版社，1997年。

人名是人们互相区分的语言符号，是民族文化特点的表现形式，也是一种客观存在的社会现象和语言现象。本文拟对我国各民族的人名结构进行分析研究，并探讨其语言文化背景。我国少数民族人名有姓名制、父子连名制和以子名亲制三种。人名不同的语言结构是民族不同的语言文化背景的反映。顺行结构的人名（名+姓或其他限制成分），其语言也属顺行结构（中心语+修饰语）；逆行结构的人名（姓或其他修饰成分+名），其语言也是逆行结构（修饰语+中心语）。语言是思想的直接反映。民族人名结构也是民族传统价值观和思维模式的反映。顺行结构人名与民族个性、个体第一的价值观一致，逆行结构人名与民族共性、群体第一的价值观一致；顺行结构人名其民族的思维模式是从大到小、从主到次、从中心到外延；逆行结构人名其民族的思维模式则正好相反。

我国少数民族语言的词序类型　黄行撰，载《民族语文》1996年第1期。

现代语言类型学根据词序的分布把语言分为V-O和O-V两种类型，这两种类型内部蕴含着多项词序参项。本文用类型学方法分析了我国汉藏语系和阿尔泰语系35种有代表性语言的词序分布，证明侗台语族和阿尔泰语系语言的词序类型相当和谐，可以分别代表典型的V-O型和O-V型语言，苗瑶语族语言基本上是V-O型语言，但瑶语和畲语词序有不和谐因素，藏缅语族语言内部类型相当一致，但作为O-V型语有一些不和谐词序参项。从词序参项的蕴含关系看，多数参项存在倾向性较强的蕴含关系，但也有3组参项的交叉分布看不出蕴含倾向，这可能与语言接触造成的类型干扰有关。文章还用足量的方法对各语言词序和谐度做了测度，并据此对各语言做了V-O到O-V型连续体中等级的划分，认为越靠近连续体两端的语言，类型上越典型。词序类型参项有标记性的区别，一般有标记词序比无标记词序分布受的限制大，文章通过一些语言的词序实例分析证明了这个定理。

我国少数民族语言的方言划分　黄行撰，载《民族语文》2007年第6期。

我国少数民族语言的方言构成相当复杂，不同语族语言划分方言的标准和尺度也不完全相同。本文从方言结构特征、量化分析和语言外部因素等角度描述我国少数民族语言方言划分的情况，并且讨论国内与国际学界关于语言识别和方言划分标准与结论的差异。全文分四节：一、方言划分的特征标准；二、方言划分的量化标准；三、方言划分的语言外部标准；四、问题讨论。

我国少数民族语言科学研究工作的重要成就　傅懋勣撰，载《傅懋勣先生民族语文论集》，中国社会科学出版社，1995年。

少数民族语言的调查。1956年，中国科学院少数民族语言研究所同中央、西南民族学院合作，分别在北京和成都组织了共约500多人的语言调查训练班。学员毕业以后，中国科学院和中央民族事务委员会组织了包括700多人的少数民族语言调查工作队到少数地区工作。到现在为止，已经在云南、贵州、四川、湖南、湖北、广东、福建、甘肃、青海、吉林、辽宁、黑龙江、广西、内蒙古、新疆、西藏等16个省、自治区，调查了壮、布依、侗、水、黎、毛南、仫、苗、瑶、藏、羌、傈僳、哈尼、拉祜、纳西、景颇、傣、白、阿昌、佤、彝、土家、蒙古、达斡尔、东乡、土、保安、鄂温克、鄂伦春、赫哲、维吾尔、哈萨克、柯尔克孜、乌孜别克、撒拉、裕固、塔塔尔、塔吉克、锡伯、仡佬、畲、京等42个少数民族的语言。除了根据事先编好的调查大纲搜集语音、语法、词汇的材料外，还记录短篇和长篇故事、民歌、格言、谚语，每个调查点一般都记录1000到4000个词。

我国少数民族语言学界社会语言学研究中的几个问题　王远新撰，载《语言与翻译》1987年第4期。

语文政策的研究。语文政策是指在一个同时存在着多种语言文字的社会里，对这些语言文字的学习、使用、发展等采取的态度和措施帮助少数民族创制、改革文字，是语言研究为社会服务的重要内容，是语文政策不可缺少的方面，也是有意义的社会语言学研究课题。双语研究。双语现象是指某个人、某个语言集团在不同场合交替使用两种或两种以上语言的情况。准确地分析双语运用的现实和使用中存在的问题，提高双语教学质量，发展民族地区文教事业，科学地估计双语关系的发展前景，这些都是民族语文工作者义不容辞的责任。语言民族学的研究。（一）既要重视材料的搜集整理，即进一步研究已有材料，努力发掘新材料，提出新看法；又要注意理论上的总结。（二）既要广泛开展微观调查研究，又要注意开展系统研究提出宏观设想。

我国突厥语的"父母兄姊"等称谓及其演变　陈宗振撰，载《民族语文》1996年第4期。

本文认为突厥语族诸语言的亲属称谓情况复杂，相互间既有明显的对应关系又有不少差异。语音相近的词，现在词义不同；原本意义不同的词，现在可表相同词义。甚至在同一种现代语言中，同一个词可用于不同辈分的亲属。古今风俗习惯，婚姻、家庭制度及其他民族语言的影响是形成各民族亲属称谓差异的社会原因。本文根据古今突厥语材料，结合各族风俗习惯，对最基本、最关键的"父母兄姊"等称谓进行了研究，论述了这些称谓的来源、相互关系、演变、多义性、跨代性和跨越性别等特点形成的原因。同时指出，这些特点是与古今突厥诸族的家庭、婚姻制度相适应的。最后，作者认为这些称谓既有共同的基本成分，又由于发展条件不同而出现差异；既有历史悠久的共同成分，又有各时期吸收的外来成分，而其异同均与社会历史原因有关。

我国突厥语概况 叶少钧撰，载《喀什师范学院学报》1981 年第 1 期。

我国操突厥语的民族有七个：维吾尔、哈萨克、柯尔克孜、乌孜别克、塔塔尔、撒拉和裕固。总人口约六百多万。下面我们就维吾尔语、哈萨克语、柯尔克孜语、撒拉语、裕固语等五种语言从语音、词汇、语法三方面的情况作一简要介绍。一、语音方面。上述五种语音的基本元音除哈萨克语有九个外，其他语言均为八个。上述五种语言的辅音音位都不完全一样。它们都具有元音和谐现象。它们一般都有六个基本类型的音节结构。二、语汇方面。上述五种语言由于它们是有亲属关系的语言，因而它们在基本词汇中具有一些意义方面和语音方面都相同的词，或相互间有明显的语音对应规律的词。三、语法方面。上述五种语言在词法方面基本一致，但各有其特点。上述五种语言的句子成分的基本次序是一样的，句子都可以分成单句和复句两个部分。

我国维吾尔语研究评析 高树春、阿不都热西提·亚库甫撰，载《新疆大学学报》1993 年第 1 期。

一、以往维语研究的主要成绩。语音方面：对维语的元辅音从音位学的角度作了较深入的研究，归纳出九对区别特征。词汇方面：相继出版了《维吾尔语详解词典》等各类辞书。语法方面：名词格的研究取得了突破性进展，在传统六个格的基础上提出一批黏着性和分析性的格；将动词的语法范畴进一步概括为静词系统、词干系统和述谓系统；讨论了动词的体范畴；对动词的式及其语法意义作了细致的分析；归纳出短语结构及简单句的结构类型；对附加成分进行了新的分类。方言方面：出版了《现代维吾尔语方言》，发表了一系列研究成果。古代维语研究方面：翻译出版了一批古代维文文献。二、研究中存在的问题。语法的研究仍然没有摆脱印欧语研究的影响；套用汉语理论和方法的现象开始出现。三、展望。（1）在共时研究方面，要从实际出发总结出一套适合维语研究的理论和方法；并进行较详细的描写和分析；深化维吾尔语方言的研究；加强作为第二语言教学体系的维吾尔语研究。（2）历时研究方面是要弄清维语的历史发展规律，以便对现代维语的形成有一个整体认识。（3）要积极开展边缘学科的研究。

我国新创与改进少数民族文字试验推行工作的成就与经验 黄行撰，载《民族语文》1996 年第 4 期。

20 世纪 50 年代党和政府为我国没有文字的 10 个少数民族创制了 14 种文字，为原有文字不完备的 3 个少数民族改进了 4 种文字，并在有关民族地区推行或试验推行。本文概括地介绍了这些少数民族文字创制、改进和试验推行的过程以及这些新文字在学校双语文教学、成人扫盲、出版发行、广播影视等使用领域取得的成就。新创与改进民族文字试行工作的经验包括：（1）确定字母形式的经验；（2）处理民族文字和汉语拼音方案关系的经验；（3）字母系统和音位系统的关系；（4）制定和贯彻正字法正音法的经验；（5）方言文字和一个民族制订两种文字的经验。文章还根据文字试行工作中的共同经验对我国少数民族文字的创制、改进与推行做了以下初步的理论概括：（1）推行新创与改进民族文字的理论依据；（2）解决少数民族文字问题的具体办法；（3）文字推行规划的实施具有中国的国情特色；（4）推行少数民族文字符合时代发展的要求和民族地区的现实需要；（5）推行少数民族文字符合本民族群众的意愿；（6）制订文字推行规划采取的是实事求是、分类指导的原则；（7）文字推行工作可以为改革开放和经济建设服务。文章最后提出了文字试行工作中存在的若干问题。

我国语言学研究的历史回顾 孙俊杰撰，载《青海民族学院学报》1988年第1期。

我国对于语言的研究历史悠久。春秋战国时期的"名"、"实"之争，汉朝初期的"训诂学"，清朝盛行的"小学"都跟语言研究有关。"小学"是为"经学"服务而发展起来的。大批学者通过注经在训诂方面做出更好的成绩。公元前三世纪的《尔雅》是我国最早的解释词义的专著，而公元前53—18年的扬雄《方言》是我国第一部记录方言的书。东汉末年，经师们创制了反切，把汉语音韵学推进了一大步。到章炳麟、黄侃时期传统音韵学才结束。新中国成立后，先后解决了汉族共同语、汉字改革、汉语规范化、汉语拼音方案等重大问题。一、语言学理论的研究。1913年胡以鲁的《国语学革创》是我国第一部语言学理论著作。二、汉语语法学的建立。先秦典籍中有讨论语法的，元代以后出现以讨论虚词为内容的专著。三、古文字学研究的兴起。1899年王懿荣发现甲骨文并共考释出571个字。此后王国维、罗振玉、郭沫若的研究大大提高了甲骨文的学术地位。四、修辞学方面，陈望道的《修辞学发凡》是公认的第一部研究专著。五、汉语方言调查研究方面，赵元任的《现代吴语的研究》是我国第一部方言调查报告。六、1955—1956年，我国对全国少数民族语言进行了普查。

我国藏缅语松紧元音来源初探 戴庆厦撰，载《民族语文》1979年第1期。

文章通过藏缅语亲属语言藏、缅、景颇、载瓦、哈尼、傈僳、拉祜、苦聪等语言的平面比较，论述我国藏缅语元音松紧对立的形成是由两条不同的渠道汇合而成的：一条是从声母清浊对立转化来的，清声母音节变为紧元音音节，浊声母音节变为松元音音节（如景颇、载瓦语）；一条是从韵母的舒促对立转化来的，舒声韵音节变为松元音音节，促声韵音节变为紧元音音节（如彝语支语言）。文章认为松紧元音不同来源的现象说明，语音发展变化的过程是复杂的，即使是具有亲属语言关系的同一语音现象，从现状看是一个东西，完全有可能来源不同。同时还说明相同的语音特征能分为不同的语音特征，反之亦然。指出，研究语音光看现状是不够的，只有通过语音的历史比较研究，深入揭示语音发展的内部规律，才有可能真正认识语音现象。

我国藏缅语中动词的人称范畴 孙宏开撰，载《民族语文》1983年第2期。

分布在中国境内的藏缅语有50多种，其中许多语言里动词有人称范畴或这个范畴的遗迹。文章首先以独龙语为例，介绍了动词人称范畴的意义、构成和特点，提出独龙语动词的人称范畴是以人称代词的缩减形式为词缀，放在动词的前面或后面，以表示与主语的一致关系。这个范畴一般有3个人称，有的还与表示数、时态的词缀结合在一起综合表达动词的人称、数、时态语法意义。文章通过对独龙、羌、普米、嘉绒、木雅、尔龚、景颇、西夏等10多种藏缅语中人称范畴的比较，发现它们明显在起源上有共同性，同时各语言又有一些显著的差异。例如，有的语言把整个人称代词缀于动词后面表示，有的语言用人称代词的声母作词缀表示，还有的语言则用人称代词的元音作词缀表示。文章认为，动词人称范畴在特点方面的异同，对语族内的谱系分类有一定的积极意义。

乌孜别克语言文字简述 阿不者艾尼·海山撰，载《语言与翻译》1987年第1期。

乌孜别克语属阿尔泰语系突厥语族语言之一。这种语言是在形成乌孜别克民族的种族、部落、民众口语的基础上，在乌孜别克人的全部历史过程中，经历数百代人而创造的；现代乌孜别克语的基本词汇和语法是乌孜别克族自古以来就使用的。根据历史资料和文物来看，乌孜别克语在11、12世纪就形成了书面语。现代乌孜别克民族语言同过去的人民语言、部落、种族语言的基本词汇财富、语法结构是同起于一根的。只有对乌孜别克语及其方言和土语三方面进行观察，然后才能搞清楚。由于在同其他民族杂居条件下的客观需要及社会环境的支配，乌孜别克人在新疆说维吾尔和乌孜别克两种语言，用两种文字写作，使用维吾尔文字。乌孜别克语在语言构造、词汇成分、语法规律方面同阿尔泰语系突厥语族的其他民族一样，既具有普遍性，也具有区别于其他语言的独自特点。

吴方言与苗瑶语　刘援朝撰，载《人类语言学在中国论文集》，黑龙江人民出版社，2006年12月。

几乎所有的苗语方言都有浊送气现象，我们知道，汉语的吴方言也有浊送气现象，而在国内其他地区的汉语方言和其他的少数民族语言中极少有这种现象。这是偶然的巧合还是有着历史上的必然，这是个疑问。以前一些苗族史之类的书，书中也声称苗族先祖从很古的时候就在东方，后来逐渐迁移到现在这些地方。在苗族地区搞调查，也能够听到他们说他们的老祖是从江西、南京等地迁来的。凡是这些说法，因为没有史实证实，总是疑窦丛生。正史中没有关于苗族是从东方迁徙到西南的记载，野史虽有一些这样的记载，但不可信以为真。直到2002年，作者在浙江龙游县开会，知道该地在春秋时代的土著部落是一支名为姑蔑的古三苗部落。据史家考证，该部落原在山东，因受到周军逼迫，被迫南迁，经由江苏、安徽等地转移到浙西一带。这个材料太宝贵了，因为它以史实印证，古三苗部落在江南曾存在过，因此也可以解决为何吴方言和苗语都有浊送气成分的缘故。实际上，吴方言和苗语的相似性不只体现在浊送气音上，在复合元音少、单元音韵母多，以及鼻音尾只有-n/-ŋ两个，且韵尾受到主要元音影响而改变，以及阴阳对转和变调规律复杂等方面，苗语和吴方言都有着惊人的一致性。这么多的相似性不能都是巧合，只能说是有历史上的联系。徐松石先生也早就指出，古三苗部落曾在江浙、安徽一带广泛分布过（见其《粤江流域人民史》一书）。这些都说明苗族的先祖很可能在远古时有部分人居住在华东地区。参考了这些材料，写成了这篇文章，着重分析了姑蔑部落的迁移路线和其名称的含义。本文指出，姑蔑这一名称既不是有些史学家声称的是一种"稻作植物"，也不是用汉语训诂学训出的"姑妹"，而是一种苗瑶语名称，它的含义有两个：一个是"小三苗"；另一个是"古姓氏族"。这两个含义有着内在的联系，在文中作者采用了"古姓氏族"这个解说。因为春秋时代，很多大部族都有属于自己的姓氏，姑蔑有自己的姓氏也在常理之中。本文依照这个原则在华东三省的地名中寻找出姑蔑的迁移路线，然后以苏州话为吴方言代表，和苗语方言进行了比较，指出了近似之处，从而确定了吴方言和苗瑶语的历史联系。

五色话初探　陈其光、张伟撰，载《语言研究》1988年第2期。

在广西融水苗族自治县，居住着一些壮族人，他们虽是壮族，但使用的语言却与壮语差异很大。因为当地操汉、壮、仫佬、毛难、侗等语言的人都能听懂他们的一些语词，但又不能完全通话，所以给他们的语言起了个通俗名称，叫"五色话"。一、词汇。（1）词的结构。五色话的词素大多是单音节的，多音节的很少。合成词：一种是由词缀和词根组成的派生词；另一种是由词根和词根或词根和派生词组成的复合词。（2）借词。五色话中的汉语借词约占词汇总数的85%。主要借自"土拐话"。二、语法。（1）词类。五色话的词根据意义和语法功能可以分为名词、代词、数词、量词、形容词、动词、状词、副词、介词、连词和助词十一类。（2）句子成分和语序。基本语序是：主—谓—宾。三、系属。五色话属于侗泰语族。

五色话性质研究 韦茂繁撰，载《民族语文》2006年第3期。

五色话分布在广西融水苗族自治县永乐乡下覃村和四莫村。约有9000人，其民族成分为壮族。有人认为它是一种混合语，但本文作者认为它是受汉语方言（土拐话）影响较大的一种壮侗语族语言。本文作者从三个方面对该话进行研究：一、语音方面的影响；二、词汇方面的影响；三、语法方面的影响。在谈到五色话的归属时，认为它与壮侗语族的壮傣语支比较接近。要彻底解决其地位，还需作进一步的研究。

五十年代的瑶语大普查 蒙朝吉撰，载《广西民族研究》1999年第1期。

1956年时，为了普查全国各民族语言，民族所的领导和中央民族学院的大力支持，培养了一批汉族和少数民族语言专业队伍，其中第二工作队瑶语分队20多个队员，在已故的罗季光先生指导下，他们不怕生活艰苦和交通困难，自带行李和调查大纲，先后奔赴湘、桂、滇、黔和粤五个省区的边远瑶族地区进行语言和人文历史调查。调查大纲要求：重点记录词汇3000多个、语法例句500个、长篇故事5000至10000字、整理一份完整的音位系统和记录1份详细的人文材料。副点要求记录常用词汇1千5百个等，任务很艰巨。由于汉瑶工作队员的同心协力，经过一年多工作，共调查了近50个主点（包括广东畲语和海南苗族的瑶话）、20多个副点和70多个参考点。调查到的原始材料数百万字。这在瑶族历史上是从未有过的。所以，在历史上形成了极为错综复杂的瑶族各支系和语言及他称等，基本上都得到了解决，为后来深入研究瑶族的语言和历史打下了良好的基础。

五屯话初探 陈乃雄撰，载《民族语文》1982年第1期。

文章首次介绍了一种青海黄南藏族自治州同仁县隆务公社五屯地区土族所使用的混合语言（使用人口仅有2000人左右）。这是一种以汉语为基础并深受藏语渗透，又受到保安语强烈影响的独特语言。所谓以"汉语为基础"，指的是汉语词占绝对优势。受藏语和保安土语的强烈影响，主要表现在语法方面：（1）和藏语一样，谓语在句末，宾语在动词之前。（2）受保安土语的影响，名词有凭借格和界限格的语法范畴；有并列、立刻、假定、提并、让步、迎接等副词、动词词尾。什么是混合语？语言学术界尚有不同看法。此文提供了混合语的实例。

五屯话的动词形态 陈乃雄撰，载《民族语文》1989年第6期。

本文是作者对五屯话这种混合语言进行描写的系列文章，专门介绍动词形态。五屯话原是属于词根语型的汉语，动词缺乏丰富的形态，但是几百年来受到邻近藏语和保安语的影响，具有了与汉语迥异的语法结构，发生了质变，而与影响它的语言的语法结构也有明显差异。五屯话的动词拥有许多变化形式。作者归纳出55种附加在动词后面的单纯结构和合成结构。在这些结构后面还可以再接缀赋予动词以新的词汇意义和语法意义，构成一些更加复杂的结构。尽管这些后缀大都从汉语材料的基础上发展演变而来（如的、了、个、过……），但和原汉语有着质的差别。五屯话动词的形态变化已经成为说话人大脑神经处理和组织客观世界反映的信息并使之表现为外部语言形式的程式和方式。从中可以领略到词根语朝黏着型方向发展演变的实感。

五屯话音系 陈乃雄撰，载《民族语文》1988年第3期。

此文接续《五屯话初探》（载《民族语文》1982年第1期）专门探讨五屯话的语音系统并分析其深受藏语的影响。五屯话有8个舌面元音，2个舌尖元音都和汉语普通话构成对应。有 13 个以 e、i、o、u、y 带起的复合元音，有的源出汉语，有的源出藏语。五屯话有 33 个单辅音，24 个以 h、n、g、m 带起的复辅音。凡有复辅音参加构成的词，几乎全是源出藏语。古汉语的浊母字（并、定、从、群等），五屯话多读清音送气。因受藏语影响，吸收了藏语的 ɕ、ʑ 音位，因此汉语的 tʂ、tʂh、ʂ，五屯话除用这三个音与其对应外，还用 ɕ、ʑ 与其对应。此外，五屯话 x、h 区分音位。五屯话原先有声调，但长期受没有声调的同仁藏语的影响，声调逐渐退化，以重音来补偿声调。不同位置上的重音有区别词义的作用。

五屯话中藏语借词的音变现象　席元麟撰，载《青海民族学院学报》1987 年第 1 期。

文章分析了青海同仁县土族五屯话的藏语借词音变现象。青海同仁县五屯语是在底层语言基础上吸收大量藏语词汇和部分语法的一种混合型语言。五屯口语中藏语借词的前加字一般都脱落而不发音；藏文加字除 m、s、n、ŋ 外，其余后加字脱落，由原来闭音节转化为开音节，双唇鼻音 m 一般音变为 n，而在双唇音前仍保持；舌类 s 在元音 a、u 后变为 i，二合元音；ŋ 完全脱落；n 一般不变。基字方面双唇送气清塞音移位到舌面后清擦音，ph-x；舌面后送气清塞音移位到舌面后浊擦音 kh、-ɣ；舌面前清擦音变为舌面前浊擦音 ɕ、ʑ；这些现象发生在双音节的后一音节。上加字 r 在五屯话中大多脱落，仅在 t、ts 前变为 ʂ，l 和 s 也趋于消失，个别情况变为 ɕ，或保持为 s。

武定彝族密语研究　朱崇先撰，载《彝缅语研究》，四川民族出版社，1997 年。

文章讨论武定彝语中的秘密语现象。武定彝族社会中有各种变体话语，被视为密语，包括"麻雀语"、"喜鹊语"、"狐狸语"、"绕语"、"颠倒语"、"隐语"等。考察的方法是将密语与通用话语进行比较分析。如运用话语转换为"绕语"变体时，以辅音 x 与词句中每个音节的元音和声调配合成单独音节加缀在每个音节后，如 $mu^{33} tsho^{33}$（天晴），转成 $mu^{33} xu^{33} tsho^{33} xo^{33}$。文章结论是：（1）通用话语转换为各种变体话语是通过语音变化而实现变体，不受构词方式和句子类型制约。（2）变体话语只限于语音变化而不出现语义变异。（3）通用话语词句中只有单音词和叠音词不能转换为"颠倒语"变体词之外，其他所有词句均能转换为各种变体话语词句。（4）当通用话语转换成各种变体话语，在各自特定的语言环境中分别传达与通用话语同等的信息，成为特殊交际语。

武鸣壮语的连续变调　蔡培康撰，载《民族语文》1987 年第 2 期。

该文以大量的材料论证了武鸣壮语的连读变调规律。不但总结了一般的变调规律，列举了特殊的变调现象，还绘制了武鸣壮语连读变调表。为壮语标准音的规范提供了科学的依据，很有使用价值。

武鸣壮语的名量词　张元生撰，载《民族语文》1979 年第 3 期。

文章以壮语武鸣话为依据，讨论现代壮语名量词的特点。全文分为五小节：（一）名量词的作用。（1）表示"一"的数量意义；（2）区别名物的性状；（3）使动词、形容词名物化；（4）区别同音词。（二）类别量词和性别量词。（三）级别量词。（1）三级量词；（2）二级量词。（四）泛指量词。泛指量词可以跟任何名词组合（包括部分动词和形容词）。它与非名词组合时，有名物化作用，其语法意义相当于汉语的"的"，单独伴随名词时，含有不定数量的附加意义。（五）壮语名量词的发展趋势。在这一节中，文章首先概括了壮语名量词和汉语名量词的相同点，接着将古代汉语与现代壮语名量词的使用特点作了对比：（1）量词和方位词组合；（2）量词单独作主语；（3）量词单独作状语。

最后概括壮语量词的发展有两点：（1）充分发挥壮语原有量词的作用；（2）将继续不断吸收汉语量词，以适应发展的需要。

武鸣壮语名量词新探 张元生撰，载《中央民族学院学报》1993年第4期。

文章以名量词的作用和特点、词头词尾构造等方面讨论壮语各量词的特点和用法。研究分析壮语各量词的作用时要从壮语实际出发，既要考虑壮语名量词的词汇意义，又要考虑名量词的特殊类别和作用。壮语名量词的特点往往超出了"表示事物的数量单位的词"这个范围。不仅是计量事物时表示物体的单位（或数量）还表示事物的类别、性状、性别和级别。壮语名量词的语法作用主要是充当数词与名词的中介。"二"以上的数词不能直接和名词连用。从现代壮语部分名量词的使用情况看，可以看到名量词的产生和发展演变的一些轨迹。即名词→名量词→虚化为名词性词头或名词性词尾。

西安半坡遗址出土的陶文与彝族文字的渊源关系试探 沈伍己、伍精忠撰，载《彝缅语研究》，四川民族出版社，1997年。

文章考证西安半坡遗址出土的陶文与彝文的关系。半坡陶文共有基本符号50个，从形体结构上看，与彝族文字十分相似。其中44个陶文符号即88%的陶文在彝文中能找到相同的字。这个事实说明，存在于距今六千年至两千年间的西安半坡等遗址的陶文符号与彝文有渊源关系。彝文可能是在古代由我国西北南迁的彝族先民带到西南的陶文符号基础上发展而成的。自古是彝族原居区的贵州省威宁中水地区也从战国末期的墓葬中出土了这类陶文，这类陶文更可能是古彝文。这种情况还与彝族是古代活动在西北地区的羌民族一支南下到川滇的历史观点相吻合。同半坡陶文组成的简单句可按彝文释读得到有意义的句子。文中半坡陶文与彝文对照表很完备，包括两种符号、彝文读音、彝文字面含义、资料来源等，占全文的50%。文章不仅有民族学、考古学等方面的价值而且有文字学方面的学术价值。

西部大开发中广西语言文字问题 覃国生撰，该论文是国家语委、广西语委共同资助项目"广西语言文字使用问题调查与研究"子课题的研究成果。收录在2005年广西教育出版社出版的《广西语言文字使用问题调查与研究》一书中。

文章分三大部分：一、语言与民族问题掺和在一起，处理好它们有利于政治稳定；二、语言关系各个领域，尤其对教育关系重大；三、利用民族语言为对外开放服务，保护民族语言，保护文化生态平衡。文章第一部分利用人类学、语言学、进化论的理论和材料，论证了语言与人类在历史进化过程中相生相伴，发展到今天进入当代文明，语言与民族的关系主要表现在以下方面：（1）语言是民族文化的载体，是民族团结的纽带；（2）语言是民族的重要标志，是民族的神圣权利；（3）语言及文字是民族各方面（社会经济、文化、科技、人体智能等）发展的重要推动力；（4）民族为捍卫语言平等权利进行不懈的斗争。因此在多民族国家里正确处理好语言问题，对民族的发展繁荣、对国家的政治稳定，具有重要意义。

第二部分重点论述语言对教育发展的巨大作用。作者认为党中央在新中国成立初期百废待兴的情况下，做出帮助壮族人民创制文字的重大决策具有伟大意义：（1）有利于振兴壮族的文化教育；（2）充分体现中国共产党真正贯彻执行民族平等政策，对清除旧政权推行民族压迫和剥削政策造成的民族隔阂非常有利；（3）在世界上树立了社会主义新中国的良好政治形象。文章援引实例说明壮文在壮汉双语教学中的巨大成功，并有利于壮族儿童更快地学好汉语文。进而呼吁广西应以积极的姿态加强科学推广壮文的力度。

第三部分论述了利用壮语与诸多邻国的语言有

亲属关系这一特点，可以利用民族语言为对外开放服务。重点是论述保护民族语言对保护丰富多彩的民族文化、对保护文化生态平衡的重大意义。

西部裕固语中古时期汉语借词

陈宗振撰，载《语言研究》1985年第1期。

九世纪中，回鹘人的一支在河西走廊居住并建立了政权，史称"甘州回鹘"。十一世纪上半叶，甘州回鹘政权为党项族的西夏所灭，其中一部退处沙州（敦煌）以南、今青海西北及新疆东南部游牧。十一世纪末，汉文史籍中出现了"黄头回纥"。十三世纪，他们处于蒙古帝国统治下称为"撒里畏吾"或"撒里畏兀"。使用西部裕固语的一部分裕固族称自己为"黄维吾尔"，其译音即"撒里维吾尔"。裕固族现在使用汉文，没有民族文字，但从渊源关系来推断，他们是回鹘文献相应的汉语借词、与古汉语读音相应的某些汉语借词、东迁入关后吸收的汉语借词、汉语借词反映甘州肃州汉语方言特点和汉语借词对西部裕固语语音、词汇的影响等方面对西部裕固语中的一些早期汉语借词进行了考释，并与古代突厥文献语言和现代维吾尔语进行了比较，认为汉语借词在语音、词汇方面影响的结果主要表现为"强化送气与不送气的对立；造成许多同音词；出现不同来源的词语并存并用现象。"

西昌彝汉两语相互影响初探

洛边木果撰，载《西南民族学院学报》2001年校庆专集。

本文说明了西昌地区彝汉两种语言各自的情况和特点，分析彝汉两语相互影响的原因、层面及影响程度。是第一篇系统讨论这一问题的文章。西昌地区彝汉人民在长期相处交往中，其最重要的交际工具汉语和彝语必然地相互学习、相互影响着，这是彝、汉两语相互影响的主要原因。文章主要在语音、词汇、语法三个层面上考察彝、汉两语相互影响的情况。其中，相互影响程度最深的是词汇层面，语音层面次之，相互影响程度最浅的是语法层面。文章认为，像西昌地区彝、汉两语相互影响的情况一样，少数民族与汉族相邻地区的语言必然相互学习而相互影响，使汉语成分进入少数民族语言中，也使少数民族语言成分进入当地汉语方言内。我们应当在汉语方言调查研究中，或在少数民族语言调查研究中充分考虑这个因素。这样才能提高语言调查研究的科学性，也才是尊重历史，遵循民族间语言接触规律的做法。

西番馆译语之研究——西藏语言学序说选译

西田龙雄撰，载《民族语文研究情报资料集》，中国社会科学院民族所语言室，1984年第3期。

本文是同名著作的译文。分为"华夷译语研究法"和"明末汉语音韵体系"两章。《华夷译语》和附加的文例集（"来文"）是研究中国近邻各语言历史的可靠的宝贵材料。这部语言资料采录、记载了当地各民族实际使用的书面语和口头语，它所记录的丰富和词汇有很大的价值。由于每个单词都有统一的汉字注音，可以据此构拟该语言的音韵体系并复原各单词的语音形式。编写这部对译词汇集，目的在于掌握这种语言的正字法和它的实际读音。构拟该语言的音韵体系时，当然要依靠汉字的注音，但所注的外族语音与注音汉字的读音，常常不是一对一的对等关系。因此，在研究《华夷译语》时，区别下列两种转写与标音是很必要的：1. 文字转写。分析出异体文字的最小单位，并参照这种文字的继承形式把这些单位转写成罗马字。2. 汉字转写。把词汇的注音汉字转写成构拟的明代末期北京音。3. 把标音复原。文字转写与汉字转写相互对照，复原该语言的语音形式。

西番译语再考

孙宏开撰，载香港《中国语文研究》2002年第1期。

20世纪80年代中期，在一次中国民族古文字会议上，作者曾经以《西番译语考辨》（该文后来刊载在《中国民族史研究第二集》中）。本文是该文章的进一步研究。"西番译语"是"华夷译语"中西番馆所记录的一种汉语和少数民族语言的对照辞书，分杂字和来文两类。记录了四川西部的藏语和一些非藏语，共有12～13种，每种记录了一千多条词语，清代《西番译语》一般都记录了740条词语。经过对《西番译语》的种类、版本、内容进行了初步分析，并将记录的词语与实地语言进行复核，发现《西番译语》中的记录藏语8种，非藏语4种。文章主要根据汉字注音对所记录的不同时期、不同地点的藏语语音进行了初步的比较研究。文章认为，虽然现代藏语语音已经发生了一定的变化，但我们从西番译语的注音可以了解到明、清时代藏语的一些语音特点，从而对藏语的历史音变以及藏文创制时期的语音状况有一个概括的认识。文章还对《西番译语》的版本进行了一些考证，提出龙威秘书本《西番译语》很可能是明代西番馆译语杂字主干部分的抄件，是一种盗版书。

《西番译语》藏文前加字的对音 孙伯君撰，载《中国民族古文字研究》（第4辑），天津古籍出版社，1996年。

明代政府为了加强对外交流，曾于永乐五年（1407）正式开设四夷馆。为了帮助"官民子弟"学习中国近邻各族语言，四夷馆及清代的四译馆编译了多种语言的汇集（杂字）和文例集（来文），其中用汉语词汇对译的词汇集被后人名为"华夷译语"。由于这套语言材料所记录的每个词都有汉字对音，人们据此既可确定译语的性质，又可在总结对音规律的基础上，摸清语言的语音情况，从而重建有关少数民族语言历史。《西番译语》即"华夷译语"系列丛书之一。《西番译语》成书于宣德元年（1426）或略晚一些。全书共罗列740个常用词语，于藏文下先列汉文，再列汉字对音，藏文采用无头字书写。本文的目的则是通过对藏文前加字对音规律的归纳和分析，说明15世纪初藏文5个起首音的情况，以供藏语文研究者参照。要研究《西番译语》中藏文前加字的对音，首先我们必须确定该译语的语种。史书对西南少数民族一般泛称"蕃"、"西蕃"，包括四川、云南、甘肃等地操藏缅语族中不同语种的各少数民族。

西宁方言的差比句 王双成撰，载《中国语文》2009年第3期。

差比句在语序类型学中占有重要的地位，特别是其构成成分的语序，与动宾语序和介词类型密切相关，是重要的类型指标。差比结构有四个基本构成要素：①比较主体；②比较标记；③基准；④表示比较属性的形容词，有时在形容词之后还可能出现量化的比较值（Z）。

本论文详细、深入地描写了汉语西宁方言的差比句类型，并从语言接触的角度，对西宁方言差比句的来源做了研究，并结合来自遗传学的研究成果，进一步证明历史上青海境内的汉语方言和SOV类型的少数民族语言有非常亲密的接触，这些SOV语言对西宁方言的语序类型、介词类型都产生了非常深刻的影响，使得西宁方言已经出现了SOV语序特征的萌芽，表现在差比句的类型上，西宁方言既有和汉语普通话一致的"我比你早"的差比句类型，同时还有"我你哈早着"、"你哈看呵我早着"等差比句类型，这些差比句的语序以及后置词的使用，都反映出西宁方言出现的SOV语序类型特点，是和SOV语言长期接触、影响的结果。在语言的接触中，西宁方言和阿尔泰语（如土族语）的接触更为密切，这也得到来自遗传学的研究成果的支撑，同时一些差比句类型显示西宁方言和藏语的接触也是不容忽视的。

西双版纳传统傣文及改进文字的字形结构 谭玉婷撰，载《云南民族语文》1999年第2期。

西双版纳目前存在着传统傣文和1953年经过改

进了的改进文字，两种文字的字形结构有相互承接的关系。传统傣文有 56 个字母，前 41 个字母的排列次序与拉丁字母转写而成的巴利语字母的次序是一样的。傣文是拼音文字，声母分为单体和复体；韵母包括有长短音的单元音、带 [i]〔u〕尾的复合音、带辅音韵尾的韵母共 91 个。老傣文声韵母的结合由于字母的前、后、上、下都有符号而相对复杂。改进文字的字形结构大部分字母都保持了老傣文的形式，只是对原来用来拼写巴利语词的字母进行了归并和取消，并设计了新的声调符号。由于声母、韵母、声调符号全部都是横排，把过去不规范的书写状况改变成了规范的书写状况，所以新傣文也就是改进文字的符号数目大为减少了，字形结构只有左右结构。新傣文只有 42 个字母，字形结构简单明了，读来也方便，更有利现代社会的交流和交际。

西双版纳傣文 罗美珍撰，载《民族语文论集》，中国社会科学出版社，1981 年。

本文系统介绍了西双版纳傣仂文的情况。老傣仂文脱胎于巴利文，56 个字母分高、低二组，其中 41 个与巴利文相同，15 个是傣文新添的字母；元音用符号表示，与字母组合时，分别位于字母的左、右、前、后等不同方位；有声调符号。此外，还有一部分合体字。从文字体系看，老傣仂文有如下缺点：（1）同一音位用不同字母或符号表示；（2）同一字母或符号表示不同的音位；（3）有时同一写法可表示不同音节；（4）合体字缺乏规范；（5）辅音韵尾，声调和一些元音符号放在声母的上、下方，书写不便。为此，1955 年，对傣仂文进行了改进，改进后的傣仂文有 42 个字母，元音符号一律写在字母的前边或后边，废除了合体字，新设计了声调符号。改进后的傣仂文简化和统一了字母、符号和书写规则，又保留了老傣文的主要特点。文中列有新、老傣文的字母表和新老傣文元音和韵尾符号对照表，声调符号对照表。

西双版纳傣文改进和推行的经验体会

刀有良撰，载《少数民族语文论集第一集》，中华书局，1988 年。

1957 年 3 月 19 日，中国科学院少数民族语言研究所副所长傅懋勣教授在云南少数民族语文科学讨论会上，根据几年来各民族创造和借用新词及术语的经验，提出了以下几个办法，我们认为他这个意见是对的。这些办法：（1）搜集整理本民族人民群众的语汇。从群众中，特别是广大的劳动人民群众去找，这是新词术语的一条极其丰富的源泉。（2）用本民族固有的语词创造，这种创造可以采取三种方法：第一，找现成的，过去已有的；第二，利用本民族原有的词造成复合词；第三，按照汉文及其他语言来直接翻译。（3）借用汉语及其他民族语言，就是直接译音，语言学上称为"借词"。（4）同一个民族有几种文字，使用各个文字的地区，应共同研究互相推荐使用新词、术语。（5）如何处理借词的语法次序问题。（6）新词、术语借用或创造以后，应反复酝酿，让群众讨论、检查；大家同意后即成为群众习惯，应把它固定下来，不要轻易更改。

西双版纳傣文研究述评 刘岩撰，载《思想战线》1991 年第 6 期。

文章第一部分介绍了过去的研究成果，着重介绍了傣文的来源和创制时间及各家的说法：1）从印度巴利文演变而来；2）从梵文字母脱胎而出；3）来源于印度字母。第二部分介绍新的发现：傣文数字文的产生过程——最先用折篾片加上红豆来记数。后来用火炭写在房梁上或木片上。在数字文创制的同时也创制了代表简短语言的象形文字。1987 年 7 月在自治州召开的研讨会上认为傣文经历过象形文的发明和使用阶段；引进巴利文的充实阶段和增添十五个辅音字母、十一个元音字母的完善阶段。景洪县曼景栋村的"庄列塔"重建时，塔底出现一瓦罐，上刻"（佛历）1000 年捐建结束"。勐海文化馆也收集到曼拉迈佛寺的瓦片刻有"傣历 30 年 6 月 13 日猪日祝贺"字样。由此证明傣文至少有一千三百多年的历史。最后作者提出看法，认为：（1）傣文源于巴利等文还不能予以认定；（2）目前发现的材料也不足以证明西傣地区有过象形文字。这些问题有待进一步研究。

西双版纳傣语的人称代词概述　童玮、刀孝忠撰，载《少数民族语文论集第一集》，中华书局，1988 年。

西双版纳傣语的人称代词，除了庄严的正式用语、尊敬称谓、僧侣和旧日上层对群众以及夫妻或亲密朋友间运用外，在日常生活中，一般习惯都不大应用甚至避免使用，而以亲属称谓或借用亲属称谓（没有亲属关系的人的中间）或职位名称代替。人称代词的每一人称都可以分为：通称、客气称和亲密称三项。每一人称又包括好几个不同的同义词，也许正是由于这种原因，在现代口语里人称代词发展到不大通用、少用甚至避而不用的结果。通称仅应用于庄严的正式用语、僧侣对俗家的称谓以及自大和轻视等；客气称则为一般的应用，表谦恭、尊敬等；亲密称只能用于夫妻之间、年龄相若或较熟识的朋友之间等。除此之外，指人的疑问代词 phai^{55} "谁"也常常地被用作泛指代词。用 phai^{55} 表泛指时，它的范围比 tang^{51} 还更笼统一些，也更大一些，同时也是为了客气、谦恭缘故而避免使用人称代词。

西双版纳傣语的新词术语　喻翠容撰，载《云南民族语文》1991 年第 4 期。

新词术语是具有不同内涵的两个概念，文章就西双版纳傣语中新近发展起来的，又都具有全民性的新词和具有一定普遍性的术语展开深入的讨论，论述了傣语新词术语的产生途径、结构类型及语义结构的特点。文章认为傣语新词术语的产生有两种途径：一个是意译；一个是音译，其中这两种途径中又有好几种来源方式。如意译通过移植、仿制、旧词赋予新义产生了现代的许多新词术语。在傣语中，其固有词是单纯词占优势；而新词术语是合成词占多数。作者认为，新词术语中合成词的结构类型与固有合成词的结构类型基本相同，其构词方式主要有并列式、限定式、支配式、补足式、补充式。文章还从语义角度分析傣语新词术语的语义构成，观察了新词的词义与构成新词的语素意义之间的关系。文章的最后部分，作者补充说明了三个问题：即创制新词术语的原则，如何对待外来词以及音译词的拼写问题。

西双版纳傣语亲属称谓语义成分分析
周庆生撰，载《民族语文》1990 年第 2 期。

一个亲属名词只能指称一种亲属关系的，是描写式称谓。一个亲属名词可指称多种亲属关系的，是类分式称谓。西双版纳的傣语亲属称谓系统属于类分式称谓系统，如果用传统的汉语书面语的亲属称谓来解释傣语的亲属关系，解释范围受到限制，且不易做到精确无歧义。为了克服这些缺陷，本文作者运用结构语义学的基本原理和方法，系统分析和描写了 54 个傣语系属称谓的语义成分，包括基本义分为五类：（1）高祖、玄孙类，（2）曾祖、曾孙类，（3）祖孙类，（4）父母、子女类，（5）兄姐、弟妹类。各类亲属结构，采用二分法，画出树形结构图。对于傣语 54 个亲属称谓的基本义成分和扩展义成分，本文运用一定的概念、术语符号作出穷尽式的详细描写。

西双版纳傣语与汉语中动词带宾语和结果补语的语序问题　张公瑾撰，载《傣族文化研究》，云南民族出版社，1988 年。

动词带单独一个宾语，构成为动宾结构，动词在前，宾语在后，对于汉语和傣语来说，在语序上是相同的；动词带单独一个补语，构成动补结构，动词在前，补语在后，对于汉语和傣语来说，在语序上也是相同的。只有当动词带宾语又带补语的时候，其语序才发生不同的现象。在傣语中，动词带宾语和结果补语的格式，语序一般是"动词＋宾语＋结果补语"。傣语中"动＋宾＋补"式与汉语相应结构的"动＋补＋宾"式，其宾语与补语的次序正好相反。从傣语的现状来看，"动＋宾＋补"式现代仍然是"动词带宾语和结果补语的基本语序"。但"动＋补＋宾"式也日渐增多，这是由于受了汉语语序的影响。

西双版纳傣族文学与宗教　岩温龙撰，载《云南民族大学学报》2008年增刊，第25卷。

凡了解西双版纳傣族的人都知道，在历史上，西双版纳傣族曾经历过两个重要的文化历史阶段：一是原始信仰阶段，公元四世纪之前；二是小乘佛教信仰阶段，公元四世纪之后。至今西双版纳傣族信仰是双重信仰，即原始宗教信仰和小乘佛教信仰。这种文化现象反映在文学作品中是很突出的，宗教用文学的形式来进行传播，文学作品在反映宗教的思想内容的过程中用独有的表达方式来进行宗教传播。在西双版纳傣族的祭祀歌、神话中反映的多是原始宗教，本文把这部分称为"原始文学"；在西双版纳傣族的叙事长诗中反映的多是小乘佛教，这部分本文称为"佛教文学"。无论是哪种文学作品都反映着西双版纳傣族文学与宗教是紧密结合在一起的，是相互渗透交融，使西双版纳傣族文学形成了独有的风格。

西双版纳古傣文塞音声母考　巫凌云撰，载《民族语文》1979年第4期。

此文对西双版纳傣文塞音声母的原始音值及其历史演变作了探讨。通过与泰语文、巴利文进行比较，认为古傣文塞音声母有五类：（1）傣文 p^1，t^1，k^1 的音质是清音不送气的 p，t，k；泰文与傣文同。（2）傣文 p^2，t^2，k^2 的音值是浊音不送气的 b，d，g；泰文变为清音送气 ph，th，kh。（3）傣文 ph^1，th^1，kh^1 的音值是清音送气的 ph，th，kh；泰文与傣文同。（4）傣文 ph^2，th^2，kh^2 的音值是浊音送气的 bh 或 br，dh，gr；泰文变为清音送气 ph（或 phr）th，khr。（5）傣文 b，d 的音值是 ʔb，ʔd；泰文是 b，d，都属于清音调类。文章内引了13对傣文和巴利文对应词；30例傣文和泰文对应词；12例傣、泰、巴利文对应词。

西夏残经注音藏文的前加字　聂鸿音撰，载《民族语文》1986年第2期。

迄今发现的唯一用拼音文字注音的西夏资料是黑水城出土的夏藏对音佛经残片，其中出现了大量与藏语传统读音不符的前加字母。五十年前曾有人提出这几个前加字或者代表西夏复辅音声母的起首音，或者仅仅影响基字声母的清浊和整个音节的声调。本文通过对西夏语声母类别和《掌中珠》汉字对音的综合考察，指出残经中藏文前加字所代表的是西夏语里的三个中介元音：其中前加字 b 和 m 用以指示合口 b 介音，即 bge 实读 gwe，mk'ifi 实读 k'wi；前加字 g 和 ɦ 用以指示 j 介音，即 gde 实读 dje，ɦdze 实读 dzje；前加字 d 用以指示 ε 介音，即 dbu 实读 bεu。文章在总结出这三条规律的同时也逐一分析了例外现象的成因，指出残经的藏文注音有时会受到"训读"的影响（如西夏"二"字注音为 gniɦ），也有时遵循了前人用藏文拼写外族语言时的书写习惯（如"马"注音为 ɦbaɦ）。

西夏词源学浅议　聂鸿音撰，载《民族语文》1995年第5期。

本文论述探寻西夏词源的原则性思路，以期为藏缅历史语言学提供方法论的借鉴。西夏在历史上是个多民族杂居的地区，这使得西夏语成了藏缅、突厥、蒙古诸语族以及汉语所构成的复合体，现存的西夏文字典用西夏文字记录了大量的同义词，其中有些即反映了词源上的各异。此前西夏学界对汉语借词的研究比较充分，本文在前人的研究基础上用传统的词源学方法进一步指出，西夏语中除了本语词（羌语支）和汉语借词外，还有突厥诸语言的成分，也许还涉及一种久已消亡的"横山羌语"。作者以《三才杂字》中有关"羊"的一组同义词为例，说明这些不同来源的词在西夏的某些字典中都是有规律地排列着的，这一组的9个同义词排列序即为：1. 羌/彝语，2. 汉语，3. 彝语，4. 汉语，5、6. 突厥语，7、8. 彝语，9. 缅语。

西夏佛经翻译的用字特点与译经时代的判定 孙伯君撰，载《中华文史论丛》总第八十六辑，2007年6月。

西夏时期新译藏传密教经典在语言上突出表现为两个特点：一是某些佛教术语的翻译多采用意译；二是密咒对音汉字反映的是西夏地区流行的汉语西北方音。这些特点无疑可以作为一种标准，我们一方面可以根据佛教术语判定西夏文佛经原本的语言，另一方面可以根据陀罗尼对音用字规律把一些没有题款的、一般认为是宋元时期翻译的汉文佛经确定为西夏时期翻译的。本文主要通过西夏宝源译《圣观自在大悲心总持功能依经录》和《胜相顶尊总持功能依经录》，并结合《密咒圆因往生集》等有确切题款的经典，考察了夏译佛经密咒梵汉对音的用字特点，并结合这些特点提出《圣妙吉祥真实名经》等是西夏时期翻译的。

西夏、契丹文字的比较研究 于宝林撰，载《宁夏社会科学》1996年第3期。

本文试图据汉文史籍记载和文字本身的比较探讨西夏人和契丹人借用汉字的原因、方式以及其成功的经验和失败的教训。文章指出西夏人和契丹人创制本民族文字同是出于政治的需要和民族感情的驱动，而他们的文字都仿汉字制成，则是在立国前长期受汉文化影响所致。两种文字在改造汉字时所走的道路是不同的，西夏文繁化但仍表意，契丹文则由简化走向拼音，本文指出此种不同是因为受到了语言的制约。西夏语与汉语同语系，而契丹语与汉语不同语系，所以遇到契丹语的多音节词的，方块字的容纳力与表现力就显得力所不及。两种文字制成后都经过官方的大力推行，但契丹文字远不如西夏文字深入普及，这是因为契丹游猎征伐使得生活不够稳定，而且文字本身的科学性也成问题。这样，契丹文字的快速消亡就成了必然。

西夏文 白滨撰，载《中国民族古文字》，天津古籍出版社，1987年。

西夏文是公元十一至十三世纪党项族所建的大夏（西夏）国使用的文字。西夏文乃元昊倡导由野利仁荣等创制的。西夏文制成以后，西夏统治者大力推行。元灭西夏后，元代仍刊印西夏文经。西夏文字文献，就其数量与价值来讲，在传世的中国民族古文字文献中，都占据相当突出的地位。在现存西夏文献中，西夏文佛经的数量最大。西夏文献具有很高的史料价值。其中有反映社会经济方面的史料。汉文史籍反映西夏社会的材料十分缺乏，各类西夏文书则可提供有关资料。现在发现的西夏文献中，西夏法律与有关司法制度的文献很多。有反映西夏末年政治军事形式和军政设施的文献。现存西夏文佛经十分丰富，主要译自汉、藏经典。汉文史料有关西夏官制记载十分简略，这些是研究西夏官职设置和官制沿革的重要资料。西夏字典《文海》在字条释文中提供的科技史资料甚多。

西夏文《官阶封号表》考释 史金波撰，载《中国民族古文字研究》（第3辑），天津古籍出版社，1991年。

（1）西夏官阶封号表首次著录在苏联哥尔巴切娃和克恰诺夫于1963年出版的《西夏文写本和刊本》（叙录）上。此书对列宁格勒所藏西夏文主要的写本和刊本文献作了比较全面的著录。（2）从西夏官阶封号表的译文可以看到其内容是很重要的。

它不仅列录了西夏的职官、封号名称，提供了很多前所未知的重要材料，而且以其表格的系统性展现出西夏官阶封号的统属关系和品位高低，这对研究西夏官制是极可宝贵的资料。（3）西夏文献中所见西夏官职封号。是过去治西夏学者翻译文献时的一大难点，对多种封号往往不解其意，不知其品位高低，不明了互相之关系，译释时可能不准确，甚至失误。现在利用官阶封号表提供的资料，再以其他有关资料佐证，可以将西夏文献中的官职封号解释明白。目前所见西夏文献中使用官阶封号最集中的当推《天盛新律》、《颁律表》后的制定者人名称谓。制定人共二十三位，其中不少带有封号。

西夏文《三才杂字》考　赞用明撰，载《中央民族大学学报》1995年第6期。

西夏文《三才杂字》在12世纪是一部面向普通大众的识字读本，在今天则成了研究西夏历史文化的珍贵文献。这本书页数仅过二十，字数仅过四千，但其蕴含的内容却十分丰富。它多方面反映了西夏社会生活的真实面貌，有些内容在现存的资料中堪称首屈一指。其中的日、月、星、辰、风、云、雷、电、天、地、山、川等部类显示了西夏人对复杂的自然现象的认识水平和区分能力。树菜草俗、马驼牛羊、飞禽野兽、爬虫昆虫等则提供了西夏地区的生态环境和农牧业资源情况。《三才杂字》中最有价值的部分，是反映西夏生活习俗和政治、军事制度的大量词语，主要见于"节亲与余杂义合"和"诸司与余用字合"两部，前者包括亲属称谓、人生、学业、得福、娱乐等方面的记载。后者包括中书、枢密以下的西夏诸多司职名称以及刑事诉讼方面的用语，书末的"军珂贝"记录了西夏军事名称和军用物品。

西夏文《新集慈孝传》考补　聂鸿音撰，载《民族语文》1995年第1期。

《新集慈孝传》是20世纪初在内蒙古黑水城遗址出土的西夏文献之一。今藏俄罗斯科学院东方学研究所圣彼得堡分所，编号616，全书收录44条人物故事，均据中原史书有关章节翻译改写而成。1990年克平曾对全书进行研究，其中有5则故事未能寻出主人公名字和史料出处。本文提出这5则故事中的4则的解读及史料出处如下：原书第7条人名当译"柳仲郢"，事见《新唐书》卷一六三；第19条人名当译"倪萌"，事见《东观汉记》卷一六；第44条人名当译"郗鉴"，事见《晋书》卷六七。文章并指出，原书题西夏文五字此前学界皆译为"新集慈孝记"，其中"记"字实当译"传"，因为中原同类著作如《列女传》《孝子传》等都以传而不以"记"命名。本文最后附有《新集慈孝传》各条的人名及史料来源总目。

西夏文《新修太学歌》考释　聂鸿音撰，载《宁夏社会科学》1990年第3期。

《新修太学歌》是俄罗斯圣彼得堡所藏西夏佚名诗集中的一首，日本西田龙雄于1986年予以抄录并用日文翻译发表，本文是对这首西夏原文诗歌的进一步研究。文章首先抄录了西夏原文，然后附以汉文对译和诗体的意译，并结合中原典籍对太学形制的描写着重分析了诗中相当于"明堂"、"灵台"、"辟雍"、"屋漏"、"太庙"的几个词语，又结合诗中关于壬子年国王年迈的暗示考定太学的新修时间是西夏仁宗乾祐二十三年（1192），地点不在京城的中心而在郊外。仁宗时期是西夏文化事业最为繁荣的时期，太学的生源亦达鼎盛。以《新修太学歌》结合史籍推测，当时生员的学习对象主要是蕃汉语诗文，也许还有医学，另外由于西夏人笃信佛教，所以诗中提到佛学也是西夏学校教育的一个重要内容。这一点是和中原的学校截然不同的。

西夏文《杂字》研究　王静如、李范文撰，载《西北民族研究》1997年第2期。

本文是对一部名为"杂字"的西夏字书的综合

研究，共分六个部分，文末有跋。第一部分是已故西夏学家王静如序言，兼纪念聂历山教授诞生 100 周年。第二部分以下从文献学和语文学角度讨论《杂字》一书，文章在介绍了西夏文《杂字》的形式和内容之后，又把它和同名异书的汉文本进行了对比。在论述西夏文《杂字》的特点时，作者认为该书体例上受《孝经》"三才"的影响，内容上受《尔雅》的影响，但突出了姓名和亲属称谓部分。文中刊布了西夏文《杂字》的照片共 30 张，每张照片下面都有作者的汉译，并在必要的地方以附注的形式对汉译文进行补充说明。文末的"跋"是作者李范文对他和王静如交往的追忆，并简述了王静如的生平及学术成就。本文又附入同名专著，与中岛干起合作，于 1997 年在日本东京国立亚非语言文化研究所出版。

西夏文本《碎金》研究 聂鸿音、史金波撰，载《宁夏大学学报》1995 年第 2 期。

《碎金》是俄国科学院东方学研究所圣彼得堡分所收藏的西夏文文献的一种，全称"新集碎金置掌义"，其名称源自敦煌汉文写本《百家碎金》，体例则仿汉文《千字文》一派童蒙识字读本。本文在介绍了《碎金》的基本形式和主要内容之后，着重解读了其中有关番人和汉人姓名的两段文字。《碎金》所录番人姓名共 13 联 130 字，本文据西夏字书对它们进行了音译，并指出了其中一部分姓氏和汉文文献所录西夏姓氏的对等关系。《碎金》所录汉人姓氏共 12 联 120 字。克恰诺夫指出其中存在意义双关现象。如第一联"张王任钟季、李赵刘黎夏"也可以理解成"张王人忠贵、李赵留礼孝"，本文试图据此思路解读这 12 联。但其中有些字句的双关意义仍未能释出。文章的最后提供了《碎金》序言和正文的全部汉译文，并为之划分了段落。

西夏文概述 史金波撰，载《中国民族古文字研究》，天津古籍出版社，1987 年。

西夏（1038—1227）是以我国古代党项族为主体建立的封建王朝，国号大夏。西夏文创制于西夏建国前夕，即第一代皇帝李元昊时期。当时称为蕃书，后世始称之为西夏文。西夏文形体方整，结构复杂，计有六千余字。其构字方法除吸收了汉字"六书"的某些原则外，还有其独创的构字方式。西夏文不像汉字那样有源远流长的发展历史，它是仿汉字而创造的。因此，象形字、指事字极少，而以类似汉字中的会意字、形声字为主体，这两种字约占所有西夏字的 80%。西夏文从文字构成上可分为单纯字和合体字两大类。用西夏文记录的语言为西夏王朝主体民族党项羌的语言。经国内外专家反复比较研究，西夏语目前一般认为属汉藏语系藏缅语族。历史上西夏文的使用有以下特点：使用范围大、地区较广、时间较长。当时的西夏文研究水平达到了相当高的水平。

西夏文及其文献 史金波、白滨撰，载《民族语文》1979 年第 3 期。

本文介绍西夏文字的创制、使用和西夏文献的保存情况。作者首先列举了汉文史籍中关于西夏文创制的三种说法，通过分析认为《宋史·夏国传》、《隆平集》、《续资治通鉴长编》记载的"元昊自制蕃书"一说比较可信，并指出文字创制工作是由野利仁荣主持的。文章认为西夏文在使用方面有"使用地区较广"、"使用时间较长"等六个特点，然后分"法律、文学、医学著作"、"译自汉文的典籍"、"字典、辞书"、"官私应用文书"、"佛经"、"碑文、石刻、题记"和"印、牌、钱币"等七个部类介绍了西夏文文献、文物计五十余种，资料主要来源于《国立北平图书馆馆刊》1930 年刊出的《西夏文专号》和苏联 1963 年出版的《西夏文写本和刊本（目录）》。本文发表之时中国的西夏研究刚刚重新展开，故文中提供的资料给了当时信息闭塞的中国学术界以很大帮助。

西夏文注音汉字的转写方案 聂鸿音撰，载《民族语文》1997年第1期。

在进行西夏学或中国语言学研究的时候，《番汉合时掌中珠》（以下简称《掌中珠》）里的番汉对音始终是我们了解西夏字音的最主要的资料来源，但是这些对音都由缺乏表音直观性的方块汉字构成，一般读者很难从中体会出汉字在当时当地的实际读音。为此，本文提出了一套用拉西字母转写番—汉对音字的方案。和《掌中珠》对音汉字系统以及近年出现的几种西夏语音构拟系统相比，这个转写方案有两个明显的优点：第一，它避免了原有汉字对音表面上的异读和"通转"现象，与同一个西夏字相当于的不同对音汉字尽量用相同的符号来表示，因而能够极大限度地接近西夏作者的本意；第二，它所使用的音标全部借自通行电脑键盘上固有的拉丁字母，此外不再添加任何变音符号，书写和印刷都相当方便。本文最后附有汉字转写索引。《掌中珠》里每一个对音汉字的转写都能方便地检索出来。

西夏文字——构成与运用 西田龙雄撰，载《民族语文研究情报资料集》，中国社会科学院民族所语言室，1984年第3期。

本文论述了西夏文的构成和运用问题。西夏文字有六千几百个，从这个整体上归纳出构成西夏文字字形的最小单位，共350种。与此同时，文字要素组合样式也自然归纳出来了，共计44种。由此可知，一个西夏文字的字形，由以下四个条件决定：（1）文字要素的选择方面；（2）文字要素数的选择；（3）文字要素组合样式的选择；（4）每种组合样式的具体配置。每个西夏文字都是把特定的文字要素，按一定的样式组合起来的，其中包括基本的字形和接合法、置换法派生出来的字形。另一方面，文字要素也从原则上显示出了粗略的字义，也可由其字形的相互关联和字义的相互关联，归纳出几个系列。西夏人的思维形态在文字结构和单词结构上得到充分反映。这方面，要想准确地通读这个语音的原文，不仅仅是解明每个文字的意思，也必须解释单词的词义。西夏文字的构成即能大致整理出来，那就应该超越这个阶段，向更明确理解这种文字运用方面进行深入的研究。

西夏文字中的名—动派生字 杨占武撰，载《宁夏社会科学》1992年第3期。

西夏文字的部首并不完全具备汉语部首的表意功能，本文基于龚煌城的观点，认为西夏文字偏旁的基本功能之一便是在"基字"中"变换"衍生其他新字，由此进一步提出，同源字的前、后两字还有词性上的分别，即在名词→动词这样后对义近字或同源字中，"基字"往往是名词，而添加部首后造出的新字往往是动词，文章举出了一批此类派生词的例子，并指出派生字所添加的西夏偏旁主要有四个，其间亦多有对西夏字义、词源的分析。西夏字典《文海》对西夏每个平声字的形体构成都进行了说解。本文通过类比例证指出这是《文海》囿于解释字形所使用的方式，未能切中西夏文字的构造事实，但通过这种解说，人们还是能看到每组派生字对基本字的包括关系以及二者在语意上的密切关联，甚至可以就此估计西夏人中已有语法学思想的萌芽。

西夏译经的梵汉对音与汉语西北方音 孙伯君撰，载《语言研究》2007年第1期。

黑水城出土的汉文佛经中有几部是由西夏僧人根据梵文新译的，大多刊印于仁宗在位期间（1140—1193）。尽管有证据表明这些经典的传播、翻译都与藏传密教有密切的关联，但其中陀罗尼的对音却秉承了唐代以来梵汉对音的传统，特别是为准确描摹梵语的实际音值所采用的那些注音辅助手段，颇能显现与中原汉译佛经的个中渊源，所不同的是夏译密咒所用汉字的字音是西夏地区流行的汉语西北方音。本文主要要选取《胜相顶尊总持功能依经录》中的陀罗尼，对其中的梵汉对音规律进行归纳和诠释。其中关于汉语西北方音臻、山两摄字仍有-n韵尾的论述是与此前学者的结论不同的。通过梵汉对音材料揭示12世纪西夏地区流行的汉语西北方音不仅可以帮助我们梳理汉语西北方音从中古到近古的发展脉络，而且还可以帮助我们进一步深化西夏语的研究，我们可以借助梵文的音值，还原《番汉合时掌中珠》中标音汉字所代表的语音实际，从而检讨此前的西夏字的拟音。

此文被中国人民大学书报资料中心《语言文字学》2007年第7期全文转载。

西夏译《孙子传》考释 聂鸿音撰，载《中国民族古文字研究》（第三辑），天津古籍出版社，1991年。

本文考释的是西夏译本《孙子兵书三家注》的一个附录，于1909年在内蒙古额济纳旗黑水城遗址出土，今藏俄罗斯科学院东方学研究所列宁格勒分所，编号771。所记故事包括孙武操练女兵、孙子膑脚、田忌赛马和围魏救赵，内容与《史记》卷六十五的《孙子列传》完全相同，仍残缺最后的马陵之战，估计西夏本后面恰缺一页。现存五页半的照片正由苏联学者克平加以俄译，刊布在她所著《孙子的夏文译本》（莫斯科，1979）一书中。本文考释的《孙子传》一定是汉文《孙子兵法》原有的附录，而不会是西夏人自己从《史记》里节选出来的。克平曾发现，西夏本《孙子兵法》的注释与今存的汉文本出入很大，于是她据此推断夏译的汉文底本久已亡佚了。这样，我们今天实际上已无从窥见其原始面貌。西夏人翻译的《孙子传》本是孙武和孙膑两人的合传。从宋代以后，人们一直不能确证《孙子兵法》和《孙膑兵法》的关系，但到了1972年《孙子兵法》和《孙膑兵法》在山东临沂银雀山西汉墓中同时出土，使这个悬案得到了最终的解决。

西夏语鼻冠音诹议 陈康撰，载《首届西夏学国际学术会议论文集》，宁夏人民出版社，1998年11月。

汉藏语系藏缅语族语言的比较研究在20世纪下半叶取得了较大进展，尤其是对中国境内以及中印边境大量"空白语言"的补充调查，汉藏语言学家曾对原始藏缅语作了多种拟测，其中对鼻冠音的探讨始终是研究的重点之一。20世纪下半叶，尤其是七八十年代，我们逐渐对分布在四川省甘孜藏族自治州、凉山彝族自治州、阿坝藏族羌族自治州的木雅语、道孚语、扎坝语、却域语、贵琼语、史兴语、吕苏语、嘉戎语、纳木义语等语言做了大量调查研究，发现这些语言的结构和同源词，与西夏语关系极为密切，实可归为一个语支，称"西夏语支"，其语音的重要特征之一是：仍大量保存着浊音和鼻冠音。通过西夏语支亲属语言的比较研究推断，12世纪的西夏语是有一套浊塞音、浊塞擦音音系以及一套分别带有鼻冠音的音系。文中，把《掌中珠》中的"尼×"、"泥×"、"宜×"、"垩×"构拟为：一、尼长＊ndʑ；二、尼测＊ndz；三、尼卒＊ndz；四、尼责＊ndʑ；五、尼追＊ndz；六、尼祖＊ndz；七、尼顷＊ndz；八、尼习＊ndz；九、尼周＊ndz；十、尼栽＊ndz；十一、尼足＊ndz；十二、尼赏＊ndz；十三、尼仓＊ndz；十四、尼争＊ndz；十五、尼窄＊ndz；十六、尼盏＊ndz；十七、尼谷＊ndz；十八、尼专＊ndz；十九、尼积＊ndz；二十、尼征＊ndz；二十一、尼井＊ndz；二十二、尼说＊ndz；二十三、泥得＊ndz；二十四、泥六＊nl或＊nr；二十五、垩六＊ndz；二十六、宜会＊ndz；二十七、宜则＊ndz。于是，推测西夏语的冠音声母有＊mb、＊nd、＊ŋg、＊ndz、＊ndʑ、＊nl或＊nr。

西夏语鼻冠音声母构拟中的几个问题——从《掌中珠汉字注音》谈起 孙宏开撰,载《民族语文》1996年第4期。

西夏语是一个已经死亡的语言,西夏文并不表音。西夏语有没有鼻冠音,一直是西夏学研究的学者们有争议的问题。过去研究西夏语音,所根据的资料主要是韵书中的反切和各种注音,本文作者提出了依据上述资料外还应注意与西夏语同源关系比较密切的活语言的资料,特别从同源词的语音对应中探讨西夏语的语音系统。本文就是在这样一个大前提下写成的。文章引用了大量藏缅语族语言的资料,特别是羌语支语言的资料,证明西夏语文献《掌中珠》汉字注音带"尼"的前鼻冠音,不仅和浊音相拼,而且和清送气音相拼,这一点在与它有亲属关系的语言的同源词里也能找到证据。作者还认为,西夏语不仅有鼻冠音,而且有不带鼻冠的全浊音。

西夏语的"买""卖"和"嫁""娶" 史金波撰,载《民族语文》1995年第4期。

本文在西夏字形分析的基础上对比彝缅诸语言对西夏语有关"买""卖"和"嫁""娶"的词进行语源学的研究。文章指出西夏语中的来母字可能与彝缅语言中的擦音、卷舌、舌面塞擦音有对应关系,某些彝缅语言"买"和"卖"在语音上有同源关系。西夏语文中"卖""嫁"同音、同形,"嫁"由"卖"衍化而来。西夏语"娶"原意为"索妇"之意。彝缅一些语言中"娶"和"取"同音(汉语也如此),"娶"即"取得妇女"之意,"娶"由"取"衍化而来。西夏语中"为婚"二字在文字构成上分别由"男""娶""女""嫁"合成,在语音上分别与"舅"、"甥"同音,这与西夏党项族实行姑舅表婚有关。文章利用民族学和西夏历史资料对姑舅表婚制度进行补充说明,提供缅彝词语比较23则。附录西夏文词句例证34则,多采自《蕃汉合时掌中珠》和《天盛律合》。

西夏语的存在动词 史金波撰,载《语言研究》1984年第1期。

西夏语的存在动词有不同的类别,本文从三十余种西夏文献的98个例句中归纳出11个存在动词,其中 wi 和 nu 表示固定存在,tshiu 表示包含有,ɣɔɣ 表示附有,wɛh 表示部分有。mjvih 表示属有,ndzhiwo 和 ndzhang 表示珍贵事物存在,nriuh 和 li 表示一般存在且使用范围较广,ndzu 表示竖直存在。所有的存在动词都位于主语之后,在前面亦可加否定词"无"或"不"。西夏字典《文海》的现存条目中保存有西夏人对这些存在动词的解释,这些解释和相关的例句与上述分类都是符合的。现代羌语支和彝语支一些语言的存在动词也有类别范畴,本文将这些语言的存在动词与西夏语进行对比,指出它们的使用范围往往有所区别,各语音存在动词的类别也存在较大参差,这可能与存在动词使用过程中的发展变化有关,原来语音相近、语法意义相同的词后来变得不同了。

西夏语的复合词构词法 马忠建撰,载《民族语文》1988年第6期。

本文选取百余个西夏词例,从中归纳出西夏语构成复合词的语法规则,每个词例均据李范文《同音研究》的拟音方案标音,文末另有西夏字例多例附录。作者认为构成西夏语复合词的语法规则主要有六种,即并列式、偏正式、支配式、主谓式、重叠和复合动词特殊构成式。前五种在教学语法体系中常见,第六种为西夏语所特有。文章结合完整的例句对第六种构词规则进行分析,认为其中又分三种情况:(1)由动词根加 wIe(wI)构成的复合动词,如 lhuo wIe(增为)即为"增添",其词汇意义与有关动词根的意义完全一样;(2)由形容词根加 wIe(wI)构成的复合动词,如 swIe(净为)即为"使……净",具有使动意义;(3)由名词词根加 wIe(wI)构成的复合动词,如 miae wI(名为)

即为"命名"、"名叫……"，这种形式的复合动词具备同有关名词根相应的词汇意义。

西夏语的介词与介宾结构 马忠建撰，载《民族语文》1992年第5期。

本文讨论了西夏语的八个词：ndo、ʔa、ngu、rie、su、mbu、niwo、siei。这八个词通常被称为助词、格助词、结构助词或后置词，本文认为它们是介词，其语法功能是表示实词间的语法联系，反映事物与事物及动作或事物与特征之间的各种关系，作者引用了近百个西夏词组和句子进行分析，整理出了这八个介词在相关的介宾结构中的语法功能和介宾结构在相关的句子中的语法功能。以介词 ndo 为例，作者首先举16个词组例指出 ndo 可以分别与名词、代词及某些词组一起组成介宾结构，然后举8个句例指出带 ndo 的介宾结构只能置于动词之前作修饰语，这种修饰语有的表示动词所表现的行为或状态进行的方向，有的表示动词所表现的动作的直接对象，有的表示动词所表现的动作的间接对象。

西夏语动词的人称范畴和数范畴 马忠建撰，载《民族语文》1992年第4期。

同藏缅语族中的许多语言一样，早已消亡了的西夏语，动词也有人称和数的范畴。根据动词的不同性质及宾语的有无或形式，可以明显地区别为三种类型：不及物动词和 A 类及物动词、B 类及物动词中双向动词、B 类及物动词中的三向动词。西夏语动词人称范畴和数范畴的构成有如下特点：（1）西夏语动词只有在作句子的谓语时，才具备人称范畴和数范畴。（2）表人称范畴和表数范畴的语法成分同为一体，不能将其单独离析开来。（3）人称范畴和数范畴只包括第一人称、第二人称单数及第一、第二人称复数三种形式。（4）可能同谓语动词保持人称和数一致关系的成分，有主语、直接宾语、直接宾语的物主和间接宾语。（5）在句子中，谓语动词究竟同哪种成分保持人称和数的一致，决定于谓语动词及物不及物和"向"，以及各成分的构成性质。（6）谓语动词在反映与否相应成分的人称和数上均表现出随意性。

西夏语动词有时间范畴吗 马忠建撰，载《中央民族大学学报》1994年第2期。

苏敏和克平都认为西夏语动词有时间范畴，综合他们的看法，西夏语动词（以下用 V 表示）的时间范畴，其语法形式共有如下八种：V-（现在时）；V-（将来时）；V-（远过去时）；V-（远过去时）；si（完成时）；-V（过去时）；da-V（过去时）；rer-V（过去时）。经过分析比较，可以有根据地得出结论：V-是动词进行体的语法形式；V-je 是动词将行体的语法形式；V-和是一般的动补结构；V-si 是动词已行体的语法形式；-V、da-V 和 rer-V 是动词趋向范畴的语法形式，同时兼表动词完成体的意义。总之，苏敏和克平认定的西夏动词的时间范畴的八种语法形式都不能成立。而且迄今为止，一直未能发现任何可以表示时间范畴的其他的语法形式。所以，可以有根据地断定，西夏语动词没有时间范畴。

西夏语构词中的几个问题 史金波撰，载《民族语文》1982年第2期。

本文以西夏语为例讨论了汉藏诸语言中比较少见的四种词汇学现象。（1）关于单纯词与合成词的区分标准，作者认为单纯考虑传统的"可分"与"不可分"有时会导致失误，最好的办法是结合西夏字形和语源进行综合分析。（2）字形上的区别往往与字义上的差异有密切的关系，应当注意从字形上分析同音近义词的词义差别。（3）西夏语中多见由动词加辅助成分构成的名词，最常用的辅助成分是一个类似于能愿动词的字，它附在动词之后，构成"衣服"（穿可），"僮仆"（使可）等名词。（4）西夏语中有一批"四音联绵词"，即所谓四字成语，基本形式有"虚实虚实""宾动宾动""主谓主谓"三种形式。文中举出西夏词例28条，附录西夏词语23组。词汇学研究是西夏语研究的薄弱环节，本文是这一领域的第一篇专题论文，具有开创的意义。

西夏语 * lh-声类置疑　聂鸿音撰，载《中央民族学院学报》1986年第4期。

西夏语有一大批和汉语字母（ * l-）相当的字，此前的西夏语音构拟方案把它们划归四个小类，分别拟音为 * l-、* ld-、* lh-和 * r-。龚煌城在1981年提出春中的 * ld-声母是不能成立的，本文则建议再取消前人所拟的 * lh-声类。文章指出，前人所拟的四个声类中只有 * l-和 * r-在西夏语音系统中表现为真正的互补分布，而 * lh-声类的反切上系有时也可与 * l-声类或 * ld-声类发生系联关系。此外的证据还有：（1） * lh-声类在《掌中珠》里的汉文对音字与 * l-、* ld-声类的对音字互用；（2）西夏残经的藏文注音中可以见到用藏文 lh-、ld-、zl-、sl-同注一个西夏字的情况；（3）有一些被拟为 * lh 的西夏字与 * l-声类的汉字同源。根据以上理由，文章认为在西夏话中并不存在一个独立的 * lh-声类，前人构拟的 * lh-、* ld-、* l-三个声类实际上都是 * l-。

西夏语能愿词之研究　马忠建撰，载《宁夏社会科学》1995年第1期。

本文研究了西夏语的10个能愿词：nui 能、善（于），wiuo 可、堪，riə 得，liə 能、可，wie 会、能、善（于），ləu 应、当、该，dʑie 肯、许，kiɛ 欲，kiə 敢，giei 想、欲。这10个词传统上被看作动词中的一个小类，本文指出它们虽然具备动词的某些语法特点，却完全不具备动词的语法功能，因此应当将它们从动词中分离出来，单独地列为一类，称为能愿词。文章以传统的教学语法模式分析了西夏语的能愿词和动词，指出它们之间的不同点达12条之多，如西夏语单音节动词可以重叠而能愿词不能重叠，能愿词不能生成派生词而动词则具有这种能力等。文章将西夏语的10个能愿词分成三类：（1）表示可能性的五个词；（2）表示"应、当、该"的一个词；（3）表示主观意志或愿望的四个词。并对这10个能愿词逐一进行了词义学和语法学的解说。

西夏语判断词之研究　马忠建撰，载《宁夏社会科学》1994年第4期。

本文研究了西夏语的12个判断词：ngu 是，nia 非，siu 如，wie 作、为，ɕiə 成，wi 是、为、成，ji 谓，sɛ 算、是，ləu 同、等，thu 同，su 类、似，zi 是、为。这12个词传统上称为系词，并被看作动词中的一个小类，本文指出尽管它们和动词之间存在某些共同之处，而且它们之中的某些词显然源于动词，但总的说来，无论是在语法特点方面还是在语法功能上，它们都与动词相去甚远，因此应当将它们从动词中分离出来，称为判断词，单独列为一类。文章以传统的教学语法模式分析了西夏话的判断词和动词，指出它们之间的不同点达14条之多。如判断词不能重叠而单个节动词可以重叠，判断词不能生成派生词而动词则具有这种能力等。文章还对西夏语的12个判断词逐一进行了词义学和语法学的解说。同时指出有的判断词系从动词转来。

西夏语声调研究的新课题　聂鸿音撰，载《宁夏社会科学》1997年第5期。

此前人们一般据西夏韵书《文海》判断西夏话有平、上两个声调。虽然另有迹象表明西夏语的声调类别可能不止两个，但有关的研究一直未能深入下去。20世纪90年代初，失踪多年的西夏《文海宝韵》抄本被重新找回，又有一部拟题为《音同文海宝韵合编》的抄本现世，其中出现了"去声""入声""平去""上入""平上""上去""平去清"之类声调附注。本文整理公布了此类资料并试图探寻其本质。文章认为这并不是声调的共时自由变读。而很可能是西夏语言历史演变的反映，原始西夏语很可能只有 p、t、k、s、r、l 等辅音韵尾而没有声调，后来随着辅音韵尾的脱落，声调作为一种补偿手段而产生，其调类数目最初是两个，后来开始向四个分化，我们看到的《音同文海宝韵合编》正反映了最后一步分化初始时期的情况。

西夏语松紧元音假说评议 聂鸿音撰，载《民族语文》2006 年第 5 期。

西夏字典《文海》以平声 57 韵为界构成了韵母排列的循环，这通常被假定为西夏语元音分松紧的结果。这种假说仅仅是从彝语支语言的语音特点类推出来的，并不能在西夏本土文献中寻得实证。为解释同样的现象，本文提出了"声调假说"，并认为西夏语的声调是伴随辅音韵尾的脱落形成与 12 世纪中叶。

西夏语言文字研究的回顾与展望 韩小忙撰，载《宁夏大学学报》1998 年第 1 期。

西夏文学重新被发现（1804），至今已经 190 年了，经过近二个世纪的发展，包括西夏语言文字在内的有关西夏历史文化的研究已成为一门综合性学科——西夏学。历史地看，西夏学的勃兴，首先是西夏语言文字研究的开展和不断深入的过程，直到现在，语言文字研究还是西夏学的前哨阵地，而且有关这方面的成果最多，最能反映西夏学的深入程度。因此，我们稍作梳理，将近二百年来西夏语言文字的研究大到划分为三个发展时期：（1）西夏字的发现与识读——西夏语言文字研究的启蒙时期（1804—1908）；（2）黑城文献的大量发现——标志着严格意义上的西夏语言文字研究的正式形成时期（1908—1936）；（3）多国学者参与研究、大量著作出版——西夏语言文字研究的繁荣时期（1960—1998）。这一时期尤其是 20 世纪 80 年代以后可视为西夏语言及文字研究的黄金时代。

西夏语以名词性词意为中心的偏正式合成词 刘鑫民撰，载《宁夏社会科学》1997 年第 1 期。

把词根与词根复合起来构成合成词是西夏话中运用得最多的一种构词方法，本文以传统的教学语法模式从构成语素和构成方式来加以探讨。文章指出，当西夏语偏正式合成词中"正"的部分是由表示人或物的名词性成分来充当的时候，"偏"的部分通常可以由表性状的语素，表人物的语素，表数量的语素，表动作行为的语素构成。西夏语的偏正式合成词有两种构成方式，即"偏+正"式和"正+偏"式，当名词性和动词性语素充当修饰限制成分时要放在中心语素前面，有一部分形容词性语素充当修饰限制成分时要放在中心语素后面，包括表色彩的语素，具有"清洁""不清洁""冷"意的语素，以及具有"阔、大、长、短、细、小"意的语素，但"大"、"小"、"双"三个语素有时可以放在中心语素的后面，有时也可以放在中心语素的前面。

西夏语音商榷 聂鸿音撰，载《民族语文》1985 年第 3 期。

本文重新检讨西夏语文字上争议最多的两个问题，即鼻冠音声母问题和鼻化元音问题，此前的大多数学者都认为西夏语有鼻冠音声母和鼻化元音韵母，本文作者对此持否定态度。作者沿用传统的对音归纳和分析手段，指出了龙果夫的鼻冠音理论和伯希和的鼻化元音理论之所以不能成立的缘故，并提出两项较为切合实际的解决问题的方法：（1）《番汉合时掌中珠》里的二合注音字除一小部分应按反切法拼读以外，其余大部分二合字所代表的西夏声母应是不带鼻冠成分的单辅音，而不应是带鼻冠成分的复辅音；（2）《掌中珠》对音汉字里有大量的阴阳对转现象，这只能说明失落了鼻音尾的是宋代汉语的西北方言，而不是西夏语。文中强调，人们在把一种语言音译成另一种语言时总会不自觉地遵循一套比较严密的对音规律，这套规律是不应该被研究者忽略的。

西夏语音系导言　王静如撰，载《民族语文》1982年第2期。

本文以20世纪苏、日、中三国学者的研究为基础，对西夏语音构拟中几个众说纷纭的问题发表了看法。作者认为西夏字典《音同》、《文海》和《番汉合时掌中珠》的语音系统不尽相同，是西夏书面语和俗语音系区别的反映，从这一点出发，作者论述了西夏语的几个总体特征，即通过肯定《文海》第57韵前后的反切上字不能联系并参考彝缅语中的类似现象来证明西夏语有松紧元音的对立，在松紧元音的作用下，西夏语的声调也从早期的两个分化为晚期的四个。西夏语的鼻冠音声母在书面语言用浊音ndz-等，在口语用清音nts-等。西夏语的正齿音是舌叶音tsh，ndzh，sh。作者还主张认真对待梵文咒语译音问题，并根据梵文对音证明西夏语的一部分元音还有一种很弱的鼻化音，这个鼻化音在和带鼻音声母的音节连读时可以变成真正的鼻尾音，而单念时则几乎听不准了。

西夏语与南语比较研究　陈宗祥撰，载《首届西夏学国际学术会议论文集》，宁夏人民出版社，1998年。

敦煌藏文《南语写卷》，由英国牛津大学托玛士经历22年研究，发表了《南语——汉藏民族走廊的一种古老语言》一书。已由王文华、杨元芳和陈宗祥共同翻译出版。南语音位系统支持西夏语而不支持藏语的说法，以及南语为三四百年前西夏语的论点，对后学是有很大裨益的。陈宗祥于1977年着手整理藏文原件，找到了普米语，用普米语来解释《南语写卷》1号，基本轮廓得到确定。第二步用西夏辞书和中国社会科学院民族研究所的《藏缅语语音和词汇》和黄布凡等编写的《藏缅语族语言词汇》等书进行南语翻译的核对。本文仅引用了前十行的翻译，仅是个引文而已。

西夏语韵图——《五音切韵》的研究（上）　西田龙雄撰，载《民族语文研究情报资料集》，中国社会科学院民族所语言室，1985年第5期。

本文研究了西夏语《五音切韵》的韵表和韵图。《五音切韵》是一部西夏文音韵书，成书于西夏早期，包括韵表和韵图两部分，是研究西夏语音的重要文献资料。这部著作和其他许多西夏文典籍一起，在20世纪初被俄国的柯兹洛夫自中国内蒙黑水城遗址盗走，今藏苏联列宁格勒。苏联学者对《五音切韵》的内容虽有一些零星的介绍，但世人始终不知其详。日本西夏文专家西田龙雄教授访问苏联时，抄录了该书，回国后进行了系统的研究。从1981年开始以《西夏语韵图〈五音切韵〉的研究》为题，分上、中、下三册刊出了录文和研究成果。这部分是西田龙雄教授一书的第五章的译文，内容包括《五音切韵》的各写本及其内容、《五音切韵》的序文和西夏语音的再构成、西夏语韵表"九音之韵母缠绳顺"的分析及韵表附录。

西夏语韵图——《五音切韵》的研究（中、下）　西田龙雄撰，载《民族语文研究情报资料集》，中国社会科学院民族所语言室，1985年第6期。

这个韵图的特点是每一韵类作成一个韵图，表示出这一韵类所属韵母的性质和音节的种类。与流传下来的汉语《韵镜》和《七音略》等综合的韵图相比，在这一点上性质是不相同的。文后附有韵图表。

西夏语中汉语借词的时间界限　聂鸿音撰，载《民族语文》1994年第1期。

龚煌城曾在1981年指出汉语借词是在两个不同

的时代输入西夏的,本文即以此为基础,通过学界公认的 92 个汉语借词与汉语中古声类的对比,总结出了区分早期汉语借词和晚期汉语借词的七条标准:(1)汉语并定群三个声母在早期借词是不送气浊塞音,在晚期借词是送气清塞音;(2)从、床两个声母在早期是不送气浊塞擦音,在晚期是送气清(塞)擦音;(3)邪、禅、厘三个声母在早期是浊擦音,在晚期是清擦音;(4)明、泥、疑三声母在早期是鼻音,在晚期明、泥、阳声字和疑母开口字是浊塞音,疑母合口字是 w;(5)娘、日在早期是 n,在晚期分别是 dʑ 和 ʑ;(6)非、敷、奉、微在早期是双唇音,在晚期微母是 w,其余是 x(-u);(7)知、彻、澄在早期是舌头中塞音,在晚期是舌面前塞擦音。结合汉语语音史来看,可知早期借词输入了 6 世纪中至 7 世纪中,晚期借词输入于 9 世纪末以后。

西夏语助词与动词群的配置 胡若飞撰,载《宁夏社会科学》1995 年第 6 期。

该文讨论了西夏话中的 a、na、ki、rer、wi 五个词,作者不同意前人把它们视为动词词头或前缀的观点,而主张称它们为助词或属助词。文章的西夏语例句均采自西夏译汉籍《类称》并与汉文对照。作者首先确定了这五个助词显示的趋向指示意义:a 表自下而上,na 表自上而下,ki 表向心,rer 表离心,wi 表由内而外,由隐到显的情状,并列出了与这五个助词相配的全部动词。文章进一步指出,西夏语助词的配置并不仅限于动词的范围,也可以配置形容词、副词、介词和名词性结构,助词附加动词的形式可以分为连接式和分离式等。文章最后讨论了西夏助词或属助词的相关问题。如特殊的语义差别,择例的修正、省略、空位形式等,并通过与汉语语法范畴的对比指出这些是西夏话区别于汉语的特有规律,应视为开启西夏语法中心环节的一个重要步骤。

西夏字书《文海》所见吐蕃名称考 常凤玄、黄振华撰,载《民族语文》1997 年第 1 期。

关于吐蕃的族称和族源问题,向为中外学者所瞩目,但因史料不足,文献无考,众说纷纭,迄无定论。在这种情况下,检索邻族对其如何称呼,也许有助于进一步的探讨。研究西夏字典《文海》的注翻译,对于吐蕃古称尚可进一步有所认识,该文即拟结合汉藏史料就此试作探讨。12 世纪成书的西夏字典《文海》称吐蕃为"钵"、"鹁",即音译的吐蕃自称 bod,其西夏字暂拟音为 pacr。该文通过考释西夏文"蕃"字条注释论证吐蕃古称,旨在说明利用古代民族文字的文献有助于解决中国历史上聚讼纷纭的难题。例如,突厥何以称唐人为"挑花石"(见于 8 世纪中叶的茹尼碑文),西夏何以称汉人为"京""宽""范",女真、满族何以称汉人为 nikan,这些问题也许只有通过比较研究有关文献才能弄清它们的来龙去脉。

西藏的双语教学 田家乐撰,载《双语教学与研究》(第一辑),中央民族大学出版社,1998 年。

纵观西藏教育发展史上的藏、汉两种语音的教学,培养出了一批批藏汉兼通并有较高科学文化知识的人才,为西藏的发展和藏汉民族的共同繁荣做出了不可磨灭的贡献。西藏 20 世纪 90 年代基础教育的藏汉双语教学不如七八十年代,更不如五六十年代开展得好;而大中院校的情况则有所不同,特别是从 1992 年开始,西藏的大中专院校实行了应届毕业生不分民族,凡藏语文不及格者不准毕业的制度。大中专学生在有相应汉语水平的基础上,又重视了藏语文的学习,所以,大中专学校双语教学在 90 年代取得了很好成绩。作者认为在西藏必须一视同仁地对所有民族的学生搞好双语教育。最有效的办法是从母语(文)教育入手,待学生有了一定的母语(文)基础,懂得了一些必要的语文知识之后,再进行第二种语文的教育,并以母语为工具,辅助学习第二种语文。

西藏口语中的动词　张蓓蒂撰，载《民族语文研究情报资料集》，中国社会科学院民族所语言室，1983年第2期。

该文探讨了现代藏语口语中的动词。书面藏语是一种动者格语言，而现代藏语口语与书面藏语已有明显差别。藏语口语中的及物动词前面可以有一连串的体词，其中有一个用动者格，充当主语。在动者格形式和动词之间还可以有别的体词。不及物动词前均可有一独立格体词作主语，此类动词又有几个小类，其中一类为可控制不及物动词，其重要特征是它们的主语既能用动者格又能用独立格，而这种流动程度取决于动词词干的意义。及物的可控制动词和不及物的可控制动词两种结构里经常出现动者格主语，说明动者格的功用是表示有目的的行为。通过对"留、住、坐""出来""来、到、抵达""来""去、走"等动词的分析，可以看出：动者格用于不及物动词句中，表示某项目标已达到或保证达到。不可控制的不及物动词不能出现在主语是第一人称、动词词干后加语缀的结构里，它并非无人称区别。表示第一人称的助词，用在动词完成式之后要跟主语一致。

西藏文字与悉昙梵字的比较研究　函阔撰，载《少数民族语文论集第一集》，中华书局，1988年。

（一）印度的梵文文字根据印度的古代神话传说，最初是由印度婆罗门教的大梵天神从天上下来传授给他们的，所以最初的梵文文字被命名为"梵书"。梵书是印度梵文原始文字，是一种非常简陋的音符，字形不整齐。到公元4～5世纪间，梵书的字形已经发展成为一种非常整齐而又有系统的文字了。这时它的名称改为悉昙文字。悉昙文字是在公元6世纪在印度南北最流行的梵字。唐代从印度前来我国的佛都高僧开元三大士善无畏、金刚智、不空等所译出的汉文佛经中所载的梵文陀罗尼、真言咒等都是悉昙梵字。公元12世纪佛教在西藏兴盛起来。梵文的佛经被大量译成藏文，这时西藏佛经中的梵字都是兰查梵字。这时期梵字不再叫作悉昙，而改名为兰查梵字。（二）经过对梵字的发展进行比较研究之后，再来研究西藏文字来源是比较容易的。西藏文字是由梵文文字制成的，根据比较研究，作者认为西藏文字可能是从悉昙梵字来的。

析拉祜语的疑问句　张伟撰，载《云南民族语言文学论文集》，云南民族出版社，1990年。

拉祜语属于汉藏语系藏缅语族彝语支语言。拉祜语里有四种疑问句：是非问句、特指问句、选择问句、正反问句。该文主要从句子构成方式、疑问语气词、语义方面来讨论这四种疑问句。是非问句的结构与陈述句相同，疑问的信息由疑问语气词和语调来表达，其中疑问语气词有三个。特指问句相对其他三种问句而言，情况要复杂一些，作者对特指的部分是疑问代词、谓词性成分、体词性成分的情况分别予以了分析说明。拉祜语的选择问句与汉语的选择问句是相对应的，只是疑问语气词有所不同。拉祜语的正、反问句，作者分了两种情况：一种是疑问信息由疑问语气词表达、另一种是疑问信息由语段本身来表达的，分别对这两种情况都作了分析。经过分析研究可以看出，拉祜语的疑问句与汉语的疑问句有很大的差别，正是这些差别形成了拉祜语的语言特色，若进一步挖掘这些特色，还能看到语言所折射出的民族特色。

析契丹语的"捺钵"　白俊瑞、李波撰，载《内蒙古大学学报》1998年第4期。

该文通过分析契丹语的"捺钵"与辽代狩猎活动的关系，指出捺钵的最初含义为"打猎"、"围猎"，后来其含义不断扩大，直至指制度化了的狩猎活动和辽主围猎时的行营及狩猎季节里举行的与狩猎有关的一切活动，文章从语音学的角度在整个阿尔泰语系寻找了与"捺钵"（nabo）有对应关系的词，根据蒙古语与满—通古斯语之间、蒙古语族内部、满—通古斯语族内部、突厥语族内部及朝鲜语方言之间的词语对应实例，揭示了阿尔泰系语言之间广泛存在词首 n 辅音和零辅音的对应，基于这一对应，文章认为契丹语的"捺钵"（nabo）与蒙古语的 aba，满语的 aba 及突厥语的 av 有对应关系及同源关系，这也进一步证明了契丹语的"捺钵"来自古阿尔泰共同语的 aba-av "围猎、狩猎"，则其词义必然也是"打猎、围猎"。

析土家语"小" 田德生撰，载《彝缅语研究》，四川民族出版社，1997年。

文章讨论了土家语形容词的构词方式，以"小"字为例贯穿全文。"小"的构词方式有四类：单、双、三和四音节。四音节词可分为重叠型、衬音型和混合型三种。"小"除有比较丰富的比较级外，还各有其特定的语法意义。对于不同的事物，可用不同的形容词词语表达其意。单音节词，一般是用于泛指、陈述、指别，而多音节词，还可根据事物的体积、形状选择词来表达其意。重叠型既可由词根加以重叠构成词，也可将词头、词尾和衬音重叠构成词；衬音型就是将没有词汇意义或叫词缀的音节，根据词根情况加在词根前后或词头、词尾前后；混合型是将前者混合构成词，组合形式分为 AAAA、AAAB、AABB、AABC、ABCC、ABAB、ABAC、ABCB 和 ABCD 等十种类型。全文用例数百，占全文70%。

锡伯文"阿吾珠"（阿字头）属性浅议
永柏秦撰，载《语言与翻译》1992年第1期。

（1）锡伯文的创制。在三区革命时期，锡伯族"文化巨匠"萨拉春等老前辈，经过大量调查研究，于1947年对满文十二字头进行了重大改革，以改革后的"十二字头"，便成为一种既保留满文的基本特征，又更加标准化、规范化的新型文字，这就是当今的锡伯文字。（2）锡伯文字是音节文字，不是音素文字。锡伯文字母无论是单独出现还是连接起来，都不会改变各自的特定音色，这就是音节文字区别于一切音素文字的根本特点。（3）锡伯文字是表音为主音、意兼有的文字。锡伯文字的母音字母和它派生出来的子音字母，是由两个或三个音素合成为一个音节的严密整体。在字的构成原理上同汉字的造字形式相同：锡伯文字不但由声母和韵母组成一个音节，不少的字母还可以成为独立的词或词素。（4）锡伯文字是和汉字紧紧相贴的文字。

锡伯语词法概述 罗杰瑞撰，载《民族语文研究情报资料集》，中国社会科学院民族研究所语言室，1987年第9期。

该文论述了锡伯语的语音和形态。锡伯族最早居住在嫩江和松花江汇合处的伯都讷地区。他们属于抗击努尔哈赤的通古斯部落中的一支并隶属科尔沁蒙古。锡伯族并入满洲以后，被编在满洲各地。乾隆三十年（1765）锡伯部落中的一部分人奉命从盛京开拔到新疆伊犁河流域屯军驻防。这样，伊犁河流域的锡伯族保持了自己的传统语言，而留在满洲的锡伯族却彻底汉化了。锡伯语和满语的关系极为密切，可以把它作为满语的一个方言。锡伯语在语音上的特点：强塞音在元音前送气，但当出现在其他辅音之前不送气，弱塞音在开首位置是清音，夹在发音音段之间是浊音，舌面后音和小舌擦音夹在发音音段之间是浊。辅音除舌尖塞音和小舌塞音以外，在前高元音之前都腭化。在形态上的特点：名词有格、数形态；动词有态、式、时体及副动词等形式。

锡伯语的领属范畴 李树兰撰，载《民族语文》1982年第5期。

传统上把没有领属范畴看成满语支语言（满语、锡伯语、女真语）的一个特点，并作为划分不同语支的一个重要依据，但本文以丰富的锡伯语口语材料，揭示了锡伯语存在领属形式，这一发现，给研究满—通古斯语领属范畴等问题，提供了新材料。领属问题在满—通古斯语中是个比较复杂的问题，各个语言有所不同，锡伯语的领属特点是，只有人称领属，没有反身领属，第一、第二人称领属附加成分用得少，第三人称领属附加成分用得多；第一、第二人称领属附加成分表示的语法意义比较实在，而第三人称领属附加成分所表示的语法意义，有实在的一面，还有虚化的一面。人称领属附加成分表示的基本语法意义是指出领属关系，也就是说，它指出的词所指称的人或物是属于"什么人的"，什么物所有，是"我的"、"你的"、"他的"，还是"什么人的"、"什么物的"。此外，锡伯语领属范畴所表示的语法意义，有时不一定是纯粹的领属关系，而是表示一种很抽象的语法意义。

锡伯语的藻饰词 李树兰撰，载《民族语文》1991年第1期。

该文是把一部分用形象比喻等手段构成的词，命名为藻饰词。藻饰词是一个具有普遍性的语言现象，但对这类词的构成却没有专门的研究。锡伯语构成藻饰词的手段多种多样，有比喻式、比况式、描写式、借代式、摹拟式、拟人式6种。文章分析了构成藻饰词的词素与词素之间的关系，如比喻式是由本体事物和比喻事物的词素共同构成；比况式是由充当本体事物和充当比况事物的词素共同构成；描写式是由充当描写事物和充当本体事物的词素共同构成；借代式与上述形式不同，它是于词里不出现本体事物，词所表达的事物是由和它有密切关系的借体来代替；摹拟式是通过摹拟出词所表达的事物的声音或状态构成的；作为其他生物，使非生物人物化，或把其他生物比拟为人，使之人格化。该文还使用不同语言的藻饰词在构成上的初步比较，显示了不同民族的形象思维的特点。

锡伯语的助动词 李树兰撰，载《民族语文》1988年第6期。

文章认为作为助动词，它的某些特点与动词是共同的，但助动词首先是一种虚词，它所表示的意义是较为抽象和空泛不实的，而它着重表现的是语法意义，因为它不能像动词那样可以单独作谓语，也不能像及物动词那样要求宾格形式的补语等，它只能和具有某种实在意义的词结合起来作谓语，如 ər（这）bira（河）tov（正）sim saxalin（萨哈林）ula（江）bixəi.（原来）这条河是黑龙江。该文从助动词使用情况出发，论述了哪些是助动词，哪些不是助动词，文章中指出，有些词和纯粹的动词是一样的，但它的功能却只能充当助动词，另外，有些词原本就是动词，但后来在使用中逐渐凝固而失去了动词的词形变化了，它们已不具备动词应有的特征，不能再看作动词了。

锡伯语的状词 李树兰撰，载《民族语文》1985年第5期。

该文运用比较丰富的语言材料，对锡伯语状词的语音构成、形态结构、用法特征以及句法功能等作了较为系统、较为全面的研究。状词是表示动词所表动作的状态、速度、声音以及形容词所表性质状态的一类词，这类词锡伯语口语中十分丰富，它主要特征是摹拟，摹拟状态、摹拟声音、描写动作方式或状况。状词构成上，有由一个词素构成的，更多的则是由两个词素构成，第一个词素，在整个状词的构成上是关键，在研究状词时，要以第一个词为基础。在语音构成上，特别在谐音状词的语音构成上有一定的规律和特点；从语音形式上看状词可以分为单一式、重叠式、并列式、和谐式等。文章指出，一部分状词形态结构是可以分析的，一部分则是不可分析的。该文在重叠形容词词首再增加或换之以其他辅音构成的音节，看作修饰形容词的临时状词，这一研究和分析，在状词这类词的研究中，都还具有新意。

锡伯语动词陈述式亲知口气和非亲知口气

李树兰撰，载《民族语文》1984年第1期。

该文对锡伯语动词陈述式所表达的不同口气进行了研究，如推测口气、意料外口气；有的是具有对立口气的，如亲知口气和非亲知口气等。文章主要讨论的是锡伯语动词陈述式有7种时间形式：(1) 过去时；(2) 过去进行时；(3) 过去未完成时；(4) 过去完成时；(5) 现在—将来时；(6) 现在进行时；(7) 现在—将来完成时。其中除第(5)、(7) 两种时间形式外，其他几种时间形式都区分亲眼目睹、亲身经历、直接得知的口气和不是或不强调是亲自经历、直接得知的口气。这两种口气有的是在动词词干的后面黏合不同的附加成分来表示，有的则是由附加在动词后面的助动词的不同语法形式来表示。有时这种"对立"口气所表示的语义，不局限在口气上，而是表示"过"、"了"的意义。上述的这些现象，在国内满—通古斯语中还未发现，但在我国北方的一些语言里有类似现象，因此，本文所提供的新材料，会引起国内外有关研究者的注意。

锡伯语和维吾尔语音义相近词语

郭秀昌撰，载《语言与翻译》1992年第4期。

两种不同民族的语言，在极少数词语上的音义偶合现象是常见的，但是，维吾尔语和锡伯语中的部分词语音义相同或近似，作者认为不是偶合的现象。是借词现象或者是词语的同源现象？尚难以定论。本文介绍了锡伯语和维吾尔语部分词语的音义相同或相近的情况，这些词语归纳起来主要有：(1) 部分名词，有的音义基本相同；有的语音相近、意义相近；有的起音或尾音相同，而且词义相同。如：锡伯语（罗马注音）coko，维吾尔语（新文字）tohu，词义"鸡"。(2) 部分动词，有的音义基本相同，有的语音相近并且词义基本相同。锡伯语 teterembi，维吾尔语 titrimack，词义"发抖"。(3) 部分形容词，有的音义基本相同，有音近义同。锡伯语 sarang，维吾尔语 sarang，词义"傻子"。(4) 有的代词、量词和格助词相近，有的音同而义异。

锡伯语和锡伯文简介

郭秀昌撰，载《语言与翻译》1990年第4期。

锡伯语属于阿尔泰语系满—通古斯语族的语言之一。在语音方面有元音和谐率，但是不太严整。元音有5个，辅音有24个，没有复辅音，词中不出现相连的两个辅音。在词汇方面，锡伯语词汇绝大部分同满语同源。词汇中有多种外来成分，借词主要来自汉语，从维吾尔语、哈萨克语中也吸收了不少借词。锡伯语单词构成形式有单纯词、派生词、复合词三种。在语法方法，锡伯语具有黏着语的形态特征，构词是在词根或词干后加表示某种意义的后缀来实现。名词、代词、名物化的实词有格范畴，锡伯语有六个格。没有谓语性人称范畴。句子的基本成分有六种，主语、谓语是句子主要成分，句子的基本语序是主语—宾语—谓语。锡伯文是锡伯语的书写符号，它是以满文为基础的文字。是一种音节文字，也可以说是一种音素、音节混合型文字。

锡伯语满语语音演变的比较

赵杰撰，载《民族语文》1988年第1期。

文章首先介绍17世纪末至18世纪中的满语在黑龙江、嫩江、新疆这三个相距千里，从无联系的地方保存了下来，而且还能相互听懂或基本通话。由此作者提出这三个地方的满语语音演变现象有相同趋势，而那些相异之处也可以找到相应的合理解释。并从音变类型及原因和地域差异反映的语音变化时序两个方面进行了深入浅出的讨论。文章最后得出结论：近三百年不相往来的三支现代满语的语音差异反映出满语历史发展进程，其中新疆地区语言发展速度最慢，也最接近满语，代表着语言史初级阶段；东北黑龙江语言发展比较快，和满语距离较大，代表着发展的中期阶段；嫩江满语发展速度比其他两地满语都快，代表着后期阶段。

锡伯语内部差异和促发语言演变的因素

李树兰撰，载《民族语文》1997年第1期。

新疆的锡伯族是乾隆二十九年（1764）从盛京迁移过去的，那时他们使用的语言基本上是一个统一的语言。尽管今天他们所使用的仍然是一个统一的语言，但内部的差异已经很明显了。根据已经掌握的材料，可将锡伯语划分为四个土语区，察布查尔土语区、孙扎齐土语区、霍城伊东嘎善土语区、塔城土语区。锡伯语内部差异在语音方面有明显的对应规律；语法方面附加成分所负担的语法意义略有不同；在词汇方面主要表现对某事物的名称叫法不一样或词义有出入，并不形成有规律的对应。因此，土语的划分着眼点主要考虑的是语音方面。锡伯语土语之间的主要差别，说明锡伯语演变的一些事实，造成这些事实的因素包括：（1）语言的地域分隔是个重要前提。（2）同满语书面语相比较，锡伯语在语法方面的演变，有的是由于"类推作用"引起。（3）心理因素。（4）词语互借。

锡伯语研究对满语研究的贡献

李树兰撰，载《清风明月八十秋·庆贺王均八十诞辰语言学论文集》，吉林出版社，2002年。

该文分三个部分介绍了锡伯语研究对满语研究的贡献。锡伯语是和满语有历史联系的语言，在大约16~17世纪锡伯族开始使用满文，到了现代，从社会因素和国家的具体情况来考虑锡伯语作为一个独立的语言，而不能作满语或满语方言的地位是无可置疑的。作为同语支的锡伯语同满语在语言结构上的共同性也是学术界共知的事实，特别是现代锡伯语对于了解满语口语和考察早期满语的状况都有重要的作用。首先，锡伯语的语音研究对解决满语语音研究中的问题有帮助。例如满语第六个元音字母[ɯ]的读音问题，曾引起了对元音[ɯ]的音质讨论。作者通过锡伯语的读音考察这个问题，问题就不那么复杂，文章通过若干例词的发音从中可以看出锡伯语的[o]、[u]、[ɯ]是在语音上有明显区别的三个不同的元音，进而推论，满语书面语这三个元音也是相互区别的。因此[ɯ]的音质是清楚的。文章同时解释了[ɯ]除了出现在小舌塞音、擦音后，也还出现在词首和某些其他辅音后，那么它的音质是什么的问题，作者列举了不少文献中的例词来说明这个问题，说明其音质是[u]。其次文章通过对富裕满语的调查研究，发现了一些满语书面语没有的语法形式如语法意义，有的语法现象通过锡伯语的存在，也可以设想在满语口语中没有完整的保存下来。文章的第三部分是说满语有15000—17000个词，这些词都是经过规范的满语书面语词，但总还有一部分口语词没有收进词典，会不会永远地消失了？而这些词在作者编纂的《锡伯语口语研究》中的词汇部分大都保留下来了。因此，锡伯语的研究在解决满语研究中的问题，考证书面满语中没有而口语中可能存在的现象是有重要作用的。

锡伯族古代语言文字简论

贺灵、佟克力撰，载《语言与翻译》1992年第4期。

数年前，由于对锡伯族源争论较大，对其古代使用的语言都不敢妄作议论。近几年来，经过史学工作者的多方探索，对锡伯族源基本有了一致看法，鲜卑说基本成定论。所以，作者认为可以顺着鲜卑这条脉络探讨锡伯族的古代语言。鲜卑源自东胡，这被史学界所熟知。然东胡非单一系统，鲜卑为其组成部分之一。目前为人确认之鲜卑语词汇为数不多，举凡有数十词之多。并且在史籍中都载有其对应意义。其中一些词汇在锡伯语中留下了痕迹。北魏灭亡后，入主中原的鲜卑族均融合于汉族之中，而居处嫩江流域的锡伯等鲜卑遗族以室韦之称似保持着鲜卑的语言及习俗等特点。在金代，锡伯族先祖在很大程度上接受女真语的基础上也有可能使用过女真文字。康熙年后，由于锡伯族和满族错居杂处，使锡伯族全面接受了满语满文，竟至乾隆后多数满族开始放弃自己的语言文字，而锡伯族则完整地保持着它。

黠戛斯文献语言的特点 胡振华撰，载《民族语文》1992年第6期。

文章从语音、语法和词汇方面介绍了黠戛斯文献语言的主要特点。作者首先指出"黠戛斯"是qirqiz的音译，是汉文史书中对唐代柯尔克孜族的称呼。840年，黠戛斯人推翻回鹘汗国，建立黠戛斯汗国。作者认为黠戛斯人的叶尼塞文献字母及其变体与突厥文的不尽相同。作者先从语音方面，说明黠戛斯文献语言有8个基本元音音位和18个辅音音位以及每个音位的分布特点，并推测早期黠戛斯语词重音可能落在第一个音节上。其次，以许多词例对名词、形容词、代词、数词和动词的语法特点加以说明，并附有标示名词领属人称、格和动词命令愿望式附加成分的三个表格。随后，用现代柯尔克孜语词汇进行比较，说明其同黠戛斯文献词汇有音义相同、义同音不同、音同（或相近）义不同及部分词的消失四种词汇现象。文后附有黠戛斯苏吉碑11行拉丁字母转写和汉文译文及突厥语标音符号有关字母与国际音标符号的对照。

夏尔巴话的识别——卫藏方言的又一个新土语 瞿霭堂撰，载《语言研究》1992年第2期。

夏尔巴话是西藏自治区自称夏尔巴人使用的一种比较特殊的土语。夏尔巴尔人主要居住在尼泊尔境内，中国极少。作者通过实地调查，并将夏尔巴话与藏语方言、国外的夏尔巴话进行比较，确认夏尔巴话是藏语。它是原来使用康方言的藏族南迁尼泊尔，后来又部分迁回西藏，在迁徙过程中和后来使用卫藏方言的人比邻而居，长期受到卫藏方言的影响，换用方言的结果，只是保留了康方言和外来语的词汇底层。它与卫藏方言其他土语有较大差别，因此是卫藏方言的一个独立的新土语。语音。特殊的语音变化：（1）lt～lh；（2）-ŋ尾脱落变单元音韵；（3）声调属于4个调系统，调值与康方言接近。词汇。80%以上与藏语接近，90%与樟木话同源。语法。少数虚词与康方言或安多方言相同。有3种表示多数、动作对象和动作者的语素；80多个发生屈折变化的动词表示动词的式或体。也有表示施动、领属、存在等助词。

夏尔巴藏语的声调系统 谭克让撰，载《民族语文》1987年第2期。

该文认为夏尔巴语不是一种独立的语言，而是藏语卫藏方言中的一个土语。文章主要论述了夏尔巴语的声调系统，认为夏尔巴语与藏语的声调一样，都源于古声母的清浊而产生的两大调类，由于韵母影响又分化为4个声调，但在双音节变调中，夏尔巴语独具特点。连读变调可分两类：A类为词根与词根、带-ʔ韵尾的词根与后缀、词根与前缀结合的词；B类为不带-ʔ韵尾的词根与后缀结合的词。两类共有8种形式，比其他地区藏语的声调结合形式多出一倍。从类型上看，又多出一种"全低型"。这两个特点在其他地区的藏语中是很少见的。从声调系统看，它比较接近康方言。追溯夏尔巴人的历史渊源和现在所处的地理位置，使夏尔巴语既保存了自己的一些语音特征和词汇特点，又不可避免要受其周边语言的影响，逐步发展为一个独立的土语。

仙岛语的语源及其濒危趋势 戴庆厦、王朝晖撰，载《民族语文》2003年。

文章指出仙岛语与阿昌语有亲缘关系，是一种使用人口很少的语言。文章通过仙岛语与阿昌语的比较，讨论了仙岛语的来历及其分化过程。目前仙岛语处于濒危状态。

暹罗话的 jaai 李方桂撰,载《汉藏语系语言学论文选译》,中国社会科学院民族研究所语言室,1980 年。

在台语里"祖父母、外祖父母"有四个词来表达,台语大多数方言都保留达四个词,当然其中一些词的词义可能有些改变。暹罗语的 jaaiA^2,从台语比较的观点来看,是一个音韵学上的例外。如果把这几个词与暹罗话所属的西南支其他方言比较一下,它与老挝语有相似处和一致处。在中支诸方言里和北支诸方言中这个词的声母都是齿塞音,与 jaaiA^2 不同。同时暹罗语的 jaaiA^2,由于它只发现于西南支的一个方言里,所以应该看作暹罗语方面的创新。中支和北支方言的形式来源于另一种语义对偶词的相互感染,即:用"外祖父"这个词的声母来代替外祖母这个词的声母。如果这个假设是正确的,我们就可以假定原始语"外祖母"这个词的声母是一个 *n-,多数台语方言的声母 t-不是固有的。现代汉语的亲属称谓经常出现的重叠形式 nai nai "祖母"可能与这个词有关。

现代白语中的古汉语词 杨品亮撰,载《民族语文》1990 年第 4 期。

大理文化和楚文化的关系早就引起学者们的注意,而某些诗经语言流传于现代白语的事实却鲜为人知。本文举例扼要说明和分析。《诗经·野有蔓草》中,"睕"字专指眼睛,凡与眼有关的词都对应的用"睕"来表达。《诗经·绸缪》中,"刍"字作"草"解。如:水刍(水草)、种刍(种草)。《诗经·谷风》中,"贾"作"卖"解。如,贾薪(卖柴)、贾米(卖米)。而"蓄"、"嚼"、"阜"、"丧"等,无论其音其义都完整地在现代白语中得到保存。还有一些古汉语词在现代汉语中已消失,但仍保存在白语中。如射数(赌博)、掰鸡(捉鸡)、恨鸣(哭、鸣)等。在白语中有些词的字义与汉语相同,但文献中查不到,它们以汉语组词是肯定的。如正手(右手)、砸陂(筑陂)、步途(走路)等。作者指出,进一步开拓白语与古汉语关系的研究,将具有重要意义。

现代侗台语诸语言声调和韵尾的对应关系 李钊祥撰,载《民族语文》1982 年第 4 期。

该文谈侗台语各语言声调以及韵尾的对应规律。第一部分谈声调对应规律时,列出三种对应情况:一、阴平、阳平、阴上、阳上、阴去、阳去、长阴入、短阴入、阳入各语言的对应;二、各语言平、上、去、入四个调类里的阴阳调互相对应,即阴平对阳平,阴上对阳上,阴去对阳去,阴入对阳入;三、阴调类与阳调类对应,阳调类与阴调类相对应。第一种对应情况说明侗台语早就有了平、上、去、入各分阴阳的声调系统。第二种情况说明原始侗台语的早期可能只有平、上、去、入四个调类,只是后来才分化出阴调和阳调。第三种情况例子不多,也说明了原始侗台语声调演变按其清浊声母的不同而有其一定的规律。对于第二、第三种情况,变化的条件是什么,尚待深入研究。第二部分谈韵尾对应规律,各语言韵尾一般是相同的,说明原始侗台语共有 -i, -u, -ɯ, -m, -n, -ŋ, -p, -t, -k 韵尾。作者注明在撰写本文(硕士学位毕业论文)时,共提出了 33 个对应字。

现代哈萨克语量词浅析 王远新撰,载《民族语文》1984 年第 3 期。

文章描写和分析了哈萨克语量词的类别、带量词的词组的结构类型、量词的使用以及量词的发展趋势。作者从三个方面对量词分类:按功能,可分为名量词和动量词;按表量范围,可分为个体量词和集合量词;按构成,又可分为单纯量词和派生量词。在量词词组的结构类型上,作者认为主要有四种:1)数词+量词+名词;2)数词+量词+动词;3)量词+量词+名词;4)一些固定词组作量词用。在量词的使用上,作者指出在表示同一事物的整体时一般不用或很少使用，而在表示集合单位或一种事物的局部以及用来区别不同事物和同类事物中不同的量词是不能省略的。此外，不可数和难以数清的事物在表示个体量时，一般也要用量词。哈萨克语的量词之所以从无到有，由少到多，逐渐发展成一种独立的词类，文章认为既有语言内部的因素，也有外部的因素。内部因素是词类的分化和抽象化过程，外部的因素则是民族间的接触和不同语言间的互相影响。

现代汉语部分人称代词的维译 扎宜提·热依木撰，载《语言与翻译》1990年第1期。

一、关于"我"。（1）表示第一人称单数。但是，它有时和人相配，则表示自己的含义。（2）表示第一人称复数。（3）与"你"和"他"相配合，原文都被消失。（4）与"你"配合，视其所处位置表示多种含义。（5）间接引语句是引用语的形式，翻译时可采用第二人称口气。二、关于"你"。（1）和"我"配合，表示"ular"的意思。（2）表示不定人称。（3）看上去似乎是不定人称，可是，它又是作者或者是包括作者在内的多数。（4）在陈述句中将"我"取代。（5）表物代词，可译为第二人称代词。三、关于"他"。（1）除表示第三人称单数外，还表示"其他的"意思。（2）结合到某些词中不表示任何意义。（3）在间接引语句中有些要译成反身代词。（4）把间接引语句换成引用语形式。四、关于"她"。（1）可作为美好的、珍贵的东西的代名词。（2）在翻译"他""她"混用的句子时，将两者中的一个或两个都用自己的名字，或者用另外的代词翻译也可以。

现代汉语和侗语的量词 张旭撰，载《民族语文研究文集》，青海民族出版社，1982年。

量词在汉藏系语言研究中是一个复杂而重要的问题，侗语和汉语的量词在分类和用法上存在着一种奇异的平行现象。这样，我们认为侗语的量词具有和汉语量词同样的历史渊源。从分类上看，汉语、侗语的量词都可以分为名量词和动量词，量词和名词在意义上常表现为某种规定关系。侗语名量词都可出现于"数+量+名"和"量+名+指"的结构中，也有"数+量"和"量+指"结构，而汉语则只有"（指）+（量）+（名）"（其中一项可以省略）一种。侗语量词可以单独受别的实词修饰，汉语量词不能。汉语和侗语都存在泛指量词，但汉语的泛指量词只能在某些特定的位置上单独充当名词的修饰法，而侗语的泛指量词可以跟所有名词搭配从而表达了不同的语法意义，并且可以嵌在另一个量词前面形成双量词结构，表示后面名词所有定性。另外，汉语、侗语的量词都可以重叠表示"每一"。

现代汉语和台语里的助词"了"和"着" 邢公畹撰，载《民族语文》1979年第2期、第3期。

该文对汉语和台语都存在助词"了"和"着"这一平衡现象进行分析。汉语的"了"最初是作动词，后来作助词，台语的 lae：u^4 作动词，也可作助词，跟汉语"了"语法功能基本一致。汉语的"着"最初作动词，后来用作助词。台语的 ju^5 原意是"在"或"放置"，后来变为"着"。作者称这种对比研究目的不在于寻找汉、台两语系语言的亲属关系。通过大量的例句归纳出若干公式。文章最后说，从汉语各方言看，"了""着"的表相是复杂的，台语也是复杂的。把汉、台两语系语言助词"了""着"的表相合在一起看，则更为纷纭复杂。这些助词在古汉语和古台语里的发生、发展情况，目前还说不清楚，但它们都显示出一种普遍性：汉、台两语在演变过程上分明存在着类似的"了""着"结构单位和结构模式，存在着一种平衡发展迹象。这种现象可以说明汉语和台语是从一种共同语里分化出来的。好比相距不远的两条河，有大致相同的流向，水里都含有不同于其他河流的矿物质和化学成分，那么我们或者可以推断这两条河的上游是同一条河。

现代汉语双宾语句在壮语中的对应表达形式　蓝利国撰，载《中南民族学院学报》1997年第2期。

该文讨论了现代汉语两个宾语都为体词性的双宾语句在壮语中的对应情况。文章认为，一种语言的某种句式在另一种语言中有多个与之对应的表达方式。现代汉语双宾语句在壮语中的对应表达形式有连谓句、兼语句、一般主谓句和双宾语句等。选择什么样的壮语句式表达现代汉语双宾语句，主要看汉语的双宾语句的构成情况、结构意义与构成成分间的语义关系。现代汉语和壮语双宾语句的对应表达形式如下：现代汉语 SVO1O2——壮语 S′V′1O′1O′2、S′V′O′、S′V′1O′1V′2O′2（O′1 为兼语）、S′V′O′1O′2。

现代汉语形容词后附字探源　邢公畹撰，载《南开学报》1982年第1期。

形容词后附字指像"绿油油"中的"油油"。也有跟在名词后的（水汪汪）；动词后的"笑盈盈"。汉语方言情况不尽相同，但共同的格式是：XFF（FF 为重言式）。这种重言形式有五种：（1）XX；（2）XXZ2；（3）XFFZ2（红彤彤的）；（4）XZ1FZ2；（5）XY→XXYYZ2。本文着重分析的是（3）。这种 FF 除现代汉语外，很多侗台语里都有，但现代泰语、上古汉语里没有。现代泰语的"重言"构词形式有四类：单纯的、复杂的、不规则的和准重言。这些形式在现代汉语中大都有相当的形式。现代汉语这些重言形式的后附字有两个突出特点：（1）能产性有限，其中一部分可以推出很古的来源。（2）它们跟主体部分的关系是向心的。这种修饰次序跟侗台语是一致的。现代泰语和上古汉语都有 XX，而现代汉语的 FF 一部分来自上古 XX，这些 XX 在现代泰语里可以找到相比较的形式（语音相近，语义相通）。

这对观察原始汉台语的痕迹是有意义的。本文第三节分析了 10 组重言形式，作者动用了大量现代汉语以及上古、中古文献材料。每组材料后都指出对应的泰语形容词或其重言式。如第 1 组（白）茫茫（渺远无际），对应泰语叠韵重言结构 ʔaɪŋ³ waɪŋ⁴（空漠如迷失林中）。上古汉语虽然没有 XFF，但可以从《诗经》考察重言形况词跟相关词或词组的关系。作者举出大量古诗文例证，说明汉语有一种修饰语在后的古老形式。XFF 这种结构最初见于《楚辞》，唐以后大量发展。值得注意的是 FF 对 X 的修饰关系是逆向的。唐以前就很发达的 XX 结构对邻接名词组，也可以有逆向修饰关系，而这种逆向修饰关系是侗台语所固有的。

现代凉山彝语词的扩充途径试析　阿成阿布撰，载《西南民族学院学报》1990年第3期。

现代凉山彝语以通过译词、借词和吸收方言土语等途径和方法来扩充其词语。译词，主要指翻译汉语词语，采用两种方法：（1）意译法，利用彝语原有词语，按现代凉山彝语构词规则，把汉语词的意思翻译出来。有两种类型：一种是"词根词素＋词根语素"，如：nra jie（标准）；一种是"词根语素＋辅助语素"，如：hmat mop（教师）。（2）直译法，也有两种类型：一种是词序顺原型，如：phu tip（解放）；一种是词序逆原型，如：vy lux（抢购）。借词，主要是借用汉语词语，有三种方法：（1）音义全部借用，如 vep mip（人民）；（2）音意兼译，如：dat chot（大炮）；（3）音译加注，如：yop yy（油）。吸收方言词：（1）某一方言土语词语表示某种特定的意义，而基础方言里没有的就吸收，如：ni（结构助词"的"）；（2）某方言地区特有事物的词语，就吸收，如：nur ci（米豆）。

现代蒙古标准语词的语音　D. G. 斯图亚特、M. M. 哈勒陶德撰，载《民族语文研究参考资料》，中国社会科学院民族所语言室，1977 年第

1期。

蒙古语的词在语音的平面上显示了下述两点特性：（1）它的内在的语音形状；（2）它的音高重音。这两条标准在有些情况下互相不符合。例如，有少数情况，两个复合体按其音位形状不能属于同一个词，却包含在一个音高重音的范围之内。这样的词要由更多的几种现象来决定其界限，这些现象同音高重音的升降不相关联，并且有很大的随意性，因此，作为定义的标准是高度不可靠的。蒙古语的词的语音面貌正在迅速地受着外语借词的影响。这种借词只要在蒙古语音位中能找到一个近似的音，即使产生一种不习惯的音位序列，也没有许多更改地大量接受过来。外语借词同化到蒙古民间语言习惯的元音和谐律中的程度，是一个必须研究的问题。现在这一研究，只考虑了本语言的词和完全受了同化的借词；但这种研究会产生一种对于分析全部材料来说是不充分的语音系统。这里所采用的理论方法都不偏离晚近的"布拉格学派"的理论，我们追随着 A. 马尔蒂诺在他的论文《语音描写》里所建立的模楷，这是很明显的。

现代蒙古语标准音音系分析　孙竹撰，载《蒙古语族语言研究》，内蒙古大学出版社，1996年。

一、音位的归纳。蒙古语的音位，可以分作两大类，那就是元音和辅音。它们之间的区别基本上可归纳以下几点：（1）发元音时，从气管里呼出的气流不受任何阻碍，顺利地通过发音器官。而辅音的气流得克服它所遇到的不同形式的阻碍，才通过发音器官。（2）发元音时，发音器官均衡地保持全部紧张；发辅音时，只有阻碍气流的局部紧张。（3）元音的气流比较弱；辅音的气流比较强。（4）发元音时，声带一定要颤动；发辅音时，大多不颤动声带。（5）发元音时，清晰、响亮，都可以唱出高低不同的调子来；发辅音时，响度比元音小，只是少数几个辅音可以唱，绝大多数辅音不能唱。二、语音的结合与变化。蒙古语是多音节的语言，就词根来说一个词可以是单音节的，也可以是多音节的。语音的变化：（1）同化。说话时，一个词中的或词与词之间的两个不相同或不相似的音，由于互相影响，互相适应，变得相同或相似了。（2）异化。当两个本来相同或相似的辅音连读时，为了避免饶舌，彼此变得不相同或不相似了。

现代蒙古语单部句研究　玉荣撰，载《内蒙古大学学报》1998年第2期。

在前人研究基础上，试图厘清简略句、不完整句、感叹句、单成分句的区别及关系，并分析了蒙古语的单成分句应该叫单部句的理由，提出了蒙古语单部句是独立存在的句型。

现代蒙古语的弱化元音　孙竹撰，载《民族语文》1981年第1期。

围绕现代蒙古语口语的弱化元音，同书面语比较，谈了四个问题。（1）弱化元音的特点：位于多音节词第一个音节以后的音节里，比短元音更短或和它相当，音色晦暗，近似弱读的 ae，没有与短元音对立以区别词义的情况，弱化元音的隐去、移动和显现是有规律的。（2）分析了书面语多音节词第一个音节以后的元音在口语中失落的三种情况。由于元音失落，口语中减少了音节数目，改变了音节结构，改变了辅音在音节中的地位，产生了复辅音，出现元音移动的问题。（3）复辅音，一共有六十多种组合。列举了可以作复辅音第一个成分的辅音和可以作第二个成分的辅音，并举出例词。（4）给书面语注口语读音时，弱化元音出现的规律共九条。此文对研究蒙古语弱化元音问题提供了一种可资参考的观点。

现代蒙古语构词附加成分　诺尔金撰，载《蒙古语文》1981年第5期。

该文作者分析并解释了240多个构词后缀的语

法功能、作用、语义和内部结构。所收集到的附加成分非常多，达 240 多个，其分析的深度也是远远超过前人。由此可以看出作者对蒙古语构词附加成分的研究达到非常深入细致的程度。

现代蒙古语规范问题　孙竹撰，载《蒙古语族语言研究》，内蒙古大学出版社，1996 年。

一、讨论语言的规范，应该包括两种形式的规范，这就是书面语和口语，并且首先涉及的自然是书面语。因为书面语把民族共同语的语音、词汇、语法的标准用文字固定下来，加以传播，扩大影响，对口语起着集中统一的作用，因此，规范化的必要性更大。书面语亟待规范的主要问题是名词术语。蒙古语的词汇，像其他语言词汇一样，"是处在差不多不断改变的状态中"。二、为使蒙古语在语音上规范，必须明确规定蒙古语的标准音。同样一番话，同样一件事，用蒙文写在纸上，各地的人都看得懂，可是一个巴彦淖尔人和一个科尔沁人各用自己的方音念出来，就可能彼此不太明白，甚至不懂了。可见不要共同语便罢，如要共同语，就非有标准音不可。彼此用标准音说出来，才能彼此听明白。经过几年来对蒙古语方言土语所进行的调查研究和多次酝酿讨论，从国内蒙古语的实际情况出发，已经确定：以正蓝旗、巴林右旗的语音为国内蒙古语的标准音。

现代蒙古语语音系统　白音朝克图撰，载《内蒙古大学学报》（哲学社会科学）（蒙文版）1978 年第 3 期。

文章由篇头话、元音和辅音音位、元音和谐律、辅音结合律四部分构成。

本文简要阐述蒙古语巴林土语的巴林右旗语音和察哈尔土语（也称锡乌土语）的正蓝旗语音为蒙古语标准音（一般略称"正巴语音"）的情况和正巴两个土语语音的共同点和不同点。

元音和辅音音位：（1）元音音位分独立元音（词首音节短元音、长元音、复合元音）和依附元音（也称不清元音或模糊元音，是指非首音节短元音）。作者用 ɛ、ö、ɔ、o 等符号比较准确地标注了非首音节的短元音。作者对蒙古语一些元音（如 o、u）的舌位前后问题、关于元音的阳性和阴性问题、关于阳性"I"和阴性"i"的问题和前化元音问题等有争议的问题阐明了个人的见解。（2）辅音音位：作者对蒙古语一些辅音（b、d、g、dʒ）的清浊问题和腭化辅音在蒙古语中有无音位作用的问题发表了个人的见解。

元音和谐律：蒙古语的元音和谐分阳性元音间的和谐（含展唇元音和谐与圆唇元音和谐）和阴性元音间的和谐（含展唇元音和谐与圆唇元音和谐）。作者认为，蒙古语的这种和谐与元音舌位的前后不是一致的。该文用表格明示了蒙古语独立元音之间的和谐和独立元音与依附元音之间和谐以及词与词之间和谐的个别情况。

辅音结合律：蒙古语的辅音在词中的结合有自己的特点。一些人认为，辅音结合律是指音节中的两个辅音没有连接元音而结合成为复辅音的情况。该文作者认为，辅音结合律既包括音节末的两个辅音之间没有元音结合而成的复辅音（含长辅音）的现象，也包括两个辅音之间有连接元音而构成新音节的现象，既包括词末辅音的结合规律，也包括词首辅音的结合现象。

现代畲语有鼻冠音声母　李云兵撰，载《民族语文》1997 年第 1 期。

在苗瑶语研究中，一般认为苗语支语言特别是苗语川黔滇方言和布努语保留着较完整的鼻冠音声母，实际并非如此，作者在畲语和炯奈语中找到一些有对应关系的应处理为带鼻冠音声母的词。经过反复比较，认为现代畲语中，那些与炯奈语的鼻冠音声母有对应关系的鼻冠音声母的词，是古苗瑶鼻冠音声母在畲语中的遗存。畲语有鼻塞音声母，这与原始苗瑶语的鼻冠音声母没有发生学关系，不是鼻冠音声母的遗痕，它部分对应于现代苗瑶语其他语言的鼻音声母。此外，尽管以苗语川黔滇方言各次方言推测的原始苗瑶语全浊、全清、次清鼻冠闭塞音声类在现代畲语中没有留下痕迹，但是不能就此而断定现代畲语没有鼻冠音声母。认为在现代畲语有鼻冠音声母，有两个前提条件：一是在苗语系统中，有鼻冠音声母与连续音声母对应的语音现象；二是现代苗语的鼻冠闭塞音声母与瑶语的全浊闭塞音声母对应。

现代维吾尔文学语言的语音和谐 律阿·巴克撰，载《喀什师范学院学报》1989 年第 1 期。

元音按舌位和谐关系可分为前元音 ε、y、ø，后元音 u、o、a 和央元音 i、e 三种；按唇状元音可分为圆唇元音和非元唇元音两种。辅音也可以按照发音方法分为浊辅音和清辅音。维语的元音和谐律分舌位和谐与唇状和谐两种。舌位和谐律表现为：由后元音 u、o、a 组成的词或末音节以后元音组成的词后必须连接以后元音组成的附加成分；由前元音 ε、y、ø 组成的词或末音节以前元音组成的词后必须连接以前元音组成的附加成分；以圆唇元音 o、u、ø、y 组成的词或末音节由圆唇元音组成的词缀接以带圆唇元音组成的附加成分；以非圆唇元音 i、e、ε、a 组成的词缀接带非圆唇元音的附加成分。辅音和谐律表现为：浊辅音收尾的词缀接以浊辅音起首的附加成分变体；清辅音收尾的词缀接以清辅音起首的附加成分变体。但是，并不是所有的附加成分都服从语音和谐律。

现代维吾尔文学语言语音的规范问题 阿米娜·阿帕尔撰，载《语言与翻译》1990 年第 2 期。

现代维吾尔文学语言的语音研究包括以下两个方面：一是标准音区的确定；二是在研究标准区语音系统基础上制定具体的规则。现代维吾尔语基础中心区语言，包括东起哈密，北至伊犁，南到喀什这样一片维吾尔族人口占 80% 以上的广大地区的语言。这一中心区方言在维吾尔文学语言中起着主导作用，而且历史长久。乌鲁木齐语音在不同程度上将中心方言中的主要土语的不同要素同自己的特点融合为一体，并更加突出了这些土语的共同要素，从而成为维吾尔标准音、现代维吾尔语言标准音规则，包括了乌鲁木齐语言中的这种系统的，有规律性、稳定的和需要进行规范的问题：如音位在语流中出现的各种变体；有的元音的长元音变体；由于语音的弱化而产生的元音清化变体和爆发辅音的擦音变体、低元音和高元音的交替、高元音和一部分辅音的规律性脱落、一部分音节浊辅音交替为清辅音。

现代维吾尔文学语言中 a、ε 变 e、i 的问题 易坤琇撰，载《民族语文》1985 年第 6 期。

关于维语词根或词干中的元音 a、ε 在加附加成分后变 e、i 这一重要语音现象的性质，学者们有不同的解释，本文作者对此作了详细的描述。作者把这种现象分为 4 类，通过实例，论证了在以辅音结尾的单音节词中的 a 变 e，后面的附加成分中必须有不是由 a/ε 弱化成的原形 i，所以不是弱化而是同化；在以辅音结尾的单音节词中的 ε 变 e，在以元音结尾的单音节词中的 ε 变 i，多音节词最后音节中的 a、ε 变 i 等三类，不限定后面附加成分中有何元音，因结合附加成分后重音后移，同时原词根、词干末尾变成或保持开音节时，a、ε 改变了原来的紧张度，变为发音松弛的元音，所以都是弱化而不是同化。同时，作者还指出了不弱化的原因，如重音不后移，未处于开音节；又分析了一些例外现象，如有些外来词、复合词不弱化，等等。此文较透彻地阐明了这类语音变化的性质。

现代维吾尔语 a、ε 变为 e、i 的音变现象及其原因 阿不都若夫·普拉提撰，载《民族语文》1995 年第 1 期。

该文探讨了现代维吾尔语 a、ε 变为 e、i 这一现象的历史演变过程及其原因。作者认为,不论单音节或多音节词,a、ε 变 e、i 的现象是有条件的,即要变的 a、ε 是短元音;如是长元音 a:、ε:,加有关附加成分后也不会变为 e、i。在喀喇汗王朝时期。词语中的主重音、次重音不分,同时词的语音结构均符合固有的元音和谐律,a、ε 不变 e、i。在察合台维吾尔语时期,一方面因阿拉伯、波斯语借词第一音节元音受后面主重音音节元音所同化,一方面 e 的出现和舌后窄元音 i 的消失,使元音和谐律发生失调,加以口语中元、辅音脱落,出现一些长元音,并突出了主重音音节并使前音节中的元音与主重音音节中的元音完全和谐的语音特点。这一特点后来影响到文学语言,导致 a、ε 变 e、i 音变现象的系统扩散。因此,作者认为,现代维吾尔语时期 a、ε 是变 e、i 的现象在文字上得到确认并广泛使用的时期。

现代维吾尔语词根的语音变异及同根异形词 陈宗振撰,载《语言与翻译》1992 年第 3 期。

一、因维语的联合音变而产生的同根变形词。同一词根在各个不同的派生词或复合词中,由于语音环境不同而词根的语音形式各异。这种差异往往是受维语本身的联合音变规律支配的,由此而出现的同根变形词数较多。二、历史上遗留下来的语音相近、词义相同的同源同义词,这些词具有相近的词形(即语音相近),表示相同的词义。有时,它们还可以再派生词义相同的新词。故从语音和词义两方面看来,它们有共同的根源,或者很可能有共同的根源,尽管其中有少数词我们现在很难确定其原始词根。三、因同一词分化而产生的语音和词义均略有差异的同源多式词。这类词语音相近,词义虽有差异但又互有联系,它们具有或很可能具有共同的根源。四、来自阿拉伯语的屈折式同根借词。维语吸收阿拉伯语借词时,大多是按其各种变化后的形式整个吸收的。

现代维吾尔语词语重叠初探 艾尔肯·阿尔孜撰,载《语言与翻译》1992 年第 3 期。

(1)名词的重叠。从结构上可以分为以下几种:①A-A 型:这种类型,给名词后不附加任何成分。②A-Am 型:这种类型是在重叠部分后加格的附加成分构成。③Am-A 型:这种类型是在重叠名词之间带上语气词"mu"构成。④Am-Am 型。(2)形容词的重叠。①A-A 型:这种重叠不需要加任何附加成分。②Am-A 型:这种重叠,用给前一部分加从格附加成分构成。③A-Am 型:这种重叠形式要给后一部分加复数附加成分再加从格附加成分构成。(3)副词的重叠。①A-A 型:不需要加任何附加成分。②Am-A 型:这种重叠形式不多见。③A-Am 型。(4)动词的重叠。①Ap-Ap 型:这是由动词的肯定形式"p"副动词重叠构成。②Aa-Aa 型:这是由动词肯定式加"-a"式副动词构成。(5)量词的重叠。维语中大多数量词都可以重叠使用。

现代维吾尔语的附加成分 刘文性撰,载《西北民族学院学报》1981 年第 4 期。

一、维吾尔语附加成分的分类及其功能。传统上按功能将其分为构词和构形附加成分两大类。构词附加成分只起构造新词的作用,属于词法范畴。构形附加成分只是一种具有语法功能而不改变原词意义、不产生新的词汇的附加成分,表示各种语法意义。二、维吾尔语附加成分同词结合的位置及分类。附加成分结合到词或词干上时,按位置的不同可分为附加于词的前、后两种。维吾尔语中前缀的数量极少,而且大都来自波斯语的独立的词,但在现代维吾尔语中它们都已失去积极的构词能力,缺乏能产性。维吾尔语的附加成分绝大多数都为后附加成分。三、维吾尔语附加成分的形式及名称。一类是一个附加成分只表示一种语法意义,可称其为单一附加成分；一类是几个附加成分表示一种语法意义，可称其为选择性附加成分。四、维吾尔语附加成分同词结合的依据。这里主要指选择性附加成分，其同词结合的主要依据是词和附加成分之间的元辅音的匹配和制约。

现代维吾尔语的-mu　李经纬与靳尚怡合撰，载《新疆大学学报》1979年第2期。

由于长期以来一些现代维吾尔语语法著作既把现代维吾尔语中的-mu字叫做助词（或者称糊）。本文作者采用描写语言学的方法和区分同音语素的原则，通过大量的语料的分析发现现代维吾尔语中的-mu字是可以跟很多词类的词结合的语素，而附加成分则是只能跟一定的词类结合的语素。同时-mu字具有末级性，即它永远处于词的末尾，它的后面不能再接加其他语素，而附加成分之后还可以再接加其他语素。该文作者根据上述两个差别认定：现代维吾尔语中的-mu字不是附加成分，而是助词。并且根据区分同音语素的原则，把-mu字分为-mu（甲）和-mu（乙），前者被定性为"表示疑问的-mu"，后者被定性为"表示承接意义的-mu"，并且列举了-mu字所表示的六种意义。

现代维吾尔语的摹拟词分析　靳尚怡撰，载《喀什师范学院学报》1986年第2期。

一、现代维吾尔语摹拟词的种类。可以按形式和意义两个方面把现代维吾尔语的摹拟词分为若干类。（1）按形式分类。从形式上看，维吾尔语的摹拟词有单式和复式两类。凡是由一个实词素组成的摹拟词叫单式摹拟词；凡是由二个实词素组成的摹拟词叫复式摹拟词。复式摹拟词又分为重叠式、对偶式和谐音式三种。（2）按意义分类。从意义角度可以把摹拟词分为拟声词和拟形词两类。二、摹拟词的结构。（1）语音结构。分为：单式单音节、双音节、三音节；重叠式单音节、双音节、三音节；对偶式单音节、双音节、三音节。（2）形态结构。

按形态结构可以把维吾尔语的摹拟词分为根摹拟词和派生摹拟词。三、摹拟词的语法功能。（1）作构词成分。可以构成静词、动词、复合动词。（2）作句子成分，一些摹拟词可以像名词一样按加格、数、领属性人称词缀，在句子中作各种成分。

现代维吾尔语的外来成分　叶少均撰，载《喀什师范学院学报》1997年第3期。

语言是社会现象，社会对语言的影响首先反映在词汇的变化中。各民族之间的交往，首先第一个问题就是词的借用，为了表达新概念、新事物，一个语言不可避免地要向别的语言借用吸收一些自己所没有而社会生活的发展要求它非有不可的词语，即一个民族的语言借用吸收另一个民族语言的词语是语言的普遍现象。本文就维吾尔语向他族语言借用吸收词语等问题逐一进行探讨。从维吾尔语的整个历史来看，在古代，它借用吸收了大批梵语、吐火罗语、汉语等有关佛教的词语，11世纪开始借用吸收了许多阿拉伯语和波斯语词语，14—15世纪借用了许多阿拉伯语和波斯语，20世纪初借用了俄语、汉语中大量的科技术语和生活用语。阿拉伯—波斯语对维吾尔语的影响，在词汇方面影响较大，语音次之，语法较小。维语借用外来词语的数量阿拉伯—波斯语借词占首位，俄语借词第二位，汉语借词第三位。

现代维吾尔语的新词术语问题　阿不都萨拉木·阿巴斯撰，《语言与翻译》1985年第1期。

主要分三个方面。（1）新词术语创制过程中的经验和教训。（2）创制新词术语要充分重视维语的结构特点：有独特的音位系统；没有复元音和复辅音；两元音并列出现其中一个会脱落或变为辅音；有同化、异化和弱化作用；固有词中，e、o不出现于第二音节；没有以d、b结尾的词，借词如有，则变为t、p；有语音和谐现象；借入的静词变动词要加相应的构词附加成分；以词为单位吸收借词；

借词时有时会改变原词的词性；阿拉伯—波斯语中的前加成分是作为整词吸收的，但并不作为维语的构词附加成分；外来词的多义词吸收时只取其中的一个意义；可使借词的语义发生变化。（3）对新词术语的规范包括以下几个方面：日常政治生活中常用的汉语词继续使用；哲学、社会科学术语以创制为主；自然科学术语大部分通过俄语借入；军衔、军队的建制术语采用汉语借词；国际计量单位采用国际术语；各国货币单位名从各国；体育术语从俄语引入；日常生活的化纤纺织品采用汉语借词；医药方面的新药、新器械术语采用汉语借词；汉族有特色的文化术语从汉语引入；不要恢复被维语（阿拉伯—波斯语）替换的俄语借词等。

现代维吾尔语的音序问题 阿西木、米海力撰，载《喀什师范学院学报》1997年第2期。

对任何一个民族来说，都是先有语言后有文字的；从文字的角度来看，有字母的排列顺序；从语言的角度来看，只能有音序，在书面语中，音序只能用字母排列顺序来表示。不同的语言有不同的音序是一种自然现象，而维吾尔语没有自己的音序，目前使用的音序是模仿波斯语的，且在新中国成立后的四十多年时间里就有三次较大的变动，说明维吾尔语的音序并不稳定。该文认为，只有按照一定的语音规则制定的音序，才算是科学的。维吾尔语的新音序应该根据维语本身的发音规律制定，即：元音在前，辅音在后；展唇元音在前，圆唇元音在后；低元音在前，高元音在后；后元音在前，前元音在后。辅音的顺序是双唇音在前，舌尖音在后，舌面音在前，小舌音在后；喉壁音放在最后。从发音方法方面，浊辅音在前，清辅音在后；非送气音在前，送气音在后。

现代维吾尔语动词的时态 杨承兴撰，载《喀什师范学院学报》1993年第4期。

作者认为，现代维吾尔语动词的时态可根据语法形式及其所表示的时间关系意义而区分为三个一般时态和过去的三个相对时态。此外，文中还就现代维吾尔语动词的时态与式、体两范畴的关系进行了论述。（1）时态研究中的问题。以往的研究中没有解决好时态的划分、时态与式、时态与体的关系等几个方面的关系。（2）时态的含义及其划分。现代维吾尔语的动词有6个时态。（3）时态与体的关系。时态和体是动词的"过程"的本质特征在语法上的反映，二者关系密切。某些时态在其自身的含义中必得或可能含有一定的体的意义。这种情况在现在时方面表现尤为明显。（4）维吾尔语动词的时态系统。现代维吾尔语的动词，只有陈述式中的直陈式、间陈式、转述式、或然式有6个时态变化，其他各式可以说没有时态变化或没有时态的系统变化。

现代维吾尔语动词的造词系统 靳尚怡撰，载《语言与翻译》1987年第1期。

动词是现代维吾尔语的各类词中形态变化特别纷繁的一类词。现代维语动词的结构系统分为：造词系统、转词系统和变词系统。根据"传统"的概念和术语，我们将维语词的结构单位分为：词根与附加成分；词基与造词附加成分；第一词干与转词附加成分；词干与变词附加成分。现代维语动词的造词系统的研究对象是动词的第一词干，即一切动词零形态单数第二人称命令形式的结构。根据现代维语动词的第一词干中所包含的语素的性质，我们把现代维语动词的第一词干中所包含的语素的性质分成四类：根动词、派生动词、复合动词和挚义动词。在现代维吾尔语中，绝大部分的词根具有词干品质，直接作动词词干使用的动词词根叫作根动词。根据派生动词词基的性质，可以把现代维语的派生动词区分为：由静词产生的派生动词和由动词产生的派生动词。而两个以上词根合成为一个统一体的动词叫复合动词。

现代维吾尔语方言土语的划分与历史人文地理
牛汝极撰，载《语言与翻译》1997年第2期。

文章认为：（1）现代维吾尔语方言土语尤其是中心方言的各土语分区大体上与历史上府—县区划一致。维吾尔语和田方言分布于和田地区的七个县：和田、墨玉、洛浦、皮山、策勒、于田、民丰，同时也包括巴音郭楞蒙古自治州的且末县和若羌县的部分地区。中心方言分布地域辽阔，但其中的各土语大致与二级行政区划一致。阿克苏地区的维吾尔语土语情况比较复杂。（2）与特殊的沙漠绿洲型自然地理有关。南疆的维吾尔人大多居住于塔克拉玛干大沙漠周围的绿洲之中，而分布于其东南部的罗布方言和和田方言，所处地自然生态环境恶劣，减缓了向中心方言靠拢的速度。（3）与移民有关。如柯坪县在阿克苏地区，其方言为和田方言的"方言岛"，是和田移民造成。阿克苏的乌什县和伊宁县的吐鲁番玉孜乡清代曾有吐鲁番维吾尔人移居这些地方，虽未形成吐鲁番方言岛，但保留有吐鲁番土语的底层成分。

现代维吾尔语复句
热合曼·汗巴巴撰，载《语言与翻译》1989年第4期。

复句是由结构上比较相似的两个或两个以上的单句组成，有统一完整的语调和表示相对完整意义的语法单位。复句有两个以上的互不包含句子成分的结构中心。复句一般表示比较复杂的谓语关系，并具有两个以上的谓语部分。复句的分类应以语法意义和语法形式的特点为标准，根据这一标准，复句可以分为联合复句与偏正复句两大类。联合复句包括：并列关系复句、连贯关系复句、总分关系复句、选择关系复句、递进关系复句、对立关系复句等。联合复句各分句之间的关系是平等的，不分偏正句。它可以通过关联词组合，也可以不通过关联词语组合。偏正复句包括：补充复句、条件复句、转折复句、因果复句、时间复句、紧缩复句等。偏正复句中的分句分为正句和偏句。一般正句表示基本内容，偏正复句的各分句，可用关联词语或不用关联词语组合。

现代维吾尔语复句（续）
热合曼·汗巴巴撰，载《语言与翻译》1990年第1期。

复句的复杂化。偏正复句包含三个以上的分句时，它们之间的关系是比较复杂的。它包括：几个偏句构成的复句、并列正句的复句等几种。多重复句。多重复句又分为二重复句、三重复句、四重复句等。在分析多重复句时，必须把握以下两点：一是要注意整个句子，逐步分析；二是要找出关联词语，结合意义关系。这两点必须结合起来分析。句群。句群是由两个或几个在意义上有密切联系、在结构上各自独立的单句或单复句组成的。句群有以下两个特点：一是最少由两个句子组成；二是几个句子在意义上有紧密的联系，并表示出一个中心内容。复句和句群是两种不相同的语言单位，复句和句群是有区别的。不管句子如何复杂，它还是一个句子，而句群最少有两个句子。分析和研究句群，在理解和组织语言上起着积极的作用。

现代维吾尔语哈密方言初探
阿尔斯兰·阿不都拉撰，载《新疆师范大学学报》1986年第2期。

哈密位于新疆维吾尔自治区东端。本文所说的哈密方言，依据的是在哈密新城、老城、城郊及哈密县境内的一些地方进行实地调查得到的语言材料。哈密方言的主要语音特点表现为：（1）元音音位和辅音音位与文学语言基本相同。（2）元音的对应规律为：a（文学语言）-ɛ（哈密方言）、ɛ-a、a-e、ɛ-e、ɛ-i、e-i、u-o、u-y。（3）元音的弱化表现为ɛ>i等。（4）辅音的对应规律为：v（文学语言）-g（哈密方言），tsh-sh、x-q、b-v、s、dzh-tsh、b-m、k-q、l-r、n。（5）辅音的同化有顺同化、逆同化和半同化。逆同化主要包括：n→l、n→m、n

→t、t→s、z→s、tsh→s、t→tsh；半同化主要有：n→m、n→ng。（6）辅音的脱落主要为 k、j、n、d、g、r、t 在词的不同部位发生的脱落。（7）增音现象主要为在词的不同部位增加 h、n、t、s 等。辅音换拉主要为 v-r、r-k 的换位等。

现代维吾尔语和用语的方言特点　靳尚怡撰，载《喀什师范学院学报》1987 年第 1 期。

和田是古代西域的文化中心之一。现在是新疆维吾尔自治区和田地区行署所在地。由于地理和历史的原因，使当地的维吾尔族居民的口语具有某些不同于现代维吾尔文学语言的特点，这些在其邻近的几个县中具有代表性。本文仅就和田话语法方面的特点做一简略的介绍。和田语表现在语法方面的特点主要有以下两点：（1）由于和田话的语音特点，尤其是元音和谐的作用，使它的某些语法成分具有不同于文学语言的形式；（2）由于和田话中较多地保存了古代语言的成分，特别是保存了助词-tur 的遗迹，使它的附加成分具有跟文学语言不同的形式。文章共分四部分对于上述特点进行描述。第一部分：名词。第二部分：形容词。第三部分：数词。第四部分：动词。分时态进行论述。

现代维吾尔语名词"从格"的形式和意义　李玲撰，载《语言与翻译》1995 年第 1 期。

（1）现代维吾尔语"从格"的形式。形式为 -din/-tin。与以清辅音结尾的词结合时附加成分-tin；与以元音或浊辅音结尾的词结合时使用 -din。（2）现代维吾尔语"从格"接缀于名词或名词词组后在句子中表示的基本意义为动作的来源和起点。"从格"的引申意义有：表示行为产生的原因；表示行为经历的处所；表示行为的方式；表示行为的范围和界限；表示行为的情状；表示物品的原料；表示整体中的一部分；表示比较的对象；表示一批物品中相等单位或每一个单位的"值"。此外，在某些特殊情况下，"从格"的使用如下：某些不及物动词要求动作涉及对象的名词使用从格形式；某些后置词或后置用法的词，要求有关的名词使用从格形式。

现代维吾尔语双部词研究　滕春华撰，载《语言与翻译》1999 年第 3 期。

双部词是指两个部分意义对称、表示同类事物、词类属性一致、由语音规律决定两个部分次序的一类词。主要有：（1）双部名词。包括的由意义相同的两个词构成的、由意义相近或相关性的两个词构成的、由意义相反的两个词构成的、一个或两个都失去词汇意义不能单独使用的双部词、重叠双部多词（双部重叠名词）和附加格词缀或其他形态标志的双部名词。（2）双部形容词。包括由意义相同、相关、相反的两个形容词构成的双部形容词，一个或两个都失去词汇意义不能单独使用的双部形容词，重叠双部形容词，带有音强音节的双部形容词，两个完全相同的形容词的第一个后面加-mu 等。（3）双部动词包括双部动名词、双部区别形动词和双部副动词等。（4）双部副词包括重叠和重叠双部副词等。（5）双部象声词包括拟声和摹拟形象的双部象声词。（6）双部数词。（7）双部量词。（8）双部感叹词，等等。

现代维吾尔语双关现象初探　阿米娜·阿布力孜文撰，载《语言与翻译》1991 年第 3 期。

现代维吾尔语句法中存在着一种形式结构不同，表达多种含义的现象。这就是本文所要探讨的双关现象。它在维语中大致有两种情形：（1）与具体的词有关，而与整个句子的结构无关；（2）与具体的词无关而与整个句子的结构或附加成分有关。前者叫词汇范畴的双关现象；后者叫语法范畴的双关现象。语言单位具有多种含义，尤其是多义词，在原结构中可解释为几种不同的意思，这样就出现了双关现象。维语中的一部分助动词是由实词虚化而来的，在通常情况下，它们之间在词义上不一定有什么联系，但有时为了使听者觉得滑稽、幽默、有趣，将助动词按实词意义来理解，结果出现了句子的双关现象；在维吾尔书面文学中只表达一种含义的句子，在口语中可能会表示两种含义。语法范畴的双关现象与附加成分的多义性，词的组合能力以及层次等有关。

现代维吾尔语象声词初探
再娜甫·尼牙孜撰，载《中央民族大学学报》1994年第3期。

维吾尔语的象声词具有一定的词汇意义，有着实词所具有的特征。象声词可以和动词"dac-"组合，成为动词"dac-"的"引用成分"。象声词和宾词一样能独立成句或者自己能成为一个独立的成分。虚词不能回答问题，实词可以回答问题。象声词可以回答问题。虚词具有表达一定语法意义的功能，维吾尔语中的象声词则没有这种作用。连词能起连接作用，象声词则不能。实词能和所有具体事物发生关系，象声词能形象地表达人们的情感。象声词也像固定词一样起助动词的作用。象声词在语音结构方面具有实词特征。象声词和实词一样有生动的语气、有固定词重音，起自呼、呼语作用。综上所述，维吾尔语中的象声词不属于虚词也不属于特殊词类而属于实词。这是由象声词的性质和特点所决定的。

现代维吾尔语语气词初探
牛汝极、牛汝辰撰，载《新疆大学学报》1982年第1期。

作者认为，各个语气词很少有语义单一的情况，即每一个语气词一般说来都是多功能的，可以表达几种不同的语气。不同的语气词有时还可以表达同一种语气。据此，可以把语气词分为以下14类：疑问语气词-mu^1、-ma、-tshu^1，强调限制语气词-la^1、-la^4，连贯和共时语气词-la^3、-dɛ^2、-ju，加强语气词-la^5、ku^4，进层、转折语气词-la^6、-mu^3，拟态语气词-du^1、-kin^2、-ja^1、-Gu^3，讥讽、责备语气词-zae、-dɛ^3，惊讶、感叹语气词-hae^1、-hɛ^2、-dɛ^2、-mu^4，请求语气词-tshu^2、-ja^2，提示语气词-mu^2、-tshu^4，反诘语气词-ku^1，惋惜、后悔语气词-bu^3、hɛ^2，不定语气词-ku^2、-du^2、-kin^1，亲昵语气词a。语气词的语法特点主要有：无明显的词汇意义；多出现在句末，有时也出现在句中的某个成分上；没有独立性，但附着性很强；无词形变化，不充当句子成分；同一个语气词可表达不同语气，同一语气又可用不同语气词表达；有时可以重叠使用。

现代维吾尔语语素的种类和词的结构
靳尚怡撰，载《民族语文》1985年第2期。

处在词组和句子里的词通常是由一些性质不同的结构单位（语素）按照一定的序列组成的。现代维吾尔语的语素可以分为词根、造词附加成分、转词附加成分和变词附加成分4类。词根可分为静词、动词和虚词词根3类。造词附加成分可分为跟静词结合产生动词和跟静词结合产生静词、跟动词结合产生静词和跟动词结合产生动词两大类。转词附加成分是加在词干（第一词干）之后构成转生词干（第二词干）从而转变该词在句子中的语法功能的附加成分。变词附加成分是按在词干之后，在句子中表示词与词、词组与词组之间语法关系的附加成分。对现代维吾尔语的结构进行分析时，应充分考虑词根、造词附加成分、转词附加成分和变词附加成分这4种结构单位（语素）。现代维吾尔语的词干可分为根词干、派生词干和转生词干。根词干和派生词干为第一词干，转生词干为第二词干。

现代维吾尔语中的代词词干
葛玛丽撰，载《民族语文研究情报资料集》，中国社会科学院民族研究所语言室，1983年第2期。

该文探讨了现代维吾尔语代词词干的构成和形式问题。现代维吾尔语中的代词有各种不同的变体，这些变体大多数是主语的主格形式，有时它们也用来表示不定格或只与第一人称有关的其他形式。对于一个语言学家来说，每一种形式只要它能揭示出构成词干的趋向或揭示格的特点，则都是有意义的。古代突厥语的代词形式繁多，据此可推论出两种基本情况：（1）在回鹘语中，主格形式和间接格之间曾有过原则性的差别；（2）主格有开元音，而间接格词干多半有相应的窄元音，这在用婆罗米文写成的文献中得到了证实。现代维吾尔语代词形式的多样性说明在古代突厥语中主格和不定格之间曾有过差别，而在现代语言中，这种差别确实有所减弱。在现代维吾尔语中，疑问代词不包括在代词范畴中，因为它们不构成代词词干。词干中的元音交替问题，在古代突厥文献语言中的功能是有限的，而在现代维吾尔语中则完全不同。

现代维语词的双式结构 李祥瑞撰，载《语言与翻译》1990年第3期。

维语词的双式结构应当包括词的重叠、词及该词的谐音部分和两个各自独立的词的组合这三种形式。必须符合形态独立、语义完整、语用自如这三条标准。双式词中，一部分已经定型，即组成双式词的一对词是固定的，不能用别的词去替代，前后顺序也不能颠倒；另一部分虽然正朝着定型化的方向演变，但组成双式词的一对词及其先后次序还带有一定的随意性。双式词的语义特征在于较强的概括性。它们往往表示某一类的人或事，相似或相关的一系列性质或动作，和其中的任何一个词相比，双式词的意义一般不是确指而是泛指的，不是具体的而是抽象的，意义范围不是狭窄的而是广泛的。构成双式词的多是名词，其次是形容词、动词。维吾尔语词的双式结构是需要深入探讨的一个重要课题，对促进现代维语的规范化有着积极的现实意义。

现代维吾尔语简单句实际切分理论概述 任乌晶撰，载《语言与翻译》1991年第2期。

实际切分法是一门研究句子的交际结构、交际功能及言语内部构成规律的学科。主题是叙述的出发点，是叙述的对象，是已知信息，因此是交际的基础。述题是叙述的核心，是对叙述对象所作的说明，是新信息，是交际的核心。在不同的上、下文和语言环境中，主题和述题的含义不同；在不同的句子结构中，主题、述题的表现形式是不同的；实际切分法根据词语在句中的交际功能，把它们切分为主题和述题两个部分。但并不是所有的词语都要进行切分。切分主题和述题的基本原则是：根据话语结构特性进行切分；根据主、谓语与主、述题的对应关系进行切分；根据提问进行切分。切分的方法主要有单层次切分法和多层次切分法。表达实际切分的手段主要有以下几种：词序、语调和语气词。

现代维吾尔语中的英语借词新探 乌买尔·达吾提撰，载《语言与翻译》2010年第3期。

维吾尔语的外来词中英语借词虽然只占较小的比例，但也是维吾尔语词汇的一个组成部分。它们包括经济、社会、科技、文化等许多领域的借词，分为老英语借词和新英语借词。本文在前人研究的基础上，主要分析和归纳了现代维吾尔语中英语借词的借入背景、类别、特点以及研究中的一些问题。

现代维语句段中的两个模式 朱华撰，载《新疆大学学报》1985年第3期。

该文用结构主义语法理论对现代维语句段中两种句子形式进行了分析。它们是：（1）u shu gaeprastmu daep sordi. "他问：这话是真的吗？"（2）maen unig aGrip qalGanliqini anglidim. "我听说他病了"。在第一个句子中，关键在于对 daep 结构如何分析。结构主义认为，语言中存在着少量的非连续语素，它和句子中的成分不发生直接关系。这种非直接成分组成的结构体使用直接成分分析法就会遇到困难。在这种情况下，必须提出非直接成分，而把 daep 作为框架，框架内的 shu gaep rastmu 可称之为介入成分。这样，将 daep 作为框架提取，则可按照直接成分分析法对框架内的介入成分继续进行分析。在第二个句子中，存在着"ning…lik/liq + 人称"句段。在这个句段中，有两个成分：一个是名词；一个是动词，它们之间并不存在领属关系，因此提取了"ning…lik/liq + 人称"，它们之间是一种主谓关系；而"ning…lik/liq + 人称"则是帮助这个具有主、谓语的完整句形式进入更大一个句子形式的手段罢了。它同样是一种非直接成分，因而可以采取提取框架的分析方法。这样，u aGrip qalGan 就成为一种主谓结构的短语了，可以按直接成分分析法对其进行分析。

现代维语量词语法、定义、语用分析
张玉萍撰，载《新疆大学学报》1999 年第 1 期。
维语量词从组合关系看，首先和数词组合，构成数量短语，也可以和代词组合构成指量短语。维语量词一般不能单独充当句子成分，和数词、代词组合后方可充当句子成分。量词短语一般在句中充当状语和定语，也可作其他句子成分。维语某些量词可以重叠，量词重叠后，如果作定语，表示数量多；作状语表示"逐一""大量"等意思。维语量词必要的时候可以有名词的人称、格等变化。维语量词的应用问题实际上是义位、主丛搭配的问题。维语量词修饰名词或动词，有些是必不可少的，这种搭配属强式搭配。弱式搭配一般指可以搭配也可以不搭配。或者只能跟个别义位搭配。维语中个体量词短语同名词的搭配属弱式搭配。在维语中为了区别名词类别、名词存在的形态、名词的不同意义，必须用量词，而这种搭配是十分必要的。

现代维语摹拟词刍议　怀林撰，载《新疆大学学报》1985 年第 3 期。
该文以实例分析了维吾尔语的摹拟词问题。关于摹拟词是实词还是虚词的问题，作者认为：

（1）虚词有表示一定语法意义即语法关系的作用，而维语摹拟词却没有这种作用。（2）虚词没有实在意义，摹拟词都表示一定的实在意义。（3）实词都表示实体事物；摹拟词虽表示实体事物，但不是表示实体事物本身（如名词）以及它的动作变化、数量（如动词、数词），而是表示实体事物的声音或情态。（4）虚词不能单独构成句子，不能单独回答问题，摹拟词可以作独词句，可以单独回答问题。（5）虚词不能单独做句子的各种成分，摹拟词可以充当某些句子成分，如状语、定语、谓语，甚至主语。（6）虚词通常不具备重音，不发生形态变化，摹拟词一般都具有重音，并且大都可以结合其他构词成分派生新词。据此，维语的摹拟词是实词，而不是虚词。摹拟词的主要语法功能是修饰动词，作状语。此外，摹拟词还可以作谓语、定语，极少数活用为名词可作主语和定语。

现代维语中的俄语借词　袁生武撰，载《语言与翻译》1996 年第 1 期。
19 世纪末和 20 世纪初以来，我国与苏联在各个领域的交往日渐广泛，因俄语语音接近维语语音等特点而被大量借入维吾尔语。与此同时，一些国际惯用语也通过俄语被借入。它们在维吾尔语的词汇体系中主要分布于政治哲学，科教卫生，交通、邮电、通信和经济诸方面，而借入的大都是些单义名词。其中的积极词汇在维吾尔语中加上维语构词后缀或助动词还可构成许多新词；被借入的俄语词汇在维语中按维语语法变格变位。这一方面丰富了维语词汇，另一方面也保持了维语语法的完整性和系统性。从词义看，借入的俄语词可分为等义借入、部分借入（词义减少）、借入的词义与原词义有差别或词义扩大等几个方面。随着社会的发展和科技的进步，有些借词已进入维语的基本词汇。维语中还存在着俄语借词与汉语借词混用的现象。

现代锡伯语及其新词术语问题　佟加·庆夫撰，载《语言与翻译》1989年第3期。

　　锡伯语属于阿尔泰语系通古斯语族满语支。古代锡伯语与现代锡伯语的区分不很明显，也没有截然的划分。但随着时间的推移，书面语与口语之间的差别正在逐渐扩大。抓好新词术语规范化工作非常重要。现代锡伯语的新词术语主要通过以下四个渠道汇合而成：（1）在本民族语的基础上创制。包括方言口语和新派生的书面语。（2）从满语中吸收。将"消失的"语言予以复活，并赋之新的含义。包括从本义中引申出新的词义；原有词义的扩大；词义的缩小；词义的转变。在新词处理上要肯定锡伯语与满语的承袭关系，既要挖掘，又要创新。（3）外来语借词。现代锡伯语中外来语借词成分在不断增多，尤其是汉语借词很突出。大致分为意译词和音译词两种。（4）外来语中的其他少数民族语言借词。如维吾尔语借词、哈萨克语借词等。（5）俄语借词和通过俄语借入的其他语言的词。

现代锡伯语新词术语规范问题　佟加·庆夫撰，载《语言与翻译》1992年第4期。

　　（一）新词术语的几个主要来源。（1）改造旧词，赋予新义。（2）来自口语的"约定俗成"词语。（3）来自书面语。（4）外来语。（二）规范工作中应把握的几个原则。第一，应当肯定察布查尔锡伯语为合乎规范的标准语。第二，即便是察布查尔锡伯语，其口语和书面语之间也存在一些差别，尤其是语音差别比较明显。第三，从现代锡伯语新词术语发展情况看，绝大部分新词术语都是以社会共同语（即汉语）出现的新词术语为规范对象。第四，新词术语只有得到社会承认，才能稳定使用，无论新词创制或是借用都是如此。（三）规范中一些具体问题的处理。（1）旧词改造为新词，赋予新义，这一点依然需要提倡。（2）创制新词术语时要用本民族语言的有机成分加以表示，力求简练易懂。（3）锡伯语词与汉语直译借词并存并用，也成为一种规范模式。

现代瑶语浊声母的来源　邓方贵撰，载《民族语文研究》，四川民族出版社，1983年。

　　文章通过苗瑶语方言比较讨论现代瑶语浊声母的来源。一般，苗瑶语阴调类只出现在来源于古苗瑶语的浊声母字音节。但是还有大量浊声母字既出现在阴类调音节又能出现在阳类调音节。通过瑶语方言和苗语比较，可知现代瑶语浊声母有不同来源。汉藏语声母类型有A型，不带前加成分类型声母；B型，带鼻冠音类型声母；C型，带喉塞音类型声母。A、B两型声母一般都有清浊音，C型声母不分清浊。A类型是汉藏语共有的，B类型主要出现在苗瑶语言，C类型出现在侗台语言。古瑶语A类型声母的浊音已经清化，那么，现代瑶语浊声母只能来自B、C两类型声母。现代瑶语一类浊声母来自古B类型声母，另一类浊声母来自C类型声母。

现代语言学与维吾尔语研究　高莉琴撰，载《语言与翻译》1991年第3期。

　　该文讨论了六个问题：（1）现代语言学和传统语文学；（2）现代语言学与汉语法研究；（3）维语研究的现状；（4）现代语言学与维吾尔语法研究；（5）现代语言学与汉、维语教学；（6）现代语言学与翻译。目的是想说明，应当把现代语言学的一些理论和观点引入维吾尔语法研究，引入汉、维语教学及汉、维语翻译。文章认为，现代汉语语法研究中，分布、替换、扩展、层次、变换等观点及相关方法正广为使用；预设、提取、移位、空位等观点及相关方法亦引入句法研究中。面从对句法结构的分析看，层次分析已被广为采用，而且已深入教学领域；变换分析正在研究领域广为使用，服务态度研究中还开始使用语义特征分析；此外还尝试从语用角度来分析某些语法现象。这些现代语音学的一些理论和方法，可以用在维语研究、翻译和双语教学中。

现代藏语的机器处理及发展之路 江荻撰，载《汉语自然语言处理若干重要问题》，科学出版社，2003。

就现代藏语而言，真正作为自然语言处理的核心内容的研究和论述很少，涉及的范围也极其有限。该文结合藏语自身句法特征，直接尝试一种藏语组块分析和分词同步进行的方法，即利用藏语句法形式标记直接识别组块和进行块内分词的策略，同时还提出抽取句法语义信息可以为下一步实现句法关系的识别铺垫基础。该文由五个部分组成。第一部分是对现代藏语机器自动处理方面的一个简略的现状概述。文章主要回顾了藏文编码标准及平台建设（即国际标准化组织的 ISO/IEC 标准和中国国家标准 GB）、藏语语法和藏语计算等三个领域的研究现状，认为藏语计算研究在基础研究不足、经验积累不够、研究成果零散的情况下，应该积极调整思路，结合藏语自身句法特征，发掘新的研究方法。第二部分讨论了分词和机器理解。文章认为，词是理解的基础，是构成语言下位成分以及关系的要素，而完整的句子的理解是由上位成分及相互关系构成的。从语素到词，到短语，再到句子，各种关系逐层获取。对机器来说，句子层面的理解可以说就是各种短语结构，或者功能成分的相互关系以及关系类型，即一般所指的句法树。第三部分讨论了藏语的句法特征。根据藏语的这些特征，可以从形式标记着手，剖析它们所构成的短语组块，以及分析这些组块在句子中的功能分布。藏语句法形式标记按其形式分类大致有七大类，而藏语句法组块大约有八类。第四部分讨论组块的边界识别与块内分词。文章设计的过程可以分出四个步骤：（1）词根归一化处理；（2）识别组块边界；（3）块内切分与词性标注；（4）组块归并与功能预测。第五部分是结语。作者指出，藏语采用块内分析方法的用意就是尽量从高层组块上逼近句法分析的目标，同时也能简化分词的复杂度并提高句法自动分析的精确性。因此，藏语自动分析的过程大致是：组块及其标记识别、块内分词、词性标注、组块归并、功能分析/句子理解。该文以现代藏语机器处理的核心内容为研究对象，提出了藏语组块分析和分词同步进行的方法，这种方法无疑可以为藏语计算机研究提供了一种新的思维方式和一种新的实现手段。

现代藏语动词句法语义分类及相关句式 江荻撰，载《中文信息学报》2006 年第 1 期。

文章突破了传统的动词语法分类和古典文法分类的框架，建立起以句法语义为纲要的藏语动词类别和相关的句法规则，目的是根据现代藏语不同动词类别及其语法句式构建带语法属性的藏语机器词典，同时企望能以此来建立面向机器处理的动词句式自动处理语法框架。文章把现代藏语动词分为 12 类，分别是性状动词，动作动词，心理动词，感知动词，变化动词，趋向动词，述说动词，关系动词，领有动词，存在动词，互动动词，致使动词，描述了每一类动词的语义特征和论元特征，给出了每一类动词的句法格式和相应的标记类型。例如，性状动词主要指表示状态的动词，有些是及物动词，有些是不及物动词，基本格式是：NP +（NP +）VP（STA）。主语和/或宾语都不带词格标记；存在动词（EXT）表示某人或某物在某地。主语用通格，宾格用处所格/位格。存在动词句的基本格式：NP + NP +［LOC］+ VP（EXI）。表存在的动词主要有 yod 及其变体 vdug, yovored。少量其他表示存在的动词，如 bsda "居住" 也可进入该句式。文章的最后论述了藏语动词句法语义分类的作用：直接目的是构建带语法属性的藏语机器词典。在这样的词典中，每个动词（以及其他词性词语）都有区别其他动词的语法信息，包括词形、词义、词形变体、所属类别等。一旦动词类别确定，又可以知道它可能的句法框架、论元的配价以及相应的语序，也可以判断各种同形句法标记的性质，并进行较为准确的分词和分析。本篇文章是有关藏语语法信息词典在建项目的一个初步实践。

现代藏语拉萨话形容词重叠形式　王会根撰，载《中央民族学院学报》1987年第6期。

重叠是藏语传统的语法手段之一。名、动、形、数、疑问代词都能重叠，尤以形容词重叠形式较多，有7种形式。重叠后程度加深，具有一定修辞色彩。（1）叠音形容词AA式是一种构词法，不表示语法意义，可受副词"很"的修饰。由形容词去掉词尾，词根二次重叠构成。（2）双音节形容词去掉词尾，词根三次重叠，构成AAA式。前两音节连续（连续变调），后一音节单读，读原调。（3）形容词词根附加具有某种特定色彩或状态的叠音成分（后缀），构成ABB式。叠音成分有20种，A与BB的搭配一般较固定。（4）词根后面带音一词尾的双音节形容词，可取AB+AB→ABAB的全部重叠形式。（5）意义相同或相近的形容词词根双双重叠构成AABB式。在有的AABB式中BB不是重叠的形容词，而是附加成分。（6）在一些双音节形容词后，重复该形容词词根再加rkjang构成四音格ABArkjang式。（7）由形容词或动词经过有规律的内部语音变化构成ABAB四音格形式。

现代藏语派生名词的构词方法　江荻撰，载《语言暨语言学》（专刊外编之六，台北："中研院"语言所，2006）。

文章主要讨论藏语中派生名词的构词方法，对构词方法进行描写和分类探索。首先提出藏语语素的基本类别：词汇语素和语法语素。词汇语素包括成词语素，条件成词语素和不成词语素；语法语素包括词缀语素和句法语素，同时采用"Packard完形词"的概念来进一步把藏语的名词、动词、形容词词根划分出完形词和非完形词，每一类词的完形词和非完形词词根依据其自身语法功能独立性的程度来选择不同类型的词缀。文章的第二部分描写了十二类藏语名词派生词缀的意义与功能。包括动词的名词化，如pa，ba；表示动作的施事者或者受事者，如pa，ba，po，表达性别的功能，如mo，po；表集合名词，如cha；表达贬损的意义，如to，ro，kye等。文章的第三部分从理论上阐述R. Beard派生词缀的四种类型：（1）特征值转换派生（functional derivation）；（2）功能性派生（functional derivation）；（3）转类派生（transposition）；（4）表达性派生（expressive derivation）。并依次分析了四种类型在藏语名词派生词缀中的对应类型。文章的第四部分讨论了藏语派生名词分类的验证方法。提出并验证了按照功能、形式和意义区分的藏语名词缀类型：名词化词缀相当于R. Beard的转类派生，完形化词缀是依据藏语提出的新型构词现象，义类词缀大致包含了R. Beard的（1）、（2）、（4）类型，而义类词缀的形成与"去语义化"过程密切相关。文章在最后的小结部分总结了藏语名词派生与派生词缀的分类类型：名词化派生词缀，常见派生词结构是［［root］v affix］N；完形化派生词缀，派生词结构是［［bound-root］N affix］N；类义派生词缀，派生词结构是［［root］V/N affix］N；带a-前缀的完形派生词结构是［affix［bound-root］N］N。

现代藏语组块分词的方法和过程　江荻撰，载《民族语文》2003年第4期。

该文结合当前国际上自然语言短语分析技术的发展方向，充分认识到藏语的计算处理应该充分利用现代藏语句法形式标记丰富的特点。尽管藏语的自动处理尚未经历成熟的自动分词和词性标注阶段，但仍然可以从高层切入，设计处理句法结构的方法，同时考虑低层词语的词法、句法功能在整合句法关系中的重要的作用，分词仍然是必要的。因此，作者设计出一套适合现代藏语句法特征的组块分析和块内分词同步进行的方案。该文由五个部分组成。第一部分讨论句法标记与组块结构现象。文章认为，现代藏语是一种具有丰富句法形式标记的语言，形式标记自然把藏语句子分割为若干词串或组块。依据这些形式标记对藏语文本进行分析和理解，就有可能建立符合藏语组块自动分析和块内分词的策略。第二部分讨论了句法标记的类别，大致上可以分为七大类，即词格标记、名物化标记、动词语尾、指代词、构词词缀、连词、零形式等。作者认为，上述各类标记形式，大多数都不能单独充当藏语句法中的唯一识别标记。即使是词格标记和名物化标记，也存在与其他词或者词素同形的现象。因此在文本处理过程中，往往采用综合性的方法。第三部分讨论句法的组块分类。文章定义了8种类型的藏语句法组块，即名词组块、形容词组块、非谓动词组块、谓语动词组块、前修饰语组块、后修饰语组块、从句组块以及游离语组块等。第四部分讨论了组块的边界识别及分析过程。组块分析方法处理藏语可以分为四个步骤：（1）词根归一化；（2）识别组块边界；（3）块内切分与词性标注；（4）组块归并与功能预测。第五部分是结语。作者指出，藏语组块的描述和处理都是结构性的，而非功能性的，这是藏语自身的句法特征。但从自然语言处理来看，只有建立起结构成分之间的句法功能关系，才能实现对话语的机器理解。因此，藏语组块分词只是一种逼近句法关系分析的高层处理方法，还需要进一步在这个平台上建立组块之间的功能关系（句法树）。文章利用现代藏语句法形式标记丰富的特点，设计出的组块分析和块内分词同步进行的方案是适合现代藏语句法特征的，这样的技术路线在藏语自然语言处理中应该是有前景的。

现代藏语中的古藏文词汇　安世兴撰，载《西北民族学院学报》1984年第2期。

　　文章讨论了现代藏语方言口语中的"古词"现象。虽然藏语书面语经历了文字定，但口语中仍能保存一些古词。藏语安多方言是保留古藏文词语最多的方言，一些吐蕃时期书面语中的古词虽经历史上几次对正字法的规范，除语音上有所变化外，仍然有不少字活用在今天的口语当中。如现在一般都把 gso ma 看作口语，不认为是书面语，只认为 gsar pa 是书面词汇，其实 gsar pa 与 gso ma 是新与旧的关系。藏语康方言没有安多方言中保留那么多古词，但也有定新语之前的古藏文词语。如古词"月亮"保留古音 sla ba 而不是规范后的 zla-ba。历史上藏文正字法的定从藏文的各种资料记载结合现代拉萨口语来看，是以卫藏方言为基础的。所以卫藏方言中古词语保留不多。由此可见，藏语书面语中的古词不完全是通过一次或几次的规范，就不在口语存在了，它们程度不同地活用在一个方言或两个方言中。文章用例近200个，占篇幅1/3。

现代藏语中的双音节重叠词　科马罗娃撰，载《民族语文研究情报资料集》，中国社会科学院民族研究所语言室，1984年。

　　藏语双音节重叠词的特点是，它与原派生单位有双重的语义—结构联系。在结构方面，重叠词是原词干的一种派生结构。由于原词干和重叠词干之间的音位完全相同或部分相同，因而重叠词词干可以是相同的，也可以是发生过音变的。词干相同的重叠词由两个语音形式相同的成分构成，即音位和调位相同的两个词素的组合；词干发生音变的重叠词由两个语音形式不相同的成分构成，即由原音节和在原音节基础上的词素变体组成。发生音变的重叠词中的词素变体是音位的交替，这种交替遍及词素的开头、中间和末尾，甚至重音。重叠词的语音交替部分主要包括声母、韵母和声调。在语义方面，重叠词与原词有程度上的不同，可分为派生型和非派生型两种。派生型的重叠词在结构和语义上是由原派生单位所决定的，所以重叠词的意义与原派生单位在意义上有密切关系，而非派生型重叠词是不能进一步分解的，已丧失了内部形式的语义单位。

现代藏语和汉语在构词方面的共同特点　韩镜清撰，载《中国语文》1959 年 5 月。

藏语不仅很早就从汉语借入很多日常用词，并且在语言、语法方面也有很多共同特点。本文只把拉萨作为现代藏语的代表，同汉语的构词法进行一下比较，就可看出有不少特点是共同的，首先看看词头、词尾。称谓亲属的名词在汉语里往往有个词头"阿"字，如"阿姨""阿爹"等，在藏语里也有这种情况。在汉语里动词表示否定时，一定在词根前加上词头"没"或"不"，藏语也是如此。在汉语里形容词常常有音节重叠的词尾，如"白花花"，在藏语里也有同样情况。汉语里动词加上附加成分"的"或"者"便成了名词。如"卖报的"，"劳动者"，藏语里也有这样一种附加成分。在汉语里复合名词的构成常用两个意义相近的词联合的方式，如乡村、城市、思想等，在藏语里也有这样的情况。数词的结构也有许多同汉语相似的地方。

湘南土话中的底层语言现象　罗昕如撰，载《民族语文》2004 年第 1 期。

该文以与湘南地区古百越与蛮两个集团有继承关系的壮侗语族与苗瑶语为参照，分别从语音、词汇、语法三个方面举例分析湘南土话中的底层语言现象。全文分三节：一、底层语音现象；二、底层词汇现象；三、底层语法现象。底层语音现象主要的表现是汉语帮、端母的字，在湘南土语读作鼻音 m、n（或 l），是从 ʔb、ʔd 变来的。

湘西方块苗文　赵丽明、刘自齐撰，载《民族语文》1990 年第 1 期。

方块苗文的产生和流传。介绍了湘西苗族地区清末苗族秀才创制的"板塘苗文"、"老寨苗文"、"古仗苗文"。板塘苗文为苗族秀才、歌师石板塘所创，至今仍用于记录和创作苗族歌曲。老寨苗文为石成鉴于 20 世纪 50 年代所创，至今仍在使用。古仗苗文仅有文献记载，何人创制无可考，结构上方块苗文有左右结构、上下结构、侧围结构、内外结构，后两种结构不多，造字法方面有形声、会意、双音符和假借四种，形声是最能产的造字法。方块苗文是仿汉字的民族文字，像汉文一样也是音节文字。方块苗文的使用和功能。方块苗文的使用有上、下文全部用苗文标写苗语，一句用汉文标写另一句用苗文标写，在一句中苗、汉文混用。方块苗文是仿汉字，对汉字有附庸性，而汉字则对方块苗文有补充性。

湘西苗语的多义词素 bad　麻树兰撰，载《中央民族学院学报·语言文学增刊 3》，1986 年。

该文就湘西苗语的多义素 bad 其功能和性质做个概述。（1）bad 的功能。区分动物、植物的雌雄，区分日月、神明的性别，区别非生物的阴阳，雌者为 ned，雄者为 bad。bad 与动物名词素或一两个元意义的音节结合构成动物名词，这种含词素 bad 的动物无雌雄之分。bad 与某些专业名词结合，表示该人的专长超群；与某些表示人或物的名词结合，表示该人物所处的地位最高、最好；与某些物体的名词结合，表示该物坚强、雄壮、巨大；与物体形状有关的名词结合构成合成词，其中 bad 没有实词义，只是名词的标志。bad 与某些名词结合，能引申成新的名词。与动词或动宾词组结合，与形容词组合构成名词。（2）bad 的性质。从功能来分析，湘西苗语存在两个声音形式相同的词素 bad；一是实词素；二是虚词素，只与某些实词结合，表示某种附加意义，作者推测，后者是由前者演变而来的。它是静物名词的标志，性质跟冠词 ghaob、max 相近。但又不完全相同。

湘西苗语的四字并列结构　向日征撰，载《民族语文》1983 年第 3 期。

文章对湘西苗语的四字并列结构用分类加以分析。一、名词性的 ABAC 式有 15 种，如：ABC 是名词、名词素、C 与 B 义关联，AC 仿 AB 构成新修饰词组；A 是名词、名词素、形容词、数词、冠词，BC 是义相近关联或表人和静物或抽象事物的准量词、名词、动词素。AABB 式有一种，AB 是名词。二、动词性的 ABAC 式也有 15 种，如：A 是动词，BC 是义相同相近的名词、形容词、动词，A 与 BC 分别构成动宾、动补词组，或 B 是修饰 A 的形容词，C 和 B 同音节无义。AABB 式有一种，AB 是动词。三、形容词性的 ABAC 式有 9 种，如：A 是形容词，BC 是义相近关联的名词、动词构成形补词组；A 是动词，B 是形容词，C 和 B 同音节无义。AABB 式有 2 种，AB 是形容词和借汉的动词。四、副词性的只有 AABB 式。用例占全文的 1/2。本文对苗语方言、汉语四字并列结构比较研究有用。

湘西苗语中的隐婉语　赵丽明撰，载《民族语文》1990 年第 5 期。

文章对湘西隐婉语的使用特点、社会功能及其构成手段进行了介绍和分析。文章认为积极、健康的隐婉语对语言的丰富和发展有一定积极作用。"隐婉语"是作者根据这类语言在湘西苗乡的使用特点、区别于隐语和婉语而采用。作者认为湘西隐婉语的使用不是因地域、民族形成的差异而产生出来的语言变体，而是由于不同的社会群体之间不同的利益需求而形成的语言变异，是一种相对封闭的集团内部特殊交流工具。文章分别对隐婉语在恋爱活动、日常生活交往、祭祀活动、政治活动中的使用情况作了介绍。对隐婉语的构成，作者认为它们均未脱离通用语中的语词，只是利用词汇手段或语音手段改变原词的意义或形态以达到隐晦的目的。词汇手段主要通过新造音节形态或利用谐音关系以改变音节形态的方法。文章还对构成手段作了更进一步的分析。

湘西苗语助词的语法特点　向日征撰，载《民族语文》1987 年第 2 期。

文章对湘西苗语的助词的语法特点加以分析。助词可分为结构、情貌、和语气三种。一、结构助词：naŋ^{44}，ma^{31}。naŋ^{44}放在名词、代词、冠名词结构中，ma^{31}字放在结构或词组后，构成 naŋ^{44}字结构，相当汉语的"的"字结构，能在句中作主语、表语和宾语。ma^{31}附着在动词、形容词和非名词性词组之前，使这些词和词组名物化。ma^{31}在句中也可作主语，表语和宾语。二、情貌助词：tɕu^{33}"了"、kuα^{53}"过"。tɕu^{33}用在动词、形容词、补充词组后，表示动作、性状变化已完成貌；用在支配词组后，表示行为动作即将进行貌。kwα^{53}用在动词后或 tɕu^{33}同时在动词后面，表示行为动作经历和完成貌。三、语气助词：ma^{31}"嘛"、ze^{31}"吗"、tɯ^{35}"吧"、α^{33}"啊"表示陈述、疑问、祈使、感叹语气。还有 ɕaŋ^{44}"吗"加在作谓语的重叠形容词后和加在陈述句后，都能表加强的语气。苗语的助词，是苗语中表示种种语法意义的必不可少的词类。

湘西民间方块苗文的造字哲理　李雨梅撰，载《中南民族学院学报》1991 年第 3 期。

湘西民间方块苗文有三种形体：板塘苗文、老寨苗文、古文苗文。本文从哲学的角度对板塘苗文中的会意字加以分析。板塘方块苗文是清末永厅苗族秀才、歌师石板塘创制的。其中的会意字的创制，包含某些哲学道理。石板塘以"乙"代"一"，把"乙"作偏旁，造制了包含结构的"乙 + 一"（一）、"乙 + 二"（二）等方块苗文数字，是符合人们的认识和思维的。作者把"白雨"称之雪，"送雨"的自然现象称之雷、电，"加助"下雨的自然现象称之云。从这自然现象受到启迪，产生了各种联想，然而借用汉字造制了上下结构的"雨 + 白"（雪）、"雨 + 送"（雷、电）、"雨 + 加·雨 + 助"（云）等苗文字。把"色"字作同类字的偏旁，与表颜色特征的"黑"、"白"、"黄"等相结合，造制了上下结构的"色+黑、色+白、色+黄"等苗文字。不难看出，作者在创制中，自觉不自觉地运用了辩证的思维方法，以及新产生的借源字中所表现的辩证哲理。又如在汉字流、落、通、吞等字下面加"下"字，创制了"流+下、落+下、通+下、吞+下"等借源字，这体现创制的实现基础。用"打死"这一社会现象构成上下结构的"打+死"（死）的概念。板塘苗文的产生曾为苗汉人民的文化交流起到了不可估量的作用。

"消经"文字与汉语拼音比较 阿·伊布拉黑麦撰，载《文字比较研究散论》，中央民族学院出版社，1993年。

该文首先从解释什么是"消经"及"消经"的悠久历史入手，从而论证了深入研究"消经"文字的必要性。"消经"是我国回族人民创制并使用的一种用阿拉伯字母拼写汉语的拼音文字。它是伊斯兰教在我国传播和发展过程中产生的，是阿拉伯文化与中国文化交融的产物。其次，该文分析了"消经"文字与汉话拼音比较的七点不足和缺陷。再次，在以上两点的基础上，分析比较了汉语"消经"话在音系、词汇、语法三方面与汉语普通话的异同。最后，得出对"消经"的四点有价值的认识。(1)"消经"具有悠久的历史且是唯一的语言书面表达形式，是文字而非仅是工具。(2)"消经"虽是文字，但正字法不健全，拼写有一定随意性。(3)"消经"具有超方言的性质。(4)"消经"的使用者是回族和信仰伊斯兰教的东乡等少数民族，而非全国通用，且是拼写回族群众的汉语，是一种拼写汉语的民族文字。

新的语言和新的文字 西田龙雄撰，载《民族语文研究情报资料集》，中国社会科学院民族研究所语言室，1983年第2期。

该文介绍了新发现的尔苏语和尔苏象形文字。尔苏语分布在四川省，分东部方言、中部方言和西部方言。尔苏语的特点：声母82个，其中单纯辅音42个，复合辅音40个。除了5个基本元音外。还有5个卷舌元音和1个鼻化元音、17个复合元音。基础音节除与彝语的一样外，大部分为汉语借词。有5个声调类型。词汇与藏缅语同源。动词有现在、未来、过去时态和三对方位的范畴。尔苏文字的确切数字虽然尚未发表，但与纳西文字相比，字数少一点已确切无疑，有100字左右。书写法与纳西文字基本一致，只是暗示性的记忆书写法。用这种文字书写的经书记载着与纳西经书相同的内容。尔苏文字的另一种字形稍微简化一些，而且还用于书写历史，但就文字整体来说，与图画字形有很大区别。用这种字形书写的历书没有竖线分格，只是在一张横幅纸上画两条横线，分为三格，三格内分别用图画文字连续书写。

新疆艾努人的语言 赵相如撰，载《语言研究》1982年第1期。

新疆维吾尔自治区南部的和田、洛浦、墨玉、莎车、英吉沙、疏勒和库车等县，分布着自称"艾努"的居民。艾努人自称，他们的祖先是在很久以前从伊朗迁来的。通过与波斯语，我国境内的维吾尔语以及属伊朗语族东支的塔吉克语进行比较，发现艾努人内部说的话中几乎有三分之一以上是与波斯语同源的语词，而且属基本词，这部分词汇与印欧语系伊朗语族语言的基本词汇颇为相类；在语音系统和语法结构上，除残存波斯语言的某些语音特点和语法形式外，受到维吾尔语的深刻影响，已经吸收了维吾尔语的属于黏着语类型的语法手段，以致在语法上与维吾尔语基本相同。艾努人内部使用的语言究竟是一种伊朗语支语言和维吾尔语的"混合语"呢，还是保留了大量波斯语底层的一种维吾尔族的特殊方言？这是一个值得研究的问题。本文以和田县烽火公社格窝孜村的艾努语为代表，简要介绍了其语音、词汇和语法，并与维吾尔语、波斯语和塔吉克语进行了一些比较。

新疆达斡尔语简述 丁石庆撰，载《语言研究》1995年第1期。

目前生活在新疆的达斡尔族是清乾隆年间由清政府从我国东北地区派驻新疆驻防的索伦营中达斡尔族官兵之后裔，人口总计为5398人（1990）。其中百分之八十居住在塔城一带，其余分散在伊犁、乌鲁木齐等地。1.新疆达斡尔语有19个单辅音、11个腭化辅音、11个唇化辅音；6个单元音，6个长元音，6个复合元音。2.词汇分单纯词和合成词。有些词在词义或使用范围方面与布特哈、齐齐哈尔方言有一定的差异，有一些突厥语、蒙古语及俄语借词。3.语法方面，与布特哈、齐齐哈尔方言小有差异。本文结论为：新疆达斡尔语在本质上还保持其固有语言结构特点，并与布特哈、齐齐哈尔方言在许多方面呈整齐的对应关系。语音方面表现为s-z并存，口语中有q、k、G等小舌音，腭化辅音不出现在词尾、长短元音对立作用趋于消失，语调平缓；词汇方面除固有词外，还有相当数量的突厥语借词；语法方面表现为格范畴不如布特哈、齐齐哈尔方言那样丰富和发达，有一些特殊的语法表现形式等。

新疆达斡尔语小舌音浅析 丁石庆撰，《民族语文》1992年第5期。

该文对新疆达斡尔语的小舌音进行了分析研究。新疆达斡尔族的口语中共有四个小舌音：q、ʁ、G、χ，均出现在同后元音相拼的音节里，可是它们在词首、词中、词尾出现的位置不同。新疆达斡尔语中还有4个舌根音：k、ɣ、g、x，均出现在含元音u、ə、i、e的音节里，在词首、词中、词尾出现的位置不同，恰好与相应的小舌音之间形成互补关系。作者认为新疆达斡尔语的小舌音q，是从哈萨克语移植过来的，而小舌音G、χ则因引入哈萨克语的语音和谐规则和受本族语类推作用的影响而产生的。

新疆达斡尔语语音及其特点 丁石庆撰，载《语言与翻译》1995年第1期。

生活在新疆境内的达斡尔族总人口为5389人（1990），其中百分之八十以上居住在塔城一带。新疆达斡尔语有19个单辅音、11个腭化辅音、11个唇化辅音；6个单元音、6个复合元音。新疆达斡尔语语音有以下几个特点：（1）舌尖前擦音s和z并存，s可以出现在音节的任何一个位置上，z只出现于词间或词尾；（2）词间、词尾的z与布特哈及齐齐哈尔方言的s相对应；（3）某些出现在边音l和鼻音m、n等音后的d与布特哈和齐齐哈尔方言词首x对应；（4）词首x与齐齐哈尔方言词首k对应；（5）词间、词尾的g与布特哈方言同位置的w对应；（6）无某些布特哈方言词首的x；（7）腭化辅音大多在词首、词间、词尾的大多脱落；（8）第一音节长元音不稳定，其余趋于消失；（9）部分词的a、o有前化倾向；（10）词重音趋于后移；（11）语调平缓。

新疆的少数民族语言研究与现代语言学

哈力达·穆提义撰，载《语言与翻译》1989年第2期。

一、社会语言学方面。政府设立了各级民族语文工作委员会，制定了一系列符合各族人民利益的语言政策，逐步实行双语教育，双语人才辈出，到目前为止已发表了不少关于双语教学和双语研究的论文；出版了维—汉、汉—维、哈—汉、汉—哈对照双语词典，汉柯词典也即将完成。自治区还成立了民族古文献整理办公室，培养了许多古文字研究人员，各大学还开设了民族古文字课程。此外，用社会语言学方法对图佤的确认，对艾奴人语言特征的研究等都是不可忽视的成就。二、心理语言学方面。在新疆少数民族研究工作中，现代语言学的这一分支是最薄弱环节。三、应用语言学方面。在工程语言学方面，新疆大学开设了计算机课程，并已利用计算机做了一系列工作。应用语言学在外语教学方面也得到了应用。新疆聋哑学校的教育工作者填补了病理语言学方面的空白。

新疆地名的汉字译写　牛汝辰撰，载《语言与翻译》1993年第2期。

新疆是少数民族集中的地区，所以地图上大量出现的是用汉字译写的少数民族语地名。地名译写一般以专名音译、通名原则上音译，特殊情况下音译重复意译或意译为原则。由于汉字长于表意，加上汉语方言的影响，于是同一地名出现多种汉字写法。因此，新疆地名的汉字译写必须规范统一。（1）对少数民族语地名要尽量做到同词同译，实际译写规范化。（2）部分地名的汉字译写虽表音不太准确，但原有习惯写法已"约定俗成"，要继续照顾历史习惯。（3）地名的专名音译，通名原则上音译，或特殊情况下音译重复意译或意译。（4）汉字译写要避免"望文生义"，不用贬义字，不用多音字。（5）通名的音译要注意领属人称附加成分的有无而分别采用音译和意译的方法；企事业单位名称的通名部分应按汉字译；要注意地名中的有些词形似通名实为专名的现象。（6）柯尔克孜语地名中的长元音音节是辅音的开头和结尾时，作长元音处理，译写时增加一汉字；若长元音在音节首或尾时，不作如上处理。

新疆地名中的文化透视　牛汝极撰，载《语言与翻译》1989年第2期。

文章共分五部分：一、概况。在此部分，作者论述了地名及其特点、新疆地名的形成过程、新疆地名的类别。二、双语地名与多民族杂居。所谓双语地名是指一个地方有两种或两种以上的名称并行使用，当地少数民族一个叫法，汉族有另一个叫法，两者之间既不是音译，也不是意译。主地名的形成主要是民族杂居和民族变迁造成的。三、地名与移民。地名与移民的关系最显著的是移民把旧地名搬到新地。由新疆迁到内地的地名有之。由外地迁入新疆的地名也是自古有之。四、地名与传说。关于地名的起源，还流传着许多美妙的传说，令人遐想。透过传说，我们可以了解当时当地的民情及地名成因。五、地名与新疆的经济开发。从新疆地名中常常能追溯该地区的开发过程。此外，地名同地理、数字、特产、国名、姓名等都有着密切的关系。

新疆地区的双语制与民族教育　李森撰，载《民族语文专业教学经验文集》，贵州民族出版社，1990年。

新疆各少数民族双语制的情况是：（1）共有八种语言属于突厥语族。（2）蒙古语族中的蒙古语使用托忒蒙古文并有出版机构。（3）满—通古斯语族中的满族原来使用满语满文，后改用汉文。（4）印欧语系伊朗语族的塔吉克族有语言而无文字，兼通维吾尔文。从处理双语制与民族教育的认识出发，根据新疆各民族的不同情况，对学校教育中的双语问题，须采取不同的办法加以解决。凡有自己通用文字的民族，在推行义务教育时，无疑要使用本民族语文。第三年开始就增设汉语课，为升高中打基础。有语言而无文字的民族，根据本民族自愿自择一种语言。在教学中安排少数民族学生母语之外的两种语言——汉语和外国语的学习上，可以考虑在教学中采取两种双轨制。（1）汉语—民族语双轨教学。从县一级民族自治地方起，进行义务教育的学校，按语种分为两类：民族语文学校和汉文学校。（2）外国语—双语双轨教学。

新疆地区满语文使用情况考略　胡增益撰，载《民族语文》1995年第6期。

新疆曾是清政府行使权力和使用满语文的重要地区，理应保存有相当数量的满文文书档案，但现已荡然无存。而当时满语文使用的情况又是怎样，该文根据零散的资料对这一问题做了考证。在新疆的满族有驻防的兵丁、任职的官吏、流放发配的官吏、谋生的平民；而西迁到新疆的一部分锡伯族则是使用满语文的基本部分。关于满语使用的情况，从现有的相关资料看，可归纳为：办事人员使用满语；调入新疆的满营士兵，大部分不熟悉自己的民族语言，只在话里夹杂有满语词；满语是移居新疆的锡伯族交往时使用的交际工具。满文则用于向中央奏报、地方各级政府往来的公文；为八旗子弟设立的官学、义学以及私塾中的满文课的教学；书面交际工具和日常书写以及创作和翻译。

新疆汉话中的维吾尔语借词

王景荣撰，载《语言与翻译》1998 年第 3 期。

该文对新疆汉语中的维吾尔语借词进行了分析。（1）维吾尔语词借入的原因。维吾尔语词借用是维、汉两种语言接触的必然结果；说话人在双语环境下对交际的需要；出于表达维吾尔语特有概念的需要而非借不可，如"馕"、"孜然"、"木卡姆"等；由于一部分人的从众心理、追求语言时尚、表明自己是当地人等社会心理因素使然。（2）维吾尔语借词的借入方式及语义变化。借入的方式有音译、音意兼译、音译加注；语义变化主要有词义扩大、词义缩小和词义转移三种。（3）维吾尔语借词的词性和构词。借入后名词词性较稳定，一部分词的词性发生了变化。维吾尔语借词的构词方式有：复合式和附加式。（4）新疆汉语吸收维吾尔语借词的途径主要由口语和书面语借入。维吾尔语借词对丰富和发展汉语词汇起到了一定的积极作用，是维汉两个民族长期以来密切交往的必然结果。

新疆汉语方言中维吾尔语借词的读音

廖冬梅撰，载《民族语文》2005 年第 1 期。

新疆汉语里有许多维吾尔语借词，其读音有特色。辅音方面，维吾尔语不送气的浊塞音 b、d、g，和不送气浊擦音 z，汉语方言里往往读成不送气的清塞音和清塞擦音 ts。在元音方面，在借入汉语时，往往把单元音变为复合元音。把维吾尔语的 l 和 r，变成儿化韵。把维吾尔语的闭音节辅音变成在其后增加一个元音。

新疆回族话的一些特点

安继武撰，载《汉语教学与研究》，内蒙古教育出版社，1981 年。

据该文作者介绍，新疆回族人都使用汉语北方话，如果与其他民族杂居，有的还操维吾尔语，因此，不论是在词汇方面还是在语法方面，都受到维吾尔语的影响。这成为他区别于其他汉语北方话的特点。新疆回族话不同于汉语北方话的另一个特点，是在基本词汇中仍保留着许多阿拉伯—波斯词语。汉语的一些旧词，在普通话中已经淘汰，或不常使用了，而在新疆回族话中却仍然使用，只是词义往往与原来的有所不同。

新疆民汉语互学现象的由来和发展

陈世明撰，《新疆大学学报》2001 年第 1 期。

该文以各历史时期的编年史为主线，论述了新疆民汉语互学现象的产生、存在和发展过程，反映了两千多年来新疆民汉族之间的友好往来关系。公元前 3 世纪，汉族人开始进入新疆，与新疆地区操不同语言的其他民族交错杂居，互相往来，于是便产生了语言互学现象。公元前 1 世纪中叶西域都护府建立以后，由于中央王朝与新疆地方政权之间在政治、经济、文化等方面的关系日益紧密，汉族人及汉族商人也大量进入新疆定居或经商，致使新疆民汉语互学现象日趋兴盛，不仅互学的地域范围由新疆扩大到京城，互学的方式也由单纯的学语言过渡到既学语言也学文字，同时还出现了互学语言的工具书。公元 3 世纪以后，随着新疆地区佛教化以及佛教由新疆这一通道向中原地区的广泛传播，新疆地区的民汉语互学现象发生了质的变化，民汉佛教信徒以及佛教僧侣们为了精通用汉文或当地文字译成的佛教经典，便认真踏实地学习汉民族或当地民族的语言文字，因而在非汉族人群中出现了许多汉语水平很高的佛教高僧、翻译家、语言学家和文学家。13世纪，蒙元王朝的民族"互换迁徙"政策给民汉杂居和交往提供了便利条件，大批汉人和汉军进入新疆，大批民族商人和民族居民进入内地，新疆民族语言培训机构——京城回回国子学的设立，又开辟了民汉语互学的新里程。十八世纪以后，由于中央和新疆政治、经济、文化关系的进一步加强，"关内汉、回携眷来新就食、承垦、佣工、经商者，络绎不绝"，民汉交往更加频繁，民汉双语教学也全面实施起来。中华人民共和国成立以后，民汉语互学现象受到新疆各级党政部门的空前重视和财力投入，都是历代所不能比拟的。民汉语互学现象对新疆社会经济文化的发展所产生的影响也是无法估量的。前人普遍认为汉人开始定居新疆的时间大约在汉武帝元封三年（公元前108年），而本文认定时间为秦始皇二十六年（公元前221年），推前了一百多年。

新疆少数民族学生汉语名量词使用中的认知特点分析 李遐撰，载《西北民族大学学报》2008年第1期。

量词是新疆少数民族学生汉语习得中出现偏误较多的词类，而其中名量词又以其复杂多样对少数民族学生汉语学习造成了一定的困难，通过对学生使用汉语名量词的情况进行定性、定量的分析，从相关认知原则出发，可看出少数民族学生虽对名词"有界—无界"的特征有一定程度的认识，但对多义量词隐喻而来的抽象意义认知不全，未能把握住汉语对认知事物时的取舍、凸显等原则，因而在选用近义量词时偏误较多。

新疆十世纪至十三世纪突厥语文献语言语法概要 谢尔巴克撰，载《民族语文研究情报资料集》，中国社会科学院民族所语言室，1985年第5期。

该文是《新疆十世纪至十三世纪突厥语文献语言语法概要》的导论，主要论述了新疆古文献语言的共同性及其成分发展的主要阶段、新疆古文献语言的方言、原始资料等问题。突厥诸语言分为四组：乌古斯语组或称南方（西南）语组；克普恰克语组或称西方（西北）语组；葛逻禄·回鹘语组或称东方（东南）语组；阿尔泰语组或称北方（东北）语组。而楚瓦什语和雅库特语则游离在这些语组之外，在分类上处于特殊的地位。该书所谓的新疆古文献语言是指新疆诸部落集团，其中包括喀喇汗王朝和察合台汗国的一部分政治上的共同性加强了中亚东南部和新疆境内诸语言规范上的相近性。后来，随着一些部族的形成而形成了一些具有独立性和独特的语言群体。对于新疆古文献语言的方言，本文主要是以葛玛丽的分类法为依据，因为其分类法在大多数人看来是合适的。

新疆双语地名的类型及其成因 牛汝极撰，载《语言与翻译》1993年第3期。

双语地名是指一个地方有两种或两种以上的名称并行使用。新疆双语地名的类型主要有：印欧语—突厥语双语地名，其中印欧语包括塞语、粟特语、龟兹语、梵语、佉卢语等古代印欧语；汉语—突厥双语地名，其中突厥语包括维吾尔语、柯尔克孜语、哈萨克语、乌孜别克语和塔塔尔语等；汉语—蒙古语双语地名；汉语—突厥语—蒙古语三语地名。新疆双语地名的成因主要有：第一，新疆历来就是东西方文化交流的必经之地，丝绸之路的南道、中道贯穿其中，民族与语言之繁杂已为世人所共知，多民族杂居地，从而形成了双语地名。第二，由于各种政治的、社会和历史的原因。第三，由于文化上的原因，双语地名的存在还受文化心理的制约，在多民族聚居区尤其如此。

新疆突厥语族语言方言初探 李森撰，载《语言与翻译》1992年第4期。

该文是作者1956年在乌鲁木齐举行的新疆维吾

尔自治区民族语言文字科学讨论会上的中心发言。作为探讨我国近代突厥语研究史的文献，现在仍有其学术价值。该文介绍了新疆维吾尔语、哈萨克语、柯尔克语方言、土语的主要特点。（1）维吾尔语。我们暂时把伊犁话、吐鲁番话、喀什话作为维语中心方音区里的三个土语来看待。就中心方言内部情况而言，这三个地方话的音位系统是相同的；语法上一些后缀用法有些不同；词汇上的差别，主要是由语音造成的。（2）伊犁话的主要特点。（1）语音方面。①元音。第一音节带后元音构成的词。②辅音。有舌根浊塞音、小舌清塞音、舌叶擦音、多音节词（2）语法方面。①名词。有人称后缀、格、复数后缀。②形容词有不同的后缀。③动词。

新疆图佤人的多语家庭 宋正纯撰，载《民族语文》1988年第3期。

该文通过社会语言环境、家庭成员的职业和民族组成等方面的考察，分析新疆图佤人多语家庭的状况。指出母语在各个多语环境中的地位：（1）母语在局部范围内仍然占主要地位。如哈巴河县白哈巴地区。（2）年青一代图佤人的母语已由当地的社会交际语所取代，图佤语已经完全失去了作为母语和第一语言的地位。如富蕴县城镇的图佤人。（3）母语受到当地社会交际语的经常不断地冲击，母语地位发生动摇。布尔津县叶尔克德家庭的语言生活就是如此。文章的结论说：（1）社会语言环境和日常生活是决定母语和第一语言的重要因素。（2）一个人的语言能力与他幼年接触语言的多寡有密切关系。（3）成人第二语言（或更多种语言）习得的难易和语言之间内部结构差异的大小有密切关系。本文以哈巴河、布尔津、富蕴等县共四个图佤人的多语家庭为例，涉及图佤语（母语）、蒙古语、哈萨克语和汉语的使用情况。

新疆维吾尔族人名初探 杜绍源撰，载《中央民族学院学报》1983年第3期。

维吾尔族人名的结构特点。一、命名方式和名字的分类。命名方式为"本名·父名"。人名可分类如下：以日、月、星、辰为名；以山川方土为名；以花卉果木为名；以鸟兽之名为名；以十二生肖为名；以金银铜铁命名；以金融货币为名；以古代武器命名；以出生时间、季节、月份为名；以珠宝之名为名；以光明、芳香为名；以道德伦理为名；以规章命名；以重大事件命名；以族名为名；以维吾尔族的古部落名为名；以物件名称为名；以食物之名为名；以颜色命名；以宾主、客人命名；以祈求安康之意命名；以形容词命名；以其他民族的人名为名；为缅怀或表示尊敬老人起父名、祖父母名；以宗教节日等命名；以民间传说中的情侣人物命名；仿效汉族姓名的形式；以某种生理特征命名；以昵称命名；以出生顺序命名；以宗教赞颂词命名。二、名字的地区特点比较明显。三、名字中的风俗禁忌主要包括讳名、谦称、卑称、昵称等。

新疆要发展，双语教育要先行 康健撰，载《语言与翻译》2003年第2期。

长期以来，新疆较为落后，就是因为经济不发达。经济不发达的原因是民族教育跟不上，而民族教育滞后的主要原因是民汉语言不通，学校汉语教育质量低。作者认为影响对少数民族学生汉语教育质量的因素主要有以下几点：

（1）教育体制问题。在新疆各民族聚居化程度高，少数民族中小学都是自成一体的独立的组织机构，从学校领导到教师清一色是本民族人，学生在学校每周除了上4—5学时的汉语课外，几乎就封闭在本民族的语言环境里，与汉语没有任何接触，没有实践的机会。新疆的大中专院校虽说都是民汉合校，但专业仍是按语言的种类分别开设的。少数民族学生在校学完一年预科汉语后，就进入各专业系学习用本民族语开设的专业课。这样做，有两个显而易见的弊端：一是浪费了一年预科时间；二是少数民族语言的专业书籍教材与浩如烟海的汉文资料相比，极其有限，限制了学生的专业知识拓展。（2）教材问题。新疆汉语教育最突出的问题是没有地方民族特色的合适教材。从1997年以后，新疆部分高校的预科和汉语专业引进并借用了北京语言大学的"桥梁"等系列教材，经过多年的教学实践，此教材的问题也逐渐显露，最突出的是教材中很多内容不适合少数民族学生的汉语学习。（3）教师问题。新疆的汉语教师，尤其是南疆少数民族中小学的汉语教师情况，令人十分担忧。据有关资料表明，新疆少数民族中小学汉语教师占98%以上。少数民族汉语教师绝大部分自身汉语水平就低，有的自己汉语都说不流利，发音不准。

几点想法：（1）编写适合新疆民族教育的汉语教材；（2）多渠道培养合格的汉语教师；（3）改革现行学校民族教育制度。

新论土家语的判断句 叶德书撰，载《湖北民族学院学报》2005年第6期；后又改为《土家语的判断句》，载《民族语文》2006年第4期。

该文从土家语言的实际，多层面、多角度地对土家语的判断句，作了更深入的研究，首次提出土家语的判断句有肯定判断和否定判断两大类，在肯定判断中又有隐性判断和显性判断之别，在否定判断中，只发现显性判断。其判断形式有近二十种。其判断词也极为丰富，且相互对应，如：

肯定判断：

sɜu^{35}、te^{55}、me^{55}（是）

lu^{55}、la^{55}ɜu^{55}（正在）

lu^{21}（……了）

po^{55}ɕi^{55}、po^{55}lɑ^{55}（是……的）

lie^{55}ɕi^{55}、ȵie^{55}ɕi^{55}（……过）

ɕie^{35}（有）

lie^{55}（……过）

tshe^{35}（愿意）

tshe^{53}（能）

e^{53}（会）

tɑi^{55}ɕi^{21}（可以，能够）

否定判断：

tɑ^{55}、pu^{35}sɜu^{55}（不是）

tɑ^{55}ȵie^{55}、po^{55}tɑ^{55}（不曾）

tɑ^{55}（未）、tɑ^{55}（不曾）

po^{55}tɑ^{55}（没有，不是）

tɑ^{55}（未）、po^{55}tɑ^{55}（未曾）

thɑi^{35}（没有了）、thɑu^{35}（没有了）

pu^{55}tshe^{21}（不曾）

thɑ^{53}（不）、thɑ^{53}tshe^{21}（不愿）

xei^{55}tshe^{53}（不能）

tshi^{55}e^{53}（不会）

thɑ^{55}thi^{55}（不可，不能）

从这些相互对应的判断词就有十余组三十多个，足够让人们在不同语言环境中选用，以精确地表达思想感情。该文指出彭秀模和叶德书合写的《土家语概况》（《吉首大学学报》1981年第1期）说"土家语中无判断词"是错误的；1986年10月由田德生、何天贞等编著的《土家语简志》（民族出版社）中所说"现代土家口语里的判断动词是从汉语里吸收的"也不合土家语言事实。从而提出学术研究只有不断地深入，才不会以偏概全，也才能不断地修正错误，得出比较科学的结论。

新蒙乡双语调查报告 戴庆厦、傅爱兰、刘菊黄撰，载《西南民族学院学报》1988年第2期。

云南蒙古族有四千多人，主要聚居在通海县新蒙乡，这里的蒙古族是七百多年前在此落籍的，语言已由使用阿尔泰语系蒙古语族的蒙古语转用汉藏缅语族彝语支语言，作者建议称之为云南蒙古语。云南蒙古族除熟悉自己的语言外，还普遍掌握汉语，男女老幼基本上都能说或者听懂汉语。新蒙乡双语的使用有其自己的特点：（1）双语使用的普遍性，人人都掌握双语，处处都使用双语。（2）双语之间的渗透性，双语的使用不是截然分开，而是常常交替使用，有时一句话一半用云南蒙古语，一半用汉语，在 2100 个常用词中汉语借词占 26.9%。新蒙乡的经济生活特点在一定程度上导致双语现象的产生，而双语的使用，反过来又促进了经济上的对外交流和自身经济的发展。双语的发展对民族的自我意识及对民族内部、外部的团结也起了重要作用。新蒙乡双语使用的普及性也受益于该乡广播、电视的发达和良好的语言启蒙教育，98% 的学龄儿童能够享受 5 年的汉语教学。

兴颇语和景颇语 戴庆厦撰，载《跨境语言研究》，中央民族学院出版社，1993 年。

说景颇语的人主要分布在缅甸和中国。印度也有少量的景颇族，这部分人称"兴颇"，兴颇是景颇的变音。通过比较，我们得出几点认识。兴颇语由于离开了主体景颇语，而且分离了近千年的历史，所以出现了不少差异，引起差异的主要原因是缺乏联系。兴颇语与景颇语的差异在语音、语法、词汇各方面都有反映，而且正触及基本词汇和语法构造上。这说明兴颇语的发展，在一定程度上已脱离景颇语，兴颇语不同于景颇语这个特点来自受邻近不同语言的影响。中国的景颇语除了缅语的影响外，更多的是受汉语的影响。而兴颇语主要受英语的影响。在语言本身演变方面，兴颇语由于脱离了景颇语的主体，在语言演变上出现了一些不同于景颇语的特点。有的是因为兴颇语向前发展了，而景颇语还保留原来的特点。如兴颇语出现了声母 [f]，景颇语仍读 [ph]。总之，两种语言差异将会进一步扩大，特别是在新词的丰富上。

匈奴人语言所属初探 乌其拉图撰，载《内蒙古大学学报》1998 年第 4 期。

该文主要以《蒙古秘史》为参照，对部分匈奴语单词、词组、短语和语法现象进行了分析。正文分词首 h 音，词首 k 音，关于 d、t、tsh、s 辅音，关于 sh 辅音，关于 r 辅音，关于"伊屠"及其语音变化和释读几个单于号等部分来分析。作者认为，匈奴语复原考释不仅仅是一个语言学问题，而且涉及原始宗教、史诗、民俗、历史等多学科交叉的结实合性研究。每一个单词的复原考释可能对解决北方民族史、中亚史、中国史和世界史的一些疑点都有重要意义。人们对匈奴语言所属虽然提出过种种猜测和观点，但目前尚无定论。从本文对匈奴语的部分单词、词组、短语、语法现象的综合、动态分析可以看出，复原考释匈奴语时，《蒙古秘史》为我们提供了语音、语义和语法等方面的确凿证据。据此，可以得出结论：匈奴语属蒙古族的可能性相当大。

匈奴文初探 芒·牧林撰，1994 年。

匈奴人是否有过自己的民族文字？是至今尚未弄清的悬案。对此，学术界存在"匈奴有文字"和"匈奴无文字"的截然不同的观点。但匈奴文到底是一种什么样的文字问题，只有零星的推测报道，却未见系统考述。匈奴是公元前 3 世纪兴起于蒙古高原，直到公元 5 世纪，给予亚洲北方草原诸族、中国和中亚、北欧以巨大影响的民族。所以，匈奴有无文字的问题是关系东方与中亚、北欧联系的重要课题。

经作者考查，匈奴不但有自己的文字，而且在北欧流行长达数世纪；古突厥文极可能是匈奴文影响下创造的文字。那么匈奴字是个什么样的文字？其起源如何？匈奴人到北欧以后，其文字演化成什么文字？本文提出初步考察的相关资料回答上述问题。

"匈奴文初探"共分六个部分：（1）匈奴是否有自己的文字；（2）匈奴文概述；（3）匈奴文起源考；（4）匈奴文的变体"如尼文"；（5）匈奴文影响的产物——古突厥文；（6）结束语。

匈奴语言系属问题探讨 苏克勤撰，载《西北民族学院学报》1982 年第 4 期。

国内外学者一般认为匈奴语属于阿尔泰语系，

但对于匈奴语是属于阿尔泰语系的蒙古语族，还是属于突厥语族尚未有定论。我国古代文献中，不仅有用汉语音译保存下来的少量匈奴语汇，而且还有一些关于匈奴语与阿尔泰语系诸语族语言之间的相互关系的记载。（1）匈奴语与突厥语族语言之间的相互关系。《北史·高车传》谓高车"其语略与匈奴同，而时有小异"。《北史·西域传》悦般国条谓悦般国"其风俗、言语与高车同"。现时一般语言学家公认，丁零、坚昆和呼揭是属于突厥语族的（丁零亦作敕勒、铁勒，因其所用车轮高大，亦称高车）。由此可以推论，匈奴语属突厥语族。（2）匈奴语与蒙古族语言之间的亲属关系。《北史·匈奴宇文莫槐传》、《后汉书·乌桓鲜卑列传》都记载匈奴语与鲜卑颇异。现时一般语言学家公认，东胡语属蒙古语族，故匈奴语不属于蒙古语族。（3）匈奴语与通古斯—满语族语言之间的亲属关系。《北史·勿吉传》、《北史·室韦传》、《三国志·东夷传》记载表明，匈奴语与通古斯—满语族的亲属关系是更为疏远的。因此，按照语言的谱系分类法，匈奴语应该划入突厥语族，而不应该划入蒙古语族。

修订《维吾尔文学语言正音正字法》之我见 阿布都鲁甫撰，载《语言与翻译》（维文）2005年第1期。

这是作者根据自己近半个世纪的语言教学实践的基础上写成的长篇论文。作者原来的题目是《维吾尔语言文字文化需要一个革命》（*Uyghur Til - yezik Medeniyiti Bir Inkilabka Muhtaj*）。新疆www. anatilim. com等网站全文发表，引起共鸣。后来，《语言与翻译》（维）杂志编辑部删掉相当一部分后，用本题目刊登。该论文共分三个部分。第一部分，当前在维吾尔书面语与口语中存在的主要问题。论文认为，目前在维吾尔文学语言正音正字规则问题上存在着以下几个问题：（1）文学语言与口语的关系方面，谁引导谁的问题不清楚。就是说，文学语言的正音正字规则应该根据什么制定呢？根据口语或者方言那无休止的变化呢？还是根据正确的语言学理论呢？作者对存在的问题用大量的实际例子进行细致的分析以后，提出口语方言应该向文学语言靠拢；目前的文学语言的正音正字规则跟着口语的屁股转的情况应该彻底地改掉。（2）不正确的发音方法得不到科学引导，反而错误地认为这是语言发展的规律。（3）因为口语的错误引导，写的一套，而说的另一套的坏现象继续扩散。第二部分，在口语中，语音脱落现象的发展及其有害。论文认为，口语中语音脱落并不是维吾尔语固有的语言特点，而只是现代维吾尔语时代的初期在农民的语言中逐渐形成的坏习惯。第三部分，吸取历史教训，按照语言学理论和规律办事，稳定正音正字规则。按照语言学的正确理论和普遍规律在维吾尔语言文化中，进行一次革命：取消a，ɛ变为e，i音的音变现象在文字中表现；取消把口语中的语音脱落现象在文字上表现；取消词汇发音时，把元音辅音化的现象；取消词汇发音时，把一个音位发音成另一个音位的现象。

叙利亚字古代突厥语扬州景教碑研究

耿世民撰，载德国 Ural - Altaische Jahrbuecher（乌拉尔—阿尔泰学年鉴）1996，Bd. 14（汉文本收入耿世民著《维吾尔古代文献研究》）。

此碑现存扬州博物馆，为用古代叙利亚字母（亚洲景教—基督教在亚洲的一派使用的文字）、古代突厥语写成的墓碑。墓碑立于元代延祐四年（1317）。碑文由三行汉文和12行叙利亚字组成，对研究元代突厥人的历史、文化、宗教信仰具有重要意义。

玄奘和弥勒——回鹘文《玄奘传》研究

茨默撰，载《喀什师范学院学报》1998年第1期。

《大唐大慈恩寺三藏法师传》卷十描述了玄奘

法师由跌足至圆寂的情景。在古代回鹘文译本中，这段内容与汉文原本相比似有扩充。当玄奘法师预感到他将不久于人世时，对其门人发下誓愿，在强调誓愿的同时，这位大师又口诵偈语："南无弥勒、如来应正等觉，愿与含识速奉慈颜，南谟弥勒、如来所居内众，愿舍命已，必生其中。"回鹘文译本内容比原本稍有扩充，从中不难看出玄奘法师对弥勒的崇拜之情。《玄奘传》在记述病榻上的玄奘法师时，提到他曾做过一个梦，"梦见有千驱金像自东方来，下入翻经院，香华满空"。然回鹘文本在叙述这一段内容时也有所扩充，多了一些通俗的注解式词汇。回鹘译本《玄奘传》在描述玄奘法师与明藏禅师会面这一段内容时，多出了一段在汉文本中找不到对应词的句子。我将其译为："他们将打开通往西天之坦途或蹊径的人。"

薛家湾人的语言问题述论 吴景山撰，载《西北民族学院学报》1991年第2期。

薛家湾人居住在甘肃省永登县的西坪村，也名薛家湾。有几千人，被称为蛮子、蛮婆。他们在日常生活中现在都使用汉语，但过去使用过一种他们称为"稍句"的语言。现在这种"稍句"仅用来外出算命、卜卦或作密语使用。薛家湾人喜好外出以算命、卜卦为生，因此有人把他们称为"中国的吉普赛人"；也有人认为他们是自川边移过来的僰人；也有人认为是原始土著苗人。作者提供了他记录的137个常用词汇。这些词汇主要反映了两个特点：（1）与算命、卜卦有关的词比较详细；（2）对亲属称谓和对于生产、生活资料的表达比较简单、贫乏。这种"密语"的词汇，有一些词素和汉语有关，有些则不同，但词序和汉语相同。

训民正音 黄有福撰，载《中国民族古文字》，天津古籍出版社，1987年。

朝鲜族目前使用的朝鲜文是从十五世纪朝鲜李朝世宗创制的训民正音发展演变而成的。"训民正音"创于1443年，三年后正式颁布。当时刊行的书名亦叫《训民正音》。训民正音原有21个中声字。正音文字是音位文字。同时具有音节文字的性质。由于有关正音文字的原始文献"解例本"《训民正音》长期失传，围绕正音文字的渊源问题，出现了许多不同看法。正音文字问世以后并没有能够取代汉文或"吏读文"的地位。春秋馆仍用汉文篡辑实录，诉讼、告示等官方文书仍使用"吏读文"，正音文则主要用于翻译和篡辑佛教和儒家经典、语言文学、农医书等。其发展过程可分为三个阶段：在第一阶段。官方努力推广新文字。第二阶段正音文字在经历半个多世纪的发展即遭燕山君"谚文禁乱"而受到浩劫。第三阶段，对正音文字的研究和使用逐渐转到民间，目前理论性研究和实用明显分家。

训民正音和八思巴字的关系探究 宣德五、照那斯图撰，载《民族语文》2001年第3期。

此文论述了朝鲜民族文字——训民正音创制的历史背景及其理论渊源，阐明训民正音的制字原理。在此基础上，进而回顾了有关训民正音起源问题的各家学说，随后进入文章的重点部分，阐明了训民正音辅音字母中五个基本字母和三个无加画字母以及元音字母中三个基本字母与八思巴字相应字母之间存在着有机联系，它们各截取了相应八思巴字母的部分笔画，两者间不仅存在形式上的一致性，而且所表示的语音都完全一样。文章从字母的形式和内容的一致性，从若干正字法内容的相似性论证了训民正音和八思巴字的渊源关系。这一研究的突破之处就在于科学地揭示了两者之间的有机联系。

雅库特语中的一些通古斯语借词 卡鲁宗斯基撰，载《民族语文研究情报资料集》，中国社会科学院民族研究所语言室1988年第11期。

该文列举了雅库特语中的一些通古斯语借词。

很长时期以来，人们没有探明通古斯语与雅库特语的关系。一般来讲，通古斯语对雅库特语的影响是很小的。别卡尔斯基的词典资料就证实了这一观点。几年前又出版了两部对这个问题持有新观点的著作：一部是霍曼诺瓦等的《埃文基语和雅库特语的互相影响》（列宁格勒，1975）。这部著作主要研究了雅库特语对埃文基语的影响问题，但在此书的第二部分也论述了埃文基语对雅库特语的影响。这里的通古斯语借词词表包括35个雅库特标准语词和大约100个雅库特语方言词。另一部著作是阿法那塞夫等编写的《雅库特语方言词典》（莫斯科，1976）。这部词典的资料证明，通古斯语借词实际已大大超过400个。本文列举的通古斯语借词，是在上述两部著作中都没有收录的。

雅林小传 众志撰，载《民族语文研究情报资料集》，中国社会科学院民族研究所语言室1985年第6期。

该文介绍了瑞典突厥学家雅林的生平及主要学术成就。雅林1907年生于瑞典。1928年毕业于隆德大学。1930年在新疆进行突厥语言和方言的调查。1933年完成了新疆方言的论文，并获得博士学位。1933—1940年，他曾在隆德大学任土耳其语助理教授。在这几年当中，曾广泛地进行旅游研究，到过苏联、印度、阿富汗、中东和土耳其。1940年被派遣到瑞典驻安卡拉的外交使团。1941—1945年先后被派往德黑兰和巴格达。1948年他先是驻印度公使，后为驻锡兰的公使，1951年先后任驻伊朗、伊拉克和巴基斯坦的公使。1957—1958年任驻联合国大使，为瑞典在安理会的代表。1971年曾被提名为联合国秘书长的候选人。雅林博士在他担任外交职务的岁月里也一直继续他的研究工作，并著书立说，不断发表有关语言和人种历史学方面的论著。

焉耆—龟兹文 李铁撰，载《中国民族古文字》，天津古籍出版社，1987年。

焉耆—龟兹文旧称"吐火罗文"，20世纪初发现于新疆库车，焉耆和吐鲁番等地，是一种古老的民族文字。用的是印度的婆罗米字母斜体，所记录的语言属于印欧语系语组。有两种方言。19世纪末，资本主义国家纷纷来中亚探察，主要目标是我国新疆。他们从新疆等地取走了大量艺术品和各种民族文字的写本，其中包括焉耆—龟兹文写本。人们只知道它是一种用北印度婆罗米字母书写的新疆变体，但不知是记录何种语言，多年来德国、英国等语言学家对这一语言进行了定名，1980年10月在北京举办中国民族古文字展览会上正式把旧称：吐火罗文"改称"焉耆—龟兹文。新疆出土的焉耆—龟兹文文献，绝大部分都被各国探险队运到国外，由于文献内容分散，目前尚未见有人编纂总目出版。它的文献内容所丰富，涉及文学、故事、诗歌等。战前国外对焉耆—龟兹文的研究，大都偏重于语音方面，而且主要是研究焉耆语文。战后国外的研究逐渐转向龟兹语文。

焉耆—龟兹文的研究 李铁撰，载《中国民族古文字研究》，天津古籍出版社1987年。

焉耆—龟兹文是3—9世纪居住在我国新疆地区的操印欧语系语言的民族使用的一种文字，19世纪末发现于新疆的库车、焉耆和吐鲁番等地。这是一种印度婆罗米字母斜体，同于阗文字形相似，所记录的语言则属印欧语系Centum语支，旧称"吐火罗语"。它有两种方言：一种方言分布在焉耆、吐鲁番地区，另一种方言分布在库车（古称龟兹）地区。因此，过去学术界又称焉耆地区的方言为"甲种吐火罗语"，称龟兹地区的方言为"乙种吐火罗语"。焉耆—龟兹语的研究包括语法、文献和语言史等几个方面：1931年问世的《吐火罗语语法》是研究甲种方言的一部巨著，作者为西格、西格林和舒尔泽。全书500余页，包括词的构成、词尾变化、名词结构、不变词、动词变化等章节，并附有动词词根表和动词时态变化一览表。对这语言进行

"焉支"语义及语源之我见　刘文性撰，载《西北民族学院学报》1988年第2期。

《史记·匈奴列传》"汉使骠骑将军去病将万骑出陇西，过焉支山千余里，击匈奴"中的"焉支"一词，从历史、地理、民族、民俗、语言以及翻译等多方面、多角度进行了详细考证。认为汉语史撍中"焉支"一词，是由东伊朗语—月氏语—波斯语"raengi"一词音译过来的；"焉支"不是属于阿尔泰语系的古代匈奴语言的固有词汇，而是一个借词；该词的确切含义是既包括"色"，又包括"料"两重意义的"颜色"；"焉支山"用汉语意译，为"有颜色的山"或"产颜色的山"；"raengi"一词的诸多汉语音译转写形式—"焉支、燕支、烟支、胭脂、胭支、燕脂、烟肢、燃支、焉耆、焉支"中，以"支"最接近原词的发音，所以是最正确的译写法。现代波斯语中的 raeng 仍然被作为名词保留着，其形容词的形式为 raengi，而突厥语族诸语言中的 raeng 则是从波斯语中借入的。

延边朝鲜族的双语教育　全炳善撰，载《民族语文》1992年第2期。

朝鲜族的双语教育在各历史时期的变化发展，作者认为与当时的历史环境紧密相关。本文立足延边朝鲜族学校的双语教育的发展过程，认为其双语教育共经历以下六个阶段。(1) 开始建立学校规划到九一八事变以前时期（1883—1931.9.18）。(2) 从九一八事变到光复以前时期（1931.9.18—1945.8）。(3) 从"8.15"光复到新中国成立时期（1945.8.15—1949.9.30）。(4) 1949.10.1—1966.5 时期 (5) 1966.6—1976.9 时期 (6) 1976.10—现在。文章通过分述六个发展阶段中双语教育的不同变化和所表现出的历史变化和发展特点，就延边朝鲜族学校的双语教育，得出五点结论：第一、延边朝鲜族学校的双语教育萌芽于19世纪80年代，到20世纪50年代初发展到政府级双语制，首次获得法律保障。第二，双语教育能否得到健康发展，关键取决于当时的政策，正确的双语教育必须以语言平等为基础。第三，搞好双语教育必须首先搞好本民族语言教育。第四，在朝鲜族学校实行的双语教育是继承和弘扬本民族文化的有力措施。第五，双语教育有利于促进民族教育质量的提高，有利于促进社会进步和民族团结。

研究苗语能解释古汉语难句——兼释"纷总总"，"陟升皇之赫戏兮"　曹翠云撰，载《中国民族语言论丛》1997年。

主要内容：苗语中有不少特殊格式，它们与现代汉语不同，但和古代汉语中某些特殊语句有惊人的相同相似之处。如《楚辞·离骚》中的"纷总总其离合兮，斑陆离其上下"。其中的"纷总总"、"斑陆离"等，各位古汉语专家解释得众说纷纭。我们对照苗语 lu¹（白）koŋ⁴toŋ⁴（苍白状）苍白的。其修饰规则是后面的状词修饰前面的形容词。按此规则应是"总总"修饰"纷"；"陆离"修饰"斑"。全句的含义应该是：许许多多的云霓时离时合啊！斑斓绚丽的光彩忽上忽下。又如："陟升皇之赫戏兮"，（忽临睨夫旧乡）。解释更分歧。如：黄寿琪等译作："太阳东升照得一片明亮。"陈子展解作"升上皇天的光明所在啊"。郭沫若译作"在皇天光耀中升腾着的时候"。其他仅释词义，但对"陟升皇"也有不同的解释。如：汪瑗说："陟升重言之也"；钱澄之说"陟升同义"；余萧容说"陟升重文"；游国恩谨按："陟升连词为义，汪瑗所见甚是。"等等。我们参照苗语 naŋ⁴（穿）paŋ¹（件）u³（衣）xhi¹-xhi¹（新新的）穿件新新的衣服。这句苗语是"谓宾定"的语序，即定语从后面修饰前面的名词宾语。"陟升皇之赫戏兮"应译作：登上光亮的朝阳啊！（忽然看见了我的故乡）。（陟：登。升皇：朝阳。赫戏：光亮状。）

研究彝文古籍发扬彝族文化 马学良撰,载《民族语言教学文集》,四川民族出版社1988年。

彝族有传统的文字,有丰富的彝文古籍。彝文创自何时何人,无明文可考。今存世最早的彝文文献为贵州毕节地区大方县明代成化二十一年的铜钟,钟面铸有彝、汉两种文字,较已往所知的明代《镌字崖》、《新修千岁衢碑记》等彝文刻石早四五十年。传世的彝文古籍主要是手抄本,内容大多与原始宗教有关。有人认为,原始宗教是最先的上层建筑,是研究原始社会的第一手材料。如:原始社会的神话、祭祀时的诗歌是原始社会的文字;图腾、雕刻、绘画是原始社会的艺术。彝族古籍中近记的天地形成和人类起源,而是归之于气,这是一种朴素唯物主义的观点。彝族古籍中有许多运用汉族古籍结合彝族社会实际加以论述的。如彝文《劝善经》就是以道家《太上感应篇》的章句为母题,于每章之后用彝文加释义与解说。我们整理研究少数民族古籍,继承和发展少数民族的科学文化,要确立各少数民族在中华民族文化发展史上的地位,以提高少数民族的自尊心和自信心。

扬州出土元代圆牌之八思巴文和波斯文再释读 郝苏民、刘文性撰,载《西北民族学院学报》1985年第1期。

《历史研究》1980年第四期发表了蔡美彪的《元代圆牌两种之考释》,对兰州银字圆牌和扬州圆牌从牌符类型上,从语言文字上作了辨析和考释。关于扬州圆牌文字,蔡美彪的结论是:"波斯字一行,共三字。原牌磨泐,只有最后一字较为清晰,当读为 kusht。此字在波斯、阿拉伯语中,义为'被杀'或'处死'。……扬州刘彬为阿訇(已故)认为含有'违杀者'的意义。前两字过于漫漶,暂从刘释。""但牌面波斯字及蒙古字,并不与正面汉文同义……。""圆牌的蒙古字当与波斯字'联读',义为'违者处死'(波斯字)'必诛灭'(蒙古字)。"本文的解释是:正面汉字,表汉字本身的独立词义;背面的波斯文,只是波斯文(不含阿拉伯文意义);后者是八思巴字蒙古语,两种文字本身只表各自的独立意义,并不联读,即:波斯文——持此夜行。八思巴文——(夜)巡牌(或:巡行牌符)。

佯僙语简介 赵道文、吴启禄撰,载《语言研究》1984年第2期。

该文以贵州平塘县课寨话为依据,简要介绍佯僙语,并提出语是独立语言的看法。语有声母70个,韵母73个,有6个舒声调、2个促声调。音节结构基本形式是"声母+韵母+声调"。连读音变化较明显的弱化、同化、异化、增音和减音五种。词分单纯词和合成词。词类有名、动、形、数、量、副、连、代、助、介十大类。词组有9种形式。佯僙语语序较复杂,本文仅介绍基本和两可的语序。句子从语气上分析,有陈述句、疑问句、祈使句和感叹句;从结构上分析,有单句和复句两大类。佯僙语没有方言的区别,但可划分3个土语。通过佯僙语与侗泰语族诸语言的语音、词汇、语法的比较,佯僙语的语音系统接近侗水语支,词汇与毛难语、水语同源词率最高,与侗语、仫语次之,与壮语、布依语、傣语最低,与黎语则更低,佯僙语独有的词比率超过它与全语族同源词的比率。语法手段与侗水语支语言相同相近之处比其他语言要多一些。文章认为佯僙语属于侗水语支,它是侗水语支的一种具有自己特点的语言。

佯僙话姚哨土语声母 ʔz、ʔj 考 黎意撰,载《民族语文》1995年第6期。

文章根据田野调查材料,通过方言比较讨论佯僙语姚哨土语声母 ʔz、ʔj 的来源。作者首先把自己80年代调查的材料和李方桂40年代田野调查的材料进行比较,论证姚哨佯僙语正在发生 ʔz→ʔj 的音变；进而通过与佯僙与另外两个土语代表点——卡蒲和甲青以及同语群的水、莫、毛南语的比较，认为"姚哨土语的 ʔz、ʔj 无论是对应于卡蒲土语的 ts、j，还是对应于毛南语、莫语的 z，都是从上述语言的这几个声母的合乎规则的对应中分化出来的特例，这也说明 ʔz、ʔj 有特殊的来源"。最后又比较台语材料，指出这两个声母对应的台语声母是共同的，即原始台语 *γ（李方桂构拟）。该文先后使用了三种方言和六种语言的比较材料，论证姚哨佯僙语的 ʔz、ʔj 两个声母有共同来源。

瑶话"努"字解 蒙朝吉撰，载《广西民许研究》1997 年第 2 期。

瑶族有部分人自称"布努"，通过语言比较，证实"努"字的历史源头很久远。另外从苗命运，才有自称为"人"和他称为"瑶"的共同族称。所以说，民族是一个历史的范畴，不是一血缘组成的氏族群体。可是有人却把草苗语支语言的瑶族说为非正宗瑶族。20 世纪 50 年代，为了避免他称的许多弊病，语言工作者们采用了读音相近的汉字作为瑶族各支系自称的音译，只就起音不用其义。可是后来一些学者，硬把两个毫不相干的"努"和"奴"字扯在一起，令人啼笑皆非。瑶族用"人"字作为自称，这跟他深受压迫的历史背景有密切关系。它反映出瑶族先民具有抗争的骨气。瑶族自称有"勉""布努""拉珈"三种，本文只讨论"布努"的"努"字作解释。

瑶语构词中的几个特点 盘承乾、邓方贵撰，载《广西民族学院学报》1985 年第 1 期。

该文着重描写瑶语构词法的特点。从瑶语勉方言、金门方言、标敏方言和召民方言的构词法来看，归纳起来，有以下 5 个。（1）以变调来区别词和词组。不变调是词组，变调为词，而且变调是有规律的。以勉方言为例：凡原调是 1、3、4、5、6、7 调与其他音节结合构成多音节时，第一音节一律变为 2 调，凡原调是 2 调或 8 调的，第一音节一律保持原调不变；凡是第一音节原调是入声第 7 调的，第一音节一律变为入声第 8 调。（2）以变调来区别 AAB 式形容词的不同程度。AAB 式第一音节的声调除第 7 调外，其余各调在表示一般程度时，须变为第 2 调，表示程度加深时，须变为第 3 调。（3）合成词的两种修饰形式。由形容词修饰名词构成的、由动宾式修饰名词构成的，由类名词与专用名构成的两种形式：一种是修饰成分在后；另一种是修饰成分在后，被修饰成分在前。类名词与专用名的两种形式也如此。四重叠嵌入（ABA）式，采用双重的修饰方法，B 修饰 A，再由 AB 修饰 A 构成。再在单音节名词前加前加和后加成分。

瑶语勉方言中汉语借词的层次 唐纳撰，载《汉藏语系语言学论文选译》，中国社会科学院民族研究所语言室 1980 年。

瑶语勉方言从地域分布来说是从广东北部和湖南南部直到老挝和泰国北部。瑶语特别是勉方言同与其有关系的苗语一样，具有从汉语中借用相当数目的借词的特点。由于借词是一个持续的过程，在时间上从古至今，也会出现语音变化。因此，事实上可以辨认出几个不同的借词层，包括官话层和其他的借词层，官话层是开放的系统，而另外的早期借词层是关闭的系统，借用过程已经结束。其他的借词层又包括不同的借词层。关于官话层，首先说声调，除去极少数的例外，官话层的借词只有勉话中可能有的八个声调中的 5 个声调。除声调以外，在声母和韵母中也有所反映。早期的借词层可以区别出两个或者更多的借词层，两个主要的层次可以称为老借词层和广州话借词层。如果有的字区别不开，那就要假定各种彼此非常相似的从借方言在勉话产生相同的反映，并且有关的特点在勉话本身还保留着，可用以下方法说明：声调对应；声母对值；介音和韵尾的对应等。文后附有勉汉同源字表。

瑶语"努"字解 蒙朝吉撰，载《广西民族研究》1997 年第 2 期。

该文对瑶语"努"字的来源、含义兼自称进行了深入浅出的分析和说明。从"努"字来源看，瑶族自称为 po³no² 的"no²"字，其义是"人"兼自称。"人"字 no² 是古老的，在苗瑶族语言中同源。勉语的"人"字 mjen² 与布努语、苗语和畲语"人"同源。"人"与脚"印"两个意义无关的词，各个点韵母，基本上都能保持同步变化，调类对应整齐，完全反映出它们在发生学上的关系。"人"字的声母在语音演变中，m 和 n 相互交替变化现象在苗瑶语中常见，勉语的 m，在苗语里变成 n。布努语"人"字 no² 跟苗语、勉语、畲语"人"字是一样古老的同源词。文章还把"人"字 no² 的源头追溯到汉藏语系层的词汇圈。通过比较看出"人"字的这些声母，都跟汉语、苗瑶语、壮侗语里"人"字声母相似，说明它们都有一个共同的历史渊源。从瑶族自称的内容和结构来看，基本上都是同源的，它的中心词是"人"字兼自称。瑶族是人，为什么还要用"人"字来自称？人在社会，应一律平等，这是瑶族先民把自己称呼为 no² 的秘密所在。

瑶语入声字 张琨撰，载《民族语文》1992 年第 3 期。

文章以瑶语（勉语）金门方言海南通什市金门话为出发点，分析瑶语的入声字。瑶语入声字的 *-p、*-t、*-k 韵尾，*-k 韵尾已消失，在一些现代方言中读作 -ʔ，一些现代方言完全读作开音节。入声字依古声类的清浊分阴入，阳入，阴入一般读高调，阳入读低调。海南瑶语金门方言带 -p、-t 韵尾的阴入字，依古声类来源的全清，次清声母，声调有两个，又依韵母的长短各用一个调值，故有四个调值，古全清声类短韵母字读 44 调，长韵母读 13 调；古次清声类短韵母字读 11 调，长韵母读 31 调；阳入字依韵母的短长读两类声调，短韵字读 44 调，长韵母字读 45 调。带 *-k 的入声字，*-k 已消失，入声字调开音节，韵母的长短不区分声调，古全清声类字读 13 调，古次清声类字读 11 调，古浊音声类字读 53 调。云南河口瑶语金门方言入声字声调的分化与海南金门方言相似。阴入古全清声类短韵母字 54 调，长韵母字读 24 调，古次清声类短韵母字 32 调，长韵母字读 31 调；阳入短韵母字读 21 调，长韵母字读 42 调。古带 *-k 韵尾，今读开音节的入声字，韵母的长短不区别声调，全清声类字读 24 调，次清声类字读 31 调，浊声类字读 22 调。尽管瑶语金门方言的古声母经演变，许多古声母原形已看不出，但从现代的声调可以看出原来声母的类别。

瑶语数词初探 舒化龙、肖淑琴撰，载《广西民族学院学报》1984 年第 2 期。

该文对瑶语"勉"话数词的发展和特点作了探讨。"勉"话有两套数词，即用法和讲法上分别有两种不同 1—9 数词：一套是表示数目为基数词；一套是表示事物次序的为序数词，序数词前一般加词头 tei²。它们在语言中有不同的用法。基数词和序数词相结合构成瑶语数词的完整体系。从汉藏语系列的许多语言数词的发展来看，一般是先有基数词，后有序数词。序数词的产生和发展有两种类型：（1）基数词和序数词在语音形式上一致，序数词是在基数词上增加附加成分的方式上一致，序数词是在基数词上增加附加成分的方式形成的。壮侗语族语言、土族语就是如此。（2）借入汉语序数词来充当。瑶语序数词不和它现在所接近的汉语序数词相同。在语音上，序数词中都有还基本保留瑶语元音长短、塞音韵尾和鼻韵尾，但发展趋势逐渐弱化。这与中古之后汉语语音趋于简化的发展途径是一样的。瑶语"三"、"四"序数词的声母"f"是中古汉语的心母，"f"声母的常用词也和中古汉语心母字相对应。说明瑶语序数词在中古时期已借用汉语，同时进入瑶语的基本词汇。

瑶语早期汉语借词的声母　赵敏兰撰，载《民族语文》2008年第1期。

历史上瑶语和汉语有密切的接触，瑶语中有大量的汉语借词，文章利用瑶语勉、金门、标敏、藻敏4个方言的材料，从早期汉语借词声母和声母演变两个视角，分析瑶语方言间早期汉语借词声母的共性和差异。过去学界分析瑶语的早期汉语借词，往往以勉方言为代表进行分析，尽管期间有时会涉及其他方言的材料，但瑶语四大方言间早期汉语借词特别是声母的全面比较研究没有人做过，因此，本文的研究是一种有益的全新的尝试。

在比较研究的深度上，该文做到两点创新：（1）把原有的研究推到一个新的高度，使分析更为细致和全面。例如，过去的研究已经发现了瑶语早期汉语借词有非组读重唇的情况，该文的研究不仅指出了这种现象，而且进行了穷尽性的数量统计，从而发现了这种现象在勉方言里最为突出。（2）揭示了过去尚未发现的特点。例如，通过与其他方言比较，发现历史上金门方言内部曾发生过部分双唇清塞音演化为f，双唇浊塞音演变为v的音变，这个音变不仅涉及固有词，也涉及借词。该研究有助于从事民族语言研究和汉语研究的学者全面了解瑶语早期汉语借词声母的全貌。

瑶语浊声母的演变　陈其光撰，载《语言研究》1985年第2期。

从方言比较可以推断，古苗瑶语的声母系统由两大类声母组成：一类是清声母；一类是浊声母。苗瑶语古浊声母可以分为三组：（1）纯浊闭塞音声母。（2）鼻冠浊闭塞音声母。（3）浊连续音声母。总起来说，古苗瑶语的浊声母是趋于清化的，但是，各部分发展不平衡。其中浊连续音稳定，纯浊闭塞音声母清化的较多，带鼻冠音的浊闭塞音声母清化的较少。各调浊声母清化的时间不一样，其中平声最早，入声次之，上声第三，去声最晚。古浊声母在发展过程中虽然在许多方言里发生了分化，但是声调却是基本上稳定的。不难发现，既然浊连续音稳定，一般保持浊音性质不变，那么声母清浊的变化影响调值高低的变化就主要体现在闭塞音改变而引起的音高变化容易适应。

瑶族标敏方言构词变调与构形变调　卢诒常撰，载《民族语文》1985年第6期。

勉语标敏方言有连读变调现象，连读变调有的与构词有关，有的与语法意义有关，故称构词变调和构形变调。构词变调的规律是"入声字不发生变调；阴平44、阴上35、阴去24、阳上42、阳去42，只要处在变调的位置上，一律变成阴入53；阳上、阳去字的声母若为全清，变调后，声母变为次清；阳平31，只要处于变调位置就变为42。构词变调发生在合成名词和名词性修饰词组的第一音节中，只要条件满足即按规律变调。构形变调发生在量词、形容词中。为强调数量词组的量词，量词的调一律变53。量词重叠表"每一x"，一律变53，若强调"每一每一"则前一音节变35，后一音节变53。形容词重叠表更深程度时，前一音节一律变35。如：me^{44}青，me^{44}me^{44}较青，me^{35}me^{44}最青。

瑶族标敏话词语重叠的语法功能和语法意义　毛宗武撰，载《民族语文》1989年第6期。

文章描述了瑶族标敏话的形容词、动词和量词的重叠形式，并阐明其语法功能和语法意义。形容词、量词重叠的形式有简单式和变调式两种，动词包括动名、动量词组，有简单重叠而无变调重叠。重叠后的语法功能一般是充当具有特定含义的定语、状语和谓语，其语法意义都有和加深描绘和强调情态的意味。作者根据重叠的词语多为单音节，而单音节词又都是固有词，出现的频率高，从而认为标敏话的词语重叠不是扩散的结果而是固有的语法现象，其语法功能和语法意义显著，完全应该跟词序、虚词一样同为标敏话的主要语法手段。从古汉语来考察，形容词、动词的重叠也有不少，后来渐渐扩展到其他词类，作为一种语法手段或形态类型，它应该在汉藏语系语言里或有声调的语言中占有一定的位置。本文着重描述一种特殊的语法手段。

瑶族布努话的量词　周祖瑶撰，载《贵州民族研究》1984年第3期。

该文从布劳话量词的组成、类型和特点三方面进行探讨。瑶族布劳话量词的组成和用方言比较方法进行分析。一种是本族量词，一种外来语量词。量词的类型从量词的功能可分名量词和动量词两类。这两类量词都有专门用与借用之别。量词的特点，在语法方面：（1）量词词组由两部分组成有"主"有"从"，有正有偏。这种正偏关系实质上是"量—代式"、"量—动式"、"量—形式"、"量—序式"词组。除此之外，还有多重量词组、"量—动—代"、"量—形—代"式多重词组。量词词组在句中充当主语、宾语或定语。（2）量词出现在数词后，同数词组成数量词组。数量词组在布努话里可以作定语、补语或主语。（3）单音节量词都可以重叠。重叠后作定语或主语，表示"每一"或"许多"之意。在词汇方面，有些量词使用频率特别高，词义范围在扩大。"个"、"只"是两个典型的例子。在语言方面，量词可作为区别同音词的一种手段。量词变轻可区别词性。

瑶族布努话连续变调问题初探　蒙朝吉撰，载《语言研究》1985年第1期。

文章分析和讨论了布努话的连续变调现象。弄模瑶族布努话共有12个调值，其中部分调是从其他调分化出来的。变调的主要规律是：（1）变调后的调值都比原调值略高一些，但没有跨出原调型；（2）在偏正、主谓、动宾等结构的双音节词或词组里，连读时后一个音节变调；（3）重叠的1—4调量词和两个相邻的1调基数词结合表示概数时，两个音节都发生变调；（4）1和2调的形容词重叠时，与量词不同，变调的音节是后一个。布努话双音节词之所以发生变调是由于音节重读形成的，而重读背后的原因则是双音节词意义结构分主次有关，与表达思维活动或思想感情有关。从本文所列本调与变调全表看，12个声调中只有1—4发生连读变调，原因是这4个调的调值线的终点都落在五度线的中间或中间偏低的地方，音域上有上下活动的余地。列出了本调与变调全表。

瑶族布努语1′—4′调的形成和发展　蒙朝吉撰，载《民族语文》1983年第2期。

文章介绍了广西都安弄模瑶族布努话1—4调的形式和发展情况。苗瑶语的8个声调是由古苗瑶语4个基本声调按清浊不同分化出来的。但是，在苗瑶语的各方言土语中，由于各自的发展不同，声调演变不完全一样。弄模布努话有12个声调。除1—8调外，还有1′—4′调。从苗瑶语族苗语支的语言比较来看，布努话1′—4′调是从1、2、3、4调中分化出来的。连读变调是产生新调值，造成声调分化的原因。新调值逐渐发展成独立的调。1—4调紧接在1、2调和1′、2′调后面时，1—4调分别变为1′—4′调。例如，nta^{1}tlho^1. 1′白布 kau^{2}pj^{1}3. 3′你家，pe2′mung4. 4′全去等。其原因是：（1）第1调的前加成分脱落，后一个1—4调的音节仍然保持着高调形式。（2）由于需要，人们利用原调和变调的不同读音，把原属于一个概念的词，演变为两个意义相关的词。（3）利用1—4调字的变调读音来取人的名字。利用原调和变调的不同读音来区别词义，可以说是该语言创造新词的一种手段。

瑶族拉珈语与壮侗语的比较　张均如撰，载《民族语文》1990年第5期。

拉珈语是广西金秀瑶族自治县茶山瑶的语言，但在语言系属上，它应属于壮侗语族的语言，在语支的归属上意见不太一致，多主张归入侗水语支，或单立一个语支，或归入侗语。本文通过实地调查、全面对比后认为：拉珈语的音系除韵母较多，其中鼻化韵高达50个外，其他方面与壮侗语言基本一致，而且有明显的对应规律。拉珈语除了有舌尖、舌根音声母外，还有舌面塞音和清鼻音，没有展唇的后高元音［ɯ］，这些正是侗水语支区别于壮泰语支的重要语音特点。语法、词汇方面，拉珈语与壮侗诸语言（主要是侗水、壮泰二语支）语法特点基本相同，同源的词占多数，与黎语同源的词很少。与侗水支同源的词比与壮泰支同源的词多一些，其中与仫佬语同源的词最多，与广东标语同源词数不算突出，但拉珈语单独与标语同源（与众不同的）的词最多。因此拉珈语属于壮侗语族侗水语支是合适的，而且拉珈语过去与标语的发源地相接近，关系密切，后来北上后又与仫佬语、壮语接触增多，关系有所变化而已。

瑶族勉语的复辅音［pl、kl］ 周祖瑶撰，载《广西民族研究》1986年第1期。

该文对瑶族勉语的复辅音［pl、kl］作了探讨。作者在金秀长垌乡桂田村实地调查中发现了那里的盘瑶话里有pl、p'l、bl、kl、k'l、gl两套复辅音。盘瑶语复辅音的变化，是经过长期的新质要素积累，旧质要素的逐渐衰亡来实现的。它衰亡表现在以下几个方面。（1）盘瑶少年、青年、壮年的口语里没有复辅音，复辅音词都已变成单辅音词了，如"房子"［plau⁵³］，他们读成［pau⁵³］。但在象声词中他们还无意识地说出复辅音词来。（2）复辅音pl、kl发展不平衡。只有长垌乡桂田村部分盘瑶老人保留复辅音，勉语支的各方言也都有复辅音，但多少不一。（3）复辅音变化的6个公式。作者认为，复辅音的变化是由于腭化［i］的作用，使它们的塞音音素加强，同时使边音音素弱化，甚至消失边音［l］。山子瑶有保留边音丢失塞单的特殊的复辅音变化，如"抚摩"［lon³³］，不是［p'on³³］。复辅音pl、kl与单辅音p、k无意义区别，所以不是两类音位。《瑶文方案》可不标复辅音。

要重视民族古文字研究工作 翁独健撰，载《中国民族古文字研究》，天津古籍出版社1987年。

我国少数民族古文字种类很多，其中主要有佉卢文、突厥文、回鹘文、焉耆—龟兹文、于阗文、察合台文、古藏文、契丹文、西夏文、女真文、古蒙古文、八思巴文、彝文、纳西文、老傣文、满文等。用这些民族古文字书写的历史文献十分丰富，是我国民族文化遗产精粹之一。研究我国民族古文字及其文献，对社会科学的发展有相当重要的意义。首先，它对于文字学、语言学的深入研究有着直接的重要作用。它不仅为文字学的研究展示多种类型的宝贵资料，还为研究各民族语言的历史发展、演变规律，为研究各民族语言之间的关系和互相影响，提供了有价值的证据。对于历史学、民族学的研究，其作用也是十分显著的。因为这些文献往往记录着汉文史籍所缺少的、有重要学术价值的资料。为了进一步促进民族古文字研究工作的发展，今后在搜集、保管和整理资料方面，在人员培养和组织方面还有大量工作要做。

也说"巴格西"一词 牛汝极撰，载《语言与翻译》1990年第2期。

《语言与翻译》1989年第3期上曾发表了一篇题为《巴格西一词的含义》的文章。该文"巴格西"一词来源于波斯语一说恐怕有误。查阅中外文献，才知"巴格西"一词并非源自波斯语，而源自汉语"博士"一词。许多汉学家、语言学家都认为：突厥语、蒙古语和所有通古斯族诸语言中的"巴格西"，均来自汉语"博士"。古代汉语"博士"一词的含义，大概有两层含义：一是指掌管经典和从事迷信宗教的人；二是指传授知识技能的人。另外，"博士"还表示古代专精一艺的职官名，如茶博士等。但这是后来的派生。至于"博士"表示学位的最高一级，只是近现代才产生的。蒙古语中的"巴格西"一词，不论是表示"教师"、"导师"，还是表示"先生"、"巫师"均未出古汉语"博士"的义项。蒙语中"巴格西"一词是从突厥语中转借的。现代波斯语中的"巴格西"一词也是从突厥语借入的。

也谈独龙语的使动词 傅爱兰、杨将领撰，载《中国民族语言论丛（2）》，云南民族出版社1997年。

文章讨论独龙语使动词与自动词的语法形态、语义差别以及使动前缀的来源。独龙语使动词与自动词可根据带不带前缀成词头区别，形成和不及物自动词相对的使动词，与及物自动词相对的使动词。语义上，前者的特征是表示主体对客体的某种致使意义，这类使动词数量多。后者语义特征是使动者直接"致使"被使动者实施某种支配性动作，这类数量较少。使动词与及物动词的语义差别在于使动词强调动作的结果，及物动词侧重过程，表现的是具体的支配或控制，同不及物动词的对立实际是动作动词和状态动词的对立。独龙语使动前缀 sac^{31} 是原始藏缅语使动形态成分的保留，而其他前缀 tac^{31} 和 dac^{31} 则可能来源于趋向前缀。独龙语使动词的发展不是简单的、直线的，而是呈现出多样性和复杂性。多样性体现在语音形式上，复杂性体现在语音形式及语法意义相互交叉现象上。全文句例27例，词例约100例。文章是一种关于使动现象句法、语义、起源的综合研究。

也谈苗族的起源和迁徙——兼为蚩尤正名 曹翠云撰，载《南风》1996年第3期。

文章主要内容：一、起源：关于苗族的起源可谓众说纷纭，莫衷一是。从语言探索，认为苗族起源于我国南方。如：古代南方较多的水稻、米、江米、饭、竹子、笋、船等，苗语多用固有词，而古代北方较多的麦子、馒头、车等则一律用汉语借词，说明苗族最早是南方民族；又如苗语称"月食"为"蟾蜍吃月亮"与南方民族同，而不同于北方民族；屈原书楚语的《楚辞》中有不少苗语式的语句，都有力证明苗族起源于南方。二、迁徙：苗族是个历史悠久，人口众多的民族，而且是个长久迁徙的民族。他虽然起源于南方，但确实到过黄河以北的地方，苗族先民的九黎氏最早与南方炎帝（神农氏）战斗，九黎部分精英追炎帝往东再往北，渡过长江、黄河，停留在黄河下游，后来炎帝子孙与从西往东的黄帝（轩辕氏）联合后势力强大，战败九黎后代蚩尤于涿鹿，从此苗族的先民一蹶不振，四处逃生。有的被同化，有的在北方建立了黎国，有的跑回南方老家，正如范文澜先生说一部分苗民"退回南方"。在那里又渐渐强大起来，在洞庭、彭蠡之间建立了三苗国。所谓"蛮夷恋故地"，这部分苗人经过千难万险，受尽千辛万苦又慢慢从西北（今敦煌）逃回南方（今云南、黔西）。另一部分也迁回今湖南和贵州一带。值得一提的是苗族的先人蚩尤，至今还活在很多苗民的心中，到处纪念他，歌颂他，然而"蚩尤"的"蚩"是个贬义词，如同"盗跖"已改为"跖"；"黄巾贼"已改为"黄巾英雄"，恢复了他们的本来面目。应召曰："蚩尤，古天子也。""蚩尤"今天应该称"尤帝"，才符合今天各民族一律平等的政策。

也谈西夏语中的小舌音问题 孙宏开、刘光坤撰，2000年10月在北京密云中国民族古文字研究会学术讨论会上宣读的论文，载《宁夏大学学报》2001年第6期。

文章在前人研究的基础上讨论了西夏语辅音系统中是否需要构拟小舌发音部位的声母问题。本文主要观点有：第一，西夏王国是由党项民族为主体建立的地方割据政权，党项是隋唐时期羌人的一支，分布地域就在今天羌语支语言的分布地区，他被藏族驱赶，北迁到宁夏后成立了西夏王国，主体应该是与羌语支族群有密切亲缘关系的族群。第二，羌语支所有语言现在都有小舌音，我们找到了大量西夏语与羌语支语言的同源词，这些同源词在羌语支语言里都读小舌音。第三，西夏文字创制后编写的对照简明辞书《番汉合时掌中珠》所用汉字西夏文注音都使用的是怪字，说明西夏人当时已经感觉到小舌音的存在，但苦于找不到恰当表达小舌音的字，只好用怪字。第四，文章根据与羌语支语言同源词的语音情况，构拟了西夏语的四个小舌部位的辅音，它们是[q]、[qh]、[χ]、[ʁ]。文章还提出西夏语是否有小舌音[G]，需进一步论证。文章最后还讨论了小舌音很可能是原始汉藏语的遗存，因为许多学者构拟的原始苗瑶语、侗台语、藏缅语乃至南岛语都有小舌音。

业隆话动词的时、体系统 尹蔚彬撰，载《民族语文》2002年第5期。

业隆话是四川阿坝州金川县周山区集沐乡业隆村藏民所操的一种土话。使用业隆话的有90户人家，约450人。该文讨论业隆话动词的时、体系统，分析动词的形态，并与周边其他藏缅语动词的时、体系统进行比较研究。分三部分：一、时范畴。业隆话动词的时范畴分过去时与非过去时两类。用元音屈折区别或者用有无喉塞音的办法区别。二、体范畴。体范畴分将行体、即行体、一般体、进行体、曾行体、完成体和已行体。三、业隆话动词的时、体系统与邻近语言或方言的时、体系统比较。与邻近的木尔宗话、草登话作时的对比；与拉坞戎语、道孚语、卓克基话作体的对比。文章最后说，业隆话与卓克基话在动词形态上的诸多不同，说明业隆话与嘉戎语（卓克基话）分化的时间比较长，而业隆话与道孚语、拉坞戎语比较接近。

一部被遗忘的彝文经典——《爨文丛刻》 马学良撰，载《民族语言教学文集》，四川民族出版社，1988年。

《爨文丛刻》（以下简称《丛刻》）是研究彝族历史、哲学、宗教、语言、文学的彝文巨著，全书连注音、释读、意译共10余万字，可以说到现在为止它仍是中外出版的彝文经典研究著作中唯一的一部巨著。"爨文"就是彝文，《丛刻》于1936年由商务印书馆出版，编入前中央研究院历史语言研究所专刊之十一。编者是丁文江先生，是我国著名地质学家，也是我国西南少数民族语言文字研究的拓荒者。《丛刻》中收集的彝文经典是出自贵州的大定彝区。共收《千岁衢碑记》、《说文（宇宙源流）》、《帝王世纪》（人类历史）、《献酒经》、《天路指明》、《权神经》、《夷人做道场用经》、《玄通大书》、《武定罗婺夷占吉凶书》、《解冤经上卷》、《解冤经下卷》等十一种经典。《丛刻》的翻译者是贵州大定县（今大方县）的彝族经师罗文笔。翻译的方法是丁先生设计的。翻译的方法是先抄罗文为第一行，再用注音字母译音为第二行，然后用汉文逐字对照直译为第三行，最后一行用汉文译意。

一部独具特色的清代满语语法著作——评述《清文虚字指南编》 屈六生撰，载《中国民族古文字研究》（第四辑），天津古籍出版社1996年。

《清文虚字指南编》一书，为万福编撰，凤山修订，成书于光绪十一年（1885），后经光绪二十年（1894）、宣统元年（1909）重新刊印，有聚珍堂、镜古斋等坊刻本，全书共分上、下二卷。此书清代期广为流行，多次刻印，为学习满语者必备之语法工具书，现今国内外各大图书馆均藏有此书。《清文虚字指南编》对满语格助词进行了详细论述，虽然当时没有格、助词、主语、宾语等语法概念，但却明确指出，表示宾格的格助词 be，在句中应翻译为"把"、"将"、"以""使"、"令"、"教"等字。本书对满语中名词的复数进行了正确的归纳，举大量例词说明满语中名词的复数形式只能用于指人名词。通观《清文虚字指南编》，以满语动词的词中词尾变化的分析约占上半，这个比例是合适的。对真正的虚词，如：副词、语气词、后置词、连词等也论述得详略得当。满语虚词中复杂难掌握的是后置词和连词，《清文虚字指南编》将此作为重点详细讲解。

一部稀有的满文辞书——《满州类书》
胡增益撰，载《中国民族古文字研究》（第三辑），天津古籍出版社1991年。

中国社会科学院民族研究所收藏的《满州类书》是一部稀有的满文辞书。《满州类书》是手抄本，字体工整，全书应为11册，现只存10册，共636页。每面分上、下面，每面用竖线隔成8行，齐腰又用横线隔断，分上、下两段，也就是说，每面有16个空格。《满州类书》是满汉合璧的满文辞书。没有序和跋，没署作者，也没有注明抄写或原本刊刻年代。这是一部按意义分类编成的辞书，但实际上不完全如此而已。十册中有五册是按义类编排的。每册为一卷。另五册是按音序编排的，每册为一卷，只有一、二、三、四、六卷，没有第五卷。看来音序部分应为六册六卷，散佚一册。在义类部，每册第一页第一行上段为满文类名，下段为汉文类名，而在音序部只有满文的卷数，没有汉文的，因此推断义类部排在前，音序部排在后。《满州类书》中词的规范程度远远不够，在语音、字型、特别是个别字母的写法上写《清文鑑》都存在差异。说明成分早于《清文鉴》，是清代早期辞书之一。

一份十八世纪末叶有关藏语口语（安多方言）的文学资料 恩斯特·斯坦克尔奈撰，载《青海民族学院学报》1982年第2期。

最近，我在一个文学领域里偶然发现了一份对现代藏语的口语的历史极有价值的材料，我对这篇材料的说明，仅仅是为了引起语言学家们对它的注意。它收集在德摩·阿旺格勒重印的《著作选编》第十卷的Nr. 19上。这个作品有11页对开纸，并且很明显是残缺不全的，很可能是贡塘返回扎西吉以后写的（1792—1823）。它包括一篇关于佛教原理的对话，有问题和回答，是用散文体写的。这部作品使我们得到了一份18世纪末叶安多方言的资料，由于文化上的原因，它不可能记载得更加准确严谨。对它研究以后，它不仅能够对安多语的历史提供更新的文法和字典编纂方面的材料，而且还能对它的语音提供更深的理解。还有，因为它使用的是受过教育的人所拼写的正字法，使它逾越了安多的地区限制，很可能对18世纪的整个藏语语音提供更深、更新的了解。

一个古代字母的读音质疑 阿西木·图尔迪撰，载《中国民族古文字研究》（第四辑），天津古籍出版社1996年。

多少年来，国内外的古突厥学家们，都把以上标本中的1号字母读成[s]。至今为止，还没有一个人对此提出质疑。从我本人研究多年的情况来看，古突厥文1号字母的读音问题，还没有得到解决。我认为把这个字母读成[s]欠缺足够的科学依据。我的这种观点，在厥特勤和暾欲谷这两个碑文有关段落的校注中可以得到证实。从字母形状来看，古突厥文的3号和4号字母跟现行维吾尔文的3号和4号字母非常相似，可是1号字母并不是跟现行维吾尔文的1号字母相似，而是与另外一个字母相似，这个字母就是标本中的5号。这是不是一种偶然现象呢？好像不是。从文字发展史的角度去看这类现象是很有意思的。我在这里还可以提到一本小册子，书名是《字母的故事》，可以知道世界各地的各个民族所使用的各种拼音文辽之音都有一定的联系。古突厥文和老彝文，我们都认为是两种根本不同的系统。可是比较中发现，这两个文种的有些字母也有相似之处。

一个苗语字韵类归属的改正 王辅世撰，载《民族语文》1991年第2期。

文章对《苗语方言声韵母比较》一文中的一个归错韵类的字加以改正，并复原它应有的归属。苗语作"渴"讲的字有两个,"渴一"为 A 类调属地韵,有的地方"干燥"兼作"渴一";"渴二"为 D 类调属借韵。1979 年作者在编著上文时把"渴二"归属地韵。其根据是苗语川黔滇方言罗泊河次方言野鸡坡话的"渴一"和"渴二"声、韵、调全同,所以误将"渴一"当作"渴二"归类。经美国学者斯特列克(David Strecker)提出,并附了一个地韵,借韵比较表,反映出"渴二"属借韵。1987 年作者到贵州安顺汪家山调查苗语时验证了这个字,汪家山属借韵的字反映形式为 e,属地韵的字反映形式为 a,"渴二"在汪家山读作 Nqhe^{55}。通过"渴二"韵类归属的改正,说明科学研究工作要细心,不能凭主观臆断。本文详细地叙述了把"渴二"归错韵类的始末。

一个契丹原字的辩读 即实撰,载《民族语文》1994 年第 5 期。

文章讨论了契丹小字中表"年、月、日"之月的字符及只具有表音属性的类似字符,否定了作者以往解读的某些成分,并辨定其形拟读其音。结合契丹小字《汗王墓志》和《辽史》中所载辽国国舅族帐有大翁帐、小翁帐、大父帐、少父帐等,得出结论认为契丹小字中表年月之月的字符和只有表音属性的类似字符共存,二字符形体有别,用法不同,读音相殊,确是两字,经过全面核查辨清字形,参照相关语言读出字音之后,认为《许王墓志》第三行首四字确是"国舅小翁帐"之义。

一个千古难解之谜——半坡刻画符号与彝文渊源关系试析 李乔撰,载《贵州民族研究》1990 年第 4 期。

中国古都西安郊区的半坡博物馆所陈列的距今 6000 多年前的仰音韶文物中陶器上留下不少刻画符号,郭沫若先生题词明确表示,半坡刻画符号是我国最早的文字。文章认为半坡刻画符号与彝文有渊源关系。彝族文字不仅出现在 1000 多年前的"济火碑"上,还出现在 2400 多年前的巴蜀文物上。一位彝族老笔摩叫李八玉昆的(红河县人),懂得几个半坡刻画符号,认出了为"盆"、"瓶"、"罐"、"碗"、"碟"、"瓮"等字。作者把半坡刻画符号与巴蜀刻画符号对照,竟发现许多符号完全一模一样。再把半坡刻画符号与彝族文字的偏旁部首对照一看,它们也有许多惊人的相似之处,由此可见,原来它们是一脉相承的一个家族的子孙,这个千古难解的哑谜大概可算揭晓了。一件吐鲁番出土的摩尼教寺院被毁文书的研究耿世民撰,载德国 *Zentralasiatische Studien* (中亚研究),1985,Bd. 18;《回鹘文摩尼教三王子故事残卷》,载德国 *Zeitschrift der Deutschen Morgenlaendischen Gesellschaft* (德国东方学会刊)1989,Bd. 139;《摩尼与王子的比赛——吐鲁番新发现的回鹘文摩尼教残卷研究》,载同上刊,1987,卷 137;《中国近年来关于摩尼教的研究》(以上四文的汉文本收入《维吾尔古代文献研究》一书中)。有关摩尼教文献研究的几篇论文第一号文:是 20 世纪初由德国考古队在吐鲁番进行考古调查发掘时所获,文书现存德国汉堡大学伊兰研究所。1981—1983 年作者在德国进行学术访问时,从波恩大学比较宗教学研究所 H.-J. Klimkeit 教授处获见照片。关于此件文书作者用一天多的时间,通释了全文。(2)、(3)号文:研究了 20 世纪 70 年代末吐鲁番当地文物部门在清理柏兹克里克千佛洞发现的摩尼教一册名叫《美味书》的残卷。作者根据照片进行释读。摩尼教为古代波斯人摩尼于公元 3 世纪创立。公元 7 世纪(762)被回鹘可汗尊为国教。回鹘西迁(840)后仍继续信仰该教一二个世纪。所以应属于较早时期得回鹘文献,对研究回鹘得社会、宗教、语文具有重要意义。(4)号文:为作者 1989 年出席第二届国际摩尼教会议宣读的英文论文,后来收入该届会议的论文集《Studia Manichaica》。文中介绍了中国在摩尼教研究方面取得的成就。

1994—1997年少数民族语言文字研究综述
孙宏开撰，载《中国语言学年鉴》语文出版社。

自1991年起，在吕叔湘先生的倡导下，中国语言学界开始编辑《中国语言学年鉴》，其中有一个栏目叫"学科综述"，少数民族语言作为语言学科的一个分支，也不例外。年鉴原来每年一卷，自1994年起，改为每4年一卷。本文为1994—1997年少数民族语言学科的研究综述。分少数民族语言调查、民族语言描写研究、历史比较研究、应用研究、古文字古文献研究、计算机和实验语音学研究等分支介绍有关这一领域的著作和论文要点，同时对学科这几年里的发展动向、存在问题作简要述评。

伊朗的突厥语杰尔
哈德·多费尔撰，载《民族语文研究情报资料集》，中国社会科学院民族研究所语言室1984年第3期。

该文介绍了伊朗境内的几种突厥语言。到目前为止，伊朗发现并有过介绍的突厥语言有四种：(1) 阿塞拜疆突厥语（阿塞尔语）。操这种语言的几百万人主要居住在伊朗西北地区，大不里士市是该语言区里最重要的城市。(2) 艾纳鲁语。这种语言与阿塞拜疆突厥语十分相近，可称为阿塞拜疆突厥语的方言。(3) 卡什凯语。与艾纳鲁语的性质相同。(4) 土库曼语。与苏联土库曼语情况不同。除上述四种突厥语言外，伊朗还有五种至少还没有介绍过的突厥语言：(1) 塞尔柱语。在克尔曼省的南部和西南部。(2) 在俾路支和米克然，即伊朗的整个东南部也有突厥语居民，但对这里的突厥部落的名称尚不清楚。(3) 察合台语（一种维吾尔语方言）。位于德黑兰之南。(4) 钦察（克普恰克）语。位于德黑兰之南。(5) 贝尔贝里语。位于伊朗的东北霍腊散地区。对伊朗的突厥语进行研究，将能指明突厥诸语言的一般对构，并提供一个全新的景象。

彝汉词语逻辑概念比较
那建坤撰，载《彝语文集》，贵州民族出版社1993年。

彝语和汉语同属汉藏语系，其共同特点是：单音节词根占绝大多数，并且词根都可以自由运用，每个音节都有固定的声调来区别意义。另外，彝汉语言中相互借词十分普遍。因此，彝汉语言互译时，绝大部分词语的概念，都可以一对一地翻译出来。然而，彝语和汉语，毕竟是两种不同民族的语言，因此，其中不少词语，还具有各自的内涵和外延，不能完全按其字面对译，本文把云南、贵州两省的彝语和汉语这两种民族语言中不能完全对译的部分词语，进行了比较说明。作者把这些词语分为表示人或物的名称的词语和表示动作、行为的词语两类，并列举了一些例词，探讨了彝汉词语逻辑概念的异同。彝语中的表示人或物的名称的词语，其词性相同，词义也相同，但词的内涵与外延的范围是不一致的。在彝语动词中，还有自动和被动之分，这是彝语言的独特之处，也是汉、彝两种民族语言逻辑的细微差异。

彝良方言的亲属称谓
张宁撰，载《云南民族学院学报》1990年第1期。

彝良位于云南省东北部，昭通地区东部。彝良及其周围的镇雄、威信、筠连等的亲属称谓很有特色。(1) 女性男称和男性女称。对父母的兄弟姐妹采用异性称谓，父亲的姐妹按排行称"大爹"、"二爹"、"三爹"、"幺爹"；母亲的兄弟按排行称"大妈"、"二妈"、"三妈"、"幺妈"；母之妹则称"大舅"、"二舅"、"幺舅"。(2) 排行按"大"、"二"、"三"……"幺"顺序表示。(3) 称谓受习俗制约信，与习惯、风俗、迷信、忌讳、婚否、有无子女等有关。(4) 称谓中尚保留了祖籍方言的痕迹，某些亲属称谓与两湖及江西等地方言有较密切的关系。总起来，彝良的亲属称谓，不仅为我们展现了当地千百年来因袭下来的习俗，也为我们提供了一些人口来源的依据；不仅反映出彝良人民敬老爱幼的美德，也暴露了封建思想意识对一些人的愚弄；不仅从一方面表现出彝良方言的独特之处，也使我们了解到彝良方言形成的某些因素。

彝、缅、景颇三个语文第一、第二人称代词比较 李永燧撰，载《语言研究》1983年第1期。

文章用彝、缅、景颇三个藏缅语语文的八种语言材料比较研究第一、第二人称代词的关系。第一、第二人称代词涉及单数和复数，主格、宾格和须格以及语音的屈折形式和助词形式。通过比较可以为彝、缅、景颇语言相拟单数第一、第二人称的共同形式，大多数语言都用声调兼韵母变化表示格的意义，复数大多与单数代词同根，由于单数第一、二人称代词同源，相应的复数人称代词的词根也同源，但词根变化后的读音不构成对应规律，表示复数的后加成分也各不相同，是藏缅语族语支分化后才各自形成的。各语言都有一套和格范畴相联系的助词，但同源的极少。彝缅景颇语文八种语言和上古汉语第一、第二人称代词在语音上很相似，在句法上有共同的特征（特别是代词宾格在动词前这一现象），在形态学上也不能说完全没有相似之处。文章列出第一、第二人称代词8种语言以及汉语的比较表格11个，另还列出句列近百个，较全面论述了代词的同源现象。

彝缅语鼻冠音声母的来源及其发展——兼论彝缅语语音演变的"整化"作用 戴庆厦撰，载《民族语文》1992年第1期。

文章分三部分：一、用例描述彝缅语鼻冠声母（只彝、纳西语有）的发音特征、组合类型（有鼻音后的塞音，塞擦音有不送气浊音或清音，送气清音三种）、语义功能（主要区别词汇意义，有的区别自动、使动的语法意义）。二、通过亲属语言和方言的比较，指出彝缅语的鼻冠音有共同来源，多与古藏语中带vh、m前置辅音的复辅音对应，也有与带d、g、b的复辅音对应。认为彝缅语鼻冠声母来自古藏语的复辅音声母。三、文章举例指出：从古藏语、嘉戎语复辅音声母的结合上看，前置辅音或主要辅音都是多种多样的。而彝缅语的鼻冠辅音都是鼻音，主要辅音在发音方法上都属一类。由此认为彝缅语鼻冠声母的形成经历了复辅音"整化"的过程。"整化"使彝缅语的声母结构更为整齐、系统，并使一部分词声母主要辅音的清浊向对立面转化，从而出现新的语音配合条例。

彝缅语唇舌音声母研究 李永燧撰，载《民族语文》1989年第3期。

该文通过彝，缅等10种语言的比较研究，探讨彝缅语古唇舌音声类。文章首先考察现存于缅，阿昌，哈尼，基诺等语言的唇舌音声母并进行比较分析。根据对应关系得出两系列共6个声类：*pr、*br、*mr/hmr 和 *pl、*bl、*ml/hml。这反映了彝缅语一定历史时期的唇舌音声母，但不是最古老的形式。唇舌音声母是一个历史范畴，有的形式承自原始藏缅语，但更多的也许是古前缀或其他辅音群演化到彝缅语时期才有的。古唇舌音声母在各地的反映有唇音型，保存古唇音成分，有舌音型，保存古舌音成分（有所变化），有韵母r化现象。纳西语的鼻冠音声母可以与其他语言的唇舌音声母对应，据此可以从上述6类声母中分出*mpr和*mpl两个声类，共8个声类，构成了古彝缅语唇舌音声母系统。本文拟测了彝缅语古唇舌音声母的形式。

彝缅语几种语言的声调比较 徐世璇撰，载《语言研究》1989年第2期。

在藏缅语族历史比较中，声调比较占有重要的地位。找出声调的对应关系，对于准确地认识同源词，推进藏缅语言的历史比较有着重要意义。本文对6种彝缅语群语言的声调进行比较和拟测，工作步骤是：先根据一种语言的调值假定属于同一个调类的同源词，然后和另外几种语言中有整齐对应关系的一批词进行比较，得出对应关系，选用例词尽可能要求在声、韵、调三个方面都有规律可循。

经过比较，缅语、阿昌语、载瓦语和哈尼语、傈僳语和拉祜语 6 种彝缅语言的声调形成两大类 8 种对应关系，一类是在缅语、阿昌语、载瓦语 3 种语言中对应十分工整的 4 个调类，另一类是哈尼语、傈僳语和拉祜语一致的 A、B 两大调类。声调的这两大类所显示出来的分界同缅语支和彝语支的语音和词汇比较结果相一致，表明声调的产生时代较晚，是在两个语支分化后分别形成的，现在正处于由少到多的发展过程之中。

彝缅语量词的产生和发展　徐悉艰撰，载《语言研究》1994 年第 1 期。

彝缅语量词比较丰富，文章从共时分析和亲属语言比较两个方面论述彝缅语量词的产生和发展。文章指示从比较中可以看到量词的产生是有层次性的，有的出现较早，有的出现较晚，就整个语族的情况看，量词同源的不多。文章认为彝缅语的量词在原始彝缅语阶段就已产生，但那时的量词数量很少，除了少数几个非标准的表示长度单位的量词、集体量词"双、对"和专用量词"句"外，主要是反响型量词。至于泛称量词和类别、形状量词大多是分化成不同语支后才产生的。彝缅语的动量词基本上都不同源，说明动量词产生较名量词晚，是在各语支分化为不同语言后才产生的

彝缅语名词双音节化研究　徐悉艰撰，载《彝缅语研究》，四川民族出版社 1997 年。

文章通过彝缅语诸语言的比较，讨论名词双音节化的手段和规律。彝缅语双音节化的理由：（1）亲属语言比较反映双音节名词词根部分同源，另一音节不同源；（2）古文献是单音节，现代口语是双音节；（3）传统诗歌中单音节，口语是双音节；（4）单音节与双音节变读现象。彝缅语名词双音节化的主要手段有：（1）在单音节名词前或后加词缀，以前缀为主，如 $a^{21}tsui^{55}$（芽儿，载瓦语），$bu^{53}a^{31}$（虫，彝语）。（2）加实词语素，语素意义类别可表位置、形状、性质等。如彝语大方话"眼睛"由 na^{53}（眼）du^{53}（调）构成。（3）重叠名词本身，如义诺彝语（水）。彝缅语名词双音节化是适应彝缅语语音和语义的某种需要而产生的，语音上主要是音律的需要，语义上是为了减少同音词，增强区别意义的功能。文章揭示名词双音节化的规律时注意区分了其与一般名词构词规则的差异。

彝缅语塞音韵尾演变轨迹　陈康撰，载《民族语文》1993 年第 1 期。

文章从塞音韵尾发音部位的后移；紧喉音的辨义作用；紧调的辨义作用三个方面阐述彝缅语塞音韵尾的演变轨迹。缅语支尚保存着塞音韵尾，发音部位有后移趋势。彝语支语言塞音韵尾全部丢失，继而紧喉音起了主要辨义作用。紧元音有特定的音长和音高，推测彝语支语言声调产生有高、低两个调，塞音韵尾脱落产生的紧音节为高调，后又由于声母的清浊分化为两个紧调。文章以纳西语为例子说明紧调起辨义作用。结论是藏缅语的塞音韵尾到彝缅语阶段发音部位后移：双唇、齿→舌根→喉→喉壁。喉部闭塞影响音高，产生声调，声调起辨义作用，并进一步分化，这就勾画出了一条彝缅语塞音韵尾演变轨迹。缅语支走的是各类塞音韵尾并存的道路；彝语支走的是层层脱落的道路，从而构成了彝语支和缅语支在语音上的重要分界线。

彝为土著说——兼论语言与民族史研究　朱文旭撰，载《西南民族学院学报》1998 年第 2 期。

彝族的来源问题有北来说、东来说、南来说、西来说。但这些说法大部分牵强附会。论文从彝族内部文化现象和文献资料彝文文献和《指路经》以及语言文化材料例如底层词汇等资料进行多方面论

证，提出彝族是西南土著民族的观点。

彝文 陈士林撰，载《中国民族古文字》，天津古籍出版社1987年。

关于彝文的创始人，彝族民间传说不一。云南传说为伯博耿（或伯朵博耿）所创，贵州传说为阿畸、阿 、宓阿叠、古禄、伊阿伍、恒本阿鲁等所创。关于彝文创始的时代。比较流行的有创始于汉唐两说。创始于汉代说以《腾越州志》和《滇系·杂载》为代表，但没有提出任何科学根据。我们综合史志记载、凉山传说和谱系材料，并参考出土文物，假定彝文创始于唐代而集大成于明代。彝文属音节文字类型。其造字法原则之一，是以部首笔画为主导，以其他笔画或造型部件为陪衬，有时附加装饰性符号。原则之二是以某一部首或笔画为出发点进行结构变化或笔形变化。原则之三是假借汉字，同音通假。彝文文献的内容包括历史传说、家族谱牒、地理、堪舆、医药、农技、工艺、诗歌、神话、散文、民间故事等。翻译、考释这些古彝文文献有重要意义。

彝文的历史发展和四川规范彝文 马尔子撰，载《中国民族古文字研究》（第四辑）天津古籍出版社1996年。

彝文的三个演化阶段和彝族社会内部的发展有着紧密的联系，四川规范彝文的设计和推行正是顺应这一演化的潮流而产生的。古彝文与四川规范彝文有密切关系。从文字性质来看，古彝文和规范彝文是一致的。它们的内在联系是十分清楚的，没有古彝文就谈不上规范彝文，规范彝文只是对原有文字的混乱进行疏导、治理，使其规范化、统一化。总而言之，两者之间只存在一种互相吸引的凝聚力，而不存在相互排斥的内耗。比如一个能读懂古彝文的人，只要掌握了规范彝文的书写排列的变化，就能照样懂规范彝文；同样，对规范彝文比较熟悉的人，倘若掌握了古彝文的书写规律，也就能读懂许多古彝文文献，正是因为规范彝文在选字上完全严格参照了古文，所以规范彝文才受到四川等省彝族人民的普遍重视，使用效果很好。当然对整个彝族而言，现行规范彝文也不是没有局限性的，方言的区别就形成了一定的阻力。

《彝文方案》的诞生及其实践效果 马黑木呷撰，载《民族语文》1985年第3期。

该文报导《彝文规范方案》诞生的经过及推行的成绩。彝文有悠久的历史。1974年着手彝文规范化工作，并拟定了规范化方案草案。1980年国务院批准推行，同年12月正式公布了《彝文规范方案》。方案的主要特点：（1）具有民族形式和深厚的群众基础。（2）字形结构简明，字的笔画一般只有3—4画。方案的主要内容：（1）仍为表音的音节文字，共选字819个。（2）以彝语北部方言圣乍话为基础方言，以喜德语音为标准音。（3）书写和排印从左到右横行。（4）借词原则上从汉语普通话中借用。（5）制定了标点符号。（6）确定了一套拼音符号，供注音、教学等实用。这个方案正式推行8年，效果是好的：（1）发到基层和广大群众见面的文件都用这个方案译成彝文下达。出版了多种图书。（2）彝文报纸杂志的发行取得很大成绩。（3）用彝文扫盲。（4）彝文进入中小学。（5）用彝语文译制电影，等等。本文6处引用了有关的统计数字。

彝文访古录追记 马学良撰，载《贵州民族研究》1992年第1期。

作者1939年看到邓明德编的《撒尼法俚字典》，李埃达的《阿兮倮语语法概要》。我国最早记录彝文的史丹为《华夷译语》。1936年丁文江的《爨文丛刻》问世，中外学者才知道彝族有丰富的古籍，《丛刻》中共收《千岁爨碑记》、《说文（宇宙源流）》等11种经典。1981年"增订丛刻"新增《金石彝文选》部分，辑录并译注了《千岁爨碑纪》、《水西大渡河建石桥记》、《成化钟》。彝文较早木刻本有 1943 年在云南武定县茂莲乡土置中所藏的《太上感应篇》。手抄本经书中最早的一部为《云南昆明西乡明代夷人手抄经典》，内容为《土俗经》、《祈雨经》、《遣虫经》、《火荐经》等。新中国成立 40 年来出版的有《西南彝志》、《劝善经》、《阿诗玛》、《北京现存彝族历史文献的部分书目》、《宇宙人文论》、《勒俄特衣》、《玛木特衣》、《妈妈的女儿》、《洪水泛滥史》、《创世纪》、《彝族诗文论》、《诗律论》、《论彝诗体例》等。

彝文经典和彝族的原始宗教 马学良撰，载《民族语言教学文集》，四川民族出版社。

关于彝族族源的问题，这是研究彝族历史的首要问题。中外学者对彝族族源的论述很多，我国学者近来有人考证："凉山自古为彝族盘踞之区。"据说云南、贵州的彝族就可能是由凉山南下分作两支进入的。这种论断以往只靠传说或从汉文片断史料中考证，缺乏彝文记载。但我们从彝文作祭经中，却可以得到佐证。从云南彝族的彝文经典来看，彝族宗教属于原始宗教状态。彝族的原始宗教信仰是以自然崇拜为核心，扩展到图腾崇拜、祖先崇拜等。彝族对动植物的崇拜，首先是崇拜竹子。彝族有关原始宗教的经典我所见到的有 2000 余册，据我的分类，约有以下 6 种：（一）祭经。（1）作祭献药供牲经；（2）作斋经；（3）百解经。（二）天象、历法。（三）谱牒。（四）历史。（五）伦理。（六）译著。新中国成立后，虽然随着社会主义革命和建设的发展，很多人已放弃宗教信仰，但作为一个民族的宗教信仰来说，不是短时间可以改变的。因此，认真地进行原始宗教的研究，有利于建设社会主义。

彝文类型浅议 朱文旭撰，载《文字比较研究散论》，中央民族学院出版社 1993 年。

首先，本文探究了彝文的创始人、创始年代、创始地，从而得出彝文不是一人一时一地所创，而是千百年来经过历代彝族先民们加工完善而成的，它是彝族先民们聪明才智的结晶。其次，本文分析说明了彝文在彝族文化发展史上起过的重要作用。这主要源于彝文在彝族人民心中有着不可替代的感情基础。由以上两点引出对彝文类型分析的必要性。对此，本文先列举了目前的几种学术观点，并加以简单有力的评析。从而引出自己对彝文类型的观点。即彝文应是表意兼表音的文字。并通过对云南、四川的彝文的形、音、义的比较分析后，从中不难看出彝文属于表意体系的意音文字。其造字法主要经历了"象形""象意""假形"三种方法和阶段。本文也对其进行了翔实的描述，由此更加充分的论证了作者的这一观点，并恰当的批驳了一些观点的片面性。

彝文文献分类初探 朱崇先、巴莫阿依撰，载《云南民族语文》1990 年第 2 期。

彝文文献品类繁多，内容极为丰富，其分类方法也各有不同。但是以往的分类由于受到各种条件的制约，因而反映彝文文献各方面的特征，揭示其总体面貌，还似不够。本文试图根据现在掌握的文献在形式和内容方面所具有的特点进行多角度、多层次的分类探讨。一、从文献的载体角度分类。文献的载体即文献附着材料或书写材料、彝文文献的载体已发现的有石刻、铜器、木牍、皮书、陶器、纸张，此外还有畜角、兽骨、竹简、布帛等，二、从版本角度分类。纸书作为彝文文献的主要载体，粗略地可分为两大类，即手写和木刻本，三、从文献的书刻年代分类；四、按地区分类；五、以书目分类。按照书目所能反映的内容进行学科分类。本文对以上分类方式的探讨，旨在建立一个科学完备的彝文文献分类方法，为综合研究彝族历史文化提供系统完整的文献资料。

彝文研究的基础和前景 陈士林撰，载《中国民族古文字研究》，天津古籍出版社 1987 年。

彝族有独立的语言文字。彝语属汉藏语系藏缅语族彝语支。彝文是一种历史悠久，文献丰富的音节文字。从19世纪末叶以来，在彝文的搜集、整理、解读和古文献语言的考释、构拟等方面，都做了不少工作，奠定了一定的研究基础。关于彝文的起源和创制者，有种种传说和记载。根据史料记录，我们不妨假定彝文创始于唐代而集大成于明代。彝文属音节文字类型。彝文的形体结构和造字法原则等，也反映了彝文的主导性能。今见彝文书写符号，不管来源如何，一律都是表达彝语音节的符号。彝文借用汉字的原则，主要是根据彝语表音的需要而选用简化的古文字。彝文笔画繁简不一，是有名的"左翻"、"左行"书。明中叶以来，彝文使用和传播日益广泛。古彝文拥有比较丰富的文献、资料。真正的彝经，即今见三省一区的彝文文献。

彝文源流试论 肖家成、武自立、纪嘉发撰，载《云南社会科学》1982年第3期。

文章对彝文的名称、创始者、起源年代、性质、文献内容和价值等问题进行了探讨。彝文，史籍称"夷经"、"字"、"书"、"夷文"。起源年代可能在汉或更早一点，唐时可能对彝文进行过加工整理，明清是彝文的兴盛时期。彝文在相当长的一个历史时期里，可能主要使用在宗教方面，后不断向社会生活各个领域发展和扩大。大量彝文文献保存在北京图书馆，故宫博物院，中国社会科学院民族研究所、宗教研究所，民族文化宫，中央民族学院，北京大学、清华大学、南开大学等大学；英国大英博物馆，日本极东学院等处。这些文献中保存了有关历史、文学、语言文字、天文、地理、科技、医药等方面的大量著述，如：《西南彝志》、《阿诗玛》、《讷俄特衣（创世纪）》、《阿莫尼惹（妈妈的女儿）》、《到甜蜜的地方去（逃婚调）》、《宇宙人文论》、《指路经》、《玄通大经》、《齐书苏》。

彝语 *a *e 的地域推移 陈康撰，载《民族语文论语言集》，中央民族学院出版社1993年。

该文以彝语韵类 *a *e 在方言中颌开度和舌位的变化及其地域分布透视彝语支语言韵母单元音演变的特征。*a 韵在各地彝语有着严整对应的反映形式。推测，彝语的 *a 韵是由藏缅语的 *ak 韵演变而来，其发展趋势是从东至西，颌开度由大变小，由东端的 a 向西端的 i 推移。彝语的 *e 韵是藏缅语中几种带韵尾的韵母发展到彝语中类化成一种韵类，这个韵类元音的颌开度比 *ak 小。彝语 *e 韵的发展趋势是从东至西，颌开度由小变大，由东端的 e 向西端的 a 推移。

彝语阿哲话语音 王成有撰，载《西南民族学院学报》1998年第6期。

阿哲话是彝族中自称阿哲朴的人所说的话，主要分布在我国云南省的弥勒、华宇、开远、建水等四个县（市），约10万人。阿哲话属汉藏语系藏缅语族彝语支彝语东南部方言阿哲次方言。声母共36个：p、ph、b、m、f、v、t、th、d、n、lh、l、k、kh、g、y、x、rr、h、ʔ、ts、tsh、dz、s、z、tʂ、tʂh、dʐ、ʂ、ʐ、tɕ、tɕh、dʑ、ɲ、ɕ、ʑ。韵母共23个，其中单元音韵母15个；复元音韵母8个。声调共5个，调值为55、33、22、21、31。音节结构有3种：元音+声调；辅音+元音+声调；辅音+元音+元音+声调。连音音变的形式有变调、变音、增音、省音等。

彝语北部方言内土语间若干语音对应规律 谢志礼、苏连科撰，载《彝缅语研究》，四川民族出版社1997年。

文章从彝语方言语音对应规律探讨彝语的历史演变轨迹。彝语喜德话、马边话、布抱话、昭觉话、会理话之间存在各种声韵母的对应，如清浊鼻音对应等对应关系。然而，具有共同来源的词或词素在不同的语言或方言、土语中，由于发展过程不同，发展趋向不单一，出现了语音形式不同而又有对应关系的语音形式。如 sn 的演变轨迹是 sn→hn→n→ȵ，不同方言处在不同阶段就有不同语音对应形式。亲属语言或方言的各种语音现象，在年代上的相互关系是很复杂的，每一对应关系都要经过具体分析，才能决定它们在年代上的先后顺序。全文用例 300 余个，占 50%。文章的核心是针对各个具有对应关系的语词间在语音演变轨变上不一致，指出语音的演变在各方言、土语中是多样的、不平衡的。

彝语鼻冠浊复辅音声母考 陈康撰，载《彝缅语研究》，四川民族出版社 1997 年。

文章讨论彝语鼻冠浊复辅音声母的来源，认为：（一）原始藏缅语鼻冠浊复辅音声母的遗留；（二）原始藏缅语鼻冠清复辅音声母的遗留；（三）双音节词前一音节鼻韵尾移至后一音节声母前成鼻冠音；（四）多音节词的紧缩。文章以实例彝语鼻冠音与亲属语言的对应关系，因此可构拟出原始藏缅语的鼻冠音声母；另外，由于彝族往往发不出汉语借词的韵尾鼻音，因此凡带鼻韵尾的汉语借词都出现鼻韵尾后移至下一音节，形成新的鼻冠复辅音声母，如 ta³³ ndzi³³（胆子），lo³⁴ ndzi³³（笼子）；至于紧缩形成的鼻冠复辅音则是通过比较彝语方言分析的，如 no³³ gu³³（南华，病），Ngu²¹（喜德），Ndzher⁵⁵（呻吟，寻甸），no³³ dzɛ²¹（弥勒）。文章共使用了藏缅语十几个语言和方言的材料，用例 250 条/个。作者认为彝语鼻冠音复辅音声母为重建原始藏缅语提供了有力的实据。

彝语重叠词述略 洛边木果撰，载《西南民族学院学报》1997 年增刊（1997.11），9600 字。

彝语重叠词有名词重叠、动词重叠、形容词重叠、代词重叠、副词重叠等。研究彝语重叠词对于彝语基础理论及实践方面，对于彝语与其他民族语言的比较学方面都有一定的价值。本文第一次系统分析和介绍了彝语中各重叠词类的重叠形式、语义功能、语法意义等问题。文章指出：彝语重叠词独具特色，重叠范围广，数量多、频率高，有许多独特的语义功能、语法意义和语音形式。如与汉语比较，在重叠词的词性上，彝语副词有重叠现象，但汉语一般没有副词重叠运用的情况。彝语量词不能单独重叠运用，而汉语有"个个"、"斤斤"、"棵棵"等许多量词重叠现象。在语义功能上也各有特点，如彝语动词、形容词重叠主要表示疑问，汉语没有表示疑问的语义功能而是表示某种附加意义。

文章认为：重叠词是纷繁复杂的语言现象中的一种表达方式，这种表达方式是应所表达内容的需求而产生的语言手段之一。彝语重叠词是用某种语音形式来表达某种意义的一种语言现象。重叠词不是原词的简单重复，而是产生整体效应，变成了另一个有新形式和新内容的词。

彝语的紧调类 陈康撰，载《民族语文》1988 年第 1 期。

文章分析彝语的音节可分成松、紧两类。从基频（F）看，紧音节的平均音高比松音节的稍高，并短促，形成了一种有别于松音节音高的紧调。现各地彝语紧调都有两个：一个出现在大多为清声母的词中，文中称为紧甲调；一个出现在大多为浊声母的词中，称为紧乙调。文章以禄劝、喜德、路南、弥勒、石屏、巍山、大姚、威宁等地的彝语声调作比较，并列举大量例子，推测历史上藏语的紧调已以声母的清浊分化为两类：清声母的紧甲调和浊声母的紧乙调。但由于历史上语音演变的结果，现有些浊声母词为紧甲调，有些清声母词为紧乙调，与藏缅语亲属语言同源词比较，仍可看出彝语中有的声母已清变浊或浊变清，而分化后的声调往往体现原始声母清浊的反映形式。文章还把彝语紧调和彝语支语言——哈尼语，傈僳语，拉祜语，怒族努苏语和纳西语的声调作了比较，探索其对应规律。

彝语的声调对应　陈康撰，载《民族语文》1986年第5期。

文章阐述了现代彝语各方言的声调大多有4—5个，一般都有一个高平调，一个中平调，一个低降调，一个短调。虽然声调数和调值彼此相同或相似，但对应关系却非常复杂多样，高的和低的对应，长的和短的对应。文章中采用了云南路南、弥勒、石屏、巍山、大姚、禄劝；贵州威宁；四川喜德8个点的彝语声调进行比较，并列举了104个例调。文章找出了8种对应关系，6种出现在有松元音的音节，2种出现在有紧元音的音节，并列出彝语声调对应表。对8个点声调之间对应关系做了统计，并探求其相互配对情况。认为彝语声调8种对应以文中1—8的顺序排列是合适的，这样的排列，对今后彝语原始调类的构拟和历史演变状况的探讨会从中得到启示。

彝语的松调类　陈康撰，载《中国彝学》第一辑，民族出版社1997年12月。

彝语的松、紧元音反映在音高和音长上发生两类区别性特征：松元音音低，紧元音音高；松元音音长，紧元音音短。推测彝语声调的发生是从元音的韵尾脱落产生松、紧时开始的，松元音的松调低而长；紧元音的紧调高而短。本文对彝语的松调类进行探讨，文中采用了喜德、禄劝、威宁、大方、撒尼、阿细、新平、石屏、南涧、巍山、大姚、南华彝语的声调进行比较。结论是：现代彝语的声调数不多，但对应关系复杂，各地彝语声调的发展在时间上、程度上、层次上互有参差。松调类分成清声母的松甲调、浊声母的松乙调；松甲调和松乙调分别又发生第三次分裂，分成松甲一调、松甲二调、松乙一调、松乙二调。

彝语定语助词浅论　陈世良撰，载《贵州民族语文研究集》，贵州民族出版社1993年。

彝语属词根语，其词形不起变化，词在句中的各种语法关系主要靠语序和虚词来表达。结构助词是虚词中的一个小类。该文对彝语定语助词的使用情况进行了描述和探讨。彝语的定语助词有两类，即领属性定语助词和修饰性定语助词。由于彝语方言差别较大，同一类定语助词在不同方言中却是不同的词，这些词在语音上差别也较大。彝语的定语助词是独立性较差的一类词，它只能附着在别的语言单位之后，表示一定的语法意义。彝语的两类定语助词构成的定语具有不同的性质，这种不同不仅是因为这两个助词不同，而且还和与它们相组合的语言单位也不完全相同有关。此外，据有关资料考证，彝语的定语助词不是彝语固有的词，而是后起并且是在彝语方言形成以后才产生的。彝语定语助词的产生和发展是由于形态变化的简化、脱落引起的，是对形态简化的一种补偿。

彝语动词的语法范畴　周德才撰，载《云南民族语言文学论文集》，云南民族出版社1990年。

不同的语言有不同的语法范畴，彝语动词的语法形式的变化较为复杂，本文以彝语南部方言新平县老厂竹园彝语为代表，从体、态、式三个方面论述了彝语动词的语法范畴以及特点。彝语动词的体有将行体、即行体、进行体、曾行体、完成体和未完成体等6种变化形式，文中对各种体的语法意义和语法形式都进行了解释说明。动词的态有自动体、使动态、互动态三种，前两种借助于内部屈折形成和分析形式来表示，后一种借助于动词加后缀来表示。彝语动词的式有祈求式、命令式、陈述式、假定式和疑问式5种形式。由于彝语的语法形式，尤其是内部屈折手段来表示句使动语态和自动态，这是原始汉藏语言古老的历史发展轨迹，因此用藏缅语言的历史比较方法，有助于构拟出彝语语法的原始形式。本文对彝语动词语法范畴的分析讨论，旨在让广大读者了解彝语动词的语法范畴，同时提醒广大学者注意，彝语动词的语法范畴是一个值得研究的课题。

彝语动物名词"性"的表达方式 巫达撰，载《西南民族学院学报》1999年第1期。

彝语的动物名词，有"阳性"、"阴性"和"中性"之分，这些"性"是在动物名词词根后加不同词素表达。一、阳性的表达方式：家畜动物阳性标志词素是-pa；野兽类动物是-a^{21} pu^{33}、-ki^{21} ka^{21}、-ndʐɯ^{33}；家禽是-phu^{33}、-fi^{55} pa^{21}；野禽是-pi^{33} phu^{22}、-ki^{21}phu^{55}；配种动物是-lo^{33}。二、阴性的表达方式：生育过（或下过蛋）的动物阴性标志词素是-mo^{21}；野生动物是-a^{21}mo^{21}；未生育过（或未下过蛋）的是-dha^{55}、-ndʐhi^{21}、-fia^{55}、-gi^{21} zo^{33}、-ma^{33} za^{21}、-ma^{33} phe^{21}、tɕhu^{55} mo^{21}；不会生育的动物是-phu^{55}、-ma^{55}mu^{55}。三、中性的表达方式，动物一经阉割即成为"中性"动物。阳转中性的是-na^{55}、-ʂo^{55}、-mɯ^{21}、-po^{33}；阴转中性的是-no^{55}、-po^{33}、-ʂi^{55}。彝语名词的"性"还分布于人，植物和其他一些事物。如果语法体系需要，专门为彝语名词提出一个"性"范畴是完全可以的。

彝语动物名词"性"的表达方式 巫达撰，载《西南民族学院学报》1999年第1期。

彝语的动物名词，有"阳性"、"阴性"、"中性"之分。这些"性"是在动物名词词根后加不同的词素表达的，在彝语里，"公、母"或"雌、雄"两个词素远远表达不了动物的性别。表达彝语动物名词"性"的标志词素相当丰富：家畜的"性"、家禽的"性"、野兽的"性"以及野禽的"性"往往有不同的标志词素，其表达方式多种多样、丰富多彩、独具特色。可以说，"性"的区分详尽、多样、整齐是彝语名词的特点。综上所述，彝语动物名词有"阳性"、"阴性"、"中性"之分，它们的"性"标志词素大部分同源且有规律可循，这就为

我们提出了彝语名词有"性"范畴的可能性。另外，在我们手里资料中，除动物外，其他一些名词，如：人、植物、动物等也有"性"的区分。这些名词也像动物名词一样用"性"标志词素表达其"阴性"和"阳性"。

彝语"二十、七十"的音变 马学良撰，载《民族语文》1980年第1期。

该文用方言和亲属语言的比较和构拟的方法，对彝语数词"二十"和"七十"中音变现象及其来历，提出一些可能的解释。关于"二十"，"二"字读音在彝语方言和彝语支语言里都以鼻音作声母，"十"字读音都以舌尖送气清塞擦音作声母，当"二"跟"十"组成"二十"时发生音变，"十"的声母由送气变不送气。"二"在现代彝语支语言里虽为开音节，但在古代可能是闭音节，其塞韵尾可能是影响后面"十"声母发生变音的主要因素。关于"七十"，"七"大都是高元音低调类，以擦音作声母，"七"跟"十"组成"七十"时，有的方言变，有的不变。"七十"中"十"的变音可能也是受"七"的韵尾影响所致，但某些方言可能纯系后起的连读变音。文章以彝语"二十"、"七十"的音变为线索，探索古代彝语是否有过辅音韵尾，通过亲属语言的历史比较，设想彝语支语言的韵母过去也分过舒促，后来促声母的韵尾脱落了，转化为没有韵尾的紧元音。

彝语 mo^{21} "女" 词义演变初探 王佐天撰，载《民族语文》1986年第1期。

文章拟通过分析 mo^{21} "女"词义的演变，论述现代凉山彝语中，由"名词根 + mo^{21}"或"动词根 + mo^{21}"构成名词里的后缀-mo^{21}与古语 mo^{21} "女"在词义上的源流关系。文中所用的历时语言材料：一、彝文古典长诗《勒俄特依》，可拟测为元明之际的民间口头文学语言。二、抒情长诗《妈妈的女儿》，可拟测为清代的口头文学语言，可作

为词义演变过程中的印证材料。三、现代口语材料。在《勒俄特依》一书中，mo²¹ 是个多义词，有形容词"女、雌（性）、老、大"；名词"女人、妇女、妻子、母亲"等。在《妈妈的女儿》一书中，出现了与 mo²¹ 相当的双音节同义词 a²¹mo²¹，mo²¹ 的意义有所缩小，有些意义已有一定程度的虚化，这一时期是新老词共存并用的阶段。在现代凉山彝语口语里 mo²¹ 处保留了表示动植物的"雌性"和在指称民族、姓氏的词后表示"女性"外，一般已不能单独自由运用，并进一步虚化为后缀。

彝语 ndhe²¹（甸）构成的地名及其文化内涵 普忠良撰，载《民族语文》1998 年第 6 期。

一、彝语 ndhe²¹ 之含义。从史料可知，古称"赕（）"与今称"甸"都是彝语 ndhe²¹ 的音译，其含义皆指平川，平地或坝子。二、ndhe²¹（甸）地名的地理分布及源流。就彝区称 ndhe²¹（甸）地名的源流而言，"彝族支民族称甸地名者属原生称甸地名"。而汉语称甸地名或混合语称甸地名则属派生的称甸地名。三、ndhe²¹（甸）地名的命名特点。（1）按方位命名。（2）与动植物名称构成地名。（3）与地形状貌词构成地名。（4）与族称构成地名。（5）与农作物名称构成地名。（6）与水、石、山、川名称构成地名。（7）与祖灵祭祀活动场所名称构成地名。（8）与其他类物名称构成地名。四、ndhe 所构成地名的文化内涵。（1）所构成的地名存储着民族史信息。（2）蕴含着彝族原始宗教信仰和图腾崇拜文化。（3）再现彝族历史文化景观，并从中了解到一些彝族氏族或部落的历史发展轨迹。

彝语方位词的由来及演变初探 陈文汉撰，载《西南民族学院学报》1990 年第 3 期。

彝族常用的方位词语有 mu vut "高空四方"、mu kex "大地四方"、mu jjyx "陆地"、mu hxat "天堂（阴间）"、kep jjy "东方（上方）"、kep hxa "西方（下方）"、bbur ddur "日出"、bbur jji "日落"、yy o "河源"、yy hmy "河尾"、ke ddi "狗神"、lu ddi "龙神"、nyu si "牛神"、yo si "羊神"、ot "垂下"、ddi "垂上"、jjyp "斜下"、hxat "斜上"、hnot "那"、che "这"、miep "前"、wa "后"、vy "左"、yi "右"、jjut "中" 等 25 个。彝族对方位的认识和有关名称的确定，经过四个过程：第一次，从对地形地貌的认识，以"高空、大地、陆地、天堂"来定东、西、南、北；第二次，依太阳的出没和水流的方向来定东、西、南、北；第三次，从十二生肖中抽取"狗、龙、牛、羊"来定西北、东南、东北、西南；第四次，增加"下、上、那、这……"等 13 个方位词，构成了彝族完整的方位词体系。

彝语固定格式初探 马鑫国、阿且撰，载《西南民族学院学报》1993 年第 4 期。

彝语有一种特殊结构的句子，句中某些词不能更动，某些词或词组可以更换，但其位置始终不变，这种结构在具体分析时不能拆开，以固定的形式独立于句中，充当句子的某种成分，这种固定格式，由"固定词"和"空格"两因素构成，并有三种格式：（1）空格位于固定词之间，如：li……shux ka（以为……）；（2）空格在固定词的中间和前面，如…mu…ko shex（不停地……）；三、空格位于固定词的中间和后面，如：a hnat…a hnat…（越……越……）固定格式大多出现在单句里，有的也出现复句中。有的有独立能力，不需其他语言单位也能独立成句，这类格式大多可省略固定词。有的没有独立能力，必须依靠其他的语言单位，这类格式不能省略固定词。每个固定格式都有充当句子成分有能力，在句中可充当主语、谓语、宾语、定语、状语。

彝语和拉祜语语音比较研究 周德才撰，载《云南民族语言文学论文集》，云南民族出版社 1990 年。

该文通过对彝琼和拉祜语的语音进行比较后，发现这两种语言在语音上存在不少相同的成分，从而得出结论：彝族和拉祜语是由古代同一氏族部落的原始基础语衍化而来的。文章先分析了这两种语言在声、韵、调以及音节结构上的共同点，例如都是单辅音声母、韵母以单元音韵母为主等；同时也指出了它们在这些方面的差异。通过与各种语言的比较，可以看出彝语与拉祜语的松紧元音同源，这两种语言都有浊音清化的趋势，只是拉祜语的浊塞音、塞擦音部分具体词比彝语变得快。同时，笔者还从小舌音、鼻辅音组成音节等特殊语音现象入手，进一步分析论证了这两种语言同源。虽然也存在个别特殊的语音现象，从而构成了不同语言的"个性"，但是彝语与拉祜语是由同一氏族原始基础语发展而来的这一结论仍是不容驳辩的。从语音入手考察两种语言在历史上是否同源，是本文采取的方法，可供广大读者借鉴。

彝语结构初探　那建坤、王仕举撰，载《贵州民族研究》1983年第3期。

一、基本句式。句型由主语和谓语两部分组成。（1）单音动词重叠表示疑问，动词后面的补足语重叠也表示疑问，如：你知知了（你知道了没有）、老师说完完了（老师说完了没有）。（2）两个名词重叠使用，前一个为名词，后一个变为动词，如：水水（水漏）、花花（花开）、火火（火点燃）、雨雨（雨下着）。二、动词谓语带宾语构成主—谓—宾。两个动词连用的，宾语插在第一个动词的后面，如：他掀桌子（了）着（他掀着了桌子）。被字句也是宾语在动词前，如：他我打了（他打了我）、他虎吓（他吓老虎）。三、名词的附加成分（修饰成分）：名词、代词、动词都可充当修饰成分放在中心词之前；形容词、数量词、指量词作修饰语时在中心词之后。动词的附加成分：否定副词在动词之前，趋向动词、能愿动词、形容词、主谓词组等在动词之后，中间加"得"形容词的附加成分也是否定副词在形容词前，词组在形容词之后。双音节形容词重叠表示程度加强。

彝语盘北次方言变调初探　阿恒·龙基撰，载《贵州民族语文研究》，贵州民族出版社1994年。

该文试对盘北次方言彝语的变调问题进行分类分析，从中找出各类变调的规律、原因和作用。一、人称代词的变调，单数第一、第二人称和别称主格为21调，宾格为22调单数第三人称主格为33调，宾格为21调；二、合成词与词组之间的变调，在词组中为基本调，在合成词中变为22调。三、形容词的变调，单音节形容词重叠：55调的，重叠后第二个音节变成第二个音节变成22调；22调的，第二个音节变成55调；21调的，第一个音节或第二个音节变成55调。形容词后面词缀的变调大多是第一个音节变为22调。四、量词的变调，量词大多由其他词（原词）转化而来，一般都为22调。不同声调的原词变成的量词在数词后面的声调也不一样，除33调外，量词大多变成22调，而原调22调的变成55调。盘北次方言彝语的变调不仅是一种重要的语法手段，而且还是一种重要的构词法。

彝语亲属称谓词初探　徐尚聪撰，载《贵州民族学院学报》1991年第3期。

文章对彝语的亲属称谓系统进行探讨，并对其构词特点、义值大小以及语义成分做一些分析。（1）亲属称谓系统，文中设6张表，列出称谓词156个，每词以出现一次计，实际称谓词只有39个。其特点为祖辈以上有辈分之别，用不同的语素区分，各不同辈分的配偶有区分男、女性别的语素。姑、舅表平辈与自己的兄弟姐妹称呼同，反映出彝族历史上姑、舅开亲，古代婚姻制度遗迹在这些称谓中完整地保存了下来。（2）亲属称谓的特点，分类有很强的系统性、规律性，反映了彝族社会的宗族观念，在亲属称谓上则是对纵横关系都视为一个大家庭内的自己人，因此相同的称呼特别多。构词形式既有单纯词，也有复合词，复合词有附加式和复合式。(3) 亲属称谓词的义素分析，文中列了 3 张表，用 14 个义素的不同组合及所含义素的多寡将它们区别开来，并对 41 个亲属称谓词的 95 个义项作了语义成分分析。

彝语人称代词的"数" 陈康撰，载《民族语文》1987 年第 3 期。

文章主要列举彝语人称代词"数"范畴的表示形式及分析其形成过程的原因。全文列举了"单数和复数"、"第一人称复数排除式和包括式"、"双数"三种主要范畴，有词根和后缀、词根词形变化加后缀、词根屈折变化等多种表示形式，并伴有同化、异化、脱漏等音变，使"数"范畴形式复杂多样。文中还与藏文、缅文、景颇语、珞巴语、阿昌语、普米语等亲属语言人称代词"数"的表示方式作比较，证明彝语人称代词"数"范畴和形式类型的普遍性、多样性。推断藏缅语人称代词"单"、"复"、"双"数是原始的共同范畴，在单数词根后加后缀是主要表现形式。文章以占 70% 篇幅的大量例子来论证了这一语法现象。

彝语塞音清浊对声调实现的影响 王蓓撰，载《民族语文》2011 年第 4 期。

该文研究了彝语圣乍方言高、中、低三种不同声调上清浊塞音对音高的影响。结果表明：在高、中调上清塞音后的元音起始基频高于浊塞音后的，但在低调上两者无差异；清浊塞音对元音基频的影响只在音节前部，在音节末两者无差异；声调贯穿整个音节，浊塞音段负载声调信息，清音段也已为声调做好了准备。全文分五节：一、引言；二、方法；三、结果；四、讨论；五、结论。

彝语舌尖复辅音声母深化问题 朱文旭撰，载《彝缅语研究》，四川民族出版社 1997 年。

文章主要讨论彝语舌尖复辅音声母演化问题，其中根据一批汉、藏语词的历史语音现象构拟出汉藏语的复辅音声母形式。汉语的"蜂、迟、兔、舔、脱、茶、重、石、城、屎、舌、船"等字在历史文献和前人的研究中都反映出与彝语各方言的声母关系，而且与汉藏其他民族语也有近似关系，因此可以构拟出 *thr/-L（兔舔脱）、*dr/-L（茶重城）、sdhr/-l（石屎舌）、*dhr/-L（船）的形式。彝语"蛋"在不同方言有多种读音，有些点还有两读，如喜德 th 和 tcch。因此构拟为 *thr/L，根据汉语方言的情况可将"蛋"的上古形式构拟为 *dhr/-L。而从汉藏语来看，则可能有两种复辅音形式：*sdhr/-L 和 *sgr/L。有迹象表明二者可能同源。对以上构拟，文章用了大量汉藏、藏缅语词例加以论证和说明。

彝语社会语言学研究概况述略 普忠良撰，载《贵州民族研究》1997 年第 1 期。

文章认为彝族社会语言学研究分起步阶段和初步发展阶段。70 年代以前还未作为一门独立的学科出现。只是在调查、描写、分析民族语言时注意到一些语言和社会的问题。有一些专题论文。70 年代以后至今，逐步从附带性的讨论转向注重联系社会看语言影响、相互依存关系等社会语言问题。如双语现象、彝文规范、彝语言文字统一等问题。彝语社会语言学涉及的主要方面和成绩有：语言与民族、语言关系与民族关系、语言与文化（亲属称谓和亲属制度、族名、姓名、地名及动植物名称的来源与社会文化的关系）、语言与文学、语言与心理、语言与经济文化、语言与语文政策、民族语文教学、社会语言状况等方面的研究成果。其研究特点是范围宽、包容量大，结合社会实际解决实际问题、重视话的语言材料进行综合分析，全面对比研究。缺点是发展不平衡，很多方面尚未开展研究。

知识结构和理论素养参差不齐。

彝语圣乍话和赫章话主动句和被动句对比试探 李平凡撰,载《彝语文集》,贵州民族出版社1993年。

彝语分东部、北部、西部、南部、中部和东南部6大方言。圣乍话属北部方言,赫章话为东部方言,二者在语法上的差别不大,尤其在句法方面是基本一致的。作者认为,主动句和被动句是两大土语在语法上的最大差别。本文以圣乍话的各种主动句和被动句为基础,对照赫章话的主动句和被动句,试探二者的异同点。圣乍话的主动句和被动句的表达方式极为丰富,概括起来有两种形式:一种是由形态变化构成相应的主动句和被动句;另一种是分析形式的主动句和被动句。而赫章话只有分析形式的主动句和被动句,没有形态变化构成的相对应的主被动句。总之,由形态变化构成的主动句和被动句是彝语北部方言圣乍话的特殊性,分析形式的主动句和被动句是圣乍话和赫章话的共性。作为赫章土语区的人,除了掌握分析形式的主被动句外,还应该努力掌握圣乍话中的由形态变化构成的主、被动句的表达法;作为圣乍土语区的人,掌握好分析形式的主被动句,便可以了解到赫章话的主动句和被动句了。

彝语使动范畴前缀词素研究 朱文旭撰,载《民族语文》1998年第6期。

早期彝语可能和古藏语使动范畴一样,动词不仅分自动和使动,而且分自主和不自主、及物和不及物等"三时一式",即动词的使动式,构成有形态手段和句法手段等。实际上彝语中使动范畴的动词形态"三时一式"(过去时、现在时、将来时、命令式)等已基本消失。据此,我们只能说早期彝语的使动范畴随着语言的变化发展现已很难看出一些前缀词素的作用和功能的。综上所述,我们可以初步断定彝语中部分辅音声母为 ʂ、k(g)、d、b 的动词前缀词素,来源于古彝语使动范畴的动词复辅音声母前置辅音。随着语音的演化和语法形式即语言内部形态的归整和演化,前缀辅音分化为词,一部分与其动词保留了下来,一部分则脱落消失后只保留后面的使动词。并且,这些前缀词素也是构成使动范畴分析形式的重要基础框架。

彝语田坝话的特点及形成原因 木乃热哈撰,《民族语文》1994年第6期。

该文对彝语田坝话进行简要描述,并与喜德话进行比较,同时探讨了田坝土语形成的原因。作者首先指出田坝土语是彝语北部方言使用人数最少而较特殊的土语。语音概述:声母36个;韵母10个;声调3个。与喜德话的比较:(1)坝话里带鼻冠音的复辅音已全部变为浊的单辅音,这类浊音与凉山带鼻冠音的声母对应。其他声母大致相同或有对应关系。(2)田坝话的紧元音大体上对喜德的松元音。(3)田坝话的3个调和喜德的相同。喜德的次高44调和田坝的55、33、31调都有对应关系,并且与调类有关。词汇方面,田坝一些词的构成、词义有自己的特色。有残留的古语词。借词主要借自尔苏语和汉语。土语的成因:田坝土语区属川西民族走廊,不同语言和文化上的交流,是形成土语的重要原因。自然地理的险要和社会制度的影响(与黑彝往来甚少),也是土语的成因。

彝语王号"诏"与"庄"音义变异考 朱崇光撰,载《中央民族学院学报》1993年第2期。

文章运用文献资料和彝族的现代口语材料对"诏"字的词义演变历史和语音变化情况进行考察,从而提示与"诏"相关的历史遗存的问题。彝族以"诏"为君主称号,汉文史籍和地方志中通常译作"蒸、祝、竹、庄、招、则"等。根据史书记载和寄语训释,可知从汉代到晋代居住于沅水流域古夜郎境内彝族先民称其部落首领为"庄"或"庄豪"，"庄"为彝语"诏"的译音异写。文献中的"赞、卓、早、追"与现代彝语北部方言中的"职"；东部方言滇东北次方言中的"诏"；黔西北次方言中的"则"以及明清时代丽江夷语之"招"，东川夷语之"祝"或"助"；唐代南诏王族语之"诏"；汉代彝族先民语之"庄、竹"；周初卢夷语之"蒸"等，其义均为"首领"或"君主"，并属一音之转，说明它们都是同语源的不同今音方言音。由此可见，"诏"不仅是古今彝语始终广泛运用的一个基本词，一直用以称"王"，而且是整个藏缅语言中的同源词。

彝语先喉塞鼻音声母考察——兼论缅彝共同语鼻音声母的分类 李永燧撰，载《语言研究》1996年第1期。

文章通过比较讨论彝语先喉塞鼻音声母的来源，分类，和性质。巍山彝语先喉塞鼻音声母有 ʔm、ʔn 等，能自成音节。先喉塞鼻音声母有两个来源：（1）来自古前缀，即原始藏缅语 *s- 和 *r- 等前缀演化来的，这一点可以藏文、缅文等前置音比较看出来；（2）来自古入声的影响，因为可把鼻音声母先喉塞成分 ʔ 和紧元音韵并存这一现象看作入声消失的过渡形式；而已转入舒声韵的，先喉塞音则是入声韵 ʔ<-p、-t、-k、-s 消失的一种补偿形式。先喉塞鼻音声母反映了缅彝共同语的古老形式。清鼻音分为一类清鼻音，如 *m。二类清鼻音如 *mh，浊鼻音也分为一类浊鼻音，如 *m'；二类浊鼻音，如 *m'，也称重浊鼻音。一类浊鼻音入声字转入舒声，鼻音声母带先喉塞成分，二类浊鼻音入声字读紧元音韵母仍为入声，鼻音声母无先喉塞成分。文章认为缅彝语鼻音声母的分类是一种新的观点。

彝语研究方法论 洛边木果撰，载《西南民族学院学报》2000年中华彝学专集。

该文从彝语自身的研究方法论、彝语与彝族文化相对应的研究方法论等两个方面论述了目前彝语研究方法存在的问题和构建新的彝语研究方法论必要性。文章认为像汉语一样，彝语研究方法理论的主干是印欧语系语言那一套框架，而这套方法论不适应彝语的特点，对彝语的教学和使用无多大益处。文章在大量充足的材料论证基础上，极力主张要从彝族语言文字自身的特征出发，弃掉印欧语系的这套研究方法，特别是放弃印欧语系的语法研究方法理论，构建适合彝语特征的研究方法理论，并建立与彝族文化相关照的彝语研究方法论。文章也提出了一些初步的彝语研究方法理论供参考。文章大胆剖析了目前彝语研究方法论上存在的问题和弊病，并提出了构建新的适合于彝族语言文字特征的研究方法论，这在彝语研究方法理论及其彝语文教学和使用等方面均有一定的理论价值，并具有彝语研究实践指导意义。

彝语疑问句浅析 陈世良撰，载《彝语文集》，贵州民族出版社1993年。

彝语的疑问句，多为人们所知的是动词重叠这种结构形式。其实彝语疑问句并不仅是这种结构形式。况且，彝语动词重叠的形式也是多样的，并不是所有的动词重叠形式都能表示疑问语气。本文用大方彝语作材料，对彝语疑问句作了分析。著名彝文古籍文献多出于大方，说明这一地区的彝族文化相当发达。认真研究这一地区的彝语，对彝文古籍整理和彝语文教学都是有必要的和有益的。彝语疑问句的构成方式有五种：（1）使用重叠手段构成疑问句；在彝语中，将作谓语的动词或形容词，或者它们的连带成分、复合成分重叠，可构成疑问句；（2）用表示选择的语气词 nu^{33}（呢）构成疑问句；（3）用疑问代词构成疑问句；（4）用疑问语气构成疑问句；（5）用疑问语调构成疑问句。根据结构特点，彝语的疑问句可分为是非问句、特指问句、选择问句三类。彝语用重叠手段构成的疑问句是是非疑问句；用疑问代词的句子是特指问句；用表示选择的语气词 nu^{33} 构成的疑问句是选择问句。

彝语引述代词与引述动词　洛边木果撰，载《西昌师范高等专科学校学报》2002 年 1 期。

彝语引述代词和引述动词是一种罕见的独具特色的语法现象。人们对这种彝语引述代词和引述动词的认识不一致，造成理论上和实践中的混乱现象。该文从彝语引述代词和引述动词的内容、概念、功能、使用范围及引述代词的人称属性等方面进行分析讨论。文章认为，彝语引述代词是用语音变化和数的区别等词形变化来表达人称代词在短语和句子中跟其他词发生种种关系的一种语法形式，是与引述动词一起用来引述他人所表达（表达方式不限言语）的思想感情的一套专用代词。引述动词用于间接引述语和直接引述语，引述代词只能用于间接引述语里。含引述词的语句形式有完全式、引述代词省略式、引述动词省略式等三种。

有人说这套引述代词属于第一人称代词，有的说是第三人称代词，有的说像第二人称代词。文章认为这套引述代词已不能用传统的第一、第二、第三等三种人称代词模式来归纳，因为这是一套有别于这三种人称代词属性的另一种特殊的人称代词。在彝语里这套引述人称代词与其他三套人称代词整齐地对应着，它应该单独命名为"引述人称代词"。

彝语语法与古汉语语法微观比较　张纯德撰，载《云南民族语言文学论文集》，云南民族出版社 1990 年。

该文通过对彝语语法与古汉语法（特别是上古汉语语法）的微观比较分析，指出彝汉语同源异流。古汉语中疑问代词作宾语时，否定句中，代词作宾语时，都要将宾语前置，这一点与彝语相同。彝语与古汉语数量词序相似，都为"名词+数词+量词"的句式。笔者认为古汉语中第一人称代词"吾"、"予（余）"、"我"三者之间有细微的区别，不能互换，彝语中表示"我"、"我们"、"我自己"时，也各有说法。汉语的主要句式为"主—谓—宾"，彝语的主要句式为"主—宾—谓"，区别的原因在于汉语发展较快，而彝语发展较慢，仍然保留了早期的语言形式。总之，由于彝语发展缓慢，所以仍保留了古代语法的一些痕迹，从这一点可以得出结论：彝语与汉语同源异流。语法在一种语言中所占据着重要地位，是区别一门语言有别于其他语言的标志之一；所以我们在考虑两种语言在历史上是否有亲关系时，可以从语法入手进行分析研究，本文提供的这一方法，可供广大读者借鉴。

彝语韵母方音对应研究　陈康撰，载《语言研究》1987 年第 2 期。

文章在撰写前，曾对彝语 26 个点 2700 多个词进行反复比较，试图从中找出声、韵、调的对应规律。本文以四川喜德；云南路南，石屏，巍山，大姚，禄劝彝语为代表，对彝语韵母元音的对应作一简要叙述。彝语的韵母特点是：单元音性和松紧相对。声调各点只有四类或五类，经过比较观察各点调类对应，每个点和另外的点对应时都有一对多的情况，换一个点作出发点来说话也是一样，所以每个点各自有 4 个调类，但由此而产生的调类对应关系却有 8 种，这就得出了彝语各方言分化以前的某历史阶段曾有过 8 个调类的假说。各地彝语韵母元音有严整的对应规律，文章经过比较，找到了 13 条韵母元音对应公式，并作了构拟：1. 问韵 *a；2. 近韵 *ɛ；3. 稻韵 *e；4. 聋韵 *o；5. 洗韵 *i；6. 侄韵 *u；7. 烟韵 *ɯ；8. 淡韵 *a（-）；9. 抱韵 *e（-）；10. 鞍韵 *o（-）；11. 豹韵 *i（-）；12. 豆韵 *u（-）；13. 针韵 *ɯ（-）。

彝语支调类诠释　陈康撰，《民族语文》1991 年第 3 期。

文章阐述了原始藏缅语发展到彝语支阶段，声调已经历了两次分化。由于韵尾变化与脱落的影响发生首次分化，分成了松调和紧调。由于声母清浊发音方式的影响发生了二次分化，分成了松阴调，松阳调，紧阴调，紧阳调。并且可能由于声母的清化程度，有的彝语支语言已开始了第三次分化，比较明显的是松阴调已开始分化成松阴一调和松阴二调。文章以四川喜德彝语云南禄劝彝语，云南绿春哈尼语，云南勐朗拉祜（纳）语，云南碧江傈僳语为代表点，进行比较。文中举了100个例词，并列表说明彝语支的5个调类在5个代表点中的相互对应。在比较中，也有例外，如有些浊声母词出现在阴调类；有些清声母词出现在阳调类。与其他藏缅语言同源词作比较可以看出，彝语支有一部分清声母已向浊声母转化，或清音素丢失变成浊声母；有一部分浊声母已变成清声母，但在声调上仍保留了其原始特征。

彝语支语言的清浊声母 戴庆厦撰，载《中央民族学院学报》1981年第2期。

该文试图通过彝语支诸语言的相互比较，以及它同同语族语言比较，探讨彝语支语言清浊声母的特征。清浊对立在彝语支语言的音位系统里，占十分重要的地位。清浊对立主要出现在塞音、塞擦音、擦音上。清浊和元音的松紧、声调的关系很密切。彝语支诸语言之间的清浊在塞音、塞擦音、擦音上，大致保持相同的对应。彝语支语言和同语族其他语言的比较，可以看到彝语支语言的清浊，在同语族里存在着明显的对应关系。若对方语言也分清浊，大致存在相同的对应；若对方语言不分清浊，清浊则同别的语音特征对应，其中主要是同元音的松紧或声母的送气和不送气对应。从语言和方言的比较中，可以看到彝语支有的语言和方言局部地存在着清浊对立消失的趋势。清鼻音、清边音消失后，在声调特点上还保留一定的痕迹。在塞音、塞擦音、擦音上有的语言和方言出现浊一类的消失，这与鼻音、音消失清的一类的发展趋势正好相反，这类浊音消失，一般并入相应的清音中，但在声调特点上也留有痕迹。

彝语支语言的小舌音 盖兴之、姜竹仪撰，载《彝缅语研究》，四川民族出版社1997年。

文章讨论彝语支语言的小舌音问题，提出上古彝语支语言没有舌根音声母，现代彝语支语言舌根音声母是由小舌音声母衍变来的。彝语支语言中只有纳西语、拉祜语、白语、彝语四种语言有小舌音，其中纳西语最完备，共有小舌塞音、鼻音、擦音声母6个，而且形成了与唇音、齿音声母全对称的关系。纳西语东部方言没有舌根音，小舌音齐全，西部方言舌根音齐全，没有小舌音，二者完全互补分布。纳西语小舌音与其他语言的小舌音或舌根音有明显对应关系，表明它们有同源联系。文章指出纳西语东部方言3个土语反映了小舌音发展的三种状态，并且大量对应例证比较加以论证。现代彝语支语言的舌根音、舌面中音和部分舌面前音是小舌音经过部位前移、腭化和唇化三种方式以及多个阶段而发展演变来的，因此可在此认识基础上构拟出彝语支语言的单辅音声母系统及小舌音声母。文章最重要的观点是彝语支语言舌根音来源于小舌音。

彝语支语音比较研究 马学良、戴庆厦撰，载《民族语文研究文集》，青海民族出版社1982年。

文章以比较的方式对彝语支语言进行特征分析，剖析其特殊语音现象。通过分析看出声母的特点有清浊严整对立；除鼻冠音外大多语音只有单辅音；音类齐全，系统性强；除纳西语元音都分松紧；大多语言只有单元音韵母；辅音韵尾少；声调数目少，调型简单；音节结构主要有两种，"辅音+元音+声调"和"元音+声调"。彝语支语言的主要特征是：（1）清浊，（2）松紧，（3）声调。塞音、塞擦音、擦音部分清浊，对立严整，清浊不仅别义还有区别自动与使动的语法意义。声调的分化以清浊为条件，浊声母有清化趋势。紧元音比同调的松元音调值高，与声调和声母关系密切，但紧元音较松元音少，有些紧元音词已转化为松元音。彝语支松紧元音是由过去的舒促韵母演变来的。彝语支调类还可能确定，但声调同松紧的关系密切，与声母清浊关系密切，还有以送气不送气为条件。彝语支特殊现象包括清化鼻音，清化边音，缺少鼻音韵尾等。文章的重点在于探讨彝语支语音的现状。

彝语重长音浅述 马明撰，载《民族研究论文选（2）》，四川民族出版社 1992 年。

彝语属汉藏语系藏缅语族彝语支，是有声调的语言。词语每个音节的声音，有一定的高低和升降。彝语中除有高调、次高调、平调、低调以外，还有一个突出的形式——重长音。在 9000 个彝语单词中，我们找到了 293 个重长音词，其特点是：（1）前、后两个音节都是中平调的有 2 个。（2）前一个音节是中平调，后一个音节是高调的有 24 个。（3）前一个音节是次高调，后一个音节是中平调的有 116 个。（4）前一个音节是中平调，后一个音节是次高调的 34 个。（5）前一个音节是高调，后一个音节是低调的 9 个。（6）前一个音节是低调，后一个音节是高调的 20 个。（7）前一个音节是低调，后一个音节是次高调的 12 个，没有意义对立。（8）前一个音节是低调，后一个音节是中平调的 39 个。（9）前一个音节是高调，后一个音节是中平调的 26 个。（10）前、后两个音节都是高调的 11 个，没有对立意义。

彝语助词略论 李生福撰，载《彝语文集》，贵州民族出版社 1993 年。

彝语为助词较多，用法各异。该文对彝语助词在彝语里所起到的作用作了初步探讨。彝语助词独立性较差，不能单独充当句子成分，它必须依附在词、词组和句子后边，才能起到某种语法作用，或者赋予词、词组和句子以附加色彩的特殊作用。当它同别的成分组合在一起的时候，它能够表示语言的结构，能够表示时态，能够调节整个句子的语气，它在彝语里有着特殊的使用方式和用途，它在彝语里又有着特殊的地位。本文将彝语助词分为结构助词、时态助词和语气助词 3 种，并分别予以了阐述。由于彝语分布地域辽阔，使用人口众多，方言土语比较复杂，各个方言和土语之间在语音、语法、词汇等方面都有很大差异，致使在助词的用法上形成各有异同。因此，加深对彝语各方言的调查和研究，尤为重要。本文只是对彝语南部方言的助词在结构和用法方面作了一点探讨。

彝语自动词与使动词的形态标志及其由来 陈康撰，载《民族语文》1990 年第 2 期。

彝语自动与使动态表现为行为动词声母的浊清交替。文中列举了 11 种表示方式，其中以自动词为浊声母和使动词为清声母，或清送气声母、或清声母高调最为普遍。文章观察了古藏文大量自动词表声母第一个辅音为"va"，于是假设原始藏缅语行为动词前可能有一个或几个因素有相当浊化程度，以致使自动词声母整个浊化。后来前加自动态浊化音素标志的脱落可能使自动词声母变成鼻冠浊声母，或鼻冠音脱落变成浊声母。同时，在古藏文中有大量使动词表声母第一个辅音为"ba"、或"ha"，或在上面加"sa"，于是，假设原始藏缅语行为动词前有一个或几个音素也许是或近似浊塞音与擦音那样的音素作为动词使动态形成标志。现彝语已完全失去自动词和使动词声母前附加音素的形态标志，只留下了浊清交替的遗迹。

彝族毕摩祭祀用词研究 普忠良、李崀撰，载《民族语文》2005 年第 5 期。

彝族毕摩是彝族宗教信仰活动的中心人物。毕摩在主持彝族民间的祭祀、巫术、兆卜、禁忌等活动中形成了一套比较完整又极具宗教色彩的祭祀词。本文要阐明彝族祭司名、祭祀用词及毕摩祭祀词所映射的文化理念。分三节：一、关于毕摩；二、毕摩祭祀词的内容与类别；三、毕摩祭祀词艘映射的彝族信仰文化理念。其中第二节是全文的重点。

彝族古籍文献的科学分类浅探 黄建明撰，载《彝语文集》，贵州民族出版社1993年。

彝族古籍文献是中华古典文明的重要组成部分，是彝族文化的基础和核心，彝族古籍文献的内容从一个侧面反映了彝族文化的深度和广度。彝族古籍文献的科学分类，是彝族古籍文献学的核心问题之一。国内外有关学者曾对彝族古籍文献进行过分类，提出了各自的见解，开拓了彝族古籍文献学这一领域。但是，由于历史的局限性，过去人们对社会科学的认识和分类都还很不成熟，对彝族古籍文献的分类难免有不足之处随着彝族古籍文献发掘、翻译、整理、研究工作的不断深入开发，特别是近几年整理出版了一些前所未闻的彝族古籍文献，为我们加深认识和了解彝族古籍文献提供了丰富材料，创造了对过去分类方法作适当修正，使彝族古籍文献分类更加科学的条件。作者将彝族古籍文献分为宗教、历史、伦理哲学、科学技术、天文地理、文学艺术和语言文字七大类。对彝族古籍文献分类，很难把一部书准确地从内容上划分为单一的类书。本文从宏观的角度，力求系统地把彝族古籍文献按科学体系进行整体分类。

彝族人名文化的特点 木乃热哈撰，载《中国民族语言论丛（2）》，云南民族出版社1997年。

文章讨论彝族姓名的语言特征和文化特征。由于彝族相当部分地区接受使用汉语，因此姓名上也发生变化，如云南路南县彝族毕姓是彝语 bi^{44} 的音译，义为"笔"，但百家姓无此姓，故改为毕。彝族姓名可反映命名者个人的特点，也反映社会制度，社会心理，如宗教信仰，民俗，传说等。（1）根据母亲生孩子当年命宫所处方位命名，即彝族的北、东北、东、等8个处所方位命名。（2）以权命名，具体体现在 dzl^{33} 表示的权力及权限范围，如 $dzl^{33}\ pho^{33}$ 意为权主，$dzl^{33}\ da^{13}$ 意为权大。（3）以奴命名，是奴隶制的产物，如 $dz_{i}^{33}\ ha^{33}$ 意为妈百，$dz_{i}^{33}\ \eta_{i}^{33}$ 意为奴多。（4）以金银命名，往往在金银词后加形容词或数量词，如 $sl^{33}\ pho^{33}$ 意为金主，$sl^{33}\ mo^{21}$ 意为金沙，（5）以畜命名，以占有牛羊数量衡量财富的命名，如 $\eta_{i}^{21}\ bu^{55}$ 意为牛多。（6）以所崇拜动物命名，（7）以特殊技能职业命名，如匠人。彝族还有排行名命名习俗，如长幼、辈分及性别。

彝族姓名考源 马学良撰，载《民族语言教学文集》，四川民族出版社1988年。

（一）彝文经中的记载。毛奇龄蛮司合志卷八记载彝族"家无姓名，其有名者或递承其父名之末字，顾无姓。弘治中知府陈晟以百家姓首八字，司分一字加于各名之上，诸甸皆受，惟纳楼不受"。据此我们可知彝族本无姓，其首有张、王、李、赵等姓，乃假托汉姓以为姓。我检阅彝文经中记录较早的祖先名字。在每一氏族谱系中，其第一代祖先的名字上则冠一动植物或自然现象的表征，其下子孙则取祖人名字之末一个或末两个音节，连名递传，即父子连名制。（二）由近代氏族名称推测。彝族古代曾实行图腾制度，似无疑义；但这种制度，现在彝区中已不多见。从现代彝族姓氏来看，很多是由古代氏族图腾转化来的。同一族源的不能通婚，十代之后方能通婚。所以彝族同姓者未必是同一族源，而不同姓者，通过叙宗谱，往往是同一祖源。我们研究彝族的姓名来源，不但可以了解彝族的社会制度，而且对他们的历史发展和地理分布都有重要的重义。

彝族谚语浅析 沙马拉毅撰，载《西南民族学院学报》1985年第2期。

彝族谚语（尔比尔吉）是彝族人民非常喜爱的一种口头文学，千百年来一直在彝族人民中间广泛流传，彝族地区的村村寨寨，男女老少都会说出许多自己所熟悉的谚语。在节日聚会，婚丧嫁娶，调解纠纷时，当事人也常运用他们最熟悉、最生动、最具体的谚语来表达自己的意见和对事物的看法。彝族谚语来自民间，产生于生产劳动和社会生活，并反映出彝族的特性，与彝族生活、习惯息息相关。谚语有的是句中押韵或句尾押韵，有的则不押韵。韵律和节奏的结合，形成了谚语的格律，可分为格律体：最常见的是二、四句为一条的，每句五音节和七音节的最多，都有一定的节奏，采取中间押韵或句尾押韵。半格律体为每句音节数相等，但不讲究押韵，或虽然押韵，但各句的音节数不等。有的谚语采取散文形式，所以称为自由体。谚语的修辞格有：排比、比喻、对偶、夸张、比拟等。

彝族与拉祜族的历史语言比较研究 周德才撰，载《贵州民族研究》1998年第3期。

文章从语言角度分析比较彝族和拉祜族的历史和传统一文化，说明这两个民族的渊源关系。一、历史文化的比较。彝族和拉祜族都与古羌人有着历史渊源，彝族"北"为"水头""南"为"水尾"，拉祜族"上方"、"下方"为"南"；彝族、拉祜族都有古羌人的葬、"父子联名"、穿长袍等习俗；东汉《白狼王歌》中有20个词和彝语，拉祜语相同或相近。二、语言的比较。彝语和拉祜语言，声母有清浊，元音分松紧，有声调、清浊对立在彝语和拉祜语中有区别意义的作用；拉祜语一部分词，浊声母转化为清声母，但在语音系统中仍保存浊的塞音、塞擦音。拉祜语有小舌音 q、qh，这是古语的遗音，设想彝语在过去也有小舌音，后来逐渐消失，转变为舌根音。综上所述，彝族和拉祜族有着共同的历史渊源和传统文化以及语言发展的共同趋势，说明这两个民族是远古同一氏族部落分化而来

的，与羌族先民有着多种渊源关系。

彝族自称考释 自文清撰，载《云南民族语文》1996年第4期。

作者首先对比较统一的彝族自称予以列举说明，指出它们虽然在语音上差异较大，变化复杂，但在语音排列规则和特点上却有一致性，认为它们可能具有共同的起源关系和相同的民族历史文化。对此，作者借助语言学、民俗学、地理学和大量经典文献，考释今天彝族的自称 pa、pha、phu、pho 是"巴"、"僰"、"濮"之对音，是"靡莫"、"夜郎"之义，即为"龙"，龙为神化之巴，它们以竹的形象寓意对龙的崇拜；今自称 si、se、su、sa 是"叟"、"蜀"等的对音，义为龙，以蛇的形象表现；今自称 khe^{33}、ma^{33}、ma^{33}、vu^{21}、mi^{33}、no^{33}、nyi^{21}，为"古莽"、"武"、"米"、"夷"之对音，是卧龙之义；今自称 $lo^{21}lo^{21}$ 和 $lu^{21}lu^{21}$ 是 $lo^{21}lu^{21}$ 的合称，统指葫芦，义为老虎。作者还考察了彝族各自称的地理分布，认为虎伏羲和龙女娲是彝族自称的两大系统。

彝族自称与彝语氏族地名 普忠良撰，载《民族语文》2003年第1期。

彝族支系繁多，不同的彝族支系形成不同的彝族自称或方言土语，而不同的自称产生不同的彝语氏族地名。该文认为彝语氏族地名的由来与彝族自称或亚自称产生的根源有着密切的关联，不同的彝族自称是彝语氏族地名形成的主要原因，而在彝族社会生活中所崇重的祭祖大典"耐姆"分支习俗是造成彝族支系繁多、自称繁杂及其彝语氏族地名众多的最主要原因。四川凉山彝族的自称虽然以"诺苏"统称，但统称之下又有许多亚氏族、亚家支、亚部族的自称体系。以"诺苏颇"、"纳苏颇""尼颇"等为自称的彝族占半数以上。彝族自称有"一统三大"体系，一统即"尼"是彝族最早的统一自称；三大自称体系即尼泼自称体系、罗泼自称体

系、俚泼自称体系。文章最后分析彝族自称及彝语氏族地名繁多的现象是由于在彝族社会中所崇重的祭祖大典"耐姆"分支习俗所致。

音变研究的回顾和前瞻 陈忠敏撰,载《民族语文》2008年第1期。

该文全面回顾19世纪以来音变研究理论以及方法的变迁,在此基础上提出今后音变研究的趋势和方向。全文分八节:一、20世纪以前的历史语言学对音变的研究;二、结构主义对音变的研究;三、转换生成学派对音变的研究;四、词汇扩散理论以及音变研究;五、音变的类型学研究;六、变异理论对音变的研究;七、以语音为基础的音变研究;八、结语。

音位标音的几种选择 陈其光撰,载《中国语文》1994年第4期。

文章在赵元任《音位标音的多能性》的基础上,根据当时中国的汉语方言和民族语言的语音,提出了对立、互补、音近、简单、系统5项归纳音位的原则。根据这些原则提出6种选择:一、全面观察音的分布。例如大南山苗语的鼻音,可以做声母中的鼻冠音,而不同声母里的鼻冠音与主要辅音的发音部位完全一致,但不能据此把鼻冠音归纳为一个鼻音,因为鼻音还可以单独做不同的声母和韵尾。二、韵母的带擦成分用声调表示。例如,苗语方言和汉语吴方言的浊流(带擦成分)不单独区别意义,而与声调共同区别意义,所以可以用声调表示。三、只表示一个区别成分。一些语言的紧元音、送气辅音、塞音韵尾与某几个声调共生,就可以用声调表示紧元音、送气辅音,用塞尾表示声调。四、简单、系统、音近兼顾。例如吉伟苗语的声母中鼻冠音后面有浊不送气和清送气两类塞音,不应把这些声母简化为送气不送气两类浊音,而应标为鼻冠音接清的送气塞音和不送气塞音,因为不带鼻冠音的声母中主要是清音。五、舍复取单。例如汉语方言和一些民族语里的鼻音声母后面有同部位的塞音成分,因为它们不与纯鼻音(如韵尾)对立,因此塞音成分不应标出。六、让孤立的音入列。例如汉语普通话的声母[ʐ]孤单不配列,根据实际音值和出现的语境,应与[ɿ][ʅ]合并为一个音位,这样汉语普通话就没有浊擦音声母了。这种标音法似乎是本文首创。

音位理论与维吾尔语音位系统研究 程试撰,载《新疆大学学报》1983年第1期。

作者认为,在划分维吾尔语的音位时,应遵循对立、互补和语音近似过三条原则。维吾尔语共有32个音位,其中8个元音音位、24个辅音音位。24个辅音音位按发音方法可分为塞音、塞擦音、擦音、鼻音、颤音、边音和半元音7种类型;按发音部门可分为双唇、唇齿、舌尖前、舌尖中、舌叶、舌面中、舌面后、小舌和声门9种类型;按声带的振动与否可分为清辅音和浊辅音两种类型。维吾尔语的音位变体包括自由和条件两种变体。维吾尔语的音位变体包括自由和条件两种变体。维吾尔语的超音段音位主要体现在词、短语和句子中的语调系统上。维吾尔语的元音音位有聚集性/分散性、低沉性/尖峭性和柳降性/平坦性3对区别特征;辅音有元音性/辅音性、聚集性/分散性、低沉性/尖峭性、紧张性/松弛性、口音性/鼻音性、延续性/突发性、刺耳性/圆润性、浊音性/清音性、抑降性/平坦性9对区别特征。在音位组合中,维吾尔语的音节有6种音节类型;有同化、异化、脱落和换位4种语流音变;弱化现象往往都表现为异化作用或语音脱落。文中一些重要语音现象用图表形式加以说明。

印度阿洪语文和我国傣语支的关系 罗美珍撰,载《民族语文》1995年第4期。

阿洪语是一种在印度即将消亡的侗—台语言。800多年前有一支傣族队伍从云南瑞丽出发,经过缅甸到达印度北阿萨母的山谷地带，在那里建立了阿洪王国，以"长翼的虎"为旗号。"虎"傣语音读"恩"，是当时傣王的姓氏。王国建立后使用了一种属于古印度文字体系的文字，和傣文的形体不同。作者将阿洪语文和傣语的方言（孟定、版纳、德宏、缅甸德坎姆提语）进行比较，从中看经过800多年的演变情况：（1）b、d、r已经消失或趋于消失；轻唇音v有些地方还没有从ph分化出来。（2）长短元音的对立由多到少，最后在孟定消失。（3）声调数目由少到多，阿洪文不标，坎姆提多一些，孟定话最多。总的趋势是声、韵母趋于简化，声调却趋于复化。文章最后列举出对应例词56个和阿洪文辅音字母，韵母符号、例句样品。

印尼语和侗泰语的关系词 蒙斯牧撰，《民族语文》1990年第6期。

侗傣语系属问题一直是国际语言学界争论的问题。有主张印尼语与侗泰语同源；有主张汉台同源。本文通过对印尼语与侗泰语的关系词比较，试图揭示其间的语音对应规律，供认识南岛语和侗泰语关系参考。文章中举出280余个印尼语和侗泰语有关系的基本词进行比较。结果是这些词两者间有严密的语音对应规律，但其中却有40个词是侗泰语内部不同的，占14%。由此可见侗泰语和印尼语之间关系的性质。至于两者是不是存在发生学关系，多音节语言怎么变成单音节语言，这些将是今后探讨的重要问题。

英朝汉基本句型词序对比 张贞爱撰，载《延边大学学报》1998年第2期。

通过英、朝、汉三语间对五种基本句型进行词汇层级和短语层级的基本语序对比分析，得到了一些启示：（1）五种基本句型的基本词序对应特征：共同点：主语在先谓语在后，二者在句中的相互依存关系在三语中是一致的。不同点：英词序：主—谓—宾—补—状，句尾开放型；朝语：主—宾—补—状—谓，句中扩展，句尾闭合型；汉语虽然属于句尾收缩型，但可以有一度扩展。（2）否定结构中，英语与朝语呈逆向对应比英汉两语间的词序对应规律明显。（3）疑问句式中，朝语与汉语的词序及疑问形式完全对应，但与英语相比的词序是不对应状态。（4）有关名词与定语关系、相同之处：定语是词汇层级上的单位时，位于所修饰名词之前，这在三种语言中是一致的。不同之处：定语是短语层级上的单位时，在英语中称为后置定语位于所修饰词之后；在朝汉语中则位于所修饰词之前。

英汉朝复合动词词素间语义关系对比 张贞爱、朴松林撰，载《延边大学学报》1995年第1期。

英、汉朝三种复合动词的一个共同特点是：复合动词各词素所表示的连续性动作在时间上的差异很小。因此，就词的理性意义部分而言英、汉朝三种语言的复合动词各词素间的语义关系是基本一致的。这出乎笔者最初的设想。英、汉朝三种语言的对比是中西语言对比，是没有亲缘关系语言对比，故认为相异元处大于相似元处是很自然的。但事实上，对比结果是相似元处明显大于相异之处。总之，英、汉朝三种语言的复合动词词素排列的规则是相似的，词素间语义关系意义也是相似的。其表现现象的差异是由于各语言约定俗成的结构关系不同而造成的。任何语言的任何一个结构块内部的语义关系与其语言结构有着内在的质的必然的联系。语言间的对比分析，各语言结构内不同层次上的系统分析有助于对"质的联系"的发掘，对各语言结构间实质性的异同及语言的普遍性研究有积极意义。

英、彝语音比较的文化内涵 李强撰，载《中央民族大学学报》1999年第4期。

英语属印欧语系日耳曼语族西语支，彝语属汉藏语系藏缅语族彝语支。英语比彝语的使用范围大得多，其文化域也比彝语广得多，从而构架出英语的国际民族大文化圈、彝语的山地民族小文化圈的特色。英语没有词的声调，只有句子的语调。英语的语调一般为升调、降调、升降调三种；彝语属声调语言，其调表为高平、高降中、中降、中升等四种。从英语的语调特征可以看出，英语语言的兼容性，英语民族文化的多元融合性，从而使英语语言具有较普及和通用的潜力。彝语的声调与其分面地区的汉语土语或方言的字调非常相似，具有浓郁独特的山地民族传统文化色彩。英语就其发源而言，可以说是"诸流竞汇"，其进程如同"接力赛跑"。彝语语言文化则呈现"多枝共杆"式的"马拉松"发展特性。英语是在商品文化条件下发展起来的，而彝语发展的环境是封闭式的农耕经济时期。

英语中的藏语借词 应琳撰，载《民族语文》1980年第1期。

该文着重阐明了英语中的藏语借词。首先，描述了这些借词的表现形式是由拉丁字母转写的，并在英文资料中经常出现。其次，分析了在英语中的这些藏语借词主要来源于哪个或哪些层面，文章认为，它们大部分是西藏特有的宗教、政治用语，以及地方特产的名称。其中，部分已经按英语音位转写藏文读音，收入英语词典，成为英语词汇的一部分。文中的例词都可在韦氏或牛津词典里查寻到，并且，这些词已经被赋予了英语词的特点，可以加词缀派生新词。如：polo是从藏语的一支方言借入英语的。有时与英语词ball（球）连用，作polo ball。ball用来说明polo是一种球或球戏。文章指出，如果polo原本是英语ball借入藏语的变体的说法属实，是一有趣的借词回收现象。该文对研究借词有一定的参考价值，对研究语言接触也不乏文化启迪，尤其对藏英语。

影响突厥语族语言元音和谐的几个因素 吴宏伟撰，载《民族语文》1990年第1期。

元音和谐是突厥语族语言普遍存在的元音搭配规律。过去的研究主要集中在各语言元音和谐的共同性方面。实际上它在不同的语言中情况并不完全相同，而且各语言元音的搭配在相互和谐的同时又有许多不和谐的情况。这种不和谐现象的存在和一些内在的与外在的因素有密切的关系。文章就这一问题的缘由分析了影响突厥语族语言元音和谐的四个因素：（1）各语言元音和谐发展不平衡对元音和谐的影响；（2）元音系统的发展对元音和谐的影响；（3）语言的地理分布对元音和谐的影响；（4）语言的借用对元音和谐的影响。过去一些学者的观点往往给人一种印象，即突厥语族在历史上曾经有过一个元音和谐非常严整的时代，现在一些语言之所以有大量元音不和谐的现象存在是在某种程度上受到破坏的缘故。与这些观点不同，作者认为造成元音不和谐情况的大量存在以及多种元音和谐类型并存的因素不仅是来自语言外部的影响，更主要的是元音和谐在突厥语族各语言中发展不平衡的结果。

邕宁壮语植物名称词探析/邕宁壮语动物名称词探析 班弨撰，载《民族语文》2000年第3期和1999年第5期。

这是两篇发表在《民族语文》上的系列论文，专门讨论壮语的动植物词汇。壮语称动物为$tu^1ho:ŋ^1$。壮族人的$tu^1tou^2 ɬe:ŋ^1$，相当于汉族的家畜和家禽类动物。$tu^1ȵan^1je^5$，指老虎、豹子、黄鼠狼之类的野生走兽。tu^1nuk^9，指野生飞禽。tu^1pa^1，指鱼类。$tu^1ŋy^2$指蛇类。$tu^1no:n^1$，指虫类。$tu^1lu:ŋ^2tin^2$，指蜂类。tu^1mut^9，指蚁类。壮族的动物传统分类观是该民族历史、生活、生产环境的产物。从壮族人所了解和命名的物种可以看出他们生活在亚热带地区，生产活动包括农、牧、狩猎三个方面。对一些物种的分类十分具有壮族特色。如$du^1ŋy^2lai^1$（黄鳝），壮族人认为它属蛇类，而汉族人则认为它属鱼类。科学上黄鳝属硬骨鱼纲，和腮科。又如"鸽子"，壮语称$tu^1nuk^9pou^6ka:p^8$，这个词的结构是表示动物的词头 tu^1 + 表示鸟类的词素 nuk^9 + 表示"鸽子"专名的词素 pou^{6}ka:p^8。壮族人对某些动物的不同"状态"（如年龄、体型、性别、颜色等）区别得特别仔细，有不同的名称。例如，关于水牛（tu^{1}wo:i^2）就有如下名称：tu^{1}wo:i^{2}lek^9（小水牛）、tu^{1}wo:i^{2}me^6（已产崽母牛）、tu^{1}wo:i^{2}ço^6（未产崽母牛）、tu^{1}wo:i^{2}tok^9（未成年公牛）、tu^{1}wo:i^{2}ɬe:ŋ^1（公牛）、tu^{1}wo:i^{2}thi:u^2（已去势公牛）。壮语称植物为 ko:ŋ^1 ho:ŋ^1（ko:ŋ^1 为表示植物的词头或独用作为表示植物的量词。ko:ŋ^1 ho:ŋ^1 直译为"可用 ko:ŋ^1 来称呼的东西"）。壮族传统意识中的 ko:ŋ^{1}ho:ŋ^1（植物）之下分类为：（1）ko:ŋ^{1}hau^4 谷类；（2）ko:ŋ^{1}phak^7 菜类；（3）ko:ŋ^{1}mai^4 木类；（4）ko:ŋ^{1}ma:k^8 果类；（5）ko:ŋ^{1}min^2 薯类；（6）ko:ŋ^{1}phy:k^8 芋类；（7）ko:ŋ^{1}kwe^1 瓜类；（8）ko:ŋ^{1}tu^2 豆类；（9）ko:ŋ^1 ho^2 草类（指较高大的草类）；（10）ko:ŋ^{1}luk^9 草类（之较矮小的草类）；（11）ko:ŋ^{1}ŋy^3 草类（指依附于地面的小草）；（12）ko:ŋ^1 hou^1 藤类；（13）ko:ŋ^{1}un^1 带刺类植物；（14）ko:ŋ^{1}foi^1 寄生类植物；（15）其他类。以上的壮族传统植物分类体系体现了壮族的传统植物分类观。这种分类观是壮族历史、生活、生产环境的产物。笔者收录得植物种类 100 余种。这些植物从树木、五谷到寄生类植物都包括在内，且大多数分类明确，可见壮族人长期以来对植物界的认识是相当深入的。

永宁摩梭人母系文化译介问题浅议　杨振洪撰，载《云南民族语文》1992 年第 2 期。

作者认为自从 1956 年以来一些从事民族研究、历史研究和考古工作的人，在研究、介绍永宁摩梭人母系文化的工作中取得了可喜的成就。但是在有关永宁摩梭人母系文化的翻译、介绍工作中存在诸多不足，这主要表现在以下几个方面。第一，忠实与准确的问题。在这方面比较突出的问题是译作经不起与活生生的原样文化对照，一经对照，译作就显得面目全非，有的内容被删减省略；有的只译介出大概意思；有的纯属译者个人的"创造"。第二、概念混淆，译名混乱的问题，在进行摩梭母系文化的汉译与介绍的工作中，概念混淆与译名混乱的情况是相当严重的。最后作者谈论了存在问题的原因及改进办法。存在问题的原因不外乎是以下两个方面：一方面是用文学创作的方法来对待民族传统文化的翻译、介绍工作；另一方面，则可能是有些同志对文化"翻译"的"再创造"理解得太偏狭，应提倡译者对翻译对象进行深入研究。

永宁摩梭人母系文化译介问题浅议　阿泽明采尔都支撰，载《民族语文翻译研究》，云南民族出版社 1994 年。

摩梭人的母系家庭和阿夏婚姻，以及泸沽湖畔残存的母系文化，长期以来引起了国内外的历史学者、民族学者和新闻界人士的广泛关注。近年来，翻译介绍摩梭母系文化的书籍、电视节目开始大量出现，这将有助于人们对摩梭人历史文化遗产的认识和研究。然而，笔者发现在一些翻译、介绍工作中存在着若干不尽如人意的地方。要想把一个民族的传统优秀文化的内容完整而准确地翻译、介绍给读者，就应该忠实、准确地反映该民族的历史社会文化。在具体的翻译、介绍过程中，存在着一个严重的问题——译名混乱，这需要翻译界的同仁们共同努力，制订出一个统一的译名方案，否则会给翻译工作带来很多困难。最后，还要培养一批精通熟悉摩梭文化又具备较高的汉文化修养的译介者。

永宁纳西族的母系家庭和亲属称谓　傅懋勣撰，载《傅懋勣先生民族语文论集》，中国社会科学出版社 1995 年。

永宁纳西族的母系家庭。（一）母系家庭的特征：（1）每个母系家庭由一个妇女做家长。她负责管理家庭财产，家庭成员劳动收入，家庭开支和其他家务。（2）在母系家庭中，不管有多少姐妹，也没有姨甥关系。（3）母系家庭实行阿注婚姻制度。

根据这种制度，女儿们除少数情况外，从小到老住在自己所属的家庭里。她们可以在家里接待自己的意中人。（4）母系家庭成员必须遵守婚姻禁例。其中最主要的一条，就是凡是能够查得清的一个女性祖先（例如曾祖母）沿着女系传下来的后人，兄弟和姐妹或者上、下辈男女之间，都不能"半同居"、"同居"和结婚。（二）母系家庭的婚姻制度。阿注婚姻的主要特点：（1）男女相识，彼此有意，就互赠礼品，结成阿注关系；（2）女阿注生了儿女，也就是为这个母系家庭增添了后代；（3）在一部分阿注中，关系进一步发展，男阿注把女阿注领回家办了结婚仪式；（4）婚姻关系维持多长时间，双方任何一方都有权决定；（5）跟谁搞阿注关系和结婚，有严格的血亲禁例。

用科学的眼光看待我国的语言识别问题 孙宏开撰，载《语言文字应用》2005 年第 3 期。

我国是多民族、多语言的社会主义国家，国家坚持民族平等和语言平等的政策。新中国成立后，经过民族识别和语言识别，我国已经确定了 56 个民族。但是语言的数目却远比民族的数目多得多，经过民族语文工作者几代人的反复调查研究，基本上摸清楚了我国少数民族语言的分布和使用情况，描述了它们的特点。截至 2004 年底，我们已经调查研究了汉藏语系、阿尔泰语系、南岛语系、南亚语系、印欧语系共 130 种左右的语言。由于语言和方言的界限意见不同而产生语言的地位问题。有的人认为，语言和方言的界限不是语言结构差异的问题，而是语言的社会身份问题；也有的人认为，语言和方言无法从结构上加以区分，等等。这些意见都是有一定道理的。但是，根据我国语言结构如此复杂的实际情况，不讲科学地把一个民族讲不同语系、不同语族、不同语支的语言，都算该语言的方言，行不行？语言和方言的划分要不要建立客观的标准？如何建立科学的标准？有没有可能建立一定的标准？语言和方言有没有区分的必要？要确立一个语言的独立地位，需要哪些条件？该文就是针对上述问题提出作者自己的看法。

由"讲歌"说开去 龙丁生撰，载《贵州民族语文研究集》，贵州民族出版社 1993 年。

"讲歌"是贵阳布依语歌场上的"行话"，是从诗歌谚语等借来的，它和口语既有联系又有区别，故称为"语歌化"，它是艺术化了的常用语言。语歌化常用语句多用于歌场。它虽见诸口语，形式上却也要符合诗歌的韵律、句式和风格。"语歌化"语句与通俗口语的雅俗分野，是贵阳地区布依族语言的特色之一，举凡用词不雅或组词不雅乃至听起来不雅的词汇一般都要用别的词或读（唱）别的音替换。"语歌化"的目的是雅，因此，"语歌化"是要分场合的。贵阳地区布依歌多是七字（音）句，押"腰尾韵"，一般是次句的第三、五字（音）押上句的尾字（音）韵，句式多为三、二和三、二、一，不断变换下去，在用汉文翻译时，要注意保持它的这种特色，总之，"语歌化"是对诗歌、谚语以及常用语中显得粗俗和不中听的部分进行净化或艺术化的一种手段，属于一般的修饰范畴。

由皮亚杰理论谈语言与思维的关系 莫克利撰，载《民族语文论坛》2001 年第 2 期。

主要内容：国际著名儿童心理学家，发生认识论的创始人皮亚杰的建构理论强调，人类的心智犹如一张白纸，一切都是后天建构的，包括语言能力，认为"语言不是获得智能操作的充分条件，逻辑较语言更为根本，逻辑思维早于语言习得"。本文由皮亚杰理论受到启发，认为语言与思维之间，思维是语言的基础，先有思维才有语言；语言是思维的工具，是思维的一种表现形式；语言与思维有着密切的联系，没有思维就没有语言，语言同时也制约着思维的发展。语言成为思维的障碍，甚至严重束缚着思维的进一步发展，这在壮汉双语教学实践中尤其显而易见。

游牧民族语言的物质文化特征 丁石庆撰,连载于《满语研究》,1998年第2期、1999年第1期。

该文对阿尔泰语系蒙古语族和突厥语族中有关畜牧业的词汇进行了比较,认为其中大部分是两个语族所共同使用的同源词,它们可大致分为几类:第一类是有关牲畜的专门名称;第二类是有关牲畜的毛色的词语;第三类是有关用具的名称。这些词语首先可以表明这些操阿尔泰语系语言的民族的先民在未分化前,均从事着以游牧为主的生产方式。其次,对牲畜从不同角度的细致分类反映了当时游牧民族已经对赖以生存的牲畜的观察和认识已经有了相当的水平。再次,各种用具的使用反映了当时畜牧业发展的技术水平。这些都证实了在很久远的历史时期中国阿尔泰游牧民族就已经进入了高度发达的畜牧业发展时期。文章还就游牧民族早期生产方式的历史演变情况进行了探讨。认为"古列延"是在游牧民族的畜牧业经济有了一定的发展后产生的一种生产方式。而"阿寅勒"游牧方式则是以家庭为单位的小规模的游牧经济方式。历史上,在"阿寅勒"逐渐取代"古列延"的同时,有些游牧部落,尤其是临近汉地的游牧部落,在农业民族的影响下,开始向定居生活转化。"古列延"的名存实亡,"阿寅勒"的形成和发展,以及后来的鄂托克等定居生活方式的出现,是游牧民族社会生产力发展的结果,同时也是氏族联系瓦解的标志。

有关八思巴字母e的几个问题 照那斯图撰,载《民族语文》1988年第1期。

该文用大量实物资料讨论字母e(元音上带点,下同)的形体。认为e的各种变体没有任何语音和语义的区别,只是因为它是个新创字母,没有可遵循的历史传统写法,所以人们往往按个人的习惯去自由书写。关于e的出现条件:(1)主要出现于词首;(2)作为二合元音的第二成分,出现在元音u或v和e后;作为单元音见于少量词的非词首,在个别词中它或与e交替而出现,如c'erig—c'erig"士兵",'vnen—'vnen"真实"。关于字母e的音值,考虑它与蒙古书面语的对应关系,它的来源,《法书考》、《书史会要》等汉籍文献中对它的注音字(翳),回鹘式蒙古文献中它与元音i之间存在交替现象,认为e的发音部位是在e和i两者之间,但比较而言更接近于i。如果用国际音标标记可以用[I]。

有关建立汉藏语系的几个认识问题 罗美珍撰,载《民族语文》1996年第4期。

语言学界对于汉藏语系是否成立;汉藏语系应包括哪些语族有不同的意见。作者联系中国的历史、文化背景提出了独自的见解,认为汉藏语系和印欧系语言的发展模式不同。印欧系语言是由一个原始种族(雅利安人)语言分化发展而来,汉藏系语言则是由多个原始种族(华夏、戎羌、东夷、苗蛮)的语言融合成一个原始母语然后分化发展而来。汉藏系应包括汉、侗—泰、苗—瑶、藏—缅四个语族。受原始种族原有文化和语言"底层"的干扰,探索或构拟这种经过融合的原始母语会比较困难。需要探求一些原则来识别同源与借贷关系。作者提出了三条原则:(1)同源的词应是人类原始生活中常用的基本词;(2)同源的词留下古音面貌,和古汉字对应;(3)同源的词各语族大多数语言一致对应,作者列举了19个例证。

有关蒙古语逆同化型元音和谐律的几个问题 哈斯额尔敦撰,载《内蒙古师范大学学报》1984年第1期。

蒙古语逆同化型元音和谐律,经历了长期而复杂的演变过程,同时在各方言土语中发展得很不平衡。(1)以辅音起首的词的第一音节中的i,受其第二音节中U的影响而变为U。(2)以辅音起首的词的第一音节中的 i, 因受第二音节中 o 的影响而变为 o。(3) 以 ac 起首的词的第一音节中的 ac, 因受第二音节（个别词中第三音节）中 U 的影响而变为 U。(4) 第一音节中的 i, 因受第二音节中的 a 的影响, 在各方言土语中变化不同, 有的变为 a, 有的则变为 ae。在词的第二音节中产生长元音的词的逆同化元音和谐情况比较复杂。发生逆同化型元音和谐律的词的后续音节中的元音也起了变化：(1) 凡是以开音节结尾的词, 不管由几个音节构成, 其结尾元音都要消失; (2) 凡以闭音节结尾的词, 无论由几个音节构成, 其第二音节及第三音节中的圆唇元音要变为其他元音或有时消失。在近代, 按照逆同化型元音和谐律变化的一些词首元音发生了变化, 同时这种变化又影响后续元音与其和谐。

有关苗瑶语中的几个音位问题 邰昌厚撰, 载《中央民族学院学报·语言文学增刊3》1986 年第 3 期。

该文对苗瑶语中音位问题作了阐述。音位是一种话里具有区别词意或语法作用的语音单位。它可能是一个、两个或更多的语音形式。音位综合起来阐释它们内部的联系和规律, 就成这个语言或方言的音位系统。在一个语言里实际存在着的语音形式比起它的音位系统的单位来要多得多, 复杂得多。怎样才能从纷繁复杂的语音事实中归纳出这种语言的音位系统来呢？语音的结构分析, 对于归纳音位系统具有重大的意义。从语言事实中可以看出。苗语靖县话中 [a] 音位包含三种语音形式。台江话中, e 音位包含 ie、e 两种语音形式。苗语威宁话中不送气浊辅音音位包含不送气和送气浊辅音两种语音形式。茶山瑶语的塞辅音韵尾的元音音位包含有长和宽, 短和窄的两种语音形式。这种情况乃是音位系统中的音位在结合成语言形式时互相影响的结果。对于上面的一些语言事实, 需要揭示这些音位内部的联系, 找出它们本质的形式和变体, 分别用已经归纳出的语音规律来说明音位在各种不同的环境中的语音形式。

有关民族语言方言划分的几点意见 喻世长撰, 载《中国语文》1960 年第 2 期。

新中国成立 10 年来调查了 40 多种民族语言, 有如何划分方言的问题, 该文提出了自己的意见。认为 (1) 要探索方言划分的一般原则, 并遵守这些原则。(2) 同系属的方言划分应采取同一的或相近的标准。(3) 方言的划分要为标准语的建立和发展提供正确的前提。为满足上述要求, 要注意和适当处理: (1) 语法、词汇、语音在方言划分中的作用。方言间语法差别的具体内容因语言类型的不同而有所不同。词汇差异是有它自己的体系的。比较词汇的异同常用统计的方法。语音差别对方言划分很重要, 但不要单凭语音划分。语法、词汇、语音的差异是互相联系的, 注意几个方面兼顾。(2) 利用方言地图划分方言, 同语线丛能提出可靠线索。(3) 适当处理中间状态地区。(4) 借词的地区性差别对方言划分有作用。(5) 参考人文历史方面的材料, 对划分和解释方言有一定的作用。本文的议论以我国 50 年代少数民族语言的普查为背景。

有关我国少数民族语言系属的一些问题 喻世长撰, 载《中国语文》1959 年第 2 期。

该文就我国少数民族语言系属的一些问题, 同罗常培、傅懋勣两先生商榷。认为罗、傅《国内少数民族语言文字概况》在多国少数民族《语言研究》工作上起了一定的作用, 但有很大缺点, 主要是在语言系属问题上没有很好遵循历史唯物主义原则: (1) 强调语言的"分"和"异", 忽视"合"和"同", 违背语言发展的客观事实和社会主义社会民族语言发展规律。如侬人和沙语不应列为独立语言, 因为侬人和沙人现在统一在壮族之内, 应看成壮语方言。(2) 以语言谱系树理论订出语言分类"三级制"。不管语言有没有那么大差别, 不管语支下是否还有恰当的语言名目（如苗语支的下边举不出语言名目），呆板地限制在一个固定的"三级制"里，这不能反映语言发展历史的不平衡性。（3）忽视了长期使用二重语言给语言发展带来的特殊问题和语言相互影响问题。本文给出了语言融合现象和语言相互影响的一些例子。

有关现代维吾尔语形容词划分范围的几个问题 沈利元撰，载《新疆大学学报》1995年第1期。

学术界有关形容词的划分主要分歧有以下几点：划分范围不同；"级"的语法范畴包含的内容不同；确立形容词语法功能的标准不同。全文分词类划分的标准、形容词同名词和副词的区别、特殊形容词的问题三部分。通过分析，作者认为：（1）在对词进行分类或归类时，应该注意到词类的共性与个性。同类的词必须有共同的语法功能，异类的词必须有互相区别的语法功能。（2）在确定一类词的某种语法功能时，要看这种现象在该词类中是普遍的还是个别的。（3）特殊形容词一类，许多维语语法书都没有涉及，这类词应据其语法特点归入形容词。（4）应该重视词的功能的分析与研究，并把语义与功能直接联系起来。根据意义在词类内部划分小类不应该完全等同于纯粹的语义学的分类，而主要目的是在于寻找语义与功能之间的规律。这种分类得出的类别应该与语法功能贯通，应在语言形式上得到验证。

于阗经文中"作茧自缚"的来源 段晴撰，载《民族语文》1993年第1期。

该文指出于阗文的一段经文中"虫"字与"蚕"字相通，"发"字与"丝"字相通，这是使用了"蚕、茧、丝"的比喻。汉语中也有"作茧自缚"的比喻，最早见于白居易的《江州赵忠州至江陵已来舟中示舍弟五十韵》，原文是"烛蛾谁救护？蚕茧自缠萦"。于阗文和汉文成语"作茧自缚"的比喻都来源于佛典，来源于古代印度的语言。作者从《大正新修大藏经》中摘引出八则例证，证明"蚕、茧、丝"类的比喻在白居易之前很久就在佛经中出现了，而白居易诗中的"蚕茧自缠萦"也是学习佛教的反映。文章顺便指出，在佛陀耶舍译的《四分律》中有一段文字，可以证明在佛陀时代印度僧人已知道取丝了。文章最后分析了梵文佛典中kauseya – krimi（蚕虫）和 kosa – kara – kitaiva（如蚕作茧）的构成，进一步说明在于阗文中"虫"与"蚕"也应该是同一个字。

于阗文 黄振华撰，载《中国民族古文字》，天津古籍出版社1987年。

19—20世纪，帝国主义列强取走我国许多珍贵文物。包括多种古西域民族文字文献，于阗文文献便是其中之一。最先在我国搜括于阗文文献的是俄国和英国驻喀什领事彼得洛夫斯基和马继业。于阗文字源出于印度波罗米字笈多正体，是于阗地区塞族居民使用的文字。于阗文字有楷书、草书、行书三种，字多合集连写，有很多字母与古藏文相似，附加元音符号也与古藏文相同。于阗文字记录的语音今称于阗语或于阗塞克语。现在发现的于阗文文献，年代的属6—10世纪。在于阗地区，还曾发现一种汉文与［佉］卢文并用的"马钱"。年代约为三世纪。根据已经发表的材料，于阗文文献的出土地点在今新疆和阗、巴楚、图木舒克所出为最古。现在于阗文文献多为佛经，但是非佛教文献也不少。对于研究于阗史甚至西域史来说，最有价值的史料是非宗教性的于阗文书。

于阗文研究概述 黄振华撰，载《中国民族古文字研究》，天津古籍出版社1987年。

于阗之名，初见于《史纪·大宛列传》。其地在今新疆和田一带，是古代中西交通的门户。近百年来在古于阗地区发现大量文献，证实古代于阗并用三种文字：汉文、佉卢文和于阗文。于阗文传自印度婆罗米文字的笈多王朝字体。当年玄奘在于阗所见，当是这种于阗文。于阗文有楷书、草书和行书三种，字多合体连写，于阗文有很多字母与古藏文相似，两者的附加元音符号也相同。就字形比较而言，也许于阗文字就是古藏文之所本。于阗文记录的语言今称于阗语或于阗塞克语。于阗语词类可分为名词、代词、数词、形容词、动词、副词、前置词、后置词、连接词等。名、代、数、形有性、数、格的变化形式，动词有人称、时、态、式的变化形式，其构词和构形多采用前缀和后缀。于阗语具有印欧语的特征。更值得注意的是，于阗语有许多特征接近于帕米尔地区的瓦罕语。

与亲属语相近的上古汉语的使动形态

吴安其撰，载《民族语文》1996 年第 6 期。

上古汉语中存在着黏着形态的使动式，有 *s-、*k-（*g-）这样的前缀，也以声母的清浊表示自动和使动的对立。与去声相关的假定中的 *s-后缀表示的使动句可能晚于 *s-，但也可能早就存在，较晚时仍有构形作用。这与藏缅语很相近。上古汉语名词、动词、形容词前缀从先秦的文字看要以是成音节的，或称为词头，就谐声研究推测有前缀辅音。所谓的词头，可能与古前缀音有某种关系。古前缀辅音在早期可能带弱读的元音。从声母清浊表示语法形态，前缀和后缀并用看，先秦汉语的形态是较复杂的，只是文字上往往没有区别。或许可以假定汉朝以前的汉语曾经历过从综合式形态——它包含分析形态、黏着形态和屈折形态，向典型的分析形态演变的过程。

与王敬骝先生书

陆家瑞撰，载《云南民族语文》1994 年第 3 期。

在"乌蛮"、"白蛮"之称出现以前的上古，在大西南地区就生活着"尚黑"和"尚白"两个"部族集团"。"尚黑"的部族集团以"黑"为贵，自称和它称都带有"黑"或"黑人"的含义："尚白"的部族集团以"白"为贵，自称和它称都带有"白的"或"白人"的含义。两大族群交汇构成"太极图"文化圈。"乌蛮"与"尚黑"部族相承，"白蛮"与"尚白"部族相承，它们是这两个部族集团代表性的总称谓。所以，考释"白蛮语"词汇，当然应当从以"白蛮"为共同"族祖"的民族语里去寻找，但从"乌蛮"族群的民族语中寻找辅助材料，也不失为一条可行的思路。白族是古"白蛮"部族中主要的一员，白语系源自古"白蛮语"。"南诏骠信与清平官赵叔达星回节唱和诗"是南诏君臣在"星回节"举行祭祀活动时，在"台"上的感想和盛况的描述，骠信诗侧重于缅怀祖先的功业，教育后代铭记；清平官诗侧重于盛况的描写。个中有关词语的白语考释可见一斑。

语法范畴与词法、句法——突厥语言语法范畴问题

张定京撰，载《中央民族大学学报》1999 年第 2 期。

语法范畴是"对同类型语法现象包含的共同语法意义所作的抽象概括和归类"。目前的状况是，突厥语言的诸语法范畴被限制在词法范围内，只分属不同的词类，句法范围内未被说明有任何语法范畴。按语法范畴研究语法，理想的情况应是所有的语法意义都有其范畴归宿，不应有一部分语法意义（或者说语法成分）游离在语法范畴体系之外。这种现状是语法学的传统造成的。语法系统应涵盖一种语言中所有的语法意义。突厥语言中表达语法意义的语法手段有形态、虚词、语序、语调、重叠五种。其中，形态手段表达的常是词法意义和句法意义，后四种手段表达的则主要是句法意义。语法范畴是语法意义的归类，语法手段是语法形式的归类，二者关系密切。跨词法句法的语法范畴，可称为大语法范畴。突厥语的语法范畴是一个层级系统。四级语法畴中每个范畴又都是一个子系统。

《语录解》研究

道布撰，载《民族语文》1987 年第 6 期。

《语录解》是朝鲜学者研究蒙古语语法的发轫之作。现存版本中,《语录解》有附在《蒙语类解补编》之后的,也有辑录的蒙古语语法形式与汉语和朝鲜语相应的虚字加以对照,逐项解释其意义,并且尽可能指出在句子里经常联用的词语或语法形式,注意相关成分的前后照应,最后用汉、蒙对照的例句表明其具体用法。这部著作侧重于阐明语法形式的意义和用法,用不同语言对照的方式释义、举例。把蒙古语的语法形式和有关的正字法问题一共归纳成 53 条。有些条目是从意义相近或相通着眼,把不同的语法范畴合并在一起叙述的。《语录解》中直接和间接触及的语法形式达 115 种。在条目中列出来的有 94 种,条目中没有列出来但是在释文和例句中出现的还有 21 种。文章逐条列举了《语录解》收录的 115 种蒙古语语法形式。

语言变异刍议 黄布凡撰,载《民族语文研究文集》,中央民族大学出版社 1993 年。

语言变异是一种普遍的语言现象,它是语言结构所具有的特征之一。语言的变异现象反映在语音词汇、语法等各个语言结构要素上,语音变异有文白异读、老幼异读、男女异读、地域异读、不同阶层异读、自由变读、又读等;词汇变异有新老异说、新创词与借词异说、异途借词并用等类型;语法变异有语序自由变化、虚词自由换用、虚词用不用两可等类型。语言变异的原因,有的是语言内部因素的变化,有的则是外部因素的影响。从语言演变的角度来看,共时变异是语言演变过程中的一种过渡现象,是旧质要素和新质要素并存的形式,从中可以反映语言演变的方式和趋向。并存的形式在使用过程中会显出消长趋势,最后完成演变。语言变异的研究有重要的历史语言学意义,变异存在于共时状态中,是联系共时和历时的桥梁。

语言濒危与非物质文化遗产保护 孙宏开撰,载《云南师范大学学报》2011 年第 2 期。

该文根据国际、国内形势的需要,从保护文化多样性和保护非物质文化遗产的角度,理论上讨论了保护濒危语言的必要性。并提出了对策性建议。文章引用了联合国教科文组织总干事松浦晃一郎在 2003 年 3 月 10 日在保护濒危语言国际专家会议上的发言。他明确指出:"语言遗产也是非物质文化遗产的重要组成部分,目前在联合国教科文组织的计划中非物质文化遗产已经放在优先地位。……我们对非物质文化遗产的定义进行了酝酿,该定义将语言,尤其是处在消亡危险中的传统语言,作为其中的重要组成部分。"他又说"保护世界语言多样性现在已经是,而且将来也仍然是联合国教科文组织全部职责中重要工作。"在文化大发展、大繁荣的国策支持下,国家对保护非物质文化遗产给予了极大支持,那么,语言作为非物质文化遗产的主要组成部分,也应该给以关注和支持。

语言濒危原因探析——兼论语言转用的多种因素 徐世璇撰,载《民族研究》2002 年第 4 期。

众多语言濒临消失的危机正以前所未有的规模和速度在世界各地发生,无论是在语言种类繁多的广大地区还是在面积有限的小范围区域,也无论是使用人口少的小语言还是使用人口众多的大语言都有面临生存危机的现象。论文以大量语言濒危现象为例证,对引起语言濒危的原因进行分析,认为产生语言濒危乃至消失的原因有两类:一类由语言群体消解而引起;另一类由文化融合的语言转用所造成。在经济全球化趋势为主流的当今时代,主动的语言转用是造成大量语言衰退乃至濒危的主要原因。论文以此作为探讨重点,引用具体的例证对影响语言转用的人口比例、文化基础、政治地位、经济优势、宗教影响等多种基本社会因素进行分析,提出这些社会因素互相交织,对语言的使用发生综合影响,最终由具有优势地位的因素决定语言使用的发展趋势。

针对当前语言转用的广泛原因和普遍规律，论文提出，在经济发展、文化交融的现代社会，本族语的衰退和濒危并非绝对不可避免，从闭关自守走向开放进步不必以丧失本族语和传统文化作为历史进程的代价，经济发展需要从不同族群丰富多彩的优秀传统文化中吸取养分，因此在可持续发展的和谐社会中，多种语言的关系不应该互相对立，而应该共存并用、功能互补。论文在对双语这一当代语言使用的主流现象进行分析后，提出现代社会语言使用的最佳状况是倡导使用双语，保持稳定的双语状态，鼓励人们在掌握通用语的同时保留本族语，通过双语的运用提供一条在现代化进程中保持传统文化的兼而得之的途径，以保护人类语言文化的多样性，实现各个族群可持续发展的经济战略。

语言的比较和文字方案的设计 傅懋勣撰，载《傅懋勣先生民族语文论集》，中国社会科学出版社1995年。

该文介绍了语言的比较和文字方案的设计。为了研究语言的历史和发展的内部规律而进行比较。比较的范围是一种语言的内部各种方言和土语之间的比较。对比较的步骤和方法，作者做了精细的描述和讨论。基础方言是做某种语言的标准语的基础的一种口语。那么选择基础方言的条件是什么呢？一般的情况是选语言普遍性较大和政治、经济、文化较集中的地域方言做基础方言。设计字母和制订正字法，拼音文字是各种非拼音文字发展的必然趋势，我们创立的文字，应该完全是拼音文字。文字的设计要求：字母数目不一定和它们所代表的音位数目相等，如果能够更精简合理地表达整个的音位系统，字母的数目是应该比音位的数目少的。新设计字母的时候，各民族的字母形式应尽可能避免分歧，尽可能避免在字母上使用附加符号。在制订正字法方面要使文字容易学习和写的正确，使文字的写法稳固下来，通行起来。

语言的接触性衰变———毕苏语的跟踪调查分析为例 徐世璇撰，载《语言科学》2003年第5期。

语言的接触性影响具有性质完全不同的两种类型：一是积极的影响；二是消极的影响。该文在对毕苏语跟踪调查分析的基础上，对语言接触性衰变的普遍性规律进行论述，提出在语言使用和结构系统两方面的衰退变异具体体现在以下四个方面：使用人数减少，使用者年龄升高，语言的使用范围缩小，语言的结构系统退化。这四个方面密切相关、互相影响，尽管在不同的语言中，不同方面的突出程度和明显表现可能有所差异，但是退化的趋势必然是一致的。积极的影响是吸收新的成分和表现形式，促进语言的不断丰富发展；消极的影响是由于处于被动的弱势地位，语言的内部结构受到外来成分的侵蚀，自身的结构规律被破坏，固有词汇被急剧取代，使用范围缩小，使用人数减少，社会功能弱化。毕苏语是一种跨境语言，人数不多，居住分散，同拉祜语、傣语、哈尼语、汉语密切接触。近十多年来，使用范围逐渐缩小，语言面貌发生明显的衰变。主要表现为汉语词汇大量增加。增加了一些声母和韵母。在语法方面，增加了SVO的句型。最后的结论是，语言在使用领域上的局限性和内部结构的退化常常互为因果。

语言的历史——文化价值 胡增益撰，载《民族语文研究新探》四川民族出版社，1992年。

该文通过对鄂伦春语一些词的研究，分析了蕴含在现代社会中母系社会的遗留、早期社会中产品平均分配的痕迹。通过鄂伦春人众多自称可以知悉鄂伦春人活动的足迹，一些特有的词语生动地反映了鄂伦春人的主要生产生活方式。通过鄂伦春人的服饰选料、皮类加工缝制及装饰上的美学，介绍了其与众不同的服饰文化。透过语言的忌讳可以得知鄂伦春人早期的图腾崇拜等。文章通过词语的研究说明了文化学与语言学的密切联系。

语言的裂变与文化的整合——瑶族多语文现象的时代特征　徐新建撰，载《贵州民族研究》1994 年第 3 期。

该文似从语言裂变和文化整合入手，围绕瑶族当代多语文现象，探讨语言文字的变异对其文化传统和民族认同的影响。文章分析，作为整体的瑶族长期以来大分散小聚居的事实所直接带来的一个显著结果，便是语言的裂变。语言裂变的表现形式有"母语变异"和"多语重叠"。"母语变异"又分为"方言土语的增加"（为瑶族语言的第一次裂变）、"本族母语的异化"（为第二次裂变）、"异族外语的取代"（为第三次裂变）。"多语重叠"是指瑶族成员同时掌握并运用两种或两种以上不同语言的表达方式和交际能力，它从结构与功能上进一步体现了语言裂变。上述这些现象已使瑶族发生了新的变化，也产生了新的问题：怎样才能在如此繁杂多样的语言表象下面，寻求瑶族统一的民族标志？如以文字统摄语言，其又借助什么样文字？为答这些问题，文章对瑶族文化中的汉字写作及瑶文创造等现象作了番考察和分析。文章认为，汉字整合了汉民族内部多言制现象，现代瑶文也渴望达到同样的效果。因此，须倡导"双语教学"和"双语文化"。

语言的民族特点与双语词典　廖泽余撰，载《语言与翻译》1990 年第 1 期。

捷克语言学家兹古斯塔把两种语言的对应词分为绝对对应词和部分对应词。双语词典中，绝对对应词的处理最为省力，只须把两种语言的对应词列出即可。部分对应词的情况相当复杂，其对应规律及其在汉语词典中的处理方式大体如下：（1）对应词内涵不同。原词语与译语对应词的内涵不同，应设法予以揭示。（2）对应词外延不同。原词语的外延较大时，可充分列举它在译语中的对应义项。如果原词语的外延比译语对应词小，也可采用括注的方法。（3）对应词语义轻重不同时，须在词典中附注说明。双语词典除了标示对应词外，在许多词条下还须配备准确得体的例证，用以提供语义、语法、语用等方面的信息。一些词汇单位除了表层语义外，还有基于文化背景的深层语义。后者这种与文化背景密切相关的文化语言学知识，对于学习和掌握另一语言的读者来说，也是至关重要的。

语言的外部影响与内部机制　戴庆厦、田静撰，载《民族语文》2007 年第 4 期。

该文通过不同语言接触的材料，探索语言接触中影响语言演变的因素。语言内部因素是更重要的，一般是决定性的。如果没有内部因素的支撑，外部影响再大，也难以在受语中站住脚。全文分三节：一、语言内部机制和语言影响的获得；二、语言接触中语音的影响；三、句法的影响。以上主要是谈语音、句法的情况，至于词汇，它不同与语音、句法，甚至可以说是不同质的，存在更为复杂的层面。

语言的文化价值　张公瑾撰，载《民族语文》1989 年第 5 期。

作者认为，语言是文化现象，是一种自成体系的特殊文化。语言从词汇到复杂的结构，以及根据历史比较法确立的谱系关系，都具有重要的文化价值。从发展的观点来看，语言与历史同步。通过语言的词汇和一些语音现象，可以探讨一个民族文明发展的历史；通过语言的谱系关系，可以探明一个民族的起源及其发展脉络，可以看到某些与语言系属平行的文化类型的分布面；语言结构还与文化结构具有深刻的内在联系。萨丕尔——沃尔夫假说是一种极端的观点，但人类是通过第二信号系统，即借助语言来传递信息的，人生下来的确是通过语言来认识世界的。语言帮助人形成特定的思维和表达习惯，也制约着一个民族在进步过程中所构拟的文化结构的个性特点。语言的文化价值既指语言对语言之外的文化现象的认识价值，也指语言对这些文化分类的制约作用。

语言的系统状态和语言类型
黄行撰，载《民族语文》1998年第3期。

该文系统状态的原理解释语言类型学分类的机制。文章首先介绍了平衡态和非平衡态这样两种典型的系统状态，以动词的使动态和声调为例，通过分析它们在不同语言中微观状态的分布差异证明汉藏语和阿尔泰语在语态范畴上属于不同的类型，汉藏语共有的声调在语族内部与存在不同的类型。在更广义的语言类型意义上，关系词的词阶分布也有三种微观分布状态，其中前、后两种有序分布可以区别语言的词源关系和接触关系，第三种无序分布反映的是一种更复杂的语言关系类型。在语言的社会使用方面，语言在不同的社会领域也呈现既有差异又有秩序的微观分布状态，据此可以对语言进行社会功能的分类。语言共性的四种类型也分别对应着不同的微观系统状态，所以语言共性是对语言类型差异的进一步概括和抽象。语言的共时描写研究和语言的历时比较研究也可以从系统的分布状态得到解释。

语言关系研究的某些问题
孙竹撰，载《民族研究》1993年第3期。

文章认为语言关系研究已成为我国民族语言学科的前沿课题。我国是世界上语言"富矿"之一。汉语的丰富文献、少数民族语言类型各式各样，研究语言关系大有可为。作者强调研究语言关系，应注重类型学的比较研究，即"平面对比研究"。这不仅可以探明语言的相互关系，也可以给人们相互学习语言提供对比规律。我国学者在语言关系研究中对语言兼用，转用和混合语等的研究，引起了国外学者的瞩目。而语言接触中影响的双向性也得到学者们的关注。我国一些语言类型的转变，否定了西方某些语言学家的"语言优劣论"。作者认为指所谓的"抢救濒危语言"是违背语言由于社会历史原因的制约而自我调节的规律的。

语言关系研究中的一些理论问题
喜饶嘉措撰，载《民族语文》1991年第4期。

文章从理论上重点论述了语言关系研究中的有关问题。从多角度、多层次分五大部分详述了语言关系研究的三个主要关系——语言结构关系，语言使用关系，语言功能关系。认为语言的谱系、融合、换用等诸多关系应放在一起从语言关系角度来研究，是一种语言使用的历史动态研究，是涉及民族、历史、语言学等许多相关学科的新角度的研究，包含了以往未曾涉猎的众多新内容。在论述语言发生学分类、融合、混合、换用、影响等语言关系的一些理论问题的同时，对仁增旺姆《汉语河州话与藏语的句子结构比较》疑问的某些观点，提出不同的看法，并就壮侗语言和汉藏语言的关系这一汉藏语言谱系分类研究中观点分歧而又意义重大的难题，提出了自己的见解和一种假设——壮侗语言在谱系分类上属汉藏语言。该文对语言研究在理论上具有重要的价值，并有一定的突破。

语言关系综述
王士元撰，载《中南民族学院学报》1985年第3期。

作者指出历史语言学的研究不甚注意语言相互干扰上的复杂情况。从生物学角度出发，人的语言能力是通过遗传得到的，而一种语言的特点是通过文化传递的，传递的方式不仅仅是垂直的。作者提出利用单个词作为语言特征建立语言关系的可能性，称词的语音学上的变化过程为词扩散，在扩散过程中可识别出三个阶段：不变词、变体、变了的词。对上海、广州周围的方言和达罗毗荼语的研究显示了词汇扩散应用于分析语言关系的可能性，在探寻一个音变的扩散过程中揭示出了演变千百年的历史上的关系。用两分树形图这一方法使研究者们不必以非终点节结的形式来假设比资料所能证明的更多的祖先语言，并且已开始了某些研究。

语言和民族 马学良、戴庆厦撰,载《民族研究》1983 年第 1 期。

文章认为,弄清语言与民族的关系,对于科学地认识语言和民族的特点以及正确制定我国的民族政策,会有许多帮助。文章主要使用我国的民族和语言的材料,从以下三个问题上论延语言和民族的关系。一、语言在民族诸特征中的地位。认为语言虽是民族的特征之一,但它同民族的其他特征相比,存在许多不同的特点,占有特殊的地位,一般说来,它是民族特征中最重要的一个。二、语言界限同民族界限的关系。认为语言界限同民族界限在多数情况下是一致的,但是,在一定的条件下,语言界限和民族界限会出现不一致的情况。指出两者的不一致有以下几种情况:(一)一个民族使用一种以上语言。(二)不同民族使用相同的语言。(三)同一民族内部的语言或方言的差别大于其中一个语言或方言同另一民族的差别。三、从民族研究语言。可注意以下四方面:(一)从民族的形成看民族语的形成。(二)从民族的分化与统一看语言的文化与统一。(三)从民族的社会特点看语言的特点。(四)从民族特点看双语现象的发展。

语言和民族 王今铮撰,载《内蒙古民族师院学报》1984 年第 3 期。

语言的共同性是民族的一个最主要的特征。民族总是生活在一定的国度里,民族语言和国家有密切的联系,但"民族"和"国家"是两个不同的概念,国家不以共同的语言为标志,不同的国家语言可以相同。语言平等是民族平等的一个重要内容和标志。新中国成立前中国只有 21 个少数民族有自己的文字。新中国建立后党和政府不但尊重少数民族的语言文字,而且积极帮助他们使用和发展本民族的语言文字。国家历部宪法都规定,各民族都有使用和发展自己的语言文字的自由。民族平等和语言平等成为国家的一项重要政治制度。民族是一个历史范畴,有着产生、发展、消亡的过程,作为民族最重要的特征之一的民族语言也不例外,民族和民族语言都不是永恒的现象,这是历史的必然。但是民族的消亡将是一个长期的历史过程。所以,社会主义历史时期不是民族语言消亡的开始,而是各民族语言发展繁荣的时期。

语言间的区域特征 陈其光、田联刚撰,载《中国语言学报》1991 年第 4 期。

文章揭示了我国一些地区的不同语言(包括非亲属语言)之间存在一些区域性的特征。这些特征表现在语音、语义、词汇、语法诸方面。这是语言之间深刻影响的结果。它通过双语制把一种语言的特征推广到另一种语言,从而改变了某些语言的固有成分和演变的趋势。从区域特征可以看出不同类型的语言可以变得相同,语言系属可以变化。操双语的人根据某种语音条件或语义条件把一种语言的特征推广到另一种语言的固有成分,这就是类化。类化使原性质不同的双语人口语里某些方面变得相同起来,如突厥人说的汉语没有声调;彝语支人说的汉语没有鼻韵尾;回辉话从没有声调的占语变成了有声调的语言。类化有程度差别,当类化只限于某一个小类时,可以理解为方言差异;当类化遍及整个系统时,就应算作形成新的语言。区域语言学可以解释历史比较法不易说明的语言演变问题。

语言交际变体模式——以傣语言亲属称谓为例 周庆生撰,载《民族语文》1996 年第 3 期。

该文从社交语用学和社会语言学的视角,运用西双版纳傣语亲属称谓 13 种语用变体的田野调查资料,对西方学者提出的"语言交际信息模式"进行修正和改进,构建了一个"语言交际变体模式"。该模式注重语境的制约作用和语言变体的交际功能。在编码和译码的过程中,意义和意向的确立与推断,意义的选择与匹配,主要受语境因素和社会文化规则的制约。在义音转换过程中,语词的生成,主要受语法(含语音和语义)规则的制约。在人与人之间面对面的交谈中,交际者双方的共有社会文化背景、共有经验、共有变体库和共有推断是成功交际的基本条件和基本保障。语言变体的意义和功能是在变体的使用中体现出来的。每种语言变体都有一种或多种交际功能。

语言接触对南方一些民族语言语序的影响 李云兵撰,载《民族语文》2008年第5期。

该文作者认为,南方民族语言中一些语言语序的演变是语言接触引发的,演变所涉及的有宾语与动词、方式副词与动词、程度副词与形容词、名词与名词、形容词与名词、领属定语与名词、指示词与量词或名词短语、形容词与比较基准、名词与关系从句等语序的变化。全文分四节:一、语言接触与语言演变;二、当代语言类型学的语序共性;三、语言接触对南方民族语言语序的影响;四、结语。

语言接触对语言演变的影响 吴安其撰,载《民族语文》2004年第1期。

语言接触对语言的语音、语法和词汇的演变有一定的影响。语言区域性特征往往是古代的某一类语言或方言的底层的表现。汉语方言先喉塞音的分布与古百越民族的分布相当一致,是侗台语语音底层的表现。该文分四大部分:一、历史语言学中语言接触的研究;二、语言接触对语音的影响;三、语言接触对形态演变的影响;四、语言接触对词汇的影响。

语言接触所产生的蒙古族直系血亲亲属称谓词地区差异 曹道巴特尔撰,载《满语研究》2004年第2期。

当代蒙古族牧区、半农半牧区、农区语言文化三大类型是在农牧经济、语言文化两个体系长期的历史接触中逐渐形成的。蒙古族亲属称谓与经济文化类型的变迁和差异有着不可分割的联系。从7个方言地区的直系血亲亲属称谓进行了比较。亲属称谓地区差异不仅包含蒙古族自身各个历史发展阶段的遗留,还显示了蒙古族和满、汉等周边民族之间的互相影响,尤其是汉族对农区蒙古族的影响。牧区更多地保留了本民族的传统,但存在着各地差异。农区大部分称呼采用了汉族的称呼,或蒙汉混合称呼。半农半牧区处于二者之间,部分用蒙古语传统称呼,部分用蒙汉混合称呼,部分用汉语称呼。各地也有少量的满语称呼。

语言接触性衰变的阶段性和质变标志 徐世璇撰,载薛才德主编《语言接触与语言比较》,学林出版社,2007年。

当前语言的接触性衰变以前所未有的规模和速度引起日益普遍的关注,成为语言研究的重要内容。论文对接触性变化的不同结果,引起语言接触性衰变的首要原因,衰变过程中的阶段性和质变标志等普遍性的规律进行理论探讨,认为语言接触所引起的语言变化有不断丰富和趋于衰退这两种截然不同的结果,起决定性的因素在于接触过程中健康和不健康的双语状态、正常和非正常的结构变化这两种不同性质的结果,而首要的原因取决于语言使用功能的扬抑。语言衰变是不断地从量变到质变的过程,在衰变过程中的不同阶段语言使用功能的衰退和结构系统的弱化互为因果、相互作用,逐渐形成恶性循环。

语言的兴衰状态和变化程度虽然无法量化,量变和质变之间虽然缺乏明确的界限,变化过程中的不同阶段难以严格界定,但是,处于同一衰变阶段的语言具有共同特征和典型迹象。据此论文提出了语言在发生衰退、濒危、消亡几个转化时期所表现出来的质变标志:语言衰退的质变标志是族群内部在一定程度上发生持续不断的语言转用;语言濒危的质变标志是语言通行中心地区发生语言传承的代际中断；语言消亡的质变标志是语言退出社会交际活动。

从错综复杂的现象中归纳典型特征，总结概括其中所蕴含的共同规律，探讨语言衰变趋势产生和形成的首要原因，辨别语言衰退过程中的不同阶段，确立由量变到质变的转化标志，将有助于进行语言的前景预测，寻求遏制和延缓语言衰变速度和程度的有效措施，减轻语言消亡给人类文明成果带来的损失，这对于保存人类文化遗产，保护人文生态环境具有不容忽略的重要意义。

语言接触与声调变化——泰语与勉瑶语的个案研究 提位潘撰，载《云南民族语文》1997年第3期。

该文从勉瑶语受泰语的影响入手，研究了东南亚语言中发生的音变类型和引起音变的原因。文章首先介绍了理论背景：以拉博夫等人的音变理论为基础。接着介绍勉瑶语的个案即会夜赛勉瑶村的背景，该地是泰语和勉瑶语双语区，两类语言相互影响很大。文章第三节概述了会夜赛村勉瑶语音，该语音系统由辅音、元音和声调构成。文章第四节介绍了材料收集情况。第五节介绍了调查结果，结果有力支持了作者的观点：一种对标准事的切合成分和韵律语音特征的适应，被认为更有权威性而且也合乎自然。最后作者得出结论指出：由于与泰语的接触，勉瑶语作为一种自然语言也不可避免地发生变化；勉瑶语一直处在获取新的声调特征的过程中；语言接触可以成为音变和创新的起因；当这些语言作为亚群语言来比较时，要把语言扩散和语言合并方面考虑进去。

语言接触与语言演变——以小陂流苗语为例 戴庆厦、杨再彪、余金枝撰，载《语言科学》2005年第4期。

文章通过共时分析和亲属方言土语比较，揭示小陂流苗语受汉语影响已进入核心领域，应属于深层影响、开放型影响；语言影响引起的语言演变已进入与汉语逐步趋同的状态，在词汇、语法、语音等方面出现了与汉语相同的特点；并用、竞争、弱化、泛化是小陂流苗语语言接触出现的几个特征，是我国不同语言之间语言接触的一种类型。

语言接触与浊音恢复 戴庆厦撰，载《民族语文》2011年第2期。

通过缅语古今对比、缅语与亲属语言比较，认为缅语的浊塞音、浊塞擦音历史上几近消失，现代缅语浊塞音、浊塞擦音在音位系统中的恢复，主要由语言接触借用外来词引起。缅语浊塞音、浊塞擦音的演变有固有成分的"浊音清化"和外来成分的借用两种因素在起作用。后者与缅语残存的浊音成分结合一起构成浊音音位"东山再起"的创新因素。文章分四节：一、问题的提出；二、现代缅语清浊对立的分布；三、从亲属语言比较看缅语的清浊演变；四、缅语浊塞音、浊塞擦音历史演变轨迹的启示。

语言结构中的对称 胡增益撰，载《民族语文》1996年第5期。

作者认为对称是语言结构中较为普遍的现象。这里所说的对称是指处于矛盾统一体中的两个方面或几个方面相互对当。文章将对称分为三种不同的结构类型：对称的两部分或几部分在结构成分的排列上一一相当；对称的两部分在语义上相对当；对称的两个部分或几个部分在性质作用或地位上相对当。这些类型主要是形式上的对称、内涵的对称、性质作用和地位的对称。对称性原理对我们分析认识语言现象有一定的作用。根据对称性原理来研究对称性的事物有助于对语言现象获得较为深刻的认识。例如，语言结构中的对称原则同产生元音和谐的现象是有密切关系的。利用对称原则可以人为地、有意识地创造出某个词的形式。根据对称性原理来研究有关语言现象可探知未知事物。根据对称性的缺损可以发现新的语言现象。

语言人类学研究的主要问题
理群撰，载《语言与翻译》1991年第3期。

每个语言共同体或民族大都把自己的文化历史，以及生态环境与人的关系凝聚在自己的语言中，从某种意义上说，一种民族语言也就是一个民族的历史。语言人类学就是把语言当作一种文化构成的现象，并在此着重探讨语言与人类的历史、社会、民族的关系。语言人类学家常常以现代语言中存留下的古代语言的痕迹研究人类文化的种种因素，并以语言和语言之间接近程度来探讨民族与民族音的相互亲疏关系。通过语言的不同分布，空间移传，以及借用等过程推断世界上不同的民族迁移，融合和文化摄入所带来的文化变迁的特点，并从语言初始记事的手段到文安形成的具体过程进行人类原始文化的还原。总之，语言人类学最为关心的就是语言与人类生成的一切关系。

语言嬗变对文字规范的影响
江荻撰，载《中央民族学院学报》1991年第3期。

文章讨论了书面藏语ld声母在历史上的演变以及书面拼写结构与实际语音差异的原因。藏语书面语采用藏文记录和保存了不同历史时期的各种语词形式。这种语词形式中存在众多的同义异形词。这种现象与语音、语法乃至语义变化发展均有联系，而且与历史文字规范也有关系。ld声母是传统藏文基字d带上加字L，其与lh、bl、gl及L声母词有同词异形现象。ld声母的语音变化有两类，前辅音脱落和后辅音脱落，中间还经过弱化。由于古藏语b和g音素作为时态前缀可加于ld前形成bld等形式，所以当d脱落后，文字构造上L变为下加字。这就是所谓语言嬗变对文字规范的影响。实际上起着基本辅音的作用，与其他几种作为下加字的声母性质根本不同。文章最后构拟出藏语ld声母历史变化的全过程。全文用例20条个，包括独特的道孚话。

语言深度接触机制与藏汉语言类型差异问题
意西微萨撰，载（美国 Journal of Chinese Linguistics，Jan. 2005，Volume 33，Number 1），3万余字。

该文最初发表于国际中国语言学会第十二届年会（2004）。有历史亲缘关系的藏、汉语言在语言类型上的巨大差异问题向来是汉藏语历史比较研究的一个难解之谜。论文在总结现实语言深度接触和融合机制的基础上，反观的藏、汉语言历史关系，尝试为解释藏汉语言类型差异问题提供新的视角和现实的依据。

语言识别与民族
孙宏开撰，载《民族语文》1988年第2期。

20世纪80年代以来，民族语文工作者在中国境内新发现了数十种语言，这些语言是否是独立的语言，还是通用语言的方言，语言学界议论纷纷，莫衷一是。作者从中国少数民族语言实际出发，就语言识别和民族识别的关系，语言和方言的界限、语言识别的标准等问题进行了讨论。作者分析了中国语言数目多于民族数目的历史原因和现实原因，以自己的切身经历讨论了语言识别的必要性，提出了语言识别的社会标准和语言结构标准相结合的识别内容和尺度。作者认为，鉴于中国少数民族语言情况的复杂性，语言识别的结构标准可以以语族为单位来确定，不必建立全国的统一标准，作者以中国最复杂的藏缅语族语言的实际情况为例，分析了社会标准和语言结构标准的在这个语族中的运用。文章末尾还附录了中国已经识别的100多种语言的发生学分类表。

语言使用情况的计量分析
曹雨生、谢广华撰，载《民族语文》1988年第6期。

语言使用情况属社会语言学研究范畴。文章运用计量分析方法描述我国民族语言使用情况。作者对我国除满、畲、回族之外的 53 种民族语言的使用情况，根据当时掌握的现有材料，设计了综合统计表达式。综合统计由 6 项分类统计组成：（1）语言使用人口分布比例；（2）语言使用区域分布聚集度；（3）平均功能指标；（4）报纸发行参数；（5）广播使用参数；（6）语言的计算机使用参数。综合统计的数学表达式是：$Q_i = \alpha (P1_i + P2_i + \cdots\cdots P6_i)$，式中 Q_i 为某语言的综合指标，α 为系数，6 项分类统计即 $\alpha = 1/6$ 等为每项分类统计值。例如，汉语的 $P1_i$ 即汉语使用人口分布比例 = 汉语使用人口/全国总人口 = 94857（万人）/1003991（万人）= 0.945。各语言类推计算，计算结果各语言使用情况综合指标由高到低的排列顺序是：汉语、蒙古语、壮语、朝鲜语、藏语、哈萨克语、维吾尔语、傣语、柯尔克孜语、彝语等。

语言文化差异的比较——双语词典编纂的灵魂　徐时仪撰，载《喀什师范学院学报》1997 年第 4 期。

语言是文化的载体，语言系统本身也是一个文化世界。不同语言之间的差异往往是由文化差异引起的，从一种语言过渡到另一种语言实际上包含了从一种文化过渡到另一种文化的过程。双语词典的编写涉及两种语言，其本质是两种语言的对比，而尤其注重对两种语言文化相应词汇的存在条件、意义和用法的异同作比较。本文就词的文化内涵的辨析比较和词的语用功能的辨析比较两个方面，作了较为详尽的阐述，认为双语词典要正确地阐释词义，就得辨析其不对等方面，即不仅要进行词的语义内涵的对比、语义结构的对比、词的组合特点的对比，还要进行两种语言文化差异的对比，语言文化差异的比较可以说是双语词典编纂的灵魂。只有准确地把握了两种语言文化的差异，才能编出积极实用的双语词典。

语言影响与苗语方言的形式（下）　曹翠云撰，载《语言关系与语言工作》1990 年。

作者认为：虽然苗语三大方言的语法基本相同，但湘西苗语受当地汉语和土家语的语法影响也不小。湘西苗语受汉语影响，疑问词作定语，位于中心语之前，这使它不同于黔东和川黔滇苗语；湘西苗语受土家语影响，不能省"一"，这也使它不同于黔东和川黔滇苗语。湘西苗语有"是的"和"是……的"结构；川黔滇苗语也有"是……的"，这都是受汉语的影响。川、黔、滇苗语有相当一部分词不同于湘西和黔东苗语，它们大多来自当地汉语和彝语，这就使苗语三大方言的差别主要是词汇的不同。川、黔、滇苗语不仅借用汉语词，而且还借用汉语的语法规则。如苗语形容词、名词作定语时通常是定语在中心语之后，但有的不按此规则，而直接借汉语规则，如："旧裙子、好庄稼、坏人"等和"苗文、猪食"等。川、黔、滇苗语的序数词虽然和湘西苗语的情况相同，但和黔东苗语的词序完全相反。苗语三大方言的声调都是 8 个，但湘西苗语的第七调已并入第三调；第八调已并入第四调，目前只有 6 个调。随着语音、词汇、语法和声调的不断变化，苗语已形成了当前的三个大方言。

语言族情与翻译史　震天撰，载《阿尔泰学论丛》（第一辑），新疆大学出版社 1994 年。

语言族情所包含的文化背景知识大体有以下几个方面的内容：无等值词（或曰文化局限词）；有背景意义词；文化感情色彩词；成语典故；客套用语；汉字文化等。一、无等值词的翻译：这是指一个民族语言中那些表达独特的文化内容而在其他语言中难以找到对应关系的词语，即在其他语言中无法用相同的词义要素解释的词。他所带有的族情特色极为强烈。有一种不可取代性，一般采用音译法再辅以注释法即可。二、有背景意义的词的翻译：有一些词的"所指"可以分为指名部分（即词的概念）和积聚部分（即词的背景意义），这后面部分往往直接反映使用该语言人民的民族文化特点,如"梨园"一词其指名部分是指种植着梨树的果园,但其背景意义则是戏院或戏剧界的别称。翻译时视情况可采用音译加注的办法将指名部分音译过来,背景意义则加以注释。三、文化感色彩词的翻译:文化感情色彩词是指能引起读者在审美方面产生很多联想的语言单位,包括词、词组、成语典故、名言警句等。对这类词语的翻译须格外慎重,认真对待。一般应采取注释法,以保持其民族色彩。如涉及宗教文化色彩则更要注意,不要用佛教色彩很浓的词语去翻译伊斯兰教色彩强烈的词语。四、成语典故的翻译:成语典故都带有文化痕迹。其文化内涵意义有显性的,也有隐性的。翻译时,视情况可采取直译法、意译法或直译与意译相结合的方法。五、客套用语的翻译:每个民族都有极富民族特色的礼貌用语,其内容、形式和用法不完全相同。翻译时,视情况可采用直译法、意译法。作为族情知识介绍,采用音译法亦未尝不可。六、汉字文化的诠释与翻译:这里所说的汉字文化是指汉字的构成方式(象形、指事、会意、形声等)反映出的具象思维特征,以及由汉字本身固有特点而构成的某些特殊修辞方法。翻译时应视实际情景而定,如原文专门介绍汉字文化知识则应直译,若侧重点不在介绍汉字文化知识时则应采用意译法或用译文中的同义词语去译。

语义比较法的逻辑基础 邢凯撰,载《语言研究》2001年第4期。

该文的核心工作是在邢公畹《汉台语比较研究中的深层对应》等四篇文章以及《汉台语比较手册》中选取了51组深层语义对应例证(共包含115组汉台语同源词),在邢氏分类基础上,从这51组例证中归纳出16种深层语义对应类型,并论证了该方法证明汉台语发生学关系的理论基础。邢氏审读后告诉作者,这篇文章写得很好。本文首先回顾了印欧语比较研究中的形态学比较和语音学比较。批判了形态中心论以及历史比较法不适合汉藏语系研究的说法。介绍了语义学比较法的提出、内涵、操作程序和作用。提出了辨认借词的10条标准。语音对应和深层语义对应规律都可以在一定程度上区别同源和借贷。语义学比较法实质上是利用语言系统内部音义矛盾关系,进行逻辑推理,排除借贷,证明同源。对语音、语义的"同、近、异"给予严格界定。在此基础上分16小节论证了汉台语深层语义对应类型。结语部分讨论语义学比较法为什么能确定语言的亲缘关系。语音和语义对应规律都是现实语言中的事实,问题在于如何解释这种事实。构拟原始语,揭示语音发展规律就是对语音对应规律合于逻辑的解释。汉、台两语间大量的深层语义对应说明这不是个别、偶然的现象,说明它们词汇系统是相互吻合的,也就是原始同源体系仍然保持着,其中的同源语词是可以辨识的,深层语义对应就是它们之间的相对位置关系,可以具有很大的稳固性。这就是语义学比较法的逻辑基础。

"语义学比较法"简说 邢公畹撰,载《语言学论丛》第20辑。

该文是汉藏语比较研究的新方法—语义学比较法的概略介绍。首先给出了语义学比较法的定义。以"同音异义"型深层对应为例说明了使用该方法证明同源词的具体操作程序。多层对应的同音字组,即深层语义对应词群,这个词群里的汉、台、苗、藏缅各语的语词之间的关系是同源关系,不是借贷关系。以两个理论公式概括,A. 同音异义型;B. 近音异义型。可以有两层以上的对应,也可以扩展为两语族以上的多语族对应。公式A举例:(1)"雀—爵"组。动用古文献和考古证据考证语音、语义。对应式下列出上古药韵字和泰语ɔːk韵字的松散对应。作者说,这个深层对应绝不是巧合,如果解释为借贷,那就成为一种有意识地"比照同音词"进行借贷,这是不可能的。(2)"耆—强"组;举藏文 bgres pa"老人",说明"老"是汉藏语同源词。(3)"沉—黑"组；下列上古侵部和泰语 - am 韵的松散对应。(4)"解—解决"组；是五层的对应。公式 B 举例：(5)"首—挽发"组。(6)"七—擦"组；下列上古质部和泰语 - et 韵的松散对应。(7)"稼—家、厨"组；使用古文字分析，说明泰语 krɔ:p⁸khrua² 是宝盖下有"灶"，汉语是宝盖下有"豕"。这是特殊联想的相合。又举了三个汉、台、藏的多语对应例子。(8)"八—分别"组；泰语的拼音文字竟然可以对汉语甲骨文的象形作出诠释。(9)"何—过"组。(10)"九—鸠"组。这种查寻深层对应体系的方法，就是语义学比较法。

语音材料与语音表达方式的演变 江荻撰，载《语言科学》2003 年第 3 期。

文章提出人类在利用语音物质材料方面以及语音材料组织方面的差异，语音材料的特征包括，是否可独立表征，如元辅音可独立表征，音高、音长只能附在其他语音材料上表征；是否可自主控制，如发音部位和方法可自主调控，浊音、气嗓音等不可自主调控；是否具有普遍性，如元辅音属于绝对共性，声调、发音力度等属于倾向共性或区域共性。越是封闭社会的群体保留越多的古嗓音特征（不可调控材料），越是开放的社会越善于利用口腔调音材料（可自主调控材料），前者具有生理上的不可控性，后者可自主调控。文章比较了汉语与英语在语音材料使用上的差异以及历史上选择语音材料的特点和阶段，指出现代语言不能不采用更为复杂的语音材料（如韵律）和语音组织表达方式的原因。这项研究对于人们认识语音演变提供了全新思路，人们能够更宏观地把握人类发展与语言发展所具有的进化共性现象

语音演变的理论和类型 瞿霭堂撰，载《语言研究》2004 年第 6 期。

该文研究语音演变的共性。提倡语言研究必须摆脱客观主义和机械主义，区别自然规律和社会规律，贯彻以人为本的思想和人文精神，即在研究语音演变的全过程中，充分考虑到人的自身，即研究他们的思维能力、认知能力和思维方式，创造、应用这种语言的心理模式和心理基础，认知和应用这种语言的能力和态度等这些与人有关的具体因素；提出语音演变的四种原因（社会、心理、结构和接触）；在语音演变的方式和途径研究上，否定了突变论和所谓"竞争"和"变化"方式的区别，提出了词汇扩散和语音类推相结合的演变方式以及共生、共存和共变的演变过程；最后，根据语音演变的结果，将音变分为不同的类型。比如系统性音变和个体性音变，系统性音变又分为调整型、功能型、发生型、消失型、转移型等类型；个体性音变除了发生型、消失型和转移型音变外，还有变异型和协合型等类型。该文确立了语音演变在原因、方式、过程和结果上的同一性和统一性，否定了连续式和叠置式音变的客观存在，论证了扩散式音变的非独立性。创建了一种符合实际的科学语音演变理论。

语音演变规律的层次和例外现象 方炳翰撰，载《云南民族学院学报》1988 年第 3 期。

从共时态角度看语音规律有语音结构规律和平面音变规律，合称为共时语音规律。从语言本身的历时态角度看，有语音历史发展规律，即历时语音规律。反映在语言之间或方言之间还有一种语音对应关系，形成语音对应规律。这种对应规律又分同源语音对应规律和借词语音对应规律。语音规律层次的形成，是由于语音的不同发展演变阶段引起的。这种演变阶段的产生有的是语言自身内部语音发展的结果。如德宏傣语 * d—n—l；有的是受外民族语影响引起自身的语音变化，构成了语音规律的不同层次，如景颇语固有音系中没有 f，过去吸收汉语借词时用 ph 替代，"分"读 phun，"防"读 phang，现在增加了 f 音，"办法"读 panfa。研究语

音的历时态，注意语音规律的演变层次是十分必要的。语音规律的例外现象经常发生，但它的产生是有来由的。主要来自两方面：（1）语言法言自身语音发展变化的影响；（2）语言方言之间关系的影响。例外现象也有它消失的过程，如果例外现象成了一条规律，则例外现象也就宣告结束。

语源杂记三则 张永言撰，载《民族语文》1983年第6期。

作者对西汉扬雄编撰的《方言》，东汉袁康所著的《越绝书》中某些无从考证的汉字认为与少数民族语言有关：一、《方言》卷八第一条"虎，陈魏宋楚之间或谓之'李父'，江淮南楚之间谓之'李耳'"。今湘西土家语称公虎为 li pa；母虎为li ni ka，相当"李父"、"李耳"。第二条"貔，陈楚江淮之间谓之"［豸来］"；北燕朝鲜之间谓之" "；关西谓之"狸"。今黔东苗语称猫为 pi（剑河）pi（台江）p'ai（雷山、凯里），可与"豸否"相证合。二、《越绝书》卷三《越绝吴内传第四》："越人谓人'铩'也"，唐代李贺《黄家洞》诗："官军自杀容州槎。"容州在今广西。"铩""槎"可以比证今台语男人为：傣 tsaii，壮 sa：i，布依 sa：i。三、南宋范成大的《秋雷叹》诗自注引吴谚："秋字辗，损万斛"，"字辗"意为雷，与藏语 brag 音义相符，二者同源。

玉树藏语的音变规律及其方言地位 黄布凡、索南江才、张明慧撰，载《中国藏学》1994年第2期。

该文所说的玉树藏语是指青海省玉树藏族自治州杂多地区的藏语，其地理位置处于安多、康、卫藏三大方言区的接壤交错地带。将其语音与反映古藏语语音面貌的藏文比较，其语音演变有以下特点：（1）声母中单辅音增多，比藏文多出21个，其中有些由复辅音简化或融合而来；古复辅音声母大大减少，有二合复辅音40个，无三合与四合复辅音。古双唇音带后置辅音 j 的声母 phj、bj 等演变为舌尖擦音 sh、z～sfi 等较为特殊。（2）韵母演变的多样性较为突出，韵母演变不但受制于韵尾的不同，还受制于所处的词中位置、连音、声母等多种因素，古元音音值发生很大的差异，有较多的复元音。（3）产生声调，单音节调值有9个之多（按音位可以归并为6个或4个）。调值的音高分高、中、低三类，对应于古声母的清、复浊（带前置音）、单浊（不带前置音）；调值的短、长、促对应于古韵尾的零、续、塞等音类。

文章提出以有无声调、有无清浊对立、复辅音多寡、韵尾多寡、复元音多寡五条作为划分藏语方言的主要标准。卫藏、康、安多方言都只具备其中三个特点，唯独玉树话是五个特点俱全，宜视作与三大方言并列的一个独立方言。

裕固人的姓名 范玉梅撰，载《西北民族学院学报》1985年第1期。

裕固族现有10个部落，29个户族，亦即本民族的姓（户族名称）有29个，其中一些姓氏较为古老。一、姓氏的来源：（1）来自祖先的姓和名；（2）来自居住地或迁徙途中经过的地名；（3）来自历史上其他部族或民族的名称；（4）来自某人的绰号或生理特征。二、汉姓。裕固人使用汉姓和汉名的历史十分久远，早在五代及北宋时史书上就有裕固族先民汉文名字的记载。裕固人较为普遍使用汉姓汉名则是晚近的事。新中国成立后，裕固人的名字发生了极大变化，各部落的裕固人先后采用了汉文名字。裕固人的汉姓，主要是根据每个户族名称的首音或尾音取的，如户族名称杜曼，其成员的汉姓为杜；户族名称托鄂什，其成员的汉姓为妥。除音译外，还有意译姓。文中列举本民族姓（户族名称）与汉姓对照表，涉及29个姓。三、命名与讳名。裕固人的命名有其民族特点，即多次命名与命名范围广泛。一个人在人生的不同阶段一般有乳名、经名、学名等，命名不受词义褒贬的限制。裕固族的讳名习俗主要表现为晚辈忌唤长辈的名字，忌称喇嘛的名字，以表示对长辈和喇嘛的尊敬。

《元朝秘史》里的 ede 的 tede　恩和巴图撰，载《民族语文》1984 年第 2 期。

《元朝秘史》里的 ede 和 tede 有三种用法。ede 指示物的，意思是"这些"，共出现 16 次。指示人，意思是"这些"，共出现 50 次。替代人的，意思是"他们这些人"，共出现 6 次。tede1 指示物的，意思是"那些"，共出现 8 次。指示人的意思是"那些"，共出现 32 次。替代人的，意思是"他们"。ede 和 tede 就其用法讲，它们既可指示人，也可以用来指示物，而指示人的用法次数占多数，比例较大。这说明第二种用法在历史发展过程中具有中间阶段性质。之所以具有中间阶段性质是由于它是从第一种用法演变出来的，并且后来逐渐发展成现代蒙古语的人称代词。因此，我们可以推断，在中世纪蒙古语中作为指标物的指示代词的 ede 和 tede，是经过了作为指示人的指示代词那样的过渡阶段，逐渐地演变成为现代蒙古语的人称代词的。

《元朝秘史》语言的数范畴　确精扎布撰，载《民族语文》1983 年第 4 期。

近年来对《元朝秘史》为主的中世纪蒙古语研究，利用电子计算机，取得初步成果。该文即其中之一。作者首先分析了《元朝秘史》中出现的各种复数附加成分，然后分析了复数附加成分的使用范围，指出：被修饰的词是复数形式或带有复数意义时，形容词定语一般为复数形式；主语是复数形式或带有复数意义时充当谓语的形容词为复数形式。此外，还考察了数词、代词、形动词、副词、后置词带复数附加成分的情况，作者还着重研究了式动词后出现的-t，指出它的三个特征以及连用的语气词。关于数范畴的内涵，作者认为：是由带有一定复数附加成分的"不定数"构成的。"不定数"形式在句中可表示单数、复数或不表示数的意义。数的一致关系表现在修饰语和被修饰语之间，主语和谓语之间。复数形式的功能有三种：复数意义、一致关系、构词意义。

《元朝秘史》语言里的方位　格哈斯巴特尔撰，载《中国民族语言论文集》，四川民族出版社 1986 年。

《元朝秘史》中的-ta/-da；-a/-e；-dur/-tur 三种附加成分通常被称为方位格。其语法意义：（1）-da/-ta 表示某一行为动作的接受者、方位处所意义、被动态动词谓语所表达的行为的施事者、行为动作发生的时间、使动态结构或主动态结构中的行为的主体、人或事物的某种替代意义、进行某一行为动作的工具和进行某一行为的对象等。（2）-a/-e 表示方位处所、行为动作的接受者、被动态行为的接受者、某一行动动作的客体、使动态结构的行为者、人或事物的替代意义、形容词意义程度的加强、共同进行某一行为动作的主体和集合意义等。此外，还可表达行为目的、愿望、强调、适应和假设等多种意义。（3）dur/-tur 不但可以接缀在一般名词、专用名词、代词、数词、形容词、后置词和形动词词干上，而且其范围要比前两种附加成分广；表示行为动作的广义的处所、行为动作的时间、行为客体、某一行为动作的共同行动者与某一事物进行比较的基础、进行某一行为的依据、某一行为的接受者等。在使用频率上，第三种位格最高，第二种次之，第一种最低；在接缀范围上，第三种格最广，第一种较窄，第二种居中；在表达的语法意义上，第一、二种位格相同。

元代汉人蒙古姓名考　那木吉拉撰，载《中央民族学院学报》1992 年第 2 期。

文章讨论了元代部分汉人改用蒙古姓名的现象。元朝联系民族文化的蒙古语言、文字对其他民族产生了巨大影响，使部分汉人说蒙古语用蒙古文字，从而习惯于取蒙古姓名。随着成吉思汗事业发达,"海内混一",蒙古语的地位逐步改变。尤其入元之后,蒙古语作为最高统治者的语言,在使用人口众多的汉语等语言中被尊为国语,极其受宠。姓名所以具有民族特征,其根源在于各民族之间在语言、文字、宗教等文化诸因素方面存在着许多差异。元代汉人给子孙起蒙古名字,即反映了这些汉人父母向蒙古人趋同的文化心态。如果说赐名是一种认同,不管受赐姓名者多么向往,但多少包含一些强制同化的因素。而给子孙起蒙古名字,则是一种自觉行为,反映了这些人蒙古化的程度。蒙古化是元代汉人改用蒙古姓名或给子孙起蒙古名字的主要原因。

元代回鹘文《重修文殊寺碑》初释 耿世民撰,载《考古学报》1986年第2期。

现存甘肃省酒泉市西南约15公里的文殊山石窟。正面为汉文,共26行,每行52字;北面为回鹘文,也是26行;碑石立于1326年,但两种文字的内容并不一致。回鹘文为押头韵的诗体,对研究回鹘诗体文学具有重要意义。论文由导论、碑文的拉丁字母转写、汉文译文、附注(包括汉文录文)、图版等五部分组成。

元代纸币八思巴字官印文字考 照那斯图撰,《民族语文》1995年第6期。

元代纸币上盖有若干国书官印,字体为篆书。该文介绍三方官印的五种文字形式,即"户部宝钞之印"(2种)、"印造宝钞库印"(2种)、"提举诸路通行宝钞库印"(一种)。对于前4种印文的原件形式作出了复原。文章印述马克·波罗话"等到一切准备就绪,由大汗所委派的官员,用他所保管的关防,涂敷银朱印在纸上,于是纸上便留有朱红色的官印;至此宝钞才是真正的钱币"后指出,把这段话中"官印"冯承钧译本作"帝玺",陈开俊等人译本作"御印",但从我们所辨识的印文看,元代纸币上的印章并非"帝玺"或"御印",而是官署印,吴泽炎先生的译文是符合实际的,尽管我们不知原文是什么。还指出,为什么一张纸币同时盖有几方官印呢?这主要是为了防止伪造。

元明戏曲中的女真语 孙伯君撰,载《民族语文》2003年第3期。

元明戏曲中保留着一部分女真语词,但大多数被界定为源自蒙古语,很少有人从女真语的角度推求其语源。女真语曾随其民族入主中原一度成为金代北方的流行语。本文的目的是搜集这些音译词,与文献记录的女真语和满语加以对比,诠释其含义。参照有关史籍的解释和对音研究,确定元明戏曲中的一些词来自女真语而非蒙古语。

元音和谐律的某些问题 白音朝克图撰,载《内蒙古大学学报》(蒙文版)1981年第3期。

该文有两个部分内容。一、理论上对元音和谐律的解释情况。作者概括介绍了在诸多理论著作和蒙古语等具体语言的论著中,对元音和谐律的各种不同的解释:(1)元音和谐就是词中元音的顺同化现象。有的理论著作把元音和谐并入"语音同化"条目中。(2)元音和谐就是词干(或词根)和附加成分元音的同化(和谐或相致)现象。(3)元音和谐就是词中元音在舌位前后(或唇形)方面保持一致或相同。(4)元音和谐就是后续音节的元音与词首音节元音的和谐(或同化),或者词中相邻音节(也有隔音节的元音间的和谐或同化)元音间的和谐(或同化)现象。二、对元音和谐律的某些问题应如何理解?作者阐述以下一些内容:(1)关于元音和谐的定义。作者没有采纳,用元音和谐的内容或规则给元音和谐下定义的观点,文中认为"元音和谐律在词中元音按相同或相近的特点有选择的结合、搭配和和谐的现象",作者也没有采纳把元音和谐律和语音同化等同起来的观点。(2)关于元音和谐律在语音系统中的地位问题。作者认为,元音和谐律有其和谐的规则和系统,在语音系统中应成为独立的单元。（3）关于元音的特点与元音和谐律的关系及元音和谐律的内容。元音在词中结合时遵循元音之间的相同或相近的特点。一般来说，超出语音生理特点的元音和谐律不存在。蒙古语的元音和谐以阴、阳两个系统和谐为主，同时也有唇形和谐，有的方言有舌位和谐。（4）关于元音和谐律的规则，作者认为元音和谐的主要一个规则是非首音节的元音向首音节的元音看齐相继结合。在非首音节中，也有向前一个音节元音看齐相继结合的情况。另外，在词的首音节和非首音节之间有隔音节和谐的现象，文中还提到词和词之间元音和谐现象。

元音 *i 对蒙古语族语言或方言语音演变的影响初探 武·呼格吉勒图撰，载《中国民族语言论文集》，四川民族出版社1986年。

本文描写并分析了在元音 *i 的影响或作用下，蒙古语族的达斡尔语、土族语、东乡语、保安语、东部裕固语、莫戈勒语和现代蒙古语中，以及现代蒙古语的喀尔喀方言、内蒙古方言、卫拉特方言（卡耳梅克方言）和巴尔虎布利亚特方言中所发生的一些主要的语音演变现象。通过书面蒙古语和蒙古语族语言（方言）的比较研究，可以发现元音 *i 在演变过程中不仅自身转变成其他元音，而且还对其他语音的演变起了重要作用。（1）元音 *i 对其他元音的影响。阳性后元音 a、o、u 由于 *i 的影响而前化的现象主要出现在现代蒙古语各方言里，这是一种逆同化现象。这种现象几乎不存在于蒙古语族其他语言之中，由此可以认为，这种演变是较晚时期发生的。根据几种《译语》中所记述的蒙古语材料分析，这种演变至少在16—17世纪还没有发生。（2）元音 *i 对辅音的影响。书面蒙古语 d、t、n、l、b、m、r、k、x 等辅音，因受前后元音 i 的影响，在现代蒙古语方言和达斡尔语、保安语中变为相应的腭化音，但在其他语言和方言土语中却很不一致。

元杂剧中的蒙古语词 贾晞儒撰，载《青海民族学院学报》1982年第4期。

作者搜集到的一部分蒙古语词包括：阿堵兀赤、把都儿、不良会、孛知赤、波、答剌孙、倒剌、阿者、古堆帮、哈剌、哈敦、哈搽儿、忽里打海、虎剌孩、虎儿赤、火里赤、磕搭、莽古歹、米罕、民安、抹邻、蒙豁、慕古、那颜、弩门、奴末赤、奴海赤、撒敦、撒因、扫兀、莎塔八、速门、速胡赤、速木赤、石保赤、铁里温、腾克里、兀的、五都魂、兀那、兀剌赤、耶步、牙不约儿赤、站赤、者、钻懒等46个，并对其词义作了解释。作者认为，有些研究文章对元杂剧中蒙古语词的解释牵强附会、断章取义，因而谬误甚多。所以，元剧研究者同语言工作者，特别是同从事蒙古语文工作的学者密切合作进行研究，是一项十分有意义的工作。此外，从元杂剧的蒙古语词里，可以推测出当时蒙古语的几种语言现象：出现了长元音；部分词首元音在口语中往往带有 h，即出现了增音现象；一部分词里，a 前的 g，在口语里读作 h，但今天 h 被淘汰，又还原成 g 了。

原始侗水语构拟中的前置辅音假说 邢凯撰，《民族语文》1995年第5期。

该文首先列出一个18例词的侗水语声调不规则对应表，李方桂对此提出四个解释，但不能说明所有问题。接着举出两组例字说明声母的不规则对应。第一组（包含"算、三、锡"三个词项）；第二组（包括"孙子、铁……光亮"等6个词项）。如果按照惯常思路，即除单辅音声母外，侗台语只有分别带-l-、-r-两个后置辅音的复辅音声母。这样大量不规则对应都很难回答。第一节概括介绍了索尼特·戴维、艾杰瑞、杨权等人提出的前置辅音假说。艾、杨论文中举出两组例证，第一组（包括9个词项，两条对应公式）说明前置辅音 *kh- 的存在。第二组（包括8个词项，两条对应公式），说

明前置辅音 *k-的存在。本文对其中的语音演变作了必要说明。艾、杨二位的结论是，支持这两个前置辅音存在的证据有3个：在现代拉珈语中发现了与其他点鼻音对应的 kh-/k-；在很多侗语方言中也发现了这个 kh-；少数词根前附音节的存在。他们提出了 kh-、k-、s-、ts-、ph-、h-、ch-、c-等8个前置辅音。本文认为主要辅音前的前置辅音可以有两个，加上主要辅音和后置辅音（介音），原始侗水语的辅音组合最多可以有4个位置。利用这个假说，前文第一组（算、三……）例字可以构拟为 *spj-；第二组（孙子……光亮）可以构拟为 *sqhl/r-。第二节论述与前置辅音相关的介音（后置辅音）和复辅音问题。第三节尝试构拟了5个带前置辅音声母的原始侗水语声母（*mpl-、*m̥tl/r-～h-mtl/r-、*ʔb-～*ʔ-b-、*th-sj-、*ksnrj-）。每组例字下都论述了语音的演变。

原始侗台语构拟中的一些基本观点
梁敏撰，载《民族语文》1994年第6期。

文章阐述了作者和张均如同志在构拟侗台语族原始共同母语中的一些基本观点，用语言谱系树的方式表述有关语言相对的亲疏和它们分离的先后是有其优越性的，能给人以直观、形象的深刻印象。但这方式也有它的缺点，容易使人产生这些语言都是由一种内部很一致的母语分化出来的印象。正如由一颗种子长出来的所有枝条都具有完全相同的因子一样。其实，同族诸语言的产生和发展要比一棵树的生长过程复杂得多。一个语族或语支的发展过程更像在一片平缓而毗连的地区流淌着的几条河渠所形成的河网。它们有从源头坡谷流下来的同源之水，在流淌的过程中，不断地注入其支流，甚至是其他水系流来的水。在互相交汇、混合之后又形成几条有主有次的河流——相当于语支和语言。作者认为：要构拟本语族或语支原始共同母语的语音、词汇和语法成分，只能追溯到这些语言原先都有的同源词或共同成分，而对于原先就不相同的部分是无能为力的。所以在研究侗台诸族的民族、语言和方言的相互关系时应辨证地、历史地加以分析、处理。

原始侗泰语声母系统中的 *ʔmb 和 *ʔnd
王德温撰，载《语言研究》1985年第2期。

本文从水、毛难、布依、西双版纳傣、侗、仫佬，德宏傣等7种语言和方言的语音对应规律看出，原始侗泰语的声母系统中应该有 *ʔmb 和 *ʔnd 两个声母。在构拟中，毛难语起着非常重要的作用，毛难语能分辨 ʔb、m、ʔm、ʔd、n、ʔn 6 类声母。文章又列出原始侗泰族的14个声类：（*号省去不标）p、p'、b、m̥、m、mb、t、t'、d、n̥、n、nd、l̥、l，通过7种语言和方言的对应规律表明，毛难语能分辨出来的六类声母不属于这四类声母，可见古代是有14个加6个即20个声母类别，即增加了 ʔb、ʔm、ʔd、ʔn、ʔmb、ʔnd。文章指出，原始侗泰语声母系统中有 *ʔmb 和 *ʔnd，从以上20个声母类别的构拟和古今演变的讨论中可以看到，*ʔmb 和 *ʔnd 这两个音类是不能合并到别的音类中去的，即它们各是一个独自的音类。本文对这两个音类的古音构拟既便于解释古今音变，又便于使构拟出来的古音形成一个严整的系统。

原始汉台语复辅音声母的演替系列
邢公畹撰，原作于1980年，9年后收入《语言文字学术论文集》，知识出版社1989年后收入《语言论集》。

李方桂《汉台语考》指出，原始汉台语里可能有一些复辅音声母的"字"，后来以双叠形式演替为后起词。本文的目的就是将这个观察扩而充之。文首给出带复辅音声母的同源词在汉、台两语中演替系列的两种型式，归纳为三个公式：I. 古同源词在侗台语和汉语里平行发生的演替：（1）*$F_1F_2Y > F_1Y + F_2Y$（2）*$F_1F_2Y > F_1Y$（或 F_2Y）II. 古同源词，侗台语和汉语各取一声母的演替：（3）*$F_1F_2Y >$

侗台 F_1Y（或 F_2Y）—汉语 F_2Y（或 F_1Y）。文章分四节，共举出12组汉台语共有的词项进行比较论证：（1）昆虫；（2）骨头；（3）粒、米；（4）抬、担；（5）斗笠；（6）来、麦；（7）犁；（8）紫红；（9）饱；（10）饿；（11）风；（12）蜜、蜜蜂。以词项（1）说明论证程序：先举泰语形式：ma-lɛːŋ², mɛːŋ²；后举原始台语构拟；再列出其他侗台语形式，并给出语音演替式。原始台语可以和古汉语"螟蛉"、"蟊"、"蝇"比较，又可以和藏语 sbraŋ（昆虫）比较。词项（11）（12）作者称是与原始复辅音有关的"字谜"。"风"上古汉语 *pləm，原始侗台语 *dluom，第一辅音 d-并无方言根据。作者给出了很多研究线索。白保罗说汉语"蜜"是古印欧语借词。实际"蜜"的原义并非"蜂液"，而是蜂类的大名。

原始汉藏人的住所和火的使用 邢公畹撰，载《民族语文》1997年第5期。

该文用有关"洞穴"与"火"等极古老的语词在汉藏语四语族之间的对应，来证明"原始汉藏语"的存在。住所词部分讨论了：（1）"复"（山洞）。有天然、人造两义，藏文 phug 也兼有这两义，也有两个异读词，形成深层对应。甲骨文"复"，是从"良"字孳乳而来，和台语"家""巢"等义有关的词形成对应。"覆"可联系侗台语"盖房"一系的词。（2）甲骨文有"余"字（*rag），字形似木棍支撑屋顶，卜辞借为第一身代词。古泰文有 ra²（我），可巧的是 ra² 也有"房屋承重横木"义。（3）藏文有 brag-khuŋ（岩洞）brag 可以和汉语"璞"以及侗台、苗瑶语关于岩石的词对应。Khuŋ 可以和汉语"空""穹隆"等词对应。（4）"干阑"，写法很多，第二词素都是 lan²。可联系泰语 rɯan²（竹楼）以及其他侗台语有关的词。"阑"初义是"栅栏"，上古音是 *glan，可以联系"栏"（牛马圈）。泰语"抵挡、防"是 kan¹，甲骨文"干"有此义，和"阑"、"栏"、"防"（干）"形成深层对应。（5）侗台语"洞穴"的说法可与汉语"㕣"、"窨"、"岩"一系列词对应。火的使用部分讨论了：（1）"火"入戈韵，上古应在"微"部(-əd)，这就是《说文》的"燬"。可以和全部侗台语"火"义字对应，也可以和藏缅语联系。原始苗瑶语"火"（*duə）可以和侗台语"烧"义字联系，又可和汉语"灼"、"爆"联系。（2）"蓄火"，甲骨文有"灭" *mjiat。藏文"火"是 me，而 med 义为"无、毁灭"。上古汉语称"火"为"燬"与"灭"同义，和藏语 med 音近。（3）炭（*thanh）是古汉藏语中的词，所有侗台、苗瑶语"炭"义的词都可以对应，藏文 thal（炭），也可以对应。

原始汉藏人的宗教 邢公畹撰，载《中国语文》2001年第2期。

该文使用的材料是汉族、藏缅族、侗台族、苗瑶族风俗中的原始巫教遗迹，包括文化和语言两方面。保留在原始巫教中的古老语词四语族都能对应，证明原始汉藏语和汉藏人的存在。考察了10个问题：（1）"巫"，远古无专职巫师，颛顼时进行改革，但苗民反抗，"苗"的族名就是"巫"。（2）藏族原始本教即巫教。本教创始人叫 gen［舌面前擦音］（祭司）-rab-mi-bo。古藏文韵尾-n 和-d 常常互换。gɕen 可以换成 gɕed［舌面前擦音］（屠夫）。古汉语也有-n、-d 交替。"薦" *tsianɔ "祭" *tsjadɔ。汉语"薦"和藏文 gɕen［舌面前擦音］同源，泰语 seːn（（祭祀）也同源。"本教"藏文为 bon，换成 bod，就是藏族的自称。"巫"这个义项四语族都可以对应，"巫教"是原始汉藏人的宗教。（3）古代"巫"、"医"不分；"巫""匠"不分，这在汉、侗台、苗瑶是一致的。（4）关于"绝地天通"的神话，汉、藏两族都有，是同一母题的神话。（5）汉族古代"复礼"和藏族古代"尸魂相合仪式"相似。汉语"魂"（*gwən）和侗台语说法对应；"魄"（*phrak）和藏缅、苗瑶语对应。

(6) 汉、侗台、藏缅族都有"喊魂"风俗，语言也可以对应。(7) 上古"复礼"和本教复礼比较，精神实质一致。(8) 上古"拜礼"，有"拜手"、"稽首"说法。藏文中有对应语词。(9) 本教血祭和《礼记》所载仪式文化语言上都相似。(10) 寮记，"寮"可以和藏文 sreg（焚烧）对应。

原始汉藏语的辅音系统——关于汉藏语音节结构构拟的理论思考之二 孙宏开撰，2000 年 8 月在北京大学纪念王力先生诞辰一百周年语言学学术国际研讨会上宣读的论文，载《民族语文》2001 年第 1 期。

该文为《原始汉藏语复辅音问题》的续篇，根据近几年学术界对汉藏语系语言的研究，作者讨论了原始汉藏语辅音系统中的几个问题。这里所指的辅音系统，是单辅音系统，它与复辅音系统合起来，应该是声母系统，但是否构拟原始汉藏语的声母系统，我认为没有必要。只要将不同的辅音所处的位置和可能的拼合规则说清楚就可以了。因此本文所指的辅音系统既不包括我在"思考之一"中讨论的复辅音系统，也不包括处在音节末尾的辅音系统（韵尾）。作者经过论证认为，原始汉藏语应该是没有塞擦音的，塞擦音是后起的语音现象；作者还认为，原始汉藏语的塞音只有清、浊两套，而没有送气音；文章还讨论了小舌音问题，作者根据藏缅语族语言里小舌音的分布和侗台语、苗瑶语乃至南岛语中构拟的小舌音推断，原始汉藏语也有小舌部位的塞音，但是否有小舌部位的鼻音和擦音，尚待进一步研究。作者最后勾画了原始汉藏语的辅音系统，为汉藏语系同源词研究的语音形式提出了一个理论体系。

原始汉藏语的音节结构和构词类型再议 施向东撰，载《天津大学学报》。（社会科学版）2004 年第 1 期。

该文在承认原始汉藏语构词类型中存在单音节→双音节和双音节→单音节两种模式的基础上，指出不能武断地认为原始汉藏语的构词类型是以双音节单纯词为主的。文章从三个方面对原始汉藏语音节结构和构词类型进行了探讨：第一，汉藏语中大量的双音节单纯词由单音节词按一定的模式演变而来，证明了单音节词的原生性；第二，汉字作为文字具有固定的单音节的读音，不能任意地读为双音节词；第三，必须区分词中的语法成分和非语法成分，不能把带有语法化成分的双音节词看成单纯词。

原始汉藏语语音系统的拟测 孙宏开撰，载《现代人类学通讯》2011 年第 5 卷。

该文为 2011 年 9 月在上海复旦大学第二届语言进化与遗传进化国际会议上的大会发言。汉藏语系是分布在东南亚地区的一个大语系，有数百种类型各异的语言，这些语言有可能分属汉语、藏缅语、侗台语、苗瑶语、南岛语和南亚语 6 大语言集团。目前对该语系的外延和内涵都有很多不同的意见。对于他的语音系统很少有文章讨论。本文根据个人长期开展汉藏语系具体语言研究的基础上，提出原始汉藏语语音系统中的许多具体问题。文章分以下 7 个部分讨论了原始汉藏语系的语音系统：（1）前人相关的研究；（2）音节结构构拟的理论框架问题；（3）辅音系统问题；（4）元音系统问题；（5）声调产生机制问题；（6）构拟汉藏语语音系统的方法问题；（7）汉藏语系名称问题。

原始汉藏语中的介音问题—关于原始汉藏语音节结构构拟的理论思考之三 孙宏开撰，2001 年在昆明召开的第三十四届国际汉藏语会议上宣读的论文，载《民族语文》2001 年第 6 期。

该文试图根据汉藏语系语言特别是藏缅语族语言的文献和现存的语言资料，对原始汉藏语音节结构中是否有介音的问题，发表自己的一些看法。汉藏语系现存的语言里大多数有介音，这是客观事实。但原始汉藏语的音节结构中是否有介音,是汉藏语系语言研究中一直有争议的问题之一。它涉及音节结构的类型、介音的来源等众多问题,甚至还涉及复辅音声母的结构和复辅音后置辅音历史音变的脉络问题。本文首先讨论了"介音"的概念问题,界定了介音所指的内容,并根据藏缅语族语言、苗瑶语族语言、侗台语族语言介音历史音变的方式和内容,大体指出了汉藏语系语言中的介音是后起的语音现象,它的主要来源是复辅音后置辅音在历史音变过程中逐步弱化,发展成为介音。文章主张在构拟原始汉藏语时,要严格区分作为复辅音后置辅音的 [-j-]、[-w-] 和介音 [-i-]、[-u-]。文章最后还讨论了与介音相关的几个问题。

原始黎语的声母和声调——初步近似构拟 马提索夫撰,载《民族语文研究情报资料集》,中国社会科学院民族所语言室1988年第10期。

该文通过大量语言材料的比较和分析,对原始黎语的声母和声调进行了构拟。本文的材料基础是欧阳觉亚和郑贻青的《黎语调查研究》。所构拟的原始黎语辅音系统的显著特点是缺少真正的浊阻塞音。唯一的清浊彻底对立的是擦音,也缺少一组不送气的阻塞音。划分原始黎语辅音最有意义的是三重的辅音——高辅音—低辅音—中辅音,这是在某些方言里根据它们对声调所起的分化作用来划分的。不论其音节的声母的性质如何,9个方言点中,有4个方言点声调没有分化。这些方言点只有现今的3个声调,反映着原始黎语必须设置的三类声调。白沙方言的3个声调只有2个有分化,而且不怎么一致。剩下的4个用以作标准的方言点,一致地显示出它3个声调每一个都发生分化,所以它们在舒声韵的音节有6个互相对立的声调。

原始蒙古语元音的长度 服部四郎撰,载《民族语文研究参考资料》,中国社会科学院民族所语言室1977年第1期。

在现代蒙古方言里,长元音/VV/和音位组合/VgV/都跟蒙古书面的 VrV 和 VgV 对应。如果我们假设蒙古书面正字法反映这种语言发展较古的阶段,我们必须说明为什么在现代蒙古语里产生了/VV/与/VgV/的区别。在1939年(《言语研究》3期),我提出一个设想,大意是古(一中世纪)时代蒙古语有两种浊喉音(即软腭—小舌音):破裂音 [G]、[g] 和弱的擦音 [B]。前边和后边的元音就成为一个长元音了。在1957年(《语言》杂志33卷1期)斯特里特(J. C. Street)教授提出一个类似的假设。然而,当我们看到下面在语源上和方言上交替的例子,我们必须假设破裂音和弱的擦音两者都得上溯到一个很古的/*g/音位。假如我们接受这个/*-g-/的假设,我们必须说明为什么同一个在元音中间的/*g/分别发展为破裂音和弱的擦音。弗拉基米尔佐夫教授(1929年,《比较语法》)企图用假定古代蒙古语的重音上有区别的办法来解释这种不同的语音变化。

原始苗瑶语构拟中的问题 唐纳撰,载《民族语文研究情报资料集》,中国社会科学院民族所语言室1986年第7期。

该文探讨了原始苗瑶语构拟中某些必须考虑的因素。这些年来,由于欧德里古尔和张琨工作的结果,对原始苗瑶语的声调系统有了一个"极好"的概念。从张琨的早期著作和最近王辅世的研究,对于原始苗瑶的声母系统中所必须构拟的声母有了一个"良好"的概念。从苗语和瑶语音位表的表面看,特别是苗语西部方言,展现了一个基本问题:苗语有大量的声母,任何一种苗语方言只有很少的韵母;而瑶语的声母很少,韵母很多。有的词汇项目苗语和瑶语有同源词存在,要构拟一个轮廓是可能的。然而,有的词汇项目苗语、瑶语不同源,单凭苗语材料,通常无法确定构拟为哪个韵类。该文没有提供全部原始苗瑶语的构拟,而是考虑到某些与这种构拟有关的特别的问题,同时,鉴于元音的对应极为复杂，对于某些元音的语音形式作了一些假定。辅音韵尾差不多都是根据瑶语定的，但是为了构拟原始苗瑶语，不必全部都依照瑶语的韵母。

原始苗瑶语声调的构拟 张琨撰，载《民族语文研究情报资料集》，中国社会科学院民族所语言室1983年第1期。

该文探讨了原始苗瑶语的声母和声调，并对其进行了构拟。全文正文分四个部分。（1）导言：介绍各地苗、瑶语的分布、区分方言的标准、使用人口、语音特征及苗瑶语的词汇差异。（2）原始苗瑶语的声母：苗瑶语声调的发展与声母有密切关系：清浊声母的对立引起声调的分化；送气声母和不送气声母的对立在一些地方导致进一步的分化；前置喉塞音和前置鼻音也是声调变化的条件。据此，为原始苗瑶语构拟了声母。（3）苗瑶语的声调：从现代苗瑶语声调的特征、原始苗瑶语的声调、声调的分化三个方面进行论述，构拟出原始苗瑶语的4个调类，其他超过4个声调的系统均来自这4个声调。（4）苗瑶语和汉语声调的对应：列表标出"鸡"、"铜"、"买"、"卖"、"喝"、"十"等近20个苗瑶语与汉语的对应字，进一步证实对原始苗瑶语声调系统构拟的正确性。正文后列"苗瑶语地方话一览表"、"苗瑶语地方话的声调系统"、"苗瑶语同源词"3个附录。

原始苗语的声母 张琨撰，载《民族语文研究情报资料集》，中国社会科学院民族所语言室1983年第2期。

该文探讨了原始苗语的声母。苗语支和瑶语支是以保持声母或韵母的明显程度为特点的：瑶语诸方言有6个可以为原始苗瑶语构拟的韵尾，而苗语诸方言具有极为复杂的声母系统，可据此构拟原始苗瑶语的声母。苗语诸方言声母与声调有密切关系：声母的清浊、送气不送气、带不带鼻冠音都影响声调的分化，但声母清浊的差别是4个基本声

分化为2个次类。清浊和送气的特点使原始苗语产生了清不送气、清送气和浊的塞音与塞擦音三套对立的情况。原始苗语的塞音声母有三种类型：清不送气的、清送气的和浊的。保留浊声母的诸方言也表示出清浊和声调之间的关系。并非所有苗语的塞擦音声母在原始苗语都是塞擦音，但有一些塞擦音，原始苗语必须构拟为塞擦音。原始苗语似有舌根、舌面和齿擦音声母，那么在有的方言里必然有过擦音变为塞擦音的过程。

原始台语的声调系统 李方桂撰，载《民族语文研究情报资料集》，中国社会科学院民族所语言室1986年第7期。

该文论述了原始台语的声调系统。现代台语诸语言的一个最重要的特征是每个音节都有一个声调。由此可以设想：原始语的每一个音节也必然有一个声调。由于台语诸语言的声调是规则的对应，因此就有可能构拟出原始语的声调系统。从声调对应及其分配情况来看，可以设想在原始台语里有4个声调，其中3个声调出现于持续音结尾的音节上，即元音和鼻音结尾的音节，另一个声调只出现于塞音结尾的音节上。在后来的演变过程中，所有声调都受音节里声母音值的影响。在不同的语言和方言里，一定的声母特征以不同的方式影响声调。这些特征可以称作喉头的特征，即浊化、送气和喉塞。一个声母可以是具有其中的一个特征或者没有。所有这些特征显然与声带的状态（开、合等）和条件（紧张、振动等）有关，由于声调与声带的活动有关，这些喉头特征影响声调是有道理的。

原始台语几个舌根喉擦音声母的演变 邢凯撰，载《民族语文》1986年第1期。

该文所依照的仍然是作者硕士学位论文的思路。李方桂《台语比较手册》中构拟了 *kh-、*x- 2个声母，1983年又补充构拟了 *kɦ-、*ɦ-两个声母。加上 *k-、*g- 一共6个原始声母。文章先列

出 *kh-、*x-声母字在现代方言中的对应词表, 归纳公式, 语音演变类型。指出版纳等的自由变读填补了语音系统的空缺, 相反金平一律读 x-则造成空缺。*kɦ-、*ɦ-2 个声母的演变类似, 中部组 (CT) 和西南组 (SW) 都合并了, 但出现于单数调; 北部组 (NT) 保持了两个声类的区别, 但却出现于双数调, 其中的原因需要探讨。第三节把 6 个原始声母字的对应公式归纳为一个总表, 对某些历史音变进行推论。原始送气音变不送气是 NT 的共同点, 石家 *kh-> k-, 但 *ph-、*th-却没有变。*kɦ-> kh-, *g-> kh-两者合并。*kɦ-必定是先变 *g-, 再变 kh-。由此推论: NT 清送气和浊送气的消失比较古老, 而浊音清化是后起的。石家在浊塞音变清送气这点上不同于其他 NT, 反同于 SW, 由此推论: 整个台语支浊音清化是发生在石家人南迁之后。而 NT 送气特征消失是发生在石家人南迁之前。NT 经历了两个变化阶段: * *kɦ-> *g-> kh-, 而 CT 和 SW 只经历了一个阶段 *kɦ-> kh-。在一般浊音清化之前, *kɦ-、*ɦ-早已清化了。所以 CT 和 SW 这两个声母来源的字出现于单数调, 而 NT 却是呈现双数调。对于这种严格的逻辑推导, 国外学者很看重, 所以本文发表不久就被美国和日本学者引用或列为参考文献。

原始台语声类在靖西壮话里的反映 郑贻青撰, 载《民族语文》1987 年第 6 期。

文章根据李方桂的《台语比较手册》(*A Handbook of Comparative Tai*) 一书所构拟的原始台语声类来观察现代壮语靖西话声母的种种反映形式。李氏为原始台语构拟了 71 个单辅音及复辅音声母; 靖西话有 31 个声母, 其中原始台语的 *p、*ph、*m、*w、*t、*th、*n、*l、*s、*tɕ、*ŋ、*j、*k、*kh、*ŋ、*ʔ、*h、*kw、*khw等 19 个靖西话都保留不变。原始台语的浊声母: *b、*d、*g、*gw、*dz、*v、*z 靖西话都变读清声母, 但保留阳类调。原始台语带前喉塞音的浊塞音 *ʔb、*ʔd, 靖西话变作鼻音 m 和 n。原始台语的清鼻音、边音、半元音声母 *hm、*hn、*hɲ、*hŋ、*hl、*hw 靖西变读一般的鼻音、边音、半元音、声调保留阴类调。原始台语的复辅音声母靖西话都简化为腭化的单辅音声母。从与原始台语的比较情况来看, 靖西话与原始台语有严整的对应关系, 它有些反映形式是其他一些地点(如龙州、武鸣、泰语)所缺少的, 因此在台语中部组里它比龙州话更具代表性。

原始台语声母类别探索 张均如撰, 载《民族语文》1980 年第 2 期。

该文着重从壮泰语支诸语言声母、声调的变化以及泰文的书写形式来探索原始台语声母类别问题。其声母分为全清 (先喉塞音和塞音两类)、次清 (送气塞音和鼻、边、擦音两类)、全浊、次浊、共六大类。声调分化归纳成五种: 除各种语言都具有普遍意义的因声母清浊不同, 促使四声各分阴阳外, 还有后来部分地区又因某些清声母发音方法不同, 影响某些阴调类再次分化的四类, 共五种类型。同时论证了声母、声调的性质和二者之间的制约关系以及某些变化时间的大致先后。文章最后又提出一些看法: (1) 先喉塞音和送气音对声调分化都能单独起作用, 这与发音时喉肌的弛张状态有关系。(2) 声调分化也是渐变的, 某类声调的一部分词先变, 然后扩展到所有的词, 出现频率小的偏僻词往往慢变或不变; 几种声调的变化、不同地区的声调变化一般不是同步进行, 而是分阶段地逐步地进行的, 而且各阶段之间往往有交错现象。

原始通古斯语的一个动词词尾 *-si 池上二良撰, 载《民族语文研究情报资料集》, 中国社会科学院民族所语言室 1984 年第 4 期。

该文论述了原始通古斯语中的一个动词词尾的发展演变过程。在通古斯语中, 有一个用来构成动词的形动形式的动词词尾-ra,但另外有一些动词,它们的形动形式不是以-ra构成的,而是以其交替形式构成的。在埃文语中,以元音结尾的动词词干后面要接动词词尾-ra,而其他以不同的辅音结尾的词干,则接其交替形式,其中有特殊的一些词尾是-sa的动词。-sa这个动词词尾是通古斯语动词的一个基本的词尾。要知道埃文语中的动词词尾-sa和其他通古斯语中的类似词尾,出现在哪些动词后面以及这些动词形式是从哪里演变而来的,这对通古斯语来说是十分重要的。通过分析可以这样认为,很可能在某个时期,*-si是母语中*-ra的另外的语音交替形式,而且是根据词干尾部是*s或另一个不发音的辅音这一语音条件出现的。*s或另一个不发音的辅音音素放在动词词干尾部,可能曾经是一些动词最后的词根,但在很多情况下,它们可能起着构成动词词干后缀的作用。

原始突厥语元音的构拟 吴宏伟撰,载《语言与翻译》1996年第4期。

构拟语言的原始形式是历史比较语言学的主要任务之一。因此,根据现代语言和方言以及古代文献材料对原始语言的元音系统进行构拟是突厥语历史比较语音学的基本任务之一。尽管兰司铁、拉塞农、波普、捷尼舍夫、谢列布列尼科夫和嘎吉耶娃、克劳森、谢尔巴克、谢奥尔强等国外学者都在这方面做了大量研究工作,但原始突厥语元音系统的构拟至今还没有一个公认的体系。从学者们的构拟中大致可以看出争议比较多的是原始突厥语元音系统中是否有窄元音。古代突厥文献的一些材料表明,原始突厥语中是存在窄元音e的。本文所构拟的原始突厥语元音系统的发展在原始突厥语时期经历了三个发展阶段:(1)早期原始突厥语。元音系统的元音均为相对的长元音,由8个长元音构成;(2)中期原始突厥语。元音开始有长、短两种形式,但没有形成对立,*e的变体出现于非第一音节;(3)晚期原始突厥语。长元音退居次要地位,长短元音在多数方言中还未完全形成对立,长元音便消失了。

原始藏缅语动词后缀 * -s 的遗迹 黄布凡撰,载《民族语文》1997年第1期。

该文从十多种藏缅语语音形式为S或S(V)的动词后缀或助词、连词的语法作用,推断出原始藏缅语动词曾经有过表示动作行为已进行或已完成的后缀*-s。*-s在部分藏缅语里已消失,在形态丰富的羌语支语言里保留这一成分的较多,即使在形态大大简化、分析型的彝语支语言里,也能看到这一成分的遗迹。这不仅为藏缅语的同源关系增加了新的证据,我们从中还可以得到以下启示:表示基本语法概念(如时、体概念)的语法成分,也像基本词汇一样具有稳固性,不易消失。当然它也不是一成不变的,它在语音和语义上都依具体语言的不同发展而有程度不同的变化。它在保留古成分较多的综合型语言里是后缀,在分析型语言里成了助词、连词,这也从一个侧面反映了藏缅语的语法形式由综合型向分析型发展的趋势。

原始藏缅语动词使动前缀 * s- 的遗迹 黄布凡撰,载《南开大学语言学刊》2004年第6期。

大多数藏缅语除了有分析形式表示使动外,都或多或少有一部分动词以形态变化表示使动和自动的对立。形态变化包括了缀加前缀和词根内部屈折等手段。表示使动的前缀有藏语(书面语)s-、道孚语 s-/z-、嘉戎语 sə-、景颇语 să-/ʃă^{31}-/tʃă^{31}-、独龙语 sɯ^{31}-/zɯ^{31}/tɯ^{31}-等。以内部屈折表示使动的,如载瓦语元音的紧化,阿昌语鼻音、边音的清化和不送气塞音、塞擦音变为送气音,这两种语言使动形式的声母都与藏语(书面语)或景颇语使动形式的声母相对应,从中可推测,这种内部屈折是由表使动的古前缀脱落所引起。以上语言代表了藏、羌、景颇、缅4个语支。可以将其表使动的古前缀拟测为 * s-。彝语支语言是藏缅语中形态变化最简化的语言,也能找到古使动前缀 * s 的遗迹。如彝语的

辅助动词 $ṣu^{33}$ 表示役使意义，置于动词前用时，作用与上述前缀相当，其来源可能是古使动前缀 * s- 实词化的衍变。

原始藏缅语构拟中的一些问题——以"马"为例　孙宏开撰，《民族语文》1989 年第 6 期。

该文以 90 多种藏缅语族语言的"马"为例，以国内外许多藏缅语学者关于"马"的构拟为话题，引出对原始藏缅语构拟中的一些理论问题的探讨。如构拟的材料问题，层次问题，指导思想和原则问题，构拟的局限性问题等。文章还对目前藏缅语构拟中存在的问题进行了剖析，认为目前藏缅语学者在构拟方面存在差异的主要原因是因为：掌握的材料有局限，对藏缅语历史语音演变的规律认识不一致，指导思想不统一，缺乏低层次的构拟作参考等。文章提出的构拟原则是：要确定同源关系，要有事实根据，要能够解释同源词中主要语音现象的音变方式和变化过程，要有系统性，要注意不同时期语音演变的特点。文章最后认为，原始语言形式的构拟目前仍然是历史语言学的一项重要任务，完全否定它的学术价值是不对的。但是构拟是有一定局限性的，在我们工作过程中应当尽可能避免这种局限性。

粤语在汉藏语研究中的地位和作用　戴庆厦撰，载《广东民族学院学报》1991 年第 2 期。

文章认为粤语不同于其他汉语方言的特殊性表现在粤语保存许多古汉语特点，不论在语音、词汇、语法方面都有一些与汉语不同而与壮侗语言相同。粤语与壮侗语族语言的联系，在一定程度上代表着汉语同壮侗语族的关系。汉语与藏缅语的比较研究目前还十分困难。拿保留古汉语特点较多的粤语同藏缅语族语言比较，看二者的关系，在一定程度上可以说明汉语同壮侗语族语言的关系。文章从语音、词汇、语法三方面指出二者共同之处。粤语和藏缅语一些语言声母清浊对立的消失，往往转化为声调的分化。粤语有 -m、-n、-ŋ、-p、-t、-k 韵尾，在藏缅语共同存在过的这些韵尾。在词汇上粤语有些词与藏缅语同源而与壮侗语不同（无、杀、吾、你、界、死、目、飞）；在语法上，亲属称谓前加词头"啊"。文章最后谈及汉藏语研究对粤语研究的意义及粤语在多方面受壮侗语影响的实例。

粤语中的壮侗语族语言底层初析　李锦芳撰，载《中央民族学院学报》1999 年第 6 期。

文章讨论汉语粤方言底层的壮侗语遗留问题。文章对袁家骅《汉语方言概要》说"造成粤方言特殊地位的原因，固然主要应该从汉民族入粤的复杂过程去寻找。但是，我们还不能不注意另外一个对方言的形成有着重大影响的因素，那就是因民族杂居而产生的语言相互影响。两广地区早期土著所操的语言属于壮侗语系统。现在粤方言某些与壮侗语共同的特点，岭南地区的汉语即粤语在受到土著语言的渗透过程中渐渐地形成一个积淀层，即语言底层，称为粤语中的壮侗语族语言底层。文章认为在其他汉语方言里没有出现的词但在壮侗语中可以找到与之语音相对应，语义对等的词，笔者认为粤语中的这部分词语是壮侗语族语言的底层。文章通过壮侗语族语言和广州话词汇材料的比较，寻找粤语的壮侗语族语言底层。全文用例百余个，并分别构拟了汉语古音和壮侗语古音。

粤语壮语关系词的分类问题及类别例释　刘叔新撰，载《第五届国际粤方言研讨会论文集》。詹伯慧主编，暨南大学出版社，1997 年出版。

论文认为，须把关系词区分出同源词和搬借词两类。推断哪些关系词是同源词，须以如下情况为依据：除在粤语、壮语，它们还以一致或相近的音义在各种或大部分侗台语——须包括地处最远的泰语或傣语在内——中出现，而且推断出的共源语音形式谐合于汉语上古音系；而粤语中的关系词，是汉语上古就存在的。判断壮语里古代、近代来自粤语的借词，须依据如下情况：粤语相应被借词的意义是汉语古来本有的成分，但独在粤语沿用下来；在壮语之外，壮侗语族其他语言一般无类似说法；这样的词指的事物曾是较高精神文化或物质文明的体现。判断粤语从壮语搬来的借词（包括底层词），则应以下列情况为依据：会有非汉语本有的语素；在南、北两支壮语里或在壮语和其他某些侗台语里，存在意义上类似的说法；该词所指的事物是极普通、极普遍的东西或方式行为。此外，数量很少的互借词，也应定类而不能忽略。通过这样的辨类定性，同源词共举出了 20 组实例；借词的实例举出更多一些。所有实例都一一作出了定性理由的解释。

越南北部的布依族及其语言——越中布依语对比研究 周国炎撰，载《跨境语言研究》，中央民族学院出版社 1993 年。

该文主要介绍分布在越南北部河宣、黄连山、莱州 3 个省的布依族。在第一部分"概述"里介绍布依族分布依、布那、布田 3 个支系。布依支系聚集在河江地区；布那支系住莱州、高平、谅山等省；布田支系住黄连山省，人口最多。全部共 3 万多人。第二部分谈布依族的来源，指出 18 世纪末（1795）贵州布依族地区爆发了农民起义，失败后部分人逃到云南河口、马关一带，又逐渐迁入越南境内。另外在 19 世纪中从贵州的望谟、罗甸迁进越南河宣省。目前仍保留原有的文化特征。第三部分介绍布依语使用情况和语言概况。由于人口少，大部分人兼懂当地语言。语音特点与贵州布依语十分相似。第四部分是越中布依语对比。经比较，认为越南布依语与贵州布依语的第一土语基本相同。

越南拉哈语与仡央诸语言的初步比较 李锦芳撰，载《语言研究》1999 年第 1 期。

拉哈语是越南北部山区拉哈族使用的语言，可分"旱拉哈"和"水拉哈"两种方言，拉哈语语音系统和仡佬、布央等仡央语言接近，尤其与布央、普标语接近，元音分长短，有鼻音和塞音韵尾-m、-n、-ʔ、-p、-t、-k，旱拉哈方言还有流音韵尾-l，但没有仡央语言常见的小舌音声母 q-。拉哈语声母和辅音韵尾与仡央语言有密切的对应关系，声调对应则很松散。拉哈语语法系统和仡央语言也很接近，否定副词后置的特征一致。拉哈语与仡央语言核心词的同源率在 40%—63% 之间。依语音对应的松紧和同源核心词的多少来看，拉哈语与中国布央语关系最为密切。越南拉哈语应为侗台语族属下的仡央语支的一种语言，其中与布央语的关系最为密切。

越南侬语与广西壮语语法的比较研究 李锦芳撰，载《跨境语言研究》，中央民族学院出版社 1993 年。

越南侬人分布在与中国广西、云南接壤的谅山、高平、河宣、黄连山 4 省，人口约 70 万人。自称"布侬"，与中国部分壮族自称相同。相传是侬智高兵败后其部众部分南迁入越南内居住。侬语与壮语较明显的差异有二：（1）是壮语的腭化、唇化声母在侬语已演变成单纯的辅音。（2）在语法结构上如①：形容词的级别形式，壮语用汉语"最"çei^5，侬语用 njat^7。②量名配搭。壮语指物量词除了 an^1 之外，有时用 kaːi^5、teu^2、tu^3 等量词，侬语仍用 an^1（个），而且有时还虚化，用于时间名词之前。壮语的 tu^2（只）用于动物和小孩，侬语还可用于成年人。如 tu^{1}me^6（妻子）。tu^{1}po^6（丈夫）等。③修饰成分的位置。侬语的后置副词比较多，保留固有的因素。④侬语动词谓语可叠用 3 次，表示加强。其他如"工具句"中的工具名可移至动词之后。总的看，壮语和侬语是有共同来源的语言，但各自独立的演化经历了数百年，加上汉语对壮语的影响，形成今天的差异。

越南语补语初探 洪绍强撰，载《广西民族学院学报》1983 年第 2 期。

越南教育部所编的现行教材中把补语下定义为

"补语"是修饰或补充动词和形容词的附加成分，不论这些动词或形容词在句子中什么位置和充当什么成分。换句话说，动词的补语是直接或间接补充说明动词的词语。越语语法体系中的补语，包含了汉语语法中一般称为"宾语"的成分。作者认为：动词和名词之间或动作和事之间有多种关系，并不限于施事和受事。动词除表施事外，还兼表：（1）存在的方式。（2）使用方式。（3）获得的方式。（4）形容词可作动词用。从宾语方面看，动词后面的实体词还可以是与动词有关的能对动作起一定限制作用的各种实体词，如：时间词、处所词以及表示动、处所词以及表示动作的结果和使用的工具等。汉语的补语一定要放在中心词之后，即所谓的"前状后补"。越南语的补语则不一定位于中心词之后，也可前置。补语和中心词的关系，作者列出 11 条：（1）动作或性质状态变化的直接对象。（2）行为动作的原因和结果。（3）行为时使用的工具和目的。（4）行为、动作发生的地点和时间。（5）行为动作或性质状态的肯定或否定。（6）表示命令或劝告。（7）表示过去、现在和将来。（8）性质状态的程度和特点。（9）行为动作的持续。（10）行为动作的数量或持续时间。（11）补语是一个主谓结构。

越南语和南亚语系某些语言对应词汇考

哈夫曼撰，载《民族语文研究情报资料集》，中国社会科学院民族所语言室 1985 年第 6 期。

该文探讨了越南语和南亚语系某些语言词汇的对应关系。关于越南语系属问题的争论为时已久。不少人做了许多尝试，如把越南语与汉语、藏缅语、泰语、孟—高棉语，甚至与埃及的语言联系起来。但只有欧德里古尔最令人信服地阐述了越南语与南亚语系有关学理论，提出了越南语声调来源的假说。本文正是在欧德里古尔假说的启发下，考证了越南语和 18 种孟—高棉语言之间的词汇对应关系。这 18 种孟—高棉语的每一组同源词都在以下三个方面和越南语相应的词进行比较：（1）外表上语音形式的一致；（2）声母所反应的调类的一致；（3）韵母所反应的调形的一致。通过比较分析可以这样认为：欧氏假说中关于越南语的声调和孟—高棉语词的形态之间的关系，还有这些关系词的不可否认的基本属性，越南语和南亚语系有发生学上的关系，看来是相当可能的。

越南语河内方言和京语语音比较 王连清撰，载《语言研究》1984 年第 2 期。

越南语河内方言是越南语的标准方言。在音系方面，京语和河内方言除了声母和韵母的不同之外，河内方言有 6 个声调，而越南语的其他两个主要方言，南部方言的中部方言都只有 5 个声调。京语也只有 5 个声调。在比较了中国境内的京语和河内方言以及参考了越南语其他方言的声韵调以后，作者认为京语和越南的中部方言较为接近。这些语音特点的异同也是民族迁移的根据之一。由于京族已经在中国境内生活了 500 多年而接受了强大的汉语粤方言（钦州话）的影响，已经产生了一些新的声母和韵母。这些新的声母和韵母跟越南语中相应的声韵母并存但有截然不同的功能，因而是区别不同时代的汉语借词的可靠标记。京语虽然来自越南语，但是由于京族生活在汉语的包围之中，加上政治、经济和文化等强大的影响，京语已经在整个语音系统方面出现了许多越南语其他任何方言没有的因素，特别是语法方面的变化，使京语已经更靠近混合语的定义。

越南语声调的起源 欧德里古尔撰，载《民族语文研究情报资料集》，中国社会科学院民族所语言室，1986 年第 7 集。

该文探讨了越南语的声调起源问题。越南语原始时期是一种没有声调的南亚语，后来出现了问声—跌声调便采用一种表现形式；擦音韵尾变成 h，由喉头肌肉突然放松而构成喉音。声带的放松致使前面的元音的音高突然降低，这就形成一个降调；这个降调起初只是尾音 h 的语音结果，后来变成相应的音韵上的声调，表现为词的特性，于是尾音 h 在演变过程中消失了。随在元音后面的喉头一度闭塞是由于声带紧张的加剧。在元音持续期间，声带紧张度的增强，尾音开始闭塞，这样会产生一种升调；这个升调起于喉塞音的语音的结果，在喉塞音消失后，变成音韵学上的确实的声调，用以区别一个词。越南语声调的起源并不证明它和台语有同一母语，因为很可能在公元初期，台语的祖语也好，上古汉语也好，共同苗瑶语也好，都还没有声调。这些调的出现，起源于韵尾和声母的变化，在 4 种语言中产生了平行的演变。

越南中越跨境壮侗语族语言的变异 韦树关撰，载《广西民族学院学报》1999 年第 2 期。

一、越南中越跨境壮侗语族语言的变异。（1）语言功能的变异。主要表现为：语言使用范围的扩大。属于这种情况的有岱语、侬语和泰语。语言使用范围的缩小。属于这种情况的有热依语、布依语、卢语、侗语和水语。（2）语言结构的变异。包括语音的变异；词汇的变异；语义的变异；语法的变异；文字的变异。二、越南中越跨境壮侗语族语言变异的原因。（1）居住环境、发展程度与人口因素。越南北部和西北部，是多民族杂居的地方，共有 36 个民族。民族间互相交往，需要有一个大家都能接受的"族际语"。（2）越南国语越语的影响。越语越文在文化教育、广播电视、报纸杂志等方面都占绝对的优势地位，少数民族语言受越语影响是不可避免的。三、语言自身的发展。壮侗语族的民族移居越南以后，为了适应交际需要，不断变换调整其内部结构，于是产生了变异。

《越人歌》与壮语的关系试探 韦庆稳撰，载《民族语文论集》，中国社会科学出版社，1981 年。

《越人歌》出自刘向《说苑》，记载的是春秋时一首越人歌词的汉字记音及汉译。因为当时百越之中有西瓯骆越（一般认为西瓯骆越与壮族先民有关），所以这首歌很可能与壮语有关系。文章首先列出歌中每个汉字的上古音和中古音，然后与壮语有关的词（和假定的上古音）逐个对照，推测其中的联系，发现：《越人歌》古译不是直译，而是意译。最后，从语音、语法、词汇三方面进一步探讨《越人歌》与壮语的关系，分析了歌中一些汉字记音时的歧义情况，证明歌中大部分词语都可以在现代壮语及其亲属语言中找到。歌的用韵方式与壮族民歌相似，语法上也与现代壮语相合。因此，可以断定，《越人歌》用的语言是壮族先民的语言。该文是国内第一篇研究《越人歌》语言问题的论文。

云南的两个傣语方言 巴尼·古拉瓦尼撰，载《云南民族语文》1991 年第 2 期。

云南的傣语分为好几种方言，其中西双版纳傣泐语和德宏傣那语为两个主要的方言，文章从语音、声调方面着重分析和讨论了傣语的这两个方言。文章先介绍了西双版纳傣语的使用地区及学术界对云南傣泐语的研究成果，并着重对西双版纳傣泐语的其中一支——勐伦傣泐语进行分析。作者认为现代勐伦傣泐语有 19 个辅音，10 个元音，6 个声调，同时他还把勐伦傣泐语与傣语的其他两个方言的音位系统进行比较。其后，文章也介绍了德宏傣那语的使用地区及范围。作者认为德宏傣那语是区别于西双版纳傣泐语的一个方言群体两种方言的语音和词汇上有很大的差异，不易相互交流。此外，两种方言的表音系统也有很大的差异。文章从声调、辅音方面对两者进行比较，总结出两种方言之间的异同及具体的发音部位。

云南的契丹族后裔和契丹字遗存 陈乃雄撰，载《民族语文》1994 年第 6 期。

文章通过对云南境内部分自称"本人"的居民

的家普传说和有关史实记载进行考证及作者的实地考察证明，"本人"应为契丹族后裔，"本话"为契丹语结合当地语言的演化。文章分三个部分进行论证。第一部分，作者以《布朗族社会历史调查》一书中桑耀华和杨毓骧文章中的有关记述及作者本人载云南施甸县的考察证明："本人"是汉文史籍称为"蒲满人"、现为布朗族内部部分居民的自称，虽然他们不一定是辽太祖耶律阿保机的嫡系子孙，但应属契丹人的后代。第二部分用近百例本人所操汉语中的本族词语相比较，印证"本话"是借用当地濮人之一的语言又融入自身固有的词语成分发展而来的一种语言。第三部分对施甸县蒋姓契丹遗裔墓碑上"穴×"两个契丹字及后发现的墓碑上的契丹字进行详尽的考证，证明"本人"确系古代契丹族的遗裔。

云南古代贝币单位名称考释　王敬骝撰，载《云南民族语文》1995年第1期。

云南古代用贝为货币，史籍多有记载。其中所用的特殊单位名称有：庄、妆、手、首、苗、觅、卉等。作者认为要弄清楚这些量词的真正含义必须解决这样几个问题：一、关于是什么语的问题。二、关于这些贝币单位名称的本义问题。作者具体分析和考证了庄、妆的词义和来源；手、首、觅、婚、苗、索、卉等词的词义和来源，认为从考证中可以看到本文考释的虽然只是白蛮—白人语中的四个词，但所涉及的方面却不少。首先，它对笔者关于白族以及白语形成的看法，是一种支持。其次，是关于翻译的问题，这也是一种颇开眼界的讨论。再次，它可以使我们进一步认识到综合研究的重要性和必要性。

云南剑川石窟"阿殃白"语源及其文化现象　朱文旭撰，载《云南民族语文》1999年第1期。

该文就剑川石窟"阿殃白"语源问题从相关的语言和文化现象进行比较探讨，结论是"阿殃白"源于彝语。在本文作者之前，已经有很多的学者从语言学和宗教学等角度对此进行探讨，包括从地理环境和语言文化来说明古代乌蛮和白蛮属于共同的文化圈，其语言文化也是大同小异的。再考察"阿殃白"的词源，得到的结论与其他人的比较一致。本文还涉及了"阿殃白"生殖崇拜现象在今天的很多彝族地区中仍能找到。它是人们共同体在一定的社会历史阶段里对自然和人自身的一种认识的反映和产物。从宗教学角度说，它反映的是人们对自然世界、人类世界和神灵世界之间关系的一种处理方法和依附心理。不过，很多东西都是在社会进展中发展消亡的，很明显地，"阿殃白"现象很快就会作为历史现象。

云南金平红头瑶语几组声母的历史演变初探　方炳翰撰，载《民族语文》1992年第2期。

文章对红头瑶话复辅音、舌面前音和送气音的历史演变进行了初步探索。作者运用通过语言历史比较，找出语音对应规律的方法认为：（1）红头瑶话曾经有过复辅音，主要表现在双唇、舌面中和舌根塞音跟边音 l 的结合上。复辅音的消失、演变情况：pl、bl 演变为 pj、bj；cl、kl 发展为 tcc；gl 脱落留下 l。（2）红头瑶话上一层次古音系里没有舌面前音。今天的舌面前塞擦音由历史上舌面中塞音（或舌根腭化塞音）演变；舌面前摩擦音主要由汉语借词影响产生；舌面前鼻音 ny 是因语言结构内部变化由舌根鼻音 ng 逐步发展形成。（3）红头瑶话上一历史层次中没有送气音。送气音的出现主要也是由于汉语借词影响。另外，文章还指出了红头瑶话和蓝靛瑶话用清音和浊音两种形式吸收汉语的送气声母有关词语现象。该文对研究整个瑶语的语音演变和古瑶语的语音系统有一定参考价值。

《云南昆明西郊彝族生活图谱》述略　朱崇先撰，载《中国民族古文字研究》（第三辑），天津古籍出版社，1991年。

我国著名的民族学家杨志先生，早在20世纪20年代末期赴滇作民族调查时，就从昆明西乡搜集到一批彝文古籍。现谨依照杨先生的意见，将其题题名为《云南昆明西郊彝族生活图谱》（以下简称为《彝族图谱》），并作扼要介绍：（1）祭祖献牲图：描写了行家堂祭祖献牲仪式的场面。（2）祭神除祟图：描写了唯恐怪物之神作祟而举行祭献仪式的场景。（3）求神保佑图：左面骏马脱缰惊逃；中间主人夫妇下跪祈祷，求神保平安，上方汉文题字"天地三界"；右边三位衣冠楚楚的神灵设案端坐。（4）迎神祈福图：左面三位神仙悠闲漫步，侧题汉字"大罗三宝"；右下主人夫妇一同下跪祈祷，为之求神降福。（5）田间耕作图：红日当空，左下方一定夫役使双牛耕地，一把铁锄闲置地头，上题汉字"田公地母"；右下方有一农夫役使双牛耙田。描写了天时、地利、农事大吉的情形。（6）天神司辖图：左面三位天尊设案议事；右边一位天将乘一条白龙巡视大地，侧题汉字"天神天将"。

云南蒙古族嘎卓语研究 戴庆厦、刘菊黄、傅爱兰撰，载《语言研究》1987年第1期。

文章对云南省通海县新蒙大队白阁村的蒙古族语言进行初步分析，探讨嘎卓语的基本特点及它与彝语支语言的关系。认为嘎卓语尽管有自己的一些特点，但它的基础还是彝语支语言，特别是同彝语更为相近。这种相近性，只能看成共同的渊源关系，而不能解释为吸收、混合的结果。文章指出，从嘎卓语的现状上得知，这部分语言已同彝语有许多差别。应当把嘎卓语看成一种独立的语言，这种语言隶属汉藏语系藏缅语族彝语支，与彝语、傈僳语、哈尼语、纳西语、怒语、基诺语并列。

云南蒙古族语支及其系属问题 和即仁撰，载《民族语文》1989年第5期。

云南蒙古族自称卡卓[kha⁵⁵tso³¹]，主要聚居在通海县兴蒙蒙古族乡。作者在文中对卡卓语作了介绍，并通过与彝语和白语的比较，认为卡卓语是在语音上与白语接近，在基本词汇和基本语法构造上又与彝语有不少相同之处的一种独立的语言。其系属应属于汉藏语系藏缅语族彝语支。至于卡卓语的形成与蒙古族先民于1253年跟随忽必烈的十万大军进入云南后，先后与白族和彝族居民长期通婚共处有关。

云南民族语言地理类型初探（上） 和丽峰撰，载《云南民族语文》1987年第2期。

该文主要是探讨云南民族语言与地理类型之间的关系问题。作者通过大量的实例证明，各民族语的分布在一定的、与其相应的地理层次之中，大多数语言的分布都有明显的地域界线；同一地区的各族语言，随着海拔差距的增大，语言的差距就越大。而且有的虽"一江之隔，一箐之阻"，语言间都存在明显的差异，从而形成立体的民族分布形成立体的语言分布情况，如怒江州十种少数民族的语言分布。同时作者就社会发展中的语言波形扩散情况也展开论述，认为云南语言波形扩散有两种类型，即汉语对少数民族语的影响，某一少数民族语言对其他民族（包括汉族）语言的影响。对于语言波形扩散所形成的语言类型，即母语型、双语型、多语型，作者也分别加以论述。作者通过以上的分析论述，旨在说明云南丰富的语言与其复杂的地理环境之间的关系，增进人们对云南民族语言的了解。

云南民族语言调查的新收获：米必苏语及其他 李永燧撰，载《云南民族语文》1990年第1期。

我国民族语言情况复杂，虽然现在已识别了几十种语言，但也还有一些空白。对空白语言的调查，至今仍是民族语言工作者的一项任务，本文即是笔者近年对云南民族语言补充调查的新收获。一、关于米必苏语·米必苏语是西双版纳傣族自治州内有一种被称为"老品"（或"品"）的人使用的语言，长期以来他们的族属一直悬而未决，往往自报为"品人"。笔者根据所得语言材料判断，米必苏语是一个独立的语言。关于米必苏语系属问题，本文认为它是缅彝语群中一个独立的语言。米必苏语在语音上有缅语支的一些特点，但在词汇上与彝语支较接近。二、关于哈尼语方言。笔者通过语言实地调查，发现哈尼族木达话和阿克话很有特色，为哈尼语方言研究提供了新材料。本文对这两种话的特色加以详细的举例解释说明，以期同行重视并批评指正。

云南民族语言文字的规范化问题 盖兴之撰，载《云南民族语文》1986年第2期。

该文对《云南民族语文》工作中语言文字的规范化和标准化方面存在的问题提出了意见。语言文字是信息的载体，是人们最重要的交际工具，一个规范化、标准化的文字对于民族社会、民族教育的现代化，对于民族贸易的发展及民族的统一和团结都是十分必要和重要的。云南的民族语言没有形成民族共同语，民族文字的书面语都具有方言的性质，它与其他方言是平行的。所以云南民族语言文字规范的内容应包括：（1）标准音与正字法。标准音是拼写文字和学习标准语的标准语音，正字法就是文字的书写规范。（2）词汇规范与词典。（3）语法研究，这与民族语言规范化有着密切的联系。（4）翻译语言的研究，要搞译文范本，促进书面语言的规范。（5）教学语言与工作语言的研究，这些语言对语言规范都具有示范作用。（6）民族语言方言、土语的调查研究，只有调查越全面、研究越深入，规范标准就越科学。

云南墨江彝语结构助词初探 纪嘉发撰，载《语言研究》1992年第2期。

该文介绍几类墨江彝语的结构助词，分析它们在句子中的意义和作用，并将某些助词的特殊变化同其他方言作简要比较。（1）领属助词 dze^{33}，专附在名词、方位名词、人称代词和疑问代词之后，表示限制和领有关系。（2）受动助词 la^{55}，加在受动者之后，动词之前，区分施动或受动。东南部方言弥勒彝语加，西部方言巍山彝语加 di^{21}。（3）工具助词 $xɛ^{21}$，附在各种各样的工具名词后面，表示行为、动作是使用这种工具来进行的。（4）比较助词 khae、$Khɯ^{55}$、Sa^{21}，表示人或工词或代词相互间进行比较时，加在被比较的名词、代词后面。（5）从由助词 ka^{55} dza^{21} dza^{21}，一是附在地名名词后面，二是附在指示代词和疑问代词后面。（6）处所助词 $khɛ^{21}$、ka^{55}、$khɯ^{55}$、bo^{55}、ta^{33}，加在名词后面，表示行为、动作发生的处所。（7）时间助词 tho^{33}，加在时间名词后面，表示行为、动作发生的时间。（8）名物化助词，部分动词，形容词后面带上助词成分后，使动词、形容词名物化。

云南契丹小字的遗存与释义 杨毓骧撰，载《内蒙古大学学报》1993年第4期。

契丹语属阿尔泰语系。公元13世纪，蒙古军南征大理，军中有不少契丹将领和士兵。元之后，契丹后裔便落籍于滇西一带。至今还有他们的谱牒、宗祠、遗址、墓碑等存留于世。本文以1991年和1992年于施甸调查所有资料，对契丹族后裔墓碑上的19个契丹字进行了释读。作者最后提出了为什么契丹人落籍于云南的，沿元、明、清三代近700余年，在云南的文献史籍中未发现契丹字，而明清以来，所居各地的契丹后裔在历次重修祖墓中，不断出现了契丹小字等疑问，并作了分析：（1）契丹人在金章宗明昌年（公元1191）即诏示不准使用契丹文字，忌契丹族重新崛起，动摇金朝政权。自13世纪，随蒙古军远征西南抵达大理、滇西一带的不少契丹将领还能写本民族文字。明、清两代亦传予极少数后代子孙，但因遭遇"改土归流"和契丹土官、百姓的政策，迫使契丹多次改姓，坟墓亦多次被毁，仅留一小部分契丹碑文。

(2）明清以来，只有少数契丹视墓上刻下本民族使用过的一两个字，目的是让后代不要忘记他们是辽国契丹族后裔。(3）由于时间和条件的限制，目前还不可能发现更多契丹字，但随着时间的推移和政府的重视，肯定还会有更多的契丹字出现。

云南少数民族父子连名制新探 盖兴之撰，载《云南民族学院学报》1991年第3期。

父子连名制是借助语言保存下来的古代氏羌社会的遗制。该文对分布于云南省东西南北的11个民族的连名制作了分析比较。其中彝族、纳西族、白族、哈尼族、景颇族、基诺族、独龙族、怒族、普米族的9种语言属汉藏语系藏缅语族，源于古代的氏羌人，佤族、布朗族的语言属南亚语系孟—高棉语族，源于古代的濮人。连名制的结构有并列式、缩音式、嵌音式、重叠式，音节形式有二音节、三音节、四音节、五音节的。11个民族共保存有8种连名形式，总分为三种类型：(1）母系型：以布朗族为代表，有母女连名和母子连名两种；(2）混合型：以独龙族为代表，是母系向父系过渡的类型，既可与母亲连名取名，也可与父亲连名取名，两个名字均可在社会上使用；(3）父系型：以佤族、彝族为代表，由父女连名、父子连名两种，以父子连名为主。父女连名只是插接在父子连名的链条上，数量甚少。经过对众多连名事实和连名习俗的研究，可以说，父子连名是原始社会的一种文化特征，带有神话和原始宗教的烙印。它源于母系社会，兴盛于父系社会，个别的还延续于奴隶社会（彝族）和封建社会（哈尼族）。

云南少数民族语言文学的使用情况和发展问题 和即仁、杨应新撰，载《中国少数民族语言文字使用和发展问题》中国藏学出版社1993年。

云南少数民族成分多，语言文字种类也多，语言文字的使用情况比较复杂。全省境内24个少数民族中，除回族通用汉语外，其余23个少数民族都有自己的语言。由于各民族所处的地理环境、语言环境、人口多少、聚居和杂居的情况各不相同，各民族语言的使用情况和受其他民族语言影响的程度也各不相同。从文字上看，云南全省原有本民族文字的11个少数民族中，共有22种民族文字。其中，傣文5种，纳西文4种，傈僳文3种，彝文两种，景颇文两种，藏文、苗文、哈尼文、拉祜文、佤文、独龙文各一种。这些文字的字形和体系相当复杂。为帮助少数民族使用和发展自己的语言文字，云南民族语言工作，大致分为三个阶段：云南民族语言工作的开创时期（1957年前）、发展时期（1977年前）和复兴时期。在"七五"期间，应加强对民族语言文字历史和现状的调查研究以及有关语言基础理论和应用语言学方面的专题研究和对现行民族文字的试行或推广工作的管理。

云南省规范彝文概况 毕云鼎撰，载《文字比较研究散论》，中央民族学院出版社1993年。

该文从超方言云南规范彝文及规范彝文信息系统两个方面介绍了目前云南省规范彝文的概况。彝语有6个方言区，方言区之间难于用彝语通话。彝文是一种古老的文字，本是在全民族通用的统一文字，后来由于种种原因使各地彝语存在一定的差异。因此有必要规范方言区的彝文。再者彝文同汉语同属于独体的音、形、义三位一体的表意型文字，而且彝文还兼之表音，这也为规范彝文提供了可能性。彝文规范办公室经过努力，规范出表意彝文字2300个，彝语中的借词表音彝文字353个。1987年2月在全省范围内试行。汉字成功输入电子计算机为彝文输入电子计算机提供良好的借鉴。云南大学计算机中心成功开发了具有汉字、彝文、西文混合处理功能的 HL-DOS 汉彝文通用操作系统，从而实现彝文输入、编辑、排版、打印和制出印刷胶片的计算机处理。

云南省西双版纳允景洪傣语的音位系统

傅懋勣、刀世勋、童玮、刀忠强撰，载《语言研究》1956 年第 1 期。

文章首先介绍了傣语的分布地区和语言文字使用情况，接着详细描写了元景供傣语的音位系统：辅音共有 20 个，其中的 m、n、ng、p、t、k 可以作缀头也可以作缀尾，其余只能作缀头。以元音起始的音节以及短元音后面都带有喉塞音，但未作独立音位处理。单元音有 9 个，各分长短。复元音有 12 个，分 -u 尾、-i 尾两类。在 20 个辅音中，没有一个辅音能出现在所有 18 个单元音的前边。音调有 6 个。由早期的汉语借词以及和汉语同源的词来推测，6 个调和汉语的平、上、去分阴阳的调相合。在多音节的词里，如果前一音节是短元音收尾的，在一定的音调条件下，这个短元音较读或弱化，进而形成复辅音。会文字的人在阳调上有一部分词可读 h 或 l。最后文章将音位系统和现用傣文字母及符号作了对照，并对语言调查研究的方法提出了几点意见。

云南双语教学之我见

巫凌云撰，载《民族语文》1989 年第 6 期。

该文讨论云南各民族地区当前实行的双语教学问题，提出了自己的意见。文章首先区分出两个类型：一个类型是傣、景颇等族比较普遍地推行双语教学；另一个类型是彝、白等族基本上推行双语教学。上述两个类型当前都存在着一些值得研究的问题。一个十分强烈的倾向是：在整个教学过程中汉语文始终处于主导地位，而民族语文则只是作为学习汉语文的一种手段。作者的看法和意见：（1）以汉语文为主还是以民族语文为主？作者认为在整个民族小学的教学过程中，民族语文是教学的主体，只能以民族语文为主。（2）对于还没有自己文字的民族，应该根据宪法的规定和群众的意愿，需要创制文字的都应该给予满足。民族繁荣应该包括语言、文化等等方面具有鲜明民族特点的繁荣，没有民族特点和差别的繁荣就不能说是民族的繁荣。本文有傣族母语教学和汉语教学的对比例证，有瑷尼方言文字以及其他方面的一些例证。

云南瑶语门话与勉话之异同

盘金祥撰，载《云南民族语文》1997 年第 1 期。

该文从语音、声调等方面对瑶语门话与勉话的异同情况作了比较后认为，把它们归为一个土语欠妥。一、门话与勉话在韵母方面的差别，主要表现在元音长短对立上。二、声母方面的差别大。（1）有些地区的门话没有送气声母，而勉话有。（2）门话有齿间擦音，勉话没有。（3）门话里虽然也有唇齿清擦音 f，但来源与勉话活不同。（4）门话和勉话都有舌尖前塞擦 ts、tsh、dz，但它们的来源不完全相同。（5）勉话的舌尖中边音和边擦音，在门话里多数都读成了浊舌根音 g，只有少数例词读作 "l"。（6）门话与勉话之间，有少数声母对应关系特殊。三、声调的差别有：（1）门话的单数调各分化为两个调值，而勉话则无。（2）门话不带 p、t、k 收尾的入声字，已经转入了舒声调；不带 p、t、k 收尾的第 8 调字并入了第 6 调。而勉话仍保持入声调。（3）勉话名词、形容词结合新词时变调，而勉活不变。

云南瑶族"布努"语研究

盘金祥、黄贵权撰，载《云南民族语文》1992 年第 2 期。

该文介绍了云南瑶族"布努"语的构词方式和语法要点。布努语的词汇可分为单纯词和合成词两大类。其中单纯词又可分为单音节的单纯词和多音节的单纯词。合成词分成复合式合成词、附加式合成词和重叠式合成词。语法要点有词类和句子两个方面。富宁布努语的词汇可以分为名词、代词、数词、量词、形容词、动词、副词、连词、助词等 10 类。名词修饰名词时，修饰词在前，名词一般不重叠。代词分为人称代词、反身代词、泛指代词和疑问代词。人称代词有第一、第二、第三人称及单、双、复数之分。形容词能修饰名词,一般位于名词后。介词用法与汉语大体一致。瑶族"布努"语的句子成分,分主语、谓语、宾语、补语、定语、状语等。主语在谓语前,宾语在谓语后,补语也在谓语后,定语在被修饰成分前。

云南藏语语音和词汇简介 陆绍尊撰,载《藏学研究论丛(4)》,西藏人民出版社1992年。

云南省藏语主要分布在迪庆藏族自治州中甸县和德钦县以及维西傈僳族自治县塔城区,属于康方言南路土语群。本文对云南中甸藏语的语音和词汇的状况作了简要介绍。语音方面:中甸话有单辅音41个,复辅音6个,共计47个声母;中甸话有单元音韵母18个,复元音韵母23个,带喉塞尾韵母14个共计55个韵母。中甸话里有4个声调,即①高平调55,②高降调53,③低升调13,④低升降调132;音节结构、中甸话里常见的音节结构共计9种结合形式。中甸话词汇中单音节词远比卫藏方言拉萨话多。词的结构可分为单纯词和复合词两类,单纯词有单音节词和多音节词。复合词是由两个或两个以上的词根结合构成新词的。词的构成方法:主要分为合成法和附加法,其中合成法是造词的主要方法。中甸语里常用的附加法是词根加上后加成分。借词情况分为汉语借词和纳西语借词两部分。以汉语借词为主,纳西语借词为辅。中甸话词汇,汉藏借词的比例均占20%。

云南藏语中甸话的语音特点 陆绍尊撰,载《语言研究》1987年第1期。

该文重点介绍云南藏语中甸话的语音特点,其中特别指出声母的清浊转换问题,当清辅音声母出现在双音节词的第二个音节时,不论前者音节的声母是清辅音或浊辅音,连读时一律变读为浊辅音声母;反之,当浊辅音声母出现在第一音节时,不论后者是清辅音或是浊辅音,连读时一律变读为清辅音声母。其次,单元音韵母不但分长元音和短元音,还有松紧之分,都有区分词义,这是中甸话语音特点之一。

运用底层理论研究少数民族语言与汉语的关系 欧阳觉亚撰,载《民族语文》1991年第6期。

一般地说,汉语对少数民族语言的影响多表现在借用方面,从古至今少数民族语言从汉语里吸收了大量的词语,由此而影响到语音和语法方面的变化。而少数民族对汉语的影响则多表现在"表层"方面,这和相当一部分地区的少数民族语言被汉语同化有密切的关系。汉语北方方言和南方方言差别之大是众所周知的,这有多种原因,其中少数民族语言的影响是相当重要的。文章的第一部分说明在历史上汉族与少数民族的关系是互相影响互相融合。北方的少数民族一般是进入汉族地区之后融于汉族之中,而南方的少数民族是汉族的南下,一些地区的少数民族逐渐被文化高、经济发达的汉族所同化。两千多年的中国历史是汉族与少数民族的融合史。第二部分谈论民族语言"底层"产生的经过。利用"底层"理论来研究汉语与少数民族语言的关系得到越来越多的人的重视。第三部分主张通过对比,从宏观上研究某些重大的语言特点产生的年代或产生的原因,如北方汉语-p、-t、-k、-m韵尾的消失,可能与北方的阿尔泰语系诸民族语言的影响有关。南方汉语声调多而北方汉语声调数目由多变少,也可能与少数民族语言影响有关。云南汉语语音特点(如鼻音韵尾脱落,变成鼻化元音),可能与彝语的影响有关。广州话促声韵由于元音的长短不同而产生两个声调调值,可能与壮侗语族的影响有关。广东西部、广西东南部的一些地区和海南汉语的帮、端声母的字一律读作带喉塞的ʔb ʔd声母,心母的字读ɬ或θ可能与壮侗语族语言的影响有关。第四部分谈研究"底层"问题的几点看法。

运用实例和规则相结合的方法进行汉—蒙机器翻译的探索 青格乐图撰，载《内蒙古师范大学学报》2004年第33卷第3期。

单纯运用基于规则进行机器翻译系统很难有效地解决目前机器翻译所面临的一系列问题。本文针对汉—蒙机器翻译系统中的译文效果，首先分析归纳了在基于规则的MT方法中遇到的一些难题，然后提出了运用基于实例（Example – Based）的转换和基于规则（Rule – Based）的转换相结合的方法，旨在解决汉—蒙机器翻译中存在的问题。

载瓦文的正词法问题 徐悉艰撰，载《云南民族语文》1992年第3期。

载瓦文是一种拼音文字，有一个全社会共同遵守的、统一的拼写规则正词法。正词法是任何一种拼音文字都必须具备的。但是《载瓦文字方案》中规定的正词法原则，在近十年的实践中并没得到严格执行，主要表现在以下几个方面：有的双音节的单纯词不连写；有些双音节的合成词不连写或在同一篇文章中有连写又有分写；由重叠的词素组成的双音节词应该连写的分写了，有的在同一版上有连写又有分写；副词与动词、形容词、助词结合时应该分写而有的连写了；该大写没大写，该小写没小写等。这就使载瓦文拼写中存在一些不规范、不一致的现象，究其原因：一方面可能是因为有的分连写原则欠妥；另一方面是对正词的重要性认识不够。至于严格执行载瓦文正词法，作者认为，从理论上看，语言是交际工具，文字是语言的记录和反映，如果文字不能准确反映概念，在交际中将产生歧义和混乱，阻碍本民族科学文化发展，给民族造成损失；从实践上看，实现以词为单位的连写是完全可能的。

载瓦语的傣语借词 孟尊贤撰，载《民族语文》2007年第3期。

载瓦语是景颇族中自称"载瓦"的人使用的语言，属藏缅语族缅语支。载瓦人与傣人关系密切，载瓦青少年有的在傣族人中工作，有的早傣族村寨落了户，因而载瓦人一般能说傣语。载瓦语中有许多傣语的借词。全文分三节：一、借词分类；二、借词的类型；三、借词的音变情况。文中列举了二百多个例词。

载瓦语的量词 徐悉艰撰，载《民族语文》1993年第4期。

文章通过对载瓦语量词结构特征的描写和与亲属语言量词的比较，揭示载瓦语量词产生和发展的特点，并说明载瓦语量词在藏缅语中属于相对发展阶段。文章分四部分：一、用例描述载瓦语量词的结构特征。包括语音特征、量词类别等。二、举例说明量词的语法特征。包括词法、句法功能等。三、通过共时分析提出6条理由说明现阶段的载瓦语量词不属于初萌阶段，也不属于成熟阶段，而属于未成熟阶段。四、通过与亲属语言比较得出：载瓦语量词与同语族各语支只有2个同源词，与同语支各语言都有一部分同源词，与较相近的彝语语言不同源的占多数。文章认为载瓦语从缅语支分出来时，量词就有了一定的发展，而且是在形成语支后发展的。此外，又认为载瓦语的量词比量名词产生得晚。因为它只与同语支的个别语言同源。

载瓦语流音变朵 示拥汤、穆途撰，载《云南民族语文》1991年第3期。

由于说话时快慢、高低、强弱的不同，以及连续发音时，前后音的影响，语音会发生一定的变化，载瓦语中的语流音变现象主要有同化、弱化和异化三种音变。同化即在连续发音的语流和联音过程中，原来不相同或不相似的两个音受其他音的影响变成跟其他音相同或相似的音，载瓦语的同化现象可分为顺同化和逆同化两种。弱化即在发音时，有些音变得轻弱、快速，主要是元音的弱化。异化即两个相同或相似的音一块连读时，变成两个不相同或不相似的音，主要有多变性异化、声母脱落性异化、韵母脱落变异性异化几种形式。针对载瓦文在使用过程中会发生音变的特性，为保证文字的规范化，因此，对音变的音应该慎重考虑，对同化现象的应按未同化时的原音值书写；对于弱化的音节，应以标准语音地区的音来拼写，对已脱落的语音，针对具体情况，按现实语言实际语音书写。

载瓦语声调研究 戴庆厦撰，载《中央民族学院学报》1989年第1期

该文在分析描写载瓦语声调现状的基础上，用亲属语方比较，探索载瓦语声调的发展。载瓦语有三个调：高平55（分促、舒）、低降21（分促、舒）、全降51。带-p、-t、-k、ʔ-韵尾的促声韵，只示现在55、21两调。变调与音节的位置、词的结合、句型的特点有关。高平调有一个35变体，主要出现在不送气声母、松元音韵母的音节上。通过亲属语言比较，看到载瓦语的两个促声调是按声母清浊的条件分化的。并可推测促声调一分为二，是在形成清浊声母系统之后，松紧元音系统出现之前。3个舒声调的高平调是由清声母分化出来的，另外51、52两调现还未出现因声母清浊而分化，促声调的自动和使动，舒声调的自动和使动，声调有相同的对应，不同声调的对应是由于声调分化的结果。载瓦语的声调和同语支的其他语言及彝语支语言，都存在较严整的对应关系。这说明缅语支、彝语支的声调有着共同的来源，还说明这两个语支声调的发展大致处于相同阶段。

载瓦语使动范畴的形态变化 戴庆厦撰，载《民族语文》1981年第4期。

文章通过对载瓦语使动范畴基本特点（包括语法意义、语法形式等）的平面分析，以及与亲属语言比较，考察它的属性。先将载瓦语与阿昌、缅、彝、拉祜、傈僳、景颇、藏等语言逐个进行比较。指出载瓦语使动范畴的形容词变化与亲属语言存在对应规律。如与阿昌、缅语都存在送气不送气变换同送气不送气变换对应；松紧变换同送气不送气、清化不清化两种变换对应。又如与凉山彝语的对应情况是：送气不送气变换或松紧变换同清浊变换对应。文章认为使动范畴的形态变化是藏缅语族语言的一个重要特征，在历史上有过共同的来源。载瓦语是藏缅语族语言中保留使动词比较多的一种语言，形态变化的特点也较丰富。其形式多数是由过去的清浊对立转化来的。现有的多种变换形式是由语音变化引起的，即形态变化受语音变化规律的制约。

再论侗台语送气清塞音的产生——与韦树关同志商榷 梁敏撰，载《民族语文》2007年第3期。

《广西民族学院院刊》1998年第1期，韦树关的《壮侗语族送气音声母来源论》，认为由于吸收汉语词时"音从主人"而出现送气音声母；受汉语借词送气音声母的类化作用而产生送气音；浊音清化而产生送气音。本文作者认为不对，主张侗台诸语言的送气声母是由于原始侗台语某些声类中各种因素的不同作用而产生的。作者列举了数十个例子，说明壮泰语送气声母产生条件和来历。

再论汉藏语言 白保罗撰，乐赛月译。译文为《汉藏语言概论》附录五，1986年内部出版。

在《汉藏语言概论》一书发表（1972）及其对评论之后，白保罗再次对汉藏语言做了研究。其研究的收获：（1）肯定汉藏语系是一个已确立的语系，它只包含藏缅语言、克伦语和汉语。（2）苗瑶语言数词"四""六"到"十"与藏缅语言非常相似，但"四"的形式令人吃惊的一致。台语和苗瑶语言很早就分别向汉语方言或有关语言借用（特别是数词），原始苗瑶语的借词是一个与早期汉语方言（上古原始台语）不同的独立（藏缅语言或汉藏语系）语言（上古苗瑶语）借来的。而早期汉语方

言曾为原始台语所借入。原始苗瑶语的"plei 四"来自原始澳泰语 su（m）plilai，泰雅语（台湾）也有这个中缀。这些材料几乎不能证实台语或苗瑶语与汉藏语言的发生学关系。(3) 词汇表分析（使用斯瓦德希所编百词表）支持汉语与藏缅语言分开的分类法。还发现一大批汉语系属称谓的身体部位的基本词在藏缅语言中都有同源词。(4) 克伦语的地位仍未能确定。(5) 对汉藏语言的构拟（《概论》）除了修订外，大部分保持不变。(6) 上古汉语一种使用广泛的前缀模式 s-、ʔ-和 m-，使汉语换成与藏语和其他藏缅语言发展方向一样的"面貌"。

再论苗语和古汉语的状词——兼释"忳郁邑"、"索胡绳之纚纚" 曹翠云撰，载《民族语文》1995 年第 2 期。

主要内容：一、关于状词：苗语中有一类不同于形容词和副词的状词。这是苗语专家所一致承认的。不仅苗语的三大方言都有状词，而且汉藏语系的藏语、土家语、壮语、布依语、傣语、拉珈语、黎语、侗语、布努语和仡佬语等，也都有动词和形容词后带这类表达一定意义的音节，但也有不带这类音节的语言。如，瑶语标敏话、景颇语和南亚语系的瓦语、德昂语和布朗语等。古汉语虽然不如苗语那样明显有一类状词，但也存在有一些类似的现象，而且有的还能中加名词。如"行道迟迟"、"夏屋渠渠"等。二、《楚辞》译解：《楚辞·离骚》："忳郁邑余侘傺兮"对"忳郁邑"就有很多解释，甚至有相反的看法。我们参考苗语，认为"忳郁邑"不是三字连文为词，而是意义相关的两个词，即"郁邑"修饰"忳"的词组，是"苦闷忧愁"的意思。此外"索胡绳之纚纚"。古汉语专家对这句解释众说纷纭，莫衷一是。如王力先生说："纚纚"是绳子拧得很好的样子。马茂元先生说："纚纚"是纠结缭绕貌。郭沫若先生则把这句译作："组成了潇洒的花索馥郁婆娑"。……。作者参考苗语 niaŋ¹（住）lɛ¹（个）tsɛ³（房子）ʑu⁵ʑu⁵（小小）住个小小的房子。认为"索胡绳之纚纚"应译作：搓着长而下垂的香草。（索：搓。胡绳：香草名。纚纚：长而下垂的样子）。

再论"诺苏"非"黑族"义 戴庆厦撰，载《中央民族大学学报》1995 年第 2 期。

文章是《"诺苏"为"黑族"义质疑》（《中央民族学院学报》1993 年第 3 期）的续篇。前文认为"彝族有些方言、缅彝语有的亲属语言族称和'黑'不同音，是两个不同的词"，而有人认为是同化造成的。文章认为用同化来解释"诺"与"黑"同源而不同音是不能解释清楚的，特别不能用孤证来证明。还有人质疑前文"黑"义的"诺苏"不符合形容词修饰名词语序观点，认为"缅彝语支语言形容语素一般用在名语素后边，但也是有个别情况用在前边的"。其实反证例大多不是形容词性。另外，对彝族尚黑的认识要全面。颜色在不同民族中具有不同的象征意义，其象征意义的产生要受民俗民情、生活方式、地理环境等社会因素的制约，同时还受到颜色本身自然属性的制约。颜色的象征意义会随时代的变化而变化，有历时和共时的特点。若"诺苏"与黑有关，则一、彝族在远古时期也尚黑；二、凡用此称的民族也尚黑。实际彝族在历史上崇尚的颜色不是单一的；与彝族在渊源上最为亲近的怒族、傈僳族、哈尼族等，由于族称与"黑"不同音，就不见有尚黑的说法。文章最后指出彝族族称"诺"的意义还有待进一步研究。

再论《突厥语词典》中保留在西部裕固语里的一些古老词语 陈宗振撰，载《民族语文》1993 年第 1 期。

该文从语音和词义两方面论述了 11 世纪突厥语文学家马合木德—喀什噶里编纂的《突厥语词典》中保留在西部裕固语里的 20 多个动词，而它们在现代维语中已经消失或变化较大。作者论证了西部裕固语里语音、词义均与《突厥语词典》上的对应词大体一致的词,如 ahlGas - (一起祝贺,一起祝福,《词典》中原为 alqa - 一起赞颂,一起祝福);词义有差别的词,如 aj-(《词典》中原为说、讲,告诉,裕固语则为告状,控告及决定命运)。作者还指出,保留在西部裕固语里的静词和动词总共约 70 多个,这在《突厥语词典》中仅占词条总数大约为1%,这些词绝大多数都不是乌古斯、可普恰克、黠戛斯、配切涅克等部特有的词,在《词典》中没作注明。这说明西部裕固语的这些古老词语是突厥诸部共有的或者至少是纯正的回鹘语和喀喇汗王朝中央省区人民的语词。

再论国内少数民族语言中新词术语的问题 傅懋勣撰,载《中国语文》1958 年第 6 期。

该文再次讨论我国少数民族语言中新词术语问题。指出排斥汉语借词的偏向:尽力挖掘本族古语或偏僻的词而给它新的意义,或用本族语言材料不适当地创制词术语;宁可借外国语也不愿借汉语。作者自我批评说,头一篇文章把创制的方法列在借词前边,这不合我国兄弟民族新词术语发展的情况和要求,应该以从汉语里吸收借词术语发展的情况和要求,应该以从汉语里吸收借词为主要手段。对借词问题的认识:(1)使用借词是任何语言丰富发展的必然现象和必要的一种手段。(2)吸收借词和借多少是由社会生活和生产的需要决定的。(3)一个民族创制几种文字和不同民族实行文字联盟,更应强调多用汉语借词。(4)汉语借词的写法应尽可能和汉语拼音方案一致。应该注意:社会政治科学技术用语,应用汉语借词,国际术语也应通过汉语吸收。汉语借词的语法变化基本上服从本族语规则。如果人群众已习惯汉语次序,应从习惯。本文所论及其用例涉及我国各类民族语言文字。

再论哈萨克语的量词 王远新撰,载《语言与翻译》1995 年第 3 期。

该文着重讨论了量词的历史发展、量词与形态的相互制约关系、量词反映的畜牧业经济特点和量词的句法功能等问题。(1)哈萨克语量词的形成和发展经历了一个漫长的过程。古代突厥语时期,量词以及随之出现的"数计量+动"结构只是处于萌芽阶段,而且量词的出现以名词借用作临时动量词为主。中古时期专用动量词较少,类别量词的使用也不普遍,表示计量、容量等单位时一般要用量词,但有一部分为借词。到了近代,单位量词成批出现。(2)形态制约量词的使用和发展主要表现在:形容词比较级、动词弱化形式、静词的复数形式制约了不定量词的使用;基数词加构成附加成分和格附加成分制约了量词的使用。(3)与畜牧业词有关的固定表量形式涉及牧业、日常生活、民间传统游戏和娱乐活动诸方面。(4)量词常以"数+量+名/动"形式在句中做主、谓或宾语;在特定场合下可与"名/动"结合,甚至单独做句子成分。

再论核心关系词的有阶分布 陈保亚撰,载《民族语文》1998 年第 3 期。

孟和达来、黄行、赵明鸣诸位先生最近研究了蒙古语族诸语言之间、突厥语族诸语言之间以及蒙古语族和突厥语族之间核心关系词的有阶分布,发现了突厥语族语言中两个重要的现象:①当两个语言的核心关系词很多时,两阶关系词的差别从概率统计上看不显著。②当两个语言的核心关系词较少时,两阶关系词的差别从概率统计上看也不显著。阿尔泰语是世界上一个比较重要的语言集团,从方法上解释这两个现象是很有必要的。本文结合汉语和侗台语的有阶分布情况解释了这一问题。文章在研究汉语、侗台语、阿尔泰语核心关系词分布的基础上,讨论了核心关系词的数量和有阶分布的函数关系,结合同源关系的可传递性提出了系联有阶分析,对阿尔泰语言的语源关系作了初步的解释,最后谈到了从词汇的语音对应入手确定语源关系的 3 个目标。

再论景颇语的句尾词　戴庆厦撰，载《民族语文》1996 年第 4 期。

文章从景颇语语音、语法、语义的相互关系以及句尾词的性质、来源、形成条件以及发展趋势，还从句尾词和特征看藏缅语代词化的来源问题。分五部分：一、句尾词的性质。分析了句尾词与动词的结合关系以及句尾词的语法意义和语法形式，认为它不是动词后附成分，而是独立的虚词。二、句尾词的来源。通过词源比较，认为有些句尾词来自人称代词、动词。三、用例说明景颇语句尾词的形成与景颇语语音结构发展的特点有关，双音节化音律使得一部分表示语法意义的成分聚合在一起成为独立于动词之外的虚词。四、文章分析了句尾词出现逐步简化的趋势。五、文章最后论述了从句尾词特征看藏缅语代词化的来源问题。认为代词化的出现早在原始藏缅语时期就已有了萌芽，其萌芽的条件与原始藏缅语语音、语法、语义的特点有关。

再论科尔沁土语的元音和谐　查干哈达撰，载《民族语文》1981 年第 4 期。

该文依据蒙古语科尔沁土语几个调查点的口语调查材料，从元音的分类、元音和谐的内容、早期汉语借词受元音和谐律的约束等三个方面对科尔沁土语的元音和谐律进行研究。文章认为，科尔沁土语的元音和谐现象与蒙古书面语、标准语有很大不同。该土语的元音和谐主要是在邻近两个音节中的元音之间发生。并且前一音节的元音一般只决定紧随其后那个音节的元音，而不能决定所有后续音节的元音。弱化元音 ə 只能出现于第一音节，且不受前后元音的支配和影响。科尔沁土语的元音变化大，元音和谐关系比较复杂，有一些"中立"性质的元音，而且出现频率高。因此，对该土语元音的归类不能套用书面语的阴阳两分法，而应采用多分法。这样做不但符合其元音系统的特点，还有助于说明各类元音之间的复杂关系。

再论蒙古诸语言"＊i 的转变"（上）——为了防止脱离实际语音的思考　服部四郎撰，载《民族语文研究情报资料集》，中国社会科学院民族所语言室 1986 年第 7 期。

该文再一次讨论了蒙古诸语言的"i 的转变"问题。必须澄清几个概念：（1）所谓"i 的转变"，是指词里第一音节的 ＊i，由于受其后续辅音或元音的影响而历时性地演变成其他元音的现象。（2）"普通语音学"不是单义的。这与从前那种主要以实在的语音为对象，并把那些语音当作同级语音来加以研究的"普通语音学"是不同的。笔者所讲的"普通语音学"是指经过音位学的思考之后的有关语音的研究。在这一点上，与过去的普通语音学有所不同。比如，具有类似的"语音体系"和"语音连缀"的诸语言（诸方言）中，音素实体也有共通的一般性的一面。（3）"普通共时音位学"，与"普通语音学"具有互补关系。语音实体类似的诸语言（诸方言），在语音体系和语音连缀的方面，也很可能存在类似的地方。应该在这样的前提下，研究各种语言（方言）的语音和音位。

再论蒙古诸语言"＊i 的转变"（下）——为了防止脱离实际语音的思考　服部四郎撰，载《民族语文研究情报资料集》，中国社会科学院民族所语言室 1987 年第 8 期。

该文是服部四郎同名论文的下半部分，主要论述了蒙古诸语言中有关"＊i 的转变"的问题。"例外"是有明显的规律的。在巴尔虎方言中，在第二音节中有短元音的单词中，第一音节有强"重音"，而在第二音节的元音是长读的单词中，第二音节的重音比第一音节的还要强一些。鄂尔多斯方言虽然比巴尔虎方言更好地保存了第二音节的短元音，但在"重音"方面却可以推定是相似的。关于这一点，可以从历时、比较语言学的角度看到规则现象：这些"例外"几乎都是因为语音条件的差别而产生的。对于在鄂尔多斯方言中尽管第二音节中有长元音但并未发生"转变"的情况,可以依据语音条件的差别,分类处理:①与后续有"两个辅音+长元音"的例词相同,因此没有发生"转变";②具有相同的语音条件,因而没有发生"转变"。

再论苗语形态 石庆信撰,载《贵州民族研究》1997年第3期。

该文以湘西花垣和贵州松桃的苗语材料为依据,讨论苗语的形态问题,文章认为苗语东部方言有形态,是构词法,构形法形态兼有。构词法形态是从同一词根增添表示语法意义的附加成分构成不同的词的形式。苗语名词有7个前缀,这些前缀是苗语名词的构词法形态。构形法形态是同一词的不同语法意义的形式变化,其词汇意义并没有改变。苗语动词、形态词、拟声词和状词有构形法形态。(1)动词形态。前缀 jid 是苗语动词的构形法形态的形式。前缀加动词原形,然后重叠,词根音节韵母变为 ei 或 i,声调一律变为 b 调,这种替换形式是动词重叠屈折形态。(2)苗语形容词形态。前缀 jid 后缀 zheib zheib、中缀 bad 是苗语形容词的构形法形态的形式,还有级和重叠形态形式。(3)苗语拟声调形态。苗语拟声词的形态表现在单迭声的拟声词的增音重叠和双迭声的拟声词的重叠形式构成,重叠后词根音节韵母变为 ei 或 a 声调一律为 d 调。

再论民族语言研究与汉语研究 金有景撰,载《民族语文》1985年第5期。

该文再次讨论了汉语研究怎样从民族语言研究中寻找借鉴的问题。一、语法学。通过藏、独龙语动词、形容词"名物化"的介绍,使人们在认识汉语动词、形容词"名物化"问题时得到启示。应该认为提出汉语动词、形容词"名物化"概念是符合实际的。而且是属于"个体词"平面上的语法特点。时间词和处所词作主语的问题,可借鉴羌语和景颇语。羌语和景颇语有时间和处所词助词,加在名词后,在句中作壮语,而不是主语,这就值得汉语语法学家们思考。二、古汉语、古文献。对《楚辞》《老子》《越人歌》《方言》《尔雅》《广韵》的训释和释读,作者认为参考汉藏语系亲属语言材料就能得到满意的解决。如《楚辞》的兮与彝文中语气助词[shi]字用法和音读相近。三、汉语史。汉语量词的发展和演变中出现的"名—数—名"的组合,藏缅诸语提供了证据。如纳西语 kho^{33} lo^{33} ndɯ^{33} kho^{33} "一个洞"。作者依据载佤语、哈尼语等人称代词有格的变化,以及与古汉语人称代词的语音形式的相似或对应,假定上古汉语人称代词也有格的变化。

再论怒语(怒苏)的中介语性质——兼论中介语在藏语研究中的地位 傅爱兰撰,载《语言研究》1993年第2期。

一、怒语的中介特点。在声韵的比例上,彝语支声多韵少;缅语支声少韵多;怒语的声韵则比例相当,声韵简化速度较缓慢,两者较平衡。在同源词方面,怒语与彝语、怒语与载瓦语的同源词比例十分接近。有些词与彝语同与载瓦语不同,或者与载瓦语不同都与彝语不同。两个意义相同或相关的词,一个与彝语同,另一个与载瓦语同。在语法方面缅语支动词有人称、数、体、式等语法范畴,用助词及形态变化表示。彝语支只保留部分语法形态。怒语的动词比彝语支有较多的语法范畴,但与缅语支相比却没有那么多的复杂形式。二、怒语中介特点的性质。怒语的声韵比例接近,语音系统内部结构较平衡,这反映了音节内部各要素发展速度适中,是一座将彝语与支与缅语支连接起来的"桥梁",具有"承上启下"的作用。三、有关中介语的几点思考。中介语在亲属语言分化后具有承上启下的作用。在历史比较语言学中有重要的地位。中介语必须包含语音、词汇、语法诸方面的中介特点。而中介特点会因某种原因而出现变异。中介语必须地理居中。

再论突厥语后置词的形成问题 李树辉撰，载《语言与翻译》1995 年第 1 期。

该文是对一篇争论文章《突厥语后置词形成问题质疑》的再商榷。此前作者曾撰文《试论突厥语族语言后置词的形成与发展》，通过对各个时期突厥语族诸语言乃至阿尔泰语系语言谓语部分的研究，发现其谓语部分无一不显示出一种逐层递加、包裹的句法结构特点，即"递加—包裹式"结构。这种句法结构是早在原始语言中即已存在的最基本的、也是最稳定的句法结构。这一结构既包括了限定语处于被限定语之前的限定结构形式，也包括了宾语前置、谓语结句的宾谓句结构形式。这是阿尔泰语系诸语言句法类型学方面的重要特点，是后置词（包括格助词）和后置结构得以形成、稳定和发展的首要前提。争论文章认为，原始突厥语的句法结构只具限定性结构这一类型，后置词正是来源于限定性词组中那个被限定成分，它的后置性质就是由限定—被限定这一词序派生出来的。本文不同意这一看法，并通过论证坚持了原文的观点。

再论彝文"书同文"的问题——兼论彝文的性质 马学良撰，载《民族语言教学文集》，四川民族出版社 1988 年。

由于大量彝文古籍的整理出版，不仅扩大了知识面，而且对彝文的发展和作用有了新的认识。如云南省彝文规范领导小组和云南省少数民族语文指导工作委员会，多年来从事各地区彝文的调查研究，以十几个地区的彝文对比研究编出《规范彝文字表》，从中可看出彝文书写的异同，为统一彝文提供了初步的参考资料。彝文的发展初期，更接近汉字发展的性质，即象形文字发展到象意文字。彝文造字法除象形象意外，还采取转位法，下下转位。这种造字法类似汉字"分化"的方法，即把一些象形字更换位置，改易形态，或采用两个以上的单形，组成较复杂的新文字。怎样规定彝文统一标准呢？我认为：（1）要选一个标准音点和基础方言作为共同的标准，（2）在横的方面应选择彝族在历史上文化较发达的彝族聚居区的彝文经书，选出几部群众喜闻乐见的名著，从中选出各地区共同使用的彝文。（3）社会发展，表达语言的文字符号，必须随着语言的发展，增加或改革。

再说诺苏——有感于戴等《质疑》 李永燧撰，载《中央民族大学学报》1995 年第 2 期。

"诺"和"诺"的各种变体和"黑"是同源语素，只因它们在词中的分布形式、功能有所不同而读音稍异。"诺"为名词性语素并常为条件分布（处于合成词中），读音往往有变。"黑"多为自由分布，读音较保守。这些"不同音"现象，有理由解释它们同出一源。《质疑》一文由于把"尼"、"拉"等掺杂在一起，并且未观察到"诺"的各种变体之间及其与"黑"的同源关系，比较对象的选择和比较方法的运用失当，致使质疑未能找到音韵学上的理由。"诺"源于"黑"字，但又不等于"黑"，这无论从语法上或语义上都是如此。《质疑》由于语言学知识的导向，未能得出令人信服的结论。一个耐人寻味的例子是，《质疑》说"记音符号最好是国际音"。误以为 no^{33}. ni^{31}. la^{53} 等有联系，反而不如汉字记录的"诺"、"尼"、"拉"等字一目了然，反映其来源各异。

再谈"格萨尔"的词义 毛继祖撰，载《青海民族学院学报》1985 年第 3 期。

在研究《岭·格萨尔王传》、探讨岭·格萨尔这个人物时，首先遇到的是"格萨尔"的词义问题。作者曾撰《从"格萨尔"的词义说起》（《青海民族学院学报》1984 年第 1 期）一文，发表后引起不同观点的讨论，有学者认为"格萨尔"一词的意思为"常胜者、无敌英雄"，有人认为其原意为"莲花的花蕊"，有人认为该词来源于突厥语，众说纷纭。作者认为，岭·格萨尔是 11 世纪人，而

《岭·格萨尔王传》则是 11 世纪以后漫长的岁月中形成的英雄史诗。在新疆发现的吐蕃文书中有"哈密格萨尔的女儿嫁给祝姑的一位王子"的记载,以及《吐蕃王统世系明鉴》和《西藏王臣记》的记载表明,"格萨尔"系突厥语"哈萨尔"的转音,其含义为"天降之人"、"神子"、"英雄"、"王子"。突厥语中,过去和现在还有用"哈萨尔"命名的。因此,"格萨尔"一词系来自突厥语的说法及其对该词含义的解释是可信的。

再谈回辉话的地位问题 郑贻青撰,载《民族语文》1986 年第 6 期。

作者曾于 1983 年在《民族语文》上发表过题为《海南岛崖县回族的回辉话》,由于当时受材料的限制,只把回辉话跟壮侗语做了比较,指出它与壮侗语族语言有某些相同的特点,认为它与壮侗语接近。后来收集到属于占语和拉德语的材料,发现回辉话与占语存在不少相同或相近的地方。通过回辉话与占语和拉德语的比较,找出他们之间的语音对应关系和词汇异同情况。该文第一次刊布三亚回族约在一千年前多次从东南亚迁徙到海南岛的历史记载。在与拉德语的比较方面,选用了 1211 个词作比较。回辉话与拉德语相同的有 475 个,占 39%。文章列举二者声母的对应关系 10 条,拉德语声母及韵尾与回辉话声调的对应关系 5 条。指出拉德语复辅音声母在回辉话里全部变成单辅音声母。拉德语浊音声母在回辉话里变读作送气的清塞音声母,还有其他一些变化。最后作者指出,回辉话与占语群里的拉德语是有亲缘关系的,但是不能忽视,回辉话在汉藏语系语言强大的影响下,在类型上已发生了巨大的变化,如由一个以双音节或多音节为主的语言变成以单音节为主的语言,由一个没有声调的语言发展为有声调的语言。它与拉德语既有亲缘关系,又是各具特色的两种不同的语言。因此,回辉话可以看作占语群里一个较特殊的独立的语言。

在与汉语比较分析中看傣语动词 ʔau^{33} 的来源和用法 张公瑾撰,载《少数民族语文论集(第一集)》,中华书局,1988 年。

一、傣语中有一个动词 ʔau^{33},如果用汉语来注释,它的各种用法将有"要、拿、用、把、将、取、娶、嫁"等意思;可是在某些特殊的语言环境中,远不是这几个词所能完全概括的。同时也并不是说 ʔau^{33} 概括汉语中这些词的全部用法。二、傣语中的这个 [ʔau^{33}] 与现代汉语来比较,虽然可以有这样几种解释;但从它的来源来看,却与汉语的"要"字是同一个字,或者是汉语同源字,或者是早期汉语的借字。三、[ʔau^{33}] 在现代傣语口语中的用法,主要是下列的几个类型:(1) [ʔau^{33}] 作纯粹的动词用;(2) 仍可认为作动词用,但已不是纯粹的动词,这样用法已不是明显地表示动作,而已经带有"欲求"的意思,可译为汉语的"要"字。(3) 相当于一个介词,带宾语但不表示动词。四、[ʔau^{33}] 是汉语的借词的可能性不大,因为这个词不仅在很早年代以前为傣语汉语所共有,傣语现代各方言也都有,而且也是侗傣语各语言所共有的。

藏汉混合语"倒话"述略 意西微萨·阿错撰,载《语言研究》2001 年第 3 期,3 万余字。

该文是关于"倒话"的首次报道。由此倒话作为我国境内最新发现的独立语言为学界所认识。文章概括而系统地描写报道了倒话的音系、词汇构成和语法特点。揭示了"倒话"最为显著的两个特点:一方面,在词汇上、尤其是基本词汇的绝大多数和全部核心词汇都来自汉语;另一方面,作为一种 SOV 型语言、黏着语型语言和做格型语言(ergative language),其语法系统又与藏语高度同构。认为倒话一方面与藏语和汉语都有着非常密切的联系,同时又无法归结为汉语或藏语任何一方的方言,认为倒话是一种藏汉语言深度接触的产物、是一种藏汉混合语。

文章发表后引起了国内外学界对倒话的极大兴趣与关注。陈保亚先生认为倒话是一种特殊的汉语方言，更多学者（陈其光、戴庆厦、孙宏开、曾晓渝、吴安其、黄行等）撰文认为这是一种藏汉混合语。2004年中国社会科学院民族研究所"新发现语言丛书"出版《倒话研究》；2007年《中国的语言》（商务印书馆）将倒话列为通行于中国境内的第129种语言。

藏、汉语词义差异初探 邓卫群撰，载《西藏民族学院学报》1983年第2期。

一、词义概括程度的差异。由于现代藏语和汉语对现实中同一范畴的事物划分层次的不同，致使两民族语言中某些相对应的词的词义所概括的程度高低不同。其原因是：（1）以种概念代属概念。（2）以单一事物代同类事物。（3）不同民族的思维历史进程的差异。二、词义分解现实的差异。不同的民族，由于对现实事物观察的方法不同，理解程度不同，对同一事物的整体和部分的划分就会有所不同，这就必然直接表现在词义分解现实的差异上。三、词的内部义聚的差异。藏、汉两种语言都有大量的多义词，一般来说，只能在一两个义项上存在同义对应关系。这种内部义聚上的差异，反映出两种语言词义发展、变化、引申的途径、方向是不同的。四、词的系统中意义结构的差异。由于两民族客观现实本身的差异而造成意义单位的不同，因而带来词的系统中意义结构差异。

藏汉语代词用法比较 马如珍撰，载《青海民族学院学报》1994年第3期。

现代汉语里有一套比较简明的代词来表示指称，主要有人称代词、指示代词、疑问代词。藏语的代词就其语法功能与汉语代词大致相同，现比较分析如下：一、人称代词。人称代词在藏、汉语里都有单数和复数。在藏语和汉语里，复数的第一人称都有包括式和排除式。藏语的第二人称和第三人称都有敬称，而汉语的第三人称没有敬称。人称代词在藏汉语句子里都可以作主语、宾语、定语等句子成分。二、指示代词。藏语和汉语的指示代词都可以分为以下三组：（1）指示不同方位；（2）指示不同的性状；（3）指代数量、程度和时间。三、疑问代词。语和汉语的疑问代词的主要用法是相同的，表示询问或反问。藏语和汉语都常把所要问的事物说出来，即提出问题，要求针对其疑问代词来作答复，藏语放在疑问代词前，而汉语在后。

藏缅、苗瑶、侗泰诸语言及汉语疑问句结构的异同 倪大白撰，载《语言研究》1982年第1期。

该文以藏缅、苗瑶、侗泰诸语言及汉语的描写法为依据，尝试用结构类型学的原理，对这些语言的疑问句作一些观察和分析，比较其间的异同。文章分析，这些语言都使用疑问代词表示疑句。这些句在句子里可作主语、宾语、定语，有的只能作主、谓、宾、定、状中的一种或两种成分。藏、独龙、景颇、哈尼、彝等语言疑问代词可以重叠，附加一些语法意义。用树形图标示，表明这些语言中的疑问代词可以出现在句中的各个层次里。第二种使用表疑问的语气助词。这些词一般在句尾，主要依附于谓语部分。独龙语的疑问助词 ma^{55} 出现在句子中间，最能说明它依附于谓语的性质。第三种是在以动词或形容词作诸语的句子里，连用谓语的肯定和否定形式，构成正、反问句，构成选择问句，从彝语最常用的疑问方式和藏、独龙、景颇、哈尼、瑶语言材料可以看到用重叠手段表示疑问，看来重叠是这些语言的一种共同的重要语法手段。

藏缅语的"马"与古汉语的"駹" 黄布凡撰，载《中央民族学院学报》1989年第2期。

藏缅语族一些语言的复辅音声母在沟通藏缅语乃至汉藏语的同源词上，起着桥梁作用，一些复辅音保留了藏缅语或汉藏语某些古老声母的特征，这些特征可以启示我们较容易看清那些现代语言意义相同或相近、但语音不同的词相互之间的联系性，从而去追溯它们之间的同源关系。本文即从比较藏缅语"马"的声母入手，探讨藏缅语的"马"与古汉语"駹"的同源关系。近 30 种藏缅语"马"的声母结构最复杂的是三合复辅音 mbr，另一些是二合复辅音或单辅音，奇妙的是不论单、复，其音素都在 mbr 的范围之内。类似的对应关系也存在于"高"、"龙"、"绳子"等词上，其中的 m 在一些语言（包括国外的藏缅语）的有关词中对应于 s，在一些藏缅语中前缀 s-有表示动物类的含义。据此，原始藏缅语"马"的声母构拟为 *s-mbr。韵多为圆唇元音 o 或 u，有些带鼻音韵尾-ŋ，构拟为 *oŋs。古汉语的"駹"（青色马，一说为白面额马）是"马"的近义词，"駹"的声旁为"龙"，是"龙"的通假字，尉迟治平在《龙年说"龙"》里将"龙"构拟为 *s-mbruŋ，藏缅语的"马"与古汉语的"駹"义近、音近，且有其他词的类似对应关系支持，应是同源词。

藏缅语的强调式施动句——与汉语被动句对比 戴庆厦、李洁撰，载《语言研究》2005 年第 3 期。

文章指出藏缅语一些语言没有被动态和被动句，但有强调式施动句。强调式施动句的形成原因与该语言的分析性特点，包括谓语动词的形态状况、谓语动词与施受者的关系以及语序等因素有密切关系。

藏缅语的是非疑问句 戴庆厦、傅爱兰撰，载《中国语文》2000 年第 5 期。

文章在描写、对比 15 种藏缅语及方言的基础上，总结藏缅是非疑问的 5 种形式的特点，并探索其演变规律。

藏缅语·南岛语发生学关系初步探索（一） 木仕华撰，载《云南民族语文》1999 年第 1 期。

该文作者在对藏缅语和南岛语发生学关系的探索时，先是引用了在此之前学者们对这个问题的一些研究成果，使人们对汉藏语系的认识有了进一步的加深；对侗台语的亲属问题也得到了一些新的揭示。认为要考虑汉语和南岛语的发生学关系时，应该从藏缅语的角度来探讨藏缅语与南岛语的关系。该文采用藏缅语和南岛语系的印度尼西亚语族各语言，主要是印尼语作为比较。主要是运用这两个语族语言间的客观关系对两者的发生学关系作初步的探讨，也结合相关的考古学材料和其他相关的人文史学材料，探讨南岛语族的史前文化和藏缅语族的史前文化，以及两者的民族文化的历史变化；并且以这些知识作背景，希望从对汉藏语系中的藏缅语和南岛语系中的印尼语族语言进行探索得到两者之间的一些存在发生学关系的根据，并据此得出一些比较客观的结论。

藏缅语·南岛语发生学关系初步探索（二） 木仕华撰，载《云南民族语文》1999 年第 2 期。

对藏缅语和南岛语关系最可行的分析应该是用原始藏缅语和原始南岛语来进行比较。作者用了大约 200 个现存语言的基本词汇来进行比较，发现了这些基本词汇在形态上有一致或相似的地方，再通过两种语言一部分词汇的对比，也可以看出两种语言相互之间的联系和对应，可以对两种语言的关系有了初步的认识，不过还不能得出两者之间有发生学关系的结论。作者又用汉藏语系语言和南岛语（印度尼西亚语）的部分语音上的对应关系，来探求两者之间存在的同源关系的可能性的大小，这对于进一步探求两者的关系有很大的启发作用。作者对藏缅语和南岛语发生关系学初步探索的基本词汇比较部分，还没有得出肯定的结论，关于两者的关系的结论还有待于作者后面的论述来论证。

藏缅语 a-词头探源　汪大年撰,载《彝缅语研究》,四川民族出版社1997年。

文章讨论藏缅语中 a 词头的分布情况及来源。中外学者对藏缅语中 a 词头的存在表现出很大的关注,解释它的作用、功能及来源。从描写角度看,a 词头的作用是:(1)加在亲属名称前,分布广泛,包括汉语的南方方言;(2)加在人体、动、植物名词前,具有分类作用;(3)加在动词或形容词前具有构词用用,如缅语 sa^{55} "吃"→a^{53} sa^{55} "食量";加在动词和形容词前还有构形作用,如缅语 su^{53} "集拢"→a^{53} su^{53} "小组",(动→名),pja?^{4} "断"→a^{53} pja?^{53} "坚决的"(动→副)。(4)表示感情作用和疑问语气。藏缅语 a 词头号的来源是多方面的:(1)原始的、自发的表感情声音;(2)表否定的副词 a;(3)语音变化的结果;(4)造词需要而附加的成分,可能是为了区别同音词或区别动词和名词。

藏缅语表施动和受动的结构助词　张军撰,载《语言研究》1990年第2期。

藏缅语有施动、受动、限定、处所、工具等几种助词。该文只探讨施动与受动两种结构助词,通过藏缅语族各语言结构助词的比较,对此类的结构助的特点和来源进行了分析。施动助词,一般用在名词或代词之后,表明它们是动作的发出者。当施受关系不明显或强调施动者时才需使用施动助词。普米语有两个施动助词:一个只能用在单数施动者之后;另一个只能用在复数之后。部分语言的施动助词兼表主语。这种助词的前面不一定是施动者但是是主语。作者把藏缅语的施动助词的语音归为五类来源:(1)舌根浊音;(2)鼻音;(3)边音;(4)舌尖塞;(5)双唇音。施动助词由黏着成分演变而来。它与人称代词有联系。许多语言的施动词的形式和工具助词相同。受动助词。用在名词、代词或词组之后表示动作的承受者。作者将藏缅语的受动助词分为七类:(1)舌根音或零声母;(2)边音;(3)舌尖塞音;(4)舌尖鼻音;(5)舌尖擦音或塞擦音;(6)唇音;(7)由黏着成分上演变来。受动助词的形式与处所、时间或方位助词相同。

藏缅语表限定、工具、处所、从由和比较的结构助词　张军撰,载《海南师范学院学报》1992年第2期。

文章讨论了藏缅语言中的限定、工具、处所、从由和比较五类结构助词;比较了这些助词在藏缅语言中的异同;找出它们之间的联系,来源,并根据各语言中的语音形式将每类助词分成几组,认为同一组内的助词其来源是相同的。作者描述说:处所、工具和从由助所表示的语义关系是该助词所附成分与句中动词之间的关系,而限定和比较助词表示的语义关系则是修饰语与中心词之间的修饰与被修饰的关系以及相比较的两个成分之间比较被比较的关系。通过与藏文、嘉戎语等形态丰富语言的比较,作者认为限定、从由助词来源于黏着成分,工具、处所、比较助词来源于实词的虚化。

藏缅语代词和名词的"数"——藏缅语"数"范畴研究之一　李大勤撰,载《民族语文》2001年第5期。

首先,该文在考查、分析藏缅语"数"范畴在各种词类中的分布特点、形式体现、语义特征以及不同词类"数"范畴表现手段之间内在联系的基础上提出了以下看法:(1)除了少数语言之外,大部分藏缅语在人称代词"数"的构成形式上程度不等地存在着"不规整性"。(2)这种"不规整性"现象主要是语言系统自我内部调整的结果。(3)大多数"不规整"现象是可以在坚持共时、历时相结合的原则下通过历史比较或"深层形式"分析得到较为合理而又有效的解释。(4)藏缅语中有些语言的人称代词的非单数形式在形式构成上并非都与单数形式构成直接对立。其次，文章考察了人称代词的"数"与名词"数"的关系，指出：就藏缅语来说，人称代词的"多/复数"与名词的"复/多数"之间存在着使用相同的形式标记、使用不同的形式标记、人称代词的部分人称使用与名词相同的"复/多数"标记三种情况，这三种在共时层面上体现出来的情况若从历时的角度作进一步的综合则可整理出一个循环往复的过程：异→部分相同→同→部分相异→异…。文章认为，在这个过程中，名词"数"表达系统的更新一般来说要先于或快于人称代词"数"表达系统的更新。而先期更新的名词"数"表达系统则可能会不失时机地尝试将自己新的"收获"强加到人称代词之上。

藏缅语的 a 音节　傅爱兰撰，载《民族语文》1996 年第 3 期。

藏缅语族语言中，有不少语言的双音节词前面带 a 音节。本文根据 20 多种藏缅语族语言的资料，对 a 音节的分布、特征、类型、功能进行分析和研究。作者认为，藏缅语族语言中的 a- 是一个多功能的语素，在用法上具有较大的弹性，它既有构词功能，又有构形功能，还有配音作用，是一个涉及语言结构系统内各层次的语素。作者还认为，藏缅语族语言中的 a- 很可能是后起的语言现象，语支与语支之间有较大差别，因此，很难认为它们之间有共同的来源。至于亲属称谓前面加的 a-，与其把它看成发生学上的同源成分，不如看成一种区域共性特征。作者最后认为，虽然 a- 不是语族、语群共同语阶段的共同成分，但在语支共同构拟中却应该给予重视的。

藏缅语的定语　汪大年、杜若明撰，载《民族语文研究新探》，四川民族出版社 1992 年。

文章讨论藏缅语名词，人称代词，动词，形容词作定语的情况。名词作定语其位置在中心语之前，语文上分为须层性定语和作领属性定语。藏语名词作定语无论是否领属性定语一律是名词+结构助词+名词格式，其他大部分语言则是领属性定语另结构助词，作领属性定语不加。人称代词作定语表领属关系，部分藏缅语有代词领格形式，这可能是表领属关系结构助词影响的结果，产生语音形式变化。藏缅语人称代词领属形式的发展达程：(1) 人称代词+结构助词+名词；(2) 人称代词音变形式+结构助词+名词；(3) 人称代词领格+(结构助词) +名词。形容词定语有三种形式：名+形，名+形+结构助词；形+结助+名，不同的语言有不同的形式，A 型最普遍，B 型只有少数语言有，C 型是 B 型类推产生的。动词作定语有：名+动+助；动+名物化助+须层助+名；动+名物化助+名。这几种格式在各语言分布不一致。总之，藏缅语形容词和动词作定语大致都经历了从后置到前置的过程。

藏缅语的"名+形（修饰）"语序　戴庆厦撰，载《中国民族语言论丛（1）》，中央民族大学出版社 1996 年。

文章根据 20 多种藏缅语句法材料比较研究"名+形"语序的情况。藏缅语除白语外各语音都有"名+形"和"形+名"语序。然而"形+名"在多数语言中都要加助词"的"连接，"的"在大多数语言中无同源关系，依靠"的"建立的"形+名"语序也就应是后起的。有些语言的"形+名"无助词，但实际是多音节缩减后产生的，本质是"名+名"。因此应从来源上考察。藏缅语复合词中语素的次序比词组和句更稳定可靠，绝大部分复合词都是"名+形"次序，反映了较古的特点，至于"形+名"很可能是动词、形容词之间在特点上缺乏明确界限，或兼类形成的。动词作词素以前置为主，即"动+名"，因为藏缅语句法上是动词居后，若动作修饰各词时放在名词之后在形式上就与宾动式相同，因此置前。但有些词是动词还是形容词不易区分，结果理解成形容词就是"形 + 名"格式。另外藏缅语数量词居后也支持名 + 形次序观点。

藏缅语的情态范畴　黄布凡撰，载《民族语文》1991 年第 2 期。

文章首先讨论了"情态范畴"的概念，认为情态范畴是指表现说话人对自身的动作行为和主观意识的关系以及说话人对他身动作行为感知情况等语法意义的概括。文章根据藏、羌、景颇等语支的材料，把藏缅语的情态范畴分为自控情态与非自控情态、自觉情态与不自觉情态、现知情态与早知情态、听说情态与非听说情态。文章还分析了情态范畴与体范畴，与人称范畴的密切关系，同时，与动词的自主和不自主、及物和不及物类别也有一定的关系。文章最后分析了情态范畴在藏、羌、景颇等语支中分布不平衡，有多有少，不尽相同。

藏缅语的述宾结构——兼与汉语比较　戴庆厦、傅爱兰撰，载《方言》2001 年第 4 期。

文章在描写藏、普米、独龙、景颇、载瓦、哈尼、纳西、彝等八种藏缅语述宾结构主要特点的基础上，重点分析了诸如形态、格助词、语序等语法标记及其优先等级，并尝试与 VO 型的汉语进行比较。

藏缅语的述补结构——兼反观汉语的述补结构　戴庆厦、黎意撰，载《语言研究》2004 年第 24 卷第 4 期。

文章指出藏缅语述补结构的特点主要有：发展不平衡，呈出现不同的层次类型；结构方式有黏着式（无标记）和分析式（有标记）两种，二者比例因不同的语言而不同；补语不同程度地出现语法化趋势。从藏缅语的述补结构反观汉语可以看到：汉语述补结构的类型存在两个不同的层次；汉语述补结构的能产性是由其语言分析性强的特点决定的；藏缅语述补结构与汉语大都无共同来源，其相似点是由类型学决定的。

藏缅语的松紧元音　盖兴之撰，载《民族语文》1994 年第 5 期。

藏缅语族部分语言里元音有用松紧对立区别词义的现象。对于松紧元音的来源，学术界有多种解释，有的解释是互相补充的，有的解释却是完全对立的，互相排斥的。例如，一种观点认为，有的来自声母的清浊，有的来自韵母的舒促；另一种观点则认为，最先有松紧元音的对立，接着紧元音消失，然后才有促声韵和鼻尾韵。文章作者对藏缅语松紧元音的分布，结构特点作了介绍，认为傈僳语保存紧元音、松元音和一般元音的区别，这对认识藏缅语言松紧元音的原始形式提供了新的线索。文章在分析了藏缅语族部分语言中的松紧元音状况和相互对应情况后认为，松紧元音的来源比原来预想的要复杂，它与塞音韵尾并不存在互为因果的消长关系，不同语言中的松紧元音各有自己的演变规律，从大量材料的排比中，例外现象很多，有的难于得到较圆满的解释。作者最后还对方法论方面的问题发表了自己的看法。

藏缅语的形修名语序　戴庆厦、傅爱兰撰，载《中国语文》2002 年第 4 期。

文章以第一手调查材料为对象，用类型学跨语言比较的方法，对 10 种藏缅语的形修名语序进行了初步研究，主要探讨了：（1）复合词与短语形名结构的一致性和差异性；（2）形容词定语前置与后置于核心名词在形式和功能方面的差别；（3）形容词定语和指示词定语、数量定语共同修饰名词时可能出现的语序及其等级序列，影响等级系列的条件。

藏缅语动词的互动范畴　孙宏开撰，载《民族语文》1984 年第 4 期。

互动范畴是藏缅语族语言的一个重要特点。所谓的"互动"，是指行为动作互相进行或反复进行，主要出现在及物动词中。文章对20多种藏缅语族语言中互动范畴的语法意义、语法形式及其构成进行了细致的分析比较，并归纳出互动范畴在藏缅语里有3种构成方式：第一，在动词前加词缀；第二用重叠动词的方式构成；第三，在动词后加词缀或虚词构成。有的语言兼有第二、第三两种形式，但使用范围有所分工。文章仔细分析了不同的语言里有的形式相同，但意义有所改变，或扩大，或缩小，或转化。在构成方式方面也有差异，有的语言重叠动词词根，有的语言重叠后动词产生有规律的异化现象，由于不同的语言里互动范畴的意义、形式等方面的差异，使这个范畴在语族内的再分类起到一定的作用。如用重叠形式表示互动则是羌语支的一个主要特点。

藏缅语动词的情态范畴 黄布凡撰，载《民族语文》1991年第2期。

藏缅语族藏、羌、景颇等语支中的大部分语言有一种语法现象，即以不同的语法形式区分作谓语的动词所表示的动作行为处于说话人在叙述时的不同状态，不同状态是指自控与非自控、自觉与不自觉、现知与早知、亲见与非亲见、亲见过程与亲见结果、听说与非听说等的不同。作者为此新立一"情态范畴"。将"情态范畴"界定为"指表现说话人对自身的动作行为与主观意识的关系以及说话人对他自身动作行为的感知情况等语法意义的概括。"

情态范畴与其他语法范畴在语法意义上对立，但在语法形式上关系密切，藏缅语往往没有单独的语法形式来表现单一的情态意义，一种语法形式往往综合表示一种或多种情态再加其他语法范畴意义，或是同时用几种语法手段表示几种综合在一起的语法意义。常见的语法手段有：在作谓语的动词上加附加成分（前缀或后缀）、加助词或动助词（由表示判断、存在、停止、趋向等意义的动词虚化而来）、动词或附加成分的内部屈折等。不同语言在情态系统上有差异，情态范畴的类别有多有少，表现形式也多样。但羌语支部分语言类别相同的情态概念，其语法形式和手段也相似。

藏缅语动词的趋向范畴 黄布凡撰，载中央民族学院出版社《藏缅语新论》，1994年。

动词的趋向范畴是指在动词词根上附加不同的前缀或后缀，表示动作的趋向不同。此前缀或后缀的作用最初可能只是区别不同的语义，但经历史演变到现在，除有构词作用外，还有构形作用，在词缀上还聚合了体或式、语态、情态等语法意义，有些甚至失去原有的词汇意义而专表某个语法意义。藏缅语族中形态变化丰富的语言大多有趋向范畴。可按其语法形式分为前缀式和后缀式两类。动词有前缀式趋向范畴的藏缅语，主要有羌、普米、嘉戎、道孚、却域、扎坝、贵琼、木雅、尔苏、纳木兹、史兴等羌语支语言和藏语的部分方言，如四川木里县的嘎米藏语。羌语支各语言的趋向前缀在语法意义和语法形式上都有较多的共同点，在语音形式上有一定的对应关系，反映了发生学上的共源性。动词有后缀式趋向范畴的语言有独龙语和僜语。趋向前缀大多来源于方位名词，趋向后缀大多来源于有趋向含义的动词。这些表方位的名词或表趋向的动词由于长期、大量与动词连用，便逐渐虚化并与动词词根粘连在一起，变成了附加成分。

藏缅语动词使动范畴的历史演变 杜若明撰，载《语言研究》1990年第1期。

文章通过藏缅语族内部各语言的比较，对藏缅语使动范畴作了较全面的探讨。藏缅语使动范畴是指自动词、使动词在语音上具有某种交替关系，在语法上存在这样一种关系：一个名词N与自动词构成一个主谓结构：N-V自，若把V自换成相应的使动词V使，则V自的主语N就相应地变为V使的宾语。使动范畴语法意义的复杂性充分体现在使动态的语法意义上,使动词的主体既是动作的发生者又是承受者,处于双重的位置。藏缅语动词使动范畴的演变经历了一个由黏着到黏着与词根屈折并存,再到词根屈折最后转变为分析形式的过程。第三个阶段是黏着前缀全部脱落,使动范畴的语法形式全部变为词根屈折。随着分析形式的出现,使动语法范畴的语法意义也随着它的语法形式的消亡而消亡,使动范畴丧失了普遍性,使动态的语法意义仅仅保留在使动词当中,成为这些词的共同的语义特征,使动范畴的语法意义就部分地转变为词汇意义。

藏缅语复辅音的结构特点及其演变方式 孙宏开撰,载《中国语文》1985年第6期。

该文根据藏文、缅文和现存藏缅语言中保留的数量不等的复辅音,简要分析了复辅音的结构特点及其演变规律。文章列举了一些藏缅语复辅音的数量,多的有200多个,少的已经全部消失。藏缅语族语言中复辅音有4类:第一类是基本辅音加后置音构成;第二类是前置辅音加基本辅音构成;第三类是两个基本辅音结合而成,前3种都有是二合复辅音;第四是3合复辅音。不同类型的复辅音往往由不同性质的辅音来充当。它们的结合有一定的规律性。文章分析了藏缅语族语言复辅音的主要演变趋势是简化和消失。其主要演变方式有脱落、融合、分化、替代和换位等5种。各语言或方言中复辅音的演变方式不尽相同往往同语支的语言在复辅音的数量和演变方式等方面有的似的特点。有的复辅音明显有地区特征。文章认为,揭示复辅音的演变规律对于识别同源词有重要的作用。

藏缅语量词用法比较——兼论量词发展的阶段层次 孙宏开撰,载《中国语言学报》1988年第3期。

藏缅语族语言中的量词是后起的一种语法现象,目前在藏缅语族语言里发展很不平衡,有的语言量词比较丰富,有的语言至今量词仍然很少。文章试图从藏缅语族各语言量词数量的多少以及它与数词、名词指示多词、动词等的组合关系,比较它们在用法上的异同,揭示这些差异的内在联系,从而使我们进一步了解到藏缅语族语言的量词处在不同的发展阶段。文章简要概述了各发展阶段的主要特征,各层次之间的联系和由一个层次向另一个层次转变时可能出现的若干形式。文章还揭示了量词在发展阶段上的差异对藏缅语族语言内部分类上的意义。指出藏缅语族中藏语支和景颇语支是处在量词的开始阶段;羌语支和缅语支处在发展阶段,彝语支则处在丰富阶段。

藏缅语名词的数量变化 李永燧撰,载《民族语文》1988年第5期。

该文考察藏缅语20多种语言的名词数量范畴,分析它们的各种形式,并通过比较,初步探讨它们的来源和发展。本语族名词的数量概念有:(1)单数、双数和复数。但一般只见于称人名词和动物名词,少数语言如门巴、羌、景颇、基诺等不受此限。有的语言不论何种名词都没有"数",如崩尼——博嘎尔珞巴、阿昌等。少数语言有双数范畴。复数或双数形式除局限于所适用的名词外,名词带数量词或句中有表示数量意义的词语时,不再用表数形式。(2)确定数量(定指)和不确定数量(泛指)。前者与数量词相联系。藏缅语名词的数量形式有黏着式和分析式两种。黏着式表数后缀的来历尚不清楚,可能与词的虚化用法有关,如双数后缀来自数词"二"。分析式的产生和发展与量词、数词的历史发展息息相关。名词以其自身的形式来计量是最原始的。本文例证涉及藏、缅、彝、羌、景颇、独龙等20多种语言。

藏缅语清化鼻音、边音的来源 谢志礼、苏连科撰,载《民族语文》1990年第4期。

在藏缅语族内部,不少语言或方言有清、浊两套鼻音和边音。作者首先举出许多语言的例证，说明清、浊两套鼻音和边音在这些语言里都有区别词义的作用。然后作者排比了一批同源词，证明清化鼻音和边音和部分语言带 s-前置辅音的鼻音和边音构成的复辅音有对应关系，而且这些复辅音的前置辅音在一些语言里正在弱化，它们在弱化的过程中，影响作为基本辅音的鼻音和边音，使它由浊变清。因此，藏缅语族部分语言里的清化鼻音和边音是复辅音在消失其前置辅音过程中的一种语音现象。文章中还提到彝语有的方言里，还有在前置辅音消失过程中，变成鼻音前面带先喉塞音的特殊演变方式。文章最后认为，已经变为清化鼻音和边音的语言里，目前又逐步消失其清音的性质，合并于浊鼻音之中。这也许是清化鼻音和边音的演变趋势。

藏缅语群藏语族概况 西田龙雄撰，载《汉藏语系语言学论文选译》，中国社会科学院民族所语言室，1980 年。

汉藏语系分汉台和藏缅西大语群。藏缅语群所属的语言，分为下面四个语族：藏语族、彝缅语族、博多那嘎语族和钦语族。藏语族又可分为藏语支、嘉戎语支、喜马拉雅语支、羌语支和克钦语支。该文仅限于列举属于藏语支的各种方言，并从比较语言学方面探求其相互的关系。形成藏语现代方言群的是中部藏语、南部藏语、东南部藏语、东北部藏语，作者假设这些方言是由原始藏语三种古代藏语即古代中部藏语、古代康藏语、古代安多藏语分化发展而来的。藏语书面语可以划分为原始藏语、古代藏语、中古藏语、近古藏语、中世藏语、近世藏语和现代藏语七个阶段。其中的方言西番语是分布在甘肃省、青海省的安多话 15 世纪时的一种形式。接下来作者又从单词等方言特征来具体介绍西部藏语方言的具体情况。文章尚没有详细介绍和对中部、南部藏语方言的比较研究。

藏缅语人称代词格范畴研究 孙宏开撰，载《民族语文》1995 年第 2 期。

藏缅语族语言里，人称代词有格语法范畴，一般分主格、领格和宾格 3 种形式，少数语言还有施动格。其主要表现形式在不同语言里，分别用韵母屈折，声母屈折或声调屈折以及添加黏附性后缀等方式表达。有的语言用一种方式，有的用两种方式，有的三种方式都用。在内容上也有差别，有的语言只有主格和领格，有的语言有主格、领格和宾格，有的语言四种形式都有。有的语言不仅人称代词有格，疑问代词、泛指代词都有格。文章列举了近 10 种藏缅语族语言的人称代词格式，比较了它们的异同，并对格语法范畴的形成作了较详细的分析。文章人为，藏缅语族语言种人称代词的格，主要是人称代词与表示句子语法关系的格助词，在长期的历史发展过程中，二者融合为一个音节的结果。文章最后指出，藏缅语族的一些语言目前存在不同形式的人称代词，可能是历史上格屈折变化的遗存。文章还对与格范畴相关的一些理论问题提出了一些推测。

藏缅语若干音变探源 孙宏开撰，载《中国语言学报》1982 年第 1 期。

藏缅语族语言在语音上存在着很大的差别，如有的语言有丰富的复辅音，有的语言则没有；有的语言元音分长短，有的语言元音分松紧；有的语言以单元音为主，有的语言则有丰富的复元音；有的语言韵尾已经完全消失，有的语言则有丰富的辅音韵尾，不仅有单辅音韵尾，而且有复辅音韵尾；有的语言声调作用比较大，不仅有区别词义的作用，而且有区别语法意义的作用，有的语言作用比较小，有的语言至今还没有发展出区别词义的上的声调来。本文根据藏文资料和 11 世纪缅甸文资料，结合中国境内 30 多种藏缅语族语言和方言资料，通过历时和共时比较，探讨了藏缅语中的复辅音声母的演变、单辅音声母的分合、复元音韵母的发展、长短元音和松紧元音的来源、辅音韵尾的消失等藏缅语言中的一些重要语音现象。

藏缅语声母对韵母演变的影响 黄布凡撰，载《中国语言学报》1991年第4期。

文章试图通过亲属语言的比较，对部分藏缅语声母对韵母的演变的影响进行探讨。（1）元音的紧化。以木雅语为例，出现在排小舌音声母的词根中的紧元音，它的产生与古复辅音声母中某个音素的脱落有关，此类紧元音所在的音节的单辅音声母，与某些亲属语言的复辅音声母相对应。再以载瓦语为例，从对应关系可推断载瓦语的一些声母也经过复辅音阶段，紧元音的产生是古复辅音声母脱落前置言的结果。木雅语和载瓦语古复辅音的前置辅音脱落影响韵母元音紧化，中间可能经过一个变喉塞音的阶段。喉塞音有影响元音紧化的可能。（2）元音卷舌化。通过亲属语言的对应关系，可推测羌语、尔苏语卷舌元音是来自古声母舌尖流音 *r-、*l 的转化。可能经过这弱化为半元音 ɹ 然后再移位至韵尾带动元音卷舌化。纳西语的古声母含 *r-、*zh-、*ɹ 的复辅音，ɹɛ 可能也是声母中卷舌辅音转化而来。（3）鼻化。它的来源与鼻声母有关。其过程可能发生在鼻声母尚未变为喉塞音之前。（4）单元音复元音化。多半与古复辅音声母某个音素的转化和移位有关。

藏缅语松紧元音研究 戴庆厦撰，载《藏缅语族语言研究》（一），《云南民族出版社》出版，1990年3月。

文章指出元音分松紧，是藏缅语族一部分语言在语音方面的一个重要特征。该文比较全面地描写了松紧元音的共时特征，指出元音的松紧同声母、声调、韵尾、元音的舌位等的密切关系。通过方言间、亲属语言间的比较，进一步探索松紧元音的来源和历史演变；指出藏缅语族松紧元音在来源上存在多源性的特点，有的来自声母的清浊，有的来自韵母的舒促。并指出藏缅语族一部分语言和方言，紧元音出现松化的趋势，分析了紧元音松化的具体途径和特点。

藏缅语言的松紧元音 盖兴之撰，载《民族语文》1994年第5期。

该文分析了藏缅语松紧元音的结构形式，比较了它们的异同，介绍了与松紧元音来源有关的一些语言事实，分析了松紧元音与塞音韵尾的关系，列举了藏缅语言松紧元音的交错分布特点，揭示了松紧元音与塞音韵尾各有自己的演变过程，并不存在此消彼长的因果关系。认为松紧元音的探讨应从藏缅语族更大范围、更深层次去考量，求取圆满的解释。

藏缅语疑问方式试析——兼论汉语、藏缅语特指问句的构成和来源 孙宏开撰，载《民族语文》1995年第5期。

藏缅语中，表示疑问的方式有许多种，文章一开始简要介绍了藏缅语中7种疑问方式的构成和特点。在此基础上，对藏缅语中的特指问句和谓语特指问句的构成、来源进行了具体分析。文章列举了汉语文献、方言和少数民族语言里在谓语前加前缀表示疑问的大量例证，并进行了初步比较。文章认为它们之间有明显的发生学关系。文章进一步列举了中国境内5个语支40多种藏缅语言的资料和境外10多种藏缅语中疑问代词的资料进行比较，有趣地发现加在谓语前面表示疑问的语素和藏缅语中构成疑问代词的疑问语序同出一源，它的构成方式与英语里的WH疑问方式（who/what/where/when）十分相似。文章根据历史文献和目前汉语和藏缅语里的不同语音形式，构拟了它们的原始形式，并对构拟的形式作了一定的论证和说明。

藏缅语与汉语连动结构比较研究 戴庆厦、邱月撰，载《世界汉语教学》2008年第2期。

文章通过亲属语言藏缅语与汉语连动结构的比较，包括共性和个性的提取，认识藏缅语与汉语连动结构的特点。藏缅语与汉语的连动结构存在诸多共性：都是语法中一个独立的结构；制约连动特点的因素都是多方面的，而语序是最重要的；连动的补语都容易出现语法化，其制约条件也大致相同。二者的差异主要是连动结构的紧密度不同，以及连用动词的顺序受"临摹原则"制约的强弱不同，其原因是 OV 型、VO 型语序的差异造成的。

藏缅语"指代→名"偏正结构语序 黄布凡撰，载《彝缅语研究》，四川民族出版社1997年。

文章讨论藏缅语"指代→名"偏正结构语序的类型并探讨其历史发展阶段。藏缅语指示代词在不加属格助词的情况下修饰名词中心语，其语序有四种类型：（1）前置型；（2）后置型；（3）前置、后置两可型；（4）前置、后置和前后并置三可型。属于同一语支的不同语言甚至同一语言的不同方言并不一定属于同一类型。如属于彝语支的基诺、撒尼彝是前置型，而喜德彝、拉祜等是后置型。前置型可能是原始藏缅语的遗留格式，后置型形成较晚，代表演变趋势，前置、后置两可型及前后并置三可型是前置型向后置型演变的过渡形式。理由是大多数藏缅语指示代词都前置或可前置；多数后置型语言指示代词与量词或数量词组组成偏正结构才能修饰各词中心语；指示代词前置不带量词，后置带量词，而量词产生晚说明指字代词后置是在量词产生后出现的；汉语指字代词自古至今前置。全文用例近百。文章指出了后置型语序形成原因是受"名→形"和"名→数"逆修饰语序影响所致。量词发达语言后置的量词也影响指示代词后移。

藏缅语中的代词化问题 孙宏开撰，载《国外语言学》1994年第3期。

藏缅语中的代词化现象，是近几年国际藏缅语学界的一个热门话题。所谓的代词现象是指动词在句子中作谓语时，要用前缀或体现主语的人称和数，而这种前缀或后缀往往与人称代词有一致关系。文章简要回顾了近一个世纪以来，代词化研究的基本情况，指出了分歧的焦点主要在四个方面：第一，代词化现象的分布，也就是哪些语言有代词化现象？第二，代词化现象是怎样来的？第三，代词化现象产生的时代，是原始藏缅语就有的还是后起的现象？第四，什么样的代词化形式最古老，分析形式还是黏着形式？文章还讨论了与代词化现象相关的一些问题，如原始藏缅语的语法结构究竟是什么样的；关于作格系统问题；关于构拟原始形态的理论和方法问题等。

藏缅语族辅音韵尾的发展 马学良、戴庆厦撰，载《语言文字学术论文集》，知识出版社1989年。

文章指出藏缅语族语言的辅音韵尾比较丰富，而且不同语言之间发展不平衡。该文通过亲属语言的比较，论证藏缅语辅音韵尾从多到少、从有到无的发展趋势及其具体的发展过程，探讨同语族不同语言之间在辅音韵尾的变化上存在的共同特点和不同特点。而且，还把藏缅语与汉语进行比较，研究二者在辅音韵尾的变化上存在什么共同的规律和不同特点。

藏缅语族个体量词研究 戴庆厦撰，载《彝缅语研究》，四川民族出版社，1997年。

文章从藏缅语个体量词从少到多，从简单到复杂的发展过程以及语音特征讨论量词的现象。根据量词的特点，藏缅语分为发达型和不发达型两种，前者如彝、哈尼、载瓦等，特点是量词数量和种类多，后者如藏、景颇等，量词数量和种类少，特别是个体量词少。个体量词的发展情况是制约整个量词系统特点的主要因素，个体量词丰富与否与量词在句中位置密切相关，个体量词是否发达与数词音节多少有关，单纯基数词是单音节或多数是单音节的，量词也是单音节，共同组成双音节使用；而在个体量词不发达的语言则不同，基数词是双音节或大多是双音节的，不必与量词结合就能单独做句子成分。基数词如果只有一个音节，单独使用时表义清晰度小，量词就应运而生，基数词是双音节则意思比较清楚，拟制了量词发展。个体量词的不同类别有不同的发展特点。重要的观点是：量词的产生、发展与数词音节的多少以及量词与数词音节的搭配状况有密切关系。

藏缅语族某些语言的音节搭配 戴庆厦、刘菊黄撰，载《民族语文》1988 年第 5 期。

文章认为音节搭配律是藏缅语族某些语言的特点之一。对它的研究可以使我们进一步了解其语言结构特点及发展规律。文章先探讨了音节搭配的模式，分为音节组合双数化（举阿昌，景颇，哈尼等语的词例以及哈尼语与同语支语言的比较），音节相连强弱相配（用景颇，独龙，载瓦，阿昌，藏等语言的词例说明），元音和谐（用羌，贵琼，哈尼，景颇，独龙等语的词例说明），句子首尾对称（用独龙语例说明）等五种模式。并指示支配不同模式的搭配原则，如求同原则，整齐对称原则，求异原则等。文章然后探讨了音节搭配律对语言结构发展变化的影响，指出这种影响涉及语音、语法、语义等方面。文章最后谈到研究音节搭配律的意义在于可以从一个新的角度认识某些语言现象，并提出一些值得研究的课题。

藏缅语族某些语言弱化音节探源 戴庆厦撰，载《民族语文》1984 年第 2 期。

文章通过亲属语言比较研究，论证藏缅语族一些语言弱化音节的形成至少有两个来源：一是来源于非弱化音节；另一是来源于古代复辅音声母的前一辅音。文章分别对景颇、载瓦、阿昌、浪速等语言的弱化音节从语音和语法两方面进行了分析，找到一些非弱化音节变弱化音节的条件。文章又通过景颇语与古代藏语、现代藏语、独龙语的比较，具体描述了景颇语中相当一部分弱化音节由古代复辅音向单辅音转化的过程中，出现弱化音节是重要的一步。在复辅音声母出现单辅音化趋势的开始阶段，大约是前一辅音与后一辅音的结合逐渐松弛，最后分离出来变为独立的音节。这种音节起初是弱化的，弱化以后，又进一步丢失，终于变为只有单辅音声母的单音节词。

藏缅语族语言的研究与展望——马提索夫教授访问记 戴庆厦撰，载《民族语文》1990 年第 1 期。

该文是中央民族大学戴庆厦教授对美国藏缅语语言学家马提索夫教授的访问记。主要讨论了以下几个问题：（1）同印欧语研究比较，藏缅语研究具有哪些不同的特点？印欧语历史比较法的基本原则在藏缅语研究中遇到哪些困难，如何解决？（2）应当怎样认识汉藏语的构拟的科学性和可信性。（3）怎样认识藏缅语的特点。（4）应当怎样认识语言接触、语言影响对汉藏发展的影响。（5）怎样解决藏缅语的分类。（6）如何认识历史语义学对藏缅语研究的意义。（7）应该怎样更快地发展藏缅语言学、目前应做那些工作。

藏缅语族语言里的"数"及其表达方式 孙宏开撰，载徐丹主编《量与复数的研究——中国境内语言的跨时空考察》，商务印书馆，2010 年 10 月。

在藏缅语族语言里，表达数概念的语法形式会渗透到语法词类的各个层面，除了数量词外，名词、代词、动词、形容词等词类都有不同形式的数量语法形式。尤其是黏着型语言和屈折型语言，其表达形式丰富多样。有用数量词的，有用在具体词类后面加不定量词缀表示双数、多数和集体概念的，有用词根重叠等方式表示数量的增值的等。文章梳理了藏缅语族语言里名词、代词、动词、形容词等表达数量的多种形式，从而展示出藏缅语族语言里丰富多样的数表达方式及其发展变化的轨迹。文章着重讨论了量词问题。在藏缅语族语言里，很明显量词是后起的一个词类，目前量词的多少和它的语法功能仍然处在不同的发展阶段。不同的语言里，量词有多有少，功能有强有弱。但量词一旦产生后，它与数词相结合，在表示客观事物和行为动作的数量时，在词序、功能、与其他词类的关系等方面，都表现出一些明显的差异。这表明，有的语言量词处在萌芽期，有的语言处在发展期，有的语言处在丰富期，有的语言处在转型期。文章还讨论了动词人称一致关系所表达的数概念是与人称代词相关联的，它体现了主语或宾语的数概念，这可能是原始藏缅语族乃至原始汉藏语系语言的残存。

藏缅语族语言声调研究 戴庆厦撰，载《学术论文集》，中央民族学院出版社1991年出版。

文章主要从藏缅语不同语言（包括方言）声调发展的不平衡性，以及声调与声母、韵母的相互制约的关系上，探讨藏缅语声调的起源与发展问题。该文认为：原始藏缅语是无声调的，至少是在分化为不同的语支后才产生的；促使声调产生的因素主要是声母、韵母的简化和多音节词向单音节词发展；影响声调分化的条件带有普遍性的是韵母的舒促和声母的清浊，是最早影响声调分化的条件。

藏缅语族中的羌语支试析 刘光坤撰，载《西南民族学院学报》1989年第3期。

羌语支语言的调查研究早在新中国成立前就已经开始，但是，仅仅是开展了零星语言的调查，如羌语和嘉绒语，发表过一些语音和语法方面的一些文章。新中国成立后，开展了对羌语、嘉绒语、普米语等深入的调查研究，发现这些语言有许多共同的特点。在20世纪60年代初，组织了一个研究小组，对羌语、嘉绒语和普米语与中国境内的藏缅族语言开展了比较系统的比较研究，于1962年提出了一个初步的研究报告，建议在藏缅语族内建立羌语支的意见。该学术观点首次披露在孙宏开执笔并发表在《中国语文》1962年第12期的《羌语概况》上。20世纪70年代后期，国家提出了民族识别的任务，语言工作者随民族识别调查组，在四川西部发现了一批与羌语支语言有密切关系的语言，其中包括木雅语、尔龚语、尔苏语、史兴语、扎巴语、贵琼语、却域语、纳木义语，后来又发现了拉坞戎语。大大丰富了羌语支的内涵和外延。这篇文章就是对这些有密切亲缘关系的语言的分布、共同特点、语言关系远近以及他们的历史根据进行了初步分析的尝试。

藏文的拉丁字母转写方法——兼论藏文语料的计算机转写处理 江荻撰，载《民族语文》2006年第1期。

文章提出藏学中传统的藏文拉丁字母转写存在一些问题，对20世纪50年代有代表性的学者如Wylie、Virginia和Toyo以及中央民族学院的藏文拉丁转写方案进行了比较，在此基础之上提出了本文方案，该文方案与其他方案的差别在于对不同应用领域规则的兼容设计和系统性方法，兼顾了文献转写与计算机应用两方面的需求与特点，强调了转写的系统性与语用性特征。同时，就各类主要藏语转写符号系统，包括藏文基字的转写，梵源藏字辅音字母的转写，藏语元音字符及梵源藏字元音字符的转写，还有藏文文本的非字母符号，包括别义符号、数字符号、标点符号或划界符号，类似括号的成对标记，装饰符号，本文方案提出了转写方法，这些方法坚持了系统的思想，转写的对象是藏文系统，包括字符、结构和规则，注重了系统性，合理性和规范性原则和较强的应用性以及适应性原则，对照系统思想和应用性原则，前面学者的转写方法都存在着某些缺陷。针对前人转写中存在的不足，依据本文方案的基本原理，文章最后总结归纳了22

条藏文转写的基本规则，为藏文转写和藏文语料的计算机转写处理制定了规范。

藏文典籍中常见的长句结构形式及修辞特色　贺文宣撰，载《青海民族学院学报》1988年第3期。

所谓长句即指复句也含单句。本文，仅就长单句方面作一粗浅探讨。（1）句子主要成分中因同位成分用得多而构成长句者。这种修辞方法起到了突出对方身份、地位和贤德的作用。（2）句子主要成分中因联合成分多而构成长句者、在修辞效果上起到了突出宾语的作用。（3）句子主要成分中采用了比喻修饰法而使句子增长者。它使事理表达得更为形象、生动、具体。（4）采用引喻修饰法而构成长句者。能起到增强文章说服力的作用。（5）因句子的某些次要成分结构复杂而构成长句的。这类长句能起到使内容形象、生动、逼真、翔实的修辞作用。（6）主要、次要成分都有修饰而使句子变长的。（7）转述句的转述部分多而构成长句者。（8）因使用典故、隐语、异名等直接代替句子成分中某一词语或数字构成长句的。（9）在动宾结构的复合词中嵌入较长的主语使该复合词变长而构成长句的。

藏文典籍中句子成分的省略及其修辞效果　贺文宣撰，载《西北民族学院学报》1989年第1期。

文章讨论藏文书面语中省略的形式及类别以及所产生的修辞效果。通常见到的省略有几种类型：省略主语；省略动作性动词谓语；省略作动作性动词谓语；省略宾语；省略多种成分为独字句；还有省去整个分句的。句子成分省略的语法基础是语境，在具体语境下，尽管句子的某些成分省略了，词语简练了，不仅能准确传递信息，还会产生显著修辞效果。通常省略的语境有对语省；承前省；探后省；语义省；字音省；语急省；敬语省等。对语省出现在双方互相交谈时，有些内容不识自明；探后省指省略句在前的情况，由后一分句表达完整意思，即重心在后；语义省是根据前后语义略去句中某些成分；字音省指在偈颂文体中受每行音节数限制对某些词语的省略，主要是节奏要求产生的；语急省指激动、紧张情况下的失误性语句，但仍能传递语义信息，修辞上具有明显形象性；敬语省指某些句子通常只能使用第二、第三人称上的敬语则将用于每一人称的或与该敬语相关的其他普通词语顺序略去现象。

藏文典籍中连词 zhing 等连接动词结构的几种语法意义　贺文宣撰，载《青海民族学院学报》1985年第3期。

文章讨论了藏文典籍中连词 zhing 连接动词结构的语法意义。书面藏语的连词 zhing 可以连接形容词和动词结构，其中连接动词结构占绝大部分，所连接的两个成分位置一般不能互换，随着前面动词时态的不同连词的语法意义也不同。zhing 既能连接动词和动词词组，也能连接两个或两个以上分句。若连接形容词，则形容词位置可以互换。在《敦煌本藏文文献》中，全书共289个连词，连接形容词结构的44例，约占15%，其余占85%的都是连接动词结构的。语法意义上，用在两个同一未来式动词间表示动作反复出现；连接两个意义相近或相同的动词间组成一个联合词组；用在现在式动词后表示一个动作者同时发出两个动作，连接动词与助动词；用在过去式动词后表先后两个动作，表动作反复进行，两个主语分别发出的动作等。连接分句时使前、后两个分句间产生顺承、递进、因果、并列等关系。

藏文典籍中由汉文所译人名之考释　苏鲁格撰，载《青海民族学院学报》1985年第2期。

文章讨论了藏文典籍中汉文人名的藏文译写法及汉文的还原译写形式。藏文佛教经典在11世纪之前以翻译为主，藏文大藏经之《甘珠尔》部和《丹珠尔》部，就是佛经译文和佛经注疏译文之意。据统计由汉文翻译的经典有 30 多种。其中人名译法有（1）原汉文典籍中由梵文读音转译为汉字之梵僧名，亦按其读音转译为藏文，de pua ka ra "地婆诃罗"；（2）原汉文典籍中由梵文意译的，而藏文按梵文读音转写；（3）从汉文音译；（4）从汉文意译。要将这些藏译人名还原汉文是很困难的。蒙古族学者工布扎布于 18 世纪用藏文撰写了《汉区佛教源流记》，此书第三章将全部汉文佛经目录译成藏文，并在经目之后附上原著者和翻译者。笔者在此基础上对勘藏汉文典籍获得 125 项藏汉勘词之八名（全部列出）。汉文人名引用书目有《日本校订大藏经》、《变僧传》、《中国佛教》、《汉魏两晋南北朝佛教史》、《随唐佛教史稿》、《西域之佛教》等。

藏文典籍中属格助词的特殊用例之我见 贺文宣撰，载《西北民族学院学报》1983年第1期。

属格的词在陈述句末，起着陈述语助词和表示动作未来时态的作用。对出现在古典藏文中按传统文法添加规律使用的陈述语助词这五个属格虚词，人们却感到有些生疏，其原因，很可能与它们在传统的藏文文法里未能得到应有的反映有关。它们本来也和表示陈述语气的终语词一样，具有陈述语气的语法作用。所以，应该像反映终语词那样，在藏文文法学的属格虚词里对此特殊作用有所反映。同时，使用在陈述句末，起着与终语词和特殊用例中的属格助词同一语法作用的具格助词，也应像反映终语词那样，在藏文文法学的具格助词中，将其特殊语法作用给以，应有的反映。特殊用例中的属格助词又有表示动作未来时态的作用，所以，它们也应该像在藏文文法里已经反映了的、表示动作正在进行的时态助词那样，在藏文文法属格助词里将表示动作未来时态的语法作用给应有的反映。

藏文翻译与藏族文化科学发展之我见 毛继祖撰，载《青海民族学院学报》1988年第4期。

一、佛经和佛教文化著作的翻译，对藏传佛教的形成的发展有重要作用，对藏族文化科学的影响是极其深广的，遍及修辞学、韵律学、辞藻学、戏剧学、星象学、工艺学、医药学、声律学、正理学、佛学等方面。然而，除天文、医药、工业外，其他都是社会科学。牧、农、林学科的译著则很少见到。这对藏族社会的文化科学发展的影响是引人深思的。二、近几百年来，藏文翻译处于低潮的，对近代文化科学著作几乎没有翻译。这不能不影响到藏族地区生产、经济、文化科学的发展。三、历代藏文翻译采取了许多有效措施，聘请内地、印度、尼泊尔等地的学者，和藏族译师一道完成了许多著作的翻译。四、历代藏文翻译有一个突出的特点，无论是翻译佛经，还是天文历算都是本论和疏释成套翻译的。增强了译著的系统性和完整性和生命力。

藏文连绵词浅谈 黄显铭撰，载《民族语文》1982年第1期。

该文探讨藏文二音节、四音节和三音节的连绵词。从词形上看，藏文连绵词的排列是比较整齐而有规律。其构造方法通常是：由一个形容词或一个自动词，省去词根所带韵符，写在前面，作为辅助音节，即成二音节的连绵词；重写二音节连绵词的各个后加字母，加 gi gu 或 ger bu，作为第二和第四音节，即成四音节的连绵词；从四音节的连绵词中，取出第三和第四音节，后加词尾字母 ba 字，即成三音节的连绵词。此类连绵词的含义，均为原来形容词或自动词含义的形象化。除上述的一般情况外，还有三种例外，可以说是不规则变化的连绵词。第三种例外的四音节连绵词的构词法，与一般的略有不同，即第一音节是将词根与它的后加字母分开，作为四音节连绵词的第一和第二音节，第二音节又是重写它的后加字母，作为四音节连绵词的第三和第四音节。第三音节仍然是主要音节。文末附藏文连绵词词例、词表。

藏文联绵词正误辨析 李钟霖撰，载《青海民族学院学报》1983 年第 3 期。

文章根据多本藏文词典联绵词的词形讨论了联绵词的规范形式。藏文四音节联绵词存在重语音轻形体的现象，表现出不受构词规律制约的方言色彩。对一个方言颇多的民族来说，由文字体现的口语，应当受到共同语的制约，应当以文学去制约方言，其次，必须在维护文字的纯洁前提下严格遵守构词规律，遵守早已规范的传统写法。就藏文联绵词的构词规律看，其根词都是同一的形容词，这个形容词在省去词尾当作主要音节之后，再把一个省去或者加上元音符号的同形字排在它的前面和后面作辅助音节而构成二音节联绵词；给二音节联绵词的后加字添上元音符号后分别插排在它的中间和末尾而构成四音节联绵词。可以概括找一个藏文联绵词构词规律公式：根—二—四—三。

藏文书名刍议 贺文宣撰，载《西北民族学院学报》1984 年第 2 期。

藏文书名，尤其古典藏文书名，大部分字数较多、书名较长。辨认书名的确是困难。要解决这一难题，首先得找出书名的内部规律和它们相互间的联系。藏文书名不论有多少音节，差不多都有以该书本名为中心、互相联系的四个组成部分。各个组成部分之间也都有一定的结合规律。出现在书名最前面的第一部分一般是说明该书属于哪一方面的内容，是开宗明义性质的文字。它是书名第二部分的修饰或限定部分。紧接第一部分之后的第二部分是书的本名。它说明该书的性质或用途等。它前有第一部分做修饰、限定成分，后有第三部分为比喻。这一部是整个书名四个组成部分的中心。第三部分是书名的喻体。第四部分的作用相当于汉语中的书名号。藏文书名大部分都包含上述四个部分。这四部分既有主有从，又互相联系，是浑然一体的。

藏文数量词浅说 司洛撰，载《青海民族学院学报》1985 年第 1 期。

文章全面描述了藏文数量词的构成和作用。（1）基数，分为大写和小写数字；（2）位数，古藏文数位多达 100 多位，近年经查对有 60 位，如 brgya（百）、stong（千）等。藏文数位构成有一定规律。（3）序数，凡藏文序数要在数词后加词尾，词尾用字因方言而异。藏族寺院都藏有大量经卷，为查阅方便，他们创造了一套序数代号，使用较广。（4）信数，表示信数的词可放在数词前也可放数词后，如三倍 sum ldab 或 ldabgsum。（5）分数，藏文中用 tça 表分数，brgya tça（百分），khir tça（万分）。（6）小数点，小数点读作 grangs tçhung，小数点后的数字一般按数位读出。（7）概数，表字方法与汉语基本相同。（8）虚数，brgya（百）、stong（千）等有时虚指，mi las dgu las（天所不为）中 dgu（九）是虚指。（9）整数，表整数的 thampa，tsho 等可分别用在十、百、千等数位的词后。（10）半数，phyed 表示整体的一半，在数词前表减半，数词后表加半。另还有集合概念，零、量词、藻词中的数字等概念。

藏文数字异名译释 刘宝银撰，载《青海民族学院学报》1988 年第 3 期。

藏文的藻词或异名是相当丰富的。其数量极多，使用范围极广。以天上到地下，从神佛到人间，从一般词语到专科词语，从固有词语到梵文借词，差不多都涉及到了。它们有的意思明显，一看就懂；有的富于含蓄，意在言外；有的能包含 n 个意思，须要根据上、下文才能确定它的含义。藏文藻词的两个大类中，除了事物的异名外，就是数字的异名了。从翻译的角度讲，有两种方法：一是把藏文数字异名翻译成数字；二是把藏文数字异名翻译注释为汉文。异文表示数字时，先定个位数、后写十位数，再写百位、千位……数字异名的读法是从左到右；数字异名的写法却是从右向左。数字异名依偈句的需要，可以写词尾，也可以不写词尾而只写其基词。藏文数字异名和其他藻词一样，是为使文字华丽、行文优美而创造的。

藏文数字藻饰词及其文化内涵 胡书津撰，载《民族语文》1995年第2期。

该文探讨了藏文数字藻饰词及其文化内涵：藏语数字与其藻饰词的构成早有传承习俗，以"月亮"或"犀牛角"表示"一"，以"眼睛"或"手"表示"二"，以"手指"表示"十"。因为"月亮"只有一个，"犀牛"只生一只角，"眼睛"、"手"是成双事物，用以表示"二"，"手指"有十个，故表"十"。这些表达形式带有明显的原始思维特征和"原始数"的概念的痕迹，对所描绘的客体数和数字具有直观的特点。语言适应文化的变化，文化内容渗透语言之中。通常数字是代表"数量"的概念，但它们被用来表现文化现象时便自然地含有文化因素的内容。藏语数字的藻饰词的产生、发展，同人的认识活动，以及想象、联想等心理活动相关联，与其传统文化、历史、哲学、宗教信仰、佛学经典、天文历算、医学理论、生活习俗、审美情趣等，以及由此产生的一切反映藏民族文化的词语内容都有密切联系。通过材料的探讨，在一定程度上，我们可以窥视到藏族对数字藻饰词的语言表达、命名习惯与藏族心理，以及语言的社会价值观。

藏文缩写字 安世兴撰，载《民族语文》1984年第2期。

该文依藏文古籍手本，及已经整理出土的藏文木简为基本材料，以收集的3000多条缩写字为例。从双音节词的缩写方式、虚词的缩写方式、以号码代字的缩写方式等主要方面，对藏文这一古老拼音文字中关于常用词或词组所采用的这种简便写法——缩写字，及其特征作用与组合方式等作了较全面、细致地分析，并遵循"只减辅音字母，不减元音符号"的习惯，概括归纳出藏文"缩写"的变化规则和一般规律。指出最常见的组合为"二合一"式即两个音节缩写成一个音节。少数有"三合一"、"四合一"式。同时结合藏文本身的结构特点与缩写字的结构特点，进行了对比分析，认为藏文缩写字不是"把一个语词的几个音节连起来写"的连体字，而是"不光把一个词的几个音节连起来写，且在连写中减去了原来的某些字母或符号"的减缩结构体。

藏文文法"Ia Sgra"格助词语法意义浅析 胡书津、于康容撰，载《青海民族学院学报》1982年第2期。

一、"Ia Sgra"结构在句子中作主语。（1）表示主语与"存在"动词谓语所带宾语之间的关系是依存、领有关系。（2）表示动作、行为引出的客体结果在意念上被主体获得、占有。（3）表示形容词谓语描写的对象。二、"Ia Sgra"结构作宾语。根据它所表示的不同意义，可以分为：对象宾语、间接宾语和处所宾语三种类型。三、"Ia Sgra"结构在句子中做状语。包括：时地状语，表示时间、地点；情态程度状语，表示动作行为进行的情态和程度；目的状语，表示动作行为为准，或为什么目的而作；范围状语，表示谓语动作行为的范围或对象。四、"Ia Sgra"结构在句子中作补语。表示某项行为动作导致事物的性质改变成另一性质的结果或表示行为动作自身变化的一种程度。五、作分析形式的结构成分。组成分析形式谓语；共同构成分析形式的时态结构；构成使动结构。

藏文文法简论 申新泰撰，载《藏学研究论丛（4）》，西藏人民出版社，1992年。

该文介绍了藏文文法的主要内容，藏文文法的历史作用及其时代局限性。首先，现存的藏文文法不够完善，是参照古老的梵文文法创造的，详于词法而略于句法。其次，藏文文法在公元7世纪创立时，有些文法概念和名词术语抽象概括得不够，虚词的分类方法也有值得商榷的地方。最后，由于语言的历史演变，传统藏文文法中有的虚词在口语中已用得不太普遍，大量常用的虚词和口语里用词造句的规则，都得不到反映。作者认为：建立一个能客观地、科学地、严密地藏语语法的体系。①注意藏语自身的特点。②传统藏文文法和现代藏语语法，应属于互相联系而又不同的两门课程，为了区别这种差异，提出把文言文法叫做"藏文文法"，口语乙用词造句的规则叫做"藏语语法"。③处理好继承，借鉴和创新的关系问题。④建立藏语语法体系之尝试。

藏文下加字 wa zur 的保留与消失初探

谢明琴撰，载《中央民族学院学报》1992年第2期。

文章认为古藏文下加字 wa zur 古代是发音的，而在历史演变中逐渐不发音脱落了。从藏语的语言文字演变到现在的结果来看，下加字 wa zur 起码有两个明显的作用。(1) 下加字 wazur 可以指示基字，辨认词形。如果省略就会给辨认基字带来一定困难。如 dwangs。(2) 下加字 wa zur 可以区别同音异义词。如 rtsa "脉"和 rtswa "草"现代读音一样，但由于基字是下添加 wa zur，后者与前者意义迥然不同。由于文字总是朝简化的方向发展，因而带有区别性的必须添加，不易混淆的可添可不添。值得注意的是，某些基字下加 wa zur 的复合词与不加 wa zur 的复合词，同时并存并用并不影响意义的表达。这类复合词有逐渐脱落 wazur 的趋势或可能。相当长时期的并用可能成为脱落的过渡阶段。全文用例100条。作者认为藏文下加字 wa zur 的研究对研究藏语与汉语的关系具有重要意义。

藏文修辞学中"比喻"方法

张凤翮撰，载《西藏民族学院学报》1987年第2期。

"比喻"是藏文修辞学35种意境修辞格中的一种，它是文学伤口中使用较普遍的相当重的一种修辞方法。它又细分为32种，它是藏文所有修辞格中用法最多的一个格。从它的排序和内在联系看，它有以下几个特点：比喻有点面；比喻有正比有反比；比喻有绝对与相对；比喻中有全面和某一方面；比喻拟人化；比喻从迷惘到理解；比喻中运用语言的特有功能；比喻中有褒贬；比喻中运用异同矛盾；比喻中运用鉴别法与超脱法；以"难能"的角度运用比喻；比喻中运用一体多喻；比喻中运用连环比与层次比；将比喻、比体排列对比，不用明言，暗示相似；将比喻与比体关系处理作因果关系，比体是因，比喻是果。藏语中最难译的比喻是双解喻、双关喻和连珠喻三种比喻。这是藏语所特有的，汉语没有这种特点，所以无法表达。

藏文异体词的整理

周季文撰，载《民族语文》1992年第2期。

文章对藏文异体词的来源、现状作了全面分析，提出整理异体词的基本原则和具体办法。异体词的存在是一个历史现象，以现有最大的《藏汉大辞典》来看，仍有大量正体与异体不分的现象。异体词的来源一是外来语译音不统一造成的，包括原语不统一和译语不统一；二是藏语自身历史演变和方言差异产生的。从语音分析异体词的类型主要是历史语音变化造成声韵母差别形成的，如 dkan/rkan ("腭"，前、上加字交替)。作者指出，异体词是同音同义不同形的词，并且词源上有内在联系。同音指在同一方言里同音，同义指包括附加意义在内的全部意义相同。因此整理异体词的原则是：(1) 古今拼写不同的以今体为正体；(2) 拼写不同的取字母最简捷的为正体；(3) 按约定俗成原则取最通行的为正体；(4) 外来词语取与原语最接近的为正体；(5) 照顾方言，取某方言与口语一致的为正体；(6) 某异体与另外的词同形时取不同形的为正体。按以上方法作者提出一份 313 条词和 4 个词尾的异体词整理方案。

藏文音位、声调及藏语文变化概说　强俄巴·多吉欧珠撰，载《西藏研究》1990 年第 3 期。

藏文分为三个方言区，即卫藏方言区、康方言区和安多方言区。本文简单谈谈卫藏方言的变革。卫藏方言是由卫方言两种小方言组成报到藏地区是藏人最重要的发祥地，也是历代藏族政治、经济和文化中心。往来客商很多，语文也与之相适应地得到了发展变化。卫藏方言的语音变化是很大的，而其主要的变化在于卫藏方言中各前加字加在基字前面以后，语音的强、中弱如何读浊不清，单个的××字和有××三个上加字的读音一样；有前加字的××和有上加字的××读音一样；有××三个上加字的工和有前加字××的读音一样等。特别是后加字××和再加字××等更加失去了自己的读音，在读字或在具体语言中它们的发音特别轻，完全改变了藏文原来的发音习惯。藏文的变化没有口语的变化大，但也有变化，至少可以把它划分为古代藏文和近代藏文两种。

藏文渊源初探　群培多杰撰，载《西藏民族学院学报》1983 年第 2 期。

文章通过文献考证及古代多种字体比较讨论了藏文的起源发展问题。现在西藏通用的文字，一些史籍记载乃是西藏古代历史上松赞干布时期吐弥桑布札创造的。那么 7 世纪以前是否有其他的文字呢？一般认为似有一种象雄文字。按照本教徒的说法，西藏以前曾有叫作"达斯邦文"，后叫作"象雄老文"。吐弥桑布札去印度之前就晓得一种文字，应该就是象雄文字。八思巴改造藏文创造蒙古新字的一个蓝本就是以现在的藏文与象雄文字的蓝本进行创造的。现代的藏文和印度文，两种文字的结构、语法基础知识，特别是字体等各个方面，不但根本不同，而且从吐弥创造藏文过程的历史上去考虑，说藏文是仿照印度文创造的，是不妥当的。把松赞干布以前已在西藏流行的象雄本之老文和松赞干布时吐弥桑布札创造的现代藏文，二者加以对比的话，就能清楚地说明现在的藏文的渊源，那是象雄文之本文。

藏文元音 a 的表示法　张济川撰，载《民族语文》1982 年第 1 期。

文章讨论了藏语元音 a 在文字中的表示方法。文章指出，认为藏文 30 字母本身就包含了一个 a，并由此得出结论：藏文是一种音节文字或者是音节——音素类型的文字，这种观点讲不通。首先，如果藏文字母含 a，则 bsgrags 就读成 basagaragasa，其次，藏文字母单独做声母，如果含 a，则加上其他元音符号就应读成复元音，如 kho 读成 khao；这些都不能成立。实际上，藏语书面语中 a 出现频率最大，省略 a 符号，书写时就经济多了。没有元音符号的音节，韵母的云音就是 a，这是以音节为单位的省略，与 30 字母毫无关系。藏文 30 字母除了各自的读音外，还各有其名称，即在辅音字母后加上元音 a 就是它们各自的名称了，如 k 的名称是 ka。字母的名称与字母的读音是两个不同的概念。综上，藏文字母只代表辅音音位，元音 a 用零形式的符号表示。藏文是音位文字。

藏文再后置字 s 的功能　罗秉芬撰，载《中央民族学院学报》1983 年第 4 期。

本文拟就藏文再后置字 s 的功能谈几点粗浅认识。古藏文的再后置字本有 s 和 d 两个。s 可以和 g、ng、b、m 后置字母结合成复辅音韵尾。d 可以和 n、r、l 后置字母结合成复辅音韵尾。经过历史演变，d 作用辅音韵尾的作用逐渐消失，9 世纪初叶被取消，但在卫藏方言中保留着它对声调影响的痕迹。再后置字 s 则一直沿用至今，但在发音方面也如上所述，失去了韵尾辅音的作用只对声高影响。作者查阅了目前国内较常见的几部字典和有关资料，从中摘出词干相同的带与不带再后置字 s 的词 400 多条，进行初步分析、比较研究，得出再后置字 s 有三方面的功能：（1）再后置字 s 区别动词的"时"和"式"。表示现在时、未来时动词不带再后置字 s，过去时、命令式动词带。个别动词以带不带后置字 s 区别动词的自动式和使动式。（2）再后置字 s 区别词类。区别名词和动词，形容词和动词，形容词和名词。所以再后置字 s 有区别实词类别的功能。（3）再后置字 s 区别词义。前两条是再后置字 s 的语法功能，后一条是它的构词功能。

藏文字性法与古藏语音系　格桑居冕撰，载《民族语文》1991 年第 6 期。

文章按照传统文法分别对藏汉拼音结构中的基字、前加字和后加字进行字性语音分析，认为藏文字性法和正字法基本上比较完整地反映了 9 世纪前后的古藏语语音面貌。阳性字的字性强，指不送气清音；阴性字音势弱，指不送气浊音；中性字音势中和，指送气清音。但清擦音归入阴性字不妥，应分别归阳性和中性字中。阴性字作前后加字时部分要改变字性，如 b 变为阳性，即浊变清。本文既介绍传统文法的分类也补充作者的分析。如 v 作前加字文法未交代其字性，作者从现代方言提出应是除 m 外的鼻冠音。作者提出的古藏语音系含单声母 30 个，复声母 190 个，单元音韵母 5 个，复元音韵母 8 个，带韵尾韵母 85 个。全文举例约 450 词，占全文篇幅的 50% 左右，包括古藏文和现代方言读音。作者在分析中几次指出传统的《文法根本三十颂》和《字性法纲要》也在 9 世纪进行过厘定，这个观点值得注意。

藏译汉音的《般若波罗蜜多心经》校论　周季文撰，载《语言研究》1982 年第 1 期。

文章为便于研究汉藏语言的历史和进行汉藏语言比较而从语言学角度全面详尽介绍了古代一篇用藏文音译汉文的材料：《般若波罗蜜多心经》。《般》是法国巴黎国家图书馆所藏敦煌藏文写本 pt. 448 号，1958 年西门华德在《记汉藏对音本》一文中，引用了这份材料的一部分并注出了汉文。但西门华德只用了《般》的前六行，所以有必要全文介绍。《般》的藏译年代大致可断定为唐代宗宝应二年（763）到唐宣宗大中五年（851）之间。所注汉字读音，则应该是当时沙州（今敦煌）一带的方言。为便于作为语言比较，汉藏索引中列出了中古汉音，拟音据李荣《切韵音系》，而"声、韵、呼、等"一栏则参照丁声树《古今字音对照手册》，"其他材料"一栏都转引自罗常培《唐五代西北方音》，现代藏音一栏标出夏河音和拉萨音，另标出《般》的藏文转写和出现的行数、字数。不同的汉字共 116 个。藏汉索引也标出每字出现的行数和字数，共有不同藏文音节 105 个。

藏译汉中的音译问题　周季文撰，载《民族语文》1987 年第 3 期。

文章讨论了藏译汉中译词不统一的问题并分析导致不统一的原因，首先是藏文有古今读音和方言差别。例如人名 vphags pa，古译为"八思巴"，今译成"帕巴"。人名 tshe rin 卫藏方言译成"次仁"，安多方言译成"才让"。其次汉语有古今差别和方言差异。如 zhang plon（舅臣）古人译成"尚论"，今则用"香"字表示 zhang。人名 nor pu 有的译作"诺布"，有的译作"罗布"因为有的 n、l 不同，"诺"和"罗"同音。再次，译音标准的宽严取舍不同。有人只求声母相同，有的只求韵母相同。最后，汉字同音字太多。作者认为解决上述问题最理想的办法是制定统一的音译标准并由权威机构颁布。作者以藏文的拉萨读音为基础，拟定了"译音规则"和"译音表"。词语音译以本规则为准藏语以拉萨话读音为准，汉语以普通话读音为准。音译时要求语音相对准确，但不作细要求。

藏语 A'BAB 型的四音格　胡书津撰，载《民族语文》1986年第6期。

文章试对 A'BAB 型的四音格做一些分析。A'BAB 型四音格又叫变韵重叠格，它是由形容词词根或动词词根经有规律的语音变化构成的。A 是词根，A' 与 A 的声母韵尾和声调相同，韵腹多为 [a]。B 是嵌音，声母与 A 韵尾相同，韵母固定为 [e] 或 [i]。A 词根元音若为次高元音 [e]、[o]、[ ] 时嵌音韵母一般为 [e]，词根元音为高元音 [i]、[u] 时嵌音韵母为 [i]。有不少这类四音格词词根韵尾不分离，仍在词根的韵尾部位，同时又是 B 音节的声母。这类四音格的语法功能相当于一个实词，可以作主语、定语、状语、谓语、补语、宾语。还有一种与这类四音格相对的单叠式，即 A'A 式。四音格结构可紧缩为三音节格式，即取词根 A，嵌音 B 加附加成分（ba）构成。作者根据藏语发展的历史，认为 A'A 式产生于 A'BAB 式之前，A'BAB 式是在 A'A 式的基础上扩展而成的。ABC 式可能是 A'BAB 式的减缩。四音格多出现于口语，三音格主要出现于书面语。

藏语安多方言内部语音上的一致性和差异性　华侃撰，载《西北民族学院学报》1989年第1期。

文章通过对安多藏语内部牧区话、半农半牧区话及农区话作比较，探讨其与藏语的演变关系。安多方言声母系统的主要特征是清浊音对立，送气音与不送气音对立，声母数目较藏语其他方言多。牧区语声母保留了一些古藏语语音特征，保留较多前置辅音，差距农半牧区只保留 h、n 两个前置音，部分是脱落了，部分则合并。韵母系统主要特征，都是单元音，没有复元音韵母，韵母数目约二三十个。从古今韵母差异来考察，单元音韵母有所增加，带辅音韵尾的韵母趋向减少，有的元音已不能同辅音韵尾结合，如 i、u。从而开音节增多。在方言内部，农区话辅音韵尾简化较多，单元音增加较多。牧区及半农半牧区辅音韵尾保留得多，单元音增加得少。牧区、半农半牧区和农区各点的语音现象，有些并不能一刀切得十分整齐划一。各地区的异同呈现出交叉的现象或摇摆摆动舞动不定的状态。

藏语安多方言同仁话中的汉语借词　玉珍撰，载《中国藏学》1996年第1期。

文章讨论了藏语中汉语借词的借用方式和语音形式。藏语安多方言同仁话中的汉语借词可分早期借词和晚期借词两类，早期借词有"公主"，"轿子"等，晚期借词大多是 50 年代后借入的，如"委员、计算机"等。借词的类型主要是日常生活用语和文化词，其中名词居多，如"毯子，保险，亩"等。借词的借入方式有全借，即语音和词义一起借入，如毛线，黑板半借指只借入汉语的第一或第二音节，然后与藏语固有词组合，音译和意译的都有。全借加注指音译加藏语表意成分，后者对前者作注释，如泰山 the shan rəwo。意译指用藏语固有语素意译汉语新词术语，属模拟借词。如自治 rang skyong。替代指某些借词逐步取代了固有词的用法。汉语词借入藏语后一般要根据藏语语音发生一定的变化。

藏语并列式复合词的一些特征　胡坦撰，载《民族语文》1986年第6期。

文章讨论了藏语并列式复合词语音、语法、语义及内部语序特征。并列式复合词是由两个或多个意义相近、相同、相关或相反的词根组成。藏语两个词根或四个词根构成的并列复合词较多，如 mig-rna 耳目，skye-rga na-vchi 生病老死，3 个词根或 5 个以上词根的较少。藏语并列式复合词词性上大多属于名词类，个别是副词和数词。语音上，并列式复合词结合较紧，中间无停顿，有连读变音现象，这几点可与并列式短语区分开来。如山羊和绵羊均读本调是短语，表"山羊和绵羊"，连读变调则是并列式复合词，表"羊类"。语义上，并列式复合词有同义复合、反义复合、相关复合三类，多数复合词的整体意义等于局部意义的总和，但也有整体意义不等于局部意义之和的。并列式复合词内部词根次序是约定俗成的社会习惯，一般不能改变。并列式复合词构词能力强，所以藏语并列式复合词日渐增多。

藏语并列四字格的构词构形特点 胡书津撰，载《藏学研究文选》，西藏人民出版社，1989年。

藏语词汇中的四字格，结构稳定、凝固、以定型化的独立形态，作为一个意义统一体来应用，储存于词汇系统之中以备使用。构成四字格的有名词、动词、形容词、数词等。以形容词、动词和名词最多。藏语四字格从语音上看，一般是按语音和谐的要求搭配起来的，有双声、迭音、迭韵等主要结构形式。从音节是否重迭、即迭音的情况看，可以区分为非重迭型和重迭型两大类。藏语并列四字格，从构词上看，大致可分为两类：一类是复合型（两两一组、组成偏正、主谓、动宾、联合结构）；二类是孳生型（按某种固定套子组成）。藏语四字格的构型特点，是用重迭和重迭辅助成分等手段来表示语法意义。藏语并列四字格与汉藏语系诸语言并列四字格的构词和构型方式方法上有着许多相同之处，它们在发生学上是有渊源关系的，可否这样说：四字格是汉藏语言底层的东西。

藏语擦音韵尾的演变 谭克让撰，载《民族语文》1985年第4期。

该文运用了藏语3个方言，56个代表点的资料，对古藏语擦音韵尾 ∗s，在现代藏语中的演变进行了对比研究。藏语书面语中的 ∗s 韵尾，既可作单辅音韵尾，也可作复辅音韵尾的后一成分，但在现代藏语中都已消失或演变。本文首先从亲属语言中证明了 ∗s 韵尾的发音，并推断出消失的时间至迟在300年以前。∗s 韵尾的演变分"脱落型"和"音变型"，"脱落型"是变化的主流，"音变型"只出现在部分地区。单辅音韵尾"脱落型"演变是韵尾消失，闭音节变开音节，"音变型"是演变为喉塞音，舒声变促声；复辅音韵尾"脱落型"是韵尾消失，复辅音韵尾变单辅音韵尾，"音变型"是演变为喉塞音。那么，一个舒声韵尾是如何演变为促声韵尾的呢？该文推论为：藏语书面语中可作复辅音韵尾后一成分的只有同部位的塞音 ∗d 和擦音 ∗s。它们的变化可分为两步：第一步两个同部位的辅音相类合，都向促声化发展；第二步这种类合扩展到单辅音韵尾，也变为促声韵尾。这种演变不仅让我们找出古今语音演变的原因和规律，也是划分方言和土语的重要依据。

这篇文章已译成类文，发表在美国《藏缅区域语言学》杂志1987年第10卷第1期。

藏语重叠词及联绵词构词规律新探 李钟霖撰，载《青海民族学院学报》1982年第3期。

文章对藏语重叠词及联绵词的构词规律进行了讨论。藏语重叠词有其独特的构词格式，各种重叠法都遵从严格的语言内在规律。AA 式重叠词有叠字母的；有叠单音名词、动词、形容词和代词的。名词重叠后有的仍是名词，有的变为副词，dus（时间）-dus dus（经常）。动词重叠表示持续状态。代词重叠泛指某个总体事物，de de（那些）。AAB 式重叠词在双音节形容词前加上一个同形字构成，有加强语气，突出状态作用，rtab rtab po（急急忙忙）。ABB 式重叠词，选择适当名、代、自动词、形容词，在省去词尾后加在由单音节的词构成的 AA 式重叠词的前边，khra lam lam（华丽）。AABB 式重叠词把一对同义或反义词构成的 AA 式再相拼而构成，dgav dgav spro spro（高高兴兴）。ABAB 式离开句子不能单独存在。联绵词由自动词或形容词做根词,构词时往往去掉元音符号再重排,构成方式有二、三、四音节多种。

藏语词汇的来源与发展浅析 马进武撰,载《青海教育》1987年第4期。

该文研究了藏语词汇的两的来源:一是随意名,即原生词,这是构成藏语的基本词汇,它的结构能力最大,其特点是无义可解;二是后成名,即派生词,它是依音、依义,选用相应的随意名为词素所构成的新词,其特点是可顾名思义。弄清词汇的来源、种类和各自的特点及相互关系,明了藏语的语音和词义的社会性,就可容易从词的音、形、义的有机结合上,把握藏文的拼写特点和正字法。该文还把藏语词汇发展概括为8条规律。

藏语词汇演变的速率和方式——对敦煌藏文写卷抽样的电脑统计分析 黄布凡撰,载《电脑辅助汉藏语词汇和语音研究》,中国藏学出版社1996年。

对于藏语自古至今的演变,语音方面多有研究,语法方面也时有文章涉及,而词汇方面却少有专门的研究文章。本文通过对古今藏语词汇的抽样比较分析,探寻藏语词汇演变的速率和方式。古藏语词汇取自敦煌藏文写卷中关于吐蕃赞普传记的两个长卷,其写作年代据推断为9世纪初;今藏语词汇取材于拉萨语。方法是将写卷切分成词后,用电脑Fling软件统计词频,列出全部词表及词的上、下文,再逐一与拉萨话比较,求出两卷实词的保留率与变化率,并按斯瓦迪士(M. Swadesh)百词表求出基本词汇词根的保留率与变化率,同时求出一般词汇与基本词汇词根语素千年演变速率之间的比例。演变速率的统计结果对语言年代学基本词根语素保留率提供了新情况,对其常数的确定提出了新问题。分析古词的演变方式的消失、转义、改造、延用等4种,并分析研究了古词消失的原因。

藏语词汇演变的速率和方式——对郭煌藏文写卷抽样的电脑统计分析 黄布凡撰,载中国藏学出版社《电脑辅助汉藏语词汇和语音研究》,1995年。

该文是对藏语古今词汇进行比较,运用语言年代学方法测算其变化速率,同时观察其演变方式。古词材料取自成卷年代约为9世纪初(距今约有1200年)的敦煌藏文P. T. 1286号和P. T. 1287号两份长卷,将其切分成词后,用美国白默翰(John Alsop)教授设计的专门用于话语材料统计分析的电脑软件Fling进行词频统计,共得不同的实词1590个;今词材料取自现代拉萨口语,主要依据《拉萨口语词典》。按斯瓦迪士(M. Swadesh)百词表(更换了其中5个词),从上述材料中选取基本词,比较的结果是古今藏语同源词根语素占88%,按千年计算其词根语素的保留率为90%。联系汉语的基本词根语素的千年保留率83%(据徐通锵《历史语言学》),文章质疑李兹(Robert B. Less)"一切语言在任何时候,基本词根语素在一千年后平均约有81%的同源词根保留下来"这一结论是否具有普遍性。文章总结了藏语词汇的演变方式有古词的消失;古词的转义;古词的改造;古词的运用;新词的产生(包括借贷和创新)等,各举了大量实例并探寻了原因。

藏语db音类的演化过程及时间层次 江荻撰,载《民族语文》1997年第5期。

文章借助与db(dbj、dbr)音类同构的sb、dp、sp等几类声母,以及相关的藏文文献和藏族史料,全面论述了db音类的历史演化过程及音变的时间层次。采用的非线性音变分析方法将系统的宏观属性(开放程度等)与微观状态(音素属性等)有效地结合起来,推断出db音类9世纪初开始弛化,至10世纪中叶出现耦化进程的竞争。从现代藏语方言来看,db声母的演变方式及结果有两种:一是前置音脱落,基辅音除可能的清、浊或送气与否变化外，其他特征不变，如果带有后置辅音，则基辅音与后置辅音耦化为塞擦音（如 pj→tcc 或 br→tsh），二是前置音脱落，基辅音弛化为 w，如果带有后置辅音，则 w 与后置辅音进一步耦化为 cc 或 sh。例如，汉文文献上西藏（dbus）曾称为乌斯藏或卫藏，即 dbus 中 db→w。这个现象还可从其他几类同构声母（dp、sp、sb、vb、lp、rb、lb 等）的演变作出充分的论证。在演变的机制方面：一是基本辅音或前置辅音的弛化；二是基本辅音与后置辅音的耦化。决定这两种不同演化机制的要素则是不同的系统状态，即语言系统的开放性程度的高低。其中，弛化是语言系统开放程度不高，语言要素缓慢趋向平衡态无序的过程，表现为渐变的形式；而耦化是语言系统开放程度较高状态、复辅音声母相互作用的结果，呈突变方式。

藏语的宾语和结构助词 la sgra　车谦、胡书津撰，载《西南民族学院学术论文集》，西南民族学院 1981 年。

文章主要要论述了藏语的宾语和结构动词 la sgra。宾语是助词的连带成分，表示动作支配或涉及的人或事物。藏语的及物动词，有的要求宾语后面加结构助词 la sgra。有的则不要求加。这主要是根据动词内部对宾语的要求，动词的构成以及和宾语间的不同关系来决定的。从及物动词与宾语的关系方面来看：（1）宾语走向消亡的不加。（2）宾语是表示结果的不加。（3）表延续的动词所带宾语不加。（4）双宾语里直接宾语不加，间接宾语加。（5）感情动词的宾语要加，动宾关系合成动词则都要加结构助词。联合关系合成动词里，只要其中一个要求加则都要加，偏正关系合成动词主要看"正"，如果"正"要加则加。主谓关系合成动词作谓语，一般所带宾语上都不加结构助词 la sgra，除此之外，还要注意合成动词意义，注意合成动词本身的内部结构以及动词的动作是否是主语和宾语相互进行的。

藏语的复辅音　瞿霭堂撰，载《中国语文》1900 年第 6 期。

复辅音声母是藏缅语言的一个重要语音特点。藏文所体现的古代藏语复辅音是藏缅语言复辅音声母的唯一活化石。现代藏语的复辅音声母虽然有所简化，但依然较完整地保留了藏缅语言的特点，而且成为藏缅语言中唯一有文献可资比较的语言，研究藏语的复辅音声母对藏缅语言乃至汉藏语言语音史的研究都有重要的价值。本文全面论述和描写了藏语复辅音声母的性质、结构和特点，并通过藏文中的复辅音声母与现代藏语方言进行比较，探讨了藏语复辅音声母在现代藏语中类合、约缩和脱落的变化轨迹。再进一步探讨复辅音声母的简化对声母、韵母和声调发展变化的影响。最后，讨论复辅音声母在现代藏语方言中的分布情况及其发展演变的趋势，解释复辅音声母在现代藏语不同方言中变化的动因、方式、过程及其产生差异的原因。本文从藏缅语言中唯一具有文字文献可供比较的藏语入手，研究藏语复辅音声母的现状和历史，发生和发展的规律，为藏缅语言的复辅音声母研究奠定了基础。

藏语的复元音韵母　瞿霭堂撰，载《中央民族学院学报》1987 年第 1 期。

该文对藏语的复元音韵母作探讨。现代藏语的 3 种方言中，只有卫藏和康方言有复元音韵母。按性质分为真性复元音和假性复元音两类。假性复元音是一种向心结构，只有一个主体，是响点所在，对音节的长度无影响。真性复元音是一种对等性结构，几个元音并立，无主次之分，对音节长度有影响。卫藏方言大多是真性复元音韵母，大约有 11 种；康方言大多是假性复元音韵母，大约有 20 种；一般出现的频率都不高。文章从语音、分布和历史特征分别讨论了卫藏方言和康方言的复元音韵母。把藏文与现代没有复元音韵母的藏语作比较，看到藏文中这些复元音韵母，原来都是两上音节，后来发生减缩而成的。通过比较，再加上现代藏语中复元音韵母分布的这种参差现象，可见藏文创制之前更古的藏语原应无复元音韵母，而是后来由于语音的变化发展起来的。藏语复元音韵母的发生是藏语韵母系统重心转移的结果，它有明显的地域性，主要来源于音节减缩和韵尾影响。卫藏是音节减缩，康方言是韵尾影响。

藏语的声调及其发展 瞿霭堂撰，载《语言研究》1981年第1期。

文章讨论藏语声调同声韵母及藏文的关系以及发展演变情况。藏语声调是一种后起现象，是语音发展演变的结果，藏语声调起源于声母的清浊，是清声母（不包括古浊来源的）主要出现53和55两种调值；浊声母（包括古浊来源而今清化的）主要现12、31、13、14四种调值，古带前置辅音的次浊声母分读高调。声调同元音长短也处于迭合并存状态，音高是重要方面，应该自理处理为声调，元音长短是一种伴随现象。声调同喉塞韵尾也有关系，应将声调看作伴随现象。声调在方言中的分布不平衡，卫藏方言和康方言有声调，安多方言无声调。卫藏方言前藏地区大多是4个调，后藏地区大多是6个调，康方言大多是4个调，个别地方2个调。声调多寡与声母清浊及复辅音和辅音韵尾的分合有关。文中方言调类对照表1个，举例200余个。全面介绍了藏语声调情况，认为如果把汉藏语系有关民族语言声调起源的各种情况都介绍出来一定会对汉语的研究有很大帮助。

藏语的使动、时式、自主范畴 张济川撰，载《民族语文》1989年第2期。

该文用藏语书面语和现代藏语对比方法来探讨藏语的使动时式和自主范畴。书面语中动词的自动、使动主要用不同前缀方式构成；声、韵的不同只在少数词中。自动变使动声母不同的有①浊声母——相应清声母；②浊声母——相应送气清声母；③清送气声母——相应浊声母。韵母不同的有 a-o，a-e 对应。现代藏语自动、使动的构成方式，受前缀音的脱落和清浊音对立消失。声调产生的影响。现在靠送气、不送气和声调来区分自动和使动。虽有少量动词有自动、使动的对立，但作为使动范畴已不复存在。现代藏语的形容词词根与动词有关。现代藏语体范畴用不同后缀、助动词表示。书面语动词有三时（传统叫法）和命令式。动词时式变化的基础是自动和使动，表达手段主要靠前、后缀有无和变化，声、韵的变化是次要的。时间范畴最初只有完成和未完成的对立，现在、将来、过去对立的三时制是后来发展的。藏语动词既有语义上的自主——不自主范畴，也有语法上的自主——不自主范畴，二者既有联系，又有区别。

藏语的语素变异和语音变迁 胡坦撰，载《民族语文》1984年第3期。

文章从藏语语法结构角度来研究语音的演变。文章先定义了藏语里语素的一些概念，如自由语素，黏着语素，单音节语素和多音节语素。然后指出因环境和位置不同产生的现象，如一个语素有不止一个语音形式统称语素变异。语素变异涉及语素的声韵调，或者单项或者多项联合变化。语素变异的类别和规则主要有：看不出变化条件的自由变异；频繁出现的连读变音，包括送气变不送气，如送气声母语素在复合词第二音节变为不送气声母；再如低调变高调，即低调语素在复合词第二音节上变高调；还有元音和谐、清擦音浊化、减音、异化等规则。变异类别还有快读、慢读的差别，文白异读的差别。语素变异的基本元音是语音的历史变迁，从古藏语到拉萨话的演变有重要的三条：（1）声母和韵尾系统大为简化，包括清浊声母对立，前缀音脱落，韵尾脱落和简化；（2）元音数目增多，产生长短元音、口鼻元音对立；（3）声调产生。今日之特例可能是昨日之通则。不规则的语素变体往往是拟测古音的珍贵材料。

藏语"dgu"（九）及其文化内涵　胡书津撰，载《藏学研究论丛（4）》，西藏人民出版社1992年。

该文介绍了藏语"dgu"（九）及其文化内涵，数字的运用是人类社会中最普遍的语言现象之一。藏语里的"九"看上去是实数，其实常常并不表示确定数目。在不少情况下是虚指，概略地表示极多或满数义，放在中心语后作修饰语，组成偏正式复合名词。也有少数古藏语词，"dgu"放在中心语（名词）前的。常有与其他语素结合，组成孳生型ABCB式。藏民族用"dgu"表示多数，这恐怕与藏族人民自古以来就使用十进位法有关。因为十进位制中，即从一至九的基本数中，"九"（dgu）及单位数之终、之多、之极、是最高一个到顶的数字，传统的制度、心理习俗使藏语"dgu"具有的文化内涵一直延续至今。有趣的是，"九"在古汉语中也表虚指。这里，从一个侧面反映了汉藏语先民们的心理因素和对数字的共同认识，它反映了中华各民族文化基本意识形态。有利于我们进一步揭示语言的文化内涵，如果对语言的文化价值的认识。

藏语动词表三时的屈折形态简化的两种途径　金鹏撰，载《语言研究》1983年第1期。

文章通过书面语与现代拉萨语口语动词的对比研究，说明藏语三时形态简化的情况。拉萨藏语由于动词的附加成分和辅助动词表时态的作用上升到主要地位，动词的内部屈折变化更趋于简化。突出的是区别三时的不同形式已经消失。一部分动词只有区别过去时和非过去时的两种形式了，更多的动词简化为一种形式了。简化的途径有二：一是由于语音历史演变的结果，音节结构简化了，以致原来表时间的形态消失；二是由于习惯上用一种时间形式代替另一种形式，人为地将表时间的不同形态合并为一种语法形式。书面语三种形式动词在拉萨话里：①只分过去和非过去时形式，②仅一种形式。书面语两种形式动词在拉萨话里①未来时与现在时同形又与过去时相异的仍有过去时与非过去时的区分，②过去时没有后置字母的在拉萨话里均只有一种形式。全文举例200条个，占篇幅的1/2。说明了古藏文表时间的屈折形态在现代拉萨话中基本丧失了它的功能。

藏语动词的三大特征　马进武撰，载《西北民族学院学报》1984年第2期。

文章讨论了藏语动词的时间、地点和条件三种特征。藏语动词的时间特征是就它的时态变化说的。藏语动词有过去、现在、未来三时之式，即使不加时态助词其时间概念依然是明确的。藏语动词的地点特征是指经在句子成分中的位置。藏语动词充当句子成分都有其固定格式，充当主语时必须用现在时，充当谓语必须按时现用，充当宾语必须用未来式，充当状语时必须用两个相同的现在式动词叠用，但两个以上过去式动词连用只起谓语作用，充当补语时必须用不及物动词，充当定语时必须用过去式动词。动词的条件特征是指动作的产生、变化和形式等因素。其自动和他动，能动和施动，主动和令动等形态都有各自的变化格式。自动指动不带宾语，是事物本身自然产生的动作变化或现象。他动指动作者运用工具施加在宾语上的动作，能动指及物动作，施动指动作者施加在宾语能动者身上的动作。主动指动作者变革某事物的主动行为，令动指动作的命令、请求或劝阻。

藏语动词的使动范畴　格桑居冕撰，载《民族语文》1982年第5期。

文章通过书面藏语和方言比较，对藏语使动范畴的语法意义和语法手段作了分析。藏语书面语有1300多个单音节动词，从中可筛选出175对以语音交替为手段、意义相关、两两对应的使动自动动词。一般来说使动动词同时又是及物、自主的动词，三位一体没有例外。自动动词则可能及物、自主，也可能不及物、不自主，交叉起来分为四类。书面语使动与自动的语音交替方式有四类：①使动的基辅音是不送气清音与自动的送气清音、浊音等交替；②带前置辅音的浊辅音与自动的浊单一辅音交替；③带前置辅音 s-的鼻音与自动的单鼻音交替；④双唇送气清塞音与自动的同部位浊音交替。方言中使动与自动对立与书面语一致，但数量较少。书面藏语使动范畴还用两个动词组合的外部分析形式表示，按组合的语法结构和所涉及的语法关系，可分为三种类型，大体也与屈折形式三种类型相应。动词使动范畴是一种历史现象，最初是屈折形式，后来产生分析形式。

藏语动词的形态变化 柯蔚南撰，载《民族语文研究情报资料集》，中国社会科学院民族所语言室 1984 年第 3 期。

该文论述了藏语动词的形态变化。藏语书面语动词形态的变化问题，近一个世纪以来已引起藏语和藏缅语学者的注意，并作了一系列的探讨和研究。其中很多论著是讨论书面语动词多根的问题，认为这种多根的来源是一个词干，有时是两个、添加词缀而派生的出来的。本文在充分论证的基础上，对早期论著所持的一些论点进行评论，并对多根动词中过去尚未涉及的问题提出以下看法：（1）同意关于前缀对藏语书面语词根声母和影响的结论。（2）讨论动词的四种词根（现在式、完成式、将来式和命令式），目的在于为这些动词提出一个假设的词干，找出产生书面藏语动词形式的语音转换方法。（3）列出本文所研究的全部四种书面语动词：有的动词的只列入一种类型，有的列入一种以上的类型。每种类型内，规则动词列在前，某些不合规则的列其后。那些无法归入这八类的动词则列在最后的"不规则"的类型内。

藏语（拉萨方言）动词的后黏着语素 王建民撰，载《藏学研究论丛（2）》，西藏人民出版社，1990 年。

该文阐述了藏语动词的后黏着语素的特点。（1）定位不成词黏着语素：一是变动词为名词的黏着语素，（rgyu）加在动词之后使动词变为名词后①表动作的可能与条件，②表阻止动作的进行，③表动作涉及的事物或对象，④表"要做"或"要做的事情"，⑤（rgra）表后加（rang）"定会"；黏着在动词之后使动词变为名词，可表"用具"，将动词的否定式变为名词时，只能加（yag）、（pa）黏着动词后变动词为名词并表第一人称"揣测""推度"之意，有的黏着在动词后变为名词并表"动作者"或"动作涉及的对象"。二是变动词为形容词的黏着语素。（2）定位成词黏着语素：此类黏着语素和前类一样均定位在动词之后。根据其黏着在动词后的不同附加意义分别表时间、情形、表心理状态、表数量。文后附藏语（拉萨口语）动词后黏着语素表。表中列出定位不成词黏着语素和定位成词黏着语素的变化情况。

藏语动词的历史形态研究 江荻撰，原文载《中国藏学》1991 年第 1 期。

文章采用历史语言学内部构拟法全面探讨了古代藏语时态范畴中的动词形态及语法形式，构拟出古代藏语现在时、未来时和过去时的语法前缀。内部构拟法是基于语言的结构系统分析而产生的，着眼于规则系统中的不规则现象，从共时结构的差异，如对称、对称空缺（空位）、非规则形态交替等来发掘历史结构原型，拟测历史要素。从文献看，藏语动词形态语素音位的分布已很不完善，呈现大量不规则现象。因此重建藏语动词规则性的原始结构成为藏语史上一大难题。本文讨论分两步走。第一步探讨前缀的语音分布现象，归纳出前缀语音分布的条件和基本规则；第二步采用模式构拟法提取出古藏语表时前缀分布格局中普遍存在的同形分布和有序分布两种模式，由此揭示出古藏语5种表时语法前缀语素（g、d、b、m、ɦ）的功能和交替形式。即零形式的现在时前缀，不同词根音（R）条件下（R 送气，R 不送气，R 送气/不送气）的三种现、未、过时态前缀模式（R0-gRs-bRs、R0-mRs-ɦRs、R0-gRs-mRs）。尔后，文章对动词词根音变的屈折形态观点提出质疑，提出充分理由说明藏语词根音变只是历史语音变化中的语流音变，所变化的语音形式不与任何特定语法意义相联系。本文创建的模式构拟法在藏语史研究中全面构拟出动词的表时前缀语素，是对内部构拟法的完善和丰富。

藏语动词的屈折形态及其演变 瞿霭堂撰，载《民族语文》1985 年第 1 期。

藏语动词的屈折形态是中国汉藏语言中唯一保留得最为完整的类型。本文在正确识别和区分词根音素和形态成分、词根音素屈折变化和形态成分屈折变化的基础上，确定藏语动词屈折形态的"对比"属性，并以此为出发点，研究藏语动词屈折变化的结构类型及其演变。藏语动词屈折变化分同根类型和异根类型，本文研究同根类型。从四式、三式和两式三种类型分别形式化地详尽建立藏文动词和现代藏语 3 个方言动词的不同型式。然后研究藏语动词从对应式转变为对比式的动因、方式和过程。本文突破传统对动词形态成分研究的局限性，确立形态变化的对比方式，穷尽列述不同型式，解释演变规律，是一篇以新的理论和从新的角度对藏语动词全面而深入研究的力作。

藏语动词的自动态与使动态 谭克让撰，载《民族语文》1988 年第 6 期。

藏语使动范畴的表达形式一般是在动词后加助动词，即分析形式，但一部分动词本身具有自动态和使动态的变化，即屈折形式。这一形式在藏语书面语中已有所反映，主要是由声母的变化来区分，即：基本辅音的送气与不送气；单辅音与复辅音；鼻冠复辅音与其他复辅音；浊音与清音等。在现代藏语中，由于语音的演变，方言的差异，声调的有无，这一语法范畴相应的演变为：基本辅音的送气与不送气；声母前置辅音的有无与不同以及基本辅音的不同；韵母元音开度的大小或辅音韵尾的有无与不同；声调的高与低。文章对古、今和方言之间的变化进行了比较，现代藏语表现为语言交替形式的词形变化，即：送气、浊音、低调一般表自动态；不送气、清音、高调一般表使动态。这部分动词不受语音环境的影响，不需要借助其他成分，独立的表示不同的语法意义和词汇意义。

藏语动词的自主与不自主 车谦撰，载《西南民族学院学报》1985 年第 2 期。

文章用大量藏语实例说明藏语动词的自主与不自主用法。藏语动词的自主与不自主是根据主语所代表的人或事物对谓语表示的行为动作的控制情况来划分的。所谓自主动词，是指主语能够随意控制和自由支配的行为动作。相反，不能自主语支配和控制的就是不自主动词。自主或不自主动词作谓语尚不能决定主语后面加不加结构助词和加什么结构助词，还必须再分析这些动词是及物还是不及物动词。自主及物动词的主语后加结构助词，自主不及物动词主语后不加结构助词，不自主及物动词的主语后情况复杂。动词语尾方面，他称主语，动词无论自主与否所用语尾相同，自称主语，自主动词后可都带助词 yin。自称主称，自主动词不自主动词用助词 red 语尾，若此动词表现在进行时可用 yin。不自主动词用在自称，动词如表示经常动作可带助词 yod 语尾。

藏语动词屈折现象的统计分析 江荻撰，载《民族语文》1992 年第 4 期。

文章通过对藏语非舌尖音韵尾动词后缀脱落现象的考察，说明屈折形态简化的非语音原因。一般认为藏语屈折形态简化的原因是语音演变，但实际上动词自身系统内部各音素之间结构关系也是导致变化的因素，如动词后缀脱落与词根声母音变相关联，也与动词自身属性（自主还是不自主动词）相关联。文章从《藏汉大辞典》摘出有关动词759条作为样本，其中自主动词421条，不自主动词338条，词根音变动词70条，无词根音变动词689条，带后缀动词595条，无后缀动词164条。采用积差相关和t检验对词根音变与后缀隐现的关系分析可知二者之间的确存在相关关系，相关系数为0.74。采用Φ相关分析与卡方检验对动词有无后缀与动词自身自主与不自主属性进行确定。根据Φ相关值和卡方检验值的统计决断表明Φ相关程度密切。文章讨论与结论中指出词根音变与后缀同时担负区别语法形式的作用就会有羡余，就会相互排斥，是后缀脱落的原因之一；自主动词数量多，词汇扩散变化时间长，且时与式两范畴关联也是两类属性动词发展不平衡的原因。

藏语动词语法范畴的相互制约作用 黄行撰，载《民族语文》1997年第6期。

在句法结构中，藏语动词范畴不仅会受到自身语法功能的制约，同时还会受到和其他范畴交互分布的制约。本文采用制约条件相互作用的理论分析了藏语动词诸范畴在句法结构中的制约关系。藏语动词有自主/不自主、及物/不及物、自动/使动、现在/将来/过去时、陈述式/命令式以及与动词相一致的作格/通格等语法范畴，这些范畴在表层句法结构中不能自由组合，而是受各种制约条件的限制。例如自主动词可以和作格、通格主语搭配，而不自主动词只能和通格主语搭配；自动词可以是自主或不自主动词，使动词只能是自主动词等。在实际的句法结构中，越符合制约条件的句子出现的可能性越大，和谐性越高，越是优选的句法结构，反之则相反。制约条件还有等级的差别，两条或几条制约条件存在分布上的顺序，当某句法结构被一条制约条件否定后，其他制约条件就不再起作用。文章列举了21种可能的句法结构中，通过制约条件分析，证明只有两种是最优输出的，有11种因违反制约条件而被淘汰，其余几种虽可以出现在表层结构，但因存在不和谐因素，因此分布是受限制的。

藏语动名词探索 王志敬撰，载《民族语文》1987年第1期。

该文以现代拉萨口语为语言材料，分四个部分：一、类别；二、动物名词 + la + 动名词 + yot；三、动物名（代）词 + gi + 动名词动词词根；四、其他；对藏语动名词进行探析。文章指出动名词的性质由组成它的成分的性质所决定。双音节动名词中总包含一个动词成分，因而它具有动词、名词双重语法特征。作者认为词类划分的标准主要是看词的语法功能和词的分布总合，而不是形态。动名词的构造方式可分为七类。动名词与动词一样分单向、双向、三向。双向动名词前可出现施格、与格标记，具有施动功能和方向性。与动词不同的是，施格标记可出现或不出现，方向是双重的。动物名词（非动物名词）与动名词组合中，因动名词向的不同，出现明显的对立。动名词有名词性质，施动功能及双重方向是潜在的。它或是潜主语或是潜间宾语。非动物名词与复合动词在语法意义上是揭示、方式和受动的关系。动词短语与动名词在语法意义上是揭示、方式、受动、结果、目的、性质关系。

藏语方言的研究方法 德沙撰，载《西南民族学院学术论文集》，西南民族学院1981年。

该文就藏语方言的研究方法，主要是就藏语方言的划分标准进行了探讨。文章通过藏语三大方言的语言实际，认为藏语方言的划分标准要以政治、历史标准和语言标准为主，但要重视两重标准的统一。在两种标准发生矛盾时，要考虑多种因素按具体情况处理。关于划分藏语方言的语言标准，首先文章认为：第一要注意语言的差异的综合性和截然性；第二要注意语言差异的普遍性和局限性。其次文章还就藏语方言划分的语言、词汇、语法三个标准发表了自己独到的看法。文章认为，中国境内的藏语应当分为卫藏方言（西藏自治区的大部分地区）、康方言（西藏自治区的昌都地区、四川省的甘孜藏族自治州、云南省的迪庆藏族自治州和青海省的玉树藏族自治州）、安多方言（甘肃省和青海省的各藏族自治州、化隆回族自治县和循化撒拉自治县的部分地区以及四川省阿坝藏族自治州的部分地区）。

藏语方言分类管见 张济川撰，载《民族语文论文集》，中央民族学院出版社1993年。

文章在国内外藏语方言分类基础上提出新的分类。作者认为藏语可分为五大方言区。卫藏方言分布在西藏南部雅鲁藏布江流域，东至林艺西至日土，康方言主要分布在四川甘孜，云南迪庆，青海玉树以及西藏东部、北部和甘肃南部，安多方言分布在青海果洛、黄南、海南、海北、海西各州，海东地区，四川甘孜，阿坝牧区，甘肃甘南；西部方言主要在克升米尔的拉达克地区，南部方言在喜马拉雅山脉南麓。五大方言的语音差别主要是复辅音简化程度，全浊声母多寡，清化鼻音现象，送气清擦音的有无，唇音声的演变，唇化声母的发展，古舌面塞擦音的分合，古卷舌复辅音的分合，元音和复元音的发展，辅音韵尾的变化，声调的产生和发展。各方言内部再分类，安多分牧区和农区，农区再分南和北土语；卫藏分前藏、后藏和阿里；康方言分迪应、卓舟、中部三个次方言，中部次方言又分东、中、北、西、牧区5个土语群。以上分类均按语音特征相互区别。

藏语方言声调的发生和分化条件 黄布凡撰，载《民族语文》1994年第3期。

文章通过藏语方言与藏文的语音结构比较，探讨藏语方言声调的发生和条件。关于藏语声调的性质，文章除声调高低外将长短也视为声调的一个因素，同时还区别自然声调和音位声调。从声调的功能看，有各种类型：无声调，自然声调，即调值固定但不区别意义，有个别音位声调，有不同声调但伴随特征多，独立辨义功能小，声调伴随特征少但个别声调不稳定，如德格语，声调较稳定，独立辨义功能强，如拉萨话。以上不同类型大致反映了藏语声调发生发展的不同阶段。藏语声调高低分化条件：古声母影响因素有：清—浊，全浊—次浊，送气—不送气，有前置辅音—无前置辅音，有鼻冠音—有非鼻音前置辅音，有前置音s-有非前置音s。长短分化条件：有韵尾—无韵尾、续音尾—塞音尾、-s尾—非-s续音尾、复韵尾—单韵尾、开音节与词缀合并—无词缀。总的来说声调高低分化主流是清高浊低，复次浊高单次浊低，长短分化主流是音节合并和续音韵尾长，零韵尾和塞韵尾短。

藏语方言时态助词研究 周毛草撰，载《民族语文》1999年第6期。

该文作者把藏语拉萨话、昌都话、夏河话及书面语的时态助词加以比较，目的是说明藏语的yin、red、yod、ɦdug、rgyu、çe、go（gi）、duŋ、ne等构成语素的来源。分三部分：一、构成与表现形式。现代藏语动词表示现在、过去、将来三时，使用内部曲折变化表示。如"写"一词，分别用bri、ɦbi、bris。二、用法与功能。作者指出，拉萨话与昌都话三种时态，现在时由虚词加虚化的存在动词表示；未来时由虚词加虚化的判断动词表示；过去时有词缀或虚词加虚化的判断动词表示。而夏河话的现在时直接由虚词表示，过去时基本由虚化动词和虚化动词加虚词表示，未来时虚词加虚化判断动词表示。书面语的构成形式用分析式。三、演变与来源。作者指出，藏语时态助词多由相关语义的实词虚化而来。多来源于动词的虚化。拉萨、昌都、夏河三个地方各具特点，但拉萨与夏河差别较大而与昌都接近。

藏语方言语音量化分析 郑玉玲撰，载《民族语文》1998年第5期。

一、藏语方言的素材与加工整理。本文所用藏语方言词来表素材由中国社会科学院民族研究所张济川先生提供，共15个方言点的资料。其中藏文转写所反映的古方言情况作为一个基本比较点。资料由两部分组成：一是词表；二是整理的音位系统。词表分为两种：一种是3357个词的词表；另一种是5134个词的词表。二、构词特征统计。该部分对各方言点词的音节构成情况、各方言点词素的分布、各方言点单音节词根词等进行了统计分析。三、语音特征统计。该部分进行了音位统计，论述了音位在语音结构中的组合，进行了声母、韵母统计，论述了声母、韵母及声调的搭配。四、方言点亲疏关系的量化分析。本项研究采用了三种聚类算法进行了聚类比较研究，得出了应用可变类平均法比较其他方法的树形图更为分类清晰的算法。

藏语复合数词中的连接成分 周毛草撰，载《民族语文》1998年第2期。

藏语数词是十进制，有单纯数词和复合数词两种。其中有些复合数词之间要插入连接成分。藏语书面语和拉萨、昌都、阿坝、夏河话中，各数段连接成分的基本用词是一致的，只是语音有些差异。如藏文连接成分为：trsa（21－29）、so（31－39）、sze（41－49）、nga（51－59）等。上述藏语连接成分源于相应的十位数上的数词。总观藏语复合数词的组合与连接成分的构成及其语音演变可以得出如下结论：（1）合方式书面语和方言基本一致。主要通过词序的合理整理、意义的合理搭配来实现的。（2）连接成分的构成均与相应十位数上的数词有严整的对应规律，多位数的连接成分书面语可省，口语出现较多。（3）语流音变有浊音清化，前后置辅音有简化或脱落的趋势；连接成分韵母易受后面音节影响而带辅音韵尾。（4）各点连接成分间有同源关系。连接成分的来源及演变方式各方言口语基本相同。

藏语复句的句式 格桑居冕撰，载《中国藏学》1996年第1期。

文章通过关联词语对藏语的复句进行分类。藏语里充当复句关联成分的词有格助词、连词、副词、虚实结合的词语。藏语属格助词，作格助词，位格助词，以格助词用于名词或名词性词组后起格的作用，但在分句谓语动词之后使起连词作用。起复句关联作用的连词按其语法形式和意义可分两类：一类是只有语法意义的纯连词，如表并列、因果、转折的连词；另一类是格助词或副词与一些虚化实词组合的连词。副词个别情况下作复句关联词用。藏语复句按其结构和功能可分为联合复句和偏正复句两大类，联合复句又分并列、连贯、对比、选择、递进，偏正复句又分因果、转折、条件、假设、目的各五种。复句的句式分启下、承上、承上启下式三种，启下式复句的关联词置于前一分句末尾或谓语主要动词之后，承上式复句关联词置于后一分句句首，承上启下式则前句末和后句首均用关联词。

藏语复杂声母系统及复杂演化行为 江荻撰，载《中国藏学》1996年第4期。

文章讨论藏语复杂声母系统在历史上的复杂演化行为，并以此为基础建立起有关复杂声母的音变模型。文章将两个和两个以上辅音构成的声母成为复杂声母，藏语复杂声母可根据前置辅音以及后置辅音的多寡及类别分为三类九组，认为同类或同组声母的演化行为具有相同属性或相似轨迹。据此可建立普适性的音变模型。弛化音变模型指由两个或多个辅音构成的复杂声母，辅音见相互影响、相互制约，其中前置辅音在演化中因发音状态逐步松懈而自身特征变迁产生的过渡音过程。耦化音变模型指复杂声母的辅音相互作用耦合为新的声母的过程。弛化和耦化音变模型在藏语史上十分普遍，前者如 gs→γs→hs→s，后者如 br→tsh、gy→tɕ、my→ny。文章认为，复杂声母的演化是一种非线性行为，需要建立新的理论、方法处理。

藏语 gru 语考源 房建昌撰，载《青海民族学院学报》1983 年第 1 期。

文章考证 "船"（gru）的来源，藏话 "船" gru 借自吴越语的船 glu，与藏语关系较近的嘉戎语 "船" zhgru 也借自吴越语。从汉文多种典籍中可知吴越语 "船" 有多种形式，如 "谷鹿、阁闾、须虑、浮梁" 等，都是从 glu 这一语言形式孳乳繁衍出来的同源字族。以吴越语 glu 组同源字族同藏语、嘉语相比较，可以避免将偶然的语音巧合误认为是借词的现象发生。壮语的 "船" hlu 与吴越语 glu 是同源关系。壮族在地理上位于藏族和吴越族之间，藏语 gru 同源字族只出现于汉魏间的典籍，后来吴越语为汉语所同化。glu 不再使用。可以断定藏语句 gru 正是在汉魏期间由吴越语借入的。这也表明在汉魏期间藏族同吴越在语言上有交融现象。藏语 gru 与吴越语 glu 和壮语 hlu 不同源原因是吴越语 glu 早在汉魏时期，而藏文记载不早于 7 世纪，吴越是水乡泽间，西藏在汉魏时还没有船。借入是可能的。

藏语古调值构拟 瞿霭堂撰，载《中国语言学报》1989 年第 4 期。

该文以使用藏语的方言材料为主，并使用连读变调规则和 "语言飞地或语言孤岛"（卓尼藏语和夏尔巴藏语）作为参证，证明所构拟古调值的古老性质而非相互影响或调值的扩散。首先根据藏语各方言的比较，建立现代藏语的 7 种声调类型，通过这 7 种类型的比较，构拟藏语的初始调类，再通过初始调类与 7 种声调类型调值的比较，加上连读变调规则和 "语言飞地或语言孤岛" 的参证，构拟藏语两个初始调类的调值分别为 44 和 22。进一步通过初始调类调值与 7 种声调类型调值的比较，探讨现代藏语不同声调类型调值的发展和演变的轨迹，解释调值变化的条件、方式和过程。本文是中国汉藏语言研究中第一篇对初始调类调值及其发展变化规律研究的文章，摆脱了重类轻音的桎梏，开创了类、音结合的声调科学研究方法。

藏语合音现象的词汇扩散分析 江荻、孔江平撰，载《民族语文》1990 年第 2 期。

文章用词汇扩散理论对藏语卫藏方言的双音节合音现象作了历时分析。第一、第二节共时变异和历史演变的方言证据中分析认为，拉萨话词根加 ba 或 bo 的双音节词有的读双音，如 te^{55}po^{54}（拇指），有的读单音，ko^{14}（黄羊），有的可两读，pho^{55} 或 pho^{55}wa^{54}（胃）。在 3 万词中采集的 81 条名词，其比例是：双音 41，占 51%，单音 27，占 33%，两读 13，占 16%。噶尔话 61 例的上述词占比率是 10∶70∶20。已变，未变和共时变异的存在以及地域上这三者数量的差别都说明合音的变化是在词汇上逐步扩散的。第三节音变的微观分析指出不同的词根韵尾演变时间早晚不同，并与附加语素声母竞争发展，结果形成共时的不平衡现象和剩余现象。如噶尔后鼻音先行鼻化，形成合音 gsang ba→sa：~55（秘密）。第四节音变的起因指出：词根语素与附加语素的差别是起变的重要的动因，藏语声母简化，韵尾脱落，声调产生，韵母扩充是合音的促动因素，语言规范，权威方言崇尚和地理分布等也影响着合音变化。全文共列 50 余个词例。

藏语敬语词 胡书津撰，载《西南民族学院学报》1985 年第 2 期。

文章从敬语的渊源、修辞效果、结构模式几方面讨论藏语的敬语词。藏语中除数词和连词外其他各类词都有数量不等的敬语词。其中名词敬语词最多，而且大多与人的活动有关，如人体五官、衣、食、住、行。藏族社会等级意识的产生是构成敬语词的基本要素。来源途径有三：一是造词，词义演变，吸收方言词和翻译外来词形成的；二是敬语词主要是通过附加敬语词词缀的办法表示，即形态一结构造词方法；三是没有相应词缀，用与普通形式相应的同义词即敬语词表示。结构上敬语有多类形式，（1）普通形式与敬语词区别：kha—zhal "口"，（2）添加敬语语素：rnga—phyag rnga "鼓"，（3）普通语素换成敬语语素：kha chems—zhalchems "遗嘱"。（4）两个语素都换成敬素：mig chu—spyan chab "眼泪"。敬语动词中还有谦语素，二者可能混用：skyabs vjug gnang（敬）—skyabs vjug zhu（谦），前者是保佑义，后者是请关照义。

藏语敬语词的结构类型探讨 索南坚赞撰，载《西藏研究》1990年第1期。

文章根据构词方式讨论藏语敬语的类型。（1）词根型敬语词是以词根的形式出现于词汇系统中，与相应的非敬语词无任何依赖关系。如 phyag（手），对应的非敬语词是 lag pa。词根型敬语词可以是名词、动词、形容词等。（2）前缀型指加于词根前或短语前的语素共同构成敬语，如 bkav mngags（敬）—mngags pa（普通）"委托"。敬语前缀表敬语色彩，词的基本意义则同词根表示。（3）合成前缀型指前缀既有敬语色彩又有实词意义，它替换了非敬语词的前缀形式敬语。（4）并列前缀型指前缀语素与词根语义相当，但有敬语色彩，形成敬语词。（5）重敬前缀型指在某一词根型敬语词之前加上相应的敬语前缀。（6）后缀型指敬语词素作为后缀来构词，可加于名词、动词、动名词及短语之后，语法上是一种助词。另外还有临时附加型结构。

藏语口语词的重叠与上加成素 王青山撰，载《青海民族学院学报》1984年第3期。

文章对藏语口语词重叠的类别、语法功能及重叠词的重读、停顿等现象作了讨论。名词重叠表示"每一""一切"义，形容词和副词重叠表示性状程度加强，动词重叠指带不同后缀重叠表示不同的意义，表示动作即将发生，指示词与疑问代词重叠表示复数，数词重叠增加了"每""各"的意思。有些动词重叠式中为首的动词要重读，重叠使用的两个动词前者重读表示重复或长时间的动作。表示时间的名词或数词重叠时，如果中间有停顿间歇则表示强调。方位词或处所词重叠时，中间有停顿表示时间或空间距离的遥远。动词或形容词词根重叠中间有停顿表示让步或转折。口语词重叠时，语速加快表示前、后两个动作在时间上有先后，语速放慢则表示两个动作同时进行，可见语速起着区别意义的作用。作者认为研究重叠形式及其他方面所具有的上加线索的作用很值得进一步探讨。

藏语拉萨话的体貌、示证及自我中心范畴 江荻撰，载《语言科学》2005年第4卷第1期。

藏语不仅具有丰富的语法体范畴现象，还有独特的示证范畴（据了解，世界语言中只有四个地域的语言存在这种语法范畴，藏语是其中之一），即说话人的表述总是要给出说话事实的信息源依据，信息来源是亲见的还是猜测的，都需要通过语法标记反映出来。该文主要讨论藏语拉萨话动词的体貌范畴以及句法标记，同时还描述了藏语拉萨话的体貌类型、示证类型、自我中心趋向类型，以及它们的句法形式。文章认为，拉萨话有9类动词体，分别是：将行体、即行体、待行体、实现体、持续体、结果体、方过体、已行体以及与境体；有4类示证性，分别是自知、亲知、新知以及推知。自我中心范畴则涉及动作趋我与去我方向，主我与客我认识，受益和受损等人类认知问题以及这些现象在语言中的表现。此外，该文还讨论了句法上动词体与人称、意愿、情态以及时空认识的相互制约关系。该文揭示了人类语言表达与思维之间的深层关系。作者认为，藏语动词或动词短语涉及的句法范畴十分广泛，包括人称、意愿、情态、时空、指向、叙述视点（自我/非我）、说话凭据（示证）等含义，这些观念的形成与藏民族看待事物、看待世间的经验观念密切相关。其中最重要的观念是叙述视点所反映的叙述者自我中心观念，体现在语言上，反映为对语法功能标记以及谓语动词的经验性分类。由于他们经验性世界的多元性，因此分类也呈现出复杂的交织，如主观意愿性支配的自主与不自主，自我中心感知下动作的外向指向与内向指向，依赖自我经验判断的亲历亲见或确定与否，自我观察视点下事件在过程中的进展状态：起始或结束、持续或实现，乃至说话时出示所依据证据的性质。所有这些概念或多或少都通过动词或动词短语句法形式反映出来（有时是针对"句义"的概念），而且一部分概念形成了语法化的标记。该文讨论的动词体貌、示证及其句法标记形式正是藏民族世界观在语言中的典型反映。总之，藏语拉萨话体貌标记是一个涉及多重语法范畴的问题，换句话说，拉萨话的体貌标记并非单纯只表体貌语法意义。特别是当语用—语义范畴的自我中心概念以及示证性概念语法化以后，它们进一步与人称、指向、意愿、语气等范畴交织起来，构成一个难解难分的多元表达体系。

藏语拉萨话的文白异读 周季文撰，载《语言研究》1984年第2期（总第7期）。

该文共分6节。一、引言——在拉萨话口语中，发音符合藏文拼音规则的称为"文读"音，不符合的称为"白读"音，二者之间的差异称为"文白异读"。二、古音演变为文读音的一般规律——声母浊辅音清化和复辅音单化，韵母辅音韵尾脱落或变化和元音增加，声调从无到有。三、与连读无关的文白异读——白读音声母异读产生于复辅音单化的途径不同、韵母异读产生于辅音韵尾对元音的影响和辅音韵尾的脱落；声调异读产生于前置辅音的脱落和复辅音韵尾的单化。四、与连读有关的文白异读——白读音声母异读产生于同化；韵母异读产生于同化、辅音韵尾的脱落和后音节中前置辅音的前移；音节异读产生于音节的合并。五、从文白异读看藏语语音的历史演变——白读音突破了文读音的语音系统，产生了新的声母、韵母、变调规律和音节形式。六、小结——文读音和白读音是从古音发展来的两个基本相同但又有一定差异的语音系统，在总体上文读音比较接近于古音，在局部上白读音中也有更接近于古音的成分。白读音发展比文读音快，文读音向白读音靠拢是主要趋势。

藏语拉萨话动词的式及其表达方法 金鹏撰，载《民族语文》1983年第1期。

该文对藏语拉萨话动词的式的意义和表达方法作了详细的描述。拉萨话动词的式分以下六种。一、特陈式和泛陈式都属陈述语气，但有特陈和泛陈的差别，都是用表时态和体的辅助动词兼表各种不同的陈述语气。二、判断式，表示叙述者对动作加以判断说明。表达方式是在动词后加辅助动词。三、推断式，表示叙述者根据主观的了解或根据客观的情况对动作加以推断说明。表达方式是在动词或动词性词组后加附加成分，再加辅助动词。四、拟测试，表示叙述者对于动作加以拟测的说明。表达的方式是在动词或动词词组后加附加成分，再加辅助动词。如带有表"时态"的成分，表拟测的成分加在表时态的成分后。五、命令式，表示命令对方做什么动作或禁止做什么动作。表达方式是在动词后不加任何附加成分和辅助动词，可加表命令的语气词。六、否定式，用以表达否定或禁止的语气。表达方式有八种，分别加以说明。

藏语拉萨话动词的重叠形式 王会银撰，载《民族语文》1988年第3期。

该文以丰富的、多层次的拉萨话材料为例，就藏语拉萨话动词的重叠从其结构形式分为简单重叠和复杂重叠，并重点讨论了其中的主要重叠形式。首先，对AA式的简单重叠从它的构成的动词时态的不同，重叠后语音上连读与不连读的不同，或在句中所处地位不同等的分析研究，揭示了不同方式表示不同的语法意义。其次，对动物带一定附加成分后再重叠，或重叠后再加附加成分的复杂重叠作了详尽的分析。认为，复杂重叠的复杂构成形式——如A.A式、A.A-givial、AlasaA式等。同样以不同的表现形式体现了丰富的、多角度的语法意义和语法功能，以及体现有一定的语用效果，这一对藏语动词的重叠形式赋予层次性、广泛性的讨论，对藏语动词的重叠式的研究、对语言教学、书面翻译及构形法研究有着重要的实际意义。文章最后指出，某些重叠无明显语法意义，属修辞范畴。

藏语拉萨话判断动词和存在动词的用法　金鹏撰，载《西藏民族学院学报》1981年第4期。

文章讨论藏语拉萨语中判断动词yin和red和存在动词的用法。（1）说明人或事物相互之间的从属关系；（2）说明人或事物之间的对等关系；（3）人和事物所有的属性；（4）事物的情况；（5）说明是在什么地方；（6）说明时间。yin和red的差别在语气上。当叙述者表示所说情况为个人所深知或强调判断是根据个人确知的语气时用yin，当叙述者只是泛泛说明或判断时间用red。一般有四种情况：（1）表示人或事物的存在；（2）表示须有；（3）人或事物存在的特点或属性；（4）表示人或事物有什么情况。如果叙述者表示所叙述的情况是早已熟悉的用yod，是新发现的用vdug。因此，如果说的是自称或与自称有关的事物时用yod，如果说的是他称或客观事物时用vdug。yog red只是客观地对人和事物的存在，须对关系以及人和事物的情况加以泛泛的说明。判断动词和存在动词是构成现代藏语动词体系两个主要支柱。

藏语拉萨话声调分化的条件　张济川撰，载《民族语文》1981年第3期。

该文以藏语拉萨话声调分化的条件，通过与藏语书面语和方言的对照，作了分析研究。现代拉萨话中，只有清辅音声母和次浊辅音声母，没有全浊辅音声母。凡是现代读高调的，书面语中声母是全浊辅音。因此，作者设想，在拉萨话声调产生时可能有全浊声母，而且尚未清化。声调根据声母的清浊而分化为两大类。拉萨话次浊音音节的声调，书面语中有前置辅音的读高调，反之读低调。根据方言的读音，作者推想：拉萨话声调产生时期。次浊辅音不同的前置辅音也已合并为一个清喉塞音。韵母影响声调的音素是：没有辅音韵尾的读作第一类调；舒声调韵尾收尾的读第二类调；促声韵尾收尾的音节读第三类调。根据以上分析，作者认为：（1）拉萨话声调的分化只与辅音有关；（2）一个音节读哪一个调，取决于声调分化时音节起首那个辅音的清浊以及辅音韵尾的有无和收尾那个辅音的舒促。

藏语拉萨话声调分类和标法刍议　谭克让撰，载《民族语文》1982年第3期。

声调实验证明拉萨话有44、43、52、113、12、132共6个调。由于对拉萨话语音系统认识上的不同，而出现了处理方法上的分歧。这些分歧集中表现在声调与韵母的关系上。除六分法外，四分法又分两大类，A类主要认为元音长短（实为韵母长短），与声调有密切关系，声调的长短已代表了韵母的长短，同时认为在促声韵尾未完全脱落前，仍是区别词义的主要手段，因此在处理上将43、52合并为53，12、132合并为12。B类主要认为韵母长短占主导地位，声调是附属现象，因此将43、44合并为52，12、113合并为13。各家在声调标法上也不统一，文章提出（1）在不易混淆前提下，尽可能与实际调值一致；（2）观感明晰，书写方便；

（3）便于排版。建议六分法标为：55、53、51、113、13、131；A 类四分法标为：55、53、13/11、11/13；B 类四分法标为：55、51、13/113、131。

藏语拉萨话现在时的标记及功能 江荻撰，载《民族语文》1999 年第 5 期。

该文研究现代藏语拉萨话现在时标记 gi yod、gi vdug（gis）和 gi yog red 的功能及其与谓语动词的关系。研究方法上，文章采用一种以动词和话语的时间状况分析为基础的方法，包括剖析动词内在时间特征（inherent temporal features）和阐释其在句子层面的实现类型。通过各种动词不同时间特征分析可以确定不同的动词类别，从而又区分出不同动词充当谓语所带标记形式。动词内在时间是指动词未进入话语时其词汇意义所反映的时间状况。从研究结果看，藏语动词内在时间结构分为 4 种不同的动词情状（过程情状、关系情状、变化情状、静态情状），这些动词情状类型在真实句子中又实现为谓语的不同时状类型，并与不同的语尾标记有严格的搭配关系。动词情状类型与句子谓语时状类型以及语尾标记之间的关系是：过程情状→过程时状（gi yod/ gi vdug）、/→事件时状（gi yod）、/→未然时状（gi yod）、/→分时时状（gi yog red）；关系情状→匀质时状（gi yog red）；变化情状→状态时状（gi vdug）；静态情状→静态时状（gi vdug）。其中未然时状还涉及藏语里与时间概念有关的现实句和非现实句问题。本文是藏语语法研究的一次深层次分析尝试，采用计算机检索了真实文本语料方法，有利于藏语的向纵深研究发展。

藏语拉萨话有文白异读 周季文撰，载《语言研究》1984 年第 2 期。

文章讨论拉萨藏语的文白异读现象。文读指文字和读音之间存在系统对应规律的读音，反之则是白读。古音演变为文读音的规律有浊辅音清化，复辅音单化，韵尾辅音脱落或变化，元音增加，声调产生以及声调与声母和韵母的关系，包括清高浊低现象，复高单低现象，促降舒不降现象。与连读无关的文白异读，声母方面大多由复辅音单化的途径不同而产生，文读来自融合，白读来自脱落。韵母方面，辅音韵尾影响元音变化或脱落，文读保留韵尾，元音不变，白读相反，音节轻读也引起白读韵母变化。与连读有关的文白异读，通常文读不变化，白读多有变化。从演变看，白读音突破了文读音的语音系统，产生了新的声母和新的韵母。白读音总的情况是迟于文读音，但局部上也有早于文读音的。文读音通过知识分子按拼音规则传授，一般尽量保持传统古音，但文字规范后就导致读音按新的规范，反之口语没有规范过，可能保留古代读音。

藏语拉萨话元音、韵母的长短及其与声调的关系 谭克让、孔江平撰，载《民族语文》1991 年第 2 期。

在开音节中拉萨藏语的元音确有长短之分，又由于这些元音与声调有密切的配合关系，又分出长调和短调。本文通过对元音，韵母和声调的语音声学实验，提取各项数据进行分析，结果是按元音长短分类：与短调结合的元音音长平均值为 123—180ms，与长调结合的元音音长平均值为 164—329ms；按韵母长短分类：与短调结合的韵母音长平均值为 123—187ms；与长调结合韵母音长平均值为 321ms。实验证明：元音的长短只反映在开音节中，闭音节中的元音都是短元音，与长调结合的闭音节中的元音，音长甚至小于开音节中的短元音。这样就打破了过去人们认为长短元音与长短声调的相互对应关系，而韵母的长短在所有音节中，与声调的长短有着严整的对应关系。过去感知上认识的长短元音的对立，在音位系统中实质上是长短韵母的对立，或者也可认为是长短声调的对立。

藏语拉萨口语中的兼类词 re?^{231}、tu?^{231}

王志敬撰，载《语言研究》1992年第1期。

该文依据功能原理对藏语拉萨口语中的兼类词 re?^{231}、tu?^{231} 进行分析，认为 re?^{231} 至少可以分为判断动词"是"、存在动词"在"和句尾助词三类。Tu?^{231} 至少可以分为存在动词"有"和句尾助词两类。re?^{231} 和 tu?^{231} 都有其变体：jin^{13}/re?^{231}；jeo?^{231}/tu?^{231}。它们与主体人称的关系可分为照应与不照应两类。在照应关系中互补分布，如：jin^{13} 作判断动词"是"时，句首只能出现第一人称主体；re?^{231} 作判断动词"是"时，句首只能出现第三人称主体。jeo?^{231}，tu?^{231} 作存在动词"有"、"在"时，jeo?^{231}/tuzh 与第一人称主体照应，tu?^{231} 和第三人称主体照应。作为句尾助词，它们的功能是伴随表示"体"。在非照应关系中表被动态、或表自主性与非自主性、自我与非自我、经常性与临时性、熟知与初见、亲见与非亲见、肯定与估计等多种语义特征的对立。

藏语拉萨话元音声学分析

鲍怀翘撰，载《中国语言学报》1997年第7期。

《藏语拉萨话语音声学参数数据库》利用声学分析的方法和计算机快速查找，快速计算的优点，对藏语拉萨话的733个单音节中所包括的声母辅音、元音、辅音韵尾及声调作了全面定量分析，所得出的结果为深入细致、科学地研究拉萨话音系统提供了坚实的基础。本文利用这个数据库提供的数据和功能，对拉萨话各个元音的共性和个性进行客观的描述，指出整个元音分布呈三角形，而 /i/、/u/、/a/ 正处在元音三角形的三个顶端。此外还对影响元音音质的各种因素作了考查，指出它们对元音影响的性质和程度。本研究只涉及拉萨话韵类中的元音问题，因此可称为"元音的韵类级"声学分析。在70个元音类中，它们的分布是合理的、有序的。根据元音类别的共振峰数据所得到的定位图，能充分而较真实地反映了发音人发出的真实元音音质。

藏语里有补语吗？

车谦撰，载《西南民族学院》1999年增刊。

主要内容：藏语里有没有补语是藏语语法学界存在着不同意见、悬而未决的一个重要问题。有的同志认为，藏语的句子成分只有主语、宾语、谓语、定语和状语五种，而没有补语，但有不少同志不同意这种观点。作者经过长期研究，认为藏语是存在着补语的。藏语的补语一般由名词、名词性词组、形容词词根及其重叠形式和表"来"、"去"的趋向动词构成。（1）用表"来"、"去"的趋向动词 vgro、phyin、yong、slebs 作补语，是直接加在谓语动词后，不添加格助词，称为后置补语。其作用和语序和汉语的完全一样。（2）名词语、形容词词根及其重叠形式作补语，要在它们后面加 la sgra，置于谓语动词之前，称为前置补语。藏语的补语分为结果、趋向、可能、性状等四种补语。

有的同志认为上述趋向补语和谓语动词不是动补关系而是状谓关系。文章举出三点理由加以否认。另外一些同志认为上述前置补语是结果宾语或结果状语。文章阐述这种 la don 结构的性质和特点，证明它不是结果宾语或结果状语。

藏语历史音变的几种类型

胡坦撰，载《民族语文论文集》，中央民族学院出版社，1993年。

文章用现代藏语拉萨方言语音与书面藏语比较归纳出几种类型的历史演变语音现象。（1）音质音位的变化，古舌根塞音在介音 j 前腭化为舌面前塞音，古带 r 的复辅音演变为今卷舌塞擦音，古代元音 a、o、u 在舌尖辅音韵尾前演变为 ε、ø、y，古鼻韵尾导致鼻化元音产生，今喉塞音韵尾来源于古韵尾 d、g、s 等。另外还有浊音清化，复辅音的单音化，辅音韵尾弱化与脱落及元音和谐等重要语音变化。（2）非音质音位的产生，指声调的产生。拉萨话高低调是浊音清化的结果，古清母字变高调字，浊声母字变低调，次浊声母字古元前缀音者变为低调字，有前缀音者变为变调字。平降调与韵尾有关，舌舒声韵尾脱落导致声调变平，古促声韵尾弱化导致声调变降。浊辅音韵尾 l、r、u、ng 脱落造成长元音，其余情况成为短元音。（3）不规则的语素音变，包括复辅音残留，韵尾隐现，介辅音脱落，零星词语的异读等。文章强调拉萨话的历史音变有声母简化、元音增多、韵尾削减、声调产生四个方面。**藏语 mig 字古读考** 王尧撰，载《民族语文》1981 年第 4 期。

现拉萨话中的单音节词 mig（书面形式）"眼睛"，读书音是（miΩ^{132}）和口头语音（miΩ^{53}）不一致，形成"文白异读"。本文就 mig 在几个方言的发音情况以及文献材料作了历史考察，提出了下面的设想。即：dmnyəg（嘉戎）→ ynyig – hnyig（安多）→ nyig（敦煌文献）→ məΩ（康区）→ miΩ^{51}（拉萨）。作者主张敦煌古藏文文献代表或接近于古藏语，从而认为嘉戎话在藏语史上具有同样的地位。mig 字，按口语发音系统的变化史 dmyig→dmnyəg→məΩ^{51}、ynyig、miΩ^{51}；按书面文字系统变化是 dmyig→myig→mig；文白异读反映历史上的演变。作者还认为就 mig 字能判断藏语声调的产生。mig 字不同的方言语音反映出两个系统：d（ə）mnyəg、ynyig 无声调，但有复辅音；məΩ^{51}、miΩ^{51} 有对立的声调，无复辅音。根据在不同方言中平行存在的事实，证明了一点："声调的产生与复辅音的单辅音化密切相关。"所以，miΩ^{51} 的语音反映了藏语声调发生、发展历史的一个侧面。

藏语 rgya 的本义初探 金理新撰，载《民族语文》1995 年第 4 期。

该文就许多学者认为藏语 rgya"汉人"与汉语的"夏"同源对应提出看法。作者作了对应分析，指出藏语 rgya 的复辅音声母其原始形式当为 * r-y，因藏语音位组合中，y 前不能出现 r-前缀，在发展过程中增生了一个 -g- 而变成了 rgy-。据李方桂等学者研究，"夏"上古声母为 * gr-，上古音可拟为 * gras，与古藏语 rgya < * r-ya "汉人"在语义上可通，但在语音上却不可通。藏语的 rgy- 与古汉语喻母相关的声母对应。藏语主要元音 a 除了与汉语鱼部字对应外，还可与之部字相对应。由于上古汉语鱼部平声不存在其语义上与藏语的 rgya "汉人"相近或相同的字，所以，藏语的 rgya 只能是与上古汉语的喻母之部平声字对应。历史材料证明藏人乃姜姓炎帝的后代，在春秋之前，汉人可以称为夏、华、雅，同样可以称为姬。根据以上的分析，姬喻母之部平声与藏语的 rgya 在声韵调方面完全对应。作者认为藏语的 rgya 在上古汉语中同源对应词只能是姬，而不是夏。

藏语（拉萨话）声调实验 胡坦、瞿霭堂、林联合撰，载《语言研究》1982 年第 1 期。

文章用语音实验的方法讨论藏语拉萨话的声调现象。采用丹麦配制的 7504 系列机工作，具有选择采样频率，提取基频、共振峰，统计音长和音强等功能。录音人是两男一女，均为拉萨人。发音以词为单位。单音节词 21 个，双音节词 16 个。选词原则方面，在同一调类中尽可能包括不同类型韵母的例词，而在不同调类中尽可能选用声韵母完全相同的例词。双音节词是为了考察连读变调，例词应是两个语素组成的复合词，每个语素能单说单用，单说单用时的声调应包括不同类型。在实验基础上，将基频按 20 赫为一度换算成 5 度标度法的声调值，结果 21 个单音词声词归成 6 类：高短调 43 或 54，高长调 44 或 55，高降调 52，低短调 12，低长调 113，低升降调 132 或 121。16 个双音词在连读中共变成四种形式，44–33、44–44、11–43、11–24。即 43 在第一音节变 44，在第二音节不变；44 在第一音节不变，在第二音节如前音节是高调，不变，是低调就变 24；12 调在第一音节变 11，在第二音节变 43；113 调在第一音节变 11，在第二音节若前音节是高调则变 44，是低调则变为 24。

藏语（拉萨话）声调研究 胡坦撰，载《民族语文》1980年第1期。

文章全面讨论了藏语拉萨话声调的现状和来历以及有关研究。文章首先介绍了不同的声调分类情况，并指出处理方法上主要是声调与韵母的关系认识不同。根据语音实验结果，韵母与声调关系错综复杂，语言学家因观点不同可有不同的自圆其说的方案。但无论怎样分合，高、低调不能混为一谈。拉萨话连续变调有较强规律，通常"前"字分高、低两类，"后"字的低调一律变高调，因此两字连读的声调共有6种类型。关于声调的来历，拉萨话声母清浊对立消失后转变为高低调的对立，清声母字读高调，浊声母字读低调，其间可能经历习惯调到音位调过程。前缀音对声调的影响主要发生在次浊声母字，凡不带前缀音次浊声母字今读低调，古时带前缀音的次浊声母字今读高调。前缀音清化导致浊声母清化而影响声调分化。拉萨话声调高低分化与这两项有关。辅音韵尾的简化使声调出现平、升、降的分化。作者认为声调的产生是藏语发展史上一个划时代的标志。

藏语声母（*sr）的来源和演变 张济川撰，载《中国民族语言论文集》，四川民族出版社1986年。

文章以藏语方言语音比较来讨论藏语 sr 音类的历史演变。藏语 sr 音类在现代藏语方言中主要有三种读音：s、ş、tş。拉萨语中读 tş 的声母有多种来源，如 kr、tr、pr，另外读送气音的 tssh 来源为 khr、gr、dr、phr、br。显然，tss 的读音与塞音 + r 有密切关系，因此早期 sr 这个声母中间可能也有个塞音。藏语 s + 塞音 + r 的可能有 6 种：skr、sgr、str、sdr、spr、sbr，其中书面语和方言中独缺 str 和 sdr，这可能就是 sr 早期形式。以藏语使动态的主要标志 s 来看，sr 声母字对应自动态动词声母含有 d，如 ndre（自）对 sre（使）"混合"，因此 sr 中间脱落了 t 或 d。由于 sr 读高调，所以中间应是清辅音，即 t。Str 的演变有两条路线，在拉萨周围等地是 str→stş→ştş→tş，在其他广大地区中间清塞音脱落，str→sr→sş→ş/şş→s。创制藏文时把这个声母写作 sr 反映的不是当时吐蕃王朝政治中心拉萨的语音面貌，而是现在前藏等大多数地方的语音面貌。

藏语声母 lh- 的来源和演变 张济川撰，载《民族语文》1990年第2期。

该文对藏语声母 lh- 的来源和演变作探讨。藏语声母 lh- 在绝大多数现代方言中读清边音[lh]，但也有其他一些读法。从 lhod（放松、自动）、glod（释放、使动）、lhub（飘动、自动）、klub（报、使动）等词来看，lh- 这个声母的第一成分更早应该是个舌根音。"诵读"在卫藏方言读作 klog，命令式是 lhogs，别体为 klogs，也许 lhogs 是从 klogs 变来的。作者检查了全部以不送气清辅音 k、c、t、p、ts 作基字的动词，命令式的基字有些词仍是浊塞音，另一些则变成相应的清送气音。如 ldug（灌）和 ldud（饮）属于变的一类。声母起初应有 *l 和 *th 两个成分。按藏语复辅音的结合规则，ldug、ldud 命令的复辅音，原应是 *thl-。通过对唐蕃会盟碑文的研究，可以设想，到9世纪有些地方有些词已演变出了 lh-，但在另一些地方或词中，还保留 *thl-。根据以上分析，藏语声母 lh- 来源于 *khl- 和 *thl-。

藏语时间词探源 胡坦撰，载《中央民族大学学报》1996年第6期。

藏语在表达时间概念和时间信息方面运用多种形式和手段。概括起来说主要有两类：一是用词汇手段，如时间名词、时间副词等；二是用语汉手段，集中体现在谓语动词及其后附成分上。二者在句中往往相互配合、制约和照应，表现出藏语的句法特征。从词汇系统看，藏语里有一批直接表达"时间"概念的名词和副词。时间名词如：dus—

时；lo—年；dering—今天，等等。时间副词如：lam sang—立刻；dagin—刚才；gale—慢等。藏语的谓语动词后面还常常附加一些语法成分表达全句的时态意义。藏语时间语词和语素大都是后起的。这类语词并非凭空创造出来的，而是在其他类语词的基础上依据相关相似性联想引申而来的。如：用空间方位词引申表时间；用具体实物名称引申表时间，用空间移动词表时间统动；用一维空间描写时间长度。

藏语史研究的理论和方法探析 江荻撰，载《西北民族研究》1996年第1期。

语言史研究中有几类主体方法。亲属语言比较、结构系统内部构拟、方言地理扩散和系统音类扩散变化，另外文献年代考订、词语考证也是重要的辅助性方法。本文以藏语实例讨论了语言结构内部构拟法和词汇扩散理论在藏语史研究中的应用和作用，说明了就语言史的复杂程度来说，任何单一的理论解释模式都难以解决全部的问题。所以，语言史的理论解释模式应该有更大的容纳性，应包括历史比较法、方言地理扩散、内部构拟法、词汇扩散和语言变异等理论和方法，而不能只是历史比较法。文章认为，就语言史的复杂程度来说，任何单一的理论解释模式都难以解决全部的问题，因之，这类方法对方言或亲属语言分化等现象无能为力。反之，以往藏语史研究极度地偏重方言比较方法，也形成藏语史的病态状况，似乎从古代藏语一下直接过渡到现代方言，其中间过程全都模糊不计了。总之，藏语史的研究方法不仅应该具有多样性，而且还应该要有方法论上的创新。藏语史之于汉藏语系假说的论证有着不可或缺的作用。也许今天或将来我们都会面对藏语对汉藏语言学的贡献问题。

藏语书面语和各方言的关系 南嘉才让撰，载《西北民族研究》1997年第2期。

文章讨论藏语书面语与方言的关系。藏文的创制虽然依据藏语口语，但随着社会历史的发展藏文与方言之间产生了差距，实际上已经是一种超方言的文字，由于社会历史、政治经济、地理环境等诸多因素的制约，藏语没有形成一个占优势的基础方言和标准音点，所以自第二次厘定文字后，至今没有形成一个本民族的标准语。由于方言词汇严格遵循藏文正字法，因此，进入书面语的方言词汇为不同方言的人接受，视为书面语词汇。语言作为书面语发展的源泉，在社会发展进程中，不断丰富着自己的语库，同时也作用于书面语丰富和发展，而书面语的发展，反过来又促进了口语的发展。藏语各方言之间，过去没有形成统一的标准语，今后也不会产生标准语。书面语虽与现代口语差别较大，但各方言仍然是藏语书面语发展的基础和源泉。

藏语数词中的元音音变 王青山撰，载《青海民族学院学报》1981年第1期。

《青海民族学院学报》1955年卷中发表的题为"藏语数字系统中的某些元音交替对于比较语法学的意义"这篇论文中，米勒尔试图把原始藏语数字系统中的不规则形式与古汉语音韵学特征联系起来。然而米勒尔的方法论和他的方法论所得出的结果，都不经不起推敲。当说明该语言现在诸方言的不规则形式时，完全无视一个语言早先被证实的形式，而是转向另外一种远远没有与它肯定关系的语言，米勒尔用这种语言来解释这种音变，这是无视历史语言学方法论的原理的。因此，米勒尔关于藏语形式的解释不可能是正确的，我认为说明藏语数词"15"和"18"的第一个成分中出现词素变体温表℃—的原因，不用求助于藏语以外的比较。在有些方言中数词"18"没有出现元音音变的原因可以在把两个元音分开的居于中间的大量辅音音丛和这个辅音音丛内包括有颚音gy（dy）这个事实中找到。

藏语天峻话的词的感情色彩 王青山撰，

载《民族语文》1988年第3期。

  该文以现代藏语口语——青海天俊牧区话为基础材料，对藏语口语词的感情色彩作了概括的描述与讨论。文章认为藏语中表示事物、性质、特征、动作、语气等类的词，特别是有关人、禽、兽、衣物、用具等词都有不少带感情色彩。首先，由蕴含感情色彩的口语词的构成到传递情感信息的主要语言手段——尤其是附加词缀、重叠、缩减等形式的逐一深入，分析了藏语词的感情色彩及其层次。其次，从理性意义、感情色彩两方面入手，揭示了藏语词的丰富内容及二者合理配合的内在的有机关系。同时，分析了词语感情色彩的变化对于语境、人际关系的强烈依赖性；以及藏语词的感情色彩在社会这个大语境中，受社会生活与文化传统的影响而富有特殊的佛教及其文化的影子，且受制于藏族人民生活环境的影响。该文对藏语词汇学研究及藏语和藏族社会的关系研究有参考价值。

藏语卫藏方言与康方言、安多方言词汇比较研究　胡书津撰，载《西南民族学院学报》1999年第1期。

  文章从声韵对应、构词方法、同源词等方面对藏语卫藏方言、康方言、安多方言的词汇进行了比较。文章指出，藏语方言的词汇差异一般是30%左右。藏语方言词汇的差别，除语音上的差别和构词方式上有某些差异处，主要表现在有的同一概念在不同方言里用不同词表示；有的同一词在不同的方言里含义不同或所指的概念恰好相反；有的词是某一方言特有的其他方言没有相当的词。卫藏方言与康方言之间来源相同的词约占85%，卫藏方言与安多方言之间来源相同的词约占75%，安多方言与康方言之间来源相同的词约占75%。另外卫藏方言中敬语形式丰富，其他方言则较少。各方言中都有借词，借词是语言词汇丰富的手段。作者认为研究藏语方言词汇，对于藏语方言的比较研究、语言史的探讨，当今，特别是对实现语言文字规范化、标准化，确定藏语标准语等方面有很大作用。

藏语卫藏方言与康方言、安多方言词汇比较研究　胡书津、王诗文、娜么塔撰，载《西南民族学院学报》1999年第1期。

  藏语就方言特点来说，卫藏方言与安多方言的差别较明显，而康方言则具有两种方言的特点，并与卫藏方言较接近。3种方言间绝大部分有语音对应规律，其构词方式也大体一致。但也存在差异。藏语方言的词汇差异一般是30%左右。卫藏方言与康方言间，同源词占85%左右，非同源词占15%左右；卫藏方言与安多方言间，同源词占75%左右，非同源词占25%左右；安多方言与康方言间，同源词约占75%左右，非同源词约占25%左右。3个方言在词汇上的差别情况和在语音上的差别情况基本上是一致的。在词汇构造句系统中，卫藏方言；特别是拉萨话里的敬语形式多种多样；而康方言、安多方言敬语形式有限。卫藏方言的借词中外语较多，但3个方言中最大量的借词还是来自汉语。卫藏和康区中借词多带有"川味"，而安多区的借词则往往带有"西北风味"。

藏语西部方言—巴尔提话简介　王尧撰，载《西藏民族学院学报》1985年第3期。

  文章讨论了藏语言划分的情况并介绍了西部方言巴尔提话的词汇语法情况。藏语方言划分有几大类，金鹏《藏语简志》对国内方言划为卫藏、康、安多三类，日本西田龙雄分为中、西、南、东南、东北五类。李方桂的分类则是西部藏语，中部藏语和东部藏语三类，谢飞的分类是西部藏语、东部藏语、中部藏语和南部藏语，这一分类在国外影响较大。另外，美国米勒则只分西部和东部藏语两大类。所以巴尔提属于藏语西部方言，在巴基斯坦境内。《唐书》称为大、小勃律。关于巴尔提话早在20世纪30年代就有雷德的《巴尔提藏语语法》问世。西田龙雄认为西部藏语更接近书面藏语。文章提供了三份巴尔提藏语材料：一是186个语词，取自西田龙雄《西番馆译语研究》；二是10个句子取自雷德《巴尔提语法》附录；三是短文，由波恩大学萨迦斯托尔提供。

藏语夏河话语音与藏文的语音对应 仁增旺姆撰，载《民族语文》1987年第6期。

该文以作者母语夏河话为例，与9世纪、10世纪经过厘定的规范藏文进行语音对比研究。从纵、横两方面探讨了夏河话语音的历史演变。首先，对夏河话的声母、韵母，逐一作了扼要的描写说明。其次，以今、古大量例词作语音对应关系的研究。古辅音声母结构在现代夏河话中有如下音变：浊辅音单作声母时清化，音节前后位置不同有脱落或同化等现象，复辅音结构多有融合的音变，部分因脱落而变为单辅音声母，古前置辅音在清不送气音前变为清擦音h，在鼻音前变为浊擦音v等。古复辅音声母结构在夏河话中有两种至多种读音，主要是因古复辅音声母因素的脱落所致。古韵母在夏河话中的音变：夏河话比藏文多一个元音ə-由＊i、＊u转化而来。古韵尾＊b、＊d、＊g分别变为清音p、l（除外），k；＊l、＊s虽不发音，但其影响仍在。夏河未产生声调。该文对藏语语音史研究有参考价值。

藏语象声词浅谈 王联芬撰，载《青海民族学院学报》1988年第4期。

文章讨论藏语象声词的特点及表达效果。藏语象声词往往同用事物本身的声响来造词命名，如ka ka"喜鹊"，tong tong"咚咚"。藏语象声词的另一个特点是使用频率较高，而且比较活跃。它能区别客观事物的不同声音，或者同一事物的不同特征，使语言表达更具体、生动、形象。象声词的结构有多种，单音节A式和双音节AA式，如xo ting ting。AB式，如tung ring。AAA式，如hu hu hu"嘀嘀嘀"。ABB式，如thu lu lu；ABAB式，如dbjirug dbjirug；AABB式，如ho ho he he"呵呵嘿嘿"；ABCB式，tsal li tshil li"淅淅沥沥"。藏语象声词在句中位置灵活，句首、句末和句中均可，可直接表现形容词和副词描写色彩，使语言生动活泼。不防说象声词的修辞作用较之其他词类还要显得重要些。

藏语形容词级的范畴 张济川撰，载《民族语文》1996年第6期。

国内外涉及藏语语法的著作，通常都认为藏语像英语一样，形容词分原级、比较级和最高级。实际情况也许并非如此。在拉萨方言中，形容词的级有可比的和不可比的两类。从各有关的语言简志提供的资料看，在藏缅语中，错那门巴语以及普米语的方言中形容词有级的范畴，分普通级、比较级和最高级。仓洛门巴语形容词也有了级，但具体内容不同。除了这3个语言而外，其他藏缅语族语言形容词都没有级这个范畴。据此推想，形容词的级的范畴在藏语以及藏缅语中，可能是后起的一个语法现象。国内其他藏语方言形容词的级，与拉萨不完全相同。形容词没有形态变化，没有级这样的范畴；有普通、比较（后缀pa、ba表"更……"）两级；有普通、最高级二级；有普通、比较、最高三级；除普通、比较二级外，还有后缀是tsam或后缀是thag-chod（极）的一级；那曲方言有四级。

藏语语法的类型特征 胡坦撰，载《藏学研究论丛（4）》，西藏人民出版社，1992年。

该文着重从类型学的角度对藏语语法结构的三个特征加以分析和描写。语序特征是SOV/NA/GN/P. O单是这四次不足以充分反映藏语句法语序的特点，作者还是从动居后尾，形居名后，物主词居前，位置词居后做了适当的说明；形态特征，汉藏系语言被视为孤立语型的代表，但至少对于藏语来说不大合适。藏语利用语序和虚词等语法手段表达语法关系，也广泛利用词缀和屈析等综合手段表达多种多样的语法意义。其中以动词类最为典型。传统文法归纳为"三时一式",即现在、未来、过去和命令,使动范畴是古今藏语共有的语法范畴,自主/不自主是藏语动词的一个特殊范畴。在一定范围内,藏语主宾语在用格上确有作格特征。拉萨藏语中作格与通格的对立不单纯取决于动词的及物性,还有若干语义和语用因素制约用格。现代拉萨藏语不能算是典型的作格语言,充其量只能归入"分裂型"的作格范畴。

藏语语法"音势论"的要害及难点 马进武撰,载《青海教育》1984年第3期。

该文通过对动词的不同类型、语音特点及其时态变化规则的研究,揭示主体事物与客体事物的互相关系和对应规律。动词现在式组成主语,未来式组成宾语,三时限组成相应的谓语。主语又分为两类:主要主语即动作者和次要主语即动作者所用的工具和方法。宾语也分两类:间接宾语即处所和直接宾语即受事。表主语的动作用施动词,表宾语的变化用受动词。上述两种主语和施动词谓语(多系补语)属于他方,为客体事物。主要主语和间接宾语发生条件关系,这是活动的前提,次要主语和直接宾语发生接触关系,这是活动的依据。施动谓语和受动谓语发生因果关系,这是具体的活动和所要达到的目的。从而明确了"音势论"的这个要害问题。

藏语韵母的演变 瞿霭堂撰,载《中国语言学报》1985年第1期。

该文通过对藏语方言之间的比较以及方言同藏文的比较,研究藏语韵母演变的原因的方式。全文分四个部分:第一部分介绍现成藏语韵母的基本结构和特点以及古今韵母的异同,指出藏语古今韵母的差异在于单元音韵母和复元音韵母增加,带辅音韵尾的韵母减少,表现出开音节韵母由简而繁,闭音节韵母由繁而简的两种相反的趋势,而总的趋势则是简化。第二部分从音节内部和外部两个方面探讨了导致藏语韵母演变的原因,说明内部原因有声母影响,元音变异和内部影响三种。外部原因有音节减缩和连读残留两种。第三部分探讨了藏语韵母演变的途径,提出了同音、变异、分化、合并和转移五种演变方式。第四部分是余论,说明藏语韵母演变总的趋势是简化。一是指量的减少;二是指结构的简化。同时还指出了藏语韵母演变的一些规律。

藏语在藏缅语族言研究中的历史地位 孙宏开撰,载《中国藏学》1998年第2期。

该文以语音和语法为例,简要讨论了藏语在藏缅语族语言研究中的历史地位。文章指出,1977年张琨在台湾历史《语言研究》所集刊上发表了《藏语在汉藏语系比较研究中的作用》一文,主要以语音为例讨论了藏语的历史地位,本文是该文的一个补充。文章认为,藏缅语族语言之间的语音对应经常可以从藏文语音结构和现代各地藏语的对应中找到相似点,文章还指出,藏文的语音结构,是藏缅语族语言历史演变的一个重要里程碑,可以据此上溯原始藏缅语,下推藏缅语族各语言。除了简要讨论了语音问题外,文章着重以语法为例论述了藏语特别是藏文在藏缅语族语言研究中的重要作用。文章以藏语的量词、时式、使动的历史演变为例,说明它对藏缅语族语言相同问题研究的启发意义。文章最后对今后开展藏语文研究提出了四点建议。

藏语真性复合元音的声学特征分析 董颖红撰,载《现代语音学论文集》,金城出版社,1999年。

文章在测量藏语拉萨话真性复合元音的共振峰、时长等数据基础上,对比藏语的单元音以及汉语的假性复合元音做了初步研究,认为藏语真性复合元音在声学特征上有一些不同于其他性质元音的特点。藏语拉萨话真性复合元音只有iu和au两个,但有高、低两个不同的声调。具体实验包括共振峰和时长两类数据。文章认为藏语拉萨话真性复合元音是一种有两个元音目标值的特殊元音。实验结论为：（1）真性复合元音一般都有两个元音稳定段。（2）真性复合元音的时长与长音单元音时长基本相等。（3）前后元音的时长比值从 3.5:6.5 至 4.5:5.5，通常后一元音时长长于前一元音。（4）前、后两个元音之间的过渡段的时程明确，这一点与假性复合元音不一样。（5）真性复合元音的振幅曲线呈马鞍形或高台形，这是两个目标值的反映。（6）从时长上看，真性复合元音已出现不稳定变异迹象，特别是 au 元音，前元音似乎有音质变化，而且有向后元音（目标值）滑动的趋势。

藏语中的随欲名和随立名 胡坦撰，载《藏学研究文选》，西藏人民出版社 1989 年。

古代藏族学者曾参照印度声明因明中某些论述，把万事万物的名分为两大类：一类叫随欲名；另一类叫随立名。本文就藏语中这两类名的构成及其特点略作描写和讨论。藏语中的随欲名有许多特点，从语音上说，单音节居多，从语法上说，特别是单音随欲名，大多是藏语中最古老的根词。表达生活最常见的事物和最"基本"的概念，使用频率高，构词能力强。从语义上看，随欲名立名之初都是单义的。但由于使用频，结合力强，逐渐走向多义。随立名是在随欲名的基础上发展起来的，因此，被称为"后成的名称"。藏语创制随立名的办法主要有两种：（1）旧瓶装新酒，用已有的名称去指称新事物；（2）利用旧材料实行新组合，即用几个随欲名合成一个随立名。藏语在长期的历史发展过程中，通过创制欲名合成随立名等办法，建立起自己一套丰富的词汇系统。

藏语中的异根现象 瞿霭堂撰，载《中央民族学院学报》1982 年第 2 期。

该文以夏河话为依据，以它同藏文作比较，探讨藏语中的异根现象。藏语中产生异根的原因，与古读有关，只出现在双音词中。由于夏河话语音简化，复辅音声母只有 y、n 两个前置辅音，而且前置辅音 n 不与送气基本辅音结合。夏河话是研究异根现象的理想对象。夏河话的这种语音变化有六类 n：(1) R1 + R2 > R. pR2（R 指词根。下同），(2) R1 + R2 > R1kR2，(3) R1 + R2 > R1rR2，(4) R1 + R2 > R1mR2，(5) R1 + R2 > R2ngR2，(6) R1 + R2 > R1nR2。通过同藏文的对比研究可以知道，R1 和 R2 之间出现 p、k、r、m、n、ng 辅音，大多是 R2 的由前加字和上加字表示的古复辅音声母的前置音。R1 和 R2 之间之所以会增加一个辅音或改变一个辅音，是由于 R2 的古前置辅音在起作用。也就是说，这些词中的 R2 是古读。这些 R2 的古前置辅音在夏河话复辅音简化时，在一部分词中作为 R1 的辅韵尾保存下来。R1R2 中间这种辅音从历史上说，应属于 R2，但从现代夏河话来说，它们早已失去在 R2 上依附的条件，而作为 R1 的韵尾才得以保存。因此它又只能作为韵尾属于 R1，并使 R1 产生了一个异根。

藏语中反义词使用情况的初步考察 华侃撰，载《西北民族学院学报》1983 年第 2 期。

文章用实例讨论了藏语反义词的构成，类别及使用情况。语言中词汇意义互相矛盾、对立的词就是反义词。藏语中反义词以形容词为最多，因为形容词是表示事物性质、状态和特征的。名词和动词也有相当多反义词，其他词类中就很少了。一对反义词常常是词性相同。藏语里很多双音合成词是利用两个意义相反的或相对的单音词并列起来的。如 legs（善）、nyes（恶）。合起来就是"善恶，功过"。这种并列字序一般是固定的。藏语有一些三音节合成词是由两个意义相反相对的词中间嵌几个 ma（非、不曾、没有）组合而成，如 rgya mabod（半汉半藏）。还有一类由成对反义词加一个大体介于反义词之间的词构成类似某种熟语的情况。如

dgra grogs rang gsus（敌我友）。反义词和其他词错综在一起构成成语，结构方式较多。如 dkar nag go ldog（颠倒黑白）。

藏语中甸话的语音特点　陆绍尊撰，载《语言研究》1990 年第 2 期。

云南迪庆藏族自治州中甸县藏语通行全州藏族地区。语音特点如下：有单辅音 41 个，复辅音 6 个，声母 47 个。单元音韵母 18 个，（其中口元音韵母 10 个，鼻化元音韵母 8 个），复元音韵母 23 个，带喉塞尾韵母 14 个，共 55 个韵母。有高平调 55、高降调 53、低升调 13、低升降调 132 等 4 个声调。音节结构常见有 8 种结合形式，每个音节都伴随一个声调。有声母音变和韵母音变，声母音变主要发生在双音节词的第二个音节上；韵母音变主要由口元音变为鼻化元音，一部分词尾（-ba）、（-wa）、（-bo）、（-la）等双音节词，在现代口语中减缩为单一音节，并使韵母复元音化；带喉塞尾韵母出现在双音节词的第一个音节时，-ʔ 尾消失，并变为长元音和长调。

藏语中古音及其发展演变考释（简称《古藏语语音考释》）　东主才让撰，载《中国藏学》2003 年第 1 期。

该文以大量藏文古文献语汇和藏语古音口语为材料，以及相关藏语语法的重要观点为理据，运用历史比较的研究方法，探析了藏语中古音的某些特点及其演化的规律性。认为中古藏语具有复辅音声母单元音韵母辅音韵尾较多，结构较复杂，产生复辅音韵尾，声调无音位价值等语音特点。这些特点与后来的近现代时期的藏语或藏语方言相比较，它有内在的演化规律和发展的不平衡性。具体表现在语音的古音残存、脱落、同化、异化、弱化、自由变音、音节减缩、产生声调等音变现象之中。这种语音的演变规律是受到发音生理、表达方式、语言传承和传播等其他因素的制约，而语音演化的不平衡性则是指语言在不同时空条件中有不同的演化速度和演化方向，因而它在后来的发展过程中产生了地域性的差别，但同时又有渊源关系，这就是语音对应关系或是语音对应规律。通过这种语音对应关系可以判定所对应的词是古代语言同源的词，而这些同源词所从属的语言也就顺理成章地发生学的同源关系。因此，我们考释藏语古音及其演变规律，对藏语史及藏语支诸语言亲属关系的研究具有一定学术价值和现实意义。

藏字叠加结构线性处理统计分析　江荻、董颖红撰，载《中文信息》1994 年第 4 期。

由于藏文书写是非线性的二维阵列方式，因此，藏文信息处理出现两种不同的技术处理方法：一种将藏文字母符号作为信息处理基本单位，所需涉及的藏文字库空间极小（小字符集）；另一种将纵向二维构造的叠加字符串一律处理维线性结构，即藏文的基字、上加字、下加字、元音符各种组合都设计到字库中，形成大字符集。这个问题涉及藏文字库建设方向，藏文字符编码输入方法和藏文打印输出等诸多方面，因此有必要完善技术处理的基础建设。文章以现代藏语常用字为统计对象，对藏文纵向叠加结构进行统计，取得有使用价值的结果。文章收集了 30428 条常用词，经处理得 3926 个藏字。无纵向叠加结构藏字 621 个，占 15.82%，含纵向叠加结构的 3305 字，占 84.19%。只含元音符而不含上加字和下加字的结构 1488 字。文章列出了各种结构的统计表 5 个。

藏族人名修辞特点　李钟霖撰，载《青海民族学院学报》1987 年第 4 期。

藏族人民跟其他兄弟民族一样，在给人取名方面也有其浓厚的民族特色。一、以单独的事物名称给人取名。这类名字，取名简单，含义明白，称呼方便。如：尼玛（太阳）、达瓦（月亮）、扎西（吉祥）等。二、把两个可以给人命名的异同词通过相互搭配的修辞手段，使其具有新的内含后给人命名。这类名字在过去大多在僧俗上层人士中运用，这类名字修辞考究，内含双重，意义深奥。如益喜宗哲（勤勉圣智）等。三、藏族人民朴实善良，对人极为谦虚尊敬。这种美好心理美德也往往表现在对人的称谓上。四、以宗教信仰给人取名。如代巴嘉措（信仰海）、曲强多杰（护法金刚）等。五、以时代特征和出生地给人取名。如共产泰、革命多杰、卫东、北京才让等。

藏族文学语言通俗化的起步　汤池安撰，载《青海民族学院学报》1985 年第 1 期。

18 世纪是西藏历史进程中的一个重要时期。在这不平凡的时代，西藏文学也从某种桎梏——如浓厚的宗教色彩和深奥的修饰词语中得到一些超脱。我们仅从多卡夏仲·第仁旺杰的创作道路上，就可以看出西藏文学这个时期所出现的一个转折点，即文学语言趋向通俗化的端倪。多卡夏仲·第仁旺杰才华横溢，20 多岁就写出了《旋努达美传》这部巨著。他善于运用藻词锦语，写作技巧不同凡响。《旋努达美传》让人们享受到一种美学语言的美妙音乐。然而，这类藻词饰语是文人学士所专有的东西，阳春白雪，和者盖寡。于是，在创作道路上，多卡夏仲·第仁旺杰将面临一个语言通俗化的问题。在创作《颇罗鼐传》时，颇罗鼐主张文笔通俗话。第仁旺杰接受了这一意见，把古文传统与民间风格有机地结合起来，创造了一种雅俗共赏的新文风，使《颇罗鼐传》成了统传千古的名篇。

藏族姓名的社会文化背景　王青山撰，载《民族语文》1993 年第 5 期。

文章就藏族姓名与社会形态、民族文化、民族关系等讨论了姓名中蕴含的藏族社会文化的信息。作者考察了历代藏王名字，发现颇具特色的母子连名现象，由此推断出藏族古代社会存在从母系制转向父系制的过程，而以古代藏族姓名中所蕴含的象雄语词来看，佛教传入西藏前，本教是古代西藏的原始宗教，因为象雄语是本教经典文献的语言，是本教文化的主要载体，所以象雄语影响藏族取名很自然，反映了当时社会文化状态。在甘肃藏区还有一种汉姓藏名情况，如郭华藏、梅札西等，这一方面是明朝等皇帝为藏族家族赐姓造成，另一方面也是藏、汉两族杂居通婚为子女取名形成的。这说明汉、藏两族政治文化联系和交流的历史事实。另外，作者还讨论了藏族人名的民俗意义及社会现象对人名的影响。总之，人名是一个民族语言、社会、文化诸特征的集中表现。

早期阿拉美文在新疆的几种变体　库尔班·外力撰，载《新疆社会科学》1984 年第 2 期。

阿拉美文是公元前 9—前 7 世纪在西亚美索不达米亚平原生活的阿拉美诸部落使用的一种碑铭文字。我国新疆地区也曾使用过阿拉美系统的文字，其历史至少有两千年；变体达 10 种之多。（1）卡罗希提文。在于田、民半等地古遗址中发现有木简、皮革和纸上的契约。（2）阿拉伯文。10 世纪传入喀什噶尔。（3）13 世纪后作为突厥古代书面文字使用。（4）叙利亚文。7 世纪随景教传入中国。（5）摩尼文。在敦煌和吐鲁番发现有摩尼文的摩尼教经文。（6）粟特文。在敦煌、吐鲁番发现有公元 5—6 世纪的粟特文契约和佛经。在鄂尔浑河流域曾发现公元 9 世纪的粟特文、突厥文和汉文三种文字的碑文。（7）突厥文。在西伯利亚之南、蒙古草原西北、新疆东北这一区域，曾发现公元 7—8 世纪的一些突厥文碑文和手稿。（8）回鹘文。在吐鲁番曾发现从公元 5 世纪开始采用粟特文字母拼记突厥语词语的记载。从现在发现的回鹘文献看，回鹘文在公元 8—9 世纪曾被广泛使用过。（9）蒙古文。自公元 13 世纪开始使用至今。（10）满文。清太祖努尔哈赤在清王朝建立前，曾授令大臣在蒙古文基础上创制满文，到 1632 年已出现了比较完善的满文。

早期突厥语的外来成分 克劳森撰,载《民族语文研究情报资料集》,中国社会科学院民族所语言室1983年第1期。

该文讨论了早期突厥语中的借词问题。早期突厥语中存在大量的借词,对这些借词进行鉴定和归类,从中可以得出历史文化推论。但如何鉴定借词一直是学术界关心的问题。本文提出两种鉴定借词的规则:一种是语音规则,即根据某些音在借词中出现的位置或组合方式来鉴定借词;若某个词和汉语、吐火罗语、粟特语、伊朗语、梵语里的某词在音和义上大体相符,那么除非这个词有确切的突厥语词源根据,一般都可以认为是来自有关语言的借词。另一种鉴别借词的规则是,假如在某种语言里用许多词来表达同一类而有少许差别的事物时,而说这种语言的人在和外族接触之前又不可能需要这么多词时,那么其中有些词就可能是借词。早期突厥语里的借词可以归纳为几组,从而阐释突厥人的史前史,例如许多表示丝织品的词是汉语借词,因为突厥人曾从中国得到这类货物;有关农业和畜牧业的词借自吐火罗语,因为吐火罗人长期居住在新疆的绿洲并从事畜牧业和农业。

怎样处理声调在音位系统中的地位问题 周耀文撰,载《中国语文》1958年第2期。

该文就怎样处理声调在音位系统中的地位谈自己的见解。指出有三种不同看法。(1)把声调看作独立的音位,和辅音音位(或声母)和元音音位(或韵母)并重,有几个声调就作为几个"声调音位"(调位)。作者认为,声调不能独立发音,必须结合在元音单位。声调的高低也像元音的长短和松紧一样,不能处理为独立的音位。(2)把声调看作整个音节的音高,看作识别音位变体的一种条件,不同意把声调作为区分元音音位的成分,也不同意把声调从音节中分出来作为独立的声调音位。作为认为声调主要结合在元音上,不是音节的每个音素都有声调。(3)把声调和元音结合在一起,声调是区分元音音位的成分,每个元音出现几个声调就分几个元音音位。作者的主张属这类,认为声调在发音上和功能上与元音是分不开。该文以汉语为例进行讨论,此外还有壮、哈尼等语言的例子。

怎样划分同一语支的语言 周耀文撰,载《少数民族语文论集第一集》,中华书局1988年。

语言的划分,不同语支的比较容易,例如汉语与僮语、藏语与彝语。因为只要从它们的语法结构中看出基本上的不同,从基本词汇的语音上也找不出彼此的对应关系,那就可以判定它们是不同的语言。至于同一语支的语言,语法结构基本上一致,基本语词很多同出一源,只是因历史发展情况不同,语言成分又有变化,在某种情况下,它们可以是语言与语言的关系,在某种情况下,它们又可以是方言与方言的关系,因而就比较难于划分;不过事实上还是可能划分出来的。方言既是语言的分支,那么同一语言的方言之间的语法构造、基本词汇必须是基本上一致的,否则便成为不同的语言。例如苏联的俄罗斯语、乌克兰语、白俄罗斯语,它们本来是同一个语言的不同方言,但由于在历史上各有不同的政治、经济、文化特点,因而在民族形成过程中,各自发展为独立的民族语言。这对我国桂西的僮语与云南的傣语来说,情况也是如此。

增强民族语文教育意识 杨汉基撰,载《贵州民族报》1995年4月3日。

文章论述当今世界任何多语种的国度,都面临解决民族语言文字教育和发展的问题。少数民族的语言文字本来就是一个非常敏感的问题,处理得好增强凝聚力,处理得不好产生离心力,直接关系多民族国家社会繁荣发展的重大问题。现代社会是文化发达的社会,文化素质不仅在经济起步阶段起到先导作用,而且在经济发展过程中也必将是谁拥有竞争优势、效益优势和发展优势的决定因素之一。

有远见卓识的决策者，应有预见性地、有计划地发展民族教育，开发民族智力，培养人才，创造良好的文化社会环境。不通晓汉语的民族聚居区面临着民族教育发展缓慢，民族智力资源未能得到充分开发和利用，整体人口文化素质不高，文盲众多，人才奇缺的现实问题。要想在短期内解决这些问题，尽快改变落后面貌，别无选择，只有急起直追。抓好以民族语文为先导的民族教育这个环节，发挥母语文字优秀，加速民族地区智力开发。

扎坝语概况 黄布凡撰，载《中央民族学院学报》1990年第4期。

文章简要、全面地介绍了四川省道孚县扎坝区的扎坝话的语音、词汇和语法特点。语音方面，单辅音声母53个，复辅音声母71个，单元音韵母39个，复元音韵母21个，声调3个。词汇和语法复杂，此处略。扎坝语在语音、词汇和语法三方面都有较多的成分和现象与羌语支语言相接近。语音方面，复辅音声母较多，无辅音韵尾，声调少且不大稳定。语法方面，多数语法范畴和表现手段与羌语支语言相同，特别表现在趋向、式等动词诸范畴上，但比羌、嘉戎、道孚等语言要简化些。词汇方面，虽然与藏语有关的词（包括同源词与借词）约占2150个词中的36%，多于与羌语有关的词，但它与藏语的异源词多达63%，从发生学角度看，扎坝语属于藏缅语族羌语支。

贞丰县坡帽村仡佬族双语类型转换个案研究 周国炎撰，载《中央民族大学学报》（哲学社会科学版）2005年第1期。

黔西南布依族苗族自治州贞丰县坡帽村是该县最典型的仡佬族聚居村。从仡佬族语言使用的总体情况来看，坡帽村的仡佬族是本族语保存得比较好、使用得比较普遍的一个点。贞丰仡佬族目前的语言使用状况是：绝大部分人通汉语，大部分人同时使用汉语和母语（仡佬语），部分人除母语和汉语外兼通当地的布依语。作者从多语并用现象考察了坡帽村近期历史上的双语类型及其转换过程，并分析了20世纪中叶以来现行的仡佬—汉双语制及其发展趋势。总体上说，在短短200多年的时间里，贞丰（坡帽村）仡佬族在语言使用方面经历了从仡佬—汉双语变为仡佬—布依双语类型，最后又重新回到仡佬—汉双语的"V"字形发展过程。这种转换的原因主要是社会文化环境的改变，当然仡佬族文化中的一些内在因素也促成了这种转换。

整理超方言彝文统一通用字简述 陈英撰，载《贵州民族语文研究集》，贵州民族出版社1993年。

彝语的方言分支较多，且各方言之间无论是在语音还是词汇、语法都有差异，几乎不能通话。为此，本文提出要整理超方言的彝文统一、通用字，以利于各方言互相沟通，并逐步向标准音靠拢，逐步推行全彝族的普通话。整理彝文统一、通用字的具体工作是复杂而细致的，主要应贯彻"共同"的精神，具体做法如下：（1）从对比研究方音、方言入手，共同选字、定字、选定字的标准有：按彝文的象形、指事、会意造字原则和就单字灵活组词的用字规律；彝文字在各地彝文古籍中和社会上的使用频率；字形美观，便于释读、书写、印刷。（2）针对各地彝语词汇中某些"音节不等，结构不同"的情况作确切处理。（3）编纂《彝文通用字典》。（4）编纂《彝语常用词汇》，彝文统一、通用字的形成须经广大彝族干部、群众和彝语文教学科研工作者的普遍选择、使用，需要一个过程和一定的时间。

政论文翻译中的修辞问题 史震天撰，载《语言与翻译》1986年第3期。

任何语言单位除了具有思想内容以外，还有与之不可分割的感情色彩。政论文翻译中的修辞问题，就是结合政论文的语体特点，探讨如何对等地再现政论体文章的感情色彩。翻译中处理修辞手段的重要原则是保持原文的修辞效果,而不是追求形式上的对当。一般采取的方法是:(1)复制;(2)变通;(3)解释。(1)复制:原文采取什么修辞手段,译文同样采取该种手段,以保持原作的艺术效果。(2)变通:汉、维两种语言的修辞方式基本相同,但它们在各自语言中的使用频率不一样。某些利用汉字本身的特点构成的修辞方式如"仿词"、"顶针"、"回文"等形式则很难在维语中找到与之完全对当的格式。所以,译者必须细心体会两种语言的修辞功能、同义结构和艺术刻画手段,从实际出发,作某些变通处理,以便保持原作艺术效果。(3)解释:某些修辞手段在译文中无法复制,只好采用解释法,以保留原文的思想内容。

根据上、下文处理语言现象是翻译中的重要原则,处理修辞现象也不能例外。无论是词语的翻译,句式的选择,还是各种辞格的处理都必须根据一定的上、下文加以考虑。

致服部四郎氏 栗林均撰,载《民族语文研究情报资料集》,中国社会科学院民族所语言室1984年第3期。

该文是对服部四郎《蒙古诸语言的＊i的转变》一文中提出的问题的解答。服部四郎在文中提出"尚未摆脱重视书面语形式的倾向"的批评。作者在写作上述论文时,首先排除了先入为主的立场,即肯定蒙古书面语形式的立场,而把下列原则作为必要条件,即"用某一个蒙古语的方言资料(包括历史文献)去确认与蒙古书面语形式第一音节元音i相对应i或可能是其遗迹的语音,并依此进行工作。"但是,由于未能彻底研讨"某一方言第一音节的i或腭化"是这个方言所独有的稍晚阶段语音变化的结果,还是蒙古书面语的借用形式的问题,因而在客观上产生了这种倾向。这是第一点。第二点是强调指出,在发生"＊i的转变"的时候,蒙古祖语元音的长度作为重要的语音环境的主要因素来起作用。当然,作者没有从鄂尔多斯、布里亚特、卡尔梅克诸语的例子中得出"在这些语言中,第二音节的长元音引起'转变',而受到辅音-l-的影响"的结论。

中古朝鲜语元音[ʌ]的历史演变 宣德五撰,载《民族语文》1985年第4期。

文章讨论了中古朝鲜语元音[ʌ]发展至现代朝鲜语的分化演变过程。作者对中古文献、现代书面语和中部、西北、东北、东南、西南5个方言材料进行比较分析,认为随着元音[ʌ]在17世纪、18世纪消失,在现代语里分别归并入 a, ə, o, u, ɯ, i, ɛ 等元音,这并非同一平面上的现象,它是沿着两个方向演变的:在单音节词和多音节词的首音节里,[ʌ]并入同属阳性元音 a 和 o;在第二音节则并入与它成对的阴性元音 mm。至于归并入其他元音,则是处于下一个层次的现象,并且只是在一定的语音条件下体现在少数词里。个别例外不影响上述规律的成立。[ʌ]的消失促使了元音和谐的瓦解。中古文献用例30余例,现代书面语用例30余例,各方言的用例均为30例。本文首次利用方言口语材料研究了这一问题,并指出[ʌ]元音复杂的分化演变过程是不同层级的变化现象。

中古汉语语音结构中的 r 介音 邢凯撰,《文学语言学论集》南开大学出版社,1999年第1期。该文为参加第三十一届国际汉藏语言学会议论文。

邢公畹认为,该文是讨论中古汉语语音结构的,颇有新意。本文使用了大量侗台语材料进行论证。高本汉为中古汉语构拟了一套卷舌音(照二),照三和知组他认为是舌面前音。李方桂为上古汉语构拟了一个 r 介音,但认为这个介音到了《切韵》时代已经消失。本文试图证明-r-介音在中古乃至近代汉语中仍然保持。俞敏首先提出重纽三等字有 r 介音(重纽四等是 ji 介音)。实际上四等字也带有 r

介音。三等（B）介音是-rwj-，四等（A）是-rj-。语音差异明显，以后差别消失，成为重纽。用侗水语"鞭子（A）、变成（B）、笔（B）"三个义项的关系字证明 r 介音的存在。尤韵"鸠"（B），可与台语关系字"鸽子"（*khr-）比较。藏语关系字都是圆唇元音。"鸠"小韵有"龟"字，有两读音，居求（B），居追（A），李方桂认为是上古重纽造成，但不能解释"龟兹"送气。论文引用大量台语例证说明送气是由 r 介音引起。"蟮"（B）后分化为联绵字"蚯蚓（A）"，原始台语为 *ʔdran。李方桂认为照三组声母是舌尖前塞音，受-j-介音作用，颚化为中古舌面前音，以后又变为舌尖后卷舌音，音理勉强，也没有方言证据。本文用大量证据证明章组字声母是舌尖音加-rj-介音。如"臭"阿含语是 khriw¹。又举"疹"（册亨 theren¹）"燎"、"折"、"蒸"、"织"、"舟"、"首"、"畲"等侗台语的关系字证明章组字是含有-rj-介音的。见系二等字是中古 r 介音的证据。"江"字的演化是：*kraŋ > kjaŋ > tɕiaŋ，文章举出大量台语例证说明-r- > -。

中古蒙古语 SOVS 型主谓结构句子演化初探 嘎日迪撰，载《内蒙古师范大学学报》1996 年第 3 期。

该文利用历史文献语言材料，分析了中古蒙古语 SOVS 型主谓结构句子的演化问题。中古蒙古语中主谓结构句型之一的 SOVS 与其他主谓结构句型既有区别，又有相应的联系。在现代蒙古语中这种句型已发生变化。其演变主要是以语音、词法、句法和词汇等某些系统变化互为条件的。这种句型变化是蒙古语历时演化之一，又是古蒙古语和现代蒙古语的区别特征之一。中古蒙古语主谓句型除与现代蒙古语的 SOV 相同外，还有 SOVS 和 OVS 两种基本句型。但在中古蒙古语中，SOV 型已经成为发展的一个趋势。在 SOVS 中的 S 可以抽象为 S 名 OVS 代，句首的 S 可记作 S1，句末的 S 可记作 S2，S1 = S2，这时 SOVS 又可抽象为 S 代 OVS 代。古蒙古语 SOVS 型中的 S2 在其后的发展中有两种变化：（1）在现代蒙古语一些方言土语，如卫拉特方言和布里亚特、巴尔虎方言土语中 S2 还有所保留，即在 SOV 型中发展为谓语 V 的人称附加成分；（2）在现代蒙古语另外一些方言和多数土语中，S2 已经消失。

中古女真语的音韵学研究 李基文撰，载《民族语文研究情报资料集》，中国社会科学院民族所语言室 1983 年第 2 期。

该文（下半部分载同名刊物 1984 年第 3 期 pp. 20—40）探讨了中古女真语的音韵。中古女真语的年代大体属于明代，以属于《华夷译语》的两种《女真译语》中的女真语为代表。中古女真语并不一定比现代通古斯诸语言更能显示古语法形态。它的形态在大多数情况下，比北部通古斯诸语更为发达。从今天的音韵学和词法角度衡量，满语是通古斯语族中最发达的语言，可以看出，中古女真语的形态比大约形成于 17 世纪的满语书面语早了一个阶段。几乎所有的现象都说明满语书面语的形态比中古女真语发达，而且从两种语言的结构中可以找出音韵变化的连续性。因此，中古女真语早已是南部通古斯语言之一，北部通古斯诸语言和南部通古斯诸语言之间的存在着很多不同的特征，而中古女真语已具有南部通古斯诸语言所具有的代表性特征，这说明通古斯语南、北两语支的分裂历史可以追溯到相当遥远的古代。现存的两种《女真译语》分别代表当时差异很大的书面语和口语。

中古日母字的演变与朝鲜韵书的谚文注音 金基石撰，载《延边大学学报》1998 年第 2 期。

中古汉语日母字在近代汉语里演变为零声母和卷舌音，但是对它的分化条件与演变年代，目前学术界尚元确切的定论。该文在吸收前人研究成果的基础上，考察和分析了 15—19 世纪朝鲜韵书的谚文注音资料，为进一步探索明清时期日母字的演变过程及演变条件提供了新的参证。分析朝鲜韵书的谚文注音，必须首先考订朝鲜韵书中的谚文注音符号的音值。其中，最主要的是应解决用于日母字标音的"△"的音值问题。"△"在15—16世纪朝鲜语里，是与全清齿音人（s）相对的次浊（不清不浊）半齿音。因此，学者们一般都把"△"拟订为[z]。"△"在朝鲜语里作为与"人"相对的浊音字母符号，使用于15—16世纪上半叶，而到16世纪下半叶变为零声母。这说明"△"从16世纪后半叶开始丧失日母音值标音功能。

中国濒危少数民族语言的抢救与保护
孙宏开撰，载《暨南大学学报》2006年第5期。转载于李红杰、马丽雅主编：《少数民族语言使用与文化发展政策和法律的国际比较》，中央民族大学出版社2008年。

该文为2005年10月国家民委民族问题研究中心与挪威奥斯陆大学法学院合作在北京召开的少数民族语言使用与文化发展国际研讨会上的发言。文章分五个部分：（1）濒危语言产生的历史背景；（2）为什么要抢救和保存濒危语言；（3）语言活力降低——语言走向濒危的主要特征；（4）濒危语言问题已经引起人类的忧虑；（5）我们的对策。文章最后认为，我们要建立一个和谐的语言社会，就应该是社会所有的成员既精通自己的母语，又能够通过通用语言甚至外语掌握各种最先进的科学知识和技能。

中国濒危语言研究及保护策略　李锦芳撰，载《中央民族大学学报》2005年第3期。

中国语言种类丰富，处于濒危状态的语言也较多，可以分为濒危语言和濒绝语言两类。造成中国的语言濒危的因素有民族杂居、族际通婚、使用人口少等。濒危语言在语言使用和语言结构上有其特点。中国的濒危语言对语言史、语言谱系分类以及民族历史文化都有其独特的研究价值。中国濒危语言研究的任务有研究语言衰变的特点和规律，探寻减缓语言濒危趋势的办法，积极抢救记录濒绝语言材料等。中国濒危语言可通过实施以下策略进行保护：借鉴国外经验，立法保护，纳入政府和学术部门的工作范畴，政府拨款立项，对不同层级的濒危语言采取不同的应对策略，建立中国濒危语言网站，定期召开学术会议，建立濒危语言保护示范村社。

中国朝鲜语的词汇规范化问题　郑璟彦撰，载《中国少数民族语言文字使用和发展问题》，中国藏学出版社1993年。

我国朝鲜族一直把1945年以前确定的"朝鲜语标准语"作为标准主来使用，而且在这个基础上发展了朝鲜语，以此为基准语制定了朝鲜语词汇规范化原则，指导了我国朝鲜族的语言实践，确保了朝鲜语的发展中战有重要地位。分为两种不同的词汇规范化原则：以增加与汉语相同的共同成分为基础的词汇规范原则。这两种原则在朝鲜语经历的时期一个否定一个地交替起了作用，给朝鲜语的使用和发展带来不同的影响。1978年12月开始对现行的朝鲜语词汇规范化原则进行了探讨。朝鲜语词汇规范化要符合朝鲜语的民族性、大众性；继续使用有生命力的既有词和各地区朝鲜人之间广为使用的词；对那些有同义关系的词，选用易用、用生命力的词；把有生命力的方言词吸收到标准语中；既有词或南北方使用词语不一致时，后者易于朝鲜族群众接受，就采用后者；可从汉语其他语言借词。

中国朝鲜语言的使用情况及存在的问题
徐永燮撰，载《朝鲜学论文集》，北京大学出版社1987年。

中国的朝鲜语言在新中国成立后有了很大的发展，但在使用等方面也存在着一些问题。本文就朝鲜语的方言、中国朝鲜族的文化教育、中国朝鲜语词汇的变化、中国朝鲜语口语和书面语中存在的问题等作了分析探讨。认为，中国朝鲜族人民在使用和发展本民族语言方面，之所以能够取得显著的成绩，其中的一个重要原因是正确贯彻执行了中国政府的民族语言平等的政策。汉语在丰富和发展朝鲜族语言的词汇方面起了积极的作用。但在借用汉语时，应禁止使用与朝鲜语的语音体系、词义体系、语法特点、构词法以及习惯用法不相符合的汉字词，制止置朝鲜族语言的固有词、既有词于不顾，随意借用汉语的做法。进一步加强中国朝鲜族语言的规范化工作，在借用汉语方面，要采取审慎的态度，注意选择、整理、加工，才能使朝鲜族的语言在保持民族特点的基础上不断得到发展。

中国稻作起源问题的语言学新证 李锦芳撰，载《民族语文》1999 年第 3 期。

水稻栽培起源地的探讨，是国际学术界常说常新的话题。中外许多学者主张中国是世界上主要的栽培稻起源地之一，较流行的有"云南说""浙江余姚河姆渡说""长江中游说""长江中游与淮河上游说"以及"华南说"。不少学者在论证这一问题时运用了语言学材料，或者专门从语言学的角度加以论证。

该文主要通过论证侗台、南岛语"水稻"一词的同源关系来说明栽培稻的起源地问题，其中以较多的新近掌握的仡央语言材料来说明，侗台语族仡央语支语言"水稻""稻米"表现为 pl-、-l 等声母、韵尾，成为联系侗台语与南岛语 *bəRas "稻"一词的纽带，在这个问题上，仡央语言正像白保罗当年所指出的（他称黎语、仡佬语、拉基语、普标语为"卡岱语"，当然他未掌握应划入这个语团的布央、木佬语材料，拉哈语是他在 1975 年出版的著作才利用上的）充当了联系南岛、侗台语的纽带（Benedict1942）。说明两者未分化的六千多年前，侗台、南岛语先民已在华南地区发展水稻栽培业。从目前掌握的语言学材料推断，华南是中国的栽培稻发源地。这是迄今为止从语言学上能追寻到的最早的稻作起源时间。

中国德昂语广卡话声调分析 戴庆厦、刘岩撰，载《语言研究》1997 年第 1 期。

该文拟通过对孟—高棉语族德昂语广卡话的微观分析，探究其声调的历史演变的线索和规律。（1）德昂语广卡话是一个有声调的土语。其主要标志是：每个音节都有固定音高，具有较强的区别意义的功能。声调已经出现了分化。（2）广卡话声调分化的条件主要是韵母的舒促、声母的清浊，此外不受长短影响。舒促两类调是第一次分化，因清浊、长短而分化是后来的事。（3）广卡话声调的分化同亲属方言茶叶箐化相比，相同点是主要的，如都有韵尾的舒促而引起的第一次分化，后来舒韵尾又因声母的清浊再次分化。不同的是，广卡话又分出了一个降升调，由此看来，广卡话与亲属方言的声调有共同来源，只不过是各自处在不同阶段而已。（4）从现有的研究成果可以说明，孟—高棉语声调经历了从无到有、从少到多、从简单到复杂的过程，这是孟—高棉语音系统中一个非常重要的演变规律。

中国的朝鲜族语言 赵习撰，载《朝鲜学论文集》，北京大学出版社，1987 年。

朝鲜族在向中国迁徙的同时，也把自己的语言文字带到了中国。该文介绍了朝鲜语在中国境内的使用情况，中国境内朝鲜语方言的分布、中国朝鲜族的双语现象。中国朝鲜族有 99.8% 的人以本民族的母语作为交际工具，朝鲜语广泛应用于朝鲜族人民的日常生活和工作中。从教育到广播电视等各种文化活动，均用朝鲜语。中国境内朝鲜语方言的分布状况与朝鲜族的迁徙过程有密切的关系，朝鲜族迁入中国的时间不长，定居中国后仍使用各自所讲的方言。朝鲜族生活在中国这个汉语人口占绝大多数的国家里，在社会生活的各个方面，与汉族有不可分割的联系，这就决定了他们在以自己的民族语为主要交际工具的同时，还必须学习掌握汉语。朝鲜族掌握汉语的水平，散居区高于杂居区，杂居区高于聚居区。就总体情况来看，朝鲜族中母语之外还懂汉语的比例越来越高。

中国的满语研究——纪念满文创制四百周年 胡增益撰，载《满学研究》第6辑，民族出版社，2000年。

该文是为了纪念满文创制四百周年而写的。文章回顾了这四百年中国满语研究的历程，总结了这四百年中国满语研究的成就。作者把中国的满语研究划分为三个时期：一是"语文学时期"，即从满文创制起到辛亥革命止；二是"现代语言学形成的准备时期"，即从辛亥革命以后，确切地说是从20世纪30年代到中华人民共和国成立；三是"现代语言学的形成和发展时期"，即从中华人民共和国成立到现在。在"语文学时期"作者指出清代的满语研究主要集中在辞书的编纂，其次是语法研究。在清代231年中共编写了约100种辞书，对后世影响很大。语法的研究是以"虚"字为中心，清代学者认为掌握了虚词的用法就掌握了满语的要领。这是一种着重于实际运用的语言研究观点，着重表达而不去考虑一个语言所具有的语法体系。在"现代语言学形成的准备时期"，主要集中在老满文研究和对满语词语进行考释以及文化方面的研究。中华人民共和国的成立促使现代满语语言学的形成和发展。这个时期的研究特点是注意语言的系统研究，着力于比较有分量的作品以弥补长期以来语言研究的空白。在从事语言描写的同时，还将目光转向语言与社会、语言与文化的研究。文章分语言描写研究、文献研究、语言接触研究、语言与文化研究、台湾的满语文研究等几类，叙述所取得的研究成果并做了一些评价。在"结束语"中做了总结和展望。

中国的孟—高棉语族概略 李道勇撰，载《云南民族学院学报》1984年第3期。

该文对我国属于南语系孟—高棉语话的瓦语、布朗语、崩龙语、克木语、莽语和户语作了概略。同时阐述了作为同族语言所具有的一些特征。（1）辅音多，功能多，是我国的孟—高棉语辅音的特点。元音有9—10个，复辅音与复元音也不少。单辅音韵尾一般有8—10个，还有-1、-1h，请化-1和-r、-s和-h作韵尾的，这在藏缅语族中是不多见的。（2）瓦语、布朗语、崩龙语和克木语分别有松紧、声调、长短语音特点。（3）单音词占多数，派生词则是以这些单音词为根词，通过词缀和修饰关系构成。（4）基本词汇中有大量的同源词，其中又有相当数量的根词与东南的孟—高棉诸语言同源。它们是孟—高棉语族词汇中最核心的部分。（5）以元音变化来区别人称代词的双数和多数。这种特征在孟语和高棉语中是见不到。（6）数词分三类：佤—布朗为一类；崩龙—布朗为一类；克木为一类。1—3不完全相同，4—5基本相同。（7）语序一般为主—谓—宾，但瓦语还存在谓—主—宾形式。（8）无文字。南语系诸民族的特征在我国汉史经传史志上有点滴记载。

中国的民族与语言 瞿霭堂撰，载《民族研究》1988年第1期。

中国的民族和语言之间存在复杂的关系。文章从宏观的角度综合研究了这种复杂的关系并对民族识别与语言识别、民族语言使用与发展的问题发表了意见。我国语言的数目并不和民族的数目相等。其原因有二：（1）少数民族使用语言存在并用、兼用、兼通、换用等十分复杂的情况。（2）语言识别，没有统一的标准。民族识别常常依赖于语言识别，希望一个民族只使用一种语言，因而在语言识别中常受到民族因素的影响和干扰。明明是相同的语言都因民族意识的分裂要分为两种语言；明明是两种语言都因民族因素的干扰要识别为一种语言。作者认为必须排除民族因素的干扰，制订出严格的语言标准。文章最后探讨了族际共同语（汉语）与各民族语言使用与发展的关系问题。作者认为两者是相辅相成的关系而不是以汉语取代民族语。建议进行语言主法，根据民族语言的使用情况，确定民族语言使用和发展的地位。

中国的壮侗语与南岛语　倪大白撰，载《中央民族学院学报》1988年第3期。

该文选用壮傣、侗水、黎三个语支的几个主要语言跟南岛语系的印尼语并参考阿眉斯语、布嫩语以及海南的三亚回族语言作词源比较，探讨中国的壮侗语与南岛语的关系。对比材料约2400多词条，比较结果分为以下几类：（1）印尼语与我国壮侗语族三个语支都相同的成分；（2）印尼语跟壮侗语族中的两个语支（壮傣、侗水）相通的成分；（3）印尼语跟壮侗语族中的一支（壮傣或侗水）相通成分；（4）印尼语跟壮侗语族中的某个语言（印尼—黎、印尼—傣、印尼—水、印尼—侗、印尼—毛南、印尼—布依、印尼—高、印尼—壮语）有关的成分。列举130多个例词，并作详细说明。文章指出，我国壮侗语族诸语的亲属问题，通过上述的对比，其间虽经历了从多音节简音化为单音节，从无声调变为有声调的巨大变化，但这些词语的基本面貌源自南岛语。词序和组合关系壮侗语跟印尼语的一致性也比汉语更接近。

中国对比语言学的兴起　严学宭撰，载《中南民族学院学报》1984年第2期。

我国广泛存在民族语和汉语进行交际和教学的双语现象，为了提高效益，必然对民族语和汉语表现法的共同之点和特殊之点进行比较，这就自然而然地会兴起中国对比语言学。对比语言学是研究不同语言之间语音、词汇、语法和修辞的异同及进行不同语言比较的理论和方法的学科。中国对比语言学主要是研究民族语和汉语的当代形式、变换、干扰及其对等关系。语言间系统地进行对比分析研究，对于社会交际、语言教学、文字翻译和母语本身的研究都有积极作用。作者提出了10项调查研究双语现象的课题。而探索理论，加强研究是建立中国对比语言学是描写语言学和应用语言学结合的产物，需要进行一大批专门性的比较研究。作者列出39项专提论文。分析方法有描写、选择、对比、预测四个步骤。

中国对少数民族的语言政策　傅懋勣撰，载《傅懋勣先生民族语文论集》，中国社会科学出版社，1995年。

1957年中国科学院少数民族语言研究所提出了"关于少数民族文字方案中设计字母的几项原则"。经周恩来总理批准。在这个文件中提出了五项原则：（一）少数民族创造文字应该以拉丁字母为基础，原有文字进行改革，采用新的字母系统的时候，也应该尽可能以拉丁字母为基础。（二）少数民族语言和汉语相同或相近的音，尽可能用汉语拼音方案里相当的字母表示。（三）少数民族语言里有而汉语里没有的音，如果使用一个拉丁字母表示一个音的方式有困难的时候，照顾到字母系统清晰，字形简便美观，字母数目相当，便于使用和教学的条件下，根据语言的具体情况，可以采用以下的办法表示：（1）用两个字母表示一个音；（2）另创新字母或者采用其他适用的字母；（3）个别情况也可以在字母上加附加号。（四）对于语言中的声调，根据实际需要，可在音节末尾加字母表示，或采用其他办法表示或不表示。（五）各民族文字，特别是语言关系密切的文字，在字母形式或拼写原则上应该尽量取得一致。

中国各民族语言的语序共性分析　赵斌撰，载《语言研究》1989年第1期。

文章以63种中国各民族语言抽样为参数，进行语序共性与共现类型研究。文章所作的三方面努力是：（1）把中国数十种丰富多彩的语言纳入世界语言共性研究的大系统中；（2）在确定的语言共现方面将以数理统计的定量分析方法取代旧有的、经验主义的是定性分析；（3）在（2）的前提下，以系统的形式的语言共性序列取代旧有的陈述性共性项量。语言抽样主要以"主动宾"、"助动词/动词"、"前置/后置词"、"比较基准/比较标志"、"形容词/名词"、"关系从句/名词"、"名词修饰语/名词中心语"、"须属/名词"等8种基本语序共现对作"类型标志"。本文在使用百分率计算的同时还进行概率统计的卡方与p值几率检验和相关度计算，较科学地确认了语序组块之间的内在蕴含机制。中国民族语不仅可以从音系类型上归属于不同的亲属语言，而且可以从语序类型上划分出南北两大群集，亦即南亚、南岛语系与汉藏语系的侗泰、苗瑶语族的语序一致；汉藏语系的藏缅语族则与阿尔泰语系的语序一致，而介于南北之间的汉语则平分双方的语序特征。

中国柯尔克孜族的语言和文字　胡振华撰，载《少数民族语文论集第一集》，中华书局，1988年。

柯尔克孜族自己的语言属于阿尔泰语系突厥语族东匈语支的柯尔克孜—克普恰克语组。柯尔克孜语在新疆境内有两个方言：南部方言和北部方言。在苏联柯语也分为南北两个方言。这两个方言的划分，恰恰和柯族中的部落划分是有密切联系的。新疆的柯尔克孜族中，迄今仍存在部落的残迹，柯族人民在历史上分为右（南）、左（北）两大部落，右部落被称为"伊其克里克"（住在城中的人），左部落被称为"塞尔特勒克"（住在城外的人）。过去右部落的柯族人靠近乌孜别克、维吾尔、塔吉克人居住着，所以语言上受了些影响；左部落的柯族人多住在山里，与其他民族来往较少，语言上受的影响较小。柯尔克孜语言的特点：（1）语音方面。柯语像其他突厥语一样没有声调；有重音，多落在一般词的最后一个音节上，在词形变化时则不一定落在最后一个音节上，重音的位置不同，有时可区别意义。（2）语法方面。名词有格、数、人称接尾字等变化。

中国空白语言的调查研究　孙宏开撰，载石锋、潘悟云编：庆祝王士元教授六十五岁华诞文集《中国语言学的新拓展》，香港城市大学出版社，1999年。

该文应文集主编约稿而作。作为本文集的首篇，文章包括三个主要部分和一个附录。三个主要章节是：（1）空白语言或新发现语言。介绍了10多种使用人口在千人以下的语言状况，说明了当时为什么使用空白语言是名称。（2）空白语言的特征。从地理分布、使用人口、使用范围和使用程度以及调查研究空白语言的学术价值和意义等方面讨论了国内对空白语言调查研究的状况。（3）对空白语言的保护措施。这一节主要介绍了建立课题组，组织人力，自1993年以来，对使用人口越来越少的语言逐个进行深入调查研究，完成《中国新发现语言调查研究》丛书出版；这一节还介绍了我们开展录制少数民族语言音档的情况；为了保存少数民族语言资料，这一节还介绍了编辑中国少数民族语言系列词典的情况。文章的附录以民族为单位，用图表的形式列出了56个民族使用语言的情况，共包括族称、使用语言名称、使用地区、使用人口和该语言的谱系分类等5个栏目，列出137种语言的名称。其中有些语言后来合并到其他语言中，作为该语言的一个方言，如锦话合并到莫语，草苗话合并到侗语等。

中国空白语言的田野调查　孙宏开撰，载北京大学《语言学论丛》2006年第36辑，商务印书馆，2007年。

这一期的《语言学论丛》约了一组讨论语言田野调查方法的文章。该文是其中的一篇。文章说，中国有56个民族，使用130多种少数民族语言。新中国成立以后，通过几代人艰苦奋斗，长期深入少数民族地区实地调查，才取得这样的成果，积累了丰富的田野调查经验。该文简要介绍了少数民族语言国情调查所遇到的各种问题以及解决的方法。文章分五个部分。(1) 空白语言调查的立项；(2) 空白语言调查是一项国情调查，此项调查要回答中国究竟有多少种语言的问题；(3) 空白语言调查的基本内容；(4) 空白语言调查研究的难点，文章分析了空白语言调查研究的四难：即发现难、调查难、记录难、鉴定难；(5) 空白语言调查的主要收获。文章认为，空白语言调查实际上就是濒危语言调查，取得的成果对丰富中国语言学的宝库起着极为重要的作用。

中国历史比较语言学的实践和贡献　王远新撰，载《中央民族大学学报》1999 年第 4 期。

(1) 从比较对象上看。中国的历史比较语言学打破了所谓没有文字、缺乏文献就难以进行历史比较研究的旧观念，以事实证明了没有文字和历史文献的语言同样可以进行有效的历史比较研究。拓宽了历史比较法的研究领域。(2) 从语言观上看，语言间的复杂接触过程表明，语言结构不是封闭系统，而是开放系统，这就需要把语言看成复杂系统。确立复杂系统的语言观，并以非线性的科学方法处理语言演变中的种种疑难问题，是历史比较语言学进一步发展的重要途径。(3) 从方法上看。以区分同源词和借词为出发点而建立在原则和发展出的研究方法的基础上，程度不同地丰富和发展了历史比较语言学。中国历史比较语言学较好地实现了三个有机结合：把语言使用者的历史与语言的历史研究、把语言的系统属研究与类型研究、把语言的共时描写与历史比较有机地结合起来。

中国历史上少数民族文字改革刍议　史金波撰，载《中央民族学院学报》1990 年第 1 期。

我国民族文字使用的复杂性和文字改革的多样性，为我们探讨文字发展变化和文字改革提供了丰富的资料和类型例证，使我们有可能在这方面加深理解，找出规律性认识，以指导我们的工作。首先，综观中国少数民族文字改革的背景和动因，不难看出这些文字改革都是为了更便于交际，便于发展民族文化，是该民族社会的需要。有的民族在使用文字的过程中，语言有了发展变化，文字已经不能完全准确地记录语言，所以文字必须改革才能适应这种变化；有的民族创制文字以后，在使用过程中可能逐渐感觉到用这种文字记录本民族语言不合适，需要进行改革；有的民族草创民族文字后，未能严格地规范，在行用一段时间后，感到需要调整、规范，否则就会影响社会的使用；有的民族文字改革与民族宗教信仰有相当的关系。其次，民族政权不仅对民族文字的创制和使用起着重要作用，而且对文字的改革也常起着决定性作用。最后，一般民族文字的改革对民族文化的发展起了推动作用，促进了民族文化的繁荣。

中国满—通古斯语言文化研究及发展　赵阿平撰，载《满族研究》2004 年第 2 期。

在 20 世纪的百年中，经过几代学者的不懈努力，中国满—通古斯语言文化研究取得了丰硕成果。学者们从语言学、民族学、人类学、文化学、历史学、宗教学、文学、民俗学等不同角度对满—通古斯语言文字、历史、文化、文学、宗教、民俗等进行了广泛深入的探讨。近年来，有的学者还打破原有的学科界线，对相关问题进行跨学科综合研究，并取得了突破性成果，为本领域研究带来了新的活力与生机，引起学术界的极大关注。在 21 世纪的发展中，满—通古斯语言文化研究将向深度与广度发展，取得更多的成果，发挥更大的作用，为人类文明进步做出新的贡献。

中国蒙古文献研究　清格尔泰、那顺乌日图撰，载《内蒙古民族师院学报》1991 年第 2 期。

该文简要介绍了中国蒙古文献研究概况。

（1）中国收藏蒙古文献的概况。在全国范围内收藏蒙古献的图书馆、机关资料室、博物馆约有60多处，收藏着1500多种、6000多册蒙古文献档案，包括从13世纪到20世纪前半叶（即1949年前）的700多年中出版的多种蒙古文版本、还原、抄本、石碑、拓文等。（2）中国出版蒙古文献的概况。民族出版社（北京）、内蒙古人民出版社、内蒙古文化出版社、内蒙古教育出版社和内蒙古自治区少数民族古籍整理办公室等单位先后出版了涉及蒙古文献、民间文学、宗教、历史医学等各个领域的一大批原始文献和翻译文献。（3）中国研究蒙古文献的情况。这一部分主要介绍了研究机构、研究队伍、研究范围——历史、语言学、文学、医学、民俗、文艺、宗教、法律等方面的研究成果。（4）关于今后工作的建议——协作出版蒙古文献的可行性条件；在互相利用和复印蒙古文献方面，国家有关研究机构、大学、图书馆应该互相支持。

中国蒙古语的方言划分问题　白音朝克图撰，载《蒙古语文》1994年第3期；《探索与硕果》论文集，内蒙古大学出版社，2002年。

国内蒙古语方言的划分有五分法、四分法、三分法和二分法等诸多不同观点。作者不支持五分法和四分法的观点，把内蒙古方言分为多种方言，把内蒙古方言中人口占绝大多数的巴林土语、喀喇沁土默特土语、科尔沁土语和其他一些土语排除在基础方言之外的狭隘观点，后两种观点值得磋商和讨论。作者认为，对国内蒙古语方言进行划分要考虑多方面的情况：（1）要考虑全蒙古语方言之间的平衡和协调，不应把土语抬高到方言的位置，也不应把方言降低到土语的位置，更不应把方言抬高到语言的位置，方言是语言以下的第一个层次，所以要准确理解和正确处理语言和方言，方言和土语之间的区别和联系。（2）要考虑跨国境的蒙古族各部的文字、书面语、标准语的情况。（3）要考虑蒙古族各部由于社会、历史和地理的原因分割、交错的过程。（4）要参考和采纳一些学者划分蒙古语方言的合理观点。（5）划分方言特别是划分国内蒙古语方言时应当考虑蒙古语基础方言的选择和确定。所以，该文支持把国内蒙古语划分为内蒙古方言、巴尔虎布里亚特方言和卫拉特方言的观点。作者坚持划分方言土语，还是以语言的语音、语法和词汇的要素为依据，要坚持学术原则，不应受行政的、政治的或国境因素的干扰。所以作者认为，俄罗斯境内的布里亚特话不是独立语言而是蒙古语独立的一个方言，因而，巴尔虎布里亚特也应该是属于布利亚特方言的孤立的土语。

中国蒙古语方言的划分（上、下）　清格尔泰撰，载《民族语文》1979年第1—2期。

作者曾于1957年发表的文章中把中国蒙古语分别划分为5个方言。这个意见有比较丰富的语言材料作基础，在相当程度上反映了中国蒙古语的实际情况。后来，继续探讨了这个问题，进行了补充调整，认为把卫拉特、巴尔虎布利亚特各作为一个方言是对的，而东部、中部、西部方言，除了西部方言有一部分可划入卫拉特方言外，应合并起来看作一个方言，即内蒙古方言。卫拉特方言主要分布在新疆，人口十七、八万人。巴尔虎布利亚特方言分布在呼伦贝尔盟岭北四旗，人口三、四万人。内蒙古方言主要分布在呼伦贝尔盟南部、哲里木盟、昭乌达盟、锡林郭勒盟、乌兰察布盟、伊克昭盟、巴彦淖尔盟、阿拉善旗、额济纳旗，人口约二百三十万人。内蒙古方言分6个土语。作者列举了各方言土语的语言、语法和词汇方面的特点。并且对三个方言之间的关系和各个土语之间的关系作了概括性的介绍。

中国蒙古语族语言的构成附加成分　陈乃雄撰，载《内蒙古大学学报》1985年第4期。

该文对蒙古语以外的达斡尔语、东乡语、东部裕固语、保安语和土族语的构词附加成分进行了汇集分类和比较。第一部分介绍了派生名词、形容词和动词的附加成分。第二部分对两种或两种以上语言共有的读音相近、意义类似的构词附加成分进行比较后分为：五种、四种、三种和两种语言共有的构词附加成分等 4 种类型。通过对汇集起来的 200 多种构词附加成分的 300 多种用法与蒙古语进行比较的结果表明，达斡尔语有 100 多种、东部裕固语有 90 多种、土族语有 70 多种、保安语和东乡语分别有 30 多种用法与蒙古语相对应。这与这些语言同蒙古语进行全面比较获得的远近关系的印象是相互吻合的。从考察蒙古语族语言构词附加成分的分布情况和使用频率中发现，派生静词的附加成分大大多于派生动词的附加成分。

中国孟—高棉语描写语言学的现状与展望　赵岩社撰，载《云南民族语文》1999 年第 2 期。

中国孟—高棉语的研究经历了一个艰难的历程，形成了现在的局面也为其前景辅开了研究的道路。孟—高棉语的研究经历了语言调查、积累资料、创造文字的第一阶段和对语言进行描写、综合研究、历史和理论，也作补充，不断进展。孟—高棉语研究中出现了两个高潮，取得了很大成就，主要是揭示了很多的新语言和材料，对其基本特点有了一定的认识，也积累了一套对孟—高棉特点合适的描写方法。总结了中国孟—高棉语描写语言学的四个主要特点。接着作者还总结了孟—高棉语研究中存在的不足之处，还未能充分吸收现代语言学中的有益成分来丰富自身的研究。作者个人认为中国孟—高棉语描写语言学不是过去时，在今后相当长的时间内仍然会是这个领域的热门，应该是朝着发现新的语言现象、深入系统的单一语言的描写著作的问世、与其他学科结合研究并重视新理论和新方法以及吸收对语言理论精通的学者进来研究，充实研究力量的方向发展。总之，中国孟—高棉语研究的方向是朝多角度、多方法发展。

中国民族翻译史上的一朵奇葩——论《白狼歌》的翻译历史地位　普学旺撰，载《民族语文翻译研究》，云南民族出版社，1994 年。

《白狼歌》是中国民族语文翻译史上的一朵永不凋谢的奇葩。为什么给予它如此高的评价呢？因为其译文是用八个民族的语言精心组织起来的。这八个民族分别是彝、珞巴、纳西、门巴、普米、藏、羌、阿昌。自明清以来，不少学者一致公认《白狼歌》是研究藏缅族语言的珍贵材料。然而这个评价带有片面性。该文作者从更加客观、全面和翻译史的角度，对《白狼歌》在民族翻译史中的地位和价值作了新的评估。特别是对白狼语的语言系属进行了细致深入的研究。研究表明今藏缅语族中的任何一种语言，都没有能力将《白狼歌》中的白狼语词全部诠释清楚。通过进一步研究，我们确认《白狼歌》中含有珞巴、门巴、纳西、普米、藏、羌、阿昌等族的语言词汇。《白狼歌》和翻译，虽然原语文只是一种，即汉语汉文，但译语却涉及 8 种民族语言。因此，它在民族翻译历史上具有特殊的重要意义。

中国民族语地名的多元文化背景　牛汝辰撰，载《贵州民族研究》1990 年第 4 期。

该文分析、探讨了中国民族语地名的多元文化背景问题。主要分从地名看图腾崇拜，从地名看宗教信仰，从双语地名看民族杂居，从地名看民族迁徙，从地名看奴隶制遗址，从地名看十二生肖、地名连名制，从地名看民族习尚，从地名看岩画分布等九个部分来叙述。作者认为，建立地名文化学，就是通过地名来研究中国文化，探索地名与文化的内在联系。对文化的研究能够扩大地名学的视野，对地名的探索则能加深文化史的研究。70 年代后期，我国进行了空前规模的地名普查。80 年代初以来陆续刊布了近千种地名志。这些材料足以使我们开始对中国文化和地名关系作深入的研究。我国地名的历史演变同历史上汉民族与其他民族在政治、经济、文化上的交流、冲突密切相关,应将其结合起来研究。民族语地名的演变是一种耗散运动,它在历史上同周围其他民族语言互相影响、互相渗透。区地名演变史往往可以映照民族交融的历史。地名学与文化学相互渗透是一种历史的必然。

中国少数民族古文字概说　史金波撰,载《民族研究》1984年第5期。

　　该文是对中国少数民族古文字及其文献的综合介绍,目的是呼吁各专业的学者合作以促成《中国民族古文字》学科的繁荣发展。文章共分四个部分。第一部分介绍民族古文字的种类及其发生字分类。第二部分论述民族古文字创制和使用的特点,文章归纳为"有悠久的历史","产生于民族迅速发展的时期","文种较多、类型齐全","文献丰富","流行范围窄","文种之间关系密切"等。第三部分从文字学、语言学、哲学、历史学、文学、考古学、宗教学、医学、天文学等方面论述民族古文字及其文献的学术价值。第四部分介绍19世纪末期以来国内外的《中国民族古文字研究》简况。文章指出,中国少数民族古文字及其文献是整个中华民族文化宝库中的重要组成部分,整理、研究这份宝贵遗产,是我们科学研究工作中的一项重要任务。

中国少数民族文字文献整理研究中的几个问题　史金波撰,载《西南民族学院学报》1990年第1期。

　　该文对我国少数民族文字文献的整理研究具有指导意义。文献整理中的选题应考虑文献有重要价值和完成文献整理研究工作的实际能力;文献整理中的翻译工作应注意保持文献的完整性,尽量反映民族语言所表达的特点,目前尚不能翻译的字、语、词句要交代清楚,译文要反复修改推敲。文献整理中的注解工作可以有解释性的注解、研究性注解、校勘性注解。文献研究分为整体综合研究和专题研究,应避免给历史文献戴高帽子。编制科学索引可作专门术语的索引或整个文献全部学或词的索引,例如在整理西夏文字典《文海》时编制的索引。在编排索引顺序时可依据文字情况按字母或部首排列。

中国少数民族新创文字的使用和发展　孙宏开撰(英文)载周明朗、孙宏开编《中华人民共和国的语文政策—理论与实践》,美国Kluwer出版公司,2004年。

　　文章分5个部分总结了中国少数民族新创文字这项划时代意义的工作。其中第一部分主要介绍新中国为无文字的少数民族创制文字,为文字不完备的少数民族改革或改进文字的经过及取得的成就。第二部分主要介绍改革开放以来,国家为新文字所做的几项主要工作。第三部分以一个少数民族新创文字为例,介绍新创文字在经济建设和文化建设中的作用,尤其在双语教育方面所起的不可替代的作用。第四部分主要介绍本项工作的主要经验,主要是坚持正确的领导;坚持自愿自择的原则;坚持实行实事求是,分类指导,区别对待,不搞一刀切的工作方法;坚持按照语言演变和发展规律办事,使民族语文工作的决策科学化;坚持领导机关、本民族群众和民族语文科学研究人员三结合的工作方法;坚持搞好双语文教学,逐步健全双语文教学体制。第五部分主要总结教训。文章最后说:国家已经制订了西部大开发的一整套计划,其中少数民族地区是西部大开发的主战场,随着经济建设序幕的拉开,文化建设的步伐肯定也会加快,民族教育问题以及少数民族语言文字的使用和发展问题将会更加凸显出来,如果处理不好,肯定会拖经济建设的后腿,甚至会产生新的矛盾。民族语文工作者一定要审时度势,努力工作,在国家西部大开发的伟大事业中贡献自己的一份力量。

中国少数民族语言活力排序研究 孙宏开撰，载《广西民族大学学报》2006年第5期。

该文为2005年底在广西民族大学召开的国际濒危语言学术研讨会上的报告。中国有130多种语言。分属汉藏、阿尔泰、南岛、南亚、印欧5个语系。随着国家改革开放，随着交通、媒体和信息化的发展，随着族群互动的加速，随着通用语言的推广和使用，一些弱势语言的功能开始减退，许多少数民族语言的活力不足，有的语言开始走向濒危。语言是文化的载体，是族群的标志，语言走向濒危已经引起语言学家和弱势群体的忧虑，引起国家领导人的重视，也引起联合国教科文组织的重视。2003年3月在巴黎联合国教科文组织总部召开全球濒危语言专家会议，对濒危语言问题进行了广泛讨论，形成共识。该文拟根据联合国教科文组织专家组关于语言活力测试的9个视角的文件，结合中国的实际情况，将中国的少数民族语言分为充满活力、有活力、活力不足、走向濒危、已经濒危、无活力或死亡等6个级次。并对一些问题进行了说明和讨论。本文发表后被翻译成英文、日文、法文、西班牙文分别在相关国家出版。

中国双语教育面临的新形势和新任务 孙宏开撰，载《中国双语教育与研究通讯》2009年第1期。

该文为2009年7月在中国双语教学研究会第11次学术讨论会上的大会报告。文章分五个部分讨论了双语尤其是母语保护问题：（1）"十七大"以来双语教育面临的新形势和新机遇；（2）保护少数民族母语的理论依据；（3）中国少数民族语言活力状况；（4）双语教育的目标；（5）保护母语的措施。文章认为，保护母语最重要的一条是"用"字。就是在教育、媒体、行政、司法、日常生活、科学研究等各个领域把母语的使用和发展放在一个恰当的位置。尤其要重视儿童母语教育。母语的教育和保护要从娃娃抓起。文章还呼吁为少数民族语言使用立法，认为有了法律依据，才可能有经济投入，才有一定的权利保障，才有真正意义上的民族平等和语言平等，民族团结才有基础；有了法律依据，和谐语言社会的建设才有可靠保证。

中国四种少数民族中的"紧音"和"松音" 麦迪森、拉狄福其特撰，载《民族语文研究情报资料集》，中国社会科学院民族所语言室1987年第8期。

该文论述了景颇语、哈尼语、彝语和佤语中的紧音和松音的特征。对四种语言的数据描写提出，被研究的语言中紧、松音节之间的差异是元音的一个特性，而不是声调的，或辅音的，或整个音节的一个特性。四种语言共同点是发音类型的使用，这已由气流/气压比率和基频与第二谐波有关能量的大小表示出来。在一些语言中，尤其是两个彝缅语支语言哈尼语和彝语，松紧音的差别由繁多的特点反映出来，景颇语和佤语用较少的特性来反映紧松音的差别。松紧音的差别有其不同的来源。哈尼语和彝语中的紧元音是原始塞韵尾的通常缩影，而佤语松紧音的区别来自有关元音前辅音的原始浊音差别，松元音出现在原始浊声母音节中，紧元音出现在原始清声母音节中，景颇语松紧音可能由声母进化而来。即使在特定的语言区域内，语言在由此整理出一系列可表示它们的松紧元音对比的语音特性上会有实质性的差异。当语言属于不同区域时，紧松对比会涉及一些毫不相干的语言特性。

中国突厥语名词格的比较 张亮撰，载《民族语文》1991年第2期。

该文对我国境内维吾尔、哈萨克、柯尔克孜、乌孜别克、塔塔尔、撒拉、西部裕固和图瓦8种突厥语的名词的格进行了共时的比较，分析了各语言名词的格在形态标志、接缀方法及功能上的异同。作者认为，8种语言名词的主格都没有形态标志，并在用法上基本一致；领属格形态标志的数量和形式不同有1—12种，维、乌语都只有一种，而柯、图语有12种；宾格也是1—12种不等，此外，哈、图、裕等语在带第3人称词尾的名词之后有专用的形式-n；向格、从格、时位格的形态标志在多数语言中分元音、辅音不同的几组，接缀于元辅音不同的词之后，但乌语仍然只用一种标志，哈、塔、裕、撒等语言在带人称词尾的名词之后有专用的标志，同时，图语有两套向格标志。哈萨克语特有的助格表示行为动作凭借的工具、方式，而在其他语言中，用向格、时位格或后置词来表达。

中国突厥语言名词"人称"、"数"的比较研究　张亮撰，载《语言与翻译》1996年第3期。

该文对我国突厥语族诸语言——维吾尔语、哈萨克语、柯尔克孜语、图瓦语、西部裕固语、塔塔尔语、撒拉语和乌孜别克语名词"人称"和"数"范畴进行了共时比较。名词复数的特点主要有：维语和撒拉语有两种变体；柯尔克孜语的复数词尾有前、后元音对立，还有开、闭音节、清、浊辅音和圆唇、非圆唇之别；哈萨克语和图瓦语除没有圆唇和非圆唇之分外，名词复数词尾同柯尔克孜语；西部裕固语的复数重音词尾很独特；塔塔尔语后缀接在以鼻音结尾的词干后的重复重音词尾；乌孜别克语无论词的最后一个音节中的元音或词干尾音如何，一律在名词词干后缀接一种复数词尾。名词人称词尾的主要特点有：维、哈、柯、塔塔尔语有尊称人称词尾；维、撒拉语第一、第二人称单数词尾有不同形式；哈、塔塔尔语有前后元音的对立；柯、图瓦语名词人称词尾有多种形式；撒、西部裕固语单、复数形式相同；乌孜别克语名词的人称词尾单、复数均只有一种形式。

中国突厥诸语音同位结构短语　靳畴撰，载《语言与翻译》1991年第3期。

中国突厥诸语言的同位结构短语是向心结构，由两个直接成分组合而成。两直接成分都由各词性词语充当，它们指称说明同一对象。其中的一个直接成分可以有数或领属性人称变化。两个直接成分位置固定，语序一般不能变换。突厥语音的同位名词短语中，并存顺行和逆行两种结构。其中，逆行结构是它的固有形式，而顺行结构则是在与汉藏语和印欧语的长期接触过程中逐渐借入的。由于固有结构形式的强大排他性，专有各词后置这一顺行结构不十分稳固，在各语言中的运用也不尽相同。这说明一个语言集团中的各亲属语言，在平行发展的过程中，即使发生一些相同的变化，这些相同变化的发生，在各语言中也不见得一定是同步的。作者在文章中考察了阿尔泰系语言的地理分布，对突厥语蝉联同位各词短语中的不规则现象的产生及其发展有了一个明确的了解。

中国喜马拉雅东段的藏缅语族语言　孙宏开撰（英文），载美国《藏缅区域语言学》第22卷第2期。

该文为1997年在美国加州圣塔巴巴拉大学召开的第3届国际喜马拉雅语言会议宣读的论文。文章介绍了我国学者自1976年以来，在喜马拉雅东段中国和印度、缅甸交界地区少数民族语言调查研究的经过和新收获。主要介绍了门巴、珞巴和僜人使用的若干种语言情况和他们的特点，初步与周围藏缅语族语言比较后提出了他们在藏缅语族语言里的历史地位。文章用一定篇幅介绍了在调查研究僜人语言过程中，发现的一种隐语。即僜人在上山打猎的过程中，到达一定地点后，为了使他们的狩猎活动不被鬼神知道而去告诉野兽，以至于野兽逃之夭夭，因此要使用一种一般老百姓和鬼神都听不懂的话，文章比较了隐语的词汇和日常语言中词汇的差异，引起与会者的极大兴趣。

中韩文化差异与韩国语教学　李龙海、方今淑撰，载《延边大学学报》1998年第4期。

一、认知视角的差异。由于认知视角的不同汉语和韩国语虽然指称对象的概念意义相同，但一个有语用意义，另一个却没有。不同的文化赋予同一个指称对象的联想亦不同。如汉族在向别人介绍自己的妻子或丈夫时一般说："这是我爱人。"而韩国语里的爱人指情妇或情夫，没有妻子或丈夫的意思。二、习俗文化的差异。受习俗不同的影响，语言表意手段不同。如中文的成语"一箭双雕"，韩国语里则是"既吃了野鸡肉又吃了野鸡蛋"。在不同的语言里，对一个概念所指和使用范围也不尽相同。三、历史文化的差异。历史文化的一个重要内容体现为历史典故。四、地域文化的差异。这一差异使不同民族对同一事物、同一思维概念采用不同的表达方式。如汉语的"落汤鸡"韩语说"落水的鼹鼠"。五、人名与称呼的差异。在人名与称呼方面两种文化的差异也有所表现。

中和水语的声调分析　石锋撰，载《民族语文》1998 年第 2 期。

中和水语属水语中的三洞土语区。水语最明显的特征是声母系统比较复杂，一般有 50—70 个声母。中和水语的声母有 72 个，韵母 56 个，声调 11 个，其中舒声调 6 个，促声调 4 个，另有一个专用于汉语借词的声调。中和水语里面汉语借词的声调分布是很有意义的。借入年代较早的老借词跟中古汉语音系具有对应关系。除声母、韵母的对应之外，声调对应是一种很整齐的调类对应。水语声母的异常丰富是一大特点。在中和水语里面，塞音声母按发音方法分为清不送气、清送气、浊带前喉塞音、浊带前鼻冠音四套；鼻音声母有清化、浊、带前喉塞音三套；擦音声母又分为清浊两套。按发音分为清浊两套。按发音部位，有唇音、舌尖、舌面、舌根、小舌和喉音。此外还有相当多的唇化音和腭化音。文章讨论了声母与声调的关系。

中和水语四套塞音的声学考察　石锋、冉启斌撰，载《民族语文》2007 年第 2 期。

通过浊音起始时间（vot）可以有效地区分中和水语不同类别的塞音，其中清不送气塞音的闭塞段最长，鼻冠塞音闭塞段最短。清不送气塞音、鼻冠塞音对后接元音没有气化作用，送气塞音对后接元音有明显的气化作用，前喉塞浊塞音则存在一定程度的变异。全文分三节：一、浊音起始时间（vot）的分析；二、闭塞段分析；三、后接元音的谐波能量差分析。文中插附男女发音人的宽带语图九幅。

中华民族多元一体格局的语言　观道布撰，载《民族语文》2010 年第 2 期。

该文运用费孝通先生的"中华民族多元一体格局"理论，研究少数民族的语言文字使用问题，从语言关系、语言政策、民族教育体系、双语人才与中华民族文化等方面进行阐述。这个理论是中国民族研究领域中理论创新的一个重要成果。在研究中国各民族的语言文字使用问题上也是适用的。对于全面贯彻执行党和国家的民族政策是有好处的。

"中华民族多元一体格局"思想与中国少数民族双语教育　滕星撰，载《民族教育研究》1996 年第 4 期。

该文主要探讨"中华民族多元一体格局"思想与中国少数民族双语教育的关系问题，以及在中国少数民族双语教育的理论与实践上，如何以"中华民族多元一体格局"思想为武器，坚持反对"语言融合主义"和狭隘的"语言民族主义"在新时期的各种表现。"中华民族多元一体格局"思想的核心概念是"多元一体"，多元指文化上的多元发展，即"多元文化"。"一体"的核心指国家统一。少数民族双语教育是发展"多元文化"的基础，又是重要组成部分。通过少数民族双语教育中的族际语教育——汉语教育，使更多的少数民族掌握汉语，从而促进各民族间的交流、平等来往，有利于国家的一体化进程。在少数民族双语教育发展的新时期，"语言融合主义"和"语言民族主义"的危害性已从各方面体现出来。这两种错误思想与"中华民族多元一体格局"思想毫不相容。为了我国少数民族教育事业的健康发展，应坚持反对"语言融合主义"和狭隘的"语言民族主义"。

中华民族各成员先民氏族、部落和民族名称声源词源考 芒·牧林撰。本文于2003年1月在北京举行的《华夏源流——犬鹿说》（书稿）学术研讨会上作为该书稿的一章节首次公布。

要探索中华民族各成员是否同根同源的兄弟民族的问题，他们的姓氏文化是重要依据之一。"氏姓文化"是指中华民族各成员及其先民的氏族、部落和民族名称系统。例如汉族的先民及其祖先的名称："华夏"、"轩辕（黄帝）"、"神农"（炎帝）"高辛"、"颛顼"、"秦"等；蒙古族先民及其祖先名称："犹"、"捏古斯"、"乞彦"、"赤纳"、"马阑勒"、"霍儿"、"布尔只斤"等；满族的先民及其祖先的姓氏和名称："肃慎"、"靺鞨"、"勿吉"、"女真"；北方古代诸族名称"室卫"、"乌桓"、"胡"、"匈奴"、"柔然"等。南方古代诸族名称："蛮"、"越"、"苗"、"彝"等。

经作者考证，上述中华民族各成员及其祖先的氏族、部落和民族名称的声源词源，统统是"犬"、"鹿"二称的单称和合称读音演变者的同音假借字记录，从而证明他们都是同根同源的"犬鹿氏"后裔。

中介语与底层研究的关系 盖兴之撰，载《民族语文》1996年第2期。

该文以云南纳西族汉语丽江方言和甘肃汉语西北方言嘴头话为例，阐释了中介语与底层的关系。在我国，一个少数民族在使用母语和第二语言汉语时，由母语化形成的中介语因僵化而构成带有少数民族语言特点的新的汉语方言。如纳西语族丽江汉语方言。一个双语制社会的少数民族，当放弃母语转用汉语时，由中介语带有的少数民族语言成分便会沉淀形成汉语方言的底层，如甘肃省汉语嘴头话。经比较证实，嘴头话中含有古代氐羌语言的底层。底层是语言的化石，中介语可以说是底层语言的活化石。我们可以从中介语的产生和发展中印证底层的产生和发展。由母语化产生的中介语，除带有母语词外，更多的是母语语法格式的植入，超出了词汇层面。年代久了，有时在无法辨明的情况下，会把底层成分误认为是两种语言的混合，进而提出混合语的说法。

中门巴语导论 古普塔撰，载《民族语文研究情报资料集》，中国社会科学院民族所语言室1988年第10期。

该文概述了中门巴语的语音、语法范畴。门巴语可以分为北门巴语、中门巴语、南门巴语和里世巴语四组。这一分类是根据大致的相似性做出的。即使在同一方言之内，一个村庄和另一村庄的话也不是完全一样的。这些不同方言的形成，可能是由于东不丹话、藏语以及这个地区早期居民的语言不同程度融合的结果。北门巴话受藏语的影响最大，所吸收的藏语成分也最多，越往南走，藏语的成分就越少。中门巴语有5个单元音、8个常用复元音和28个辅音。有声调。名词有数、性、格（主格、宾格、工具格、关联格、目的格、离格、属格和方位格）等范畴。代词分为人称代词、指示代词、疑问代词和不定代词四类。形容词有级的范畴。动词的特定是：动词词根都是谓语性的名词；动词用助词跟动作者联系起来；没有任何变化以表示人称和数，也不告诉精确的时间。副词可表时间、处所、方式和疑问。

中期蒙古语动词形式-qu/ku（.）在现代语言中的演变 保朝鲁撰，载《内蒙古大学学报》1989年第2期。

中期蒙古语形动词形式-qu/ku，在句子中既做终止形式的完全谓语，也做定语和其他句子成分；而在现代诸语言中，由其发展而来的动词形式按充当定语（等）和谓语的不同，表现形式也不同。同时，这一演变在现代诸语言中产生了不同的结果，构成特征上的两种类型：有的语言里，定语和谓语是用同一形式的不同结构来区别的；而在另外的语言里，则用已经分化了的两种不同形式来区别。根据-qu/ku在中期蒙古语中用同一种形式分别充当定语和谓语（直陈）可以看出，在蒙古语族现代诸语言中其形式在语音上和句法功能上已有了分化。在第一种类型的语言里，无论用于哪一种句子成分，-gu都继承了原来的形式，没有发生分化，但结构却发生变化，即做谓语时后面必须带助动词i或a。在第二种类型的语言或方言中，原来的形式已经分化为两种不同的形式：一种是非圆唇的，可以充当定语成分（也以带辅助成分的结构做谓语成分）；另一种是圆唇的，只能充当完全谓语，并在范畴上发生根本变化，失去了形动词特征而获得了式动词特征。此外，该文还论述了-qu/-ku形式的"数"和"时"范畴及其在现代诸语言中的发展演变问题。

中世纪蒙古语 a-、bv-及其演变 那顺乌日图，《民族语文》1990年第4期。

论文通过对不同时期的蒙古文献和蒙古语族其他语言材料比较分析，深入探讨了蒙古语乃至蒙古语族诸语言动词体系中起过重要作用的动词a-、bv-的基本情况、语义差别和演变过程。论文认为a-、bv-在中世纪具有形态和意义两方面的主要差别，即a-具有：（1）活，（2）生活，（3）住，（4）在等4个义项。而bv-只有（1）有、在、存在，（2）只有停止等2个义项；a-形态变化比bv-多，如a-祈使形变化比bv-多，a-有态的变化，而bv-没有；a-与具有"客观"意义的-ju'ui，bai，-mui结合。bv-则与表示"主观"意义的-lu'a，-yu，-i结合。随着情态、性范畴的逐渐消失，并bayi-和bool-部分地取代a-、bv-，从而a-、bv-的义项逐渐消失，语义虚化，情态意义（语气）消失，形态变化趋于减少和僵化。论文通过比较进一步认为蒙古语族语言中具有语气对立即土族、保安和东部裕固语主客观语气对立的助动词分别来自中世纪蒙古语a-、bv-。

中世纪蒙古语的女性形式动词词尾系列

小泽重男撰，载《民族语文研究情报资料集》，中国社会科学院民族所语言室1987年第8期。

该文探讨了中世纪蒙古语的女性形式动词词尾系列。在中世纪蒙古语阶段，有相当多的动词词尾还保留着根据其主语的性别而加以区别使用的特点。虽然在现阶段根据掌握的各种资料还无法完全证实，但从元朝秘史蒙古语和八思巴字蒙古语资料，或是从13、14世纪的蒙汉对译碑文等所证实的情况来看，至少可以认为存在男、女性词尾系列。作者认为，在13世纪前后的蒙古诸方言里，尚有相当多的动词词尾保留着对应的女性形式。通过调查现在所能利用的中世纪蒙古语诸文献里所有动词词尾的使用率，可以看出：属于过去时动词词尾范畴的词尾使用率要比其他词尾高。由于使用率高，自然也就包含了它的变化形式。从"频频出现过去时动词词尾"中，可以找到为什么只有一种过去时动词词尾的女性形式才被文献实际证明的原因。

中世纪蒙古语及其研究 哈斯巴根撰，载《内蒙古师范大学学报》1988年第2期。

该文对国内外有关中世纪蒙古语的研究作了简要述评。中世纪蒙古语，又称中古蒙古语或古蒙古语，是指13—16世纪末17世纪初的蒙古语。目前所搜集到的中世纪蒙古语文献资料，主要有汉字标音的蒙古语文献、回鹘式蒙古文和八思巴字记载的蒙古语文献、阿拉伯文字记录的蒙古语文献等。《蒙古秘史》是中世纪蒙古语最典型的文献资料之一。在国外，苏联、蒙古、匈牙利、波兰、德国、法国、美国、芬兰、日本等国的科津、伯希和、海涅什、李盖提、鲍培、田清波、柯立甫、服部四郎、小林高四郎、小泽重男等著名学者研究中世纪蒙古语，并在音译、注释和研究方面取得了一些重要成果。我国中世纪蒙古语的研究工作开展及比较晚，50年代曾有少量研究文章。80年代以后，这种状况才发生了变化。道润梯步、额尔登泰、巴雅尔、亦邻真、道布、巴·巴根、包祥、照那斯图、哈斯额尔敦、确精扎布等学者在整理、注释、音译和研究中世纪蒙古语文献方面做了大量工作，多有著述。

中世纪蒙古语里的副词 jirra 斯钦朝克图撰，载《民族语文》1986年第1期。

文章利用文献资料和方言土语材料，对中世纪蒙古语里的 jirra 一词进行考证，对其读音、转写、词义及其演变进行分析。作者认为历代文献中出现的 jirra 一词的读音和转写应该是 jirra。而不是 nirra。这个词在蒙古语巴林土语里仍保留着。论文从六个方面分析：（1）国内外学者的有关转写和解释；（2）历代文献中出现的 jirra 一词的分析；（3）现代方言土语中的遗存；（4）jirra 与 marra 的关系；（5）从词的组合关系分析；（6）jirra 与 jabal 的关系。文章认为 jirra 与 jabal "一定"、"肯定" 具有同源关系，并揭示了 jirra 一词音义变化的五个阶段：（1）jirra 可能、或许；（2）jirra 肯定、一定、果真；（3）[dzha:] 肯定、一定、必须。（4）[dzha: gəbəl] 可能、或许；（5）[dzha: bal] 一定、肯定、必须。jirra > ja > ja gebel > jabal。

中世纪突厥语文献与现代哈萨克语的词汇 李增祥撰，载分析/比较《耿世民先生70寿辰纪念文集》，民族出版社1999年。

一、中世纪突厥语文献也称为中古突厥语文献。时间界线一般指10—15世纪，在这段历史时期中，对操突厥语族语言的民族来说，是极为有意义的一个重要阶段，很多重要的历史事件都发生在这几百年间。操不同突厥语言的各个民族大多也在这一历史时期中相继独立，他们的语言也形成独立的语言。中亚和新疆的突厥语各民族在这一段历史时期中由于和阿拉伯人的不断交往，使得他们的语言在词汇、语音和语法方面都发生了重要变化。二、现在让我们来看一看在现代哈萨克语中发生了一些什么样的变化：（1）至今在现代哈萨克语中仍然保留其原来的发音、保持其原有词义的词；（2）语音上发生了细微的变化，词义未变的词；（3）词义和形态两方面都有变化的词；（4）中世纪突厥语中的原词根仍然在现代哈萨克语中使用，发音没有变化，但原词义已经消失。（5）中世纪突厥语中原词根虽然仍在现代哈萨克语中使用，但语音发生了变化，词义比原来也有所缩小。

中苏建国初期少数民族文字创制比较 周庆生撰，载《民族语文》2002年第6期。

该文从国家政治和文化教育建设的视角，比较中苏两国在新中国成立初期为帮助少数民族创制文字而制定的政策和规划及其实施情况，探索文字创制的客观规律。作者指出，苏联采取拉丁化字母形式，到斯大林时代全部改用斯拉夫（俄文）字母。而中国南方民族采取拉丁化形式，北方民族采取斯拉夫字母形式。后来于1957年改为全部采用拉丁化字母形式。新创文字的扫盲效果方面，中国的效果远不如苏联的好，主要是社会因素起主要作用。

中外景颇族语言文字使用情况简介 朵示拥汤撰，载《云南民族语文》1999年第2期。

使用景颇族语言的景颇族人口有180多万人，他们分布的区域广泛。景颇族文字包括中国境内的景颇文和载瓦文以及中国境外的缅甸景颇文、俄昌文，在缅甸把傈僳文、独龙文也当作景颇族文字，另外分布在印度、泰国、菲律宾、日本、中国台湾和美国的景颇族使用的民族文字也是缅甸景颇文。景颇族读物种类包括政治理论、科技、文学艺术、科教书、法律知识等方面的书籍，另外还有报刊、杂志等。景颇族语言广播影视音像制品种类很多。景颇族语文教学体系由民间教育和政府官方教育两部分组成，并且有完整的教学体系。景颇族语言组织机构遍布景颇族分布的地区及所在的地区、省城及中央学府院校。

中外瑶语的前加成分　李增贵撰，载《广西民族学院学报》1985年第1期。

该文从多方面对中外瑶语的前加成分作了探讨。作者给瑶语的前加成分暂定两条：第一，没有独立词义，只有一定的语法范畴意义；第二，不能自由运用，只有构词的功能。经过对词的剖析，前加成分既能构成合成词，又能构成多音节单纯词，所以认识前加成分不能单从形式上去看。作者把中外例词作了比较，得出由前加成分构成单纯词和合成词有5种。经过分析，前加成分的相互关系触及内部的发展问题。前加成分在一词中的多样形式，其变化主要在声韵调的部分演变。另外，前加成分的不统一和杂乱有其客观原因和人为的原因。由于中外瑶语的研究者使用不同的音标，所以反映相同的语言事实得出不一样的结果，这反映了不同的观点和处理方法。在国内，使用音标多种多样。《瑶英词典》使用拉丁字母音标，由于部分前加成分与词混在一起，难免不把有的前加成分误认为有词义。作者主张中外瑶语有前加成分的词一律连写，先标原调后标变调。

中外瑶语音系比较　李增贵撰，载《广西民族学院学报》1983年第3期。

该文以广西兴安县的勉话和泰国北部的勉话为代表，国外《瑶英词典》和国内的《苗瑶语简志》的资料为依据，以中外瑶语音系作比较。(1)声母。中外相比声母相差10个，但从语音系统上分析基本上是相似的，彼此没有"相当的"声母，大都是语音变化问题，有一定的对应规律。(2)韵母。中外瑶语的韵母有不少差异，但从语音系统上分析仍是基本相近的。元音分长短，大都集中在[a]韵，两者"相当的"韵母也较多，比较整齐，有差异的韵母很多都有规律可循。通过具体比较各行韵母之间的差异，可看出其中的相互关系。瑶语韵母大多数收辅音韵尾，单元音韵和复元音韵较少。中外有差异的韵母绝大多数是辅音韵尾的韵，"外"比"中"多。这说明"中"已逐渐简化，"外"还保存更多的古韵。(3)声调。中外瑶语声调基本上是吻合的，调值稍有出入，调型基本相同，声调变化也差不多，大多在双音节或有关词组在第一个音节变为低降调。通过音系比较，可明确地看到，中外瑶语在未分开之前，完全是同一种语言。

中亚的东干族及其语言文学　胡振华撰，载《跨境语言研究》，中央民族学院出版社，1993年。

在中亚的哈萨克斯坦、吉尔吉斯斯坦、乌孜别克斯坦等共和国的一些地方居住着一个被称作"东干"的民族，他们自称为"回回"。东干族说汉语的甘肃话和陕西话。居住在中亚地区的东干族有94%的人还说本族语言，并能说当地民族语，有不少人同时会讲俄语。东干族的语音系统与中国新疆回族说的汉语的语音系统基本相同，其文学语言的标准音是以甘肃话语音为标准的。他们在说本族语的词首带有[r]音的阿拉伯语、波斯语、俄语词时，能发颤音。因此，东干族话中比陕、甘话多一个[r]音位。东干族话有3个声调，文字中不用声调符号表示。他们还保留从中国带去的用阿拉伯文学拼写自己口语的传统。在东干族人民中间广泛流传着"曲子"(宴席曲)、"口歌"(谚语)、"口溜儿"(顺口溜)等形式的民间文学作品，以及书面文学。较为知名的作家是：雅斯尔·娃子，著名诗人、作家。胡赛音·马凯耶夫，诗人、作家。依斯哈尔·十四儿，青年诗人，文艺评论家等。

重视少数民族语言与文化的记录和保护 孙宏开撰,载《满语研究》2006年第1期。

该文为国家民委海峡两岸少数民族濒危语言与文化学术讨论会上的发言。文章讨论了记录和保护濒危语言的重要性。文章认为语言作为文化的载体,在当前全球经济一体化的大潮中,在市场经济的冲击下,一些弱势语言面临着衰亡、消失的危险,因此由于作为文化载体的少数民族语言的濒危与消失,民族文化也面临着消失的危险。而语言多样性和文化多样性是人类社会赖以生存和发展的重要方面,显得记录和保护濒危语言十分重要。文章对如何保护濒危语言提出了若干政策性建议和意见。

周秦时代是古汉语从无声调向有声调发展的过渡时期 周耀文撰,载《纪念王力先生九十诞辰文集》,山东教育出版社,1992年。

作者认为,声调是现代汉藏语系中绝大多数语言的一个重要特征。然而这个特征是不是汉藏语系固有的,原始汉语有没有声调,汉语声调起于何时,周秦时代是否已有声调?至今尚无定论。因此,探讨上古汉语声调问题是很有意义的。作者对现时已被确认属于汉藏语系的37种少数民族语言的音系作了比较研究。通过比较研究,作者把它们分为有声调语言、无声调语言和从无声调语言向有声调语言过渡3种。其中有声调的28种,无声调的5种(都属藏缅语族):嘉戎语、尔龚语、藏语安多方言、羌语北部方言、珞巴;正从无声调向有声调过渡的4种:错那门巴语、仓洛门巴语、格曼僜语、独龙语独龙河方言。作者以周秦时代的古汉语音系特点跟现代的无声调的、有声调的、从无声调过渡到有声调的少数民族语言的音系特点作比较,发现周秦时代的音系特点和当前正处于从无声调过渡到有声调的语言的音系特征很相似;而且从历代汉语音韵学者对周秦时代有无声调,有几个声调,众说纷纭,莫衷一是的看法,以及根据语音不能突变,根据声调在整个音系中所处的"牵一发而动全身"的地位,根据声调是音节中的超音质音位,它的变化要受整个音节结构成分和整个音系所制约,它比辅音、元音由某一个音质转化为另一个音质的变化更慢,它从音节的萌芽状态发展到有固定的调类更需要有一个较长的渐变发展过程,因而判断周秦时代是古汉语从无声调向有声调发展的过渡时期。

主要方言和过渡性方言的由来 罗布桑旺丹撰,载《民族语文研究情报资料集》,中国社会科学院民族所语言室1984年第3期。

任何语言都有方言和土语。一种语言的一种方言转入另一种方言,通常近乎两种方言之间的过渡性方言。在蒙古语中,除了中东部、中北部和中西部的过渡性方言以外,还可认为有中东北部和中西北部这两种三角地带的过渡性方言。过渡性方言产生在两种或三种方言的交界地区,并且有的能变成独立的方言。中部方言具有东部方言和西部方言的过渡性质。因此,喀尔喀方言处于察哈尔、鄂尔多斯和布里亚特三种方言的中间状态。一种主要方言本身也有类似的过渡性质。一种语言的主要方言和过渡方言之间没有绝对的差别,而是自然地由一种方言进入另一种方言。在两个非亲属语言中,除借词以外,没有同源词。在同一种语言的两个方言的书面语中,则同源词很多。蒙古语的口语和书面语正是如此。因此,蒙古语口语和书面语不是各自独立的语言,而是同一蒙古语的分支。

著名的蒙古语语言学家 罗布桑旺丹道布撰,载《民族语文研究情报资料集》,中国社会科学院民族所语言室1984年第3期。

罗布桑旺丹,蒙古著名语言学家。生于1910年,卒于1983年。1936年曾主持蒙古科学研究所语言室工作。1956年晋升为国立乔巴山大学教授。

1961 年被选为蒙古人民共和国科学院院士。罗氏长期从事蒙古语文教学和蒙古语研究工作,著述甚多,涉及蒙古语语音、语法、词汇、方言、文献等多方面。其学术活动可分为前后两个阶段。60 年代中期以前为前一阶段。在这一阶段,他运用传统语言学的理论和方法研究蒙古语,在蒙古语语法方面进行了多方面探讨。其代表作《蒙古语语法》把俄罗斯学者包布罗夫尼柯夫所建立的蒙古语语法体系同现代蒙古文学语言材料成功地结合起来,提供了一部实用的蒙古语语法教材。60 年代末,罗氏开始转向结构主义。他把现代语言学的理论和方法引进蒙古语研究领域,显示了他对新鲜事物的敏感和可贵的进取精神。《现代蒙古语结构》是他后一阶段的代表作。

著名汉藏语言学家张琨　众志撰,载《民族语文研究情报资料集》,中国社会科学院民族所语言室 1985 年第 5 期。

该文介绍了著名汉藏语言学家张琨的生平及主要论著。张琨教授 1917 年生于中国河南开封。1938 年获国立清华大学汉语语言文学学士。1938—1947 年在国立西南联大任教期间为初级研究员;科学院历史语言研究所初级研究员;燕京大学中国西南少数民族语言调查初级研究员。1949 年获美国耶鲁大学语言学硕士。1955 年获博士学位。1951—1963 年在美国华盛顿大学任教,由讲师升为副教授,在该校教授和研究汉语、藏语、梵语以及语言学。从 1963 年起,任美国伯克利加利福尼亚大学东方语言系教授,讲授汉语以及汉语言学、汉藏语言学。1972 年被选为科学院院士。张琨教授一直从事汉藏语言的教学和研究,发表了大量的论著,其中有很多成为经典著作。其代表作主要有:《拉萨话手册》《汉语方音》、《中古汉语音韵和切韵研究》、《藏语的前置鼻化声母》等。

转换生成语法在维吾尔语语法中的运用　高莉琴、邢欣撰,载《语言与翻译》1987 年第 2 期。

(一)转换生成语法(简称 TG 语法)是美国语言学家 N. 乔姆斯基创建的语法理论。该理论提出了全新的语言观和方法论,形成了一整套由规则、符号、公式构成的严密体系。(二)维吾尔语语法分析中运用 TG 语法的必要性。(1)在维语中,有些结构表面形式与语义结构往往不同,仅从形式上是不好分析和区别的,只有深入到深层语义结构,才能进行分析。(2)有些句式从形式或静态去看,往往看不出它们之间的联系,如主动句和被动句等一些句式,只有从动态去分析才能找到它们之间的联系。它们是具有同一个深层结构,语义相同而表层结构的语法关系不同的句式。(三)TG 语法的具体方法及运用。TG 语法在分析语法结构时主要采用树形图分析法,由句子分析开始,逐层分析。TG 语法运用的主要规则有两个:一是短语结构规则;二是转换规则。

壮·布文字联盟反思　周耀文撰,载《民族研究》1990 年第 2 期。

该文回顾了 20 世纪 50 年代我国在帮助壮族和布依族创制文字时搬用苏联经验,走了弯路的教训。作者记述,1956 年 11 月在贵阳召开"布依语言文字问题科学讨论会"时,苏联顾问谢尔久琴柯在会上的讲话对我国制订布依文字方案的影响。据此,贵州、广西教育部门和语言专家共同制订这种人造的语言混合型的"壮·布文字联盟"方案。实践证明,这种人造的混合型文字脱离了布依族人民口语实际,是行不通的。因为布依语与壮语标准音武鸣话除了约有 40% 的非同源词可以用布依语的语音"参考音点"拼写外,还约有 60% 读音不尽相同的同源词要用壮语标准音武鸣话拼写,布依族人群众难以掌握。更严重的是违背了布依语的口语发展趋势,违背布依语与全国通用语文汉语文的使用发展关系。因为我国各个有亲属关系的民族语言或方言差别大的民族，他们除了学习使用本民族语文外，还必须同时学习使用全国通用的汉语汉文，而无须要去学习在族源和语源虽有近亲关系，但在社会交际上不起"中介"作用，在普及教育中难以适用今后升学的要求的所谓"统一的民族共同语"和"统一的民族文字。"因此，1991年11月贵州省民委会根据原"壮·布文字联盟方案"在试行中，群众反映不好学习、掌握，不受群众欢迎，群众要求另制订本民族文字方案的意见，重新制订了以贵州省望谟县复兴镇布依话为标准音的《布依文方案》。至此，"壮·布文字联盟"宣告解体。

壮傣侗语言底层之比较 蒙元耀撰，载《广西民族研究》1992年第2期。

该文所谓的"语言底层"实际指的是原始语言的词汇，即各语言的同源词。文章从同源词入手探讨壮傣侗的底层文化特色。三种语言中越是生活中常见的基本事物，其共同性就越大。同源的词有人体部位：头发、脸、腮、眼、下巴、鼻子、牙、脖子、胸脯、腹、胳膊、手、脚、腿、骨、肝等。种植方面有：种子、秧、稻草、水田、水渠、筛子。畜养的动物有：猪、狗、鸡、鸭、鹅、蛋、吠、飞、啼、鱼网。从这些最原始的词汇同源来看，三个民族在未分化前种植水稻之外，农闲时还从事渔猎。人称代词以及水中、中的名称，侗语和壮语、傣语不同。据史书记载，中原一带春秋中叶后牛耕才多起来。汉魏晋时，岭南也尚未普及牛耕。由此可见，壮、侗两个语支的分化，当在魏晋之际完成，不会晚于南北朝。

壮侗语词 tak^8 与汉语词"特"的历史关系 晓航撰，载《民族语文》1989年第2期。

该文作者认为，壮侗语的 tak 在语音形式、词汇意义以及词与词的结合上都与古代汉语的"特"有关。"特"，古作"公牛"（《说文》），也指公马或其他雄性牲畜。"特"，《广韵》徒得切，定母德韵，拟音为 $*dək^8$。壮侗语的 tak^8 和古代汉语的"特"，无论在语音上或语义上都一致。但要确定它们是同源还是借词却不太容易。作者认为 tak^8 是壮侗语早期汉借词。理由之一是壮语的 tak^8，临高话读 hok^8，壮语 t 与临高话的 h 相对应的都是汉语借词。如塘、糖、铜等。另外，壮侗语表示牲畜的雄性有 pu^4 和 tak^8，前者仅用于禽兽动物或昆虫类动物，表示牲畜动物的雄性一般用 tak^8。傣语的 pu^4 既可以表示禽类动物的雄性，也可以用于牲畜类动物。因此，作者认为"雄性动物+pu^4"是傣动物性属的唯一方式，这种方式很可能就是壮傣语支语言表示动物性属的早期现象。tak^8 从汉语进入壮侗语后，pu^4 与 tak^8 有了分工。

壮侗语：分布与演化中的混沌 张公谨撰，载《中央民族大学学报》1997年。

作者以独特的概念体系和方法框架——混沌学理论，分析了壮侗语言语音分布与演化的情况。混沌学把世界看成是稳定性与不稳定性的统一。平衡量是相对的，平衡的破缺是绝对的。黎、傣、壮语塞音声母的演化就是在破缺与平衡相互作用下进行的。不平衡要走向新的平衡。混沌学的观点认为语言系统既存在确定性也存在随机性。同一个词的演化也是确定性与随机性的统一。壮侗语言"秧苗"一词就体现了这种统一性。分叉是变化随机性的表现，以随机性表现出确定性。语言系统在运转过程中会出现随机变化。这是一些奇异吸引子在支配作用，因此会出现破例变化，如傣语的"一"借自汉语的"零"，而汉借词"一"用作十、百、千、万的后面。混沌学诊断语言对初值有敏感的依赖性，在演化过程中其行为方式依然保持着初始条件的原始基固。壮侗语言的行为方式与汉藏语系多数语言一致，把壮侗语归入汉藏语系是顺理成章的。

壮侗语和汉语闽、粤方言的共同点　　曹广衢撰，载《民族语文》1997年第2期。

汉语历史悠久，方言间除了语词的差别外，即使是同一个词，各地的音义也可能一再转移，难以识别。汉语南方方言在语法上也有与北方方言不同的地方。壮侗语汉借词颇多，有早有晚。考察汉语南方方言和壮侗语间的共同特点。对研究它们之间的接触史会有帮助。壮侗语的语词和汉语闽、粤方言有一些共同点。例如：（1）床（桌子）。汉语闽方言称"桌子"为"床"，壮侗语中也有相同的说法。（2）地（坟墓）。福建、广东的客家话有称"坟墓"为"地"，壮侗语也有这个说法。汉语闽、粤方言和壮侗语在语法规则方面也有共性。例如：（1）汉语闽方言和壮侗语一样，几个十进位数连用时，只说第一个，以后的可省：百一，即一百一十。（2）汉语闽、粤方言和壮侗语一样，度量衡单位的量词和数词组成"数+量+数+量"，如丈八，为一丈八尺。

壮侗语趋向补语的起源和发展　　曹广衢撰，载《贵州民族语文研究集》，贵州民族出版社，1993年。

趋向补语是指动词后面带有表示动作趋向的动词作补语的结构。本文以望谟布依、罗甸布依语、武鸣壮语、西双版纳傣语和榕江侗语的翔实的语言，对壮侗语趋向补语的起源和发展作了详尽的阐述。壮侗语中能作趋向补语的动词有单一形式和复合形式。就动词能否作趋向补语来说，各语言之间不完全相同，即使是同源词，在甲语言是能作补语，在乙语言里则不能作补语，趋向补语结构在这些语言里处于一种多变的状态之中。壮侗语中一些语言除了能作补语的动词在数量上存在差异外，动词、趋向补语和宾语之间的语序也有一些差别，其趋向补语和动词、宾语结合时的各种排列形式，基本上可以归纳为五种公式：动词+单音趋向补语+宾语；动词+宾语+单音趋向补语；动词+复合趋向补语+宾语；动词+宾语+复合趋向补语；动词+复合趋向补语前+宾语+复合趋向补语后。

壮侗语数词 deu¹、soːŋ¹、ha³ 考源　　覃晓航撰，载《中央民族学院学报》1993年第5期。

文章讨论了壮侗语数词"一、二、五"的来源。壮语 deu1 "一"在壮侗语中多数表示"单独"或"独一无二"的意思。如傣语 deu¹ 不表达"一"的数目概念，只表达"单独的"意思。由此可知，表示"单独"的意义当早于它所表示的"一"的数目意义。将壮语 soːŋ¹ 放在汉语中与同样表示"二"概念的其他几个形式"二、两、双"等进行比较，结果发现，soːŋ¹ 与汉语的"二、两"都没有关系，但与"双"字有关系。"五"的数目概念在壮侗语中有三种表达形式，分布在三个语支中。其中黎语支和壮傣语支的"五"是本民族语词。综上所述，文章认为，壮侗语数词 deu¹、ha³（一和五）分别从表示"独"和"掌"意思的词发展而来；soːŋ¹（二）来自汉语借词，是从表示"双"意思的词发展而来的。

壮侗语先喉塞浊音声母 ʔb、ʔd 的分布和扩散　　刘援朝撰，载《语言学研究》第三集，高等教育出版社，2004年。

该文讨论了壮侗语先喉塞声母的性质和分布，着重论述了在海南汉语方言中出现的先喉塞声母的情况。指出，以往所认为的海南汉语方言有吸气音声母的存在是一种误解，实际上，那种吸气音就是受到壮侗语影响而在海南汉语方言中普遍存在的先喉塞声母。因为先喉塞浊塞音声母是壮侗语典型的特点。文章分两部分：（1）先喉塞浊塞音声母的分布和流变。指出，在壮侗语中，保存先喉塞音浊塞音最完整的是黎语支语言。黎语各方言都存在这种声母。海南岛的临高语、村语也有这类声母。壮语、布依语也基本保留，傣语则有较大的差别。其他语言有弱化的趋向。（2）先喉塞声母的扩散。海南岛的粤语方言（儋州话）也有这类声母。可以断定，海南汉语的这类声母是受壮侗语的影响而产生的。最后，文章探讨壮侗语先喉塞声母的来源。可能与南亚语言有关系。

壮侗语中的一些古汉语借词　曹广衢撰，载《语言研究》1996年第2期。

该文所用材料大都发表在《方言》或《中国语文》及《壮侗语族语言简志》《壮侗语族语言词汇集》。作者从80多个汉语借词中列举了29个词，有的词汉语方言与壮侗语族语言有明显的关系，是借词还是同源关系？作者一律认为是汉语借词。如""，""""，古书上指"虹"，壮语 sa:ɪ¹tong²，布依 tuə⁵tong²。""，箸也，即筷子，黎语叫"thi:p⁷"。"骟"去畜势，江西、江苏等地汉语管"阉割"为"骟"，壮语叫"to:n¹，傣语 ten¹，毛南语 tɯn¹，黎语 dɯ:n¹。""肠间脂也，现今汕头、福建等地""指熟的猪油，壮语叫 la:u²，布依语 la:u²。古汉语有些词，现代汉语书面语里虽然不说了，实际上有许多还活生生地保留在汉语方言口语里，也活生生地保留在壮侗语族语言的借词里。

壮侗语中汉语借词的词义及其类别　曹广衢撰，载《语言研究》1998年第1期。

该文试图对壮侗语中的借词跟汉语中相对应的语词词义从横向作一种轮廓性的共时描写。本文以《壮侗语族语言简志》和《现代汉语词典》的例子为依据。文章分析了（1）借汉语词的声音和它的原义的全借、全借加注（借词前加作为通称的固有词素、附另成分）、半借半译的三种结构方式。（2）借汉语词的声音而改变它的原义的六种结构方式。这类借词是借用甲词来表示乙词，是从所借语词的意义别解而来，所借语词的原义出现。文章指出：（1）类借词中，从词义的角度来考察，借词义和汉语词原义不是简单的一对一关系。这一类为早期借词。早期借词与汉语相对应的语词同义的为数不多，由于借入的时间较早，语词从一种意义引申，转变为别种意义。现代借词与汉语对应词同义的情况多。从所举的一些例子分析来看，作者认为壮侗语中借汉语词音义的这一类，从词义角度看，主要是借汉语词本义。壮侗语中汉语借词的研究工作，从词义方面进行比较，可能是有益的。

壮侗语诸语言同源词的词义变化　曹广衢撰，载《民族语文》1998年第1期。

壮侗语同源词的词义从现代诸语言、方言或土语之间的对应关系看，有些发生了变化。变化大的，令人看不出它们之间的联系；变化小的，又令人觉察不到它们的变化。本文把同源词词义的各种变化加以比较，进行归纳，其变化情况大致可以分为以下六类：（1）同一词在各地虽然词义相同，但使用范围的大小不同。（2）通名和专名的不同；所指不同而相近。（3）甲地只有一个义项，乙地有两个义项，其中有一个义项两地相同。（4）甲地只有一个义项，乙地有三个义项，其中一个义项两地共有。（5）甲、乙两地各有两个义项，其中一个义项两地相同。（6）甲地有两个义项，乙地有三个义项，其中有两个义项两地相同。此后，文章还探讨了词义变化与礼节义俗的关系、与汉语仿译词的关系、与汉语借词的关系、与婚姻制度的关系、与历史和地理的关系。

壮侗语族民歌共同的韵律特征（一）　石林撰，载《云南民族语文》1997年第3期。

该期登录的是该文的第一部分。民歌的韵律是民族语言、文化、审美情趣的历史沉淀，是鉴别民歌民族属性的可靠尺度。该文从比较研究中发现，五言体押腰脚韵是壮侗语族民歌的特征。文章认为这些特征是原始共同文化的底层。本章第一章介绍了侗台语族的分布，民歌格律研究的意义。文章第二节分节举例介绍了壮侗语族各种民歌的韵律情况。首先介绍的是搜集最早的壮族民歌，它的韵律特征是：不管是勒脚歌，还是排歌、散歌，同样要求押腰韵、押偶单句间的脚韵。其次介绍了贵州的仲歌的韵律特征是：反复复沓法和交错复沓法。文章第三节介绍了贵州罗甸布依民歌的韵律特征是：行数可双可奇、可长可短的整齐的五言体为主，讲究腰韵。文章第四节介绍了贵州荔波县地莪乡布依歌的韵律特征是：既押脚腰韵又讲究平仄。

壮侗语族民歌共同的韵律特征（二）
石林撰，载《云南民族语文》1997年第4期。

　　该期摘录的是该文的第二部分。该文接上文叙述了北部侗歌、南部侗歌、傣族民歌、水族民歌、莫家和锦家民歌、仫佬族民歌、毛南族民歌、黎族民歌等各种壮侗语族民歌的实例，通过分析比较得出壮侗语族民歌在格律上两个共同的特点。一是押腰韵，即上句句末字的韵母与下句句中某字的韵母要求一致的押韵方法。除了仫佬族民歌外，壮族、布依族（南部）、傣族（西双版纳、红河）、侗族（南部）、水族、黎族、毛南、莫家和锦家等民歌都押腰韵。二是五言体，即每行的字数多以五言为主。除了侗族、水族仫佬和佯僙人的民歌以外，壮族、布依族（南部）、傣族、黎族、毛南、莫家和锦家的民歌都兴五言体。作者认为，壮侗语族民歌这种共同的格律特点不是影响和借贷的结果；壮侗语族这种民歌格律来自原始壮侗民族。

壮侗语族塞擦音的产生和发展　　张均如撰，载《民族语文》1983年第1期。

　　文章通过本语族诸语言一百多个调查点的材料对比提出一个新的观点：壮侗语族的原始共同语没有塞擦音声母。现在的塞擦音是各语支分离之后才各自发展起来的，甚至同一语支的不同语言或方言中的演变方式和过程也不尽相同。目前多数语言只有一个塞擦音 ts，而侗（多数地区）、掸、壮北的桂西区等地连一个塞擦音也没有，与之相对应的是擦音 ç 或 s。对比中发现有塞擦音的语言都读塞擦音的词很难找，往往是塞擦音与舌后塞音和舌前擦音相对应。一些古汉语借词也是，如"灶"在有塞擦音的语言里读擦音 sau^5。可见，现有的塞擦音是后起的，是各语言甚至各方言分离后各自发展的，而且是多源的。有些词来源于带舌后音的复辅音，有些来源于擦音，即 kl、ka、ç、s 等以及相应的浊音。

壮侗语族语言和汉语的关系　　张元生、王伟撰，载《汉语与少数民族语言关系研究》，中央民族学院出版社1990年。

　　壮侗语族也称侗泰语族或侗台语族。壮侗语和汉语有密切的关系，它们不仅在类型上有共同的特点，而且在发生学上也有共同的来源。从语音方面来看，壮侗语各语言的语音系统基本是一致的。它们与汉语，特别是与古代越族分布地区的汉语方言，如粤方言等关系甚为密切。以壮语为例，语音在声母、韵母、声调各方面都保留了古代汉语的一些特点。壮侗语和汉语在语法结构方面也有共同的特点。它们都缺乏形态，都以词序和虚词为表达语法意义的主要手段，词序都比较固定。这些共同的基本特征，反映了两者语言亲属关系的共同基础。壮侗语和汉语在词汇方面也有密切关系，在壮侗语里有着为数不少的与汉语同源的语词。另外，由于壮侗语族人民和汉族人民长期交往和语言之间相互影响，壮侗语无论在过去和现在都吸收了不少的汉语语词。

壮侗语族语言送气音声母来源证　　韦树关撰，载《广西民族学院学报》1998年第1期。

　　无送气音声母是壮侗语言重要的特征之一，也是壮侗语族语言与其他语族语言如汉语族语言、苗瑶语族语言、藏缅语族语言的显著区别之一。壮侗语族语言送气音声母的产生，一方面是壮侗语族语言自身发展的结果，另一方面是汉语影响的结果。

壮侗语族语言送气音声母的发展是不平衡的，有的语言送气音声母较多，如仫佬语（14 个）、水语（11 个）、毛南语（10 个）、侗语（8 个）等；有的语言（或方言）送气音声母少，如壮语南部方言（6 个）、黎语（5 个）、布依语黔西土语（5 个）等；还有的语言（或方言）尚未出现送气音，如壮语北部方言、布依语黔南土语、黔中土语等。从来源上来说，壮侗语族语言的送气音声母是多源的。壮侗语族语言共出现 19 个送气音声母，对其来源该文作了全面细致的表述。

壮侗语族语言系属问题研究札记 韦树关撰，载《贵州民族研究》1990 年第 3 期。

该文对壮侗语族语言系属问题研究作了评述。关于系属问题，国内外学术界一直争论不休。文章介绍了四种观点：（1）认为壮侗语族语言属于汉藏语素。第一位提出的是李方桂先生，国外持这种观点的有法国马伯乐、英国格里森、德国沃尔夫、美国谢飞；国内有邢公畹、王力等。（2）认为壮侗语族语言属于南岛语系，持这种观点的是美国本尼迪克特，依据泰语、卡岱语与印尼语的同源词把壮侗诸语从汉藏语系中分离出来，并把它们归为所谓"南岛语系"。（3）认为壮侗语族语言原属原始马列来语，今属汉藏语系。持这种观点的是罗美珍。（4）认为壮侗语族属于马来——支那语，持这一观点的是倪大白。作者认为第三种观点是比较中肯的。属南岛语系的高山语有不少共同的基本核心词和壮侗语族同源。通过它把壮侗语族与印尼语联系起来了。壮侗语与南岛语是发生学上的关系，与汉藏语系是类型学上的关系。现代壮侗语是先民们转用汉藏母语后在汉藏母语基础上并保存一些作为"底层"遗存的南岛语成分发展形成的。它原属南岛语系，今属汉藏语系。

壮侗语族语音演变的趋向性、阶段性、渐变性 张均如撰，载《民族语文》1986 年第 1 期。

语音演变有它自身的规律和趋向，其变化过程是分阶段进行的，而变化本声是渐变的。一、趋向性。本语族原始语分化后，声、韵演变的趋向是由繁到简，如浊塞音清化等。二、阶段性。在各语言的音位系统里，音位的变化是有先有后分阶段地进行着的。像临高语，原来的 t 声母变为 ʔd；在第二阶段由于 s 变为 t，于是 t 又重新出现，而 s 就消失了；到第三阶段，一些复辅音简化为 s，这时 s 又重新出现了。但是所谓阶段性并不排斥几个相关的音类平行发展，如邱北土语的前次高元音 e 复化为 iə，后次高元音也复化为带过渡音的 uə。这是一种类化现象。三、渐变性。语音变化也是渐变的，即音系中的甲音类变为乙音类是一部分词一部分词地变，往往年轻人先变，老年人慢变或不变。语音变化规律中，"例外"的产生与语音渐变性有密切关系。

壮侗语族诸语言名词性修饰词组的词序 梁敏撰，载《民族语文》1986 年第 5 期。

本文全面地介绍了壮侗语族诸语言名词性修饰词组词序的一般情况，并指出在早期本语族各语言的词序是比较一致的，各种修饰成分大都放在中心词的后面，接着，对词序比较参差的几个词类进行了比较深入的分析和探讨。揭示了由某些词类组成的词组在一些语言或方言中要放在中心词的后面，有的要放在前面，有的前、后均可，位置的变化与该语言或方言受汉语影响的程度有着密切的关系。在民主革命和社会主义革命后，由于汉语影响不断加强，壮侗诸语言大都吸收了汉语的结构助词"的"，甚至不加分析地把汉语修饰词组整个地吸收进来了，所以壮侗诸语言名词性修饰词组的修饰成分前移的现象更加普遍了。修饰词组词序的这种变化对各民族语言的丰富、发展都有好处。本文对壮侗诸语言名词性修饰词组的结构、词序及其后来发展变化的原因和今后发展的趋向等都有比较深刻的研究和全面的介绍。

壮侗诸语言表示领属关系的方式及其演变过程　梁敏撰，载《民族语文》1989 年第 3 期。

壮侗语言表示领属关系最普遍、最古老的方式是不用任何辅助成分，直接把作为领主的名词、代词放在表示被领有者的中心词后面作修饰成分。如："书+弟弟"＝弟弟的书，"条+他"＝他的那条（绳子）。事实上，这跟名词性修饰词组中以名词或代词为修饰成分的结构完全相同。后来，许多语言都先后发展了本民族的领属助词或借用了汉语的领属助词。其中，使用本民族领属助词的，都采用"中心词+领属助词+修饰成分"如"书的我"、"家的连儿"；而使用汉语领属助词的，都采用"修饰成分+领属助词+中心词"的方式。如"我的书"、"连儿的家"。一些受汉语影响更深的语言或方言，如侗语北部方言一些地方、壮语的连山土语、怀集标话等甚至不用助词，而把作为领主的代词或名词直接放在中心词前面作修饰成分，说成"我妹妹"、"伯父家"等。可见，壮侗语言表示领属关系的方式，原来都是"中心词+名词、代词修饰语"或"中心词+结构助词+名词、代词修饰语"，后来的发展都是由于汉语的影响而发生的。

壮汉语关系浅谈　张元生撰，载《中央民族学院学报》1980 年第 1 期。

本文运用语言学比较方法，利用汉语研究成果，通过它与壮语作对比研究，并参照壮侗语族诸语言比较研究的初步成果，从语音、词汇和语法探讨壮汉语的关系。壮汉语有许多共同的基本特征。有人认为来纽是古复辅音的遗迹壮语保留的复辅音声母也多与来纽字有关。汉语切韵音系以前古轻重唇音不分，而壮语至今仍可以找到反映汉语古轻重唇音不分的例子。壮语还保留了反映古汉语"影"母字两种声母读音的事实。壮语和汉语粤方言都保留较多的古音和古词，至今还保留着平、上、去、入各分阴阳的基本调类。现代壮语的入声韵和阳声韵相配整齐的情况与中古汉语的入声韵和阳声韵相配情况相类似。壮侗语普遍存在与古汉语在读音和词义上均相同或相近，或语音上有对应关系的基本词，谓同源词。文章列举了汉文古籍中与壮语有关的词引例。从汉语句子构成的十条规律同壮语比较，除领有关系和形容词的位置稍有不同外，词在句中的位置，基本是相同的。以上这些共同的基本特征，反映了壮、汉语在语源上的亲属关系。

壮泰语支历史音变中的 j 化、v 化和舌尖音化　邢凯撰，载《语言研究论丛》第六辑，天津教育出版社，1991 年 3 月。

该文是作者的硕士学位论文——《原始台语 k 类声母的演变》中的一部分。导师是中国社会科学院、民族研究所喻世长、梁敏、瞿霭堂。本文是在李方桂《台语比较手册》的基础上，讨论现代台语支语言的历史音变问题。虽然没有提出新的构拟，也没有对李先生的构拟作出修改，但是使用新的材料对从原始台语到现代台语支各语言、方言的历史演变图景作出了更为细致的描写和论证。新材料有作者亲手调查的孟连傣话、民族所傣语调查记录、《布依语调查报告》、《台语比较词汇表》（William J. Gedney）等。讨论了三个问题：（1）舌根擦音（*x-、*ɣ-)或喉擦音（*h-)变为现代语言或方言的舌面擦音（j-)。（2）舌根擦音及喉擦音（*xw-、*ɣw-、*x-、*ɣ-、*h-)变为现代语言或方言的唇音（v-、w-、f-)。（3）舌面塞擦音（*tɕ-、*tɕh-、*dʑ-)变为现代语言或方言的舌尖音 ts-、tsh-、s-（š）。作者在研究生学习期间，由喻先生教授汉藏语系语言历史比较研究。本文是在三位导师指导下完成的习作。文章遵循了严格的历史比较法原则和方法。每个问题先列出对应词表，公式，然后按发音部位、方法和方言分布归纳读音类型，在此基础上进行论证。如每种音变的语音条件、限制条件、特点、各方言点不同的表现。

严格从语言事实出发，进行逻辑推导，例如哪个音变现象在前，哪个在后等。

壮文翻译的可能性　李作应撰，载《民族译坛》（广西壮校校刊）第2期。

主要内容：（1）语言文字的可译性。人类通过劳动逐步地认识大千世界各种事物。如"水"，英语叫 water，壮语叫 raemx，叫法不同，属性一致，就为翻译提供了前提条件。（2）语言文字没有"土"、"雅"之分。由于世俗偏见，少数民族语言被认为是"土语"，不能用来翻译"洋文"。然而再落后的民族，他们的语言是记录世界事物的符号，同样可以描写丰富的思想感情，并无"土"、"雅"之分。（3）壮语富于表达能力。《越人歌》是壮族古老的山歌，这首歌译成汉文后，传诵不绝。这说明壮语富于表达能力。

壮文稿件中的濒危词汇　覃祥周撰，载《三月三》（壮文版）2006年第10期。

文章分为四个部分。第一部分是引言。引言中提出，随着社会的进步，壮族地区"汉化"程度的不断提高，壮语必然受到外来语言的冲击，所以，有一些壮语词汇逐步被人们"淘汰"，这就是壮语的濒危词汇。作为民族语言文字的研究者或民族语文工作者，要本着抢救民族语言、民族文化的态度，对濒危的壮语词汇进行抢救、记录、整理、研究，以造福后人。如果这些词汇丢失了，那么，蕴涵在其中的民族文化也就丢失了，这是一个很大的损失。第二部分列举了大量的壮语濒危词汇，尤其是古籍整理方面的稿件中出现的濒危词汇。如：doekfag（出生）、roengzlae（出嫁）等，并指出，与新词相比，这些古老词或老借词表达生动、准确，壮语地道。第三部分是对壮语词汇濒危现象进行分析。随着"汉化"程度的提高，外来语言的冲击，老年人不传授，自卑心理在作怪等。第四部分是提出编辑人员抢救濒危词汇的措施：（1）做好记录。编稿当中，随时发现，随时记录，过后用电脑整理归类。（2）注意收集"生僻的词汇"。（3）稿件中适当使用一些濒危词汇。（4）保留濒危词汇。（5）进行权威发布。（6）发动作者挖掘古老词汇。（7）编辑出版词典。

壮语"彩虹"与古汉语"蟜蝀"　李旭练撰，载《民族语文》1997年第3期。

"彩虹"古汉语叫"虹"或"蟜蝀"。"虹"字见于甲骨文，刻为双首虫形。壮语"彩虹"音在壮语里是个词头，表示动物。"彩虹"在壮语方言中有不同的说法。壮语还有借"龙"指"虹"的，把"虹"叫作龙、花龙、龙扁担或龙喝水。其读音可能借自古汉语的"龙"。壮语还用固有词或老借词组成短语来表达"彩虹"。其中，青蛙、蛇、蛟龙、牛均为壮族先民的图腾，佛、乌鸦也是壮族先民所敬畏的神灵。用图腾与神灵来借指"彩虹"，是壮族先民万物有灵观念在语言文化上的反映。可以看出，用固有词或老借词组成短语来表达"彩虹"，是一种后起的文化现象，tu^2tung^2 与"蟜蝀"是壮语与古汉语较原始的具有普遍性的一对关系词。从上述比较中我们得到这样的认识。汉藏语系语言的有些词语，从现在的语音看来似乎已没有任何对应关系，但联系到古汉语，关系还是很密切的。

壮语称谓系统中 ta^6、tak^8 的特点和来源及其所反映的文化内容　覃晓航撰，载《广西民族研究》1988年第4期。

文章探讨经常出现于壮语称谓名词前的具有代表性的两个类别词 ta^6 和 tak^8 在亲属称谓名词前的分布特点以及它们的来源，并在此基础上发掘它们所反映的壮族文化内容。ta^6 和 tak^8 在现代壮语方言中一般出现在亲属称谓名词以及某些表示"小名"或"别名"意味的人名之前，它们除了在一定条件下表达事物单位，充当量词外，还具有区别称谓名词的性属的作用，即 ta^6 表示阴性，tak^8 表示阳性。

壮语的 tak^8 和汉语的"特"具有非常密切的关系：如果从发生学的角度看，它们是同源词；如果从亲合关系的角度看，它们是借词。Ta^6 可能来源于表示"姐姐"意思的名词 ta^6。壮语早期的称谓系统中只有表示单一性属（阴性）的类别词，即无论是表示女性的名词还是表示男性的名词都一律冠以表示女性的类别词 ta^6，这种分布格局与天然性别显然是矛盾的。只是在 tak^8 出现之后并用于表男性的称谓名词之前，壮语称谓系统中的类别词才有了阴性和阳性的对立。这种分布格局与天然性别是一致的，标志着壮语称谓系统中的类别词的语法性属的完善。

壮语、傣语名量词的差别及其缘由 周耀文、方峰和撰，载《民族语文》1984 年第 2 期。

本文通过比较，讨论壮、傣语名量词的差别及其原因。（1）量词的不同位置：①量词与数词"一"以上数词共同修饰名词时，壮的词序一般是"量 + 名一"；傣语的词序是"名 + 量 + 一"。②量词与"二"以上数词共同修饰名词时，壮语的词序是"数 + 量 + 名"；傣语的词序是"名 + 数 + 量"。③量词、数词和表示领属的人称代词同时修饰名词时，壮语的词序是"数 + 量 + 名 + 代"；傣语的词序是"名 + 代 + 数 + 量"。（2）名量词的不同作用：①壮语名量词单独置于名词之前，大多既起类别作用还表示"一"的意义。②壮语有些量词有区分性别的作用。③壮语一部分量词改变韵母的主要元音来区分名物的大小级别。④壮语量词重叠表示"每一（个）"或"任一"。⑤壮语两个量词可结合成主谓词组做句子的谓语。傣语则没有以上这些作用。差别的原因：量词不是古壮傣共同语的基本词汇，壮傣分离时量词未产生或才开始萌芽。

壮语德靖土语的否定方式 郑贻青撰，载《中央民族学院学报》1992 年第 2 期。

壮语南部方言德靖土语主要分布在广西壮族自治区西南部的靖西、德保和那坡 3 个县。文章主要介绍德靖土语在否定方式上的特殊性。德靖土语表示否定的副词和动词不能单独使用，后面必须有否定助词辅助才能表达完整的否定概念。壮语德靖土语否定副词的用法在壮语里很特殊。在汉藏语系里，大多数语言的否定副词都用在被修饰的动词或形容词之前，只有少数几种语言如藏语、珞巴语、达让僜语、土家语、傈语、仡佬语等的否定词用在谓语之后，基中，仡佬语表示"禁止"的意思时，用 tsi^{55}……a^{33} 的方式，与德靖土语的否定方式有点儿近似，但仡佬语的 a^{33} 是否定副词，而 tsi^{55} 则是跟 a^{33} 相搭配的。德靖土语的否定副词是 mei^{21}，用在动词之前，而与它相配搭的 na：u^{35} 是否定助词，用在末尾。因此，德靖土语的否定方式在汉藏语系诸语言里是非常独特的。

壮语的村落差异 班昭撰，载《民族语文》1995 年第 4 期。

文章用社会语言学的理论和方法，对广西邕宁县那陈乡五龙村 8 个自然村的壮语从语音、词汇等方面进行描写研究，从而总结出它们之间的差异以及形成的原因。文章认为，这八个自然村虽然紧挨着，但相互还有一些较明显的差异，当地人也能"听得出"这些差异。稳固的统一体自然村，以及姓氏和迁徙，与外界的交往的不同程度，邻近不同语言和方言土语的影响等社会因素是村落差异长期下去的根源。

壮语的后置状语 蒙元耀撰，载《中央民族学院学报》1990 年第 5 期。

文章讨论了壮语的后置状语现象。在状语和谓语的语义关系中，状语通常用来表示动作、行为的情状及与时间、空间的关系，或者表示性状的程度、范围等。从表达方式上看，大部分状语是限制性的，少数是修饰性的。句首和谓语前边的状语较容易区分。双音节时间词位于句末也是充当谓语，而且不管时间词如何变换位置，既使处于句末，句子的表达功能都没有受到影响，都是限定谓语动作发生的时间，都作状语。状语中少数名词出现在谓语后面既非施复关系，也非存现关系，从语义关系考察，认为是状语更为妥帖。它们的功能是修饰谓语，表示谓语动作发生的情状或变化的状况。与古汉语名词直接作状语的语法功效相似，如"狼吞虎咽""席卷"。

壮语的同音词、多义词、同义词、近义词和反义词 梁敏撰，载《民族语文》1982 年第 1 期。

该文对壮语中上述几种词义关系的产生、特点及其发展的情况进行了详细的研究、分析。并指出在语言使用中如何利用构词和修辞等手段避免某些词义类别，如同音词的消极作用，使文章或说话更加风趣，正确理解和恰当运用近义词等，以便能准确地表达自己的思想、感情和更好地了解对方的意思，使语言简练，丰富多彩，文章使用了壮语与同音词、多义词、同义词。近义词和反义词有关的大量例词，用例约占全文的 1/4 到 1/3。过去，从词义类别角度来研究词汇的文章不多，本文可以起到投石问路、抛砖引玉的作用，也给其他学者提供有关侗台语言这方面的素材。

壮语地名初探 吴超强撰，载《广西民族研究》1992 年第 2 期。

这篇论述壮族地区农村的地名多用壮语命名，指事表意；地名用字是用于壮语近音或同音的汉字。其一，文中首先陈述壮语地名的种类：有以田地、山川、江河、动植物、方位、工具、农具等十几种命名。如以"田"命名为例，"那宏"村，是壮语读音，"那"，na^{31}，指水田；"宏"，huŋ^{24}，指大的意思。因村前面有块大的水田，故名。其二，论述壮语地名的成因，壮族地区多是山岭绵亘，层峦叠嶂，岩溶广布，岩洞繁密，大小江河、水井山泉交错期间，亚热带气候，雨水充足，适应各种动植物繁殖。壮族人民世世代代繁衍生息在这些乐土上，这些地理实体环境就成为地名称谓的源泉依据。而地名的呼叫又要依附于语言，借助语言来表达。可见，地名称谓是由语言和地理环境合成。壮语地名就是如此来源。其三，论述壮语地名反映的历史作用和社会价值。其中反映物质文化。如以"那"na^{31}（水田）冠头的地名，历史悠久，在壮族祖先西瓯、骆越已经出现。至今的"那"地名，数量众多，范围广大，分布广阔，在壮族地区是一个庞大的地名群，种植水稻，盛产稻谷，形成稻作文化的广阔地带。说明壮语地名"那"（水田）显示出壮族对人类物质文化的发展有所贡献。壮语地名还反映精神文化。如壮语地名"岜莱"、"岜"，pja^{24}（石山）；"莱"，ɣaːi^{31}（指花纹、斑点）。"岜莱"意为花山。它是闻名于世的广西壮族地区的左江及支流明江流域两岸的崖壁画，是用赭红色颜料把人物、动物、器物绘画在崖壁上，距今有两千多年的历史，它们仍然熠熠生辉，是壮族文化宝库中的瑰宝。也是中华民族文化宝库中的一朵奇葩。这说明壮族人民不仅创造了丰富的物质文化，还创造了丰富多彩的精神文化。

壮语动词附加音节构词法（汉译越语意） 韦达撰，《语言》（越南）杂志 1997 年第 1 期。

论文前部分介绍由音节 to-、ta-、ku- 与动词组成的新动词。这些新动词，具有概括化的特点。通过这样的构词，可以创造出很多的概括词，从而促使概括词的发展。后部分介绍由音节 -ak、-ek、-aw 与动词组成的新动词。这类新动词，它们含有某种形态及附带意义。这种构词法，对于丰富壮语词汇也有举足轻重的作用。本篇论文后来被《民族语文》（1997 年第 4 期）转载。

壮语动词 DWK 一词初探 吴超强撰，载《广西巴马民族师范学校学报》1989 年第 1 期。

壮语动词 DWK（国际音标是 tɯk^{55}），词义丰富使用范围广泛，出现频率高，运用灵活，组合能力强，极具魅力和奇趣的词。本文是从它表示的词汇意义和语法特点去探讨。

tɯk^{55}表意功能：（1）表示人的动作和意义有 14 种以上：打（猎）、打（球）、施（肥）、烧（火）、灌（田水）、喂（禽畜）、放（油、盐）、祭（祖先）等等都用 tɯk^{55}表示。如 tɯk^{55} pja^{24} 捕鱼、tɯk^{55} ta:n^{35} 烧木炭，tɯk^{55} fou^{31} 弄魔术。（2）表示动物的动作，即农作物被牲畜、野兽糟蹋，"糟蹋"，用 tɯk^{55}表示。（3）表示事物的动作即一物体对他物体引起的动作，用 tɯk^{55}表示。

tɯk^{55}的语法特点极为丰富，它后面可以带一些词类、词组做的宾语和补语；可以带时态助词 kwa^{35}（过）、dai^{55}（得）、liu^{42}（完）；它可以重叠；它的前面可以受各种词类、词组修饰限制，它还具有其他语法意义。

tɯk^{55}表示这么多的意义，负担这么多的职能，说明它使用历史悠久。一个词的词义越广，它使用的历史越长，派生的义项越多，它具有丰富的语法关系。说明：当一个词仅仅表示事物、现象的意义时，其意义只能是简单或是抽象的意义；当一个词能表示出事物与事物、现象与现象、现象与事物的关系时，其意义才是功能意义。

壮语动词的前冠后附构词法 韦达撰，载《民族语文》1992 年第 4 期。

壮语动词构词法的原则和规律有着其普遍性的一面，也有其特殊性的一面，本文着重研究它明显的两个特点：一是在动词之前冠上词头构成新词；二是在动词之后附上词尾构成新词。这种前冠后附所构成的新词，形式与原动词不一样，意义与原动词有差别，功能上也与原动词有些不同。前冠构成的词变成了一种具有概括化特点并有附带意义的新动词。后附构成的词，则变成一种含有某种情态及附带意义的新动词。（1）前冠词头 to-、ta-、ku-、to-、ta- 本身没有实在的意义，也不能单独使用，ku- 虽有实在意义，但冠于其他动词之前时就虚化，失去具体意义。这几种词头是专用词头，本身的形式是固定不变的。不少的壮语动词，都能分别冠上其中的一种词头。（2）后附词尾：-a：k、-e：k 等等。壮语中表示行为的单音节动词，可后附上述词尾构成新词。

壮语对横县平话的影响 闭克朝撰，载《中南民族学院学报》1991 年第 4 期。

位于南宁市东的横县是汉壮两族共处的地区，该县壮族人口 30 余万人，汉族 54 万余人。据清乾隆十一年《横州志》称"近村者为本地人，谓昔来自中州……而壮为独名，所谓横州民一壮三也"。长期以来，横县壮汉友好相处，互相通婚最早的汉人（即操平话人）来自中原（山东青州府），乾嘉之际迁入客家人，海禁大开后迁入广东白话商人。在壮汉杂处的村镇，壮语和平话并行。壮语对平话的影响，在声调系统上有三点：第一点是，壮语入声分长短调，平话也分，壮汉杂处的地区，壮语汉语声调的调值完全相同。这是它们长期互相影响的结果。第二点是，带韵尾的元音都有长短的区别（平话只有 a 有长短对立）。第三点，是平话鼻音、边音、半元音声母可以大量出现在阳调类中。在词汇上，平话有大量壮语借词。在语法方面也受到壮语的影响，突出的一点是量词可以单独用在名词的前面。

壮语对毛南语的影响——兼谈语言影响的方式及其对历史比较的意义 邢凯撰，载《民族语文》1993 年第 2 期。

文章利用关系环江县上南、中南、下南三个点的材料，说明当地水源壮语对毛南语的影响。第一部分介绍水源壮语对上南毛南语语音的影响：（1）声母 nd、ŋg、ŋgw 简化了，并入 ʔj、ʔ、w、ʔw。（2）声母 s 变读作 lh，z 变读 r。（3）韵母 i 变

əi，u 变 əu。（4）声调彼此十分近似。第二部分语音影响的方式及其对历史比较的意义，列出二种方式：（1）通过借词吸收新的音位。（2）不增加音位，但改变了旧有的发音习惯，如 z、s 两个音位变读为 r，lh。在谈到历史比较要充分重视语音影响问题时，提出历史音变可以分为条件音变和非条件音变。语音的影响（如 s-、z-r）是一种非条件音变，这种非条件音变是否也曾在历史上发生过？它对于历史比较研究的理论来说意义是重大的。它说明语音影响是可以引起历史音变的。语言影响研究可以帮助解释部分语音规律的例外，不妨说语言影响研究也是历史比较研究的基础环节。

壮语方言颜色词考源 蓝庆元撰，载《民族语文》2007 年第 5 期。

壮语表示颜色的词有黑、白、红、黄、绿、蓝、紫、灰等 8 种。黑、白、红、黄、绿几种颜色的说法在壮语方言里较为一致，来源比较简单；蓝、紫、灰的说法各地差异较大，来源也复杂。该文分别加以介绍。（1）黑。各地普遍说 dam¹；（2）白。各地说 haːu¹；（3）红。各地说 diŋ¹，但有一个汉语借词 huŋ²；（4）黄。各地多叫 heːn³；（5）绿。各地多叫 heːu¹；（6）蓝。各地多用汉语借词蓝 laːm²；（7）紫。各地有分歧，有的叫 kam⁵，有的用汉语借词 çi³；（8）灰。多数叫 moːŋ¹，少数叫 moːk⁷；（9）结语。某一颜色常常有多种说法，说法越少的各地越一致。由此说明，壮族人对黑、白、红、黄、绿这五种颜色的分别是较为清晰的。对蓝、紫、灰的分别相对模糊。

壮语汉语方言连读变调对比研究 陈忠敏撰，载《民族语文》1992 年第 3 期。

该文从连读变调涉及的语音、语义、语法等方面比较壮语和汉语吴方言连读变调的特点。（1）在语音方面，壮语的连读变调跟吴方言温州话变调十分相似。壮语两组字变调后字不变，前字变。温州话变调也是前字调值变化大，后字除阳平、阳去的有些组合有变调外，其他都不变。壮语和温州话，在首字位置里，阴阳两种调类之间不互相变调，而是阴调类之间相互变调，阳调类之间相互变调。壮语和一些前轻后重式吴语，后字调型稳定，一般不发生变调，首字调不稳定，要发生变调。（2）在变调与语义的关系上，壮语和吴方言本调与变调的不同能区别词义。最常见的是小称变调。读本调指一般事物，读变调表示该事物"小"或昵称。某类词词义的虚化，会引起变调格式的简化。（3）在变调与语法的关系上，壮语和吴方言的连读变调与字组间的语法结构有密切关系，语法结构不同，连读变调的规律也不同。

壮语和拉塞话亲属词的语义成分分析 蓝利国撰，载《广西民族学院学报》1999 年第 2 期。

语义场理论的提出和语义成分分析法的引进，使语义研究进入了一个新的发展阶段。本文运用这一原理和方法，系统分析描写了壮语拉塞话亲属词的语义成分，并总结了壮语拉塞话亲属词的语义特点。拉塞话的亲属称谓之间蕴含着相对性特征。如父母⟵⟶子女，兄姐⟵⟶弟妹等。按照这种相以性特征，文章把拉塞话亲属词系统又分为：高组/玄孙、曾祖/曾孙、祖/孙、父母/子女、兄姐/弟妹等几个子语义场进行了分析。进而阐述了拉塞话亲属称谓词的语义特点。从语义场的构成情况看，按辈分差异可以分为五组子语义场，然而相对汉语而言其范围相对小一些、简单些。从义位看，拉塞语中的 55 个亲属称谓中有 20 多个是不只一个义位的，是介于说明式和类分式之间的一种亲属称谓系统。从语义成分的区别作用看，拉塞话亲属词不大看重血亲和姻亲的区别，有些词不比性别切分。

壮语给与义动词及其语法化 林亦撰，载《民族语文》2008 年第 6 期。

文章分两节：一、壮语诸方言点的给予动词。指出"给予"一词可能经历了以下的语音演变：

hɯ →həɯ → haɯ → haŋ
　↘ hɯɨ →hɯi →həi→ hai
　　　↘ hui→həi →hoy

二、壮语、粤语给予义动词的语法化的差异。分（1）粤方言给予义动词的语法化；（2）壮语给与义动词的语法化两小节。

壮语类属词头与壮语量词的关系　小航撰，载《广西民族学院学报》1988年第4期。

壮语的 tu²（只）、ko¹（棵）等词，既能作量词，又兼有词头的功能。有些量词在壮侗语族某些语言和方言中仅仅是作为类属词头附于名词的前面，并不当量词使用，这现象说明壮语类属词头先于量词而存在。布依语 suaŋ¹（两）dan¹（个）lɯk⁸ma：n（辣椒）"两个辣椒"中的 lɯk8 常作类属词头，也逐渐用作量词，如 ha³（五）lɯk⁸（个）fɯŋ²（手指）"五只手指"。傣语、侗语也有类似现象。类属词头能作为名词的标志冠于某些动词或形容词之前，使之名物化。如 pou⁴la：u⁴（老）"老人"，pou⁴dam¹（种）na²（田）"农民"，pou⁴ta¹（眼）fa：ng²（盲）"瞎子"。由于类属词头的灵活性，它是在汉语的影响下逐步过渡到量词的。由于壮语量词是由类属词头注入表达"事物单位"的意义而形成，必然留下类属词头的特征，使量词既有量词性质又反映类属的特点。

壮语连续调变　韦达撰，载《广西民族学院学报》1988年第4期。

壮语连读变调，主要表现在二字组类型上，有10种变化形式：（原用调类，今改用调值）① 214 + 214→55 + 214；② 214 + 21→55 + 21；③ 21 + 214→42 + 214；④ 21 + 21→42 + 21；⑤ 35 + 35→55 + 35；⑥ 33 + 214→42 + 214；⑦ 33 + 21 →42 + 21；⑧ 33 + 55→42 + 55；⑨ 33 + 35→42 + 35；⑩ 33 + 33→42 + 33。有些字组可能是比较新的创词，尚未纳入原有音变轨道，有时变调有时不变。在三字组里，其中两个字结合较紧密的，则按二字组上述规律变调。壮语连读声调变化归纳如下：①仅上字变，下字皆不变；②奇调（214、55、35）顶替奇调，偶调（21、42、33）顶替偶调。③基本上是由异化引起的。上字之所以发生变化，大部分是因为它的下字调值比较低。使相同或相似变成不相同或不相似。④都是低调值变化。⑤变化后的调值，都比原调高了。"升高"是壮语连读调变的规律。

壮语连读变调规律及其与语法的关系　张元生撰，载《民族语文研究》，四川民族出版社，1983年。

壮语的一些方言和汉语的一些方言都有连读变调的现象。壮语的连读变调一般同语法作用有关，有的连读变调受语法关系的制约。壮语武鸣话两字连读变调都是前一个字变调，后一个字不变。至于三字以上连读变调，基本上是两字连读变调的扩展形式，但它的语法作用更为明显。所有变调的调值都没有超出原有声调调值的范围。通常的前字变调规律是：第一调变成第三调；第二调第六调变成第四调；第七调变成第八调；第十调第十二调变成第十一调。变调的语法制约如，po⁶ 读本调独用时是"父亲"意思，变调时表示亲属称谓；再如，ma¹raai¹ 如果变调是"死狗"，修饰关系；不变调是"狗死"的意思，主谓关系。

壮语量词的语法双重性　薄文泽撰，载《民族语文》2003年第6期。

壮语量词在分布上具有许多和汉语不同的特点，这使得它在句法结构中的地位呈现出与汉语不同的面貌。对壮语量词的研究，各家的观点分歧较大。因此，壮语量词在体词性相信结构中的地位与性质问题至今依然悬而未决。作者认为，壮语量词有双重性，可与数词结合构成数量单位，也和作为中心成分受名词及名词修饰语的修饰。

壮语量词 pou⁴ 的来源 覃晓航撰,载《民族语文》1992年第4期。

该文从语音和词义等方面分析了壮语量词中表示人的量词常见的形式 pou⁴ 与古代汉语"夫"字的密切关系:在语音上,pou⁴ 保留了"夫"的古音特征。"夫"在上古属帮母鱼部,在《广韵》中的反切是"甫无切"。壮语的 pou⁴ 在三江、凌乐等地读作 pu⁴,与"夫"的中古音很近,而 pou⁴ 的韵母 ou 则与"夫"的鱼部相对应,因为古汉语的一部分鱼部字韵母在壮语老借词中读作 ou。在词义上,pou⁴ 能够表达"夫"字所含的"男人""丈夫"等多项意义。在句法关系上,pou⁴ 和"夫"也具有共同点,它们所构成的合成词都具有偏正关系的特点,如壮语的 pou⁴dam¹na² "种田人"、pou⁴ru² "船夫",汉语的"农夫""马夫"等。从发展上看,pou⁴ 经历了从早期保持"夫"的名词特点到后来被借用为量词的发展过程。据此可知,壮语量词 pou⁴ 来自古汉语的"夫"。至于两者今天所形成的较大差异,是由于两种语言发展的差异、语法规则的差异以及词类上的差异造成的。

壮语"量名"结构中含数词"一"初探 韦苗撰,载《广西民族学院学报》1985年第4期。

壮语名量词和名词组合时,一般有"一"的数量意义。如 koːn³(管)、pit⁷(笔)、pou⁴lam⁴(谁)"谁的笔?",poːn³(本)、sam¹(书)、nei⁴(这),"这本书",pou⁴(个)、vun²(人)、kɯn¹(吃)、tu²(只)、kai⁵(鸡),"一人吃一只鸡"。古汉语也有这一现象。如"尺布斗粟之谣……"但使用范围有限。壮语"量名"结构除了表示数量"一"之外,它的独立式还表示泛称意义,不再含有"一"的数量意义。壮语有的常用量词与名词组合,构成"量名"独立式,往往表示泛称的概念,常用来例举、回答问题。如 ko¹(棵)、fai⁴(树)、ko¹(棵)、hiːu⁴(竹)、ccung³(都)、tam²fei⁴(燃火),"树木、竹子都可烧火";tu²(只)、ki³ma²(什么)、hau³(进)、suːn¹(菜园)、pai¹(去)、ha¹(呀)? tu²(只)、mou¹(猪),"什么东西跑进菜园去?猪。"上述 ko¹fai⁴、ko¹hiːu⁴、tu²mou¹ 都只表示泛称,没有数的意思。在壮语南北各地大部分量名结构表示范称,因此,壮语"量名"独立式主要是表示泛称而不是普遍具有"一"的意义。

壮语柳江话动词、形容词的后附成分 覃国生撰,载《民族语文》1981年第4期。

该文较为全面地探讨了壮语柳话动词、形容词的后附成分。文章认为,壮语柳江话动词、形容词后附成分所表示的意义是:(1)使动词、形容词表示的动作、状态具有不同程度的差别;(2)使动词、形容词表示的动作、状态带有褒贬的意味;(3)使动词、形容词表示的动作、状态更具有形象性;(4)使动词变成催促、命令式。其结构类型有5种:(1)A+B式,如 hau¹ŋaːu⁵ "很臭",演变格式 A+B.B(程度加深),如 hau¹ŋaːu⁵ "臭极了";(2)AB式(B和A同声母,韵母为-ɯm⁵),如 mop⁸mɯm⁵ "快打",演变格式 ACAB(B和C与A同声母,B韵母为-ɯm⁵,C韵母为-a¹),如 mop⁸ma¹mop⁸mɯm⁵ "赶快打";(3)ACAB式(C与B同声母,C的韵母为-a¹或-a²),如 maːn⁶ha¹maːn⁶hoːŋ⁵ "很辣";(4)ABCD式(B是ka¹或tsa¹,D的声母是hj-,与C同韵母),如 tam⁵ka¹tsum³hjum³ "矮得难看";(5)ABDBC式(B是ka¹,D与C同声母,而以-i¹或-i²为韵母),如 kjaːŋ²ka¹ngi²ngɯm⁸ "痛苦地呻吟"。文章还分析了壮语柳江话后附成分语音结构的特点。

壮语陆西话和汉语平话、白话若干相似现象 谢建猷撰,载《民族语文》1994年第5期。

该文从构词形式、句子格式、量词用法、程度表示方式来分析壮语陆西话和汉语平话、白话若干相似现象。(1) 陆西话、平话和白话的动词、形容词可加后缀，使动词、形容词所表述的行为动作或性质情状更加形象化和具体化。这些后缀都是双音节，加了后缀的动词不能带宾语和补语。许多合成词语素意义一致，语素之间的语法关系也相同。(2) 有一些相似的句子格式，如"……多"、"……要……"等。"多"在这里不是形容词，而是程度副词。"要"在这里相当于时态助词"着"。(3) 量词的用法也颇为相似，量词在数词不出现的情况下，也可置于名词之前。(4) 陆西话、平话和白话把动词或形容词重叠，中间嵌入 a 音，拉长音节的时值；拉长句末音节的时值，句末是结构助词"得"或是语气助词；用词缀表示程度等方式来表示动词、形容词的行为动作和性质程度上的特征。作者认为，上述相似的现象，可谓深层结构的相似，它反映了陆西话、平话、白话在语言类型学上的一致性。

壮语"N + V"短语歧义现象分析　韦星朗、覃晓航撰，载《中央民族学院学报》1989 年第 2 期。

该文从语义的角度来分析壮语"N + V"短语产生歧义的语言环境和主要原因，以及寻求消除歧义的方法。壮语的偏正关系和主谓关系具有统一的形式："名词 + 谓词"（N + V）的格式。"N + V"短语在一些语言环境中，可以表达一个确定语义内容，没有歧义现象，但在另一些语言环境中却不能确定它的语义内容，因而产生歧义现象。造成歧义现象的原因有五种类型。多数歧义现象就是因为"N + V"的语言环境不足而造成的。补足潜在的语言环境，达到消除歧义现象有添加指示代词 han^4（或 te^1）、添加与"N"直接有关联的动词（或动词性词组）、在句中的动词和"N + V"短语中动词之间插入修饰语的词或词组以切断动词与"N + V"短语动词的前后关联、变换名式等 4 种方法。这 4 种消除歧义的方法只是把"N + V"确定为偏正关系，但有时需要把"N + V"确定为主谓关系，就把"N + V"中的"N"嵌入"量词 + 指示代词"格式中间，使之变为"量 + N + 指示 V"的短语形式。这种短语的句法关系是主谓关系，没有歧义。

壮语南部方言 p^1、t^1、k^1 的来源　覃晓航撰，载《中央民族大学学报》1995 年第 4 期。

文章采用语言比较方法论证壮语送气塞音声母的来源。作者认为壮语南部方言送气音声母 p^1、t^1、k^1 的形成有三个因素。(1) 借自汉语送气音词。壮语在历史发展过程中深受汉语影响，吸收大量汉语词。由于汉语有大量送气音词，致使壮语在吸收汉语词时，不可避免地伴随着送气音词的渗入，在"南壮"中就有许多以 p^1、t^1、k^1 为声母的词来自汉语借词。(2) 复辅音的擦音成分导致送气音的产生。有些复辅音是以擦为第二成分的，如 pf 等，擦音 f 在向双唇音演变过程中，所产生的强气流也同时对塞音 p 产生影响，使 p 的气流增强，从而形成送气成分。这种因素是送气音产生的内部条件。(3) 地域条件制约壮语南部方言送气音的形成。壮语北部方言之所以没有产生送气音声母就是因为地域条件的限制，其间的"送气音逆读"规律完全拟制了这一方言区送气音声母的产生，致使壮语在送气音特征上形成了南北差异。

壮语趣谈　潘源洞、吴超强、罗滔共撰。载校刊《民族教苑》2006 年总第 15 期。

其中的《声韵连绵、描声绘色》详尽地论述壮语是一种优美的语言，表达能力很强，很生动形象，尤其是壮语的动词、形容词，常常带有描声绘色的后附加音节极其丰富。这些附加音节，本来没有什么意思，但它一旦附加在某词根后面，原词的本意就有变化：扩大、缩小、变美、变丑、变褒、变贬，不仅增加某些修辞色彩，而且表意十分确切、生动形象。

一、动词后面的附加叠音。(1) 带重叠的双音节词尾。如：raemjgoebgoeb 用刀斧大力砍。（2）动词后面加双声叠韵式的三个音节。如：venjdaengjdoemjroemx 大物体孤零零地挂着。（3）动词后面的双音节词尾，还可以插入相应的音节，使之成为：①"动词 + AB + AB" ②"动词 + AB + AC" ③"动词 + AA + BB"式的。如：diuq daekyuet daekyuet 大青蛙一步一停地跳跃；byaij gwjyuk gwjyak 人在坎坷不平的且有绊脚物的地方上走；gwn gopgoep gapgap 大口大口地快吃东西。

二、形容词的后附加叠韵音节。（1）带重叠的双音节词尾。如：hoengzijij 万绿丛中一点红，鲜艳好看。（2）由三个音节构成双声叠韵式的附加音节，第一和第二个音节声母相同（即双声），第二和第三个音节的韵母相同（即叠韵），第三个音节的声母只能是 r- 或 c-。如 sanggungxgangxrangx 形容人高瘦而难看；ngengrugragcag 物体放得歪歪斜斜的。（3）由四个音节构成的连绵式的附加音节，这些附加音节，第一和第三，第二和第四个音节的声母相同；第一和第二，第三和第四个音节韵母相同。如 nungxlungxnangxlangx 形容人的担子不平衡，走起路来东摇西摆的。（4）词根重复出现，中间插入相应的音节，构成"ABAC 式"的连绵形容词。如 byomsungxbyomsanx 形容人病后体弱，瘦得难看。

壮语使用中语法规范问题 韦达撰，载《中南民族学院学报》1991 年第 4 期。

自 1980 年广西恢复推行壮文以来，在 53 个县学习壮文人数达 55 万人以上。但语法规范工作尚未订出条例。作者在下面几方面提出意见。（1）词的顺序。名词、人称代词、指示代词的结合，应以词序来表示而不用虚词来表达。即：量 + 名 + 人代 + 指代。（2）时间名词作状语应放在主语之后、动词之前，或放在主语之前。（3）领属关系的表达形式，应靠词序来表达而不用虚词一表达。（4）在判断句子中的表达形式应靠词序来表示：量 + 名 + 指代 + 量 + 人代（或名）（支笔这支我"这支笔是我的"）但用虚词来表示也很普遍：量 + 名 + 指代 + duh + 人代（或名）（支笔这 duh 我"这支笔是我的"）。（5）动词的前加成分有 dox（表示互相），daj（表示某一工作）前者多用，后者建议多加使用。（6）动词词尾-ak、awq，表示生动，可以推广使用。此外还谈及名词、方位词、形容词的重叠式，以及动物量词、人称量词的规范。

壮语坛幕话语音变异现象初探 韦景云撰，载《民族语文》1998 年第 2 期。

坛幕话属于壮语北部方言邕北土语区。在语言交际中，坛幕话的某些音节内部或音节之间会出现不同程度的变异。坛幕话变异现象之一是音节韵母发生变异。这种变异一方面表现为辅音韵尾的消失，另一方面表现为复合元音韵母中主要元音的失落。同时，它们往往又是二元变异，即有些音节在其韵母发生变异时，其声调也随之发生相应的变化。坛幕话的语音变异还表现于音节的简化与合并。音节的辅音化是音节简化并导致语音变异的主要特征。两个音节合并为一个音节是坛幕话语音变异的又一特色。这一变异在口语中表现为两种特殊的合并方式。双音节词的两个韵母都发生变化，即双音节词里头一音节韵母的韵尾和后一音节韵母同时失落。音节合并的另一种变异形式是以只有头一音节韵母的完全脱落为主要特征的。

壮语文麻土语的音类演变 张均如撰，载《民族语文》1987 年第 5 期。

壮语文麻土语（现改为文马土语）音类变化错综复杂曾引起一些疑问。本文通过对比分析，理出各音类的来龙去脉和它与壮语的严整对应规律，并从音理上阐明这些变化的性质，充分论证它确属壮语南部方言无疑。音类变化中以韵类最为复杂，尤以简化最突出。现今韵母已简化为 30 几个，如促声韵全并入舒声韵，鼻尾韵已寥寥无几，aːn, an, aːm, am 等合并成一个鼻化韵 a~，i-、u- 等短韵均央化为ə-，单元音和复合元音韵变化多样，低元音高化，如：a→o，展唇音并入圆唇音，如ɯ→u，次高元音复化等。声类简化，如：清鼻音并入浊鼻音（浊化），复辅音并入单辅音，促声调并入舒声调等。文章最后指出：（1）多层次的音类变化反映出语音演变的阶段性，如 a 变成 o 了，后来促声韵 a-等又变为 a，于是 a 又重新出现。（2）音类变化是一部分词一部分词地渐变的，相关语言间语音对应规律的多样性与语音渐变性有密切关系。

壮语西阳话形容词的使动用法　覃晓航撰，载《民族语文》2007 年第 1 期。

壮语西阳话属壮语北部方言红水河土语，西阳话的形容词有两种使动用法：一种是主语使宾语具有这个形容词的性质或状态，格式是"施事主语 + 形容词谓语 + 受事宾语"；另一种是施事宾语使受事主语具有这个形容词所标志的性质或状态，格式是"受事主语 + 形容词谓语 + 施事宾语"。这种格式仅限于表示味觉、嗅觉、色觉、感觉等意义的形容词。

壮语与老挝语之异同　陶红撰，载《广西民族研究》1994 年第 3 期。

壮语和老挝语除了语法结构相同外，民族固有词汇基本上也相同。不相同的是各自的外来词，即壮语的外来词绝大部分来自汉语，极个别来自英语，而老挝语的外来词大部分来自巴利语和梵语，其次是法语和英语。外来词在这两种语言中占有的分量很大，并与固有词有机地结合在一起，成为民族语言不可分割的一部分。老挝语与壮语 1000 个固有词的比较结果是：辅音、元音、尾辅音完全相同的有 670 个，占 67%；辅音不同，元音和尾辅音相同或元音略有不同，辅音和尾辅音相同的有 220 个，占 22%；辅音和元音、尾辅音都不相同的 110 个，占 11%。笔者发现，壮语的外来词中没有巴利语、梵语借词，老挝语的常用外来词中也没有汉语借词。这一现象说明壮语没有受到巴利语和梵语的影响，老挝语也没有受到汉语的影响。文章认为，壮语和老挝语本是同根语言，中国的壮族和老挝的老龙族本来就是同住一个地区的同一民族。后来，由于历史上的某种原因，这一民族共同体的部分人迁移到别处去谋生了。久而久之，便形成了现在这两个不同国度的不同民族。其语言也由于各自所受的影响及社会和生产发展的不同而产生不同。

壮语与粤语、武鸣官话的相互影响　黄元焜撰，载《汉语与少数民族语言关系研究》，中央民族大学出版社，1990 年。

该文拟从粤语、武鸣官话中的壮语语音、壮语借词、壮语语法现象的角度，探讨壮语与粤语、武鸣官话的相互影响问题。一、壮语对汉语的影响。语音方面：（1）粤方言的广东四邑、两阳和高州等地，以及广西桂南一带白话，声母中都有一个边擦音或齿间擦音，来源于古心母。（2）合浦、钦州、蒙山等地区有鼻音声母，来源于古日母。（3）武鸣官话［aw］韵母。词汇方面："凹"粤语南宁、武鸣官话为 map⁵，壮语武鸣话为 bop⁵。语法方面：修饰成分后置；状语后置；双宾语的位置——指物宾语在前、指人宾语在后；不等式的比较句-A + 形容词 + 过 +B，如"我高过你"；述补宾句末加语气词表示强调；疑问句；动词后加"要"字表动作方式。二、历史发展的必然。壮汉族杂居区、壮汉语交错处，由于壮汉人关系密切，语言之间相互渗透、相互影响是必然的。

壮语与壮族族源　吴超强撰，载《广西民族学院学报》1986 年第 3 期。

文章分别用壮语与"百越"、"乌浒"、"俚、僚"、"土人"、"人"的关系论述这几个称呼与现今壮族的关系。（1）壮语与"百越"的关系。古代西瓯、骆越活动地区正是壮族的主要聚居区。古代越人，壮语叫布越，与现今广西西北至云南东部一带壮族自称布雅叶、布叶等同出一源。岭南地区还保留冠以"雒、布、那"等地名。"雒、即 lueg，是"山谷"的意思。(2) 壮语与"乌浒"的关系。乌浒是西瓯越、骆越的后起称谓，"瓯"可以视为"乌浒"的同义异写。(3) 壮语与"俚、僚"的关系。隋唐俚、僚并称，"僚"在读音上与"骆"有联系。(4) 壮语与"土人"的关系。周去非《岭外代答》"钦民有五种，一曰土人，有昔骆越种类也。"(5) 壮语与"人"的关系。"liang"见于明朝，是僚的后裔。即土官司、酋长、头人的总称，人们用壮族对土官司、头人的称呼来呼其众人。从百越到乌浒、僚、土人，都有渊源可溯。

壮语元音象义现象试析 陆天桥撰，载《民族语文》1988 年第 4 期。

文章认为，从语音的符号性来看，绝大多数音和义的结合完全是任意的，但武鸣壮语"元音象义"是一种值得研究的音义对应现象。武鸣壮语有些动词或形容词后面跟着拟声附加成分，这种附加成分的前高元音和后低元音分别与细小和粗大的物质所发出的声音有关系。如 riuhi⁴hi⁴ "嘻嘻地笑"，riu¹ha⁴ha⁴ "哈哈地笑"，riu¹ho⁴ho⁴ "哈哈大笑"。用高元音摹拟小物体的声音，用低元音摹拟大物体的声音，是由于高元音与细小的物体所发出的声音在音质方面有一种对应关系，低元音与粗大物体的关系亦然。拟声词也可以进一步转化成只表示程度大小的状态词。如 tam⁵tit⁷tit⁷ "小而矮"，tam⁵tat⁷tat⁷ "大而矮"，tam⁵tot⁷ot⁷ "粗大而极矮"。动词和量词本身也可以用不同的元音来区别。如 nip⁷ "用小夹子夹"，nep⁷ "用较大工具夹"，nap⁷ "用大工具夹"；ŋeu⁵ "一小块"，ŋau⁵ "一大块"。因此得出结论在自然语言中，语音和意义之间有天然联系的现象在某些范围内是存在的。

壮语造词法的初步研究 韦树关撰，载《广西民族学院学报》1991 年第 1 期。

该文主要是对壮语标准语的词汇作分析归纳，把壮语的造词法归纳为五大类。(1) 音义任意结合造词法，即用某种语音形式任意为某种事物命名，如 mbwn "天" vunz "人"，它们的意义之间没有必然的联系。(2) 词法学造词法。用附加式、重叠式、转类式构成新词。转类式即用词类转化手段，如动词转化为量词、名词转化为量词等。(3) 句法学造词法。又分主谓式、谓宾式、补充式、并列式和偏正式。(4) 修辞学造词法。又分比喻式，如 bak（嘴）、mou（猪）"铧的插头"；婉言式，如 gvaqseiq "过世，死"；对比式，如 dai（死）-lix（活）。(5) 语音学造词法。又分摹声式，如 mbej "山羊"、aek'ex "蛤蚧"。此外音译词也是用摹声法造成的，如 caz "茶"、gaen "斤"等；合音式，如 gizhaenx-gyaenx "那里"、gizlawz-gyawz "那里"；元音交替式，如 nge "小树枝"、nga "大树枝"等。(6) 综合式造词法。运用两种以上的方法造词。

壮语中 ɯ、əɯ、aɯ 三个韵类的发展变化 张均如撰，载《民族语文》1986 年第 6 期。

ɯ、əɯ、aɯ 三个韵类（用 A、B、C 来代表）发生变化的地区很广，而且相互关联，在壮语 60 个调查点里可归纳为甲、乙、丙、丁四种类型：甲、三韵类一直不混；乙、A 与 B 合并；丙、B 与 C 合并；丁、三者合为一个韵母。在三个韵类中 B 比较多变，处于向两极分化的状态，或并入 A，或并入 C，即使 B 韵类尚存，其音值也往往多变，从韵母系统看，三者趋于简化，从音值来看，ɯ, -ɯ 变为 i、-i 的是明显趋势。最后对于一些不合一般语音对应规律的词也作了分析，如"蛇、耳朵、药、云、青草""手、你"等词的韵母例外的变化原因；可能是：(1) 韵母受声母发音部位或发音方法的影响。(2) 声、韵母的相互影响，因不同来源、不同地区、不同时间而有不同的变化。(3) 语音变化是渐变的，一部分词变了，但另一部分词还未来得及变，或中途又受其他因素的影响而产生另一种变化。

壮语中的古汉语特殊语法现象 覃晓航撰，载《中央民族学院学报》1991年第5期。

文章讨论了壮语中几种特殊的语法现象，壮汉两族人民互相接触必然促成壮语接受汉语影响的局面，使壮语在吸收汉语的大量词汇的同时也吸收了一些新的语法规则，以充实自己尚不足的语法规则。今天，壮语和汉语虽然都同时经历了漫长的历史演变过程，但由于语言发展的不平衡性，致使现代壮语方言土语中仍保留一些古代汉语的特殊语法现象，这种现象是早期壮汉语关系的历史见证。（1）无系词判断句，判断句的主要特征是以名词或名词性词组为谓语表示判断，壮语从古汉语借用了不用系词的判断结构。（2）名词直接作状语，包括名词表示行为动作所凭借的工具，名词表示行为动作的时间。（3）动词直接作状语，指动词直接放在谓语前边作状语，构成壮语和中心词的偏正关系，表示动作行为的手段、方式或状态。

壮语中的新语序 韦星朗撰，载《汉语与少数民族语言关系研究》，中央民族学院出版社，1990年。

（1）壮语的新语序。在现代壮语中，宾语、定语、状语、补语等，由于汉语的影响都出现了新的语序。①定语的新语序。壮语中原来的定语和中心语的关系，只有二以上的数词修饰量词时是定语在中心语之前，其余的都是定语在中心语之后。现代壮语出现了宾语在前中心语在后的新语序。②宾语的新语序。壮语中的宾语原来都置于谓语之后，没有宾语前置的。现在由于受汉语的影响，在壮语的一些句子中也出现了宾语前置的现象。③补语的新语序。原来壮语中的补语只有一种位置即置于宾语之后，现在受汉语影响，也出现了补语置于宾语之前的新语序。（2）新语序出现的条件和规律。①壮语中定语与中心语的位置，因用词的新老不同而不同。一般说，老语序，即中心语在前，定语在后；新语序，则定语在前，中心语在后。②句子中的宾语是新借词，可借助tauu将宾语提前。

壮语中汉语借词词义的扩展 黄佩兴撰，载《中央民族大学学报·增刊·壮侗学研究》1997年。

汉语借词借入壮语中其词义出现四种情况：（1）全盘吸收，汉语有几个义项，壮语也吸收几个义项；（2）部分吸收，只吸收汉语多词义的部分义项；（3）只吸收部分义项又增添了汉语中没有的一些义项；（4）全部吸收汉语词的义项而且词义有了扩展，或是引申或是转称。本文着重对第四种情况进行分析探讨。文章举了六个例词，如：bok①蜕皮、蜕壳，③脱落、剥落，②、③两义项是引申出来的。saek①塞、堵，②塞子，③阻塞、堵塞，④闭塞，⑤将，将军（使人为难）。③、④、⑤是引申的。fan①翻倒，反转，②翻动、找，③推翻，④翻越，爬过，⑤翻（地），⑥翻盖、翻修，⑦翻译，⑧翻（数量成倍增加），⑨翻（胃），⑩翻脸，⑪翻（风）。⑤、⑥、⑨、⑪是引申的。

壮语·壮族文化习俗·壮族祖先崇拜 莫克利撰，载《三月三》（少数民族语文）2006年第十期。

主要内容：语言是一种活化石，它可以真实地再现历史；语言像一面镜子，能够如实地照出不同民族的特点；从语言的"万花筒"中，能够看到民族的各方面特点，特别是语言的词汇，反映民族的特点最为敏感、迅速。壮语属于汉藏语系壮侗语族壮傣语支，是一种具有丰富内涵的语言。从现在壮族人民用于交际交流的壮语，人们可以研究出壮族社会生活的过去、现在以及未来。本文拟选取部分壮语词汇，从词汇的意义说明，壮语词汇内涵无比丰富，外延无限延伸；同时认为也可以从词汇意义来考究壮族的文化习俗、壮族的祖先崇拜。

壮族的尊称谦称和昵称　吴超强撰，载《民族语文》1990年第6期。

广西壮族，在同辈之间、晚辈之间及长辈之间的称呼礼节习俗各有特点，文章从尊称、谦称和昵称三方面对广西壮族辈分之间的称呼进行了论述。文章认为广西壮族同辈间的尊称，同龄间称呼只呼其名不呼其姓，同辈不同龄，年纪小的对年纪大的，不分男女，都以 pei⁴²"兄、姐"称呼；晚辈对长辈，都以敬称而呼，男性称 koŋ²⁴ laːu⁴² "老大爷"、女性称 me³³ laːu⁴² "老大娘"、naːi³³ "奶奶"；主人与客人的尊称，亲友相见也有敬称，客称主的妻子不能说"jaː³³"。客称妻的丈夫不能说 kvaːn²⁴，须用另外词代称，表示尊敬。广西壮语的谦称特点是晚辈对长辈尊敬是通过晚辈自己的谦称来表示，主人与客人之间的谦称。双方说话都不把"我们"说成 tou²⁴，而说 ɕoi³⁵（"我们"的谦称词），表示对对方客气和有礼貌，否则就是失礼，广西壮语的昵称，大人对幼儿呼叫奶名，有亲昵可敬之意，对晚仔晚女，常以 i³³ "幼小"呼叫，对男女青年，按长幼次第称呼，前面需冠性别词头，对有子女的成年人，是把小孩的名字和"爸爸"或"妈妈"的称谓结合起来呼叫。作者认为壮族的上述称呼礼节习俗，是尊老爱幼的具体表现，发扬这些礼节习俗有助于青少年健康成长，对搞好精神文明建设有重要意义。

壮族人民的文化遗产——方块壮字　张元生撰，载《中国民族古文字研究》，天津古籍出版社，1987年。

据汉文史料记载，一般认为壮族人民至少在唐代就已经仿照汉字创造了方块壮字。在广西壮族自治区上林县存留下来的两块石碑，是唐代澄州壮族首领韦敬办刻的。这两块石碑的碑文虽然是用汉文写的，但当中也夹着不少的变体字和方块壮字。这是至今发现的最早的方块壮字。方块壮字过去流行于民间，主要是用来记录壮歌和民间故事等。方块壮字始终未能成为全民族通用的文字，因为它通行的地区和范围有限。又由于方言的差别，各个地方的方块字也不尽相同。本文主要介绍武鸣地区流行使用过的部分方块字，共1000多字。所列举的方块壮字是按壮语武鸣话的实际读音标音。方块壮字因仿照汉字的结构，所以跟汉字有许多共同点，而且经常是和汉字混用。用汉字表达壮语，基本上是采取音译和意译两种形式。方块壮字的构造有繁有简，在读音上有的还保留了古汉语语音特点。

壮族人名浅谈　莫克利撰，载《三月三》2000年第4期。

文章认为，在壮族聚居区，至今沿袭着一种有趣的称谓习俗，那就是一个人的一生当中，有几个不相同的名儿：小名、正名、随子（女）名、随孙子（女）名。小名又叫乳名，由 daeg（特）或 dah（达）+辈分组成；正名由姓+辈分字+名组成；随子（女）名由 boh + 头生子（女）名或 meh + 头生子（女）名组成；随孙子（女）名由 goeng + 头生孙子（女）名或 buz + 头生孙子（女）名组成。

壮族三种文字嬗变及其命运的思考　梁庭望撰，载《三月三》89号增刊《民族语文论坛专辑》，1999年。

文章分三部分，第一部分"刻画文的命运"。刻画文最早发现于商代石磬上，春秋战国时代的陶器上多有发现。刻画文向象形、指事、会意字过渡尚未完成，秦始皇于公元前214年统一岭南。秦代实行"书同文"，壮族先民的刻画文不可能独立发展成一种单独的文字体系，就此夭折。第二部分"古壮字的兴衰"。南越国建立，汉文化在岭南得到传播。壮族祖先的"仓颉"们从汉字构词法中得到启发，利用汉字的偏旁部首结构和造字法创造了古壮字。从汉代开始就已经有零星的古壮字在汉文典籍中出现，但正式见于壮族文献的是公元682年广西上林的碑刻《六合坚固大宅颂》和公元697年的

《智城碑》。宋代到明清，是古壮字在民间广泛使用时期。《古壮字字典》收入10700多字，其结构是：第一类，象形字。第二类，假借（汉）字，分四种类型，主要是形声字。第三类，借汉字偏旁部首另造，这是古壮字的主体。其中有会意字和形声字。古壮字留下了大量抄本文献，但从未得到官方认可。第三部分"壮文的现状和展望"。壮文推行以来，虽然艰难曲折，但已经先后进入教育、宣传、科普、新闻出版、壮学研究、文学艺术、古籍整理、对外文化交流等领域。在教育领域，已经培养壮文骨干2万多人，包括壮文中专、大专、本科、硕士、博士5个层次。从中可以得出下列启示：（1）壮族与世界上许多要求进步的民族一样，对文字有执着的追求，表现出一种文明民族的渴望。（2）这种追求至少有3000多年的历史，历经刻画文、古壮字、壮文三个阶段。（3）壮文作为科学的文字，是一套符合壮语实际的符号系统，易学好用。（4）为了实现壮族地区的现代化，必须加快发展汉文教育。在壮语仍将作为民族认同感长期存在于乡间的情况下，壮族地区存在汉文功能达不到的地方，壮文能够填补文字的真空，起到应有的作用。

壮族文化的宝贵遗产——《古壮字字典》读后
郑贻青撰，载《民族语文》1991年第1期。

此为书评。作者对该字典的评价是：（1）《壮字典》以下简称《字典》的出版，对壮族聚居区各地用字的规范起到促进作用。（2）从词典所收的字来看，绝大部分属形声字，其次是借汉字，粗略统计，属自造的形声字占87%左右。（3）《字典》的问世，使壮族人民认识到自己的祖先还给后人留下这么丰富、这么宝贵的一份文化遗产。本文作者谈了几点意见：（1）首先承认方块壮字在历史上所起的积极作用，同时必须承认它还没有发展成为壮族统一的正式文字。（2）记录山歌故事时，某些地区可以让方块壮字继续发挥作用，并应该以《字典》为准。（3）使用方块壮字时可以采用附加拼音壮文对照的办法。（4）在用字的规范方面，应多采用现成的"借汉字"。文章还对《字典》提出若干意见，有些地区的壮字似乎没有收到，此外对注音方面也提出一些意见。

壮族文字的产生，消亡与再造
李富强撰，载《广西民族研究》1996年第2期。

文章对壮族古文字的产生、消亡与再造提出了自己的看法，认为：（1）壮族历史上曾用物件、符号、图画等各种原始方法来记事，这是孕育文字的母体。（2）大约在商周时期，壮族先民有了文字的萌芽。壮族的原始文字——刻画文字，自商至战国时期由萌芽而逐渐成长。但是，自战国以后，壮族的刻画文字逐渐枯谢。（3）汉文字传入岭南的结果，不仅使壮族原始文字失去了存在的理由，而且导致了一种新的壮族文字——土俗字的产生。到唐代，以汉字为依据创造壮文字的条件日趋成熟。在宋代，关于方块壮字的记载已多见于文献。总之，壮族在原始社会末期向阶级社会迈进的过程中，也曾有过文字的萌芽和发生，只是由于秦始皇挥戈南下，将岭南纳入中央王朝的势力范围，壮族先民不可能也无须建立起统一的政权和国家，使得壮族先民的刻画文字远未发育成熟便失去了发展成为全民族通用的统一文字的土壤和条件。壮族人民在与汉民族的长期交往中，逐渐熟悉了汉文字，在民族交流日益频繁，社会经济活动日益复杂的需求和刺激下，壮族人民经过艰苦的摸索，终于以汉文字为依据创造了方块壮字。

壮族族称音义探考
韦达撰，载《中央民族大学学报》1995年第4期。

该文对壮族的三对族称的音义进行了探考。第一对是"百越和于越"。"百"，不是数目字100，而是[pw]和[pou]（个，量词），"百越"就是

［pwyai］或［pouyai］（个越），即越人。"于越"也是汉字记录越语音，作者把本是一个音节的［yai］（越）记成了两个音节，即［y］+［ai］了。实际上，"于越"就是"越"。第二对是"僚和仡佬"。"僚"，不读现代汉语普通话的"liao"，而应读［lau］或［rau］。［lau］或［rau］的壮语意是"我们"。"僚人"就是"我们的人"，或者说是"本地人"。"仡佬"中的"佬"与"僚"同音，意义也一样。"仡"壮语音应是［kai］，属前冠音节，不表实在意义。所以，"仡佬"也就是"我们"，与"僚"意同。第三对是"僮和蛮"。"僮"是据壮语"洞"音译的。"僮人"就是"山洞人"，因壮人古时居住在山洞而得名。"蛮"也是从壮语［ban］（村庄）音译过来的。壮族人自称［vun ban］（村人），也即乡下人，本土著人。"百"也不是数目字100个，也是个量词（个），"百蛮"就是［pou ban］（乡下人）。有些人把汉书上的"蛮"都理解为"野蛮"的意思，那是错误了。文章从语言的角度入手，将壮族的几个族称词进行标音和意义解释，纠正过去一些研究成果的作者因不懂语言而"望文生义"、"以讹传讹"的现象，使人们对壮族族称有科学的理解和掌握，从而把研究壮族的工作推向高的层次，使研究成果更具科学性，更符合历史事实，更有价值。

壮族族称"撞"字的来源与演变新探 覃晓航、韦文安撰，载《广西民族学院学报》1994年第1期。

壮族原写作僮族，由于"僮"字有两读，1965年以后改用"壮"字。在史书上壮族被称为"撞"。宋范成大《桂海虞衡志》载："庆远、南丹溪洞之民呼为撞。"也有人称他们为"撞丁"。洞（峒）与撞字在中古音近，撞，澄母绛韵，拟音 *dong，洞，定母通韵，拟音 *dung。"洞溪"一词历代辞书没有标明，表明此词源自外民族语言，它当源自壮语。"溪"中古音为 *kʻiei，与壮语表示"空隙"

ke⁶ 接近。洞字 dung 与壮语"山林"的 dong¹ 相近。"洞溪"即"山林之间的空地"即 ke⁶dong¹。文章的第二部分谈撞字的演变。宋代用"撞"字，明清至民国用"撞"，中华人民共和国成立以后用"僮"60年中以后改用"壮"。语音的演变是由 *dong 变为 tçhuang 再变为 tçuang。有人认为"僮"的另一读音 tung 在壮语北部方言地区读作 tung，恰好与峒洞、侗读音为相同，因此，有"侗人与僮同族"之说。

僮语词法初步研究 袁家骅、张元生撰，载《少数民族语文论集第一集》，中华书局，1958年。

（一）名词。一个多音词—复音词或复合词，在句子里的作用跟一个单音词是相同的。要判别僮语里一个多音节名词，我们得同时回答两个问题：这是不是（单）词和这是不是一个名词。僮语多音节名词，按结构形式，可以分成三种：复音词、复合词（主从式、类别式、并列式）和派生词，有时三种形式的界线不容易严格划分。

（二）动词。（1）复音动词的主要形式是利用双声和叠韵的手段构成的；（2）复合动词粗分为组合式和并列式两类；（3）派生动词是由复合动词发展而形成的一种动词类型；（4）同一个单音词，可以利用词尾形式的不同，构成双声的动词或形容词词形，意义上仍然有密切的联系。

（三）形容词。（1）复音形容词的主要构成手段是双声、叠韵和重叠以及这三种形式的错综运用；（2）许多单音形容词后面可以附加一个音节，这个附加音节（词尾）往往重叠出现，这样就使原来的单音形容词（词根）在意义上发生某种变化，加强程度只是意义变化中较显著而普通的一种。

僮语中的汉语借词 王均撰，载《中国语文》1962年第6期。

文章第一部分指出，壮语中的汉语借词来自不同的时代和不同的汉语方言，分老借词和新借词。

老借词主要是日常生活中的词语，在语音上有塞音韵尾，6个舒声2个促声调与汉语"平、上、去、入"相当。新借词是现代吸收的政治、经济文化方面的词语，其读音与柳州话相近。有如下观点：（1）老借词声韵系统与现代粤方言相近，但不能说是现代粤方言借词。（2）老借词与新借词不同。（3）壮语的汉借词决非借自同一时期。（4）有些借词各地读音不同，与当地汉语的读音有关。（5）在汉语影响下壮语增加新的音类等。第二部分从词汇上分析，不同的说话内容，借词比例有很大的不同。并指出借词与民族词并存并用及其分工的情况。第三部分谈壮语在汉语的影响下，语法上发生的变：词序的变化，新增语法成分，新增加的语法结构和修辞风格等。

紫云苗语五平调系统的声学及感知研究

孔江平撰，载《民族语文研究新探》，四川民族出版社1992年。

文章用语音实验的方法对苗语平调系统作了声学和感知方面的研究。一个语言所有调形都一样，那么声学上的特征和感知上的依据是什么呢？紫云苗语有8个调类，5个调值，都是平调。实验听辨人20人。实验选采用3种方案，一是测定绝对音高是否辨义；二是测定在参照环境中声调别义的能力；三是测定声调高低的感觉和调位知觉之间是否存在差异。进一步实验是从双音节调位来看绝对音高的作用。实验结果表明，（1）音高在没有对比情况下无音位意义。（2）在对比条件下声调出现对立，区别词义。（3）两个平调在感知上有一定倾向性，即五个声调感知关系不均等——有些声调之间的调位功能比另一些强。（4）双音节调位的绝对音高仍没有音位价值，可高可低，但第一和第二音节的相对关系不变。语言学上，从实验可知，平调系统中声调感知的依据并不是音高物理量本身，而是通过音高相对性感受的相对关系，这种相对关系实际上反映的是声调系统中的对立关系。

"宗贝"、"送"考

袁德洪撰，载《中央民族学院学报》1990年第3期。

文章从汉字造字和注音方面探讨了"宗贝"和"送"两个字是古巴语也是土家语同一单词在汉文音译时的异写。汉文有许多同音字和多音字，音译民族语言时不可避免会有种种异写。产生异写的原因有：（1）出于不同历史时期不同译者之手；（2）出于同历史时期的不同译者；（3）出自两个民族中各自受本民族语言方言制约的译者。古代巴人将田赋称为宗贝。《谈文》"宗贝，南蛮赋也，从贝宗声，祖江切。"崔鸿《蜀录》"巴人呼赋为宗贝"。这个字是汉文史家记录少数民族语言的贡献。土家语用"什用"、"冲"、"送"音译汉语带官阶含意的专有称谓。"什用"的反切音是"送"，所以"冲"、"送"、"什用"是一回事。定居在湘鄂川黔四省边境的巴人是今天土家人的族源之一，那么，土家语底层保留着某些巴语，是一种必然和理所当然的现象。

作为古百越语底层形式的先喉塞音在今汉语南方方言里的表现和分布

陈忠敏撰，载《民族语文》1995年第3期。

文章根据拟议中的古百越语是指今侗台语族及东南亚语种分化前的母语；考古学、历史学研究表明古百越族活动栖息的范围在今长江以南地区；先喉塞音为汉语南方方言和侗台语族等语所共有，而不见于汉语北方方言等原则，来探讨作为古百越语的一个语音特征的先喉塞音在今汉语南方方言里的表现和分布。作者列举许多实例说明汉语和侗台语族的先喉塞音（主要指 ʔb、ʔd）的性质和种类有很大的相似，并有类似的音变。汉语的 b、d 是以帮母和端母为中心分层次地向其他声母扩散，即 ʔb→b、m、v、ʔ、d→d、n、l、ʔ。汉语和台语里的 ʔb、ʔd 演变为 m、n，或 l 的模式是相同的。第三种先喉塞音，汉语为 ʔ+舌面中浊塞音→ʔj，布依语有 ʔdz→

ʔj。这种这种广泛的一致性作者认为汉语南方方言里的ʔb、ʔd 的存在是古百越语底层残留现象。同时，指出侗台语里的先喉塞音声母跟同部位不送气塞音声母音位形成对立，对声调有分化作用，而汉语则不然。最后作者列了汉语南方方言先喉塞音一览表。

1340年昆明蒙文碑铭再释读 包祥撰，载《民族语文》1980年第4期。

这块碑碣保存在昆明筇竹寺大殿之中。碑石立于1340年。碑额正中刻八思巴字"云南王藏经碑"，碑身刻有20行畏兀体蒙文，另一面刻有21行汉文。两种文字内容不同，后者为1316年圣旨。碑文中使用了113个蒙语词。它们的意义同现代蒙古语没有多大差别，只有个别词在词义、使用习惯上有差别。书写形式方面，碑文严格遵循了畏兀体蒙文的主要的一些规则和特点。第一，整个碑文中没有出现任何标点符号。第二，碑文中没有出现"撇"和"捺"，所有的词尾形式都是竖字尾。第三，辅音n、q前都没有点儿。第四，词中的tshh，tsh用同一个字母。第五，词首的tsh，j不加区分，只有一个字母。文章用拉丁字母转写了原文，并从语言文字的角度作注释共40余条。最后对原文进行了汉文翻译。

第四部分：从事中国少数民族语言文字研究、翻译、教育工作的专家、学者简介

阿不都克里木·巴克

（1928—）维吾尔族，新疆阿克陶县人。新疆喀什师范学院中文系教授、中国突厥语研究会理事。1956 年毕业于新疆学院文学系，1956—1962 年在新疆师范学院任教，1962 年起在喀什师范学院中文系讲授现代维吾尔语。长期从事现代维吾尔语的教学和研究工作，曾在 20 世纪 50 年代与其他教师为新疆师范学院学生和中学教师合编过现代维吾尔语教材。此教材长期在喀什师范学院等院校使用，并成为中学教师的教学参考书。此后根据教学和科研心得，对教材做了大幅度的修改，增加一些章节，1983 年经过修改的教材由民族出版社印刷成书，同年参加在莫斯科举办的国际图书博览会，获得好评。阿不都克里木·巴克在现代维吾尔语的研究范围较宽，对词类的划分原则、词在句子中的句法功能、名词格的范畴、正字法和语音等问题都有独到的见解，发表了一批文章。已出版的著作有：《现代维吾尔语》（维文）。已发表的论文有：《关于量词问题》、《关于情态词问题》、《论现代维吾尔语中词类划分的原则》、《论现代维吾尔语中的词在句法中的功能》、《有关教学法的几个问题》、《论现代维吾尔语中的附加成分 -diki／-tiki》、《论现代维吾尔语中的专有名词和普通名词》等多篇。

阿布都鲁甫·甫拉提 （Abduraop Polat）

笔名：塔克拉玛干尼（1950—），维吾尔族，新疆喀什喀尔市人，教授。1972 年就读于北京中央民族大学少数民族语言文学系。1975 年毕业后，留在本校维吾尔语言文学系任教至今。1978—1982 年，在北京外国语大学阿拉伯语系学习阿拉伯语。1984 年 4 月—1985 年 10 月，赴伊拉克阿拉伯共和国，在巴格达、库法、奈加夫、克尔巴拉等地实习阿拉伯语。1986 年 9 月—1988 年 7 月，在北京大学学习波斯语。1996 年 10 月—1997 年 7 月，作为访问学者，赴埃及开罗大学和爱兹哈尔大学进修阿拉伯文学和伊斯兰教原理。1997 年 10 月至 2002 年 5 月，赴土耳其共和国，在安卡拉大学史地文学院当代突厥语言文学系攻读并获得文学博士学位。

目前为止，开设并讲授了"维吾尔语研究"、"维吾尔文学"、"维吾尔文学研究"、"维吾尔语词汇学"、"翻译理论与实践"、"察哈台维吾尔语"、"察哈台维吾尔文学"、"纳瓦依作品研究"、"察哈台维吾尔语语法研究"、"察哈台维吾尔文献选读"、"土耳其语"、"阿拉伯语"等课程。1991 年被评为北京市优秀教师。1992 年 10 月评为副教授。1995 年荣获宝钢教育基金优秀教师奖。2004 年 9 月晋升为教授。培养过两届共两名硕士研究生，其中一名是日本留学生。正在培养察哈台维吾尔语言文学为研究方向的硕士研究生 6 名。25 年来，一直主讲的"察哈台维吾尔语"课 2006 年被评为"北京市级精品课程"。

主要学术著作有：《察哈台语》（与哈米提教授合著，1986 年，喀什维吾尔文出版社。该专著于 1989 年荣获国家民委颁发的优秀科研成果三等奖）、《纳瓦依·两种语言之辨》（与哈米提教授合作）、《察哈台维吾尔语研究文集》（个人论文集）、《维吾尔语词汇学》（该专著 1996 年荣获北京市优秀科研成果二等奖；1997 年，荣获第三届中国民族图书三等奖）、《察哈台维吾尔语通论》、《察哈台维吾尔文学之精粹——维吾尔十二木卡姆原文歌词集》、《察哈台维吾尔语语法》。

译著有：《宝物》、《天房的历史》、《马赫图姆库里诗集》（与米娜瓦尔·艾比布拉博士合译）、《古兰经第三十章释义》。

此外，还发表了《权益教育是维吾尔族生存并发展的永恒的基石》、《察哈台维吾尔文及其主要文献》等科学研究论文和文学创作文章 100 多篇。其中，争论文章《热地理·阿布拉公式与维吾尔族的生活哲学》荣获《楼兰》（Kroran）杂志 2006 年颁发的"维吾尔族与发展为题的优秀作品奖"。

阿布都鲁甫教授于 2007 年 11 月荣获博士生导师资格。他正招收并培养中国古典文献学专业察哈台维吾尔语言文学及文献为研究方向的博士研究生。

阿地力·哈斯木 （1974—）维吾尔族，新疆乌鲁木齐人，副教授，硕士研究生导师。1995年7月毕业于新疆大学中语系，获得文学学士学位。2001年考取新疆大学中国语言文学系少数民族语言文学专业（翻译研究方向）硕士研究生，2004年获得文学硕士学位。现任新疆师范大学语言学院中语系教师，多次获新疆师范大学校级优秀毕业论文（设计）"优秀指导教师"，2007年获得自治区级双语培训优秀教师称号。

阿地力·哈斯木一直从事维、汉双语翻译理论，维吾尔语言和少数民族双语教育教学与研究工作，形成了相对稳定的教学和研究方向。主持国家社会科学基金西部项目《汉维翻译对当代维吾尔社会文化发展影响研究》。主编、编译出版了《民族师生实用汉语教程》（共六册）等，参编《维吾尔语专业系列教材》，主编、参编汉维、维汉词典，汉维词汇经典等9部词典，在国内核心期刊和其他刊物上发表了《试论当前新疆的汉维翻译研究现状》《古代维吾尔文献中的希腊语借词》《对新疆少数民族双语教师培训的思考》等20余篇学术论文。编写《民族师生实用汉语教程》、编著《汉维词汇经典》、参编《汉维、维汉词典》。

重要论文有：《古代维吾尔语中的希腊语借词》，该文结合希腊人在中亚活动的历史背景，通过查阅古代维吾尔文献，分析了这些文献中的bamuq、boz、didim、nom四个希腊语借词情况，提出这可能是当时东西方文化交流的一些重要佐证；《试论当代新疆的汉维翻译研究现状》，主要内容：该文通过初步研究新疆当代维汉翻译对于新疆维吾尔社会发展、文化变迁和改造，以及对维吾尔族人民在文化和思想方面的影响，窥见和研究当代新疆社会、文化和思想发展变化与外来文化之间的关系。

阿尔斯兰·阿不都拉 （1955—）维吾尔族，新疆哈密人。新疆大学人文学院院长、新疆大学阿尔泰学研究所所长、新疆大学少数民族语言文学国家级重点科学学术带头人、新疆大学中国语言文学博士后科研流动站站长。曾任中文系语言教研室主任、中文系副主任、教务处副处长。自1979年8月起，在新疆大学任教，讲授"现代维吾尔语"、"语言学概论"、"社会语言学"等课程。给硕士生、博士生开设"维吾尔语修辞学研究"、"方言与文化"、"人类语言学论题"、"民俗语言调查与分析"等课程。1990年8月—1991年9月，在英国伦敦大学访问、任教。主要研究方向是维吾尔语修辞学、社会语言学。撰写出版《"福乐智慧"的修辞艺术》、《外来语对维吾尔语的影响》、《维吾尔语外来词辞源词典》等著作；主编《新疆少数民族语言文学论文集》，以副主编、编者身份参与《维吾尔民间文学百科全书》、《维吾尔古代文学史》、《中国少数民族文化大辞典》（西北卷）的编撰。在国内外学术刊物发表论文30余篇，翻译出版长篇小说、论文报告文学30余部。主持《西域诸语言的接触与影响》等项目3项。曾赴英国、法国、德国等几十个国家进行学术交流。

阿旺措成 （1931—）又名赞拉阿旺，藏族，四川小金县人。西南民族学院（现西南民族大学）民族语言文字研究所副所长、副教授、中国民族语言学会理事，曾当选四川省第一届至第六届人大代表。

阿旺措成从小学习藏文，1943—1948年在西藏哲蚌寺学习藏文文法、诗学、因明学、佛学等，随后在小金县八角寺院学习藏文。后来在地方担任行政工作。1977年以来在西南民族学院从事藏文教学和研究工作。1979—1981年在中央民族学院古藏文进修班学习。多年来，他从事古藏语及现代藏语文的研究。在对古藏语研究中，认为藏族使用的嘉戎语是藏语方言中保留古藏语成分最多的一种藏语方言，是古藏语的活化石。要深入研究这个问题需要结合研究嘉戎语地区的历史和藏语语言学才能得出正确的结论。在他领导下的《藏汉对照嘉戎口语词典》，其目的是向嘉戎语研究者提供有用的材料。他参加编纂《古藏文词典》，该书篇幅浩大，约有一百万字。已发表的论文有：《谈谈吐蕃第一个赞普》（1982）、《西藏历代赞普王墓初探》（1982）、《格萨尔王传说中的格萨尔》（1983）、《略论藏语方言——嘉戎语》（1983）、《简论西藏音韵学》（1986）、《朗氏家族史与格萨尔》（与余万治合作）（1985）、《藏区进行双语教学刍议》（1986）。

阿西本·图尔迪 （1940—）薪疆喀什英吉沙县人，维吾尔族，研究员。1964年毕业于新疆大学中国语言文学系，随即分配到中国社会科学院民族研究所语言室从事民族语言文字研究工作。多年来，钻研现行维吾尔语言文字、古突厥文、回鹘文、阿拉伯文、波斯文，也学习哈萨克文、柯尔克孜文、斯拉夫文以及英文、俄文等。多次到新疆各地进行语言和社会文化调查。1999年11月—2000年7月，以国家派出的高级访问学者身份出访土耳其安卡拉大学，其间作了一个题为《论维吾尔族的文字改革问题》的学术报告，此报告虽然否定了由土方提出的突厥共同字母方案，仍然获得土耳其国家领导人的电报祝贺。参加中国突厥语研究会（任副秘书长，常任理事），中国维吾尔历史文化研究会（任理事），中国古文字研究会，中国民族语言学会等团体，参加全国性的学会研讨会15次，国际学术研讨会两次。

主要著作有：《维吾尔罗布话研究》（傅懋勣主编，阿西木·图尔迪、米海力、宋正纯合著）。主要论文有：《新疆艾努人的语言》（与赵相如合作）、《新疆伊犁地区土尔克话的特点》（与赵相如合作）、《维吾尔口语里的长短元音》（与米海力合作）、《从一个词的撰写看阙特勤碑的解读》、《维吾尔文字母变体类型分析——兼谈哈萨克文和柯尔克孜文》、《一个古代字母的读音质疑》、《维吾尔语的音序》（与米海力合作）、《论元代两枚夜巡牌阿拉伯文种的读释问题》。参加的集体著作有：《中国少数民族文字》（其中的维吾尔文部分）、《中国少数民族语言使用情况》（其中的新疆维吾尔自治区、维吾尔语、昌吉回族自治州三篇的调查和编写）、《世界的书面语使用程度和使用方式概况》（中加合作项目，负责其中的维吾尔语部分）、《中国少数民族现状与发展·维吾尔族墨玉卷》（与任一飞等合作）。

艾尔肯·哈的尔 （1960—）维吾尔族，生于新疆库尔勒市，副教授，硕士研究生导师。1982年毕业于西北民族大学汉语系，获得文学学士学位。2000年9月—2001年9月在法国新索邦大学研修一年。现为新疆师范大学语言学院中国语言文学系维吾尔语教研室教师。

艾尔肯·哈的尔一直从事对汉族学生的维吾尔语教学与研究工作，主持国家社会科学课题《新疆维汉语言接触的社会语言学研究》（已结题）和自治区教育厅课题（已结题）各一项；为新疆维吾尔自治区紧缺专业——维吾尔语、自治区教学团队成员、主持校级精品课程的建设工作。主编维吾尔语专业系列教材《初级维吾尔语听说教程》和《中级维吾尔语听说教程》，参编维吾尔语专业系列教材《初级维吾尔语教程》（下）。在国内核心期刊和其他刊物上发表了《试论维吾尔语中的性别歧视》、《对汉族学生的维吾尔语语音教学原则》、《浅谈对汉族学生的维吾尔语教学的原则》、《对汉族学生词汇教学的基本原则》等20余篇学术论文及教改论文。

已发表论文：《维吾尔语中的性别歧视》，该文从现代维吾尔语中的性别词汇的标记性、语序排列和语用等诸方面存在的"男尊女卑"的现象进行了较全面的分析，阐述了性别歧视的历史根源；《对汉族学生维吾尔语词汇教学的原则》（维文版），该文从维汉两种语言的异同为切入口，较全面地论述了对汉族学生维吾尔语词汇教学的原则。

安炳浩 （1929—）朝鲜族，语言学博士，教授，生于黑龙江省牡丹江市。祖籍韩国顺兴安氏，其父为了躲避日本殖民主义者的迫害，来到中国东北牡丹江地区参加抗日活动。安炳浩 1946 年即参加革命工作，1947 年，根据地政府选派安炳浩到当地一所中学任教。1950 年朝鲜战争爆发，安炳浩参加了中国人民志愿军，在战争中两次立功。1950 年 9 月进入延边大学学习。1956 年，国家又派他到朝鲜最高学府金日成综合大学研究院（研究生院）留学深造。1960 年以优异成绩取得硕士学位，归国后，国家派他到北京大学东方语言系朝鲜语专业任教。在北京大学工作的几十年，从助教到讲师、副教授、教授，曾担任教研室副主任、主任等职务，多次担任班主任。改革开放后，安炳浩重返朝鲜金日成综合大学继续深造，并于 1984 年取得博士学位。1997 年离休但现在仍参与指导博士生、硕士生的工作。在近半个世纪的岁月里，为国家培养出了大批优秀朝语人才。

为了扩大对外文化交流，北京大学于 1987 年设置了朝鲜文化研究所，安炳浩担任副所长，他忠实履行自己的职责，广泛开展对朝、对韩文化交流，做了大量工作。此外，还担任过许多社会职务，主要有：中国朝鲜语学会副会长，全国文献标准化委员会委员，国际高丽学会亚洲分会会长，北京高丽文化经济研究会顾问，日本大阪经济法科大学亚洲研究所客座教授，中国韩国（朝鲜）语教学研究会会长等。其中，韩国（朝鲜）语教学研究会每年组织国内或国际学术研讨会，研讨会发表的论文结集出版学术刊物《韩国语教育研究》，在中国、韩国和其他国家都有广泛影响。

改革开放伊始，安炳浩最早带头在本专业招收研究生，至今已培养了 10 多名硕士研究生，还作为博士生指导小组组长协助博士生导师培养了 8 名博士生。参与编写了《韩国语中级教程》、《标准韩国语》等大学教科书。个人著作主要有《韩鲜语发展史》、《朝鲜汉字音体系研究》、《鸡林类事与高丽时期朝鲜语》、《中国朝鲜族文化史大系（语言史）》等。另外，在国际、国内各种学术会议和有关刊物上发表了大量论文，其中影响较大的有《关于全韵玉篇》、《朝鲜数词与阿尔泰数词比较》、《关于古朝鲜语的部分地名、人名研究》、《高丽地名研究》、《鸡林类事及其研究》、《中国朝鲜族文化与儒教思想》等。

安炳浩长期在北京大学从事教学和科研工作，成绩斐然，被授予优秀教授称号，享受国家特殊津贴。同时，由于他在国际韩国（朝鲜）语界的突出贡献及影响，还获得大韩民国"总统奖"和"东崇学术财团奖"。

安德源 （1972—）硕士，新疆少数民族双语教育研究中心副教授，硕士研究生导师。中国辞书学会双语词典专业委员会理事。

主要业绩和成果：在《辞书研究》、《民族教育研究》、《语言与翻译》等各类期刊发表论文十余篇。主编《汉语阅读教程》。主持国家课题《新疆少数民族大学生汉语词典使用研究》、教育部人文社科基金青年项目《口译研究及新疆高级维汉口译人才培养模式的构建》，主持国家汉办项目《汉哈学习词典》的编纂工作。

论文《汉语专业少数民族大学生汉语词典使用技能研究》，通过调查，对他们在汉语词典使用中的词典定位、信息定位、信息阅读以及信息的提取与运用等问题进行了探讨；《少数民族大学生汉语词典使用策略实证研究》、《口译研究及新疆高级维汉口译人才培养模式的构建》、《新疆农村贫困地区民族初中汉语教师现状分析——国家贫困地区义务教育工程师资培训班个案调研》、《维汉语词汇的语义、语用差异与双语词典编纂》，认为双语词典的编纂不仅仅是词与词的对应，其间渗透着两种语言背后的文化语义信息内涵。两种语言之间的对比分析，可以为双语词典的编者和使用者提供尽可能多的相关知识，为语言学习者全面了解目的语提供帮助。该文就维汉词汇在语义、语用层面上的差异以及这种差异对双语词典编纂的影响进行探讨。

安继武 （1933—）回族，新疆乌鲁木齐市人。新疆教育学院语言系主任、教授、乌鲁木齐市第九届人民代表。1955年曾以少数民族学生身份参加中国学生代表团赴印度尼西亚参观访问。1955年毕业于中央民族学院少数民族语文系维吾尔语班，留校任教。1956年调新疆维吾尔自治区农建学校翻译班任教，1973年调新疆工学院汉语教研室任教，兼任汉语教研室副主任。1984年调新疆教育学院任语言系副主任。主要从事维吾尔语研究和新疆少数民族学生的汉语教学工作。1956年参加中国科学院组织的少数民族语言调查队，任阿克苏工作组组长，收集整理和翻译阿克苏地区维吾尔语材料、民间文学材料。1970—1973年参加新疆维吾尔自治区少数民族中学课本的翻译和校订工作。他对现代维吾尔语辅音重叠现象做了研究，在论述现代维吾尔语词的辅音时指出了维吾尔语词的辅音重叠现象，并把这种现象同阿拉伯语的重叠音做了比较，认为现代维吾尔语中词的辅音重叠现象是受阿拉伯语借词的影响所致。论文《现代维吾尔语中词的辅音重叠》，指出这种现象是区别现代维吾尔语同突厥语族其他语言的标志之一。他对新疆维吾尔语—汉语双语现象也做了研究。在这方面他撰写了《双语现象对母语的影响》一文。另外，他对新疆回族的语言也做了调查研究，并发表过论文介绍。已发表论文有：《新疆回族话的一些特点》、《双语现象对母语的影响》、《新疆工学院汉语教学情况》（与李经纬合写）、《对少数民族学员进行汉语教学的几个问题》（与李祥瑞合作）等。

安俊 （1927—）锡伯族，新疆伊犁哈萨克自治州察布查尔锡伯自治县人，从20世纪50年代调中国科学院少数民族语言研究所工作，开始研究锡伯语和赫哲语，1986年出版了《赫哲语简志》。1981年和1982年又多次调查赫哲语，著有《赫哲族简史》（新疆人民出版社）。

安世兴 （1936—）藏族，原名南嘉才让，甘肃甘南藏族自治州卓尼县人。中国社会科学院民族研究所研究员。1956年毕业于西北民族学院语文系藏语文班，同年分配到中国科学院少数民族语言研究所工作。1961年到中央民族学院语文系藏文研究班学习，专业为古藏文。1964年毕业后到中国科学院民族研究所（后改为中国社会科学院民族研究所工作）。20世纪50年代中至60年代初，参加藏语安多方言的调查。后来从事古藏文的研究。收集整理古藏文的木简、碑文和历史文献，撰写出《评介古藏文词书〈丁香帐〉》一书，在书里对《丁香帐》的作者和成书年代作了考证，解决了中外学者争论较多而没有定论的问题。1978年参加《藏语大辞典》的编纂，负责古藏文词条的收集、整理和译注工作。对古藏文的词汇和语音演变做了初步研究。还编写了《梵藏汉对照词典》、《藏文缩写字字典》、《藏文藻饰词辞典》。另外撰写了《藏文缩写字》一文，首次对藏文缩写字作了全面而详细的介绍。他的《藏文藻饰词辞典》打破旧式分类，以藏文字母的音序排列，无论在收词的数量和编排的格式上都有所突破。《梵藏汉对照词典》打破前人编排的格式，以梵文字母的音序编排。《藏文缩写字字典》得到了著名学者才旦夏茸教授的好评。80年代后参加集体项目《中国少数民族语言使用情况和文字问题调查研究》课题组，对甘肃、青海藏族聚居区的语言使用情况进行调查，写出情况概述文章数篇。已出版的著作有：《丁香帐——藏文古今词语辨析（词汇附录）》、《评价古藏文词书〈丁香帐〉》、《藏汉大辞典》（与金鹏、罗秉芬等承担古藏文词条)。已发表论文：《浅谈历史上藏文正字法的修订》(与罗秉芬合作)、《现代藏语中的古藏文词汇》、《藏文缩写字》、《简论藏族的丧葬与禁忌》。

巴依斯哈力　(1956—)蒙古族，生于青海省德令哈市。1977年7月毕业于青海民族学院少数民族语言文学系首届蒙古语言文学专业。主要从事蒙汉翻译，新闻编辑等工作，并结合工作实际从事青海蒙古族历史、语言、民间文学、民风民俗的搜集整理和研究工作。先后参加过全国性的编辑语言学培训，1987年创办《柴达木报》，首任社长；1990年任海西州民族语文工作办公室副主任，现任德令哈市人大常委会主任，副译审。荣获青海省古籍整理先进个人，1998年9月荣获八省区蒙古语文工作先进个人。主要著作有《青海蒙古族历史文献集》(蒙文版)、《蒙古语青海方言辞典》等；主要论文有《柴达木蒙古语口语辅音K之初析》、《青海蒙古语前元音[ε]、[ε:]之浅析》、《青海蒙古族婚礼习俗》、《那达慕大会颂词》等；参与《青海蒙古族柯鲁克旗旗志》和《青海蒙古族历史简编》两书的修订等工作。

曾任中国蒙古语文学会理事、青海省蒙古语文学会副秘书长兼学术成果评审组组长。

2000—2003年兼任第五届全国蒙古文学教材审查委员会委员等社会职务。

白碧波　(1955—)哈尼族，1980年毕业于云南师范大学外语系。1985年考入中国社会科学院研究生院攻读硕士学位。1988年毕业后在红河州民族研究所从事民族语言文字研究工作。1992—1994年在云南民族大学进行哈尼文教学。1990年以来，曾多次到泰国西北大学、阿卡农业文化教育研究中心进行学术交流。1996年9月—1997年6月应邀到波兰波兹南东方语言研究院进行学术访问，主讲云南少数民族语言文字。1997年7月—1998年10月，到美国俄勒冈大学进修语言学。1999年以来，曾3次到澳大利亚拉特罗布大学语言学系进行学术访问。一直从事云南少数民族语言文字、跨境语言和濒危语言文字的抢救整理与研究工作。

2001年玉溪师范学院成立民族研究所，白碧波主持研究所科研工作。2002年主持省厅项目《玉溪辖区的哈尼语言文化研究》，2004年分别主持国家社科基金《民族杂居区的语言关系研究》，省厅重点项目《哈尼语话语分析》。2008年参与完成戴庆厦教授主持的我国语言国情调查《元江县羊街乡语言使用现状及其演变》。2009年、2010年两次赴老挝和泰国进行踩点并参与申报跨境语言调查报告及前期调研工作，参与完成了中央民族大学戴庆厦教授主持的国家"985"跨境语言研究课题《泰国阿卡语研究》、《泰国万伟乡阿卡族语言使用现状及其演变》、《澜沧拉祜族语言使用现状》、《泰国清莱拉祜族及其语言使用现状》等课题。2010年主编《母语的消失与存留》(民族出版社，2011)，出版专著《元江县因远镇语言使用现状及其演变》(商务印书馆，2010)、《撒都语研究》(民族出版社，2011)。2010年参与主持英国伦敦大学亚非学院"中国云南濒危撒都语言文化记录"。

多年来白碧波与国内外科研机构建立了良好的合作关系，与澳大利亚拉特罗布大学，开展联合国教科文非物质文化遗产保护项目，举办了三届"中国云南濒危语言遗产保护国际学术研讨会"，三期"哈尼文培训班"，培养了一批哈尼文记录翻译人员，实现了绿春县城政府机关、商店、学校等双语文(哈、汉)名称标志挂牌，推动了哈尼文的保护与维持。其中，《哈尼语教程》、《哈尼语/英语词典》(哈尼文/英文，伦敦出版)，《哈尼文化概要》、《哈尼族民间故事》(英文版)等专著和译著，在国内外具有较大的学术影响。他主持收集整理的《哈尼古歌佳句选》、《哈尼文古歌》等已被高校或哈尼文培训中作为教材使用，2002—2005年被评为玉溪师范学院学科带头人。2011年为"云南濒危语言记录与研究"创新团队的学术主持人。

白荫泰 （1921—）字孟和，蒙古族，生于内蒙古原卓索图盟喀喇沁右旗，中央民族大学蒙古语言文学系教授。校学术委员会委员、中国蒙古语文学会理事、政协北京市委员、北京市人民政府民族事务委员会委员。

白荫泰早年就读于本旗崇正师范学校，兼修蒙汉文翻译及书法，毕业后留校任教。后考入奉天农业大学农学科。新中国成立后，在教育行政学院学习社会主义教育问题、心理学、哲学等科目。长期从事蒙古语文教学和少数民族教育工作，在学校讲授过蒙古族现代文学史、蒙古史、蒙古佛教史、蒙古古典文学、翻译理论与实践、斯拉夫新蒙文、日语等十几门课程。对翻译问题有较深入的研究，对翻译作品强调内容和形式的统一，这样的译文才能在读者或听者的理解上起到与原文同等的认识作用，而体现了这种同等认识作用的翻译就叫做确切翻译或等值翻译。直译同意译相结合，就是翻译的基本方法。至于文学作品的翻译，要遵循翻译工作的一般准则，但一定要抓住文学的美学作用是以形象感人这一重要特点，既要坚持体现画面式的准确性，更要避免追求照相式的形式主义准确性。数十年来，白荫泰教授翻译了许多讲义，如《布里亚特语语法》、《成吉思汗实录导论》、《蒙古族现代文学史讲义》、《蒙汉翻译教程》、《蒙汉翻译课讲义》等。

白音朝克图 （1934—）蒙古族，生于内蒙古哲里木盟（现在的通辽市）科尔沁左翼中旗。1955年保送入内蒙古师范学院（现在的内蒙古师范大学）蒙古语文专业专科班学习，1956年毕业后留本校历史系工作。1957年考入内蒙古大学蒙古语言文学系学习，在本科学习期间参加了一些语言（含方言）调查和教材编写等实践。1962年本科毕业后，考入本系蒙古语言专业研究生，于1965年9月毕业后留本校，在蒙古语言文学系和蒙古语文研究所任教学科研工作。在职期间，任内蒙古大学蒙古语言文学系教授，研究生指导教师，并长期兼任校系党务行政职务，享受全国教育系统（普通高校）劳动模范待遇。

在教学方面，除指导研究生工作外，担任"方言学概论"（含蒙古语方言学部分内容）、"蒙古语方言及其研究"、"蒙古语语音及其研究"、"现代蒙古语"、"普通语音学"和"蒙古语语音研究"（专题课）等本科生和研究生课程的教学工作。

在科研方面，1965—1976年（1966—1972年停止编写工作）在，参加《蒙汉词典》（1976）的编纂工作。1996—1998年，参加"蒙古语方言调查研究"项目（国家哲学社会科学基金资助的"九五"重点研究项目），承担完成了其子项目《科尔沁土语调查研究报告》。1998—2002年，参加"蒙古语基础方言研究"项目（教育部人文社会科学重点研究基地重大研究项目），承担完成了其子项目《科尔沁土语研究》。1998—2003年，参加《蒙古学百科全书·语言文字卷》（国家哲学社会科学及内蒙古自治区重大研究项目）的编纂工作，承担完成部分框架条目的制定和部分条目的撰写工作。著有《科尔沁土语研究》（2002）、《方言学》（2007）等专著，撰写并发表数十篇有新见解、新观点的论文。蒙古语语音方面的论文有：《现代蒙古语语音系统》（1978）、《论蒙古语元音"i"》（1981）、《关于书面语词的非第一音节圆唇元音》（1981）、《关于蒙古语元音的阳性和阴性问题》（1982）、《关于蒙古语的词重音》（1987）、《关于蒙古语研究中的"中性"之说》（2005）等。蒙古语语法方面的论文有《关于蒙古语的"名动词"之说》（1993）、《论蒙古语的几种特殊词类》（1993）、《关于蒙古语中被认为"状态副词"的部分词》（1994）、《论蒙古语的词的结构类型》（2005）等。蒙古语方言有关的论文有《巴林、察哈尔两个土语的前化元音》（1962）、《关于科尔沁土语的"时间格"》（1981）、

《蒙古语方言研究概述》（1990）、《关于科尔沁土语的一些特殊词》（1994）、《关于科尔沁土语的与名词有关的个别附加成分》（1993）、《关于中国蒙古语的方言划分问题》（1994）、《科尔沁土语的语音系统》（2001）、《科尔沁土语语音和标准音音系比较》（2007）等。另外，还有《关于蒙古语族语言的划分问题》（2000）、《元音和谐律的某些问题》（1981）、《关于教学与科研的有机地结合问题》（1997）、《简论蒙古语言文学专业的发展历程》（2007）和《关于国际音标》（2006）。1987—2004年，共4次参加了国内外学术研讨会。

班弨 （1962— ）壮族，广西壮族自治区邕宁（今属南宁市）人，中央民族大学硕士，广州中山大学博士。1987年硕士研究生毕业后进入中国社会科学院民族研究所语言研究室工作。后调至暨南大学任教。现为暨南大学教授、博士生导师、华文学院院长。主要从事汉台语比较研究和社会语言学研究以及壮语的相关研究。先后主持国家教委霍英东基金项目《大陆壮侗语、台湾高山语、东南亚马来语关系研究》和国家社科基金项目《壮语描写词汇学》（均已完成）。已出版的主要专著有：(1)《汉语中的台语底层》；(2)《中国的语言和文字》；(3)《中国语言文字学通史》；(4)《学生常用书法字典》等。已发表的主要论文有：(1)《关于母语和本族语》；(2)《〈尔雅〉中的台语底层》；(3)《新加坡的语言问题》；(4)《大沙田和洞圩壮语底层词》；(5)《濒危语言抢救的紧迫性和可行措施》；(6)《汉台语关系研究述评》；(7)《邕宁壮语植物名称词探析》；(8)《邕宁壮语动物名称词探析》；(9)《汉字在壮语中的一种特殊读法》；(10)《论语言发展的滚动模式与语言规范的基本原则》；(11)《壮语及相关汉语方言中的特殊量词"站"、"铺"、"塘"考释》；(12)《西南少数民族地区双语制的量化分析》；(13)《壮族地区双语制对语言本身及社会生活的影响》；(14)《双语制对语言本身及社会生活的影响——以壮族地区为例》；(15)《壮语的村落差异》。

包尔汉 （1894—1989）维吾尔族，新疆温宿人，祖籍新疆阿克苏，1894年出生于俄国，1912年回到新疆。1929年在柏林大学学习。1933年在莫斯科参加革命工作，以后回新疆做地下工作。1934年参加"反帝会"。1946年参加新疆三区革命，改组新疆省政府，任副主席。1949年1月任新疆省主席，9月发出起义通电，实现新疆和平解放。新疆解放后，先后任新疆维吾尔自治区人民政府主席，政协新疆维吾尔自治区委员会主席，自治区高等法院院长，新疆大学校长，中共中央新疆分局常委，西北军政委员会委员。1953年后，任中国伊斯兰教协会主席，全国人民代表大会常务委员会民族委员会副主任委员，中国印尼友好协会会长，中国埃及友好协会会长。1956年后，任中国科学院少数民族语言研究所（后改为民族研究所）所长，中国政法学会副会长，中国人民保卫世界和平委员会副主席，中国亚非团结委员会副主席，中国非洲人民友好协会副会长，中国亚非学会副会长。曾以中国代表团团长、副团长身份出席过在几内亚召开的亚非团结大会和多次世界保卫和平委员会的会议。1954年12月—1964年12月和1978年2月—1988年3月任政协全国委员会副主席。是政协第一届全国委员会常务委员。

包尔汉的一生，是革命的一生。1929年，他留学德国，接触了马克思主义。留学期间，他曾数次去苏联。1933年他在苏联参加了革命组织，不久即回到新疆从事地下革命斗争。新疆的和平解放不久，他由王震、徐立清同志介绍加入了中国共产党，并任中共中央新疆分局常委。包尔汉的一生，是为维护祖国统一和民族团结、为各民族的发展、繁荣和进步奋斗的一生。在40年代，他曾说："新疆两千多年以来就是中国的一个组成部分。新疆不是一个民族的新疆而是各民族的新疆，正如中国不是一个民族的中国而是各民族的中国一样。"直到晚年，他还十分关心新疆的建设和民族团结。

包尔汉为增进中国人民同世界人民特别是伊斯兰国家人民的友谊，作为中国人民的和平使者，他曾出访了亚、非、欧十几个国家，多次参加了国际性的和平会议。包尔汉是一位卓有成就的维吾尔族学者。由于家境贫寒，幼年时没有受到正规的教育，但他刻苦自学，奋发向上。1929 年他考入柏林大学政经系。他掌握了维、汉、俄、土耳其等多种语言文字，后来在盛世才的监狱里，他以顽强的毅力编纂了《维汉俄词典》，并将孙中山的《三民主义》一书译成维吾尔文。他对新疆和西亚的历史也颇有研究。针对学术界和社会上流传的一些错误观点，他在 1952 年发表了《论阿古柏政权》等论文。在新中国成立前，曾两度出任新疆学院院长。新中国成立后，他担任过中国科学院哲学社会科学部学部委员、少数民族语言研究所所长、民族研究所所长、中科院新疆分院院长、新疆大学校长、中国政法学会副会长。他的著作还有回忆录《新疆五十年》、剧本《火焰山的怒吼》等。

包力高 （1938—）蒙古族，生于内蒙古赤峰市敖汉旗萨力巴乡。内蒙古自治区社会科学院蒙古语文研究所研究员、副所长。

1960 年结业于内蒙古蒙文专科学校干部班，随即在内蒙古语文历史研究所从事蒙古语文研究工作。1962—1964 年在内蒙古大学中文系蒙古语文学专业进修，1978 考入内蒙古大学蒙古语文研究所研究生班学习，1981 年获硕士学位。随即分配到内蒙古社会科学院蒙古语文研究所，从事蒙古语文研究工作。主要研究蒙古文字学和蒙古语音学。1980—1981 年调查过东乡语，并与布和及呼和巴日斯合写了《东乡语调查报告》和《东乡语词汇》等著作。在前人研究的基础上，对回鹘式蒙古文作了较为系统的研究，1983 年出版的《蒙古文字简史》（蒙文），在前人研究的基础上，对我国现代通用的回鹘式蒙古文的产生、演变、发展和使用情况作了较为系统的介绍和研究。并在其字形演变、古代读音等方面阐述了自己的见解，为现行蒙古文的改进与完善提供了历史的和理论的根据。该书还简要地介绍我国蒙古族自 13 世纪以来曾使用过的回鹘文、八思巴文、索永布文、瓦金德拉文以及汉文、藏文、满文，还介绍了新疆等地区蒙古族使用的托忒文和"阿里嘎里"等音标。已出版专著有：《蒙古文字简史》（蒙文）、《东乡语词汇》（与布和、呼和巴日斯合编）、《现代蒙古语研究》（集体编写）。已发表的论文主要有：《回鹘式蒙古文发展概况》、《蒙古文》、《东乡语与蒙古书面语的语音对应》（蒙文）、《关于蒙古语族语言长元音复元音的比较研究》（蒙文）、《蒙古语长元音的形成和发展》、《蒙古文字发展概述》、《蒙古书面语元音间未脱落的辅音 y-g》、《蒙古书面语口语读音研究》、《我国的蒙古语文研究》（蒙文）。

主持"十五"重点项目：《汉蒙大词典》，任主编。

获奖情况：《现代蒙古语研究概论》1989 年获内蒙古自治区社会科学优秀成果二等奖；《蒙古学·蒙古语文研究》1993 年获内蒙古自治区社会科学优秀成果二等奖；《东乡语词汇》1995 年获国家教委优秀成果二等奖；《关于蒙古语族语言词首辅音 h 的比较研究》（论文）1993 年获国家教委优秀成果三等奖；《蒙古文的擦音 h 和零声母》（论文）1996 年获自治区社会科学优秀成果三等奖。

包满亮 （1967—）女，蒙古族，生于内蒙古科尔沁左翼中旗。中央民族大学蒙古语言文学系教授、语言教研室主任、硕士研究生导师。现任中国蒙古语文学会理事、中国蒙古语文学会语言文化专业委员会常务理事。

1984 年 9 月—1988 年 6 月在内蒙古师范大学蒙古语言文学系攻读学士学位；1988 年 7 月—1992 年 9 月在内蒙古科左中旗蒙古族中学任教；1992 年 9

月—1995 年 6 月在中央民族大学蒙古语言文学系攻读硕士学位；1995 年 7 月在中央民族大学蒙古语言文学系任教；2001 年 4 月—2002 年 4 月在日本岐阜圣德学园大学留学；2003 年 9 月—2007 年 6 月在中央民族大学少数民族语言文学系攻读博士学位；2005 年 11 月—2006 年 1 月在蒙古国国立大学作学术交流；2008 年 10 月—2009 年 10 月日本东京外国语大学访问学者；2010 年 12 月—2011 年 2 月在蒙古国国立大学作学术交流。

为本科生主讲《现代蒙古语》、《蒙古语方言学》、《日蒙语言翻译》等课程；为硕士研究生主讲《蒙古语方言学研究》、《现代蒙古语研究》、《语义学》、《蒙古语言民俗研究》等课程；为博士研究生主讲《语义学》课程。

在从事教学工作的同时，在蒙古语及其方言研究、蒙古语族语言、阿尔泰语系语言等领域进行学术研究。

研究成果：《新编日蒙辞典》（承担主要编写任务，1997 年）；《かさじぞう・狗的朋友、斗笠地藏菩萨・犬の友だち》（译著，日译汉、汉译日，1999 年）；《正字法》（全国高等学校教材，副主编，1999 年）；《蒙古语和日本语比较研究》（专著，2006 年）；《蒙古口语语法》（副主编，2006 年）；《蒙古语方言学研究》（全国高等学校教材，副主编，2009 年）；《蒙古语形态研究》（专著，2012 年）。

已发表学术论文：《蒙日两语格的比较》、《蒙古语数附加成分与日本语的数助词》、《蒙、日语动词使役态》、《阿尔泰语言与日本语过去时-di/-ti 形式》、《言语の魅力》、《蒙、日两个民族的起源及语言特征》、《以口语为依托研究和发展语言》、《口语擦辅音和书面语的特殊对应与变化之分析》、《口语塞擦辅音在书面语中的对应及变化的分析》、《关于语言文化的互相影响及其发展演变问题》、《日本语词汇分布与使用特征比较研究》、《我国蒙古语方言的研究现状及研究的主要意义》、《蒙古语一些格词缀及形成演变简述》、《蒙古语复数词缀演变轨迹》、《口语制约连接形副动词之分析》、《蒙古口语动词祈使形词缀之分析——关于第二、第三人称形式》、《蒙古语方言、土语的诸复数形式及其表现特点》、《モンゴル語の文法形式とそれらに対応する日本語の文法形式》、《旅居国外的蒙古人与他们的母语使用和教育》、《喀尔喀方言的词汇分析》、《蒙古口语副动词分析》、《〈来自骑马民族的日本语词〉及它的作者东严夫》、《阿加布里亚特和霍里布里亚特蒙古语言应用情况调查概况》、《阿加布里亚特和霍里布里亚特方言词语特征分析》等 30 多篇。

研究项目：①《阿尔泰语系语言基本情态和传据范畴的功能—类型学研究》，中央民族大学"985 工程"项目（承担东乡语和东部裕固语），2009—2012 年；②中国少数民族语言文化教育与边疆史地研究基地中国少数民族语言发展与语言关系研究中心项目子课题《蒙古国阿尔杭爱省和乌兰巴托市松干海日汗区蒙古族语言使用现状》研究项目（主持），2010—2012 年；③中国少数民族语言文化教育与边疆史地研究基地中国少数民族语言发展与语言关系研究中心项目子课题《俄罗斯布里亚特蒙古及其语言使用现状》研究项目（组织与编写），2011—2013 年；④《蒙古语言文学研究系列与学科建设》项目子课题《蒙古语卫拉特方言研究》（主持），2011—2013 年。

包祥 （1934— ）蒙古族，生于内蒙古兴安盟科尔沁右翼后旗，内蒙古大学副校长、教授、内蒙古自治区高等教育自学考试指导委员会副主任、内蒙古高等教育学会副理事长、内蒙古自治区高等院校高级职称评定委员会委员、内蒙古大学学术委员会副主任委员。

1954—1957 年在中央民族学院语文系研究生班学习，毕业后调内蒙古大学任教。包祥的主要研究领域为中世纪蒙古语，蒙古文字学和巴尔虎—布里亚特方言。50 年代参加过全国少数民族语言和方言调查工作。1958 年以来，给研究生班和本科生班讲授《现代蒙古语》、《语言学概论》、《蒙古文字学》、《蒙古文古籍阅读》、《翻译实践》等课程。包祥在蒙文碑铭注释方面也有一定的造诣。曾发表过有关蒙古文碑铭注释的论文。还从与别人不同的角度对八思巴字进行考察，提出自己的新见解。他开设的"蒙古文字学"课程已为许多兄弟院校所接受。已出版著作有：《1307〈孝经〉研究》（汉/蒙）（与罗卜桑巴拉丹合编）、《现代蒙古语》（文字部分）、《蒙汉词典》（参加编写审定）、《蒙古文字学》、《陈巴尔虎土语话语材料》（与武达合作）、《陈巴尔虎土语词汇》（与武达合作）。此外，撰写论文《1340 年昆明蒙文碑铭再释读》（与罗卜桑巴拉丹合作）、《1389 年〈华夷译语〉研究》（与罗卜桑巴拉丹合作）、《也来谈谈蒙古文字史中的诸问题》、《试谈陈巴尔虎土语的 S—X 现象》、《八思巴字》等多篇。

宝玉柱 （包玉柱）（1954—）蒙古名：哈斯巴根，蒙古族，内蒙古赤峰市克什克腾旗人。1970 年为内蒙古建设兵团 5 师 31 团 5 连兵团战士，1972 年入内蒙古蒙文专科学校学习蒙汉翻译。1974 年 7 月被分配到内蒙古教育局计划财务处工作，同年调《内蒙古教育》编辑部。参加《水浒传》的蒙译及其他儿童文学作品、电影剧本的翻译工作。1977 年考入中央民族学院少数民族语言文学系蒙古语言文学专业。1979 年考取同专业现代蒙古语硕士研究生。1982 年 10 月研究生毕业，1983 年获硕士学位，并留校科研处研究生科，任科员、副科长、科长。在此期间，潜心研究中央民族学院师资结构和学科建设，草拟并提出《关于少数民族语言文字授课学生报考硕士研究生时酌情降低外语录取分数线的规定》（后经国家民委上报教育部并在全国施行）、《建立语言分析中心，开展现代语言学研究的建议》、《关于成立阿尔泰语文学研究所，加强阿尔泰语文学研究的建议》等。

1987 年评讲师，并调入中央民族学院语言研究所北方语言研究室，研究契丹文及汉语与少数民族语言关系。1992 年调任《民族教育研究》杂志，组织编辑"双语教育"、"民族高等教育"、"国外民族教育"等专栏。1997 年被评为副研究员，获得高等学校教师任职资格。1998 年通过国家出国留学人员英语考试和中央民族学院社会语言学专业博士生考试。同年 9 月入大连外语学院，接受出国前的日语培训，1999 年 7 月日语高级班毕业，10 月作为国家派遣研究员赴日本东京大学，在大学院比较教育研究科从事客座研究。在日期间，集中精力研究清代蒙古族语言教育，论文《清代蒙古族教育及其语言教育》（日文）发表在《东京大学大学院教育学研究科纪要》（2000 年第 40 卷）上。在日学术活动被日本华文报纸及人民日报海外版报道，受到新华社和中央电视台专题采访，并受到宋健同志接见。2000 年 10 月回国，任中央民族大学期刊社《中央民族大学学报》（哲学社会科学版）及《民族教育研究》杂志编辑。2001 年 7 月博士毕业，博士论文《清代蒙古族社会转型及语言教育》被专家肯定为填补该领域研究空白的具有创造性的优秀论文，并于 2003 年 6 月由民族出版社出版。在国内外出版物及出版社发表论著 100 多篇（部）。其中，《现代蒙古语动词句研究》（1982 年硕士论文）、《民族教育研究》系统研究少数民族教育，具有理论联系实际的特点；《现代蒙古语正蓝旗土语音系研究》用音系学和实验语音学研究相结合的方法研究蒙古语正蓝旗土语音系，分析细腻，多有独到见解。宝玉柱现为中央民族大学语言研究所兼职教授、蒙古语言文学系硕士、博士生导师，教育部留学回国人员科研启动基金评审专家。2006 年至今主持国家社科基金项目一项、985 工程项目一项。曾任国际双语研究会理事、蒙古语言文化协会理事。

鲍怀翘 （1933—）浙江省人，中国社会科学院民族研究所研究员。1950 年 3 月参加中国人民解放军；1955年8月入吉林大学（原东北人民大学）中文系学习；1959年到中国科学院语言研究所方言组、语音室工作，从事普通话生理和声学实验研究；1967—1969年接受某部委交办的"氢氧语言"研究任务，分析在深潜水环境中，5—30个大气压力和非常态介质条件下语音畸变的规律。1971—1975年在中国科学院电工研究所执行一项与石油部合作的"海洋石油勘探非炸药震源"的研究工作，具体担任水下高压放电及高压蒸汽爆炸的水声信号谱分析。1976年与原四机部三所合作研究在高噪声场合下有声语言通信的最佳方案。1983年与解放军总医院放射科合作，完成了较大规模的普通话发音动作的录制，第一次看到了普通话发音器官的动作特性。

1986年8月调到中国社会科学院民族研究所语音实验室，从事普通话和少数民族语言语音的实验研究，开展了普通话动态腭位（EPG）研究；对藏语、哈萨克语、蒙古语语音进行了较为系统的分析研究，建立了相应语种的语音声学参数数据库。

完成的语音生理和声学参数数据库：

《普通话发音器官动作特性》X光录像带（1985），光盘版（2005）；《藏语拉萨话语音声学参数数据库》（1993）；《哈萨克语语音声学参数数据库》（1995）；《蒙古语语音声学参数数据库》（1997）；《普通话动态腭位数据库》光盘版（1998）；《普通话动态唇型数据库》光盘版（2000）。

主要研究方面：

（1）语音生理方面的研究：重视对语音产生生理各环节进行了研究，认为这是语音学研究基础的基础。首先开展了声带环甲肌在音高改变中的作用的研究，采用肌电（EMG）实验的方法，证明了音高与肌腱强度在真声区中是完全正相关的；通过喉部X光断层照相，证明声带的厚度与音高成反比，音高越高，声带越薄。这些研究都与声带振动的理论有关，见论著[1]第三章：语音产生的生理基础。

对普通话X光发音动作的拍摄完成于1984年，两男两女，共274个音节，其中双音节词（儿化韵）36个。1985年由北京语言学院出版社编辑成录像带出版发行。通过这个录像带使我们真正看到了发音器官（特别是双唇、下颚、舌头、软腭）活动的全过程。1997年以来一直致力于动态腭位的研究，提出了普通话各辅音的成阻、持阻时间；提出了辅音与后续元音的共时起始（Co-onset）等一系列见解，开创了我国动态腭位研究的先河[2][3]。

（2）语音产生理论（The Theory of Speech Production）的研究：所谓语音产生理论是指建立一套发音器官动作与相应的语音信号之间的关系，要求模型化、数值化。在国内，鲍怀翘是第一个涉足者，他根据语言所60年代初拍摄的元音静态X片，计算了每个元音声腔的截面函数，引用Fant阻抗相移法，计算出每个元音的5个共振峰频率。由此出发，研究了唇开度、舌高点前后距离、舌高点高度以及声腔的长度对每个共振峰频率的变化，由此得到了发音器官参数与共振峰之间的关系，见论著[1]第五章。而《由共振峰预测声道形状》（1985）[4]一文完成两者关系的反变换，就是当我们从语音信号分析取得了共振峰数据，由公式可以得到声腔的截面函数，也就是得到了发音器官的形状。

（3）语音声学分析与特征提取方面的研究：主要研究是放在普通话和少数民族语音的声学特性方面。在90年代初研究藏语语音时，就提出了建立《藏语语音声学参数数据库》的任务。鉴于以往在语音声学分析中，对辅音、元音使用不同的特征去表征，而且分析的目的主要为了写出文章，一旦文章出版，这套数据也就被束之高阁或干脆扔掉了，使后来者无从检验和利用。为了规范语音的声学特征，为了使分析的数据能保留下来成为继续可以利用的原始资料，提出了建立语音声学参数数据库的方法。

几年来先后完成了《藏语（拉萨话）语音声学参数数据库》[5]、《哈萨克语语音声学参数数据库》[6]和《蒙古语语音声学参数数据库》三个较为完整的数据库。研究这可以依据这样的数据库，检索所需要的语音样品，对各项声学特征及行统计分析，写出研究论文。当前，一项由教育部语信司支持下的《中国少数民族语言语音声学参数数据库》[7]正在中国社会科学院民族学与人类学研究所语音学与计算语言学研究室开发中，这是保存我国少数民族文化遗产的又一项工程。

部分论著目录：

［1］《元音、语音产生的生理基础》。

［2］《普通话动态腭位图数据统计分析初探》（鲍怀翘，郑玉玲合作）。

［3］Bao Huaiqiao, Zheng Yuling and Li Jian (2004), *Research on articulatory features based EPG in Standard Chinese*, in "From Traditional Phonology to Modern Speech Processing", edited by G. Fant, H. Fujisaki. Foreign Language Teaching and Research Press, 2004/3, Beijing.

［4］《由共振峰预测声道形状》。

［5］Huaiqiao Bao et al, (1992) Acoustic Database for Tibetan (Lhasa speech): A Summery, proceedings of 14th International Congress on Acoustics, Vol. 3, G6-2, Beijing, China, Sept. 1992.

［6］Huaiqiao Bao (1999), An acoustic parameter database of speech sound of Kazakh and harmony theory of vowel, *Oriental COCOSDA '99, Second international work-shop on East-Asian language resources and evaluation*, May13-14, 1999, Taipei, Taiwan.

［7］《为建立中国少数民族语言语音声学参数数据库而努力》（与郑玉玲合作）。

薄文泽 （1964—）生于内蒙古敖汉旗，1981年考入北京大学中文系汉语专业，1985年本科毕业后考入北京大学东语系亚非语言文学专业汉藏语言对比方向，师从中国社会科学院民族研究所梁敏教授攻读硕士学位。2003考入北京大学外国语学院亚非语言文学专业，师从裴晓睿教授攻读泰语方向的博士学位（其间2004—2005年赴泰国朱拉隆功大学文学院进修学习），2010年毕业，以论文"汉泰关系词的历史层次"答辩通过，获得文学博士学位。在1988年硕士毕业后留校在泰语专业任教，任助教、讲师。1991年5月调入中国国际旅行社总社东南亚部做导游，1993年4月调入中国社会科学院民族研究所任助理研究员，1997年升任副研究员，主持了"壮侗语族语音词汇语料库"的研究工作。2000年底任北京大学外国语学院泰语教研室副教授，曾获得中流与喜马拉雅研究奖助金资助，主持完成教育部人文社科项目"泰语汉语关系词历史层次研究"，2011年升任教授、博士生导师。现任北京大学泰国研究所所长，诗琳通科技文化交流中心副主任，中国民族语言学会、中国东南亚研究会常务理事，中国非通用语教学研究会泰语分会副会长。

1992年在论文集《民族语文研究新探》上发表《仫佬语后腭化音声母在亲属语言中的对应》，1994年在《语言研究》第1期上发表《傣语的短元音高化现象分析》，并陆续在《民族语文》等杂志、论文集发表语言研究方面的论文十多篇，著作两部，译作一本。

研究领域以泰语为中心，兼及国内外的侗台语族语言。为了做好研究工作，从硕士学习阶段开始，先后学习、调查了国内与泰语有亲属关系的十多种语言和方言，为了了解各民族语言传统和现行书写系统的特点，学习了壮文、傣文、满文、白傣文字。在泰国留学期间，学习了泰国地方经典文字和老挝经典文字、老挝语文、布依语文、侗语文等。研究上以泰语为中心，涉及侗台语族4个语支的大多数语言。

著作：《佯僙语研究》1997年由上海远东出版社出版。该书在李方桂、赵道文等学者调查研究的基础上，经过深入的田野调查写成的一部全面分析佯僙语语音、语法、词汇、方言面貌的著作，作者历时两个月，调查了佯僙语的3种方言土语，又历时两年，才完成初稿。

《木佬语研究》，民族出版社出版2003年。

译著：《旅游泰语》，北京大学出版社2003年。

论文：《仫佬语后腭化声母在亲属语言中的对应》、《傣语短元音高化现象分析》、《侗台语的判断词和判断式》、《汉语"哥"字借入佯僙语后引起的变化》、《佯僙语和侗语的一个语序变化》、《傣语名词tsaang"匠人"的动词化过程》、《中泰两国之间族群互动及其影响》、《语义系统的叠加——从文昌话亲属称谓看语言接触的一种方式》、《壮语泰语名量词的句法分布及性质异同》、《壮语量词的语法双重性》、《蔡家话概况》、《泰语的指示词》、《东南亚大陆诸民族探源》、《东南亚大陆地区民族的源流与历史分布变化》、《木佬语》、《蔡家话》、《泰语中古代汉语借词数量减少原因的分析》、《泰语的汉语借词"是"》。

研究报告：《布依文试验推行工作调查报告》（《贵州省苗、布依、侗族文字试验推行总结资料汇编》）。

布和 （1929—）蒙古族，内蒙古巴林右旗人，祖籍巴林左旗。内蒙古大学蒙古语文研究所教授。1954年9月在内蒙古蒙文专科学校学习，后参加中国少数民族语言调查第五工作队调查蒙古语巴林、阿鲁科尔沁土语和克什克腾土语。1956年调查蒙古族的保安语。1957年以后在中国科学院哲学社会科学部民族研究所语言研究室从事语言研究工作，着重研究保安语，曾写出《保安语简志》初稿。1978年调到内蒙古大学蒙古语文研究所，研究东乡语。1980年曾带领研究生到甘肃调查东乡语。以后又从事蒙古语族语言的比较研究和中世纪蒙古语的研究。在蒙古语研究方面，发表过论文《关于蒙古语中的汉语借词》，分析蒙古语口语中具有普遍性的汉语借词，主张书面语要接近口语。

已出版的专著有：《保安语简志》（与刘照雄合著）、《东乡语词汇》、《东乡语和蒙古语》、《东乡语话语材料》。已发表的论文有：《关于蒙古语中的汉语借词》（蒙文）、《东乡语动词"式"的一种形式》（蒙文）、《同仁保安语概要》（与陈乃雄合写）、《东乡语词汇初探》（蒙文）、《东乡语元音和谐现状探析》、《关于东乡语鼻辅音n和ŋ》（蒙文）、《阿富汗莫戈勒语语音学——兼述莫戈勒语研究概况》（蒙文）等。

布和吉尔嘎拉 （1929—）蒙古族，内蒙古哲里木盟库伦旗人，内蒙蒙古文专科学校校务委员会委员、教学研究室副主任、教授，中国蒙古语文学会理事、内蒙古社会科学院高级职称学科评议组成员。

1950—1953年在蒙古人民共和国乌兰巴托师范学校学习，1963年以后在内蒙古蒙文专科学校任教，讲授蒙古语法、现代蒙语、斯拉夫新蒙文、语言学概论等课程。1955—1958年在内蒙古师范学院蒙古语言文字研究班学习三年。在教学期间，自编或合编教材《现代蒙语》、《蒙语语法》、《蒙语会话读本》、《蒙汉对照语法》、《蒙文正字法》、《斯拉夫蒙文正字法》、《中学教师语法参考书》、《中等师范学校蒙语语法》等多种，100多万字。这些教材实用性强，通俗易懂，便于学生掌握。其中《中等师范学校蒙语语法》教材一书已成为全区中等师范学校的通用教材。此外还发表了十多篇文章，其中《论改进和规范蒙文正字法问题》一文在1987年被评为中国蒙古语文学会和内蒙古自治区社会科学优秀论文。被选入《蒙古语言研究论文集》（内蒙古人民出版社出版）。已出版专著有：《蒙文正字法》、《蒙语语法》（与恩和合作）、《蒙汉对照语法》（与涛迪合著）、《中学教师蒙语语法参考书》（与额尔敦巴根、敖敦格尔勒合编）、《中等师范学校蒙语语法教材》。已发表论文有：《论回纥蒙文及其正字法》、《关于蒙古语词类划分问题》、《论蒙文正字法的改进和规范化问题》等。

才让太（Tsering Thar） （1958—）藏族，中央民族大学藏学研究院院长，博士，教授，博士生导师。社会兼职文化部全国古籍保护工作专家委员会委员，国际藏学会理事，国际苯教研究会副主席，中国宗教学会理事，中国社会科学院萨满文化研究中心客座研究员，西藏大学文学院客座教授，西藏社会科学院客座研究员，青海医学院客座教授，青海社会科学院客座研究员。

教学和学术活动：1977年9月—1979年8月在青海省海南藏族自治州民族师范学校任教，讲授藏语文；1979年9月—1981年8月在青海民族学院少语系第一届藏族古典文学专业研究生班进修；1981年9月—1982年8月在青海省海南藏族自治州民族师范学校任教，讲授藏语文；1982年9月—1985年7月在青海民族学院少语系攻读藏族古典文学专业硕士研究生，获得硕士学位；1985年7月—1987年3月青海民族学院少语系任教，讲授藏族古典诗学理论名著《诗镜论》和《藏族史》；1987年3月—2006年7月在北京中国藏学研究中心从事苯教研究；1991年11月—1993年1月国家公派留学意大利，在意大利那不勒斯东方大学和象雄研究院作访问学者。

1992—2011年曾先后赴意大利、挪威、奥地利、日本、荷兰、英国、德国、美国、加拿大等国家参加了有关的国际学研讨会，提供了《苯教及其与藏传佛教的关系》等论文13篇。

藏文著述：《苯教史名著〈嘉言库〉》、《论藏族现代文学的发展》、《论〈旋努达美〉中的佛家出离思想》、《〈诺桑王子〉研究》、《论梵语文学对藏族古典小说的影响》、《藏学论文选编》（硕士论文选）第二辑、《论七赤天王时期佛教始传吐蕃》、《论藏语普通话》、《甘孜州藏传佛教寺院志》中11座寺院历史的研究和撰写、《雍仲苯教〈大藏经〉形成试析》。

汉文著述：《〈智美更登〉初探》、《七赤天王时期的吐蕃苯教》、《冈底斯神山崇拜及其周边的古代文化》、《意大利的藏学研究及藏传佛教》，陈庆英主编《藏族历史宗教研究》第一辑、《西藏历史文化词典》有关苯教辞条、《宗教大辞典》苯教辞条、《苯教文化研究学术讨论会在日本召开》、《雍仲苯教的文献》、《苯教塞康文化再探》、《藏传佛教在西方的传播和发展琐议》、《苯教〈大藏经〉的形成及其发展》、《再探古老的象雄文明》、《苯教在吐蕃的初传及其与佛教的关系》、《苯教的现状及其与社会的文化融合》、《佛教传入吐蕃的年代可以推前》、《苯教历史三段论之由来及剖析》、《论半个世纪的苯教研究》、《杂廓地区的苯教与夏尔杂修行地的形成及其影响》、《佐海寺与青海湖周边的苯教》、《世间总堆与吐蕃的苯教》。

藏汉两文发表：《古老的象雄文明》、《藏文起源新探》、《试论苯教研究中的几个问题》、《苯教文献及其集成》。

英文或意大利文著述：有《扎拉寺及其部落》、《安多和康区苯教传统中的"喇嘛"》；《青海湖地区的苯教密士》、《一个新的苯教中心——夏尔扎修炼地》、《朗依寺的苯教寺院教育》、《西藏和喜玛拉雅地区苯教寺院神殿研究》（合著）、《苯教大藏经目录研究》（合著）等。

翻译作品：《论藏族古代史研究中的几个问题》、《第五世噶玛巴以及西藏和明初的关系要略》、《香格里拉的囚徒——西藏佛教与西方》等。

才旺拉姆 （1959—）藏族，藏语言学教学和研究工作者，中央民族大学藏学研究院教授。西藏自治区察隅县人，1980年毕业于中央民族学院民语系藏语言文学专业。1980年留校任教至今。主要担任《语言学》、《藏文文法》和《藏语方言概论》课的教学工作，曾任《萨迦格言》、《历代藏文》、《藏文文选》、《拉萨口语》、《藏语听力》和《历算》课的教学工作。曾赴美国、尼泊尔等国讲学和学习。主要研究方向为语言学和藏文文法。

研究成果：《藏语语言学概论》（2000年获国

家民委社科二等奖)、《简明藏历》、《大学藏文文法教程》和《藏传佛教通史》。已发表论文：《西藏语言发展史》、《藏文字形发展探讨》、《字性组织法疑难探讨》、《对若干藏文文法论文的分析》、《因势论疑难探讨》、《论历代学者的自由体诗》、《论噶举派在云南地区的发展》、《元素历算是藏族最传统的文化之一》、《论藏语语言学理论中的语言概念》、《宁玛派的产生及其意义》、《论藏族文化的四大元素》、《论佛经中的地道及三法轮的含义》、《从词汇角度看历算是最古老的文化》、《论藏语独有的几个特点》、《论名词概念的形成》、《藏族文化遗产》、《论藏文古籍中的标点符号》、《玛吉拉珍生平及年代考》、《大学文法课程教学的几点建议》、《藏文文法的起源与发展》、《论藏文文法中的动名词》等论文。参与"211"藏族语言方面的课题子项目藏语方言研究、"985"语言类子项目香格里拉方言调查、国家教委的藏语语料库建设子项目藏文分词标准语料库建设、藏语语义本体的概念识别和上下位关系获取技术研究、国家语委"十二五"科研规划2011年度重大项目中国跨境语言现状调查研究子项目"尼泊尔境内藏语系语言现状调查研究"等国家和部委级科研项目的研究工作。

蔡培康 (1934—) 广西南宁市人。曾任广西壮族自治区少数民族语言文字工作委员会副研究员，研究室副主任。1957年毕业于中央民族学院少数民族语言文学系语言班。随后在广西壮文学校任教。1980年调广西壮族自治区少数民族语言文字工作委员会研究室工作。主要从事壮语语音和方块壮字的研究。1981—1982年调查德保壮语，1986年调查研究方块壮字，参加《方块壮字字典》的编纂工作，任副主编。另外写成论文《〈方块壮字字典〉的编纂》，作为参加加拿大温哥华举行的第20届国际汉藏语言学讨论会年会的论文。蔡培康在帮助壮族人民学习标准音方面所写文章，都以大量的篇幅深入浅出地列举方言和标准音的对应规律，并列举方言和标准音的对照词汇。他的《武鸣壮语的速读变调》一文，全面地揭示武鸣壮语的连读变调规律。该文于1987年获广西民族语文学会优秀成果一等奖。他在帮助方言区人民学习标准音方面，做了许多工作。已出版专著有《德保人怎样学习壮语标准音》，广西民族出版社，1982年，《龙州人怎样学习壮语标准音》。已发表论文有《怎样自学壮文》，载《壮文报》1983年连载；《武鸣壮语的连读变音》。

蔡荣男 (1975—) 女，傣族，云南德宏傣族景颇族自治州人，云南民族大学副教授，云南民族大学中国少数民族语言专业硕士研究生导师。2003年在南开大学获博士学位。2005—2006年由云南省地方公派到泰国东方大学做访问学者。主持一项教育部留学回国人员科研项目和两项云南省厅级人文社会科学研究项目，参与三项国家级人文社会科学研究项目、两项云南省省院省校教育合作人文社会科学研究项目和三项云南省厅级人文社会科学研究项目。出版专著有《傣语的声调格局和元音格局》、合著《傣族文化史》（第二作者）、翻译德傣语小学教材《语文》（二年级上册）等。发表论文《德宏傣族学校教育发展概况》、《傣语长短元音的声学分析》、《德宏傣语的元音格局》、《西双版纳傣语单字调的声学分析》、《德傣语单字调的声学分析》、《泰语单字调的声学分析》、《泰语元音格局的声学分析》、《德宏傣语口元音和口元音的声学分析》等。

曹翠云 (1928—) 女，汉族，生于湖南沅江县熙和乡（祖籍益阳），1950年考入湖南大学教育系；1951年10月被保送到中央民族学院语文系黔东苗语班学习，1953年毕业留校任教，1978年升讲师，1986年升副教授，任硕士研究生导师，1987年退休，返聘到2002年6月。一、教学业绩先后讲授过苗语语法、苗汉语比较、汉语音韵学、语言调查实习、中国历史文献选编、古代汉语、汉语史和古典文学等八门。给汉、苗、瑶、壮、彝、藏、朝鲜等民族的大专生、本科生、硕士生和美国、意大利、韩国的留学生授过课。二、科研成果合编的专著：《中国少数民族语言》（合著，曹翠云负责"苗瑶语简介"），四川民族出版社 1987 年；《苗汉词典》，贵州民族出版社 1987 年；《苗族文化志》，载《中华文化通志》，上海人民出版社 1998 年；《苗语与古汉语特殊语句比较研究》，中央民族出版社 1994 年。独著：《大学古文诗词选译附图》，广西民族出版社 1991 年；《苗汉语法比较》贵州民族出版社 1994 年。论文有 60 余篇，主要的有：《黔东苗语的并列四字格》、《黔东苗语状词初探》、《黔东苗语的指示词》、《黔东苗语的系词》、《从苗语看古代苗族历史文化的痕迹》、《从苗语看苗族历史和起源》、《苗汉构词法初步比较》、《黔东苗语的谓词》、《从语法看苗语和汉语的关系》、《从苗语看古汉语的状词》、《汉、苗、瑶语第三人称代词的来源》、《苗、汉语"相"字的用法》、《苗语方言现状及其形成》、《语言影响与苗语方言的形成》、《黔东苗语的量名结构》、《谈影母的音值》、《苗、汉语语音演变的相同点》、《湖南沅江三码头话 L 声母探源》、《再从苗语看古汉语的状词》、《三论古汉语的状词》、《也谈苗族的起源和迁徙》、《研究苗语能解释古汉语难句》、《从少数民族语言看上古汉语的后状语和后定语》、《楚辞特殊语句像苗语》、《诗经、楚辞状语与苗语状语比较——兼译"被之祁祁"等语义》、《诗经特殊语句像苗语——兼译"明星煌煌""明星晢晢"等》。

曹道巴特尔 （1963—）蒙古族，内蒙古阿鲁科尔沁旗人，文学博士，中国社会科学院民族学与人类学研究所研究员，北方民族语言研究室副主任，中国蒙古语文学会会员兼语言文化专业委员会副秘书长，中国民主同盟会会员。

曹道巴特尔于 1987 年由中央民族学院蒙古语言文学专业毕业，1993 年获中央民族学院文学硕士学位，同年到中国社会科学院民族研究所工作，2002 年晋升为副研究员，2005 年获中央民族大学文学博士学位，2006 年参加国际青年蒙古学家暑期班获结业证，2007 年公派留学日本一年，2011 年晋升研究员。

曹道巴特尔熟悉蒙古语言文化，兼通蒙古、汉、日本语，掌握描写语言学、实验语音学、文化语言学理论和方法，至今出版《喀喇沁蒙古语研究》（2007）、《蒙汉历史接触与蒙古语言文化变迁》（2010）、《蒙古语族语言研究史论》（2010）、《北方民族语言变迁研究》（2011）等四部学术著作，参加《新蒙汉词典》（1999）、《中国现代语言学家传略》（2004）、《新编中国语言地图集·少数民族语言分册》等工具书相关条目的撰写，在国内外学术刊物和相关论文集以蒙、汉、英文发表五十余篇学术论文和学术资料。

专著《喀喇沁蒙古语研究》是一部描写语言学著作，是至今出版的国内外最完整最系统的蒙古语方言土语描写研究著作之一，它首次抢救记录并较全面地描写了严重濒危的喀喇沁蒙古语。其主要创新之处有如下几个方面。一、根据蒙古语跨国性质和蒙古语现状以及汉语对蒙古语的影响，把蒙古语重新划分为四大方言区块，首次把蒙汉混合式的科尔沁—喀喇沁方言单列出一个独立的方言。二、改变以往蒙古语结构语言学研究的单纯描写传统，采取描写、比较、统计相结合的方法，进行了适用于蒙古语描写研究的新探索，并且贯穿到语音、语法、词汇的每个环节，较好地展现了受汉语影响深刻的喀喇沁蒙古语同蒙古语标准音、蒙古书面语、其他蒙古语族语言之间的相同之处和不同之处。三、同时列出蒙汉、汉蒙对照的两套词汇表，为研究者和读者提供了双向检索工具，这在同类著作中尚属首次尝试。此书从语言学和社会价值两个方面得到了良好的评价。蒙古语言学家呼和巴特尔教授评价说"这本书反映了中国蒙古语语法研究的最新进展和最新水平"。蒙古学家宝力格研究员评价说"这本书填补了蒙古语喀喇沁土语研究空白,对濒危蒙古语土语研究具有重要意义"。《中国文化报》《文化传播网》《中国民族》等报纸杂志网络媒体也有相关的评论。

专著《蒙汉历史接触与蒙古语言文化变迁》是"中国蒙古学文库"推出的文化语言学成果,主要采用混沌学理论和方法讨论了蒙汉民族接触和由此而发生的蒙古语言文化变异。

专著《蒙古语族语言研究史论》是一部分析研究和资料汇编相结合的语言学史研究著作,由两个部分组成。第一部分区分着重总结分析国内学者对蒙古语、达斡尔语、土族语、东部裕固语、东乡语、保安语和康家语等国内的蒙古语族语言的研究历史,内容涉及自14世纪初至20世纪约700年的200多位学者3000多篇(部)论著。第二部分完全是资料汇编,收录了20世纪以及之前的论著成果目录,以论著目录和著者目录两种形式编辑,为读者提供了较全面的文献资料。

有关双语研究、实验语音学、语法形态学、文化语言学的论文引起学界的关注,《喀喇沁方言的词法学特征》一文获《内蒙古社会科学》创刊99期优秀论文评选语言学科一等奖,《从谚语看蒙古族和鄂温克族的自然观》一文获《首届国际通古斯语言文化学术研讨会》优秀论文一等奖。参加编写的《新蒙汉词典》,分别在语音学家鲍怀翘、孔江平等带领下参加建立的《中国民族语言发声类型研究语音库》等三项语音声学参数数据库具有重要的现代化信息资料库价值。

学术论文中描写语言学类论文占有主要的比例。论文《蒙古语构词后缀在农区蒙古语中的变迁》、《喀喇沁土默特蒙古方言的舌尖辅音》、《喀喇沁—土默特土语词汇成分》、《黏着型语言构词形态标记现存定态及其源流》等较有代表性,内容涉及语音、语法、词汇的一些重要细节,分析研究了汉语影响下蒙古语所发生的语音、语法、词汇变异问题。

文化语言学方面的论文,主要有《蒙古语二元对立文化语义语音选择》、《蒙古人姓氏人名文化变迁》《蒙古人亲属制度变迁与蒙古语变迁》、《系统·混沌·语言》、《语言接触所产生的蒙古族直系亲属称谓变异》等。

主持实施中国社会科学院重点课题《北方民族语言变迁研究》(2005—2008)、《〈蒙文启蒙诠释〉研究》(2009—2012)等六项课题,参加《中国民族语言嗓音类型研究》(1996—1999)、《中国少数民族语言研究史》(2002—2008)、《中国少数民族语言接触研究》(2003—2006)等十余项课题。

在多年的科研工作中提出并坚持语言学研究必须同历史比较研究和文化语言学研究密切相结合,把语言放到社会、历史、文化等的整体环境中进行动态研究,不断借鉴考古学、民族学、民族文学、人类学、史学等诸方面的研究成果的主张。

曹广衢 (1930—)浙江温岭县人。贵州民族学院教授。1956年毕业于中央民族学院语文系语言研究班,曾在中国科学院少数民族语言研究所和华中工学院中国语言研究所担任研究工作,任华中工学院中国语言研究所《语言研究》杂志副主编。

曹广衢长期从事布依族语言文字的教学研究工作,主要在布依语语法和语音方面,也涉及汉语方言方面。在布依语方面,曾发表过《布依语的dai^{31}和汉语的"得"》、《布依语"tai^5(从)+处所词(或词组)"易位的规律》、《布依语的反语》、《从布依语的汉语借词考察汉语声调的变化》、《从布依语的方音对比研究考察布依语声母和声调相互制约的关系》、《从布依语汉语借词探讨贵阳汉语阴平调值的历史变化》等论文。通过对一批阴平调的字音的对比,作者认为这些借词不是从现代汉语西南官话而是从早期汉语西南官话吸收的,属近代借词。作者用布依语的汉语借词材料说明现代贵阳汉语去声和阴平的调值在数百年中有过变化,对了解贵阳汉语发展有一定的意义。在另一篇文章《壮侗语中和汉语有关系的词的初步分析》一文，把关系词分为现代、中古和上古三个层次。这和一般人主张分两个层次不同。此外对布依语语法也做了许多研究。

岑麒祥 （1903—1989）广西合浦人，北京大学教授。1925年进入中山大学（原广东大学）三年级，1928年获文科学士学位。往法国格勒布尔大学学习法文一年，随即进入里昂大学学习，两年后取得高等研究证书。1931年转入巴黎大学，学习语言学、语音学、历史比较语言学和语言调查学，取得了法国国家文科硕士学位，还考取了语音学高等研究文凭。1933年底回国。1934年任中山大学文学院副教授兼《语言文字学专刊》主编。1935年晋升为教授，翻译了梅耶的名著《历史语言学中的比较方法》。1936年被聘为中英庚款委员会招考留英学生考试委员，负责语言学的出题和阅卷工作。后在南京受赵元任之托筹备中国南方方言与少数民族语言的调查工作。1938年《语言学》在广州心声社印行出版。1941年随中山大学从云南迁往粤北坪石，曾任文学院中文系主任。1944年赴广西调查少数民族语言。抗战胜利后，任中山大学语言学系主任。1948年任文学院副院长、院长，1949年后任中山大学文学院副院长兼语言学系主任，曾任文科研究所所长。1950年参加中央民族访问团赴粤北和海南访问瑶族、黎族同胞并调查他们的语言。1954年中山大学语言学系并入北京大学中文系，调往北京大学中文系。已出版著作有：《广州话发音实验录》、《国际音标用法说明》、《语音学概论》、《方言调查方法》、《语法理论基本知识》、《普通语言学》、《语言学史概要》、《历史比较语言学讲话》、《语言学学习与研究》、《国际音标》、《普通语言学人物志》、《汉语外来词词典》。译著有：《历史比较语言学中的比较方法》（梅耶著）、《现代欧美语言学唯心主义学派批判》（古赫曼等著）、《论欧语亲属关系研究中的问题》（捷斯尼卡娅著）、《语言论》（房德里耶斯著，合译）、《国外语言学论文选译》。有关少数民族语言的论文有：《我国的民族政策和语文问题》、《关于华南少数民族的语言文字问题》、《广东少数民族语言调查记略》、《从广东方言中体察语言的交流和影响》、《关于语言亲属关系的问题》。

查干哈达 （1934—）蒙古族，中国社会科学院民族研究所副研究员。1956—1960年在蒙古国国立大学蒙古语文系学习，1960年回国。已发表论文：《科尔沁土语元音和谐律的特点》，载《民族语文》1979年第4期；《再论科尔沁土语的元音和谐》，载《民族语文》1981年第4期；《蒙古语科尔沁土语的人称代词》，载《民族语文》1992年第5期；《蒙古语科尔沁土语的形容词》，载《民族语文》1982年第6期。已出版专著《蒙古语科尔沁土语研究》。

查娜 （1976—）女，蒙古族，内蒙古科右中旗人，硕士学位。内蒙古大学蒙古学学院蒙古语文研究所助理研究员。参加多项有关语言学方面的国家自然科学基金项目。主要业绩：在科研项目方面（1）参加国家自然科学基金项目：《蒙古语韵律特征声学分析模式》（1998年1月—2000年12月）；（2）参加教育部优秀青年教师基金项目：《蒙古语诸方言语音声学分析》（2000年3月—2003年3月）；（3）参加国家自然科学基金项目：《面向人机对话的蒙古语辅音声学模型研究》（2001年1月—2003年12月）；（4）参加国家自然科学基金项目：《蒙古语语音合成中韵律建模方法的研究》（2005年1月—2007年1月）。内蒙古大学"513人才计划"三层次人选。主要论文有：（1）《蒙古语中梵语借词的有关问题》，载《内蒙古社会科学》（蒙文），1999年第2期；（2）《蒙古语鄂尔多斯土语第一音节短元音声学分析》，载《内蒙古大学学报》(人文社会科学版),第 32 卷增刊;(3)《蒙古语鄂尔多斯土语元音声学分析》(硕士学位论文),2001 年 5 月。(4)《蒙古语中的梵藏名词术语研究》(合著),(2007 年 12 月);(5)《口语语料库及建立"现代蒙古语口语语料库"的设想》(合著,2008 年 10 月);(6)《蒙古语鄂尔多斯土语词首音节长元音声学分析》,载《内蒙古大学学报》哲学社会科学蒙古文版,2013 年第 2 期;(7)《蒙古语鄂尔多斯方言的双音节词重音的语音学分析》,载《中国蒙古学》,2013 年第 3 期。专著有:《明慧宝》(合著),2009 年 4 月,内蒙古教育出版社出版。

朝克 (1957—),鄂温克族,内蒙古自治区呼伦贝尔市人,博士,研究员,博士生导师,主要从事中国北方民族语言及东北亚地区诸语研究,特别是对满—通古斯诸语言有较深的研究。曾任中国社会科学院民族学与人类学研究所北方语言研究室主任,所学术委员会委员,现调任中国社会科学院科研局副局长,国际通古斯学会会长,内蒙古大学阿尔泰学会副会长等。1975 年从鄂温克旗第一中学毕业后下乡到伊敏嘎查当乡村民办教师;1977 年考取中央民族大学民族语言文学系蒙古语言文学专业。大学毕业后,到中国社会科学院民族研究所从事民族语言研究工作。其间,于 1987—1988 年,在北京大学东语系给硕士研究生教授满蒙比较语言学课程;1989—1991 年在日本东京外国语大学攻读语言文化学博士,2004 年获博士学位。1992 年被评为副研究员;1997 年晋升为研究员;1997 年荣获《中国社会科学院十大优秀青年称号》。

朝克从小懂北方多种民族语言,特别是熟练掌握蒙文蒙语、满文、锡伯文锡伯语、鄂温克语、鄂伦春语、赫哲语、达斡尔语和日文日语等民族语言文字。也学习过英语、俄语、朝鲜语及日本阿依努语等。先后主持或参加了 30 余项国内重大研究课题和 20 余项国际学术合作项目。并用汉文、蒙文、日文和英文出版 18 部专著,发表了 120 余篇学术论文和 10 余篇译文,其中 5 部专著和 12 篇论文先后荣获国内外优秀科研成果奖。代表作有《鄂温克语研究》(1995)、《满通古斯诸语比较研究》(1997)、《中国满—通古斯诸语基础语汇集》(日文,1997)、《通古斯诸语及其文化》(日文,2002)、《黑龙江现代满语研究》(2002)、《鄂温克语形态语音论与名词形态论》(日文,2003)、《现代锡伯语口语研究》(2006)、《楠木鄂伦春语研究》(2007)等。

在民族语言学上的主要贡献体现在以下几个方面:

满—通古斯诸语研究方面对鄂温克语、鄂伦春语、赫哲语、锡伯语口语、满语口语进行了全面田野调查,从而收集了大量珍贵的第一手口语资料和语言使用、语言濒危现象等情况。在此基础上,撰写并出版了《满—通古斯诸语比较研究》、《中国满—通古斯诸语基础语汇集》(日文)、《通古斯诸语言及其文化》(日文)等专著和发表了一系列有独到见解的学术论文。

在濒危民族语研究方面,我国的满语、赫哲语、鄂伦春语、鄂温克语、锡伯语均属于濒危语言。其中,满语、赫哲语、鄂伦春语是属于严重濒危语言。在近十余年的时间,他都拿出一定时间到这些北方民族生活区进行田野调查,从而搜集了大量而十分珍贵第一手语言资料。在此基础上撰写完成了《赫哲语口语研究》、《逊克鄂伦春研究》、《楠木鄂伦春研究》、《黑龙江现代满语研究》、《现代锡伯语口语研究》、《鄂温克语语音形态论和名词形态论》、《鄂温克语三大方言词汇比较》等书稿。《鄂温克语研究》(1995)、《鄂温克语三大方词汇比较》(1997)《黑龙江现代满语研究》(2002)、《鄂温克语形态语音论与名词形态论》(日文,2003)、《现代锡伯语口语研究》(2006)、《楠木鄂伦春语研究》(2007)等先后在国内外印刷出版。

在日本阿依努语等和阿尔泰诸语研究方面在日本留学的期间,学习和研究过日本本土民族阿依努人的语言。并先后发表了《论日本阿依努语和蒙古语共有词辅音对应现象》、《论日本阿依努语和通古斯诸语共有词元音对应规律》、《论日本阿依努语和鄂温克语共有名词》、《论日本阿依努语和阿尔泰诸语共有动词》等学术论文。进而否定了日本语言学界提出的阿依努语同阿尔泰诸语毫无关系之理论，论证了日本阿依努语和阿尔泰诸语间存在的复杂而深层次的共有关系。

在美国进行学术访问期间，对美国的印第安语和爱斯基摩语进行过调查，在美国和国内发表相关学术论文，阐述过这些语言同我国北方民族语言间存在的共有关系。作为我国满—通古斯学界的一个代表性人物，朝克经常参加国内外重大学术交流或学术活动。他先后在美国、芬兰、挪威、日本、韩国、蒙古国、新加坡以及中国香港等国家和地区的20余所大学做过学术访问。并给国内外的博士生和硕士生讲授过《中国民族语言学》、《阿尔泰语言学理论》、《满—通古斯语言学概论》、《北极圈语言文化关系学》、《语音形态论》《东北亚语言文化学》等课程。另外，朝克提出的《日本阿依努语和阿尔泰诸语的关系论》、《印第安诸语言和我国少数民族语言的相关性》、《北极圈诸民族语言文化的共同性》、《东北亚诸民族语言文化多层面关系论》、《形态语音论》、《名词形态论》、《动词形态论》等学术思想和理论越来越引起学术界同仁的关注，从而为我国民族语言文化研究事业发挥着应有的作用。

朝克图 （1933—）蒙古族，内蒙古阿拉善左旗人，中央民族大学教授、蒙古语言教研室主任、中国蒙古语文学会理事。

1953年起从事教学工作，1956年在中央民族学院语文系语言学专业进修班学习，1957年转入本科班学习，1961年毕业于中央民族学院语文系蒙古语言文学专业，留校任教。数十年来一直工作在教学岗位上。先后讲授的课程有：蒙汉翻译理论与实践、蒙古语语法、蒙古文字史、斯拉夫蒙文、现代蒙古语、语言学概论、八思巴文等。编写过《蒙古文字史》、《八思巴文》、《斯拉夫蒙文》、《语言学概论》等课程的讲义。1984年受到北京市高等教育局和北京市教育工会的表彰。他在搞好教育工作的同时，也在蒙古文字学、现代蒙古语、蒙古语言文学等领域取得了一些研究成果。他不同意"蒙古族采用回鹘字母是在1204年成吉思汗征服乃蛮部落之后"的观点，认为蒙古文产生的年代早在公元8—9世纪，那时蒙古族有的部落就已采用粟特文字母拼写蒙古语。他对蒙古文字和蒙古语发展史有较深入的研究。出版的专著有：《蒙古语语法知识》（蒙文，黑龙江人民出版社1976）、《现代蒙古语》（蒙文，与那森柏、哈斯额尔敦合编，内蒙古教育出版社1982）。已发表的论文有：《某些格的附加成分的写法》（《蒙古语文》1982年第6期）、《阿拉善民歌初探》（《蒙古语言文学》1984年第4期）、《阿拉善土语音位与蒙古语标准音位的比较》（《蒙古语文》1985年第2期）、《关于阿拉善土语中的词》（《蒙古语言文学》1987年第6期）、《关于阿拉善土语的同义词和近义词》（《蒙古语文》1988年第4期）等多篇。

车光一 （1923—）朝鲜族，吉林延吉市人，解放军外语学院教授、中国朝鲜语学会常务理事。曾先后任教于延边大学、中国人民解放军外国语学院。1959年曾到中国科学院少数民族语言研究所进修并参加工作，当年参加了研究所组织的朝鲜语方言调查。主要著作有：《朝鲜语词尾对比语法》（辽宁人民出版社，1982）和《日朝对比语法》（延边人民出版社，1988）。两书均被评为东北三省朝鲜文版优秀获奖图书。其《朝鲜语词尾对比语法》认为词尾问题是朝鲜语语法的核心问题。作者运用对比法，对意义近似的词尾进行了辨析，阐明它们之间的异同。他的《日朝对比语法》注重实用性，对朝鲜族人和日语人互相学习语言很有帮助。另外，他的《朝鲜语词尾分类》（民族出版社，1984）阐述了前人对朝鲜语词尾研究的观点，并加以分析评论。

车谦（1931—）又名车如龙，字季桓，生于贵州省贵阳市。曾任西南民族学院对外民族语文教研室副主任、1979年评为讲师，1987年被评为副教授硕士生导师，四川省民族语言学会理事、四川省民族语文翻译系列高级职称评审组成员。

1951年被保送到中央民族学院学习藏语文专业，1953年毕业后继续在该院研究生班深造，1956年毕业后留校，在语文系藏语文教研室工作至1972年。其间，担任本科的藏语文及藏语语法课程，辅导过两届藏文班的教学，编写了《藏语语法》，与丹增晋美老师合作，编写了一至四年级的藏语教材。其间曾经两次赴西藏，除带领同学实习外，参加了中国社会科学院组织的西藏社会历史调查工作，并写出了调查报告，还参加了西藏地区的社会主义教育运动工作。

1972年调成都市第九中学教高中的汉语文课，1976年调西南民族学院语文系藏语文教研室工作至退休。曾担任过《藏文文选》、《吐蕃古藏文文献选读》、《翻译理论与实践》、《藏学讲座》、《汉语和藏语语法比较》等课程的讲授，编写了《汉藏翻译知识》一书，与其他五所民族院校的六位老师一起编著了《汉藏翻译教材》。1956年开始还用英语为四届外国留学生讲授了藏语文、藏语语法，编译了《藏英汉九百句》一书。

在教学的同时，配合教学进行了科学研究工作。主要从事藏语文研究、汉藏语比较研究、吐蕃文献的语言研究、汉译藏的理论和实践研究，也进行了一些藏族宗教和历史的研究，撰写了《汉语和藏语语法比较》一书（待出版）和四五十篇论文，包括用英文在美国《藏缅地区语言学》刊物上发表的三篇，其中十九篇在国内获部级、省级、学院级优秀科研成果奖。1987年参加了在加拿大温哥华召开的第二十届国际汉藏语言学会议并提交了论文《汉语的管界及藏译问题》，同年受邀到美国西雅图访问了华盛顿大学。1989—1990年，华盛顿大学与西南民族学院合作，进行藏族朝圣习俗的课题研究，赴西藏四川的甘孜和阿坝、青海、甘肃等地调查并写出调查报告。

陈保亚（1956—）山西人，1985年考入北京大学学习语言学，师从徐通锵先生。1988年获北京大学文学硕士学位，1994年获北京大学文学博士学位。同年进北京大学社会学所博士后流动站，跟随费孝通先生、徐通锵先生研究社会语言学及汉藏语系发生学分类研究。曾先后在云南民族学院、云南大学任教并长期从事滇、川、藏民族语言调查研究。1990年7—9月与云南大学木霁弘教授等在滇藏川三角地带徒步3个月调查茶马古道上的语言与民俗。1996—1998年在北京大学中文系从事理论语言学教学和研究工作。1998—1999年在香港城市大学电子工程学系做客座研究员，与王士元先生、邹嘉彦先生合作从事汉藏语系谱系树数理分类研究。2000年至今任北京大学中文系教授，博士生导师，北京大学中国语言学研究中心研究员。2001年7月—2003年12月任北京大学中文系副系主任。2006年3月—2007年3月任日本大学客座教授。2007年以来任北京大学中文系语言学教研室主任。曾两次获王力语言学奖一等奖。

教学和研究领域的工作：在历史语言学方面开设的课程有"语言接触研究"、"历史语言学前沿问题研究"。长期在西南民族地区调查，并通过语言接触的追踪调查研究发现语言的接触是无界有阶的，原词和借词的对应规则相当严格，因此，认为同一时空层面有严格语音对应的关系词是确定同源关系的必要条件，但不是充分条件。主张分两步来研究语源关系，首先是建立严格的关系词语音对应规则表，区分不同时间层面的关系词，然后根据最早时间层面关系词的有阶分布和数理统计确定这些关系词的语源性质。

在理论语言学和应用语言学方面开设过和正在

开设的课程有"现代汉语"、"语言学概论"、"理论语言学"、"当代语言学"、"20世纪中国语言学方法论"、"语言学讨论"、"理论语言学前沿问题讲座"、"汉语语言学理论研究"。

在语言文化学、语言哲学方面开设"语言与文化"、"逻辑学"等课程。主要从语言的角度研究文化和哲学。

已出版专著：《论语言接触与语言联盟》，1996；《茶马古道文化论》（与木霁弘等合著），1993；《20世纪中国语言学方法论》，1999；《当代语言学》，2009；《汉语音系学的形成与发展》，2010；《语言文化论》，1993。

已发表主要论文：《从核心词分布看汉语和侗台语的语源关系》、《核心关系词的分布与语源关系的判定》、《台侗关系词的相对有阶分析》、《汉台关系词的相对有阶分析》、《再论核心关系词的有阶分布》、《汉台关系词双向相对有阶分析》、《汉台关系词声母有序对应规则表》、《汉越（侗台黎）六畜词聚文化有阶分析》、《汉台核心一致对应语素有阶分析》（何方）、《语言接触导致汉语方言分化的两种模式》、《从语言接触看历史语言学》、On method of stratifying correspondences、《语素时空层次与有阶分析》。

主持课题：1994—2011年主持的课题有：汉藏语系语言文化的发生研究（博士后基金项目）、汉藏语系的发生学研究（国家社会科学基金项目）等11项。

陈国庆 （1969—）佤族，云南沧源县人，硕士，副研究员。1981年9月—1984年7月在云南省沧源县民族中学上初中；1984年9月—1987年7月在云南省沧源县民族中学上高中；1987年9月—1991年7月在云南民族学院民语系上大学；1991年9月—1994年7月在云南民族学院上研究生；1995年8月至今分配到中国社会科学院民族学与人类学研究所工作。

从事南亚语系孟高棉语族语言的共时描写与历史比较的研究。

已出版专著：《克木语研究》，民族出版社2002年。

已发表学术论文：(1)《克蔑语概况》；(2)《克木语概况》；(3)《柬埔寨语佤语的构词形态》；(4)《柬埔寨语佤语前置音演变初探》。

研究报告：《世界语言报告》（中国部分）中佤语、布朗语、德昂语情况调查。中国社会科学院民族所2000年刊印。

主持和研究的项目主要有：（1）承担中国社会科学院重大课题《中国新发现语言研究》子课题《克蔑语研究》的田野调查、资料整理分析和描写研究工作。2003年结题。（2）承担中国社会科学院民族学与人类学研究所重点课题《云南省新发现孟高棉语族语言情况调查》，2004年结题。（3）承担中国社会科学院重大课题《中国民族语言文字研究史》南亚语系语言史的撰写工作。2005年结题。

陈嘉瑛 （1935—）女，天津市人，1952—1956年在中央民族学院语文系学习傈僳语。1956年毕业留校工作。在本校少数民族语言研究所从事傈僳语的研究与教学，为民语三系语言学专业的研究生和傈僳族本科生讲授傈僳语言文字课，为纳西族学生讲授纳西语和东巴文等课程。培养傈僳语言文学专业的硕士生，讲授傈僳语言文学专业课。先后给藏族学生、新疆维吾尔族、哈萨克族学生、朝鲜族学生授现代汉语、写作等课程。给日本、韩国、美国、印度尼西亚等外籍学生授汉语课，给美籍博士生、硕士生讲授汉语课和双语语言学课。20世纪80年代初期到90年代，为了比较研究聚居区怒江州傈僳族与杂居在其他少数民族中小片聚居的傈僳族语言、社会历史、民风民俗等，多次赴云南省怒江傈僳族自治州、傣族景颇族自治州盈江县、保山地区腾冲县、丽江地区丽江县、华坪县、永胜县、四川省米易县、凉山彝族自治州德昌县等地调查。

80年代在云南盈江县调查期间，应盈江县政府的邀请，为从缅甸入境的二三十名傈僳族讲解我国政府的有关政策法令。应中央人民广播电台国际部的约请，对外宣传我国少数民族，介绍傈僳族社会、历史、民风、民俗、宗教、节日等情况。应德国电视台的邀请，帮助他们为云南怒江傈僳族自治州拍摄的有关傈僳族宗教、文化生活、社会情况的电视片做翻译和讲解。

已发表论文：《傈僳语构型与构词的语音交替方式》、《我国傈僳语标准音与泰国傈僳语语音比较》、《傈僳语中的一种语法变音》。其他工作：（1）《藏缅语族词汇》副主编（傈僳语部分）；（2）《对比法在傈僳语教学中的应用》；（3）《谈声调教学》；（4）《傈僳族语言特点和概况》；（5）《纳西族语言特点和概况》；（6）《傈僳族民歌格律》；（7）《中华民族·傈僳族》；（8）《中华文化通志·民族文化典》"傈僳族"部分；（9）《中国少数民族文化大辞典·西南地区卷》（傈僳族部分）；（10）《傈僳族民间文学》；（11）《根据中国语言特点建立中国现代语言学》（与倪大白合作）；（12）《傈僳族文字与书法》；（13）《傈僳文》、《纳西文》。

陈康 （1935—）上海市人，中国社会科学院民族研究所研究员。1951年就读于香港罗顿书院，1957年毕业于中央民族学院语言文学系，被分配到中国社会科学院民族研究所，从事缅彝语和南岛语言研究。

主要著作有：《高山族语言简志（排湾语）》（马荣生合著）、《土家语简志》（田德生等合著）、《台湾高山族语言》、《彝语语法（诺苏话）》（巫达，合著）、《彝、基诺文化志》（少英等合著）、《台湾赛德克语》（许近来合著）、《土家语研究》、《彝语方言研究》。译著：《彝语支源流》（乐赛月等合作）。

主要论文有：《台湾高山族的阿眉斯语》（何汝芬合作）、《土家语动词将行体形态音位的变化》、《土家语动词的情貌》（彭秀模等合作）、《凉山彝语四音词词素意义的搭配》、《彝语的声调对应》、《彝语人称代词的"数"》、《彝语的紧调类》、《彝语韵母方音对应研究》、《从语言探索高山族与古越人的渊源关系》（王德温合作）、《谈彝语韵尾的脱落》、《彝语自动词与使动词的形态标志及其由来》、《彝语支调类诠释》、《白语促声考》、《彝缅语塞音韵尾演变轨迹》、《凉山彝语句子的语气及表达方式》、《论彝语支声调系统的发生与裂变》、《论台湾南岛语言的语流音变》、《西夏语鼻冠音诹议》、《赛德克语动词命令式的协和音变》、《排湾语动词的情貌与时制》等论文40余篇。

陈乃雄 （1933—2002）生于上海，祖籍浙江湖州，生前为内蒙古大学教授、蒙古语文研究所研究生指导小组组长、图书馆馆长，自治区政协第四、第五、第六届委员会委员，中国语言学会理事、中国民族语言学会理事。曾先后就读于上海圣约翰大学土木工程学系、沪江大学国际贸易学系、清华大学社会学系、北京大学东方语言文学系。

1956年大学毕业，在中国科学院少数民族语言研究所任研究实习员，参加全国少数民族语言调查队，到甘肃、青海调查保安语。1959年被调到内蒙古大学，历任讲师、副教授、教授，从事蒙古语族语言及契丹文的教学和科研工作。早年从事过文学翻译，出版过若干翻译中篇小说、短篇小说和民间文学。对蒙古文翻译成汉文的技巧和理论深有体会。对中蒙两国以及蒙汉民族之间的文化交流作出了贡献。1986年获中国作家协会内蒙古分会颁发的荣誉证书。

陈乃雄研究的领域较广，除了蒙古语族语言以外，还参加其他语言的研究，如与陈宗振合编了《维蒙汉三合词汇》、《我国蒙古、突厥两语族语言500常用词对照表》。1980年以后，调查了"五屯话"，认为五屯话是以汉语为基础，受到藏语（或许还有保安语）强烈的影响发展而来的语言，是作为"混合语"的典型。这个实例被一些语言学家所承认，把它作为"混合语"的典型例子引用。日本国立亚非语言文化研究所约请陈乃雄编纂了《五屯话词汇》，1986 年第 31 辑的《亚非语言文化研究》上发表该书 3 万言的代序《关于五屯话》。1981 年在中国语言学会第一次学术讨论会上发表了《〈河西译语〉中的阿尔泰语言成分》。《河西译语》所记载的很可能是一种党项族的语言。发现该书有一些词语与蒙古语、维吾尔语、哈萨克语同源或读音相近。作者认为，《河西译语》"展示了远在数百年前好几种语言相互影响的结果造成的复杂的语言现象。"从 20 世纪 70 年代起，与清格尔泰、刘凤翥等合作研究契丹文字，所著《关于契丹小字研究》引起学术界的重视，1985 年出版了《契丹小字研究》，获得自治区哲学社会科学研究优秀成果一等奖。出版的著作有：《蒙文初程》、《蒙文入门》、《蒙汉辞典》（集体编著）、《蒙文同形词》、《保安语词汇》、《蒙文自学》、《保安语和蒙古语》、《蒙汉、汉蒙对照政治经济学词汇集》、《保安语话语材料》，并参加集体著作《契丹小字研究》。已发表的论文有：《蒙古语的格及其在汉语中的表达方法》、《五屯话初探》、《蒙古亲属语言的祈使式动词》、《〈河西译语〉中的阿尔泰语言成分》、《我国蒙古语族语言研究概况》等多篇。

陈其光 （1926—）生于湖南沅江。1945 年沅江县立简易乡村师范毕业，教小学一年后升学。1950 年考入湖南大学。1951 年 5 月调入中央民族学院学习。1953 年中央民族学院苗语专业毕业，接着转入语言学研究生班学习。1956 年研究生毕业，参加中国科学院少数民族语言调查第二工作队调查苗瑶语。1960 年回到中央民族学院任教。1986 年晋升为教授。1990 年退休。退休后接受返聘授课、指导研究生和外国留学生，也为其他单位授课、评审学术成果。

讲授过的课程有：语言学概论、语音学、语言调查、语言学史、语言理论与研究方法、语言与文化、文字学、汉字学、基础汉语、现代汉语、汉语音韵学、汉语史、中国语文概要、汉藏语概论、苗瑶语研究、苗瑶语历史比较、语言与民族。

调查过的语言中，民族语言有：苗语、布努语、巴哼语、勉语、畲语、炯奈语、巴那语、优诺语、仡佬语、拉基语、普标语、侗语、五色话、东乡语、保安语、土族语、撒拉语；汉语方言有酸汤话（贵州）、乡话（湘西）、五岭话（湘南、桂东）、戆家话（湖南）、河州话（甘肃、青海）。调查过的文字有女字（湖南）、注音字母苗文（贵州）、消经（甘肃）。

研究领域早期是苗瑶语，后来扩大到语言关系、女书。发表的著作可分三类。第一类专著，有《中国语文概要》、《语言调查》、《汉语苗瑶语比较研究》、《女汉字典》四种。第二类合著，有《基础汉语》、《语言学概论》、《中国女书集成》、《永明女书》四种。第三类论文，有《苗瑶语入声的发展》、《古苗瑶语鼻冠闭塞音声母在现代方言中反映形式的类型》、《苗瑶语浊声母的演变》、《苗瑶语鼻音韵尾的演变》、《论语言功能的发展》、《语言间的区域特征》、《华南一些语言的清浊对转》、《汉字的借用与派生》、《苗瑶语前缀》、《语言文字和民族》、《音位标音的几种选择》、《汉藏语声调探源》、《汉语源流设想》、《民族语对中古浊声母演变的影响》、《借词三论》、《女字的形音义源》等 64 篇（其中 6 篇与人合著）。

1987 年获北京市哲学社会科学和政策研究优秀成果一等奖，1988 年获全国高等学校优秀教材奖，1989 年获北京市普通高等学校优秀教学成果奖，1993 年获北京市普通高等学校优秀教学成果二等奖，1994 年获国务院特殊津贴，1995 年获全国高等学校首届人文社会科学研究优秀成果二等奖，1999 年获国家社会科学基金项目优秀成果三等奖。

陈其玉 (1936—) 甘肃省兰州人，曾任西北民族学院少数民族语文系副教授。1956年毕业于西北民族学院语文系藏语文专业。同年分配在甘肃省民委从事翻译工作。从1973年起在西北民族学院任教至退休。多年来主要从事翻译和藏语语法的教学和研究工作，所研究的课题多是解决教学中遇到的实际问题，如对一些虚词功能的解释、动词的分类和动词组词造句功能（如《藏文动词的族词造句功能》。对藏语格的解释、指示代词的作用、属格词的语法功能、目的格和业格的区别（如《浅析两种业格的区别》、《论藏语语法中自性格的用法》等也作了研究。《谈藏语语法中的能所关系》（甘肃人民出版社1986年）一书，在前人研究成果的基础上用现代语言学的观点系统分析了藏语的能所关系。1987年获得甘肃省社科成果二等奖。

陈士林 (1916—1992) 原名陈高林，湖南省石门县人，国家著名民族语言学家，享受国务院政府特殊津贴，中国社会科学院民族研究所研究员，中国社会科学院研究生院教授，国家彝语学研究奠基人之一。1935—1939年北京大学中文系、后迁云南昆明国立西南联合大学中文系学习，1939—1941年在昆明数所中学任教，1942—1946年在西南联合大学中文系任教员、助教，1946—1951年在北京大学中文系任讲师，其间考入北京大学文科研究所继续深造，获硕士学位。1951年后历任中国科学院语言研究所、少数民族语言研究所、民族研究所助理研究员、副研究员、研究员。1985年后兼任西南民族学院和中央民族学院教授，1986年任中国社会科学院研究生院教授，1992年4月8日因病逝世，享年76岁。

陈士林自幼喜好诗词和新文艺，上中学时所写文章便在校内外屡获奖励，1933年就已兼任汉口《大同时报》文艺版编辑，在大学时期，经过刻苦研读打下了深厚的古汉语和语言文字学的功底。早在40年代即师从魏建功、罗常培、唐兰、王力等语言学大师治文字学、语言学、训诂学和文献考据学，并且在西南联大学习时即开始学习云南彝语，调查当地方言。罗常培在评价陈士林1939年所写论文《洱海沿岸四县方言调查》时说，它"最大的发现是邓川入声的调查虽然极近阳平，却自成一个独立的音位"，对他精微的辨音能力评价很高。他在读研究生时也同时发表了多篇论文，显示了在古文字学和训诂学方面的造诣。

中华人民共和国成立后，陈士林长期从事于彝族、土家族语言的调查研究，特别是在彝语文研究，拼音彝文方案的设计、实验、创造，凉山彝文规范、应用等方面投入了毕生精力，为国家做出了显著贡献。他长年奔赴四川、云南、贵州、湖南、湖北等民族地区，开展田野调查，搜集了大量民族语珍贵的第一手原始材料为全面深入开展科学研究奠定了坚实的基础。

早在50年代初期，他领导设计了新彝文实验方案并积极参加实验推行工作，1976年参加彝文规范工作，对原有彝文的起源、历史沿革、基本笔画、形体结构和部首等进行了细致的研究，肯定原有彝文是音节文字，为规范彝文奠定了理论基础。他总结出规范彝文实践的成功在于民族形式、教育原则和表音功能的三结合，为规范彝文写了多篇论著。他牵头先后完成了《彝汉词汇》和《汉彝词典》（增定本）编纂的工作，为此他还发明了《彝文检字法》，为彝族地区群众的彝语文教学、翻译和科研，首次提供了有实用价值的工具书，受到广大彝族群众的欢迎和充分肯定。

陈士林在几十年的研究工作中，对彝语进行了全面、深入、系统的科学考察和研究，写有多篇著述。在所著如《彝语概况》中对彝语进行了全面的概括和详尽的介绍，对所著《彝语语言学讲话》中总结了长期从事彝语研究的经验，对彝语的特点进行了阐发。在《规范彝文的实践效果和有关的几个问题》一文中，他总结了从事彝文工作方面多年的经验体会和教训。《彝语简志》是他执笔编著的一部全面系统深入介绍彝语文的专著，在许多方面反映了他对彝语文研究的独到见解。

发现彝语元音的松紧对立；辅音包孕元音构成的无缓和音节；表意重音的音位价值；量词修饰名词的定指结构；表示自动态、使动态的辅音清浊交替规律；双音格和四音格联绵词及其结构类型；确定彝语、土家语 30 多种方言土语的音位系统和语法系统；发现大小凉山部分地区存在一种特殊的"舒唇元音"等。

他运用民族学、考古学结合彝族史研究彝语发展史，进而探索族源问题。他是凉山彝族"东来说"的主张者，他指出彝族先代可能是楚人的一部分，著有专题论文《彝楚历史关系述略—凉山彝族东来说》。他还参与审定了多部民族语的简志和双语对照的词典，发表了一系列有关研究彝语文的重要论文，如《凉山彝语的使动范畴》、《彝文研究的基础和前景》、《论彝文规范方案》、《彝语序数表示法简论》、《试论彝文的起源、类型和造字法原则问题》等。

陈士林学识渊博，终身勤奋，学术上具有严谨的治学作风，并熟练掌握彝语。

陈世明 （1941—）乌鲁木齐人。1967 年新疆大学中文系维吾尔语专业本科毕业后分配至皮山县委从事维汉翻译工作，1974 年调至乌鲁木齐市委党校从事翻译工作。1981 年新疆大学中语系突厥语族语言文学专业研究生毕业，获硕士学位，同年留校从事教学和科研工作。曾任新疆大学中语系维吾尔语教研室副主任、中亚文化研究所副所长、新疆大学图书馆馆长。现为新疆大学人文学院教授、博士生导师，哈萨克斯坦共和国教育和科学部历史与民族研究所《祖国史》杂志编委，西北民族大学兼职教授，教育部人文社会科学重点研究基地新疆大学西北少数民族研究中心专职研究员，中国突厥语研究会常务理事，新疆历史学会理事，研究方向为双语和文献。曾应邀赴美国、土耳其、韩国、哈萨克斯坦、吉尔吉斯斯坦、我国台湾等国家和地区参加学术会议或讲学。主要学术成就如下：

主要著作：《汉维翻译教程》（合著）、《维吾尔语实用语法》、《西域翻译史》（合著）、《实用维汉词典》（主编）、《中国与中亚研究文集》（主编）、《新疆现代翻译史》、《新疆通志·语言文字志》（合著）、《二十四史两汉时期西域史料校注》（主编）、［苏］卡依达洛夫等《现代维吾尔语》（合译）、《二十四史中亚》（广义）《资料维文译注》（史记）（参加翻译、注释、审订）、《二十四史中亚》（广义）《资料维文译注》《汉书》（项目主持人）、《二十四史中亚》（广义）《资料维文译注》《后汉书》（项目主持人）、《二十四史中亚》（广义）资料维文译注《〈三国志〉〈晋书〉〈宋书〉》（项目主持人）二十四史中亚（广义）资料维文译注《北史》（项目主持人）、《二十四史南北朝时期西域史料维吾尔文译注》（项目主持人）、《二十四史魏晋南北朝时期西域史料汇编》。

论文：《维吾尔语复合词新探》、《从突厥语大词典看维吾尔语 r 音的演变》、《维吾尔人名的汉译问题》、《论汉语成语的翻译问题》、《汉维翻译中同义词的选择问题》、《维吾尔语数词 bir 的意义和用法》、《论翻译工作者的修养问题》、《论汉语中表示特有事物的词语的维译问题》、《试论维吾尔语部分词尾的演变》、《文献翻译初探》、《论古籍文献的翻译问题》、《汉维语复合词构词对比研究》、《论文学翻译工作者的修养》、《古文翻译刍议》、《新疆古代翻译说略》、《新疆民国时期翻译说略》、《新疆当代翻译理论研究说略》、《试论清朝政府关于新疆的翻译活动》、《清代新疆文字翻译的特点》、《清代新疆双语现象及其对各民族语言的影响》、《清代新疆官府通事考略》、《新疆当代历史宗教语言学著作翻译说略》、《试论俄语中的突厥语借词》、《中亚五国民族关系新探》、《试论中亚五国民族关系的发展前景》、《清代及民国时期官方与翻译有关的政策与活动》、《民国时期新疆的文字翻译活动》、《当代新疆翻译理论研究观点综述》、《民国时期新疆报刊杂志翻译状况概述》、《新疆民汉语互学现象的由来和发展》、《二十四史西域（广义）资料维文译注工作概述》、《一部成功的历史翻译作品》、《哈吉两国政治社会形势严峻，人民生活改善缓慢》、《民族译坛添奇葩》、《维吾尔谚语中的汉语借词考》、《从维吾尔谚语看维吾尔民族的伦理道德观》、《论哈萨克斯坦当前的民族关系》、《〈西域图志〉民汉语合璧地名研究》、《维吾尔语汉语借词新探》。

已完成或正在完成的科研课题：参加中国社科基金资助项目《西域翻译史》，1994 年结题；主持国家教委专项科研基金资助项目《中亚五国的现状与前景》，1996 年结题；主持国家教委全国高校古委会资助项目"二十四史中亚（广义）资料维文译注"，2010 年结题；主持自治区社科规划研究基金资助项目《新疆现代翻译史》（独立完成），1998 年结题；参加自治区民语委重点项目《新疆通志·语言文字志》（陈世明完成《翻译篇》5 万字），1997 年结题；主持教育部人文社会科学重大项目《新疆民汉双语现象与新疆文明》，2009 年结题。

获奖情况：二十四史中亚（广义）资料维文译注《史记》1990 年获北方十五省市自治区哲学社会科学优秀图书奖；自治区高等学校统编教材《汉维翻译教程》（陈世明为第二个完成人）1992 年获新疆大学优秀教学成果二等奖；《维吾尔语实用语法》1994 年获自治区第三届哲学社会科学优秀成果三等奖；《汉书》（二十四史中亚（广义）资料维文译注）1994 年获新疆大学第三届社科优秀成果一等奖，1997 年获自治区第四届哲学社会科学优秀成果奖，1995 年获北方十五省区市哲学社会科学优秀图书奖；《后汉书》（二十四史中亚（广义）资料维文译注）1997 年获新疆大学第四届社科优秀成果一等奖，同年获北方十五省区市区哲学社会科学优秀图书奖；《西域翻译史》1997 年获新疆大学第四届社科优秀成果一等奖，1999 年获国家第一届哲学社会科学优秀成果三等奖；《新疆现代翻译史》2001 年获新疆大学第五届社科优秀成果二等奖，2002 年获自治区第五届哲学社会科学优秀成果奖；《北史》[二十四史中亚（广义）资料维文译注] 2003 年获北方十五省区市哲学社会科学优秀图书奖；《〈二十四史〉南北朝时期西域史料维吾尔文译注》2006 年12 月获自治区第七届哲学社会科学优秀成果二等奖。

陈伟 （1929—）女，生于山东烟台市，1945 年迁居北平，就读于北平市辅仁女中。1948 年奔赴解放区。北平解放后调往北京人民革命大学工作。1951 年开始调往中央民族学院工作。1952 年 2 月作为调干学生，入北京俄文专科学校学习俄语。1954 年毕业后调回中央民族学院外国专家组任俄文翻译。1954 年夏为来中国科学院及中央民族学院蒙古语专业授课的苏联专家作口译及笔译，与翻译组同事共同合译了当时来我国的蒙古学专家布·哈·托达叶娃在语文系蒙古语专业授课时撰写的授课讲义。该讲义后汇编为《现代蒙古语语法讲义》一书。

1955—1956 年，陪同苏联语言学专家参加我国的语言调查工作，在蒙古语族语言及方言调查队任苏联蒙古学专家布·哈·托达叶娃的俄语翻译，调查了中国的蒙古语、达斡尔语、土族语、东乡语及保安语等语言及方言。1957 年调入中国科学院少数民族语言研究所，从事俄文口译和笔译工作。1959 年苏联科学院院士谢列布连科夫来我国访问时，陪同院士赴南京大学、浙江大学、广东暨南大学作学术报告；陪同苏联哈萨克斯坦加盟共和国科学院研究所所长 C.K. 凯涅茨巴耶夫教授及苏联布利亚特加盟共和国蒙古学加米哈诺夫教授前往内蒙古呼和浩特市专访了内蒙古大学及内蒙古科学院语言研究所，并与我国著名蒙古学专家清格尔泰教授进行学术交流以及与内蒙的蒙古语言学者们举行座谈。此后还曾接待过来我国进行学术访问的匈牙利著名蒙古学家卡拉道儿吉教授。

1959 年民族研究所副所长傅懋勣教授访问苏联，参加国际蒙古学学术讨论会，向大会提交的报告由陈伟作笔译。

60 年代后主要从事阿尔泰语言学的俄文论著的笔译工作。70 年代末期，参加了几届中国社会科学院研究生院硕士、博士研究生考生的俄文试卷的阅卷工作，以及主持民族研究所王静如教授的博士生毕业论文的俄语笔试及口试工作。1982 年后负责筹备创办《民族语文研究情报资料集》（内部刊物），主编了第一至四期及第五期的筹稿及编审。在参与国际阿尔泰语言学研究的学术活动方面，1986 年应邀参加苏联在塔什干召开的第 29 届国际阿尔泰学学术研讨会。在会上做了题为《中国阿尔泰语言研究简况》的学术报告（俄文）。后来刊载在苏联科学院语言研究所的《突厥学研究》的专刊上。1987 年应邀参加内蒙古大学在呼和浩特市召开的蒙古学国际科学讨论会，任俄文翻译。1988 年再次应苏联科学院语言研究所的邀请访问苏联，在语言研究所、东方学研究所以及列宁格勒的民族学研究所作了有关四十年来阿尔泰学在我国研究概况的学术报告。

陈伟于 1990 年离休。数十年来，她致力于蒙古语言学和阿尔泰语言学方面的学术翻译工作。自 50 年代后期开始，陆续发表了蒙古语言学、阿尔泰语言学方面经典学术论著的译著数部以及数十篇论文。离休后至 2012 年仍笔耕不辍陆续发表了三部阿尔泰及一部普通语言学方面的译著。

陈植藩 （1935—1980）祖籍福建安溪，生于厦门市。在厦门读完中小学，1953 年考入北京大学东方语言文学系朝鲜语专业学习。1957 年进入中国科学院少数民族语言研究所（后改为中国社会科学院民族研究所）从事朝鲜语研究工作。1957 年 9 月至 1959 年 2 月在北京大学东语系随朝鲜的语言学专家进修，历任研究实习员、助理研究员、副研究员，1980 年 4 月 15 日病逝于北京。主要论著有：工具书《（朝汉语对照）动植物名称》（1979 年 10 月中国社会科学院民族研究所、延边大学中文系出版），论文：《论崔世珍在朝鲜语文和汉语研究方面的贡献》（载《民族语文论集》中国社会科学出版社 1980）。

陈宗祥 （1919—）出生于北京。1940 年毕业于北平辅仁大学教育学院哲心学系，选历史系为副系兼修社会系课目。毕业后，留社会学系任助教。1941 年考入研究生院人类学部。1942 年 9 月到达成都，任华西边疆研究所助理研究员。工作项目是《西文藏学书录解题》。1944 年底，受李安宅教授之命赴凉山地区马边县进行实地调查。民族学家冯汉冀教授建议研究凉山彝族的黑骨头与白骨头的历史来源，同时注意考古信息。在马边县对乌抛支黑彝的谱系作了详尽的调查。由于缺乏语言学知识，经李方桂先生的介绍，向马学良先生学习调查撒尼彝语的经验。1947 年初返回马边，继续搞黑彝乌抛支的调查。新中国成立初期，在华西大学社会学系工作。10 月份调整至四川大学。1953 年调至西南民族学院民族研究室，升为讲师。1960 年在地专农场劳动时，结识了受业于中山大学王力、张世禄教授的邓文峰，从邓那里学习了汉语声韵学知识。邓用上古音系构拟了《白狼歌》歌词，曾用凉山彝语四种方言及贵州大方彝语对音，均感不合。后来经人介绍找到懂"于弥语"的人，发音人自称其来源与普米族相同。最后解决了《白狼歌》的对音工作。1979 年调回西南民族学院民族研究所。1981 年在政史系讲授"民族学概论"，晋升为副教授、教授。兼任佳木斯大学顾问教授，四川藏学研究院教授。1991 年被意大利非洲远东研究所聘为通讯院士。2001 年被云南普米文化研究室聘为特约研究员，首席学术顾问。陈宗祥的数十篇论文大部分属民族学方面的，也有部分属少数民族语言学方面的著作。如《白狼歌研究（一）》（专著）、《西夏语与南语比较研究》（论文）、《首届西夏学国际学术会议论文集》，宁夏人民出版社 1998）等。自 1977 年开始与邓文峰合作《敦煌藏文（南语写卷）研究》，邓不幸于 1993 年逝世，该书最后由陈宗祥独力完成。

陈宗振 （1928—）字孟起，江苏南京人。1955 年毕业于北京中央民族学院少数民族语言文学系维吾尔语专业。退休前为中国社会科学院民族研究所研究员。曾任中国民族语言学会理事、中国民族古文字研究会名誉理事、中国突厥语研究会副会长。1955 年 10 月—1961 年 4 月，在北京中国科学院语言研究所、少数民族语言研究所任研究实习员，从事维吾尔语和裕固语调查研究，并参加维吾尔新文字方案、正字法的设计制订工作；1961 年 4 月—1979 年 4 月在新疆乌鲁木齐新疆维吾尔自治区文字改革委员会（1973 年以后改为自治区民族语言文字工作委员会）从事维吾尔文字改革有关的学术研究和新文字推行工作所需的维吾尔新文字教材、词典的编写工作，在此期间，曾参加中央民族学院民族语文系古突厥语班的教材《古代突厥文献选读》的编写工作；1979 年 5 月—1988 年 12 月，在北京中国社会科学院民族研究所语言研究室任副研究员、研究员，从事维吾尔语、西部裕固语、塔塔尔语等突厥语族语言研究。退休后仍参加一些学术活动并发表著作，受聘为内蒙古大学兼职教授、中央民族大学特邀研究员、客座教授，讲授"突厥语概论"、"维吾尔语方言调查研究"、"西部裕固语"、"《突厥语词典》研究"、"《福乐智慧》研究"等课程。主要专著有：《西部裕固语研究》（2004）、《西部裕固语简志》（与雷选春合作，1985）、《塔塔尔语简志》（与伊里千合作，1986）、《中国突厥语族语言词汇集》（集体项目，1990）。主要论文有：（1）关于维吾尔语的：《关于维吾尔语中的早期汉语借词的探讨》（1982）、《维吾尔语且末话的方言词》（1985）、《现代维吾尔语词根的语音变异及同根异形词》（1992）；（2）关于西部裕固语的：《论西部裕固语的带擦元音》（1986）、《西部裕固语中的早期汉语借词》（1985）、《西部裕固语系动词的口气》（1998）；（3）关于古代突厥文献及文献语言的：《〈突厥语词典〉中的谚语》（1980）、《回鹘医书摘译》（1984）、《〈汉回合璧〉研究》（1989）、《古突厥语的 otaɣ 与"瓯脱"》（1989）、《古代突厥文献中的bɛrk 及其演变》（1991）、《〈突厥语词典〉中保留在西部裕固语里的一些古老词语》（1992）、《再论〈突厥语词典〉中保留在西部裕固语里的一些古老词语》（1993）、《〈福乐智慧〉中的阿拉伯—波斯语借词及其对维吾尔语文的影响》（1997）、《试论古代突厥文献语言的 ärinč 以及 ol 和 turur》（2000）、《试论中古突厥语的 turur 在现代维吾尔语中的变体》（2000）、《关于〈高昌馆杂字〉标音问题的探讨》（2003）；（4）关于语言与民族历史文化的：《裕固族中的萨满——祀公子》（1985）、《裕固族民歌格律》（1986）、《裕固族民间文学》（1987）、《关于裕固族族称及语言名称》（1990）、《试释裕固族宗教和婚丧习俗的某些用语——裕固族习俗用语纵谈》（1994）、《试释西部裕固语中关于服饰的某些词语》（1998）、《我国突厥语的"父母兄姊"等称谓及其演变》（1996）、《关于"混合语"之我见》（1997）、《试释李唐皇室以"哥"称父的原因及"哥"、"姐"等词与阿尔泰诸语言的关系》（2001）。参加编写的重要集体著作有：《大百科全书·民族》（1986）、《大百科全书·语言》（1988）、《中国语言地图集》（1987）、《民族词典》（1987）、《中华文明史》（第五卷 1992，第七卷 1994）、《中国民族古文字图录》（1990）、《二十世纪的中国少数民族语言研究》（1998）、《新疆通志·第 76 卷·语言文字志》（2000）、《中国民族语文工作》（2005）、《维汉大词典》（2006）、《中国的语言》（2007）等。

成燕燕 （1943—）女，满族，生于北京市。语言学教授，硕士研究生导师。1965 年毕业于中央民族学院少数民族语言文学系哈萨克语专业，师从耿世民教授。1993—1995年任中央民族大学教务处副处长。1995—2000年任中央民族大学少数民族语言文学学院副院长，对外汉语教学中心主任。1995—2008年任中国民族语文学会副秘书长及该学会通讯的副主编，1998—2012年任国际双语学会副会长、秘书长，2004—2009年任全国语言文字标准化技术委员会少数民族语分技术委员会秘书长，曾任第一、第二、第三届国家图书奖评委、第4届全国少数民族图书奖评委、对外汉语教学学会北京分会理事。现任中国民族语文学会常务理事、中央民族大学双语学研究中心主任。多年来为少数民族硕士生、本科生及留学生讲授课程。主要研究方向为现代哈萨克语、汉语—哈萨克语对比语法及少数民族双语教育。已出版的专著和合著共8部：《汉语—哈萨克语对比语法》（1990）、《哈萨克语词汇学研究》（2000）、《汉语自学》（供哈萨克族使用。1990，2人合著）、《第二语言（汉语）教学概论》（1998，集体合著，任副主编）、《中国少数民族语言文字应用研究》（4人合著）、《哈萨克族汉语补语习得研究》（4人合著）、《维吾尔族、哈萨克族汉语语法教学难点释疑》（5人合著，任主编）、《基于第二语言教学的汉语哈萨克语动词谓语句对比研究》（4人合著，任主编）。已发表论文50余篇。担任《双语学研究》第二集副主编、《中国民族语言论丛》第一、第二集、《中国少数民族语言研究》及《第二语言（汉语）教学论集》第一、第二、第三集的编委。所著《汉语—哈萨克语对比语法》一书1995年获国家民委优秀教学成果三等奖。该论著及开设的"汉哈对比语法"课，在我国突厥学界为首创。此后，我国新疆和哈萨克斯坦有关院校也相继采用该论著为教材开设此课。哈萨克斯坦《哈萨克语百科辞典》一书中有专门词条介绍该论著和作者。《中国少数民族语言文字应用研究》一书获2000年北京市哲学社会科学优秀成果二等奖；所撰《文化差异对哈萨克族同志学习汉语词语的干扰》一文获1995年校级哲学社会科学优秀科研成果一等奖。《汉哈语言心理对比》一文获1999年校学术研讨会优秀论文奖。

程适良（1937—）北京人，新疆大学中国语言系教授、系主任兼突厥语言研究室主任、中国突厥语研究会理事、新疆社会学会副理事长、新疆世界语协会理事。1958年毕业于中央民族学院语文系维吾尔语专业，毕业后分配到新疆语文学院、新疆师范学院、新疆大学等单位从事维吾尔语专业教育与突厥语言研究工作。在学校主要讲授维吾尔语法、突厥语言概论、语法理论、语言学、应用语言学与语言调查等课程，培养本科生和硕士研究生。研究的主要领域是突厥语族诸语言的共时研究，重点在现代维吾尔语的研究。程适良参加过1960年维吾尔语的补充调查。使他对维吾尔语的研究打下了基础。1969—1971年为新疆维吾尔自治区党校举办的翻译进修班编写了《维吾尔语语法》讲义，在这讲义里，他对维吾尔语的语法提出了一些新的观点。如名词格的范畴，提出维吾尔语的名词有8个格，形容词有支配格的特殊形容词，把摹拟词从虚词划入实词类；关于复句问题，主张采取语法形式与语法意义统一起来划分复句的办法等。20世纪70年代，他利用带领维吾尔专业学生的维吾尔族农村进行实习的机会收集了大量的语言材料和有关文献。经过研究，写出了若干篇研究论文，如《维吾尔语的名词格位范畴》和《维吾尔语词汇的类型》。在80年代，他又带领学生到新疆南部塔里木盆地附近农村、北部的伊犁、阿勒泰以及甘肃、青海、河南、黑龙江各地对维吾尔语、哈萨克语、柯尔克孜语、乌孜别克语、塔塔尔语、西部裕固语、撒拉语、图瓦语等8种语言进行调查，收集了大量第一手材料。已写出40余万字的《中国突厥语言比较研究》一书。已出版专著有：《乌孜别克语简志》（与阿不都热合曼合作）。

已发表论文有：《现代维吾尔语动词的静词形

态》、《新疆维吾尔自治区十三个民族的系属》、《现代维吾尔语的名词性后置词范畴》、《关于维吾尔语的格位范畴》、《维吾尔语词法的类型》、《初论维吾尔语的结构》、《维吾尔语选择复句的逻辑基础》、《音位理论与维吾尔语音位系统研究》、《维吾尔语喀什方言的语音特点》、《社会语言学一瞥》等。

崔基天 （1927—）朝鲜族，吉林珲春县人，中央民族大学教授、中国朝鲜族语言学会北京分会理事。1953年延边大学朝鲜语文系毕业后，分配在民族出版社朝鲜文编译室工作，翻译了大量的文学作品和各类文章。1972年起在中央民族学院民族语文系任教，任朝鲜语教研室副主任。在搞好教学工作的同时，从事汉语和朝鲜语的对比、汉朝翻译理论方面的研究工作。所撰的《关于汉语翻译问题》一书，共分八章，论述汉朝翻译的标准、翻译过程、翻译中的词汇处理、汉语虚词的处理、朝鲜语词尾的使用、词的配搭和句子成分之间的相互关系、翻译中的语序处理和句子成分的转换等问题。该书简明扼要地阐述了汉朝文字翻译方面的基础理论知识，通过汉、朝两种语言现象的对比和大量的译例，回答了如何搞好翻译工作的一些问题。在1987年8月全国民族语文翻译学术讨论会上提交的论文《论朝鲜语使用汉字词汇的几个问题》，就朝鲜语使用汉字词汇的问题提出自己的意见。已出版主要著作有：《关于汉语翻译问题》（辽宁人民出版社1980）。已发表论文有：《汉朝翻译中处理虚词的几个问题》（《朝鲜语文》1988年第1期）。

崔吉元 （1927—）朝鲜族，天津人。1949年毕业于北平华北文法学院经济系。曾任延边大学汉语系教授。1951年以来从事汉语教学工作，并研究现代汉语、汉语教学法、朝汉语对比和双语问题。培养了一批现代汉语硕士研究生。1959年曾到中国科学院少数民族语言研究所进修研究，参加当年研究所组织的朝鲜语方言调查。主要著作有：《汉语语法》、《现代汉语虚词》（朝文版，主编）、《朝鲜族学校双、三语教育形态》、《〈东国正韵〉中的"上去无别"考》等。

崔建新 （1964—）河北人，1985年在南开大学中文系师从邢公畹先生，1988年获得硕士学位并任教于南开大学汉语言文化学院，2000年晋升为教授。1996—1998年在法国巴黎第七大学任教。2002—2004年赴加拿大蒙特利尔大学任教。2006年10月任美国马里兰大学孔子学院副院长至今。

在学期间，在邢公畹先生指导下深入贵州山区对侗水语进行田野调查，尤其是对荔波锦话进行了调查研究。1988年与石林合作在美国发表"An Investigation of the Ai - Cham Language" (*Comparative Kadai: Linguistic Studies Beyond Tai*, the Summer Institute of Linguistics and the Uni. Of Texas at Arlington, Oct., 1988)，对锦话的语音体系、生存现状进行了全方位的描写。1989年，发表《锦话谓词的重言形式》（载《语言研究》1989年第1期），对锦话动词和形容词重叠形式的语音特点、语法形式以及语义特征进行了全面的描写和解释。1991年发表《论锦话》，文章先进行了锦话与侗水语支各语言的比较，确定其隶属于该语支，然后在语音、语法、词汇上进行深入比较，进一步确定其隶属于水语支。最后，再对锦话与莫话的语法、语音、词汇进行更深入的比较，结合所处地理位置和族群文化特点，得出结论：锦话是侗傣语族侗水语支水语次语支中莫话的一种方言。1999年，出版《汉锦语调查与研究》（内蒙古教育出版社）。此外，还对天津话语流音变进行了研究，发表了《天津话的语流音变》、《天津话语流音变札记》。最近十年，主要结合教学进行汉语及汉语教学的研究。

崔应久 （1937—）朝鲜族，吉林龙井人。北京大学东语系教授，朝鲜文化研究所所长。延边大学朝鲜语文学系毕业后，赴朝学习。1964年毕业于朝鲜金日成综合大学研究院。主要著作有《朝鲜语文体学》系统地论述了朝鲜语文体学的研究对象和任务、文体的区分及特性、文章的构成、文章的表现手法等。他的另一部著作《朝鲜语词汇学》论述了词义、词汇构成的文化发展以及词汇规范化等问题。用一章专论词的使用问题，对指导人们的语言实践、提高人们的语言表现力起到了积极的作用。

崔允甲 （1930—）朝鲜族，吉林龙井人。1952年10月延边大学毕业后留校任教。1979年晋升为教授。历任延边大学朝鲜语教研室主任、语言文学系主任、延边大学朝鲜语言文学研究所所长。现继续在该研究所从事培养硕士、博士研究生的工作，并兼任中国朝鲜语审定委员会主任委员、中国朝鲜语学会理事长、延边朝鲜族自治州社会科学联合会顾问。崔允甲长期从事朝鲜语教学和研究工作。他在其专著《朝鲜语文法》（朝鲜文）"动词"一章中把动词划分为能动词、使动词、被动词，认为这属于构词范畴，从而否认动词有"态"的语法范畴。在句子成分的分类中把通常所说的"补语"归并入"修饰语"。他的《中世朝鲜语文法》（1987）是中国研究古朝鲜语语法的第一部著作。此外，他还和李世龙合编了《朝鲜语学词典》，撰写论文30余篇。他主编的《中国朝鲜语的发展与研究》一书阐述了新中国成立以来中国朝鲜语的发展变化，对新中国成立后中国的朝鲜语文工作和研究现状做了总结。1985年吉林省政府授予他"有突出贡献的中青年专业技术人才"称号，1991年延边朝鲜族自治州政府授予他"模范朝鲜语文工作者"的称号。

达海 （1594—1632）中国满族语文学家。先世居觉尔察，隶属满洲正蓝旗。早年即通满、汉两种语文。太宗（皇太极）时主持译述汉籍、记注国政的文馆，天聪四年（1630）授游击。五年赐号巴克什。六年（1632）奉太宗之命，改进满族早期的文字老满文。译有《黄石公素书》、《六韬三略》、《纲鉴会纂》等书。在改进满文方面的主要贡献是：（1）用在字母上加圈加点的办法，区分了原来未区分的语音，使字母在表音上比原先精确。（2）制定了10个"外字"，拼写本民族语中没有的借词语音。（3）创造了"切音法"。由于在"十二字头"中有规范写法的1411个音节里，没有辅音同后响复元音或三合元音相拼的音节及其写法，为了拼写这样的借词语音，达海使用两个音节拼合在一起的"切音法"来表示。其中每一个音节都由辅音加元音组成。第一个音节里的元音是 i，第二个音节开头的辅音就用 y [j]；第一个音节里的元音是 u 或 io，第二个音节开始的辅音就用 w。两个音节合成以后，第二个音节开头的辅音不发音，只起一个在字形上连接两个音节里的元音的作用。如汉语的"两"、"郭"、"薛"，满文分别写成 liyang [liaŋ]、guwe [kuə]、siowei [ɕye]。蒙古地名"翁牛特"，满文写成 ongniyot [oŋnioth]。这种方法也同时用于拼写满语词。经过上述改进，满文有了比较完善的字母体系和拼写法。

达瓦达格巴 （1934—）鄂温克族，内蒙古呼伦贝尔盟鄂温克族自治旗人。内蒙古大学蒙古语言文学系教授。1962年毕业于内蒙古大学。主要从事蒙古语言文字和语言理论的教学和科研工作。专攻现代蒙古语语法、蒙古语形态学、蒙古语句法学。曾参加编写《现代蒙语》（1964）、《蒙汉词典》等多项集体研究项目。主要著作和论文有《现代蒙语》（句法部分）（1982）、《论蒙古语插入定语》（1981）、《论蒙古语的宾语问题》（1985）、《有关蒙古语主格的几个问题》（1988、1989）、《蒙古语句法研究中的一个迫切问题》（1991）等。

戴庆厦 （1935— ），福建仙游人，生于福建厦门市。1956年毕业于中央民族学院语文系，

1956年参加少数民族语言调查第一工作队,到云南调查少数民族语言,1960年在学校任教。中央民族大学一级教授,国家民族事务委员会系统有突出贡献专家。中央民族大学汉藏语研究中心主任。中央民族大学"'985工程'中国少数民族语言文化教育与边疆史地研究哲学社会科学创新基地"基地主任、首席科学家。现任全国哲学社会科学规划领导小组学科组成员,中国语言学会副会长,中国民族语言学会副会长,国际双语学学会会长,国家语言文字工作委员会21世纪第一届语言文字规范审定委员会委员,全国语言文字标准技术委员会少数民族语言文字标准技术委员会主任,全国术语标准化技术委员会少数民族特别技术委员会委员,商务印书馆语言学出版基金评议委员会委员,商务印书馆世界汉语教学研究中心顾问委员会委员。美国语言学会终身荣誉会员。《中国语文》、《民族语文》、《语言文字应用》、《语言研究》、《语言科学》、《汉语学报》等杂志编委,《对外汉语教学与研究》顾问,美国《藏缅语区语言学》(LTBA)杂志编委。

曾任国务院学位委员会学科评审组成员、中央民族大学中国少数民族语言文学学院院长、中国社会科学院第三届高级专业技术评审委员会委员、中国社会科学院民族研究所第三届专业技术职务评审委员会委员、北京市高级职称评审学科组负责人。《中国大百科全书语言文字卷》中国诸民族语言文字分支学科副主编、《中国大百科全书(民族卷)》中国诸民族语言文字分支学科副主编、《民族词典》少数民族语言分支主编、《中国少数民族文化大词典》执行主编、《中国民族语文工作》执行主编。

主要从事汉藏语系藏缅语族语言和社会语言学的教学与研究,共出版专著25部(部分为合著),发表论文241篇。重要的有:《藏缅语族语言研究》(一)、(二)、(三),《汉藏语概论》、《景颇语语法》、《景颇语词汇学》、《景汉词典》、《汉景词典》、《景颇语基础教程》、《社会语言学教程》、《社会语言学概论》、《中国濒危语言个案研究》、《语言与民族》、《中国少数民族语言文字应用研究》、《浪速语研究》、《仙岛语研究》、《仙仁土家语研究》,主编《第二语言(汉语)教学概论》、《第二语言(汉语)教学论集》(第一、二、三集)等。

先后应聘为29所高等学校的兼职教授或客座教授。如北京语言大学、武汉大学、华中科技大学、福建师范大学、华中师范大学、南开大学、黑龙江大学、四川大学、四川师范大学、云南大学、广西民族学院以及香港中文大学、香港城市大学等。

曾赴美国、法国、德国、澳大利亚、瑞典、泰国、新加坡、日本等国以及台湾、香港地区进行学术访问或讲学。参加过第二十一、二十二、二十三、二十八、三十、三十一届国际汉藏语言学会议。

刀洁 (1965—)女,傣族,云南省金平县人。语言学博士、博士后。现为云南民族大学教授、硕士生导师。

1989年7月毕业于云南民族学院,获文学学士学位,并留校任教至今;1996年9月—1999年7月,在云南省民族研究所师从巫凌云教授攻读硕士,获文学硕士学位;2000年9月至2003年7月,在天津南开大学文学院中文系师从马庆株教授攻读博士,获文学博士学位;2003年10月,入北京中国社会科学院民族学与人类学研究所博士后流动站,师从合作导师孙宏开研究员从事语言学的博士后研究工作,2006年4月出站,获全国博士后管理委员会颁发的"博士后证书"。1996年11月晋升为讲师;2002年8月破格晋升为副教授;2006年10月晋升为教授。

主要学术成果:

(一)著作。在北京民族出版社、云南人民出版社、云南大学出版社等出版了《布芒语研究》、《守望国境线上的家园——金平傣族的社会文化》、

《开远市壮族传统文化及其现代适应》等学术著作三部。其中：《布芒语研究》语言的使用者为自称"布芒"的傣族，仅有200余人。该书通过与南亚语系、汉藏语系等相关语言的比较之后，提出了该语言属于南亚语系语言的观点。该观点得到了同行专家的认同。

《守望国境线上的家园——金平傣族的社会文化》由云南大学出版社出版。该书系作者与云南民族大学副校长、博士生导师和少英教授合著，书中对云南中越边境人口只有一万多人的特有族群——金平傣族的社会文化进行了全方位的微观研究。其语言文字独特，与西双版纳、德宏等地的傣族有着不尽相同的文化特色。

《开远市壮族传统文化及其现代适应》一书中着重对世居开远市的三个壮族支系即土佬人、侬人和沙人的历史文化与传统习俗进行了研究，对其传统生计模式的变迁原因进行了分析，并对其生计模式的现代转型进行了探讨。

（二）论文。在《民族语文》、《语言科学》、《中央民族大学学报》、《天津大学学报》、《思想战线》、《云南社会科学》、《云南民族大学学报》、《云南师范大学学报》等刊物发表关于语言、文化方面的学术论文，主要有《金平傣语概况》、《布芒语概况》、《傣语多项定语的体词向心结构》、《英语傣语定中结构对比研究》、《傣语歧义结构分析》、《金平傣族的巫文化与心理治疗》、《金平傣族的民间信仰探析》（2010年获得国家民委民族问题研究优秀成果奖三等奖）、《金平傣语语音的演变》等30余篇。

课题项目主持并参与完成了课题项目多项，主要有：国家社科基金项目"西部大开发与文化多元化研究——西部大开发与云南跨境民族文化多元化发展研究"；中国社会科学院重大课题"中国新发现语言研究"；云南社科基金项目"云南跨境民族地区濒危语言的现状调查研究——以傣族地区为例"，"红河州金平跨境民族文化发展研究"；云南省民族研究所和北京大学社会学人类学研究所合作项目"云南省特殊族群调查研究"；中国云南民族大学与韩国大真大学暨国家电视台（KBS）合作拍摄的"云南民族文化"系列电视片；中国云南民族大学与日本国立民俗博物馆合作的"关于人和自然共存的研究"等。此外，在学术交流方面，多次应邀参加国内外的学术会议，曾到日本、韩国、我国台湾等国家和地区参加国际学术会议。履职期间，曾被评为"优秀教师""科研工作先进个人"等。

刀世勋 （1928—）傣族，云南西双版纳傣族自治州人，为当地世袭的最后一代宣慰使（封建领主制的最高领主）。1943年在重庆中正中学求学，1944年曾领取了西双版纳召片领任状。但即位后，由其二伯父刀栋刚和父亲刀栋廷摄政。1945年抗战胜利后转学到南京。1947年回西双版纳，由云南省政府主席卢汉为他补发"车里宣慰使司宣慰使"委任状，1948年春正式即位，成为一位"末代傣王"。1949年12月在云南大学先修班念书。1950年考入云南大学社会学系。大学毕业后被分配到中国科学院语言研究所从事傣语文研究。1954年随傅懋勣教授参加傣语调查。1962年调入云南省民委少数民族语文指导委员会工作。1976年被云南民族学院聘为民族语文系教授，兼任过民族研究所所长。社会职务方面，曾被选为中国人民政治协商会议云南省委员会副主席、全国政协委员、云南民族学院民族研究所研究员、所长、教授、云南省少数民族语文工作指导委员会委员、中国民族语言研究学会常务理事、中国南方少数民族哲学社会思想史学会顾问、中国西南民族研究学会顾问。刀世勋是著名的傣语文专家。早在1954年就和傅懋勣一起发表了《西双版纳允景洪傣语音位系统》。在《民族语文》上发表有《西双版纳傣文》（1980年第1期）、《巴利语对傣语的影响》（1986年第6期）。2002年主编出版了《傣汉词典》（老傣文形式，云南民族出版社出版）。

道布 （1934—）曾用名伯荣洲，蒙古族，原籍内蒙古卓索图盟喀喇沁左旗热水汤（今辽宁省凌源市万元店乡热水汤）。早年就读于北京国立蒙藏学校。1957年毕业于中央民族学院语文系蒙古语班。在中国科学院少数民族语言研究所工作。曾任研究所研究实习员，中国社会科学院民族研究所助理研究员、副研究员、研究员，中国社会科学院学位委员会委员、学术委员会委员。2006年获中国社会科学院荣誉学部委员称号。曾任民族研究所副所长，兼任中国少数民族语言研究中心主任，中国社会科学院研究生院博士研究生导师、民族系主任，国家语言文字工作委员会委员，内蒙古大学兼职教授，中国民族语言学会理事、常务理事、顾问，中国语言学会理事、常务理事、副会长。获全国民族团结进步先进个人称号、国家劳动人事部有突出贡献中青年专家称号，享受国务院颁发的政府特殊津贴。

多年来，道布主要从事现代蒙古语描写研究、回鹘式蒙古文文献研究和中国少数民族语文政策研究。著有《蒙古语简志》（民族出版社，1983年）、《回鹘式蒙古文文献汇编》（蒙古文版，民族出版社，1983）、《道布文集》（上海辞书出版社，2005）等。曾任中国社会科学院与澳大利亚人文科学院合作编绘的《中国语言地图集》中方总编辑之一，《中国大百科全书》语言文字卷"中国诸民族语言文字"编写组副主编。主持"七五"国家重点项目《中国少数民族语言使用情况和文字问题调查研究》，并任子课题《中国少数民族文字》编写组负责人。主持"八五"国家重点项目《我国新创和改进的少数民族文字试验推行工作调查总结》。曾任《辞海》1999年版编辑委员会委员、分科主编。个人研究成果《回鹘式蒙古文文献汇编》（蒙古文版）获内蒙古自治区首届蒙古文图书评奖荣誉奖、中国社会科学院1977—1991年优秀科研成果奖。参加编绘和编辑的集体研究成果《中国语言地图集》获中国社会科学院1977—1991年优秀科研成果奖、国家社会科学基金项目优秀成果一等奖。参加主持的集体研究成果《中国少数民族语言使用情况调查研究著述三种》获第三届吴玉章奖金优秀奖。

德林 （1921—?）原名觉洛德林，锡伯族，新疆伊犁尼勒克县人。新中国成立初期调北京任民族出版社编审，长期从事民族语文教学新闻、编译、出版工作。1949年9月，第一届全国人民政治协商会议期间，任新疆代表团秘书，为国家领导人做口译工作，笔译《共同纲领》等大会主要文件。1953年担任新疆区党委办公厅副主任。1954年9月参加第一届全国人民代表大会翻译工作，并参加我国第一部宪法和大会文件的维吾尔文译稿的审定工作及新疆《毛泽东选集》翻译委员会工作。1956年调往北京，从事民族语文翻译出版工作。历任国家民委翻译局副局长、民族出版社副社长、副总编、社长兼总编辑。新疆维吾尔自治区政协常委、国家民委委员、中国民族语言学会副会长、新疆锡伯语言学会理事。1977—1979年，主持《毛泽东选集》第五卷民族语文翻译工作班子。除此之外，还参加重点书刊的维吾尔、哈萨克译文的审定工作，是我国民族出版事业的开拓者之一。

邓方贵 （1930—）瑶族。广西全州县人。大专学历，中央民族大学语言学院副研究员。长期从事瑶族语言的教学与研究工作。1956—1959年参加中国科学院少数民族语言调查工作队赴广西、湖南、云南、贵州等省区普查瑶族语言。对瑶族语言有比较深入的了解。讲授过《瑶语》、《瑶语方言比较》等课程。参加了瑶文方案的设计，并多次赴瑶族地区参加瑶文师资培训工作。撰写主要论文有（1）《现代瑶语浊声母的来源》。该文根据现代瑶语浊声母在各方言土语里的对应情况的分析以及跟苗语所进行的对比，全面地分析论证了现代瑶语浊声母的来源问题。通过比较研究揭示了古瑶语声类中清浊两种类型声母各自朝着互相相反的方向发展演变的规律，从而正确地解释了现代瑶语全清声母和浊声母为什么都可以在阴阳两类调里出现的原因。另外，该文还对喉塞音声母在瑶语一些方言土语里演变成浊声母的情况进行分析比较研究以后，对喉塞音声母的性质以及它们与声调的配合关系问题提出了不同于前人的新看法。(2)《从瑶语论证上古汉语复辅音问题》(合作)。后转载于《古汉语复音声母论文集》。该文以全州县的瑶语标敏方言的 pl、phl、bl 和 kl、khl、gl 等复辅音声母与汉语一部分帮、滂、并和见、溪、群以及一部分澄母字进行了比较研究。证明汉语和瑶语一样，古时候都存在复辅音声母。(3)《瑶语标敏方言动词的特点》。该文对瑶语标敏方言动词与名词、形容词所共有的形态变化等特点作了全面的介绍。

邓章应 （1977—）生于四川省开江县，文学博士。研究方向为比较文字学与民族文字。西南大学汉语言文献研究所副所长、副教授、硕士生导师、西南大学民族古文字研究中心副主任、华东师范大学中国文字研究与应用中心研究人员。现为重庆市语言学会理事、《学行堂语言文字论丛》辑刊主编、《华西语文学刊》（比较文字学专辑）主编。

曾主持以下科研项目：教育部哲社规划项目"纳西东巴文与水族水文比较研究"、"东巴文谱系整理及历时演变研究"；全国高校古委会直接资助项目"《维西见闻纪》校注与研究"、四川省哲社规划项目"西南少数民族原始文字研究"、西南大学博士基金项目"西南少数民族原始文字发展史"、西南大学中央高校基本科研业务费专项资金项目"纳西族哥巴文调查研究"、中山大学中国田野调查基金项目"摩梭达巴文献与达巴文研究"、四川省教育厅社科青年项目"原始记事与文字产生"；国家社科重大招标项目"纳西东巴文献字释合集"子项目；教育部重点基地招标项目"中华民族早期文字资料库与《中华民族早期文字同义对照字典》"子项目。

出版专著《〈跻春台〉方言词语研究》、《中国文字家族》（第二作者）；主编《学行堂语言文字论丛》（第一辑）。已发表论文有《中国比较文字学研究的回顾与展望》、《比较文字学研究的新进展》、《中国文字学观念的时代演进》等。

发表《纳西东巴文初造字仿拟机制试析》、《纳西东巴文新造字机制试析》、《水书造字机制探索》《哥巴文造字机制研究》等论文。

研究了西南地区多种民族文字，如《纳西东巴文线字素研究》、《摩梭达巴文初步研究》、《玛丽玛莎文田野调查报告》、《玛丽玛莎文研究》，引进音补理论研究意音文字的演变，发表《东巴文音补初探》、《东巴文从音补到注音式形声字的演变》。关注东巴文的特殊异体字，发表《纳西东巴文语境异体字及其演变》、《〈纳西象形文字谱〉的异体字及相关问题》。从综合角度研究了西南多种民族文字的产生与发展。关注传教士在中国创制的各种文字系统，发表《传教士所创民族文字概说》、《柏格理文字在中国的创制与传播》、《传教士所编〈西蜀方言〉及其在四川方言研究中的价值》。关注文字起源神话，发表《中国文字产生神话类型初探》将文字产生神话分为文字来源神话、文字缺陷解释、未产生文字神话、文字消亡神话等类型，各种类型又可分成不同的小类。各民族关于文字产生的神话既有共性又有不同的特征。发表《巴蜀各民族文字产生神话略述》探讨了巴蜀地区各民族文字产生神话。《东巴文文字起源神话研究》、《水族文字起源神话研究》。

研究文字的命名理据和定名规范以及文字应用，发表《文字的命名理据与科学定名》、《东巴文的科学定名》、《水族古文字的科学定名》。发表《浅议文字的濒危与消亡》探讨了文字的濒危问题，发表《也谈生僻字的信息处理》、《汉字加字母后缀》、《汉字字体知识产权如何保护》。

丁石庆 （1956—）达斡尔族，新疆塔城市人。现为中央民族大学语言文学院教授、博士、博士生导师，中国民族语言学会理事、中国双语教学研究会常务理事、中央民族大学中国阿尔泰学研究中心副主任。1975—1977 年在新疆塔城地区额敏县东风公社插队。1977 年 11 月调往奎屯市工作。1978 年 9 月考入中央民族学院少数民族语言文学系，1982 年 7 月获文学学士学位并毕业留校任教至今。1994 年晋升为副教授，同年获北京市优秀青年骨干教师称号。1994—1995 年以访问学者身份赴保加利亚索非亚大学东方语言文化研究中心从保加利亚著名语言学家艾米勒·鲍耶夫教授研修突厥学副博士学位课程。1997 年在香港中文大学人类学系作高级访问学人。2000 年晋升为教授。2000—2003 年在职攻读中央民族大学少数民族语言文学专业博士研究生，获文学博士学位。目前招收语言学及应用语言学专业博士学位研究生（人类语言学方向）及硕士学位研究生（文化语言学方向）。

丁石庆长期从事语言学及少数民族语言教学与研究工作。为中央民族大学少数民族语言文学等专业讲授语言学概论、语音学、语言学专题讲座、文化语言学、语言与文化专题讲座、阿尔泰语导论等多门本科生语言学系列课程；讲授语言学理论与方法、文化语言学、文化语言学专题研究、双语研究、人类语言学、人类语言学专题研究等多门硕士及博士学位课程。专著有：《达斡尔语言与社会文化》、《双语文化论纲》、《双语族群语言文化的调适与重构—达斡尔族个案研究》等；主编《汉语与少数民族语言关系概论》（副主编）；《文化语言学教程》、《浑沌学与语言文化研究》、《语言学基础教程》（副主编）、《社区语言与家庭语言——北京少数民族社区与家庭语言情况调查研究之一》、《达斡尔族语言现状与发展趋势—莫旗达斡尔族语言调查实录》等教材或论著；参著《中国少数民族教育重大理论问题研究》、《语言与民族物质文化史》、《中国少数民族文化遗产》、《达斡尔语简志》（修订）等多部教材和专著；发表专业学术论文约百篇。另外，参加多部辞书的编纂工作。

曾参加国家级或部委级"七五"、"八五"、"九五"等多项哲学和人文社会科学科研项目，并分别获得国家级或部委级奖项。其中，与戴庆厦合作主编的《汉语与少数民族语言关系概论》1992 年获国家民委优秀社会科学研究成果奖，1998 年获高校第二届人文社会科学研究成果语言学三等奖。参撰的《中国少数民族教育重大理论问题研究》获1999 年全国第二届教育科学优秀成果一等奖。与张公瑾教授共同主持的北京市教委高等院校精品教材建设（重点资助）系列项目《文化语言学教程》2004 年分别获得中央民族大学优秀教学成果一等奖和北京市高等院校优秀教材二等奖，同时被评为北京市高等院校相关专业的精品教材。另有数篇论文分别获得部委级奖励。目前负责主持国家社科基金《中国北方（部分）人口较少民族语言保持模式个案研究》一项，北京市高等院校重点学科与北京市教委共建项目"北京地区少数民族社区与家庭语言情况调查研究"与后续项目"北京少数民族流动人口语言及相关情况调查研究"，以及中央民族大学"985"工程"新时期人口较少民族语言现状与发展趋势—莫旗达斡尔族个案研究""达斡尔族萨满文化遗存调查报告"等。

东主才让 （1964—）藏族，青海贵德人。1983 年考入青海民族学院藏学系学习，1987 年毕业后留校执教。期间于1991—1994 年在本校攻读硕士研究生，获硕士学位。2003 年赴北京大学进修学习，完成学业后返校任教至今。现为青海民族学院藏学院教授，任藏语言文学专业语言方向研究生导师。

执教 20 余年来，他忠于民族教育事业，一直在民族高校从事教学和科研工作，长期坚守在教学和科研第一线，坚持教学和科研相结合的原则，刻苦攻关，取得了良好效果。在教学方面，主要担任藏语言文学专业研究生班的《社会语言学》、《语言与文化》、《藏语发展史》、《藏语方言调查与研究》、《汉藏语言概论》和本科班的《语言学概论》、《方言学》等主干课程的教学工作。在教学中，在继承运用藏族传统教学方法的同时，借鉴中外现代教育理论和手段，博采众长，勇于创新，形成自己独特的教学风格，备受同行的赞赏和推崇。曾获得"小岛奖学金"、"优秀教师"、"骨干教师"、"青海省优秀专业技术人才"等荣誉称号，在藏族学术界和教育界产生了广泛影响。在科研方面，始终以科学、求实的态度，运用现代融于传统、纵横比较的研究方法，精心研究，卓有成果。目前，已出版专著1部（《藏族诗歌美学》）、教材2部（《社会语言学》、《语言学概论》），撰写并发表论文50余篇。现主要承担"新世纪优秀人才支持计划"项目《西部藏语方言调查与研究》工作，并参与完成了《中国少数民族古籍总目提要·青海西宁卷·藏族部分》编译工作。他主持的《西部藏语方言调查与研究》是教育部设立的专项"新世纪优秀人才支持计划"项目，是一项艰苦繁重的语言学研究工程，为我国语言学特别是藏族方言研究领域开创性的工作，其成果必将对藏语共同语的建立和藏语语言学理论的建设，以及民族学、人类学，特别是民族关系与政策等领域都具有极高的参考作用。他所撰写的论文《藏语中古音考释》、《论语言与文化的关系》、《论语言与民族的关系》、《语言与宗教关系探微》、《也谈社会语言学的语言观》等大部分论文先后发表在《中国藏学》、《西藏研究》等刊物和期刊上，在藏语语言学、藏族诗歌美学上有独到的见解，立意新颖，为藏语语言学教学和诗歌研究产生了积极的推动作用。部分成果先后获国家级"中国藏学研究珠峰奖"、省级哲学社会科学和省高校人文社科研究成果等奖项。

董文义　（1930—）甘肃岷县人。西北民族学院干训部教授。1951年从兰州大学转入中央民族学院民族语言系学习维吾尔语。1955年毕业后，在新疆大学和新疆喀什师范学院教授汉语语法和维吾尔语语法，兼做翻译工作。又学习了乌孜别克语、哈萨克语、柯尔克孜语和土耳其语。1976年调至西北民族学院教授哈萨克语语法和基础汉语。1978年调至兰州大学中文系讲授语言学理论。1983年调至甘肃省民族研究所从事甘肃境内的哈萨克语、裕固语和撒拉语的研究工作。1985年调至西北民族学院干训部为新疆少数民族学生讲授现代汉语和语言学概论。董文义主要从事语言教学和科研工作，在20世纪50年代结合新疆少数民族学生的实际，钻研探讨双语教学的问题。60年代为了研究维吾尔语言史，学习了鄂尔浑—叶尼塞突厥语碑文。80年代研究图瓦语，发表了关于图瓦语的论文。他的论文《柯尔克孜族称含义考》，认为"柯尔克孜"一词的含义是"四十和崇高"的意思，而不是汉语古籍中所说的"四十个姑娘"的意思，也不是苏联突厥学家所说的"四十和一百"两个词的组合。据古代中亚民俗以及《乌古斯可汗》等资料的词语特点，"柯尔克孜"的含义是"威武、盛大、庄严"的意思。此文获甘肃省语言学会1986年"科研成果奖"。他的《哈密方言的历史地位》一文，认为哈密方言的特殊语音现象为研究突厥语族语言之间的对应关系提供了依据。其语法特点表明维吾尔语和其他突厥诸语言的形态，日渐复杂化和精密化。该文获"耕耘奖"。在语言研究中，董文义认为语言结构是语言研究的主要对象。突厥语的附加成分种类较多，这些附加成分依次附加于句子成分之后，形成了语言结构各部分之间的辩证统一的关系。民族语言词汇的含义是由民族生活、民族习俗、民族文化心理状态和民族居住地的特点所决定的。它的表达方式与方法就具有民族特点。突厥语诸民族语言之间的差异性和特殊性是这些民族在其发展过程中，除了带着自己原有语言的特点外，又融入了不同部族和部落，受了不同文化影响的历史事实所促成的。所以民族语言和民族语言史的研究，必须与民族发展史相结合才能够取得科学性的结果。已出版论文有：《柯尔克孜族称含义考》、《裕固族操两种语言问题的初探》、《维吾尔语格位范畴浅论》、《图瓦人与图瓦语》、《哈萨克族的语言和文字》、《哈密方言的历史地位》等。

段伶 （1939—2012）云南省剑川县人，白族，大学学历，副研究员。曾担任怒江州第四届政协委员、第五届政协委员，常委，大理州第八届政协委员，常委，并作为会员参加中国民间文艺家协会、中国民族语言学会、云南语言协会、白族学会等。

1959年9月—1963年8月在中央民族大学傈僳语专业学习，1963年起分配至怒江傈僳族自治州工作。1984年4月—1990年6月任怒江州民族事务委员会办公室主任、怒江州少数民族语言文字指导工作委员会办公室主任。1990年6月调至原大理师范高等专科学校南诏史研究室工作，任《大理师专学报》常务副主任，编辑部主任；1999年8月在原大理师范高等专科学校退休，2001年10月并入大理学院。主要从事白族、傈僳族、彝族、怒族和独龙族语言和文化的研究。1988年5月评聘为社会科学副研究员。

科研成果，已发表文章：《白语诗韵》、《"白文"辨析》、《滇语"呼江为公"析》、《白族民间诗歌音韵初探》、《大理语言史略》、《南诏时期语言考说》、《南诏语言考说》、《试析南诏的语言》、《论"打歌"》、《不可忽视之一种诗体——谈白曲词律研究》、《论南诏政权的语言观及其语言制度》、《南诏都城"阳苴咩"考》、《大理州白语方音》、《论"白文"》、《白语语音变化的构词方式》、《白语肯定动词和否定动词》、《湖南、贵州白族语言调查报告》（与张杏莲合著）。

已出版专著：《白族曲词格律通论》、《大理白族自治州方言志·白语》、《大理白族自治州州志》（卷七）、《大理白族自治州州志卷七·方言志》、《大理丛书·白语篇》（徐琳主编，段伶、李绍尼、王锋副主编）、《白族白文文献释读》（张锡禄、［日］甲斐胜二主编，段伶、赵敏副主编）。

额尔德尼 （1935—）蒙古族，新疆维吾尔自治区乌苏县人，新疆师范大学副校长，教授，新疆维吾尔自治区社联常委、中国蒙古语文学会理事及该会学术委员会委员、新疆语言学会理事、新疆蒙古语文学会副会长兼秘书长，自治区《江格尔》、《格斯尔》领导小组成员和编委。1958—1963年在内蒙古大学蒙古语言文学系学习，毕业后留校任教，1970—1977年在兰州市甘肃师范大学外语系（现改名为西北师范学院）任教。1977—1979年在新疆大学中文系工作。1979年底调至新疆师范大学中文系任教，1981年创办了蒙古语言文学专业，历任教研室主任、系副主任。1986年被任命为新疆师范大学副校长。1986年被评为国家级有突出贡献的中青年科技专家。额尔德尼精通蒙古语诸方言，兼通蒙古国和苏联卡尔梅克自治共和国的语言文字，以及维吾尔、哈萨克语言文字。主要从事卫拉特方言的语音、语法、词汇等方面的研究，其科研重点为蒙古语与突厥语族语言的比较研究。已发表专著有：《文字的统一与民族文化的发展》、《卫拉特历史文献》（与巴岱、金峰合编）。已发表论文有：《数词》（蒙文版）、《关于用托忒文正确拼写汉语借词问题》（蒙文版）、《〈江格尔传〉的某些词的解释》（蒙文版）、《新疆蒙古族》（与郭蕴华合写）、《统一文字形式发展民族文化》（蒙文）《蒙古语文》、《学习使用胡都木蒙文是时代的需要》、《试论托忒蒙文及其作用问题》、《江格尔传的语言艺术》（与格日勒玛合作）。

额尔登泰 （1908—1981）达斡尔族，内蒙古呼伦贝尔盟鄂温克族自治旗莫和尔图屯人。生前为内蒙古社会科学院历史研究所文献研究室主任。1925年留学苏联，在莫斯科东方共产主义劳动大学学习。1926—1927 年就学于蒙古人民共和国蒙古人民革命党中央党校。1956 年参加全国少数民族社会历史调查，任达斡尔族调查小组副组长。1961 年调到内蒙古历史研究所，任编译室主任。主要研究《蒙古秘史》。侧重在校勘和词语的注释工作。1962 年与乌云达赉合作校勘出版有汉字标音的《蒙古秘史》，在校勘中，纠正了通用版本的许多错误，使这部《蒙古秘史校勘本》成为一本完善的校勘本。校勘本分五个部分：（1）序言和凡例；（2）汉字标音的蒙古文全文；（3）校勘后记；（4）原汉文总译；（5）全书内容索引。额尔登泰认为，《蒙古秘史》研究工作的一个重要方面是弄懂该书中的古语、古词、古语法和大量的难解词。因此，他同乌云达赉、阿萨拉图合作，编撰了《〈蒙古秘史〉词汇选释》一书。通过对民族语言、方言的访问调查，借助突厥语、达斡尔语的旁证解决了许多前人没有解决的问题，并纠正了前人的一些错误。全书分两个的部分：第一部分、包括语音学、形态学和秘史中的突厥语词等；第二部分、秘史词汇的选释。作者对古语与现代语不一致的语音、词形、词义等和具有特殊含义的词、词组、句子、俗语、格言等做了研究和注释，并以蒙文字母为顺序，采用词典体例，分为 21 部。每个词单列条文，保持原文的汉字标音，并附上拉丁标音和蒙文转写，个别词还附有斯拉夫字母或满文字母的音译等。《〈蒙古秘史〉词汇选释》作为工具书，获 1987 年自治区第二届哲学社会科学优秀成果二等奖。探讨《蒙古秘史》中某些词与满语的关系，是他的另一个目的，在《满语中的〈蒙古秘史〉词汇》一文，选出 160 条蒙古语词与满语进行比较研究。这使他在研究《蒙古秘史》方面获得了新的成果。已出版专著有：《〈蒙古秘史〉校勘本》（与乌云达赉合作）、《〈蒙古秘史〉词汇选释》（与乌云达赉、阿萨拉图合作）。已发表论文有：《呼伦贝尔盟境内有关蒙古历史地理名称考证》、《海涅什〈蒙古秘史词典〉正误》（与乌云达赉合著）、《满语中〈蒙古秘史〉词汇》。

额尔敦·陶克陶 （1916—）蒙古族，内蒙古赤峰市克什克腾旗人，曾任内蒙古语文工作委员会副主任、西北民族学院名誉教授、中国蒙古语文学会副理事长。1939 年毕业于兴安学院，1940 年任开鲁第一中学蒙文教员兼开鲁蒙文学会《丙寅》杂志编辑。早在 1942 年由蒙文学会出版过他的《蒙古语简明语法》一书。1949 年任内蒙古日报社蒙编部主任。1950 年任内蒙古人民出版社社长兼《毛泽东选集》蒙文版出版委员会副主任。从 1957 年起兼任内蒙古历史语言文学研究所所长。1957 年曾以中国蒙古语文工作代表团团长身份参加在乌兰巴托召开的蒙古语文科学讨论会。1958 年被聘为内蒙古大学社会科学兼任教授。1959 年以中国科学院代表团成员身份参加在乌兰巴托召开的第一次国际蒙古学科学讨论会，并宣读论文《伊湛纳希及其作品》。1963 年任中国民间文学研究会理事、内蒙古分会主席。曾先后当选为内蒙古自治区第一、第二、第三届人民代表大会代表。1977 年任内蒙古自治区语文工作委员会副主任。1978 年在全国第四届文代会上被选为全国文联委员，中国民间文学研究会副主席。1979 年任全国少数民族文学学会副理事长。1980 年被选为内蒙文联委员、民研会内蒙分会名誉主席。主要著作有：《蒙古语简明语法》（开鲁蒙文学会 1942）、《汉蒙辞典》（与索德纳木等合编，蒙古人民出版社 1964）。已发表论文有：《汉语对蒙语的影响》（《内蒙古日报》1958，后收入《蒙古语文论文集》）、《蒙古语文工作十年的成绩》（《蒙古语文》1959 年第 11 期）等。此外，还翻译了《在延安文艺座谈会上的讲话》（汉译蒙）、《毛泽东选集》（汉译蒙）、《论共产党员的修养》（汉译蒙）、《可爱的中国》（汉译蒙）及其他文章。

恩和巴图 （1936—）达斡尔族，黑龙江讷河县人，内蒙古大学蒙古语文研究所教授、内蒙古自治区达斡尔历史语言文学学会副理事长。1962年毕业于内蒙古大学中文系蒙古语言文学专业。1962—1970年在内蒙古大学中文系蒙古语言文学专业任教，1970—1976年在甘肃师范大学外语系任教。1976—1979年在西北民族学院少语系任教。1979年在内蒙古大学蒙古语文研究所工作。主要研究领域是现代蒙古语及词汇学、汉译蒙翻译理论、达斡尔语、达斡尔语与蒙古语比较研究，满—通古斯语族。参加了《现代蒙古语》一书中的《词汇学》一章的编写工作。恩和巴图致力于达斡尔语与蒙古语的比较研究，自1980年以来，在调查了达斡尔语的基础上，对达斡尔语的语音、语法及词汇进行了比较系统的研究，在此基础上，把达斡尔语与蒙古语的语音、语法及词汇进行了比较研究，出版了数本专著。《达斡尔语和蒙古语》是他的代表作。他与以往国内外的大多数蒙古语学者不同，他对达斡尔语的形成有独自的看法，认为达斡尔语不是13世纪以后与蒙古语失去联系而由蒙古语的1种方言发展而来，而是远在成吉思汗时期以前已是一个独立的语言。从1980年开始研制了《达斡尔语记音符号》，用来出版教材和词典。该符号已由内蒙古达斡尔学会理事会讨论通过，作为记录达斡尔语的符号使用，1987年荣获内蒙古自治区第二届哲学社会科学优秀成果三等奖。已出版的专著有：《现代蒙古语》（与清格尔泰、确精扎布等合作，负责第四章"词汇学"）、《达汉小词典》、《达斡尔语词汇》、《达斡尔语话语材料》、《达斡尔语和蒙古语》、《达斡尔语读本》。已发表的论文有：《关于达斡尔语历史的几个问题》、《达斡尔语记音系统》（蒙文）、《关于〈达斡尔语记音符号〉》、《元朝秘史中的ede和tede》、《达斡尔语动词构词附加成分》、《关于达斡尔语的格》（蒙文）、《关于达斡尔语与达斡尔文字》等。

樊敏 （1973— ）女，布依族，贵州平塘人，贵州省黔南布依族苗族自治州民族研究所副所长。1993年毕业于贵州民族学院少数民族语言文学系布依语言文学专业。毕业后一直在黔南州民族研究所从事民族研究工作，以民族语文为研究方向，坚持科学发展观，坚持严谨的治学态度。承担并完成上级和单位交给的各项研究任务，参加贵州省"九五"社科中长期研究课题《社会经济发展与民族文化变迁》，按要求完成研究任务，课题圆满通过验收。参加中央民族大学《中国民族区域自治政府管理研究》、贵州省民族研究所《民族教育与三农问题》、黔南州《十一五人才规划》课题组的调研，并承担《黔南州少数民族人才资源开发培养使用的政策措施》的撰写任务。参与《黔南民族》杂志38期，《黔南民族调查》三集，及《黔南民族风情录》、《黔南民族饮食文化荟萃》的编务工作，并担任副主编。参与《黔南民族古籍》四集的编务工作，其中编辑的大部分文章为民族语文研究报告和学术论文，为介绍黔南、宣传黔南、研究黔南，为黔南的民族工作，特别是民族语文工作，为弘扬黔南的优秀民族文化，为黔南人民的物质文明和精神文明建设作出了贡献。其中《黔南民族调查》第一集获黔南州首届社科优秀科研成果三等奖。参加国家民委、中国社会科学院对黔南州布依文调查总结和论证验收工作，并编辑一期"民族语文专刊"。为贵州省人民政府上报国务院要求把布依文批准正式推行提供了依据。多次参加"中国民族语言学会"、"全国民族语文翻译学会"、"贵州省民族语言学会"、"贵州省民族语文翻译学会"的学术研讨会及"第三十四届国际汉藏语会议"、"中国水书文化首届国际学术研讨会"等。

在调查和研究的基础上，已发表研究报告和学术论文72篇。其中有关民族语文的研究报告和学术论文有《黔南州民委认真贯彻〈民族区域自治法〉做好民族语文工作》、《民族语文翻译与市场经济》、《对黔南州少数民族文字使用与发展的几点认识》、《民族语文与民族传统文化》、《情感在布依族诗歌翻译中的作用》（荣获布依学研究第二届优秀奖)、《理性与民族古籍翻译》、《试论布依族民歌的语言特色》、《民族语文翻译中的情与理》、《惠水县双语文教学的成效及思考》、《试论水书的翻译》(荣获贵州省《民族语文天地》征文三等奖)、《水书传承的探析》、《水书的学术文化价值初探》、《"神似"与少数民族文学古籍翻译》等13篇。

范俊军 (1963—)祖籍湖南省桂阳县。1989年入北京师范大学中文系学习普通语言学，1992年获硕士学位。1996年入暨南大学文学院，研究汉语方言学，1999年获博士学位。曾在中国社会科学院民族学与人类学研究所做博士后研究。现为暨南大学文学院中国少数民族语言文学教授、汉语方言研究中心研究员、研究生导师。《暨南学报》副主编，广东省学报研究会副会长。语言学会理事。

范俊军的学术研究主要涉及语言理论、南方汉语方言、少数民族语言以及语言技术等领域。在少数民族语言领域，其学术贡献主要体现在三个方面：

一、五岭中部地区瑶语和汉语土话的调查及双语双方言接触研究。较早对五岭中部及周边地区的瑶族语言岛及汉语土话的分布和使用情况，以及瑶语和汉语双方言的接触状况，进行广泛的调查和深入的研究。主持了《五岭中部瑶语岛调查及瑶语与汉语双方言接触研究》、《五岭汉语方言和瑶语生态评估及双语接触研究》等课题的研究。在这些调查研究的基础上，提出了五岭地区瑶汉双语双方言接触和渗透主要是一种单向的移植、并置和取代模式。通过大量的土话群体和瑶族群体的人文历史调查研究，他认为，五岭一带的许多汉语土话群体，实际上就是早期的瑶族群体。

二、语言生态和少数民族语言濒危问题研究。从21世纪初开始，在孙宏开教授的引导下，开始涉足少数民族濒危语言的调查研究。在五岭地区瑶语岛调查实践的基础上提出，一种语言走向濒危主要是语言生态环境发生了重要变化，即使一些被认为"安全"的语言（如瑶语），语言生态也呈现衰落趋势。在《我国语言生态危机的若干问题》一文中，提出要关注我国的语言生态危机。他在国内首倡语言生态的理论研究，提出开展语言生态的监测与评估实践。翻译介绍了联合国教科文组织有关保护语言文化多样性的重要文件，以及国外语言生态学的重要论述。这方面的研究及学术观点，主要体现在《关于濒危语言研究的几点思考》、《少数民族语言危机与语言人权问题》、《联合国教科文组织关于保护语言与文化多样性文件汇编》、《当代生态语言学的研究现状》、《生态语言学研究述评》、《语言生态监测与评估的指标体系研究》、《增城畲族语言生态评估与保护对策研究报告》等著述中。

三、语言技术方面的研究。在濒危语言调查研究过程中，他认为濒危语言的抢救和保护，应重视和解决濒危语言语音资源流失问题。在《少数民族濒危语言有声语档建设初探》、《少数民族濒危语言有声语档建设再论》、《少数民族濒危语言有声语档建设三论》、《面向濒危语言的语档语言学》等系列论述中，对濒危语言有声语档建设的基本原则、理论规范、实践规程、技术准则等问题，提出了系统的观点。他认为，尽快采录有声资源，建立灵活的、可移植的语档，而不是语料库，是符合我国的濒危语言语言事实和族群语言实践现实的；语档建设应遵循"规范和标准先行，技术研发同步跟进"的思路。他和研究生一起，编制了《语言调查语料记录与立档规范》；在岭南地区组织一个跨学科的研究团队，开发了有声语料采录和立档工具"田野之声"(Fieldsound)和"声飞"(Sonicfiel)软件，实现了语料采录的规范化，以及语料处理的便捷化。与此同时，建立了"中国语言有声资源联盟"信息平台，实现语言有声资源的网络采录、传输、集成与共享。

他为本科生开设的课程有：西方语言学论著导读、现代语音学、社会语言学。为研究生开设的课程有：少数民族语言调查及语言技术、中国语言学史。

方国瑜 （1903—1983）字瑞丞，纳西族，丽江人，我国著名的历史学家、历史地理学家、民族语言学家和教育家。1932年毕业于北京大学研究院国学门，长期担任云南大学教授。历任云大文史系主任、文法学院院长、九三学社云南省副主委、云南省政府民族事务委员会委员、全国人民代表大会民族事务委员会委员、国务院古籍整理领导小组顾问、云南省民族研究所副所长、云南省文联副主席、云南历史学会会长等。被推选为第一、第二、第三届云南省人大代表，第五、第六届省人大常委，第三、第四、第五届全国人大代表。

方国瑜从事学术研究近60年，在民族史、地方史、历史地理、民族语言等方面都卓有建树，现仅介绍语言文字方面的成就。1924年，方国瑜考入北京师范大学预科，因染病休学二年，复学读本科。跟从钱玄同、余嘉锡、马衡等治音韵、训诂、目录、校勘、金石、名物之学，还选习赵元任的语言学等课程。1929年，又考入北京大学研究所国学门，在钱玄同、刘复等指导下专攻小学，1932年毕业。广泛阅读章太炎、王国维、梁启超、陈垣诸大家的论著，后来他把一些文稿编为《困学斋杂著》五种，包括《广韵声读表》、《隋唐声韵考》、《慎子考》、《慎子疏证》、《论学存稿》，以及《广韵声汇》、《说文声汇》、《释名声汇》、《石鼓文研究》等书。1932年，刘半农鼓励督促他研究本民族语言文字。方国瑜于是回丽江向经师学习东巴文，考察、收集东巴文资料。1934年，经董作宾介绍赴南京中央研究院历史语言研究所从赵元任、李方桂习语言学，整理东巴文资料，编写《纳西象形文字谱》。同年赴苏州谒章太炎，请其为《纳西象形字谱》赐序。1972年，他约请和志武参订，重新加工整理后于1981年由云南人民出版社印行。这是一部纳西语汉语辞典，也是纳西语研究中影响最大的著作。它倾注了方国瑜一生的心血，凝聚着刘半农、章太炎、董作宾、赵元任、李方桂、顾颉刚、吴晗、郭沫若等学术大师的关心。体例完善，内容丰富，释义准确简明，学术性强，是民语字典的典范之作，出版后蜚声海内外，方国瑜因之被称为"纳西语与历史之父"。此外，1944年，在《民族学研究集刊》发表了《么些民族考》，文中对《白狼歌》语言特点进行了研究。（摘自陈友康、罗家湘著《20世纪云南人文科学学术史稿》。）

方锦淑 （1958—）女，朝鲜族，语言学博士，教授。1982年毕业于延边大学语文系朝文专业，2008年在朝鲜金日成综合大学获博士学位，先后在延边大学人文社会科学学院朝语系、外语学院朝语系、朝鲜—韩国学学院朝语系任教，教授。主要讲授的课程是韩国语、语音学、教学法。

主要研究方向是朝汉对比和韩国语教学法。2005年被批准为硕士生导师，现任吉林省《韩国语视听说》精品课程负责人、山东省菏泽学院外语系兼职教授。作为科研项目负责人先后获得吉林省教育厅重点项目1项、学校项目2项；作为主要研究人参加吉林省教育科学规划项目1项。先后出版专著《韩国语实践语法》和《基础韩国语会话》（1、2）、《中级韩国语会话》（上、下）、《高级韩国语会话》、《韩语听说》（1）、《中级韩国语阅读》等教材8部。在国家级刊物上发表《关于朝鲜语句子结构特点的考察》、《朝鲜语补助单词的语法意义和特点》、《简论朝鲜语中体词性词尾的用法》、《朝鲜语中表示'推测'的惯用语在句子中的表现形式》等6篇论文。在省级刊物上发表《对朝鲜语教材功能的再思考》、《句子结构中词语的错误用法之分析》、《副词用法的词例调查》、《朝鲜语会话实践活动的目标体系及特点》、《朝鲜语初学者紧张心理之产生原因及其消解方法》等30多篇论文。

方晓华 （1945—）研究生，文学硕士。工作单位：新疆师范大学人文学院，教授。主要业绩：一、科研课题：（1）多民族语言超文本开发环境与课件应用系统，国家教育科学规划"八五"重点项目，自治区自然科学基金项目，自治区高校基金项目。主持人：关翰琴、方晓华。1996年获自治区科技进步四等奖。（2）维吾尔语连续语音识别系统研究，1995年国家自然科学基金项目，主持人王昆仑、方晓华，获乌鲁木齐市科技进步奖，1998年结题。（3）主持国家哲学社会科学"九五"重点课题《现代化进程中的民族传统文化》，2000年结题。4）主持中英大学合作课题《不发达地区妇女的社会地位、教育和发展问题研究》（1996—1997）。（5）主持自治区哲学社会科学基金课题《新疆双语教学模式和类型研究》（2005—2007）。（6）主持国家"十一五"教育规划课题《双语教师教育改革研究》（2007—2009）。二、主要著作：（1）编著《汉语语音基础知识》，新疆青少年出版社，1991；（2）主编《电视汉语》（语音篇），新疆教育电视台录制节目，卫星播放，1991；（3）主编《学苑采芳》，新疆人民出版社，1998。

二、专著：编著《新疆少数民族中小学汉语教学大纲》、《新课程汉语教学论》、《少数民族中学汉语教学法》、《少数民族中小学汉语教学评价》、《少数民族中学汉语创新教学设计》、《少数民族小学汉语创新教学设计》、《少数民族双语教育的理论和实践》、《现代维吾尔语教程》。

三、主编教材：（1）新疆少数民族中学《汉语》（初中三册、高中三册）；（2）内地新疆班《汉语》系列教材，包括《汉语》（上、下）《汉语阅读》（上下）《汉语练习册》（上、下）；（3）《初级维语》（上、下）；（4）教育部内地新疆高中班预科《汉语文》系列教材（共7册），2004年；（5）新疆教师培训汉语系列教材（共7册）；（6）新疆少数民族中小学双语班实验教材（共22册）。

四、主要论文：《试论维吾尔语简单句的结构模式》、《维吾尔语动词的形态分类问题》、《汉维句子基本结构的比较》、《谈谈维吾尔语的主观评价形式》、《维吾尔语名词格的范畴和格的意义体系》、《论维吾尔语动词体的范畴》、《新疆的双语现象》、《维语结构类型学特征及其语法分析问题》、《论维吾尔语的语素》、《汉维短语比较》、《汉语把字句与维语SOV句的比较》、《论维吾尔语的系词》、《维吾尔语宾语补足语》、《语言与民俗》、《文化人类学与新疆文化》、《对少数民族汉语教学的性质和特点》、《对少数民族汉语教学与对外汉语教学比较》、《维吾尔语句子类型分析》、《对外汉语教学与对少数民族汉语教学》、《对少数民族汉语教学应从中小学抓起》、《高校学报编辑学者化的必要性和可能性》、《论汉语综合课的言语交际能力的培养》、《新疆双语教育问题探索》、《论新疆的双语制》、《论少数民族中小学的汉语教学》、《建立科学的汉语教学体系》、《贯彻大纲，丰富完善课堂教学艺术》、《第二语言习得理论与少数民族汉语教学》、《语言人类学与新疆民族文化研究》、《论维吾尔族的家庭及其变迁》、《论词汇教学》、《论学习方式——对汉语课程改革的思考》、《论民族中小学汉语教学的性质、特点和任务》、《论少数民族中小学汉语教学的课程设计》、《论课堂教学》、《新型汉语教材编写的理论与实践》、《论汉语考试改革》、《论汉语新课程改革》、《巴扎的文化解读》。

五、主编：（1）《新疆师范大学学报》（哲学社会科学版）1993—1999；（2）《新疆双语教育》。

符爱琼（1938—）女，黎族，海南白沙县人。1956年毕业于中南民族学院干部培训班。同年参加中国科学院少数民族语言调查第一工作队海南分队，调查黎语方言。1957年调至海南黎族苗族自治州黎族苗族语言文字研究委员会编辑科，参加编写黎文试验教材和扫盲课本。1958—1960年就读于中央民族学院政治系，毕业后调至四川凉山彝族自治州工作，80年代后调至海南白沙县地方志编纂委员会工作，任县志办公室副主任，兼编辑部编辑。

除负责县志的编写计划、与各单位联系组稿、审稿统稿工作以外，负责编写县志中的第六编第四十三章"黎族"（包括人口分布、语言、称谓、生活习惯、生活习俗、婚丧礼仪、节日等十一节）、第四十四章"苗族"（包括人口分布、语言、称谓、生产习俗等十一节）。在语言一节里，介绍了白沙县黎族人口详细的分布，对白沙县本地方言，认为应该分南开（含白沙、牙叉）、元门（含西水）、光雅（含打安、阜龙）3个土语，比50年代划分的多了一个"光雅土语"。作者还指出，白沙县除了本地方言之外，还有3万多人使用黎语的哈方言，1000余人使用黎语的杞方言。作者认为，各方言的人彼此交往能互相通话。在狮球乡的黎族，只有老年人还能懂原来的光雅土语以外，其余的人转用了当地的儋州话。当地一般黎族成年人都兼通汉语方言海南话、儋州话、军话、客家话。近年来还兼通普通话和"白话"（粤语）。社会上主要使用海南话和儋州话。汉语借词也多通过儋州话吸收。语言特点介绍当地本地方言有26个声母，8个元音，10个韵尾，5个舒声调和2个促声调。在词汇方面，本地方言有一套数词，有一套否定动词，指示代词分"一般指""中指"和"远指"3种。在语法方面，指出了黎语的特殊语法现象。第三节"称谓"里介绍黎族亲属称谓的特点。父系和母系的某些称谓没有区别。亲属称谓中没有汉语借词。最后还介绍黎族的生产、生活习俗、婚丧和节日等情况。在四十四章"苗族"一章里，用同样的篇幅介绍苗族的人口、语言、称谓、生产、生活习俗等情况。

符昌忠 （1963—）海南省东方市人，文学博士，研究员，主要从事南方少数民族语言研究和教学工作。1985年大学本科毕业，留校从事行政及教学研究工作，2008年师从上海师范大学潘悟云教授攻读中国少数民族语言文学专业博士学位。现任广东技术师范学院民族学院副院长、民族研究所副所长、广东省普通高校人文社会科学重点研究基地负责人，广东技术师范学院民族学硕士学位一级学科授权点学科带头人，硕士生导师。社会兼职有：中国民族学会理事，中国民族语言学会理事，广东民族研究学会理事、副秘书长。

凭兴趣已从事南方少数民族语言研究20几年，1996年进中国社会科学院民族研究所师从欧阳觉亚教授等民族研究所的老师学习硕士研究生课程；1996年和2008年分别主持国家社科基金项目"海南謨语调查研究"、"新发现濒危语言'来语'研究"，还主持省部级研究项目多项，经常深入海南、广东民族地区实地调查收集有关民族语言的语料，在侗台语族黎语支语言研究方面有所建树，出版了第一部有关哥隆语（村语）的研究专著《海南村话》，公开发表了一系列学术论文，主要研究工作的业绩和成果介绍如下：

科研工作业绩：1996年6月获得国家哲学社会科学"九五"基金项目"海南謨语调查研究"（青年项目）立项，同年公开出版研究成果《海南村话》（专著）。1998年12月、2002年12月先后获得广东省教育厅人文社会科学规划项目立项"《村汉词典》编撰"和"标语深入调查研究"，2001年8月"《村汉词典》编撰"课题完成研究计划，申请结项获得批准。该研究成果《哥隆（村）汉词典》已列入由孙宏开教授主编的"中国少数民族语言词典系列丛书"准备出版。2005年5月以主要研究人员的身份（排名第二）参加的国家哲学社会科学"十五"基金项目"标语研究及其与粤语的关系研究"获得立项。2006年获得广东省哲学社会科学"十一五"规划基金项目"新发现濒危语言'来语'研究"（一般项目）立项。2007年分别获得广东省科技计划项目"岭南古百越族的后裔新发现——广东唯一土著民族：标语族群语言文化研究"立项和广东省普通高校人文社会科学重点研究基地重大项目"粤琼濒危民族语言个案研究"（创新团队项目）立项。2008年获得国家哲学社会科学"十一五"基金项目"新发现濒危语言'来语'研究"获得立项。上述研究项目已按计划进行研究之中,将陆续公布有关研究成果。

已出版著作:《海南村话》,华南理工大学出版社出版,1996,11;《来语研究》,民族出版社,2012,4。

已发表论文:《来语的系属问题》、《来语概况》、《来语声调系统及其演变》(合著)、《村语数词的历史层次》、《哥隆语概况》(上、下)、《哥隆语与黎语亲属称谓差异的文化背景》、《村语动词的虚化和体标记》、《村语中的若干粤语关系词》、《黎语坡春话概况》、《村语中的汉语借词》、《村语与黎语词汇差异成因初探》、《海南村语的连读变调规律》、《儋州方言中的侗台语词》、《村语汉语借词及其对村语词汇的影响》、《村语词语重叠的语法功能和语法意义》、《村语与黎语声调比较》、《汉语判断词"是"对村语判断式的影响》、《村语的代词》、《村语形补词组析》、《谟语、谟语族群与熟黎》、《村语的数词》、《村话亲属称谓》、《村语与汉语的定语比较》、《村话修饰语探微》、《村话数量词组及其组合规律》、《村话构词特点初探》。

符镇南 (1933—1995)海南省东方市西方村人,黎族,1956年毕业于中南民族学院语文训练班,随即参加中国科学院少数民族语言调查第一工作队海南分队,调查黎语方言。1957年任海南黎族苗族自治州黎族苗族语言文字委员会研究科副科长。参加黎语语法研究工作。1959年调至中国科学院少数民族语言研究所工作。参加《黎语调查报告》和《黎语简志》初稿的编写工作。1963年以后调至海南黎族苗族自治州东方县任东方公社党委书记,后调入东方县县委宣传部任副部长、部长,兼县委会常委、东方县政治协商委员会主席。曾获省民族事务委员会颁发的省民族团结先进个人奖。符镇南精通黎语哈、美孚两个方言,对黎语了解较深,除了参加集体工作以外,还调查研究过海南东方县的"村话"和"那斗话",并发表过相关的文章。在《海南岛西海岸的"村话"》(1983)里,最早发表有关海南村语的文章,引起了语言学界的重视,从此对村语的研究提到了议事日程。接着与欧阳觉亚合作发表《海南岛村话系属问题》,进一步决定了村语的地位。另一篇文章《黎语的方言岛——那斗话》第一次揭示了保存在汉族地区里的黎语方言岛。该文的价值在于通过那斗话的变化,让人们看到黎语某一方言变化的状况。

付东明 (1968—)河南项城人,副教授,硕士生导师。1992年7月毕业于新疆师范大学中语系,获得文学学士学位。2004年考取新疆师范大学中语系少数民族语言文学专业(双语教育与双语教学方向)硕士研究生,2007年6月获得文学硕士学位。现任新疆师范大学语言学院副院长,中国少数民族教育学会预科教育委员会理事,中国少数民族双语教学研究会会员,新疆汉语学会会员,新疆维吾尔自治区人文社科重点研究基地"新疆少数民族双语教育研究中心"成员。

付东明一直从事少数民族的双语教育教学与研究工作,形成了相对稳定的教学和研究方向。主持了国家课题《语言文化生态环境视野下的新疆少数民族双语教学研究》、自治区课题《新疆少数民族学前双语教育现状与发展模式研究》(已结项)。

主编出版了《大学汉语·听说》、《大学汉语·读写》、参编新疆义务教育普通班《汉语》等5部教材。在国内核心刊物和其他刊物上发表了《新疆少数民族双语教学现状分析与对策》、《对我区少数民族双语教学的几点思考》等10余篇论文。2009年,主持的教研成果获校级优秀教学成果二等奖。

已发表的论文《当前新疆大中小学双语教学衔接状况的调查研究》,该文主要内容为:新疆中小学双语教学实验已有十多年的发展历程,取得了令人瞩目的成就,同时也暴露出了许多现实问题,大中小学各阶段之间衔接的不足便是其中之一。对当前新疆大中小学的双语教学衔接情况进行了田野调查和分析，并就暴露出的相关问题提出了对策；《视听课教学中预测原理的使用》，主要内容为：在视听课教学中运用预测的方法可以有效地提高教学效果，促进学生理解和掌握教学内容。本文主要结合教学实际论述预测在视听课教学中的运用及其作用；《新疆少数民族双语教学现状分析与对策》，本文主要内容为：新疆双语教学的类型和模式呈现出多样化的特点。文章结合目前新疆少数民族双语教学的实际对新疆双语教学的现状进行分析，并提出相关的对策。

傅懋勣　（1911—1988）山东聊城人。中国当代著名语言学家。曾任中国科学院少数民族语言研究所副所长，中国社会科学院民族研究所副所长、顾问，《民族语文》杂志主编，中国社会科学院研究生院教授、博士研究生导师，中国文字改革委员会委员，中央民族事务委员会委员，中国人民政治协商会议第三、第四、第五、第六、第七届全国委员会委员，中国民族语言学会会长，中国民族古文字研究会会长。

1935年9月考入北京大学文学院中文系语言文字组，1939年毕业于西南联合大学文学院中文系，后入北京大学文科研究所攻读硕士学位。不久，因经济拮据辍学。经罗常培先生介绍到华中大学中文系担任讲师。1941年赴成都华西协和大学任副教授，同时在该校中国文化研究所任副研究员。在此期间著有：《维西么些语研究（一）语音》、《维西么些语研究（二）语法》和《维西么些语词汇》（分别发表于《华西大学中国文化研究所集刊》和《华西齐鲁金陵三大学中国文化研究汇刊》）。这是我国最早的一套全面研究么些语（今称纳西语）的专著。1943年2月到西康大凉山（今四川省西部）调查夷语（今称彝语）和夷文（今称彝文）。在西昌调查夷语期间编写了一本《夷语会话》，并组织夷语研究班，讲授夷语发音学和语法，普及夷语知识。1943年底返回云南大理华中大学任副教授兼中文系主任。1945年暑假到丽江研究么些象形文字和音节文字经典（即东巴文经典）。同年晋升为华中大学中文系教授。在大理期间著有《丽江么些象形文〈古事记〉研究》（1948年华中大学出版）。《古事记》是一部著名的东巴经。傅懋勣用国际音标标注了经文读法，逐字注明意义和语法关系，然后译成汉文。这种文字的特点是只写出重要的字以提示记忆，一个字可读成一串音节或者一句话；有的字只是记号并不读出音来；有数个字合为一体的现象；等等。这种文字正处在从帮助记忆的图画文字向一个字表示一个概念的真正文字发展的过程中。在华西大学工作期间，他还用英文写了《大凉山彝语发音学》、《大凉山彝文谚语研究》、《彝文〈列仙传〉研究》、《栗坡语（彝语的一种方言）研究》等一系列论文。1948年夏赴英国剑桥大学基督学院攻读语言学博士学位。在夏伦（G. Haloun）教授指导下用英文撰写了学位论文《彝语描写语法》（1997年发表于《藏缅区域语言学》杂志上）。1950年10月通过答辩，获博士学位，并被选为英国皇家亚细亚学会会员。

傅懋勣于1950年12月回国，到武昌继续担任华中大学中文系教授兼系主任。1951年2月，应中国科学院语言研究所所长罗常培聘请，赴北京任该所研究员和第四研究组主任，主持少数民族语言文字研究工作。10月，政务院文化教育委员会设立少数民族语言研究指导委员会，任命傅懋勣为委员。从此，傅懋勣负起了主持我国少数民族语言研究的重任，成为这个领域的主要学科带头人。1952年率领云南工作组调查傣、傈僳、哈尼、拉祜、佤、景颇、阿昌等语言，并进一步了解云南省彝语分布情况，配合正在进行的民族识别工作，全面研究了云南境内20多个民族的语言和方言情况，为民族识别提供了论证材料。1954年，与罗常培合作在《中国语文》杂志上发表《国内少数民族语言文字概况》。这是继李方桂在《中国年鉴》（1937）著文论述中国语言系属之后，进一步阐述这个问题的科学文献，影响深远。1955 年 12 月，在中国科学院和中央民族事务委员会共同领导下，召开第一次全国民族语文科学讨论会。傅懋勣在会上做了题为《帮助少数民族创立、改进和改革文字工作的情况和问题》的报告。1956 年上半年，傅懋勣参加少数民族语言调查训练班的领导工作并亲自讲了两个专题：《音位的基本理论和实际问题》、《语言的比较和文字方案的设计》。1956 年 12 月，中国科学院少数民族语言研究所成立，傅懋勣出任副所长。参与制订《关于国内民族问题和少数民族历史、语言的科学研究工作十二年综合规划草案（初稿）》，并起草了《关于少数民族文字方案中设计字母的几项原则》，到各地参加了一系列少数民族语文工作会议，听取各个少数民族语言调查工作队的汇报，具体指导少数民族文字的创制和改革工作。1957 年 6 月赴塔什干参加全苏第一次东方学家会议。会后访问高加索山区，调查苏联少数民族语言文字使用情况。回国后写了《苏联是解决多民族国家文字问题的典范》、《苏联民族语文发展的情况和解决民族文字问题的经验》等长篇报告。到 1958 年，在党的领导下，傅懋勣主持少数民族语言研究所、会同各地有关部门，先后为壮、布依、苗、侗、哈尼、傈僳、佤、黎、纳西、彝等 10 个民族设计了 14 种拉丁字母形式的拼音方案，帮助傣、景颇、拉祜等 3 个民族改进了 4 种原有的文字。1962 年 1 月，少数民族语言研究所与民族研究所合并，傅懋勣出任合并后的民族研究所副所长。1978 年，中国社会科学院批准创办《民族语文》杂志，傅懋勣任主编。1980 年，应日本亚非语言文化研究所邀请担任访问研究教授，撰写了《纳西族图画文字〈白蝙蝠取经记〉研究》（上、下两册分别于 1981 年和 1984 年在日本出版）。回国后，任中国大百科全书民族卷和语言文字卷的民族语言学科编写组主编，并亲自撰写了主要词条。在此期间，他主持编写的中国少数民族语言简志丛书也陆续出版。1982 年退居二线后，担任民族研究所顾问。在此期间任中国社会科学院与澳大利亚人文科学院合作编绘的《中国语言地图集》中方筹划指导委员会成员和中方总编辑之一，主持编绘少数民族语言地图，处理了一系列复杂问题。晚年，对自己毕生从事少数民族语言文字研究的丰富经验进行理论概括，撰写《民族语言调查与研究讲话》共 29 篇，在《民族语文》杂志上连载。傅懋勣先生一生著述宏富，出版专著 5 种，论文集一部，发表论文 70 余篇。

盖兴之 （1933—）山东济南市人，大学本科，云南民族大学教授、研究生导师。在社会工作中，曾兼任云南省语言学会秘书长，中国西南民族学会理事，云南省译协理事，云南省少数民族教育史编委会编委，云南省民族学会学术委员，中国少数民族双语教学研究会顾问。1956 年从中央民族学院民族语文专业毕业后，参加了全国少数民族语言调查、全国少数民族社会历史调查和云南省民族识别调查，参加了傈僳族文字的创制和推行，并于 1984 年帮助基诺族人民设计了基诺语拼音字母。长期从事藏缅语言文化、少数民族语言教育、少数民族教育史、翻译学的教学与研究。在"七五"、"八五"、"九五"、"十五"期间，多次承担关于少数民族语言、少数民族汉语中介语、双语教育、三语教育、少数民族教育史的国家级、省部级研究课题。在民族语文教学工作中主讲了研究生课程《语言调查的理论和实践》、《藏缅语言概论》、《历史比较语言学》、《语言学与民族学研究》、《双语教育原理》、《纳西族语言文学》（合作），本科课程《傈僳族文字概论》、《傈僳语词汇学》、《现代傈僳语》、《傈汉语法比较》、《傈汉翻译理论》、《傈僳语文学作品选》等。同时编写了这些课程的教材。在少数民族语言文化研究工作中，先后出版了《基诺语简志》、《傈僳语简志》、《云南民族语言文化研究》、《双语教育原理》、《双语教育原理》（增订本）、《双语教学的理论与实践》、《民族语言文化论集》、《拉祜族教育史》等 10 部。发表了论文《汉藏语言系属研究中的几个问题》、《试论缅彝语言的谱系分类》、《缅彝语支初探》、《纳西语在藏缅语言中的地位》（合作）、《藏缅语言的松紧元音》、《彝语支语言的小舌音》、《基诺语句子的语气》、《基诺语实词的形态变化》、《中介语与底层研究的关系》、《中国少数民族汉语中介语研究》、《云南双语地区汉语中介语发展研究》、《堂郎语：一个在和谐语言生活中发展的语言》、《傈僳语词汇研究》、《云南民族语言文字的规范化问题》、《谈谈新老傈僳文》、《语言与民族文化研究》、《民族学研究中的语言学方法》、《民族识别中的语言学问题》、《云南少数民族父子连名制新探》、《纳西语言中的多元文化现象》、《试论纳西族语言文字的传承与发展》、《基诺族民间文学》、《基诺族民歌格律》、《基诺族诗歌浅析》、《浅议翻译的原则与方法》、《谈谈少数民族民间文学的翻译》、《傈汉拟声词的比较与翻译》、《浅谈傈汉翻译中的语言形象问题》、《语言对比分析的理论与实践》、《少数民族汉语教学是一门新兴的学科》、《双语教学法的理论研究》、《三语教育浅说》、《浅论三语教育研究》、《瑶汉双语教学研究》、《纳汉双语教学研究》、《傈僳族竹书文字研究·序》、《峡谷风情录·序》等60多篇。此外还从事民间文学研究和散文写作，自20世纪50年代起，在云南文艺刊物上发表了多篇整理翻译的傈僳族、基诺族民歌、民间传说故事，与人合作整理出版了傈僳族长诗《温泉恋歌》、《傈僳族谚语》，撰写了多篇民间文学研究的论文。还先后出版了儿童文学《神奇的大峡谷》、民俗文化《峡谷风情录》，发表了散文《神秘的茶山》、《奴隶的传家宝》、《怒江的溜索和桥》等。

论著《基诺语简志》、《傈僳语简志》和其他语言简志一起，获中国社会科学院优秀科研成果奖和国家民委社科优秀科研成果二等奖，参编的《藏缅语族语言词汇》获第二届中国民族图书一等奖，《中国少数民族语言》获国家民委社科优秀科研成果二等奖，《双语教育原理》、《双语教学的理论与实践》先后获中国少数民族双语教学研究会优秀著作一等奖。论文《傈汉拟声词的比较与翻译》获云南省社会科学优秀著作二等奖，教材《傈汉翻译理论》获云南省1989年普通高校优秀教材特等奖。长诗《温泉恋歌》获云南省民间文学优秀作品奖和全国民间文学优秀作品三等奖。

高宝珍 （1933—1988）女，河北武清县人，曾任中国社会科学院民族研究所副研究馆员、语言研究室资料组组长、《民族研究动态》编辑。1952至1955在北京大学东语系蒙语专业学习，1956年毕业于中央民族学院，同年分配到中国科学院少数民族语言研究所工作。1956年曾赴内蒙古锡林郭勒、察哈尔、乌兰察布三个盟的蒙古族地区调查蒙古语，参加编写调查报告（初稿）。1958年去青海土族地区调查了土族语言。后从事语言情报资料工作，参加编写《学术资料》和《学术参考资料》两分内部刊物，负责翻译外国研究阿尔泰语、蒙古语的学术著作。她编写的《中国少数民族语言文字论著目录》（1949—1987）约30万字，所收集的论文包括新中国成立以来出版的民族语文专著和论文，从全国190多种期刊、高校学报和50多种报纸及若干种用汉、蒙、藏、维、哈、朝等民族文字撰写出版的论著文集。从这一目录中可以看到新中国成立38年以来中国少数民族语文科研、教学工作方面的概貌。目录按照语言系属分类。查阅非常方便，该文发表后受到国内外学者的欢迎。她还编写了《民族语文工作纪事》，分次在《民族语文》杂志上发表。《中国语言学书目》（含内容提要），高宝珍负责其中的少数民族语言文字书目及内容提要的编写。该书是一部很有使用价值的工具书。她在《民族研究动态》刊物负责民族语言学科的编辑工作。她亲自编写了《1982年民族语文研究概述》等多篇介绍文章。此外，还发表了一些译著，如《美国阿尔泰语研究的现状和前景》、《原始蒙古语元音的长度》等。

高炳辰 （1927—）河北吴桥县人，民族出版社藏文编译室编审。早年毕业于兰州大学边疆语文系藏语专业。20世纪50年代前期，在西北民族学院从事翻译和藏语文教学工作。1956年调至民族出版社，从事汉藏翻译和辞书编纂工作。参加编译、审订《汉藏词汇》，此书在西北民族学院石印出版。此后参加《汉藏新词汇》和《汉藏对照词汇》等辞书的编纂工作。1978—1985年参加《藏汉大辞典》的编纂工作，是责任编辑之一。这是一部以词语为主兼收百科的综合性双解大型辞书（分三卷），收词53000余条，由于该辞典内容丰富、解释详尽，1986年获四川省第二次哲学社会科学优秀科研成果一等奖。1987年获吴玉章奖金语言文字一等奖。高炳辰长期致力于辞书的编纂工作，经验丰富，多有创见。已出版专著有：《汉藏新词汇》（第三、四集合编）、《汉藏词汇》（主要编译之一）、《汉藏对照词汇》（集体）、《藏汉大辞典》（主要编写者之一）。已发表的论文有：《藏文藻饰词浅谈——兼论藏文的同义词》、《藏文藻词略说》、《藏汉大辞典的任务和历程》、《藏汉大辞典的编纂》、《藏汉大辞典的词语翻译》等论文。

高尔锵 （1934—）江苏苏州人，中国社会科学院民族研究所副研究员。1954年毕业于北京大学中文系语言专修科，随即分派到中国科学院少数民族语言研究所工作，负责调查研究新疆的塔吉克语。1956年到新疆塔什库尔干调查属于印欧语系的塔吉克语。以后他多次到塔吉克族地区补充材料和核对材料。高尔锵是国内唯一调查研究塔吉克语的学者，他把全部的精力投入塔吉克语的研究工作里，多年来，他的全部研究著作都与塔吉克语有关，他熟练地掌握塔吉克语，对塔吉克语的钻研非常精到。他在《塔吉克语简志》一书里，在论述塔吉克语句子特点方面概括出句子分主语、谓语、插语三部分。在《塔吉克语基本句型分析》一文中深入讨论了句子结构包含并存的两种意义——词汇意义和结构意义，这可以成为认识句子的依据。在《塔吉克语句子谓语分析》一文对句子做了细致的描述。对谓语范围内动词的构成和用法作了说明。在《塔吉克语的名词与格功能》一文，在论证与格名词有说明和补充的语法功能的基础上，联系到了"间接宾语"问题。认为"直接宾语"和"间接宾语"是补充及物动词的词组结构。已出版的专著有：《塔吉克语简志》。已发表的论文主要有：《塔吉克语概况》、《塔吉克语基本句型分析》、《塔吉克语句子谓语分析》、《塔吉克语名词与格功能》、《塔吉克语简介》。

高华年 （1916—2011）福建南平市人。曾任中山大学语言学教授和中文系教授、该校汉语培训中心主任、中国对外汉语教学研究会顾问、广东语言学会顾问、广东对外汉语教学研究会顾问、中国民族语言学会理事。

1943年毕业于北京大学研究院文科研究所语言学部，并获得硕士学位。1943—1946年任西南联合大学中文系和南开大学文科研究所边疆人文研究室讲师。1946—1950年任南开大学中文系副教授。1950—1951年任岭南大学研究员。1951—1954年任中山大学语言学系教授、少数民族语言调查研究教研室主任。1954—1958年任中山大学中文系教授，兼任校务委员会委员、学术委员、学报编委等职。

高华年主要从事我国少数民族语言、语言学理论以及有关汉语方言的研究工作。在1943—1946年曾先后调查过昆明近郊核桃箐村彝语，新平县纳苏语、哈尼语，峨山县青苗语，路南县白彝语等。1951年参加中央少数民族访问团中南分团时调查过粤北过山瑶语、海南侾黎语、苗语等。

他从自己的研究经验体会出：（1）研究一种语言的语法不能凭空分出许多词类和句子成分，必须结合各种语言的语法特点来划分，如：研究彝语时他把一般语法书上的定语和状语，按其功能的相同性（在句子中都表示附加意义）而合并称为附加语；动词和形容词的语法功能都是作谓语而合并称为谓词。（2）研究一种语言必须注意借词问题。（3）研究方言必须全面研究方言的语法、词汇和语音。（4）研究我国汉藏系语言的学者，除了要精通某个语言外，还应当博于汉藏系语言的各种知识，这叫"博而能精"。已出版专著有：《彝语语法研究》（科学出版社1958）、《民族语言调查研究教程》（与宋长栋、庄益群合著）、《广州方言研究》、《语言学概论》（与植符兰合作）、《普通语音学》（与植符兰合作）、《少数民族语言调查研究教程》、《汉藏语言概要》。

已发表论文有：《黑彝语中汉语借词研究》（南开大学边疆人文研究室语言人类学专刊1943年）、《黑彝语法》（南开大学边疆人文研究室语言人类学专刊1944）、《论汉语借词与汉文化的转播》（《边疆人文》1943年第1卷第5、6期合刊）、《纳苏语中汉语借词研究》、《谈谈佤黎语的特点》、《杨武哈尼语初探》、《印度尼西亚语的句子结构》、《彝语的重叠词、同义词和同音异义词》、《纳苏语的附加语》等。

高慧宜 （1967—）女，1999年起师从藏缅语言学专家盖兴之先生，于2002年在云南民族大学中国少数民族语言文学系获文学硕士学位。2002年起师从比较文字学专家王元鹿先生，于2005年在华东师范大学中国文字研究与应用中心获文学博士学位。之后一直专注于比较文字学，尤其是汉字与少数民族文字方面的比较研究。毕业后在华东师范大学对外汉语学院语言文化教学中心任教，副教授。兼任意大利都灵孔子学院中方院长。

主要成果：主持了上海市哲学社会科学规划一般课题"汉字与西南少数民族文字的异同比较研究"；《傈僳族竹书文字研究》一书获华东师范大学新世纪学术著作出版基金资助出版。

已发表论文：《水族"反书"特征探究》、《傈僳族竹书文字濒危原因初探》、《水族水文和傈僳族竹书的异体字比较》、《傈僳族竹书文字考释方法研究》、《傈僳族竹书文字的异体字初探》等。论文《从傈僳族竹书之发生看文字发生的复杂性》、国际人类学大会、濒危语言研讨会会议发言稿《一种濒危文字——傈僳族竹书》被《云南民族》2009第1期收录。

高莉琴 （1944—）女，陕西白水县人，1950年随父母到新疆。小学就读于乌鲁木齐15校、12校，中学就读于乌鲁木齐第八中学（第一女子中学）。1963年考入新疆大学中文系维吾尔语专业本科，1967年毕业，同年去鄯善县接受再教育，后在鄯善县莲木沁中学、鄯善县煤矿、鄯善县一中工作，1979年考取新疆大学中文系维吾尔语法专业的研究生，1981年毕业并获文学硕士学位。1982—1986年在新疆大学中语系任教，1986年至今在新疆大学中文系工作，1991年晋升为副教授，1996年晋升为教授。1993年担任硕士生导师至今。历任新疆汉语学会理事、副会长、会长，中国语言学会会员，中国民族语言学会会员。

讲授课程与研究生培养：（1）本科生课程：语言学概论、逻辑学、人际关系语言学、汉语语法学。（2）研究生课程：理论语言学、语言学名著选、社会语言学、中国理论语言学史。

研究生阶段跟随徐思益先生学习了结构主义、转换生成语法，以及转换生成语法之后的一些新的语言理论。用这些新的理论和方法重新审视所掌握的少数民族语言事实，解决了一些语言语法中许多问题，而且发现了在原理论视野里的许多语言事实。

出版专著：《维吾尔语语法结构分析》、《新疆的语言状况及推广普通话方略研究》（合著，第一作者）、《不同时期维吾尔语中的汉语借词》、《语言的接触与影响》（合著）。

出版教材：《现代维吾尔语》（维文版，合著）、

《汉语实用语法》。

主要论文：《试论维语动词的体》、《谈谈维吾尔语的短语及其结构》（维文、汉文）、《维语一些句子的深层结构和转换》、《关于维吾尔语的词类划分问题》、《转换生成语法在维吾尔语语法中的运用》、《现代语言学与维吾尔语研究》、《关于维吾尔语的重音、声调问题》、《维吾尔语主题特点探寻》、《从维吾尔人学汉语看第二语言习得的一些问题》、《关于维吾尔语的"P"副动词》、《回族话是汉语普通话的民族变体》、《乌鲁木齐地区维吾尔人说汉语的特点》、《非线性音系学与维吾尔语的音节结构》、《维语动词的构成》、《面向21世纪的新疆语言研究》、《乌鲁木齐地区汉语状况及其成因》、《接触、影响、吸收、趋同》、《西部大开发与新疆的语言问题》、《新疆的语言发展趋势与思考》、《从社会语言学角度看俄语在新疆》、《新疆屯垦与新疆汉语》、《维吾尔语的空语类》、《以科学的态度对待维吾尔语中的汉语措词》、《新疆东天山北路汉语人群语言状况及推普方略研究》、《不同时期维吾尔语中的汉语借词》、《新疆濒危语言研究》、《延缓语言濒危的因素》、《新疆的语言状况与推广普通话方略研究》、《第二语言教学中的本体研究》、《论维吾尔语动词的构词——构形附加语素》。

高翙 电子工程高级工程师。1987年考入云南大学信息与电子科学系，学习计算机软硬件技术及通信技术，1991年毕业后分配到语委工作。在20年的工作中，表现出较强的业务能力和在专业工作方面较全面的组织、协调能力。在学校里学会了多种计算机编程语言，掌握了编程技巧。1991年到语委工作后，被派到云南大学计算机中心参与云南规范彝文排版系统的研发工作。一年时间里，在云南大学老师的指导下，掌握了造字、内码编排、输入法设计等语言文字信息化方面的技术，最终把云南规范彝文排版系统软件开发的整套技术吃透，为以后的民族语文信息化工作打下了坚实的基础。

2008—2009年，起草并完善了《云南少数民族语言文字资源库软硬件设计方案》和《云南少数民族语言文字资源库机房设计及网络布线方案》，承担并完成了资源库机房及网络布线工程的实施、资源库硬件和系统软件设备的选型、购置及系统集成、语委局域网的建设、网络杀毒软件的安装调试等工作，保障了机房及每位同志的计算机能正常运转、正常上网，不受病毒及流氓软件的干扰。2010年初，起草并完善了《云南省民语委少数民族语言文字资源数据库软件开发项目书》。

高翙对民族语文工作的主要贡献：一、将基于DOS平台的云南规范彝文排版系统移植到了WINDOWS平台上，重新开发了TTF格式的规范彝文矢量字库，取代已落后的规范彝文点阵字库，并在原来重码很多的输入法基础上，发明了彝文末笔定位识别码技术，大大降低了重码率，并通过这项技术获得了国家发明专利。二、起草并完善了《云南少数民族语言文字资源库软硬件设计方案》、《云南少数民族语言文字资源库机房设计及网络布线方案》和《云南省民语委少数民族语言文字资源数据库软件开发项目书》。三、承担并完成了云南少数民族语言文字资源库机房及网络布线工程的实施、资源库硬件和系统软件设备的选型、购置及系统集成、云南省民语委局域网的建设、网络杀毒软件的安装调试等工作。

格桑居冕 （1927—2013）又名居冕多吉，藏族，四川省甘孜藏族自治州巴塘县人。中央民族大学教授。1949年高中毕业，1950年参军，分配到进藏部队第十八军随军学校担任藏文教员兼翻译，后调至康定参加筹办成立甘孜州。1951年随中央访问团赴北京农业大学深造。后调中央民族学院任藏语文教师。1954—1957年在中央民族学院民语系语言学研究班学习语言学基础理论和研究方法。曾多次翻译全国人大、政协的文字翻译和《毛泽东选集》甲种本的校订工作。在藏语文教学的40余年中，先后在大专班、本科、硕士研究生班及外国留学人员中分别开设了藏语会话、现代藏文、历代藏文文选等多种课程。讲授藏文文法、藏语方言调查、藏语音韵学和汉藏翻译理论与实践等课程。以新材料新理论新方法研究藏文文法成果最为突出。专著有《藏文文法教程》（藏文），已被译成法文、英文、德文、日文。汉文专著有《实用藏文文法》、《藏语动词的使动范畴》、《藏语复句的句式》、《藏语方言概要》、《藏文字性法与古藏语音系》、《藏缅语族语言词汇》（合著）等。

耿世民 （1929—2013）江苏徐州市铜山县人，新中国第一代民族语文学家，中央民族大学维吾尔语言文学系、哈萨克语言文学系教授，国际知名古突厥语文学家，博士生导师。1949—1952 年就读于北京大学东方语言文学系维吾尔语科，1952 年全国高校院系调整时转至中央民族学院民族语言文学系维吾尔语专业，1953 年毕业留校任教至今。耿世民毕生献身于民族语文的教学与研究事业，于 1953 年创办了我国第一个哈萨克语言文学专业，开授《哈萨克语》、《现代哈萨克语语法》等课程，并编写了相应的教材。1956—1958 年苏联专家 E. 捷尼舍夫（Tenishev）受聘来中央民族学院突厥语研究班讲课时，担任助手，并承担该班的部分教学任务。1976 年受新疆自治区有关领导的委托，主持开办了我国第一个古代突厥—回鹘语班，担任主要教学任务，并编著了我国第一套系统的古代突厥—回鹘语教材（共八册，包括《古代突厥文碑铭选读》一册、《古代突厥—回鹘文献选读》二册、《黑汗王朝时期文献选读》三册、《总词汇》一册、《古代突厥—回鹘语文献语法》一册）。这个班的开办和系列教材的编写，对于我国古代突厥—回鹘语文学人才的培养和研究工作做出了贡献。其中有的人已成为有成就的教授、专家。1985 年起招收古代突厥—回鹘文献研究方面的硕士研究生，1993 年起招收博士研究生。

1952 年曾赴新疆伊犁、塔城地区调查维吾尔语和哈萨克语。1955 年以后三次参加新疆少数民族语言调查，并于 1956 年记录了阿勒泰地区的一小部分蒙古人所操的图瓦语。此后多次前往新疆、甘肃、青海等省区调查研究古代文献及维吾尔、哈萨克、裕固、撒拉等语言。耿世民除精通和通晓维吾尔、哈萨克、土耳其等多种古、今突厥语言外，还通晓英、俄、法、德、日等外语。20 世纪 70 年代后期以前主要研究现代哈萨克语与古代突厥—回鹘语；70 年代后期以来是以古代突厥—回鹘语文学（philology）为主，兼顾新疆古代语文、历史、文化和宗教。

出版的专著有：《〈乌古斯可汗的传说〉——古代维吾尔史诗研究》（维吾尔文版与吐尔逊·阿尤甫合作，哈萨克文版与马坎合作）、《古代维吾尔诗歌选》、《维吾尔古代文化和文献概论》、《大唐西域记校注》（季羡林主编，合著）、《哈萨克语简志》（合著）、《现代哈萨克语语法》、《敦煌突厥回鹘文书导论》、《现代哈萨克语》（哈萨克文，合著）、《鄂尔浑—叶尼塞碑铭语言研究》（合著）、《弥勒会见记研究》（两卷）、《一种古代维吾尔语佛教启示录研究》、《中亚文明史》第四卷、《高昌回鹘王国》第一章、《突厥语文学基础》第三卷、《突厥汗国》、《新疆文史论集》、《维吾尔古代文献研究》、《维吾尔与哈萨克语文学论集》、《回鹘文社会经济文书研究》、《新疆历史与文化概论》、《古代突厥文碑铭研究》、《古代维吾尔文献教程》。

受联合国教科文组织之约请为该组织主编的《中亚文明史》第四卷撰写了《高昌王国》一章；受国际东方学协会之约请为该会主编的《突厥语文学基础》第三卷撰写了《突厥汗国》一章；用中文、维吾尔文及英、法、德、日等文字发表《回鹘文亦都护高昌王世勋碑研究》、《回鹘文〈俱舍论〉残卷研究》、《试论塔里木盆地民族的融合和近代维吾尔族的形成》等论文 160 多篇。另外首次直接从原文翻译出版了古代突厥文突厥汗国碑铭、回鹘汗国碑铭以及 11 世纪维吾尔著名学者尤素甫·哈斯·哈吉甫的《福乐智慧》。翻译出版了世界著名学者用法、德、英、日、俄撰写的《高地亚洲》（［法］伯希和）、《中亚简史》（［苏］巴尔托里德）、《古代突厥语法》（［德］葛玛丽）、《西域文化史》（［日］羽田亨）等名著 17 部和文章多篇。先后有 6 部（篇）论著获得中国社科院、国家民委和北京市颁发的优秀科研成果一、二等奖。其中《大唐西域记校注》（合著）一书除获得国家新闻出版署全国古籍整理一等奖等数项一等奖外，还获得陆文星韩素音中印友谊奖。论文集《维吾尔古代文献研究》，获北京市第八届哲学社会科学一等奖。

此外，曾多次应邀赴国外著名突厥学、中亚学、东方学、宗教学中心讲学和从事研究工作，历时较长的出国讲学研究有三次：1981—1983 年在德国的哥廷根大学、波恩大学，1987 年在波恩大学，1991—1992 年在美国印第安纳大学。并多次出席国际上有关突厥学、中亚学、阿尔泰学、东方学、考古学、摩尼教、景教以及"丝绸之路"方面的学术研讨会。

世界公认的古代突厥语文学奠基人、国际乌拉尔—阿尔泰学会主席冯·加班（A. von Gabain，汉名葛玛丽）教授在评价耿世民时说："现在我们的中国同行也在研究中亚和古代维吾尔文化方面取得了很大成就，耿世民教授可称之为真正意义上的'语文学家 philologe'。在此较短的时间内他发表了众多的有关中亚突厥—回鹘（古代维吾尔）语文献、佛教和摩尼教以及现代哈萨克语方面的论著，从而在很大程度上丰富了我们关于中亚和古代突厥语文的知识。我们衷心希望中华人民共和国的同行取得更大的成果并继续和加强这方面的国际合作。"（欧洲《中亚学报》Central Asiatic Journal 1989 年卷 33）。由于个人在古代突厥语文献研究方面做出的贡献，德国洪堡基金会（Humbodt‑Stiftung）1992 年授予耿世民"国际知名学者奖"。

世界阿尔泰学最高学术机构国际阿尔泰学常设会议 2000 年在比利时彼特斯海姆举行的第 43 届年会上一致通过决议，将该年度世界阿尔泰学界的最高奖项的 PIAC 金质奖章授予耿世民，以表彰他在阿尔泰学、突厥语言学，尤其是古代维吾尔学研究方面所做出的贡献。他是唯一中国学者获此奖项的人。

2000 年 10 月 20 日，土耳其共和国阿塔土尔克文化语言历史最高研究院语言研究院学术委员会举行会议，一致通过决议，选举耿世民为该语言研究院荣誉院士，以表彰他在突厥语言研究方面取得的成就。

耿世民曾历任教研室主任，院、系职称评定委员会学科评审组成员，国家民委职称评定委员会学科评审组成员，中国民族语言学会阿尔泰语言研究分会名誉会长，中国突厥语研究会历届副会长，新疆维吾尔自治区维吾尔古典文学研究会、中国维吾尔历史文化研究会常务理事，中央民族大学中国少数民族语言文学学院阿尔泰学研究中心名誉主任，中国《新疆通史》编委、土耳其大型丛书《突厥民族》编委、国际摩尼教研究会名誉顾问，美国哈佛大学《突厥学报》顾问，土耳其《突厥语研究》、《现代突厥语研究》顾问等。

耿予方 （1929—）山东昌乐县人，中央民族大学教授。1953 年毕业于中央民族学院藏语班。1954 年在中央民族学院从事藏语文教学和科研工作。1955—1957 年被派往拉萨负责两个拉萨藏语班实习，并参加藏语调查队西藏分队，到后藏的定日、拉孜、江孜进行方言调查，写成调查报告和社会历史材料。1957—1964 年担任汉语文教研组组长，对藏族学生进行藏汉双语教学。1958 年参加编写《藏族文学史》和《藏族民间故事选》。1959 年编译了 200 多篇的藏族故事资料，约有 40 万字，内部发行。1960 年到西藏采风，收集翻译藏族民间民歌、神话、传说、寓言、故事、婚礼酒歌、折嘎唱词、长诗长歌等民间文学作品。1965 年参加编写

《拉萨藏语口语词典》。1971年参与翻译《西藏中草药手册》。1976年到四川甘孜藏族自治州在巴塘、义敦、理塘、稻城、乡城、雅江、得荣举办藏文教师培训班。1978年以后，先后担任古藏文、少数民族文学、藏学、藏族文学专业硕士研究生导师。

耿予方教授掌握藏汉两种语文的条件，同时进行藏汉文学研究和翻译。其译著颇多。参加编写的《藏族文学史》，获得北京市哲学社会科学和政策研究优秀成果一等奖及全国高等学校悠久教材奖。参与编辑的《藏族民歌选》，获中国民间文学评奖荣誉奖。1985年获得国家民委和中国作家协会主办的第二次全国少数民族创作优秀翻译奖。同年还获西藏、青海、四川、甘肃、云南五省区藏族文学评奖委员会授予的藏族文学工作荣誉奖。主要著作有：《喜马拉雅山之歌》（与佟锦华合著，内蒙古人民出版社1979年）、《藏族民间故事选》（与佟锦华等合编）、《藏族民歌选》（与佟锦华等合编）、《佛经故事选》（与罗秉芬、黄布凡合译）、《藏族文学史》（与佟锦华、谢后芳等合著）、《格丹格言、水树格言》（译著）、《国王修身论》（译著，西藏人民出版社1987年）。另外还发表了有关藏族文学方面的论文多篇和译文多篇。

龚煌城 （1934—2014）台湾中央研究院历史语言研究所、语言学研究所研究员。1956年台湾师范大学英语系毕业，后到德国留学，获慕尼黑大学哲学博士。致力于汉语音韵、汉藏比较语言学及西夏文研究，卓有成效。主要论著有《十二世纪末汉语的西北方音》、《上古晚期汉语舌根音的第一次腭化》、《汉藏缅语元音系统的比较研究》、《从汉藏语的比较看上古汉语若干声母的拟测》、《从汉藏语的比较看汉语上古音流音韵尾的拟测》、《西夏韵书同音第9类声母的拟测》、《西夏语的浊阻音声母》、《西夏语中的汉语借词》、《西夏文字衍生过程的重建》、《西夏文的意符与声符及其衍生过程》、《西夏语的音韵转换》、《西夏语的音韵转换与音韵构拟》、《西夏语的音韵转换与构词法》等。

龚群虎 （1962—）生于陕西省西安市，博士学位，教授，博士生导师。现于复旦大学中文系任教。2002年以来还担任复旦大学中文系本科生及研究生《汉藏语系概论》、《汉藏语言学专题》等民族语言相关课程的教学工作。与民族语言相关的研究涉及侗台语和藏缅语。相关专著有《汉泰关系词的时间层次》（复旦大学出版社，2002）和《扎巴语研究》（民族出版社，2007）。译著有《上古汉语词根》（［法］沙加尔，上海教育出版社2004年。The Roots of Old Chinese, Laurent Sagart, 1999, John Benjamins）等。专著和译著均附有丰富语料可供检索。

贡布扎布 （1921—1989）蒙古族，内蒙古察哈尔人。1948年移居美国，取名约翰·贡布扎布·杭锦，1941年毕业于日本北海道大学。1960—1964年在美国哥伦比亚大学讲授蒙古语，并研究喀尔喀蒙古语，1963年获硕士学位。1970年获美国印地安那大学哲学博士，后升任教授。1961年贡布扎布创建美国蒙古学会，并历任该会理事长。他在蒙古学广泛领域写出了许多学术著作。主要有《蒙古语》、《蒙英词典》（合著）、《察哈尔》、《蒙古语会话》、《现代蒙文写作》、《基础蒙古语教程》、《青史演义研究》、《简明英蒙词典》、《中部蒙古》、《蒙古自治史》、《青史演义》（英文版）等。

郭须·扎巴军乃 （1961）（ ）藏族，青海省称多县人，1985年本科毕业于青海民族学院少语系，获文学学士学位。1988年毕业于西北民族学院少语系，获文学硕士学位。现任中央民族大学藏学研究院教授。1988年开始任教于中央民族大学，2001开始招收硕士生。曾任中央民族大学藏学研究院文学教研室主任、民族出版社藏文室藏文特邀编辑、玉树灾后结古寺重建小组顾问等职。

教学方面，先后承担"藏文文法"、"古代藏语"、"现代藏语"、"词藻学"、"声明学"、"近代藏文文献"、"藏文传记文学"、"藏族历代藏文文选"、"藏族文学名著导读"、"藏文诗论"、"藏文典籍文献"、"佛教典籍文献"、"佛教五部大论"、"藏族历史名著导读"、"敦煌藏文文献"、"西藏政教史"、"藏传因明学"和"藏传佛教史"等18门本科生、硕士生和博士生课程，其中"古代藏语"课程曾被评为精品课程。由于对民族教育事业的热爱，连续多年超额完成教学任务，曾获"中央民族大学青年教师培养基金"优秀教学奖。根据多年的教学经验，历时数年完成了《古代藏语教程》、《大学藏语教程》、《新编古代藏语教程》等教材，出版后得到广泛认可，被其他高校纳为教材。

学术研究方面，主要专著有：《雪域历代名人辞典》、《藏族文学体裁通论》、《古代藏语教程》、《当代藏族语言与文学研究》、《藏文文体研究》、《大学藏语教程》、《新编古代藏语教程》等。其中《古代藏语教程》被评为中央民族大学优秀教学成果奖，《雪域历代名人辞典》为国内第一部藏族人物词典，填补了国内外人物基础资料方面的空白，在中国藏学研究珠峰奖中获国家基础资料成果奖。

已发表的学术论文有：《汉藏姓氏比较研究》、《藏族文学题材研究》、《藏族文学体裁研究》、《略析藏语连接词》、《第五十四任噶丹赤钦阿旺巧旦传略》、《略谈藏文量词》、《古藏文词汇研究》、《第一世达赖喇嘛根敦朱巴之藏文续体诗研究》、《论策墨林一世活佛阿旺楚臣》、《敦煌史籍中记载的吐蕃大臣简介》、《曲科德庆寺兴衰原因探究》、《试论藏文诗论教学法》、《略论藏语中的反义词》、《论梵文元音拼合法》、《论梵文涅槃点的变化形式》、《略论梵文辅音字母拼合法》、《藏文虚词"拟"字研究》、《尊师教导·意明》等，其中十篇先后在国内外学术期刊上发表。2000年7月携《略论藏语中的反义词》赴荷兰参加国际藏学研讨会。

在科研方面，参与《历辈达赖和班禅年谱》（八五重点课题）、担任《当地藏族语言与文学研究》（"211工程"建设项目）主编，负责藏文字形变化研究项目（"985工程"中国少数民族语言发展与语言关系研究中心项目子课题）。

在多年的教学和科研工作中，通过语言，解读古藏文、敦煌古籍文献、梵文，在前人研究的基础上，发现一些并未被研究者所注意到的语言规律，同时为藏族文化的各个组成部分作为一个整体进行研究提供资料。从文化入手，对语言进行多方面、多角度的阐述，拓宽语言的研究道路，创新语言知识，奠定理论基础。

哈米提·铁木耳 （1932—？）维吾尔族，新疆吐鲁番人，教授，曾任中央民族学院副院长、国务院学位委员会学科评议组成员、国家民委学术委员会委员、中国突厥语研究会会长、中国民族古文字研究会副会长。1949年肄业于新疆省语文学校。1954年毕业于新疆干部学校，同年调到中央民族学院工作，历任维吾尔语教师、语文系突厥语教研组组长、少数民族语言文学系副主任。先后教授过维吾尔语、察合台语等课程。1980年起指导维吾尔语的硕士研究生。他主张应该以现代维吾尔语的语言事实为依据，编写一部比较全面、系统的描写语法书。1980年写成《维吾尔语语法（形态学）》一书，于1987年出版。这是他用多年教学实践的经验写成的。长期以来，哈米提·铁木耳专门研究维吾尔语语法，积累了丰富的经验，形成了自己的观点。如（1）认为维吾尔语实词结合虚词构成的结构都是词的形态。是分析形态这种结构，在语法功能上与实词结合构形词缀构成的结构，没有本质的区别。（2）认为维语名词的格形式除了一般认为的6个以外，还有4个格：形似格、量似格、空间特征格、限格。（3）认为维语确实有量词，而传统语法书都不分量词。（4）认为维语动词的形态可分为谓语形式、静词形式和词干形式三种。（5）传统维语语法书认为维语中几种动词的区别是"时"的区别,而他认为它们之间的区别是"状态"的区别。(6)传统语法书把动词的语气形式分为陈述式、命令式和条件式三种。他认为,应该分为:直接陈述、间接陈述、转述式、主观估计式、客观估计式、命令—要求式、假定—对立式、希望—建议式、愿望式、后悔式、恳求式、担忧式、必须式等13种。(7)认为维语动词的直接陈述式、间接陈述式、转述式、主观估计式和客观估计式这5种语气形式各自都带简单过去时、完成状态现在时、完成状态过去时、未完成状态现在时、未完成状态过去时、持续状态现在时、持续状态过去时、目的状态现在时、目的状态过去时等9种时态形式。(8)传统维语语法书不认为维语动词有情貌(体)范畴的语法形式。他认为副动词结合助动词以后是一种形态单位,可以看作情貌范畴的语法形式是可以的。但有些还没有抽象到形式和意义都统一的程度。(9)认为维语中和静词连用的助动词起着使静词同动词的语法范畴联系起来的作用。因此,可以把这些助词看成联系动词(系词)。上述的观点,大多数被同行所接受。1992年调至新疆语委工作。

主要专著有:《察合台语》(与阿不都若夫合著)、《现代维吾尔语语法(形态学)》、《真理的入门》(译著,与吐尔迪·阿尤甫合作)、《乐师传》(与安瓦尔合作翻译、转写)等。已发表的论文有:《论维吾尔语名词格的范畴》、《维吾尔语的陈述语气》、《维吾尔语语法研究中的若干问题》(维文)、《维吾尔语的助动词及其用法》(《突厥语研究》论文集)、《维吾尔语的语气词及其用法》、《维吾尔语的叹词及其用法》等。

哈斯巴根 (1957—)蒙古族,内蒙古赤峰市巴林右旗人。1970年4月—1973年1月在内蒙古赤峰市巴林右旗大板一中读书,1974年7月—1978年8月在内蒙古锡林郭勒盟西乌珠穆沁旗白音宝力格公社下乡(知青),1978年9月—1982年7月在内蒙古师范大学蒙古语言文学系学习,获得学士学位;1982年9月—1985年7月在内蒙古大学蒙古语文研究所攻读硕士研究生,并获得硕士学位;1995年9月—2000年7月在内蒙古大学蒙古语文研究所著名学者清格尔泰教授的指导下攻读博士研究生,并撰写《蒙古语族语言语音比较研究》的毕业论文,获得博士学位。1999年2—6月在美国哈佛大学语言学系旁听语言学课程。在此期间还听了麻省理工学院著名语言学家乔姆斯基教授的语言学讲座;在哈佛大学图书馆和哈佛燕京图书馆阅读了蒙古学相关的书籍和资料。还撰写了论文 The Schwa in Mongolian: Mongolian Vowel Reduction in Non-Initial Syllables (Mongolian Studies, Journal of the Mongolia Society, Volume XXVI 2003—04)。

2005年10月—2006年9月以中国政府派遣研究员身份赴日本大阪外国语大学,与著名蒙古学学者桥本胜教授进行合作研究,完成了《黄金史》与《蒙古秘史》比较研究的初稿,还发表了论文《关于〈黄金史〉研究》(《内蒙古社会科学》2006年4期)。

1985年9月至今在内蒙古师范大学蒙古语言文学研究所工作。任内蒙古师范大学蒙古学学院教授,硕士研究生导师,蒙古语言文学研究所所长,兼任国际蒙古学学会会员、中国少数民族语言学会理事、中国蒙古语文学会常务理事。

主要研究方向为中世纪蒙古语研究、蒙古语族语言比较研究和蒙古文古文献研究。已出版的专著有:《中世纪蒙古语研究》、《蒙古语族语言语音比较研究》、《巴林历史文化文献》(合著)。发表学术论文40多篇,主要有:《关于中世纪蒙古语构词附加成分的演变》、《关于〈蒙古秘史〉若干汉字的标音问题》、《察哈尔土语语音的某些特点》、《〈蒙古秘史〉中的方位词》(蒙古语文)、《蒙古语代词的演变问题》、《关于蒙古语族语言词首复辅音》、《关于蒙古语族语言词首h辅音的演变》、《平遥县清虚观八思巴字蒙古语圣旨碑考释》、《蒙古语元音和谐律与元音变化》、《关于蒙古语数词演变的问题》、《创建蒙古语文献语料库问题》、《蒙古语方位词的演变》、《回鹘式蒙古文文献的历史文化价值》、《关于甘青地区蒙古语族语言》等。专著《中世纪蒙古语研究》获得内蒙古自治区社会科学优秀成果青年奖和内蒙古师范大学优秀科研成果二等奖。《蒙古语族语言语音比较研究》获得内蒙古自治区社会科学优秀成果二等奖。论文《〈蒙古秘史〉的方位词》获得内蒙古师范大学优秀科研成果二等奖和中国蒙古语文学会优秀科研成果二等奖。《从〈蒙古秘史〉中的同词异记现象研究语音演变》获内蒙古自治区团委、内蒙古科技技术委员会等六部门授予的青年科技创新奖。

现在指导少数民族语言文学、蒙古文献学两个专业的硕士研究生。在蒙古语言文学、蒙古文献学两个专业的本科生、硕士研究生、研究生班和留学生班先后讲授了《蒙古语语音学》、《蒙古语词汇学》、《中世纪蒙古语》、《蒙古语文献学》、《蒙古语族语言》、《历史语言学》和《语言学纲要》等多门课程。

哈斯巴特尔 （1946—）蒙古族，博士，内蒙古赤峰市宁城县人。现任黑龙江大学满族语言文化研究中心教授。

1969—1978年，哈斯巴特尔在昭乌达人民广播电台工作，任编辑、记者；1978—1981年，在内蒙古大学蒙古语文研究所研究生班学习，获硕士学位；1981—1986年，在内蒙古大学蒙古语文研究所工作，任讲师；1986—1989年，在内蒙古大学蒙古语文研究所攻读博士学位，1989年获博士学位；1989年在内蒙古大学蒙古语文研究所工作，先后任副教授（1991），教授（1997）；2003年调往黑龙江大学满语研究所。

社会兼职有：中国语言学会会员、中国民族语言学会理事、中国蒙古语言学会理事，阿尔泰语学会常务理事、中国民族古文字学会会员、呼伦贝尔学院客座教授。

主要从事满语、蒙古语、朝鲜语及蒙古语方言（喀喇沁土语）研究，满通古斯语族语言比较、蒙古语族语言比较、阿尔泰诸语比较、词源文化学比较的研究等。

哈斯巴特尔的学术贡献：语音研究方面，在《喀喇沁土语某些语音特点》中首次提出了一些词中还保留着其他方言中已经脱落了的词首唇齿辅音 w 和 f；一些词中元音间还保留着趋于消失的小舌浊辅音，而这个辅音在其他方言中则已经完全脱落，其前后元音合并发展为长元音了，反映着长元音形成时的演变阶段。在《初论蒙古语元音屈折现象》、《论满语元音屈折现象》等中提出了元音交替和元音屈折并认为这些现象是词缀法的早期语言现象。

语法研究方面，对于蒙古语和满语中一些语法现象，如静词词尾-n 的变化、复数词缀、格词缀、人称代词、动词时态词缀等都做过深入分析研究。如《关于蒙古语族言格的范畴》中经过深入比较，对蒙古语族语言格词缀的同源关系以及它们的发展变化进行了分析研究，分别构拟了他们的早期共同形式；在《关于蒙古语和满语某些复数词缀》中对蒙古语及蒙古语族语言的复数词缀词源进行研究和重建的基础上，对满语复数词缀词源进行了比较，从而提出了他们的共同词源关系。《关于蒙古语人称代词词干变格问题》中对第一人称代词词干变换词干问题进行了充分研究后，bi 和 min-、nan-的不同词干是语音变化结果，而不是采用不同来源词干的看法。

在亲属语言研究和不同亲属语言之间的比较研究方面，有《土族语词汇》、《土族语话语材料》、《蒙古语和满语研究》、《阿尔泰语系语言文化比较研究》、《蒙古语词和朝鲜语词比较》等。在《阿尔泰语系语言文化比较研究》从语言结构和词源文化两个范围对阿尔泰语系诸语言之间的同源关系进行了分析研究。语言结构部分中包括了复数词缀、数词和人称代词；在词源文化部分中包括了宗教名词"萨满"、"伊图干"、"博"，狩猎文化词 butambi

"打猎"、"羊";民族称谓词和姓氏"肃慎"、"挹娄"、"女真"、"爱新觉罗"、"哈拉";亲属称谓词"母亲"、"姐姐"、"女儿"、"媳妇"、"女婿"、"嫂嫂";自然现象词"春"、"夏"、"秋"、"冬"等。通过以上语言结构和词源关系证明了阿尔泰语系诸语言之间存在同源关系。在《蒙古语词和朝鲜语词比较》中对蒙古语和朝鲜语中存在的300多个具有词源联系的基本一样或有对应关系的基本词进行了比较研究,在一定程度上可以说明朝鲜语与阿尔泰语具有词源关系。

已出版专著:《土族语词汇》、《土族语话语材料》(合著)、《蒙古语和满语研究》、《阿尔泰语系语言文化比较研究》、《蒙古学大百科辞典》(语言篇)。译审:Д. Б. 乌棱基耶夫著、哈斯巴特尔译《俄罗斯蒙古学的奠基人》——O. M. 科瓦列夫斯基;N. A. 巴斯卡克夫著,陈伟、周建奇译,哈斯巴特尔审校《阿尔泰语系语言及其研究》。自20世纪80年代以来发表有关蒙古语等学术论文58篇。

哈斯额尔敦 (1934—)蒙古族,内蒙古兴安盟科右中旗人。中央民族大学教授。1952年毕业于黑龙江省齐齐哈尔蒙古师范学校,1952—1957年在内蒙古师范学院(内蒙古师范大学)学习、工作。1954—1957年在中央民族学院语文系研究班学习。1953—1990年在内蒙古师范大学工作,1991年调至中央民族大学。曾任内蒙古师范大学蒙古语言文学系副主任、总支书记、内蒙古自治区高等学校职称评委会委员、中国蒙古语文学会副理事长、中国民族语言学会理事、国家民委少数民族语言文字出版专业高级职务评审委员会评委、国家民委少数民族语言文字翻译专业高级职务评审委员会副主任、中国民族图书奖评审委员会委员等职。现任中国蒙古语文学会名誉理事长、中国少数民族双语教学研究会顾问、国际蒙古学家协会会员等职。获自治区劳动模范和自治区高校先进工作者等称号。享受政府特殊津贴。先后与其他老师一起培养了近100名硕士研究生。20世纪50年代参加了中国蒙古语族语言和蒙古语方言的调查研究工作,组织领导了敦煌石窟和内蒙古阿尔寨石窟回鹘蒙古文题记、榜题考查研究工作,参加了中央民族大学两届蒙古语言文学研究生课程进修班的组织和教学工作,多次参加了国内外学术研讨会。

主要从事古蒙古语、现代蒙古语及其方言和回鹘蒙古文的教学与研究工作。主要编著有:《汉蒙语法比较》,《简明蒙古语成语词典》(与那仁巴图、丹森等人合编)《蒙古语基础》(与那仁巴图合编),《语言学基础》,《现代蒙古语》(修订版主编),获教育部全国大中专院校少数民族文字优秀教材二等奖;《达斡尔语与蒙古语比较》(与拿木四来合著)、《汉蒙名词术语分类词典》(自然科学部分,副主任)、《阿尔寨石窟回鹘蒙古文榜题研究》(与丹森等人合著)、《中国少数民族文化大辞典》(蒙古族、达斡尔族、鄂温克族、东乡族等部分主编)、《蒙古语大辞典》(副主编)、《内蒙古语》(与巴音巴特尔等人合著)、《蒙古口语语法》(主编)。主要论文有:《语音的三个特征和蒙古语的吐气与不吐气辅音》、《蒙古语成语简论》、《关于蒙古语新词术语的若干问题》、《关于我国蒙古语基础方言和标准音问题》(与那仁巴图合写)、《关于我国蒙古语方言的划分》(与那仁巴图合写)、《察哈尔土语语音系统》、《蒙古语鄂尔多斯方言语音特点》、《蒙古书面语与方言土语的短元音比较》、《蒙古书面语长元音音节与方言土语的长元音比较》、《蒙古语〈孝经〉及其词汇初探》、《蒙古文〈孝经〉研究》、《有关蒙古语逆同化型元音和谐律的几个问题》、《1240年大紫微宫蒙古文碑文研究》、《蒙古书面语与方言的辅音比较》、《鄂尔多斯方言与标准音比较》、《〈华夷译语〉研究》、《敦煌莫高窟元代回鹘蒙古文〈图勒黑图古思题记〉释读》、《内蒙古社会科学》、《蒙古文〈孝经〉的数范畴》、《蒙古文〈孝经〉的格》、《莫高窟第61窟甬道南壁回鹘蒙古文题记释读》(汉文,与嘎日迪等人合写,蒙古文)、《阿尔寨石窟第 19 窟 B20 回鹘蒙古文榜题释读》、《安西榆林窟第 12 窟前室甬道北壁回鹘蒙古文题记释读》(与嘎日迪等人合写)、《敦煌石窟回鹘蒙古文题记考查报告》(与嘎日迪等人合写)、《鄂尔多斯阿尔寨石窟、敦煌石窟回鹘蒙古文榜题、题记研究概况》、《鄂尔多斯阿尔寨石窟回鹘蒙古文榜题概述》(与嘎日迪合写)、《肃北蒙古口语语音与标准音比较》、《蒙古文〈孝经〉的构词法》、《蒙古书面语的历史分期》、《内蒙古语文献概述》、《榆林窟第 12 窟道尔吉题记释读》(汉文,与巴音巴特尔等人合写)、《蒙古语历史发展过程中的减音现象》、《蒙古书面语与标准音词汇读音比较》、《〈普度明太祖长卷图〉及其回鹘蒙古文之考》、《〈普度明太祖长卷图〉第一段回鹘蒙古文研究》、《〈普度明太祖长卷图〉第二段回鹘蒙古文考释》、《〈普度明太祖长卷图〉第三段回鹘蒙古文研究》、《〈普度明太祖长卷图〉第四段回鹘蒙古文研究》、《〈普度明太祖长卷图〉第四段回鹘蒙古文考释》、《〈普度明太祖长卷图〉第五段回鹘蒙古文研究》、《〈普度明太祖长卷图〉第六段回鹘蒙古文研究》。

海峰 (1964—)女,回族,新疆奎屯人。现任新疆大学语言学院院长,语言学博士,教授,硕士生导师。1981 年 9 月—1985 年 7 月就读于新疆大学维吾尔语专业,1985 年 7 月毕业留校任教。1992 年 9 月—1995 年 7 月在新疆大学中语系攻读研究生,1995 年 7 月获少数民族语言文学专业硕士学位。1998 年 9 月—2001 年 7 月在中央民族大学攻读博士学位,2001 年 7 月获中国少数民族言文学专业博士学位。2000—2001 年作为访问学者在吉尔吉斯斯坦进修一年,2005 年作为访问学者在俄罗斯进修学习半年。2006 年 1 月始担任新疆大学语言学院院长。主要研究方向为双语现象、双语教学、中亚东干族语言文化。近年来主持课题 5 项,其中国家教育部课题 1 项,自治区级课题 1 项,新疆大学校级课题 3 项,发表论文、译文 20 余篇,出版学术著作 1 部,参编著作及教材多部,并担任新疆大学 2007 年自治区级精品课程《汉语精读》的主持人,同时兼任新疆汉语学会副会长、中国少数民族双语教学研究会理事、新疆留学人员联谊会副秘书长等社会职务。

近年主要学术成果。著作:合著《新疆民族语言分布状况与发展趋势》,专著《中亚东干语言研究》。

课题:共主持过或正在主持课题五项:(1)《中亚东干族语言文化研究》;(2)《建立少数民族习得汉语偏误语料库》;(3)《东干社会语言学研究》;(4)《维汉中介语语料库的建设与开发》(省部级);(5)《中亚东干族语言孤岛现象研究》(国家教育部项目)。

论文:几年来发表双语研究、东干语研究论文 20 余篇,主要有:《古代维吾尔人名的特点》、《试析中亚东干语中的借词》、《老乞大——研究东干语的一份参考文献》(俄文)、《东干语概况》、《东干语研究概况》、《应当建立少数民族习得汉语偏误语料库》、《中亚东干语—Ｍｙ "们"的使用特点》、《中亚东干族的双语化进程及其民族语言观的形成》、《"东干"来自"屯垦"》、《论东干语的发展》、《中亚东干语的语言学价值》。

郝苏民 (1935—)回族,宁夏回族自治区银川市人,祖籍安徽。西北民族大学民族研究所所长、蒙古语文教授、《西北民族研究》主编。中国民间文艺家协会理事、中国故事学会副主席、中国蒙古语文学会理事、全国中小学教材审定委员会蒙古文教材审查委员会、八省区蒙古语文工作协作小组领导成员。1954 年毕业于西北民族学院语文系蒙古语文专业,毕业后留校任教。1972 年任甘肃师范大学外语系蒙古语文教师。1978 年返回西北民族学院,任少语系蒙古文学史、蒙古民间文学等课教师,担任过教研室主任、系副主任等职,1984 年任西北民族学院民族研究所副所长。

郝苏民的重要研究领域为八思巴文、现代蒙古语、蒙古语族语言和蒙古民间文艺学、民俗学等。1978年在甘肃师大首届科学大会上提交的论文《对西藏元代八思巴字蒙古语圆牌的译释兼论其意义》，对在甘肃发现的来自西藏废铜器中的元代八思巴字镀银圆牌的铭文进行了释读，从语义学方面进行了辨析，还原了这枚牌子含义的真正面目。该文获西北民族学院科研成果奖和中国蒙古语文学会优秀论文奖。1986年出版了汉译补注本鲍格的代表作《八思巴字蒙古语碑铭译补》一书。汉译本据俄文原版初译，据英文新版校补，将原书中全部碑铭原文的拉丁式字形转写符号还原为八思巴字，并作了校改。又增补了我国现行蒙古文的转写。适当地补注有关语义方面、史地方面的资料。

除蒙古古文字的研究外，对阿尔泰语系语言和社会语言学、应用语言学也有涉猎。发表过《临夏"花儿"的语言——河州话与"花儿"的研究》，从"花儿"这种民歌的多民族性出发，对"花儿"语言的形成提出新的推论。已出版著作有：《八思巴字蒙古语碑铭译补》（翻译补注）。已发表论文有：《对西藏元代八思巴字蒙古语圆牌的译释兼论其意义》、《扬州出土元代圆牌之八思巴文和波斯文再释读》（合著）、《临夏"花儿"的语言—河州话与"花儿"的研究》、《关于蒙古语使用情况的抽样调查》（合著）、《新发现的兰州庄严寺元代法旨》（《敦煌学辑刊》）等。

何炳坤 （1938—）出生于云南个旧，祖籍广东濂江。曾任云南省少数民族语文指导工作委员会研究员、秘书科科长兼《云南民族语文》编委和少数民族语文翻译系列高级职称评委会委员。

1962年毕业于中央民族学院语文系哈尼语专业。1962—1981年在金平县从事农村和民族工作。1981年任金平县民族事务委员会主任，1987年调往云南省民族语文指导工作委员会从事民族语文工作，主要从事哈尼族的语言文字、金平傣族的语言文字、哈尼、傣、苗民族文字推行和双语教学、民族语文翻译理论及通过语言对哈尼、傣族的民俗、历史的研究。与李永燧合作编著了《哈尼语语法》。与王尔松等合作编撰了《哈尼汉词汇对照》。独写的《哈尼语借词的语音特点及书写规范》一文，从汉语方音的地理影响，说明哈尼语汉语借词的语音特点。1981年参与了哈尼文推行可行性的调查研究，1984年参与了哈尼文小学统编教材的翻译、通俗读物的编写以及有关语音学知识、文字方案介绍等讲义的编写工作。他在抢救和推广金平傣文方面也作了不少工作，与陈相木等合作编写了《金平傣文拼音课本》；在金平勐拉区开办了金平傣文师资培训班和扫盲班，整理出《金平傣族民歌一百首》。1985年和1986年参加了金平的阿鲁人以及苦聪人的民族识别工作，解决了他们的族属问题。

何俊芳 （1964—）女，博士，现任中央民族大学教授，博士生导师。

1987年毕业于兰州大学历史系，获历史学学士学位，后留校任教；1990年考取国家公派赴苏联攻读博士学位资格，并于1991年9月—1996年2月在莫斯科大学历史系民族学教研室学习，师从该教研室主任皮缅诺夫（В. В. Пименов）教授，研究方向为民族社会学，博士论文选题为《20世纪80—90年代卡尔梅克族的双语问题》，论文主要在实证研究资料的基础上撰写完成，答辩通过后获俄罗斯联邦哲学博士学位；1996年3月—1998年3月在中央民族大学博士后流动站学习和工作，比较系统地学习了社会语言学、语音学等课程，并多次到我国少数民族地区对双语教学、语言使用、濒危语言等问题进行了调研，最终完成了有关中国少数民族双语问题的研究报告，后留校历任中央民族大学讲师、副教授、教授。现兼任世界民族学会常务理事。

已出版专著有：《中国少数民族双语研究：历史与现实》、《语言人类学教程》、《中国少数民族语言文字应用研究》、《濒危语言个案对比研究》、《中国民族语文工作》、《语言和民族（二）》、《双语和双语类型转换》、《语言冲突研究》等独著或合著，以及译著《卡尔梅克族：1943—1957——一个民族被驱逐与回归的真相》等。

已发表论文有：《论母语》、《论双语学》、《从民族关系看我国早期社会双语现象的形成及特点》、《也论我国民族的语言转用问题》、《多元一体与中国少数民族语言》、《儒学教育与中国古代少数民族的双语文教学》、《有关语言法的一些基本理论问题》、《陇川户撒阿昌族双语类型转换研究》、《赫哲族语言丢失的社会文化因素分析》、《论族际婚姻家庭与语言使用的关系》、《论语言冲突的若干基本理论问题》、《中俄跨境民族双语发展问题的比较研究》、《国外多民族国家语言政策与民族关系》、《论现代卡尔梅克族的语言情势》、《论俄罗斯人的双语问题》、《前苏联的双语状况及其发展特点》、《俄罗斯诸共和国的新语言政策》、《前苏联的民族语言教学》、《20世纪90年代俄罗斯的语言改革》、《布里亚特语的形成、使用和发展问题》、《中亚五国的语言状况》、《独联体国家朝鲜族的语言丢失问题》等学术论文40余篇。

何天贞 （1933—）女，甘肃兰州市人。中南民族学院中文系教授、现代汉语教研室主任、南方民族语言研究室主任、中国少数民族双语教学研究会常务理事、副秘书长。

1953年毕业于中央民族学院语文系瑶语专业，同年留校在语文系苗瑶语教研室任教。1956年参加全国少数民族语言调查第二工作队，任瑶语调查组组长，先后调查过广西大瑶山、龙胜、防城等地的过山瑶语、广西南丹县的白裤瑶语和贵州惠水县的黔南苗语。从1957年开始在中南民族学院中文系从事现代汉语教学。1971年在华中师范大学中文系从事现代汉语教学。1980年调回中南民族学院中文系教学。1982年组织人力并参加编写《土家族语言简志》，编写语法部分。

何天贞的主要研究领域是现代汉语、汉语方言、少数民族语言和双语研究。她撰写的《土家族语言简志》语法部分，系统地介绍土家语的句法结构及其特点，认为土家语的词以复音词占优势，具有丰富的前缀，动词具有丰富的"体"的系统，助词丰富，是句法结构的重要标志。随后的课题有：方言和土语的划分、土家语与有关语言的亲缘关系、地名遗存与土家族史、土家族的词汇层次、土家语对汉语方言语音、词汇、语法的影响及所引起的变异。已发表的论文有：《土家语流音变说略》（《民族语文论丛》，1984年）、《土家语动词的"体"及其语素变异》、《略论土家族的双语现象》、《甘谷咀头话里的藏缅语底层》等。

何彦诚 （1975—）侗族，广西融水县人。1998年毕业于广西师范大学外语系英语教育专业，获学士学位；2001年毕业于兰州大学外国语学院英语语言文学专业，获硕士学位；2008年毕业于中央民族大学少数民族语言文学系语言学专业，获博士学位；2009—2011年在中国社会科学院语言研究所进行博士后研究工作。2009年受聘为广西师范大学外国语学院副教授、硕士研究生导师，2011年任广西师范大学外国语言文学研究所所长。

何彦诚的语言学理论基础较为扎实，视野开阔，具备较全面的语言学及其他相关学科的背景知识。近年来致力于将国内外语言学理论和方法应用于国内少数民族语言的调查研究实践，尤其注重将记录语言学的原则和方法应用于少数民族语言文化的调查记录和保护研究，开始取得了一些重要的成绩。另外，他也积极投身于教学和人才培养，近年来先后开设《音系学》、《形态句法描写》等语言学核心课程。

重点研究侗台语族语言，近年来参与或主持了一系列调查研究课题，对侗语、布央语、仡佬语等几种少数民族语言/方言展开了较深入的调查研究，记录和掌握了丰富的第一手语言材料。此外主持有《记录语言学与下坎侗语词汇资料库建设研究》（广西人文社会科学发展研究中心"科学研究工程"2010年度一般项目）、《记录语言学与少数民族语言的多媒体记录及开发应用研究——以下坎侗语词汇资料库建设为例》（广西哲学社会科学"十二五"规划2011年度一般项目）和《无文字民族语言口传文学作品的记录与综合研究——以广西融水侗语为例》（2012年度教育部人文社会科学研究青年基金项目）等几个省部级项目。

研究成果有：《侗语下坎话概况》、《红丰仡佬语连动结构研究》（中央民族大学博士学位论文）、《大狗场仡佬语概况》（第一作者）、《红丰仡佬语概况》、《红丰仡佬语连动结构中"来"的语法化路径》、《少数民族中学生英语学习特征调查分析》、《西南地区少数民族语言和文字产生、使用的相关传说》、《红丰仡佬语的人称代词系统及其来源初探》、《连动结构——跨语言的类型学视角》、《广征语言事实 阐发奥义于微末——人类学学者访谈录之五十九》、《仡佬语布央语语法标注话语材料集》（第二编者）、《侗语下坎话浊塞音声母的分布与来源初探》、《红丰仡佬语连动结构的词汇化》、《下坎侗语地名结构及其文化蕴含初探》（《百色学院学报》）。

和即仁（1921— ）纳西族，云南省丽江市人，云南省少数民族语文指导工作委员会研究员。历任中央民族学院语文系第二教研组组长、讲师，中国科学院少数民族语言调查第三工作队副队长，省民委编译室副总编、政法处处长，云南省民语委办公室主任，《民族问题五种丛书》云南省编委会办公室主任，云南省彝文规范领导小组办公室主任，中国民族语言学会常务理事，中国少数民族汉语教学研究会副理事长、云南省语言学会副会长、顾问等职。享受国务院特殊津贴。

和即仁长期从事民族语言文字研究工作，承担过国家和省级有关民族和民族语言文字方面的多项科研项目，对纳西族语言和历史人文以及对云南民族语文，尤其对彝语支语言有较深造诣。著有《纳汉会话》、《纳西族哥巴文"求取占卜经"译注》、《民族语文论文集》等著作；合著《纳西语简志》、《拉祜语简志》、《民族工作手册》、《云南民族工作四十年》等著作；参编《云南省志·少数民族语言文字志》、《中国少数民族大辞典》（纳西族卷）、《纳西族文化大观》和《当代中国的云南》等著作。公开发表了《试论纳西族的自称族名》、《云南蒙古族语言及其系属问题》、《试论苦聪人的族属问题》、《试论濮獬蛮的族属》、《纳西古文字研究》、《云南民族语文工作回顾》及《略论翻译的原则及其他》等60余篇论文。著作及论文多次在全国和省内获奖。2006年被评为云南省有突出贡献的哲学社会科学老专家。

和志武（1930— ）纳西族，云南丽江纳西族自治县人，曾任云南省社会科学院民族学研究所民族史室主任、研究员、中国古文字研究会副会长、中国民族语言学会理事、云南省社会科学院东巴文化研究室顾问。

1952年毕业于中央民族学院第1期军政干部训练班，同年留校任语文系纳西语专业教员、第5教研组组长。长期从事纳西族语言文字的教学和研究。1956年参加全国少数民族语言调查第3工作队，任纳西语调查组副组长，参加了《纳西语调查报告》和制定《纳西族文字方案》的工作。1962年调查纳西象形文东巴经。1973年调云南省历史研究所，任该所民族地方史研究室主任，协助方国瑜修订《纳西象形文字谱》，参加组织和编写《云南少数民族》等书。1979年后曾多次下乡协助地方推广新纳西文和抢救东巴文化，为推动纳西族地区的扫盲、双语教学和民族古籍的整理做出了贡献。

和志武的治学经历在1971年以前的19年主要围绕纳西语文的教学和教材的编写，重点研究纳西语的语法和编写词典。1973年以后在方国瑜和任继愈的指导下探索语言文字研究如何结合社会历史研究的路子，从研究纳西古文字和东巴经入手，进而研究纳西族的社会历史，包括社会形态、宗教民俗和文化艺术等。他研究东巴经的代表作有《从象形文东巴经看纳西族社会历史发展的几个问题》，此文详细论述了纳西族经历过古代血缘家庭、母权制和对偶婚等社会形态，存在奴隶主和奴隶两个对立阶级。《试论纳西族象形文字的基本特点——兼论原始图画字、象形文字和表意文字的区别》一文认为纳西象形文字是一种介于图画字和表意文字之间的象形文字，对东巴文的象形符号、表音符号、附加符号和字形变化、省略词语和书写特点等作了深入分析，并通过东巴文和汉文"祖宗"一词的比较，认为汉文"祖宗"的形成和东巴文一样，古代先民的神事与"木"有关，其字源象征神祇的木偶类似物，即："夏后氏以松，殷人以柏，周人以栗"（《论语·八佾》），后来发展为代表祖宗的神主牌。《纳西族东巴经语言试析》一文把东巴经语言同现代纳西语不同方言和彝语支语言作比较，分析了东巴经语言的语音、词汇和语法的古今变化。《略论纳西族的东巴教和东巴文化》探讨了东巴教的产生、发展和原始特点、东巴教和纳西古文化等十几个问题。他还编译了一本近20万字的《纳西东巴经选》，而《纳西东巴文化》一书已纳入"中国少数民族文库"丛书。

已出版专著有：《纳西东巴经选译》、《云南少数民族·纳西族》、《纳西民歌选》（纳西文）、《崇邦统》（纳西文，创始纪）、《纳西语基础语法》。已发表论文有：《纳西族的民歌》、《试论汉语在纳西语丰富发展中的作用》、《纳西象形和东巴经》、《从象形文东巴经看纳西族社会历史发展的几个问题》、《试论纳西象形文字的特点》、《纳西族古文字概论》、《纳西族东巴经语言试析》、《纳西东巴经目录》、《藏文化对纳西文化的影响》、《论民族语文对云南现代化的作用》、《论纳西象形文东巴经〈鲁班鲁绕〉》等多篇。

贺嘉善 （1935—）女，湖南长沙人，1953年就读于中央民族学院语文系苗语专业，1957年毕业。分配在中国科学院少数民族语言研究所工作。1956年参加中国科学院少数民族语言调查队第二工作队，在贵州调查苗语，1989年晋升为副研究员。20世纪60年代曾和陈书田调查贵州普定县的仡佬语。后又重新调查仡佬语，以贵州安顺的仡佬语为代表进行深入调查研究，并利用以前调查的和后来调查的材料编著成《仡佬语简志》一书。参加《苗语简志》的研究讨论。已出版专著有《仡佬语简志》，已发表论文有《仡佬语概况》、《仡佬语的系属》、《仡佬语动词谓语句的否定形式》等。

贺文宣 （1933—）陕西城固县人，研究生学历。1996年退休前系原西北民院藏语系教授，硕士研究生导师。曾任西北民族学院少数民族语言系藏文教研室主任，《西北民族学院学报》藏文版编委。甘肃省藏学研究会理事。1996年获西北民族学院育英奖，1998年被教育部聘请为通讯评审专家，2004年获国家民委系统离退休干部先进个人称号；2005年被评为资深翻译家。

1956—1960年先后就读于青海民族学院和西北民族学院藏文本科；1963年毕业于中央民族学院古藏文研究生班。同年调回西北民族学院语文系从事藏文本科生的古典藏文文选和翻译理论与实践课程的教学与科研工作，直到1970年西北民族学院撤销。1970—1978年在甘南人民广播电台从事汉藏广播稿件翻译。西北民族学院复办后，1978年调回西北民族学院语文系继续从事藏语文专业本科生的藏文文选、翻译理论与实践等课程的教学和科研工作。从1990年起，聘为藏汉翻译硕士研究生导师，从事藏汉翻译理论与实践、藏文名著名译研究、藏汉翻译技巧研究等课程的教学和科研工作，并从事《藏汉翻译教程》等研究生教材的编写工作。从

1990 年起，直到目前，先后应香港密乘佛学会有限公司等境外慈善部门的邀请，一直在为这些部门翻译、出版藏文佛书。

主要著作：《六个青年的故事》（译著）；《藏族格言故事选》（译著，获甘肃省教委哲学社会科学三等奖）；《藏汉对照常用合称词词典》（二人合著，青海人民出版社 1987 年，获甘肃省教委哲学社会科学二等奖）；《清朝驻藏大臣大事记》（获国家民委社会科学二等奖）；《格萨尔王传·丹辛相争之部、丹玛抢马之部》（译著，获甘肃省教委哲学社会科学二等奖）；《藏汉翻译教程》（研究生教材，1999 年获甘肃省省级教学成果二等奖，2001 年获国家级教学成果二等奖）。

主要学术论文有：《藏语书面语中属格虚词的特殊用例之我见》、《藏文书名刍议》、《藏文典籍中连词 shing 等连接动词结构的几种语法意义》、《藏文篇首赞颂词的翻译问题》、《藏文典籍中常见的长句结构形式及修辞特色》、《藏文典籍中句子成分的省略及其修辞效果》、《忘"形"就会失"意"》、《藏文赞颂词汉译技巧管窥》、《藏文〈云使〉中 17 首音节不齐现象浅析》、《敬语在藏语中的应用地位》、《译遵信、达、雅，文循语、逻、修——谈信、达、雅的理论意义与实践意义》、《逻辑运用在藏汉翻译中的重要地位》、《指导研究生应该突出导师的"导"字》。

上述这些成果先后已被选入《国家民委直属民族院校优秀科研成果选编》、甘肃省人事厅主编《甘肃专家》以及其他多种大型词典中。

另外，从 1990 年起至今为香港密乘佛学会有限公司等境外慈善部门翻译、出版的佛书有：(1)《如意藏》（隆庆七藏之一）；(2)《六中有自解脱导引》；(3)《大圆满菩提心遍造王本续》；(4)《伏藏奥法静猛密意自解脱》（上）；(5)《优藏奥法静猛密意自解脱》（中）；(6)《禅定目炬》；(7)《优藏金刚萨陀意修题解》；(8)《金刚萨陀教材》；(9)《吉尊心髓法集》；(10)《吉尊心滴加行念诵》；(11)《十七续》（上部）前三续；(12)《毗玛心髓》（上部）；(13)《大圆满上师心要释·日光》；(14)《毗玛心髓》（上）；(15)《毗玛心髓》（下一）；(16)《毗玛心髓》（下二）；(17)《毗玛心髓》（下三）。

这些译文，出版时都已译成英文后用中英两种文字对照出版发行。

贺喜格都仁（贺喜格） （1955—）蒙古族，包头市九原区梅力更嘎查，乌拉特人。副译审。现任内蒙古自治区民族事务委员会（内蒙古自治区蒙古语文工作委员会）蒙古语文科研管理处处长，中国蒙古语文学会秘书长。1980 年毕业于内蒙古蒙文专科学校（中专），8 月被分配到内蒙古蒙古语文工作委员会科研处工作至今。1985 年在内蒙古管理干部学院学习，1987 年毕业（大专）。所学专业汉蒙翻译和蒙古语文行政管理。主要从事蒙古语文规范化、标准化、信息化工作（名词术语、标准音、文字规范、科研管理、中国蒙古语文学会、蒙古语文信息化等）。

主要翻译作品：《突厥史》、《新婚必读》、《蒙古语熟语解释词典》、《色彩的原理及其应用》、《内蒙古文史资料》。主要论文：《专业名词与术语的探索》、《术语学手册》、《口语修辞文化》、《发展少数民族文化是创建和谐社会的必然要求》、《中国民族语言文字工作》、《正确掌握蒙古语文》、《1996 年我区蒙古语文工作十件大事》、《"蒙、达斡尔、汉亲属称谓词典"介绍》、《繁荣发展的蒙古语文科研》。组织并参与编写《蒙古语标准音水平测试大纲》、《蒙古语文规范及标准音研究》、《兴旺的蒙古语辞书工作》、《蒙古语名词术语工作成就》。此外组织和参加了多项蒙古语文规范化、标准化国际标准、国家标准以及地方标准的研制。如"蒙古文编码国际标准"，2000 年通过；"蒙古文罗马字转写国际标准"，"八思巴文编码国际标准"，待通过；"蒙古语术语工作原则与方法"国家标准，2000 年发布。2001 年发布"蒙古语术语缩略语书写原则与方法"和"蒙古语辞书编纂原则与方法"两个地方标准。参与蒙古学百科全书、正字法词典、蒙古学年鉴、汉蒙新词术语词典等工具书类的编写和编审工作。现与专家合作正在做国家语委、教育部"民族语言文字规范标准建设及信息化科研项目——蒙古语科技术语标准化"课题。

呼和 （1962—）蒙古族，研究员，中国社会科学院民族所语音学与计算语言学研究室副主任。2003 年 9 月在赫尔辛基大学获得哲学博士学位（实验语音学方向），2006 年 5 月被中国社会科学院作为学科带头人引进，主要从事中国少数民族语音与言语科学研究工作。是我国少数民族语音与言语科学学科带头人之一。他曾积极参与了我国蒙古语实验语音学学科的创建工作，是我国蒙古语实验语音学的第一位硕士，也是在国外获得少数民族实验语音学的第一位博士。在少数民族语音与自然话语处理领域开展了开拓性和创新性的工作，撰写并出版了三部学术专著，在国内外学术期刊上，用蒙、汉、英文发表了 50 多篇学术论文。完成了 3 项国家自然科学基金项目（19774035，60465001，10874246），1 项国家社科基金项目（07BYY055）和 1 项教育部重点项目（MZ115-77）。目前，正在承担我院重大 A 类项目（0900000112）。参加过几项国际国内重大项目，积累了较丰富的语音生理、声学研究经验和项目管理能力。代表作：

《蒙古语语音声学分析》（蒙古文版），与确精扎布合作；A Basic Study of Mongolian Prosody. Publications of the Department of Phonetics, University of Helsinki, Series A, 45. ISBN 952-10-1347-8, ISSN 0357-5217, Hakapaino Oy, Helsinki 2003；《蒙古语语音实验研究》（中国蒙古学文库丛书）。

已发表论文：Antti. I & Huhe. H.（2005），Acoustical comparison of the monophthong systems in Finnish, Mongolian and Udmurt, *Journal of the International Phonetic Association* 35/1；《关于蒙古语的音节问题》、《关于"蒙古语语音声学参数数据库"》（呼和、鲍怀翘、陈嘉猷合作）、《蒙古语元音声学分析》、《蒙古语韵律特征声学参数数据库》（呼和、陈嘉猷、郑玉玲合作）、《关于蒙古语词的突显问题》（蒙文版）、《蒙古语辅音腭化问题研究》、《蒙古语单词自然节奏模式》（呼和、陶建华、格根塔娜、张淑芹合作）、《蒙古语词重音问题》、《鄂伦春语词首音节短元音声学分析》（乌日格喜乐图、哈斯其木格、呼和合作）、《"共同蒙古语"辅音系统的演变模式》《基于 EPG 的蒙古语辅音发音部位研究》（包桂兰、哈斯其木格、呼和合作）、《蒙古语陈述句和疑问句语调比较研究》（乌吉斯古楞、呼和合作）。

胡恒 （1951—2006）藏族，四川德格人，副教授。1977 年 7 月毕业于西南民族学院藏语文专业，毕业后留校任教。1981 年 9 月—1983 年 7 月在中央民族学院进修学习。先后任西南民族学院民语系，藏语文系，西南民族大学藏学学院办公室主任，教工党支部书记，部门工会主席等职。

教授课程：藏语文专业基础扎实，长期从事藏语文基础课的教学工作，先后讲授"基础藏语文"、"藏文文选"、"藏文文法和工巧艺术"等课程。1989 年 3 月—1990 年 3 月支援康定民族师范学校，讲授"藏文文选"、"藏文文法"等课程。1985 年 9 月起接受外国留学生，为其长期讲授"基础藏语"、"藏语会话"、"藏文书法"等课程。与瑞士伯尔尼大学何凯玲女士合作研究《藏语方言比较研究》。

参编教材：《基础藏语》、《大学藏语文》、《藏文文选精读》等教材，校内铅印供教学。《基础藏英教材》（康方言）、《当代文学作品选》、《藏族金属文化工艺》（译著）、《美容术和魔术家的记载》、《佛像鉴别》、《浅谈藏文字母的字性分类及其读音》（康方言）、《藏语动词范畴略说》、《基础藏语教学点滴体会》和《南卡罗布生平简历》等论文。

科研项目：承担校级科研项目《康方言词典》、《藏语康方言研究》和《藏语方言比较研究》等。

胡书津（1934—2007）1956年7月毕业于中央民族学院语文系，随即参加中国科学院少数民族语言调查第7队工作，任副组长。同年10月到西南民族大学任教，先后在中文系、民语系、藏学学院任讲师、副教授、教授；西南民族大学中国少数民族语言文学硕士点领衔导师。曾任藏语系主任、名誉主任、中国少数民族双语教学研究会副秘书长、四川省藏学研究会理事。

胡书津从事藏文文法、藏语方言、汉藏语言比较、社会语言学等方面的教学和科研工作长达半个世纪，学术造诣精深，撰写的著作有：《简明藏文文法》、《书面藏语常用关联词语用法举要》、《双语研究》、《藏族语言研究文集》、《藏语文教育教学改革研究》、《藏语动词类型释要》、《藏语文化语言学发凡》等专著。发表的学术论文有：《加强对我国少数民族语言的社会功能研究》、《试论我国民族教育与民族语言的关系》、《藏语格助词的句法功能》、《书面藏语"la类义"虚词之语法功能及其表达》、《藏语的宾语和结构助词》、《藏语关联词语简说》、《藏语名词构词法浅析》、《藏语并列四字格结构初探》、《谈谈藏语四字格中数词的搭配》、《藏语ABAB型的四音格》、《试析藏语ABB型词的义位特点》、《论藏语敬语形式的表达》、《试谈藏语动词的结构及其语法范畴》、《藏语动词"能所关系"范畴的意义和用法》、《藏语dgu（九）及其文化内涵》、《藏文数字藻饰词及其文化内涵》、《藏语白色词的文化内涵》、《藏语卫藏方言与康方言、安多方言词汇比较研究》、《再论现代藏语普通话的确立与推广》、《从藏语词源结构看藏民族文化思维方式》、《语言生态与双语教育》等60余篇。

主持科研项目有：①国家社科基金研究项目《四川省彝藏地区中小学双语教学研究》。②四川省哲学社会科学"九五"规划项目《藏语康方言词汇研究》。③西南民族学院科研项目《现代藏语共同语研究》、《藏族语言与文化关系研究》。先后获得国家民委哲学社会科学优秀成果一等奖、四川省哲学社会科学研究成果二等奖等省部级奖5项、四川省高校优秀教学成果二等奖1项、西南民族大学科研成果奖多项、西南民族大学优秀教学质量奖，并被评为四川省哲学社会科学学会联合会先进工作者。

胡书津同志热爱党的民族教育事业，长期在教学、科研岗位上，为民族教育事业、为藏学学科发展做出了很大的贡献。他是我国著名的藏学家，在民族语言学界有极高的知名度和影响。退休后仍心系学校的建设和发展，并身体力行，继续担任我校藏语文硕士研究生的指导工作，直至生命的最后一刻，把毕生献给了藏学研究和教育工作。

胡素华（罗洪依乌嫫）（1969—）女，彝族，四川盐源人，博士，1991年6月毕业于中央民族学院民族语言文学三系，任中央民族大学少数民族语言文学系副教授。

主要著作有：《彝语指示代词 ko33 的语法化历程》，《凉山彝语类别量词的特点》（与沙志军合作）、《彝语动词的体貌范畴》、《彝语结构助词语义虚化的层次》、《彝语与彝语支亲属语言的结构助词比较研究》。

胡坦（1933—）生于北京，祖籍河北永年县。中央民族大学语言学教授、副院长、中国民族语言学会常务理事、中国中文信息研究会民族语言文字学会副主任、美国暑期语言学院国际语言学顾问。中国藏学研究中心学术委员会委员，教授，博士生导师。

1953年毕业于中央民族学院少数民族语文系藏语文专业，1954年毕业于中央民族学院语言学研究班，留校教学，任教授、副院长。后调任中国藏学研究中心副总干事。

1979年在法国巴黎第12届国际汉藏语会议上宣读的《藏语拉萨话声调研究》，是一篇较为全面地论述藏语声调的起源、发展和现状的论文。利用大量的方言材料和历史材料阐明了藏语声调起源和分化的规律。他认为，公元7世纪时藏语尚无声调。当时复辅音声母和辅音韵尾相当丰富，字音高低的变化只是一种伴随特征，不具备音位功能。后来随着音韵结构的演变和简化，一部分方言（康藏方言）产生了声调系统。分化的因素有：①声母清浊对立的消失；②前缀音的脱落；③辅音韵尾的简化。而安多方言则保留了较多的复辅音和辅音韵尾，至今未产生声调的对立。这一现象对研究汉藏系声调的起源具有重要意义。参加或独自编写的专著有：《语言学概论》（合著）、《拉萨口语读本》（与罗秉芬合作）、《汉藏语概论》（上、下册，合著）、《西藏的对外文化交流》、《中国藏学研究论文集》（英文版）。发表论文有：《哈尼语元音的松紧》、《藏语拉萨话声调研究》、《藏语（拉萨话）声调试验》、《中国少数民族及其语言》（英文）、《拉萨藏语中几种动词句式的分析》、《藏语的语素变异和语言的变迁》、《论藏语比较句》、《语言权利和语言政策》（英文）、《藏语并列式复合词的一些特征》、《有声调藏语和无声调藏语之比较》、《藏语中的随欲名和随立名》（载西藏人民出版社1989年版《藏学研究文选》）、《藏语动词的名词化》、《论藏语韵尾之隐现》、《藏语语法的类型特征》、《藏语历史变音的几种类型》、《国外藏语文法研究评述》、《拉萨藏语中的"是"字句》、《略谈规则与例外》、《藏语中的名·动组合》、《藏族语言文字的现状与展望》、《藏语时间词探源》、《从化学元素藏文命名看藏语音译术语的特点》、《藏语科技术语的创造与西藏现代化建设》、《藏语科技语的创制与标准化问题》、《藏语语序及其变异》等。

胡晓东 （1964—）苗族，文学博士。贵州省苗学会副会长、贵州省少数民族语言文字学会副会长和中国民族文化研究会研究员等职。

1981年9月—1985年7月，在原贵州民族学院政治系政治理论专业读大学本科，毕业获法学学士学位；1985年9月—1987年7月，在原中央民族学院少数民族语言文学三系苗瑶语族语言文学专业读硕士研究生；1987年8月—1989年8月，在原中国社会科学院民族研究所工作（其间于1988年6月回中央民族学院进行硕士学位论文答辩，获文学硕士学位，同年8月工作转正后任中国社会科学院民族研究所研究实习员）；1989年9月—2005年6月，在贵州民族报社工作，任贵州民族报社助理编辑、助理记者、报社编辑、记者、科教部主任；2005年7月—2010年5月，在原贵州民族学院民族科学研究院工作，任主任编辑、副教授，2006年9月—2009年6月在华中科技大学中文系语言学及应用语言学专业攻读博士研究生，毕业后获文学博士学位；2010年6月至今，在贵州民族大学文学院工作。现为贵州民族大学文学院教授、语言研究所所长，中国少数民族语言文学专业和语言学及应用语言学专业硕士研究生导师，校内第八批学术带头人。

主要从事民族学、新闻学和语言学等方面的研究工作。除1989年9月—2005年6月在贵州民族报社工作期间采写并发表近百万字的新闻和其他各类稿件之外，多年来还在省级以上国内外学术刊物及论文集公开发表各类学术论文50多篇。其中主要有《"夜郎"讨论述评》、《"窴"非"廪君"浅析》、《试论苗族远祖传说对盘古神话的影响》、《苗族"枫木"崇拜浅析》、《汉民族进入夜郎新探》、《试论新闻采访的主体与客体》、《一篇朴实感人的佳作——读穆青同志的〈老书记与北干渠的故事〉》、《苗族古歌中的日月神话浅析》、《从古歌和神话传说看苗族鬼神的起源》、《民族隐秘文化浅析》（《贵州民族学院学报》2006年第六期）、《〈楚辞·天问〉之"帝何竺之"试解》、《他山之石 可以攻玉——法国学者沙加尔〈上古汉语词根〉读后》、《白午苗话的反复问句》、《上古汉语部分"来"母字在苗瑶语中的对应》、《苗语使用情况调查——兼谈少数民族双语教学的必要性》、《〈苗瑶语古音构拟〉中黔东苗语部分例缺字补正》、《苗瑶语的早期来源及其系属》、《汉语"古无舌上音"的苗语例证》、《古汉语部分"见"母字在苗瑶语中的接触和演变》、《"理辞"与"苗例"》以及《从语言使用态度看黔东苗语的母语生态》等。个人学术专著《瑶语研究》也于 2011 年 1 月由西南交通大学出版社公开出版发行。

主持和参与的研究课题中，除个人主持的贵州民族学院院级课题《民族语言在民族隐秘文化调查中的作用分析》已结题之外，参与并已结题的课题还有贵州省省长基金课题"贵州世居民族民俗文化研究（岁时节日研究）"中的苗族部分和中央民族大学 985 课题"苗语黔东方言使用情况调查"中的麻江县白午村部分等。目前正主持 2008 年国家社科基金课题《苗族理辞通解》和 2010 年贵州省教育厅课题《从语言使用态度看黔东苗语的母语生态》的调查与研究。

多年来，个人采写和编辑的各类稿件曾先后荣获贵州省全省好新闻作品二等奖 1 次、三等奖 2 次及其他各种全省性征文奖近 10 次，并且于 1996 年在贵州省直机关的年度工作考核中被评为优秀、2007 年在华中科技大学获"2006—2007 学年度研究生学术年会活动奖"二等奖，2012 年 1 月，学术论文《〈苗瑶语古音构拟〉中黔东苗语部分例缺字补正》获贵州省第九次哲学社会科学评奖论文类三等奖。

胡毅 （1950—）出生于新疆乌鲁木齐，研究生学历，现为新疆大学人文学院教师，教授职称。1988 年在新疆大学中语系获得硕士学位后留校任教，至今已执教 19 年，先后为维吾尔语言专业的本科生讲授过"语言学概论"、"维吾尔语语法"、"翻译理论与实践"等课程；为中国少数民族语言文学专业的研究生讲授过"语法理论"、"现代维吾尔语研究"、"维吾尔语法分析与研究"、"突厥语概论"、"突厥语词汇学"、"文化语义学"、"当代西方翻译理论"、"现代汉语语法研究"等课程。

在《民族语文》、《语言与翻译》、《新疆大学学报》等学术刊物上发表论文 20 余篇。

已出版专著一部《中国柯尔克孜语南部方言研究》，参与写作专著三部。

主持并完成国家社科基金课题一项（04BYY023）"古代汉语与回鹘语的接触与影响研究"，参与省部级科研课题二项。

胡增益 （1934—）笔名雪梨、雪犁，天津市人。1952 年考入北京大学语言文学系语言专修科，师承罗常培、袁家骅、俞敏、王均等语言学家。1954 年毕业后入中国科学院语言研究所。1956 年转入新成立的少数民族语言研究所（后合并为民族研究所，新名为民族学与人类学研究所）。1959—1961 在苏联科学院俄语研究所进修方言学。回国后历任助理研究员、副研究员、研究员，满—通古斯语研究组组长、比较语言研究室主任、学术委员会委员、《民族语文》杂志副主编、编辑部主任、中国民族语言学会理事、北京满学会副会长、《满学研究》（年刊）编委等。

1954 年进入研究所后开始研究少数民族语言和文化。1955 年、1956 年两次参加中国科学院等单位组织的全国少数民族语言普查，先后调查了新疆各地的蒙古语、达斡尔语和青海的土族语。写出了《新疆蒙古语语音调查报告》（手稿）。1961 年后从事对鄂伦春语、鄂温克语的调查与研究，发表了《鄂温克语概况》，1986 年出版了《鄂伦春语简志》和《鄂温克语简志》，2001 年出版了《鄂伦春语研究》，2007 年发表了《鄂温克语》、《鄂伦春语》，收入《中国的语言》一书。除语言描写外，还发表了有关语言与文化方面的文章。《语言的历史文化价值》通过对鄂伦春语一些词语的研究，分析了蕴藏在现代社会中的母系社会的遗留、早期社会中产品平均分配的痕迹，通过鄂伦春人众多的自称可以知悉鄂伦春人活动足迹，一些特有的词语生动地反映了鄂伦春人的主要生产生活方式等。《鄂伦春地名简志》介绍了源自鄂伦春语几十个地名，这些地名反映了鄂伦春族的文化。《音德莫尔根》既是供研究使用的长篇话语材料，又从故事的情节中了解鄂伦春人一些生活和习俗以及民间口头文学的大致情貌。

在满—通古斯语言研究中，满语研究是胡增益研究的又一个重点。1979年民族研究所满—通古斯语组和新疆有关单位的锡伯族语文工作者合作，编写《满汉词典》，由胡增益作为主编主持编写工作。1994年《新满汉大词典》出版。词典共收词、词组约35000条，280万字，使用了60多种文献，约有2万个例证，是迄今为止在国内外已出版的满语辞书中，字数最多、使用文献最广泛、例证最丰富的一部。该词典出版后，1996年获第二届国家图书奖提名奖，1996年中国社会科学院民族研究所优秀著作一等奖，1996年中国社会科学院第二届优秀科研成果奖，1997年北京满学会首届满学研究优秀成果奖以及北方十五省区优秀成果奖等。

1979年发表的《说sembi—满语释词札记》是满语研究重新起步时，有关本体语言研究最早的文章之一。此后又发表了《满文》、《满语言文字》、《满语中的名词化手段和语言经济原则》、《满语缩合词研究》、《一部稀有的满文辞书——满州（洲）类书》、《新疆地区满语文使用情况考略》、《满文的历史贡献》、《中国的满语研究——纪念满文创制四百周年》等。这些文章或是提出了与前人不同的观点或研究未曾研究过的内容或是历史性的总结。例如《中国的满语研究》是纪念满文创制四百周年的专题文章。文章总结了这四百年满语文研究的历程，具有一定的广度和深度。

满汉语言的交流和融合是研究者关注的一个热点。胡增益也发表了这方面的文章，如《满语bai和早期白话作品"白"的词义研究》、《满语"白"同汉语副词"白"的借贷关系》等。通过研究满语bai的词义来解释早期白话作品《红楼梦》、《儿女英雄传》中的副词"白"。因为在上述作品中"白"的某些用法在现代汉语中已经消失。满语的bai和汉语的"白"在音义上有联系，在来源上有关系，可以通过对bai的词义研究，弄清楚"白"的意思。

胡增益调查过满—通古斯数种语言，也熟悉锡伯语的情况，因此，对满—通古斯语言从整体上进行了研究。他和李树兰合写的《满—通古斯语言范畴中的确定/非确定意义》一文，提出满—通古斯语言众多的语法范畴，具有区分确定和非确定的意义。这是第一次从整个语族的高度系统地阐述这一现象，从而对该语族语言的认识深化了一步，使描写更加符合实际。《满—通古斯语族语言中的对称形式》一文，论述了语音形式的对称、语音—语义的对称、构词上的对称、语法范畴的对称。《满—通古斯语族语言研究》一文（载《二十世纪的中国少数民族语言研究》），对20世纪我国满—通古斯语研究进行了叙述和评介，使读者对这个领域的研究有了一个整体性的认识。和李树兰还绘制了《满—通古斯语族图》附文字说明，作为《中国语言地图集》的组成部分。此外还撰写有《满—通古斯语族》、《构词法拾零——据满—通古斯语材料》、《满—通古斯辞书概况》等。对满—通古斯语族个别语言研究方面还撰写有《锡伯语的地位问题》、《大马哈鱼一词的语源》等。

在理论探讨方面，在《试论双序列结构的民族语—汉语词典》里提出了一个新的词典类型。《语言结构中的对称》试图解释"元音和谐"的成因。《关于我国民族名称罗马字拼写法》强调了民族名称拼写所遵循的几个原则。《阿尔泰语言中的经济原则》则是运用法国语言学家马尔丁内（A. Martinet）的语言经济原则学说来说明我国阿尔泰语言中显现的语言经济原则。

胡增益作为主编之一，主编《中国的语言》（2007年），这部书用最经济的篇幅展示了中国境内一百多种语言的全貌。他作为《中国少数民族语言简志丛书》修订编辑委员会的分卷负责人之一，参加第六分卷的修订工作。

胡增益是《民族语文》杂志创办时以及以后的副主编、编辑部主任，主持日常编务工作，早在20世纪80年代胡增益在《民族语文》编辑部工作期间，就着手组织编辑《中国少数民族语言概况》，领导当时的编写组收集、审理、编辑，共收入80余种语言，后成为《中国的语言》一书的基础。在参加集体工作方面，他为《辞海》、《中国大百科全书·民族卷》、《中国大百科全书·语言文字卷》、《中国少数民族历史大辞典》等撰写关于满—通古斯语族语言、文字、著述、人物等词条。还翻译了一些关于满—通古斯语言的一些名著，如《通古斯—满语》（苏联 O. M. 苏尼克）、《俄国学者对满语文研究的贡献》（苏联 Б. К. 帕什阔夫）、《关于国外那乃人的语言》（苏联 O. M. 苏尼克）、《关于满—通古斯语族的分类问题》（苏联 Г. M. 瓦西列维奇）等。

胡振华 （1931—）回族，出生于山东青岛市。1948年9月入南京国立东方语文专科学校学习阿拉伯语专业，1949年6月入华东大学，后华东大学并入山东大学，1949—1951年在山东大学外文系俄语专业学习，1951—1953年在北京中央民族学院学习维吾尔语专业，同年提前毕业并留校工作迄今。从1953年起一直在中央民族大学从事突厥学、中亚学和伊斯兰文化方面的教学研究工作，主要是担任国内外柯尔克孜（吉尔吉斯）族语言文化方面的教学研究工作。50年代初期曾师从苏联专家，进修语言学、翻译学、突厥学、古代突厥文献学和土耳其语及喀尔喀蒙古语，通俄罗斯语、土耳其语、柯尔克孜（吉尔吉斯）语、维吾尔语等语言。50年代及60年代多次参加柯尔克孜语言、史诗《玛纳斯》及社会历史调查，参加过柯尔克孜文字的创制工作。1980年被学校评为副教授。1985年赴日本讲学期间被日本岛根大学聘为客座教授，1986年被评为教授，同年被国家教委派往土耳其长期讲学，获安卡拉大学功勋证书。1992并被评为博士生导师。1993年起招收博士生及外国留学生。55年来培养了一大批各民族语言文化人才和外国留学生，其中主要是一批研究中亚和新疆民族语言文化的博士和硕士，现在仍指导着研究中亚的博士生及进修生。1999年被吉尔吉斯共和国国家科学院选为外籍院士（名誉院士）。2001年，参加沙特国王邀请的中国朝觐团赴麦加朝觐，成为"哈吉"。因在柯尔克孜学研究中做出突出成绩和为增进中国与吉尔吉斯共和国之间友谊作出显著贡献，2002年荣获吉尔吉斯总统亲自颁发的"玛纳斯"三级勋章。2003年被吉尔吉斯人文大学聘为客座教授。2004年1月7日申办了离休手续，但又被中央民族大学以"特聘教授"名义聘请继续在校工作，继续招收、指导博士生。现在中央民族大学少数民族语言文学学院哈萨克语言文学系任教授、博士生导师、兼任东干（中亚回族）学研究所所长。曾多次应邀出国讲学、交流，其中到中亚各国访问19次，到日本访问交流14次，到土耳其访问7次，另外，还多次到俄罗斯、保加利亚、印尼、马来西亚、新加坡、泰国、法国及中国香港等国家和地区访问交流过。在北京主持过首届"东干学国际研讨会"，为中国各有关单位多次邀请过外国学者来中国交流，也带领或推荐过我国不少学者出国开会及访问，并为一些大学及研究单位和民族地区牵线搭桥，协助签订过友好交流的协议。建议在中央民族大学增设了俄罗斯语—哈萨克语、俄罗斯语—吉尔吉斯语、俄罗斯语—乌兹别克语、俄罗斯语—土库曼语四个培养我国中亚人才的专业班级。

多年来他克服了只靠右眼视力的困难，勤奋学习，坚持工作，仍然作出了显著成绩。专著、译著及主编的出版物有：《中亚五国志》、《中国回族》

、《当代回族文艺人物辞典》、《柯尔克孜（吉尔吉斯）语言文化研究》、《民族语言文化研究文集》、《柯尔克孜语言简志》、《吉尔吉斯语教程》（美国印第安纳大学出版）、《柯尔克孜（吉尔吉斯）语读本》、《汉柯简明词典》、《柯尔克孜谚语》、《〈玛纳斯〉第一部片断汉译》（日本出版）、《汉语吉尔吉斯语词典》（审订，吉尔吉斯共和国出版）、《伊犁维吾尔民歌》、明代回鹘（维吾尔）文献《高昌馆课》、《高昌馆杂字》、《突厥语研究论文集》等，参编的书更有多部，国内外发表的论文有 200 多篇，他还编辑拍摄过大型的民族学资料录像片《中国柯尔克孜族》和摄制了抢救濒危的《黑龙江省富裕县柯尔克孜语》光碟。在国内外曾多次获奖，被文化部和国家民委评为"《玛纳斯》工作先进个人"，被新疆维吾尔自治区民族语言文字工作委员会和新疆维吾尔自治区克孜勒苏柯尔克孜自治州人民政府评为"民族语文工作先进个人"，他把所得奖金都捐给新疆克州希望小学。由于他在民族团结方面表现突出，还作为特邀代表出席过首都民族团结表彰大会。

现在的社会兼职有：国务院发展研究中心欧亚社会发展研究所特约研究员，中国中亚友好协会顾问、中国伊斯兰教协会委员、中国突厥语研究会副会长、中国少数民族双语研究会顾问、中国回族学会顾问、民族地区一些大学的兼职教授或客座教授及新疆语言文字工作委员会《语言与翻译》（核心刊物）学术刊物的编委和吉尔吉斯斯坦共和国发行的中亚综合性刊物《东干人（回族）》（俄文及东干文）的编委等。

华锦木 （1963—）教授，硕士研究生导师。1986 年 6 月毕业于新疆师范大学中语系维吾尔语专业，获文学学士学位，2000—2002 年就读于新疆师范大学中国少数民族语言文学专业硕士研究生班。现任新疆师范大学研究生处处长，新疆汉语言学会常务理事，新疆写作协会常务理事。

华锦木教授一直从事双语教育和少数民族语言文化教学与研究工作。近年来，主持国家社会科学基金项目《维吾尔谚语与文化》、自治区高校科研计划项目《新疆高职高专双语教学现状及对策研究》、国家科技部软科学项目《新疆与中亚五国科技合作研究》。在《中南民族大学学报》、《西域研究》、《民族教育研究》、《新疆社会科学》等核心期刊上发表论文十余篇；出版《对少数民族汉语教学论》和《汉字与汉文化简介》两部专著；主编《初级维语》、《维吾尔语入门》教材两部；先后两次荣获校级优秀教学成果奖。

重要论文《谚语所反映的维吾尔族传统妇女形象》，文章在解读维吾尔谚语的基础上，从传统社会对女性的规约、赞美和贬抑三方面对维吾尔族传统妇女形象进行了勾勒和解析；《新疆高等职业教育改革与发展研究》，文章在充分调研的基础上，分析阐述了新疆高等职业教育在认识、经费投入、体制、师资、人才培养方案、课程结构、校企合作等方面存在的问题，并提出针对性较强的改革与发展对策；《维吾尔族谚语镜射出的维吾尔商业文化》，主要内容为：借助历史典籍，在充分解读维吾尔谚语的基础上，从商业活动、商业经验和商业观念三方面对维吾尔深厚的商业文化进行镜射和认知；《维吾尔族麦西莱甫娱乐活动折射出的民族文化精神》，主要内容为：麦西莱甫是维吾尔族具有悠久历史的娱乐活动，通过对这一民俗事项的分析可以看到维吾尔族个性发挥、崇力尚争和开放的文化精神；《维吾尔谚语镜射出的宗教文化》，主要内容为：维吾尔谚语既是维吾尔族智慧的结晶，又是维吾尔族民间文学宝库中一串璀璨的明珠，它渗透着维吾尔人民的深厚思想感情，浓缩着维吾尔的历史，镜射出维吾尔灿烂的文化。维吾尔族在历史上曾信仰过多种宗教。长期历史过程中多种宗教信仰所遗留下来的思想观念和生活习俗，并没有随着这些宗教被伊斯兰教取而代之而完全消失，这些由宗教信仰所造成的影响已融入了维吾尔族文化的许多方面。本文在解读维吾尔谚语基础上,试图通过谚语镜射出维吾尔族兼容并蓄的多元宗教观念和习俗。

华侃 （1934—）江苏无锡市人,1952 年考入北京大学东方语言文学系,同年院系调整,部分专业并入中央民族学院（现中央民族大学）,1956 年毕业于该校语文系安多藏语专业。现任职于西北民族大学藏语言文化学院,教授,研究生导师,同时兼西北民族大学民族信息技术研究院研究生导师。科研方向为藏语语言学。主讲"普通语言学"、"汉藏语概论"、"语言调查和研究"、"藏语方言学"、"藏语语言学史"等课程。1989 年获国家教委、国家人事部、全国教育工会全国优秀教师称号；1994 年被评为甘肃省民族团结先进个人；2006 年获甘肃省高等学校教学名师奖；2006 年被评为甘肃省语言文字工作先进个人。2006 年前曾任多届中国民族语言学会理事,中国民族古文字研究会理事。

主要专著：《藏汉词典》（合编）、《藏汉佛学词典》（合编）、《佛学词典》（新编藏汉双解,合编）、《安多藏语口语词典》、《语言学概论》（藏文）、《阔端与萨班凉州会谈》（合著）、《藏语安多方言词汇》（合编）。

主要论文有：《关于汉语成语的藏译》、《安多藏语声母中的清浊音》、《安多方言复辅音声母和辅音韵尾的演变情况》、《迭部藏语的一些语音语法现象》（两人合写）、《藏语中反义词使用情况的初步考察》、《安多藏语声母的几种特殊变化》、《甘南夏河、玛曲藏语中复辅音声母比较》、《安多藏语（夏河话）中的同音词》、《甘肃省少数民族的语言文字》、《敦煌古藏文手卷藏译汉音〈乘法九九表〉的初步研究》、《藏语安多方言内部语音上的一致性与差异性》、《甘肃夏河地区藏族的丧葬习俗》、《藏语辞书述略》、《藏语语义关系简述》、《少数民族语言学》、《藏语天祝话的语音特点及与藏文的对应关系》（两人合写）、《保安语中的藏语借词》、《甘肃藏族地区中学的语言教学问题》、《土族语中的藏语借词》、《藏语词义演变的几个问题》、《甘青地区藏语语音与英语语音辨析》（两人合写）、《藏语安多方言内部词汇的差异》、《甘肃临夏汉语方言语法中的安多藏语现象》（三人合写）、《散论成语和谚语在汉藏英语中的趋同现象》（两人合写）、《藏语松潘话的音系和语音的历史演变》、《四十多年来藏语辞书的发展》、《安多方言的拉卜楞话》（英文,四人合写）、《藏区地名的历史文化背景及其与语言学有关的问题》、《梵译藏佛教词语译创的几个问题》（两人合写）、《藏语双语辞书发展史略》、《论藏语和汉语在历史音变中的一些相似现象》、《一部展示藏文化的百科全书——评介东噶藏学大辞典》。

黄布凡 （1933—）女,祖籍江西兴国,大学毕业,教授。1953 年自中央民族学院语文系藏语专业毕业后留校任教,1992 年评为教授,1980—1993 年任语言所藏缅语研究室主任,1996 年退休。1997 年 2—6 月和 1999 年 2—6 月应聘为台湾清华大学语言学研究所客座教授,2002 年 1—7 月应聘为台湾中研院历史语言研究所客座研究员。历年所做工作如下。

一、教学工作。主要担任语音学、语言学概论、现代汉语、汉语语法、藏语文、藏文文献等本科基础课程的讲授,带领学生赴西藏实习共历时 2 年。1988—1995 年担任过三届汉藏语研究方向的硕士研究生导师,开设过藏语文、敦煌古藏文文献、语言调查研究、历史语言学、羌语支概论、汉藏语概论等课程。

二、科研工作。（1）20 世纪 50 年代参加过全国少数民族语言大普查,担任 1954 年 5—7 月青海省蒙古族、土族语言调查组组长。参加过《藏语口语词典》和国家重点科研项目《藏族文学史》的编写工作。（2）80 年代参加国家哲学社会科学"六五"规划重点项目马学良主编的《汉藏语概论》

（羌语支部分）的编写工作（1991 年北京大学出版社出版，2003 年民族出版社出版修订版）。为收集资料 1987 年于四川甘孜州调查道孚、扎坝、贵琼等语言，1988 年于四川凉山州调查吕苏、纳木兹、史兴、普米等语言。合作编译了《敦煌本吐蕃医学文献选编（译注）》、《藏族动物故事选（藏汉对照）》、《佛经故事选》、《西藏地震史资料汇编》、《藏族民歌选（藏汉对照）》等译著。（3）90 年代合作编著了《普通语言学》、《藏缅语十五种》、《藏缅语新论》、《电脑辅助汉藏语词汇和语音研究》等论著。合作编译藏文历史名著《拔协（增补本译注）》，主编《藏缅语族语言词汇》。（4）2000 年以来出版了《藏语藏缅语研究论集》、《拉坞戎语研究》、《羌语研究》；（与周发成合著）《敦煌藏文吐蕃史文献译注》（与马德合作）等论著及译著。（5）自 1981 年至今发表了有关藏语和藏缅语研究的论文 40 多篇。主要有：《古藏语动词的形态》、《十二、十三世纪藏语（卫藏）声母探讨》、《从巴尔蒂话看古藏语语音》、《藏语方言声调的发生和分化条件》、《藏语词汇演变的速率和方式》、《玉树藏语的音变规律及其方言地位》、《白马话支属问题研究——白马话与藏语历史比较》、《敦煌〈藏汉对照词语〉残卷考辨订误》、《〈尚书〉四篇古藏文译文的初步研究》、《藏缅语的"马"与古汉语的"骉"》、《藏缅语声母对韵母演变的影响》、《藏缅语动词的趋向范畴》、《藏缅语动词的情态范畴》、《原始藏缅语动词后缀 *-s 的遗迹》、《原始藏缅语动词使动前缀 *s-的遗迹》、《同源词比较词表的选词范围和标准——以藏缅语同源词比较词表的制订为例》、《从藏缅语同源词看藏缅族群的史前文化》、《羌语的体范畴》。此外，根据亲自调查的第一手材料写成尔、木雅、道孚、扎坝、吕苏、纳木兹、史兴、拉坞戎等 8 种语言的概况发表在有关期刊和论集上。论文《藏语方言声调的发生和分化条件》与《原始藏缅语动词后缀 *-s 的遗迹》被译成英文先后刊登于美国加州柏克莱大学主办的期刊 Linguistics of the Ttibeto - Burman（藏缅语语言学）Volume 18. 1 – Spring 1995 和 Volume 19. 1 – Spring 1996。（6）为《敦煌学大辞典》（季羡林主编）、《藏学大辞典》（丹珠昂本等主编）、《婚姻家庭词典》（陈克进主编）等词书各撰写了数十条词条。

黄成龙 （1968—）羌族，四川茂县人，博士，副研究员、研究员。1985—1989 在中央民族大学少数民族语言文学三系攻读语言学专业，1989 年 6 月获语言学学士学位。2000—2001 在香港城市大学中文、翻译及语言学系随罗仁地教授攻读语言学硕士课程（后转为博士候选人）。2004 年 11 月获香港城市大学语言学博士学位。主攻语言类型学、功能语法，语言描写方法及汉藏语系语言研究。工作经历：1989 年 7 月—1995 年 7 月 中国社会科学院民族研究所研究实习员。2006 年 8 月至今，中国社会科学院民族学与人类学研究所研究员。2007 年 7 月—9 月 荷兰莱顿大学 IIAS 进行合作研究。2005 年 7 月—2007 年 6 月 台湾中央研究院语言学研究所博士后研究学者。2003 年 12 月—2004 年 5 月 香港城市大学中文、翻译及语言学系研究助理。2003 年 9 月—2003 年 12 月 香港城市大学讲师，主讲《汉语交际》课。研究方向：普通语言学、语言类型学、功能语法、认知语言学（Cognitive Linguistics）、藏面语族语言、话语分析、汉语官话。

研究成果：2003—2004 年，参与撰写《中国少数民族分布图集》（郝时远主编）。2002 年 7—12 月 澳大利亚 La Trobe 大学语言类型学研究中心（Research Centre for Linguistic Typology）荣誉研究人员（Honorary Research Fellow）。1996 年国家自然科学基金项目《藏面语族语言词汇数据库及其重要语音现象分析研究》，获国家科技信息进步二等奖。

已出版专著：《蒲溪羌语研究》、《羌语语法及词汇与长篇语料注解》（英文，与罗仁地合著）、《柔若语研究》（与孙宏开、周毛草合著）、《羌语荣红话音档》。

已发表论文：《羌语的系词和存在动词》（英文，与罗仁地合著）、《蒲溪羌语的话题—评述结构》、《羌语关系子句的类型》（与余文生合著）、《羌语的名量词》、《语法描写框架及术语的标记》、《动作的类型与羌语的体》（英文）、《羌语的形容词》（英文，与罗仁地合著）、《形容词：跨语言类型学》（英文）、《羌语名词短语的词序》、《羌语》、《羌语的存在动词》、《羌语的音节弱化现象》、《羌语动词的前缀》、《中国少数民族语言音档·羌语音档》、《羌语音位系统分析刍议》、《羌语形容词研究》、《羌族的姓名》（与黄布凡、余小平合著），载《中国人的姓名》、《羌语复辅音的演变》。另外，参加学术会议论文、提交的学术研究报告多篇。

主持项目：（1）主持中国社会科学院重点课题（2007—2010）：《汉语周边民族语言的空间认知研究》。（2）主持人事部留学人员科技活动项目择优资助（启动类 2007—2009）：《羌语句法化结构研究》。（3）主持台湾中央研究院语言学研究所博士后研究计划（2005—2007）：《羌语格标记比较研究》。（4）主持民族所重点课题（2005—2008）：《羌语语法关系研究》。（5）参与台湾中央研究院语言学研究所余文生博士主持研究计划：《羌语声调和重音的声学特征分析》。

黄达武 （1965— ）壮族，广西邕宁县人。1990 年获中央民族学院壮族文学专业硕士学位。2003 年获美国纽海文大学公共行政管理硕士学位，现为广西少数民族语言文字工作委员会研究室副主任，副研究员，现主要从事与少数民族语言有关的研究工作。发表了有关壮族文学、民俗学、神学的论文多篇。

黄家教 （1921—1998）广东澄海人，教授。1943 年考入中山大学文学院，1947 年获硕士学位后留中文系任教，凡四十多年。生前曾任全国汉语方言学会理事、中国音韵学研究会学术委员会委员、广东省中国语言学会学术委员会委员、广东省中国语言学会顾问、汕头市中国语言学会顾问、广东省地名学研究会学术顾问、广东省地名委员会顾问、广州话审音委员会委员、广州市推广普通话协会顾问等学术职务。

黄家教教授终生笔耕不辍，既重视学术方面的研究，也注重学术研究与实际应用的结合，研究对象涉及方言学、少数民族语言、社会语言学、语言教学、文字学与聋哑儿童教学等多个方面。对方言理论问题的研究，是他教学研究的最重要内容，其中既有对某一方言的某些现象、特点的研究，也有对某些普遍性方言理论问题的研究。在研究方法上，善于以小见大，由浅入深、抓住一些具体问题，提升到理论的高度，发掘其研究价值，触类旁通，别开生面，在语言研究的多个领域，尤其在汉语方言方面，取得了突出成就。其某些方言理论，如"广州话无介音说"，在方言学界颇有影响，得到国内外语言学界的普遍认同。

主要著作有：《海南临高的〈苏东坡话〉》、《潮州方言概说》、《海南保亭黎语音位系统》、《潮安畲语概述》、《广州话无介音说》、《有关汉语方言分区的一些问题》、《关于汉语方言词汇调查研究的问题》、《谈汉语方言的语音调查》、《从历史音韵出发来考察汉语方言语音的差异》、《有关语言研究的思考》、《从"等"来看广州方言入声消失的迹象》、《广州方言的特殊语序现象》、《广州方言的"啲"》、《韶关方言新派老派的主要差异》、《潮汕方言的代表语问题》、《广东四种〈方言字典〉的编写》、《聋哑儿童的语言训练》、《广东地名词的规范问题》、《地名的研究和应用》、《例释地名的考证》等论文，晚年，他将毕生学术研究的精粹，撰成学术专著《语言论集》。其生平事迹被收进《中国现代语言学家·第三分册》。

黄良荣 （1930— ）藏族，生于四川省阿坝藏族羌族自治州马尔康县卓克花乡。1951 年参加工作，1956 年秋抽调去中国科学院少数民族语言调查队，接受调查少数民族语言的知识培训并参加语言调查工作，后于 1968 年调入民族语言研究所工作。1961 年 9 月单位保送去中央民族学院民族语文系藏语文班（五年制）学习，在校期间曾抽去参加中央民委组织的少数民族地区社会调查，在青海省海南州牧区工作半年左右。回学校后继续学习，1968 年 8 月毕业分配到西藏自治区。在西藏山南劳动锻炼两年后分到西藏自治区新华印刷厂做藏文校对工作。1982 年内调回四川省阿坝藏族羌族自治州藏文编译局办公室工作直至 1990 年退休。

在阿坝州藏文编译局工作期间，业余时间撰写了《嘉绒语前缀 ta-tə-ka-kə-的语法作用》，发表在《民族语文》（1993 年第 3 期）。文章主要介绍嘉绒语名词前缀 ta-和 tə-有区分词义的作用，在语句中要随人称代词不同而变化的情况；动词、形容词、数词等的前缀 ka-和 kə-在语句中所表示的不同意义。《藏语文和嘉绒语》论述了讲这两种语言的民族形成统一民族——藏族的历史过程和今天两种语言在语音、词汇、语法上的异同，从而说明嘉绒语不是藏语的方言。此文尚未发表。

退休后整理了个人历年积累的嘉绒词汇，编写了汉语和嘉绒语对照的《汉嘉绒词典》，黄良荣、孙宏开编著，民族出版社 2002 年 3 月出版。

黄佩兴 （1963—）壮族，广西壮族自治区忻城人，自学高教大专毕业，现供职于广西壮族自治区少数民族语言文字工作委员研究室，副调研员，助理研究员，1984 年从事民族语言文字基础研究工作至今。1997 年被评为广西壮族自治区壮语文先进工作者；2000 年、2002 年，在编纂《广西通志·少数民族语言志》时，两次被评为广西壮族自治区地方志系统先进工作者；从 1993 年执行国家机关或事业单位工作人员年度考核以来，有 11 年评为优秀；2007 年被授予广西壮族自治区民族语文工作记二等功奖励。曾为广西壮族自治区少数民族语言文字工作委员举办的 6 期全区民语系统干部语言调查培训班授课，先后参与了《岑溪市志》（语言章节）、《壮语方言土语音系》、《壮语新词术语汇编》、《壮语通用词与方言代表点词汇对照汇编》、《广西通志·少数民族语言志》、《壮汉英词典》、《广西民族语言方音词汇》的编写，在《壮语通用词与方言代表点词汇对照汇编》中，他完成了宜山点的词汇调查记录、材料整理以及全书的统稿、校对工作，还负责了来宾点词条的补缺调查。在《广西通志·少数民族语言志》中，执笔侗语篇的部分章节，负责全篇的修改校对，与区通志馆陈曼萍同志一起完成全志书的统稿工作。在《壮汉英词典》中，他完成了正文 A、B（Ba – be）、G、S 等起头的词条壮汉部分 30 万字的编写任务。《广西民族语言方音词汇》已经通过终审，即将由民族出版社出版。在这部书的收集材料阶段，他负责了 3 个语种 5 个语言点的词汇材料调查记录、电脑输入工作。

《壮语新词术语汇编》1993 年荣获了第二届中国民族图书奖二等奖，第三届桂版优秀图书奖二等奖；《壮语通用词与方言代表点词汇对照汇编》1999 年 9 月荣获了第四届中国民族图书奖三等奖；《广西通志·少数民族语言志》2002 年 12 月荣获了第四次广西地方志优秀成果二等奖；《壮汉英词典》2007 年 7 月荣获了第三届全国少数民族双语教育科研成果工具书一等奖。

黄平文 （1965—）壮族，广西隆安县人，文学博士，教授，硕士生导师，广西民族大学文学院副院长。1983—1987 年就读于中央民族学院中国少数民族语言文学系壮族语言文学专业，获文学学士学位。1987—1989 年在广西壮文学校任教。1989 年 9 月—1992 年 6 月，攻读中央民族学院中国少数民族语言文学专业研究生，获文学硕士学位。1992 年 7 月—1998 年 8 月在广西壮文学校任教。1998 年考取中央民族大学中国少数民族语言文学专业博士研究生，2001 年 6 月毕业，获文学博士学位。2001

年8月到美国北伊利诺斯大学做博士后、访问学者、副教授。2005年9月到广西民族大学任教。2006年9月—2007年2月到韩国安东国立大学做访问学者。2006年以后在中央民族大学做在职博士后研究。

黄平文长期以来从事语言教学，在广西壮文学校任教8年间，开设过基础壮文、壮语文选、壮语语法、汉语文选与写作等课程。2005年在广西民族大学给本科生和研究生教授过文化语言学、壮汉语关系概论、侗台语汉语关系概论、现代汉语研究引论、侗台语概论、南方民族历史文化、壮族语言文学、壮语方言概论、语言研究方法等课程。2006年开始指导中国少数民族语言文学专业的壮侗语言文化方向、壮侗语与东南亚亲属语言比较方向和应用语言学专业的对外汉语、比较语言学方向的研究生。

已出版的论文有：《壮语连读变调初探》（2000）、《论民族语文建设在西部开发战略中的重要意义》（2000）、《论当代壮族的文化价值取向与冲突》（2001）、《壮族亲属称谓的社会文化透视》（2001）、《论壮族双语制的沿流》（2001）、《语言演变：语言系统调适和修补》（2006），独自出版的专著有：《论文化接触对语言的影响——壮语演变的阐释》（2009）。该书是黄平文近年来科研的重要成果。

黄泉熙 （1965—），壮族，广西平果县人，语言文学硕士，任广西区民语委研究室副主任。

主要从事壮侗语比较以及壮语词汇编纂。已发表论文：《侗台语族舌根音与唇音的对应》、《从黎语看黎族社会的发展》、《试论壮侗语族语言的送气音声母消失问题》、《论民族语文现代化的必要性、紧迫性和现实性》、《试论壮文与现代壮族》、《壮语气助词用法分析》、《壮汉语量词用法差异比较》（2006）、《应重视发挥民族语文在建设富裕文明和谐新广西中的作用》。

参加《壮汉英词典》的编纂。

黄树先 （1961—）生于湖北黄陂。1979年—1986年在华中师范大学中文系学习，先后获文学学士、文学硕士学位；1998年考入上海师范大学攻读博士学位，2001年6月获文学博士学位。1986年7月分配到华中工学院工作，现为华中科技大学中文系教授，博士生导师。主要从事汉藏比较语言学、汉语词汇训诂的学习和研究。发表《从史实看汉缅语关系》、《上古汉语复辅音声母探源》等学术论文80余篇，出版《汉缅语比较研究》、《汉藏语论集》等学术著作多部。教授的课程主要有"比较语言学"、"古代汉语"、"中国语言学史"等。

2007年任《语言研究》主编。中国音韵学研究会第七、第八届理事。湖北省语言学会第六、第七届理事、常务理事；中国民族语言学会理事。

主要学术创新：（1）借助民族语文解决汉语文献中的疑难问题。《诗诂旁证》、《试论古代汉语前缀 *A-》等文章都属于这一类。（2）依托汉语及汉语文献，探讨缺乏文献的民族语文。《古楚语释词》、《"茶"字探源》，都是借助汉语文献来研究民族语文。（3）汉语、缅甸语的比较研究。博士论文《汉缅语比较研究》，运用历史比较语言学方法，拿汉语跟缅甸语进行比较，找到两种语言的653对关系词，在此基础上，对两种语言的语音、形态等进行了细致的比较，并认为汉语跟缅甸语的关系更为密切：两种语言既有发生学的关系，也有长期的接触关系。（4）三级比较法。所谓三级比较法就是依据被比较语言的语义，建立一个语义场；在这个语义场之下，再系联同族词；同族词里，拿单个的字词进行比较。论文集《汉语核心词探索》的文章，多是用这种方法对汉藏语系进行比较。（5）利用核心词研究汉藏语系语言。拿国际通用的核心词对汉语以及亲属语言教学比较，这方面的成果主要有：《从核心词看汉缅语关系》、《试论汉藏语系核心词比较研究》、新著《汉语身体词探索》。

(6) 比较语义运用到历史语言学中。《比较词义的几个问题》，提出了比较词义的研究模式。"比较词义"就是看语言中某一个核心概念，会有哪些共同的演变。我们运用"比较词义"目前主要解决这么几个问题：研究汉语词义引申，系联同族词；解决历史比较语言学中的择词问题。近年发表的类似文章还有：《比较词义研究：薪柴与燃烧》、《服饰名与身体部位名》。

已发表论文近80篇，其中跟少数民族语言有关的约20多篇：《汉文古籍中的藏缅语借词"吉量"》（1993）、《说"稻"》（1994）、《古代汉语文献中的藏缅语词拾零》（1994）、《汉语文献中的几个藏缅语词试释》（1995）、《夷语杂释》（1997）、《古文献中的汉藏语前缀＊a-》（1997）、《文献中的民族语文考释》（1998）、《略论民族语文中的＊A-前缀》（1998）、《试论古代汉语前缀＊A-》（2000）、《上古汉语复辅音声母探源》（2001）、《汉缅语音节结构问题》（2002）、《从史实看汉缅语关系》（2002）、《汉缅语长短元音比较》（2002）、《汉缅语形态比较研究》（2003）、《从核心词看汉缅语关系》（2005）、《试论汉藏语系核心词比较研究》（2006）、《汉语耕、元部语音关系初探》（2006）、《汉语文献中几个词的语言学解释》（2009）、《汉语及亲属语言的"日"与"首"》（2009）、《服饰名与身体部位名》（2009）、《说"圆"》（2010）、《食物名探源》（2010）。

已出版专著：《汉缅语比较研究》（博士学位论文）、《汉藏语论集》、《汉语核心词探索》、《汉语身体词探索》、《比较词义探索》。

黄思贤 （1975—）江西临川人。汉语言文字学博士，毕业于华东师范大学中文系。主要研究方向：《说文解字》研究、汉古文字、少数民族文字和汉字文化。现工作于海南师范大学文学院，副教授。

主持课题：①海南省教育厅项目：黎语侾方言罗活土语词汇研究；②国家社科基金项目：纳西东巴文献各类词性记录情况调查研究。

参与课题：①教育部人文社会科学重点研究基地重大项目：古汉字与其他民族古文字同义比较研究；②上海市哲学社会科学规划课题：中华民族古文字资料库与电子词典；③上海市哲社科学规划课题：中国文字数字化工程——中文信息化补缺建设。④海南省教育厅项目：现代汉语名词语的空间语义范畴研究。

已发表论文：《水字、古汉字和纳西东巴文同义比较举例》、《〈纳西象形文字谱〉质疑》、《古汉字形体表意的两种方式》、《〈说文解字〉非重文中古文说解的一些疑问》、《从同义比较看纳西族多文种间的关系和发展》、《"片断"与"片段"》、《"宿愿"、"夙愿"与"素愿"》、《文革后古代汉语教材编写的多样性和创新性》、《从〈说文〉中的相关字看古代建筑的特点及其发展》、《纳西东巴文献的用字比较与东巴文的发展——以〈古事记〉与〈崇搬图〉为例》、《从异体字的差异看纳西东巴文的发展》、《汉纳两种文字的差异与文字的发展规律》。

学位论文：《汉字取象构形研究》，江西师范大学2005年度硕士论文；《纳西东巴文献用字研究》，华东师范大学2008年度博士论文。

已出版专著：《纳西东巴文献用字研究——以〈古事记〉与〈崇搬图〉为例》，民族出版社，2010。本书获第三届海南省高等学校优秀科研成果奖二等奖。

黄同元 （1929—）籍贯重庆市，大学本科，云南省少数民族语文指导工作委员会，少数民族语言副译审。

1955年5月毕业于中央民族大学；1956年6月—1957年3月参加中国社会科学院民族语言调查第三工作队；1957—1958年在云南省教育厅少数民族课本编译室工作；1958年8月—1961年8月在云南省民族出版社工作；1961年8月—1966年2月在

云南省民族委员会民族语文编译室工作；1987年被评聘为少数民族语言副译审，1990年12月退休。

1955年中央民族大学少数民族语文系佤语专业毕业后，被分配到中国社会科学院第三民族语言调查队佤语组工作，以云南省沧源佤族自治县、西盟佤族自治县为中心（其中包括耿马、镇康、双江、澜沧、孟连等自治县的佤语语音调查点）进行中国国内佤族语言实际调查，搜集整理了十多万字的佤族语言资料。回到昆明市后，对这些资料进行了科学分析研究，对比词汇、语法、语音之间的差异，集体编译油印本《卡瓦语言情况和文字问题》。1957年3月科学讨论会后，经少数民族代表讨论决定推行佤文扫盲和佤文进学校。随后被分配到云南省教育厅少数民族课本编译室工作，并到云南省沧源佤族自治县深入了解佤族小学佤语教育情况。

1957年底，与沈发昌合作，编译出了《佤文第一册小学课本》，经过反复多次修改后，于1959年9月出版了《佤文初级小学课本第一册》。

在编译佤文小学课本的前后，还编译出版了佤文《看图识字①》（1958）；《看图识字②》（1958）；《看铁牛》（1958）等图书。

1962年在云南省沧源佤族自治县岩帅区完全小学试教《佤文第一册小学课本》。1963年在试教的基础上，对1959年9月第一版第一次印刷的《佤文初级小学课本第一册》进行了改编，1964年出版了新版的《佤文初级小学课本第一册》。其间还编译出版了佤文扫盲读物：《毛主席小时候的故事》、《毛主席到我们家做客》、《双跃进》等20余本。这些书先后受到国内外佤语研究专家的高度重视。在1964年新版的《佤文初级小学课本第一册》将佤语的辅音按发音部位编排，便于学生学习，很受学生欢迎。美国芝加哥大学东方语言学教授狄福乐（Diffloth）引用该课本编写出了佤语音位系统。

在美国出版的《藏缅区语言》丛刊第五卷第二号《佤语群语言》（The Wa Languages）一书中，美国芝加哥大学东方语言学教授狄福乐援引了1958—1964年出版的《佤文初级小学课本第一册》、《毛主席小时候的故事》、《毛主席到我们家做客》、《双跃进》、《看铁牛》等八种读物，他对这些读物给予高度评价："我非常感谢让我复制的那些小册子。那些小册子中清楚明确的标写法，对于我们来说是非常有用的。"

黄同元收集、整理和翻译的佤族民间传说《一只好胜的老虎》发表于云南省《边疆文艺》杂志（1958年第二期）。该文章曾被多种全国或地方编的《少数民族民间故事选》所选用。上海文艺出版社1981年出版的高等文科教材《中国少数民族文学作品选》第五分册也选用了该文章。

1994年编写了《佤语研究》（上卷）一书，第一节 佤语概述（与王敬骝合作完成）；第十二节 佤语的数词、量词和数量词组。此外佤语的数词、量词和数量词组一文还发表在《云南民族语文》杂志1991年12期上。

黄行 （1952—）原籍广东新会，生于北京。1988年中国社会科学院民族语言研究专业毕业，获硕士学位。同年到民族研究所工作，从事中国少数民族语言研究。现任中国社会科学院民族学与人类学研究所研究员副所长，兼任中国社会科学院中国少数民族语言研究中心主任，中国民族语言学会会长，中国语言学会副会长，《民族语文》杂志主编，中国社会科学院研究生院民族学系主任。

研究方向主要是汉藏语系语言和少数民族语言规划研究。汉藏语研究方面发表过《汉藏语言关系的计量分析》、《汉藏民族语言声调的分合类型》、《我国汉藏民族语言的语法类型》、《汉藏语系少数民族语言中的汉语借词》、《语言比较择词的思辨与实证方法》等论文，民族语言规划研究方面出版发表了《中国少数民族语言活力研究》、《中国民族语言规划的历史过程与文化背景》、《我国少数民族语言分类指导的语言规划》、《论国家语言认同与民族语言认同》、《语言识别与语言群体认同》、《我国新创与改进少数民族文字试验推行工作的成就与经验》等；此外在语言类型、语言系属及语言接触问题方面还发表过《中国语言的类型》、《我国少数民族语言的词序类型》、《语言接触与语言混合》、《语言接触与语言区域性特征》、《语言接触与语言系统的变异》、《东亚语言的声调形式与对应现象》、《被动句的跨语言类型对比》、《20世纪汉藏语言的结构研究和系属研究》等。

主持或主要参与完成的研究项目：国家语委《中国语言文字使用情况调查》，中国社科院重大课题《新编中国语言地图集》（少数民族语言地图），教育部国家语委《全国语言资源有声语言数据库建设》（民族语言调查表和调查规范），教育部语信司《中国少数民族文字字符总集》，社科院与国家民委《我国新创与改进民族文字试验推行工作总结与理论研究》，国家社科基金课题《汉藏民族语言语法类编》，国家自然科学基金课题《濒危语言语音声学数据库》，修订国家民委《民族语言简志丛书》，修订《中国大百科全书》和《大辞海》的少数民族语言文字条目，国家文物局与安阳市政府《中国文字博物馆》（少数民族文字展板），与联合国教科文组织课题合作课题《中国濒危少数民族语言调查研究》、《语言活力与语言濒危》、《保护和促进中国濒危民族民间文化遗产》，与香港科技大学合作课题《中国少数民族语言语料库》、《汉藏语同源词研究》，与加拿大合作项目《世界的书面语：中国卷》等。

黄振华 （1930—）江西临川人，北京图书馆敦煌资料中心研究馆员，中国中亚文化研究协会理事，中国太平洋历史学会民间文化艺术分会副会长。1951年毕业于哈尔滨外国语专门学校俄语专业。1978年在中国社会科学院历史研究所工作，1986年在北京图书馆敦煌资料中心工作。从1958年开始，从事语言学著作译述，发表过《论汉语中的界限问题》、《十九世纪末以前的语言学史》等译著。1963年在中国人民大学语言文字研究所工作，开始从事西夏、契丹文字的解读和研究，为中国人民大学讲授《比较文字学》（世界文字发展史）、《西方语言结构介绍》等课程，此后以我国古代民族文字文献为其研究的主要方向。从重新译注西夏文《金光明最胜王经》，他开始研究西夏文，将所见数千西夏字一一分解，编成索引。曾接受罗福颐的委托研究西夏篆文的释读，撰成《西夏官印集释》一文。所释读的西夏印文"首领"二字，获西夏学界赞同。1978年与人合作参加西夏韵书《文海》的整理研究工作。采用清代音韵学家陈澧研究《切韵》的系联法，研究《文海》所反映的西夏音韵系统和音值。1978年发表了《评苏联近三十年的西夏学研究》。1987年又与人合作撰写《黑城新出西夏文字典（音同）残页考释》一文，复原了另一种版本，《音同》的共24页的原貌。与人合作整理了西夏文《番汉合时掌中珠》和《西夏文类林研究》，前者为西夏学界提供一部比较完整可靠的西夏——汉文对照词汇集，后者将据以恢复唐代于立政撰《类林》的原貌。在契丹文研究方面，连续发表了几篇文章，均为验证他的解读理论而作。并认为契丹语与蒙古语更为接近。在女真文、于阗文研究方面，也发表了几篇文章。已出版专著：《文海研究》（与史金波、白滨合作）、《西夏语言研究》（与人合作）。已发表的论文有：《评王镜如近著（读者来信）》、《评苏联近三十年的西夏学研究》、《契丹文山、山考——契丹文字结构新探》、《明代女真文奴儿永宁寺碑新释》、《女真文奥屯良弼诗刻石初释》（与人合撰）、《西夏文字典"文海"及其研究》、《于阗文研究概述》、《契丹文年月日数字名称考》、《评同音研究》等多篇。

姬安龙 （1963—）苗族，文学博士，贵州省台江县人，现任贵州省民族研究所语言研究室主任，副研究员。1981年受台江县教育局的指派，到黔东南师专进修，1983年到革东中学任教。1985

年考入中央民族学院民语三系学习，1987年考入中央民族学院语言研究所攻读苗瑶语族语言文学专业硕士学位，1990年被分配到贵州省民族研究所从事苗族语言与文化的研究工作，1998年晋升为副研究员，2007年考入南开大学攻读博士学位，现任贵州省民族研究所语言研究室主任，是中国民族语言学会会员、贵州苗学会会员、贵州省语言学会理事、贵州省民族学会理事。

公开发表的论文：《试论苗语词汇与苗族文化》（合作）、《苗语词汇中的文化迹象》、《苗语台江话的语音及其发展趋势》、《浅谈苗语借词的规范问题》、《贵州苗区双语问题研究》、《黔西协和苗语考察纪实》、《贵州省黔东苗文试行调查总结报告》、《汉藏语系理论与方法问题研讨会综述》、《摆省苗语音系及其语音特点》、《关于苗族妇女的教育问题》、《从台江县的教育现状看苗族聚居区的教育问题》、《建国以来贵州民族语文的发展》、《拾荒者的安全、健康问题》、《贵州民族调查中的民族语言调查》、《台江苗族支系及其文化特征》、《惠水摆榜苗语调查》、《贵州苗族支系研究》、《苗汉颜色词语义对应比较研究》。

参与课题情况："贵州苗族支系研究"、"贵州民族语文在学校中的应用问题研究"等两项省部级课题的研究；参与了"新创民族文字试验推行情况调查论证"、"中国民族文化大观"的调查研究及书稿撰写工作；"贵阳市拾荒妇女研究"的调查研究；"少数民族传统文化与自然资源管理研究"、"贵州省人才资源问题研究"、"贵州省少数民族地区双语教学研究——双语教学中有效提高普通话水平的实验"、"南方少数民族生活方式变革研究"、《贵州少数民族语言文字在学校中的应用问题研究》、《中国少数民族语言使用情况》等多项省级、国家级以及福特基金项目的调查与研究。

参与撰写的书稿：《贵州省志·民族志》、《台江县志》、《毕节地区民族志》、《中国少数民族双语教学研究与实践》、《贵州百科全书》等十部著作的撰写工作。曾参加过在南开大学举行的"汉藏语系理论与方法问题学术讨论会"、在北京语言文化大学举行的"第二十五届国际汉藏语会议"和在昆明举行的国际人类学与民族学联合会第十六届世界大会等国内外具有影响的学术会议。在多年的科研工作中，较为注重对苗族语言、文化资料的调查搜集，亲自记录了10多个不同方言点的语料，拍摄了以苗族文化为主的各种题材的照片5000余张，占有一批有价值的第一手科研资料，为民族文化的保护与传承奉献了自己的一份力量。

吉木拉立（1952—）彝族，中师毕业，1976年8月参加工作，现在中国民族语文翻译局彝文室工作，任正处调研员、副译审。曾经在喜德县尼波区担任过小学教师、区文教组副组长、组长，县工农教育委员会副主任兼县教育局成教科科长、县计划生育委员会副主任等职。

一、主要工作业绩：（1）参加翻译、审订、出版了《毛泽东选集》、《共产党宣言》、《邓小平文选》、《资本论》等60多部领袖经典著作和党和国家的重要文献；（2）参加了党的"十二届六中全会"、"十三大"、"十四大"、"十五大"、"十六大"、"十七大"的党的历届代表大会文件翻译、审订工作；（3）参加了全国人大、全国政协六届五次至十届五次的历届"两会"文件的翻译、审订工作。

二、出版了专、译著：（1）《周恩来传》、《中国共产党建设七十年大事记》等十五部作品，其中本人主编的《家庭婚姻生育新知识读本》一书荣获2005年第十三届中国西部地区优秀科技图书二等奖；（2）多次参加过国际、国内等学术研讨会，发表了《毛泽东选集成语典故译析》、《公法视野下的彝族非物质文化遗产保护》等十多篇学术论文，其中《浅谈民族研究中的语言翻译》（滇川黔桂彝学联谊会第三次学术论文）一文，发表于《民族译坛》（1999）第一期，并荣获世界华人交流协会、世界文化艺术研究中心评选为国际优秀论文奖；（3）文学、新闻和翻译作品发表于《民族》等各报刊上的有30余篇（本），其中《汽车里的歌声》和《海水情深》二篇分别荣获1992年、1995年"团结杯"四川省少数民族诗歌散文短篇小说征文优秀奖。

纪嘉发 （1934—）彝族，生于云南省墨江县。中国社会科学院民族研究所副研究员。1956年从事少数民族语言文字研究工作40多年来，曾参加全国彝语大普查工作，多次到云南、贵州、广西、四川等省区作实地调查，收集和记录了大量的第一手彝语语言、文字资料，参加编写《彝语词汇》一书。为解决云南、贵州彝族文字问题，参加了云南、贵州彝族语言使用情况和文字问题的调查。1984年参加了云南省彝文规范工作。通过对云南、贵州、四川地区所收集的老彝文资料进行研究，编纂了《汉彝文简明词典》。还编写了《中国少数民族语言音档云南墨江彝语》和《中国少数民族语音档云南新平彝语》，录制存于民族研究所资料库。另外还参加了"七五"规划国家重点科研项目《中国少数民族语言使用情况和文字问题调查研究》课题和中国、加拿大合作项目《世界的书面语》中国语言文字卷的调查及撰写工作（撰写了彝语部分）。著作主要有：（1）《汉彝文简明词典》四川民族出版社；（2）《中国藏缅语语音和词汇》一书中《彝语南部方言墨江彝语》、《彝语中部方言大姚彝语》；（3）《中国少数民族语言使用情况》一书中彝语部分；（4）《世界的书面语：使用程度和使用方式概况第四卷·中国第一册语言、文字》一书中彝语部分；主要论文有：（1）读《彝语的紧调类》；（2）《云南墨江彝语结构助词初探》；（3）《彝语数词的构成和用法》。

季羡林 （1911—2009）山东清平县人。北京大学校委会副主任、教授、南亚东南亚研究所所长。1978年起任中国外国文学学会副会长，1979年任中国南亚学会会长，第二届中国语言学会会长，1981年任中国外语教学研究会会长，中国敦煌吐鲁番学会会长，中国史学会常务理事，中国民族古文字研究会名誉会长。

1934年毕业于北京国立清华大学西洋文学系。1935年考取清华大学与德国的交换研究生，赴德国格根廷大学师从E.瓦尔特施密特学习梵文、巴利文和吐火罗文等。1941年获哲学博士学位。1946年回国任北京大学教授兼东方语言文学系主任。1978—1984年任北京大学副校长。

季羡林从事印度古代语言的研究数十年，精通梵文、巴利文、吐火罗文。这三种文字都与我国一些民族有联系。由于佛教很早就传入我国，古印度原始佛教经堂语言的梵语文、巴利语文对汉语文、藏语文和傣语文都有较大的影响。藏族信仰大乘佛教，其文字来源于梵文的天成体字母（属印度东部方言）；傣族信仰小乘佛教，其文字来源于巴利文字母（属印度西部方言）。季羡林的《原始佛教的语言问题》（中国社会科学出版社1985年）对于探索和研究藏语文、傣语文有很高的参考价值。20世纪在新疆发现了吐火罗语《弥勒会见记》残卷，他又进一步对吐火罗语进行了研究，完成数篇论文：1941年著《〈大事〉偈颂中限定动词的变位》一文，1956年后发表。

《吐火罗语的发现与考释及其在中印文化交流中的作用》（《语言研究》1956年第1期）、《吐火罗语和尼雅俗语》（《新疆史学》1979年创刊号）、《吐火罗文A中的三十二相》（《民族语文》1982年第4期）、《谈新疆博物馆藏吐火罗文A〈弥勒会见记剧本〉》（《文物》1983年第1期）、《新博本吐火罗语A（焉耆语）〈弥勒会见剧本〉四页译释》（《敦煌吐鲁番文献研究论文集》第2集，北京大学出版社1983年）等。1982年出版《印度古代语言论集》、《中印文化关系史论文集》。

季永海 (1940—) 大学本科，出生于山东省莱州市，1948年来北京，现任中央民族大学少数民族语言文学系教授。1961年北京六中毕业后，考入中央民族学院语文系。1966年毕业后留校，从事教学和科研工作。先后在语文系、语言研究所、民语三系、语言文学系工作。在40余年的教学生涯中，先后为大专生、本科生、硕士生、博士生，讲授过基础汉语、大学写作、语言学概论、满语语法、满文文选、语言学史、历史语言学、满—通古斯语概论等课程。先后为韩国、日本、意大利、美国等国家的留学生以及中国台湾、香港地区的研究生开设过满语、锡伯语文选、满族文化、锡伯语文化等课程。先后培养过多届硕士生和博士生，培养过一名韩国博士生。现在正培养博士生。

在科研方面，多年来出版专著有：《满语语法》（合作，1986。获国家民委哲学、社会科学三等奖）、《现代满语八百句》（合作，1989）、《清史满语词典》（合作，1989）；《满族民间文学概论》（合作，1991）。出版译著四部：《随军纪行译注》（1987）；《崇德三年满文档案译编》（合作，1988）；《满文老档译注》（参加，1990）；《年羹尧满汉奏折译编》（合作，1995）；《尸语故事译注》（合作，2004）。

已发表的学术论文有：《试论满文的创制与改进》、《满语中指人名词的复数范畴和表达法》、《满语中的元音和谐》；《论满语的后置词》（合作）；《论满语中的汉语借词》、《漫谈满文古籍文献及其整理》、《大清全书研究》、《三家子满语与汉语的关系》、《满汉音韵学三种》、《清语易言语音探析》、《满族转用汉语的历程与特点》、《清文启蒙语音研究》、《满文老档的形成、内容、版本》、《汉语儿化音的发生与发展》、《满——通古斯语族通论》（上、下）、《濒危的三家子满语》、《关于满式汉语》、《论汉语中的满语借词》、《关于北京旗人话对北京话的影响》、《满文本金瓶梅及其序言》、《满语老乞大研究》、《关于满语元音的几个问题》、《皇清职贡图研究》、《清代满译汉籍研究》。

季永海先后参与过《中国阿尔泰语系诸民族神话故事》、《中国阿尔泰语系民间文学概论》、《中国少数民族语言》（获国家民委哲学、社会科学二等奖）、《汉语与少数民族语言文学关系概论》（获教育部语言学三等奖）、《语言学基础教程》、《中国濒危语言个案研究》（获教育部语言学三等奖）等专著的写作。参与过《满文老档》（获国家新闻出版署三等奖）的译注工作。先后参加过多部词典的编纂工作，如《民族辞典》、《中国少数民族古籍集解》、《中国语文大辞典》等。

贾晞儒 (1936—) 陕西省蓝田县人。曾任青海民族学院少数民族语言文学系副系主任、民族研究所所长、教授、《青海民族研究》主编、院学术委员会委员兼副秘书长、青海省少数民族语文工作领导小组成员、青海省哲学社会科学规划领导小组成员、中国蒙古语文学会常务理事、副会长、顾问等，现担任青海省老教授协会副会长、甘肃方言研究所学术顾问。1952年7月考入西北民族学院语文系，攻读蒙古语文专业，1955年7月毕业留校任教，担任蒙古族班的班主任，同时讲授《蒙古语文》和《汉语文》课。从1954—1957年初搜集、整理和翻译了大量的蒙古族民间故事、歌谣及其他文学作品，并探讨蒙古族民歌的格调和风格，创作了《草原上》、《胡特尔草原花草香》等诗篇，先后用兰心、敖优特、陶雅、陶雅光、西诺夫等笔名发表在《诗刊》、《陇花》、《工农文艺》、《青海湖》、《青海日报》等报刊上。

1960年底调到青海民族学院，从事了一段教材编译工作。1978—1996年退休前，先后为青海民族学院少数民族语言文学系蒙古语文专业各年级、汉语言文学系本科和民族研究所研究生班讲授《翻译理论与实践》、《中国古代文学作品选讲》、《蒙古族古代作品选讲》、《蒙古文字史略》、《现代蒙古语》、《语言学概论》、《社会语言学》、《民族语言与民族历史》等课程。现受聘于青海民族学院蒙学系，担任《语言理论》、《蒙汉对比语言学》等课程的教学任务。改革开放以来，陆陆续续在全国和地方学术刊物上用汉、蒙两种文字发表了《试论蒙古语谓语动词的几个问题》、《海西蒙古语中的藏语借词》、《海西蒙古语方言词的特点》、《谈谈蒙古语句子的结构问题》、《青海汉话与少数民族语言》、《从青海汉话的几个方言词看语言间的接触影响》、《藏族文化与蒙古族文化的关系》、《土族语和蒙古语白色词的文化内涵》等学术论文130多篇，出版个人著作《民族语文散论》、《语言·心理·民俗》、《青海蒙古语言文化总论》等四部，与他人合作主编《现代化进程中的民族问题》、《中华各民族谁也离不开谁的故事》等9部，其中《海西蒙古语的特点》、《民族语文散论》、《现代化进程中的民族问题》先后荣获青海省第一、二、三届哲学社会科学优秀成果（论文/专著）一、二、三等奖；《语言·心理·民俗》荣获青海省第六届哲学社会科学优秀成果（专著）三等奖。

贾晞儒的整个研究工作，着重研究青海蒙古族的语言，同时也根据教学和研究的需要，涉猎土族语、藏语和汉语青海方言。在蒙古语研究方面，还把蒙古语语义的研究作为他的另一个主攻目标；在蒙古语句法研究方面，他从"动词谓语是句子的结构中心"的观点出发，认为蒙古语句子的语法关系和语义关系，都是以谓语为中心而展开的；有的通过动词的各种形态变化，来表示句子结构成分之间相互关系的性质和整个句子的意义；有的通过各种不同的谓语静词，来表示句子各个成分之间的结构关系和句子的语义关系。但就主语和谓语比较而言，谓语却是最重要的。蒙古语在很多情况下，主语可以没有，谓语却不可缺少；通过谓语可以找出句子结构的脉络，而主语是不能完全承担这个职能的。这种谓语中心论的学术见解，拓宽了句法研究的思路。

关于民族语言间相互接触影响问题，他在《民族语文散论》和《从青海汉语的几个方言词看语言间的接触影响》、《青海汉话与少数民族语言》等论著中都体现了这样一种思想：一定的自然地理环境、社会环境和历史背景是各个民族语言间相互接触影响的基本条件，而文化交往、经济往来又是民族语言间相互吸收、相互丰富发展的动力，其影响是互相的，不是单方面的。任何一种语言都有排他性的特点。"排他性"不全是消极的，它反映了一种语言在对待别的民族语言成分上的"自主权"，即排斥那些不利于自己丰富、发展，与自己发展内在规律相悖的东西，吸收那些有利于促进自身的丰富、发展和增强自身的表现力的成分，保持自己民族语言的基本特征和表现力。这在蒙古语里表现得非常突出。一种民族语言吸收能力越强，其排他性也就越强。从宏观上看，民族语言间的相互吸收和影响是必然的，也是促进语言丰富、发展的一个重要方面。

关于语义问题，他认为不论是语音、词汇、语法，还是成篇文章的结构，都要受语义的制约；不论是一个音位，还是有组织排列的一连串的声音和符号，都是语义的确定物。对于说话者或听话者来说，语音是语义的载体，不承担这个"载体"任务的声音，就不是语音。语义内容决定语音形式，语音形式反过来影响语义内容。在句子里，语法结构的主要成分与语义结构的主要成分又往往是不一致的，这是语音形式与语义内容矛盾的结果，两者的对立与统一，才构成了语言交际的功能。因此，语音和语义是不可分割的两个方面，不能把两者中的任何一方看成是另一方的附属物。这些思想在他的《蒙古语并列结构的语义关系》、《蒙古语复合词的语义结构分析》等论著中都有所体现。

当前，他除担任教学工作以外，还以青海汉话为中心探索各民族语言间的相互接触影响的特点和规律，为青海民族语言、文化建设奉献出自己微薄的力量。

江荻 （1954—）湖南长沙人，中国社会科学院研究生院语言学专业硕士（1988），汉藏语言学专业博士（2000）。现任中国社会科学院民族学与人类学研究所语音学与计算语言学重点实验室研究员，中国社会科学院研究生院教授，博士研究生导师。兼任中国民族语言学会副会长，汉藏语言学奖金评奖委员会秘书长，中国教育部民族语言标准化分技术委员会委员，中国中文信息学会理事，中国科学院《中文信息学报》编委，中国社会科学院《民族语文》编委，上海师范大学人文与传播学院教授，博士研究生导师，上海高校比较语言学 E 研究院特聘教授，《东方语言学》编委，西南民族大学客座教授。主要从事中国民族语言自然语言处理工作和藏语语法、汉藏语理论研究，并主持或参与多项少数民族语言计算机应用研究和资源开发工作。近 20 年来在《计算机学报》、《中国社会科学》、《中文信息学报》、《民族语文》、《方言》、《当代语言学》、《语言学论丛》、《中国藏学》、《语言科学》、《语言研究》、《民族研究》、《语言文字应用》等学术期刊发表专业论文约 120 余篇，撰写和出版论著或译著 5 部，主编《中国民族语言工程研究新进展》专业论文集。论著《汉藏语言演化的历史音变模型—历史语言学的理论和方法探索》2003 年获得北京大学王力语言学奖一等奖，2004 年获中国社会科学院优秀成果二等奖。江荻曾主持过国家社科基金项目"藏语大规模真实文本语料库研究"、国家教育部和国家术语标准化委员会"藏文拉丁字母转写方案"、国家自然科学基金项目"基于词典与规则的藏语分词系统研究"和"面向信息处理的现代藏语语法属性库研究"等课题，并设计开发出大型"汉藏语同源词计算机检索系统"和"《蒙古秘史》全文电子检索系统"等多项应用软件。开发了国际音标字库及输入法软件"蓝蝶国际音标系统"。近年来，曾应邀两度访问日本早稻田大学理工学部，访问荷兰莱顿大学及荷兰皇家科学院亚洲研究所、法国国家社会科学院东亚语言研究所、美国加州大学伯克利分校、香港科技大学、香港城市大学等学术机构，分别开展合作研究及讲学访问。

已发表的主要论文有：《书面藏语排序的数学模型及算法》（江荻，康才畯）、《20 世纪的历史语言学》、《语音材料与语音表达方式的演变》、《藏语述说动词小句宾语及其标记》、《现代藏语的机器处理及发展之路》、《汉藏语系研究历史沿革》（孙宏开，江荻（执笔））、《现代藏语派生名词的构词方法》、《藏语拉萨话的体貌、示证及自我中心范畴》、《The Electronic Data and Retrieval of the Secret History of the Mongols》（《蒙古秘史》古文本的电子化与数据检索）、《藏语文本信息处理的历程与进展》、《汉藏语同源词数据库及软件设计研制报告》、《现代藏语组块分词的方法和过程》、《汉藏语系属研究的文化人类学方法综论》、《〈元朝秘史〉电子文本检索系统的研制》（第一作者）、《藏文的拉丁字母转写方法——兼论藏文语料的计算机转写处理》、《现代藏语动词句法语义分类及相关句式》、《藏缅语言元音的上移和下移演化》、《论声调的起源和声调的发生机制》、《藏语 db-音类的演化过程及时间层次》、《藏语 sr-声类变化的扩散与中断》。

主要著作及译著：《汉藏语言演化的历史音变模型—历史语言学的理论和方法探索》、《藏语语音史研究》、《义都语研究》、《国际语音协会手册：国际音标使用指南》（译著）、《中国民族语言工程研究新进展》（主编）、《藏文字符手册》。

设计开发或发布的软件系统：中国少数民族语言研究论著文摘数据库网络版（2000 年）；汉藏语同源词数据库检索系统 1.0 版（2001 年）；汉藏语同源词数据库检索系统 2.0 版（2003 年）；汉藏语同源词数据库检索系统网络版（2004 年）；《蒙古秘史》全文电子检索系统（2005 年）；藏语语法属性电子词典（2007 年），蓝蝶国际音标输入系统（2008 年）。

江桥 （1957—）女，博士，先后就职于中国第一历史档案馆（故宫博物院明清档案部）（1975—1990）、德国科隆大学东亚研究所（1992—1994）、北京社会科学院满学研究所（1994—2003）、中国社会科学院民族学与人类学研究所（2003—）等，任馆员、讲师、副研究员、研究员。

主要从事满文及相关民族古文字、文献的教学与研究工作。

在从事清代满文档案的整理、翻译与研究工作中，参与完成《俄罗斯档》、《黑龙江将军衙门档》、《内国史院档》等文档的翻译工作，"满文老档（旧满洲档）"、"清宫医案"、"土默特满文档案"、"军机处满文录副奏折"、"内务府满文档案"等的整理、编辑、研究工作。担任中央民族大学历史系王锺翰教授研究生和东北师范大学李洵、薛虹教授研究生班的满文教学工作；此外，还利用档案材料撰写论文，参加了多次全国和国际清史、档案、清宫史等方面的学术讨论会。著有"清初的汉军将领石廷柱"、"会考府考略"、"乾隆朝民人死刑案件的初步统计与分析"、"清朝前期宗室人口状况的初步统计与分析"、"论满语复合谓语、副动词做状语及连动式"、"从清代题本奏折的统计与分析看清代的中央决策"、"翻译满文档案要忠实于原文"、"清代归化城地区的煤炭开采及其特点"、《清代区域社会经济研究》）、《清初内国史院满文档案译编》（下）、"十三衙门初探"、《清代边疆满文档案目录》（参加编译）。

主持完成北京市项目"清朝统治的文化基础及其对后世的影响"、"从满语文的发展看满族文化与中原文化的互动"、"满语词语研究"、"北京地区满文碑刻研究"；参加北京市级课题"北京满族史研究"等工作。著有"德国的满学研究"、"察布查尔学术考察记略"、"论《御制古文渊鉴》"（M. Gimm），译著有"《〈旧满洲档〉与〈加圈点档〉索校》前言"（M. Weiers）、"清代乾隆朝五百名知县的统计分析"、"康熙《御制清文鉴》浅析"、"乾隆御制四、五体《清文鉴》编纂考"、"欧洲图书馆藏汉文《文选》的两种满译本"（与M. Gimm 合作）、"康熙《御制清文鉴》选词特点举要"、"波恩第一届国际满—通古斯学大会（ICMTS）综述"、《康熙〈御制清文鉴〉研究》北京市社会科学成果二等奖，北京社会科学院科研成果一等奖，优秀图书成果二等奖）、"清代民族关系史研究的重要文献——康熙《御制清文鉴》及其延伸"，"满文'君'、'臣'、'人'类词汇初释。"

主持完成中国社会科学院民族学与人类学研究所重点项目"清代满蒙汉文词语音义研究"（2005—2008），全面采集清代满、蒙、汉文的读音数据，著有"满文元音之汉字注音"、《清时期满蒙汉文词语音义对照手册》。完成中国社科院国情调研重点项目"关于满文文献现存状况的调查"（2008—2010）。中国社会科学院重点项目"《御制五体清文鉴》研究"（2010—2013）。参加国家新闻出版重大科技工程项目"中华字库"工程少数民族文字的搜集与整理工作，主持满文、锡伯文部分（2011—2014）。

对外交流方面，20 世纪 90 年代在德国科隆大学东亚研究所从事满语文教学工作，编有《满文文献阅读教材》，以及上述翻译和介绍德国满学研究的论著。2005—2006 年度承担中国社会科学院国际交流项目赴韩国国立首尔大学语言学系访问交流（2005—2006），完成研究报告"满文文献及其在朝鲜半岛的流传、转译与影响"，并著有"满文—谚文文献研究"、"满文与满文文献"（《Journal of Manchurian Studies》volume 5 by the Manchurian Studies Association，2006）等相关论文。

姜竹仪 （1934—）女，北京市人，中国社会科学院民族学与人类学研究所副研究员。1956 年毕业于中央民族大学语文系纳西语专业。当年分配到中国科学院少数民族语言研究所工作，同年 5 月参加中国科学院少数民族语言调查第三工作队纳西语调查组,任务是普查云南和四川境内的纳西语分布和使用情况、纳西族的社会历史。调查了40多个点的材料,通过普查、搜集材料,对各地纳西语的基本情况有所了解,并独立完成纳西语方言分布图的绘制,为纳西语的方言划分提供了重要的依据。1957年参加《纳西拼音文字方案(草案)》的制定工作。该方案(草案)于1957年3月在昆明召开云南省少数民族语文科学讨论会上通过。以后在丽江一部分小学教师和干部中试验推行,取得了良好的效果。1957年底参加白语调查组任小组长,任务是调查约12个点的白语语音、语法、词汇及有关的社会、历史材料;调查整理大理白族自治州的白语材料,为以后选择白语文字问题和白语调查报告提供资料。1959年被分配到云南语文指导工作委员会办公室任秘书工作。当时少数民族地区掀起学习汉语文的浪潮,到云南澜沧县拉祜族地区参加扫盲。1960年回北京民族研究所,从事民族语言《简志》编审工作。开始为写纳西语简志做准备。1961年4—10月,被派到出国人员学习班进修俄语半年。后因故没有成行。1963年调到学术秘书室任秘书工作。1966—1979年任语言室秘书工作。1979年回到民族所语言室第三研究组(藏缅语组组长)从事纳西语研究。同年5月赴纳西地区宁蒗县永宁坝调查纳西语东部方言,为编写《纳西语概况》和《纳西语简志》积累材料。同时协助傅懋勣先生编写《白蝙蝠故事》东巴文的释译工作。

主要业绩:(1)《纳西语概况》;(2)1984—1985年,两次出差无锡市,协助《傈僳—汉语词典》编写,负责汉语拼音和校对;(3)《纳西语话语材料》);(4)与盖兴之先生合写《纳西语在藏缅语言中的地位》。参加编写《中华文明史》一书。负责少数民族古文字部分组织工作,并编写《东巴文》词条。《纳西文》、《积极推行纳西文提高纳西族文化》、《纳西语》。另外,参加了一些集体项目。著作:《藏缅语语音和词汇》,本人负责编写纳西语东、西部两个方言的语音系统和词汇材料,(该书于1991年1月由中国社会科学出版社出版);《中国少数民族语言使用情况》一书。(1994年12月由中国藏学出版社出版);1989年赴云南怒江傈僳族自治州、大理白族自治州、丽江县境内,调查三个民族语言文字使用情况,为中国、加拿大合作项目(世界的书面语使用程度和使用方式概况)一书提供材料,编写论文。

金淳培 (1954—)朝鲜族,吉林人。1988年在中国社会科学院民族研究所工作。研究朝鲜语,参加东北朝鲜语调查,参加编写《朝鲜语方言调查报告》。已发表论文有:《浅谈朝鲜语的黏附成分a》、《朝鲜语语法形式的意义特征》、《朝鲜语特异结构词浅析》、朝鲜语的结构附加成分-k》。

金鹏 (1909—1991)满族,北京人。1932年毕业于北京大学中文系。曾在西陲文化研究院做《汉藏大辞典》的工作,后在南开大学中文系、长春大学中文系、北京大学东方语言文学系任教。曾任中国社会科学院民族研究所研究员、藏语组组长,1987年退休。

主要从事藏缅语族,特别是藏语的研究。20世纪30年代参加《汉藏大辞典》的编辑工作,1978年改名为《汉藏双解大辞典》时也参加了部分工作。40年代至50年代参加调查藏语方言和阿坝地区的嘉戎语。1956年任少数民族语言调查第七工作队副队长,指导藏语、羌语、嘉戎语的普查工作。著有《藏语拉萨、日喀则、昌都话的比较研究》,这是一部有关藏语方言的比较语法,主编《藏语简志》,全面扼要地介绍了藏语的语音、词汇、语法、方言和文字系统。论文《藏语动词屈折形态在现代拉萨话里衍变的情况》对屈折形态和非屈折形态参差并存的现象做出了解释,《论藏语拉萨口语动词的特点与语法结构的关系》一文,指出动词有四个特点:(1)动词有自主与不自主的区别;(2)判断动词和存在动词各有一对含有不同语气的词;

(3) 动词的式、时态的表达方式，在动词后面加附加成分再加辅助动词，或者在动词后面直接加辅助动词；(4) 在动词后面加附加成分或一定的名词可以使动词名物化。其中（1）、（2）、（3）的特点与现代口语的式、时态、体有关；(4) 的特点与句子结构有关。《藏语拉萨话判断动词和存在动词的用法》对这两个特殊动词的用法做了详细介绍。《藏语拉萨话动词的式及其表达方法》和《西藏现代口语动词的时态和体及其表达方法》两文全面介绍了动词的语法范畴和表达方式。《藏语动词表三时的屈折形态简化的两种途径》一文指出表三时的屈折形态的简化，可以通过代表一定历史层面的藏文书面语的屈折形态和现代口语进行比较，另一个途径是从口语自身发展的过程中看，是用一种形式代替了另一种形式，使得与书面语的屈折形态形式有所简化和差别。

金鹏在 1949 年用法文发表了《嘉戎语研究》（Etude Sur le Jyarung《汉学》第 3、第 4 期合刊，约 6 万字）。该文根据大量的材料对嘉戎语的语音、语法体系做了详细描写，并与藏语做了比较。嘉戎语的语音和语法系统很复杂，它在藏缅语族研究中具有重要地位。

金启孮 （1918—）满族，北京人，辽宁省民族研究所所长、教授，《满族研究》主编、辽宁省政协委员、辽宁省民委委员、辽宁省社联副主席、中国辽金史学会副会长、中国民族学会理事、中国蒙古史学会理事。早年毕业于国立北京大学国文学系，后在日本东京帝国大学文学部东洋史学科留学。1958—1982 年先后任内蒙古大学历史系蒙古史教研室、蒙古史研究室副主任、副教授、辽宁省民族研究所工作。主要研究领域为女真学、满学以及蒙古史。金启孮从小接受其父金光平的影响，走上研究女真语和满语的道路。1964 年与其父合著《女真语言文字研究》，得到国内外专家学者的赞誉。1979 年发表《陕西碑林发现的女真字文书》，对碑文的女真手写文书进行了深入的研究。发现：（1）文书上的女真字早于石刻上的女真字，有的直接取自契丹字形。(2) 文书上的女真字几乎全是意字。(3) 从个别字上，可以看出女真字从意字向音字转化的痕迹。(4) 从而证明现存女真字是女真大字。1984 年出版的《女真文辞典》于 1986 年获辽宁省哲学社会科学联合会第二届优秀工具书一等奖。在满学研究方面，曾跟随清格尔泰到黑龙江富裕县三家子屯进行调查，写出《满洲历史与生活——三家子屯调查报告》，此书出版后，受到国内外的好评。出版的著作有：《女真语言文字研究》（与金光平合作）、《满族的历史与生活——三家子屯调查报告》（此书于 1984 年在意大利被译成德文出版）、《女真文辞典》。已发表的论文有：《女真制字方法论——兼与日本山路广明氏商榷》、《满语助词初探》（与乌拉熙春合作）、《女真文字研究概况》、《满语 ombi 用法新探》（与乌拉熙春合作）、《论金代的女真文学》、《女真文字和语言——对祖国文化融合发展的贡献》等多篇。

金祥元 （1931—2000）朝鲜族，吉林省和龙县人，延边大学朝文系教授。1956 年毕业于延边大学朝鲜语言文学系。历任延边大学朝文系主任，延边朝鲜语学会理事长，吉林省朝鲜语学会理事长，中国朝鲜语规范委员会委员。主要论著有：《现代朝鲜语词汇学》（1964）、《现代朝鲜语句法学》（1965）、《朝鲜语文法》（合著，1983）、《朝鲜语方言学概要》（1985）、《朝鲜语简志》（合著，1985）、《汉朝词典》（合编，1989）、《中国朝鲜语实态调查报告》（合著，1992）、《现代朝鲜语研究》（2005）等。主要论文有：《朝鲜语惯用词组的类型及其区别特征》、《朝鲜语惯用语句的特征和类型》、《中国朝鲜语词汇构成的变化与发展》、《计算机信息时代朝鲜语字母体系的统一问题》、《对中国朝鲜语阶称的社会语言学的考察》等。

金学良 （1955—）景颇族，云南民族大学教授。1976年毕业于云南民族学院民语系。曾任民语系藏缅语教研室副主任、景颇语教研室主任、民语系副主任、民族文化学院政治辅导员、民族文化学院本科生党支部书记。毕业留校从事语言文字教学研究工作至今。曾执教语音文字、文选与写作、古籍选讲、基础景颇语、现代民语、云南少数民族语言文字概论、语言学概论、文化语言学等本科生课的教学任务以及研究生的社会语言学课。科研成果有：译文：《何谓鬼缠身？》、《胎儿畸形是鬼缠身造成的吗？》、《鬼是怎么一回事？》、《梦能预见吉凶吗？》、《野火是怎样产生的？》、《人死后为什么还睁眼？》、《沼气》、《中国沼气池》、《农村商品经济》、《什么是人的道德品质？》、《家庭与婚姻》等。另有5篇是用景颇文写的短文。主要论文：《景汉双语研究》、《语言文字》、《景颇语书面的形成和发展》、《景颇语新闻广播的开路先锋》、《景颇语的语音变化规律》。译著：《景颇族祭祀古歌》、《景颇语基础教程》、《卤莽国王的命令》、义务教育课程标准实验教科书《语文》（一、二、三年级共6册，学前教材两册）。

金有景 （1931—?）浙江义乌县人。中国社会科学院民族研究所副研究员、北京语言学会理事。早年自学语言学，曾在梁达教授的帮助下写出《中俄语音比较》一书稿，经梁达教授对书稿作了补充修改后以两人的名义出版。1954年调中国科学院语言研究所工作。在"普通话语音研究班"任过辅导员。1978年担任中国社会科学院研究生院语言专业指导教师。1982年调中国社会科学院民族研究所，在《民族语文》编辑部工作。1985年聘为副研究员。1986年在民族语言研究室工作，研究藏缅语支的拉祜语。金有景在汉语方言研究方面发表的著作较多，如1960年参加过《昌黎方言志》的编写，参加过《现代汉语词典》的修订工作，发表了十几篇有关汉语方言的论文。在民族语文方面发表了《民族语言研究与汉语研究》、《再论民族语言研究与汉语研究》、《拉祜语的紧元音》。出版了《拉祜语地图集》一书。

靳尚怡 （1935—）女，天津市人，新疆大学教授。1957年毕业于中央民族学院语文系民族语言调查与研究专业维吾尔语班，后分配到新疆工学院。毕业前，1956年春至1957年夏，参加中国科学院少数民族语言调查第六工作队，赴新疆伊犁地区维吾尔族各聚居点进行维吾尔语方言调查近一年。1979年又应中国社会科学院民族研究所之邀，到民族所语言室参加付懋勋先生主持的《维吾尔语方言词典》课题工作，并再次赴新疆最南端的且末县进行维吾尔语方言调查。在上述两次实地调查的基础上，撰写发表了《现代维吾尔语于阗方音概述》（1984）、《现代维吾尔语和阗话的语法特点》（1987）、《现代维吾尔语且末话的语音和语法特点述略》（1989）等论文。

靳尚怡认为应该根据突厥语的特点研究现代维吾尔语的语法结构。维吾尔语属于黏着型语言，其丰富多样的语素是按照一定的序列组合的。词根和附加成分、不同意义和性质的语素之间的结合点是清晰可辨的，所以语素的分类及其组合层次问题就成为现代维吾尔语语法结构研究中的重要课题之一。她曾着力研究过与此相关的问题，而且发表了《现代维吾尔语的造词附加成分-qi 试析》、《关于现代维吾尔语的-mu》、《现代维吾尔语动词的造词系统》以及她在这方面的代表作《现代维吾尔语语素的种类和词的结构》等论文。特别是《关于现代维吾尔语的-mu》一文，针对有的维吾尔语语法研究者既把它看作助词（或称为语气词），又用"附加成分"这一术语给它下定义，因此使他的性质令人捉摸不定。而该文作者根据语素-mu 具有末级性（即在词的结构中它的后面不能再接加其他语素），而附加成分不具有末级性（即在词的结构中它的后面还可以再接加其他语素），以及语素-mu 可以跟一切词类结合，而附加成分只能跟一定的词类结合等特点，认定语素-mu 有别于附加成分而属于语气助词的范畴，并用区分同音语素的原则把-mu 区分为-mu（甲）是表示疑问意义的和-mu（乙）是表示承接意义的。该文对现代维吾尔语语素的定性分析和全面描写作了可贵的尝试。

靳尚怡在新疆民汉双语教学的岗位上工作了近40 年，双语教学与研究是她学术生涯的重要组成部分。

虽然新疆的少数民族学习汉语已有一千多年的历史，但是，把汉语作为一门必修课列入民族高等院校的教学计划，还是从新中国成立初期的20 世纪50 年代开始的，当时新疆民汉双语教学学科建设的基础还很薄弱。50—60 年代，靳尚怡曾在学校的统一组织安排之下，参加过一系列民汉双语教材和工具书的编写工作，如：《基础汉语》（新疆工学院铅印）、《科技汉语读本》（新疆工学院铅印）、《简明汉语语法》、《汉维词典》（新疆工学院油印6 册）、《插图本汉维科技词典》（稿本）、《汉维数理化常用词汇》（新疆工学院油印）等。

由于双语教学与研究跟对比语言学、教育学、教法学等学科的研究成果有密切的关系，所以她又在这些学科的有关理论和知识的指导下，结合民汉双语教学的实际问题进行过一系列研究。撰写并发表了《汉维语对比研究的若干问题》（1989）、《汉维语语音对比研究初探》（1983）、《少数民族汉语教学的性质、特点和基本原则》（1986）、《浅谈汉语词汇教学法》（1990）等论著，为新疆的民汉双语教学的学科建设做出了自己的贡献。

此外，靳尚怡还于2000 年参加了李经纬主持的国家社会科学基金项目《高昌回鹘文献语言研究》课题的研究工作，在2003 年出版的同名著作中撰写了第12 章（"高昌回鹘文献语言词的意义"）、第15 章（"高昌回鹘文献语言的形容词"）、第20 章（"高昌回鹘文献语言的后置词"）、第23 章（"高昌回鹘文献语言助词"）及第18 章的第4 节（"高昌回鹘文献语言的助动词"）等章节。

康健 （1956—）女，研究生学历，新疆喀什师范学院语言系副教授。从教29 年。1978 年毕业于新疆喀什师范专科学校维吾尔语言专业。2002 年毕业于新疆师范大学中国少数民族语言文学专业研究生课程班，取得研究生同等学历。1978—1983 年10 月在喀什财贸学校从事中专汉语文教学工作。1983 年10 月—2007 年在新疆喀什师范学院从事少数民族汉语教学工作。承担少数民族汉语专业13 门课程教学工作。1991—1998 年担任语言系汉语专业教研室主任，身体力行，完成了各项教学工作任务，进行了教学大纲的编写，教学计划的修订以及重点课程的建设工作。在教学之余，努力开展科研活动，完成校内科研项目两项。发表科研论文24 篇。主持编写喀什地区少数民族干部培训教材一套（三册）。荣获"教书育人先进个人"、"教学科研成果奖"等奖励10 次。1993—1995 年和2002—2004 年在年终评估中两次连续3 年被评为优秀。2007 年7 月获中国少数民族双语教学研究会"全国少数民族双语教育先进个人"称号，获优秀论文奖。

2005 年被选为喀什师范学院"双语教学课程论"研究生导师。"中国少数民族双语教学研究会"理事。2007 年12 月被批准成为自治区首批"双语"教学专家库成员。

主要著作：（1）《喀什地区汉语教育概况及思考》；（2）《现代汉语反序词琐谈》；（3）《高校汉语专业教材建设刍议》；（4）《HSK 与少数民族汉语教学》；（5）《现代汉语异读词及其教学》；（6）《中介语理论视野下的维族学生汉语学习》；（7）《维族学生学习汉语数字举隅》；（8）《维族学生汉语学习中的断句偏误现象研究》。

孔江平 （1955—）博士，中国社会科学院民族学与人类学研究所研究员。中国中文信息学会理事，中国中文信息学会语音信息专业委员会副主任。1988年毕业于中国社会科学院研究生院民族系，语言学硕士，2001年毕业于香港城市大学电子工程系，哲学博士。曾主持中华社会科学基金九五规划重点项目"中国民族语言嗓音发声类型研究"、国家自然科学基金项目"中国语言嗓音发声类型声学研究"和"汉语普通话嗓音声学研究"等项目。著有专著《论语言发声》（2001）。已发表论文：用英文发表论文15篇，用中文发表的有：《道孚藏语双擦音声母的声学分析》（1991）、《道孚双塞音声母的声学性质》（1991）、《紫云苗语五平调系统的声学及感知研究》（1992）、《藏语声调感知在合成中的应用》（1993）、《苗语浊送气的声学研究》（1993）、《藏语（拉萨话）声调感知研究》（1993）、《汉语普通话嗓音特征相关分析》（1995）、《哈尼语发声类型声学研究及音质概念的讨论》（1996）、《阿西彝语嗓音声学研究》（1997）、《汉藏语发声类型研究》（1997）、《凉山彝语松紧元音的声学研究》（1997）、《中国民族语言嗓音发声类型研究》（1997）、《语言发声研究及相关领域》（2001）、《利用逆滤波技术提取嗓音》（2002）、《嗓音发声类型的声学性质和参数合成》（2004）、《汉语普通话嗓音抖动及波动声学研究》（合作，1997）、《汉语双音节调位的矢量量化》（合作，2000）、《藏语文语合成管理系统》（合作，1993）、《藏语拉萨话元音、韵母的长短及其与声调的关系》（合作，1991）等。

孔祥卿（1966—）女，生于河北辛集。1988年毕业于南开大学中文系，获文学硕士学位；2003年毕业于南开大学文学院，获文学博士学位。现为南开大学文学院教授，博士生导师。为中国文字学会会员，中国民族语言学会会员，中国民族古文字研究会会员。

研究方向涉及汉语言文字学、彝语言文字学、汉字应用与规范、汉语方言等。发表的论文有《撒尼彝语60年的音变》、《彝文规范的前景》、《历史比较法在彝文研究中的应用》、《彝语"哎哺"与汉语"阴阳"》、《韩国语不同来源的词语在义类上的分布》、《言语异声，文字异形——彝文现状与战国时期汉字状况之比较》、《汉语长度单位词的来源》、《辛集方言两字组连读变调与轻声》、《说文小篆形声字形符声符位置的分布规律》等。出版《彝文的源流》、《汉字学通论》、《汉字与彝文的比较研究》等著作。

《彝文的源流》一书2009年获"汉藏语言学奖"二等奖。该书从理论、方法到研究结论都有创新之处。提出"共同彝文"和"方言彝文"的概念，并探讨了共同彝文到方言彝文的发展演变规律。通过今天各地方言彝文形音义的综合比较，上溯共同彝文，成功地勾勒出了180个共同彝字的发展脉络。对方言彝文比较的结果，得出方言彝文存在文字系统和类型差异的结论，补充了普通文字学的内容，为文字的发展演进提供了新的类型和例证。对彝文统一规范问题进行了深入的理论探讨，并对彝文的发展前景提出了前瞻性的规划，提出了崭新的思路，具有现实意义。

《汉字与彝文的比较研究》一书主要包括五个方面的内容。①汉字和彝文起源的比较；②汉字与彝文类型的比较；③汉字和彝文构造方式的比较；④汉字与彝文系统性的比较；⑤汉字和彝文历史发展的比较。文中还对汉字和彝文今后的发展方向进行了预测，为国家的语言文字政策提供了依据，有较强的应用价值。

拉西东日布（1923—）蒙古族，辽宁阜新县大五家子人。内蒙古自治区名词术语委员会副主任、编审，蒙古教育出版社副社长，兼中国蒙古语文学会理事、内蒙古自治区教育学会常务理事、内蒙古自治区民族教育研究会副理事长、全国民族教育研究会理事，全国蒙古文教材审查委员会委员、内蒙古自治区蒙语翻译系列高级技术职务评审委员会委员。

拉西东日布早年就学于北京辅仁大学社会学系，自 1956 年以来，长期兼任自治区名词术语委员会委员。20 世纪 60 年代后，任内蒙古教育出版社社长、总编辑。主持编写数种词典及译音手册。经过多年的实践，对蒙古语词汇提出如下的观点：（1）对一个有语言又有文字并有悠久文化传统的民族来说，在制定科技名词术语时，不能采取简单的翻译手段。不论是直译的还是意译的，应视为被本族语文中吸收进来的词汇。应当充分发挥其构词能力创制新词。其次应当积极采用借词。但过多地借用外语必然引起群众的反感。高科技语则不妨多采用外语借词。（2）对外国人名、地名的音译必须贯彻"名从主人，约定俗成"的原则。坚持形音相近以形为主，形音脱节以音为主、形音结合的原则。他依据这一原则主持编纂了汉、拉丁、国际音标和蒙文四体合璧的《外国地名蒙古语译音手册》，收词条 18000 余条，得到了自治区第一次语文工作会议专家的赞同以及地图出版界地名专家的赞同。已出版专著有：《汉蒙简明词典》（与布仁赛合编）、《汉蒙词典》（多人合编）、《外国地名蒙语译音手册》（多人合编）、《蒙汉对照自然科学名词术语词典》（集体合作）等。

李秉铨 （1930—）山西交城县人，祖籍山东昌邑县。中央民族大学藏学教授、中央民族大学藏学研究所所长、中国藏学研究中心干事会干事。1953 年毕业于中央民族学院语文系藏语文班，留校教学藏语和藏学研究工作。1956 年担任中央赴西藏代表团团长陈毅的翻译。1960 年担任周恩来总理的翻译赴印度工作。并担任中国外交部藏文翻译参加中印两国政府官员边界会谈工作。1965 年两度赴西藏担任中央代表团团长的翻译。1987 年晋升为教授。李秉铨主要从事藏学教学和研究工作。在担任藏文教研室主任期间，主编了一套四册的《藏文讲义》，在对研究生的教学中编写了一本藏语讲义《藏传佛教会话》。还就西藏历史和宗教研究写了多篇文章。1981 年撰文《西藏与祖国关系确立》一文，论证了公元 7 世纪以松赞干布为首的吐蕃在统一西藏后，拥护唐太宗统一全国的事业。1983 年在北京史学会上宣读了《论唐初民族关系大调整》，论述唐朝初期，对少数民族采取了开明的政策，使中国历史上第一次出现各民族团结的局面。1987 年与人合著出版了《中国西藏地方藏文历史资料选》，从上千年的藏文历史文献记载了西藏是中国的领土。1986 年撰写了《释藏族族名"蕃"的含义》，根据这个词在藏文藏语中所表现的意义，推断出应该是"土地"或"农业"的意思。这一观点已被藏族史学家所引用。1987 年应承德话剧团邀请担任话剧《班禅东行》顾问，根据藏汉文有关历史资料撰写了《献身与民族大家庭之六世班禅大师》一文，叙述了班禅大师从西藏扎布伦布寺到承德朝觐乾隆的重大历史经过，并论述了这一历史背景和意义。1988 年同许秀玉合作，著有《西藏概览》一书。

李大勤 （1964—）江苏赣榆人。1987 年毕业于徐州师范大学中文系，1990 年毕业于内蒙古师范大学汉文系，获硕士学位。2000 年 6 月毕业于上海师范大学文学院，获博士学位；同年 10 月进入中国社会科学院民族研究所师从孙宏开先生做博士后研究工作；2002 年 10 月博士后出站后应聘到中国传媒大学播音主持艺术学院工作。现为中国传媒大学对外汉语教育学院教授、博士生导师，中国民族语言学会理事。主要研究领域：理论语言学、语言调查及汉藏语语法专题研究、汉语语法及语用研究、对外汉语教学等。

李大勤先后参与国家重大科研课题一项、主持省部级科研课题多项。曾对中国境内格曼语、达让语、苏龙语、崩如语、扎话等种少数民族语言展开过实地的调查描写工作。在《民族语文》、《当代语言学》、《语言教学与研究》、《世界汉语教学》等专业性学术刊物上发表论文 30 多篇；出版学术专著四部及译著一部，分别是《格曼语研究》、《XP

的 VP 及相关问题研究》、《Vs 前多项 NP 及汉语句子的语用构型分析》、《苏龙语研究》、《语言风格学》。参与编著两部，分别是《中国语言学年鉴 1995—1998》、《中国的语言》。

李大勤 2000 年开始进入中国民族语言研究队伍，主要代表作为《苏龙语研究》和《藏缅语代词和名词的"数"——藏缅语"数"范畴研究之一》。

《苏龙语研究》在对我国西藏自治区隆孜县三安曲林乡苏龙语现状进行实地调查的基础上经过深入研究写成的。在语音描写方面，本书报道了两个方面的新发现：送气音节和韵腹卷舌现象。在词汇描写方面，本书吸收了语义学研究领域业已成熟的语义场理论和语义特征分析法，对"亲属"系统等词汇子语义场进行了较为深入的分析。在语法描写方面，全书结合当代语言学一些成熟的理论成果，揭示出了许多值得关注的特殊语法现象。

《藏缅语代词和名词的"数"——藏缅语"数"范畴研究之一》一文指出：就藏缅语来说，人称代词的"多/复数"与名词的"复/多数"之间存在使用相同的形式标记、使用不同的形式标记、人称代词的部分人称使用与名词相同的"复/多数"标记三种情况。文章认为，在这个过程中，名词"数"表达系统的更新一般来说要先于或快于人称代词"数"表达系统的更新。认为人称代词自身的"封闭性"及使用上的高频性是其中起决定作用的基本因素，而语言中固有的形式和意义或功能的不对称性是人称代词的"数"系统中出现多种系统交叉或并存等叠床架屋现象的根本原因所在。

李道勇 （1933— ）四川广安市人，中央民族大学民族学系教授，硕士生导师，长期从事南亚语系诸民族群体语言文化教学研究和讲授民族语言学。从 1976—2003 年，9 次一人奔赴中缅、中老、中越边境考察中国孟高棉诸民族群体语言文化和抢救拍摄正在改变或已经改变消失之前的孟高棉人文村寨习俗遗址等内容的原生态照片数百幅，其中有 1/10 的照片已经公开发表。1979 年，在北京外国语大学进修越南语，结业后在《民族译丛》上发表《老挝各语族语言的地理分布》和《越南北方的孟高棉民族》两篇译文。1980 年，在北京外国语大学进修高棉语，结业后撰写论文《克木语初探》，参加 1979 年中央民族大学科学讨论会笔会。该文内容后在 1982 年《中央民族大学学报》第一期上以《勐腊的克木人概略》一文发表，引起国内外学术界注目。同年 8 月，应邀赴丹麦哥本哈根参加国际学术会议，并在会上宣读论文"The Khmu people in China and their social customs"。1984 年这篇论文在日本《民族学志》刊出并出抽印单行本。同年，该文被收入当年美国社会科年鉴。1988 年 8 月—1989 年 7 月应邀赴瑞典隆德大学访问。同时，应邀参加第 21 届汉藏语言及南亚语言国际会议。在会上宣读论文"Some Phonetic Characteristics of Kammu/Khmu Languages in China"，后来该稿的中文版本《我国克木语的一些语音特征》，收录在中央族大学民族学系编辑出版的《民族·宗教·文化·语言》一书中。退休后，继续完成国家课题和继续承担"The Motifs of Mon-Khmer Groups in China" 21 世纪课题。专著有：《佤汉简明词典》（第三作者）、《布朗语简志》（第一作者）。主要论文有：《克木语初探》、《佤语概况》（第二作者）、《老挝境内各语族语言的地理分布概略》、《越南的民族名称与成分》、《国外有关克木人的研究情况》、《中国的孟高棉概略》、《我国南亚语系诸民族群体》、《我国南亚语系诸语言特征初探》、《我国南亚语系诸语言纪略》、《布朗族》、《漫谈东南亚某些民族的渊源及其特征》、《南亚语系》、《欧美有关佤语的研究》、《孟高棉语族特征概要》、《我国孟—高棉诸民族群体人名考释》、《佤族人的姓名》、《布朗族人的姓名》、《德昂族人的姓名》、《莽村考察》、《我国克木语的一些语音特征》、《布朗族文化史》、《克木人的识别问题》。

李得春 （1938—）朝鲜族，吉林省延边市人，大学毕业，延边大学朝鲜语言文学系教授。

1963年大学毕业后至今，一直从事教育工作，全国优秀教师，博士生导师，国务院学位委员会第四届学科评议组成员，享受国务院政府特殊津贴。国际韩国语教育学会中国代表，中朝韩日文化比较研究中心主任。中国民族语言学会常务理事、阿尔泰语言学分会副主席。出版了20余部著作；发表了百余篇论文。专著有：《朝鲜语自学读本》（1976）、《广播讲座朝鲜语》（1，2，3），1981—1983年）、《朝鲜语语汇史》（1987）、《汉朝词典》（共编，1989）、《朝鲜语基础教程》（1），1990）、《速成朝鲜语自学读本》（1，2，3）（1992）、《初级朝鲜语》（1992）、《汉朝语言文字关系史》（1992）、《朝鲜语汉字语音研究》（1994）、《古代朝鲜语文选及中世朝鲜语概要》（上，下）（1996）、《韩文与中国音韵》（1998）、《朝鲜对音文献标音手册》（2002）、《韩国语标准语法》（2002）；《简明韩国百科全书（言语文字部分）》（1999）、《朝鲜语历史言语学研究》（编）（2001）、《光复后朝鲜语论著目录指针书》（2001）；《民族语的研究和传播》（纪念论丛第二部）（2003）；《朝鲜语发达史》（2006）、《朝鲜语语言历史研究》（2006）；《韩中语言文字关系史研究》（上、下）（2006）。

论文有：《朝鲜语中的满语借词与同源成分》、《汉语上古音在十世纪朝鲜汉字音中的遗存》、《〈四声通解〉今俗音初探》、《对〈认识朴通事〉汉语标音的初步监别》、《〈老—朴谚解〉的中国语借辞及其演边》、《朝鲜学者的明清汉语音韵研究》、《借字标记和中国国韵学》、《关于〈蒙古语词和朝鲜语词的比较〉中的朝鲜语词》、《轻汉字词与汉语的结构和词义区别》、《商榷中国的朝汉双语中所提出的问题》、《关于标记在朝鲜谚解书中的近代汉语舌尖元音》、《鲜语（母语）教育面临的问题及解决途径》、《近代朝鲜文献中的汉朝对音转写问题》、《汉清文鉴》、《训民正音与中国音韵学》、《关于来母的高丽语音》、《关于韩国语语言史观》（概要）、《关于韩国语词汇发展中的若干问题》、《朝鲜王朝的汉语研究及其主要成果》、《世纪之交韩国语新词中的汉字词》、《历代韩国汉韩翻译简述》、《关于韩国汉字词标准的管见》、《国学在中国的发展》、《朝鲜语系属研究》、《试析汉源汉字词和韩国独有汉字词》、《古代韩国汉字特殊用法综述》、《朝鲜语汉字词和汉源词》。

科研项目有：（1）1996—1998年国家社会科学"九五"规划重点项目（96ayy014）《明清时期朝鲜的翻译韵书中所反映的近代汉语音韵体系》；（2）2001—2003教育部重大项目"中国文字音韵与韩国语言文字生活"；（3）2004—2007年延边大学211建设项目"朝鲜语历史语言研究"；（4）2005—2006年国家"十一五"教材规划项目《新时期韩语专业本科生系列教材》"韩国语语法教程"（上海外教出版社）；（5）2006年6月—2009年6月国家社会科学基金项目"延边朝鲜族朝汉双语问题研究"。

李范文 （1932—）笔名卜平，陕西西乡县人，宁夏社会科学院历史研究所所长、研究员、宁夏历史学会会长、中国民族语言学会理事。1956年毕业于中央民族学院语文系藏语本科班。1959年分配到中国科学院民族研究所工作。1960年调往宁夏，先后在宁夏大学、宁夏博物馆、宁夏社会科学院工作，现为宁夏社会科学院名誉院长、研究员、博士生导师，兼陕西师范大学、南京大学、复旦大学教授。

李范文主要从事西夏文和西夏史的研究。在西夏陵园发掘工地工作达7年之久，积累了大量原始材料，写出了一批专著。如《西夏陵墓出土残碑粹编》、《西夏研究论集》，合著有《西夏官印汇考》、《西夏简史》等。为了解决《夏汉字典》的注音问题，研究了西夏人所著的韵书《同音》、词书《番汉合时掌中珠》，写出了《同音研究》（70余万字）、《宋代西北方音》（50余万字），进而出版了《夏汉字典》（150万字）。此间还合著有《西夏文（杂字）研究》、西夏文《〈圣立义海〉研究》等著作。

在西夏学研究方面还写了一批具有很高价值的论文，多次荣获宁夏社会科学一等奖。例如《试论西夏党项族的来源与变迁》一文，揭开了西夏遗民消失之谜；《西夏官印汇考》揭开了西夏官印之谜；《〈掌中珠〉复字注音考释》，揭开了西夏文复字注音之谜；《西夏皇裔今尚在》揭开了西夏王胄并未被成吉思汗斩尽杀绝之谜。由于他在西夏学研究方面的突出贡献，1984年获宁夏回族自治区有突出贡献的专家称号；1986年获国家级有突出贡献的专家称号，并享受国家特殊津贴。2002年他编著的《夏汉字典》荣获"第四届吴玉章人文社会科学优秀奖"。2006年12月，又荣获全国杰出专业技术人才奖。多次应邀出国讲学和参加各种国际学术会议。1986年随中国社会科学院代表团赴苏考察，同年赴匈牙利参加国际乔玛藏学会，发表了《中国西夏学的回顾与展望》；1995年，赴奥地利参加国际藏学会，发表了《藏传佛教对西夏的影响》；1996年应日本东京外国语大学亚非语言文化研究之邀，前往讲学并进行学术交流，培养日、韩、中三国硕士、博士、副教授、教授共11名，并与中岛干起合著《电脑处理西夏文〈杂字〉研究》一书。同年应台湾中央研究院历史语言研究所之邀前往讲学，同时在清华大学、文化大学、中兴大学以及国立历史博物馆讲授西夏历史和语言文学；1999年，应日本东京都大学人文科学研究所之邀赴日讲学，发表了《二十世纪西夏学回顾与展望》；2000年应台湾中央研究院历史语言研究所等之邀请，赴台湾参加西夏文输入电脑鉴定会。

主编了《西夏语比较研究》、《西夏通史》（国家重点项目），主持召开了"首届中国西夏学术讨论会"（1981）、"首届西夏国际学术讨论会"（1995）。并任圣雪绒西夏研究院院长、中国宁夏西夏学研究会会长。此外，还为出版俄藏黑水城西夏文献做了大量工作。近年来，同陕西师大、首都师大、北京师大、复旦大学、南京大学等校合作，共同培养西夏学博士生，目前还在培养着一名外国留学生。

2007年主编的《西夏研究》第1辑~第8辑陆续出版，10月份，他主编的《西夏通史》一书又荣获"第五届吴玉章人文社会科学一等奖"，两届连续获此殊荣。2008年，他主编的《夏汉字典》（修订本）已由中国社会科学院出版社出版发行，增加内容10万字。

李方桂 （1902—1987）山西昔阳人。美国夏威夷大学教授，曾任美国耶鲁大学、哈佛大学、西雅图华盛顿大学教授。早年就读于清华大学医预科，1924年赴美密歇根大学深造，后转语言学系，毕业后转入芝加哥大学语言学研究所。在著名语言学家萨丕尔和布龙菲尔德的指导下研究美洲印地安语，先后获得硕士和语言学博士学位。李方桂早年研究美洲印地安语，发表了十多篇论文。在藏语方面也有研究，最主要成果是1955年发表的《唐蕃会盟碑的研究》，另一篇是研究敦煌发现的一卷汉藏词汇。在侗台语研究方面，李方桂是侗台语研究的先驱，早在20世纪三十四年代初，就开始调查研究泰语和侗台语族各语言和方言，估计有20种以上。在1940年以后，陆续完成了《龙州土语》、《武鸣壮语》和《莫话记略》。已发表的文章有十几篇。他根据大量的材料进行比较研究，把台语分为三组：北部组包括：（1）武鸣；（2）迁江、册亨、凌云、西林、田州；（3）剥隘；中部组包括：（1）土、侬、龙州；（2）天保；（3）永淳；西南组包括：（1）泰语、寮语、黑傣；（2）吕、白傣、阿含。简单地说，北部组相当于布依语、壮语北部方言；中部组相当于壮语南部方言和岱；西南组包括泰、老挝、傣。他的《台语比较手册》(A Handbook of Comparative Thai, The University Press of Hawaii, 1977)是他集研究台语的大成之作。在这部巨著里,他构拟了原始台语的声类、韵类和调类。在研究汉语方面,对汉语音韵学的研究有独到的见解,他的第一篇讨论古汉语音韵的文章是《切韵 a 的来源》(1931),随后又发表两篇汉语音韵学文章。在研究汉语方言方面,他调查了海南的琼崖方言,提出海南话有"吸气音"(即带喉塞的浊塞音),以后还调查过江西方言。利用对汉语和汉语方言的调查研究,他于 1971 年发表了《上古音研究》一文。此外,还对台湾少数民族的语言进行过调查研究,他的《邵语记略》(Notes on The Thao Language, 1955)是继日本人之后,第一篇研究高山族语言的论文。李方桂已发表有关侗台语研究的专著有《龙州土语》(《中央研究院历史语言所单刊》,甲种之 16,1940)、《莫话记略》(《中央研究院历史语言所单刊》甲种之 20,1943)、《武鸣壮语》(《中央研究院历史语言研究所单刊》甲种之 19,1956)和《台语比较手册》。用英文发表的单篇论文已由有关学者翻译成汉文出版。

李国文 (1950—)生于云南临沧地区永德县班龙山热水塘村。1968—1973 年在中国人民解放军某部服兵役。1976 年毕业于云南大学政治系哲学专业。1976—1994 年供职于云南省社会科学院,分别在历史所、宗教所、社会学所、哲学所从事科研工作,曾分别任宗教所研究室主任,社会学所副所长,哲学所副所长。1994 年至今供职于云南民族大学,曾任科研处长、图书馆长(兼书记)。现任云南民族大学(云南省民族研究所)研究员,硕士研究生导师。获"云南省有突出贡献优秀专业技术人才"、"云南省有突出贡献的哲学、社会科学专家"、"云南民族大学伍达观教育基金优秀教师杰出奖"等荣誉。长期从事云南少数民族社会、宗教、语言、文字及少数民族古籍文献等田野调查和理论研究,学习和掌握纳西语、象形文字和《东巴经》。以少数民族语言、文字、典籍文献和田野调查为基础,主攻民族宗教文化和民族哲学。1988 年独立完成国家哲学社会科学基金《东巴文化与纳西哲学》研究项目。主持完成国家八五计划《中国少数民族原始宗教调查研究与资料丛编·哈尼族卷》,国家社会科学基金西部项目《云南少数民族古籍文献调查与研究》等项目,参与完成《中国少数民族哲学史》、《云南省志·宗教志》等国家和省的重要研究项目。著述出版有:《东巴文化与纳西哲学》、《东巴文化辞典》、《人神之媒——东巴祭司面面观》、《通向彼岸的桥梁——云南少数民族宗教信仰》、《天·地·人——云南少数民族哲学窥秘》、《李国文纳西学论集》等个人论著;出版合著《先民的智慧·彝族古代哲学》、《彝族俐侎人民俗》、《云南省志·宗教志》、《迪庆州宗教志》等 24 部。在《哲学研究》、《中国哲学史研究》、《社会科学战线》、《云南社会科学》,美国《中国哲学》(国际论坛),台湾《道教学探索》、《宗教哲学》、《古今论衡》等杂志发表《从象形文字看古代纳西族空间观念的起源》、《从象形文字看古代纳西族时间观念的起源》、《从象形文字看古代纳西族原始阴阳观念的起源》等学术论文 82 篇。个人科研成果 6 次获云南省社会科学优秀科研成果奖,4 次获省级集体奖,2 次获国家社会科学规划优秀科研成果奖。

李洁 (1978—)女,籍贯云南昆明市,研究生学历,博士学位。国际双语学会会员。1996—2000 年,云南师范大学中文系汉语言文学教育本科;2000—2003 年,南开大学中国少数民族语言文学硕士;2003—2006 年,中央民族大学中国少数民族语言文学博士。2006 年至今,云南师范大学文学与新闻传播学院,副教授。主要研究方向:语言调查和汉藏语系语言语法比较。曾经调查过苦聪话、拉祜语、毕苏语、仙岛语、勒期语、普米语等少数民族语言。主要著作:《仙岛语研究》(合著,

2005)、《勒期语研究》(合著,2007)、《汉藏语系语言被动句研究》(2008)。主要论文:《苦聪话概况》、《拉祜语的并列结构复合词》、《"汉语与少数民族语研究相结合"主题论坛在北京举行》、《拉祜语的反响型量词》、《藏缅语的强调式施事句——兼与汉语被动句对比》、《被动句是拉祜语的一种独立句型》、《高校民族语文教学综述》、《勒期语概况》、《拉祜语的类被动句——兼与汉语被动表述对比》、《从藏缅语族语言反观汉语的被动句》、《汉藏语被动句的类型学分析》。获奖和成果引用情况:《仙岛语研究》一书于2006年获北京市第九届哲学社会科学优秀成果一等奖;《从藏缅语族语言反观汉语的被动句》,博士学位论文《汉藏语系语言被动句研究》被评为中央民族大学2006年优秀博士学位论文并获中央民族大学"985工程"全额资助出版。已合作完成的科研项目:南开大学与云南民族学院民族语言文学系的省院省校合作项目"云南民族语言学基地"建设(1999—2003)"苦聪方言调查与研究";教育部语用所的国家社科基金重点项目《社会语言学词典》;中国社会科学院语言所的国家社科基金项目《语言学名词审定》;香港中文大学"藏缅语族语言形态句法"项目;教育部人文社会科学重点研究基地项目《仙岛语研究》;中央民族大学"211工程"建设项目《汉藏语系量词研究》;教育部人文社会科学研究项目《汉语和少数民族语言语法比较》;中央民族大学"985工程"项目"中国少数民族语言研究丛书"《勒期语研究》;中央民族大学"985工程"项目《汉藏吾系语言被动句研究》。参加国家社科基金课题:"彝缅语言比较语法话语材料数据库建设"(起止时间2006—2009);主持云南省哲学社会科学规划课题:"新时期云南澜沧拉祜族自治县跨境民族语言使用情况调查研究"。

李锦芳 (1963—)壮族,生于广西田林县。1983年毕业于广西民族大学中文系,获学士学位。1987年及1996年毕业于中央民族大学民语三系及语言学系,分别获硕士、博士学位。1987年起在中央民族大学任教,2002年任中国少数民族语言文学学院教授,2003年获得博士生导师资格,2010年受聘为二级教授。1997—2008年,先后任语言学系副主任、少数民族语言文学系主任、中国少数民族语言文学学院副院长。北京市政协第十届、十一届委员。学术兼职有中国民族语言学会常务理事、《民族语文》杂志编委、国家民委民族语文系列高级职称评委、中国行政区划与地名学会理事、广西民族大学壮学研究中心学术委员会委员、贵州民族学院兼职教授、百色学院客座教授等。系"北京市(青年)学科带头人"、国务院政府特殊津贴专家,入选教育部"新世纪优秀人才支持计划"、国务院七部委"百千万人才工程国家级人选"。主攻南方与东南亚民族语言与历史文化,亦涉地名研究。授汉藏语概论、侗台语言历史比较、汉语与少数民族语言关系概论、语言调查理论与实践、古代汉语等课程。出版著作十余部,论文发表于《民族语文》、《语言研究》、《古汉语研究》和 Mon-Khmer Studies、Linguistics of the Tibeto-Burman Area、Journal of Language and Linguistics 等国内外语言学专业刊物,共90余篇。作品获省部级奖3项。曾主持、参与国家级、省部级、国际合作项目10余项。曾应邀到美国北伊利诺大学、德州(阿灵顿)大学、澳大利亚墨尔本大学、英国伦敦大学从事学术研究与项目合作,多次赴海外参加国际学术会议,曾应邀担任香港城市大学教授职称评审校外委员、李方桂徐樱纪念奖学金评审委员。

多年来致力于少数民族语言文学学科的教学研究以及学科建设工作,主攻壮侗语族语言,亦涉南方民族语言与历史文化领域。他还积极投身于中国弱势语言、濒危语言的保护与调查研究工作,成绩显著。协助广西民语委开展壮语文水平标准化考试,主持考试研发工作,促进民族语文工作的现代化。善于借鉴国内外最新成果,引用多学科、多语种资料和方法，研究成果往往建立在扎实的田野调查基础之上。他先后调查过粤语、平话、儋州话、客家话、西南官话等汉语方言，以及汉藏、南亚语系的壮、布依、傣、毛南、茶洞、仫佬、标、村、布央、拉基、普标、仡佬、勉、布努、布干、俫、户、克木等语言。

李锦芳教授初次详细调查介绍了布央、茶洞等语言，对壮泰语支、仡央语支有较深入的调查研究，取得许多成果。承担了"仡佬语群调查研究"等部委、国家级课题，担任著名语言学家 Bernard Comrie 主持的"洲际比较语言学词典"项目中方协调人。在国内外出版了《布央语研究》、《仡央语言探索》（合著，第一作者）、The Buyang language of South China（第一作者）、《西林壮语人称代词探析》、《越南拉哈语与仡央诸语言的初步比较》、Diachronic evolution of initial consonants in Buyang（合著，第一作者）、Notes on Paha Buyang（合著，第一作者）、Chadong, a newly discovered Kam–Sui language of Northern Guangxi、Language contact between Geyang and Yi 等论著。

在汉语与民族语比较研究，主要是粤方言与侗台语的接触关系和早期汉语侗台语相互影响上也有贡献。发表了《华南地区语言清塞音声母浊化现象探析》、《粤语中的壮侗语族语言底层初析》、《粤语西渐及与壮侗语接触的过程》、《"橄榄"语源小考》、《壮语中的平话与粤语借词的区分》。

对南亚语言以及南方民族语言与历史文化关系也有所研究。他主持了国家级课题"西南地区双语类型转换研究"，1999—2001 年参与组织中美合作项目"中国南方台语民族稻作起源与传播的历史语言学研究"。论文《中国稻作起源问题的语言学新证》，著作《侗台语言与文化》获校级一等奖。还发表了《布干语和俫语关系初探》、《百越地名及其文化蕴意》、《百越族系人名释要》等论著。此外，在双语方面也有所涉，主编《双语和双语类型转换》。

近年来致力于弱势语言、濒危语言的保护与研究，论文《中国濒危语言研究及保护之因应策略》并出版了著作《西南地区濒危语言研究》，获北京市哲学社会科学优秀成果二等奖，主编《仡佬语布央语语法标注话语材料集》。申请到英国伦敦大学亚非语言学院"世界濒危语言研究项目"的课题资助，对仡佬族语言的柔勒和阿欧两个濒危程度最高的方言展开详尽的纪录语言学研究工作，取得了一系列成果，有效地记录保留了丰富的语言文化遗产，包括大量的有声语档。

此外还积极投身于民族语文应用研究与实践工作，发表了《中国少数民族有使用和发展自己的语言文字的权力》、《国外和中国港澳台民族语文政策及经验教训》、《壮语通用拼音方案》等，倡议促进举办了中国第一个少数民族语文标准化考试"壮语文水平等级考试"，推进了少数民族语文工作在 21 世纪的创新发展。

李锦平 （1947—）贵州雷山县人，苗族，贵州师范大学中文系毕业，贵州民族学院民族科学研究院原副院长，教授，硕士生导师，校学术带头人。主要从事苗族语言、文学教学与科研工作。讲授中部苗语、苗族文学、苗语方言比较、民族语文翻译理论与实践、文化语言学等课程。主持完成《双语教学的理论与实践》、《苗族语言文化研究》、《构建民族职业教育理想模式对策分析》、《苗语同义词反义词研究》、《贵州苗族古籍总目提要》等科研项目 7 项；目前承担 2007 年国家社会科学基金项目《苗语方言比较研究》。出版《苗族语言与文化》、《苗语同义词反义词词典》、《苗语俗语小词典》、《黔东苗语基础知识》、《苗语》（苗医药系列教材之一）、《小学苗语文》、《贵州苗族古籍总目提要》等专著、编著多部。先后在《贵州民族研究》、《贵州民族学院学报》等刊物上发表《苗族认知模式与苗汉双语教学》、《苗语俗语的文化分析》、《从苗语词语看苗族农耕文化》、《论双语教学的实质》、

《论苗语和汉语之间的相互影响》等论文30余篇；先后指导过美国、日本、新加坡、马亚西来、中国香港和台湾等国家和地区十多名学者学习研究苗族语言文字和苗族历史文化。

李锦平对苗族语言与文化有较深的研究。他撰写的《苗族语言与文化》是从苗语全面系统地研究苗族文化的第一部专著。他编著的《苗语同义词反义词词典》是苗语同义词反义词研究的开山之作，荣获首届贵州高校人文社会科学研究优秀成果二等奖。

多次被贵州省哲学社会科学规划办公室、贵州省教育厅聘请为科研项目鉴定专家和高校教师代表论著评审专家，两次被贵州省文艺奖评审委员会聘为贵州省文艺奖民间文艺评选委员会委员。

李经纬 （1933—）回族，河南省开封市人，1957年毕业于中央民族学院语文系民族语言调查与研究专业维吾尔语班，后分配至新疆工学院语言教学研究部，在该部从事语言教学与研究工作50年。曾任该部副主任、教授以及中国少数民族双语教学研究会副理事长等社会职务。享受政府特殊津贴。

1956年初参加中国科学院少数民族语言调查第六工作队赴新疆喀什地区进行维吾尔方言调查近一年时间，所学的语言调查知识得到了实际的锻炼，给后来从事语言研究工作奠定了基础。1979年，他又应中国社会科学院民族研究所之约在该所语言室参加付懋勣先生主持的《维吾尔语方言词典》课题工作并再次到新疆且末进行维吾尔语方言调查。先后撰写了《试论现代维吾尔语方言词的类型及其对划分方言的意义》（1986）、《现代维吾尔且末话的语音和语法特点述略》等论著。还跟靳尚怡合作对现代维吾尔语中某些共同感兴趣问题进行研究，其成果有：《关于现代维吾尔语的 -mu》（1979）、《现代维吾尔语动词的造词系统》（1989）等论文。

在中央民族学院学习期间，受老一辈研究少数民族历史和少数民族古文字的专家们的熏陶，对维吾尔族使用过的古文字，特别是回鹘文产生了浓厚的兴趣，1972年，新疆维吾尔自治区博物馆为给复刊后的《文物》杂志拟出一期新疆专号组稿，得于研读1959年哈密出土的回鹘文佛经的部分大幅照片。他根据这些照片写出了一篇题为《1959年哈密新发现的回鹘文佛经浏览琐记》的论文。该文虽然错过了发表的机会，但后来他根据新疆博物馆提供的这部分照片陆续撰写发表了《如来三十二吉相回鹘译文浅论》（1981）、《哈密本回鹘文〈弥勒三弥底经〉初探》（1982）、《佛教二十七贤圣回鹘译名考释》（1982）、《哈密本回鹘文〈弥勒三弥底经〉第二卷研究》（1982）、《……第三卷研究》（1983）、《……首品残卷研究》（1985）等系列论文。

与此同时还在国内外已有研究成果的基础上，将所见的回鹘文社会经济文书进行了汇编、订正、分类、汉译，于1986年完成了《吐鲁番回鹘文社会经济文书研究》（收文书107件）一书，1994年又完成了《回鹘文社会经济文书研究》（共收文书80件）一书，这两部著作于1996年3月和1月先后出版。

2000年主持了国家社会科学基金项目《高昌回鹘文文献语言研究》，与靳尚怡和颜秀萍共同完成，其成果于2003年12月出版。

在原新疆工学院语言教学研究部（现新疆大学语言学院）从事民汉双语教学与研究工作五十余年，对民汉双语教学及其学科建设方面做了大量的工作。曾主持并参与编纂《维汉简明小词典》。1964年他参加过第一部新疆大专院校通用《汉语教课书》的总体设计和具体编写工作以及后来多种民汉双语教材的编审工作。1984年他组织教研室的六位讲师以上的教师、对少数民族汉语教学法进行了比较系统的研究，写出了《汉语教学法》一书（油印本），其中一部分章节已以文章的形式和具体执笔人的名义在有关刊物发表。

李敬忠 （1933—）壮族，广西邕宁人，早年在武昌中南民族学院工作，1956 年到北京中央民族学院语文系语言研究生班进修。现为香港大学亚洲研究中心名誉研究员（教授）。中国教育家协会理事，中国少数民族语言研究学会理事及学术委员。1956 年参加中国科学院少数民族语言调查第一工作队海南分队调查黎语方言，并参加编写《黎语调查报告（初稿）》语法部分。后在中南民族学院从事语言教学研究工作 30 多年，主讲过《现代汉语》、《语言学概论》及《方言·少数民族语言调查研究基础知识》等课程。在 30 多年的教学工作中，培养了不少人才，语言科学研究亦成绩卓著。其所著《语言演变论》提出 2000 多年前扬雄《方言》中提到的词语，有许多语词至今是一些少数民族语言里仍然使用的活语词，从而进一步深入考察《康熙字典》和《中华大字典》里的五、六万汉字中，有不少《诗经》、《尔雅》到浩如烟海的各种古籍字里行间都从未作为句子成员使用过，而仅被当作"汉字"打入"冷宫"，它们实际上都是少数民族语的汉字译音词（字）。而且提出了汉语并不是孤立的语种，而是有一个由粤、闽、吴和汉语普通话等语言共同组成"汉语语族"的新观点，还根据我国丰富的语言事实，提出"在特殊的历史条件下，两种语言的融合，完全可以产生新的第三种语言"的新观点、新理论，突破了传统的语言融合观。在研究方法上，主张把汉语同少数民族语言紧密结合起来。

近期新作《濮与中华民族》，以大量的历史语言资料，证实古濮（百）越先民是建立中国历史上第一个王朝"夏"的古代民族，并破解了为什么叫"夏"和"华夏"等许多千古之谜。由于科研成果有许多独到见解，80 年代以后，除了港、澳和国内的一些大学，还先后应邀赴美、日、意和澳洲等一些著名学府做访问学者，进行讲学和学术交流。

李静生 （1948—）纳西族，云南丽江人，汉语言文学学士，云南省丽江市东巴文化研究院学术委员会副主任，研究员。1982 年毕业于云南民族学院中文系；1982 年 9 月—1984 年 6 月在原丽江县人民政府工作，曾担任文化局副局长；1984 年 6 月调任丽江东巴文化研究室任办公室主任；1991 年改任东巴文化研究所学术委员会副主任至今。在此期间，于 1986 年秋—1987 年秋在北京大学中文系进修文字学、音韵学等课程。在研究所工作的 20 年中，曾翻译 50 多种、校译 160 多种东巴经书，收入《纳西东巴古籍译注全集》中，现已出版，此外还在各类刊物上发表了 20 余篇学术性论文。曾应邀赴瑞士苏黎世大学、新加坡、柬埔寨等国家做学术交流活动。2004 年被聘为西南师范大学中文系、中国少数民族语言文学专业硕士生导师，云南民族大学民族文化学院客座教授。

李静生语言文字学术论文主要有：《纳西东巴文与甲骨文比较研究》（1983）、《纳西东巴教中的祭署龙仪式及社会功能》（1990）、《纳西族丧葬文化的历程》、《纳西东巴文化研究三题》、《汉译纳西族东巴经书述评》、《东巴经翻译札记》、《论纳西哥巴文字的性质》、《纳西族东巴经文学中的比兴艺术》、《略论纳西东巴文对联》、《纳西族的原始文字东巴文与东巴经》、《纳西语汉语同源词例证》、《东巴文的假借与省略》。

李克郁 （1936—）青海互助县人，青海民族学院民族研究所副所长、教授、青海省六届政协委员、中国民族语言学会理事、青海省民族学会常务理事兼副秘书长、青海省翻译协会理事兼少语专业委员会副主任委员。1952 年赴中央民族学院学习，1955 年参加中国科学院组织的国内蒙古语族语言调查队，赴青海调查土族语和海西蒙古语。1956 年参加全国少数民族语言调查队，同年调中国科学院少数民族语言研究所从事土族语言研究。1961—1966 年在内蒙古大学中文系蒙古语文专业学习。毕业后回土族自治县工作。1967—1977 年再次广泛深入调查土族语言、社会历史及民间习俗。1977年底调往青海民族学院政教系执教，致力于土族语言及历史的研究，发表了有关论文。1979年，他设计了土族文字方案和制订了土文正字法，编著土文教材，译制土语电影，开办土语广播。实践表明，土族文字方案充分表达了土族语音的特点并在字母读音上基本上与汉语拼音方案一致。土文正字法遵循了音位学原则和形态学原则。对土族语言的研究主要是从事土族语言和《蒙古秘史》语言的比较研究。认为土族语言在13—14世纪时是蒙古语的一个方言，后来，土族生活在另外一个环境，跟蒙古人隔绝，在周围语言的影响下，与蒙古语差别日益扩大，发展为独立的语言。这是因为两个语言的重音的位置不同。蒙古语的重音在词的第一音节上，而土族语恰好相反，其重音落在词的末一音节上，词首元音弱化甚至脱落。土族语同蒙古语的差异日益扩大。对土族历史也有研究，从语音学、历史学、民族学相结合的角度，提出土族是不同时期来到河湟流域定居的蒙古人，是蒙古族的一个分支，并掺有少数蒙古化的沙陀突厥人、党项人、吐谷浑人的观点。已出版专著有：《土族简史》（编写人之一）、《青海少数民族》（编写人之一）、《土汉词典》、《蒙古语族语言词典》（编著人之一）。已发表论文有：《白鞑靼与察罕蒙古尔》、《土族姓氏初探》、《土族语-nge（-ge）的用法》、《土族族称辨析》、《青海汉语中的某些阿尔泰语言成分》、《土族（孟哥尔）语言质疑》等。

李民　（1929—？）上海人。曾任中央民族学院语文系教授、中国民族语言学会理事。

1953年毕业于中央民族学院民族语文系彝语专业，同年留校任教。1966年以前从事"新彝文"的教学、研究和编写讲义的工作。1974年受命担任"四川省民委彝文工作组"副组长，深入彝族地区对彝文进行普查。在普查基础上得出结论：原有彝文还有强大的生命力，经过改革可以作为四川彝族的文字工具。于是与彝族合作将原有彝文规范成"表音的音节文字"，编成《彝文规范方案》。此方案在四川省彝族文字学术讨论会上通过以后，参加了试点工作。《彝文规范方案》在1984年获得四川省哲学社会科学研究成果一等奖。出版专著有：《凉山彝语会话六百句》（与马明合作）、《凉山彝语语音概论》、《凉山彝语语法》（与马明合作）。还和彝族合作编纂了30000词的《彝汉词典》。发表的论文有：《凉山彝语人称代词的几个问题》、《凉山彝语动词、形容词的重叠》、《彝语量词的变调》、《凉山彝语的主动句和被动句》等。

李壬癸　（1936—）台湾宜兰县人。台湾中央研究院历史语言研究所研究员，副所长。1960年台湾师范大学外语系毕业。1963年在美国密西根大学获英语文学硕士，1973年在夏威夷大学获语言学博士。1986—1989年任台湾清华大学语言学研究所教授兼所长。致力于台湾高山族语言研究。主要著作有：《鲁凯语结构》、《鲁凯语料》、《泰雅方言的音韵律》、《台湾土著语言的词音位转换》、《鲁凯语内部之关系》、《邵语音韵》、《兰屿雅美语初步调查报告》、《台湾南岛语言的语音系统》、《台湾南岛语言的舟船同源词》、《台湾北部平埔族的分类及其语言根据》、《台湾平埔族的种类及其相互关系》等。

李森　（1923—）生于新疆喀什市，祖籍河北衡水县。中央民族大学语言研究所教授、中国民族语言学会理事、中国突厥语研究会理事。1939在乌鲁木齐市师范（原名迪化师范）就读，1941年留校任教，开始对新疆少数民族语言进行探讨。在从事语言学的研究中，得到著名语言学家罗常培的指导。数十年来，从事阿尔泰语系特别是突厥语族语文的研究，还在培养人才方面做了许多工作。1947年在中央大学（今南京大学）任讲师。1948年校订出版苏联学者巴斯卡阔夫和纳西洛夫的《维文文法概要》维吾尔语文。1949年由南京大学调北京大学任讲师，开设东方语文系维吾尔语专业。1951 年编著《维吾尔语读本》，这是新中国成立后第一次公开出版用于学习少数民族语文的专著。本书采用老字母表（察合台文字母表），采用言文一致的拼写法，同时采用在苏联使用过的维文拉丁字母撰写。1952 年调中央民族学院任副教授，创建中央民族学院语文系突厥语教研组。1955 年参加新疆民族语言调查队，1956 年参加中国科学院少数民族语言调查第六工作队，负责调查维吾尔、哈萨克、柯尔克孜、乌孜别克、塔塔尔、撒拉、裕固、锡伯、塔吉克等语言。同年被选为新疆维吾尔自治区语文研究委员会委员。1958 年后从事维吾尔语教学，编纂《维汉词典》。1980 年参加《民族词典》编写工作，任编委和分科主编，负责编辑中国民族语文学科北方民族语文的条目并撰写词条。同时为《中国大百科全书·民族》、《中国大百科全书·语言文字》卷撰写有关维吾尔语的条目。数十年来，致力于教学，培养了一批研究维语的高级人才。在教学中，开设了维吾尔语文、察合台语文、少数民族语文概况、语言调查、突厥语族亲属语言比较、维吾尔语研究、维吾尔语方言与语言调查、突厥语言研究导论、察合台语文、维吾尔文学史等课程。出版的专著有：《维吾尔语读本》。已发表主要论文有：《维吾尔文字的改革问题》、《维吾尔文和汉字在教学和应用上的比较》、《我国的突厥语研究》（维文）、《维吾尔语中心方言的主要特点——兼论现代维吾尔文学语言的基础方言》、《突厥语族特点概要》、《维吾尔语》等多篇，此外还翻译了一些有关维吾尔语和哈萨克语的文章。

李绍尼 （1938—）白族，大学本科，云南大理白族自治州洱源县乔后盐矿人。中央民族大学语言文学系副教授，硕士生导师，藏缅语教研室主任，中国少数民族双语教学研究会教育信息化专业委员会副会长。现任北京民汉电脑多语种研究所所长。受聘为云南省民语委副研究员，大理学院、大理州白族文化研究所特约研究员。

1962 年毕业于中央民族学院民族语言文学系，并留校任教。先执教哈尼语言文学四年。后专门从事白族的文字、语言文学和文化事业的教学、科研工作，并致力于少数民族信息化双语教学及软件的开发工作。

大学毕业时受校系领导嘱托，通过学习研究"开办出白族语言文学专业班次"，从此开始了创制拼音白文的研究与设计工作。从 20 世纪 80 年代起，调入"少数民族语言研究所"花了十来年的时间，深入大理州的大理、剑川、鹤庆、洱源和云龙以及丽江、兰坪和怒江各州县的白族山区和坝区及昆明地区，搜集了大量的白族语言和民间文学作品，同时向州县乡各级白族领导宣传使用白族文字，劝其开展先进的白、汉双语文教学。80 年代后期，在系里给白族学生开设并讲授白族文字和民间文学课程。同时给日本和美国的留学生、博士进修生讲授了白语文课程，并以合作方式带他们到大理民间进行实习调查。期间，不断支持和帮助剑川创办的白、汉双语文实验小学、大理市向阳溪白文学校的教学和宣传工作；同时与云南省民语委大理州合作撰写并拍摄了电视专题片《白文实验启示》。90 年代起，在系所里，首先开创了电脑白、汉双语文教学课堂，开设了全院白族学生的"白族文字与白族文化"公共课程，使会白语及不会白语的白族学生都掌握了白族文字。1993 年，出席了云南民语委主办的"白族语言文字科学讨论会"，与同行的白族语言学家一起统一了拼音型《白族文字方案》，不断地支持和指导了昆明、大理的白、汉双语文的教学事业。先后在昆明和洱源主持白族文字的培训教学工作。从 90 年代中期开始至今一直在研究和规范流传了上千年的汉字型古白文。

1997 年退休至今，创办了北京民汉电脑多语种研究所，对包括白文在内的我国各少数民族的电脑双语教学事业开展了多项的实验教学，并在多个民族中已取得显著的效应。

2002 年被北京大学特邀参加《大理白族自治州世界文化遗产申报》总课题组,并担任《白族文化》子课题项目负责人参与撰写工作。主要业绩有:

一、编著白语文教材多部。先后编写了《白语音位系统》、《古今白文》、《白语会话》、《白、汉、日三语会话》、《相关白族古代文化》、《白族民间文学》等多部,并先后发表了汉译白族民歌 200 多首,汉译白族长诗 2 首,汉译长篇白族民间故事 10 多篇,创作少数民族风格歌词 20 多首,先后被多位作曲家谱写成歌曲公开集册和发表。有关白族语言、文字、文学、文化和教育论文 30 多篇。专题著作《白族文化史》、《白族文化志》被收载入《中国少数民族史》和百卷本《中华文化通志》。

二、与同行专家共同搜集翻译编著了 10 多部著作。如《中国少数民族语言》、《汉语与少数民族语言关系概论》、《藏缅语族语言词汇》、《民族古文献概览》、《彝缅语研究》、《中国民间情歌（55）个少数民族卷》、《中国少数民族诗歌格律》、《中国少数民族文化大辞典》（西南地区卷）、《中国少数民族民俗大词典》、《中国少数民族民俗大观》、《中国少数民族谚语选》、《中国语文大词典》、《中国少数民族音乐故事集》、《计算和数据及文字处理技术在少数民族语言研究中的应用》等。其中参与编著的《计算和数据及文字处理技术在少数民族语言研究中的应用》获得 1994 年"国家民委科技进步一等奖"。参与编著的《中国少数民族语言》获得 1998 年"国家民委哲学社会科学优秀科研成果二等奖"。参与编著的《中华文化通志》（百卷本）获得 1999 年"第四届国家图书奖优秀奖"。

三、与国外美、加等国合作开展白语研究长达 20 多年。1987 年起至今,长期与美国德克萨斯州大学阿灵顿分校语言学系主任艾杰瑞教授、加拿大语言学家艾思麟教授合作共同研究白语特殊音质的形成和特点,并在 1999 年底在美国召开的"国际汉藏语言学术讨论"会议上报告了用高科技喉镜仪器共同进行"白语特殊音质的直观分析与电视录像"研究首次发现:白语人的勺状肌具有人类第三声带语言发声功能。由此引起了国际语言学界的高度重视和评价。后来,由中、美、加三国语言学家合作实验研究并合著《论彝语、白语的音质和勺状会厌肌带的关系》的学术论文中、英文版分别在泰国和中国发表。中文版被收入我国《发现》经典文库之中。并先后合作用中、英文发表了《云南剑川白语的音质和音调》等语言学术论文多篇。

从 2004 年起,又再次组合成美、加、法、索、中的多国合作研究小组就人类婴儿初始语言习得的方法与模式开展合作研究。此课题需连续开展 6 年之久。目前正在继续之中。

李绍年 （1937—）陕西大荔县人,新疆《语言与翻译》杂志主任、总编、译审。1960 年毕业于西北民族学院语文系维吾尔语专业。1976 年以后在塔城地委宣传部任翻译期间,与人合作翻译中国古典名著《水浒》译成哈萨克文,1981 年在塔城地委党校翻译培训班任教,讲授汉哈语法对比,1983 年借调中央党校新疆班任教,编写了各种教材,1985 年调新疆维吾尔自治区民族语言文字工作委员会任《语言与翻译》汉文版主编,任杂志社副总编。1987 年评为副译审,1988 年聘为《语言与翻译》杂志社副总编。长期以来,从事翻译工作,不但从事哈汉、汉哈、维汉的翻译,还可以直接用哈萨克文和维吾尔文写作。翻译、审阅大量稿件,同时发表一批学术论文和译作。对哈萨克语的多能动词 dê-有专门的研究,撰写出《哈萨克语动词dê-及其汉义刍议》一文。认为 dê-在哈萨克语中是个"多能动词",口语和书面语中使用频繁,形式多样。总结出动词 dê-在使用中灵活多样的表现形式和汉译方法。他另一篇文章《世界语与维吾尔语、哈萨克语对比概述》,系统地阐述世界语与维吾尔语、哈萨克语的异同。还专门研究翻译理论,撰写了学术专著《民族语文翻译学概论》。已发表论文有：《哈萨克语中汉语介词"对"（对于）的译法初探》、《世界语与维吾尔语、哈萨克语对比概述》、《哈萨克语动词 dē-及其汉义刍议》、《世界语简介》（哈文）、《谈谈"对"（对于）一词在维语中的翻译》（维文）。

李世龙 （1929—1997）朝鲜族，中国朝鲜语学者，生于韩国庆尚北道平海面月松里。中国朝鲜学会常务理事，国际朝鲜语言学会会员。1934 年随父母移居到中国吉林省永吉县。1949 年入延边大学朝鲜语文学系学习，1952 年毕业，留校任教。1960 年调至中国人民解放军外国语学院任教，先后为本科生、研究生讲授"普通语言学"、"朝鲜语基础"、"朝鲜语语法"、"朝鲜语学史"等课程。1989 年晋升为教授。主要从事朝鲜语教学和教学法研究。其成果有：《略论基础阶段朝鲜语教学法》（与宣德五合作），《朝鲜语基础教学法初探》。20 世纪 80 年代以后，主要从事朝鲜语研究。1984 年与崔允甲合著《朝鲜语学词典》。此外，发表了论文《朝鲜语评价文的结构及其特点》和《论朝鲜语敬语法》等论文。

李树兰 （1933—2013）笔名舒兰，女，天津市人，1952 年考取北京大学语言文学系，分配在语言专修科就读，1954 年毕业后分配到中国科学院语言研究所，为研究实习员。历任助理研究员、副研究员、研究员。在工作期间曾任锡伯语组组长、满—通古斯语组代组长以及（北京）锡伯历史语言学会副秘书长。

从李树兰参加民族语言研究工作开始，就从事锡伯语的调查研究，后来随着调查领域的逐渐扩大，对满—通古斯语族的其他语言也进行了调查和研究，除了赫哲语、女真语只接触了一些文字资料外，对满语、鄂伦春语、鄂温克语也做过一些调查研究工作。

锡伯语在满—通古斯语族中占有重要的地位，它是该语族使用人口最多、最活跃的一个语言，而且它和满语的关系很近，新中国成立前在国内还没有什么人对锡伯语进行过深入、系统的调查研究。1955 年、1956 年李树兰参加了新疆少数民族语言调查第六工作队，首次赴新疆调查研究锡伯语，在对锡伯语、满—通古斯语调查研究方面，多次下乡进行田野调查访问，搜集资料，特别在 1978 年以后，几乎每年都结合当时的科研项目的需要，到新疆、内蒙古以及东北等有关的地区进行实地考察研究。

语言研究工作方面的主要贡献和成绩，有以下几个方面。

一、为锡伯族创制新文字方案。1955 年、1956 年先后参加调查新疆各民族语言的第六工作队，李树兰曾和锡伯族有关人士共同拟定了一份以斯拉夫字母为基础的《锡伯族文字改革方案（草案）》，提交有关部门参考。该方案在 1957 年《新疆日报》公布过。1958 年国务院公布了《关于少数民族创制文字方案中设计字母的几项原则》以后，根据文件精神和本民族的意愿，又拟定了一份以拉丁字母为基础的《锡伯族文字方案（草案）》。

二、在锡伯语研究方面。（1）先后发表和完成有关锡伯语、满—通古斯语的研究成果 33 种，为《辞海》等多种词书撰写了有关锡伯语、锡伯文的词条。（2）揭示了锡伯语重要的语言现象，在研究上有所突破和推进。例如，《锡伯语的领属范畴》一文，修正了长期以来，人们认为的满语支不存在领属范畴的传统观点。《锡伯语动词陈述式的亲知口气和非亲知口气》一文，这篇论文里，不仅把锡伯语动词中呈现的复杂情况说明了，而且就此还提出满—通古斯语的一个新的语法范畴，这对研究满—通古斯语族其他语言的动词有所启示，也为研究阿尔泰语系语言间的关系，提供了新材料。在《锡伯语的状词》一文指出，状词在语音构成上的一些规律，特别是谐音状词的语音构成上的一些规律；文章把位于形容词前，由重叠形容词词首再增加或换之以其他辅音构成的音节,看作修饰形容词的临时状词,这些研究和分析都具有新意。《满—通古斯语言语法范畴中的确定/非确定意义》一文提出了一个过去不被研究者注意的语言现象。即在满—通古斯语族语言里的一些语法范畴中,都区分确定/非确定的语法意义,这种意义在同一个语法范畴中相互对立、相互伴随。对这种现象的阐述,在满—通古斯语族语言中,确定了一种名为确定/非确定的语法范畴,具有一定的理论意义。在《反身领属范畴在锡伯语中的补偿手段》论述了锡伯语只有人称领属没有反身领属的事实,而在调查研究锡伯语过程中,发现了表达反身领属的语法意义,除了使用领格形式的反身代词以外,还使用名词/反身代词-ŋ-/人称领属附加成分的方式来表达,或使用名词/反身代词-ŋ-领格附加成分的方式来表达。附加成分-ŋ在强调词干所指称的事物为某个人称所有之外,往往又引申出"自己的"意思。由此可以将-ŋ看成是一种缺乏反身领属形式的补偿手段或方法。

在复合词研究、探讨中,借用了藏文的"藻饰词"术语,对锡伯语、满语中一些别有趣味的复合词进行了分析和归纳,撰写了《满文藻饰词研究》(载《中国民族古文字研究》第3辑,天津古籍出版社,1991年12月)和《锡伯语的藻饰词》(《民族语文》,1991年第1期))。

三、阐述了锡伯语和满语的关系。锡伯语和满语很接近,但是两者之间的关系很少有人充分的论述、分析过。《锡伯语满语比较研究举要》、《论锡伯语文的形成和发展》、《锡伯语研究对满语研究的贡献》以及《富裕满语和锡伯语》等文章,提出了对两者关系的看法,这些看法是:(1)历史上锡伯族使用的语言是满语,使用的文字是满文;(2)18世纪部分锡伯族迁徙到新疆以后,他们的语言逐渐走上了独立发展的道路,进而形成锡伯语;(3)锡伯文是在满文基础上略加改动的拼音文字,不完全同于满文,锡伯文同满文相比较,已经有了相当的变化,形成了锡伯文;(4)锡伯语、锡伯文是在满语、满文的基础上发展起来的,因此从历史的观点看,也可以说,锡伯语是现代满语、锡伯文是现代满文。作者认为这一看法,可以成为今后对这一问题进一步讨论和研究的基础。

出版了《锡伯语口语研究》和《锡伯语简志》。《锡伯语口语研究》。获北京满学会1997年首届满学研究优秀奖,该书是研究锡伯语口语第一部专著,分两部分,第一部分《锡伯语语法概要》是对语音和语法的简明描写。第二部分《锡伯语口语词汇》收词、词组6000条,所收的词是口语经常使用的,同时也有一些年轻人不大使用或不用的。根据口语的发音和传统文字的拼写习惯,模拟了书面语形式,作为文字规范时的参考。

《锡伯语简志》作为中国少数民族语言简志丛书之一,概况部分简单地介绍了锡伯族居住的情况,即由于历史原因而分居东北和新疆两个地方,形成了一个民族使用不同语言的情况。作者同满语书面语进行相关比较,介绍了现代锡伯语的一些特点。该书对词义演变有些探讨,对词义转化的因素作了较详细讨论。在语法部分对锡伯语的领属范畴所表示的语法意义,提出了新的见解。

1962年、1963年两年连续调查内蒙古自治区鄂温克族自治旗的鄂温克语和鄂伦春自治旗的鄂伦春语,并先后撰写了《鄂伦春语概况》、《鄂伦春语词汇述略》。1976年以后,除继续坚持田野调查外,参加了《新满汉大词典》的编纂工作。该词典获得了1996年第二届国家图书奖提名奖,1996年中国社会科学院民族研究所优秀著作奖,1996年中国社会科学院第二届优秀著作奖。1986年李树兰参加了《中国少数民族语言文字使用情况》一书编撰,负责调查和编写新疆锡伯族语言文字的使用情况。1987年又参加绘制《中国语言地图集:满—通古斯语族语言图·地图说明》(合著),又参与了中国社会科学院民族研究所与加拿大拉瓦尔大学的合作课题《世界书面语:使用程度和使用方式概况》,负责锡伯语文的调查与编写。

另外，于 2001 年 10 月赴扬州参加了中国语言学会第 11 届年会，宣读了论文《满汉合璧文献中的北京土语词》，从几个方面介绍了满汉合璧文献中的北京土语词的情况。于 2003 年发表在《中国语言学报》第 11 期。

李遐 （1975—）女，回族，2006 年 6 月毕业于华东师范大学语言学及应用语言学专业，获博士学位；现为新疆师范大学语言学院副教授。

主要从事认知语言学及二语习得研究。主持并完成教育部人文社会科学研究基金项目"新疆少数民族学生汉语习得中介语语料库研究"，主持并完成新疆维吾尔自治区高校科研计划项目"基于中介语语料库的新疆少数民族学生汉语习得研究"，主持新疆维吾尔自治区哲学社会科学研究基金项目"新疆维吾尔族网络语言生活调查研究"；出版专著《新疆少数民族学生汉语介词习得研究》（新疆大学出版社，2010）；发表论文《认知语言学视角下的新疆少数民族学生汉语介词习得》、《新疆少数民族学生汉语名量词习得认知分析》《从认知角度看汉维语空间隐喻》、《主观性与维吾尔语时范畴》等 10 余篇。2009 年获新疆维吾尔自治区第八届社会科学奖之"青年佳作奖"。

李祥瑞 （1939—）辽宁黑山人。新疆大学中国语言学系教授、系主任，校阿尔泰学研究所所长，校学术委员会委员，中国突厥语研究会副秘书长，新疆汉语言学会副会长，政协新疆维吾尔自治区委员会委员。1964 年北京中央民族学院语文系本科毕业，主要从事汉语、维吾尔语的双语教学与研究。主要著作有：《汉语 双语 双推论文集》（合编）、《阿尔泰学论丛》（合作主编）、《谈谈汉语句中的定语在维语中的译法》、《在汉语教学中要提倡对比教学法》、《基础汉语教学语法体系简介》（合作）、《关于维语语法的几个问题》、《维族学生汉语作业中的病句、错句浅析》、《现代维语对新疆汉语的一些影响》、《现代维语词的双式结构》。课本有：《基础汉语（上、中、下）》（合编）、《汉语（1－10 册)》（合编）。1988 年《基础汉语》获全国优秀教育图书三等奖，1990 年获维吾尔自治区优秀专业技术工作者一等奖。另有校级教学成果特等奖和优秀教材一等奖各一项。

李秀清 （1917—1985）女，广东顺德人。1935 年北平中国大学哲教系就读，1937 年南迁湖南长沙临时大学及云南昆明国立西南联合大学教育系继续深造。毕业后在昆明市立中学、宜良省立中学和天祥私立中学等校任高中文史教师七年。抗日战争胜利后回到北平居家数年，1949 年新中国成立时进入北京大学经济系工作，后调入中国科学院语言研究所，任实习研究员。于 1951 年参加中国科学院少数民族语言研究所川康工作队从事少数民族语言扫盲、调查、编写教材，推广新彝文等科研工作，任助理研究员。1959 年调入中国科学院民族研究所，从事彝语的调查研究，为国家的少数民族语言研究和深入发展做了大量的工作，1982 年定为副研究员。1951 年起长期在原西康省彝族地区的峨边、昭觉、雷波、美姑、会理、越西、普雄、布拖、西昌等彝族聚居的县镇乡村，收集彝语方言词汇、记录方言发音、大量编写各种教材、推广新创造的彝语拼音文字，培养地方民族干部和师资，工作受到了彝族同胞的欢迎和肯定。1961 年才携全家回北京。之后又回到四川、云南、贵州大小凉山彝族地区完成调查研究和编译审稿工作。在多年的彝语研究生涯中，她参与完成了若干彝语研究的重要著作，如《彝语简志》和《汉彝词典》，发表了论文多篇。她为少数民族语言的研究和发展做出了应有的贡献。

李秀清的主要著作有：（1）参加《彝汉对照常用字表》编译注释；（2）《彝译中国共产党简史》集体译注；（3）《凉山彝语的使动范畴》，与陈士林、边仕明、罗洪瓦苦合著;(4)《彝语"教经"译注》,与陈士林,边仕明合著1962年清稿本;(5)《彝语简志》,与陈士林,边仕明合著;(6)《汉彝词汇》与陈士林,边仕明合著;(7)《汉彝词典》与陈士林,边仕明合著;(8)《彝汉四音格词典》与陈士林,谢志礼合著;(9)《凉山彝族格言谚语译注》。主要论文:《凉山彝语的格言谚语》、《彝语的事物数量词和成双事物的定量词》、《彝语概况》等。

李旭练 (1963—) 壮族,生于广西巴马瑶族自治县,原籍广西都安瑶族自治县。国家民族事务委员会少数民族语言文字工作办公室主任。1979年9月考入广西民族学院中文系,1983年7月获文学学士学位并分配到广西巴马瑶族自治县第一中学任教。1987年9月考入中央民族学院民语三系,师从张元生先生攻读硕士研究生,1990年6月获文学硕士学位并分配到中国社会科学院民族研究所工作从事民族语文科研工作,任研究实习员、助理研究员、编辑、副编审、《民族语文》编辑部副主任等职。2001年3月调入国家民族事务委员会少数民族语言文字工作办公室从事民族语文管理工作,深入民族地区进行少数民族语言文字及文化教育调查研究,参与起草有关政策建议和规划文本,主笔起草了《国家民委关于做好少数民族语言文字管理工作的意见》、《国家民委关于进一步做好民族语文翻译工作的指导意见》等政策文件,历任少数民族语言文字工作办公室副调研员、调研员、副主任、主任。2003年9月考入南开大学文学院,师从曾晓渝先生攻读博士研究生,获文学博士学位。主要社会兼职有:中国民族语言学会理事、中国少数民族双语教学研究会常务理事、全国术语标准化技术委员会少数民族语分技术委员会副秘书长。曾荣获巴马瑶族自治县教育系统先进个人、文化部非物质文化遗产保护工作先进个人。参与执笔的《关于今日西藏妇女境况的报告》荣获中宣部精神文明建设"五个一工程"第五届入选作品奖,合著的《壮语方言研究》荣获第四届中国社会科学院优秀科研成果二等奖,主笔的《少数民族文字软件研发与使用情况调研报告》、《青海甘肃两省少数民族双语教学调研报告》、《云南省边境少数民族语言文字基础教育和文化宣传工作专题调研报告》分别荣获国家民委调研报告三等奖、优秀奖、二等奖。主要学术贡献有:

一、提出"京佤语族"的观点。在1999年《佤语研究》一书中,通过对佤语和壮侗语、南亚语200个核心词和27项语法参项的比较,得出佤语跟壮侗语只有类型学上的相似而没有发生学上的关系的结论,认为佤语和南亚语之间不论是词汇上还是语音、语法上都能看出二者的同源关系;特别是佤语与京语之间,既有一批很古老的同源词,又在语音上有严整的对应关系,在语法上也大同小异,是南亚语系里关系较为密切的两种语言;佤语应该和京语、芒语、土语、哲语、抗语、兴门语、莽语等语言划为一个语族,语族名称可定为"京佤语族"或"京莽语族",下分京芒、佤、莽三个语支。

二、提出"构建多语和谐的社会语言生活"的理念。2007年,在筹备中国少数民族语言文字工作成就展暨少数民族语文国际学术研讨会的时候,根据中国多语并存,面临妥善处理推广国家通用语言文字和保护少数民族语言文字之间关系的现实挑战,提出了以"构建和谐语言生活,弘扬优秀民族文化"为成就展的主题,并在研讨会上设"语言和谐"专题,就中国构建多语和谐的社会语言生活的理论问题进行研讨。2009年,在出版的学术研讨会论文集的时候,以《构建多语和谐的社会语言生活》为书名,书中集中展示了这一理念。在2007年至2011年国家发布的一系列涉及少数民族语言文字的政策文件中,这一理念陆续得到了体现,成为新时期国家民族语文政策的重要内容之一。

三、提出"壮语是具有形态变化的语言"观点。在2011年出版的《都安壮语形态变化研究》一书中,通过描写、分析都安壮语里屈折、前缀和后缀的语言现象，得出了壮语是具有形态变化的语言的结论。（1）声母屈折现象一般在相同或相近的发音部位或发音方法之间发生，其屈折变化跟动词的使动与自动有关。韵母屈折现象一般在单元音韵母之间、鼻音尾韵母之间、塞音尾韵母之间发生，有时在单元音韵母和复合韵母之间以及鼻音尾韵母和塞音尾韵母之间也发生。其屈折变化跟元音开口度有关，元音开口度大小往往能表示物体形状的大小、动作幅度的强弱。声调屈折现象一般在单数调第1、3、5、7、9调之间或在双数调第2、4、6、8、10调之间发生。（2）前缀一般由名词、动词和形容词虚化而来，它们的意义比较固定，可以加在某一类词，而不是个别词的前面，共同构成新词。名词性前缀一旦跟动词、形容词或谓词性词组等词干结合构成新词，便具有名物化的作用。名词性前缀还具有区分事物类别的作用，用不同的前缀加在同一个词干上，由于前缀的不同而表明事物属于不同的类别。（3）词干带后缀可以改变词干的词义，使词义的表达更加生动细致。词干带上后缀之后，有的表示性质状态的差别，有的使词干更加形象，有的表示感情上的褒贬，有的使词干具有催促、命令的语义。后缀可通过韵母、声调的屈折来表达不同的性质状态。就韵母而言，开口度小元音的所表达的意义相对要浅、轻、小，开口度大元音的所表达的意义相对要深、重、大；就声调而言，调值高的比调值低的所表达的意义相对深、重、大。

李英 （1967—）女，纳西族，云南丽江人。1985年考入中央民族学院民族语言文学专业，1989年毕业后到云南丽江东巴文化研究院工作至今。副研究员。从事纳西族原始宗教经籍的翻译及民族文化的研究工作。翻译纳西东巴古籍78册，收入《纳西东巴古籍译注全集》中。先后在各种刊物上发表了20余篇学术论文以及调查报告。从2005年起，被云南民族大学聘为兼职教授，负责编写教材并授课。多年来，参与多项课题及项目研究。多次参加国际性学术研讨会。现正在参与编写《纳西东巴大词典》。学术成果有：（1）翻译纳西东巴古籍78册，全部收入《纳西东巴古籍译注全集》中，云南人民出版社出版。本书获国家图书奖；（2）《从语言探索纳西族与古羌人的渊源关系》；（3）《鼓、碣、碑》载《丽江报》1998年。（4）《简论纳西语中的汉语借词》，1999年10月，丽江东巴国际艺术节学术讨论会交流文章。（5）《纳西语中的助词》；（6）《纳西语的声调》；（7）《纳、汉翻译理论及实践》2005年编写的云南民族大学民族文化学院授课教材；（8）《纳、汉翻译理论及实践》。

李永燧 （1928—2011）广西横县人。1956年中央民族学院语言学研究生毕业。曾任中国社会科学院民族学与人类学研究所研究员，中国社会科学院研究生院兼职教授，《民族语文》杂志编委，中国民族语言学会理事，云南民族学会哈尼族研究委员会顾问，波兰波兹南市亚当·密支凯维奇大学远东研究部哈尼语与藏缅语言学顾问。长期致力于藏缅语和苗瑶语的调查描写和比较研究，着重研究缅彝语言，兼及汉藏语比较研究。20世纪五六十年代曾参与苗族文字的创立和哈尼族文字试行的有关工作。独著有：《哈尼语语法》、《桑孔语研究》、《缅彝语音韵学》等。合著（分目为负责执笔部分）有《哈尼语简志·语法/词汇》、《中国语言地图集·藏缅语族语言/云南省少数民族语言》、《中国的语言·哈尼语/桑孔语/毕苏语》、《中国少数民族文字·哈尼文》、《云南特殊语言研究·桑孔语/米必苏语》、《藏缅语语音和词汇·哈尼语》等。主要论文有：《汉语藏缅语人称代词探源》、《汉语古有小舌音》、《藏缅语名词的数量形式》、《论藏缅语言同源语素的分布》、《论藏缅语黏着语素与语言类型学》、《羌缅语群刍议》、《论缅彝语》、《缅彝语：一种声调祖语》、《缅彝语言声调比较研究》、《缅彝语人声研究》、《缅彝语阴阳调假说》、《论缅彝语调类及其在彝南的反映形式》、《缅彝语调类：历史比较法的运用》、《共同缅彝语声母类别探索》、《彝缅语唇舌音声母研究》、《彝语先喉塞鼻音声母考察——兼论缅彝共同语鼻音声母的分类》、《共同缅彝语韵类刍议》、《彝、缅、景颇三个语支第一、二人称代词比较》、《论缅彝语言的称代范畴》、《缅彝语言语素比较研究》、《试论哈尼语汉语动宾语序的异同》、《哈尼语和汉语的名词修饰语》、《哈尼语形容词的生动形式》、《哈尼语名、量、动词的同源现象研究》、《论哈尼语的外来文化词》、《哈尼与西夏（党项）同源说》、《关于哈尼族文字方案的设计》、《哈尼文和模糊语言学》、《苗语声母和声调中的几个问题》（与陈克炯、陈其光合作）、《关于苗瑶族的自称——兼说"蛮"》、《罗泊河苗语的音韵特点》、《汉语苗瑶语同源例证》（与陈其光合作）、《论民族语、母语和第一语言》、《历史比较法与声调研究》等。所著《哈尼语简志·语法/词汇》和《中国语言地图集·藏缅语族语言/云南省民族语言》获中国社会科学院 1977—1989 年优秀科研成果奖，后者 1999 年获全国社科优秀成果奖。《中国少数民族文字·哈尼文》1997 年获吴玉章语言文字学优秀成果奖。1992 年获国务院颁发的政府特殊津贴证书。

李云兵 （1968—）苗族，云南弥勒县人。1987 年 9 月考入中央民族学院少数民族语言文学三系（现中央民族大学少数民族语言文学系）学习语言学，1991 年 5 月通过学位论文《汉藏语系辅音韵尾发展演变研究》，1991 年 6 月获语言学学士学位，1991 年分配到中国社会科学院民族研究所（现为民族学与人类学研究所）工作，从事中国少数民族语言研究。1992 年在山东省陵县土桥镇挂职锻炼，任经济委员会副主任。1993 年 9 月考入中央民族大学语言学系（现为少数民族语言文学系），攻读语言学专业社会语言学方向的硕士学位，获文学硕士学位。1999 年 9 月考入中央民族大学攻读中国少数民族语言文学专业汉藏语比较研究方向的博士学位，获文学博士学位。1991—2003 年在中国社会科学院民族研究所从事中国少数民族语言研究，研究方向主要是苗瑶语族语言，兼及仡-央语群语言、孟高棉语族语言和社会语言学，2001 年 3—4 月到台湾中央研究院语言学研究所做访问学者。2001 年 8 月被聘为副研究员。2003 年 9 月—2006 年 2 月在中国社会科学院语言研究所师从刘丹青教授做中国语言文学语言学及应用语言学博士后合作研究，完成博士后出站报告《中国南方民族语言语序类型研究》。2006 年 9 月—2009 年 8 月在上海师范大学语言研究所师从潘悟云教授做中国语言文学历史比较语言学博士后合作研究，完成博士后出站报告《苗瑶语比较研究》。2007 年 7—8 月到荷兰皇家科学院亚洲研究所（荷兰莱顿大学）从事合作研究。1991 年 7 月迄今在中国社会科学院民族学与人类学研究所从事中国少数民族语言文学研究，研究方向主要是描写语言学、社会语言学、语言类型学、历史比较语言学、中国南方民族语言语法学，研究对象是中国南方民族语言及少数民族使用的汉语方言土语。现任南方民族语言学研究室副主任，2008 年 12 月任研究员。

李云兵参与或主持完成多项重要课题，田野调查足迹遍及湖南、广西、云南、贵州、四川。目前，发表学术论文 50 余篇，出版专著 10 部。已出版专著：《巴哼语研究》（与毛宗武合著）、《拉基语研究》、《苗语方言划分遗留问题研究》、《炯奈语研究》（与毛宗武合著）、《布庚语研究》、《花苗苗语动词的语义及结构特征研究》。

研究报告与学术论文：《苗语川黔滇方言名词的前加成分》、《贵州省黔西县铁石苗语语音研究》、《威信 hmongb xid 话的语音及其在苗语研究中的地位》、《富宁 hmongshad 苗语及其集团语的语音研究》、《苗语川黔滇次方言的状词》、《苗语历史语言学的最新成果——〈苗语古音构拟〉述评》、《现代畲语有鼻冠音声母》、《贵州省独山县新民苗语的方言归属》、《贵州省望谟县油迈瑶族所操语言的方言归属问题》、《炯奈语的方言划分问题》、《布干语人称代词的格范畴》、《苗瑶语语音的基本理论和现实研究》、《论双语的副作用：双语向单一语言过渡对母语和母文化的削弱》、《苗语方言比较中的几个语音问题》、《论母语危机：原因与对策》、《论苗语动词的体貌》，载《中国民族语言文学论集（2）》、《论苗语名词前缀的功能》、《苗语的形态及其语义语法范畴》。

现主持和研究的项目：（1）《苗语研究导论》；（2）《苗瑶语的形态类型研究》中国社会科学院民族学与人类学研究所重点课题；（3）《普标语研究》；（4）《优诺语研究》中国社会科学院A类重大课题"中国新发现语言调查研究"课题；（5）《巴那语研究》，中国社会科学院A类重大课题"中国新发现语言调查研究"课题；（6）《中国民族语言文字研究史》，中国社会科学院B类重大课题；（7）《苗语动词的句法语义属性研究》，国家社科基金项目。

李泽然（1963—）哈尼族，云南绿春县人，哲学学士、文学硕士、副教授、硕士研究生导师。中央民族大学中国少数民族语言研究所副教授。中央民族大学哈尼学研究所秘书长。1982—1986年中央民族大学哲学系攻读哲学专业本科。1994—1997年中央民族大学语言文学系攻读少数民族语言文学专业硕士研究生。

工作经历：1986年至今中央民族大学语言文学院从事教学与研究工作。先后为本系本科生、硕士研究生和博士研究生讲授过哈尼语概论、心理学、汉语与少数民族语言关系概论、逻辑学、汉藏语概论、民族语基础（哈尼语）、民族语语法（哈尼语）等课程。也开设了面向全校本科学生的公选课西南跨境民族语言与文化和逻辑学等课程。

科研项目：（1）1997—1998年获中央民族大学青年教师科研课题资助。（2）2001—2004年参与教育部人文社会科学研究博士点基金项目"汉语和少数民族语言比较语法"的研究工作。

主要研究方向为语言学、汉藏语系语言比较、藏缅语族语言和哈尼语等。著作有《哈尼语研究》和《汉语哈尼语会话》（合著）。论文20余篇。

编著的《汉语哈尼语会话》曾获云南省优秀图书三等奖。

主要专著：《汉语哈尼语会话》（合著）、《哈尼语研究》、《中国哈尼学》（第三辑，副主编）。

主要论文：《哈尼语的a音节》（合写）、《哈尼语的重叠式》（合写）、《哈尼语的名词性前缀》（合写）、《哈尼语动物名词的语义分析》（合写）、《哈尼语名词的双音节化》、《哈尼族祖居地考》（合写）、《绿春县阿哲老马村双语现象分析》、《哈尼语的"来、去"》（合写）、《哈尼语的并列复合名词》（合写）、《哈尼语实词的双音节化对语义、语法特点的影响》、《从梯田农耕词语看哈尼族农业生产状况》、《哈尼语文学语言的双音节化》、《哈尼族传统教育的内容、形式及特点》、《哈尼族的姓和名》、《哈尼语形容词修饰名词的语序》、《哈尼语的ne》、《哈尼语动词的体和貌》、《哈尼语植物名词的语义分析》、《哈尼族汉语教育研究》、《从语言学解释哈尼族的族称》、《哈尼语的宾语助词》、《论汉文化对哈尼文化的影响》、《哈尼语的述宾结构——兼与汉语比较》、《论哈尼族的摩批教育》、《论哈尼语的话题》。

李增祥（1933—）天津人。中央民族大学教授、中国突厥语研究会理事、北京市文艺学会民族民间文艺研究会理事。1957年毕业于中央民族学院语文系，学习哈萨克语言文学。1956年参加全国少数民族语言调查第六工作队哈萨克语分队，到阿勒泰、塔城和伊犁等哈萨克族主要聚居区调查哈萨克语材料。1959年再次去新疆伊犁地区参加补充调查，协助编写哈萨克语调查报告。1960年在哈萨克语言文学班教授哈萨克语，编写《基础哈萨克语》、《哈萨克语文选》、《哈萨克语口语》等教材。1978

年参加《哈汉词典》的编纂工作，作为三位主编人员之一，为历届哈萨克语言文学专业的学生和维吾尔语言文学专业的学生讲授"突厥语言学概论"。除了教学以外，主要从事现代哈萨克语法和突厥语族语言的比较研究。参加《哈萨克语简志》的工作，在这著作中提出"宾语补足语"这一句子成分。在科研工作方面，参加了1982年中国突厥语研究会和中央民族学院维吾尔语教研室举办的突厥语讲座，讲授"哈萨克语语音和词法"。1986年为内蒙古师范大学来京进修的青年教师和本校研究生讲授"突厥鲁尼文献语法"。为专科词典《民族词典》撰写有关哈萨克语言文字词条。参加《突厥语研究通讯》的编审工作，是主要编委之一，是《中国突厥语族语言概况》和《突厥语论文集》的编委之一。已出版专著有：《哈萨克语简志》（与耿世民合作）、《中国的语言·哈萨克语》。发表的论文有：《哈萨克语概况》（与努尔别克合作）、《突厥语词典及其研究情况》（与李经纬合作）、《哈萨克语音和词法概述》、《试谈哈萨克族诗歌的结构特点》（与王远新合作）、《论突厥语族语言的元音系统》等多篇。另外发表译文数篇。

李振邦 （1928—）湖南常宁市白沙镇人，1952年由部队转业考入北京大学东方语文系，后转入中央民族学院语文系，1956年毕业后分配在云南省民语委工作。历任助理研究员、宣教科科长、副研究员、《云南民族语文》副主编、《云南省志·少数民族语言文字志》编辑办公室主任兼副主编、中国少数民族双语教学研究会理事暨学术委员、云南省翻译工作者协会理事、云南省民族学会景颇族研究委员会顾问。

李振邦1956年5月参加了中国科学院少数民族语言调查第三工作队对景颇族载瓦语的普查工作，参与了"载瓦文字方案"的制订和试验推行。1979年云南省民语委恢复后，致力于云南民族语言文字研究，特别关注载瓦文的使用和发展，在载瓦文恢复试行后，积极参与编写教材、培训师资，深入基层，指导工作。为了使载瓦文规范使用和健康发展，参与对载瓦文字方案中的几个声母在表示方法上作了调整，即增加 V、X 两个字母，将 j、gy、ky 改用 zh、j、q 表示，使载瓦文声母更系统、更准确地表达载瓦语，也更接近汉语拼音方案，使载瓦文更科学、严密、简明、易学。合著的论著有《载瓦文正词法》、《载瓦文读写基础知识》、《景颇族载瓦语新词术语集》（德宏民族出版社）及《科学的结晶、腾飞的翅膀——载瓦文的创制、试行推广和发展》（云南民族语文），参与《汉载词典》的修订，《载瓦语文工作专刊》的编审。

1957年参加第四工作队的彝语普查，先后对滇东南地区自称阿细、阿哲、仆、倮的彝话进行了调查，搜集记录了大量的语言资料，并初步作了对比分析。语言研究方面，论文有《浅谈民族语新词术语的翻译》，参与了《景颇族景颇语新词术语集》汇编（云南民族出版社），合著有《景颇族语言文字——景颇语言文字（上）、载瓦语言文字（下）》、《阿昌族语言》载《云南省志·少数民族语言文字志》（云南人民出版社），另有《普米语》载《中国少数民族语言》（四川民族出版社）。

代表论文有《民族语言是民族的一个重要特征》、《民族语言理论政策讲座》，"讲座"于1989年底在云南人民广播电台《民族天地》节目中播出，并荣获国家民委民族政策研究成果三等奖，《云南民族语文工作中的若干问题——在云南民族语文宣传工作会议上的汇报提纲》、《民族教育的典范，大有希望的事业——全国民族语文会议的典型材料》、《景颇山上一株绚丽多彩的斑色花——1989年等戛小学双语文教学调查报告》、《景颇族双语文教学浅析》、《注音识字，提前读写"实验与民族语言文字教学"》、《民族语文教学的作用与方法》、《优化民族小学双语文教学的前提条件》、《关于云南民族语文问题的辨析与思考》，此论文荣获处1979—1989年社会科学成果二等奖，并收入《云南省 1979—1989 年社会科学成果奖论文专集》。

长期承担民族语文的编审工作，1986 年负责创办《云南民族语文》，任常务副主编。在任《云南省志·少数民族语言文字志》编辑办公室主任兼副主编时，被省志办评为志书编纂工作中的先进工作者。任中国少数民族双语教学研究会理事兼学术委员会，参与了《双语教学研究专集》部分稿件的编审。

李中功 （1928—）生于湖南浏阳。1948 年在长沙加入民革，1950 年参加民革湖南省委筹备工作，在秘书组任职，1952 年考取了北京大学东语系，后来转到中央民族学院语文系傈僳语专业学习，1956 年毕业。1956—1957 年 6 月在中国科学院语言研究所，任研究实习员，编写新傈僳文教材，推广新傈僳文字。1957 年 7 月调到云南民族学院任教，培训云南民族学院新招的傈僳族学生，学习新傈僳文字。在任教期间兼辅导员，编写教材。1979 年调到云南省体育进修学校任语文教师，1982 年评为讲师。在省体委期间，整理翻译傈僳族民间长诗 3000 行《牧羊调》，1980 年 12 月在省民族文字季刊第三期发表。

1984 年调云南民族学院语文系，讲授《语言学概论》，傈僳语法。1987 年评为副教授，在省级刊物上发表了《傈僳语动词探讨》、《傈僳语形容词探讨》等论文。1985 年省级民族文字季刊（第 28 期）发表了傈僳民间诗 1700 行。

在课余期间，研究傈僳语法，写出一本《傈僳语法》，2004 年由德宏民族出版社出版。

李作应 （1932—）壮族，生于广西扶绥县水边村，1956 年毕业于广西民族学院壮文班。高级讲师。历任广西语委研究室民间文艺研究组长、广西壮文报记者，广西壮文学校，广西民族中专教务处主任、《中华人物辞海》特邀顾问编委。在文艺组工作时曾参与采写反映右江革命的电影脚本，参与编译出版《壮族民歌选》、《壮族民间故事集》。收集整理民间故事《财主与家奴》、《壮族民歌》、《童谣》。撰写《壮文的实用价值》（壮文）和壮族师公戏的《我的一点看法》。到广西壮文学校后，从事教务工作和壮汉翻译的教学与研究，编写壮文中专班翻译教材《翻译》和教参《翻译理论》两书。撰写《关于翻译借词》、《壮文翻译的可能性》、《诗歌翻译琐谈》、《统摄原意、另铸新辞》、《翻译用词要准确》、《"母亲的回忆"翻译的得与失》等论文。其中有的被世界文化艺术研究中心评为金奖和"国际优秀作品"，有的在国内被评为特等奖、一等奖、二等奖。1985 年以后，三次应邀出席全国民语翻译学术讨论会。1994 年为全国人大八届二次会议和全国政协八届二次会议（两会）担任民语翻译工作。1998 年和美国朋友白丽珠（Milliken Margaret，康奈尔大学语言学系社会语言学博士、世界少数民族语文研究院东亚部社会语言学主管）合作，下乡采风，编译《老人讲古》壮族民间故事一集，用壮、汉、英三种文字对照，由北京民族出版社出版发行。2006 年完成《广西壮校光辉五十年》初稿。曾与吕瑞堂等合译《初中语文教材》第一册（由汉文译成壮文）。还有诗作《剑麻》、散文《可爱的官心》和格言等系列作品。

1986 年获自治区推广壮文先进个人荣誉称号；2004 年中国译协民族语文翻译委员会授予"优秀翻译工作者"荣誉证书；2004 年中国作家世纪论坛年会上作品被评为二等奖，授予个人"优秀作家"代表证书；2006 年中国纪实文学等单位评给优秀格言创作奖，并授予"当代文学之星"荣誉称号；2004 年共和国改革英模评审委员会授予改革英雄荣誉金奖；2005 年，由国务院文化部、国家教委、国家民委等八个部门组成的中国纪录年鉴委员会和中国纪录证书鉴证委员会授予"华夏精英"金奖；2007 年世界华人企业家协会、中国现代史学会、中国专家学者协会联合授予"和谐社会建设突出贡献人物"荣誉称号。

梁敢 （1972—）壮族，广西武鸣县人，桂林旅游高等专科学校旅游外语系副教授，博士。主要科研成果有：

Book Review by Liang Gan. *Journal of Language and Culture*, Vol. 28 No. 2, 2010. Research Institute for Language and Cultures of Asia, Mahidol University, Salaya, Nohkon Pathom.

《侗台语形容词短语语序类型研究》，《英汉壮思维器官跨语言文化比较》，第一作者；《英壮中动语态对比研究》，2007年广西师范大学硕士学位论文；《壮语体貌范畴研究》，2010年中央民族大学博士学位论文；《英壮被动语态对比研究》，《从英壮有标被动语态看其民族思维模式的差异》，《语言生态微调——广西民族地区英汉壮教学互参新视角》，《武鸣壮语 baenz 语法化探究》，（合作，第一作者）；《西林壮汉文化的交融——谈西林壮语借词的历史文化内涵及其发展变异》，（合作，第三作者）；《壮语通用拼音方案》，（合作，第三作者）；《英语虚拟结构的错配原则》。

参与、主持的课题有：

1. 主持"现代英语左展句法特征词汇建模及应用研究"，教育厅科研项目课题；

2. 主持"旅游文化跨语言视角研究——以壮族民间传说故事记录与传承为例"，桂林旅游高等专科学校校级课题；

3. 参与中央民族大学211工程项目"壮语方言语法调查描写与比较"等多项国家课题。

梁敏 （1926—）壮族，广西南宁市人。中国社会科学院人类学与民族学研究所研究员。

1947年就读于国立南宁师范学院（今广西师范大学前身）英语系，1949年毕业，任中学教师。1954年调到中国科学院语言研究所，历任研究实习员、助理研究员、副研究员、研究员。兼任华中理工大学和北京大学副教授、教授，北京大学兼职教授，为北大培养研究生。

1954年随袁家骅、罗季光、王均教授调查壮语方言，在此期间，曾任广西壮文学校语法教员并参加语法组工作。1956年在少数民族语言调查第一工作队调查壮语方言，后又被派至海南参加第一工作队海南分队，临时支援黎语方言的调查。与陆雄、王德礼、王积理组成一小组到岛北临高、澄迈、琼山、海口郊区和昌感等地对临高话和村话进行初步调查。

1959年后编写《毛难语简志》和《侗语简志》。1977年为了修改《壮语调查报告》，随壮语组人员到广西补充、核对材料。随后又到隆林各族自治县调查一种系属未定的新语言——倈话。此前有人认为它是苗瑶语族或侗台语族的一种语言，也有人认为它就是布央语或仡佬语。经调查发现倈语有不少词跟高棉等南亚语言相同。在倈语和高棉语、佤语、越南语、壮语、泰语、侗语、水语、仡佬语、苗语、瑶语、印度尼西亚语、回辉话、汉语之间作了200个基本词的异同比较中，发现倈语跟南亚语系中的高棉语、佤语、越南语三种语言相同的最多，达到29%，而跟侗台语族壮、泰、侗、水四种语言相同的只占8.5%，故可以认为倈语属南亚语系。当《关于倈语的系属问题》，（英文版和中文版）发表之后，外国的语言学者，如白保罗和南亚语言专家迪弗洛司等都表示同意这个观点。

参加傣语组调查傣语方言，沿着中越、中老和中缅边境一带和景董、新平县等地，调查了一些地方的傣语以及傣族的历史、人文情况。经过这次傣语普查，对云南的傣语以及周边国家如越南、老挝、缅甸、泰国的语言、人文、历史等都有较多的了解。

除了所里原定的任务外，还受广东省民语委之约到连山县调查壮语和怀集县识别一种未知的语言——标话。经过详细调查、研究，确定连山壮语是壮语北部方言的一个土语，怀集标语是壮侗语支的一个独立语言，并随后出版了《标话研究》一书。后来利用机会调查了拉基语、普标语和布央语，并把这几种语言的情况作了初步的研究，写了《拉基语》、《普标语》、《布央语》几篇简介和题为《仡央语群的系属问题》的文章作为参加在美国德克萨斯州州立大学阿灵顿分校召开的第二十三届国际汉藏语言学会的与会论文。

已出版的专著有：《壮语语法条例》、《壮语语法概述》、《壮汉语法初步比较》、《壮语方言语法比较》、《壮语构词法》、《武鸣壮语语法》。另外，还有《壮语语法纲要》（油印本）以上均系集体成果。《壮语及壮汉人民怎样互学语言》（与王均、覃国生合作）、《侗语简志》、《毛南语简志》、《侗台语族概论》（获中国社会科学院民族研究所优秀科学著作二等奖）、《壮语方言研究》（六人合作，获中国社会科学院民族研究所优秀科学著作一等奖，并获中国社会科学院优秀科学著作二等奖）、《临高语研究》（与张均如合作）、《标话研究》（与张均如合作）、《普标语研究》（与张均如、李云兵合作）。

已发表论文：《侗语概况》、《临高话简介》、《临高人——百粤子孙的一支》、《壮语的同音词、多义词、同义词、近义词和反义词》、《壮语形容词、名词、动词后附音节的研究》、《检骨葬——壮族的主要葬制》、《壮侗语族量词的产生和发展》、《倈语概况》、《倈语元音的长短》、《壮侗语族诸语言名词性修饰词组的词序》、《我国壮侗语言研究概况》、《关于倈语的系属问题》（英文，中文）、《两代人之间的语音变化》（英文）、《侗泰诸族的源流》、《谈谈壮文方案》、《从饮食文化看壮侗诸族的亲缘关系》、《壮侗诸语言表示领属关系的方式及其演变过程》、《黄道婆究竟向谁学艺？》、《拉基语》（英文，中文）、《布央语》（英文）、《仡央语群的系属问题》（英文，中文）、《广西少数民族语言分布图》（张均如、毛宗武、王辅世合作）、《壮侗语族语言分布图》（王均、周耀文、张均如合作）、《南中国少数民族语言分布图》（孙宏开、毛宗武合作）、《海南岛民族语言分布图》（张均如、欧阳觉亚、郑贻青合作）、《广西汉语和少数民族语言综合分布图》（少数民族语言部分，张均如合作）、《广西汉语与少数民族语言的相互影响》（中、英文，张均如合作）、《中国语言分布地图集》中的几幅地图和说明，本地图集获国家社会科学基金优秀项目一等奖）、《壮文》（《中国少数民族文字》一书中的一篇）、《侗台语族送气清塞音声母的产生和发展》（英文、中文，张均如合作）、《原始侗台语构拟中的一些基本观点》。《广西平话》（与张均如合作）、《论西瓯骆越的地理位置及壮族的形成》、《广西平话概论》（与张均如合作）、《对〈左江史画研究的重大突破〉一文的质疑》、《对语言接触和相互影响的一些看法》、《从汉台语言的数词是否同源说起》（与张均如合作）、《桂北平话语音演变的一些遗迹》（与张均如合作）、《再论侗台语族送气音声母的产生和发展》（与张均如合作）、《侗台语言的系属和有关民族的源流》（与张均如合作）、《侗台语族》、《临高语》、《侗语》、《毛南语》、《拉基语》（前5篇收入《中国的语言》一书）；《关于水族族源和水书形成之我见》（与张均如合作）。此外，还撰写了《广西融安县百姓话的音系和词汇》（与张均如合作）、《广西灵川县土话的音系和词汇》（与张均如合作）、《从方言词的异同看白话和平话是否同属一个方言》等文稿。

梁庭望 （1937—）广西马山县人，壮族，中央民族学院语文系壮语言文学专业本科毕业，留校任教。曾任中央民族大学副校长、教授、博士生导师、北京市优秀教师，享受国务院特殊津贴。留校以来，先后开设壮族文学概论、壮族文化概论、壮侗语族各族文学、壮侗语族各族历史文化、中国少数民族文学理论与方法、中国少数民族文学史、少数民族文学比较研究、少数民族韵体文学、少数民族散体文学等课程。几十年来，先后独撰、主编、合著、参编《壮族文学概要》、《壮族文化概论》、《Fwencienzyiengz》（《传扬歌》古壮字转写壮文）《壮族伦理道德长诗传扬歌译注》、《壮族风俗志》、《中国少数民族文学史》、《中国少数民族文学概论》、《中国少数民族文学》、《中国少数民族文学比较研究》、《中国少数民族诗歌通史》、《20世纪中国少数民族文学编年史》等多种，在壮族文学的历史分期、歌墟源于对偶婚、壮族神话的谱系、花山崖壁画上的人身蛙形为壮族的民族保护神蛙神、认定广西田阳县敢壮山为壮族人文始祖的纪念圣地、壮族是最早发明水稻人工栽培的民族之一、壮族文字的文化韧带功能、中华文化的板块结构、少数民族文学的定义范围特征及其在中华文学中的地位、少数民族文学与汉文学的互相影响和融合等方面，都有所发现或突破。又如《栽培稻起源研究新证》一文论证壮族是我国也是世界上最早发明水稻人工栽培的民族之一，新华社将其缩为专稿在中央人民广播电台对外广播，后被邀请在联合国粮农组织主持的世界粮食安全大会上讲演，得到公认，反响很大。几十年来，先后获得国家级和省部级奖11项，其中面对全世界华人、华侨青少年的《我是中国的孩子》获国家图书奖二等奖；《中国少数民族文学史》先后获北京市优秀社科成果一等奖、国家民委优秀教材一等奖、国家教委优秀社科成果二等奖（代表国家级）。

在主要从事壮族文学与历史文化、壮侗语族各族历史文化、中国少数民族文学综合研究的同时，对用语用学、文字学的理论和方法对壮族文字的发展史、古壮字结构、新壮文的推行等问题进行研究，在《壮族文化概论》中设有语言文字专章，撰写《民族古文献概览》中古壮字渊源、结构、相关文献部分，还发表了《先秦壮族古文字探略》、《壮族三种文字的嬗变及其命运的思考》、《试论推行民族文字的基本原则》、《古壮字文献及其价值》、《关于推行壮文的若干理论问题》、《壮文——壮族人民可以迅速掌握的信息载体》等数十篇论文。为纪念《壮文方案》颁布50周年，已经将部分论文结集为《壮文论集》出版。

梁庭望先后在校内任中央民族大学学术委员会副主任、中央民族大学职称评定委员会副主任、中央民族大学少数民族文学研究所名誉所长等。校外先后任国务院新增学位点通讯评审专家、亚洲发展银行技术援助中国教育部民族教育项目专家、国家民委高级职务评审委员会委员、中国少数民族文学学会党组成员兼副理事长、广西《壮学丛书》副总主编兼学术委员会主任等。《中国少数民族专家学者词典》、《中国大学校长名典》、《中国作家大词典》等20多种辞书收入其条目。《治学与成才之道》、《当代著名民族学家百人小传》、《中国壮学》等著作。主要专著有：《壮族文化概论》、《中国少数民族百科全书》（第十卷、十一卷）、《民族古文字概览·壮文文献》、《壮族伦理道德长诗传扬歌译注》（合著）、《壮文论集》。发表的学术论文200多篇，其他诗文200多篇。

廖泽余 （1944—）硕士研究生学历，新疆师范大学教授。

主要业绩：一、承担项目：（1）新疆维吾尔自治区社会科学基金项目"维吾尔人名汉译标准化"1996—1999年；（2）新疆维吾尔自治区社会科学基金重点项目"新疆多民族多语地区双语教学研究"1997—2000年；（3）中国—加拿大特别大学巩固项目，当代中国少数民族双语教学理论与实验之子项目"新疆实验中学双语教学个案研究"1997—1998年。

二、译著：陈世明、廖泽余《现代维吾尔语》新疆人民出版社1987年。

三、著作：《小学生汉维词典》廖泽余、王明义、沈永宁、吐依贡编著，《中学生汉维词典》王明义、沈永宁、廖泽余、毛一丁、再丁编著，《实用维汉词典》陈世明、廖泽余编著，《维吾尔语词汇演变研究》邢欣、廖泽余著，《语言的接触与影响》徐思益、李祥瑞、廖泽余等著，《维汉词典》廖泽余、马俊民著，《袖珍维汉词典》廖泽余、马俊民编著；《维汉对照维吾尔谚语》马俊民、廖泽余编著。

四、论文：《维吾尔谚语中的民族社会文化投影》、《论维吾尔谚语的语言美》、《〈突厥语大词典〉中的民间传说》、《维语局部发达单句汉译例释》、《维吾尔语谚语源流浅说》、《维吾尔语数词的修辞作用》、《维吾尔民俗语言学初探》、《刀郎人及其语言》（译文）、《〈坎曼尔诗签〉"饣良"字辨》、《语言的民族特点与双语词典》、《维吾尔语词汇的文化透视》、《筚路蓝缕 以启译林》、《〈红楼梦〉维译本熟语翻译抉微》、《维汉词典的文化诠释》、《翻译琐谈》、《〈中华人民共和国通用语言文字法〉与我区双语教育》、《语境介入面面观》、《麻赫默德·喀什噶里与〈突厥语大词典〉》、《〈突厥语大词典〉的词典学意义》、《〈突厥语大词典〉无形心意民俗管窥》、《〈维汉词典〉编后谈》。

林莲云 （1931—2011）女，祖籍广东省梅县丙村，出生于印度尼西亚邦加岛。1952年夏，于雅加达市中华中学高中毕业。1952年6月回国，在北京市参加全国统一高考。1954年8月，毕业于北京大学中文系语言专修科，旋即分配到前中国科学院语言研究所工作。1956年底转入新成立的少数民族语言研究所（后合并为民族研究所）。1956—1957年，参加中国少数民族语言调查第六工作队，赴新疆伊犁、喀什等地，调查维吾尔语方言。1957年以后，主要从事我国撒拉语的调查研究以及同语族语言的比较研究。1979年，评定为助理研究员。1986年，评定为副研究员。1992年北京市归国华侨联合会授予回国参加社会主义建设30年荣誉证书。主要专著：《撒拉语简志》、《中国突厥语族语言词汇集》（参加编著）、《撒拉—汉/汉—撒拉语词汇》。主要论文：《撒拉语概况》、《撒拉语裕固语分类问题质疑》、《保安语和撒拉语里的确定语气和非确定语气》（与刘照雄合作）、《撒拉语词汇概述》（与韩建业合作）、《我国阿尔泰语言的谐音词》、《撒拉语话语材料载》、《撒拉语语音特点》、《撒拉语》。另外撰写《中国大百科全书·撒拉语》条目；参与撰写《中国少数民族语言使用情况》（其中的青海省循化撒拉族自治县、化隆回族自治县、甘肃省东乡族自治县、积石山保安族东乡族撒拉族自治县概述；撒拉语、东乡语、保安语使用情况的介绍），1994年。

林伦伦 （1957—）广东澄海人，1978年考进中山大学中文系，1985年研究生毕业于中山大学中文系，曾任汕头大学副校长，现为广东技术师范学院副院长、教授，硕士生导师；华南师范大学岭南文化研究中心兼职教授。主要研究领域为地方方言与文化，出版《广东方言与文化论稿》等著作十几种，在《中国语文》、《方言》、《民族语文》、《语言文字应用》等杂志上发表论文80多篇，有关方言与少数民族关系的论文有《广东闽方言中若干台语关系词》。曾完成国家社会科学基金青年项目和广东省社会科学规划项目多项，获中国社会科学院青年语言学家奖、广东省哲学社会科学优秀成果奖、广东省首届优秀教学成果奖、广东省"五一"劳动奖章等奖励。

林向荣 （1920—）藏族，生于四川阿坝藏族羌族自治州马尔康县。1956年6月毕业于中央民族学院语文系。曾是阿坝师范专科学校研究员、民族研究室主任、中国少数民族双语教学研究会理事和学术委员。1956年参加全国少数民族语言调查第七工作队调查嘉戎语，此后一直在家乡从事嘉戎语研究。曾参加过国际汉藏语言学研讨会和国内的民族语言研讨会、双语教学研讨会等。已出版专著有：《嘉戎语研究》。已发表论文有：《嘉戎语与藏语的若干差异》、《阿坝州双语情况调查》、《中介语的分析与研究》、《阿坝州民族学生学习汉语文存在问题初探》等数十篇。他的《嘉戎语研究》一书是四川省哲学社会科学"七五"规划的重点科研项目,是一部不可多得的具有特殊价值的语言学专著,受到国内外学者的关注和专家学者的好评。此书选取嘉戎语东部方言卓克基话为主要研究对象,同时参照其他方言,以点面结合的方法全面系统剖析了嘉戎语的语音、词汇、语法诸方面的特异现象。对于40几年来语言间的互相影响以及嘉戎语自身演变轨迹有精细的研究。对于区分藏汉借词和同源词这一难度较大的问题,作者也提出了新颖的见解。

刘保元 (1934—)瑶族,广西金秀瑶族自治县人,研究生学历。退休前任中央民族学院少数民族文学艺术研究所所长。职称从讲师、副教授升至教授。在职期间,先后培养了三名攻读瑶族语言文学专业的硕士研究生,参与培养一名博士研究生。曾给越南留学生和西藏藏族学生讲授《现代汉语》课程。出版的著作有:《瑶族拉珈语简志》、《瑶族文化概论》、《瑶族教育史》、《茶山瑶文化》、《瑶族风俗志》、《汉瑶词典(拉珈语)》、《瑶族文学史》(与黄书光、农学冠合作)。

刘凤翥 (1934—)河北省盐山县王朴村人。1962年7月,大学本科毕业于北京大学历史系历史专业中国古代史专门化。同年考入中国科学院民族研究所(今中国社会科学院民族学与人类学研究所)东北古代民族史专业的研究生,师从陈述教授。1966年7月研究生毕业后留民族研究所工作。历任助理研究员、副研究员、研究员。从1983年9月起任该所民族历史研究室东北组业务组长,直至退休。曾兼任中国社会科学院研究生院民族系副教授、教授。曾兼任北京市历史学会两届理事。现兼任北京大学历史系中国古代史研究中心客座研究员、北京辽金城垣博物馆学术顾问和内蒙古自治区文物鉴定委员会学术顾问。

数十年来,主要从事契丹民族史和解读契丹文字的研究工作。解读契丹文字的成果令世人注目,被国外同行誉为"契丹文字的首席学术权威"。与人合著有《契丹小字研究》,自著有《遍访契丹文字话拓碑》。在我国内地和港台地区以及日本、芬兰发表学术论文100多篇。1991年5月应邀率团出席在日本京都举行的"中日联合首届契丹文字国际学术研讨会"。会上发表的解读契丹大字的论文,受到好评。1998年7月应邀去芬兰赫尔辛基出席世界阿尔泰学会第四十一届年会,会上发表解读契丹小字的论文,备受赞誉。

1994年11月退休后仍然从事学术研究活动,笔耕不辍。现在仍然每年都出差去拓制新出土的辽代契丹文字的墓志。通过30多年的搜集,把契丹文字原始资料全部罗致在手中,成了全世界最大的契丹文字原始资料收藏者。北京名人俱乐部和北京大学图书馆先后为之举办过契丹文字的个人收藏展览。中国社会科学院老干部局学习科研处和北京大学中国古代史研究中心资助的课题多卷本《契丹文字新研究》已经进行了八年,即将结项。此课题不仅推出了契丹大字和契丹小字的最新研究成果,还罗致了全部的契丹大字和契丹小字的资料。把契丹文字的研究水平提高到一个崭新的阶段。

刘光坤 (1938—)女,四川省安县桑枣镇人,1956年毕业于西南民族学院藏语班,同年留校任教,后调学校学生科工作。1957年初调往四川阿坝藏族自治州民族语文研究室,同年3月参加中国科学院少数民族语言调查第7工作队川北组在成都举办的少数民族语言调查训练班,结业后即参加羌语普查工作,与黄布凡等在四川茂县各地进行羌语普查。1958年夏,承担了四川省黑水县文教局举办的小学教师羌语培训班的教材编写和教学工作。同年秋,调中国科学院第7工作队川北组工作,承担羌语方言资料的核对、整理,并参加羌语调查报告的编写工作。1960年调北京中央财政金融学院语文教研室从事教学工作,1964年调北京市粉末冶金研究所情报室工作,1978年调中国社会科学院民族研究所民族语文杂志社，为民族语文杂志的创刊和出刊付出了辛勤的劳动。先后担任编辑、副编审、编审，并任南方组组长等职。在杂志社工作期间，还参与编辑了《当代中国民族语言学家》（负责藏缅语族语言研究方面的专家学者）、《藏缅语语音和词汇》、《藏缅语族语言词汇集》等著作的供稿、编辑、审稿、校对等工作。

在编刊之余，也开展一些专题研究工作，出版专著有《麻窝羌语研究》。发表的论文有：《羌语中的藏语借词》（1981）、《羌语辅音韵尾研究》（1984）、《羌语中的长辅音》（1986）、《论羌语代词的"格"》（1987）、《藏缅语族中的羌语支试析》（1989）、《羌语复辅音研究》（1997）、《论羌语声调的产生和发展》（1998）、《论羌语动词的人称范畴》（1999）等。

1998 年退休，仍然承担《中国的语言》、《中国新发现语言研究丛书》、《中国少数民族语言方言研究丛书》《中国少数民族语言系列词典丛书》《中国少数民族语言简志丛书》（修订本）等部分著作的编辑、审稿和校对工作。与此同时，还与孙宏开一起，承担了中国社会科学院 A 类重大课题《中国新发现语言调查研究》项目中部分语言的调查研究，2002 年去云南怒江傈僳族自治州福贡县调查研究阿侬语；2005 年去四川凉山彝族自治州甘洛县调查研究尔苏语；2006 年去四川凉山彝族自治州木里藏族自治县调查研究史兴语。

其间与孙宏开一起，参与部分国际合作项目，2002 年访问法国，参与中国社会科学院与法国科学研究中心的合作项目，开展羌语中的汉语借词历史层次的研究工作；2004 年去美国加州州立契柯（Chico）大学，承担美国国家科学基金关于濒危语言项目，对阿侬语进行深入研究，完成《阿侬语研究》，中文稿列入《中国新发现语言研究丛书》，已经由民族出版社出版，英文稿在荷兰出版；2005 年和 2007 年分别两次访问荷兰莱顿亚洲研究院，参与中国社会科学院与荷兰皇家科学院的合作项目，2005 年对白马语和 2007 年对史兴语进行深入研究，完成《白马语研究》列入《中国新发现语言研究丛书》，已经由民族出版社出版，《史兴语研究》的书稿也已经完成。

刘辉强 （1931—）四川省成都市人。四川大学民族学专业本科毕业，1954 年毕业于原西南民族学院民族学研究班。任职于四川省民族研究所，副研究员。1991 年 5 月退休。1956 年初，任阿坝藏族自治州文教处民族语言文字研究室学术秘书，主持用民族口语辅助教学教材的编写和对羌语、嘉戎语的调查工作。1957—1959 年，参加羌语普查和对操羌语的民族干部的教学，并直接参加羌语洋茸话、羌语俄恩话、羌语麻窝话、羌语木苏话、羌语石碉楼话等语言点的调查。事后写出了各调查点的报告，并相应撰写了一些论文。1960—1979 年，在羌语、嘉戎语和藏语安多方言分布地区的中学任外语教员（茂汶第一中学教俄语；四川黑水县中学教英语）。在此期间，除教学外，还对嘉戎语东部方言松磨话的德士窝土语进行了调查；对羌语北部方言的羊茸话、俄恩话、麻窝话、石碉楼话、木苏话等语言进行了复查并作补充调查。对北部和南部方言的中间点羌语曲谷话也进行了调查；对羌语南部方言的木卡土语也进行了复查。1980—1991 年，在四川省民族研究所任副研究员。从事民族学（民族识别、民族人口、民族历史等）和民族语言的教学、调查和研究工作。

①参加了川西南"西番"人的民族识别考察。写出了民族识别调查报告（包括历史、宗教、语言和习俗），对尔苏语和纳木依语进行了专门的调查（语音、词汇、语法），并写出了描写语言学论文。

②1982 年秋—1983 年初，应四川大学历史系的邀请，对就读西南民族史的硕士生和中文系的部分硕士生讲授语言学和民族语言调查课，课后学生们分别参加了汉语方言调查和民族语言调查（木雅语），效果十分显著。

③1983 年 9 月，参加对川南古蔺县及其周边地

区的苗族和苗语的分布及使用的人口调查。对 20 世纪 50 年代前苗语分布地区曾使用过的拼音文字有了一些了解。

④参加雅砻江上、下游的民族综合考察，对木雅语、贵琼语、尔龚语、扎坝语等语种进行了语言学的专题调查，搜集了大量的语音、词汇和语法方面的资料，随后写出了贵琼、木雅、尔龚、扎坝等语言的描写语言学论文。

⑤1984 年初，参加羌语分布及使用情况的调查，为羌族创制拼音文字，被任命为办公室副主任兼创制组组长。1989 年 11 月，创制领导小组在汶川县阿坝师范专科学校内开办了首届羌语研究培训班，培养了羌族语文研究人员 12 名。1991 年 4 月，羌族拼音文字方案（草案），经审定通过，由省人民政府转报国家民委。1993 年 3 月 10 日，中国社科院民族研究所复函国家民委，认为：羌族拼音文字方案（草案）"在试行中得到羌族各界的肯定，证明是可行的。""请批转四川省人民政府颁布试验推行。"羌族拼音文字创制工作完成。

⑥1991 年 5 月退休。退休后，继续做了三年涉及羌语及羌族拼音文字的工作。并为《羌族词典》撰写了《语文类》的条目 62 个。

⑦1995 年至今，对过去调查搜集的 8 种民族语言资料逐一进行复查补充。

刘辉强还与一些同志合作，对《山海经中羌语支语言的词汇辨析》和《羌语支语言与巴蜀文化》两个课题，进行调查研究核对资料，撰写论文。

对羌语、尔苏语、纳木依语、木雅语、贵琼语、扎坝语等六种语言，认为它们都是藏缅语族内的独立语言，同属羌语支。

至于尔龚语，经过调查研究，认为也是藏缅语族内的独立语言，属羌语支。

主要业绩和成果：《四川省"西番"民族识别报告》（所存资料）、《谈川西南"西番"人的识别》、《尔苏语概要》（第十五届国际汉藏语言学会论文）、《纳木依语概况》、《明正土司属地的民族语言概况》、《木雅语研究》、《四川省少数民族语言文字基本情况概述》、《贵琼语研究》、《扎坝语研究》；《尔龚语音系》、《木雅语及尔苏语的分布及其使用情况》、《羌语分布及其使用情况调查》；《调查研究羌语支语言与人类学的运用》（论文）、《羌语木苏话音系》、《羌语曲谷话研究》、《羌族的语言和文字》、《羌族辞典·语文类》、《羌族拼音文字方案》（集体创制，刘辉强为主创人之一）、《藏彝走廊地区的民族语言》；《黑水县民族语言分布情况及其特征》。

刘剑三 （1951—）海南临高人，1987 年 7 月毕业于四川师范大学汉语史专业，研究生学历。毕业后回海南师范大学工作。1997 年被评为中文副教授，2001 年晋升为教授，2002 年被评为省级第一批重点课程汉语课负责人，2003 年被评为海南省有突出的优秀专家。主要从事文字训诂和海南临高语的研究，在国内外临高语的研究上有较大的影响。已出版著作四部，其中 2000 年出版的《临高汉词典》获海南省第三次社会科学成果荣誉奖。在《民族语文》、《语言文字应用》、《语文建设》和《辞书研究》等刊物上发表论文 20 多篇，其中 7 篇发表于中文核心期刊上。其《临高语黎语关系的文化内涵》被评为海南省第四次社会科学优秀成果论文二等奖。刘剑三负责的《临高话中汉语词研究》是海南省 2005 年规划课题。该成果形式为三篇系列论文，分别是《临高语汉借词的一字多音现象》、《临高语"濒危"词语考察》、《临高木偶戏对临高语汉借词的影响》。《临高语汉借词的一字多音现象》在全面考察了临高语汉借词中两种以上读音的 800 多个字的基础上，首先分析一字多音形成的原因，在于借入的历史层次、词义用法和来源途径的不同，提出历史层次不同是一字多音形成的主要原因；《临高语"濒危"词语考察》一文对新中国成立以前乃至新中国成立初期还活跃在人们日常交际口语中而今天已经趋于消亡的 80 多个词语（包括汉借词）进行了挖掘梳理，发现这些词主要集中在物质文明方面，趋于消亡的主要原因是事物或观念已经不存在，词语失去了赖以存在的基础；《临高木偶戏对临高语汉借词的影响》一文对已经被吸收到临高语中的汉借词进行鉴别，梳理出通过临高木偶戏进入临高语中的一大批汉借词，说明临高木偶戏是临高语汉借词的一个主要来源。

刘剑文 （1967—）彝族，云南丽江人，现任云南省少数民族语文指导工作委员会副译审。1983年以优异的成绩考入云南民族学院（现云南民族大学）预科部高中班。1986年考入云南民族学院少数民族语言文学系（现云南民族大学少数民族语言文化学院），1990年7月选拔到云南省民语委从事彝语文整理规范研究工作至今。1996年11月评获民族语文翻译专业中级职务任职资格，2010年9月评获民族语文翻译专业副译审。现任全国彝语术语标准化工作委员会委员、全国彝文信息技术标准工作组规范彝文键盘布局国家标准技术小组副组长、云南省中小学教材审定委员会民文教材审定专家组成员。

由于熟悉彝语文，初到云南省民语委工作就参与云南规范彝文第二批字的规范整理和云南规范彝文借词表音方案制定；参与开发云南规范彝文排版系统，1994年获云南省科技进步三等奖。开创了云南民族语文信息化、标准化的技术理论研究工作。

从事民族语文翻译研究以来，努力钻研业务知识，不断拓展自己的研究领域，从语言文化和民族传统文化繁荣发展的角度出发，融语言文字学、民族学及民族传统文化为一体，多角度进行研究，论文涉及语言历史、语言文化、传统文化、民俗文化及民族文字现代化等许多领域，文章内容新颖，观点独特，具有开拓性，有的文章被有关学者介绍为中国民族语言研究的主要成果，有的观点已经被有关学者广泛引用。已公开出版10多种图书，10余篇论文，共130多万字。其中：

由滇、川、黔、桂四省（区）彝语文专家、学者共同整理编译，按"固定字形、字义，各按方言念读"的原则编译的《滇川黔桂彝文字典》，获2003年度"第六届中国民族图书奖二等奖"、中国民族图书奖和滇版优秀图书一等奖；滇、川、黔、桂四省（区）彝文协作的重要成果《滇川黔桂彝文字集》，获2007年度"第一届中国出版政府奖图书奖提名奖"和滇版优秀图书一等奖。

《学前彝文教材》（上、下册）为学龄前儿童教材，要求图文并茂，通俗易学。已由云南省中小学教材审定委员会审定通过，于2006年正式公开出版发行。参与编译的《彝文看图识字》获1999年"中国少数民族双语科研成果优秀奖"。《云南规范彝文排版系统输入码及修改意见》（载《中国少数民族语文现代化文集》民族出版社出版）和《云南民族语文要现代化》（载《云南民族语文》1998年2月）的内容首次涉及云南民族语文信息化、标准化的重要性、必要性、可行性等技术理论问题，是开创云南民族语文信息化、标准化技术理论研究工作的新学科。

参加工作以来，用云南规范彝文和凉山规范彝文编译了许多彝文教材、科普读物和党和国家重要领导同志在重要会议上的讲话，为民族地区教育事业的发展和科技进步做出了积极贡献。同时积极配合各级公、检、法部门进行口语翻译工作，有效保障了少数民族的语言权利，在维护法律的公正和庄严的同时，促进了民族地区和谐社会建设和法制建设。

刘劲荣 （1964—）拉祜族，博士研究生，现任云南民族大学民族文化学院院长、民族语言研究所所长、教授、硕士研究生导师、学科带头人、中国双语学会副会长、云南省高校语言教学研究会理事、云南省民族学会常务理事、拉祜族研究会常务副会长、云南省翻译协会理事等职。

刘劲荣是拉祜族的第一位教授博士，多年从事少数民族语言文字的教学和研究工作，先后与他人主持并完成云南省两个省级重点学科"云南民族语言文学"、"民族古籍"和省校合作项目"云南民族语言学基地"建设；主持并完成国家"八五"期间社会科学重点研究课题《中国民族文化大观·云南卷》子课题《拉祜族文化大观》；参与并完成国际基金项目"大湄公河次区域少数民族传统文化与社会变迁研究"、"关于人和自然共存的研究"、"中国西南地区与东南亚大陆跨境民族文化动态研究"，并多次到日本、泰国、越南等国家进行学术活动。目前正在主持完成国家社科基金项目"彝缅语比较语法话语材料数据库建设"（批准号06BYY058）和国家民委科研项目"拉祜语四音格词的结构及其形成机制"（项目编号05YN03）；主持国家级重点专业"中国少数民族语言文学"建设；主持与日本金则大学合作项目"中日两国有关非物资文化遗产的保护及新文化传统的创造的合作研究"（2007—2012）。曾于2001年和2006年分别筹备、主办"第34届国际汉藏语言暨语言学会议"和"中国少数民族语言结构与类型学研究国际学术研讨会"；撰写并公开出版的专著、译著、合著有《汉拉简明词典》、《拉祜族文化大观》、《拉祜族民间文学概论》、《汉藏语言研究——第三十四届国际汉藏语言暨语言学会议论文集》、《双语教学与研究》（第六辑）、译著《Mudni milgeul》（太阳地）等多部著作；在国内外公开刊物《民族语文》、《中央民族大学学报》、《暨南大学学报》、《南开语言学刊》等发表学术论文《拉祜语的四音格词》、《论拉祜族舞蹈的表现形式及其文化功能》、《拉祜语、傈僳语四音格词的比较研究》、《地域性和全球性的动植物命名有关问题》（译文）等数十篇论文。其中《汉拉简明词典》是国内拉祜语方面的第一部辞书，全书共收词3万余条，该词典不仅有首创意义，而且是作者长期积累资料，苦心研究的结果；论文《拉祜语的四音格词》通过对拉祜语四音格词在构成方式、词义创新、语用形式等方面的分析研究，指出四音格词是语音、语义、语法的统一体，重叠、音韵和谐、语法化是形成四音格词的动因。

"中国少数民族语言文学"专业本科教材《拉祜族民间文学概论》、《拉祜文选与写作》1988年获国家教育部"优秀教学成果奖"；《拉祜族文化大观》2000年荣获"中国优秀图书奖"；《汉拉简明词典》2007年荣获"云南省优秀图书二等奖"；2006年"中国少数民族语言文学专业人才培养模式改革"获云南民族大学第九届优秀教学成果一等奖；曾被共青团云南省委命名为"云南省新长征突击手"；曾多次被评为云南民族大学"优秀教师"和"优秀共产党员"；2006年获云南民族大学五达观教学科研"杰出奖"。

刘璐 （1928—）女，生于北京。1951年毕业于南开大学外文系英语专业。同年进入中国科学院语言研究所。后随机构调整并入中国社会科学院民族研究所。曾任研究实习员、助理研究员、副研究员，1982年离职，随丈夫移居海外。在其31年的研究工作中，重点研究汉藏语系藏缅语族的语言，曾七次远赴云南边境地区收集第一手语言资料。主要著作有《景颇语语法纲要》、《景颇语简志》、《怒族语言简志》（怒苏语）以及《中国的语言·景颇语》等。

自1951年起，刘璐在老一辈著名语言学家、语言所所长罗常培先生的引领和亲自指导下开始从事少数民族语言研究工作。以罗先生20世纪40年代抗日战争期间在云南大理搜集到的资料为基础，以Ola Hanson 的《A Kachin Dictionary》①为参考，对景颇语开始了全面、深入的研究。1954年1月远赴云南中缅边境线上德宏傣族景颇族自治州。在无现代化交通工具和技术装备的情况下，背着行装，徒步随邮局投递员或货运马帮走遍潞西、瑞丽、陇川、盈江、梁河等县的景颇山区，取得了第一手语言材料，成为深入景颇山区的第一位汉族知识女性，也是深入研究景颇语的第一位语言工作者。此次调查历时两年半之久，调查了景颇族的景颇（大山）、载瓦（小山）、勒期（茶山）、勒浪（浪速）等各支系的分布、人口，景颇族语言和文字在我国及缅甸境内的分布和使用情况，景颇方言和土语的差别及其分布，搜集补充大量词汇、语法及口头文学等资料。在此次调查的基础上，以景颇语中使用人口最多、最有代表性的恩昆土语为依据，于1959年编写出版了我国首部全面介绍景颇语的专著《景颇语语法纲要》。

继《景颇语语法纲要》之后，1959年开始编写《景颇族语言简志（景颇语）》，1963年第一次定稿，这是又一部全面介绍景颇语的著述。1980年再次只身前往云南省盈江县广泛征求民族干部和群众对书稿的意见。此书历经几次修改，最终于1981年完成定稿，并于1984年出版。在罗常培先生原有景颇语词汇的基础上，经过多年田野调查，不断扩大了景颇语的词汇量。在研究室主任罗季光先生的指导下，与其他研究人员一起逐词讨论景颇语的汉语译义的准确性，并为汉语译义逐字注上了汉语拼音。此项工作为景—汉词典的编纂奠定了基础。遵照国务院关于为无文字的民族创造文字，为原有文字不完备的民族改革文字的指示，1957年由中国科学院和云南省少数民族语言指导工作委员会合作，经过全面调查，与老一辈语言学家傅懋勣先生等共同研究，决定以我国景颇语为基础方言，以恩昆土语为标准音，提出了景颇文字②改进方案，并规定了书写规则和读音规则。为了推行此方案，又与其他研究人员一起深入景颇村寨，教授景颇文字，为在景颇族青壮年中扫除文盲做出了贡献。

为了全面调查同属藏缅语族的怒族和独龙族的语言，1964年与孙宏开先生一起到云南省怒江傈僳族自治州，徒步沿着怒江峡谷，并翻越海拔4000米的碧罗雪山，到碧江、福贡、贡山等县，深入怒族村寨，调查怒族人口、分布，完成了怒苏语的语音系统及语法结构的分析整理，与孙宏开先生合作，由孙宏开先生主笔，于1986年出版了《怒族语言简志》（怒苏语）。

在着重研究景颇语的同时，研究范围也曾涉及其他语言。1952年受语言所委派参加了中央访问团到东北、内蒙古做了3个月的调查访问。首次收集并记录了赫哲、鄂伦春、鄂温克等民族语言的最原始的材料，并记录了赫哲和朝鲜族民歌的曲调。与蔡美彪先生合作完成了题为《东北各少数民族的语言和文字》的调查报告。此报告对新中国成立后东北地区各民族的分布和语言的使用情况做了总结，并对语言的系属和通古斯语族的特点做了初步的归纳。

1953年，刘璐通过对西藏来京的珞巴族青年的语言调查，首次记录了西藏洛瑜地区珞巴语语音的第一手材料。1954年又曾配合全国民族识别工作调查过云南省的阿昌、德昂、普米和中甸藏语等。在从事语言调查、研究工作的同时，刘璐也参与了教学和培训工作。教授语音学和高级英语班英语，并参与了《民族语文》杂志的筹备工作。

注：① *A Dictionary of Kachin Language*，Ola Hanson 编著，20世纪初缅甸仰光出版。② 原有景颇文字是19世纪末西方传教士依据缅甸境内的景颇语创立的拉丁字母形式的文字。该文字基本可以表达景颇语，但有一定的缺点和不足。

刘叔新 （1934—）1957年南开大学中文系毕业，留校任教。为该校文学院教授、博导、汉语言文化学院顾问、校学术委员会委员。几十年来，较多时候研究现代汉语词汇学、语法学、语义学和粤方言，著有这些方面的著作十多种：《汉语描写词汇学》、《词汇学和词典学问题研究》、《语义学和词典学问题新探》、《语法学探微》、《现代汉语同义词词典》（主编）、《现代汉语理论教程》（主编）、《东江中上游土语群研究——粤语惠河系探考》等；也研究与粤方言关系密切的壮傣语，著有《连山壮语述要》（高等教育出版社1998年出版）和《粤语壮傣语问题——附语法、语义、词汇问题研讨》

（商务印书馆 2006 年出版）。发表论文 80 余篇、译文 5 篇。发表的论文中，有 4 篇是有关壮傣语的：《粤语壮语关系词的分类问题和类别例释》、《壮语与粤语同源的和搬借的亲属称谓》、《汉语傣语同源的基本动作词》、《连山壮语元音系统与粤语的近似》。

刘文性 （1936—）回族，生于陕西西安市，祖籍河北宣化县，西北民族学院汉语言文学系教授、汉维文学教研室副主任、甘肃省语言学会常务理事、副秘书长。1956 年毕业于西北民族学院语文系维吾尔语言文学专业。1956—1965 年在中国科学院新疆分院任研究实习员，参加中苏新疆综合考察队。1966—1975 年在新疆维吾尔自治区文字改革委员会任《新疆文字改革》杂志编辑，并从事现代维吾尔语的研究。1978 年在西北民族学院汉语言文学系任教。

从 20 世纪 50—60 年代中期，主要从事新疆经济地理的考察研究，并收集、整理民间文学，发表数篇作品。70 年代陆续发表了一批研究维吾尔语的论文，如《"瓯脱"释》，此文获甘肃省语言学会 1986 年科研成果奖、甘肃省社会科学优秀成果三等奖。后来从研究维吾尔语转向对古匈奴语词汇的研究。通过少量词语的研究，对匈奴语言的系属问题进行探索。已发表的论文有：《浅谈维吾尔语的格位范畴》、《维吾尔语的附加成分》、《现代维语词语研究中的几个问题》、《"瓯脱"释》、《扬州出土之元代铜牌之波斯文及八思巴文再释读》（与郝苏民合写）等多篇。

刘岩 （1970—）祖籍湖南，女，满族，博士，中央民族大学中国少数民族语言研究所教授。主要从事南亚语系语言、声学语音学、社会语言学的教学和科研工作。发表了《孟高棉语声调的发展》、《从藏缅语、孟高棉语看亚洲语言声调的产生和发展》、《论声调起源的初始特征》、《布朗语勐昂话声调分析》、《Analysis of the tones in the Guangka Subdialect of De'ang》、《布朗语关双话声调分析》、《德昂语双音节名词来源分析》、《佤语量词来源初探》、《语言与宗教》、《泰国华人汉语观》等 20 余篇论文。目前主要从事现代语音学的语音分析和语音实验工作，并负责建立中国少数民族语言、声学数据库工作。近年来主持了国家社会科学基金 "中国无声调少数民族学习汉语声调偏误的实验研究" 和国家 "211"、"985 工程" "中国少数民族濒危语言语音语料库"、"中国少数民族说汉语中介语语音语料库" 等项目。

刘义棠 （1926—）生于江西赣县，中国突厥学家，台湾政治大学台湾边政研究所教授。台湾政治大学法学学士。曾任台湾政治大学助教、讲师、副教授、兼任台湾边政研究所所长。著有《维吾尔研究》、《维吾尔语文研究》、《中国边疆民族史》、《"钦定西域同文志"校注（新疆回语部分）》等专著多种，发表论文 30 余篇。其《维吾尔语文研究》1980 年获台北市中正学术著作奖。其主要研究领域是维吾尔语文和维吾尔历史及突厥史。

刘援朝 （1951—）生于北京。1964 年进入北京 22 中学读初中，1968 年底随学校毕业生赴内蒙古插队，八年后返回北京。1979 年通过考试进入中国社会科学杂志编辑部工作。1985 年秋，考入中国社会科学院研究生院民族系民族语言专业读研究生，师从王辅世先生学习苗瑶语。1987 年夏毕业，随即进入北京大学社会学研究所学习、工作。2001 年调回中国社会科学院民族学与人类学研究所南方语言研究室工作。职称副研究员。从很早的时候起，刘援朝就对语言和民族问题发生了兴趣。"文革" 期间，他阅读了馆藏的多种语言学、汉语、民族问题以及亚非国家民族志。罗常培和王均先生合著的《普通语音学纲要》对他学习和研究民族语言有非常大的帮助。插队期间，调查了当地的汉语方言，仿照《昌黎方言志》的样子写出了一份当地方言的调查报告，也分析了一些语法现象。以后又陆续写过一些文章，如日语汉字词（汉日语）的研究等。在研究生期间，写过一篇《谚文旁点中所见的近代汉语声调》，该文主要依据日本河野六郎先生对朝鲜古谚文旁点的研究生发出对近代汉语声调调值的考证，此文直到1993年才在《解放军外语学院学报》上发表。在此期间，还在1985年北京语言学会上发表了一篇题为《一百七十年来北京话清入上声字调类的改变》，根据《京音字汇》和《镜花缘》等书有关北京语音的词条和论述，研究了100多年来北京话入声字的变化趋势。

从研究生院毕业以后，进入北京大学社会学研究所学习和工作。工作对象仍主要是少数民族，由于专业变换，做的多为民族地区调查和撰写社会分析的文章，比较多的是回族社区研究，此外也有一些西南少数民族的研究报告。

2001年回到民族所后，选择壮侗语作为今后一段时间的研究对象。在壮侗语中，先研究黎语。2002年底申请了一个黎语方言（加茂话）的研究课题。在此期间陆续写成了几篇研究黎语的文章，也写成了一篇苗瑶语和吴方言关系的文章。此外，还有做些社会学和语言学关系（不是社会语言学）的研究题目想法，写了几篇尚未发表的文稿。已发表的著作：《电脑的多文种支持技术与我国少数民族的传统文字问题》、《贵州安顺大山脚苗话声韵母的演变》、《一百七十年来北京话清入上声字调类的改变》、《北京话和四周方言四声调值的比较》、《紫云界牌苗语的语音特征及其方言归属》、《威宁苗语古声调构拟》、《近十一年来少数民族语言研究述评》、《谚文傍点中所见的近代汉语声调》、《族际交往的社会语言环境》、《同异之争：语言社会学和社会语言学》、《吴方言与苗瑶语》、《壮侗语先喉塞声母b/d 分布与扩散》、《黎语方言声调的对应问题》、《黎语方言的语音交替现象》、《贵州安顺大山脚苗话的语音系统及方言归属》、《加茂话 ke 的语法化》、《日汉对音方法小议》。另外，在民族研究方面的有：《阿拉善盟牧区的聚落形态与人口分布》、《临夏伊斯兰教农村社区的社会组织：广河县庄禾集调查》、《回族人口形势分析》、《牧区农业化过程中的聚落组织》、《苗巫与苗族传统社会》、《家族组织与农村社会：甘肃省康乐县那尼头村调查》、《物质生活与社会变迁：昆明郊区苗民生活的人类学考察》、《云南丽江县普米族的亲属制度与婚姻》、《历史与现实：阿拉善盟的汉族与蒙古族》《云南元江县白族的亲属组织》、《社会学的发展、分化和困境》。

刘悦 （1973—）女，江苏省徐州市人，现为上海师范大学中国语言文学博士后流动站博士后、淄博师专副教授、淄博师专学术委员会委员。

1997年毕业于徐州师范大学汉语言文学专业，获学士学位；2003年于徐州师范大学硕士毕业，专业为汉语言文字学专业，研究方向为汉古文字，导师为古敬恒教授；2007年毕业于华东师范大学，获博士学位，专业是比较文字学，少数民族古文字方向，研究的主要对象是东巴文字，导师为王元鹿教授；2011年5月进入上海师范大学中国语言文学博士后流动站工作，主要研究方向为少数民族古文献与辞书研究，研究对象为东巴文字，导师为徐时仪教授。2011年获得第50批次中国博士后基金资助，项目名称是"纳西东巴文字字书整理与研究"。

参与的重要项目有：国家教育部重大科研项目"古汉字与其他民族古文字同义比较研究"，已结项；上海市哲学社会科学规划重大课题"中国文字数字化工程——中文信息化补缺建设"；国家社会科学基金项目"汉字与南方民族古文字关系研究"（10BYY049）；教育部人文社会科学重点研究基地重大项目"中华民族早期文字资料库与《中华民族早期文字同义对照字典》"。作为课题组成员，主要负责其中的东巴文字研究。

博士学位论文《基于异体现象描述的东巴文字

发展研究》，是以各东巴文字字书为基本材料，从中整理出1013组东巴文异体字，涉及4391个东巴文字。这是目前对东巴文异体字最全面的整理和研究。专著《纳西东巴文异体字关系论》中对多部东巴文字字书及经书所收异体字间关系进行比较研究。已发表论文有《早期文字符号体态特征及其演变》、《纳西东巴文异体字研究述评》、《巴克〈么些研究〉所收东巴文字初步研究》等近20篇。

2011年参与商务印书馆主持的"'十二五'时期国家重点图书、音像、电子出版物出版规划"重点项目"《辞源》第三版修订"工作。

刘照雄 （1932—）天津市宁河县人。1954年8月，毕业于北京大学中文系语言专修科，随即分配到前中国科学院语言研究所工作。1956年底，转到新建的少数民族语言研究所（后合并为民族研究所）。1958—1959年，公派赴前德意志民主共和国科学院民族学研究所，作为语言学与民族学副博士进修生。1963年评定为少数民族语言研究所助理研究员。1980年评定为民族研究所副研究员。1981—1986年，曾兼任《民族语文》杂志副主编，中国社会科学院研究生院1985级硕士生导师。1986年8月，调到国家语言文字工作委员会。1988—1990年，任国家语委语文出版社、语文音像出版社副社长、副总编辑。1988年，评定为国家语委研究员。1990—1993年，任国家语委普通话推广司司长。1993—1994年，任《语文建设》杂志主编。1993年，国务院授予特殊津贴与证书。1994年，国务院授予全国民族团结进步模范称号。1994—1995年，任国家语委普通话培训测试中心主任。中国民族语言学会会员，第一至第三届理事会理事、副秘书长、秘书长。中国语言学会第一届理事会理事、副秘书长。原北京广播学院兼职教授（1994年受聘）。国家语委普通话培训测试中心兼职教授（1995年受聘）。主要专著：《东乡语简志》、《保安语简志》（与布和合作）、策划与审定，国家语委与中央电视台联合制作的电视教学系列片《拼音世界》，（25集，共500分钟）；策划与审定，粤语区适用音像教材《小朋友学普通话》。主编《普通话水平测试大纲》，主编港澳通用《普通话教材》；参与主持和编制《普通话水平测试实施纲要》。主要论文《东乡语概况》、《蒙古语族保安语陈述式动词的确定语气与非确定语气》、《阿尔泰语文学概述》（与清格尔泰合作）、《浅谈蒙古语族语言动词的特点与功能》、《我国蒙古语族语言的语音对应》、《语言学漫话》、《东乡语研究》（与马国良合作）、《中国语言地图集·蒙古语族语言》、《论标准语教学》、《论普通话的确立与推广》、《推广普通话的重要举措——普通话水平测试简论》、《普通话水平测试的实施与构想》、《〈普通话水平测试大纲〉的编制与修订》、《说儿化》、《〈普通话水平测试实施纲要〉概述》。

柳英绿 （1949—）朝鲜族，吉林图们人。1972年参加工作。1980年师从崔吉元教授，于延边大学汉语言文字学专业读硕士学位，1983年毕业。1997年12月任延边大学教授。吉林大学文学院汉语言文字学专业教授、博士生导师。兼任中外语言文化对比学会常务理事、中国少数民族双语教学学会理事、吉林省语言学会副会长。主要从事汉朝语言双向对比教学与研究工作。已出版《韩汉语翻译基础》《韩汉语语法对比》等学术专著教材等十余部。发表论文数十篇。完成国家"九·五"社科基金项目《韩国语话语和汉语话语对比研究》、国家对外汉语教学办公室基金项目《对外汉语教学的理论与实践》、吉林省教育厅项目《韩国语话语和汉语话语翻译研究》等。

龙乘云 （1934—）女，重庆市丰都县人。退休前为云南省少数民族语文指导工作委员会副研究员、云南省翻译工作者协会理事。

1956年毕业于中央民族学院语文系（傈僳语专

业），毕业后留校工作，随后参加中国科学院少数民族语言调查第三工作队到云南进行民族语言普查工作。到云南后用半年多的时间深入傈僳族聚居的村寨，收集了大量的傈僳语资料和人文资料。对傈僳语的语音、语法、词汇等进行了对比研究，弄清傈僳语基本情况后，参与了 1954 年云南省民委语文组草拟的傈僳文方案的补充修订工作。这个方案于 1957 年 3 月由在昆明召开的云南省少数民族语文科学讨论会上讨论通过，并同意在傈僳族群众中试验推行。1958 年正式调往云南省少数民族语文指导工作委员会（以下简称"省民语委"）工作，直到 1990 年退休。在这 30 多年中，除了从事傈僳语的调查研究工作外，还配合本民族干部从事编写傈僳文教材、汉傈词典和傈僳文师资的培训工作。

1981 年以后，主要抓了以下两项工作。一、协助丽江地区培训了三期傈僳文师资培训班（学员共计 120 人），结束后，曾先后深入傈僳族村寨开展扫盲工作。用三年时间，在丽江县的拉巴支和兰香两个傈僳族乡实现了傈僳文无盲乡。为云南的民族文字扫盲工作做出了榜样，受到省、地、县的肯定和表彰。二、省民语委根据独龙族干部和群众对民族文字的迫切要求，由龙乘云和独龙族干部约翰合作设计一套简单易学的独龙语拼音方案。这个拼音方案是根据独龙语的特点，参考日汪文的字母形式草拟的。这个方案的特点是：只用国际通用的 26 个拉丁字母。这样处理有两个好处：第一，在字母形式上尽量与独龙族原有日汪文（主要通行在缅甸独龙族居民中）在字母形式上尽量取得一致，为今后独龙族内部的文化交流提供了方便。第二，体现了设计字母的经济、适用、美观这三条原则。这个方案设计出来后，曾到贡山独龙族怒族自治县广泛征求过意见，并在当地进行试教后，提交 1983 年 12 月在昆明召开的省民语委第二次全委（扩大）会议上讨论通过。独龙族群众学习独龙语拼音方案的积极性很高，有些不到一年就能用拼音方案拼写自己的母语，在小学校里，学生用这套拼音符号给汉字注音学习汉语文，起到了民汉双语教学的效果。

论著目录：《傈僳语数量词的语法特征》、《傈僳文小学课本（第二册）》、《汉语独龙语对照课本》（合作）、《老傈僳文的创制及其使用情况》（合作）、《对傈僳族文字问题的几点看法》（合作）、《独龙语拼音方案的创制经过及其试行情况》。

《社会主义时期是各民族语文共同繁荣发展的历史时期》，已收入《民族语文理论政策讲座》一书。编写了《云南省志·少数民族语言文字志》中的《傈僳族语言文字》（与侯新华合作）和《独龙族语言文字》（与李明光合作）两章，《云南人民出版社》，1998 年 5 月。

龙耀宏 （1962—）侗族，中国民主促进会会员，贵州天柱县高酿镇邦寨村人，1984 年 7 月毕业于中央民族学院政治系哲学专业，同年分配到贵州民族学院人事处工作。1986 年调少数民族语言文学系任教学工作，此后一直在贵州民族学院从事侗族语言文学的教学研究工作，现为贵州民族学院民族文化学院院长、教授，兼民族科学研究院副院长、研究员，校学科带头人，校学术委员会委员。1985 年以来，先后任"侗族语文""侗语方言比较""民族文化学""侗族语言与文化""贵州少数民族语言概论""民族古籍"等课程的主讲。1989 年 7 月—1990 年 7 月中央民族学院民语三系侗族语言文学专业进修学习一年，师承杨权、郑国乔两位教授；2001 年 1 月—12 月在美国德克萨斯州州立大学阿灵顿分校语言学院访问学习一年，师承艾杰瑞教授；2003 年 7 月—2004 年 7 月，在中央民族大学少数民族古籍整理研究修班学习。

1998 以来，先后任第四届、第五届贵州省民间文艺家协会副主席；贵州省语言学会副会长；贵州省侗学研究会副会长；贵州省文联委员会；贵州省社科联委员；贵州省民族学会常务理事；中国少数民族语言学会理事；中国少数民族双语教学研究会理事；贵州省民族民间文化遗产抢救工程工作委员会委员；贵州省民族民间文化遗产抢救工程专家委员会委员；贵州省民族民间文化遗产保护工程专家委员会委员。

主要研究工作经历有：1988—1990年，主持贵州省"九·五"社科规划项目《贵州省志·侗语志》编写工作；1995—1996年，主持云南社科院《中国各民族节日祭会大事典·侗族》的编写工作；1998—2003年，参加《侗汉英大词典》的编写工作；2003年8月，主持云南大学"民族村寨调查"课题中的"侗族村寨调查"工作；2003—2005年，主持贵州省教育厅课题"互相依存理论与侗汉双语教学研究"。2004—2005年，主持贵州省省长基金课题"民族教育与民族民间文化传承研究"。2004—2005年，主持国家民委委托项目《中国少数民族古籍总目提要·侗族卷》的编写工作。2005年1—9月，主持省教育厅委托项目"民族地区小学民汉双语教学教材"的编写工作。2005年7—8月，主持省贵州省文联项目"贵州省民族民间工艺美术图典"的调查编纂工作。

主要学术著作有：《侗族》（民族知识丛书）与杨权、郑国乔合著，民族出版社1997年9月。《侗族大歌琵琶歌》编著，贵州人民出版社1997年11月。The Dong Language in Guizhou Prevince. China（贵州侗语），美国德克萨斯大学出版社，1998年。《侗语研究》，专著，25万字，贵州民族出版社2003年9月。《侗族—贵州黎平县九龙村调查》，专著，48万字，云南大学出版社2004年。The Kam People of China（中国侗族），英国伦敦Routledge Curzon出版，2003年10月。

发表的语言学学术论文有：《侗语中的古汉语举例》《侗族与铜鼓》《"巫山云雨"神话考释》《侗水语称官为"moh"原于楚语考》《澳斯特罗—泰语》（译文）、《侗语同仡佬语词的比较研究》《侗语录和阿眉斯语》《侗族族称考释》《"鸡歌"与魂灵信仰》《侗水语"斗笠"一词的来源》《汉藏语言关于动物量词"头"的来源》《贵州榕江县宰荡小学侗汉双语教学实验及其实施情况报告》）。

卢诒常 （1930—2012）女，广西北流县人，中央民族学院副教授，曾先后任汉语文字系教研室副主任、主任。1950年秋考入广西大学史地系学习，1951年由广西大学保送中央民族学院学习民族语言和语言学基础理论。1953年大学本科毕业。同年入语文研究生班深造，受业于吕叔湘、袁家骅、高名凯、马学良。研究生班毕业即参加中国科学院少数民族语言调查第一工作队。调查过海南岛苗语族语言和广西金秀、龙胜等地的瑶族语言，曾在广西民族学院瑶语语文训练班讲授过汉语语法基础知识。调查队工作结束后，回京整理调查材料。1960年返回中央民族学院致力于民族语文教学工作，曾在民族语文系讲授语言学概论，在汉语语言文学系古代汉语教研室主持工作，并开设古代汉语课，同时还为政治系干部文化班藏族学员和越南留学生班讲授基础汉语，为培养民族建设人才和国际友人学习汉语做贡献。

卢诒常在海南调查期间参与撰写"海南苗语调查报告"（油印本约9万字），在民院教学期间曾参与编写《古代汉语》（先秦部分）函授教材，与此同时，还发表了《瑶族勉语标敏方言的构词变调与构形变调》（《民族语文》1985年第6期）和《海南苗族语言及其系属》（《民族语文》1987年第3期），首次界定海南苗语属于瑶族勉语金门方言。

陆秉庸 （1928—）上海市人，新疆师范大学中国语言系教授、中国双语教学研究会副理事长、中国突厥语研究会理事、新疆汉语文学会理事。1955年毕业于中央民族学院少数民族语文系维吾尔语专业，1955—1979年在新疆长期从事对新疆少数民族学生的汉语教学工作。1979年以后在新疆师范大学中语系基础理论教研室教授"现代汉语""语言学概论""汉语教学法"等课程。陆秉庸主要从事对新疆少数民族学生进行汉语教学的研究和汉语与维语的对比研究。在长期的双语教学中积累了比较丰富的经验，认为对新疆少数民族学生进行汉语教学不同于对汉族学生的语文教学。而现行的新疆汉语文教学体系基本上沿用汉族学生语文教学的传统体系，缺乏针对性和科学性，未能达到预期的效果。他建议应在对比语言学和应用语言学的理论上归纳对少数民族学生进行汉语教学的规律。他发表一批有关对民族学生进行汉语教学和维汉两种语言对比研究的论文，如《汉语的宾语及其有关成分在维语中的表达法》提出了新的见解。他认为：（1）汉维两种语言在直接宾语和间接宾语的概念是一致的；（2）汉语的及物动词与宾语的语序并不是固定不变的，宾语可以移到句首。或者借助介词"把"将直接宾语移到谓语前。（3）主语和宾语同及物动词谓语的关系是施事和受事的关系。这些见解对维族学生学习汉语很有帮助。已出版的专著有：《基础汉语》（与李经纬合作）、《汉维简明小词典》（与李经纬等人合编）。已发表的论文有：《浅谈现代维吾尔语中动词的"时制"》《谈谈汉语教学中的几个问题》《汉语叙述句中的主语问题》《试谈维译汉时"的"字省略问题》（与王承冶合作）、《汉语的宾语及其有关成分在维语中的表达法》《试谈汉维语的运动动词以及同处所—方位词语的组合》等多篇。

陆绍尊（1931—）壮族，广西壮族自治区上思县人，中国社会科学院民族研究所研究员。在任职期间，曾任该所民族语言研究室秘书、藏语小组副组长、代理组长等。1956年7月毕业原中央民族学院语文系民族语言研究班，分配到原中国科学院哲学社会科学部少数民族语言研究所任研究实习员；同年，参加由中国科学院和中央民族事务委员会联合组织的全国少数民族语言普查工作，编入第七工作队第一分队赴四川省西昌地区和云南省丽江地区、迪庆藏族自治州参加普米语和藏语的普查工作。

半个世纪以来，一直从事少数民族语言调查研究工作，主要研究普米语、藏语（康方言）和门巴语等少数民族语言，先后6次前往处云南丽江地区和四川省西昌地区等普米族聚居区进行田野调查，共调查收集了25个点的语言材料不断核实和扩大补充，进行了深入的比较研究以后，提出了划分普米语方言土语的意见；与此同时，还以普米语与同语族的藏语、羌语等语言进行比较，根据它们的异同情况，提出了普米语应属于汉藏语系藏缅语族羌语支，从而解决了普米语的系属问题。对普米语的语法也进行了系统研究，在语言简志中建立了普米语的语法体系。

另外，对门巴语也进行了比较深入的调查研究。自从1976年以来，先后三次前往西藏自治区错那县勒布区和墨脱县德兴区等门巴族聚居区进行实地调查，收集了大量的语言材料和当地社会人文资料；并且经过深入比较研究以后，提出了门巴语划分为南北两个方言的意见；并以门巴语与同语族的藏语（以卫藏方言代表点拉萨话）进行初步比较后，认为门巴语应属于汉藏语系藏缅语族藏语支，从而也解决了门巴语的系属问题。对门巴语的语法体系也进行了系统研究，在语言简志中也建立了门巴语语法体系。特别是对门巴语数词的构成和使用方法作了深入探讨，还发表了专题论文。详细地介绍了门巴语数词的构成方法。

总之，上述研究成果都体现在专著《普米语简志》和《门巴语简志》中，也为后来继续深入研究普米语和门巴语打下了坚实的基础。

陆瑛（1935—）笔名晓岚，字特泉，曾用名陆华记。高级讲师、副译审。生于广西武鸣县共济村的一个壮族贫苦农民家庭。1956年广西民族学院壮文班毕业后，始终把个人命运与壮文事业连在一起，不辞劳苦，接受并完成了一项又一项开拓性的任务。先是参加壮语词汇调查和壮文方案的修订，随后到农村和学校进行壮语文试点教学，为推广壮文提供了新的经验。1957 年参与创办《壮文报》，历任该报记者、编辑组长、副总编，亲自编辑和审定出版近 1000 期报纸。同时还给广西日报、广播电台、《三月三》等报刊撰发了数十篇各类文章，多次被评为积极通讯员。1960—1956 年在职参加广西区直干部业余大学中文系学习并毕业。1970 年到区五七干校学习劳动，随后到武鸣县从事通讯报道工作。1979 年调任武鸣县政府办兼农业区划办副主任，在深入调查、掌握大量资料的基础上，撰发了《关于发挥民族地区优势问题的探讨》《浅谈方块壮字》等多篇论文。还主编了 75 万字的《武鸣农业区划报告集》，荣获自治区农业区划科研成果二等奖，个人被评为先进工作者。1984 年春调到广西壮文学校任教务处副主任，兼壮文翻译课和古壮字课的教学。并主持编写《壮文中专班壮语教材》《干训班壮文课本》，合编《壮文中专班壮语词汇》和编写《古壮字知识讲义》等。1986 年秋，调往中央民族语文翻译局负责组建壮文翻译室，并任副主任、副译审，从事马列主义经典著作与全国党代会、人大会、政协会议文件的壮文译审及大会同声传译业务，为壮文第一次进入大会堂做出了贡献。1989 年冬，调回广西民族中专学校、壮文学校任教务处主任，1990 年 3 月任校长、高级讲师，首创并主编《校刊》。为办好学校，曾亲率十多位骨干教师先后到区内民族干校（师范）和赴云贵进行民族教育考察，撰发了《先进学校办学经验给我们的启迪》《赴云贵进行民族教育考察情况汇报》的文章，并联系实际提出一系列具建设性意见并组织实施，推进了学校教育改革。1991 年学校被评为全国民族教育先进集体，个人获国家民委颁发"献身民族团结进步事业"荣誉证书。历任广西文学创作协会会员、广西民族语文学会理事、广西译协民族语文翻译委员会副主任委员、中国国际交流出版社特约顾问编委。发表著译作 15 种，论文 40 多篇，散文近百篇。主要著作有《简明称谓辞典》《壮族民间谚语》（合作）、《古壮字字典》（合作）；主要论文有《略论壮汉翻译工作者的业务修养》（获中国译协优秀论文二等奖）、《浅谈方块壮字》《淡谈壮族民间谚语的正确运用》《关于提高教师政治、文化、业务素质的浅见》《教师—最可尊敬的优秀人才》（获中国教育改革与发展报告全国教育征文一等奖）等；散文主要有《打谷场上的笑声》《山村货郎担》《让秧苗》《在壮文报编辑室里》等；主要译著（含合译）有《毛泽东选集》《邓小平文选》《壮族医学史》《花山的故事》等。

罗安源　（1933—　）湖南省保靖县人，土家族，中央民族大学少数民族语言文学学院教授。1952 年夏考入北京大学东方语言文学系，同年 10 月转入原中央民族学院（现中央民族大学）族语文系，1956 年毕业后留校，长期从事语言学和少数民族语文的教学与研究。曾任中央民族大学汉语系副主任、《中央民族大学学报》主编、中央民族大学研究生部主任；中国教育学会少数民族教育研究会副秘书长、全国民族院校汉语教学会副秘书长、中国少数民族双语教学研究会副理事长、中国少数民族双语教学研究会顾问。1991 年起享受政府特殊津贴。已正式出版的合编或自撰的专业著作有：《语言学概论》（1981 年）、《语言调查研究讲座》（1986 年）、《简明实用语音学》（1990 年）、《现代湘西苗语语法》（1990 年）、《简明现代汉语语法》（1996 年）、《电脑语言学基础》（1998 年）、《现代汉语简编》（2000 年）、《田野语音学》（2000 年）、《土家人和土家语》（2001 年）、《电脑辅助分析语音与词汇》（2001 年）、《国际音标教学片》（2004 年）、《发音语音学》（2005 年）、《松桃苗话描写语法学》（2005 年）、《中国语言声调概览》（2006 年）等十余部。已发表有关语言学、语言教育、少数民族语文、汉语言文化等专论多篇。主要论文有：《同音区·同区音·同音群》《从共振峰看元音音区》《贵州松桃苗话的冠词》《苗语湘西方言的"谓·主结构"》《苗语句法成分的可移动性》《苗汉"形后名序列"同形异构说》《东干语声调图谱》《声调快速验证模式》《复声调与曲折调新探》《土家语/汉语消长趋势》《西部大开发中的语言教育问题》《从量词看苗汉两种语言的关系》《简析哈萨克语单元音的音值》。

罗秉芬 （1931—）女，生于天津，广东新会县人，中央民族大学少数民族语言文学第一系藏语文教授、中国民族语言学会理事。

1955年毕业于中央民族学院民族语文系研究班，1956—1958年参加全国少数民族语言调查第7工作队，任西番语调查组和云南藏语方言调查组组长。先后调查了四川木里、盐源、冕宁的"番语""西番语"以及云南宁蒗县的"西番语"。写成《普米语调查报告》，全文20万字。在云南调查了中甸、维西等县的藏语方言。

1959—1960年，参加西藏农奴制社会历史调查，任日喀则艾马岗调查组组长，调查了该地区封建农奴制度下的土地关系，乌拉差役制度，婚姻制度，征兵制度，各阶级、阶层的家庭经济状况。写出了调查报告。1960年还参加了黑河地区牧区阿巴部落的专题调查组，任组长。调查了封建农奴制度下的牧业生产关系、牧区部落的民俗法律制度、寺庙对牧民的剥削、乌拉差役制度、部落支谱、典型牧民家庭经济调查等。

30多年来，罗秉芬主要从事藏语文教学工作，为汉族、藏族的本科生、进修生、外国留学生、藏族及汉族研究生授课。先后开设过的课程有：藏语口语课、现代藏文文选及写作、历代藏文文学著作选读、藏文学专著、藏文历史文献选读、藏文历史专著、敦煌古藏文文献选、苯波教历史文献等。为了教学的需要，还编写和注释了5种教材。20世纪70年代末以后，参加《藏汉大辞典》的编写，从事敦煌古藏文文献的译注工作，以古今书面语的正字法演变，探索藏语古今语音发展的规律。参加编写的专著有：《佛经故事选》（五人合作）、《敦煌本吐蕃医学文献选编》（二人合作）、《藏汉大辞典》（集体编写）、《民族词典》（主要编写人之一）。

重要论文有：《浅谈历史上藏文正字法的修订》（二人合作）、《敦煌古藏文医学文献——火炎疗法（选译）》《藏文再后置字-s的功能》《藏语文词汇教学法研究》《敦煌本吐蕃医学文献——"火炎疗法"研究》等。

罗常培 （1899—1958）字莘田，满族，北京人，祖籍吉林。曾任中国科学院语言研究所所长，研究员、全国人民代表大会代表。

1919年在北京大学中文系毕业后接着在哲学系读了两年。以后在天津南开中学教国文、任北京第一中学校长。1923年任西北大学教授，开始讲授汉语音韵学。后来在厦门大学、中山大学讲授音韵学课程。1929年任中央研究院历史语言研究所研究员，除致力于音韵学问题研究外还调查现代汉语方言。1934年任北京大学教授，1936年任北京大学中文系主任，抗战时任西南联合大学中文系主任。1945—1948年先后在美国朴茂纳大学和耶鲁大学作访问教授，教中国语言学和中国文学。1948年秋回国，仍在北京教书，兼任北京大学文科研究所所长。新中国成立后，1949年应邀参加了中国人民政治协商会议。1950年任中国科学院语言研究所首任所长，1952年任中国文字改革研究委员会委员，1952年《中国语文》创刊后一直担任编辑委员，后担任总编辑职务。1954年和1958年相继当选为全国人民代表大会代表。1955年任中国科学院哲学社会科学部委员。

罗常培从事语言教学和研究工作三十多年，学术成就卓著，是国内外著名的语言学家，也是中国现代语言学的奠基人之一。在少数民族语言研究和汉语方言研究方面，是最早的开拓者之一。他为我国民族语文的调查研究做了许多开创性工作，为培养民族语文队伍做出了卓越贡献。新中国成立前，他亲自调查和研究了云南的白、傣、独龙、怒、傈僳、纳西、苗等语言，发表有《莲山摆彝语文初探》、《贡山俅语初探》；在民族古文字方面有《八思巴字与元代汉语》《八思巴字和古代官话》《蒙古字韵》。新中国成立初期他先撰写了《国内少数民族的语言系属和文字情况》一文，后不断发表文章强调研究民族语文的迫切性、必要性和重要性，如《加强研究少数民族语文，为提高各民族文化而努力》《为帮助兄弟民族创立文字而努力》《遵照政务会议的指示，展开帮助尚无文字各民族创立文字的工作》等，不但做了许多舆论工作，还做了大量组织和培养干部的工作。

在汉语研究和语言学方面也有许多重要论著，如《普通语音学纲要》《语言与文化》《音韵学导论》《唐五代西北方音》《厦门音系》《临川音系》《汉语方音研究小史》《北京俗曲百种摘韵》等。他的治学方向一直是将汉语和少数民族语言相结合研究、现代语言研究与我国音韵学的传统相结合、古代语言与现代语言相结合研究。其中的《唐五代西北方音》（1933年）利用汉藏对音材料、汉字注音材料与《切韵》比较，推溯唐五代西北方音的渊源，考证其语音系统，再与六种现代西北方音比较，探求其流变。他去世后发表的一篇遗作仍是与中国少数民族语言有关的《论龙果夫的〈八思巴字和古官话〉》（1959年第12期）。

罗季光（1914—1978）又名罗良锐，湖南长沙东乡人。生前曾先后任国立湖南大学副教授、中国社会科学院语言研究所研究员、民族研究所语言室主任，是知名的瑶语专家和民族语言学家、瑶族语言研究的奠基人、《辞海》（民族卷）的主要编写和修订人之一，创办《民族语文》杂志的积极倡导者。

1932年罗季光毕业于湖南私立明德中学，同年考入北京大学国文系，成为著名语言学家罗常培、魏建功、唐兰等教授的学生。1938年北大毕业后曾在湖南的师范学校和中学教书。1946年应聘任国立湖南大学副教授，在文学院讲授中国音韵学。1952年调到中国科学院语言研究所任副研究员，主要任务是研究国内少数民族语言，曾负责壮语北部方言东部地区的语言调查工作。1956年全国开展少数民族语言大普查时，担任少数民族语言调查第三工作队队长，主持云南省傣、景颇、载瓦、傈僳、佤、阿昌、拉祜、哈尼、白、纳西等语言调查研究工作，同时还兼任第二工作队瑶语分队的工作。1962年担任民族研究所语言室副主任、主任，直至病逝。

1952年罗季光独自一人背着行李奔赴广西的大瑶山、凌乐、南丹、睦边、兴安、富钟、十万大山、蒙山、荔浦等县调查瑶语，积累了丰富的材料，1953年在《中国语文》发表的《广西瑶语》一文，详细介绍了广西瑶族语言支系纷繁的情况，第一次提出大瑶山金秀一带的瑶族语言和壮语很近似。还介绍了瑶族几种有代表性语言的语音系统和词汇、语法例句，并用了相当篇幅阐述瑶族的历史以及与苗、畲、壮的关系来以说明瑶族现今使用三种不同语言的缘由。1956年在中央民族学院和中国科学院少数民族语言研究所联合举办的语言调查训练班他讲授的"怎样分析语音和描写语音"专题收入《语言调查常识》一书中，由中华书局出版。1962年，他执笔并和马学良教授合撰的《我国汉藏语系语言元音的长短》《〈切韵〉纯四等韵的主要元音》在《中国语文》发表后，得到语言学界的重视，文章围绕着元音长短这个主轴，阐述了汉泰、苗瑶语族元音分长短和藏缅语族元音分松紧的由来及其性质，并依据广州话和中山话论证了汉语历史上也是元音分长短的。从《切韵》本身所反映情况来看，文章认为纯四等韵的主要元音原来就是 i 的长元音韵，不存在有无 i 介音的问题，在语音的演变过程中长元音 i 逐渐弱化成为介音，而过渡音则扩张变成了复合元音韵主要元音。这样解释纯四等韵的演变不是由低变高的，而是由高变低的。这恰与过去一般人的看法相反。这两篇文章开创了利用少数民族语言材料研究古代汉语声韵的先例。对研究民族语言和汉语的比较研究有深远的意义和理论价值。

罗季光先生治学态度非常严谨,对还不十分成熟的作品总是再三推敲,不轻易发表。工作中注意培干,在调查广西壮语时,通过半年多的田野工作,边工作边培养后学,在调查工作结束后,已同时培养出地方一批民族研究人员,得到自治区有关领导的表扬。对研究所内的年轻学者注重鼓励和帮助,在他担任研究室领导时,凡是年轻学者送来的文稿都认真阅读,提出具体修改的意见,使之达到发表或出版的水平。因此,在室内的许多年轻人都受到罗先生的栽培而成为本专业的专家或知名的学者。

罗美珍 (1934—)女,原籍福建长汀,出生于江苏苏州。1956年毕业于中央民族学院语文系,同年被分配到中国科学院少数民族语言研究所(现为中国社会科学院民族学与人类学研究所)工作直至退休。历任该所副研究员、研究员。1956—1957年参加苗语调查和参与创制苗文的工作;1959年调查畲族的语言;1958—1963年在学术秘书室协助所长管理科研工作,在此期间参加了编撰《辞海》的工作;1963年在云南西双版纳傣族自治州劳动兼学习傣语一年,后开始研究傣族的语言文字;1981—1982年和1989—1994年两度在《民族语文》兼任编辑,并参与了《当代中国》民族卷的编写工作。擅长傣族的语言、文字研究和一些综合性、理论性的语言学问题研究,近十几年来也涉猎客家的语言和文化研究。在描写语言学、历史比较语言学、社会语言学方面都有论著发表。论著的特点主要是在我国语言、文字实际的基础上作理论探讨,对学术界有争议的问题发表自己的见解,如对于侗—泰(或侗台)语族的系属问题国内外学术界存在不同的意见:有主张划入汉藏语系的,也有认为应属澳—泰语系。她发表了一系列相关的文章(如《试论台语的系属问题》《有关建立汉藏语系的几个认识问题》《傣、汉语关系研究》等),论证侗—泰人属马来人种,其先民原操原始马来语,后来由于和华夏、氐羌人接触深远,语言在语音、词汇、语法方面发生了质的变化。侗—泰语族逐渐和原始马来语脱离了关系,是在汉藏母语基础上发展而来的,应归入汉藏语系。同时指出谱系分类的历史比较法只看到语言在历史发展中的分化或异化,忽略语言接触后所造成的语言替换、语言混合和融合。《论族群互动中的语言接触》(《语言研究》2000年第3期)一文就语言接触产生的原因、现象、后果作了系统分析。根据我国古今多民族接触的情况,指出族群的互动有三种情况:①邻界接触;②移民迁入;③远距离的经济、文化交流。这三种情况都会使语言接触发生复杂的现象,而语言接触出现的这些复杂现象会产生四种后果:①弱势语言被强势语言所替换;②一种语言的结构受到另一种语言结构的影响而得到丰富发展;③相接触的语言在结构上发生混合或融合,产生第三种语言;④语言的深远接触也会使某种语言的结构发生质变,从而改变其原始发生学的关系。对这四种后果文章用我国语言实际加以论证,从理论上加以阐述和区分,建立了一套理论框架。文章还指出过去我国长期处在封建割据和交通不便的小农经济社会中,语言演变以"分化"为主;现今在商品经济迅猛发展的形势下,今后的语言演变以"趋同"为主。但怎样表现出"趋同",需作深入的研究,从而顺应客观发展的趋势把握语言演变的方向,为制定好民族语文政策提供理论依据。此文得到国内外学者的好评,2005年获得社科院离退休人员优秀科研成果二等奖。《傣语长短元音和辅音韵尾的演变》《台语长短元音探源一得》及《对汉语、侗泰语声调起源的一种设想》,从傣语方言元音、辅音尾的演变情况以及声调的起源、发展旁证汉语有相同的演变规律。社会语言学方面的代表作有《我国少数民族语言、文字使用与发展问题研究综述》。这是她任《我国少数民族语言、文字使用与发展问题研究》这一课题组组长时亲自撰写的文章。对尚无文字的民族文字问题、新创制和使用不久的民族文字问题、历史悠久的传统文字的使用与发展问题、受宗教影响的文字问题、跨境民族的语言文字问题、民族教育中民族语文教学问题等六个问题反映了存在的问题，提出了解决这些问题的具体建议。1989年作为内部研究上报给中央参考。1993年获得社科院优秀科研成果奖。《傣语的称谓法》一文论述了西双版纳傣语在封建领主制度下因存在森严的等级，在称呼人时有两套称谓法：①指称称谓法。②呼名称谓法。在客家语言和文化研究方面，对客家是什么人？客家语言能否独立为汉语的一个方言？客家文化有什么特点？三个问题表述了她的意见。主要论著有：《客家方言》（客家文化系列丛书，福建教育出版社1995年）、《客家话通用辞典》（主编）、《从语言视角看客家民系的形成及其文化风貌》《谈谈客赣语分立方言区的问题》《客家文化与传统文化》等。

罗滔 （1934—）原名罗道廉，福建省连城县人，1952年考入中央民族学院语文系，先学布依语，后转修壮语。1957年毕业后分配到广西壮文学校任教23年。1980年调回福建省连城县文化馆任连城《群众文化》主编。1983年到连城一中教高中语文，评为高级教师，曾任语文教研组长和地区高级教师评委。1993年退休后，又到晋江、厦门的中学任教到72岁才走下教坛。在40多年的教学生涯中，他坚持教书育人和理论研究相结合，取得了优良的业绩。在民族语文方面的主要论著有：《略探壮语的汉语借词》（载于1985年《福建龙岩师专学报》第3卷第1期）、《壮化的古汉语》（载于1993年广西壮文学校校刊第2期）、《壮语的声调与汉语的四声》（载于广西壮文学校、广西民族中专校刊第7期）、《壮语趣谈》，以及吴超强、潘源洞合著（载于2006年广西《民族教苑》第15期）。全书约10万字，分十二章，罗滔撰写了书中的第一、第二、第三、第五、第七、第十二章。《壮歌抒情方法举隅》（载于2008年的广西《三月三》1月刊）。1956—1965年在《广西文艺》《南宁晚报》等报刊上发表诗歌、曲艺作品30篇。其中处女作《欢呼壮文的诞生》于1956年2月在《广西文艺》发表后，受到广州的《作品》转载，并编入1956年的广西诗集《红水河之歌》；代表作《壮人永跟毛泽东》1958年10月在《广西文艺》发表后收进了周扬、郭沫若主编的《红旗歌谣》。他还深入研究了自己的母语——连城客家话，已出版了《连城方言志》《连城客家话》和《连城客家话词语简编》等汉语方言论著。

罗显仁 （1964—）彝族，生于贵州大方县，大专学历。1990年7月毕业于中央民族学院民语三系彝族历史文献专科班，同年10月分到贵州省民族研究所语言研究室工作至今。1996年，被贵州省翻译系列中级评委评为翻译，2007年12月被贵州省翻译系列高级评委评为副译审，主要业绩和成果如下。

彝文翻译：

《彝文金石图第一集》（合著，四川民族出版社1989年）。代表作有《纪功碑》《新修千岁衢碑》《水西大渡河桥碑》。

《纪功碑》，该碑置于大方县，青山乡与响水镇分界的大桥引水渠旁。立碑年代无存，碑上有彝文174字，碑文记载蜀汉时期，罗甸国彝族君长妥阿哲助武候南征之功绩。结合有关史料佐证，该碑是迄今发现年代最早的彝文碑刻。

《新修千岁衢碑》，该碑属彝汉文合璧，原置于大方县马场区白布乡，现藏于大方县文物管理所，碑上有彝文311字，碑文记载明代贵州彝族贤士安万铨捐资修衢620丈，使艰险变坦途，商旅往来方便的事迹。

《水西大渡河桥碑》，该碑现置于黔西县林泉区，与大方县鸡场区交界的大渡何桥北头。碑上有彝文 1972 字，碑文叙述明代以前，水西彝族默部统治家族的历史和建桥的经过。该碑迄今已有 395 年的历史。

这批珍贵文物将对学术界研究祖国西南各民族的政治、经济、文化和军事等方面有着重要的学术价值。

《苗县彝族古歌》（该书共分三个部分，即"彝族古歌""婚仪歌""丧祭歌"）。

《古民歌》，彝语称"过垛"，意为玩耍娱乐歌。也叫彝族"民间情歌"。该情歌又分"克木克叨"，"治目治叨"和"非木非叨"三个部分。"克木克叨"即彝族青年男女"初相识情歌"。"治木治叨"是"相爱情歌"。"非木非叨"是情投意合情歌。情歌全用古彝语吟唱，歌调悠扬婉转，具有浓郁的地方民族特色，该歌至今仅为彝族村寨的部分年长者歌师所传唱，青年男女知之甚少，正濒临失传的危险。彝族古民歌是古代彝族绚丽的文学奇葩，由若干句自成一节，三节为一首，多采用赋、比、兴的修辞手法，其内容包罗万象。彝族古民歌反映古代彝族男女对包办婚姻、憧憬婚姻的自由之情。

《婚仪歌》，彝语称"录主"，意为"酒令歌"，彝族姑娘出嫁时由歌师所吟唱，用途专一无它代，至今盛行不衰。歌词为五言句古彝语，篇幅可长可短，自古成章成节，吟唱时有特定的顺序。

《丧祭歌》，彝语称"咪摩"，意为"丧诗"。一般指在超度亡灵的丧葬活动中由歌师吟唱，全诗 5 万字，共分 4 篇。即：《区咪》，意为采药歌。《母歹》，意为"铸剑史"。《埃补》意为"牲谷史"、《买非买牙》意为"丝绸史"。

已发表论文：《从彝族历史文献典籍看水西彝族历史》。《彝文非爨文》文章大量引用彝文典籍和考古文物资料，论述了彝文的产生创造及其使用和发展。为学术界研究中国古文字及其变化发展提供了重要的宝贵资料。特别是澄清了历史上将爨文和彝文混为一谈的历史事实。

自工作以来，曾先后参加贵州省民族研究所一年一次的"六山六水"调查研究工作，分别在《贵州民族调查专辑》之九至之二十二撰写调研报告共 19 篇，论文和调研报告。其中参加的《麻山调查专辑》，为省委省政府提供了决策依据。

罗自群 （1968—）女，博士，中央民族大学中国少数民族语言与古籍研究所教授，博士生导师，中国民族语言学会理事，曾任《语言研究》编辑部主任、《汉藏语学报》编辑部主任、全国语言文字标准技术委员会少数民族语言文字标准技术委员会秘书长。入选教育部 2010 年度"新世纪优秀人才支持计划"。1989 年获华中师范大学文学学士学位，1996 年获华中科技大学文学硕士学位，2003 年获中国社会科学院研究生院文学博士学位，2004 年 12 月进入中央民族大学中国语言文学博士后流动站之后，将主攻方向从汉语方言转到民族语本体研究及汉语和少数民族语言的比较研究方面，主要研究领域为汉藏语系语言。在汉语言文字学专业招收汉语和少数民族语言比较研究方向的硕士生，在语言学及应用语言学专业招收历史比较语言学方向的博士生。先后承担了《汉藏语言研究的理论与方法》《汉语和少数民族语言关系概论》《语言调查》《汉语史》《现代汉语研究》《普通话口语》等课程的教学任务。近年来，利用寒暑假时间，多次到怒江等地做语言田野调查，收集了大量怒苏语第一手资料，正在做进一步的整理、研究工作。已发表的有关民族语的论文十几篇，如《论小语种的语言保护问题——以基诺语、怒苏语为例》《从语言接触看白语的系属问题》《白语表示持续意义的 tɯ^{44}（着）、tso^{42}（着）》《语言接触研究必须处理好的几个问题》（合写）、《从语言接触看汉语方言"哒"类持续标记的来源》《从汉语方言"鸡公""公鸡"看动物名词雌雄南北异序的成因》《现代汉语方言介词"打"的来源》及博士后研究工作报告《汉藏语系语言放置义类持续标记的比较研究》等，参编

《基诺族语言使用现状及其演变》等。除了国家博士后科学基金项目《汉藏语系语言的持续范畴》之外，主持的在研课题有：国家社科基金一般项目《汉语和藏缅语族语言体范畴的类型学比较研究》、中央民族大学"985工程"建设项目《怒苏语参考语法》及《中国少数民族语言地图集绘编与研究》等。

洛边木果 （1960—）彝族，教授，生于四川省凉山彝族自治州喜德县。1983年7月毕业于西南民族学院中文系彝语言文学专业，获文学学士学位。1983年7月—1989年5月在西昌师范学校任教；1989年6月—2003年3月在西昌师范高等学校任教；2003年4月至今在西昌学院任教。1994—1995年在北京大学中文系高等学校骨干教师班学习；1998—2000年就读于西南民族学院硕士点中国少数民族语言文学教育方向研究生班。2001年破格晋升教授。现担任西昌学院彝文系教研室主任，西昌学院彝族文化研究所副所长，四川省高等学校高级职务评审委员会中国少数民族语言文学（彝语）学科评议组组长。中国民族语言学会会员，四川省彝文教材审查委员会第二届委员，凉山彝学会常务理事，凉山州民间艺术家协会理事，凉山州教育科学研究所兼职研究员，西昌学院学术委员会委员。2000年评为四川省彝语文先进工作者；2002年评为凉山州学术和技术带头人后备人选；2004年评为西昌学院学术带头人；2004年被评为四川省教育系统优秀教师；2006年评为凉山州有突出贡献的科技拔尖人才；2007年评为四川省有突出贡献的优秀专家。

洛边木果长期从事"彝语语法""大学彝语文""语言学概论""现当代彝文选""古代彝文选""彝语文写作""彝族史诗"等多门高校课程的教学及彝族语言文学研究工作。于2001年、2005年参加第三届和第四届国际彝学研讨会，并交流论文。主持并完成"四川高校彝族教育新模式：一、二类模式发展研究"等4项省级重点科研项目的研究工作；主研并完成5项省级科研项目。1992年获四川省民委科研成果民族类优秀专著奖1项；2001年荣获四川省高等教育教学成果政府奖二等奖1项；2001年获四川省文联彝族文化"支格阿龙奖"1项；2000年获凉山州征文三等奖1项；2000年获第七届凉山州哲学社会科学科研成果政府三等奖1项，优秀奖1项；2002年获第七届凉山州哲学社会科学科研成果政府二等奖1项，三等奖1项；2005年获四川省高等教育教学成果政府奖二等奖1项。另有26项获本校教学科研成果奖一、二、三等奖。

主要研究彝族语言文字、彝族史诗和彝族教育，在《西南民族大学学报》等10多种学术刊物上发表了《彝语研究方法论》《彝语重迭词述略》等80余篇论文。合著专著《彝语概论》；合作译著《吉狄马加诗选译》。主编中师教材《彝文文选》第一册、中师教材《彝文文选》第五册、中师教材《彝文文选》第六册；主编大学教材《大学彝语文》；第二主编《大学彝语文》（修订本）；副主编大学教材《当代彝文文选教程》、副主编大学教材《现代彝语教程》。在教学和研究之余，爱好文学创作，运用彝文和汉文两种语言文字进行诗歌、小说和散文写作，公开发表了60余篇（首）彝族文学作品，其中3篇入选文集，3篇入选大学和中学教材。

洛古木撒（赵宇光） （1931—）彝族，四川冕宁县人，副教授。1952年毕业于西南民族学院。原任西南民族学院民语系彝文教研室主任，四川省少数民族语言学会理事，四川省翻译协会常务理事，现已退休。1950年参加工作。1950—1951年在西康省西昌民族干部学校学习，1951年5月，赴西康省省会雅安参加西康省第一届各族各界代表会议工作。之后，派往成都西南民族学院学习。1952年毕业留校工作，任教育助理员、副班主任、彝文教研组副组长。1956年，北京中央民族事务委员会成立民族语文翻译局，即奉调到该局彝文翻译处工作，从事中央有关会议的彝语文翻译和马列、毛主席著作翻译。同年还奉调参加中央慰问团到四川省甘孜、阿坝、凉山、西昌等地、州进行对民主改革工作慰问的筹备工作，并参加中央慰问团第四分团到西昌地区进行慰问。1959 年，奉调参加中央民委北京民族文化宫举办的《民族工作十年成就展览》的西藏馆的展出工作。1960 年，因在北京的"彝文翻译处"的机构撤销，回到了凉山地区工作。1975年奉调参加四川省民委彝文工作组工作，对彝族原有文字进行规范。1980 年因工作需要，又回到了成都西南民族学院从事彝语文教学工作，其间，任彝文教研室主任、系工会主席、院教代会主席团成员，还担任了成都市第十届人民代表大会代表、四川省少数民族语言学会理事、四川省翻译协会常务理事、四川省政协民族宗教委员会成员。1989 年 12 月 31 日获国家民委颁发的《从事民族工作 39 年》的荣誉证书。在退休前参加编写的主要著作有：《彝汉翻译理论与实践》《彝汉词汇》《汉彝词典》《彝族比尔》（即《彝族格言、成语、谚语》）等。

马合木德·喀什噶里 中国古代突厥语言学家。约生于 11 世纪初喀喇汗王朝第二都城喀什噶尔。他善于辞令不仅精通突厥语和阿拉伯语而且具有文学、史学、地理学、民俗学等多方面的丰富知识。曾在新疆南部及中亚细亚做过长期旅行调查，广泛搜集突厥各部族的语言、民间文学和风土人情资料，于 11 世纪 70 年代在阿拔斯王朝首都巴格达编成了以阿拉伯语解释突厥语的语言学巨著《突厥语词典》。这部词典，对保存新疆和中亚地区广大劳动人民创造的文化知识做出了贡献，对后世学者影响很大。他的另一著作《突厥语句法精华》已失传。

马黑木呷（1935—）彝族，四川喜德县人。曾任四川省民委民族语文工作办公室主任、民族古籍办公室主任、四川省民族语言学会第一副会长、四川省语言文字翻译专业高级职称评审委员会办公室主任、四川省社会科学学会理事、四川省民族理论学会理事、中国民族语言学会常务理事。1954—1956 年，在中央团校民族班学习，毕业后任四川统战部副部长、兼任省民主青年联合会秘书长、1974—1981 年兼任四川省民委彝文工作组组长。

1970 年起从事彝文规范与应用问题的研究，做了许多调查研究的组织工作和集体编撰书稿的审定工作。1974 年组织工作组去凉山州和昭觉、美姑、喜德、越西、布拖五个县调查、了解彝族人民对使用彝文的意见，以及彝文在农村和机关干部中的使用情况。写出"关于彝族人民对使用文字问题的意见"。上报后，得到省委批准，同意在四川彝族地区使用规范彝文。他主持了《彝文规范方案》的制订、试验、推行的工作。此方案于 1975 年经四川省委正式批准后，在彝族地区恢复和建立了各级彝文工作机构。1980 年国务院批准推行。该方案于 1984 年获得四川省科研成果一等奖。他的《彝文规范方案的诞生与实践》（《民族语文》1985 年第 3 期）一文，1986 年获得四川省委民工委、省民委民族科学研究优秀成果奖。他还主编了大型《汉彝词典》（四川民族出版社 1989 年）供教学和语文工作者参考。

马锦卫（1961—）博士，西南民族大学教授，西南民族大学预科学院党总支书记。1979—1983 年在西南民族大学中文系读书，1983 年至今在西南民族大学工作。主要从事彝汉双语教学、科研工作。1986—1987 年在北京大学中文系学习。2000—2001 年在四川大学做顾问学者。1994—1997 年任西南民族大学彝学系副主任。1997—2000 年任西南民族大学彝学系党总支副书记、书记。2000 年至今任西南民族大学预科学院党总支书记。2007—2010 年在西南大学读书。社会兼职：（1）中国少数民族双语研究会常务理事、副秘书长。（2）四川省彝学会教科文委员会主任。（3）四川大学兼职教授。（4）西昌学院彝学研究兼职接受。2005年5月到法国、德国、荷兰、意大利等国家的部分大学访问、考察。

科研情况：（1）主持国家社会科学基金项目"西部彝藏地区民汉双语实效与应用研究"。（2）承担国家社会科学基金研究课题"四川民族地区'双语制'"问题研究。（3）承担国家社科基金科研项目"四川彝、藏地区中小学双语教学研究"。（4）承担四川省高校教育面向21世纪教学内容和课程体系改革计划研究课题实行双语教学，建设重点学科，培养合格加特色的复合型双语人才研究。（5）参加教育部基地2001年重大课题"中国西南少数民族宗教史研究"。（6）承担教育部《彝语规范方案》完善研究课题。（7）承担教育部"西部彝藏地区民汉双语教育实效性问题研究"。（在研）（8）承担国家民委科研项目"少数民族预科教育模式研究"。（在研）（9）参加国家社会科学基金研究课题"莫洛东巴文研究"。（在研）

出版著作：《彝语概论》（合著，第二作者）、《双语研究》（合著，第三作者）、《彝、汉、英交际语》（第一作者）、《中国少数民族双语教学研究与实践》（第三作者）、《中国少数民族文化概论》（主编）、《彝语修辞研究》、《少数民族预科教育发展与创新研究》（副主编）。

已发表论文：《彝语亲属称谓考》《彝文源流考》《试论双语代码转换》《略论高校民族大学生的素质教育》《浅析在高校发展少数民族大学生党员的重要性》《彝族宗教文化的传承与流变》《凉山彝族的祭祀仪式》《四川民族地区语言应用情况调查》《凉山彝族地区双语教育情况调查》（合作）、《试析四川双语现象》《藏彝同源词考释》（合作）、《民族预科教育研究》（合作）、《试析双语教育在预科教育教学中的衔接与接轨》（合作）、《民族预科教育理论与实践》（合作）。

获奖情况：（1）所承担的国家社会科学基金研究课题"四川民族地区'双语制'"问题研究于1997年荣获四川省重点社会科学研究成果三等奖；（2）"实行双语教学，建设重点学科，培养合格加特色的复合型双语人才"，荣获四川省人民政府2001年优秀教学成果二等奖；（3）实行双语教学，建设重点学科，培养合格加特色的复合型双语人才荣获西南民族学院2001年优秀教学成果一等奖；（4）《四川民族地区语言应用情况调查》2006年12月获国家民委调研报告二等奖；（5）2003年被西南民族大学评为优秀党务工作者；（6）论文《理想信念教育是高校思想政治教育的基础》获得2006年度四川高校思想政治工作优秀论文二等奖；（7）2007年11月被成都市武侯区评为"民族团结进步模范个人"，给予表彰；（8）2007年9月荣获西南民族大学第四届优秀教育工作者称号。

马进武 （1930—）藏族，甘肃天祝县人。西北民族大学少数民族语言系教授、甘肃省翻译专业高级职称评审委员会委员、甘肃省民族古籍整理出版审定委员会委员、甘肃省高等学校优秀教材评审会委员。1955年毕业于西北民族学院语文系藏语文专业，毕业后留校工作。1970年调甘肃民族学校讲授藏、汉语文并负责甘南州文教局藏文教材编译组的工作。1978年调西北民族学院少语系教授藏语语法。他的《藏语语法〈音势论〉的要害及难点》一文，通过对动词的不同类型、语音特点及其时态变化规则的深入研究，揭示了主体事物客体事物两大体系的相互关系和对应规律。《藏语动词的变化法则和施动词与受动词的对应变化规律》一文，指出藏语动词有丰富的形态变化。以往的语法著作和词书没有系统地指明动词的三种类型。本文解决了这一问题。在《藏语词汇的来源和发展浅析》一文，研究了藏语词汇的两大来源：一是随意名，即原生词，这是构成藏语的基本词汇，它的结构能力最大，其特点是无意义可解；二是后成名，即派生词。他编的《藏语成语集》一书，获第一届北方十三省、区、市哲学社会科学优秀读物二等奖。已出版专著有：《科学常识》（汉译藏，甘肃民族出版社1981年版）；《校订格萨尔王·天岭之部〈突厥兵器国〉》（藏文，共五部，甘肃民族出版社1982年至1987年）；《藏语成语集》（青海民族出版社1985年版）；《藏语语法明灯》（甘肃民族出版社1987年版）。已发表论文有：《藏语动词的变化法则和施动词与受动词的对应变化规律》（藏文）、《藏语动词的三大特征》《藏语语法"音势论"的要害及难点》《藏语动词充当六种句子成分的具体用法》（藏文）、《藏文书写简化法的设想》《藏语呼格之我见》（藏文）、《藏语词汇的来源与发展浅析》《藏语词汇的构造方法》（藏文）、《安多藏语中的语音同化现象》等多篇。

马坎 （1941—）哈萨克族，生于新疆乌鲁木齐县，中央民族学院少数民族语言文字二系哈萨克语教研室副主任、教授、中国突厥语研究会理事。1961年在中央民族学院民语系哈萨克语专业从事教学工作，为哈萨克族学生编写教材，包括：《汉译哈翻译理论与技巧》《现代哈萨克语语法》和《哈萨克语语文选》等。1984年出版《汉哈、哈汉语言学词典》，收录语言学常用术语3000条。1986年与耿世民教授翻译校注古代突厥民族的珍贵文献《乌古斯可汗传》。1986年合作翻译了马学良教授的《语言学概论》（汉译哈）。《汉译哈翻译理论与技巧》是马坎编写的教材，经过不断实践，不断修订、不断充实完善。另外，还参加了新疆维吾尔自治区语委会和新疆大学合编的《现代哈萨克语语法》一书，负责词组部分的撰写工作。出版的专著有：《汉哈、哈汉语言学词典》（民族出版社1984年版）、《乌古斯可汗传》（与耿世民合作，翻译校注，民族出版社1986年版）。参加的译著有：《语言学概论》（与朱玛泰合译，汉译哈，民族出版社1986年版）。

马伟 （1970—）撒拉族，青海省循化撒拉族自治县人，1988—1993年在青海师范大学学习汉语言文学专业，1993年至今在青海民族学院民族研究所工作，期间曾获得福特国际奖学金，前往美国堪萨斯大学人类学系攻读硕士学位。回国后，仍在青海民族学院民族研究所工作，任副教授。多年来，马伟致力于民族语言文化等方面的教学与研究工作，并始终关注人口较少民族的社会发展情况。到目前为止，在国内外学术刊物上发表了有关民族语言文化等方面的论文约20篇，出版著作数部。在中国当代社会急剧转型时期，少数民族尤其是人口较少民族的语言文化等也发生着重大变化。一些民族语言使用范围日趋缩小，传统民族文化逐渐消失，在实现这些民族现代化过程中如何对待他们的独特语言和传统文化一直是他所思考的问题。目前，他正在主持国家哲学社会科学规划办课题"濒危语言——撒拉语研究"。2001年，由马伟、马建忠、凯文（Kevin Stuart）完成的《中国撒拉族民俗》（*The Folklore of China's Islamic Salar Nationality*）在美国由埃迪文·麦伦出版社（The Edwin Mellen Press）出版。该书共260页，由撒拉文、国际音标、英语对照写成。马伟负责该书所有撒拉语内容的撰写，并与马建忠共同将其翻译成英语，凯文完成最后的英语编辑工作。全书共十章，包括导言、来源、人物传说、家庭道德、兄弟故事、神话、笑话、谚语、歌曲等。作品内容绝大部分根据马伟田野调查中的录音撰写而成，一小部分根据马伟自己的讲述撰写。美国突厥语和汉语学家杜安霓（Arienne Dwyer）给此书作序，并给予较高的评价。这是目前唯一的用撒拉语撰写的有关撒拉族民间文学的著作，该书几乎包括了撒拉族民间文学的最主要的几种文学形式。

论文"The Xunhua Salar Wedding"，发表于*Asian Folklore Studies*（日本）上，1999年10月。该文是一篇有关撒拉族婚礼方面的文章，但却收录了用撒拉语撰写的撒拉族最传统的哭嫁歌、祝婚词等。

其中的祝婚词是迄今为止最为完整的撒拉语祝婚词，对研究撒拉族语言、文化等都有着较为重要的意义。

2004年，和马成俊教授共同主编《百年撒拉族研究文集》，由青海人民出版社出版。该书1063页，包括了百年来有关撒拉族研究的约200万字的论文，其中有撒拉族语言方面的论文30篇。

2006年4月参加在美国旧金山召开的亚洲研究国际研讨会，和杜安霓博士共同宣读了"祖先的语言：消失的撒拉族传统婚礼中的文化遗产与现代性"的论文。

2007年11月参加在青海省西宁市召开的青海省撒拉族研究会学术研讨会，作了《撒鲁尔王朝与撒拉族》的发言。该文虽是有关撒拉族历史来源方面的文章，但对撒拉语的系属问题及与国外突厥语的对比有着一定的理论参考价值。此文2万多字，收于当时研讨会的资料汇编当中。

马学良 （1913—1999）中国著名的民族语言文字学家、民族教育家和民族民间文学家。1913年6月22日出生于山东荣城县。1918年在家乡上小学；1927年上齐鲁中学，1930年考入省立高级中学。"九·一八"事变爆发后，在民族生死存亡的危急时刻，当时还是中学生的他参加了山东大学学生和北京学生联合会组成的南下请愿团赴南京请愿，要求国民党政府停止内战，一致抗日。在这次革命斗争中经受了一次血的战斗洗礼。1934年秋他考取北京大学中文系，受业于罗常培、魏建功、沈兼士、唐兰等国学大师。在沈兼士的指导下撰写了第一篇学术论文《释江河》；在罗常培指导下撰写了《方言考原》，不仅打下了坚实的国学基础，而且形成了求真、务实的学风。华北沦陷后，1937年在徒步赴昆明的西南联大途中，他成了闻一多的助手。一路采风问俗，用国际音标记录下大量少数民族山歌、民谣、民间传说的第一手材料，为后来的研究奠定了基础。1939年跟随李方桂学习描写语言学，专攻少数民族语言学，由此开始了长达60年的民族语言研究。1949年新中国成立以后，先后任北京大学东语系副教授、中央民族学院语文系教授、系主任。1999年4月4日在北京逝世，享年86岁。

半个多世纪以来，马学良孜孜不倦地耕耘，广泛涉猎、勇于探索，在民族文化和教育领域做出了重大贡献。在教育方面，亲手创建了新中国第一个少数民族语文系，呕心沥血地培养出民族语言文字的科研人才和教学、翻译的骨干队伍，众多门生遍及全国，有些驰名国外。

在学术研究方面硕果累累，有许多创见，如《倮文"作祭献药供牲"译著》中，最早提出彝语有松、紧对立的元音；《撒尼彝语研究》是中国第一部比较全面系统描写彝语的专著；《古扎新政》和《明代彝文金石文献中所见的彝族宗教信仰》是民族学、文献学的传世之作；与罗季光合写的《我国汉藏语系语言元音的长短》及《〈切韵〉纯四等的主要元音》提出了汉语元音在历史上也分长短的参证；他主编的《汉藏语概论》《语言学概论》《普通语言学》密切联系中国语言文字实际，大量运用我国少数民族语言资料和科研成果，成为具有中国特色的语言学理论著作。在我国学者首次参加的第十二届国际汉藏语言学会议上，他提供的论文《彝语"二十"、"七十"的音变》，通过藏缅语言的韵尾与元音松紧的嬗变和《白狼歌》阳声、入声汉字注音的材料，科学地说明了彝语里"二十""七十"中的"十"，由送气声母变为不送气音的特殊语音变化现象。这在历史比较语言学方法论上具有重要的价值。他抢救了大量的稀世文化遗产，他的《彝文经籍文化辞典》这部百余万字的巨著，可以说是研究彝族文字、宗教、历史、民俗和礼仪的一个里程碑。他还出版了个人的《云南彝族礼俗研究文集》《中国少数民族文学作品选》《素园集》《马学良民族研究文集》等。

20世纪50年代他参与了制订少数民族语言普

查和创制、改革文字的规划工作,任少数民族语言调查第二工作队队长,指导调查苗语和瑶语,并亲赴凯里、台江调查黔东苗语和选择苗语拼音文字所依据的标准音点。他花费大量精力研究民族文字的创制、改进和推行。写了《关于少数民族创制文字的若干问题》的重要文章。对基础方言和标准音的选择、民族文字方案与汉语拼音方案靠拢、一个民族使用几种文字的问题、少数民族文字推行前的编译工作等提出了指导性的意见。我国是个以汉族为主体的多民族、多语言的国家。70 年代以后,他开始注重研究双语现象和双语教育,主要研究汉语和民族语言的双语现象。这些对于制定语言政策、发展民族教育都很有参考价值。

马月华 (1935—)女,回族,出生于康定,原籍四川巴塘。西南民族学院副教授,曾任该校少数民族语言文学系藏语文教研室副主任、四川省民族语言学会理事。

1956 年毕业于西南民族学院藏语班,同年留校任教。20 世纪 60 年代初,致力于传统藏文拼音法、藏语康方言以及藏语拼音教学法的研究。编写出《基础藏语课本》(康方言)(共分四册,西南民族学院 1987 年)。发表的论文有:《藏语形容词的重叠式》(《西南民族学院学报》民族语言研究专集,1986 年),该文指出藏、汉语形容词的重叠式有共同特点,但藏语的 AA 式没有加深程度。《试谈藏语及物动词与宾语的关系》(《西南民族学院建校三十周年论文集》1981 年),介绍了汉语的受事宾语在藏语中必须分为"受动宾语"和"涉事宾语"两类。这两种宾语的根本区别是:涉事宾语所表示的事物总是受动作的影响,或改变性质、状态,或改变位置、从属关系;受动宾语所表示的事物则不受动作的影响而改变它们原来的存在。《藏语中一种简洁独特的组词格式》(《民族语文》1986 年第 1 期)介绍了藏语中比较特殊的四音组词结构,前三个音节是以并列结构组合起来的词素,后面加数词

"三"。这是一个比较早而且相当能产的格式。此外,还调查研究了康方言的"地脚话"——木雅语、贵琼语、尔龚语等。

马忠建 (?)研究西夏文专家。已发表论文有《西夏语的复合词构词法》(《民族语文》1988 年第 6 期);《西夏语的介词与介宾结构》(《民族语文》1992 年第 5 期);《西夏语动词的人称范畴和数范畴》(《民族语文》1992 年第 4 期);《西夏语动词有时间范畴吗》(《中央民族大学学报》1994 年第 2 期);《西夏语能愿词之研究》(《宁夏社会科学》1995 年第 1 期);《西夏语判断词之研究》(《宁夏社会科学》1994 年第 4 期)。

满达夫 (1937—)蒙古族,内蒙古哲里木盟科尔沁左翼中旗花吐古拉苏木人。曾任内蒙古大学蒙古语系主任、教授,中国蒙古语文学会理事、学术委员、内蒙古呼和浩特蒙古语历史学会常务理事。

1957 年赴蒙古人民共和国国立乔巴山大学语言文学系留学,1962 年毕业回国后任教于内蒙古大学蒙语系。多年来一直担负部分教学行政管理工作,主要精力在蒙古语文、语言理论的教学研究上。先后讲授过"现代蒙语""语言学概论""蒙古语基础知识"等基础课以及"蒙古语研究史概略""蒙古语规范化"等专题课和研究生基础课"中世纪蒙古语"。

1977—1980 年参加了内蒙古语委和八协办组织的基础方言、标准音的研究工作。1980—1985 年从事蒙古语文献的研究工作,撰写了多篇文章,开设了"蒙古语研究史概略"专题课。认为,蒙古族并不是没有研究语言的历史,只是后来的学者对这项工作研究、整理较差。因此,要写出一部《蒙古语研究史》,为发展蒙古语研究做出努力。1986 年开始,编写"中世纪蒙古语"教材,并与他人合作编写出《语言学概论教学大纲》和《语言学概论》

(内部发行),撰写了《论蒙古文字的元音字母、辅音字母以及结尾字母》一文,获中国蒙古语文学会首届优秀论文奖。已出版专著有《蒙古语的发展与规范》,内蒙古教育出版社,1983年。已发表论文:《外国地名蒙文撰写法》《关于划分我国蒙古语方言和确定其基础方言、标准音的意见》(蒙文)、《民族语文和四化》《论蒙古语音五行分类法》(蒙文)、《〈郑突台贵嘛呢〉初探》《继承蒙古族语言学遗产发展蒙语研究》(蒙文)、《蒙古族语言学史试谈》《论外国地名转写法的统一》(蒙文)、《略论〈金鉴〉》(蒙文)、《蒙文年代考》《论蒙古文字的元音字母、辅音字母及结尾字母》(蒙文)、《西土默特土语的语音特点》《贡戈坚赞及其在蒙古语文研究史上的地位》《八思巴与八思巴字》(蒙文)、《蒙古语文大学者搠思吉斡节儿及其著作》(蒙文)、《蒙古语文学者贡嘎敖德斯尔及其第三个"蒙文启蒙"》等多篇。

满都呼 (1934—)蒙古族,内蒙古昭乌达盟(现赤峰市)阿鲁科尔沁旗人。曾任中央民族大学民语一系蒙古语教研室主任、教授。1954年毕业于内蒙古师范学院蒙古语言文学专业,1956年在校蒙古语言文学研究班学习。1957年在南开大学专修文学理论。1959年回校教文学理论,并研究蒙古族民间文学。1962年调回民族出版社,从事民族语文翻译出版工作。参加过马列主义著作、毛泽东著作、党和国家重要文件、全国人代会、党代会的翻译工作。1979年重返大学任教,从事蒙古民间文学的教学、科研工作。还用蒙文、汉文发表论文。著有《蒙古族民间文学概论》一书,这是作者多年来搜集资料加以研究的基础上编写而成的。全书分三部分,共十五章。第一部分是总论。第二部分是重点,论述蒙古民间文学的各种体裁,包括好来宝、祝词、赞词、招唤词、民歌、谜语、世界之三、神话、传说、史诗、寓言、故事、民间戏曲等。第三部分谈民间文学的继承问题,搜集整理的原则、方法等。此书被内蒙古高校蒙文教材编审委员会选定为高校教材使用,《光明日报》《民族文学》《教育通讯》发表过消息,介绍此书,认为这是系统地研究蒙古民间文学的第一部专著。已出版的专著有:《蒙古族民间文学概论》《蒙古语言民俗研究》。已发表的论文有:《文学要高于生活》《论蒙古谜语》《农谚与农民的经验》《论世界之三》《论民间祝词、赞词、招唤词》《好来宝——蒙族人民的口头诗》《论蒙古劳动歌》《论蒙古神话》《蒙古族诗歌格律》《蒙古族民间文学》等多篇。

芒·牧林 (1929—)原名拉希栋鲁布,曾用名拉西,郭若布,蒙古族,教授。生于锡林郭勒盟正兰旗卓楞河苏木贫苦牧人芒拉扎布家,母亲名叫伊得新豪日劳。1937—1945年读小学、陆军幼年学校、军官高校;1945年10月—1946年4月,被国民党抓去在集中营关押半年之久;1946年5月1日,到张家口参加革命,在内蒙古文工团担任演员;1946年8月—1948年6月,任内蒙古骑兵十一师任班长、见习参谋、师部通讯参谋等职,参加解放战争,立功一次;1948年6月—1950年6月在乌兰浩特内蒙古军政大学、吉林工业专门学校学习;1950年7月—1972年10月,任内蒙古自治区总工会文工队队长、《内蒙工人》杂志社任编辑、记者和科长等职务。此间,1966年7月—1972年7月,在"文革"中受冲击,被揪斗达六年之久;1972年11月—1990年9月,调到内蒙古师范大学主持《蒙古辞典》编撰工作,曾任蒙古语言文学研究所副所长,1990年9月离休。社会职务:中国语言学会会员,中国民族古文学学会会员,中国蒙古语文学会会员、原副秘书长,国际蒙古学联合会会员、中国民间文学研究会会员、内蒙民间文艺研究原副主席、中国民族语言学会会员、内蒙古作家协会会员,作家。

主要作品有:《巴拉根仓的故事》(蒙、汉两种文字);《嘎达梅林》(长篇叙事民歌,合作,编入

《中国民间长诗选》第一辑，获自治区民间文学二等奖）；蒙古族民间故事搜集、整理、翻译50余篇，分别编入《蒙古族民间故事选》《蒙古民间故事》等；《毛衣罕好来宝选》（合作）；《智勇的玛喜热图罕》（蒙古族长篇英雄史诗，合作，编入《中国民间长诗选》第二辑）；蒙古民歌80余首，编入《中国民歌》（内蒙古卷）等。

学术研究成果方面：《蒙古语词典》（300万字，主编）；《汉蒙名词术语分类词典》（200万字，编委会主任，荣获1977年全国科技大全优秀成果奖）；《蒙古语外来词论稿》（讲义；蒙文）；《犬鹿说概要》——中华民族万年史源流（寻根篇）专著；此外，《汉藏、阿尔泰语系亲缘关系试探》《汉蒙语辅音演变规律考》《人称代词源流考——汉藏、阿尔泰语系同源词例证之一》《匈奴文字考》等论文50余篇，其中有些成果获"中国蒙古语文学优秀成果奖"。

文学创作、翻译方面：《草原曙光》（八场蒙语歌剧，获自治区蒙文创作二等奖）；《林海红旗》等工业战线上的人物通讯十二篇；《春天的太阳照耀着乌珠穆沁草原》，中篇小说（合作）；《巴拉根仓的故事》（电视剧剧本5篇）、《马头琴的故事》（电视剧剧本）等。

毛勇（笔名：莫色毛勇） （1952—）四川省木里藏族自治县人，彝族，大专，四川人民广播电台（原彝语部主任）编委会委员、译审、民族频率首席翻译（彝语）。1969年5月—1975年2月曾先后在木里县大坝乡任民办教师、小学教师；1975年3月—1979年6月借调四川省民委彝文工作组工作；1979年7月正式调入四川人民广播电台彝语部工作至今。期间1981年9月至1982年7月在中央民族学院少数民族语言文学系彝语文翻译专业班进修学习；1984年9月—1986年7月在中央民族学院少数民族语言文学三系彝族历史文献大专班进修学习，并获大学专科文凭。1984年任彝语组组长，1985—1999年任彝语部副主任，2000—2006年6月任彝语部主任，现任四川人民广播电台编委会委员；四川省少数民族语言文字工作委员会委员；四川省彝学会第二届理事会理事，常务理事。多次被聘为广播电视厅、局翻译中评委，播音中评委。

1975年3月—1979年6月在四川省民委彝文工作组工作期间，参加了1980年由国务院批准推行的《彝文规范方案》中彝文的收集、整理、规范和有关《彝语词汇》《汉彝词典》、彝族《尔比尔吉》等工具书的编纂等工作；彝语广播开办于1979年10月1日，毛勇是彝语广播创办者之一，为彝语广播做过大量的行政工作和业务工作。先后担任过编辑、记者、翻译、播音、策划和译审等工作。1993年获得副译审，2004年初获译审职称。到目前为止，除部门行政工作外，主要抓宣传业务工作，每年平均值彝语新闻早班在6个月以上，每年共编辑审发《彝语新闻》《彝家山寨》专题稿件80多万字，审定译文稿90多万字，每年参加各类稿件翻译30多万字。曾先后承担过西南民族学院1993年、1995年、1998年、2001年分别来本台实习的马英、仁尼旭中、马海有色嫫、杨龙、阿说阿呷等4批共5人次的实习生包括采、编、译等指导工作；1995年6月15日，1998年6月17日两次应邀参加西南民族学院的硕士学位答辩委员会。1980年被评为共青团省直机关新长征突击手；1983年被评为省广电厅先进工作者；1984年被评为首届四川省民族团结进步先进个人；多次参加过全国和全省人大、政协"两会"的笔译和口译工作，1999年10月21日因参加创办彝语广播，并从事广播工作20年成绩突出，受到省广播电视局、电台表彰；2000年12月，被省民委、省语委评为全省彝语文先进工作者，所负责的彝语部被评为全省彝语文工作先进单位；2006年被评为台优秀党员；2007年3月16日因圆满完成十届全国人大五次会议和全国政协十届五次会议民族语文翻译工作任务，受到两会秘书处民族语文翻译组的表扬，并颁发了荣誉证书。

先后在《民族译坛》、四川《民族》《凉山日报》《凉山文学》等报纸杂志上先后发表过包括消息、通讯、散文、论文等作品数百篇（件）和出版过几部专著，这些文章和专著发表和出版后取得了比较好的社会效益，有的文章和作品分别获得了各级不同等级的奖。1984年参加收集、整理、规范的《彝文规范方案》荣获四川省哲学社会科学科研成果一等奖；1992年彝文散文《牧羊人》获四川省首届《民族团结杯》少数民族散文征文三等奖；1993年散文《彝文的春天》（汉文）获省作家协会民族文学征文优秀奖；1995年4月四川省第二届"民族团结杯"征文评选中散文《彝寨新貌》（彝文）获征文一等奖。2001年12月，彝文散文《彝寨新貌》一文和与他人合译的长篇小说《云崖初暖》48万余字的翻译著作一书分别荣获四川省彝学会，四川省文学艺术联合会首届四川省彝族文学最高奖"支格阿龙"奖。2007年7月8日，《浅谈凉山彝语动词"叫"》一文，在第十二次全国民族语文翻译学术研讨会论文评奖中，被中国翻译协会民族翻译委员会评为入选论文，颁发荣誉证书。彝文散文《放牧》被收入西南民族大学教材《20世纪优秀彝文散文作品选读》，2006年四川民族出版社出版。彝文散文《狩猎》一文，被收入西南民族大学教材《20世纪优秀彝文散文作品选读》，2006年四川民族出版社出版。出版的专著：（1）《奴隶的儿子》（《云崖初暖》之一）连环画（译著）彝文版，原著高缨，改编王平，连环画王一兵、朝德阳，翻译毛勇；（2）重要历史文献：《西南彝志》（1、2卷）彝文版，莫色毛勇译；（3）《云崖初暖》高缨著，马黑木呷、毛勇等合译；（4）《古老的彝文重放光芒》莫色毛勇、熊子古编著（彝汉文）。主要内容：1990年3—6月，为配合国务院批准《彝文规范方案》推行十周年纪念活动，开展《古老的文字重放光芒》系列报道；（5）《儿童谜语》（彝文版）莫色毛勇编译，共收谜语885条，是用彝文出版的第一部儿童谜语。已发表的重要论文：《彝区要发展，交通必先行——谈谈改善彝区交通条件与跨越式发展的关系》（汉文）、《论彝语播新闻翻译》，《浅谈凉山彝语动词"叫"》、《彝族人民的知音，民族团结的桥梁——论规范语文在彝语广播中的成功实践应用》《论彝族姓名命名法》。

毛宗武　（1926—）又名"一平"，广西永福人，中国社会科学院民族研究所研究员，中国社会科学院研究生院兼职教授，中国少数民族语言学会理事，《民族语文》杂志社第二、第三、第四届编委，《中国少数民族语言使用情况》编审，《中国新发现语言研究丛书》编委，《中国少数民族语言方言研究丛书》编委，《中国少数民族语言音档》编审。1946年毕业于广西省立桂林师范学校，毕业后在广西从事中、小学教育工作多年，其中在罗城德山中学和河池县立中学教书时曾一度使用又名。1950年考入广西大学史地系学习，次年秋末冬初由广西大学保送中央民族学院攻读民族语言和语言学基本理论，曾受业于吕叔湘、袁家骅、马学良、王均等著名语言学家。1953年大学本科毕业后直接升入民族语言系研究生班继续深造。1955年先后调民院教学研究科和院刊编辑室工作，进行教学考察研究和筹创校刊。1956年以借调形式参加中国科学院与中央民族事务委员会共同组建的中国科学院少数民族语言调查队第二工作队，在马学良、罗季光、王辅世诸位教授的直接领导下普查全国苗瑶语族语言，任调查组组长。曾到过广东、湖南、广西、湖南、云南、贵州等省区有瑶族居住的边远山区进行田野调查，历时近三年，收集了大量的语言、人文和社会历史方面的材料。1959年语言大调查基本结束，1960年正式调入中国科学院少数民族语言研究所，1962年春定为助理研究员，同年秋少数民族语言研究所合并到民族研究所，任苗瑶语研究组副组长、组长。1977年更名为中国社会科学院民族研究所，1979年恢复评定职称后，1980年评定为副研究员，1987年评定为研究员。

瑶族语言分歧，支系错杂，名目繁多，自称他称不一，易使人们产生各种各样的偏见。但自称与语言有内在的联系，自称相近，语言相似，语言稍有差别，自称就有所不同。这就便于敲开探索瑶族语言的门径。在毛宗武的著作中都是以自称称谓分门别类，替代了过去各种不切实际的甚至带有侮辱性的称谓，为研究瑶族语言和瑶族人文方面的科学扫清了道路。从此，国内外有关瑶族的论著基本上采用了"勉""布努""拉珈""金门""标敏""藻敏""努努""包瑶""巴哼""炯奈""优诺"等自称称谓。在整理瑶族语言普查材料的同时，在罗季光先生领导下，他参加了编写《中国少数民族语言简志·苗瑶语族部分》一书的瑶语若干章节和《汉语在瑶族语言丰富发展中的作用》一文中的若干部分，主笔撰写了《瑶族语言概况》。

毛宗武从 20 世纪 50 年代初即投身于我国少数民族事业，专业方向苗瑶语族语言，侧重于瑶族和畲族语言研究。改革开放以来，出版的专著有：《瑶族语言简志》（合著，1982）、《畲语简志》（合著，1986）、《汉瑶简明分类词典（勉语）》（1992）、《苗瑶语古音构拟》（合著，1995）、《巴哼语研究》（合著，1997）、《炯奈语研究》（合著，2002）、《瑶族勉语方言研究》（2004）、《优诺语研究》（合著，2007）。发表的论文有：《博罗畲语概述》（合作，《民族语文》1982 年第 2 期）、《试论畲语的系属问题》（合作，《中国语言学报》1985 年第 2 期）、《我国苗瑶语研究概况》（《民族研究动态》1985 年第 3 期）、《瑶族标敏话词语重叠的语法功能和语法意义》（《民族语文》1989 年第 6 期）、《广西那坡荣屯"土瑶"语及其系属》（《广西民族研究》1990 年第 3 期）。此外，他还完成了一些计划外的临时任务：为《辞海》（1977 年修订本）和《中国大百科全书》（民族卷和语言卷），撰写了有关瑶族、畲族的词目。为《中国少数民族史大词典》撰写了有关苗族、瑶族和畲族的语言、方言和文字的词目，为《中国语言地图集》（中澳合作项目），绘制了苗瑶语族语言分布图，参加绘制了广西少数民族语言分布图和南方少数民族语言分布图，并应总编辑温棣帆 S. A. Wurm 的邀请赴澳共同审定第二分册中的 8 幅少数民族语言分布图，为《世界的书面语：使用程度和使用方式概况》（中国卷，中加合作项目），撰写了有关瑶族的语言概况，为《中国少数民族语言使用情况》撰写了部分自治县概述和部分瑶族的语言使用情况。

上述著作大部分是改革开放以来，历尽艰辛、敬业尽职的硕果。归纳起来其独特之处主要有以下几点。（1）全面地描述了现代瑶族语言的语音系统、语法构造和语言分歧，支系交错的复杂现象。（2）论证了苗语、瑶语、畲语之间的关系，进一步确定瑶族使用的不仅是 3 种语言而是 6 种语言，分别属于苗瑶、侗台两个语族和苗、瑶、侗水 3 个语支。（3）否定了过去国内外一般人的看法，并认为畲族与回族、满族不同，还保留着本民族的语言，隶属苗语支。（4）通过大量的语言材料构拟出苗瑶语古音，促使苗瑶语研究工作推上一个新台阶。（5）美国语言学家白保罗（P. K. Benedict）研究越南明江上游的那峨语，无所作为，无奈，于 1986 年发表了一篇论述那峨语的文章，题为《苗瑶语之谜——那峨语》。毛宗武根据有关材料表明那峨语（或叫巴登语）即巴哼语。那么，《巴哼语研究》一书问世，则从另一个角度破解了白保罗之谜。

蒙朝吉 （1935—2010）瑶族，副研究员，广西大化瑶族自治县七百弄乡人。1958 年毕业于广西民族学院瑶语专业班，当年分配到原中科院民族研究所，从事瑶族和畲族语言研究工作。为了要编写《汉瑶词典》和《瑶族语言简志》，在已故的罗季光先生的指导下，先后到广西的都安、蒙山、金秀和广东的乳源、连南和湖南的宁远等瑶族地区进行重点核对材料和深入补充调查。为了编写《畲语简志》，从 1974 年开始，与毛宗武先生三次到广东、福建、浙江和江的畲族地区进行语言和社会历史调查。后来到广西的金秀和三江的瑶族村寨去核对两个点的词汇和音系材料，并录制音档。为了保护我国少数民族非物质文化遗产，于 1985 年，编写《中国少数民族语言音档瑶族布努语》作为全室各语言组参考的范本，并把布努语的语音、语法、词汇和长篇故事材料录制存档。1986 年，为了完成与加拿大拉瓦尔大学合作的任务，到广西的都安、大化、巴马三个瑶族自治县和马山、南丹、东兰、凌云、田东和龙胜、泉州和湖南的兰山、宁远等县的瑶族地区进行文化教育和语言使用情况的调查。

个人著作。专著有：（1）《汉瑶词典》（布努语）；（2）《瑶族布努语方言研究》。文章有：（1）《畲族》；（2）《畲语属苗语支补证》；（3）《瑶族布努语1－4调的形成和发展》；（4）《瑶族布努话连续变调初探》；（5）《苗族瑶族畲族的"人"字试析》；（6）《瑶族"努"字解》《五十年代的瑶语大普查》。合写的专著有：（1）《瑶族语言简志》毛宗武、蒙朝吉、郑宗泽著。（2）《畲语简志》毛宗武、蒙朝吉著。论文有：（1）《博罗畲语概况》（毛宗武、蒙朝吉）；（2）《试论畲语的系属问题》（毛宗武、蒙朝吉）。该论文荣获中国社会科学院民族研究所1977—1991年优秀科研成果奖二等奖。参加集体合写的专著：《中国少数民族语言使用情况》《世界的书面语：使用程度和使用方式概况》《田野调查实录》，上述前两部集体著作都荣获了集体奖。

根据 2005 年 5 月，国家民委召开的《民族问题五种丛书》修定实施方案的精神要求，把原来《瑶族语言简志》分为三本来写，蒙朝吉负责编写《瑶族布努语简志》。根据原来本所语言室的计划，蒙朝吉与蒙凤姣编写的《瑶汉词典》（布努语），作为社科院成立 30 周年的献礼。

蒙元耀 （1955—）广西马山县人，壮族，博士。1978 年秋入广西民族学院中文系学习。1982 年 7 月毕业，分配到广西壮族自治区少数民族语言文字工作委员会任职。历任研究室副主任、主任、机关党委副书记等职。1998 年 7 月获澳大利亚墨尔本大学海外留学生奖学金，赴墨尔本大学留学，攻读博士学位。2002 年 12 月，获墨尔本大学语言学博士学位。随后继续在墨尔本大学亚洲研究院做博士后研究，方向为壮族古籍整理与古文字研究。2006 年 2 月到广西民族大学任教，出任广西民族大学壮侗语言文化研究所所长，受聘为研究员、硕士生导师。社会兼职任广西语言学会副会长、广西少数民族语文学会副会长、广西壮学学会理事等。

投身于民族语文事业之后，参与或主持了《汉壮词汇》《壮汉词汇》《壮语词典》等一批壮语工具书的编纂工作。其中《汉壮词汇》（1983 年出版）获广西首届社会科学优秀成果二等奖。《壮语词典》（1991 年出版）获国家优秀民族图书二等奖、桂版优秀图书一等奖。《壮汉英词典》（2005 年出版）获第三届全国少数民族双语教育科研成果工具书一等奖。作为业务实际主持人组织实施了《广西通志·少数民族语言志》（2000 年出版）一书的编纂工作，该书获得广西地方志优秀成果二等奖。个人独立完成的著作有《壮语常见植物的命名与分类》（2006 年出版）、《壮语熟语》（2006 年出版）两部。《壮语熟语》一书获广西民族大学 2007 年度人文社科优秀成果二等奖。

目前在研项目有"壮汉同源词研究"（广西民族大学项目）、"广西多语种自治县语言使用状况调查"（中央民族大学"985 工程"项目）、"壮族民歌古籍集成·信歌"（广西古籍整理办公室项目）、"壮族师公经书影印译注"马山卷（广西壮学丛书重点项目）、《古壮字大字典》（广西十一五民族古籍重点项目）等。

除了上述工作，还发表了《壮语常用修辞格式》《壮语的后置状语》《壮语词汇研究及词典编纂》《壮傣侗语言底层之比较》《论〈布洛陀经诗〉的语言价值》《壮语词典译名与术语对接》《壮语词典编纂原则的探讨》《经济转轨后对民族语文工作的思考》《广西民族语言的研究》《民族语文的地位和作用》《壮族时空概念探微》《从动植物名称看壮族文化特色》《方块壮字之研究》《简论汉字的性质与结构》《壮语地名的构成与特点》《上古曷韵字在壮语中的对应》《壮语稻作文化词汇试析》（与导师合作）、《〈桂海虞衡志〉果名考》《少数民族语言志编纂回顾与前瞻》《从行政效能加强民族语文建设》《双语问题与民族文化保护》《语言平等与和谐社会构建》等论文。

因长期积极从事民族语文教学、科研工作，且研究成果相当丰厚，2007年11月被评为广西全区民族语文工作先进个人，得到自治区人事厅、民语委、教育厅记二等功的奖励。

孟和宝音 （1953—）蒙古族，内蒙古乌拉特前旗人。1982年1月，中央民族大学少数民族语言文学系毕业后，在内蒙古日报社从事编辑工作；1984年8月考入内蒙古师范大学蒙文系，攻读硕士学位，1987年7月获硕士学位并留校在蒙古语言文学研究所从事蒙古语言研究工作；1993年4月—1995年4月在日本东京外国语大学学习，1996年在内蒙古大学蒙古学学院攻读博士学位，2000年7月获文学博士学位；1999年晋升为副教授，2001年晋升为教授，同年任硕士研究生导师。

曾主持教育部科研项目"蒙古民族游牧文明的现状与未来发展形态研究"和自治区社科规划项目"蒙古语言文学规范化研究"、"社会变迁与语言演变——从蒙古族语言生活谈起"。正在主持国家课题"民族语言接触研究"。曾参与教育部课题"梅日更葛根研究"和"清代以来蒙古部落的迁移与蒙古语方言土语的形成"，国家"985"课题"现代蒙古语参考语法"。

近年来撰写的学术论文有：《鄂尔多斯土语的音位系统》《东部裕固语动词的若干问题》《试论佛教对蒙古族文化的影响》《历史语言学中的结构主义方法》《从阴山岩画看古代北方民族文化价值取向》《历史语言学中的扩散理论》《〈蒙古秘史〉注音汉字若干问题》等40余篇。出版专著《黄金史》（内蒙古文化出版社1996年）、《格什克巴图译蒙古秘史》（内蒙古人民版社1998年）、《蒙古语语音史研究》（内蒙古人民出版社2002年）、《现代蒙古语正蓝旗土语音系研究》（与宝玉柱合著，民族出版社2011年）。《梅日更葛根研究》获内蒙古第六届社会科学优秀成果一等奖。论文《科尔沁、乌拉特土语元音比较研究（部落迁移与蒙古语方言）》1998年获内蒙古师大科研优秀成果三等奖，系列论文"历史语言学方法论"2000年获内蒙古师大科研优秀成果三等奖。

米尔苏里唐·乌斯曼诺夫 （1929—）维吾尔族，新疆伊犁人。新疆维吾尔自治区民族语言文字工作委员会研究员。1952年毕业于中央民族学院军政干部训练班。主要从事现代维吾尔语及其方言的研究。主要专著有《突厥语词典》（维文，三卷本，副主编）、《现代维吾尔文学语言正字法、正字词典》（维文，合编）、《现代维吾尔语语言学名词解释词典》（维文，合著）。

米海力（Mehri Jaqup） （1943—）女，维吾尔族，副研究员，新疆塔城市人，1954年9月—1960年7月在乌鲁木齐市女子二中读初中和高中，1960年9月—1962年7月在中央民族学院预科部学汉语，1962年9月—1967年7月在北京大学物理系本科学习。当年毕业后服从分配回到新疆伊宁市工作。1981年3月，调动到中国社会科学院民族研究所从事民族语言研究工作。多少年来，刻苦学习语言学知识，同时还学习俄语和其他几种同语族语言，并把这些同语族语言与维吾尔口语进行比较研究。

她先后三次到新疆进行语言调查，在极为艰苦的条件下搜集宝贵的第一手资料，在自己的研究领域中做出了显著的成果。她是中国突厥语研究会、中国民族语言学会两个全国性学术团体的成员，除了写论文参加各种研讨会外，也做了大量事务性的工作，得到有关领导以及各界同行的好评。研究成果有：（1）《维吾尔语罗布话名词复数形式分析》（《民族语文》1984年第1期）；（2）《维吾尔口语里的长短元音》（与阿西木合著，《民族语文》1986年第3期）；（3）《维吾尔语罗布话名词的领格和宾格》（《民族语文》1991年第4期）；（4）《突厥语数词"一"的起源》（俄译汉，《民族语文情报资料集》1991年第14期）；（5）《维吾尔语罗布话的某些动词性谓语》（《新疆师范大学学报》1993年第2期）；（6）《现代维吾尔语的音序问题》（与阿西木合著，《喀什师范学院学报》1997年第2期）；（7）《维吾尔口语里的弱化辅音》（《喀什师范学院学报》1997年第3期）；（8）《建议用26个拉丁字母转写维吾尔文》（与阿西木合著，中国民族语言学会通讯1997年第2期）；（9）《维吾尔语喀什话研究》（专著，中央民族大学出版社1997年）；（10）《维吾尔语罗布话研究》（语言学专著，120万字，傅懋勣主编，阿西木，米海力，宋正纯著，中央民族大学出版社2000年）。

苗东霞（1960—）女，新疆伊宁市人。1986年7月毕业于新疆大学中国语言系维吾尔语专业，同年分配到中央民族大学任教，长期从事对少数民族学生的第二语言汉语教学、维吾尔语教学及突厥语族语言比较研究、第二语言习得研究等教学科研工作，熟练掌握维吾尔语、柯尔克孜语等突厥民族语言。现任中央民族大学少数民族语言文学院教授，语言学博士，博士研究生导师，中央民族大学东干学研究所副所长。

2001年6月—2002年3月，被国家教育部公派到吉尔吉斯共和国人文大做访问学者，就双语对比教学和研究等课题进行实地教学和学术交流工作。在20多年的第二语言教学实践中，潜心钻研业务，不断总结研究新疆少数民族学生习得汉语的特点，积累了丰富的教学经验，教学效果良好，深受学生好评。先后给本科生、硕士研究生讲授过的课程有"汉维语法对比研究""汉语文写作""研究生论文写作""现代汉语""偏误分析""汉语综合""汉语精读""汉语文选""汉语语法专题研究""双语教育概论""双语理论和方法论""阿尔泰语研究"等课程。

已出版的专著有：《新疆少数民族汉语教学研究》（中央民族大学出版社，2010年），《第二语言（汉语）教学概论》（合著，民族出版社，1999年）、《维吾尔族、哈萨克族汉语语法难点释疑》（合著，商务印书馆，2009年，是中央民族大学"985工程"中国少数民族语言文化教育与边疆史地研究创新基地子项目）、《哈萨克族汉语补语习得研究》（合著，民族出版社，2003年）。其中，《新疆少数民族汉语教学研究》是目前国内专门论述新疆少数民族第二语言汉语教学研究的一部专著。该书较全面地反映了国内现阶段第二语言汉语教学研究的特点和成果，具有鲜明的时代特征和实际应用价值。该书以对比语言学理论为分析框架，以维、哈、柯等民族学生学习第二语言汉语为例，在总结和归纳多年教学实践经验及多次赴新疆实地调查之基础上，从语音、词汇、语法、文字等语言结构层面上，论述了新疆少数民族学习第二语言汉语的重点和难点，并提出了相应的教学对策，具有很高的应用语言学理论意义和少数民族汉语教学的实用推广价值。

已发表的论文：在国内各类学术刊物正式发表论文近20余篇，其中在国家核心期刊上发表的论文有：《从维吾尔语反观汉语"着"的特点》《东干人的双语教学模式》《略论维吾尔族学习和使用汉语过程中的问题》《柯尔克孜族的文化传承与双语教学》《中亚东干穆斯林的语言态度》《双语教师的新型角色》《第二语言（汉语）教学的难点》《提升作文能力的一点想法》《关于加强少数民族学生汉语写作教学的几点思考》。

正式出版的教材有：《HSK中国汉语水平模拟

试题》（上册、下册，合编）、《HSK 考前强化——语法》（高等）、《HSK 考前强化—语法》（中等）、《HSK 考前强化—写作》（高等）、《HSK 考前强化—口试》（高等）、《HSK 高等口试强化教程》（新疆版）、《MHK 书面表达强化教程》（二级）、《MHK 书面表达强化教程》（一级）、《MHK 全攻略口语考试》（三级）。

目前承担的科研项目有：（1）《同源异境词语对比研究》（专著），国家教育部留学回国人员科研启动基金资助项目；（2）《汉维述宾结构对比研究》（主编）（"985" 中国少数民族语言文化教育与边疆史地研究创新基地子项目）；（3）《中国民族语言语法标注文本及软件平台》（专著，中国社会科学院民族学与人类学研究所 2010 年度国家社科基金重大项目）；（4）《中国阿尔泰语概论》（主编，中国少数民族语言文学北京市特色专业教材）。

莫克利 （1964—）女，壮族，广西上林县人。1983 年 9 月考入广西民族学院中文系壮族语言文学专业，1987 年 7 月毕业，获学士学位。1987 年 7 月至今，在广西壮文学校任教。现任广西壮文学校教研室主任，高级讲师。在 20 年的教育教学实践中，莫克利老师不断探讨教学研究改革工作，已经完成的科研成果共计 21 项（其中，合著 7 本著作，独著壮汉双语论文 8 篇，独著壮文论文 6 篇），正在编撰的科研课题 4 个，成为学校的科研骨干。为了使本学科的教材更具系统性、规范性和科学性，以便能适应不断发展的改革开放形势的需要，她与壮语文组的老师们一起，花费几年的课余时间，在对多年的教学实践进行总结分析的基础上推陈出新，先后翻译、改编出版了四年制教材《壮语文选》第七册、第八册，三年制教材《壮语文选》第一册、第二册、第三册和第四册，这些教材已经被学校定为壮汉双语教育专业（中等师范）专用教材。新教材改编成功，对培养学生的综合素质和能力起到了很好的促进作用。2005 年，她参与编写的《小学壮汉双语文教学法》（广西教育科学"十五"规划 A 类课题）教材公开出版发行。

此外，她本人独著的已经公开发表的主要论文有《关于壮语声调的教学》《壮族人名浅谈》《由皮亚杰理论谈语言与思维的关系》《壮汉双语教学方法需要改革》*Gangjgangj Geij Cih Daegbied Vacuengh Dafungh*（谈谈大丰壮语的几个特别的词语）、*Lwnh Sonhag Singdiuh Sawcuengh Gyoepyaem*（论拼音壮文声调的教学）、*Hagseng Dwg Lauxsae Gou*（学生为我师）、*Sonhag Sawcuengh Daih "n" Cungj Fuengfap*（论壮文教学的第 "n" 种方法）、*Ngeix Bae Gyaegyang*（深思远虑）、*Sawcuengh Cingz Naekna*（难解壮文情结）、《利用电教媒体辅助壮汉双语教学》《壮语·壮族文化习俗·壮族祖先崇拜》《学生管理实现双赢》《壮文——我离不开你》《永远的老师》等。

目前，莫克利正在担任的几项工作有：（1）《广西壮语地名集》（由广西壮族自治区人民政府重点扶持的社科类文化工程《壮学丛书》系列之一）课题组编委工作；（2）由她担任课题组副组长的《现代壮汉语语音比较教学》（广西教育科学规划课题），课题研究已经基本结束；（3）莫克利主要参与的课题《壮汉双语语音教学研究——壮族学生学习普通话探讨》（广西中等职业教育教学改革项目），正在进行中；（4）由莫克利担任课题负责人的《壮族三声部原生态民歌研究》课题，向全国教育科学规划办公室申报 "十一五" 规划课题。

木乃热哈 （1956—）四川凉山州甘洛县人，中央民族大学少数民族语言文学系副教授、书记。1978 年考入西南民族学院，所学专业为彝语言文学，1982 年毕业分配到中央民族学院民语系彝语教室研工作，主要从事彝族语言文化的教学与研究。先后为本校 83 级、86 级、90 级、92 级、95 级彝语言文学本科班、日本留学生、硕士生讲授《基础彝语》《彝族文学》《彝汉翻译理论与实践》等课程，先后在《民族语文》《中央民族大学学报》等刊物发表专业学术论文 18 篇，合著《彝语词汇学》。

木玉璋 （1930—）原名钱傅增，傈僳族，云南省怒江傈僳族自治州福贡县架科底乡恰打村人。1948 年云南丽江国立师范学校辍学。1951 年在中央民族学院第一期军政干部训练班学习，毕业后（1954 年）在云南省民族事务委员会工作当办事员。1955 年调中国科学院语言研究所，1956 年在中国科学院民族研究所工作。先后被聘为研究实习员、助理研究员、副研究员。系北京市民族联谊会理事，现离休。1996 年为止返聘研究所参与"八五"重点计划项目的《傈僳族音节文字及其文献研究》、《傈僳族语言文字及文献研究》。参加了语言调查，民族识别，新傈僳文字方案的设计和推广，主要从事研究傈僳语言文字，爱好文学、历史。

语言文字方面，合著的有：《傈僳语语法纲要》《傈僳语概况》《傈汉词典》《傈僳语简志》等。个人专著有：《傈僳族语言文字概况》、《中国少数民族语言音档·傈僳语》（怒江傈僳语和禄劝方言两种）、《藏缅语音词汇·傈僳语》《傈僳族音节文字文献汇编》《傈僳族音节文字及其文献研究》《傈僳族音节文字字典》（《傈僳族语言文字及文献研究》，2006 年知识产权出版社出版全集）。《祭天古歌》（《云南民族出版社》出版上下两集 881 页）。论文有：《谈傈僳语词头 ~a》《傈僳族原始记忆方法和音节文字》《傈僳语中 pat moneilma 一词的浅识》《恒乍绷故事中的"沙尼"一词及其姓氏》《傈僳族语言文字研究概况》《傈僳语数词的构成和用法》《傈僳族音节文字中的历法》《傈僳族音节文字的研究及发掘清理工作》《傈僳族音节文字及其文献》《傈僳族音节文字文献内容概述》《傈僳族音节文字造字法特点简介》《新傈僳族文字》《老傈僳族文字》《傈僳话语材料》以及《福贡县木古甲怒语概况》。

文字及其他方面：《傈僳族人民的文化生活》、《怒族崖画》、《傈僳族的太极图在研究先天八卦方面的重要意义》（合著）、《傈僳族首领木必入怒江史迹初探》、《傈僳族的姓氏和命名方式初探》、《傈僳族诗的艺术特色和文化价值》、《记述裴阿欠老人点滴事》、《怒族猎神歌》、《怒族猎神歌中的猎神是个女猎神》等。

收集、记录、翻译长诗及神话故事方面的：《傈僳族逃婚调》（汉文和傈僳文两册）、《怒族猎神歌》、《傈僳族射鸟歌》。《牧羊歌》、《创世纪》，(2004 年 3 月云南民族出版社出版)。《傈僳族造太阳月亮》、《傈僳族射太阳月亮》、《寻水的故事》、《鱼姑娘》、《木简里出来的人》、《木必的故事》、《洪水滔天和兄妹成家》、《米斯的彩礼》、《怒族女子崖》等。

《傈僳族语言文字及文献研究》、《祭天古歌》、《牧羊歌·创世纪》这三集中论述了居住在我国滇西北高原怒江、澜沧江、金沙江——三江并流自然遗产区域里的傈僳族人民，用自己勤劳和智慧，创造了傈僳族语言文字和举世无双的摆时、木广、哟叶等诗歌所组成的山峡文化及习俗。无论哪部长诗和体裁，都与山、水、动物、植物的生态环境紧密相连，都江河两侧的山势，登山似的逐步层层上升，下台阶似的台台往返。随着深化与发展，出现了各种动物品种和植物种类，从阴坡上阳坡回，这种方式的优越性在于传播识别物种知识与传承文学艺术的统一，易于记忆，易于传承，便于系列创造，目的是向爱好和研究傈僳族的语言文字和文化习俗的学者介绍研究成果，为中华民族的语言文字及文化习俗事业增添新的内容。

穆合塔尔·阿布都热西提 （1957—）维吾尔族，喀什市人，副教授。1978 年在西北民族学院汉文系学习，1982 年在新疆财经学院科研处工作。1983 年 8 月至今在喀什师范学院语言系任教，从事对外维语教学。历次担任系政治指导员、团总支书记、维语教研室副主任、主任等职务。1998 年被评为副教授。1998—1999 年在新疆大学访学一年，2002 年在新疆师范大学开办的硕士同等学历班学习结业。中国突厥语研究会会员，阿克苏职业大学客座教授。个人学习和研究领域主要有维汉语对比研究、对外维语教学研究、维吾尔语言文化研究、维吾尔文化语言学、汉维互译、中小学汉语教学、维吾尔民俗语言学、维汉词汇语言学等。先后承担高级维语、维语视听说、维语口语、维文文选、维语阅读、汉维语互译、汉维语法对比、维吾尔民俗、民俗语言学等十几门课程的教学工作。编写、翻译出版专著：《平等、自治、发展》（译著）、《民族高中汉语同步总练习》（合著）、《创始纪》（译著）、《维汉语同义词详解词典》（待出版）等 4 本。撰写的论文有：《数词的正字法中存在的某些问题及其规范化》《"××杯××赛"式句子维译之我见》《初探维吾尔人的辱骂术语及其内涵》《对〈规范名词术语人人有责〉一文的商榷》《维语中的同形附加成分》《关于部分数词的文化因素》《从喀什市部分地名看喀什人的主要生活习惯》《汉族学生学习维语常见的发音和书写错误》《浅谈维语中两个特殊的避讳词》《维文长篇小说书名的传说》《浅谈现代维吾尔语特殊混合词》《综合素质在教授及学习汉语中的作用》《喀什市部分从商人口语言使用现状调查分析报告》《浅谈维吾尔语罡词及文化内涵》等多篇。还完成院级课题《维汉语同义词词典》的编写。参加《新疆维汉语言接触的社会语言学研究》和《维吾尔文教材的历史现状调查分析报告》等两项国家社科项目。2008 年开始获得学院教学科研成果岗位津贴。

拿木四来 （1926—1999）蒙古族，内蒙古哲里木盟库伦旗人，曾任内蒙古自治区蒙古语文工作委员会副主任、内蒙古蒙文名词术语委员会主任、内蒙古自治区蒙古语文工作委员会顾问、中国蒙古语文学会常务副理事长、达斡尔历史语言文学会副理事长、中国语言学会理事。1946 年毕业于东北军政大学，1950 年从事蒙汉文翻译工作，曾任内蒙古自治区党委翻译处处长。1953 年参加《毛泽东选集》蒙文版译审工作并参加蒙古语文研究会的领导工作。1955 年参加国内蒙古语族语言和方言调查队领导达斡尔语调查。开始从事对达斡尔语的研究，后来侧重对蒙古语族语言的比较研究。已出版专著有：《达斡尔语与蒙古语比较》（蒙文，与哈斯·额尔敦合著）、《蒙达汉亲属称谓词词典》。已发表论文有：《为优美的蒙古文字恢复名誉》《蒙古语名词术语问题》（蒙文）、《达斡尔语领属意义的附加成分》（蒙文）、《蒙古语的丰富与同语族语言的关系》《达斡尔语的谓语人称范畴》《达斡尔语名词的领属附加成分》《蒙古语族语言人称代词的比较》（蒙文，此文获中国蒙古语文学会 1986 年优秀论文奖和内蒙古自治区第二届哲学社会科学优秀成果三等奖）、《关于蒙古语亲属称谓词》等多篇。

那德木德 （1935—）蒙古族，内蒙古锡林郭勒盟正蓝旗人。曾任西北民族学院少语系副主任、教授、甘肃省语言学会学术委员、甘肃省第六届政协委员。1957 入内蒙古大学中文系蒙古语言文学专业学习，1962 年毕业。1955 年调查过蒙古语科尔沁土语，1955—1957 年在呼和浩特二师、赤峰一中任教。1962—1981 年在内蒙古蒙文专科学校任教。1981 年调往西北民族学院，曾调查过东部裕固语、东乡语、蒙古语察哈尔正蓝旗土语。

那德木德主要研究蒙古语的方言和土语，对蒙古语的察哈尔土语进行了系统的研究，提出蒙古词没有重音，只有清楚元音和弱性元音。察哈尔土语的元音音位只能出现在第一音节里，包括短元音和长元音音位。第一音节以后出现的长元音是词素或形态音位，如果是短元音的话，则都是弱性元音，是辅音结合时由于发音器官的规律而产生的媒介性的元音。已发表的论文：《正蓝旗土语音位系统》《蒙古语人称代词的变异》《关于东乡语元音》《蒙古语正蓝旗土语辅音结合》《语言学及其发展》《蒙古语察哈尔土语元音和辅音》等。

那顺巴雅尔 （1925—1987）蒙古族，内蒙古兴安盟扎赉特人。曾为中央民族学院教授、硕士研究生导师、中国民族语言学会理事、中国蒙古语文学会常务理事。1947年入齐齐哈尔蒙古军政大学学习，1949—1954年在内蒙古自治区人民政府办公厅翻译处任副科长、副处长，同时在蒙文专科学校任教。1955年调中央民族学院协同苏联专家工作。1956年领导蒙古语族语言调查，任中国少数民族语言调查第五工作队副队长，调查东乡族语言。1956年以后在中央民族学院从事教学与研究。主讲过"现代蒙古语""翻译理论与实践""语言学""日语"等课程。1986年升为教授。他的研究领域有三个方面：一、东乡语研究；二、现代蒙古语发展问题研究；三、蒙古文献学研究。已出版专著有：《现代蒙古语》（主编之一）。已发表论文有：《奴儿干永宁寺碑记》《东乡语的词重音》《论蒙古语发展中的几个问题》《东乡语人称代词》（该文被评为1986年度中国蒙古语文学会优秀论文）、《关于〈黄金史纲〉的几个问题》。

那斯茹拉·尤力布勒地 （1931—）维吾尔族，新疆阿图什县人。新疆大学中文系语言教研室副主任、教授。1952年毕业于新疆自治区干校，1957年在新疆语文学院任教，1959年在新疆师范学院任教。1959—1960年在新疆师范学院任教，期间在吉林师范大学进修一年。1962年调新疆大学中文系。那斯茹拉·尤力布勒地从事现代维吾尔语的教学和研究工作。对维吾尔语的复句有较深入的研究。过去一般的著作都把复句分为并列复句、偏正复句、复合句、多重复合句等，又把偏正复句分为12种、16种或21种不等。而他提出以不同标准划分不同复合句，不能把不同的出发点、不同的划分标准混为一谈。他以复句内部的句法手段将复句分为三类：并列复句、偏正复句、多重复句。以附加词缀为手段的复句、关联词为手段的复句和以词缀、关联词同时为手段的复句。他的这一观点受到同行们的重视。后来他着重研究了有关维吾尔语名词格位的理论。认为传统语言学持有的6个格的观点，显然不符合现代维吾尔语的语言事实。他不同意有人提出的14个格的观点。至于持14个格的学者所提出4个分析格，他认为从其功能来看，应归结为一个格，即第七格——分析格。那斯茹拉·尤力布勒地出版和发表了一批专著，其中的《语言学基础知识》于1986年在自治区哲学社会科学成果评奖中荣获三等奖。已出版专著有：《现代维吾尔语》（维文）、《语言学概论》《语言学基础知识》《大学语文·语言部分》（维文）、《现代维吾尔语》（与安赛尔丁、吐尔迪·艾合买提合著）。已发表论文有：《关于维语格位的几点看法》（维文）、《关于复句的分类标准》（维文）、《谈谈"突厥"和突厥语各民族文学语言的问题》（维文）等多篇。

纳·才仁巴力 （1955—）蒙古族，青海省德令哈市人，本科学历、获文学学士学位，青海省人民政府少数民族语言文字翻译室、译审。1982年毕业于青海民族学院少数民族语言系蒙古语专业，毕业后分配到青海社会科学院从事蒙古族语言研究工作；1993年调到青海省人民政府少数民族语言文字翻译室工作至今，后任翻译室副主任、副译审、译审。出版的专著有《青海蒙古族简史》（合著）、《青海百科大辞典》（合著）、《青海风俗简志》（合著）、《青海蒙古族英雄史诗》（搜集整理）、《青海蒙古族民歌》（搜集整理）、《汉蒙语言比较与翻译理论新谈》（编著）、《青海蒙古族非物质文化研究》（著）、《海西德令哈旗志》（合著）。

发表的学术论文有：（1）《科尔力格蒙古语音位系统分析》；（2）《浅谈青海蒙古语地名的翻译》；（3）《"霍尔"语源浅议》；（4）《从语言学的角度谈"白兰"一词的含义》；（5）《论提高翻译质量的问题》；（6）《蒙古语地名杂谈》；（7）《浅

谈"德都蒙古"一词的含义》；(8)《谈"东木达"与"东木达都"的区别》；(9)《蒙古酒令初谈》；(10)《蒙古族信仰习俗与生态观浅议》。

翻译作品及其他文章有：(1)《青海蒙古族简史》(合译)；(2)《文化遗产的一份重要贡献》；(3)《历史悠久的扎藏寺》；(4)《要振兴民族，先要发展教育》；(5)《〈蒙古秘史〉一个特殊价值的经典巨著》；(6)《在那遥远的地方》。

另外，1995 年第二次全国民族语文翻译优秀论文评选中本人提交的《浅谈复句组成的公文标题翻译技巧问题》一文获三等奖。2001 年在全省第二次民族语文工作理论研讨会上本人提交的论文，谈《新时期公文翻译工作的重要性和作用》一文被评为优秀论文，并颁发了荣誉证书。2003 年在第十次全国民族语文翻译学术讨论会上本人提交的论文，《蒙古族翻译札记》，被选为大会参会论文，并在论文评奖中被评为二等奖，2006 年在青海省第七次哲学社会科学成果评奖中，《汉蒙语言比较与翻译理论新谈》一书荣获三等奖。

尼合迈德·蒙加尼 (1922—？)哈萨克族，生于新疆托里县，新疆维吾尔自治区社会科学院语言研究所研究员、中亚文化研究协会常务理事、中国突厥语研究会副会长、新疆语言学会理事、新疆历史学会理事、民间文学研究会顾问、新疆社会科学院学术委员会委员、新疆维吾尔自治区政协委员。曾任新疆省人民政府副秘书长、西北军政委员会民族事务委员会委员兼处长、北京民族出版社哈文编译室主任。尼合迈德·蒙加尼精通汉语、俄语、土耳其语和塔塔尔语、维吾尔语、乌孜别克语。对哈萨克语有较深的研究，创作、编著了一批哈萨克族文学作品和有关哈萨克历史的论文。曾参加过《水浒》《西游记》《红楼梦》汉文译哈文的工作。单独翻译出版了鲁迅的《狂人日记》和《伤逝》。有的专著获自治区的奖励，而他本人曾获得 1984 年自治区优秀专业技术工作者二等奖。在国际学术交流方面，他曾于 1986 年赴德国和土耳其访问讲学。已发表的论文有：《哈萨克语言简史》(哈文)、《〈突厥语词典〉与现代哈萨克语的关系》(维文)、《哈萨克语言与文学形成和发展的四个阶段》等。

倪大白 (1929—)笔名徐扬，浙江绍兴人。1948 年 (上海)东吴大学法学院国际法学组肄业，1953 年 (北京)中央民族学院少数民族语文系布依语专业毕业，留校任教，至 1995 年退休。期间历任教员、副教授、教授，语言学教研室副主任，壮侗学研究所副所长。20 世纪 70 年代以前，主要给本科生讲授"汉语语法"、"语法修辞"、"语法理论"、"语音学"、"语言学概论"、"普通语言学"等课程。20 世纪 80 年代开始，为研究生讲授"历史比较语言学""转换生成语法""侗台语研究""侗台语与南岛语"等课程。

1955 年夏，参加蒙古语言调查工作队，负责调查翁牛特旗的蒙古语。翌年参加中国科学院和中央民族学院共同组织的第一少数民族语言调查工作队，在贵州省调查布依语，创立布依文(布壮联盟)。1981—1984 年，应北京大学朱德熙先生邀请，先后三次在北京大学中文系讲授《汉藏语概论》课，该课程包括汉藏语的三大语族，主讲"侗台语族"部分，首次公开提出我国的壮侗语与南岛语系的印度尼西亚语可能有亲缘关系。20 世纪 40 年代，美国学者 P. K. Benedict（白保罗）提出"澳泰语"一说，认为台语与印尼语同源，此说在西方影响很大，但在我国，多数学者均信奉汉台同源说，究其原因，可能是：一、我们对南岛语情况知之甚少，二、台语与汉语在结构上的确十分一致。基于此，学习了印度尼西亚语，并与菲律宾的他加禄语，我国台湾地区几种高山语跟侗台语族的一些语言进行比较分析，最终得以认知侗台语与南岛语确有亲缘关系。1983—1986 年，还去云南文山州调查了马关县的拉基话（先后两次），麻栗坡县的仡佬语，贵州荔波县的佯僙话、莫话、甲姆话（锦话）等，还去广西壮族自治区隆林县记录了俫话、仡佬语。其间先后三次带研究生去海南岛学习黎语，记录了临高话，调查了村话。此时由于马学良先生提议，指派调查三亚的回族语言。调查前得知三亚的回族是在大约一千年前从越南的占城分批渡海而来，他们说的话应该是占语，而占语属南岛语系，通过与印尼语进行对比，发现回语与印尼语在结构上发生了显著变化，一是语词的单音节化，二是产生了声调，但大量的基本词汇均属同源，有的是同根，有的有清楚的对应，于是提出了语言的类型转换现象一说。先后发表了《中国的壮侗语与南岛语》、《海南岛三亚回族语言的系属》、《语言的类型转换》等文，到20世纪80年代末，写成了《侗台语概论》一书。

从第十五届国际汉藏语言学会议（北京）开始，以后有机会参加过几次。1990年10月，应邀去美国德克萨斯州埃灵顿大学举行的23届国际汉藏语言学会议。在这次大会上，宣读了以海南岛三亚回族语言为研究对象的《语言的类型转换》一文，获得了与会学者的很大兴趣和重视。1992年，获得了国务院颁发的特殊贡献奖。

出版专著：（1）《汉藏语概论·壮侗语篇》北京大学出版社1991年；（2）《语言学概论》主编马学良，倪大白定稿编写人之一，华中工学院出版社出版，1985年第2版；（3）《鲁迅著作中方言集释》辽宁人民出版社出版1978年；《鲁迅著作中方言集释》（增订本）辽宁人民出版社1981年3月出版；（4）参加编写《中华文化通志·民族文化典》－《侗、水、毛南、仫佬、黎族文化志》上海人民出版社出版1998年；（5）《中华文化通志·民族文化典》－《壮、布依、傣、仡佬、京族文化志》（合著）上海人民出版社出版1998年。主要论文：（1）《水语的声调别义》；（2）《莫话浊塞音声母b、d的演变和语音的自然补偿现象》；（3）《海南岛三亚回族语言的系属》；（4）《语言的类型转换》；（5）《侗台语声调的起源》；（6）《侗台语族语言研究》。

聂鸿音 （1954—）籍贯山东蓬莱，生于北京市。1982年北京师范大学中文系古代汉语专业研究生毕业，获文学硕士学位。曾先后任教于中央民族学院和北京师范大学，现任中国社会科学院民族学与人类学研究所研究员、民族古文献研究室主任，中国社会科学院研究生院教授、博士生导师。曾先后兼任宁夏大学西夏学研究中心、山西大学文学院、中央民族大学民族研究中心教授，中国民族古文字研究会副会长兼秘书长。发表过著作7部、译著（英、法）2部，论文140余篇、译文（英、法、德、俄）20余篇、介绍与评论40余篇，约计450余万字。懂多种外国语，科研范围较宽，除了少数民族语文和文献研究外，还涉及古代汉语、语言学、汉语音韵学、中国民族史、中国古代文学等。主要研究领域大多以"绝学"著称，近十年来致力于存世西夏文献的整理和考释。在解读古典文献时善于利用多种文字的相关文献进行参校，同时吸收国外已有的成果，具有融会贯通的特色。此外，对于藏文、梵文、回鹘文、契丹文、女真文也有比较专门的理解。语言文字学方面的主要著作有《中国文字概略》《西夏文德行集研究》《中国少数民族语言》，译著有《中上古汉语音韵纲要》（原著高本汉）、《唐代长安方言考》（原著马伯乐）等。

聂锡珍 （1932—）女，北京市人，曾任云南民族学院汉语文系副教授。1952年9月考入北京大学东语系，后转入中央民族学院语文系佤语专业，1956年毕业。同年参加全国少数民族语言调查第三工作队，任秘书。1957年又参加全国人大组织的少数民族社会历史调查工作队，赴云南西盟佤族自治县调查佤族社会历史。1957年分配到云南民族学院任教直至退休。曾教授佤语、语言学概论、现代汉语、普通话、语音学、语言与民族学的关系等课程。发表的论著主要有：《汉语教学与研究》（与罗安源、旦国干合作）、《布朗语简志》（与邱锷峰、李道勇合著）。布朗语属南亚语系孟高棉语族。过去一般认为布朗语是无声调的语言，作者在所记录的材料中发现布朗语有四个区分词义的声调，布朗语成了孟高棉语族中唯一有声调的语言。过去的著作中认为布朗语只有八个辅音韵尾，作者发现还有-l-h两个新辅音韵尾。这两个辅音韵尾构成对立的现象在国内其他少数民族语言中是罕见的。该书于1986年12月获得云南省人民政府颁发的云南省社会科学研究现实问题优秀理论文章（著作）四等奖。《佤汉学生词典》（与邱锷峰、余静尔合著）。已发表的论文有：《佤语概况》（与邱锷峰、李道勇合写）、《佤族民歌格律》（与邱锷峰合写）、《谈谈布朗语的形态变化》（与邱锷峰合写）、《在多民族班级如何进行汉语语音教学》（与程家枢合写）、《试谈云南兄弟民族语和汉语的语序问题》等。

牛汝辰 （1958—）生于新疆石河子，原籍甘肃天水市。新疆师范大学教授。

独著论文有：《苏联突厥地名学的发展》（1989）、《中国民族语地名的多元化背景》（1990）、《新疆地名的汉语译写》（1993）。另外与牛汝极合作的论文有《现代维吾尔语语气词初探》，《少数民族语地名研究对发展语言学的意义》、《察合台文历史文献热夏提王传注译（片断）——兼论"阿克苏"地名的来源及含义》等多篇。

牛汝极 （1958—）生于新疆石河子，祖籍甘肃天水市。教授，博士研究生导师。1979年考入新疆大学维吾尔语专业，1983年毕业，1986年在新疆大学突厥语言文学硕士研究生毕业后留校任教。1996年晋升为教授。现任新疆师范大学副校长，曾兼任中国民族古文字研究会副会长、中国阿尔泰语言学会副会长、中国人权研究会理事、中华炎黄文化研究会理事、新疆留学人员联谊会副会长、中国突厥语研究会副会长、中国维吾尔历史文化研究会常务理事、中国民族语言学会常务理事。自治区哲学社会科学"十五"学科规划项目民族问题研究评审小组专家；《中亚文明史》《欧亚历史文化名著丛书》《西域研究》和《新疆大学学报》等学刊和丛书编委。新疆大学西北少数民族研究中心专职教授。主要研究领域为西域民族语言与古文字文献；新疆宗教史和中亚民族文化。曾为本科生讲授过"突厥语导轮"、"回鹘文文献"、"维吾尔族简史"、"语言学"、"区域文化语言学"、"基础汉语"、"突厥碑铭文学"和"研究生专业英语文献选读"等课程。编写过《古代突厥语》教材。1993年3—8月，应巴黎第三大学突厥学研究所和德国费赖堡大学东方学系的邀请分别作了题为《维吾尔文明》和《新疆的语言接触与双语制》的演讲。1998年4月至9月受法国高等研究试验学院的邀请作为客座教授作系列讲演，内容涉及中亚和西域的语言、文化、历史、考古和宗教等诸多方面（共八次）。2000年9月—2001年9月，访问巴黎、伦敦、柏林、慕尼黑、弗赖堡、阿姆斯特丹、布鲁塞尔和卢森堡等地，期间，应伦敦大学亚非学院、慕尼黑大学汉学系、法兰西学院和弗赖堡大学东方学系的邀请作有关中国发现的古代叙利亚文基督教碑铭文献和中国的维吾尔学研究等情况的演讲。1996年11月26日，应北京大学考古学系邀请作题为《回鹘宗教文献研究的历史与现状》的讲演。1999年4月29日受中央民族大学维哈柯语系的邀请作题为《国外维吾尔研究新动态》的报告。

已出版专著：（1）《回鹘佛教文献》，新疆大学出版社2000年版；（2）《维吾尔古文字与古文献导论》，新疆人民出版社1997年版；（3）《沙州回鹘及其文献》（与杨富学合著），甘肃文化出版社1995年版；（4）主编《阿尔泰学论丛》第一辑（与李祥瑞合编），新疆大学出版社1994年版；（5）《乌孜别克文化史》；（6）《阿尔泰文明与人文西域》，新疆大学出版社2003年版；（7）《文化的绿洲——

丝路语言与西域文明》（主编），新疆人民出版社2006年版；（8）《十字莲花——中国元代叙利亚文景碑铭文献研究》，上海古籍出版社2008年版。载集体合著大型学术著作《中国少数民族文化史》，辽宁人民出版社1994年版。

已发表主要学论文：《现代维吾尔语语气词初探》（与牛汝辰合作）、《试论伊斯兰教的传播对维吾尔书面语的影响》（与牛汝辰合作）、《突厥语大辞典》的地理学价值（与牛汝辰合作）、《维吾尔语附加成分的分类及其特点》（与雅库甫等合作）、《〈突厥语大辞典〉第一卷中亚地名研究》（与牛汝辰合作）、《哈密顿新著〈9—10世纪敦煌回鹘文文献汇编〉》、《从语言探寻新疆的文化》、《试论维吾尔文字发展的特点》、《维吾尔语麦盖提方音述略》、《四件敦煌回鹘文书信文书》、《维吾尔文字历史演变原因考》、《新疆的民族文字与民族文化》、《从新疆地名看历史上的移民》、《试论维吾尔语名词的数及其历史演变》、《突厥文起源新探》、《新疆双语地名的类型及其成因》、《论新疆地名传说的特点，类型和主题》、《从察合台语文献看汉文化与伊斯兰文化的接触》、《维吾尔文字学发凡》、《我国的维吾尔文字文献研究概况》、《现代维吾尔语方言土语的划分与历史人文地理》、《泉州叙利亚—回鹘双语景教碑再研究》、《莎车出土的喀喇汗朝阿拉伯语法律文书与〈福乐智慧〉研究》、《蒙古文—八思巴文〈五守护神大乘经·守护大千国土经〉元代印本残片考释》（与照那斯图合作）、《西域语言接触概说》、《"突厥语大辞典"写本的流传》。

努尔别克 （1942—）哈萨克族，新疆塔城托里县人，民族出版社副总编、编审、中国突厥语研究会副秘书长、国家民委高级专业技术职务评审委员会委员。1964年毕业于新疆大学中文系汉语专业，分配到中国社会科学院民族研究所突厥语组工作。1985年调往民族出版社。在民族所工作期间主要从事编纂哈萨克语词典，1975年参加新疆人民出版社组织的《汉哈词典》编纂工作。1979—1982年将哈萨克语的固定词组编成了《哈萨克语词组和成语词典》。1976—1984年他负责由中国社会科学院民族研究所、新疆伊犁哈萨克自治州、新疆大学和中央民族学院等单位联合组织的《哈汉词典》编写和协作小组的工作。努尔别克对哈萨克语有深入的研究，尤其是对哈汉词典词义的解释有自己的看法，对两种不同语言中的格言谚语相互对译，不能只注意字面上的意思，要更多地注意它所包含的思想。他与李增祥合写的《哈萨克语概况》一文，认为哈萨克语方言差别不大，可以划分为西部和东部两个方言。主要专著：《汉哈词典》（合作项目）、《哈萨克语词组和成语词典》。已发表论文有：《哈萨克语概况》（与李增祥合写）、《浅谈双语词典的编写》、《详解词典的编纂小议》等。

诺尔金 （1936—2010）女，蒙古族，内蒙古呼伦贝尔盟东旗人。内蒙古社会科学院蒙古语文研究所副所长、研究员、中国蒙古语文学会理事和学术委员会委员、中国中文信息研究会少数民族语文处理委员会委员、国际蒙古学者协会会员。1962年毕业于内蒙古大学中文系蒙语专业，分配在内蒙古语文研究所从事科研工作，主要研究现代蒙古语言、文字和词汇的规范、形态学、词典编纂学等。关于确定蒙古语的基础方言和标准音方面，她提出蒙古语可以划分为四大方言，即卫拉特—卡尔梅克方言、喀尔喀—察哈尔方言、巴尔虎—布利亚特方言、科尔沁方言。"划分方言不必迁就语言学以外的原则。"关于蒙古于的基础方言，可以认定是喀尔喀—察哈尔方言。关于蒙古于的标准音，她认为应该以正蓝旗为代表的察哈尔土语为标准音地区。因为察哈尔土语的主要特征在蒙古语方言土语中保持中间状态基本上能够代表现代蒙古语的发展趋势。确定语音标准是对标准音地区的音位系统加以取舍。描写标准音地区音位系统时"一定要忠实于该地区的语言实际，对标准音地区的语音加以取舍时一定要：以正蓝旗为代表的察哈尔土语为基础，以书面语为主导；取诸方言之共同点，舍察哈尔土语的特殊点；取察哈尔土语的较有共性的特点，舍诸方言的各自的特殊点。"从 1976 年研究了现行蒙文的规范化问题，撰写了多篇论文和专著《蒙文原理》一书。主张对现行蒙文首先要规范，然后适当的改造；提出蒙文规范化的设想，逐步采取一些有效的规范化措施；传统蒙文字母表由 123 个基本音节和其他若干非基本音节组成；蒙文正字法有四条总则：语音学总则、形态学总则、语义学总则、词源学总则。关于现代蒙古语语法，特别是关于构词法方面，她认为当今现代蒙古语语法教材均属于描写性的语法，未能脱离蒙古语书面形式，还有强搬硬套某些定义而导致自相矛盾的地方。关于构词法，认为学者们只把注意力集中在构形法上，至于构词法，并不太重视。"重建蒙古语构词法是当务之急。"蒙古语的构词形式很丰富，它对词汇的丰富和发展起着很重要的作用。但是不能因此而把它当成词汇学研究的对象。除此之外，还参加了《蒙古语解释词典》的编纂和初审、终审工作。已出版专著有：《蒙文原理》。已发表论文有：《统一异体字意见》、《蒙文正字法定型梗概》、《正字法研究与书写规范》、《残缺词根问题》、《察哈尔土语语音结合特点》、《中国境内蒙古语标准音音位系统》、《察哈尔土语音位系统特点》、《构词法在词汇发展中的作用》、《现代蒙古语构词附加成分》、《蒙文正字法总则》、《蒙文字母体系》、《蒙古语法学起源与发展》、《长元音书写规则》、《蒙古语形态学理论探讨》、《蒙古书面语半整辅音连缀规律》等。

欧阳觉亚 （1930—）广州市人，1949 年秋就读于广州市中山大学文学院语言学系，1953 年夏毕业，并分配到中国科学院语言研究所少数民族语言研究组工作。1954 年夏参加广西壮语方言调查组，1956 年以后调查组定名为中国少数民族语言调查第一工作队。1956 年 7 月调海南岛参加少数民族语言调查第一工作队海南分队，进行黎语方言调查研究的工作。少数民族语言研究所（1964 年以后合并至民族研究所）成立后，在壮侗语组工作，曾任壮侗语组组长和研究所学术委员。历任研究所的助理研究员、副研究员、研究员，中国社会科学院研究生院民族系教授、博士生导师，并任国家语言文字工作委员会普通话培训测试中心兼职教授。

主要从事中国南方少数民族语言的调查研究和粤语研究。早在 1952 年冬，受广东民族事务委员会的邀请，参加省民委组织的疍民情况调查组，赴中山县、阳江县一带调查粤西疍民的语言。1953 年毕业时以粤西疍家话与广州话的比较研究为内容作为大学毕业论文。参加工作后，1954 年夏，受桂西壮族自治区政府之邀，参加广西壮语调查队，调查研究壮语方言。在袁家骅教授的带领下，调查了广西壮语北部方言右江土语、桂边土语、桂北土语和部分柳江土语。参加调查材料的整理和壮语方言土语的划分、壮文方案的设计等工作。在广西语言文字研究指导委员会研究科任词汇组组长，负责编写壮汉词汇，兼任壮语调查研究训练班教员，培养壮语编译研究骨干。1956 年广西壮文学校成立后，兼任广西壮文学校语音学教员，负责九个班的语音学课程，培养壮文研究人员和教学师资。1956 年，被委派参加第一工作队海南分队，到海南岛参加调查研究海南黎语，任工作队业务秘书，兼任海南黎族苗族自治州语委会研究科科长，参加设计黎文方案，并主持黎汉词典、黎语语法和语音研究等工作。1959 年夏工作队撤回北京少数民族语言研究所。1959 年秋受所领导的委派，与所内人员和延边朝鲜族来所工作学习人员组成朝鲜语调查组，到吉林和延边州各地调查朝鲜语，目的是观察朝鲜语的语调和声调问题。1976 年春，参加西藏门巴、珞巴、僜人综合考察队到西藏喜马拉雅山区墨脱县和米林县，步行到县内各地调查门巴语、珞巴语。1980 年以后到广西"三岛"调查京语。20 世纪 80 年代以后多次与人合作调查海南西部的村语和三亚回族的回辉话。除了少数民族语言的调查研究以外，对自己的母语广州话也作了多年的调查研究，并利用这个优越条件把南方少数民族语言与汉语粤方言进行多方面的比较，发现二者存在深层的关系。1981 年在汉语方言研讨会成立大会及第一次学术讨论会上，根据已掌握的材料提出"汉语粤方言有一个古越语底层"的问题，这一提法可以解释现今的粤方言里为何存在大量的与壮侗语相同的词、语音特点及一些特殊的语法现象。粤方言里的这些来源于古越语的特点一直保存至今。建议方言研究者应该把汉语方言研究和南方民族语言研究结合起来。发言引起了与会者的关注。这次研讨会以后，陆续有些方言学者就某一方言的古越语底层问题发表了不少文章。研究古越语底层问题成为方言学界的兴趣。

从 20 世纪 80 年代至 21 世纪初的 20 多年里，出版了有关上述诸语言的专著有：《壮汉词汇》（初稿本）（集体编纂，负责人之一）、《黎语简志》（二人合作）、《门巴、珞巴、僜人的语言》（四人合作）、《黎语调查研究》（二人合作）、《珞巴族语言简志》（崩尼－博嘎尔语）、《京语简志》（三人合作）、《黎汉词典》（多人合作，主编之一）、《中国少数民族语言使用情况》（集体著作，主编之一）、《村语研究》《壮语方言研究》（六人合作）、《少数民族语言与粤语》。在粤方言研究方面出版的专著有：《广州话方言词典》（三人合作，香港）、《普通话广州话的比较与学习》《广州话词典》（三人合作）、《粤方言地区普通话学习手册》（三人合作）、《广州话、客家话、潮汕话与普通话对照词典》（四人合作）、《广州话俗语词典》（3 人合作）。此外还参加《中国大百科全书》民族分卷和语言文字分卷有关黎语词条的编写和《辞海》一些词条的编写；《中国黎族》第三章《语言》（二人合作）。发表过的论文主要有：《黎语概况》（二人合作）、《声调与音节的相互制约关系》、《汉语粤方言里的古越语成分》、《海南岛村话系属问题》（二人合作）、《运用底层理论研究少数民族语言与汉语的关系》、《两广粤方言与壮语的种种关系》、《从词汇上看台湾原住民族语言与黎语的关系》（二人合作）。另外，在粤语研究方面发表了《广州话语音研究》（三人合作）、《广州话的语气助词》、《广州话某些语气助词音变与语义的关系》、《普通话里的粤方言词语》、《广州话某些方言词探源》。

获奖情况：《黎语调查研究》获民族研究所优秀科研成果一等奖；《中国少数民族语言使用情况》获中国社会科学院第二届优秀科研成果奖、中国人民大学吴玉章奖金语言文字学优秀奖；《壮语方言研究》获 2001 年民族所优秀科研成果一等奖、中国社会科学院优秀著作二等奖。

潘其旭 （1938—）壮族，广西德保县人，广西社会科学院壮学研究中心研究员。1961 年毕业于广西艺术学院戏剧系理论专业，同年留校从事民族艺术研究教学工作。1963 年至 1980 年，历任广西文化局《广西群众文化资料》编辑室编辑、广西文联《广西文艺》编辑部副组长、广西壮剧团党支部书记。1980 年调广西社会科学院，先后任《学术论坛》编辑部文学组组长、少数民族文学艺术研究所副研究员、壮学研究中心副主任、研究员。曾任广西民间文艺家协会副主席、中国西南民族学会副会长。现任广西壮学学会副会长，广西民俗学会副会长，广西民族博物馆专家顾问组组长。潘其旭长期从事壮族文化研究工作，发表多篇论文，主要有：《壮剧历史及其发展中几个问题的探讨》、《广西壮族歌圩调查》、《从语言上看壮、老、泰的历史文化关系》、《壮语词序顺行结构的 A＋B 思维模式与汉语次序逆行结构的 B＋A 思维模式的比较研究》、《从地名比较看壮族与泰族由同源走向异流》、《壮族么经布洛陀的文化价值与壮族观念文化体系》、《壮族"嘹歌"的文化内涵》。出版的专著有：《壮族歌圩研究》，主编《壮族百科辞典》。参与主持编纂《古壮字字典》、《中国各民族宗教与神话大词典》等。

潘其旭为知名的壮学专家，他提出的"那"（稻作）文化理论、万物"波乜"（公母）观哲学思想和壮语的"A + B"思维模式等原则性的学术观点，在学术界颇有影响。

潘世华 （1932—）苗族，贵州省黄平县崇仁乡人。1954 年 9 月中，到中央民族学院语文系语言专修科学习。1956 年 6 月，参加中国科学院在中央民族学院举办的全国少数民族语言调查培训班学习。随即参加中国科学院语言调查第二工作队到贵州省等地调查苗瑶语。1957 年分配到贵州省民族语文指导委员会工作。1959 年 9 月，被分配到省委统战部办公室搞机要秘书工作。1984 年因民族语文工作需要，调到省民委族语文办公室任副主任。在贵州推行民族文字，开展双语文教学并取得一定成绩。

在贵州省民委民族语文办公室的工作中，取得一定成果。编写《贵州民族双语文教学》任副主编。在该书中，发表有《贵州民族语方概况》、《贵州民族文字使用问题》、《贵州民族语文调查集》三篇论文。还撰写有《坚持从实际出发，促进贵州民族教育改革》（贵州民族出版社出版的《贵州双语教学论文集》）、《民族语文教育与民族经济效益内涵特点》（载贵州民族出版社出版的《贵州民族语文研究集》）；《开展双语文教学，促进民族教育的深入发展》（载贵州民族出版社出版的《中国苗族文学丛书》，潘世华任副主编）。80 年代中期，参加贵州省黄平县、施秉县、镇远县民委收集整理编译的苗文汉文对照的古歌古词丛书。古歌古词，具体地叙述了苗族大歌、理词、神词、酒歌、开亲歌等苗文汉文丛书。约 500 万字，它是当今全世界一千多万苗族人口中所绝有的，是苗族的古文化经典。另外，退休之后，曾经撰写有"民族语言文字与民族文化教育"一文，发表在贵州省黔南布依族苗族的治州的《民族研究》上，另收入贵州省六盘水市政协文史资料集。此

文蒙王均教授审阅过，得到好评。

潘悟云 （1943—）浙江瑞安市人，1982 年获复旦大学文学硕士学位，1994 年国务院学位委员会授予上海师范大学现代汉语（现名汉语言文字学）博士点博士生指导师资格，并任该博士点负责人。现任上海师大语言研究所所长，《中国语文》编委，《民族语文》编委，《语言研究》编委，《语言科学》编委，《国际汉语言研究丛书》编委，《东方语言与文化》主编，复旦大学现代人类学研究中心语言学顾问。先后应邀到加州大学伯克莱分校、加州大学圣地亚哥分校、威斯康辛大学、康奈尔大学、奥斯陆大学、捷克查理大学、瑞典社会科学高级研究院、法国高级社会科学研究院、日本爱媛大学、香港科技大学、香港中文大学、香港城市大学、台湾清华大学做学术访问和联合研究。

他的主要研究方向是汉语历史音韵学、汉语方言学、东亚语言历史比较，以及计算语言学，以跨方言、跨语言、跨学科、跨时代研究为其特点，致力于在汉语和东方语言研究的基础上对语言学的普遍理论做出贡献。下面是潘悟云的主要学术贡献。

在比较语言学方面：

（1）汉藏语的元音系统他接受了郑张尚芳上古汉语六元音系统，这就是国际汉学界所称的郑张—潘系统（System of Zhengzhang – Pan）。不过郑张尚芳元音系统中分长短两套，潘悟云接受了罗杰瑞关于非三等在上古带咽化元音的观点，认为上古元音分长紧与短松两套。在东亚语言中，达让僜语、格曼僜语和义都珞巴语，以及大部分的侗台语都有这 6 个元音系统。他又论证了独龙语与土家语，以及原始缅语、原始泰语、原始藏语的元音系统中也是这 6 个元音，由此断定原始汉藏语可能就带有这 6 元音系统。（2）在汉语上古音构拟中引进次要音节的概念，即国外学者所说的前置辅音（pre – initial），他后来改译作冠音，根据冠音的性质分别叫作喉冠音、鼻冠音、塞冠音、流冠音、塞流冠音。

(3) 东亚语言中的复辅音研究潘悟云从响度顺序原则来确定音节的切分。他把民族语言学界称作甲类复辅音中的第一个辅音看作是冠音，如 sp-、st-、zg-等中的 s、z。当复辅音失去其中的一个音，失去的将是发音强度比较弱的那个。甲类复辅音失去的将是第一个音，而乙类复辅音失去的是第二个音：Cl- > C-、Cr- > C-。(4) 通过民族语的比较材料、古代的译音材料、古代文献以及汉语的谐声系统和假借关系，首次指出上古汉语存在小舌塞音，它们到中古分别变成影、晓、云（和部分匣母），现代藏缅语也还存在小舌塞音，推测原始汉藏语中就可能有小舌塞音的存在。(5) 论证了上古汉语流音*l-的各种演变。(6) 指出一些谐声现象实际上是反映上古汉语的构形或构词现象，指出上古音的构拟必须与上古的形态研究相结合，进一步建立汉语的历史形态学。(7) 东亚语言的新谱系说 1994 年在中国语言源流国际研讨会上通过词族比较，以及在汉、藏缅、苗瑶、侗台、南亚、南岛之间的历史比较，证明郑张尚芳的华澳语系假说，认为以上几种语言构成一个更大的语系。

在音变理论方面：

1. 从地理视时还原历史真时吸取了 Labov 教授关于语言视时（apparent time）的概念，提出地理视时图。吸取了 Ohala 教授关于自然音变的语音解释，提出了音变链形的概念。提出了从地理视时还原历史真时的方法，并以此来弥补历史比较法不确定性的缺陷。2. 汉语的历史层次研究，是近年来汉语研究的另一个热点，他提出的语言由于不断地接触与借用所产生的历史层次中，分为本体层次与外借层次，本体层次由于演变速度不同发生词汇扩散现象，产生了主体层次、超前层次与滞后层次。音变规则是区分本体层次与外借层次的主要标准。

在计算语言学方面：

(1) 语言田野调查系统为教育部有声语言数据库的建设而设计了专用软件。(2) 汉语方言计算机处理系统把计算机技术全面运用于汉语方言的调查与分析，也广泛地为民族语言学界用于汉语借词的研究。(3) 汉语方言地理信息系统平台建设这个项目的完成将改变方言研究的格局，给汉语方言学和民族语与新的类型学与历史语言学提供一个新的研究平台。(4) 国际音标及东亚多语输入法在国内港台与日本广泛使用。此外，还提供了藏文、缅甸文、泰文、柬埔寨文、傣仂文、傣德文、傣担文、傣那文、韩文、孟文、日文、凉山彝文、八思巴文、越南文、老挝文等文字的转写输入法，只要用语言学界通用的各种文字的转写输入即可，从而为东亚语言的材料处理提供了重要的工具。(5) 大规模的东亚语言数据库已经建立了 1000 多个汉语方言数据库，近 300 个民族语数据库。这些数据库通过他们设计的语言分析软件，将会大大促进东亚比较语言学的发展。

潘源洞（1931—）壮族，广西南宁市武鸣县人，大专学历，高级讲师，1956 年毕业于中央民族大学语文系。毕业后临时分配到中国科学院少数民族语言研究所，跟随语言学家袁家骅教授到贵州省作民族语言调查工作。在惠水县对布依族语言记录了 3000 多个基本词的材料。经过科学研究与分析，写出《惠水县布依语言调查报告》一份，为创造布依文提供材料。1957 年参加贵州省布依族苗族语言文字科学讨论会，会议制订了布依族文字方案，随后被分配到贵州省语言文字工作委员会，参加编写布依文小学课本工作。1958 年调到广西壮文工作委员会研究室。期间，曾与苏联专家莫斯卡廖夫合编《壮语构词法》一书稿。

1960 年后，先后调到广西壮文学校、武鸣灵马中学、武鸣锣圩高中，担任教育学、汉语文、壮汉语法等学科的教学。曾两次出席广西壮族自治区壮文工作先进集体、先进个人表彰大会。2004 年荣获中国译协民族语文翻译委员会授予优秀翻译工作者荣誉证书。1985—1993 年，受聘于中央民族大学在广西办的壮文大专班，任该班班主任，兼讲授壮汉修辞学、壮语文等课程。

撰写的论文有：《小学汉文速成课本》、《浅谈壮语描声绘色的表意功能》、《试说壮语法教学》、《壮语趣谈》（合著）、《壮汉语法讲义》、《壮语语法》（合著）、翻译《初中语文第三册》、《壮语构词法》（合著）等。

潘振宇 （1932—）安徽泾县人。原中央民族学院少数民族语言文学二系汉语教研室主任、教授、中国少数民族双语教学研究会理事。1955年毕业于中央民族学院民语系维吾尔语言文学专业，后留校任教。在对维吾尔族学生进行汉语教学的同时，从事汉语同维吾尔语的语法对比及汉语教学法的研究。认为汉、维语分属两个不同的语系，要进行二者的对比研究，不能只按照目前一般汉语语法体系来进行，要针对两种语言的特点、语法范畴和语法结构进行探索。也不能只在理论的圈子内，要考虑应用的问题。关于汉语教学法，既有具体的教学方法，又有指导教学的理论，是一门学科。汉语教学法是一门学科，它研究对非汉语学生的汉语教学规律。对非汉语学生的汉语教学要以语言技能的训练为主。数十年来，他在致力于对维族学生进行汉语教学，做出了应有的成绩。已出版的专著有：《基础汉语》（上下册，与陈其光合著，维吾尔文翻译，新疆人民出版社1981）、《汉语读本》（上下册，与王德温合著，维吾尔文翻译，新疆人民出版社1987）。已发表论文有：《怎样针对维族学汉语的特点进行教学》（与陈其光合写，《中央民族学院学报》1980年第1期）、《汉语和维语数词的对比》（《民族语文》1983年第2期）、《汉、维语疑问代词对比》（《中央民族学院学报》1987年第5期）等。

潘正云 （1956—）彝族，四川省冕宁县人，1978年春考入西南民族学院语文系彝语言文学专业，1982年初毕业留校任教，大学本科，1983年9月—1984年7月在北京大学中文系进修语言理论。1999年9月—2000年7月在北京大学中文系做访问学者。2002年10月晋升为教授，先后担任过教研室主任、系副主任、代理系主任等职务，现任西南民族大学学生工作部正处级调研员。社会兼职：四川省民族语言学会理事，四川省彝学会常务理事，四川省中小学彝文教材审查委员会委员。

参加编纂：《彝族民间故事选》，四川民族出版社，1986年9月；《汉彝语典》，1990年获省政府一等奖；《彝文字典》，1992年获省政府三等奖；《彝语概论》；《彝语大词典》，1999年获省政府一等奖；《彝族人物录》；《彝汉大词典》；《实行双语教学、建设重点学科、培养合格加特色的复合型双语人才》，2000年度获四川省第四届普通高等学校教学成果二等奖。

先后在《西南民族大学学报》、《贵州民族研究》、《民族语文》等刊物上发表学术论文《完善〈彝文规范方案〉之我见》、《凉山彝族女童教育存在的问题及对策建议》、《凉山彝族人名命名特点及文化内涵》、《凉山彝族酒文化探析》、《彝文文献翻译的历史与现状》、《冕宁方言与喜德语音对应规律》、《彝语北部方言声调变化规律及其语法关系》、《彝语阿都话唇软颚复辅音声母比较研究》等30多篇学术论文，其代表作为《彝语阿都话唇软颚复辅音声母比较研究》，该文利用历史比较语言学的理论和方法，将彝语北部方南部次方言东部土语阿都话唇软颚复辅音声母（舌根音和双唇音结合的复辅音声母）kp、kpʰ、gb、ŋgb、ŋm与北部次方言喜德话、义诺土语峨边话、田地土语甘洛话的读法作比较研究，认为阿都话的这一套复辅音声母是彝语方言中较为原始的声母。

彭秀模 （1921—）土家族，湖南永顺人，湖南师范学院语言文学系副教授。1948年毕业于原国立中央大学语言文学系，1950年任湖南省永顺师范学校语文教员，1956年调湖南师范学院中文系主持湖南省汉语方言普查工作,教授《古代汉语》课程。1962 年被聘为湖南师院中文系古代汉语讲师。1964 年借调吉首大学中文系,教《古代汉语》课程,任民族研究室主任,1979 年被评为副教授。1983 年任全国政协六届委员会常务委员,1985 年任湖南省语言文字委员会顾问。自 50 年代起,从事古汉语和汉语方言研究,以后又从事土家语研究,设计了《土家语拼音方案》(草案),进行了"土家·汉语言文字教学接龙实验",为操土家语地区儿童学习汉语文作探索。主要论著有《湖南省汉语方言普查报告》(合著)、《湖南人怎样学习普通话》(合著)、《土家语简志》(合著)、《土家语拼音方案(草案)》(合作)、《土家语的语音流变》(合作)、《土家语动词情貌》(合作)、《土家语四音格联绵词》(合作)、《土家语概况》(合作)、《〈诗〉"采采卷耳"解》、《"奥野何其人也"句法辨证》、《制定〈土家语拼音方案〉的缘起和经过》(合作),出版旧体诗集《棠棣集》(合作)等。

普学旺 (1962—)彝族,云南新平县人,大学。现任云南省少数民族古籍整理出版规划办公室主任,译审;兼任云南民族大学教授,硕士研究生导师。1996 年获得"云南省有突出贡献优秀专业技术人才"称号,2006 年获得云南省"德艺双馨文艺家"称号。

长期致力于少数民族古籍的翻译整理出版和抢救保护工作,从 1984 年开始,先后独立或合作翻译出版《查诗拉书》、《洪水泛滥》、《彝族创世史》、《彝族爱情叙事长诗》、《祭龙经》、《彝族原始宗教绘画》(上下册)等少数民族古籍,译著成果 200 余万字;主编《云南民族古籍丛书》中的《万物的起源》、《祭天古歌》(上下册)、《大理历代名碑》、《哈尼族礼仪习俗歌》(上下册)、《尸语故事》、《苗族指路经》(上下册)、《求取占卜经》、《沙萨纳芒鉴》、《景颇族传统祭词译注》、《云南回族人物碑传精选》(上下册)等,担任《中国少数民族古籍总目提要》云南各民族卷主编,主持编撰出版《中国少数民族古籍总目提要》大型套书中的《纳西族卷》、《白族卷》、《哈尼族卷》,并组织百余位各民族专家学者编撰出版《云南民族口传非物质文化遗产总目提要》,此书将云南 26 个民族长期流传于民间的 19600 余种口传非物质文化遗产按目录学方法写成提要作全面系统介绍,分为《神话传说卷》(上下)、《民间故事卷》(上下)、《史诗歌谣卷》(上下)出版这是我国第一部区域性民间口传文化遗产目录巨著,为少数民族民间文化遗产的深入研究和抢救保护作出了贡献。

对少数民族古籍怀有深厚的情感,自 1997 年担任云南省少数民族古籍整理出版规划办公室主任以来,先后百余次深入民间征集抢救少数民族古籍,至 2008 年,主持抢救少数民族古籍 5000 余册(卷),抢救民间古代书画 1000 余幅,在云南建立了初具规模的第一个少数民族古籍资料库。

注重对西南各民族民间文化材料的收集和纵横比较研究,利用藏缅语族中彝、纳西等民族崇尚黑色和白、羌、藏、普米等民族崇尚白色的大量文学材料,撰写出版了《中国黑白崇拜文化》,提出了一系列新见解,认为黑、白崇拜分别起源于中华先民古羌部族的母系生殖崇拜文化和父系生殖崇拜文化,黑色是母系文化的表征,白色是父系文化的代名词,黑白崇拜文化是太极图之渊薮,列于三皇之首的伏羲是白石神,禹洪水神话是中华先民母系文化与父系文化的交替过程中所发生的"人类历史上的最激进的革命"的缩影。结合黑白崇拜文化,他认为,彝、纳西等族自称"谱苏"、"纳西"之原意为"黑人",而普米、羌、白、土家等族自称和中国古代的巴人、僰人、骠人、白马等民族称谓均有"白人"的含义,为藏缅语族各民族自称和历史研究提供了重要线索。

其学术论文《论社祭的起源及其对中华传统文化的影响》、《论太极图起源于性交合崇拜》、《从石头崇拜看"支格阿龙"的本来面目——兼谈中国龙的起源》等。其译著、论著和主编成果多次获得云南省文化艺术创优秀成果一等奖、二等奖、三等奖，云南省哲学社会科学优秀成果一等奖、二等奖、三等奖，中国民族图书二等奖、三等奖，云南省优秀图书一等奖等奖项。

普忠良（彝名：普驰达岭） （1968—）
彝族，生于云南省昆明市禄劝彝族苗族自治县。1993年7月毕业于西南民族大学（原西南民族学院）民族语言文学系彝族语言文学专业（本科），获文学学士学位。1993年7月底进入中国社会科学院民族研究所工作。现为中国社会科学院民族学与人类学研究所《民族语文》编辑部副编审，兼任《中国民族研究年鉴》副编审、彝族人网（www.yizuren.com）总编，《大西南月刊》首席编辑，中国边缘诗刊《独立》编委。

已公开出版《西南村落双语研究》、《五六一文化工程民族知识读本——彝族（卷）》、《国家、民族与语言——语言政策国别研究》（研究文集，合著），中国社会科学院基础研究项目：《中国少数民族分布图集》（工具书，合著）、《中国少数民族风土游丛书：彝族（卷）》（合著）、《中国少数民族饮食文化荟萃》（合著）、《国外语言政策与语言规划》（合作译著）、《中国56个民族文化丛书：彝族卷》。发表学术论文《彝族自称与彝语氏族地名》、《彝族毕摩祭祀词研究》、《彝语 ndhe[21]（甸）构成的地名及其文化内涵》、《彝族六祖之"乍部"地名考释》、《文化认同与心灵归一：彝学走进人民大会堂》、《文化认同与心灵归一：彝学走进人民大会堂》、《滇中禄武彝区传教士创制柏格里文式彝文的使用与影响》、《彝族社会语言学研究概况述略》、《〈民族语文〉创刊20周年暨第六次学术交流会综述》、《语言接触与语言比较研讨会综述》、《语言接触与语言比较研讨会综述》、《南方民族语言与文化研讨会综述》、《我国濒危语言问题研讨会综述》、《中国少数民族语言结构与类型研究国际学术研讨会综述》、《中国少数民族双语教学研究会第十次全国学术研讨综述》、《纪念傅懋勣先生百年诞辰暨学术研讨会综述》、《首届古彝文化与三星堆文化探源学术会议述略》等50多篇。长诗《七月的荣光》2011年。《临水的翅膀》（诗集）、《文字在思考中站立——读海讯散文诗集〈海天密语〉》（文学评论）等等。

祁德川 （1960—）景颇族，云南省德宏州陇川县人。云南省少数民族语文指导工作委员会调研科科长、研究员。1980—1985年7月就读于云南民族学院（现为云南民族大学）民语系，毕业后分配到云南省少数民族语文指导工作委员会工作至今。长期从事民族语言文字、民汉双语文教学、民族文字社会扫盲、民族文字科普推广、民风民俗等的研究和教学工作。多年来，为多掌握第一手资料，坚持开展民族语言调查研究工作。从1985年到现在，已深入民族聚居区调查研究，先后写出了调查报告、论文40多篇。积极参与人才培养工作。从1985年以来，先后参与培训了民族语文干部、师资培训班25期，750多名学员。为全面推动全省各少数民族文字扫盲工作，分别参与组织在昆明的景颇、傈僳、苗、白等民族职工及子女的学习，先后开办了景颇文、载瓦文、傈僳文、苗文、白文等5个民族文字夜校班，培训学员350人。还深入德宏、临沧、西双版纳等地区开展民族文字社会扫盲工作，先后举办了21个班，280人。发挥民文优势，积极参与科普推广工作。推动一些地州县乡镇的民族文化技术学校积极走民族语文与科技培训相结合的道路，先后开办了科技培训班26期，780人，有效地促进了民族地区农村实用技术的推广。长期坚持开展民汉双语文教学实验工作。自1982年以来，云南省民语委结合云南多民族、多语言、多文字，特别是全省650万少数民族还不通汉语的实际，在部分地区开办了12个文种的14所民汉双语文教学实验点。为了使理论指导实践工作，参与了实验学校的跟踪指导、管理和研究工作。经过长时间的深入研究，基本摸清了云南民族教育的基本情况，为制定云南民族教育，特别是制定民汉双语双文教学的方针政策提供了理论依据。

长期以来，参与完成了国家民委重点文化建设项目《民族文化大观》、国家八五重点项目《中国少数民族大辞典景颇族卷》、云南省八五重点项目《云南省志·景颇族语言文字》等的撰写任务。撰写并出版了专著《景颇族支系语言文字》、《景颇族风情》、《景颇语文概论》、《云南民汉双语文教学理论与实践研究》。翻译出版了译著《科技小常识》。与他人合作编译出版了《瑶族语文》、"中英艾滋病性病合作项目"《从这里开始——迎接艾滋病挑战》。主编了《一个世纪的探索——景颇文创制使用一百周年论文集》。参与主编了（任副主编）《云南民族语言文字现状调查研究》、《双语现象与双语文教育》两本书。

在省内外公开或内部刊物上先后发表了《浅谈怒族柔若语语支系属问题》、《浅谈独龙语语支归属问题》、《试谈云南民汉双语文教学类型及形式》、《景颇族董萨文化研究》、《民族语言文字怎样才能更好地在旅游业中发挥作用》、《怒族最后一个"于古苏"》、《建设民族文化大省与保护抢救民族语言文字》、《开展白汉双语文教学法探索民族教育新路》、《云南省民汉双语文教育的发展及其面临问题与对策》、《探讨民汉双语教学最佳模式》、《密林深处的独龙族》、《独龙族妇女纹面习俗》、《景颇族最珍贵文化遗产——目瑙斋瓦》、《景颇族董萨文化面面观》、《瑙双、瑙巴及目瑙示栋释义》、《试谈正确处理民语文与汉语文关系》、《试论傈僳族统一使用一种文字》、《关于景颇语"中国"一词的规范》、《试行载瓦文是景颇族人民的愿望》、《浅谈景颇语与载瓦语句尾词》、《论一个民族使用多种文字》、《西双版纳新老傣文反复现象探究》、《让景颇文更好服务于景颇族人民》、《关于苗语文工作的几点意见》等50多篇论文。

由于工作业绩突出，1997年荣获"吴玉章奖金语言文字学优秀奖"，2002年获中国少数民族双语教学研究会颁发的论文二等奖，2002年获全国教育科学"十五"规划教育部规划总课题组颁发的论文一等奖，1996年荣获"中华扫盲奖"，2002年荣获云南省人民政府颁发的"云南省有突出贡献优秀专业技术人才"奖，2007年获第十二次全国民族语文翻译学术研讨会论文三等奖。在民族语文界和景颇族中有一定的声誉。

钦饶威色 （1927—）藏族，四川甘孜藏族自治州道孚县人。西藏自治区社会科学院副院长、研究员，兼中央民族学院教授、西南民族学院教授。

从小学习藏文，12岁进四川德格竹庆寺学习藏文典籍。先后在拉萨西藏军区干部学校和西藏地区干部学校担任藏语文教学工作。1959—1963年、1978—1985年在《藏汉大辞典》编写组工作，是三名藏文主笔之一。

30多年来他一直从事藏语文的教学和研究工作，多次应邀到中央民族学院和西南民族学院讲学。1979年所著《藏文动词释难》，主要论述藏语动词的各种语法范畴，是在传统文法的基础上，吸收前人的研究成果，结合现代藏语的实际写出来的。这本书除充实和丰富了前人的一些论述外，还作了如下几点新的探索：一、藏语动词的分类，还应该再分的细一些。二、传统藏文关于施动者（主语）和施动工具或方式（状语）也可以分得再细一些。三、一些表明事物特点的词（如形容词）在一定的语言环境下，何以转化成动词。四、对"类格助词"的各种用法做了明确的阐述。在1986年撰写了《三十颂详解》一书，在书中有诸多新的看法。钦饶威色之所以能获得这些研究成果，同他熟悉藏区三大方言是密不可分的。这给他研究藏族语言文字，特别是藏文文法带来有利的条件。

覃凤余 （1966—）女，壮族，广西柳江县人，广西大学文学院教授。早期研究现代汉语，近年转而研究民族语言。覃凤余开展壮语方言和汉语方言的语法研究有所突破。在专著《南宁白话研究》中专门从事语法章的撰写，并承担《南宁市志》中南宁白话的语法描写。而她的《壮语方位词》等是汉语方言语法和壮语方言语法结合研究的范例。2008 年获批的"广西壮语、汉语方言语法语料库"课题，从语言类型学的视角和语法化的理论入手调查广西若干个壮语方言和汉语方言的语法系统，并对此作出描写。在壮语地名的语言文化研究方面，覃凤余收集了广西 24 个壮族聚居的县市壮语地名近 4 万条，制成数据库，2005 年获批了科研项目"广西地名数据库"。在此基础上发表了系列论文和专著《壮语地名的语言与文化》。其学术价值在：一、材料上，有定量统计的基础，使分析的结论有很高的可信度；二、方法上有创新。以往的研究多囿于历史与文化方面的阐述，缺乏语言学方面的视角。而此书始终以语言学方法为核心，结合地名学、历史地理学等多学科的方法，对壮语地名做全面系统的梳理，清理其语言与文化方面的线索和内涵。此书受到国内外专家的好评，获 2008 年广西社科成果三等奖。

覃国生 （1937—）壮族，广西柳江县（现归柳州市）人。1961 年中央民族学院语文系就读，毕业后分配到中国科学院少数民族研究所（后改为中国社会科学院民族研究所），从事语言研究工作，获助理研究员职称。曾任该所民族关系研究室学术秘书，《民族研究动态》兼职编辑。1984 年 8 月调广西民族学院（现为广西民族大学）中文系（现为文学院）任教。先后担任过壮语教研室主任、民族语言文化系副主任、广西民族大学学术委员会委员。获副教授、教授职称、硕士生导师。给本科生教授过"壮语"、"壮语方言概论"、"语言学概论"、"壮族传统文化与现代化建设"、"壮族古籍概要"，给硕士生讲授过"侗台语族概论"、"对比语言学概论"、"中国语言学史"、"语言调查"等主修或选修课程。兼任过广西民族语言学会副会长，广西语言学会副会长、会长、广西壮学学会理事，中国民族语言学会理事，中国少数民族双语教学研究会理事。1986—2000 年与泰国朱拉隆功大学的巴尼教授（博士）等合作研究壮泰文化。1994 年主持国家教育部世界银行贷款"师范教育发展项目 JG035 号课题：关于培养教师壮汉双语能力，提高壮族地区初中教学质量的研究"，获得"世行贷款项目"全国二等奖。1986 年和 1997 年两次被广西教育厅、广西民委、广西民语委联署授予"广西推广壮文先进个人"称号。2007 年 3 月退休。现为广西语言学会名誉会长，中国少数民族双语教学研究会常务理事，广西壮学学会顾问，广西《壮学丛书》编委。正在主持《广西壮语地名集》大型资料的编辑工作，有《老挝语—壮语共时比较研究》一书正在送审待出版。

在研究和教学方面的主要业绩有：《壮语简志》（第二作者）集体荣获中国社会科学院优秀成果奖；《壮族》（第一作者），获广西民族研究学会一等奖；《壮语方言概论》，获广西社联三等奖；《壮语概论》（第一作者）；《关于提高壮族地区初中教学质量论文集》（主编主笔）获中国少数民族双语教学研究会一等奖；《广西少数民族语言志·壮语》、《壮族经布洛陀影印译注》。主要论文：《柳江壮语动词形容词的后附成分》、《柳江壮语调查》（获广西社联三等奖）、《关于方块壮字》、《平乐壮语调查》、《利用语言材料说明壮侗诸族的几个历史问题》、《陕西壮族调查记》第 25—31 期连载、《壮语使用情况和壮汉双语教学》、《谈谈壮语书面语新词术语的规范问题》、《东兴市高栏人语言调查研究》、《论壮—老挝特殊的双语教学》、《汉语方言对壮语的影响》、《壮—老挝谚语初步比较》、《语言与民族互动的关系》、《科学发展观与民汉双语教学》、《壮语—老挝语量词共时比较》、《西部大开发中广西语言文字问题》、《广西的壮汉双语教育问题》。

此外还发表过散文、诗歌、杂谈、评论、译作等：《奇山秀水话壮家》（合作）；《猫和老虎做朋友》（《动物故事选》）；《壮族的民间桃符》；《畅游花山话花山》；《贺诗》（壮文诗，1986）；《母鸡播种》（壮文译文）；《光辉的业绩》（壮文述评）；《春颂》（汉文诗）；《我的壮文情》（获《广西民族报》壮文征文一等奖）；《立信心、做实事、争前途》（获《广西民族报》壮文征文二等奖）；《永不忘却的记忆》等。

覃祥周 （1963—）壮族，广西东兰县人，研究生学历，现任广西《三月三》杂志社副总编辑、副编审。主要业绩：1985年7月，以优异的成绩毕业于广西壮文学校壮语专业，分配到河池地区巴马民族师范学校当壮文教师。在巴马民师干了十几年，其壮文教学相当成功。表现在后期的教学中，不仅壮族学生学习壮文，就连汉族、瑶族、毛南族、仫佬族、侗族、水族、苗族、布依族等学生也积极参加学习壮文，教职工中就有40多人参加学习。那时的喜人气象，引来了广西壮校、百色民师、南宁民师等校派人到巴马民师学习取经。《河池日报》、《广西日报》、广西电视台等媒体报道了巴马民师开展壮文教学的成功经验。全国政协民委调查组到巴马民师调研时，对巴马民师的壮文教学给予了充分的肯定。覃祥周在搞好壮文教学的同时，还利用业余时间创办壮文写作兴趣小组，培养壮文文学新人。他辅导过的学生先后在《民族文学》、《民间文学》、《三月三》、《广西民族报》、《河池日报》等报刊上发表壮、汉文作品多达500余篇。其中，环江籍学生卢学问写的壮文作品《颂云》经他修改后，刊登在《三月三》（壮文版），后被译成汉文刊登在中国作家协会主办的《民族文学》杂志上，引起了较大的反响。东兰籍学生韦礼岩写的壮文作品《猴子学医》、都安籍学生韦俊农写的壮文作品《Goj Mbungqmbwt》经他修改后刊登在《广西民族报》上，后被选入中央民族大学的壮文教材《汉壮双向翻译技法》一书（民族出版社，1996）。覃祥周教过的学生3000余人，这些学生掌握了壮文，毕业后有的当上壮文教师，大部分成了当地壮汉双语教学的骨干。

2002年7月，组织调他到广西《三月三》杂志社，从事壮文版杂志的编辑工作。他到新的工作岗位后，团结同志，锐意改革，不断开拓进取，所负责的《三月三》壮文版的工作搞得有声有色。他担任分管壮文版的副总编辑后，编辑壮文稿件90万字以上，复审终审稿件200多万字。他配合社长、总编对刊物的版式和栏目进行调整，抓质量，抓发行，使刊物可读性更强。《三月三》壮文版最高时期的发行量为5500多册，除国内发行外，国外的美国、日本、泰国、越南、澳大利亚、韩国和我国香港、台湾地区均有订户。同时，《三月三》壮文版还受到许多外国学者的关注。

这些年来，覃祥周还悉心进行壮文文学创作和民族民间文化学术研究。先后在《人民日报》、《民族文学》、《中国教育报》、《中国民族报》、《广西日报》、《广西民族报》、《三月三》等报刊上发表各类文章700多篇，其论文或作品多次获省级以上奖励。其中，他的论文《影视艺术的创新与突破》在《人民日报》发表后，荣获中宣部文艺局和人民日报文艺部联合举办的"五个一"工程获奖作品评论征文三等奖。论文《试探壮语词汇的发展趋势》获广西少数民族语文学会优秀成果奖。他的壮文文学《父亲·儿心》获广西首届壮文作品大赛三等奖；叙事民歌《歌唱模范韦造祥》获广西国际民歌节优秀民歌奖；壮文作品《美丽的椰树林》获壮族作家创作促进会颁发的首届"金地杯"壮语文学奖。1993年，广西区教育厅邀请他参加编写中师壮文教材《语音与文选》和《语法与翻译》，这两本教材已出版，作为南宁、百色、桂林及巴马四所民族师范的试用教材。他参加整理和翻译的《壮族么经布洛陀影印译注》（八卷）出版后，在北京人民大会堂举行首发式,此书后获得自治区人民政府颁发的文艺创作铜鼓奖。与人合作编写的大学壮语文专业教材《壮语基础教程》(国家"211"工程系列教材之一)已交给中央民族大学出版社出版。2003年10月,广西电视台特邀他参加42集电视连续剧《射雕英雄传》的壮文翻译和壮语配音工作,他以娴熟的壮文功底和流利的壮语标准语担任多个角色的翻译和配音,后来成为该剧的主要配音演员之一。该剧在广西电视台播出两次,深受广大观众的欢迎,后来获得2006年全国民族语电视节目译制片类金奖(中国民族影视艺术发展促进会颁发)。

覃祥周于1986年被评为广西推广壮文先进个人,1994年广西山歌学会授予其"广西民间歌王"称号,同年被评为广西优秀民间文艺家,1998年被评为"河池地区十大杰出青年"。覃祥周擅长壮语山歌,2001年9月,在"九月唱丰收——广西农村山歌会"上,他被区党委宣传部、区文化厅、区文联、广西电视台等单位评为"优秀歌师"。2006年1月9日,《广西日报》以《南宁有位山歌王》为题,浓墨重彩地报道了他传唱壮族山歌的感人场面和一桩桩动人的事迹。香港《文汇报》、《大公报》也曾报道他在香港演唱壮族山歌的喜人场面,并称他为"壮族诗人"。覃祥周的壮文研究和民族民间文化活动,曾经引起大洋彼岸语言文化专家的兴趣。美国加州大学教授理查德·哈伦斯帕曾不远万里三次远渡重洋来到壮乡向他求学壮文、学唱壮族山歌和研究壮族文化。覃祥周现在是中国民间文艺家协会会员、广西民间文艺家协会理事、广西作家协会会员、广西少数民族语文学会副会长,同时担任广西山歌学会副会长和省级山歌比赛评委。由于他在壮文方面出类拔萃,曾多次被邀请到北京参加全国人大、全国政协"两会"文件的壮文翻译工作,还先后被邀请到北京、新疆、内蒙古、香港等地和俄罗斯、泰国、越南等国参加学术会议或进行讲学活动。2006年5月,应泰国玛希隆大学的邀请,到泰国讲授了壮族语言文化并介绍《三月三》壮文版的

情况,引起了强烈的反响。2006年3月,中央电视台记者专程采访了他。后来,他还受中央电视台之邀,担任《传奇中国节——放歌三月三》大型电视片的民歌顾问。2006年6月,他受邀为"国家985工程"课题外聘专家,与中央民族大学的专家学者一起参加国家重点建设项目——民族语言与民族教育的调查工作,负责收集调查资料和编纂调查报告等。

覃晓航 (1954—2012)壮族,广西马山县人。中央民族大学教授,博士,博士生导师。中央民族大学中国少数民族语言研究所所长。国家社会科学基金初审专家;教育部哲学社会科学研究项目初审专家;国家社会科学基金项目成果鉴定专家;国家民委高级技术职务评定委员会委员。北京市高校学科带头人,北京市高校优秀骨干教师。泰国玛希隆大学博士后、特聘教授、学位委员会委员。

1978年9月—1982年7月,广西民族大学中文(学士)专业;1984年9月—1987年7月,中央民族大学中国少数民族语言文学(硕士)专业;2003年9月—2006年6月,中央民族大学中国少数民族语言文学(博士)专业。工作经历:1982年9月—1984年9月,广西语委研究人员;1987至今,中央民族大学教授、系负责人、所长;2001—2002年,住泰国玛希隆大学特聘教授,学位委员会委员,两校联络官。

覃晓航主要从事汉藏语特别是壮侗语的研究,同时,也涉及汉语、壮侗语与南亚语关系的研究,已发表学术论文116篇,大部分发表在核心期刊上,8篇发表在国内权威期刊上,16篇(其中1本学术著作)发表在国外权威期刊上,并被哈佛、剑桥、哥伦比亚等大学收录,在国外相关学术领域产生了重要影响,有些被国际著名索引SSCI和A&HCI收录,引起了国外学者的注目。此外,在国内发表的许多论文也获得省部委级以上优秀成果奖。共出版了9本学术著作,并分获北京市第三、第四届哲学

社会科学优秀成果奖前二名。另一类有关古越人族称物名语源探索的著作不仅被语言学家冠以"独树一帜"的称号,也被史学界视为颇具特色的跨学科的成果。他的新作《方块壮字研究》和《侗台语语源探索》受到国内外学术界的称誉,如原广西壮族自治区副主席张声震,原中央民族大学副校长梁庭望,民族出版社副总编黄凤显军均认为《方块壮字研究》一书是开拓创新、超越前人的杰作。中国社科院语言学家欧阳觉亚先生、黄行先生,清华大学著名古文学家赵丽明先生,中央民族大学语言学家戴庆厦先生、张公瑾先生也都给此书予以高度的评价。数十家中央和地方媒体亦纷纷发表评论,堪称集研究方块壮字之大成,该书相继流传到澳洲、荷兰、法国、美国、英国、日本以及东南亚各国,成为国外学者的重要参考文献。

覃晓航多次主持过国家自然科学基金项目、国家社科基金项目、教育部后期资助项目、国家985工程子课题、国际合作项目、北京市精品教材项目、"211 工程"第 3 期语言类研究项目等高层次的科研工作。

主要成果(论文):《台语送气塞音和舌面鼻音擦音化规律》、《南丹话元音双化的条件》、《壮语特有补语类型研究》、《壮文教育史略》、《侗台语族谱系分类史略》、《从壮语 b、d 的多元变体看语触音变规律》、《关于壮语量词的词头化》、《壮族古代汉文教育的源流》、《壮语动词语法化探因》、《西阳话形容词的使动用法》、《方块壮字研究史略》、《壮语量词来源的主渠道》、《广西太平府属土州县司译语考方言字词研究》、《方块壮字经久不绝却难成通行文字的原因》、《"仆鉴""独力"语源考》、《语言通行域与多语者的产生》。另有 7 篇英文稿发表在国外的 Mon - Khmer Studies 和 Journal of Chinese Linguistics,等杂志上。已出版专著:《现代壮汉语比较语法》(与张元生合作)、《岭南古越人名称文化探源》、《现代壮语》、《壮语特殊语法现象研究》、《汉壮语双向翻译技法》、《壮语词汇研究》、《侗台语语源探索》、《方块壮字研究》。另外,《壮傣语支语法类型研究》、《侗台语族语言研究》将于 2012年出版。

青格乐图 (1964—)蒙古族,内蒙古科左后旗人,博士,内蒙古师范大学蒙古学学院副院长,教授。1990—1993 年在内蒙古师范大学蒙古语言文学研究所攻读硕士学位,以《蒙古语语气词的修辞功能》的学位论文获得了硕士学位。毕业后留校工作。在这期间先后发表了《蒙古语数词的修辞功能》《关于蒙古语修辞格的定义与分类》《蒙古语句式的修辞功能》等关于蒙古语修辞学的论文十几篇。1996—2000 年在内蒙古大学在职攻读博士学位,以《面向信息处理的蒙古语固定词组研究》的学位论文获得了文学博士学位。从那以后,主要研究方向转向为蒙古文信息处理。现任中国蒙古语文学会副秘书长兼学术委员,蒙古文信息处理国家标准化工作组成员,全国民族语言学会会员,内蒙古自治区中小学蒙汉教材研究会副会长,内蒙古自治区中小学教学研究会副会长。

在区内外学术刊物上发表了《辨析蒙古语名动结构复合词问题》载《民族语文》2000 年第 2 期;《运用实例和规则相结合的方法进行汉蒙机器翻译的探索》载《内蒙古师范大学学报》2004 年第 3 期;《蒙古语复合词语法属性描述》载《内蒙古师范大学学报》2003 年第 4 期;《面向信息处理的蒙古语固定词组界说》载《内蒙古大学学报》(蒙文)2001 年第 3 期等学术论文 40 余篇。出版了《面向信息处理的蒙古语固定词组研究》(蒙文)(内蒙古教育出版社,2001 年)和《现代蒙古语固定短语语法信息词典详解》(内蒙古教育出版社,2005 年)等两部专著,编写出版了教学用书 7 部。

先后主持承担了"蒙古语固定短语语法属性库框架设计"、"现代蒙古语固定短语语法信息词典的建立及调试"等两项国家社科项目,参与完成了《面向政府文献的汉蒙机器翻译辅助系统》、《汉蒙机器翻译系统》等两项国家 863 计划项目,《现代蒙古语语法信息词典框架设计》、《现代蒙古语语法信息词典的建立及调试》等两项国家自然科学基金项目,《对蒙古语语料库的短语标注》国家社科基金项目,《现代蒙古语语料库的更新、扩充和研制新的标记集》国家教育部项目等科研课题。

清格尔泰 （1924—）蒙古族,出生于内蒙古昭乌达盟喀喇沁中旗（今赤峰市宁城县）小城子嘎查。1940 年毕业于呼和浩特蒙古学院。1941—1945 年留学于日本东京善邻高等商业学校预科、东京工业大学及仙台东北帝国大学理学部。1946 年参加教育工作。1946—1949 年,在赤峰内蒙古自治学院、齐齐哈尔内蒙古军政大学任教,并任宣教科长、蒙古语文研究室主任等。1949—1955 年,先后任内蒙古日报记者、内蒙古党委秘书、宣传部编译科长、语文工作处长。1955—1957 年,任内蒙古自治区文改会副主任、全国蒙古语族语言调查队队长、中国科学院少数民族语言研究所副研究员。1957 年至今,先后任内蒙古大学蒙古语言文学系主任、蒙古语文研究所所长。1973—1984 年,任内蒙古大学副校长。1962 年开始招收研究生,1979 年被评为教授,1981 年开始任硕士生导师,1983 年开始任博士生导师。曾任第三、第四届自治区人大代表,第四、第五、第六、第七届全国人大代表,第五届全国人大民族委员会委员,第六、第七届全国人大常务委员会委员、民族委员会委员,第一、第二届国务院学位委员会学科评议组成员。曾任中国语言学会副会长,中国民族语言学会副会长,中国蒙古语文学会名誉理事长。现兼任国际蒙古学协会副主席,匈牙利东方学会荣誉会员,中国民族语言学会阿尔泰分会名誉会长,内蒙古语言学会名誉会长,内蒙古大学蒙古学学院名誉院长。《民族语文》、《西北民族研究》、《阴山学刊》、《蒙古语文》、《满语研究》等学术刊物的编委或顾问。

60 年来发表了有关蒙古语族语言研究方面的论文 70 余篇,主要论文有:《关于蒙古语文工作中的几个问题》（1953）、《中国蒙古语族语言及其方言概述》（1957）、《蒙古语巴林土语的语音和词法》（1959）、《论蒙古语动词》（1960）、《蒙古语语音系统》（1963）、《蒙古语助动词》（1965）、《中国蒙古语方言的划分》（1979）、《关于契丹小字研究》（合著,1977）、《土族语动词特点》（1981）、《满洲语口语语音》（1982）、《关于元音和谐律》（1983）、《关于中国蒙古语族语言及其研究》（1985）、《关于句法结构分析》（1986）、《契丹小字研究的新进展》（1987）、《蒙古语族语言中的音势结构》（1989）、《契丹小字中的动词附加成分》（1992）、《关于汉字的多语言适用性》（1996）、《契丹语和蒙古语的十二支》（1997）、《契丹语数词及契丹小字拼读法》（1997）、《蒙古族与满族的文化联系》（2000）等。

专著、教材、论文集十几部,主要专著为:《蒙文文法》（蒙文版及英文版）,1949 年、1950 年、1963 年；合编《现代蒙古语》（上下册）(1964)；合编《蒙汉词典》（修订版）(1999)；《现代蒙古语语法》（修订版）(1999)；合著《契丹小字研究》(1985)；《土族语话语材料》(1988)；《土族语和蒙古语》(1991)；《蒙古语语法》(1991)；《语言文字论文集》(1997)；《民族研究文集》(1998)；《契丹小字释读问题》(2002)；主编《蒙古学百科全书·语言文字卷》(2004)。

其中一些研究成果先后获全国高等学校人文社会科学优秀成果一等奖、二等奖,内蒙古自治区哲学社会科学优秀成果一等奖,中国蒙古语文学会优秀论文奖,八省区优秀图书荣誉奖,内蒙古大学科技进步特等奖等。获得的其他奖励有:1989 年自治区劳动模范,1989 年全国先进工作者,1993 年乌兰夫奖金（社会科学金奖）,2005 年内蒙古大学蒙古学学院功勋教师,2005 年中国蒙古语文学会功勋学者,2007 年内蒙古大学 50 周年教育成就奖,

2007年内蒙古自治区杰出人才奖。

邱锷峰 （1932—2000）曾用名邱正雄，四川省梁平县人。曾任云南民族学院汉语文系副教授、现代汉语教研室主任、西南修辞学会秘书长、云南省语言学会副秘书长。

1956年毕业于中央民族学院语文系佤语专业，同年参加全国少数民族语言调查第三工作队佤语调查组，任调查组组长。多次深入西盟、沧源等佤族地区进行普查，为佤族制定文字方案搜集了大量材料。参加佤文方案的制订工作。1957年还参加了全国人大组织的少数民族社会历史调查，到西盟佤族自治县调查佤族的社会历史情况，同年被分配到云南省少数民族语文指导工作委员会工作，曾参加佤文试验推行工作。1960年调云南民族学院任教直至去世，先后给本科和研究生讲授过现代汉语、汉藏语言概论等课程。发表的论著主要有：《布朗语简志》（与李道勇、聂锡珍合著）、《佤汉学生词典》（与聂锡珍、余静尔合作）。已发表论文有：《佤语概况》（与李道勇、聂锡珍合写）、《谈谈布朗语的形态变化》（与聂锡珍合写）、《佤族民歌格律》（与聂锡珍合写）等。其中的《布朗语简志》一书颇有创见：①发现布朗语已经产生了声调，改变了前人的看法。②布朗语在孟高棉语族中，形态变化比较丰富，作者把这些形态分为构形形态和构词形态两种。前者由词的内部元音、辅音曲折表示某种语法意义，后者是增加前缀、后缀表示某种词汇意义。该书于1986年获云南省社会科学研究现实问题优秀理论著作四等奖。已发表论文有：《佤语概况》（合作）、《谈谈布朗语的形态变化》（合作）、《佤族民歌格律》（合作）等。

瞿霭堂 （1934—）祖籍江苏常熟，生于上海，中国人民大学中文系教授。1956年毕业于中央民族学院（今中央民族大学）语文系藏语文专业，学习安多藏语；1962—1963年第二次进中央民族学院藏语文专业在职学习拉萨藏语。1956年开始任职于中国社会科学院民族研究所，曾多次赴西藏、青海、四川、甘肃等地，调查和研究嘉戎语、阿里藏语、夏河藏语、夏尔巴藏语、迭布藏语、巴松藏语及藏语卫藏、安多和康方言。1985年以后，开始进行汉藏语言的综合研究和语言理论研究。任中国社会科学院研究生院硕士生导师。兼任华中理工大学中国语言文字研究所研究员，与严学宭先生共同创办《语言研究》，兼任编辑部主任。曾参加1956年的中国少数民族语言普查，中国语言文字使用情况调查和中国语言文字地图集藏语方言图绘制。1988年调入中国人民大学中文系，任教普通语言学、语音学、历史语言学、社会语言学、语言学理论等课程，并担任语言学专业硕士生导师和语音实验室主任，兼任南开大学中文系兼职教授和中国少数民族语言文学博士生指导小组成员以及北京大学外国语学院对比语言学博士生指导小组成员。曾任中国少数民族双语教学研究会常务理事、顾问、中国民族语言学会理事、北京语言学会理事。1999年后担任《西藏自治区志·西藏语言文字志》顾问并编纂。在藏族语言文字、汉藏语言和语言理论研究三个方面均有建树，发表过《藏语的声调及其发展》、《藏语古调值构拟》、《藏语的复辅音》、《藏语韵母的演变》、《藏语动词的屈折形态及其演变》、《汉藏语言的声调》、《汉藏语言的虚词》、《汉藏语言的形态》、《汉藏语言的音系学》、《汉藏语言的共性和类型》、《汉藏语言声调起源研究中的几个理论问题》、《声调起源研究的科学论证方法》、《嘉戎语的方言》、《嘉戎语动词的人称范畴》、《思维·思想和语言》、《语音演变的理论和类型》、《相关语言学构想》等60余篇学术论文，出版著作6部。代表著作有：《阿里藏语》（合著）、《藏语韵母研究》、《藏族的语言和文字》、《汉藏语言研究的理论和方法》（合著）。

却太尔 （1919—）又名阿旺·却太尔，蒙古族，青海湟源县人。西北民族学院少数语言文学系教授、国务院学位委员会第一、第二届学科评议组（中国语言文学组）成员、国家民委学术委员会委员、甘肃省第六届人大常委会委员、省人大民委委员。

早年大学毕业后即从事藏语言文学的研究工作和藏汉、藏蒙翻译工作，并兼佛学研究。1953 年在西北民族学院少语系任教。早期主要研究藏语安多方言口语，在西北民族学院语文系讲授安多口语课并带领学生到青海同仁县甘肃夏河县实习，研究当地藏族群众口语，并用青海同仁县甘肃夏河县藏语口语编写教材、实习手册 10 本，并编写收词 5000 余条的《安多口语词汇》，藏汉对照，铅印成书，供初学藏语者使用。1980 年以后，指导硕士研究生。将藏文名著《贤者喜宴》译成蒙文，供学习研究藏蒙语文者使用。还研究蒙、藏、汉语言的特点，收集大量词汇材料，以便编写三种语言对照的工具书。同时继续翻译《红楼梦》这部文学巨著。已出版专著有：《藏文识字课本》、《藏文古词浅释》、《〈红楼梦〉汉译藏·一至十四回》。已发表论文有：《评颇罗乃传》、《藏文三次厘定》等。

确精扎布 （1931—）蒙古族，内蒙古哲里木盟人。1957 年毕业于中央民族学院语文系语言研究班，先后两次参加全国蒙古语族语言的调查工作，1957 年起在内蒙古大学蒙古语言文学系、蒙古语文研究所工作。内蒙古大学教授、蒙古语文研究所所长、博士生指导教师、中国蒙古语文学会副理事长、中国民族语文学会理事、中国中文信息研究会少数民族专业委员会委员。

确精扎布主要从事蒙古语语法、科尔沁土语、卫拉特方言和托忒蒙文、库库门恰克语、蒙古语文计算机处理等方面的研究。1964 年出版了我国第一部高等院校蒙文教材《现代蒙古语》。他所执笔编写的语法部分对蒙语词类、词组的论述提出了许多新的观点。确精扎布认为，蒙古语语法研究仍然处在"提高可读性，举出若干例子"的没有动态或静态定量分析的模糊阶段。而对语言现象进行动态和静态的定量分析，是使语言研究精密化、数学化的基础。定量分析不仅对描写研究必不可少，而且对语言历史的研究、对语言理论的研究同样也是非常有益的。因此他建立比较完整的"蒙古语文数据库"，从 1983 年开始就利用计算机着手与蒙古语定量分析有关的工作。已编有可以处理老蒙文、托忒蒙文、新蒙文、八思巴文、回鹘体蒙文以及满文、契丹文等多种文字的专门程序，可以上机运用。在这方面发表了几篇论文。已出版的专著有：《现代蒙古语》（上下册，合著，负责编写语法部分，内蒙古人民出版社 1964）、《蒙文和托忒蒙文》（与清格尔泰合作，新疆人民出版社 1976）、《蒙文和托忒蒙文对照词典》（主编，集体编写，新疆人民出版社 1979）、《胡都木蒙文课本》（新疆人民出版社 1987）、《卫拉特方言话语材料》（内蒙古人民出版社 1987）等。已发表的论文有：《关于蒙古语的长元音和短元音》、《关于托忒蒙文的正字法》（集体编写）、《关于蒙古文学语言的音位及其现行标写法》、《关于蒙语辅音》（蒙文，与清格尔泰合作）、《关于卫拉特音位系统》、《关于蒙古语词类》（蒙文）、《有关蒙古语词组的几个问题》（蒙文）、《关于蒙古语基础方言和标准音的几个问题》（蒙文）、《试论库库门恰克语中的蒙语借词（一）》（蒙文）、《科尔沁土语元音音位的某些特点》（蒙文）、《蒙古语语法研究·词的结构》（蒙文）、《蒙古语语法研究·词类》（蒙文）、《从库库门恰克语与蒙古语元音比较看蒙古语语音史的几个问题》、《蒙古语语法研究·领属范畴/名词/形容词/数词》（蒙文）、《蒙古语察哈尔土语元音的实验语音学研究》、《关于察哈尔土语复合元音的几个问题》（蒙文）、《蒙古文国际标准编码诸规则》（合作）等。

热孜婉·阿瓦穆斯林 （1966—）女，新疆哈密人，维吾尔族，硕士，新疆师范大学语言学院副教授,新疆维吾尔自治区人文社科重点研究基地"新疆少数民族双语教育研究中心"成员,硕士研究生导师,新疆大学在读博士。

主要从事维吾尔语言与文化、维汉双语对比、维吾尔语作为第二语言教学的研究。1987年7月毕业于新疆大学中语系汉语专业,获得文学学士学位。1989年9月毕业于新疆大学中语系中国少数民族语言文学专业突厥比较语言学方向研究生,1991年6月获得文学硕士学位。2006—2007年赴莫斯科俄罗斯国立普希金俄语学院做一年的访问学者。1989年9月到新疆师范大学参加工作,先后在原新疆师范大学中语系(1989年9月—2001年3月)、新疆师范大学人文学院中语系(2001年4月—2009年6月)、新疆师范大学语言学院中语系(2009年7月至今)从事教学与科研。主要讲授《语言学概论》、《现代维语》、《维语精读》、《维语阅读》、《维语听说》《翻译理论与实践》等课程。已参加完成新疆自治区规划办青年基金项目《维吾尔语新词语》,2001年已结项。2009年7月已获准立项国家社科基金西部项目《城市化进程中的维吾尔语言变异研究》。参加工作以来在国内公开发行的刊物上已发表学术论文将近20篇。

重要论文有:《论现代维吾尔语熟语》(《语言与翻译》维吾尔文,1994年第2期)。该论文在前人研究的基础上对维吾尔语熟语进行分类,提出从维吾尔语成语中划分出惯用语的观点。并对维吾尔语成语、谚语、惯用语、格言及其特点分别进行较全面的论述;《词义与语境》(《新疆师范大学学报》维吾尔文,1999年第1期)。该文结合维吾尔语教学实践中出现的词义与语境的关系问题,从论述词义及其分类入手,进一步论证了词义与语境密不可分的关系;《维汉语词义的差别在教学中不应忽视》(《语言与翻译》2001年第1期)。论文中谈维汉语是不同的结构体系,在词语的义项、词义的范围、词语形态的语法意义上有着很大的差异,在第二语言教学中必须予以足够的重视;《论语音教学在维吾尔语教学中的重要性》(《新疆师范大学学报》维吾尔文,2007年第1期)。该论文从维吾尔语作为第二语言实践出发,分析语音教学中存在的部分问题,并对维吾尔语语音知识以及发音标准进行较全面的论述,提出语音教学在维吾尔语教学中的重要性;《论现代维吾尔语中新词新语的产生途径》[《新疆师范大学学报》(维吾尔文,2011年第4期]。该论文主要内容:新词新语的大量产生是目前维吾尔语变异的一个典型表现。文章基于对实际语料的分析,认为改革开放城市化进程背景下的维吾尔语新词新语的产生途径虽然会使用传统语言学的造、借、挖等三种方法,但其彼此之间发展不均衡的矛盾却值得进一步深入探讨。

萨班·贡噶坚赞 (1182—1251)藏族学者。生于后藏,1251年卒于青海凉州。本名贡噶坚赞。萨迦是种族名,他赴印度求学,通晓五明后获弟达学位,故号萨迦班弟达,简称萨班。13世纪40年代,他曾至凉州会见蒙古窝阔台汗第二阔端皇太子。有述著20余种。据18世纪成书的《蒙文启蒙诠释》记载,他曾撰写《蒙文启蒙》一书,其中将蒙古文字母分成阳性、阴性和中性三类共44个音节字母。贡噶坚赞把阴、阳性概念首次用于蒙文字母的分类识别上,这是他的一个贡献,但在字母表里未列圆唇元音字母,是一个缺陷。他的名著《萨迦格言》诗集,早在14世纪被译成蒙文,后来18、19世纪几次出版新译本,因此木刻本及手抄本在蒙古族中广为流传。

色·贺其业勒图 (1944—)蒙古族,生于内蒙古通辽市科左后旗。内蒙古民族高等专科学校译审、又被聘任为教授;兼任中国蒙古语文学会代理会长、法人代表,八省区蒙古语文规范化研究中心副主任,中国蒙古语文学会社会语言学专业委员会主任委员、《中国蒙古学》杂志编委会副主任等职务。1961年毕业于内蒙古蒙文专科学校翻译专业，后毕业于中央党校函授学院内蒙古分院。1961年被派往蒙古人民共和国任翻译；1964年在内蒙古人事局、内蒙古人委办公厅翻译处任翻译；1970年在中央人民广播电台民族部蒙语组任编译、记者；1976年在内蒙古语委《蒙古语文》杂志社任副总编、总编；1989年在内蒙古民族高等专科学校任副校长、《蒙古学研究》杂志编委会主任；1998从事项目研究工作。自20世纪70年代末开始系统地研究翻译学、社会语言学及语言政策等相互影响并具有内在联系的重大课题，先后发表了2百多篇论文，出版了《社会语言学导论》、《社会语言学 语言政策》、《翻译学基础理论》、《蒙古语名词工作的回顾与术语翻译研究》、《翻译学概论新纪要》、《翻译学理论教程》、《语言的个人使用研究》、《语言保护理论的定位与语言觉悟》等20多部专著、资料性图书和翻译作品。他是蒙古族翻译家，曾校订世界名著《世界征服者史》（伊郎 志费尼）蒙译稿，曾创办《蒙古语文》（八协办）、《蒙古学研究》（民专）杂志并担任该两个刊物的首任总编辑。近两年来，他承担《八省区蒙古语文规范化研究综合课题》（负责人）、《汉蒙名词术语大词典》（负责人）、《蒙古语术语数据库》（负责人）等国家语委重大项目，现已完成其中的2项。《论语言政策》、《语言的个人使用研究》等曾分获国家级学会一等奖，《翻译学基础理论》获内蒙古社会科学优秀成果二等奖，其他奖项30多个。同行专家与新闻媒体评价他是中国蒙古语言学术界中的社会语言学、语言政策理论研究的开拓者，蒙文翻译理论与翻译方法研究的创新性理论家。其研究特点是讲究课题的系统性、全面性和历史渊源，被称为勤奋而严谨的"多产学者"。曾获内蒙古人民政府颁发的"蒙古语文先进工作者"、"八省区蒙古""语文功勋编辑"称号。

沙马拉毅 （1953—）彝族，西南民族大学党委常委、副校长，民族学专业博士生导师。1971年参加工作，1982年西南民族学院毕业留校任教。1984年任中文系彝语文教研室副主任，1986—1993年任中央民族语文翻译局彝文室副主任、主任。1993年在西南民族大学任教务处处长，2000年任西南民大副校长。1992年评为教授，同年获得国务院政府特殊津贴。1995年任硕士生导师，2000年被授予全国优秀科普工作者称号，2003年被评为博士生导师，2002年被评为四川省学术技术带头人，2003年被评为国家民委突出贡献专家。

担任社会学术职务：中国西南民族研究会副会长；中国民族语言学会副会长；中国中文信息研究学会理事；中国民间文艺家协会副主席；中国少数民族当代文学学会副会长；四川省文联副主席；四川省民间文艺家协会主席；四川省彝学学会常务副会长兼秘书长；四川省少数民族语言文字工作委员会委员；全国彝语术语标准化工作委员会主任；全国高等院校彝汉双语教材编审委员会常务副主任；四川省中、小学彝文教材审定委员会副主任。

主要成果有：发明了计算机彝文系统"沙马拉毅输入法"；先后研制了四项中华人民共和国国家标准：《计算机彝文信息处理标准及国际编码字符集》、《信息交换用彝文编码字符集》、《信息交换用彝文15×16点阵字模集及数据集》、《信息交换用彝文24×24点阵字模集及数据集》。

一项国际标准：《多八位彝文编码字符集》。一项国家专利：《计算机彝文输入码及其键盘》。

主要专著有：《彝汉翻译技巧探微》、《计算机彝文信息处理》、《计算机文化基础》、《彝族文化研究文集》、《彝族文学概论》、《彝族文化论》等多部。主要翻译作品有：《猎村的歌声》、《伊索寓言》、《龙云传》等多部。审定出版的翻译作品有：《毛泽东选集》（第一卷）、《邓小平论文艺》、《共产党宣言》、《共产党章程》、《共青团章程》等。

主要论文有：《计算机彝文信息处理研究与设计》、《规范彝文及其注音符号的电子计算机处理研究》、《彝文信息处理技术的研究前景展望》、《汉彝对照标注词库的建设》、《中国彝族与东南亚各国彝族的比较研究》、《论彝族毕摩文学》、《论彝族谚语》、《中国洞经古乐的源与流》、《现代化背景下的彝族非物质文化遗产保护》、《彝族人名汉译音规范彝族人名汉译音规范》、《计算机彝文信息处理研究述论》、《彝文自动分词系统的设计模型研究》、《Linux 中关于藏文显示的探究》、《面向彝文信息处理的综合语言资源库的研究与建设》、《彝文自动分词系统的设计模型研究》、《Linux 中关于藏文显示的探究》、《彝语文工作法规及彝语文政策的实践》、《彝文规范 30 年，实践与成就》、《规范彝文方案推行 30 年实践效果述评》、《彝语语料库的研究与建设》等多篇。

沙马拉毅长期致力于民族文字信息处理技术方面的研究，为彝语文的现代化、信息化提供有力的技术支撑，让古老的彝文进入了现代化信息时代。研制的"计算机彝文输入法"被应用于计算机彝文激光照排系统，填补了我国少数民族信息处理的一项空白，该成果被王选院士命名为"沙马拉毅输入法"。研制的"中小学汉彝对照电子词典"和"彝文文献全文数据库研究与开发"，填补了国内相关领域的空白。北大方正合作开发的"彝文书版系统"已广泛应用于出版领域。同时，在电子终端设备上取得了初步的成功探索，如彝文手机的成功研制。多项科研成果获得奖励：《计算机彝文输入法》获得"尤里卡世界发明博览会金奖"、《彝文信息处理研究》获得"钱伟长中文信息处理科学技术奖"、《彝语言文学专业的多语言教学与实践》获得"四川省教学成果一等奖"等多项省部级奖励。

佘国华 （1932—）山西次榆县人，曾为云南民族出版社副社长兼总编辑、编审（正高）。1952 年考入北京大学东方语言系，后转入中央民族学院语文系学习景颇语专业，毕业后参加中国少数民族语言调查队第三工作队赴云南调查。1957 年调云南民族出版社工作。1958 年因"现行反革命"、"右派"的错处，在政治上受到长达 21 年不公正的待遇。1979 年 8 月得到平反、改正，落实政策回到云南民族出版社至退休。1993—2002 年被国际文化出版社公司昆明办事处聘为兼职编审。在第三工作队期间曾参与改进原有景颇文的《景颇文字方案（草案）》、《景颇文书写规则（草案）》的制定工作、新景颇文试验教学以及景颇文和汉文对照小词典、成人识字课本、小学课本等的编写工作。在民族出版社工作期间，编辑和翻译景颇文与汉文对照书稿 28 种。编辑各类图书 65 种，其中《民族语文理论政策讲座》、《中国西南民族的历史与文化》、《哀牢山自然保护区综合考察报告集》等 7 种获得省级及西南地区优秀图书一等奖一种、二等奖一种、三等奖五种。负责终审 12 种民族文字稿件共 97 种，其中《藏缅语族语言研究》、《哈尼朵阿玛》、《中国佤族医药》、《车里宣慰世系简史》等 42 种图书分别荣获云南省、北京市及民族图书优秀奖。撰写了关于出版工作的论文 8 篇，如：《论提高民族文字书稿的编审质量》、《结合民族地区实际做好民族出版工作》。被聘为国际文化出版公司昆明办事处编审后，编审出版了《祭坛就是文坛》、《蔡希陶传略》等 22 种。曾分别获得中华人民共和国新闻出版署和云南新闻出版局颁发的作出积极贡献的荣誉证书。

舍那木吉拉 （1930—）蒙古族，生于吉林省套什台村。1941 年随家迁到内蒙古扎赉特旗。1950 年肄业于吉林工科高级职业学校，历任努图克（区）团委书记、市（县级）团委书记、盟（地）团委部长、自治区团委学校工作部副部长等职。1971—1995 年曾任内蒙古自治区人民出版社蒙编部主任、中共内蒙古委员会宣传部研究处处长、内蒙古自治区蒙古语文工作委员会暨八省区蒙古语文工作协作小组办公室（八协办）副主任、主任等职。也曾兼任内蒙古自治区六届政协委员，内蒙古自治区民族理论研究会副会长、自治区蒙古族经济史研究会副会长、中国民族语言研究会常务理事、中国《江格尔》研究会副会长、中国蒙古语文学会副会长、会长，今任该会荣誉会长。

舍那木吉拉是一位社会语言学家，也是学者型的语文行政工作领导人。从事语文工作起重视语言社会调查和研究工作。主持语委、"八协办"工作20多年。语文行政领导机构，既对语言文字工作以政策、法律进行领导、监督的任务，也对语言文字的科研、学术工作进行指导和管理的职责。他从自己工作特点出发，注重社会语言学，特别是宏观社会语言学的研究。即结合我国蒙古族学习、使用语言文字的实践，研究语言与社会、语言与民族、民族语言与主体民族语言的关系和民族语言发展、变化（或叫变异）的规律。他除搜集研究前人和别人积累的资料，更重视语言社会实践的调查。经常深入内蒙古蒙古族聚居、杂居地区，也走遍我国新疆、青海、甘肃、辽宁、吉林、黑龙江等协作省、区蒙古族聚居地区进行语言社会调查，也到广西、云南、贵州和西藏等地考察、学习，进行比较研究。他被邀请赴蒙古、美国进行语言考察。在实际调查、研究的基础上，针对语言实践中的问题，撰写60来篇调查报告、学术论文，发表于省（区）级报刊。其中，有的受到国内有关学术团体和有关部门的奖励。《略论蒙古语文与内蒙古自治区现代化》（1981）一文分别被编入内蒙古民族理论研究社会和中国蒙古语文学会《论文汇编》，并获中国蒙古语文学会优秀论文奖。《蒙古语言文字与我国蒙古民族的智力开发》一文（《内蒙古社会科学》1988年第3期），获内蒙古自治区哲学社会科学评奖委员会三等奖和中国蒙古语文学会优秀论文奖。该论文《增强民族团结、开发民族智力的协作》一文被选入国家哲学社会科学"七五"重点项目之一《中国少数民族语言文字使用和发展的问题》一书之中，该书获中国人民大学吴玉章奖金语言文字学优秀奖。他的晚期学术论文《论制约民族语言发展、变化的三个要素》和《语言政策与语言的发展、变化》，引起理论界、语文界的广泛关注。

他主持"八协办"和内蒙古语委工作期间，参与组织、领导，并完成许多重大的科研项目。在前人工作的基础上，组织全国杰出的蒙古语言学者再次进行社会调查，反复论证，于1979年最终确定了我国蒙古语基础方言、标准音以及蒙古语音标。他以两年多的时间组织、领导各协作省、自治区，特别是内蒙古自治区的蒙古族群众学习、使用蒙古语言文字状况的调查工作，在此基础上将使用蒙古语言分为三类地区，确定"因地制宜、分类指导"的工作方针。他除自己从事社会语言学领域的研究，又竭力为其他研究领域的蒙古语言学者创造良好条件，并将他们的学术理论运用到蒙古语文工作实践。他积极参与筹建并领导中国蒙古语文学会，开展学术活动方面做出重要贡献。自1979年至1999年间该学会召开过八次年会，他主持了六次。在八次年会上与会会员发表论文达800多篇，从中选出优秀论文汇编成《论文集》7部。针对建国以来，蒙古语名词术语审定统一工作情况，重新组织内蒙古自治区蒙古语名词术语委员会，同八省区，蒙古语名词术语委员会合作，实现了审定统一工作的规范化、系列化任务，在20多年中已编辑出版20多部《汉蒙对照名词术语词典》。

舍那木吉拉除翻译和审定汉译蒙或蒙译汉的资料、论文、著作外，还有两部专著。《中国民族语文工作创举》，该书是一部纪事性、学术性著作，翔实地介绍"八协"工作20余年历史实践，充分论述民族语文工作的社会功能，探讨了建国以来蒙古语言文字工作执行政策过程中的经验和学术理论问题。该书具有历史资料和学术价值。《语言与民族智力、社会和谐》是在《语言与智力开发》一书的部分论文的基础上，加编1991—2006年为止的语言社会调查、专题论文编写而成的。这两部著作，集中了舍那木吉拉在社会语言学、特别是宏观社会语言学方面的主要观点。

在社会主义制度下，过去那些受压抑、歧视的民族语言文字,应得到空前发展,这既是受压抑民族感情和自身发展的历史需要,也是社会主义国家制度所决定的。在这个历史时期,具有悠久历史文字的少数民族必须学习,使用民族语言文字,才能迅速开发民族智力,加快缩小同先进民族之间历史遗留下的经济、文化方面事实上的不平等现象。

在多民族多语种的国家,要重视处理少数民族语言文字和主体民族语言(或其他强势语言)之间的关系。在强调具有自己民族语言文字,并且不懂汉语的少数民族的青少年中,贯彻"以学习自己民族语言文字为主"的教学用语方针,创办民族语文的新闻媒体、出版事业,重视建立社会使用双语机制的同时,也要提倡积极地学习主体民族语言文字。只有这样,少数民族才跟得上时代步伐。在经济全球化、信息社会化的时代,少数民族不仅学习、掌握国家通用语言文字,也要积极地学习、掌握其他外语,才能使自己民族迅速地发展、进步。

社会主义初级阶段,是民族语言文字既处于空前发展的时期,在这个时期,一些人口少,又无文字的杂居在主体民族语言或其他强势语言之中的少数民族的语言,可能融合于大民族(即强势语言)语言,结束其历史作用。这是社会发展的一种自然现象。但是,国家应该实行多元文化的政策,对语言的接近、融合方面,权力机关不能采取用行政手段,强行少数民族放弃自己民族语言文字。

在任何一种少数民族语言文字的发展、变化的历史进程中有三个要素有着重要影响。即语言意识、语言环境、语言政策。三者又是互为条件、互为影响,但是根据不同的历史、条件,它们给予民族语言的影响或制约,却大不一样。语言意识、语言环境对语言的发展有着长期的、重要的影响,但是语言政策在特殊的历史条件下却起决定性影响。虽有强烈的民族语言意识和良好的使用语言环境的少数民族,如果遇到权力机关的旨在歧视、同化的语言政策,那么这种民族语言就会在不长的历史时期内退化乃至消失下去。与此相反,那些濒临消失的语言文字,如果遇到来自权力机关的扶持、发展的政策,无文字的语言也可能创制文字,有文字的更能长足发展,为其民族、国家做出历史性贡献。世界各语种的增、减变化的历史充分说明社会政治体制,对语言的影响是决定性的。

沈成明　(1927—)生于江苏省南京市。1947 年就读于南京金陵大学。1949 年入外国语学校。1950 年毕业于华北人民革命大学,1952 年毕业于北京俄语学院。1978 年末从北京外国语大学调入中国社会科学院民族研究所,在民族语言室从事《民族语文》杂志的创刊号编辑、出版工作。此后担任《民族语文》杂志的编委并兼编辑部主任职务,负责审稿、编辑、排版、校印直至出版发行等各项工作。

一、在《民族语文》杂志期间审阅来稿共约 240 余篇,200 余万字;编发稿件 70 余篇,约 60 万字;直接承担责任编辑 8 期。此外,负责《民族语文》杂志的统编、付印、校改及最后把关等工作共 29 期,348 万余字。二、论文和译著:(1)《民族语文论文分析与写作》,载《语言调查研究讲座》,青海人民出版社,1984 年 12 月。(2)俄译汉:《苏联外交辞典》之字母 C 部分,约 20 万字,法律出版社,1984 年。(3)中译英:《民族语文》1986 年第 3、第 4、第 5、第 6 期以及 1987 年第 1 期等的英文目录。(4)汉译俄:受中国社会科学出版社委托,为该社参加莫斯科书展的五本学术著作撰写内容摘要和介绍,其中包括介绍季羡林先生的著作以及谭克让等撰述的《阿里藏语》。(5)校审《蒙古书面语与喀尔喀方言比较语法》,陈伟、陈鹏译,1988 年,青海人民出版社。(6)此外,还与孙竹同志合编了一部论文集《语言调查研究讲座》,43 万字,青海人民出版社,1986 年 12 月。三、1983 年 6—9 月,民族研究所为培养我国西北地区的中青年民族语言研究及科研论文写作人才,与青海省民委、青海省社会科学院合作,在西宁举办了一期 3

个月的"民族语文论文撰写进修班"。沈成明负责该班的筹办及全部有关教务和教学方面事宜。从开班宗旨的拟定到教学大纲、教学计划的制订以及教授、专家的延聘、授课进程等诸项事宜,该班的创立培养了一批中高级人才。当时青海省的领导同志在结业大会上感谢民族研究所为青海省和其他西北地区民族省区培养了人才。

施向东 (1948—)字爱颐,上海市人。1965年毕业于上海市敬业中学,1968.9—1978.2,在黑龙江生产建设兵团24团屯垦戍边,1977年考入黑龙江大学中文系汉语言文学专业学习,1979—1982年在北京师范大学中文系古代汉语专业攻读硕士学位。1982年7月毕业,获得文学硕士。1982年—2002年在天津大学工作,1987年任副教授,1992年任教授。1993年9月—1995年12月在南斯拉夫贝尔格莱德大学语言学院任客座教授,2002年开始任南开大学汉语言文化学院教授、副院长,2004年任博士生导师。是中国音韵学研究会理事、学术委员,中国对外汉语教学学会理事,天津市语言学会副会长,天津市对外汉语教学研究会副会长、秘书长。

研究方向:音韵学;汉藏比较;梵汉对音;对外汉语教学。

主要著述:《玄奘译著中的梵汉对音与唐初中原方音》、《诗词格律初阶》、《汉语和藏语同源体系的比较研究》、《上古介音*-r-与来纽》、《汉藏比较与训诂学——〈诗经·大雅·生民〉训诂举隅》、《古籍研读札记》、《梵汉对音与古汉语的连读音变》、《上古音幽宵两部与侵谈缉盍四部的通转》、《北朝译经反映的北方共同汉语音系》、《原始汉藏语的音节结构和构词类型再议》、《汉语普通话的-n韵尾》、《〈诗经〉象声词的音韵分析》、《联绵词的音韵学透视》、《等韵图在昆曲度曲理论中的运用探析》、《汉藏语唇辅音与半元音w的交替》。

获奖和荣誉:(1)《玄奘译著中的梵汉对音与唐初中原方音》1987年该文获得首届王力语言学奖;(2)《汉语和藏语同源体系的比较研究》2003年该著作获得第三届中国高校人文社科优秀成果奖。

石德富 (1963—)苗族,贵州凯里市人,文学博士,中央民族大学少数民族语言文学系副教授。1994年,32岁进中央民族大学攻读硕士学位,开始接触少数民族语言尤其是苗瑶语领域的研究,1997年毕业留校任教,1998—2000年到泰国做访问学者,开始接触泰语,2001—2004年攻读台湾少数民族语言方向的博士学位。目前主要从事苗瑶语言文化和台湾少数民族语言(卑南语)的研究与教学。近年出版了《苗语基础教程》和《卑南语构词法研究》,(中央民族大学出版社2008),主编《苗语黔东方言使用情况研究》,商务印书馆。曾在《民族语文》、《语言研究》、《语言科学》、《民族文学研究》、《中央民族大学学报》、《中国民族》、《贵州社会科学》等刊物或论文集发表学术论文《黔东苗语动词的体范畴系统》、《黔东苗语动词的体范畴系统》、《苗瑶民族的自称及其演变》、《黔东苗语的语音特点与诗歌格律》、《卑南语中缀和后缀的语义》、《黔东苗语的指示词系统》、《黔东苗语帮系三等汉借字的形式》、《苗瑶语"母亲"源流考》、《苗瑶语"妻"、"夫"源流考》、《黔东苗语形容词在词类中的地位》(合撰)等20篇。

石锋 (1949—)天津人,教授,现任南开大学语言所所长,《南开语言学刊》主编,博士生导师。天津语言学会会长,天津对外汉语学会会长。

在南开中学毕业后到黑龙江下乡十年。1977年考入哈尔滨师范大学中文系本科,1979—1982年在中国人民大学语文系获文学硕士,1987—1990年在南开大学中文系获文学博士。1993晋升南开大学教授。曾先后受聘为北京语言大学兼职教授,香港城市大学电子工程学系研究员，日本名古屋学院大学客座教授，美国明德大学暑期语言学院中文研究生课程教授。

石锋把语音学跟音系学结合起来，提出语音格局的理念和方法，并主张发展实验语言学，用实验的方法验证语言学理论。在研究方法上，他认为现代语言学是数据之学，提倡跨学科多角度的结合，如：既采用传统语言学的田野调查方法，也可以使用现代的仪器进行语言的实验分析。从现代共时的语言表现来推求历史上的发展演变，以大量的语言实验数据为基础进行理论的探索。在研究对象上，石锋不仅考察汉语普通话，还调查汉语方言和民族语言，并关注汉语作为母语习得和第二语言习得中的语言学问题。石锋致力于推进和拓展中国语言学的研究，曾多次主持全国高校语音学研习班，为我国培训出一批语音学人才。曾多次组织中国语言学高级研讨班，促进国内外语言学者的交流和进步。

石锋教授的专业是语言学及应用语言学，研究领域为实验语言学，包括语言理论、田野调查，社会语言学、语言习得与语言接触。为语言专业的博士生、硕士生以及本科生讲授语言理论、专业外语、语言调查、语音实验、社会语言学、方言学、语义学、现代汉语和语言学概论等课程。已出版著作10种，发表论文百余篇。其中有《语音格局——语音学与音系学的交汇点》、《实验音系学探索》、《汉藏语言研究》（合编）、《汉语教学谈》（合编）、《二十世纪的中国语音学》（合著）、《语音丛稿》（合著）、《语音学探微》、《海外中国语言学研究》（主编）、《汉语研究在海外》（主编）以及《语音平面实验录》、《语调格局——实验语言学的奠基石》。

石锋教授曾与计算机专家合作开发电脑语音分析与教学系统软件《桌上语音工作室》获国家高等教育教学成果二等奖，天津市教学成果一等奖。《语音格局——语音学与音系学的交汇点》获天津市社会科学成果一等奖。已完成两项国家自然科学基金课题、两项国家社会科学基金课题和两项教育部人文社科项目。

石林 （1945—）侗族，贵州锦屏县人，1963—1968年中央民族学院民语系学习。1979—1982年南开大学中文系研究生，文学硕士，导师邢公畹教授。南开大学文学院教授。

曾先后任日本横滨神奈川大学外国语学部特任教授（1998年4月1日—2000年3月31日），贵州大学西南民族语言文化研究所特聘教授（2004年4月—2005年4月），吉首大学人类学与民族学研究所特聘教授（2005年5月—2007年7月），贵州民族学院民族文化学院特聘教授（2007年10月—），从事语言学教学和研究工作。先后讲授语言学概论，现代汉语，社会语言学，汉藏语概论，侗台语概论，侗语研究等课程。从1980年起先后数十次对侗语，汉语方言，傣语，锦话，佯僙话，那溪话，草苗话，仫佬语等进行过田野调查，积累了较多的语言资料。

先后承担的国家社会科学基金，国家教委社科基金和其他合作研究项目有：（1）汉语侗傣语比较研究（国家教委七五重点项目）；（2）原始侗水语构拟（国家教委博士点1990—1992年项目）；（3）侗语汉语语法比较研究（国家社科基金八五重点项目）；（4）侗水语壮傣语比较研究（国家教委社科基金八五重点项目）；（5）汉藏语语义学比较法（国家社科基金九五项目）；（6）侗汉英语大词典（副主编，中德学者国际合作项目）；（7）侗语方言土语调查研究（主编，中美学者国际合作项目）；（8）与侗语有关的三种湖南土话——那溪话、本地话和草苗话（2007年国家社会科学基金项目）。

先后在《民族语文》、《中国语言学报》、*Journal of Chinese Linguislics*，Vol. 15. No. 2，V. S. A、*Comparative Kadai*，1998. V. S. A》、日本《亚非语言文化研究》等刊物发表论文50余篇。出版《侗语汉语语法比较研究》，《侗台语比较研究》等专著四部。部分论著发表后受到学者的好评，有的获得了省部级的奖励。在日本讲学期间发表的三篇论文，均被日本国家论文保存会予以"半永久保存"。

主要著作有：《侗台语比较研究》（天津古籍出版社，1997年9月）、《侗语汉语语法比较研究》（中央民族大学出版社，1997年12月）。已发表论文有：《侗语声调的共时表现和历时演变》、《侗语声调的区别性特征》、《侗语方言土语的划分应作适当调整》、《汉藏语系语言鼻音韵尾的发展演变》、《侗语中汉语新借词的读音》、《侗语 m-，n-声母的声调分布与侗台语原始声母 m-，n-的类别》、《侗语复辅音声母考》、《论侗语形容词》、《侗语的形态学特征》、《侗语语法的个性特征——与汉语语法比较而言》、《我国少数民族人名的结构及其语言文化背景》、《壮侗语族民歌共同的韵律特征》、《侗语地名的得名结构和汉译》、《侗族侗水族和侗台族的自称及其演变》、《草苗的通婚圈和阶层婚》。

史金波 （1940—）河北省高碑店市人。1962 年中央民族学院（今中央民族大学）毕业，1966 年中国科学院民族研究所研究生毕业。1988 年为研究员，同年任副所长至 1998 年。1990 年获得国家级有突出贡献中青年专家称号。2002 年为中国社会科学院学术委员会委员，2006 年被选为中国社会科学院首批学部委员。现任中国社会科学院西夏文化研究中心主任、民族学与人类学研究所研究员、中国社会科学院研究生院民族学系教授、博士生导师，国家社科基金特别委托项目"西夏文献文物研究"首席专家。兼任国家文物鉴定委员会委员、全国古籍保护工作专家委员会副主任、中国史学会理事、中国西南民族学会副会长、中国少数民族哲学社会思想史学会副会长、中国民族史学会顾问、中国敦煌吐鲁番学会顾问、中国文字博物馆顾问、中国宗教学会名誉理事等。曾任中国民族古文字研究会会长、中国民族史学会常务副会长、中国民族学会副理事长、日本东京外国语大学客座教授。出版著作 29 种（含合作），发表文章 250 余篇，译文 5 篇，参与撰写、编辑《中国大百科全书》、《辞海》等辞书和著作 26 种。主要从事西夏文字和语言、西夏历史和文化、中国民族历史和中国民族古文字的调查研究工作。

在西夏语言文字研究方面，合作整理出版西夏文韵书《文海》，全部翻译原文并进行研究，出版《文海研究》，提高了西夏文识读和研究水平。通过研究《文海》等文献，发表《略论西夏文字的构造》等文，系统研究西夏文字构造，首次提出西夏文 90% 以上的合体字是依据部位合成法原则构成，建立了一套分析西夏文字构成的体系。论文《西夏语的存在动词》首次系统研究西夏语存在动词，明确区分西夏语多个存在动词类别和使用方法。《西夏语构词中的几个问题》、《西夏语中的汉语借词》、《西夏语的构词和词的变化》等文研究了西夏语词汇和语法的一些问题。《西夏语人称呼应和动词音韵转换再探讨》探讨了西夏语语法问题。《西夏语的"买"、"卖"和"嫁"、"娶"》提出西夏语中"买"、"卖"和"嫁"、"娶"等词的音、义关系，并与其他民族语言进行比较，进一步探讨有关民族婚姻家庭等社会现象。

翻译和整理西夏文重要文献方面，除《文海》外，还合作翻译、研究西夏文类书《类林》，出版《类林研究》，恢复了久已失传的汉文本；合作翻译、整理西夏法典，出版《天盛改旧新定律令》，为西夏研究提供重要资料；合作整理出版西夏文、汉文双解词语集《番汉合时掌中珠》；合作翻译、整理、研究西夏文写本韵书《文海宝韵》，出版《电脑处理〈文海宝韵〉研究》，为西夏语文研究提供新的资料。

对西夏的印刷术和文献出版做了系统研究，发表《现存世界上最早的活字印刷品—西夏活字印本考》、《现存最早的汉文活字印本刍证》、《泥活字印刷研究的新发现和新进展》等文，出版了专著《西夏出版研究》。

解读西夏文草书，并翻译、研究西夏文草书文献，进一步研究西夏社会，发表《西夏户籍初探》、《西夏粮食借贷契约研究》、《西夏农业租税考》、《西夏军抄文书初释》、《黑水城出土西夏文卖地契研究》等文章。合作出版《西夏社会文书研究》。

主持整理、出版国内外西夏文文献，其中有《俄藏黑水城文献》（主编之一，已出版14册）、《中国藏西夏文献》（主编之一，20册）。

对少数民族古文字及其文献进行介绍和综合研究，撰写《中国民族古文字概说》、《少数民族文字文献的史料价值》、《中国历史上少数民族文字改革刍议》、《中国民族古文字和中华民族文化》、《少数民族文字古籍与国学》、《中国古代双语文献及双语教育》等论文。合作编写第一部《中国民族古文字图录》（副主编之一），图文并茂地系统介绍中国民族古文字及其文献；合作出版专著《少数民族古籍版本》和《中国历代民族古文字文献探幽》，后者按历史时代对各种民族古文字的产生、流传、发展及重要文献的形成、影响及价值做了系统阐述。在9卷本《中国出版通史》中合作撰述6卷的少数民族部分。

研究少数民族文字文献的印刷出版，撰写《中国少数民族文字印刷初探》、《汉族和少数民族文字书籍印刷出版之互动》、《中国古代少数民族的印刷出版》、《最早的藏文木刻本考略》等论文。合作出版专著《中国活字印刷术的发明和早期传播——西夏和回鹘活字印刷术研究》，利用两种少数民族文字的活字版资料，论述中国活字印刷术由东向西发展问题，在学术探讨的同时，维护了中国对活字印刷术的发明权。

参加组织女书国际学术研讨会，参加编辑出版会议论文集《奇特的女书》（主编之一）。撰写《女书和中国民族文字》、《再谈女书和中国民族古文字——兼论女书的时代》等论文。

此外，已出版的其他主要专著有《西夏文化》、《西夏佛教史略》、《西夏文物》（合作）、《西夏社会》、《中国少数民族现状与发展研究丛书·昭觉县彝族卷》（合作）、《西藏人权研究》（合作）、《中国风俗通史·辽金西夏卷》（合作）、《中国妇女通史·辽金西夏卷》（合作）等。

史震天 （1940—）出生于新疆吉木萨尔县三台镇。1962年新疆大学中文系维吾尔语专业本科毕业，新疆大学人文学院教授、硕士研究生导师，翻译理论方向学科带头人。曾任中语系翻译理论教研室主任，新疆大学出版、翻译系列职称评聘组委员，"民族作家"编委，新疆大学211工程重点学科——中国少数民族语言文学学科专家组成员，人文学院学科组成员等职。研究方向为：翻译理论与实践，汉维互译原理。历年来共发表论文、译文、出版学术著作，编统教材，翻译著作共60余项。代表性论著包括：《语言 翻译 文化》（独著），《汉维互译实用教程》（主编），《汉维翻译教程》（合著，第一署名人），《流浪者酒家》（译注）；参编专著计有：《中国少数民族文化史》、《中国民俗大系：新疆民俗》，《中国民族百科全书》，《中国少数民族饮食文化荟萃》等多部。独立撰写论文18篇，代表性作品有：《政论文翻译中的修辞问题》、《文学翻译中的社会语言学问题》、《语言族情与翻译》、《文学翻译与文学语言》、《汉维文化差异与翻译》、《文学翻译应遵循美学原则》、《试论小说翻译中对话美的再现》、《求实 创新 展望》——统编教材《汉维翻译教程》简介；出版文学译作两部，发表文学译作30多篇，逾100万字。译作《天涯芳草》获自治区新时期优秀文学翻译奖。主持新疆区教委科研课题——"新疆翻译教学史"一项。长期担任翻译理论教研室主任（1983—1999），对教学建设做出了积极的贡献。开设并主讲的课程有：《翻译理论与技巧》，《翻译学名著选讲》，《中国翻译学概论》、《中国翻译史》、《翻译文学导论》、《翻译与翻译批评》等。

业绩先后入编：《中国语言学人名大词典》，《中国专家大辞典》（国务院人事部编），《中国当代翻译工作者大辞典》、《中国民族作家辞典》、《新疆当代多民族文学史》（文学翻译卷）。

舒化龙 （1932—）江西上饶市人。广西民族大学民语系教授、系主任。1956年毕业于中央民族学院语文系，同年参加中国科学院少数民族语言调查第二工作队，调查瑶族语言。1958年调广西民族学院任教。已发表论文有：《民族院校汉语修辞教学的几个问题》、《也谈瑶语的"勉"》（与肖淑琴合作）、《瑶语词汇研究》（与肖淑琴合作）、《盘古瑶语构词法》（与肖淑琴合作）、《民族院校汉语词汇教学》、《信息语言学》、《瑶语数词初探》（与肖淑琴合作）、《双语的变化与发展》、《试论瑶文创制和推行》（与肖淑琴合作）。所撰写的论文在广西多次获得奖励。

斯迪克江·伊布拉音 （1972—）新疆人，维吾尔族，博士，副教授，硕士研究生导师。1992年7月毕业于伊犁师范学院中文系，获得维吾尔文学学士学位。1995年考取新疆大学中语系少数民族语言文学专业（维吾尔语词汇学方向）研究生，1998年7月获得文学硕士学位。2004年9月考取华东师范大学中文系语言文学专业（语言学及应用语言学）博士研究生。2008年7月获得文学博士学位。至今在新疆师范大学语言学院理论教研室工作，新疆维吾尔自治区人文社科重点研究基地"新疆少数民族双语研究中心"成员。

主要从事语言认知理论及维吾尔语教学研究，以及维汉语的认知对比研究，主持一项校级课题《现代维吾尔语隐喻认知研究》，在国内核心期刊和其他刊物上发表了《隐喻的认知基础与汉维语言隐喻的相似性》、《谈汉维语表示"愤怒"的概念隐喻》、《维汉空间隐喻成对词排序的标记性》、《论现代维吾尔语语素》等10余篇论文，获得科研项目资助经费1.5万元。

重要论文《隐喻的认知基础与汉维语言隐喻的相似性》（《语言与翻译》2006年第4期），主要内容：隐喻思维是人类共同具有的一种认知基础，因此不同语言文化背景下的隐喻呈现出一定的相似性。本文通过对比汉维语中的隐喻，说明两种语言在隐喻概念上存在的相似性，并初步论证产生这种相似性的主客观原因；《谈汉维语表示"愤怒"的概念隐喻》（《新疆大学学报》2008年第1期），主要内容：隐喻作为语言中的普遍存在的认知模式，各种语言或多或少都有相似性。许多语言中情感这一抽象的概念常常是用隐喻来表达的。汉维两种语言有一定数量的表达情感的隐喻，这些情感隐喻中有一定的共性和个性，这来源于人类相同的生理特征和情感体验；《维汉空间隐喻成对词排序的标记性》（《新疆大学学报》2009年第3期），主要内容：人的身体是空间隐喻认知的原型。在多维空间中人的躯体和生活体验是空间隐喻概念的基础。人的身体上下、前后和里外的不对称、左右的对称以及习俗、文化等因素的影响使得维汉两种语言中都出现了许多空间隐喻成对词。这些空间隐喻成对词是按其标记性进行排列的，即从"无标记"到"有标记"，这更符合认知的规律。

斯钦朝克图 （1951—）蒙古族，内蒙古赤峰人，研究员。主要从事蒙古语言文字、蒙古语族语言和社会语言学研究。现任中国蒙古语文学会副会长兼语言文化专门委员会常务副会长、中国蒙古学会常务理事等职。曾任中国社会科学院民族学与人类学研究所北方少数民族语言室主任。多年来主持和参与多项国家级、院级和所级课题，主要有国家社会科学基金项目《中国少数民族语言使用情况和文字问题调查研究》、《中国少数民族语言政策比较研究》、《中国新发现语言研究》，中国和加拿大国际合作项目《世界的书面语：使用程度和使用方式概况（中国语言文字）》，院重点项目《阿尔泰语词根研究》，国家社科基金项目《蒙古语族语言词汇数据库及词汇比较研究》、院学科重点项目《中国少数民族描写语言研究》所重点项目《蒙古语言与文化》。

斯钦朝克图自《内蒙古师范学院学报》1978年第1期发表蒙古语研究处女作《关于蒙古语音变构词法》一文以来,共出版近10部专著和译作(包括合作),发表40多篇学术论文。其中,他所编著《蒙古语词根词典》是第一部较系统辨析蒙古语词根的学术性辞书,受到国内外蒙古学界的普遍好评,并荣获首届蒙古文图书三等奖和民族研究所优秀成果奖。另一专著《康家语研究》作为蒙古语族语言又一新发现语言研究成果也受到国内外蒙古语族语言学界的关注。他参与的其他重大项目也获得国家和院级奖项。

斯钦朝克图先后2届担任国家图书评委、多次为硕士生和博士生讲授"蒙古文转写法"、"蒙古语法讲座"、"蒙古语言与文化"等选修课程。

已出版专著:《智慧之鉴》(合作校注)内蒙古人民出版社1982年;《蒙古语词根词典》,内蒙古人民出版社1987年;《萨迦格言》(善说宝藏)(合作校注),内蒙古人民出版社1989年;《康家语研究》,上海远东出版社1999年。

已发表论文:《中世纪蒙古语里的副词'jiʔ-a'》、《关于蒙古语巴林土语的词汇特征》、《为语言的纯洁文明而奋斗》、《中国蒙古语文论文选》、《蒙古语后缀浅谈》、《论〈萨迦格言〉的语言和翻译》、《关于蒙古文〈孝经〉》、《论〈萨迦格言〉》、《蒙古语巴林土语递进式副动词》、《中世纪蒙古语动词被动态与现代蒙古语动词被动态比较》、《国际蒙古学年会论文集》(1995.6)、《torga、türge(丝绸)名称及其与北方民族文化交流问题》、《蒙古语五种牲畜名称语义分析》、《从词组 qogolaʔgkü(给饭)考察语言的相互影响》、《蒙古语 gügkü、coqiqu、janciqu(打)一组词与阿尔泰诸语言比较》、《蒙古语 qorqa、qoroa、qoriya、küriye(寨、圈、院)一组词与阿尔泰诸语言比较》、《生殖器名称与原始宗教图腾文化——以蒙古语为例》、《生殖器名称与自然崇拜——以蒙古语为例兼论北方诸民族语言文化关系》、《祖先崇拜与生殖器名称》、《国家的双语化与地区的单语化:比利时官方语言政策研究》、《蒙古语'库伦'的文化释读》、《康家语概况》、《关于中蒙两国蒙古语名词术语初步分析》(蒙文)、《阿尔泰语系诸语言的人体部位名称及其比较研究》、《蒙古语狗名称与蒙古族狗文化》(蒙文)、《中央民族大学蒙古文文献国际研讨会论文集》民族出版社2005年、《蒙古文化语言学研究回顾与展望》、《蒙古语颜色词的来源》、《蒙古族奶食品'cagan idege'名称及其所反映的文化内涵》、《蒙古语鸟名称与蒙古族鸟文化》、《蒙古语马名称及蒙古族马文化》。

斯琴巴特尔 (1958—)蒙古族,内蒙古自治区锡林郭勒盟镶黄旗人。内蒙古大学蒙古学学院教授,博士,硕士研究生导师。内蒙古自治区蒙古语标准音委员会委员和蒙古文正字法委员会委员,中国蒙古语文学会理事,国际蒙古学协会会员。1980年1月毕业于内蒙古蒙文专科学校翻译专业,之后在内蒙古自治区人民政府办公厅翻译处从事公文翻译,并于1982年赴新疆阿勒泰地区担任中蒙边界联合检查第一队第一小组翻译。1986—1988年在内蒙古大学蒙古语族语言文学研究生班学习,毕业后留校工作,在蒙古语文研究所从事科研、教学工作并担任学术秘书。1991年在本校获得文学硕士学位。

1988—1999年,斯琴巴特尔致力于现代蒙古语及其方言、蒙古语文规范化、中古蒙古语和蒙古语文翻译等研究领域的学术研究,并在辞书编纂方面做了不少工作。他先后完成了内蒙古自治区高等学校科研项目"察哈尔土语语法和词汇研究"、国家社科基金重点项目子项目"察哈尔土语研究"、"九五"国家级重点图书规划项目《蒙汉词典》(增订本,1999)、国庆五十周年献礼项目《蒙古文正字法词典》(1999)等有关项目的研究任务和编写任务，承担硕士生课程"蒙古语方言学"和"蒙古语词汇学"。

1999—2003年期间，在芬兰赫尔辛基大学亚非研究院任访问学者的同时，攻读博士学位。经过四年的努力，于2003年8月完成约25万字的长篇学位论文 The Chakhar Dialect of Mongol: A Morphological Description（《蒙古语察哈尔土语：词法描写》），获得博士学位。他的学位论文作为具有悠久的东方学研究传统的芬兰乌戈尔学会系列专著第243号在赫尔辛基出版之后，芬兰最大的报纸《赫尔辛基报》、Granum 书社、芬兰乌戈尔学会网站、美国东密歇根大学和温尼州立大学合办的语言学网站 The Linguist List 等对该成果进行了专门介绍。美国语言学会主办的 SSCI 期刊《语言》推荐该书为2003年度语言学新成果并在互联网上征集评论。在芬兰期间，他还承担了赫尔辛基大学东方语言文化系"基础现代蒙古语"课程的讲授任务，出席了国际蒙古学者第八次年会（乌兰巴托，2002）、太平洋沿岸亚洲研究国际学术研讨会（夏威夷，2003）等学术会议，先后两次获得赫尔辛基大学校长奖学金。

2003年9月学成回国之后，斯琴巴特尔全力投入学校的科研和教学工作，继续承担硕士生的"蒙古语方言学"和面向本科生的"西里尔蒙古文"等相关课程的主讲任务，负责建设内蒙古大学现代蒙古语学科方向，并在推广和普及蒙古语标准音方面做出了应有的贡献。在这期间，他作为编委完成了国家社科基金"九五"重大项目子项目蒙古文版《蒙古学百科全书·语言文字卷》（内蒙古人民出版社2004），作为主编出版了"九五"国家级重点教材《蒙古语方言学概论》（内蒙古人民出版社2005）。目前他正在承担国家社科基金西部项目"西部地区蒙古语方言地图研制"，教育部、国家语委民族语言文字规范标准建设及信息化科研项目"蒙古语构形形态规范化问题研究"，教育部留学回国人员科研启动项目"博尔塔拉察哈尔土语调查研究"，国家社科基金重大项目子项目《蒙古学百科全书·语言文字卷》（汉文版）等多项研究课题。

20多年来，斯琴巴特尔在国内和蒙古、芬兰、美国、韩国、匈牙利等国家的有关学术刊物上发表论文30多篇，出版专著1部，辞书（合编）4部，教材1部。其中，他参加编纂的《蒙汉词典》（增订本）被列为内蒙古大学"211工程"一期建设标志性成果。还有5篇论文分获中国蒙古语文学会、内蒙古语言学会和内蒙古自治区蒙文翻译研究会优秀论文奖。

宋长栋 （1923—）湖南澧县人。曾就读于广州中山大学语言文学所，中国人民大学世界史研究生，毕业后任教于中山大学历史学系和人类学系，任广东地名学研究会顾问。除了教学之外，致力于地名研究，利用语言学和历史学的知识研究地名，利用地名研究民族的迁移过程。发表了两篇利用地名学探讨海南岛黎族和"临高人"迁移路线与地名关系的文章：《海南岛地名与民族迁移关涉考》（载《贵州民族研究》，1985年第1期），《试从地名探讨海南岛"临高人"的源流》（载《中山大学学报》1986年第3期），引起了语言学界和历史学界的关注。在《海南岛地名与民族迁移关涉考》里，作者提出，地名特征是民族语言特征的反映，根据这一论断，作者研究了海南岛所有地名和大陆雷州半岛以及湛江地区的地名，发现黎族不同的"支系"和临高人对"村落"一词的叫法有所不同，因而找出黎族各支系和临高人在大陆上的原居地。同样，通过海南岛内各地的地名的研究，也能反映出黎族各支系（方言）曾经居住过的地方，并分析出哪个支系先到或后到，等等。作者认为，一般的规律是，民族迁徙都是从北到南，海南岛内也是如此。黎族最早是从北部的雷州半岛渡海而来，最早的支系是"本地支"，然后是"侾（音哈）支"，再后是"杞支"，各支系都在岛的北部留下若干地名。从地名看，黎族原来居住地比现在的要宽广。宋长栋的另一篇文章《试从地名探讨海南岛"临高人"的源流》，主要是论证临高人曾经在大陆居住过，从湛江以东一直到广州的沿海地带都遗留有临高话称呼"山"的痕迹。临高话称呼山为"调"。另外，地名前冠以"美"、"麻"等字，是临高地名的特征。海南琼山、临高、澄迈地名，有78%以上的地名冠以"美"字。作者推断说，临高人的先民可能是从粤东、粤中经雷州半岛到达海南的。时间最迟也不晚于西汉，临高人是古代越族的一支，其先民出于南越。文章还从语言、历史、民俗等方面证明临高人与壮族的关系。

宋金兰 （1953—）女，北京市人，1988年毕业于北京师范大学中文系，获文学硕士学位，同年任教于北京师范学院分院，首都师范大学文学院教授，曾被评为北京市高等学校优秀青年骨干教师。主要研究领域：历史语言学、训诂学、中国古代语言哲学等。近年承担的主要课题有：北京市哲学社科规划项目、北京市教委重点项目《先秦语言哲学专题研究》。20世纪90年代初涉足历史语言学领域，其研究成果主要包括以下三个方面：

一、同源词 《汉语与藏缅语住所词的同源关系》、《汉语和藏缅语土地词的同源关系》、《汉藏语"日"、"月"语源考》、《"黑"名源考》等论文运用词族比较法，注重语音的系统对应和整体关联，把"形态结构上的共同性及其变化模式的相似性"作为判定同源词的基本依据，并充分利用古汉语文献资料，在同源词研究方面做了有益的探索。《词族比较法对汉藏语同源词研究的价值》对词族比较法在汉藏语历史比较研究中的功用做了全面的评述。指出以词族作为同源词比较的单位，将单个词集束化，变孤立比较为联系比较，变静态比较为动态比较，通过整体词来为个体词定性，这是研究同源词的一种科学方法。第一，可有效区分同源词和借词，避免偶然性。如何区分同源关系和借用关系是长期困扰汉藏语同源词研究的一大难题，因为借词也可能存在对应关系，甚至可能进入基本词之列。词族是一个整体，其内部诸词之间具有特定的音义联系。单个词只有被置于词族系统中考察，其本质特征才易于显现。第二，可提高同源词的识别率。一些可能同出一源的词语，在不同语言里彼此面目各异。词族比较有助于发现这些词语深层的语音对应规律及曲折的语义引申脉络，进而找出那些看似音义差异较大的同源词。第三，可拓宽同源词比较的视野。有些词族内部各成员的语音形式是复杂多样的，既包括不同时代层积下来的音变形式，也包括共时平面上并存的方音形式。对这些林林总总的形式加以梳理，以点带面，纵横比较，可以从不同的亲属语言及同一亲属语言的不同方言里找出形式各异的同源词。第四，可理出同源词系统。将具体语言里的词族整理成系统，再进行亲属语言词族系统之间的比较，可发掘和确认层层对应的同源词，这种成系统的同源词对于认定语言的亲属关系尤为重要。

二、句法和构词法 《汉藏语是非问句语法形式的历史演变》从基本句型入手，提出了汉藏语的分析形式源于黏着形式、疑问句来自否定句、疑问词由否定词演变而来的观点，并论述了汉藏语是非问句的历史发展趋势。《汉藏语选择问句的历史演变及类型分布》指出汉藏语存在着两种不同类型的选择问句；汉藏语的选择连词是由疑问词演变来的；两类选择问句在汉藏语中大体呈地域性分布，分布于北部者与阿尔泰语的类型一致，分布于南部者则与壮侗、苗瑶语的类型一致。这些研究对汉藏语类型学研究及语言共性研究具有一定的意义。《汉藏语形态变体的分化》、《从同族词个案看汉藏语的一种构词手段》指出：伴随汉藏语言形态的简化、消亡，形态变体的分化成为构造同源派生词的一种手段。长期以来判断同族词及同源词的黄金法则是：音近义通，音近是不容置疑的先决条件。事实上在汉藏语系中存在着"音近"和"音隔"两类同族词、同源词，前者是由根词的同一个形态变体音变来的，而后者是由根词的不同形态变体音变来的。这一假说，可对异形同族词、同源词之间的语音关系提供一种比传统的"一音之转"说更为合理的解释。

三、语言接触其关注点放在民族语言对汉语的影响和渗透方面，汉语是一种多元、异质的语言，具有看似简单的复杂性。《汉语助词"了、着"与阿尔泰语言的关系》认为"了"、"着"同阿尔泰语中某些读音相近的词尾在语义和功能上有着微妙的并行关系，它们是汉语的次生现象，具有黏着成分的性质，且产生的时间正是北方少数民族与汉族发生深度融合的时期，据此率先提出"了"、"着"可能是汉语与阿尔泰语接触的产物。《青海汉语助词"给"与阿尔泰语言的关系》、《丝路汉语方言语法的两个特征》指出了民族语言的语法要素对汉语方言语法系统的深层渗透。《甘青汉语选择问句的特点》认为甘青汉语方言中"A 吗 B"这类选择问句是汉语和藏缅语两种不同类型选择问句的混合体。《古汉语判断句词序的历史演变》探究了古汉语中 SVO 和 SOV 两种类型的判断句，阐述了汉语判断句历史演变的规律：由前置型的"唯"字句，变为后置型的"也"字句，再变为前置型的"是"字句。"也"字句的出现与藏缅语对古汉语的影响不无关系。《民族语言历史比较研究之管见》提出：一部汉语发展史就是汉语与诸多民族语言的接触史。语言在其发展的过程中，并不会受其谱系的束缚，彼此隔绝。语言的亲缘关系是相对的、变化的，亲属语言只是相对于可追溯的某个语言历史时段而言的。今天的亲属语言，或许在远古的某个时期是异源的，由于后来密切的语言接触而趋同；反之，某些原本同源共生的语言，由于语言社团的迁徙等多方面的原因，彼此渐行渐远，而最终演变为大相径庭的语言。

在民族语文方面已发表论文有：《青海汉语助动词"给"与阿尔泰诸语言的关系》、《汉语助词"了""着"与阿尔泰诸语言的关系》、《甘肃汉语选择问句的特点》、《汉语和藏缅语住所词的同源关系》、《汉藏语是非问句语法形式的历史演变》、《汉藏语选择问句的历史演变及类型分布》。

宋伶俐　（1974—）女，四川都江堰人。1997 年后，陆续获四川大学汉语言文学学士学位、现代汉语方言硕士学位、语言学与应用语言学博士学位。硕士在读期间，受导师崔荣昌教授指导，接受了语言调查和语音学的专业训练，关注羌语和周边汉语方言的接触关系，全文抄录《羌语简志》，1998 年调查四川藏区边缘的宝兴、天全等地方言。2000 年起至西南交通大学中文系任教，历任助教、讲师和副教授。2004 年起，连续 3 年参加暑期高级语言学培训班的学习。2005 年博士在读期间，追随孙宏开先生调查四川省凉山州甘洛县尔苏语，丰富语言调查的知识的同时，深感民族语言资源记录的迫切性。其后参与了几项濒危民族语言调查研究课题：2006 年得到"新发现语言研究"重点课题资助，蹲点四川甘孜州康定县鱼通区，记录使用人口不到 3000 人的贵琼语，共记录贵琼语长篇语料《格萨尔》等和若干歌谣录音资料，贵琼词汇 4000 条录音资料，贵琼语语法例句若干，当地民俗活动哑巴会录像资料一部；2008 年获国家社会科学青年基金资助，整理并翻译贵琼长篇语料《格萨尔》，2011 年整理出该语料全文，目前正在翻译过程中。在民族语言研究领域，近年来陆续出版了研究论文和专著，论文分别是：《尔苏语动词趋向前缀多重语法意义的考察》（2005 年 11 月第 38 届国际汉藏语大会）、《尔苏语动词趋向前缀和体标记》（《民族语文》2006 年第 3 期）、《川西民族走廊濒危语言概况》（《暨南学报》2006 年第 5 期）、《濒危语言母语结构缺失与替换的"无界有阶"》（2008 年 4 月香港浸会大学第二届研究生国际学术论坛）、《走向濒危的语言个案研究——以藏彝走廊贵琼语为例》（2009 年四川大学博士论文）、《贵琼非为"贵川"考》（《西南民族大学学报》2010 年第 4 期）、《濒危语言结构替换约缺失的"无界性"》（2010 年

11月北京大学四川境内藏缅语国际会议)、《近代藏彝走廊汉语和民族语言接触个案研究》(2010年11月四川大学全国近代汉语学术研讨会)、《一个濒危语言的接触性演变》(2011年10月西南民族大学四川省语言学会)等10余篇。2011年专著《贵琼语研究》由民族出版社出版。主要研究成果：记录并整理走向濒危的语言贵琼语，进一步确定孙宏开、黄布凡和刘辉强先生提出的羌语支系属归类；进而通过大量问卷材料和访谈笔录对贵琼语的使用情况、贵琼人的语言态度展开说明，通过贵琼语和汉语接触的历时比较，考察了二者密切接触过程中，贵琼语产生的语音、词汇和语法变异；就贵汉接触产生的变异，采用陈保亚先生提出的语言接触中"无界有阶"理论展开了试验证明，在博士论文中论证了"无界有阶"适用于贵琼语这一种濒危语言的演变方式；进而就贵琼音系和汉语音系发生的同步演变，说明语言之间可能发生的"接触性演变"的深度和广度。

宋正纯 (1945—)博士，1981年到中国社会科学院民族研究所工作，研究新疆图瓦语和哈萨克语，1992年离所。20世纪80年代参加《中国少数民族语言使用情况》一书的编写，负责撰写《哈萨克语》、《图瓦语》两种语言使用情况概述和新疆伊犁哈萨克自治州、木垒哈萨克自治县、巴里坤哈萨克自治县的语言使用情况概述。已出版论文有：《我国图瓦语音系初探》、《图瓦语概况》、《新疆图瓦人的多语家庭》。

苏连科 (1959—)彝族，四川省盐源县人。1976年8月参加工作，1982年1月毕业留校工作，1988年7月毕业于中国社会科学院研究生院，获文学硕士学位。1990年晋升讲师，1992年破格晋升副教授，1993年被批准担任硕士生导师，2000年晋升教授。现为西南民族大学三级教授，中国民族语言学会理事，国家民委高级职称评审委员，四川省少数民族语言学科高职评审委员，四川省中小学彝文教材审查委员会副主任委员。长期从事语言学和彝族语言文化的教学和研究，先后与人合作出版专著、译著和工具书共12部，发表论文20余篇，荣获省部级优秀科研成果一等奖2项、二等奖2项和三等奖1项。其中《凉山彝族亲属称谓词的语义分析和词源结构研究》被同行专家称为率先运用义素分析法来研究国内少数民族语言的文章，由戴庆厦教授主持、权威专家编撰的《二十世纪中国少数民族语言研究》一书也有专门评价；《"尔比"文学的韵律分析》一文也是率先运用现代技术7800语图仪分析诗歌韵律的文章，它将诗歌韵律的研究由定性分析，上升到了定量分析的水平，并获得了国家民委优秀科研成果二等奖；《论彝缅语谱系分类层次兼及族类等级层次划分问题》一文也曾在国际彝缅语学术会上引起较强烈的反响，在北京大学、中国人民大学、北京师范大学、中央民族大学等著名高校理论语言学研讨会上有专家作过专门介绍交流。参加并担任副主编的《中国彝族通史》即将出版。目前，与北京大学等合作承担着国家社科基金重大项目《中国有声语言及口传文化保护与传承的数字化方法及其基础理论研究》的研究工作。

已出版专著、译著和工具书(合著)：《彝汉字典》(执笔人)、《怎样使用标点符号》、《彝族概论》、《双语研究》、《凉山彝族自治州概况》(汉翻彝)、《彝语大词典》、《言语交际学基本原理》、《凉山彝族道德研究》、《凉山彝族哲学与社会思想研究》、《中国彝族谱牒选编·四川卷》、《彝汉大词典》、《彝族简史》(修订)。

已发表论文、译文：《彝语人称代词的形态分析》、《凉山彝语亲属称谓词的语义分析和词源结构研究》、《语言结构类型学述略》、《彝语盐源方音系》、《彝汉语音译借词语音的处理》、《论文学的翻译》、《翻译工厂》、《试论彝文的起源、结构和类型》、《勇于奋起的结晶——读〈汉彝翻译技巧探微〉》、《彝汉语气词对译问题浅述》、《彝缅语清化鼻音、边音的来源》、《谈四音格词语的结构兼及凉山彝族的主体源流问题》、《彝语北部方言数量结构音变分析》、《彝语北部方言土语间若干语音对译规律》（合作）、《科学性与民族性的统一体——规范彝文》、《读〈彝族妇女文化〉》、《诗为禅客添花锦 禅是诗家切玉刀——余家驹〈时园诗草〉读后》（合作）、《彝族古代女文论家阿买妮及其〈彝语诗律论〉》（合作）、《"尔比"文学的韵律分析》、《论彝缅语谱系分类层次兼及族类等级层次划分问题》、《本土资源和协助群众参与 TSDAIDS 防治关怀的途径和模式》（研究报告，合作）、《凉山彝语形容词构词的有标记和无标记现象》（合作）《彝语方位名词的语义分析》、《彝语辅助词 mu^{33}（或 mu^{33}ta^{33}）、ta^{33}的功能例解》）。

孙伯君 （1966—）女，河北人，1988 年兰州大学中文系毕业并获学士学位，1995 年获北京师范大学古典文献学硕士学位。2003 年获中国社会科学院研究生院史学博士学位。2005—2007 年在北京大学中文系从事博士后研究。现为中国社会科学院民族学与人类学研究所研究员。主要研究方向涉及"文献学"和"语文学"，"文献学"方面侧重辽、金、西夏、元、明时期北方民族古文献的整理和研究；"语文学"方面着重研究女真、契丹、西夏语文和汉语音韵学，汉语音韵学总体上倾向于以历代对音材料为对象的番汉对音研究。

主持和承担的课题：国家社科基金课题"'华夷译语'与明代北方汉语音系"（聂鸿音主持，2006 年立项）、"重建汉语方言音韵史的方法及个案研究"（王福堂主持，2006 年立项）。中国社会科学院重点课题"国外西夏文献研究史"（2005 年结项）、"华夷译语汇编"（2007 年结项）、"契丹语研究"（聂鸿音主持，2006 年结项）、所课题"黑水城出土音韵学文献"（聂鸿音主持，2006 年结项）。

已出版专著三部：《金代女真语》，辽宁民族出版社 2004 年。此书于 2007 年获中国社会科学院优秀成果二等奖；《黑水城出土等韵抄本〈解释歌义〉研究》，甘肃文化出版社，2004 年 11 月；《黑水城出土音韵学文献研究》（聂鸿音、孙伯君），文物出版社，2006 年 4 月。

编译著作两部：《国外早期西夏学论集》（一）、（二），民族出版社，2005 年 10 月。

发表论文 40 余篇。

孙宏开 （1934—）笔名禹岩、民凯，生于江苏省张家港市。1954 年毕业于北京大学中文系语专，同年分配在中国科学院工作，先后在语言研究所、民族研究所研究少数民族语言，历任研究实习员、助理研究员、副研究员、研究员、中国社会科学院荣誉学部委员。1994 年 12 月退休。现任中国社会科学院中国少数民族语言研究中心副主任、中国社会科学院研究员、中国社会科学院研究生院教授兼博士生导师、中国民族语言学会名誉会长、中国民族古文字研究会名誉理事、中国人类学民族学研究常务理事会、中国语文现代化学会常务理事、《中国语言学年鉴》、《民族语文》、《语言科学》、《语言研究》、《满语研究》、美国加州大学《藏缅区域语言学》等杂志编委，《中国新发现语言研究丛书》、《中国少数民族语言方言研究丛书》、《中国少数民族语言系列词典丛书》、《汉藏语同源词研究》、《中国的语言》主编，1992 年获国务院特殊津贴，北京、南开、四川、宁夏等多个大学兼聘教授。

20 世纪 80 年代初，他走上民族所少数民族语言学科领导岗位，主持筹建了社会语言学组（90 年代改为社会语言学室）、计算语言学和实验语音学组（90 年代改为研究室）。他作为国家民委民族问题五种丛书之一《中国少数民族语言简志》丛书的编委，负责编委会的日常工作，为推动并完成这套丛书（共 57 种）的撰稿审稿、编辑出版做出了显著的贡献。2006 年，他又应国家民委邀请，主持修订工作，完成 60 种语言的修订，合订为 6 卷于

2009年出版。1984年,他主持中国社会科学院重点项目"中国少数民族语言文字使用情况调查",完成了7个子课题和一个总报告,为以后1986年开始的国家"八五"重点课题《中国少数民族语言使用情况调查研究》打下了坚实的基础。1986年起,他主持国家社会科学基金项目《中国少数民族语言比较研究》,为推动少数民族语言各语族的历史比较研究做出了巨大贡献。他倡导并编辑出版《中国少数民族语言系列词典》丛书,作为这套丛书的主编,为推动本套丛书的撰稿、编辑和出版付出了巨大的心血,目前已经出版23种。80年代末,他积极支持少数民族语言方言研究,论证并推动了10多种南方少数民族语言方言研究的开展,并取得了丰硕的成果,目前他又为主编这套丛书的撰稿、编辑、出版竭尽全力,已经出版18种。

孙宏开自1954年从北京大学毕业以后,一直从事少数民族语言研究,在描写语言学、比较语言学、社会语言学、民族古文字古文献和语言规划研究方面都有著述,是我国少数民族语言研究方面的知名学者。他以语言研究为基地,参与了中国的民族识别和语言识别工作,研究兴趣涉猎民族理论、民族史、民族学、民族文化等分支学科。60年代初期,他受组织委托,开始对藏缅语部分语言进行谱系分类研究,他提出的在藏缅语族中建立羌语支(共13种语言)的观点,得到国内外同行的高度评价和普遍采纳。80年代初期,他组织部分藏缅语学者整理藏缅语语音和词汇,完成专著《藏缅语语音和词汇》,他为本书写的导论,较详细地分析了藏缅语同源词的主要语音对应规律,从而建立了藏缅语族语言语音演变的理论框架。80年代中期,他开始藏缅语语法专题研究,先后发表了一批较有分量的论文。例如对藏缅语中名词残存的人称领属词头的研究,揭示了部分彝语支语言、景颇语支语言、羌语支语言名词人称词头的同源关系,指出名词人称词头与人称代词、动词的人称前后缀有密切关系;对羌语支语言动词用前缀表达的趋向范畴的研究,表明各语言在语法意义、语法形式方面都有同源关系,动词的趋向范畴是羌语支语言语法上的一个重要特征;对藏缅语动词互动范畴的研究,揭示了互动范畴的各种表达形式,特别指出羌语支10多种语言(包括西夏语),表达互动范畴的语法意义都使用重叠形式;对动词人称范畴的研究,揭示了目前我国部分藏缅语中动词还残存着用人称代词的缩减形式作动词前后缀的语法形式;对藏缅语量词用法的比较研究,主要讨论了量词发展上的不平衡性,指出处在不同发展阶段上的量词功能上的差别,从而证明藏缅语中的量词是后起的,目前正经历着从无到有,从少到多的发展过程;对藏缅语人称代词"格"范畴的研究,指出人称代词用词根元辅音屈折变化的格形式和格助词的历史演变有密切关系;对藏缅语动词"式"范畴的研究,指出动词命令式的屈折形态与人称、时态的词缀有密切关系;对动词使动范畴的研究,不仅构拟了使动范畴的原始形式,而且指出使动范畴是原始藏缅语的一个重要特点。通过这些专题的艰辛研究,使藏缅语语法研究达到了一个新的水平。其后,他在专题研究的基础上,总结出藏缅语语法形式的主要特征以及藏缅语语法结构类型的历史演变规律,他的长篇论文《论藏缅语语法结构类型的历史演变》、《论藏缅语的语法形式》等论文发表后,得到国内外同行的高度评价。

他长期深入少数民族地区,调查记录过30多种汉藏语系语言,并新发现了15种少数民族语言,积累了十分丰富的第一手资料和田野工作经验。他先后在国内外出版专著23种(其中部分为合著),发表论文210多篇,其中47篇(种)分别在美国、日本、加拿大、印度、德国、新加坡、澳大利亚、瑞士、法国、波兰、意大利、西班牙等国以及中国香港、中国台湾等地区出版或发表,得到国内外同行的较好评价,被国内外学者广泛引用。他的《羌语简志》等科研著作以及《藏缅语语料库及比较研究的计量描写》(合作)有多项获国家级和省部级奖励。他受中国社会科学院派遣，于1986年和2003年两次出席联合国教科文组织分别在加拿大渥太华和法国巴黎举行的国际语言规划学术讨论会和濒危语言全球专家会议，并在会上作了题为《中国开展语言规划工作的基本情况》、《我们对濒危语言问题的看法》的学术讲演，受到与会者的欢迎。他应加拿大国际语言立法院和瑞士弗利堡大学的邀请，出席了在瑞士举行的第四届国际语言立法会议，并在大会作了题为《中国少数民族语言立法情况》的学术讲演，得到与会各国代表的好评。1988年，他被日本学术振兴会誉为诺贝尔式的科学家邀请访问日本，与京都大学国际著名语言学家西田龙雄合作研究华夷译语，完成巨著《白马译语研究》在日本出版。在访日期间，接受日本京都大学校长授予的京都大学教授名誉称号。其后，他曾多次出访讲学、参加国际合作和国际会议，足迹遍及世界各地。1992年，根据国际关于濒危语言问题的现状，他首次在国内提出开展濒危语言研究，并在社科院建立《中国空白语言调查研究》课题，其后改称《中国新发现语言调查研究》，为在我国保存濒危语言资料，推动濒危语言的调查研究做出了贡献。为此，2007年，被人事部和文化部授予"全国非物质文化保护先进工作者"称号，享受省部级劳模待遇。1994年，他出席在巴黎举行的第27届国际汉藏语言及语言学会议期间，不仅被安排大会发言，而且还被邀请主持会议。孙宏开教授还重视语言和历史、文化、民族、地域等方面关系的研究，他的《川西民族走廊地区的语言》、《六江流域的民族语言及其系属分类》、《邛笼文化与羌语支语言》、《历史上的氐族和川甘地区的白马人》、《语言识别和民族》等论文，都是从不同的侧面，以语言材料为依据，探讨语言和相关学科的关系，文章发表后，引起了从事地方史、民族史、民族学研究的学者的注意。1995年，他倡导、筹备并主持了《汉藏语言研究理论与方法研讨会》，使民族语言理论研究登上了一个新的台阶。1997年，他筹备并主持了

30届国际汉藏语会议，其后，他又协助云南民族大学、厦门大学、黑龙江大学等召开了多次国际汉藏语会议，为推动我国汉藏语系研究、加强这一领域的国际交流做出了贡献。由于他在学术研究方面取得的成就，被英国剑桥国际传记中心和美国传记学院列为20世纪最有成就的学者，并被这两个机构选为名誉顾问，获赠美国传记学院"高级研究员"金质奖章。他的简历还被国内外数十家传记收藏。

他在民族研究所少数民族语言研究室担任领导工作（1982—1994）期间，曾主持或参与多个国家级研究课题和国际合作项目，在少数民族语言学科的建设和发展、青年研究人员的培养、开展国内外学术交流以及少数民族语言学科为国家现代化建设服务等方面做出了显著的贡献。目前他正在主持国家社会科学基金课题《藏缅语族羌语支研究》、中国社会科学院重大课题《中国少数民族新发现语言深入调查研究》（二期）。继续主编出版《中国新发现语言研究丛书》总计约60种，《中国少数民族系列词典丛书》约30种，《中国少数民族语言方言研究丛书》总计约20种，《汉藏语同源词研究》总计约5种，《中国的文字》等。主编的《中国的语言》约360万字，2007年已经由商务印书馆出版。

孙竹 （1931—1995）生于沈阳，祖籍辽宁彰武县。曾任中国社会科学院民族所研究员、《民族语文》杂志常务副主编。

1952—1955年在北京大学东方语言文字系学习蒙古人民共和国语言文字，1956年毕业于中央民族学院，1956—1961年在中国科学院少数民族语言研究所从事蒙古语、东乡语、达斡尔语研究，1961—1976年在内蒙古语言文学历史研究所工作，从事现代蒙古语规范化、蒙古语方言土语、蒙古语正音法等问题研究。1976—1979年在国家测绘总局测绘科学院主持编著《青海省地名录》。1979年10月调中国社会科学院民族所，任《民族语文》副主编并在语言室从事蒙古语族语言研究。1980年被评为副研

究员和被选为中国民族语言学会、中国地名学会常务理事。

主要研究领域是蒙古语文和蒙古语族语言研究。他的代表作《蒙古语文集》，根据实际资料描写了我国蒙古语标准音——察哈尔语，对一些有争议的问题提出了他的看法，如：弱化元音问题、重音问题、方言划分问题等。他主编的《蒙古语族语言词典》把反映蒙古语全貌的11个调查点与达斡尔语、东部裕固语、土族语、东乡语、保安语的词汇进行比较，共有20个栏目。论文《达斡尔族语言——兼谈达斡尔语与蒙古语的某些异同》（《青海民族学院学报》1983年第4期—1984年第1期连载）和《蒙古语、达斡尔语、东乡语的数范畴比较》对蒙古语族内部的语言进行了异同比较、分析。在地名研究方面有《少数民族省区地名录编纂法》、《地名标准化与语言学》、《我国地名的罗马字母拼写》，其中《几个重要山水名称的考实和黄河河源问题》把存疑近百年的青海、新疆交界处7720公尺大山的名称订正为布喀达坂峰，清除了（1885年）沙皇时期强加给我们的名称，此外也把地图上颠倒了20多年的河源扎陵、鄂陵两大湖的藏语名称和位置对调了过来。已出版专著有：《蒙古语文集》、《蒙古语族语言词典》（主编，多人合作）、《青海省地名录》（集体编写，1979）、《民族语文研究文集》（主编之一）、《语言调查研究讲座》（与沈成明合编）。已发表论文有：《现代蒙古语规范问题》、《关于国内蒙古语方言划分和标准音问题》、《关于扎陵、鄂陵两湖名称位置和黄河河源问题》、《我国民族名称的拼法》（与张公瑾合作）、《少数民族省区地名录编纂法》、《地名标准化与语言学》、《现代蒙古语的弱化元音》、《关于国内现代蒙古语的方言划分问题》、《加强文明语言的教养》、《〈民族语文〉编辑工作的三年回顾》（与王均合撰）、《我国地名的国际标准化和民族语地名的音译转写法》（与曾世美合作）、《达斡尔族语言》、《蒙古语察哈尔方音与书面语语音的比较》、《论我国蒙古族语言》、《论蒙古族的文字》、《我国蒙古语》、《民族语言调查研究》、《达斡尔族语言——兼谈达斡尔语与蒙古语的某些异同》、《我国蒙古语诸方言土语的语音对应规律》、《现代蒙古语标准音音系分析》、《我国地名的罗马字母拼写》（与曾世英合撰）、《蒙古语达斡尔语东乡语的数范畴比较》等多篇。

太平武 （1947—）朝鲜族，吉林省延吉市人。1975年毕业于中央民族学院少数民族语文系汉朝翻译专业。1967—1978年受聘于北京大学东语系参加《汉朝词典》的编纂工作。1984—1986年在朝鲜金日成综合大学研究生院学习研究，获副博士学位。1989—1991年在北京大学东语系从事教研工作。1991—1992年任日本大阪经济法科大学客座研究员，1997—1998年作为朝鲜金日成综合大学访问学者，获博士学位。现任中央民族大学朝鲜语言文学系主任、教授。主要著作有：《汉朝语序对比研究》、《汉朝翻译理论研究》、《社会语言学研究》等。近年来多次主持朝鲜语国际学术讨论会。曾指导多批硕士研究生论文。

谭克让 （1934—）西安市人。中国社会科学院民族学与人类学研究所研究员。1954年中央民族学院语文系毕业后，即参加了国家组织的全国少数民族语言普查工作，同期调入中国科学院少数民族语言研究所（后改并为中国社会科学院民族研究所，现为民族学与人类学研究所），主要从事少数民族语言和藏语研究工作。历任所科研处副处长、语言研究室主任、所学术委员等职。1994年退休。享受政府特殊津贴。主要工作有：

1956—1957年，参加全国少数民族语言调查第七工作队川北工作组，赴四川阿坝藏族自治州调查嘉戎语。1957年再去该州，参加嘉戎语的普查工作。发表论文《嘉戎语甘堡话汉语借词反映在音位系统中的一些情况》，并与金鹏、瞿霭堂、林向荣合作发表了《嘉戎语梭磨话的语音和形态》（上下）。1958—1965年间，多次去藏族地区调查研究藏语，对藏语的全貌、方言的差异和划分、藏语的发展与演变、新词术语等方面的课题进行研究和介绍。撰写了有关藏语新词术语的调查报告，并参与《藏语简志》的编写。

1976年率西藏少数民族考察队，赴西藏察隅、米林、墨脱等县，调查研究门巴族、珞巴族和僜人的历史、社会形态和语言状况，并拍摄少数民族社会历史科学纪录影片"僜人"。

1977年受中国社会科学院委托，为筹备和组织全国民族研究工作规划会议，赴陕西、四川、云南省考察，于1979年在昆明组织召开了"全国少数民族研究工作规划会议"，制定了"全国民族研究工作1979—1985年规划"。1979年为了解阿里藏语的状况，填补藏语调查研究的空白，赴西藏阿里地区进行实地调查，确定了阿里藏语方言、土语的归属问题，与瞿霭堂合著《阿里藏语》一书，同时发表了多篇论文，介绍了这一地区藏语的状况。1983年为了解夏尔巴人的语言归属和族属问题，赴西藏聂拉木县樟木口岸，实地调查了跨境而居的夏尔巴人历史状况和夏尔巴语，确定夏尔巴语是藏语卫藏方言的一个土语。并发表了论文《夏尔巴藏语的声调系统》。1984年赴海南黎族苗族自治州调查黎族语言文字使用情况，这是一项社会语言学方面的研究课题。主要对黎族语言的使用范围、学校教育中黎族语言、文字的使用状况、双语的使用以及黎族的文字问题等进行调查。并与郑贻青、谢广华合作撰写，发表了《海南黎族苗族自治州黎族语言文字使用情况的调查》。1984—1992年，主要参与社会语言学方面的研究课题，探讨各民族语言文字的社会应用和发展问题，筹划和组织中国少数民族语言使用情况和文字问题的调查研究。集体合著，国家"七五"规划重点科研项目之一，《中国少数民族语言使用情况》、《中国少数民族文字》、《中国少数民族语言文字使用和发展问题》著述3种。该项目于1997年荣获吴玉章奖金语言文字学优秀奖。

1986年参加中国与澳大利亚合作项目《中国语言地图集》，与瞿霭堂合作绘制《藏语方言图》。该图集1993年荣获中国社会科学院1977—1991年优秀科研成果奖；1999年荣获国家社会科学基金项目优秀成果一等奖。1986年为组织中国和加拿大合作项目，率中方小组去加拿大访问，双方就合作项目的调查大纲框架和调查方式等问题交换了意见。同年，为筹备合作项目，赴云南迪庆藏族自治州进行试点调查，为该项目的开展作前期准备，并发表了题为《云南迪庆藏族自治州藏文使用情况的调查》。1988—1992年，参与筹划和组织调查，编撰中加合作项目。这是一项集体合著项目，中方共组织40余人，对中国56个民族使用的语言和文字，进行社会语言学方面的课题调查和研究。其间于1991年率中方小组再赴加拿大工作，协助中国卷计算机数据库的建立和分析。于1995年出版了专著《世界的书面语：使用程度和使用方式概况》中国卷一书。该书于2000年荣获第三届中国社会科学院优秀科研成果二等奖，同时荣获中国社会科学院民族研究所2000年度优秀科研成果一等奖。

1997年为加拿大G. D. 麦克康奈尔教授等编撰的《国际语言活力图表集》（中国卷）一书，撰写前言。该书以英、法文合编的形式，于1998年在加拿大出版发行。

特图克 （1935—）蒙古族，内蒙古哲里木盟科尔沁左翼中旗人。内蒙古民族师范学院蒙古语言文学系主任、教授、中国蒙古语文学会理事和内蒙古高等教育学会理事。

1962年毕业于内蒙古大学蒙古语言文学系，曾先后任教于内蒙古大学和西北民族学院，1981年调至内蒙古民族师范学院任教。1982年以前曾在清格尔泰、确精扎布教授指导下参加过蒙古语方言调查工作和《现代蒙古语》的编写工作。发表过《蒙古语代词的几个问题》、《蒙古语名动词》、《再论蒙古语名动词》等论文，后者获 1987 年中国蒙古语文学会优秀论文奖。从 1981 年起，着重研究蒙古语句法问题。在前人研究的基础上，探讨了复合句的问题，从 1982 年至 1986 年连续发表数篇论文，其中《关于语言结构》一文获 1987 年内蒙古自治区第二届哲学社会科学优秀成果三等奖。他的专著《语言学概要》绪论、语言的本质、只能和结构系统、语音学和文字学、词汇学、语法学、语言的产生和发展等内容。语言的各种单位都处于一种确定的有规则的系统之中。语言系统是指语言结构中同一类单位内相互制约、相互联系的各种结构的统一体。每种语言之所以不同，主要是它们有各自独特的结构系统。同一种语言的各个结构单位之间有明显的差异。描写语言，就是要描写组合关系和聚合关系的具体内容及其表现形式和特点。从 1987 年起采用以结构模式和聚合体这两个概念为基础的描写句子结构的新方法来重新研究蒙古语句法问题。他认为，语法体系中句法占有中心地位，而简单句是整个句法的中心语法范畴。同时也是形成复合句和句群以及任何扩展话语的基本单位。他在 1987 年 9 月的内蒙古大学蒙古学国际学术讨论会上宣读了《蒙古语静词谓语句的特征》一文，同年 12 月在中国语言学第四届年会上提交的论文《蒙古语双部动词谓语句的特征》都讨论了蒙古语简单句问题。已出版的专著有：《语言学概要》（蒙文）。已发表论文有：《蒙古语代词的几个问题》（蒙文）、《蒙古语名动词》（蒙文）、《蒙古语状态词》、《蒙古语时间范畴》（蒙文）、《关于蒙古语状态词问题》、《蒙古语并列复句分析》、《浅谈蒙古语语体》（蒙文）、《关于蒙古语句子结构》（蒙文）、《关于句子分析方法》（蒙文）等多篇。

田德生 （1933—）土家族，湖南省湘西土家族苗族自治州龙山县坡脚乡人。副研究员、四川省少数民族语言学会常务理事、副秘书长。

1956 年 3 月—1966 年 1 月在中国科学院少数民族语言研究所专门从事民族语言调查研究工作，师从著名语言学家傅懋勣、陈士林先生。参与少数民族语言调查第四工作队调查土家语，担任土家语调查组组长。多次对湖南省湘西的龙山、永顺、古丈、保靖、泸溪，湖北鄂西的来凤、咸丰、恩施、宣恩，贵州省黔东南的铜仁、松桃以及四川省（现重庆市）的秀山、酉阳等县的土家语进行调查，广泛收集语言材料，科学分析南北两地土家语的使用、交流和发展变化情况，这是极其珍贵的语言及人文材料，上报各级政府相关部门，为辨认、识别和确认土家族这个被历史湮没已久的民族提供了科学依据。1957 年初第二次带领更多的语言调查工作人员，到湘西州调查土家语，到云南省红河哈尼族彝族自治州的元阳、金平，楚雄彝族自治州的武定、禄丰等县调查彝语至年底。这段时间的调查，为土家语与彝语的比较研究积累了一些资料。1959 年与冯锦凤合作，编撰了中国第一本研究土家语的专著《土家语简志》。该书历经波折，于 1982 年，在中南民族学院（现中南民族大学）原副院长、著名语言学家严学宭先生指导下重新启动，由田德生、何天贞等编写，历时四年，于 1986 年面世。1966 年 2 月—1993 年 10 月在西南民族学院（现西南民族大学）从事行政管理工作，先后任副科长、科长、副处长、处长等职。因成绩突出，被四川省委、省政府评为优秀政工干部以及成都市先进工作者。尽管从事行政管理工作，但对土家语的研究一直笔耕不辍，利用寒暑假、休息日以及退休后的时光作土家语的调查研究及编写工作。1983 年受湖北省委统战部的邀请，参加该部组织的有民族学家、历史学家和语言学家参加的对该省宜昌地区的长阳、五峰等县进行土家族的民族识别工作。省委特别对语言科学工作者的识别成果表示满意，并给予好评。同年参加湖南省志民族志的编写工作，分担土家语的编写任务。1993 年 10 月退休后，主要编写《汉土家词典》工作，于 2005 年完稿，交北京民族出版社。同时，为"成都市志民族志"，收集居住在该市的土家族人员的有关资料，对在成都市有关单位的专家学者以及高级行政管理人员等逐一进行实地采访，并汇集整理成素材，提供给成都市民族事务委员会民族志编写组。

已发表的论文有：《土家语概况》、《论土家语"大"的特点》、《土家语四音格分析》、《土家语话语材料》、《土家语处于濒危之中》（与戴庆厦、田静合撰）载日本 ENDANGERED LANGUAGES OF THE PACIFIC RIM，2003 年。1989 年被收录入青海人民出版社出版的《当代中国民族语言学家》一书。2001 年录入《成都市志民族志》一书。

田中山　（1922—）台湾高山族（阿美斯人），台湾台东县东河乡隆昌村人，大学文化。1947 年来大陆，1947 年 8 月参加中国人民解放军。1949 年 6 月参加中国共产党。1949 年 12 月被分配到上海粮食公司工作，1953 年调南京华东航空学院，1956 年 8 月调北京中央民族学院少数民族语言文学系，从事高山族阿美斯语研究，任教研室主任，副研究员。1988 年离休。1987 年任全国第五届人大代表，1983 年任北京市第八届人大代表，1988 年连任北京市第九届人大代表。曾任北京市台湾同胞联谊会第一届副会长、顾问。1984 年为首都民族团结先进集体，先进个人。1987 年经国家民委批准下发副研究员任职资格专业技术证书，1988 年被聘为台盟中央高山族联络委员会副主任委员。1992 年被国家民委学术委员会《中国民族文化大观》编委会聘为高山族编主编。收集整理过《阿美斯族民间文学语言资料汇编》，后与学生曾思奇、李文苏选用其中部分资料编成《台湾 Amis 语话语汇编》。已发表民间故事和文章有《两岸台湾同胞恳亲会亲历记》、《人生蛋》、《拉厚戈与鱼姑娘》、《山鹰姐妹》、《返台所见所闻》、《两次赴京国庆观礼记》。曾赴日参加"两岸台胞恳亲会"。

图力更　（1930—）蒙古族，内蒙古土默特旗人。内蒙古自治区社会科学院语言研究所研究员、副所长兼《蒙古语言文学》（蒙文版）副总编。

1952 年入北京大学东方语文系蒙古语专业学习，1954 年调中央民族学院民族语文系语言研究班学习。1956 年毕业留校任教。1975 年调内蒙古大学蒙古语言文学系任讲师，1979 年调内蒙古自治区社会科学院语言研究所任副所长。主要从事社会语言学和应用语言学以及蒙古语规范化的研究。对现代蒙古察哈尔标准音有较深入的研究，结合蒙古语书面语的历史和现状作了比较研究，写出《察哈尔土语与书面语的音位比较》一文，和《现代蒙古语察哈尔标准音音位结构》，分别被评为中国蒙古语文学会优秀论文和 1985 年内蒙古自治区社会科学院优秀科研成果奖。已出版专著有：《现代蒙古语词汇学》（蒙文）、《蒙文诠释》（蒙文）、《蒙古语研究概论》（蒙文，主编）。已发表论文有：《试论蒙古语方言划分、基础方言及其标准音》（蒙文）、《蒙古语音标方案解说》（蒙文）、《现代蒙古语察哈尔标准音音位结构》（蒙文）、《蒙古语的历史发展及其诸方言的形成》（蒙文）等。

图门吉日嘎拉　（1963—）蒙古族，内蒙古阿鲁科尔沁旗人，文学博士，内蒙古大学蒙古学学院教授，中国蒙古语文学会学术委员、内蒙古语言学会、内蒙古名词术语委员会、蒙古语标准音工作委员会及蒙古文正字法委员会等学术团体的会员。

图门吉日嘎拉于 1983 年考入内蒙古大学蒙古语言文学系，1987 年本科毕业后本年考入内蒙古大学少数民族语言文学专业现代蒙古语研究方向的硕士研究生，1990 年获文学硕士学位后留校任教，1997 年晋升为副教授。同年考入内蒙古大学少数民族语言文学专业蒙古语族语言比较研究方向的博士研究生，2001 年获文学博士学位。2004 年晋升为教授。

从事现代蒙古语以及蒙古语文化语言学、蒙古语族语言比较研究等领域的教学科研工作。教学方面，为蒙古学学院本科生、留学生以及硕士和博士研究生讲授《现代蒙古语》、《蒙古语言与文化》、《蒙古语修辞学》、《蒙古语规范化》、《蒙古语词汇学》、《蒙古语族语言概论》、《基础蒙古语》、《现代蒙古语及其方言研究》等课程。

曾参加内蒙古自治区新闻出版局重点项目《蒙古文正字法字典》和国家"九五"、"十五"重点项目《蒙古学百科全书》（语言文字卷）的编写工作，主持完成了国家社会科学基金项目《现代蒙古语的应用与规范化问题研究》、国家教委普通高等教育"十一五"国家级规划教材项目《现代蒙古语》、内蒙古自治区高等学校科学研究项目《蒙古语规范化问题研究》、内蒙古大学青年科学基金项目《蒙古语与北方民族婚姻文化》、内蒙古大学高层次引进人才科研启动基金项目《蒙古语族语言词结构比较研究》等重大项目。并正在主持着国家语委"十二五"科研规划2011年度自筹项目"蒙古语族语言构词法研究"、内蒙古自治区高等学校科学研究重点项目《内蒙古地区蒙古语授课中小学蒙古语文使用情况调查研究》和内蒙古自治区精品课程《现代蒙古语》等项目。

在国内重要刊物上发表50多篇学术论文。主要有《现代蒙古语附加成分的一些体会》、《现代蒙古语词干的若干问题》《现代蒙古书面语语素的若干问题》、《从〈蒙古秘史〉中与宫室有关的词语谈起》、《蒙古语族语言时位词的某些问题》、《论蒙古语族语言双根词》、《论阿尔泰语系语言附加成分-Han/-kEn》、《阿尔泰语系语言 ho-词根研究》、《蒙古语族语言 a-词根研究》、《关于〈蒙古秘史〉中两个词语释义》、《阿尔泰语系语言 Ha-词根词研究》、《关于1947—1957年代内蒙古地区蒙古语文使用情况》、《论蒙古书面语语素的识别问题》、《内蒙古地区蒙古语授课教育的基本情况与存在问题》、《论中国蒙古语文工作上存在的问题》、《现代蒙古语句子成分弊病纠错》、《现代蒙古语语气词的一些不当用法》、《现代蒙古语副动词形态语句弊病纠正》、《蒙古语族语言音变构词现象研究》、《内蒙古地区蒙古语授课中小学蒙古语使用中的汉语言文化影响研究》等。

编写出版的教材有《蒙古语方言学概论》、《现代蒙古语》、《现代蒙古语规范》等三部。

出版的学术专著有《现代蒙古语词的结构研究》（内蒙古大学出版社，2008年）、《蒙古语文的学习使用与研究问题》（内蒙古教育出版社，2009年）等两部。

图门吉日嘎拉教授任教20多年以来，由于教学科研工作突出，1993年获内蒙古大学"光华奖学金"二等奖，1995年、1996年、2003年、2004年和2005年被评为内蒙古大学"先进工作者"，1998年获内蒙古大学"首届青年教师教学技艺大赛"一等奖和全区大中专院校青年教师"教学技艺大赛"三等奖，1996年《〈蒙古秘史〉中与 oki 有关婚姻文化的几个词语探源》为题目的论文获中国蒙古语文学会二等奖，1999年《蒙古语 ur-E 一词探源》为题目的论文获中国蒙古语文学会三等奖，2004年《阿尔泰语系语言 Ha-词根词研究》为题目的论文获中国蒙古语文学会二等奖，2000年与别人合作报的《内蒙古大学国家文科基地蒙古语言文学专业本科点建设》为题目的项目分别获内蒙古大学和内蒙古自治区人民政府教学成果一等奖，2001年本项目获国家教委教学成果二等奖。2011年他编写的国家教委普通高等教育"十一五"国家级规划教材《现代蒙古语》被评为教育部2011年普通高等教育精品教材。

吐尔迪·艾合买提 （1928—）维吾尔族，新疆焉耆县人。新疆大学中国语言文学系突厥语研究室主任、教授，新疆维吾尔自治区政协委员。

早年在新疆师范学校读书，1952年毕业于新疆省干校语文部，1959年在中央民族学院民族语文系突厥语研究班学习，1961年以来在新疆语文学院、新疆师范学院、新疆大学等高等院校工作，讲授过古代维吾尔语言文学、现代维吾尔语、察合台语、古突厥语、语言学和古如尼文字、古维吾尔文字、古摩尼文字、察合台文字等课程。1980年开始培养硕士研究生。吐尔迪·艾合买提一方面从事教学工作，一方面研究现代维吾尔语词汇学、词法和句法中的某些尚未解决的问题。对维吾尔语的修辞学、语义学等也作了比较系统的研究。在现代维吾尔语的研究方面发表了一批文章。如关于维吾尔语动词体的范畴、维吾尔语的复句等，都做了一些研究。他把复句内部的从句分为25种，并提出科学划分原则。他的《维吾尔语教程》反映了他这一成果。他还论述"情态词"在句子中的意义和作用，后置词在句子中的作用等。苏联出版的《苏联突厥学》杂志曾撰文详细评价了此书。已出版专著有：《维吾尔语教程》（两册，新疆教育出版社1981）、《现代维吾尔语》（新疆教育出版社1983），《察合台语》也即将出版。已发表论文有：《维吾尔语中同义词的修辞作用》（《新疆大学学报》1981年第1期）、《关于动词的体》（《突厥语研究》论文汇编，民族出版社1982）、《维吾尔语同形词和多义词的区别以及同形词的修饰作用》（《新疆教育》1982年第6期）、《关于搞好语言文字教学的重要意义和方法》（《新疆教育》1982）、《维吾尔语同义词词义的区别》（《语言与翻译》1983）等。

汪大年 （1938—）江苏武进人。1955年7月毕业于江苏省苏州高级中学，同年9月考入北京大学东方语言学系缅甸语专业学习。1960年毕业，留校任教。主要担任本科学生缅甸语言文化、翻译课程以及汉藏语言比较方向的硕士研究生的培养任务，并担任相关的教学、科研任务。先后被聘为助教、讲师、副教授，1992年聘为正教授。2001年退休。在职期间曾担任缅甸语教研室主任14年。

曾多次陪同中缅两国政府、文化、体育、教育、作家、记者代表团访问中国和缅甸。1988—1989年以学者访问身份赴缅甸仰光外国语学院进修，1994年12月—1998年6月借调到文化部并受派遣赴中国驻缅甸大使馆文化处工作（任一等秘书），2004年1月—6月专程赴缅甸主要方言区缅甸土瓦、丹老、曼德勒、东枝、彬文那等地进行缅甸语方言田野调查。

主要学术成果有：（1）主持编纂《缅汉词典》，商务印书馆1990年；（2）《缅甸语概论》，北京大学出版社1997年，曾获2001年北京市高等教育教学成果二等奖；（3）《藏缅语族语言词汇》（合作参编）中央民族学院出版社1992年；（4）《简明汉缅、缅汉词典》（合作参编）北京大学出版社1995年；（5）主持编写"面向21世纪国家外语非通用语种本科人才培养基地课程教材"《缅甸语教程》（共六册）北京大学出版社2004年；（6）《缅甸语与汉藏语系比较研究》，昆仑出版社2008年。本书为季羡林主编的东方文化集成丛书之一。该书曾获中国民族语言学会第二届（2009年）汉藏语言学奖一等奖和国家民族事务委员会颁发的"国家民委社会科学优秀成果奖二等奖"；（7）《缅甸语与汉语比较研究》，2003年国家社会科学基金入选项目，并入选全国哲学和社会科学优秀成果文库，北京大学出版社2012年；（8）《缅甸语方言调查和研究》2010年国家社会科学基金入选项目；（9）《汉英缅分类词典》（合编），北京大学出版社2004年。

曾先后参加过多次国际会议，发表过《缅甸语中辅音韵尾的历史演变》第十五届国际汉藏语言学会议论文、《妙齐提碑文研究（一）》、《论现代缅甸语声调》载《东方研究论文集》1986年5月、《缅甸语中的弱化音节》国际汉藏语言学会议论文，载《东方研究论文集》1990年9月、《缅甸语动词后附词的探析》国际汉藏语言学术会议论文，刊登于《语言学研究》第一辑北京大学出版社2002年12月、《汉藏语系"A－"词头的探源》国际彝缅语学术会议论文，载《彝缅语研究》四川民族出版社1997年、《缅甸语动词后副词的研究》第36届国际汉藏语言学会议论文、《缅甸语方言中复声母后置辅音 r、l、j》第38届国际汉藏语学术会议论文。此外有《缅甸文的注音和转写》、《缅甸文字的起源与发展》、《古代缅文与藏文关系初探》、《缅甸语言、文字和缅甸文化》、《缅汉成语比较》、《建立在六缘基础上的中缅文化交流》、《缅甸的佛教文化》、《缅甸的佛教与社会》、《天涯同云雨，何曾分两地——论东南亚华人、华侨在文化交流中的作用》等数十篇有关语言文化的论文。

翻译过世界历史名著、缅甸文学名著：《旭日冉冉》〔缅〕吴登佩敏著，北京大学出版社出版（合译）、《琉璃宫史》商务印书馆 2006 出版（合译）、《别了，夏日之夜》〔缅〕德格多蓬乃著，重庆人民出版社出版（合译）、《四个时期的中缅友好关系》德洪出版社出版（合译）。

汪玉明（1936—2005）满族，北京人，大学学历，曾任职于中国社会科学院民族研究所，副研究员。20 世纪 50 年代初高中毕业考入中国科学院满文班，50 年代末满文班毕业后被分配到中国科学院少数民族语言研究所满—通古斯语组，时任研究实习员。1962—1975 年，被选派"四清"工作团成员，工作结束后，被派往北京市昌平县中越友好公社支农；1976 年回所，任职于历史研究室从事于负责满文资料的整理、研究工作。

汪玉明热爱从事的民族研究工作，为此倾注了毕生的心血。在工作期间，他兢兢业业，认真负责，成果丰硕。1957 年后赴新疆锡伯族地区进行为期一年的语言实习，之后参加工作直到退休为止。长达 40 余年工作的生涯中，多次参加过满—通古斯语的调查和研究工作。1958 年，参与编写鄂伦春、鄂温克、赫哲等民族语言调查大纲；同年，参加了实地调查鄂伦春语的工作，并完成了调查报告稿；1959 年，参加过赫哲语的调查工作，并完成调查报告稿；1976—1978 年，为完成国家科研项目《准噶尔史略》，与人合作翻译满文档案 9 种，约 120 万字。其后，负责编辑出版了《满文土尔扈特档案汇编》，并由民族出版社正式出版。另外，在 20 世纪 80 年代与语言室同事合作深入满族地区进行过满语调查，并在《民族研究通讯》第 2 期上发表过《黑龙江的满族及其语言》等方面的论文介绍。汪玉明热爱本民族文化，满文造诣很深，并热心培养满文人才，曾应邀在民族所和其他单位讲授满文课程，先后达两年，受到所内外同事的广泛好评，是当时国内为数不多的资深满语专家之一。1991 年，被晋升为高级职称。1996 年退休，仍继续从事满文研究、整理工作，直至逝世。长期以来，汪玉明同志在科研和科研辅助的岗位上认真工作，足迹遍及我国许多少数民族居住的边远地区，治学严谨，谦虚谨慎，不求名利，为后来者树立了榜样。

王阿舒（1964—）女，江苏睢宁人，教授，硕士生导师。1986 年 7 月毕业于新疆师范大学中语系，获文学学士学位。1996 年考取新疆师范大学中语系少数民族语言文学专业（双语教育与双语教学方向）硕士研究生，1999 年 6 月获文学硕士学位。现任新疆师范大学语言学院院长，新疆维吾尔自治区人文社科重点研究基地"新疆少数民族双语教育研究中心"主任，中国少数民族双语教学研究会常务理事，中国少数民族教育学会预科教育委员会常务理事，教育部中国少数民族汉语水平等级考试专家委员会委员，新疆双语教育专家委员会委员，兼任《新疆师范大学学报》（社会科学版）编委。2010 年获得校级名师称号。

王阿舒教授一直从事对少数民族的双语教育教学与研究工作，形成了相对稳定的教学和研究方向。主持国家特色专业——维吾尔语专业的建设工作；主持新疆维吾尔自治区紧缺专业——维吾尔语、自治区教学团队、自治区精品课程的建设工作。主持教育部人文科学研究课题——《新疆少数民族学前双语教育研究》（已结项），自治区哲学社会科学重点课题《新疆推进双语教育研究》等课题，获得科研项目资助经费 16 万余元，项目建设经费 500 余万元。出版了专著：《小学汉语教学法》，主编出版了《语言文字运用》（高等教育系列教材），主编《维吾尔语专业系列教材》，参编新疆九年义务制《汉语》以及内地新疆高中班预科系列教材《汉语文》等十余部教材。在国内核心期刊和其他刊物上发表了《少数民族学生汉语学习若干元认知策略调查分析》、《新疆少数民族双语教育政策发展综述》等 20 余篇学术论文。2010 年，主持的教研成果获自治区优秀教学成果二等奖。

王昌富　（1961—）彝族，彝名且萨乌牛，大学本科，文学学士，出生于四川省凉山州盐源县，现任中国民族语文翻译局彝文翻译室译审、副主任（主持工作）。1979 年 7 月高中毕业考入西南民族学院（现西南民族大学），预科学习一年后，就读西南民族学院中文系彝族语言文学专业，每学年都被评为"三好学生"或"优秀学生会干部"。1984 年 6 月本科毕业，获文学学士学位，被评为四川省"应届毕业优秀大学生"，由四川省委组织部分配到凉山工作，曾任盐源县人民政府办公室秘书、盐源县右所区副区长、四川省彝文学校翻译教师，中央民族语文翻译局彝文室翻译科科长、彝文室副主任。兼任四川省民族研究所特聘研究员。社会学术职务任省民族研究学会常务理事、中国民族语言学会会员、中国译协会员和第四届国际彝学会副秘书长等。从事汉彝翻译教学、翻译和审稿工作已 22 年。1996 年被破格评为副译审，2006 年评为译审。主要工作业绩可归为以下六个方面：

（一）出版译著和学术专著 5 部。(1)《我的幺表妹》（彝译汉）；(2)《彝族妇女文学概说》（含汉彝对照）；(3)《彝族古代文明史》（含彝汉对译）；(4) 审订吉格阿加翻译的彝族道德经典《玛穆特依》；(5)《凉山彝族礼俗》。

（二）发表学术论文 30 多篇。其中，《彝语连动式初探》、《彝族文艺作品中称谓误用辨正》、《彝语有形 + 名构成式》、《论凉山彝族三大方言区服饰文化差异》、《金字塔：托起彝人与美洲印第安》、《彝族传承文学中的女性角色》、《口译经验与方法论》、《谈〈我的幺表妹〉的整理与翻译》、《用彝族文化破解三星堆之迷》、《翻译标准应为等质》（获全国第十二次民族语文翻译论文评比二等奖）等在彝学界产生了一定影响。

（三）组织和参加了自 1986 年以来的全国、四川省"两会"和党代会等重要会议彝文翻译工作。全国"两会"彝文翻译工作 22 次，四川省"两会"翻译工作 22 次，全国党代会翻译工作 5 次。在人民大会堂先后为四任总书记和四任总理做彝语同声传译。

（四）组织翻译和参加审订了 50 余部重要文献。主要的有：《毛泽东选集》、《邓小平文选》、《宪法》、《党章》、《论"三个代表"》、《论科学技术》、《反分裂国家法》、《政府工作报告》等。目前在主持翻译和审定《资本论》和《江泽民文选》。这些大量的工作，对彝族地区党和国家方针政策的宣传、贯彻发挥了较大的作用，对彝汉文化的相互交流做出了一定的贡献，在全国彝学界和汉彝翻译领域有了一定的影响。

（五）编译《汉彝大词典》，任副主编。收词 8 万余条，为目前最大的汉彝翻译工具书。

（六）近期学术活动。应邀在西南民族大学、原凉山大学、西昌学院作学术讲座，主要内容：《国内外与彝族有关人类起源的学说与考古发现》、《欧洲奴隶制与凉山奴隶制比较研究》、《彝文献中母系社会的兴起与衰退》、《彝文考古与中华文明》、《长江中上游彝系统民族四大文明古国》、《彝族源流》、《国内外彝学动态》、《长江中上游考古发现与彝族早期文化》等学术报告。2005 年，参加组织、筹备第四届国际彝学会，任学术总监、副秘书长，承担大会彝语翻译，提交并宣读论文《毕摩文化发展的历史脉络》。

王春德　（1933—1992）苗族，贵州台江县人。1956年毕业于中央民族学院语言专修科，同年参加少数民族语言调查第二工作队调查苗语方言和创制苗文的工作。1957年到贵州省民族语文指导委员会研究室任苗语黔东方言组组长，从事苗语文研究。1959年调中国科学院少数民族语言所任实习员、第一组秘书、室秘书、助理研究员，1986年任副研究员、语言室副主任、民族语言学会常务理事副秘书长、《民族语文》编委，1988年任所学术委员会委员。30多年来他一直研究苗语，代表作有《苗语语法》（黔东方言），该书从苗语实际出发，提出了"量词中心论"，主张含有物量词的修饰词组，其中心语是物量词。物量词与名词组成的修饰关系的词组是名词修饰物量词。这是因为名词作修饰语时都放在被修饰语之后。而物量词是由名词演变而来的，既然名词修饰名词是后面的名词修饰前面的名词，因此物量词和名词的关系是后面的名词修饰前面的量词。正如名词被形容词修饰，形容词在后，名词在前。已出版专著有：《苗汉简明词典》（黔东方言，集体编纂，贵州民族出版社1958年）、《苗语简志》（王辅世主编，负责语法部分，民族出版社1985年）、《苗语语法》（黔东方言，光明日报出版社1986年）；已发表论文有：《谈谈苗语构词法》、《苗语黔东方言清鼻音声类的口音化》、《谈谈苗文中的几个问题》等。

王德光　（1926—2010）苗族，贵州威宁苗族彝族自治县龙街镇天桥乡银桥村人。1940年在龙街镇省立小学就读高小，1943年进入朱焕章（苗族）校长创办的贵州省威宁县石门坎西南边疆初级中学。1945年失学在家，1946年在一家毛纺厂打工，后来复学，毕业后，在朱焕章的帮助下到南京国立边疆学校五年制师范专修科学习。1949年被派送到北京蒙藏学校，后转入北京大学东语系学习，并学习罗长培所长担任的语音学课程，被罗所长挑选进入语言研究所。1952年跟随语言所的王辅世先生研究苗语，后参加少数民族语言调查第二工作队到贵州调查苗语。1956年参加在贵阳召开的全国苗族语言文字问题科学讨论会。在贵州调查苗语期间，收集了20万字的苗语长篇材料，录制苗语古歌音档，参加在贵州民族学院举办的新苗文培训班，在威宁举办的苗文培训班，协助威宁县编写两册苗文课本。调查所得的苗语词汇，由专人编写成小词典，供苗族群众使用。回京后，曾将调查所得材料整理编写《汉苗词典》初稿，后因病该项工作停止进行。1991—1992年在中央民族学院担任川黔滇、滇东北两个次方言的苗文教学工作。已发表论文有（与王辅世合作）：《贵州威宁苗语的方位词》、《贵州威宁苗语的状词》、《贵州威宁苗语的声调》、《贵州威宁苗语动词的不肯定型》、《贵州威宁苗语动词形容词的形态变化》、《贵州威宁苗语量词拾遗》等。出版专著有《贵州威宁苗语的声母韵母和声调》（与王辅世合作）。个人独著的有：《贵州威宁苗语话语材料》、《川黔滇苗文》、《滇东北苗文》、《滇东北老苗文》。

王德怀　（1948—）生于新疆莎车县，祖籍甘肃省酒泉县。曾就学于喀什师范学院语言系、扬州大学中文系、中央民族大学研究生班。大学毕业，研究生学历。国家公派安卡拉大学2002—2003年度高级访问学者。现为西北民族大学语言文化传播学院教授，突厥语言文学硕士生导师。研究领域：突厥语言学，维吾尔语、汉语翻译理论与实践。在国内外发表论文30余篇，近几年曾四次获新疆民族语文翻译论文评选一等奖。

代表作：《维吾尔民间谚语翻译研究》（民族出版社2008年）。论文有：《翻译谚语的四项原则》、《从谚语的不同译文看翻译的不全等性》、《论谚语的"显影法"翻译》、《论"死译"与"活译"》、《汉语、乌兹别克语常用单句对比研究》、《半个世纪的维吾尔族民间谚语研究综述》、《维吾尔谚语的汉译研究评述》。

王德温 （1934—）女，河北省肃宁县人。1957年毕业于中央民族学院语文系侗语文专业。同年被分配在中央民族学院壮侗族研究室从事教学与科研工作。1972年，在民族语言文字系维语教研组从事汉语教学工作。1982—1994年在中央民族大学语言研究所侗傣语族研究室从事壮侗语族语言研究、现代汉语教学及中央民族大学国际教育学院对外汉语教学工作。任语言研究所副研究员。主要教学与研究领域为壮侗语族语言和汉语民族语双语教学。主要专著有《壮侗语族谚语》（合作，1982）、《壮侗语族语言文学资料》（合作，1983）、《壮侗语族语言词汇集》（合作，1985）、《汉语课本上下册》（合作，1987）。主要论著有《侗语半浊声母的历史演变》（1984）、《黔湘两省民族文字试验推行情况调查》（合作，1984）、《原始侗傣语声母系统中的 *ʔmb 和 *ʔnd》（1985）、《从语言探索高山族与古越人的渊源关系》（合作，1988）、《谈比较与反复实践教学法——帮助壮族、彝族学生学习普通话的几点体会》（1990）、《中国少数民族语言音档修订版》（词汇录音录制了45个民族的62种语言）民族音像出版社出版。

王尔松 （1931—）哈尼族，云南墨江哈尼族自治县水癸大寨人，1947年在昆明长城中学参加革命工作。1952年毕业于云南民族学院，留校任教。1958年到中央民族学院民族语文系担任哈尼语言文学的教学和科研工作。副教授，硕士生导师，曾任藏缅语教研室主任，1995年离休。

1952年在云南民族学院语文研究室开始进行哈尼语调查研究工作。1953年曾根据豪白方言墨江水癸话的语音设计了豪尼文字方案，未试行。1954年语文研究室归属云南省民族事务委员会，任哈尼语组组长。哈尼语组的工作从原来分头做方言调查，转为重点进行原红河哈尼族自治区哈尼话的调查研究。在原有方言土语调查的基础上，制订了"哈尼语调查大纲"，大纲包括：（1）词汇调查大纲、语法调查例句、收集民间文学资料；（2）哈尼族聚居村落、生产生活和使用语言情况等。

1955年哈尼语组前往原红河哈尼族自治区进行田野调查。调查组深入哈尼村寨，广泛联系群众。组里大多数是哈尼族，使用民族语进行交际，虽然不能通话，但彼此能感受到对方说的是不同地方的哈尼话，从而有一种天然的感情联系。有两位老人到调查组住地来，讲述哈尼族父子连名谱系。当笔者背诵出老家的谱系始初部分的名称"初木耶——木耶吉——吉塔婆"，老人家说"塔婆——木耶"是哈尼人的共同祖先，顿时有民族认同感。这次田野调查，历时3个多月，共调查了8个点，其中3个重点，收集了自治区哈尼族大量的语言材料和社会生活材料。对哈尼族和哈尼语有一个整体的认识，扩大了视野。这都为创制哈尼文，为选择基础方言和标准音打下了良好的基础。1956—1957年参与撰写《关于划分哈尼语方言和创制哈尼文的意见》的调查报告和制订《哈尼文字方案》（草案）。同年3月在昆明召开的云南省少数民族语言文字科学讨论会上，代表们经过认真讨论，一致同意《哈尼文字方案》（草案）。4月，受聘到云南民族学院哈尼语文班讲授哈尼语文课。

1958—1995年，担任58级和63级本科、85级专科和92级硕士研究生的哈尼语文专业课，课程包括：哈尼语、哈尼语语法、哈尼语方言、哈尼族民间文学、哈尼族文化等。自编教材：《哈尼语讲义》、《哈尼语语法》、《哈尼语方言及方言调查》、《哈尼族民间文学》、《哈尼语文选》、《哈尼语会话》、《哈尼族文化》以及教学用《哈尼、汉简明词典》等共17本，其中有8本单独编写，有9本为合编。1996—1997年给红河哈尼族彝族自治州来校培训的三位同志，和一位攻读民族学专业的博士生（均为哈尼族）讲授哈尼族文化课。1983年受红河哈尼族彝族自治州政府聘请前往编写《哈尼文课本》、《哈尼、汉词汇对照》。1981—1985年每年都有一定的时间到自治州给哈尼文训练班授课，协助政府开展推行哈尼文的工作。2006—2007年参加修订《哈尼语简志》和《哈尼族简史》。

著作：《哈尼族简志》（合著）、《哈尼族简史》（编写组成员之一）、《中国少数民族》中的"哈尼族"、《哈尼族文化研究》、《中华文化通志·民族文化典》中的《哈尼族文化志》、《哈尼文课本》（主编）。主要论文：《哈尼语》、《哈尼族》、《哈尼族称初探》、《哈尼文》、《汉字型哈尼字》、《从方言比较看豪尼话的语音特征》、《从哈尼语方言亲属称谓比较看哈尼族婚姻家庭形态的演变》、《哈尼语和汉语关系字初探》、《哈尼族纪年与节日》。

王锋（1971—）白族，云南大理市人。1989—1999年在中央民族大学少数民族语言文学系学习，获博士学位。1999年至今供职于中国社会科学院民族学与人类学研究所，任副研究员，南方民族语言室副主任。2004—2007年在上海师范大学语言研究所从事博士后研究工作。主要社会兼职有：中国民族语言学会常务理事、副秘书长，教育部语言文字标准化技术委员会民族语言文字分技术委员会副秘书长，中国民族古文字研究会常务理事，中国社会语言学会理事等。

主要业绩和成果：

（一）在国际汉藏语暨汉藏语言学会议等相关学术会议上发表《白语的基本语序》（2001）、《白语名量词的特点》（2002）、《社会属性对文字发展的影响》（2004）、《白语的否定词和否定表达形式》（2005）、《白语大理方言中的32调》（2006）、《方块白文中的汉字俗字》（2006）、《试论白语的松紧元音》（2007）等学术论文。

（二）主持或参与研究的课题有：个人承担了中国社会科学院民族学与人类学研究所重点课题《西山白语研究》（2000）、国家社科基金青年项目《白语方言比较研究》（2004）、中国社会科学院重点项目《白语方言词汇语料库》（2010）等；与周庆生联合主持中国社会科学院国情调研重点项目《市场经济条件下的民族文字出版问题》（2008）、与李云兵联合主持中国社会科学院国情调研重点项目《云南省传教士创制文字的使用及影响》（2010）等；参与重要研究项目多项，主要有：中国社会科学院重大项目《中国少数民族语言地图集》、《语言接触研究》、《中国少数民族语言学研究史》，国家民委十五规划重大项目《中国少数民族古籍珍品图典》等。

（三）公开出版、发表少数民族语言文字研究专著3部（其中独著2部，合著1部），主编大型丛书一部，论文近40种，700余万字。其中主要的有：

《白族汉字型古文字的历史发展与现状》、《秘鲁：政府行为下的民族语言》、《汉字型民族文字的造字方法》（合著）、《略谈方块白文及其历史发展》、《西山白语概况》、《从汉字系文字看汉字符号的多语言适用性》、《论南方汉字系民族文字》、《白文古籍与方块白文的书写系统》、《白语名量词及其体词结构》、《日本文字的历史发展及其书写符号系统的构成》、《方块白文历史发展中的文化因素》、《从汉字到汉字系文字——汉字文化圈文字研究》、《双语对白族命名制的影响》、《试论水书的书写系统及其文化属性》、《古白文的文字属性》、《试论白语的基本语序》、《语言与文字》（合编）、《社会文化结构与女性文字的发展》、《试论白语的名+量结构》、《大理丛书·白语篇》（该书荣获2010年云南省优秀出版物一等奖）、《新中国60年来的民族古文字与古文献研究》、《白语简志》（修订）、《纪录语言学——一门新兴交叉学科》、《白语大理方言中汉语关系词的声母系统》（专著）。

王辅世（1919—2001）河北省滦南县人，1940年考入燕京大学政治系转社会科学系。1942年转北京大学经济系，1944年毕业。同年考入辅仁大学人类学研究所，中途休学。1945—1947年在陕西省兰田县及甘肃省兰州任中学英语教师。1947年复学，师从方言地理学家贺登崧（W. A. Grootaers）先生调查宣化方言。1949 年秋又考入北京大学中文系研究部作著名语言学家罗常培先生的研究生。1950 年获辅仁大学人类学研究所硕士学位，1952 年 6 月北京大学中文系研究部研究生毕业（毕业论文为《威宁苗语研究》）。从 1950 年起王辅世在中国科学院语言研究所开始研究苗语，先后在中国科学院少数民族语言研究所和中国社会科学院民族研究所任助理研究员、副研究员、研究员。1956 年全国组织了 7 个少数民族语言调查队，王辅世任中国科学院少数民族语言调查第二工作队副队长，和队长马学良先生一起主持苗瑶语的全面调查。根据调查材料设计了 4 种苗文方案，并进行试验推行。在此期间，他多次在各种民族语言调查训练班上讲课或作专题报告，培养出一大批民族语文工作者和民族语文研究的骨干力量，并先后发表一系列有关苗族文字改革、苗族创制文字等问题的文章。1957 年发表的《贵州威宁苗语量词》一文，详尽地分析了多种形态变化，并指出威宁苗语的量词具有类似印欧语冠词的作用，这一创见，在国际语言学界引起了反响，经人翻译成英文，收入美国康奈尔大学编辑的《苗瑶语论文集》。1959 年语言调查结束回所后，王辅世与罗季光共同组织编写出《中国少数民族语言简志（苗瑶语部分）》一书，由科学出版社出版。这是建国后出版的第一本苗瑶语研究的书籍。与此同时，他和其他同事一起组织编写了《苗语方言概况》书稿，提出了将苗语划分为湘西、黔东、川黔滇三大方言和川黔滇方言下分七个次方言的方案。1962 年少数民族语言研究所与民族研究所合并，王辅世任民族研究所图书资料室副主任，同时，他仍致力于苗语研究。发表了《苗语概况》。1979 年作为中国语言学家代表团成员应邀出席在巴黎举行的第 12 届国际汉藏语言学会议，宣读了长篇论文《苗语方言声韵母比较》的提要，受到国内外语言学界高度重视。1981 年王辅世任民族研究所语言研究室副主任。他除了参与领导各语言组编写

语言简志和亲自主编苗语简志外，还先后发表了《苗语的声类和韵类》、《谈谈苗语方言声韵母比较的几点体会》、《贵州威宁苗语的方位词》、《我对苗语语法上几个问题的看法》、《贵州威宁苗语的状词》、《苗语方言划分问题》、《苗瑶语系属问题初探》、《苗语语音研究中的理论和实践相结合》、《苗语古音构拟问题》，等等。

王辅世还从事汉语方言研究，他在辅仁大学的硕士论文《宣化方言地图》，就是我国较早的一部方言地理学著作，1994 年在东京，由国立亚非语言文化研究所出版。此外，他还先后发表了《广西龙胜伶话记略》、《湖南泸溪瓦乡话的语音》、《再论湖南溪瓦乡话是汉语方言》以及他的家乡话《滦南话的变调系统》等文章。1963 年他在《中国语文》上发表的《北京话韵母的几个问题》一文，从普通话语音系统的全局出发，从基本韵母与儿化韵的派生关系，论述舌尖元音和舌面前高元音的音位地位以及中元音的音位变体，被认为"有独到的见地"，受到语言学界的高度评价。如王理嘉的《音系学基础》和《二十世纪的中国语音学和语音研究》中都提到此文的价值。

1993 年 9 月赴日本东京国立亚非语言文化研究任客座教授，1994 年 9 月回国。在东京工作期间王辅世在《苗语方言声韵母比较》的拟音基础上，做了若干补充订正，使之更加准确地反映苗语方言演变的轨迹，最后写成《苗语古音构拟》一书，由东京国立亚非语言文化研究所出版。同时也实现了他在 40 多年前提出的，要编一部能反映苗语各方言特点并能通过方言共时研究推拟历时演变的"苗语《广韵》"的意愿。从 1988 年开始，王辅世与从事瑶语研究的同事合作，进行苗瑶语古音构拟，写成了《苗瑶语古音构拟》一书，1995 年由中国社会科学出版社出版。这是王辅世最后参加写成的一部重要著作。

王辅世精通英、日、法、俄等多种外语，他从 50 年起代，翻译了一些国外有关语言学方面的论

文，在《科学通报》、《民族译丛》、《论文选译》和《少数民族语文研究情报资料集》上发表，为民族语的语言规划和历史比较研究提供了重要参考。王辅世十分关心语言研究事业，关心学科的建设和发展；他对于后学，宽厚热情，言传身教，诲人不倦。他常用"只问耕耘，不问收获"的古训来教导急于出成果的后学。对于治学，他一贯严肃认真，一丝不苟。他严谨的治学精神和温厚谦逊的作风在同事中备受尊崇。

王建民 （1937—）四川绵阳人，1951 年毕业于绵阳南山高中，1956 年毕业于西南民族学院藏语专科，1961 年毕业于中央民族学院藏语系，后被分配至西南民族学院任教。在 35 年中，先后在西南民族学院民族语言系、中文系担任"藏语文"、"语言学概论"等课程的教学工作。后调至该校语言文学研究所作科研和教学工作，直至退休。

1987 年王建民被聘为讲师，1995 年申请擢升为副研究员，当时学校学科组评审后的意见是"该同志有较坚实的语言学理论素养知识，科研成果多（有 2 部专著，11 篇论文），已具备副研究员任职条件及学术水平。"表决时获全票通过。后因故被延搁了。

已出版专著：《藏语安多话、嘉戎话对比分析》，四川民族出版社，1993 年；《我们的父亲多吉巴桑》，阿坝政协印发，1995 年；《藏语〈格萨尔·赛马篇〉歌曲研究》，四川民族出版社，2004 年。

已发表论文：《藏族〈格萨尔〉一书的评价》、《敦煌古藏文拼写〈南语〉首卷的名称问题》、《嘉戎藏人的文字》、《敦煌古藏文拼写南语的译读》、《试析嘉戎话的前缀与安多话的后缀》、《白马藏区语言调查纪实》、《嘉戎话面貌观》、《藏语方言敬语比较试析》、《藏语动词的后黏着语素》、《冕宁藏语首幅连环〈开路图经〉释译》、《彝语词的形态及功能》、《藏、彝支民族族源探》、《藏、彝支民族本是同根生》。

王建民通过 8 年的藏语专业学习，对藏族人民、对他们的历史、地理、文化产生了深厚的民族感情，在几十年的教育工作中，走过藏区许多地方。其论著的水平不算很高，但却发自内心，是他在教学过程中，在民族地区工作走访的时间里，从所看到、听到、感知到里提取出来的。论著涉及面广，既有对古民族族源的探讨，也有对现今宗教走向的思考；既有对某土司头人家史的论述，也有对全民族英雄史诗的翻译；既有对两个民族、两种方言的比较，也有对具体语言词缀的研究。

王敬骝 （1935—）浙江黄岩县人，云南民族研究所研究员、副所长、《民族学报》副主编。

1952 年考入北京大学东方语文系，后转入中央民族学院语文系。1956 年毕业后留校，参加中国科学院少数民族语言调查队第三工作队，到云南调查少数民族语言。1958 年调云南少数民族语文研究指导工作委员会。1962 年调云南沧源县佤族自治县，从事文教工作。1979 年调云南省民族研究所，任助理研究员。1985 年特批为副研究员，任副所长。1987 年晋升为研究员，任《民族学报》副主编，并负责编辑《民族调查研究丛刊》。

王敬骝长期从事民族语言研究工作，主要研究中国孟高棉语，兼及中国南方少数民族语言和古汉语。在佤语研究方面，参加过 1957 年佤族文字方案的设计，向云南省少数民族语文科学讨论会提交了《卡佤语言情况和文字问题》的报告。之后，工作主要集中在编写佤文课本和词书，培训师资，试验推行佤文。1981 年出版了《佤汉简明词典》（合编），该书收词 9200 余条。1985 年与多人合作编写《佤语熟语〈骈骊语〉汇释》一书，内容涉及语言、文学、历史、社会文化等方面。王敬骝对我国的其他的孟高棉语如德昂语、布朗语、克木语、克蔑语、莽语、俅语等也做过大量的调查，并发表过一些论著，其中参加编写了《德昂语简志》。此外还对国外的柬埔寨语、孟语、越南语也有所涉猎。在对中国南方一些少数民族语言研究方面，对傣语很注意调查，还调查过彝语、拉祜语、瑶语，并刻苦自学傣文、泰文、和缅文，利用这些语言的材料进行比较研究。如发表过《西双版纳老傣文五十六字母考释》、《傣语声调考》、《佤傣骈骊语比较研究》、《论孟高棉语与侗台语的"村寨"、"姓氏"、"家"的同源关系》（均与陈相木合作）等。其中《西双版纳老傣文五十六字母考释》一文，解决了从傣语研究本身难以说清的问题。其余的几篇文章，也都是论证孟高棉语与侗台语比较的文章，论证孟高棉语与侗台语具有比较密切或亲近的关系。在汉语研究方面，曾抽空调查了临沧、双江一带的汉语方言，结合民族语言研究，逐渐形成其汉语同源字"字系"的理论。此外，还对民族学、地名学、民族民间文学也有广泛的兴趣，发表过一些民歌和民间故事。已发表的重要文章还有：《中国孟高棉语研究概述》、《克木语调查报告》、《莽语调查报告》、《傈语调查报告》等。

王静如 （1903—1991）河北省深泽县人。中国社会科学院民族研究所研究员、中国社会科学院研究生院教授、博士生导师、中国民族学会常务理事、中国语言学会理事、中国音韵学会顾问和第六届全国政协委员。

1929年毕业于清华大学研究院，任中央研究院历史语言所助理员。1933年赴欧，在法、英、德等国学习并研究语言学、中亚史语学、印欧语比较语言学以及汉学、中亚文化艺术史、以社会经济史为主的欧洲史及生产工具发展史，等等。1936年回国至1949年任中央研究院史学研究所研究员和中法大学教授，其间还曾任燕京大学语言学教授和中国大学文学院导师。建国初任中国科学院考古所研究员、1955年任中央民族学院研究部教授，1958年后任中国科学院民族研究所研究员、学术委员。

王静如在西夏语言文字研究方面成绩卓著。1932—1933年所著的《西夏语研究》（共三辑）是他的代表作。该书对西夏语作了多方面的探索和论述，如：对西夏语中的尾鼻音和浊辅音、鼻冠音有科学的论断；对西夏文佛经雕版有系统研究和论述，并对四部西夏文佛经作了逐字对译，列出汉藏两种文字对照。该书曾于1936年获得法国院士会授予的东方学"茹莲（S. Julien）奖金"，一直成为国内外西夏研究者的重要参考书。

王静如对汉语古音以及契丹、女真、回纥、蒙古、土家、达斡尔等少数民族的语言文字也曾进行过研究，发表了不少文章，他在《西夏文汉藏译音释略》（1930年）指出，西夏文字的考释可以定论了，但在语音方面的研究既不全面也不科学，西夏文字仍然难读。他的文章是从声韵、声母、韵母和元音开始。作者对西夏语音系统及其特点的说明是前人所没有的。他直到晚年，仍然从事西夏语言文字的研究。已出版专著有：《西夏研究》（第一、第二、第三辑）（台湾"中央研究院"历史语言研究所单刊甲种之八、之一、之十三，1932—1933）。已发表论文有：《跋高本汉的上古中国音当中的几个问题并论冬蒸两部》（1930）、《西夏文汉藏译音释略》（1930）、《中台藏缅数目字及人称代名词语源试探》（1931）、《释定海方氏所藏四体字至元通宝钱文》（1931）、《辽道宗及宣懿皇后契丹国字哀州初释》（1933）、《契丹国字再释》（1935）、《女真文晏台进士题名碑文初释》（1937）、《突厥文回纥英武威远毗伽可汗初释》（1938）、《论吐火罗及吐火罗语》（1943）、《论古汉语之腭介音》（1948）、《达斡尔语言问题的初步意见》（1954）、《关于湘西土家语言的初步意见》（1955）《西夏文木活字版佛经与铜牌》（1972）、《兴隆出土金代契丹文墓志铭解》（1973）、《保定出土的明代西夏文石幢》（1977）、《西夏语音导言》（1982）。

王均 （1922—2006）字少恭，江苏南通市人，研究员，教授。中国文字改革委员会及国家语言文字工作委员会副主任委员，语言文字应用研究所研究员，《语文建设》杂志主编。中国社会科学院研究生院民族系教授，博士生导师。中国民族语言学会顾问，中国音韵学研究会顾问，全国政协第七、第八届委员。王均自1939—1946年在西南联合大学就读，1946—1948年在广州中山大学文学研究所及语言学系任教，1949年任江苏南通师范语文教员，1950年调中国科学院语言研究所任助理研究员、副研究员，1956年调少数民族语言研究所，1979年任民族研究所研究员、民族语言研究室主任。1984年任中国文字改革委员会副主任委员、语言文字应用研究所研究员、《文字改革》杂志主编。中国民族研究学会理事兼副秘书长、中国民族语言学会副会长、《中国大百科全书·民族》卷《中国大百科全书·语言文字》卷民族语言分科副主编，国家民族事务委员会五种丛书编委会《中国少数民族语言简志丛书》编委、副主任。

1952年以后，王均在北京大学语言专修科和在中央民族学院兼职任教，讲授汉语音韵学、普通语言学、语言学概要等课程，在罗常培"语音学"讲义的基础上编写成《语音学常识》书稿，用两人的笔名"田恭"在《中国语文》上连载，后改名为《普通语音学纲要》，由科学出版社出版。该书被广大读者誉为是学习普通语音学的重要著作。1980年商务印书馆重印出版。

王均很早就从事少数民族语言调查工作，早在20世纪40年代，他在云南大理等地调查过白语，1950年在陕、甘、宁和新疆等地对当地的少数民族语言做过初步的调查。1954—1955年底，与北京大学袁家骅教授、语言所罗季光副研究员一起组成壮语方言调查队（1956年以后改为"少数民族语言调查第一工作队"）任副队长，应自治区政府的邀请在广西组织人力对壮语方言进行全面的调查研究，与全体队员讨论划分壮语方言，选出壮语标准音，设计壮文方案，并与地方有关领导组织人力编写壮汉词典、壮语语法研究等。1956年兼任第一工作队海南分队副队长，指导黎语调查材料的整理研究和编写调查报告等工作。以后还到贵州指导侗语组整理调查材料，编写侗语调查报告。1958—1959年先后调查仫佬语和毛南语，1980年以后，参加壮侗语族语言简志的编写，除了亲自编写《仫佬语简志》（与郑国乔合作）以外，还担任《壮侗语族语言简志》（八种语言简志的合订本）的主编。还与组内同事合写了《壮语及壮汉人民怎样互学语言》一书。

王均在民族研究所任职期间，作为研究室的主任，日常事务繁忙，还经常花时间指导年轻同事工作。他乐于助人，组内年轻人的著作多经他亲自审阅、修改，直至发表。甚至还亲自撰写序言、述评介绍，等等。由于他热情谦虚，到处受到人们的尊敬，享有很高的威信。

王均还从宏观上对民族语文政策、语言互相影响、语言的规范化等问题进行了多方面的研究，发表过许多文章，对民族语文工作起到了指导作用。80年代中期以后，对文字改革和推广普通话发表过许多带有指导性的文章。主要著作有：《普通语音学纲要》（与罗常培合著），科学出版社1957年出版；《壮语及壮汉人民怎样互学语言》（与梁敏、韦庆稳、覃国生合著）、《仫佬语简志》（与郑国乔合著）、《壮侗语族语言简志》（主编）。主要论文有：《少数民族人员应该按照什么地方的语音来学习汉语》、《语言中的并存并用和规范化问题》、《壮语中的汉语借词》、《民族古文字研究在语言学中的地位》、《民族语文工作中的若干问题》、《汉字改革与少数民族语文工作》、《广西龙胜"红瑶"的优念话》、《壮文创制30年的回顾》、《我国语言的功能分类和语言政策》。

王连清 （1944—）出生在海南琼海市的农村。1963年考取北京大学，在东方语言文学系学习越南语。1968年底毕业后在河北军垦农场锻炼两年，从 1971 年开始在广西柳州铁路一中担任英文教员。1978 年考取中国社会科学院研究生院，成为"文革"后的第一批研究生，师从著名语言学家傅懋勣、王均和王辅世，1981 年毕业，获民族语言学硕士学位。毕业后在中国社会科学院民族研究所担任《民族语文》杂志助理编辑和民族语言研究室助理研究员。1985 年秋考取美国俄亥俄州立大学"全额校长奖学金"（President Fellowship），是中国社会科学院早期的自费公派留学生。在美国攻读中国语言学的同时从事汉语教学和学术杂志的编辑工作，于 1988 年和 1994 年先后在该大学获汉语语言学硕士和哲学博士学位。毕业后曾在美国私立研究机构和政府司法部门担任中英、越英高级翻译。从 1997 年起开始担任海南大学文学院（现为传媒学院）副教授，担任对外汉语和英语等课程的教学。2004 年从海南大学退休后，在美国国防语言学院亚洲学院汉语系担任副教授至今。

王连清在中国社会科学院研究生院开始了对中国少数民族语言京语的研究。在 1979—1980 年，先后两次深入广西中越边境附近的京族地区，对使用京语和汉语粤方言双语的京族人和当时大批流入中国境内的越南难民进行了语言田野调查，根据有关的历史材料于 1981 年写成《京语和越南语的比较研究》硕士论文。论文详细记录了中国境内的京语的使用情况，通过和越南诸方言的对比描述了京语作为越南语的一个"国外方言"的演变情况。在此基础上，作者连续发表了几篇京语以及它跟越南语的关系的文章，展现了中国京族使用的越南语在中国境内 500 多年来在语法、词汇和语音上的演变情况，给社会语言学提供了有用的语料。

在汉语历史语言学和语义学方面的研究也有独到之处。1994 年在美国俄亥俄州立大学的博士论文《汉语类词的起源和发展》（Origin and Development of Classifiers in Chinese）是汉语语言学界早期应用认知语言学理论研究中国语言学的著作。哲学界在人类分类这个议题上的两个极端主张都不符合人类社会和自然界的客观事实。一个极端是柏拉图（Platonic）学派，主张一个范畴的所有成员都是相等的，没有典型成员和边缘成员之分。另一个极端是维特根斯坦（Wittgenstein）学派，认为一个范畴的特点是衡量某事物是否该范畴的成员的唯一标准。20 世纪 80 年代开始的在语言学界、心理学界以及植物学等学界的研究揭示了一种符合人类社会实际的"原型理论"（prototype theory）。这种理论认为，一个范畴的成员不一定具有这个范畴的所有特征，而只是具备其若干特征。一个范畴的成员有典型的成员和非典型成员之分。根据这种理论和汉语的实际，他第一次将中国汉语语法界沿用的量词中主要表示"分类"（categorize）作用的定义为"类词"（classifier），而其他有"衡量"（measure）作用的划归"量词"（measure word）。这一理论对汉语对外教学有现实指导意义，特别是对母语不是汉藏语（像印欧语系的英、法、德等）的学生理解和应用汉语的类词提供了具体的帮助。

王连清博士在对外汉语教学方面也做出了很大贡献。他在美国取得博士学位以后，于 1997 年初回到中国的故乡，被海南大学聘请为文学院（现为人文传播学院）副教授，参与组建海南大学的汉语对外教学。他在海南大学退休后又继续在美国国防语言学院担任从事汉语作为外语的教学，任亚洲学院的汉语部副教授。除了从事对外汉语的实际教学，他还多次参加在美国、中国（包括台湾和香港）、日本、新加坡等地举行的学术讨论会，发表了 20 多篇探讨汉语对外教学理论和实践的文章，对促进汉语走向世界做出了一定的贡献。

王鹏林（1953—）达斡尔族，黑龙江人，硕士，1981 年调中国社会科学院民族研究所工作。已发表论文有《蒙古语族的"宾格附加成分"考察——根据达斡尔语的材料》、《关于蒙古语族"格附加成分"的问题》。

王青山 （1933—）河南孟县人。青海民族学院少数民族语言文学系教授、语言教研室主任、青海省藏语文学会常务理事、青海省藏学会理事、青海省高教学会理事。

1957年毕业于中央民族学院语文系拉萨藏语班，1956年参加中国科学院与中央民族事务委员会联合组织的语言调查队，在四川甘孜、泸霍、道孚等县调查藏语方言。1960年在青海民族学院、青海师范学院任教，给本科生、研究生、留学生讲授藏语文及普通语言学的课程。同时从事藏族语言文字、吐蕃文献的研究以及国外藏学论著的翻译工作。编写了以实用为目的的《藏语口语语法》教材，对青海藏族牧区话为主的口语进行系统的探索，对藏语口语中的各类语法范畴以及句型做了详细的描写分析。在藏语语法方面，对藏语形容词的语法范畴也专门撰文研究。另外还撰写的《藏语口语词的重叠与上加成素》和《青海环海藏语的动词重叠式》，介绍藏语口语词中的各种重叠形式。指出，研究词的重叠这一语法现象，除了着眼于它们的重叠形式，还要注意它所具有的长短、重轻等上加成素。因为这些上加成素不仅有辨义作用，还有修辞作用。在古藏文方面，着重探讨了古藏文中所反映出的词汇歧义，拼法混乱，在词汇上缺乏规范的情况。他还研究藏族语言与藏族社会、藏族文化的关系，并对藏族古代学者的论著中有关语言文字的理论、观点进行分析研究。已发表的论文有：《谈谈古藏文词汇拼写法》、《古藏文札记》、《青海环海区藏语的动词重叠式》、《安多藏语漫谈》、《藏文古文献中的复数形式》、《藏语口语词的重叠与上加成素》、《浅谈藏语形容词的语法范畴》。译文有：《藏语声调的发展》（日本西田龙雄著）等数篇。

王庆丰 （1937—）原籍山东太安市人，大学学历，任职于中国社会科学院民族研究所，现已退休。

20世纪50年代中，被入选学习满文，于50年代末，由满文班毕业后分配到中国科学院少数民族语言研究所满—通古斯语组。历经沧桑和磨难，在民族语言研究领域中奋斗了40余年。通过亲身经历，置身于民族地区的常年调查、研究，不但学习提高了对这些语言的研究水平，而且与操这些语言的各兄弟民族建立起如"鱼与水"一样的亲情。他所走过的艰苦历程从而获得了由初级研究员到中级研究员最后到高级研究员的职称。直到现在仍在为民族语言研究发挥着余热。多年来，深入民族地区为弘扬民族文化这项崇高而伟大的事业，多次跑遍了操满洲—通古斯语的地区和不同的角落进行语言调查，获得大量而极其珍贵的第一手资料，通过细致的研究完成了一个又一个国家交给的有关重大课题项目。另外，为了抢救濒危的民族语言，承担起了多年的满语教学任务，为地方和社会培养了一大批满学人才。此外，通过调查、研究和不断探索，经过十八载不断努力与组内有关同志共同完成一部巨著《新满汉大辞典》的编纂出版工作。这部巨著与以前出版的满汉辞书相比，可以说它收词最多，利用满文文献最广泛，例证最为丰富。在编写过程中，从种类不同的满文文献和档案中挑选并搜集了大量例句。辞典进入编写阶段后，又负责了几个主要大字母的词条编写工作。另外，为了使辞典能够反映出科学的新观念，在赋予它新材料、新观点、新方法的同时，利用自己学习满文的优势，对其中大量不足之处做了补充。最后，参加了对全书的补充、修改、校对等工作。此外，还做了该书的满文索引、满文"十二字头"、满语语法常用附加成分的附件工作以及在正文中主词条的拉丁转写字符前附满文的贴膜工作等。该辞典于1994年出版后，在社会上得到了许多专家、学者的好评，他们把本书的特点概括为八个字，即："大型、广博、严谨、实用"。1996年该词典获得了1996年第二届国家图书奖提名奖，1996年中国社会科学院民族研究所优秀著作奖，1996年中国社会科学院第二届优秀著作奖。

参加《中国少数民族语言使用情况》的集体著作，承担了满语和赫哲语的田野调查和撰写等项工作，向地方搜集来有关5个满族自治县的概述等7篇文章。该书于1994年出版后，在1996年9月荣获中国社会科学院第二届优秀科研成果奖以及中国人民大学吴玉章语言文字基金优秀成果奖。《中国少数民族文字处理研究》该项课题是1990—1992年民族所社会科学基金项目。利用最新科学手段解决中国少数民族多文种的混合文字处理系统。在该项目中，王庆丰承担了满文和锡伯文的研制、开发工作。1994年9月在北京召开的鉴定会上，该成果通过了有关专家的鉴定，并得到了他们的好评。参加《世界的书面语：使用程度和使用方式概况》中国和加拿大的合作项目。王庆丰承担了其中的满语、满文、赫哲语、鄂温克语和鄂伦春语等四种语言五个部分的田野实地调查和大纲的填写以及五个部分总注释的撰写工作，共10万余字。该书于1993—1995年由加拿大国际语言中心和拉瓦尔大学出版社分别以英文和汉文出版。出版后并荣获中国社会科学院年度优秀科研成果奖。《满语音档》该书分为前言、音系、词汇、语法要点、词汇附录、长篇材料和本民族代表性的音乐等七个部分共5万余字，1995年完成了脚本的编写工作。《满语研究》这部著作是多年来在黑龙江省瑷珲县进行满语调查时获得的满语口语等一手珍贵资料写成的。全书近30万字，由北京民族出版社于2005年11月出版。《满文讲义》是在北京满文书院教学多年教学经验总结与另位老师合编的满文实用教材之一。《满语概况》，被纳入《中国的语言》中。

多年来，除上述作品外，发表了多篇论文和译文并撰写和翻译了几部满文手稿，如《尼桑萨满》、《满文达呼尔故事》、《汉满词汇手册》等。

王全 （1936—）蒙古族，内蒙古兴安盟扎赉特旗人。内蒙古蒙文专科学校副校长、内蒙古翻译工作者协会理事、内蒙古翻译工作者协会蒙古语文翻译学术委员会委员。

1956年毕业于内蒙古蒙文专科学校大专班。在内蒙古蒙文专科学校先后任翻译课教师、教研室主任、副校长等职务。从事汉译蒙翻译学的教学和研究工作。自1958年起，开始探索汉蒙翻译实践中的各种表达方式，编写出《翻译方法参考资料》初稿。接着继续编写《翻译理论知识》作为教材。1975年将两本书合并，重新编写，与仁钦、阿木古朗合作，出版了专著《汉译蒙试谈》。在进一步深入研究的基础上，再次与仁钦合作，编写了《翻译基础知识》一书。该书曾被内蒙古自治区语文工作委员会列入翻译职称评定时的必读书目。此外，他针对许多译作中存在的译文呆板、拘泥于原文句型、不注意母语的表达习惯等问题，提出了忠实原文，但不拘泥于原文的句型，善于运用母语的表达习惯，译文以神似为主，形似为辅、神似与形似相结合的见解。还发表了《翻译与思维关系初探》等文章。已出版的专著有：《汉译蒙试谈》（与仁钦、阿木古朗合写，内蒙古人民出版社1973年）。已发表的论文有：《提高译文质量》、《论成语翻译问题》、《关于翻译中增词减词及引申》、《汉语诗词蒙译论》、《关于翻译的灵活性问题》、《翻译与思维关系初探》等。

王诗文 （1959—）藏族，副教授，硕士研究生导师。1982年1月毕业于西南民族大学藏语言文学专业留校工作，至今在藏学学院任教。业务专长：汉藏翻译理论、藏语康方言研究。担任本科、硕士研究生"藏语方言概论"、"汉藏翻译理论"、"藏语文化语言学"、"汉藏语法比较"等课程的教学。近年来先后参加完成国家社科基金项目《四川省彝藏地区中小学双语教学研究》、四川省哲学社会科学"九五"规划项目《藏语康方言词汇研究》、省级教改项目《藏语言文学特色专业建设与实践》、学校科研项目《现代藏语共同语研究》。合作完成专著《藏语文化语言学发凡》。发表论文《汉、藏语句子结构对比研究》、《文化对藏语方言的影响》、《词语借用的文化背景》、《藏语表"相反意义"的虚词用法浅析》、《翻译中的可译性障碍》、《民族高校实行双语教育的必要性》、《试谈藏语言文学专业课程设置》等10余篇。获四川省教学成果奖两项。

王双成 （1970— ）藏族，青海门源人，文学博士，上海师范大学人文与传播学院教授、博士研究生导师，主要从事藏语方言、汉语方言、语言接触等研究。

1993年毕业于青海师范大学并留校工作，先后晋升为讲师、副教授、教授。2010年毕业于上海师范大学，获文学博士学位，同年作为人才引进到上海师范大学工作。先后在《中国语文》、《民族语文》、《方言》、《语言研究》、《语言科学》等刊物发表有关藏语方言、汉语方言的论文20多篇，独立完成国家社科基金项目一项，参与两项，主持教育部课题一项，出版专著一部。

代表成果有专著《藏语安多方言语音研究》（国家社科基金项目最终成果，2012年4月出版），论文《青海方言元音［i］的舌尖化音变》（《中国语文》2006年第4期）、《西宁方言的差比句》（《中国语文》2009年第3期）、《安多藏语送气擦音的实验研究》（与陈忠敏合作，《民族语文》2010年第2期）、《安多藏语的小舌音》（《语言科学》2011年第5期）、《安多藏语轻重唇音的分化趋势》（《语言研究》2007年第1期）、《玛多藏语的声调》（《民族语文》2011年第3期）、《青海西宁方言的给予类双及物结构》（《方言》2011年第1期）。

王伟 （1924— ）原名王大典，布依族，贵州罗甸县人。中央民族大学副教授，硕士研究生导师，中国语言学会会员，北京市第七届政协委员，贵州省布依学会顾问。

1947年毕业于贵州省立贵阳师范学校，1949年12月考入二野军大五分校，改名王伟，毕业后，先后分配到贵阳民族事务委员会及贵州省民族事务委员会工作。1951年选送中央民族学院军政干部训练班学习，毕业后留校，从事布依语文教学和科研工作，1956—1959年参加中国科学院少数民族语言调查工作队到贵州进行布依语调查研究及布依文创制及推行工作。1960年返校工作，1988年退休。继续返聘工作至1998年，前后从教50年。在职时，曾任语文系教研组组长、少数民族语言研究所业务秘书；1956年被聘为讲师，1986年被聘为副教授。先后被评为中央民族学院教学积极分子、教书育人服务育人先进工作者。获国家民委"长期从事民族工作荣誉证书"、"贵州省布依学会优秀会员荣誉奖"等。曾主编《布依语文课本》、《布依族》、《中华文化通志·布依族文化志》、《中国民间谚语·罗甸县卷》；参加编写《中华民族》、《中国少数民族语言》、《中国少数民族文学与文献论集》、《中国民族民间文学》、《中国各民族文字与电脑信息处理》、《民族语文研究》、《民族语文专业教学经验文集》、《汉语与少数民族语关系研究》、《壮侗语族语言文学资料集》、《壮侗语族语言词汇集》、《壮侗语族谚语》、《中国少数民族文化大词典》、《中国民族大百科全书》、《教育大词典·民族教育卷》、《布依学研究》、《布依语文集》、《布依汉词典》等书，发表文章多篇。

王洋 （1978— ）女，天津人，博士，副教授，硕士生导师。2001年7月毕业于新疆师范大学中语系，获得文学学士学位。2004年7月获得文学硕士学位。2006年考取华东师范大学对外汉语教学专业博士研究生，2009年获文学博士学位。现任新疆师范大学语言学院教师，中国英汉语比较研究会会员。

王洋博士一直从事第二语言教学理论与实践工作，形成了相对稳定的教学和研究方向。在承担课题方面，主持自治区哲学社会科学研究课题——《南疆农村中小学少数民族双语教师发展研究》，参与课题四项，其中国家级课题一项，省部级课题二项，参与的一项校级课题《文化环境与双语教育——新疆伊犁州哈萨克族个案研究》已于2008年9月结题。在参编教材方面，2005年1—7月，参与了新疆双语教学实验班小学《汉语》教材的编写工作，该套教材目前在全疆各少数民族小学双语教学实验广泛使用。2009年9月—2010年3月，参与了汉语国际推广中亚基地中小学《汉语》教材的编写工作，该套教材目前在中亚各国中学使用。

在论文方面，围绕自己的研究方向第二语言教学理论与实践共发表论文10余篇，其中题为《对新疆维吾尔族汉语教学的教材研究》、《新疆乌鲁木齐和吐鲁番地区维吾尔族语言态度探析》和《元认知理论在少数民族汉语教学中的运用》等三篇文章分别发表在《新疆大学学报》等国内核心刊物上。在《民族教育研究》上发表论文一篇；根据读博期间所学对外汉语教学专业，分别从教学实践与汉语本体角度在《民族论坛》、《语言与翻译》上发表论文三篇。其中《汉语谐音探析》一文在2008年中国英汉语比较研究会第八次全国学术讨论会中宣读；《字本位理论在对外汉语教学中的运用》一文在2010年第八届国际汉语教学学术研讨会中宣读。

在教育教学工作中，担任了学校研究生、本专科学生、双语培训教师和留学生的汉语教学工作，另外还承担了自治区教育厅、师范大学、新疆教育电视台联合承办的《新疆维吾尔自治区少数民族双语教师汉语强化培训教程》电视台授课与光碟录制的任务；分别在2009年9月、2011年10月，受新疆教育厅、新疆教育出版社和新疆教科所的邀请，录制基础教育阶段新课程改革汉语示范课，担任面向全疆的汉语教师新课改远程教育培训指导教师。

王尧 （1928—）江苏涟水人，现为中央民族大学藏学院教授、名誉院长、博士生导师，中国敦煌吐鲁番学会少数民族语言文字专业委员会主任委员，中国文化书院导师，中央文史馆馆员，德国波恩大学《藏文历史文献》专刊编委。早年就读于南京大学中文系，1951—1953年就读于中央民族学院少数民族语文系藏语专业。师从著名语言学家于道泉先生，毕业后留校任教和从事研究工作。曾多次进入西藏，在藏区工作十多年。曾拜贡噶上师（1893—1957）学习藏传佛教，属噶玛噶举派弟子。酷爱学习藏语，探讨藏语历史文化。曾任奥地利维也纳大学、德国波恩大学、加拿大多伦多大学客座教授，北京大学兼职教授、中国佛教文化研究所特邀研究员、波恩大学《藏文历史文献》刊编委（1981年起）。毕生从事古藏文资料搜集和研究。撰写十余部专著及百余篇论文，主编多部藏学研究丛刊，在藏语的分期和方言划分、古藏文文献的整理和译释、汉藏文化的双向交流轨迹、藏传佛教和汉藏佛学、藏族民间文学等诸多领域成就卓著。尤其是他将吐蕃时期三大藏文文献（敦煌写卷、金石铭刻、简牍文字）引入西藏古史研究，对国内吐蕃史、中亚史及相关领域起到了很大的推动作用。

60年代，中央民族学院举办了两期藏文研究班，敦请西藏当代最著名的学者东噶·洛桑赤列活佛来主持讲席。这两期研究班各三年，培养了一批骨干，把中国藏学研究大大地推进了一步。王尧与东噶活佛共事前后十多年，又曾几次一道出国参加会议，对王尧的学术生涯影响极大。由于藏文研究班工作的实际需要，王尧开始探索古代藏文的发展脉络，把主要精力投入对吐蕃时期的敦煌写卷、金石铭刻、简牍文字三大藏文文献的研究。又与陈践同志合作解读了大约50个藏文写卷，后来结集为《敦煌吐蕃文献选》、《敦煌吐蕃文书论文集》两部著作。主编《国外藏学研究译文集》丛刊，至今已出版了19辑，对了解情况、沟通中外、交流学术起了一些作用。1982年夏，王尧应邀到美国纽约哥伦比亚大学，参加第三届国际藏学会。在会议上报告了藏戏的发展现状，提到莎翁名剧《罗密欧与朱丽叶》以藏语演出的盛况，断言"现代藏语可以表达世界上任何文学名著"。同年秋天，应聘到维也纳大学藏学—佛学系教书一年。

著有《吐蕃文献学概述》、《吐蕃金石录》、《宗喀巴评传》、《西藏文史考信集》（大陆版和台湾佛光出版社）、和与人合著的《敦煌本吐蕃历史文书》、《敦煌吐蕃文献选》、《吐蕃简牍综录》等。参编：于道泉主编《藏汉对照拉萨口语词典》（北京：民族出版社，1983）、张怡荪主编《藏汉大辞典》（北京：民族出版社，1985）、《中国大百科全书·语言文字》（中国大百科全书出版社，1988）。

发表论文有《藏语 mig 字古读考》、《吐蕃文献学导言》等多篇。2009 主要论文有：《藏语的声调》、《藏语数词中的"垫音"》、《藏文》、《藏语 mig 字古读考——兼论藏语声调的发生与发展》、《吐蕃文献学概述》、《吐蕃文献叙录》、《藏语西部方言——巴尔提（Balti）话简介》、《藏语 zla ba 一词音义考》、《梟（sho）、博（sbag）考源——西藏民间娱乐文化探讨》、《藏语的文化语言学释例》、《古藏文概述及图例》、《西藏地名释例》。

王元鹿 （1946—）江苏苏州人，文学硕士。1982 年在华东师范大学中文系取得中国语言文学学士学位，1984 年在华东师范大学中文系取得汉语言文字学硕士学位。华东师范大学中文系教授，华东师范大学中国文字研究与应用中心研究员兼民族文字研究室主任，博士生导师。中国文字学会会员、中国民族语言学会会员、中国民族古文字研究会会员兼理事、中国训诂学研究会会员、国际纳西文化学会会员兼常务理事、华西语文学刊编委。

1966 年在上海南洋模范中学毕业，此后当工人 10 年。自 1978 年在华东师范大学中文系攻读学士学位，自 1982 年在华东师范大学攻读硕士学位（专业为汉语史，专业方向为文字训诂，导师为史存直教授、李玲璞教授）。1984 年至今在华东师范大学任教。其中四次去美国华盛顿大学（圣路易斯）等单位访学及参加国际会议。

主要专著有《汉古文字与纳西东巴文字比较研究》（华东师范大学出版社 1988）、《普通文字学概论》（贵州人民出版社 1996）、《比较文字学》（广西教育出版社 2001）、《中国文字家族》（大象出版社 2007）、《民族文字的比较》（华东师范大学出版社 2012）、《王元鹿普通文字学与比较文字学论集》（上海古籍出版社 2012）；参编《古文字诂林》（上海教育出版社 1999—2004），任常务编委；主编《学生常用古汉语词典》（2008）。《比较文字学》被教育部认定为"研究生教学用书"。所发表论文分别以汉、东巴、哥巴、玛丽玛莎、达巴、尔苏沙巴、水、北美印第安等民族古文字为主题。

曾多次获上海市哲学社会科学优秀成果奖及其他多种多项奖励，并曾获"上海市优秀教育工作者"称号。

主要研究领域为比较文字学、普通文字学、中国民族文字与古文字学、古代汉语。

已完成国家社会科学课题一项、教育部重大课题一项与上海市哲学社会科学课题二项。目前主持国家社会科学课题"汉字与南方民族古文字关系研究"、教育部人文社会科学重点研究基地重大项目"中华民族早期文字资料库与《中华民族早期文字同义对照字典》"与上海市哲学社会科学重大课题"中国文字数字化工程——中文信息化补缺建设"。

至今已培养比较文字学方向博士研究生十余名与硕士研究生十余名。

王远新 （1958—）文学博士，二级教授，北京市教学名师，中央民族大学少数民族语言文学系博士生导师，教育部人文社会科学重点研究基地中国少数民族研究中心教授，兼任北京邮电大学、新疆师范大学、新疆财经大学等高等院校的兼职或客座教授。

一、在学术研究方面，王远新注重教学和科研的结合，坚持基础知识教学和前沿问题、书本知识和田野调查的结合。发表专业学术论文近 200 篇，出版学术专著 18 部，其中近六年（2005—2012）

共出版学术著作 10 部，发表研究论文和调查报告 40 篇，内参报告 2 篇；主持或参与不同类型的课题 15 项。

根据中国学术期刊电子杂志社 CNKI "学术趋势"的调查统计，王远新教授在民族语言学、历史比较语言学、突厥语研究、语言态度相关问题、语言使用相关问题、社会语言学、语言结构相关问题等方面的研究在国内学界中名列前茅。

二、在教学工作中，王远新始终坚持教书和育人结合，教学和科研结合，理论知识和实地调查、应用能力结合的教育理念。先后获中央民族大学教书育人积极分子、中央民族大学学生评价"最佳教师"、北京市高等学校（青年）学科带头人、宝钢教育奖优秀教师、北京市高等学校教学名师等称号。

在民族语言学教学改革和教材建设方面，出版《中国民族语言学史》（修订版《中国民族语言学基础教程》）、《中国民族语言学论纲》、《中国民族语言学：理论与实践》等系列教材。其中《中国民族语言学史》1995 年 11 月获中国高校人文社会科学研究成果（全国高校文科类优秀教材）三等奖。

在语言学及应用语言学教学改革和教材建设方面，出版《语言学教程》及《语言学教程（修订版）》、《普通语言学》（合著）、《语言理论与语言学方法论》、《古代语言学简史》等系列教材，完善了本专业的教材编写。其中《语言学教程》通过中央民族大学合格课程、优秀课程建设，《语言理论与语言学方法论》通过北京市高校精品教材重点项目立项，2008 年被评定为精品教材。

在社会语言学教学改革和教材建设方面，主编《语言田野调查实录》（1—7 集）。这套系列著作对于培养学生的田野调查、实际动手、科学研究能力等，起到积极作用。

三、结合专业教学和语言田野调查实践，掌握了少数民族地区和汉语方言地区的大量第一手资料，撰写了一批有影响力的调查报告和研究论文，

引起了学术界和语言政策、语言教育规划部门的高度重视。作为特聘专家，近年来参与了以下工作：

（1）1997—2004 年，作为主要成员，全程参与国务院第 134 次总理办公会议通过的"中国语言文字国情调查"立项，课题成果作为国家绿皮书由商务印书馆公开出版发行。（2）2005 年，参与"国家八部委少数民族文化联合调研"，并参与调研报告的撰写。根据调研成果，中宣部等五部委联合发布"关于进一步加大对少数民族语言文字出版事业扶持力度的通知"（中宣发〔2007〕14 号）。（3）2005 年，参与国家民委"中国少数民族文化事业发展'十一五'规划"的调研和规划起草工作。（4）2005—2008 年，参与国家民委文化宣传司"少数民族语言环境建设"的项目论证和具体实施，参与了"新疆察布查尔锡伯自治县少数民族语言环境建设"、"贵州松桃苗族自治县少数民族语言环境建设"工作。（5）2007 年，作为国家民委民族教育科技司和文化宣传司的特聘专家，代表国家民委在联合国教科文组织北京高层论坛发表主题演讲"发展中的中国少数民族教育"。（6）2008 年，参与国家民委"云南边境地区语言文化"调研，并参与调研报告的撰写。（7）2008 年，作为特聘专家，参与全国民语委主任会议，参与国家民委分管主任报告的起草，并主持少数民族语言文字立法规划的筹备工作。（8）2007—2008 年，两次参与国家民委组织的少数民族语言文字立法的调研和论证。（9）参与国家民委民族问题研究中心主持的国家社科基金重点项目"少数民族非物质文化遗产抢救、保护和人的发展政策研究"，获全国哲学社会科学规划办公室 2007 年度"优秀"成果鉴定。

王志敬 （1948—）陕西省蓝田县人，大学本科，西藏大学文学院教授，硕士生导师，主要从事藏语和语言学的教学与研究。译著《萨迦格言》（合作），专著《藏语拉萨口语语法》、《藏汉语法对比》，国家社科基金项目《藏汉语亲属关系研

究》。正在撰写敦煌藏文语法研究。《藏语拉萨口语语法》，1984 年由中央民族大学出版社出版，对藏语拉萨口语语法进行了全面系统的描写。正在由美国亚洲语言学博士译成英语。已发表的主要论文有：（1）《藏汉语动名词探索》，载《民族语文》1981 年第 1 期；（2）《论藏语主语的三重性》，载美国《藏缅区语言学》；（3）《论藏汉语语法类型的对立》，载尼泊尔《第 5 届喜马拉雅语言国际研讨会论文集》德国慕尼黑大学赞助出版；（4）《藏汉语述补结构中的同源格式》，载《语言研究》第 23 卷第 2 期；（5）《论藏汉语持续体标记同源》，载《语言研究》第 27 卷第 3 期；（6）《藏语汉语述宾结构对比》，教育部人文社会科学研究博士点基金项目，中央民族大学国家"十五""211 工程"建设项目《汉语与少数民族语言语法比较》，民族出版社。

韦达 （1942—）壮族，广西壮族自治区南宁市武鸣县双桥镇人，1967 年毕业于中央民族大学壮族语言文学专业，本科学历，广西民族大学教授、硕士生导师。从事大学工作以来，先后开设过《现代壮语》《汉壮翻译现论》《文化语言学》等课程，并自编多门教材。教授对象有本科生、研究生和留学生。由于不断创新，教学方法灵活，加强实践环节，受到学生的普遍欢迎。他结合教学，积极开展科学研究，公开出版独著、合著的语言专业著作有《壮语文化论》（独著）、《汉壮翻译理论》（独著）、《壮语概论》（副主编）、《壮文阅读与创作》（第一作者）、《壮语文上册》（第二作者）；其他学科著作有《壮族婚恋习俗文化》（独著）、《壮族文学概论》（合作）、《民族教育现状与展望》（副主编）、《思想政治教育理论与实践》（副主编）等 20 部。其语言学术论文产量也比较多，大部分都发表在国内核心期刊上。公开发表的独著论文有《壮语动词附加音节构词法》（汉译越意，越南 ngonngu 杂志）、《壮族族称音义探考》、《壮语使用中的语法规范问题》、《壮语熟语文化系列研究一、二、三》、《壮语汉借词及其文化心理透视》、《壮话与白、客、闽语的共同特征及其文化意蕴》、《壮族称谓与壮族精神文明》、《壮族古壮字的文化色彩》、《壮语连续变调》等 50 多篇。他近年来的语言研究，已经基本上不再停留在收集语言资料和平面的描写上，而是开辟新路，突出与文化的有机结合，其壮族语言文化研究独树一帜。曾于 1998 年带领青年教师完成过国家教育部重大课题《关于培养教师壮汉双语能力，提高壮族地区初中教学质量的研究》，出版著作 6 部，其成果获得教育部优秀科研二等奖、广西教育厅优秀科研一等奖。2006 年又主持国家社科的一个项目——《壮族地区壮汉双语双文教学研究》，2008 年结题。除了本校的工作，他还曾被广西师范学院、中央民族大学聘请教授有关壮语的课程；协助广西教育厅和广西民语委审阅壮语文的有关教材和材料；多次被中央民族语文翻译局借调参加全国人民代表大会、中国人民政治协商会议的会务工作，在壮语学科上做出了贡献。

韦茂繁 （1958—）苗族，广西都安县人，研究生学历，文学博士，广西民族大学中国少数民族语言文学硕士生导师，广西经济管理干部学院党委书记，教授。曾任广西民族大学副校长。教育部高职高专文秘类专业教学指导委员会委员，中国语言学会理事、中国民族语言学会副会长、国际双语学会副会长、广西语言学会会长、广西民族大学硕士研究生导师、渤海大学语言研究所兼职教授。

研究项目：承担并完成广西国家社科基金重点项目"广西濒危语言个案研究"；承担并完成中央民族大学"985 工程"中国少数民族语言文化教育与边疆史地研究基地项目：下坳乡汉语与壮语的相互影响；承担并完成广西哲学社会科学规划项目"广西壮族群众学习普通话语音难点及对策"；承担并完成广西民族大学重大科研项目"广西各民族发展社会调查（苗族部分）"。现主持的科研项目有：

2011 年国家社会科学基金项目《少数民族语言田野调查系统》和 2011 年广西哲学社会科学规划项目《西部地区（广西）语言生态和谐研究》。

已发表论文有：《壮族学习普通话语音瓶颈论系列论文》、《"五色话"使用状况及其濒危的原因》、《衰变中的中国京语》、《仫佬族土俗字探源及其文化阐释》、《都安壮语 te:ŋ^{42} 的语法化研究》等论文数十篇，两次获广西社会科学优秀成果二等奖；曾获广西壮族自治区"先进教育工作者"荣誉称号。

已出版专著：《说话艺术》、《现代汉语》、《壮族人学习普通话语音难点突破》、《苗族文化的变迁图像》、《五色话研究》。

《五色话研究》包含的内容有人口与分布、姓氏与族源、民间信仰、建筑、饮食特色、传统节日、婚姻、生育、丧葬以及对五色话"五色"的探讨，指出了"五色"是虚指而非实指。对"五色话"中的汉语借词进行了历史比较，找出了声韵调的对应规律，厘清了汉语借词的借入方式。学界对"五色话"的性质有不同看法，此前较有代表性的观点是："五色话历史上曾经是侗泰语族壮傣语支的一种独立语言，但是大量覆盖的汉语表层，现在难以将它继续归入侗泰语族，但又不能看作是汉语的一种方言，只能看作是既保留侗泰语成分又有大量汉语土拐话成分的一种混合语言，再发展下去可能会完全演变成为汉语的一个方言。"但《五色话研究》两位作者认为，从语音、词汇、语法诸方面看，"五色话"既非"混合语"也不会"演变成为汉语的一个方言"，而是壮语的第三个方言。这是一个创新的观点，对"五色话"发展的趋势，认为"五色话"虽尚未濒危，但已经"活力不足、已经走向濒危"。

韦庆稳 （1917—1988）壮族，广西来宾县人。曾任中国社会科学院民族研究所研究员、百越民族史研究会理事、中国少数民族语言学会理事。新中国成立前，曾先后任中学教师和广西师院、广西大学助教、讲师。1950 年调中国科学院语言研究所，后转民族研究所。1952 年毕业于北京大学文科研究生部，随即跟随北大袁家骅教授到广西做壮语调查，培训壮语调查工作人员。1954 年参加少数民族语言调查第一工作队，调查壮语北部方言。1980 年晋升为副研究员，1987 年晋升为研究员。

韦庆稳主要从事壮语的调查研究，为壮族文字方案的设计、壮文的试验推行、培训壮文干部付出了辛勤的努力。曾在广西语委会研究室语法组工作，参加并负责编写《壮语语法概述》、《壮语构词法概要》、《壮语方言语法的几个问题》等集体项目。在 20 世纪 70 年代，与同事合作编写《壮语及壮汉人民怎样互学语言》和《壮语简志》，并独自撰写《壮语语法研究》一书，这是他多年从事壮语研究的重要成果。该书在写法上很有创意，用数理逻辑的原理来分析壮语的各种语法现象，如对壮语量词的定义和分类，对壮语各种词组的标志及个别结构应属某种词组所做的论证。在句法上，建立了一种新的语法体系，即取消传统语法体系的句子成分，扩大、增多词组的范围和种类。新语法体系比传统语法体系深化而简明。在方法和观点上也有较大的独创性。他在《民族语文论集》发表的《〈越人歌〉与壮语关系试探》一文，从上古《越人歌》与壮侗语族比较研究的结果，论证其歌词就是用汉字记录的古越语，并翻译成壮语。后来在《试论百越民族的语言》一文里，明确指出，这种百越语就是壮语的前身。韦庆稳即使在古稀之年，对壮语文的研究工作也从未间断。甚至在病中还坚持将过去的学术论文，加以补充修改成待出版的论文集。

韦树关 （1965—）壮族，广西河池人，博士，硕士生导师，广西民族大学科研处处长，广西民族语文学会副会长，广西语言学会秘书长。

1983 年考入广西民族学院中文系壮族语言文学专业，1987 年 7 月毕业；1987 年 9 月考入中央民族学院（今中央民族大学）研究生部壮侗语族语言文学专业，专攻壮汉语言比较，1990年6月毕业，获硕士学位。之后，回广西民族学院民语系任教。1993年9月—1994年6月赴越南河内外语师范大学讲学。2000年9月考入上海师范大学语言研究所汉语言文字学专业，攻读博士学位，专攻历史比较语言学。2003年6月毕业，获博士学位。多年来主要从事语言理论及对外汉语的教学工作（1996年通过考试获得国家汉办颁发的对外汉语教学资格证书）。主要研究方向为汉藏语与南亚语比较研究、壮语与东南亚壮傣语支语言比较研究及汉语方言研究。已出版专著3部（独著1部），发表论文43篇，承担科研课题9项。

代表论著有：《汉越语关系词声母系统研究》、《越南语与壮侗语族语言的关系》、《壮侗语族语言送气音声母来源论》、《试论平话在汉语方言中的地位》、《南宁平话词典》（合作，第二作者）等。其中，《试论平话在汉语方言中的地位》获自治区教育厅1998年度高校人文社会科学优秀成果三等奖，《南宁平话词典》获自治区1999年度高校人文社会科学优秀成果二等奖。

已出版著作：《民族教育现状与展望》（副主编）、《平果县志语言部分》（合作）、南宁平话词典（合作，第二作者）、《壮语概论》（副主编，执笔第17、第18章）、《田东县志》（合作，撰写"语言部分"）、《汉越语关系词声母系统研》、《壮族人学习普通话语音难点突破》（第二作者）。

已发表论文：《侗族乎？壮族乎？——也谈《越人歌》的族属》、《壮族，歌唱的民族——壮族山歌手调查与思考》、《公正在于求实，科学在于求真——就《越人歌》族属问题再与邓敏文先生商榷》、《壮侗语族语言系属问题研究札记》、《壮语造词法的初步研究》、《关于壮语地名的壮文拼写规范化问题》、《试论平话在汉语方言中的地位》、《略谈壮语构形法》、《关于壮语中汉语借词的分类问题》、《壮侗语族语言送气音声母来源论》、《壮族传统诗歌中的特殊语法现象》、《越南语与壮侗语族语言的关系》、《越南中越跨境壮侗语族语言的变异》、《从语言看越南越族与壮侗语族民族的文化渊源》、《越南岱—侬语与中国壮语的语法差异》、《壮语与越南岱侬语词汇差异的成因》、《从语言看壮侗语族民族对中国农业的贡献》、《论越南语中的汉越音与汉语平话方言的关系》、《略谈壮族古籍整理中存在的几个问题》、《壮傣语支语言的次要音节》、《上林壮语读书音》、《释"圩（墟、虚）"》、《壮族民歌与越南越族民歌韵律结构之比较》、《壮语"haeuxyangz"语义探析》。

科研项目：（1）中国与东南亚壮侗语族语言比较研究；（2）南宁地区语言志；（3）东南亚壮傣语支语言概论；（4）壮语方言语音词典；（5）广西濒危语言个案研究；（6）壮语基础方言研究（系列）。

科研获奖：1.《试论平话在汉语方言中的地位》区教育厅1998年度高校人文社会科学优秀成果三等奖；2.《南宁平话词典》自治区1999年度高校人文社会科学优秀成果二等奖。

韦星朗 （1931—）壮族，广西柳江县成团镇莲花村人，中央民族大学少数民族语言文学系三系副教授，壮语文教研室主任。中国民间文艺家协会会员、中国少数民族语言学会会员、中国少数民族作家学会会员。

1951年秋参加革命工作，1952年春保送到中央民族学院广西分院语文班从师袁家骅、韦庆稳教授学习；1953年秋毕业，后保送到中央民族学院继续深造；1954年秋，调到中央民族学院语文系第六教研室任教。先后教授过《壮语文》（包括语音、词汇、语法和读写）、《壮族民间文学》、《汉、壮翻译概论》和《现代汉语语法》等课程。培养的壮文专业学生有大专生、本科生、研究生和外国留学生等。

1952年冬，参加袁家骅、韦庆稳教授领导的壮语南北方言的调查和《壮文方案》（草案）在来宾寺山乡及宜山洛东乡的试验教学工作；1955年秋，带领53届壮语班学生参加广西拼音壮文方案的制订和试点推行工作；1976年受学校委派到四川凉山参加规范化彝文的调查和研究工作；1980年春受国家民委的委托，到广东参加省民族工作队，对海南岛临高人的族别进行鉴定工作；1985年秋受学校委派，到广西开办壮文大专和函授班，并负责领导管理及教学工作。

除了教学和科研之外，还写、编、译了不少书和论文。著有《汉、壮翻译概论》、《海南临高话》（合作）、《壮族》（合作）、《奇山秀水话壮家》（合作）、《古壮字文献选注》（合作）；译著（汉译壮）有《论共产党员的修养》（刘少奇著）、《中华人民共和国宪法》；主编和副主编的书有《少数民族诗歌格律》、《壮语文》、《壮族文学概要》，另外还特邀参加了《中国少数民族文学作品选》（壮族部分）、《中国少数民族民歌集成》（广西卷壮族部分）的编审工作。发表的论文有《好比过海有飞舟》、《壮语中的新语序》、《柳江壮话中名词、动词、形容词后的附加音节》、《论推广新方块壮文的必要性》、《论壮族的特点和壮文的形式问题》、《壮族的民间文学》、《壮族的诗歌格律》、《壮族民歌的特色》、《壮族情歌》、《壮族文人诗歌中的爱国思想》、《布伯》、《刘三姐》等。另外还将《美丽的壮锦》、《花山壁画的故事》、《竹筒打马队》、《农夫和狼》等十几个壮族民间故事和《劳模会上定终身》、《不做富人掌上花》、《捡了这个丢那个》等几十首壮族民歌译成汉文发表。

魏萃一　（1931—）女，天津市人，1946—1953年就学于南开大学经济系，北京大学东语系，中央民族学院语文系维吾尔科。毕业后在中央民族学院先后任教多年，最后职务硕士研究生导师，维语教研室主任，教授。1957—1964年任新疆大学语文系讲师，汉语教研室主任，预科主任。1964—1973年任新疆维吾尔自治区文字改革委员会研究室副主任。1984—1986年任奥地利维也纳大学东方学院及汉学院客座教授。回国后在中央民族学院继续任教。退休后自1988年主要侨居国外从事研究。

长年从事维吾尔语文、突厥语文的教学与研究，自编教材，对所在院校维语，突厥语学科的建设有所助力。1981年编的现代维语经中央民族大学维语系于2006年重新审定出版。同时期编写的古代突厥语历史语法经马坎副教授译成哈萨克文出版。在新疆大学任教中，初次开设汉、维语比较语法等课，倡导维、汉语双语教学，被推选为1963年自治区文教群英会代表。在维也纳大学任教将现代维语及中国诸突厥语列入正式课程。该校东方学报发表了现代维语标准语及方言的篇章，An Introduction to the Modern Uighur Literary Language and its Dialects (Wiener Zeitschrift fur die Kunde des Morgenlands Wien, 1989, 235 - 249)。

在国外曾应邀赴伦敦，伯明翰，曼彻斯特等大学，德国邦贝尔，慕尼黑等大学，荷兰莱顿大学，土耳其安卡拉等大学以及美国西华盛顿大学的东方学院或研究中心作学术访问，讲座或协作，促进了中外有关学术学者的交流。在若干大学学院的学报上发表了讲稿，如德国鲁尔大学于学报上发表"Turkic - speaking Minorities in China" (*Materialia Turcica* 1985, Band 11, Bochum 1987)（中国突厥语各民族简介）土耳其语文学会会刊 *Turk Dili* 1986 发表了 Research on Turkic Languages in China (《中国对突厥诸语言的研究》)。英国中亚学会会刊 *Central Asian Survey* 1986, Vol. 5 发表了在莱顿大学的讲稿 Ancient Chinese Historical Records about Central Asia (《中国古籍中有关中亚的资料》)。1992年应维也纳大学汉学院邀请参加学术会议，讲稿 The Uighur Legends in Evolutionary and Cultural Perspective (《维吾尔传说在文化影响演变中》) 被收集于该校会刊中。

结合语文调查与研究，撰写中，英文论文多篇，发表于北京，新疆等学术刊物及国外有关学刊。若干中文论文试图解决当时维语术语分歧或规范化问题，如《维吾尔语词汇的发展及规范化问题》，《论维吾尔词汇发展的规律》指出分歧弊害及规范走向。《试论维吾尔语 Buwi 一词的源流》自词义演变，分化观察维吾尔历史上的不同文化，宗教影响。《试论维吾尔书面文献中新词的创制法》从维吾尔曾使用的突厥如尼文，回鹘文，察哈台文等不同时期文献的构词法阐述维吾尔语言文字的稳定性与变化性。Multilingualism in Boritala: A Mongolian Prefecture on China's Northwest（博尔塔拉的多语人：中国西北的蒙古地区）（*Arbeiten zur Mehrsprachigkeit*, 45. 1992）系对阿尔泰山区博乐一带多语人的调查报告修订稿，经德国汉堡大学多语研究中心发表。

"An Historical Survey of Mordern Uighur Writing Since the 1950s in Xinjiang, China"（自1950年以来现代维吾尔文字改革的历史分析）（*Central Asiatic Journal*, Vol. 37 No. 3—4, 1993）回顾了维吾尔文字改革40年曲折历程，对比研究了世界，尤其前中亚地区各族文字改革的成败，指出文字的变动对民族教育文化的影响。发表后引起国际一些有关学者反响，作者当即应邀赴英座谈。

在研究古文献方面，译注了13世纪初盲诗人艾迪布，阿合买提 Edib Ahmed 的长篇宗教劝诫诗《真理的入门》。其前言分析了突厥伊斯兰文化的兴衰，从改写本的不同来源的借词，词汇，语法方面说明写本应大约抄于回鹘书面语向察哈台语过渡的时期，其内容也证实了这一观点。

在研究丝绸之路多元文化对维吾尔语言，宗教，文化影响方面，与美国宗教学家鲁克特合作，完成了 Cuiyi Wei, Karl Luckert: *Uighur Stories from along the Silk Road*, University Press of America, 1998（丝绸之路的维吾尔故事）。作者根据自蒙古高原到中亚，西亚，特别是新疆一带民族历史上的迁徙，融合，按采集狩猎，游牧定居，农业化及语言突厥化，宗教争战和伊斯兰化，民主革命等不同时期，搜集了有关维吾尔的故事与传说，材料除多数来自现代维、汉文及国外有关出版物之外，还利用了汉文、突厥文、察哈台文等古籍。书中所附词汇部分，对各类专名作了注释，如地理、部落、历史、人物、民俗、宗教等专名，可供语言学者和民族学者参考。

文明英 （1936—）黎族，海南省三亚市人，大学本科。1956—1957年曾参加中国科学院少数民族语言调查第一工作队海南分队，奔赴原广东省海南黎族苗族自治州黎族地区调查黎语和参与黎文创制及推广黎文工作，分别担任黎族语言调查小组副组长、民族语文学校一班班主任和老师。1958年8月，调回中央民族学院（现为中央民族大学）任教到退休。其间，曾历任中国共产主义青年团中央民族大学语文系教职工支部委员、中国共产党图书馆支部委员、保卫部图书馆保卫委员、图书馆流通保管组组长、少数民族语言研究所部门工会主席、中央民族大学部门工会宣传委员、中国少数民族语言文学院少数民族语言文学系壮侗语教研室副主任、副教授、研究生导师、语言学系党总支委员、语言学系教职工党支部书记、中国民间文艺家协会和中国少数民族作家学会会员、一至三届北京市民族联谊会理事、中国艺术研究院文化艺术市场研究中心和北京中研星光文化艺术发展中心特约研究员。退休后，先应聘在中央民族大学教务处教学研究科工作三年，后又应聘到少数民族语言文学系教学至2009年2月。

在学术方面，发表论文和诗歌等140多篇（首），如《黎语》、《应该恢复推行黎文》、《黎语的新增语序》、《读〈大力神〉〈后羿射日〉联想》、《黎语侾（音"哈"）方言保定话的 hou^{53} 与 dε^{11}》、《"临高话"及其清唇塞音浊化问题》（合作）、《黎文》、《试论黎族民间歌谣的艺术特点》、《如何进行黎语语音教学》和《海南省临高人的族属问题》（合作）。还撰写了"民族风俗"和"民族文学"等词条400余条。

此外，自己又和别人合作或参加集体著作，如《壮侗语族语言词汇集》（黎语部分）、《海南临高话》（合著）、《黎语基础教程》（合著）、《中国少数民族文化史》（黎族部分）、《中华文化通志》（黎族部分）、《中国少数民族大百科全书》（黎族部分）、《中国少数民族文化大辞典》（黎族部分）和《中国少数民族文化大辞典》（毛南族部分）等。

在摄影和书法方面，喜欢业余摄影和书法练习。所摄的照片以生活影照为主，也有些艺术影照。所摄的照片分别涉及北京、河北、广西、广东、海南等地的有关景象，书法练习偏重于民族文字，以此陶冶情操。

退休后，又与泰国玛希隆大学乡村开发语言文化研究所合作，于2003年出版了《黎—汉—泰—英词典》（编译著）。其中，发表于《中国少数民族语言》、《计算机数据及文字处理技术在少数民族语言中的应用》和《中国的民族识别》上的论文《黎语》、《黎文》和《海南省临高人的族属问题》等，随着该书的获奖，分别荣获1989年"国家民委哲学、社会科学优秀科研成果奖二等奖"、1994年"国家民委民族政策研究成果一等奖"和1999年"国家社会科学基金项目优秀成果三等奖"；参与撰写的百卷巨著《中华文化通志》，荣获1999年第四届国家图书奖"荣誉奖"。曾入编《中国文艺家传集》、《中国现代民间文学家辞典》、《中国当代教育名人大词典》、《中国当代艺术家名人录》、《中国少数民族专家学者辞典》和《中国黎族大词典》等。

文日焕 （1951—）朝鲜族，辽宁人，文学博士。中央民族大学少数民族语言文学学院院长、教授、博士生导师，兼任中国少数民族语言研究所所长，中央民族大学"985工程"中国少数民族非物质文化遗产研究与保护中心主任。主要社会兼职：国务院学位委员会学科（中国语言文学）评议组成员、中国少数民族文学学会副会长、朝鲜（韩国）文学研究会副会长、国际高丽学学会文学部部长、中国社会科学院专业技术职务评审委员、北京市高等院校专业技术职务评审委员会学科评委、国家民族事务委员会专业技术职务评审委员等。

主要从事朝鲜古典文学和中国少数民族非物质文化遗产研究。承担（主持）的科研项目主要有：人口较少民族濒危语言及民间文学研究（教育部重大课题，2005年结项）、中国少数民族非物质文化遗产研究与保护（中央民族大学"985工程"项目，经费950万元）；主要论文有：《朝鲜古典作家文学与民间文学的相互关系及其发展规律》、《朝鲜古代神话研究》、《朝鲜古典文学研究》、《朝鲜古典文学年表》、《朝鲜古典文学史》等。主编的著作有：《萨满造型艺术》、《中国民族神话母题研究》、《湘西苗族传统丧葬文化〈招魂词〉》、《贼歌》、《苗族祭仪"送猪"神辞》、《肌肤上的文化符号》、《中国北方民族萨满出神现象研究》、《那仁汗胡布恩》、《朱盖米吉德、胡德尔阿尔泰汗》等中国少数民族非物质文化遗产研究系列丛书。

闻宥 （1901—1985）字在宥，江苏松江（今属上海市）人。历任中山大学、山东大学、燕京大学、四川大学教授，1955年以后为中央民族学院教授。主要研究领域为汉藏语系语言文字和中国少数民族历史与考古，在喃字、彝文、羌语等方面有重要成就。著有《论字喃之组织及其与汉字之关涉》、《川西羌语之初步分析》、《古铜鼓图录》、《西南边民语言的分类》、《川滇黔彝文之比较》等。

乌买尔·达吾提 （1963—）维吾尔族，文学硕士，现任新疆大学人文学院中国语言系语言学教研室主任、副教授，硕士研究生导师。1983年7月毕业于新疆大学汉语专业，毕业后留校任教至今。其间，自1987年至1990年在新疆大学攻读突厥语言文学专业察合台语研究方向研究生并获得硕士学位。因获得国家留学基金委的资助，于2004年2月至2005年2月在美国威斯康星大学和印第安那大学进行访学。任教20多年以来，一直从事理论语言学教学和维吾尔语言文化的研究工作。主要业绩如下：

一、教学方面：讲授多门课程，其中为本科生讲授《语言学概论》、《社会语言学》、《翻译技能》等课程；为硕士研究生讲授《翻译理论与实践》、《现代维吾尔语研究》等课程；出版新疆高校通用教材《汉维互译实用教程》（合著，1999）；因教学成绩显著，于2002年被学校评为"新疆大学第二届基础课程骨干教师"；此外，于2009年和2011年被学校评为《新疆大学本科生毕业论文优秀指导教师》。二、科研方面：公开出版的专著有：《维吾尔语言文化研究》（维吾尔文）；《新疆少数民族中学双语授课实验研究》（合著）。已发表的论文有：《维吾尔语乌鲁木齐话流行新词语的特点》、《简论维吾尔古典文学史上的双语创作》、《马赫穆德·喀什噶里与比较语言学》、《现代维吾尔语新词语的产生渠道及其特点》、《国外察合台语文献研究概述》、《汉维翻译与语码转换》、《论历史比较方法与〈突厥语大词典〉中的比较方法》、《关于我国维吾尔族诺鲁孜节的研究》、《维吾尔语的英语借词研究》、《汉语—维吾尔语平行语料库的构建与应用研究》、《现代维吾尔语中的英语借词新探》、《维吾尔语中的汉语菜名借词试探》、《现代维吾尔语词的重叠形式研究》、《近十年以来维吾尔语新词语研究》、《现代维吾尔语新词语研究述评》、《现代维吾尔语中的英语缩略词试探》、《国外维吾尔教学与研究近况》、《国外察合台语研究概述》、《汉语商标的维译法》、《汉译维中的语义空缺现象及其表达》、《维吾尔文翻译中开展文学批评的紧迫性》、《汉译维中断句法和合句法浅谈》等60篇。此外，出版《维吾尔语言文化研究》等著作两部；参加编写《汉维大词典》（2001年）；在美国访学期间，作为顾问参与了印第安那大学中亚地区语言研究中心的项目——《维吾尔语教学资料》的研究工作；主持和参加完成国家社科基金项目四项，现已完成本人主持的国家社科基金项目——《维吾尔语方言音档的建设与研究》（2008—2012）；《浅论汉译维中的转换法》、《现代维吾尔语动词bolmaq新探》等多篇论文曾获全国、自治区级科研奖励。三、学术交流方面：积极参加各种学术团体和学术研讨会。现为中国突厥语研究会理事，美国中欧亚研究协会、国际双语协会等研究会会员；曾多次参加国内外举行的各种学术研讨会。

科研项目：（1）国家社科基金课题《现代维语方言音档的建设与研究》，主持人，（2008—2012）；（2）国家社科基金项目——《中国突厥语族文献中的外来词研究》（重点项目、2011—2014，主要参加者）；（3）国家社科基金项目——《汉维双语平行语料库的研制与应用研究》（2007—2009，主要参加者）；（4）国家社科基金项目——《现代维语方言长篇语料范例及重要语音词汇语法现象比较研究》（2009—2011，主要参加者）；教育部课题——《现代维吾尔语诸方言长篇语料的记录与整理》（2006—2008，主要参加者）。

学术交流：（1）参加中国突厥语研究会第十次研讨会，参会论文题目：《现代维吾尔语词的重叠形式研究现状探析》；（2）参加纪念马赫穆德·喀什噶里诞辰一千年国际学术研讨会，参会的论文题目：《试论〈突厥语大词典〉中突厥语的比较法——简论比较语言学的奠基人》；（3）参加语料库及语言对比与翻译国际研讨会（UCCTS2008），参会论文题目：《汉语—维吾尔语平行语料库的构建与应用研究》（第二作者）；（4）参加中国少数民族双语教学研究会第五次双语教育国际学术研讨会，参会论文题目：《维吾尔族双语传统与历史文化名人》；（5）参加纪念麻赫穆德·喀什噶里诞辰一千年全国学术研讨会，参会的论文题目：《比较语言学的奠基人——麻赫穆德·喀什噶里》。

乌·满达夫 （1937—）蒙古族，内蒙古科左中旗人，大学毕业，教授。主要学习与工作经历：1957年留学蒙古国。1962年毕业于蒙古国国立大学语言历史文学专业。回国后在内蒙古大学任教。曾任内蒙古大学蒙语系语言教研室主任、系副主任、内蒙古大学学报编辑部副主编、教授、硕士生导师。自1962年始在内大任教40年中，一直从事蒙古语言的教学与研究工作。前后讲授过"现代蒙古语"、"语言学概论"、"中古蒙古语"、"蒙古语言学史概略"、"蒙古秘史研究"、"蒙古音韵考"、"蒙古语规范"等本科生、研究生多种基础课，专业基础课，选修课。特别是独立建立并讲授"中古蒙古语"和"蒙古语言学史概略"等专业基础课，为内蒙古大学本科蒙古语言教学的系统化，科学化做出了突出贡献。作为指导小组成员培养了现代蒙古语专业硕士生6名，独立指导培养中世纪蒙古语专业硕士生3名。

社会/学术团体兼职：中国蒙古语文学会理事长；中国翻译协会内蒙古分副会长；内蒙古自治区名词术语委员会副会长；内蒙古自治区标准语委员会副会长；国际蒙古学联合会委员。

教学/科研/管理业绩成果：一、讲授过的课程与教材：（1）现代蒙古语——基础课；（2）"马克思主义语言理论与党的民族政策"——改写"语言学概论"，自编教材；（3）"中世纪蒙古语"；（4）"中古蒙古语"（主编）全国高校统编教材（1997年）；（5）"蒙古语言学史略"（手稿）；（6）"蒙古语规范化"（手稿）本科选修课；（7）"蒙古音韵考"（手稿）研究生选修课；（8）"蒙古秘史学"（手稿）研究生专题课；（9）"语言学概论"（手稿）；（10）"蒙古国蒙古语语法"（1973）；（11）"蒙古国概论"（汉文，1973）。二、专著：（1）《蒙古语言的发展与规范》（蒙古文）；（2）《蒙古语言研究》（蒙古文）；（3）《蒙古译语词典》；（4）《中古蒙古语》教材；（5）《华夷译语》；（6）《蒙古学百科全书·语言文字卷》的古蒙古语部分；三、译著：（1）毛选《矛盾论》、《实践论》、《在延安文艺座谈会上的讲话》和十几种单行本（汉译蒙古国语言文学）；（2）《蒙古语研究概况》蒙古国文译汉文。（3）《蒙古人民共和国》书的序言，文献史料和研究著作概述（中册）蒙古国语译汉文；（4）《语言学概论》（高名凯，石安石编）汉译蒙教材。四、论文共发表46篇，45篇是用蒙文写的，1篇是汉文的。五、获奖情况：（1）"论蒙古语元音，辅音及音节末辅音字母"（论文）1986年获中国蒙古语文学会优秀论文奖。内蒙古大学学报1985年第一期；（2）敬斋公与《三合便览》（论文）1989年10月获中国蒙古语文学会优秀论文奖。见《蒙古语文》杂志1989年第一、第二期；（3）《再论蒙古人名及其文化》（论文）1996年12月中国蒙古语文学会优秀论文二等奖；（4）《蒙古语言研究》（专著）1993年4月获内蒙古自治区第四届社会科学优秀成果三等奖；（5）《蒙古译语词典》（专著）1996年获内蒙古自治区第四届社会科学优秀成果三等奖。1997年内蒙古大学二等奖。同年获国家教育部二等奖；（6）《中古蒙古语》（教材）2000年1月获教育部少数民族高校教材二等奖；（7）《华夷译语》（专著）2000年获内蒙古自治区二等奖；（8）在内蒙古大学蒙古语系工作期间当选过优秀教师工作者，2005年内蒙古大学蒙古学学院授予"功勋教师"荣誉称号。

乌·那仁巴图　（1940—）蒙古族，内蒙古乌拉特前旗人。内蒙古师范大学蒙古语言文学研究所副所长、教授、中国蒙古语文学会理事和学术委员会委员。

1958年毕业于内蒙古专科学校。1963年毕业于内蒙古大学蒙古语言文学系。自1972年起，在内蒙古师范大学从事蒙古语教学和科研工作。主要研究蒙古语修辞学、方言学、语言规范以及蒙古语文献学、蒙古语研究史等方面，更侧重对蒙古语修辞学的研究。他认为，蒙古语修辞学研究属新的课题，需要进行深入细致的工作。应该建立蒙古语修辞学的理论体系。他已经对蒙古语修辞学进行了多方面的探讨。如对修辞在蒙古语研究中的地位，词的色彩应该是修辞学研究的对象问题，蒙古语的修辞手段，蒙古语语法的修辞手段，蒙古语节律问题，蒙古语修辞风格问题，文学语言的修辞问题，语言风格问题，语言、语境、修辞的关系问题，语体与风格的关系问题，以及蒙古语修辞学的体系问题，等等。他认为运用体系学的观点研究蒙古语修辞学非常重要。他的论文《蒙古语节律研究》引起了学术界的广泛反响，1986 年被评为中国蒙古语文学会优秀论文并获奖。内蒙古人民广播电台在 1987 年 8 月 30 日的广播对乌·那仁巴图教学和科研工作进行了全面介绍，特别提到他的蒙古语修辞学方面的成果。已出版专著有：《蒙古语修辞研究》（论文集，内蒙古人民出版社 1986）、《蒙古语基础》（与哈斯额尔敦合著，吉林人民出版社 1978）、《现代蒙古语》（负责修辞部分，内蒙古教育出版社 1982）、《蒙古语成语简释词典》（与哈斯额尔敦、丹森合编，内蒙古教育出版社 1981）。已发表论文有：《中国蒙古语基础方言及标准音问题》（与哈斯额尔敦合写）、《关于蒙古语朗诵问题》、《蒙古语读音规范问题》、《论蒙古族著名文人莫日根葛根》、《论修辞学的理论和实践意义》等。

乌仁其木格 （1963—）女，蒙古族，生于内蒙古阿拉善右旗，副教授，博士研究生学历，中国蒙古语文学会会员，现在在青海民族学院蒙古语言文学系任教。专长是 17 世纪蒙古语的研究，其博士学位论文《〈蒙古源流〉语言研究》是首次从语言角度对《蒙古源流》书面蒙古语进行了描写研究的专题论文。本文在前人研究成果的基础上，采用描写、统计、比较等研究方法，全面、系统地研究了《蒙古源流》的书写特征和语音、语法特点，阐明了它们的历史演变规律及其特点。已建立了《蒙古源流》的语料库，使用统计数学方法分析语言数据，为全面、系统、科学、细致地研究《蒙古源流》语言资料打下了基础。首先，在《蒙古源流》蒙古书面语书写特点方面，主要描写了《蒙古源流》中书写短元音、复合元音、长元音以及辅音的特征。其中论述有关语音和谐的书写特征，并叙述了"h（软硬辅音）、g（软硬辅音）"辅音的不和谐使用的情况及带有"t"辅音的附加成分在软硬辅音以及元音结尾的词干后面均可连写的独特的书写特征，连接元音规则方面以变字母"d"结尾的动词词干后面出现"使变字母"时，增添"du～dü"和"u～ü"的特点。《蒙古源流》中出现了一词多形的书写特点，从多方面分析了产生这种现象的原因，并与现代蒙古语的书写特点相比较，归纳出了《蒙古源流》中的正字法的书写特点和字、词的书写特点。《蒙古源流》蒙古书面语使用范围及其意义和作用。从动词的式、体、态等语法范畴到形动词、副动词等诸形态进行了系统研究，并通过中世纪蒙古语言和现代蒙古语比较研究，阐明了《蒙古源流》语言的动词变化情况。20 世纪 80 年代末 90 年代发表了《论蒙古族火祭习俗》（《蒙古语言文学》1987 年第 7 期）、《关于讲解主从复合句》（论文被选用在辽宁民族出版社蒙编部编写的《民族教育研究论文集》里、1996 年 10 月）等 20 多篇论文。2000 年以来主要以研究 17 世纪蒙古书面语言为主，发表的论文有《〈蒙古源流〉中"ber"释意》（《内蒙古大学学报》2004 年第 2 期），《〈蒙古源流〉中的第一、第二人称领属格语气词》（《蒙古语言文学》2004 年第 1 期），《〈蒙古源流〉陈述模式探析》（《内蒙古社会科学院》2004 年第 5 期），《关于〈蒙古源流〉中的反身领属附加成分》（《蒙古语文》2004 年第 2 期），《"anu、inu"的演变》（《蒙古学研究》2004 年第 1 期），《〈蒙古源流〉中"anu/inu"的使用情况分析》（《内蒙古大学学报》2006 年第 4 期），《论〈蒙古源流〉语言的祈使式》（《内蒙古师范大学学报》2006 年第 3 期），《〈蒙古源流〉中辅音和谐的书写法》（《蒙古学研究》2006 年第 4 期），《〈蒙古源流〉中连接元音的写法探析》（《内蒙古社会科学》2006 年第 5 期），《关于〈扶助成吉思汗执政的传记〉中的词语特点》

（《卫拉特研究》2007年第2期）,《〈蒙古源流〉中长元音》（《内蒙古大学学报》2007年第3期、25—29页）,等10多篇学术论文。其中《〈蒙古源流〉中长元音》论文特别是在长元音方面,用书面语和口语的对应规律论证了《蒙古源流》所代表的语言中已经出现长元音,并归纳出了这些长元音在《蒙古源流》中的表现形式。即:(1)用单元音字母标示;(2)用重叠元音字母标示;(3)用长音节形式表示等三种形式。对中世纪和现代蒙古文、蒙古文信息处理方面也有所研究,目前承担校级课题《青海蒙古土语语音研究》一项。

巫达 （1966—）彝族,四川人。1989年毕业于中央民族大学少数民族语言文学系,1989年9月—1998年8月任中国社会科学院民族学与人类学研究所,1994年起任助理研究员。主要从事彝语研究。1998年9月—2000年7月,香港中文大学人类学系,人类学哲学硕士。

工作与教学经历:1999年6—8月,在四川省凉山彝族自治州甘洛县做关于彝族语言、宗教和文化方面的田野调查。2000年8月—2004年7月,香港中文大学人类学系,获人类学哲学博士,2003年10月—2004年10月,香港中文大学语言学及现代语言系助理研究员。2004年11月—2004年12月,香港中文大学语言学及现代语言系副研究员,2005年1月—2007年2月,香港中文大学语言学及现代语言系博士后研究员。2007年3月—2007年9月,澳大利亚La Trobe大学语言学系博士后研究员。2007年10月—2008年5月,中国社会科学院民族学与人类学研究所社会文化人类学研究室工作。2008年5月至今,上海大学文学院社会学系教授、人类学研究所副所长。

研究项目:1994—1995《彝语方言研究》。中国社会科学基金项目。1997《中国藏缅语计算机词汇库及其计量分析》,（承担彝语部分）获1997年度中国国家自然科学基金项目科研成果二等奖。郑玉玲副教授主持。《彝语语法》（诺苏话）。

合作项目:(1)1996—1998 彝语方言语法数据库、彝语方言词汇数据库、彝语方言词典。与德国学者合作项目。(2)1998—2000 彝族宗教、语言与彝族文化认同研究。四川省凉山州。香港中文大学研究院人类学硕士课程。(3)2000—2003 藏族尔苏人族群认同及其文化研究。四川省凉山州。香港中文大学研究院人类学博士课程。(4)2003—2004 藏缅语族语言形态句法研究。香港中文大学语言学及现代语言系助理研究员、副研究员研究题目。(5)2004—2006 景颇语功能词研究。香港中文大学语言学及现代语言系博士后研究题目。(6)2006—2007 彝语动词形态学研究。澳大利亚La Trobe大学语言学系博士后研究项目,系澳大利亚毅进长江亚洲学者资助项目。(7)2008—2009 网络虚拟社群与上海人认同建构研究,上海大学中国社会转型与社会组织研究中心。

获奖情况:1999"汉彝'团结话'与彝汉双语教学",获首届中国少数民族双语教学研究会优秀论文二等奖。2006年 Endeavour Australia Cheung Kong Awards〔获2006年澳大利亚长江学者奖（澳大利亚教育部）〕。

已出版著作:《社会变迁与文化认同：凉山彝族的个案研究》,学林出版社。《族群性与族群认同建构：四川尔苏人的民族志研究》,民族出版社2009年。

已发表论文:《凉山彝语亲属称谓序数词素及其民族学意义》、《彝语形态探讨》、《彝语和日语若干相似现象初探》（与清水享合作）、《凉山彝语骈俪词调律探讨》、《凉山彝语田坝土语古音拾零》、《彝语t系声母考》、《彝语动物名词"性"的表达方式》、《语言文字与凉山彝族的文化认同》、《从景颇语和彝语的量词看名词短语的指涉特征》（与顾阳合作）、《论凉山彝语的"名 +（数）+ 量 + su^{33}"结构》（与刘鸿勇合作）、《尔苏语言文字与尔苏人的族群认同》、《景颇语功能词研究》（香港中文大学语言学及现代语言系博士后研究项目）、《四川尔苏人族群认同的历史因素》。

巫凌云 （1933— ）浙江平阳县人，曾任云南民族学院教授、民族语言文学系副主任、云南省语言学会副会长、德宏傣族景颇族自治州教育学院兼职教授、中国民族语言学会理事。

1952年考入北京大学东方语文系，同年转入中央民族学院语文系云南德宏傣语文专业学习。1956年毕业后长期在云南从事傣族语文教学和研究工作。担任过傣语文硕士研究生指导教师，教授过"汉、傣语法比较"、"德宏傣文、泰国文语音比较"、"德宏傣文和缅傣文比较"、"西双版纳古傣文"、"德宏古傣文"等课程。1985年应邀赴泰国朱拉隆功大学文学院从事傣、泰两种语言比较研究工作。他认为"台"语的支系很多，几乎遍及整个东南亚，只有对"台"语各方言及其文字进行深入研究才能将古"百越"民族的研究引向深入，其中包括族源、语系和整个历史。1986年参加在泰国举行的兰那和西双版纳文化及继承的国际学术会议，宣读了《兰那傣文和西双版纳傣文的比较研究》一文，论证了泰北的"兰那文"无论从字形的结构上或者在语音系统上和西双版纳古傣文是同出一源。他还通过方言的材料对1833年在泰国素可泰发现的、曾经由西方和泰国本土学者解读的"兰甘亨碑铭"作了补正，写出《泰国兰甘亨碑铭释文补正》一文。已出版论著有：《西双版纳傣语文概况》（与张秋生合著，云南民族出版社1980年）、《德宏傣语语法》（德宏州民族出版社1988年）。已发表论文有：《西双版纳古傣文塞音声母考》、《西双版纳傣文和老挝文同源词比较中声母差异》、《泰国甘兰亨碑铭释文补正》、《西双版纳傣语和德宏傣语的声母和声调》。

吴超强 （1931—）壮族，1956年7月毕业于中央民族学院语文系语言专修科。广西壮文学校广西民族中等专业学校原教务处主任，高级讲师。

1956年7月在桂西壮族自治州壮文工作指导委员会翻译组工作，1957年7月—1973年5月在广西民族出版社编译室做壮文编译工作。在出版社这段时间，出版社的同志们编译了干部读本、农民读本的壮文教材及政治常识、科学常识、农业知识、其他读物、连环画等壮文图书。从1957年至1966年出版社编译出版了各类壮文图书400多种，1000多万册，这是全体出版社人员共同奋斗的结果。每位编译人员都投入一定的精神力量，发挥一定的才能智慧。但在那时候，出版社人员编译的图书，都没有落款编译者名字，无法统计个人编译的书籍。

1975年5月在广西民族干部学校（1975年成立，校址在广西壮文学校）任教。1980年，广西壮文学校恢复办学，它和广西民族干部学校（现在更名为广西民族中等专业学校）两个牌子同一个领导班子、一套教职员工办学，积极努力开办壮文干训班和学制为二年、四年的壮文中专班。起初，吴超强上壮语文、壮语音、壮语法，后来，专上壮语法。1984年12月任学校教务处副主任，1986年12月任主任。同时还努力搞教学研究编写教材和撰写论文。编写的教材有：壮文干训班教材《语法比较》（独编），壮文中专班教材《壮语词汇》（合作）、《壮语语法教材》（合作），民族师范壮语教材《语法》（合作）；译作有：民族中学壮语教材《语文》（合作，第二册，壮文），《中国共产党章程》（独译，单成本，1986年翻译出版，壮文）。

撰写论文有：《汉语、壮语语法结构不同的比较》、《壮语动词DWK一词初探》、《壮语与壮族族源》、《壮族的尊称、谦称和昵称》、《沉积在壮语中的"社会投影"》、《浅谈壮语与壮族习俗特征》、《论推行壮文对繁荣壮族文化教育的作用》、《壮语地名初探》、《壮族姓氏村名初探》、《壮族的心理素质及思想风格初探》、《浅谈壮译汉的翻译技巧》、《浅谈壮语量词的作用》、《上古汉语与壮语对比研究》等；还撰写了《收看壮文版电视剧〈射雕英雄传〉的感想》、《感言于敢壮山歌圩》、《浓郁的壮文情结》、《广西壮文学校的发展壮大离不开党和人民政府的关怀与支持》共 30 多篇，发表在报纸杂志和校刊《民族教苑》。《壮语趣谈》（罗滔、潘源洞、吴超强三人合写），共十二章，刊登在校刊《民族教苑》2006 年总第 15 期。2006 年，参加编写广西壮文学校史《光辉五十年》。

用壮文编写《壮语语法知识》25 篇，连载于《广西民族报》。用壮文写散文：《Duzvaiz Gag Gangj》（水牛的自述）（原登在《三月三》1991 年第 6 期，2006 年又选编入《三月三》壮文版创刊 20 周年精选本）；《Dwg Mwngz Loenghgveij》（是你捣鬼）（获优秀奖）；《Bi Duzgaeq Gangj Gaeq》（鸡年讲鸡）等 15 篇壮文作品。从汉文翻译成壮文的文章：《Duzgoep Ndaw Cingj》（陷井之蛙）；《Duz Manaez》（狼）、《GyaeujngwzCaeuq Riengngwz》（蛇头与蛇尾）；《Lawh Duzlawz Doz Fwnz》（替驴驮柴）；《Rizdin Mui'ndaem》（黑熊的脚印）等 5 篇寓言文章。以上这些发表在《三月三》杂志和《广西民族报》。

1991 年退休，至 1992 年 12 月，学校返聘做校刊编辑工作，1993 年 3 月—2003 年 7 月，在广西武鸣县城东高中（民办）应聘任教。

1984 年荣获广西壮族自治区人民政府授予民族团结先进个人称号，2004 年 11 月中国译协民族翻译委员会授予优秀翻译工作者荣誉证书，2005—2006 学年度荣获广西民族中等专业学校广西壮文学校优秀共产党员称号。

吴宏伟 （1959—）研究员，曾任民族研究所北方语言研究室研究员，后外调至东欧中亚研究所。

已出版专著：《图瓦语研究》，上海远东出版社 1999 年。已发表文章：《突厥语族语言元音和谐与附加成分元音并存分立现象的关系》（1989）；《影响突厥语族语言元音和谐的几个因素》（1990）；《关于突厥语族语言元音和谐性质问题的探讨》（1991）；《突厥语族语言元音和谐的类型》（1991）；《哈萨克语格的演变》（1991）；《关于突厥语族一些语言部分词首辅音演变的几个问题》（1992）；《突厥语族语言的分类》（1992）；《突厥语族语言双音节词中元音的相互适应与相互排斥》（1993）；《哈萨克语维吾尔语音位的比较》（1994）；《原始突厥语元音的构拟》（1996）；《土族语的亲属称谓》（1997）；《突厥语族语言的领属范畴》（1998）。

吴俊峰 （1926—）蒙古族，辽宁阜新蒙古族自治县人。内蒙古社会科学院语言研究所编审。曾任内蒙古社会科学院语言研究所辞典室副主任、语言室副主任，中国民族语言学会理事。1956 年在全国少数民族语言调查训练班结业后，参加全国蒙古族语言调查队，调查喀喇沁土语。1957 年调内蒙古语文历史研究所工作。多年来从事辞书编纂工作，参加过四本大、中型的汉蒙对照辞书。而《汉蒙字典》更是独具特色。这部字典是为懂蒙语的人学习古汉语而编的。据汉文《辞海》的语词分册译编成书，3 万余条词目，200 万字。其特点是，绝大多数的例词、例句引自蒙文《四书五经》和古籍翻译名著，并注明例词例句的出处。这是以往蒙文图书中未曾有过的。已出版的专著有：《汉蒙词典》（主要负责人，内蒙古人民出版社 1964）、《汉蒙字典》（内蒙古人民出版社 1980）、《汉蒙词典》（增订本，主编，内蒙古人民出版社 1983）。已发表论文有：《蒙古书面语口语读音问题》（与索德那木合著，《蒙古语文》1959 年第 1 期）、《汉语借词读音试探》（《蒙古语文》1959 年第 9 期）、《蒙古语的新词术语》（《民族语文》1981 年第 1 期）等。

吴启禄 （1934—）福建仙游人，1956 年毕业于中央民族学院，教授，已退休。已发表论文：《布依语量词概略》（1983）；《佯僙话简介》（1984，与赵道文合作）；《布依语数词"一"研究》1984）；

《布依族古籍中的方块布依字》(1991)；《布依文同音词例析》(1993)；《布依语代词的特点》(1993)；《布依语若干难句特殊句析疑》(1998)。

武·呼格吉勒图 (1949—)蒙古族，内蒙古赤峰市宁城县内蒙古大学副校长(1995—)、教授、博士生导师。蒙古语言学和阿尔泰语言学知名学者。曾任内蒙古大学蒙古语文研究所副所长(1984—1994)、所长(1994—2000)、蒙古学学院院长(1995—2001)，现兼任教育部人文社会科学重点研究基地——蒙古学研究中心学术委员会主席、中国蒙古国研究会理事长、中国蒙古语文学会副理事长、中国民族语言学会副会长、阿尔泰语言学会会长、内蒙古蒙古文正字法委员会副主任、全国蒙古文教材编审委员会副主任、《内蒙古大学学报》（蒙文版）主编、《蒙古国研究》杂志编委会主任等职，曾任土耳其安卡拉大学、德国波恩大学、日本东北大学、台湾中央研究院客座教授和中央民族大学兼职教授。目前任第52届国际阿尔泰学会议（PIAC）主席、国际蒙古学协会执行委员、联合国教科文组织国际游牧文明研究院学术委员会委员。

呼格吉勒图1974—1976年在内蒙古民族高等专科学校学习，1976—1978年在内蒙古巴盟盟委办公室工作，1978—1981年在内蒙古大学蒙古语文研究所攻读中国少数民族语言文学专业硕士研究生，1981年至今在内蒙古大学工作。1994年晋升为教授、1997年被批准为博士生导师。1982—1983年在日本留学；1991—1993年在土耳其留学并受聘为安卡拉大学客座教授；1995年应德国科学院的邀请在德国波恩大学进行为期三个月的学术访问；1997年4—5月应邀访问蒙古国立大学；同年7月出席了第七届国际蒙古学家大会，被推选为国际蒙古学协会执行委员；2000年以中方负责人身份参加联合国教科文组织国际游牧文明研究院倡议下组织的中蒙俄三国"中亚游牧文明变迁"联合科学考察（俄罗斯和蒙古境内）；2001年7—9月组织中蒙俄三国游牧文明联合学术考察；2004年6月访问俄罗斯卡尔梅克自治共和国和圣彼得堡大学及俄罗斯科学院并调查卡尔梅克语；2005年2—5月应邀在日本东北大学任客座教授；2007年11—12月访问美国8所大学；2008年7月在罗马尼亚布加勒斯特出席第51届国际阿尔泰学会议，并被选举为学术委员会委员和第52届国际阿尔泰学会议主席；同年8月在吉尔吉斯比什凯克出席联合国教科文组织国际游牧文明研究院会议并且继续担任新一届学术委员会委员；2008年11—12月应教育部和国家外专局组织在英国高校进行学习考察；1999年、2002年、2003年应邀在台湾中央研究院进行学术访问、出席国际会议和讲学。多年来与亚洲、欧洲、美洲和大洋洲各国的学者建立了密切的学术交流关系。

呼格吉勒图教授主要集中在现代蒙古语及方言、蒙古文正字法、中世纪蒙古语、蒙古语言史、文献语言、蒙古语族语言、突厥语族语言、满洲通古斯语族语言、阿尔泰语系语言比较、八思巴文、回鹘文、语音学、汉语音韵学和日本语言学等诸多领域的研究。他先后参加过内蒙古大学蒙古语族语言调查、中日满洲通古斯语言文化调查、中韩满洲通古斯语言调查、中蒙俄三国游牧文明变迁调查、卡尔梅克语调查、布里亚特方言调查、鄂伦春语调查和蒙古语标准音调查等。他先后主持了国家社科基金重点项目"蒙古语方言调查研究"、教育部人文社会科学重点研究基地重大项目——"鄂伦春语调查研究及其保护对策研究"、国家社科基金西部项目"卡尔梅克语研究"、教育部规划项目"元代八思巴字蒙古语文献词汇整理研究"、教育部高校古籍整理研究项目"元代八思巴字蒙古语文献整理研究"、内蒙古教育厅高校重点项目"蒙古学研究"、国家民委和教育部项目"蒙古文正字法规范化研究"、中蒙俄三国合作项目"中亚游牧文明变迁研究"、台湾中央研究院合作项目"《蒙语老乞大》数位化建置"、内蒙古教育厅项目"八思巴字蒙古语文献语料库"等。他参与的项目有：国家社科基金项目"阿尔泰语系语言比较研究""中世纪蒙古语词典""蒙古学百科全书"和"211 工程"项目《蒙古语族语言概论》、教育部重大项目"蒙古语基础方言研究"、自治区项目《蒙古文正字法词典》等。

已出版专著有：《蒙古语族语言基本语音比较研究》、《八思巴字蒙古语文献汇编》（合作编著）、《保安语和蒙古语》（合著）、《保安语话语材料》（合著）、《保安语词汇》（合著）、《The Mongolic Languages》（合著）、《蒙古学百科全书·语言文字卷》（副主编）、《蒙古文正字法词典》（参编）、《蒙古族民俗百科全书》（参编）、《蒙古学十年（1980—1990）》（合编）。主编出版了《阿尔泰学丛书》（10 本，内蒙古教育出版社 2004 年），其中包括从英、俄、德、日等语言翻译的世界阿尔泰学名著，如：《阿尔泰语言学导论》（美国 N. 鲍培著）、《古代突厥语语法》（德国 A. 冯·加班著）、《阿尔泰诸语言研究》（波兰 W. 科特维奇著）、《阿尔泰语比较语法》（美国 N. 鲍培著）、《〈黄金史〉语言》（苏联 M. H. 奥尔洛夫斯卡娅著）、《阿尔泰语系语言及其研究》（苏联 H. A. 巴斯卡科夫著）、《阿尔泰语言学导论》（芬兰 G. J. 兰司铁著）、《中世纪蒙古语诸形态研究》（日本小泽重男著）。此外，翻译出版了世界著名语言学家小泽重男教授的《中世纪蒙古语诸形态研究》（合译）和蒙古国著名学者罗布桑旺丹的《蒙古语言学问题》（合作）。用蒙、汉、日、英、土耳其等文字在国内外发表论文 70 余篇，包括国际学术会议论文多篇。其学术代表作《蒙古语族语言基本元音比较》、《试论中世纪蒙古语圆唇元音》、《土耳其语与蒙古语语音比较研究》、《古突厥语与蒙古语语音比较研究》等论文分别获得中国蒙古语文学会优秀论文奖和自治区社科优秀成果二、三等奖。他参与出版的《蒙古语族语言方言研究丛书》（21 本）获得了教育部首届人文社科优秀成果二等奖。他参与的"中国少数民族语言文学重点学科建设"获得国家教学成果二等奖、自治区教学成果一等奖。现正在为再版《阿尔泰学丛书》而重新审订浩瀚的书稿。他和同事们共同编著的巨著《蒙古语内蒙古方言研究》即将在北京民族出版社出版。

呼格吉勒图教授先后给研究生讲授过《蒙古语音学》、《普通语音学》、《古代突厥语》、《突厥语概论》（土耳其语译讲）、《土耳其语基础》、《八思巴字蒙古语文献研究》、《保安语》、《中世纪蒙古语研究论著精读》（译解日本小泽重男教授《中世纪蒙古语动词诸形态研究》一书）、《蒙古语族语言概论》、《古代突厥语》、《八思巴字研究》、《文字学》、《现代蒙古语研究》、《蒙古方言学》、《现代蒙古语及其方言研究》、《蒙古亲属语言研究》、《汉语音韵学》、《语言学概论》等课程。2000 年还给日本学者用日语讲授了《现代蒙古语语法》。1999 年在台湾中央研究院讲授了《八思巴字及其文献》。

武自立 （1929—2008）彝族，云南弥勒人，副研究员。1956 年调民族所工作，研究彝语。1986 年以后参加国家重点科研项目"七五"规划《中国少数民族语言使用情况和文字问题调查研究》的工作，具体负责撰写有关彝语使用情况和彝文的介绍。后来又与人合作编写《彝语方言研究》一书。

已发表论文有：《云贵彝文浅论》（合作）；《阿细彝语形容词的几个特征》；《彝语数词的构成和用法》（合作）；《阿细彝语基数词的连读变音》；《彝语话语材料》（合作）；《广南县本甘语初探》；《云南富宁末昂话初探》；《规范彝文在凉山彝族地区的巨大作用》；《云南省广南县嘎苏话初探》。

希日娜依·买苏提 （1973—）女，维吾尔族，新疆乌鲁木齐人，副教授，硕士生导师。1994 年 7 月毕业于新疆师范大学中语系，获得文学学士学位。1997 年考取新疆师范大学中语系少数民族语言文学专业（跨民族语言文化比较研究方向）

硕士研究生，2000 年 7 月获得文学硕士学位。2005 年 11 月—2006 年 11 月赴日本九州大学大学院人间环境学研究院做一年访问学者。现任新疆师范大学语言学院中语系维吾尔语教研室主任。

希日娜依·买苏提副教授一直从事对少数民族的双语教育教学与研究工作，近年来从事了维吾尔语教学与研究工作，形成了相对稳定的教学和研究方向。参加了新疆维吾尔自治区紧缺专业——维吾尔语、自治区教学团队、校级精品课程的建设工作。主持国家哲学社会科学西部项目研究课题——《新疆维汉语语言接触的社会变量分析》，自治区哲学社会科学课题《南疆维吾尔农村妇女的教育问题研究》等课题。主编《中级维吾尔语听说教程》，参编《初级维吾尔语教程》（下）、《初级维吾尔语听说教程》等教材。在国内外核心期刊和其他刊物上发表了《新疆维吾尔自治区特有群体"民考汉"》、《南疆维吾尔农村妇女教育问题的调查报告》、《民考汉与双语现象》、《浅谈民考汉的婚姻家庭观念》等 10 余篇学术论文。

郗卫宁　（1961—）傣族，云南芒市人。1980 年考入云南民族大学少数民族语言文化学院（民语系）德宏傣族语言文学专业学习。1985 年毕业并分配到云南省少数民族语文指导工作委员会办公室工作。1998 年评聘为副研究员。2010 年任办公室副主任。兼云南民族学会傣学研究会副秘书长。

至今，他本人参与并承担的主要课题有：撰写《民族语文理论政策讲座》第八章。本书是单位当年为宣传马列主义、毛泽东思想、党和国家有关民族语文的理论、方针政策、法律法规而确立的重要宣传项目。本书后来获得国家民委民族政策研究优秀成果三等奖。并与韩黔玉、刀洪生共同承担《云南省志－少数民族语言文字志》中的傣族语言文字部分的调查撰写任务，由郗做最后统稿。《云南省少数民族语言文字概要》是"九五"省社科项目，郗卫宁承担并撰写傣族语言文字的综述、傣纳文、傣绷文等部分。对云南省新创和改进文字进行总结验收，与卫岗共同完成《德宏傣文试行工作总结》报告。他本人承担并完成《中国少数民族双语教学》云南省部分、《丽江地区志》傣族语言文字部分、《云南省少数民族传统文化的保护与开发》西双版纳、玉溪傣族传统文化的保护与开发部分、《云南省少数民族语言文字现状、发展趋势与对策》德宏傣族语言文字部分、《德宏傣文字符国际标准编码方案》、《云南少数民族语言文字的创制和改进》德宏傣文部分。此外，任主编或副主编编辑了几本论文集，合作著译两本书，撰写了几十篇文章。如：专著《德宏傣语同音词典》（与周耀文、方峰和合作）；译著《从这里开始——迎接艾滋病挑战》以及《德宏傣族语言文字的现状、存在问题及发展趋势》、《傣族古籍及翻译》、《论农村实用技术汉译傣的基本方法》、《谈涉外文书泰译汉》、《云南少数民族语文翻译工作的现状及发展趋势》、《论傣汉新词术语翻译》、《浅谈云南民族语文翻译现阶段的特点》、《珍惜自治权，用好自治权，促进民族语文的繁荣发展》、《提高我省民族素质，必须开展双语教学》、《论云南双语教学的特点》、《傣汉双语教学发展的回顾与思考》、《傣汉双语教学类型研究》、《傣汉双语教学的地位和作用》、《试论部分取消照顾分制，实行民族语文记分制》、《双语教学中民族语文教学改革初探》、《加速做好云南省民族语文扫盲工作》、《文化教育与科技教育相结合》、《云南少数民族文字及其规范化》、《傣纳语文规范原则和处理方法》、《云南民族语言的文化底蕴》、《浅谈德宏傣语地名》、《浅说梁河傣语地名》、《试论德宏傣语亲属称谓》等多篇。

向日征　（1933—?）女，湖南人。1957 年毕业于中央民族学院苗语专业。同年参加苗语湘西方言调查。参加《苗语简志》的编写与讨论工作。著有《苗汉词典（湘西方言）》（四川民族出版社

1992)、《吉卫苗语研究》（四川民族出版社 1999）。已发表的论文有：《苗语湘西方言的词头 tɕi⁴⁴》载《民族语文》1980 年第 3 期；《湘西苗语的四字并列结构》，载《民族语文》1983 年第 3 期；《湘西苗语的语法特点》，载《民族语文》1987 年第 2 期。

肖淑琴 （1935—）女，满族，北京市人。广西民族大学中文系现代汉语教研室教授，1956 年毕业于中央民族学院语文系瑶语专业。同年参加中国少数民族语言调查第二工作队，调查瑶语。1958 年调中南民族学院中文系任教，1959 年调广西民族学院中文系任教至退休。肖淑琴从事汉语教学工作，教学对象是少数民族和外国留学生，对双语教学作了认真细致的探讨。同时对瑶族语言做过深入的调查研究。与舒化龙合作编写的《盘瑶语概论》，和《瑶语方言词汇》已交出版社出版。另外与舒化龙合作撰写了《也谈瑶语的勉》、《瑶语词汇研究》、《盘古瑶语构词法》、《瑶语数词初探》等论文。

萧家成 （1935—）生于湖北武汉市，研究员。1956 年 6 月毕业于中央民族学院语文系景颇语专业。1956 年 6 月，参加中国科学院少数民族语言调查第三工作队从事景颇族语言文字工作，任景颇语组副组长（组长司拉山）、组长。1956 年 9 月份配至中国科学院少数民族语言研究所（后为民族研究所），历任研究实习员、助理研究员、副研究员和研究员。

1956 年 9 月参加云南省保山专区民族干部学校景颇文教学。1957 年 5 月参加费孝通先生任组长的云南社会历史调查组调查独龙族语言与社会历史。1958 年参加云南省德宏傣族景颇族自治州民族师资训练班景颇文教学。1958 年底至 1963 年，在景颇族聚居的陇川县曼软乡、盈江县铜壁关乡等地，先后多次进行景颇文试验推行教学。1963 年夏秋赴盈江县支丹山吾帕寨沙万福老人处调查景颇族创世史诗勒包斋娃。1980 年 12 月，转入语言学与民族学相结合的研究，先后调查景颇、阿昌等民族的文化习俗、神话与亲属制度。

语言文字工作方面的成果：（1）《景颇文字方案》，1956—1963 年，参加和主持讨论设计、试验推行，并于 1964 年 10 月出差自治州首府——芒市，在德宏傣族景颇族自治州人民政府主持下，组织本民族代表讨论通过，撰写和形成正式文件后，由自治州人民政府上报；（2）《关于景颇载瓦语言文字问题的报告》（内部，合作）云南省少数民族语言文字科学讨论会文件之一，1957 年 3 月；（3）《景颇文课本》，1959 年石印景颇文课本，德宏州盈江县文教科主持，在总结景颇文试验推行教学经验的基础上编写全书内容，石印；（4）《景颇语弱化音节》；（5）《景汉辞典》和《汉景辞典》（合作），同时获北京市哲学社会科学优秀成果奖；（6）《双语对释语文词典的特点和方法》；（7）《景颇文与景颇文化：为纪念景颇文创制 100 周年而作》。

通过语言及语言学方法研究文化的成果：（1）《景颇族的亲属称谓和婚姻制度》；（2）《景颇族各支系亲属称谓比较研究》，对景颇族四个主要支系的亲属称谓进行了比较；（3）《阿昌族亲属称谓结构及其社会文化背景》；（4）《阿昌族与景颇族亲属制度的比较研究》，该文进行了亲属语言间亲属称谓的比较；（5）《血缘婚新证——从亲属称谓看血缘婚》，通过对夏威夷、永宁纳西和景颇三种亲属称谓制的比较，探讨了婚姻发展历史上血缘婚形态问题。

1992 年 4 月 7—10 日，应邀出席了在莫斯科召开的首次亲属制专题的"亚洲亲属制：类型与演变"国际学术讨论会。在会上，作者作了关于把语言学方法运用到景颇与阿昌亲属称谓比较研究中去的学术报告，曾作为会议轮流主席之一主持了讨论，并在《民族研究动态》1992 年第 3 期上对此作了报导。

创世史诗研究：（1）《民族学研究中的语言学

方法》；（2）《勒包斋娃——景颇族创世史诗》译著，书前有长篇论文《勒包斋娃的意义与价值》，书后有附录主题词对照索引及跋，是作者通过语言及语言学方法研究和诠释文化的主要成果之一；（3）《"语言遗物"的理论方法与"勒包斋娃"的发掘研究》；（4）《神话及神话学的几个理论与方法问题——为钟敬文教授九十寿辰而作》，本文系应我国前辈著名学者杨堃先生和罗致平先生的邀请，为祝贺钟先生华诞，联合署名，作者执笔写成；（5）《景颇族创世史诗与神话》，罗致平先生推荐，钟敬文先生邀请，为北京师范大学中国民间文化研究所举办的民族民间文化讲座的讲稿；（6）《探索语言与文化的奥秘：云南边疆民族调查有感》；（7）《神话研究的现实意义》；（8）《勒包斋娃研究——景颇族创世史诗的综合性文化形态》，获全国少数民族优秀图书出版资金资助。景颇文实录稿逐节加汉文翻译注释，有附录与后记，共61万余字。专著论述史诗作为一种"综合性文化形态"的特征，及其研究的理论意义与现实意义；（9）《景颇族创世史诗勒包斋娃——语言与文化双重的非物质文化遗产》，简介和论述史诗作为语言与文化双重的价值特点。

此外，还编写百科辞条、研究报告、译文、工具书、调查报告、论文、专著等民族学与人类学方面的成果多种。

校仲彝 （1938—）生于湖北宜昌市，祖籍湖南。新疆社会科学院语言研究所研究员。

1956年入西北民族学院语文系维吾尔语文专业，兼学哈萨克语。1960年毕业留校任教。1963年调新疆维吾尔自治区文字改革委员会研究室从事维吾尔、哈萨克语言文字研究。1979年起在新疆社会科学院语言研究所工作。主要从事《突厥语词典》汉文本的翻译工作。该书是以阿拉伯文注释突厥语词的辞书。作者是我国11世纪著名的维吾尔语文学者马赫穆德·喀什噶里。此外，还参加中型辞书《汉维词典》的编纂、初审、复审和定稿工作。另外还撰写《维吾尔语简明语法》和《〈突厥语词典〉研究》。已出版的专著有：《汉维词典》（合作项目，新疆人民出版社1974年）、《维语正音词汇》（负责编纂、修订、汉文注释，新疆人民出版社1976年）、《哈汉词典》（参加审订，新疆人民出版社1979年）、《汉、哈语言名词术语对照小辞典》（帮助审订，新疆人民出版社1984年）。已发表论文有：《略谈〈突厥语词典〉及其研究中的几个问题》（《语言与翻译》1985年第2期）等。

谢后芳 （1928—）女，贵州贵阳人，1953年毕业于中央民族学院语文系藏语班。毕业后留校，师从藏族学者贡嘎活佛学习《司徒藏文文法·三十颂》至1954年初。1954年4月调至中国人民解放军总参谋部三部工作，1955年再调回学校。后一直在语文系藏语教研组（室）从事藏语文教学与科研工作并兼作学生工作。1986年任副教授，1988年退休。

教学方面，先后曾为本科生讲授过《拉萨口语语法》、《藏文文法》、《古代藏文文选》和《藏族文学史》等课程。1982—1983年曾为意大利留学生艾丽讲授藏文专著《仓央嘉措秘传》。（艾丽边学边译，学完即将此书全部译成意大利文。）1958—1960年曾带领学生参加社科院四川社会历史调查组在甘孜、阿坝藏族自治州进行社会历史调查及《藏族简志》初稿编写。1973年和1976年两次带领学生到西藏拉萨、堆龙德庆和达孜县等地进行实习半年至一年。

科研方面，著作有：1979年参加《藏族文学史》编写组写出有关章节共6.3万字，约占全书的13%。《藏族文学史》1985年出版，先后获得全国高等学校优秀教材奖、北京市哲学社会科学和政策研究优秀成果一等奖、中国少数民族文学研究成果荣誉著作奖。1986年后，参加《藏族文学史》作为《中国少数民族文学史丛书》之一而进行的修订工作，修订有关章节和编写索引共 18.8 万字，约占全书的 27%。修订本于 1994 年分上下册出版。在参加《藏族文学史》的编写与修订工作的同时，通过整理现代藏族民间文学资料，共同编译出版了《藏族民间故事选》（1980）、《藏族民歌选》（汉文本，1980）、《藏族民歌选》（汉藏对照本，1981）。通过整理古代民间文学资料，译注了一批敦煌文献中的藏文写卷，集成《古代藏族民间文学资料》（油印本，1981）。其中的《叙说父系之章及马和野马分开的故事》、《父亲的葬礼和花翎孔雀姑娘》、《孔雀姑娘》、《预言》、《招魂仪轨的故事》、《松巴谚语》、《骰子占卜文书》等篇，经修订后收入《敦煌吐蕃文献选辑·文学卷·上篇》（2011）。还与人合作编译了《佛经故事选》（1981、1985、1999）。与周季文合著有《藏文阅读入门》（1998）、《藏语拉萨话语法》（2003）、《敦煌吐蕃汉藏对音字汇》（2006。）（2010 年获第二届中国藏学研究珠峰奖基础资料成果类二等奖。）、《藏文佛经故事选译》（2008）等。整理出版了《丹珠尔佛经故事选》（藏文本，1993），参加《历代达赖喇嘛与班禅额尔德尼年谱》中《五世班禅额尔德尼罗桑益喜》的编译（1998）。论文有：《古代藏族谚语集——松巴谚语》（1981）、《古代藏族卜辞》（1982）、《〈丹珠尔〉中的格言诗简介》（1985）、《佛经文学及其对藏族文学的影响》（1985）、《〈喀切帕鲁训诫〉评介》（1986）、《〈多仁班智达传〉的若干特色》（与周季文合著，1989）、《宗喀巴的〈诗文散集〉浅析》（1989）、《〈萨迦格言〉和〈丹珠尔〉中格言诗的关系》（1991）、《革新与首创》（与周季文合著，1992）、《藏族民间故事与印度故事的渊源》（1998）、《敦煌吐蕃汉藏对音中的声母对比》（与周季文合著，2007）、《佛经故事在藏族文学作品中的演变》（2007）。

谢建猷　（1954—）壮族，广西武鸣县人，博士、教授。1985 年进入中国社会科学院研究生院民族系，1988 年获硕士学位，在中国社会科学院民族研究所工作。1988 年调国家语委，负责普通话进修班国际音标训练课的教学工作。2000 年以后又获社会科学院研究生院博士学位。自 1984 年被借调到中国社会科学院语言研究所参加中国社会科学院与澳大利亚合作项目《中国语言地图集·广西汉语方言地图》的工作以来长期专注于中国少数民族语言研究、广西汉语方言研究、中国少数民族文化研究、跨方言、跨语言教学与研究。任广西大学教师，中国社会科学院及国家语委副研究员、副处长、处长等职，曾赴日本做访问学者、客座教授，澳门理工学院教授，成人教育及特别计划中心主任，语言培训及测试中心主任。掌握壮语、南宁白话、南宁平话、桂林官话、柳州官话、普通话、广州话以及日本语。出版专著有：《中国少数民族文字的现状和前景预测》（内部报告，合著），获中国社会科学院优秀论著奖；《世界语言文字·中国分卷》（中国、加拿大合作项目，合著），获中国社会科学院优秀著作奖；《壮语方言研究》（合著）获中国科学院优秀著作奖；《南宁方言志》（合著）；《广西通志·汉语方言志》（合著）；《中国少数民族文化史图典》（合著，主编之一）获第十二届中国图书奖；《广西汉语方言研究》（独著），该书篇幅巨大（全书 2013 页，450 万字），内容包括广西 42 个点的调查材料，是作者多年来独自广泛调查研究广西全境汉语方言所取得的重要硕果。已发表论文有：《广西陆西村壮族私塾所读汉字音》（《民族语文》1991 年第 1 期）；《壮语陆西话和汉语平话、白话若干相似现象》（《民族语文》1994 年第 5 期）；《木里多语社区》（《民族语文研究新探》，1992 年）。

谢远章　（1930—）生于泰国合艾市，祖籍广东梅县，客家人。在泰国上小学和中学，1948 年回国，在广州长风中学读高中。1950 年投考军政大学，后分配到云南，先在西双版纳工作，后期在云南省社会科学院南亚研究所工作。任研究员暨泰国研究室主任。1992年退休。1993年以访问学者身份到泰国朱拉龙宫大学亚洲研究所从事研究工作，被授予"专座教授"称号。后又曾被其他大学授予"荣誉博士学位"。专著有泰文版《西双版纳史》、《傣人不是泰人，而是有血统语言渊源的亲戚》；汉文版有《泰—傣古文化的华夏影响极其意义》、《从素可泰碑使用干支看泰族族源》、《〈召树屯〉渊源考——兼论古代西双版纳和兰那的密切关系》、《傣泰研究随笔》等。

谢志礼 （1931—）彝族，四川冕宁人。原西南民院彝语系教授。小时读过私塾及彝文。1950年4月参加工作，1950年9月到西昌专署民族干部训练班学习，结业后留校工作。并参加中央访问团到凉山昭觉、美姑等地宣传党的民族政策。回校后参加随访问团的中国科学院民族语言调查川康工作队，同陈士林先生调查研究彝语及制定"新彝文"工作。1951年陈士林先生研制出"新彝文"后开始从事彝语文教学、研究和翻译工作。自从1954年参加全国人大一届二次会议的翻译以来，曾多次参加全国人大、党代、政协及四川人大、政协的翻译和译审。任过西昌民干校彝文教研室副组长、中国科学院民族语文调查第四工作队川康彝语调研组副组长、四川省民族出版社彝编室负责人、西昌县委组织部组织员、县政协秘书、县民委副主任、县委民工委民族工作办公室主任、原西南民族学院彝文教研室主任、民语系副系主任、教授。西南民族学院中国少数民族语言文学硕士点领衔导师。中国民族语言学会理事、国家民委第三届学术委员会委员、中央民族语文翻译局彝文特邀译审、西南民族学院学术学位委员会委员、四川省民族语言学会副会长、四川省中小学彝文教材审查委员会副主任、顾问、四川省彝学会常务理事、四川省民族语文工作委员会委员、四川省民族研究学会理事。

国家民委少数民族语文翻译高级职称评委、四川省民委民族语文翻译高级职称评委、凉山彝族自治州民族语言文学翻译中级职称评委、四川乐山市民族翻译中级职称评委、西南民族学院中、高级职称评委。

曾任《彝语研究》主编。主讲彝语语言文字及古彝文。指导培养了五届硕士生及五批学习彝语的外国留学生。科研成果有《彝文规范方案》（主研之一，获省一等奖）；参加翻译审订的《汉彝词典》（副主编，获省一等奖）、参加收词、注解，审订的《彝语大词典》（副主编，获省一等奖）、参加编写翻译审订的《彝汉字典》、《彝汉四音格词典》等7部工具书。独撰、合写论文有：《民族性与科学性的统一体—规范彝文》、《论外来语及语音处理问题》、《藏缅语清化鼻音、边音的来源》、《回顾过去、开拓未来》、《论彝词义聚合群》、《圣乍语与义诺语的语音比较》、《我院彝语文专业教改问题探析》等十多篇论文。并组织编写和审订了部分彝语文专业使用的教材。享受政府特殊津贴。

部分著述和论文：《彝文规范方案》（主研人员之一）经国务院批准实行；《汉彝词典》（副主编、参加编写翻译审订）四川民族出版社；《彝语大词典》（副主编、参加收词、注解编写审订）四川民族出版社出版；《彝语四音格词典》（合著）四川民族出版社出版；《彝汉字典》（主编之一）四川民族出版社出版；《彝汉词汇》（主编之一，参加收词、翻译审订）四川民族出版社出版；《汉彝成语小词典》（参加）四川民族出版社出版；《彝文检字法》（参加者之一）四川民族出版社出版；《关于我国民族政策的几个问题》（合译）四川民族出版社出版；《民族性与科学性的统一体——规范彝文》（合作）《彝语研究论集》四川民族出版社1994年出版；《彝语北部方言土语间若干语言对应规律》（合作）《彝缅语研究》四川民族出版社1992年出版。

论文有：《彝缅语清化鼻音、边音的来源》（合作）、《回顾过去，开拓未来》、《彝语盐沅音系》（合作）、《论外来语及语音处理问题》（合作）、

《试论彝文的起源、结构、类型及其规范》（合作）、《彝语引号与""的关系》（合作）、《论彝语词义聚合群》（合作）、《圣乍土语与义诺土语的语音比较》（合作）、《我院彝语文专业教改问题探析》（合作）。

谢志民 （1933—）四川资中县人，资中中学毕业后，于1952年考入北京大学东方语言系，由于院系调整，转入中央民族学院语文系学习壮语专业。1956年毕业后参加中国少数民族语言调查队第一工作队，到广西从事壮语调查研究、壮文的创研与教学。1957年7月调广西壮文研究指导委员会研究室。1980年调中南民族学院（现中南民族大学）从事语言学理论教学及壮语研究，为该校教授。1983年开始，研究工作的重点转向女书。20年来，在壮语和土家语研究方面，先后发表了《龙州壮话的元音交替》、《论壮语量词及其在文字上的处理》、《龙山县土家族双语情况调查》等论文7篇；与田德生等合作出版了《土家族语言简志》。在女书文化调查与研究方面，累计到江永、道县、江华和广西富川等女书流传区考察15次，收集到大量女书文字资料、语言资料和人文历史资料。通过对这些资料的研究，先后发表了《论女书文字体系的性质》、《女书之源不在汉字楷书》、《女书是一种与甲骨文有密切关系的商代古文字的孑遗和演变》、《女书词汇中古越语的底层》、《女书语法结构中的古越语底层》、《女书是一种独立的自源文字》等论文30余篇。出版了《江永女书之谜》（上、中、下三卷册，河南人民出版社1991年），此书曾荣获第六届中国图书奖二等奖。与王利华副教授合作出版了《女书发声电子字典》（华中科技大学出版社2002）。《中国女字字典》2009年由民族出版社出版。这些论著揭示了女书蕴含的五大文化奇观：（1）世界唯一的女性文字；（2）活着的世界性古老文字；（3）神秘的鸟图腾文化遗迹；（4）原始的稻作文化的见证；（5）历史灰尘掩盖下的瑶汉民族关系历程表。对这些文化奇观的深层研究，将让人们看到古代长江流域民族文化的灿烂辉煌。

新特克 （1927—）蒙古族，内蒙古昭乌达盟阿鲁科尔沁旗人，内蒙古大学教授、内蒙古大学社会科学学术委员会委员、内蒙古大学蒙古语文研究所学术委员会委员、中国蒙古语文学会理事。

1957年毕业于中央民族学院语言学研究生班，分配到内蒙古大学蒙古语言文学系从事教学工作，后又在该校蒙古语文研究所工作。其主要研究领域是蒙古语词汇学、蒙古文正写法和文献学。1976年后重点研究蒙古语词的构成及其系统、特点、规律和基本理论、词法在蒙古语整个体系中的重要地位。新特克强调学习研究蒙古语言文字必须掌握丰富的词汇，因为蒙古语的语音，仅仅是蒙古语的词的外部构成形式。人们说蒙古语是个很丰富的语言，就是指蒙古语的词汇很丰富。因而学习蒙古语言文字应该从词汇入手。对蒙古语的现代的或古代的研究，必须以词及其构词法为中心，全面系统地研究其词汇。对蒙古语言文字的规范化、标准化，理所当然以词的构成及其特点为主要依据。真正的蒙古语言学必须建立一整套的材料学和文献学。他认为，真正的蒙古语言学家应当是善于掌握并分析材料的学者，甚至可以说是语料学家和文献学家。对古代蒙古语言文字的研究和对国外关于蒙古语言文字研究情况的了解，应为现代蒙古语言文字的研究服务。他负责编写的《中古蒙古语词典》是国家"七五"重点科研项目之一。另一个重点项目，与恩和巴图合作撰写了《中古蒙古语》中的词汇部分。此外，《蒙古语词汇纲要》和《蒙古文正写法注释》也陆续完成。

已出版的专著有：《现代蒙古语》（集体编著，负责撰写语音部分，内蒙古人民出版社1964年）、《蒙汉辞典》（集体编纂，主要编审之一，内蒙古人民出版社1976年）。

已发表的论文有：《关于蒙古语基本元音》（蒙

文，与清格尔泰合写）、《关于蒙古语科学研究的音标》（蒙文）、《关于蒙古文连接元音规则》（蒙文）、《蒙古语词汇研究史概述》（蒙文）、《以词汇为基础，增强语言能力》、《现代蒙古语构词法问题探索》（蒙文）、《蒙古语言文学》、《蒙古语词义体系问题探索》（蒙文）、《对蒙古文正写法及其系统的改进》、《有关蒙古文正写法的几个主要问题》（此文1986年被评为中国蒙古语文学会首批优秀论文之一）、《关于蒙古文词的附加成分不正确写法的统一改进问题》、《建国以来蒙古文正写法的改进和研究》、《蒙古语词典学的起源》、《蒙古语辞书编纂和研究的主要方法》、《巴尔虎布里亚特方言在词汇方面的区别特征》（蒙文）、《现代蒙古语标准化、规范化的一些问题》等多篇。

邢公畹 （1914—2004）原名邢庆兰，江苏省高淳县人。1914年10月23日出生于安徽省安庆市，2004年7月7日病逝于天津。南开大学中文系教授，曾担任系主任、顾问、汉语侗傣语研究室主任，南开大学校务委员会委员。国务院批准首批博士点博士生导师，中国语言学会第二届副会长，中国民族语言学会常务理事，中国音韵学会顾问，全国高等教育自学考试指导委员会委员，中国文字改革协会理事，天津市政协第七届委员会委员。

邢公畹1933年考入安徽大学中文系，三年级后，决定主攻语言学。1937年毕业，1938年入读中央研究院历史语言研究所研究生。研究生的学习期是两年，导师是李方桂。李先生给他讲授汉语方言、中古音、上古音知识及语言分析技术，然后对他说，你得再学一种民族语言，你就学台语吧。这样就为他定下了终生的研究方向——汉台语历史比较。李先生指导他在贵州惠水县调查布依语，写出调查报告《远羊寨仲歌记音》，结束了研究生阶段的学习。

毕业后，李先生介绍他到南开大学边疆人文研究室工作，同时在西南联大中文系执教（讲师）。罗常培先生是系主任，他跟随罗先生学习"汉语音韵学""汉藏系语言调查"等课程，并且为罗先生做助教。在治学方面得到罗多方面的指点。这一阶段他完成了多篇台语和汉台语比较研究的论文，如《诗经"中"字倒置问题》，《台语中的助词luk和汉语中的"子、儿"》和《论调类在汉台语比较研究上的重要性》这后三篇文章，李先生写作《台语比较手册》时收入了书末的"文献选目"中。1943年开始，邢公畹先后在云南罗平、新平、元江等县的少数民族地区进行了大量的语言学田野工作，调查了十几种侗台语方言，为以后的研究工作积累了丰富的材料。他还和罗先生合著了《莲山摆彝语文初探》（1950年北京大学出版部）。罗先生在该书序言中说，"邢君整理这本书以前曾经调查过贵州远羊寨的仲家歌谣；在整理本书以后，又曾调查过云南罗平县境内的台语、漠沙土语、元江水摆彝语等。除了李方桂、张琨以外，他也总算是数得着的专家了。"

此后他一直在南开大学任教（副教授、教授）。1949年天津解放，他非常高兴。1953年他被高教部派往苏联任教，先在莫斯科东方学院，后在莫斯科大学。1956年2月，苏联汉学家波兹涅耶娃举行博士论文答辩会，苏联高教部聘他为首席论文评论员。"文革"结束后的20多年时间他除教学外，出版了好几种专著，写出了30多篇高质量的学术论文。1980年南开中文系建立汉语侗傣语研究室，研究室被批准为首批博士点，专业为"侗泰语族语言文学"。他又获得汉语侗台语关系字研究国家重点科研项目资助，全力以赴进行汉台语比较研究。1980年他带领3名研究生到广西三江调查侗语，写成《三江侗语》一书。

1982年在北京召开的第十五届国际汉藏语言学会议上，他提交了论文《汉语遇蟹止效流摄的一些字在侗台语里的对应》。后不久，他又从考古学、体质人类学和民族学的资料方面得到启发，写成了《汉藏语系语言及其民族史前情况试析》一文。

1996年他又写了《汉藏语系研究和中国考古学》，把这个问题从更高理论层次上进行了论证。

1987年，他完成了专著《红河上游傣雅语》后，总结了前段在科研上的经验教训。认为用来比较的词项，未经初步处理的太多，今后应以亲手调查的傣雅语为主，参考其他台语，来跟广州话比较，就容易找出规律性的东西。此外，15届汉藏语会议论文中提出的"原始同源体系"的本质究竟是什么？以傣雅语为中心试写出四、五篇论文。其中包括《论汉台语"关系字"的研究》，感到这几篇已不像前面那篇那么空洞，是说出了一些规律性的东西。按照这个理论框架，在李方桂工作的基础上（如《台语比较手册》《上古音研究》《汉台语考》等），1999年他完成了他一生最重要的著作——《汉台语比较手册》。这本书中他充分发挥自己在音韵、文字、训诂上的功力，寻找出大量侗台语和汉语之间的"不完全性系统对应规律"，因为毕竟是"不完全"的，存在大量还不能解释的例外和不规则，所以他还是觉得不满人意。尽管如此，这本书对证明汉台语的亲缘关系已经是绰绰有余了，尤其是后来又加入了语义学比较法的内容。

1990年法国学者沙加尔继康拉德、吴克德之后，在第二十三届国际汉藏语言及语言学会议上提出《汉语南岛语同源论》的论文，认为汉语和南岛语之间有不少同源词，其声韵调有严谨的对应规律。这篇文章受到西方和台湾学者强烈反对。沙氏把论文寄给邢公畹，他读后立即在《民族语文》（1991年第3、第4、第5期）上发表了《关于汉语南岛语发生学关系问题》一文，支持沙氏的观点，用大量古文献材料对沙氏论文进行了补正，并且在论文中提出"汉藏泰澳语系"的主张。郑张尚芳建议称这一语系为"华澳语系"，并发表了很有见地的论文。孙宏开先生在《关于汉藏语系分类研究中的一些问题》中指出汉藏语系分类主要有三种观点：30年代李方桂的观点；70年代白保罗的观点；90年代邢公畹的观点。他说，我的观点只不过是李方桂的分类加上一个南岛语族而已。我之所以加上南岛语是因为既有白保罗说台语和南岛语有发生学关系在前，又有沙加尔说汉语和南岛语有发生学关系在后。论证汉藏语系存在的工作结果是得到一个扩大了的汉藏语系。

在汉台语关系字的研究工作中邢氏逐步发现：和语音的对应规律一样，语言的意义之间也可以有某种植根于共同文化源头的相互对应的规律。一组相互对应的音韵形式如果具有不止一层的、而是多层的相互联系的意义，就可以称之为"深层语义对应"。1982年他在《语言论集》中提出了"同源体系"的概念，但是这个概念很模糊，定义不清楚。经过十多年的苦心钻研，他终于悟出，这实际上是一种区别于印欧语系"形态学比较法"的"语义学比较法"。可见，语义学比较法是他在几十年研究汉语和侗台语关系的过程中，总结了印欧语系和汉藏语系历史比较研究的丰富经验，继承了中国传统语文学的宝贵文化遗产。在形态、音韵学原则之外，又提出了历史比较法的第三个原则——语义学原则。这是一个全新的原则，这就是语义学比较法。从1993年底到2000年底他连续发表了《汉台语比较研究中的深层对应》、《说"深层对应"》等6篇论文，论证了这个新方法，同时在汉语和侗台语之间找到了305条具体的深层语义对应例证（包含585对同源词），从而确证了它们的亲属关系，对我国汉藏语言研究理论做出了重大贡献。

邢公畹在民族语言学方面出版了7部专著，30余篇论文。总结他的一生，从青年时代起受教于李方桂、罗常培，终生追随他的老师李方桂论证汉藏语系，晚年创造语义学比较法，如愿以偿。这不仅对语言科学而且对文化人类也具有重大意义。他勤奋好学，孜孜不倦。严谨治学，不慕虚名。晚年直到重病在身，仍然伏案工作，笔耕不辍，真正做到了"为学术的一生"。此外，他在语言学理论，汉语语法，方言学等方面也造诣颇深，为我国语言科学、教育事业做出了杰出贡献。

邢凯 (1945—) 出生于云南昆明。南开大学文学院教授，青海民族学院兼职教授。中国民族语言学会、中国百越民族史学会、中国语文现代化学会会员。1964年天津师范学院附中高中毕业，9月到新疆和田专区师范专科学校（大专）学习维吾尔语，其间曾参加地区社教队，在洛浦县搞社教。毕业后分配到皮山县，先教小学，后教中学。1975年调回天津教中学。1982年考取武汉华中工学院语言研究所研究生，师从著名语言学家喻世长、梁敏、瞿霭堂、严学宭学习汉藏语系历史比较语言学和汉语音韵学。研究生在读期间参加了语言研究所举办的"普通语言学研究班"，聆听了众多著名语言学家的讲课，如胡明扬、范继淹、伍铁平、赵世开、石安石、邢福义、詹柏慧、戴庆厦等。1983年跟随梁敏和著名民族语言学家周耀文赴云南调查傣语方言（金平、西双版纳、孟连），重点是孟连傣话。毕业论文题目是：《原始台语k类声母的演变》，1986年获南开大学文学硕士学位。1985年2月到南开大学中文系任教，1993年晋升副教授。2001年晋升教授。到南开大学工作后继续跟随父亲邢公畹教授学习语言理论和汉藏语系历史比较研究。1986年曾在华中工学院参加中国音韵学会第三届汉语音韵学讲习班学习，聆听了著名音韵学家唐作藩、邵荣芬、李新魁、杨耐思、赵诚等的讲课，民族所张均如先生教授语音学。自1986年起先后调查过壮语、傣语、佯僙语、莫语、侗语、水语、毛南语、拉珈语（广西瑶族）以及属于南岛语系的海南回辉话。1999年带领一名博士研究生到云南大理（周诚）调查白语。2000年参加与云南民族学院合作科研项目——拉祜语研究。带领研究生调查了云南新平、金平两县的拉祜语。

邢凯自1987年以来先后参加了"汉语侗台语比较"，"汉台语关系字研究及原始侗水语构拟"，"侗语、汉语对比语法研究"，"语义学比较法——汉藏语系历史比较研究的新方法"等四项国家级科研项目。自从1986年起至今发表了20多篇语言理论，汉语研究和汉藏语系历史比较方面的论文，出版了两本学术著作——《汉语和侗台语研究》、《语义学比较法》。在邢凯的学术道路上，对他影响最大的两位学者是喻世长和邢公畹。喻世长把邢凯引入了汉藏语系历史比较语言学的大门。在读研究生期间他听了喻世长《历史比较语言学》（1983华工），和1985年为民族所中青年研究人员讲授的《上古音研究》，都做了详细笔记。喻先生还指导他认真阅读了印欧语比较研究的主要经典著作（如梅耶、裴特生），这是以后他写作《历史比较法是建立语言史的有效工具》一文的基础。《壮泰语支历史音变中的j化、v化和舌尖音化》和《壮泰语支历史音变中的j化、v化和舌尖音化》两文都是运用这种"最严格的汉藏语系历史比较法"（材料、公式、分类、逻辑推导）进行写作的。虽然没有对原始台语构拟提出新的建议，但却是使用新的材料对其历史演变图景进行了细致的描述。这种严格的科学方法得到美国和日本同行的认可。

邢凯最敬佩的汉藏语言学大师是李方桂。他曾细心研读《台语比较手册》。1986年侗水语调查后又广泛搜集材料，按照《手册》的思路和方法进行原始侗水语的构拟。发现黔（侗水）台（壮泰）两语有很多不同特点，构拟工作有一定的难度。他翻译了〔美〕艾杰瑞、杨权的论文《词首前置辅音和侗水语声母与声调的历史》一文，找到了新的思路。1995年发表《原始侗水语构拟中的前置辅音假说》，邢氏认为可以使用这个假说。1999年发表的《侗台语族带前置喉塞音的声母》实际是《假说》文的续篇。所谓"前置喉塞音"实际是"前置辅音"的一种，此外侗台语还有带前置鼻冠音以及其他前置辅音。该文以实例说明汉台两语带前置喉塞音的声母，无论在性质、起源和历史演变上都有高度的相似性，有很多细节上的相符，这是很难用语言影响来解释的。影响侗台语历史演变的语音要素还有介音（后置辅音），2000年发表《关于汉语和侗台语的介音问题》。该文从汉语带介音的语词和侗台语对应的关系字出发，参考上古汉语、原始侗台语构拟，推测前上古的语音状况，作出一些猜想。推论出和原始藏缅语一样，原始汉语和侗台语也是一种声母结构复杂，无介音的单元音语。当然题目很大，但论证还嫌薄弱。

1993 年邢公畹创立汉藏语系历史比较研究中的语义学比较法，在形态、音韵两个基本原则之外又提出了第三个基本原则（语义学）。邢凯自 1997 年开始，协助邢公畹进行语义学比较法的基础论证工作。1997 年他指出语义学比较法是汉藏语系历史比较研究的新发展。此后，他从邢公畹关于语义学比较法的全部论著中搜寻出 305 组汉台语深层对应例证（包含 585 对同源词），从中归纳出 16 种深层语义对应类型，每类都给予一个严格的科学公式。2001 年写成《语义比较法的逻辑基础》一文。邢公畹读后称道该文，"写得很好，很干净"。以后还发表了《有关语义学比较法的理论问题》（2002）《关于语义学比较法的讨论》（2003）两文。2004 年在孙宏开、丁邦新两位先生的支持和指导下，完成《语义学比较法》，作为该项研究的总结。邢公畹生前曾细心审读了书稿，并做了亲笔修改。2003 年 10 月邢凯受丁先生邀请访问香港科技大学，和该校同行们讨论语义学比较法，得到热情的鼓励和支持。他在讨论会上的发言，后以《关于语义学比较法》为题发表在《语言科学》杂志（2005）上。

熊玉有 （1965—）苗族，硕士，译审（正高），生于云南省红河哈尼族彝族自治州河口瑶族自治县。1985 年 9 月—1989 年 6 月在中央民族大学语言学专业学习；1989 年 9 月—1992 年 6 月在中央民族大学攻读少数民族语言文学专业研究生并毕业。1992 年 7 月—1999 年 4 月在云南省民语委办公室调研科工作，任副科长；1999 年 5 月—2003 年 11 月在云南省民语委办公室秘书科工作，任秘书科负责人；2003 年 12 月至今在，任云南省民语委办公室副主任。1995 年 8 月任民族语文翻译专业翻译职务；1997 年 8 月破格晋升民族语文翻译专业副译审技术职务；2002 年 8 月破格晋升民族语文翻译专业译审技术职务，2010 年 4 月单位聘为三级正高职务并荣获"云南省人民政府特殊津贴"奖励。

熊玉有热爱民族语文事业，进入中央民族大学少数民族语言文学系语言学专业。毕业时被推荐攻读硕士研究生。学习期间即发表《国外苗族的教育之路》（《民族教育》1989 年 1—2 期）、《建立新生活的美国苗族》（译文《民族译丛》1989 年第 2 期）、《法属圭亚那苗族生活的建立与发展》（《民族工作》1990 年第 1 期）、《国外苗族文字——兼正〈苗语与世界语〉一文之误》（《贵州民族研究》1990 年第 1 期）等翻译文章和论文。

参加工作后，在做好行政工作同时，坚持抓好业务，各方面取得突出成绩。先后发表《略谈苗族文字的历史发展——兼补〈国外苗族的文字〉一文》、《跨国苗语比较研究》、《建设中国特色社会主义与民族语文工作》、《苗汉双语教学研究》（与人合作）、《美法泰苗族人考察报告》、《美法泰苗语现状考察》、《老挝拉丁字母苗文的产生及传播》、《国外苗族的母语书面文学》、《"国际苗文"的形成和作用》、《谈谈我国跨境民族的语言文字问题》、《东南亚邻国民族语文政策述评》、《云南省少数民族双语教学概述》、《贯彻中央民族工作"两会"精神，做好民族语文工作》、《国外苗族的汉语借词》、《云南少数民族语言文字抢救保护现状与思考》、《云南河口县桥头乡小打拉苗族村语言使用情况调查报告》等 20 多篇。翻译方面，先后翻译出版了《民族知识简明读本》、《邓小平文选》第三卷选译、《十四大报告》、《十五大报告》、《十六大报告》、《江泽民"三个代表"重要思想》、《中华人民共和国宪法》、小学《语文》教材、《云南省实施〈中华人民共和国民族区域自治法〉办法》、《十七大报告》等。专著方面，出版有《苗族文化史》（云南民族出版社 2003 年）、《苗汉英对照学习旅游实用手册》（与人合作，云南民族出版社，2005年10月）、《走进苗族蒙人》（与人合作，云南民族出版社，2010年7月）等。作为主要执笔人，编写出版《苗文扫盲课本》、《云南民族文字概要》、《苗族机智故事选》等书籍。这些成果，对促进民族语文学术交流和民族语文工作的开展具有一定的作用和意义。此外，他还多次应聘为云南民族大学留学生上课，被省教育厅聘为民族文字教材审定组成员。

所编《苗文扫盲课本》获教育部民族文字教材三等奖；2010年10月荣获云南省人民政府特殊津贴。

徐琳 （1922—2005）女，白族，出生于昆明，云南大理白族自治州剑川县人。曾任中国社会科学院民族所研究员。

1950年毕业于云南大学文史系语言文学专业。当年分配到云南省人民广播电台编辑部任助理编辑兼文教组组长。1951年到中国科学院语言所工作，1956年调中国科学院少数民族语言所，任助理研究员。1979年后被评为研究员。徐琳的研究领域主要是白语和傈僳语。从1951年开始先后调查了云南地区的白语、傈僳语、拉祜语和彝语的一些方言土语。拟定了拉丁字母的傈僳文字方案和白族文字方案并参与了这两种文字的试验教学和教材、工具书、通俗读物的编写工作。她与赵衍荪合作出版的《白语简志》，全面描写了白语的语音、语法和词汇。他们认为白语中的松紧元音和声调有密切关系，分别出现不同的调值，因此将其处理为不同的声调。在语法方面，把名词分为受量词修饰和不受量词修饰两类；指出白语中用规律性的语音变化区别人称代词的格和数；动词用前加、后加成分表示动作的各种情貌；白语一般使用"主—谓—宾"的语序，但是句中用了宾语助词则使用"主—宾—谓"或"宾—主—谓"的语序。

白族在历史上曾使用过以汉字为基础的文字，称为白族方块字。她经过对历史文献的研究，认为这种文字可以上推至唐代。发表了《白文山花碑释读》和《点苍山洱海考释》，用国际音标注音并翻译成汉文。她认为白文方块字有如下特点：（1）音读汉字：按汉字的意思和音，表达白语的意思；（2）训读汉字：按汉字的意思，读白语的音；（3）自造新字：利用汉字的偏旁部首重新组合，主要使用半体表意、半体表音的形声方法造字；（4）直接使用汉语借词，即形音意全按汉语。

徐琳还和木玉璋合作出版了《傈僳语简志》、《傈僳语语法纲要》，后者国内外学者作为参考材料曾多次引用。她对白族和傈僳族的民间文学也作了不少研究，发表了傈僳文版的《逃婚调》、《牧羊调》、《傈僳族创世纪研究》，把白族的《黄氏对经》加以注音并译成汉文。已出版专著有：《傈僳语语法纲要》（与木玉璋合作）、《白语简志》（与赵衍荪合作）、《傈僳汉对照词典》（与木玉璋合作）、《傈僳语简志》（与木玉璋、盖兴之合作）、《逃婚调》（与木玉璋、曾茂合作）、《傈僳族创世纪研究》、《白族〈黄氏女对经〉研究》。已发表论文有：《白文山花碑释读》、《明代白文〈故善士杨宗墓志〉译释》等多篇。

徐世璇 （1954—）女，浙江省宁波市人，中国社会科学院民族所与人类学所研究员，中国社会科学院研究生院博士生导师。

多年从事汉藏语系语言研究，在对具体语言进行全面深入田野调查、取得第一手资料的基础上，对语言的共时面貌和历史演变进行分析和比较，对语言的接触关系和相互影响进行探讨，对濒危语言问题进行研究。先后在海内外出版和发表近百篇中英文学术论著，主要内容包括以下三个方面：（1）语言共时结构和历史比较研究。分别对藏缅语族群的毕苏语、土家语等进行深入的田野调查和系统的结构分析和历史比较，对藏缅语言尤其是缅彝语言的特点进行多方面的专题研究。其中专著《毕苏语研究》出版后受到学术界的关注和重视，著名汉藏语言学家、原美国加州大学柏克莱分校校长马提索夫（James A. matisoff）教授称这本书给他留下了深刻的印象，法国科学研究中心东亚语言研究所高级研究员沙加尔（Laurent Sagart）先生对该书也表示了赞许。法国、美国、波兰的重要学术刊物，分别作了详细介绍和书评。国外学者将这部专著翻译为英文，于 2001 年由德国 Lincom 出版社出版。(2) 从语言文化方面对我国民族地区进行多方面的社会调查，对民族关系和语言文化的发展变化进行现实研究，先后向国务院、国家民委、中国社会科学院提交了《50 年代新创文字的使用和发展问题》，《湘西苗文使用现状和发展前景的总结报告》，《我国濒危语言的宝贵资源亟待重视和保护》等研究报告和内部报告，为有关政策的制定和重要文件的颁布提供理论依据和对策性建议。从语言接触的角度反映我国民族交往的历史和文化交融的现状，《哈尼语中汉语借词的历史层次》、《从南部土家语的特殊构词看语言接触的深层影响》、《论语言的接触性衰变》等论作通过翔实的语言例证，对民族语言中汉语借词及其历史、语言接触所引起的变化等进行多视角的分析，展示南方地区民族交往的悠久历史，汉语和中原文化对少数民族语言文化影响的过程，从多种角度对我国民族和语言由于相互影响而不断变化发展的现实关系进行探讨。多次应邀参加国家民委、教育部、国务院教育中长期规划课题组、中国社会科学院等国家部委召开的专家座谈会，就全国的语言关系、双语教学规划、语言普查工作等问题进行讨论。(3) 较早进入濒危语言问题这一当代国际学术界的热点领域，先后向国务院和联合国教科文组织提交要报和研究报告，提请政府有关部门和国际相关机构重视我国濒危语言问题；撰写理论性论著，介绍国外研究动态，结合我国实际进行理论探讨；开展具体语言的资料记录保存工作。专著《濒危语言研究》作为我国这一领域的第一部理论性专著，出版后引起了广泛的关注，受到学术界的极大重视和充分肯定，有关报刊发表书评，相关论著多次引用，对于我国开展濒危语言的研究和资料保存、同国际相关领域接轨起了开拓和推动作用。书评《保护濒危语言，抢救文明遗产》、《濒危语言与文化资源》（分别载《中国社会科学院院报》《中国文物报》）等提道："《濒危语言研究》是一本谈语言的书，但是作者的思考不仅仅局限于语言的领域，而是从人文关怀的理论高度来看待、论述这一语言现象，因此能够给语言学界、人文学界以及关心文化问题的社会各界人士多方面的启示。""《濒危语言研究》提出了现代社会中保存文化资源和保护人文生态环境这一时代性课题，并且进行了积极的探讨，具有重要的理论意义和现实意义。"该书在社会上也引起了广泛的关注，《中国青年报》、《中国民族报》、《北京科技报》、《百科知识》、BEIJING TODAY、联合国教科文组织亚洲地区刊物 SANGSAENG 等中英文报刊，中国中央电视台、联合国电台、芬兰国家通讯社，以及新华网等中外媒体先后进行专访、报道以及约稿，产生了较大的社会影响。

曾先后担任中国社会科学院民族研究所民族语言研究室副主任，描写语言学研究室主任，中国民族语言学会常务理事、副秘书长，《民族语文》编委等职。多次应邀赴法国科学研究中心东亚语言研究所、英国伦敦大学亚非学院、台湾中央研究院语言学研究所等海外科研机构进行合作研究。先后承担多项国家、中国社会科学院和国际合作项目，如国家八五重点项目"中国少数民族语言使用情况调查研究"，同加拿大拉瓦尔大学合作项目《世界书面语·中国卷》，同法国国家科学研究中心东亚语言研究所合作项目"少数民族语言中的汉语借词层次研究"，国家民委、中国社会科学院、联合国教科文组织资助项目"濒危语言资料保存"，中华社科基金项目和中国社会科学院重大项目"中国新发现语言调查研究"等。独立承担英国伦敦大学 The Lisbet Rausing Charitable Fund 基金资助的大型国际项目子课题。研究论著多次荣获中国社会科学院优秀成果奖。

徐悉艰 （1934— ）女，出生在上海市，江苏吴江县人。1956年毕业于中央民族大学语文系景颇语专业。毕业后，分配到中国科学院少数民族语言研究所工作，至1995年退休。主要从事景颇语和载瓦语的调查研究工作，于1986年至1994年任该所语言研究室第三研究组（即彝缅语组）组长。历任研究实习员、助理研究员、副研究员和研究员。曾被邀请到美国、日本等国及台湾、香港地区进行学术访问。享受国务院特别津贴。

徐悉艰1956—1961年参加了中国科学院少数民族语言调查第三工作队，主要调查了景颇语、载瓦语，参加编写了《景颇文改进方案》、《景颇文书写规则》、景颇、载瓦、勒期、浪速等语言的《词汇比较大纲》，并以较长时间负责编写《景汉对照词汇》，还参加编写了景颇文扫盲课本和进行扫盲工作。1961年回所从事研究工作至今。主要科研成果有：（1）出版专著6部（均为合著）：《景汉词典》、《汉景词典》、《景颇族语言简志》（载瓦语）、《景颇语法》、《景颇语词汇学》、《汉载词典》。这六部专著多为国内首创。其中《景汉词典》和《汉景词典》获北京市哲学社会科学优秀成果二等奖。（2）发表学术论文22篇（其中有3篇为合写），论文涉及的语言主要有景颇语、载瓦语、浪速语、勒期语、缅语和彝语等。其中对景颇语词类进行了比较深入的研究，揭示了一些前人没有揭示的现象。（3）参加编写集体大项目10项。其中有国家级重点项目：《中国少数民族语言使用情况》和《中国少数民族文字》，负责其中6份调查研究报告。

院级重点项目：《中国语言地图集（藏缅语族语言分布图）》，负责景颇语、载瓦语、阿昌语等三语种的材料。所重点项目：《世界的书面语：使用程度和使用方式概况》（中国卷），负责完成中国部分中的景颇语、载瓦语、阿昌语和景颇文、载瓦等三种语言两种文字的调查研究材料以及《景颇语总注释》、《载瓦语总注释》和《阿昌语总注释》三份材料。室重点项目：《藏缅语语音和词汇》，负责完成其中的景颇语、载瓦语和浪速语部分。

退休后完成的集体项目有两项：（1）《中国少数民族文化大辞典》，负责完成其中有关景颇族文化的词条。（2）《中国民族文字与书法宝典》，完成其中的"景颇族文字与书法"部分。

徐永燮 （1934— ）朝鲜族，吉林延吉县人。中央民族学院少数民族语言文学一系教授、中国朝鲜语言学会常务理事、中国朝鲜语审定委员会常务委员、中国朝鲜文信息研究会理事、全国中小学教材审定委员会朝鲜文审查委员会委员、中央民族学院学术委员会委员。

1957年毕业于延边大学朝鲜语文专业后留校任教，讲授过现代朝鲜语、古代朝鲜语、朝鲜语基础等课程。从事过朝鲜语方言调查。1957年参加编写《中朝词典》，作为编写组副组长，负责编写和审稿工作。1979年以后在中央民族学院少数民族语言文学一系任教，担任研究生指导工作。讲授的主要课程有：现代朝鲜语、古代朝鲜语、朝鲜语发展史、朝鲜语法史等。1978年参加中国朝鲜语规范化方案起草小组的工作，任副组长，编写规范化原则。1984年参加《朝鲜语规范语法》审定委员会，负责审查朝鲜语语法书籍。1986年担任中国朝鲜语审定委员会常务委员，审定了一批学术用语和《朝鲜语新词词典》。他主要研究古代朝鲜语和现代朝鲜语，著有《现代朝鲜语》、《古代朝鲜语概要》、《朝鲜语法基础》、《朝鲜语史料讲读》等教材。出版的专著有：《朝鲜语法》（词法，与文昌德、金棋钟合著，延边教育出版社1972）、《朝鲜语自学读本》（第一卷，语音，延边人民出版社1974）、《朝鲜语实用语法》（辽宁人民出版社1981）。已发表的论文有：《正确使用朝鲜语文——评延边文艺一期的语言》（《延边文艺》1979年12月）、《关于正确使用朝鲜语文、善于使用朝鲜语文》（《延边日报》1980年2月）等。

许浩福 （1931—2011）江苏省常州市人，中国社会科学院民族学与人类学研究所副研究馆员。1950年毕业于江苏省立洛社师范学校，同年被分配到苏南行政公署文教处，从事工农教育工作。1951年入中国人民大学俄文系学习，1955年毕业后任中国科学院华东分院冶金陶瓷研究所俄语翻译。1956年8月调到中国科学院少数民族语言研究所任翻译，并陪同苏联专家去新疆维吾尔自治区塔吉克自治县进行塔吉克语调查工作，并在此基础上翻译了苏联专家撰写的《塔吉克语调查的情况》一文（载1957年的《少数民族语言调查通讯》）。同时，还与其他同志合译了一篇文章《编纂俄语——民族语辞典的经验》。1958年参加中国科学院少数民族语言所访苏代表团访问了苏联。1959年、1961年被派往苏联俄罗斯联邦教育科学院民族学校研究所进修，内容是《语言学中的平面比较》，主要是学习俄语与各民族语言对比研究的基本理论和方法，以及民族学校如何在民族语言基础上教学俄语的方法和经验。回国后在民族研究所从事民族语文学术情报资料工作。在此期间，搜集了大量国外有关我国民族语文的研究动态、学术论著目录、研究机构及其他有关资料，翻译了许多与我国少数民族语言有关的学术论文，并在此基础上编印内部刊物《学术资料》（1962—1964年共出了30期）、《民族语文研究参考资料》（1975—1977年共出了4期）。许浩福在这两个刊物上先后发表了《印度、巴基斯坦、锡兰和尼泊尔境内的藏缅语族诸语言》、《论新疆维吾尔语的方言》、《越南语的发生学问题》、《越南的语言状况和越南民主共和国的语言研究工作》、《列宁主义的民族政策和苏联民族语言的发展》等译文。后来，又在中国社会科学院民族研究所历史室编的内部刊物《历史译文集》（第7集，1977）上发表了一篇译文《突厥学》；在中国社会科学院民族研究所语言室和中国民族语言学术讨论会秘书处合编的《阿尔泰语言学论文选译》（1980、1982）、《汉藏语系语言学论文选译》（1980）上发表了《苏联现代突厥语言学总结和问题》、《突厥语言（一般知识和类型描述）》、《论语言学中的阿尔泰假说》、《论台湾及其在发生学分类法中的地位》等译文。1983年以后，在中国社会科学院民族研究所语言室编的《民族语文研究情报资料集》上先后发表了《现代维吾尔语中的代词词干》、《现代藏语中的双音节重叠词》、《研究突厥语和蒙古语亲缘关系问题的一些有效方法》、《关于西部裕固语谓语结构的一种古代类型》、《台语言中的重叠法》、《侗—水语言词首辅音的构拟》、《苏联现阶段的维吾尔语言学（总结和问题）》、《苏联突厥语言学六十年》、《苏维埃时期民族语言问题的解决》、《维吾尔语中的同音词问题是词汇借用的结果》等译文。为了便于语言学家、民族语文工作者，特别是突厥研究人员了解国外的研究情况，从1976年起先后搜集并翻译了8篇国外有关突厥学研究情况的文章，并汇编成了译文集《国外突厥学研究概况》（中国社会科学出版社1980）。此书共介绍了苏联、匈牙利、捷克斯洛伐克、波兰、罗马尼亚、西德、日本、瑞典等8个国家的突厥学研究情况，其中涉及突厥学在这些国家的发展史、研究机构、人员、成果及当时的研究任务。1981年后还按工作计划翻译了苏联学者 Б. А. 谢列勃连尼柯夫和 Н. З. 加吉耶娃合著的《突厥语言历史比较语法》一书，并根据1986年出版的第二版修订本进行了重译和校订。此书简明地叙述了突厥诸语言的语音、语法形式和句法单位的历史，首次对所有突厥语言的语音、形态和句法结构进行了系统的和综合的历史比较分析。随后还搜集和翻译了有关国外社会语言学研究情况和各国社会语言学问题的20篇文章，并汇编成《国外社会语言学译文集》。其中主要介绍了美国、匈牙利、德国（原民主德国）、捷克等国的社会语言学研究情况，以及亚非各国（包括印度、孟加拉、印度尼西亚、菲律宾、马来西亚、越南、阿富汗、以尼日利亚和喀麦隆为例的西非各国、以坦桑尼亚和肯尼亚为例的东非各国、乌干达）的语言情况和语言政策，也涉及语言规划问题。但是，最后两部译著由于译者退休等原因至今未能发表。

许士仁　（1926—）苗族，贵州省凯里市人。1949年7月毕业于榕江"国立贵州师范学校师范部"；1952年5月毕业于成都西南民族学院干训部；1957年7月毕业于北京中央民族学院语文系民族语言专修科（三年制）。先后在挂丁小学、台江县合作社、中央民族歌舞团创研室、贵州民族语文工作指导委员会、黔东南民族师范专科学校、黔东南州民委会等单位教学和工作。副研究员。1989年退休。

曾先后进入西南民院、中央民院学习。1956年6月参加中国少数民族语言调查第二工作队，深入西南苗族地区进行苗语调查，初步掌握了苗语中部方言第一手资料。

为了适应苗族人民群众学习苗文的需要，同其他同志一起投入苗语文编译研究工作。先后参与编印了《苗语农民课本》、《简明苗汉词典》以及一些简短的民间故事和科普读物。同时被派到贵州民院苗语专修班讲授苗语文课，培养了30多名首批苗文教师。

1958年秋，参加贵州省文联民间文学工作组，深入黔东南苗族地区搜集苗族民间文学资料。先后翻译整理了《阿荣和阿刚》、《青蛙后生》等十余首长篇叙事诗（7000多行），分别入编《贵州民间文学资料》第五集和第十四集；同时还写有《苗家修路劲头足》、《高歌猛进笑哈哈》、《从一面没有文字的锦旗谈起》等诗文，分别在《山花》、《贵州日报》、《光明日报》等报刊上发表。1959年2月，由于历史原因，离开工作，1963年5月，被遣返老家从事农业生产。

1980年以后取得的成果：（1）1980年恢复苗文试验推行工作以后，省、州、县（市）先后举办了各种苗文师资培训班。作为苗语中部方言标准音点的专业人员，曾多次应邀参与教学工作，培养了数百名合格的苗文教师，推动了苗文试行工作的发展。（2）参与编译《苗汉词典》（任副主编，获全国图书二等奖）、《苗语课本》（1—5册）、《农作物栽培法》等书籍以及有关辅助读物。（3）先后写有《浅谈汉诗的苗译问题》（获贵州省译协优秀成果一等奖）、《从〈南风〉的几首译诗谈起》（获黔东南社科优秀成果三等奖）、《苗族儿歌简述》（获黔东南州社科优秀成果二等奖）、《苗族芦笙舞概述》（与人合作，5万多字）、《苗族芦笙词译介》等20余篇论文。

（4）为了鼓励苗族学生努力学习苗文，特用苗文编创了许多苗文诗歌。诸如《栽棵苗文树》、《歌唱美丽的家乡》、《赞颂你们青年人》、《计划生育好》、《我们寨上有位好老师》，等等，学生们都很喜闻乐诵。（5）为使苗族学生容易理解语文课上的一些汉诗汉词，特将《悯农》（李绅）、《赋得古原草送别》（白居易）、《小小的船》（叶圣陶）、《画》（小学课本）等汉诗译成苗诗形式，颇受学生欢迎。（6）1989年退休后，自费编印《为民族民主事业奋斗的梁聚五先生》和《芳邻杂咏》两本小册子。前者叙述苗族知名爱国民主人士及学者梁聚五先生生平事迹；后者是为了庆祝自己的八十岁生日而编印的小诗集（苗文诗和汉文诗合集）。另译有《苗族传统情歌》书稿一本。

曾获黔东南州人民政府、国家民委、中国翻译家协会分别授予全州先进工作者、全国民族团结进步先进个人、资深翻译家荣誉证书。

许鲜明　（1960—）女，白族，教授，英语教学（TESOL）硕士。1976年参加工作，当过知青。1997年7月毕业于云南师范大学外语系。2004年毕业于泰国西北大学英语教学专业。曾在云南省绿春县一中、红河州民族中学从事中学英语教学，做过学生会、教务主任等工作。1999年调入玉溪师范学院英语系后先从事大学英语教学教研工作，后从事少数民族语言、濒危语言等研究。2000年以来，曾到过泰国阿卡农业教育研究中心、泰国西北大学、泰国清莱皇家大学、澳大利亚拉特罗布大学、柬埔寨金边大学、英国伦敦大学、威尔士大学等国外高校、科研机构进修、学术访问和教学。2002—2004年参与完成云南省厅项目《玉溪辖区哈尼族语言文化研究》、《哈尼语话语分析》；2008年参与完成了国家社科基金项目《民族杂居区的语言关系研究》。2009年、2010年参与完成中央民族大学国家"985"语言国情调查，跨境语言研究课题《泰国阿卡语研究》、《泰国万伟乡阿卡族语言使用现状及其演变》、《澜沧拉祜族语言使用现状》、《泰国清莱拉祜族及其语言使用现状》等，已在《云南师范大学学报》、《云南学术探索》、《暨南学报》、《云南民族学院学报》、《中国哈尼学》，泰国《清迈大学杂志》(Chiang Mai University Journal)，波兰亚当·密兹凯维奇大学 Linguistic and Oriental Studies from Poznan，澳大利亚拉特罗布大学等学术刊物上发表论文："A Study of First-YearCollege Students' Metacognitive Awareness of Reading"。

"Strategies, The concepts of "dragon" in Chinese Language and Culture"、《泰国万伟乡森杰棱村阿卡族语言生活个案调查》、《汉语词汇中的"龙"概念》、《撒都群体语言使用现状的调查》、《泰国清莱拉祜族语言使用现状个案调查》等30余篇。主编《族群记忆与传承》一书，参编《首届湄公河次区域民族文化与区域发展研究》一书。专著有《哈尼语话语分析》，合作有《元江县因远镇语言使用现状及其演变》、《撒都语研究》、《山苏彝语研究》等，现主持英国伦敦大学亚非学院《中国云南濒危撒都语言文献记录》（ELDP）项目和教育部《彝语山苏话研究》项目。其中，《哈尼语话语分析》在哈尼语文培训中作为教材使用。

2000年以来与澳大利亚拉特罗布大学，开展联合国教科文非物质文化遗产保护项目，参与举办三届"中国云南濒危语言遗产保护国际学术研讨会"，三期"哈尼文培训班"。

宣德五 （1933—）祖籍江苏扬州，生于上海。1951年入北京大学东语系朝鲜语专业学习，毕业后免试留校攻读副博士研究生，师从朝鲜专家柳烈教授，主攻朝鲜语语法学。1959年研究生毕业后留校当助教。1962年调任解放军外语学院教员。1979年调中国社会科学院民族研究所工作，历任副研究员、研究员、朝鲜语研究组组长。自1985年起兼任中国社科院研究生院民族系副教授、教授，任硕士研究生导师。1993年被聘为北京大学韩国学研究中心特约研究员。曾任中国民族语言学会常务理事兼副秘书长、曾任中国朝鲜语学会常务理事、中国社科院韩国学研究中心理事。此外还曾受聘为《民族语文》和《当代韩国》编委。

1979年以前，主要从事朝鲜语文的教学，而科研工作则是围绕教学和教材编纂进行的。在北大期间，开设过"朝鲜语语法"、"朝鲜语理论语法"等课程，并参与集体编纂《朝汉词典》（商务印书馆，1978）、《汉朝词典》（同上，1989）。在解放军外院，与黄辉、金云喆合作编写《朝鲜语读本》，1964年铅印为内部教材。为了总结这一阶段的朝鲜语教学工作的经验，与李世龙合作，撰写了论文《略论基础阶段朝鲜语教学法》。1976年又结合多年语法教学的实践，编写了《朝鲜语实用语法》，为此获得解放军总政治部颁发的三等功授奖证书。1979年调入民族所工作后，随着任务的转变，其研究领域也有所扩大。这一阶段，除继续其语法研究外，还对中国境内的朝鲜语方言展开调查研究。1982年组织了中国朝鲜语普查工作队，宣德五作为负责人之一，组织、领导了这次方言调查。后利用这次调查所得的材料，与金祥元、赵习合作撰写了作为《中国少数民族语言简志丛书》（1993年获中国社科院优秀科研成果一等奖）之一的《朝鲜语简志》。而此次方言调查所得的全部材料以及对这些材料所作的理论性探讨和规律性说明都汇集在与赵习、金淳培合著的《朝鲜语方言调查报告》一书中。此书全面系统地反映了中国境内朝鲜语方言的实际情况,同时也为朝鲜半岛上方言的划分和研究提供了极有价值的资料。为此获得本所优秀科研成果一等奖(1994)和第一届中国朝鲜语学会优秀著作奖(2001),韩国太学社还将此书翻印出版。1986年在日本东京外国语大学主办的朝鲜学国际学术讨论会上,提交了论文《从朝鲜语方言的语音对应看各方言间的对立性》(与赵习合著),揭示了朝鲜语每个方言不同于其他方言的一个最本质的语音特征,从而确证了除济州岛方言外,把朝鲜半岛上的语言再划分为六个方言的合理性。1993年赴韩国作学术访问,在国立首尔大学国语国文学系作了《中国朝鲜语使用实态》的学术讲演,在高丽大学国语国文学系作了关于朝鲜语六镇话的方言特点的学术报告。

宣德五在语法研究方面的一个突出成就是1994年由商务印书馆出版了专著《朝鲜语基础语法》。此书针对汉族学生学习朝鲜语的特点和难点,设计了新的框架,并运用同义现象的辨析以及和汉语对比的方法,阐明各重点语法项目的意义和用法,着力于论述朝鲜语语法中与汉语不同的特点,这是此书区别于国内外一般朝鲜语语法著作的独特之处。此书出版后博得学界和读者的好评,成为朝鲜语学习者的一部常用参考书。为此作者获得了1999年度韩国东崇学术奖功劳奖,韩国学者孙正一教授还将此书译成韩文,由韩国新星出版社于2004年出版,以供作为外国语的韩国语教学参考和交流使用。2008年出版了在《朝鲜语基础语法》的基础上改写成的《韩国语基础语法》一书。此外,宣德五还研究了朝鲜文字、朝鲜语文中的汉字、汉字词以及朝鲜语发展史上的某些重要问题。他精选了自己有代表性的论文,汇集成《朝鲜语文论集》,于2004年由开明出版社出版发行。

除个人的研究课题外,宣德五还参加中、加合作项目《世界的书面语:使用程度和使用方式概况》(中国卷)的调查研究,参加了国家社科基金"七五"规划重点项目《中国少数民族语言使用情况和文字问题调查研究》含三种著作的调查研究和编写工作。作为编委之一,还参与编纂了《中国民族语言论文集》和《民族语文研究新探》。为《中国大百科全书》(外国文学卷、语言文字卷、民族卷)撰写了若干词条。此外,宣德五还翻译了国外有代表性的朝鲜语言学论文《朝鲜语的系属》(韩国李基文著)、《朝鲜语和蒙古语的关系》(朝鲜洪起文著)、《朝鲜语的深层结构》(韩国高永根著)、《东北黑河地方满语的一个特色》(日本河野六郎著)。1992年被评为"有突出贡献的专家",享受国务院颁发的政府特殊津贴。

薛才德 (1953—)上海市人,博士,教授,博士生导师。主要研究方向:比较语言学、方言学、社会语言学。1977年考入云南大学中文系,毕业后留校,任李兆同教授的助手,从事语言学教学和研究工作。后考入中国人民大学,师从谢自立教授,攻读现代汉语硕士学位,再后考入南开大学师从邢公畹教授,攻读汉藏历史比较博士学位。读博期间,曾师从瞿霭堂教授,学习藏语和藏文。

现在上海大学文学院工作,任中文系副主任、汉语言文字学博士点学科带头人,兼任中国民族语言学会理事、上海市语文学会副会长、《语文论丛》编委、上海大学上海方言与文化研究中心主任。

跟本科生讲授过"现代汉语"、"汉语史"、"汉语方言学"、"语言学概论"、"欧美语言学史"、"国外现代语言学流派述评"和"语言和社会文化"等课程。跟外国留学生讲授过"高级汉语"。跟研究生讲授过"历史语言学"、"汉藏语言概论"、"汉藏语言学文献导读"和"汉语史研究"等课程。

薛才德研究的范围主要涉及汉藏语言历史比较、语言接触、汉语方言学和社会语言学等方面。

在汉藏语言历史比较方面。《语义比较法和汉藏语言历史比较研究》(2001)，全部使用汉语和藏语的材料来讨论邢公畹教授首创的语义学比较法在汉藏语言历史比较中的功用。指出，由借词造成的同音和多义对语义学比较法识别同源字干扰很小；与同族词比较法相比，语义学比较法视野更开阔，操作更方便；通过字义上的多项对应，语义学比较法能揭示语言间词汇—语义系统的种种联系，并为同族字的研究提供新的方法，还能揭示一些发人深思的语言现象。《汉语藏语同源字研究》(2001)，创造性地将邢公畹先生创立的"语义学比较法"运用于汉语与藏语的历史比较研究中，在参考前人有关成果的基础上，找出了 211 组汉语和藏语同源字，论证了它们之间的语音对应，并提出了关于上古汉语有复辅音声母和韵尾以及辅音韵尾与声调关系等有见地的观点。《藏文前加字＊ɦ和上古汉语的鼻音前置辅音》(2001)，使用语义学比较法，进行藏文和上古汉语的比较，论证藏文前加字＊ɦ所标记的实际语音和上古汉语的鼻音前置辅音。《藏文后置辅音 j-和中古汉语-i-的来源》(2004)，中古汉语-i-介音的上古来源各家说法不一。李方桂为上古汉语构拟了一个＊-j-介音。而这个＊-j-介音，在汉语藏语同源字的比较中，是可以跟藏文后置辅音 j-对应的。根据亲属语言的材料和藏语本身的材料，可以证明藏文后置辅音 j-，大部分来源于后置辅音 l-，小部分来源于后置辅音 r-。由此可以推论与藏文后置辅音 j-对应的上古汉语＊-j-介音实际是个后置辅音，它大部分来源于后置辅音 l-，小部分来源于后置辅音 r-。《汉语去声源于韵尾－S 说质疑》(2002)用藏语材料和汉藏比较材料证明：从调类方面来说，跟藏文-s 尾字对应的汉语同源字，可以是去声字，也可以是非去声字。在汉藏同源字中，跟汉语去声字有关联的藏文，可以是-s 尾字，也可以是非-s 尾字。汉语的去声跟藏文韵尾-s 没有一对一的对当关系。从调型方面来说，-s 尾可以影响声调，使之产生一个降调，非-s 尾也可以有同样的作用。-s 尾和降调也没有一对一的对当关系。汉语去声来自-s 尾的假说值得怀疑。《藏缅语伯叔舅姑姨称谓研究》(2006)，把男性称谓和女性称谓各分成四个大类及若干个小类。指出，各语言称谓的类型同语言的谱系分类并不对应；形成称谓不同类型的原因或者是各语言的自行发展，或者是受其他语言的影响；父辈和母辈各有两个可能来源于原始藏缅共同语的亲属称谓词根。

在语言接触方面，薛才德较早关注南方少数民族语言与汉语发生接触关系，并发现少数民族语言对汉语语音和语法产生重大影响。《从云南汉语方言阳声韵的演变看少数民族语言对汉语的影响》(1992)，运用云南 101 个方言调查点的材料，论证汉语方言越深入云南腹地阳声韵的鼻音韵尾脱落就越厉害，这是受了彝语、白语等缺乏鼻音韵尾的少数民族语言的影响，所造成的结果。《景洪汉语谓词的一个后附成分与傣语的关系》(1994)，论证了景洪汉语的某一格式是傣语影响汉语的结果，影响的途径是"双语"，而傣族双语人在其中起了决定性的作用。《安南水磨房汉语语法的接触变异》(2006)对云南安南水磨房汉语语序的若干特征作了描写和分析，并将它同藏语和纳西语作了一些比较。指出，安南水磨房汉语语序的若干特征是藏语、纳西语对汉语的影响。

在汉语方言学方面。《现代汉语方言分区方法问题初探》(1991)和《在古音类的基础上用定量分析法区划汉语方言》(1994)，前者从理论上讨论了汉语方言分区方法存在的问题和必须遵循的若干原则，后者用一种新的定量分析法对汉语方言进行了一次分区试验。《昆明市志·方言卷（一）》(2003)对昆明方言的语音系统、词汇和语法系统作了全面的描写和分析。

在社会语言学方面。《"师傅"、"同志"称谓使用现状调查及其社会原因探讨》(1990)、《景洪城区居民的语言使用及其文化背景》(1999)、《上海市大中学校学生语言生活状况调查》(2009)、

《上海市民语言生活状况调查》(2009)等文章都是从社会语言学的角度探讨语言使用和语音态度等问题。

已发表论文：《"师傅"、"同志"称谓使用现状调查及其社会原因探讨》、《现代汉语方言分区方法问题初探》、《从云南汉语方言阳声韵的演变看少数民族语言对汉语的影响》、《景洪汉语谓词的一个后附成分与傣语的关系》、《在古音类的基础上用定量分析法区划汉语方言》、《允景洪方言谓词后附成分"给你"》、《汉藏语言谓词 PXP 重叠式》、《景洪城区居民的语言使用及其文化背景》、《藏语汉借词的特点》、《藏文前加字 *ɦ 和上古汉语的鼻音前置辅音》、《语义比较法和汉藏语言历史比较研究》、《汉语去声源于韵尾 –S 说质疑》、《藏文 *-r、*-l 韵尾与上古汉语若干韵尾的对应——兼论前上古汉语的复辅音韵尾》、《汉藏语言研究—第 34 届国际汉藏语言暨语言学会议论文集》、《汉语上声源于某一韵尾说质疑》、《试析中古汉语三等韵-i-介音的来源》、《藏文后置辅音 j-和中古汉语-i-的来源》、《汉语方言梗摄开口二等字和宕摄开口一等字的元音及类型》、《吴语梗摄字和宕摄字的分合及类型》、《安南水磨房汉语语法的接触变异》、《藏缅语伯叔舅姑姨称谓研究》、《上海话语音的演变与方言接触》，载薛才德主编《语言接触与语言比较》、《上海话入声韵母与苏州话、宁波话的比较》，载薛才德主编《新世纪语言学的新探索》、《从无为方言的"吱"与苏州方言的"仔"看江淮官话和吴语的关系》(第一作者)、《上海市大中学校学生语言生活状况调查》、《上海市民语言生活状况调查》、《上海话与苏州话、宁波话的音系比较——兼论方言接触对上海话的影响》、《上海话的文白异读》。

已出版专著：《实用语法修辞》(与人合编)、《新编词语多用词典》、《汉语藏语同源字研究》、《昆明市志·方言卷(一)》、《汉藏语言研究》、《语言接触与语言比较》(主编)、《新世纪语言学的新探索》(主编)。

严学宭 (1910—1991)江西分宜县人。1934 年入北京大学研究院文科研究所当研究生三年，师从罗常培研究汉语音韵学，1937—1940 年先后任江西宜春师范学校和袁山中学语文教员、校务主任。1940—1942 年任国立中正大学文化学院文史系讲师。1942—1945 年在中山大学师范学院国文系讲师、副教授、教授。1945 年转任文学院语言学系教授。1951 年随中央少数民族访问团赴粤北和海南岛少数民族地区访问调查，后调往中南军政委员会民族事务委员会任研究室主任，主要任务是研究中南地区少数民族的历史文化、社会经济和语言文字，并搜集整理有关民族问题的理论和资料。1952 年筹建湘西苗族自治区时任中南民委湘西工作队队长，参加筹建工作。在深入该自治区调查中发现了土家族。1953 年任中南民委和广西民委民族调查组组长，先后两次进行民族识别的工作，第一次调查了龙胜县的"伶人"、"黎人"和苗人，罗城县的仫佬人，环城县的毛南人，南丹县的水家和"隔沟人"的情况。第二次调查了平果县的"陇人"，防城县的京人和龙津县的傣人(岱人)情况，并将这些调查情况主持编审成册，列入国家民委的《五种丛书》。1954 年任中南民族学院副院长兼研究室主任。同年率领研究室人员前往海南岛调查黎族、苗族的社会发展及现阶段社会性质和黎族内部分支情况。1957 年任全国少数民族语言调查第一工作队副队长兼海南分队队长，担负黎语调查、创制黎文和试验推行黎文的工作。

严学宭的论著领域有三方面：(1)汉语方言和汉语音韵方面，著有《记分宜方音》一书，论文有《汉语声调的产生和发展》、《上古汉语声母结构体系初探》、《上古汉语韵母结构体系初探》、《原始汉语韵尾后缀 *-s 试探》、《论汉语同族词内部屈折的变换模式》等。(2)黎语方面，著有《黎语构词规律和创立新词术语的原则》、《关于划分黎语方言和创制黎文的意见》(与王均、欧阳觉亚等合作)。

(3) 双语研究方面，著有《中国对比语言学浅说》一书，论文有《中国对比语言学的兴起》、《中国双语现象》、《论双语制的合理性》等。

严子玉 （1931—）山西人，研究员，1951年就读于中央民族学院少数民族语言文字系壮语班，后转入壮语研究班，1954年参加壮语调查队（后改为中国科学院少数民族语言调查队第一工作队），跟随北大袁家骅教授调查壮语北部方言。50年代后期调广西壮族自治区少数民族语言文字工作委员会研究室语法组从事壮语语法研究工作，对武鸣壮语语法有深入的研究，参加编写并内部出版了《壮语语法概述》和《武鸣壮语语法》。80年代以后严子玉对原书进行了较大的修订，于1989年正式出版了《武鸣壮语语法》（广西民族出版社1989年版）。

岩温龙 （1962—）傣族，生于西双版纳傣族自治州景洪市，大学本科毕业，副教授。现任云南民族大学民族文化学院教师。1985年毕业于云南民族学院民族语言文学系（现为云南民族大学民族文化学院），获文学学士学位。毕业后留在民族语言文学系，任西双版纳傣语言文学教师。1990年获得本校"优秀思想政治工作者"荣誉称号，1994年，与他人合著的《傣族情歌选》获得第二届中国民族图书奖提名奖，被评为2004—2005年度优秀班主任和院级优秀教师。

岩温龙主要从事西双版纳傣语言文学教学工作和傣族文化研究。在教书20年生涯中，为本科生讲授《西双版纳老傣文》、《西双版纳傣语会话》、《西双版纳傣语基础教程》、《西双版纳傣族文学》、《现代西双版纳傣语》、《汉·傣翻译理论与实践》、《西双版纳傣文文选》、《西双版纳傣族古籍》、《泰语综合》等课程。

在教书20年生涯中，努力做好教学和科研工作。并根据自己专业特长，结合教学工作，在国内外刊物上正式发表了小小说《想入非非》（载《版纳》杂志，1986年，并收录在《西双版纳小说集》傣文版里，1989年）。《阿布鲁瓦斯》（外国故事翻译，陆续发表在1987年的《版纳》杂志上）。《父母思子歌》、《求爱歌》、《求婚歌》、《爱情歌》、《请哥哥去找别的姑娘》、《离别歌》、《告别歌》、《对山歌》、《贺年歌》等9首（载《傣族歌谣集成》，云南人民出版社1989年）。《从傣族现存咒语看巫术观念遗留物的作用》（载《边疆文化论丛》第3辑，云南省新闻出版局1991年）、《傣族黄道吉日图解析》、《谈傣族的命名观》、《论傣族医疗中的咒语》、《漫谈傣族古乐的生命力》；《论傣族"干栏式"竹楼的起源》、《从云南傣族生活事象中看巫术观念的遗留》（陆续发表在1991—1992年泰国《星暹日报》的湄南河畔版上）、《傣族的原始宗教与佛教的关系》、《傣族情歌选》（与他人合著，第二作者）、《西双版纳傣族情歌的起源、类型与特点》、《论布朗族"蜂桶鼓舞"的产生及形成》、《傣族儿歌选集》（合著，第一作者），2004年泰国朱拉隆功大学巴虹教授，把此书翻译成泰文）；《傣族古籍书目提要》、《傣族文学特点浅析》和《〈粘巴西顿〉年代考》。参与编撰《傣族人口》（负责撰写第八章、第十章）。2004年参与国家社科基金项目《泰国民间文学及其理论研究》课题，负责撰写《泰国关于民间文学基本特征理论研究》；《漫谈"新词术语"的翻译问题》、《漫谈西双版纳傣文的产生与完善》。参与编撰《西双版纳傣语基础教程》（第三编著）。参与编撰《西双版纳傣文图书内容概要》（第二编著）、《傣语形象词语初探》、《西双版纳傣族文学与宗教》。

颜其香 （1933—2010）女，重庆江北县人，中国社会科学院民族学与人类学研究所副研究员。

1956年5月毕业于中央民族大学（原中央民族学院）少数民族语文系佤语专业。同年5月随即参加了国家民委、中国科学院组织的全国少数民族语言调查第三工作队赴云南少数民族地区调查语言。1957年3月正式分配到中国科学院哲学社会科学部民族研究所从事少数民族语言调查研究工作至退休。

工作经历大致可分为三个阶段，1956—1964年大部分时间在云南第三工作队和云南语文指导工作委员会领导下进行田野调研工作，长达八年之久。在此期间，1956年5月—1957年1月大部分时间是对佤语进行普查及对普查资料进行整理分析研究，划分佤语方言土语，为佤文方案（草案）的创制做准备。1956年—1957年3月参加了该方案（草案）的设计和修改工作。1957年3月佤文方案（草案）在云南少数民族语言文字科学讨论会上通过后，参加地方组织的培训佤文师资和佤文扫盲试验推行工作。1957年7月，首期佤文试验推行培训班在沧源县县委党校开办，参加任教之一。学员70名，来自各方言区，有教师、干部、农民等，随后，多次参加不同层次的培训教学和群众性扫盲工作。1958—1960年，投入佤文的修改工作。根据国务院"关于少数民族文字方案中设计字母的几项原则"的指示精神，结合试验推行广大佤族群众的意见，对草案进行了修改，完全采用拉丁字母，并在字母形式上、读音上尽量与汉语拼音方案靠拢，便形成了今天通用的佤文。

中国孟高棉语言的研究工作可分为描写研究和比较研究两个方面。

业务工作初期，佤语的调查研究投入的时间比较长，为了全面了解南亚语系和了解中国孟高棉语言情况，1976年恢复业务工作以后，就到民族地区调查布朗语、德昂语、格木（克木）语、莽语等语言，为研究工作打下基础。1993年退休之后，主编了《中国少数民族风土漫记》。此书是我国第一部全面、真实、形象、生动再现了55个少数民族风土人情的高品位的纪实文学作品，参加编写的有70多人；主编了《中国少数民族饮食文化荟萃》，此书是我国第一部介绍55个少数民族饮食文化特征的著作。内容包括千余种最具特色的少数民族食品及烹饪技艺；民族食俗的渊源与交融，饮食文化的传承与发展等，参加编写的有60余人。

已出版专著有：《佤汉简明词典》（主编颜其香，周植志、赵明、王敬骝等）；佤汉拉对照《动植物名称》（内部印刷。主编颜其香，与赵明、周植志合著）；《佤语简志》（与周植志合著）；《佤语方言研究》（与周植志、陈国庆等合著）；《中国语言地图集》（负责编写佤、德昂、布朗语言的分布图）；《德昂语布雷方言音档》（内部印刷）；《中国孟高棉语族语言与南亚语系》。

已发表的论文有：《从现代佤语的方音对应看古代佤语的辅音系统》（与周植志合作）、《论古代佤语的元音系统》（与周植志合作）、《崩龙语概况》、《布朗语概况》（与周植志合作）、《佤文》、《德昂语》、《佤语数词的构成和特点》、《关于佤语的词序问题》、《德昂族民间文学概况》（与杨忠德合作）、《佤语动词的时貌系统》、《佤文工作的回顾与展望》、《云南边陲妇女的城市化过程》、《云南边疆城镇的崛起与民族关系浅说》、《格（克）木语元音长短与松紧、声调的关系》（与周植志合作）、《布朗族民歌格律初探》、《格木语形态构词法浅论》。

杨秉一 （1928—）新疆塔城人，原籍河北静海。新疆维吾尔自治区民族语言文字工作委员会副主任兼新疆少数民族语言术语规划审定委员会副主任、八省区蒙古语文协作领导小组委员、新疆汉语学会副会长、新疆少数民族语文翻译技术职务评审委员会领导小组组长。杨秉一长期从事民族语文工作，从1956年起，任新疆维吾尔自治区少数民族语言文字指导委员会办公室主任，负责安排从中央派出的语言调查队和新疆的语言专家到各地进行语言调查。1965年深入南北疆进行民族语文政策执行情况的调查，写出两篇调查报告。1982年任语委副主任后，写了数篇有关贯彻民族语文政策和总结性的文章，强调了民族语文工作与四化建设的作用。认为民族语文工作是社会科学的一部分，直接关系到少数民族的政治、经济、文化和生活的各个方面，必须加强调查研究。已发表的论文有：《新疆少数民族语文工作》（《新疆年鉴》1986）、《在全疆首届民族语言文字工作会议上的总结发言》（《语言与翻译》1986 年第 3 期）等多篇。

杨才铭 （1935—）甘肃兰州市人，西北民族学院少数民族语言文学系蒙古语言教研室主任。1956 年毕业于西北民族学院蒙语专业，留校在语文系蒙古语言文学教研室任教。1974 年后在甘肃人民出版社蒙文图书编辑室任编辑。1977 年调回西北民族学院，在少数民族语言文学系蒙古语言文学专业任教。历任讲师、副教授、教授。兼《中华人民共和国地名大辞典·甘肃卷》编委、《西北民族学院学报》（蒙文版）编委。

杨才铭长期从事蒙古语文教学、翻译和研究工作，先后在学术刊物上发表论文和译文多篇。其中的《汉蒙翻译中动词时、态、体的对应规律》和《汉蒙词汇系统的差异与词的对译》，运用比较语言学的原理和方法，对蒙汉语言的某些语法范畴和词义的差别进行了深入的探讨，指出两种语言在这些语法现象和词语的运用方面所存在的对应关系，提出了一些可供遵循的规律。并进一步指出，准确、自然的意译，是创造性的劳动，正确妥善的直译也是创造性的劳动。把直译和意译放到了同等重要的位置。除了从事语言和翻译的教学工作外，还致力于民族语文翻译理论的研究和蒙汉语言的比较研究。他为本校蒙语专业本科生编写了教材《汉蒙翻译教程》和《蒙译汉简论》。对蒙古语文的汉译问题做了全面的论述。已发表论文有：《汉蒙翻译中动词时、态、体的对应规律》（《西北民族学院学报》1981 年第 1 期）、《汉蒙词汇系统的差异与词的对译》（《西北民族学院学报》1985 年第 1 期）、《翻译的实践过程》（蒙文，《西北民族学院学报》1985 年第 1 期）等。译文有：《阿尔嘎聪其人》（原著者：贺尔查毕力格）、《东乡语元音》（原著者：那德木德）、《关于蒙古语、达斡尔语、鄂温克语动词时态的表达》（原著：沃彩金）、《关于察哈尔土语的复辅音和长元音》、《德笃蒙古族〈巴音松庚祝词〉探源》（原著：萨仁格日勒）、《蒙古语察哈尔土语的元音和辅音》（原著：那德木德）等多篇。

杨承兴 （1952—）湖北咸宁市人，新疆喀什师范学院语言系总支副书记、系主任，专业技术职务为副教授。中国突厥语研究会会员，中国少数民族双语研究会理事。1989 年度获得院首届优秀教学成果特等奖。主要教学及科研成果有：（1）著作：《现代维吾尔语语法》，新疆大学出版社，2002 年 1 月（高等院校维吾尔语专业系列教材）。（2）论文：《维语名词的人称范畴》，《维语名词的"形态层"与格位问题浅谈》，《维语引介结构试析》、《现代维语中的同等成分》、《现代维语中的状态副动词》、《现代维语中的后置词 bilɛn》、《维语句子的述语性表现及其在区分单复句中的作用》、《现代维语无连接词复合句的分类》、《维语虚拟式形式表对别意义刍议》、《现代维语中的"两性词"及其类别名称问题》、《现代维语动词的时态》、《管窥语言的存在方式》、《维吾尔语教育学科的性质和特点》、《维吾尔语形动词形态标记的简化与整合》、《维吾尔语"非目睹"陈述语气式的发展与分化》、《喀喇汗王朝的突厥语居民及其语言》。（3）译文：《突厥语言条件式的历史演变》——苏联：埃·捷尼舍夫，《现代维吾尔文学语言中的语音和谐律》——阿·巴克。

杨光远 （1952—）傣族，云南德宏傣族景颇族自治州陇川县人，博士，教授。1975 年毕业于云南师范大学中文系，分配至云南省人民广播电台民族部从事傣语翻译和播音工作，于 1979 年考入云南民族学院攻读硕士研究生，师从傣、泰语语言研究学者巫凌云和刀世勋两位先生。1982年毕业留校任教，曾任少数民族语言文学系副主任、系主任（1992—2001年），民族文化学院院长（2002—2003）东南亚南亚语言文化学院院长（2003—2008年）。云南省语言学会副会长，云南省社科院东南亚南亚研究院学术委员会副主任委员，上海师范大学兼职博士生导师。杨光远长期立足于傣泰民族语言教学和研究，发表了《台语"给"的用法》、《傣泰语言的动词和形容词的名词化问题》、《从干支名称看我国德宏傣族同印度阿萨姆邦阿洪傣族之间的联系》、《简论傣泰民族在语言方面的关系》等论文。出版了《云南少数民族语言文字概论》、《傣语语法》、《十三世纪傣泰语言语音系统研究》等著作，《云南少数民族语言文字概论》第二章对云南境内的壮侗语族各语支民族语言进行了全面的梳理，从文字、语音、语法、词汇等方面作了详尽的描写，是供读者全面了解云南少数民族语言概况的著作。《傣语语法》是傣语语言研究者的重要的参考资料，《十三世纪傣泰语言的语音系统研究》则从宏观和微观两个层面科学论证并结合李方桂先生的拟音系统推测了傣、泰两语言的13世纪时期的语音系统。他还着力于台语的翻译工作，陆续整理翻译了《布泰语言》（上）、《布泰语言》（下）、《石家语》（上）、《石家语》（下），这些境内外的语料，为"台语"的研究提供了有用的语言材料。杨光远同日本学者一起到德宏地区和云南省新平傣族村寨进行调查，从1998年到2003年，应邀参加日本京都大学东南亚研究所林行夫教授主持的日本文部省资助重点项目"中国西南地区与东南亚大陆跨境民族文化研究"，参加了在泰国、中国昆明、老挝、日本召开的5次国际性会议，从人类学角度出发陆续写出了《滇缅地区傣那文化特质和民族界定》、《德宏傣族祭祀仪式文化诠释》、《新平花腰傣族原始宗教研究》、《傣族的佛教和原始宗教》；从双语教育的角度，撰写了《西双版纳傣汉双语教学刍议》、《傣汉双语教学研究》等论文，这对认识傣族文化和傣语教育都产生了一定的影响。在傣族古籍方面，整理并翻译了傣族民间的古籍文献，出版了《沙萨纳芒鉴》、《泰国清迈地区佛教重要典籍》、《神圣领域与世俗领域并行的傣文古籍》，是云南省"民族古籍"省级重点学科学术带头人。随着国家经济建设和改革开放的需要，以及"中国—东盟自由贸易区"和"国际大通道"建设的实施，云南民族大学东南亚南亚语言文化学院成立后，他自2003年建院主持工作以来，为国家培养了"东盟"语言文化复合型人才。主持申报"泰语"省级重点学科专业于2005年获得批准，同年"3＋1"教学模式的实践与完善—东南亚泰、缅、越、老语言文化人才培养模式荣获云南省教育厅"省级优秀成果一等奖"，成为西南地区富有影响的"东盟"语言人才培养基地。他还组织泰语教师和研究生翻译编写并出版了《泰王国经济贸易法律选编》、《泰王国经济贸易法律指南》等系列性法律实用书籍，为我国的对泰商贸往来提供了实用的法律资料。在学科建设方面，"八五"期间，负责云南省级重点学科"云南少数民族语言"建设工作，主持了南开大学合作的省院省校合作项目"云南民族语言学术基地"并于2005年通过云南省教育厅验收。曾于2001年和2006年分别筹备主办"第34届国际汉藏语言暨语言学会议"和"语言及语言类型学国研讨会"，并主编《汉藏语研究》（第三十四届国际汉藏语言暨语言学会议论文集）。杨光远是国内外傣、泰语语言文化研究领域具有一定的学术影响的专家学者。

杨汉基 （1928—）贵州天柱县兰田镇黄家寨人。离休前系黔东南州民族事务委员会民族研究所副研究员。中国语言学会会员、中国少数民族语言学会会员、中国双语教学研究会会员、中国少数民族翻译学会会员，凯里分会会长。

1953年考入贵州民族学院，1956年到中央民族学院少数民族语言调查培训班学习，结业后参加中国科学院少数民族语言调查第一工作队侗语组。先后在贵州、湖南、广西三省（区）进行侗语普查。1958年由当时中央民族事务委员会委托贵州省人民政府召开"侗族语言文字问题科学讨论会"，会上一致通过了《侗文方案》（草案）。经当时中央民族事务委员会批准试验推行。侗文创立后，先后在贵州省语委、黔东南语委工作。创办侗文专刊、编辑侗文读物、翻译研究、培训侗语文专业教师、开展"双语文"教育等。1963年上级确定在黎平县茅贡地扪生产大队开办侗文试点班任侗文教师，举家到农村生活一年。在"文革"期间，被下放到黎平县火柴厂当工人17个春秋。利用这段时间对侗语南部方言作了大量的调查，搜集整理了数万条侗语材料，以及侗语方言之间的对应规律，语法异同现象等，为编著《侗语语法》和撰写论文等方面工作获得了宝贵的原始资料。十一届三中全会以后，民族语言工作恢复，调黔东南州民委语文指导科，从事侗语文专业工作。从这以后多次往榕江县、天柱县、湖南省通道县、新晃侗族自治县、广西三江侗族自治县侗乡。特别是侗族南部方言（黎、榕、从三县）侗语标准音地区。先后编写《侗语语法》、《侗语与文字推行》、《简明侗语语法》、《杨汉基与侗语文字》、《新创民族文字记略》、《足迹韵章》等专著，并与人合作编辑《六年制小学侗语文课本》（1—8册）。曾出席参加全国性民族语言文字、翻译学术研讨会、先后撰写民族语言文字、民族语文翻译专业学术论文数十篇，分别刊登在中央、省级、州级刊物上，其中有的论文获得一、二、三等奖。另外有的专著、论文被载入省、州、县地方志、民族志藏书。

离休后，出于浓烈的民族感情，至今仍潜心侗语研究；满头白发的他，还继续为发扬侗族文化而笔耕不辍。

杨焕典 （1931—）纳西族，云南丽江大研镇人，教授。1955年毕业于云南大学中文系。1958年毕业于中国科学院、教育部语音研究班。1956年任广西教师进修学院教员，1962年任广西民族学院讲师，1982年任南宁师范学院副教授，1985年任广西师范学院教授。历任广西师院语言研究所所长，广西师范学院工会主席，广西师院党委委员，纪检会书记、副院长、院长。政协广西区委会提案委员会副主任，中国教育工会第三届全国委员会委员。中国语言学会理事、中国民族语言学会常务理事、全国汉语方言学会理事、广西语文学会会长。

1964年在广西人民广播电台主持播讲"普通话广播讲座"。1982年，出席"第十五届国际汉藏语言学会议"（北京），发表论文《纳西语中的数量词》，1983年赴日本参加"第31届国际亚洲和北非人类科学会议"（东京—京都），发表论文《关于上古汉语的鼻音韵尾问题》（载《中国语文》1984年第4期），同年，赴美国参加第"第十五届国际汉藏语言学会议"（西雅图），发表论文《纳西语形容词的重叠形式》（载《语言研究》1984年第2期），1985年8月赴泰国参加"第18届国际汉藏语言学会议"（曼谷），发表论文《纳西语动词的时体式范畴》。

其他著作有：《中国文字改革能走拼音形声字的道路吗？》（载《中国语文》1955年6月号）；《桂林语音》（载《中国语文》1964年第6期）；《桂林方言词汇》（载《方言》1982年第2期）；1984年撰写《现代汉语语音》，被北京人文函授大学采用作教材，发行全国；《广西的汉语方言》（合著，载《方言》1985年第3期）；《现代汉语问答》（合著，广西民族出版社1986）；《南宁话音档》（上海教育出版社1997）；《广西通志·汉语方言志》（合著，广西人民出版社1998）；《纳西语研究》（北京当代中国出版社2004）。

曾荣获省部级优秀科研成果二等奖三次：（1）《论纳西语的音位系统》（刊于日本国立亚非语言文化研究所 Computational Analyses of Asian and African Languages, No. 22 March 1984）获1979—

1984 年广西社会科学研究优秀成果二等奖；(2)《关于上古汉语的鼻音韵尾问题》获 1984—1987 年广西社会科学研究优秀成果二等奖；(3)《广西汉语方言地图》（合著）获 1987—1990 广西社会科学研究优秀成果二等奖。

其他著作有：《壮族人学习普通话问题》，《语言课教学方法探讨》，《教学要素论》，《广西壮族文学史·太平天国部分》，《金田起义》，《布伯》，《日、美纪行》等。

杨权 （1934—2002）侗族，湖南省怀化市通道侗族自治县人。幼年即加入广西柳北人民游击总队三大队长江武工队，1950 年经组织推荐保送进入中央民族学院民族干部政治培训班学习；1952 年毕业后留校任教，承担侗族语言文学学科的创建、教学和科学研究工作，教授，硕士研究生导师，生前任民语三系副主任，民族语言研究所副所长，兼任壮侗学研究所副所长。在中央民族学院 50 年的教学、科研和管理工作期间，参加了 50 年代的侗语大调查和《侗语方言调查汇报》的起草，并为侗文方案的设计创制发挥了作用；作为学科主要的创始人之一，一方面他身体力行，倾其毕生心血从事侗族语言文化的研究。出版专著：《侗族民间文学史》、《侗族史诗——起源之歌》、《侗族简史》、《中国少数民族文化史·侗族卷》、《侗汉泰英大词典》等十余部。发表论文：《侗语语音发展趋势论述》、《榕江侗语语音》等 40 余篇。主编《侗族文学史》等，在侗语音系、侗语语法、侗族民间古籍整理、侗族文化研究诸领域都取得了重大成果。曾先后荣获北京市高校优秀教学一等奖，建国五十周年首届全国侗族文学"鼓楼奖"和"风雨桥"奖，中国少数民族文学研究优秀著作奖；另一方面他在学科创建、学科中长期规划的制订和实施、侗文课本和侗族语言文学教材的编写修订、侗文推行、侗族语言文学资料的搜集整理、后备人才培养、国际侗台语民族语言文化研究学术界的交流与合作等方面都做出了开创性的贡献，先后数次到美国得克萨斯州立大学和泰国玛西隆大学长期访问讲学。

杨权教授的业绩和成果可以归纳总结为四个方面。第一是侗语民间文学研究，特别是对侗族传统诗歌艺术特征和代表性作品的研究，先后编写出版了：《侗族民间文学资料》（第一期，1984）和《侗族文学史》（共同主编，1988）等集注和论文，并最终汇聚于其代表作《侗族民间文学史》。第二是侗水语言文字和比较研究，参加编著《广西三江侗语课本》（1953）、民族语文丛书（侗语）（第一、第二册）、《壮侗语族语言词汇集》（1985）等，并发表《侗语语音发展趋势论述》、《榕江侗语语音》（合作）、《侗水语声母声调历史和词前辅音》（合作）等专业论文。20 世纪 80 年代后期开始招收侗族语言文学的硕士研究生。第三是侗族历史文化和民间古籍整理。参加编写《侗族简史》（1985）、民族知识丛书《侗族》（1992）、《中国民族百科全书·侗族卷》、《中国少数民族文史·侗族卷》（1994）、《侗族通览》（1995）等。对以"汉字记侗音"存留于世的侗族民间古籍有丰富的收藏和精深的研究，编著整理《人类的来源》、《从前我们做大款》、《六洞款约》等，并与郑国乔教授共同整理译著《侗族史诗——起源之歌》（1988）。1981 年曾组织赴日本东京等地作中国少数民族服饰艺术展览，并主编《中国少数民族服饰》（东京 1981）大型画册。1988 年和 1994 年曾先后两次到美国得克萨斯州立大学（UTA）长期访问讲学，任客座教授。主要讲授《中国侗族语言概论》和《中国社会历史文化》两门课程，同时和艾杰瑞教授合作开展侗水语研究。1993 年应邀赴泰国玛西隆大学讲学，任客座教授。

杨通银 （1966—）侗族，湖南通道人。博士，教授，江苏徐州师范大学语言科学学院副院长。1989 年毕业于中央民族学院民语三系，获语言学学士学位，并免试推荐就读本系研究生，师从杨权教授，专攻侗族语言文学专业。1992年获文学硕士学位，并到中国社会科学院民族研究所语言室工作，任室学术秘书、助理研究员，主要从事侗台及其相关语言和文化研究，先后主持完成或参加省部和国家级研究课题"侗语音档"、"新创民族文字实验推行和调查工作总结"、"中国新发现语言研究"等。1997年赴美国德克萨斯州立大学阿灵顿校区语言学系学习，1999年和2004年先后获得语言学硕士和博士学位。2007年应聘回国，到江苏徐州师范大学语言科学学院和语言研究所工作，继续从事侗台语和其他中国少数民族语言的调查和研究。已发表论文有《侗族和南太平洋诸民族文化关系的几个例证》等十余篇；出版《莫语研究》、《通道侗语研究》专著两部，参编《中国少数民族文化史·侗族卷》、《中国少数民族风土漫记》、《The Tai-Kadai Languages》等五部；主持省"侗族大歌和侗族语言结构关系研究"、"汉语和侗台语若干语法范畴形式与功能研究"等省部级科研项目三项；先后获得江苏省高校哲学社会科学优秀研究成果二等奖、江苏省第十一届哲学社会科学优秀研究成果一等奖等重要科研奖项。

个人研究兴趣包括主要侗台语和其他南方少数民族语言及文化、濒危语言、篇章话语、语言类型学和语言与音乐的关系等。从20世纪90年代起先后到湖南、广西、贵州和云南等省区调查侗、水、布依、拉祜等语言，并在实地调查所获取材料的基础上对相关语言和民族文化进行了分析研究，特别关注语言系统结构本身的特征，以及语言和文字、历史、文化等相互之间的关系。他较早关注到作为百越后裔之一的侗族，其语言和文化和华南乃至南太平洋区域内其他族群有可靠的关联；在《莫语研究》一书中，经长期实地田野调查和分析研究，率先提出莫话和锦话应为一个语言的不同方言。《湖南通道侗语——功能视野下的语音、句法和语篇研究》获得江苏省第十一届哲学社会科学优秀研究成果一等奖（2010）。被遴选入中国社会科学院孙宏开教授主编的"中国少数民族语言方言研究丛书"，本书是近年来侗台语研究的代表性论著之一，曾先后获得第二届中国侗族文学会侗族研究优秀成果"风雨桥奖"（2000—2009）、江苏省高校第七届哲学社会科学研究优秀成果二等奖等。

杨应新 （1938—?）白族，云南大理白族自治州大理市人。云南省少数民族语文指导工作委员会办公室主任、副研究员、《云南民族志》及《云南民族语言文字志》办公室副主任、云南省语言文字工作委员会委员、云南省民族理论研究学会常务理事、云南省翻译工作者协会副秘书长。

1965年毕业于中央民族学院民族语文系傣语班。毕业后，在云南省委边疆工作委员会边疆山区工作队。1985年调云南省民委。1985年以前，主要从事民族工作，同时进行民族理论和民族政策的研究，曾发表过一些民族理论方面的论文，参加过云南人民出版社出版的《民族工作手册》的编写工作。从1986年开始，研究方向转向民族语文的应用问题。曾执笔撰写《关于进一步加强民族语文工作的意见》一文，作为文件发全省各地有关部门贯彻执行。1986年又做了题为《云南民族语文工作在前进》的报告，介绍云南民族语文以及民族语文教学编译工作概况。1987年参加国家民委民族语文调查组，对云南省大理、丽江、怒江、德宏、昆明等地州市的白、纳西、怒、独龙、傈僳、阿昌、景颇、傣、底昂、彝等民族的语言文字使用情况作了典型调查和随机抽样调查。根据材料写成《语言具有巨大的稳固性》一文。其结论有，（1）语言具有巨大的稳固性。（2）少数民族通汉语的程度与年龄、性别、文化程度、职业、地理环境有密切关系。并指出，13岁以下儿童不通汉语的占90%左右。因此对13岁以下儿童应该采取民族语文教学和双语教学措施。

叶德书 （1935—）土家族，湖南龙山县人。1965年毕业于湖南师范学院中文系本科。自1954

年起，研究土家语言。1983年3月，调吉首大学民族研究室，从事土家语言、文化、教育研究。1988年10月聘任中文系讲师，1993年7月晋升为语言学副教授，兼任大学语文教研室主任，1988年起兼任民盟湘西土家族苗族自治州州委委员、宣传部部长、民盟全国"六大"代表、湘西州政协第六、七届委员。1984年和彭秀模先生共同创制的土家文字方案《土家语拼音方案》，由中国社会科学院民族研究所编入《中国少数民族的文字》出版。1986—1993年，在龙山县坡脚完小亲自主持的"土家·汉双语双文接龙教学实验"和创立的"土家·汉双语双文接龙教学法"，为发展土家语地区的文化教育开创了一条捷径，在国内外很有影响。国家民委语文室负责人肯定"方向对头，步子稳妥，措施得力，效果显著，经验适用。"国家教委民族教育司领导同志说："土家的经验，其他少数民族均可使用。"澳大利亚驻华文化参赞任格尔瑞说："土家的双语双文接龙教学实验为澳大利亚人学华语提供了经验。"美国科罗拉多大学语言学博士周明朗先生考察后肯定"土家·汉双语双文接龙教学实验能使两个民族的语言、文字迅速相通有国际意义。"在《民族语文》、《中央民族大学学报》等核心期刊上发表论文数十篇。2000年受中国社会科学院民族研究所委托撰写的《土家语》，入选联合国教科文组织秘书处编辑出版的《世界语言报告》。著有《土家语课本》（一、二册）、《土家语研究》、《土家语言与文化》、《土家语常用口语半月通》、《中国土家语地名考订》、《土家·汉双语读本》、《来自大山深处的呼唤》、《晚秋新华》等；还参编出版了《湘西土家族》、《土家语简志》、《土家族文化通志新编》等。

1996年7月退休，2000年，应聘湖北民族学院给硕士研究生授课。2001年后，当中央民族大学、南开大学等高校博士研究生的义务导师。

叶少钧 （1927—）江苏苏州人。新疆喀什师范学院中文系教授、喀什师范学院学报编委。

1951年肄业于苏州市东吴大学文理学院经济系，同年考入中央民族学院语文系维吾尔语专业。1955—1978年先后在新疆矿冶学校、喀什矿业学校、喀什师范专科学校、喀什农机学校任教，1978年起执教于喀什师范学院中文系。主要从事对少数民族学生的汉语教学工作，还学习研究了古代维吾尔语的三种文字——突厥文、回鹘文、阿拉伯文。并撰写了《试论维吾尔语的历史发展》一文。已发表的论文有：《试论维吾尔语的历史发展》（《喀什师范学院学报》1980年第1期）、《浅谈维吾尔语中阿拉伯波斯语借词问题——兼谈语言的融合》（《喀什师范学院学报》1980年第2期）、《中国突厥语概况》（《喀什师范学院学报》1981年第1期）、《察合台语语音》（《喀什师范学院学报》1982年第1期）、《确定维吾尔语助动词的依据和标准》（《师范学院学报》1982年第2期）、《古今维吾尔语语音初探》（《喀什师范学院学报》1983年第1期）、《试论11世纪维吾尔语的特点——学习〈突厥语词典〉第1卷》（《喀什师范学院学报》1984年第1、2期合刊）、《试论11世纪维吾尔语词的构成》（《喀什师范学院学报》1985年第3期）等。

伊不拉音·穆提义 （1920—）维吾尔族，新疆吐鲁番县人。新疆社会科学院语言研究所研究员、中国中亚文化研究学会名誉理事、中国突厥语学会副会长、新疆地名委员会委员。

1937年毕业于苏联中亚大学行政法律系。建国后，在民族出版社任维文编辑室主任，主要从事毛泽东著作的翻译和出版工作。曾兼任北京大学东语系讲师。1977年起，在新疆维吾尔法自治区语文工作委员会工作，后在新疆社会科学院语言研究所任副所长。从1937年开始，他便自修语言学，结合教学对现代维吾尔语正字法、语音、词法、句法以及修辞学等方面进行了探讨，编写教材，培养了新疆第一代的语言文学工作者和翻译人才。1978年以来，负责新疆社会科学院重点科研项目——将马赫穆德·喀什噶里写于11世纪的巨著《突厥语词典》翻译成维吾尔文出版，亲任主编。同时对马赫穆德·喀什噶里的家乡和生平进行调查，撰写了调查报告。《突厥语词典》维吾尔文译本，由于质量较高，在社会上得到好评，1986年在自治区召开的哲学社会科学优秀成果评比大会上获特等奖。另外，他对回鹘文献《弥勒会见记》进行了探讨，并校审了现代维吾尔文译文。已发表论文有：《古代丝绸之路在中亚地区的三个重要民族及其语言》（《新疆史学》1980年第1期）、《维吾尔古代翻译家僧古萨里评述》（《新疆社会科学院首届学术讨论会论文集》，1982年）、《我国的突厥语言及其研究现状》（《突厥语研究会论文集》，民族出版社1983）、《关于马赫穆德·喀什噶里家乡、生平、墓地的调查报告》（维文，与米尔苏里唐合写，《塔里木》1984年第3期）、《关于〈突厥语词典〉主要语言——哈喀尼耶语》（维文，《语言与翻译》，1985年）、《翻译理论简述》（维文，《翻译研究》，新疆青少年出版社）等。

意西微萨·阿错（Yeshes Vodgsal A. tshogs，智慧光明圆满） （1969—）藏族，四川甘孜藏族自治州人。原名泽仁彭错（Tshering Phuntshogs，长生圆满），简称阿错（A. tshogs）；意西微萨（Yeshes Vodgsal，智慧光明）为艺名。

哲学硕士（西南师范大学，2000年）；语言学博士（南开大学，2003年）。2003年起在南开大学中文系语言学教研室任教，2006年起任南开大学中文系、南开大学语言研究所教授。

英国伦敦大学ELDP濒危语言记录博士后项目研究（2004—2006，具体工作主要在国内进行）、香港中文大学短期合作研究（2005）、日本东京大学访问学者（中国政府派遣研究员，2006—2007）等合作研究经历。

中国民族语言学会理事，国际中国语言学会会员，中国民族作家学会会员。藏族民间佛教雕塑艺人，雍忠丹比嘉措活佛（原甘孜州佛协副主席）赐艺名为"意西微萨"（Yeshes Vodgsal，智慧光明）。主要从事汉藏语比较、语言接触研究，兼及语言哲学和哲学认识论研究。主要科研活动和成果：

（1）《倒话研究》（民族出版社，2004）等3部语言学、哲学研究专（合）著出版；（2）《语言深度接触机制与藏汉语言类型差异问题》（美国 *Journal of Chinese Linguistics*，Jan. 2005，Vol. 33，Num. 1）、《藏语和阿尔泰语在语法系统上的相似性》（日本『东ユーラシア言语研究』2006年3月号第一集）、《雅江"倒话"的混合特征》、《藏汉混合语"倒话"述略》、《认识活动自身运动的逻辑起点：认识角度》等学术论文发表。（3）获得包括第四届"中国高校人文社科优秀成果"二等奖（2006）、全国百篇优秀博士论文奖（2005）、连续两届天津市社科优秀成果二等奖（2004、2007）、国际中国语言学会第十二届"青年学者奖"（2004）、国际中国语言学会"桥本万太郎汉语历史音韵学奖"（2004）等8种省级以上科研奖项；（4）新语言发现。博士在读期间，首次报道了一种新的语言：倒话（2001）。2004年中国社会科学院《中国新发现语言研究丛书》出版《倒话研究》；同年"倒话"列入国际ELDP濒危语言研究基金（英国）抢救记录计划，这也是ELDP首批在中国展开濒危语言记录计划。2007年"倒话"收入《中国的语言》一书，为我国境内的129种独立语言之一，也是我国境内新发现的语言。（5）主持天津市社科、国家社科项目子课题、教育部专项基金、国家留学基金、英国濒危语言研究基金等科研项目。

已出版专著：（1）《倒话研究》；（2）《藏、汉语言在"倒话"中的混合及语言深度接触研究》（博士学位论文）；（3）《马克思实践哲学研究》（合著）；（4）《现代经济哲学研究》（合著）。

学术论文：《倒话》（与王道英合著，第一作者)、《藏语和阿尔泰语在语法系统上的相似性》、《濒危语言：我们现在该做些什么？》（译作，与郭嘉合译，第二译作者)、《语言深度接触机制与藏汉语言类型差异问题》、《藏、汉语言在倒话中的混合层次及相关问题》（摘要)、《雅江"倒话"的混合特征》、《"倒话"的判断动词存在动词及与动词情态范畴的关系》、《倒话记略》、《藏汉混合语"倒话"述略》、《认识活动自身运动的逻辑起点：认识角度》、《认识活动自身运动的内在逻辑——从认识角度出发的认识论试论》、《试论群众公认原则的内在矛盾本性》、《语词意义的稳定化倾向与思想传播的教条主义问题》。

尹蔚彬 (1969—) 女，祖籍河北省。2000年6月，中央民族大学少数民族语言文学院毕业，获语言学与应用语言学专业博士学位，现任中国社会科学院民族学与人类学研究所副研究员。主要从事藏缅语族羌语支语言研究和汉藏语的比较研究。在研究工作中重点关注第一手资料的搜集和对濒危语言材料的抢救工作，先后调查记录过藏语、拉坞戎、木雅、普米、纳木兹、多续等多种少数民族语言。研究领域不仅涉及语言本体，近年来研究视角还逐渐扩展到文化语言学领域。

代表性研究成果是专著《业隆拉坞戎语研究》，该书全面介绍了拉坞戎语业隆方言的特点。拉坞戎语业隆方言是羌语支乃至汉藏语系保留原始面貌较多的语言，复辅音数量多，动词形态变化丰富。作者在田野调查的基础上，充分利用第一手材料，运用描写语言学和历史比较语言学的方法并参考同语族语言的相关研究成果，对业隆方言的词类和句法进行了细致的描写，全面展现了该方言的面貌和特点。该书共分导论、语音、词汇、语法4章，书后附录长篇语言材料和词汇材料。语音及语法的独特特征，赋予了业隆方言很高的研究价值，该研究对于深化藏缅语族羌语支语言乃至汉藏语系语言的研究具有重要的参考价值。已发表的学术论文有：

(1)《汉藏语鼻音、流音声母关系字声母对应分析》；(2)《汉藏语鼻音、流音声母关系字韵母对应分析》；(3)《古藏语韵尾-r在今拉萨话中的变异》；(4)《业隆话概况》；(5)《业隆话动词的时、体系统》；(6)《业隆话动词趋向范畴》；(7)《业隆话研究中的浑沌学拾零》；(8)《沿流与演变：业隆话动词的使动式》；(9)《藏文化的奇异吸引子：以藏文为例》；(10)《2009年度藏语文研究评述》；(11)《近十年来我国汉藏语比较研究的特点及意义》。

应琳 (1922—2009) 女，上海人，中国社会科学院民族学与人类学研究所副译审、韩国归国华侨。1940年后就读于辅仁大学社会经济系、燕京大学社会学系，1944年于北京大学经济系毕业。此后曾任中学教员、上海怀幼院院长等职。1950年参军，先后在中国人民志愿军、中国人民解放军总政治部、中央军委从事外文工作。1953年转业后任全国科联上海分会学术干事。1956年参加中国少数民族语言第二调查工作队赴贵州调查苗语，1957年调入中国科学院少数民族语言研究所从事民族语言研究，1963年任中国社会科学院民族研究所助理研究员，1983年晋升为副译审，享受政府特殊津贴，兼任中国社会科学院研究生院副教授。1986年退休。

应琳先生国学和外语基础坚实，知识广博，治学严谨，工作细致，通过对苗语的田野调查和研究实践进入少数民族语言研究领域，研究范围广泛，除了苗语，还曾钻研过西夏文等。在研究中尊重语言事实，注重理论联系实际，在运用语言学理论方法的基础上，结合社会学等多学科的理论方法，具有独到的研究视角和学术见解。1962年在《中国语文》发表的《苗语中的汉语借词》是相关领域的早期成果之一。1980年发表的《英语中的藏语借词》将相关的研究进一步扩展。此外先后发表了《"风日亭缆"考》，撰写了《结构主义学派综合介绍》，《西夏文金刚般若波罗密经译释》，《西夏文研究及其他古文字综合介绍》，翻译了《西夏语的浊塞音》（龚煌城著），《阿尔泰语理论》（尼·波普著）等论著。1984年参加中国社会科学院重点项目《中国少数民族语言文字使用情况调查》，进行社会调查并撰写报告。1994年应日本东京外国语大学亚非语言文化研究所邀请出访日本，协助王辅世先生完成《苗语古音构拟》、《宣化方言地图》两部重要论著。年逾古稀她仍孜孜不倦、笔耕不辍，以八十高龄先后完成了《中国的语言》中《苗语》的修订，整理编辑了《王辅世民族研究文集》的全部稿件。这些成果和工作显示了她广阔的学术视野和深厚的治学功底。应琳先生还经常对少数民族语言研究的发展提出建设性的建议，为开拓社会语言学这一民族语言研究新领域起到了积极的推动作用。

应琳先生掌握英、日、法等多种语言，20世纪60年代后根据组织的安排，主持民族语言研究的情报资料工作，致力于收集、整理、翻译国外语言学论著和情报资料。她充分发挥外语优势，组织全组成员翻译、审校外文资料，不仅对西文学术原著理解透彻，译笔流畅，而且能够解决翻译中的疑难问题，必要时还加上译者注，使译著达到很高水平，为改革开放以后及时开阔民族语言研究人员的学术视野起了较好的作用。她还参加了748工程主题词表研制工作，承担《人类学词典》、《中国大百科全书》、《简明不列颠百科全书》中人类学、民族学、语言学相关词条的撰写和译审工作，主持完成了《建国三十年民族语文工作纪要》、《英汉对照语文学用语》等重要文章、文集和工具书，为民族语言研究资料的积累和学术情报建设发挥了奠基作用。

应琳先生曾承担民族所语言室的外语培训工作，辅导青年研究人员提高外语水平。在工作中她耐心解答翻译中的疑难问题，帮助情报资料人员提高专业论著的翻译能力。她还曾担任硕士研究生导师，讲授社会语言学等课程。她对后学热情关心，亲切指导，言传身教，诲人不倦，为民族语言研究队伍的建设作出了重要的贡献。

游汝杰　（1941—）浙江温州人。复旦大学中国语言文学研究所教授。1980年获复旦大学硕士学位。致力于方言与文化和方言学的研究。已出版专著有：《方言与中国文化》（合作）、《中国文化语言学引论》、《汉语方言学导轮》等。已发表多篇有关汉语方言调查研究、方言与文化的论文，如《湖南省方言的区划及其历史背景》（合作）、《老派金山方言中的缩气塞音》、《温州方言的语法特点及其历史渊源》、《论台语量词在汉语南方方言中的底层遗存》等。曾应邀赴国外讲学。他善于从汉语方言角度出发，探讨社会文化、历史等问题，对推动社会语言学研究和文化语言学研究产生了积极的作用。

于道泉　（1901—？）山东省青州府临淄县人。曾任中央民族学院语文系教授和中国语言学会、中国民族语言学会、中国世界语协会、中国民间文学研究会等学会的理事。

1920年从山东省甲种工业学校毕业后入齐鲁大学主攻数学、欧美史和社会学。1924年大学毕业时适逢印度大诗人泰戈尔访华，应邀担任他访问济南时的英语翻译，后经他的同行印度历史学家迦梨陀娑那格教授的推荐，到国立北平大学担任梵文教授钢和泰男爵的课堂翻译，并随其学习梵文、藏文。1925—1927年在北京喇嘛庙雍和宫学会了藏文和蒙文，在北京图书馆做兼职采编时又学会了满文。1927年任中央研究院历史语言研究所助理研究员，1934年被派赴欧洲学习、研究。在法国巴黎大学现代东方语言学院学习土耳其语，后又进修藏文文法、古藏文、蒙文文法和民俗学，同时在法国国立图书馆做满文书籍的编目工作。1938年在伦敦大学东方与非洲学院任高级讲师，教授汉语、藏语、蒙语，在此期间把一百多首藏族民歌翻译成德文。1949年返回祖国，任北京大学文学院藏文教授，后转入中央民族学院语文系。1950年参加了筹备中央人民广播电台藏语广播的工作。此后 30 多年来主要从事藏学人才的培养。逝世前几年转向号码代字和号码代音字的研究（见《民族语文》1982 年第 3 期），把藏文 30 个辅音字母，5 个元音以及拼写结构分别用不同的数码代替，在文献资料检索、计算机输入等方面均可方便使用。1930 年在北平出版的《第六世达赖喇嘛仓央嘉措情歌》既有汉、英文单词对译和汉、英文翻译，也有藏文、拉丁字母转写，受到国际藏学界的瞩目。1951 年他为中央民族学院拉萨藏语班设计了一种藏语拉丁化拼音方案，供学习拉萨话使用。学生先用拼音方案学习现代藏语口语，再学藏文和书面语，可以学得更快。1953 年他开始主持编纂藏汉对照的拉萨口语词典，按口语读音顺序排列，方便使用。1983 年正式出版时其排列顺序改为依字母顺序排列。已出版的专著有：《第六世达赖喇嘛仓央嘉措情歌》（中央研究院历史语言研究所单刊甲种之五，1930）、《达赖喇嘛于根敦珠巴以前之转生》（国立北平图书馆馆刊第四卷，1930）、《乾隆御译衍教经》（国立北平图书馆馆刊第五卷，1931）、《藏汉对照拉萨口语词典》（民族出版社 1983）。已发表的论文有：《藏文数码代字》（《民族语文》1982 年第 3 期）等。

于振江　（1931—）天津市人。西北民族学院少数民族语言系蒙藏语言研究室教授、甘肃省语言学会理事、学术委员会办公室主任。

1956 年毕业于中央民族学院语文系藏语班，同年参加中国科学院语言调查第七工作队甘孜分队，在四川甘孜、德格、泸霍、道孚调查藏语方言。1960—1976 年在西北民族学院铁道系、预科医疗系西藏班汉藏文教研室工作，1976 年以来在西北民族学院少语系语言研究室从事语言学概论、现代汉语、拉萨藏语的教学及甘肃藏语方言研究工作。在藏汉双语教学中，以汉藏语对比为手段，加强学生对汉语的理解，突出汉藏语言的不同，提高学生的会话能力。他的《汉语基础课教学双语的具体应用》和《汉语基础课"双语"教材的编写原则》两篇文章获甘肃省语言学会语言科研成果奖。已发表论文有：《迭部藏语的一些语音、语法现象》（与华侃合写，《甘肃民族研究》1982 年第 4 期）、《向西藏学生进行汉语语音教学中的两个问题》（《西北民族学院学报》1982 年第 1 期）、《汉语基础课教学汉语的具体应用》（《西北民族学院学报》1983 年第 4 期）、《汉语基础课"双语"教材的编写原则》（《西北民族学院学报》1985 年第 5 期）等。

余惠邦　（1939—）四川泸州市人。西南民族学院少数民族语言文学系主任、教授，中国少数民族双语教学研究会副理事长、中国修辞学会常务理事、西南修辞学会副会长、四川省民族语言学会副会长、西南高等学校管理研究会理事、彝语研究杂志顾问。

1960 年毕业于西南师范学院（现为西南师范大学）中文系。从 1960 年至今，一直在西南民族学院从事民族教育工作。并在社会语言学、应用语言学、修辞学和汉语教学方面进行研究。他运用现代语言学的观点研究教学中的问题。强调语言基础理论的研究，对语言运用的研究也要注意。他的《比喻与非比喻》一文，获 1984 年四川省语言学会优秀研究成果奖。他的《建设四化必须提高语言文字的使用效率》一文，提出五个观点：（1）现代社会要求以最短的时间传递尽可能多的语言有效信息量，以最精练的文字表达自己的思想感情。（2）要求表达得准确，要处理好语言运用的量和质的关系。（3）要提高语言文字的使用效率，必须加速实现语言文字的规范化和标准化。（4）要求双语制或多语制，每人要学好第二语言。（5）应用电子计算机处理语言文字信息，提高语言文字使用效率。获西南民族学院优秀论文一等奖和四川省民工委、省民委颁发的民族科学研究优秀成果奖。

余士杰　（1926—?）四川成都人。曾任云南民族学院语言文学系教授。1956 年毕业于中央民族学院语文系傣语专业，同年参加全国少数民族语言调查第三工作队工作。1957 年任云南民族出版社德宏傣文编辑兼翻译。1974 年以后在云南民族学院语文系任教，教授德宏傣文语音、德宏傣文文选以及德宏傣语—汉语翻译理论与实践的课程和教材编写工作。1956 年与孟尊贤合作完成了《德宏傣语—汉语辞典》稿，翻译了"可爱的祖国"。1957 年在云南民族出版社工作期间与人合作编译出版了德宏傣文的《小学语文课本》（1—8 册），并独自编写了《德宏傣文小学语文教学参考书》，翻译出版了《动物的故事》等傣汉文对照的通俗读物，并从事傣—汉翻译理论的科学研究，编写出讲义《德宏傣语—汉语翻译理论》。强调在翻译工作中要：（1）从语法上细心斟酌；（2）在词义上仔细推敲；（3）确切理解习语、成语；（4）对生活习惯及文化方面差异的了解。而正确理解原文是一切翻译的基础。认为直译与意译不可以截然分开。直译中有时有意译，意译中有时也有直译。

玉康 （1954—）女，傣族，原籍西双版纳州勐腊县，云南民族大学教授。1973 年 9 月到云南民族大学民族文化学院读书，1976 年毕业留校任教至今。1987 年晋升为讲师，1994 年确定为云南民族大学骨干教师，2000 年晋升为副教授，2007 年晋升为教授。1992 年被学校评为"双学"优秀辅导员，1999 年度和 2000 年度两次评为优秀共产党员，2003 年度和 2004 年度两次评为优秀班主任，同年还评为毕业生就业工作先进个人。曾出访日本、泰国、斯里兰卡等国。留校 30 多年来，一直从事西双版纳傣语和泰国语教学工作，先后给本科生开设的课程有："泰国语"、"西双版纳傣语基础教程"、"傣文文选"、"傣语古籍"、"现代西双版纳傣语"、"翻译理论与实践"等。

在科研工作方面，已出版的著作有：《汉、傣字典》、《傣族谚语》、《汉、傣、泰常用会话手册》、《傣、老、汉简易会话手册》、《傣族民间故事》、《泰国民间寓言选》、《帕雅拉》、《农作物栽培技术》、《傣族学泰国语》、《西双版纳傣语基础教程》、《西双版纳傣族生活习俗与传统文化》、《汉傣词典》、《西双版纳傣文图书内容概要》、《西双版纳傣族谚语》。

已出版的翻译教材：《语文》二年级下册、三年级下册、四年级下册、《西双版纳老傣文教材第 1 册》。

已发表的论文：《西双版纳傣族传统美德及良好风尚的形成和发展》、《西双版纳傣族与泰国北部人的丧葬习俗比较》、《傣、泰量词运用特点比较》、《云南民族语言文学论文集》、《西双版纳傣语双音节复合词和四音格结构》（《傣族文化研究论文集》，云南民族出版社 2005）、《泰国叙事长诗〈嘎吉〉》、《西双版纳傣仂民居建筑与信仰习俗》。

玉荣 （1968—）女，蒙古族，内蒙古赤峰市阿旗，研究生，博士。内蒙古大学蒙古学学院教师，副教授。研究方向：现代蒙古语。国际蒙古学学会会员、中国民族语言学会会员、内蒙古自治区民族教育研究会会员。主持专业基础课《语言学概论》，主讲专业基础课《现代蒙古语》和《蒙古语方言学》、选修课《蒙古国现行文字》等课程。发表过《关于现代蒙古语的几个词缀》、《现代蒙古语单部句研究》、《关于蒙古语动词的命名形式》、《蒙古语非基本长元音探析》、《蒙古语口语疑问句句型》、《论蒙古语口语疑问句的表达方式》等 20 余篇论文。合作编写了内蒙古自治区职称外语指定用书——《蒙古语》（撰写语音部分，内蒙古人民出版社 2002 年）。参加了"内蒙古大学第四次蒙古学国际学术讨论会"；"第 18 次韩蒙国际学术大会"（首尔）；"蒙古国国立大学春季学术会议"（乌兰巴托）等国际学术讨论会并宣读论文。还参与了国家社会科学基金项目"现代蒙古语应用与规范化问题研究"，自治区教育厅项目"现代蒙古语规范化问题研究"，教育部项目"蒙古文正字法规范化研究"等课题。

喻翠容 （1933—）女，祖籍湖北省黄陂县，生于武汉市。1956年毕业于中央民族学院语文系德宏傣语文专业。同年分到中国科学院少数民族语言研究所。当年参加国家民委和中国科学院组织的全国少数民族语言调查第一工作队，赴贵州调查布依语。1957年回所工作至1994年退休。1992年出席在加拿大召开的第15届世界语言学家会议。1993年起享受政府特殊津贴。40年来，在语言学研究领域内，持续调查和研究中国壮侗语族语言，重点是傣语、布依语兼及京语。1956—1957年，在喻世长教授直接指导下，深入贵州布依族村寨调查，并参与布依族文字创制工作。在此期间穿插调查过侗语、仡佬语。随后参与喻世长主编的《布依语调查报告》一书的编写工作。1959年后，开始研究傣语文。1964年初—1965年初在西双版纳傣族自治州景洪县村寨调查、研究傣语文，搜集了大量语言材料和人文、历史资料。

1974年应邀到西双版纳与傣族学者合作编纂《傣汉简明词典》。1982年到云南红河流域和金沙江附近地区，调查散居傣族使用的语言。20世纪50年代初和80年代初，曾多次到京族"三岛"调查京语。1986—1988年，为完成国家"七·五"重点科研项目，"中国少数民族语言使用情况和文字问题调查研究"和中国·加拿大合作项目《世界的书面语：使用程度和使用方式概况》，曾先后三次赴贵州、广西境内的布依、侗、水、苗、京等民族聚居地区，从社会语言学角度调查研究其语言、文字使用状况。

随着对民族语言调查、研究的深入，积累了丰富的资料，掌握了语言的特点。在此基础上，撰写了专著和论文。在这些著述中，探讨了许多新问题，揭示了一些重要的语言现象和未被研究者注意的语法规律。对语言材料的归纳、处理上有自己独到见解。在壮侗语族语言的描写研究和比较研究方面作出了成绩。20世纪80年代初陆续出版，由本人编写或与他人合作编写的《布依语简志》、《傣语简志》、《京语简志》，这三本著作是对大量语言材料进行系统研究后编著的成果。其中《傣语简志》除方言部分外，全书都采用西双版纳和德宏两个方言并列描述的写法。2006年初—2007年初，《简志》再版修订时，《傣语简志》语法和方言部分，增补了近些年来研究的新成果。2004年出版的《傣仂汉词典》是一部收录傣语西双版纳方言允景洪傣话口语词为主，用汉语释义的中型词典。本词典获中国社会科学院第二届（2007）离退休人员优秀科研成果二等奖。在傣语语法研究方面的论文有：《说傣语的 ma^2（来）和 pai^1（去）》、《傣语动词的情貌系统》、《傣语的补充结构》等。在《傣语动词的情貌系统》一文中，归纳出表示动词情貌的一整套情貌助词。动词在进入句子时，需要伴随某种表示情貌的情貌助词，这些情貌助词组成一个系统，表示动词的一整套语法意义。句法研究方面，主张以句子为中心，重点分析各种词组的构成方式及其句法关系，揭示各种句子的层次，然后归纳出句型。语音研究方面有《侗水、泰壮两语支单元音的对应》（与喻世长合写）。撰写本文的用意，在于讨论元音系统对应，而在这方面涉及这两语支语言的论文还属罕见，本文在这方面做些探索。文章中列出七种语言，选用了一百个词进行讨论，得出了一点概括性认识：凡是有亲缘关系的语言，在语音系统的个别分子上尽管有很大变化，但语音系统总格局变化是缓慢的。在傣语方言调查基础上撰写的《傣拉话里的一些音变现象》，文章中用傣语其他方言、土语材料与傣拉话对比方式，讨论傣拉话里除轻声以外的几种常见语流音变现象，揭示了傣拉话的语音发展、变化趋势是由繁杂到简化。这为探索傣语语音发展、变化提供了有益线索。在《傣拉话的语音特点》一文中，分调类、声类、韵类与傣语其他方言、土语比较，这样系统显现出了傣拉话有别于傣语其他方言、土语的语音特点。文章最后从今溯古，探讨了傣拉话声类历史渊源，对一些声类的演变提出了自己的见解。本文的讨论，为傣拉话被确认为独立土语，提供了语音依据，也为傣语内部研究及亲属语言间的比较研究，提供了一种新的语言材料。1989 年提交了《中国少数民族语言使用情况和文字问题调查研究》和《世界书面语：使用程度和使用方式概况》两课题中的四个民族语文种使用概况及广西和贵州境内八个自治州、县语言、文字使用概述。1992 年和 1994 年先后发表了《布依文》和《傣文》。1992 年在第 15 届世界语言学家会议上宣读的论文《中国布依族的双语现象》，英文译稿载《第 15 届世界语言学家会议论文集》，中文稿发表于《布依语文集》。先后为《辞海》和《民族历史大词典》分别撰写了一些有关壮侗语族语言文字及支系的词条。

喻世长　（1916—1999）天津市宝坻县人，曾任中国社会科学院民族研究所研究员、中国社会科学院研究生院教授，受聘为华中理工大学语言研究所教授兼副所长（后改为顾问）。参加过中国语言学会（任理事）、中国蒙古语文学会（任常务理事、副理事长）、中国民族语言学会（任常务理事）、中国音韵学研究会（任理事、学术委员会主任）、北京市语言学会语言理论研究会。1943 年毕业于辅仁大学中国语言文学系。大学时受业于沈兼士、周祖谟、陈宗达等知名学者。1948 年任北京大学文科研究所语音乐律实验室助教，接受罗常培教授分配的任务，整理已故学者白涤洲在 20 世纪 30 年代调查的陕西中部方言材料，用方言地理学的研究方法，撰写出《关中方音调查报告》。1950 年作为中央访问团成员赴贵州调查语言。当年成为刚成立的中国科学院语言研究所助理研究员。在贵州调查过布依、仡佬、侗、佯僙、苗等语言。1956 年任少数民族语言研究所副研究员和国家组织的中国少数民族语言普查第二工作队队长，指导布依语、侗语调查和布壮文字联盟、创制侗文的工作。撰写出《布依语语法研究》、《布依语调查报告》（主要撰稿人）两部著作，详细、系统描写了布依语的语法结构和方言土语的情况。1959 年转任少数民族语言研究所蒙古—通古斯、朝鲜语研究组组长，主持《蒙古语方言调查报告》和《少数民族语言简志》的编写工作，也指导过《朝鲜语方言调查报告》，亲自撰写了《论蒙古语族的形成和发展》一书，提出：共同蒙古语是经过多次分化，并接受其他语言的影响才演变为现代 9 种语言的观点。他联系汉语音韵学写成《蒙古秘史中圆唇元音的汉字表示法》、《应该重视语言互相影响的研究》，论述了语言史研究应该联系文化史研究。在《元音和谐中的三足鼎立现象》一文则认为语言描写应该深入揭示语言类型特点，历史比较研究和类型学研究应该并重。《用谐声关系拟测上古声母系统》、《邪—喻相同和动—名相转》等关于汉语音韵学的文章，提出了自己的拟音系统。

喻遂生　（1948—）重庆市巴南区人，西南大学汉语言文献研究所教授、博士生导师。1982 年 7 月北京大学中文系汉语专业毕业，到重庆交通学院基础部语文教研室任教。1984 年 7 月调西南师范学院（后改西南师范大学、西南大学）中文系，1990 年调本校汉语言文献研究室，历任语言研究室主任、副所长、所长、校学术委员会委员。主要学术兼职有：中国语言学会常务理事、中国文字学会理事、中国音韵学研究会理事、重庆市语言学会学术委员会主任、重庆市重点学科带头人、中国文字博物馆学术委员会委员、《中国文字研究》、《古汉语研究》编委会编委、丽江东巴文化研究会顾问。

主要研究方向为甲金语言文字和纳西东巴文，兼及汉语史、汉语音韵、方言、古籍整理。1993 年起招收汉语史专业（后改名汉语言文字学专业）硕士研究生，2004 年起招收中国少数民族语言文学专业硕士研究生，2007 年起招收汉语言文字学专业博士研究生。先后担任文字学、甲骨文选读、商周金文选读、甲骨文语法研究、纳西东巴文概论、纳西东巴文专题研究等课程。东巴文研究方面，主持国家、部级项目五项：国家社科基金重大项目《纳西东巴文献字释合集》（2011），国家社科基金一般项目《俄亚、白地东巴文调查研究》（2007），教育部人文社科项目《纳西东巴文应用性文献研究》（2001）、《纳西东巴文研究》（1997）、《甲骨文和纳西东巴文比较研究》（1993）。发表论文60余篇，部分结集为《纳西东巴文研究丛稿》及第二辑。其中系列论文《纳西东巴文形声字研究》获王力语言学奖二等奖（2001），《纳西东巴文研究丛稿》获第四届中国高校人文社科研究优秀成果奖三等奖（2006）、重庆市社科优秀成果奖二等奖（2005），《纳西东巴文研究丛稿（第二辑）》获重庆市社科优秀成果奖二等奖（2011）。

在东巴文研究方面所做的工作主要有：

东巴文的文字学研究。从东巴文单字的确定、造字法、字词关系、疑难字考释等角度对东巴文进行了比较深入的研究，论文有《纳西东巴字和字组的划分及字数的统计》、《纳西东巴文六书概说》、《纳西东巴文象形字研究》、《纳西东巴字单音节形声字研究》、《纳西东巴字多音节形声字研究》、《纳西东巴形声字、假借字音近度研究》、《纳西东巴文本有其字假借原因初探》、《纳西东巴文疑难字词考释举例》、《纳西东巴文形近字、同形字释例》、《纳西东巴文同义换读初探》、《玛丽玛萨文疑难字考释》等。

东巴文的比较文字学研究。通过比较研究，使不同文字研究在理论、方法、视角、材料等方面互相补充。论文有《纳西东巴文的异读和纳汉文字的比较研究》、《甲骨文、纳西东巴文的合文和形声字的起源》、《纳西东巴字、汉古文字中的"转意字"和殷商古音研究》、《汉古文字、纳西东巴字注音式形声字比较研究》、《从纳西东巴文看甲骨文研究》、《水书和纳西东巴文、汉古文字的初步比较》等。

东巴文应用性文献研究。指出东巴文在非宗教文献中的应用，扩展了东巴文研究的领域，对认识东巴文的性质和功用有重要的意义。论文有《纳西东巴文应用性文献的语言文字考察》、《一封最新的东巴文书信》、《东巴文卖拉舍地契约译释》、《东巴文白地买古达阔地契约译释》、《白地阿明灵洞东巴文题词译释》、《和才东巴文题词译释》、《纳西东巴文地契研究述要》、《纳西东巴文账簿研究述要》等。

纳汉对音、纳西语研究。运用纳西语方言和方志、东巴文中的对音材料，研究纳西语、汉语音韵问题。论文有《乾隆〈丽江府志略·方言〉记略》、《丽江黄山乡纳西语汉字祭文译释》、《〈木氏宦谱〉纳汉对音中的明代丽江汉语方音》、《纳西语舌根音腭化现象初探》等。

东巴文献整理和文献学研究。建议创立东巴文文献学，探讨东巴文献整理的理论和方法，进行东巴文献整理的实践。论文有《纳西东巴文文献学纲要》、《纳西东巴经"字释"的价值和意义》、《〈纳西东巴古籍译注全集〉中的年号纪年经典》、《〈纳西东巴古籍译注全集〉中的花甲纪年经典》、《〈纳西东巴古籍译注全集〉中的年龄纪年经典》、《纳西东巴经〈延寿经〉释文示例》，以及指导的硕士论文《纳西东巴经〈黑白战争〉字释及研究》（张毅）、《纳西东巴经〈给死者换寿岁〉字释及研究》（孔明玉）等12篇。

东巴文化现状调查。带领研究生对云南香格里拉、四川木里偏远山区东巴文化现状作过比较深入的调查，论文有《香格里拉县三坝乡东巴文化现状调查及建议》（合作）、《俄亚纪行》、若干调查报告，以及指导的博士论文《纳西族汝卡东巴文研究》（钟耀萍）、《俄亚托地村纳西族语言文字研究》（曾小鹏）、《香格里拉三坝乡波湾村东巴文化研究》（和继全）等。

学科史和方法论的研究。总结东巴文研究的历史经验，提出改进的建议。论文有《纳西东巴古籍整理与研究刍议》、《东巴文化研究断想》、《东巴文研究材料问题建言三则》、《关于哥巴文字源考证的几点看法》、《玛丽玛萨文研究述略》、《杨著〈摩些文多巴字及哥巴字汉译字典〉述略》等。

袁家骅 （1903—1980）生于江苏常熟县的农村（现为张家港市）。1930 年毕业于北京大学英文系，同年在上海北新书局任编辑。1933—1937 年在北京大学任助教。1937—1940 年在英国牛津大学攻读古英语和印欧语日耳曼比较语言学，获硕士学位。1948 年又应英国文化协会邀请再次赴英，在牛津大学学术访问一年，攻读历史语言学。回国后转向少数民族语言的调查研究，先后调查了彝语阿细语和哈尼语。又调查了贵州、广西的侗台语族语言。北平解放后于 1949 年 8 月回国。曾任北京大学语言专修科主任、中文系教授，直至逝世。袁家骅在学术领域主要有两个方面：（1）对西南和中南地区少数民族语言的调查和研究；（2）从事汉语方言的研究与教学。早在西南联大教书时，曾利用假期赴云南路南等地区调查少数民族语言。撰写出《窝尼语音系》、《峨山窝尼语初探》和《阿细民歌及其语言》。窝尼族现称哈尼族，其语言属于汉藏语系藏面语族。他利用记录的 1000 余个词和 14 个长篇故事材料，整理出窝尼语声、韵、调系统和几种变调规律，介绍了窝尼语的主要语法规则和特点。《阿细民歌及语言》一书把全部材料逐字逐句译成汉语，分析出阿细语的音位系统和主要语法特征，阐述了阿细语的修辞手段和民歌格律。这不仅为研究少数民族语言提供了材料，也为研究民间文学提供了原始素材。

20 世纪 50 年代，袁家骅和王均、罗季光等人一起从事壮语的调查研究和创制壮文的工作。所写的论文《广西壮语方言分布概况和创制文字的途径》和《壮族语文问题》发表在《中国语文》上，对创制壮文有一定的指导意义。《壮语构词法初步研究》（与张元生合作）给壮语辞典的编撰、词儿连写和新词创造等工作提供了参考资料。《壮语/r/的方音对应》一文，为原始壮语构拟了一系列的单辅音和复辅音、11 个对应公式，找出了壮语南北方言 51 个调查点的语音对应条例。《汉壮语的体词向心结构》以描写语法为根据，对两种语言的体词组合进行分析，比较了其间的异同，有助于同系属的姐妹语言之间开展历史比较研究。从 1955 年到 1956 年袁家骅在北京大学中文系讲授"汉语方言"课。从历史方言学角度说明汉语方言发展的来龙去脉，从描写方言学角度举例说明各大方言的主要特点。在大量方言资料的基础上写成《汉语方言概要》，1960 年由文字改革出版社出版，受到国内外语言学界的重视，1989 年再版。袁家骅还和赵世开、甘世福合译了美国著名语言学家布龙菲尔德的《语言论》。他的著述有较高的学术价值，终生为培养教学、科研人才做出了贡献。

袁焱 （1965—2015）女，云南籍，语言学博士，云南大学留学生院院长，教授，博士生导师。兼任中国少数民族语言学学会理事、商务印书馆世界汉语教学研究中心编委、云南省语言学会副会长、云南省教育厅专家评审组成员。主要从事藏缅语言和语言对比的教学和科研工作。

2003 年被选为云南省中青年学术技术带头人后备人才。2004 年，其专著《语言接触与语言演变》获云南省优秀社科三等奖。2004 年，主持的项目"海外汉语教学研究"获云南省优秀教学成果一等奖。2005 年获云南师范大学伍达观教育基金奖教金。

出版专著主要有《语言接触与语言演变》、《汉语教学新理念》、《新平花腰傣文化大观》等。参与编写和主编出版的论著主要包括：《现代语言学理论》、《现代汉语引论》。

在《民族语文论坛》、《学术探索》、《汉语言专题研究》、《民族语文》、《语言文字应用》、《21世纪人类学》等刊物和国际学术研讨会上发表论文

30 余篇。代表性论文主要有：《"互补"与"竞争"：语言接触中的杠杆》、《阿昌语的述宾结构》、《阿昌族双语类型特点及成因》、《从宗教看傣族对阿昌族语言文化的影响》、《阿昌族双语类型特点及成因》等。

近几年承担了《族群分化与语言变迁》（国家人事部项目）、《佛教对阿昌族语言文化影响研究》（云南省教育厅项目）、《云南藏缅语族语言及其文化研究》（云南省"十五"社科规划项目）、《泰国汉语教师培训系列教材》（国家汉办项目）、《越南学生汉语习得中的中介语研究》（云南省教育厅项目）、汉语言研究（省院省校教育合作项目）、《云南少数民族汉语教学研究》（省科技厅项目）、《云南濒危语言研究》（云南省社科规划项目）等研究课题。

乐赛月 （1933—2014）女，上海人。1956年毕业于中央民族学院语文系瑶语专业。同年被分配到中国社会科学院少数民族语言研究所。1968年少数民族语言研究所与民族研究所合并。1979年为民族研究所助理研究员，1986年为中国社科院民族研究所副研究馆员。1986—1993年担任民族研究所语言室主编内部刊物《民族语文情报资料集》责任编辑。1956年参加工作至1993年底退休。所从事的工作分为两个阶段。

一、1956—1962年参加苗语川黔滇方言调查和研究。1956年毕业时正值对全国少数民族语言大调查。在马学良和王辅世教授领导下，参加苗语川黔滇方言的调查，曾深入川黔滇方言分布所在的四川宜宾的筠连、泸州的叙永、贵州遵义、毕节织金等地记录川黔滇苗语材料。1956年11月参加了在贵阳召开的苗语科学讨论会。会上确定贵州毕节先进乡大南山的苗语语音为川黔滇方言文字方案的标准音。会后，对先进乡大南山苗语作进一步的补充调查。除记录语言音系材料外，主要记录了大量的长篇材料。内容有故事、传说、歌谣、谜语等。为进一步研究苗语积累丰富的语言材料，1958年又记录了贵阳甲定、紫云等地的苗语长篇材料，为川黔滇苗语次方言和土语的划分提供了相应的材料。苗语川黔滇方言与过去所学的瑶语是两个不同的语言，差别很大。语言大调查提供了学习苗语的机遇，使乐赛月对陌生的川黔滇方言达到会听、会说、会写，能熟练地掌握，记音的速度大大地加快。1957年下半年学瑶语的人员全部去广西参加瑶语调查，被留在苗语组工作。1958年四月回北京参加第二届全国少数民族语文科学讨论会。1959—1962年参加王辅世先生主持编写的《苗语调查报告》的一些具体工作。

二、1963—1993年。1963年少数民族语言研究所语言室成立了资料组，乐赛月被调入该组，从事国外民族语文情报资料的搜集和论著的翻译、编辑内部出版的刊物。

1. 负责欧美方向的，从了解国外有那些学者从事民族语文研究及其成果发表的情况开始，将多年所搜集的条目进行整理，按语言系属分类、翻译、编排，编辑了国外有关汉藏语言、澳亚语言、南岛语言论著目录集（至1980年止），共收入3800多个条目。该《目录集》从1983—1987年连续刊登在《民族语文情报资料集》，供语文工作者参考。

2. 论著的翻译。专著：①《汉藏语言概论》（美国白保罗，1972年，与罗美珍合译，1984年内部出版）；②《彝语支源流》（澳大利亚D.布莱德雷著，1979年，与陈康、鲁丁合译）；③缅彝语言，原始彝语支构拟中的（*声调、*形态、*句法部分，次级分类）。④词汇表、附录，以及撰写的前言等。1991年由四川民族出版社出版。

论文：翻译了有关语音系统的论述和构拟、语言比较研究、语言系属探讨以及未分语群的归属研究等论文21篇，如《蒙古语言的分类问题》（宾尼克，1987）、《再论汉藏语言》（白保罗，1976）、《独龙语与原始藏缅语比较研究》（罗仁地，1987）、《苗瑶语言与藏缅语言的早期借词关系》（白保罗，

1987)、《简评白保罗的〈苗瑶语之谜——那峨语〉》（斯特雷克，1987)、《汉语、台语和苗瑶语》（唐纳，1963)。这些译文分别发表在《民族译丛》和《民族语文情报资料集》刊物上。

3. 编辑《国外语言学家简介》。编译了美国、加拿大、丹麦、澳大利亚、日本等17位著名语言学家简介，如张琨、博德曼、浦立本、伯令、斯特雷克、桥本万太郎、易家乐、艾杰瑞、布来德雷、莱曼等。所用的素材都由他们本人提供。这些简介分别刊登在《民族语文情报资料集》（1985—1992年第5—13期）。

4. 编辑《民族语文情报资料集》刊物。《民族语文情报资料集》是语言室主编内部出版的一本刊物。1983年创刊，每年两期，1991—1992年改为每年一期，每期28万—30万字。内容有译文、书评、人物简介、会议报道、论著目录等。1985年起由乐赛月担任该刊物的责任编辑。至1992年停刊编辑了第5—14期共9期。负责组稿，把搜集到的有价值的论文，组织翻译，审阅译稿，编辑加工、校对。此刊物在沟通民族语言研究信息方面起到了较好的作用。

5. 撰写论文：(1)《贵阳花溪甲定语的前加成分》(《民族语文》1979年第3期)；(2)《泰国苗族的宗教和巫师制度》(《异域风情》内蒙古人民出版社1986年)；(3)《国外苗瑶语言研究介绍》(《民族语文》1996年第3期)。

泽登孝 （1949—）藏族，生于四川松潘，副教授，硕士研究生导师。1977年7月毕业于西南民族学院藏语文专业，毕业后留校任教。1982年9月—1983年7月中央民族大学进修学习。1983—1985年任西南民族学院民语系藏文第二教研室副主任；1986—1992年任西南民族学院民语系副主任；1993—1994年10月任西南民族学院藏语文系总支书记；1994年11月—2000年10月任西南民族学院藏语文系主任；2000年11月—2003年底任西南民族大学藏学学院总支书记；2004年至今任西南民族大学学生工作部（处）调研员。社会兼职：中国少数民族双语教学研究会常务理事；四川藏学研究会理事、常务理事；四川省语委委员；四川省语言学会常务理事；《藏语文研究》副主编。教授课程：《现代藏文文选》、《历代藏文文选》、《大学藏语文》、《藏文写作》、《诗学与修辞》、《社会语言学》和《旅游文化》等课程。科研项目：国家社科基金项目：1991—1993年"四川民族地区双语制问题研究"，"四川省彝藏地区中小学双语教学研究"（2001年8月结项）和2005—2008年"四川少数民族地区语言文字使用研究"课题，是主研人之一。校级科研项目："藏彝同源词研究"、"藏语康方言与安多方言词汇比较"、"赞拉·阿旺措成论文整理研究"、"民族高校特困生问题调查与对策研究"、"构建成都市和谐民族关系探索"和"西南民族大学学生综合素质测评"等课题。

论著成果：主持编写教材：《历代藏文文选》、《藏文写作》、《诗学与修辞》和《大学藏语文》等，校内铅印供教学；主编《藏语文教育教学改革研究》（四川民族出版社2001年）、主编《西南民族学院学报》1996年藏语文教学与研究专辑和1993年《藏语文研究》。

发表论文：在《西南民族大学学报》和省级刊物上发表了有学术价值的论文多篇，其中《浅谈藏语松潘话》为藏语言研究提供了可靠素材；《藏彝同源词及语音比较研究》、《四川藏区藏汉双语文使用问题思考》、《若尔盖县双语教学情况调查》、《面向21世纪，培养双语人才》、《构建面向新世纪的民族高校双语教育体系》、《升华教学改革，全面提高办学水平——藏语文系的改革与实践》、《试谈修订藏语文专业教学计划的原则与设想》、《迎接新世纪的召唤，建设高素质的教师队伍》、《从实际出发，因材施教，搞好教学》、《做法、成绩、问题、打算——谈藏语文专业实习》、《继往开来，把藏学系的成人教育办得更好》、《民族高校实行双语教育的必要性》、《试谈四川藏区的宗教文化资源》、《关于本教智慧神的传说》、《浅谈藏族乐器文化》、《对藏族大学生实施素质教育的理论与实践》、《良美·谢若降村——记本波教杰出大师》、《构建城市和谐民族关系探讨——以成都为例》等论文受到同行们的好评。编校著作：参编《四川藏区》，参编《双语研究》（四川大学），校审《赞拉·阿旺措成论文集》藏文版、汉文版，主审《新时期民族高校学生思想政治工作研究与实践》，《学习·思考·践行社会主义荣辱观丛论》，《东方海螺圣山——雪宝鼎》藏文版。

获奖情况：1993年7月《实行双语教学，建立重点学科》荣获四川省优秀教学成果二等奖；1997年9月，《藏汉双语教育与专业建设的有效探索》荣获四川省教学成果二等奖；1996年10月，参与编写的《双语研究》荣获四川省优秀科研成果三等奖。先后荣获西南民族学院（现西南民族大学）优秀教学成果一等奖、二等奖、三等奖等奖项。

曾崔鸿 （1932—?）女，印尼归国华侨，祖籍广东梅县。新中国成立初归国，考入北京大学中文系语言专修班，1954年毕业，分配到中国科学院语言研究所工作。1956年参加中国少数民族语言调查第一工作队海南分队，任黎语本地方言调查组组长，调查白沙黎语方言。1957年在海南黎族苗族自治州黎族苗族语言文字研究指导委员会研究科任语音组组长，从事黎语语音研究，对黎语方言语音对比研究做了较多的工作。参加过《黎语调查报告》初稿中的黎语方言语音对比工作，也参加过《黎语简志》初稿语音部分的编写工作。60年代初期，调至中南民族学院任教。

曾思奇 （1940—）祖籍福建省龙海市，生于印度尼西亚玛琅市，大学本科学历；教授、博士生导师。任职单位中央民族大学少数民族语言文学院少数民族语言文学系南岛语言文学教研室，社会兼职国家民族事务委员会台湾少数民族研究学会理事。1959—1963年就读中央民族学院语文系高山族语言专业（本科），毕业后长期从事台湾南岛语系民族语言教学与研究，兼涉台湾南岛语民族文化与历史研究。1989年担任中国少数民族语言文学专业台湾少数民族语言、文化研究方向硕士研究生导师，1999年担任该研究方向博士生导师。教学上主要担任台湾南岛语系民族语言（阿美语）基础、台湾南岛语研究概要、台湾与台湾少数民族文化研究、中国民族语言学、现代语言学理论与少数民族语言研究等主、选修课程；科研上先后参加国家民委民族问题五套丛书之一"中国少数民族语言简志丛书"、国家民委民族问题研究中心"台湾少数民族社会现状调查研究"、全国哲学社会科学"八五"规划与国家"九五"重点图书出版规划"中国少数民族教育史"、"中国语言"、中央民族大学国家"十五""211"工程建设等项目。2002—2007年多次赴台湾少数民族地区社会调查，应邀参加中央研究院语言学研究所"台湾南岛语数位典藏研究"项目。出版学术著作19部（含合作）、论文60余篇（含核心刊物18篇），其中有10部著作荣获各种学术奖项。研究成果主要有：《高山族语言简志（阿眉斯语）》与《高山族语言简志（布农语）》、《台湾阿眉斯语语法》（获台湾"教育部"1994年度"台湾原住民族语言之语法分析论著佳作奖"）、《阿美族母语会话句型》（获台湾"教育部"1997年度"台湾原住民族语言之教材、教法、教学佳作奖"）、《阿美族母语语法结构分析》、《Isbukun布农语构词法研究》（获台湾"教育部"2001年度"台湾原住民族语言研究佳作奖"、2002年北京第七届哲学社会科学优秀成果二等奖）、《台湾Amis语话语汇编》、《台湾阿美语基础教程》、《高山族文化史》、《高山族教育史》（编入《中国少数民族教育史》，1999年获教育部"全国第2届教育科学优秀成果一等奖"）、《台湾南岛语民族文化概论》等。参编国家民委民族问题研究中心项目《台湾少数民族研究论丛》（2007年），任该论丛副主编。

曾晓渝 （1955—）女，重庆人。1982年西南师范大学中文系毕业，获文学学士学位并留校任教；1989年在西南师大获汉语史专业硕士学位；1993年在南开大学获中国少数民族语言文学专业博士学位。现为天津南开大学文学院教授、博士研究生导师，并任教育部社会科学委员会委员、《民族语文》编辑委员会委员。近20年来，致力于汉语音韵学、汉语与侗台语言历史比较、汉语方言学的教学研究工作，在《中国语文》、《民族语文》、《方言》等学术刊物上发表论文40余篇，出版学术专著5部。其研究成果曾分别获得北京大学王力语言学奖、教育部中国高校人文社会科学研究优秀成果二等奖、天津市社会科学优秀成果一等奖等；所指导的博士生学位论文中的一篇被评为"全国百篇优秀博士论文"。曾应邀赴法国国家社会科学院东亚语言研究所、美国堪萨斯大学访问讲学和合作研究。

主要论文有：《"〈中原雅音〉就是〈中州音韵〉"质疑》；《论〈西儒耳目资〉的语音基础及明代官话的标准音》、《汉语水语复音形容词的历史比较研究》、《从妙齐提碑文溯缅语声调之源》、《论水语声母s->h-的历史演变》、《论壮傣、侗水语里古汉语借词的调类对应》、《见母的上古音值》、《水语里汉语借词层次的分析方法》、《水族文字新探》、《从年龄差异看现代荔波话音变的成因》、《论三江侗语里的中古汉语借词》、《广西六甲话两字组连读的韵律变调及其原因初探》、《论次清声母在汉语上古音系里的音类地位》。主要专著有：《汉语水语关系词研究》、《汉水词典》（与姚福祥合著）、《重庆方言词解》（主编）、《语音历史探索》、《汉语水语关系论》。

札亚班第达 （1599—1662）蒙古族语文学家、翻译家。本名叫那木海札木苏，札亚是藏语萨迦的蒙古语读音，班第达是通晓五明获得的学位职称，故称札亚班第达。1617—1638年，他在西藏拉萨攻读佛经，获得拉布占巴学位。1639年返回卫拉特，在卫拉特和喀尔喀蒙古人中传播喇嘛教。1648年札亚班第达根据卫拉特方言特点，对蒙古文稍加修改，制定了托忒文（或托忒蒙古文），用托忒文翻译了大量佛教经典，其中有一部分是历史、文学方面的著作。

张定京 （1956—）北京市人，中央民族大学突厥语言学博士、教授（博导），哈萨克语言文学系主任，中国突厥语研究会常务理事、中国少数民族双语教学研究会常务理事、中国阿尔泰语言学会理事。主要研究方向：现代哈萨克语语法学、语言学及语法理论。1979年毕业于新疆大学哈萨克语专业，1988年新疆大学突厥语言文学专业研究生毕业获硕士学位，1996年中央民族大学中国少数民族语言文学专业博士生毕业获博士学位。1979—1993年在新疆大学哈萨克语教研室任教，1996年至今在中央民族大学突厥语言文学系、哈萨克语言文学系任教。1996年以来，先后教授本科生和研究生《语言学概论》、《语法理论》、《语言学系列讲座》、《国外语言学流派》、《现代汉语》、《汉语语法》、《突厥语概论》、《现代哈萨克语研究》、《哈萨克语言史》、《论文写作》、《专业外语》、《哈萨克文电脑信息处理》等20门专业课。单独或合作出版学术专著4部，发表论文50篇。研究领域集中在哈萨克语语法学和语法理论方面。其《现代哈萨克语虚词》、《现代哈萨克语实用语法》是对突厥语言虚词和语法的描写研究的代表作。

近五年来主持的科研项目有，中央民族大学"十五"科研规划重点项目《现代哈萨克语虚词研究》、北京市精品教材项目《现代哈萨克语实用语法》、中央民族大学"211工程"项目"中国少数民族口头及非物质遗产抢救整理与制作"二级项目、中央民族大学"985工程"暨2006年国家社科基金项目之子项目《哈萨克语参考语法》。2004年主持成立"哈萨克语言文学系",三年来瞄准"国内领先、世界知名的高水平学科"的目标,以现代哈萨克语语言学、古代突厥语、哈萨克民间文学为主要支撑和突破口,制订中长期发展规划,实现本科专业连续招生,进行系统调研和本科教学水平自查摸底,修订本科生和研究生的培养方案,召开全国首届哈萨克语言文学学术研讨会推动全国哈萨克学研究热潮,从国内外着眼进行师资队伍建设,进行大规模的本科教学建设、课程建设、实践教学改革,初步建立规章制度系统。

张公瑾 (1933—) 出生在浙江温州,曾先后就读于东吴大学和复旦大学社会系,后到中央民族学院语文系学习民族语文,1952年提前毕业留校任教至今。现为中央民族大学少数民族语言文学学院教授、博士研究生导师,壮侗学研究所所长。学术兼职有中国民族古文字研究会名誉会长,全国高等院校古籍整理研究工作委员会委员,全国古籍保护工作专家委员会委员,中国民族博物馆特聘专家,中国文字博物馆专家委员会委员,中国民族语言学会常务理事,《民族古籍研究》期刊主编,《民族语文》杂志编委等。主攻傣族语言文化、少数民族古籍和语言学理论。讲授"语言学概论"、"文化语言学"、"文化语言学方法论"、"傣语文"、"傣语语法"、"傣文文献"等课程。专著有《傣族文化》、《傣族文化研究》、《文化语言学发凡》、《中国的傣族》(曼谷泰文版)、《傣历、公历、农历百年对照年历》等。主编《文化语言学教程》、《民族古籍概览》、《中国少数民族古籍集解》、《语言学与民族物质文化史》、《混沌学与语言文化研究》三册及大型套书《中国少数民族古籍总目提要》等。编著及合著有《中国少数民族文学史》、《中国少数民族文学概论》、《傣族宗教与文化》等。发表论文140余篇,其中在国外发表20余篇。主持国家级项目《中国少数民族古籍总目提要》,任主编。曾多次到美国、泰国、日本、香港等国家和地区进行学术交流和讲学。所主持的壮侗学研究所与泰国玛希隆大学、朱拉隆功大学、彭世洛皇家教育学院以及美国北伊利诺大学有着长期的合作关系。目前主持项目除《中国少数民族古籍总目提要》之外,还有国家民委项目《中国少数民族古籍珍品图典》和教育部项目《中国少数民族活态古文字与非物质文化遗产保护研究》等。2005年被评为中央民族大学本科教学"十佳教师",2006年获第二届北京市高等学校教学名师奖。

张公瑾从事教学科研工作50多年来,在傣族语言文化、少数民族古籍和语言学理论等领域做出了重要的贡献:

(1) 在傣族语言文化方面把傣族文化的各个组成部分看成一个整体进行研究,在傣族语言、文字、文学、古文献、天文历法、农业科技、宗教等领域多有创见。在傣族语言方面,1958年发表了第一篇论文,此后,着重傣语语法中的语序研究,并与古代汉语句法进行比较。先后发表了有关傣语名词修饰语的语序,动词带宾语、宾语又带修饰语的语序,动词带宾语和结果补语的语序,单位词及各种状语在句子中的位置,隔语词在句子中的作用等系列论文,展示了汉藏语系语言中最具有特点的语法本质,揭示了一些过去未被注意到的语法规律,开辟了一个以句法为中心的研究领域;在傣文方面,相继撰写了《傣族的文字和文献》、《傣族经典文字考源》、《傣文渊源及其亲属文字》、《傣族文字发展史上的几个问题》、《傣泰系统民族的语言和文字》、《西双版纳傣文古籍中的声韵学文献》以及《傣文〈维先达罗本生经〉中的巴利语借词》等论文,系统地讨论了傣文文字起源、传播、演化等方面的问题,基本上厘清了傣文起源和发展的历史;在傣族天文历法方面的成果备受学术界推崇。先后译注了《苏定》和《历法星卜要略》两部老傣文天文历法古籍,撰写了10多篇论文,解开了傣族天文学的计算数据和傣历的安排方法,使这门濒临湮灭的学科得以保存和复兴。所揭示的傣历计算公式被南京紫金山天文台历算室和科学出版社输入计算机用于傣历一千多年的日期推算。在傣族宗教领域，既重视汉文文献的材料研究，也对傣文文献进行了深入的挖掘，对我国南传佛教的传播、发展、特点、地位和教义等问题进行了开创性的研究，发表了《南传佛教与傣文贝叶经》等重要论文。他始终将宗教作为傣族文化的一个重要方面进行研究。最近与他人合作已完成《中国南传佛教史》的写作。此外，在傣族的农业技术、傣族文学方面也发表了不少论文。

（2）在民族古籍方面从傣文古籍入手，并涉及其他民族古籍的各个方面，在民族古籍领域做出了很大的贡献。自 1983 年以来，一直担任全国高等院校古籍整理研究工作委员会委员，并相继担任中国民族古文字研究会常务副会长和会长的职务。撰写了《傣族的文字和文献》，编写了《傣文古籍见知录》，对傣文古籍作了全面的综合介绍，并翻译整理了傣文天文学、法律和编年史方面的古籍多种。他依据南传佛教语言巴利语材料研究傣文宗教古籍，结束了过去傣文佛典只有音译或根据字面大意翻译成汉文的状况，使傣文佛典的名称得到准确翻译，与汉文佛经传统译名相一致。主编了《民族古文献概览》，系统地对中国少数民族古籍进行了分类和研究。所主编的《中国少数民族古籍集解》是有关中国各民族古籍的大型工具书。有关民族古籍的系列论文如《民族古文字、古籍与民族传统文化》、《民族文字古籍与中华文化》、《史诗研究与古籍整理》、《民族古籍和民族古籍学》等则是我国民族古籍理论研究的开创性论文。他现在还担任国家民委全国少数民族古籍整理研究室重点项目《中国少数民族古籍总目提要》（60 卷本）主编。本项目为跨世纪的国家级文化重点工程，已出版 14 册。

（3）在文化语言学方面从 20 世纪 80 年代开始，他致力于文化语言学的理论建设。1982 年发表的《社会语言学与中国民族史研究》一文是他在文化语言学方面的开篇之作，《语言的文化价值》、《文字的文化属性》、《文化环境与民族语文建设》、《文化语言学的性质和任务》、《文化语言学与民族语言研究》、《语言的生态环境》、《走向 21 世纪的语言科学》、《文化语言学视野中的民族语言研究》等论文，将语言纳入文化范畴。在《文化语言学发凡》中提出了语言和文化的新概念，并将语言事实和民族文化、民族的思维方式联系起来，力图使语言学成为一门具有普遍意义的思维科学。混沌理论是从研究非线性相互作用系统而逐渐发展起来的，它更着眼于总体、过程和演化，它对语言研究具有重要的方法论意义。针对传统的谱系树理论与历史上语言不断减少的事实相矛盾的情况，他提出了语言发展"河网状"的新模式。撰写的《混沌学与语言研究》、《壮侗语——分布与演化中的混沌》、《文化语言学的时代课题和混沌学在语言学中的运用》、《混沌学与语言文化研究的新视野》、《语言学思维框架的转换》等论文，是应用浑沌理论研究语言现象的有益探索。其《文化语言学发凡》一书则是阐述和应用这一理论的尝试，研究成果已引起学界同行的重视。近年来，中央民族大学少数民族语言文学学院每年召开"混沌学与语言文化研讨会"，并在每次会议之后出版一册论文集。

张济川 （1933—）天津市人，1957 年毕业于中央民族学院藏语专业。在中国社会科学院民族研究所藏语组工作，历任助理研究员、副研究员、研究员。1956—1957 年参加全国少数民族语言调查第 7 工作队调查藏语方言。1976 年春，参加民族所组成的西藏门巴、珞巴、僜人社会历史、语言考察队，调查珞巴语和门巴语。主要专著有：（1）《仓洛门巴语简志》民族出版社 1986 年；（2）《藏语简志》（参编）民族出版社 1983 年；（3）《新现代藏英词典》（参编）中国藏学出版社，2008 年；（4）《门巴、珞巴、僜人的语言》（合编，门巴族部分），中国社会科学出版社 1980 年；（5）《藏语的词组》社会科学文献出版社。

主要论文有：（1）《藏语拉萨话声调分化的条件》；（2）《藏文元音 a 的表示法》；（3）《古藏语塞音韵尾读音初探》；（4）《藏语声母（ * sr）的来源和演变》；（5）《藏语的使动、时式、自主范畴》；（6）《藏语声母 lh- 的来源和演变》；（7）《藏语方言分类管见》；（8）《白马话和藏语》（上、下）；（9）《古代藏语方音差别与正字法》。（10）《藏语形容词级的范畴》

张济民 （1927—）陕西城固人，贵州民族研究所研究员，副所长。1953 年毕业于中央民族学院语文系，长期从事民族语文的研究工作。代表作有《苗语语法纲要》、《苗语川黔滇方言的指示词》、《从语音特点和词义生成看仡佬语与苗语的关系》、《仡佬语在民族学研究中的重要地位》、《贵州普定仡佬语的否定副词》、《贵州瑶族的语言》。

张均如 （1929—20）女，生于北京。中国社会科学院人类学与民族学研究所研究员。

1950 年高中毕业，同年考上北京大学文科研究所语音乐律研究室，任练习生。1952 年到广西参加壮语调查研究。1954 年调到中国科学院语言研究所，任研究实习员，1962 年并入民族研究所，任助理研究员，1983 年任副研究员，1985 年受聘担任中国社会科学院研究生院硕士生导师。1986 年受中国音韵学会聘请担任该学会在华中工学院语言研究所举办的中国音韵学训练班的语音学教师。1988 年任中国社会科学院民族研究所研究员。

从 1952 年起，张均如一直在广西、广东、云南、贵州、和海南岛等省（区）从事侗台语族诸语言和有关汉语方言的调查研究工作。先后参加调查了壮、布依、临高、傣、侗、仫佬、佯僙、水、拉珈、标、布央、拉基、普标等语言和有关省区的一些汉语方言。在语言研究中，有不少新的观点和新的发现。由于工作积极努力，成绩优异，曾多次受到表彰和奖励。

1952 年，参加国家民委和中国科学院联合派出一个以袁家骅教授为首的，包括韦庆稳和张均如的一个小组到广西调查壮语的使用情况，并进行拉丁化新文字创制的试验。广西省的领导专门从各地区抽调一些青年在广西民族学院办了一个民族语文训练班。学员毕业后，就跟调查小组一起到各地调查。选定来宾县寺脚乡的壮话为标准，设计了一套以拉丁字母为基础的拼音方案，并编写课本，在来宾县寺脚乡和宜山县洛东乡的文盲群众中试教，效果相当好。总结经验写成《一九五二年壮族语文工作报告》（语言学专刊）。

1954 年张均如参加中国科学院语言研究所受广西区之约而派遣的壮语调查队，到广西调查壮语方言，计划创制壮文。后来 1956 年国家民委和中国科学院联合组织和派遣的 7 个少数民族语言调查工作队，到有关民族地区进行调查，广西的壮语调查队定为第一工作队，与广西（桂西）壮文研究指导委员会，共同组成调查队。在龙州调查时，发现南宁西郊下楞的壮语声调的变化复杂，经过对比研究，认为这种声调的变化与声母的性质、发音方法有关。根据多年收集积累的语言材料加以研究，又陆续写出《壮侗语族塞擦音的产生和发展》、《侗台语族声调的产生和发展》、《侗台语族送气清塞音声母的产生和发展》、《侗台语族轻唇音的产生和发展》等文章。

1955 年初，壮文方案制定之后，作为壮文委员会语言研究室词汇组组长之一，既参加编写词典，又要担任壮文骨干训练班的语音课。后来在广西壮文学校，参加培训学员 1000 多人。

1976 年，壮语组开始《壮语调查报告》的改写工作。后来又与梁敏二人带领研究生到贵州和广西实习，又隆林各族自治县核对补充俫语和仡佬语、到海南岛补充调查临高语的材料、到广东连山县、怀集县调查壮语、标话。

在编写词典的过程中发现武鸣、上林、都安、马山等地的汉字读音跟桂林、柳州的西南官话不太一样，有人说它们来自西南官话，也有人说它们来自白话（粤方言），广西的汉人多是秦汉时开始入桂的，各地征夫和迁徙的人民到达广西之后，逐渐形成一种内部基本一致的语言——古平话。它是当时广西及周边地区官场、商业用语，也是汉人与当地土著交际，学习文化的媒介，影响深远，广西各民族语言的汉语老借词大都源于古平话。对此，发表《广西中南部地区壮语中的老借词源于汉语"古平话"考》一文阐明自己的观点。

1986年语言研究室上马编写各语族概论，和梁敏承担《侗台语族概论》的任务，并且已经做了一些语料收集和对比研究的工作。在构拟侗台语族原始母语的声、韵、调系统时，就把上述这些新观点和其他研究成果都融合到《侗台语族概论》和后来的《壮语方言研究》等书里去了。这些著作出版后，被评为院部和所里的优秀科研著作、获过奖。

已出版专著：《壮汉词汇》（集体项目，主持人之一）、《壮语音系汇编》（集体项目）、《水语简志》、《侗台语概论》（合作）、《壮语方言研究》（六人合作）、《临高语研究》（二人合作）、《标语研究》（二人合作）、《普标语研究》（三人合作）。

已发表论文：《原始台语声调类别探索》、《广西中南部地区壮语中的老借词源于汉语古"平话"考》、《壮侗语族塞擦音的产生和发展》、《壮语文麻土语的音类变化》、《广西平话中的壮语借词》、《广西平话对当地壮侗语族语言的影响》、《侗台语族声调的产生和发展》、《从汉台语的数词是否同源说起》、《侗台语言的系属和有关民族的源流》、《关于水族族源和水书形成之我见》等40篇（其中一部分为与梁敏二人合写）。

张琨 （1917—）字次瑶，河南开封市人，美国籍。1938年毕业于清华大学中文系，1939年入中研院历史语言研究所，任助理研究员，1947年留学美国，1949年获耶鲁大学硕士学位，1955年获耶鲁大学语言学博士学位。1951年起在美国西雅图华盛顿大学执教，历任讲师、副教授、教授。1963年转至加州大学伯克利分校任中国语言学、汉藏语教授，1987年退休。1972年起任台湾中央研究院院士。20世纪40年代对苗、瑶、藏、纳西、傣等少数民族语言进行过调查研究。1947年发表论文《苗瑶语声调问题》，奠定了苗瑶语声调比较研究的基础。后来侧重研究藏语和汉语音韵和汉语方言。他的《中古汉语音韵和切韵》、《古汉语韵母系统与切韵》、《客家方言中〈切韵〉上声字的读法》和《藏语口语读本》受到语言学界的普遍重视。此外，他还发表了《藏语在汉藏语比较语言学中的地位》、《藏语口语中的时与体》、《汉藏语系的"针"字》、《苗瑶、藏缅及汉语的鼻冠塞音声母：是扩散的结果还是同系证据？》等几十篇论文。他与李霖灿合编的《纳西象形文字字典》一直是纳西语文研究的重要工具书。

张梅 （1967—）女，河南西峡人，教授，硕士生导师。1991年7月毕业于喀什师范学院语言系，获得文学学士学位。2006年考取新疆师范大学中语系少数民族语言文学专业（双语教育与双语教学方向）硕士研究生，2009年6月获得文学硕士学位。现任新疆师范大学语言学院中语系主任，新疆维吾尔自治区人文社科重点研究基地"新疆少数民族双语教育研究中心"研究员，中国少数民族双语教学研究会常务理事。

张梅教授一直从事对少数民族的双语教育教学与研究工作，形成了相对稳定的教学方向和基于社会学、文化学、人类学的双语教育研究方向。主持国家社科基金《多元文化背景下的新疆少数民族双语教育理论研究》（已结题）；主持自治区社科一般项目《和田地区双语教育成效调查及对策研究》（在研），获得科研项目资助经费12万元。主编《初级维吾尔语听说》教材一部，在国内核心期刊和其他刊物上发表了《新疆双语教育模式及语言使用问题》、《全球化时代多民族地区的语言竞争与语言和谐》等10余篇学术论文。

张人位 （1929—）侗族，湖南新晃县李树乡三江村人。贵州省民族事务委员会副主任，兼贵州民族出版社社长、总编、贵州省出版工作协会副主席、贵州民间文艺研究会理事、中国民族文学研究会侗族分会顾问。

1955年入中南民族学院学习，1956年参加中国科学院少数民族语言调查第一工作队，到贵州、湖南、广西等省、区调查布依语和侗语。1958年调贵州省民族语言文字指导委员会工作，先后任民族语文室副科长、贵州民族出版社总编办公室副主任等职。后来从事民族工作，在担任行政领导职务的同时，分管民族语文、民族古籍翻译、民族出版工作。在语言文字应用研究方面，提出新的见解，反对两种倾向：一是认为少数民族必然融合于汉族，学习民族文字不利于学习汉语文；二是片面强调语言平等，片面强调语言是民族的重要特征，民族文字应与汉文有同等的重要位置。主张应从实际出发，因民族而异，自择自愿。当前推行和学习民族文字、旨在有利于各少数民族学习汉语文。无论何种情况，都应以有利于帮助学习汉语文，提高文化水平为目的。还主张在推行民族文字的初级阶段，不一定用标准音进行教学，可以从本地语言实际出发，用文字方案的字母来拼写本地语言，并为汉字进行注音释义。但正式出版物一定要进行文字规范。

张蓉兰 （1936—）女，满族，山东掖县（今莱州市）人。1937年后迁北京。1955—1959年中央民族学院民语系拉祜语专业就读。毕业后分配到云南少数民族语文指导工作委员会工作。1959—1966年在省民语委、省委边疆民族工作队、省民委民族语文编译室、省民委办公室从事行政档案整理工作。1980年调回省民语委，正式开始从事民族语文翻译理论研究和民族教育调研工作。1987年被评为社会科学系列副研究员。1994年晋升为研究员，1996年退休。从1980—1996年达16年时间，主要从事拉祜语文的调查研究工作，并对语言学及其他边缘科学：民族学、民族民间文学、民族教育、民族语文翻译等学科进行了探索。

工作业绩：（1）1981—1982年参加对云南苦聪人的族属识别工作。从语言角度提出苦聪人属于拉祜族，得到省人大、国家民委批准；（2）与已故的李维新同志合作，对拉祜语文字方案中两个元音、两个声调的合并所产生的问题进行了探讨，提出对拉祜文字方案的修改意见，经省民语委研究并通过，并批准实施；（3）与拉祜族彭志清合作，撰写了《拉祜语动词的语法范畴》一文（载《民族语文》1987年第二期）；（4）与拉祜族肖淑琼合作，撰写《拉祜语的语气助词》（载《云南民族语文》1993年第一期）；（5）与马轶群同志合作，对拉祜语中的四音格进行了长时间的研究，发现了四音格在拉祜语诗歌中的对仗规律；（6）在对民族语言长时间研究的过程中，体会到研究民族语言必须与多学科紧密联系，必须同时了解有关的亲属语言和民族。利用一些词可以看出各民族的古老血缘关系；（7）与澜沧县一些同志合作，根据拉祜族的"送魂调"中送魂者灵魂，逐渐返回祖先故里中经过的地名与传说故事，对无文字记载的拉祜族的迁徙历史，为他们制出一幅"拉祜族古先民迁徙路线示意图"，因而确定拉祜族的祖先应是在先秦时期活跃在甘、青、藏高原的古氐羌人，与今天的纳西族的摩梭人、傈僳族的先人，可能有较亲密的血缘关系。1996年退休后，担任云南民族学会满族研究会秘书长、会长工作时，办了12期的会刊。对昆明郊区及农村的满族进行调查，基本摸清了满族这个北方渔猎民族入滇的历史原因和现状。2002年被省社科联、省民族学会评为"优秀学会工作者"。

张声震 （1924—2015）壮族，广西邕宁人。

1940年参加革命，曾任广西壮族自治区人民政府副主席等党政领导职务。一生从政不忘民族文化的发展，晚年致力于拯救民族文化遗产，被群众称为政界楷模，在后来的20年，致于壮学研究推广和发展，抢救民族文化遗产、整理民族古籍。张声震的壮学知识，文化功底和丰富的管理协调经历及其声望，使其成为壮学研究系统工程总指挥的合适人选。其主要成绩有：（1）1989年促成了自治区古籍办出版由覃圣敏等主编的《广西左江流域崖壁画考察与研究》，这是他为壮学研究事业奉献的第一个成果。（2）组织整理出版《古壮字字典》（初稿）。《古壮字字典》从1986年夏正式启动，经历4年时间，全书共收集10700个古壮字。其中4918个为正体字，其余5782个为异体字。（3）组织专家学者，整理了部分地名资料，出版了《广西壮语地名选集》。（4）组织整理出版《布洛陀经诗译注》。《布洛陀经诗》是么教的经典，是壮族神话传说的创世神、始祖神、么教的主神。1991年出版的《布洛陀经诗译注》是作为壮族神话创世史诗整理出版的，原行共5441行，每行5字，共27205字，全部是古壮字的结构。（5）组织整理出版《壮族民歌古籍集成》。壮族是歌唱的民族，民歌古籍瀚如烟海，是壮族文化之宝藏。搜集整理《壮族民歌古籍集成》的用意在于向世人展示壮族丰富的民歌宝藏，它是壮学研究资料库必不可缺的重要原生性资料。（6）整理出版有代表性的壮族文人著作。这方面的工作，由广西社科院文学研究所承担。他们用了一年时间普查了广西几家大图书馆收藏的700余种古籍，从中鉴别出历代广西少数民族文人著作60种，查出收录少数民族文人著作古籍100余种。（7）成功组织研发"古壮字处理系统"。1989年《古壮字字典》出版后，广西少数民族古籍整理面临的任务是全面搜集整理壮族民歌和民间宗教经典。1991年元旦，开始研发"古壮字处理系统"，由广西区科委承担全部项目费用，他为项目发起人和负责人，于1993年12月25日在北京通过了国家鉴定验收。在壮学研究方面，组织编撰《壮族通史》，1996年编撰完成。

张铁山 （1960—）生于新疆，中央民族大学教授，博士研究生导师。1978年考入新疆大学，学习维吾尔语专业，获文学学士学位。大学毕业后，在新疆大学中亚历史文化研究所工作，参与了《史记》、《汉书》、《后汉书》等汉文史籍中有关新疆、中亚历史篇章的维吾尔语翻译和注释工作。1983年参加由新疆文物厅、新疆大学组织的"龟兹古文化"考察小组，对新疆库车境内现存佛教遗址、千佛洞等文物遗存进行了数月的考察。1985年考入中央民族学院，师从耿世民先生学习古代突厥语族文献，获文学硕士学位。1988年留在中央民族学院语言研究所工作。

1993—1994年在北京语言学院出国人员外语培训部俄语班学习。1994—1995年受国家教委选派，在匈牙利罗兰大学东方学师从卡拉·乔治学习古代突厥语族文献。1998年，晋升为副教授。

1999—2002年在中央民族大学攻读博士学位，师从张公瑾先生，学习文化语言学专业，毕业后获文学博士学位。2005年晋升为教授。

张铁山长期以来一直从事教学工作，先后为本科生、硕士研究生和博士研究生讲授过"语言学概论"、"现代汉语"、"中国语文概要"、"历史语言学"、"电脑语言学"、"文化语言学"、"突厥语族文献"、"古代突厥语"、"回鹘语言文献"、"察合台语言文献"、"丝绸之路文化史"、"汉语文化概论"、"中国古典文献学"、"翻译理论与实践"等课程。1998年因教学育人成绩突出，被评为"北京市优秀青年骨干教师"。在完成教学任务的同时，张铁山还参与了国家社科、教委、民委社科和学校的多项科研项目。其中主要有：1991年国家民委科技项目"计算机数据库及文字处理技术在少数民族语文研究中的应用"，出版有《中国各民族文字与电脑信息处理》，中央民族学院出版社，1991年，获国家民委科技进步一等奖；1992年国家民委社科项目"汉语与少数民族语言关系概论"，出版有《汉语与少数民族语言关系概论》，中央民族学院出版社，1992年，获国家民委社科二等奖；1997—1999年国家社科项目"突厥语族语言比较研究"；1997—1998年新疆维吾尔自治区教育厅和新疆大学项目"回鹘书面文献语言语法"，出版有《回鹘文献语言简志》，新疆大学出版社，1999年；1997—2008年国家民委社科重大项目"中国少数民族古籍总目提要"；2002年教育部人文社科研究重大项目"敦煌石窟个案研究"，出版有《敦煌莫高窟北区石窟》（三卷），文物出版社，2002—2005年；2005—2007年国家民委社科项目"中国少数民族古籍珍品图典"；中央民族大学"211工程"项目"敦煌莫高窟北区出土回鹘文文献研究"；中央民族大学"985工程"项目"中国少数民族语言文字、文本遗产研究与保护"等。独立或合作出版：《突厥语族文献学》、《回鹘文献语言的结构与特点》、《民族古文献概览》、《电脑语言学》、《文化语言学教程》（中央民族大学精品教材一等奖）《中国少数民族古典文献学》等学术著作十余部。集体编撰出版《中国语言学大辞典》、《中国名著大辞典》、《中国少数民族民俗大辞典》、《中国语文大辞典》、《语言文字词典》、《中国民族百科全书》（第七卷）、《中国少数民族古籍集解》等工具书10余部。发表论文近百篇。兼任中央民族大学阿勒泰学研究所特邀研究员、中国突厥语研究会理事、中国民族古文字学会副秘书长、中国钱币学会学术顾问等职。

张廷献 （1930—）彝族，云南禄劝人。曾肄业于中央民族学院民语系汉语文班。原任云南省民语委编译科科长，云南省民语委彝文规范办副主任，云南彝学会副会长。

主要业绩：1949年参加共产党领导的滇桂黔边纵游击队滇北工作团。1951年调成都西南民族学院学习，1952年调北京中央民族学院少数民族语言文学系汉语文学班学习，1953年调中央民族学院民语系办公室工作，1956年参加中国科学院少数民族语言调查第四工作队，赴云南、四川、贵州调查，1960年回北京中央民院民语系第五教研组从事教学工作。曾编写《云南省禄劝县彝语词汇》、《彝语方言概况》等材料。1982年调云南省民语委任云南彝文规范办副主任，主持编写《云南第一批规范彝文字汇本》、《云南规范彝文词汇本》、《云南规范彝文字汇本》、《云南规范彝文识字课本》等书。撰写发表了《谈云南彝文规范工作》、《谈统一彝文的方针和方法问题》、《谈双语和双语教学》、《云南禄劝纳苏彝语代词》等学术论文。参加编写《云南省志·少数民族语言文字志》中彝族语言文字一章。编写了《民族语文理论政策讲座》一书中的第七讲《要认真贯彻执行党的民族语文政策》。编写了《彝语词汇调查提纲》、《彝语语法调查提纲》、《云南彝语方言词语汇编》一、二、三册。参加楚雄州彝族文化研究所编写《禄劝彝文字典》等。

张伟 （1968—）拉祜族，云南澜沧县人。1991年7月毕业于云南民族学院中国少数民族语言文学专业，同年9月留校任教，从事民族语言文学的教学和研究工作，2006年7月破格晋升为副教授。先后给中国少数民族语言文学及双语文秘专业本科班讲授《民族文学》、《民族文选与写作》、《翻译理论与实践》、《公共关系》、《行政管理学》等课程，给中国少数民族语言文学的硕士研究生讲授《民族文学》。负责指导1996级、1998级、2002级本科班的毕业实习。另外还担任过本科班主任、科研秘书、研究生教学秘书和研究生班主任工作，被评为1998—1999年度优秀班主任；在2002—2003年和2004—2005年的岗位履职考评中被评为优秀。

留校任教后，编著1部，译著4部，收集整理出版1部，发表论文10余篇。参与了刘劲荣教授主持的国家级社科项目（彝缅语比较语法话语材料数据库建设［批准号 06BYY058］）。参与了两项省级重点学科的部分内容和两项省院省校合作项目的子课题，其中有省级重点学科"民族语言文学"子课题之《汉拉简明词典》，2005 年由云南民族出版社发行。省院省校合作项目的子课题"拉祜语苦聪方言研究"的阶段性研究成果《苦聪话概况》一文，已发表在北京《民族语文》2003 年第 1 期。2001年 10 月在学院召开的"第三十四届国际汉藏语系暨语言学会议"上宣读了《拉祜语动词谓语句中"体"、"态"、"式"的范畴》一文，得到了与会学者的好评。

已出版著作：《苦聪民间故事集》（译著）、《中华民族共和国民族区域自治法》（译著）、《双语教学课本——小学一、二年级的语文》（译著和编审）、《汉拉简明词典》（合编著），本书对拉祜族族地区实行双语教育，规范使用拉祜语言文字，学习和研究拉祜语提供便捷。已发表论文：《苦聪话概况》、《拉祜语颜色词的文化内涵》、《论"亚珠西与左亚米"反映的拉祜族社会现实、时代色彩及民情风习》、《试析拉祜族语动词谓语句中"体"、"态"、"式"的范畴》。

张霞 （1972—）女，白族，生于云南省剑川县金华镇。1995 年 7 月毕业于云南民族学院（现云南民族大学）外语系英语专业，文学学士。毕业后分配到云南省少数民族语文指导工作委员会（云南省民语委）工作至今，2005 年 12 月获副译审资格。长期从事少数民族语言文化特别是白族语言文化研究以及基于语言文化的少数民族社区发展和民汉双语教育实践工作，并致力于白、汉、英三种语言的翻译和白族语言文化的对外交流与合作。

作为主要组织者和实施者，曾先后参与云南省民语委和世界少数民族语文研究院（SIL）共同实施的"白语方言调查课题"和"白语文工作项目"、"云南省零障碍双语教育项目"（2010—2020）等国际合作项目，并形成课题成果《白语方言研究》（英、汉对照）。2008 年参与完成了国家教育部批准的"云南省少数民族语言文字信息化调研"课题。目前正在参与实施"云南跨境民族语言文化安全调查研究"课题（2009 年度云南省哲学社会科学规划课题）、"民汉双语文化背景下少数民族学生英语习得研究——以白族学生为例"课题（云南省教育厅科学研究基金课题）和"中国节日志·白族绕三灵"课题（文化部国家社科基金特别委托项目子课题）。

能熟练运用英语文、汉语文和白语文开展翻译工作，已公开出版：《义务教育课程标准实验教科书·语文》（1—5 年级上册）、《中华人民共和国民族区域自治法》、《中华人民共和国宪法》、《白族农家致富指南》、《农村实用知识读本》、《农村法律普及读本》、《民族团结一家亲——云南省民族团结知识简明读本》等白文翻译 20 余本；发表了 RTT（Recorded Text Test）Method Used in Bai Language Survey（RTT 方法在白语方言调查中的运用）、《汉语文对拉丁字母型少数民族文字的影响》、《白族双语教育项目》、《白语的历史地位》等英译汉翻译论文若干。完成了《古乐遗韵》、《迷茫的风云》、《大理文化管锥》、《大理白族绕三灵》、《大理丛书·白语篇》等书籍有关内容的英文翻译工作，这些书籍均已由云南民族出版社出版。

同时，还先后参加了 2003 年 11 月在泰国曼谷召开的"亚洲少数民族语言发展和复兴以及双语教育会议"、2004 年 7 月在昆明召开的"中国少数民族双语教学研究会第三届双语教育国际学术研讨会"、2007 年 11 月在北京召开的"民族语文国际学术研讨会"和 2009 年 8 月在大理召开的"首届白语国际研讨会"并宣读了相关论文。

参与撰写的《世界少数民族语文研究院东亚部云南项目点调研报告》和《云南跨境民族语言文化安全现状与对策》分别获 2008 年国家民委社会科学研究成果奖调研报告三等奖和 2010 年云南省民委

优秀调查研究成果奖二等奖、2011年国家民委社会科学研究成果奖调研报告三等奖。

张兴权 （1934—）朝鲜族，吉林省龙井市人。1957年毕业于哈尔滨外国语学院（现为黑龙江大学）俄语系。历任延边大学语文系外语教研室教员，中央民族语文翻译局翻译。曾赴日本东京外国语大学亚非语言文化研究所和日本国立国语研究所从事语言研究。现为中央民族大学教授。著作有：《现代语言学》、《朝鲜语、汉语、日语现代词汇及其变异的对比研究》、《普通社会语言学》、《俄语语音论、形态论》等。论文80余篇，主要有：《双语使用、多语使用和母语转换》、《追溯"社会语言学"术语的起源》、《语言和语言理论的对比研究的发展趋势》、《朝鲜语和外国语的接触以及外来语标记的若干问题》等。

张洋 （1945—）女，出生于兰州。文学硕士，新疆维吾尔自治区人民政府参事。新疆大学新疆汉语方言研究中心副主任，新疆大学人文学院教授，博士研究生导师。教育部人文社会科学重点研究基地新疆大学西北少数民族研究中心兼职研究员，国家社科基金项目同行评议专家，国际双语学会常务理事，中国汉语方言学会理事。1968年毕业于新疆大学中国语言文学系维吾尔语专业本科。1981年毕业于新疆大学中国语言系维吾尔语专业研究生班。1991年晋升副教授，1999年晋升教授。曾应邀去日本、印度尼西亚等国访问和讲学。

研究方向为汉、维吾尔语语音及方言，双语。主持并完成了国家课题《新疆汉语方言与维吾尔语比较研究》及新疆维吾尔自治区规划办课题《汉维对比语音学》均已结题。参加国家社科基金"新疆民族语言的分布现状与发展趋势"，独立完成了其中子课题"新疆汉语的分布现状与发展趋势"，已结题出书。参加课题《女性生活与女性生活环境中日比较——中国新疆维吾尔自治区与日本的比较》（新疆大学妇女研究中心与日本奈良女子大学合作）。出版专著两部：《哈密方言研究》，《汉维语音对比研究与维吾尔语语音析辨》。参加《中国少数民族文化史》、《新疆民族语言的分布状况与发展趋势》等4部著作的撰写。发表学术论文50余篇。发表维译汉文学作品和学术论文共40余篇，合译著作两本。

张怡荪 （1893—1983）原名张煦，四川省蓬安县金溪乡人。先后在北京大学、北京女子师范大学、清华大学、山东大学执教，任讲师、教授、系主任。20世纪20年代在成都创办西陲文化院。40年代任西康省通志馆总撰。50年代初任四川大学中文系教授，兼该校文科研究所所长，并受命继续主编《藏汉大辞典》。

1922年他写成数万字的《老子》论文，深得梁启超赞许，为之题识在《晨报》上全文发表。1928年以后他的兴趣转向研究西藏文化。对匈牙利人亚历山大·乔玛·居鲁斯1834年编的《藏英词典》、德国人耶司克1881年编的《藏英词典》以及印度人萨罗特·旃陀罗·达斯1902年编的附有部分梵文对译的《藏英词典》等辞书尤感兴趣，并做了悉心研究。对这几部词书都出自外国人之手而感慨万端。他认为西藏是祖国不可分割的一部分，中国学者应该对藏学做出自己的贡献。因此他矢志编一部藏汉大词典，以沟通汉藏文化。

1937年编成《藏汉集论词汇》。紧接着又编成《汉藏语汇》。这是以汉字笔画为序排列的汉藏对照辞书。其后，又根据国内资料，如《四体清文鉴》、《四体合璧文鉴》、《五体清文鉴》、《五译集要》、《同文韵统》、《西域同文志》、《密宗五百佛像考》、《贤劫千佛名》等书，于1939年编成《藏汉译名大词典》，全书共收词目36000余条。后又从《杂集论》、《瑜珈师地论》、《俱舍论》等藏汉译本佛书里收集词汇、短语，并参考国外资料和词典，于1945年汇编为一部《藏汉大词典资料本》，分装10

大册。这是当时全国藏汉辞书中资料最丰富的一部稿本。

20世纪50年代他除了在四川大学从事教研工作外，把主要精力放在辞书编撰工作上。聘请大法师隆莲等人来合作，1958年还率词典组同志前往拉萨收集资料。1985年《藏汉大辞典》得以出版。该辞典收词目56000多条，其中百科的综合性词目16000多条，除历史、文学、人物传记之外，还包括历法、藏医、藏药、因明及藏文原著的集类学、因类学和心理学。佛学词汇在古今文献里使用广泛，这部词典把它作为百科词汇重点，同义异名的藻饰词是藏语的一大特点，收集亦多。清代噶厦、益仓所存公文档案和官厅术语也酌量选收，立目加注，此外，藏区风俗习惯、手工生产、服饰用具、工艺建筑、赋税差徭、租赁借贷等各行词语，虽只流行于口头，不见诸经传，也从民间采录，收入辞典。

张永祥 （1926—）苗族，苗名乔雄，贵州省黔东南苗族侗族自治州凯里市凯棠乡白水村人。1945年考取了国立贵州大学文理学院社会历史学系，因为家庭经济困难而辍学回家，在本乡的凯棠小学和台江县立初中任教。1946年8月，得到（即今凯里市）教育基金的资助进了国立贵州大学农学院农艺学系本科学习，1950年7月毕业，分配到都匀光署农林科任工作员。1951年2月调北京中央民族学院参加第一期军政干部训练班学习，毕业后留校从事苗语教学工作。先后晋升为副教授、教授，享受国务院办法的政府津贴。

其间，1952年底至1964年。在民语系担任黔东苗语教学工作，在马学良教授的指导下，首次用拉丁字母符号来拼写苗语，编写《黔东苗语》讲义，给黔东苗语班的汉族学生讲授《黔东苗语》课。随后，带领学生去贵州凯里苗区实习，学习苗语，向民间艺人搜集、记录苗族民间故事和诗歌。1955年8月，带领另一个黔东苗语班的汉族学生去贵州凯里苗区实习。1956年被评为讲师，同年参加了马学良教授领导的少数民族语言调查队第二工作队，深入贵州及全国各苗族地区普查苗语，并任第一小组组长，负责黔东南苗语调查工作，为工作队编写《苗语调查报告》和创制苗文提供了翔实的语言资料。同年10月，参加了在贵阳召开的全国苗族语言文字问题科学讨论会，1957年苗文方案报经了中央民委正式批准试验推行。1958年，在民语系接任苗瑶语教研组组长之后，开始使用苗文来编写《黔东苗语文》讲义，连续给两个黔东苗语班的苗族学生讲授苗文。1981年苗语专业恢复招生，为新招的黔东苗语大专班重新编写了《黔东苗语课本》、《汉苗翻译》、《苗语语法》和《苗汉语比较》等教材讲义。从1985年起，苗语专业在中央民族学院正式获得了硕士授予权之后，先后五次招收了多名苗族硕士研究生，直到1998年11月退休。

张永祥在中央民族学院长期潜心于苗语教学工作，为民族的文化建设事业培养了一大批苗族和汉族的大学生和硕士研究生；1981年曾任中国民族语言学会理事；1988年由国家民委推荐为全国政协文史资料委员会委员。现任中国民族语言学会名誉理事。

在苗语科研方面，已刊布的专著有：（1）《苗汉词典》（主编），1992年荣获国家民委首届中国民族图书奖二等奖；（2）《中华文化通志·苗族文化志》（合著），2000年荣获第四届国家图书奖"荣誉奖"；（3）《苗瑶语方言词汇集》（合著）。已发表的论文有：《苗汉构词法初步比较》、《从语法看苗语和汉语的密切关系》、《黔东苗语的量名结构》等10余篇。

张余蓉 （1936—）女，四川成都市新都县（区）人。副教授。1956年毕业于西南民族大学彝语文专业。同年留校从事该专业的教学、科研工作。1979年评为讲师，1987年晋升为副教授，1993年起享受国务院政府特殊津贴。曾先后担任学校研究生、留学生导师，四川省民族语言学会常务理事，四川省彝学会理事、四川省翻译协会会员。1993 年 3 月荣获学校"巾帼建功标兵"称号；2000 年 12 月获四川省民族事务委员会、四川省民族语言文字工作委员会授予的"优秀彝语文专家"称号。1997 年招收首届有关彝语文专业彝族本科生及其后的研究生、留学生。参加编写有关彝语语音、文字、语法、教学法、彝语汉语语法对比研究、双语教学研究等教材，同时担任其中数门课的教学。曾多次带领学生到彝族聚居区实习，指导毕业生撰写毕业论文。荣获学校 1984—1985 年度，1986—1988 年度，1993—1994 年度优秀教学质量奖。已出版专著有：《现代凉山彝语语法》、《凉山彝语语音与文字》（与赵洪泽合作），已发表论文有：《凉山彝语词的构成》、《谈彝汉姓氏翻译书写形式的规范》、《析凉山彝语结构助词》、《彝语连动句的几种类型》、《凉山彝语单句类型分析》、《析凉山彝语北部方言词组结构关系》等。参与的集体著作有：《彝文规范方案》的制订及试点、《汉彝词典》的编撰、《双语研究》（余惠邦主编）的编写。这三项著作分别获省哲学社会科学优秀科研成果一等奖、省科技进步一等奖、省第 7 次哲学社会科学优秀科研成果三等奖。

张雨江　（1963—）女，彝族，生于云南澜沧县。1983 年 7 月获法学学士，1993 年获文学硕士。现任云南民族大学教授、校级骨干教师、硕士研究生导师。主要从事汉语、拉祜语的教学与研究工作。在教学工作中主讲了硕士研究生课程：现代汉语语法研究，本科课程：基础拉祜语、拉祜汉翻译理论与实践、现代汉语、文字学概要等。同时编写了《拉祜汉翻译理论与实践》课程的教材。在少数民族语言文化研究工作中，先后与他人合作出版了《汉拉简明词典》（云南民族出版社 2005 年 12 月）；《云南少数民族语言文字概论》（云南民族出版社 2002 年）。已发表论文：《跨文化的对比语言学浅论》、《拉祜语语法化研究》、《拉祜语名词词缀研究》、《拉祜语的结构助词》、《浅论拉祜语新词的创造与发展》、《拉祜语的构词法》、《汉语拉祜语成语、谚语的比较和翻译在双语教学中的作用》、《拉祜汉成语谚语的翻译》、《文化经济是少数民族地区经济发展的一大支点》、《拉祜语简单句句型研究》、《拉祜族谚语浅谈》、《拉祜语翻译中的语序变换》、《汉语同拉祜语形容词谓语句的比较研究》、《拉祜语的比较句》等论文。其中《拉祜语简单句句型研究》获首届中国少数民族双语教学研究会优秀论文奖。《拉祜语语法化研究》和发表在《贵州民族研究》上的《拉祜语名词词缀研究》是两篇涉及语法化研究的论文，前者研究动词演化为助词及其机制分析，后者研究名词词缀的现状及其来源，是从历时的演变中解释拉祜语词缀和助词来路的，对推动学科发展有一定的意义。

张玉萍　（1958—）女，祖籍山东，研究生学历，新疆大学少数民族语言文学专业硕士研究生导师，教授职称，现任新疆大学图书馆馆长。1978 年 3 月进入新疆大学中语系学习维吾尔语，1982 年 2 月大学毕业，获得文学学士学位；大学毕业后一直在高校从事教学，兼做管理工作。在新疆大学中语系任教期间，主要从事少数民族的汉语教学工作，担任过教研室副主任、主任。1987 年 9 月—1990 年 7 月攻读新疆少数民族语言文学专业硕士研究生，毕业获得硕士学位；1994 年晋升副教授；1997—1998 年在北京师范大学心理学系做访问学者，专业教育心理学。2001 年晋升教授。2006 年 1 月至今在图书馆工作，任馆长。新疆高校图书情报工作委员会副主任委员，教育部教学指导委员会图书情报分委员会委员。从事双语教学 27 年，从 1995 年开始给研究生授课，1998 年获得双语教育与双语对比方向研究生导师资格至今，给研究生开设第二语言教学法研究、对比语言学、教育心理学和应用语言学等多门课程。具有一定的一线双语教学经验和教学管理经验，科研能力强，发表论文 30 多篇，代表作有《论维吾尔语单句句型》、《维汉语主谓句的对比研究》、《汉维语定语的"层"和"项"及其对比》、《维吾尔语短语结构分析》、《维吾尔语量词的语法、语义、语用分析》、《维吾尔语单句中的语法语义关系》、《汉维语名词构词法对比》、《维吾尔语动词格框概说》、《少数民族学生汉语学习中的非智力因素》。

主持省部级课题有 3 项：①"汉维语法对比"自治区社科规划 1996—1999 年。②"新疆少数民族大学汉语教学现状调查与研究" 2002—2005 年。③"汉维语篇章对比研究"自治区社科规划 2005—2007 年。出版专著 2 部《汉维语法对比》、《少数民族汉语教学研究》；编著 1 部《新疆成人高等教育研究》；译著 1 部《金库》（维译汉）。《汉维语法对比》获新疆维吾尔自治区第五届社科三等奖，"汉语泛读教材及教学改革"、"成人汉语专业的总体设计与教学实践改革"分别获得新疆大学教学成果二、三等奖。一些论文、专著曾获新疆大学科研成果一等、二等奖、激励奖等。

张元生 （1929—1999）壮族，广西壮族自治区武鸣县人。壮语言文学学科的创建者和奠基者，中央民族大学教授。

1950 年考上广西大学中文系，一年后被保送到中央民族学院学习，毕业后留校工作。他见证了中央民族学院的创建和近半个世纪的发展过程。他在一无先例、二无教材的情况下，创建了壮语言文学学科专业。1952 年初，中央民族学院壮语文专业本科班开班，张元生是该班的第一任壮语文教员。与此同时，在中国科学院语言研究所会同广西有关部门对广西 52 个县（点）的壮语进行全面普查后，积极参与了对壮族拼音文字的标准音选点、字母的确定。在此期间，张元生还担任中央民族学院语文系第六教研室（壮侗语族教研室、壮语教研室前身）主任，主持语文系所设立的壮侗民族相关专业的教学、科研工作。

张元生始终坚持党的民族语文平等政策，20 世纪 50 年代末至 60 年代初，广西壮族自治区大力推广壮文，张元生不仅献计献策，还带领实习队参与推广工作。一直到八九十年代，张元生仍然是壮文推行的有力支持者，积极呼吁有关部门加大壮文推行工作的力度，对壮文在广西壮族自治区的推广使用功不可没。70 年代后，担任了中央民族学院新建立的少数民族语言研究所副所长，全面主持该所行政管理及科研工作。1979 年，被晋升为副教授。1983 年，招收了我国壮语言文学专业的第一位硕士研究生，1985 年晋升为教授。同年，在张元生的大力主持和积极努力下，少数民族语言研究所协同广西壮族自治区语委在广西壮文学校开办了壮语言文学大专班，为当地培养了一批急需的民族语文人才。1985 年中央民族学院少数民族语言文学系成立后，担任副主任直至退休。此外，还担任中央民族大学学位委员会委员、学校教师职称评审员会委员，并担任北京市翻译工作者协会理事、中国语言学家学会理事、中国民族语言学会常务理事、副会长等社会职务。

在 40 余年的教学生涯中，始终工作在教学科研第一线，先后为研究生、外国留学生、本科生、大专生及短训班、专修班等开设了《现代壮语文》、《壮语语法》、《壮语概论》、《壮汉语言比较》、《壮汉语法比较》、《语言调查实习》、《壮汉翻译理论与实践》、《壮侗语族语言实践概论》、《语言文学研究》等多门课程。担任过"高等学校壮语言专业教材编委会"的主编，组织编写了包括《壮语文》、《壮汉翻译理论与实践》、《壮族文学概要》和《壮汉比较语法》等系列民族语文教材。40 多年间，壮语言文学专业为国家和壮族地区培养了一批大专生、本科生和研究生，如今许多学生都已经成为有名的专家学者或有关单位的管理人才，为壮族地区的文化发展和社会进步做出了很大的贡献。

1980 年以来，先后主编或参编了《壮语构词法初步研究》、《海南临高话》、《天文史话》(该书于1984年获得中国史学会、中国出版工作者学会颁发的"爱国主义通俗读物优秀奖")、《奇山秀水话壮乡》、《临高人的文化艺术及生活习惯》、《古壮字文献选注》、《壮族通史》、《壮族史》、《壮侗语族谚语》、《壮侗语族语言词汇对照集》、《壮侗语族语言文学资料集》、《民族词典》等十余种著作。先后发表了《武鸣壮语量词研究》、《壮汉语关系浅谈》、《壮族的方块文字》、《临高话研究》、《壮语变调规律与语法的关系》、《壮族语文的回顾与展望》、《一个战略性的任务》(合作)等数十篇学术论文，有不少具有重要的学术价值，在壮语语法研究、壮汉语系属关系、壮族古文字研究等方面产生了重大影响。比如《武鸣壮语量词研究》一文，阐明了壮语量词伴随名词的作用，并第一次提出壮语有量级的区别；《壮汉语关系初探》一文，运用语言历史关系比较方法，把壮语与汉语中古音进行比较研究。阐明了壮汉语历史上的关系。《壮族的方块文字》阐明壮文方块字是一种古老的文字，第一次系统地分析了方块壮字的结构、语音和语义，这对中国古文字研究和文字改革都有积极的参考价值；专著《海南临高话》，书中除详细介绍了临高话语音系统、语法系统和词汇外，还分析了临高话跟壮、泰、侗、黎等语言的共同特征，不仅证实了临高话属于汉藏语系壮侗语族壮泰语支，是一种接近于壮语的语言。

张元生一生以教书为本，始终保持了中国知识分子朴实、谦逊本色，鼓励后学者大胆创新，体现了长者风范。即便退了休，他还对壮语言文学学科的建设和发展倾注了极大的热情，并为壮族地区的民族文化教育事业出谋划策，在壮族人民心中享有较高的地位。

赵阿平 (1955—) 女，满族，1982年毕业于哈尔滨师范大学历史系，获史学学士学位，现任黑龙江大学满族语言文化研究中心主任、教授、博士生导师、学科带头人，黑龙江省满语研究所所长、《满语研究》杂志主编。主要社会兼职：国际通古斯语言文化研究会副会长，国家社科基金学科评审组专家，全国语言文字标准化技术委员会委员，中国阿尔泰语言学会副会长，中国人类学民族学研究会常务理事，中国民族语言学会常务理事，中国民俗语言学会副会长，国家非物质文化遗产保护工作专家，日本学术振兴会特聘教授，黑龙江省满—通古斯语学会理事长，黑龙江省非物质文化遗产保护工作专家委员会委员，黑龙江省文化产业项目评审委员会专家，黑龙江省政协第九届委员会委员，黑龙江省第十一届人大民族侨务外事委员会委员。

赵阿平多年从事满学、满族语言与历史文化、满—通古斯语言文化关系、文化语言学、民族学人类学研究、教学及办刊工作。在学科建设、教学科研、主办学术期刊、学术交流等各方面成绩显著。主持国家社科基金重点项目、国际合作科研项目多项，主办、联合主办国际学术会多次。

学科建设发展满学学科是国内外学术界关注的重要学科，亦是我国居国际领先地位的学科。于20世纪90年代初开创了满族语言与历史文化研究新方向，将满语研究与历史学、文化学、人类学、考古学等相关学科密切结合，拓展了该学科研究的道路。经赵阿平所长提议，黑龙江省满语研究所于1999年整建制迁入黑龙江大学，并组建成立了满族语言文化研究中心。2000年设立中国少数民族语言文学（满语）硕士学位点，2005年开始招收培养本科生；2007年设博士生培养方向开始招生，该学科为黑龙江大学重点学科、黑龙江省重点学科；该中心为黑龙江省人文社科重点基地。

学术研究交流多年来主要从事满学、满族语言与历史文化、满—通古斯语言文化关系、人类文化语言学、民族学人类学研究，成果丰硕。将语言学与历史学、民族学、文化人类学、考古学等相关学科相结合，拓展了满—通古斯诸族语言文化发展研究的领域范围。

主持国家社科重点项目1项；参加国家社科基金项目2项；合作主持国际合作项目6项；主持省级社科基金项目6项；主办、联合主办国际学术会议6次；多次应邀赴日本、韩国、俄罗斯等国进行学术研究、讲学、交流考察等。

培养后备人才以各种方式指导培养本学科及相关学科后继人才。1982—2008年进行中国史、清史、世界史、中国教育史、满语、满族语言与历史文化、满—通古斯语言文化关系、文化语言学、民族学等教学，指导、培养国内外博士研究生、硕士研究生、大学本科生及年轻科研人员等各类后继人才。同时培养了学术与编辑业务兼通的《满语研究》期刊编辑专业人才。

主办学术期刊主编《满语研究》期刊19年，该刊创办于1985年，是国内外唯一专门研究满—通古斯语言、文化的学术性期刊，被评为全国民族学类、民族语言类核心期刊以及黑龙江省社科一级刊物。2002年被评为第二届全国优秀社科学报；2003年评为第二届中国期刊奖百种重点期刊；2004年评为北方八省市优秀期刊；2005年荣获黑龙江省出版精品工程奖；2006年被评为第三届全国优秀社科学报。

赵阿平个人共获省级期刊优秀文章编辑一等奖8项；省级期刊装帧设计二等奖2项；省级优秀编辑奖4项。

主要科研成果已出版专著有：《满语研究通论》（合作）、《黑龙江现代满语研究》（合作）、《满族语言与历史文化》。主编《满—通古斯语言文化研究文库》丛书11部。编著：《满—通古斯语言与文化研究》、《满—通古斯诸语与相关语言比较研究》2部。在学术论文方面，以英文、俄文、汉文在国外刊物和国内刊物发表的主要论文有：《论满语词汇的特点》、《满语语义文化内涵探析》、《满—通古斯语言与萨满文化》、《中国满—通古斯语言文化研究及发展》、《满族语言文化教学方略》、《满语、赫哲语使用变化过程及濒危原因》、《满—通古斯语言文化研究的人类学价值及发展》、"On the Research and Research Development of Manchu - Tungusic Language and Culture in China"等80多篇。共获省级以上社会科学优秀科研成果一、二、三等奖15项。

赵江民 （1970—）博士，副教授，新疆师范大学语言学院副院长，硕士研究生导师，新疆少数民族双语教育研究中心秘书长。

主要从事社会语言学和少数民族汉语教学与研究工作。主持自治区哲学社会科学研究课题——《新疆民汉语言接触影响规律及其在双语教学中的应用》和自治区教育厅汉推研究课题《中亚留学生汉语教育理念和教学模式创新性研究》；参与撰写专著《新疆民汉双语现象与社会发展之关系》。近年来在《云南师范大学学报》、《中南民族大学学报》、《民族教育研究》、《新疆社会科学》、《新疆大学学报》、《语言与翻译》等各类期刊发表论文近20篇。

赵杰 （1953—）满族，北京大学中文系博士、外语学院教授、博导、北方民族大学名誉校长、北方民族大学副校长、二级教授、北方语言研究院院长。曾任北大语言所所长、石河子大学副校长、西域文化研究院院长、新疆生产建设兵团教育局副局长等职。兼任中国民族文化研究会名誉会长、中国民族语言学会副会长、中国民族双语学会副会长、中国人类学民族学会副秘书长、北京语言学会副秘书长、宁夏语言学会名誉会长、宁夏回族学会副会长、宁夏留学人员协会副会长、宁夏经济文化发展促进会副会长、国家社科基金通讯评审专家、教育部留学归国科研评审专家、教学评估专家等职。

曾两次为全国人大常委会领导和全国人大民委领导讲座中国民族，又在美国威斯康星大学、日本北海道大学、神户外国语大学、富山大学、加拿大原住民大学、韩国首尔大学、高丽大学、延世大学、梨花女子大学、仁荷大学、忠南大学、中国驻朝鲜大使馆、吉尔吉斯比什凯克人文大学、卡塔尔国家研究院、香港科技大学、中文大学、建道神学院、国家民委机关、北大、清华、人大、北师大、吉大、兰大、北京社科院、新疆社科院、宁夏社科院、宁夏民宗委等国内外诸地演讲100多次。

曾获大阪国际科学家研究基金、韩国国际交流财团研究基金、大陆台湾满学特等奖学金、全国满学优秀成果奖、全国回族学优秀成果荣誉奖、全国民族双语优秀成果一等奖、宁夏社科优秀成果一等奖、新疆优秀图书一等奖、宁夏教育奖章获得者、宁夏首届教学名师、宁夏文史馆十大名誉馆员等奖称40余次。

已出版独立著作14部,其中《现代满语研究》、《现代满语与汉语》、《北京话的满语底层和轻音儿化探源》、《满族话与北京话》四部著作均收入阎崇年主编的《世界满学著作概要》。20世纪80年代的《现代满语研究》是描写黑龙江正在使用的满族语言的专著。《东方文化与东亚民族》国学大师季羡林亲笔写了6页序言。《汉语语言学》是首次以外国语和民族语作为参照系,从"庐山"之外看"庐山"来研究汉语的独辟蹊径之作。《从日本语到维吾尔语》集一人20年之力,从日本经韩国、朝鲜、中国东北、内蒙古、宁夏、甘肃、新疆直到中亚,调研了近20种语言,揭示了整个阿尔泰语系接触与比较的规律。《新疆蒙古语研究》是一部研究内蒙古之外的蒙古语专著。《丝绸之路语言研究》利用作者在新疆挂职4年的机会,调研了几十种当地语言和文献,理出了汉藏、印欧、闪含、阿尔泰4大语系中诸语言交叉磨合、互动互补的规律与线索。另外5本专著:《民族和谐与民族发展》、《回族解读》、《回族释读》、《东雨西滴》、《中华民族共有精神家园论》均是从民族语言延伸到民族文化、理论、精神的著作。还主编《回族众读》、《北方语言论丛》等书刊15部,在《人民日报》、《中国语文》等报刊发表各类文章180篇。2006—2007年有关回族的5篇论文连续在《回族研究》上发表,2011年关于民族文化的论文连续12篇在《中国民族报》上连载。台湾中央研究院文哲所推荐并由台湾经学出版公司出资出版《赵杰文集》(12卷)。

赵敏兰 (1969—)女,瑶族,博士,广西师范大学文学院教授。主要研究方向为苗瑶语、汉语方言。研究内容涉及瑶语本体及与汉壮语等接触研究、跨境瑶语比较研究、瑶族口头文学语言研究、苗瑶语比较研究、南方汉语方言本体及与壮瑶语等接触研究。主持、参与项目12项,其中主持国家社科基金项目"广西金秀瑶族语言生态及其保护模式研究"、教育部人文社会科学研究规划基金项目"瑶语和汉语接触研究"、广西哲学社会科学"十一五"规划2006年度课题"瑶学丛书"子课题"瑶语方言和周边汉语方言关系研究"、广西人文社会科学发展研究中心项目"桂西凌云金门瑶语研究"。作为主要成员参与国家社科基金项目"广西彩调研究"、"五岭汉语方言和瑶语生态评估及双语接触研究"、广西哲学社会科学"十一五"规划2006年度课题"广西境内壮、侗、仫佬、瑶(拉伽)等民族语言中动物名词音义关系比较研究"。出版合著《侗台苗瑶语言的汉借词研究》、《广西民族语言方音词汇》、《中国少数民族语言研究60年》。发表论文有:《瑶语早期汉语借词的声母》、《标敏瑶语汉借词的韵尾特点》、《勉语中的壮侗语借词》、《试论中泰两国瑶语的词汇差异》、《试论中泰两国瑶语在语法上的差异》、《说"月日"》等,其中《广西民族语言方音词汇》和《瑶语早期汉语借词的声母》分获广西壮族自治区第十一次社会科学优秀成果著作类二等奖和论文类三等奖,《试论中泰两国瑶语的词汇差异》获桂林市第二次社会科学优秀成果论文类三等奖。

赵庆莲 （1969—）女，纳西族，生于云南省丽江古城。1987年考入云南大学外语系英语专业学习，1991年大学毕业后分配至云南省少数民族语文指导工作委员会办公室（简称云南省民语委办公室），从事民族语文工作至今。现任对外合作与交流科科长，职称为副译审。主要领域为纳西语翻译、纳西语研究及纳西语的保护传承。

在刚毕业参加工作时被安排到当时的丽江纳西族自治县（现玉龙纳西族自治县）民族语文工作指导委员会办公室（以下简称丽江县民语委），跟随和学才老师和和洁珍老师学习。和学才老师是东巴世家的后代，对东巴文化和纳西语言造诣颇深。在实习期间，编译了纳西语文《烤烟栽培与烘烤》一书，并录制了录音带，下发到烤烟栽培区。《烤烟栽培与烘烤》一书获得云南省人民政府颁发的优秀科普作品奖。自此之后，还翻译了多种纳西语文书籍。

除了翻译工作，从20世纪90年代开始，就在纳西族地区的小学中开展了纳—汉双语文教学试验。近几年来，在开展双语教学的同时，丽江市古城区、玉龙县在纳西族学生中还开展了纳西母语传承教学。此外还翻译小学语文二年级下册及三年级下册的工作，多次被省教育厅聘为纳西语专家参加教材审订工作，多次担任云南省教育厅组织的纳西语—汉语双语教师培训的授课教师。

在做好纳西语翻译的同时，先后承担了《纳西东巴文书法艺术》（周嘉谟著）、《纳西东巴文字贴》（和力民著）、《纳西东巴文字画》（和品正著）等的英文翻译工作。2006年，翻译出版了美国学者孙佳琪（Jacqueline S. Pinson）撰写的 *What You Can't See is Medicine* 一书。近年来，还参与了纳西东巴象形文字国际标准的研制、申报工作，翻译提交国际标准化组织的提案，并多次参加国际标准化组织 ISO/IEC JTC1/SC2/WG2 会议，担任翻译任务。

在云南省民语委办公室与世界少数民族语文研究院（以下简称SIL）的长期合作中，作为双方合作项目的协调人员，并作为中方人员参与纳西语合作项目。2007年，申请到福特国际奖学金，受资助到美国夏威夷大学语言学系学习，2009年获得语言学硕士学位后，回到云南省民语委办公室继续从事民族语文工作。

为了尽可能地记录、抢救、研究濒危语言以及缺少文献记录的语言，保护语言的多样性，20世纪90年代以来，许多国际组织如联合国教科文组织以及语言工作者做出了很大努力，在世界各地积累了不少经验。作为少数民族群体的一员，更加深切地体会到保护少数民族语言资源的重要性。

国内外学者对纳西语的研究从20世纪三四十年代就开始了，也有很多研究成果相继问世，但许多著述是纳西东巴经的研究成果，对纳西语的研究还远远不够深入。更为遗憾的是，纳西语至今还没有出版过一部词典，给纳西语的翻译、教学、研究带来诸多不便。在和即仁老师等前辈语言工作者于20世纪50年代收集的纳西语词汇的基础上，重新整理、补充词条，共同编撰了《纳西语常用词汇》一书。该书收集了纳西语西部方言常用词6000余条，词条用纳西拼音文字拼写，加注国际音标，汉语对译，多音节词则加注例词。附录部分包括纳西故事选和纳西经文选。该书将为纳西族群众及广大学者提供一个学习、研究纳西语的工具和资料。

目前，与香港城市大学的罗振南教授合作开展一项纳西语语法研究项目。2012年2—3月，应邀到香港城市大学进行了学术交流访问。

赵习 （1935—）女，祖籍河北玉田，生于北京。1953年考入北京大学东方语言文学系朝鲜语专业学习。1957年进入中国科学院少数民族语言研究所（中国社会科学院民族研究所）从事朝鲜语研究工作。1957年9月—1959年2月在北京大学东语系随朝鲜的语言学专家进修。历任研究实习员、助理研究员、副研究员、研究员。北京大学韩国学研究中心特约研究员。中国朝鲜语学会理事。主要专著有：《朝鲜语简志》（合著）；《朝鲜语方言调查报告》（合著，获中国社会科学院民族研究所1977—1991年优秀科研成果一等奖、2001年第一届中国朝鲜语学会优秀著作奖）。工具书：《朝汉常用词词典》。论文有：《朝鲜语概况》、《朝鲜语六镇话的方言特点》（合著）、《固有词和汉字词在语义上相辅相成的关系举例》、《我国跨境民族的语言文字问题》（研究报告《我国少数民族语言文字使用与发展问题研究》之一，获中国社会科学院1977—1991年优秀科研成果奖）。参加编写集体著作中加合作项目《世界的书面语：使用程度和使用方式概况》中国卷（专著）。参加编写和编审《中国少数民族语言使用情况》（专著）。参加北京大学东语系朝鲜语专业主编的《朝汉词典》和《汉朝词典》的编写工作。

译著有：《渤海文化》、《洛东江》（中篇小说，合译）、《韩国女作家作品选》（短篇小说集，合译）、《美的灵歌》（长篇小说，合译）、《论语、孟子和行政学》（合译）。并曾为韩国国际交流财团与中国社会科学院文献信息中心合作出版的杂志《高丽亚那》（中文版）提供多篇译作。

赵霞 （1976—）女，博士研究生，现任教于新疆师范大学语言学院，副教授，硕士生导师。

在国内核心期刊和其他刊物上发表论文十余篇，参编教材3部，主持教育部课题一项，参加课题3项。已发表论文《维吾尔文献中的伦理文化观及现代意义》（《新疆师范大学学报》2011年第5期），从维吾尔族文化的视角，将其对人性价值的判断略作归纳，即以"善"为根本，与尊重生命、崇尚生命的道德行为相结合的伦理道德观。对维吾尔族传统家庭伦理思想的内容、基本特点及其现代价值略作讨论，其主要内容包括：以"爱"和"敬"为主要道德规范的夫妇之伦；以"慈"与"孝"为主要内容的亲子之伦；以"宽"与"忍"为核心的长幼之伦。并指出维吾尔族传统伦理精神在指导、规范和协调社会成员的日常行为方面的现代的积极作用；《新疆石河子市民族中学双语教师状况分析研究》（《新疆大学学报》2009年第5期），文章通过对石河子市民族中学双语教师的现状、双语教师的教学态度、教学方式以及双语教师对教学的评价进行了研究分析，总结出以下几个问题：石河子市民族中学的双语教师师资力量不足；教师的语言素质虽然较高，但是其专业素质整体偏低，有待提高；教师的教学方法单一；整体把握运用教材的能力不足；新课改教学理念和方法尚未得以贯彻。针对以上问题文章提出了相应的改进措施。

赵岩社 （1962—）佤族，云南沧源人。硕士研究生，现为云南民族大学民族文化学院副院长、教授。于1997年8月破格晋升为副教授，同年为校级学科带头人；2001年8月破格晋升为教授；2006年1月—2007年5月任云南省民族研究所副所长；少数民族语言文学专业和语言学及应用语言学专业硕士研究生导师，中国西南民族研究会理事，教育部科研基金项目评审专家，云南省中小学教材审定委员会民文教材审定专家，《云南民族大学学报》编辑委员会委员，佤族研究会副会长。

在云南民族大学任教以来，表现突出，1997年被省教育厅等单位授予优秀教师称号；2000年被授予"首届云南省青年'五四'奖章"；2000年获云南民族大学"伍达观"优秀教师奖；2003年12月授予"昆明市优秀文明市民"称号；专著《佤语语法》2000年获国家民委、新闻出版署优秀图书三等奖；译著《佤族农村实用技术》获1998—1999年西南西北四省优秀科技图书一等奖。个人传略及业绩被载入《云南人才库》等。是第一代佤族硕士生，对佤语修辞进行系统全面研究的专家，多年的理论素养可以从多角度、多层次地深入研究探讨孟高棉语言文化，并取得了成绩，奠定了在孟高棉语研究中的地位，研究成果在本研究领域中有一定的影响。

教学方面，曾先后给本科生、研究生、外国留学生讲授"翻译理论"、"佤族文学"、"民族语言调查研究"、"云南民族语言概论"等课程。在科研方面，出版专著、合著、译著有：《佤族生活方式》、《佤语概论》、《佤语语法》、《云南民族语言文字概论》、《班洪事件纪实》、《民族理论与民族发展》、《佤族农村实用技术》等。发表学术论文有《佤语的前置音》、《中国孟高棉语描写语言学的现状与展望》、《佤语的音节》、《佤语骈俪语的语言特点》、《佤语布饶方言与阿佤方言比较研究》、《佤族木鼓文化探析》、《佤语音节的配合规律》、《佤语词汇中的外来词》、《佤语修辞研究》、《必须重视民族语文工作》、《缅甸语的音变词》、《关于佤族地名、姓名翻译的若干问题》、《莽语与佤语比较研究》、《云南少数民族语言使用的发展总趋势》、《话说佤文与赖撒拉》、《佤汉双语教学比较研究》等多篇。

赵衍荪　（1922—？）白族，云南剑川县人。曾任中国社会科学院民族所副研究员、中国民族语言学会理事。

抗战时期曾在华中大学外语系读书，1946 年转入云南大学外语系三年级，1948 年毕业。在大学读书期间曾兼任昆明正业、南菁中学和昆明工业学校的英文、语文教师，曾任过昆明工校教育工会副主席、昆明市中学教工业与政治学校第四分校副校长等职。1956 年调中国科学院少数民族语言研究所和后来的民族研究所，从事白族语文研究工作。他从 1957 年开始长时间深入云南白族地区调查，记录了大量白语材料，为白语的划分方言、创制文字、选择基础方言标准音点以及白族语言的研究打下了良好的基础。曾在所内开设的英文班授课，培养所内研究人员。他和徐琳合作编写了《白语简志》，这是一部比较全面系统地介绍白语语音、语法、方言文字情况的专著，书中提到白语吸收了大量的汉语借词，新词术语都直接借自汉语，是藏缅语族中吸收汉语借词最多的一种语言。在文字部分说明白族没有自己完备的文字，通过收集到的几种碑文可以看出古代白族用汉字写白语，主要是利用汉字的读音、训读、自制新字和汉语借词等方法来表达白语。他对老白文的研究有自己独到的见解，在几篇论文里反映出他研究老白文的造诣。已发表的论文有：《白文山花碑释读》（与徐琳合作）、《白语的系属问题》、《白语和汉语普通话的对比研究》、《白文》、《白语的词汇》等。此外还翻译了数篇论文，如：《拉祜语文字方案中的若干问题》（美国马蒂索夫）、《藏语中的借词》（美国劳费尔）、《南诏与吐蕃的联盟》（美国巴克斯）。

照那斯图　（1934—2010）蒙古族，内蒙古自治区兴安盟科尔沁右翼中旗人。中国社会科学院荣誉学部委员、民族研究所研究员。曾任中国社会科学院民族研究所所长，学术委员会主任、中国民族研究团体联合会副理事长、中国民族语言学会副会长、中国蒙古语文学会副会长、民族语文杂志社主编、中国社会科学院研究生院民族系主任、国家语言文字工作委员会委员、国家民委民族问题研究中心副总干事、日本国亚非语言文化研究所客座教授。

1953—1954 年进修于北京大学东方语言文学系蒙古语言专业。后调至中国社会科学院民族研究所工作。主要研究蒙古语族语言和蒙古文字。1955 年参加蒙古语族语言调查工作，多次赴青海土族地区进行语言调查工作。以后致力于八思巴字的研究并取得了一系列的研究成果。

照那斯图的研究领域主要在蒙古语族语言和蒙古文字方面。1964 年发表了《土族语概况》，1981 年出版《土族语简志》和《东部裕固语简志》。后来他在八思巴字的研究工作中做出了巨大的努力，搜集了一批新资料，提出了一系列研究成果，是目前国内研究八思巴字的几位专家之一。已出版的专著有：《土族语简志》、《东部裕固语简志》、《蒙古字韵校本》（二人合作）、《八思巴字和蒙古语文献》。已发表论文有：《土族语概况》、《论八思巴字》、《八思巴字篆体字母研究》、《八思巴字百家姓校勘》、《南华寺藏元代八思巴字蒙古语圣旨的复原与考释》、《关于孝经蒙文译本的几个问题》、《八思巴文元音字母字形问题上的两种体系》、《元英宗格坚皇帝八思巴字蒙古语圣旨》、《有关八思巴字母的几个问题》、《〈蒙古秘史〉汉字音译本底本与八思巴字的关系问题》、《八思巴字中的零声母符号》、《论汉语中的蒙古语借词"胡同"》等多篇。

照日格图 （1963—）蒙古族，生于内蒙古锡林郭勒盟东乌珠穆沁旗。1984年毕业于内蒙古大学蒙古语言文学系，获得文学学士学位。1987年获得文学硕士学位。1999年获得文学博士学位。受国家教委派遣两次赴土耳其国安卡拉大学史地文学院进修深造。现为内蒙古大学蒙古学学院教授、博士生导师，教育部重点研究基地——内蒙古大学蒙古学研究中心副主任、专职研究员。国际蒙古学者协会会员、中国阿尔泰学会理事、中国蒙古语言学会副秘书长学术委员会委员。入选内蒙古自治区"新世纪321人才工程"二层次和内蒙古大学《513人才计划工程》二层次。主要从事以蒙古语言应用研究为主的社会语言学、以蒙古语族语言与突厥语族语言词汇比较研究为主的阿尔泰学教学与研究工作。

教学方面：作为一名人民教师，坚守岗位，勤奋工作，认真讲课，发挥学生的主体作用，鼓励学生多思考，多练习等方法。使学生们在有限的时间内正确牢固地掌握有关蒙古语言文字方面的知识。不仅为青年教师、访问学者，留学生讲授《现代蒙古语》、《蒙古语精读》等课程，还为民族学系本科生讲授《现代蒙古语》、《大学蒙古语》等课程，认为科学研究的新成果可以丰富教学内容，通过教学，科学研究成果可以得到推广。所以，他特别注意教学内容的深度与广度，结合教学内容为学生介绍讲解有关科研成果。他为硕士学位、博士学位研究生讲授《语言学理论》、《土耳其语基础》、《突厥学概论》、《阿尔泰学概论》、《历史比较语言学》等课程。在阿尔泰学这个特色研究领域，科研资料建设、培养后备力量，提高科研水平等方面都发挥着学术带头人的作用。

参加了内蒙古电视台用蒙古语讲授英语节目的工作，翻译了《广播电视英语》（第三册），并审订了《九年义务教育三年制初级中学英语》教材（蒙文版）和《中学生蒙英汉多功能词典》，为电视台的蒙古语讲授英语节目、全区蒙古族中学讲授英语课作了教材准备。他还英译了《七周蒙古语》教材，为外国留学生，访问学者学习掌握蒙古语提供了便利条件。

科研方面：撰写出版了《蒙古语族语言与突厥语族语言词汇比较研究》、《蒙古语格研究》两部专著。在国内外学术刊物上以蒙汉英土耳其文发表了《不同词类的词汇用于人名时的音变现象》、《论蒙古语 mini、cini、ni 的意义作用》、《现代蒙古语和土耳其语形式相近词的意义比较》、《阿尔泰诸语言数范畴之特点》、《蒙古语的类词根》、《蒙古语和突厥语中的元音交替构词实例》、《以词组分析法辨别蒙古语中的突厥语借词》、《东乌珠穆沁蒙古语使用情况调查报告》、《科左后旗蒙古语使用情况调查报告》、《内蒙古蒙古语使用现状研究》、《母语意识与母语传承》等30余篇文章。

《蒙古语族语言与突厥语族语言词汇比较研究》一书，于2004年在蒙古国荣获以蒙古国功勋教师、著名学者、确·罗布桑扎布教授名字命名的《金星奖》。2006年5月份内蒙古教育出版社再版此专著。《蒙古语格研究》是一部研究有关蒙古语格范畴各种问题的专著。

2001年发表的《蒙古语格范畴系列论文》被评为内蒙古自治区第六届社会科学优秀成果青年奖。因在学习使用研究蒙古语文工作中做出突出贡献，

2007 年 2 月内蒙古自治区人民政府为照日格图教授荣记二等功。

科研项目方面，完成的项目有：（1）中华社科基金会资助的项目《中世纪蒙古语词典》；（2）内蒙古大学蒙古语文研究所与德国波恩大学中亚语言文化研究所合作进行的科研项目《中国蒙古语言地图集》；（3）内蒙古教育厅资助的《土耳其语基础研究》项目；（4）确精扎布教授主持的国家语委项目《蒙古文拉丁转写》；（5）清格尔泰教授主持的国家社科项目《蒙古学百科全书·语言文字卷》；（6）参加诺尔金教授主持的国家语委项目《蒙古语言中的英语借词书写法》。

主持和参加的项目有：（1）主持国家教委留学回国人员科研启动基金项目《蒙古语与突厥语词汇比较研究》；（2）主持国家社会科学基金项目《13—14 世纪蒙古文献中的突厥语成分》；（3）主持国家教育部重点研究基地重大项目《卫拉特民间文学搜集与研究》；（4）参加孟和宝音教授主持的国家教育部人文社会科学研究项目《草原游牧文明变迁与蒙古族未来文明形态研究》。

郑国乔 （1927—）浙江嘉兴县人，后迁居上海。中央民族学院少数民族语言文学三系副教授。1951 年从复旦大学应召入中央民族学院学习布依语。1953 年毕业留校，从事侗族语言文学的教研工作，也涉及仫佬语和毛南语的研究。他是中国较早开展侗语文教学研究的工作者之一。早在 1953 年他就与侗族杨权、龙明耀合作，根据湖南通道侗族自治县坪坦乡的侗话设计了拉丁符号，编写侗语课本，培养了第一批侗语专业大学生。1956 年投入普查侗语和设计侗文方案的工作，并到标准音点深入调查，为侗文的创立和推行作准备。还跟第一工作队副队长王均先生调查了仫佬语和毛南语，并写出毛南语简志送审稿。20 世纪 70 年代初至 80 年代，在中央民族学院文物室从事民族文物工作，参与筹备编写侗族文学史的工作，投入侗族古籍整理，与杨权合作整理了侗族史诗《起源之歌》。这书凝聚着作者数十年来从事侗族文学工作的心得。1982 年恢复推行侗文以来，他对现代汉语借词主张按当地话拼写，暂不强调标准语的办法。方言词作为丰富词汇的手段可以吸收到标准语中来。1984 年以来，先后在中央民族学院、贵州民族学院、广西壮文学校讲授壮侗语族语言概况、现代侗语语音、侗语方言比较、语言学概论、汉语音韵常识以及无传统文字民族的古籍整理和侗族文学等课程。他的《侗语声调》、《壮侗语族语言概况》、《侗语方言比较》等论文和教材，是多年教学和研究工作的经验总结。他认为，侗语语音的发展深受汉语的影响，其发展趋向与中古汉语到现代汉语的演变极其相似。认为，古侗水语可能有过浊、次浊、清三套声母，现代侗语已大部分合为一套，只有擦音还有清浊之分。长短元音对立将逐渐消失，入声韵已见归入舒声韵的端倪。古壮侗语声调曾普遍发生了阴调和阳调的分化，而侗语的阴调又因声母的送气与否发生了全阴调与次阴调分裂的第二次分化。对壮侗语的送气塞音声母看法是，古壮侗语原来没有送气塞音，侗水语支的送气塞音可能是从壮侗母语分化出来后由复辅音发展而来，并加以论证。从亲属语言的比较中，他推断现代侗水语塞音的送气成分是由辅音的后响音演变来的。他对侗语方言土语的划分提出应增加一个土语。该土语的最重要特点是有浊塞音声母。

郑贻青 （1936—）女，壮族，广西靖西县人。1956 年毕业于中央民族学院语文系语言专修科，随即参加中国科学院少数民族语言调查第一工作队海南分队，到海南岛乐东县、东方县、崖县（今三亚市）调查黎语方言和创制黎文工作。1957 年调查结束，参加黎语调查报告和划分黎语方言的讨论，和黎文方案的设计和讨论。1957—1958 年，在黎族苗族语文研究指导委员会研究科任词汇组组长，与同事们一起多次到黎语标准音地区学习黎语，收集、整理黎语词汇和歌谣故事，编写《黎汉词典》初稿。1959年后调中国科学院少数民族语言研究所（后改为民族研究所）壮侗语组，历任研究实习员、助理研究员、副研究员、研究员。1981年赴海南三亚调查当地的回族语言回辉话，发表文章《海南岛崖县回族的回辉话》，引起了国内外有关学者的兴趣。国外学者如奥德里古尔、白保罗、黄美利、等纷纷来信和材料或到家走访，鼓励深入调查和发表著作。1990年以后调查研究广西靖西壮语。出版的著作有：《黎语简志》（二人合作，1980）、《黎语调查研究》（二人合作，1983）、《黎汉词典》（主编，1993）、《靖西壮语研究》（1996）、《回辉话研究》（1997）、《壮语方言研究》（六人合作，1999）、《中国黎族》第三章《语言》（二人合作，2004）。参加的集体著作有：《中国少数民族语言使用情况》（负责其中的广西壮族自治区和环江毛南族自治县、罗城仫佬族自治县及壮语、仫佬语、毛南语、回辉话等7篇）、《中国语言地图集·海南省黎语分布图及说明》。在中加合作的项目《世界的书面语使用程度和使用方式概况》（负责壮语、毛南语、仫佬语等语言部分及自治区、自治县的语言使用情况简介）。

发表的论文主要有：《黎语概况》（二人合作）、《黎族的亲属称谓和人名》、《海南岛的回族及其语言》、《海南岛崖县回族的回辉话》（二人合作）、《从社会语言学的角度看三亚回族的回辉话》、《再谈回辉话的地位问题》、《原始台语声类在靖西话里的反映》、《靖西方块壮字试析》、《壮族文化的宝贵遗产——〈古壮字字典读后〉》、《试谈社会变化对语言使用的影响——以环江县毛南族为例》、《壮语德靖土语的否定方式》、《浅析黎语中的汉语借词及黎汉相同词》、《靖西壮语亲属称谓探究》、《谈谈壮语地名用字问题》、《回辉话中的汉语借词及汉字读音》、《论回辉话声调的形成与发展》、《海南三亚回族多语现象分析》、《跋涉在五指山下——黎语方言调查纪事》、《从词汇上看台湾原住民语言与黎语的关系》（二分合作）、《广州话的时间副词"先"字的用法》。

获奖情况：《黎语调查研究》获民族研究所优秀科研成果一等奖；《壮语方言研究》获2001年民族所优秀科研成果一等奖，中国社会科学院优秀著作二等奖；《回辉话研究》获2008年中国社会科学院离退休人员科研成果三等奖；集体著作《中国少数民族语言使用情况》获中国社会科学院第二届优秀科研成果奖和中国人民大学吴玉章奖金语言文字学优秀奖。

郑玉玲 （1949—）女，1969年参加工作，北京航空学院无线电系雷达导航专业毕业，大学学历，副研究员。民族语言学会常务理事。1977—1986年中国社会科学院语言所实验语音学研究室，从事计算机硬件和实验语音学研究；1986—2006年中国社会科学院民族学与人类学所实验语音学研究室，从事实验语音学和计算语言学研究。研究经历及获奖情况：（1）1992—1994年主持完成国家自然科学基金项目"藏缅语语料库及比较研究的计量描写"，该项目成果1996年荣获国家科委颁发的《全国科技信息系统优秀成果二等奖》（获奖者包括项目组全体成员）；（2）2001—2005年作为项目第二主持人主持社科院重大项目"民族多媒体信息系统"本人负责完成"民族GIS多媒体检索系统"。（3）2000—2002年主持国家自然科学基金项目"普通话动态腭位研究"，该项目成果2003年获中国社科院民族所《优秀科研成果三等奖》（获奖者包括项目组全体成员）。（4）2004—2006年主持国家自然科学基金项目"基于动态腭位的普通话协同发音究"。

近年有关论著：《藏语方言语音量化分析》、《普通话语音动态腭位数据库及其研究平台》（郑玉玲、朱思俞合作）、《蒙古语三音节词韵律模》（与鲍怀翘合作）《普通话动态腭位数据统计分析初探》（与鲍怀翘合作）、《蒙古语三音节词重音研究》（三人合作)、《普通话中塞音、塞擦音、嗓音起始时间（VOT）初探》（三人合作)、《汉语普通话动态腭位的数据缩减方法》（二人合作）《蒙古语语音动态腭位数据库》（三人合作)。《基于 EPG 的普通话语音研究》。

郑张尚芳 （1933—）生于浙江永嘉永强寺前街，即今温州市龙湾区永中镇。原名郑祥芳，笔名尚芳、方翔。一直热衷自学语言学，并受到袁家骅、王力、吕叔湘、李荣、王辅世诸先生器重指导，1955—1964 年间已发表从拼音至方言的大小文章十来篇。1964—1966 年参加浙江省方言调查组，1978—1981 年参加《汉语大词典》温州师院编写组。1980 年考取中国社会科学院语言研究所副研究员。1991 年晋升研究员，1994 年起领取政府特殊津贴。

曾任中国音韵学研究会理事、学术委员，兼上海师范大学、南开大学、北京语言大学教授。多年从事汉语方言、古音、汉藏语言比较研究，发表论文百余篇，专著两本，并参与三本专著、两本方志方言部分的编写。曾多次应邀出国参与学术会议和讲学。其主要学术活动有：

方言方面，调查过浙江 22 县市、皖赣鄂闽 35 县市、粤北 13 县市的方言，对吴、徽、闽、赣、客、粤、江淮 7 种方言皆曾多点实地调查，还调查过壮语瑶语及畲话。母语温州方言是其研究重点，其系列论文使他成为吴语的紧松鼻流音声母、连读变调、儿尾小称变化、促化及语言层次、语言底层等现象的最早研究者之一，2008 年出版专著《温州方言志》。2002 年《现代汉语方言概论》中的徽语部分。

《温州方言记》、《温州音系》、《温州方言的连读变调》认为清浊声母与阴阳调类间有严格配合关系，鼻流音声母应分紧、松两套。论吴语底层语音的《浙南和上海方言中的紧喉浊塞音 ʔb、ʔd 初探》、考索了 ʔb、ʔd 在浙沪分布跟古越语侗台底层的关系，驳改奥德里古 ʔb、ʔd 只见于东南亚与海南的论断。

《中国语言地图集》中负责吴语、安徽南部方言及粤北方言的分区。

《方言异常现象在地理分布上的密集与稀散》提出每种语言现象都有发生发展及消亡的周期，可由地理分布疏密反映。又依实地调查指出吴语边区全浊声母已清化，而赣闽粤语里都有些点仍保持读浊音及塞音声母三级分法。1989《汉语方言舒声促化现象》研究从内蒙到广东此现象的分布及其历史。

古音及汉藏比较方面温州很多古音遗存《切韵》难以解释，故自 50 年代末即研究上古音。上古音论文《汉语上古音系表解》，《上古音构拟小议》，《上古韵母系统和四等、介音、声调的发源问题》等。

《〈蒙古字韵〉所代表的音系及八思巴字一些转写问题》、《从〈切韵〉到〈蒙古字韵〉音系的演变对应规则》、《汉语的同源异形词和异源共形词》（《汉语词源研究》第 1 辑）论述了这两种词系，古音研究要重视"转注"材料，即同一字形的变式分化：命令、立位、益溢、史吏、老考、箸著着等，即多属同源异形词系。在亲属语比较上还得注意异源共形平行词系，1981 年《汉语上古音系表解》就已提出汉藏两语比较中同谐声的"共形词"比较法，后发展为《谈音义关联的平行词系比较法》。2006《汉藏两语韵母异常对应》更强调了比较的异常对应。

应用其上古拟音解读了民族语古文献中号称千古之谜的《越人歌》、《勾践维甲令》及《白狼歌》，阐明古越语与侗台语，白狼语与缅语的亲缘关系。又以人名、地名、扬雄所记吴越词与泰文比较，对古越语作了开创性探索。

1993《澳泰语言根在汉藏》（CMAMC 会议）、1995《汉语与亲属语同源根词及附缀成分比较上的择对问题》二文主张将汉藏、南岛、南亚三语系合为华澳大语系（邢公畹称"汉藏泰澳语系"）。

郑宗泽 （1933—）瑶族，湖南江华瑶族自治县人。副研究员，1957年春—1958年夏在广西民族学院的广西等四省、区瑶族语言干部培训班学习语言学知识，包括"普通语言学""普通语音学"等课程。1958年夏结业后调中国科学院少数民族语言研究所。在所内协助瑶语专家罗季光先生收集撰写《中国少数民族语言简志·苗瑶语部分》和《瑶族语言简志》中的勉语材料，并整理从广西龙胜各族自治县庙坪乡搜集来的勉语词汇材料。1959年《瑶族语言简志》由科学出版社出版。20世纪70年代末至80年代初参加在罗季光教授指导下、由毛宗武执笔的中国少数民族语言简志丛书中的《瑶族语言简志》的编写，主要负责其中"勉语"部分的修订补充工作。80年代中期，参加国家"七五"重点科研项目"中国少数民族语言使用情况和文字问题调查研究"课题的子项目《中国少数民族语言使用情况》一书的调查与编写工作。撰写了湖南江华瑶族自治县、成步苗族自治县和广东连南瑶族自治县、乳源瑶族自治县有关瑶族语言和苗族语言的使用情况。80年代—90年代初还搜集了一些勉语勉金方言湘南土语材料，编写了《湖南江华勉语研究》。1991年被评为副研究员。已出版专著：《瑶族语言简志》（与毛宗武、蒙朝吉合作）；《汉瑶简明分类词典》（参加编写）。主要论文：《勉语全浊声母与阴类调》，载广西瑶族研究学会编的《瑶族研究论文集》；《蒲姑国的族属》。

郑作广 （1954—）壮族，研究员，教授，现任广西经济管理干部学院院长，广西大学文学院语言学硕士生导师（兼职）。2000—2006年曾任广西教育厅副厅长、广西语委副主任、主管广西语言文字工作。学术研究方向：汉语方言与音韵，推广普通话等。学术兼职主要有国家督学、广西法学会副会长。长期从事语言文字研究工作，主持、参与12项国家和自治区重点科研课题，公开出版编著和专著39种，发表论文近百篇，获国家和省部级奖19项。主持的语言学项目主要有：全国教育科学"十五"规划课题"广西小学壮汉双语教学研究"；国家语言文字工作委员会"十五"科学研究课题"桂北平话与推广普通话研究"；国家语委"十二五"科研规划课题"桂南平话与社会认同"；广西哲学社会科学"十二五"规划课题"广西汉语变异方言研究"；广西哲学社会科学规划课题"广西汉语珍稀方言语音研究"；广西教育科学"十五"规划重点课题"广西语言文学使用问题调查与研究"；广西教育科学"十一五"规划重点课题"桂南平话研究"等。

代表性成果有：担任课题组长并主编的《桂北平话与推广普通话研究》获2006—2007年度广西社科优秀成果一等奖；主持课题并任编委主任的《广西语言文字使用问题调查与研究》获2004—2005年度广西社科优秀成果二等奖；担任课题组长并主编《广西汉语珍稀方言语音研究》获2008—2009年度广西社科优秀成果三等奖，担任全书编委并主编的《广西大百科全书·科学教育卷》获中国政府出版奖图书提名奖；出版语言学专著《语言学探求》。

仲素纯 （1927—2000）女，河北省保定市人。曾就读保定女子师范学校和中国大学。建国后考入华北大学中文系，毕业后分配到全国政协全国委员会工作。1958年调到中国科学院少数民族语言研究所工作，从事北方少数民族语言达斡尔语调查研究，任助理研究员。著作有《达斡尔语简志》（1982）。已发表论文有：《达斡尔语的元音和谐》，载《民族语文》1980年第4期。

周发成 （1962—）羌族，生于四川茂县。现任中共四川省委民族工作委员会、四川省民族事务委员会联络处处长，中国民族语言学会理事、西南民族大学兼职教授、阿坝师专学报特约编审。

1980—1984年在西南民族学院（现西南民族大学）政史系政治专业学习，获法学学士学位。1984—1989年在四川阿坝州马尔康县委工作。

1989年至1991年在阿坝州政府办公室工作，同期借调至省民委任四川省羌文创制办公室副主任兼临时党支部书记。参加语言学与文字创制理论研究班之后，主持羌族文字方案创制推广工作。1991年11月至今在四川省民委工作。1991年11月—1996年11月任四川省少数民族语言文字工作委员会委员、省民语委羌苗傈僳语言文字组组长、省民委羌文创制办公室专职副主任，主要领导主持羌族拼音文字创制、完善、教材、词典、读物编写、师资培训、社会扫盲与运用等推广工作。同时负责推动苗文、傈僳文等的使用推广。1996—2000年任省民委语委办副主任，推动藏、彝、羌、苗、傈僳等双语教学、社会扫盲及各个领域的使用发展、各民族语言文字科学研究、民族古籍搜集抢救整理等。与美国少数民族语文研究院东亚部合作开展羌语研究。1999年应邀赴美国出席国际汉藏语学会议和讲学。2004年主要从事民族地区经济发展工作，同时进行民族地区现代远程教育、羌族语言文化等研究。应邀出席香港召开的两岸三地国际藏缅语学术会议，并与香港城市大学合作开展羌语研究。现主要负责民族工作领域包括民族语言的国际交流与合作，同时承担羌族文化遗产的抢救保护与研究及地震遗址保护研究与实践。

曾任美国世界少数民族语文研究院东亚部羌语研究合作项目主持人、香港城市大学中文、翻译及语言学系特约羌语研究项目主持人、四川省民族语言学会秘书长、四川民族翻译学会副会长、中国民族文化大观四川省分编委员会及羌族卷主编。长期从事羌语调查研究、羌文创制推广、羌族文化与羌学研究及四川民族经济文化研究和实践工作以及国际交流合作。

主要成果：专著《羌语研究》（合著）、《羌汉英日常交际语》（合著）、《汉羌词典》（主编）、《中国民族文化大观羌族卷》（主编）、《羌文扫盲课本》（主编）、《羌文小学课本》（主编）、《羌文中学课本》（主编）、《羌文师资培训教材》（主编）、《大学羌文专业基础》、《大学羌语语音学》、《大学羌语语法学》、《大学羌语词汇学》、《羌汉翻译理论与实践》、《羌族历史文化文集》、《中国民族·羌族》、《四川民族地区现代远程教育研究》（合著）等。在国内外发表的文章有：《羌族拼音文字创制推广纪实》、《羌文创制理论与实践》、《羌文创制推行实践与前景》、《羌语动词的否定式》、《羌语格助词研究》、《羌族语言文化保护研究》、《四川民族语文现状问题与对策》、《羌族原始自然观》、《羌族图腾崇拜探析》等论文和研究报告，有20余个项目荣获国家民委、四川省社会科学联合会、四川省民委授予的优秀科研成果一、二、三等奖和优秀科研成果奖等荣誉。荣记三等功一次。

周国炎 （1962—）布依族，贵州贞丰人，1985年9月考入中央民族学院少数民族语言研究所研究生，主攻壮侗语族语言文学，1987年7月硕士研究生毕业留校任教至今，现为中央民族大学语言文学系教授，博士生导师，兼任中国民族古文字研究会常务理事、国家民委少数民族古籍保护与资料信息中心专职研究员、北京地区布依学会会长、贵州省布依学会理事、贵州民族学院客座教授。1992年聘为讲师，2000年聘为副教授，1999年9月在职攻读本校博士研究生，主攻方向为文化语言学，2002年6月获博士学位，2005年聘为教授，2007年11月聘为博士生导师。

周国炎长期从事语言学、少数民族语言以及布依族古籍文献的研究，先后深入贵州、云南、广西等省（区）少数民族地区进行田野调查，掌握了丰富的第一手资料。在布依族和仡佬族语言文化方面有较深入的研究，研究成果包括论文《仡央语言的借词》、《布依语被动句研究》、《布依语动词重叠研究》、《贞丰坡帽村仡佬族双语类型转换研究》、《布依族摩经古词研究》、《侗台语共时语音系统中非线性现象的混沌学解释》、《论布依语在布依族文化传承与保护中的重要性》、《贵阳市郊布依族语言使用现状及特征分析》、《布依族民居建筑及其历史演变与发展》、《布依语处置式的来源及其发展》、《布依语比较句的结构类型》、《近现代散居地区仡佬族双语现象研究》、《仡佬族母语生态的现状以及应对仡佬族母语危机的对策》、《方块布依字在布依族宗教经典传承中的作用》等数十篇，独立完成学术专著《仡佬族母语生态研究》、《布依族语言使用现状及其演变》两部，与他人合作完成《仡央语言探索》、《文化语言学教程》、《中国濒危语言个案研究》等近10部。其中专著《布依族语言使用现状及其演变》作者在广泛深入的田野调查基础上，通过13个个案分析，对当前布依族地区语言使用现状进行了全面系统的研究，将布依族双语类型划分为三类，即布依族母语强势型、汉语强势型和布依族母语濒危型，并从宏观和微观、民族内部和外部分析了影响布依族语言使用的诸要素。最后对布依族语言使用的发展趋势进行了预测。专著《仡佬族母语生态研究》从共时和历史两个层面对仡佬族语言的社会文化环境及其变迁进行了系统的阐述，针对仡佬族母语濒危的现实问题，作者提出了一系列较具可行性的措施。除语言本体和语言使用的研究以外，近年来，结合民族语教学实践，对民族语第二语言教学中的一些问题也开展了研究。

近年来主要关注民族杂居地区语言关系与语言生活和谐，组织学生对贵州省贞丰布依族、苗族和仡佬族杂居地区，紫云布依族和苗族杂居地区、望谟县的瑶族和布依族、苗族和布依族杂居地区，从江县的瑶、壮、侗、苗多民族杂居地区，荔波县的瑶、布依、苗、水等多民族杂居地区以及云南省罗平县的布依、苗、彝杂居地区进行了深入的语言调查。

周季文 (1931—) 湖南湘潭人，1953年于中央民族学院大学毕业。毕业后留校工作，1980年任副教授。1953年—2007年55年，教学、科研成果如下。

教学方面：在校内共教过的班次35个，学生675人（其中研究生125人）。在校外共教过的班次10个，学生131人（其中研究生71人）。先后带领实习班次3个，学生55人。

科研方面，著作：教材类有《藏文拼音教材（拉萨音）》（1983年、1990年获中央民族学院哲学社会科学优秀著作一等奖。）、《藏语拉萨话语法》（合著，2003）、《藏文阅读入门》（合著，1998）、《汉藏翻译教材》（六院校合编，编写《绪论》和《理解和表达》两章并参加定稿，1980）、《藏汉互译教程》（合著，1999）等。工具书有《敦煌吐蕃汉藏对音字汇》（合著，2010年获第二届中国藏学研究珠峰奖基础资料成果类二等奖。）。曾为《中国翻译家词典》（1988）、《中国翻译词典》（1997）和《敦煌学大辞典》（1998）撰写部分词条。论文：语音方面的有《藏译汉音的〈般若波罗蜜多心经〉校注》（1982）、《敦煌吐蕃汉藏对音中的声母对比》（合著，2007）、《藏语拉萨话的文白异读》（1982年提交"第15届国际汉藏语言学会议"）、《革新与首创》（合著，1992）、《论拉萨音系归纳问题》（1995年提交"海峡两岸中国少数民族研究与教学研讨会"）、《安多藏语拼音符号与藏文的安多读音》（1993）等。语法方面的有《论藏语动词的形态变化》（1998）、《论藏语动词》（2002）等。词汇方面的有《藏语新词术语的构成》（1981）、《藏文异体词的整理》（1992）等。计算机方面的有《论藏文的序性及排序方法》（合著，2000）。翻译方面的有《藏文翻译史略谈》（1987）、《藏文翻译史上的重要文献——〈语合〉》（合著，1987）、《汉藏翻译中的管界问题》（1986）、《藏译汉中的音译问题》（1987）、《藏族文学作品汉译与翻译标准浅谈》（1989）、《谈〈仓央嘉措情歌〉的汉译》

（1985）、《谈藏族格言诗的汉译》（1993）等。译著方面，汉译藏的有罗瑞卿、吕正操、王炳南著的《西安事变和周恩来同志》（合译，1980）；藏译汉的有文献《松巴·依喜班觉尔给班禅·白丹依喜的复信》（节译，1960）、《藏文佛经故事选译》（合译，2008）、安多民间叙事诗《在不幸的擦瓦绒》（1960）、中央民族学院语文系藏族文学小组编的《藏族民歌选》汉译一部分（1981）。当代小说阿宁·扎西东主著的《雪域，灵魂的世界》（1995）和《狼·牧人和他的妻子》（1997）。

语言调查有：对青海玉树、囊谦、杂多，西藏郎噶子（浪卡子）进行过藏语方言调查。先后写有玉树、囊谦、杂多、郎噶子等的调查报告。甘肃、青海进行调查，收集了一批藏族文学材料并进行翻译和整理（1982）。

周毛草 （1966—）女，藏族，甘肃甘南藏族自治州人，硕士、副研究员、研究员。1989年毕业于西北民族学院（现西北民族大学）少数民族语言文学系读大学本科，1989年6月获"文学"学士学位，1990年9月—1993年6月，在该系读"藏语方言"专业研究生，1993年6月获"语言学"硕士学位，同年6月底至今，在中国社会科学院民族学与人类学研究所工作。研究领域：汉藏语，藏缅语，藏语言及文化。

主要学术活动：从事研究工作以来，曾参加完成国家社会科学基金重大课题"新发现语言研究"《柔若语研究》，已出版；独立调查完成所重点课题《玛曲藏语研究》，已出版；参加中美国际合作项目《藏英新词词典》；参加中荷国际合作项目《中国境外汉藏语系语料库研究》；参加国家社会科学基金项目《藏语大规模真实文本语料库研究》以及中国社会科学院重大A类、B类课题《语言接触研究》、《中国民族语言文字研究史》等，独立承担国家社会科学基金项目《藏语比较语法》。

曾赴荷兰莱顿对荷兰皇家科学院下属的国际亚洲学研究院、荷兰莱顿大学进行学术交流与合作访问，曾多次参加在法国、香港、台湾、厦门、广州、内蒙等地的学术讨论会。

在致力于语言研究的同时也向文化研究拓展，认为语言研究在充分讨论语言的结构或类型的同时，也应揭示蕴含其中的社会历史文化价值。

主要研究成果：《玛曲藏语研究》，获2006年中国社科院民族学人类学研究所优秀成果专著类二等奖；获中国民族语言学会第一届汉藏语言学奖二等奖；《柔若语研究》（合著）。

已发表论文：《藏语的行为动词和行为结果动词》、《藏语方言时态助词研究》、《藏语复合数词中的连接成分》（获2000年中国社会科学院民族学人类学研究所优秀成果"三等奖"）、《安多藏语玛曲话动词的名物化》、《藏语藻饰词中的形象思维与逻辑思维》、《藏语指示代词的认知特征》、《藏语词句中的价值观和审美观》、《藏语文政策与实施状况探讨》、《藏语安多方言与卫藏方言中部分结构助词的比较》、《藏语社区的语言法规及其实践》、《拉萨话与夏河话疑问语气助词比较》、《藏语安多方言与卫藏方言两种格标记的比较》、《从语言视角看藏族伦理道德观的精神价值》、《中国藏语文的使用和发展》、《藏语语篇衔接手段初探》、《从语言视角看藏语vgel等的文化价值》（合著）、《藏语词语ABAC、ABCB、ABCD型的语义特点》、《藏语新词术语的使用和发展》、《安多藏语代词》、《藏语大规模真实文本语料库研究》（国家社会科学基金项目，合作，2001年结项）。

周美兰 （1939—）女，壮族，广西百色市人。1956年3月毕业于广西民族学院（现广西民族大学）壮文中专班，后分配到广西壮文学校任教。1958年7月学校保送到中央民族学院（现为中央民族大学）民族语文系进修，1959年9月毕业仍回广西壮文学校任教。1966年由广西民委抽派，随广西少数民族代表团任秘书上北京参加国庆节观礼。

周美兰几十年来战斗在民族教育第一线。积极完成教学任务外，1981年参加广西广播电台壮文广播讲座任主讲老师。合编并播讲了广西壮族自治区人民广播电台《壮文广播讲座》第一、二册两本书（广西民族出版社出版）。期间，还参加广西壮族自治区广播电台组织的广播剧壮语小品 Cawx Byaek（《买菜》）的录音演出。1988年受区广播电台聘请为"广西壮语文广播学校"主讲老师。1988—1995年在任壮语文广播学校主讲老师期间，合作编译并播讲了壮文语音及农村致富种养科普知识经验技术954讲，149.1万字，479小时。深受国内外听众欢迎。1992年11月应邀参加中国民族语言学会在桂林召开的南方片会议，会上宣讲了题为《壮文使用中如何解决方言差别——浅谈方言与标准语的关系》的论文。1993年3月参与八届全国人大第一次会议和全国政协八届一次会议壮语同步翻译。2005年广西《三月三》杂志以壮族语文专家的名誉把她的照片作为2005年第4期总114期封面照，并附介绍简历。在教学中曾执笔主编《广西壮文学校壮语文教学大纲》一书，并参加广西壮文学校壮文中专班壮语文课本编写。

多年来为配合教学发表的文章有：（1）《学壮文要记好"ei""ae"和"ou""aeu"》；（2）《读壮文怎样读才读得准》；（3）《田东等县学生学壮文应注意的语音变化》；（4）《浅谈方言与标准语的关系》；（5）《我热爱壮文教师这工作》，获《民族报》1997年《我的壮文情》、《我与民族报》有奖征文比赛二等奖；（6）《可爱的广西》；（7）《四老汉学文化》；（8）《当老师真光荣》（山歌）；（9）《回百色》（散文）；（10）《浅谈壮语文教师授课的技能技巧》；（11）《五十年的故事》（山歌）；（12）《靓丽的民族教育之花》（贺广西壮文学校建校50周年）；（13）《回眸五十年往事》献给广西壮文学校建校50周年；（14）《掌握语音规律，学好汉语普通话》；（15）《壮族学生学习普通话要注意汉用词的习惯和范围》；（16）《既是师长，又是朋友》。

合编的教材有：（1）《壮文广播讲座》（1），为了帮助广大壮族群众和干部学习壮文，广西壮族自治区少数民族语言文学工作委员会和广西人民广播电台联合举办《壮文讲座》供听众收听广播对照学习使用。第一册主要教学内容是进行壮文声、韵、调教学；（2）《壮文广播讲座》（2），内容有：对话、俗语、民歌、民间故事、散文、游记、科学卫生常识等。课本共有43课，用壮汉两种文字对照。（3）广西壮语文广播学校《壮语文广播教材》。1988—1995年任壮语文广播学校主讲老师期间，合作编译并播讲了954讲，内容是播讲壮语语音、农村致富种养科普知识。

历年获奖情况：（1）1993年9月获广西壮族自治区优秀教师称号。（2）1989年获区直机关优秀共产党员称号。（3）1989年被评为区民委系统先进工作者。（4）1993年获南宁市优秀女职工称号。（5）1994年获广西广播电台优秀通讯员称号。

周庆生 （1952—）安徽省安庆市人。1975年入郑州大学中文系学习，1977年毕业留在该系教授现代汉语和语言学概论。1982年赴北京大学中文系进修语言学，1985年考入中国社会科学院研究生院民族系，专攻少数民族语言专业社会语言学研究方向，1988年获该院文学硕士学位，即在中国社科院民族研究所工作至今。1991年赴加拿大拉瓦尔大学"国际语言规划研究中心"，完成中加合作项目。研究领域涉及双语教育、语言状况、语言传播、语言与文化、语言政策、语言规划及汉语方言等方面，主攻社会语言学及语言人类学。现任中国社会科学院研究生院民族系教授、博士生导师，中国社科院中国少数民族语言研究中心副主任，中国社科院民族学与人类学研究所南方民族语言研究室主任、研究员，《中国社会语言学》杂志主编，中国社会语言学会会长，中国民族语言学会副会长兼秘书长，中国民俗语言学会副会长，中国人类学民族学研究会常务理事，中国少数民族双语教学研究会常务理事，国际双语学学会常务理事，国际人类学民族学联合会语言人类学分委会执委、国际语言法律研究会会员（加拿大）。

迄今为止，先后主持了国家社会科学基金"九五"重点项目"少数民族语言政策研究"，国家语言文字工作委员会"十五"重点项目"2005 中国语言生活状况报告"（上编）、"2006 中国语言生活状况报告"（上编）、"2007 中国语言生活状况报告"（上编），国家语委"十五"项目"2008 北京奥运会语言环境建设研究报告"，中国社会科学院重大 A 类项目"中国语言接触研究"。撰写编辑学术论著 10 部；发表学术论文 70 余篇，其中 8 篇是英文或法文；发表译文 20 篇，其中 5 篇属于英译汉，15 篇属于汉译英；主编《中国社会语言学》5 期，《中国民族语言学会通讯》（内部）33 期。学术成果主要包括如下几个方面：

（1）社会语言学、语言人类学/人类语言学和民族语言学撰写的《语言与人类：中华民族社会语言透视》一书，在运用大量的田野调查资料和国内外文献资料的基础上，分析了中华民族特别是中国少数民族的语言与社会、政治、民族、文化、教育、心理、交际、与传播等方面的互动关系，梳理了我国社会语言学和国外特别是西方社会语言学的发展脉络，构建了中国社会语言学的框架体系，提出并论证了中国"统一多样"的语言政策特征，《墨经》中的社会语言思想等新命题，语言交际变体模式，语言状况分析模式等新模式。主编的《中国语言人类学百年文选》与《人类语言学在中国》两部论集。前者从近百年来发表的几百篇论文中，遴选出 33 篇，分属通论、社会变迁与语言演变、语言与民族文化史、语言与民族、民族语义分析、社会文化中的语言变化等范畴。后者则是 2005 年中国首届人类语言学国际学术研讨会的论文集，筛选出 45 篇论文，涉及理论与方法、语言接触和语言变异、语言多样性与语言濒危、语言与文化、语言

史与文化史、语言田野调查、语言政策、规划和应用。《中国民族语言学研究》（周庆生主编，王锋、李云兵副主编）收入论文 20 篇，引进了一些新的语言学理论和方法，涵盖了藏缅、苗瑶、侗台、南亚、突厥、蒙古、满—通古斯等主要语族语言的研究。

（2）语言生活状况和语言规划主编的《中国语言生活状况报告 2005（上编）》（商务印书馆，2006 年）是我国第一部分析并预测中国语言生活现状的年度报告。该报告分析了 2005 年度我国语言文字在社会各个领域的使用现状，为国家及地方语言文字工作部门制定或调整相关政策和规范标准提供学术支持，同时也为专家学者研究语言政策、语言规划和语言生活动态提供参考。继该报告之后，已连续推出《中国语言生活状况报告 2006（上编）》和《中国语言生活状况报告 2007（上编）》。

主编《国外语言政策与语言规划进程》，这是一部有关国际语言政策和语言规划研究的资料集；《国家、民族和语言：语言政策国别报告》则是一部囊括了世界五大洲 20 几个国家的语言政策国别报告集。《语言与法律研究的新视野》（周庆生、王洁、苏金智主编，法律出版社 2003 年）是我国首部有关语言与法律研究的论文集。

论文《一种立法模式，两种政治结果：魁北克与爱沙尼亚语言立法比较》（《世界民族》1999 年第 2 期），从多方面比较西方世界第一部地方性语言大法——加拿大魁北克省的《法语宪章》，与东方世界第一部地方性语言大法——苏联解体前的《爱沙尼亚苏维埃社会主义共和国语言法》的异同，认为一个国家的地方语言立法与分离主义的政治结局之间，并不存在必然的因果关系。

《中苏建国初期少数民族文字创制比较》一文提出：（1）在一定的社会历史条件下，文字和政治紧密相连；（2）创制文字具有改善民族关系，发展民族语言文化的功能；（3）国家自上而下大规模地为其他少数民族创制文字，是在特定社会政治背景

中发生的;(4) 在创制文字的过程中,选择什么样的文字形式或文字类型,主要受社会政治因素的制约;字母和正字法的具体设计,主要由语言学家来完成;(5) 从总体上讲,民族关系和民族政策是制约文字使用的一个决定性因素,国家创制的少数民族文字能否在社会上使用,并不取决于该文字系统设计得是否科学合理,正字法制定得是否完美无瑕,而是取决于国家的民族政策和民族语言政策是否发生重大的转变。

《中国双语教育类型》一文,依据我国少数民族语言文字在中小学使用的实际情况,将中国的双语教学分为"保存型、过渡型和权宜型"这 3 个大类,外加 8 个小类,将中国的双语教育体制分为"健全性、发展型和试点型"3 类。

《教育语言政策嬗变:海峡两岸比较》一文认为,近 20 年来,海峡两岸在教育语言政策思想、政策产生的背景、政策产生的方式以及推行通用语教育或共同语教育等方面,均有相似之处。差异主要是大陆的"双语教学"主要指汉语和少数民族语言,而台湾"母语教育"中的"母语",既指闽南话、客家话,也指原住民(少数民族)的语言。

亲属称谓研究《西双版纳傣语亲属称谓语义成分分析》运用义素分析法,精细描述了傣族亲属称谓的语义成分和民俗分类;《傣语亲属称谓变体》系统描述了傣族亲属称谓中的从佛称、还俗称、等级称、从孩称、父母称、亲称以及泛称等 13 种称呼方式,其中有七八种,前人从未论及。英语论文《傣族亲属称谓的人类学透视》从文化人类学的视角,阐释傣族的社会结构和文化对亲属称谓的影响或制约。

周兴渤 (1931—)浙江绍兴人,教授。吴文化研究会特邀研究员。1956 年毕业于中央民族学院少数民族语文系,景颇语专业。参加中国科学院少数民族语言调查第三工作队,调查民族语言。1957—1968 年任云南民族出版社景颇语文编辑。1972 年调入云南民族学院民族语言文学系,任教学工作。80 年代后兼职"语言美"报编辑。

在云南民族出版社任职景颇文编辑十余年工作中,除编译出版数十种一般景颇文通俗读物外,还承担编译出版景颇族小学语文、算术教材和成人扫盲课本的工作。在云南民族学院从事教学工作中,曾编写了《景颇语基础课》、《景颇语阅读课》以及《汉语、景颇语翻译理论》等教材。发表论文有《景颇族文学概论》、《景颇民歌格律》、《景颇族丧葬习俗》等多篇。合编中国少数民族故事大系列《景颇族故事选》,整理《景颇族情歌》,参与景颇族第一部叙事长诗《凯诺与凯刚》的整理,在《山茶》期刊发表后,被收入《中国新文系大系》(1972—1982《民间文学集》)。出版专著有《景颇族文化》,合著有《边寨漫游》、《太阳神的儿女》、《怒谷幽兰》等。受聘为云南美术出版社特邀编辑,编辑出版《东巴文化艺术》画册(1996 年获全国一等奖),1993 年合编《德宏大观》、1997 年合著中国地域文化丛书《滇云文化》、2001 年合编《云南民族文化探索》等书籍。

周学文 (1964—)副研究员,1990 年 1 月毕业于北京交通大学计算机应用专业,获得计算机学士和计算机硕士学位,现在中国社会科学院民族学与人类学研究所的语音学与计算语言学实验室从事少数民族语言实验语音研究。曾从事企业计算机数据库应用软件开发、计算机网络工程、计算语言学、实验语音学研究等工作,具有扎实的数学基础和信号处理基础、丰富的软件开发和语音分析的经验。参加和主持了多个有关少数民族语音研究的国家自然科学基金资助项目、社科院重点项目、社科院民族所重点课题等。具有比较丰富的少数民族语音分析和数据处理的实践经验,并出版了一部专著和 10 余篇论文。

主要论文:《普通话辅音闭塞段(GAP)时长统计分析》(合作)、《基于 EPG 的普通话塞音/塞擦音时长分析》（合作）、《基于 EPG 的普通话辅音 VOT 统计分析》（合作）、《嘎裂化：哈尼语紧元音》（合作）。Zhou Xuewen, Zheng Yuling, Research on Contrast of Long & Short Vowel a in Shui Language（合作）。

已出版专著：《中国少数民族特殊语音研究》，知识产权出版社，2011 年。

周耀文 （1924—）广东普宁人，1951 年毕业于中山大学文学院语言学系。同年进中国科学院语言研究所，从事少数民族语言调查研究工作。1956 年调新成立的中国科学院少数民族语言研究所，任助理研究员、傣语研究组组长。1962 年少数民族语言研究所与民族研究所合并，仍继续进行民族语言调研工作。1975 年调云南民族学院（现云南民族大学）民族语言文学系任教。1979 年底调回中国社会科学院民族研究所。1983 年任副研究员，担任壮侗语族研究组副组长。1984 年任新成立的社会语言学研究组组长。1985 年兼任中国社会科学院研究生院民族系语言专业硕士生导师。1990 年起享受国务院发给的政府特殊津贴。

主要业绩：（一）协助云南德宏州制订傣文改进方案获得成功。自 20 世纪 50 年代初便参加少数民族文字的创制、改进工作。1952 年 12 月，以中国科学院语言研究所调研人员的身份应邀到云南保山参加"傣族文字改进委员会"成立大会，并被推选为傣文改进委员会副主任委员，协助制订"德宏傣文改进方案（草案）"。此后，还多次到德宏州参加傣文的补充修改会议。1957 年为傣文改进委员会执笔拟定了《德宏傣文改进方案》，为此后德宏傣文规范化奠定了基础。（二）长期从事傣语调查研究，主编出版《傣语方言研究》和《德宏傣语同音字典》，自 1952 年初起，便在傅懋勣先生的指导下，开始调查云南傣语。由于人力和其他条件限制，只重点调查西双版纳地区、德宏地区和金平县等使用傣文的地区的方言，1982 年在壮侗语组同仁们的合力帮助下，组织了多达 8 人的调查组，于 1982 年 9 月—1983 年 1 月到云南对傣语进行全面调查。摸清了云南全省的傣语方言、土语分布和差异情况；出版《傣语方言研究》，接着又主编出版了《德宏傣语同音字典》。（三）积极贯彻我国的民族语文政策，努力倡导从本民族地区的实际情况出发，建立民·汉双语教学体制，正确地处理民族语文与汉语文的使用和发展关系。他积极贯彻我们国家"各民族都有使用和发展自己的语言文字的自由"、"国家推广全国通用的普通话"的语言政策，多次到西南民族地区调查民族语文使用情况，并主动地把调查到的情况反映给地省和中央有关部门。回京后写信给省人大常委有关领导，汇报云南当时的民族语文使用情况及存在问题，并提出解决问题的意见。又向国家民委文化司汇报云南、贵州等南方少数民族地区的初等教育和民族文字在使用中存在的一些问题。文化司领导把《汇报》稿用专刊的形式，以《周耀文同志谈民族语文问题》为题目摘要刊登在文化司主编的《民族文化工作简报》上（1986 年 4 月 18 日，第五期）。

自 20 世纪 50 年代至 90 年代除进行民族语言调查研究外，还兼做一些教学工作。1952—1954 年，在留驻云南工作组调查少数民族语言期间，曾担任傅懋勣先生兼任云南大学社会学系教授讲授"少数民族语言调查"课程的助教。同时，还给云南省民委会民族语文研究室的同志讲授"民族语言调查"和"国际音标"。1975—1979 年调云南民族学院民族语言文学系任教，讲授"现代汉语"和"傣汉语法比较"。1982 年 3—6 月，应邀为华中工学院语言研究所举办的"语言学进修班"讲授"语音学"。1985 年兼任中国社会科学院研究生院民族系壮侗语言专业 85 级硕士生导师。1990 年任民族所特约研究员兼研究生院民族系教授。1992 年 3—6 月（每周二次）给俄罗斯科学院语言研究所访问学者介绍"中国少数民族语言文字使用情况和民族语文政策。"

周植志 (1932—)福建省安溪县人，中国社会科学院民族研究所研究员。享受国务院颁发的政府特殊津贴。

1956年5月毕业于中央民族学院少数民族语文系佤语专业。同年5月底随即参加了国家民委中科学院组织的全国少数民族语言调查第三工作队赴云南地区调查。1957年3月正式分配到中国科学院哲学社会科学部民族研究所从事少数民族语言调查和研究工作至退休。

工作经历大致可分为田野调查和研究著述两大阶段。1965年前大部分时间和精力是田野调查、文字创制和文字试验推行工作。在云南工作达八年之久。在此期间，每年都有一定时间到民族地区做田野工作。经过辛勤的努力，积累了中国孟高棉、佤、布朗等语言的语音、词汇、句子、诗歌、故事等大量第一手资料，为这些语言的现状描写和历史、现状比较打下了比较坚实的基础。1976年以后，大部分时间用于整理资料、研究著述，也用了一定的时间下乡进行补充调查，工作情况大致可分为如下几点：

（1）《佤文方案》的制订和推行工作。1956年在普查的基础上，初步划分了佤语的方言土语，参加编写了《卡瓦语言情况和文字问题》的报告和设计了《卡瓦文方案（草案）》。并经常参加佤文的试验推行和扫盲工作。

（2）佤语描写研究工作。为了配合佤文的推行工作，与颜其香等合作着手《佤汉简明词典》的编写工作。1984年与颜其香合作编写了《佤语简志》，此书比较全面地介绍了佤语的语音、词汇、语法、方言和文字情况。对一些特殊的语言现象，如松紧元音问题都进行了较深入的研究和分析。语法部分在简志中占有相当的比重，为佤语语法勾画出一个比较全面的轮廓。在方言部分列出100条语音对应规律，为中国孟高棉语族进行比较研究提供了条件。

（3）佤语比较研究工作。佤语虽然没有什么历史文献，但在现有语料中，却有许多有趣的语言现象，尤其是语音部分，对此作了深入的比较、研究，并写出一些论文。如《从现代的方音对应看古代佤语的辅音系统》和《论古代佤语的元音系统》两篇论文。主要通过排比方言材料，归纳出方言之间的对应规律，并以这些对应规律为依据构拟古佤语语音系统。

（4）参加少数民族语言文字的实用研究工作。根据研究所计划，参加了国际合作项目《世界的书面语：使用程度和使用方式概况》和《中国少数民族语言使用情况和文字问题调查研究》的工作。前一个项目参加了佤、布朗、德昂等语言的调查和编写工作。后一个项目，对耿马、沧源等6个县和佤等4个语言的使用情况的调查和编写工作。

1993年退休以后，仍然从事本专业的一些研究工作，继续发表了一些论文和完成两部专著。（1）与颜其香合著了《中国孟高棉语族语言与南亚语系》。此书主要是从我国属南亚语系孟高棉语族以及越芒语族诸语言的实际出发，概述这些语言的基本面貌，并从语音、词汇、语法以及历史社会等方面对这些语言进行比较全面的探讨和比较研究。对南亚语系诸语进行分类。（2）与颜其香、陈国庆合作，编写了《佤语方言研究》。佤语方言调查始于1956年，当时对佤语进行普查，其目的是摸清佤语方言土语的基本情况，为创制佤文打基础。此后，为了研究需要，又多次深入佤族进行补充调查，反复进行核实，积累了可供研究的丰富资料。因此，就着手编写此书。经过作者不断努力和修改，终于1997年问世。

（1）专著：①《佤汉简明词典》（与颜其香等合编）；②《佤语简志》（与颜其香合著）；③《佤族怎样学习汉语文》；④《中国孟高棉语族语言与南亚语系》（与颜其香合著）；⑤《佤语方言研究》（与颜其香、陈国庆合著）。2012年4月中国社会科学院社会科学文献出版社修订出版；⑥《中国少数民族语言使用情况》，负责澜沧、孟连、耿马、沧源、西盟、双江等县和佤、布朗、德昂、克木等语言使用情况的调查和编写工作；⑦《世界书面语：使用程度和使用方式概况》，参加佤语、布朗语、德昂语的调查和编写工作。

（2）论文：①《从现代佤语的方音对应看古代佤语的辅音系统》（合著）；②《布朗语概况》（合著）；③《论古代佤语的元音系统》（合著）；④《佤语浊送气声学特征分析》（合著）；⑤《佤语细允话声调起源初探》；⑥《佤语与佤语方言》；⑦《关于云南民族语文中新词术语的规范问题》；⑧《佤文》；⑨《南亚语系语言研究》；⑩《佤语语音比较中的几个问题》；⑪《对南亚语系人称代词的历史研究》；⑫《佤语动词的时貌系统》（合著）。

朱建军 （1977—）博士研究生，上海外国语大学国际文化交流学院汉国教教研室副主任，副教授。

已发表论文：《古彝文字库建设的几点思考》，载《湖州师范学院学报》2003年第1期；《从文字渊源物的角度对语段——记意文字类型学的探讨》、《文字类型学研究的意义、现状及设想——兼谈各民族文字资料库的建立给文字类型学研究带来的契机》、《关于文字学的定位及其学科体系问题的思考》、《水文常见字异体现象刍议》、《从文字接触视角看汉字对水文的影响》、《三十年来国内彝文研究综述》、《汉字、彝文、东巴文文字起源神话比较研究》、《由"书画同源"兼及文字与图画之畛域》、《对彝文发生问题的几点认识》、《由彝文假借现象看彝文的发展阶段》、《"坡芽歌书"的性质及其在文字学领域中的认识价值》（合作）、《对滇川黔桂四省区彝文的若干认识》、《汉字与彝文数目字比较研究》、《符号学角度的文字分类研究》、《彝文干支字初探——兼与汉字干支字进行比较》、《从符号学角度的文字分类看彝文的性质》专著：《中国文字家庭》（合著）。

朱建新 （1949—）藏族，生于四川凉山彝族自治州西昌市巴汝乡中火村，西南民族大学民族研究院教授。

工作简历：1974—1977年在西南民族学院读书并留校工作；1979—1981年在中央民族大学民族语言进修班毕业；1981—1986年在西南民族学院中文系讲授语言学与民族语文，1986年被评为讲师并担任系副主任职务；1986—1988年在中国文化书院中外文化比较研究班学习，获（大学后教育）证书；1988—2000年在西南民族学院民语系、彝语系讲授语言学与彝语文，1993年评为副教授，担任系副主任、主任职务；2000—2003年在西南民族学院少数民族文学研究所，担任所长职务，2001年评为教授；2003—2008年在西南民族大学任民族研究院副院长、教授。

已出版著作：《彝族民间故事》（合著）、《彝文字典》（主编，获省政府三等奖）、《彝文写作知识》、《现代彝语》（合著，获省政府优秀成果奖）、《彝族文学史》（合著，获国家图书奖）、《双语研究》（合著，获省政府三等奖）、《彝语大词典》（合著，获省政府一等奖）、《彝文写作教程》（主编）、《民族语言研究》（执行主编）、《民族文学研究》（执行主编）、《民族研究》（副主编）、《民族史研究》（副主编）、《民族文化研究》（副主编）、《民族经济研究》（副主编）、《民族宗教研究》（副主编）、《民族理论与政策研究》（副主编）、《民族学研究》（副主编）、《古彝文字集》（合著）。

已发表论文：《试论凉山彝语词头 A-》、《试论凉山彝语构词法》、《彝文的发展历史与改革规范问题》、《彝汉文渊源之争述略》、《彝语语法范畴概论》、《彝文文学创作述评》、《彝文造字法新探》、《彝语声调的语法作用及其变音变调规律》、《论全国彝文统一与规范问题》等。

省部级以上科研项目：（1）国家社科基金项目：《彝文起源与发展史研究》；（2）国家语委项

目：《彝语新词术语规范研究》；（3）国家语委项目：《确立彝语术语的原则与方法》；（4）国家语委项目：《彝文规范方案完善研究》；（5）国家语委项目：四川省民族语言文字信息化标准化调研报告；（6）国家民委项目：现代化语境下的彝族非物质文化遗产研究与保护问题（二人合作）；（7）四川省人民政府项目：《实行双语教育，培养合格加特色的复合型人才》（第一主持人，获四川省人民政府二等奖）。

朱建新长期潜心于学术研究。先后独立或合作编写并出版了12本专著，其中《试论凉山彝语词头 A-》一文论述了汉藏语系共有词头"A-"的起源和发展情况，文章大胆纠正和发展了著名语言学家王力先生编写的《汉语史》和国外很多语言学家对这一词头起源和发展的解释，得到著名语言学家马学良、王均和日本西田龙雄等先生的肯定；主持完成的省级教学改革项目《实行双语教育，建设重点学科，培养合格加特色的复合型人才》在教学实践中取得了明显的办学社会效益（获省政府教学成果二等奖）；他独立完成的国家社科基金资助项目《彝文起源与发展史研究》系统、全面地对彝文起源与发展历史以及对汉文与彝文的渊源关系做了有益的探索，并提出了"彝汉文的符号都来源于炎黄文化区的原始刻画符号，是同源异流文字"的重要观点。

朱文旭 （1952—），彝名：吉伍木果，彝族，四川省凉山喜德县人。1984年毕业于中央民族学院少数民族语言文学系。中央民族大学少数民族语言文学系教授。主要从事彝族及西南民族社会、历史、语言、文字、文学、民俗、宗教等文化研究。先后发表论文数十篇。出版专著《彝语方言学》、《彝族文化研究论文集》、《彝族原始宗教与文化》、《彝族火把节》。合著《现代彝语》、《彝语词汇学》、《彝文文献学概论》、《彝文指路经译集》、《彝语基础教程》等。

论文从语言学和历史学、民族学角度运用大量的证据论证过去尚未解决的有些疑难问题。论文《凉山彝族奴隶社会姓氏词的词源结构与等级分化》彝族姓氏中双音节姓氏很大部分是以"吉"作为前缀例如"吉克"、"吉史"，还有一小部分是以"吉"作为后缀，例如"达吉"、"黑吉"。它的词义问题从来没有人探讨，论文从社会语言学角度阐释了千百年来流行于彝族民间姓氏中存在的前缀和后缀的词素的词义和结构。实际上它反映了彝族奴隶社会的等级姓氏。"吉"义为"奴隶、百姓"。论文《"蛮"语义以及文化现象》"蛮"历史上对南方少数民族的贬称，如"倮蛮（彝族）"、"苗蛮（苗族）"。文章认为"蛮"其实是南方民族藏缅语言中的"人"之义，比如早期的记载"昆明"的"明"、"普米"的"米"和彝族"撒梅"人的"梅"都是"人"的意思，"南蛮"就是南人。藏缅语"米"（人）与汉语的"民"都是异音同义表示"人"。许慎《说文解字》："蛮，南蛮蛇种。""蛮"的起源可能与蛇图腾有关。南蛮是以蛇为图腾崇拜的民族。蛇为原生图腾又演化成了龙。而龙是氐羌民族最早的图腾。据此可以说，"蛮"就是藏缅语"人"的早期记载。论文《夜郎为彝说》从彝族族称、竹灵崇拜、彝族社会形态、传统意识等方面进行了夜郎与彝族有关的论证，通过从西南地区与之相关的资料进行历时比较后，提出"夜郎"为彝说。论文《彝为土著说——兼论语言与民族史研究》彝族的来源问题有北来说、东来说、南来说、西来说。但这些说法大部分牵强附会。论文从彝族内部文化现象和文献资料彝文文献和《指路经》以及语言文化材料例如底层词汇等资料进行多方面论证，提出彝族是西南土著民族的观点。论文《土家族为"僰人"说》有学者认为土家族来源于"巴"人。汉文史志记载巴人和蜀人都是汉族先民。一般后人都把他们的文化记作"巴蜀文化"。土家族来源与"巴"人无关。土家族族称"比际卡"、"比兹卡"、"比兹刹"。"僰"古音为并母，k辅音韵尾。土家族的族称"比际"、"比兹"就是"僰"字。"僰"上古并纽职部，中古并母德韵。k 辅音韵尾。"僰"与"白"在汉文史志中时常混用。"僰人"与后来出现的"白蛮"有关。"白"上古并纽铎部，中古并母陌韵。k 辅音韵尾。"僰"的古音就是"比际"，后一音节"际"、"兹"是 k 韵尾变成了一个音节。"卡"其实就是汉语"客"的借音。因为土家族先民从四川宜宾、贵州毕节搬迁到川东地区、湘西地区以后，被当地人认为是"客人"。居住一段时间以后，苗瑶其他民族又称他们为"土蛮""土人"或"土家"。论文《哈尼族祖居地考》、《"吐蕃"考》、《僰人源流考辨新解》、《彝族召魂习俗》、《凉山彝族四十八家运动始末》、《凉山彝族亲属称谓及其婚姻形态窥探》等主要探讨有关民族历史和族称以及亲属称谓反映的婚姻形态问题。彝语研究方面论文：《彝语使动范畴前缀词素研究》、《彝语使动范畴后缀词素研究》、《彝语被动句式研究》、《凉山彝语复辅音声母探源》、《唐代〈蛮书〉中乌蛮彝语考释》（《中国民族语言文学研究论集》）、《凉山彝语中的汉语借词》、《彝语元音 i 和 I 的对立》（《民族语文》2002 年第 1 期）、《凉山彝语的时间词》。彝文研究方面论文：《彝文类型浅议》、《彝文中的借汉字研究》、《彝文构形法初探》，文章分析研究彝文从象形、指事的表意体系文字向同音假借的表音体系发展的有关问题。

朱志宁 （1932—1976）甘肃兰州市人。1951 年就读于兰州大学，1952 年调至中央民族学院。1955 年毕业于中央民族学院民族语文系维吾尔语专业。同年分配至中国社会科学院少数民族语言研究所维吾尔语组工作，任研究实习员、助理研究员。1956 年参加全国少数民族语言调查队。1957 年调查过新疆维吾尔语，编写了《维吾尔语简志》（合作）初稿。发表了《维吾尔语概况》、《维吾尔语中的汉语借词》。1976 年因病去世。

祝维翰 （1911—1982）四川蓬安县人。曾任《西藏日报》藏文版校审室主任、《藏汉大辞典》副主编。

1929 年在国立成都大学理学院预科学习，后考入国立四川大学生物系学习。1939 年认识了张怡荪教授，并向张教授学习藏文原著，同时又拜藏族学者大喇嘛旺滚噶为师，学习佛经和会话。1940 年到成都西陲文化院参加编撰《藏汉大辞典》。1943—1944 年，西陲文化院和成都佛学社分别邀请藏族著名佛学大师喜饶嘉措和东本格西来成都主讲佛经，祝维翰担任翻译。1942—1945 年，由张怡荪主编，祝维翰编辑，隋廷莹缮写，完成了《藏汉大辞典资料本》。为了研究藏学，曾深入藏区，遍访名师，经过 13 年刻苦钻研，他的藏文和佛学造诣都达到了很高的水平。1958 年协助张怡荪编纂《藏汉大辞典》。

祝维翰在第十五届国际汉藏语言学会议上，发表了《〈汉藏大辞典〉的编写》一文。他指出，八种转声和两种合声，实际上是给全部词划分了词类。所以，全部基本词不但可以分为虚词和实词两类，而且可以分为动词、名词、形容词、数词、代词、副词、连词、介词、助词和语气词等词类。对于大辞典语词部分的释文，他始终强调从藏文原著里找注释，独自一人承担了佛学、因明、医药、语法、诗歌修辞、封建法典等学科的汉译工作，并负责全书的定稿工作。1982 年还翻译了巴珠·邬坚吉麦却吉汪波的《出世法言·莲苑歌舞》一书。

自文清 （1967—）彝族，云南南华县人，1991 年 7 月参加工作。本科生学历，副译审职称。1991 年毕业于云南民族学院少数民族语言文学系。同年 7 月，分配到云南省少数民族语文指导工作委员会。

参加工作以来，从事云南彝文规范、翻译、研究、双语教学推广指导工作。参与编纂滇川黔桂《彝文字典》；收集、整理并翻译了彝族中部方言

《教路书》，此书是《彝族毕摩经典译注》之一，属于彝族中部方言区的《指路经》。编写了《彝文识字课本》、《幼儿看图识字》；小学一年级《数学》和一至三年级《语文》；发表学术论文十多篇。

在彝文信息化建设方面，组织并承担了"楚雄彝文电脑字库制作及输入软件开发项目"和"石林彝文电脑字库制作及输入软件开发项目"。通过与同事高翊合作，两个项目均已顺利完成，并成功开发了基于Windows操作系统的彝文字库和输入软件，且达到以下目标：（1）本项目的运行环境为WINDOWS平台（98/2000/XP）。（2）实现彝文字精密字库的建立，其精度要求与所用版本的汉文字库的精度相同（TTF矢量字库）。（3）要求在同一界面上实现汉文、彝文、英文、拼音、国际音标、数理化符号等全面兼容输入。（4）在WINDOWS上建立彝文输入法管理模块，实现键盘输入码与机内彝文编码的对应，便于彝文的查找和输入。优化彝文编码，使彝文输入法做到高效率和避免重码。（5）在激光印字机上实现精密字输出。（6）具有在彝文字库上增加新字的功能。（7）方便快捷地实现反字输出。

在"楚雄彝文电脑字库制作及输入软件开发项目"开发过程中，创造性地总结出了彝文末笔定位识别码，大大降低了楚彝输入法的重码。此输入法获得计算机软件著作权和中华人民共和国国家知识产权局发明专利证书和软件著作权。

附录　中国少数民族语言条目索引

中国少数民族语言按系属分类：
汉藏语系——
　　藏缅语族藏语支：藏语 416
　　　　　　　　　　门巴语 266
　　　　　　　　　　白马语 65
　　　　　　　　　　仓洛语 112
　　　　　彝语支：彝语 406
　　　　　　　　　傈僳语 250
　　　　　　　　　拉祜语 227
　　　　　　　　　哈尼语 181
　　　　　　　　　基诺语 194
　　　　　　　　　纳西语 300
　　　　　　　　　堂郎语 364
　　　　　　　　　末昂语 282
　　　　　　　　　桑孔语 335
　　　　　　　　　毕苏语 79
　　　　　　　　　卡卓语 210
　　　　　　　　　柔若语 324
　　　　　　　　　怒苏语 304
　　　　　　　　　土家语 373
　　　　　　　　　白语 68
　　　　　景颇语支：景颇语 202
　　　　　　　　　独龙语 149
　　　　　　　　　格曼语 174
　　　　　　　　　达让语 123
　　　　　　　　　阿侬语 55

	义都语	407
	博嘎尔语	87
	苏龙语	351
	崩如语	77
缅语支：	阿昌语	49
	载瓦语	413
	浪速语	240
	仙岛语	396
	波拉语	84
	勒期语	243
羌语支：	羌语	316
	普米语	312
	嘉戎语	196
	木雅语	291
	尔龚语	161
	尔苏语	165
	纳木依语	297
	史兴语	345
	扎坝语	419
	贵琼语	178
	拉乌戎语	234
	却域语	321
侗台语族壮傣语支：	壮语	425
	布依语	107
	傣语	130
	临高语	252
侗水语支：	侗语	146
	仫佬语	294
	水语	349
	毛难语	263
	拉珈语	232
	标话	81
	莫语	285
	佯僙语	399
	茶洞语	115
黎语支：	黎语	245
	村语	120

仡央语支：	仡佬语	171
	布央语	105
	拉基语	230
	普标语	310
	蔡家话	110
	木佬话	288
苗瑶语族苗语支：	苗语	277
	布努语	100
	巴哼语	59
	炯奈语	205
	优诺语	410
	巴那语	61
瑶语支：	勉语	274
畲语支：	畲语	343
	巴那语	61

南亚语系——

越芒语族：	京语	199
孟高棉语族：	德昂语	137
	布朗语	92
	克木语	223
	佤语	379
	俫语	238
	布庚语	89
	克蔑语	221
	莽语	261
	布兴语	102
	布芒语	95
南岛语系排湾语群：	泰耶儿语	360
	赛德语	332
	邹语	430
	沙阿鲁阿语	338
	卡那卡那布语	207
	排湾语	307
	阿眉斯语	52
	布农语	97
	萨斯特语	330
	卑南语	74

　　　　　　　鲁凯语 …………………………………… 255
　　　　　　　邵语 ……………………………………… 340
　　　　　　　巴则海语 ………………………………… 62
　　　　　　　噶玛兰语 ………………………………… 169
　　　　　　　耶眉语（耶美语）………………………… 401
　　　占语支：回辉话 …………………………………… 191
阿尔泰语系——
　　　突厥语族：维吾尔语 ………………………………… 382
　　　　　　　哈萨克语 ………………………………… 184
　　　　　　　柯尔克孜语 ……………………………… 217
　　　　　　　乌孜别克语 ……………………………… 385
　　　　　　　塔塔尔语 ………………………………… 357
　　　　　　　撒拉语 …………………………………… 328
　　　　　　　西部裕固语 ……………………………… 391
　　　　　　　图瓦语 …………………………………… 368
　　　　　　　土尔克语 ………………………………… 371
　　　蒙古语族：蒙古语 ………………………………… 269
　　　　　　　土族语 …………………………………… 376
　　　　　　　达斡尔语 ………………………………… 126
　　　　　　　东乡语 …………………………………… 144
　　　　　　　保安语 …………………………………… 71
　　　　　　　东部裕固语 ……………………………… 140
　　　　　　　康家语 …………………………………… 213
满－通古斯语族满语支：满语 ………………………… 258
　　　　　　　赫哲语 …………………………………… 188
　　　　　　　锡伯语 …………………………………… 394
　　　满通古斯语支：鄂伦春语 ………………………… 156
　　　　　　　鄂温克语 ………………………………… 158
　　　朝鲜（语支）：朝鲜语 …………………………… 117
印欧语系—— 塔吉克语 …………………………… 354
　　　混合语：五屯话 …………………………………… 389
　　　　　　　唐汪话 …………………………………… 363
　　　　　　　诶话 ……………………………………… 153
　　　　　　　扎话 ……………………………………… 422
　　　　　　　倒话 ……………………………………… 133
　　　未定的：艾努语 …………………………………… 432

后　记

我们这本《中国民族语言文字大辞典》经历了6个年头，现在终于完成了，比原来计划的时间多了许多，其中原因一言难尽。辞典内容复杂而庞大，参与撰稿的人员众多，尤其是专家学者个人的简介，原则上由作者本人或亲友提供而且分散在全国各地，征集稿件十分困难。由于经费不充裕，主编们无法亲自到各地一一走访，征集稿件。挂一漏万，在所难免。目前这个庞大工程已经动员了300多位学者参加撰稿，正是由于他们的热情支持，征集稿件工作才得以顺利进行。他们热切地盼望成果早日出现。现在，这项工程终于完成了。

这本《大辞典》的条目近似民族语言学科百科词条性质，但比较简略。由于内容广泛，对各部分有不同的要求，条目长短参差不齐是自然的。撰稿者的写作风格各异，详略不同，对人物的介绍，编者尽量尊重供稿者的原意。对体例和内容有个基本要求，但对格式和写法不强求一致。我们要求客观地陈述，不用夸饰之辞，实事求是地从旁介绍。对过长的条目做了一些压缩。

本辞典对各部分内容有个大致的要求：语言简介的条目一般要求在2000字上下；专著和论文简介条目一般限制在300—1000字之间；人物的介绍伸缩性较大，一般的要求在1000字以内，大的增至3000字；也有个别条目超出的，其他条目视需要而定。

在编写本书的过程中，参考了多种有关的学术著作，主要有：

《中国少数民族语言简志丛书》（包括57部），民族出版社，1980—1987年版；2008年修订版。

《中国的语言》，孙宏开、胡增益、黄行主编，商务印书馆2007年版。

《中国大百科全书·语言文字卷》，中国大百科全书出版社1988年版。

《大辞海·语言学卷》，上海辞书出版社2003年版。

《中国少数民族语言使用情况》，编写组负责人：欧阳觉亚、周耀文，中国藏学出版社1994年版。

《中国少数民族文字》，编写组负责人：道布、谭克让，中国藏学出版社1992年版。

《中国古文字研究》，中国民族古文字研究会编论文集，中国社会科学出版社1984年版。

《中国新发现语言研究丛书》（包括48部），孙宏开主编，上海远东出版社、民族出版社、中央民族大学出版社1998—2012年。

《中国少数民族语言》，中央民族学院少数民族语言研究所编，四川民族出版社1987年版。

《中国少数民族语言方言研究丛书》（包括19部），孙宏开主编，四川民族出版社1999年版；民族出版社 2001—2012 年。

《中国少数民族语言研究 60 年》，戴庆厦主编，中央民族大学出版社 2009 年版。

《中国民族古文字图录·导言》，史金波著，中国社会科学出版社 1990 年版。

《中国民族学 30 年》，揣振宇主编，中国社会科学出版社 2008 年版。

《二十世纪的中国语言学》，北京大学出版社 1998 年版。

《中国语言文字学大辞典》，唐作藩主编，中国大百科全书出版社 2007 年版。

《民族古文献概览》，张公瑾主编，黄建明、岭福祥副主编，民族出版社 1997 年版。

《当代中国民族语言学家》，照那斯图、李恒朴主编，青海人民出版社 1989 年版。

《民族词典》，陈永龄主编，上海辞书出版社 1987 年版。

《民族语文》杂志、《云南民族语文》、《语言与翻译》以及各民族院校校刊，各地民族机构的刊物。

此外，本辞典的第三部分（二）"论文简介"里的简介条目，除了各撰稿人按要求提供的主要代表作简介之外，有相当一部分是从黄行、江荻主编的，由民族研究所有关研究人员集体编写的《中国少数民族语言研究文献文摘数据库》（网络版）里选取、加工编写的。

三位主编的分工是：欧阳觉亚负责辞典的筹划和设计，到内蒙古、新疆、四川等地联系撰稿人，撰写大部分的语言简介和部分术语条目、部分专著简介、部分论文简介，对全部稿件进行初审和编辑加工，并录入部分稿件和最后的校对工作；孙宏开参加辞典的筹划、拟订计划、与各地学者联络，征集稿件，到内蒙古、新疆、四川和其他省区联系撰稿人，撰写绪论和部分专著简介，并对书稿进行复审；黄行负责收集论文简介资料，提供与本书内容有关的信息，对稿件进行抽审。此外，罗美珍负责撰写了大部分术语条目、文字简介条目和部分历史文献条目及部分校对工作；宣德五提供并撰写与国内外朝鲜语有关的各类稿件；江荻负责加工整理部分论文简介的稿件；郑贻青负责审核和加工部分稿件，核对语言简介所附的词汇，最后参加校对部分稿件；陈宗振、毛宗武、陈其光在本项目启动之初，曾参加了对项目的研究工作；聂鸿音、孙伯君审核过历史文献部分的稿件；刘光坤负责审核核对了部分稿件；韦学纯为本书做了一些具体的工作。

本辞典在立项和编写的过程中，得到北京大学唐作藩教授的关心和帮助，他主编的《中国语言文字学大辞典》对本书起到一定的示范作用。

我们在各地联络相关人员征集稿件时，曾得到各省、自治区的有关单位负责人和学者的热情接待，他们对我们的工作给予大力支持和提出宝贵的意见，给我们留下了深刻的印象。他们是：内蒙古大学清格尔泰教授，内蒙古师范大学芒·牧林教授，新疆师范大学副校长牛汝极教授和大学的老师们，四川西南民族大学田德生副研究员和彝学院、藏学院的老师们，广西民族大学覃国生教授，延边大学李得春教授，云南民族大学刀洁教授，黑龙江大学赵阿平教授，北京中央民族大学戴庆厦教授、覃晓航教授，以及中国社会科学院民族学与人类学研究所的各位同仁，对于他们的热情支持，我们一并表示衷心感谢。

本书成稿后，由北京大学的唐作藩教授、中国社会科学院民族学与人类学研究所江荻研究员进行审阅，并撰写评阅书，推荐出版。在本书付梓前，由主编和中国社会科学出版社约请有关专家对书稿进行审阅，他们是：陈康、陈宗振、道布、胡增益、黄燕生、姜竹仪、李云兵、蔺虹、罗美珍、乐赛月、聂鸿音、斯钦朝克图、孙伯君、刘光坤、王庆丰、喻翠容、郑贻青、周庆生、周植志（另外，李树兰因临时有事，未能参加最后的审阅工作。后来她在病榻时对不能参加定稿审阅工作作为生平唯一的憾事，令大家非常感动）。他们以认真负责的态度，对书稿主要部分作了详细的审阅，纠正了多处错误，为提高本书的质量付出了很大的辛劳。

本书在筹划的初期和启动阶段得到中华辞书出版社（香港）社长刘家丰教授的关心和赞助，该社的工作人员对本辞典的具体工作曾给予过诸多帮助，在此谨表深切谢意。

中国社会科学出版社的黄燕生编审，自始至终关心、支持和帮助本书的编校和出版事宜。并为此付出了大量的心血。排版公司侯无尘及其家人，在排录校改本书过程中也付出了辛勤的劳动，对此我们一并表示衷心的感谢。

《中国民族语言文字大辞典》主编

2013 年 7 月